教师招聘考试真题大全

教育理论基础

通用版

扫码免费领取：
①免费名师视频课程
②精选20套历年真题(带答案和解析)
③山香独家内部讲义
④上岸必刷题库
⑤考试资讯第一时间获悉,从容准备,不错失每一次机会
⑥备考交流群,山香专业老师互动答疑,打卡督促学习

免费领取方式：
①扫码关注公众号
②回复备考省份

山香教师招聘考试命题研究中心　主　编

图书在版编目(CIP)数据

教师招聘考试·真题大全. 教育理论基础：通用版／山香教师招聘考试命题研究中心主编. --北京：首都师范大学出版社, 2015.6(2022.1重印)

ISBN 978-7-5656-2375-2

Ⅰ.①教… Ⅱ.①山… Ⅲ.①教育理论-教师-聘用-资格考试-习题集 Ⅳ.①G451.1-44

中国版本图书馆CIP数据核字(2015)第131064号

教师招聘考试真题大全
JIAOYU LILUN JICHU TONGYONGBAN
教育理论基础·通用版
山香教师招聘考试命题研究中心　主　编

策划编辑　张文强
责任编辑　曹亮亮　王慕飞　　封面设计　山香教育
首都师范大学出版社出版发行
地　　址　北京市西三环北路105号
邮　　编　100048
咨询电话　010-68418523(总编室)　　010-68982468(发行部)
网　　址　http://cnupn.cnu.edu.cn
印　　刷　河南黎阳印务有限公司
经　　销　全国新华书店
版　　次　2015年8月第1版
印　　次　2022年1月第20次印刷
开　　本　787mm×1092mm　1/16
印　　张　58
字　　数　1360千
定　　价　99.00元

前 言

教师招聘考试(教师入编考试),简称招教,是我国教育部门依据“凡进必考”原则,公开招聘教师的选拔性考试,其目的是为教育行政部门录用教师提供参考。各地依据考生的考试成绩,结合面试情况,按已确定的招聘计划,从教师应有的职业素养、专业水平、教育技能等方面进行全面考核,择优录取。

从时间上讲,当前的考试命题人也有可能会参考往年的真题,本地的或者是外地的。因此,并不像很多考生所理解的那样,做真题只需要做本地的,往年的考题既然考过了就不会再出现了,恰恰相反,熟悉和了解各省市真题,做往年真题正是为了达到“他山之石,可以攻玉”的目的和作用。据此,我们编订了本套试卷。

本套试卷具有以下鲜明特点:

★真题荟萃　纵横兼顾★

本套试卷收录了教师招聘考试中最具代表性的真题,纵跨两个年度,横跨浙江省、福建省、湖南省、湖北省、四川省、江西省、河南省、山东省、安徽省、广东省、河北省等主要省市,内容翔实,覆盖面广,有利于考生准确、科学地把握当前命题趋势,了解考试题型,洞悉考点变化,达到及时、准确、全面复习的目的。

★权威解析　深刻有道★

本套试卷由山香教师招聘考试命题研究中心的专家针对全国各省市考试真题,在潜心研究的基础上,详细讲解答题思路,极具参考性,对于提高考生的考试能力大有裨益。

限于时间及水平,本套试卷难免会有疏漏之处,衷心希望各位专家、学者及读者朋友们批评指正。

目 录

2021年江苏省南京市教师招聘考试真题试卷(一)

本套试卷包括公共知识和学科专业知识两部分,目前只收录公共知识部分的试题。该部分共28小题,包括单项选择题(20小题)、判断题(6小题)、简答题(2小题)。

一、单项选择题(下列每小题列出的四个选项中只有一个是最符合题意的,请将其代码填在括号内。错选、多选或未选均不得分。本大题共20小题,每小题2分,共40分)

1. 中国特色社会主义最本质的特征是(　　)

A. 中国共产党领导　　B. 社会主义制度

C. 人民代表大会制度　　D. 政治协商制度

2. 中国共产党第十九届中央委员会第五次全体会议提出,我国到2035年基本实现(　　)的远景目标。

A. 社会主义现代化　　B. 中华民族伟大复兴的中国梦

C. 全面建成小康社会　　D. 建成社会主义现代化强国

3. 面对新冠肺炎疫情,中国人民以行动诠释了伟大的抗疫精神。其中,(　　)集中体现了中国人民深厚的仁爱传统和中国共产党人以人民为中心的价值追求。(易混)

A. 命运与共　　B. 举国同心

C. 舍生忘死　　D. 生命至上

4. "迄今为止,我国自主建设运行的规模最大、覆盖范围最广、服务性能要求最高的基础设施顺利开通。"这段文字所报道的科技成果是(　　)

A. "嫦娥五号"探测器　　B. 北斗全球卫星导航系统

C. "天问一号"探测器　　D. "奋斗者"号载人潜水器

5. 《中国的粮食安全》白皮书指出,中国依靠自身力量端牢自己的饭碗,实现了由"吃不饱"到"吃得饱",再到"吃得好",这归根结底取决于(　　)

A. 转变农业发展方式　　B. 提高耕地产出效率

C. 促进农民收入增加　　D. 稳定粮食种植面积

6. 山脉常常成为气候分界线。以下四个山脉中,(　　)是暖温带和亚热带的分界线。

A. 昆仑山　　B. 南岭

C. 太行山　　D. 秦岭

7. 根据《中华人民共和国婚姻法》规定,结婚的必备条件为:结婚必须男女双方完全自愿,不许任何一方对他方加以强迫或任何第三者加以干涉。结婚年龄,男不得早于________周岁,女不得早于________周岁。晚婚晚育应予鼓励。(　　)

A. 20;18　　B. 22;20　　C. 24;22　　D. 26;24

8. 1000克含水量96%的新鲜木耳,经晾晒后水分蒸发了一些,含水量降为92%,其质量变为(　　)克。

A. 880　　B. 500　　C. 480　　D. 250

9. 《学记》中"君子之教,喻也"体现的教学原则是(　　)(常考)

A. 启发性原则　　B. 巩固性原则

C. 循序渐进原则　　D. 因材施教原则

10. 在引导学生复习回顾"三角形"的概念、性质、研究方法等内容后,再指导学生学习"等腰三角形"。这一做法符合著名教育心理学家奥苏贝尔学习理论中的(　　)策略。(常考)

A. 项目学习　　B. 元认知　　C. 表现性学习　　D. 先行组织者

11. 学习行知精神、斯霞品格,是南京特有的教育文化。斯霞的(　　)是中国教育的宝贵财富。

A. 童心母爱　　B. 情境教学

C. 生活教育　　D. 儿童德育

12. 星罗密布的历史遗迹,灿若星河的文化典籍都是古都南京的靓丽名片。下列选项中匹配正确的是(　　)

①玄武湖——帝王习武地,金陵秀色处　②明孝陵——南朝名僧塔,明帝御迁地

③阅江楼——齐梁拜梅亭,今朝赏梅地　④夫子庙——六朝金粉地,十里秦淮河

A. ①③　　B. ①④　　C. ②③　　D. ③④

13. 京剧中的旦角是京剧中扮演各种不同年龄、性格、身份的女性的一类角色的总称。其中天真烂漫、活泼开朗的是(　　)

A. 正旦　　B. 彩旦　　C. 花旦　　D. 刀马旦

14. 晕车时,有的人会心慌、呕吐、头晕、耳鸣,这些现象常在乘车数分钟后发生,这是因为体内的平衡感受器受到了刺激。这个感受器位于(　　)里。

A. 心脏　　B. 小脑　　C. 耳朵　　D. 胃

15. 中国象棋用具简单,趣味性强,流行广泛,有着悠久的历史。其棋盘共有(　　)个交叉点。

A. 70　　B. 80　　C. 90　　D. 100

16. 在思考和解决问题的过程中,人们通常从多种解决途径中选择最佳方案。这种思维方式属于(　　)

A. 聚合思维　　B. 发散思维　　C. 经验思维　　D. 创造性思维

17. 游览过南京长江大桥的人,会在头脑中再现出该大桥的形象。这种形象在心理学上称为(　　)(常考)

A. 后像　　B. 表象　　C. 应激　　D. 联想

18. 遗忘的进程受多种因素影响,以下表述正确的是(　　)

①学习者最先遗忘的往往是对其没有重要意义的材料

②一般情况下,学习者对于熟悉的情景材料遗忘较慢

③在学习程度相等的情况下,识记材料越多遗忘越慢

④适当的过度学习对学习者的记忆保持具有正向作用

A. ①②③　　B. ①②④　　C. ②③④　　D. ①②③④

19. 学习某概念前,王老师提供了许多能反映该概念特征的不同事例,引导学生发现这些事例的共同特征。这种获得概念的形式属于(　　)(易错)

A. 概念同化　　B. 概念顺应　　C. 概念形成　　D. 概念平衡

20. “复习中突遇问题,百思不得其解。搁置一段时间后,突然产生灵感,问题迎刃而解”。这一心理现象称为(　　)

A. 高原现象　　B. 思维定势　　C. 酝酿效应　　D. 功能固着

二、判断题(判断下列各题的正误,并在题后的括号内打“√”或“×”。本大题共 6 小题,每小题 1 分,共 6 分)

21. 师德师风是评价教师队伍素质的第一标准。(　　)

22. 所有课程都要与思想政治理论课同向同行,形成协同效应。(　　)

23. 教师担任班主任期间,应将班主任工作作为主业。(易错)(　　)

24. 语言的指代性是语言具有语言生命力的主要原因。(　　)

25. 扭转教育功利化倾向,就要坚决克服唯分数、唯升学、唯文凭、唯论文、唯帽子等现象。(　　)

26. 有意想象分为再造想象、创造想象和幻想,幻想是与个人愿望相联系并指向现实的想象。(常考)(　　)

三、简答题(本大题共 2 小题,第 27 小题 6 分,第 28 小题 8 分,共 14 分)

27. 习近平总书记指出:“过去讲,要给学生一碗水,教师要有一桶水,现在看,这个要求已经不够了,应该要有一潭水。”

教学、读书、思考、研究、写作,这些应该是教师必须完成的“常规动作”。然而,有些教师总以教学任务重、工作节奏快、心理压力大等为借口或理由,将“常规动作”删减为“教学”,甚至将其窄化为“上课”,此外的一切可有可无。

简析一名教师应该具有的“常规动作”及其价值。

28. 一位家长这样描述自己孩子近段时间的学校生活:

在观察、记录我的生活并走进我的职业后,孩子为我写了一篇亲人传记,在语文课堂上与同学分享,讲述我的经历以及我为他成长付出的努力;

为当好数学课上的“小先生”(学校实施“小先生制”),孩子按老师要求认真准备上讲台演示的课件;

在“我心中的英雄”主题教育活动中,孩子认真设计班级文化墙上的“英雄榜”:“共和国勋章”获得者钟南山,“人民英雄”国家荣誉称号获得者陈薇、张伯礼、张定宇……“英雄榜”中的人物均由孩子们自己选出。

阐释上述材料中的教育现象。

2021年江苏省徐州市教育局直属教师招聘考试真题试卷(二)

本套试卷包括公共基础知识、教育教学综合知识和专业知识三部分,目前仅收录公共基础知识和教育教学综合知识部分的试题。这两部分共16小题,包括单项选择题(10小题)、判断题(4小题)、案例分析题(1小题)、作文题(1小题)。

一、单项选择题(下列每小题列出的四个选项中只有一个是最符合题意的,请将其代码填在括号内。错选、多选或未选均不得分。本大题共10小题,每小题2分,共20分)

1. 2021年2月25日,习近平总书记在全国脱贫攻坚总结表彰大会上发表重要讲话强调,我国脱贫攻坚战取得了________胜利,现行标准下9899万农村贫困人口全部脱贫,832个贫困县全部摘帽,12.8万个贫困村全部出列,区域性整体贫困得到解决,完成了________的艰巨任务。(　　)

A. 全面　消除绝对贫困　　B. 阶段性　消除绝对贫困

C. 全面　消除相对贫困　　D. 阶段性　消除相对贫困

2. 2020年11月10日,我国自主研发的"(　　)"全海深载人潜水器在太平洋马里亚纳海沟成功坐底,深度达到10909米,创造了中国载人深潜的新纪录。

A. 蛟龙号　　B. 神舟七号

C. 奋斗者号　　D. 北斗三号

3. 2021年3月11日,第十三届全国人民代表大会第四次会议表决通过了《中华人民共和国国民经济和社会发展第________个五年规划和________年远景目标纲要(草案)》的决议。(　　)

A. 十三　2035　　B. 十四　2035

C. 十三　2050　　D. 十四　2050

4. 李老师在数学课上讲到"圆周率"时,从历史事实出发讲述了祖冲之努力探索圆周率的故事,使同学们受到了感染和鼓励。李老师的教学主要体现了哪一种教学原则(　　)(常考)

A. 直观性原则　　B. 启发性原则

C. 因材施教原则　　D. 科学性和思想性相统一的原则

5. 讨论法是新课改倡导的主要方法,下列哪个选项不是讨论法的特点(　　)

A. 讨论时要做好讨论小结　　B. 讨论时要注意严格要求

C. 讨论的问题要有吸引力　　D. 讨论中对学生进行启发

6. 教师要以身作则、为人师表,这体现了教师职业道德的哪种特点(　　)

A. 行为的典范性　　B. 意识的自觉性

C. 影响的深远性　　D. 境界的高层次性

7. 某学生在学习地理时,为了记住城市、河流、山川的名字,时常对其赋予特别的意义,从而使记忆过程变得生动有趣。该学生的学习策略是(　　)

A. 复述策略　　B. 组织策略

C. 计划策略　　D. 精加工策略

8. 某学生在学习过程中善于归纳,能深知事物的本质。这反映了该学生思维的(　　)较好。(易错)

A. 敏捷性　　B. 灵活性　　C. 抽象性　　D. 独立性

9. 教师应该教给儿童调节不良情绪的具体方法,其中能运用内部语言的形式来调节情绪的方法是(　　)

A. 转换认知法　　B. 自我暗示法

C. 注意转移法　　D. 适当宣泄法

10. 为了增加新旧知识之间的可辨别性、促进学习迁移,教师可以引导学生利用(　　)给新学习任务提供观念上的支撑点。

A. 观察学习　　B. 信息加工

C. 完形与顿悟　　D. 先行组织者

二、判断题(判断下列各题的正误,并在题后的括号内打"√"或"×"。本大题共4小题,每小题1分,共4分)

1. 学生的主动学习是教学活动的基础,学生只有主动学习,教学活动才能取得预期效果。(　　)

2. 最早提出"隐性课程"这一概念的是美国教育家、课程理论专家布鲁纳。(易错)(　　)

3. 皮亚杰认为,十岁以前,儿童的道德判断往往依据自己的内在标准,属于自律道德阶段。(易混)(　　)

4. 学习者的直接经验对自我效能感的影响是最大的，所以，反复失败会降低学生的自我效能感。

（ ）

三、案例分析题（本大题共 6 分）

新入职的张老师最近很焦虑，因为她的课堂这段时间总是出问题，尤其是课堂氛围和她课前预想的活泼有序、积极互动的良好氛围大相径庭。比如，有一天刚开始上课时，她发现班级气氛过于沉闷，学生学习兴趣不高。为了活跃课堂气氛，调动学生的学习积极性，她随即提出了一个问题，话音刚落，同学们立马来了精神，便七嘴八舌地讨论起来，有的学生过度兴奋，出现了故意捣乱、起哄的情况，张老师多次制止都无济于事，场面一度失控。这种对抗的课堂情况让张老师不知所措。

问题：

（1）请分析出现上述情况，教师方面的主要原因有哪些。（3 分）

（2）请结合上述案例，说明如何创设良好的课堂气氛。（3 分）

四、作文题（本大题共 30 分）

某日，杨绛先生的同事问她："您一天能翻译多少字？"杨绛回答："我想平均起来也就不过五百字左右吧。"面对众人的不解，她补充道："我翻译其实是很慢的，我首先要把每段话的原意弄清楚，然后把每个原文句子通通拆解，再按照我们汉语的语言习惯重新组成句子，把整段话的原意表达出来。"正因为如此她才翻译出了一部部脍炙人口的著作。

以上内容对我们的教育教学也有一定的启示，请谈谈你的认识和思考。

2021年福建省教师招聘考试真题试卷(三)

(满分150分 时间120分钟)

本套试卷共57小题,分为两部分:第一部分客观题,包括单项选择题(25小题)、多项选择题(10小题)、填空题(15小题);第二部分主观题,包括判断说理题(3小题)、材料分析题(4小题)。

一、单项选择题(在下列每题四个选项中只有一个是符合题意的,将其选出并把它的标号写在题后的括号内。本大题共25小题,每小题2分,共50分)

1. 2020年5月28日,由第十三届全国人民代表大会第三次会议通过,被称为"社会生活百科全书"的法律是( )

A.《中华人民共和国立法法》 B.《中华人民共和国民法典》

C.《中华人民共和国民法通则》 D.《中华人民共和国民事诉讼法》

2. 2020年9月8日,全国抗击新冠肺炎疫情表彰大会隆重举行,习近平总书记向国家勋章和国家荣誉称号获得者颁授勋章奖章并发表重要讲话。本次"共和国勋章"获得者是( )

A. 钟南山 B. 张伯礼 C. 张定宇 D. 陈薇

3. 2020年12月8日,国家主席习近平同尼泊尔总统班达里互致信函,共同宣布珠穆朗玛峰最新高程为( )

A. 8844.43米 B. 8848.13米 C. 8848.86米 D. 8848.96米

4. 2020年12月17日凌晨,随着携带月球土壤样品的返回器在内蒙古预定区域安全着陆,我国探月工程任务圆满成功。执行本次探月工程任务的是( )

A. 北斗三号 B. 天问一号 C. 长征七号 D. 嫦娥五号

5. 2020年12月17日,我国单独申报及我国与马来西亚联合申报的两个项目,经评审通过,列入联合国教科文组织人类非物质文化遗产代表作名录。至此,我国共有42个项目列入非遗名录,居世界第一。本次我国单独申报成功的项目是( )

A. 端午节 B. 太极拳 C. 妈祖信俗 D. 二十四节气

6. 2021年1月18日,国家统计局发布数据,2020年中国国内生产总值达到1015986亿元,成为全球唯一实现经济正增长的主要经济体,比上年增长( )

A. 2.3% B. 3.3% C. 4.3% D. 5.3%

7.《中华人民共和国教育法》规定,国务院和地方各级人民政府领导和管理教育工作的原则是( )

A. 集中管理、分工负责 B. 分类管理、分工负责

C. 授权管理、分工负责 D. 分级管理、分工负责

8.《中共中央 国务院关于全面加强新时代大中小学劳动教育的意见》提出,注重围绕增加劳动知识、技能,加强家政学习,开展社区服务,适当参加生产劳动,使学生初步养成认真负责、吃苦耐劳的品质和职业意识。该劳动教育内容要求对应的学段是( )

A. 小学低年级 B. 小学中高年级 C. 初中 D. 普通高中

9. 中共福建省委、福建省人民政府印发的《关于全面深化新时代教师队伍建设改革的实施意见》中提出,实施"卓越教师培养计划",分类推进教师培养模式改革。其中,小学教师培养的模式是( )

A. 综合培养 B. 全科型培养 C. "双师型"培养 D. "一专多能"培养

10. 第一位在中国系统传播马克思主义教育理论的教育家是( )

A. 李大钊 B. 陶行知 C. 杨贤江 D. 恽代英

11. 下列关于教育目的的层次,从抽象到具体进行排列的顺序是( )

①培养目标 ②教学目标 ③教育目的 ④课程目标

A. ③①④② B. ①②④③ C. ③①②④ D. ①②③④

12. 最早提出"白板说"的教育理论家是( )

A. 卢梭 B. 洛克 C. 夸美纽斯 D. 赫尔巴特

13. 班主任对学生一个学期或一个学年内的思想品德、学习、劳动、文体活动和社会工作等的表现和发展情况的评价是( )

A. 操行评定 B. 诊断性评价

C. 形成性评价 D. 个体内差异评价

14. 我国中小学目前实施的"六三三制",源于1922年10月全国教育会联合会讨论后公布的《学校系统改革案》。该案史称( )(易混)

A. 壬寅学制 B. 癸卯学制

C. 壬戌学制 D. 壬子癸丑学制

15. 主张"教育即生活""儿童中心""做中学"的教育家是( )(常考)

A. 杜威 B. 凯洛夫 C. 赞科夫 D. 巴班斯基

16. 以故事的形式详细陈述个体所经历的事情如何开始、如何发展以及如何结束,这种研究方法是( )

A. 叙事研究 B. 调查研究 C. 案例研究 D. 行动研究

17. 教师在板书时,用红色粉笔标注教学重点内容,以引起学生关注。这体现了知觉的( )(常考)

A. 理解性 B. 恒常性 C. 整体性 D. 选择性

18. 学生成功破解数学难题后产生的愉悦感属于( )

A. 美感 B. 理智感 C. 道德感 D. 自我效能感

19. 下列属于斯皮尔曼的智力结构理论观点的是( )(易错)

A. 智力结构由四个层次组成 B. 智力由G因素和S因素组成

C. 智力由流体智力和晶体智力组成　　D. 智力结构包括内容、操作和产品三个维度

20. 有机体感到某种欠缺而力求获得满足的心理倾向是(　　)

A. 能力　　B. 需要　　C. 兴趣　　D. 动机

21. 个体应对挫折的积极反应方式是(　　)

A. 投射　　B. 逃避　　C. 退缩　　D. 升华

22. 根据埃里克森的人格发展理论,小学儿童人格发展要解决的主要矛盾是(　　)

A. 主动感对内疚感　　B. 自主感对羞耻感

C. 勤奋感对自卑感　　D. 自我同一性对角色混乱

23. 一般而言,场独立型学生偏好的学习方式是(　　)

A. 外在学习　　B. 接受学习　　C. 模仿学习　　D. 自主学习

24. 下列属于程序性知识的是(　　)

A. 三角形的内角和等于 180°

B. 三角形有三条边,三个内角

C. 三角形的两边之和大于第三边

D. 在△ABC 中,∠A = 30°,∠B > 50°,求∠C 的度数

25. 阅读小说后加深对已学词句的理解,这属于(　　)(易错)

A. 顺向正迁移　　B. 顺向负迁移　　C. 逆向正迁移　　D. 逆向负迁移

二、多项选择题(在下列每题四个选项中有两个或两个以上是符合题意的,将其选出并把它的标号写在题后的括号内,错选、多选、漏选均不得分。本大题共 10 小题,每小题 2 分,共 20 分)

26. 2020 年 10 月 26 日至 29 日,党的十九届五中全会在北京举行,全会审议通过了《中共中央关于制定国民经济和社会发展第十四个五年规划和二〇三五年远景目标的建议》。该建议的核心要义体现的"几个新"是(　　)

A. 进入新的发展阶段　　B. 追求新的发展速度

C. 贯彻新发展理念　　D. 构建新发展格局

27. 根据《中国学生发展核心素养》,下列属于实践创新的核心要点的有(　　)

A. 勤于反思　　B. 劳动意识　　C. 问题解决　　D. 自我管理

28. 教师在课堂教学、日常管理中,对违规违纪情节较为轻微的学生,可以当场采取的教育行为有(　　)

A. 点名批评　　B. 课后教导

C. 指派其他学生对该学生实施教育惩戒　　D. 一节课堂教学时间内的教室内站立

29. 教与学辩证统一关系中,以下观点正确的有(　　)

A. 教师是教学中起主导作用的主体

B. 学生是参与教学活动的学习主体

C. 教学的中心是儿童,教师处于顾问地位

D. 教学是"教师教"和"学生学"的矛盾统一过程

30. 下列属于综合课程的有哪些(　　)

A. 数学　　B. 科学　　C. 历史　　D. 艺术

31. 属于古代社会教育特征的有(　　)

A. 官学与私学并行　　B. 教育普及制度化

C. 教育与生产劳动相分离　　D. 出现了专门的教育机构

32. 已知 A > B, C > D, B > C, B > D,求哪个值最大?解答该问题运用的所有思维有(　　)(易混)

A. 辐合思维　　B. 逻辑思维　　C. 分析思维　　D. 创造性思维

33. 下列关于性格和气质的说法,正确的是(　　)

A. 气质是先天的,性格是后天的　　B. 气质无好坏之分,性格有优劣之别

C. 不同的气质可以形成相同的性格　　D. 气质会影响性格的形成和发展速度

34. 下列属于精加工策略的有(　　)(常考)

A. 边复习边做笔记　　B. 用表格罗列主要观点

C. 统筹安排学习时间　　D. 把元素周期表编成口诀

35. 根据皮亚杰的认知发展阶段理论,下列属于具体运算阶段的认知特点的有(　　)

A. 可逆性　　B. 假设推理　　C. 去自我中心性　　D. 客体永久性

三、填空题(本大题共 15 小题,每小题 1 分,共 15 分)

36. 2021 年 3 月 11 日,第十三届全国人大四次会议表决通过了《全国人民代表大会关于完善香港特别行政区________制度的决定(草案)》,表达了全国各族人民维护国家主权、安全、发展利益,维护香港宪制秩序的坚定决心。

37.《中华人民共和国义务教育法》第十九条规定,县级以上地方人民政府根据需要设置相应的实施________教育的学校(班),对视力残疾、听力语言残疾和智力残疾的适龄儿童、少年实施义务教育。

38.《中华人民共和国教师法》规定,取得教师资格的人员首次任教时,应当有________期。

39.《深化新时代教育评价改革总体方案》提出的目标是深入贯彻落实习近平总书记关于教育的重要论述和全国教育大会精神,完善立德树人体制机制,扭转不科学的教育评价导向,坚决克服唯分数、唯________、唯文凭、唯论文、唯帽子的顽瘴痼疾,提高教育治理能力和水平,加快推进教育现代化、建设教育强国、办好人民满意的教育。

40. 制约教育宗旨和目的的社会因素是________。

41. 人的身高发展的两大高峰出现在出生后第一年和青春期。这说明的身心发展规律是________。

42. 根据一定教学目的,遵循一定教学过程规律制定的指导教学工作的基本要求为________。

43. 班主任建设和培养班集体的主要方法包括确定班集体发展目标、建立班集体的________、建立班

集体的正常秩序、组织多样的教育活动以及培养正确的舆论和良好班风。

44. 科学心理观认为,心理是人脑对________的主观能动的反映。

45. 当事物不在面前时,人们在头脑中出现的关于事物的形象称为________。

46. 在头脑中把抽象概括出来的概念、原理、理论应用到实际中的思维过程是________。

47. 能力按功能分为认知能力、________和社交能力。

48. 性格是指表现在人对现实的________和相应的行为方式中的比较稳定的、具有核心意义的个性心理特征。

49. 个体自我意识的发展经历了生理自我、社会自我和________的过程。

50. 冯忠良认为,操作技能的形成过程分为操作________、操作模仿、操作整合和操作熟练四个阶段。

四、判断说理题(本大题共 3 小题,其中第 51 小题 10 分,第 52 小题 3 分,第 53 小题 7 分,共 20 分)

51. 常言道"教学有法,但无定法"。某教师认为这意味着自己在教学中可以任意采用某一种教学方法。该教师的观点是否正确?请运用教育学知识并结合实际加以说明。(10 分)

52. 注意的起伏和注意的分散都是稳定性差的表现。这种说法是否正确?请运用心理学知识加以说明。(3 分)

53. 动机强度与学习效率之间构成线性关系,且与学习任务的难易无关。这种说法是否正确?请运用心理学知识加以说明。(7 分)

五、材料分析题(本大题共 4 小题,其中第 54 小题 12 分,第 55 小题 16 分,第 56 小题 5 分,第 57 小题 12 分,共 45 分)

54. 阅读材料,回答问题。

细心的周老师发现,班上苏同学那活泼纯朴的样子有了一些改变,课上注意力不集中的现象也时有发生。周老师便找到苏同学要好的几位同学了解情况,有同学反映曾经在抖音上看到苏同学做直播。于是周老师对苏同学进行了家访,苏同学是单亲家庭(母亲意外早逝)的留守儿童,她奶奶称赞自己的孙女乖巧懂事,只是最近一段时间晚上回家迟了,苏同学解释为初一作业越来越多,就在学校做完作业才回家。

晚自习下课后,周老师跟踪发现,苏同学走进了学校附近的一家销售美容产品的店,跟进去时却没找到她,周老师经过追问店主得知,苏同学正在为该店进行网络直播带货。原来,店主为了营销产品,发现苏同学聪明秀气,又了解到其家庭经济困难,于是为其提供智能手机和相关设备,让苏同学注册直播账号,每天做 1 小时直播,并为其行为签约付费。周老师要求店主立即停止这种不当行为,让自己带领苏同学回家。在周老师耐心细致的开导和帮助下,苏同学改正了错误。

不久后,周老师发现本校另一位女生晚自习后也走进那家商店,许久未出店门,经过确认发现该生也在参与直播带货。周老师便与店主交涉,店主先是设法讨好周老师,遭到拒绝后,便称该生并非周老师班上的学生,让周老师不要多管闲事,还对周老师进行口头威胁。周老师见店主不能认识和改正自身的行为,果断地向相关部门进行举报。

问题:

(1)运用《中华人民共和国未成年人保护法》(2020 年修订)分析材料中的违法主体及其违法行为。(6 分)

(2)结合材料,分析周老师践行了新时代中小学教师哪些职业行为准则。(6 分)

55. 阅读材料,回答问题。

五年级(2)班全体同学首次参加实践基地活动。第一天晚上,有同学向班主任徐老师报告,男生刘同学在宿舍不停地哭,同学们劝不了,也问不出原因。徐老师一番劝导后得知,刘同学在家没有自己洗过澡,同寝室的同学都洗完回来了,他还在望着满满一箱子衣物和洗涤用品不知所措,经徐老师提议,一位班干部自告奋勇答应帮助他学会一些生活自理技能。

第二天上午组织学生到地里拔草,基地辅导员发现,刘同学居然把菜苗和杂草一起拔光,原来他根本就分不清楚哪些是菜苗、哪些是杂草。于是,部分同学在一旁悄悄议论着,刘同学又羞又愧。这时徐老师向同学们提出问题:"哪位同学能准确说出菜园里所有蔬菜的名称?"同学们互相望着,嘀咕着,没有一位同学举手回答。徐老师建议基地辅导员给同学们开一堂现场讲座——《认识家乡农作物》,刘同学听得特别认真。

午休时,徐老师巡查中发现赵同学躲在被窝里玩手机,本次活动明确规定禁止学生带手机,徐老师本想立即批评制止,又担心会影响同学们休息,便放慢脚步继续往前走,转眼发现赵同学已藏好手机装睡。下午劳动结束后,徐老师将赵同学叫到一旁,严肃批评了她,要求她交出手机并承认错误。赵同学万分不舍地交出手机,低声地解释道:"徐老师,我都没有玩游戏,也没有打电话,我想着这次基地活动一定很有趣,我平时又很喜欢拍照,就忍不住把手机偷带进来,我错了。"徐老师略有所思,说:"那你'偷拍'到照片了吗?能和我分享一下吗?"赵同学同意了。徐老师发现,虽然手机里的照片效果明显受到了拍摄角度等因素影响,但有几张特写非常有价值。当晚的班会上,徐老师肯定了赵同学的初衷,并宣布一个决定:基地活动由赵同学负责拍照。

后来,班级在学校宣传栏成功举办了全校唯一的活动成果展,大多数照片是赵同学负责拍摄的。从那以后,徐老师还感受到,赵同学纪律性更强了,学习的积极性也明显提高了。

问题:

(1)结合材料,分析徐老师贯彻了哪些德育原则。(12 分)

(2)结合材料,分析徐老师对赵同学的教育运用了哪些德育方法。(4 分)

56. 阅读材料,回答问题。

某教师对两组学生进行以下测试:

第一组的测试问题为:抽屉里有混在一起的黑色袜子和白色袜子,黑色袜子和白色袜子的数量比例是 4∶5。如果在黑暗中取袜子,至少要拿出几只才能保证得到一双颜色相同的袜子?

第二组的测试问题为:从混在一起的黑色袜子和白色袜子中,眼睛不看,至少拿出几只即可得到一双颜色相同的袜子?

测试结果显示,第二组解答问题的正确率和速度均明显优于第一组。

问题:

(1)材料中影响测试问题解决的因素是哪种?(2 分)

(2)结合材料分析,该因素如何影响问题解决?(3 分)

57. 阅读材料,回答问题。

甲同学有偏科现象,对语文、历史等学科产生较强的畏难心理。他平时学习缺乏主动性,总是"临时抱佛脚"。考前复习时总以为"文科就靠背",可以不求甚解。他采取反复识记的方法,但刚能背诵就停止学习,浅尝辄止。再加上时间紧、任务重,学习效果往往欠佳。他对一些形象的知识记忆效果相对好些。对抽象的知识,他采取相同的学习方法,尽管也投入大量的时间和精力,但总难以取得相应的记忆效果。后来,甲同学不断尝试运用自己习惯的记忆方法,发现早晨起床后和晚上临睡前的记忆效果好。

问题:

(1)运用记忆理论,分析"早晨起床后和晚上临睡前记忆效果好"这一现象。(2 分)

(2)结合材料,分析甲同学记忆方面存在的问题并提出相应的改善措施。(10 分)

2021年上半年四川省教师公开招聘考试真题试卷(四)

(总分100分　时间120分钟)

本套试卷共87小题,包括判断题(24小题),单项选择题(45小题),多项选择题(10小题),案例分析题(8小题)。

一、判断题(判断下列各题的正误,并在题后括号内打"√"或"×"。本大题共24小题,每小题1分,共24分)

1. 教育目的是教育方针的政策性表达。(易错)　(　　)
2. 教育可以通过劳动力再生产促进经济的发展。(常考)　(　　)
3. 在数学学习中,学生做了例题后面的练习题后有助于再做同样类型的题,但对做不同类型的题则有消极影响。这是功能固着对问题解决的影响。　(　　)
4. 真正的教育不仅发生在课堂上,同时发生在师生交流的任何一个时刻。　(　　)
5. 教师的体态语言不属于课程资源。　(　　)
6. 按照教师专业发展的理智取向,教师要进行有效教学,一要有学科知识,二要有教育知识,三要有实践知识。　(　　)
7. 《中学教师专业标准(试行)》和《小学教师专业标准(试行)》是中小学教师的职业准入标准。　(　　)
8. "哲学家与搬运夫之间的原始差别要比家犬与猎犬之间的差别小得多",这句话强调了遗传是人身心发展的决定性因素。　(　　)
9. 对于小学一、二年级的学生而言,攻击性行为是典型的男生行为,依赖性行为是典型的女生行为。　(　　)
10. 过度学习是指在学习达到刚好能背诵以后的附加学习,这意味着复习的次数越多越好。　(　　)
11. 好老师的道德情操最终要体现到对所从事职业的忠诚和热爱上来。　(　　)
12. 根据维纳的归因理论,学生将考试结果不好归因于自己不够努力,会降低自我效能感。　(　　)
13. 在课堂上,为了集中学生的注意力,老师们会常常提醒学生"注意哦"。可见,注意是一个独立的心理过程。　(　　)
14. 布鲁纳的"认知—发现学习说"认为学习的本质是主动地形成认知结构。(常考)　(　　)
15. 皮亚杰用"三山实验"来研究儿童思维发展的自我中心性。　(　　)
16. 心理学家艾利斯提出的ABC理论中,A是指事件造成的情绪结果。(常考)　(　　)
17. 某些学困生在阅读方面可能比较落后,但是在数学方面可能高于平均水平。　(　　)

18. 《教育法》中对违法责任做出规定的规范,属于教育法律规范的调整性规范。　(　　)
19. 通过教师招聘,某学校聘用了小张并签订了教师聘用合同,这样学校与小张就形成了教育法律关系。　(　　)
20. 根据我国的教育立法体制,地方有权根据本地区的需要制定相应的规范性教育法规文件。　(　　)
21. 教师有故意不完成教育教学任务给教育教学工作造成损失的情况,应由其所在学校或者教育行政部门给予行政处分,但不能解聘。　(　　)
22. 15岁的王某非常顽劣,因与校外学生打架致人重伤,被判刑半年。刑满释放后的王某要求回学校继续读完初三,学校有权拒绝王某的就读申请。　(　　)
23. 《新时代中小学教师职业行为十项准则》与《教师法》规定的教师基本法律义务所体现的精神是一致的。　(　　)
24. 教师职业道德是教师职业社会威望形成的基础。　(　　)

二、单项选择题(下列每小题列出的四个选项中只有一个是最符合题意的,请将其代码填在括号内。错选、多选或未选均不得分。本大题共45小题,每小题1分,共45分)

1. 习近平总书记指出,评价教师队伍素质的第一标准应该是(　　)
   A. 学生发展　B. 教师学历　C. 师德师风　D. 教学能力
2. 以下关于我国教育改革与发展论述不正确的是(　　)
   A. 坚持以新发展理念引领教育领域综合改革
   B. 建设教育强国是中华民族伟大复兴的基础工程
   C. 以管办评融合构建政府、学校、社会之间的新型关系
   D. 教育事业改革发展要从上规模、讲数量向强素质、提质量、促公平转变
3. 首次将美育纳入教育方针的文件是(　　)
   A.《中华人民共和国教育法》
   B.《中国教育改革和发展纲要》
   C.《中共中央关于教育体制改革的决定》
   D.《中共中央国务院关于深化教育改革,全面推进素质教育的决定》
4. "教育是农业而不是工业"隐含的意思中,不包括下面哪一项(　　)
   A. 学生是具有生命活力的人　B. 教育要发挥学生的主体性
   C. 教育要尊重学生的独特性　D. 教育是对学生的加工改造
5. 强调课程的丰富性、循环性、关联性和严密性的是(　　)
   A. 经验主义课程论　B. 学科中心主义课程论
   C. 存在主义课程论　D. 后现代主义课程论

6. 教育可以保留有价值的文化,也可以剔除文化中的糟粕,这体现了教育对文化的(　　)

A. 传递功能　　B. 选择功能　　C. 更新功能　　D. 创造功能

7. "教育是学生生活的过程",这属于哪一流派的观点(　　)

A. 实验教育学　　B. 文化教育学

C. 批判教育学　　D. 实用主义教育学

8. 以下教育家与其教育思想不匹配的是(　　)(常考)

A. 蔡元培——五育并举　　B. 晏阳初——平民教育

C. 赞科夫——教学过程最优化　　D. 裴斯泰洛齐——教育心理学化

9. 在教师角色的认识上,符合建构主义学习理论的是(　　)

A. 教师是蜡烛　　B. 教师是园丁

C. 教师是工程师　　D. 教师是脚手架

10. 以下不属于孔子教师观内容的是(　　)

A. 学而不厌　　B. 温故知新　　C. 师道尊严　　D. 教学相长

11. 某学生家长建议教师将座位分为不同区域,学生按成绩高低分别坐在不同的区域,以方便教师的教学。针对此建议,班主任的正确选择及理由是(　　)

A. 采纳,合理利用了资源,避免学习差的学生浪费资源

B. 采纳,学习优秀者就应该享有更有利的资源,利于培养人才

C. 不采纳,不分区有利于学生之间和睦相处,增强班级凝聚力

D. 不采纳,每个学生享有教育资源的机会均等,非特别群体专有

12. 下列有关学生群体的论述不正确的是(　　)(易混)

A. 非正式群体是自发形成,因而是固定不变的

B. 参照群体是学生个人心目中向往和崇尚的群体

C. 有的学生可能同时有两种性质相反的参照群体

D. 正式群体一般都是根据学校和班级的需要或要求成立的

13. 某班学生当班主任在的时候很规矩,但班主任一离开学校,纪律等就明显松懈,缺乏责任心,班级不团结,犹如一盘散沙,由此推测,该班主任的领导方式属于(　　)

A. 民主管理型　　B. 仁慈专断型　　C. 放任自流型　　D. 强硬专断型

14. 小明期末考试数学没考好,妈妈批评了他,他对妈妈说:"我比上次考得好,上次我都没及格,这一次我及格了。"小明对自己这次数学考试的评价属于(　　)

A. 绝对评价　　B. 综合评价

C. 诊断性评价　　D. 个体内差异评价

15. 某初二老师组织学生春游,让学生饱览"霞映飞泉,野舟横渡,柳覆长堤"的美景,提高了学生的审美素养。该老师采用的美育途径是(　　)

A. 大自然　　B. 课堂教学　　C. 日常生活　　D. 课外艺术活动

16. 幼儿园教育既应杜绝"小学化",又要注意幼小衔接,这体现了个体身心发展的(　　)(易错)

A. 互补性　　B. 阶段性　　C. 衔接性　　D. 个别差异性

17. 以下符合新课程基本理念的是(　　)

A. 重视知识传授和接受　　B. 倡导个性化的知识生成方式

C. 推进课程分化,强化学科界限　　D. 强调理论化、体系化的书本知识

18. 语文课上,刘老师呈现了一组利比亚战争中孩子的照片并引导学生讨论:这些身处战争中的孩子会有什么愿望和渴求。在学生热烈讨论后,刘老师点明今天的主题——《一个中国孩子的呼声》。根据加涅的信息加工理论,此时学生的学习处于(　　)

A. 动机阶段　　B. 领会阶段　　C. 习得阶段　　D. 概括阶段

19. 某幼儿园从考勤、家园互动等方面对幼儿进行测评,并根据结果将幼儿分成三类,前两类给予金额不等的奖励。对该行为,以下说法正确的是(　　)

A. 将孩子分门别类,有利于因材施教

B. 容易产生不当竞争,助长功利化倾向

C. 能激励孩子和家长更好地参与幼儿园的活动

D. 考核方式科学合理,有利于幼儿的身心发展

20. 新课程改革中被强调为"平等中的首席"的教育要素是(　　)

A. 教师　　B. 学生　　C. 教学内容　　D. 教学手段

21. 以下不属于教师专业标准的是(　　)

A. 师德为先　　B. 知识为上　　C. 能力为重　　D. 学生为本

22. 数学课上,唐老师问了同学们两个问题。第一个问题是"从A村到B村有3条路可以走,从B村到C村有4条路可以走,那么从A村经过B村到C村有多少条路可以走?"第二个问题是"书架上有7种不同的数学书,3种不同的语文书,要在书架上任取一本语文书和一本数学书,共有多少种取法?"随后,唐老师讲解了本堂课的重点"乘法原理",并通过乘法原理计算出从A村经B村到C村共有12条路可以走。讲解完后同学们也都能根据乘法原理很快计算出第二个问题的答案,即取书的方式一共有21种。在这一案例中。同学们产生的学习迁移更符合以下哪种理论(　　)

A. 相同要素说　　B. 形式训练说

C. 经验类化说　　D. 关系顿悟说

23. 在培养学生阅读技能的教学中，教师有很多方式方法，如："指读""大声阅读""齐读"等，从智力技能形成阶段看，能够"默读"的学生处于(　　)

A. 内部言语活动阶段　　B. 活动的定向阶段

C. 物质化活动阶段　　D. 无声的外部言语活动阶段

24. 在认知风格研究中，"镶嵌图形测验"最能区分哪类认知风格(　　)

A. 内倾与外倾　　B. 场独立与场依存

C. 聚合式与发散式　　D. 整体性与系列性

25. 冬冬篮球打得好，但不爱学习，经常搞恶作剧、撒谎、打架……认为冬冬满身缺点，不可救药。如果你是张老师，采用哪一德育原则教育冬冬效果最好(　　)

A. 正面教育与纪律约束相结合　　B. 严格要求与尊重信任相结合

C. 统一要求与从实际出发相结合　　D. 发扬积极因素与克服消极因素相结合

26. 在玩捉迷藏的游戏时，丽丽没有找到合适的藏身之处，被斌斌抓住了。丽丽说："我还没藏好，你不能抓我。"她不愿意认输。斌斌说："我们做游戏前约定好了数到10就开始找，你自己没藏好，不能怪我。"由此可推知，丽丽的品德发展处于(　　)

A. 权威阶段　　B. 公正阶段　　C. 可逆性阶段　　D. 自我中心阶段

27. "触景生情"属于(　　)

A. 有意回忆、直接回忆　　B. 有意回忆、间接回忆

C. 无意回忆、直接回忆　　D. 无意回忆、间接回忆

28. 一位化学老师为了帮助学生理解记忆，把化学学科用语填进《青花瓷》歌曲中，该老师使用的是(　　)

A. 复述策略　　B. 组织策略　　C. 调节策略　　D. 精加工策略

29. 老师换了一个新发型进入教室，引发了学生的窃窃私语。学生的这种注意属于(　　)(常考)

A. 有意注意　　B. 无意注意　　C. 有意后注意　　D. 无意后注意

30. 强调学生完成作业或回答问题后要及时反馈和强化的心理学家是(　　)

A. 斯金纳　　B. 加德纳　　C. 布鲁纳　　D. 罗杰斯

31. 引导学生逐步理解和领会世界、社会与人生的丰富性与复杂性，教导学生学会思考，逐步形成科学的世界观、正确的人生观和价值观，这是德育中的(　　)

A. 道德教育　　B. 思想教育　　C. 法制教育　　D. 心理健康教育

32. 根据皮亚杰的认知发展阶段理论，一般不可能出现在小学三年级学生身上的行为是(　　)(易错)

A. 能够进行假设命题，并验证假设

B. 能够从"A = B，B = C"推出"A = C"

C. 在体育课上能够按老师说的"高矮顺序"自行列队

D. 知道两杯400ml的水即使放在不同大小的容器内，体积也是一样的

33. 关于陈述性知识和程序性知识的区别，以下表述错误的是(　　)(易混)

A. 就改变难度而言，陈述性知识改变较易，程序性知识改变较难

B. 就习得速度而言，陈述性知识习得较慢，程序性知识习得较快

C. 就知识的内涵而言，陈述性知识是静态的，程序性知识是动态的

D. 就意识控制程度而言，陈述性知识意识控制程度较高，程序性知识意识控制程度较低

34. 要纠正一个学生不认真学习的态度，按认知失调理论，最恰当的做法是(　　)

A. 当学生认真学习时及时表扬

B. 当学生学习不认真时进行严厉批评

C. 让学生为自己的不认真学习找出理由

D. 使学生认识到学习不认真对自己的危害

35. 关于学校心理健康教育主题选择的依据，以下选项不正确的是(　　)

A. 教师的教学问题　　B. 学生所关心的热点问题

C. 学生心理发展中的问题　　D. 不同年龄阶段的学生心理发展的特点

36. 允许当事人在法律许可范围内协商解决，并具有补偿性的法律责任类型是(　　)

A. 刑事法律责任　　B. 民事法律责任　　C. 行政法律责任　　D. 违宪法律责任

37. 教师提出教育行政救济时，不能提出(　　)

A. 行政申诉　　B. 行政复议　　C. 行政赔偿　　D. 行政诉讼

38. 我国《中学生日常行为规范》《小学生守则》只适用于中、小学生，《中等专业学校教师职务试行条例》只适用于中等专业学校的教师。这体现了教育法规实施的(　　)

A. 时间效力　　B. 空间效力　　C. 形式效力　　D. 对人的效力

39. 以下教育法规：①《教师法》②《教育法》③《中小学教育惩戒规则(试行)》④《教师资格条例》，根据制定机关和法律效力等级，由高到低排序正确的是(　　)(易错)

A. ①②④③　　B. ③②①④　　C. ②①④③　　D. ②④①③

40. 四位同学为我国公民受教育权的时间起点进行争论。你认为谁的说法是正确的(　　)

A. 甲说从出生开始　　B. 乙说从年满6周岁开始

C. 丙说从年满14周岁开始　　D. 丁说从年满18周岁开始

41. 学校有维护教育教学正常秩序的权利，其中包括要求义务人停止侵害教育教学正常秩序、维护自己利益的权利；也包括可以要求负有积极义务的义务人做出这种积极行为的权利。这体现的教育法律权利的表现形式是(　　)

A. 行为权　　B. 要求权　　C. 请求权　　D. 保障权

42. 以下说法不正确的是(　　)

A. 行政诉讼的受理机关不能是上一级人民政府

B. 教育法律责任有行政法律责任、民事法律责任、刑事法律责任

C. 学生权利受侵害时,学生可作为教育法律关系的客体提起申诉

D. 侵犯未成年人隐私,构成违反治安管理行为的,由公安机关依法给予行政处罚

43. 关于《教育法》和《教师法》规定的教师申诉制度和学生申诉制度,下列说法正确的是(　　)

A. 都是权利救济制度

B. 都可向行政机关或个人提出申诉

C. 都可以书面或口头的形式提出申诉

D. 申诉人都是指合法权益受到侵害的本人

44. 朱熹曾经说过:"无一事而不学,无一时而不学,无一处而不学。"这句话体现了教师职业道德规范的(　　)(常考)

A. 为人师表　　B. 终身学习　　C. 爱岗敬业　　D. 关爱学生

45. 以下对"立德树人"理解不正确的是(　　)

A. 揭示了教育的本质

B. 强调以品德教育为重,知识教育为轻

C. 强调促进人的德性成长是教育的首要任务

D. 揭示了道德发展与人的全面发展的辩证关系

三、多项选择题(下列每小题列出的选项中至少有两个是正确的,请将其代码填在括号内。错选、多选或未选均不得分。本大题共 10 小题,每小题 1.5 分,共 15 分)

1. 习近平总书记提出教师要做学生的"引路人",即要求广大教师(　　)

A. 要做学生劳动创造的引路人　　B. 要做学生锤炼品格的引路人

C. 要做学生学习知识的引路人　　D. 要做学生创新思维的引路人

E. 要做学生奉献祖国的引路人

2. 阳光小学坐落于美丽的莲花湖畔,近年来学校围绕"莲文化"主题进行了校园文化建设。学校推行课外阅读,根据学段要求学生背诵校本教材《小荷尖尖》中收集整理的诗歌,定期组织学生到莲花湖开展综合实践考察,学生通过实地观察,记录莲花湖生态区的气候、动物、植被等情况;生物老师在课堂上教孩子们将从莲花湖采回来的植物做成标本,课后还指导学生撰写科技小论文;语文老师让学生以荷花为主题作文;美术老师还会让学生到莲花湖写生……由此可见,阳光小学实施的课程类型有(　　)

A. 活动课程　　B. 显性课程　　C. 隐性课程　　D. 校本课程

E. 核心课程

3. 教育目的应阐明(　　)

A. 怎样办教育　　B. 为谁培养人

C. 怎样培养人　　D. 培养什么样的人

E. 办什么样的教育

4. 万老师给小学生讲《登鹳雀楼》,前 25 分钟主要介绍作者王之涣及其作品,后 15 分钟领着学生读课文、讲解字词和诗意,布置的作业是课后背诵。课后当被问及为什么这么安排时,她说:"这首诗就四句话,讲不了多少时间,只好介绍作者了。"以下对万老师评价正确的有(　　)

A. 教学属于记忆水平　　B. 教学时间分配不合理

C. 主要采用了读书指导法　　D. 专业发展处于"任务关注"阶段

E. 对教学对象的认知特点把握不准确

5. 关于协同教学,以下说法正确的有(　　)

A. 是一种弹性教学组织形式

B. 采用灵活时间单位代替固定划一的上课时间

C. 根据学科的不同,将学生编为大组或小组

D. 把大班上课、小班讨论、个人独立研究结合在一起

E. 既可以发挥教师专长,又可以激发学生的学习动机

6. 以下属于负强化的有(　　)

A. 对父母说谎,两天不许看电视

B. 上课不认真听讲,减少课间休息

C. 考试成绩好,父母返还没收的手机

D. 小朋友听话吃药,就不用去医院打针

E. 三次没有完成作业,取消周日去公园的计划

7. 关于物质奖励与学习动机的关系,以下说法正确的有(　　)

A. 物质奖励会使内部动机与外部动机此消彼长

B. 单纯加大外部物质奖励,学生一旦学习失败,会造成学习动机下降

C. 物质奖励会使学生把注意力放在学习活动之外,有可能削弱内部动机

D. 物质奖励能激发学生对学习活动的兴趣,有助于提高学生的内部动机

E. 若能使物质奖励具有精神奖励的性质,则对外部动机的激发作用更明显

8. 托尔曼的动物方位学习迷宫实验揭示了(　　)

A. 潜伏学习的存在

B. 学习是通过顿悟产生的

C. 学习并不是S－R的直接联结

D. 外在强化是学习产生的必要因素

E. 未受奖励的学习期间,认知结构也会发生变化

9. 初二女生欣欣与男同学林可很要好,经常在一起组织班级活动,平时交往较多,学习上互帮互助。一天早上,欣欣和林可一起走进教室,同学们有的吹起了口哨,有的阴阳怪气地大叫。原来,不知道谁在黑板上写下"欣欣 love 林可"的字样。这件事后,关于欣欣和林可的传言越来越多,最后传到了班主任王老师那里。

如果你是班主任老师,恰当的做法有(　　)

A. 正面引导,让学生分辨友情与爱情

B. 对写黑板和传小道消息的同学进行批评教育

C. 把学生家长请到学校,要家长管好自己的孩子

D. 开展"异性交往"的主题班会,让学生学习人际交往的技巧

E. 把欣欣和林可叫到办公室,强调学习的重要性,要求他们减少交往以免影响学习

10. 某小学五年级学生在操场上体育课,学习打篮球。体育老师给学生讲解完打球要点和有关安全注意事项后,把班上的同学分为几个小组,练习投篮和抢篮板球。李同学和刘同学分在一个小组。因场地湿滑,李同学在抢球时不慎摔倒在地,恰巧被奔跑上来的刘同学踏在腿上,致使小腿骨折。此时,体育老师正在指导其他小组练球。李同学住院花费等共计一万多元。在此事故中应承担责任的有(　　)

A. 学校　　B. 刘同学的父母　　C. 李同学　　D. 体育老师

E. 小组其他同学

四、案例分析题(本大题共8小题,每小题2分,共16分,每小题至少有一个选项是正确的,错选、多选、少选均不得分)

根据下列资料,作答1、2题。

【资料】以下是某初中物理老师上《压强的现象》一课时的主要步骤:

一、演示导入

老师取一块牛奶糖,将一端捏成针状后,直立于地面,让一个柚子在牛奶糖上方自由落下,便可让牛奶糖钉入柚子中。

在此过程中,学生观察牛奶糖是否钉入柚子中并推测其可能原因,教师示范后请几位学生重复此实验。分析成功或不成功的原因。加以修正后,重复做几次。

二、展示教学目标

(一)压强和受力面积的关系

(二)压强的定义、公式和单位

(三)压强的计算

三、讲解指导

(一)压强与受力面积的关系

1. 示范并请学生一起做:分别用两手的指头,同时压住钢笔的两端,并让钢笔保持不动。

问:(1)手指有何感受?手指的肌肉有何现象发生?

(2)两手手指施力的大小相同吗?如何得知?

(3)既然两端的施力大小相同,为什么有一端凹陷较深?

2. 将装满水的塑料瓶放在海绵上,让学生比较直立和倒立时海绵凹陷的程度。

问:为什么?

(二)压强和压力的关系

拿两瓶大小相同、容量相同的易拉罐饮料,放在海绵上,让学生观察两者在直立时海绵凹陷的程度。

问:如果要让海绵凹陷得更深,该怎么办?

(三)掌握压强概念

1. 定义:压强＝单位面积所受的压力。

2. 物理意义:受力面积相同,压力越大,则单位面积承受的力越大。

3. 公式:$p = F/S$。

4. 压强的计算:(1)20g的力垂直作用在面积为10平方厘米的平面上,求压强的大小;(2)20g的力垂直作用于面积为0.1平方厘米的平面上,求压强的大小。

5. 小组讨论:假设砖块的重量为2000g,长、宽、高分别为20cm、10cm、5cm,求:(1)当砖块平放时海绵承受的压强有多大?(2)直立时压强是多少?

每组讨论后推一个代表发言。

四、思考讨论

(一)一块豆腐放在一根钉子上,豆腐马上被刺破,但把豆腐放在布满钉子的平面上,就不会被刺破,为什么?

(二)牛奶糖为什么可以穿透柚子?

(三)刀口钝了为什么就难以切开柠檬?

1. 对该老师的教学,以下分析正确的有(　　)

A. 属于程序教学模式　　B. 教学活动围绕问题进行

C. 既有自主学习，也有合作学习　　D. 主要体现了行为主义的教学思想

E. 既强调了学生的认知主体作用，也重视教师的指导作用

2. 从该案例中得到的启示有(　　)

A. 信息社会更要强调知识的传授

B. 各组学生做经验分享时，教师应给出标准答案

C. 教师的角色应从知识的灌输者向学习的帮助者、促进者转变

D. 学生学习新知识时，总是涉及原有认知结构，要依赖自身既有经验来理解新知识

E. 知识是学习者在一定情境下，借助他人的帮助，利用必要的学习资料，通过意义建构获得的

根据下列资料，作答3、4题。

【资料】宁宁是这学期刚从外地转学来的学生，语文成绩很差，特别是作文，每次交上来的作业都十分敷衍。有一次，我让同学们研究一篇作文，没想到她随便抄了一篇短文，字迹潦草，就交了上来。看到后我既生气又无奈。已经单独找她谈过几次话了，但宁宁却没有丝毫改进，只是告诉我她以前的老师说她不是学语文的料，她也觉得自己不可能写好作文。"该怎么办呢?"我一边翻看着宁宁摘抄的短文，一边陷入了沉思，这时，一个想法闯进了我的脑海。

第二天的语文课，我调整了教学内容，让同学们说说自己最喜欢的季节以及为什么，学生的发言很积极，许多同学都发表了自己的想法。"刚刚许多同学都分享了自己喜欢的季节，老师这里有一篇描写季节的短文，现在读给大家。同学们来听一听作者喜欢的是什么季节，听完后说说你们的看法。"说完，我开始声情并茂地读起来："我讨厌你——秋，你永远都是那么忧郁，那么沉闷，那么孤寂。是你，让艳丽的花儿失去了色彩；是你，让繁茂的大树落光了头发；也是你，让快乐的小鸟失去了北方的家。黄昏，独自在空寂的大街上散步，时不时会有几片枯黄的落叶盘旋着落在我的头上、肩上。这时，我忽然抬起头，不禁惊呆了——落叶随风飘飘然地起舞，漫天飞着黄色的'蝴蝶'。刹那间，我好像进入了一个奇幻的世界，这个世界太漂亮了……"

当我读完时，学生们不约而同地鼓起了掌。"写得太美了!""老师，这篇文章写得太好了，仿佛置身于一片金色的秋的海洋。"同学们七嘴八舌地讨论起来，都对这篇文章赞不绝口。

"同学们，这篇文章出自我们班宁宁之手，这是她为大家摘抄的一篇精彩的短文，同学们喜不喜欢呢?"

"喜欢。"

"那我们要不要一起把掌声送给宁宁，感谢她为我们带来了一篇精彩的短文。"教室里响起了阵阵掌声，在掌声中，我看到了宁宁开心、害羞又感动的表情。第二天，宁宁主动找到我，拿给了我一篇她自己写的作文，字迹工工整整。那一刻我开心地哭了。

3. 针对此案例，下列说法正确的有(　　)

A. 老师的表扬提高了宁宁的附属内驱力

B. 宁宁主动交了一篇字迹工整的作文，这是态度迁移的结果

C. 老师及时调整了教学内容，说明该老师注重结果性教学目标

D. 宁宁对写作文自暴自弃的态度，说明自我效能感会受过去经验的影响

E. 宁宁因为以前老师的评价，认为自己"不是学语文的料"，这是属于内部、不稳定、不可控的归因

4. 从上述案例中可以得到的启示有(　　)

A. 良好的师生关系是一种强大的教育力量

B. 合理营造课堂的竞争气氛，有利于调动学生的学习积极性

C. 当学生犯错误的时候教师要给他们机会，用爱和温暖去感化学生

D. 在归因时，教师应鼓励学生进行外部归因，从而避免学生失去信心

E. 培养学生的学习动机，使学生乐学、好学成为教育的重点目标之一

根据下列资料，作答5、6题。

【资料】开学不久，班主任张老师发现本班新安装的百叶窗帘坏了。张老师看在眼里，急在心里，怎么办？思前想后，她决定将下午班会主题临时改为《我来说窗帘》。班会开始，张老师首先让同学们思考一个问题：窗帘有什么作用？同学们七嘴八舌地回答起来，有的说"窗帘可以遮隐私"，有的说"房间里有窗帘好看"，还有学生说"窗帘可以遮挡阳光"……张老师对教室里安装窗帘的作用进行了补充和总结。然后，张老师在PPT上展示了被损坏的窗帘的图片：笔直的方向调节杆被拉了下来，扭曲成几段，扔在垃圾袋里；淡蓝色的塑料条，有的破碎、有的断裂；整个窗帘歪歪斜斜地挂着……全班一片哗然："谁干的""我那天看到有人在拉窗帘""喊他赔钱"……等学生安静下来后，张老师诚恳地说："我不知道是谁干的，我也不想知道是谁干的。这件事情的主要责任在我，作为班主任，我没有在安装窗帘时及时向同学们明确提出爱护公物的要求，是我的失职。现在窗帘不能用了，怎么办?"同学们三三两两地议论起来。过了一会儿，班长站起来说："张老师，让我们自己来处理这件事情吧!"张老师点点头，说："好，我相信你们能解决好这个问题!"接下来，班长让每个同学拿出一张纸写下自己的看法和解决办法。不一会儿，50张纸条交了上来。

甲：损坏公物是错误的行为，应该赔偿。

乙：不要追究责任，给犯错误的同学一次改正的机会。

丙：损坏窗帘虽然是个别同学的行为，但赔偿应该是全班同学，因为我们是一个集体，我们发现了这个错误，但没有制止。我们应该对自己的行为负责。

丁：大家凑钱买一个新窗帘，派专人保管，我愿意为大家服务。

戊:我看见几个同学在扯窗帘,应该批评他们。

班长一一宣读后,选出几条比较集中的意见进行讨论,最后无记名投票统一了处理决定:原谅损坏窗帘的同学,大家凑钱买一个新窗帘。

班会结束前,班主任第一个向班长交了钱,并说道:"我也是班级的一员。"

班会结束后,张老师收到了一张纸条,上面写着:"张老师,对不起,我错了! 您的学生××。"

5. 对于张老师的做法,以下评价正确的有(　　)

A. 灵活运用了自然后果法,取得了良好的教育效果

B. 不追究损坏窗帘的学生的责任,忽视了教育惩戒的作用

C. 通过学生对班级的自主管理,培养了学生的责任与担当意识

D. 让学生自己决策班级事务,没有承担起班级管理的指导和引领作用

E. 善于抓住教育契机,采用价值澄清的方法,提高学生自我教育的能力

6. 该案例给我们的启示有(　　)

A. 班级纪律是维持班级组织的主要手段

B. 学生集体是教育的对象,也是教育的主体

C. 班主任要强化角色意识,也要善于转换角色

D. 教师要善于通过集体教育个人,也要善于通过个人教育集体

E. 师生之间、生生之间的包容、信任,有利于学生健全人格的发展

根据下列资料,作答7、8题。

【资料】2019年6月15日下午,玉山学校初二年级三班进行期末数学考试。江老师在校园巡考时,发现该班有两名女生,座位一前一后,有相互交谈的动作,手上好像还拿着小纸条。江老师径直走进教室,检查了这两位女生的桌面、抽屉等,但均未发现作弊的小纸条。走出教室时江老师叮嘱负责该教室监考的马老师要注意维护考场纪律,做好违纪学生记录。

马老师发现,这两位女生中,前排的何小萍只要抓住机会就试图和后排的女生交流。为了维护考场纪律,马老师走到何小萍面前,当着全班的面说:"我现在郑重警告你,继续作弊的话我就要没收试卷,让你离开考场。"他在考场记录表上写下"何小萍作弊警告"这几个字。之后何小萍再也没有其他异样的举动。

2019年7月2日,玉山学校公布期末成绩,何小萍惊讶地发现自己的数学成绩为零分,原因是考试作弊,并且学校发布公告给予自己记过处分。她的母亲知道了女儿在学校的表现,觉得很丢脸,怒斥其不用功,不争气。何小萍在母亲面前拒不承认自己作弊,第二天就负气出走了。何小萍母亲四处寻找,直到7月4日还没有消息,便觉得事态严重,遂到学校找班主任和学校领导理论。学校拿出了当天的考场记录表,虽然表上没有何小萍的签名,但却有当天监考的马老师的签名,所以学校认为,认定何小萍作弊的事实是清楚的。对于何小萍的离家出走,学校也表示很遗憾,也很着急,但并无相关责任。何小萍母亲却不这么看,她认为:第一,何小萍正常完成了考试,学校不能仅凭监考老师一人所作的"何小萍作弊警告"记录,认定何小萍作弊。第二,学校的处理意见半个月后才告知何小萍及其家长,教育管理上有过失。学校公开处分造成其女儿离家出走,学校要承担名誉侵权责任。第三,学校必须迅速与家长一起寻找何小萍,如果学校置之不理,她将状告学校。

7. 针对此案例,下列说法正确的有(　　)

A. 学校为严肃考风考纪,给何小萍记过处分是正确行使了其权利

B. 学校采取公告形式处分学生,违背了《中华人民共和国未成年人保护法》

C. 学校没有掌握有效的纸质或录像证据,不能轻易认定何小萍有作弊行为

D. 考场记录表上有马老师的签名,何小萍应当被判定为作弊并受到纪律处分

E. 何小萍的离家出走,反映了其心理承受能力差,主要是家庭教育导致,与学校处分无必然联系

8. 从此案例中可以得到的启示有(　　)

A. 学校应当建立健全现代学校管理制度,提高依法治校水平

B. 从长远来看,教师对问题学生进行惩戒正是对学生受教育权的保护

C. 学校和家长要加强学生心理承受能力的教育和训练,充分尊重学生的名誉权

D. 当未成年人合法权益受到侵害时,被侵害人及其监护人有权向有关部门投诉

E. 学校对考试作弊行为的处理涉及学生的重大利益,必须事实清楚、证据确凿

2021年河南省洛阳市伊川县教师招聘考试真题试卷(精编)(五)

(总分100分　时间120分钟)

本套试卷共105小题,目前已收录101小题,包括单项选择题(71小题)、多项选择题(10小题)、判断题(20小题)。

一、单项选择题(下列每小题列出的四个选项中只有一个是最符合题意的,请将其代码填在括号内。错选、多选或未选均不得分。本大题共75小题,每小题1分,共75分)

1.“双减”政策要求小学3~6年级学生的书面作业平均完成时间不超过(　　)分钟。

A. 30　B. 60　C. 75　D. 90

2. 儿童身心发展有明显的顺序性,这个特点决定了教育工作要(　　)

A. 循序渐进　B. 因材施教　C. 教学相长　D. 求同存异

3. 教师在教学中,根据不同学生的认知水平、学习能力及自身素质,选择合适的教学方法。这说明教学应注重(　　)(常考)

A. 学生自主　B. 教师主导　C. 教学相长　D. 因材施教

4. 让适龄儿童、少年接受义务教育是学校、家长和社会的义务,谁违反这个义务,谁就要受到法律的规范。这体现了义务教育的(　　)

A. 公共性　B. 民主性　C. 免费性　D. 强制性

5. 为验证燃烧需要氧气,教师在一个特定矿泉水瓶里点燃酒精棉后,拧紧瓶盖,瓶子收缩,让学生分析原因。这种教学方法属于(　　)

A. 实验法　B. 练习法　C. 演示法　D. 探究法

6. 学生在教师指导下,各自主动在实验室,根据拟订的学习计划,以不同的教材,不同的速度和时间进行学习,用以适应其能力、兴趣和需要,从而发展个性,目的是废除年级和班级教学。这种组织形式是(　　)(易混)

A. 特朗普制　B. 文纳特卡制　C. 道尔顿制　D. 贝尔—兰喀斯特制

7. 辛亥革命后,南京临时政府对旧学制进行修改,形成新学制,明显反映了资产阶级在学制方面的要求,是我国教育史上第一个具有资本主义性质的学制,是(　　)

A. 癸卯学制　B. 壬子癸丑学制　C. 壬寅学制　D. 六三三学制

8. 下列属于道家思想的是(　　)

A. 有教无类　B. 虚怀若谷　C. 温故知新　D. 以吏为师

9. 孟子提出“性善论”的观点,他认为人的本性中就有“恻隐、羞恶、辞让、是非”四端,这也是“仁、义、礼、智”四种基本品性的根源。这种观点是(　　)

A. 外铄论　B. 内发论　C. 多因素论　D. 相互作用论

10. 以自愿组合为主,根据学生的兴趣爱好和学校的具体条件,有目的、有计划地组织经常性活动。这种形式属于(　　)

A. 小组活动　B. 学科活动　C. 个人活动　D. 群众性活动

11.“不陵节而施”遵循的是(　　)教学原则。

A. 直观性　B. 因材施教　C. 循序渐进　D. 启发性

12. 在小学体育教材中,水平一、水平二、水平三的学生全都学习田径,但学习难度以及对学生身体素质的要求依次升高。这种组织形式属于(　　)

A. 直线式　B. 并列式　C. 螺旋式　D. 循环式

13. 对被评价者的过去和现在或者个体内部的各方面进行比较,以判断其学习状况。此评价属于(　　)(易错)

A. 延迟评价　B. 绝对评价　C. 相对评价　D. 个体内差异评价

14. 有利于克服课程脱离实际生活的弊端,其目的在于满足地方或社区发展的实际需要,加强学生与社会现实和社区发展的联系,使学生了解社区,接触社会,关注社会并对社会负责,增强其社会责任感的课程属于(　　)

A. 分科课程　B. 综合课程　C. 地方课程　D. 国家课程

15. 老师将自己的教学目标定为能够认识“咕、咚、突”等12个生字,会写“看、着、兔”等7个汉字。这属于(　　)

A. 情感性目标　B. 知识性目标　C. 技能性目标　D. 过程性目标

16. 数学老师在讲完圆的面积后,告诉学生一个圆的半径长2厘米,让学生计算该圆的面积。这种教学方法是(　　)

A. 实验法　B. 练习法　C. 演示法　D. 读书指导法

17. 有明确的目标、问题和范围,有详细的观察计划、步骤和合理设计的可控性观察,能获得真实的材料,并能对观察资料进行定量分析和对比研究,常用于对研究对象有充分了解的情况下的观察。这指的是(　　)(易混)

A. 结构式观察　B. 直接观察　C. 实验室观察　D. 定量观察

18. 语文老师上课时说,我们今天学习第20课《咕咚》,随后板书课题。接下来问同学们,咕咚是什么东西?这篇课文讲了一件什么事,你们想不想知道?请同学们打开书本,我们学完本课就知道了。老师用的导入方法是(　　)

A. 故事导入　B. 情境导入　C. 悬念导入　D. 直观导入

19. 英语老师想了解学生的学习情况,在课堂上就刚讲过的单词进行提问。这种评价属于(　　)

A. 诊断性评价　B. 定性评价　C. 形成性评价　D. 相对评价

20. 老师不仅要传授科学文化知识和训练学生的技能，发展学生的智力、培养学生的能力，还要培养学生的思想品德，促进其健康发展。这说明教师劳动具有(　　)

A. 创造性　　B. 长期性　　C. 示范性　　D. 复杂性

21. 朱熹认为知与行不可偏废，“论先后，知为先；论轻重，行为重”。这体现的德育原则是(　　)

A. 知行统一原则
B. 疏导原则
C. 长善救失原则
D. 尊重信任与严格要求相结合的原则

22. 开发并设置课程，如品德与生活、品德与社会、科学、艺术、历史与社会、综合实践活动等，这些课程实现了对特定学习领域内容和教育价值的统整。这体现了课程结构具有(　　)

A. 综合性　　B. 均衡性　　C. 选择性　　D. 时代性

23. 最早从理论上对班级授课制进行了阐述，为班级授课制奠定了理论基础的是(　　)(常考)

A. 泰勒　　B. 赫尔巴特　　C. 布鲁纳　　D. 夸美纽斯

24. 认为教育是儿童对成年人的一种无意识的模仿，否认了教育的社会属性。这一观点属于(　　)

A. 神话起源说　　B. 生物起源说　　C. 心理起源说　　D. 劳动起源说

25. 教育思想集中体现在《理想国》之中，认为教育的最高目标是培养“哲学王”的教育家是(　　)

A. 亚里士多德　　B. 苏格拉底　　C. 但丁　　D. 柏拉图

26. 在著作《给教师的一百条建议》和《把整个心灵献给孩子》中阐述了和谐教育思想，认为学校教育的理想是培养全面和谐发展的人的教育家是(　　)

A. 马卡连柯　　B. 苏霍姆林斯基　　C. 瓦·根舍因　　D. 赞科夫

27. 内发论强调人的身心发展是由自身的需要决定的，身心发展的顺序也是由人的生理机制决定的。下列属于内发论的代表人物的是(　　)

A. 荀子　　B. 洛克　　C. 华生　　D. 高尔顿

28. 下列属于教育现象的是(　　)(易错)

A. 老虎教会幼崽捕食
B. 幼鸟模仿大鸟扇动翅膀学习飞翔
C. 带小学生参观国家博物馆
D. 教会小狗做算术题

29. 个体在婴儿和青春期身心得到飞速发展，这是个体身心发展(　　)规律的反应。

A. 顺序性　　B. 不平衡性　　C. 阶段性　　D. 个体差异性

30. 小学教师经常用奖励小文具等方式鼓励学生助人为乐，这种德育方法是(　　)

A. 奖惩评价　　B. 榜样示范　　C. 情感陶冶　　D. 实际锻炼

31. 作为个体身心发展的现实基础，为个体发展提供对象、手段、资源、机遇等的因素是(　　)

A. 个体主观能动性　　B. 遗传　　C. 环境　　D. 学校教育

32. 在学习的成败归因的各种因素中，对学习动机的激励作用最大的是(　　)

A. 运气好坏　　B. 能力高低　　C. 任务难度　　D. 努力程度

33. 儿童通过学习，可以用“香蕉”或“banana”来代表他所看到的具体的香蕉。这种学习属于(　　)

A. 符号学习　　B. 辨别学习　　C. 概念学习　　D. 命题学习

34. 可可帮助同桌辅导作业后，感到非常开心。这种情感属于(　　)

A. 幸福感　　B. 美感　　C. 理智感　　D. 道德感

35. 李林同学认为这次考试没有考好是因为题目超纲了，自己没有学过。根据韦纳的成败归因理论，这属于(　　)(常考)

A. 稳定、外在、可控归因
B. 不稳定、外在、不可控归因
C. 不稳定、外在、可控归因
D. 稳定、外在、不可控归因

36. 学生学习了等边三角形以后，再学习等腰三角形。这种学习属于(　　)

A. 上位学习　　B. 下位学习　　C. 类属学习　　D. 组合学习

37. 数学老师经常将一些数学公式和定理编成儿歌的形式，便于学生理解和记忆。这是运用了(　　)

A. 复述策略　　B. 组织策略　　C. 元认知策略　　D. 精加工策略

38. 李老师发现课堂上认真听讲有利于学生充分吸收知识，于是他告诉学生只要上课认真听讲，课后就不布置作业，于是学生听课更加积极了。这属于(　　)

A. 正强化　　B. 替代强化　　C. 负强化　　D. 消退

39. 为了改进工作质量，将研究者和实践者、研究过程与实践过程结合起来，在现实情境中通过自主的反思性探索，解决实际问题的一种研究方法是(　　)

A. 观察法　　B. 教育叙事研究　　C. 调查法　　D. 教育行动研究

40. 老师让大家谈一谈自己的理想，小叶说自己既想成为一名英语教师，又想做英语广播电视台的主持人，不知道应该选哪个目标。这种心理现象属于(　　)(易混)

A. 双趋冲突　　B. 双避冲突　　C. 趋避冲突　　D. 多重趋避冲突

41. 儿童的认知结构由表象图式演化为运算图式，开始具有守恒性、脱离自我中心性和可逆性。皮亚杰认为，该时期的心理操作着眼于抽象概念，属于运算性(逻辑性)的，但思维活动需要具体内容的支持。这一阶段是(　　)阶段。

A. 前运算　　B. 具体运算　　C. 感知运动　　D. 形式运算

42. 小红能根据他人的具体情况，以平等为标准，在同情、关心的基础上对学习生活中的道德事件进行判断。根据皮亚杰的理论，小红的道德发展处于(　　)阶段。

A. 自我中心　　B. 权威　　C. 可逆　　D. 公正

43. 李明同学每次解决问题都能够触类旁通，不受消极思维定势的桎梏。这说明其思维具有(　　)

A. 广阔性　　B. 流畅性　　C. 变通性　　D. 独创性

44. 为了使小莉形成努力学习的好习惯，小莉每次认真听讲、积极回答问题、认真完成作业后，张老师都会表扬小莉，慢慢地小莉养成了良好的学习习惯。张老师采用的方法是(　　)

A. 系统脱敏法　　B. 行为塑造法　　C. 代币奖励法　　D. 自我控制法

45. 张明以前在班上名列前茅，但最近上课时常心不在焉，作业不能按时完成，即使交上去也是满篇错误，班主任应该考虑张明的(　　)是否得到满足。

A. 生理需要　　B. 安全需要　　C. 归属与爱的需要　　D. 自我实现的需要

46. 不论是在中午的强光下还是傍晚的暗淡光线下，我们看到的煤炭总是黑的、粉笔总是白的、国旗总是红的，不会因光照的不同而变化。这属于知觉的(　　)

A. 选择性　　B. 整体性　　C. 理解性　　D. 恒常性

47. 中国历史上最早提出"教学相长"的著作是(　　)

A.《史记》　　B.《中庸》　　C.《学记》　　D.《春秋》

48. 最早提出学习过程是"学—思—行"过程的教育家是(　　)

A. 老子　　B. 孟子　　C. 墨子　　D. 孔子

49. "建国君民，教学为先"，这句话反映了(　　)(常考)

A. 教育与政治的关系　　B. 教育与经济的关系

C. 教育与文化的关系　　D. 教育与科技的关系

50. 古希腊斯巴达教育比较重视(　　)

A. 军事体育　　B. 政治哲学　　C. 天文数学　　D. 全面发展

51. 杜威的"新三中心"指的是(　　)

A. 教师中心、书本中心、课堂中心　　B. 儿童中心、活动中心、课堂中心

C. 儿童中心、经验中心、活动中心　　D. 儿童中心、书本中心、活动中心

52. 赫尔巴特的"明了、联合、系统、方法"四阶段组成了(　　)

A. 教学内容　　B. 教学过程　　C. 教学媒介　　D. 教学设计

53. 昆体良的《雄辩术原理》是(　　)

A. 规范教育学建立的标志　　B. 世界上第一部论述教育的著作

C. 教育学开始成为一门独立学科的标志　　D. 第一部系统阐述教学理论的著作

54. (　　)认为，学习的实质是主动地形成认知结构。(常考)

A. 布鲁纳　　B. 桑代克　　C. 巴甫洛夫　　D. 布卢姆

55. 学校德育对政治、经济、文化发生影响的功能即指(　　)

A. 发展性功能　　B. 个体性功能　　C. 教育性功能　　D. 社会性功能

56. 当代国际社会中影响最大、传播最广、最具生命力的一种教育思潮是(　　)

A. 教育终身化　　B. 教育民主化　　C. 教育国际化　　D. 教育制度化

57. 个体在不同年龄阶段表现出身心发展不同的总体特征及主要矛盾。这表明个体身心发展具有(　　)

A. 顺序性　　B. 阶段性　　C. 差异性　　D. 不平衡性

58. 教育中"揠苗助长"的现象违反了个体身心发展的(　　)

A. 互补性　　B. 不平衡性　　C. 顺序性　　D. 个别差异性

59.《国家中长期教育改革和发展规划纲要(2010～2020年)》中提出，(　　)是教育改革发展的战略主题。

A. 坚持以德为先、推进国民教育协调发展　　B. 坚持以人为本、推进国民教育协调发展

C. 坚持以德为先、全面实施素质教育　　D. 坚持以人为本、全面实施素质教育

60. 素质教育的重点是(　　)(常考)

A. 创新精神　　B. 实践能力

C. 创新精神和实践能力　　D. 综合素质

61. 教育的影响作用往往不能立竿见影地显露出来，教师的劳动效果最终在学生独立地参加社会实践后才能得到检验。这体现了教师劳动的(　　)

A. 示范性　　B. 长期性　　C. 复杂性　　D. 创造性

62. 教师的教育学、心理学知识范畴属于(　　)性知识。

A. 本体　　B. 条件　　C. 实践　　D. 一般

63. 学生主观能动性的最高表现是(　　)

A. 自觉性　　B. 独立性　　C. 创造性　　D. 可塑性

64. 在教学中，学生的地位是(　　)

A. 既是主体也是客体　　B. 主体

C. 主导　　D. 都不是

65. 善于倾听学生的批评，以间接的方式引导班级组织的班主任领导方式属于(　　)

A. 专制型　　B. 民主型　　C. 放任性　　D. 溺爱型

66. 教师通过自己长期的辛勤工作，使学生提高了思想品德素养，完善了知识与能力，身体和心理都得到了进一步的发展。这些事实集中反映了教师的(　　)

A. 组织教育教学能力　　B. 自我调控能力

C. 组织管理能力　　D. 语言表达能力

67. 班主任做好班级工作的中心环节是(　　)(易混)

A. 了解和研究学生　　B. 组织和培养班集体

C. 做好个别学生的教育工作　　D. 同家庭社会密切配合

68－71. 缺。

72. 从课程的表现形式来看，校园文化属于(　　)

A. 显性课程　　B. 隐性课程　　C. 校本课程　　D. 综合课程

73. 上课是教学工作的(　　)

A. 基本方法　　B. 基本环节　　C. 必要补充　　D. 中心环节

74. "道而弗牵，强而弗抑，开而弗达"体现的是(　　)教学原则。

A. 启发性　　B. 循序渐进　　C. 因材施教　　D. 可接受性

75. 在一个学校的人际关系中，最基本也是最重要的关系是(　　)(常考)

A. 同伴关系　　B. 学生关系

C. 师生关系　　D. 学校关系

二、多项选择题(下列每小题列出的四个选项中至少有两个是正确的,请将其代码填在括号内。错选、多选或未选均不得分。本大题共10小题,每小题1.5分,共15分)

76. 下列属于外铄论的代表人物的有(　　)

A. 洛克　B. 华生　C. 弗洛伊德　D. 格塞尔

77. 个人本位论的代表人物有(　　)

A. 涂尔干　B. 卢梭　C. 福禄贝尔　D. 裴斯泰洛齐

78. 教师成长的主要途径包括(　　)

A. 教学经验的反思　B. 观摩和分析优秀教师的教学活动

C. 开展微格教学　D. 进行专门训练

79. 课堂纪律的类型包括(　　)

A. 教师促成的纪律　B. 集体促成的纪律　C. 自我促成的纪律　D. 任务促成的纪律

80. 能够体现教师劳动复杂性的是(　　)(易混)

A. 教育目的的全面性　B. 教育任务的多样性

C. 教学方法上的不断更新　D. 劳动对象的差异性

81. 依照桑代克的尝试—错误论,学习的三条基本规律有(　　)

A. 准备律　B. 刺激律　C. 效果律　D. 练习律

82. 下列选项中属于组织策略的有(　　)(常考)

A. 画线　B. 记笔记　C. 列提纲　D. 画关系图

83. 人的身心发展的一般规律有(　　)

A. 平衡性　B. 顺序性　C. 互补性　D. 阶段性

84. 下列心理学家属于行为主义心理学派的有(　　)

A. 巴甫洛夫　B. 苛勒　C. 斯金纳　D. 桑代克

85. 下列关于耶克斯—多德森定律的说法,错误的是(　　)

A. 动机强度和学习效率之间是线性关系

B. 学习任务比较简单时,学习动机强度较高,可达到最佳水平

C. 学习动机的强度越高,说明学习积极性越高,效率越好

D. 学习任务比较困难时,学习动机强度较低,可达到最佳水平

三、判断题(判断下列各题的正误,并在题后括号内打"√"或"×"。本大题共20小题,每小题0.5分,共10分)

86. 教育法的渊源的最高层次是《中华人民共和国教育法》。(　　)

87. 学校对有不良行为的未成年学生,应当加强管理教育,不得歧视。(　　)

88. 某学生因为没按时完成作业,被任课老师罚站一节课,这属于体罚行为。(　　)

89. 教育法律规范是以国家制度保证实施的行为准则。(　　)

90. 小明同学参加学校组织的义务劳动时,不慎造成腿部韧带拉伤,小明同学的医疗费用应由学校承担。(　　)

91. 在某次期末考试中,某班级的平均成绩在全年级排名倒数第一,班主任王老师觉得自己的脸被丢光了,于是在年级会议上,当着其他老师和学生的面骂自己的学生太笨了,蠢得像猪一样,王老师的行为侵犯了学生的受教育权。(常考)(　　)

92. 因教育犯罪被判处有期徒刑三年,但现已刑满释放的张钧,根据《中华人民共和国教师法》的规定,可以通过努力学习,取得教师资格并从事教育相关工作。(　　)

93. 老师应家长要求,利用寒假组织十余个学生补课一周,每人收取600元补课费,这符合按劳取酬、多劳多得的社会主义分配原则。(　　)

94. 义务教育必须贯彻国家的教育方针,为培养有理想、有道德、有文化、有创新的社会主义建设者和接班人奠定基础。(　　)

95. 国家鼓励运用金融、信贷手段,支持教育事业的发展。(　　)

96. 张老师大学毕业后自愿到少数民族地区从事教育教学工作,根据《中华人民共和国教师法》的相关规定,应当给予张老师补贴。(　　)

97. 小学生宋某因多次偷窃,被所在学校申请送工读学校进行矫治,对此申请具有审批权力的机构是公安部门。(　　)

98. 教师最基本的权利是教育教学权。(　　)

99. 德育过程是对品德的形成与发展过程的调节与控制。(易混)(　　)

100. 师德是固定不变的,它是由社会经济所决定的。(　　)

101. 作为老师,不要忘记自己也曾经是孩子,说明教师要换位思考。(　　)

102. 当教师队伍中存在着以教谋私,执着于有偿家教的现象,这违背了严谨治学的职业道德。(　　)

103. 陶行知说,在教师手里操着幼年人的命运,便是操着民族和人类的命运。这要求教师要终身学习。(　　)

104.《中小学教师职业道德规范》规定的师德的灵魂是关爱学生。(　　)

105. 学生的学习全部是从直接经验开始的。(　　)

2021年河南省安阳市龙安区教师招聘考试真题试卷(六)

(总分100分　时间120分钟)

本套试卷共44小题,包括判断题(10小题)、单项选择题(20小题)、多项选择题(10小题)、综合分析题(1小题)、论述题(3小题)。

一、判断题(判断下列各题的正误,并在题后括号内打"√"或"×"。本大题共10小题,每小题0.9分,共9分)

1. 义务教育在整个教育体系当中处于基础地位。(　　)
2. 教师课堂管理的最终目标是使学生进行自主学习。(　　)
3. 教育作为培养人的社会实践活动,其间接作用是通过培养社会所需要的人,满足社会的需要,促进社会的发展与进步。(　　)
4. 新课程观明确课程是教师、学生、教材三个因素动态交互作用的"生态系统"。(　　)
5. 在世界教育学史上,被认为是"现代教育学之父""科学教育的奠基人"的教育家是赫尔巴特。(常考)(　　)
6. 一般而言,两种学习间的刺激越相同,且两种学习间的反应越不相同,越会产生正迁移。(　　)
7. 对严重的欺凌行为,学校不得隐瞒,应当及时向公安机关、教育行政部门报告,并配合相关部门依法处理。(　　)
8. 华生的行为主义理论为"榜样的力量是无穷的"这一观点提供了重要的理论支持。(　　)
9. "培养学生良好品行,激发学生创新精神,促进学生全面发展"符合教师职业道德规范中"关爱学生"的要求。(　　)
10. "互动性重要他人"是学生与其双向交流的产物,而"偶像性重要他人"是学生单向选择的结果。(　　)

二、单项选择题(下列每小题列出的四个选项中只有一个是最符合题意的,请将其代码填在括号内。错选、多选或未选均不得分。本大题共20小题,每小题1.1分,共22分)

11. 在教育活动中居于主导地位,对整个教育活动起指导作用的是(　　)(常考)

A. 教育内容　B. 教学组织形式　C. 教育目的　D. 教育方法

12. 学生对勾股定理的掌握和对化学反应方程式的记忆都属于(　　)

A. 无意记忆　B. 语词逻辑记忆　C. 意义记忆　D. 机械记忆

13. 古代教育家荀子提出:"知之不若行之,学至于行而止矣。行之,明也。"这体现了教学的(　　)

A. 理论联系实际原则　B. 直观性原则

C. 巩固性原则　D. 启发性原则

14. 教师通过给学生播放洪灾、火灾和地震等自然灾害的视频,让学生学习自然灾害的危险性及灾害发生时的自救常识,这属于(　　)

A. 替代性学习　B. 参与性学习

C. 独立发现学习　D. 表征性学习

15. 我国针对不同年龄阶段的学生,提出了小学、初中、高中教育,又将各个阶段的教育分成不同等级。这一举措符合学生发展的(　　)

A. 顺序性　B. 不平衡性　C. 阶段性　D. 互补性

16. 在教育史上最早提出反对体罚,明确教育目的是培养善良而精于雄辩术的人,只有善良的人才能成为雄辩家的教育家是(　　)

A. 苏格拉底　B. 杜威　C. 昆体良　D. 布鲁纳

17. 李老师上课时,借助标本和模型讲述本节课的重点和难点,便于学生快速理解新知识。李老师运用的教学方法是(　　)

A. 实验法　B. 实习作业法　C. 练习法　D. 演示法

18. 梁实秋先生曾说:"谈话,和作文一样,有主题,有腹稿,有层次,有头尾,不可语无伦次。"这强调班主任约谈学生时要遵循(　　)

A. 针对性原则　B. 平等性原则

C. 灵活性原则　D. 广泛性原则

19. 下列不属于建构主义的教学理论提出的主要教学形式的是(　　)

A. 支架式教学　B. 非指导性教学

C. 随机通达教学　D. 情境教学

20. 在合作学习的小组讨论中发生分歧时,学生们经常担心伤害彼此之间的感情,为了维护团队关系和谐,很少去质疑别人的错误答案或概念,以此避免争论和竞争。这体现了学生个体需要中的(　　)

A. 关系需要　B. 自主需要　C. 成就需要　D. 权力需要

21. 学完某一科知识后,有的学生能对学习材料进行归类整理,将主要信息归到不同水平或不同结构中,然后形成一个系统结构图。这种学习策略属于(　　)(常考)

A. 精加工策略　B. 监控策略　C. 复述策略　D. 组织策略

22. 为了了解学生对新学习任务的准备状况,确定学生之前的基本能力和起点行为。教师应选择的评价方式是(　　)(易混)

A. 形成性评价　B. 总结性评价　C. 诊断性评价　D. 表现性评价

23. 老师要求学生写一篇"想象一棵树生病了会怎么样"的作文。学生娟娟把自己前几天感冒生病的

症状和感受都赋予了她笔下的小树,因此作文写得异常生动。在写作文时娟娟主要运用的类比法是( )

A. 直接类比　B. 拟人类比　C. 狂想类比　D. 符号类比

24. 在一段主题思想不明确的短文之前加上标题,与未加相比,学生感到加上标题的材料更容易理解且记忆效果好。下列最能解释这一现象的是( )

A. 同化论　B. 生成论　C. 联想论　D. 图式理论

25. 教师在长期压力体验下会出现情感、态度和行为的衰竭状态,从而消极应对工作。这种问题属于( )

A. 职业倦怠　B. 职业迷茫　C. 职业逃避　D. 职业道德失范

26. 我国从小学低年级起开设的《道德与法治》,在课程性质上属于( )

A. 综合实践活动课程　B. 活动型综合课程

C. 分科课程　D. 校本课程

27. 数学老师在讲"三角形内角和"时,让学生用度量角度的方法测量。度量之前,老师告诉学生三角形内角和是180度。一些学生量了两个内角的度数,就用计算的方法求出第三个。一些学生出现了测量结果不足180度的情况,于是重新测量并调成整数,也凑成了180度。对此教学过程阐述恰当的是( )

A. 忽视了学生发展的整体性　B. 尊重了学生学习的独立性

C. 忽视了学生自主探索的空间　D. 体现了教学活动的操作性

28. 为了帮助学生有效地掌握鸟的概念,老师总结了能飞并不是鸟的有关特征。虽然许多鸟能飞但鸵鸟就不能飞,而有些不是鸟的动物也能飞。针对概念教学,该老师主要做到了( )

A. 明确揭示概念的本质　B. 突出有关特征,控制无关特征

C. 正例和反例的运用　D. 突出变式和比较

29. 学校文化是一所学校办学精神与环境氛围的集中体现。以学校文化的呈现形态进行分类,下列属于校园隐性文化的是( )(易混)

A. 少先队入队宣誓仪式　B. 校园的文化宣传墙

C. 友爱和谐的校园人际关系　D. 班级庆祝建党100周年的主题黑板报

30. 美育能净化学生的心灵,激发学生热爱和追求美好的生活。它的最高层次的任务是( )

A. 培养学生感受美的能力　B. 培养学生鉴赏美的能力

C. 培养学生发现美的能力　D. 培养学生创造美的能力

三、多项选择题(下列每小题列出的四个选项中至少有两个是正确的,请将其代码填在括号内。错选、多选或未选均不得分。本大题共10小题,每小题1.5分,共15分)

31. 习近平总书记在全国教育大会上强调,要在坚定理想信念上下功夫,教育引导学生树立共产主义远大理想和中国特色社会主义共同理想,增强学生的中国特色社会主义道路自信________、________、________,立志肩负起民族复兴的时代重任。( )

A. 理论自信　B. 思想自信　C. 制度自信　D. 文化自信

32.《中国学生发展核心素养》,以培养"全面发展的人"为核心,分为文化基础、自主发展、社会参与三个方面。综合展现为六大素养,包括( )

A. 人文底蕴、科学精神　B. 学会学习、健康生活

C. 责任担当、实践创新　D. 热爱国家、服务社会

33. 教育部印发的《关于大力推进幼儿园与小学科学衔接的指导意见》明确,推进幼儿园与小学科学衔接的主要目标是,全面推进幼儿园和小学实施( )教育,减缓衔接坡度,帮助儿童顺利实现从幼儿园到小学的过渡。

A. 入学准备　B. 入学适应

C. 入学课程　D. 入学素质

34. 个人本位价值取向把人作为教育目的的根本所在。这一教育思想的代表人物有( )

A. 卢梭　B. 孔德　C. 裴斯泰洛齐　D. 萨特

35. 孔子曾提出育人要"深其深,浅其浅,益其益,尊其尊",即主张"因材施教,因人而异"。从现代角度看,其意就是承认个体发展的差异性,能够充分尊重和利用这种发展特点。下列符合这种观点的教育措施有( )

A. 个别辅导　B. 分层教学

C. 小组合作学习　D. 班级授课

36. 个性心理特征是人的多种心理特点的一种独特结合,是个体经常地、稳定地表现出来的心理特点。下列描述属于学生个性心理特征的是( )

A. 小强具有很强的空间想象力　B. 江江为人热情、直爽,亲和力强

C. 小美做什么事情都能坚持到底　D. 李华对英语有浓厚的学习兴趣

37. 下列措施能够培养与激发学生学习动机的是( )(常考)

A. 创设问题情境,实施启发式教学

B. 根据学习难度,恰当控制动机水平

C. 正确指导结果归因,促使学生继续努力

D. 充分利用反馈信息,妥善进行奖惩

38. 根据《中小学德育工作指南》,下列属于初中阶段德育目标的是( )

A. 热爱中国共产党、热爱祖国、热爱人民

B. 认同中华文化,继承革命传统,弘扬民族精神

C. 养成热爱劳动、自主自立、意志坚强的生活态度

D. 初步形成正确的世界观、人生观和价值观

39. 当学生违反规则时，如果教师没有加以制止或制止的方式不当，反而会让其他学生模仿其不良行为。对此，教师应做到(　　)

A. 如果违反规定的是班干部，加重惩罚力度

B. 要求学生立即停止错误行为，并说明停止理由

C. 指出学生的错误行为，并告诉学生怎么做是正确的

D. 批评学生时，态度要公正严肃，言辞要明确肯定，要让学生在心理上产生敬畏感

40. 为保护中小学生视力，预防青少年近视。下列措施科学合理的是(　　)

A. 坚持参加各类体育锻炼，尽量做到每天户外活动 2h 以上

B. 观看电子屏幕 20min 后，要抬头远眺 20 英尺(6m)外 20 秒钟以上

C. 纸质阅读材料的字体不宜过小，尽量使用反光材料，保证阅读舒适

D. 眼睛一尺，胸口离桌一拳，笔尖一寸

四、综合分析题(本大题共 14 分)

41. 临近期末考试，班里的学生迷上了写小说，这阵"小说风"是从江苏电视台采访了本校的一个"小作家"陈思思后刮起的。去年疫情期间，陈思思在网上连载小说，在一个多月的时间里，这个仅 13 岁的孩子写了一部五万余字的小说，获得人气无数，引来媒体采访。

这让班里许多学生跃跃欲试，迫不及待地写起小说来，甚至把学业放在一边不管不顾。这让作为班主任的我和语文老师开始思考：怎样才能既不打击学生写小说的热情，又能把他们唤回紧张的复习轨道上来？

我决定召开一次主题班会，让学生明确特长与修好学业之间的关系。班会开始时，我为孩子们的"小说梦"加油打气，表达了自己的心愿："期待若干年后，班上有学生成为知名的小说家，有自己的畅销书。到那时我要当第一个读者，因为这颗写作的种子是在我的班上萌芽的。"这一开场白，一下子活跃了气氛。

凡事看似简单，其实都有方法，都要付出努力。我播放了陈思思分享的写小说心得。

视频中，陈思思给同学们提了三条建议：一是有时间多看书，找到自己喜欢的风格，加以模仿。二是平时多留意身边的人和事，小说中的人物多以身边的人物为原型，观察他们的行为举止、性格特点，适时运用到小说的人物塑造中，写出来的人就会真实而富有个性。三是将生活中有意义的事情记在本子上，创作小说时，这些鲜活的生活素材能给自己许多灵感。视频分享结束，教室里响起一片掌声。

掌声渐止，我问大家："如果我们现在停止复习，每天写小说怎么样？"学生们被我的话惊到了，第一反应就是不行。班里一片交头接耳："这怎么行？马上期末考试了。"听到这样清醒的声音，"小说家们"脸上有了几分焦虑。班里学习委员说："当下我们应该把时间利用好，取得最好的复习效果。写小说是我们的兴趣爱好，过了这段关键期也随时可以开启。"不少同学表示赞同。见时机已到，我说："要想小说精彩，你们通篇布局、写作思维、观察分析、造词用句都需要提升。"我继续说道："这就需要我们做好长远规划与近期规划，平衡兴趣与学业的关系。"学生听了我的话幡然醒悟，接下来便主动将精力转移到复习上。

考试结束，我在班里组建了语文阅读兴趣组，暑假给大家推荐了一些课外读物，并定期组织分享。现在班上还有许多学生热衷于写小说，却不再是一阵风，而是一道独特的风景。

结合相关新课程改革的原理，对案例中的教育行为进行评价，并谈谈对你今后开展教育工作的启示。

五、论述题(本大题共 3 小题，其中第 42 小题 10 分，第 43 小题 15 分，第 44 小题 15 分，共 40 分)

材料一

日前，四川省成都市第 49 中学学生坠楼事件引起社会各界的高度关注。在探究该生死因时，多方认定是因感情受挫。近年来，这类中小学生因心理问题而轻生的事件时有发生。2021 年 4 月 11 日，江西省新余市一名小学生因寒假作业没做完，在开学当天跳楼，抢救九天后去世。5 月 14 日，湖南长沙一名 14 岁的初中女生成绩出现下滑后，情绪发生很大变化，其不再同家人做任何沟通，送医后被确诊为重度抑郁。在旁人看来，完全可以承受的挫折最终却转化为极端后果。许多网友在问：为什么孩子会以如此轻忽的态度对待生命，其背后的症结在哪儿？学生内心的真实世界是什么样的？为什么家庭和学校用心呵护培养的孩子，其心理承受能力有时却"不堪一击"？

这一连串的问题背后存在一些深层次的症结。挫折教育、生命教育的缺失，应是重要原因。在过分强调成功的社会文化中，我们常说成功的人是怎样的，却少有讨论失败的人如何面对生活。这导致很多人在生活的压力中，对失败和挫折产生排斥心理。在潜移默化中学生也渐渐地形成了输不起的心态，不能接受失败和挫折，甚至因此产生了严重的羞耻感和挫败感，让挫折带来的负面情绪更加雪上加霜。同时，还有部分父母过分包办和溺爱，让孩子成了温室的花朵。一些学校在日常教育活动

中，不敢放开手脚严格管理，生怕学生闹出极端事件，无形中剥夺了孩子们经历自然挫折的机会，使他们抗挫折经验严重匮乏。当他们需要独立面对挫折时，反而变得束手无策。还有些人将挫折教育等同于刻板的打击教育和痛苦教育，当孩子遭遇挫折时，一味地进行说教或指责，缺乏共情和正确的指导，让孩子更加郁闷无助。有教育家提出："生命并不是生而脆弱，正确的教育可以让生命坚强而伟大。"近年来教育部先后下发《中小学心理健康教育指导纲要》《中小学生德育工作指南》等文件，这些文件都强调要增强学生调控心理、应对挫折和适应环境的能力，培养学生健全的人格、积极的心态和良好的个性心理品质。实际上，这就是要求广大中小学开展好挫折教育。没有常态化的、科学有效的挫折教育，要想实现"增强学生调控心理、应对挫折、适应环境能力"的目的，是十分困难的。

42. 结合实际与上述材料，分析影响学生抗挫折能力发展的因素。

43. 结合材料和你对挫折教育的理解，谈谈你在日常生活中应如何帮助学生提升抗挫折能力？

材料二

近日，国家针对减轻义务教育阶段学生课业负担和校外培训负担的系列措施引发社会关注。教育部基础教育司相关负责人在国新办新闻发布会上回应，今年教育部把"双减"工作列入重点工作任务。"双减"工作是一项系统工程，涉及众多利益群体，涉及众多部门职责。一直以来，公立学校系统都在"减轻学生负担"，但从现实反馈来看，这在一定程度上反而促成了"把学生们往教培机构赶"的现象。后者承接了源源不断的"生源转移"和"需求转移"。有评论指出"双减"该减掉的是全民"教培"的经济压力和精神焦虑。但这个"减"的前提却是"加"：将公立学校的服务内容、教学质量"加上去"。在全面规范校外培训行为的同时，"双减"政策想要真正见效，关键还在于要守好学校这个教育教学的主阵地，将这块主阵地做大做强。

44. 试述为落实国家"双减"政策，学校应从哪些方面发力，强化教育教学的主阵地作用？

2021 年辽宁省抚顺市清原满族自治县教师招聘考试真题试卷(七)

(总分 100 分　时间 120 分钟)

本套试卷共 110 小题,目前已收录 106 小题,包括单项选择题(76 小题)、多项选择题(10 小题)、判断题(20 小题)。

一、单项选择题(下列每小题列出的四个选项中只有一个是最符合题意的,请将其代码填在括号内。错选、多选或未选均不得分。本大题共 80 小题,每小题 0.93 分,共 74.4 分)

1. 教学与教育两个概念既相联系又有区别,下列说法中不正确的是(　　)(易错)

A. 教育是指一切培养人的活动

B. 狭义的教学专指教师的教与学生的学相统一的专门活动

C. 广义的教学所指与教育一词的含义基本没有区别

D. 教学完全归属于教育活动

2. 关于教育的起源,学界有不同的说法,其中(　　)把教育的起源归于动物的本能,没有把握人类教育的目的性和社会性,完全否认了人与动物的区别。

A. 生物起源说　B. 心理起源说　C. 劳动起源说　D. 神话起源说

3. "理想国的建立要依靠教育",这是西方教育学家(　　)的观点。

A. 苏格拉底　B. 昆体良　C. 柏拉图　D. 亚里士多德

4.《荀子·劝学》中的"干、越、夷、貉之子,生而同声,长而异俗,教使之然也"说明在影响人身心发展的诸多因素中,(　　)起着主导作用。(常考)

A. 遗传素质　B. 环境　C. 教育　D. 个体主观能动性

5. 教育过程是管制和被管制、灌输与被动接受的过程。道统的威严通过教师的威严,通过招生、考试以及纪律的威严予以保证。这体现了古代教育特征中的(　　)

A. 专制性　B. 阶级性　C. 刻板性　D. 象征性

6. 热爱学生是教师的基本素养,正如教育家(　　)曾经说过:"一个好老师意味着什么? 首先意味着他是这样一个人,他热爱孩子,感到跟孩子交往是一种乐趣,相信每个孩子都能成为一个好人,善于与他们交朋友,关心孩子的快乐和悲伤,了解孩子的心灵,时刻都不忘记自己也曾是个孩子。"

A. 卢梭　B. 赫尔巴特　C. 杜威　D. 苏霍姆林斯基

7. 全国政协委员唐江澎曾表示:"学生没有分数,就过不了今天的高考;但是如果只有分数,恐怕也赢不了未来的大考。如果我们的教育只关注升学率,国家会没有核心竞争力。我认为好的教育应该是培养终生运动者、责任担当者、问题解决者和优雅生活者。"与此同时,他还举了一个例子:他所在学校的 2020 年高一年级 893 名新生中,有 774 个戴着眼镜。对此,下列理解错误的是(　　)

A. 高考分数是衡量教育质量高低的核心指标和根本目标

B. 好的教育不仅要培养孩子的学法,还要培养他们的能力

C. 学校应当坚持发展素质教育

D. 追求学业的同时不能忽略孩子的健康

8. "玉不琢,不成器,人不学,不知义。"这句话揭示了(　　)(常考)

A. 教育与经济的关系　B. 教育的个体功能

C. 教学相长的教育思想　D. 启发式教学思想

9. 近代以来,许多教育家致力于教育学的研究,各自的社会背景产生了不同的教育学流派。其中,认为教育现象不是中立和客观的,而是充满利益纷争的,强调研究教育学的目的就是揭示这些现象背后的利益关系的教育学派是(　　)

A. 马克思主义教育学　B. 实用主义教育学　C. 制度教育学　D. 批判教育学

10. 下列现象中,不属于教育现象的是(　　)

A. 新生儿握紧筷子　B. 妈妈教孩子洗袜子

C. 厨师教徒弟厨艺　D. 收银员学习电脑知识

11. 习近平总书记指出,扶贫先扶智,要更加注重教育脱贫,着力解决教育资源均等化问题,不能让贫困人口的子女输在起跑线上,要阻断贫困代际传递。这句话最能体现出 21 世纪教育应注重教育(　　)的特点。

A. 全民化　B. 民主化　C. 多元化　D. 终身化

12. 缺。

13. 现代学校总是用科学的眼光看待民族文化中的一切特质,否定其中丑恶的东西,倡导科学的民俗习惯和价值观念。这表明教育具有(　　)文化的功能。

A. 选择与提升　B. 传递与保存　C. 更新与创造　D. 传播与交流

14. 为了让子女拥有更好的教育机会,享受更高质量的教育资源,大量北京周边地区的家庭选择涌入北京或居住在北京附近。这主要体现了教育具有(　　)的作用。

A. 促进人口迁移　B. 提高人口素质　C. 减少人口数量　D. 调整人口结构

15. 有人深谋远虑,有人鼠目寸光;有人能言善辩,有人笨口拙舌。这主要体现了个体之间的身心发展存在(　　)

A. 不平衡性　B. 顺序性　C. 差异性　D. 连续性

16. 在课程与教学目标的取向上,主要有"普遍性目标""行为性目标""生成性目标""表现性目标"四种基本形式,其中(　　)是基于经验、哲学观或伦理观、意识形态或社会政治需要而引出的一般教

育宗旨或原则。

A. 普遍性目标　　B. 行为性目标　　C. 生成性目标　　D. 表现性目标

17. 缺。

18. 某高校教育专家在谈到教育目的时说:“我们的教育是为了学生的发展,把学生塑造成一个人格健全的人,让他能够发挥才干获取幸福。”由此可以看出这位专家的教育目的价值取向是(　　)

A. 个人本位论　　B. 社会本位论　　C. 知识本位论　　D. 能力本位论

根据下列案例,回答19～20题。

苏珊·布拉德伯恩在北卡罗莱纳州的玛丽安小学教4到6年级。她带学生去南卡罗莱纳州的某小镇进行一个为期三天的野外短途旅行,她把保护生态环境的理念灌输给学生,激发了学生对大自然的热爱之情。

19. 案例中的苏珊老师带学生进行野外短途旅行主要运用了教学方法中的(　　)

A. 实践活动法　　B. 练习法　　C. 讲授法　　D. 谈话法

20. 苏珊通过野外短途旅行,把保护生态环境理念灌输给学生,她在教学中贯彻了(　　)

A. 巩固性原则　　B. 循序渐进原则

C. 科学性与教育性相统一原则　　D. 尊重学生与严格要求学生相结合原则

21. 在拟定教学计划时,(　　)被称为教案,它需要呈现教学目标、课的类型、教学重点和难点、教学过程和时间分配、教学方法、板书设计等。

A. 课题教学计划　　B. 学期教学进度计划　　C. 课时教学计划　　D. 单元教学计划

22. 下列各选项中,属于实践作业的是(　　)(易混)

A. 预习教材　　B. 朗读课文　　C. 写作文　　D. 做调查

23. 由于贫困山区的教师人数以及教学资源有限,学校往往把不同年级的学生组织在同一间教室上课。这种特殊的教学形式为(　　)

A. 复式教学　　B. 分组教学　　C. 现场教学　　D. 个别教学

24. 某次语文公开课上出现了意外情况,语文老师正读到课文中“一千万万颗行星”时,甲同学发问:“老师,‘万万’是什么意思?”惹得全班同学哄堂大笑,甲同学猛然醒悟过来,满脸通红,垂头丧气地坐下了。语文老师见状便问大家:“大家都知道‘万万’等于亿,那么这里为何不用‘亿’而用‘万’呢?”全体学生的注意力一下子被吸引过来,没有人再发笑,大家都认真地思考起来。案例体现了该教师具有较高的教育机智,同时也说明了教师的劳动具有(　　)的特点。

A. 广延性　　B. 创造性　　C. 示范性　　D. 长期性

25. 经验交流式属于学习方法指导的一种方式,其特点不包括(　　)(易错)

A. 有较强的实用性　　B. 可随时随地进行

C. 交流的内容有限　　D. 不易被学生接受

26. 现代教育技术的运用能够丰富教学理论和教学实践。其中,设计和选择教学媒体时首先要注意(　　)

A. 教学上要实用　　B. 形式上要美观　　C. 制作上要经济　　D. 手法上要创新

27. 为使学生形象地了解火山爆发,关老师运用多媒体模拟了这一场景,这属于(　　)(常考)

A. 模像直观　　B. 实物直观　　C. 想象直观　　D. 言语直观

28. 李老师在讲解“洋务运动”时,采用趣味导入法,则分配给导入这一教学环节的时间宜为(　　)

A. 3分钟　　B. 20分钟　　C. 30分钟　　D. 60分钟

29. 板书是对教学内容的提炼,板书语言不仅应该是精练概括的,而且应当能够恰当地反映出教学内容的本质。这表明板书应该具有(　　)

A. 计划性　　B. 简洁性　　C. 启发性　　D. 艺术性

30. 课堂上,教师常常需要合理有效地处理学生回答问题的情况。教师处理答问最为恰当的程序是(　　)

A. 积极倾听—恰当提示—及时评价—准确判断

B. 恰当提示—积极倾听—及时评价—准确判断

C. 恰当提示—积极倾听—准确判断—及时评价

D. 积极倾听—准确判断—恰当提示—及时评价

31. 缺。

32. 新课程改革提倡自主、合作、探究的学习方式,下列不属于新课程改革基本理念的是(　　)

A. 关注学生发展　　B. 强调教师成长　　C. 追求成绩提高　　D. 重视以学定教

33. 某学校充分利用校报、橱窗、走廊等进行文化建设,悬挂革命领袖、科学家、英雄模范等杰出人物的画像和格言。从课程理论的角度看,这些都属于(　　)

A. 活动课程　　B. 综合课程　　C. 显性课程　　D. 隐性课程

34. A市为满足本市人才培养和学生发展的具体实际需要和体现本土特色,安排市教研室组织人员编写了《我在A市》《我爱A市》《我与A市》三套充分体现了A市的经济和社会发展的具体实际的教材,并面向全市学生开设了一门以这三套教材为主的课程。这门课程在类型上属于(　　)

A. 国家课程　　B. 地方课程　　C. 校本课程　　D. 生本课程

35. 胡老师在云南旅游期间,发现了当地多彩的泥土,便采集了一些带回学校,以便在课堂上向学生展示更加生动的相关知识。这体现了课程资源开发与利用原则中的(　　)

A. 开放性原则　　B. 经济性原则　　C. 创造性原则　　D. 适应性原则

36. 我国古代教育很重视学生立志,《学记》中强调“士先志”,对学生的考查要求第一年就是“离经辨志”,即让学生找到自己的志向。“立志”属于德育方法中的(　　)

A. 实际锻炼法　　B. 陶冶教育法　　C. 个人修养法　　D. 品德评价法

37. 著名教育家蔡元培曾说："然亦总须活用为妙，就是遇有特别的天才的，总宜施以特别的教练……总之，教授、求学，两不可呆板便了。"蔡元培的话体现了教学的(　　)

A. 导向性原则　B. 连续性原则　C. 巩固性原则　D. 因材施教原则

38. 某学校通过组织学生交流分享与父母之间的故事、去儿童福利院献爱心、在新四军纪念馆当讲解员等系列主题活动来培养学生的品德。这体现了该学校充分认识到德育(　　)

A. 培养和发展了学生　B. 能够促进学生思想转变

C. 是长期的、反复的、逐步提高的过程　D. 是在活动和交往中接受多方面影响的过程

39. 小明在判断道德问题时，意识到道德不是一成不变的，如果小伙伴们都同意，道德标准是可以改变的。根据皮亚杰的道德发展理论，小明的道德认知水平最可能处于(　　)(易混)

A. 自我中心阶段　B. 权威阶段

C. 可逆性阶段　D. 公正阶段

40. 开学之初，学生小恒下定决心要改掉自身的坏习惯，认真学习。起初，小恒成绩有了明显提升，但到了下学期期中阶段，小恒又出现了上课开小差、睡觉等现象，他向老师倾诉，他想改掉坏习惯，但他总是坚持不了。对小恒的教育应从(　　)着手。

A. 道德情感　B. 道德认知　C. 道德行为　D. 道德意志

41. 每次考试来临的时候，学生的学习效率明显下降，成绩提升的也非常缓慢，这是出现了"高原现象"，班主任为缓解"高原现象"，可采用的方法不包括(　　)

A. 跟学生谈心，鼓励学生以积极勇敢的心态面对考试

B. 让学生合理安排学习时间，保证良好的休息

C. 让学生在考试前几天彻底放松、释放压力

D. 根据学生学习方法的不足，适当对自己的学习方法和策略进行调整

42. 教育是教师引导培养学生的活动，它要求教师以身作则，具有示范性。下列名句中，(　　)所表达的教学思想与题干一致。

A. "知之者不如好之者"　B. "教，上所施，下所效也"

C. "学而不思则罔，思而不学则殆"　D. "学而时习之，不亦说乎"

43. 缺。

44. 实习教师蒋老师经过一学期的训练，已经能够在讲台上准确地向学生传递信息，合理地选择教具，清晰地讲解教学内容。蒋老师发展的这类教学能力属于(　　)

A. 教学操作能力　B. 教学控制能力　C. 教学机智　D. 教学反思能力

45. 评判一个人是否真正具备从事教师职业的条件，能否正确履行教师角色，根本上看的是(　　)

A. 教师的专业素养　B. 教师的学术成就

C. 教师的考试成绩　D. 教师的语言表达能力

46. 学校的学生对本校有着强烈的责任感和归属感，非常重视"人校一体"，积极投身到学校的建设中。这属于学校文化的(　　)成分。

A. 认知　B. 情感　C. 价值　D. 理想

47. 教育的过程一般要求家校协同才能取得较好的效果。这是因为(　　)

A. 学校教育对人的发展无能为力　B. 学校教育的促进作用依赖于外部环境的影响

C. 学校教育缺乏教育性规范　D. 学校教育具有延时性

48. (　　)是学校课外活动的基本组织形式。

A. 报告和讲座　B. 小组活动　C. 学科竞赛　D. 个人活动

49. 下列对教育心理学的学科性质描述不正确的是(　　)

A. 教育心理学是心理学的一个分支

B. 教育心理学是理论性和应用性兼备的学科，并以应用性为主

C. 教育心理学是兼有自然科学和社会科学性质的中间科学

D. 教育心理学和心理学的研究课题大致相同

50. (　　)是我们思考和推理的能力，也是我们遇到一件不知道该怎么办的事情时，本能地去解决这件事的能力，其会随着年龄的增长而增长，并在成年时期达到顶峰，顶峰过后该智力就会开始逐步下降。(易混)

A. 特殊智力　B. 一般智力　C. 晶体智力　D. 流体智力

51. 在学习外语时，有些学生喜欢多听多说，而不太关心具体单词的拼写或句型结构，这类学生倾向于为(　　)

A. 视觉型学习者　B. 动觉型学习者　C. 听觉型学习者　D. 空间型学习者

52. 下列选项中，体现了无意注意的是(　　)

A. 熟练的司机开车时，不需要努力思考，熟练地熄火停车，一气呵成

B. 李老师给了小明一套数学模拟卷，小明回家后专心致志地做题

C. 小明为了能顺利出国留学，一心一意地学习英语，备战雅思考试

D. 上课时，教室外突然下起了雪，同学们都不约而同地望向窗外

53. 刘美丽做了多年的班主任，感觉自己每天都在做着重复的工作，而且经常需要处理问题学生。导致她对教育工作失去了热情，教学方面得过且过，对班里的学生也放任自流。刘美丽的表现最适合概括为(　　)

A. 情绪衰竭　B. 去人性化　C. 低个人成就感　D. 高度自控

54. 明明在学习过程中能以很快的速度形成自己的看法，在回答问题时能很快就做出反应，但回答的结果往往不够准确。明明的认知风格有可能属于(　　)

A. 场依存型　B. 场独立型　C. 反思型　D. 冲动型

55. 应激是人的情绪状态中的一种，以下属于应激的是(　　)

A. 小美得知自己考试又是全班倒数，一气之下撕碎了试卷

B. 小明被老师表扬后，走在回家的路上，他感觉天格外蓝

C.《水浒传》中李逵之母被老虎吃了，后李逵怒杀老虎一家

D. 小林突然被老师点名答题，他非常紧张，不知所措

56. 微格教学使得教师可以对自己的教学行为进行更深入的分析，并增强了改进教学的针对性。微格教学的一般程序是(　　)

①观看教学录像，指导者说明这种教学行为的特征，使教师理解要点

②教师和指导者一起观看录像，分析自己的教学行为，指导者帮助教师分析一定的行为是否合适，考虑改进行为的方法

③明确选定特定的教学行为作为要着重分析的问题

④教师和指导者一起分析第二次微格教学

⑤在首次分析和评论的基础上，按照改进的教学方案再次进行微型教学，以另外的学生作为对象，录音、录像

⑥教师制订微型教学的计划，以一定数量的学生为对象，实际进行微型教学并录音或录像

A. ⑥③①⑤②④　　B. ⑥①③②⑤④

C. ③①⑥②⑤④　　D. ⑤④③⑥①②

57. 教学效能感是指教师对于自己影响学生的学习活动和学习结果能力的一种主观判断。这一概念在理论上来源于(　　)的自我效能的概念。

A. 罗森塔尔　　B. 班杜拉　　C. 皮亚杰　　D. 斯金纳

58. 对学习有困难的孩子，教师不宜一下子对他们提出过高的要求，而是先提出一个只要比过去有进步的小要求，当孩子达到这个要求后，再通过鼓励，逐步向其提出更高的要求，孩子往往更容易接受并努力达到。这属于(　　)在教学中的运用。(易错)

A. 罗森塔尔效应　　B. 首因效应　　C. 首先效应　　D. 登门槛效应

59. (　　)是儿童进入学校后最主要的指导者。

A. 父母　　B. 同学　　C. 教师　　D. 校长

60. 小明认为自己长得不高也不好看，学习成绩也不好，样样都不如其他同学，自己一无是处，因此他总郁郁寡欢。小明这种情况属于中学生常见的情绪困扰中的(　　)

A. 焦虑　　B. 孤独　　C. 自卑　　D. 自信

61. 学生小静刚刚转到新的班级中，但同学们对转来的新同学有一些抵触，没人愿意和她交朋友，因此小静感到非常郁闷。该例子主要体现了学生小静的(　　)没有得到满足。(常考)

A. 生理需要　　B. 安全需要　　C. 社交需要　　D. 自我实现的需要

62. 新来的李老师担心学生不喜欢她，为了和学生“搞好关系”，哪怕学生在课堂上偷看课外书，她也不批评。李老师所处的教师成长阶段是(　　)

A. 关注生存阶段　　B. 关注自我阶段

C. 关注学生阶段　　D. 关注形象阶段

63. 某教师在入职前接受了职前教育，入职之后通过国培计划参加农村骨干教师短期集中培训。这主要体现了教师职业具有(　　)的特点。

A. 灵活性　　B. 创造性　　C. 专门化　　D. 自我发展性

64. 小明既害怕考试不及格，又不想认真听讲和学习，小明这样的心理现象属于(　　)(易混)

A. 趋避式冲突　　B. 双避式冲突　　C. 双趋式冲突　　D. 多重趋避式冲突

65. 刘老师在为同学们进行网络授课时，用黑色的碳素笔在白板上写下板书。这依据的感知规律是(　　)

A. 强度律　　B. 差异律　　C. 组合律　　D. 活动律

66. 在成就动机的训练过程中，通过游戏或其他活动，让学生体验成功与失败，了解目标与成败的关系、成败与情感的联系，特别是了解为了取得成功必须掌握的行为策略。这属于成就动机训练过程中的(　　)

A. 意识化　　B. 概念化　　C. 体验化　　D. 结果化

67. 程序教学的基本原则中，(　　)要求学习者对每个学习问题都作出主动的反应。

A. 小步子呈现的原则　　B. 积极反应原则

C. 及时反馈原则　　D. 自定步调原则

68. 行为主义者将刺激—反应作为行为的基本单位，认为学习就是刺激—反应之间联结的加强，下列说法中不符合该原理的是(　　)

A. 课程目标越具体越好

B. 各个课程目标是孤立的

C. 要用外显的行为来陈述课程目标

D. 课程的目的是提供特定的刺激，以便引起学生特定的反应

69. 在一个句子或一段需要记忆的文字中找出容易引起想象的词语，通过这个词语把需要记忆的东西和相应的心理图片建立联系。这种记忆属于(　　)

A. 关键词记忆　　B. 位置记忆　　C. 系列记忆　　D. 情境记忆

70. 下列关于机械记忆的说法中，不正确的一项是(　　)

A. 基本条件是多次重复　　B. 依据的是记忆材料的内部联系

C. 记忆准确　　D. 花费时间长

71. 王老师在上自然科技课时，要求学生说出淀粉的用途，刘梅可以快速想到做面条、花卷、馒头和面

包，这表明学生发散思维的流畅性和变通性方面的特点是（　　）（常考）

A. 流畅性差，变通性差　　B. 流畅性好，变通性差

C. 流畅性好，变通性好　　D. 流畅性差，变通性好

72. 打排球扣球时，无论是在动作的力量、速度、幅度还是结构方面有标准可循，这说明动作技能具有（　　）的特征。

A. 客观性　　B. 精确性　　C. 适应性　　D. 唯一性

73. 某教师由于熬夜打游戏，第二天上课期间精神萎靡不振，要求学生自习，该教师的行为违背了《新时代中小学教师职业行为十项准则》中（　　）的要求。

A. 潜心教书育人　　B. 秉持公平诚信　　C. 传播优秀文化　　D. 关心爱护学生

74. 中学教师耿某在上课时间带领学生为娱乐明星应援，并录制视频在网络上传播。对此，耿某的行为（　　）

A. 合情合理，教师有自己的爱好，将自己的爱好推荐给学生并不为错

B. 合情但不合理，教师可以和学生分享自己的爱好，但不应当占用上课时间

C. 不合情不合理，教师应当在课堂上传播优秀文化，而应接行为有损优秀文化的传播

D. 不合情但合理，教师不应当喜爱娱乐明星，但如何活跃课堂可以完全由教师主导

75. 陈老师发现班上的李同学头发过长，不符合学校的男学生仪表规范，他多次要求李同学进行修剪，但李同学依然我行我素，之后陈老师找李同学的家长沟通时，发现其父亲也是留长发的，于是直接当众指责李同学的家长，称其上梁不正下梁歪。陈老师的做法（　　）

A. 不恰当，没有尊重家长的人格　　B. 不恰当，不应干涉学生个人行为

C. 恰当，体现教师的严格要求　　D. 恰当，符合学校的管理规定

76. 课上有些同学不认真听讲，喜欢交头接耳，面对这种情况，班主任王老师最恰当的做法是（　　）

A. 严厉地训斥学生，将不认真听讲的学生赶出教室

B. 建立惩罚机制，再说话的同学站在教室后面听课

C. 对这种学生视而不见，只要班上的平均成绩好即好

D. 对这种学生进行教育批评，督促学生养成认真听课的好习惯

77. 林业是某小学的聘用老师，该学校因为其不是正式编制内的教师而不给他购买医疗保险，该学校的做法侵犯了林业的（　　）

A. 科学研究权　　B. 获得报酬权

C. 进修培训权　　D. 民主管理权

78. 王老师依法检举某县拖欠教师工资的问题后，他被威胁调到偏远地区，不准参加晋升和评优，该县的相关人员对依法检举的王老师进行打击报复，情节较严重，应被给予（　　）

A. 纪律处分　　B. 行政处分　　C. 经济处罚　　D. 警告处分

79. 根据《中华人民共和国教育法》中关于教育投入与条件保障的规定，下列说法不正确的是（　　）

A. 国家鼓励境内、境外社会组织和个人捐资助学

B. 国家财政性教育经费、社会组织和个人对教育的捐赠，必须用于教育，不得挪用、克扣

C. 国家鼓励运用金融、信贷手段，支持教育事业的发展

D. 国家禁止学校开展任何与教育教学无关的社会活动

80. 权利和义务是相辅相成的，受教育者在享有权利的同时也要履行义务，下列不属于受教育者应当履行的义务的是（　　）

A. 遵守法律、法规　　B. 遵守所在学校或者其他教育机构的管理制度

C. 努力学习，完成规定的学习任务　　D. 孝敬师长，完成教师安排的所有任务

二、多项选择题（下列每小题列出的选项中至少有两个是正确的，请将其代码填在括号内。错选、多选或未选均不得分。本大题共 10 小题，每小题 1.04 分，共 10.4 分）

81. 教育学是其他教育学科的基础学科，其研究任务在于（　　）

A. 阐明教育的问题　　B. 培养优秀的人才

C. 揭示教育的基本规律　　D. 建立教育学的理论体系

82. 历史证明，在不同的历史阶段，由于各自的社会生产方式不同，其教育各有特点。下列关于原始社会教育的特点说法正确的有（　　）

A. 与社会生活、生产劳动紧密联系　　B. 具有无阶级性、平等性的特点

C. 教育内容十分简单，手段单一　　D. 教育过程具有专制性

83. 家庭是社会的细胞，是社会文化的载体之一，家庭教育对社会文明的传承和发展有着重要影响。下列属于家庭教育特点的有（　　）

A. 感染性　　B. 针对性　　C. 专门性　　D. 终身性

84. 关于教学策略，下列理解正确的有（　　）

A. 教学策略是教师在现实的教学过程中，对教学活动的整体性把握和推进的措施

B. 教学策略是计划性很强的静态过程，其层次和水平较单一

C. 教学策略是教学方法的具体化，其受制于教学方法

D. 教学策略必须是可操作的

85. 课程反映了外部环境的要求，也受到多种发展规律的制约。（　　）是影响学校课程开发的三大因素。

A. 社会　　B. 知识　　C. 学生　　D. 技术

86. 根据《中小学德育工作指南实施手册》，学校要建立和完善教育常规制度，形成稳定、持续、常态开展的德育工作体系，具体包括（　　）

A. 每周一次升旗仪式　　B. 每学期固定的校会

C. 开学、毕业典礼　　D. 参加社会志愿服务

87. 知觉的基本属性包括选择性、整体性、理解性、恒常性，下列选项中，体现了知觉的理解性的有(　　)（易混）

A. 内行看门道，外行看热闹

B. 一千个读者心中有一千个哈姆雷特

C. 人群中一眼就能找到熟悉的人

D. 教师在教学生辨别“澡”“噪”“躁”时，把这几个字的偏旁用彩色笔标出来

88. 教师威信的形成取决于一系列主客观因素，而教师的主观因素则是威信形成的根本性的决定因素，主观因素主要包括教师(　　)

A. 高尚的思想道德品质　　B. 渊博的知识

C. 高超的教育教学艺术　　D. 美貌或俊俏的容颜

89. 课堂上，老师发现王雪和小明正在说悄悄话，根本没有听讲，于是点名让王雪站起来回答问题，结果王雪回答正确。下课后，小明对王雪说：“你好厉害，没听都能答对。”王雪回答道：“我只是运气好罢了，老师问的问题我恰巧会而已。”案例中王雪的归因属于(　　)

A. 内归因　　B. 外归因　　C. 稳定性归因　　D. 不稳定性归因

90. 昔时孟母为有利孩子的成长择其善邻而三迁其居，生动地反映了人们对社会环境的重视。预防未成年人犯罪法把净化社会环境，减少不良因素侵蚀作为预防未成年人犯罪的重要任务，这是基于未成年人具有(　　)的特点。

A. 好模仿　　B. 自制力差　　C. 可塑性强　　D. 思想成熟

三、判断题（判断下列各题的正误，并在题后的括号内打“√”或“×”。本大题 20 小题，每小题 0.76 分，共 15.2 分）

91. 我国正式实施的第一个学制是壬寅学制，其指导思想是“中学为体，西学为用”。(　　)

92. 教育是人类特有的社会现象，动物抚育幼崽的过程不能称之为教育。(　　)

93. “三人行，必有我师焉。择其善者而从之，其不善者而改之。”这说明孔子重视向他人学习。(　　)

94. 一个好的教育工作者，应该是一个能够不断自我反思和发展的教育工作者。(　　)

95. 全面发展教育并不是均衡教育，它更多的是侧重于对学校的工作要求，学校应该为学生提供全面发展的平台。(　　)

96. 练习法是教学中常用的方法，必须通过一定数量的活动才有成效，这要求学生多做机械训练，以达到学以致用的目的。(　　)

97. 我们常说的“授人以鱼，不如授人以渔”“教是为了不教”就是要培养学生学习的能力。（常考）(　　)

98. 教师在课堂上想要获得学生学习的反馈而进行的提问属于诊断性评价。(　　)

99. 科尔伯格认为，道德发展的顺序是固定的，处于同一年龄阶段的人拥有同样的道德发展水平。(　　)

100. 素质教育主要包括德智体美劳五个方面，在教育过程中应坚持五育并举，智育先行。(　　)

101. 班集体的建设是由教师教育出来的，而不是在共同活动和交往中形成和发展的。(　　)

102. 美善的学生生活应该是一种“现实的生活”、一种“教育的生活”、一种“完整的生活”。(　　)

103. 心理发展的年龄特征既表现出一定的稳定性，又显出一定的可变性。(　　)

104. 多血质的学生反应灵敏，易适应新的环境，注意力稳定。（易混）(　　)

105. 下位学习是指学习者在认知结构中原有观念的基础上学习新的概括程度更高的观念，即原有观念是从属观念，而新学习观念是总结性观念。(　　)

106. 张老师在课堂上说：“李华在此次测验中取得满分，值得表扬。”其他同学在听到后，都以满分为目标，更加积极主动地学习，这体现了课堂强化中的自我强化。(　　)

107. 条件反射一旦确立，其他类似最初条件刺激的刺激也可以引起条件反射，称为分化。(　　)

108. 问题解决是通过内在的心理加工实现的自动化的操作，如走路、穿衣等，虽然也有一定的目的性，但不能称之为问题解决。(　　)

109. 当教师按照教师职业道德作为时，会使道德要求具体化、人格化，从而使学生在富于形象性的榜样中受到启迪和教育。(　　)

110. 根据国家的有关规定，学校的选址不应设在靠近污染源、地震断裂带、山丘滑坡段、低洼地带等不安全地带。(　　)

2021年辽宁省凌海市教师招聘考试真题试卷(八)

(满分100分　时间120分钟)

本套试卷共120小题,目前已收录118小题,包括单项选择题(80小题)、多项选择题(18小题)、判断题(20小题)。

一、单项选择题(下列每小题列出的四个选项中只有一个是最符合题意的,请将其代码填在括号内。错选、多选或未选均不得分。本大题共80小题,每小题0.76分,共60.8分)

1. 学校教育在学生的身心发展中起主导作用,但家庭教育、社会教育和自我教育也对学生的身心发展有重要影响。这体现了(　　)

A. 学校教育是一种有目的的培养人的活动

B. 学校教育的主导作用是相对的、有条件的

C. 学校教育对人的影响比较全面、系统和深刻

D. 学校教育可以替代社会教育

2. (　　)继承和改造了杜威的实用主义教育观,提出了"生活即教育""社会即学校""教学做合一"的教育观。(常考)

A. 鲁迅　　B. 胡适　　C. 蔡元培　　D. 陶行知

3. (　　)是不采用年级和班级教学的个别化教学形式,学生在教师的指导下,各自主动地在实验室(作业室)内,根据拟定的学习计划,以不同的教材、不同的速度和时间进行学习,以适应其能力、兴趣和需求,从而发展其个性。

A. 道尔顿制　　B. 文纳特卡制　　C. 贝尔—兰喀斯特制　　D. 特朗普制

4. 高尔顿在《天才的遗传》一书中曾提过:"一个人的能力乃由遗传得来,其受遗传的程度如同机体的形态和组织之受遗传决定一样。"霍尔也曾说过:"一两的遗传胜过一吨的教育。"这样的观点属于(　　)

A. 内发论　　B. 外铄论　　C. 相互作用论　　D. 经验论

5. 为发掘学生的潜力,学校组织学生进行了一次测试。结果显示:有的学生对音乐很敏感,有的学生对语言文字敏感,有的学生对数字敏感。这说明学生的发展具有(　　)

A. 阶段性　　B. 顺序性　　C. 不平衡性　　D. 个体差异性

6. 古语"学不躐等""杂施而不孙,则坏乱而不修""不陵节而施之谓孙"都强调在教学中要做到(　　)

A. 循序渐进　　B. 扬长避短　　C. 教学相长　　D. 防微杜渐

7. 教育通过传授生产经验、科学知识,能使可能的生产力转变为现实的生产力,使知识形态的生产力转变为直接的生产力。这主要体现了教育的(　　)功能。

A. 科技　　B. 文化　　C. 政治　　D. 经济

8. 个人本位论强调教育应当从个人的需要出发,关注人的价值、潜能、个性及创造力等。下列属于个人本位论的是(　　)(常考)

A. 教育是为了培养社会公民

B. 个人的一切发展都有赖于社会

C. 教育的终极目标是培养"充分发挥作用的人"

D. 教育在于使青年社会化,造就一个社会的我

9. 教师是学生学习的直接榜样,教师要用自己的思想、情感、行为等影响学生,使其成为更好的人。这体现了教师劳动的(　　)

A. 重复性　　B. 复杂性　　C. 长期性　　D. 示范性

10. 魏老师认为,只要为班级同学布置了适当的学习任务,指导学生根据个人情况进行学习,采用小步子的教学方式,教学就能出成绩,其他都不重要。魏老师的观点忽略了受教育者的(　　)的重要性。

A. 基础水平　　B. 主观意识　　C. 年龄阶层　　D. 个人能力

11. 刚参加工作的梁老师在上课时很注重学生的感受,担心学生不喜欢自己的为人与教学风格,由此可见,梁老师最可能处于(　　)(常考)

A. 关注生存阶段　　B. 关注情境阶段　　C. 关注学生阶段　　D. 关注自我阶段

12. 下列关于讲授策略局限性的说法不正确的是(　　)

A. 教师可自主控制的教学时间少　　B. 对教师的语言表达能力要求高

C. 易使学生形成被动学习的习惯　　D. 不利于学生个性的发展

13. 在讲授《种子的力》一课时,老师这样导入新课:"有同学知道世界上什么东西力量最大吗?"学生纷纷思考起来,有的说大力士的力量最大,有的说大象,有的说大吊车,还有的说蚂蚁。等同学们回答完毕后,老师就板书题目,一步步导入了新课。这种导入方法属于(　　)

A. 游戏导入　　B. 直观导入　　C. 提问导入　　D. 故事导入

14. 在老师的指导下,甲同学利用高锰酸钾进行了氧气的制取,从而对制取氧气的过程有了更深的理解。该老师所采取的教学方法是(　　)(易混)

A. 练习法　　B. 实验法　　C. 演示法　　D. 实习作业法

15. 张老师在讲解杂交水稻时,向同学们介绍了袁隆平的感人事迹,同学们深受感动。这体现了(　　)的教学原则。

A. 理论联系实际　　B. 科学性和思想性相统一

C. 直观性　　D. 启发性

16. 按照教师组织教学活动中所要求实现的不同认识任务,可以划分出教学过程中学生认识的不同阶段,各阶段紧密联系,相辅相成。其中,(　　)是教学过程的中心环节。

A. 运用知识　　B. 激发学习动机　　C. 巩固知识　　D. 领会知识

17. 为了有效查漏补缺,李老师在每周一的课堂中都会自编题目对学生进行测试,以充分掌握学生的

学习情况。李老师运用的是(　　)

A. 形成性评价　B. 诊断性评价　C. 总结性评价　D. 配置性评价

18. 班级授课制是一种把一定数量的学生编成固定的班级,以班为单位集体授课的教学形式。(　　)为班级授课制的确立奠定了理论基础。(常考)

A. 苏格拉底　B. 夸美纽斯　C. 杜威　D. 赫尔巴特

19. 班主任李老师常用奖励五角星的方法去激励那些助人为乐的学生,这属于德育方法中的(　　)

A. 说服教育法　B. 实践锻炼法　C. 自我教育法　D. 品德评价法

20. 某班主任利用班会时间组织学生对"公交车上要不要让座"进行探讨,让学生畅所欲言,并鼓励学生对所提观点进行辨析,引导学生选择符合道德原则的价值观念,塑造学生的价值观。这种德育模式属于(　　)

A. 认知模式　B. 体谅模式　C. 价值澄清模式　D. 社会学习模式

21. 小林在一则新闻里看到一位母亲为了救患病的女儿去偷东西。小林认为这位母亲虽然是为了救女儿,但她偷别人东西这一行为是违法的,所以不该偷。这表明小林的道德判断发展到(　　)(易错)

A. 前习俗水平　B. 中习俗水平　C. 后习俗水平　D. 习俗水平

22. 德育过程是培养学生的知、情、意、行统一发展的过程,人们对客观事物的是非、善恶进行判断时产生的内心体验属于(　　)

A. 知　B. 情　C. 意　D. 行

23. 小可由于采摘花坛里的花朵被班主任批评教育后,决心遵守纪律,不再犯同样的错误,但有时还是忍不住摘下好看的花。据此可知,对小可进行思想品德教育的重点在于提高其(　　)

A. 道德认识水平　B. 道德情感水平　C. 道德意志水平　D. 道德行为水平

24. 云丰是一个性格外向,爱要"小聪明"的学生,凡事以自我为中心,很少顾及他人的感受。根据道德发展理论,云丰此时的道德发展最可能处于(　　)

A. 权威阶段　B. 公正阶段　C. 可逆性阶段　D. 自我中心阶段

25. 杨老师是五班的英语老师,在他上课时,教室里吵闹声不断,学生有的说话打闹,有的在教室里随意走动。因此,他不得不中断讲课进程来维持课堂秩序。这属于(　　)课堂气氛。(易混)

A. 积极的　B. 消极的　C. 对抗的　D. 游离的

26. 小科本来是非常羞怯内向的孩子,自从上学后,她在班集体的鼓励下变得活泼大方,更善于表达自己。小科的改变体现了班级组织功能中的(　　)

A. 诊断功能　B. 传授科学文化知识　C. 矫正功能　D. 培养社会角色

27. 小玲和班里的几名同学都非常热爱音乐,于是他们自发形成一个音乐兴趣小组。这种学生群体属于(　　)

A. 参照群体　B. 消极群体　C. 非正式群体　D. 正式群体

28. 班主任发现雷雷对英语学习存在畏难情绪,为此,班主任应当(　　)

A. 帮助雷雷总结在学习中取得的进步　B. 严厉斥责雷雷害怕困难、不思进取

C. 建议雷雷将学习重心放在擅长的学科　D. 鼓励雷雷积极参加校外英语培训班

29. 郑老师发现运用小组讨论法一段时间后,学生对小组讨论逐渐失去了兴趣。郑老师对这种现象进行反思后,发现学生对讨论的话题不感兴趣以及对话题没有明确的观点是失去兴趣的主要原因。据此,郑老师有针对性地制定并实施了问题解决方案。通过一段时间的观察,郑老师发现学生对小组讨论的兴趣大大增加。郑老师采取的教育研究方法主要是(　　)

A. 问卷法　B. 叙事研究法　C. 调查研究法　D. 行动研究法

30. 于老师在课堂上除了给学生传授基本的科学文化知识,也教会学生很多生活、心理健康等方面的知识,真正成了学生成长成才路上的朋友。于老师充当的是(　　)角色。

A. 管理者　B. 组织者　C. 研究者　D. 引导者

31.《深化新时代教育评价改革总体方案》中提出,到(　　)年,我国要基本形成富有时代特征、彰显中国特色、体现世界水平的教育评价体系。

A. 2025　B. 2030　C. 2035　D. 2040

32. 根据美国学者古德莱德归纳的五种不同的课程类型,我国在义务教育阶段所制订的课程计划和统一使用的语文、英语教材属于(　　)(易混)

A. 经验的课程　B. 理想的课程　C. 领悟的课程　D. 正式的课程

33. 为创建文明校园,某学校制定了学校校训、班级守则等,并在教室、楼道、校园里制作了主题教育的宣传栏,帮助学生们树立良好的行为习惯。这体现了(　　)的作用。

A. 必修课程　B. 综合课程　C. 显性课程　D. 隐性课程

34. 学习完《送东阳马生序》后,教师让学生谈谈在当代社会应如何看待作者家贫嗜学、乐以忘忧的学习态度,学生们各有各的看法。这种做法是在检验课程目标分类中的(　　)

A. 普遍性目标　B. 生成性目标　C. 行为目标　D. 表现性目标

35. "为了让学生了解古代诗歌的产生与发展,采取学生自主研究和合作发展的形式进行教学"是为了实现新课程三维目标中的(　　)目标。

A. 知识与技能　B. 过程与方法　C. 情感态度与价值观　D. 问题解决与思考

36. 马克思主义认为,全面发展首要的是(　　)的广泛、充分、统一、自由的发展。

A. 智力和体力　B. 审美和体力　C. 智力和审美　D. 道德和体力

37. (　　)是美国著名的认知心理学家和教育心理学家,他主张学习的目的在于以发现学习的方式,使学科的基本结构转变为学生头脑中的认知结构。

A. 乌申斯基　B. 考夫卡　C. 皮亚杰　D. 布鲁纳

38. 学习成绩一向不好的小军在一次考试中取得了进步,刘老师及时奖励他一枚进步奖章。小军体会到了成功的喜悦,在以后的学习中变得更加努力了,学习成绩也蒸蒸日上。刘老师的做法体现了桑代克学习理论中的(　　)

A. 效果律　B. 准备律　C. 练习律　D. 差异律

39. 生物课上,王老师拿出两个透光的玻璃罩,一个玻璃罩中有植物,另一个没有。同时点燃两根蜡烛,分别放入两个玻璃罩中,观察到没有植物的玻璃罩中的蜡烛燃烧一段时间后熄灭了,而有植物

的玻璃罩内的蜡烛一直燃烧。同学们都很好奇,热烈地讨论起来,这时王老师在黑板上写下了今天的课题——光合作用。根据加涅的信息加工理论,这时学生的学习处于(　　)

A. 动机阶段　　B. 保持阶段　　C. 获得阶段　　D. 概括阶段

40. 小明经常违反课堂纪律以引起老师的注意,老师对他的这些行为已经见怪不怪了,便采取不予理睬的态度。过了一段时间,小明违反课堂纪律的行为逐渐减少了,这属于(　　)(常考)

A. 正强化　　B. 负强化　　C. 惩罚　　D. 消退

41. 学生掌握不同的数学公式,并利用数学公式去做不同类型的数学题属于(　　)

A. 信号学习　　B. 言语联结学习

C. 解决问题的学习　　D. 辨别学习

42. 有时候学习者尽力去解决一个复杂的或需要创造性思考的问题时,无论多么努力,却不能解决问题。在这种时候,暂时停止对问题的积极探究,可能就会对问题的解决起到关键作用。这种暂停被称为(　　)

A. 破窗效应　　B. 反应突破　　C. 酝酿效应　　D. 刻板印象

43. 加涅将人类的学习结果分为不同类型。学生知道上海简称“沪”、苹果的英文是“apple”。这属于(　　)的学习。

A. 高级规则　　B. 认知策略　　C. 智慧技能　　D. 言语信息

44. 关于班杜拉的观察学习,以下表述不正确的是(　　)(易错)

A. 儿童是通过观察学习来获得新行为的

B. 观察学习的学习者不需要直接作出行为反应

C. 观察学习是简单的模仿

D. 观察学习始于学习者对示范者行为的注意

45. 学生在课上先学习“哺乳动物”的概念,再学习“山羊”“猴子”“斑马”等概念,这属于(　　)

A. 上位学习　　B. 并列结合学习　　C. 符号学习　　D. 下位学习

46. 学生在学习分子运动时,由一瓶水与一瓶酒精混合后装不满两个瓶子的实验联想到一筐核桃与一筐小米混合后装不满两个筐,这样就能够形象化地理解实验原理了。这种学习方法是(　　)

A. 先行组织者法　　B. 类比法　　C. 比较法　　D. 质疑法

47. 小明学东西忘得快,刘老师告诉小明在睡前回忆一下当天学过的知识,以加深记忆。这种做法的依据是此时可以避免(　　)

A. 倒摄抑制　　B. 前摄抑制　　C. 清退抑制　　D. 前摄和倒摄抑制

48. 小丽认为自己期末考试成绩优异是因为认真进行了复习,依据韦纳的归因理论,这属于(　　)归因。(常考)

A. 内部、可控、不稳定　　B. 外部、可控、不稳定

C. 内部、不可控、稳定　　D. 外部、不可控、稳定

49. 小阳性格开朗活泼,但胆子较小。某天班级组织游乐园的集体活动,小元邀请她一起坐过山车,被小阳果断拒绝。但小阳观看了小元乘坐过山车的全过程后,突然觉得自己也能克服内心的恐惧。此时,小阳的自我效能感受到(　　)的影响。

A. 直接经验　　B. 情绪唤醒　　C. 言语说服　　D. 替代性经验

50. 小张成绩一般,为了能考上重点高中,不落于人后,他每天晚上都熬夜学习,但成绩依旧不见起色。当有同学问他晚上几点休息时,他害怕同学会嘲笑自己这么努力成绩还一般,就说自己睡得很早。根据自我价值理论,小张的学习动机属于(　　)

A. 高驱低避型　　B. 低驱高避型　　C. 高驱高避型　　D. 低驱低避型

51. 由于王老师对小刘前一阶段的进步进行了表扬,在接下来的时间里,小刘学习更努力了。根据奥苏贝尔的理论,驱动小刘努力学习的是(　　)

A. 认知内驱力　　B. 附属内驱力　　C. 自我提高内驱力　　D. 成就内驱力

52. 在数学考试中遇到不会做的题时,我们会选择先跳过,然后继续做后面的题,最后集中时间思考不会做的题目。从学习策略来看,这属于(　　)

A. 计划策略　　B. 组织策略　　C. 调节策略　　D. 精加工策略

53. 学生小强因某日在家打扫卫生得到父母的表扬而经常在家帮父母做家务,其行为体现的是(　　)

A. 操作性条件反射　　B. 经典性条件反射　　C. 联结反应　　D. 习惯成自然

54. 小红花了10分钟背会了《茅屋为秋风所破歌》这首诗,接着又继续读了5分钟。这种方法属于(　　)

A. 分散注意学习　　B. 滞后学习　　C. 适当过度学习　　D. 超前学习

55. 一位语文老师在教学生们学习“鼠”字时,告诉同学们“鼠”就像一只小老鼠,上面的“臼”是老鼠的脸,下面的部分是老鼠的牙齿,用这样的方式来帮助同学们记忆。该语文老师运用的方法是(　　)

A. 首字联词法　　B. 谐音联想法　　C. 视觉想象法　　D. 位置记忆法

56. 从宏观角度来看,学习迁移的过程是新旧经验的整合过程,而实现整合的途径不包括(　　)(易错)

A. 同化　　B. 遗忘　　C. 顺应　　D. 重组

57. 当学生先学完“不”和“正”后,再学习“歪”时,即可以产生(　　)(易混)

A. 逆向迁移　　B. 一般迁移　　C. 负迁移　　D. 具体迁移

58. 根据科尔伯格的道德认知发展阶段论,处于(　　)的儿童开始看重外界对自身的评价,认同父母或老师传播的社会规范或价值观。

A. 好孩子定向阶段　　B. 遵循社会秩序,维持良心的定向阶段

C. 社会契约的道德定向阶段　　D. 服从权威、避免惩罚的道德定向阶段

59. 课间,阳阳在教室外的走廊上见到一张废纸,本想装作没有看见走过去,但发现冯老师正在不远处看着自己,于是他把废纸捡起来丢进垃圾桶。阳阳的行为表明其品德的形成正处于社会规范的(　　)阶段。(易错)

A. 信奉　　B. 认同　　C. 依从　　D. 建立

60. 钢琴演奏是一项技能性、专业性较强的活动。在演奏技能形成的练习过程中,学生常常出现练习

成绩不稳定、起伏较大或者常处于停滞不前的现象。在心理学中,这通常被称为(　　)

A. 抑制现象　B. 高原现象　C. 停滞现象　D. 山谷现象

61. 小花在上游泳课时,先认真观察了教练的手部和脚部动作,然后自行练习教练的动作。根据操作技能的形成过程,小花正处于操作的(　　)阶段。

A. 定向　B. 模仿　C. 整合　D. 自动化

62. 生物课上,老师讲解了人体的八大系统是什么,由什么器官组成,在人体中的作用是什么。这属于(　　)(常考)

A. 陈述性知识　B. 程序性知识　C. 策略性知识　D. 条件性知识

63. 按照布卢姆对认知目标的分类,下列符合领会水平要求的是(　　)

A. 给学生一些地震的事实材料,让学生写出一篇报道

B. 学习了《欧也妮·葛朗台》后,请学生评价葛朗台的价值观

C.《金色的草地》学习结束后,请学生概括出文章的故事情节

D. 学习完古诗《锦瑟》后,请学生准确地背诵诗句

64. 当学生学会拼读"going"时,拼读其他带有"ing"的词也变得更加熟练,最能解释这个现象的理论是(　　)

A. 形式训练说　B. 共同要素说　C. 概括化理论　D. 关系转换说

65. 对于如何将图像完整地保留下来,科学家根据人类眼睛的成像原理发明了照相机,其中科学家解决此问题运用了(　　)

A. 原型启发　B. 晕轮效应　C. 功能固着　D. 皮格马利翁效应

66. 某学生在写一篇论文时感觉任务太难,不知如何开始,于是他将这个任务划分成几个子任务:选题、查找资料、组织材料、制定大纲等,结果他较为轻松地完成了任务。该学生运用的解决问题的方法是(　　)

A. 手段—目的分析法　B. 逆向反推法

C. 爬山法　D. 类比思维法

67. 学生进入学校后最主要的指导者是(　　),其是帮助学生面对情感或人际问题的最好资源。

A. 同伴　B. 校长　C. 教师　D. 家长

68. 教育机智是教师良好的综合素质和修养的外在表现,教师表现教育机智的前提是(　　)

A. 对工作和学生的态度　B. 意志的自制性和果断性

C. 教师的学历层次　D. 教师的威严

69. 自我认识是自我意识的认知成分,它包括自我感觉、自我概念、自我观察、自我分析和自我评价。其中最能代表一个人自我认识水平的是(　　)

A. 自我感觉　B. 自我观察　C. 自我分析　D. 自我评价

70. 小娟在读完《桂林山水甲天下》这篇课文后,脑海中形成了一幅桂林山水美景图,并将桂林列为自己要去旅游的地方。小娟对桂林山水的想象属于(　　)

A. 幻想　B. 无意想象　C. 创造想象　D. 再造想象

71. 每个人都有自己的偏好,学习上也是如此。每个人都有不同的学习风格,以下说法错误的是(　　)(易错)

A. 视觉型学习者适合于通过自己看书和做笔记进行学习,而不适合于老师的讲授和灌输

B. 场依存型学习者可能对人文与社会科学更感兴趣

C. 场独立型学习者可能更擅长数学与自然科学

D. 对于听觉型学习者,老师用手轻拍他们的头表示赞赏要比进行口头表扬产生的效果更好

72. 小雅同学平时胆小、不爱交际、情感脆弱,面对危险时常恐惧、畏缩,行动迟缓、优柔寡断。小雅的气质类型为(　　)

A. 黏液质　B. 胆汁质　C. 抑郁质　D. 多血质

73. 上课过程中,突然有书掉在地上或者有同学不小心从凳子上摔倒时,大家会不自主地把注意力转向发出声音的方向。这种心理活动属于(　　)(常考)

A. 无意识记　B. 有意识记　C. 无意注意　D. 有意注意

74. 为提高学生阅读能力和综合素质,教育部发布了《中小学生阅读指导目录(2020年版)》,其中推荐图书的信息不包括(　　)

A. 作品名称　B. 作者　C. 作品分类　D. 具体出版社

75. 根据《中华人民共和国义务教育法》的相关规定,以下说法不正确的是(　　)

A. 条件不具备的地区的儿童,可以推迟入学年龄至九周岁

B. 学校不得分设重点班和非重点班

C. 学校应当把德育放在首位,寓德育于教育教学之中

D. 学校不得违反国家规定收取费用

76. 小军是一名初中生,他因逃课去网吧被学校勒令退学。该校的做法(　　)

A. 合法,学校有管理学生的权利

B. 合法,有利于保护其他学生的权利

C. 不合法,对违反学校管理制度的学生,学校应当予以批评教育,不得开除

D. 不合法,学校应尊重学生的个体差异,因材施教

77. 根据《中华人民共和国未成年人保护法》,网络游戏服务提供者不得在(　　)向未成年人提供网络游戏服务。

A. 每日二十二时至次日六时　B. 每日二十三时至次日十时

C. 每日二十一时至次日九时　D. 每日二十二时至次日八时

78. 根据《中华人民共和国预防未成年人犯罪法》,未成年人无故夜不归宿、离家出走的,父母或者其他监护人、所在的寄宿制学校应当及时查找,必要时向(　　)报告。

A. 村委会或居委会　B. 公安机关　C. 监察机关　D. 教育厅

79. 教育部在前期广泛调研、公开征求意见基础上,制定颁布《中小学教育惩戒规则(试行)》,其中规定教师在教育教学管理、实施教育惩戒过程中,不得实施的行为是(　　)

A. 责令做书面检讨　B. 责令赔礼道歉

C. 一节课堂教学时间内的教室内站立　　D. 指派学生对其他学生实施教育惩戒

80. 李老师为了提高班上同学的数学成绩，私自在家开办有偿教学补习班，并要求班上数学不好的同学必须参加。这种行为违背了教师职业道德规范中的(　　)

A. 潜心钻研　　B. 教书育人　　C. 为人师表　　D. 爱岗敬业

二、多项选择题(下列每小题列出的选项中至少有两个是正确的，请将其代码填在括号内。多选、少选、不选、错选均不得分。本大题共20小题，每小题1.33分，共26.6分)

81. 生物起源说认为人类教育起源于动物界中各类动物的生存本能活动，认为动物界存在教育活动。下列有关说法正确的有(　　)(易混)

A. 它混淆了动物的本能活动与人类社会教育活动的界限

B. 它认为教育是一种自觉的有意识的活动

C. 它否认了教育的社会性

D. 它的代表人物是美国著名教育家孟禄

82. 缺。

83. 素质教育是指以人的素质发展为核心的教育，应贯穿于教育的全过程并渗透于教育的各个方面。实施素质教育的主要途径和方法有(　　)

A. 充分发挥教师的作用

B. 推进新课程改革

C. 加强学校内部管理、课外教育管理、班主任工作

D. 调动学生学习的主动性和积极性

84. 学校教育制度在形式上分为前制度化教育、制度化教育和非制度化教育，下列属于制度化教育的有(　　)

A. 晚清的"废科举，兴学校"

B. 学生在慕课网上在线学习精品课程

C. 以儿童身心发展规律为划分依据的壬戌学制

D. 原始社会的口口相传和相互模仿学习

85. 学校教育是最基本、最主要的教育形式，其基本特征包括(　　)

A. 有确定的教育内容　　B. 有固定的教育组织形式

C. 有精心组织的教育活动　　D. 有稳定的教育周期

86. 备课是教学工作的基础，是整个教学过程的总策划，它关系到课堂教学的有效性。备课的内容主要包括(　　)

A. 解读课程文本　　B. 设计教学过程　　C. 开展教师分享会　　D. 分析学生

87. 直观教具一般分为实物直观和模像直观，下列属于实物直观的有(　　)(易错)

A. 标本　　B. 实验　　C. 幻灯片　　D. 动画

88. 缺。

89. 某班为了提高班级管理水平，增强学生们的班级荣誉感和责任心，班主任在班里实行值日班长制度，由班级成员轮流担任值日班长，值日班长负责监督当天课间、自习纪律，之后进行汇报。班主任还把该制度列入班规贴在墙报上。该班主任运用的班级管理策略包括(　　)

A. 自我管理策略　　B. 自我反思策略　　C. 制度化策略　　D. 德育先导策略

90. 孔子在教育上的认识和观念构成了中国封建社会教育思想的中心。下列选项中，属于孔子的教育思想的是(　　)

A. 阐明教育对象的"有教无类"

B. 认为"人之性随习迁"，教育在人的发展过程中起着决定性作用

C. 主张学与思相结合，"学而不思则罔，思而不学则殆"

D. 提出了"知行合一"的道德教育观

91. 运动技能又被称为动作技能，它包括(　　)

A. 写字技能　　B. 操作仪器技能　　C. 作图技能　　D. 心算技能

92. 学生学习是人类学习中的一种，既有人类认识过程的一般特点，又有其特殊性。学生的学习具有的特点包括(　　)(常考)

A. 学生学习的接受性　　B. 学生学习的目的性、计划性和组织性

C. 学生学习具有一定程度的被动性　　D. 学生学习的单一目的性

93. 人做出这样或那样的行为都有一定的原因，心理学家们一般用动机对人们的行为原因进行描述。根据动机产生的动力来源，学习动机可分为(　　)

A. 高尚的动机　　B. 低级的动机

C. 外部学习动机　　D. 内部学习动机

94. 不同认知风格的学生在解决问题方面具有不同的表现。下列表现中，(　　)更符合沉思型学生。(易混)

A. 解决问题速度慢但错误少

B. 在解决高层次问题中成绩更好

C. 解决问题速度快且错误少

D. 在运用低层次事实性信息的问题解决中更占优势

95. 罗杰斯认为学习方式可分为无意义学习和有意义学习，他认为有意义学习的要素包括(　　)

A. 学习使学生获得单一方面的发展　　B. 学习是由他人进行评价的

C. 学习具有个人参与的性质　　D. 学习是自发的

96. 新学期开学不久，张老师发现班上有一些同学拉帮结派，甚至还有同学被孤立。面对这样的情况，张老师应该(　　)

A. 充分利用课堂教学促进同学间互动

B. 与同学沟通了解情况，合理处理冲突

C. 开展关于如何处理人际关系的主题班会

D. 营造积极向上的班风，促进良好同伴关系

97. 根据《中华人民共和国教师法》的规定，下列事例中，应当由所在学校、其他教育机构或者教育行政

部门给予行政处分或者解聘的有(　　)

A. 李老师自恃为老教师,经常不备课

B. 张老师品行不良,经常给学生起侮辱性的外号,影响恶劣

C. 王老师体罚学生,多次被学生举报,但他仍屡教不改

D. 赵老师将不良情绪带到工作上,故意不完成教育教学任务,给教育教学工作带来严重损失

98. 下列行为中不属于侵犯学生的权利的有(　　)(常考)

A. 学校公布党史演讲比赛获奖个人　　B. 教师因个人喜好篡改学生平时成绩

C. 教师采用分组教学法开展教学　　D. 教师因实验器材不足劝后进生不上实验课

99. 校园安全涉及千家万户,事关社会的稳定和谐。依据《中小学幼儿园安全管理办法》,学校安全管理遵循(　　)的方针。

A. 积极预防　　B. 依法管理

C. 社会参与　　D. 各负其责

100. 下列做法符合"关爱学生"的有(　　)

A. 姜老师不歧视学习成绩差的学生　　B. 卫老师偏爱家庭条件好的学生

C. 老师不断学习新的专业知识　　D. 邓老师尊重每一位学生的人格

三、判断题(判断下列各题的正误,正确的选"A",错误的选"B",并将正确的代码填在题后的括号内。本大题共 20 小题,每小题 0.63 分,共 12.6 分)

101. 卢梭教育思想的核心是自然教育理论,自然教育的目的是培养自然天性得到充分发展的自然人。(　　)

A. 正确　　B. 错误

102. 教育活动中教育内容和教育手段是影响教育活动成效的决定性因素。(　　)

A. 正确　　B. 错误

103. 教育家苏霍姆林斯基指出"一个好的教师是一个懂得心理学和教育学的人"。这要求教师应当具有本体性知识。(　　)

A. 正确　　B. 错误

104. 教师的行为是学校管理文化的缩影,受价值观的支配,也受学校管理制度的影响。(　　)

A. 正确　　B. 错误

105. 抛锚式教学是指为学习者构建知识体系、提供概念框架的教学。(　　)

A. 正确　　B. 错误

106. 班级中的规章制度制定得是否科学、合理,是否以学生成长为出发点是班级制度文化建设是否合理的核心。(　　)

A. 正确　　B. 错误

107. 刺激泛化和刺激分化是互补的过程,其中分化是对事物差异性的反应。(常考)(　　)

A. 正确　　B. 错误

108. 在教学过程中,教师尽量用同一种教学方法把教材讲得详细,这有利于防止学生注意力分散。(　　)

A. 正确　　B. 错误

109. 奥苏贝尔的认知结构同化学习理论的核心是:学生能否习得新信息,主要取决于他们的认知结构中已有的有关观念。(　　)

A. 正确　　B. 错误

110. 马斯洛认为需要的层次越低,它的力量越小,潜力越小。(易错)(　　)

A. 正确　　B. 错误

111. 帮助教师分析、预测并干预学生的行为是教育心理学的唯一作用。(　　)

A. 正确　　B. 错误

112. 艾宾浩斯通过实验发现遗忘的过程具有先快后慢的特点。(　　)

A. 正确　　B. 错误

113. 陈述性知识的形成以掌握程序性知识为必要条件。(　　)

A. 正确　　B. 错误

114. 埃里克森认为,最近发展区的大小是儿童心理发展潜能的重要标志,也是儿童可接受教育程度的重要标志。(易错)(　　)

A. 正确　　B. 错误

115. 根据《中华人民共和国教师法》的有关规定,对教师以及具有中专以上学历的毕业生到少数民族地区和边远贫困地区从事教育教学工作的,地方各级人民政府应当予以补贴。(　　)

A. 正确　　B. 错误

116. 国务院教育行政部门主管全国的教师工作,学校和其他教育机构的教师管理工作由国务院教育行政部门统筹,不得自主进行。(　　)

A. 正确　　B. 错误

117. 陈同学在新冠肺炎疫情期间前往中高风险地区旅游,返校后隐瞒自己的行踪,被学校给予记过处分。若陈同学对学校给予的处分不服,他有权向法院提起诉讼。(易错)(　　)

A. 正确　　B. 错误

118. 在我国,义务教育是国家必须予以保障的公益性事业。实施此种类型的教育时,不收学费、杂费。(　　)

A. 正确　　B. 错误

119. 作为教师应做到终身学习,因为终身学习是教师专业发展的不竭动力。(常考)(　　)

A. 正确　　B. 错误

120. 加强中小学教师职业道德建设,提高教师的师德素养,对于确保党的事业后继有人和社会主义事业兴旺发达,全面建设小康社会,构建社会主义和谐社会,实现中华民族伟大复兴,具有十分重要的意义。(　　)

A. 正确　　B. 错误

2021年天津市和平区教师招聘考试真题试卷(九)

(满分100分　时间150分钟)

本套试卷共57小题,包括单项选择题(30小题)、多项选择题(10小题)、判断题(10小题)、简答题(3小题)、论述题(1小题)、案例分析题(2小题)、活动设计(1小题)。

一、单项选择题(下列每小题列出的四个选项中只有一个是最符合题意的,请将其代码填在括号内。错选、多选或未选均不得分。本大题共30小题,每小题0.9分,共27分)

1. 推动教育学发展的内在动力是(　　)

A. 教育规律　B. 教育问题　C. 教育理论　D. 教育方针

2. 马克思认为(　　)是导致人的片面发展的根本原因。

A. 社会分工　B. 经济基础　C. 先天遗传　D. 后天环境

3. (　　)是班主任开展工作的前提。(常考)

A. 了解学生　B. 德育　C. 班集体建设　D. 个别教育

4. 在评价一首曲子时,人们会用到悲伤、沉重、欢快等词语。这属于(　　)

A. 感觉后像　B. 感觉对比　C. 联觉　D. 感觉补偿

5. (　　)是学校教学的出发点和归宿,是教学的灵魂,支配着教学的全过程,并规定了教与学的方向。

A. 教学目标　B. 教学内容　C. 课程目标　D. 学期目标

6. 义务教育的(　　)是我国义务教育的基本性质。(易混)

A. 强制性　B. 公益性　C. 普及性　D. 基础性

7. "学习是学习者神经系统发生的各种过程的复合,不是刺激—反应间的一种简单联结"是(　　)提出的。

A. 奥苏贝尔　B. 加涅　C. 马斯洛　D. 布鲁纳

8. 观看完国庆大阅兵后,丽华同学的心情久久不能平静,她觉得身为一个中国人是特别值得自豪的。这是情感中的(　　)(常考)

A. 道德感　B. 理智感　C. 美感　D. 责任感

9. 产生于西周时期的"六艺"教育,以(　　)为中心。

A. 礼、乐　B. 礼、书　C. 书、乐　D. 射、书

10. 依据加德纳的多元智力理论,画家的(　　)智力发育得比较好。

A. 逻辑—数学　B. 视觉—空间　C. 自知　D. 存在

11. 当问一名儿童:"你有好朋友吗?"他回答:"有。""你的好朋友叫什么名字?"他回答:"红红。"但反过来问:"红红有好朋友吗?"他回答:"没有。"这说明该儿童的认知发展水平处于(　　)阶段。

A. 感知运动　B. 前运算　C. 具体运算　D. 形式运算

12. (　　)在《教育心理学》一书中,主张必须把教育心理学作为一门独立的分支学科来进行研究。

A. 维果斯基　B. 桑代克　C. 布鲁纳　D. 皮亚杰

13. 有些学生在确定选修课程时考虑的是今后走向社会、踏上工作岗位的需要。这种动机称为(　　)

A. 近景性动机　B. 远景性动机　C. 直接性动机　D. 志向型动机

14. 以下哪项不属于影响迁移的客观因素(　　)(易错)

A. 认知结构　B. 学习材料特性　C. 媒体　D. 教师指导

15. 语文教师给定两篇报道,让学生评判哪篇报道更真实可信。这属于布卢姆的教学目标分类系统中的(　　)

A. 分析　B. 评价　C. 运用　D. 综合

16. 儿童在(　　)一般伦理原则开始形成,但自控能力差,常出现前后自相矛盾的行为。

A. 幼儿期　B. 童年期　C. 少年期　D. 青年期

17. (　　)指的是教师用不同的符号、线条、颜色和简明的文字组成一定的图示,从而直观形象地勾勒出抽象的概念和原理及复杂事物之间的内在联系,具有直观性、形象性、趣味性和艺术性,简明准确,一目了然的特点。

A. 图解式板书　B. 综合式板书　C. 表格式板书　D. 对比式板书

18. 刘老师在工作中经常以自己的思维方式来推测学生的思维方式。刘老师的行为体现了(　　)

A. 首因效应　B. 晕轮效应　C. 刻板效应　D. 投射效应

19. 齐老师对教务主任抱怨道:"当班里的学生违反纪律时,我会对他们喊叫几声,但他们却变本加厉,越发不服管教。"学生不良行为增加的现象,可以用行为主义的(　　)的观点来说明。(常考)

A. 正强化　B. 负强化　C. 惩罚　D. 消退

20. 有的小学生在学习英语字母"B"时,会不小心发出汉语拼音"B"。这属于(　　)

A. 消退　B. 倒摄抑制　C. 前摄抑制　D. 双向抑制

21. 做英语阅读时,带着问题然后读文章。这属于元认知策略中的(　　)

A. 调节策略　B. 注意策略　C. 计划策略　D. 监控策略

22. 化学课中"元素"概念的建立,可以启发学生分析铁、铝、氢、氧、钠、钙等物质有无共同之处,并最终让学生理解这些看起来各不相同的物质归纳起来都属于一个类别:化学元素。这属于(　　)

A. 接受学习　B. 下位学习　C. 并列结合学习　D. 上位学习

23. "时教必有正业,退息必有居学"体现的是(　　)的教育思想。

A. 教育即生活　B. 知行合一　C. 教学相长　D. 课内与课外相结合

24. 初三(2)班的刑老师因开会离开教室三十分钟,回来后发现班里的学生依然有条不紊地学习。该

班学生的课堂纪律发展处于(　　)

A. 人际纪律阶段　　B. 自我约束阶段

C. 自我服务行为阶段　　D. 共同协作阶段

25. 通过(　　),教师可以随时了解学生在学习上的进展情况,获得教学过程中的课程反馈,为教师随时调整教学计划、改进教学方法提供参考。

A. 形成性评价　　B. 诊断性评价　　C. 总结性评价　　D. 个体内差异评价

26. 张红将自己数学考试的失败归结为"自己不是学数学的料"。张红的归因属于(　　)(常考)

A. 内部、稳定的归因　　B. 外部、稳定的归因

C. 外部、不稳定的归因　　D. 内部、不稳定的归因

27. "先行组织者"实质上指的是(　　)

A. 教师　　B. 引导性材料　　C. 已经掌握的知识　　D. 已有的认知结构

28. 对于品行有缺点、学习有困难的学生,应当(　　)

A. 家校协商是否继续学业　　B. 视情节轻重的情予以惩戒或休学

C. 耐心教育、帮助,不得歧视　　D. 建议进入特殊机构接受教育

29. 教师在教学中经常会组织"情境模拟与角色扮演"活动,这类活动的关键是(　　)

A. 开展探究学习,观察儿童表演是否到位

B. 培养儿童情感,体验生活乐趣

C. 让儿童获得体验,演技好坏并不重要

D. 通过角色扮演,活跃教学气氛

30. 2021 年 5 月,国务院教育督导委员会办公室印发《关于组织责任督学进行"五项管理"督导的通知》,通知指出,加强中小学生(　　)(简称"五项管理"),关系学生健康成长、全面发展,是深入推进立德树人的重大举措。

A. 作业、睡眠、手机、读物、体质管理

B. 作业、睡眠、手机、视力、体质管理

C. 作业、睡眠、手机、读物、健康管理

D. 作业、睡眠、手机、读物、心理健康

二、多项选择题(下列每小题列出的选项中至少有两个是正确的,请将其代码填在括号内。错选、多选或未选均不得分。本大题共 10 小题,每小题 1 分,共 10 分)

31. 以赫尔巴特为代表的传统教育学派的主要观点可以归纳为"三个中心",即(　　)

A. 教师中心　　B. 书本中心　　C. 学生中心　　D. 课堂中心

32. 对问题解决产生影响的因素包括(　　)(常考)

A. 功能固着　　B. 条件反射　　C. 问题表征　　D. 原型启发

33. 学校文化是指围绕着学校教育教学活动所建立起来的一整套价值观念、行为方式、语言习惯、制度体系、知识符号、建筑风格等的集合体。学校文化由(　　)构成。(易错)

A. 物质文化　　B. 精神文化　　C. 制度文化　　D. 组织文化

34.《义务教育初中科学课程标准(2011 年版)》对教学评价的建议是:科学课程评价应从全面培养学生的科学素养出发,建立(　　)的评价体系。

A. 评价主体多元　　B. 评价内容全面

C. 评价方式多样　　D. 重过程,也重结果

35. 自主学习关注学习者的主体性和能动性,以下(　　)属于自主学习的特点。

A. 主动学习　　B. 独立学习　　C. 探究学习　　D. 元认知监控学习

36. 马斯洛提出了需要层次理论后,进一步对其进行了区分,其中(　　)是成长需要。(常考)

A. 尊重需要　　B. 归属与爱的需要　　C. 审美需要　　D. 求知需要

37. 能力的个别差异表现在(　　)

A. 能力类型差异　　B. 能力表现早晚的差异

C. 能力发展水平的差异　　D. 特殊能力的差异

38. 下列属于《中华人民共和国教师法》规定的教师的义务的是(　　)

A. 遵守宪法、法律和职业道德,为人师表

B. 不断提高思想政治觉悟

C. 制止有害于学生的行为或者其他侵犯学生合法权益的行为

D. 关心、爱护全体学生

39. 下列属于知觉的恒常性的是(　　)

A. 在观察一本书时,不管你是从正上方看还是从斜上方看,看起来都是长方形的

B. 白墙在阳光和月色下看,它都是白的

C. 在嘈杂的环境中,有人喊自己的名字容易听到

D. 画家只画几笔,你便能认出他画的是什么

40. 我国基础教育课程改革的发展趋势主要表现为(　　)

A. 以学生发展为本,促进学生全面发展和培养个性相结合

B. 稳定并加强基础教育

C. 加强课程综合化

D. 课程与现代信息技术相结合

三、判断题(判断下列各题的正误,并在题后括号内打"√"或"×"。本大题共 10 小题,每小题 0.6 分,共 6 分)

41. 概念同化是学生学习概念的主要方式。(　　)

42. "心理旋转实验"证实了表象的可操作性。(易错)(　　)

43. "爱人者人恒爱之,敬人者人恒敬之"反映了人际交往的公平原则。(　　)

44. 教学的首要任务是引导学生掌握科学文化基础知识和基本技能。（ ）

45. 直观是理解科学知识的起点，是学生由不知到知的开端，是知识获得的首要环节。（常考）（ ）

46. 学生起始状态包括学习者的学习态度、起始能力、知识背景等。（ ）

47. 现代教学理论所倡导的因材施教、启发诱导、循序渐进、理论联系实际、温故知新等教学原则都是对传统教学原则的继承和发展。（ ）

48. 心境是指强烈的、短暂的、爆发式的情绪状态。（ ）

49. 记忆的内容不能保持或者提取有困难就是遗忘。（ ）

50. 开拓创新精神是教师最重要的品质，也是教师做好教育工作的精神动力。（易错）（ ）

四、简答题（本大题共 3 小题，每小题 5 分，共 15 分）

51. 简述课外活动的意义。

52. 简述短时记忆的概念和特点。

53. 程序教学所遵循的主要原则有哪些？

五、论述题（本大题共 8 分）

54. 一个成熟的班集体的构成要素有哪些？如何建设一个优秀的班集体？（常考）

六、案例分析题（本大题共 2 题，其中，第 55 小题 10 分，第 56 小题 12 分，共 22 分）

55. 关注心理健康，开展心理健康教育是国家一直关注的重点问题。国家层面先后制定政策、出台文件来呼吁大中小学做好心理健康教育工作，而现实也证明中小学生群体的心理健康教育迫在眉睫，势在必行。

从媒体报道中我们可以得知：中小学生患抑郁症、焦虑症、厌学症等心理疾病或心理障碍的人数呈递增趋势。现实中，中小学生群体也在一定程度上存在着学习、人际关系、学校生活适应、自我认知、青春期性心理等方面的健康问题。更为严重的是，我们时常也会听到学生因老师或家长的批评而自杀或因嫉妒心而伤害他人等惨烈事件。

问题：

（1）请分析学校心理健康教育的必要性。（5 分）

（2）请从学校层面出发，分析学校心理健康教育的工作该如何实施？（5 分）

56. 宋老师一上课就对同学们讲，“秋季是收获的季节，不少花卉就在秋季盛开，我们后天要到公园郊游，带大家去赏花，但是秋季会有哪些花朵盛开呢？请同学们课后设法了解一下，明天一上课，大家把了解的情况在课堂上讲一讲。”第二天一上课，不少同学都抢着说，秋天有好多种花盛开，比如桂花、菊花、牵牛花、木槿花……并急切想了解郊游的具体地点和活动安排，宋老师微笑着问学生，“你们怎么知道秋天有这些花朵要盛开呢？”有的学生回答，他回家用爸爸的电脑搜索了一下，网页里弹出好多答案；有的说，他看了有关植物和花朵的书籍，里面有详细的介绍；有的说，他的妈妈就是学生物的，很了解花朵的习性；有的说，他是从电视台科教频道上关于花卉的节目中学习到的……大家你一言我一语，课堂气氛很热烈，学生们对不同的信息和获取信息的方法进行着激烈地对比和讨论，宋老师也对学生的答案进行了相应评价。

宋老师原本可以直接介绍秋季开花的种类，或者对了解花朵习性的渠道进行直接说明。但通过这样简单的课堂教学，学生们不仅可以获取花卉的信息，还了解了获取花朵习性的途径。而这一切都是学生经过自己的体验和探索得到的。

问题：

(1)结合案例，宋老师的做法体现了什么样的教学理念？(6 分)

(2)结合实际，你认为在这样的实际教学中，教师应如何体现自己的作用？(6 分)

七、活动设计(本大题共 12 分)

57. 青少年是祖国的未来、民族的希望。青少年教育最重要的是教给他们正确的思想，引导他们走正路。当前社会，一些青少年以娱乐的心态、猎奇的心理，消遣和恶搞黄继光、邱少云等人们熟知的英雄人物，抹黑历史事实，我们在心痛的同时，更该认识到加强青少年的思想引领是一项重要而紧迫的任务。

请结合上述材料和社会实际，设计一份以“心怀感恩，致敬英雄”为主题的班级活动方案，要求环节完整、内容具体、具有可操作性。

2021年天津市滨海新区教师招聘考试真题试卷(十)

(本套试卷仅收录教育理论部分试题)

本套试卷共44小题,包括单项选择题(30小题)、多项选择题(10小题)、简答题(2小题)、论述题(1小题)、案例分析题(1小题)。

一、单项选择题(下列每小题列出的四个选项中只有一个是最符合题意的,请将其代码填在括号内。错选、多选或未选均不得分。本大题共30小题,每小题1分,共30分)

1. 世界上最早的文学艺术专门学校是(　　)(常考)

A. 柏拉图创办的学园　　B. 亚里士多德创办的吕克昂学园

C. 汉武帝时的太学　　D. 东汉时的鸿都门学

2. 奥地利生态学家劳伦兹在研究小动物发育的过程中,首先提出了"印刻"的概念,印刻只在小动物出生后一个短时期内发生。劳伦兹把这段时间称为(　　)

A. 转折期　　B. 过渡期　　C. 关键期　　D. 最佳期

3. 通过系统地收集和分析资料从而衍生出理论的研究方法,其基本宗旨在于在经验资料的基础上建构理论。研究者在研究开始之前,一般没有理论假设,直接从实际观察入手,从原始资料中归纳出经验,然后上升到理论。这种研究属于(　　)

A. 实践研究　　B. 行动研究

C. 田野研究　　D. 扎根理论

4. 以下选项中,关于德育过程实质的表述正确的是(　　)

A. 受教育者内在品德转化的过程

B. 一定的社会思想道德规范内化为受教育者个体的思想品德的过程

C. 受教育者知、情、意、行发展的过程

D. 教育者提出的德育要求与受教育者已有品德水平之间的矛盾

5. 以下选项中,关于教育家与其著作表述正确的是(　　)

A. 泰勒《课程与教学的基本原理》　　B. 布鲁姆《什么知识最有价值》

C. 斯宾塞《教育目标分类学》　　D. 苏霍姆林斯基《教育诗篇》

6. 以弗洛伊德为代表的精神分析学派,把人的性心理发展划分为五个阶段,其中潜伏期是(　　)(常考)

A. 3~6岁　　B. 6~11岁　　C. 7~13岁　　D. 8~11岁

7. 认为当代社会根本不存在一套公认的道德原则或价值观可传递给儿童,当代儿童生活在价值观日益多元化且相互冲突的世界,在每一个转折关头或处理每件事务时,都面临选择。这种观点属于(　　)模式。

A. 认知　　B. 体谅　　C. 社会模仿　　D. 价值澄清

8. "教育适应自然的原则"最早可以追溯到(　　)(常考)

A. 苏格拉底　　B. 柏拉图

C. 亚里士多德　　D. 昆体良

9. 以下选项中,不属于贯彻启发性教学原则的基本要求的是(　　)

A. 加强学习的目的性教育,调动学生学习的主动性

B. 启发学生独立思考,发展学生的逻辑思维能力

C. 发扬教学民主

D. 重视运用言语直观

10. 中国近代史上第一所国立综合性大学,既是全国最高学府,又是国家最高教育行政机关的是(　　)

A. 稷下学宫　　B. 国子学

C. 国子监　　D. 京师大学堂

11. 在我国教学制度发展历史上,第一次按照实际需要,在同一学校中实行分科教学的是(　　)

A. 苏湖教法　　B. 三舍法

C. 六等黜陟法　　D. 监生历事法

12. 提出"把一切事物教给一切人""一切儿童都可以教育成人""一切男女青年都应该进学校"观点的教育家是(　　)

A. 卢梭　　B. 夸美纽斯　　C. 赫尔巴特　　D. 洛克

13. 我国当代历史上,第一个以法律形式明确规定教育目的的是(　　)(易错)

A. 1982年《中华人民共和国宪法》

B. 1985年《中共中央关于教育体制改革的决定》

C. 1958年《关于教育工作的指示》

D. 1986年《中华人民共和国义务教育法》

14. 提出"应当把成人看作成人,把孩子看作孩子",呼吁人们"既不要把儿童当成待管教的奴仆,也不能把他作为成人的玩物"。持这种观点的教育家是(　　)

A. 卢梭　　B. 洛克　　C. 蒙田　　D. 巴西多

15. 以下选项中,属于问卷调查法的主要特点的是(　　)

A. 范围广、速度快、费用低　　B. 范围广、速度慢、费用低

C. 范围小、速度快、费用低　　D. 范围小、速度慢、费用低

16. 根据《中华人民共和国教师法》规定,中小学教师资格由(　　)认定。

A. 县级以上地方人民政府教育行政部门

B. 国务院或者省、自治区、直辖市教育行政部门或者由其委托的学校

C. 县级以上地方人民政府教育行政部门组织有关主管部门

D. 国务院

17. 以下选项中，不属于教育研究原则的是(　　)

A. 客观性原则　B. 创新性原则　C. 继承性原则　D. 主体性原则

18. 乔伊斯和韦尔以布鲁纳等人的研究为基础建立了教学模式的三种变式，以下不属于这三种变式的是(　　)

A. 接受学习模式　B. 选择学习模式

C. 无序材料学习模式　D. 发现学习模式

19. 认为教育应成为一种"没有惩罚、没有眼泪"、充满兴趣和欢乐的活动，使儿童的天性得以健康发展。持这种观点的教育家是(　　)

A. 蒙田　B. 拉伯雷　C. 伊拉斯谟　D. 维多利诺

20. 研究者通过测验量表测出想测的内容。这说明该量表(　　)(常考)

A. 信度高　B. 效度高　C. 区分度高　D. 难度高

21. 下列选项不属于学校及其他教育机构应当履行的义务的是(　　)

A. 贯彻国家的教育方针，执行国家教育教学标准，保证教育教学质量

B. 维护受教育者、教师及其他职工的合法权益

C. 遵照国家有关规定收取费用并公开收费项目

D. 拒绝任何组织和个人对教育教学活动的非法干涉

22. (　　)是指在弹性预设的前提下，在教学展开过程中，由教师和学生根据不同的教学情境，自主建构教学活动的过程。

A. 反思性教学　B. 生成性教学　C. 生命化教学　D. 有效性教学

23. 有关思维发展的关键年龄的研究表明，由直观行动思维向具体形象思维发展的转折点是(　　)(易混)

A. 出生后8、9个月　B. 2～3岁　C. 4～5岁　D. 5～6岁

24. "新课改"减少了国家课程在学校课程体系中的比重。在义务教育阶段，将(　　)的课时量给予了地方课程和校本课程的开发与实施。

A. 10%～20%　B. 10%～15%　C. 20%～25%　D. 25%～30%

25. 我国封建社会正式官办大学的开始是(　　)

A. 西汉的太学　B. 东汉的鸿都门学　C. 隋朝的国子监　D. 宋朝的书院

26. 张老师作为中学数学老师，从备课到上课再到课后辅导都踏实认真、勤勤恳恳，因为批改作业而加班更是常有的事情，但他也毫无怨言。张老师的行为体现了教师职业道德规范中的(　　)

A. 为人师表　B. 教书育人　C. 爱岗敬业　D. 关爱学生

27. "大学之道，在明明德，在亲民，在止于至善。"这句话出自(　　)

A.《大学》　B.《中庸》　C.《论语》　D.《孟子》

28. 我国现代学制形成的标志是(　　)

A.《钦定学堂章程》

B.《奏定学堂章程》

C.《关于改革学制的决定》

D.《中共中央关于教育体制改革的决定》

29. 马克思主义个人全面发展学说的基本含义是(　　)(易错)

A. 个人劳动能力的全面发展

B. 个人智力和体力的发展

C. 个人脑力劳动和体力劳动的发展

D. 个人生产能力和劳动能力的发展

30. 重视以学定教是新课程改革的三大基本理念之一。提倡"以学论教"，主要从学生的情绪状态、注意状态、参与状态、(　　)六个方面评价。

A. 交往状态、思维状态、生成状态

B. 生活状态、思维状态、生成状态

C. 情感状态、思维状态、交往状态

D. 交往状态、知识状态、生成状态

二、多项选择题(下列每小题列出的选项中至少有两个是正确的，请将其代码填在括号内。错选、多选或未选均不得分。本大题共10小题，每小题2分，共20分)

31. 以下选项中，以语言传递为主的教学方法主要有(　　)

A. 讲授法　B. 谈话法

C. 讨论法　D. 读书指导法

32. 按照评价功能的不同，可将教学评价分为(　　)

A. 相对性评价　B. 总结性评价　C. 诊断性评价　D. 形成性评价

33. 教育目的在教育实践中具有(　　)作用。

A. 导向　B. 激励

C. 评价　D. 标准

34. 以下属于教育目的的社会本位论观点的支持者的有(　　)(易混)

A. 柏拉图　B. 涂尔干

C. 凯兴斯泰纳　D. 赫钦斯

35. 在教学过程中，强调教师"吃透两头"所指的是(　　)

A. 充分认识学生　B. 充分理解教材

C. 认真备课　　D. 严格管理学生

36. 对于小学低年级心理健康教育的主要内容表述正确的是(　　)

A. 要帮助学生认识日常学习生活环境和基本规则

B. 要注重培养、训练好的学习方法与策略

C. 要培养学生礼貌友好的交往品质

D. 要培养他们能够妥善处理同学间的矛盾的能力

37. 学生进入青春期,其心理特点可以概括为(　　)

A. 过渡性　　B. 闭锁性　　C. 焦虑性　　D. 动荡性

38. 学校心理辅导室的服务对象包括(　　)(易错)

A. 全体学生　　B. 学生家长　　C. 班主任与学科老师　　D. 学校领导

39. 研究表明学生学业成就高低与其学习策略水平密切相关,下列属于自我调控策略的是(　　)

A. 编码与提取　　B. 自定目标与计划

C. 自我评价　　D. 自我激励

40. 缓解与克服考试焦虑常用的方法有(　　)

A. 积极的自我暗示　　B. 多想想重要他人

C. 专注过程　　D. 专注结果

三、简答题(本大题共 2 小题,每小题 10 分,共 20 分)

41. 根据《中华人民共和国义务教育法》,简述"义务教育"中的"义务"的含义。

42. 简述促进学习迁移的方法。

四、论述题(本大题共 15 分)

43. 论述皮亚杰的道德发展阶段理论。

五、案例分析题(本大题共 15 分)

44. 张老师:我们班有些学生,平时上课不太认真,每次都是单元测验前才临时抱佛脚,甚至测验当中问我用什么公式,我没回答他,否则这样的测验怎么可能反映真实水平?

李老师:测验也是为了检验学生哪些知识点还不熟悉,学生掌握知识比单元测验的结果重要,测验中学生思维被困住的时候还是可以给予点拨的。

上述哪位老师的观点更符合新课程理念?为什么?

2021年天津市河北区教师招聘考试真题试卷(十一)

(满分100分　时间120分钟)

本套试卷共60小题,包括单项选择题(30小题)、多项选择题(10小题)、判断题(10小题)、名词解释(3小题)、简答题(4小题)、论述题(1小题)、案例分析题(2小题)。

一、单项选择题(下列每小题列出的四个选项中只有一个是最符合题意的,请将其代码填在括号内。错选、多选或未选均不得分。本大题共30小题,每小题1分,共30分)

1. 教育受一定社会的政治经济等因素的制约,但也有其自身的规律,会存在超前或滞后于社会发展的现象。这是教育的(　　)的体现。(易混)
A. 永恒性　B. 长期性　C. 相对独立性　D. 生产性

2. 在西方最早形成体育、德育、智育、美育和谐发展的是(　　)
A. 古雅典　B. 古埃及　C. 古印度　D. 古斯巴达

3. 某小学结合所在地区传统文化的特点,并根据学校发展特色,开设了《剪纸艺术》课程。该课程属于(　　)
A. 国家课程　B. 地方课程　C. 校本课程　D. 隐性课程

4. 吃过糖之后再吃橘子,就会感觉橘子特别酸。这属于(　　)(常考)
A. 感觉适应　B. 感觉对比　C. 感觉后效　D. 感觉补偿

5. 马克思历史唯物主义理论在教育起源上坚持(　　)
A. 心理起源说　B. 生物起源说　C. 劳动起源说　D. 物质起源说

6. (　　)是衡量一个人道德品质的重要标志。
A. 道德认知　B. 道德情感　C. 道德意志　D. 道德行为

7. 有一类人他们善于察言观色,注意并记忆言语信息中的社会内容。这属于(　　)
A. 场依存型　B. 场独立型　C. 整体型　D. 系列型

8. 为了更好地帮助学生学习,教师用逻辑关系图对课本知识进行了总结。这属于组织策略中的(　　)
A. 记忆术　B. 生成性学习　C. 归类策略　D. 纲要策略

9. 经典条件反射理论认为(　　)是形成和巩固条件反射的重要条件。
A. 动机　B. 强化　C. 诱因　D. 需要

10. 教育对社会主义核心价值观念能够起到引领作用,这反映了教育的(　　)
A. 现代性　B. 先导性　C. 全局性　D. 前瞻性

11. 培养学生的自尊心有三个先决条件,下列不属于的是(　　)
A. 重要感　B. 成就感　C. 有力感　D. 自信感

12. 个体身心发展的互补性特征告诉我们,教师要(　　),善于发现学生的错误,并加以纠正和指导,将缺点转化为优点。
A. 长善救失　B. 循序渐进　C. 启发诱导　D. 教学相长

13. 小雪同学是第一次在公众场所进行演讲,她非常紧张。这种情绪属于(　　)(常考)
A. 激情　B. 心境　C. 应激　D. 压力

14. 感觉记忆的编码形式主要是(　　)
A. 图像记忆　B. 言语记忆　C. 语义编码　D. 情景编码

15. 小玲和她的同学都非常喜欢自己的学校,在很多方面都能很好地与学校保持一致。这体现了群体的(　　)功能。(常考)
A. 归属功能　B. 支持功能
C. 认同功能　D. 塑造功能

16. 工程师通过研究蝙蝠导航机制发明了声呐,并将其运用在潜艇定位上。这一现象反映了问题解决的(　　)
A. 算法式　B. 逆向反推法　C. 爬山法　D. 类比思维

17. 小红做事追求完美,稍有失误就极度焦虑,王老师通过改变其认知偏差来帮助她克服这种焦虑情绪。这种心理辅导方法属于(　　)
A. 消退法　B. 强化法　C. 合理情绪疗法　D. 系统脱敏法

18. 小明在学校不遵守纪律,妈妈就取消了这个周末看电影的计划。这属于(　　)
A. 负惩罚　B. 正惩罚　C. 负强化　D. 祖母法则

19. 鲁迅小说中的人物模特儿,往往嘴在浙江,脸在北京,服装在山西。这反映了想象的(　　)加工方式。
A. 黏合　B. 夸张　C. 拟人化　D. 典型化

20. 古代中医以“望闻问切”这四个手段为中介,来诊断病人的病情。这反映了思维的(　　)
A. 间接性　B. 概括性　C. 直觉性　D. 发散性

21. 个体意识到不能依据单纯的、固定的规则来进行奖惩的判断,而应该考虑到具体情况的差异。这表明其道德发展到了(　　)阶段。
A. 自我中心　B. 权威　C. 可逆性　D. 公正

22. 有的学生在心情苦闷的时候,就去操场跑步,跑完步之后,大汗淋漓,就觉得内心轻松多了。这属于(　　)
A. 自主训练法　B. 意志调节法
C. 转移注意法　D. 合理宣泄法

23.(　　)是衡量一个班集体成功与否的重要标志。

A. 课堂气氛　　C. 群体规范　　D. 班级人际关系　　D. 群体凝聚力

24.(　　)是我国制定的第一部教育基本法,这是我国教育史上具有里程碑意义的大事。

A.《中华人民共和国义务教育法》　　B.《中华人民共和国教育法》

C.《中华人民共和国教师法》　　D.《中华人民共和国未成年人保护法》

25. 小明的数学成绩非常不理想,但是数学老师发现小明只是记忆能力稍微差一些,其逻辑推理能力特别好。这种评价属于(　　)

A. 过程性评价　　B. 相对性评价　　C. 绝对性评价　　D. 个体内差异评价

26.(　　)是避免观点说教并促使人们在确定价值观方面使用有道理的推理,其完整过程可划分为选择、赞赏和行动三个阶段。

A. 体谅模式　　B. 社会学习模式　　C. 价值澄清模式　　D. 集体教学模式

27. 在讲述九年级语文《故乡》这一课时,杨老师请学生自主阅读课文后,小组合作完成"查找本文作者的籍贯、生平经历、个人成就等几方面内容"的任务。上述案例中,杨老师的课程目标分类属于(　)

A. 普遍性目标取向　　B. 生成性目标取向

C. 行为目标取向　　D. 表现性目标取向

28. 与教师劳动的示范性最能构成因果关系的一项是(　　)

A. 学生的向师性　　B. 学生的依赖性　　C. 学生的创造性　　D. 学生的自觉性

29. 下列各项关于教师职业道德范畴的描述,搭配正确的一项是(　　)(易混)

①它是教师道德行为的调节器,对教师道德行为、品质的取向具有导向和制约作用

②它的最基本也是最核心的内容是公平合理地评价和对待每个学生

③它的核心内容是要落实或践行教育公正与教育仁慈

④它是隐藏在教师内心深处的一种对教师社会道德责任感、义务感的认识和感情以及自我评价能力

A. ①教师义务——②教师良心——③教师公正——④教师荣誉

B. ①教师荣誉——②教师公正——③教师义务——④教师良心

C. ①教师义务——②教师公正——③教师良心——④教师荣誉

D. ①教师荣誉——②教师公正——③教师良心——④教师义务

30. 在科尔伯格的道德发展阶段理论中,属于社会契约定向阶段的特征的是(　　)(易错)

A. 开始从维护社会秩序的角度来思考什么行为是正确的

B. 认识到必须尊重他人的看法和想法

C. 认识到法律不再是死板的、一成不变的条文

D. 认为除了法律以外,还有诸如生命的价值、全人类的正义等更高的道德原则

二、多项选择题(下列每小题列出的选项中至少有两个是正确的,请将其代码填在括号内。错选、多选或未选均不得分。本大题共10小题,每小题1分,共10分)

31. 下列表述与现代教育发展特征相吻合的是(　　)

A. 教育民主化　　B. 教育多样化　　C. 教育国际化　　D. 教育终身化

32. 影响问题解决的因素有(　　)

A. 功能固着　　B. 定势　　C. 问题呈现的方式　　D. 情绪与动机

33. 马斯洛提出需要层次理论后进一步对其进行了区分,其中(　　)是缺失需要。

A. 尊重需要　　B. 归属与爱的需要　　C. 审美需要　　D. 求知需要

34. 隐性课程的主要表现形式有(　　)

A. 观念性隐性课程　　B. 物质性隐性课程

C. 心理性隐性课程　　D. 活动性隐性课程

35. 下列属于影响自我效能感的因素有(　　)(常考)

A. 事情的难易程度　　B. 对成败的经验与归因

C. 替代经验　　D. 生理和情感状态

36. 影响识记效果的因素包括(　　)

A. 识记的目的与任务　　B. 识记的态度和情绪状态

C. 材料的数量和性质　　D. 识记的方法

37. 近日,中共中央办公厅、国务院办公厅印发了《关于进一步减轻________和________的意见》,并发出通知,要求各地区各部门结合实际认真贯彻落实。(　　)

A. 义务教育阶段学生作业负担　　B. 中小学生学业负担

C. 校外培训负担　　D. 课业负担

38. 下列关于素质教育,表述正确的有(　　)

A. 素质教育就是要与应试教育背道而驰

B. 素质教育关注全民族素质的提高

C. 素质教育关注共性发展,也关注个性发展

D. 素质教育是特长培养的教育

39. 要让教师职业成为令人羡慕的职业,下列做法得当的有(　　)

A. 国家应制定政策,保障教师合法权益

B. 国家应营造尊师重教的氛围

C. 国家、社会应不断提升教师社会地位,特别是经济地位

D. 不断提高教师入职学历标准

40. 下列情境属于外部动机的有(　　)

A. 张老师在班上表扬这次期末考试成绩进步明显的同学

B. 新来的赵老师声音好听，长相甜美，在她的课上，学生们都踊跃回答问题

C. 班上的张涛因为课上有不明白的知识点，下课后主动去请教老师

D. 为了让妈妈在开家长会的时候更有面子，小萌最近一直努力学习

三、判断题（判断下列各题的正误，并在题后括号内打"√"或"×"。本大题共 10 小题，每小题 0.4 分，共 4 分）

41. 现代教育技术在课堂教学中的运用，必然能够提高课堂教学效率。（　　）

42. 学生小明多次扰乱课堂教学秩序，多次教育无果，班主任张老师可以责令其退学。（　　）

43. 在教师与学生的关系上，教师应处于权威、主体地位。（　　）

44. 学生的学习以间接经验学习为主。（　　）

45. 内部分组是指打破传统的按年龄编班的限制，按学生的能力或学习成绩等编组。（常考）（　　）

46. 德育过程的基本矛盾是社会通过教师向学生提出的道德要求与学生已有品德水平之间的矛盾。（　　）

47. 学校、幼儿园、托儿所和公共场所发生突发事件时，应当优先救护未成年人。（　　）

48. 沉思型的学生在解决问题时总会比冲动型的学生更占优势。（常考）（　　）

49. 根据奥苏贝尔的认知同化理论，在有意义学习过程中，原有认知结构未发生实质性的改变的同化模式是上位学习。（　　）

50. 直观是理解科学知识的起点，是学生由不知到知的开端，是知识获得的首要环节。（　　）

四、名词解释（本大题共 3 小题，每小题 2 分，共 6 分）

51. 投射效应（常考）

52. 随机通达教学

53. 标准参照评价

五、简答题（本大题共 4 小题，每小题 5 分，共 20 分）

54. 奥苏贝尔认为学校情境中的成就动机由哪几个方面组成？并做简要说明。

55. 关于遗忘的原因有哪些学说？（常考）

56. 学生在动作技能的形成中会出现高原现象。什么是高原现象？形成的原因有哪些？

57.《中小学教师职业道德规范》包括哪几方面内容？（常考）

六、论述题(本大题共8分)

58. 培养创新型人才既是时代要求,也是教育改革的迫切要求。但是受应试教育的影响,学校在教育教学中追求标准化、统一化的现象依然存在,随着年级的递增,进而出现学生的好奇心、求知欲逐渐递减,甚至出现学生只会回答问题,不会提出问题的现象。而要培养创新型人才,实践教学是主阵地,教师则是主力军。

(1)请分析创造性的基本特征。(3分)

(2)如果你是一位中小学在职教师,请分析如何在教学中培养学生的创造性?(5分)

七、案例分析题(本大题共2小题,其中,第59小题10分,第60小题12分,共22分)

59. 小明是某小学四年级学生,学习不积极,调皮数第一,经常上课说话,传纸条,扰乱课堂教学秩序,学习成绩也不尽如人意。班主任王老师和小明多次谈话,效果都不理想。但王老师也发现,小明很热情,与班里同学相处融洽,另外,他有一定的体育天赋,在各类体育比赛中名列前茅,为班级多次争得了荣耀。为更好地帮助小明转变,王老师去小明家做了家访,这才发现,小明父母忙于工作,陪伴照顾孩子的时间很少,让小明感觉自己被忽视。有一天,王老师把小明叫到办公室促膝长谈,委派他做体育委员,并让他负责管理班级的纪律,小明虽然有些难以置信,但还是高兴地接受了。从那天开始,小明以身作则,班级的秩序有了很大的改观。另外,王老师还发现小明在学习上的积极性也越来越强了,学习成绩也有了起色。

(1)作为教师,应树立什么样的学生观?(4分)

(2)请结合学生观的相关知识,分析案例中班主任王老师的做法?(6分)

60. 上海15岁少年盛晓涵的一次"完美施救"在朋友圈刷屏了。盛晓涵是上海市格致中学一名高一学生,一个月前,他在放学回家途中,运用心肺复苏知识对一位倒地不起的老人施展救援,为生命赢得了宝贵的时间。后经医院诊断,老人遭遇大面积心梗,若非抢救及时,后果不堪设想。

这一次"教科书式"的救人能够实现,有家庭的影响和个人对医学知识的兴趣,更多的是来自学校教育的熏染。值得肯定的是,从小学到初中再到高中,盛晓涵就读的每所学校都设有急救课程。就在救人的前几天,格致中学初、高一年级全体师生还进行了心肺复苏和救护包扎技能培训和考核。事实证明,一次次的急救知识和技能培训、练习确实有效。而从小参与体育锻炼,让这位15岁少年有足够的体力为老人坚持体外按压,直至120救护车赶到。

少年无畏施救令人感动,这一处教育的细节更让人欣喜。据上海市教委介绍,上海中小学校通过健康教育课程、主题班会活动、晨会等形式,开展健康行为与生活方式、疾病预防、安全应急与避险等知识教育,尤其注重理论授课与技能实训结合。从2017年起,上海还组织开展中小学校园应急救护基本知识与技能宣传展示活动,已连续举办四届。不少高校和中小幼教师都熟练掌握了急救实施步骤及各类常见伤害事故紧急处理方法,包括心肺复苏及自动体外除颤器的使用。

《深化新时代教育评价改革总体方案》表明,"有什么样的评价指挥棒,就有什么样的办学导向。"近年来,上海以推进中考和高考改革为契机,构建初中和高中学生综合素质评价体系。社会考察、公益劳动、职业体验、安全实训等内容,都纳入学生社会实践活动体系。历史、地理、艺术、科学等学科不再被"占用"了,学生们有了更多机会走出教室,走出校门,校园和社会都成了活生生的课堂。下一步,正着眼探索德智体美劳全要素的过程性评价办法,构建学生综合素质评价信息的"学生成长画像"。

(1)结合案例,试分析上海市在教育评价改革过程中做出了哪些转变?(6分)

(2)结合案例和实际,你认为深化新时代教育评价改革有何意义?(6分)

2021年河北省石家庄市事业单位第一次教师招聘考试真题试卷(十二)

(总分100分 时间120分钟)

一、单项选择题(在下列每小题列出的四个选项中只有一个是最符合题意的,请将其代码填在括号内。错选、多选或未选均不得分。本大题共80小题,每小题0.7分,共56分)

1.( )的统一所构成的教育影响,使教育活动成为一种区别于其他社会活动的相对独立的社会实践活动。

A.教学方法与教育手段　　B.教育内容与教学材料

C.教学方法与教育目标　　D.教育内容与教育形式

2.从表面属性和外部特征看,教育功能可以分为( )(易混)

A.个体功能与社会功能　　B.本体功能与派生功能

C.显性功能与隐性功能　　D.保守功能与超越功能

3.( )既包含“为谁培养人”“培养什么样的人”的问题,也包含“怎样培养人”的问题和教育事业发展的基本原则。(易混)

A.教育目的　　B.教育方针

C.教育制度　　D.教育法规

4.从历史发展来看,近代以前的教育基本上是以( )培养作为主要的价值取向。

A.身体素质　　B.科技素质

C.人文素质　　D.军事素质

5.教育制度的( )主要表现为:入学条件和各级各类学校培养目标的日益标准化。

A.客观性　　B.规范性

C.历史性　　D.强制性

6.单轨学制最早产生于美国,先后被世界许多国家采纳,是因为它有利于( )

A.教育的逐级普及　　B.学校的规范管理

C.教师的快速发展　　D.学生的成绩提升

7.( )是现代学制的一个重要特点,也是现代学制向终身教育制度发展的重要标志。

A.高中教育阶段　　B.初中教育阶段

C.小学教育阶段　　D.幼儿教育阶段

8.我国现阶段教育改革和发展的重大任务是( )

A.促进义务教育均衡发展　　B.快速发展学前教育

C.实现高中教育特色发展　　D.基本普及职业教育

9.有专家说,现代教师的内涵更丰富,是“经师”与“人师”的统一。专家的观点意味着教师具有( )

A.发展性　　B.专门性　　C.高素质性　　D.多功能性

10.教师所享有的权利,尤其是( )的多少,反映了国家和社会对教师职业的重视与保护程度,直接影响着教师在社会民众及学生心目中的威信与地位。

A.专业权利　　B.荣誉权利　　C.交往权利　　D.生存权利

11.实践—反思取向主张教师专业发展的途径是( )

A.经过正规培训,向专家学习先进的学科知识

B.用教育叙事、撰写日志等方法获得教育智慧

C.依赖“教师文化”为其工作提供意义和支持

D.通过学习团队建设进行协同教学、合作教研

12.在教师合理的专业知识中,教育原理、心理学、教学论、班级管理和现代教育技术等知识属于( )(常考)

A.本体性知识　　B.条件性知识

C.实践性知识　　D.技巧性知识

13.承认学生的( )是发挥学生主体性的前提条件。

A.独立性　　B.调控性　　C.选择性　　D.创造性

14.( )学生的道德感、理智感在情感生活中占主要地位。

A.幼儿园　　B.童年期　　C.少年期　　D.青年期

15.当学生置身于班级组织中时,他的人格及能力上的特点、差异和不足就会显现出来。这反映了班级组织具有( )

A.促进发展功能　　B.诊断功能

C.满足需要功能　　D.矫正功能

16.一些教育行政部门和学校规定:不允许男教师与女学生单独谈话。这属于师生关系的( )

A.学校调节　　B.法律调节　　C.道德调节　　D.沟通调节

17.美国学者古德莱德归纳的课程中,由一些研究机构、学术团体和课程专家提出应该开设的课程属于( )(常考)

A.领悟的课程　　B.正式的课程

C.理想的课程　　D.经验的课程

18. 存在主义课程论认为教材是(　　)(易错)

A. 对学生进行心智训练的材料　　B. 为学生谋求职业做好准备的手段

C. 给学生确立学习目标的依据　　D. 学生自我发展和自我实现的手段

19. 多尔设想的后现代课程标准中,最重要的特征是(　　)

A. 丰富性　　B. 循环性　　C. 关联性　　D. 严密性

20. 学科课程的优点主要是(　　)

A. 以学生自主实践为主导　　B. 比较强调每一学科的逻辑组织

C. 内容主要来自社会生活　　D. 将多学科相关内容融合在一起

21. 学校组织机构、班级管理方式和班级运行方式属于(　　)

A. 观念性隐性课程　　B. 物质性隐性课程

C. 制度性隐性课程　　D. 心理性隐性课程

22. 近年来,我国在新的课程计划中推行一纲多本,实施双语教学,强调乡土教材的重要性。这体现了(　　)对课程变革的影响。

A. 文化模式　　B. 市场经济　　C. 科技进步　　D. 社会发展

23. 教学中,许老师一旦发现教学效果不理想,就立即根据学生的实际状况修正、改变原有的教学顺序。许老师这样做符合布鲁纳提出的(　　)

A. 动机原则　　B. 结构原则　　C. 序列原则　　D. 强化原则

24. 教学中,李老师经常用真实、复杂的故事呈现问题、营造解决问题的环境,让学生在解决问题过程中活化知识,用产生于真实背景中的问题启发学生思维。李老师的做法符合(　　)的基本观点。

A. 情感教学理论　　B. 行为主义教学理论

C. 认知教学理论　　D. 建构主义教学理论

25. (　　)是教学设计最关键的环节,是教学设计的主体部分,其质量高低直接影响教学活动的成败。

A. 教学内容设计　　B. 教学方法设计

C. 教学目标设计　　D. 教学评价设计

26. 根据研究,(　　)的学生不会产生疲劳的适当学习时间是 40 ~ 50 分钟。

A. 6 ~ 8 岁　　B. 9 ~ 12 岁　　C. 13 ~ 15 岁　　D. 16 ~ 18 岁

27. 教学策略都是针对教学目标的每一具体要求而制定的,具有与之相对应的方法、技术和实施程序,并转化为教师和学生的具体行动,这说明教学策略具有(　　)

A. 指向性特征　　B. 操作性特征　　C. 综合性特征　　D. 灵活性特征

28. 学生李鹏在学校受到了挫折,他回到家后就拿小妹妹出气,以发泄自己的情绪,李鹏的行为属于(　　)

A. 恐怖　　B. 退缩　　C. 焦虑　　D. 攻击

29. 王老师说,学生失范行为和越轨冲动主要是由于童年的社会化失调造成的。王老师的说法与(　　)的观点基本一致。

A. "心理缺陷说"　　B. "差异交往说"

C. "控制缺乏说"　　D. "挫折—侵犯说"

30. 在家庭教育的各种因素中,(　　)往往决定着孩子的发展水平。

A. 父母关系的好坏　　B. 家庭环境的状况

C. 亲子关系的质量　　D. 经济收入的高低

31. 班主任对学生负有的激活责任是指(　　)

A. 教育学生学会做人　　B. 促使学生提高素养

C. 发现学生个性特点　　D. 给予学生成功体验

32. (　　)是国民教育的基础,其发展直接关系到国民素质的提高,是衡量一个国家全民教育发展水平的重要尺度。

A. 学前教育　　B. 初等教育　　C. 中等教育　　D. 高等教育

33. 学习者在自己的日常生活、交往和游戏等活动中形成的大量个体经验叫作(　　)

A. 结构良好领域知识　　B. 结构不良领域知识

C. 自下而上的知识　　D. 自上而下的知识

34. 罗杰斯提出(　　)的主张,认为教师只是一个"使学习变得更方便的人"。

A. 有意义学习　　B. 知情统一

C. 以学生为中心　　D. 从做中学

35. 一个学生说:"反正我也不是什么好学生,学习不好,总被老师和家长批评,同学也不喜欢我,我再努力也学不好。"该学生这一说法主要受(　　)的影响。

A. 自我发展　　B. 自我实现　　C. 自我监督　　D. 自我概念

36. 教学中,高老师在播放视频后,组织学生或自由发言或小组讨论关于视频的感想。高老师运用的教学策略对应(　　)的学习风格。(易混)

A. 发散者方式　　B. 顺应者方式

C. 聚合者方式　　D. 同化者方式

37. 张老师认为小明聪明学习好,小磊学习一般,即使他俩某次考试成绩一样,也认为小磊是碰运气,对小明则有更高期待。他俩从老师日常的言行中都能体会到这些。小明被激励,学习更努力;小磊感觉老师偏心不公平,学习松懈。张老师的认知存在着(　　)(常考)

A. 晕轮效应　　B. 首因效应　　C. 刻板印象　　D. 近因效应

38. 李玲在数学课上多次被老师批评,不愉快的经验让她只要上数学课就焦虑紧张,也不喜欢数学老师,逐渐不喜欢上数学课,后来发展为不喜欢上其他课,最终害怕去上学。行

为主义理论称这种现象为(　　)

A. 正强化　B. 负强化　C. 消退　D. 泛化

39. 学生为了保持家长和老师的赞许或认可,而表现出来的努力学好的需要属于(　　)(常考)

A. 附属内驱力　B. 认知内驱力

C. 自我提高内驱力　D. 外部驱力

40. 赵新同学厌学,不想去上学是因为不知道如何与宿舍同学相处,自己学习不好,感觉也不被老师关注。学校应注重满足学生(　　)

A. 生理的需要　B. 安全的需要

C. 归属与爱的需要　D. 自我实现的需要

41. 教学不仅要依据儿童已经达到的现有发展水平,而且要预见到儿童今后的心理发展,教学要走在发展的前面,这属于(　　)的观点。

A. 情境性教学　B. 发展性教学　C. 生成性教学　D. 支架式教学

42. 自我价值理论在趋向成功和避免失败的两个维度上,采用四象限模型划分动机类型。有一类学生学习努力,聪明能干,会对自己提出更高目标,深得老师喜爱。表面看很好,但实际上因为担心失败,他们深受紧张、冲突的精神困扰。这类学生属于(　　)

A. 高驱低避型　B. 低驱高避型

C. 高驱高避型　D. 低驱低避型

43. 苏联教育家苏霍姆林斯基说:让学生变聪明的方法不是补课,不是增加作业,而是(　　)

A. 做手工　B. 交朋友　C. 强化记忆　D. 阅读

44. 小蒙从小练习舞蹈,熟练地掌握了一定的舞蹈动作,但在高考前的集训中,更换了舞蹈老师。新舞蹈老师按考试标准要求小蒙改变原有动作,小蒙在调整舞蹈动作时期,舞蹈练习成绩出现停顿或下降现象。此时小蒙出现了(　　)

A. 高原现象　B. 起伏现象　C. 特殊迁移　D. 逆向迁移

45. 小轩遇到商场着火,所在楼层是卖布料的。在紧急情况下,他只想到布是用来做衣服和被褥的,却没有想到布可以作为求生工具。影响小轩问题解决的主要因素是(　　)(易混)

A. 酝酿效应　B. 功能固着　C. 自由联想　D. 聚合思维

46. 不利于培养教学实际中问题解决能力的是(　　)

A. 设置难度适当的问题　B. 帮助学生正确表征问题

C. 指导学生从记忆中提取信息　D. 由教师提问要求学生配合

47. 小刚在家完成作业过程中一会儿出去倒杯水喝,一会儿上厕所,一会儿又去看手机,导致作业内容记不住。影响短时记忆中保存的是(　　)

A. 干扰　B. 前摄抑制　C. 近因效应　D. 首因效应

48. 教师常常埋怨课堂上那些注意力不集中的学生是不成熟、注意力缺陷或不想学。这样给学生贴标签,对学生提高学习成绩没有帮助。教师的正确做法是(　　)

A. 课后及时补课　B. 安排同学互相监督

C. 教会学生抑制分心　D. 使用时间管理策略

49. 小楠考试没有考好,虽然父母没有责怪她,但从良心上讲,她还是感觉对不起父母。这一内疚感是由(　　)引发的。

A. 本我　B. 自我　C. 超我　D. 现实的我

50. 价值教育作为道德教育的代表,其主要目的在于增强学生的六种能力:沟通、移情、问题解决、批判、决策和个人一致。这一道德教育观点来自(　　)

A. 精神分析学派　B. 人本主义学派

C. 行为主义学派　D. 认知学派

51. (　　)是亲社会行为的动机基础,能够激发与促进亲社会行为的发展,在道德培养过程中是最具有动力特征的因素。

A. 移情　B. 真诚　C. 信任　D. 尊重

52. 儿童认同父母,遵从父母的道德标准,主要满足社会期望,并开始将社会规范内化。此时儿童处于(　　)(常考)

A. 自律道德　B. 前习俗水平　C. 习俗水平　D. 后习俗水平

53. 我们要求公众人物严格自律,有污点的公众人物不能出现在官方媒体,因为青少年对偶像的崇拜,影响其(　　)

A. 对社会规范的认同　B. 心智技能的培养

C. 逻辑思维的完善　D. 气质特征的矫正

54. 小丽是一个从小被抛弃、遭欺凌、从未接受过爱的孩子,小洁一直成长在充满爱的家庭,她们二人在“助人为乐”的社会规范中具有不同的体验。小丽对这一社会规范的价值认同存在着(　　)

A. 认知障碍　B. 情感障碍　C. 行为障碍　D. 思维障碍

55. 教学中,教师和学生轮流承担教的角色,旨在教学生总结、提问、澄清和预测四种策略的课堂教学组织形式属于(　　)

A. 直接教学　B. 脚本式合作

C. 实践教学　D. 交互式教学

56. 王老师在编制试卷时,她根据自己容易取得的资料和感兴趣的内容出题,测验内容缺乏代表性,这样会导致(　　)(易错)

A. 信度偏低　B. 实证效度低

C. 内容效度低　D. 构想效度低

57. 帮助学生在短时间内获得解决问题、高层次思维等能力，对学习过程保持更高满意感的教学方法是（　　）

A. 自主学习　　B. 探究学习
C. 合作学习　　D. 基于问题学习

58. 课堂管理与不同年龄阶段有关。小学高年级和初中阶段课堂管理的关键是（　　）

A. 强调课堂规则和程序　　B. 建设性地处理混乱
C. 监控和维持管理系统　　D. 管理课程和自我管理

59. 马老师说："如果明天测验全班平均分在90分以上，下周的家庭作业就免了"。他的说法属于实用行为分析程序中的（　　）

A. 集体绩效系统　　B. 个人日志卡
C. 整班代币强化　　D. 以家庭为背景的强化

60.（　　）有助于加强评定与教学的联系，降低竞争带来的负面影响，把教学提到最显著的位置，降低测验与考试的作用。

A. 非正式评定　　B. 动态评定
C. 课程本位评定　　D. 传统评定

61. 教师想了解教学效果，查找教学中存在的问题，对学生进行多次评定，但测验分数不计入成绩册，也不评定等级或名次。这属于（　　）

A. 形成性评定　　B. 诊断性评定
C. 总结性评定　　D. 常模参照评定

62. 具有泛灵论和自我中心特点的儿童认知发展阶段是（　　）（常考）

A. 感知运动阶段　　B. 前运算阶段
C. 具体运算阶段　　D. 形式运算阶段

63. 教师从事职业活动最强大的精神动力和根本目的是（　　）

A. 职业责任感　　B. 职业正义感
C. 职业荣誉感　　D. 职业幸福感

64. 加强职业道德修养，教师首先要做到（　　）

A. 勤学　　B. 慎独　　C. 内省　　D. 自律

65. 是否具备（　　）是衡量教师职业道德素质高低的重要标志。（常考）

A. 坚定的职业道德信念　　B. 坚强的职业道德意志
C. 真诚的职业道德情感　　D. 良好的职业道德行为

66. 师德的灵魂是（　　）

A. 关爱学生　　B. 提高修养　　C. 加强反思　　D. 提高业务水平

67. 教师职业道德素质的培养应以（　　）为主。

A. 学校约束　　B. 政府规定　　C. 学生监督　　D. 教师自律

68. 教师职业道德最基本、最重要的作用是（　　）

A. 调节作用　　B. 导向作用　　C. 促进作用　　D. 教育作用

69. 在学校教育中，教师处理教育活动各种关系的行为准则是（　　）

A. 教师职业标准　　B. 教师专业标准
C. 教师职业道德　　D. 教师教育原则

70. 某学校开展青年教师赛课活动，张老师认真研读教材，依据课程标准制定教学目标，运用新教育理念设计教学过程和教学方法，制作了精美的教学课件，为参加比赛做好准备。讲课之后，评委向张老师提出了一些具有教育前沿发展趋势的问题。张老师根据自己的日常学习和体会，迅速做出恰当、合理的回答，赢得了评委的好评。张老师参加赛课的过程反映了教师工作具有（　　）

A. 示范性与细致性　　B. 复杂性与创造性
C. 全面性与榜样性　　D. 主体性与长期性

71.《中华人民共和国义务教育法》规定，义务教育实行（　　）为主管理的体制。

A. 国务院　　B. 省级人民政府
C. 市级人民政府　　D. 县级人民政府

72.《中华人民共和国教育法》做出明确规定，学校的教学及其他行政管理，由（　　）负责。

A. 校长　　B. 上一级教育主管部门
C. 班主任　　D. 教职工代表大会

73. 近年来，一些学校陆续出现学生遭受辱骂、殴打、强迫脱衣等校园暴力事件，引起人们的高度重视。上述校园暴力行为严重侵犯了学生的（　　）

A. 人身自由权　　B. 生命健康权　　C. 人格尊严权　　D. 社会生活权

74. 未履行对义务教育经费保障职责的，由国务院或者上级地方人民政府责令限期改正；情节严重的，对直接负责的主管人员和其他直接责任人员依法给予（　　）

A. 刑事处罚　　B. 民事处分　　C. 治安处罚　　D. 行政处分

75. 幼儿园规模应当有利于幼儿身心健康，便于管理，一般不超过（　　）

A. 250人　　B. 360人　　C. 480人　　D. 600人

76. 义务教育的（　　）是义务教育的基本性质。（常考）

A. 普及性　　B. 强制性　　C. 基础性　　D. 公共性

77. 根据《中华人民共和国义务教育法》的规定，县级以上人民政府及其教育行政部门不得将实施义务教育的学校分为（　　）

A. 城市学校和乡镇学校　　B. 示范学校和非示范学校

C.公办学校和民办学校　　D.重点学校和非重点学校

78.教育必须为社会主义现代化建设服务、为人民服务，必须与生产劳动和社会实践相结合，培养德、智、体、美等方面全面发展的社会主义建设者和接班人。该表述出自(　　)

A.《中华人民共和国教师法》　　B.《中华人民共和国义务教育法》

C.《中华人民共和国教育法》　　D.《中共中央关于教育体制改革的决定》

79.按照规定，班主任由学校从班级任课教师中选聘。聘期由学校确定，担任一个班级的班主任时间一般应连续(　　)

A.一学期以上　　B.一学年以上　　C.三学期以上　　D.二学年以上

80.某市一小学老师张敏为照顾体弱多病的父母主动要求调往父母所在山区的一所偏远小学任教。依据《中华人民共和国教师法》规定，当地政府对张敏应当(　　)

A.提高工资待遇　　B.给予奖励

C.增加教龄津贴　　D.予以补贴

二、多项选择题(下列各题的选项中有两个或两个以上是符合题意的，请将其代码填在括号内。多选、少选、错选均不得分。本大题共20小题，每小题0.8分，共16分)

81.当代教育目的社会价值取向的确立应注意把握(　　)

A.人的社会化与个性化问题　　B.民族性与世界性问题

C.功利价值与人文价值问题　　D.适应与超越问题

82.教师是社会物质财富和精神财富的创造者，通过(　　)直接参与社会物质文明和精神文明建设，起着"先导"的作用。

A.理论建构　　B.知识创新　　C.品德示范　　D.宣传咨询

83.中小学教师专业标准在"专业能力"中提出的基本要求有(　　)

A.尊重学生个体差异　　B.善于自我调节情绪

C.有效调控教学过程　　D.妥善应对突发事件

84.教师的职业形象中，教师的内在精神包括(　　)

A.工作态度　　B.精神风貌　　C.人际关系　　D.教师组织

85.课堂的组织环境主要包括(　　)(常考)

A.教室的布置　　B.座位的排列

C.学生的人数　　D.教师的态度

86.目前，许多学校在课程开设上将多种学科的相关内容融合在一起，形成综合课程。下列属于综合课程的有(　　)

A.人口教育课　　B.社交技能课

C.法制教育课　　D.环境教育课

87.昆体良在《论演说家的教育》一书中主张，教学要根据儿童的年龄特点，(　　)，给学生以奖励、反对体罚等。

A.因材施教　　B.量力而行　　C.授人以渔　　D.劳逸结合

88."过度学习"的主要表现有(　　)

A.综合学习　　B.超量学习　　C.过难学习　　D.重复学习

89.对学生的心理发展产生经常性影响，能够起到"润物细无声"渗透作用的有(　　)

A.班级标语　　B.学习园地　　C.研学活动　　D.社区服务

90.1.5～3岁的孩子，渴望自己穿衣服、抢勺子自己吃饭，如果遭遇父母严苛限制和斥责，会影响孩子的(　　)(易错)

A.自信心　　B.安全感　　C.独立性　　D.羞怯感

91.罗杰斯倡导的"有意义的自由学习"冲击了传统教育理论，推动了教育改革运动的发展，其主要表现有(　　)

A.突出情感在教学活动中的地位和作用

B.以学生"自我"完善为核心

C.把教学活动的重心从教师引向学生

D.人的潜能是自我实现，而不是教育的作用使然

92.韦纳的归因理论认为，人们在解释成功与失败时知觉到的主要原因有(　　)(常考)

A.能力　　B.努力　　C.任务难度　　D.运气

93.接受控制性教育方式的学生不仅容易丧失学习主动性，而且在进行概括性和创造性学习时，学习效果比预期的要差。在(　　)情况下，才能促进学生真正的内在动机需要。

A.归属感　　B.成就感　　C.自我效能感　　D.自我决定感

94.地理老师问学生："假如从你站的地方，一直向东走下去，没有山水阻挡，最后你会发现什么？"小兰回答说："我发现我走到了大地的尽头。"小琴说："我会回到原地。"老师引导学生转变错误概念主要用(　　)的方法。

A.倾听洞察学生的经验世界　　B.鼓励学生交流探讨

C.创设教师主导的课堂气氛　　D.引发认知冲突

95.建构主义学习理论的基本观点包括(　　)

A.知识观　　B.学生观　　C.学习观　　D.教学观

96.下列属于教学设计中情感目标内容的有(　　)

A.反应　　B.价值观　　C.领会　　D.评价

97.PBL(基于问题学习)的主要特征有(　　)

A.问题是课程的关键　　B.以学生为中心

C. 教师是辅导者或引导者　　D. 小组合作，共同学习

98. 教师个体专业发展的主要内容有(　　)

A. 专业理想的建立　　B. 专业知识的拓展

C. 专业能力的发展　　D. 专业自我的形成

99.《中华人民共和国未成年人保护法(2020 年)》指出，国家保障未成年人的(　　)等权利。

A. 生存权　　B. 选举权

C. 受保护权　　D. 参与权

100. 根据《中华人民共和国教育法》的相关规定，(　　)等场所应当对教师、学生实行优待。

A. 博物馆　　B. 游乐场　　C. 美术馆　　D. 电影院

三、判断题(判断下列各题的正误，正确的选“A”，错误的选“B”，请将其代码填在题后的括号内。本大题共 30 小题，每小题 0.4 分，共 12 分)

101. 为经济建设和社会的全面发展进步培养各级各类人才，是我国教育的基本使命。(　　)

A. 正确　　B. 错误

102. 壬戌学制的突出特点是教育年限长。(　　)

A. 正确　　B. 错误

103. 三十多年来，我国学制改革和发展的基本方向是重建和完善双轨学制。(　　)

A. 正确　　B. 错误

104. “才高八斗”“学富五车”是教师的典型文化特征。(常考)(　　)

A. 正确　　B. 错误

105. 最早提出对班级教学进行改造的教学组织形式是特朗普制。(易错)(　　)

A. 正确　　B. 错误

106. 师生关系是一所学校的精神风貌、校风、教风、学风的整体反映，是一种重要的课程资源。(　　)

A. 正确　　B. 错误

107. 目标是课程评价的依据和出发点，通过测量目标的达到程度判断教学效果，这是人文—自然主义课程评价观的核心思想。(　　)

A. 正确　　B. 错误

108. 有的学生喜欢自然科学的科目，有的学生喜欢社会科学的科目，有的学生爱好音体科目，这反映了学生身心发展具有不均衡性。(常考)(　　)

A. 正确　　B. 错误

109. 在教学中，教主要是一种外化过程，而学主要是一种内化过程。(　　)

A. 正确　　B. 错误

110. 提出趣味教学思想，主张学生“乐知”；强调联系实际，使学生有所“发明”；推行自动、自主、自治、自立教学法的是我国教育家梁启超。(　　)

A. 正确　　B. 错误

111. 14～16 岁是青少年越轨犯罪的多发年龄段，也是青少年个性最为突出、心理最为脆弱的时期。(　　)

A. 正确　　B. 错误

112. 女生常常把不满归咎于学校，而男生则更多的是自责，他们在学校中的行为一般与那些满意学校的男生相差不大。(　　)

A. 正确　　B. 错误

113. 场依存性的教师往往倾向于高估那些与自己场定向不相匹配的学生。(　　)

A. 正确　　B. 错误

114. 教师知道让学生对一定的问题情境进行探索的重要性，但他在教学中可能依然沿袭“满堂灌”的模式。这说明前者只是该教师“所倡导的理论”。(　　)

A. 正确　　B. 错误

115. 奖励是影响学习的主要因素，这是斯金纳效果律的观点。(易错)(　　)

A. 正确　　B. 错误

116. 学习是一个意义建构的过程，是社会建构主义理论的观点。(　　)

A. 正确　　B. 错误

117. 莱泊尔认为，外在奖励会提升其内部动机。(　　)

A. 正确　　B. 错误

118. 无条件的积极关注，是学习的促进者尊重学习者的情感和意见，接纳个体学习者的价值观和情感表现。(　　)

A. 正确　　B. 错误

119. 社会规范认同具有自觉性、服从性、稳定性的特点。(　　)

A. 正确　　B. 错误

120. 抛锚式教学模式是通过镶嵌式教学以及学习共同体中成员间互动、交流进行的。(　　)

A. 正确　　B. 错误

121. 课堂管理就是课堂纪律管理，即学生行为管理。(　　)

A. 正确　　B. 错误

122. 老师对全班同学说：“大家仔细听张强的发言，然后你们告诉我，你是否同意他的观点，为什么？”老师使用了问责制来维持团体的注意焦点。(　　)

A. 正确　　B. 错误

123. 学生总是把失败归因于自己的能力差，容易产生习得性无助感。（　　）

A. 正确　　B. 错误

124. 教师职业道德区别于其他职业道德的显著标志是为人师表。（常考）（　　）

A. 正确　　B. 错误

125. 大力开展“阳光体育”运动，保证学生每天锻炼30分钟，不断提高学生体质健康水平。（　　）

A. 正确　　B. 错误

126. 游艺娱乐场所设置的电子游戏设备，除国家法定节假日外，不得向未成年人提供。（　　）

A. 正确　　B. 错误

127. 网络游戏服务提供者不得在每日二十二时至次日八时向未成年人提供网络游戏服务。（　　）

A. 正确　　B. 错误

128.《中华人民共和国教育法》是由全国人民代表大会常务委员会制定的。（　　）

A. 正确　　B. 错误

129. 教育部发布的《关于进一步加强中小学生睡眠管理工作的通知》要求，小学生每天睡眠时间应达到10小时，初中生应达到9小时，高中生应达到8小时。（　　）

A. 正确　　B. 错误

130.《中华人民共和国未成年人保护法》规定学校、幼儿园、托儿所和公共场所发生突发事件时，应当优先救护未成年人。（　　）

A. 正确　　B. 错误

四、材料分析题（下列各题的选项中有一项或多项符合题意，请将其代码填在括号内。多选、少选、错选均不得分。本大题共20小题，每小题0.8分，共16分）

材料一　德育教人为善，智育教人求真，体育教人健体，美育教人臻美，劳动教育教人在劳力上劳心。“五育”各有其独特的任务和价值，共同完成培养德智体美劳全面发展的社会主义建设者和接班人的任务。但在教育实践中，没有单独的德育，也没有单独的智育，教育本身是整体发生的。德育贯穿于各育之中，是其他各育的灵魂；智育为实施其他各育进行知识和智力的储备；体育为其他各育提供体质的准备和生理的基础；美育以精神的力量助推其他各育的发展；劳动教育是对其他各育的综合实践运用与成果的检验。

131. 马克思主义关于人的全面发展的内涵，是指每个人的全面发展和（　　）

A. 自由发展　　B. 均衡发展　　C. 持续发展　　D. 个性发展

132. 广义的德育包括（　　）

A. 道德教育　　B. 生命教育

C. 思想教育　　D. 心理品质教育

133. 提高青少年身心健康水平，促进青少年全面发展的重要途径和手段，最终指向人格塑造的教育是（　　）

A. 智育　　B. 体育　　C. 美育　　D. 劳动教育

134. 2020年3月，中共中央、国务院印发了《关于全面加强新时代大中小学劳动教育的意见》。劳动教育的首要价值是（　　）

A. 树德　　B. 增智　　C. 强体　　D. 育美

材料二　半个多月来，山西某中学的英语老师张老师一直在“跪着”上课，这是怎么回事？

今年2月底，张老师的左脚骨折，在家休息了一个月，担心会耽误孩子们的学习进度，脚伤还没有痊愈，她就回到了学校。

每天两节英语课，大约90分钟，她基本是“跪”在凳子上讲课。“跪着”讲课，不仅膝盖不舒服，也不利于血液循环，时间长了脚还会肿。脚受伤后，上厕所不方便，张老师在学校不敢多喝水。

虽然坐着上课，有利于脚伤的恢复，但张老师说：坐着上课，无法看到所有学生，不方便与学生进行课堂交流和互动。“跪着”讲课没什么大不了，我只是做了任何一个老师都可能会做的事。

张老师的脚伤还没有痊愈，走路多了，脚会肿；走路快了，脚会疼，同学们就扶着她走路，帮她拿东西、倒水。在张老师看来，“跪着”上课不值一提，反而是学生们的行为，更让她感动。

135. 张老师“跪着”上课的做法，符合《中小学教师职业道德规范（2008年修订）》中（　　）对教师提出的基本要求。

A. 爱国守法　　B. 爱岗敬业　　C. 因材施教　　D. 廉洁奉公

136. 张老师“跪着”上课主要是为了（　　）

A. 强化意志教育，树立良好形象　　B. 增强课堂效果，保证教学质量

C. 规范教学秩序，维持课堂纪律　　D. 关注全班同学，重视师生互动

137. 张老师与学生之间具有良好的师生关系。理想的师生关系具有的基本特征有（　　）

A. 尊师爱生，相互配合　　B. 民主平等，和谐亲密

C. 共享共创，教学相长　　D. 学生主导，对话频繁

138. 我国有千千万万名教师默默地坚守在教育教学岗位上，辛勤耕耘。荣获“全国脱贫攻坚楷模”称号，被评为“感动中国2020年度人物”的优秀教师是（　　）

A. 邓家军　　B. 叶嘉莹　　C. 张桂梅　　D. 支月英

材料三　2012年9月，杭州市小学为学生统一免费配发了“三斤半书包”。有人称之为作业改革的1.0版本，从最外显的书包重量上画出红线。

2014年初，杭州市某区制定出台了《中小学推进“一本作业本”的指导意见（试行）》，对教师选、编作业本提出具体要求，确保每门学科只配备一本巩固作业本。这是作业改革的2.0版本，从书包延伸到作业本，用数量控制的方式立规。

2017年9月，杭州市某区推出“小学生推迟半小时上学”的举措。2018年初，又开始推行初中生

“晚十点不作业”措施,即只要家长签字,过了晚上10点没完成作业,孩子也可以去睡觉,这成为作业改革的3.0版本。

139. 近年来,杭州市连续进行学生作业改革主要是为了(　　)

A. 体现学生自主学习、自主发展　　B. 展示中小学课程改革取得的成果

C. 减轻中小学生过重的学业负担　　D. 突出作业在中小学教育中的地位

140. 杭州市学生作业改革的作用主要有(　　)

A. 倒逼教师提升教学质量　　B. 保障学生身心健康成长

C. 推动教育质量高位运行　　D. 促进学校规范管理制度

141. 教师在布置作业时,应遵守的要求有(　　)

A. 内容科学合理　　B. 精心设计,突出重点

C. 及时批改作业　　D. 分量适当,难易适度

142. 2021年4月,教育部在《关于加强义务教育学校作业管理的通知》中指出,要严控书面作业总量,学校要确保小学3~6年级每天书面作业完成的时间平均不超过(　　)

A. 30分钟　　B. 60分钟　　C. 90分钟　　D. 120分钟

材料四　2013年9月,小陈入读某实验中学。小陈妈妈向学校提交了《学生特定疾病特异体质情况申报表》,申报小陈患有肾病,且有近10年的病史,初一、初二阶段不宜参加剧烈运动,得到了学校的同意。学校书面通知了小陈所在班级的体育教师龚老师,说明了小陈的身体状况,要求其监督小陈不要在体育课上参加剧烈运动。

小陈升入初二年级后,主动找到龚老师,请求在体育课上参加运动。老师经过考虑,同意小陈进行适量运动。一天下午,龚老师给小陈所在班级上体育课,要求所有学生自行慢跑。龚老师没有明确说小陈可以自行运动,小陈便与其他同学一起慢跑。然而在慢跑过程中,小陈突然晕倒,被送往医院接受治疗。小陈向某司法鉴定所请求鉴定,鉴定结果是小陈进行慢跑对其肾功能进一步损害有轻微的促进作用。为此,小陈向法院起诉,法院依据《学生伤害事故处理办法》的相关规定,进行了判决。

143. 对于小陈身体的伤害,(　　)应当承担相应的责任。

A. 小陈本人　　B. 小陈父母　　C. 龚老师　　D. 实验中学

144. 制定《学生伤害事故处理办法》的主要依据有(　　)

A.《中华人民共和国教育法》　　B.《中华人民共和国义务教育法》

C.《未成年人学校保护规定》　　D.《中华人民共和国未成年人保护法》

145. 特定疾病是指在校学生患有非危及生命的恶性病变,学生常见的特定疾病有(　　)

A. 先天心脏病　　B. 感冒、骨折　　C. 脑血管疾病　　D. 癫痫、哮喘

146. 针对有特定疾病的学生,学校可采取的有效措施有(　　)

A. 建立档案,随时关注　　B. 注重心理健康教育

C. 加强日常管理和保护　　D. 督促学生强身健体

材料五　某版本小学数学四年级下册“乘法分配律”,面对真实的问题情境“四年级有6个班,五年级有4个班,每个班领取24根跳绳,四五年级一共要领取多少根跳绳”,教材给出两种解决问题的思路:一是先算四五年级一共有多少个班,即$(6+4)\times24=240$(根);二是先算四五年级各领取多少根跳绳,即$6\times24+4\times24=240$(根)。

在教学中,刘老师指导学生观察比较,让学生首先发现两种算法的结果相等。在此基础上,刘老师继续引导学生观察两个算式:“结合前面学习的运算律,你有怎样的猜想?”学生经过思考发现乘法有交换律、结合律,这应该也是一个运算律,是乘法分配律。

当学生得出“乘法分配律”的猜想后,刘老师继续追问:“乘法分配律成立吗?我们可以怎样验证?”在具有挑战性学习任务的引领下,学生想起了举例验证、画图验证、意义验证等方法,通过不同方法的验证,坚定了前面的猜想。

147. 教学中,刘老师引导学生进行猜想。猜想和(　　)都是人脑对表象的加工、改造的基本形式。

A. 记忆　　B. 联合　　C. 夸张　　D. 拼合

148. 刘老师在教学中引导学生进行猜想有助于(　　)

A. 培养学生的创新思维　　B. 发展学生的记忆能力

C. 巩固学生的已有知识　　D. 增强学生的合作意识

149. 刘老师在讲授“乘法分配律”过程中,运用的推理是(　　)

A. 演绎推理　　B. 归纳推理　　C. 类比推理　　D. 综合推理

150. 刘老师运用该推理方法能够(　　)

A. 改变学生的学习方法,打破思维定势

B. 发挥教师的主导作用,突出课堂管理

C. 引导学生把握知识结构,建立新旧联系

D. 帮助学生掌握基本方法,实现触类旁通

2021 年河北省沧州市运河区中小学教师招聘考试真题试卷(十三)

(本套试卷共 144 小题,目前已收录 143 小题)

第一部分　公共基础知识

一、单项选择题(在下列每小题列出的四个选项中只有一个是最符合题意的,将其选出并把它的标号写在括号内。错选、多选或未选均不得分。本大题共 28 小题,每小题 0.875 分,共 24.5 分)

1. 下列对我国“十四五”时期经济社会发展主要目标表述错误的是(　　)

A. 经济发展取得新成效和改革开放迈出新步伐

B. 创新驱动取得新优势和国内市场形成发展新格局

C. 社会文明程度得到新提高和生态文明建设实现新进步

D. 民生福祉达到新水平和国家治理效能得到新提升

2. 习近平新时代中国特色社会主义思想蕴含的(　　),深刻揭示了马克思主义批判性和革命性特征。

A. 批判精神　　B. 奋斗精神　　C. 革命精神　　D. 斗争精神

3. (　　)是中国青年运动蓬勃发展的根本历史经验。

A. 紧紧依靠广大人民群众　　B. 毫不动摇坚持中国共产党领导

C. 与新时代同向同行　　D. 怀抱崇高理想充满奋斗精神

4. 习近平总书记指出,要紧紧扭住(　　)这个脱贫致富的根本之策。

A. 发展　　B. 教育　　C. 经济　　D. 易地搬迁

5. 习近平总书记指出,科技创新、(　　)是实现创新发展的两翼,要把两者放在同等重要的位置。

A. 科学素质　　B. 科学精神　　C. 科学普及　　D. 科技人才

6. 河北省目前开展的“三重四创五优化”活动中,“四创”不包括(　　)

A. 创新、创业　　B. 创全国文明城市

C. 创国家卫生城市　　D. 创国家园林城市

7. 2021 年沧州市生产总值的预期目标是增长(　　)以上。

A. 6.5%　　B. 6.8%　　C. 7%　　D. 7.5%

8. 《中央宣传部、司法部关于开展法治宣传教育的第八个五年规划(2021—2025 年)》中指出,(　　)是全面依法治国的长期基础性工作。

A. 科学立法　　B. 严格执法　　C. 公正司法　　D. 全民普法

9. 执政党和法的关系是政治和法治的关系的集中反映,下列关于执政党的政策与社会主义法的关系表达正确的是(　　)

A. 执政党的政策是社会主义法的全部内容

B. 执政党的政策是社会主义法的核心内容

C. 执政党的政策是社会主义法实现的途径

D. 执政党的政策是社会主义法实现的工具

10. 根据马克思主义宪法理论,下列关于宪法本质的表达不正确的是(　　)(易错)

A. 宪法是民主制度法律化的基本形式

B. 宪法是各种政治力量对比关系的集中体现

C. 宪法是全民意志和全体利益的集中体现

D. 宪法是公民权利的保障书

11. 已满十二周岁不满十四周岁的人,犯故意杀人、故意伤害罪,致人死亡或者以特别残忍手段致人重伤造成严重残疾,情节恶劣,经(　　)核准追诉的,应当负刑事责任。

A. 一审人民法院　　B. 最高人民法院

C. 省级人民检察院　　D. 最高人民检察院

12. 《民法典》规定,监护人应当按照(　　)的原则履行监护职责。

A. 尊重被监护人意愿　　B. 遵守法律法规

C. 权利义务对等　　D. 最有利于被监护人

13. 某区教育局将学区调整的情况张贴在各学校门口,王某的房屋被划入新的学区,但他没有及时了解情况,将房屋低价卖给了李某。对此,下列说法正确的是(　　)

A. 王某认为区教育局公开学区信息的行为不当,有权提起行政诉讼

B. 区教育局公开学区信息的行为构成行政不作为

C. 王某有权以重大误解为由,解除与李某的房屋买卖合同

D. 区教育局应对王某的损失承担赔偿责任

14. 习近平总书记指出,在我国发展现阶段,畅通经济循环最主要的任务是(　　)

A. 提高自主创新能力　　B. 供给侧有效畅通

C. 优化升级产业结构　　D. 实现高水平的自立自强

15. 国家宏观调控的主要手段有行政手段、经济手段和法律手段。以下宏观调控手段不同于其他几项的是(　　)(常考)

A. 国家将小规模纳税人增值税起征点从销售额 10 万元提高到 15 万元

B. 国家为保持投资热度，扩大了地方专项债规模

C. 为缓解春节市场的猪肉紧张，国家相关部门先后 16 次投放中央储备冻猪肉

D. 中国人民银行决定将存款准备金率下调 0.5 个百分点

16. 老李是一位菜农，以种菜为生。老李的蔬菜成熟后，拉到市场上卖了 5000 元。老李拿着这 5000 元购买了一台空调。老李种菜、卖菜、买空调所对应的经济环节分别是(　　)(易错)

A. 生产—交换—消费　　B. 生产—交换—交换

C. 生产—分配—消费　　D. 生产—分配—交换

17. 在马克思主义普遍原理指导下，从中国的基本国情出发，走自己的路，体现了(　　)

A. 矛盾的同一性和斗争的统一性　　B. 矛盾的普遍性和特殊性的统一

C. 事物发展的量变和质变的统一　　D. 事物发展的前进性和曲折性的统一

18. 面向未来，要战胜前进道路上的种种风险挑战，顺利实现中共十九大描绘的宏伟蓝图，必须紧紧依靠人民。正所谓“大鹏之动，非一羽之轻也；骐骥之速，非一足之力也”。中国要飞得高、跑得快，就得汇集和激发近 14 亿人民的磅礴力量。这是因为，人民群众是(　　)

A. 第一生产力　　B. 社会实践的主体

C. 社会存在和发展的基础　　D. 事物发展的内在动力和源泉

19. 社会意识是社会生活的精神方面，是社会存在的总体反映。社会意识相对独立性的最突出的表现是(　　)

A. 社会意识的历史继承性　　B. 各种社会意识之间的互相影响

C. 社会意识对社会存在的反作用　　D. 社会意识相对于社会存在的变化的滞后性

20. 在价值选择多元化的今天，社会经济的发展更需要道德标杆和传统美德的力量。为此，我们必须(　　)

A. 把思想道德建设作为当前工作的中心

B. 将社会公德作为思想道德建设的核心

C. 随着时代的发展赋予道德新的内涵

D. 使思想道德建设与社会主义市场经济相适应

21. (　　)是社会主义职业道德的重要规范，是职业道德的基础和基本精神。(易混)

A. 诚实守信　　B. 爱岗敬业　　C. 服务群众　　D. 奉献社会

22. 下列诗句中与友情无关的一项是(　　)

A. 天涯地角有穷时，只有相思无尽处　　B. 人生交契无老少，论交何必先同调

C. 故人具鸡黍，邀我至田家　　D. 青山一道同云雨，明月何曾是两乡

23. (　　)最早在我国传播马克思主义思想。

A. 清华大学　　B. 南开大学　　C. 北洋大学　　D. 北京大学

24. (多项选择题)关于太阳系八大行星的叙述，下列说法正确的是(　　)

A. 八大行星中距太阳最近的是金星

B. 火星和木星的轨道之间存在小行星带

C. 八大行星具有同向性，所以自转方向都是自西向东

D. 天王星和海王星同属巨行星

25. 宇宙飞船进入预定轨道并关闭发动机后，在太空运行。在这艘飞船中用天平测量物体的质量，结果是(　　)

A. 和在地球上测得的质量一样大　　B. 比在地球上测得的质量大

C. 比在地球上测得的质量小　　D. 测不出物体的质量

26. 生产生活离不开化学，下列有关化学的说法不正确的是(　　)

A. 不需要通过化学反应就能从海水中获得淡水

B. 开发和推广新的绿色清洁能源是实现低碳生活的途径之一

C. 寻找高效催化剂，利用太阳能分解水是较理想的制取氢气的方法

D. 高纯硅是工业上制造光导纤维的主要原料

27. DNA 双螺旋结构的发现，极大地促进了人们对遗传的研究和理解。下列哪项技术的发展需以该发现为基础(　　)

A. 用多倍体育种技术培育无籽西瓜

B. 利用组织培养方法培育无病毒马铃薯

C. 利用杂交技术培育抗倒伏水稻

D. 通过基因工程培育抗虫棉植株

28. 2021 年 6 月 28 日，新一期全球超级计算机 500 强榜单揭晓，位列榜首的是(　　)

A. 中国超级计算机“神威·太湖之光”　　B. 中国超级计算机“天河二号”

C. 美国超级计算机“顶点”　　D. 日本超级计算机“富岳”

二、判断题(判断下列各题的正误，并在题后括号内打“√”或“×”。本大题共 16 小题，每小题 0.5 分，共 8 分)

29. 全面建设社会主义现代化国家是中国特色社会主义发展的内在逻辑。(　　)

30. 构建新发展格局最本质的特征是实现高水平的自主自强。(　　)

31. 我们中国共产党人领导人民干革命、搞建设、抓改革，从来都是为了解决中国的现实问题。(　　)

32. 建设社会主义核心价值体系，最根本的是坚持马克思主义的指导地位。(　　)

33. 根据我国《宪法》的规定，国务院有权制定和发布教育法律。(易错)(　　)

34. 赵某为某企业会计，一日深夜潜入本单位财务室，用钥匙打开保险柜拿走单位现金 2 万元，赵某的行为构成职务侵占罪。(　　)

35. 12 岁的哥哥可以向急需动手术的妹妹捐献肾脏。（　　）

36. 我国现阶段所坚持的公有制经济为主体是指坚持国有经济为主体。（易混）（　　）

37. 认识的最终目的是为了获得真理。（　　）

38. 职业态度的好坏，能够反映出一个职业、部门或单位的道德水平和文化素质。（　　）

39. “东山高卧时起来，欲济苍生未应晚”中的“东山高卧”指的是贬谪。（　　）

40. 中共一大提出了彻底的反帝反封建的民主革命纲领。（　　）

41. 塔里木盆地北缘的塔里木河，是中国最大的内流河。（　　）

42. 液体在一定温度下才能沸腾，但在任何温度下都能蒸发。（　　）

43. “天问一号”火星探测器中，太阳能电池帆板的材料是氧化硅。（　　）

44. 抗生素能杀死细菌，但不能杀死病毒。（　　）

第二部分　教育基础理论

一、单项选择题（在下列每小题列出的四个选项中只有一个是最符合题意的，将其选出并把它的标号写在括号内。错选、多选或未选均不得分。本大题共 70 小题，每小题 0.7 分，共 49 分）

45. 我国的教育基本法和根本法是（　　）（常考）

A.《中华人民共和国义务教育法》　B.《中华人民共和国宪法》

C.《中华人民共和国教育法》　D.《中华人民共和国基本教育法》

46. 根据《中华人民共和国义务教育法》规定，国家、社会、学校、家庭依法保障适龄儿童、少年接受（　　）的权利。

A. 初等教育　B. 基础教育

C. 义务教育　D. 高等教育

47. 教师规定学生做不完作业不准回家吃饭，侵犯了学生的（　　）

A. 财产权　B. 人身自由权

C. 人格尊严权　D. 生命权

48. 教育法律救济的根本目的是（　　）

A. 避免伤害　B. 避免纠纷

C. 获得赔偿　D. 补救受害者的合法权益

49. “君子之教，喻也”体现了教学的启发式原则，这一句话出自（　　）（易混）

A.《学记》　B.《中庸》　C.《大学》　D.《论语》

50. 决定教育事业发展的规模和速度的是（　　）（易混）

A. 科学技术　B. 生产关系　C. 文化　D. 生产力

51. 科学知识再生产的主要途径是（　　）

A. 学校教育　B. 调查研究　C. 职业培训　D. 社会研究

52. “科学技术是第一生产力”是（　　）提出的。

A. 邓小平　B. 毛泽东　C. 胡锦涛　D. 周恩来

53. 教育的根本任务在于（　　）

A. 促进国家经济的发展　B. 培养人

C. 巩固国家政权　D. 促进文化延续

54.（　　）是学校文化的主体。

A. 物质文化　B. 制度文化　C. 教师文化　D. 学生文化

55. 遗传因素为人的发展提供了（　　）（常考）

A. 现实性　B. 必然性　C. 方向性　D. 可能性

56. 小学阶段的教学多运用直观形象方式，中学以后可进行抽象讲解，这体现了儿童身心发展的（　　）特点。

A. 顺序性　B. 个别差异性　C. 不平衡性　D. 阶段性

57. 人对环境影响的接受过程是（　　）

A. 积极的过程　B. 能动的过程　C. 被动的过程　D. 主动的过程

58. 心理学家提出了发展的关键期或最佳期的概念，其依据是身心发展的（　　）

A. 顺序性　B. 阶段性　C. 不平衡性　D. 互补性

59. 缺。

60. 教育活动的依据和评判标准是（　　）（常考）

A. 教育目的　B. 课程　C. 教育评价　D. 教学

61. 人朝什么方向发展，怎样发展，发展到什么程度，取决于（　　）

A. 社会　B. 社会条件　C. 生产力发展水平　D. 生产关系

62. 我国全面发展教育中起保证方向和保持动力作用的是（　　）

A. 德育　B. 劳动技术教育　C. 体育　D. 智育

63. 教育目的是社会需求的集中反映，它集中体现了（　　）

A. 教育性质　B. 教育任务　C. 教育规律　D. 教育内容

64. 一个人的生理心理发育和形成的关键时期是（　　）

A. 幼儿园　B. 小学　C. 中学　D. 大学

65. 从教育学的角度来研究，师生关系主要是一种（　　）

A. 影响与被影响的关系　B. 教育与被教育的关系

C. 主体与客体的关系　　D. 权利与义务的关系

66. 下列不属于课程表安排应遵循的原则的是(　　)

A. 整体性原则　　B. 合理性原则

C. 迁移性原则　　D. 生理适宜原则

67. 决定课程不同结构的最根本、最基础的因素是(　　)

A. 教材的编写方式　　B. 教师的教学方式

C. 教学大纲的制定方式　　D. 学生的学习方式

68. 学校的中心工作是(　　)

A. 教学工作　　B. 公共关系　　C. 行政工作　　D. 总务工作

69. 一节好课的最根本的标准是(　　)(常考)

A. 教学目的明确　　B. 教学内容正确

C. 教学方法灵活　　D. 学生主体性充分发挥

70. 教学的作用直接表现在(　　)

A. 促进教育发展　　B. 促进个体发展

C. 促进文化发展　　D. 促进社会发展

71. 教学从本质上讲,是(　　)

A. 一种主体活动　　B. 一种实践活动

C. 一种认识活动　　D. 一种文化活动

72. 在下列教学组织形式中,有利于高效率、大面积培养学生的是(　　)

A. 个别教学制　　B. 班级授课制

C. 分组教学制　　D. 道尔顿制

73. 教学策略的核心内容是教学过程中如何有效地给学生提供(　　)

A. 学习策略　　B. 学习计划　　C. 学习方法　　D. 学习内容

74. 德育过程的真正开端和起点是(　　)

A. 提高品德认识　　B. 激发品德发展动机

C. 陶冶品德情感　　D. 培养品德行为习惯

75. 衡量人们思想品德高低好坏的根本标志是(　　)(易错)

A. 道德认知　　B. 道德情感　　C. 道德意志　　D. 道德行为

76. 在德育过程中,知与行的统一,就是(　　)

A. 感性认识与理性认识的统一　　B. 读书与参加生产劳动的统一

C. 上课与做作业的统一　　D. 理论与实践相结合

77. 以学生为本的班级管理机制的目的是(　　)

A. 满足学生的发展需要　　B. 确立学生的主体地位

C. 训练学生自我管理班级的能力　　D. 实现学生的全面发展

78. 班级组织建构的首要原则是(　　)(常考)

A. 有利于教育的原则　　B. 目标一致的原则

C. 可接受性原则　　D. 有利于身心发展的原则

79. “教必有法”,但“教无定法”,指的是教学方法的运用必须(　　)

A. 坚持以启发式为指导思想　　B. 做到最佳选择

C. 做到优化组合　　D. 做到原则性与灵活性相结合

80. 教育心理学着重考察与研究的是(　　)

A. 学生心理　　B. 教师心理

C. 管理心理　　D. 教与学在环境条件制约下互动时的学生心理

81. 在有几种可能解答的问题情境中,个体倾向于很快地检验假设,且常常出错的认知方式被称为(　　)(常考)

A. 冲动型　　B. 沉思型　　C. 场独立型　　D. 场依存型

82. 学习是一种适应活动,这里的适应是(　　)

A. 生理适应　　B. 心理适应　　C. 人际关系适应　　D. 环境适应

83. 学生学习体操动作,这种学习属于(　　)(易混)

A. 信号学习　　B. 连锁学习

C. 辨别学习　　D. 语言联结学习

84. 学生学习的根本特点是(　　)

A. 发现性　　B. 接受性　　C. 间接性　　D. 方向性

85. 要求学生分辨勇敢和鲁莽、谦让和退缩是刺激的(　　)(易错)

A. 获得　　B. 消退　　C. 泛化　　D. 分化

86. “一个联结的使用,会增加这个联结的力量”,是指(　　)

A. 效果律　　B. 练习律　　C. 失用律　　D. 准备律

87. 在瞬时记忆信息到短时记忆信息的加工过程中,必需有(　　)的参与。

A. 感觉　　B. 知觉　　C. 注意　　D. 复述

88. 现代信息加工心理学家把人的记忆系统分为(　　)

A. 两个子系统　　B. 三个子系统

C. 四个子系统　　D. 五个子系统

89. 在实际教学过程中，知识直观的方式主要有实物直观、模像直观和(　　)

A. 言语直观　　B. 形象直观　　C. 感知直观　　D. 表象直观

90. 在学校学习中，技能的学习以(　　)的掌握为前提。

A. 感性知识　　B. 理性知识

C. 陈述性知识　　D. 程序性知识

91. 阅读技能、写作技能、运算技能、解题技能都属于(　　)

A. 操作技能　　B. 心智技能　　C. 应用技能　　D. 学习技能

92. 以下属于智力因素的是(　　)

A. 注意力　　B. 动机　　C. 情感　　D. 意志

93. 随机应变、触类旁通表现出了思维的(　　)(常考)

A. 流畅性　　B. 变通性　　C. 独创性　　D. 聚合性

94. 学过高等数学后有利于初等数学的进一步理解和掌握，这属于(　　)(易错)

A. 顺向正迁移　　B. 逆向正迁移

C. 顺向负迁移　　D. 逆向负迁移

95. 小刘为了获得老师和家长的表扬而认真学习，他的学习动机表现为(　　)(易混)

A. 认知内驱力　　B. 自我提高内驱力

C. 附属内驱力　　D. 求知欲

96. 两名在测验中都取得了高分的学生，一名自信心增强，另一名则觉得自己运气不错，这是因为他们(　　)

A. 成就动机水平不同　　B. 学习目标不同

C. 归因方式不同　　D. 家长的期望不同

97. 需要层次论中的成长性需要是指(　　)

A. 自我实现的需要　　B. 归属与爱的需要

C. 生理的需要　　D. 尊重的需要

98. 教师应该帮助学生形成(　　)

A. 能力归因　　B. 努力归因

C. 运气归因　　D. 任务难度归因

99. 主要与学习态度、学习动机密切相关的学习策略是(　　)

A. 通用策略　　B. 宏观策略　　C. 微观策略　　D. 基本策略

100. 充分利用学生头脑中生动而鲜明的形象来帮助记忆，这是使用了(　　)

A. 组织策略　　B. 复述策略　　C. 元认知策略　　D. 精细加工策略

101. 在小学低年级识字教学中，有人按字音归类识字，有人按偏旁结构归类识字，这属于(　　)

A. 复述策略　　B. 理解—控制策略

C. 精加工策略　　D. 组织策略

102. (　　)决定个体是否愿意完成某些任务，即决定行为的选择。

A. 能力　　B. 道德　　C. 态度　　D. 情绪

103. 品德内化是指在思想观点上与他人的思想观点一致，将自己所认同的思想和自己原有的观点、信念融为一体，构成一个完整的(　　)

A. 新观点　　B. 认知结构　　C. 价值体系　　D. 策略系统

104. 品德不良的青少年的转化过程大体上要经历三个阶段，依次是(　　)

A. 醒悟、自新、转变　　B. 醒悟、转变、自新

C. 转变、自新、醒悟　　D. 转变、醒悟、自新

105. 心理辅导的目标有两个：一是学会调适；二是(　　)

A. 行为矫正　　B. 学会适应　　C. 寻求发展　　D. 克服障碍

106. 根据认知学习理论，教学活动中学生学习的实质是内在的(　　)

A. 心理变化　　B. 信息加工　　C. 智力活动　　D. 信息输入

107. 教学过程中的首要事件是(　　)

A. 引起学生注意　　B. 提示教学目标

C. 唤起先前经验　　D. 呈现教学内容

108. 教学目标侧重于过程或探索知识经验，则宜选择(　　)

A. 发现学习　　B. 接受学习　　C. 合作学习　　D. 掌握学习

109. 分配学生座位时，教师最值得关心的是(　　)

A. 对课堂纪律的影响　　B. 学生听课效果

C. 后进生的感受　　D. 对人际关系的影响

110. 竞争有可能会使一部分学生过度紧张和焦虑，容易造成(　　)的课堂气氛。

A. 非常积极　　B. 完全失控

C. 非常消极　　D. 紧张或敌对

111. (　　)是教师最神圣的权利。

A. 管理学生权　　B. 民主管理权

C. 教育教学权　　D. 获取报酬待遇权

112. 与新课程的开放性、生成性不相适应的课堂教学是(　　)

A. 教学过程的预定性　　B. 教学设计预留空间

C. 培养学生多向思维、求异思维的习惯　　D. 善于利用“突发事件”

113. 良心可以以直觉、顿悟、预感等瞬间完成的方式起作用，这是良心的(　　)

A. 瞬时作用　　B. 长期作用

C. 直觉作用　　D. 理智作用

114. 教学设计中最先要考虑的问题是(　　)

A. 教学方法　　B. 教学内容　　C. 教学目标　　D. 教学环境

二、多项选择题(在下列每小题列出的四个选项中至少有两项是符合题意的，将其选出并把它的标号写在括号内。多选、错选或漏选均不得分。本大题共 5 小题，每题 1.2 分，共 6 分)

115. 教师的学科专业素养包括(　　)(常考)

A. 具有先进的教育理念

B. 精通所教学科的基础性知识和技能

C. 了解与该学科相关的知识

D. 了解学科的发展脉络

116. 完整的教育目标应当包括(　　)

A. 思维领域　　B. 身心发展领域

C. 认知领域　　D. 情感领域

117. 确定教育目的会受到哪些主观依据的影响(　　)

A. 教育对象的身心发展实际及规律

B. 教育发展程度和教育规律

C. 哲学观念

D. 人性假设观念

118. 属于元认知策略的是(　　)

A. 计划策略　　B. 学习策略

C. 监控策略　　D. 调节策略

119. 心理发展的基本特征有(　　)

A. 不平衡性　　B. 个体差异性

C. 定向性和顺序性　　D. 连续性和阶段性

三、判断题(判断下列各题的正误，并在题后括号内打“√”或“×”。本大题共 25 小题，每小题 0.5 分，共 12.5 分)

120. 《中华人民共和国教育法》是我国第一部教育法律。(易错)　(　　)

121. 人的发展是个体的内在因素与外部环境在个体活动中相互作用的结果。　(　　)

122. 教育作为培养人的社会实践活动，具有预期的目的，但不是任何的社会实践活动都有预期的目的。　(　　)

123. 狭义的文化专指精神文化。　(　　)

124. “学高为师、身正为范”的古训，强调了教师行为规范的重要性。　(　　)

125. 遗传素质能使人发展的可能性变为现实性。　(　　)

126. “拔苗助长”违背了人的身心发展的差异性。(常考)　(　　)

127. 在确定教育价值取向上，应该处理好人和社会的关系。　(　　)

128. 教育目的和培养目标都是根据一般的教育对象提出来的。　(　　)

129. 教师的地位一般是指教师的文化地位。　(　　)

130. 注重培养学生的探究态度与能力的课程就是拓展型课程。(易混)　(　　)

131. 在基础教育中，双基教学是指基本技能和基本能力。　(　　)

132. 实践说强调了学生的主观能动性，但是削弱了教师的主导作用。　(　　)

133. 设计教学过程实质上指的就是设计教案。　(　　)

134. 结构化策略可分为直线式、分支平行式、综合式和螺旋式。　(　　)

135. 陶冶法中创设情境的任务必须由教师来做。　(　　)

136. 在我国，中小学班级组织的建构多数都属于直线式的建制形式。　(　　)

137. 在教育中，尊重人的个性是智慧的开端。　(　　)

138. 概念形成的主要方式是意义学习。　(　　)

139. 心智技能的对象具有观念性。(易混)　(　　)

140. 认知心理学把理解问题看作是在头脑中形成问题结构的过程。　(　　)

141. 缺。

142. 按照评价的功能，教学评价方法可分为诊断性评价、形成性评价、总结性评价。(易混)　(　　)

143. 学习定势说认为，学会前摄抑制有利于学习迁移。　(　　)

144. 外部诱因引起的学习动机称作激励性学习动机。　(　　)

2021 年安徽省教师招聘考试统考小学真题试卷(十四)

(满分 120 分　时间 120 分钟)

本套试卷共 45 小题,包括单项选择题(30 小题),多项选择题(5 小题),辨析题(3 小题),简答题(4 小题),材料分析题(3 小题)。

一、单项选择题(下列每小题列出的四个选项中只有一个选项符合题意,请选出并将其代码填在括号内。错选、多选或未选均不得分。本大题共 30 小题,每小题 1 分,共 30 分)

1.《中共中央 国务院关于全面加强新时代大中小学劳动教育的意见》指出:注重围绕卫生、劳动习惯养成,让学生做好个人清洁卫生,主动分担家务,适当参加校内外公益劳动,学会与他人合作劳动,体会到劳动光荣。这一内容要求针对的学段是(　　)

A. 小学低年级　　B. 小学中高年级

C. 初中　　D. 普通高中

2.《中华人民共和国教育法》规定,国家实行(　　)制度。

A. 九年制义务教育　　B. 十年制义务教育

C. 十一年制义务教育　　D. 十二年制义务教育

3. 依据《中华人民共和国教师法》规定,"指导学生的学习和发展,评定学生的品行和学业成绩"属于(　　)

A. 教师应当履行的义务　　B. 教师享有的权利

C. 既是教师的权利,又是教师的义务　　D. 既不是教师的权利,又不是教师的义务

4.《深化新时代教育评价改革总体方案》提出,教师评价的第一标准是(　　)

A. 师德师风　　B. 教学实绩

C. 论文论著　　D. 职称文凭

5. 依据《小学教师专业标准(试行)》,在教师专业能力中,"使用符合小学生特点的语言进行教育教学工作"属于(　　)

A. 组织与实施能力　　B. 激励与评价能力

C. 沟通与合作能力　　D. 反思与发展能力

6. 夏丏尊说:"爱对于教育,犹如池塘之于水,没有水,便不能成为池塘;没有爱,便不能称其为教育。"这句话反映的是教师职业的(　　)(易混)

A. 长期性　　B. 伦理性　　C. 复杂性　　D. 创造性

7."捧着一颗心来,不带半根草去。"这句教育名言的提出者是(　　)(易混)

A. 蔡元培　　B. 陈鹤琴　　C. 陶行知　　D. 晏阳初

8. 根据一定的教学目的组织学生到一定的现场,通过对实际的事物或活动进行观察、询问,以获取知识。这种教学组织形式是(　　)

A. 作业　　B. 参观　　C. 讲座　　D. 辅导

9. 下列关于人力资本理论的表述,错误的是(　　)(易错)

A. 人力资本是体现在社会产品生产和消费上的成本总和

B. 人力资本是对生产者进行教育、培训等支出及其接受教育的机会成本等的总和

C. 人力资本收益测算法是由西奥多·舒尔茨提出的

D. 人力资本理论强调教育及教育投资对国民经济增长的贡献率

10. 下列关于不同时期教育发展特征的表述,正确的是(　　)

A. 原始社会的教育具有阶级性　　B. 奴隶社会的教育具有普及性

C. 封建社会的教育具有全民性　　D. 现代社会的教育具有生产性

11. 我国教育目的的理论基础是(　　)

A. 杜威的教育无目的学说　　B. 迪尔凯姆的社会本位价值学说

C. 卢梭的个人本位价值学说　　D. 马克思主义关于人的全面发展学说

12. 美是纯洁道德、丰富精神的重要源泉。下列关于美育的表述,错误的是(　　)

A. 美育是培养创新意识的教育　　B. 美育专指学校音乐、美术、书法教育

C. 美育是丰富想象力的教育　　D. 美育是审美教育、情操教育、心灵教育

13. 诸葛亮的《诫子书》、颜之推的《颜氏家训》以及曾国藩的家书等都是(　　)

A. 法制教化名作　　B. 学校教化名著

C. 家庭教化名典　　D. 知识教化名篇

14. 教师在校内应该注重自身的形象,其穿着打扮、言行举止都属于(　　)

A. 显性课程　　B. 隐性课程　　C. 学科课程　　D. 校本课程

15. 下列小学课程中,属于综合课程的是(　　)(常考)

A. 语文　　B. 数学　　C. 科学　　D. 美术

16. 持有课程创生取向的教师,在课程实施中的角色往往是(　　)

A. 课程消费者　　B. 课程开发者

C. 课程采用者　　D. 课程执行者

17.《中国学生发展核心素养》以培养"全面发展的人"为核心,包括的六大素养是(　　)

①人文底蕴、科学精神　②学会学习、健康生活

③责任担当、实践创新　④国际视野、爱国情怀

A. ①②③　　B. ①②④　　C. ①③④　　D. ②③④

18. 张老师要求学生在一个星期内读完《城南旧事》,列出自己印象最深的三件事,并说明理由。这一课程目标属于(　　)(易错)

A. 情感目标　　B. 行为目标

C. 生成性目标　　D. 表现性目标

19. 在教学活动中,创设一种情感和认知相互促进的教学环境,让学生在轻松愉快的教学气氛中有效地获得知识、丰富情感。这种教学模式称为(　　)

A. 尝试教学模式　　B. 目标教学模式

C. 问题—探究模式　　D. 情境—陶冶模式

20. 小明期末综合评价等级是中等,老师给他颁发"进步奖",因为他的总体表现相比之前明显有进步,这一评价属于(　　)

A. 相对性评价　　B. 常模参照评价

C. 绝对评价　　D. 个体内差异评价

21. 问卷调查是常用的教育科学研究方法,使用该研究方法的第一个步骤是(　　)

A. 确定研究目标　　B. 选择调查对象

C. 设计问卷　　D. 发放问卷

22. 在埃里克森看来,学龄期(6~12 岁)儿童心理发展困难,容易导致其产生(　　)(常考)

A. 孤独感　　B. 羞耻感

C. 自卑感　　D. 内疚感

23. 小杰上课主动回答问题受到老师的表扬,之后逐步养成积极回答问题的习惯。引起这种变化的机制是(　　)

A. 经典性条件反射　　B. 联结反应

C. 操作性条件反射　　D. 应激反应

24. 教师通过突然提高音量强调某个重点内容,学生也很自然地注意这个内容。这种注意属于(　　)

A. 有意后注意　　B. 无意注意

C. 有意注意　　D. 随意注意

25. 教师在板书时,用红色粉笔书写重点内容,以提醒学生注意。这利用了刺激物的(　　)

A. 强度　　B. 对比

C. 运动　　D. 新颖性

26. 学生看书时,喜欢用荧光笔画出优美的语句,以便于下次欣赏品读。这利用知觉的(　　)

A. 理解性　　B. 整体性　　C. 恒常性　　D. 选择性

27. 小敏很想提高学习成绩,但又害怕吃苦。这种动机冲突属于(　　)(易混)

A. 双趋冲突　　B. 双避冲突

C. 趋避冲突　　D. 多重趋避冲突

28. 看到天上的白云,根据它的变动,人们不由自主地把它想象为一群羊、一团棉花。这种想象属于(　　)

A. 无意想象　　B. 有意想象　　C. 再造想象　　D. 幻想

29. 学过汉语拼音对初学英语有干扰作用。这种影响属于(　　)

A. 负迁移　　B. 正迁移

C. 逆向迁移　　D. 动作迁移

30. 受面包放入发酵剂后产生多孔、变得松软的启发,人们制造出泡沫橡胶。这种解决问题的过程与方法属于(　　)

A. 抽象思维　　B. 功能固着　　C. 原型启发　　D. 思维定势

二、多项选择题(下列每小题列出的选项中至少有两个是正确的,请选出并将其代码填在括号内。多选、少选、错选均不得分。本大题共 5 小题,每小题 2 分,共 10 分)

31. 教师应承担的角色包括(　　)

A. 学生发展的引导者　　B. 知识体系的组织者

C. 共生关系的对话者　　D. 教育教学的研究者

32. 个体社会化和个性化的统一主要表现为(　　)(易混)

A. 它们是人的发展不可缺少的两个方面

B. 二者在社会实践活动中实现统一

C. 人类社会发展的最终目的,是实现社会要求和个性发展的完美统一

D. 个体社会化代表社会利益,个体个性化代表"所有"个人的利益

33. 下列关于"教育的文化功能"的理解,正确的是(　　)

A. 教育促使文化在时间上传承和延续　　B. 教育促进文化在空间上扩散和流动

C. 教育主动对文化进行选择和净化　　D. 教育创新文化并推动其发展

34. 微课在中小学教学中应用广泛。下列关于微课的说法,正确是(　　)(易错)

A. 微课选题一般以教学重点、难点为主　　B. 可以用手机制作微课

C. 每节课只需要制作一个微课　　D. 微课只在课前使用

35. 下列属于道德感的是(　　)

A. 理智感　　B. 责任感　　C. 自豪感　　D. 美感

三、辨析题(判断正误并简要说明理由。本大题共 3 小题,每小题 5 分,共 15 分)

36. 义务教育是公益性事业。

37. 课程计划是课程标准的具体实施步骤。

38. 学生的心理健康问题只表现为学习问题。

四、简答题(本大题共 4 小题,每小题 5 分,共 20 分)

39.《小学教师专业标准(试行)》要求教师具备哪些通识性知识?

40. 教育的人口功能有哪些?(常考)

41. 教师如何培养学生的观察力?

42. 选择与运用教学方法的基本依据有哪些?

五、材料分析题(本大题共 3 小题,每小题 15 分,共 45 分)

43. 阅读材料,回答问题。

礼行天下 德留心中

璧山是重庆西部的一座美丽小城,这里有巴渝地区保存很完好的孔庙,孔子"不学礼,无以立"的教诲浸润着这座小城。

璧山区秉承"绿色教育,儒雅璧山"的办学理念,以立德树人为导向,以社会主义核心价值观为主干,以礼仪课程为基础,以实际问题为起点,在农村中小学开展礼仪教育的实践探索,形成了区域德育新常态。

一是课程内容本土化。科学规划教育内容,贴近学生生活实际,构建了区域"共性礼仪课程"和学校"特需礼仪课程"。二是实施策略一体化。根据学生年龄特点开展项目实践,在小学、初中、高中不同学段系统推进实施。三是运行模式常态化。关注学生成长变化,加强督导评价,学校、家庭、社会多方协同,形成合力。有效提升了学生综合素质,促进了教师专业发展和学校管理变革,实现了三大转变:满意度从"常投诉"到"零投诉"的转变,关注度从"礼仪领头雁"到"教育先锋队"的转变,参与度从"被动旁观"到"主动深耕"的转变。获评国家教育主管部门"中小学德育工作优秀案例""《中小学德育工作指南》典型经验""首批'一校一案'落实《中小学德育工作指南》典型案例",重庆市首批 2 个"德育品牌"以及重庆市 2 个"德育特色基地"等多项荣誉。

——资料来源:重庆市璧山区 礼行天下 德留心中[J]. 人民教育,2020(24).(有改动)

(1)结合材料谈谈德育与中华优秀传统文化的关系。(5 分)

(2)德育的目标是什么?(5 分)

(3)我国小学德育的基本内容包括哪些方面?(5 分)

44. 阅读材料,回答问题。

华应龙有一节堪称经典的数学课“规律的规律”。这是一堂复习课。他打破了教材原有的教学目标,不是带领孩子回顾和巩固规律,而是鼓励他们主动怀疑和打破规律,在许多老师和学生看来,数学是真理,是就是,不是就不是,是确定的。但是,华应龙在课堂上明确地告诉学生:“世界上的一切事物都是变化的,都是有范围的,可能在这个范围里是对的,超出这个范围就是不对的。所以,我们看问题不可以绝对化,要随时修正。”最后,他以“规律的王国也是有国界的”作为这节课的结束语,不仅孩子们意犹未尽,听课的老师也感到非常震撼。

华应龙在讨论自己的这节课时说过一句话:“优秀的数学老师一定要有很高的视野,要跳出小学数学看数学,要跳出数学看数学,要用哲学的眼光看数学。数学老师要想上出具有文化味道的课,既要有一定的数学专业基础,也要有一定的文化素养。”

——材料来源:华应龙著.我不只是数学[M].北京:中国人民大学出版社,2018.02.(有改动)

(1)结合某一条教学规律,谈谈教师为什么要上“具有文化味道的课”?(5分)

(2)教学应完成哪些任务?(5分)

(3)促进教师专业发展的方式有哪些?(5分)

45. 阅读材料,回答问题。

小楠是一名五年级的学生,经常协助老师检查班级同学的学习情况。最近,同学们新学了一首古诗,老师要求大家利用课外时间把它背熟,并安排小楠负责检查背诵情况。小楠发现:有些同学没有认真准备,背得磕磕巴巴,在多次提示后才能勉强背出来。有些同学记忆力非常好,仅读几遍,就能够顺利地背出来,记得很快。有些同学先学习这首诗的基本意思,在理解这首诗创作时的作者境遇和历史背景之后,不仅背得很流利,声情并茂,而且记忆深刻,就像知识在脑子里“生了根”。

(1)结合材料,谈谈记忆品质的类型。(5分)

(2)记忆过程包括哪些环节?(5分)

(3)教师如何在教学中运用记忆规律?(5分)

2021年安徽省教师招聘考试统考中学真题试卷(十五)

(满分120分　时间120分钟)

本套试卷共45小题,包括单项选择题(30小题),多项选择题(5小题),辨析题(3小题),简答题(4小题),材料分析题(3小题)。

一、单项选择题(下列每题四个选项中只有一个符合题意,将其选出并把其标号写在括号内。错选、多选或未选均不得分。本大题共30小题,每小题1分,共30分)

1.《中共中央 国务院关于全面加强新时代大中小学劳动教育的意见》指出:"注重围绕增加劳动知识、技能,加强家政学习,开展社区服务,适当参加生产劳动,使学生初步养成认真负责、吃苦耐劳的品质和职业意识。"这一内容要求针对的学段是(　　)

A. 小学低年级　　B. 小学中高年级

C. 初中　　D. 普通高中

2.《中共中央 国务院关于深化教育教学改革全面提高义务教育质量的意见》指出,"健全教学管理规程,统筹制定教学计划,优化教学环节"的主体是(　　)

A. 教育部　　B. 省级教育部门

C. 市县级教育部门　　D. 学校

3.《深化新时代教育评价改革总体方案》以立德树人为主线,以破五唯为导向。五唯是指(　　)

①唯分数　②唯升学　③唯论文　④唯文凭　⑤唯帽子　⑥唯资历

A. ①②③④⑤　　B. ①②③④⑥

C. ①②④⑤⑥　　D. ②③④⑤⑥

4. 依据《中学教师专业标准(试行)》,在教师专业能力中,合理处理课堂偶发事件属于(　　)

A. 教学设计能力　　B. 教学实施能力

C. 教育教学评价能力　　D. 反思与发展能力

5. 筛选假设理论认为,支付同样的教育成本,能力较高的人能获得较高的教育水平,能力较低的人只能获得较低的教育水平。该论点可概括为(　　)(易混)

A. 教育成本不确定投资　　B. 教育成本与工资成正相关

C. 教育成本与能力成正相关　　D. 教育成本与能力成负相关

6. 古人常叹息:"黑发不知勤学早,白首方悔读书迟。"这说明人的发展具有(　　)

A. 差异性　　B. 可逆性　　C. 危险期　　D. 关键期

7. 下列关于教育形态的认识错误的是(　　)(易错)

A. 家庭教育的作用是学校教育无法取代的

B. 社会教育是伴随阶级社会的产生而产生的

C. 虚拟教育是现代信息科学技术发展的产物

D. 非正规教育是有组织的、有系统的教育活动

8.《安徽省中小学办学行为规范(试行)》规定,寄宿制学校学生早上统一起床时间为(　　)

A. 初中不早于5:00,高中不早于5:00

B. 初中不早于6:00,高中不早于5:30

C. 初中不早于6:30,高中不早于6:00

D. 初中不早于7:00,高中不早于6:30

9. 关于班主任在班级管理中的地位和作用,理解有误的是(　　)

A. 班级组织的领导者　　B. 班级建设的设计者

C. 班级活动的旁观者　　D. 班级人际关系的协调者

10. 下列关于教育的基本要素的认识正确的是(　　)

A. 教育者是教育活动中教的主体　　B. 学习者是教育活动中学的客体

C. 教育内容是教育活动的基本目标　　D. 教育手段是教育活动的主体

11. 个体发展从可能状态转化为现实状态的决定性因素是(　　)(易混)

A. 遗传因素　　B. 环境因素　　C. 实践活动　　D. 成熟

12. 培养学生的主体性不是培养纯粹的个人主体性,而是培养其交往主体性,这种交往主体性就是(　　)

A. 被动性　　B. 主体间性

C. 主动性　　D. 个体客体性

13. 学校教学中提倡"用教材教",而不是"教教材"。教材属于(　　)

A. 课程计划　　B. 课程标准　　C. 课程资源　　D. 课程目标

14. 持有忠实取向的教师在课程实施中的角色往往是(　　)

A. 课程创生者　　B. 课程开发者

C. 课程变革者　　D. 课程执行者

15. 张老师要求学生在学完一篇课文后,能够流利地背诵该课文。这一课程目标属于(　　)

A. 行为目标　　B. 情感目标

C. 生成性目标　　D. 表现性目标

16. 陶行知说:"学校无小事,处处是教育;教师无小节,处处是楷模。"学校的"小事"和教师的"小节"都属于(　　)

A. 显性课程　　B. 隐性课程　　C. 学科课程　　D. 综合课程

17. 马克思主义教育理论关于教育起源的学说被称为( )

A. 生物起源说 B. 劳动起源说 C. 心理起源说 D. 神话起源说

18. 王老师在学生入学之初,通过测验了解学生现有发展水平。这一教学评价属于( )

A. 诊断性评价 B. 形成性评价

C. 总结性评价 D. 过程性评价

19. 通过对以往事物的原因、结果或趋向进行分析,以帮助解释目前事件和预测未来事件的教育研究方法是( )

A. 实验研究 B. 比较研究 C. 相关研究 D. 历史研究

20. 一般来说,要求所有学生都完成的作业属于( )

A. 综合性作业 B. 弹性作业

C. 基础性作业 D. 实践性作业

21. 根据马斯洛的需要层次理论,下列不属于缺失性需要的是( )(常考)

A. 生理需要 B. 安全需要 C. 审美需要 D. 尊重需要

22. 同学们正在教室里认真听课,被突然飞进来的一只小鸟吸引了注意。这种注意属于( )

A. 随意注意 B. 不随意注意

C. 随意后注意 D. 有意注意

23. 从影院里走出来,感到外面的阳光格外刺眼。这属于( )

A. 感觉后像 B. 感觉对比 C. 联觉反应 D. 感觉缺失

24. 通过反复感知而识别、记住某事物并在头脑中留下印象的过程称为( )

A. 识记 B. 再认 C. 回忆 D. 保持

25. 从笼统、混乱、不确定的问题中,找出主要矛盾和关键因素,把握问题实质并确定问题的解决方向。这属于问题解决的( )(易混)

A. 发现问题阶段 B. 明确问题阶段

C. 提出假设阶段 D. 检验假设阶段

26. 早上醒来看到地上湿漉漉的,就推测昨天晚上可能下雨了。这反映的是思维的( )(易混)

A. 概括性 B. 灵活性 C. 间接性 D. 直觉性

27. 杜甫在听到官军收复河南河北的消息时,“漫卷诗书喜欲狂”。他当时的情绪状态是( )

A. 冲动 B. 心境 C. 应激 D. 激情

28. 阅读鲁迅先生的《孔乙己》时,脑海中浮现出一个站着喝酒、穿着长衫的人物形象。这种想象属于( )

A. 再造想象 B. 创造想象 C. 幻想 D. 无意想象

29. 在公交车上,小华主动为一位老人让座,并感到很自豪。当时小华体验到的情感是( )

A. 道德感 B. 美感 C. 理智感 D. 新异感

30. 课堂上,针对学生的心理健康问题,教师提出具体有效的方法,组织学生通过参与讨论来感受、理解和选择。这种方法是( )

A. 判断鉴别 B. 寻求发展 C. 反思体验 D. 策略训练

二、多项选择题(下列每小题列出的四个选项中至少有两个选项是正确的,将其选出并把它的标号写在括号内。多选、少选、错选均不得分。本大题共 5 小题,每小题 2 分,共 10 分)

31. 依据《中华人民共和国教师法》,下列属于教师的义务的是( )(常考)

A. 进行教育教学活动,开展教育教学改革和实验

B. 参加进修或者其他方式的培训

C. 遵守宪法、法律和职业道德,为人师表

D. 不断提高思想政治觉悟和教育教学业务水平

32. 班级管理的有效性体现为( )

A. 强大的内聚力 B. 良好的执行力

C. 充分的竞争力 D. 积极的影响力

33. 为解决学生发展不平衡、不充分等问题,学校应采取的有效措施包括( )

A. 推行选课走班 B. 鼓励上校外辅导班

C. 实施分层教学 D. 开展校内课后服务

34. 我国中小学开设的综合实践活动课程属于( )(易错)

A. 校本课程 B. 国家课程 C. 必修课程 D. 选修课程

35. 毛笔字写得好的学生,有助于学写钢笔字。这属于( )

A. 正迁移 B. 负迁移 C. 顺向迁移 D. 逆向迁移

三、辨析题(判断正误并简要说明理由。本大题共 3 小题,每小题 5 分,共 15 分)

36. 义务教育是公益性事业。

37. 评定学生学业成绩只能通过考试。

38. 性格有好坏之分。(常考)

四、简答题(本大题共4小题,每小题5分,共20分)

39.《中学教师专业标准(试行)》要求教师具备哪些通识性知识?

40. 人口对教育发展有哪些影响?

41. 构建良好师生关系的基本策略有哪些?(常考)

42. 心智技能的形成过程包括哪几个阶段?

五、材料分析题(本大题共3小题,每小题15分,共45分)

43. 阅读材料,回答问题。

材料一:习近平指出:"一个人遇到好老师是人生的幸运,一个学校拥有好老师是学校的光荣,一个民族源源不断涌现出一批又一批好老师则是民族的希望。"

资料来源:习近平.做党和人民满意的好老师——同北京师范大学师生代表座谈时的讲话[N].人民日报,2014-9-10.

材料二:2021年3月6日,习近平看望了参加全国政协十三届四次会议的医药卫生界、教育界委员,并参加联组会,听取意见和建议。他指出,教师是教育工作的中坚力量。有高质量的教师,才会有高质量的教育。做好老师,就要执着于教书育人,有热爱教育的定力、淡泊名利的坚守,就要有理想信念、有道德情操、有扎实学识,有仁爱之心。要把师德师风建设摆在首要位置,引导广大教师继承发扬老一辈教育工作者"捧着一颗心来,不带半根草去"的精神,以赤诚之心、奉献之心、仁爱之心投身教育事业。

资料来源:新华社.习近平在看望参加政协会议的医药卫生界教育界委员时强调着力构建优质均衡的基本公共教育服务体系[N].中国教育报,2021-3-7.

(1)为何"要把师德师风建设摆在首要位置"?(5分)

(2)提升师德修养的方法有哪些?(5分)

(3)中小学教师职业道德规范的主要内容包括哪些?(5分)

44. 阅读材料,回答问题。

在教学过程中,要把犯错的机会留给学生。

犯错还需要机会吗?当然需要。教师为什么是个容易让人"犯困"的职业,是因为我们时刻都在防范学生发生错误,进而把错误苗头扼杀在摇篮中。比如,预感学生回答可能出错,马上打断他的话;学生有停顿时,立马把话头接过去,代他说出正确答案;甚至对可能发生错误的地方进行屏蔽,只为顺顺当当上完一节"成功"的课。

学生犯错的机会就这样被剥夺了。错误是正确之母,经历错误,学生才会找到正确的道路;理解错误产生的缘由,学生才能改正错误,避免发生类似错误。犯错不是走弯路,而是学生成长的必经之路。

留机会给学生犯错,不随意截断学生犯错的思维"进程",使他们感觉自己有权利犯错,这也是在为其学习行为赋权和分权。权利属于学生,把权利归还他们,其实是一场学习的革命。

资料来源:冯卫东. 为"真学"而教——优化课堂的18条建议[M]. 北京:教育科学出版社,2018(有改动)

(1)结合某一条教学规律,谈谈教师为什么要"把犯错的机会留给学生"?(5分)

(2)"留机会给学生犯错",教师在教学过程中应该怎么做?(5分)

(3)上好一堂课的基本要求有哪些?(5分)

45. 阅读材料,回答问题。

小华是一名刚升入初中的学生。由于老师每天讲述的知识点不多,他感觉自己什么都懂,就没有进行必要的预习和巩固练习。几次测验,他的各门功课都是刚刚及格,任课老师为此分别找他谈话。认识到问题的严重性后,他决定好好学习,每天进行晨读午练,晚上也学习到很迟才睡。接下来的几次测验,他的成绩虽然有所好转,但远远没有达到预定的目标。他把问题归结为自己还不够努力,于是更加刻苦学习,就连平时的休息时间、运动时间都花在了做题上。结果,成绩仍不理想,甚至还不如原来。后来,只要听到"测验""考试",他就高度紧张,甚至吃不香、睡不好。对此,他很着急,也非常迷茫。

(1)请分析小华可能存在的心理健康问题。(5分)

(2)结合材料,谈谈学习动机与学习效果的关系。(5分)

(3)作为教师,如何正确激发学生的学习动机?(5分)

2021年安徽省淮北市相山区公开招聘非在编中小学教学人员考试真题试卷(十六)

(总分100分　时间120分钟)

本套试卷共71小题,包括单项选择题(50小题)、判断题(20小题)、案例分析题(1小题)。

一、单项选择题(下列每小题列出的四个选项中只有一个是最符合题意的,请将其代码填在括号内。错选、多选或未选均不得分。本大题共50小题,每小题1.2分,共60分)

1. 我国最早提出启发式教学思想的教育家是(　　)(常考)

A. 荀子　B. 孟子　C. 孔子　D. 墨子

2. 陶行知的生活教育理论核心是(　　)

A. 生活即教育　B. 生活即社会　C. 生活即学习　D. 社会即学校

3. 下列教育思想中,主张内部因素对学生的发展会产生影响的是(　　)

A. 高尔顿的遗传决定论　B. 洛克的绅士教育思想

C. 华生的经典性条件作用理论　D. 墨子的"素丝"理论

4. (　　)是课程标准的具体化,是学生学习的主要材料,是教师进行教学的主要依据。

A. 课程计划　B. 教科书　C. 课程目的　D. 课程结构

5. 上好每节课是教师的本职工作。那么教学工作的基本环节是(　　)(常考)

A. 备课、上课、作业的布置与批改、课外辅导、学业考评

B. 备课、自我学习、上课、作业布置、管理班级

C. 上课、课外实践、学生汇报、集体讨论、自我学习

D. 上课、批改作业、自我学习、课外辅导、学业考评

6. (　　)是一种集体教学形式,是一种最基本的教学组织形式。

A. 文纳特卡制　B. 导师制

C. 道尔顿制　D. 班级授课制

7. 在教育教学中要"面向每个学生",这体现了(　　)原则。

A. 循序渐进　B. 巩固性　C. 因材施教　D. 理论联系实际

8. 校园文化环境属于(　　)课程。

A. 显性　B. 隐性　C. 学科　D. 活动

9. 教育在个体的身心发展中起(　　)作用。

A. 决定　B. 主导　C. 基础　D. 条件

10. "十年树木,百年树人"这句话体现了教师劳动的(　　)

A. 示范性　B. 复杂性　C. 创造性　D. 长期性

11. "一方水土养一方人"这句话反映了(　　)对人的发展的影响。

A. 环境　B. 遗传　C. 教育　D. 社会活动

12. 家庭教育是国民教育的重要组成部分,是学校教育和社会教育的(　　)(易混)

A. 中心　B. 引领　C. 源泉　D. 基础

13. 教育者有目的、有计划地设置和利用各种情感和环境因素,让受教育者受到潜移默化、耳濡目染的影响、感化和熏陶的教育方法是(　　)

A. 讲授法　B. 谈话法　C. 说服法　D. 陶冶法

14. 人的情感和观念会受到他人不同程度的影响。例如,小明的老师经常鼓励小明要努力学习,不懂的问题应该多向他人请教,并且在小明受到挫折的时候也一直鼓励他不要放弃。该教育现象属于(　　)

A. 皮格马利翁效应　B. 最近发展区理念　C. 情境教学理念　D. 学习迁移理论

15. 依据皮亚杰的认知发展阶段理论,个体能够进行简单的逆向思维的运算,快速学习并且掌握了长度、体积、面积等的守恒,能够从具体事物及表象中获得逻辑思维及群集运算。该个体处于(　　)

A. 形式运算阶段　B. 具体运算阶段　C. 前运算阶段　D. 感知运动阶段

16. 小张是某校新入职的数学教师,他在教学数周后发现该班小李同学的数学学习信心较低,小张老师就每天为他布置独特的数学作业,降低作业的难度,让他能够达到简单的目标。期末时,小李同学对数学的兴趣和能力都得到了巨大的提升。请问小张老师的做法依据了(　　)

A. 最近发展区理论　B. 文化历史发展理论

C. 心理社会发展理论　D. 道德发展理论

17. 小刚是个热爱学习的学生,在课堂中总是积极回答问题,课后遇到难题也会积极请教老师,每次考试都会取得优异的成绩。下列选项中,最能够促进他学习的是(　　)

A. 奖励　B. 惩罚　C. 外部动机　D. 内部动机

18. 小王在读一本书,但是读到第二章的第一节时发现自己无法理解,就根据情况反思应该怎么办。反思过后,他认为是第一章中的最后一节未读懂。因此,他重新阅读了一遍,最后他顺利地读懂了第二章的第一节。请问在阅读中,小王使用的学习策略是(　　)

A. 认知策略　B. 元认知策略　C. 资源管理策略　D. 时间管理策略

19. 科学课上,老师提问吹风机有什么作用,小张回答说:"它只能用来吹头发,这是它的唯一用途。"小张的表现属于(　　)(常考)

A. 功能固着　B. 思维定势　C. 自主学习　D. 原型启发

20. 边听音乐边写作业,属于注意的(　　)(常考)

A. 转移　B. 分散　C. 分配　D. 集中

21. 小明在课堂上回答问题时，常常因为老师和同学的某些反应而改变自己的答案。该现象说明其认知风格具有(　　)的特点。

A. 场依存型　　B. 场独立型　　C. 同时性　　D. 继时性

22. 教师依法享有的权利不包括(　　)(常考)

A. 指导学生的学习和发展　　B. 按时获取工资报酬

C. 享受寒暑假期的带薪休假　　D. 履行教师聘约，完成教育教学工作任务

23. 我国的义务教育年限为(　　)

A. 6 年　　B. 9 年　　C. 11 年　　D. 12 年

24. 下列不属于我国《中(小)学教师专业标准(试行)》中关于教师个人修养与行为要求的是(　　)

A. 爱心　　B. 耐心　　C. 责任心　　D. 恒心

25. 《中小学班主任工作规定》指出，班主任是中小学日常思想道德教育和学生管理工作的主要实施者，是中小学生健康成长的引领者，班主任要努力成为中小学生的(　　)

A. 教育者　　B. 示范者　　C. 人生导师　　D. 代言者

26. 2020 年 7 月，教育部印发《大中小学劳动教育指导纲要(试行)》，提出要在大中小学设立劳动教育(　　)课程。

A. 选修　　B. 必修　　C. 校本　　D. 地方

27. 《中华人民共和国教师法》明确提出，教师是履行教育教学职责的(　　)人员。(常考)

A. 从业　　B. 专业　　C. 专门　　D. 职业

28. 教育部关于《中小学教师实施教育惩戒规则(征求意见稿)》中提出的一般惩戒方式不包括(　　)

A. 面壁反省　　B. 点名批评　　C. 增加运动　　D. 家长到校陪读

29. 规定"中小学生旷课的，学校应当及时与其父母或者其他监护人取得联系"的法律是(　　)

A.《中华人民共和国义务教育法》　　B.《中华人民共和国教育法》

C.《中华人民共和国未成年人保护法》　　D.《中华人民共和国预防未成年人犯罪法》

30. 教师在叙写教学目标时，应以(　　)作为行为的主体。

A. 教师　　B. 学生　　C. 教学　　D. 学习

31. 叶澜教授提出"让课堂焕发出生命活力"，下列选项不符合其涵义的是(　　)

A. 课堂教学是师生人生中一段重要的生命经历

B. 课堂教学对于参与者具有个体生命价值

C. 课堂教学只是为学生将来的社会生活作准备

D. 课堂教学影响教师生命价值的体现

32. 一种能感知学习情景、识别学习者特征、提供合适的学习资源与便利的互动工具、自动记录学习过程和评测学习成果，以促进学习者有效学习的学习场所或活动空间的是(　　)

A. 空间学习环境　　B. 网络学习环境

C. 智慧学习环境　　D. 立体学习环境

33. (　　)是一种重新调整课堂内外的时间，将学生自学和老师辅导相结合的学习模式。

A. 创生课堂　　B. 融合课堂　　C. 小组学习　　D. 翻转课堂

34. 以学校为本位、由学校自己确定的课程，与国家课程、地方课程相对应的课程，即(　　)

A. 自主课程　　B. 特色课程　　C. 校本课程　　D. 精品课程

35. 新课程要求教师要由教材的单纯执行者转变为课程的建设者和(　　)(常考)

A. 使用者　　B. 开发者　　C. 编写者　　D. 传播者

36. 运用信息技术按照认知规律，呈现碎片化学习内容、过程及扩展素材的结构化数字资源，即(　　)

A. 翻转课堂　　B. 微课　　C. 慕课　　D. 云课

37. 新课程提倡通过信息技术与学科课程的整合，逐步实现(　　)的呈现方式、学生学习方式和教学过程中师生互动方式的变革。

A. 教学方法　　B. 教学手段　　C. 教学情境　　D. 教学内容

38. (　　)就是以培养人们创新精神和创新能力为基本价值取向的教育。

A. 创新教育　　B. 创业教育　　C. 创造教育　　D. 创客教育

39. "关注个体差异"就是根据学生实际存在的爱好、兴趣和差异(　　)

A. 完全由学生自己决定如何学习　　B. 将学生按优、中、差分班教学

C. 使每个学生的特长都得到发挥　　D. 大力培养单科独进的尖子生

40. 新课改整体设计九年一贯的义务教育课程，在小学阶段(　　)(易混)

A. 以综合课程为主　　B. 以分科课程为主

C. 分科课程与综合课程相结合　　D. 分科课程为主，综合课程补充

41. 新课程强调将学生学习知识的过程转化为形成正确价值观的过程，其价值观是指(　　)

A. 充分认识知识对社会的价值　　B. 学科、知识、个人、社会价值有机结合

C. 让学生尊重知识、尊重教师　　D. 将知识转化为巨大的经济利益

42. 贯彻新课程"以人为本"的教育理念首先应该做到(　　)

A. 充分地传授知识　　B. 尊重学生人格，关注个体差异

C. 培养学生正确的学习态度　　D. 让学生自主地选择课程

43. 习近平在党的十九大报告中提出"努力让每个孩子都能享有公平而有质量的教育"，这充分体现了(　　)

A. 因材施教的思想　　B. 教育公平的思想

C. 民主平等的思想　　D. 义务教育的思想

44. 教育部印发的《大中小学劳动教育指导纲要(试行)》指出，劳动是创造物质财富和(　　)财富的过程，是人类特有的基本社会实践活动。

A. 精神　　B. 思想　　C. 情感　　D. 技能

45. 教育部关于《中小学学生近视眼防控工作方案》的通知要求，加大投入力度，切实改善中小学教室采光与照明、课桌椅配置、黑板等教学条件，为学生建立良好的(　　)环境。

A. 视觉　　B. 视力　　C. 生活　　D. 学习

46.《国家中长期教育改革和发展规划纲要(2010～2020 年)》强调，要增强学生体质。大力开展"阳光体育"运动，保证学生每天锻炼(　　)

A. 0.5 小时　　B. 1 小时　　C. 1.5 小时　　D. 2 小时

47. 2021 年 7 月，中共中央办公厅、国务院办公厅印发了《关于进一步减轻义务教育阶段学生作业负担和校外培训负担的意见》，其中就减轻学生过重作业负担提出了明确的要求。下列选项不符合该意见要求的是(　　)(易错)

A. 学校要确保小学一、二年级不布置家庭书面作业

B. 严禁给家长布置或变相布置作业，严禁要求家长检查、批改作业

C. 鼓励布置分层、弹性和个性化作业，杜绝重复性、惩罚性作业

D. 教师要指导中小学生在校内基本完成书面作业

48. 2021 年 6 月 1 日，教育部颁布《未成年人学校保护规定》，下列选项中，不符合《未成年人学校保护规定》要求的是(　　)

A. 义务教育学校不得开除或者变相开除学生

B. 学校应当平等对待每个学生

C. 学校不得设置侵犯学生人身自由的管理措施

D. 学校可以随意采集学生个人信息

49. 2018 年，习近平总书记在全国教育大会上说，人民教师无上光荣。做老师就要执着于(　　)，有热爱教育的定力、淡泊名利的坚守。

A. 敬业奉献　　B. 教育教学　　C. 教书育人　　D. 三尺讲台

50. 2014 年，习近平总书记在考察北京师范大学时发表重要讲话，勉励广大教师做有理想信念、有道德情操、有扎实学识、有(　　)的"四有"好老师。

A. 奉献精神　　B. 仁爱之心　　C. 科研能力　　D. 创新意识

二、判断题(判断下列各题的正误，并在题后括号内打"√"或"×"。本大题共 20 小题，每小题 1 分，共 20 分)

51. 构成教育活动的基本要素包括教育者、受教育者和教育影响。(常考)　(　　)

52. 教育是一种有目的地培养人的活动，这是教育区别于其他现象的根本特征，也是它所具有的本质属性。　(　　)

53. 教师备课就是钻研教材、编写教案。　(　　)

54. 环境对人发展的作用总是积极的。　(　　)

55. 良好的师生关系可以提高教师的威信，但是不能提高教学效果。　(　　)

56. 具有相同气质类型的人可能形成完全不同的性格特征。　(　　)

57. 只有发现学习才是有意义的学习。(易错)　(　　)

58. 用"山巅一寺一壶酒"来记忆圆周率(3.14159)，这属于精加工策略。(常考)　(　　)

59. 学习风格有好坏之分。　(　　)

60. 动作技能一经学会，便不易遗忘。　(　　)

61. 义务教育具有强制性。　(　　)

62. 我国规定受教育者的权利和义务的法律是《中华人民共和国教育法》。　(　　)

63. 我国教师资格证书的适用范围是全省通用。(易错)　(　　)

64. 我国《教师法》规定，每年九月一日为教师节。　(　　)

65. 我国实行教科书审定制度。未经审定的教科书，不得出版、选用。　(　　)

66. 党的十八大提出，把立德树人作为教育的根本任务，培养德智体美全面发展的社会主义建设者和接班人。　(　　)

67. 追求人的全面发展和追求人的个性自由是矛盾的。　(　　)

68. 合作学习是一种新型的课堂教学与学习方式，能够培养学生的探究精神和自主学习的习惯。(易混)　(　　)

69. 在新课改的背景下，提倡对学生的学习过程进行评价，通过学生的反馈信息调控教学过程，激励学生学习。　(　　)

70. 新课程的三维目标指的是知识与技能目标、过程与价值观目标和情感与态度目标。　(　　)

三、案例分析题(本大题共 20 分)

71. 北京师范大学第二附属小学的霍懋征老师，1956 年被评为全国首批特级教师。受到了周恩来、温家宝等历届党和国家领导人的接见。周恩来总理称她为"国宝"，薄一波副总理为其题词"一代师表"，温家宝总理称她是"把爱心献给教育的人"……霍老师说："每个孩子都有上进心，都愿意学好，关键在老师如何引导。"在霍懋征 60 多年的教学过程中，她从来没丢下过任何一个学生。凡是听过霍懋征讲课的领导和老师都给予了很高的评价，教育界的老前辈在称誉霍老师的教学时说："懋征的教学真是达到了炉火纯青的地步。"霍懋征老师曾无限深情地说："我一生从教的体会，那就是六个字：光荣、艰巨、幸福。"

请结合我国教师职业道德规范的内容分析以上案例。

2021年浙江省台州市教师招聘考试真题试卷(十七)

(总分100分　时间120分钟)

本套试卷共53小题,包括判断题(20小题)、单项选择题(25小题)、论述题(5小题)、材料分析题(3小题)。

一、判断题(判断下列各题的正误,并在题后的括号内打"√"或"×"。本大题共20小题,每小题1分,共20分)

1. 西周官学又名国学,是指设立在王城和诸侯都城的学校。(易混)　(　　)
2. 卢梭认为2-12岁是儿童的理性觉醒期,在这一阶段应该对他们进行理性和知识的教育,使儿童获得知识和能力。　(　　)
3. 经验主义课程理论认为应以儿童的活动为中心,课程的组织应该心理学化。　(　　)
4. "课程"一词最早出现在美国学者博比特的《课程》一书中,该书也是教育史上第一本课程理论专著。　(　　)
5. "课程评价""学业评价"和"测量"这三个概念间,"课程评价"的外延最小,"学业评价"其次,"测量"最后。　(　　)
6. 学生在写作文时,先确定题目,再寻找素材,然后制定写作大纲,最后再开始写作。这种解决问题的方法属于手段—目的分析法。　(　　)
7. 在教学和教育的关系上,赫尔巴特认为,不存在无教学的教育,也不存在无教育的教学。(常考)　(　　)
8. 学习是人类特有的行为,动物身上发生的所谓的学习行为是由于练习、强化和模仿。　(　　)
9. 韩老师给学生上英语课时,经常伴随着优美的古典音乐给学生们朗读英语课文,提升了学生们对英语课的兴趣,韩老师使用了暗示教育法。　(　　)
10. 《中华人民共和国义务教育法》于第六届全国人民代表大会第四次会议通过,当前是2018年修正版。　(　　)
11. 班杜拉把期待分为结果期待和效能期待两种,其中结果期待是指个体对自己是否有能力来完成某一行为的推测和判断。　(　　)
12. 对学生来说,学习和记住一个新知识的最好方法是不断地重复。　(　　)
13. 皮亚杰认为,顺应一旦发生,个体便不会再次尝试去同化刺激。(易错)　(　　)
14. 布鲁纳提出了结构教学观和发现学习。　(　　)
15. 一种学习对另一种学习产生干扰或阻碍作用,这属于负迁移。(常考)　(　　)

16. 短时记忆的容量是无限的,因此学生可以在短时间内记住大量的新知识。　(　　)
17. 相同要素说认为,迁移是由于学习者理解或顿悟了情境之间关系的结果。　(　　)
18. 最近发展区是指个体最擅长的能力或兴趣、研究领域。　(　　)
19. 课堂上突然飞进教室的蝴蝶引起了学生们的注意,打断了听课。这时蝴蝶引发的注意属于无意注意。　(　　)
20. 乌申斯基认为教学并不是以抽象的观念和文字为基础,而是以学生直接感知的具体形象为基础,这便是直观性原则。　(　　)

二、单项选择题(在下列每题的四个选项中,只有一个是最符合题意的,将其选出并把它的标号写在括号内。错选、多选或未选均不得分。本大题共25小题,每小题1分,共25分)

1. 提出"教育的目的是为未来的生活作准备,注重受教育者怎样生活"观点的是(　　)(常考)

A. 斯宾塞　B. 杜威　C. 柏拉图　D. 赫尔巴特

2. 小明因学习能力出众,跳级进入新的班级。允许智力超常的学生跳级,说明学制的制定受(　　)影响。

A. 社会经济发展水平　B. 学生的聪明程度
C. 学校的政策　D. 人的身心发展规律

3. 素质教育是以提高受教育者诸方面素质为目标的教育模式,在教学过程中,素质教育强调的是(　　)

A. 积累知识　B. 背诵知识　C. 搜集知识　D. 发现知识

4. 下列选项中被誉为古代西方第一部系统的教学法论著的是(　　)

A.《理想国》　B.《爱弥儿》　C.《雄辩术原理》　D.《论灵魂》

5. 我国历史上曾诞生过很多伟大的教育家,以下关于这些教育家的教育思想阐述错误的是(　　)

A. 荀子提出人性本善,主张教育的作用在于"化性起伪"
B. 孔子倡导"有教无类"
C. 墨子提出"兴天下之利,除天下之害"的教育目的
D. 孟子推崇"易子而教"的教育方法

6. 在分组讨论活动中,李老师一直在教室里四处走动,倾听学生的发言,这是采用了(　　)进行课堂研究。

A. 调查法　B. 观察法　C. 实验法　D. 教育经验总结法

7. 《大教学论》是近代最早的一本教育学著作,在这部著作中,夸美纽斯提出(　　)

A. 普及教育思想　B. 经验主义教育思想
C. 科学是对经验事实的描写和记录　D. 教育是对人的发展的实际指导

8. (　　)是指在提问和回答期间,教师让学生对他们完成任务的情况进行说明和反映。

A. 关注整体　B. 问责制　C. 明察秋毫　D. 团体警觉

9. 张老师经常通过反思来提高自己的教学水平,在一天的教学工作结束后,张老师会写下自己的经验,并与其他老师共同分析。张老师运用了何种教学反思方法(　　)

A. 反思日记　B. 详细描述　C. 职业发展　D. 行动研究

10. 情感投入是成为好教师的关键,教师在课堂教学中的情感投入不包括(　　)

A. 师生之间的依恋　B. 对学生的责任感

C. 为人师表,不断自我提高　D. 与学生间友好信赖的关系

11. 为了提高学生的身体素质,某校设计开发了多种具有当地民族特色的体育游戏课程。这种课程属于(　　)(易混)

A. 校本课程　B. 地方课程　C. 活动课程　D. 隐性课程

12. 下列不属于受教育者权利的是(　　)(常考)

A. 努力学习,完成规定的学习任务

B. 使用教育教学设施、设备、图书资料

C. 在学业成绩和品行上获得公正评价

D. 对学校给予的处分不服向有关部门提出申诉

13. 为了杜绝学生早恋,王老师私拆学生的信件。该行为侵犯了学生的(　　)

A. 名誉权　B. 人身自由权　C. 隐私权　D. 身体健康权

14. 教育学与心理学关系密切,(　　)是第一个明确提出"教育心理学化"口号的教育家。

A. 赫尔巴特　B. 福禄贝尔　C. 裴斯泰洛齐　D. 洛克

15. 根据奥苏伯尔对学习活动的性质的分类,"弄清概念之间的关系、听导师精心设计的指导和科学研究"都属于(　　)

A. 有意义学习　B. 机械学习　C. 接受学习　D. 发现学习

16. 小明在小学时学数学需要借助图片或模型,上中学后学数学可以凭借符号和公式。这体现了心理发展的(　　)

A. 顺序性　B. 阶段性　C. 个体差异性　D. 不平衡性

17. (　　)是动作技能赖以形成的基本条件。

A. 示范　B. 练习　C. 刺激　D. 智力

18. 下列选项中,符合跳高、射箭、跳远等的练习趋势的是(　　)

A. 在练习初期成绩提高较快,以后逐渐变慢

B. 在练习初期成绩进步比较缓慢,以后逐渐加快

C. 成绩提高的速度比较均匀,没有明显的快慢之分

D. 在整个练习过程中,成绩一直缓慢进步

19. 加涅的学习阶段论中,第一个阶段是(　　)

A. 领会阶段　B. 动机阶段　C. 习得阶段　D. 概括阶段

20. 小李学会打羽毛球后很快学会了打网球,这属于(　　)(常考)

A. 正迁移　B. 负迁移　C. 逆向迁移　D. 垂直迁移

21. 面对内向、自卑的学生,老师帮助其增强(　　),有助于提高学习动机。

A. 自我效能感　B. 自我意识　C. 归属感　D. 安全感

22. 下列选项中,学习场景和概念对应正确的是(　　)(易错)

A. 小明向超级英雄学习帮助他人——潜伏学习

B. 小丽在参加田间劳动后学到了植物的生长规律——接受学习

C. 小红通过观察和实验明白了水的张力——发现学习

D. 小青经过老师的讲解理解了英语语法——观察学习

23. 某同学具有信任、直率、利他的特质,他的人格因素属于大五人格理论中的(　　)

A. 开放性　B. 责任性　C. 外倾性　D. 宜人性

24. 闪闪看到老师表扬上课举手回答问题的同学,增加了自己举手的动力。这属于(　　)

A. 连续强化　B. 正强化　C. 自我强化　D. 替代强化

25. 老师让同学们回答筷子的用法,李灿灿想到筷子可以用来夹菜,却想不到筷子也可以作为发簪来固定头发等。这属于(　　)

A. 功能固着　B. 思维定势　C. 反应定势　D. 自由联想

三、论述题(本大题共 5 小题,每小题 5 分,共 25 分)

1. 试述讲授法的基本要求。(常考)

2. 如何给予学生有效的反馈?

3. 如何激发学生的学习动机?(常考)

4. 试述皮亚杰的认知发展四阶段。

5. 试述影响学生自我效能感形成的主要因素。(常考)

四、材料分析题(本大题共3小题,每小题10分,共30分)

1. 刘晓是一名留守儿童,一直随奶奶在农村生活。今年,父母将他接到城市生活,在当地一所学校就读。刘晓在农村时,成绩非常好,还是班长,很受老师喜欢,然而现在的生活却让他难以适应。在学校他总感觉同学们看不起他,没人与自己交流。同学们的聊天内容他也听不太懂。此外,刘晓的成绩也越来越差,尤其是英语,因为之前的学校缺少英语老师,他英语底子本来就弱,尽管他非常努力,学起来仍十分吃力,成绩一直没有明显的提高。刘晓十分沮丧,越来越沉默寡言,甚至开始逃学。老师和家长多次对他进行批评教育,然而刘晓逃学的次数却越来越多……

   问题:结合实际,谈谈学生厌学的原因主要有哪些?

2. 子曰:"不愤不启,不悱不发。举一隅不以三隅反,则不复也。"

   朱熹:"愤者,心求通而未得之意;悱者,口欲言而未能之貌;启,谓开其意;发,谓达其辞。"

   《学记》:"道而弗牵,强而弗抑,开而弗达。"

   问题:以上这些教育思想体现了什么教学原则?请联系实际,谈谈在教学中如何贯彻这一原则?

3. 小雨上一年级时,上课认真听讲,作业认真完成,在日记里写道:"我今天举手回答问题,老师表扬了我,说我是一个认真的好孩子,我很开心。"

   小雨上三年级时,在日记中写道:"我有很多优点,也有很多缺点。我喜欢交朋友,喜欢看书。我的缺点是我很粗心。我想改掉缺点,我会努力的。"

   小雨六年级毕业时,在日记中写道:"要跟同学分别了,我很不舍,还偷偷掉眼泪了,我真是一个很看重感情的人啊!"

   问题:请结合材料分析儿童自我评价的发展特点。

2021 年浙江省金华市/诸暨市中小学教师招聘考试真题试卷(十八)

(本套试卷包括教育基础知识和学科专业知识两部分,仅收录教育基础知识部分真题)

本套试卷共22小题,包括单项选择题(20小题),论述题(1小题),材料分析题(1小题)。

一、单项选择题(本大题共20小题,每小题1分,共20分。在每小题的四个备选答案中选出一个正确答案,并将正确答案的序号填入括号内。错选、多选或未选均不得分)

1. 下列不是中国传统文化价值观对中国教育消极影响的是( )

A. 重创造轻认同 B. 重共性轻个性 C. 重服从轻自主 D. 重功利轻发展

2. 教育学家和心理学家杰罗姆·布鲁纳提倡让学生独立工作,自己主动发现问题、解决问题及掌握原理,实现认识过程。这属于( )

A. 发现式教学法 B. 整个教学法 C. 教学做合一 D. 自然教学法

3. ( )是指国家或社会对教育所要造就的人的质量规格所做的总体规定与要求,具有调控、导向、评价功能。

A. 教育方法 B. 教育原则 C. 教育目的 D. 教育内容

4. 下列属于杜威的教育观的有( )项。(易错)

①教育即生长 ②教育即生活 ③教育即经验的改造 ④教育为现实生活做准备

A. 4 B. 3 C. 2 D. 1

5. 日常生活中,班主任了解学生的主要方法是( )

A. 考核法 B. 调查法、观察法 C. 谈话法、观察法 D. 书面材料分析法

6. 人本主义学习理论对当代教育的影响体现在新课程三维目标中的哪一方面( )

A. 有益于学习 B. 知识与技能 C. 过程与方法 D. 情感态度与价值观

7. 多元智力发展理论主要说明人的发展具有( )

A. 顺序性 B. 互补性 C. 阶段性 D. 个别差异性

8. 在日常生活中,看到虐待儿童的新闻时,一般会说有孩子的人看不得,这体现了( )(常考)

A. 晕轮效应 B. 归因效应 C. 刻板效应 D. 投射效应

9. 之前小轩学习写毛笔字时要注意坐姿、注意书写规范、注意写字顺序,临摹十分钟就觉得很累了,但是现在给社区写了很多副春联,一个上午也不觉得疲倦,这种表现是( )

A. 无意注意 B. 有意注意 C. 有意后注意 D. 随意注意

10. 小良是小学四年级的学生,一次妈妈不给他买玩具,他就躺在商场里的地面上打滚,怎么也不肯起来,他采用的防御机制是( )

A. 压抑 B. 否认 C. 退行 D. 投射

11. 根据艾里克森心理社会发展阶段论,应着重培养小学低年级段儿童的( )(易错)

A. 信任感 B. 自我调整 C. 亲密感 D. 勤奋感

12. 学生把PULL记成PUSH,老师告诉他可以把PULL后面两个L看成是两个钩,用来拉东西。这运用了( )

A. 形象联想法 B. 谐音联想法 C. 位置记忆法 D. 关键词法

13. 学生小东把考试考得好、取得好成绩归结于试卷简单,这是( )的归因。(易错)

A. 内在、稳定、可控 B. 内在、不稳定、可控
C. 外在、不稳定、可控 D. 外在、稳定、不可控

14. 小学生记忆发展的特点包括( )

①从外显记忆为主转变为内隐记忆为主 ②从无意记忆为主转变为有意记忆为主
③从机械记忆为主向意义记忆为主过渡 ④从具体形象记忆向抽象逻辑记忆方向发展

A. ①②③ B. ②③④ C. ①③④ D. ①②③④

15. ( )是全面发展教育的重要组成部分,是个性全面发展的物质基础。

A. 智育 B. 体育 C. 德育 D. 美育

16. 陈晨在写家庭作业时,先做难的理科作业后做简单的文科作业,认为这样很轻松,这是元认知策略中的( )

A. 组织策略 B. 计划策略 C. 监控策略 D. 调节策略

17. 根据实现课程方案的程度低和高来评价课程,这体现了( )

A. 忠实取向 B. 相互适应取向 C. 创生取向 D. 互补取向

18. 教师注重在关键期培养学生,这是因为学生的发展具有( )(常考)

A. 稳定性 B. 可变性 C. 不均衡性 D. 独立性

19. 根据休伯曼的职业生涯周期论,处于( )的教师不安于教学现状,想要创新。

A. 稳定期 B. 实验和歧变期 C. 平静和保守期 D. 退出教职期

20. 在《教师法》中,教师享有的权利有( )个。

①进行教育教学的权利 ②指导学生和评价学生的权利
③参加进修的权利 ④对学校教学管理的决策权利

A. 4 B. 3 C. 2 D. 1

二、论述题(本大题共10分)

请具体论述如何通过"内驱力"来激发小学生的学习动机。

三、材料分析题(本大题共10分)

李老师作为新老师,主张与时俱进,她认真学习新课程理念,认为传统的教学方法已经过时了,应该摒弃。她在四十余人的课堂上,几乎从不讲授知识点,所有课程都使用自由讨论及小组合作的方法。一段时间后,李老师发现大部分学生掌握的知识不够系统,学习效果差,她不知如何是好。

你怎么看待李老师的困惑?有何建议?

2021年浙江省宁波市中小学教师招聘考试真题试卷(十九)

(本套试卷包括教育理论基础知识和学科专业知识两部分,仅收录教育理论基础知识部分真题)

本套试卷共20小题,包括判断题(10小题),单项选择题(10小题)。

一、判断题(判断下列各题的正误,并在题后括号内打"√"或"×"。本大题共10小题,每小题1分,共10分)

1. 维果斯基认为决定儿童语言获得的因素不是经验和学习,而是先天遗传的语言能力。( )
2. 一般来说,影响儿童的人格发展的社会化因素最主要来自家庭,然后才是学校教育和同伴。( )
3. 班主任是学生班级的直接组织者、教育者和领导者。( )
4. 在幼儿时期,机械记忆的效果比较好,进入小学阶段,意义记忆的效果比较好。(易错) ( )
5. 西周学校教育的基本内容是六艺,即礼、乐、射、御、书、数。(常考) ( )
6. 赫尔巴特提出的教学过程四阶段包含明了、联合(或联想)、系统和方法。( )
7. 冲动型认知风格的学生的思维方式以冲动为特征,在回答问题时倾向根据线索形成看法并快速做出反应,但错误较多。因此冲动型认知风格劣于反思性认知风格。( )
8. 张老师经验丰富,他对李老师说,你班上的张艺同学虽然成绩一般,但很有天赋,于是李老师对张艺抱有很高的期待,因为这种期待,学期末张艺的成绩突飞猛进,这可以用罗森塔尔效应进行解释。( )
9. 正强化,指呈现愉快刺激或消除厌恶的刺激来增加个体的反应效率。(易错) ( )
10. 奥苏贝尔认为学习动机可以分为三种,认知内驱力属于内部动机,自我提高内驱力和附属内驱力属于外部动机。(常考) ( )

二、单项选择题(在每小题列出的四个备选项中只有一个是符合题目要求的,将其代码填在括号内。错选、多选或未选均不得分。本大题共10小题,每小题1分,共10分)

1. 下列不属于教育活动的四个基本要素的是( )(常考)

A. 教育者　　B. 受教育者
C. 教育内容　　D. 教育场所

2. 学习是一个日积月累,由量变到质变的过程,不能对学生拔苗助长,这强调的是学习的( )原则。

A. 直观性　　B. 巩固性
C. 循序渐进　　D. 因材施教

3. 学生的"向师性"和"模仿性"决定了教师劳动具有( )特性。

A. 示范性　　B. 创造性
C. 长期性　　D. 艰苦性

4. 下列不属于以实际训练为主的教学方法是( )

A. 练习法　　B. 实验法
C. 读书指导法　　D. 实践活动法

5. "思想自由,兼容并包"是( )提出的。

A. 晏阳初　　B. 梁启超
C. 蔡元培　　D. 康有为

6. 下列不属于结构良好的问题是( )

A. 从北京到上海,最快的路线应该怎么走
B. 修电脑
C. 求边长为5cm的正方形的面积
D. 计算35×8的结果

7. 学生在练习投篮技术时,成绩时而提高,时而下降,时而停顿,这是动作技能练习的( )

A. 高原现象　　B. 反馈
C. 起伏现象　　D. 倒退

8. 小刚发现桌子的螺丝松了,想找螺丝刀重新拧紧,但却找不到,其父知道以后,用小刀把螺丝拧紧,请问小刚在解决问题的时候,不能摆脱( )的影响。(易错)

A. 问题的特点　　B. 思维定势
C. 酝酿效应　　D. 功能固着

9. 下列关于"学习"表述正确的是( )

A. 学习是人类特有的现象,在人的整个生活中都贯穿着学习
B. 学习是有机体后天习得行为经验的过程
C. 鸭子游水,小狗钻火圈都属于学习的范畴
D. 学习表现为个体行为由于经验和遗传而发生的较为稳定的变化

10. 以下与《中华人民共和国义务教育法》规定不符的是( )

A. 对违反学校管理制度的学生,学校应当以批评教育,屡教不改者可以开除
B. 小学应当把德育放在首位,寓德育于教育教学之中,开展与学生年龄相应的社会实践活动
C. 国家实行教科书审定制度,教科书的审定办法由国家国务院教育行政部门规定
D. 特殊教育学校(班)学生人均公用经费标准应当高于普通学校学生人均经费标准

2021 年贵州省贵阳市教师招聘考试真题试卷(二十)

(满分 150 分　时间 150 分钟)

本套试卷共 34 小题，包括单项选择题(12 小题)、多项选择题(5 小题)、判断题(10 小题)、简答题(4 小题)、案例分析题(2 小题)、写作题(1 小题)。

一、单项选择题(本大题共 12 小题，每小题 3 分，共 36 分。在每小题的四个备选答案中选出一个正确答案，并将正确答案的序号填入括号内。错选、多选或未选均不得分)

1. 习近平在建党一百周年大会上说：“坚持真理、坚守理想，践行初心、担当使命，不怕牺牲、英勇斗争，对党忠诚、不负人民。”这说的是(　　)

A. 伟大建党精神　　B. 伟大红船精神
C. 伟大长征精神　　D. 伟大抗疫精神

2. 在中国共产党百年华诞之际，在世界面临百年未有之大变局之下，贯彻落实好“四史”学习教育具有重大意义。“四史”是指(　　)

A. 古代史、近代史、现代史、世界史
B. 经济史、文化史、科学技术史、社会发展史
C. 党史、新中国史、改革开放史、社会主义发展史
D. 学前教育史、初等教育史、中等教育史、高等教育史

3. 我国“十四五”规划中明确提出，建设高质量教育体系。其中，着力缩小地区间、城乡间、校际间和不同背景学生间的差距的目的是(　　)

A. 建设高素质专业化教师队伍　　B. 增强职业技术教育适应性
C. 提高高等教育质量　　D. 推进基本公共教育均等化

4. 良好的班集体形成的重要标志是(　　)(常考)

A. 选出班干部，成立班委会　　B. 制订班集体的工作计划
C. 开展一系列的班级活动　　D. 拥有正确舆论和良好班风

5. 平时所说的“眼观六路”和“一目十行”指的是(　　)

A. 注意的广度　　B. 注意的稳定性
C. 注意的转移　　D. 注意的分配

6. 学生在以下情形中受到伤害，需要学校承担责任的是(　　)

A. 未告知学校，擅自离校后受到伤害的
B. 未按要求离校，自行滞留学校受到伤害的
C. 因学校场地、器械受到伤害的
D. 自行上下学途中因意外受到伤害的

7. 主张学习的目的在于以发现学习的方式，使学科的基本结构转变为学生头脑中的认知结构的是(　　)(常考)

A. 苛勒　　B. 布鲁纳　　C. 加涅　　D. 托尔曼

8. 教师赵某故意不完成教育教学任务，给教育教学工作造成重大损失，依据《中华人民共和国教师法》，学校可以给予赵某(　　)

A. 刑事处罚　　B. 撤销教师资格
C. 民事处罚　　D. 行政处分或者解聘

9. 针对班级学生数学基础较差，学习兴趣不高的情况，高老师备课时对教学内容进行了重构，增加了一些趣味性的内容。高老师的课程实施取向是(　　)

A. 技术取向　　B. 相互调适取向
C. 忠实取向　　D. 创生取向

10. 娜娜上学从不迟到，上课专心听讲，认真完成作业，但成绩总是不理想，她很沮丧，认为自己不是读书的料。逐渐出现退缩、无动力的状态。娜娜的这种心理反应属于(　　)

A. 学习焦虑　　B. 认知功能障碍　　C. 习得性无助　　D. 自我估价降低

11. 某地区设置重点学校和非重点学校违背了(　　)

A.《中华人民共和国教师法》　　B.《中华人民共和国义务教育法》
C.《学生伤害事故处理办法》　　D.《中小学幼儿园安全管理办法》

12. 小林老师针对自己语文教学中出现的问题，拟订研究计划，实施研究行动，定期收集学生、同事、家长、专家的反馈意见，梳理反思，修正研究计划，不断改进自己的教育教学。小林老师的这种研究方法是(　　)

A. 行动研究　　B. 调查研究　　C. 案例研究　　D. 叙事研究

二、多项选择题(本大题共 5 小题，每小题 4 分，共 20 分。在每小题的备选答案中，至少有两个正确答案。请将正确的答案序号填入括号内，多选、少选、错选或未选均不得分)

13.《中小学教师职业道德规范(2008 年修订)》中关于“终身学习”的要求有(　　)(常考)

A. 拓宽知识视野　　B. 更新知识结构
C. 潜心钻研业务　　D. 勇于探索创新

14. 学与教的相互作用过程是一个系统过程，该系统包含的要素除了教师、学生外，还有(　　)

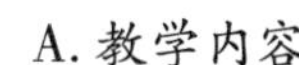

A. 教学内容　　B. 教学反思　　C. 教学环境　　D. 教学媒体

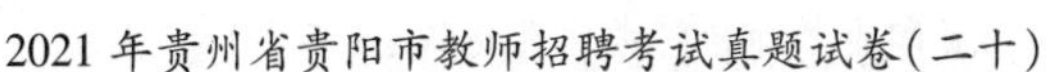

15. 根据学习材料与学习者原有认知结构的关系，奥苏伯尔把学习分为（　　）

A. 符号学习　　B. 机械学习

C. 接受学习　　D. 有意义学习

16. 依据《中小学教育惩戒规则（试行）》，初中学校对违规违纪情节严重，或者经多次教育惩戒仍不改正的学生，在告知家长后，学校可以给予的纪律处分有（　　）（易错）

A. 警告　　B. 严重警告　　C. 记过　　D. 开除学籍

17.《关于全面深化新时代教师队伍建设改革的意见》中提出，要把提高教师思想政治素质和职业道德水平摆在首要位置，推动教师成为（　　）

A. 先进思想文化的传播者　　B. 党执政的坚定支持者

C. 社会活动的组织者　　D. 学生健康成长的指导者

三、判断题（本大题共 10 小题，每小题 1 分，共 10 分。判断下列各题的正误，并在题后括号内打“√”或“×”）

18. 实现教师公正，必然实现教育公正，二者是同一回事。（易混）（　　）

19. 规范的校外培训机构能够对学校教育起到补充作用。（　　）

20. 某幼儿园在征得家长同意后，可以在幼儿园教授小学课程。（　　）

21. 学校应当以各种方式为学生及其家长了解学生的学业成绩提供便利。（　　）

22. 艾宾浩斯绘制了“遗忘曲线”，弗洛伊德用压抑说解释遗忘的原因。（　　）

23. 教学效能感一般指教师对自己影响学生行为和学习结果的能力的一种主观判断。（　　）

24. 德育过程的基本矛盾是教育者提出的德育要求与受教育者已有品德水平之间的矛盾。（常考）（　　）

25. 根据埃里克森的人格发展阶段理论，6～12 岁的学生的主要发展任务是建立自我同一性，防止角色混乱。（常考）（　　）

26. 学生的“五项管理”指的是作业、睡眠、手机、读物、体质管理。（　　）

27. 2021 年是中国共产党成立 100 周年，是“十四五”开局之年。基础教育系统要锚定 2035 年建成教育强国远景目标，坚守为党育人、为国育才的使命。（　　）

四、简答题（本大题共 4 小题，每小题 6 分，共 24 分）

28. 中小学德育工作的实施途径有哪些？

29. 学校与家庭的有效合作能促进学生健康成长，请列举家校合作的方式。（常考）

30. 请列举教育部发布的《新时代中小学教师职业行为十项准则》（2018 年）中的任意六条。

31. 2021 年 4 月 29 日，第十三届全国人民代表大会常务委员会第二十八次会议修正了《中华人民共和国教育法》，简述其中提出的教育方针。

五、案例分析题（本大题共 2 小题，每小题 15 分，共 30 分）

32. 某天，五（一）班班主任张老师带领全班学生来到学校附近的农场进行劳动实践活动，在活动过程中，张老师发现大多数同学不会劳动，甚至不爱劳动，要么手足无措，要么体力不支，还有好几个同学袖手旁观。回到学校后，张老师召开了一次班会，让同学们谈谈自己在家参与劳动的情况及对此的看法。有同学说：“我在家从来不干家务活，连自己的袜子都不会洗，因为爷爷奶奶已经把什么都做好了。”也有的同学说：“妈妈说，学习才是我的主要任务，不要因为劳动浪费学习时间。”还有同学说：“我爸妈说了，我以后是要当科学家或医生的，根本不用干这些低级的家务……”

请评析案例中家长对劳动教育的认知和做法，谈谈对中小学生开展劳动教育的意义和作用，就家长对孩子进行劳动教育提出建议。

33. 2021 年 1 月 15 日,《教育部办公厅关于加强中小学生手机管理工作的通知》提出了"有限带入校园、禁止带入课堂"的手机禁令。某中学为落实该通知增加了一条校规:学生入校后,所有手机统一交给班主任保管,周末放学时将手机还给学生。为方便联系,学校为每个班级保留了一个"班机",每个寝室保留一台"寝室机",以防止发生突发事件要紧急联系老师、家长。

学生小李为了玩游戏,带了两部手机进校,上交了一部,私下还藏了一部,不仅自己偷玩游戏,还在课堂上将手机传给其他同学玩,班干部向班主任王老师反映了此事,王老师非常气愤,认为自己在班上三令五申关于手机的管理要求,小李不仅违反规定还严重影响教学秩序。他冲进教室对小李进行搜身,搜出手机后当着全班同学的面辱骂小李,清空了小李购买的游戏装备,注销了他的游戏账号,王老师还通知小李的妈妈小李被停课三天,要求家长到校接回小李并将手机还给了家长。

结合相关法律法规,对上述案例中王老师的行为进行评析。

六、写作题(本大题共 30 分)

34. 2021 年 6 月 29 日,经中共中央批准,"七一勋章"颁授仪式在人民大会堂隆重举行,云南省丽江华坪女子高级中学党支部书记、校长张桂梅获此殊荣,并代表 29 名获奖者发言。

张桂梅同志扎根边疆教育一线 40 余年,默默耕耘、无私奉献,为了改变贫困地区女孩失学辍学现状,在党和政府以及社会各界的帮助下,2008 年,她推动创建了一所免费招收贫困女生的高中,建校以来已帮助 1800 多位女孩走出大山,走进大学。张桂梅用爱心和智慧点亮了万千乡村女孩的人生梦想,用知识改变了她们的命运,用教育阻断贫困代际传递,展现了当代人民教师的高尚师德和责任担当,被孩子们亲切地称为"张妈妈"。

2020 年 12 月 25 日,张桂梅在《人民日报》撰文《传承红色基因 培育时代新人》,提出"让学生远方有灯、脚下有路、眼前有光"的观点,引发了广泛讨论。

立志成为人民教师的你在读了上述材料后,一定有很多感悟和思考吧?请围绕材料,结合自己的经历和体验,写一篇文章表达张桂梅校长的先进事迹带给你的启示。

要求:选好角度,确定立意,自选文体,自拟标题,不要套作,不得抄袭,不少于 600 字,不得泄露个人信息。

2021年贵州省贵阳市南明区教师招聘考试真题试卷(精编)(二十一)

(本套试卷共66小题,目前已收录61小题)

本套试卷共66小题,包括单项选择题(30小题)、多项选择题(10小题)、判断题(20小题)、简答题(4小题)、案例分析题(1小题)、材料写作(1小题)。

一、单项选择题(本大题共30小题,每小题1.28分,共38.4分。在每小题的四个备选答案中选出一个正确答案,并将正确答案的序号填入括号内。错选、多选或未选均不得分)

1. 缺。

2. 2020年11月30日,世卫组织发布最新一期《世界疟疾报告》。报告显示,过去的20年中有21个国家消灭了疟疾,其中(　　)个国家被世卫组织正式认证为无疟疾。

A. 8　　B. 9　　C. 10　　D. 12

3. 2020年12月,教育部联合国家卫生健康委印发《关于进一步加强无烟学校建设工作的通知》,明确力争到(　　),实现各级各类学校全面建成无烟学校的目标。

A. 2021年底　　B. 2022年底

C. 2023年底　　D. 2025年底

4. 下列揭示了社会性是教育起源的关键所在的学说是(　　)

A. 神话起源说　　B. 生物起源说

C. 心理起源说　　D. 劳动起源说

5. 世界上最早的研究文学艺术的专门学校是(　　)(常考)

A. 鸿都门学　　B. 太学　　C. 稷下学宫　　D. 国子学

6. 20世纪60年代,法国教育家保罗·朗格朗提出(　　)理论。

A. 民主教育　　B. 终身教育　　C. 全民教育　　D. 个性教育

7. (　　)提出了庶、富、教的观点,认为人口、财富和教育是立国的三个要素。

A. 孟子　　B. 墨子　　C. 孔子　　D. 老子

8. 荀子将儒者分为三个层次,提出教育者应当以培养(　　)为理想目标。

A. 大儒　　B. 雅儒　　C. 鸿儒　　D. 俗儒

9. (　　)是我国第一个以马克思主义思想撰写教育学著作的人,提出"全人生指导"的思想。

A. 蔡元培　　B. 陶行知　　C. 黄炎培　　D. 杨贤江

10. (　　)在全面发展教育中起着灵魂和统帅的作用,为其他各育提供了方向性的保证。

A. 智育　　B. 美育　　C. 德育　　D. 体育

11. 17世纪,夸美纽斯在总结了前人和自己实践的基础上,在其代表作(　　)中对班级组织进行了论证,从而奠定了班级组织的理论基础。

A.《大教学论》　　B.《大教育论》

C.《雄辩术原理》　　D.《爱弥儿》

12. 下列不属于后进生的心理特征的是(　　)(易错)

A. 不适度的自尊心　　B. 学习动机不强

C. 强烈的荣誉感　　D. 意志力薄弱

13. "科学教育学的奠基人"指的是(　　)

A. 裴斯泰洛齐　　B. 赫尔巴特　　C. 乌申斯基　　D. 冯特

14. (　　)是指在教育心理学的研究过程中,所采用的研究手段与方法应能促进被试心理的良性发展。

A. 教育性原则　　B. 客观性原则

C. 发展性原则　　D. 理论联系实际原则

15. 下列哪一个时期是学生生理发育的第二个高峰期,具有半成熟、半幼稚的特点(　　)

A. 童年期　　B. 少年期　　C. 青年初期　　D. 成年期

16. 一般认为,IQ低于(　　)为智力落后。(易混)

A. 60　　B. 70　　C. 80　　D. 100

17. 缺。

18. 将失败归因于(　　)的学生容易产生习得性无助感。

A. 运气不好　　B. 不够努力

C. 缺少能力　　D. 工作难度大

19. 下列哪类学生被称为过度努力者(　　)(易混)

A. 高驱高避型　　B. 高驱低避型　　C. 低驱高避型　　D. 低驱低避型

20. 缺。

21. 皮亚杰认为(　　)是儿童从他律道德向自律道德转化的分水岭。

A. 8岁　　B. 10岁　　C. 12岁　　D. 14岁

22. 直接教学是以(　　)为中心,在教师指导下使用结构化的有序材料的课堂教学策略。

A. 学生　　B. 学习过程　　C. 学习成绩　　D. 以上都不是

23. 儿童多动综合征是一种以注意力缺陷和活动过度为主要特征的行为障碍综合征。高峰发病年龄是(　　)

A. 5~8岁　　B. 8~10岁　　C. 10~12岁　　D. 12~18岁

24. 最早的关于迁移的理论是(　　)

A. 形式训练说　　B. 相同要素说

C. 概括化理论　　D. 关系转换理论

25. 下列不属于陈述性知识学习的过程的是(　　)

A. 知识获得　B. 知识提取　C. 知识保持　D. 知识选择

26. 缺。

27. 问题解决是一个复杂的过程,其关键阶段是(　　)

A. 发现问题　B. 提出假设　C. 理解问题　D. 检验假设

28. 义务教育的战略性任务是(　　)

A. 以人为本　B. 注重创新　C. 提高质量　D. 均衡发展

29. 对使用假教师资格证书的,一经查实,按弄虚作假、骗取教师资格处理,撤销其教师资格。被撤销教师资格的,自撤销之日起(　　)年内不得重新申请认定教师资格。

A. 1 年　B. 3 年　C. 4 年　D. 5 年

30. 缺。

二、多项选择题(本大题共 10 小题,每小题 2.48 分,共 24.8 分。在每小题的备选答案中,至少有两个正确答案。请将正确的答案序号填入括号内,多选、少选、错选或未选均不得分)

31. 古代教育的特点有(　　)(常考)

A. 阶级性　B. 象征性　C. 专制性　D. 创造性

32. 建立学生档案的环节有(　　)

A. 收集　B. 整理　C. 鉴定　D. 保管

33. 操行评定的主要内容有(　　)

A. 道德品行　B. 劳动　C. 学习　D. 身心健康

34. 偶发事件处理的原则有(　　)

A. 教育性原则　B. 客观性原则　C. 冷处理原则　D. 有效性原则

35. 课外、校外教育是指在课程计划和学科课程标准以外,利用课余时间,对学生施行的各种(　　)的教育活动。

A. 有目的　B. 有计划　C. 有分类　D. 有组织

36. 下列属于原始文献的有(　　)(易混)

A. 专题述评　B. 索引　C. 论文　D. 实验报告

37. 下列应当对未成年人免费开放的有(　　)

A. 爱国主义教育基地　B. 青少年宫　C. 博物馆　D. 美术馆

38. 教育心理学对教育实践具有(　　)的作用

A. 描述　B. 解释　C. 预测　D. 控制

39. 下列属于精加工策略的有(　　)(易混)

A. 关键词法　B. 列提纲　C. 做笔记　D. 画线

40. 创造性思维的特征有(　　)(常考)

A. 逻辑性　B. 流畅性　C. 变通性　D. 独创性

三、判断题(本大题共 20 小题,每小题 1.34 分,共 26.8 分。判断下列各题的正误,并在题后括号内打"√"或"×")

41. 教育是有目的地培养人的社会活动。(　　)

42. 教育规律是教育学研究的核心。(　　)

43. 社会实践活动是对学生进行德育工作最基本、最经常、最有效的途径。(易错)(　　)

44. 班主任工作的首要任务是组织建立良好的班集体。(易混)(　　)

45. 家庭教育具有先导性。(　　)

46. 现代教学观认为,教学是师生交往、积极互动、共同发展的过程。(　　)

47. 我国的基础教育就是普通中小学教育。(　　)

48. 双轨制有两个平行的系列,这两轨既不相通,也不相接。(　　)

49. 学校实行校长负责制。校长由县级人民政府教育行政部门依法聘任。(　　)

50. 教师资格认定机构根据教师资格专家审查委员会的审查意见,在受理申请期限终止之日起 15 个法定工作日内作出是否认定通过的结论,并通知申请人。(　　)

51. 自我教育是教师个体专业化发展最直接、最普遍的途径。(　　)

52. 1924 年,房东岳编写了我国第一本《教育心理学》教科书。(　　)

53. 男女的智力结构存在差异。(　　)

54. 看见路上的垃圾后就绕道走开,这属于正强化。(常考)(　　)

55. 布鲁纳认为,学生掌握学科的基本结构的最好方法是发现学习。(　　)

56. 人本主义是西方心理学的第三势力。(　　)

57. 罗杰斯倡导的学习原则的核心是让学生自由学习。(　　)

58. 学习动机与学习效果之间成正比关系。(常考)(　　)

59. 柏拉图的教育理想目标是培养"哲学王"。(　　)

60. 2020 年 12 月 18 日,新型地球物理综合科学考察船"实验 6"号在广州举行交船暨入列仪式。新型地球物理综合科学考察船的应用,填补了目前国内中型地球物理综合科学考察船的空白。(　　)

四、简答题(本大题共 4 小题,每小题 5 分,共 20 分)

61. 简述加涅对学习结果的分类。(常考)

62. 简述程序教学的原则。

63. 简述学科中心主义课程理论的基本观点。

64. 简述素质教育的内涵。(常考)

五、案例分析题(本大题共 10 分)

65. 小张是一名刚毕业参加工作并担任班主任的教师,因为年轻没有经验,害怕镇不住那些调皮的学生,他不仅在工作上兢兢业业,还对待学生十分严厉,经常采取罚款,不许学生进教室,甚至罚站、罚跑步等变相体罚的方式来惩罚犯错误的学生,严重影响了学生的身心健康。由于小张急于想在教学中做出一番成绩,他对成绩好的那些"好孩子"十分关心,在许多问题上,更多采纳"好孩子"们的意见,而不太注意其他学生的感受,学生和家长对他的做法意见很大。据此,学校领导也善意地批评过他,但小张却不以为然。

运用所学的教师职业道德规范的知识,对小张的做法进行分析。

六、材料写作(本大题共 30 分)

66. 阅读下面的材料,结合现代教育理论和所学知识,根据要求写一篇不少于 1000 字的文章。

几个学生正趴在树下兴致勃勃地观察着什么。一个教师看到他们满身是灰的样子,生气地走过去问:"你们在干什么?""听蚂蚁唱歌呢。"学生头也不抬,随口而答。"胡说,蚂蚁怎么会唱歌?"老师的声音提高了一个八度。严厉的斥责让学生猛地从"槐安国"里清醒过来,于是一个个小脑袋耷拉下来,等候老师发落。只有一个倔强的小家伙还不服气,小声嘟囔道:"您又不蹲下来,怎么知道蚂蚁不会唱歌?"

要求:自选角度,确定立意,明确文体,自拟标题,不要脱离材料内容及含意的范围作文,不要套作,不得抄袭。

2021年江西省中小学教师招聘考试真题试卷(二十二)

(时间:120分钟　总分:100分)

本套试卷共57小题,包括单项选择题(30小题),多项选择题(20小题),判断分析题(5小题),论述题(1小题),案例分析题(1小题)。

第一部分　选择题

一、单项选择题(在下列每题的四个选项中,只有一个是最符合题意的,将其选出并把它的标号写在括号内。错选、多选或未选均不得分。本大题共30小题,每小题1分,共30分)

1.《学记》是中国古代也是世界上最早的专门论述教育问题的论著,其思想观点不包括(　　)

A.古之王者,建国君民,教学为先　　B.教也者,长善而救其失者也

C.蓬生麻中,不扶而直　　D.道而弗牵,强而弗抑,开而弗达

2.关于教育,下列观点表述错误的是(　　)(易混)

A.斯宾塞提出,科学知识最有价值

B.亚里士多德提出,教育应该由国家负责

C.卢梭提出泛智教育,主张把一切知识教给一切人

D.福禄贝尔是教育史上第一个承认游戏对幼儿有教育价值的学者

3.关于教育与社会发展的关系,下列观点表述错误的是(　　)

A.统治阶级可以利用经济手段来控制教育的发展方向

B.学校设置课程门类及其难易程度,可以不受生产力发展水平的制约

C.受教育权是判断教育性质的主要标志之一

D.文化观念会影响人们对教育的态度和行为

4.相信每一个学生,特别是某些方面有缺陷的学生,通过其他方面的努力,能够达到正常发展水平。这是人的身心发展的(　　)对教育提出的要求。

A.顺序性　　B.阶段性　　C.不均衡性　　D.互补性

5.关于人的发展,下列观点不正确的是(　　)

A.遗传素质的成熟程度为一定年龄阶段的人的身心发展提供了可能

B.个体无法控制的社会环境,对人的发展的影响是盲目的、自发的

C.所有学校教育都能对人的发展起主导作用

D.主观能动性通过活动表现出来

6.党史教育属于新时代我国中小学德育内容中的(　　)

A.生态文明教育　　B.社会主义核心价值观教育

C.中华优秀传统文化教育　　D.理想信念教育

7.关于教育目的,下列观点表述错误的是(　　)

A.我国课程目标经历了从"双基"到"三维目标",再到"核心素养"的变化

B.教学目标是课程目标在每一个教学时段的分解和具体化

C.国家推行的教育目的,代表教育部门对受教育者的总要求

D.教育目的的确定要符合不同类别教育对象的不同需要

8.下列关于教师职业,表述不正确的观点是(　　)(易错)

A.春秋时期,私学教师逐渐成为一种行业

B.世界上最早的师范教育机构诞生于法国

C.《关于教师地位的建议》提出,教师工作应被视为一种专业

D."学在官府,以吏为师",成为古代社会教育的重要特点

9.关于教学组织形式,下列表述不正确的观点是(　　)

A.班级授课制可以采用"马蹄式"安排学生座位　　B.个别教学有利于拔尖人才的培养

C."走班制"实行大、小班上课的多种教学形式　　D.分组教学容易造成学生的心理不平衡

10.我国第八次课程改革是规模最大、影响最为深广的课程改革,以下观点不属于本次课程改革价值追求的是(　　)

A.我国课程体系必须追求国际性与民族性的内在统一

B.课程体系应该为学生创设促进个性发展的社会情境

C.谋求部分条件优越的适龄儿童享受高质量的基础教育

D.自由的日常交往视为重要的课程资源

11.下列关于德育,表述不正确的观点是(　　)(易混)

A.爱国主义教育在我国学校德育中处于核心地位

B.思想品德教育过程即思想品德形成过程

C.道德教育实质上就是教学生如何做人的教育

D.社会的时代特征决定了德育内容的针对性

12.关于班级活动设计与组织的过程,表述错误的观点是(　　)

A.班级活动设计应该选择学生关心的热点问题　B.班级活动主题可以从传统教育中拓展而来

C.班主任要适当对班级活动过程做出示范　　D.班级活动外部联络应该由本班学生完成

13.关于德育原则,下列观点错误的是(　　)

A.严格要求学生就是对学生提出合理的要求

B.有针对性地依据学生个性特点进行教育是贯彻长善救失原则的具体要求

C.对学生进行正面赏识是贯彻疏导性原则的具体要求

D. 给后进生委托相应任务，实施直接锻炼是贯彻知行统一原则的要求

14. 关于教师职业道德，下列观点不正确的是(　　)(易混)

A. 教师既要享受权利，也应当履行义务。但是，教师在道德上的义务具有无偿性的特点

B. 教师在教育教学活动中所体现出的道德属于公德

C. 教师有什么样的职业指导思想和目标，就会有什么样的职业作风

D. 惟有学而不厌的先生才能教出学而不厌的学生。这是教师职业道德中关于意识自觉性的要求

15. 关于教育法规，下列论述不正确的是(　　)

A.《中华人民共和国教师法》是1995年9月1日起施行的

B. 对于品行不良、侮辱学生造成恶劣影响的教师可以撤销其教师资格

C.《中华人民共和国义务教育法》是教育单行法律

D.《中华人民共和国教育法》第十九条规定：国家实行九年制义务教育制度

16. 14岁的刘某在放学路上遭遇车祸，抢救无效不幸身亡。根据《学生伤害事故处理办法》，认定学校(　　)

A. 承担全部责任　　B. 承担次要责任

C. 不承担法律责任　　D. 承担主要责任

17.《中共中央 国务院关于全面深化新时代教师队伍建设改革的意见》提出要"提高教师(　　)和职业道德水平摆在首要位置，把社会主义核心价值观贯穿教书育人全过程"。

A. 思想政治素质　　B. 学科专业水平

C. 个人综合素质　　D. 个人创新能力

18. 根据加涅的学习层次分类观点，学生学习桑代克的效果律属于(　　)(易混)

A. 连锁学习　　B. 言语联想学习　　C. 规则的学习　　D. 解决问题的学习

19. 在学校教育中，应根据学生年龄、性别、种族等特点，运用不同学习动机类型来激发学生学习。提出该观点的心理学家是(　　)

A. 布鲁纳　　B. 斯金纳　　C. 苛勒　　D. 奥苏伯尔

20. 高创造力者的个性因素不包括(　　)

A. 能容忍模糊与错误　　B. 比一般人更爱幻想

C. 很少考虑自己在他人心目中的形象　　D. 以简单的方式处理复杂的问题

21. 想知道学生在班级中的排名，应该使用(　　)评价。

A. 常模参照　　B. 标准参照　　C. 诊断性参照　　D. 总结性参照

22. 操作性条件反射与经典性条件反射的区别，不包括(　　)(易错)

A. 反应的后天性与先天性　　B. 新的 S－R 联结是否形成

C. 强化物是否出现在新的反应前　　D. 无条件刺激是否明确

23. (　　)主张通过在真正现场活动中获取、发展和使用认知工具来进行特定领域的学习。

A. 抛锚式学习　　B. 认知学徒式学习

C. 随机通达学习　　D. 支架式学习

24. 关于韦纳的归因理论，以下表述正确的是(　　)(常考)

A. 所有稳定性因素都是内在因素　　B. 所有内在因素都是稳定性因素

C. 所有内在因素都是可控因素　　D. 所有可控因素都是内在因素

25. 一个测验实际测到的内容与所要测量的内容之间的吻合程度属于(　　)

A. 信度　　B. 效度　　C. 区分度　　D. 难度

26. 利用现代科学技术使知识以活动的方式展现在学生面前，这是利用了感觉的(　　)

A. 强度律　　B. 差异律　　C. 活动律　　D. 组合律

27. 学生中流传的俏皮话"大考大玩、小考小玩、不考不玩"。这种现象属于(　　)

A. 耶克斯—多德森定律　　B. 皮格马利翁效应

C. 罗森塔尔效应　　D. 晕轮效应

28. 关于记忆，下列观点不正确的是(　　)

A. 瞬时记忆加以注意能转入短时记忆

B. 短时记忆是经过加工之后的记忆

C. 长时记忆是保持一分钟以上的记忆

D. 瞬时记忆、短时记忆和长时记忆中，短时记忆的容量最小

29. 培养勤奋感的最佳时期是(　　)

A. 2～3岁　　B. 4～5岁　　C. 6～11岁　　D. 12～18岁

30. 利用流程图来帮助记忆。这属于(　　)

A. 位置记忆策略　　B. 生成性学习策略　　C. 组织策略　　D. 监控策略

二、多项选择题(在下列每小题列出的选项中至少有两个是正确的，请将其代码填在括号内。错选、多选或未选均不得分。本大题共20小题，每小题1分，共20分)

31. 下列关于教育的内涵，表述正确的观点是(　　)(易错)

A."教育"一词最早出自"得天下英才而教育之，三乐也"

B. 西方观点认为，教育是"把受教育者内在的东西引导出来"

C. 赫尔巴特认为，教育是经验的改造或改组

D. 目的性、计划性和组织性是学校教育具有的特点

32. 下列关于学校教育的产生，表述正确的观点是(　　)

A. 西方严格意义上的学校教育系统形成于17世纪初期

B. 古代埃及的苏美尔学校被认为是人类最早出现的学校

C. 中国的学校教育正式产生于商代

D. 体脑分工和专职教师的出现是学校产生的客观条件

33. 下列关于教育的发展，表述正确的观点是(　　)

A. 中国隋唐时期，已经出现了完备的"六学二馆"的官学体系

B.“七艺”是中世纪骑士教育的主要内容

C.普遍实施中等义务教育是近代社会教育的主要特征

D.人文教育和科学教育携手并进是现代社会教育的特征

34.关于人的发展,下列表述错误的是(　　)

A.高尔顿认为“一两的遗传胜过一吨的教育”

B.卢梭提出了著名的“白板说”

C.吴伟士认为,人的发展等于遗传和环境的乘积

D.董仲舒的“性三品”学说,突出“命定”因素在人发展中的作用

35.教育目的的生活本位论的代表人物有(　　)(常考)

A.卢梭　　B.斯宾塞　　C.杜威　　D.涂尔干

36.下列关于素质教育,表述错误的观点是(　　)

A.教育自身存在不能够适应社会发展的问题是素质教育产生的重要背景

B.素质教育主要是面向健康的学生

C.素质教育不是一种具体的教育模式

D.素质教育就是要消灭考试制度

37.关于学生,下列表述不正确的观点是(　　)

A.不承认学生的主体地位,再好的教学计划也会落空

B.学生最主要的权利是生存权

C.受教育权是学生的权利,但不是学生的义务

D.现代中小学学生学习目的多元化,具有鲜明的自我利益特征

38.关于学制,下列表述正确的观点是(　　)(易混)

A.壬子癸丑学制规定了义务教育的年限

B.特殊学校和特殊班级的设立,可以不考虑学生一般的身心发展规律

C.义务教育年限的长短成为一个国家教育发展程度的重要标志之一

D.壬戌学制又称“五三三”制

39.关于课程,下列表述正确的观点是(　　)

A.新课程规定,小学高年级至高中设置的综合实践活动均为必修课程

B.当前我国课程标准就是指学科课程标准或教学大纲

C.校内外所有的资源都可以成为课程资源

D.综合实践活动课程具有连续性特点

40.关于班主任,下列论述不正确的是(　　)

A.我国中小学正式设立班主任的时间是1951年

B.班主任应该进行个性化班级文化建设

C.班主任可以通过对知情者的调查,从侧面了解学生

D.班主任应该主动与家长联系,但可以不经常与学生所在的社区进行联系

41.关于德育中的实践锻炼法,以下表述正确的有(　　)

A.遵守纪律是一种实践锻炼

B.学习活动是学生最经常的实践锻炼方式

C.它是解决道德上知行脱节的最重要方法

D.学生亲身参与了实践活动就能够产生实际效果

42.下列关于教学过程,表述不正确的观点是(　　)

A.教学过程是学生的一种特殊认识过程

B.教学过程是知与不知的矛盾转化过程

C.学生掌握知识就能够形成相应的能力

D.感知教材和领会教材属于教学过程的巩固阶段

43.下列关于慕课,表述不正确的观点是(　　)

A.慕课即为大规模在线开放课程,可以根据用户自愿原则收取少量费用

B.慕课平台一般都限制注册人数

C.慕课平台核心课程资源主要以30~35分钟视频为主

D.目前慕课的主讲教师大多由名师担任

44.关于教师职业道德规范,下列论述正确的是(　　)

A.教师不断提高教学质量,属于教师诚信的具体表现

B.少数任课教师让所教的学生接受自己的有偿家教,违反了师德中为人师表的要求

C.某教师在课堂上散布与国家政策法规不一致的言论,违反了师德中爱国守法的要求

D.爱岗敬业是教师职业道德的基本要求

45.《新时代中小学教师职业行为十项准则》的基本内容包括(　　)(常考)

A.坚定政治方向

B.传播优秀文化

C.严格要求学生

D.加强安全防范

46.以下观点,论述正确的是(　　)

A.《中华人民共和国未成年人保护法》中的“未成年人“是指未满十六周岁的公民

B.《中华人民共和国预防未成年人犯罪法》第四十五条规定:“对于已满十四周岁不满十六周岁未成年人犯罪的案件,一律不公开审理

C.《中共中央 国务院关于深化教育教学改革全面提高义务教育质量的意见》提出坚持“五育”并举,全面发展素质教育

D.《中华人民共和国教师法》规定了教师的六大权利和六大义务

47.关于人际交往,下列说法正确的是(　　)

A.人际关系深浅的标志是双方的情感卷入水平

B.自我暴露与熟悉程度之间呈U型关系,即人们对很熟悉的或很陌生的人更会自我暴露

C.在稳定交往阶段,交往双方的人际安全感已经确立

D.双方关系发生实质性变化的阶段是情感交流阶段

48.关于学习理论,下列观点表述正确的是(　　)

A.托尔曼认为,学习是有目的的行为,而不是盲目的

B. 布鲁纳认为,学习内容是学习者通过发现而获得

C. 有意义的自由学习观是奥苏伯尔提出的

D. 学习是通过尝试—错误来实现的,这是早期认知主义的观点

49. 关于认知发展,下列观点表述正确的是( )

A. 皮亚杰认为,图式最初来自于环境适应

B. 学生已有的准备状态就是新的教学的出发点

C. 只要教学内容和方法得当,系统的学校教育可以起到加速认知发展的作用

D. 同化就是与环境达到平衡的过程

50. 关于感觉,下列表述错误的是( )

A. 暗适应是视觉感受性降低的过程

B. 明适应比暗适应要花费更长的时间

C. 刺激强度太强或太弱都不会产生感觉

D. 煤炭在晚上看起来比白天更黑,但不认为这是两种煤炭。这是感觉的对比

第二部分 主观题

三、判断分析题(判断正误并说明理由。本大题共 5 小题,每小题 4 分,共 20 分)

1. 校长是一个学校的灵魂。教师应该绝对服从校长的安排,支持其工作。

2. 针对人口出现零增长或负增长现象,未来教育发展的战略重点要放在教育的量的发展上。(易混)

3. 教师和家长应尽量为学生提供各种各样的活动和交往,来促进学生道德发展。

4. 班集体的核心队伍由班干部组成。所以,班主任建立班集体的核心队伍就是要加强班干部的选拔和培养。

5. 强化一定能够增强学生的学习动机。

四、论述题(本大题共 12 分)

在促进迁移的教学中,如何贯彻理论联系实际的教学原则?

五、案例分析题(本大题共 18 分)

某校教研组举行教研活动,要求大家结合自己的教学实践发表看法。

姜老师谈到了对学生进行思想品德教育过程中实施教育惩戒规则时的困惑与委屈。姜老师说:“我的班上有个叫小明的留守学生,非常调皮捣蛋,经常迟到早退,偷拿同学铅笔,与男同学打架,欺负女同学,学习成绩很差。多次警告无效后,我对他进行了罚站、罚抄、罚跑、打手心和打脸,甚至在班上公开说他无可救药。我花了很多时间和精力,但出力不讨好,小明反而很记恨我,他的家长也不理解我。我自己也感到非常委屈。”

张老师谈了如何帮助班上的“差生”小华进行转变的一些做法。如主动与小华交朋友、课后经常与其谈心、让成绩好的小红与他结对子、帮助他制订学习计划、鼓励他参与热点问题讨论、兑现奖罚诺言等。

刘老师就如何关爱学生,谈了一些自己的体会和做法:由于自己喜爱教育事业、喜爱学生,所以能够做到关心爱护每位学生、凡事多替学生着想、不轻易侵犯学生的合法权益;控制自己的不良情绪、从不辱骂和讽刺学生。目前,她与班上学生的关系非常融洽,学生给她起了一个外号“最美妈妈”。刘老师的发言,赢得大家的热烈掌声。

请根据上述材料,回答以下问题:

(1)请运用教育学理论并结合本案例,阐述姜老师使用教育惩戒时未能遵循哪些要求?(6 分)

(2)请运用教育心理学理论并结合本案例,阐述张老师是如何培养学生良好的态度与品德?(8 分)

(3)请运用教师职业道德修养理论并结合本案例,阐述刘老师是如何遵循“关爱学生”的师德规范要求的?(4 分)

2021 年山东省泰安市教师招聘考试真题试卷(二十三)

(本套试卷收录教育基础知识部分的真题)

本套试卷共 41 小题,包括单项选择题(40 小题)、论述题(1 小题)。

一、单项选择题(在下列每小题四个选项中只有一个是符合题意的,将其选出并把它的标号填在括号内。错选、多选或未选均不得分。本大题共 40 小题,每小题 0.5 分,共 20 分)

1. 教育影响是指教育活动中教育者作用于学习者的全部信息,是形式与内容的统一。下列哪一项属于教育影响的形式(　　)

A. 教科书　　B. 教育材料　　C. 教育原则　　D. 教育手段

2. 教育目的规定了教育的社会性质、人才培养的方向、课程的选择等。这说明了教育目的具有(　　)功能。

A. 调节与控制　　B. 激励与评价

C. 定向与选择　　D. 协调与监督

3. 教育制度的核心部分是(　　)

A. 教育管理制度　　B. 国民教育制度

C. 义务教育制度　　D. 学校教育制度

4. 将大班上课、小班研究、个别教学三种教学形式结合起来的教学组织形式是(　　)(常考)

A. 贝尔—兰喀斯特制　　B. 特朗普制

C. 道尔顿制　　D. 圣路易编制法

5. “学生在实验时能够遵循科学的方法认真观察和操作,并根据观察的情况如实记录、解释和说明现象。”这种教学目标的表述属于(　　)

A. 行为目标表述法　　B. 表现性目标表述法

C. 内部过程和外显行为相结合的表述法　　D. 外显行为表述法

6. “学者未必是良师”说明想成为“良师”必须具备(　　)

A. 学科专业知识　　B. 广博的文化基础知识

C. 教育科学知识　　D. 实践知识

7. 下列哪一项既是形成学生思想品德的源泉,又是道德教育过程的基础(　　)

A. 自我教育　　B. 他人影响　　C. 家庭教育　　D. 活动和交往

8. 学校德育中运用最广泛的方法是(　　)(常考)

A. 说服教育法　　B. 榜样示范法

C. 实际锻炼法　　D. 陶冶教育法

9. 使学生“跳起来摘桃子”反映了教师的教学要遵循(　　)

A. 循序渐进原则　　B. 启发性原则

C. 直观性原则　　D. 量力性原则

10. 以下教育目标中,属于三级教育目标的是(　　)

A. 教育目的　　B. 课程目标　　C. 培养目标　　D. 教育目标

11. 学科课程分科过细,偏重书本知识,同实际生活距离较远,不能照顾到儿童的需要和兴趣,难以发挥学生的主动性。立足于克服这些缺陷的课程是(　　)

A. 综合课程　　B. 必修课程　　C. 选修课程　　D. 活动课程

12. “与人友好相处是人类的基本需要,满足这种需要是教育的首要职责”。这一假定最可能出现在以下哪种学校的道德教育模式中(　　)

A. 认知性道德发展模式　　B. 体谅关心模式

C. 价值澄清模式　　D. 社会行动模式

13. 学生李凯上课玩手机,手机被班主任没收,李凯多次索要未果,准备诉诸法律解决,他采取的法律途径应是(　　)

A. 复议和诉讼　　B. 复议加仲裁

C. 申诉和仲裁　　D. 申诉和诉讼

14. 形成性评价的目的是(　　)

A. 对学生进行等级划分　　B. 调节教育活动行为

C. 了解学生的基础和情况　　D. 对学生进行价值判断

15. 《国家中长期教育改革和发展规划纲要(2010～2020 年)》明确规定,将“坚持德育为先”作为未来我国教育发展的战略主题之一,强调“(　　),把社会主义核心价值体系融入国民教育全过程。”

A. 立德树人　　B. 全面发展　　C. 教育优先　　D. 教育实践

16. 以下不属于新课改提出的三维课程目标的是(　　)(常考)

A. 知识与技能　　B. 情感态度与价值观

C. 过程与方法　　D. 能力与结果

17. 班级管理的核心内容是(　　)

A. 制度管理　　B. 活动管理　　C. 教学管理　　D. 组织管理

18. 积极培养学生的环保意识,关注学生的心理健康,培养学生的社会责任感,这体现了当前我国中小学课程内容的哪一特点(　　)

A. 生活化　　B. 综合化　　C. 经验化　　D. 人文化

19. 衡量一个国家教育现代化水平最为直接的一种方式,是考查其(　　)的现代化程度。

A. 教育制度　　B. 课程内容　　C. 教育观念　　D. 课程实施

20. 在教学活动中，对于难度较大的重点知识和远离学生已有知识经验的知识点的学习，适宜选择(　　)

A. 读书指导法和讨论法　　B. 实践法和谈话法

C. 发现法和练习法　　D. 讲授法和讨论法

21. 当学生违反校规时，学校会给他一个处分，经过一段时间教育后，该生表现越来越好，为巩固其良好行为，学校撤销了处分。这种做法在心理学上叫(　　)

A. 正强化　　B. 负强化　　C. 惩罚　　D. 消退

22. 在记忆材料过程中，中间忘得更快，这是由于(　　)造成的。(常考)

A. 前摄抑制　　B. 倒摄抑制

C. 前摄抑制和倒摄抑制　　D. 消退

23. 在老师指导下，学生利用图示方式对知识进行归纳，强化对自己所学知识的掌握，这种学习策略是(　　)

A. 复述策略　　B. 精细加工策略　　C. 组织策略　　D. 元认知策略

24. 提倡用"道德两难故事法"培养学生道德思维，促进道德水平向高一阶段发展的儿童心理学家是(　　)

A. 杜威　　B. 科尔伯格　　C. 布鲁纳　　D. 班杜拉

25. 根据皮亚杰的认知发展阶段理论，7～11 岁儿童的认知发展大体上处于(　　)阶段。

A. 感知运动阶段　　B. 前运算阶段

C. 具体运算阶段　　D. 形式运算阶段

26. 动机的强度与解决问题的效率的关系可以用一条(　　)函数曲线来描绘。(常考)

A. 递增　　B. 递减　　C. U 型　　D. 倒 U 型

27. 小夏虽然不喜欢英语，但是为了迎接四级考试，仍克服困难，坚持努力学习，这种注意属于(　　)

A. 有意注意　　B. 不随意注意　　C. 有意后注意　　D. 注意的动摇

28. 美国心理学家埃里克森认为，童年期的主要任务是(　　)

A. 获得主动感，克服内疚感　　B. 获得亲密感，避免孤独感

C. 获得勤奋感，克服自卑感　　D. 形成自我同一性，防止角色混乱

29. 加涅按照学习结果的不同，将学习分为(　　)

A. 接受学习、发现学习、意义学习、机械学习

B. 信号学习、刺激反应学习、机械学习、意义学习

C. 知识学习、技能学习、行为规范的学习

D. 智慧技能、认知策略、言语信息、动作技能、态度的学习

30. 下列哪一项不是影响问题解决的因素(　　)

A. 问题情境　　B. 定势　　C. 情绪　　D. 算法策略

31. 被誉为"现代教育心理学之父"的是(　　)

A. 斯金纳　　B. 桑代克　　C. 布鲁纳　　D. 罗杰斯

32. 为研究学生的学习动机水平与学习成绩之间的关系，某同学计划收集 500 名被试的数据。请问下列哪一种方法可以使其高效地实现其计划(　　)

A. 问卷法　　B. 实验法　　C. 访谈法　　D. 观察法

33. 以下属于学习行为的是(　　)(易错)

A. 蜘蛛结网　　B. 蜻蜓点水　　C. 老马识途　　D. 春蚕吐丝

34. 丽丽上课屡次迟到，学校责令她写保证书，督促其改正不良习惯，学校对丽丽进行思想品质教育的重点在于提高其(　　)

A. 道德认知水平　　B. 道德情感水平　　C. 道德意志水平　　D. 道德行为水平

35. 精力旺盛，急躁直率，思维敏捷，但准确性差，心境变化强烈，这属于(　　)气质类型。

A. 多血质　　B. 胆汁质　　C. 黏液质　　D. 抑郁质

36. 同学叫你绰号时你不做出任何反应，你的绰号最终没有流传。这属于(　　)

A. 分化　　B. 泛化　　C. 消退　　D. 遗忘

37. 华生的小阿尔伯特实验违背了(　　)原则。

A. 客观性　　B. 教育性　　C. 发展性　　D. 系统性

38. 胡老师是一名新老师，深受学生喜爱，当班级中的同学在测验中取得进步和好成绩时，她都对学生表扬和奖励，胡老师的这种做法符合桑代克学习规律中的(　　)(常考)

A. 准备律　　B. 练习律　　C. 效果律　　D. 动机律

39. 马斯洛把完善自己，充分发挥自己的潜能，完成自身使命的需要，称作(　　)

A. 尊重的需要　　B. 归属和爱的需要

C. 自我实现的需要　　D. 成长的需要

40. 陈东看到自己最好的朋友因为学习好而获得校长的嘉奖后，自己也加倍努力学习，力争取得优异成绩。对于陈冬来说，这种强化属于(　　)

A. 替代强化　　B. 直接强化　　C. 自我强化　　D. 内部强化

二、论述题(本大题共 10 分)

41. 请概述建构主义学习理论中的知识观、学习观、学生观的核心思想，并依据此理论说明教师在教学中如何设计教学方法。

2021年山东省临沂市教师招聘考试真题试卷(二十四)

(本套试卷收录教育基础知识部分的真题)

本套试卷共55小题,包括单项选择题(40小题)、多项选择题(15小题)。

一、单项选择题(在下列每小题四个选项中只有一个是符合题意的,将其选出并把它的标号写在括号内。错选、多选或未选均不得分。本大题共40小题,每小题0.55分,共22分)

1. 不同时期有不同的教育内容,追溯历史,苏轼的少年时代,最有可能的学习材料是(　　)

A. 四书五经　B."六艺"　C. 程朱理学　D."七艺"

2. 当一个不守纪律的学生表现出良好的守纪行为时,老师便撤销对他的批评,老师的这一做法属于(　　)

A. 正强化　B. 负强化　C. 消退　D. 惩罚

3. 同学叫小明出去玩,可是他正在做作业,小明最终克制了自己,谢绝了同学的邀约。这主要体现的心理过程是(　　)

A. 知觉过程　B. 思维过程　C. 意志过程　D. 情感过程

4. 在师生关系上,我国古代教育强调师道尊严,而现代教育则强调尊师爱生、民主平等,这一事实反映了教育的(　　)(常考)

A. 历史性　B. 继承性　C. 相对独立性　D. 永恒性

5. 按照赫尔巴特的教育理论,在教育学的学科基础上,能够说明教育的途径、手段的是(　　)

A. 伦理学　B. 心理学　C. 实践哲学　D. 生理学

6. 赵老师认为:数学学习中形成的认真审题的态度及审题的方法将会对学习化学、物理等学科有积极影响。这种现象属于(　　)(常考)

A. 负迁移　B. 垂直迁移　C. 一般迁移　D. 具体迁移

7. 王老师在课堂教学中经常采用小组竞赛的方式组织教学,教学过程中出现了小组间隐匿学习资料的现象,这体现了教育的(　　)

A. 正向显性功能　B. 正向隐性功能　C. 负向显性功能　D. 负向隐性功能

8. 李强经常在同学中表现出贪玩、不在乎考试的样子,但在私下里却偷偷努力,拼命学习。从李强的表现来看,其自我价值动机倾向的类型极有可能是(　　)(易错)

A. 高驱低避型　B. 低驱高避型　C. 低驱低避型　D. 高驱高避型

9. 在解决问题时,人们常常采用启发式策略,主要是为了(　　)

A. 保证问题解决的正确性　B. 提高想象力

C. 缩短问题解决的时间　D. 提高动机水平

10. 在中国历史上,为集中权力,统一思想,秦始皇焚书坑儒,汉武帝独尊儒术。这体现了(　　)

A. 政治经济制度决定受教育权　B. 政治经济制度决定教育内容的取舍

C. 教育相对独立于一定社会的政治经济制度　D. 教育与社会发展的不平衡性

11. 儿童的思维发展从具体到抽象,不可逆转,这要求我们在教育中要遵循儿童心理发展的(　　)规律。

A. 连续性　B. 顺序性　C. 不均衡性　D. 阶段性

12. 在学校文化中,有一种无形的力量(如学校的办学理念、校风、学风等)影响着学校的发展,这种无形的力量属于学校的(　　)

A. 精神文化　B. 制度文化　C. 规范文化　D. 物质文化

13. 以日本学制为蓝本,明显反映"中学为体,西学为用"思想的中国近代学制是(　　)

A. 壬子癸丑学制　B. 癸卯学制　C. 壬寅学制　D. 壬戌学制

14. 赵老师在教学中不太讲究结构,喜欢与学生相互作用,喜欢采用讨论的方法。从以上表现看,赵老师的认知风格可能是(　　)

A. 场依存型　B. 场独立型　C. 冲动型　D. 反思型

15. 春秋时期孔子兴办私学,"自行束脩以上,吾未尝无悔焉"。就教师职业的历史发展而言,这属于教师职业发展的(　　)

A. 非职业化阶段　B. 职业化阶段　C. 专门化阶段　D. 专业化阶段

16. 李老师在教学过程中充分发挥自身潜能,对教学中的每一项任务力求做到极致,按照马斯洛需求层次理论,李老师达到的最高层次的需要是(　　)(常考)

A. 尊重需要　B. 归属与爱的需要

C. 自我实现的需要　D. 安全的需要

17. 学生的个性各不相同,学习方式多种多样,要求老师因材施教,在特定情况下运用"教学机智",这体现教师职业劳动的(　　)(常考)

A. 主体性　B. 示范性　C. 间接性　D. 创造性

18. 教师仅掌握学科专业知识是不够的,教师还要掌握关于学生身心发展方面的知识,这些知识属于教师的(　　)

A. 条件性知识　B. 本体性知识

C. 实践性知识　D. 缄默性知识

19. 教学中,孔子提到"不愤不启,不悱不发",这要求教师在提问时做到(　　)

A. 提问明确具体　B. 提问有层次性

C. 提问有趣味性　D. 提问时机合适

20. "学生所学到的,顶多也不过像是在他口袋里装了几把钥匙或者几枚铜钱而已。学生所学的一切,对他个人的心智成长,毫无意义。"马斯洛此话批判的是(　　)

A. 内发学习　B. 经验学习　C. 主动学习　D. 外铄学习

21. 教物理的王老师在教学过程中经常想到的问题是：如何呈现教学内容，如何有效地把握课堂，如何帮助学生提高成绩。这说明王老师处于教师专业发展的(　　)阶段。(易混)

A. 关注生存　B. 关注情境　C. 关注学生　D. 关注自我

22. 讲解完全平方公式后，王老师提出问题："已知 $a=99$, $b=97$，那么 $a^2-2ab+b^2=?$"并要求学生立即给出答案，这是(　　)的提问。

A. 知识水平　B. 理解水平　C. 应用水平　D. 评价水平

23. 学生在上课时对学习内容用眼看、用耳听、用心记、用嘴说。这样做不仅能多渠道获取信息，还能提高(　　)能力。

A. 注意的转移　B. 注意的起伏　C. 注意的分散　D. 注意的分配

24. 在三维课程目标中，特别关注让学生"学会学习"的维度是(　　)维度。(常考)

A. 知识　B. 过程与方法

C. 情感态度与价值观　D. 技能

25. 为了节省时间，提高教学效率，对于一些理论性、难度或操作性相对较低的学科知识，比较适合的课程内容编排方式是(　　)(易错)

A. 直线式编排　B. 螺旋式编排

C. 纵向组织编排　D. 横向组织编排

26. 王老师的课堂教学特别强调"以预设为基础，提高生成的质量和水平；以生成为导向，提高预设的针对性和开放性"，这符合课程实施的(　　)

A. 相互调适取向　B. 忠实取向　C. 创生取向　D. 过程取向

27. 维果斯基的"最近发展区"思想与《学记》的"语之而不知，虽舍之可也"的表述体现了(　　)的原则。

A. 因材施教　B. 教学相长　C. 启发性　D. 量力性

28. 在班级内部，教师根据学生的特点、兴趣与意愿进行分组教学，各组学习时间相同，学习内容不同，这种分组是(　　)

A. 外部分组　B. 内部分组　C. 能力分组　D. 作业分组

29. 若教学的主要目标在于情感态度和价值观的激发与养成，则在以下的教学模式中，应优选(　　)

A. 抛锚式教学　B. 范例式教学

C. 情境—陶冶式教学　D. 目标—导控式教学

30. 学生以词的声音表象、动觉表象为支柱进行智力活动，这表明其处于心智技能的(　　)阶段。

A. 物质活动或物质化活动　B. 出声的外部言语

C. 无声的外部言语　D. 内部言语

31. 按照评价采用的标准进行分类，事业编教师招聘考试属于(　　)

A. 标准参照性评价　B. 常模参照性评价

C. 个体内差异评价　D. 诊断性评价

32. 参加实验的学生预先知道自己将参加某项实验，从而行为表现得更为积极和主动，比平时有更多的努力和更佳的表现，这种效应是(　　)

A. 霍桑效应　B. 罗森塔尔效应

C. 主试效应　D. 巴纳姆效应

33. 王老师是某年级的级部主任，每学期的期初、期末总有个别学生家长想送礼请客，王老师一概拒之门外。王老师的行为主要体现了师德规范中的(　　)

A. 爱岗敬业　B. 教书育人　C. 为人师表　D. 关爱学生

34. 老师在教学中经常指导学生通过列提纲和画关系图等技术，来分析课程的内容结构，更好地理解课程内容。老师想通过这些技术教会学生的学习策略是(　　)(常考)

A. 资源管理策略　B. 精加工策略

C. 组织策略　D. 复述策略

35. 为相对全面地认识学生在解决特定的人际—社会问题时可能的反应及遇到的困难，以及更好地引发学生良好的道德情感，帮助学生学会关心，教师应选用的德育模式是(　　)

A. 认知模式　B. 体谅模式　C. 社会模仿模式　D. 价值澄清模式

36. 在班级管理中，王老师特别强调集体的教育力量，开展集体活动，让学生在良好的班级氛围中得到教育，同时通过对个别学生的教育，来促成集体的形成与发展，这种班级管理模式是(　　)

A. 班级平行管理　B. 班级民主管理

C. 班级常规管理　D. 班级目标管理

37. 认为学习成绩差的学生品行也不好，这是一种(　　)

A. 社会刻板效应　B. 投射效应　C. 罗森塔尔效应　D. 近因效应

阅读材料，回答 38～40 小题。

下课后，几位年轻教师就课堂教学进行交流。

庄老师说："采用什么样的教学方法，其关键在于教学内容。比如弄清概念之间的关系，讲授法的效果比较好，而要解决技能操作方面的问题，演示法、练习法等更有优势。"

国老师说："教学方法的选用既要看内容，更要考虑这堂课你要达到什么成果。如果要让学生形成某种情感态度，情感陶冶法是首选，如果要让学生记住一些基本知识的话，讲授法效果较好。"

殷老师说："我认同两位老师的说法，但是教学方法要发挥其应有的作用，离不开对学生学习动机的激发。我在上课时经常结合教学内容进行关于学习的社会意义、个人前途等方面的教育，我发现学生的学习劲头更足了。"

38. 庄老师提到的弄清概念之间的关系，按照奥苏贝尔对学习的分类，最适合的学习方式是(　　)

A. 有意义的接受学习　B. 有意义的发现学习

C. 机械的接受学习　D. 机械的发现学习

39. 从国老师的谈话中，我们能够看出，对教学方法的选用，其关注点在于(　　)

A. 课程性质　B. 能力水平　C. 教师素养　D. 课程目标

40. 殷老师注重将学习内容与学习的社会意义、个人前途等联系起来激发学生的学习动机，这种学习动机类型是(　　)(常考)

A. 远景的直接性动机　　B. 近景的间接性动机

C. 近景的直接性动机　　D. 远景的间接性动机

二、多项选择题(在下列每题列出的选项中至少有两项是符合题意的，将其选出并把它的标号写在括号内。多选、错选或少选均不得分。本大题共 15 小题，每小题 1.2 分，共 18 分)

41. 关于个体身心发展的动因，下列表述或观点倾向于"外铄论"的是(　　)

A. 化性起伪　　B. 人的心灵如同一块白板，可以任意涂抹

C. 万物皆备于我　　D. 行为主义的行为塑造理论

42. 德育方法的选择需要考虑学生的心理年龄特征，对小学低年级学生比较奏效的德育方法是(　　)

A. 两难问题辨析法　　B. 分组讨论法

C. 情感陶冶法　　D. 实际锻炼法

43. 以下属于经典性条件反射的是(　　)

A. 小明帮助同学后受到了表扬，以后就经常帮助别人

B. 一朝被蛇咬，十年怕井绳

C. 看见闪电捂耳朵

D. 望梅止渴

44. 下列教育家与其思想观点对应正确的是(　　)

A. 荀子：倡导"性恶论"，认为教育的作用是"化性起伪"

B. 洛克：反对天赋观念，提出了"白板说"，倡导"绅士教育"

C. 杜威：认为教育即生活，学校即社会

D. 陶行知：认为生活即教育，提出了生活教育理论

45. 以下属于建构主义的教学主张的是(　　)

A. 有意义的自由学习观　　B. 支架式教学

C. 情境性教学　　D. 随机通达教学

46. 下列表述中，体现对教师能力素养要求的是(　　)

A. "要使学生获得一点知识的亮光，教师应吸进整个光的海洋"

B. 教师应"既知教之所由兴，又知教之所由废"

C. 教师语言表达要做到"生动、形象、具有启发性"

D. 教师应注意课堂教学中的自我监控与课后的自我反思

47. 以下心理学派与代表人物对应正确的是(　　)

A. 精神分析——弗洛伊德　　B. 行为主义——华生

C. 人本主义——艾利斯　　D. 格式塔——托尔曼

48. 课程有多种分类，不同类型的课程具有不同的特点，下列关于不同类型课程特点的描述正确的是(　　)

A. 学科课程特别强调知识的逻辑，布鲁纳的结构主义课程是其典型代表

B. 活动课程特别强调学生的直接经验，杜威的活动课程是其典型代表

C. 显性课程是学校情境中以直接的、明显的方式呈现的课程，在学校课程建设中不可或缺

D. 隐性课程是学校情境中以间接的、内隐的方式呈现的课程，在学校课程建设中可有可无

49. 下列表述中，能够体现循序渐进教学原则的是(　　)(易错)

A. 孔子《论语》中"闻斯行诸"的故事

B. 孟子"盈科而进"的教学方法

C.《学记》中"杂施而不孙，则坏乱而不修"的表述

D. 苏格拉底的"产婆术"

50. 下列关于需要的说法，正确的是(　　)

A. 需要具有对象性　　B. 人和动物满足自然需要的方式没有区别

C. 社会需要是人特有的　　D. 人的需要是发展的

51. 下列关于教学方法的表述，正确的是(　　)

A. 注入式教学把学生看成是知识的容器，讲授法是其典型代表

B. 讨论法和读书指导法属于以语言传递为主的教学方法

C. 演示法是一种辅助性教学方法，要和讲授法、谈话法等配合使用

D. 美国心理学家布鲁纳倡导的发现法是一种以引导、探究为主的教学方法

52. 了解和研究学生是班主任工作的前提和基础，下列描述反映中等生特点的是(　　)(易错)

A. 自尊心和竞争意识强　　B. 信心不足

C. 不适度的自尊心，意志力薄弱　　D. 表现欲不强

53. 张强在学习数学方面是一位自我效能感比较高的学生，他在数学学习上可能表现为(　　)

A. 做数学题时遇到困难更有坚持性　　B. 上数学课认真听讲

C. 学习数学情绪低落　　D. 喜欢选择与数学学习相关的活动

54.《关于全面深化新时代教师队伍建设改革的意见》提出，要弘扬高尚师德，广大教师要坚持四个统一，争做(　　)的好教师。

A. 有理想信念　　B. 有道德情操　　C. 有扎实学识　　D. 有仁爱之心

55. 下列说法中合理合法的是(　　)

A. 实施义务教育，不收学费、杂费

B. 按照学生的考试成绩进行排队，侵犯了学生的隐私权

C. 不分民族、语言，年满 6 周岁的儿童应上小学，特殊情况可放宽到 7 周岁

D. 如果学生旷课，要及时通知家长或者其他监护人

2021 年湖北省直事业单位教师招聘分类考试真题试卷(二十五)

小学综合应用能力(D 类)

(满分 150 分　时间 120 分钟)

本套试卷共 5 小题,包括案例分析题(4 小题)、教育方案设计(1 小题)。

以下是某小学班主任陈老师(语文老师)的五则教育反思笔记:

笔记 1

最近,班里的小刚同学出现了一些问题,让我想起多年前教过的一个叫小忠的孩子,他瘦瘦高高的,和我说话时总低着头,有点闪躲。我觉得小忠和别的孩子不太一样。后来我了解到,小忠爸爸因盗窃进了监狱,和他妈妈离婚了,小忠由妈妈抚养,但她忙着打工,照顾不到孩子。

我当时只是简单地认为,这孩子没人管,那就更需要我们老师对他严格要求,所以我常常因小忠没有完成作业而严厉地批评他。后来其他同学告诉我,小忠不能按时完成作业是因为他放学后还要洗衣服、做饭、帮妈妈干活。听到这些,我感到非常后悔,想向小忠表达一下关心,却再也没有机会了,因为暑假期间,小忠不幸溺水身亡了……

我不能让小刚成为第二个小忠。

笔记 2

今天小安妈妈告诉我,最近小安常常哭着不愿意上学,她感到事情有点儿严重,于是向我求助。小安妈妈反映,小安和同学丽丽在学校发生了一些小矛盾。在她看来只是小孩子之间的常见问题,可是小安却感觉到被丽丽嘲笑,甚至欺负。小安很不开心,但却不知道该怎么办。小安妈妈曾经教育小安要学会宽容,与同学友好相处,为了缓和两个孩子的关系,她还建议女儿给丽丽送小礼物,邀请她一起玩儿,但是都没有效果。在我的印象里,丽丽是一个好强、倔强又能干的女生,伶牙俐齿,平时和同学说话就很不客气,爱出风头、爱拿主意。小安则是一个安静、内向的小姑娘,平时跟同学们的关系看起来还不错。小安妈妈的求助让我觉得很意外,我需要尽快处理这个问题。

笔记 3

今天听了新任语文老师张老师的一堂课,这是他初次采用小组合作学习的教学方式。他给学生的学习任务是理清文章的条理,概括文章各部分的大意。张老师要求学生先自学,再分组围绕学习任务展开讨论,最后让每个小组推荐 1 名同学汇报讨论结果。

在小组合作学习的过程中,我观察到,有的小组讨论热烈,声音很大,甚至影响到其他小组;有的小组比较沉默,进展缓慢;有的小组各执己见,分歧很大,直至结束都未能形成一致意见……虽然张老师也在教室里巡视,但没有对学习过程进行及时干预。最终,在规定时间内,9 个小组中只有 5 个小组按要求完成了学习任务。显然张老师课前没有想到会出现这些情况,这一环节也就草草结束了。

快下课时,张老师请同学们谈一谈对小组合作学习的感受。有的同学表示,很喜欢这种可以自由发言的学习方式;有的同学认为,一些同学在闲聊,也不知道该干什么,有点儿浪费时间;有的同学认为,汇报内容没有得到回应,收获不大;还有同学表示无所谓,只要能把课文内容学完就行。

课后,张老师主动找到我,让我给他提一些建议。

笔记 4

早读课刚开始不久,我就听到楼道里有人在嚷嚷,好像挺生气的,但听不清说的什么。我赶紧走到门口,原来是我们班小明的爸爸,他手里提着书包,小明低着头跟在他身后,后面还跟着学校的保安。小明爸爸一边走,一边回头大声说:“怎么就不能进来?我看谁不让我进!”保安无奈地跟在后面,面露难色:“学校有规定,上课时间未经允许,家长不能进校园。”

在教室门口,小明爸爸把书包交给小明,跟我打了个招呼就转身离开了。望着他匆匆离去的背影,我不禁想:这位家长,您的一言一行孩子都看在眼里,您想向孩子示范些什么呢?

笔记 5

下课了,孩子们陆续走出教室,突然传来刺耳的呵斥声:“凳子怎么这么乱?不要走!留两个同学把凳子放好再走!”我看到书法老师赵老师站在教室门口,用手指着凳子,声音很大,语气冰冷,怒气十足。还未走出教室的学生茫然地回头看了看桌凳,有的学生迅速转身整理凳子,还有的学生主动从教室外走回来说:“老师,我们留下来整理。”短短几分钟,孩子们就整理好了,可赵老师那怒不可遏的表情,尖厉刺耳的苛责声,还停留在我的脑海里。

“谁在讲话!我看谁在讲话!”“不要讲话!”“不许讲话了!”“站好!别动!”“就你乱动,给我站出来!”……这样带着烦躁语气的指责在校园里仍能时常听到,我偶尔也会这样,可是孩子们就要在这种“管理”中成长吗?

一、案例分析题(本大题共 100 分)

1. 针对笔记 2 中出现的情况,假如你是陈老师,接下来会怎么做?

要求:方法得当,措施合理,条理清晰,字数不超过 300 字。

2. 结合笔记3,假如你是陈老师,你对张老师今后开展小组合作学习前的准备工作有哪些建议?

要求:分析合理,条理清晰,字数不超过300字。

3. 针对笔记5,谈谈赵老师在教育学生方面应该如何改进。

要求:分析准确,条理清晰,字数不超过200字。

4. 结合上述笔记给你的启示,谈谈教师应该如何进行有效反思。

要求:结合案例阐述,分析合理,条理清晰,字数不超过400字。

二、教育方案设计(本大题共50分)

假如你是陈老师,请根据上述笔记内容,设计一次促进家校共育的家长会。

要求完成以下具体任务:

1. 拟定家长会的主题和目标。

要求:主题鲜明,目标明确,字数不超过100字。

2. 设计家长会的内容与过程。

要求:内容充实,过程完整,措施得当,具有针对性和可操作性,字数不超过500字。

3. 围绕主题,写一段家长会结束时的寄语。

要求:呼应主题,语言简洁,富有感染力,字数不超过200字。

中学综合应用能力(D类)

(满分150分　时间120分钟)

本套试卷共6小题,包括案例分析题(4小题)、教育方案设计(2小题)。

请阅读以下材料,并按要求回答问题。

吴老师是某中学新入职的英语教师,担任高一(2)班的班主任,下面是她这学期撰写的几篇教学日志。

教学日志1

今天是开学的第一天,为了上好这第一节课,我做了很多准备。我认真研究了教材和教学参考书,确定了第一节课的教学内容。我还参考了网上大量的教学设计,几经修改,写出了一份自己特别满意的教案。不仅如此,在课前我还反复演练导入、提问、讲解等教学环节。对这一节课,我信心满满。

然而没想到,这节课上下来让我十分尴尬。我为这节课精心设计的活动环节,学生兴趣不高;我所讲的很多内容学生已经会了,45分钟的内容不到30分钟就讲完了,剩下的时间只好让学生自习……原以为自己准备充分,能有个好的开端,没想到弄成这样,我有点儿怀疑自己的能力了。

教学日志2

今天真有挫败感。

开学一个月了,今天是教研组内新老师的公开课展示。上完课后,我感觉这堂课教学过程顺畅,课堂气氛活跃,教学任务也圆满完成了。可是,评课时,组内的同事们给我提出了不少意见。他们认为我这节课教学目标不够合理,只关注重点句型的讲解,缺乏学习方法的指导,忽略了学生语言运用能力的培养。课堂看上去很热闹,但学生收获不大。对此,我很困惑,课堂上我提出的问题大部分学生都能够顺利回答,学生的参与度很高,气氛也很热烈,该讲的内容也都讲了,为什么还说我的教学目标不合理呢?究竟怎样的教学目标才算是合理呢?

教学日志3

上周,期中考试结束了,学生的成绩与我的预期存在较大差距。考试的内容都是平时课堂上我反复强调的,学生怎么就是掌握得不理想呢?这两天,教务处面向全校学生进行了教师教学满意度调查。从教务处给我的反馈来看,学生对我的教学存在如下意见:

一、课堂上有学生睡觉,老师都没有管;

二、老师只顾自己讲课,不管我们是否听懂;

三、有人看课外书、做其他学科作业,老师也不制止;

四、老师讲课很枯燥，听着想睡觉。

听到这些意见，我很难过。平时我的班级管理很民主，对学生也非常信任，学生和我关系挺融洽的。我的课堂氛围也很宽松，课上偶尔有小部分学生走神、打瞌睡、看课外书等，这也很正常，只要不影响其他同学，我认为没有必要刻意处理。再说了，如果我不停地处理这些小问题，肯定会影响课堂教学进度。

在同事的建议下，我与学生进行了一些沟通，发现课堂上的问题主要有这么几类：第一类是英语基础薄弱，课上听不懂，所以经常睡觉、看课外书；第二类是英语基础较好，课上讲的内容都会了，所以就做其他学科作业；第三类是感到上课很无聊，听着听着就开小差了。这让我认识到学生表现出的问题，不能完全归咎于他们自己，我也有责任。

教学日志4

期中考试成绩统计结果出来了，我们班各科成绩与其他班级均有一定差距，家长议论纷纷，学生情绪低落，我也很焦虑。这几天，其他科任老师不时地向我反映学生课堂上的问题，而这些问题在我的课堂上也同样存在。原本以为民主宽松的管理环境更适合学生的成长，对学生放手，他们才能成长得更快更好，但理想很丰满，现实很骨感。通过与有经验的老师沟通，我意识到，不少学生对高中学习生活不太适应，自主管理能力还很缺乏。看来我需要做的事情还有很多很多……

一、案例分析题（本大题共100分）

1. 结合教学日志1，谈谈教师应如何避免吴老师开学第一课中出现的尴尬。

要求：准确，切实可行，条理清晰，字数不超过300字。

2. 结合教学日志2，谈谈一堂课的合理教学目标应具备的特征。

要求：全面、准确，条理清晰，字数不超过200字。

3. 综合教学日志3和4，分析吴老师课堂管理中问题产生的原因，并提出改进措施。

要求：分析合理，措施得当，字数不超过300字。

4. 结合上述教学日志，谈谈新老师如何实现自我成长。

要求：紧扣材料，条理清晰，字数不超过300字。

二、教育方案设计（本大题共50分）

假如你是吴老师，针对高一(2)班学生缺乏自主管理能力的问题，完成以下任务：

1. 给全班同学写一封公开信，阐明学生自主管理的重要性，激发学生学习动力。

要求：紧扣主题，语言流畅，富有感染力，字数不超过400字。

2. 设计一个活动方案，写出内容与过程。

要求：内容充分，措施得当，具有针对性和可操作性，字数不超过500字。

2021年重庆市上半年市属教师招聘考试（教育类）真题试卷（二十六）

（满分100分　时间90分钟）

本套试卷共90小题，包括判断题（30小题）、单项选择题（40小题）、多项选择题（20小题）。

一、判断题（判断下列各题的正误，并在题后括号内打"√"或"×"。本大题共30小题，每小题1分，共30分）

1.《重庆市国民经济和社会发展第十四个五年规划和二〇三五年远景目标纲要》指出，"十四五"时期地区生产总值年均增长6%左右。（　）

2. 中小学班主任有采用适当方式对学生进行批评教育的权利。（　）

3. 遵义会议确立了以毛泽东为主要代表的马克思主义的正确路线在党中央的领导地位，并对给党的事业造成了严重危害的主观主义、教条主义进行了及时认真的清理。（　）

4. 对于任何一个国家而言，净出口总是等于资本净流出，因为每一次国际贸易都涉及某种物品和资产的等值交换。（　）

5. 扩张的财政政策的短期效果是总产量增加和物价水平上升。（　）

6. 中小学防治学生欺凌和暴力的直接负责人之一是班主任。（　）

7. 苏格拉底"产婆术"教学的第二阶段是"助产术"。（　）

8. 宠物狗能够分辨主人和陌生人的脚步声，这说明该宠物狗的绝对感觉阈限很高。（　）

9. 在股份有限公司的股份转让中，公司任何情况下都不得收购本公司股票。（　）

10. 党委、政府的办公厅（室）根据本级党委、政府授权，可以向下级党委、政府行文，其他部门和单位在紧急情况下可以向下级党委、政府发布指令性公文。（　）

11. 公文的主要受理机关，可以使用机关全称或规范化简称。（　）

12. 不具备归档和保存价值的公文，经批准后可以废止。（　）

13. 改革开放前，我国已经基本建立了独立的、比较完整的工业体系和国民经济体系，从根本上解决了工业化"从无到有"的问题。（　）

14. 十一届三中全会实现了新中国成立以来党的历史上具有深远意义的历史转折，开启了改革开放和社会主义现代化建设新时期。（　）

15. 习近平总书记多次强调，全面依法治国必须抓住"关键少数"。"关键少数"是指广大的公务员群体。（　）

16."绿水青山就是金山银山"是习近平生态文明思想的集中体现。（　）

17. 人们进入橙色灯光照耀下的餐厅，就感觉很温暖，这种现象是联觉。（常考）（　）

18. 概括化理论说明，只要情境相似，学习迁移就容易发生。（　）

19. 工资是重要的经济杠杆，但奖金不是经济杠杆。（　）

20. 宏观调控有直接调控和间接调控两种基本方式，二者的主要区别在于所针对的调控对象不同。（　）

21. 我国一些行政法规中经常规定，某种行为"构成犯罪的，依照刑法追究其刑事责任。"由此可见，我国行政法规也可以规定犯罪和刑罚。（　）

22. 张某因重大误解与李某签订了工艺品转让合同，该转让合同自始无效。（　）

23. 根据艾宾浩斯遗忘规律，小兵星期一刚学习了英语单词，他在下周一复习背诵将会记得更牢固。（　）

24. 在创意实践中，人们通常使用的头脑风暴法是应用了发散性思维。（　）

25. 党的十九届五中全会提出，坚持创新在我国现代化建设全局中的核心地位，把人才强国战略作为国家发展的战略支撑。（　）

26.《中华人民共和国国民经济和社会发展第十四个五年规划和2035年远景目标纲要》不设GDP具体量化指标，在五年规划史上尚属首次。（　）

27. 社会主义道德的核心是社会主义核心价值观。（　）

28. 根据《重庆市义务教育条例》的规定，学校应当在每年8月1日前发布公告，通知适龄儿童、少年的父母或者其他法定监护人在指定时间领取入学通知。（常考）（　）

29. 不加盖印章的公文联合行文时，应当将其他发文机关署名依次向下编排，最后编排主办机关署名。（　）

30. 居住权无偿设立，但是当事人另有约定的除外。（　）

二、单项选择题（下列每小题四个选项中只有一个符合题意，请将其代码填在括号内。错选、多选或未选均不得分。本大题共40小题，每小题1分，共40分）

31. 加强新时代党的建设，需要以党的（　）为统领，以坚定理想信念宗旨为根基，以调动全党积极性、主动性和创造性为着力点。

A. 政治建设　B. 组织建设　C. 思想建设　D. 作风建设

32.《学生伤害事故处理办法》规定，学生伤害事故应当遵循一定的原则，及时、妥善地处理。具体原则不包括（　）

A. 依法　B. 客观公正

C. 合理适当　D. 隐私保护

33. 毛泽东在（　）一文中首次公开提出"人民民主专政"这个概念。

A.《将革命进行到底》　B.《论人民民主专政》

C.《〈共产党人〉发刊词》　D.《中国革命战争的战略问题》

34. 重庆市常住人口在全国四个直辖市的排位是(　　)

A. 第一位　　B. 第二位　　C. 第三位　　D. 第四位

35. 某老师在招生、考试、推优、保送及绩效考核、岗位聘用、职称评聘、评优评奖等工作中徇私舞弊、弄虚作假，违反了《新时代中小学教师职业行为十项准则》中的哪项规定(　　)

A. 自觉爱国守法　　B. 秉持公平诚信

C. 坚守廉洁自律　　D. 规范从教行为

36. 新时代"三农"工作的总抓手是(　　)

A. 城镇化战略　　B. 乡村振兴战略

C. 西部大开发战略　　D. 统筹城乡战略

37. 根据物权的分类，与特定物相对应的是(　　)

A. 单一物　　B. 种类物　　C. 合成物　　D. 集合物

38. 下列属于可撤销婚姻情形的是(　　)

A. 重婚的　　B. 未到法定婚龄的

C. 因胁迫结婚的　　D. 有禁止结婚的亲属关系的

39. 下列关于小学生思想品德发展基本特点的说法，错误的是(　　)

A. 小学阶段的品德是过渡性的品德

B. 小学生品德发展的一个基本特点是协调性

C. 这个时期品德的发展比较平稳，冲突性和动荡性较少

D. 小学阶段道德推理的发展趋势是从前习俗思维向更为习俗化的推理水平的转变

40. 在常用的教学方法中，教师按一定的教学要求向学生提出问题，要求学生回答，并通过问答的形式来引导学生获取或巩固知识的方法被称为(　　)(常考)

A. 讲授法　　B. 谈话法　　C. 练习法　　D. 讨论法

41. 下列关于中小学教师职业道德规范的说法，错误的是(　　)

A. 关爱学生是师德的灵魂　　B. 教书育人是对教师的专业要求

C. 爱岗敬业是教师职业的基本要求　　D. 为人师表是社会对教师职业赋予的特殊要求

42. 北宋时期，王安石在宋神宗的支持下实行变法。下列有关王安石变法的表述，正确的是(　　)

A. 水利法并没有涉及豪强垄断水利的问题

B. 保甲法的实行，有效地保证了雇佣军缺额的补充

C. 王安石认为北宋王朝贫弱的根本原因是吏治问题

D. 北宋国家贫困的症结不在于开支过多，而在于生产过少

43. "十三五"期间，我国完成防沙治沙任务一千多万公顷，不仅筑起了生态屏障，也促进了当地经济发展。下列选项中，造成土地沙化的原因表述正确的有几项(　　)

①牧民为获取眼前利益，挖采中草药　②过度放牧，草地地表过度践踏

③全球变暖，降水减少　④过度开采地下水

A. 4 项　　B. 3 项　　C. 2 项　　D. 1 项

44. 全面建成小康社会目标实现后，我国将开启(　　)

A. 全面建设"两个一百年"新道路　　B. 全面实现第二个"一百年"奋斗目标

C. 全面建设社会主义现代化国家新征程　　D. 全面建成社会主义现代化国家新征程

45. 对"中国特色社会主义制度的最大优势"的理解，下列说法不准确的是(　　)

A. 一切为了人民是全党的政治责任和中央政治局的政治责任

B. 党是我们各项事业的领导核心，各方面党组织要发挥作用

C. 我国宪法反映了在历史和人民选择中形成的党的领导地位

D. 经济工作是中心工作，是党总揽全局、协调各方的中心工作

46. (　　)是教师综合素质最突出的外在表现，也是教师专业性的核心体现。

A. 教师的专业知识　　B. 教师的专业技能

C. 教师的专业情意　　D. 教师的身心素养

47. 某地区的基尼系数为 0.56，表明该地区(　　)

A. 收入分配绝对平均　　B. 收入分配比较平均

C. 收入差距合理　　D. 收入差距悬殊

48. "十四五"时期加快构建的新发展格局是(　　)

A. 以国内大循环为主体、城市与农村相互促进的格局

B. 以国内大循环为主体、国内国际双循环相互促进的格局

C. 以国际大循环为主体、国内国际双循环相互促进的格局

D. 以国际大循环为主体、发达国家与发展中国家相互促进的格局

49. 供求变化会引起价格涨落，供大于求则价格下跌，供小于求则价格上涨。价格涨落会引起利润的增减，利润的增减会引起投资活动的变化，而投资活动的变化会引起利率和工资的变化等。这说明市场机制具有(　　)

A. 内在性　　B. 前瞻性　　C. 关联性　　D. 开放性

50. "二十四节气"中，在"处暑"与"秋分"之间的节气是(　　)

A. 白露　　B. 寒露　　C. 立秋　　D. 霜降

51. 下列选项中，不符合公文承办要求的是(　　)

A. 阅知性公文确定范围后分送　　B. 批办性公文应提出拟办意见

C. 多部门办理的直接移交各部门　　D. 紧急公文应当明确办理的时限

52. 下列选项中，不属于公文处理程序中发文登记内容的是(　　)

A. 确定发文字号　　B. 确定分送范围

C. 确定印制场所　　D. 确定印制份数

53. 某自来水厂因检修设备需要停水8小时,告知公众做好用水准备,应选用的文种是“(   )”。

A. 通告　B. 公告　C. 通知　D. 函

54. 埃里克森认为,学生容易出现“我是谁”认知混乱的阶段是(   )

A. 学前期　B. 童年期　C. 青少年期　D. 成年早期

55. 小学生在完成“5+2+3-2”作业时容易按照“5+2+3+2”计算,这是问题解决中的(   )

A. 酝酿效应　B. 功能固着　C. 原型启发　D. 思维定势

56. 儿童的幻想、青年学生对未来的憧憬属于(   )

A. 真创造力　B. 潜创造力

C. 前创造力　D. 中级创造力

57. 2020年10月23日,习近平总书记在纪念中国人民志愿军抗美援朝出国作战70周年大会上发表重要讲话。关于抗美援朝,下列表述错误的是(   )

A. 1950年10月19日,以彭德怀为司令员兼政治委员的中国人民志愿军奉命开赴朝鲜战场

B. 经过艰苦卓绝的战斗,中朝军队打破了美军不可战胜的神话,迫使侵略者于1954年7月27日在停战协定上签字

C. 抗美援朝战争,是在交战双方力量极其悬殊条件下进行的一场现代化战争

D. 1950年10月初,美军不顾中国政府一再警告,悍然越过三八线,把战火烧到中朝边境

58. 总供给的决定因素不包括(   )

A. 利率的变化　B. 生产率的变化

C. 资本存量的变化　D. 劳动供给的变化

59. 下列关于光的说法,错误的是(   )

A. 光是一种电磁波

B. 光在真空中无法传播

C. 光是由物质中的原子产生的

D. 光在空气中传播的速度大于在固体和液体中的传播速度

60. 经济全球化的核心是(   )

A. 科学技术的进步　B. 全球资源配置

C. 市场经济体制的拓展和完善　D. 全球社会再生产

61. 来自于正常的劳动力市场变动过程中产生的失业是(   )

A. 周期性失业　B. 结构性失业

C. 摩擦性失业　D. 需求不足性失业

62. 下列不属于民事责任承担方式的是(   )

A. 查封扣押、冻结财产　B. 返还财产、赔偿损失

C. 停止侵害、排除妨碍　D. 消除影响、恢复名誉

63. 下列关于行政复议的表述,错误的是(   )

A. 行政复议所处理的争议是行政争议

B. 行政复议原则上采取书面审查的办法

C. 抽象行政行为可以单独作为行政复议的审查对象

D. 申请人申请行政复议,可以书面申请,也可以口头申请

64. 下列情形中可以适用仲裁的是(   )

A. 林氏兄妹四人关于继承父亲林老先生遗产的争议

B. 王某与妻子陈某离婚争议中关于孩子抚养权的分歧

C. 供货商赵某与聚贤商贸公司之间关于合同履行的争议

D. 个体经营户张某与县市场监督管理局之间关于所作行政处罚的争议

65. 获得陈述性知识的心理机制是(   )

A. 同化　B. 顺应　C. 练习　D. 反馈

66. 布鲁纳提出认知的映象表征阶段内涵类似于皮亚杰提出的(   )

A. 感知运动阶段　B. 前运算阶段

C. 具体运算阶段　D. 形式运算阶段

67. 下列关于公文保密期限的选项,标注正确的是(   )

A. 机密★一年六天　B. 机密★1年1个月

C. 机密★1年06天　D. 机密★2年

68. 下列文种中,正式行文时需要在版头部分标注签发人姓名的是(   )

A. 决定　B. 请示　C. 批复　D. 决议

69. 下列选项中,编排规范的发文字号是(   )

A. ××府发[2021]第19号　B. ××府发〔2021〕019号

C. ××府发(2021)26号　D. ××府发〔2021〕28号

70. 山林里的老虎比关在动物园笼子里的老虎更让人恐惧,能直接解释这一情绪的理论是(   )

A. 情绪的行为理论　B. 坎农—巴德的丘脑情绪理论

C. 沙赫特的激活归因情绪理论　D. 阿诺德—拉扎勒斯的认知评价情绪理论

三、多项选择题(下列各题有两个或两个以上正确答案,请将其代码填在括号内。错选、少选、多选或未选均不得分。本大题共20小题,每小题1.5分,共30分)

71. 《重庆市义务教育条例》指出,市、区县(自治县)人民政府应当制定优惠政策,鼓励和支持高等学校毕业生和其他符合条件的人员以志愿者的方式到下列哪些地区从事义务教育工作(   )

A. 农村地区　B. 三峡库区　C. 民族地区　D. 边远地区

72. 2020年8月11日,国家主席习近平签署主席令,授予在抗击新冠肺炎疫情中作出杰出贡献的人

士,其中被授予“人民英雄”国家荣誉称号的有(　　)

A. 张伯礼　　B. 钟南山　　C. 张定宇　　D. 陈薇

73.《中华人民共和国国民经济和社会发展第十四个五年规划和2035年远景目标纲要》明确指出,增强消费对经济发展的基础性作用,应当(　　)

A. 提升传统消费　　B. 培育新型消费

C. 适当增加公共消费　　D. 增加农村消费

74. 下列属于再分配调节手段的有(　　)

A. 最低工资标准　　B. 个人所得税

C. 社会保障　　D. 转移支付

75. 关于《中华人民共和国民法典》,下列说法正确的有(　　)

A. 是市场经济的基本法　　B. 2021年1月1日起实施

C. 十三届全国人大三次会议表决通过　　D. 是新中国第一部以“法典”命名的法律

76. 可发布奖励事项的文种有(　　)

A. 决定　　B. 通报　　C. 命令　　D. 意见

77. 下列文种中,通常不标注主送机关的有(　　)

A. 通告　　B. 公告　　C. 报告　　D. 纪要

78. 关于公文格式,下列说法正确的有(　　)

A. 公文如有附注,居左空二字加圆括号编排在成文日期下一行

B. 当公文排版后所剩空白处不能容下印章或签名章、成文日期时,可以采取调整行距、字距的措施解决

C. 附件应当另面编排,并在版记之前,与公文正文一起装订。“附件”二字及附件顺序号用3号黑体字顶格编排在版心左上角第一行

D. 如附件与正文不能一起装订,应当在附件左上角第一行顶格编排公文的发文字号并在其后标注“附件”二字及附件顺序号

79. 下列选项中,参加了中共一大的有(　　)

A. 陈独秀　　B. 董必武　　C. 何叔衡　　D. 李达

80. 2020年10月,中共中央政治局召开会议,审议《成渝地区双城经济圈建设规划纲要》,要将成渝地区打造成为具有全国影响力的(　　),打造带动全国高质量发展的重要增长极和新的动力源。

A. 重要经济中心　　B. 科技创新中心

C. 改革开放新高地　　D. 高品质生活宜居地

81.《关于深化教育教学改革全面提高义务教育质量的意见》明确提出,要按照“四有好老师”标准,建设高素质专业化教师队伍。下列关于“四有好老师”的说法,正确的有(　　)

A. 有理想信念　　B. 有道德情操

C. 有扎实知识　　D. 有仁爱之心

82. 下列货币政策措施会使市场利率上升的有(　　)

A. 提高法定准备金率　　B. 提高再贴现率

C. 公开市场上买进政府债券　　D. 公开市场上卖出政府债券

83. 我国现行宪法第41条规定了公民监督国家机关及其工作人员的权利。公民监督权行使的具体方式有(　　)

A. 批评　　B. 建议　　C. 控告　　D. 检举

84. 下列不属于行政诉讼受案范围的有(　　)

A. 国防、外交等国家行为

B. 法律规定由行政机关最终裁决的行政行为

C. 行政机关发布的具有普遍约束力的决定、命令

D. 行政机关对行政机关工作人员的任免等决定

85. 习近平总书记号召要广泛开展“四史”教育。下列属于“四史”范畴的有(　　)

A. 中国共产党历史　　B. 改革开放历史

C. 新中国历史　　D. 社会主义发展史

86. 麦基奇等人认为,学习策略有认知策略、元认知策略和资源管理策略三种类型。下列属于元认知策略的有(　　)

A. 计划策略　　B. 复述策略　　C. 监视策略　　D. 调节策略

87. 下列关于人格权的表述,正确的有(　　)

A. 人格权不得放弃、转让或者继承

B. 禁止以任何形式买卖人体细胞、人体组织、人体器官、遗体

C. 人格权包括生命权、身体权、健康权、姓名权、名称权、肖像权、名誉权、隐私权等权利

D. 为公共利益实施新闻报道、舆论监督等行为的,可以合理使用民事主体的姓名、名称、肖像、个人信息等,但应征得民事主体的同意

88. 皮亚杰的儿童道德发展阶段包括(　　)

A. 他律阶段　　B. 可逆性阶段

C. 自我中心阶段　　D. 以“良心或普遍的伦理原则”为定向阶段

89. 学生心理健康主要表现为(　　)

A. 心理形式协调　　B. 内容与现实一致

C. 情绪不波动　　D. 人格相对稳定

90. 建构主义理论所倡导的教学模式主要有(　　)

A. 随机通达教学　　B. 推送式教学　　C. 情境教学　　D. 支架式教学

2021年重庆市渝中区教师招聘考试（教育类）真题试卷（二十七）

（满分100分 时间90分钟）

本套试卷共90小题，包括判断题（30小题）、单项选择题（40小题）、多项选择题（20小题）。

一、判断题（判断下列各题的正误，并在题后括号内打"√"或"×"。本大题共30小题，每小题1分，共30分）

1. 中国共产党第十九届中央纪律检查委员会第五次全体会议指出，2021年是实施"十四五"规划、开启全面建设社会主义现代化国家新征程的第一年，也是我们党成立100周年。（ ）
2. 供求规律是指在价值规律发挥作用的过程中，商品的市场供给同有支付能力的需求之间所具有的内在联系和趋于平衡的内在必然性。（ ）
3. 法不是从来就有的，它是人类社会经济发展到一定历史阶段的产物，是具有普遍性约束力的行为规范的总和，也是统治阶级意志的体现。（ ）
4. 市场活动对于商品或劳务的供给者来说，就是一个商品或者劳务的价值实现过程。（ ）
5. 我国土地资源存在：绝对数量大，类型复杂多样，利用差异明显，地区分布不均等特点。（ ）
6. 法律创制的结果是一系列规范性的法律文件，在一个习惯法国家中，法律的创制主要是通过立法实现的，法律的表现形态是制定法。（ ）
7. 教育政策属于政策体系中的一个分支，是一个复杂的、建构的和多层次的概念，是为解决教育问题而制定的行动方针和准则。（ ）
8. 我们党是中国工人阶级的先锋队，同时是中国人民和中华民族的先锋队。这一根本性质决定了党领导人民努力所创造的一切，都是为了满足人民对幸福美好生活的期待。（ ）
9. 取得教师资格者，必须是中国公民，且具有良好的政治思想水平和道德修养，同时应具备完成教育教学任务的能力。（ ）
10. 国际法律关系的主体主要是国家，它是由各方主体参与并制定或公认的适用于各个主体之间的法律，在形式上类似于涉外法。（ ）
11. 商品的形态变化组成的循环不可分割地交织在一起，形成许多并行发生和彼此联结的交换关系，而市场就是这种商品交换关系的总和。（ ）
12. 一般来说，各层次教育目的的选择和确立，是由国家的决策机构统一进行的，区别在于选择和确立的依据不同。（ ）
13. 一方当事人可依据职权而直接要求他方当事人为或不为一定行为的法律关系，被称为"纵向法律关系"，最典型的则是行政法律关系。（ ）
14. 道德的调节作用虽然没有法律那种外在强制性，但它也被人们看成是应当普遍遵循的不成文"法律"，有着很强的内在约束力。（ ）
15. 截至第十三个五年计划结束，我国已基本上实现新型工业化、信息化、城镇化和农业现代化，并基本建成现代化经济发展体系。（ ）
16. 发展教育事业，提高全民族的素质，促进社会主义物质文明和精神文明建设，是《中华人民共和国教育法》的立法宗旨。（常考）（ ）
17. 根据我国法律规定，法对人的效力包括对"中国公民的效力"，中国公民在境外也应同样遵守中国法律，并受到我国法律的调整和保护。（ ）
18. 人的全面发展是人的先天和后天的各种才能、志趣、道德和审美能力的充分发展，即人的个性的自由发展。（ ）
19. 根据权利与义务所体现的社会内容（社会关系）的重要程度，亦即它们在权利义务体系中的地位、功能及社会价值对权利和义务进行归类，可分为基本、普通权利和义务。（ ）
20. 教师的聘任应当遵循双方地位平等原则，由学校和教师签订聘任合同，明确规定双方的权利、义务和责任，并上报教育主管部门进行备案。（ ）
21. 市场主体、市场客体、市场行为和市场秩序四个方面，是市场必不可少的要素，它们相互联系、有机结合，共同维持市场的正常运转。（ ）
22. 教师劳动对象的复杂性表现在教师的言论行为、为人处世的态度都会被学生视为榜样，并被学生竭力模仿。（ ）
23. 近年来，各国积极研发、推行"数字货币"。"数字货币"从本质上也属于"法定货币"，不同之处在于前者是基于节点网络和数字加密算法实现的虚拟货币，具有更高的安全性。（易错）（ ）
24. 为了满足多方面的市场需要，要求把多种资源合理分配和使用于各种各样的经济部门，即实现资源的优化配置。这是市场经济有效运行的重要条件。（ ）
25. 市场经济在起始阶段完全由价值规律这只"看不见的手"来支配，不受政府干预，因而经济发展带有较大盲动性，这时的市场经济也称为完全竞争市场经济。（ ）
26. 在我国，各宗教始终坚持自主自办，在互相尊重、平等友好的基础上同外国宗教组织和宗教人士进行交往。（ ）
27. 在我国，凡是中央及国家机关制定的法律、行政规范和其他规范性法律文件，除有特殊规定外，一经公布施行，就在我国全部领域内对公民发生效力。（ ）
28. 保护未成年人的合法权益就是防止和制止侵害未成年人的行为发生，并对已被侵害的未成年人予以救济。（ ）
29. 当企业出现严重亏损或者由于业务需要进行并购、重组时，其生产要素可以作为商品进行出售。（ ）

30. 凡年满六周岁的儿童,其父母或者其他法定监护人应当送其入学接受并完成义务教育。 ( )

二、单项选择题(下列每小题四个选项中只有一个符合题意,请将其代码填在括号内。错选、多选或未选均不得分。本大题共 40 小题,每小题 1 分,共 40 分)

31. 十九届五中全会强调,无论是推动国内大循环,还是畅通国内国际双循环,都离不开( )的自立自强。

A. 经济安全　B. 国防创新　C. 产业结构　D. 科学技术

32. ( )是人类在实践基础上通过经验总结、实验等方式创造和发明出来的,可直接改进生产或改善生活的技能。

A. 科学　B. 技术　C. 理论　D. 知识

33. 下列选项中,哪一项不属于我国公民服兵役的主要形式( )

A. 参加武装警察部队　B. 经过预备役登记

C. 成为民兵组织成员　D. 承担额外误工费

34. 下列关于《义务教育法》的描述,不正确的是( )

A. 义务教育不收学费　B. 不设重点非重点班

C. 教科书由政府编制　D. 学校不得开除学生

35. 根据《中华人民共和国国民经济和社会发展第十四个五年规划和 2035 年远景目标纲要》的内容,到 2035 年,我国人均国内生产总值将达到( ),城乡区域发展差距和居民生活水平差距将显著缩小。(常考)

A. 中等发达国家水平　B. 发达国家收入标准

C. 中等收入国际标准　D. 发达地区人均水平

36. 在公文中提出工作方针、任务和措施,讲解工作意义,并提高人们的认识,这主要体现了公文的( )作用。

A. 规范统一　B. 凭证依据　C. 领导指引　D. 宣传教育

37. 第十三届全国人民代表大会第三次会议表决通过的《中华人民共和国民法典》,正式施行日期是( )(常考)

A. 2020 年 5 月 28 日　B. 2020 年 12 月 1 日

C. 2021 年 1 月 1 日　D. 2021 年 2 月 28 日

38. 根据《学生伤害事故处理办法》,学校无需承担法律责任的情形是( )

A. 学生自我伤害　B. 学校管理违规

C. 教师体罚学生　D. 学生擅自离校

39. 新时代统筹推进"五位一体"总体布局的战略目标,其中,"五位一体"的具体内容不包括( )

A. 经济建设　B. 文明建设

C. 生态建设　D. 社会建设

40. 下列选项中,哪一项是市场交易规则所不能允许的( )

A. 明码标价　B. 货币交换　C. 零售批发　D. 囤积居奇

41. 根据相关法律规定,无民事行为能力人、限制民事行为能力人的法定代理人是( )

A. 监护人　B. 直系亲属　C. 诉讼主体　D. 成年人

42. 影响人全面发展的基本因素不包括( )

A. 遗传　B. 习俗　C. 学校　D. 学费

43. 具有我国自主知识产权、世界最大单口径、最灵敏的射电望远镜"中国天眼",其架设地址位于( )

A. 云南省—红河州　B. 陕西省—西安市

C. 贵州省—黔南州　D. 辽宁省—铁岭市

44. 道德具有广泛的社会性,主要表现在( )

A. 道德广泛干预人们的各种社会关系

B. 道德是由社会经济阶级利益决定的

C. 道德是被社会不同阶级普遍承认的

D. 道德在社会发展中存在客观延续性

45. 在遗产的法定继承中,不属于第一顺序继承人的是( )

A. 父母　B. 子女　C. 配偶　D. 兄弟姐妹

46. 在学校环境中,学生道德品质的养成、社会道德规范的掌握,更多地取决于教师的( )

A. 传道　B. 风格　C. 践行　D. 专业

47. "人脸识别"作为一项热门的计算机技术研究领域,属于( )技术的一种,其中包括跟踪侦测、影像调整等应用技术。

A. 图像分析处理　B. 生物特征识别

C. 机器视觉定位　D. 人工智能算法

48. 在宏观经济运行中,不会受到社会总供给与总需求的变化而波动的是( )

A. 货币供应量　B. 投资消费指数

C. 就业失业率　D. 公共消费需求

49. 在世界各国共同发展的目标下,市场经济正朝着世界经济( )的方向发展。

A. 平衡化　B. 多元化　C. 一体化　D. 国际化

50. 下列选项中,不属于法定的受教育者的是( )

A. 在校学生　B. 违法犯罪人员

C. 在职从业者　D. 高校教师

51. 由于不是所有的社会规范都是法,所以,( )是区分法与其他社会规范的一个重要标志。

A. 法的渊源　B. 立法依据

C. 制定程序 D. 认可范围

52. 下列关于公文格式构成规范的描述，不正确的是( )

A. 上行文应当标注签发人姓名 B. 发文机关可以署规范化简称

C. 附件是对公文的说明、补充 D. 公文“份号”为印制的份数

53. ( )作为市场活动的主要参与者，是市场经济中最重要的市场主体。

A. 个人 B. 企业 C. 团体 D. 政府

54. 为学生创设共同活动的环境气氛，让其在亲自参与的活动情景中体验关爱、协作等行为的重要性，这属于下列哪种德育教学方法( )

A. 情景活动强化法 B. 价值判断澄清法

C. 游戏角色扮演法 D. 心理综合辅导法

55. 按照“一国两制”的原则，特别行政区实行的制度(包括立法制度)由( )以法律来规定。

A. 特别行政区立法委 B. 国家最高法律机关

C. 全国人民代表大会 D. 国务院法制研究室

56. 为保障义务教育的公平性，均衡地区义务教育的发展，使所有学龄儿童都有学可上，学生入学采取“( )”方式。

A. 就近入学 B. 择优录取 C. 多校划片 D. 对口免试

57. 下列选项中，哪一项不属于现代企业出现科层组织结构的具体原因( )

A. 企业规模的扩张 B. 产权结构的明晰

C. 专业化分工趋势 D. 市场内部化要求

58. 由于学校教育的时间是有限的，而社会要求个人可持续发展从而推进教育的( )

A. 普遍化 B. 个性化 C. 层次化 D. 终身化

59. 对法案表决的结果直接关系到法案最终能否成为法，而通过法案的基本原则一般是( )

A. 符合国际惯例 B. 遵守社会公德

C. 少数服从多数 D. 体现公平正义

60. 高等学校和被批准进行研究生教育的科研机构以外的从事高级中等以上教育活动的高等教育组织，只能进行( )

A. 职业培训教育 B. 非学位专业教育

C. 普通社会教育 D. 非学历高等教育

61. 下列选项中，哪一项不属于我国企业组织类型( )

A. 业主制企业 B. 法人制企业

C. 合伙制企业 D. 公司制企业

62. 教学工作的基本环节通常不包括( )

A. 撰写课件 B. 上课教学 C. 课外辅导 D. 学业考评

63. 当权利受到妨害以及违反法定义务时，( )则成为救济权利、强制履行义务或追加新义务的依据。

A. 法律制裁 B. 法律认定 C. 法律援助 D. 法律责任

64. 下列关于“通货紧缩”和“通货膨胀”的描述，不正确的是( )(常考)

A. 前者将引发本国货币的升值 B. 后者将促使就业人数的增加

C. 前者将导致物价水平的下跌 D. 后者将加剧社会矛盾的激化

65. 完善的( )有利于资源的合理配置，也是实现市场机制作用的基础。

A. 市场体系 B. 竞争机制

C. 法律制度 D. 投资体制

66. 下列选项中，哪一项不属于《中小学教师职业道德规范》的具体内容( )

A. 关爱学生 B. 教书育人

C. 遵纪守法 D. 终身学习

67. 工人阶级领导的、以工农联盟为基础的人民民主专政的社会主义国家，是我国的( )

A. 国体 B. 纲领 C. 政体 D. 根基

68. 下列选项中，不属于通常所说的生产资料市场中的“生产资料”的是( )

A. 生产中使用的机器 B. 劳动中使用的工具

C. 加工中使用的燃料 D. 拓展中使用的技术

69. 教师的工资报酬通常不包括( )

A. 职务工资 B. 住房补贴

C. 课时报酬 D. 教龄津贴

70. 下列关于我国“公民”和“人民”概念的描述，不正确的是( )

A. 公民所表达的一般是个体概念 B. 被剥夺政治权利的人不属于人民

C. 人民是与无国籍人相对应的法律概念 D. 公民是宪法权利和人权的直接主体

三、多项选择题(下列各题有两个或两个以上正确答案，请将其代码填在括号内。错选、少选、多选或未选均不得分。本大题共 20 小题，每小题 1.5 分，共 30 分)

71. 坚持和完善党和国家监督体系，深化纪检监察体制改革，围绕现代化建设大局发挥监督保障执行、促进完善发展的作用，构建一体推进( )的体制机制。

A. 不能腐 B. 不敢腐 C. 不会腐 D. 不想腐

72. “人权”在发展过程中，受到下列哪些内容或文书的影响( )

A.《独立宣言》 B.《人权与公民权宣言》

C.《联合国宪章》 D.《被剥削劳动人民权利宣言》

73. 企业的经营战略，产品结构调整，生产组织等，完全以下列哪些因素作为导向( )

A. 竞争环境 B. 市场价格 C. 供求信息 D. 政府指引

74. 从竞争的主体上看,存在下列哪些关系之间的竞争(　　)

A. 卖者之间　　B. 买卖过程之间

C. 买者之间　　D. 买卖双方之间

75. 法律关系的形成、变更和消灭,需要具备的条件有(　　)

A. 法律规范　　B. 法律准则　　C. 法律程序　　D. 法律事实

76. 导致我国少数民族地区与内地沿海汉族地区的人口密度差距悬殊的原因有(　　)

A. 经济　　B. 历史　　C. 环境　　D. 地理

77. 人民法院在审理离婚案件时,当出现下列哪些情形,调解无效的,应当准予离婚(　　)

A. 重婚或者与他人同居　　B. 虐待、遗弃家庭成员

C. 有赌博、吸毒等恶习　　D. 感情不合分居满两年

78. 根据公司内部权力结构形成的激励、约束与制衡机制,是为了实现(　　)利益的最大化。

A. 公司　　B. 投资人　　C. 股东　　D. 合伙人

79. 下列选项中,与父母、子女之间的抚养关系(监护关系)同类型的是(　　)

A. 夫妻关系　　B. 赡养关系　　C. 继承关系　　D. 血缘关系

80. 根据《义务教育法》规定,(　　)应依法保障适龄儿童、少年接受义务教育的权利。

A. 社会　　B. 家庭　　C. 学校　　D. 国家

81. 依据我国相关法律规定,下列属于人民法院行政诉讼受案范围的有(　　)

A. 对行政机关作出的关于土地等自然资源的所有权或使用权决定不服的

B. 申请行政许可,行政机关在法定期限内不予答复的

C. 认为行政机关滥用权力排除或限制竞争的

D. 对行政机关对其工作人员的奖惩、任免决定不服的

82. 据我市《义务教育条例》,为相互借鉴优秀经验,促进学校之间的均衡发展,教师可在(　　)之间增加交流机会。

A. 城乡　　B. 地区　　C. 学校　　D. 国际

83. 下列关于各阶段对法律监督作用的描述,正确的是(　　)

A. 事前监督体现了预防功能　　B. 内审监督体现了纠正功能

C. 日常监督体现了控制功能　　D. 事后监督体现了矫治功能

84. 未成年人的“严重不良行为”包括(　　)

A. 参与赌博屡教不改　　B. 强迫他人吸食毒品

C. 进行色情卖淫活动　　D. 传播淫秽读物音像

85. 在社会主义市场经济中转变政府管理的经济职能,须建立以间接手段为主的宏观调控体系,具体包括(　　)

A. 保障体制　　B. 金融体制

C. 外汇体制　　D. 财税体制

86. 下列选项中,哪些属于地方性教育法规(　　)

A.《学校卫生工作条例》　　B.《湖北省义务教育暂行条例》

C.《重庆市义务教育条例》　　D.《高等学校命名暂行办法》

87. 根据我国法律规定,法律制裁所指向的对象可以是(　　)

A. 人身　　B. 财产　　C. 权益　　D. 名誉

88. 良好师生关系的构建包括下列哪些过程(　　)

A. 建立　　B. 疏离　　C. 调整　　D. 优化

89. 在劳动者就业实现自由流动、充满竞争和经营风险的市场经济中,下列哪些情况是不可避免的(　　)

A. 企业的破产　　B. 社会福利的下降

C. 职工的暂时失业　　D. 经济的波动

90. 根据《未成年人保护法》相关规定,不允许或不适宜未成年人进入的场所有(　　)

A. 歌厅舞厅　　B. 成人酒吧

C. 棋牌会所　　D. 文化中心

2021年内蒙古自治区赤峰市中小学校教师招聘考试真题试卷(二十八)

(满分100分 时间120分钟)

本套试卷共100小题,包括单项选择题(70小题)、多项选择题(20小题)、判断题(10小题),目前已收录93小题。

一、单项选择题(在下列每小题列出的四个选项中只有一个是最符合题意的,请将其代码填在括号内。错选、多选或未选均不得分。本大题共70小题,每小题0.8分,共56分)

1. 2020年6月27日,国家主席习近平给复旦大学青年师生党员回信,勉励广大党员在(　　)中坚定理想信念,在奋发有为中践行初心使命。

A. 真学真情　　B. 学思践悟　　C. 奋勇前进　　D. 刻苦学习

2. 党的十八大以来,习近平总书记高度重视并多次强调要坚持把(　　)作为教育的根本任务,培养德智体美劳全面发展的社会主义建设者和接班人。

A. 强身健体　　B. 传授知识　　C. 立德树人　　D. 掌握技能

3. 2018年5月2日,习近平总书记在北京大学师生座谈会中指出:评价教师队伍素质的第一标准应该是(　　)

A. 师德师风　　B. 教育信念

C. 教师知识　　D. 教学技能

4. 2007年9月6日,习近平在第23个教师节来临之际,来到上海师范大学、七宝中学和启音学校,看望慰问老师,提出要始终坚持把(　　)放在优先发展的战略地位,大力营造尊师重教的社会氛围。

A. 经济　　B. 文化　　C. 科技　　D. 教育

5. 习近平总书记指出,问题是事物矛盾的表现形式,增强问题意识,坚持问题导向的哲学依据是(　　)

A. 具体问题具体分析是认识解决问题的关键

B. 承认矛盾的普遍性是一切科学认识的前提

C. 坚持问题导向才能体现矛盾的普遍性

D. 承认矛盾的普遍性是解决问题的基础

6. "见贤思齐焉,见不贤而内自省也"说明(　　)是教师职业道德修养的重要方法。

A. 坚持知行统一　　B. 开展批评与自我批评

C. 向先进人物学习　　D. 努力做到"慎独"

7. 警察来到小强所在学校,要求了解他的情况,由于警察没有联系到小强的父母,班主任拒绝警察当面询问的要求,班主任的做法(　　)

A. 正确,依法履行了保护未成年人的职责　　B. 正确,依法维护了小强的人格尊严权

C. 错误,公民有配合公安机关的义务　　D. 错误,打扰了公安机关的行政执法

8. 《关于加强和改进新时代师德师风建设的意见》提出,要定期开展教师思想政治轮训,增进对中国特色社会主义的(　　)

A. 政治认同、思想认同、理论认同、知识认同　　B. 政治认同、思想认同、理论认同、行为认同

C. 政治认同、思想认同、理论认同、情感认同　　D. 政治认同、思想认同、理论认同、意志认同

9. 李老师在微信朋友圈展示家长送礼造成不良影响,依据《教师法》,当地教育行政部门应(　　)

A. 责令停课,永久取消教师资格　　B. 行政拘留罚款

C. 责令退还礼物,加倍处罚　　D. 给予行政处分或解聘

10. 缺。

11. 入职工作满两年的教师在专业发展中需要解决的主要问题是(　　)(易错)

A. 适应教育教学环境　　B. 熟练掌握教育教学方法

C. 系统学习基础理论知识　　D. 凝练教育教学经验

12. 学校评定奖学金,小伟成绩非常好,但因跟班主任关系不太好,而被班主任取消资格。班主任侵犯了小伟的(　　)

A. 健康权　　B. 人格尊严权　　C. 荣誉权　　D. 财产权

13. 下列选项中,与"为人师表"的内涵一致的是(　　)

A. "学为人师,行为世范"　　B. "凡学之道,严师为难"

C. "德无常师,主善为师"　　D. "仰之弥高,钻之弥坚"

14. 小强的腿有残疾,具有接受普通教育的能力。该上初中了,当地普通学校以小强腿有残疾为由,拒绝其入校学习。该做法(　　)

A. 合法,学校有招生自主权　　B. 合法,学校有办学自主权

C. 违反了《中华人民共和国义务教育法》　　D. 违反了《中华人民共和国未成年人保护法》

15. 刘老师工作勤奋,为人直爽,教学能力也极强,但经常和同事发生矛盾冲突,甚至和有的教师已经发展到了互不理睬的地步。刘老师应该(　　)

A. 不予理睬,只需关注教学质量　　B. 反思自我,加强与同事的沟通

C. 无需改变,继续保持独特个性　　D. 避免冲突,减少与同事的来往

16. 新入职的王老师想去优秀教师李老师班上随班听课,学习经验。李老师笑容可掬地说:"你是名牌大学毕业的高材生,我的课上得不好,就不要去听了。"这表明李老师(　　)

A. 缺乏专业发展意识　　B. 缺乏团结协作精神

C. 能够尊重信任同行　　D. 鼓励同事自我提升

17. 依据《教师法》,教师最基本的权利是(　　)(常考)

A. 管理学生权　　B. 科研学术活动权

C. 民主管理权　　D. 教育教学权

18. 教育行政部门取缔了一批违反国家规定私自招收未成年学生的私立学校。教育行政部门这一行政行为的法律依据是(　　)

A.《中华人民共和国教育法》　　B.《中华人民共和国教师法》

C.《中华人民共和国未成年人保护法》　　D.《中华人民共和国预防未成年人犯罪法》

19. 教师对解除收容教养、劳动教养后回学校复学的未成年学生应当(　　)

A. 限制其与其他学生接触　　B. 限制其使用学校的设施

C. 按其以往的表现评价品行　　D. 允许参加学校各项活动

20. 小学生李某多次违反学校管理制度,对于李某,学校可以采取的管教方式是(　　)

A. 收容教养　　B. 强制劝退

C. 开除学籍　　D. 批评教育

21－22. 缺。

23. 某初级中学违反国家有关规定向学生收取补课费,有权责令该校退还所收费用的是(　　)

A. 教育行政机关　　B. 纪检部门

C. 公安机关　　D. 物价部门

24. 缺。

25. 下列关于教师与学生之间法律关系的说法,不正确的是(　　)

A. 教育与被教育的关系　　B. 管理与被管理的关系

C 保护与被保护的关系　　D. 控制与被控制的关系

26. 根据《国家中长期教育改革和发展规划纲要(2010～2020年)》的规定,提高中小学教师队伍整体素质,以(　　)为重点。

A. 西部教师　　B. 城市教师

C. 山区教师　　D. 农村教师

27. 六年级的小强长期欺负同学,作为六年级的老师,不应该采取(　　)

A. 向小强的班主任反映,必须严厉处罚小强

B. 分析并指出小强行为不当的地方

C. 结合学校的规章制度教育小强

D. 让小强意识到自己的问题,向被欺负的同学道歉

28－30. 缺。

31. 班主任是班级建设的设计者,其中班级建设设计最重要的是(　　)

A. 制定具体方法　　B. 制定实现目标的途径

C. 制定班级建设目标　　D. 制定工作程序

32. 所谓"为人师表"是指教师在各方面都应该成为学生和社会上人们效仿的榜样、表率和楷模,这含义是由(　　)

A. 社会舆论决定的　　B. 传统习俗决定的

C. 法律法规决定的　　D. 教师工作对象决定的

33. 如果你在某中学担任班主任,那么你认为班主任工作的前提和基础是什么(　　)

A. 了解研究学生　　B. 组织培养班集体

C. 协调各种教育影响　　D. 班主任工作计划与总结

34. 有利于大面积、高效率培养人才的教学组织形式是(　　)

A. 个别教学　　B. 班级授课制

C. 分组教学　　D. 道尔顿制

35. 教学的首要任务是(　　)(常考)

A. 关注学生个性发展

B. 发展学生智力、体力和创造才能

C. 培养社会主义品德、审美情趣,奠定学生的科学世界观基础

D. 引导学生掌握基础知识和基本技能

36. 凯洛夫把教学过程视为一种(　　)

A. 交往过程　　B. 认识过程　　C. 实践过程　　D. 学习过程

37. 西汉初期实行的"罢黜百家,独尊儒术"的文教政策,体现了教育的(　　)

A. 永恒性　　B. 历史性　　C. 相对独立性　　D. 继承性

38. 教育学发展的内在动力是(　　)

A. 教育问题　　B. 教育规律　　C. 教育价值　　D. 教育现象

39.《学记》提出"化民成俗,其必由学"揭示了教育的重要性和教育与(　　)的关系。

A. 宗教　　B. 经济　　C. 生产力　　D. 政治

40. 我国倡导启发式教学的第一人是(　　)

A. 朱熹　　B. 墨子　　C. 董仲舒　　D. 孔子

41. 最早提出教育要适合儿童年龄阶段,主张进行德智体多方面和谐发展教育的教育家是(　　)

A. 苏格拉底　　B. 柏拉图　　C. 亚里士多德　　D. 皮亚杰

42. 我国唐朝"六学二馆"等级森严的入学条件,充分说明了社会政治经济制度影响和制约着(　　)

A. 教育的领导权　　B. 教育发展的规模和速度

C. 受教育权的分配　　D. 教育目的

43. 根据个体身心发展的理论，洛克的白板说的观点属于(　　)

A. 内发论　　B. 外铄论

C. 成熟论　　D. 多因素相互作用论

44. “种瓜得瓜，种豆得豆”强调的是(　　)因素对人的发展的影响。

A. 遗传　　B. 环境　　C. 教育　　D. 主观能动性

45. 人身心发展的顺序性决定了教育工作者必须(　　)(易混)

A. 因材施教　　B. 统一要求　　C. 把握关键期　　D. 循序渐进

46. 对童年期的学生，在教学内容上要多讲一些比较具体的知识和浅显的道理，在教学方法上，多采用直观教具。这体现了教育要适应儿童身心发展的(　　)

A. 稳定性　　B. 阶段性　　C. 不平衡性　　D. 个别差异性

47. 制度化教育出现的标志是(　　)

A. 人类教育的产生　　B. 古代学校的出现

C. 近代学校系统的形成　　D. 终身教育的实现

48. 学生特别是小学生极易“染于苍则苍，染于黄则黄”，这说明他们具有(　　)的特点。(易混)

A. 向师性　　B. 依赖性　　C. 可塑性　　D. 独特性

49. 教育者创设一定的情境以提升教育对象的智慧水平为目标的教育是(　　)

A. 德育　　B. 智育　　C. 美育　　D. 体育

50. 教师提高对自己教学活动的自我洞察力，发现和分析其中存在的问题，提出改进方案，是教师作为(　　)的角色。

A. 设计者　　B. 指导者

C. 组织者和管理者　　D. 反思者和研究者

51. 我国的课程概念有广义和狭义之分，广义的课程指学生在校期间的所学内容的总和及进程安排，狭义的课程特指(　　)

A. 主要学科　　B. 各门学科

C. 某专业学科　　D. 某一门学科

52. 有计划、有目的、有结构地产生教学计划、教学大纲以及教科书等系统化活动的是(　　)

A. 制定课程标准　　B. 制定教学计划

C. 课程设计　　D. 明确培养目标

53. 教学活动的本质是(　　)

A. 课堂活动　　B. 实践活动

C. 交往活动　　D. 认识活动

54. 小明今天在课堂上学习了三角形的相关知识，掌握了直角三角形的定理及其在现实生活中的应用，这表明教学过程主要以传授(　　)

A. 直接经验为主　　B. 间接经验为主

C. 实践知识为主　　D. 生产知识为主

55. 备课是教师教学工作的起始环节，是上好课的(　　)

A. 常规准备　　B. 一般工作　　C. 排练预演　　D. 先决条件

56. “记录在纸上的思想就如同某人留在沙滩上的脚印，我们也许能看到他走过的路径，但若想知道他在路上看见了什么东西，就必须用我们自己的眼睛。”这番话道出了(　　)的重要价值。(易错)

A. 自主学习　　B. 合作学习

C. 探究学习　　D. 连锁学习

57. 小明说当他听到锅铲刮锅底的声音时，就会觉得很冷，浑身不舒服，这种感觉现象是(　　)

A. 适应　　B. 对比　　C. 联觉　　D. 综合

58. 一年级的小学生在学习计算时，常需要借助手指头、小木棒等具体事物才能完成计算任务。这说明其思维的主要类型是(　　)(易混)

A. 动作思维　　B. 形象思维

C. 抽象思维　　D. 发散思维

59. 丽丽在课堂上玩手机，小红提醒丽丽，学校规定课堂上不能玩手机，可丽丽不听，为此，小红认为丽丽不是好学生。根据科尔伯格道德发展阶段理论，小红的道德发展处于(　　)阶段。

A. 惩罚与服从　　B. 相对功利　　C. 遵守规则　　D. 道德伦理

60. 李老师通过奖励小红花来表扬学生的行为，这种心理辅导方法属于(　　)

A. 强化法　　B. 系统脱敏法

C. 代币法　　D. 来访者中心疗法

61. 教师成长成熟的重要标志是是否关注(　　)(常考)

A. 同事　　B. 生存　　C. 学生　　D. 教材

62. 通过对蝙蝠超声波的仿效，制造出雷达，这属于(　　)

A. 思维定势　　B. 原型启发　　C. 酝酿效应　　D. 功能固着

63. 以词汇、实物为内容的学习属于(　　)

A. 概念学习　　B. 命题学习

C. 符号学习　　D. 并列结合学习

64. 学生学会骑车实际学会的是(　　)

A. 陈述性知识　　B. 程序性知识

C. 直觉性知识　　D. 创造性知识

65. 老师在讲授“圆形”概念时，通过向学生描述“推碾子磨豆子”的具体形象帮助学生理解这一抽象概念，这位老师所使用的直观手段属于(　　)

A. 实物直观　　B. 模像直观

C. 语言直观　　D. 表象直观

66. 数学课上为了更好地帮助学生形成智力技能，在黑板上清楚而细致地演算例题，这是给学生提供(　　)

A. 原型定向　　B. 原型模型　　C. 原型操作　　D. 原型内化

67. 某老师强调学生学习主动性的重要性、合作学习的重要性以及教师对学习情境创设的重要性，这位老师可能更支持(　　)

A. 认知学习理论　　B. 行为主义学习理论

C. 人本主义学习理论　　D. 建构主义学习理论

68. 一个徒步登山者费尽千辛万苦，每一步都走在生死边缘，有时候过程艰苦的会让他想要放弃。然而当他登上山峰的那一刻，他感受到了一种“发自心灵深处的战栗、欣快、满足、超然的情绪体验”。马斯洛将这种感受称为“高峰体验”，这时人的(　　)得到满足。

A. 安全需要　　B. 归属需要

C. 尊重需要　　D. 自我实现的需要

69. 婴儿学会称邻居家的女性为“姨姨”后，他可能会对遇到的任何陌生女性均称为“姨姨”，这种迁移属于(　　)

A. 顺向迁移　　B. 横向迁移　　C. 逆向迁移　　D. 特殊迁移

70. 创造一个故事，将所要记忆的信息编在一起的学习策略属于(　　)

A. 复述策略　　B. 精加工策略

C. 组织策略　　D. 元认知策略

二、多项选择题(下列各题的选项中有两个或两个以上是符合题意的，请将其代码填在括号内。多选、少选或错选均不得分。本大题共20小题，每小题1.8分，共36分)

71. 习近平关于教育的重要论述的科学内涵，包括(　　)

A. 坚持党对教育事业的全面领导　　B. 坚持把立德树人作为根本任务

C. 坚持优先发展教育事业　　D. 坚持社会主义办学方向

72. 习近平指出，我国是中国共产党领导的社会主义国家，这就决定了我们的教育必须把培养社会主义建设者和接班人作为根本任务，培养一代又一代拥护中国共产党领导和我国社会主义制度、立志为中国特色社会主义奋斗终身的有用人才。这是(　　)

A. 教育工作的概括　　B. 教育现代化的方向

C. 教育现代化的目标　　D. 教育工作的根本任务

73. 2018年9月10日，习近平在全国教育大会上指出，办好教育事业，(　　)都有责任。

A. 家庭　　B. 学校　　C. 政府　　D. 社会

74. “三个牢固树立的殷切希望”指的是(　　)

A. 牢固树立终身学习理念　　B. 牢固树立改革创新意识

C. 牢固树立中国特色社会主义理想信念　　D. 牢固树立奋发图强信念

75. 习近平指出，做“四有好老师”要有(　　)(常考)

A. 理想信念　　B. 道德情操

C. 扎实学识　　D. 仁爱之心

76. 加强师德师风建设的基本要求包括(　　)

A. 坚持教书和育人相统一　　B. 坚持言传和身教相统一

C. 坚持潜心问道和关注社会相统一　　D. 坚持学术自由和学术规范相统一

77. 教师职业道德中的教师教育行为的调节，是通过以下哪些形式来实现的(　　)

A. 社会舆论　　B. 内心信念

C. 思想教育　　D. 失德惩戒

78. 教师职业道德基本原则的主要内容包括(　　)

A. 教书育人原则　　B. 为人师表原则

C. 依法从教原则　　D. 教育人道主义原则

79. 教师职业道德与其他职业道德相同的是(　　)

A. 为人师表　　B. 清正廉洁　　C. 敬业爱业　　D. 团结协作

80. 教师劳动的特点是(　　)(常考)

A. 复杂性　　B. 创造性　　C. 示范性　　D. 长期性

81. 教育现代化指的是(　　)的现代化。

A. 教育工艺　　B. 教育手段

C. 教育设备　　D. 教育观念

82. 新课程改革要求我们建立(　　)的学生观。

A. 学生是发展的人　　B. 学生是独特的人

C. 学生是具有独立意义的人　　D. 学生是自由的个体

83. 教育目的的作用有(　　)

A. 导向作用　　B. 选择作用　　C. 激励作用　　D. 评价作用

84. 下列关于素质教育的表述，正确的是(　　)

A. 素质教育更要重视德育　　B. 素质教育主要适用于基础教育

C. 素质教育应遵循教育规律　　D. 素质教育不要求学生平均发展

85. 关于德育过程,以下表述不正确的是( )

A. 德育过程开始于道德认知　　B. 德育过程开始于道德情感

C. 德育过程开始于道德意志　　D. 德育过程开始于道德行为

根据材料,作答86～87小题。

物理课上,教师问学生:“一块铁块和一块木块放水里,会出现什么情况?”

学生:“铁块沉下去,木块浮在水面上。”

教师:“为什么呢?”

学生:“因为铁重。”

教师:“钢铁制成的巨轮也很重,为什么却浮在水面上?”

这一问,学生的情绪一下子高涨起来,开始积极思考。之后,教师再引出“阿基米德原理”。

86. 这一教学实例体现了什么教学原则( )

A. 启发式原则　　B. 思想性与科学性统一原则

C. 理论联系实际原则　　D. 因材施教原则

87. 这一教学实例体现了什么教学方法( )

A. 讲授法　　B. 谈话法　　C. 讨论法　　D. 读书指导法

根据材料,作答88～90小题。

乐乐是一个酷爱流行音乐的中学生,期中考试前的两个星期才开始学习,总是一边听歌一边学习,美其名曰“自我放松”,她暗自发誓要考出好成绩,复习文科只要死记硬背就可以了,数学、物理就很麻烦了。她觉得自己缺乏学习数学的能力,不愿意在上面花太多时间,遇到不会的题,也不好意思去问教师和同学,怕被人笑话。最后,她成绩非常糟糕,尤其是数学,她很失望,一说起学习就头疼,觉得自己再也不能学好数学了。

88. 乐乐学习中出现的这些问题,原因有( )

A. 注意分散　　B. 识记方法不正确

C. 学习归因不正确　　D. 成就动机不强

89. 教师应当( )

A. 帮助她制定明确的学习目标

B. 帮助她树立正确的归因观

C. 帮助她摆脱害怕失败的困扰

D. 帮助她确立正确的自我概念,获得自我效能感

90. ( )理论适用于分析上述案例。

A. 奥苏贝尔的成就动机分类　　B. 耶克斯—多德森定律

C. 成败归因理论　　D. 自我效能感理论

三、判断题(判断下列各题的正误,并在题后的括号内打“√”或“×”。本大题共10小题,每小题0.8分,共8分)

91. 某教师弗达列,没履行《教师法》中“完成教育教学工作任务”的义务,学校予以行政处分。( )

92. 体罚不仅侵犯学生的生命权、健康权,也损害了人格尊严权。( )

93. 从根本上来说,教师的教育威信来自学生对教师的畏惧心理。( )

94. 某教师一边要求学生安静地写作业,一边与同事说笑。该教师行为不当,他应当以身作则。( )

95. 教师专业发展是指个体成长为优秀教师的过程。(易错) ( )

96. 指导课程编制过程最为关键的依据是课程目标。( )

97. 智力是创造力的充要条件。( )

98. 心理定势对解决问题只有消极影响。( )

99. 焦虑不利于学生学习。(易错) ( )

100. 非正式群体在班级管理中只有消极作用。( )

2021年内蒙古自治区呼伦贝尔市教师招聘考试真题试卷(精编)(二十九)

本套试卷共140小题,已收录109小题,包括单项选择题(87小题)、多项选择题(7小题)、判断题(15小题)。

一、单项选择题(下列每小题列出的四个选项中只有一个是最符合题意的,请将其代码填在括号内。错选、多选或未选均不得分。本大题共87小题,每小题0.8分,共69.6分)

1. 习近平提出的有理想信念、有道德情操、有扎实知识、有仁爱之心的“四有好教师”,更多地体现了对教师的(　　)

A. 专业技能要求　　B. 专业思想要求
C. 专业素质要求　　D. 专业知识要求

2. 在中国古代,“教育”一词很少使用。到1902年,“教育”才开始成为汉语系统中的一个常用词。正是从这一年开始,我国出现了以“教育”为题的专论。那么,最早将“教”“育”两个字结合在一起作为一个词使用是在(　　)中,即此句“得天下英才而教育之,三乐也”。

A.《论语》　B.《学记》　C.《孟子·尽心上》　D.《说文解字》

3. 在人类社会中存在着多种多样的活动,教育作为多种社会实践活动之一,它区别于其他社会活动的根本特点是以(　　)

A. 培养人为直接目的　　B. 提高生产力为目的
C. 提高活动效率为目的　　D. 促进人的智力发展为目的

4. 教师帮助和指导学生学会身份认同和角色定位,使其自觉按照角色要求为人处世。这体现了教育的(　　)

A. 个体社会化功能　　B. 个体个性化功能
C. 个体谋生功能　　D. 个体享用功能

5. 近年来,作为教育改革的标志性学科,中小学语文教材“部编本”将取代“一纲多本”。“部编本”是由教育部直接组织编写的教材,以解决“一纲多本”的教材质量参差不齐、忽视传统文化的情况。这说明我国的课程改革逐渐深入,开始重视(　　)

A. 经济因素　B. 科技因素　C. 政治因素　D. 文化因素

6. 某家长认为目前学校课业负担过重,担心会影响孩子创造性和批判思维能力的发展,决定在家亲自给孩子上课。该事例说明学校教育具有(　　)(常考)

A. 正向显性功能　　B. 负向显性功能
C. 正向隐性功能　　D. 负向隐性功能

7. 学制是一个国家各级各类学校的总体系,具体规定各级各类学校的性质、任务、目的、入学条件、修业年限以及学校之间的(　　)

A. 主导与辅助关系　　B. 领导与从属关系
C. 合作与竞争关系　　D. 衔接与分工关系

8. 关注和探询“谁控制学校”“谁的知识最有价值”“谁制定学校管理的政策”“谁决定教育的伦理、社会和经济目标”“谁设置课程”的教育理论流派是(　　)

A. 文化教育学　B. 实验教育学　C. 实用主义教育学　D. 批判教育学

9. (　　)基于文化传统来思考中国乡村改造和乡村教育,在20世纪二三十年代中国的乡村教育运动中,产生过广泛的社会影响。

A. 晏阳初　B. 梁漱溟　C. 蔡元培　D. 陶行知

10. 孔子说:“学而不思则罔,思而不学则殆。”这表明了孔子特别强调(　　)

A. 启发式教学　　B. 学习和思考相结合
C. 因材施教　　D. 学习和行动相结合

11.《学记》中提出的“时教必有正业,退息必有居学”属于(　　)的教育思想。(常考)

A. 课内与课外相结合　　B. 教学相长
C. 启发式　　D. 循序渐进

12. 赫尔巴特说:“我想不到有任何无教学的教育,正如在相反方面,我不承认有任何无教育的教学。”这句话体现了(　　)

A. 教学永远具有教育性　　B. 教学永远具有科学性
C. 教学永远具有思想性　　D. 教学永远具有引导性

13. 杜威是美国实用主义哲学家、教育家。他认为,传统的学校课程以学科为中心,没有考虑儿童的兴趣和需要,学科分得过细,脱离生活实际,并提出以(　　)为中心。

A. 教师、书本、课堂　　B. 儿童、活动、课堂
C. 儿童、经验、活动　　D. 儿童、书本、活动

14. 20世纪早期,主张“生活即教育,社会即学校,教学做合一”,对改造中国旧教育做出伟大贡献的教育家是(　　)(易混)

A. 蔡元培　B. 陶行知　C. 杨贤江　D. 徐特立

15. 实际上,教育的产生和发展的过程并不是孤立的,(　　)是引起并决定教育发展变化的最根本、最内在的因素。

A. 社会生产力　B. 文化传统　C. 社会制度　D. 科技水平

16. 舒尔茨在《人力资本投资》中提出的核心观点可概括为“有技能的人的资源是一切资源中最为重要的资源,人力资本投资的收益大于物力资本投资的收益”,这一观点说明了(　　)

A. 教育对科学技术的促进作用　　B. 经济发展水平对教育的制约作用

C. 政治对教育的制约作用　　D. 教育对经济发展的促进作用

17.《学记》中提出的“古之王者,建国君民,教学为先”揭示了教育的重要性和(　　)

A. 教育与政治的关系　　B. 教育与人的关系

C. 教育与经济的关系　　D. 教育与社区的关系

18. 一个社会的教育发展进程与其政治经济发展进程之间的关系是(　　)

A. 教育超前于政治经济发展　　B. 教育滞后于政治经济发展

C. 教育常常与政治经济发展不平衡　　D. 政治经济制度决定教育发展状况

19. 教育要遵循个体身心发展的规律,《学记》中提出:“当其可之谓时”“时过然后学,则勤苦而难成”。这反映了人的身心发展过程中存在(　　)现象。

A. 关键期　　B. 依恋期　　C. 混沌期　　D. 最近发展区

20. 人的身心发展有共性也有个性,个体发展表现千差万别。教育要适应年青一代人身心发展的个别差异性,要根据儿童的实际情况分别促进儿童发展,做到(　　)

A. 循序渐进　　B. 适时而教　　C. 因材施教　　D. 适度超前

21. 曾有媒体曝光,有小学在学生报名入学时进行智力测验,后被教育主管部门叫停。该学校这么做,主要是过于(　　)

A. 夸大遗传对人的发展作用　　B. 夸大家庭教育对人的发展作用

C. 夸大环境对人的发展作用　　D. 夸大人的能动性对人的发展作用

22. 在我国反腐倡廉的斗争中,出现了多个高学历、高职位的大贪官,他们都受过良好的教育,但依然成为了犯罪分子,这说明(　　)

A. 社会是一个“大染缸”,人一旦进去就学坏　　B. 社会环境是人发展的条件性因素

C. 贪官们的遗传素质有缺陷　　D. 社会环境决定人的发展方向

23. 人的身心发展是最复杂的,是多因素共同影响的结果。在人的身心发展中,(　　)起主导作用。

A. 社会环境　　B. 学校教育

C. 个体主观能动性　　D. 遗传素质

24.“君子如欲化民成俗,其必由学乎”体现的教育目的观是(　　)(常考)

A. 教育无目的论　　B. 社会本位论

C. 科学本位论　　D. 个人本位论

25. 教育目的是教育活动的出发点和归宿。它的实现需要不断具体化,构成一个层级体系。人们通常将各级各类学校的具体培养要求定义为(　　)

A. 教育目的　　B. 培养目标　　C. 课程目标　　D. 教学目标

26. 人的全面发展的教育包括:德、智、体、美、劳等,其中对青少年健康成长起定向和奠基作用的是(　　)

A. 智育　　B. 美育　　C. 德育　　D. 体育

27. 教育目的不是固定不变的,即便对一个国家而言,也会根据不同阶段的社会发展情况制定不同时期的教育目的。现阶段我国教育目的的重点是(　　)

A. 发展学生智力　　B. 发展学生的个性特长

C. 培养学生的思想政治素质和道德品质　　D. 培养学生的创新精神和实践能力

28. 由教育部门认可的教育机构(学校)所提供的有目的、有组织、有计划、有专职人员承担的,以影响入学者的身心发展为直接目标的全面系统的训练和培养活动,是指(　　)

A. 非正规教育　　B. 正规教育　　C. 非正式教育　　D. 家庭教育

29. 联合国教科文组织在《教育——财富蕴藏其中》中指出,面向21世纪教育的四大支柱就是要培养学生学会四种本领:学会认知、学会做事、学会共同生活和(　　)

A. 学会关心　　B. 学会生存　　C. 学会创造　　D. 学会交往

30. 为适应我国经济社会的不断发展,学校教育制度也不断完善,当前我国九年制义务教育学制年限划分采用的是(　　)

A. 六三制　　B. 五四制

C. 九年一贯　　D. 多种形式并存

31. 学生容易受到外部环境因素的影响,具有“染于苍则苍,染于黄则黄”的特点。这主要体现了学生具有(　　)(常考)

A. 依赖性　　B. 可塑性　　C. 接受性　　D. 被动性

32. 作为受教育者,学生具有特殊的权利和义务。学生所享有的受教育权主要包括受完法定教育年限权、学习权和(　　)

A. 隐私权　　B. 名誉权和荣誉权　　C. 人格尊严权　　D. 公正评价权

33. 苏联教育家克鲁普斯卡娅曾说过:“教师必须非常谨慎,必须对他的所作所为负完全责任。”这句话充分说明了教师劳动具有(　　)的特点。(易错)

A. 复杂性　　B. 创造性　　C. 示范性　　D. 系统性

34. 苏霍姆林斯基曾说过:“一个好的老师,是一个懂得心理学和教育学的人。”他强调的是教师专业知识中必须包括(　　)

A. 本体性知识　　B. 条件性知识　　C. 实践性知识　　D. 文化知识

35.“新任教师在现实的冲击下,会产生强烈的自我专业发展的忧患意识,专业发展集中在专业态度和动机方面”。以上描述的情况属于教师专业发展的(　　)阶段。

A. 任务关注　　B. 虚拟关注　　C. 生存关注　　D. 自我更新关注

36. 在教师专业发展中,教师在教育教学工作中的世界观和方法论,以及教师专业行为的理性支点和专业自我的精神内核是(　　)

A. 建立专业理想　　B. 拓展专业知识

C. 发展专业能力　　D. 形成专业自我

37. 影响师生关系的因素既有主观的，也有客观的；既有教育内部的，也有教育外部的；既有直接的，也有间接的。其中，影响师生关系的核心因素是(　　)

A. 教育制度　B. 学生素质　C. 学校管理　D. 教师素质

38. 良好的师生关系是师生主体间关系的优化，具有一定的特征。《学记》中"是故学然后知不足，教然后知困"体现的良好师生关系的特征是(　　)

A. 尊师爱生　B. 教学相长　C. 心理相容　D. 民主平等

39. 人类对课程的认识经历了一个长期的过程，而在世界范围内，影响近代课程体系的最主要的观点是(　　)

A. 课程是知识　B. 课程是经验　C. 课程是活动　D. 课程是游戏

40. 某校大力美化了校园环境，注重校园文化建设，确定了校风校训、班风班训等，这种现象说明该校重视学校的(　　)

A. 显性课程　B. 隐性课程　C. 学科课程　D. 经验课程

41. 当前在我国一些学校的课程结构体系中，学科课程占据绝对的主导地位，而经验课程则微乎其微。这种情况最有可能导致(　　)

A. 学生多样化的兴趣爱好和特长无法得到培养和发展

B. 学生的综合素质无法满足地方经济发展的现实需要

C. 学生无法获得关于现实世界的直接经验和真切体验

D. 学生不能较好地掌握人类积累下来的优秀文化遗产

42. 强调知识的内在逻辑和系统性，主张分科教学，容易使各门知识发生断裂现象，并加重学生的学习负担，忽视学生的兴趣，理论与实际脱离。该特点属于(　　)

A. 学科中心主义课程论　B. 存在主义课程论

C. 后现代主义课程论　D. 经验主义课程论

43. "教学是教儿童，不是单纯教教材，要展开真正的学习，儿童必须参与教学过程，有意义的学习只有在教材同学生自身的目的发生关系，由学生去认知时，才能产生。"持这一主张的是(　　)

A. 建构主义课程理论　B. 人本主义课程理论

C. 改造主义课程理论　D. 要素主义课程理论

44. "在科学课程中，学生将通过科学探究等方式理解科学知识，学习科学技能，体验科学过程与方法，初步理解科学本质，形成科学态度、情感与价值观，培养创新意识和实践能力。"这句话表述的课程目标是(　　)(易错)

A. 表现性目标　B. 行为性目标　C. 普遍性目标　D. 生成性目标

45. 课程主要由三个部分组成，即(　　)(常考)

A. 课程计划、课程标准、教材　B. 课程总目标、领域目标、教科书

C. 课程目的、课程评价、课程实施　D. 知识、经验、活动

46. 编写教科书的直接依据和国家衡量各科教学的主要标准是(　　)

A. 课程　B. 课程标准　C. 课程计划　D. 课程目标

47. 学校是培养人才的机构，教学的首要任务是(　　)(常考)

A. 关注学生个性发展　B. 发展智力、体力和创造力

C. 培养品德和审美情趣　D. 传授基础知识和基本技能

48. 教学过程是教师和学生双边互动的活动，具有诸多环节，其中心环节是(　　)

A. 领会知识　B. 巩固知识　C. 运用知识　D. 检查知识

49. 第斯多惠说："一个坏的教师奉送真理，一个好的教师则教人发现真理。"这一观点体现了教学的(　　)

A. 巩固性原则　B. 启发性原则

C. 循序渐进原则　D. 系统性原则

50. 夸美纽斯曾说过："过度的练习和过度需要记忆的功课，使人恶心。"这句话表明教学应遵循(　　)

A. 直观性原则　B. 量力性原则

C. 创新性原则　D. 主体性原则

51. 王老师讲授《我爱我的草原》时，用多媒体播放草原的美景，为学生创设真实、具体、生动的场景。其运用的教学方法是(　　)

A. 演示教学法　B. 现场教学　C. 示范教学法　D. 情境教学法

52. 各级学校和每一门学科都有其相适应的教学方法，每一种教学方法都有其特定的功能。其中，教师引导学生运用已有知识经验回答提出的问题，借以获得新知识，或检查、复习、巩固已学知识的一种教学方法是(　　)

A. 谈话法　B. 讲授法　C. 讨论法　D. 演示法

53. 学生根据教学活动中预先制订的学习计划和自己的兴趣愿望，"流动"到自己需要的班级进行学习的一种教学组织形式是(　　)

A. 复式教学　B. 分组教学　C. 个别教学　D. 走班制

54. 以评价对象自身某一时期的发展水平为标准，判断其发展状况的评价方法属于(　　)

A. 个体内差异评价　B. 个体间差异评价

C. 最佳表现评价　D. 典型表现评价

55. 教师在教学过程中想要了解可能存在的问题，以便调整教与学的步骤，需使用(　　)

A. 诊断性评价　B. 形成性评价　C. 总结性评价　D. 结果性评价

56. 以下关于教学评价的说法，不正确的是(　　)

A. 通过课后习题进行评价可以反映学生对所学内容的学习情况

B. 教师通过习题进行的评价不是总结性评价

C. 教师的课堂点评属于定量评价

D. 教师通过课堂观察可以了解和判断学生的学习情况

57. 如果一个数学测验题的文字难度太大，超过学生自身的水平，那么这个测验就是(　　)

A. 低效度的　　B. 低信度的　　C. 低难度的　　D. 低区分度的

58. 无论是新老教师，无论是哪一个学科，教师编写教案的基本内容、基本要求都是一样的。下列教案的基本内容当中，(　　)是教案编写的重中之重。

A. 板书设计　　B. 教学过程　　C. 作业布置　　D. 教学重点

59. 老师通过帮助学生复习与即将学习的新知识有关的旧知识，从中找到新旧知识的联结点，合乎逻辑地引出新知识的一种导入方法被称为(　　)

A. 情景导入　　B. 温故导入　　C. 问题导入　　D. 知新导入

60. 课堂提问中，有诸如"请用自己的话解释""有何根据""何以见得"等关键词语的题目一般属于(　　)

A. 识记型提问　　B. 应用型提问

C. 理解型提问　　D. 综合型提问

61. 根据学生的身心发展特点，小学、初中、高中不同学段的德育工作有相应的侧重点。其中，小学阶段的德育重点主要是(　　)

A. 基本道德知识的理解与掌握　　B. 日常行为习惯的养成和实践

C. 道德理想信念的培养与指导　　D. 人生观、价值观的选择与确立

62. 在我国，人们通常在广泛的意义上使用学校德育的概念。学校德育主要包括政治教育、思想教育、(　　)及心理教育、法制教育等几个方面。

A. 革命传统教育　　B. 世界观教育

C. 道德教育　　D. 人生观教育

63. 思想品德教育的最终目的是培养学生良好的(　　)

A. 道德认识　　B. 道德情感　　C. 道德意志　　D. 道德行为

64. 在德育过程中，教师充分利用学生的闪光点来克服他们的消极因素。这种教育方式遵循的原则是(　　)

A. 长善救失　　B. 正面疏导　　C. 知行统一　　D. 从实际出发

65. 把道德情感的培养置于中心地位的德育模式是(　　)(常考)

A. 认知模式　　B. 体谅模式

C. 价值澄清模式　　D. 社会学习模式

66. "让学校的每一面墙壁都开口说话。"这充分运用的德育方法是(　　)(易混)

A. 陶冶教育法　　B. 榜样示范法

C. 实际锻炼法　　D. 品德评价法

67. 马卡连柯认为，教师要影响个别学生，首先要去影响这个学生所在的班级，然后通过班集体与教师一起去影响这个学生，这样就会产生巨大的教育力量。这句话体现了班级(　　)的内涵。

A. 平行管理　　B. 常规管理　　C. 民主管理　　D. 目标管理

68. 教师在课外活动中处于辅助地位，说明学生在课外活动中具有(　　)

A. 自愿性　　B. 自主性　　C. 灵活性　　D. 实践性

69. 课外活动的内容不受课程计划、课程标准的限制，只要围绕学校的教育目的即可。这体现了课外活动的(　　)特点。

A. 开放性　　B. 广泛性　　C. 自主性　　D. 实践性

70. 李老师发现了教学中的某一问题并对其描述，继而形成解决计划并实施，随后搜集数据和材料以分析计划的有效性，最后把结果应用于处理后续课堂中出现的类似问题，这种研究的方法是(　　)

A. 叙事研究　　B. 行动研究　　C. 文献研究　　D. 实验研究

71. 初中阶段的学生可以借助符号和概念，分析熟悉的现象。根据皮亚杰的相关理论，学生所处的阶段是(　　)

A. 感知运动阶段　　B. 前运算阶段

C. 具体运算阶段　　D. 形式运算阶段

72. 当儿童能够认识到一个完整的苹果被切成四小块后的质量并没有改变时，儿童的思维已经具备了(　　)(常考)

A. 平衡性　　B. 同化性　　C. 顺应性　　D. 守恒性

73. 五年级的小强在学习上有非常强的胜任感，每当自己在考试中没有取得理想的成绩时，就会认为自己没有能力，不可能成功。根据埃里克森的人格发展阶段理论，小强最有可能处在(　　)阶段。

A. 勤奋感对自卑感　　B. 自主性对羞怯感

C. 基本信任对怀疑　　D. 亲密感对孤独感

74. 维果斯基的"最近发展区"理论对教育教学工作的重要启示是(　　)

A. 教育必须面向未来，教学要走在学生现有发展水平的前面

B. 教育必须坚持从实际出发，充分考虑学生当前的发展水平

C. 教学必须以师生双边活动为中心，实现教学相长与共同发展

D. 教师必须适当放开课堂管理，鼓励学生自己主动探索和发展

75. 关于学生认知风格，下列表述不正确的是(　　)

A. 场独立型学生在内在学习动机下学习时，常会产生更好的学习效果

B. 场依存型学生较易于接受别人的暗示，其学习的努力程度往往受到外来因素的影响

C. 冲动型学生面对问题时总是急于求成，不能全面细致地分析问题的各种可能性

D. 沉思型学生记忆能力、思维能力较差，往往会出现阅读困难，并伴有学习能力缺失

76. 一天，孔子的学生子路问："听到一个很好的主张，要立即去做吗？"孔子答："家有父兄，怎能自作主张。"冉有问："听到一个很好的主张，需立即去做吗？"孔子答："当然应该立即去做。"公西华对此很不理解，孔子说："冉有遇事畏缩不前，所以要鼓励他去做。子路遇事轻率，所以要加以抑制，使他谨慎。"此材料给教师的启示是(　　)

A. 根据学生的性格差异，因材施教　　B. 根据学生的智力差异，因材施教

C. 根据学生的情感差异，因材施教　　D. 根据学生的认知差异，因材施教

77. 加涅认为，人类的学习是复杂多样的，是有层次的，总是由简单的低级学习向复杂的高级学习发展，构成了一个依次递进的层次与水平，而简单的低级学习是复杂的高级学习的基础。按照他的这种观点，学生将"柳树""杨树""松树"等概括为"植物"的学习属于(　　)

A. 连锁学习　　B. 言语联结学习

C. 概念学习　　D. 解决问题学习

78. 学生掌握了大量的词汇，能写出通顺的句子，但在写自己熟悉的题材时仍然写不出高水平的作文。原因是学生缺乏(　　)

A. 陈述性知识　　B. 认知策略

C. 言语信息　　D. 动作技能

79. 某生会背诵九九乘法口诀，并懂得"三三得九"就是 3 个 3 相加之和是 9。这种学习属于(　　)

A. 信号学习　　B. 连锁学习　　C. 机械学习　　D. 有意义学习

80. 小华在全国数学比赛中获得第二名，老师在班上点名予以表扬和鼓励。从此以后，小华学习更加努力，数学科目的成绩越来越好。这符合桑代克学习规律中的(　　)

A. 准备律　　B. 练习律　　C. 动机律　　D. 效果律

81. 在日常教学中，由于学生表现良好，教师减少其家庭作业的量。教师这样的行为称为(　　)(常考)

A. 正强化　　B. 负强化　　C. 惩罚　　D. 消退

82. 教师通过表扬积极发言的小明来鼓励全班同学踊跃发言。该教师使用的强化类型是(　　)

A. 直接强化　　B. 自我强化　　C. 替代强化　　D. 延时强化

83. 根据奥苏贝尔对有意义学习的分类，如果儿童听到"鸟"或看到文字的"鸟"，就知道它代表实际的鸟，即使此时并未见到真实的鸟，儿童也能以语言或文字的形式在大脑中形成关于鸟的形象。这属于(　　)

A. 概念学习　　B. 命题学习

C. 发现学习　　D. 抽象符号学习

84. 奥苏贝尔主张应用"先行组织者"技术的用意是(　　)

A. 使教学可控性更强　　B. 为学生学习新知识奠定知识背景

C. 提前组织教学　　D. 教师要做学生学习的组织者

85. 张老师是一名经验丰富的数学老师。上课时，他善于结合学生的兴趣和爱好，激发学生学习数学的热情。那么，这些学生喜欢学习数学的动机属于(　　)

A. 低级动机　　B. 内部动机　　C. 高级动机　　D. 外部动机

86. 下列有关学习动机与学习效果之间关系的描述，正确的是(　　)(易混)

①学习难度大，学习动机水平高，学习效果好

②学习难度大，学习动机水平低，学习效果好

③学习任务容易，学习动机水平高，学习效果好

④学习任务容易，学习动机水平低，学习效果好

A. ①③　　B. ①④　　C. ②③　　D. ②④

87. 如果一个学生将自己的失败归因于个体稳定的一不可控的内部特征时，他会产生一种(　　)的观念。

A. "我太笨了"　　B. "我不够努力"

C. "问题太难"　　D. "我运气不佳"

二、多项选择题(下列每小题列出的选项中至少有两个是正确的，请将其代码填在括号内。错选、多选或未选均不得分。本大题共 7 小题，每小题 1.2 分，共 8.4 分)

88. 小刘以优异的成绩应聘为某中学特岗教师。她一到岗就认真备课、讲课，努力提高自己的教学技能。此外，她还运用多媒体教学和网络教学手段来进一步提高自己的课堂教学水平，她的课受到了大家的一致欢迎。但是，她不能容忍学生不认真听讲，对个别不认真听课的学生经常采取罚站，甚至不让其进教室听课等方式来惩罚他们。这说明(　　)

A. 小刘老师做到了爱岗敬业，认真备课上课，认真辅导学生

B. 小刘老师不断拓展业务知识，提高专业水平和教学水平

C. 小刘老师为了教育学生，可以采用任何方法

D. 小刘老师尊重学生人格，爱护学生，平等公正地对待学生

89. 学生王林在学校因同学给他起外号，将同学的鼻子打出了血。班主任徐老师给王林爸爸打电话，让他下午到学校来。徐老师见到王林爸爸的第一句话就是："这么点儿大的孩子都管不好，还用我教你吗？"从教师职业道德规范的角度看，徐老师的行为(　　)

A. 违反了关爱学生的要求　　B. 违反了终身学习的要求

C. 违反了爱岗敬业的要求　　D. 违反了为人师表的要求

90. 课堂上，有位学生指出李老师对于某个问题的解释有误，李老师当场恼怒："某某同学，算你厉害，老师不如你，以后老师的课由你来上好了！"全班同学随老师一起嘲笑起这位同学，该生从此在课堂上不再提出问题，也不敢主动回答问题了。从教师职业道德的角度分析该教师的教育行为(　　)

A. 维护了教师的权威，使教学得以顺利地进行下去

B. 打击了学生思考问题的积极性

C. 没有做到为人师表

D. 李老师应鼓励学生的做法或留到课下解决

91. “我是一名年轻老师，工作三年多，作为一名班主任，一看到学生不听话就想发火，而且还面临着升学压力，孩子们不急，我却着急得在这个过程中发火。虽然我取得的成绩家长、学校认可，但我不满意自己，这令我沮丧。”该教师出现了什么问题（　　）

A. 职业压力问题

B. 职业倦怠问题

C. 可以通过自我调适来改变经常发火的情况

D. 出现这种现象是由于工作压力较大

92. 初中某班上体育课，体育老师布置了学生自行踢球，自己则在操场旁边玩手机。踢球过程中，学生吴刚和孙军因抢球发生扭打，造成吴刚手臂骨折，旁边同学赶紧向体育老师汇报，几名男同学协助体育老师将吴刚送往医院，学校则立刻通知吴刚的父母，医院检测吴刚需要手术治疗。下列关于责任的追究说法正确的是（　　）

A. 吴刚负次责，由其监护人负责赔偿

B. 孙军负主责，由其监护人负责赔偿

C. 学校负次责，应进行相应赔偿

D. 学校承担经济赔偿后，可向体育老师进行全部或部分追偿

93. 初中生小明平时调皮，不认真学习，一天在课堂上用手机给班上女生发短信“曾某，我爱你”，被上课的王老师收缴，并将小明的短信向全班同学宣读，同时指责其“思想堕落，道德败坏”。下课后小明要求王老师归还手机，王老师说：“这是罪证，不能归还，要交给学校政务处。”针对上述材料，根据相关法律法规，说法正确的有（　　）

A. 王老师未经学生同意翻看短信，侵犯学生隐私权

B. 批评的话语侵犯学生人格权

C. 收缴手机侵犯学生财产权

D. 作为老师，不能以违法的方式对待学生违纪行为

94. 近年来，某市教育局多次下发通知，强调小学和初中不得分设重点班和非重点班，不得举办以应试为目的的提高班、实验班，也明确规定双休日和寒暑假不得补课或办补课班。然而，某初中重点班与非重点班现象依然存在，假期补课也一直在进行。依据相关法律法规，此材料中（　　）

A. 教育局要求正确，符合我国义务教育法规定

B. 教育局要求不正确，违反我国义务教育法规定

C. 某初中做法正确，没有违反我国义务教育法规定

D. 某初中做法错误，违反了我国义务教育法规定

三、判断题（判断下列各命题的正误，并在题后括号内打“√”或“×”。本大题共 15 小题，每小题 0.5 分，共 7.5 分）

95. 教育的个体功能与社会功能是背道而驰的，强调教育的个体功能会削弱教育的社会功能。（　　）

96. 社会需求决定社会供给，因此，从根本上说，教育发展的规模和速度是受社会成员对文化的需求决定的。（　　）

97. 一定社会的政治制度决定着教育目的的性质，生产力的发展水平决定着培养人才的质量规格。（　　）

98. 人的身心发展是由于儿童已有的身心发展水平与社会、教育向儿童提出的要求所引起的新旧需要之间的矛盾而实现的。（　　）

99. 教育目的与教育方针的主要区别在于教育目的强调培养人的质量和规格，而教育方针强调“办什么样的教育，怎样办教育”。（易混）（　　）

100. 备课环节是上好课的先决条件，备课时教师应把全部精力放在钻研教材上。（　　）

101. 中学教育中要坚持“德育为先”理念，说明中学的思想政治教育课程及活动比其他教学活动更重要。（　　）

102. 幼儿听老师讲大灰狼扮成兔妈妈想要吃掉小白兔的故事后，对大灰狼憎恶，对小白兔友善。这里发生的是言语信息的学习。（　　）

103. 作为教师，应慎用惩罚，因为惩罚只能让学生明白什么不能做，但并不能让学生知道什么能做，应该怎么做。（　　）

104. 学生学习是一种有意义学习，它不仅是再现、继承知识，更是向未知领域进军、不断探索的过程。（易错）（　　）

105. 中学生小强认为自己是祖国未来的栋梁，必须要努力学习，长大后为祖国奉献自己一份力量，小强的这种学习动机属于远景的直接性动机。（　　）

106. 遗传素质差异越大，心理发展的差异也就越大。（　　）

107. 道德认知是衡量一个人道德修养水平的重要标志。（　　）

108. 形式训练说认为，迁移是心理官能得到训练而发展起来的，进行官能训练时，关键在于训练的内容。（　　）

109. 义务教育学校可以不接收具有接受普通教育能力的残疾适龄儿童、少年随班就读。（常考）（　　）

2021年山西省太原市小店区中小学教师招聘考试真题试卷(三十)

本套试卷共140小题,包括单项选择题(100小题)、多项选择题(20小题)、判断题(20小题),目前已收录133小题。

一、单项选择题(下列每小题列出的四个选项中只有一个是最符合题意的,请将其选出并把它的标号写在括号内。错选、多选或未选均不得分。本大题共100小题,每小题0.7分,共70分)

1.(　　)是教育史上第一个正式提出的有关教育起源的学说,也是较早地把教育起源问题作为一个学术问题提出来的学说。(易混)

A. 教育的神话起源说　　B. 教育的生物起源说

C. 教育的心理起源说　　D. 教育的劳动起源说

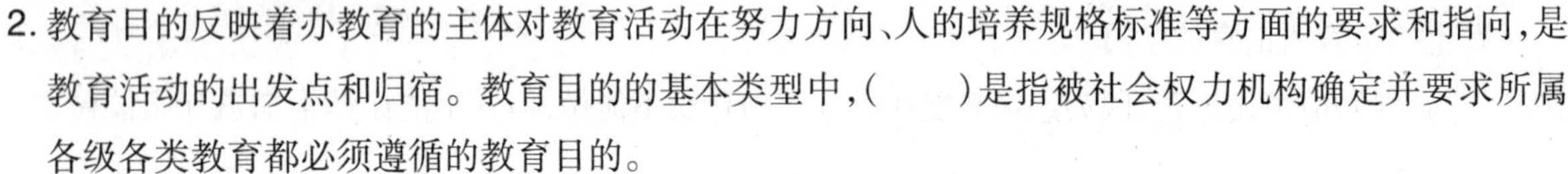

2. 教育目的反映着办教育的主体对教育活动在努力方向、人的培养规格标准等方面的要求和指向,是教育活动的出发点和归宿。教育目的的基本类型中,(　　)是指被社会权力机构确定并要求所属各级各类教育都必须遵循的教育目的。

A. 发展性教育目的　　B. 终级性教育目的

C. 正式决策的教育目的　　D. 非正式决策的教育目的

3. 在社会本位论者看来,社会价值高于个人价值,个人的存在与发展依赖并从属于社会,(　　)的高低是教育的价值所在。

A. 社会效益　　B. 个人利益　　C. 经济水平　　D. 个人素质

4. 百年大计,教育为本,只有把立德树人作为中心环节,回答好(　　)这一根本问题,春风化雨,凝聚人心,才能培养德才兼备的有用人才,汇聚起铸就教育强国的磅礴力量。

A. 培养什么人,怎样培养人,为谁培养人

B. 教育是什么,怎么办教育,为谁办教育

C. 培养什么人,怎么办教育,为谁办教育

D. 教育是什么,怎样培养人,为谁培养人

5. 下列四位同学关于孔子的论述中,说法正确的是(　　)(易错)

A. 小华:孔子强调学校教育必须把知识教育放在首要地位

B. 小芳:孔子是儒家学派创始人,在晚年时整理了"六经"

C. 小阳:孔子最早使用"教育"这个词,并主张"有教无类"

D. 小英:孔子不但重视繁文缛节,而且注重实用技术的练习

6. 下列关于人的身心发展的规律与成语对应正确的一组是(　　)

A. 顺序性——陵节而施　　B. 阶段性——温故知新

C. 不平衡性——拔苗助长　　D. 个体差异性——因材施教

7. 有学生认为,掌握的知识越多,智力水平也就越高。他的观点是(　　)

A. 正确的,因为知识是发展智力的基础

B. 正确的,因为掌握知识就是为了发展智力

C. 错误的,因为智力决定掌握知识的快慢

D. 错误的,因为智力并不完全随着知识的掌握而自然发展起来

8. 抛锚式教学不同于通常课堂上以"知识传递"为目的的教学,其目的不是提高学生的分数,而是帮助学生提高达到目的的能力。下列关于其基本环节排列正确的是(　　)(易错)

A. 创设情境—搭建支架—自主学习—协作学习—效果评价

B. 确定问题—创设情境—协作学习—自主学习—效果评价

C. 创设情境—进入情境—协作学习—自主学习—效果评价

D. 创设情境—确定问题—自主学习—协作学习—效果评价

9. 美育又称美感教育,下列不属于美育任务的是(　　)

A. 培养和提高学生感受美的能力

B. 培养和提高学生表现美、创造美的能力

C. 培养和提高学生追求人生趣味和理想境界的能力

D. 培养学生的学习兴趣和提高学生的美术成绩

10. "三人行,必有我师焉"这句话强调了要主动学习别人的思想、情感、品质等方面的优秀之处,并使自己与之保持一致,这体现了品德形成的(　　)阶段。

A. 服从　　B. 依从　　C. 认同　　D. 内化

11. 小美经常顺手牵羊拿走其他同学的文具盒,老师发现后严厉地批评了她。小美感到很困扰,自己明明知道偷东西是不对的,可就是控制不住自己的手。这说明小美目前缺乏(　　)(常考)

A. 道德认识　　B. 道德意志　　C. 道德情感　　D. 道德行为

12. 下列行为中,需要加强"知情意行"四个德育环节中的"知"的是(　　)

A. 小亮明知道上课玩手机不对,但还是玩了

B. 小张身心尚未成熟,不能辨别是非善恶

C. 小赵对公交车上倚老卖老的行为感到愤怒

D. 小罗生活中总是无法控制自己的情绪,容易发怒

13. 依据西格蒙德·弗洛伊德的人格结构理论,道德是儿童超我人格的发展,是儿童早期经验中成人道德标准的内化。在他的人格结构中,"超我"(　　)

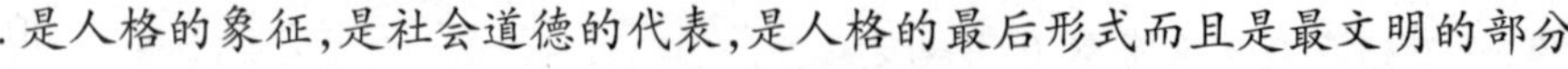

A. 是人格的象征,是社会道德的代表,是人格的最后形式而且是最文明的部分

B. 是最原始的、天生的、无意识的情欲冲动部分

C. 奉行“现实原则”，把本我需要的满足纳入现实的轨道

D. 依据“快乐原则”，要求得到直接满足，谈不上道德判断

14. 课程目标的确定需要考虑各种因素，其中不包括(　　)(常考)

A. 教育者的需要　　B. 学习者的需要

C. 当代社会生活的需要　　D. 学科发展的需要

15. 在A学校，学校的课程相当一部分是在教师的指导下，由学生选择一些自己感兴趣的话题，通过自主探究进行学习。这反映出A学校主张的课程理论最有可能为(　　)

A. 学科中心课程论　　B. 活动中心课程论

C. 社会中心课程论　　D. 教师中心课程论

16. 课程实施取向中的(　　)提倡教师要根据教学情境、教学目标、学生学习状态等，随时随地对教学做适当调整，以促进课程最大效度地被学生理解与掌握。

A. 忠实取向　　B. 创生取向

C. 目标取向　　D. 相互适应取向

17. 当前，在我国基础教育新课程体系中，“综合实践活动”课程是一门与各学科课程有着本质区别的新课程，是我国基础教育课程体系的结构性突破。下列有关综合实践活动的说法，错误的是(　　)

A. 是一种以学生的经验与生活为核心的实践性课程

B. 是新的基础教育课程体系中设置的选修课程

C. 活动有指定领域与非指定领域之分

D. 社区服务与社会实践是综合实践活动的四大指定领域之一

18. 邓老师在教新知识前，会用与新知识有联系的“先行组织者”策略进行教学，以提高学生的学习效果。邓老师采用教学策略进行教学是教师(　　)的体现。

A. 教学监控能力　　B. 教学认知能力

C. 教学反思能力　　D. 教学操作能力

19. 陈老师发现今年所教班级的学生比去年所教班级学生的基础知识更加薄弱，于是她对去年的教案做了大幅度修改，在教学内容上增加了更多基础知识的讲解，并设计了更多的课堂活动帮助学生巩固所学内容。陈老师的工作反映了教师劳动的(　　)(常考)

A. 示范性　　B. 协作性　　C. 创造性　　D. 长期性

20. 班级组织是由不同个体集结而成的，但要成为具有组织特性的团队，需要一个发展变化的过程，在不断分化与整合中成长和发展，其中(　　)是班级组织形成的第一阶段。

A. 个人属性之间的矛盾阶段　　B. 团体属性之间的矛盾阶段

C. 团体要求与个人属性之间的矛盾阶段　　D. 团体要求架构内的矛盾阶段

21. 著名教育家魏书生曾提出“人人有事做，事事有人做”的班级管理理念，通过设立常务班长、值周班长、值日班长和卫生、宣传等专项事务负责人，实现班级管理自动化。这主要体现的是班级管理的(　　)

A. 目标管理模式　　B. 常规管理模式

C. 平行管理模式　　D. 民主管理模式

22. 章老师最近发现学生下课后总是一个个小团体聚在一起，询问班长和学习委员后得知，最近新出了一个玩具盲盒，大部分学生都在收集、交换，甚至互相攀比，小部分受家庭条件制约、没有收集玩具盲盒的学生就被排除在小团体之外。对此，章老师应通过(　　)的方法进行集体培养。

A. 确定集体目标　　B. 培养正确舆论和良好班风

C. 做好个别教育工作　　D. 健全组织、培养干部以形成集体核心

23. 小美是家中的独生女，从小就备受父母宠爱，性格比较任性。进入学校后，她当上了班上的学习委员，从此小美积极参与班级活动，主动承担对班级的责任，也开始懂得体谅爸爸妈妈，父母不禁对她刮目相看。这说明(　　)

A. 班级生活作为一种集体生活，有助于学生社会性的发展

B. 班级对于学生个性的形成，具有重要的价值

C. 班级文化对班级管理具有导向作用

D. 班级组织有利于社会经济的发展

24. 感恩节当天，班主任围绕“心存感恩，学会感恩”主题，开展了主题班会活动。在班会上，班主任让学生回忆并讲述了自出生到现在父母与自己之间的小故事，使学生意识到了父母对自己的爱，激发了学生的感恩之情。这种类型的班会活动属于(　　)(易混)

A. 体验型　　B. 实践型　　C. 表演型　　D. 叙事型

25. 王瑞同学将家里的宠物猫带到教室里来，并告诉班主任：“我家里没有人。我担心没人照顾我的小猫，就把它带到教室里来了。”如果你是班主任，下列做法最合适的是(　　)

A. 为了维护班级纪律，立即让王瑞将猫送回去才能回学校上课

B. 告诉王瑞“老师暂时帮你照管小猫，你下次不要将它带到学校来，会影响同学们上课”

C. 允许王瑞这一次将小猫带进教室里听课，但下不为例

D. 为了不影响其他同学上课，打电话让王瑞的父母来学校将小猫领回去

26. 王老师在讲课前对同学们说：“今天我一走进教室，就感到大家学习热情很高。希望在我讲课的时候这份热情能保持下去。”王老师引入课程的方式为(　　)

A. 引导式　　B. 提示式　　C. 表扬式　　D. 检查式

27. 某日，陈老师由于睡过头，早上第一节课迟到了。陈老师匆忙跑进教室时，差点摔倒。全班同学哄然大笑，许久不能进入课堂学习状态。如果你是陈老师，面对此情景做法最合适的是(　　)

A. 认为学生不尊重自己，这节课上自习整顿纪律

B. 将心中的怒火发泄给嘲笑自己的学生，并布置大量作业

C. 因自己迟到向学生道歉，维持课堂纪律并开始上课

D. 掩饰自己的迟到，迅速开始上课

28. 陈老师发现班上学习成绩好的同学对学习抱有很大的兴趣，学习成绩不理想的同学对学习持消极态度。于是在一次考试中，陈老师有意给几位成绩不及格的同学打了68分，并在试卷上评价“先预支给你68分，但我相信不久之后你会还给我”，此后这几位同学都对该学科的学习产生了强烈的兴趣。下列选项中，能对这些学生学习态度的转变作出合理解释的是(　　)

A. 认知失调理论　　B. 练习律　　C. 效果律　　D. 准备律

29. 教案可分为详案和简案两种，下列关于详案的说法不正确的是(　　)

A. 篇幅往往比较大

B. 对教学活动的细节进行认真思考和精心设计

C. 一般适用于新教师和年轻教师的教学

D. 是上课的绝对蓝本

30. 在开家长会的过程中，小明妈妈向老师反映小明在写作文方面十分困难，希望可以多讲解作文写作的方法，老师表示写作是综合内容，需要多方面知识的积累和练习才会提高，单独讲解写作方法效果甚微。这是因为教学本身需要遵循(　　)原则。

A. 动机　　B. 结构　　C. 序列　　D. 管束

31. 王老师在教学时，经常要求学生集中注意力深入思考，尝试把所学习的新观念同原有的旧观念结合起来。根据赫尔巴特的教学阶段论，王老师的教学属于(　　)阶段。(易错)

A. 明了　　B. 联想　　C. 系统　　D. 方法

32. 下列古语与“学不躐等”体现的教学原则相近的是(　　)

A. 欲速则不达　　B. 不愤不启，不悱不发

C. 知者行之始，行者知之成　　D. 不闻不若闻之，闻之不若见之

33. 老师在给学生讲述人体骨骼的时候，拿出人体骨骼模型让同学们进行观察。这属于教学直观中的(　　)

A. 言语直观　　B. 模像直观　　C. 表象直观　　D. 图像直观

34. 教学策略是教学设计的组成部分，有多方面的含义，其中，教师在教学过程中采取的师生相互作用方式、方法与手段的展开过程属于(　　)(易混)

A. 教学活动的调控过程　　B. 教学活动的元认知过程

C. 教学方法的评价过程　　D. 教学方法的执行过程

35. 教师不仅对不同年龄组的学生有着不同的期望，即使对同一个学生的不同时期也存在不同的期望，这体现了教师期望效应的(　　)特点。

A. 暗示性　　B. 层次性　　C. 情感性　　D. 单一性

36. 在日常教学过程中，部分教师热衷于形式的翻新、多媒体的滥用，通过花里胡哨的教学形式把课程标准的理念在课堂中“外显”出来，而丢弃了教学的根本，这种做法主要忽略了课堂教学的(　　)

A. 趣味性　　B. 完整性　　C. 实效性　　D. 及时性

37. 程序教学是在操作性条件反射的理论基础上创造出来的一种教学技术，斯金纳主张程序教学应通过(　　)来进行。

A. 教学机器　　B. 情景模拟　　C. 课外延伸　　D. 教师引导

38. 教师在上课前采取教材结构化策略对教材进行加工，以下说法不正确的是(　　)

A. 教师可以采取多种结构化方法对教材进行处理

B. 教材结构化策略要求教师吃透教材

C. 结构化策略对优等生的帮助尤其显著

D. 教师可用教材加工的方法训练学生

39. 教师的语言需要遵循科学性，下列选项中符合教师语言规范的是(　　)

A. 政治课上老师说“黄金是从商品中分离出来固定充当一般等价物的特殊商品”

B. 生物课上老师说“脑袋主要包括左、右大脑半球，是中枢神经系统的最高级部分”

C. 地理课上老师说“吃饭具有强烈的地域性、民族性、民俗性等人文特性”

D. 语文课上老师说“散文是指以文字为创作、审美对象的文学艺术体裁”

40. 影响学生学习的要素有很多，下列属于环境类要素的是(　　)

A. 喜欢结伴学习　　B. 对光线强弱的偏爱

C. 学习责任感的强弱　　D. 喜欢听觉刺激

41. 王老师和李老师就“教学过程的双边性”展开讨论，王老师说：“教学过程是师与生、教与学的双边活动。”而李老师认为：“教学过程有时需要教师的指导，有时也要学生主宰课堂。”下列对两位老师的言论评价正确的是(　　)

A. 王老师的说法正确，师与生、教与学的双边活动能够满足师生在不断的交流和碰撞中实现知识的授受

B. 王老师的说法错误，教学过程的双边性更侧重于教师的主导性

C. 李老师的说法正确，教学过程的双边性就是教师和学生交替主导教学过程

D. 两位老师的说法都正确，涉及师生的教学过程都是“双边性”的体现

42. 教师在对一个年级的学生进行教学时，组织班里其他年级的学生自学或做作业，并有计划地交替进行。这种教学组织形式属于(　　)(常考)

A. 协作教学　　B. 开放教学　　C. 个别教学　　D. 复式教学

43. 赫尔巴特曾经指出“如果不坚强而温和地抓住管理的缰绳，任何功课的教学都是不可能的”。这种观点主要体现了(　　)的特点。

A. 观念性隐性课程　　B. 物质性隐性课程

C. 制度性隐性课程　　D. 心理性隐性课程

44. 学校突发事件的种类有很多，甲校学生在学校食堂就餐时发生大规模食物中毒的事件属于(　　)

A. 政治类突发事件　　B. 公共卫生类突发事件

C. 学生意外伤害事件　　D. 违反《治安管理处罚条例》的治安案件

45. 某校的防暴雨应急预案的应对方法中，错误的是(　　)

A. 暴雨来临时段，学校应关闭所有门窗

B. 值班人员和保安人员都应坐在值班室查看监控，不能随意走动

C. 若房屋内漏雨，应当切断电源，有秩序地转移贵重物品

D. 积水退尽后，学校应当和防疫部门一起做好消毒和清洁工作

46. 孙老师在上课的途中发现学校运动场附近有学生正在与社会青年斗殴，此时孙老师应采取的应对措施为(　　)

A. 组织班上一些身强体壮的男学生，协助自己制止斗殴

B. 组织部分学生，让他们拦截并控制参与斗殴的社会青年

C. 进入运动场，大声训斥并惩罚参与斗殴的本校学生

D. 及时向校内保卫人员报告，必要时马上报警

47. 李华总是在上课时看课外书，梁老师知道后并没有直接批评他，而是表扬了他身边认真上课的同桌。自此以后，李华再也没有在上课期间看与课堂无关的书。老师使用的这种课堂管理方法属于(　　)

A. 直接干预　　B. 替代强化　　C. 团体警觉　　D. 处理转换

48. 课间休息时间，四位学生在聊天，A 说："我努力学习是为了获得国家奖学金。"B 说："我是为了得到老师和父母的夸奖而努力学习的。"C 说："我跟你们不一样，我努力学习是因为我真的对学习很感兴趣。"D 则说："我努力学习就是为了考取学校第一名。"以上四名学生的学习动机属于附属内驱力的是(　　)

A. A　　B. B　　C. C　　D. D

49. 小美十分喜爱舞蹈，她既想加入学校的舞蹈协会来接受系统性的训练，又怕参加舞蹈训练会占用自己大量的学习时间而影响学业。小美的这种心理冲突属于(　　)(常考)

A. 趋避冲突　　B. 双趋冲突

C. 双避冲突　　D. 多重趋避冲突

50. 学生小张自己看书和记笔记的学习效率比听老师讲课更高，而学生小李则更需要听老师的讲授来识记知识。这体现出学生的学习风格受(　　)这个生理因素的影响。

A. 视觉刺激　　B. 时间节律　　C. 感觉通道　　D. 大脑单侧化

51. 虽然赵同学能将自己先前记忆过的古诗词准确地背诵下来，但是在记忆新古诗词时却显得十分吃力，尤其在背诵新古诗词时，她总会将部分旧知识混入其中。赵同学可能是受到了(　　)的影响。

A. 前摄抑制　　B. 倒摄抑制　　C. 刻板印象　　D. 思维定势

52. 一匹马不愿意驮任何东西，可以先在马背上放一条轻羊毛毯，然后放上鞍子，再在鞍子上放些东西，逐渐增加重量，直到最后人骑上去。这是运用了(　　)消除马不愿意驮东西的习惯。

A. 刺激法　　B. 疲劳法　　C. 阈限法　　D. 对抗性条件作用

53. 著名的心理学家斯金纳将人们的行为分为应答性行为和操作性行为，应答性行为是由已知的刺激引起的反应；操作性行为是由有机体自发做出的行为。以下不属于应答性行为的是(　　)

A. 望梅止渴　　B. 画饼充饥

C. 守株待兔　　D. 一朝被蛇咬，十年怕井绳

54. 学生小刘对数学不感兴趣，常常不做作业，但他十分喜欢打篮球，因此方老师告诉小刘，只有做完了今天的数学作业，才能和同学去打篮球。这种用高频的活动作为低频活动的有效强化物的方式涉及强化物选择的(　　)

A. 耶克斯—多德森定律　　B. 霍桑效应

C. 木桶效应　　D. 普雷马克原则

55. 良好的课堂氛围，有利于激发学生的学习兴趣，有效促进课堂教学。但新老师有时候也会面临一些问题，比如对抗性课堂氛围。下列情形属于对抗性课堂氛围的是(　　)

A. 个别同学对于课堂内容不感兴趣，昏昏欲睡

B. 学生在课堂上随意插嘴，有人在聊天，有人在看漫画

C. 同学们积极地回答问题，专注度高

D. 课堂十分安静，同学们心不在焉，没有人回答老师的问题

56. 良好的同伴关系有利于学生的健康成长，(　　)是同伴关系的主要特征。

A. 彼此教育　　B. 互相模仿　　C. 互相竞争　　D. 彼此平等

57. 亮亮和萌萌本是同桌兼好友，但由于亮亮没有帮萌萌隐瞒其抄作业的行为，萌萌对亮亮非常不满并要求换座位，王老师了解到情况后可从(　　)的交友原则方面对萌萌进行引导。

A. 广交朋友　　B. 乐交诤友　　C. 多交益友　　D. 不交损友

58. 刘老师在向同学们讲授"鸟"这个概念时，举出一些诸如"大雁、喜鹊、麻雀"等例子，同学们都误认为只有会飞的才是鸟。为了防止同学们出现此类过度概括，刘老师需要为学生呈现出(　　)(易混)

A. 正例　　B. 反例　　C. 规则　　D. 变式

59. 下列现象属于学习正迁移的是(　　)

A. 小丽学习过电子琴后，学钢琴更加容易

B. 小雅掌握英语语法后，与之前学过的中文语法混淆了

C. 小陈在长时间看手机后，会无意识地用手滑非触屏电脑

D. 小王驾驶手动挡汽车的习惯总是会影响他驾驶自动挡汽车

60. 王老师在评讲数学月考试卷的最后一题时，书写的解题思路和解题过程占满了整个黑板，但李峰能关注到黑板上的大部分内容，这体现的注意品质是(　　)

A. 注意分散　　B. 注意转移

C. 注意广度　　D. 注意分配

61. 进入初中的小陈刚开始学物理的时候，只是为了应付学习任务，后来随着掌握的物理基础知识越来越丰

富,他对物理产生了兴趣,凭着兴趣可以自然地将注意力集中到物理学习上。这种注意属于(　　)

A. 有意注意　B. 无意注意　C. 有意后注意　D. 无意后注意

62. 从记忆类型来看,对哥伦布发现美洲这个事实的记忆属于(　　)(易错)

A. 形象记忆　B. 情景记忆　C. 语义记忆　D. 运动记忆

63. 学生小黄在学习了"蝴蝶""蜜蜂""蜻蜓"等词后,再学习"昆虫"一词,进而知道"蝴蝶""蜜蜂""蜻蜓"都属于"昆虫"。这种学习过程属于(　　)

A. 上位学习　B. 下位学习

C. 派生类属学习　D. 相关类属学习

64. 经过一段时间的强化学习,小吴终于能够正确区分类似于"洗"和"冼"、"祗"和"祇"这些形相近而意不同的汉字了。上述能力属于(　　)

A. 习得与应用规则的能力　B. 习得与应用高级规则的能力

C. 辨别能力　D. 获得与应用概念的能力

65. 学生小李一到考试临近时,就紧张不安,难以集中注意力,还出现过度出汗、睡眠障碍等不适反应,这属于学生心理健康问题中的(　　)

A. 强迫症　B. 抑郁症　C. 焦虑症　D. 恐怖症

66. 在街上遇到"猫"之后,通过父母的解释,儿童形成了对"猫"的基本理解,包括猫的外形特征、生活习性、脾气秉性等。此时儿童关于"猫"的知识的表征形式是(　　)(易错)

A. 概念　B. 命题　C. 表象　D. 图式

67. 教师不同的态度会对学生人格有不同的影响。张老师是个"老好人",对学生实行"放养"式管理,上自习课的时候学生吵闹也不会对学生进行惩罚,只是等待他们安静下来,张老师这样的态度会使学生形成(　　)的人格特点。

A. 情绪紧张,冷淡,攻击性强,自制力弱　B. 无组织纪律性,无团体目标

C. 情绪稳定,态度积极友好,有领导能力　D. 易怒,侵犯性强

68. 在(　　),教师主要是让学生对学习的内容引起注意和知觉,为了使学生能够有效地进行选择性知觉,教师应采取各种手段来引起学生的注意。

A. 学习的保持阶段　B. 学习的回忆阶段

C. 学习的反馈阶段　D. 学习的领会阶段

69. 认知风格是指个体所偏好使用的信息加工方式,下列对于场独立型学生与场依存型学生的学习特点的表述,不正确的是(　　)

A. 场依存型学生一般较偏爱社会科学

B. 场依存型学生喜欢有严密结构的教学

C. 场独立型学生善于运用分析的知觉方式

D. 场独立型学生知觉物体时倾向于把外部参照作为信息加工的依据

70. 加涅认为学生的学习结果不外乎五种类型。下列学习任务中,体现的学习结果类型属于态度的是(　　)(易混)

A. 陈述灭火器的主要种类

B. 举例说明在恒温条件下有关气体的压力和体积关系的规则

C. 用活动扳手拧紧螺帽

D. 选择阅读小说作为课余消遣活动

71. 胡老师在教学生新的广播体操时,在学习广播体操的某一阶段,胡老师通过精练的讲解和准确的示范使学生形成正确的广播体操动作概念,并抓住动作的主要环节进行教学,但没有过多强调动作的细节。则该阶段最有可能是动作技能形成的(　　)

A. 泛化阶段　B. 分化阶段　C. 巩固阶段　D. 自动化阶段

72. "心不及墨"强调的是精加工策略中(　　)的重要性。

A. 人为联系策略　B. 内在联系策略

C. 生成策略　D. 记笔记策略

73. 为了帮助学生更好地记忆,张老师带领学生理解地理知识之间的关系,让学生体会到地理知识有规律可循。他经常将很多知识联系起来,如在学习星系时,张老师让同学们掌握这样一个结构:总星系→银河系→太阳系→地月系。这种记忆法是(　　)

A. 首字母记忆法　B. 图表记忆法　C. 从属联想记忆法　D. 口诀记忆法

74. 王岩学习认真,做事冷静沉着,有耐久力,能承担长时间的学习任务,但思维反应较慢。他的气质类型属于(　　)(常考)

A. 多血质　B. 黏液质　C. 抑郁质　D. 胆汁质

75. 根据艾利斯的 ABC 理论,人的不合理观念常常具有绝对化的要求、过分概括的评价及糟糕至极的结果三个特征。下列说法体现了"绝对化要求"的是(　　)

A. "我没考上大学,一切都完了"

B. "我这次考试一定要考年级第一"

C. "在全校师生面前演讲时忘词是一件非常可怕的事"

D. "如果我这次考试失败了,那我的整个人生就没有希望了"

76. 当同学小军嘲笑花花的外貌时,花花没有生气,很好地控制住了自己的情绪。花花的做法体现了自我意识中的(　　)

A. 自我认识　B. 自我体验　C. 自我调节　D. 自我评价

77. 图片反映了(　　)

A. 某些学校忽视了对学生心理健康的关注,不利于学生的健康发展

B. 在学校教育中,学生的心理健康可有可无,无关紧要

C. 某些学校缺乏民主,成为了某些人的一言堂

D. 学生成绩越好的学校,对学生的心理关注程度越弱

78—84. 缺。

85. 为防止在活动中出现交通事故，甲校严禁组织活动，学校采用的风险管理是(　　)

A. 回避风险　　B. 降低风险　　C. 转移风险　　D. 接受风险

86. 小学生经常被老师批评、受同学讽刺、与父母关系紧张，这属于小学生挫折中的(　　)

A. 成就挫折　　B. 人际关系挫折

C. 情感挫折　　D. 认知挫折

87. 老师说上一句，学生可以知道下一句，这属于现代认知心理学中的(　　)

A. 思想活跃　　B. 想象力丰富

C. 大脑中存储了相关脚本　　D. 观察能力强

88. 下列属于有意义的接受学习的是(　　)(易混)

A. 小学生在商场里玩密室逃脱　　B. 天文学家探索宇宙信息

C. 利用谐音记忆法背单词　　D. 学生李娟聚精会神地听教育专家的讲座

89. 一个小学五年级的学生，学习成绩落后，体育也差，没什么过人之处，唯一喜欢的是欺负别人，玩女生的辫子，把同伴绊倒等等。别人并没有招惹他，但他好像也没有什么原因，纯粹地为伤害而伤害。他的这种表现属于(　　)

A. 学习障碍　　B. 注意力缺失　　C. 强迫障碍　　D. 攻击行为

90. 小刚是一名四年级小学生，不爱学习，喜欢打游戏，然后班主任知道后利用游戏与学习的关系，希望把小刚的注意力从游戏引到学习上。从学习动机的角度来看，该老师的做法正确的有(　　)

A. 满足小刚的需要以更好地促进其求知需求

B. 适宜运用竞争手段去激发小刚对学习的积极性和求知欲

C. 促进学生学习动机的迁移，即从游戏转向学习

D. 创造学习情境，以激发小刚对学习的好奇心和求知欲

91. 小学生东东的数学成绩不好，因而很不自信，数学老师发现后便对他做个别辅导，东东成绩提高之后认真学习数学。按照埃里克森的人格发展阶段理论，老师在帮东东(　　)(常考)

A. 建立自主感，克服羞怯感　　B. 建立主动感，克服内疚感

C. 建立勤奋感，克服自卑感　　D. 建立角色同一性，克服混乱感

92. 习近平总书记指出：“学生往往可以原谅老师严厉刻板，但不能原谅老师学识浅薄。”这是在强调，作为教师要(　　)

A. 明道信道　　B. 业精善学　　C. 敬业爱生　　D. 立德垂范

93. 下列对“家校共育”的相关表述错误的是(　　)

A. 学校和家庭的互相配合程度，影响着孩子的成长和发展

B. 家校双方的目标是一致的，都是为了孩子健康成长、全面发展

C. 学校要尽可能调动学生家长参与学校教育的热情，获得家长对学校管理和发展的认同

D. 老师要积极与家长沟通，无论家长问任何问题都应马上回复和解释

94. 某老师主张“唯分数论”，宣扬成绩决定一切，成绩不好的学生其他方面肯定也不好。四个同学对此进行了讨论。

小周说：“这个老师是正确的，最后决定我们能去哪所大学的还是成绩。”

小吴说：“这个老师是正确的，成绩不好的学生其他能力也不会好。”

小郑说：“这个老师是错误的，不读书的人出路比高材生更好。”

小王说：“这个老师是错误的，老师不应以分数作为评价学生的唯一标准。”

他们四人中，说法正确的是(　　)

A. 小周　　B. 小吴　　C. 小郑　　D. 小王

95. 下列教师的教育惩戒行为，不符合要求的是(　　)(常考)

①小明没有按时完成作业，王老师在课堂上多次用书本拍打其头部

②小张在某次期末考试中语文成绩不及格，李老师在班上骂他是猪脑袋，还让其他同学以后只能叫他“蠢蛋”

③小刘多次在课堂上扰乱课堂秩序，张老师对他进行一番劝说后并让他写一份书面检讨

A. 仅①②　　B. 仅②③　　C. 仅①③　　D. ①②③

96. 根据我国《义务教育法》，地方各级人民政府应当保障适龄儿童、少年在________学校________入学。(　　)

A. 户籍所在地　就近　　B. 户籍所在地　凭分

C. 经常居住地　就近　　D. 经常居住地　凭分

97. 甲学校校长打断刘老师正常的上课进程，让其去迎接临时到访的上级领导，该校长的做法侵犯了刘老师的(　　)

A. 管理学生权　　B. 科学研究权　　C. 教育教学权　　D. 获取报酬权

98. 下列开拆、查阅未成年人的信件、日记、电子邮件或者其他网络通讯内容的情形中，违反我国《未成年人保护法》相关规定的是(　　)

A. 因国家安全或者追查刑事犯罪依法进行检查

B. 无民事行为能力未成年人的父母或者其他监护人代未成年人开拆、查阅

C. 紧急情况下为了保护未成年人本人的人身安全

D. 完全民事行为能力未成年人父母因顾虑未成年人的异性交往问题

99. 父母最近发现小君做作业时总是玩手机，心不在焉，甚至不想和父母沟通。一次，母亲无意间发现小君在社交网站上与一群不良青年有瓜葛，从其手机中的交谈内容还发现，这群不良青年正在蛊惑小君吸食毒品。根据我国《预防未成年人犯罪法》，小君父母应当立即将情况报告给(　　)

A. 法院　　B. 居委会　　C. 公安机关　　D. 教育部

100. 根据我国《教育法》，盗用、冒用他人身份，顶替他人取得的入学资格的，由教育行政部门或者其他有关行政部门责令撤销入学资格，并责令停止参加相关国家教育考试(　　)

A. 一年以上三年以下　　B. 二年以上五年以下

C. 三年以上六年以下　　D. 四年以上十年以下

二、多项选择题(下列每小题列出的四个选项中至少有两个是符合题意的,请将其选出并把它的标号写在括号内。错选、多选或未选均不得分。本大题共20小题,每小题1分,共20分)

101. 对学生进行文明礼貌、遵守纪律的教育是学校德育的基本内容之一。下列属于文明礼貌、遵守纪律教育的要点的有(　　)

A. 教育学生说话和气、举止大方文雅

B. 教育学生在公共场所不大声喧哗、不随地吐痰

C. 教育学生按时上下学,不迟到、不早退、不逃学

D. 教育学生要正确处理国家、集体和个人利益

102. 在当代中国教育跨越式发展的过程中,"钱学森之问""中小学择校热"和"精英大学农村学生减少"等一系列教育现象,主要受到(　　)的影响。

A. 文化因素　　B. 制度因素　　C. 经济因素　　D. 政治因素

103. 不少中小学校长表示:"劳动教育是提高中小学生综合素质、成就幸福圆满人生的有效途径,劳动教育通过以劳树德、以劳增智、以劳强体、以劳育美,为成就青少年学生的幸福人生奠定坚实基础。"这说明劳动技术教育(　　)

A. 是德、智、体、美的具体运用与实施

B. 在全面发展教育中起着灵魂、核心、统帅作用

C. 能传授学生现代生产劳动知识和生产技能

D. 能为学生将来的就业准备一定的条件

104. "道而弗牵,强而弗抑,开而弗达。道而弗牵则和,强而弗抑则易,开而弗达则思。和易以思,可谓善喻矣。"《学记》中的这句话教导教师在教学中应当(　　)

A. 督促勉励学生,但又不强制

B. 打开学生的思路,但又不给现成答案

C. 注重引导学生,但又不牵着学生的鼻子走

D. 尊重学生的主导地位,但又不放纵学生为所欲为

105. 调查结果显示,我国中小学教师职业倦怠已成为教师普遍存在的心理健康问题。教师职业倦怠的主要表现包括(　　)等。

A. 身体耗竭　　B. 心智枯竭

C. 情感衰竭　　D. 同事关系紧张,人际关系恶化

106. 班级文化包括班级物质文化、制度文化和精神文化三个层面。下列属于班级精神文化层面的有(　　)

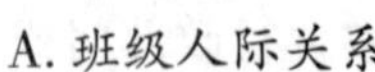

A. 班级人际关系　　B. 班级舆论

C. 班级公约　　D. 班级奖惩规定

107. 新课程倡导自主学习、探究学习和合作学习,下列体现了新课程学习方式的有(　　)(易错)

A. "知之者不如好之者,好之者不如乐之者"

B. "自为之,不若与人为之;与少为之,不若与众为之"

C. "有匪君子,如切如磋,如琢如磨"

D. "独学而无友,则孤陋而寡闻"

108. 对教师而言,备好课可以加强教学的计划性,有利于教师充分发挥主导作用。教师要在平时的学习、生活中有意识地收集教学资料,为上课做准备。备课工作包括(　　)(常考)

A. 钻研教材　　B. 了解学生　　C. 设计教法　　D. 批改作业

109. 作为学习过程中普遍存在的一种现象,学习迁移会受到学习过程中许多因素直接或间接的影响,下列属于客观因素的有(　　)(易错)

A. 学习材料的相似性　　B. 经验的概括程度

C. 学习者的原有认知结构　　D. 情境作用

110. 学生的态度和品德特征与家庭的教养方式有密切联系,下列情形中孩子更容易产生不良敌对行为的有(　　)

A. 家长行为举止端正庄重　　B. 家庭中无人管教

C. 家长无原则地溺爱　　D. 家长严厉有余,爱抚不足

111. 小斌经常在课堂上吵闹,老师惩罚小斌不让他参加课后学校举行的游园会活动。对此,以下说法正确的有(　　)

A. 老师对小斌使用正惩罚的方式进行教育

B. 老师对小斌使用外部强化的方式进行教育

C. 老师对小斌惩罚的结果是不能确定的

D. 教育活动中应尽量多使用强化少用惩罚

112. 学生在与同学交往过程中可采用的技巧有(　　)

A. 不以自我为中心　　B. 学会倾听和分享

C. 主动与同伴交往　　D. 理智把握交往的度

113. 教师在纪律教育中运用情境时要注意(　　)

A. 突出形象,寓理其中

B. 将情感活动与认知活动结合起来,按照情感本身发展的历程安排情境教育的步骤

C. 所营造的情境要和学生现有的经验、情感及思维能力相衔接

D. 采用多种表现形式,加强情境的吸引力、感染力和说服力

114. 观察是一种有目的、有计划、主动的知觉过程。通过观察可以使学生获得大量的感性知识。因此需重视培养学生的观察力,侧重培养(　　)等观察力品质。

A. 创新性　　B. 敏锐性　　C. 精确性　　D. 细微性

115. 下列属于学校开展心理辅导教育途径的有(　　)

A. A校每周为各班设置一节心理健康教育课

B. 蒋老师在班会课上为同学们开展心理辅导教育

C. B校聘请心理健康老师为同学们开展心理健康讲座

D. 街道社区为留守学生进行暑期心灵关爱活动

116. 下列体现了正强化原理的有(　　)(常考)

A. 学生在校园内吸烟将会给予警告处分

B. 小明在周末没有认真完成作业,妈妈不让小明看电视

C. 小方在默写测验中得了第一名,老师奖励了小方一朵小红花

D. 小郑在暑假期间积极帮妈妈做家务,于是妈妈带小郑去游乐场玩耍以示奖励

117. 教师职业信念是指教师在对自己所从事的职业有了一定认识的基础上,在教师劳动价值方面所产生的坚信不疑的态度,主要表现为(　　)

A. 确立正确的自我价值实现尺度　　B. 对每个学生都视如己出

C. 培养自己对教育工作的深厚感情　　D. 要锤炼形成自己坚强的意志品质

118. 教师劳动工具的特殊性指的是教师不仅仅使用教材、教学设备等辅助性工具,还要利用好教师的个性。教师个性包括(　　)

A. 教师个人的思想品德　　B. 教师个人的意志信念

C. 教师个体的知识和才能　　D. 教师个体传授知识的技巧和本领

119. 师德情感是指教师心理上对师德规范所产生的一种爱憎、好恶、荣辱、美丑等的情感体验,是师德意识的一部分。以下属于师德情感的有(　　)

A. 正义感　　B. 自豪感　　C. 荣誉感　　D. 幸福感

120. 根据有关规定,学生应当遵守学校的规章制度和纪律;在不同的受教育阶段,应当根据自身的(　　),避免和消除相应的危险。

A. 年龄　　B. 认知能力

C. 家庭环境　　D. 法律行为能力

三、判断题(判断下列各题的正误,并在题后的括号内打"√"或"×"。本大题共20小题,每小题0.5分,共10分)

121. 社会发展离不开人的发展,因此教育的个体发展功能首先表现为促进个体个性化的功能。(　　)

122. 通过网络技术可以做到跨年龄段教育,这是传统学校教育无法实现的;但传统学校教育是跨时空的教育,这是网络教育不能实现的。(常考)(　　)

123. 外因通过内因起作用,环境和教育的影响必须成为个体自身发展的需要时,才能促进个体心理的发展。(　　)

124. 在教育目的上,杜威指出,教育过程之外无目的,教育的目的在教育过程中,儿童的生长即教育的目的。(　　)

125. 夸美纽斯说过:"凡是需要知道的事物,都要通过事物本身来学习,应该尽可能把事物本身或代替事物的图像呈现给学生。"这体现了教学的量力性原则。(　　)

126. 作为构成教育环境的独特因素,校风体现了一个学校的精神风貌,校风的表现形式主要有:校训、校歌、校徽、校旗。(　　)

127. 总的来说,课堂教学主要包括启动、导入、展开、调整和结束5个环节。(　　)

128. 操场绿化、标语、长廊等校园环境,都发挥着潜在的美育功能。(　　)

129. 在教育开始阶段应该让学生充分感知学习材料,以便学生被动地接受教育。(　　)

130. 演示法和参观法都是以直观感知为主的教学方法。(　　)

131. 教学是以间接经验为主来组织学习的,学生主要通过书本接受知识,然后再去应用和证明。(　　)

132. 加强教师队伍建设首先就要强化教师思想政治素质和师德素养,引导教师自觉贯彻落实新时代党的教育方针,增强自身责任感和使命感。(　　)

133. "四有"好老师是指有理想信念、有法律知识、有扎实学识、有仁爱之心的老师。(常考)(　　)

134. "其身正,不令而行;其身不正,虽令不从。"从教师角度,可以理解为教师对学生下命令一定要正确。(　　)

135. 青少年阶段是人生的"拔节孕穗期",需要教师给予更多尊重、理解和关爱。(　　)

136. 接受义务教育不仅是学生的权利,也是学生的义务。权利与义务共存。(　　)

137. 国务院教育行政部门主管全国的教师工作,学校和其他教育机构的教师管理工作由国务院教育行政部门统筹,不得自主进行。(常考)(　　)

138. 根据我国相关法律规定,父母因外出务工或者其他原因不能履行对未成年人监护职责的,应当委托有监护能力的其他成年人代为监护。(　　)

139. 未成年人有"传播淫秽的读物或者音像制品"的行为,应以刑事犯罪论处。(　　)

140. 学校、老师必须对学生家长提供家庭教育指导。(　　)

2021年山西省大同市平城区教师招聘考试真题试卷(三十一)

(本套试卷仅收录教育基础知识部分的试题)

本套试卷共26小题,包括单项选择题(14小题)、多项选择题(8小题)、简答题(2小题)、材料分析题(2小题)。

一、单项选择题(下列每小题列出的四个选项中只有一个是最符合题意的,请将其代码填在括号内。错选、多选或未选均不得分。本大题共14小题,每小题1分,共14分)

1. 主张"有教无类"的中国古代教育家是(　　)(常考)

A. 孔子　B. 孟子　C. 荀子　D. 韩非子

2. 春秋战国时期出现的中国教育史上里程碑式的学校教育制度是(　　)

A. 国学　B. 私学　C. 太学　D. 乡学

3. "百年大计,教育为本"体现了教育在社会主义现代化建设中的(　　)地位。

A. 全局性　B. 先导性　C. 基础性　D. 限制性

4. 学生沿着不同的方向和角度思考,从而寻求多样性答案的思维活动属于(　　)(常考)

A. 常规思维　B. 聚合思维　C. 动作思维　D. 发散思维

5. 现代教育与传统教育的根本区别在于(　　)

A. 思维能力的培养　B. 想象能力的培养　C. 创新能力的培养　D. 实践能力的培养

6. 卢梭的教育思想属于(　　)

A. 实用主义教育思想　B. 自然主义教育思想

C. 存在主义教育思想　D. 人文主义教育思想

7. 教师对正在进行的教学活动进行不断的自我认识和反思的能力属于(　　)

A. 教学设计能力　B. 教学组织能力

C. 教学决策能力　D. 教学监控能力

8. "关注个体差异"就是根据学生实际存在的爱好、兴趣和差异(　　)(易混)

A. 完全由学生自己决定如何学习　B. 将学生按优、中、差分班教学

C. 使每个学生的特长都得到发挥　D. 大力培养单科独进的尖子生

9.《中华人民共和国教育法》规定,学校及其他教育机构在不影响正常教育教学活动的前提下,应当积极参加(　　)

A. 当地的社会公益活动　B. 当地的社会救助活动

C. 各种社会实践活动　D. 各种社会捐助活动

10. 日常教学活动中,教师引导学生努力做到"举一反三""触类旁通""闻一知十"。这在教育心理学上称为(　　)

A. 模仿　B. 同化　C. 顺应　D. 迁移

11.《中小学教师职业道德规范》要求教师"崇尚科学精神,树立终身学习理念,拓宽知识视野,更新知识结构",这些要求比较明显地体现了教师(　　)的职业道德规范。

A. 敬业奉献　B. 终身学习　C. 热爱学生　D. 为人师表

12. "闻道有先后,术业有专攻"启示教师应该(　　)

A. 乐教善教,讲究教法　B. 严于律己,为人师表

C. 教学相长,互相尊重　D. 因材施教,教书育人

13. 杨毅在学习过程中,将自己的笔记本划分成两半,一半记录老师上课时所讲的内容,另一半记录自己不懂的地方或重要的地方。杨毅在这一过程中使用的学习策略属于(　　)

A. 精加工策略　B. 计划策略　C. 组织策略　D. 监视策略

14. 下列关于教学方法和教学策略的关系,叙述正确的是(　　)(易错)

A. 教学策略受制于教学方法

B. 教学策略从层次上低于教学方法

C. 教学方法的采用不受教学策略的支配

D. 教学方法是教学策略的具体化

二、多项选择题(在下列每题列出的选项中至少有两项是符合题意的,将其选出并把它的标号写在括号内。多选、错选或少选均不得分。本大题共8小题,每小题1.5分,共12分)

15. 教育活动中要注意"三结合",发挥教育合力,这"三结合"所指的三种教育是(　　)

A. 家庭教育　B. 班级教育　C. 学校教育　D. 社会教育

E. 道德教育

16. 杜威实用主义所提倡的主要教育观点有(　　)

A. 教育即生活　B. 学校即社会　C. 教学为中心　D. 儿童为中心

E. 从做中学

17. 教学效能感包括(　　)

A. 低级效能感　B. 高级效能感

C. 职业效能感　D. 一般教学效能感

E. 个人教学效能感

18. 教师的合法权益包括我国《教师法》规定的教师在从事教学活动中的一切权利,其中有(　　)等权利。(常考)

A. 从事科学研究、学术交流　B. 指导学生的学习和发展

C. 评定学生的品行和学业成绩　　D. 按时获取工资报酬

E. 参与学校的民主管理

19. 以下说法体现了启发式教学思想的有(　　)

A. 人不知而不愠　　B. 问则疑，疑则思

C. 不愤不启，不悱不发　　D. 教之而不受，虽强告之无益

E. 道而弗牵，强而弗抑，开而弗达

20. 王某作为一名受教育者，依法享有的权利有(　　)

A. 参加教育教学计划安排的各种活动

B. 使用教育教学设施、设备、图书资料

C. 按照国家有关规定获得奖学金、贷学金、助学金

D. 完成规定的学业后获得相应的学业证书、学位证书

E. 对学校给予的处分不服向有关部门提出申诉

21. “师范也者，学子之根核也。师道不立，而欲学术之能善，是犹种粮萎而求稻苗，未有能获也。”这句话蕴含的教师职业要求有(　　)(易错)

A. 教师的人格是教育的基石　　B. 教师职业是一种需要人文精神的专业性职业

C. 师德属于专门的教育素养　　D. 良好的思想品德是教师职业的重要条件

E. 关爱、尊重学生，促进学生全面发展是师德的体现

22. 某高中地理老师正在给学生讲解“对流雨”“锋面雨”和“地形雨”，突然有同学举手提问：“老师，窗外正下着的雨属于三种中的哪一种呢？”老师对这突如其来的发问似乎并未做好准备，草草搪塞过去。过后也并未就该学生提出的问题给予回应。该老师的课堂教学违背的教学原则主要有(　　)

A. 理论联系实际原则　　B. 整体性原则

C. 直观性与抽象性相结合原则　　D. 因材施教原则

E. 巩固性原则

三、简答题(本大题共2小题，每小题4分，共8分)

23. 简述教学评价的基本原则。

24. 简述如何培养和激发学生的学习动机？(常考)

四、材料分析题(本大题共2小题，每小题8分，共16分)

25. 德国教育家赫尔巴特指出：“教学如果没有进行道德教育，只是一种没有目的的手段，道德教育如果没有教学，就是一种失去了手段的目的。”

上述材料揭示了教学的什么规律？谈谈你对这种规律的认识。

26. 最近一项调查结果显示：98.6%的学生见到老师能主动问好或打招呼，而只有不到9%的老师主动跟学生问好或打招呼。

这个现象说明了什么问题？请从教师职业道德素养和师生关系两个角度进行分析。

2021年山西省临汾市曲沃县教师招聘考试真题试卷(三十二)

(总分100分 时间120分钟)

本套试卷共50小题,包括单项选择题(40小题)、判断题(10小题)。

一、单项选择题(下列每小题列出的四个选项中只有一个是最符合题意的,请将其代码填在括号内。错选、多选或未选均不得分。本大题共40小题,每小题2分,共80分)

1. 我国唐代的教育家韩愈提出教师应"以身立教",这样的教师才会"其身亡而其教存"。这说明教师应(　　)

A. 学而不厌,诲人不倦　　B. 热爱教学

C. 以身作则,为人师表　　D. 具有职业信念

2. 我国最早记载和阐释孔子"不愤不启,不悱不发"教学思想的著作是(　　)(常考)

A.《学记》　B.《论语》　C.《大学》　D.《孟子》

3. 教育学是研究教育现象和教育问题,揭示教育规律的科学。它作为一门学科的建立始于________,其开始形成一门独立学科的标志性著作是________。(　　)

A. 赫尔巴特;《普通教育学》　　B. 杜威;《民主主义与教育》

C. 洛克;《教育漫话》　　D. 夸美纽斯;《大教学论》

4.《学记》总结和概括了先秦儒家的教育经验和理论。其中,"亲其师,信其道"主要表明了(　　)的作用。

A. 道德认识　B. 道德情感　C. 道德动机　D. 道德意志

5. 为避免灌输与说教而大量使用道德问题情境激发学生角色认取和主动思考的德育模式,除道德认知发展模式外,还有(　　)(易错)

A. 体谅模式　　B. 价值澄清模式

C. 社会学习模式　　D. 集体教学模式

6. 教师要求学生列举砖的用途,某学生在单位时间内列举出很多例证,但都在建筑材料范围之内。这表明该学生的发散思维在流畅性和变通性方面的特点是(　　)(常考)

A. 流畅性差,变通性差　　B. 流畅性好,变通性好

C. 流畅性好,变通性差　　D. 流畅性差,变通性好

7. 近年来,越来越多的"一带一路"沿线国家的留学生来我国学习,并把中国文化带回自己的祖国。这体现了教育具有(　　)

A. 文化传承功能　　B. 文化创造功能

C. 文化更新功能　　D. 文化传播功能

8. 下列选项中,(　　)不属于交互式教学模式要教给学生的学习策略。

A. 总结　B. 提问　C. 析疑　D. 评价

9. 班杜拉的社会学习理论认为(　　)

A. 儿童通过观察和模仿身边人的行为学会分享

B. 操作性条件反射是儿童学会分享的重要学习形式

C. 儿童能够学会分享是因为儿童天性本善

D. 儿童学会分享是因为成人采取了有效的奖惩措施

10. 下面哪种表现体现了罗森塔尔效应(　　)

A. 老师让学生背书,学生认真地背书

B. 老师对学生说:"你很聪明,只要认真学习,成绩一定会提高。"结果这个学生的成绩提高了

C. 学生犯了错误,老师批评了他

D. 老师穿得很漂亮,结果学生们在课堂上积极地配合老师

11. 素质教育是指一种以提高受教育者诸方面素质为目标的教育模式。素质教育的时代特征是培养学生的(　　)(常考)

A. 创新精神　　B. 艰苦奋斗精神

C. 团结协作精神　　D. 革命传统精神

12. 教师不再向学生系统讲授教材,而只为学生指定自学材料,由学生自学和独立作业,教师解答学生疑问,学生阶段性向教师汇报学习情况并接受考查。这种教学组织形式是(　　)

A. 个别教学制　　B. 泰勒制

C. 班级授课制　　D. 道尔顿制

13. 赫尔巴特将教育过程分为相互联系、前后衔接的三个部分,即(　　)(易混)

A. 统觉、教学和训育　　B. 兴趣、教学和训育

C. 联想、教学和训育　　D. 管理、教学和训育

14. 下面是陈老师讲解"二氧化碳性质"时的教学片段:"讲台上放着两瓶没有标签的无色气体,其中一瓶是二氧化碳,一瓶是空气,怎么区分它们呢?"陈老师边说边将燃烧的木条分别伸入两个集气瓶中,告诉学生使木条熄灭的是二氧化碳,使木条继续燃烧的是空气。这种教学方法是(　　)

A. 实验法　B. 演示法　C. 讲授法　D. 谈话法

15. 小敏在解决数学问题时总是从多种途径寻求解决问题的方法,力求一题多解。小敏的思维方式属

于( )

A. 聚合思维
B. 发散思维
C. 常规思维
D. 具体思维

16. “为中华之崛起而读书”,这样的学习动机属于( )

A. 近景性内部动机
B. 近景性外部动机
C. 远景性内部动机
D. 远景性外部动机

17. 教师上课时所使用的课件视频、投影、模型等教学资源属于( )

A. 教材 B. 教案 C. 教参 D. 教科书

18. 瓦特借助烧开的水顶起壶盖这一现象发明了蒸汽机。这类创造活动的主要心理影响机制是( )(常考)

A. 功能固着 B. 迁移 C. 定势 D. 原型启发

19. 下列选项中,属于胆汁质类型的特点的是( )

A. 孤僻、敏感、情绪发生慢而强
B. 热情、粗暴、情绪发生快而强
C. 沉着、淡漠、情绪发生慢而弱
D. 轻率、敏捷、情绪发生快而多变

20. 德国心理学家艾宾浩斯最早对人类记忆和遗忘规律进行了实验研究。实验结果告诉我们,遗忘的规律是先快后慢的。根据这一特点,及时复习能防止学习之后的快速遗忘。所谓及时复习,应该是指( )

A. 当天复习
B. 考试前复习
C. 一周之后复习
D. 学习结束立刻复习

21.《中华人民共和国教师法》自( )起施行。

A. 1994 年 1 月 1 日
B. 1994 年 9 月 10 日
C. 1993 年 11 月 1 日
D. 1995 年 1 月 1 日

22. 课程的文本一般表现为( )(易混)

A. 课程计划、课程标准、教材
B. 课程计划、课程目标、课程实施
C. 课程目标、课程实施、课程评价
D. 课程主题、课程任务、课程标准

23. 有效地进行班主任工作的前提和基础是( )

A. 做好个别教育工作
B. 组织和培养班集体
C. 了解和研究学生
D. 做好班主任工作的计划和总结

24. 习近平总书记在 2016 年教师节讲话中指出,教师要做学生发展的“引路人”,其内容是( )

①做学生锤炼品格的引路人②做学生学习知识的引路人

③做学生提升能力的引路人④做学生创新思维的引路人

⑤做学生奉献祖国的引路人

A. ①②③④
B. ①②③⑤
C. ①②④⑤
D. ①③④⑤

25. “捧着一颗心来,不带半根草去。”陶行知的这句话强调的是教师应具有( )(常考)

A. 深厚的教育理论知识
B. 高尚的教师职业道德
C. 广博的科学文化知识
D. 较强的教育教学能力

26. 叶澜认为,构成教育活动必不可少的基本要素是( )

A. 教育者、受教育者、教育手段、教育内容

B. 教育者、受教育者、教育物资、教育内容

C. 教育者、受教育者、教育物资、教育手段

D. 教育者、受教育者、教育手段、教育环境

27. 根据《中华人民共和国教育法》,下列说法不正确的是( )

A. 汉语言文字为学校及其他教育机构的基本教学语言文字

B. 少数民族学生为主的学校及其他教育机构,有推广使用普通话的责任和义务,应严格使用普通话进行教学

C. 学校及其他教育机构进行教学,应当推广使用全国通用的普通话和规范字

D. 少数民族学生为主的学校及其他教育机构,可以使用本民族或者当地民族通用的语言文字进行教学

28. 夸美纽斯指出:“凡是需要知道的事物,都要通过事物本身来进行教学;那就是说,应该尽可能地把事物本身或代替它的图像放在面前,让学生去看看、摸摸、听听、闻闻等。”乌申斯基也进一步指出:“一般来说,儿童是依靠形式、颜色、声音和感觉来进行思维的。”他还指出:“逻辑不是别的东西,而是自然界里的事物和现象的联系在我们头脑中的反映。”这就要求我们在教学中重视运用( )原则。

A. 循序渐进 B. 因材施教 C. 直观性 D. 巩固性

29. 具有场独立型认知风格的人在学习上的表现是( )(常考)

A. 擅长人文科学和社会科学
B. 偏爱自然科学和数学
C. 学习受外在动机支配
D. 适合结构严密的教学

30. 在板书生字时,教师常把形近字的相异部分用不同颜色的粉笔写出来,以引起学生的注意。教师所运用的感觉规律是( )

A. 感觉适应
B. 感觉后像
C. 感觉补偿
D. 感觉对比

31. 有的人遇事反应快，容易冲动，很难约束自己的行为。这种人的气质类型比较倾向于(　　)

A. 胆汁质　　B. 多血质　　C. 黏液质　　D. 抑郁质

32. 下列哪种情况发生了学习(　　)(易错)

A. 小李从亮处走进暗室，视力显著提高

B. 小明喝酒后脾气变得暴躁

C. 小张服用兴奋剂后百米赛跑夺冠

D. 大猩猩模仿游人吃饼干

33. 知道"三角形的内角和等于180度"，这属于(　　)

A. 策略性知识

B. 陈述性知识

C. 条件性知识

D. 程序性知识

34. 教师职业道德的灵魂是(　　)(常考)

A. 爱国守法　　B. 爱岗敬业　　C. 关爱学生　　D. 教书育人

35. 教师进行人格修养最好的策略是(　　)

A. "取法乎下"

B. "取法乎中"

C. "取法乎上"

D. "无法即法"

36. 为了更好地因材施教，新学期开始，教物理课的赵老师对所教班级学生的学习情况进行了摸底考试，初步了解了学生已有的知识基础和相关能力。这种考试属于(　　)

A. 形成性评价

B. 诊断性评价

C. 总结性评价

D. 相对性评价

37. 同概念一样，规则也有正例、反例。下列表述能体现桑代克"效果律"正例的是(　　)

A. "近朱者赤，近墨者黑"

B. "得寸进尺"

C. "入乡随俗"

D. "吃小亏占大便宜"

38. 学生看到某个物品有一种惯常的用途后，便很难看出它的其他用途的现象属于(　　)

A. 晕轮效应　　B. 近因效应　　C. 首因效应　　D. 功能固着

39. 下列关于"最近发展区"的观点，不正确的是(　　)

A. 发展要先于教学，以便更好地进行教学

B. 教学内容应略高于个体的现有发展水平

C. 教学要走在发展的前面，以便更好地促进发展

D. 教学应同时考虑个体现有的发展水平和所能达到的水平

40. 近年来，我国学校教育一直大力提倡课内活动与课外活动相结合。下列表述中能充分体现这一思想的是(　　)(易错)

A. "学而时习之，不亦说乎"

B. "道而弗牵，强而弗抑，开而弗达"

C. "发然后禁，则扞格而不胜"

D. "时教必有正业，退息必有居学"

二、判断题(判断下列各题的正误，并在题后括号内打"√"或"×"。本大题共10小题，每小题2分，共20分)

41. 俗话说"严师出高徒""严是爱，松是害，不管不问要变坏"。所以爱学生和严格要求学生总是矛盾的。(　　)

42. 学校心理咨询主要是解决学生的学习困难、考试焦虑、厌学等一般的心理状态失调或行为问题。(　　)

43. 动机强度越强，解决问题的效率越高。(　　)

44. 关于成就动机的研究表明，与害怕失败者相比，追求成功者倾向于选择非常难的任务。(　　)

45. 《国家中长期教育改革和发展规划纲要(2010～2020年)》中提出，到2020年，全面普及学前一年教育，基本普及学前两年教育，有条件的地区普及学前三年教育。(　　)

46. 学生与同伴的关系是教育过程中最基本、最重要的人际关系，将直接影响教育效果的好坏。(易错)(　　)

47. 教师要在从教过程中依法行使教书育人的权利，切实做到依法治教和依法执教是《中小学教师职业道德规范》中爱国守法的要求。(　　)

48. 一节课既有检查复习，又有新知识的讲授和巩固练习，这节课就属于综合课。(　　)

49. "授人以鱼，不如授人以渔"强调教学过程中传授科学知识的重要意义。(常考)(　　)

50. "师道尊严"的师生关系在今天的新课程改革中受到了责难，新课改认为师生之间的关系是一种交往对话的平等关系。(　　)

2021年广东省清远市佛冈县教师招聘考试真题试卷(精编)(三十三)

本套试卷共110小题,目前已收录99小题,包括单项选择题(70小题)、多项选择题(9小题)、判断题(20小题)。

一、单项选择题(在下列每题四个选项中只有一个是最符合题意的,将其选出并把它的标号写在括号内。错选、多选或未选均不得分。本大题共70小题,每小题0.93分,共65.1分)

1. 在道德教育上,否认统一的道德标准,把个人"自由选择"道德标准作为品格教育的基本原则;在课程方面,注重人文学科,反对职业训练,强调课程的全部重点必须从事物世界转移到人格世界。这一观点属于现代西方教育思想流派中的(　　)

A. 存在主义教育　　B. 改造主义教育
C. 永恒主义教育　　D. 要素主义教育

2. 在资本主义社会中,劳动人民的子女可以接受教育,但他们能接受大学教育的机会远少于资本家的子女,这体现了(　　)对受教育权利的制约。(常考)

A. 生产力发展水平　　B. 民族文化传统
C. 政治经济制度　　D. 人口状况

3. 赫尔巴特从心理的状态将兴趣分为六类,并主张根据(　　),应设自然、物理学、化学和地理等课程。

A. 经验的兴趣　　B. 思辨的兴趣　　C. 同情的兴趣　　D. 社会的兴趣

4. (　　)是先秦墨家区别于其他学派最具特色的主张,其目的在于培养人的思维能力,与人论辩,以推行自己的政治主张。

A. 重实践　　B. 重科技　　C. 重文史　　D. 重创造

5. 从教育的性质看,教育通过自我更新和变革,促进和引领人类社会的发展体现了教育的(　　)

A. 保守功能　　B. 超越功能　　C. 显性功能　　D. 隐性功能

6. 凯兴斯泰纳认为,国家的教育制度只有一个目标,那就是造就公民。从教育目的的价值取向看,该观点属于(　　)(常考)

A. 个人本位论　　B. 社会本位论　　C. 宗教本位论　　D. 教育无目的论

7. 教育家陶行知提出的"六大解放"指向的是解放儿童的(　　)

A. 观察力　　B. 注意力　　C. 记忆力　　D. 创造力

8. 学习计算机和良种培育均属于课外活动中的(　　)

A. 学科活动　　B. 科学技术活动
C. 文化艺术活动　　D. 思想政治教育活动

9. 数学教师在教完新课后,要求学生区分一道数学应用题中的相关数字信息与无关数字信息。根据布卢姆的认识领域目标分类理论,该目标处于(　　)(常考)

A. 知识水平　　B. 应用水平　　C. 分析水平　　D. 综合水平

10. 叶圣陶曾说过"教师之为教,不在全盘授予,而在相机诱导"。这句话主要启示教师在教学过程中应注重(　　)

A. 启发性原则　　B. 循序渐进原则
C. 有教无类原则　　D. 因材施教原则

11. 下列哪种讲授法常常在印证、加深、补充所讲内容的时候引用,可弥补教学语言的不足,增强讲授内容的主动性和可信性(　　)

A. 讲述法　　B. 讲解法　　C. 讲演法　　D. 讲读法

12. 学生在数学课上学习了长方形的面积公式之后,教师让学生回家后计算一下家里客厅的面积,这种教学方法属于(　　)

A. 演示法　　B. 实验法　　C. 实习作业法　　D. 读书指导法

13. 张老师在教学中充分利用学生已有经验,增加学生学习新知识时所必需的感性认识,以保证教学的顺利开展。张老师遵循了教学过程的哪一基本规律(　　)

A. 间接性规律　　B. 发展性规律
C. 双边性规律　　D. 教育性规律

14. 班级授课制在我国兴起的时间是清朝,1862年,京师同文馆是最早采用这一教学组织形式的学校,在清政府颁布(　　)后,在全国广泛推广。

A.《钦定学堂章程》　　B.《奏定学堂章程》
C.《学校系统令》　　D.《强迫教育章程》

15. "博学之,审问之,慎思之,明辨之,笃行之"出自(　　)

A.《学记》　　B.《论语》　　C.《大学》　　D.《礼记》

16. 从学科内容的属性看,古希腊的"七艺"属于(　　)

A. 学科课程　　B. 经验课程　　C. 分科课程　　D. 综合课程

17. 教育家杜威认为,决定学习的质和量的是儿童而不是教材,他提出教学应从儿童的经验和活动出发,而儿童的本能是他们获得经验的基础。这一观点属于(　　)

A. 社会中心课程论　　B. 形式主义课程观
C. 实用主义课程观　　D. 结构主义课程观

18. 郝老师在教"奶"这个字时说:"看,左边是女字旁,右边像个驼背的人,这就是奶奶的'奶'字,奶奶的年纪大了,走路时背弯弯的,还需要拄着拐杖。"郝老师运用的直观方式是(　　)

A. 模像直观　　B. 言语直观　　C. 实物直观　　D. 电化直观

19. 当同学向小军借学习用品时,小军从不拒绝,因为他希望得到同学的赞赏和认可,让大家觉得他是个"好孩子"。根据科尔伯格的道德发展阶段理论,小军处于(　　)(易混)

A. 前习俗水平　B. 习俗水平　C. 后习俗水平　D. 超习俗水平

20. 某学校通过组织学生去敬老院开展服务活动,去社区街道义务捡垃圾来对学生进行德育。这种德育方法是(　　)

A. 实际锻炼法　B. 榜样示范法　C. 情感陶冶法　D. 道德修养法

21. (　　)认为,"学会关心"的教育价值在于引导学生从原始的、自发的"关心"感情提升到理性的、自觉的"关心"感情,形成出自责任的"关心"品质,进而为整个德行的发展奠基。

A. 主体性德育模式　B. 活动德育模式

C. 情感德育模式　D. 认知德育模式

22. 个体道德品质形成的基础是(　　)(易错)

A. 道德认知　B. 道德情感　C. 道德行为　D. 道德意志

23. 德育可以促进个体品德的社会化、个性化,促进和维护个体的心理健康,促进和实现个体的自我完善。这体现了德育的个体(　　)

A. 生存功能　B. 享用功能　C. 发展功能　D. 控制功能

24. 小林上课时开小差,周老师慢慢走到他的座位旁边,然后把手轻轻放在他的肩膀上,于是小林立马回过神来认真听讲。周老师运用的课堂管理策略是(　　)

A. 应用后果　B. 反复提示

C. 合理运用表扬和惩罚　D. 非言语线索

25. 在班集体形成的(　　),学生之间的交互活动带有相互探询和适应的性质,集体的活动与任务均来自教师或学校的要求,学生参与意识不强。在这一阶段,教师应尽可能给学生提供各种交往的机会,让学生相互了解。

A. 松散期　B. 同化期　C. 凝聚期　D. 形成期

26. 张老师想写篇教育研究论文,他查阅文献的时候,主要翻看了赫尔巴特的《普通教育学》这本专著。这属于(　　)(易混)

A. 一次文献　B. 二次文献　C. 三次文献　D. 四次文献

27. 教育研究者按照研究目的,合理地控制或创设一定的条件,人为地影响研究对象,从而验证假设,探讨教育现象之间的因果关系。这种研究方法属于(　　)

A. 教育反思研究法　B. 教育调查研究法

C. 教育实验研究法　D. 教育行为研究法

28. 教育研究的(　　)回答的是"发生了什么"的问题。如小学二年级学生识字量是多少?(易错)

A. 探究原因水平　B. 迁移推广水平

C. 理论研究水平　D. 直觉观察水平

29. 观察法是学校教育中常用的研究方法,根据对观察的环境条件是否进行控制和改变,可将观察法分为(　　)

A. 定量观察与定性观察　B. 直接观察与间接观察

C. 自然情境中的观察与实验室中的观察　D. 参与式观察与非参与式观察

30. 语文老师何某在学生阅读课文《背影》时,配上一支轻音乐以加深学生对文章内容的理解与感悟。何老师的这一做法运用的是(　　)

A. 感觉后效　B. 感觉对比

C. 感觉的补偿作用　D. 感觉的相互作用

31. 学生对于很久以前学过的英语单词无法直接拼写出来,但是通过阅读再认法可以找回对那些单词的记忆。从是否受意识的控制看,这类记忆属于(　　)

A. 情绪记忆　B. 形象记忆　C. 内隐记忆　D. 外显记忆

32. 有时明明知道某人的姓名或某个字的写法,但就是想不起来,事后却能回忆起来。这体现了遗忘理论中的(　　)(易错)

A. 干扰说　B. 衰退说　C. 压抑说　D. 提取失败说

33. 白纸在暗处看来,颜色暗,呈灰色;煤块在亮处看来,颜色会变亮,但人在知觉的过程中依然认为白纸是白色的,煤块是黑色的。这体现了知觉的(　　)

A. 恒常性　B. 理解性　C. 整体性　D. 选择性

34. (　　)是强烈、短暂、爆发式的情绪状态,通常由突然发生的对人具有重大意义的事件引起。

A. 应激　B. 激情　C. 心境　D. 热情

35. 下列属于道德感的是(　　)

A. 问题得以解决并有新的发现时产生的喜悦感和幸福感

B. 看到他人随地吐痰的行为时产生的厌恶感

C. 对科学探索的好奇心,对研究中未证实结果的怀疑

D. 看到蓝天白云,觉得大自然很美时产生的情感

36. 王某一直是学校的长跑冠军,但却在最近的一次比赛中落败,他认为这是由于雨后跑道湿滑影响了他的发挥。王某的这种归因属于(　　)的归因。

A. 不稳定、外在、不可控　B. 不稳定、内在、可控

C. 稳定、外在、可控　D. 稳定、内在、不可控

37. 通过加减乘法的学习可获得一些运算技能,从而对除法运算的学习造成一定的影响。从迁移内容的抽象和概括水平上看,这属于(　　)

A. 垂直迁移　B. 横向迁移　C. 逆向迁移　D. 一般迁移

38. 在有意义学习中,(　　)是最重要而稳定的动机。(常考)

A. 自我提高内驱力　B. 附属内驱力

C. 认知内驱力 D. 生理内驱力

39. 艾宾浩斯的“过度学习”实际上是“适度紧张学习”，从学习策略上来看，这属于(　　)

A. 复述策略 B. 组织策略 C. 监控策略 D. 精加工策略

40. 小刚能充分利用学习情境的相似性，并尽量选择安静、干扰较小的地方进行学习，这属于资源管理策略中的(　　)

A. 社会性人力资源管理 B. 学习环境管理

C. 学习工具管理 D. 努力和心境管理

41. 今天的天色、气温、风向和昨天差不多，昨天下雨，所以类比今天也可能下雨。从结论可靠程度分类，这属于(　　)

A. 科学类比 B. 单向类比 C. 经验类比 D. 双向类比

42. 对于“面粉有什么用处”这一问题，某学生给出做面包、蛋糕、面条等10种答案，但所有的回答都与“食物”的性质有关。这说明该学生的(　　)较好。(常考)

A. 流畅性 B. 变通性 C. 独创性 D. 序列性

43. 吴老师在讲解“元素”这一概念前，先启发学生了解和分析铁、铝、氢、氧、钠、钙等物质的共同之处。这种学习属于(　　)

A. 上位学习 B. 下位学习

C. 并列结合学习 D. 联结学习

44. 在心智技能形成的(　　)阶段，学生的主要学习任务是确定所学心智技能的操作活动程序，并使这种活动程序在头脑中得到清晰的反映。(易混)

A. 原型操作 B. 原型定向 C. 原型内化 D. 原型分化

45. 小学低年级学生初学汉字时，经常将“己”“已”“巳”弄混，这体现了刺激的(　　)

A. 获得 B. 消退 C. 分化 D. 泛化

46. (　　)是指教师对自己影响学生学习行为和学习成绩能力的主观判断，这种判断会通过影响教师对学生的期待、对学生的指导等行为，从而影响教师的工作效率。

A. 教学反思能力 B. 教学效能感

C. 教学监控能力 D. 教育机智

47. 学生处于积极、乐观的情绪状态时，容易注意到事物美好的一面，其行为比较开放，愿意接纳外界的事物；而当其处于消极的情绪状态时，容易失望、悲观，放弃自己的愿望。这体现了情绪的(　　)

A. 组织功能 B. 社会功能 C. 动机功能 D. 适应功能

48. 某学生能长时间地保持充沛的精力和顽强的毅力，持之以恒地进行晨跑，以达到强身健体的目的。这体现了该学生意志的(　　)较好。

A. 果断性 B. 自觉性 C. 坚持性 D. 自制性

49. 意志包括感性意志与理性意志两个方面，其中，理性意志是指人用以承受理性刺激的意志。下列不属于理性意志的是(　　)

A. 信仰失落 B. 思维迷惑 C. 神经紧张 D. 情绪波动

50. 皮亚杰认为，儿童心理发展的实质和原因是主体通过动作完成对客体的适应，适应的本质在于(　　)

A. 取得机体与环境的平衡 B. 丰富原有的认知结构

C. 形成新的认知结构 D. 形成道德评价能力

51. 班杜拉认为，(　　)对自我效能感的影响力度最大。

A. 言语劝说 B. 直接性经验

C. 替代性经验 D. 心理状态

52. 教师给低年级学生讲述了《小红帽》的故事之后，他们对大灰狼产生了憎恶，对小红帽产生了喜爱。这属于加涅学习结构分类理论中的(　　)

A. 态度的学习 B. 认知策略的学习

C. 智慧技能的学习 D. 语言信息的学习

53. 在加涅学习过程的八个阶段中，(　　)要求学生把获得的知识迁移到新的情境，在这一阶段，教师应帮助学生练习在各种情况下运用信息。(易错)

A. 保持阶段 B. 概括阶段 C. 反馈阶段 D. 获得阶段

54. 妈妈为了激励小东提高成绩，提出如果他期末考试进了全班前五名，就免去他每周末扫地的任务。这属于(　　)

A. 负惩罚 B. 正惩罚 C. 正强化 D. 负强化

55. 奥苏贝尔认为，学生的学习主要是(　　)

A 合作学习 B. 非指导性学习

C. 有意义的接受学习 D. 有意义的发现学习

56. 某教师在做经验交流时，强调教育的目标、学习的结果应该是使学生成为具有高度适应性和内在自由性的人。该教师可能更支持(　　)学习理论。

A. 行为主义 B. 认知主义 C. 人本主义 D. 建构主义

57. 小李高考没有考好，他觉得这次考题出得太偏，于是决定复读再考一次。这种心理防御机制属于(　　)

A. 投射 B. 仪式抵消 C. 压抑作用 D. 文饰作用

58. 有些思想比较保守的老年人对年轻人的衣着打扮和行为举止看不顺眼，就觉得他们没有道德修养。这体现的心理学效应是(　　)

A. 近因效应 B. 花盆效应 C. 晕轮效应 D. 投射效应

59. 认知风格偏向于(　　)的学生面对问题时总是急于求成，不能全面细致地分析问题的各种可能性，容易出现阅读困难。

A. 冲动型　　B. 沉思型　　C. 场独立型　　D. 场依存型

60. 根据埃里克森的人格发展阶段理论，学前期的儿童会主动帮助别人做事情，但如果好心办坏事之后他会说"对不起"。该阶段的儿童面临的主要心理冲突是(　　)

A. 信任感对不信任感　　B. 自主对羞怯与怀疑

C. 主动感对内疚感　　D. 勤奋感对自卑感

61. 心理辅导教师指出来访者身上存在的矛盾，目的不在于向来访者说明他做错了什么，而是反射矛盾，协助来访者认识自己，鼓励他们消除过度的心理防御机制，正视自己的问题，促进问题的解决。这种会谈技术叫作(　　)

A. 鼓励　　B. 反映　　C. 澄清　　D. 面质

62. 气质类型偏向于(　　)的学生在新的环境里不感到拘束，在学习上富有精力且效率高，表现出机敏的学习能力，在集体中精神愉快，朝气蓬勃，但注意力容易转移、兴趣和情感易变换。(易混)

A. 胆汁质　　B. 多血质　　C. 抑郁质　　D. 黏液质

63. "君子既知教之所由兴，又知教之所由废，然后可以为人师也。"这表明教师应具备(　　)

A. 广博的文化修养　　B. 高尚的政治理论修养

C. 丰富的教育理论知识　　D. 崇高的职业道德

64. "对工作高度负责，认真备课上课，认真批改作业，认真辅导学生"属于教师职业道德规范中(　　)的要求。(常考)

A. 爱国守法　　B. 爱岗敬业　　C. 关爱学生　　D. 教书育人

65. 高老师通过论坛、讲座发表、转发错误观点，并编造散布虚假信息、不良信息。高老师的行为违背了教师职业行为准则中(　　)的要求。

A. 自觉爱国守法　　B. 传播优秀文化

C. 潜心教书育人　　D. 坚持言行雅正

66. 当下，部分教师急功近利，在物质上过分追求，功利思想尤为膨胀，并且把个人利益放在第一位，不关心集体利益，缺乏事业心和责任心。这反映了师德建设存在的问题是(　　)

A. 部分教师缺乏职业理想　　B. 部分教师的价值观念失衡

C. 部分教师的师德意识较差　　D. 部分教师缺乏奉献的精神

67. 教师不仅要传授科学文化知识和训练学生的技能，发展学生的智力，还要培养学生一定的思想品德，促进学生的身心健康。这体现了教师劳动的(　　)(常考)

A. 复杂性　　B. 系统性　　C. 创造性　　D. 示范性

68. 中共中央办公厅、国务院办公厅印发的《关于进一步减轻义务教育阶段学生作业负担和校外培训负担的意见》指出，要有效减轻学生过重作业负担。对此，下列做法不符合规定的是(　　)

A. 不得要求学生自批自改作业

B. 建立作业校内公示制度

C. 小学一、二年级不布置家庭书面作业

D. 要求家长检查、批改作业

69. 教育部等六部门联合印发的《义务教育质量评价指南》指出，要完善评价内容，突出评价重点，改进评价方法，统筹整合评价，着力克服"唯分数、唯升学"倾向，促进形成良好教育生态。这体现了教育质量评价的哪一基本原则(　　)

A. 坚持正确方向　　B. 坚持育人为本

C. 坚持以评促建　　D. 坚持问题导向

70. 小学高年级、初中和高中阶段的学生违规违纪情节严重或者影响恶劣的，学校在事先告知家长的情况下，可以实施的教育惩戒是(　　)

A. 由法治副校长或者法治辅导员予以训诫　　B. 指派学生对违规违纪学生实施教育惩戒

C. 以歧视性、侮辱性的言行侵犯学生人格尊严　　D. 给予两周的停课或者停学

二、多项选择题(在下列每题列出的选项中至少有两项是符合题意的，将其选出并把它的标号写在括号内。多选、错选或未选均不得分。本大题共9小题，每小题1.04分，共9.36分)

71. 裴斯泰洛齐的教育学体系的重心是关于和谐发展的要素教育的理论。下列属于和谐发展的要素的有(　　)

A. 体育　　B. 德育　　C. 智育　　D. 美育

72. 癸卯学制是我国近代由国家颁布的第一个在全国范围内实行的学制。下列关于该学制特点的表述正确的有(　　)(易混)

A. 注重国民教育和实业教育

B. 以"中学为体，西学为重"为指导思想

C. 在课程设置上，特别注重读经具有浓厚的封建性

D. 是我国近代史上实施时间最长影响最大的学制

73. 下列关于必修课程与选修课程的表述正确的有(　　)

A. 选修课程是必修课程的陪衬

B. 必修课程比选修课程更重要

C. 选修课程能够照顾到学生的个性差异

D. 必修课程是同一学年的所有学生必须修习的公共课程

74. 下列关于班集体的表述正确的有(　　)

A. 班集体等同于班级

B. 班集体是一个以直接交往为特征的人际关系系统

C. 班集体是一个以集体主义价值为导向的社会心理共同体

D. 班集体是一个以学生亚文化为特征的社会群体

75. 下列属于程序性知识的有(　　)

A. 持有物质决定意识的观点　　B. 懂得骑自行车的技术

C. 了解关于新冠肺炎的基本知识　　D. 知道如何与外国人交流

76. 根据想象内容的新颖程度及形式方式的不同,可将想象力分为(　　)

A. 幻想　　B. 白日梦　　C. 再造想象　　D. 创造想象

77. 心理辅导教师在使用系统脱敏法治疗学生的恐怖症时,要注意(　　)(易错)

A. 帮助学生树立治疗信心,要求学生积极配合,坚持治疗

B. 在引起焦虑的刺激出现或者存在时,要求学生不出现回避行为或意向

C. 诱导学生缓慢的暴露出导致神经症焦虑、恐惧的情况

D. 每次治疗后,要与学生进行讨论,对正确的行为加以赞扬,以强化其适应性行为

78. 根据我国《基础教育课程改革纲要(试行)》的规定,学校在执行国家课程和地方课程的同时,应视当地社会、经济发展的具体情况,结合(　　)开发或选用适合本校的课程。

A. 本校的传统和优势　　B. 学生的培养目标

C. 学生的兴趣和需要　　D. 教师的教学能力和水平

79. 下列属于《中学教师专业标准(试行)》中"教育知识"要求的有(　　)

A. 了解中学生群体文化特点与行为方式

B. 了解中国教育基本情况

C. 了解所教学科与社会实践及共青团、少先队活动的联系

D. 了解中学生思维能力、创新能力和实践能力发展的过程与特点

三、判断题(判断下列各题的正误,正确的为"A",错误的为"B"。本大题共 20 小题,每小题 0.76 分,共 15.2 分)

80. "唯上智与下愚不移"体现了个体身心发展的动因中内发论的观点。(常考)　　(　　)

A. 正确　　B. 错误

81. 有的人早慧,有的人则"大器晚成",这体现了人的发展具有不平衡性。　　(　　)

A. 正确　　B. 错误

82. 杜威认为,教育就是儿童生活的过程,而不是将来生活的预备。　　(　　)

A. 正确　　B. 错误

83. 教学科目的设置是课程计划的中心,也是课程计划需要解决的首要问题。　　(　　)

A. 正确　　B. 错误

84. "文以载道"体现了量力性的教学原则。　　(　　)

A. 正确　　B. 错误

85. 对抗的课堂气氛以学生的紧张拘谨、心不在焉、反应迟钝为基础特征。　　(　　)

A. 正确　　B. 错误

86. 了解和研究学生是班主任工作的前提和基础。　　(　　)

A. 正确　　B. 错误

87. 在个体发展中,情感体验出现在先,情绪反应发生在后。　　(　　)

A. 正确　　B. 错误

88. 情绪和情感具有两极对立的特性,在一定条件下可以互相转化。(易错)　　(　　)

A. 正确　　B. 错误

89. 从德育过程的内涵来看,构成德育过程的要素包括教育者、受教育者、德育目标等,其中教育者在德育过程中起主导作用。　　(　　)

A. 正确　　B. 错误

90. 皮亚杰认为影响儿童认知发展的因素包括成熟、练习与习得经验、社会经验和平衡化。(常考)　　(　　)

A. 正确　　B. 错误

91. 注意的集中性表现为对出现在同一时间的许多刺激的选择。　　(　　)

A. 正确　　B. 错误

92. 随意注意是人所特有的一种心理现象,它是有目的、需要一定意志努力的注意。　　(　　)

A. 正确　　B. 错误

93. 情绪记忆的内容可能是积极愉快的体验,也可能是消极不愉快的体验。　　(　　)

A. 正确　　B. 错误

94. 桑代克提出了三条学习定律,其中,效果律的实质就是强化刺激与反应的感应结。　　(　　)

A. 正确　　B. 错误

95. 教师职业倦怠的典型症状是工作满意度低、工作热情和兴趣的丧失以及情感的疏离和冷漠。　　(　　)

A. 正确　　B. 错误

96. "捧着一颗心来,不带半根草去"的教育信条体现了教师崇高的职业道德素养。　　(　　)

A. 正确　　B. 错误

97. 在对待师生关系方面,新课程中教师的教学行为强调管理、引导学生。(常考)　　(　　)

A. 正确　　B. 错误

98. 李某曾因抢劫受到有期徒刑 3 年的处罚,根据我国《教师法》的规定,李某将永远丧失考取教师资格的权利。　　(　　)

A. 正确　　B. 错误

99. 社会力量所办学校的教师的待遇由举办者自行确定,但由教育行政部门予以保障。　　(　　)

A. 正确　　B. 错误

2021年广东省深圳市小学教师招聘考试真题试卷(三十四)

(满分100分　时间90分钟)

本套试卷共90小题,包括单项选择题(50小题)、多项选择题(30小题)、是非题(10小题)。

一、单项选择题(在下列每题四个选项中只有一个是最符合题意的,将其选出并把它的标号写在括号内。错选、多选或未选均不得分。本大题共50小题,每小题1分,共50分)

1. 教育目的的性质和方向是由(　　)决定的。(易混)

A. 主流意识形态　　B. 社会生产力
C. 政治经济制度　　D. 受教育者身心发展的客观规律

2. 标准化测验的特点不包括(　　)

A. 试题答案唯一且简单
B. 测验结果不具有可比性
C. 忽视学生综合信息、解决问题和独立思考的能力
D. 不重视在事实和思想的结合中学习

3. 根据《中华人民共和国未成年人保护法》,学校的教职员工对未成年人实施体罚,情节严重的,对直接负责的主管人员和其他直接责任人员依法(　　)

A. 处以拘留　　B. 给予处分　　C. 处以罚款　　D. 吊销教师资格证

4. "前有狼,后有虎"的两难境地是指遇到了(　　)

A. 双趋冲突　　B. 双避冲突　　C. 趋避冲突　　D. 多重趋避冲突

5. (　　)是一种暗示的德育方法。(易混)

A. 讲授　　B. 谈话　　C. 讨论　　D. 陶冶

6. 关于小学生想象的发展特点,下列说法错误的是(　　)

A. 想象的有意性迅速发展　　B. 想象中的创造成分日益增多
C. 想象的内容逐渐接近现实　　D. 想象中的幻想和理想交叉进行

7. 下列教学导入方法中,不能预先进行设计的是(　　)

A. 悬念导入　　B. 随机事件导入　　C. 事例导入　　D. 表演导入

8. 根据《中华人民共和国未成年人保护法》,学校安排未成年人参加文化娱乐、社会实践等集体活动,应当(　　),防止发生人身伤害事故。

A. 有利于教学任务的完成　　B. 限制未成年人的人身自由
C. 符合未成年人监护人的要求　　D. 保护未成年人的身心健康

9. 按照布卢姆的教学目标分类,"知道具体事实""知道方法与过程"属于认知领域教学目标中的(　　)

A. 知识　　B. 理解　　C. 应用　　D. 分析

10. 皮亚杰将儿童品德结构的发展划分为四个阶段,按形成时间排序正确的是(　　)

A. 自我中心阶段→权威阶段→公正阶段→可逆性阶段
B. 自我中心阶段→权威阶段→可逆性阶段→公正阶段
C. 权威阶段→可逆性阶段→公正阶段→自我中心阶段
D. 权威阶段→自我中心阶段→可逆性阶段→公正阶段

11. (　　)是指在头脑中抽取出同类事物的一般的、本质的属性,而舍弃其非本质属性的思维过程。(易混)

A. 分析　　B. 抽象　　C. 综合　　D. 概括

12. 某教师因一学生上课时不认真听讲、扰乱课堂秩序,便对其进行言语侮辱、讽刺,该教师的行为(　　)

A. 违反了《中华人民共和国义务教育法》　　B. 违反了《中华人民共和国刑法》
C. 属于正当行使教育教学权,但方式欠妥　　D. 属于正当行使教育教学权,可促进学生成长

13. 班主任工作中,最常用、最基本的教育方法是(　　)(常考)

A. 书面材料分析法　　B. 谈话法
C. 观察法　　D. 调查研究法

14. 根据《中华人民共和国教师法》,教育行政部门对教师的考核工作进行(　　)、监督。

A. 认定　　B. 评价　　C. 指导　　D. 检查

15. 某项针对中小学教学的调查显示,部分教师的教案和课件"十年如一日",学生作业交由课代表批改,并美其名曰"发扬学生自主性",对学生的提问也是草草回答、敷衍了事。这类教师违背了《中小学教师职业道德规范》中(　　)的要求。

A. 爱岗敬业　　B. 为人师表　　C. 关爱学生　　D. 爱国守法

16. 在阅读文学作品时,作品中的各种情景和人物形象似乎就在眼前,这种心理现象是(　　)

A. 识记　　B. 表象　　C. 想象　　D. 再现

17. 在不同的教学设计模式中,前期分析的内容不尽相同,但一般不包括(　　)(易混)

A. 教学对象分析　　B. 学习内容分析
C. 学习需要分析　　D. 教学过程分析

18. "丰而不余一言,约而不失一词"启发教师在讲授过程中应使语言(　　)

A. 具有启发性　　B. 准确、简洁
C. 丰富、生动　　D. 通俗易懂

19. 班队活动的设计要制定切实可行的活动方案，其中(　　)是班队活动的灵魂，是班队活动成功的关键。

A. 主题　　B. 内容　　C. 形式　　D. 流程

20. 根据《中华人民共和国义务教育法》，教科书价格按照(　　)原则确定。

A. 市场调节　　B. 经营者定价　　C. 微利　　D. 最大利润

21. 在学生完成探究实验后，教师与学生交流探究结果，对于实验结果与假设不一致的，教师的下列做法不合适的是(　　)

A. 引导小组成员探索实验出现不同结果的合理性

B. 与小组成员共同梳理实验过程中可能存在的操作问题

C. 引导小组成员重新设计方案，并再次检验假设

D. 批评小组成员做实验不认真

22. 移情性的学生观是指班主任用(　　)的态度体验学生的内心世界。

A. 同情、同理　　B. 期待、期望　　C. 歧视、轻视　　D. 冷漠、冷淡

23. 根据《中华人民共和国教师法》，国家实行教师资格制度，取得小学教师资格的必要前提不包括(　　)

A. 中国公民　　B. 热爱教育事业

C. 具备大学专科及其以上学历　　D. 遵守宪法和法律，具有良好的思想品德

24. 在某次满分为 100 分的数学测验中，小明的成绩为 80 分，但李老师评定小明成绩不及格，这可能是因为(　　)(易错)

A. 小明的成绩为全班最低分　　B. 李老师采用的是绝对标准评定

C. 李老师采用的是相对标准评定　　D. 班里大多数同学的成绩在 75～85 分之间

25. 张老师在发现小强偷东西之后，通过摆事实，讲道理，使小强认识到了自己的错误，形成了正确的观念。张老师运用的德育方法是(　　)(常考)

A. 榜样示范法　　B. 说服法　　C. 陶冶法　　D. 锻炼法

26. 根据常规课堂的需要，可以将课堂管理分为诱导型管理和(　　)两大类。

A. 监督型管理　　B. 压制型管理　　C. 放任型管理　　D. 交流型管理

27. 探究式教学过程设计的一般程序包括创设教学情境、设计探究问题、(　　)、师生探究和评价引导探究。

A. 教师指导学习　　B. 教师引导探究

C. 学生自主探究　　D. 学生小组交流

28. 课外、校外活动通常在教室和校园以外开展，主要是为了(　　)(易错)

A. 实践课堂所学知识　　B. 扩大学生活动领域

C. 协调各方教育力量　　D. 利用校外教育资源

29. 学习者希望通过自身的学习能力赢得相应地位和自尊心的动机，称为(　　)

A. 认知动机　　B. 自我提高动机

C. 附属动机　　D. 生理动机

30. 根据《中华人民共和国预防未成年人犯罪法》，未成年人实施刑法规定的行为、因不满法定刑事责任年龄不予刑事处罚的，经专门教育指导委员会评估同意，(　　)可以决定对其进行专门矫治教育。

A. 公安机关　　B. 司法行政部门

C. 教育行政部门会同司法行政部门　　D. 教育行政部门会同公安机关

31. 某小学附近每天上午都会聚集一群中老年人跳广场舞，由于播放的歌曲的音量过大，已经严重影响学校的正常教学，校方多次出面交涉，但跳舞群众声称在公共场所跳舞是他们的权利。对于该案例，下列说法正确的是(　　)

A. 学校警告无效，学校保安有权驱赶

B. 群众有在公共场所休闲锻炼的权利，学校无权干涉

C. 跳舞群众的行为扰乱学校教学秩序，学校可向公安机关报案

D. 公安机关可依法追究跳舞群众的民事责任

32. 小勇是一名义务教育阶段的在校生，其父母经营生意，事务繁杂，为了让小勇能尽早接手家族生意，小勇父母令其协助经营管理。对于其父母的行为，(　　)应当给予批评教育，责令限期改正。

A. 小勇就读的学校　　B. 小勇的班主任

C. 当地居民委员会　　D. 当地县级人民政府教育行政部门

33. 我国教育目的的理论基础是(　　)

A. 马克思关于人的全面发展学说　　B. 孔德的社会本位论

C. 卢梭的个人本位论　　D. 杜威的教育无目的论

34. 齐老师正在上课，一只蝴蝶翩然飞进教室，学生们的目光纷纷被蝴蝶所吸引。于是齐老师顺势问道："大家能根据这一场景打一个词牌名吗？"学生茫然，齐老师微微一笑，说道："蝶恋花，你们不就是祖国的花朵吗？"课堂的良好氛围不仅没有被打破，还被积极地调动起来。齐老师的做法突出体现了其(　　)

A. 教学机制　　B. 教育智慧　　C. 教育教学观　　D. 学生观

35. 根据成就动机理论，力求成功者最可能选择成功概率为(　　)的任务。

A. 25%　　B. 50%　　C. 75%　　D. 100%

36. 人本主义心理学家(　　)提出了需要层次理论，认为人作为一个有机整体，具有多种动机和需要。

A. 皮亚杰　　B. 科尔伯格　　C. 弗洛伊德　　D. 马斯洛

37. 亲子关系是一种(　　)关系

A. 对称的单向作用　　B. 不对称的单向作用

C. 对称的双向相互作用　　D. 不对称的双向相互作用

38. 小学生的学习活动是在教师指导下，通过对教师的教授活动及其他同伴的学习活动的模仿而获得的。这说明小学生的学习具有(　　)的特点。

A. 间接—接受性　　B. 直观—操作性

C. 指导—模仿性　　D. 基础—再现性

39. 教师要求学生"用自己的语言描述我国基本经济制度的特征"，按照布卢姆的教学目标分类，该要求属于认知领域教学目标中的(　　)层次。(常考)

A. 理解　　B. 评价　　C. 综合　　D. 分析

40. 某教师在实施课程教学中认为在课堂上播放"九一八事变""松花江上"两段视频后，应该在每段视频播放完毕后让学生简要谈谈感想，这样教学效果会更好。这说明该教师进行了(　　)方面的反思。

A. 学习过程　　B. 教学评价　　C. 教学对象　　D. 教学环境

41. 小学儿童同伴团体的形成和发展过程中的垂直分化期，由于儿童学习水平和体格能力的差异，分化出属于支配地位的和被支配地位的儿童，垂直分化期一般发生在(　　)

A. 一年级上半学期　　B. 一至二年级

C. 二至三年级　　D. 三至五年级

42. 教师在制作 PPT 课件时，一般采用白底黑字；教授形近字时，常把形近字的相异部分显示为红色，这种做法的目的在于(　　)

A. 提高学生的注意稳定性　　B. 增加学生的注意广度

C. 调动学生的有意注意　　D. 刺激学生的无意注意

43. 某学生认为"鸟是会飞的"，后来知道鸵鸟也是鸟，但不会飞，于是他又重新建立了鸟的概念。根据皮亚杰的认知发展阶段理论，该学生的这一认知过程属于(　　)

A. 适应　　B. 顺应　　C. 同化　　D. 异化

44. "授人以鱼，仅供一饭之需；授人以渔，则终身受用无穷。"这句话说明在教学中应重视(　　)(常考)

A. 传授知识的方式方法　　B. 发展学生的学会学习能力

C. 培养学生积极的心理品质　　D. 培养学生良好的思想品德

45. 创造性思维的核心是(　　)

A. 形象思维　　B. 辐合思维

C. 发散思维　　D. 抽象思维

46. 在教育心理学中，(　　)既是课堂管理研究的主要范畴，也是学习过程研究和教学设计研究不容忽视的内容。

A. 教学内容　　B. 教学环境　　C. 教学媒体　　D. 教学过程

47. 以学生原有的生活经验为出发点，教师通过生动而富有感染力的讲解、谈话或提问引起学生的回忆，从而引导其发现问题的导入方法是(　　)

A. 直观导入　　B. 事例导入　　C. 经验导入　　D. 直接导入

48. 教师的自我认知能力、自我调节能力、自我教育能力等，属于教师的(　　)

A. 教育教学能力　　B. 组织管理能力

C. 自我发展能力　　D. 教育科研能力

49. 小学生在上课时，常会不由自主地分散注意力、开小差；在做作业时，也往往需要老师或家长的督促，这表明小学生(　　)

A. 思维容易分散　　B. 记忆品质低下

C. 有意注意能力弱　　D. 无意注意能力弱

50. (　　)是最常见的一种板书形式，几乎适用于所有学科。

A. 语词式板书　　B. 表格式板书

C. 纲要式板书　　D. 线索式板书

二、多项选择题(在下列每题列出的选项中至少有两项是符合题意的，将其选出并把它的标号写在括号内。多选、错选或未选均不得分，少选且选择正确的每个选项得 0.3 分。本大题共 30 小题，每小题 1.5 分，共 45 分)

51. 根据《中华人民共和国教育法》，受教育者享有的权利有(　　)

A. 参加教育教学计划安排的各种活动

B. 使用教育教学设施、设备、图书资料

C. 按照国家有关规定获得奖学金、贷学金、助学金

D. 完成规定的学业后获得相应的学业证书、学位证书

E. 完成规定的学业后获得学校的职业推荐

52. 班级管理的内容有(　　)(常考)

A. 班级组织建设　　B. 班级制度管理

C. 班级教学管理　　D. 班级体育管理

53. 主观经验性考试的弊端有(　　)

A. 命题的主观性较强　　B. 评分的误差较大

C. 分数解释的片面性　　D. 命制时间较长

54. 加入少先队的队前教育内容可以概括为"入队十知道"，包括(　　)

A. 知道队的名称　　B. 知道队旗的图案和含义

C. 知道怎样敬队礼及队礼表示的意义　　D. 知道队的呼号

55. 梅梅在一年级时喜欢和长得漂亮的、座位相近的同学做朋友，对于好孩子的理解是不打架、不骂人、上课认真听讲。到了四年级，她更喜欢和学习好、讲义气的同学做朋友，对于好孩子的理解也

变成了团结同学、诚实善良、爱祖国、爱班级。梅梅的这种变化体现了小学生高级情感发展的哪些特点(　　)

A. 道德感的评价标准由无原则向有原则发展

B. 美感从以外在美为主,到开始学会从现实生活中理解和感受美与丑、善与恶等

C. 对道德感的体验程度从浅显、冲动到深刻、稳定

D. 对道德的体验范围由大及小、由远及近

E. 理智感从具体向抽象发展

56. 王老师在每次上完课之后,都会对本节课做简单的小结,其作用有(　　)

A. 梳理总结,巩固强化　　B. 开阔视野,激发思维

C. 承上启下,引导铺垫　　D. 延长课时,保证课量

E. 完成计划,形成闭环

57. 根据《中华人民共和国未成年人保护法》,关于学校对未成年人的保护,下列说法正确的有(　　)

A. 学校应当根据未成年学生身心发展特点,进行社会生活指导、心理健康辅导、青春期教育和生命教育

B. 学校应当对尚未完成义务教育的辍学未成年学生进行登记并劝返复学

C. 学校不得占用寒暑假期,组织义务教育阶段的未成年学生集体补课,加重其学习负担

D. 对行为异常、学习有困难的未成年学生,学校应当耐心帮助

E. 学校不得组织未成年学生参加任何生产劳动和服务性劳动

58. 下列属于教师的社会定向适应性的有(　　)(易错)

A. 社会认同感　　B. 社会参与性

C. 人际环境适应　　D. 应激情境适应

E. 职业角色适应

59. 要了解儿童的自我意识,必须了解儿童的(　　)

A. 自我评价　　B. 自我体验　　C. 自我控制　　D. 自我中心

E. 自我肯定

60. 在德育工作中,贯彻发扬积极因素、克服消极因素原则的要求有(　　)

A. 加强思想道德理论教育,提高学生的思想道德认识

B. 从学生的年龄特征和品德发展状况出发,提出适度的要求并贯彻到底

C. 用一分为二的观点,全面分析,客观地评价学生的优点和不足

D. 有意识地创造条件,将学生思想中的消极因素转化为积极因素

E. 提高学生自我认识、自我评价能力,启发其自觉思考,克服缺点,发扬优点

61. 引起无意注意的原因有(　　)

A. 刺激物的特点　　B. 人的状态

C. 人的良好意志　　D. 人的性格特点

E. 人的活动明确性

62. 学生评价的发展趋势有(　　)(易错)

A. 倡导以学生发展为本

B. 注重质性评价甚于量性评价

C. 重视过程评价甚于结果评价

D. 强调评价的真实性和情境性,注重学生的参与性

E. 强调多元评价

63. 小学生心理健康教育的内容包括(　　)

A. 普及心理健康基本知识　　B. 树立心理健康意识

C. 了解简单的心理调节方法　　D. 认识心理异常现象

E. 初步掌握心理保健常识

64. 王老师常常搜集一些信息用于期末评价学生。下列属于表现性评价的是(　　)

A. 课堂发言的积极性　　B. 期末考试成绩

C. 小组合作时参与的积极性　　D. 热爱集体的行为

E. 参加的社会实践活动

65. 教师绩效考核的主要内容应包括(　　)

A. 遵守《中小学教师职业道德规范》的情况

B. 履行《义务教育法》《教师法》《教育法》等法律法规规定的教师法定职责

C. 从事德育、教学、教育教学研究、教师专业发展的情况

D. 从事班主任工作的实绩

E. 以上选项都正确

66. 思维的独创性的表现特点有(　　)

A. 深刻性　　B. 独特性　　C. 发散性　　D. 新颖性

E. 广泛性

67. 美育的任务有(　　)(易错)

A. 使学生具有正确的审美观点和感受美、欣赏美的知识与能力

B. 培养学生表现美的能力

C. 培养学生创造美的能力

D. 培养学生的心灵美

E. 培养学生的行为美

68. 按照难易程度,作业可分为(　　)(易混)

A. 口头作业　　B. 实践作业

C. 基础性作业 D. 发展性作业

E. 实操作业

69. 下列属于我国法律禁止的体罚学生的行为的有( )

A. 小威课堂上没回答出提问,老师让其在黑板前站一上午

B. 小浩上课迟到,政教主任罚其打扫教学楼前的卫生

C. 小明未完成作业,老师罚其抄写课文 100 遍

D. 小刚考试不及格,回家后父亲罚其在客厅跪半个小时反思

E. 小红的作业多处出错,老师指出后让其重写

70. 学生伤害事故的责任主体包括( )

A. 学校 B. 未成年学生监护人

C. 社会 D. 第三人

E. 学生

71. 教学提问的主要功能有( )(易混)

A. 集中注意,激发兴趣 B. 启发思维,培养智力

C. 反馈评价,调控教学 D. 提供参与机会,发展表达能力

72. 小学教育目的是小学教育的出发点和归宿,具有( )

A. 导向作用 B. 激励作用 C. 判断作用 D. 甄别作用

E. 评价作用

73. 对违反学校管理制度的学生,学校应当予以批评教育,但不得( )

A. 责令停课 B. 责令转学 C. 责令退学 D. 开除

E. 变相体罚

74. 教案的研制过程包括( )

A. 教学准备 B. 布置作业 C. 设计撰写 D. 实施检验

E. 评价修改

75. 赫尔巴特的教学主张可以归结为( )(常考)

A. 教师中心 B. 学生中心 C. 教材中心 D. 课堂中心

E. 活动中心

76. 影响人格形成和发展的环境因素有( )

A. 家庭因素 B. 思维因素 C. 社会因素 D. 学校教育因素

E. 认知教育因素

77. 班级日常行为管理的方法,是指班级管理者运用行为科学的知识,传授、改变或纠正班级组织成员行为方式的手段,一般包括( )

A. 行为观察法 B. 榜样示范法

C. 行为强化法 D. 纪律约束法

E. 集体强制法

78. 根据《中华人民共和国未成年人保护法》,学校应当与未成年学生的父母或者其他监护人互相配合,合理安排未成年学生的学习时间,保障其( )的时间。

A. 休息 B. 娱乐 C. 体育锻炼 D. 课外阅读

E. 劳动

79. 确定小学课外活动的内容和组织形式的主要依据有( )

A. 学生的兴趣 B. 学生的爱好

C. 学生的水平 D. 学生的身心发展特点

E. 学生的态度

80. 小学儿童社会性交往发展的特点有( )

A. 交往对象主要是父母、教师和同伴

B. 与父母、教师的关系从依赖开始走向自主

C. 交往方向决定人生的成败

D. 平等关系的同伴交往在儿童生活中日益占据重要地位,并对儿童的发展产生重要影响

E. 从对成人权威的完全信服到开始表现出怀疑和思考

三、是非题(判断下列各题的正误,并在题后括号内打"√"或"×"。不答不得分,答错倒扣 0.5 分。本大题共 10 小题,每小题 0.5 分,共 5 分)

81. 有效的教学设计是为学而设计的。( )

82. 通常学生个体的学习只可能由一种原因或动力所引起的。(易错)( )

83. 为了培养小学生的口头言语能力,教师应通过教学和日常活动,使儿童的口头词汇不断精确、丰富和深刻。( )

84. 学生成长记录袋是在班主任的指导下,由学生同伴和老师等通过收集、记录学生个人成长的档案材料从而做出评价,其内容不能由学生本人提供。( )

85. 德育是促进个体道德自主建构的价值引导活动。( )

86. 讲授法的主要特点是与学生对话。(易错)( )

87. 学习困难儿童属于智力落后儿童。( )

88. 小学生在受到挫折后,表现出与自己年龄和身体不相称的幼稚行为,这种挫折反应称为逃避。( )

89. 对于强迫型人格障碍的矫治,重点是要增强其自控能力。( )

90. 根据《中华人民共和国未成年人保护法》,未成年学生在本校组织的校外活动中发生人身伤害事故的,学校应当立即救护,妥善处理,及时通知未成年人的父母或者其他监护人,并向有关部门报告。( )

2021年湖南省长沙市教师招聘考试真题试卷(精编)(三十五)

(本套试卷收录了2021年长沙市雨花区、开福区、长沙县等地区的真题)

本套试卷共100小题,包括单项选择题(75小题)、多项选择题(15小题)、判断题(10小题)。

一、单项选择题(在下列每题四个选项中只有一个是最符合题意的,将其选出并把它的标号写在括号内。错选、多选或未选均不得分。本大题共75小题,每小题0.8分,共60分)

1. 将人类的教育行为混同于无意识模仿,导致了教育的生物学化的教育起源理论是(　　)(雨花)(易混)

A. 生物起源说理论　　B. 心理起源说理论

C. 劳动起源说理论　　D. 神话起源说理论

2. 以文、行、忠、信为主要教育内容的是(　　)(雨花)

A. 孟子　　B. 朱熹　　C. 孔子　　D. 荀子

3. 周老师经常在课后深入到学生当中去,通过特定的问题和学生进行沟通和交流,指出一些实际存在的问题,制定出相应的教学预案,这说明周老师哪一能力较好(　　)(雨花)

A. 教学归因　　B. 教学迁移

C. 教学反思　　D. 教学操作

4. 对学前、小学、初中和高中学生进行思想品德教育,应注重教育内容的相互衔接,体现出螺旋式的上升,这一做法体现了(　　)(雨花)

A. 知行统一原则

B. 正面教育与纪律约束相结合的原则

C. 集体教育与个别教育相结合的原则

D. 教育影响的一致性和连贯性原则

5. 小曹常有打人的冲动,于是借锻炼、拳击和摔跤来满足,这是一种(　　)(雨花)

A. 建设性防御机制　　B. 替代性防御机制

C. 攻击性防御机制　　D. 逃避性防御机制

6. 在创造想象的过程中,新形象的产生往往带有突然性,这种突然出现的新形象状态为(　　)(雨花)

A. 抽象　　B. 直觉　　C. 灵感　　D. 幻想

7. 小郑平时几乎从不花时间来复习老师的课堂内容,以至于学习不理想,后来他给自己制定了一份学习计划,并控制了计划的执行,进行自我监督,这属于哪一种策略(　　)(雨花)(常考)

A. 组织策略　　B. 元认知策略

C. 资源管理策略　　D. 精加工策略

8. 在做课堂练习时,若老师下来巡视,有些学生会在老师经过身边时挡住题目,导致做题效率低,甚至做不出来,这种现象属于(　　)(雨花)

A. 社会抑制　　B. 社会惰化

C. 去个性化　　D. 群体极化

9. 某中学教师李某在上课时间带领学生为娱乐明星应援,并录制视频在网络传播,造成不良影响。这违反了《新时代中小学教师职业行为十项准则》规定中的(　　)(雨花)

A. 关心爱护学生　　B. 规范从教行为

C. 加强安全防范　　D. 传播优秀文化

10. 根据心智技能的实践模式,把主体在头脑中建立起来的活动程序计划,以外显的操作方式付诸实践阶段,这是(　　)(开福)

A. 原型启发　　B. 原型定向　　C. 原型操作　　D. 原型内化

11. 中国古代教育家(　　)说:“得天下英才而教育之,三乐也。”(开福)

A. 孔子　　B. 孟子　　C. 老子　　D. 庄子

12. 八年级学生李明担任副班长,对学习和班级工作积极热情,从不拖延,但脾气急躁容易冲动,常常跟同学吵架甚至打架,李明的气质类型属于(　　)(开福)

A. 多血质　　B. 黏液质　　C. 抑郁质　　D. 胆汁质

13. 教师通过让学生观看图片、图表、模型等,让学生感知事物,获得感性认识,从而促进知识掌握。这种直观教学的类型是(　　)(开福)

A. 实物直观　　B. 想象直观　　C. 模像直观　　D. 言语直观

14. 教师对学生指导、引导的目的是促进学生的(　　)(开福)

A. 自主发展　　B. 自愿发展　　C. 自由发展　　D. 自动发展

15. 一般来说,儿童是依靠形式、颜色、声音和感觉来进行思维的——乌申斯基,这就要求我们在教学中要遵循(　　)原则。(开福)

A. 因材施教　　B. 直观性　　C. 循序渐进　　D. 巩固性

16. 一个人同时面临两种有意义的活动目标,但由于条件限制只能二选一的冲突是(　　)(开福)

A. 双趋冲突　　B. 双避冲突

C. 趋避冲突　　D. 多重趋避冲突

17. 青少年迷恋明星偶像,认为形象美好的人同样拥有其他一系列美好品质,反之亦然。这种效应叫(　　)(开福)(易错)

A. 刻板效应　　B. 首因效应　　C. 近因效应　　D. 晕轮效应

18. 学生学习了“三角形”的概念,现在要学习直角三角形,这是一种(　　)(开福)

A. 派生类属学习　　B. 相关类属学习　　C. 并列综合学习　　D. 上位学习

19. 有人说教师工作是无底洞,没有明显的时间和空间界限,这反映教师劳动具有(　　)(开福)(常考)

A. 复杂性和创造性　　B. 主体性和示范性

C. 长期性和间接性　　D. 连续性和广延性

20. 教育过程中最基本、最重要的人际关系是(　　)(开福)

A. 师生关系　　B. 同学关系　　C. 亲子关系　　D. 教师和家长的关系

21. “时教必有正业,退息必有居学”说明教学活动和(　　)的关系。(开福)

A. 实践活动　　B. 社团活动　　C. 课外活动　　D. 兴趣小组

22. 学生能够一边听课,一边做笔记,这是注意的(　　)(开福)(常考)

A. 转移　　B. 分配　　C. 稳定性　　D. 广度

23. (　　)是一种表现为心境低落状态,常伴有心情焦虑、躯体不适、睡眠障碍的神经症,过度的抑郁反应,通常伴随严重的焦虑感。(开福)

A. 抑郁症　　B. 焦虑症　　C. 强迫症　　D. 恐怖症

24. (　　)试图根据心理学来阐述教学过程,提出了“明了、联想、系统、方法”的四阶段论。(开福)

A. 福禄贝尔　　B. 赫尔巴特　　C. 裴斯泰洛齐　　D. 斯宾塞

25. 维果斯基的最近发展区是指(　　)(开福)

A. 最新获得的能力

B. 超出目前水平的能力

C. 儿童现有发展水平和可能发展水平之间的差异

D. 需要在下一发展阶段掌握的能力

26. (　　)是整个教学工作的中心环节,是提高教学质量的关键。(开福)

A. 预习　　B. 备课　　C. 上课　　D. 课后的辅导工作

27. “灵魂的工程师”说明教师扮演着(　　)角色。(开福)

A. 家长代理人　　B. 心理调节者　　C. 学生的楷模　　D. 知识传授者

28. 学生在学习了鲸、蝙蝠的概念后有利于哺乳动物概念的学习,这属于(　　)(开福)(常考)

A. 水平迁移　　B. 一般迁移　　C. 正迁移　　D. 负迁移

29. 下列关于教育的说法不正确的是(　　)(长沙)

A. 教育是促进国家发展为首要任务的活动

B. 教育是有目的地培养人的社会活动

C. 教育是教育者引导受教育者传承经验的互动活动

D. 教育是激励与教导受教育者自觉学习和自我教育的活动

30. (　　)是人的发展的决定因素。(长沙)

A. 环境　　B. 学校教育　　C. 遗传因素　　D. 个体活动

31. 五四运动和“一二·九”运动都是发端于学校,扩展到社会,进而形成全国性的政治运动,这体现了教育的(　　)功能。(长沙)

A. 文化　　B. 经济　　C. 生态　　D. 政治

32. 下列属于社会本位论观点的是(　　)(长沙)

A. 个人的一切发展都有赖于社会　　B. 个人价值高于社会价值

C. 教育目的根据个人发展的需要制定　　D. 教育的基本职能在于发展个人的潜在本能

33. 活动课程的特点不包括(　　)(长沙)

A. 重视儿童的兴趣、需要、能力和阅历　　B. 强调解决问题的动态活动的过程

C. 主张预先确定目标的观念　　D. 注重引导儿童从做中学

34. 在教科书的编写上,对理论性较强、学生不易理解和掌握的内容,尤其对低年级的儿童来说,采用(　　)来组编较适合。(长沙)(易错)

A. 螺旋式　　B. 重复式　　C. 直线式　　D. 折线式

35. 所谓(　　),对学生来说,主要是指能够运用自己已有的知识、智能、灵感、态度和意志去探索、发现、建构他尚未知晓的新的知识或方法的能力。(长沙)

A. 基础知识　　B. 创造才能　　C. 技巧　　D. 价值观

36. (　　)是教学过程的中心环节。(长沙)

A. 理解教材　　B. 运用知识

C. 引起学习动机　　D. 检查知识、技能和技巧

37. 当代倡导的“发现法”或“探究学习”,均传承、弘扬与发展了(　　)的思想。(长沙)

A. 循序渐进原则　　B. 科学性与思想性统一原则

C. 直观性原则　　D. 启发性原则

38. 讲理、沟通、报告、讨论、参观等均属于(　　)(长沙)

A. 情境陶冶法　　B. 明理教育法

C. 实践锻炼法　　D. 榜样示范法

39. 班级上课使一个班的学生,长期在一起学习、交往、生活,形成了互爱、互尊、互助、民主平等、和谐亲密的人际关系,过着既丰富多彩又制度化的班组生活。这说明班级上课(　　)(长沙)

A. 能促进学生的社会化　　B. 能科学合理地组织教学

C. 能形成严格的教学制度　　D. 能充分发挥教师的主导作用

40. (　　)是衡量教师主导作用发挥得好坏的根本标志。(长沙)

A. 学生的主动性、反思性、创造性及学习效果

B. 学生的学习质量、成效和心理发展的方向和水平

C. 教师的威信、亲和力及教学的方式方法

D. 教师与学生之间的人际关系

41. (　　)的目的不注重于成绩的评定,而是使教师与学生都能及时获得反馈信息,更好地改进教与学,以促进教师和学生的发展、提高。(长沙)

A. 总结性评价　　B. 诊断性评价　　C. 形成性评价　　D. 绝对性评价

42. 教师给学生的操行评语应该(　　)(长沙)

①罗列现象、抽象、一般化　②实事求是、抓主要问题

③充分肯定学生的进步　④文字简明、贴切

A. ①②③　　B. ①②④　　C. ①③④　　D. ②③④

43. 教师做好教育工作的前提是(　　)(长沙)(常考)

A. 热爱教育事业　　B. 严于律己,为人师表

C. 生活常识丰富　　D. 热爱集体,团结协作

44. 我国中小学教师专业标准的基本理念不包括(　　)(长沙)

A. 学生为本　　B. 能力为重　　C. 终身学习　　D. 守法为先

45. 皮亚杰认为,认知(或智力)的本质,就是(　　),即儿童的认知是在已有图式的基础上通过同化、顺应和平衡机制,不断从低级向高级发展。(长沙)

A. 替代　　B. 适应　　C. 运动　　D. 守恒

46. 根据埃里克森的人格发展阶段理论,"儿童发展出面对不同任务时的胜任感,尤其在学习上;否则,儿童会认为自己没有能力,不可能成功"是对(　　)冲突阶段特征的描述。(长沙)(易混)

A. 自主感对羞怯感　　B. 主动感对内疚感

C. 勤奋感对自卑感　　D. 同一性对角色混乱

47. 学习不是本能活动,而是后天习得的活动,是由(　　)引起的。(长沙)

A. 经验或实践　　B. 情感和意识　　C. 兴趣　　D. 需求

48. 罗杰斯在心理治疗中提出了当事人中心疗法,他认为,作为一名优秀的治疗者,有三个基本条件,其中不包括(　　)(长沙)

A. 真诚一致　　B. 无条件积极关注　　C. 满足需要　　D. 同理心

49. SQ3R 中的"S"指的是(　　)(长沙)

A. 陈述　　B. 浏览　　C. 复习　　D. 提问

50. 儿童初学写字时,头部过低,身体歪斜,握笔太紧,用力过大,这时处于动作技能学习的(　　)(长沙)

A. 熟练阶段　　B. 联系定向阶段　　C. 分解阶段　　D. 自动化阶段

51. 规范学习区别于一般的知识和技能的学习本质特征在于其(　　)(长沙)

A. 情感性　　B. 延迟性　　C. 约束性　　D. 反复性

52. "感情不易变化,学习会感到疲意"是哪种气质类型的观察指数(　　)(长沙)

A. 多血质　　B. 黏液质　　C. 胆汁质　　D. 抑郁质

53. 建设高质量的体系,要把(　　)作为检验学校一切工作的根本标准。(长沙)

A. 教师队伍建设　　B. 立德树人成效

C. 整合教育资源　　D. 教育制度改革

54. 某校违反国家规定招生,下列说法不正确的是(　　)(长沙)

A. 由教育部门责令退还所有费用,但不得退回所招学生

B. 对学校进行警告,可以处违法所得五倍罚款

C. 情节严重的,责令取消相关招生资格一年以上及三年以下

D. 对直接负责的主管人员和其他直接负责人员,依法给予处分

55. 学校和其他教育机构应逐步实行(　　)(长沙)

A. 教师选任制　　B. 教师考任制　　C. 教师委任制　　D. 教师聘任制

56. 教师的平均工资水平应(　　)当地国家公务员的平均工资水平,并逐步提高。(长沙)(常考)

A. 低于　　B. 等于　　C. 低于或等于　　D. 不低于或高于

57. 有的人观察能力强,有的人记忆力好;有的人好动,有的人喜静;有的人善理性思维,有的人善形象思维;有的人年轻有为,有的人大器晚成。这说明人的发展具有(　　)(长沙)

A. 阶段性　　B. 顺序性　　C. 个别差异性　　D. 不平衡性

58. "秀才不出门,能知天下事"说明文化知识具有什么价值(　　)(长沙)

A. 促进人的实践的发展　　B. 促进人的认识的发展

C. 促进人的能力的发展　　D. 促进人的精神的发展

59. 下列关于"以人为本"教育观的内涵的表述,不正确的是(　　)(长沙)

A. 教育的根本主旨是促进人的全面发展　　B. 人是主体

C. 人的发展与社会发展是互相独立的　　D. 人是目的

60. (　　)集中体现了我国教育的价值取向和社会政治性质,在学生的全面发展中起着定向和动力的作用。(长沙)

A. 德育　　B. 智育　　C. 美育　　D. 体育

61. (　　)教学时,要求教师不仅要系统全面地描述事实,而且要通过深入分析、推理、论证来归纳、概括科学的概念或结论。(长沙)(易混)

A. 讲述　　B. 讲解　　C. 讲演　　D. 讲读

62. 根据科尔伯格的道德发展阶段理论,判断"好孩子"阶段"好"的行为的标准是(　　)(长沙)

A. 对成人或规则采取服从的态度,以免受到惩罚

B. 认为每个人都有自己的意图和需要

C. 为自己塑造一个社会赞同的形象，能够得到别人的赞许

D. 开始从维护社会秩序的角度来思考什么行为是正确的

63. 对儿童的攻击行为可以采取不加理睬的方法，使它们得不到强化而逐渐减少，这属于一种(　　)(长沙)

A. 暂时隔离法　　B. 示范法　　C. 角色扮演法　　D. 消退法

64. 孩子的许多无理取闹的行为实际上是学习的结果，比如通过哭闹来取得自己心仪的玩具，在这个过程中，家长的让步起着(　　)作用。(长沙)

A. 泛化　　B. 消退　　C. 分化　　D. 强化

65. 关于知识与智能的关系，不正确的是(　　)(长沙)

A. 智能的发展依赖于知识掌握情况

B. 知识的掌握情况又取决于智能的发展水平

C. 教学中不能只抓知识教学或只重智能发展

D. 一个人知识的多少标志着其智能水平高低

66. 归因训练第一阶段是(　　)(长沙)

A. 创设情境　　B. 让学生对自己的成败进行归因

C. 了解学生的归因倾向　　D. 引导学生进行积极归因

67. 精加工策略的要旨是(　　)(长沙)

A. 对信息重复识记　　B. 把信息组合成整体

C. 将信息重新分解　　D. 建立信息之间的联系

68. 下列关于上位学习和下位学习描述不正确的是(　　)(长沙)

A. 上位学习遵循从具体到一般的归纳概括过程，属于发现学习

B. 上位学习对学生获得基本概念和一般原理与规则具有重要意义

C. 下位学习对新学知识效率低，对旧知识效率高

D. 下位学习遵循从一般到特殊的过程，属于接受学习

69. 根据桑代克的迁移理论，两种学习之间要产生迁移，关键在于发现它们之间的(　　)(长沙)

A. 结构性　　B. 抽象性和差异性

C. 次序性　　D. 一致性和相似性

70. (　　)是课堂纪律管理的最终目的。(长沙)

A. 教师促成的纪律　　B. 自我促成的纪律

C. 集体促成的纪律　　D. 任务促成的纪律

71. 创造性活动的(　　)的主要任务是在积累知识的过程中检查和清理问题，确定创造的方向和目标，从主观和客观条件上做好必要准备。(长沙)

A. 明朗阶段　　B. 验证阶段　　C. 准备阶段　　D. 酝酿阶段

72. 根据《中华人民共和国教师法》，以下选项不属于教师权利的是(　　)(长沙)(常考)

A. 自我发展的权利　　B. 参与管理的权利

C. 批评学生　　D. 独立工作

73. 国家建立以(　　)为主，其他多种渠道筹措教育经费为辅的体制。(长沙)

A. 财政拨款　　B. 办企创收

C. 社会捐赠　　D. 学费杂费

74. 学校下列做法违反《中华人民共和国义务教育法》相关规定的是(　　)(长沙)

A. 对违反学校管理制度的学生予以批评教育　　B. 对学生进行安全教育，加强管理

C. 向学生推销教育教学相关商品、商务　　D. 接收残疾适龄儿童随班就读

75. 十三届全国人民代表大会常务委员会第二十二次会议对《未成年人保护法》进行了修订，将在2021 年 6 月 1 日正式施行。修订后的《未成年人保护法》增加了(　　)两章。(长沙)

A. "学校保护""社会保护"　　B. "网络保护""政府保护"

C. "社会保护""法律责任"　　D. "家庭保护""司法保护"

二、多项选择题(下列每小题列出的选项中至少有两项是符合题意的，请将其代码填在括号内。错选、多选或少选均不得分。本大题共 15 小题，每小题 2 分，共 30 分)

76. 下列关于教育本质属性的理解，正确的是(　　)(雨花)

A. 教育的直接目的是人的培养

B. 所有能影响人的身心发展的活动都是教育

C. 人的先天本能，如膝跳反射、新生儿的吮吸母乳，不属于教育现象

D. 孩子偶然把手撞到床板受伤，由此获得了相关知识，属于教育现象

77. 贯彻启发性教育原则的要求有(　　)(雨花)(常考)

A. 发扬教育民主

B. 在确保质量的前提下提高教学效率

C. 加强学习的目的性教育，调动学生学习的主动性

D. 让学生动手，培养学生独立解决问题的能力

78. 根据卡文顿的自我价值理论，正确的是(　　)(雨花)

A. 该理论能够很好地解释潜意识行为与很多娱乐消遣行为

B. 小华特别渴望成功，同时又特别害怕失败，他可能属于高趋高避型

C. "高趋低避型"学生又称为"成功定向者"

D. "低趋低避型"学生又称为"逃避失败者"

79. 经测验得知，湘湘的气质类型为多血质，在平时生活中的表现为(　　)(雨花)

A. 思维敏捷但是不求甚解　　B. 内柔外刚，交往适度

C. 易感情用事，刚愎自用　　D. 容易接受新事物

80. 习近平总书记对新时代师德师风建设,提出四个“相统一”。以下属于四个“相统一”的是(　　)(雨花)

A. 坚持教书与育人相统一

B. 坚持潜心问道和关注社会相统一

C. 坚持学术自由和学术规范相统一

D. 坚持显性教育与隐性教育相统一

81. 下列有关平行管理,叙述正确的是(　　)(开福)

A. 由马卡连柯提出

B. 由维果斯基提出

C. 平行管理指班主任既通过对集体的管理去间接影响个人,又通过对个人的直接管理去影响集体,从而把对集体和个人的管理结合起来的管理方式

D. 平行管理指通过制定和执行规章制度去管理班级的经常性活动

82. 下列(　　)阐述的是教学中要求遵循启发性教学原则。(开福)

A.“学不躐等”

B.“不愤不启,不悱不发”

C.“道而弗牵,强而弗抑,开而弗达”

D.“一个坏的教师奉送真理,一个好的教师则教人发现真理”

83. 下列关于课堂气氛描述正确的是(　　)(开福)

A. 消极的课堂气氛通常以学生的紧张,拘谨,心不在焉,反应迟钝为基本特征

B. 课堂气氛与教师对学生的期望有关

C. 良好的课堂气氛是课堂教学得以顺利进行的重要保障条件

D. 积极的课堂气氛是恬静与活跃、热烈与深沉、宽松与严谨的有机统一

84. 新课程标准提倡的三维课程目标是(　　)(开福)(常考)

A. 知识与技能

B. 过程与方法

C. 情感态度与价值观

D. 心理健康

85. 组织策略指的是整合所学新知识之间、新旧知识之间的内在联系,形成新的知识结构,包括(　　)等。(开福)

A. 列提纲　　B. 利用图形、图表　　C. PQ4R 法　　D. 语义联想法

86. 影响人发展的主要因素有(　　)(开福)(常考)

A. 遗传　　B. 环境　　C. 教育　　D. 主观能动性

87. 下列有关美育的表述,正确的有(　　)(开福)

A. 蔡元培提出了“以美育代宗教”

B. 美育即艺术教育

C. 美育最高层次的任务是培养学生创造美的才能

D. 美育是培养学生正确的审美观,发展其鉴赏美、创造美的能力,培养他们的高尚情操和文明素质的教育

88. 品德的形成要经历(　　)阶段。(开福)(常考)

A. 学习　　B. 依从　　C. 认同　　D. 内化

89. 学生在教师指导下进行(　　),属于实习作业法。(开福)

A. 数学课的实地测量

B. 语文课的课外阅读

C. 地理课的地形测绘

D. 生物课的植物栽培和动物饲养

90. 一般认为,品德的构成要素主要包括(　　)(开福)

A. 道德认知　　B. 道德情感　　C. 道德意志　　D. 道德行为

三、判断题(判断下列各题的正误,并在题后括号内打“√”或“×”。本大题共 10 小题,每小题 1 分,共 10 分)

91. 昆体良对班级授课进行的一些阐述是班级授课制思想的萌芽。(雨花)(　　)

92. 通过对本课的学习,形成正确的知识产权意识,属于知识与技能目标。(雨花)(　　)

93. 学生的发展是班级管理的核心。(雨花)(　　)

94. 在态度形成的过程中,认同的实质是对榜样的模仿,其出发点是试图与其一致。(雨花)(　　)

95. 知识的表述类型中,表象是一种连续、抽象的表征,而命题是一种断裂的、模拟的类型。(雨花)(　　)

96. 课堂上学生回答老师的提问是一种有意回忆。(雨花)(　　)

97. 皮亚杰提出,在儿童思维发展的所有特征中最重要的是可逆性。(雨花)(　　)

98. 小郭从师范学校毕业后为适应新工作岗位要求而加班学习,这属于有意义的接受学习。(雨花)(　　)

99. 不断提高思想政治觉悟和教育教学业务水平属于教师法定权利。(雨花)(　　)

100. 教师劳动的连续性是由教师劳动对象的相对稳定性决定的。(雨花)(　　)

2021年湖南省株洲市天元区教师招聘考试真题试卷(三十六)

本套试卷共51小题,目前已收录50小题,包括单项选择题(24小题)、多项选择题(10小题)、填空题(10小题)、简答题(3小题)、论述题(2小题)、案例分析题(1小题)。

一、单项选择题(在下列每题四个选项中只有一个是最符合题意的,将其选出并把它的标号写在括号内。错选、多选或未选均不得分。本大题共24小题,其中,1~9题,每小题0.7分;10~24题,每小题1.2分,共24.3分)

1. 夸美纽斯曾说,实际上人不受教育就不能成为一个人;康德也认为,人是唯一必须受教育的造物。这说明教育是(　　)

A. 传递社会经验的活动　　B. 使人得以生存的活动
C. 培养人的社会实践活动　　D. 保存人类文明的活动

2. 素质教育是指一种以提高受教育者诸方面素质为目标的教育模式,其时代特征是(　　)(常考)

A. 面向全体学生　　B. 促进学生全面发展
C. 促进学生个性发展　　D. 培养学生的创新精神和实践能力

3. 我国古代思想家、教育家王守仁指出,学习不可躐等,须从本原上用力,渐渐盈科而进。他主要强调的是(　　)

A. 教育应循序渐进　　B. 学习需要独立思考
C. 知行合一才能真正掌握知识　　D. 教育不应该抹杀儿童的天性

4. 教育范畴是历史性与阶级性的统一,而不是如一些资产阶级教育学者所说的是永恒不变的范畴。生产力与生产关系的形态以及二者之间的关系改变了,教育形态也必须发生改革。这是哪一学说的主要观点(　　)

A. 生物起源说　　B. 劳动起源说
C. 心理起源说　　D. 自然起源说

5. 我国古代的“六艺”、古希腊的“七艺”等都可以看作是最早的(　　),这种课程的主导价值在于通过传承人类文明,使学生掌握人类积累下来的文化遗产,让学生获得间接经验。

A. 活动课程　　B. 学科课程　　C. 选修课程　　D. 综合课程

6. 为弘扬和培养学生强烈的民族责任感,引导学生健康成长,某中学组织学生观看爱国主义教育影片。该校采用的这种德育方法是(　　)

A. 品德评价法　　B. 调查研究法　　C. 情感陶冶法　　D. 个人修养法

7. 新课程改革的主要任务是:更新观念、转变方式、重建制度。在新课程所要完成的三大主要任务中,(　　)是核心任务。

A. 教师课堂教学方式的改革　　B. 转变学生的学习方式
C. 改变学生在学校里的生存条件　　D. 重新建立教育评价制度

8. (　　)是新课程倡导的现代学习方式的首要特征,与传统学习方式相对,二者在学生的具体学习活动中表现为“我要学”和“要我学”。(易错)

A. 独立性　　B. 独特性　　C. 体验性　　D. 主动性

9. 新课程的培养目标在各科课程标准中是分层次地体现的,目标的构成及其相互关系可按三个层次分列,其中情感态度与价值观属于(　　)

A. 最高目标　　B. 优先目标　　C. 基础目标　　D. 核心目标

10. 罗杰斯认为在教学活动中要把学生放在居中的位置上,把学生的“自我实现”看成教学的根本要求,这属于(　　)

A. 非指导性教学模式　　B. 发展性教学模式
C. 最优化教学模式　　D. 结构主义课程模式

11. 活动方式具有高度的适应性,在执行方面能达到高度的完善和自动化的阶段是(　　)

A. 操作定向　　B. 操作模仿　　C. 操作熟练　　D. 操作整合

12. 根据动作过程中外部情境是否变化,可将动作技能分为(　　)

A. 操作器具的动作技能和徒手技能　　B. 连续的动作技能和不连续的动作技能
C. 开放性技能和封闭性技能　　D. 连续动作技能和开放性技能

13. (　　)指对他人的情绪、说话、手势动作的敏感程度以及对此做出有效反应的能力,表现为个人能觉察体验他人的情绪情感并做出适应的反应。

A. 人际沟通智能　　B. 自我认识智能
C. 身体运动智能　　D. 自我观察智能

14. (　　)是指空间上接近、时间上连续、形式上相同、颜色上一致事物,易于构成一个整体为人们所清晰的感知。(常考)

A. 差异律　　B. 活动律　　C. 强度律　　D. 组合律

15. 托尔曼认为学习的结果不是S与R的直接联结,不是连串的刺激与反应那么简单的、机械的反应动作,而是建立一个完整的(　　)

A. 知识网络　　B. 结构框架　　C. 逻辑规则　　D. 认知地图

16. 贾同学明知到河滩玩耍会出现危险,却还是抱着“我哪会这么倒霉”的侥幸心态去戏水,这属于哪一种心理现象的影响(　　)

A. 自我防御机制　　B. 理想化偏见
C. 预防接种　　D. 技能反应

17. 小微把考试的失败归咎于考试前一天失眠，所以考试发挥失利。根据卡文顿的自我价值观理论，小微属于哪一类的学生(　　)

A. 高趋低避型　　B. 低趋高避型

C. 高趋高避型　　D. 低趋低避型

18. 某教师在给学生评分时，认为某个学生好，会不自觉地给他的分数高一些，认为某个学生差，会不自觉地给他的分数低一些，这是(　　)的作用。

A. 原型启发　　B. 功能固着　　C. 思维定势　　D. 酝酿效应

19. 习近平总书记提到做人的工作有三个层面，不包括(　　)

A. "四个为了"做好"为谁培养人"　　B. "四个坚持不懈"做好"如何培养人"

C. "四个正确认识"做好"培养什么样的人"　　D. "四个目的"做好"培养多少人"

20. 由学校自行策划、自行组织、自行实施、自行考核的教师培训模式是(　　)

A. 自主培训　　B. 校外培训　　C. 专家培训　　D. 校本培训

21. 习近平总书记指出，(　　)是提高人民健康水平的重要途径，是满足人民群众对美好生活向往、促进人的全面发展的重要手段，是促进经济社会发展的重要动力，是展示国家文化软实力的重要平台。

A. 体育　　B. 美育　　C. 德育　　D. 智育

22. (　　)是教师资格定期注册、业绩考核、职称评聘、评优奖励的首要要求。

A. 学历证书　　B. 师德表现　　C. 外语等级　　D. 学术水平

23. (　　)要依法落实教师待遇，为学校招聘教师提供支持。

A. 人力资源社会保障部门　　B. 财政部门

C. 民政部门　　D. 教育部门

24. 教育政策不同于教育规律，它是主观意志的体现，因而具有明确的(　　)

A. 稳定性　　B. 指向性　　C. 广泛性　　D. 强制性

二、多项选择题(在下列每题列出的选项中至少有两项是符合题意的，将其选出并把它的标号写在括号内。多选、错选或未选均不得分。本大题共 10 小题，每小题 1.5 分，共 15 分)

25. 下列关于校园文化的说法正确的有(　　)

A. 校园文化以学生为主体，以校园为主要空间

B. 校园文化是社会整体文化的一部分

C. 校园文化不包括学校教师共同拥有的教育价值观

D. 校园文化建设可以极大提升学校的文化品位

26. 师生关系和谐健康，学生才会乐于接受教育，中学师生心理关系应建立在(　　)的基础之上。

A. 平等　　B. 自由　　C. 民主　　D. 专制

27. 主张五育并举，这是蔡元培教育思想的一个显著特点，下列属于他提出的五育的内容有(　　)(常考)

A. 美感教育　　B. 公民道德教育　　C. 艺术教育　　D. 世界观教育

28. 布鲁纳认为，对一门学科的学习包括三个差不多同时发生的过程，下列属于这三个过程的有(　　)

A. 新知识的获得　　B. 知识的转换　　C. 顿悟　　D. 评价

29. 上位学习，也称总括学习，是指在认知结构中原有的几个观念的基础上学习一个包容性程度更高的命题，即原有的观念是从属观念，而新学习的观念是总括性观念，下列属于上位学习的有(　　)

A. 先学习"油"，再学习"汽油""柴油""菜子油""玉米油""花生油"等

B. 儿童在知道"桌子""椅子""凳子"等概念之后，再学习"家具"这个概念

C. 在学习正方体、长方体的体积计算公式后，再学习一般柱体的体积计算公式

D. 三角形的学习和四边形的学习

30. 多元智能理论倡导弹性的多因素组合的智能观，认为影响每一个人的智力发展有三种因素，即(　　)(易错)

A. 先天资质　　B. 社会环境

C. 个人成长经历　　D. 个人生存的历史文化背景

31. 习近平总书记指出，要坚持不懈培育和弘扬社会主义核心价值观，引导广大师生做社会主义核心价值观的坚定信仰者，积极传播者，模范践行者。培育和弘扬社会主义核心价值观，广大师生应该(　　)

A. 深刻理解社会主义核心价值观的素质内涵

B. 在学习和生活中自觉践行社会主义核心价值观

C. 主动推动社会主义核心价值观走向世界

D. 以社会主义核心价值观为文化创新的精神根基

32. 在大中小学(　　)地开设思政课非常必要，是培养一代又一代社会主义建设者和接班人的重要保障。

A. 稳中求变　　B. 直线上升　　C. 循序渐进　　D. 螺旋上升

33.《中华人民共和国教育法》规定，学校及其他教育机构的校长或者主要行政负责人的必要条件包括(　　)

A. 具有中华人民共和国国籍　　B. 具有出国留学经历

C. 具备国家规定任职条件　　D. 在中国境内定居

34. 教师心理健康的标准有(　　)(易错)

A. 人际关系和谐　　B. 认同教师角色

C. 具有教育的独创性　　D. 脱离周围现实环境

三、填空题(在下列每小题的空格中填上正确答案。错填、不填均不得分。本大题共 10 小题,每小题 1 分,共 10 分)

35. ________是赫尔巴特的重要著作,被公认为第一部具有科学形态的教育学著作。

36. 汉语的词汇和英语的单词,都属于________的知识学习类型。

37. 新课程改革下的新的课程观认为,课程是教师、学生、教材、________四个因素动态交互作用的"生态系统"。

38. 人们在面临新问题、新事物、新现象时,能迅速理解并做出判断的思维活动,这种思维活动一般称之为________。

39. 勤奋对自卑是埃里克森的心理社会发展理论中的第________个阶段。

40. 对无意义音节、地名、人名、历史年代等的识记属于________。

41. 省、市、________三级教研机构应配齐所有学科专职教研员。

42. ________是学校提高教育质量的第一责任人,应经常深入课堂听课,参与教研,指导教学,努力提高教育教学领导力。

43. 义务教育质量评价实施工作注重结果评价与________相结合。

44. 到________年,基本形成富有时代特征,彰显中国特色,体现世界水平的教育评价体系。

四、简答题(本大题共 3 小题,每小题 5 分,共 15 分)

45. 就深化教育教学改革、全面提高义务教育质量,中共中央、国务院提出了哪些意见?

46. 义务教育质量评价包括县域、学校、学生三个层面,请你简述学生发展质量评价的主要内容。

47. 项目式学习活动通常包括哪几个基本环节?

五、论述题(本大题共 2 小题,每小题 10 分,共 20 分)

48. 各级党委和政府可以下达升学指标或以中高考升级率考核下一级党委和政府、教育部门、学校和教师,请你对此观点作出判断和分析。

49. 认知建构主义对指导学习过程,促进教学改革具有重要意义,表现在哪里?

六、案例分析题(本大题共 15 分)

50. 吴老师班上有一位男生,学习成绩中下,上课不认真听讲,总是做小动作,有时候还会发出一些奇怪的声音,扰乱课堂秩序,作业总是很随意,自己想写了就写,不想写了谁也劝不动。更严重的问题是该生和同学关系很不理想,经常打架,欺负同学,因此他也一直被班里的同学孤立,没有什么朋友,家长对这一情况也是无可奈何。

问题:根据上述案例,谈谈教师应如何做好该生的转化工作。

2021年广西壮族自治区贺州市市直教师招聘考试教育学与教学法基础知识真题试卷(汇编)(三十七)

(总分100分　时间120分钟)

本套试卷共105小题,目前已收录72小题,包括单项选择题(41小题)、多项选择题(13小题)、判断题(18小题)。

一、单项选择题(下列每小题列出的四个选项中只有一个是最符合题意的,请将其代码填在括号内。错选、多选或未选均不得分。本大题共41小题,每小题1分,共41分)

1.(　　)倡导"自然教育",他的教育思想被称为"自然教育论"。

A.柏拉图　B.卢梭　C.康德　D.亚里士多德

2.(　　)的出现标志着教育学开始成为一门独立的学科。(常考)

A.《大教学论》　B.《教育漫话》　C.《理想国》　D.《爱弥儿》

3.下列不属于教师个体专业发展途径中同伴互助的形式的是(　　)

A.一课多研　B.专业对话　C.微型教学　D.业余进修

4.(　　)是教师形象的核心。

A.道德形象　B.文化形象　C.人格形象　D.社会形象

5.班主任按照学校规章对学生行为提出要求,督促学生养成良好的行为习惯,属于(　　)

A.说服教育法　B.榜样示范法　C.实际锻炼法　D.指导教育法

6.班级教学管理的核心是(　　)

A.学习成绩管理　B.教学思想管理　C.课堂纪律管理　D.教学质量管理

7.在班主任陆老师的带领下,班干部和各科课代表积极协助老师开展各项活动。这个时期的班集体处于(　　)(易错)

A.组建阶段　B.形核阶段　C.发展阶段　D.成熟阶段

8.优秀教师魏书生在班级管理中,要求学生"课前陶醉在一首歌里",用不同的声音高呼三遍"我能成功"等。这些做法有利于营造(　　)(易混)

A.文化性物质环境　B.健康的心理环境

C.正确的舆论和班风　D.良好的人际环境

9.(　　)是班级管理的核心工作,也是班主任工作成果的体现。

A.培养班干部　B.建设和培养良好的班集体

C.实现教学目标　D.协调好各方面的教育影响

10.课外活动目标实现的关键因素是(　　)

A.学生的积极主动性　B.教师的主导性　C.活动形式的多样性　D.内容的合理性

11.教育行动研究最关键、最核心的环节是(　　)

A.选择和确定研究课题　B.分析所要研究的问题

C.将行动策略付诸实践　D.反馈与评价行动结果

12.为了更好地开展家校合作,张老师进行了一项关于独生子女现状的研究。这属于(　　)

A.基础研究　B.应用研究　C.发展研究　D.调查研究

13.现代教育科学研究方法的理论基础是(　　)

A.新课程改革理念　B.自然科学理论

C.终身教育观　D.马克思主义哲学

14.一个好的研究课题必备的特点不包括(　　)(常考)

A.研究依据的科学性　B.研究计划的可行性

C.研究内容的独创性　D.研究内容的广泛性

15.王老师想研究语文学科系统讲授加点评的教学方法与提高学生阅读水平之间的关系,那么她应该采用的研究方法是(　　)

A.历史研究法　B.调查研究法　C.实验研究法　D.比较研究法

16.在布卢姆的教学目标分类理论中,认知领域的教学目标的最高层次是(　　)

A.评价　B.领会　C.分析　D.知识

17.张老师将语文教学目标表述为"使学生能够独立复述课文"。该教学目标表述存在的错误是(　　)

A.行为主体不当　B.行为动词不当　C.行为条件不当　D.行为标准不当

18.在我国,各级各类学校的教学目标是由(　　)制定的。(易混)

A.国家教育行政领导机关　B.地方教育行政领导机关

C.国务院　D.地方各级人民政府

19.在实际的教学过程中,教师可以根据学生的个性特征、学习需要以及具体的教学情境,对事先确定好的教学目标进行调整。这反映了教学目标设计的(　　)原则。

A.可操作性　B.预测性　C.灵活性　D.层次性

20.教学过程是(　　)

A.教师传授知识的过程　B.学习过程

C.智育过程　D.教师和学生双边活动的过程

21."授人以鱼,不如授人以渔。"这启示教师在教学中应重视的是(　　)(常考)

A.传授知识　B.发展学生的能力

C.培养学生的个性　D.培养学生的品德

22. 教授数学的杨老师在教三年级学生学习多边形面积的计算时，特意提到了《九章算术》中的解法，让学生了解了我国古代的科技文化成就。这体现了教学过程中的(　　)

A. 科学性和思想性相统一原则　　B. 理论联系实际原则

C. 启发性原则　　D. 直观性原则

23. 下列不属于教育内容的是(　　)(易错)

A. 教科书　　B. 课程　　C. 教学参考资料　　D. 教学多媒体设备

24. (　　)是指导和规定教学活动的依据，也是制定课程标准的依据。

A. 教学内容　　B. 课程标准　　C. 教学大纲　　D. 课程计划

25. 在中学物理课程学习中，高中阶段所学习的惯性和牛顿第一定律，是在初中已学知识基础上的进一步深化。这体现的课程内容的组织形式是(　　)(易混)

A. 平行式　　B. 螺旋式　　C. 直线式　　D. 综合式

26. (　　)主张打破严格的学科界限，重视学生学习的心理准备，在课程设计与安排上满足学生的兴趣，调动他们学习的主动性和积极性。

A. 学科中心课程理论　　B. 社会中心课程理论

C. 要素主义课程理论　　D. 活动中心课程理论

27. 程序性知识是关于"怎样做"的知识。因此，教师在进行教学设计时，要有充分的(　　)设计。

A. 练习　　B. 识记　　C. 评价　　D. 言语信息

28. 在美术教学中，过多地使用电脑绘画软件容易使教师、学生产生依赖性。这启示教师在选用教学媒体时应遵循(　　)

A. 目的性原则　　B. 发展性原则　　C. 综合性原则　　D. 教学最优化原则

29. 苏联教育家巴班斯基说："每种教学方法都可能有效地解决某些问题，而对解决另一些问题则无效。"这说明教学方法具有(　　)

A. 相对性　　B. 针对性　　C. 综合性　　D. 多样性

30. 17 世纪，伟大的捷克教育家(　　)提出了"一个教师同时教很多学生是可能的"假设，进而对课堂教学的课程、时空模式、班级组织等进行了界定，为班级授课制的确立奠定了理论和实践的基础。

A. 凯洛夫　　B. 赫尔巴特　　C. 夸美纽斯　　D. 斯宾塞

31. (　　)是教师使用最早、应用最广的教学方法。

A. 讨论法　　B. 演示法　　C. 谈话法　　D. 讲授法

32. 教师在教学中，应注意避免"把流水泼到一个筛子上"的现象的发生。这启示教师在教学中应贯彻(　　)(易错)

A. 系统性原则　　B. 巩固性原则　　C. 因材施教原则　　D. 循序渐进原则

33. 周老师通过实物道具，向学生演示三峡大坝围堰如何定向爆破。这种教学方法属于(　　)

A. 发现法　　B. 实验法　　C. 练习法　　D. 演示法

34. 在校本课程开发中，教师扮演的角色是(　　)

A. 编制者、实施者、评价者　　B. 实施者、指导者、评价者

C. 学习者、接受者、实施者　　D. 编制者、评价者、指导者

35. 陈老师认为，教师并非纯粹的课程实施者，而应根据自己的经验、学生状况、实际需要等因素来调整自己的教学活动。陈老师遵循了课程实施的(　　)

A. 忠实取向　　B. 相互适应取向　　C. 创生取向　　D. 调控取向

36. 下列不属于新课改倡导的学习方式的是(　　)(常考)

A. 自主学习　　B. 合作学习　　C. 探究学习　　D. 接受学习

37. 下列选项中，表明教师具有良好的课堂教学组织管理能力的是(　　)

A. 课堂板书结构清晰，重点突出　　B. 能够设计课堂教学课题

C. 善于激发学生的学习动机　　D. 教学中能变通思路，提出新的教学方法

38. 某小学在走廊边、教室里张贴了许多学生的绘画作品、优秀作业、荣誉证书，记录着学生的点滴成长与进步。这体现的新课改的基本理念是(　　)

A. 强调教师成长　　B. 关注学生发展

C. 重视以学论教　　D. 加强学科的综合性

39. 课程的目的游离评价模式的提出者是(　　)

A. 泰勒　　B. 斯克里文　　C. 布卢姆　　D. 加德纳

40. 下列不属于质性评价常用方法的是(　　)(易混)

A. 观察法　　B. 写评语　　C. 档案袋评价　　D. 纸笔测验

41. 小华同学经常将自己现在的学习情况与去年进行对比，评价自己在哪些方面取得了进步，哪些方面有所退步，然后根据情况进行改进。小华的这种评价属于(　　)

A. 总结性评价　　B. 相对性评价

C. 绝对性评价　　D. 个体内差异评价

二、多项选择题(下列每小题列出的四个选项中至少有两个是正确的，请将其代码填在括号内。错选、多选或未选均不得分。本大题共 13 小题，每小题 2 分，共 26 分)

42. 我国当前教育发展与改革趋势包括(　　)

A. 普及义务教育　　B. 提高教育现代化水平

C. 教育改革常态化　　D. 促进教育公平

43. 下列关于教育价值和教育功能的认识中，正确的有(　　)(易错)

A. 教育功能是教育应该发挥的作用

B. 教育价值是教育能够发挥和实际发挥的作用

C. 二者都是回答教育对人的发展和对社会发展的作用

D. 教育价值反映了"理想的教育应该干什么"

44. 学校教育与家庭教育相互配合的途径主要有(　　)

A. 互访　B. 家长会　C. 家长委员会　D. 家教服务

45. 为了更好地开展教育教学工作,教师需从多方面对学生进行了解和研究,其中包括研究学生的(　　)

A. 家庭收入　B. 思想品德　C. 现有知识水平　D. 心理状况

46. 对学生进行学习指导是班主任和教师的重点工作内容之一。学习指导的内容包括培养学生(　　)

A. 正确的学习动机　B. 坚韧的学习意志　C. 稳定的注意力　D. 较强的自学能力

47. 下列对班会活动的认识中,正确的有(　　)(易错)

A. 具有自主性和针对性

B. 其形式包括常规班会、生活班会和主题班会

C. 由班主任主持开展

D. 每周定期开展

48. 一份好的调查问卷的设计应做到(　　)

A. 避免问题重复

B. 问题数目宜少,节约时间

C. 排列顺序先封闭式后开放式

D. 反映课题要求,问题应集中、明确、容易回答

49. 教育信息化的要求有哪些(　　)

A. 让学生学会使用电子计算机

B. 让学生学会收集、选择、处理信息

C. 促进学校教育手段的信息化、现代化

D. 进一步建立信息库、信息网络

50. 教师在教育活动过程中处于(　　)的地位。

A. 领导者　B. 决定者　C. 设计者　D. 引导者

51. 中小学综合实践活动的主要方式有(　　)

A. 考察探究　B. 社会服务　C. 设计制作　D. 职业体验

52. 某校以"校园安全""居家安全""社会安全"为主要内容,对学生进行安全习惯训练。这反映出教学内容设计的依据包括(　　)

A. 社会生活　B. 学生群体　C. 学科内容　D. 学校

53. 下列关于教学方法的认识中,正确的有(　　)(易错)

A. 教学方法是以教学目标为指向的

B. 教学方法是在教学过程中展开的

C. 教学方法应体现师生的双边活动

D. 教法与学法是相互独立的

54. 教师在运用实验法进行教学时,应做到(　　)

A. 培养学生的动手能力

B. 秉持科学、严谨的态度

C. 重视教师的示范作用

D. 教学前仔细检查仪器设备、实验材料

三、判断题(判断下列各题的正误,并在题后括号内打"√"或"×"。本大题共 18 小题,每小题 1 分,共 18 分)

55. 生产劳动中师傅教授徒弟生产技艺不属于教育范畴。(常考)　(　　)

56. 教育的心理起源说否认了教育的社会性。　(　　)

57. 教育现代化的核心目标是实现人的现代化。　(　　)

58. 学校是影响学生发展的主要外部因素。它是通过可控的、积极的学校因素和选择社会环境中的积极因素来影响学生发展的。　(　　)

59. 学生既是教育的对象又是教育的主体。因此,了解和研究学生的本质特征、地位和发展规律是教育工作的出发点和归宿。　(　　)

60. 颜老师在工作中经常担心的问题是"学生喜欢我的课吗?"这说明颜老师处于教师专业发展的关注学生阶段。　(　　)

61. 一般来说,班级组织的规模越小,教师就越会用各种严格的规章制度和纪律维持班级秩序。(易错)　(　　)

62. 良好的班级组织能满足学生社交和归属的需要,但不能满足学生自尊和自我实现的需要。(　　)

63. 在小学教育阶段,游戏活动是学校课外活动的重要内容。　(　　)

64. 课外活动中的学科活动,其活动内容与课堂教学联系密切,且仅限于教学大纲规定的范围。　(　　)

65. 主体教育学派主张现代教育过程应该是教师与学生双主体协同活动的过程。　(　　)

66. 刘老师在教案中写道:"学生至少能写出三种解题方法。""三种解题方法"属于行为目标的表现程度。　(　　)

67. 教学目标是关于教师在教学中做出的行为的明确表述。　(　　)

68. 在教学情境中,不存在没有教的学,也不存在没有学的教。　(　　)

69. 在教学过程中,学生要将课本上传递的知识转化为自己的知识,能理解和运用这些知识,必须以一定的间接经验为基础。　(　　)

70. 创设良好的课堂氛围不属于教学环境设计的范畴。　(　　)

71. 教育活动的实际效果归根到底必须落实到受教育者的自愿学习、自我建构和自我实现上。(　　)

72. 我国新课改的核心理念是重视以学定教。　(　　)

2021 年广西壮族自治区贺州市市直教师招聘考试教育心理学与德育工作基础知识真题试卷(汇编)(三十八)

(总分 100 分　时间 120 分钟)

本套试卷共 105 小题,目前已收录 46 小题,包括单项选择题(20 小题)、多项选择题(8 小题)、判断题(18 小题)。

一、单项选择题(下列每小题列出的四个选项中只有一个是最符合题意的,请将其代码填在括号内。错选、多选或未选均不得分。本大题共 20 小题,每小题 0.5 分,共 10 分)

1. 20 世纪 60 年代提出了"以学生为中心"的主张,认为教师只是一个"方便学习的人"的人本主义心理学家是(　　)(常考)

A. 马斯洛　B. 罗杰斯　C. 布鲁纳　D. 班杜拉

2. 提出教师在教学过程中采用先行组织者策略来帮助学生联络新旧知识的心理学家是(　　)

A. 加涅　B. 布鲁纳　C. 奥苏贝尔　D. 托尔曼

3. 提出"知识不是对现实的准确表征,只是一种解释、一种假设"这一观点的学习理论是(　　)

A. 行为主义学习理论　B. 认知主义学习理论

C. 人本主义学习理论　D. 建构主义学习理论

4. 一个学生知道了三角形是由不在同一条直线上的三条线段首尾顺次相接组成的图形,后来他学习了等腰三角形和等边三角形,使认知结构得以丰富。这种认知发展被皮亚杰称为(　　)(易错)

A. 平衡　B. 图式　C. 顺应　D. 同化

5. 刚入学的儿童常常分不清"b"与"d""p"与"q",常把"9"看成"6"。出现这种现象的心理原因是儿童的(　　)发展不完善。

A. 整体知觉　B. 形状知觉

C. 视敏度　D. 方位知觉

6. 下列不能正确描述小学生想象的发展特点的是(　　)

A. 想象的有意性迅速发展　B. 想象的内容逐渐接近现实

C. 想象中的幻想日益减少　D. 想象中的创造成分日益增多

7. 下列不属于儿童在具体运算阶段的思维特征的是(　　)

A. 可以凭借具体形象进行逻辑推理　B. 认知活动受静止的知觉状态支配

C. 思维具有可逆性　D. 形成守恒概念

8. "先行组织者策略"提倡通过先于学习任务本身呈现一种引导性材料来帮助学生学习新知识。这说明影响学习迁移的因素是(　　)

A. 学习材料的相似性　B. 学习的心向

C. 学生的原有认知结构　D. 学生的智力水平

9. 当学生考试失利时,教师只有引导学生归因于(　　),才能使学生产生更高的学习动机。

A. 运气太差　B. 试题太难　C. 能力不足　D. 努力不够

10. 根据耶克斯—多德森定律,下列说法正确的是(　　)(常考)

A. 动机水平越高,学习效率越高

B. 当任务容易时,提高动机水平有助于提高学习效率

C. 当任务困难时,提高动机水平有助于提高学习效率

D. 学习动机和学习效率之间的关系与任务难度没有关系

11. 科尔伯格对道德认知进行研究采用的研究方法是(　　)

A. 情境测验法　B. 道德两难故事法　C. 自由联想法　D. 对偶故事法

12. 根据皮亚杰的观点,如果儿童表现出没有真正的信念,也不能把自己与他人相区分,道德认知不守恒,分不清公正、义务。那么儿童此时处于(　　)

A. 无道德阶段　B. 前道德阶段

C. 他律道德阶段　D. 自律道德阶段

13. 下列策略中,教师不能有效地鼓励学生投入课堂的是(　　)

A. 教师注意保持适宜的课程进度

B. 教师应该注意监控学生的学习投入

C. 教师可以利用组织策略和提问技术来保持学生的注意

D. 教师专心讲课,不需要观察学生的听课效果

14. 小希在多年的道德学习和生活中体验到满足和快乐,且认为奉献是一种人生的幸福,自己也因此得到提升。这体现了德育的(　　)

A. 教育性功能　B. 个体发展功能

C. 个体享用功能　D. 个体生存功能

15. 在引导学生理解价值取向时,适合给小学低年级学生教授的德育内容是(　　)(易混)

A. 形成国家、国籍、公民的概念　B. 认识国防的意义

C. 了解我国司法制度的基本原则　D. 树立尊重所有权的观念

16. 下列不属于德育过程的矛盾的是(　　)

A. 教育者与受教育者的矛盾

B. 教育者与德育内容、方法的矛盾

C. 受教育者与德育内容、方法的矛盾

D. 教育者自身思想品德内部诸要素之间的矛盾

17. 下列不属于说服教育的方式的是(　　)(易混)

A. 讲道理　　B. 表扬　　C. 摆事实　　D. 辩论

18. 刚工作不久的李老师担任某班的班主任,她发现该班的学生不接纳自己。此后,她在学生的学习和生活等多个方面关心学生,以真诚的爱来感化他们。一个学期下来,学生们都亲切地称呼她为“大姐姐”。李老师运用的德育方法是(　　)

A. 个人修养法　　B. 榜样示范法

C. 实际锻炼法　　D. 情感陶冶法

19. 下列对我国教育法规与教育道德的描述中,不正确的是(　　)

A. 违反二者的行为都需要受到法律制裁

B. 二者以共同的现实物质条件为基础

C. 二者都对社会关系起到调整作用,对人的行为起规范作用

D. 教育法规与占社会主导地位的教育道德具有共同的作用方向

20. 幼儿园园舍、设施不符合国家卫生标准、安全标准,妨害幼儿身体健康或者威胁幼儿生命安全的;若情节严重,教育行政部门可以责令其停止招生。这属于教育行政处罚中的(　　)

A. 人身罚　　B. 行为罚　　C. 财产罚　　D. 声誉罚

二、多项选择题(下列每小题列出的选项中至少有两个是正确的,请将其代码填在括号内。错选、多选或未选均不得分。本大题共8小题,每小题2分,共16分)

21. 优秀教师的人格特征主要体现在(　　)方面。

A. 知识结构　　B. 情感特征　　C. 教学技能　　D. 领导方式

22. 教师心理健康的标准包括(　　)

A. 悦纳自我　　B. 热爱教师职业

C. 严格要求学生　　D. 有稳定和积极的教育心境

23. 建构主义在学习观上强调学习的(　　)

A. 主动建构性　　B. 社会互动性　　C. 情境性　　D. 师生交互性

24. 品德形成的过程包括(　　)(常考)

A. 模仿　　B. 认同　　C. 依从　　D. 内化

25. 教师采用言语说服来培养学生的道德认知时,下列技巧有效的有(　　)

A. 对于受教育程度高的学生,可提供正反两方面的论据

B. 对于受教育程度低的学生,只提供正面论据

C. 对于低年级的学生,提供充分说理、逻辑性强的教育素材

D. 对于高年级的学生,提供富有感情色彩、生动感人的教育素材

26. 德育目标对整个德育过程所起的作用包括(　　)

A. 导向作用　　B. 选择作用　　C. 协调作用　　D. 激励作用

27. 终身学习是教师专业发展的不竭动力,要求教师做到(　　)

A. 反思　　B. 慎独　　C. 合作　　D. 共生

28. 教师在处理与同事的关系时,应做到(　　)(易混)

A. 尊重　　B. 理解　　C. 公平公正　　D. 协作

三、判断题(判断下列各题的正误,并在题后括号内打“√”或“×”。本大题共18小题,每小题0.5分,共9分)

29. 埃里克森认为,儿童早期的发展任务是信任感对不信任感。(　　)

30. 人类智力水平的分布特点体现为中等水平的人居多,较低或较高水平的人数相对较少。(常考)(　　)

31. 教师的教学监控能力主要体现在教师对学生课堂纪律和成绩的监控。(　　)

32. 教师想要树立威信,可以采用专制型的领导风格。(　　)

33. 一般来说,强化能增强学生的学习动机,惩罚则会削弱学生的学习动机。(　　)

34. 某学生在遇到难题解不开时,向成绩较好的同学请教。这种行为属于努力管理策略。(　　)

35. 认知失调是态度改变的先决条件。(　　)

36. 从中小学生道德发展的特点来看,年龄越小的学生,言行越一致。(易错)(　　)

37. 课堂管理的对象是班级中少数违反课堂纪律的学生。(　　)

38. 狭义的德育是指学校德育。(　　)

39. 受教育者在德育过程中是德育的客体。(　　)

40. “其身正,不令而行;其身不正,虽令不从。”这句话体现了德育的榜样示范法。(　　)

41. 凡具有中华人民共和国国籍的适龄儿童、少年,不分性别、民族、种族、家庭财产状况、宗教信仰等,依法享有平等接受义务教育的权利,并履行接受义务教育的义务。(　　)

42. 爱国守法是教师最基本的道德责任。(易混)(　　)

43. 国庆放假期间,小涛约了几名同学到学校踢足球,不慎撞掉了门牙,其家长要求学校赔偿医疗费。对此,学校应承担部分事故责任。(　　)

44. 我国的教育法体现了国家大多数公民的意志。(　　)

45. 教育伦理中的“至善”是教师职业道德评价的最高标准。(　　)

46. “乐教”应是所有教师一心向往并努力追求的境界。(　　)

2020年上半年四川省教师公开招聘考试真题试卷(三十九)

（总分100分　时间120分钟）

一、判断题（判断下列各题的正误，并在题后括号内打“√”或“×”。本大题共24小题，每小题1分，共24分）

1. 学校教育是一种制度化教育，在现代教育体系中，学校教育形态是教育的主体形态。（　）
2. 我国古代读书人深信“寒窗苦读”才能“金榜题名”，这体现了教育的横向流动功能。（　）
3. 学生在学校里结交的好朋友，在学校里参加的社团活动等都属于学校的课程。（　）
4. 课程的水平组织的基本标准是连续性和顺序性。（易混）（　）
5. 教学过程中，学生对学习内容发生争论时，教师应该扮演裁判者的角色，采用即时评价。（　）
6. 翻转课堂利用丰富的信息化资源，将学习的决定权从教师转移给学生，因此教师的作用降低了。（　）
7. 数学课上，老师把某学生对数学题的创意性解法，冠以该同学的名字写在黑板上，该同学在课堂上介绍自己的解题思路，犹如做学术报告。说到精彩处，全班报以热烈的掌声，该同学连声道谢，班级呈现和谐合作的景象，这是一种德育渗透。（　）
8. 学校中教师之间的关系表现为合作与竞争的统一。（　）
9. 程序教学模式的理论基础是认知结构学习理论。（　）
10. 游戏是由儿童自发，不需要成人引导的，伴有愉悦体验的活动。（　）
11. 对初中生来说，完成100以内的加减法一般需要维持较高的焦虑水平，才能有较高的学习效率；而解难度大的几何题则需要保持较低的焦虑水平。（　）
12. 小赵在学校时尽量表现得贪玩、不在乎考试，但私下里却偷偷努力。这是因为他趋向成功动机高、避免失败动机低。（　）
13. 对于长期缺乏关注的学困生，帮助他们提高学习成绩的首要任务是让其感受到爱和尊重。（　）
14. 中小学开展心理咨询必须在学生知情自愿的基础上进行，不能强迫学生接受。（　）
15. 学习了金属的热胀冷缩原理后，很容易掌握各种金属的一般特征，这是一种具体的迁移。（　）
16. 生活在草原上的牧民，其骑射技能娴熟；生活在海边的渔民，其捕鱼或潜水技能发展较好，这说明技能的形成和发展受现实生活环境的制约。（　）
17. 《中华人民共和国教育法》属于教育法律规范的共同法源。（　）
18. 从我国公民具有的受教育权利来看，我国公民接受高等教育的权利属于非基本权利。（　）

19. 教育局颁发教师资格证书的行为属于行政确认。（　）
20. 对教育法规所作的学理解释也具有法律上的约束力，可以作为实施法律的依据。（　）
21. 根据我国《立法法》的规定，具有中国国籍的公民都可以向立法机关提出法律议案。（　）
22. 只要产生了法律纠纷，就可以实施法律救济。（　）
23. 教师职业道德的一切内容都围绕教书育人而展开。（易混）（　）
24. 教师职业道德修养与仪表修饰无关。（　）

二、单项选择题（下列每小题列出的四个选项中只有一个是最符合题意的，请将其代码填在括号内。错选、多选或未选均不得分。本大题共45小题，每小题1分，共45分）

1. 习近平总书记提出：“治贫先治愚。要把下一代的教育工作做好，特别是要注重山区贫困地区下一代的成长。下一代要过上好生活，首先要有文化，这样将来他们的发展就完全不同。”此段话集中体现了教育的（　）

A. 文化功能　B. 生态功能　C. 政治功能　D. 经济功能

2. 以下不属于教育目的个人本位论的主张是（　）（常考）

A. 个人价值高于社会价值
B. 个人的一切发展都有赖于社会
C. 教育的职能是发展人的潜在本能
D. 要根据个人发展的需要制定教育目的

3. 关于遗传素质在人的发展中的作用，以下说法错误的是（　）

A. 是人的发展的生理前提　B. 是决定人的发展的终极条件
C. 其差异性对人的发展有一定影响　D. 其成熟程度制约着人的发展过程

4. 张老师将教学目标确定为“通过学习，使学生懂得任何事物都是普遍性和特殊性的统一，为树立辩证唯物主义的思想方法和工作方法奠定基础”。根据目标取向理论，这属于（　）

A. 普遍性目标　B. 行为性目标　C. 生成性目标　D. 表现性目标

5. 关于师生角色关系的表述，以下与其他三项不同的是（　）

A. “天地君亲师”　B. 安其学，亲其师
C. “传道、授业、解惑也”　D. “道之所存，师之所存也”

6. 关于课程，以下说法错误的是（　）

A. 课程资源开发应坚持经济性原则
B. 教师开发和利用课程资源，应该从实际情况出发
C. 课程实施是教师建构知识，学生独立运用知识的过程
D. 教师不仅是课程的实施者，也是课程的建设者和开发者

7. 下列人物与教育观点配对错误的一项是（　）

A. 孟子——存心养性

B. 荀子——化性起伪

C. 黄炎培——无业者有业,有业者乐业

D. 晏阳初——教育是把一切事物教给一切人类的全部艺术

8. “把心理发展的研究作为教学总原则的基础”,首先提出该观点的教育家是(　　)

A. 夸美纽斯　B. 卢梭　C. 裴斯泰洛齐　D. 赫尔巴特

9. 当学生出现问题时,教师不是以权威者的面目出现,而是由学生来描述和评价,教师帮助学生制定计划,执行过程中指导学生修改完善计划,并争取家长和其他教师的协作。该教师采用的策略是(　　)

A. 问题防范策略　B. 行为矫正策略

C. 情绪疏导策略　D. 团体动力策略

10. 以杜威为代表的经验主义课程流派主张课程的主体是(　　)(常考)

A. 学科知识　B. 儿童经验　C. 教师经验　D. 教材内容

11. 刚上小学的小红对妈妈说:“用眼睛看就可以学到东西,为什么要上课呢?”妈妈说:“你自己去摸索,太费时间了,老师教你,你就会学得又快又好。”这反映的教学规律是(　　)

A. 直接知识与间接知识相结合　B. 掌握知识与提高能力相统一

C. 掌握知识与提高思想觉悟相结合　D. 教师主体性与学生主动性相统一

12. 某老师刚走进教室,就有一个纸团朝他飞来,差点打在老师脸上。正当同学们忐忑不安时,老师说:“扔纸团的同学眼力真好,以后成枪手了,可不要忘了我这个活靶子啊。教室是读书的地方,今后可得找对练绝技的地方啊。”全班一片笑声。该老师的这种教育方式属于(　　)

A. 启发式批评　B. 激励式批评　C. 幽默式批评　D. 表扬式批评

13. 期中考试后,吴老师在分析试卷时发现学生在某一知识点上失分较多。于是对自己的教学进行了反思,并作出调整。这说明教育评价具有(　　)(易错)

A. 导向功能　B. 选择功能　C. 反馈功能　D. 强化功能

14. 关于中小学教师做研究的说法,以下错误的是(　　)

A. 可以促进教师的专业化发展　B. 有利于解决教育教学的实际问题

C. 宜走科学化、规范化、程序化之路　D. 可以使课程、教学与教师融为一体

15. 王守仁明确提出,“今教童子”必须“讽之读书,以开其知觉”。这表明,在德育过程中,教师要重视学生(　　)

A. 道德认识的提高　B. 道德情感的发展

C. 道德意志的锻炼　D. 道德行为的训练

16. 班级发展的阶段中,集体自主活动阶段的特点是(　　)

A. 缺乏凝聚力和活动能力,对班主任依赖性强

B. 班级核心初步形成,班组织的功能已较健全

C. 积极分子队伍壮大,形成了正确舆论与班风

D. 班级管理由班主任领导,逐步过渡给班干部

17. 儿童道德行为发展的重要转折期是(　　)

A. 幼儿园时期　B. 小学低年级　C. 小学中年级　D. 小学高年级

18. 我国古代教育提倡“论学取友”“择其善者而从之”。这体现的德育方法是(　　)

A. 说服教育法　B. 自我修养法　C. 榜样示范法　D. 情境陶冶法

19. 小张老师课下总是找学生聊天,了解学生的生活习惯、兴趣爱好、父母职业和家庭环境等,花费大量时间和学生搞好个人关系,同时很在意同事、领导对自己的看法。这表明小张处于教师专业发展的(　　)

A. 关注情感阶段　B. 关注生存阶段

C. 关注情境阶段　D. 关注学生阶段

20. 小敏是一个听话努力的孩子,可她的学习成绩就是不理想。王老师帮助小敏分析影响学习效果的原因,和她一起制定出具体的改进办法。王老师采用的方法是(　　)(易错)

A. 系统传授式　B. 专题讨论式　C. 学科渗透式　D. 学习诊断式

21. 当学生之间产生了矛盾,教师往往教育学生要换位思考,站在对方的角度考虑,这是德育中的(　　)

A. 认知模式　B. 体谅模式

C. 社会行动模式　D. 价值澄清模式

22. 梦晨同学由于家里出了些事,上课老走神,班主任当着全班同学说:“你爸妈真会取名字,难怪生下来就不行,每天都做白日梦。”该班主任的做法主要违背了教师职业道德规范中的(　　)

A. 爱岗敬业　B. 关爱学生　C. 教书育人　D. 为人师表

23. 王老师讲混合气体平均分子量不可能大于成分气体最大分子量,也不可能小于成分气体最小分子量时,打了一个比喻,“有三位同学分别为 10 岁、12 岁、15 岁,他们的平均年龄可能大于 15 岁吗?可能小于 10 岁吗?”学生一下就明白了。王老师主要遵循的教学原则是(　　)

A. 循序渐进原则　B. 巩固性原则

C. 直观性原则　D. 发展性原则

24. 小明酷爱篮球,有一次因为打篮球而与隔壁班的同学发生冲突,大打出手。老师为了让小明吸取教训,规定他未来一周都不能打篮球。老师的做法属于(　　)

A. 正强化　B. 负强化　C. 正惩罚　D. 负惩罚

25. 根据皮亚杰的认知发展理论。以下说法正确的是(　　)

A. 具体运算阶段的孩子应更多地接受抽象思维训练

B. 前运算阶段的孩子能够从多个维度对事物进行判断

C. 教学过程中呈现给孩子的教学材料不能超过其发展水平

D. 具有自我调节作用的平衡化过程在认知发展中起关键作用

26. “杨老师,排队的时候甜甜推了我一把”“李老师,小宝老是在说话”……孩子上幼儿园后到学龄初期,很多老师都发现了这样一个现象:孩子变得爱告状了。这种现象说明(　　)

A. 儿童的个性逐渐形成　　B. 儿童开始展现集体意识

C. 儿童开始具有道德感　　D. 儿童能公正评价他人

27. 娇娇因为小时候在草丛里被虫子咬伤过,所以对虫子很害怕。娇娇对虫子的害怕属于(　　)

A. 形象记忆　　B. 语词记忆　　C. 情绪记忆　　D. 动作记忆

28. 东东解决问题时,总是采取按部就班的分析程序,一步接一步,一环扣一环,每一步只考虑一种假设,而且提出的假设有明显的先后顺序。东东的这种认知方式属于(　　)

A. 继时性加工　　B. 同时性加工　　C. 聚合型加工　　D. 发散型加工

29. 高三下学期学习任务重,作业多,为了有更多的学习时间,林林总是把给妈妈打电话、看教育新闻等活动安排在食堂排队打饭、吃饭的时候。林林的这种安排属于学习策略中的(　　)

A. 计划策略　　B. 组织策略

C. 调节策略　　D. 资源管理策略

30. 下列最可能产生负迁移的是(　　)

A. 学习拼音后,学习英语　　B. 学习武术后,学习跆拳道

C. 学习修摩托车后,学习修汽车　　D. 学习平面几何后,学习立体几何

31. 有的人对他人充满怀疑,对世界缺乏信任;有的人有很好的安全感,能够相信周围的人。根据埃里克森的发展理论,这更有可能是由于哪一阶段的发展差异造成的(　　)

A. 婴儿期　　B. 幼儿期　　C. 儿童期　　D. 青年期

32. 以下符合班杜拉自我效能感理论的观点是(　　)

A. 强化方式会影响自我效能感

B. 替代性经验会影响自我效能感

C. 个体对行为结果的期待就是自我效能感

D. 学生的行为结果优异便会提高自我效能感

33. 在数学课上,学生每次出错时,王老师都注重对学生的引导,积极鼓励学生动脑思考,让学生感受到学习的乐趣,班级学习氛围日益浓厚。这体现的是桑代克学习定律中的(　　)

A. 准备律　　B. 练习律　　C. 效果律　　D. 同化律

34. 某学生遇到学业困难羞于向别人求助,认为学业求助是自己缺乏能力的表现。该学生的成就目标定向类型属于(　　)

A. 掌握目标　　B. 学习目标　　C. 任务目标　　D. 表现目标

35. 当学生试图将已获得的相对零散和独立的知识与自己原有知识建立联系时,表明学生对知识的掌握处于(　　)

A. 重构阶段　　B. 生长阶段　　C. 协调阶段　　D. 提取阶段

36. 对有自卑心理的学生,当其通过努力取得好成绩时,教师应引导他进行(　　)

A. 外部、可控、稳定的归因　　B. 内部、可控、不稳定的归因

C. 内部、不可控、稳定的归因　　D. 外部、不可控、不稳定的归因

37. 中学生小颖在学校喜欢参加各项课外活动,在公开场合不怯生,能够很好地表现自己;在课堂上能比其他同学更快地掌握新知识,但学习并不深入,不求甚解。由此可以推断,小颖的气质类型最有可能属于(　　)

A. 多血质　　B. 黏液质　　C. 胆汁质　　D. 抑郁质

38. 某学生的某个奋斗目标没有实现,心理受到严重挫伤,老师对其进行心理辅导,让他转移目标,减轻了挫败感。这种心理辅导方法是(　　)

A. 松弛法　　B. 移情法　　C. 移置法　　D. 系统脱敏法

39. 《中华人民共和国教师法》第四条规定:各级人民政府应当采取措施,加强教师的思想政治教育和业务培训,改善教师的工作条件和生活条件,保障教师的合法权益,提高教师的社会地位。全社会都应当尊重教师。本条教育法律规范属于(　　)

A. 原则性规范　　B. 义务性规范　　C. 禁止性规范　　D. 授权性规范

40. 中学生林某喜欢做些小发明,近期发明了一种可调节型手机支架,张老师觉得很有创意且实用,很好地解决了网络授课中画面抖动问题,于是在学生不知情的情况下以个人名义将此项小发明申请了实用新型专利。林某知晓后向当地教育行政部门提起申诉,主张张老师侵犯了自己的发明权。这一法律关系中,以下说法正确的是(　　)

A. 张老师是主体,林某是客体

B. 林某是主体,张老师是客体

C. 张老师和林某是客体,支架发明是主体

D. 张老师和林某是主体,支架发明是客体

41. 课间,九岁的小陈在关门时,夹伤了同班同学小黄的手,医务室老师认为伤势严重,需送往医院治疗,小黄要求小陈付医药费,但怕父母责备,请求老师不要告诉父母自己受伤的事。从教育法的角度来看,班主任老师最佳的做法是(　　)

A. 不告诉小黄家长,并主张学校负担医药费

B. 告知双方家长,并主张小陈的家长负担医药费

C. 不告诉小黄家长,并主张小陈的家长负担医药费

D. 告知双方家长,并主张双方家长共同负担医药费

42. 关于教育行政赔偿的特征,以下说法错误的是(　　)

A. 侵权行为源于违法行政　　B. 教育行政赔偿的主体是国家

C. 教育行政赔偿是一种法律责任　　D. 侵权主体为国家机关、社会团体和公民

43. 关于公民取得选举权的时间起点,以下说法正确的是(　　)

A. 从出生算起　　B. 从取得户籍算起

C. 从年满 8 周岁算起　　　　D. 从年满 18 周岁算起

44. 张平系某校中学教师，因故意犯罪被处三年有期徒刑，丧失教师资格。按照《中华人民共和国教师法》，以下说法正确的是（　　）

A. 张平刑满后可恢复教师资格　　　　B. 张平终身不能取得教师资格证

C. 张平刑满后可重新考取教师资格证　　　　D. 张平刑满五年后可重新考取教师资格证

45. 初中生小陈因在学校的跳高训练中受伤，将学校诉至区人民法院，要求学校赔偿医疗费、护理费等各项损失六万余元。以下说法正确的是（　　）

A. 区人民法院无权受理此案　　　　B. 小陈在本案中提起的是行政申诉

C. 小陈在本案中提起的是行政诉讼　　　　D. 小陈在本案中提起的是民事诉讼

三、多项选择题（下列每小题列出的选项中至少有两个是正确的，请将其代码填在括号内。错选、多选或未选均不得分。本大题共 10 小题，每小题 1.5 分，共 15 分）

1. 关于教育要素，以下说法正确的有（　　）（易错）

A. 教育者是教育活动中"教"的主体

B. 受教育者是教育活动中"学"的主体

C. 教育者的教学风格是重要的教学手段

D. 教育活动方式是连接教育活动主体和客体的中介

E. 教育内容一般表现为课程、教科书、教学参考资料

2. "教师的身体可以退出教育过程，精神却永远融入了学生的心灵，滋润着学生的未来生活，他是无法完全从学生那里隐退出去的。学生是教师内在素质的体现者，教师借学生之身巧妙地扩展着自己。在这里，学生的一举一动都反映出教师的影子，学生的生命就是教师的生命，学生的成败深切地牵动着教师的心灵。"这段话反映出教师劳动的特征有（　　）

A. 示范性　　　　B. 创造性　　　　C. 复杂性　　　　D. 长效性

E. 协作性

3. 关于地方课程和校本课程的共性，以下说法正确的有（　　）

A. 当地教师充分参与课程的调研和编写

B. 采取的是"自上而下"的课程管理模式

C. 属于指令性课程，以必修课的形式出现

D. 教材大纲的确定要充分听取当地教师的意见

E. 参与课程决策的人员包括教育行政人员、课程专家、一线教师、家长、学生等

4. 奥苏贝尔有意义接受学习包括（　　）

A. 学会一些单个符号的意义

B. 将观察所得的符号表征转换成适当行为

C. 通过对情境中的事物关系进行理解而产生顿悟

D. 掌握同类事物或现象的共同关键特征或本质特征

E. 将所学命题与认知结构中已有的概念或命题建立起联系

5. 关于遗忘，以下说法正确的有（　　）

A. 过度学习的材料比刚能成诵的材料更容易被遗忘

B. 回忆过程中，中间学习的材料遗忘往往是最多的

C. 识记后的最初一段时间，遗忘较快，以后逐渐慢下来

D. 在学习程度相同的情况下，识记数量越多，遗忘越快

E. 人们对感兴趣的东西忘得快，对不感兴趣的东西忘得慢

6. 某学校在教学中采用大班教学小班管理的方式，将 80 名学生随机分成 4 个小班，大班教学中对所有学生给予同样难度的学习要求。但赵钱孙李四位小班老师却采用了不同的奖励规则，赵老师对第一名学生奖励；钱老师对前 5 名学生奖励；孙老师对前 10 名学生奖励；李老师对前 15 名学生奖励。由于奖励规则不同，各小班学生的学习状况也大相径庭。在此情形中，以下说法正确的有（　　）

A. 赵老师班成绩更好

B. 李老师班成绩更好

C. 钱老师班和孙老师班成绩更好

D. 韦纳的成败归因理论是四位老师选择不同奖励规则的依据

E. 阿特金森的成就动机理论能很好地解释造成学生学习差异的原因

7. 自我意识是随着年龄的增长逐渐发展起来的，其结构的完善、合理与否直接影响着个体对自己及自己与客观世界关系的认知。自我意识具有复杂的心理结构，它包括（　　）

A. 自我认识　　　　B. 自我体验　　　　C. 自我接纳　　　　D. 自我调节

E. 自我发展

8. 十岁的小余是某小学的小霸王，经常欺负同学，多次打女同学的耳光。班主任多次教育无果，其家长也以"管不住"为由任其对同学屡次施暴。该班其他学生家长要求学校进行处理，纷纷提出了处理建议。从教育法的角度来看，以下建议可取的是（　　）

A. 小余没遵守校规校纪，屡教不改，必要时可开除学籍

B. 小余不满 14 周岁，公安机关应责令其监护人严加管教

C. 父母未履行配合学校教育子女的义务，学校应对其提供家庭教育指导

D. 学校应暂停小余的学业，将其不良行为矫治后再允许其入学接受教育

E. 小余继续在学校可能威胁到其他同学的生命健康，应该由政府收容教养

9. 以下教育法律法规处于同一效力等级的有（　　）

A. 教育部颁发的《幼儿园工作规程》

B. 国务院通过的《民办教育促进法实施条例》

C. 某省人民政府通过的《某省<校车安全管理条例>实施办法》

D. 全国人民代表大会常务委员会通过的《中华人民共和国教师法》

E. 某省人民代表大会常务委员会通过的《某省实施<中华人民共和国义务教育法>办法》

10. 习近平总书记提出的“四有”好老师的标准是(　　)

A. 有理想信念　　B. 有扎实学识　　C. 有创新精神　　D. 有仁爱之心

E. 有道德情操

四、案例分析题(本大题共 8 小题,每小题 2 分,共 16 分,每小题至少有一个选项是正确的,错选、多选、少选均不得分)

根据下面资料,作答 1、2 题。

【资料】两个老师的《磁铁》课

(一)开始上课了,王老师拿出一根条形磁铁让学生看,然后问:“磁铁能吸铁,是不是磁铁的每一处都能吸铁呢?”说完,王老师拿一根铁钉放在磁铁的正中间,学生惊奇地发现磁铁竟然没有吸住铁钉。

王老师:“这说明什么?”

学生:“说明磁铁有些地方磁性强,有些地方磁性弱。”

王老师:“磁铁什么地方磁性最强呢?”

接着王老师把条形磁铁平放到一堆铁钉里,拿起来。

王老师:“你们看到了什么?”

学生:“钉子都集中在磁铁的两端。”

王老师:“这说明什么?”

学生带着这些疑惑去阅读教材,最终得出“磁铁两端的磁性最强”的结论。王老师对磁铁的特性作小结,并板书在黑板上。接着,王老师要学生完成相关练习题。以同样的步骤和方法,王老师带领学生学习磁铁的另一个性质。

(二)李老师在课前准备好了以下材料:条形磁铁、铁钉若干,装有铁末的塑料盒,塑料片、铜钥匙、小车等。

一上课,李老师就向学生介绍以上材料,介绍完后就说:“大家玩过磁铁吗?磁铁能吸什么?不能吸什么?磁铁与磁铁能相吸吗?下面就由你们去研究磁铁的本领。”

李老师话音刚落,一个男生就迫不及待地动起了手,一边拿着一根磁铁到处碰,一边说:“这个能吸。”“这个不能吸。”当使一根磁铁接近另一根磁铁时,他似乎有了一些什么发现,激动地拉着旁边的同学:“快来看!快来看!”一个女生聚精会神地拿着装有铁末的透明塑料盒,把一根磁铁放在盒子下面,用手指轻轻地敲击盒子,还不时摇摇头。另外一个男生用手直拍头,“这两个小车有什么用呢?”学生表现得十分活跃。

活动了一定时间后,李老师让学生停下来,汇报各自的发现。学生用自己的语言将磁铁的本领逐一汇报出来,只是对“同极相斥,异极相吸”这个性质表述得不是很准确。李老师就指导学生用小车再做实验,经过争论,意见很快统一了。

1. 对这两位老师的教学进行比较,以下说法正确的有(　　)

A. 在教学组织方面,两位老师都采用了小组合作学习

B. 在教学原则的运用上,两位老师都采用了直观性原则和启发性原则

C. 在教学方法的使用上,王老师主要采用了问答法,李老师主要采用了实验法

D. 在教学理念上,王老师有明显的现代教学特色,李老师有明显的传统教学特色

E. 在教学模式的选择上,王老师采用了传授—接受式,李老师采用了问题—探究式

2. 对两位老师的教学设计,以下分析正确的有(　　)

A. 王老师选取演示导入的理由是,激发学生的求知欲是教学过程的中心环节

B. 王老师的教学体现了教师在教学中的主导作用

C. 李老师让学生“做中学”,是因为知识存在于具体的、情境性的、可感知的活动之中

D. 李老师采用该教学模式的理由是,学生学习的主要任务是通过亲身实践来获取知识

E. 两位老师的教学都体现了教学是一种特殊的认识过程,具有间接性、引导性和简捷性的特点

根据下面资料,作答 3、4 题。

【资料】周聪天资聪颖,接受能力强、成绩好。学习中他总是能用别人一半的时间完成老师布置的作业,而且书写整洁。任课老师都很喜欢他。期中考试后的一天,周聪的同桌和前后桌的同学一起去办公室找到了班主任杨老师说,周聪完成作业后总是找同学说话,老师讲课的时候,我们都还没有听懂,他就大声报答案,或者在座位上摇摇晃晃,影响周围同学学习。

杨老师发现,周聪确实如此。上课不到 10 分钟,他就开始左顾右盼,摇头晃脑;快写完作业后就去扒拉前后左右的同学,无话找话。自觉的学生就捂着耳朵写作业,不自觉的学生就听他说话或跟着他一起讲话。在课间,随时都能听到他高谈阔论:“新闻上说,有个女的装扮成一个男的,谈了好多个女朋友……”“有一个明星,就是演那个的……今天晚上要去参加一个综艺节目……”“刚才我看到体育老师了,……哈哈哈哈哈哈……”周聪尽管在各个老师的课堂上都会接话,但因为他学习成绩好,任课老师都不批评他。

为了改变周聪的状况,杨老师每天早自习时在黑板上写一句珍惜时间的名言警句,要求全体同学抄到笔记本上,仔细体会,跟自己的行为进行对照,然后请一个同学谈感受。两周后,轮到了周聪。周聪站起来分享:“生命对于我们只有一次,我们要珍惜时间,珍惜属于我们的分分秒秒。”杨老师问道:“我们应该怎样珍惜时间?我们用珍惜的时间做什么?平时你是怎么珍惜时间的?”面对这样的问题,周聪第一次没有答上来。杨老师同时与各任课教师沟通,请他们帮助周聪改正缺点。

随后,杨老师组织了一次班会,对“珍惜时间”活动进行总结。班会上,同学们纷纷发表了自己的见解,周聪也发言了。趁此机会,杨老师给大家布置了一道数学题:假设一个人一生可以活 80 年,我们还有多少天可以有效利用?大家开始埋头计算,当然还是周聪最快。但他没有抢答,而是举手示意。杨老师请周聪一边计算一边讲解:一个人按活到 80 岁计算,总共有 29200 天,我们每天平均睡眠 7 小时,吃饭 2 小时,休息 1 小时,这些用掉的时间是 12167 天。我们真正清醒的时间大约是 17033 天。按工作到 65 岁为止,减 15 年还剩 13839 天。我们今年 15 岁,再减去 15 年,还剩 10645 天。算完后,周聪突然表情凝重,全班同学都安静了下来:人的一生真的很短暂。从此以后,同学们都懂得了时间的珍贵,周聪也收起了玩性,不再干扰同学,而是抓紧时间努力学习。

3. 针对此案例,以下说法正确的有(　　)

A. 周聪上课讲话是一种应答性行为

B. 计算有效时间的做法借助了元认知策略来帮助学生进行自我管理

C. 由周聪两次回答可知,其抽象思维发展处于由经验型向理论型过渡阶段

D. 由周聪能够归纳概括出珍惜时间的结论可知,其认知发展处于形式运算阶段

E. 任课老师之所以对周聪上课讲话不予批评,是因为存在着“成绩好就是好学生”的观念

4. 以上案例给我们的启示有(　　)

A. 个体成败经验影响学生自我效能感的形成

B. 对课堂上“吃不饱”的学生可以增加学习难度

C. 学生是发展中的人,教师对学生身心发展中出现的问题应宽容

D. 为保证教育的有效性,任课老师应严格按照班主任的要求管教学生

E. 按行为主义的观点,无论成绩好坏,只要学生违反班规,老师都应该批评教育

根据下面资料,作答5、6题。

【资料】星期四早上,五年级班主任赵老师收到了小瑶妈妈发来的qq消息:“我家小瑶因感冒发烧,今日无法到校上课,我要带她去医院,需要请假一天,请赵老师批准,明天好转后我会把她送到学校。”赵老师回复:“好的,请看完病后及时将病情诊断书传给我。”到了中午12点,赵老师还未收到病情诊断书,于是打电话问小瑶妈妈,小瑶妈妈表示根本不知道小瑶请假的事。经查,原来是小瑶登陆了她妈妈的qq号,自己发的请假信息。此时,小瑶妈妈接到一个电话,得知小瑶独自在外面玩耍摔伤了。

事后,小瑶妈妈声称赵老师当时应该打电话确认请假事宜,并以班主任管理失责为由要求学校承担药费,学校也认为赵老师失责,给予赵老师警告处分。赵老师对处分不服,随即查阅学校的《学生请假管理制度实施细则》,其中规定“学生请病假,家长可以到校或通过电话、语音电话、qq、微信等形式向班主任说明情况,班主任批准后,需在当天确认病情并将病情诊断书存档。”

赵老师认为自己的做法符合规定,于是向当地教育局提起申诉。

5. 针对此案例,以下说法正确的是(　　)

A. 此次意外事件学校无过错,无需承担责任

B. 小瑶在上课时间段受伤,学校应承担主要责任

C. 赵老师的做法符合学校规定,学校不应该处分赵老师

D. 学校给予赵老师处分是在行使对职工的管理权,做法正确

E. 赵老师未电话确认信息是否属实,存在失责,不能提起申诉

6. 根据此案例,学校应采取的改进措施有(　　)

A. 学校应要求老师不得歧视品行有缺点的学生

B. 为规避此类事件再次发生,学校应完善请假制度

C. 学校应制定措施,要求家长管理好自己的通讯工具

D. 针对小瑶的不诚信行为,学校有必要对小瑶行使惩戒权

E. 学校应加强与小瑶家长的沟通,家校共育,促进小瑶全面发展

根据下面资料,作答7、8题。

【资料】以下是何老师的教学日记片段

我刚接手四(二)班时,这是个全校有名的“差班”,学生的学习纪律差,各种活动参与度不高,成绩差的学生较多……到期末评奖时往往不是奖项不够,而是符合获奖条件的人不多。上学期期末,除了几个优秀学生能毫无争议地拿走几个奖项外,其他奖项的发放都引来了一些声音,“劳动小能手怎么是他!上次扫地时还撂挑子”“迟到过的人能当纪律标兵吗?”“怎么他是学习进步奖,这次考试我还进步了10分!”……

怎样才能让班级状况得到改善,让更多的学生取得进步并获得荣誉……

我给学生布置了一个作文题“和老师说说心里话”。作文交上来了,学生写道“我成绩不好,老师说我像驴一样笨,让我无地自容。”“我在家常挨父母打骂,到学校又挨老师批,真不知道怎样才能当一个好学生。”“有一次生病发烧迟到了,一进教室,老师就说‘你又玩游戏去了’”……

学生的心里话让我反思,是应该改进自己的教育教学了!

我将学生的心里话反馈给科任老师,并召开家长会,进行沟通,又作出一个大胆的决定——“提前发放荣誉”。

首先,告知学生每一学期都有什么荣誉在等待他们。如区级“雷锋式少年”,校级“三好学生”“优秀班委”,年级“学习之星”等。其次,告知学生每一种荣誉都在呼唤什么“品质”。如校级“文明奖”需要满足在学习态度、学习成绩、文明礼仪等方面的12条相应标准。再次,提前申请,提前行动。我把所有荣誉份额扩大2~3倍,提前印发出各类《××申请表》,鼓励同学们主动申请。最后,鼓励没有自主领取申请表和没有机会领取申请表的学生,充分表达自己的意愿,让老师看见自己“追求美好”的愿望。

现在,同学们的精神面貌发生了明显的改变。

7. 针对以上材料,以下说法正确的有(　　)

A. 何老师应在家长会上对打骂学生的家长进行批评教育

B. 何老师采用了目标管理法,以此实现了学生的自我管理

C. 何老师提前告知各类荣誉的具体要求,有利于学生向优秀靠拢

D. 何老师力求将“传道”之“道”蕴含在“授业”“解惑”的过程之中

E. 荣誉具有“稀缺性”,何老师多发奖项的做法会丧失荣誉对学生的激励作用

8. 以上材料给我们的启示有(　　)

A. 个别教育就是做好后进生的思想工作

B. 学生的成长需要教师、家长、同伴形成合力

C. 班级管理的有效性取决于学生对班主任权威的服从

D. 教师要有良好的道德情操,不断反思,提升自己的专业水平和能力

E. 班级应该是个“造梦工厂”,班主任是学生梦想的“激发者”和“引路人”

2020年福建省教师招聘考试真题试卷(四十)

(满分150分　时间120分钟)

第一部分　客观题

一、单项选择题(在下列每题四个选项中只有一个是符合题意的,将其选出并把它的标号写在题后的括号内,本大题共30小题,每小题2分,共60分)

1. 在第43届世界遗产大会上,我国的“黄(渤)海候鸟栖息地(第一期)”和“良渚古城遗址”获批入选《世界遗产名录》。至此,我国世界遗产总数达55处,位列世界(　　)

A. 第一　B. 第二　C. 第三　D. 第四

2. 中共中央、国务院在《关于支持深圳建设中国特色社会主义先行示范区的意见》中提出:到2025年,深圳将建成(　　)

A. 现代化国际化创新型城市　B. 全球经济、科技最发达城市

C. 世界经济、政治、文化中心城市　D. 竞争力、创新力、影响力最强城市

3. 2019年12月17日,由我国自主设计、自主配套、自主建造的首艘航空母舰在海南某军港交付海军,该航母被命名为(　　)

A. 青岛舰　B. 大连舰

C. 山东舰　D. 辽宁舰

4. 2019年4月30日,在北京人民大会堂隆重举行会议,纪念五四运动(　　)

A. 70周年　B. 80周年　C. 90周年　D. 100周年

5. 当地时间2020年1月31日正式宣布脱离欧盟的国家是(　　)

A. 德国　B. 英国　C. 法国　D. 意大利

6. 习近平总书记在决战决胜脱贫攻坚座谈会上强调,到2020年现行标准下的农村贫困人口(　　)

A. 减少到51万　B. 减少到220万

C. 控制在100万以内　D. 全部脱贫

7. 《中华人民共和国教育法》第六条指出,教育应当增强受教育者的社会责任感、创新精神和(　　)

A. 思维能力　B. 实践能力

C. 自我管理能力　D. 问题解决能力

8. 依据《中华人民共和国教师法》可知,教师应当履行的义务是(　　)(常考)

A. 遵守宪法、法律和职业道德,为人师表

B. 进行教育教学活动,开展教育教学改革和实验

C. 指导学生的学习和发展,评定学生的品行和学业成绩

D. 从事科学研究、学术交流,在学术活动中充分发表意见

9. 根据《中国学生发展核心素养》可知,科学精神素养的要点之一是(　　)

A. 技术应用　B. 勤于反思

C. 乐学善学　D. 批判质疑

10. 中共福建省委、福建省人民政府印发的《关于全面深化新时代教师队伍建设改革的实施意见》明确提出,申报高级教师职称和特级教师的中小学教师必须到(　　)

A. 乡村学校任(支)教1年或薄弱学校任(支)教3年以上

B. 乡村学校任(支)教3年或薄弱学校任(支)教1年以上

C. 乡村学校任(支)教2年或薄弱学校任(支)教3年以上

D. 乡村学校任(支)教3年或薄弱学校任(支)教2年以上

11. 有关部门在街道宣传栏张贴公益广告,向大众倡导垃圾分类,这种教育活动属于(　　)

A. 特殊教育　B. 社会教育

C. 学校教育　D. 通才教育

12. 我国第一本运用马克思主义观点论述教育的著作是(　　)

A.《教育论》　B.《教育通论》

C.《新教育大纲》　D.《中国教育改造》

13. “法古今完人”“择其善者而从之”体现的德育方法是(　　)(常考)

A. 说理教育法　B. 品德评价法

C. 实际锻炼法　D. 榜样示范法

14. 校园环境、班级氛围和学校风气都属于(　　)

A. 活动课程　B. 核心课程

C. 隐性课程　D. 显性课程

15. 西周“六艺”中属于体育内容的是(　　)

A. 书　B. 乐　C. 御　D. 数

16. 两个八岁儿童,一个只能简单造句,另一个能写好短文,这体现了个体身心发展的(　　)(易混)

A. 差异性　B. 顺序性　C. 互补性　D. 阶段性

17. 教师坚持一分为二地看待学生,化其消极因素为积极因素,这贯彻了教育的(　　)(常考)

A. 知行统一原则　B. 长善救失原则

C. 在集体中教育原则　D. 严格要求与尊重学生相结合原则

18. 主张运用自然科学的范式研究教育问题，该教育学流派是(　　)

A. 元教育学　　B. 文化教育学

C. 批判教育学　　D. 实验教育学

19. 为提高本班学生的课堂参与度，某教师在自然真实的教育环境中，按照一定的程序，综合多种方法与技术展开研究，该研究是(　　)

A. 理论研究　　B. 行动研究　　C. 基础研究　　D. 历史研究

20. 教师能够一边讲课，一边观察学生，这体现的注意品质是(　　)(常考)

A. 注意的分配　　B. 注意的稳定性

C. 注意的广度　　D. 注意的转移

21. 红色往往让人感到温暖，绿色往往让人感到凉爽，这种感觉现象是(　　)

A. 联觉　　B. 感觉后像　　C. 感觉补偿　　D. 感觉适应

22. 根据学习的定义，下列不属于学习现象的是(　　)(常考)

A. 上行下效　　B. 近朱者赤

C. 吃一堑长一智　　D. 青春期学生的变声

23. 运用数学知识求证某一定理的思维活动属于(　　)

A. 动作思维　　B. 形象思维

C. 抽象思维　　D. 发散思维

24. 提出需要层次理论的心理学家是(　　)

A. 默里　　B. 勒温　　C. 罗杰斯　　D. 马斯洛

25. 教育心理学研究的核心内容是(　　)

A. 评价过程　　B. 学习过程

C. 教学过程　　D. 反思过程

26. 关于情绪、情感的描述正确的是(　　)(易混)

A. "喜者见之则喜"是一种激情

B. 暴怒时肌肉紧张、面红耳赤是一种应激

C. 在进行认知活动时有新发现的喜悦感是一种理智感

D. "先天下之忧而忧，后天下之乐而乐"是一种美感

27. 学校心理健康教育的最主要途径是(　　)

A. 心理危机干预　　B. 个别心理咨询

C. 心理辅导课程　　D. 大型户外团体活动

28. 美国心理学家布鲁纳认为，学习的实质在于(　　)

A. 构造一种完形　　B. 主动形成认知结构

C. 建构自己知识的过程　　D. 形成刺激与反应的联结

29. 水下击靶实验说明了迁移理论的(　　)

A. 形式训练说　　B. 共同要素说

C. 关系转换说　　D. 经验类化说

30. 下列属于元认知策略的是(　　)(常考)

A. 做笔记　　B. 列提纲

C. 设置学习目标　　D. 统筹安排学习时间

二、多项选择题(在下列每题四个选项中有两个及两个以上是符合题意的，将其选出并把它的标号写在题后的括号内，错选、多选或漏选均不得分。本大题共 5 小题，每小题 2 分，共 10 分)

31. 2019 年度国家最高科学技术奖的获得者有(　　)

A. 黄旭华　　B. 钟南山　　C. 曾庆存　　D. 袁隆平

32. 根据《中华人民共和国义务教育法》可知，下列关于教科书的说法，正确的有(　　)

A. 国家鼓励教科书循环使用

B. 教科书价格由出版社自行确定

C. 未经审定的教科书，不得出版、选用

D. 教科书根据国家教育方针和课程标准编写

33. 关于教育与社会发展的关系描述正确的有(　　)

A. 教育发展的规模由文化决定

B. 教育具有自身发展的传统

C. 教育促进文化的传播与交流

D. 教育对社会发展具有能动作用

34. 下列关于能力的描述正确的有(　　)(易错)

A. 能力高者，创造力也高

B. 能力属于个性心理特征

C. 能力是掌握知识、技能的前提

D. 流体智力随着年龄的增长不断提高

35. 影响问题解决的因素有(　　)

A. 定势　　B. 知识经验

C. 功能固着　　D. 问题的特征

三、填空题(本大题共 15 小题，每小题 1 分，共 15 分)

36. 根据新时代党的建设总要求，中共中央政治局决定：从 2019 年 6 月开始，在全党自上而下分两批开展"不忘初心，________"主题教育。

37.《中华人民共和国教师法》第三条规定，教师是履行教育教学职责的________，承担教书育人，培养社会主义事业建设者和接班人、提高民族素质的使命。(常考)

38.《关于加强和改进新时代师德师风建设的意见》指出，把________的成效作为检验学校一切工作的根本标准。

39.《中共中央 国务院关于深化教育教学改革全面提高义务教育质量的意见》明确提出，优化综合实践活动课程结构，确保________教育课时不少于一半。

40. 学生品德由认知、情感、________和行为四个基本要素组成。

41. 我国现行学校教育系统包括________、初等教育、中等教育和高等教育四个层次。(常考)

42. 教师在实施课程计划过程中，在完成某一阶段(如一节课)的教学工作时所期望达到的要求或结果称为________。

43. 根据课程目标从人类的经验体系中选择出来，并按照一定的逻辑序列组织编排而成的知识体系和经验体系称为________。

44. 影响人身心发展的主要因素中，提供必要的生物前提和发展潜在可能性的是________。

45. 美国心理学家桑代克于________年出版了《教育心理学》一书，这是西方第一本以教育心理学命名的专著。(常考)

46. 皮亚杰认为适应包括同化和________两个过程。

47. 班杜拉认为，影响自我效能感形成的最主要因素是个体自身行为的________。

48. 根据埃里克森的理论可知，中学阶段人格发展的主要任务是培养________。(常考)

49. 教学过程主要有三种直观方式：实物直观、模像直观和________直观。

50. 科学心理学的创始人是德国心理学家________。

第二部分　主观题

四、判断分析题(本大题共 4 小题，每小题 5 分，共 20 分)

51. 有人认为家庭教育完全是父母或者监护人的事情。对此你觉得是否正确，请用法律法规知识说明理由。

52. 班主任工作内容中的个别教育，实质上是对少数学生的教育。对此你觉得是否正确，请用教育学知识说明理由。

53. 某生的血型是 AB 型，有同学说："你这种血型属于黏液质。"对此你觉得是否正确，请用心理学知识说明理由。

54. 根据遗忘的干扰说可知，为了防止遗忘，应及时复习。对此你觉得是否正确，请用心理学知识说明理由。

五、案例分析题(本大题共 4 小题，第 55 小题 12 分，第 56 小题 15 分，第 57 小题 9 分，第 58 小题 9 分，共 45 分)

55. 阅读材料，按要求回答问题。

某农村初中校友会的座谈会上，几位校友谈起了母校的物理教师张老师。

省级教学骨干教师李某说："如果没有张老师那次突袭家访，我成为一名教师的梦想就不可能实现。"李老师当年家境困难，尽管自己学习成绩优异，但父母还是决定终止他的学业，班主任张老师冒雨步行几十里崎岖的山路，与他的家长进行了推心置腹的沟通。家长很受感动，邀请张老师留下吃饭却被他婉拒。

林董事长接着说："当年自称为下棋神童的我，学习成绩不理想，却只想着早点闯世界，无心读书。张老师作为科任老师主动邀请我对弈，结果难分伯仲。在他的悉心开导下，我的思想发生了根本转变，大学毕业后我的创业也深受他的影响。可很遗憾的是，为表达对张老师的感激，我几次请他和他的家人到国外旅游都被他果断拒绝。"

陈总工迫不及待地说："我是张老师开小灶的得益者，每次参加物理竞赛前，他都专门为我准备系统的学习资料并精心辅导，遇到无法解答的难题向他请教时，他竭尽全力的指导总会让我茅塞顿开。"

"是啊，张老师的课总是那样深入浅出、生动活泼、引人入胜，听他的课简直是一种享受。他曾多次参加教学竞赛并获奖，出版过个人诗集，长期参加业余马拉松比赛，还是市书法协会的副会长，真是令人钦佩！"某学院李教授补充道。

苏某说："我可是张老师家的常客，最近张老师家获得'教育世家'称号，你们不知道，当年师娘没少抱怨张老师，说他只会顾及人家的孩子。我提议林董事长如果真想报答张老师，不妨以张老师的名义设立一个教育基金。"

问题：

(1)结合材料，分析张老师践行了新时代中小学教师哪些职业行为准则。(6分)

(2)结合材料，分析张老师所具备的知识素养。(6分)

56. 阅读材料，按要求回答问题。

《揠苗助长》教学片段

片段一：

学生：一天，他终于想出了办法，就急忙跑到田里，把禾苗一棵一棵往高里拔，从中午一直忙到太阳落山，弄得筋疲力尽。

老师：为什么要把禾苗一棵一棵往高里拔，而不是猛得一大把往上拔，你们知道吗？

学生：因为他怕把禾苗拔死了。

学生：他怕把禾苗的根部拔断。

老师：是呀，其实他也有聪明的一面，对不对？他只是想帮助它们……

学生：长高。

老师：我有个问题，为什么是"揠苗助长"而不是"拔苗助长"，"揠"这个字是什么意思，谁知道？

学生：不知道。

老师：有什么办法能解决？

学生：可以查字典。

老师：对了，非常好。查字典是一个非常好的办法。

学生：查了字典，我知道"揠苗"是抓住苗芯往上拔。

老师：真了不起，自己就把问题解决了，这是新的收获。

片段二：

学生：他回到家里，一边喘气一边说："今天可把我累坏了。"

老师："一边喘气一边说"应该怎么读？

学生：(一边喘气一边说)今天可把我累坏了！力气总算没白费，禾苗都长高了一大截。

老师：再读一遍。(学生绘声绘色地读)

学生：他的儿子不明白是怎么回事。

老师：他的儿子不明白什么？

学生：不明白为什么这么短的时间内禾苗就长高了一大截。

老师：那么他的儿子明白的是什么，你们知道吗？

学生：这么短的时间内长高绝对有问题。

老师：绝对有问题，好极了！

学生：第二天跑到田里一看，禾苗都枯死了。

老师：这个人揠苗助长，无非就是想让禾苗快点长高，他这样做会有用吗？

学生：没用。

老师：有个成语叫欲速则……谁来接着说？

学生：欲速则不达。

老师：是呀，我们做任何事情都要遵循规律，否则会把事情弄糟，同学们，什么是寓言？寓言大多是故事，故事里还蕴含着道理，这是常识，是我们要掌握的知识，明白了吗？

学生：明白了。

片段三：

老师：同学们，谁能用自己的话讲讲这个故事？

学生：老师，我来试试！(生动地讲故事)

老师：讲得不错，大家多练练。(练习后)谁来把故事讲得更生动些？

学生：老师，我来！(学生如临其境，讲得活灵活现)

老师:讲得真好!你们回家再练几遍,然后讲给家人听。

(下课)

问题:

(1)结合材料,分析该教学片段遵循了哪几条教学规律。(6分)

(2)结合材料,分析该教学片段贯彻了哪些教学原则。(9分)

57. 阅读材料,按要求回答问题。

心算技能一般可利用运算规律,对算式进行变形,使算式表达符合已有的心智操作基础,从而准确快速的计算。例如,某教师在教 1.8×27 时,教学过程是:

呈现 $1.8\times27=(2-0.2)\times27=2\times27-0.2\times27$

或者 $1.8\times27=1.8\times(30-3)=1.8\times30-1.8\times3$

出一些类似的题目引导学生进行纸笔操作练习,从而产生言语表征,形成熟练的心算技能。

问题:

根据心智技能形成理论,说明教师如何引导学生形成心算技能。(9分)

58. 阅读材料,按要求回答问题。

一个新教师和一个具有20年教龄的教师各自上了一节公开课,得出以下数据。

		新教师	老教师
学生课堂注意的时间比例		70%	95%
对学生回答的反馈	未理睬	36%	5%
	鼓励	43%	57%
	追问	21%	38%
学生的作业效果	好	44%	75%
	一般	22%	20%
	差	34%	5%
练习针对性		中等生	全体学生
学生执行课堂规则		中	优

问题:

根据专家型和新手型教师的差异,比较两位教师的教学过程。(9分)

2020年江苏省常州市武进区教师招聘考试真题试卷(四十一)

(本套试卷仅收录教育综合知识的试题)

一、单项选择题(在下列每题四个选项中只有一个是最符合题意的,将其选出并把它的标号写在括号内。错选、多选或未选均不得分。本大题共10小题,每小题1分,共10分)

1. 教师职业道德区别于其他职业道德的显著标志是(　　)(常考)

A. 为人师表　B. 清正廉洁　C. 爱岗敬业　D. 团结协作

2. 疫情期间,家长面对自我意识逐渐增强的青春期的孩子有很多的无奈,常常反映孩子听不进父母的教诲,家长在家庭教育上感到力不从心。此时,教师应该(　　)

A. 放弃对家长配合自己工作的期望

B. 要求家长树立威信,让家长成为自己的"助教"

C. 指导家长做有效的亲子沟通,从而一起做好教育工作

D. 在孩子面前嘲笑这些家长

3.《中华人民共和国义务教育法》颁布于(　　)

A. 1983年　B. 1985年　C. 1986年　D. 1988年

4. 班集体形成的主要标志之一是(　　)

A. 成立了班委会　B. 开展了班级工作　C. 确定了班级工作计划　D. 形成了正确舆论

5. 心理健康的本质是(　　)

A. 顺从性　B. 适应性　C. 稳定性　D. 隐忍性

6. 艾森克用(　　)两个维度来描述复杂的人格。(易错)

A. 一般特质和特殊特质　B. 表面特质和根源特质

C. 共同特质和个别特质　D. 内外向和情绪的稳定性

7. 某学生每天早上穿衣服要按照一定的次序,稍微感到不合适,就要脱下来重新再穿,甚至重复多次。此症状最有可能是(　　)

A. 强迫观念　B. 强迫行为　C. 刻板行为　D. 冲动行为

8. 新课程改革的核心目标是(　　)

A. 实现课程功能的转变　B. 实行三级课程管理制度

C. 体现课程结构的均衡性、综合性和选择性　D. 实现课程任务的转变

9. 为了保障和促进课程对不同地区、学校、学生的要求,国家实行三级课程管理体制。这三级课程是(　　)(常考)

A. 必修课、选修课和活动课　B. 理论课、实验课和活动课

C. 显性课、隐性课与实践课　D. 国家课程、地方课程和校本课程

10. 个别教师不允许班上学习差的学生参加考试、随意占用学生的上课时间、指派学生参加一些与教育教学无关的商业庆典活动等。这些行为主要侵害的是学生的(　　)

A. 健康权　B. 名誉权　C. 受教育权　D. 隐私权

二、判断题(判断下列各题的正误,并在题后括号内打"√"或"×"。本大题共10小题,每小题1分,共10分)

1. 师德修养的时代性特点需要教师以不变应万变,守护祖国的师德传统。(易错)(　　)

2. "亲其师而信其道"是教师良好职业道德对学生品德形成起催化和激励作用的写照。(　　)

3. 教师公正,教育必然公正,所以二者是一回事。(　　)

4. 回归生活是新课程改革的必然归属。(　　)

5. 根据人格发展阶段理论,小学阶段的儿童发展的主要任务是培养自我同一性。(　　)

6. 遗忘规律的曲线告诉我们教学结束后要引导学生及时复习,这样才能避免遗忘。(　　)

7. 学校实现德育内容、达到德育目标的基本手段是校会、班会、周会、晨会、时事政策等学习。(　　)

8. 发现学习就是指学习者要像科学家一样去思考、去探究,发现人类未知世界。(易错)(　　)

9. 班杜拉认为,观察学习者(或模仿者)是否能够经常表现出示范行为要受到行为结果因素的影响。(　　)

10. 归因理论最早是由韦纳提出的,海德把归因理论扩展到成就领域。(　　)

三、多项选择题(在下列每小题列出的选项中至少有两个是正确的,请将其代码填在括号内。错选、多选或未选均不得分。本大题共5小题,每小题2分,共10分)

1. 教师在职业道德修养中要达到"慎独",应主要做到(　　)

A. 注意把师德规范内化为内心信念,化作行为的品质

B. 在"隐"和"微"处着手,狠下功夫

C. 重视在无人监督下,自觉履行师德规范,养成良好的师德行为习惯

D. 即使在独处和无人监督之时,也依然按照师德规范行事

2. 20世纪60年代以来关于学科课程的三大理论支柱是(　　)(常考)

A. 布鲁纳的结构主义理论　B. 赞科夫的教学与发展主义理论

C. 瓦·根舍因的范例教学理论　D. 维果斯基的文化历史发展理论

3. 瑞士心理学家皮亚杰将从婴儿到青春期的认知发展分为(　　)

A. 感知运动阶段　B. 前运算阶段　C. 具体运算阶段　D. 形式运算阶段

4. (　　)是课程改革的出发点。

A. 以人为本　B. 强调"知识与技能"的提高

C. 教学质量的提升　D. 以学生的发展为本

5. 缓解心理压力的方法有(　　)

A. 改变事件的发生　B. 倾诉与哭泣　C. 升华法　D. 放松法

2020年江苏省宿迁市宿豫区教师招聘考试真题试卷(四十二)

(本套试卷仅收录教育综合知识的试题)

一、单项选择题(下列每小题列出的四个选项中只有一个是最符合题意的,请将其代码填在括号内。错选、多选或未选均不得分。本大题共27小题,每小题1分,共27分)

1. 我国历史上最早提出"教学相长"的著作是(　　)

A.《大学》　B.《中庸》　C.《春秋》　D.《学记》

2.《礼记·学记》中提出"不陵节而施"。这体现的是教学的(　　)原则。

A. 启发性　B. 因材施教　C. 循序渐进　D. 巩固性

3. 下列反映亚里士多德教育思想的著作是(　　)

A.《理想国》　B.《政治学》

C.《论演说家的培养》　D.《民主主义与教育》

4. 苏格拉底的"产婆术"体现了教学的(　　)原则。(常考)

A. 直观性　B. 循序渐进　C. 启发性　D. 巩固性

5. "学而时习之"体现的是(　　)教学原则。

A. 理论联系实际　B. 启发性　C. 循序渐进　D. 巩固性

6. 提出"范例教学"的教育家是(　　)

A. 瓦·根舍因　B. 布鲁纳　C. 巴班斯基　D. 赞科夫

7. 教学目标是预期学生通过教学活动获得的(　　)

A. 思维品质　B. 学习内容　C. 学习结果　D. 知识技能

8. 推动教育学发展的内在动力是(　　)(易混)

A. 教育规律　B. 教育价值　C. 教育现象　D. 教育问题

9. 素质教育的时代特征是(　　)

A. 面向全体学生　B. 促进学生全面发展

C. 促进学生个性发展　D. 培养学生的创新精神

10. 教育教学中"一刀切"的现象违背了个体身心发展的(　　)

A. 阶段性　B. 顺序性

C. 不平衡性　D. 差异性

11. 个体身心发展的某一方面机能和能力最适宜形成的时期是(　　)

A. 发展关键期　B. 机能期　C. 发展期　D. 差异期

12. 遗传素质是人身心发展的(　　)(易混)

A. 主导因素　B. 决定因素　C. 物质前提　D. 次要因素

13. 人们常说的"聪明早慧""大器晚成"是指个体身心发展具有(　　)

A. 互补性　B. 个别差异性　C. 不平衡性　D. 阶段性

14. 结构主义课程论的代表人物是(　　)

A. 杜威　B. 怀特海　C. 布鲁纳　D. 克伯屈

15. 班主任工作的中心环节是(　　)

A. 了解和研究学生　B. 组织班会活动

C. 建立学生档案　D. 组织和培养班集体

16.《义务教育数学课程标准(2011年版)》要求评价结果的呈现应采用定性与定量相结合的方式。第一学段的评价应当以(　　)评价为主。

A. 描述性　B. 等级

C. 百分制　D. 描述性和等级相结合

17. 儿童有不知足、不安全、忧虑、退缩、怀疑、不喜欢与同伴交往等特点,这最有可能是在(　　)教养方式下形成的。

A. 放纵型　B. 专制型　C. 民主型　D. 自由型

18. "月明星稀"是感觉的(　　)现象。(常考)

A. 适应　B. 对比　C. 后像　D. 视觉障碍

19. 在马斯洛需要层次理论中,最高层次的需要是(　　)

A. 安全的需要　B. 归属与爱的需要

C. 自我实现的需要　D. 尊重的需要

20. 有些学生在回答问题的时候,往往思考时间较长且错误较少,这与他的认知方式有关。这种认知方式为(　　)

A. 辐合型　B. 发散型　C. 沉思型　D. 冲动型

21. 瑞士心理学家荣格把性格分为(　　)

A. 独立型与顺从型　B. 文化型与社会型

C. 内倾型与外倾型　D. 场独立型与场依存型

22. 现代认知心理学把记忆系统分为瞬时记忆、短时记忆和(　　)

A. 长时记忆　B. 内隐记忆　C. 操作记忆　D. 形式记忆

23. 最早提出著名的遗忘曲线的心理学家是(　　)

A. 冯特　　B. 巴甫洛夫　　C. 艾宾浩斯　　D. 弗洛伊德

24. 根据埃里克森的人格发展阶段论,中学生人格发展的主要任务是(　　)(常考)

A. 发展勤奋感　　B. 培养主动性

C. 形成亲密感　　D. 建立自我同一性

25. 由于反映活动的形式不同,知识可以分为陈述性知识与(　　)

A. 程序性知识　　B. 实用的知识　　C. 直观的知识　　D. 可应用的知识

26. 高水平的学生在测验中能得高分,低水平的学生在测验中能得低分。这说明测验的(　　)质量指标高。

A. 信度　　B. 效度　　C. 区分度　　D. 难度

27.《学校体育工作条例》颁发于(　　)

A. 1990 年　　B. 1991 年　　C. 1992 年　　D. 2000 年

二、填空题(在下列每小题的空格中填上正确答案。错填、不填均不得分。本大题共 8 小题,每小题 1 分,共 8 分)

1. 学生是学习的________,教师是学习的组织者、引导者与________。

2. 学习评价的主要目的是________。

3.《基础教育课程改革纲要(试行)》指出,国家课程标准是教材编写、教学、评估和________的依据,是国家管理和评价课程的基础。

4. 教育必须为社会主义现代化建设服务,必须与________相结合。

5. 向未成年人出售烟酒,或者没有在显著位置设置不向未成年人出售烟酒标志的经营者,主管部门依法可给予其________。

6. 学科课程、活动课程及________是学校课程的基本类型。

7. 17 世纪,教育学家________首先从理论上对班级授课制这种新的教学组织形式进行了研究。

8. 杜威的代表作是________。(常考)

三、简答题(本大题共 3 小题,每小题 5 分,共 15 分)

1. 2008 年修订的《中小学教师职业道德规范》中规定的教师职业道德的主要内容是什么?(常考)

2. 根据学生个体身心发展的规律,教育者应该采用什么样的策略?

3. 结合教师角色的多样性,请你谈谈学生喜欢的教师的特征。

2020年江苏省常州市国家高新区(新北区)教师招聘考试真题试卷(四十三)

(本套试卷仅收录教育综合知识的试题)

一、填空题(在下列每小题的空格中填上正确答案。错填、不填均不得分。本大题共9小题,每小题1分,共9分)

1. 从横向看,教育的基本形式有家庭教育、________和社会教育。
2. 师德的灵魂是________。(常考)
3. 《中华人民共和国义务教育法》颁布于________。
4. 中国历史上最早提出"教学相长"的著作是________。
5. 小学生思维以________思维方式为主,这是小学教学中必须贯彻直观性教学原则的依据。
6. 教学是________共同组成的双边活动。
7. 从提升教师的人格品位和追求教育意义效果的角度来说,教师要有________。
8. 第八次课程改革以促进学生发展为宗旨,加强课程的________是各国课程改革的共同趋势。(易错)
9. 具有核心意义的个性心理特征是________。

二、单项选择题(在下列每题四个选项中只有一个是符合题意的,将其选出并把它的标号写在括号内。错选、多选或未选均不得分。本大题共10小题,每小题1分,共10分)

10. 加强师德建设是具有社会意义的重要工程,是贯彻(　　)的现实需要。(易混)

A. 依法治国　　B. 以德治国　　C. 以人为本　　D. 均衡发展

11. 教育学作为一门独立的学科萌芽于(　　)的《大教学论》。

A. 杜威　　B. 赫尔巴特　　C. 裴斯泰洛齐　　D. 夸美纽斯

12. 我国教师法对教师的身份定位是(　　)

A. 公务员　　B. 知识分子　　C. 专业人员　　D. 国家干部

13. 教师在教育工作中要做到循序渐进,这是因为(　　)

A. 学生只有机械记忆的能力

B. 教学活动中要遵循人的身心发展的一般规律

C. 教师的学识能力有差别

D. 教育活动完全受到人的遗传素质的制约

14. 教师必须十分重视自身的发展,做到以身作则、为人师表。这体现了教师劳动的哪一特点(　　)

A. 复杂性和创造性　　B. 连续性和广延性

C. 长期性和间接性　　D. 主体性和示范性

15. 教学工作的中心环节是(　　)(常考)

A. 上课　　B. 备课

C. 课堂练习　　D. 学业成绩的检查与评定

16. 课堂管理始终制约着教学和评价的有效进行,具有(　　)

A. 维持动机作用　　B. 促进和维持功能

C. 思想教育作用　　D. 培养纪律功能

17. 教师在向学生讲"雪花"这一事物时,采用观看录像带并向空中抛洒大量碎纸片的方式,以引导学生体会下雪的场景。这种直观手段是(　　)(常考)

A. 实物直观　　B. 模像直观

C. 言语直观　　D. 虚拟直观

18. (　　)的特点是能够用动作或步骤显示出来,但却不容易用语言加以描述。

A. 陈述性知识　　B. 程序性知识

C. 感性知识　　D. 理性知识

19. 苏联教育家苏霍姆林斯基说:"假如孩子离开你时是灰色的、无个性的,那就意味着你没有在他身上留下任何东西,对于一个教师来说恐怕没有比这种结局更令人痛心了。因为,我们称之为'教育'的一切,正是在人身上再现自己的一种伟大的创造。"这段话反映了(　　)对学生成长的重要影响。(易错)

A. 教学方法　　B. 教学风格　　C. 教学艺术　　D. 教学内容

三、简答题(本大题共5小题,每小题4分,共20分)

20. 简述美国教育家波斯纳提出的"教师成长=经验+反思"的含义。

21. 为什么学校教育工作必须坚持以教学为主?

22. 如何培养学生的问题意识?

23. 师生关系的本质是一种人际关系,我国社会主义新型师生关系有哪些特点?(常考)

24. 如何提高课堂教学效率?

四、案例分析题(本大题共 10 分)

25. 李铭是一名初二学生,平时学习不认真,常常违反学校规定。假期结束后,李铭返校上学时还以学习需要用手机的名义将手机带到学校。一天,李铭在课堂上用手机给班上的女同学发暧昧信息,被正在上课的邓老师发现并收缴了手机。邓老师非常生气,当着全体学生将李铭给女同学发的信息内容进行了宣读,同时对李铭进行了严厉地批评,并指责其“思想堕落,道德败坏”。下课后,李铭要求邓老师归还手机,邓老师说:“这是罪证,不能归还给你,我要把它交给学校德育处处理。”

(1)请根据案例,列出邓老师在教育李铭同学过程中的不当之处。(5 分)

(2)请提出你的教育方案。(5 分)

2020年江苏省南京市教师招聘考试真题试卷(精编)(四十四)

(本套试卷共28小题,目前已收录26小题)

一、单项选择题(下列每小题列出的四个选项中只有一个是最符合题意的,请将其代码填在括号内。错选、多选或未选均不得分。本大题共18小题,每小题2分,共36分)

1.《新时代爱国主义教育实施纲要》指出,爱国主义是中华民族的民族心、民族魂,坚持把(　　)作为鲜明主题。

A. 实现中华民族伟大复兴的中国梦　　B. 维护祖国统一和民族团结

C. 促进人民和平与发展的崇高事业　　D. 国情教育和形势政策教育

2. 党的十九大报告指出,要全面贯彻党的教育方针,落实(　　)根本任务,发展素质教育,推进教育公平,培养德智体美全面发展的社会主义建设者和接班人。

A. 以人为本　　B. 合作创新

C. 立德树人　　D. 提高质量

3. "学而时习之,不亦说乎"出自(　　)

A.《孟子》　　B.《礼记》　　C.《尚书》　　D.《论语》

4. 中华人民共和国成立70周年时对部分战犯特赦,以下正确的是(　　)

①新中国成立后的第八次特赦

②国家主席签署发布特赦令

③全国人大常委会行使决定特赦的职权

④特赦需经人民法院裁定

A. ①②③　　B. ①②④　　C. ①③④　　D. ②③④

5. 2019年12月20日,南京市委市政府召开发布会,就南京已通车过江通道名称更名进行通报,依据过江通道附近地名,以下更名简称正确的是(　　)(易混)

A. 南京长江二桥更名为大胜关大桥　　B. 南京长江三桥更名为江心洲大桥

C. 南京长江四桥更名为栖霞山大桥　　D. 南京长江隧道更名为定淮门隧道

6. 南京,一座历史悠久的文化名城,以下描写南京的诗歌有(　　)(易错)

①南朝四百八十寺,多少楼台烟雨中

②终古高云簇此城,秋风吹散马蹄声

③烟笼寒水月笼沙,夜泊秦淮近酒家

④吴宫花草埋幽径,晋代衣冠成古丘

A. ①②③　　B. ①②④　　C. ①③④　　D. ②③④

7. 在蜻蜓翅膀末端的前缘,有一块加厚而发暗的色素斑,生物学上称之为"翅痣",其作用是(　　)

A. 吸收太阳光能,为不间断的飞行提供源源不断的动力

B. 调整翅膀的振动,减弱飞行过程中翅膀上的有害振动

C. 像人的眼睛一样,通过吸收红外线来获取外界信息

D. 发出超声波,通过吸收反射波辨别方位,给飞行导航

8. 下列选项中未列入我国空气质量监测的物质是(　　)

A. CO_2　　B. NO_2　　C. SO_2　　D. 可吸入颗粒物

9. 2019年1月3日,"嫦娥四号"探测器在月球背面成功着陆,并进行科学探测实验,它所获得的科学数据与信息通过(　　)传播到地球接收站。

A. 机械波　　B. 次声波　　C. 电磁波　　D. 可听见声波

10. 初学骑车的人总是注意力很集中,像这样有预定目的、需要一定意志努力的注意称为(　　)(常考)

A. 有意注意　　B. 有意后注意

C. 无意注意　　D. 不随意注意

11. 下列对应关系中正确的是(　　)

A. 构造主义心理学——斯金纳　　B. 行为主义心理学——冯特

C. 人本主义心理学——安吉尔　　D. 机能主义心理学——杜威

12. 倡导"生活即教育","社会即学校","教学做合一"三大主张,被毛泽东称为"伟大的人民教育家"的是(　　)(常考)

A. 蔡元培　　B. 晏阳初　　C. 陶行知　　D. 陈鹤琴

13. 知识学习的认知过程主要是思维过程,正是思维在学习过程中的概念化或类型化的活动,才使人们弄懂了所觉察到的大堆杂乱的事实。该观点属于(　　)

A. 联结理论　　B. 条件反射学说

C. 认知理论　　D. 人本主义学习观

14. 学习"三角形"这一概念,就是掌握所有三角形都具有三条相连接的边和三个角这样两个共同的关键特征,而与它的大小、形状、颜色等特征无关。这种学习属于(　　)

A. 表征学习　　B. 概念学习

C. 命题学习　　D. 原理学习

以下是新入职的唐老师在教育教学活动中的场景,根据题目描述回答15~16题。

15. 第一次进教室,唐老师十分注意着装和言谈举止,因此给学生留下了良好印象。学生认为魅力十足的唐老师教学能力一定非常强,这种认可属于(　　)

A. 首因效应　　B. 晕轮效应

C. 投射效应　　D. 近因效应

16. 在课堂上，唐老师让已经掌握知识的学生上台讲解，结束后讲解的学生发现自己有了新的认识。这体现的原则是(　　)(易错)

A. 教学相长　　B. 长善救失

C. 启发诱导　　D. 学不躐等

17. 小吴在绘画上有天赋，语文、数学学科较弱，经常自卑。老师对小吴的学习能力进行分析，赞美其绘画特长，帮助他树立信心。结合多元智力理论，以下正确的是(　　)

A. 该同学言语智力强　　B. 该同学视觉—空间智力强

C. 不同智力类型能互相转换　　D. 智力类型具有绝对独立的特点

18. 小明经常迟到，于是老师周末家访，以下错误的是(　　)

A. 家庭教育不可缺位　　B. 家校共育十分必要

C. 家访是家校沟通的渠道　　D. 学校教育是家庭教育的补充

二、判断题(判断下列各题的正误，并在题后的括号内打"√"或"×"。本大题共6小题，每小题1分，共6分)

19. 提高课堂效率是减负的重要途径。(　　)

20. 用语言教授的接受学习是被动机械的。(常考)(　　)

21. 一般而言，高焦虑对能力高的学生学习有利，对能力低的学生学习不利。(　　)

22. 学校是社会的基本细胞，是道德养成的起点。(　　)

23. 教师通过展示实物、教具和示范性实验来让学生掌握知识的教学方法是演示法。(　　)

24. 特殊儿童的教育更加注重儿童个别间与个别内在差异的存在，以适合个别化教学为原则。(　　)

三、简答题(本大题共2小题，第25小题6分，第26小题8分，共14分)

25. 2019年11月22日，教育部对外发布《中小学教师实施教育惩戒规则(征求意见稿)》。此征求意见稿一经发布就引起网络热议。在文人的笔下，教育惩戒充满着温度，也让他们难以忘怀。鲁迅先生回忆他的老师寿镜吾时说："他有一条戒尺，但是不常用，也有罚跪的规则，但也不常用。"魏巍在《我的老师》中写道："仅仅有一次，她的教鞭好像要落下来，我用石板一迎，教鞭轻轻地敲在石板边上，大伙笑了，她也笑了。"

作为一名教师，你如何看待和使用教师惩戒权。

26. 南京某学校周边野菜资源丰富，芦蒿、马兰头、枸杞头等8种野菜最有名。学校组织"八野"资源主题活动，安排学生参观种植基地，听人讲解野菜生长属性、种植方法、管理养护等知识；在校内开辟"八野"种植园，开挖、平整、种植、养护，全由学生自己完成；定期开展"八野"绘画比赛、摄影比赛、知识竞赛；评选年度种植小能手和优秀观察日记；学科教学走进"八野"种植园，语文课引导写观察日记，科学课制作标本，美术课画八野园画卷，音乐课传唱自编歌曲、跳自编舞，实践活动课包饺子、炒芦蒿……

请概括该学校教育教学工作的特点及价值。

2020年河南省开封市龙亭区教育体育局区属小学(幼儿园)教师招聘考试真题试卷(四十五)

(总分100分　时间120分钟)

一、单项选择题(下列每小题列出的四个选项中只有一个是最符合题意的,请将其代码填在括号内。错选、多选或未选均不得分。本大题共60小题,每小题0.8分,共48分)

1. 根据历史记载,中国早在4000多年前的夏朝就有了学校教育的形态,称为(　　)

A. 校　　B. 序　　C. 庠　　D. 太学

2. (　　)是世界上最早的研究教学法的书,被誉为"欧洲古代教育理论发展的最高成就"。(常考)

A.《理想国》　　B.《学记》　　C.《大教学论》　　D.《论演说家的教育》

3. 在中小学校园周边设置营业性歌舞娱乐场所、互联网上网服务营业场所等不适宜未成年人活动的场所的,由主管部门予以(　　),依法给予行政处罚。

A. 整治　　B. 关闭　　C. 罚款　　D. 取缔

4. "万绿丛中一点红"所体现的感知规律是(　　)

A. 强度律　　B. 活动律　　C. 层次律　　D. 差异律

5. 教师作为学生学习的(　　),是教师最明显、最直接、最富时代性的角色特征,也是教师角色的核心特征。(易混)

A. 引路人　　B. 促进者　　C. 合作者　　D. 服务者

6. 尊重家长是教师职业生活中应当遵守的(　　)方面的基本行为规范。

A. 思想行为　　B. 教学行为　　C. 人际行为　　D. 仪表行为

7. 在一天的教学工作结束后,要求教师写下自己的经验,并与指导老师共同分析。这属于教师反思的(　　)方法。

A. 反思日记　　B. 详细描述　　C. 交流讨论　　D. 行动研究

8. 新课程倡导教师专业发展的主要途径是(　　)

A. 实践—反思　　B. 实践—再实践　　C. 实践—学习　　D. 学习—再学习

9. 教师的教育行为一般来说是科学的、系统的、有目的性的,而家长的教育行为则是经验性的、零散的、自发性的。这里表述的是教师与家长之间存在(　　)方面的分歧。(易错)

A. 教育观念　　B. 教育出发点　　C. 教育方法　　D. 教育价值观

10. 下列属于发现式教学方法的最大缺点的是(　　)

A. 会导致学生注意力分散　　B. 导致课堂秩序太乱

C. 不利于学生发展智力　　D. 耗费时间太长

11. 某小学指派李老师带领学生到体育场参加体操比赛,由于路滑,某学生不慎滑倒,致使头部受伤。对此应当承担法律责任的是(　　)(易错)

A. 学校　　B. 李老师　　C. 李老师和体育场　　D. 李老师和学校

12. 素质教育是当代我国中小学教育改革深化的标志,(　　)既是教育的基本功能和本质特征,又是素质教育的本质特性。

A. 全体性　　B. 全面性　　C. 主体性　　D. 发展性

13. 对工作高度负责,认真备课上课,认真批改作业,表述的是教师职业道德规范中的(　　)

A. 为人师表　　B. 爱岗敬业　　C. 关爱学生　　D. 教书育人

14. 根据巴甫洛夫提出的经典性条件作用理论,(　　)能使我们对不同的情境做出不同的恰当反应,从而避免盲目的行为。

A. 获得　　B. 消退　　C. 泛化　　D. 分化

15.《学记》中"独学而无友,则孤陋而寡闻""相观而善之谓摩"体现的学习模式是(　　)(易混)

A. 合作学习模式　　B. 交互式学习模式　　C. 指导教学模式　　D. 程序化训练模式

16. 国家规定,所有适龄儿童、少年都要入学接受规定年限的义务教育。这体现了义务教育的(　　)特点。

A. 公益性　　B. 统一性　　C. 强制性　　D. 免费性

17. 学生间适度和适量的竞争,不但不会影响学生间的人际关系,而且还会(　　)

A. 提高学习和工作效率　　B. 养成竞争意识

C. 促进教师管理公正　　D. 促进团结协作

18. 对"植物、动物"等具体概念的理解影响对"生物"这一概念的掌握;对"角"这个概念的掌握会对"直角、锐角"等概念的学习有一定的影响。这种迁移属于(　　)(常考)

A. 水平迁移　　B. 垂直迁移　　C. 逆向迁移　　D. 顺向迁移

19. 教师在履行教育义务的活动中,最主要、最基本的道德责任是(　　)

A. 依法执教　　B. 教书育人　　C. 爱岗敬业　　D. 团结协作

20. 教学情境的创设要紧贴学生熟悉的生活经历,与学生经验相符,为学生提供观察生活的机会。同时,他们也能够从周围熟悉的事物中寻找素材,感受学习内容与生活的密切联系。这体现了教学情境创设的(　　)原则。

A. 开放性　　B. 生活性　　C. 趣味性　　D. 学科性

21. 陶行知提出的实施创造教育的条件中,最利于创造力发挥的首要条件是(　　)

A. 因材施教　　B. 教学做合一　　C. 民主化　　D. 劳力上劳心

22. 下列属于人本主义心理学的代表人物的是(　　)

A. 斯金纳　　B. 布卢姆　　C. 加涅　　D. 马斯洛

23.(　　)是教材编写、教学、评估和考试命题的依据,也是管理和评价课程的基础。(常考)

A. 课程结构　　B. 课程标准　　C. 课程管理　　D. 课程评价

24. 我国《义务教育法》的立法宗旨是发展(　　)

A. 专业教育　　B. 基础教育　　C. 中等教育　　D. 职业教育

25. 对儿童进行潜移默化的教育,是利用了幼儿的(　　)

A. 有意识记　　B. 无意识记　　C. 机械识记　　D. 意义识记

26. 讲授《警察与赞美诗》时,教师设计这样的结束语:欧·亨利是世界三大短篇小说巨匠之一。他的作品大部分反映了下层人物辛酸而又滑稽的生活。这些作品以其幽默的生活情趣、“含泪微笑”的风格,被誉为“美国生活的幽默百科全书”。他的作品往往有一个突出的艺术特点——出人意料的结局、故事奇特又耐人寻味、情节动人而笔触细腻、语言丰富又朴实含蓄,这些特点使他的许多作品构思新颖,语言诙谐,结局常常出人意料。《最后一片叶子》和《麦琪的礼物》都是他的代表作,同学们可以抽时间读一读。这种结课方式属于(　　)结课。

A. 总结回味式　　B. 延伸式　　C. 悬念式　　D. 自由复习式

27. 学生在学习水果、蔬菜、肉食等概念的基础上,掌握食品概念。这样的学习属于(　　)

A. 下位学习　　B. 上位学习　　C. 归属学习　　D. 并列结合学习

28. 学生独立地解决由他本人或教师提出的课题,教师在学生需要的时候提供适当帮助,由此而获得知识技能、发展能力与人格的教学方法是(　　)

A. 课堂讨论型教学方法　　B. 提示型教学方法

C. 自主型教学方法　　D. 共同解决问题型教学方法

29. 对待课堂上开小差的学生,下列处理方法比较妥当的是(　　)

A. 当众提醒　　B. 体态语暗示　　C. 批评教育　　D. 罚站

30. 从教师的(　　)来看,新时期教师职业道德具有示范性的特点。

A. 职业及个人素养　　B. 社会地位

C. 人格评价　　D. 社会责任

31. 教师用暗示的手段,或借他人他事旁敲侧击,或用名言、警句、格言、成语等简明语言加以提示,来帮助学生明白某些道理。这种方法适用于自我意识强、独立感受力强、心理敏感的学生。这种谈话方式是(　　)(易混)

A. 谈心式　　B. 点拨式　　C. 触动式　　D. 突击式

32. 教师引导学生通过感知形成清晰的表象和鲜明的观点,为理解抽象概念提供感性知识的基础,并发展学生相应的能力。这属于教学过程中的(　　)阶段。

A. 感知　　B. 理解　　C. 巩固　　D. 运用

33. 班级管理的开展要根据班级、学生的实际情况,及时发现班级中的各种问题,通过采取各种具有可行性和操作性的班级管理策略,切实促进班集体和学生的健康成长,提高教育教学质量。这体现了班级管理的(　　)

A. 集体性原则　　B. 实效性原则　　C. 尊重学生原则　　D. 方向性原则

34.《中华人民共和国教育法》规定,学校及其他教育机构中的教学辅助人员和其他专业技术人员,实行(　　)

A. 事业单位聘任制度　　B. 专业技术职务聘任制度

C. 公开招聘制度　　D. 教育职员制度

35. 教师对义务劳动表现好的学生给予表扬和肯定。这样做利用了强化的(　　)

A. 激励功能　　B. 维持功能　　C. 促进功能　　D. 巩固功能

36. “已知一正方形的边长是5,那么该正方形的面积是多少?”这属于(　　)

A. 知识水平的提问　　B. 理解水平的提问　　C. 应用水平的提问　　D. 分析水平的提问

37. 班级管理目标应符合班级管理对象的实际,反映学生的实际要求和实际发展的可能性。这是班级管理目标制定的(　　)

A. 发展性原则　　B. 针对性原则　　C. 开放性原则　　D. 整体性原则

38. 西方有一句名言:“播下一种行为,收获一种习惯;播下一种习惯,收获一种性格;播下一种性格,收获一种命运。”说明了(　　)对人的影响。

A. 气质　　B. 性格　　C. 能力　　D. 情感

39. 教学过程是教养和教育的统一。这里的教育是指(　　)(易混)

A. 学校教育　　B. 学科知识教育

C. 道德和思想品德教育　　D. 社会教育

40. 历史老师讲课语言简练,思路清晰,生动严谨,富有激情,唤起了学生对历史的兴趣。此学习动机属于(　　)

A. 远景的直接性动机　　B. 近景的直接性动机　　C. 远景的间接性动机　　D. 近景的间接性动机

41. 某学生不仅认识到注意听课可以带来理想的成绩,而且还感到自己有能力听懂老师所讲的内容时,才会真正认真听课。这属于(　　)

A. 自我效能感　　B. 成就动机　　C. 强化　　D. 需要

42. 我国保护少年儿童权益的专项法律是(　　)

A.《中华人民共和国宪法》　　B.《中华人民共和国未成年人保护法》

C.《中华人民共和国刑法》　　D.《中华人民共和国义务教育法》

43. 在学生的日常学习、生活、劳动等实践活动中,班级教育管理者运用心理学的行为改变技术对学生的错误行为进行矫正,使其知行统一,形成良好的行为习惯的方法是(　　)

A. 情境感染法　　B. 心理疏导法　　C. 舆论影响法　　D. 行为训练法

44. 研究强化和惩罚规律的心理学流派是(　　)

A. 人本主义　　B. 机能主义　　C. 精神分析　　D. 行为主义

45. 加涅的智慧技能层次理论在理论上的主要贡献是(　　)(易错)

A. 阐明了智慧技能在人脑中的表征方式　B. 阐明了不同类型智慧技能的形成条件

C. 概括了学生学习的三种动力来源　D. 阐明了教学与智力发展的关系

46. 巴甫洛夫通过实验研究发现神经系统具有强度、平衡性和灵活性三个特征,其中与“强、平衡、灵活”的神经活动类型相对应的气质类型是(　　)

A. 多血质　B. 黏液质　C. 胆汁质　D. 抑郁质

47. 培养学生的组织性和纪律性,教育学生互帮互助、团结友爱等,这属于(　　)教育的内容。

A. 爱国主义　B. 集体主义

C. 社会公德　D. 革命理想与革命传统

48. 上课铃响,教师进入教室在讲台上站定,用目光扫视一下全班学生。教师这样做的目的是(　　)(易错)

A. 稳定情绪　B. 树立威信　C. 激发动机　D. 组织教学

49. 老师上课前,先要引导学生温习上节课学习的相关内容,再进行新知识的学习。这种做法遵循的迁移理论是(　　)

A. 学习定势说　B. 经验类化说　C. 形式训练说　D. 认知结构迁移理论

50. (　　)中关于教师素质的规定是制定和执行教师素质要求的根本依据。

A.《中华人民共和国教师法》　B.《中华人民共和国高等教育法》

C.《中华人民共和国义务教育法》　D.《中华人民共和国教育法》

51. 学生在听教师讲解公式原理时,总是在已有知识经验的基础上把握所学的内容。这属于(　　)

A. 知觉的选择性　B. 知觉的恒常性　C. 知觉的理解性　D. 知觉的整体性

52. 桑代克在其练习律中指出,习得的刺激—反应联结,如果得不到使用,其联结的力量会减弱,以致渐渐消失。练习律可以用(　　)解释遗忘。

A. 迁移说　B. 动机说　C. 痕迹衰退说　D. 干扰说

53.《学记》说:“善问者如攻坚木,先其易者,后其节目,及其久也,相说以解。不善问者反此。”这个案例说明了教师要善于运用(　　)

A. 启发技巧　B. 应变技巧　C. 导入技巧　D. 问答技巧

54. 明确课程的目的、环节和内容,呈现新信息,控制练习时间,通过语言提示使学生掌握和运用新技能、新结构,个别指导,提供机会使学生独立练习是(　　)教学策略的内容。

A. 先行组织者　B. 认知发展　C. 行为练习　D. 概念形成

55. 全班已成为一个组织制度健全的有机整体,整个班级洋溢着一种平等、和谐、上进、合作的心理氛围,学生积极参与班级的管理活动,并使自己的个性特长得到充分发展。这属于班集体形成的(　　)

A. 组建阶段　B. 形成阶段　C. 发展阶段　D. 成熟阶段

56. 学蛙泳就必须学会如何用手臂划水、蹬腿并夹腿、抬头呼吸,以及如何将上述三个动作组成和谐的系列。根据加涅的学习水平分类,这属于(　　)(常考)

A. 信号学习　B. 连锁学习　C. 辨别学习　D. 系列学习

57. 学生近期行为给教师留下深刻的印象,冲淡了过去所获得的有关印象。此时,教师改变了对学生的原有看法。这种心理学效应是(　　)

A. 首因效应　B. 晕轮效应　C. 近因效应　D. 投射效应

58. 学生的个别差异性决定了教师在进行教学时,必须要有(　　),针对不同学生的特点因材施教。

A. 复杂性　B. 创造性

C. 示范性　D. 个体性与集体性结合

59. 布卢姆等人把认知领域的教育目标由低级到高级,由简单到复杂分为知识、领会、运用、分析、综合、评价六个层次。让学生将《荷塘月色》的结构分解出来,属于(　　)层次。

A. 领会　B. 运用　C. 分析　D. 综合

60. 教师是知识的管理者,是(　　)教学理论对教师角色的定位。(易错)

A. 行为主义　B. 信息加工

C. 建构主义　D. 人本主义

二、多项选择题(在下列每题列出的四个选项中至少有两项是符合题意的,请将其选出并把它的标号写在括号内。错选、多选、少选或未选均不得分。本大题共10小题,每小题1.4分,共14分)

61. 关注教师的发展主要体现在(　　)

A. 关注角色的转变　B. 关注教学行为的转变

C. 关注能力的提高　D. 关注学习方式的引导转变

62. 班杜拉提出的观察学习为教育中的(　　)等行为提供理论依据。

A. 示范性教学　B. 观摩教学　C. 教学演示　D. 读书指导

63. 教师对学生进行奖励时应注意的问题包括(　　)(易混)

A. 奖励要做到实事求是,公正合理　B. 奖励要有教育性

C. 奖励要有群众基础,要得到学生集体的支持　D. 奖励要讲究艺术,每次都有不同的形式

64. 认识过程也称为认知过程,是指人们获取知识和运用知识的过程。下列属于认识过程的有(　　)

A. 感觉　B. 兴趣　C. 想象　D. 言语

65. 课堂教学板书是指在教师上课期间以书面语言进行教学的有效方式。下列属于课堂教学板书的特点的是(　　)

A. 直观性　B. 组织性　C. 启发性　D. 概括性

66. 下列哪些是由孔子提出的教师道德规范(　　)

A. 有教无类　B. 诲人不倦　C. 言传身教　D. 不耻下问

67. 教学实施能力由哪几部分构成(   )

A. 课堂调控能力　　B. 实施教案能力　　C. 了解学生能力　　D. 教学应变能力

68. 学习困难学生的特点主要体现在哪些方面(   )(易错)

A. 注意　　B. 记忆　　C. 智力　　D. 动机

69. 下列属于引起和保持有意注意的条件的是(   )

A. 增加刺激物的新异性

B. 增加刺激物的对比度

C. 用坚强的意志克服内外干扰

D. 加深对任务的理解,不断组织自己的活动

70. 教育口语是指教师有目的地对学生进行思想品德教育和行为规范教育的谈话,它是教师的日常工作用语。教育口语的基本要求是(   )(易混)

A. 必须具有明显的教育指向性　　B. 要有可接受性

C. 要有多样性和灵活性　　D. 要有严肃性和规范性

三、判断题(判断下列各题的正误,并在题后的括号内打"√"或"×"。本大题共10小题,每小题0.8分,共8分)

71. 学生学习方式上的转变是对未来教师最大的挑战。(   )

72. 依据《中国少年先锋队章程》,少年儿童要成为少先队员的年龄范围是7~12周岁。(   )

73. 教师的教学创新能力是指教师在现行教育传统的基础上,更新教育观念、革新教学内容、改革教学方法的能力和举措。(   )

74. 未成年人的父母或者其他监护人不得让不满14周岁的未成年人脱离监护单独居住。(   )

75. 讲解侧重说理而不是说事,目的在于帮助学生发展理论思维能力。(易错)(   )

76. 一般来说,各种教学方法既有启发性质,又有注入性质。各种教学方法中的启发性因素的作用能否得到充分发挥,关键在于教师运用教学方法的指导思想是否正确。(   )

77. 在教育过程中,师生之间能建立并保持经常性的民主、平等、和谐的师生关系,教育效果就好。反之,教育效果就差。(   )

78. 教学中反例的适当运用可以排除无关特征的干扰,有利于加深对概念和规则的本质认识。(   )

79. 在教育中,对学生行为进行表扬运用的是正强化,批评则运用的是负强化。(   )

80. 课堂问题行为产生的原因主要包括教师的因素、学生身心的因素和环境因素。(   )

四、简答题(本大题共2小题,每小题5分,共10分)

81. 讲授法的基本要求包括哪几个方面?

82. 简述影响识记效果的因素。(常考)

五、案例分析题(本大题共8分)

83. 一位教师在教学"平面图形的周长和面积总复习"一课时,巧妙地利用"用绳圈菜地"的故事激疑:从前有个老人,他有6个儿子。一天,他把所有的儿子叫到跟前说:"孩子们,我已经老了,我没有多少家产留给你们,只有园子里还有几亩地,就分给你们吧。"说着,老人拿出6根绳子,对6个儿子说:"你们看,我这里有6根同样长的绳子,现在你们每人拿1根绳子到园子里去圈地,谁圈到多大一块地,那块地就属于谁,剩下的地就留给我种吧。"6个儿子一听,赶忙拿着绳子往园子里跑。大儿子围成的是长方形,二儿子围成的是正方形,三儿子围成了三角形,四儿子围成了平行四边形,五儿子围成了梯形,六儿子围成的是圆形。如果你是其中的一个儿子,拿着同样长的绳子去围地,你会围成一个什么图形?一石激起千层浪,课堂上顿时活跃起来,学生原有的认知结构中有关平面图形面积的知识模块被激活。他们各抒己见,有的说围成正方形,有的说围成长方形,有的说围成圆形……正当学生争论不休时,教师看准火候,及时导入新课,并鼓励学生比一比,看谁学习了新课后能够正确解释这个现象。

(1)分析上述案例中的导入类型。(2分)

(2)分析这种导入方式的优点。(2分)

(3)结合实际教学,谈谈在设计这种教学导入时应该注意什么。(4分)

六、论述题(本大题共12分)

84. 在对待教学上,新课程强调教的本质在于引导。试述在课堂教学中如何进行引导。

2020年河南省新乡市获嘉县教师招聘考试真题试卷(四十六)

(总分100分　时间120分钟)

一、单项选择题(在下列每题四个选项中只有一个是符合题意的,将其选出并把它的标号写在括号内。错选、多选或未选均不得分。本大题共40小题,每小题0.95分,共38分)

1. 活动课程论是与学科课程论相对立的一种课程理论,主张该理论的教育家是(　　)

A. 赫尔巴特　B. 洛克　C. 斯宾塞　D. 杜威

2. 作为教育者,必须了解学生的年龄特征,所以要求老师必须具备的知识结构是(　　)(常考)

A. 系统的马克思主义政治修养知识　B. 精深的专业知识

C. 广博的文化知识　D. 教育科学知识

3. 个性心理特征是在(　　)实践的基础上形成和发展的。

A. 认知过程　B. 情感过程

C. 意志过程　D. 认知、情感和意志过程

4. 某市教委在教师中进行随机调查,问:“您热爱学生吗?”90%以上的教师都回答“是”。而当转而对他们所教的学生问“你体会到老师对你的爱了吗?”时,回答“体会到”的学生仅占10%。这说明(　　)

A. 教师还没有掌握高超的沟通与表达技巧　B. 教师尚不具有崇高的道德境界

C. 教师缺乏信心　D. 教师缺乏爱心

5. 在心理学的研究中,有计划地严格控制或创设条件去主动引起或改变被试的心理活动,从而进行分析研究的方法称为(　　)

A. 观察法　B. 心理测验　C. 实验法　D. 个案研究法

6. 进一步探索研究在各个社会领域中心理活动的具体现象及其规律的心理学是(　　)

A. 社会心理学　B. 理论心理学　C. 应用心理学　D. 普通心理学

7. 教师在所从事的教育活动中,严格按照我国《宪法》和教育方面的法律、法规及其他的相关法律、法规,使自己的教育活动符合法制化。这体现了(　　)

A. 依法执教　B. 爱岗敬业　C. 热爱学生　D. 严谨治学

8. 规定教育法律关系主体必须为一定行为或不为某种行为的法律规范是(　　)

A. 强制性规范　B. 任意性规范

C. 义务性规范　D. 授权性规范

9. 从教师个体职业良心形成的角度看,教师的职业良心首先会受到(　　)

A. 社会生活和群体的影响　B. 教育对象的影响

C. 教育法律法规的影响　D. 教育原则的影响

10. 在相当长的一段时期内,对相同的被试组进行反复跟踪调查的研究方法是(　　)

A. 横向比较研究　B. 纵向跟踪研究

C. 连续发生研究　D. 跨文化研究

11. 影响自我效能感形成的主要因素是(　　)(常考)

A. 个体自身行为的成败经验　B. 他人行为的替代经验

C. 他人的榜样行为　D. 个体自身行为的归因方式

12. 揭示儿童认知发生、发展的规律和机制的“发生认识论”的创始人是(　　)

A. 华生　B. 加德纳　C. 皮亚杰　D. 斯腾伯格

13. (　　)指的是一种动态的过程,其目标指向是达到最佳的平衡状态。

A. 同化　B. 顺应　C. 平衡化　D. 自动化

14. 在学生伤害事故处理中,学校责任适用的归责原则是(　　)

A. 过错责任原则　B. 无过错责任原则　C. 严格责任原则　D. 公平原则

15. 学校(　　)聘用曾经因故意犯罪被依法剥夺政治权利的人担任工作人员。

A. 可以　B. 不得　C. 特殊情况下可以　D. 经过批准后可以

16. 教育法律关系是一种(　　)(常考)

A. 权利和义务关系　B. 诚信关系　C. 合同关系　D. 社会契约关系

17. 乔姆斯基提出的语言获得理论是(　　)

A. 强化学说　B. 先天决定论　C. 相互作用论　D. 循序渐进论

18. “一个人要不主动学会些什么,他就一无所获,不堪造就……人们可以提供一个物体或其他什么东西,但是人却不能提供智力。人必须主动掌握、占有和加工智力。”这是(　　)的名言。

A. 第斯多惠　B. 布鲁纳　C. 巴甫洛夫　D. 洛克

19. 教师不直接将学习内容提供给学生,而是为学生创设问题情境,引导学生去探索和发现新知识和问题的方法是(　　)

A. 讲授法　B. 发现法　C. 掌握学习法　D. 头脑风暴法

20. 孔夫子曾说:“其身正,不令而行;其身不正,虽令不从。”从教师的角度来说,可以理解为(　　)(常考)

A. 走路时身体要端正

B. 对学生下命令一定要正确

C. 自己做好了就不用教育学生,学生自然会学好

D. 教师自己要以身作则,其一言一行都会对学生产生巨大的影响

21. 人们对人或事物所持有的一套比较笼统、概括、固定的看法,并以这种看法作为评判人或事物的依据属于(　　)

A. 首因效应　　B. 近因效应　　C. 晕轮效应　　D. 刻板效应

22. 一些学校随意开除学生或勒令未成年学生退学的行为侵犯了学生的(　　)(常考)

A. 人身权　　B. 受教育权　　C. 人身自由权　　D. 人格尊严权

23. 鲁迅曾说:"人有人性,狼有狼性。我希望中国人多一点狼性,少一点人性。"用现代教育改革新理念的眼光来看,鲁迅实际上是在提倡(　　)

A. 个性教育　　B. 情感与价值观教育

C. 关爱自然　　D. 教育民主

24. 某老师未经学生允许私自将学生的作文编入自己编著的优秀作文集。对该老师的做法,下列说法正确的是(　　)

A. 该老师的做法侵犯了学生的著作权

B. 该老师的做法侵犯了学生的财产权

C. 该老师的做法没有侵犯学生的著作权,因为"作文"不算作品,不受《中华人民共和国著作权法》的保护

D. 该老师侵犯了学生的人身自由权

25. 班主任通过对集体的管理去间接影响个人,又通过对个人直接的管理去影响集体,从而把对集体和个人的管理结合起来。这是班级管理模式中的(　　)

A. 自由管理　　B. 民主管理　　C. 常规管理　　D. 平行管理

26. 学校全体成员或部分成员所习得且共同具有的思想观念和行为方式属于(　　)

A. 学校精神　　B. 学校文化　　C. 学校制度　　D. 学校传统

27. 表现在人对现实的态度和行为方式的比较稳定的、独特的心理特征的总和是(　　)(常考)

A. 气质　　B. 性格　　C. 兴趣　　D. 能力

28. 人的愿望和需要得到满足时,继之而来的紧张解除时的情绪体验是(　　)

A. 悲哀　　B. 恐惧　　C. 愤怒　　D. 快乐

29. 裴斯泰洛齐认为:"为人在世,可贵者在于发展,在于发展每个人天赋的内在力量,使其经过锻炼,使人能尽其才,能在社会上达到他应有的地位。这就是教育的最终目的。"这句话反映了(　　)

A. 教育无目的论　　B. 个人本位的教育目的论

C. 社会本位的教育目的论　　D. 效能主义的教育目的论

30. 根据性别、年龄、技能、拥有物、居住地以及朋友对自己进行相应的分类,称为(　　)

A. 自我评价　　B. 自我概念　　C. 自我定义　　D. 自我同一性

31. 一旦抚育者离开,儿童就会表现出类似的哭闹行为,称为(　　)

A. 同步性交往　　B. 依恋　　C. 陌生人焦虑　　D. 分离焦虑

32. 学生运用概念符号与环境相互作用的技能是(　　)

A. 言语信息　　B. 智力技能　　C. 动作技能　　D. 认知策略

33. 根据现代教学理论的研究,从教学效果的质上看,不包括下列哪种教学水平(　　)

A. 记忆水平　　B. 理解水平　　C. 探索水平　　D. 运用水平

34. 认为人都有"恻隐之心、羞恶之心、恭敬之心、是非之心"。这是(　　)

A. 孟子的观点　　B. 朱熹的观点　　C. 王阳明的观点　　D. 程颐的观点

35. 在教育过程中,对学生的知识掌握和能力发展的及时评价属于(　　)(易混)

A. 相对性评价　　B. 绝对性评价　　C. 形成性评价　　D. 总结性评价

36. 儿童对父母和权威表现出尊重与顺从,或者把成人的规则看成是不变的阶段称为(　　)

A. 自我中心阶段　　B. 他律阶段　　C. 自律阶段　　D. 公正阶段

37. 根据《中华人民共和国教育法》的规定,明知校舍或教育教学设施有危险,而不采取措施,造成人员伤亡或者重大财产损失的,对直接负责的主管人员和其他直接责任人员,依法追究(　　)(常考)

A. 民事责任　　B. 刑事责任　　C. 一般责任　　D. 行政责任

38. 当学生获得好的成绩后,老师、家长给予表扬和鼓励。这符合桑代克学习律中的(　　)(常考)

A. 准备律　　B. 练习律　　C. 效果律　　D. 动机律

39. 下列教师采用的管理方式中,哪种属于斯金纳所提出的负强化(　　)

A. 警告　　B. 惩罚　　C. 表扬　　D. 忽视

40. 赵老师长期担任高三年级班主任一职,因工作时常伴随着学生的升学而有压力。近期,张老师突然对工作缺乏热情,对学生学业关注度下降,上课精神不振。张老师最有可能的职业倦怠类型是(　　)

A. 精疲力竭型　　B. 狂热型　　C. 缺乏挑战型　　D. 低个人成就感型

二、多项选择题(在下列每小题列出的四个选项中至少有两个是正确的,请将其代码填在括号内。错选、多选或未选均不得分。本大题共 30 小题,每小题 1.2 分,共 36 分)

41. 教师法律救济的途径是指教师认为其权益受到损害时,请求解决或补偿的渠道或方式。一般可分为(　　)

A. 司法救济　　B. 行政救济　　C. 社会救济　　D. 自力救济

42. 以下处罚种类中,属于教育行政处罚的是(　　)

A. 警告　　B. 责令停止招生　　C. 撤销教师资格　　D. 吊销办学许可证

43. 叙事研究中研究者获取现场文本的主要途径有(　　)

A. 经验故事　　B. 现场观察　　C. 访谈　　D. 传记或自传

44. 现代教育研究的主要特点是(　　)(易混)

A. 研究范式的整合性　　B. 研究关系的互动性

C. 研究方法的多样性　　D. 研究过程的动态性

45. 传统的观点认为,儿童的智慧发展受到以下哪些因素的影响(　　)

A. 成熟　B. 经验　C. 社会环境　D. 自然环境

46. (　　)决定了心理学的自然科学属性。

A. 心理学的研究对象　B. 心理学的历史渊源

C. 心理学的研究方法　D. 人的社会性

47. 教育始终具有(　　)

A. 阶级性　B. 育人性　C. 平等性　D. 历史性

48. 教师在教学中作为促进者的角色的特征包括(　　)(易错)

A. 积极地旁观　B. 给学生心理支持

C. 知识传播　D. 帮学生培养自律能力

49. 下列属于非紧急情况下的利他行为的是(　　)

A. 给老人让座　B. 帮同学补课

C. 抢救落水儿童　D. 与持枪歹徒搏斗

50. 现代教学中的教与学的关系主要体现为一种(　　)交往关系,是一种基于"对话"基础上的教学活动。

A. 合作的　B. 动态的　C. 民主的　D. 平等的

51. 李某是一名老师,他可以行使的权利有(　　)

A. 民主管理权　B. 进修培训权

C. 寒暑假带薪休假权　D. 责令上课不遵守纪律的学生离开教室

52. 教学监控策略是指为了保证达到预期的教学目标,教师在教学活动中对教学的全过程进行积极主动的(　　)及控制和调节所采用的教学谋略或措施。

A. 计划　B. 检查　C. 评价　D. 反馈

53. 实验法就是要在保持其他因素恒定的前提下研究(　　)的关系和变化规律。

A. 自变量　B. 因变量　C. 人脑　D. 客观世界

54. 陶冶法是通过创设良好的情境,潜移默化地培养学生品德的方法,主要包括(　　)

A. 人格感化　B. 环境陶冶　C. 艺术陶冶　D. 座右铭

55. 美国学者伯顿认为教师发展经历了(　　)

A. 求生存阶段　B. 调整阶段　C. 专家生涯阶段　D. 成熟阶段

56. 下列不属于学习现象的是(　　)(常考)

A. 公鸡打鸣　B. 熟能生巧　C. 察言观色　D. 喜极而泣

57. 下列选项中,属于迁移作用的例子有(　　)

A. 鲁班被带齿的丝茅草划破了皮肤而发明了锯子

B. 先学普通心理学再学心理学的其他内容会觉得容易

C. 练好毛笔字有助于写好钢笔字

D. 瓦特观察水壶里的水烧开后壶盖被蒸汽顶开,由此改良了蒸汽机

58. 根据巴甫洛夫的高级神经活动类型学说,活泼型的特点是(　　)

A. 强　B. 弱　C. 平衡　D. 灵活

59. 青少年儿童身心发展的客观规律是(　　)

A. 发展的顺序性和阶段性　B. 发展的稳定性和可变性

C. 发展速度的不均衡性　D. 发展的个别差异性

60. 下列现象中,属于认知过程的心理现象的是(　　)

A. 意志　B. 性格　C. 知觉　D. 思维

61. 以下说法中,反映当代世界各国课程改革中存在的一些共同发展趋势的是(　　)(常考)

A. 重视个别差异　B. 重视课程内容的现代化、综合化

C. 重视基础学科和知识的结构化　D. 重视能力的培养

62. 道德义务与非道德义务相比,具有一些明显的特质,主要表现在(　　)方面。

A. 道德义务的精神性　B. 道德义务的自觉性

C. 道德义务的意志特征　D. 道德义务的阶级性

63. 教学大纲是根据教学计划,以纲要的形式编定的有关学科教学内容的指导性文件。它规定了学科的(　　)等。

A. 教学目的　B. 教材体系　C. 教材范围　D. 教学进度

64. 行为主义教学观把学习看成(　　)

A. 经验的联结或操作的变化　B. 通过练习和刺激反应式的强化来实现的

C. 学习效果表现为外部行为的变化　D. 教学的目的是传授知识技能体系

65. 加涅根据学习成果把学习分成(　　)

A. 言语信息学习　B. 智力技能学习

C. 认知策略学习　D. 接受性学习

66. 个体具有社会化的可能性主要是因为(　　)

A. 有生物遗传的基础　B. 有超越本能的学习行为

C. 有较长的依赖生活期　D. 有掌握语言的潜在能力

67. 下列观点属于维果斯基所论述的教学与发展关系的是(　　)

A. 最近发展区　B. 提倡自主探索

C. 教学应走在发展的前面　D. 学习有最佳期限

68. 影响课堂管理效果的因素有(　　)

A. 教师的领导风格　B. 教师的授课水平

C. 学生的配合程度　D. 班级规模

69. 心理辅导就是运用心理学等专业知识技能，设计与组织各种教育性活动，以帮助学生形成良好的心理素质，充分发挥个人潜能，进一步提高心理健康水平的过程。心理辅导的原则有(　　)

A. 关注高危人群　　B. 预防与发展相结合

C. 发挥学生主体性　　D. 促进学生整体性发展

70. 教师职业道德修养的基本原则是(　　)(常考)

A. 坚持知和行统一　　B. 坚持个人和社会结合

C. 坚持动机和效果统一　　D. 坚持自律和他律结合

三、简答题(本大题共2小题，每小题5分，共10分)

71. 确立教学原则的依据有哪些?

72. 请联系实际，说一下影响课程改革的因素。(常考)

四、案例分析题(本大题共8分)

73. 1999年4月12日，《成都商报》载：包括哈佛大学在内的四所美国名牌大学同时录取了18岁的成都女孩刘亦婷，并免收每年高达3万美元的学习和生活费用……

刘亦婷生于一个普通家庭，未出生时，其母就接触了国外早期教育的理论和方法，制订了培育她的计划。

初生的刘亦婷与其他健康的婴儿没有明显区别。在父母的精心养育下，0～1岁，她的识记能力迅速发展，比同龄幼儿平均水平提早至少6个月；3岁时，她的智力已达到上小学水平。小学阶段，她努力学习，全面发展，毕业时考取国家教委在全国设立的14所外国语学校之一——成都外国语学校(录取比例只有1.8%)。初中阶段，除了努力学好学校规定的各门课程外，她还积极参加各种课外活动，出演电视剧《苍天在上》，参加“初中物理知识联赛”获全国二等奖，而且学习成绩始终在班上前几名。高三阶段，她在积极准备高考的同时，现学现考托福并完成12所美国大学的入学申请，连续高强度、超负荷运转，以坚韧的意志支撑下来，并最终获取美国四所大学的录取通知书。

从影响人的身心发展的因素出发，谈谈你对“哈佛女孩”成长的认识与启示。

五、论述题(本大题共8分)

74. 结合马克思主义关于人的全面发展学说，谈一谈对我国当前教育实践的认识。

2020年辽宁省沈阳市浑南区教师招聘考试真题试卷(四十七)

(总分100分 时间90分钟)

一、单项选择题(在下列每题的四个选项中,只有一个是最符合题意的,将其选出并把它的标号写在括号内。本大题共75小题,1~30题,每小题0.5分;31~75题,每小题1分,共60分)

1. 卢梭认为教育者要尊重儿童的天性和自由,不得过多干预儿童的行为。下列学派的教育思想与卢梭最接近的是( )(常考)

A. 儒家 B. 法家 C. 墨家 D. 道家

2. 某中学老师为了了解学生暑假学习情况,提高学生的自主学习能力,对班内的学生家长发放问卷,并且约几名家长进行面谈,然后对得到的资料进行定量和定性分析。该老师采用的研究方法是( )

A. 调查法 B. 实验法 C. 个案研究法 D. 观察法

3. 教育制度的制定虽然反映着人们的一些主观愿望和特殊的价值需求,但是人们并不是也不可能随心所欲地制定或废止教育制度。这主要体现了教育制度具有( )的特点。

A. 规范性 B. 历史性 C. 强制性 D. 客观性

4. 教育与生产劳动相结合是指教育过程和生产劳动过程不可分割地联系和有机结合在一起。以下句子中体现的观点割裂了教育与生产实践的关系的是( )

A. "少年富则国富,少年强则国强"

B. "业精于勤,荒于嬉;行成于思,毁于随"

C. "行是知之始,知是行之成"

D. "劳心者治人,劳力者治于人"

5. 个体通过对知识的学习,能体验到以史为据的事实尺度和以人为本的价值尺度,感悟到人何以生存、为何生存,形成人生智慧,成为真正的人。这主要体现了知识的( )(易混)

A. 认识价值 B. 能力价值 C. 陶冶价值 D. 实践价值

6. 素质教育强调把人看作人,重视开发学生的智慧潜能;它不仅把学生作为认知体,还把学生作为生命体,为学生指导完整人生,这说明( )

A. 素质教育是面向全体的教育 B. 素质教育是促进发展的教育

C. 素质教育是着眼于基础的教育 D. 素质教育是弘扬人的主体性的教育

7. 亮亮是一个不爱学习的孩子,每次考试成绩都是倒数第一,同学们也都不喜欢他。但是他酷爱打篮球,在一次篮球赛上,由于亮亮发挥出色,为班级争得了荣誉,同学们因此对他刮目相看。这体现了个体身心发展的( )(易混)

A. 互补性 B. 顺序性 C. 个别差异性 D. 不平衡性

8. 新学期的第一堂思想政治课上,李老师向同学们介绍"思想政治"课程时说道:"我们这个课程就是通过系统的学习,帮助同学们养成正确的人生观、价值观、世界观。"李老师的话体现了( )

A. 功用性的教育目的 B. 终极性的教育目的

C. 价值性的教育目的 D. 发展性的教育目的

9. 在科技革命和终身教育思想的影响下,当代学校教育系统内部发生着变化,其表现不包括( )

A. 重视学前教育,将学前教育纳入学校教育系统

B. 义务教育的范围逐渐扩展,年限不断延长

C. 在完成单一义务教育后,根据社会人才需求,引导不同学习成绩的学生进行分流

D. 中学学校类型发展多样化,有公立学校、私立学校等

10. 为了传承我国悠久的文化精髓,加深学生对书法艺术的了解,丰富学生的课余生活,某小学计划在本周课外活动时间举办书法大赛。在课外活动中举办书法大赛属于( )

A. 游戏活动 B. 学科活动 C. 科技活动 D. 文体活动

11. 校园精神文化是校园文化的类型之一,下列选项中不属于校园精神文化的是( )

A. 学校的各种规章制度 B. 校园的价值观念

C. 师生之间的关系 D. 学校的校风

12. 行为失范是指学生在学校生活环境中各种不良适应的表现,学生失范行为产生的主要原因不包括( )

A. 社会生活环境中的问题,如社会规范失控、文化的商品化、城市化的影响等

B. 学校教育的失误问题,如学校教育指导思想的偏差等

C. 家庭生活环境中的问题,如父母的忽视、不良行为的示范等

D. 学生个人思想问题,如学生不热爱学习、学生素质差等

13. 教师通过揭示新思想、新知识的科学性和真理性,点燃学生的学习热情,激发和培养学生对科学与真理的追求热情和钻研精神,这体现了教师是( )

A. 人类文化的传播者 B. 学生智能的开发者

C. 学生品德的培育者 D. 人的价值的塑造者

14. 王明曾是一名在课堂上调皮的学生,转入新班级后,发现班上同学在上课时都能保持认真听讲,不嬉戏打闹,并且自己胡闹时会受到同学的指责,于是他也模仿同学们安静听课。他形成的课堂纪律是( )

A. 教师促成的纪律 B. 集体促成的纪律

C. 任务促成的纪律 D. 自我促成的纪律

15. 受新冠肺炎疫情的影响,全国许多学校暂停课堂教学,在此背景下在线教育如火如荼地发展起来,并且起到了一定的作用。下列对在线教育的分析合理的是( )

A. 在线教育已经可以取代传统课堂教育

B. 在线教育的优势之一是打破教学时间和空间的限制

C. 在线教育的局限之一是需要大量的教学资源

D. 在线教育不适合年龄较大的学生学习

16. 李老师在教学中坚持贯彻系统性的教学原则,贯彻这一原则的要求不包括( )

A. 按照课程标准的顺序教学 B. 恰当地把握教学难度

C. 教学由近及远、由浅入深 D. 根据实际调整教学的内容和速度

17. 新任教师组成教学互助小组,通过互相旁听课程,讨论在课堂上所发现的问题,并提出解决方案,相互学习,共同进步。这属于教学反思方法中的( )

A. 反思日记 B. 详细描述 C. 职业发展 D. 行动研究

18. 李老师的教学方式很灵活,会根据教学需要选择合适的教学起点,在进行备课过程中的教学安排和设计时,他不会拟定"一板一眼"的教学步骤,而是列出可能会涉及的大概步骤。他的教学设计属于( )(易错)

A. 系统分析模式 B. 目标模式 C. 过程模式 D. 主导—主体模式

19. 在教师讲到《司马光砸缸》这篇课文时,一位同学突然提出问题:"司马光那时候还是个小孩子,他哪有这么大的力气搬起大石头砸破水缸?"全班同学顿时议论纷纷。如果你是这位教师,下列做法最合理的是( )

A. 暂停讲课,引导学生讨论该问题

B. 忽略该同学的提问,继续上课

C. 稍作停顿,轻轻咳嗽两声提醒该同学不要说话

D. 维持课堂纪律,让学生课后去讨论该问题

20. 讲授法是教师通过口头语言向学生传授知识、培养能力、进行思想教育的方法。某教师在进行新课程单元的讲授时,首先应该( )

A. 了解学生 B. 详述内容 C. 介绍讲授纲要 D. 介绍教法

21. 某老师讲"分数"这一章节时,在黑板上一边写"分数的定义—分数的意义—分数的法则—分数的应用",一边说道:"我们这节课将从这四个方面来系统地学习分数。"该老师板书的方式是( )

A. 脉络式板书 B. 表格式板书 C. 图表式板书 D. 点睛式板书

22. 孙老师认为,课程内容的核心是学科的基本结构,应该从小就开始教各门学科中最基本的原理,以后随着学年的递升,课程内容重复出现,并逐渐扩大范围和加深难度。根据孙老师的主张,他最可能采取的课程组织方式是( )

A. 横向组织 B. 纵向组织 C. 螺旋式 D. 直线式

23. 在进行班级文化建设时,一般都会在教室墙上挂些标语,如"知识犹如人体血液一样宝贵。人缺了血液,身体就会衰弱;人缺少知识,头脑就要枯竭"。按照呈现形式划分,这种标语属于( )

A. 显性课程 B. 隐性课程 C. 学科课程 D. 活动课程

24. 课程的表现形式不止一种,每个要素之间既具有相对独立性,又彼此依赖、协调和配合。若张老师想了解某班某一学年学科的安排情况以及对应的课时比例,则需要查阅( )

A. 课程计划 B. 课程标准 C. 教科书 D. 课程目标

25. 张老师在按照教学大纲及课程目标开展教学的同时,也会根据学生对知识经验的掌握程度,对教学计划进行调整。这属于课程实施的( )(常考)

A. 忠实取向 B. 创生取向 C. 相互调适取向 D. 缔造取向

26. 教师的语言需要符合教学内容的科学性,下列选项中符合教师语言规范的是( )

A. 政治课上,老师说"钱是从商品中分离出来固定充当一般等价物的特殊商品"

B. 生物课上,老师说"脑袋主要包括左、右大脑半球,是中枢神经系统的最高级部分"

C. 旅游课上,老师说"吃饭具有强烈的地域性、民族性、民俗性等人文特性"

D. 语文课上,老师说"散文是指以文字为创作、审美对象的文学艺术体裁"

27. 品德是由道德认识、道德情感、道德意志、道德行为四个基本因素构成的。其中,( )是实现知行转化的催化剂。

A. 道德意志 B. 道德行为 C. 道德情感 D. 道德认识

28. 实施美育有多种途径和方法,下列属于通过日常生活进行美育的是( )(易混)

A. 带领学生到户外欣赏大自然的美 B. 组织学生参加美化学校环境的活动

C. 在课堂上让学生鉴赏电影 D. 组织学生参加舞蹈活动

29. 表扬是一种催化剂,也是一种激励的手段,但并不是所有表扬都能起到积极作用。下列属于无效表扬的是( )

A. 表扬学生工作的特定方面 B. 注重学生的成就,表扬依成就不同而变化

C. 鼓励学生与别人比较,更多地考虑竞争 D. 告诉学生他们的能力的价值

30. 由洛克提出,在心理学上是指儿童心灵原始状态的学说是指( )

A. 白板说 B. 天赋说 C. 自然论 D. 大理石花纹说

31. 小张同学成绩不是很好,平时做作业比较马虎,因此同学们都认为他在班集体工作上也应该是个不负责任、马马虎虎的人,于是不选他为班干部,这属于( )

A. 首因效应 B. 晕轮效应 C. 近因效应 D. 对比效应

32. 游丽看到一斤棉花和一斤铁时,她认为一斤铁更重。根据皮亚杰的儿童认知发展理论,游丽此时思维正处于( )(常考)

A. 前运算阶段 B. 感知运动阶段

C. 具体运算阶段 D. 形式运算阶段

33. 近日,阳光社区为社区内有小孩的家庭举办了首届“阳光亲子”活动,其目的在于“凝聚社区力量,共建和谐家庭”。按照布朗芬布伦纳提出的生态环境理论,社区属于(　　)

A. 微系统　　B. 中系统　　C. 外系统　　D. 宏系统

34. 马斯洛将人类的众多需要分为若干个层次。根据需要层次理论,在现实的学校生活中,学生最主要的缺失性需要往往是(　　)

A. 良好的成长环境　　B. 爱和自尊　　C. 富有教学经验的教师　　D. 教科书

35. 在阅读教学中,有些学生善于理解、记忆文章中的具体细节或部分,但往往把握不住文章的主体。这些同学的认知风格属于(　　)(易错)

A. 场独立型　　B. 场依存型　　C. 冲动型　　D. 序列型

36. 记者在采访钢琴家郎朗的亲友时,他们对郎朗的描述各有侧重,如“热情、好学、自律”等,但所有人都提到了“勤奋”。这里的“勤奋”属于个人特质中的(　　)

A. 首要特质　　B. 中心特质　　C. 次要特质　　D. 动态特质

37. 在面对与自己态度一致的信息时,人们会倾向于注意和评价信息中好的方面。这表明态度具有(　　)

A. 调节功能　　B. 过滤功能　　C. 价值表现功能　　D. 适应功能

38. 新生开学的第一堂课上,班主任引用了“师父领进门,修行靠个人”的俗语,旨在鼓励学生们进行(　　)

A. 自我反省　　B. 自我接纳　　C. 自我评价　　D. 自我完善

39. 课堂上,随着老师的一声:“请看黑板”,原本目不转睛地看着课本的同学纷纷将自己的目光集中到了黑板上。这种过程应属于(　　)

A. 注意分散　　B. 注意分配　　C. 注意转移　　D. 注意起伏

40. 不同学生对同一漫画作文的审题立意各不相同,这种心理活动的差异源于知觉的(　　)不同。

A. 整体性　　B. 理解性　　C. 恒常性　　D. 选择性

41. 根据教学中支架是否具有互动功能,可以将支架分为两种大的类型,即互动式和非互动式,以下属于非互动式的是(　　)

A. 教师示范　　B. 出声思维　　C. 提出问题　　D. 改变教材

42. 抽烟是中学生很容易养成的不良习惯,为了让小刘不再抽烟,张老师采取了很多措施,以下措施中,张老师采用了替代性经验的是(　　)

A. 说明烟草的原理,劝说小刘不要抽烟

B. 带小刘到医院去看望因为抽烟而得了癌症的病人

C. 让小刘自己在抽烟的过程中体验抽烟的害处

D. 警告小刘,再发现他抽烟就要告诉家长

43. 学生小文会正确运用公式 U = IR 来对串联、并联电路的 U、I 或 R 求解,则这时学生小文正处于智慧技能层次中的(　　)阶段。

A. 辨别　　B. 具体概念　　C. 定义概念　　D. 高级规则

44. 学生在道德与法治课上学习了什么是刑事违法行为、民事违法行为和行政违法行为,这种学习属于(　　)

A. 感性知识的学习　　B. 程序性知识的学习

C. 陈述性知识的学习　　D. 技能的学习

45. 学生李某学习了“鸟”的概念后,认为鸟就是能飞的动物,因此,蝙蝠、蜜蜂都属于鸟,这属于概念学习中的(　　)(易错)

A. 变式　　B. 分化　　C. 泛化　　D. 同化

46. 小明在学完英语时态“过去时”的知识后,再学习“过去完成时”的英语时态知识,这种学习属于(　　)

A. 并列学习　　B. 组合学习　　C. 下位学习　　D. 上位学习

47. 根据完成活动时是否需要凭借一定的工具,动作技能可以被分为工具性动作技能和非工具性动作技能两种,下列属于工具性动作技能的是(　　)

A. 走路　　B. 跑步　　C. 唱歌　　D. 写字

48. 在示范讲解动作技能过程中出现教练与学习者意见不一致,此时教练最适合采取的做法是(　　)

A. 以强硬的态度要求学生认同自己的意见

B. 提高嗓音,进一步详细解释自己的意见直到学生认同

C. 不与学生沟通,让他自己去思考

D. 减少言语指导而代之以实际训练

49. 对于冠状病毒这个形象的称呼,许多人即使未曾目睹过它的尊容,也能在自己的脑海中勾画出一个差不多的模样。根据想象的分类,这个过程属于(　　)

A. 无意想象　　B. 创造想象　　C. 再造想象　　D. 幻想

50. 小陈和小航因为“是不是高智商的人创造力一定强”这个问题争吵起来,下列是两人对这个问题的看法,你认为错误的是(　　)

A. 低智商不可能有高创造性　　B. 高创造性的人有高于一般水平的智商

C. 低创造性的人智商水平一定很低　　D. 高智商可能有高创造性,也可能低创造性

51. 化学考试成绩出来后,班级同学讨论并反思自己的学习结果,下列说法中容易导致其产生习得性无助的是(　　)

A. 小刚认为自己考试失利源于题目难度较大

B. 小飞认为阅卷教师过于严格导致自己扣分较多

C. 小亮认为是自己平日里没有认真听讲

D. 小红认为自己就不是学习的料,无论怎么努力都无济于事

52. 一个学生为了在将来能成为一名优秀的音乐家而努力学习乐器，这种动机属于(　　)

A. 生理性动机　　B. 低级的动机　　C. 长远的动机　　D. 短暂的动机

53. 小明喜欢打游戏，在学习的过程中，他给自己设立目标，当达到学习目标时，就会给自己留点时间打一会儿游戏。小明运用的资源管理策略是(　　)

A. 时间管理策略　　B. 学习环境管理策略

C. 努力管理策略　　D. 学习工具管理策略

54. 学生小张在学会写"火"字后，更容易学习如何书写"焱"字。根据迁移的内容划分，这种学习迁移属于(　　)(常考)

A. 具体迁移　　B. 一般迁移　　C. 负迁移　　D. 垂直迁移

55. 根据科尔伯格的道德发展阶段论，小丽的道德发展处于相对功利取向阶段。在听完海因兹偷药的故事后，小丽可能的回答是(　　)

A. "该偷，他的妻子需要这种药，他需要同他的妻子共同生活"

B. "该偷，他做的是好丈夫应做的事"

C. "不该偷，他要救妻子的命是应该的，但偷东西犯法"

D. "不该偷，别人说不定也像他妻子一样急需这药，要考虑所有人生命的价值"

56. 相对于学生的学籍档案、操行评语、奖惩记录等，学生的心理健康教育档案具有更强的(　　)

A. 隐私性　　B. 真实性　　C. 实践性　　D. 教育性

57. 宁宁平时成绩很好，但到了比较重要的考试时，总是十分紧张，考试时不能集中精力，因此总是在关键考试时考砸。宁宁的心理问题属于(　　)

A. 强迫症　　B. 焦虑症　　C. 恐怖症　　D. 人格障碍

58. 丽丽对于自己没能当选班长的事情一直耿耿于怀，当别人谈到现任班长倩倩时，丽丽总会冷嘲倩倩的家境比自己好太多，连老师们都想着巴结，认为倩倩能做班长是板上钉钉的事情。丽丽用来安慰自己，冲淡消极情绪的方式是(　　)

A. 自我设障　　B. 选择性遗忘　　C. 缺陷补偿　　D. 有选择地接受反馈

59. 下列学校的做法不符合《中小学幼儿园安全管理办法》规定的是(　　)

A. 甲校制订了严格的宿舍管理制度，定期查收住校生的违规电器

B. 乙校处于地震频发地带，将预防地震应急演练纳入日常训练课程

C. 丙校在遭遇泥石流灾害时，按职称等级依次救出受困教师

D. 丁校发生一起学生食物中毒事件，管理人员立即启动应急预案实施救助

60. 学生小钱在一次考试中未经考试工作人员同意就擅自离开了考场，对于他的行为说法正确的是(　　)

A. 应当认定为考试违纪　　B. 应该认定为考试作弊

C. 可给予暂停参加该项考试1年的处理　　D. 其所报名参加考试的各科、各阶段成绩无效

61. 上大学后，路遥想着自己已经是成年人了，不想给家人增加负担，就开始自己做兼职挣学费和生活费。路遥在行为能力上属于(　　)

A. 完全行为能力人　　B. 限制行为能力人　　C. 无行为能力人　　D. 准行为能力人

62. 《关于进一步加强和改进未成年人校外活动场所建设和管理工作的意见》中指出，公益性未成年人校外活动场所建设和改造资金以(　　)为主。

A. 私有企业投入　　B. 国有企业投入　　C. 各类学校投入　　D. 各级政府投入

63. 某科任教老师对学校的管理提出了一些与校长的想法不同的建议，校长不仅不考虑该科任教老师的建议，反而对他进行打击报复，校长的行为侵犯了该教师的(　　)权利。

A. 民主管理　　B. 指导评价　　C. 教育教学　　D. 学术研究

64. 我国《义务教育法》明确规定，国家鼓励高等学校毕业生以(　　)的方式到农村地区、民族地区缺乏教师的学校任教。

A. 人民教师　　B. 国家干部　　C. 志愿者　　D. 教育帮扶人员

65. 根据《中华人民共和国预防未成年人犯罪法》的规定，未成年人的父母或者其他监护人，不得让不满(　　)的未成年人脱离监护单独居住。

A. 十五周岁　　B. 十六周岁　　C. 十七周岁　　D. 十八周岁

66. 根据《学校卫生工作条例》，甲学校的下列卫生工作安排不符合规定的是(　　)

A. 号召并鼓励学生在晚上参加卫生劳动　　B. 对参加劳动的学生进行安全与卫生教育

C. 注意女学生的生理特点，给予必要的照顾　　D. 根据学生的年龄，组织学生参加适当的劳动

67. 下列教师中不适合担任班主任的是(　　)

A. 周老师，建微信群与家长及时沟通反馈学生学习情况

B. 王老师，认为优秀班主任就是班级学生学习成绩都优秀

C. 李老师，组织能力较强并常常组织受学生欢迎的班级活动

D. 何老师，认为应该让班上学生充分参与到班级管理中

68. 根据《教师和教育工作者奖励规定》，对在教育事业中作出突出贡献的教师和教育工作者可授予的荣誉称号不包括(　　)

A. "全国优秀教师"　　B. "全国模范教师"

C. "全国创新教师"　　D. "全国教育系统先进工作者"

69. 作为人民教师，加强职业道德修养必须建立在职业道德实践的基础上，为此首先要做到(　　)(易混)

A. 勤学　　B. 自律　　C. 慎独　　D. 兼听

70. 地震时，某教师将数名学生护在身下的事件在网络上发酵，促进了社会上"舍己为人"良好风气的形成。这说明了教师职业道德具有(　　)

A. 导向性　　B. 基础性　　C. 发展性　　D. 超前性

71. 某教师在教育教学工作中,逐渐形成关于教育本质、教育目的的看法,并且理解到"科教兴国"的真正含义。这体现出该教师(　　)(易错)

A. 专业能力的发展　B. 专业知识的拓展　C. 专业理想的建立　D. 专业自我的形成

72. 习近平总书记曾从政治方向、人格品质、专业技能以及育人态度等角度对新时代教师提出了要求。其中,政治方向上的要求是(　　)

A. 要有理想信念　B. 要有仁爱之心　C. 要有道德情操　D. 要有扎实学识

73. 根据 2008 年修订的《中小学教师职业道德规范》,下图中教师的做法明显违背了(　　)的内容。

A. 爱岗敬业　B. 关爱学生　C. 为人师表　D. 教书育人

74. 某中学倡导教师群体做到"三管住",即管住自己的嘴,不该吃的不吃;管住自己的腿,不该去的地方不去;管住自己的手,不该拿的不拿。这实则是贯彻《新时代中小学教师职业行为十项准则》中的(　　)的表现。

A. 坚定政治方向　B. 规范从教行为　C. 秉持公平诚信　D. 坚守廉洁自律

75. 陶行知先生曾痛斥,说假话的是骗子,根本不配做老师,并提出"真理是太阳,歪曲的理论是黑云,教师要吹一口气,把这些黑云吹掉,那真理的太阳就自然而然地给人看见了"。这体现了其(　　)

A. "捧着一颗心来,不带半根草去"的奉献精神　B. "教人求真,学做真人"的求真精神

C. "学高为师,身正为范"的师表精神　D. "爱满天下"的大爱精神

二、多项选择题(下列每小题列出的选项中至少有两个是正确的,请将其代码填在括号内。错选、多选或未选均不得分。本大题共 25 小题,每小题 1.6 分,共 40 分)

76. 教育是在一定社会背景下发生的促进个体社会化和个体个性化的实践活动。下列属于教育现象的有(　　)(常考)

A. 父亲告诉儿子过马路要遵守交通规则

B. 一个顽皮的孩子偶然把手伸到火苗上被灼伤,由此获得有关火的知识

C. 数学老师在课堂上给学生传授数学知识

D. 成年老虎教幼年老虎捕食

77. 德育、智育、体育、美育和劳动技术教育是全面发展教育的组成部分,下列有关说法正确的有(　　)

A. 劳动技术教育是各育实施的物质前提　B. 智育是各育实施的认识基础

C. 德育是各育实施的方向统帅和动力源泉　D. 五育是缺一不可、不能互相取代的

78. 下列关于环境对人发展的影响的说法中,正确的有(　　)(易混)

A. 环境对人发展的影响主要表现为提供了多种发展可能性,且没有限制

B. 环境对人作用的大小与环境本身的性质、变化相关

C. 环境对人作用的大小与个体发展水平有关

D. 环境对人发展的影响在方向上有正反之分

79. 随着社会和科技的发展,网络生活渐渐渗入到许多学生的生活中,对学生的影响也逐渐增大,教师在对待学生网络生活的问题时,下列做法合适的有(　　)

A. 为营造适合学生学习的环境,禁止学生上网

B. 允许学生上网查资料,禁止学生玩网络游戏

C. 配合家长,共同管理学生的网络生活

D. 引导学生正确利用网络资源,避免沉迷网络

80. 群众性活动是课外活动最普遍的一种活动形式,下列课外活动的形式属于群众性活动的有(　　)

A. 社会公益活动　B. 艺术小组　C. 参观、报告　D. 调查、旅行

81. 在布鲁纳的教学理论中,最典型也是最重要的是发现学习法,布鲁纳认为发现学习的基本要素包括(　　)

A. 激发学习的内部动机　B. 探究解决方案

C. 灵活组织外界提供的信息　D. 灵活而执着地追求问题的解决

82. 教学评价是对教学工作质量所进行的测量、分析和评定,在教学过程中为了获得形成性评价,教师可以(　　)

A. 在课堂上对学生提问　B. 进行课堂书面小测

C. 新学期开始时进行摸底考试　D. 批改日常作业

83. 班级授课制在其发展过程中完成了普及教育的重要使命,但其在实施过程中也暴露出明显的缺陷和不足。关于班级授课制的局限性,下列说法正确的有(　　)(常考)

A. 在一定程度上限制教师的主体地位

B. 不利于对学生进行因材施教

C. 不利于学生之间的相互切磋、交流

D. 以"课"为基本的教学活动单位,某些情况下会割裂内容的整体性

84. 新课程改革加强了思想品德教育的针对性和实效性,主要体现在(　　)

A. 加强德育课程的建设　B. 在各门课程中渗透德育

C. 建立新的教学方式　D. 设置综合实践活动为必修课

85. 卡特尔等人将智力分为流体智力和晶体智力两类。下列属于流体智力的有(　　)

A. 反应速度　B. 推理能力　C. 空间关系认知　D. 烹饪技能

86. 短时记忆与长时记忆一样,也有编码、贮存和提取三个过程。下列关于短时记忆和长时记忆的说法正确的有(　　)

A. 短时记忆的编码以言语听觉编码最为突出

B. 短时记忆的提取是极为迅速的

C. 长时记忆能保持许多年甚至终身

D. 短时记忆的容量是无限的

87. 小吴向班主任反映后排的小何总是习惯在上课的时候朝他扔小纸团,为了有效地矫正小何的行为,赵老师应该(　　)

A. 设立基点行为　　B. 选择强化物和强化标准

C. 观察行为并与基点比较　　D. 持续保持强化频率

88. 下列教学行为中,有利于学生问题解决能力培养的有(　　)

A. 进行重复性机械练习　　B. 引导学生制作思维导图

C. 分析一题多解的不同思路　　D. 对学生进行逻辑思维训练

89. 双避冲突是指同时有两个可能对个体具有威胁性、不利的事发生,两种都想躲避,但受条件限制,只能避开一种,接受一种,在作抉择时内心产生矛盾和痛苦。以下属于双避冲突的有(　　)

A. 有的同学既不想用功读书,又怕考试不及格

B. 小明既不想上课,又怕被老师责备

C. 大鹏既不忍心看着路人被抢走钱,又不敢冒着危险冲上去

D. 鱼,我所欲也;熊掌,亦我所欲也

90. 班主任在进行班级品德教育时采用了一系列有效手段,如对助人为乐、热爱集体的同学给予口头和物质奖励;班会时讲一个道德小故事组织全班进行讨论;对班上的“捣蛋分子”进行教导,敦促他们养成遵纪守法的好习惯等。班主任在以上行为中运用的道德教育方法有(　　)

A. 条件反应法　　B. 自我强化法　　C. 群体讨论法　　D. 习惯养成法

91. 意志品质通常包括(　　)

A. 独立性　　B. 果断性　　C. 坚韧性　　D. 自制性

92. 以下属于世卫组织提出的衡量健康的具体标准有(　　)

A. 能抵御所有疾病

B. 处事乐观,态度积极,乐于承担责任

C. 应变能力强,能适应外界环境变化

D. 体重适当,身体匀称,站立时头、肩、臂位置协调

93. 15 岁的小亮因体育老师临时有事离开,不顾体育委员的劝阻,一个人去玩单杠,不慎摔下致左手腕骨骨折。在此案件中,应承担事故责任的有(　　)

A. 小亮　　B. 学校　　C. 体育委员　　D. 体育老师

94. 吕某毕业于某师范大学,立志于从事农村教育,其欲以个人名义建立农村小学却遭到了当地管理机构的拒绝。根据法律规定,下列能够依法举办学校的有(　　)

A. 社会团体　　B. 企业事业组织　　C. 公民个人　　D. 其他社会组织

95.《关于减轻中小学教师负担进一步营造教育教学良好环境的若干意见》指出,要全面贯彻落实习近平总书记关于教育的重要论述特别是关于教师工作的重要指示批示精神,强化党对教育工作的全面领导,坚持(　　)

A. 分类治理,从源头上查找教师负担,大幅精简文件和会议

B. 因地制宜,充分考虑区域、城乡等不同特点,避免“一刀切”

C. 标本兼治,严格清理规范与中小学教育教学无关事项

D. 共同治理,调动各级各部门、社会各界力量,形成合力

96.《中共中央 国务院关于全面加强新时代大中小学劳动教育的意见》中指出,要全面构建体现时代特征的劳动教育体系,其劳动教育总体目标有(　　)

A. 培养勤俭、奋斗、创新、奉献的劳动精神

B. 体会劳动创造美好生活,体认劳动不分贵贱

C. 通过劳动教育,使学生能够理解和形成马克思主义劳动观

D. 具备满足生存发展需要的基本劳动能力,形成良好劳动习惯

97. 2019 年 11 月 22 日,教育部对外发布的《中小学教师实施教育惩戒规则(征求意见稿)》提出,实施教育惩戒,应遵守(　　)的原则。

A. 育人为本　　B. 合法合规　　C. 过罚适当　　D. 保障安全

98. 教师的职业公正是指教师在自己的教育活动中对待不同利益关系所表现出来的公平和正义,教师职业公正的具体内容包括(　　)(易混)

A. 团结协作　　B. 坚持真理　　C. 秉公办事　　D. 奖罚分明

99. 家访是进行个别家庭教育指导的一种常用的有效方式,主要是解决儿童、青少年的个别的家庭教育问题。实现有效家访的途径有(　　)

A. 确定家访对象,明确家访目标

B. 家访时间要尽量短,保证在一定时间内家访量最多

C. 家访时的谈话要严格按照事先列的提纲进行

D. 要做好家访记录并及时反馈

100. 学校下列做法中,有助于提升教师职业道德素养的有(　　)

A. 加强对新入职教师、青年教师的指导

B. 邀请“最美教师”来校开展师德演讲

C. 对在校教师定期开展法治教育、警示教育

D. 将优秀教师事迹通过校园广播等形式展开宣传

2020年辽宁省沈阳市和平区教师招聘考试真题试卷(四十八)

(本套试卷共100小题,目前已收录98小题)

一、单项选择题(下列每小题列出的四个选项中只有一个是最符合题意的,请将其代码填在括号内。错选、多选或未选均不得分。本大题共70小题,1~30题每小题0.5分,31~70题每小题1分,共55分)

1.2001年我国启动了解放以后规模最大、深度最深的一次课程改革,它的标志是《基础教育课程改革纲要(试行)》,它通常被称为(　　)

A.第六次基础教育改革　B.第七次基础教育改革
C.第八次基础教育改革　D.第九次基础教育改革

2.作为一名教师,首先需要的职业素质是(　　)

A.热爱教育事业　B.探索教育规律
C.喜欢科研　D.善于沟通

3.针对某一具体学科领域的特点和学生发展的状况而提出的要求,在《课程标准》中出现,属于(　　)(易混)

A.教学目标　B.教育目的　C.教育目标　D.课程目标

4.普通话水平划分为三级六等,作为中小学语文教师至少应达到(　　)

A.一级乙等　B.二级甲等　C.二级乙等　D.三级甲等

5.以教学目标为依据,运用可操作的科学手段,通过系统地收集有关教学的信息,对教学活动的过程和结果作出价值上的判断,并为被评价者的自我完善和有关部门的科学决策提供依据的过程,通常称为(　　)

A.教学大纲　B.教学设计　C.教学评价　D.课程目标

6.按学生的成绩依次由前往后排座位的方式对学生的自尊心和学习成绩(　　)

A.有实质性影响　B.有一定影响　C.有很少影响　D.没有任何影响

7.根据埃里克森的心理社会性发展模型,形成自我概念是人生(　　)阶段的任务。

A.青春期　B.成人早期　C.6~12岁　D.8~12岁

8.课程的学习方式取决于(　　)(易混)

A.教学目标　B.教育目的　C.课程目标　D.教育目标

9.教师对一节课进行过程中的教学结构、教学方式、教学方法、知识来源、板书设计等提出教学具体方案的过程,通常被称为(　　)

A.教学大纲　B.教学设计　C.教学目标　D.课程目标

10.(　　)是教育心理学的奠基者和创始人。

A.桑代克　B.比纳　C.西蒙　D.冯特

11.群体规范通过从众使学生保持认知、情操和行为上的一致,并为学生的课堂行为划定了(　　)

A.范围　B.方向与范围　C.方向　D.纪律约束

12.缺。

13.(　　)不属于校园霸凌事件。

A.暴力攻击　B.团体排斥　C.恶意中伤　D.起外号

14.人类历史上最早专门论述教育问题的著作是(　　)(常考)

A.《论语》　B.《学记》　C.《大学》　D.《孟子》

15.决定教育性质的直接因素是(　　)

A.社会生产力　B.政治经济制度　C.上层建筑　D.科学技术

16.下列法律法规中属于教育根本大法的是(　　)

A.《中华人民共和国义务教育法》　B.《中华人民共和国教师法》
C.《教师资格条例》　D.《中华人民共和国教育法》

17.参加教师资格考试有作弊行为的,其考试成绩作废,(　　)内不得再次参加教师资格考试。

A.1年　B.2年　C.3年　D.5年

18.张老师根据班级学生人数太少的情况,打破传统课堂讲授惯例,进行讨论式教学改革,张老师这样做是《中华人民共和国教师法》赋予她的(　　)

A.科学研究权　B.教育教学权　C.管理学生权　D.班主任管理权

19.对性格天生懦弱,缺乏自信的学生,老师应该(　　)

A.尽量不提问　B.敢于批评他
C.多发现闪光点并表扬　D.忽视该生

20.关于什么是道德行为培养的关键,其中正确的是(　　)

A.形成良好的道德意志　B.形成良好的道德环境
C.形成良好的道德情感　D.形成良好的道德习惯

21.刘老师与学生一起讨论"网络谣言"的危害,形成了拒绝网络谣言的共识,共同提出相应的具体要求并被全班同学认可,这种品德培养方法属于(　　)(常考)

A.有效说服　B.树立榜样　C.群体约定　D.价值辨析

22.我国学校德育包括的三个基本组成部分是(　　)

A.道德教育、政治教育和思想教育　B.思想教育、道德教育和纪律教育
C.政治教育、道德教育和公民教育　D.道德教育、政治教育和纪律教育

23.教师的师德修养,只有在(　　)中才能得到不断的充实、提高和完善。

A.学习　B.交往　C.思考　D.实践

24.学高为师,身正为范,这意味着做教师应具备(　　)品德。

A.学问必须高于学生

B.对学生下指令必须完全正确

C. 教师以身作则，不用教育学生，学生自然会做好

D. 教师本身要知识渊博，品行端正

25. 老师要求所有学生不得在运动会上携带书籍看书，然而当班级学习最好的小明同学在运动会上看英语时，老师却表扬了小明同学爱学习。该教师违背了(　　)

A. 期望原则　　B. 公平原则　　C. 强化原则　　D. 双因素原则

26. 教学的教育性主要体现在教学过程的哪一条基本规律中(　　)(常考)

A. 间接经验与直接经验相结合的规律

B. 教师主导作用与学生主体作用相统一的规律

C. 掌握知识和发展智力相统一的规律

D. 传授知识与思想品德教育相统一的规律

27. 言语信息方面的，用来回答世界是什么之类的知识是(　　)

A. 陈述性知识　　B. 前沿性知识　　C. 程序性知识　　D. 朦胧性知识

28. 班主任了解学生最基本也是最主要的方法是(　　)(常考)

A. 观察法　　B. 问卷法　　C. 谈话法　　D. 调查法

29. 下面(　　)属于国家和学校禁止的体罚。

A. 体育课时跑步热身　　B. 当众罚站　　C. 语言侮辱　　D. 罚款

30. 人们通常把权威人士(特别是像老师和家长，某领域专家这样的“权威他人”)肯定的人，其行为与期望趋于一致的变化情况，称为(　　)

A. 自我效能效应　　B. 晕轮效应　　C. 罗森塔尔效应　　D. 首因效应

31. (　　)年，国家教委颁布了根据《中共中央关于进一步加强和改进学校德育工作的若干意见》精神制定的《九年义务教育小学思想品德课和初中思想政治课课程标准(试行)》。这是建国后第一次将九年义务教育作为一个有机的系统进行整体的综合设计，是对克服小学与中学德育脱节问题进行的一次尝试。

A. 2008　　B. 1997　　C. 2013　　D. 2020

32. 课堂气氛往往具有独特性，与教师本身紧密相关，即使同一个课堂，也会形成不同的(　　)

A. 气氛区　　B. 教学方法　　C. 教学手段　　D. 教学风格

33. 教育心理学上著名的研究实验——“狗的心因性分泌实验”的代表人物是(　　)

A. 巴甫洛夫　　B. 格赛尔　　C. 卢钦斯　　D. 斯金纳

34. 社会学习理论的创始人班杜拉从社会学习的观点出发，在 1977 年提出了(　　)，用以解释在特殊情景下动机产生的原因。

A. 自我效能理论　　B. 强化理论　　C. 公平理论　　D. 双因素理论

35. 学生如果学习刻苦，期末就会被评为“三好学生”，这种评价学生的方式(　　)

A. 完全不正确　　B. 有正确导向作用　　C. 不是很全面　　D. 完全正确

36. 教师的义务不包括(　　)

A. 惩罚不听话学生义务　　B. 教育教学义务

C. 提高业务水平义务　　D. 尊重学生人格义务

37. 班级有名学生最近变得郁郁寡欢，学习成绩也明显下降，老师应该(　　)

A. 让班干部去问问　　B. 提醒他好好学习

C. 忽视他　　D. 关心学生，了解情况

38. 某教师提起申诉，教育行政部门应当在接到申诉的(　　)内，作出处理。

A. 七日　　B. 十日　　C. 十五日　　D. 三十日

39. 缺。

40. 一名合格的中小学教师与学生沟通中要(　　)

A. 树立威严　　B. 不苟言笑　　C. 不拘小节　　D. 尊重学生

41. 教育心理学研究中，所采用的手段和方法应能促进学生的心理健康发展。这属于(　　)

A. 客观性原则　　B. 发展性原则　　C. 系统性原则　　D. 道德性原则

42. 人逢喜事精神爽是下列哪种情绪状态(　　)(常考)

A. 心境　　B. 激情　　C. 应激　　D. 热情

43. 老师上课讲课的时候应该(　　)

A. 声音尽量让全班学生听到　　B. 语速尽量快一些

C. 信息量越多越好　　D. 老师讲解至少占课堂时间的四分之三

44. 性格是指个体在生活过程中形成的对现实的稳定的态度以及与之相适应的习惯化的行为方式。性格是(　　)的核心。

A. 认知　　B. 人格　　C. 意识　　D. 智力

45. 人的认识的倾向性是(　　)

A. 兴趣　　B. 需要　　C. 动机　　D. 理想

46. 学习动机的两个基本成分是(　　)和学习期待。(易错)

A. 学习内驱力　　B. 学习方向　　C. 学习需要　　D. 学习诱因

47. 在迁移的种类中，不同概括水平的经验之间相互影响被称作(　　)

A. 垂直迁移　　B. 水平迁移　　C. 正迁移　　D. 负迁移

48. 孩子青春期都会有些叛逆，遇见叛逆显著、不想上进的学生老师最好(　　)

A. 经常给他讲道理　　B. 发现他的特长　　C. 开班会教育　　D. 向家长上报

49. 小芳为了得到老师和家长的赞许而认真学习，小利为了超过同桌而认真学习，这表明(　　)

A. 同一动机会有不同行为　　B. 同一行为有不同动机

C. 相同的内驱力　　D. 求知欲

50. 先学习和掌握“哺乳动物”的观念，后学习“鲸”这种动物，这属于(　　)

A. 上位学习　　B. 并列结合学习　　C. 派生类属学习　　D. 相关类属学习

51. 面对问题时总是把问题考虑清楚后再做反应，看重问题解决的质量。具有这种特点的认知方式是(　　)

A. 场独立型　　B. 场依存型　　C. 冲动型　　D. 沉思型

52. 下列选项中，由学习引起的变化是(　　)

A. 视觉适应　　B. 望梅止渴

C. 青春期男孩变声　　D. 服用兴奋剂提高成绩

53. 埃里克森认为，6~12 岁的学生人格发展的主要任务是解决"勤奋与自卑"的矛盾，这种对矛盾的积极解决有助于展现的优秀品质是(　　)

A. 胜任力　B. 希望　C. 忠诚　D. 意志

54. 某学生花 20 分钟学习一首诗刚好成诵，为了防止遗忘他又继续学习了 10 分钟。这种学习属于(　　)

A. 掌握学习　B. 有意义学习　C. 过度学习　D. 适度学习

55. 丽丽是个害羞的学生，即将参加演讲比赛，如果他是内控型的人，他很可能将演讲的成功归因于(　　)

A. 认真的准备　B. 任务要求简单　C. 环境好　D. 运气好

56. 课外、校外教育与课内教育的共同之处在于，它们都是(　　)(易错)

A. 受教学计划和教学大纲规范的　B. 有目的、有计划、有组织地进行的

C. 师生共同参与的　D. 学生自愿选择

57. 教学从本质上说，是一种(　　)

A. 认识活动　B. 教师教的活动　C. 学生学的活动　D. 课堂活动

58. 小亮的学习成绩一般，但该生愿意帮助别人，经常为班级做好事，却从来得不到班主任老师的关注。你认为该老师的行为对小亮的潜在影响是(　　)

A. 缺少自信　B. 没有影响

C. 开始重视学习　D. 注意加强和老师的联系

59. "因材施教"的思想最早是谁提出的(　　)

A. 孔子　B. 孟子　C. 朱熹　D. 老子

60. 有个学生上课愿意"抢话"，班主任老师在期末授予他"最佳发言奖"，这极大地鼓舞了该学生，后来这个学生学习积极性一直很高。这个老师采用了(　　)

A. 目标激励法　B. 荣誉激励法　C. 公平激励法　D. 情感激励法

61. 苏联教育家马卡连柯所倡导的"平行教育"的德育原理是指(　　)

A. 知行统一原则　B. 尊重信任与严格要求学生相结合的原则

C. 教育影响的一致性与连贯性原则　D. 集体教育与个别教育相结合的原则

62. 教师赵某常常对上课捣乱的学生进行绕操场跑 10 圈的惩罚，学校曾多次警告，赵老师仍不以为然，认为自己是为了学生好，仍进行长跑惩罚。根据相关法律规定，学校对赵老师可以(　　)

A. 进行停课处置　B. 进行行政处罚

C. 进行罚款处罚　D. 进行行政处分或解聘

63. 国外最早的教育著作是(　　)

A.《理想国》　B.《教育学原理》　C.《论雄辩家》　D.《论演说家的教育》

64. 班级同学家庭条件不一，有的来自经商、干部家庭，有的来自困难的单亲家庭，班级周末组织课外活动需要交钱的时候，作为老师首先应该(　　)

A. 关注报名同学　B. 一视同仁都要求参加

C. 了解情况　D. 让班干部处理

65. 我国确立教育目的的理论基础是(　　)(常考)

A. 素质教育理论　B. 马克思关于人的全面发展理论

C. 创新教育理论　D. 生活教育理论

66. 在教育调查中，为获取相关资料而对一所学校或一个学生进行的专门调查属于(　　)

A. 全面调查　B. 重点调查　C. 抽样调查　D. 个案调查

67. 陈老师罚学生抄写单词 100 遍，侵犯了学生的(　　)

A. 身心健康权　B. 人格尊严权　C. 受教育权　D. 隐私权

68. 教育目的不具有(　　)

A. 导向功能　B. 信息功能　C. 调控功能　D. 评价功能

69. 小敏是个刚上小学的小朋友，初来学校的她对学校充满了好奇，对于将要开始的小学生活，她感到无比的兴奋，请问小敏现在属于适应的哪一个阶段(　　)(易错)

A. 蜜月期　B. 危险期　C. 恢复期　D. 适应期

70. 班主任很想带学生去春游，但由于学校不同意组织春游活动，于是班主任告诉学生这个季节春游景色不是很好，去的意义不大，这属于(　　)

A. 期望理论　B. 表里不一　C. 首因效应　D. 认知失调

二、多项选择题(下列每小题列出的四个选项中至少有两个是正确的，请将其代码填在括号内。错选、多选、少选或未选均不得分。本大题共 30 小题，每小题 1.5 分，共 45 分)

71. 教师行业的职业道德的核心要求是(　　)

A. 爱岗敬业　B. 教书育人　C. 为人师表　D. 为个人服务

72. 自我管理成为自身行为的动因，与下面哪几种心理机制密切相关(　　)

A. 行为过程的自我参与　B. 行为过程的自主认知加工

C. 有兴趣　D. 追逐名利

73. 按学习主体划分，学习可分为哪几种类型(　　)

A. 被动学习　B. 人类学习　C. 动物学习　D. 机器学习

74. 信息加工理论将学习看作是哪几个相关联的记忆系统(　　)

A. 瞬时记忆系统　B. 短时记忆系统　C. 长时记忆系统　D. 永久性的记忆系统

75. 有效教学是指(　　)(易混)

A. 应该使学习者形成对知识真正的理解

B. 应该让师生、生生之间保持有效的互动

C. 必须让学生感受到震撼

D. 必须有多媒体教学的配合

76. 中小学德育课程在目标、内容、方法等方面与其他课程不同，该课程与其他课程相比，其主要特点是(　　)

A. 育德性　B. 理解性　C. 科学性　D. 前沿性

77. "品德与生活"的课程类型是"综合课程"，是将(　　)有机地整合成一门包容性更强的综合课程，

既符合低年级学生的综合性的认知方式，又符合生活本身的综合性状态，更符合学生心理整体性的发展规律。

A. 品德教育　　B. 生活常识教育　　C. 文化教育　　D. 科学教育

78. 教师的行为礼仪是指(　　)

A. 尊重学生　　B. 言谈得体　　C. 追求时尚　　D. 着装得体

79. 心理健康通常的表现为(　　)

A. 身体、智力、情绪十分协调　　B. 适应环境，人际关系中彼此能谦让

C. 追求完美　　D. 学习工作认真严谨

80. 下列属于教师职业道德的特点的是(　　)

A. 教师职业道德标准具有高度的严格性　　B. 教师职业道德意识具有强烈的示范性

C. 教师职业道德影响具有潜在的深远性　　D. 教师职业道德内容具有鲜明的时代性

81. 经常有人说"教师是个良心活"，这句话可能的含义是(　　)

A. 善良就具备教师资格　　B. 老师的辛勤努力很多是自愿无报酬的

C. 教师应该敬畏教师职业　　D. 学校要求教师必须凭良心工作

82. 影响教师威信的因素有(　　)

A. 教师的教学态度　　B. 教师的教学能力

C. 教师的人格魅力　　D. 教师的作风

83. 教师热爱学生的基本要求有(　　)

A. 全面关心学生的成长　　B. 把爱的种子撒向每一个学生

C. 保持对学生稳固而持久的爱　　D. 有区别地对待学生

84. 教书育人的基本要求有(　　)(易混)

A. 转变教育观念，改革育人的模式

B. 积极进行教学改革，提高课堂教学的质量

C. 把教书育人渗透到课外活动和社会实践中去

D. 死板地按照之前的教学方式进行教学

85. 下列属于义务教育的规定是(　　)

A. 巩固提高九年义务教育水平　　B. 推进义务教育均衡发展

C. 推动义务教育多样化发展　　D. 减轻中小学生课业负担

86. 加强教师队伍建设的措施有(　　)

A. 加强师德建设　　B. 全面提高普通高中学生综合素质

C. 提高教师业务水平　　D. 健全教师管理制度

87. 教育法律救济依其救济方式的不同，可分为(　　)

A. 教育申诉　　B. 教育行政复议　　C. 教育行政诉讼　　D. 教育督导

88. 如果教师发现本班有个学生经常欺负其他同学，很多同学敢怒而不敢言，老师首先应该(　　)

A. 当着全班同学的面批评这名同学　　B. 与他的家长沟通

C. 私下教育这名同学　　D. 报告给学校处理

89. 下列情形中，既属于权利又属于义务的有(　　)

A. 接受扫盲教育　　B. 教育行政机构行使教育行政管理职权

C. 教师进行教育教学　　D. 适龄儿童接受义务教育

90. 高创造性者具有的个性特征有(　　)

A. 具有幽默感　　B. 有抱负和强烈的动机

C. 能够容忍模糊与错误　　D. 具有独立性

91. 下列选项中属于教育心理学研究的基本方法的是(　　)

A. 诱导法　　B. 观察法　　C. 归纳法　　D. 实验法

92. 促进迁移的教学方法有(　　)

A. 精选教材　　B. 合理编排教学内容

C. 合理编排教学方式　　D. 教授学习策略，提高迁移意识

93. 作为新生班的班主任，开学前的工作有(　　)

A. 查看学生档案，了解学生情况　　B. 备课，准备新学期课程

C. 假期旅游　　D. 提前安排班干部

94. 根据研究表明，专家型教师和新手型教师在哪些方面存在差异(　　)

A. 课时计划　　B. 课堂教学过程　　C. 课后评价　　D. 课后检查

95. 教师的职业角色具有多样化的特点，下面哪些属于教师的职业角色(　　)

A. "传道者"角色　　B. "授业、解惑者"角色　　C. 示范者角色　　D. 领导者角色

96. 中小学老师建立班级家长群，目的是(　　)

A. 好给学生补课收费　　B. 多了解学生情况　　C. 与家长配合教育　　D. 支配家长

97. 班主任在完成所教学科教学任务的同时，还应做好以下哪些工作(　　)

A. 教育学生明确学习目的，端正学习态度

B. 指导学生掌握正确的学习方法和培养良好的学习习惯

C. 创设良好的学习环境

D. 形成优良的学风

98. 课程以任务为依据，可分为(　　)(常考)

A. 国家课程　　B. 基础型课程　　C. 学校课程　　D. 研究型课程

99. 正常情况下，教师在课堂上课不允许(　　)

A. 穿拖鞋　　B. 穿职业装　　C. 带很大的闪光耳环　　D. 梳披肩发

100. 现在线上教育的方式很流行，有的老师认为线上教育完全可以替代课堂教学，有的老师认为教室实体课效果好，这主要是因为(　　)

A. 课程内容不同　　B. 专业差异

C. 授课教师风格差异　　D. 不同地区学生接收信号的效果差异

2020年辽宁省葫芦岛市兴城市教师招聘考试真题试卷(四十九)

(满分100分　时间100分钟)

一、单项选择题(下列每小题列出的四个选项中只有一个是最符合题意的,请将其代码填在括号内。错选、多选或未选均不得分。本大题共80小题,每小题0.75分,共60分)

1. 中国近代第一个以法令形式公布并在全国正式实施的学制是(　　)(常考)

A. 壬寅学制　　B. 癸卯学制

C. 壬戌学制　　D. 壬子癸丑学制

2. 我国古代乃至世界教育思想史上最早的专门论述教育问题的文献是(　　)

A.《学记》　　B.《论语》

C.《理想国》　　D.《孟子》

3. 教育学作为一门学科在大学进行讲授,最早始自德国的哲学家(　　)

A. 柏拉图　　B. 赫尔巴特

C. 康德　　D. 梅伊曼

4. 人力资本理论学说体现了(　　)

A. 教育对经济的促进作用　　B. 经济水平对教育的制约作用

C. 政治对教育的制约作用　　D. 教育对科学技术的促进作用

5. "建国君民,教学为先"反映了(　　)(常考)

A. 教育与政治的关系　　B. 教育与经济的关系

C. 教育与文化的关系　　D. 教育与科学技术的关系

6. 遗传因素为人的发展提供了(　　)

A. 现实性　　B. 必然性　　C. 方向性　　D. 可能性

7. 关于个体身心发展的成因,"白板说"观点属于(　　)(常考)

A. 内发论　　B. 外铄论

C. 多因素论　　D. 平衡论

8. 强调成熟机制对人的身心发展起决定性作用的是(　　)

A. 弗洛伊德　　B. 威尔逊　　C. 格塞尔　　D. 皮亚杰

9. 盲人的触觉、听觉一般非常灵敏,这说明了人的身心发展具有(　　)(常考)

A. 顺序性　　B. 不平衡性　　C. 互补性　　D. 个体差异性

10. 马克思主义关于人的全面发展学说,在20世纪末中国教育界的具体实践典型是(　　)

A. 教育实验的热潮　　B. 教育改革的实践

C. 素质教育运动　　D. 教育国家化走势

11. 教育活动的依据和评判标准是(　　)

A. 教育目的　　B. 课程　　C. 教育评价　　D. 教学

12. 现代教育与传统教育的根本区别是(　　)

A. 重视人的全面发展　　B. 理论与实践相结合

C. 创新能力的培养　　D. 教育手段的运用

13. 以纲要形式编订的有关学科教学内容的指导性文件,被称为(　　)

A. 课程标准　　B. 课程计划　　C. 教材　　D. 教科书

14. 教育史上,课程类型的两个对立学派是(　　)

A. 学科课程与活动课程　　B. 必修课程与选修课程

C. 核心课程与广域课程　　D. 接受课程与发现课程

15. 教师通过展示各种实物、教具,进行示范性实验,或通过现代化教学手段,使学生获取知识的教学方法是(　　)

A. 实验法　　B. 讲解法　　C. 讨论法　　D. 演示法

16. "不闻不若闻之,闻之不若见之"这句话反映了(　　)(常考)

A. 启发性原则　　B. 直观性原则　　C. 巩固性原则　　D. 系统性原则

17. 一节好课的根本标准是(　　)

A. 教学目的明确　　B. 教学内容正确

C. 教学方法灵活　　D. 学生主体性充分发挥

18. 如果高水平的学生在测验项目上能得高分,而低水平的学生只能得低分,那么就说明该测验的(　　)高。

A. 效度　　B. 信度　　C. 难度　　D. 区分度

19. "视其所以,观其所由,察其所安"最符合下列哪项德育原则(　　)

A. 导向性原则　　B. 尊重信任学生与严格要求学生相结合的原则

C. 教育影响的一致性与连贯性原则　　D. 因材施教原则

20. 活动和交往是学生品德形成的(　　)

A. 关键　　B. 基础　　C. 内容　　D. 途径

21. 班主任工作的中心环节是(　　)(常考)

A. 了解和研究学生　　B. 组织和培养班集体

C. 做好个别学生的教育工作　　D. 统一多方面的教育力量

22. 中国最早采用班级授课制始于1862年清政府开办的(　　)

A. 京师同文馆　B. 京师大学堂　C. 南洋公学　D. 洋务学堂

23. 学生具有发展的可能性和(　　)

A. 潜在性　B. 现实性　C. 特殊性　D. 可塑性

24. (　　)标志着教师职业发展进入专门化阶段。

A. 教师职业的出现　B. 师资培训机构的建立

C. 教育立法的规定　D. 国民教育制度的建立

25. 一个人做事认真细致,这是性格的(　　)特征的表现。

A. 态度　B. 意志　C. 情绪　D. 理智

26. 黏液质类型的人,其高级神经活动类型的基本特征是(　　)

A. 强、平衡、灵活　B. 强、平衡、不灵活

C. 强、不平衡　D. 弱型

27. 梦是(　　)的一种特殊形式。

A. 无意识记　B. 随意想象　C. 不随意想象　D. 有意识记

28. "鱼,我所欲也;熊掌,亦我所欲也。二者不可得兼,舍鱼而取熊掌者也"属于动机斗争中的(　　)

A. 双趋冲突　B. 双避冲突　C. 趋避冲突　D. 多重趋避冲突

29. 视觉的明适应是感受性的(　　)

A. 降低　B. 提高　C. 稳定　D. 都不是

30. 艾宾浩斯的"遗忘曲线"表明,遗忘的进程是(　　)

A. 先慢后快　B. 先快后慢　C. 不快不慢　D. 无规律

31. "一目十行"是指(　　)

A. 注意的分配　B. 注意的广度

C. 注意的转移　D. 注意的稳定性

32. 长时记忆是指储存时间在(　　)以上的记忆。

A. 1 秒钟　B. 1 分钟　C. 1 小时　D. 1 天

33. 考试的选择题是对识记材料的(　　)

A. 再认　B. 编码　C. 回忆　D. 追忆

34. 教育心理学创立于(　　)年。

A. 1789　B. 1989　C. 1903　D. 1969

35. (　　)是指学生获得一定的规范认识,并努力将规范所确定的、外在的行为要求转化为其内在的行为需要,从而建构起内部的行为调节机制的过程。

A. 纪律　B. 态度　C. 品德　D. 规范学习

36. 学生已经有了"动物"的知识,现在让学生学习"鸟"的相关知识,这种学习属于(　　)

A. 上位学习　B. 下位学习　C. 概念学习　D. 辨别学习

37. 教育心理学的诞生是以(　　)撰写的《教育心理学》的正式出版作为标志的。(常考)

A. 奥苏伯尔　B. 杜威　C. 桑代克　D. 詹姆士

38. 个体利用一定内外条件,产生新颖、独特、有社会和个人价值产品的心理品质是(　　)

A. 品德　B. 创造性　C. 规范　D. 态度

39. 皮亚杰认为,(　　)是儿童把新的刺激物纳入已有图式中的认知过程,是图式发生量的变化的过程。

A. 平衡　B. 成熟　C. 顺应　D. 同化

40. 埃里克森认为,同一性对角色混乱的时期是(　　)

A. 幼儿期　B. 青春期　C. 成年期　D. 老年期

41. 人本主义代表人物(　　)提出自由学习观。

A. 库姆斯　B. 罗杰斯　C. 马斯洛　D. 柏拉图

42. 成就动机高的人,倾向于选择(　　)的任务。(易错)

A. 难度高　B. 难度低　C. 难度适中　D. 以上三者都可以

43. 西蒙和纽厄尔把(　　)这样的机制称为产生式。

A. 虽然……但是……　B. 如果……那么……

C. 因为……所以……　D. 不但……而且……

44. 构成动机的基本因素包括(　　)和诱因。

A. 强度　B. 强化　C. 水平　D. 内驱力

45. (　　)提出了操作性条件反射学说。

A. 桑代克　B. 巴甫洛夫　C. 斯金纳　D. 华生

46. (　　)是对自己认知过程的认知。

A. 计划策略　B. 总结学习　C. 元认知　D. 派生学习

47. 注视一个红色的对象一定时间以后,再将视线转到白色的背景上,看到一个蓝绿色的对象,这是(　　)造成的。

A. 视觉后像　B. 闪光融合　C. 联觉　D. 遗觉表象

48. 乐队指挥者的听觉差别感受性比一般人(　　)(易混)

A. 少　B. 低　C. 小　D. 高

49. 新课程改革中提出的课程"三维目标"是(　　)(常考)

A. 知识、智力、能力

B. 基本知识、基本技能、基础性学历

C. 知识与技能、过程与方法、情感态度与价值观

D. 知识、智力、情感

50. 新课程教学改革要求我们首先确立(　　)

A. 先进的教学观念

B. 与新课程相适应的、体现素质教育精神的教育观念

C. 教师为主导、学生为主体的教学观念

D. 以课堂教学为中心的教学观念

51. 在新课程改革中,对课程含义的理解应该是(　　)

A. 教学计划、课程标准、教科书等

B. 课程标准规定的各学科课程

C. 教师和学生共同开发的课程

D. 包括学科课程、综合化课程、实践活动类课程和潜隐性课程四大类课程

52.《基础教育课程改革纲要(试行)》指出,教师在教学过程中应与学生(　　)

A. 保持距离,建立威严　　B. 加强了解,打成一片

C. 加强互动,共同发展　　D. 相互尊重,共同提高

53. 新课程的核心理念是(　　)(常考)

A. 尊重学生的自主选择　　B. 进行双基教学

C. 以学科为主进行教育　　D. 一切为了每一位学生的发展

54. 综合实践活动主要包括(　　)四部分。

A. 信息技术教育、研究性学习、社区服务与社会实践、劳动技术教育

B. 信息技术教育、合作性学习、社会实践、劳动技术教育

C. 劳动技术教育、社区服务实践、研究性学习、合作性学习

D. 信息技术教育、合作性学习、社区服务与社会实践、劳动技术教育

55. 新课改中,课程结构明确小学阶段的课程内容是(　　)

A. 以综合课程为主　　B. 设置分科和综合相结合的课程

C. 以分科课程为主　　D. 设置选修与必修课程相结合

56. 课程改革在课程管理方面为增强课程对地方、学校及学生的适应性实行(　　)

A. 国家统一课程管理　　B. 国家、地方、学校三级课程管理

C. 学校自主课程管理　　D. 国家和地方二级课程管理

57. 我国新一轮基础教育课程改革中,决定改革成败的关键环节是(　　)

A. 课程目标　　B. 课程计划

C. 课程实施　　D. 课程评价

58. 2001年开始的新课程改革是中华人民共和国成立以来的第(　　)次规模较大的课程改革。

A. 六　　B. 七　　C. 八　　D. 九

59. 新课改中,教育观念的转变主要是指(　　)

①教育功能观的转变　②评价观的转变　③学生观的转变　④教学观的转变　⑤教师观的转变

A. ①②③　　B. ②③④　　C. ①②③④　　D. ①②③④⑤

60. 新课程改革中,教师角色将发生转变,下列表述正确的是(　　)

A. 从教学与研究的关系看,新课程要求教师应该是教育教学的研究成果推广者

B. 从教学与课程的关系看,新课程要求教师应该是课程的建设者和开发者

C. 从教师与学生的关系看,新课程要求教师应该是学生学习的模仿者

D. 从学校与社区的关系看,新课程要求教师应该是学者型的独立的教师

61. 在新课程改革中,教师的教学行为将发生变化,下列表述正确的是(　　)

A. 在对待自我上,新课程强调反思

B. 在对待教学关系上,新课程强调教导、答疑

C. 在对待师生关系上,新课程强调权威、批评

D. 在对待与其他教育者的关系上,新课程强调独立自主精神

62. 新课程改革倡导(　　)的课程评价。

A. 强调新的学习方式　　B. 突出选拔功能

C. 立足过程,促进发展　　D. 重视学习结果

63. 综合实践活动课程在课程管理权限上属于(　　)

A. 国家课程　　B. 校本课程　　C. 学科课程　　D. 地方课程

64.《基础教育课程改革纲要(试行)》指出,建立以教师自评为主,(　　)共同参与的评价制度,使教师以多种渠道获得信息,不断提高教学水平。

A. 校长、教师、学生　　B. 校长、教师、家长

C. 校长、教师、学生、家长　　D. 教育行政部门、校长、教师、学生

65. 在教师职业道德的基本要素中,(　　)是对教师这一职业的追求和向往,它是形成职业态度的基础,也是实现职业目标的精神动力。

A. 职业纪律　　B. 职业理想　　C. 职业作风　　D. 职业义务

66. “其身正,不令而行;其身不正,虽令不从”体现了教师劳动的(　　)特点。

A. 理想性　　B. 示范性　　C. 专业性　　D. 长期性

67. 从教师个体职业良心形成的角度看,教师的职业良心首先会受到(　　)的影响。

A. 教育对象　　B. 教育原则

C. 社会生活和群体　　D. 教育法规

68.《论语》中有“见贤思齐焉,见不贤而内自省也”,这句话体现出教师职业道德教育方法中的(　　)

A. 理论灌输与实践教育相结合　　B. 榜样教育与自我教育相结合

C. 封闭教育与开放教育相结合　　D. “德育”与“法治”相结合

69. 很多教师从一定程度上将自己的劳动喻为“良心活”,说明教师职业道德具有(　　)

A. 自觉性　　B. 严格性　　C. 示范性　　D. 深远性

70. 教师职业道德评价的原则是(　　)

A. 及时性原则　　B. 科学性原则

C. 前瞻性原则　　D. 预见性原则

71. 教师职业道德体系是由教师职业道德原则、教师职业道德规范和教师职业道德范畴等方面共同构成的,其中处于核心和首要地位的是(　　)

A. 教师职业道德规范　　B. 教师职业道德原则

C. 教师职业道德范畴　　D. 教师职业道德修养

72. 教师职业道德的功能具有多样性,其中(　　)是最基本、最主要的功能。

A. 社会促进功能　　B. 调节功能

C. 教育功能　　D. 认识功能

73. (　　)是教育工作的首要问题,也是教育法首先要明确的问题。

A. 教育的基本原则　　B. 教育的地位

C. 教育的基本制度　　D. 教育的性质和方向

74. 新《义务教育法》的修订时间是(　　)(易错)

A. 1996 年　　B. 2006 年　　C. 2016 年　　D. 1999 年

75. 根据《中华人民共和国教师法》的规定,下列情况属于“不能取得教师资格;已经取得教师资格的,丧失教师资格”的是(　　)

A. 故意犯罪受到有期徒刑以上刑事处罚的

B. 品行不良、侮辱学生,影响恶劣的

C. 体罚学生,经教育不改的

D. 故意不完成教育教学任务给教育教学工作造成损失的

76. 学生小李在体育课上跑步时突然昏倒,致使胸部受伤,经检查小李有先天性心脏病,班主任知道,但体育老师不知情。小李父母要求学校支付小李在医院的住院费,这种请求(　　)

A. 不合理

B. 合理

C. 只要在学校受伤,学校就应支付住院费用,所以该请求合理

D. 体育老师虽然不知情,但是小李在体育课上摔倒或受伤,所以体育老师应负责,让学校支付不合理

77. 根据《中华人民共和国教育法》的规定,对在校园内结伙斗殴、寻衅滋事,扰乱学校及其他教育机构教育教学秩序或者破坏校舍、场地及其他财产的,由(　　)来处罚。

A. 学校　　B. 家长

C. 公安机关　　D. 教育主管部门

78.《中华人民共和国义务教育法》对义务教育阶段学校收费的规定是(　　)

A. 收学费、不收杂费　　B. 收杂费、不收学费

C. 不收学费、杂费　　D. 不收书本费、杂费

79. 我国《义务教育法》的立法宗旨是发展(　　)

A. 高等教育　　B. 职业教育　　C. 基础教育　　D. 专业教育

80. 下列法律法规中将教师视为专业人员的是(　　)

A.《中华人民共和国教育法》　　B.《教师资格条例》

C.《中华人民共和国教师法》　　D.《中华人民共和国义务教育法》

二、多项选择题(在下列每小题列出的四个选项中至少有两个是正确的,请将其代码填在括号内。错选、少选、多选或未选均不得分。本大题共 40 小题,每小题 0.75 分,共 30 分)

81. 德国教育家赫尔巴特提出的以(　　)为中心的“三中心”教学模式,对近代世界各国的教育理论和实践有着深远影响。(常考)

A. 教师　　B. 教材　　C. 课堂　　D. 学生

82. 以语言为主的教学方法有(　　)

A. 讲授法　　B. 谈话法　　C. 读书指导法　　D. 讨论法

83. 我国学校教育层次包括(　　)

A. 学前教育　　B. 初等教育　　C. 中等教育　　D. 高等教育

84. 教育目的的功能有(　　)(易错)

A. 导向功能　　B. 评价功能　　C. 调控功能　　D. 示范功能

85. 教师的工作具有(　　)特点。

A. 长期性　　B. 复杂性　　C. 特殊性　　D. 延时性

86. 生产力发展决定教育的(　　)

A. 机会　　B. 规模　　C. 性质　　D. 速度

87. 历史上出现的形形色色的教育目的可以归结为(　　)两种教育价值观。

A. 社会本位　　B. 理性价值观　　C. 感性价值观　　D. 个人本位

88. 教师成长与发展的途径包括(　　)

A. 观摩和分析优秀教师的教学工作　　B. 开展微格教学

C. 反思教学经验　　D. 进行专门训练

89. 根据课程内容的组织方式可以将课程分为(　　)

A. 分科课程　B. 经验课程　C. 综合课程　D. 隐性课程

90. 在教学中贯彻因材施教原则时,对教师的基本要求是(　　)

A. 充分了解学生并尊重学生的差异　B. 按时进行家访

C. 按照课程标准的顺序进行教学　D. 面向每一个学生

91. 遗传决定论主要代表有(　　)

A. 基督教"原罪说"　B. 柏拉图的人分"三等论"

C. 中国古代儿童观　D. 洛克的"白板论"

92. 班级组织机构微观建制的形式有(　　)

A. 直线式　B. 委员会制　C. 直线职能式　D. 职能式

93. 注意具有(　　)

A. 选择功能　B. 保持功能

C. 对活动的调节和监督的功能　D. 动机功能

94. 知觉的基本特征是(　　)

A. 整体性　B. 选择性　C. 理解性　D. 恒常性

95. 根据记忆时信息加工处理和储存方式的不同,把记忆分为(　　)

A. 内隐记忆　B. 外显记忆

C. 陈述性记忆　D. 程序性记忆

96. 情绪和情感的功能主要有(　　)

A. 适应功能　B. 动机功能　C. 组织功能　D. 信号功能

97. 似动知觉包括(　　)

A. 真动知觉　B. 时间知觉　C. 动景运动　D. 自主运动

98. 下列现象属于注意的外部表现中的适应性运动的是(　　)

A. 举目凝视　B. 心跳加速　C. 侧耳倾听　D. 屏息

99. 精加工策略包括(　　)(易错)

A. 人为联想策略　B. 内在联系策略

C. 生成策略　D. 记笔记策略

100. 以能力的功能作为划分标准,可以把能力分为(　　)

A. 认知能力　B. 创造能力　C. 操作能力　D. 社交能力

101. 奥苏贝尔把学校情境中的成就动机分为(　　)

A. 附属内驱力　B. 自我提高内驱力

C. 力比多　D. 认知内驱力

102. 下列行为中属于亲社会行为的有(　　)

A. 助人为乐　B. 安慰　C. 分享　D. 合作

103. 元认知由(　　)组成。

A. 元认知知识　B. 元认知体验　C. 元认知监控　D. 元认知反应

104. 沃拉斯提出的创造过程包括(　　)

A. 准备阶段　B. 孕育阶段　C. 明朗阶段　D. 验证阶段

105. 新课程结构的主要特点是(　　)

A. 均衡性　B. 综合性　C. 选择性　D. 平均性

106. 新课程在培养学生能力方面倡导(　　)

A. 培养学生主动参与、乐于探究、勤于动手的能力

B. 培养学生收集和处理信息的能力、获取新知识的能力

C. 培养学生分析和解决问题的能力

D. 培养学生获得知识的一致性和统一性

107. 新课程的具体目标除了改革考试和评价制度、重建课程管理体系外,还有(　　)

A. 改变课程功能　B. 调整课程结构

C. 精选课程内容　D. 改进教学方式

108. 新课程改革所倡导的师生关系,应该是(　　)

A. 民主的　B. 平等的　C. 对话的　D. 互动的

109. 新课程改革的理论基础包括(　　)(易错)

A. 建构主义理论　B. 多元智能理论

C. 人的全面发展理论　D. 社会学习理论

110. 下列说法中,反映当代世界各国课程改革的共同趋势的有(　　)

A. 重视课程内容的综合化　B. 重视基础学科的结构化

C. 重视课程建设的标准化　D. 重视个别差异

111. 新课程改革倡导的学习方法包括(　　)(常考)

A. 自主学习　B. 发现学习　C. 探究学习　D. 合作学习

112. 新课程倡导的学生观是(　　)(常考)

A. 学生是发展的人　B. 学生是独特的人

C. 学生是单纯抽象的学习者　D. 学生是具有独立意义的人

113. 教师职业道德修养的基本原则有(　　)

A. 坚持知与行的统一　B. 确立可行目标,坚持不懈努力

C. 坚持动机与效果的统一　D. 坚持继承与创新相结合

114. 爱岗敬业是教师职业的本质要求,下列反映爱岗敬业的有(　　)

A. 遵守教育法规　B. 认真备课上课

C. 认真批改作业　D. 认真辅导学生

115.《中小学教师职业道德规范》中关于"爱国守法"所规定的具体职业行为要求有(　　)

A. 全面贯彻国家教育方针　B. 自觉遵守教育法律法规

C. 不得有违背党和国家方针政策的言行　D. 依法履行教师职责权利

116. 教师公正是教师职业道德修养水平的重要标志,其内容包括(　　)

A. 坚持真理　B. 秉公办事　C. 奖惩分明　D. 与人为善

117. 学校或者其他教育机构应当对教师的(　　)进行考核。

A. 政治思想　B. 言行举止

C. 业务水平　D. 工作态度和工作成绩

118. 关于教师聘任制度的说法,下列叙述正确的是(　　)(易错)

A. 聘任合同具有法律效力,只对所聘教师有约束力

B. 聘任制度应体现按需分配的原则

C. 聘任制度应体现按劳分配的原则

D. 聘任是一种法律行为,它确立的是双方的法律关系

119. 根据法律规定,国务院和县级以上地方人民政府根据实际需要,设立专项资金,扶持(　　)实施义务教育。

A. 农村地区　B. 民族地区　C. 城市地区　D. 乡镇地区

120. 下列属于教师依法享有的权利的是(　　)

A. 制止有害于学生的行为或者其他侵犯学生合法权益的行为

B. 指导学生的学习和发展,评定学生的品行和学业成绩

C. 对学校教育教学工作提出意见和建议,参与学校的民主管理

D. 进行教育教学活动,开展教育教学改革和实验

三、判断题(判断下列各题的正误,并在题后的括号内打"√"或"×"。本大题共20小题,每小题0.5分,共10分)

121. 教育学是随着人类社会的产生而产生,并随其发展而发展的。(易错)　(　　)

122. 学校的建筑属于显性课程。　(　　)

123. "传授—接受"模式是现代教学中最具有代表性的教学模式之一。　(　　)

124. 学生的品德由知、情、意、行四个基本要素构成。　(　　)

125. 小亮写了保证书,决心今后要遵守《学生守则》不再迟到。可是到了冬天,他又迟迟不肯钻出被窝,结果又迟到了。因此,对小亮的教育应从培养其道德行为入手。　(　　)

126. 教师劳动具有鲜明的示范性。　(　　)

127. 注意是一种独立的心理现象。　(　　)

128. 人的气质没有好坏之分。　(　　)

129. 感觉是人脑对作用于感觉器官的客观事物的整体属性的反映。　(　　)

130. 知识的表征是指知识在头脑中储存和转化的方式。　(　　)

131. 弗洛伊德是行为主义学派的代表人物。　(　　)

132. 陈述性知识包括智慧技能、动作技能和认知策略。　(　　)

133. 中小学普及信息技术教育的目标之一是开设信息技术选修课程。　(　　)

134. 新一轮的课程改革,就是对传统教学的彻底改变。　(　　)

135. 在新课程中,课程评价主要是为了"选拔适合教育的儿童",从而促进儿童的发展。　(　　)

136. 独立性是现代学习方式的核心特征。　(　　)

137. 教师对优秀学生的偏爱是自然的、无可非议的。　(　　)

138. 教师职业道德修养的最高层次是"慎独"。(常考)　(　　)

139. 教育法律体系的母法是《中华人民共和国义务教育法》。　(　　)

140. 对违法犯罪的未成年人,实行教育、感化、挽救的方针,坚持教育为主、惩罚为辅的原则。　(　　)

2020 年天津市河东区教师招聘考试真题试卷(五十)

(总分 100 分　时间 120 分钟)

一、单项选择题(下列每小题列出的四个选项中只有一个是最符合题意的,请将其代码填在括号内。错选、多选或未选均不得分。本大题共 30 小题,每小题 0.8 分,共 24 分)

1. 下列关于发现教学的程序的说法正确的是(　　)(易错)

A. 解释—显示问题—解答(反应)—确认

B. 阐明辅助情境—提出问题—提供资源,共同讨论

C. 创设问题情境—提出假设—显示问题—确认

D. 提出问题—创设问题情境—提出假设—评价、验证、得出结论

2. 下列选项中属于文化教育学的代表人物及著作的是(　　)(易混)

A. 梅伊曼;《实验教育学纲要》　　B. 杜威;《民主主义与教育》

C. 狄尔泰;《关于普遍妥当的教育学的可能》　　D. 斯普兰格;《经验与教育》

3. 教师职务分为(　　)

A. 一级、二级、三级　　B. 初级、中级、高级

C. 中级、高级　　D. 中级、高级、特高级

4. 强调儿童发展中教育与教学的主导作用,提出"文化发展论"和"内化说"的是(　　)

A. 维果斯基　　B. 卡普捷列夫　　C. 桑代克　　D. 赫尔巴特

5. 下列关于师生关系的说法正确的是(　　)

A. 师生在人格上是相互促进关系

B. 师生关系是衡量教师和学生学校生活质量的重要指标

C. 师生关系是教育教学活动的重要内容

D. 师生在道德上是平等关系

6. 根据《中小学教师违反职业道德行为处理办法》的规定,处分包括警告、记过、降低岗位等级或撤职、开除。警告期限为________个月,记过期限为________个月,依次填入横线中正确的一项是。(　　)

A. 6;12　　B. 3;6　　C. 12;24　　D. 6;24

7. 根据《中华人民共和国未成年人保护法》规定,学校应当根据未成年学生身心发展的特点,对他们进行(　　)(常考)

A. 社会生活指导、心理健康辅导和青春期教育

B. 家庭教育指导、社会生活辅导和青春期教育

C. 社会生活指导、学校教育辅导和青春期教育

D. 心理健康辅导、青春期教育和思想道德教育

8. "一切以自我为中心"一般发生在(　　)

A. 2 ~ 7 岁　　B. 0 ~ 2 岁　　C. 7 ~ 11 岁　　D. 11 ~ 16 岁

9. 下列不属于影响心理发展因素的是(　　)

A. 社会环境　　B. 学校教育　　C. 遗传　　D. 价值观

10. 自我效能理论由(　　)于 1977 年提出。

A. 阿特金森　　B. 马斯洛　　C. 加涅　　D. 班杜拉

11. 下列属于教师个体专业性发展的内容的是(　　)

①控制权的培养　　②教育教学组织管理能力的发展

③专业自我的形成　　④专业理想的建立

A. ①②③　　B. ②③④　　C. ①③④　　D. ①②④

12. 痕迹衰退说起源于(　　)(易错)

A. 卢梭　　B. 赫尔巴特　　C. 亚里士多德　　D. 弗洛伊德

13. 以下属于垂直迁移的是(　　)

A. 云彩→棉花糖　　B. 英语→德语　　C. 水→淼　　D. 蔬菜→白菜

14. 根据《中华人民共和国义务教育法》的规定,义务教育实行(　　)为主管理的体制。

A. 省级人民政府　　B. 地市级人民政府

C. 县级人民政府　　D. 地方人民政府

15. "不得损害国家利益、社会公共利益,或违背社会公序良俗"是《新时代中小学教师职业行为十项准则》中的(　　)

A. 坚定政治方向　　B. 坚持言行雅正

C. 自觉爱国守法　　D. 坚守廉洁自律

16. 下列关于学科课程和活动课程的异同表述正确的是(　　)(易错)

A. 在教学组织形式方面,二者均为班级授课制

B. 学科课程体现了个人本位论教育观念,活动课程体现了社会本位论教育观念

C. 学科课程以逻辑顺序排列课程,活动课程以心理顺序排列课程

D. 学科课程获得的知识兼具学术性和经验性

17. 下列关于活动中心课程论的基本观点说法正确的是(　　)

A. 通过分科教学活动,使学生掌握各科知识、技能

B. 教学必须从学习者已有的经验开始

C. 教学上注重社会焦点问题

D. 在活动中学习,教师发挥主导作用

18. 儿童在知道“白菜”“黄瓜”和“西红柿”等概念之后，再学习“蔬菜”概念，这种学习是(　　)(常考)

A. 上位学习　　B. 下位学习　　C. 并列结合学习　　D. 归属学习

19. 强调刺激与反应之间是以意识为中介的是(　　)(易错)

A. 格式塔的顿悟—完形说　　B. 托尔曼的认知—目的论

C. 奥苏贝尔的接受学习理论　　D. 加涅的信息加工理论

20. 欧美的第一个心理学派是(　　)

A. 机能主义心理学　　B. 行为主义心理学　　C. 精神分析心理学　　D. 构造主义心理学

21. “教育与社会的政治、经济、文化相互制约”是(　　)的基本观点。

A. 批判教育学　　B. 马克思主义教育学　　C. 实用主义教育学　　D. 实验教育学

22. 下列关于应试教育和素质教育区别的说法正确的是(　　)(易混)

A. 应试教育强调以学生为中心，素质教育强调充分发挥教师的主导作用

B. 应试教育强调以课堂教学为中心，素质教育则是多渠道、多层次的，二者均是课内与课外两条渠道

C. 应试教育强调以课本为中心，素质教育是多种课程的互补

D. 应试教育的教学水平可以达到探索性水平，素质教育可以达到说明性水平、探索性水平

23. 教师是以(　　)为中介来与学生发生关联，对学生产生实质影响。

A. 文化　　B. 人格　　C. 专业能力　　D. 道德

24. 运用两种或两种以上学科的知识观和方法论去考察和探究一个中心主题或问题的课程被称为(　　)

A. 综合课程　　B. 学科课程　　C. 核心课程　　D. 显性课程

25. 首次提出“教育心理学化”思想的是(　　)

A. 马斯洛　　B. 桑代克　　C. 裴斯泰洛齐　　D. 鲁宾斯坦

26. 关于现代教育的基本特征，下列说法正确的是(　　)

A. 创立新的教学组织形式，实行班级授课制

B. 教育的功能将进一步得到全面的理解

C. 教育的公共性日益突出

D. 教育与生产劳动由分离逐步走向结合

27. 教育是促进社会民主化的重要力量，这表现在(　　)

A. 教育是科学知识再生产的手段，教育是一种高效的扩大的再生产

B. 职业和专业教育直接生产劳动能力

C. 教育的文化融合功能

D. 教育传播科学，启迪人的民主观念

28. 在教学活动进行之前实施的评价是(　　)(常考)

A. 总结性评价　　B. 形成性评价　　C. 静态评价　　D. 诊断性评价

29. 以神经质、内倾性—外倾性以及精神质为维度研究人格问题的心理学家是(　　)

A. 奥尔波特　　B. 艾森克　　C. 明尼苏达　　D. 弗洛伊德

30. 下列选项属于中小学生发展的时代特点的是(　　)

A. 稳定性和可变性　　B. 顺序性和阶段性

C. 学习目的多元化、实用化　　D. 科学与艺术的统一

二、多项选择题(下列每小题列出的四个选项中至少有两个是正确的，请将其代码填在括号内。错选、多选或未选均不得分。本大题共15小题，每小题1.4分，共21分)

31. 影响人际交往的因素包括(　　)

A. 自我认知因素　　B. 社会认知因素

C. 情绪因素　　D. 文化因素

32. 下列属于外部感觉的是(　　)

A. 视觉　　B. 体表感觉　　C. 听觉　　D. 深部感觉

33. 下列语句体现了同一教学原则的是(　　)(易混)

A. “君子之教，喻也”　　B. “杂施而不孙，则坏乱而不修”

C. “学而时习之”　　D. “学而不思则罔，思而不学则殆”

34. 根据识记材料是否有意义或学习者是否理解，识记可分为(　　)

A. 有意识记　　B. 意义识记　　C. 随意识记　　D. 机械识记

35. 下列关于中学生观察力的发展趋势表述正确的是(　　)

A. 观察的目的性增强　　B. 观察的持久性提高

C. 观察的系统性增强　　D. 观察的精确性提高

36. 学生的情感学习评价的构成包括(　　)(易错)

A. 兴趣　　B. 态度　　C. 品德　　D. 能力

37. 下列选项属于《国务院办公厅关于加强中小学幼儿园安全风险防控体系建设的意见》的基本原则是(　　)

A. 坚持统筹协调、落实职责　　B. 坚持以人为本、全面防控

C. 坚持依法治理、立足长效　　D. 坚持分类应对、突出重点

38. 关于现代教学的新观念说法正确的是(　　)

A. 从重视学法向重视教法转变　　B. 从重视知识传授向重视能力培养转变

C. 从重视结果向重视过程转变　　D. 从重视继承向重视创新转变

39. 人格的基本特征包括(　　)

A. 整体性　　B. 稳定性　　C. 自然性　　D. 社会性

40. 从作用的呈现形式划分教育功能的类型,可分为(　　)

A. 个体功能　B. 社会功能　C. 显性功能　D. 隐性功能

41. 根据参照标准,可以将教学评价分为(　　)(常考)

A. 相对评价　B. 定性评价　C. 绝对评价　D. 个体内差异评价

42. 下列属于中学生常见的心理问题的是(　　)

A. 考试焦虑　B. 青春期生理、心理困扰

C. 理想与现实的冲突烦恼　D. 新生综合征

43. 根据反映活动的深度不同,知识可以分为(　　)(常考)

A. 具体知识　B. 抽象知识　C. 感性知识　D. 理性知识

44. 实验法是教育科学研究的基本方法之一,根据实验的目的可以分为(　　)

A. 因素性实验　B. 确认性实验　C. 探索性实验　D. 验证性实验

45. 学校教育可以通过(　　)来实现个体社会化。

A. 促进个体行为的社会化　B. 培养个体的职业角色意识

C. 培养个体的坚定意志　D. 促进个体行为的个性化

三、简答题(本大题共 2 小题,每小题 8 分,共 16 分)

46. 简述教育的文化功能和文化对教育的影响。

47. 如何提高解决问题的能力?(常考)

四、论述题(本大题共 2 小题,每小题 10 分,共 20 分)

48. 试述全面发展是不是要求均衡发展?

49. 结合中小学实际教学情况,试述激发学生学习动机的方法。

五、案例分析题(本大题共 2 小题,其中,第 50 小题 10 分,第 51 小题 9 分,共 19 分)

50. 白老师:我们班有些学生,平时上课不太认真,每次都是单元测验前才临时抱佛脚,甚至测验当中问我用什么公式,我没回答他,否则这样的测验怎么可能反映真实水平?

邱老师:测验也是为了检验学生哪些知识点还不熟悉,学生掌握知识比单次测验的结果重要,测验中学生思维被困住的时候还是可以给予点拨的。

上述哪位老师的观点更符合新课程理念?为什么?

51. 随着时代的发展,现在小孩子会遇到很多新奇的事物,随之孩子们的思维变得跳跃、天马行空。上课的时候也许会向老师提出"十万个为什么",作为老师也有可能无法回答或者说是无法满足孩子们的好奇心,从而会使得老师产生自我怀疑,怀疑自己是否还适合当老师。

请围绕教师素质的现代化分析材料中的情况。

2020年天津市蓟州区教师招聘考试真题试卷(五十一)

(本套试卷仅收录教育理论部分试题)

一、单项选择题(下列每小题列出的四个选项中只有一个是最符合题意的,请将其代码填在括号内。错选、多选或未选均不得分。本大题共20小题,每小题1分,共20分)

1. 下列选项中不属于皮亚杰认知发展理论中影响发展的因素是( )

A. 成熟　　B. 练习和经验

C. 社会性经验　　D. 性格

2. 下列选项中不属于活动课程的特点的是( )(易混)

A. 逻辑性　　B. 主体性

C. 乡土性　　D. 经验性

3. 认为学习的实质在于形成刺激—反应联结,这是( )的观点。(易混)

A. 华生的行为主义理论　　B. 桑代克的联结主义理论

C. 罗杰斯的人本主义理论　　D. 皮亚杰的建构主义理论

4. ( )的最终目标是让学生参与到学习过程中。

A. 直接教学模式　　B. 交互式教学模式

C. 支架式教学模式　　D. 脚本式合作模式

5. "儿童迅速形成许多技能,能'随心所欲'地决定做还是不做某些事情",这是( )中2~4岁阶段的表现。(易错)

A. 皮亚杰儿童发展理论　　B. 埃里克森人格发展理论

C. 加德纳多元智力理论　　D. 马斯洛的需求层次理论

6. 在人的身心发展中起主导作用的是( )

A. 家庭教育　　B. 学校教育

C. 社会教育　　D. 道德教育

7. 德育过程要充分认识社会环境、文化、榜样强化这些因素,重视榜样的作用和强化的方法的运用。上述文字是德育模式中( )的观点。

A. 道德认知发展模式　　B. 价值澄清模式

C. 社会学习模式　　D. 体谅模式

8. 假如某学生在学习"中心"这一概念时,他将这个词语与成人常常表现出自我中心的事实联系起来,那么这是学生对信息进行了( )(易错)

A. 整体加工　　B. 系列加工

C. 深层加工　　D. 表层加工

9. 问题解决模式是由( )编制的一套供大学生使用的训练教程。

A. 科温顿　　B. 德波诺

C. 弗斯坦　　D. 鲁宾斯坦

10. 下列选项中关于学习目标和表现目标说法正确的是( )

A. 表现目标的教师取向在于学生如何学习

B. 学习目标通常选择有挑战性的任务

C. 表现目标的教师是帮助学习的资源和导向

D. 学习目标看重的是高于他人的能力

11. 下列选项中不属于精加工策略使用的方法的是( )(常考)

A. 记忆术　　B. 做笔记　　C. 提问　　D. 复习

12. "教师不再通过上课向学生系统地讲授教材,只为学生分别指定自学参考书、布置作业",这体现的教学组织形式是( )

A. 设计教学法　　B. 道尔顿制

C. 贝尔—兰喀斯特制　　D. 分组教学

13. 下列选项中教育学流派、代表人物及其代表作对应正确的是( )(易混)

A. 实用主义教育学——杜威——《民主主义与教育》

B. 文化教育学——克伯屈——《设计教学法》

C. 实验教育学——福利特纳——《国民教育与民主主义教育》

D. 马克思主义教育学——杨贤江——《论共产主义教育》

14. 差距评价模式是由_______提出的,此模式的第三阶段是_______。依次填入横线中的内容正确的是( )

A. 泰勒;设计获取记录　　B. 斯太克;成果评价

C. 斯塔弗尔比姆;结果评价　　D. 普罗沃斯;过程评价

15. 下列关于遗传因素在人的身心发展中的作用表述错误的是( )

A. 遗传因素是人发展的物质基础和前提条件

B. 遗传因素的成熟程度制约着人的身心发展过程和阶段

C. 遗传因素的差异在一定程度上影响着人的个别特点的发展

D. 遗传因素决定人的最终发展方向和发展程度

16. 某单位举办歌唱比赛，评分最高的前五名员工会获得奖励，这里使用的是(　　)

A. 常模参照测评　　B. 标准参照测评

C. 正式测评　　D. 非正式测评

17.《关于全面深化课程改革落实立德树人根本任务的意见》中提到，要强化教师育人能力培养，把(　　)纳入教师教育课程体系，融入教师职前培养和准入、职后培训和管理的全过程。

A. 教师职业道德　　B. 信息化教育

C. 新中国特色社会主义　　D. 社会主义核心价值观

18. "建国君民，教学为先""君子如欲化民成俗，其必由学乎"是(　　)开篇阐述的教育目的。(常考)

A.《论语》　　B.《孟子》　　C.《学记》　　D.《师说》

19. 下列关于人本主义道德教育观点说法错误的是(　　)

A. 承认人性是建设性的　　B. 良心是道德教育的核心

C. 视道德教育为一种过程　　D. 重视情感在道德教育中的作用

20. "教育学是教育者自身所需要的一门科学，但他们还应掌握传授知识的科学。"此观点出自(　　)

A. 瞿葆奎的《教育学文集》　　B. 赫尔巴特的《普通教育学》

C. 夸美纽斯的《大教学论》　　D. 顾明远的《教育大辞典》

二、多项选择题(下列各题的选项中有两个或两个以上选项符合题意，请将其代码填在括号内。多选、少选、错选均不得分。本大题共10小题，每小题2分，共20分)

21. 中国学生发展核心素养以(　　)为基本原则。

A. 自主性　　B. 科学性　　C. 时代性　　D. 民族性

22. 教师的教学实施能力主要体现在(　　)

A. 对学生的学业进行评价的能力　　B. 激发学生学习动机的能力

C. 信息传递能力　　D. 师生多向互动能力

23. 主张"知识是课程中不可或缺的要素"的代表人物是(　　)

A. 弗莱雷　　B. 布鲁纳　　C. 施瓦布　　D. 布拉梅尔德

24. 中小学教学方法改革与发展的趋势是(　　)

A. 现代化　　B. 心理学化　　C. 个性化　　D. 单一化

25. 建设良好的课堂环境，首先需要设计本班学生需要遵守的规则和程序，这一设计工作由(　　)构成。(易错)

A. 确定期望行为　　B. 把期望转换成规则和程序

C. 规定后果　　D. 执行标准

26. 下列关于认知派的有意义学习和人本主义的有意义学习说法正确的是(　　)

A. 认知派的代表人物是奥苏贝尔，人本主义的代表人物是罗杰斯

B. 当孩子接触到冰时他就会学到"凉"这个字的意义，这是人本主义的有意义学习

C. 认知派认为有意义学习是新知识与已有知识建立非人为的和实质性的联系

D. 人本主义的有意义学习是依据事物的内在联系所进行的学习

27. 下列关于教育目的和教育方针的表述正确的是(　　)

A. 教育方针是目的体系中的最高层次

B. 教育目的是对教育性质和方向的规定

C. 教育目的有着不同层次、不同类别教育的具体性和特殊性

D. 教育方针从根本上规定了一个国家的人才发展的内容

28. 斯滕伯格的成功智力理论认为，智力包括(　　)(易混)

A. 分析能力　　B. 创造能力　　C. 逻辑能力　　D. 实践能力

29. 下列关于教育内容在教育活动中的意义表述正确的是(　　)

A. 教育内容通过教育手段体现

B. 教育内容是联系教育者和学习者的中介

C. 最佳的教育内容是目的性与对象性的统一

D. 教育内容包含教育目标

30. 布卢姆立足教育目标的完整性，把教育目标分为(　　)(常考)

A. 认知领域　　B. 情感领域　　C. 反应领域　　D. 动作技能领域

2020年天津市和平区、宝坻区教师招聘考试真题试卷(五十二)

(本套试卷仅收录教育理论部分试题)

一、单项选择题(下列每小题列出的四个选项中只有一个是最符合题意的,请将其代码填在括号内。错选、多选或未选均不得分。本大题共15题,每小题0.6分,共9分)

1. 有的学生看书时"一目十行",有的学生一次只能读一句话,这反映了(　　)的差异。

A. 注意的广度　B. 注意的转移　C. 注意的稳定性　D. 注意的分配

2. 当成绩与别人一致时,人们倾向于做外在归因,当成绩与别人不一致时,人们倾向于做内在归因,这种现象被称为(　　)

A. 自我效能　B. 自利性归因　C. 共变原理　D. 彼德原理

3. 某教师在本学期之初,对班内学生的学习准备情况和影响学习的因素进行了细致的摸底,来帮助其更好地组织教学,该教师进行的是(　　)(常考)

A. 形成性评价　B. 个体差异评价　C. 总结性评价　D. 诊断性评价

4. 先行组织者教学策略是给学习者提供(　　)

A. 图式　B. 经验　C. 认知框架　D. 思维模式

5. 根据美国心理学家班杜拉的理论,影响自我效能感的最主要因素是个体自身行为的(　　)

A. 自我预期　B. 成败经验　C. 自我归因　D. 期待

6. 中学生在学习了钠、镁、铝等元素的性质和特征之后,再学习铜、铁、锌等概念就比较容易,这属于(　　)

A. 接受学习　B. 下位学习　C. 并列结合学习　D. 上位学习

7. 王敏觉得身边的共产党员都很优秀,又能为大家服务,所以很努力地要加入党组织。这属于(　　)

A. 认知　B. 认同　C. 依从　D. 内化

8. 某数学老师,在期中考试时,仅出了一道综合题来考查学生的数学成绩,这种测验方法难以保证测验的(　　)

A. 难度　B. 效度　C. 信度　D. 区分度

9. 小米在准备化学考试的时候,将硫在氧气中燃烧发出明亮的蓝紫色火焰,背诵成:(硫)流行头发的(氧)样子都是蓝紫色的。小米在这里使用了(　　)学习策略。

A. 精加工　B. 组织　C. 复述　D. 调节

10. 有些人面对失败的结果时,会认为自己"一无是处""一钱不值",是"废物"。这属于不合理信念中的(　　)

A. 过分概括化　B. 绝对化要求　C. 糟糕至极　D. 极端化思想

11. 在珠穆朗玛峰地区4000万年前的地层中,发现许多海洋生物化石,由此"推断"珠峰在远古时期是汪洋一片。这是思维的(　　)体现。

A. 概括性　B. 间接性　C. 广阔性　D. 深刻性

12. 元认知是指对(　　)

A. 认知的认知　B. 知识的认知　C. 本质的认知　D. 规律的认知

13. 按照加涅的理论,学习者使用符号和环境相互作用的能力称为(　　)

A. 言语信息　B. 智慧技能　C. 动作信息　D. 认知信息

14. 桑代克的准备律与现代学习心理学中的(　　)相一致。

A. 强化原理　B. 学习的发展准备原理

C. 动机原理　D. 成熟概念

15. 下列对应错误的是(　　)

A. 苛勒——"刺激与反应形成的一切联结都以应用和满足而增强,以失用和烦恼而减弱"

B. 班杜拉——"儿童社会行为的习得主要是通过观察、模仿现实生活中重要人物的行为来完成的"

C. 杜威——"教育是一种社会生活过程,那么学校就是社会生活的一种形式"

D. 夸美纽斯——"一切男女青年都应该进学校"

二、名词解释(本大题共2分)

16. 分组教学(常考)

三、简答题(本大题共4分)

17. 什么叫学习风格?了解学生的学习风格对教学有什么意义?

四、论述题(本大题共5分)

18. 一进入校门,就看见石碑上写着校训:"厚德励志,笃学尚行",步入校园,只见校园的花坛中写着"少一个脚印,多一份芳香""同建校园绿色,共享鸟语花香"……校园的教学楼墙壁上写着"做有中国灵魂、有世界眼光的人""做一个明媚的女子,不倾国,不倾城,以优雅姿态去摸爬滚打!""做一个丰盈的男子,不虚化,不浮躁,以先锋之姿去奋斗拼搏!"……食堂里明显地写着"在食堂,菜有菜味,汤有汤味,人有人情味"。习近平总书记说:"青年一代有理想、有担当,国家就有前途,民族就有希望。"而校园文化为青年人接受教育和个体成长提供了土壤和环境,发扬好校园文化的育人功能,应当以多元化、多样态的方式促进学生德智体美劳全面发展。

请结合实际,谈谈你对校园文化的理解,并说明校园文化的作用。

2020 年河北省石家庄市事业单位教师招聘考试真题试卷(五十三)

(总分 100 分　时间 120 分钟)

一、单项选择题(在下列每小题列出的四个选项中只有一个是最符合题意的,请将其代码填在括号内。错选、多选或未选均不得分。本大题共 80 小题,每小题 0.7 分,共 56 分)

1. 当代教育呈现出全方位的作用,既有对个体发展的作用,也有对社会发展的作用。这体现了教育功能的(　　)

A. 社会性　B. 多样性　C. 整体性　D. 条件性

2. 工业社会的教育具有的主要特征是(　　)

A. 教育的复杂性不断降低　B. 教育的本土化趋势明显

C. 教育与生产劳动相脱离　D. 教育的公共性日益突出

3. 国家的社会政治经济制度决定着(　　)(常考)

A. 教育发展速度　B. 教学模式　C. 教学组织方式　D. 教育目的

4. 教育对于促进可持续发展和提高人们解决环境和发展问题的能力具有重要作用,这体现了教育具有(　　)

A. 政治功能　B. 经济功能　C. 生态功能　D. 文化功能

5. 英国所向往的理想人物是"绅士",比较重视人文素质,所以教育目的强调陶冶学生的人格,注重培养有教养的人。这体现了英国的教育目的受(　　)的影响。

A. 社会制度　B. 文化背景　C. 社会发展　D. 教育理想

6. 以马克思主义理论为指导,重视研究对象发展的时间顺序和空间变换,是(　　)的基本要求。

A. 调查研究　B. 实践研究法　C. 历史研究法　D. 行动研究法

7. 学校的考试制度规定:在考试过程中,任何学生和教师不能有舞弊行为,否则,一经查实,就要给予相应的处分。这体现了教育制度的(　　)

A. 客观性　B. 规范性　C. 强制性　D. 策略性

8. 教育工作要抓住受教育者发展的成熟期、关键期,这是依据人身心发展的(　　)(常考)

A. 互补性　B. 阶段性

C. 不平衡性　D. 个别差异性

9. 交际能力、运动能力、行为习惯等属于(　　)的课程目标。

A. 认知类　B. 技能类　C. 情感类　D. 应用类

10. 注重学生获得体系严密、逻辑清晰的学科知识的课程是(　　)

A. 分科课程　B. 综合课程　C. 显性课程　D. 国家课程

11. 说服教育法的基本要求有(　　)

A. 扶志养气,锻炼意志　B. 长善救失,发扬民主

C. 执行制度,委托任务　D. 明确目标,把握时机

12. 学生经常以"别人也都是这么干的"作为理由,去做某件事情。这一现象体现了(　　)

A. 任务促成的纪律　B. 教师促成的纪律

C. 集体促成的纪律　D. 自我促成的纪律

13. 孟子说:"天将降大任于斯人也,必先苦其心志,劳其筋骨,饿其体肤,空乏其身,行拂乱其所为,所以动心忍性,增益其所不能。"这体现的德育方法是(　　)

A. 自我修养法　B. 实际锻炼法　C. 群体约定法　D. 价值辨析法

14. 教师不是传递客观而确定的现成知识,而是激发出学生原有的知识经验,促进知识经验的"生长",促进学生知识的建构。持上述观点的理论流派是(　　)

A. 行为主义学习理论　B. 存在主义学习理论

C. 建构主义学习理论　D. 人本主义学习理论

15. "办人民满意的教育"体现了(　　)对教育质量的规定性。(易错)

A. 教育方针　B. 教育目的　C. 教育功能　D. 教育政策

16. "不以分数作为评价学生的唯一标准",这是《中小学教师职业道德规范》在(　　)方面对教师的要求。

A. 关爱学生　B. 教书育人　C. 爱岗敬业　D. 为人师表

17. 让儿童自己解决问题贯彻的是(　　)

A. 基础性原则　B. 综合性原则　C. 生活性原则　D. 体验性原则

18. 学生之间因讲"哥们儿义气"而导致的失范行为属于(　　)

A. 目的型失范行为　B. 价值取向型失范行为

C. 情感型失范行为　D. 传统型失范行为

19. 教师的(　　)也是一种巨大的精神力量,具有很强的教育作用,是影响学生情感体验和课堂气氛的重要因素。

A. 教学能力　B. 业务水平　C. 人格魅力　D. 学习经历

20. 教师角色形成的(　　)阶段,教师角色的社会要求转化为个体需要,形成教师职业特有的自尊心和荣誉感。

A. 角色认知　B. 角色认同　C. 角色信念　D. 角色奉献

21. "一生清贫,坚守三尺讲台"突出体现了教师的(　　)

A. 道德认识　B. 道德意志　C. 道德行为　D. 道德情感

22. 我国古代教育家孔子提出的德育原则是(　　)

A. 防患未然原则　B. 循循善诱、因材施教原则

C. 自然后果原则　D. 在集体中进行教育原则

23. 王老师在讲授“果实”这个概念时,列举了苹果、花生等可食果实的例子,也列举了棉籽、橡树籽等不可食果实的例子。这种教学方法称为(　　)

A. 情境教学法　B.“想象”教学法

C. 发现教学法　D.“变式”教学法

24. 道尔顿制是一种典型的(　　)教学组织形式。

A. 自学辅导式　B. 教师讲授式

C. 系统学习式　D. 师生互动式

25. 陶行知是我国近代教育家,其教育思想的核心是(　　)(常考)

A. 激励教育　B. 发现教育　C. 生活教育　D. 思维教育

26. 某学校少先队开展以倡导“光盘行动,节约粮食”为主题的系列活动,这体现了少先队活动的(　　)

A. 教育性　B. 自主性　C. 趣味性　D. 实践性

27. 由深刻的道德认识、强烈的道德情感和坚强的道德意志凝铸而成,道德认识转化为道德行为的中介是(　　)

A. 道德信念　B. 道德规则　C. 道德原则　D. 道德理想

28. 10 岁以后儿童对道德行为的判断主要是依据自己认可的内在标准,这称为(　　)

A. 无律道德　B. 他律道德　C. 自律道德　D. 规范道德

29. 学校中,师生从事教育教学活动及学校管理活动的基本单位是(　　)

A. 学校　B. 年级　C. 班级　D. 小组

30. 课外、校外活动的基本形式是(　　)

A. 个别活动　B. 小组活动　C. 社区活动　D. 家庭活动

31. (　　)是班主任的日常工作内容,是班级工作的基础。

A. 建立制度　B. 班级管理　C. 操行评定　D. 社会活动

32. 班主任自觉地利用环境和自身的教育因素,对学生进行潜移默化的影响,促进其身心发展的教育方法是(　　)

A. 说服教育法　B. 心理咨询法　C. 陶冶教育法　D. 榜样示范法

33. 赵老师对课堂上个别喜欢扮鬼脸的学生,采取故意不理会的做法。赵老师的做法属于(　　)

A. 弱化　B. 逃避　C. 惩罚　D. 消退

34. 李宏同学在暑假期间,将自己感兴趣的语文、英语等学科内容画出了知识联系图,帮助自己掌握这些学科知识。李宏同学使用的学习策略是(　　)

A. 组织策略　B. 精细加工策略　C. 复述策略　D. 计划监控策略

35. 人的个性心理特征中,主要受生物因素制约,变化较难、较慢的是(　　)

A. 性格　B. 气质　C. 能力　D. 兴趣

36. 人的所有需要中,最基本、最原始,也是最强有力的需要是(　　)

A. 生理需要　B. 安全需要　C. 尊重需要　D. 求知需要

37. 苛勒所做的“小鸡觅食”实验是支持(　　)的经典实验。

A. 形式训练说　B. 关系转换说

C. 相同要素说　D. 概括化理论

38. 学生学习过程中,将水稻、小麦、玉米等归纳为“粮食作物”,这样的学习属于(　　)

A. 信号学习　B. 连锁学习　C. 概念学习　D. 辨别学习

39. 教师职业社会地位的内在标准是教师职业的(　　)

A. 政治地位　B. 经济地位　C. 法律地位　D. 专业地位

40. “知子莫若父,知女莫若母”,说明家庭教育比学校教育更具有(　　)

A. 先导性　B. 感染性　C. 权威性　D. 针对性

41. 作为一名班主任,应善于观察学生,通过分析学生的言行举止,了解他们的想法和目的。这说明班主任应具有很高的(　　)

A. 人际智力　B. 自知智力　C. 言语智力　D. 内省智力

42. 如果用吃冰糕作为强化物来鼓励小杰给爷爷捶背,最合适的安排是(　　)

A. 规定每周小杰吃冰糕的次数　B. 规定小杰吃完冰糕后给爷爷捶背

C. 规定每周小杰给爷爷捶背的次数　D. 规定小杰给爷爷捶背后才能吃冰糕

43.《中华人民共和国义务教育法》规定:国家实行(　　)义务教育制度。

A. 三年　B. 六年　C. 九年　D. 十二年

44.《中华人民共和国义务教育法》规定,儿童入学年龄的标准是(　　)

A. 四周岁　B. 五周岁　C. 六周岁　D. 七周岁

45.《中华人民共和国教师法》将教师身份界定为(　　)

A. 知识分子　B. 专业人员　C. 基层干部　D. 辛勤园丁

46. 劳动与技术教育以(　　)为主要特征。

A. 专业性学习　B. 自主性学习　C. 操作性学习　D. 探究性学习

47. 幼儿劳动的主要特点有生活性和(　　)

A. 实用性　B. 复杂性　C. 服务性　D. 游戏性

48. 形成学生(　　)的能力是美育的最高层次的任务。

A. 感受美　B. 鉴赏美　C. 领悟美　D. 创造美

49. 新课程改革倡导建立学生(　　)的评价指标体系。

A. 全面发展　B. 学业成绩　C. 学科竞赛　D. 社会活动

50. 一次考试的结果与其测验目标的相关程度可以用(　　)表示。

A. 效度　B. 信度　C. 难度　D. 区分度

51. 我国自古提倡的"文以载道"意味着(　　)

A. 教学与研究相结合　B. 科学性与人文性相结合

C. 教书与育人相结合　D. 主导性与主体性相结合

52. 有助于学生融会贯通、举一反三的教学法是(　　)

A. 纲要信号法　B. 范例教学法　C. 暗示教学法　D. 发现教学法

53. 把知识的来源与选择、组织与学习作为课程设计中心问题的课程理论是(　　)

A. 学科中心课程论　B. 建构主义课程论　C. 社会中心课程论　D. 人本主义课程论

54. 美国教育家杜威提出的"新三中心"是(　　)(常考)

A. 教材、教师、学科　B. 儿童、活动、经验　C. 学生、知识、基础　D. 学校、兴趣、社会

55. 实质教育论(　　)

A. 注重学习迁移　B. 重视能力培养　C. 提倡知识本位　D. 利于全面发展

56. 幼儿园教学活动中,幼儿是以学习(　　)和经验为主的。

A. 系统知识　B. 直接知识　C. 运算技能　D. 写作技能

57. 学生掌握知识的主要目的是(　　)

A. 领会知识　B. 巩固知识　C. 运用知识　D. 检查知识

58. 对2岁左右的婴儿,每天可以安排1~2次的集体活动,每次活动的时间应为(　　)

A. 1~3分钟　B. 3~5分钟　C. 5~10分钟　D. 10~15分钟

59. "学高为师"强调了(　　)对教师发展的重要性。

A. 本体性知识　B. 条件性知识　C. 实践性知识　D. 文化性知识

60. 一个小孩子"蹒跚学步"属于(　　)

A. 心智技能　B. 运动技能　C. 认知技能　D. 智力技能

61. 一个人个性的核心品质是(　　)

A. 创造性　B. 自主性　C. 差异性　D. 社会性

62. "爱屋及乌"表现的心理效应是(　　)

A. 晕轮效应　B. 刻板效应　C. 首因效应　D. 投射效应

63. 豆豆的父母经常带豆豆去依依家,几次之后豆豆就能画出具体的路线图。这说明豆豆的认知发展已经达到了(　　)

A. 感知运动阶段　B. 前运算阶段

C. 具体运算阶段　D. 形式运算阶段

64. "本我"遵循的原则是(　　)

A. 道德原则　B. 现实原则

C. 快乐原则　D. 社会原则

65. 一名新教师,初上讲台时,慌乱紧张。这种情绪属于(　　)

A. 激情　B. 心境　C. 应激　D. 压力

66. 小朋友能够完整地听妈妈讲故事,体现了小朋友的注意具有(　　)

A. 分配特征　B. 广度特征　C. 稳定性特征　D. 选择性特征

67. 幼儿的思维方式主要是(　　)

A. 具体形象思维　B. 抽象思维　C. 发散思维　D. 创造性思维

68. 在地理课上,针对"如何有效解决城市环境问题",王老师鼓励学生从不同角度加以思考。王老师这一做法,有助于培养学生的(　　)

A. 创造性思维　B. 聚合思维　C. 发散思维　D. 直觉思维

69. 在科学课上,李老师为了帮助学生认识植物,带领学生去植物园参观,观察教材上展示的各种植物最真实的形态。李老师的做法属于(　　)

A. 模像直观　B. 实物直观　C. 言语直观　D. 表象直观

70. 王丽同学刚开始学习英语时,口语进步很快,半个月后,虽然每天坚持练习口语,但成绩却没有明显提高。王丽同学的学习出现了(　　)

A. 抑制现象　B. 挫折现象　C. 高原现象　D. 倒退现象

71. 为了(　　),建设具有良好思想品德修养和业务素质的教师队伍,促进社会主义教育事业的发展,制定了《中华人民共和国教师法》。

A. 保障教师的合法权益　B. 改善教师的工作和生活条件

C. 规范教育教学管理工作　D. 弘扬尊师重教的社会风尚

72. 《中华人民共和国教育法》第十条规定,国家根据各少数民族的特点和需要,帮助各少数民族地区发展教育事业。国家扶持边远贫困地区发展教育事业。国家扶持和发展残疾人教育事业。这体现(　　)

A. 方向性　B. 平等性　C. 公益性　D. 全面性

73. 我国为提高全民族素质而颁布的法律是(　　)

A.《中华人民共和国教育法》　B.《中华人民共和国义务教育法》

C.《中华人民共和国教师法》　D.《中华人民共和国高等教育法》

74. 下列法律或条例,由国务院制定的是(　　)

A.《中华人民共和国宪法》　B.《中华人民共和国义务教育法》

C.《教师资格条例》　D.《中华人民共和国教育法》

75. 教师对学校或者其他教育机构侵犯其合法权益的,可以向教育行政部门提出申诉。教育行政主管部门在接到申诉的(　　)日内,作出处理。

A. 60　B. 45　C. 30　D. 15

76. 未成年人的父母或者其他监护人，不得让不满(　　)的未成年人脱离监护，单独居住。

A. 16 周岁　B. 17 周岁　C. 18 周岁　D. 19 周岁

77. 某学校擅自将吴同学的照片及学习成绩变化情况刊登在宣传材料上广为散发，用来宣传学校的教学水平。该学校的做法侵犯了吴同学的(　　)

A. 名誉权　B. 姓名权　C. 健康权　D. 隐私权

78. 张伟今年 10 岁，在放学回家的路上与几名同学边走边打闹，不慎将王明的眼睛碰伤。王明的医药费应由(　　)依法承担。

A. 张伟本人　B. 张伟的监护人　C. 王明所在学校　D. 王明的老师

79. 李正同学上课玩手机，被王老师发现，王老师没收了手机。李正课后多次找王老师要回手机，王老师都以各种借口拒绝，李正可以采取的法律途径是(　　)

A. 申诉和仲裁　B. 申诉和诉讼　C. 复议和诉讼　D. 复议和仲裁

80. 初中生小峰的父母不履行监护职责，放任小峰强行索要他人财物。依据我国《预防未成年人犯罪法》，有权对小峰父母给予训诫的是(　　)

A. 所在学校　B. 公安机关　C. 区教育局　D. 人民法院

二、多项选择题(下列各题的选项中有两个或两个以上是符合题意的，请将其代码填在括号内。多选、少选、错选均不得分。本大题共 20 小题，每小题 0.8 分，共 16 分)

81. 国家课程具有的主要特征是(　　)

A. 权威性　B. 多样性　C. 强制性　D. 灵活性

E. 地域性

82. 学校教育具有的主要特点有(　　)

A. 目的明确　B. 组织严密　C. 环境优越　D. 开放灵活

E. 方法随意

83. 教学过程中，学生领会知识一般包括(　　)(常考)

A. 感知教材　B. 完成作业　C. 参加考试　D. 理解教材

E. 激发动机

84. 中小学教师布置的作业包括(　　)

A. 阅读教材　B. 演算习题　C. 社会调查　D. 写作文章

E. 绘制图表

85. 课程开发应遵循的基本原则主要有(　　)

A. 超前性原则　B. 多元性原则　C. 基础性原则　D. 灵活性原则

E. 实践性原则

86. 孟子的教学思想包括(　　)(易混)

A. 因材施教　B. 教学相长　C. 专心致志　D. 教亦多术

E. 启发诱导

87. CIPP 模式主张将课程评价过程分为(　　)

A. 背景评价　B. 输入评价　C. 过程评价　D. 结果评价

E. 目标评价

88. 贯彻循序渐进教学原则的基本要求有(　　)

A. 针对学生特点进行有区别的教学　B. 按教材的系统性进行教学

C. 因势利导，调动学生学习的主动性　D. 解决好重点与难点的教学

E. 由浅入深、由易到难安排教学内容

89. 幼儿游戏具有的主要特点是(　　)

A. 游戏是幼儿主动、自愿的活动　B. 游戏伴随愉悦的情绪

C. 游戏具有创造社会价值的义务　D. 游戏是在真实情境中再现生活场景

E. 游戏是在假想的情境中反映周围生活

90. 《3～6 岁儿童学习与发展指南》倡导的幼儿学习方式主要有(　　)

A. 强化学习　B. 实际操作　C. 直接感知　D. 小组讨论

E. 亲身体验

91. 针对抑郁质的学生，教师在教育过程中应重点培养(　　)

A. 善于交往的能力　B. 坚持到底的精神

C. 扎实专一的精神　D. 足智多谋的能力

E. 富有自信的精神

92. 在人格结构中，自我调控系统包括的子系统有(　　)

A. 自我认识　B. 自我体验　C. 自我评价　D. 自我控制

E. 自我发展

93. 研究发现学校生活中学生常见的心理障碍有(　　)

A. 孤立　B. 退缩　C. 焦虑　D. 恐怖

E. 攻击

94. 下列行为体现注意分配的是(　　)

A. 边听讲边做笔记　B. 吃完饭看书　C. 自拉自唱　D. 自言自语

E. 学习后跑步

95. 建构主义在学习观上强调学习的(　　)

A. 社会互动性　B. 虚拟性　C. 主动建构性　D. 学科系统性

E. 情境性

96. 由教师与学生形成的社会关系具有(　　)

A. 规范性　B. 弥散性　C. 情境性　D. 稳定性

E. 等级性

97. 影响遗忘进程的主要因素有(　　)

A. 识记的方法　　B. 学习材料的性质

C. 学习者的情绪和动机　　D. 系列位置效应

E. 记忆任务的重要性

98. 根据《中华人民共和国教育法》,我国教育的基本原则有(　　)

A. 教育公益性原则　　B. 推广普通话原则

C. 奖励突出贡献原则　　D. 建立和完善终身教育体系原则

E. 对受教育者进行政治思想道德教育的原则

99. 教育法律救济的渠道主要有(　　)

A. 行政渠道　B. 司法渠道　C. 仲裁渠道　D. 调解渠道

E. 媒体渠道

100. 一般认为,师德的核心内容是(　　)(常考)

A. 爱岗敬业　B. 教书育人　C. 终身学习　D. 为人师表

E. 提高素养

三、判断题(判断下列各题的正误,判断为正确的选"A",判断为错误的选"B"。本大题共 30 小题,每小题 0.4 分,共 12 分)

101.《中华人民共和国宪法》在我国教育法的渊源中处于核心地位。(　　)

A. 正确　　B. 错误

102. 我国教育法律关系中,最重要的法律主体是教师和校长。(　　)

A. 正确　　B. 错误

103. 学生的受教育权包括受完法定年限教育权、学习权和公正评价权。(　　)

A. 正确　　B. 错误

104. 对生病或受伤学生救护不力、未及时向学生监护人履行告知义务等均属于教师不作为违法侵权行为。(　　)

A. 正确　　B. 错误

105.《礼记》中"师也者,教之以事而喻诸德者也"体现了教师职业道德要求的全面性特点。(　　)

A. 正确　　B. 错误

106. 教育史上第一个正式提出的有关教育起源的学说是神话起源说。(　　)

A. 正确　　B. 错误

107. 美国心理学家格塞尔著名的同卵双生子实验夸大了遗传的作用。(　　)

A. 正确　　B. 错误

108. 促进义务教育均衡发展是我国现阶段教育改革和发展的重大任务。(　　)

A. 正确　　B. 错误

109. 课堂上,老师让同学们数一数课文中的人物数目,小明总是要一遍遍地数,唯恐不准确。小明可能有强迫症心理问题。(　　)

A. 正确　　B. 错误

110. 张老师在工作中更多地关注教学,经常思考"怎样才能当好一名教师"。从教师专业发展角度看,张老师处于"任务关注"阶段。(易错)(　　)

A. 正确　　B. 错误

111. 提出"教育为生活做准备"思想的代表人物是卢梭。(　　)

A. 正确　　B. 错误

112. "举一反三""闻一知十"等属于顺应性迁移。(　　)

A. 正确　　B. 错误

113. 心理学研究表明,动机水平与行为效率的关系呈倒 U 型曲线。(　　)

A. 正确　　B. 错误

114. 教师一句鼓励的话,一个充满信任的眼神、一个能引起共鸣的手势或表情,都会使学生受到极大的鼓舞,增添无穷的勇气,取得显著的进步,这属于共鸣效应。(　　)

A. 正确　　B. 错误

115. 人们常说"三翻六坐八爬,十二个月喊爸爸"。这体现了儿童身心发展的阶段性特点。(　　)

A. 正确　　B. 错误

116. 根据皮亚杰认知发展阶段理论,儿童的一些本能反射行为属于儿童最初的图式。(　　)

A. 正确　　B. 错误

117. 人们在公园里看见一株月季花并能准确地辨别出来,其心理活动是知觉。(　　)

A. 正确　　B. 错误

118. "服民以道德,渐民以教化"体现了教育与人口的关系。(　　)

A. 正确　　B. 错误

119. 一般而言,要使记忆效果最佳,学习的熟练程度应达到 20%。(　　)

A. 正确　　B. 错误

120. 从具体形象思维为主逐步向抽象逻辑思维为主过渡,是小学生思维发展的基本特征。(　　)

A. 正确　　B. 错误

121. 学校选择课程内容应当着眼于学生的最近发展区。(　　)

A. 正确　　B. 错误

122. 过程性评价强调全面、综合和发展的原则,尊重教师的个性化和教学风格,可以发现教师的优势和特长。(　　)

A. 正确　　B. 错误

123. 儿童最先掌握的词性是动词。(　　)

A. 正确　　B. 错误

124. 幼儿园教师接住幼儿抛来的“球”，并用恰当的方式把“球”再抛回给幼儿，让活动继续下去。这一过程体现了教师是幼儿活动的合作者。（ ）

A. 正确　　B. 错误

125. 幼儿园李老师发现玲玲遭受了家暴，李老师应立即对玲玲的家长进行批评教育。（ ）

A. 正确　　B. 错误

126. 李哲爱好广泛，恰逢本周六晚上既有足球赛，又有演唱会，他都想去看。由于时间冲突，他很矛盾。李哲面临的是双避式冲突。（常考）（ ）

A. 正确　　B. 错误

127. 我国小学目前开设的《道德与法治》课程属于综合课程。（ ）

A. 正确　　B. 错误

128. “十年树木，百年树人”体现了教师劳动具有广延性的特点。（常考）（ ）

A. 正确　　B. 错误

129. 注意力集中困难、过度焦虑、害怕社交，是厌学症的主要表现。（ ）

A. 正确　　B. 错误

130. 晓梅是一个活泼好动、善于交际、思维敏捷的女孩子，她善于接受新事物，兴趣广泛，但注意力容易转移。晓梅的气质类型属于胆汁质。（ ）

A. 正确　　B. 错误

四、材料分析题(下列各题的选项中有一项或多项符合题意，请将其代码填在括号内。多选、少选、错选均不得分。本大题共20小题，每小题0.8分，共16分)

材料一：

幼儿园的李园长在观察部分班级区域设置及区域活动时，发现了如下现象：

豆豆班：共五个活动区，一进门，紧邻水房的是表演区、阅读区，挨着阅读区的是美工区，然后是音乐区，最后是科学探索区。

小鸭班：区域活动中，有的幼儿在某一区域很快完成活动，然后东张西望，无事可干；有的幼儿一会儿在这个活动区，很快又跑到另一个活动区，没过两分钟又跑到第三个活动区；还有的幼儿争抢同一种游戏。

131. 豆豆班的活动区布局不符合(　　)的要求。

A. 干湿分区　　B. 距离就近

C. 相对封闭　　D. 动静分区

E. 方便通畅

132. 小鸭班的幼儿活动表明，区域活动的教育功能主要是通过(　　)来实现的。

A. 场地　　B. 时间　　C. 材料　　D. 同伴

E. 教师指导

133. 活动区的材料投放应该注意(　　)

A. 目的性　　B. 丰富性　　C. 启发性　　D. 兴趣性

E. 适宜性

134. 提高幼儿的观察、分析、比较能力，培养幼儿的探索兴趣，主要属于(　　)的目标。

A. 阅读区活动　　B. 音乐区活动　　C. 科学区活动　　D. 美工区活动

E. 表演区活动

材料二：

13岁的小范和小盛是同班同学，2020年5月的一天，小盛听说小范要去殴打一名低年级同学，于是他跟小范说不要打小同学，而小范没有听从劝阻。后来不知什么原因，小范要打小同学的消息传了出去，很多同学都知道了这件事，为此小范勃然大怒，威胁小盛说要教训他。第二天上午，小盛没敢去上学，小范并没有善罢甘休，下午放学后，与两名其他班里的男生一起把小盛引到较为偏僻的地方，那两个男生紧紧抱住小盛，让小范对小盛进行暴打。就这样，小盛被打成重伤，第二天离开了人世。

135. 小范的行为属于(　　)

A. 违规行为　　B. 违纪行为　　C. 越轨行为　　D. 犯罪行为

E. 普通违法行为

136. 依据我国《未成年人保护法》，对小范应进行(　　)

A. 刑事处罚　　B. 批评教育　　C. 收容教养　　D. 公开审理

E. 体罚惩戒

137. 对于误入歧途的未成年人，依法进行惩罚改造、教育挽救，是我国《未成年人保护法》在(　　)中提出的要求。

A. 个人保护　　B. 家庭保护　　C. 学校保护　　D. 司法保护

E. 社会保护

138. 校园暴力和校园欺凌行为通常具有(　　)

A. 均衡性　　B. 隐蔽性　　C. 多样性　　D. 持续性

E. 普遍性

材料三：

王老师是初一生物学科教师。在讲授“昆虫标本制作”时，正值油菜花开的时节，看着美丽而壮观的遍地“黄花”，王老师想：此时，可以让学生更多地了解虫媒花的特征。于是，王老师决定以“十字形花冠标本采集”及“菜粉蝶的捕捉和蝶类标本制作”作为教学内容上一节课。

教学中，王老师抓住时机，适时启发引导学生进行讨论：怎样将“十字形花冠”制成标本长期保存？怎样快速捉住飞舞的蝴蝶？怎样使蝶类标本保持完整？怎样让蝶类标本美观而栩栩如生？……每个同学都开动脑筋，积极思考。

学生们经过激烈的讨论，说出了许多颇有探索性、创造性的见解。例如：将采回的油菜进行消毒杀菌后,可用"胶贴法"(宽形透明胶带)制成"十字形花冠"标本;蝴蝶飞舞时,迎面便于捕捉;用手捏腹部法便于从昆虫网中拿出蝴蝶,减少标本的破损。还有一些学生提出了独特的想法,如用废平面泡沫做昆虫展翅板,用装校服的废纸盒做昆虫标本盒等。

139. 王老师采用的教学方法主要有( )

A. 讨论法 B. 发现法 C. 小组合作法 D. 演示法

E. 实践活动法

140. 这节课体现的教学原则主要有( )

A. 直观性原则 B. 循序渐进原则

C. 启发性原则 D. 巩固性原则

E. 理论联系实际原则

141. 这节课的教学特点主要有( )

A. 所授知识体系化、系统化 B. 充分调动了学生学习的主动性

C. 针对学生个性差异,扬长避短 D. 教师引导学生探究和解决问题

E. 将学生所学知识与实践相结合

142. 王老师在教学中给学生提出了许多问题,教师在设计课堂提问时应注意( )

A. 围绕教学目标和学习要求 B. 便于学生对知识深入理解

C. 精炼扼要,突出重、难点 D. 问题之间紧密联系,前后有序

E. 符合学生认知水平和个性特点

材料四:

几名学生家长拿着微信截图等材料,来到市教育局纪检部门反映情况。自2018年底开始,某小学教师王某在一个网络交易平台从事微商经营活动,通过推荐产品赚取提成。今年2月,她利用微信朋友圈进行减肥产品"X教授"网络营销活动。据反映,王某在学校上班时间也进行微商买卖活动,还介绍了一部分学生家长加入购物群购买产品。接到举报后,教育局相关部门迅速行动,王某由于违规从事微商经营活动,违背了教师廉洁从教的职业道德,受到查处。

"原来我只想把一些好东西分享给大家,也顺便赚点零花钱,没有想到造成了不良后果,影响了教师的声誉,实在不应该。"王某后悔地说。

143. 教师王某从事微商兼职活动,违背了《中小学教师职业道德规范》对教师提出的( )规定。

A. 钻研业务 B. 爱岗敬业 C. 关爱学生 D. 终身学习

E. 为人师表

144. 从教育法规体系的纵向结构看,《中小学教师职业道德规范》属于( )

A. 教育基本法律 B. 教育单行法律

C. 教育行政法规 D. 教育规章

E. 地方性教育法规

145. 教师要廉洁从教,其具体内容包括( )

A. 不从学生及家长身上谋取个人利益 B. 不贪占公共和他人的钱物

C. 不沾染社会上的贪、赌、欲等恶习 D. 不从事校外有偿补课活动

E 不讽刺、挖苦和歧视学习困难学生

146. 贯彻教书育人原则,教师应当( )

A. 不断提高自身的政治素质 B. 潜心研究专业知识

C. 坚持全面培养的教育理念 D. 培养学生良好品行

E. 遵循教育教学的科学规律

材料五:

清宣统元年(1909年)9月19日,京师女子师范学堂成立附属小学,也就是今天的北京市第二实验小学。至今,北京实验二小已走过百年风雨。

北京实验二小全方位实施素质教育,努力为每一位学生创造适合的教育平台,让学生在全面发展、快乐成长的同时,天赋得到适时开发,为未来的人生奠定基础。

"体育是第一学科",孩子们每天到学校后的第一件事情就是运动,让学生拥有"一颗聪明的脑、一副健壮的身、一个远大的梦"是学校的办学理念,老师们在教学中"勇敢地退、适时地进"是学校的课堂文化。

147. 清宣统元年(1909年)北京实验二小成立时,我国实行的学制是( )

A. 壬寅学制 B. 癸卯学制 C. 壬子癸丑学制 D. 壬戌学制

E. 六三三学制

148. 与应试教育相比,北京实验二小实施素质教育,突出培养了学生的( )

A. 创新精神 B. 学习能力 C. 实践能力 D. 奉献精神

E. 合作精神

149. 体育作为北京实验二小的"第一学科",其基本任务有( )

A. 发展学生良好的品德,养成学生文明的习惯

B. 使学生掌握运动锻炼的科学知识和基本技能

C. 培养学生参加比赛的能力,争取获得好成绩

D. 使学生掌握身心卫生保健知识,养成良好习惯

E. 指导学生锻炼身体,增强体质,提高健康水平

150. 在课堂教学中,教师"勇敢地退"的主要目的是( )

A. 为自己提供更充足的备课时间 B. 满足学校开设校本课程的需要

C. 把更多的时间和机会留给学生 D. 充分发挥学生学习的积极性

E. 鼓励学生参加校外或课外学习

2020年河北省邢台市隆尧县事业单位公开教师招聘考试真题试卷(五十四)

(本套试卷共142小题,目前已收录138小题)

一、单项选择题(在下列每小题列出的四个选项中只有一个是最符合题意的,请将其代码填在括号内。错选、多选或未选均不得分。本大题共120小题,每小题0.7分,共84分)

1. 习近平总书记对十四五规划编制工作作出重要指示强调,把加强________和坚持________统一起来,齐心协力把"十四五"规划编制好。( )

A. 顶层设计;问计于民　　B. 顶层设计;实事求是

C. 问卷调查;实事求是　　D. 实事求是;问计于民

2. 习近平总书记曾提到"四个自信",其中更基础、更广泛、更深厚的自信是指( )

A. 道路自信　B. 理论自信　C. 制度自信　D. 文化自信

3. 综合分析国际国内形势和我国发展条件,从2020年到本世纪中叶可以分两个阶段来安排。第一个阶段,( ),在全面建成小康社会的基础上再奋斗十五年,基本实现社会主义现代化。

A. 从二〇二〇到二〇三五年　　B. 从二〇二〇到二〇三〇年

C. 从二〇三五年到本世纪中叶　　D. 从二〇三〇年到本世纪中叶

4. 十九大报告指出,优先发展教育事业要全面贯彻党的教育方针,落实( )根本任务,发展素质教育,推进教育公平,培养德智体美全面发展的社会主义建设者和接班人。(常考)

A. 立德树人　B. 素质教育　C. 教书育人　D. 教育公平

5. 我国《国旗法》规定,在公共场合故意以焚烧、毁损、涂划、玷污、践踏等方式侮辱中华人民共和国国旗的,依法追究( )

A. 刑事责任　B. 行政责任　C. 民事责任　D. 经济法责任

6. 被称为"社会生活的百科全书",也是新中国第一部以法典形式命名的法律是( )(常考)

A.《中华人民共和国民法典》　　B.《中华人民共和国民法总则》

C.《中华人民共和国民法》　　D.《中华人民共和国宪法》

7. 市场是等不来的,它是挤出来的,竞争得来的,是开发、创造出来的。要争取市场,就要以需求为导向,寻找空白点,占领制高点,开发增长点,抢占制高点;就要加大产品的科技含量,发展名特优新产品。"寻找空白点"从根本上说( )

A. 是价值规律的要求　　B. 符合商品生产者的意愿

C. 是因为买方市场导致供大于求　　D. 是因为只有市场的空白点才能赚钱

8. "绿色化学"要求从根本上减少乃至杜绝污染。下列对农作物收割后留下的秸杆的处理方法中,不符合"绿色化学"的是( )

A. 就地焚烧　　B. 发酵后作农家肥

C. 加工成饲料　　D. 制造沼气

9. 春风不识兴亡意,草色年年满故城。这句话所体现的哲学道理是( )

A. 物质是运动的,物质的运动具有客观性

B. 内因是变化的根源,外因是变化的条件,外因通过内因起作用

C. 世界上的所有事物都处在运动变化中

D. 必然性产生于事物内部的根本矛盾和本质性原因

10. 建设中国特色社会主义政治就是在中国共产党的领导下,在人民当家作主的基础上( )(易混)

A. 建立多党制　　B. 依法治国,发展社会主义民主政治

C. 实行三权分立　　D. 建立议会民主

11. "一带一路"倡议是构建中国外交新布局的体现,下列说法正确的是( )

A. "一带一路"的提出是中国外交思想的重大创新,它将充分依靠中国与相关国家既有的双多边机制及区域合作平台,并在此基础上为之注入新的内涵和活力

B. "一带一路"沿线国家只涉及周边国家,与域外大国关系不大,因此发展一带一路只需与周边国家搞好关系即可

C. "一带一路"倡议有利于中国与周边国家结盟从而更好地发展

D. "一带一路"只是中国对外大国形象的体现而已

12. 反映一定阶级的利益和要求并为阶级的利益和要求服务的各种道德体系和道德规范指的是道德的( )

A. 进步性　B. 历史性　C. 阶级性　D. 全人类性

13. 公民对财产的使用,买卖,处置的权利是( )

A. 财产经营权　B. 债权　C. 财产所有权　D. 物权

14. 下列选项中关于公文处理错误的是( )

A. 复核属于公文处理环节中发文办理的程序

B. 两个以上机关联合办理的公文,原件由主办单位归档

C. 负责公文处理工作的只能是本机关的宣传部门

D. 不具备归档和保存价值的公文,经批准后可以销毁

15. 我国市场规模位居世界前列,今后潜力更大。改善消费环境,落实好( )专项附加扣除政策,增强消费能力,让老百姓吃得放心、穿得称心、用得舒心。

A. 个人所得税　B. 社会保险　C. 社会福利　D. 个人所有权

16. 要求有关部门和人员共同遵守的一种具有法规性和约束力的文书是(　　)(常考)

A. 法律规章　B. 规章制度　C. 行政规章　D. 部门规章

17. 下列各项中不属于商品的是(　　)

A. 春节期间用于招待亲戚的自酿米酒　B. 集市上出售的布料

C. 旧货市场的儿童读物　D. 早点铺上的油条

18. 道德是由一定的社会经济基础所决定,并为其服务的(　　)

A. 政治制度　B. 文化传统　C. 传统习惯　D. 上层建筑

19. 某地区农户开办了一个采摘园,让人们可以亲自种植、养殖、采摘等,这种农业发展模式属于(　　)

A. 生态农业　B. 有机农业

C. 观光休闲型农业　D. 立体高效型农业

20.《联合国气候变化框架公约》的核心内容是"共同但有区别的责任"原则。这一原则要求每个国家都要承担起应对气候变化的义务。但发达国家要对其历史排放和当前的高人均排放负责,它们也拥有应对气候变化的资金和技术,而发展中国家以"经济和社会发展及消除贫困为首要和压倒一切的优先事项"而承担相对较少的义务。这一原则蕴含的哲学道理是(　　)

A. 意识是物质的产物,人脑的机能　B. 人的意识可以决定客观对象

C. 坚持一切从实际出发,实事求是　D. 运动是绝对的

21. 超越代理权的代理行为产生的法律后果由(　　)承受。

A. 被代理人　B. 代理人　C. 被代理与代理人　D. 被代理或代理人

22. 实施乡村振兴战略,是解决"三农"问题的总抓手。解决三农问题的根本途径是(　　)

A. 科技创新　B. 加大资金投入　C. 城镇化　D. 城乡发展一体化

23. 建国后,我国农村生产关系的变革调整经历了四大步骤,这四大步骤的先后顺序是(　　)

①土地改革　②人民公社化　③农业合作化　④家庭联产承包责任制

A. ①④②③　B. ①③②④　C. ①④②③　D. ③①④②

24. 社会主义初级阶段是指(　　)

A. 发展中国家进入社会主义都要经历的起始阶段

B. 发达国家进入社会主义都要经历的起始阶段

C. 任何国家进入社会主义都要经历的起始阶段

D. 我国生产力落后、商品经济不发达的条件下建设社会主义所要经历的特定阶段

25. 近年来,黄河每年都有断流现象,据有关部门的调查分析,黄河断流和供水不足给黄河下游造成了巨大的工业经济损失,这说明的哲学道理是(　　)

A. 事物之间存在因果联系

B. 任何事物的质变都是由量变引起的

C. 矛盾的主要方面规定着事物的性质

D. 事物的变化发展是内外因共同起作用的结果

26. 下列哪项不属于民事法律关系的要素(　　)(常考)

A. 主体　B. 客体　C. 内容　D. 形式

27. (　　)是推进国家治理体系和治理能力现代化的一场深刻变革,是关系党和国家事业全局的重大政治任务。

A. 深化政府机构和公务员改革　B. 深化党和国家机构改革

C. 深化国家和事业单位机构改革　D. 深化事业单位和政府机构改革

28. 贪图无所不能,只能一无所能;试图无所不知,只能一无所知;企图无所不有,只能一无所有。这给我们的哲学启示是(　　)

①要坚持两点论和重点论的统一　②事物的性质主要由矛盾的主要方面决定

③要抓住时机促成事物质的飞跃　④矛盾双方在一定条件下可以相互转化

A. ①②　B. ①④　C. ②③　D. ③④

29. 下列关于"法治"与"法制"原则的表述,错误的是(　　)

A. 法制是相对于非法律性质的社会规范而言的,法治则是相对于人治而言的

B. 法治往往与民主、人权相关联,而法制既可与民主、人权也可与专制、特权相联系

C. 法制主要解决有法可依的问题,法治则主要解决法制在治理国家中的地位和作用问题

D. 法制是法治的前提和条件,法治是法制的实现和保障

30. 把可直接感知的某具体实物看作是世界的本原,这种观点属于(　　)(常考)

A. 朴素唯物主义　B. 形而上学唯物主义

C. 辩证唯物主义　D. 庸俗唯物主义

31. 依据《宪法》,下列哪个领导人或机关、组织必须向全国人民代表大会负责并报告工作(　　)

A. 中华人民共和国主席　B. 中央军委主席

C. 全国人大常委会　D. 中国人民政治协商会议

32. 从哲学角度看,成语故事"守株待兔"中农夫的错误在于(　　)

A. 把偶然当必然　B. 把现象当本质

C. 把可能当现实　D. 把原因当结果

33. 党和国家2020年的奋斗目标是(　　)

A. 基本实现现代化　B. 全面建成小康社会

C. 构建社会主义社会　D. 全面实现科学发展

34. 中央和国家机关首先是政治机关,必须旗帜鲜明讲政治,坚定不移加强党的(　　),坚持不懈推进党的政治建设。

A. 政治领导　B. 组织领导　C. 一切领导　D. 全面领导

35. 货币政策诸目标之间呈一致性关系的是(　　)

A. 经济增长与充分就业　　B. 充分就业与国际收支平衡

C. 物价稳定与经济增长　　D. 物价稳定与充分就业

36. 全党必须更加自觉地把推动经济社会发展作为深入贯彻落实科学发展观的(　　)

A. 根本方法　　B. 核心立场　　C. 第一要义　　D. 根本要求

37. 偶然性对事物发展的作用是(　　)

A. 决定事物发展的根本方向　　B. 可有可无的

C. 促进或延缓事物的发展进程　　D. 加速新事物的产生和旧事物的灭亡

38. 用于满足消费者的个人生活消费需要以及社会消费需要的市场是(　　)

A. 商品市场　　B. 消费品市场

C. 生产资料市场　　D. 资本市场

39. 人们在从事实践活动时,一般都是先制定计划,规划蓝图,然后再按照计划和图纸具体实施,这说明(　　)

A. 意识产生物质　　B. 意识可以转化为物质

C. 意识决定物质　　D. 意识创造物质

40. 下列不属于非公有制经济的是(　　)(易混)

A. 个体经济　　B. 私营经济　　C. 外资经济　　D. 股份制经济

41. 一个国家的全部法律规范可以按照一定标准分类组合为不同的法律部门,在此基础上构成的有机联系的统一整体,称为(　　)

A. 法律汇编　　B. 法律编纂　　C. 法律体系　　D. 法律渊源

42. 对立统一规律揭示了(　　)

A. 事物发展变化的程度和趋势　　B. 事物发展变化的动力和源泉

C. 事物发展变化的状态和形式　　D. 事物发展变化的方向和道路

43. 先进的社会意识之所以能对社会的发展起促进作用,在于(　　)

A. 它正确反映了社会发展规律　　B. 它是社会存在的反映

C. 它具有相对独立性　　D. 它具有历史继承性

44. 为避免政出多门,维护政令一致,凡是内容涉及其他机关职权范围的下行文,行文前必须要(　　)

A. 向上级机关请示　　B. 与有关机关协商

C. 向主管领导请示　　D. 与有关部门联合发文

45. 唯物辩证法告诉我们,要全面地看问题,不能以偏概全;要联系地看问题,防止对立的观点;要发展地看问题,不能静止地看问题。下列理解不正确的是(　　)

A. 看问题要一分为二,分析权衡利弊

B. 人性是很难改变的,犯了错就很难改过自新

C. 看问题,要看到它与周围事物的联系

D. 事物是动态发展的,不能静止地看待

46. 习近平总书记强调,全面建成小康社会,最艰巨的任务是(　　)

A. 乡村振兴　　B. 脱贫攻坚

C. 生态环境　　D. 防范化解重大风险

47. 人们对于行为准则的是非、善恶及其意义的认识是(　　)(易混)

A. 道德认识　　B. 道德信念　　C. 道德行为　　D. 道德意志

48.《新时代公民道德建设实施纲要》在总体要求中明确指出,持续强化教育引导、实践养成、制度保障,不断提升公民道德素质,促进人的全面发展,培养和造就(　　)

A. 担当社会主义现代化的时代新人　　B. 担当民族复兴大任的时代新人

C. 社会主义建设者和接班人　　D. 新时代的爱国者与奋斗者

49. 社会主义法律得以实现的主要方式是(　　)

A. 依靠法律监督机关的有效监督　　B. 依靠人民群众的自觉守法

C. 依靠执法机关的严格执法　　D. 依靠司法机关的强制

50. 下列关于民事诉讼法中特殊地域管辖的表述中,完全正确的一项是(　　)

A. 合同纠纷提起的诉讼,由原告住所地人民法院管辖

B. 因侵权行为提起的诉讼,由侵权行为地或被告住所地人民法院管辖

C. 因票据纠纷提起的诉讼,由票据支付地或原告住所地人民法院管辖

D. 因共同海损提起的诉讼,只能由共同海损理算地人民法院管辖

51. 受教育者的权利和义务在以下哪部法律中得以明确规定(　　)

A.《中华人民共和国义务教育法》　　B.《中华人民共和国教育法》

C.《中华人民共和国教师法》　　D.《中华人民共和国未成年人保护法》

52. 在教师职业道德上,我们应该大力肯定和倡导的是(　　)

A. 言教　　B. 功利　　C. 热爱　　D. 善教

53. 新课改倡导(　　)

A. 建构性学习　　B. 认知结构学习　　C. 发现学习　　D. 人本主义学习

54. 良好的师生关系是教育教学活动取得成功的(　　)(易混)

A. 必然要求　　B. 必然结果　　C. 心理前提　　D. 必要保证

55. 为完成特定的教学任务,师生按一定要求组合起来进行活动的结构是指(　　)

A. 教学策略　　B. 教学过程　　C. 教学组织形式　　D. 教学设计

56. 对教师的行为选择起决定作用的是其(　　)

A. 学科专业水平　　B. 认知能力状况

C. 职业道德修养　　D. 身体健康状况

57. 品德中两个最主要的构成部分是(　　)

A. 道德认识和道德意志
B. 道德动机和道德观念
C. 道德动机和道德行为
D. 道德情感和道德认识

58. 下列不属于有意义学习的条件的一项是(　　)(易错)

A. 材料本身必须具有逻辑
B. 学习者认知结构中必须具有能够同化新知识的适当的认知结构
C. 学习者必须具有积极主动地将新知识与认知结构中的适当知识加以联系的倾向性,并使两者相互作用
D. 学习材料要高于学习者的能力范围

59. 个体为了获得教师、家长的赞许和同伴的接纳而表现出把工作、学习做好的一种需要叫作(　　)

A. 认知内驱力
B. 自我提高内驱力
C. 附属内驱力
D. 求学内驱力

60. 学科教学目标水平最高的是(　　)

A. 知识水平　B. 理解水平　C. 分析水平　D. 综合水平

61. 教育要传授给受教育者"何以为生"的本领,这属于教育的(　　)(易错)

A. 个体享用功能
B. 个体谋生功能
C. 个体社会化功能
D. 个体职业意识功能

62. 学校一切工作的出发点和落脚点是(　　)

A. 一切为了学生　B. 促进学生健康成长　C. 减轻学生负担　D. 创新发展

63. 素质教育的重点是(　　)

A. 教学创新
B. 培养创新精神和实践能力
C. 促进学生全面发展
D. 弘扬人的主体性

64. 教育是一种社会现象,它产生于社会生活的需要,而归根到底产生于(　　)

A. 自然发展　B. 生产力发展　C. 科技进步　D. 生产劳动

65. 切割玻璃的声音会使人产生冷的感觉,这是(　　)

A. 感觉　B. 直觉　C. 联觉　D. 想象

66. 教师义务的实质是教师的职责(　　)

A. 在行为上的体现
B. 在意志上的体现
C. 在信念上的体现
D. 在意识上的体现

67. 老师不仅要把知识传授给学生,而且必须在教育内容、形式和方法上不断创新,这体现了教师劳动的(　　)(常考)

A. 复杂性　B. 创造性　C. 长期性　D. 主体性

68. 缺。

69. 一名教师走到安静的教室门口故意咳嗽两声,目的是引起学生的(　　)(常考)

A. 无意注意　B. 有意注意　C. 有意后注意　D. 关注

70. 班课管理的根本价值在于(　　)

A. 控制学生不良行为
B. 培养学生良好的纪律
C. 创造环境让学生投身学习
D. 使学生能服从教师的管束

71. 解决问题时,倾向于按照问题的逻辑顺序,一步一步地解决子问题,只有在学习过程快结束时,才对所学的内容形成一种比较完整的看法,这种学生称为(　　)的学生。

A. 沉思型　B. 冲动型　C. 整体型　D. 系列型

72. "既追求让所有人都受到同样的教育,又追求教育的自由化"体现的教育特点是(　　)

A. 教育全民化　B. 教育终身化　C. 教育多元化　D. 教育民主化

73. 加强人民民主法制的中心环节是(　　)

A. 依法办事
B. 加强党对法制工作的领导
C. 加速推行律师制度和公证制度
D. 注重法制思想教育

74. 法律意义上的教师必须(　　)

A. 具备教师资格
B. 与学校和其他教育机构建立了聘任关系
C. 直接从事教育教学工作的人才
D. 以上都是

75. 我国教育法体系中的"母法"是(　　)(常考)

A.《中华人民共和国义务教育法》
B.《中华人民共和国教育法》
C.《中华人民共和国教师法》
D.《中华人民共和国职业教育法》

76. 教师职业道德的核心成分是教师对教育事业的(　　)

A. 兴趣　B. 爱好　C. 热爱　D. 忠诚

77.《中华人民共和国教师法》规定,教师有下列情形之一的,由所在学校、其他教育机构或教育行政部门给予行政处分或者解聘。其中(　　)不属于规定的情形。(常考)

A. 故意不完成教育教学任务给教育教学工作造成损失的。
B. 体罚学生,经教育不改的
C. 品行不良,侮辱学生,影响恶劣的
D. 身体患疾不愿从事原来教学任务的

78. 被剥夺政治权利的人,已经获得的教师资格证书由(　　)收缴。

A. 县级以上人民政府教育行政部门
B. 县级以上人民政府
C. 省级人民政府教育行政部门
D. 省级人民政府

79. 创造性思维的核心是(　　)

A. 形象思维
B. 发散思维
C. 辐合思维
D. 直觉思维

80. 教师职业道德区别于其他职业道德的显著标志是(　　)(常考)

A. 关爱学生　B. 为人师表　C. 教书育人　D. 终身学习

81. 家长对考试成绩好的孩子给予物质奖励是(　　)

A. 正强化　B. 负强化　C. 消退　D. 惩罚

82. 个体的成就动机中含有两种成分:追求成功的动机和(　　)

A. 追求利益的动机　B. 避免失败的动机

C. 避免困难的动机　D. 追求刺激的动机

83. 孙老师给小华写了这样的评语:"填空题错了一道,其他题全对,能够非常好地运用循环小数的简便记法等知识。等级评定为优秀。"关于孙老师的做法,下列选项中不正确的是(　　)

A. 孙老师以分数作为评价标准　B. 孙老师关注学生的知识掌握

C. 孙老师关注学生的学业水平　D. 孙老师关注学生的学习效果

84. 吴老师把课堂教学中存在的突出问题归纳、提炼为若干主题进行研究,并发表系列论文,这表明吴老师具有(　　)

A. 良好的教学研究能力　B. 良好的课堂管理能力

C. 良好的课程开发能力　D. 良好的校本研修能力

85. 通过制定和执行规章制度去管理班级的班级管理方式是(　　)

A. 常规管理　B. 民主管理　C. 平行管理　D. 目标管理

86. 根据《中华人民共和国义务教育法》规定,自行实施义务教育的,应当经(　　)批准。(常考)

A. 国务院教育行政部门　B. 省、自治区、直辖市人民政府教育行政部门

C. 县级以上人民政府教育行政部门　D. 县级人民政府教育行政部门

87. "外行看热闹,内行看门道"体现了知觉的(　　)

A. 选择性　B. 整体性　C. 理解性　D. 恒常性

88. 在教育目的的价值取向问题上,主张教育是为了使人增长智慧,发展才干,生活更加充实幸福的观点属于(　　)(常考)

A. 个人本位论　B. 社会本位论

C. 知识本位论　D. 能力本位论

89. "见贤思齐焉,见不贤而内自省也"说明(　　)是教师职业道德修养的重要方法。

A. 向先进人物学习　B. 开展批评与自我批评

C. 坚持知行统一　D. 努力做到"慎独"

90. 新的教育本质观认为,教育不仅具有文化传承的功能,更应该有培养(　　)的功能。

A. 创新能力　B. 环境保护　C. 特殊才能　D. 生活经验

91. 在影响人的身心发展的诸多因素中,起主导作用的是(　　)

A. 遗传　B. 环境　C. 学校教育　D. 社会实践

92. 一位教师兴致勃勃地走进教室,突然发现黑板上画了一幅自己的画像,引起课堂上一阵骚动。下列处理方式最恰当的一项是(　　)

A. 平静而真诚地说:"画得多好啊,确实像我,希望这位同学以后为班上做画报"

B. 不予理睬,擦掉画,开始上课

C. 立即查找作画人

D. 批评教育学生

93. 李老师是二班的班主任,每次他上课或在场时,学生一个个规规矩矩的;等他一走开,纪律明显涣散。李老师的领导方式很可能是(　　)

A. 权威型　B. 民主型

C. 放任型　D. 兼有 AB 两种类型

94. 某学生既想参加演讲比赛、锻炼自己,又害怕讲不好、被人讥笑,这时他面临的心理冲突是(　　)(易混)

A. 双趋冲突　B. 双避冲突　C. 趋避冲突　D. 双重趋避冲突

95. 为了便于因材施教,学校对报名参加英语课外小组的学生进行水平测试,并据此成绩进行编班。这种评价属于(　　)

A. 诊断性评价　B. 安置性评价　C. 总结性评价　D. 形成性评价

96. "西邻有五子,一子朴,一子敏,一子盲,一子偻,一子跛;乃使朴者农,敏者贾,盲者卜,偻者绩,跛者纺。"这体现的教学原则是(　　)

A. 启发性原则　B. 因材施教原则

C. 循序渐进原则　D. 直观性原则

97. 某小学组织春游,队伍行进中某班班主任张某和其他教师闲谈,未跟进照顾本班学生。该班学生李某私自离队购买食物,与小贩刘某发生争执被打伤。对李某的人身损害,下列哪一说法是正确的(　　)

A. 刘某应承担赔偿责任

B. 某小学应承担赔偿责任

C. 某小学应与刘某承担连带赔偿责任

D. 刘某应承担赔偿责任,某小学应承担相应的补充赔偿责任

98. 课程的特点在于动手"做",在于手脑并用,以获得直接经验,这种课程类型属于(　　)(常考)

A. 学科课程　B. 活动课程　C. 学生课程　D. 综合课程

99. 学校的教学及其他行政管理,由(　　)负责。

A. 系主任　B. 院长　C. 校长　D. 书记

100. 教师在课堂上用几种不同的方法来解决同一个问题,这种思维方法是(　　)

A. 创造性思维　B. 聚合思维　C. 发散思维　D. 直觉思维

101. 在训练学生射击水下靶子之前,先给学生讲水的折射原理有利于提高训练成绩。可以用来解释这种现象的迁移理论是(　　)(常考)

A. 关系理论　　B. 共同要素说　　C. 形式训练说　　D. 概括化理论

102. 我国中小学开设的语文、数学、外语等课程属于(　　)

A. 活动课程　　B. 潜在课程　　C. 综合课程　　D. 学科课程

103. 师德修养的时代性特点需要教师(　　)

A. 随时代变化,彻底变革师德内涵

B. 向西方发达国家学习,重新确立师德规范

C. 与时俱进,丰富和发展中华民族的优秀师德

D. 以不变应万变,守护祖国的师德传统

104. 课外活动与课堂教学在(　　)上是统一的。

A. 教育目的　　B. 教育内容　　C. 教育方法　　D. 教育组织形式

105. 为了(　　),建设具有良好思想品德修养和业务素质的教师队伍,促进社会主义教育事业的发展,制定了《中华人民共和国教师法》。

A. 保障教师的合法权益　　B. 改善教师的工作和生活条件

C. 规范教育教学管理工作　　D. 弘扬尊师重教的社会风尚

106. 盲人的触觉、听觉一般非常灵敏,这说明了人的身心发展具有(　　)

A. 顺序性　　B. 不平衡性　　C. 互补性　　D. 个别差异性

107. 学生在小组或团队中为了完成共同任务,有明确责任分工的互助性学习是(　　)

A. 探究学习　　B. 合作学习　　C. 自主学习　　D. 主动学习

108—109. 缺。

110. 就动作技能的学习而言,"见者易,学者难"这句话强调的是(　　)对动作技能学习的重要性。(常考)

A. 言语指导　　B. 示范　　C. 练习　　D. 反馈

111. 李老师平时对学生特别关心,每个同学有困难她都尽力帮助,李老师班里的学生成绩明显比其他班高。这说明在教师的人格中(　　)对教学有显著影响。

A. 说到做到　　B. 敬业精神　　C. 热心和同情心　　D. 重义气,讲交情

112. 一天,孔子的学生子路问:"听到一个很好的主张,要立即去做吗?"孔子答:"家有父兄,怎能自作主张。"冉有问:"听到一个很好的主张,需立即去做吗?"孔子答:"当然应当立即去做。"公西华对此很不理解,孔子说:"冉有遇事畏缩不前,所以要鼓励他去做。子路遇事轻率,所以要加以抑制,使他谨慎。"此材料给教师的启示是(　　)

A. 根据学生的性格差异,因材施教　　B. 根据学生的智力差异,因材施教

C. 根据学生的情感差异,因材施教　　D. 根据学生的认知差异,因材施教

113. 我国在2008年重新修订颁布了《中小学教师职业道德规范》,明确提出爱国守法、爱岗敬业、关爱学生、(　　)、为人师表、终身学习等六条师德规范。

A. 品德高尚　　B. 尽职尽责　　C. 教书育人　　D. 关爱同事

114. 班主任以教育目的为指导思想,以"学生守则"为基本依据,对学生一个学期内在学习、劳动、生活、品行等方面进行小结与评价。这项工作是(　　)

A. 建立学生档案　　B. 操行评定

C. 班主任工作计划　　D. 班主任工作总结

115. 李老师在某项教学活动开始之前对学生的知识、技能以及情感等状况进行测试,从而了解学生的知识基础和准备状况,以判断他们是否具备实现当前教学目标所要求的条件。此方法属于(　　)

A. 终结性评价　　B. 形成性评价

C. 诊断性评价　　D. 学业成就评价

116. 依据《中华人民共和国教师法》,下列情形中,学校不能给予教师行政处分或者解聘的是(　　)(常考)

A. 故意旷课,给教学工作造成损失的　　B. 体罚学生,屡犯不改的

C. 穿戴不整,影响仪表的　　D. 侮辱学生,影响恶劣的

117. "生活的磨难教育了我们"中的"教育"指的是(　　)

A. 正规教育　　B. 形式化教育　　C. 广义的教育　　D. 狭义的教育

118. 在良好的环境中,有的人却没有什么成就,甚至走向与环境所要求的相反道路;在恶劣的环境中,有的人却出污泥而不染。这种现象说明(　　)(易错)

A. 人的发展不受环境的影响

B. 人们接受环境的影响不是消极被动的,而是积极的能动的实践过程

C. 好的环境不利于人的发展,坏的环境对人的发展更有利

D. 人是环境的奴隶,个人发展是好是坏,完全由环境来决定

119. 由于学生的身心发展存在着个别差异,因此要(　　)

A. 坚持以教师为中心　　B. 因材施教

C. 坚持以教材为中心　　D. 实施标准化考试

120. 教师专业发展的不竭动力是(　　)

A. 关爱学生　　B. 教书育人　　C. 终身学习　　D. 爱岗敬业

二、多项选择题(下列各题的选项中有两个或两个以上选项符合题意,请将其代码填在括号内。多选、少选、错选均不得分。本题共10小题,每小题1分,共10分)

121. 习近平总书记多次强调增强的四个意识是指政治意识,核心意识和(　　)

A. 大局意识　　B. 全局意识　　C. 看齐意识　　D. 底线意识

122. 习近平主席于2020年8月11日签署主席令，授予(　　)“人民英雄”国家荣誉称号。

A. 钟南山　　B. 陈薇　　C. 张伯礼　　D. 张定宇

123. 缺。

124. 根据《中华人民共和国教师法》规定，下列属于教师义务的是(　　)

A. 遵守宪法、法律和职业道德，为人师表

B. 贯彻国家的教育方针，遵守规章制度，执行学校的教学计划，履行教师聘约，完成教育教学工作任务

C. 对学生进行宪法所确定的基本原则的教育和爱国主义、民族团结的教育

D. 组织、带领学生开展盈利性活动

125. 下列属于心智技能的是(　　)

A. 骑车　　B. 运算　　C. 游泳　　D. 写作

126.《中华人民共和国义务教育法》规定：“(　　)。”

A. 实施义务教育，不收学费、杂费　　B. 适龄儿童、少年免试入学

C. 未经审定的教科书，不得出版、选用　　D. 学校不得分设重点班和非重点班

127. 下列各项中，属于有意义活动学习特征的是(　　)

A. 注重对策略性知识的默会理解　　B. 注重对案例知识的理解

C. 强调实践、操作及探索行为　　D. 重视人际交往，突出情感体验

128. 基础教育课程改革的具体目标包括(　　)等。

A. 改变课程过于注重知识传授的倾向，强调形成积极主动的学习态度

B. 改变课程结构过于强调学科本位、科目过多和缺乏整合的现状，整体设置九年一贯的课程门类和课时比例，设置综合课程

C. 改变课程内容“难、偏、繁、旧”和过于注重书本知识的现状，加强课程内容与学生生活以及现代社会科技发展的联系

D. 改变课程评价过分强调甄别与选拔的功能，发挥评价促进学生发展，教师提高和改进教学实践的功能

129. 新课程倡导的学习方式包括(　　)(常考)

A. 接受学习　　B. 自主学习

C. 合作学习　　D. 探究学习

130. 下列关于班主任的工作职责，说法正确的是(　　)

A. 全面了解班级内每个学生，深入分析学生思想、心理、学习和生活状况

B. 有针对性地进行思想道德教育，促进学生德智体美全面发展

C. 认真做好班级的日常管理工作

D. 努力提高所授科目的成绩

三、判断题(判断下列各题的正误，并在题后括号内打“√”或“×”。本大题共12小题，每小题0.5分，共6分)

131. 习近平总书记在全国教育大会上的讲话指出，教育的首要问题是培养什么人的问题。(　　)

132. 决定教育事业发展的直接和最终的因素是教育投资。(　　)

133. 对于那些常说“我知道这样做不好，但是就是管不住自己”的学生，教师应该加强其道德判断培养。(　　)

134. 初一学生李某未能完整背诵课文，老师罚他抄课文50遍，老师的做法属于对学生的变相体罚。(　　)

135. “师道尊严”的师生关系在管理上常常表现为以教师为中心。(　　)

136. 国家实行教科书审定制度。教科书的审定办法由地市规定。未经审定的教科书，不得出版、选用。(易错)(　　)

137. 学生中常见的一种以注意力缺陷和活动过度为主要特征的行为障碍综合征，通常被称为学习困难综合征。(　　)

138. 现代教育发展的根本性的社会动力是政治需要。(　　)

139. 我国各级各类学校教学的基本组织形式是现场教学。(　　)

140. 在教学过程中，学生以学习直接经验为主。(常考)(　　)

141. 在传统教学中，由于学生的个性差异没有得到尊重，个人的独特需要和兴趣没有得到合理的满足，致使学生缺乏幸福的感受和成功的体验。(　　)

142. 根据《中华人民共和国未成年人保护法》规定，未成年人享有受保护权、参与权等权利。(　　)

2020年安徽省教师招聘考试统考小学真题试卷(五十五)

(满分120分　时间120分钟)

一、单项选择题(下列每小题列出的四个选项中只有一个选项符合题意,请选出并将其代码填在括号内。错选、多选或未选均不得分。本大题共30小题,每小题1分,共30分)

1.《中共中央 国务院关于全面加强新时代大中小学劳动教育的意见》指出,坚持党的领导,围绕培养担当民族复兴大任的时代新人,着力提升学生综合素质,促进学生全面发展、健康成长。这属于劳动教育的(　　)

A. 重大意义　B. 指导思想　C. 基本原则　D. 教育体系

2. 中共中央、国务院印发的《中国教育现代化2035》指出,2035年推进教育现代化的主要发展目标之一是(　　)(常考)

A. 实现优质均衡的义务教育　B. 实现全面均衡的义务教育

C. 实现基本均衡的义务教育　D. 实现初步均衡的义务教育

3.《中小学教育质量综合评价指标框架(试行)》中"学生独立思考、批判质疑、钻研探究,解决问题的思路、方式方法等方面的情况"属于"学业发展水平"中的(　　)

A. 知识技能　B. 学科思想方法　C. 实践能力　D. 创新意识

4. 在教育中,强调对人性的充分肯定,对人的智慧、潜能的信任,对自由、民主的向往和追求,这种观点属于(　　)

A. 人本主义教育观　B. 建构主义教育观　C. 行为主义教育观　D. 认知主义教育观

5. 墨子的"素丝说"认为人性如素丝,"染于苍则苍,染于黄则黄",这种学说认为影响人身心发展的主要因素是(　　)

A. 遗传因素　B. 成熟程度　C. 外部环境　D. 个体主观能动性

6. 把直接经验置于课程设计中心位置的课程理论流派是(　　)

A. 学科中心论　B. 学生中心论　C. 社会中心论　D. 问题中心论

7. 教师在教学过程中有目的地创设具有一定情绪色彩的生动具体的场景,以引起学生的情感体验,帮助学生理解教材,并使学生的心理机能得到发展,这种教学方法是(　　)

A. 演示法　B. 练习法　C. 欣赏教学法　D. 情境教学法

8. 教育要适合每个人的发展,打造适合每个人的个性化教育,"使人成为他自己""变成他自己"。这说明教育应遵循人身心发展的(　　)

A. 顺序性　B. 阶段性　C. 差异性　D. 不平衡性

9. 一个国家对本国教育所要培养的人才的质量和规格的总要求是(　　)(易混)

A. 教育目的　B. 培养目标　C. 教育方针　D. 课程标准

10. 通过摆事实、讲道理,使学生提高认识、明辨是非、形成正确观念的班主任工作的方法是(　　)

A. 激励法　B. 说理教育法　C. 暗示法　D. 契约法

11. 李老师每天都坚持写日记,记录自己当天的教育教学过程和事例,对自己的教学实践进行反思和改进。这种教育研究方法是(　　)

A. 历史研究法　B. 教育实验法　C. 调查研究法　D. 叙事研究法

12. 下列教师对学生的评价中最符合现代教育理念的是(　　)

A."你脑子真聪明,每次不用努力就能考得很好,真厉害!"

B."咱们班就你一个人最优秀,大家都要向你学习!"

C."你真爱动脑筋,你的想法非常有独创性!"

D."没想到一直拖后腿的你这次能考得这么好,老师真是太开心,太喜欢你了!"

13. 一位教育家说:"我不承认有任何无教育的教学"。这句话体现的教学规律是(　　)(常考)

A. 掌握知识与提高思想觉悟相统一　B. 直接知识与间接知识相结合

C. 掌握知识与提高能力相统一　D. 教与学的辩证统一

14. 一位教育家说:"谁要是自己还没有发展、培养和教育好,他就不能发展、培养和教育别人。"这说明(　　)

A. 教师的教影响学生的学　B. 教师的学影响教师的教

C. 学生的学影响教师的教　D. 学生的学影响教师的学

15. 强调不同学科门类之间的相对独立性,以及一门学科逻辑体系的完整性的课程类型是(　　)

A. 活动课程　B. 分科课程　C. 经验课程　D. 综合课程

16. 在学生少、教师少的农村及偏远地区,会把两个或两个以上不同年级的学生编在一个班里,由一位教师在同一节课内对不同年级的学生进行教学,这种组织形式是(　　)

A. 复式教学　B. 小班教学　C. 个别教学　D. 现场教学

17."让学校的每一面墙壁都会说话"这句话体现的德育方法是(　　)

A. 说服教育法　B. 情境陶冶法　C. 实践锻炼法　D. 榜样示范法

18. 一个受过初等教育的工人可以使劳动生产率提高30%,而一个熟练工人进修一年后,劳动生产率比他在工厂工作一年提高1.6倍。这说明教育能(　　)

A. 使人口结构趋于合理　B. 培养社会政治人才

C. 促进文化交流　D. 促进经济增长

19. 儿童能独立运用各种方法进行正确的逻辑运算,开始出现守恒的概念,但还离不开具体事物和形象的支持。这属于皮亚杰提出的认知发展的(　　)(易混)

A. 感知运动阶段　B. 前运算阶段

C. 具体运算阶段　D. 形式运算阶段

20. 教师点头微笑、轻拍肩头表示赞赏，面部表情严峻表示不满或问题的严重性，这说明情绪和情感具有(　　)

A. 信号功能　B. 动机功能　C. 适应功能　D. 维持功能

21. 我国唐代画家张璪可以“双管齐下”，一只手画青翠葱郁的活松，另一只手画萎谢凋零的枯松，同时下笔，同时收笔，皆为佳作。这体现的是(　　)

A. 注意的广度　B. 注意的分配　C. 注意的稳定性　D. 注意的转移

22. 人们看到红、橙、黄的颜色时会有暖的感觉，这种现象属于(　　)

A. 感觉对比　B. 感觉适应　C. 感觉后像　D. 联觉

23. 小学生在家长要求下一遍一遍地读自己根本不懂的古诗词，并记住了它们。这属于(　　)

A. 无意识记　B. 意义识记　C. 理解识记　D. 机械识记

24. 要求学生在规定的时间内尽可能多地写出偏旁为“木”的汉字，学生写出的汉字越多，越能体现其思维的(　　)

A. 独特性　B. 敏捷性　C. 灵活性　D. 深刻性

25. 没去过滕王阁的人，吟诵《滕王阁序》时在脑海里出现一幅美景。这属于(　　)(常考)

A. 创造想象　B. 再造想象　C. 知觉表象　D. 记忆表象

26. 一个人看到某一物体的一种惯常用途后，就很难看出它的其他用途。这种现象为(　　)

A. 抽象思维　B. 原型启发　C. 功能固着　D. 创造思维

27. 同情弱者、对邪恶的人“嫉恶如仇”，对不良的社会现象“义愤填膺”，这种情感体验是(　　)

A. 理智感　B. 美感　C. 效能感　D. 道德感

28. 一支白粉笔，无论把它置于明亮处还是昏暗处，人们都会把它知觉为白粉笔，这反映的是知觉的(　　)

A. 整体性　B. 选择性　C. 理解性　D. 恒常性

29. 一般来说，学习动机与学习效率之间是(　　)

A. 正比关系　B. 反比关系　C. 倒 U 型关系　D. U 型关系

30. 学生对“三角形”概念的掌握，有利于对“直角三角形”概念的学习，这属于(　　)

A. 正迁移　B. 负迁移　C. 水平迁移　D. 横向迁移

二、多项选择题(下列每小题列出的选项中至少有两个是正确的，请选出并将其代码填在括号内。多选、少选、错选均不得分。本大题共 5 小题，每小题 2 分，共 10 分)

31.《安徽省中小学办学行为规范(试行)》规定，中小学招生实行“六公开”原则，即(　　)

A. 公开招生政策、公开招生计划　B. 公开招生范围、公开招生程序

C. 公开录取方式、公开录取结果　D. 公开招生信息、公开报考志愿

32. 随着社会的发展，当代教育除了具备现代教育的一些特征之外，从世界范围来看，还呈现出一些新的发展趋势。这些趋势是(　　)

A. 教育终身化　B. 教育全民化　C. 教育国际化　D. 教育信息化

33. 关于现代教育技术在教育教学中的应用，下列说法正确的是(　　)

A. 需要教师转变角色，掌握新的教学策略

B. 现代教育技术只是教育教学的一种辅助手段

C. 因为能下载网络上的相关教育资源，教师可以不用备课

D. 现代教育技术与教育相结合已成为时代发展的必然趋势

34. 小学生学习有进步，老师就奖励一张“点赞卡”。这种强化属于(　　)(易错)

A. 内部强化　B. 外部强化　C. 负强化　D. 正强化

35. 学校心理辅导的内容包括(　　)

A. 学习心理辅导　B. 家庭作业辅导　C. 生活心理辅导　D. 人际关系辅导

三、判断题(判断下列各题的正误，正确的打“√”，错误的打“×”。本大题共 10 小题，每小题 1 分，共 10 分)

36. 学生虽然是发展着的个体，但却是自我发展的主体。(　　)

37. 小学生的劳动教育以开展服务性劳动、使学生熟练掌握劳动技能为主。(易错)(　　)

38. 很多国家都倡导教育先行，意味着教育越来越不受社会因素制约。(　　)

39. 课程改革与开发由政府和教育专家负责，一线教师负责落实。(　　)

40. 广义上来说，一切偏离常态的儿童都是特殊儿童。(　　)

41. 短时记忆的信息容量约为 5 ±2 个意义单位(组块)。(　　)

42. 考试时，学生跳过一些难题，先作答简单的题目，这种学习策略属于元认知策略。(　　)

43. 先前学习的材料对后来学习的材料所产生的干扰作用，称为倒摄抑制。(常考)(　　)

44. 动作技能形成过程中往往会出现高原现象。(　　)

45. “才华早露”“大器晚成”反映的是能力表现早晚的差异。(　　)

四、简答题(本大题共 5 小题，每小题 5 分，共 25 分)

46. 简述小学德育的途径。(常考)

47. 班主任如何建设培养班集体？

48. 简述小学常用的教学原则。

49. 如何培养学生良好的意志品质?

50. 影响问题解决的因素有哪些?(常考)

五、材料分析题(本大题共3小题,每小题15分,共45分)

51. 阅读材料,回答问题。

材料一 江苏省溧阳市溧城镇西平小学通过"儿童现场教学"实践,积极推进校本化的课程建设,以中华优秀传统文化节日课程构成主题大单元课程的支撑课程群,目的是把学生培养成为"完整而幸福的人"。其所开发的民俗文化课程获溧阳市首批特色文化课程项目,制作的《新年盛典——西平小学元旦节日课程第一季》《迎新盛典——西平小学元旦节日课程第二季》分别获得第十四届全国中小学校园影视奖一等奖与中央电教馆二等奖。

材料二 海口市海燕小学校园环境创设以海南本土文化和海南历史文化传承为主题,表现海南的历史与当下。同时,学校根据当地实际将"三角梅"确定为校花,并开设了"三角梅"课程,具体包括"种梅""咏梅""唱梅""写梅""画梅",以培养学生劳、读、唱、写、画能力,实现以文化人,以文育人,助推立德树人实践。

材料三 广西南宁市逸夫小学以"书香竹韵"为文化建设目标,开发出丰富多彩的校本课程,包括阅读课、书法课、诵读课、音乐课中的合唱以及体育课中的竹韵操等,还开展礼仪课堂、扫洒应对等活动。该校因独具特色的"书香竹韵"文化被评为广西第一届文明校园、"学看青秀"十佳特色文化校园。

(1)以上三所学校在育人做法上有什么共同点?(5分)

(2)文化对教育有什么样的影响?(5分)

(3)教育的文化功能有哪些?(5分)

52. 阅读材料,回答问题。

家在城里的张老师热爱乡村教育事业,不顾家人反对,坚守乡村教育岗位。她勤奋进取,经常自费参加各种教育教学技能培训,教学水平高,教学成绩优秀,张老师非常关心学生,热心帮扶留守儿童,尤其是热心帮助矫正问题留守儿童;她无私奉献,经常牺牲休息时间,利用各种方法和途径对学生进行个别教育,培养学生的良好道德品质。因爱岗敬业,教学成绩突出,张老师被评为县级优秀教师。为唤起全社会对留守儿童的关注关心,张老师主动学习现代信息技术,设计、拍摄、剪辑了自己帮扶问题留守儿童的视频,并在当地电视台播出,多名被帮扶留守儿童的肖像、姓名、班级、家庭成员等信息详细显示在视频上,学生的各种严重问题行为与极其落后的学习成绩,以及张老师苦口婆心的教导等都解说得异常详细具体。

(1)根据《小学教师专业标准(试行)》的要求,你认为张老师有哪些值得学习的能力?(5分)

(2)你认为张老师在保护学生隐私权和关注学生身心健康发展方面存在哪些不妥之处?你有何建议?(5分)

(3)以上材料对你的专业素养提升有什么启示?(5分)

53. 阅读材料,回答问题。

一位小学语文老师,因为学生不爱学习成语,感到非常头疼,为了让学生爱上成语学习,她在班级组织开展了成语辨音、成语接龙、成语达人、成语造句明星秀等系列活动,并设置了荣誉榜,对每项活动的优胜者奖励"五角星"。当"五角星"达到一定数量后,学生可以用来兑换橡皮、笔记本等学习用品,一开始,学生们对这种外在奖励非常感兴趣,比的是谁的奖励多;后来,大家比的是谁的成语说得多、说得准、用得好;再后来,大家不再互相比较,而是对成语本身产生了极大兴趣,常常沉浸于成语的结构美、韵律美、和谐美之中,享受成语表达的快乐。

(1)从动机转化的角度分析学生的行为变化。(5分)

(2)作为教师,应如何培养和激发学生的学习动机?(10分)

2020年安徽省教师招聘考试统考中学真题试卷(五十六)

(满分120分　时间120分钟)

一、单项选择题(下列每题四个选项中只有一个符合题意,将其选出并把其标号写在括号内。错选、多选或未选均不得分。本大题共30小题,每小题1分,共30分)

1.《中共中央 国务院关于全面加强新时代大中小学劳动教育的意见》指出,在大中小学设立劳动教育必修课程,系统加强劳动教育。中小学劳动教育课每周不少于(　　)

A.1课时　B.2课时　C.3课时　D.4课时

2.中共中央、国务院印发的《中国教育现代化2035》指出,2035年推进教育现代化的主要发展目标之一是(　　)

A.全面普及初中阶段教育　B.全面普及高中阶段教育

C.全面普及高等教育　D.全面普及小学教育

3.根据《中华人民共和国教师法》的规定:“制止有害于学生的行为或者其他侵犯学生合法权益的行为,批评和抵制有害于学生健康成长的现象”。这属于(　　)(常考)

A.教师的义务　B.教师的权利

C.既是教师的权利,又是教师的义务　D.既不是教师的权利,也不是教师的义务

4.《中小学教育质量综合评价指标框架(试行)》中“学生关注现实生活、参加社会实践和志愿服务活动、解决实际问题、进行职业准备等方面的情况”属于“学业发展水平”中的(　　)(常考)

A.知识技能　B.学科思想方法　C.实践能力　D.创新意识

5.提出“生活即教育”“社会即学校”“教学做合一”教育观点的是(　　)

A.蔡元培　B.杨贤江　C.陈鹤琴　D.陶行知

6.“遇物而诲”“择机而教”说明家庭教育相对于学校教育更具(　　)

A.科学性　B.针对性　C.系统性　D.规范性

7.近年来,越来越多的外国留学生来到中国学习,并把中国文化带到国外,说明教育具有(　　)

A.文化传承功能　B.文化选择功能

C.文化创新功能　D.文化传播功能

8.“同流而不合污”“出淤泥而不染”这两句话所反映的影响个体身心发展的因素是(　　)

A.遗传　B.环境

C.教育　D.个体主观能动性

9.下面关于“素质教育”的描述,正确的是(　　)

A.素质教育就是要学生什么都学、什么都学好　B.素质教育要求教师必须成为学生的服务者

C.素质教育是面向全体学生的教育　D.素质教育会极大地影响升学率

10.教育部《关于全面深化课程改革落实立德树人根本任务的意见》指出,改进学科教学的育人功能,全面落实(　　)

A.以学生为本的教育理念　B.以技术为本的教育理念

C.以教师为本的教育理念　D.以知识为本的教育理念

11.以文化知识为基础,从不同的知识领域或学术领域选择一定的内容,根据知识的逻辑体系,将所选出的知识组织为学科所形成的课程是(　　)

A.活动课程　B.学科课程　C.经验课程　D.生活课程

12.教师要正确发挥教材的思想性,对学生进行思想教育,培养学生良好的道德品质,达到教书育人的目的,这体现了(　　)

A.方向性教学原则　B.直观性教学原则

C.伦理性教学原则　D.量力性教学原则

13.将一个相对独立的学习任务作为项目研究课题交予学生独立完成,教师只起咨询、指导与解答疑难的作用。这种教学方法是(　　)(易错)

A.案例教学法　B.项目教学法　C.交际教学法　D.模拟教学法

14.一个学生在看到他的同学抄袭作业后选择报告给老师,理由是“我要做一个好学生”。依据科尔伯格道德发展阶段理论,该学生处于(　　)(常考)

A.惩罚与服从定向阶段　B.相对功利的利己主义阶段

C.寻求认可取向阶段　D.维护权威与社会秩序阶段

15.孟子说:“故天将降大任于是人也,必先苦其心志,劳其筋骨,饿其体肤,空乏其身,行拂乱其所为,所以动心忍性,曾益其所不能。”这句话体现的德育方法是(　　)

A.榜样示范法　B.说服教育法　C.情感陶冶法　D.实际锻炼法

16.习近平总书记在2014年教师节讲话中提出了“四有好老师”的要求,主要内容包括(　　)

A.有理想信念、有道德情操、有扎实学识、有创新精神

B.有道德情操、有扎实学识、有仁爱之心、有健康体魄

C.有道德情操、有扎实学识、有仁爱之心、有创新精神

D.有理想信念、有道德情操、有扎实学识、有仁爱之心

17.研究者通过搜集和分析研究对象的日常教育经历和体验,在解构和重构个体教育故事的过程中获得对个体经历的解释性理解。这种教育研究方法是(　　)

A.教育叙事研究　B.教育行动研究

C.教育调查研究　D.教育实验研究

18. 有些学生在上课时经常走神，被一些无关刺激所吸引，大大降低了他们的学习效率。这属于(　　)

A. 注意的抑制　B. 注意的转移　C. 注意的分散　D. 注意的分配

19. 信息时代，教师要善于利用现代教育技术使教学内容以动态的方式展现在学生面前，增强感知效果。这利用了感知规律中的(　　)

A. 强度律　B. 活动律　C. 差异律　D. 组合律

20. 当我们翻开尘封已久的相册，回顾往昔，昔日愉快幸福的情绪体验又油然而生。这属于(　　)

A. 形象记忆　B. 逻辑记忆　C. 动作记忆　D. 情绪记忆

21. 人们思考和解决问题的思路朝一个方向聚敛前进，从而形成唯一的、确定的答案的思维过程是(　　)

A. 求同思维　B. 求异思维　C. 常规思维　D. 创造思维

22. 当我们在欣赏《高山流水》的乐曲时，想象曲子所传递的意境。这是(　　)(常考)

A. 视觉表象　B. 听觉表象　C. 再造想象　D. 创造想象

23. 学生在探索未知事物时表现出的好奇心和求知欲，在解决问题时表现出的怀疑、困惑，在问题被解决时表现出的喜悦和欣慰，这些都属于(　　)

A. 心境　B. 激情　C. 道德感　D. 理智感

24. 在韦纳成败归因理论中，"努力程度"属于(　　)

A. 内在、不稳定、不可控因素　B. 内在、不稳定、可控因素

C. 内在、稳定、不可控因素　D. 内在、稳定、可控因素

25. 学校教育中经常采用评选优秀学生的方法，使学生体验到荣誉感、自尊感，体验到学习的成功与失败，从而激起他们的学习热情。这利用了学生的(　　)

A. 自我提高内驱力　B. 认知内驱力　C. 附属内驱力　D. 成就内驱力

26. 学生在对信息进行加工处理时，主要依据内在的标准或内在参照，与人交往时也很少能体察入微，这种认知风格属于(　　)(常考)

A. 场依存型　B. 场独立型　C. 系列型　D. 同时型

27. "学生不是空着脑袋走进教室的"，这是(　　)

A. 行为主义学生观　B. 新行为主义学生观

C. 建构主义学生观　D. 人本主义学生观

28. 学生通过已知的"脊椎动物"概念理解"无脊椎动物"概念，这属于(　　)(易错)

A. 上位学习　B. 下位学习　C. 中位学习　D. 并列结合学习

29. 当动作技能达到一定水平之后，往往还会在一定时期出现练习成绩的暂时停滞甚至有所下降的现象，这个现象被称为(　　)

A. 抑制现象　B. 挫折现象　C. 高原现象　D. 低分现象

30. 主要以开发心理潜能、优化人格、促进学生全面发展为目标的学校心理辅导类型是(　　)

A. 发展性辅导　B. 矫正性辅导

C. 预防性辅导　D. 治疗性辅导

二、多项选择题(下列每小题列出的四个选项中至少有两个选项是正确的，将其选出并把它的标号写在括号内。多选、少选、错选均不得分。本大题共5小题，每小题2分，共10分)

31. 《安徽省中小学办学行为规范(试行)》规定，中小学招生实行"六公开"原则，即(　　)

A. 公开招生政策、公开招生计划　B. 公开招生范围、公开招生程序

C. 公开录取方式、公开录取结果　D. 公开考生信息、公开考生志愿

32. 下列符合新型师生关系特征的是(　　)

A. 尊师爱生　B. 民主平等

C. 合作共享　D. 共同成长

33. 主要依据学生个人的学习成绩在该班学生成绩序列或常模中所处的位置来评价和决定学生的成绩的优劣，而不考虑是否达到教学目标要求的教学评价是(　　)(常考)

A. 相对性评价　B. 绝对性评价

C. 目标参照性评价　D. 常模参照性评价

34. 数学学习中形成的认真审题的态度及审题的方法将影响到化学、物理等学科的审题活动。这种迁移类型是(　　)

A. 一般迁移　B. 具体迁移　C. 正迁移　D. 负迁移

35. 下列属于青春期常见的心理、行为问题的是(　　)(易错)

A. 过度关注自我　B. 情绪的两极性

C. 性别角色混乱　D. 人际关系冲突

三、判断题(判断下列各题的正误，并在题后的括号内打"√"或"×"。本大题共10小题，每小题1分，共10分)

36. 《中华人民共和国未成年人保护法》所称未成年人是指未满18周岁的公民。(　　)

37. 在教育活动中，教育者是教育活动的主导因素。(　　)

38. 课程计划是有关学科教学内容的指导性文件。(易混)(　　)

39. 中学劳动教育要注重围绕劳动习惯养成，让学生做好个人清洁卫生，体会到劳动光荣。(　　)

40. 终身教育制度是现代教育制度的发展趋势之一。(　　)

41. 美育就是艺术教育。(　　)

42. 消极情绪不利于身心健康，因此要消除一切消极情绪。(　　)

43. 归类、列提纲和画概念图都属于组织策略。(　　)

44. "高分低能现象"说明知识与能力是完全不同的，二者没有任何联系。(　　)

45. 晶体智力取决于后天的学习，与社会文化有密切关系。(常考)(　　)

四、简答题(本大题共 5 小题,每小题 5 分,共 25 分)

46. 简述新时代中学班主任的角色。

47. 简述德育过程的基本规律。(常考)

48. 中学教师应树立怎样的学生观?

49. 简述影响性格形成和发展的因素。

50. 简述动机强度与学习效率之间的关系及对教育的启示。(常考)

五、材料分析题(本大题共 3 小题,每小题 15 分,共 45 分)

51. 材料一:教育部、财政部于 2010 年启动实施的“中小学教师国家级培训计划”走过了 10 年历程,参与其中的教师达 1500 万人次,效益显著。为进一步提升教师培训的针对性和实效性,教育部组织相关专家,研究制定了“中小学教师专业能力建设项目系列指南”,包括《新教师入职培训指南》《青年教师助力培训指南》《骨干教师提升培训指南》和《教师培训者团队研修指南》。“系列指南”致力于探索建立基于教师发展规律开展分层分类培训新体系,推动我国教师培训工作进入从规划设计、组织实施到过程管理、效果评价等全流程专业引领、分项目科学实施新阶段,更好地实现教师学习的变量控制、教师培训的生态优化,从而形成“学习强师”的新局面。

—资料来源:李源田,陈睿.“学习强师”的行动路标——中小学教师专业能力建设项目实施指南解读[N].中国教育报,2020 - 5 - 2.(有改动)

材料二:我是一位有着 30 年教龄的老教师,看到 4 月 22 日《读书周刊》讨论理科教师的阅读,我想说,在我的教师生涯中,让我受益最大的是全科阅读。刚刚参加工作时学校里没有书,我就到处去借,一次偶然的机会看到了一本过期的数学杂志,里面有一篇介绍解题方法的文章,如获至宝的我在课堂上应用了这些方法,取得了良好的教学效果。尝到甜头的我自费订阅了二十多种教育报刊,并长期在教育书店邮购书籍。我的阅读面非常广,《教育学》《心理学》《初等数论》《马桥词典》都在我的阅读书单中。多年的阅读让我受益匪浅,教育教学能力得到很大提升,教学效果得到学生、同行和家长的一致认可,先后获得特级教师等多项荣誉称号。在教学之余,我还将自己对教育教学的思考和经验汇聚成籍,先后出版了《现场与背后》《寻变》《重新认识课堂》等多本著作。读书、教书、写书就是我的生活。

资料来源:贲友林.“我受益最大的是全科阅读”[N].中国教育报,2020 - 5 - 6.(有改动)

(1)结合材料分析影响教师专业发展的主要因素。(5 分)

(2)根据教师专业标准,你认为新时代中学教师应具备哪些专业素养?(5 分)

(3)作为新任教师,你认为应如何提升自己的专业素养?(5 分)

52. 阅读材料，回答问题。

材料一：小明是一个七年级的孩子，他做任何事情都是开始时劲头十足、热情高涨，但是一遇到困难，就会退缩不前，经常是虎头蛇尾。

材料二：小刚是一个八年级的孩子，他做事非常执拗，即使环境发生变化，仍然墨守成规、固执己见、不能变通，也就是我们常说的“一条道走到黑”。

(1)结合意志品质相关知识，分析小明和小刚的行为。(5分)

(2)意志品质对中学生意志行动有何影响？(5分)

(3)作为中学教师，如何培养学生良好的意志品质？(5分)

53. 阅读材料，回答问题。

2020年2月，由于疫情肆虐，一场史无前例的大规模在线教育实验在中国大地启动。2月17日，我国正式开通了国家中小学网络云平台和中国教育电视台空中课堂，截至5月11日，国家中小学网络云平台浏览次数达20.73亿，访问人次达17.11亿。尽管只有两三个月的体验，但是我国教育信息化建设得到了一次大“练兵”。

在疫情防控常态化背景下，在线教学将从原先的外挂或应急角色，发展成为与线下教学并行的教学方式，这对未来教师的教育技术能力提出了更高要求。随着教育信息化建设不断推进，技术、平台、资源问题都有解决的可能。但是，如何看待新技术与教育的关系，如何有效利用新技术改造传统教育，应对未来发生的变化，这将是我们面临的关键问题。

资料来源：李萍，唐琪. 疫情期间在线教学得失几何[N]. 中国教育报，2020-5-26.(有改动)

(1)在“互联网+”背景下，我国中学出现了哪些新的教学模式？(5分)

(2)随着新技术的发展，中学教学会有哪些发展趋势？(5分)

(3)中学教师应如何组织现代教育技术支持下的个性化教学？(5分)

2020年浙江省丽水市遂昌县小学教师招聘考试真题试卷(精编)(五十七)

(本套试卷满分为100分,做题时间为90分钟。目前仅收录部分真题)

一、填空题

1. ________提出了教师中心、课堂中心、知识中心。(常考)
2. 中国近代教育史上最早的学制是1902年的《钦定学堂章程》,又称________。
3. 适应无结构材料,结构不严密的教学的是________学生。(易混)
4. 德育原则中,教师依靠发扬学生自身的积极因素,克服消极因素的原则是________原则。
5. 耶克斯—多德森定律中,动机水平和行为效果呈________曲线。(常考)
6. 奥苏伯尔等人把动机分为________、自我提高内驱力和附属内驱力。
7. 把需要分成了五个层次,即生理需要、安全需要、归属与爱的需要、尊重需要和自我实现的需要的理论是________。
8. 三级课程体系为国家课程、地方课程和________。

二、简答题

1. 简述小学生素质教育的特点。

2. 简述小学生自我意识的发展趋势。

三、论述题

论述遗忘的规律以及影响遗忘进程的因素。(常考)

四、案例分析题

小学生坤坤上课老是做小动作,语文老师批评并辱骂了他,导致其厌学。后来,坤坤转学遇到了刘老师,上课时还是会有小动作,但是刘老师的处理方式是走到他身边轻轻敲一下他的肩膀;在他没有做小动作时,向他微笑一下以示奖励,并且在课堂上表扬坤坤不做小动作,坐姿端正。慢慢的坤坤开始上课认真听讲,学习成绩也越来越好!

(1)请根据坤坤的心理特点分析其行为。

(2)请说说刘老师做的好的地方。

2020 年贵州省贵阳市教师招聘考试真题试卷(精编)(五十八)

(本套试卷共 34 小题,目前已收录 33 小题)

一、单项选择题(本大题共 12 小题,每小题 3 分,共 36 分。在每小题的四个备选答案中选出一个正确答案,并将正确答案的序号填入括号内。错选、多选或未选均不得分)

1. 2020 年 5 月提出的被称为“社会生活百科全书”的是哪部法典(　　)

A.《中华人民共和国宪法》　B.《中华人民共和国民法典》

C.《中华人民共和国民法通则》　D.《中华人民共和国民事诉讼法》

2. 日前,教育部办公厅印发《关于进一步加强面向中小学生的全国性竞赛活动管理工作的通知》,要求全国性竞赛活动必须坚持的导向是(　　)

A. 英才教育　B. 全面教育　C. 能力教育　D. 素质教育

3. 教育部部长表示,2020 年基础教育要在扩容和深化上下功夫。深化教育教学改革,学前教育要制订(　　)行动计划。

A. 优化教学方式　B. 打造优秀教学成果　C. 幼小科学衔接　D. 提高课堂教学质量

4. 一个人忽略自己的主观感受,以别人的标准来判断客观事物,其认知方式属于(　　)(常考)

A. 系列型　B. 场依存型　C. 整体型　D. 场独立型

5. 由于看到鸟的飞翔而发明了飞机,这类创造活动的主要心理影响机制是(　　)

A. 原型启发　B. 功能固着　C. 动机强度　D. 思维定势

6. 当下我们强调分层教学,针对学生的差异,实施不同的教学,以最大限度地调动每一个学生的学习积极性。这关注了学生身心发展规律的(　　)

A. 顺序性　B. 不平衡性　C. 阶段性　D. 个别差异性

7. “五育”中为德智体美四育提供实践基础的是(　　)(易混)

A. 德育　B. 美育　C. 智育　D. 劳育

8. “出淤泥而不染,濯清涟而不妖”说明(　　)

A. 社会环境对人的发展作用不大　B. 环境为人的发展提供了现实条件

C. 环境对人的发展的作用方式不同　D. 主观能动性对人的发展起决定作用

9. 依据《中华人民共和国未成年人保护法》,下列属于学校保护的是(　　)

A. 禁止向未成年人出售烟酒　B. 禁止拐卖虐待未成年人

C. 不得对未成年人实施体罚　D. 履行监护人职责,抚养未成年人

10. 教师赵某因故意犯罪被判处有期徒刑一年。下列表述中正确的是(　　)

A. 赵某保留教师资格,刑满释放后不能在原学校任教

B. 赵某保留教师资格,刑满释放后可继续在学校任教

C. 赵某丧失教师资格,刑满释放后只能从事其他职业

D. 赵某丧失教师资格,刑满释放后可再取得教师资格

11. 某班主任在每次成绩出来后都会将考试成绩单张贴在显眼处,此班主任的做法是(　　)

A. 不合法,侵犯了学生的隐私权　B. 不合法,侵犯了学生的人格尊严权

C. 不合法,侵犯了学生的荣誉权　D. 不合法,损害了学生的身心健康

12. 学生小李总是违反课堂纪律,班主任让他停课并回家反省,班主任的做法是(　　)(常考)

A. 合法,教师有教育学生的职责　B. 合法,有助于警示班上其他学生

C. 不合法,侵犯了小李的受教育权　D. 不合法,侵犯了小李的人身自由权

二、多项选择题(本大题共 5 小题,每小题 4 分,共 20 分。在每小题的备选答案中,至少有两个正确答案。请将正确的答案序号填入括号内,多选、少选、错选或未选均不得分)

13. 教学方法包括讲授法、谈话法、演示法等,下列属于演示法的有(　　)(易错)

A. 地理老师使用地球仪让学生识别经纬线

B. 英语老师使用软件播放歌曲、影片片段

C. 生物老师解剖青蛙,帮助学生了解青蛙的生理结构

D. 化学老师使用分子模型帮助学生认识乙醛的分子结构

14. 班杜拉提出的观察学习包括(　　)

A. 注意阶段　B. 保持阶段　C. 再现阶段　D. 动机阶段

15. 下列属于教育目的确立依据的有(　　)

A. 学校的育人目标和办学特色　B. 社会政治、经济和文化因素

C. 制定者的教育理想和价值观　D. 受教育者身心发展的特点和需要

16. 下列关于教师职业道德规范中“爱国守法”内涵的表达,正确的有(　　)

A. 热爱祖国,热爱人民,拥护中国共产党领导,拥护社会主义

B. 全面贯彻国家教育方针,自觉遵守教育法律法规,依法履行教师职责权利

C. 忠诚于人民教育事业,志存高远,勤恳敬业,甘为人梯,乐于奉献

D. 不得有违背党和国家方针政策的言行

17. 为了培养全面发展的人,李老师不仅关心学生的身体健康,而且讲究教学的艺术性,经过他的悉心培养,班上的学生都品学兼优,李老师的做法体现了教师劳动(　　)

A. 目的的特殊性　B. 对象的特殊性　C. 工具的特殊性　D. 结果的特殊性

三、判断题(本大题共 10 小题,每小题 1 分,共 10 分。判断下面各题的正误,并在题后括号内打“√”或“×”)

18. 学校对未成年学生承担监护职责。(　　)

19. 学生学习成绩好了,家长满意了,教师也就放心了。 ( )

20. 对于被刑事拘留的未成年学生,学校可以取消其学籍。 ( )

21. 教师在上课之前要清点学生人数,清楚未到学生的去向。 ( )

22. 阿特金森的成就动机理论认为成就动机是由追求成功的动机和避免失败的动机组成的。 ( )

23. 归因理论认为,人们对学业成败的归因包括能力、努力、任务难度和运气。(易错) ( )

24. 根据知识的表征方式,知识可分为陈述性知识、程序性知识和策略性知识,我们在教学中以教授陈述性知识为主。 ( )

25. 李老师在家长会上告诉家长,家庭教养方式一般分为专制型、放纵型、民主型,民主型对孩子的教育最好。 ( )

26. 2020年5月,强基计划首批试点高校陆续公布2020年招生简章,主要选拔培养基础学科拔尖或有志于服务国家重大战略需求且综合素质优秀的学生。 ( )

27. 通过开展教育系统"安全生产月""安全生产万里行"和"安全专项整治三年行动"的活动,坚决守住教育系统的安全底线。 ( )

四、简答题(本大题共4小题,每小题6分,共24分)

28.《中小学教师职业道德规范》的主要内容有哪些?(常考)

29. 简述学校开展心理辅导的主要途径。

30. 微课的主要特点是什么?

31. 教师作为专业教学人员享有哪些职业权利?

五、案例分析题(本大题共15分)

32. 吴老师在一所初中任教,立志成为一名优秀的人民教师。他工作努力,认真负责。班上有学生家境贫困,家长让其退学并带他到广东打工。吴老师知道后急得直跺脚,恳请家长把孩子送回学校,还给家长转账2000元,让他们把孩子送上火车,火车到站后,吴老师亲自去接该学生。很快,吴老师便小有名气。

一天,几位学生的家长找到吴老师,希望他能在课后帮助孩子补习,吴老师认为这有利于学生提高成绩,就答应了。补习结束后,家长为了感谢他,给了他一笔可观的辛苦费,他推辞不过只好接受。自此以后,越来越多的学生找吴老师补课。随着补课学生人数的增多,他在小区专门租了一间房子进行补课,并收取一定的辛苦费。家长们对吴老师的辅导非常满意。

问题:从教师职业道德的角度,评析吴老师的职业行为。

六、写作题(本大题共30分)

33. 阅读下面的材料,根据要求作文。

下面是某班主任的教育日记的一段节选:

手机铃声突然响起,是成绩优秀的小明的妈妈打来的,"张老师,您好!听说夏老师还继续教咱们班地理?她虽然很有责任心,但是毕竟年轻,孩子说她上课枯燥,详略不当,而且没有高三教学经验,孩子一生就一次高考,不能让她用咱们班的孩子来练经验,请您跟学校讲一下,看能不能换个有经验的老师?"放下电话,作为班主任的我,心情非常复杂。放假前,校长在新高三教师动员会上表示:"每一位新高三班主任以及科任老师都非常优秀,是经过学校严格考评、慎重考虑以后才确定的,而且每一个学科组都有丰富的备考经验,也有成熟的帮带制度,如果有哪个班的家长要求换科任老师,请这个班的班主任做好沟通工作。"

读了以上材料,你有哪些思考?假如你是这位班主任,请给小明的妈妈写一封信说服她,让她打消更换地理老师的念头,圆满地解决这件事情。

要求:观点鲜明,说理充分,结构完整,条理清晰,表达简明,语言得体,不少于600字。

2020年江西省中小学教师招聘考试真题试卷(五十九)

(满分100分　时间120分钟)

第一部分　选择题

一、单项选择题(在下列每题的四个选项中,只有一个是最符合题意的,将其选出并把它的标号写在括号内。错选、多选或未选均不得分。本大题共30小题,每小题1分,共30分)

1.《中华人民共和国义务教育法》第三十五条规定,学校和老师按照确定的教育教学内容和课程设置开展教育教学活动,保证达到国家规定的(　　)要求。

A.全面发展　　B.教书育人　　C.素质教育　　D.基本质量

2.《中华人民共和国教育法》第三十六条规定,学校及其他教育机构中的教学辅助人员和其他专业技术人员实行(　　)制度。

A.教育职员　　B.专业技术职务聘任　　C.职业人员任用　　D.国家工作人员任用

3.德育过程是学生在(　　)中形成思想品德规律的过程。(常考)

A.活动和交往　　B.内部矛盾转化　　C.自我反思　　D.课堂学习

4.教育的生物起源论和心理起源论的共同特点是它们都否认了(　　)

A.教育的社会性　　B.教育的自然性　　C.教育的阶级性　　D.教育的生产性

5."时教必有正业,退息必有居学",说明了教学要做到(　　)

A.及时性　　B.循序渐进　　C.课内与课外相结合　　D.长善救失

6.研究表明,人出生以后的第一年和青春期是身高增长的高峰期,而成年人的身高逐渐停止了增长,这说明人的身心发展具有(　　)的特征。

A.顺序性　　B.不平衡性　　C.互补性　　D.个体差异性

7.对于西方政治文明,应取其精华,弃其糟粕,而后进行普及。这体现的教育功能是(　　)

A.传递、保存文化功能　　B.选择、提升文化功能

C.传播、丰富文化功能　　D.创造、更新文化功能

8.以下教学评价不属于依据评价作用来划分的是(　　)(常考)

A.总结性评价　　B.形成性评价　　C.诊断性评价　　D.外部评价

9.王老师在工作中为人师表,表明了他践行了教师职业道德的(　　)

A.基本要求　　B.本质要求　　C.内在要求　　D.动力要求

10.教师要处理好与学生家长的关系,以下方式不正确的是(　　)

A.主动加强联系,谋求共同立场　　B.尊重并且迁就,待人公正平等

C.征求意见建议,谋求支持配合　　D.教育学生尊重家长,提高父母威信

11.普通话水平属于教师专业素质中的(　　)

A.职业道德　　B.专业知识　　C.专业技能　　D.文化修养

12.1916年(　　)的出版,在20世纪教育学发展历史上具有里程碑意义。

A.斯宾塞《教育论》　　B.赫尔巴特《普通教育学》

C.凯洛夫《教育学》　　D.杜威《民主主义与教育》

13.依据费斯勒的教师生涯循环论,如果教师出现"做一天和尚撞一天钟"的心态。表明其处于(　　)(易混)

A.生涯低落阶段　　B.稳定和停滞阶段　　C.生涯挫折阶段　　D.生涯退出阶段

14.在教育目的价值取向中,属于社会本位论的代表人物是(　　)

A.洛克　　B.涂尔干　　C.卢梭　　D.福禄贝尔

15.在我国,"义务教育"一词最早出现在(　　)中。

A.《奏定学堂章程》　　B.《钦定学堂章程》

C.《试办义务教育章程案》　　D.《强迫教育章程》

16.全面领会和理解新课程结构有三把"钥匙",它不包括(　　)

A.均衡性　　B.综合性　　C.选择性　　D.全面性

17.列宁指出:"我们需要用基本事实的知识来发展和增进每个学习者的思考力"这句话阐明了(　　)

A.直接经验与间接经验的关系　　B.教师主导与学生主体的关系

C.掌握知识与提高能力的关系　　D.智力活动与非智力活动的关系

18.语文老师利用课程中语言文字的思想道德教育因素,潜移默化地对学生进行世界观、人生观和价值观的引导,该老师运用的学科德育渗透途径是(　　)

A.挖掘教材的德育因素　　B.注重教法的德育效果

C.发挥教师的道德示范　　D.加强教学的德育工作

19.心理学成为独立学科(　　)年以后,西方出版了第一本以教育心理学命名的专著。

A.80　　B.24　　C.50　　D.97

20.心理过程包括(　　)

A.认知过程、情感过程、行为过程　　B.知觉过程、情感过程、行为过程

C.感觉过程、知觉过程、意志过程　　D.认知过程、情感过程、意志过程

21.一种学习对另一种学习起促进作用的迁移是(　　)

A.顺向迁移　　B.逆向迁移　　C.正迁移　　D.负迁移

22. 广义学习是指人或动物在生活过程中凭借经验产生的(　　)相对持久性的变化。

A. 知识　B. 智力　C. 行为　D. 行为或行为潜能

23. (　　)是操作技能不可缺少的关键环节,也是操作技能形成的基本途径。(常考)

A. 指导　B. 发现　C. 练习　D. 反馈

24. 依从是态度和品德形成的第一阶段,它包括(　　)

①从众　②内化　③服从　④认同

A. ①②　B. ②③　C. ①③　D. ②④

25. 布鲁纳认为,教学的最终目标在于理解学科的(　　)

A. 认知结构　B. 基本结构　C. 基本思想　D. 方法论

26. (　　)是个体在生活过程中形成的对现实稳定的态度以及与之相适应的习惯化的行为方式。(常考)

A. 能力　B. 性格　C. 气质　D. 个性

27. 一份试卷的难度指数越大,说明这份试卷(　　)(易错)

A. 越难　B. 越容易　C. 适中　D. 不确定

28. 某学生在学习井冈山精神的内容时,各取一字"坚定信念、艰苦奋斗、实事求是、敢闯新路、依靠群众、勇于胜利"读成"艰苦事,敢考虑"来帮助记忆,这里应用的学习策略是(　　)

A. 记忆术　B. 做笔记　C. 提问　D. 生成性学习

29. 态度的行为成分是指个体准备对某对象做出某种反应的(　　)(易错)

A. 行为方式　B. 意向或意图　C. 行为习惯　D. 语言或行为

30. 有一份试题,某学生第一次测验得 90 分,一个月后再测还得 90 分,说明这份试题有很高的(　　)

A. 难度　B. 区分度　C. 效度　D. 信度

二、多项选择题(在下列每小题列出的选项中至少有两个是正确的,请将其代码填在括号内。错选、多选或未选均不得分。本大题共 20 小题,每小题 1 分,共 20 分)

31. 学生伤害事故的范围仅限于对(　　)的伤害。

A. 生命权　B. 财产权　C. 身体权　D. 健康权

32.《中华人民共和国未成年人保护法》第二十条规定,学校应当与未成年学生的父母或者其他监护人互相配合,保证未成年学生的(　　)时间,不得加重其学习负担。

A. 劳动　B. 睡眠　C. 娱乐　D. 体育锻炼

33. 影响课程发展的外部因素有(　　)

A. 社会因素　B. 儿童因素　C. 知识因素　D. 课程理论

34.《中小学教师职业道德规范》中"爱岗敬业"这一条目的要求包括(　　)(易混)

A. 忠诚于人民教育事业,志存高远,勤恳敬业,甘为人梯,乐于奉献

B. 对工作高度负责,认真备课上课,认真批改作业,认真辅导学生

C. 不得体罚和变相体罚学生

D. 不得敷衍塞责

35. 教师职业道德修养的特点包括(　　)

A. 内省性　B. 自主性　C. 实践性　D. 持恒性

36.《中共中央国务院关于深化教育教学改革全面提高义务教育质量的意见》对"促进信息技术与教育教学融合作用"做了规定,提出要(　　)

A. 提升教师教学水平　B. 推进"教育 + 互联网"发展

C. 加快数字校园建设　D. 加强信息化终端设备及软件管理

37. 教育发展经历了多个阶段,以下属于萌芽阶段的代表作的是(　　)

A.《论语》　B.《学记》　C.《雄辩术原理》　D.《教育漫话》

38. 学校教育在人的发展中起主导作用,即学校教育对人的发展具有主要的导向性的作用,这是因为(　　)

A. 学校教育具有明确的目的性和方向性　B. 学校教育可以抓住儿童受教育的最佳时期

C. 学校教育具有高度的组织性　D. 学校教育具有较强的计划性和系统性

39. 专制型师生关系下,学生的典型表现有(　　)(易错)

A. 学生不仅道德差,而且学习也差　B. 推卸责任是常见的事情

C. 学生易激怒,不愿合作　D. 教师一离开课堂,学习就明显松垮

40. 根据资源的功能特点,课程资源可分为(　　)

A. 素材性课程资源　B. 显性课程资源

C. 条件性课程资源　D. 隐性课程资源

41. 下列行为能体现李老师在教学中贯彻了启发性教学原则的是(　　)

A. 调动学生学习的主动性

B. 引导学生独立思考,发展学生的逻辑思维能力

C. 培养学生独立解决问题的能力

D. 发扬教学民主,建立民主平等的师生关系

42. 以下属于中华优秀传统文化教育的有(　　)

A. 人格修养教育　B. 家国情怀教育　C. 职业规划教育　D. 社会关爱教育

43. 以下方老师的教育行为属于艺术浸染的有(　　)

A. 带领学生朗诵诗句　B. 组织学生欣赏画展

C. 课前播放红色歌曲　D. 组织学生打扫卫生

44. 班级管理的功能包括(　　)(常考)

A. 有助于实现教学目标,提高学习效率　B. 有助于加强学生控制,保障班级发展

C. 有助于班级秩序维持,形成良好班风　D. 有助于锻炼学生学习能力,学会自治自理

45. 强调学习是认知结构变化的心理学家有(　　)

A. 华生　　B. 加涅　　C. 罗杰斯　　D. 奥苏伯尔

46. 以下关于关键期的说法正确的是(　　)(易错)

A. 关键期是个体对某种刺激特别敏感的时期

B. 过了关键期,同样的刺激对个体影响很小

C. 4~5 岁是学习书面语言的关键期

D. 关键期是绝对的,一旦错过关键期,再努力学习,也无济于事

47. 对于那些高水平、复杂的技能,以下哪些方式不能较好地进行测量(　　)

A. 选择题　　B. 填空题　　C. 简答题　　D. 论述题

48. 马斯洛的需要层次理论认为,自我实现是一种高级的需要,它包括(　　)

A. 认知需要　　B. 审美需要　　C. 创造需要　　D. 自尊与自爱的需要

49. 我国教育心理学家主张把学习分为(　　)

A. 知识的学习　　B. 技能的学习　　C. 情感的学习　　D. 行为规范的学习

50. 影响迁移的因素有(　　)(易错)

A. 相似性　　B. 原有的认知结构　　C. 学习的定势　　D. 外界的提示与帮助

第二部分　主观题

三、判断分析题(判断正误并说明理由。本大题共 5 小题,每小题 4 分,共20 分)

1. 循循善诱,诲人不倦,是教师开展教书育人工作的目标指向。

2. 教师备课就是备教材。(常考)

3. 学生问老师竹子的竹筒有没有空气,老师没有回答他,而是引导学生自己思考,学生试过摇、敲、破的方法,最后想到将竹筒放进水里,学生看到有水泡冒出来,非常兴奋。从情感的社会角度看,这种兴奋是一种道德感。

4. 学习动机是直接推动学习行为的原因和动力。

5. 试误学习的过程中,学习者对刺激情境做出反应之后,能够获得满意的结果时,联结力量就会增强,这符合桑代克联结学习的练习律。(常考)

四、论述题(本大题共 12 分)

结合班主任的素质要求、工作内容与方法,论述如何做一名班主任。

五、案例分析题(本大题共 18 分)

江苏省泰州市某小学美丽的校园内,建有本草园、蝴蝶园、果树园等三个可供学生亲近并在其中劳作的园子。从此,学校的亲近自然课程、生产劳动课程如火如荼地开展了起来。学生积极参加班级课程和社团课程的学习,对大自然充满了好奇与向往,并在翻地、浇水、施肥、剪枝等过程中养成了积极的劳动态度和良好的劳动习惯。师生还就实践中遇到的问题进行了探索,如就“挂在树梢上的果子采不到”开发了 STEM(STEM 是科学、技术、工程、数学四门学科英文首字母的缩写)课程,并让学生尝试制作采果子的工具,从而培养了学生从真实情景中发现问题、解决问题的能力,发展了学生对知识的综合运用能力,学生合作、分享、进取等良好的个性品质也日渐养成。

请根据上述材料,回答以下问题:

(1)中共中央、国务院印发《关于深化教育教学改革全面提高义务教育质量的意见》,要求坚持“五育”并举,其中在“加强劳动教育”方面提出了哪些要求?(5 分)

(2)上述案例中的劳动教育,运用了哪些综合实践活动的方式?(6 分)

(3)结合案例谈谈如何进行创造力个性的塑造?(7 分)

2020年山东省济南市联考教师招聘考试真题试卷(六十)

(满分100分　时间120分钟)

第一部分　公共基础知识(共30分)

一、单项选择题(在下列每小题四个选项中只有一个是符合题意的,将其选出并把它的标号写在括号内。错选、多选或未选均不得分。本题共20小题,每小题0.9分,共18分)

1. 2020年6月30日,第十三届全国人民代表大会常务委员会第二十次会议通过(　　),这是香港回归以来中央处理香港事务的重大举措,对于全面准确贯彻“一国两制”方针和香港基本法,维护国家主权、安全、发展利益,保持香港长期繁荣稳定,确保“一国两制”行稳致远,具有重大现实意义和深远历史意义。

A.《中华人民共和国香港特别行政区区域安全法》

B.《中华人民共和国香港特别行政区维护国家安全法》

C.《中华人民共和国香港特别行政区维护社会安全基本法》

D.《中华人民共和国香港特别行政区域安全法》

2. 清朝的地方行政制度实行督抚制。总督可以管数省,侧重军事,巡抚只管一省,侧重民政。总督权力比巡抚大得多,但与巡抚之间没有直接的隶属关系,二者都直接听命于皇帝。清朝两江总督府驻地位于今天的(　　)

A. 九江　　B. 南京　　C. 镇江　　D. 扬州

3. “乘风好去,长空万里,直下看山河”出自辛弃疾的《太常引·建康中秋夜为吕叔潜赋》,“太常引”是指(　　)(易错)

A. 官职名　　B. 城市名　　C. 建筑物　　D. 词牌名

4. 依照《中华人民共和国公司法》规定,公司是在中国境内设立的,以营利为目的的企业法人,是适应市场经济社会化大生产的需要而形成的一种企业组织形式,公司股东依法享有的权利不包括(　　)

A. 资产收益　　B. 参与重大决策

C. 选择管理者　　D. 宣告破产

5. 全面建成小康社会是当前的重中之重和必须完成的硬任务,而2020年是全面建成小康社会的关键之年。“民亦劳止,汔可小康”表达了中国人民自古以来对美好安定生活的向往。“小康”一词最早出自(　　)

A.《论语》　　B.《离骚》　　C.《孟子》　　D.《诗经》

6. 世界卫生组织规定,每年的5月31日为“世界无烟日”。这一天世界各地既不吸烟也不售烟并要求各国广泛宣传戒烟的意义。烟草燃烧所产生的烟雾是由7000多种化合物所组成的复杂混合物,如一氧化碳、氢化氰、挥发性亚硝胺、烟焦油、尼古丁等。这些化合物绝大多数对人体有害,其中至少有69种为已知的致癌物,而引起吸烟成瘾的主要物质是(　　)

A. 氢化氰　　B. 烟焦油　　C. 尼古丁　　D. 一氧化碳

7. 2020年5月,习近平总书记对毛南族实现整族脱贫作出重要指示。环江县是全国唯一的毛南族自治县,2020年5月,环江县退出贫困县序列。环江毛南族自治县位于我国(　　)

A. 四川省　　B. 湖南省　　C. 广西壮族自治区　　D. 云南省

8. 2020年5月18日是第44个国际博物馆日,今年国际博物馆日的主题为“多元与包容”。“博物馆”一词源于希腊文“museion”,是指(　　)

A. 祭祀伊利丝的地方　　B. 祭祀提亚的地方

C. 祭祀雅典娜的地方　　D. 祭祀缪斯的地方

9. “癸丑之三月晦(公元1613年5月19日),自宁海出西门,云散日朗,人意山光,俱有喜态。”短短24个字为后人留下了文化旅游的瑰宝。自2011年起,每年的5月19日被定为“中国旅游日”。中国旅游日的设立与我国历史上伟大的旅行家、地理学家、史学家、文学家(　　)有关。

A. 沈括　　B. 周达观　　C. 徐霞客　　D. 裴秀

10. 2020年5月27日,我国珠峰高程测量登山队8名攻顶队员成功从北坡登上珠穆朗玛峰峰顶,完成了峰顶测量任务。该次测量也是人类首次在珠峰峰顶开展的(　　)

A. 重力测量　　B. 峰顶雪深测量

C. 雷达测量　　D. 峰顶交会测量

11. 公元前5世纪,雅典日益发展壮大,雅典的发展对斯巴达造成了恐惧,导致双方发生了长达30年的战争,最终都被毁灭。后来人们研究发现,一个新崛起的大国必然要挑战现存大国,而现存大国也必然来回应这种威胁,这样战争变得不可避免。这种现象通常被称为(　　)(常考)

A. 塔西佗陷阱　　B. 灰犀牛现象

C. 黑天鹅现象　　D. 修昔底德陷阱

12. 五四运动时,面对国家和民族生死存亡,一批爱国青年挺身而出,誓言“国土不可断送、人民不可低头”,带动全国民众为拯救民族危亡、捍卫民族尊严、凝聚民族力量掀起了波澜壮阔的伟大社会革命运动。五四运动浩气长存,孕育了伟大的五四精神。五四精神的核心是(　　)

A. 民主自由　　B. 救亡自强　　C. 爱国主义　　D. 科学启蒙

13. 公共财产指所有权属于国家的各种财产,包括国有和集体所有的财产等几个类别。下列选项中,

属于集体所有的财产是(　　)(易混)

A. 矿藏　B. 水流　C. 海域　D. 宅基地

14. 广东音乐是我国第一批国家级非物质文化遗产,广泛流行于以广州为中心的珠江三角洲及广府方言区,是岭南民间传统丝竹乐种,影响遍及大江南北,也流行于世界各地的华人社区。下列曲目不属于广东音乐代表作的是(　　)

A.《步步高》　B.《平湖秋月》　C.《百鸟朝凤》　D.《雨打芭蕉》

15. 清代诗人王士祯的诗句"山郡逢春复乍晴,陂塘分出几泉清? 郭边万户皆临水,雪后千峰半入城"描绘了春雪过后赏心悦目的城市景色。诗中描绘的城市是(　　)

A. 北京　B. 承德　C. 天津　D. 济南

16. 京剧是中国五大戏曲剧种之一,被视为中国国粹之一。在京剧的行当中,天真活泼的年轻女性被称为(　　)

A. 正旦　B. 花旦　C. 彩旦　D. 刀马旦

17. 古人的年龄有时不直接用数字表示,而是用一种与年龄有关的称谓来代替。陆游有诗"余生已过足,不必到期颐",苏轼有诗"到处不妨闲卜筑,流年自可数期颐"。"期颐"指的是(　　)(常考)

A. 七十岁　B. 六十岁　C. 九十岁　D. 一百岁

18. 曾侯乙编钟是中国迄今发现数量最多、保存最好、音律最全、气势最宏伟的一套编钟,现保存于(　　)

A. 故宫博物院　B. 南京博物馆

C. 陕西省博物馆　D. 湖北省博物馆

19. 2020年6月23日,我国北斗三号第55颗导航卫星,也是北斗系统最后一颗全球组网卫星发射成功,至此北斗全球卫星导航系统星座部署全面完成。此次发射任务是在(　　)卫星发射中心完成的。

A. 酒泉　B. 西昌　C. 太原　D. 文昌

20. 法国启蒙运动是十八世纪一次波澜壮阔的思想解放运动,在政治上、思想上和理论上为法国大革命奠定了基础,对整个西方近代文明产生了深远关键的影响,众多著名的启蒙思想家成为了启蒙运动的代表人物。下列不属于法国启蒙思想家的是(　　)

A. 狄德罗　B. 伏尔泰　C. 卢梭　D. 洛克

二、多项选择题(在下列每题列出的选项中至少有两项是符合题意的,将其选出并把它的标号写在括号内。多选、错选或少选均不得分。本题共10小题,每小题1.2分,共12分)

21. 2020年6月1日,中共中央、国务院印发了《海南自由贸易港建设总体方案》,推动海南自由贸易港建设加快发展、创新发展,把海南建设成为中国新时代全面深化改革开放的新标杆。该方案要求把海南着力打造成为中国的(　　)

A. 全面深化改革开放试验区　B. 国家生态文明试验区

C. 国际旅游消费中心　D. 国家重大战略服务保障区

22. 2020年6月17日,国家主席习近平在北京主持中非团结抗疫特别峰会并发表题为《团结抗疫 共克时艰》的主旨讲话。中非团结抗疫特别峰会以视频方式举行,由中国和(　　)共同倡议举办。

A. 南非　B. 肯尼亚　C. 苏丹　D. 塞内加尔

23. 端午节是中国民间的传统节日,别称众多。端午节最早源自天象崇拜,由上古时代祭龙演变而来,在传承发展中又杂糅了多种民俗,蕴含着深邃丰厚的节俗文化内涵。下列属于端午节别称的是(　　)

A. 正阳节　B. 天中节　C. 龙节　D. 重午节

24. 十九届四中全会强调社会治理是国家治理的重要方面,必须加强和创新社会治理,完善社会治理体系,建设社会治理共同体,确保人民安居乐业。社会治理共同体的建设原则是(　　)(易混)

A. 人人平等　B. 人人有责　C. 人人尽责　D. 人人享有

25. 2020年国务院政府工作报告提出,国家重点支持"两新一重"建设。这里的"两新"建设指的是(　　)

A. 新型基础设施建设　B. 新型交通设施建设

C. 新型水利工程建设　D. 新型城镇化建设

26. 唐朝是我国诗歌文化发展的黄金时代,诗坛人才辈出,佳作流传,各具特色,蔚为壮观。很多著名诗人都有别称,下列别称和诗人对应正确的是(　　)

A. 诗仙—李白　B. 诗圣—杜甫

C. 诗鬼—贺知章　D. 诗狂—李贺

27. 中国特色社会主义制度是党和人民在长期实践探索中形成的科学制度体系,具有鲜明的本质特征和无比巨大的优势,是我们坚定道路自信、理论自信、制度自信、文化自信的基本依据。全面完整的中国特色社会主义制度体系包括(　　)

A. 根本制度　B. 基本制度　C. 特色制度　D. 重要制度

28. 现代企业制度是企业产权制度、企业组织形式和经营管理制度的总和。从企业发展的历史来看,具有代表性的企业制度有(　　)

A. 租赁制　B. 业主制　C. 合伙制　D. 公司制

29. 下列俗语与所反映的哲学道理对应正确的是(　　)

A. 堤溃蚁孔,气泄针芒—反映了矛盾的同一性和斗争性的关系

B. 望梅止渴,心灵手巧—意识对物质具有能动作用

C. 因地制宜,因材施教—坚持一切从实际出发

D. 和实生物,同则不继—说明了量变达到一定程度会引发质变

30. 2020年政府工作报告明确提出保障能源安全,持续推进可再生能源的发展。下列选项中属于可再生能源的是(　　)(常考)

A. 生物质能　B. 海洋能　C. 潮汐能　D. 地热能

第二部分　教育基础知识(共70分)

三、单项选择题(在下列每小题四个选项中只有一个是符合题意的,将其选出并把它的标号写在括号内。错选、多选或未选均不得分。本大题共50小题,每小题0.8分,共40分)

31. 孟禄在1905年出版的《教育史教科书》中指出,原始社会由于"学校系统还没有建立,间接地用作生活指导的大量知识或学习科目尚未组织起来,使用的方法从头到尾都是简单的、无意识的模仿"。这段论述涉及的是关于教育起源的(　　)

A. 生物起源论　B. 心理起源论　C. 劳动起源论　D. 需要起源论

32. 当代教育正在超出制度化教育所规定的界限,逐渐在时间和空间上扩展到它的真正领域——整个人生的各个方面,不仅包括纵向的人生各个阶段所接受的教育,而且包括横向所接受的各种类型教育。这种教育通常被称为(　　)

A. 全民教育　B. 全纳教育　C. 终身教育　D. 非制度化教育

33. 裴斯泰洛齐说:"为人在世,可贵者在于发展,在于发展每个人天赋的内在力量,使其经过锻炼,使人能尽其才,能在社会上达到他应有的地位。这就是教育的最终目的。"裴斯泰洛齐的这一教育目的观属于(　　)

A. 个人本位论　B. 社会本位论

C. 个人社会本位论　D. 需要本位论

34. 有学者说:"教育的一切行为都只在使人相信:不论现存体制合理与否,一个人只有成为现存体制所接纳的人,就范于它,才能作为体制中有价值的商品兜售出去,他才能向上爬。教育的所作所为都在促使人在现存体制的利益驱动下,在各种被社会化了的欲望支配下,在体制为他所规定的轨道上,不停地行走,不停地行走,教育只是在使人变成了一头被蒙上眼的推磨驴子。"这段话所论述的应该属于教育对(　　)

A. 个体发展的正向功能　B. 个体发展的负向功能

C. 社会发展的正向功能　D. 社会发展的负向功能

35. "一年之计,莫如树谷;十年之计,莫如树木;终身之计,莫如树人。一树一获者,谷也;一树十获者,木也;一树百获者,人也。"这段话说明教师劳动具有(　　)(常考)

A. 复杂性　B. 创造性　C. 示范性　D. 长期性

36. 关于教师和学生在教育过程中的地位和作用,历史上许多教育家都有过深刻的探讨。德国教育家赫尔巴特的主张属于(　　)

A. 学生中心论　B. 教师中心论　C. 学生主体论　D. 教师主体论

37. 习近平在2018年全国教育大会的讲话中,强调要坚持中国特色社会主义教育发展道路,培养(　　)全面发展的社会主义建设者和接班人。

A. 德智体　B. 德智体美　C. 德智体等方面　D. 德智体美劳

38. 心忧天下的领袖、感动中国的人物、新冠疫情中勇敢的逆行者、抗震救灾的英雄等,都代表了这个社会的道德良心。在德育活动中,如果我们用这些人物的事迹鼓励学生努力去做一个有道德的人,那么我们使用的德育方法是(　　)(易混)

A. 情感陶冶法　B. 说服教育法　C. 榜样示范法　D. 自我教育法

39. 班级授课制是近代以来应用最为广泛的一种教学组织形式。国内教育界一般认为最早提出班级授课制的教育家是(　　)

A. 赫尔巴特　B. 夸美纽斯　C. 裴斯泰洛齐　D. 杜威

40. 荀子曾说:"生而同声,长而异俗,教使之然也。"这句话体现的个体发展观是(　　)

A. 内发论　B. 外铄论　C. 内外因相互作用论　D. 阶段论

41. 我国中等及中等以下各类学校实行的学校管理体制是(　　)

A. 党委领导制　B. 党委领导下的校长负责制

C. 校长负责制　D. 校务委员会制

42. 如果总体中每个个体被抽到的机会是均等的,并且在抽取一个个体之后总体内成分不变,那么这种抽样方法被称为(　　)

A. 简单随机抽样　B. 等距抽样

C. 分层随机抽样　D. 整群随机抽样

43. 个体的身心发展具有顺序性,表现为个体生命的发展由低级到高级、由简单到复杂、由量变到质变的过程。遵循人的身心发展的顺序性,教育必须做到(　　)(常考)

A. 因材施教　B. 抓住敏感期　C. 循序渐进　D. 陵节而施

44. 苏联著名教育家赞科夫认为,在教学中寻求目标的最佳性,并且要求教学尽最大可能开发学生潜能,使"学生在一般发展上达到尽可能比较高的效果"。赞科夫教学理论的基础是(　　)

A. 维果斯基的内化学说　B. 维果斯基的最近发展区理论

C. 皮亚杰的认知发展观　D. 布鲁纳的学科基本结构理论

45. 赫尔巴特说:"我不承认有任何无教育的教学"。这句话体现的教学原则是(　　)

A. 教与学的辩证统一　B. 直接经验与间接经验相结合

C. 掌握知识与提高思想觉悟相统一　D. 掌握知识与提高能力相统一

46. 下列选项中不属于《中华人民共和国教师法》规定的教师权利的是(　　)

A. 开展教育教学改革和实验　B. 从事科学研究、学术交流

C. 指导学生的学习和发展　D. 关心、爱护全体学生

47. 某初中班主任李老师在批改学生作业时,发现学生张某的作业本中夹了写给×××的一封信。李老师拆封后发现信是张某写给一位女同学的情书。于是,李老师在班会上阅读了这封情书并批评了张某。李老师的做法(　　)

A. 履行了对学生进行教育和管理的职责　B. 体现了对学生张某的爱护

C. 违反了《中华人民共和国未成年人保护法》　D. 遵守了《中华人民共和国义务教育法》

48. 认为人的心灵就像一块白板,教育者可以随心所欲地涂写与塑造的教育家是(　　)

A. 卢梭　B. 洛克　C. 苏格拉底　D. 柏拉图

49. 教师对学生的赞美、信任和良好的期望能够成为改变学生行为的力量,有效促进学生的发展。这种效应被称为( )

A. 霍桑效应　B. 马太效应　C. 南风效应　D. 罗森塔尔效应

50. 第斯多惠说:"一个坏的教师奉送真理,一个好的教师则教人发现真理。"这句话体现了教学的( )(常考)

A. 循序渐进原则　B. 启发诱导原则

C. 巩固性原则　D. 直观性原则

51. 以常模为参照点,把学生个体的学习成绩与之相比,根据学生在该班中的位置和名次,确定他的学习成绩的等级的教学评价是( )

A. 相对性评价　B. 绝对性评价　C. 个体内差异评价　D. 过程性评价

52. 某班主任在对学生进行德育的过程中,不仅积极协调各科老师对学生的影响,而且主动联系学生家长,与家长一起分析学生表现,同时对各种社会影响进行引导和调节,利用社会中的积极因素,抵制各种消极因素,使得班内学生在校内校外都能受到良好环境的影响和熏陶。这位班主任的做法很好地贯彻了德育原则中的( )

A. 知行统一原则　B. 尊重热爱学生的原则

C. 因材施教原则　D. 教育影响的一致性与连贯性原则

53. 我国小学阶段设置的品德与社会等课程属于( )

A. 分科课程　B. 学科课程　C. 综合课程　D. 活动课程

54. 1933~1941 年间,泰勒及其同事开展了"八年研究",以"八年研究"的成果为基础,泰勒系统地阐述了他的课程评价模式,这种模式是( )

A. 目标评价模式　B. 差距评价模式　C. 目标游离评价模式　D. CIPP 评价模式

55. 在古代社会,统治阶级的子弟也要按照家庭出身、父兄官职高低进入不同的学校,这体现了古代社会的教育具有鲜明的( )

A. 专制性　B. 等级性　C. 社会性　D. 世俗性

56. 为了方便记忆二十四节气,人们采用首字连词法(即利用每一个词的第一个字形成一个缩写),编制了二十四节气歌,这种做法从学习策略的角度看属于( )

A. 复述策略　B. 元认知策略　C. 组织策略　D. 精加工策略

57. 通常情况下,一提到护士,我们会想到心细、体贴人、讲卫生;一提到空姐,我们就会想到年轻、美丽、高薪。这种现象,在心理学上称为( )

A. 首因效应　B. 刻板效应　C. 晕轮效应　D. 偏见效应

58. 一般认为,自我意识包含自我认识、自我体验和自我调控。其中,自我体验是自我意识的情绪成分,是主观的我对客观的我所持有的一种情绪体验,反映了主体我的需要与客体我的现实之间的关系。个体自我体验中最主要的成分是( )(易混)

A. 自信　B. 自尊　C. 自豪　D. 自满

59. 如果一个人能用 5~10 种特质词汇描述自己的个性,则按照奥尔波特的人格特质理论,其描述不属于个性的( )

A. 重要特质　B. 主要特质　C. 次要特质　D. 核心特质

60. 如果一个学生没有达到自己预期的学习目标,即使没有受到外部惩罚,他也会感到心里难受,并在后续学习中加倍努力,以达到自己的预期目标。依据班杜拉的社会学习理论,最适宜解释这种现象的概念是( )

A. 替代强化　B. 自我强化　C. 替代奖赏　D. 自我奖赏

61. 如果一个心理学家的研究对象是具有经验的人,研究关心的是个人的创造性、对个人和社会有意义的问题以及如何提高人的尊严和价值,则该心理学家最有可能属于的学派是( )

A. 行为主义学派　B. 认知主义学派

C. 精神分析学派　D. 人本主义学派

62. 如果一个学生表现为富于想象,做事不墨守成规,自主性强,按照大五人格理论,该学生表现出的这些人格因素最有可能属于的人格维度是( )

A. 外倾性　B. 开放性　C. 宜人性　D. 责任心

63. 某老师要求学生基于给定事实材料,写出一篇新闻报道。依据布卢姆的认知目标分类,这属于( )(易错)

A. 领会　B. 运用　C. 分析　D. 综合

64. 曾子曰:"吾日三省吾身:为人谋而不忠乎?与朋友交而不信乎?传不习乎?"从道德行为的养成角度看,这属于( )

A. 群体约定　B. 道德自律　C. 道德内化　D. 道德认同

65. 亲社会行为是指人们在社会交往中表现出的有利于他人和社会的一切积极的、有社会责任感的行为。研究表明,个体亲社会行为的动机基础是( )

A. 移情　B. 真诚　C. 羞愧　D. 内化

66. 依据皮亚杰的道德认知发展理论,个体的合作道德最早出现在( )

A. 小学初期　B. 小学末期　C. 初中末期　D. 高中末期

67. 庚子春爆发的新冠肺炎疫情,波及范围之广、传染性之强,对人们社会生活影响之大,历史罕见。为阻断疫情向校园蔓延,确保师生生命安全和身体健康,全国大中小学 2020 年春季学期延期开学。虽然延期期间要求"教师停课不停教、学生停课不停学",但是有的学生能够正确认识疫情,调整心态,坚持学习不放松;有的则焦虑不已,怨天尤人,放松学习。从学习策略来看,这种现象更多地反映了学生的( )

A. 计划策略　B. 调节策略　C. 努力管理策略　D. 时间管理策略

68. 个体在反复探索一个问题的解答而毫无结果的时候,如果把问题暂时搁置几小时或几天,然后再回过头来解决,往往可以很快找到解决办法。这种现象在心理学上称之为( )

A. 顿悟效应　B. 免疫效应　C. 酝酿效应　D. 搁置效应

69. 主张个体对原理、方法掌握得越好,在新情境中的学习迁移就越好的学习迁移理论最有可能是(　　)

A. 形式训练理论　　B. 相同要素理论

C. 概括化理论　　D. 三维迁移理论

70. 王国维在其《人间词话》中指出:"古今之成大事业、大学问者,罔不经过三种之境界:'昨夜西风凋碧树。独上高楼,望尽天涯路。'此第一境界也。'衣带渐宽终不悔,为伊消得人憔悴。'此第二境界也。'众里寻他千百度,蓦然回首,那人却在,灯火阑珊处。'此第三境界也。"从动作技能的形成过程来看,下列现象与王国维所说的第二境界相对应的是(　　)

A. 高原现象　　B. 停滞现象　　C. 起伏现象　　D. 突进现象

71. 概念的获得实质上就是个体理解一类事物共同的关键属性。对学生而言,概念获得的典型方式是(　　)(易混)

A. 命题学习　　B. 符号表征学习　　C. 组合学习　　D. 概念形成

72. 在教学实践中,不难发现有一类学生属于"过度努力者"。他们学习刻苦努力,对于大部分没有挑战性的作业和功课,都会给自己提出更高的要求和目标,以赢得老师的额外奖励。这类学生,表面看来一切都很好,但是事实上他们内心严重地经受着紧张、冲突等精神困扰。按照自我价值理论,这类学生的学习动机属于(　　)

A. 高驱低避型　　B. 低驱高避型　　C. 高驱高避型　　D. 低驱低避型

73. 在奥苏贝尔看来,个体力图通过自己的胜任能力或工作能力而赢得相应地位的需要是(　　)

A. 认知内驱力　　B. 自我提高内驱力　　C. 附属内驱力　　D. 自我实现内驱力

74. 学生在学习过程中,是持之以恒,还是半途而废,在很大程度上取决于学生的学习动机水平。这表明学习动机具有(　　)

A. 引发作用　　B. 定向作用　　C. 维持作用　　D. 调节作用

75. 支架式教学的具体做法是教师引导着教学的进行,使学生掌握、建构和内化所学的知识技能,从而使他们进行更高水平的认知活动。简言之,就是通过教师的帮助(支架)把管理学习的任务逐渐由教师转移给学生自己,最后撤去支架。这种教学模式的提出者是(　　)

A. 建构主义者　　B. 行为主义者　　C. 人本主义者　　D. 后现代主义者

76. 学习的认知灵活性理论的代表人物斯皮罗对学习进行了解释,认为学习可以分为初级知识获得和高级知识获得两种形式。乔纳生在此基础上又提出了专门知识的获得,从而将学生知识的获得分为三阶段。其中学生在初级知识获得阶段涉及的学习内容主要是(　　)(易错)

A. 结构不良领域的知识　　B. 结构良好领域的知识

C. 结构复杂领域的知识　　D. 结构简单领域的知识

77. 如果学生已经学习了质量与能量、遗传结构与变异等之间的关系,现在要学习需求与价格之间的关系,它们之间虽然没有类属关系,但也内含着另外的关系——后一变量随前一变量的变化而发生变化。这种学习属于(　　)

A. 派生下位学习　　B. 相关下位学习　　C. 上位学习　　D. 并列结合学习

78. 斯金纳认为,个体的行为之所以发生变化是因为强化的作用,因此对强化的控制就是对行为的控制,强化可以划分为一级强化和二级强化。下列属于一级强化的是(　　)(易混)

A. 金钱　　B. 微笑　　C. 听音乐　　D. 温暖

79. 现实生活中,我们经常发现,越是成绩好的学生越愿意学习,越是成绩差的学生越不愿意学习。如果用桑代克提出的学习规律加以解释,则最适宜解释这种现象的是(　　)

A. 反馈律　　B. 练习律　　C. 效果律　　D. 准备律

80. 如果一个教师觉得以自己的能力来做当下的教师工作是大材小用,因而厌倦工作,由先前对工作的认真负责变为敷衍了事,甚至考虑放弃教师工作而改做其他工作。若按照美国心理学家法贝的观点,上述教师的职业倦怠类型是(　　)

A. 精疲力竭型　　B. 狂热型　　C. 低挑战型　　D. 高挑战型

四、多项选择题(在下列每题列出的选项中至少有两项是符合题意的,将其选出并把它的标号写在括号内。多选、错选或少选均不得分。本大题共20小题,每题1.2分,共24分)

81. 学校是奴隶社会的产物,学校的产生使人类教育进入了一个独立阶段。下列选项中属于学校产生条件的是(　　)

A. 生产力的发展水平　　B. 奴隶制国家巩固政权的需要

C. 文字的出现　　D. 生产经验和生活经验的积累

82. 教育部于2017年发布了《中小学德育工作指南》,提出了新时代我国德育工作的内容。下列选项中属于新时代我国德育工作内容的有(　　)

A. 理想信念教育　　B. 社会主义核心价值观教育

C. 生态文明教育　　D. 身心健康教育

83. 每一种活动都有其内在的结构,结构是由要素构成的。一般而言,构成教育活动的主体性要素是(　　)

A. 教育者　　B. 受教育者　　C. 教育内容　　D. 教育影响

84. 我国第八次课程改革提出了课堂教学的"三维目标","三维目标"是对传统的"双基"目标的一次超越,突出了以学生发展为本的思想。"三维目标"是指(　　)(常考)

A. 知识与技能　　B. 过程与方法

C. 情感态度与价值观　　D. 体验与感悟

85. 从教育活动存在的空间范围看,可以将现实空间的教育划分为(　　)

A. 社会教育　　B. 家庭教育　　C. 学校教育　　D. 网络教育

86. 隐性课程是指学校教育情境中以间接的、内隐的方式呈现出来的,对学生发展起着潜移默化影响的非正式课程。下列属于隐性课程的有(　　)

A. 学校的自然环境、建筑等　　B. 学校的规章制度等

C. 师生的世界观、人生观等　　D. 学校的特色课程

87. 信息技术对教育的影响越来越深入,数字化学习方式越来越普遍。下列选项中属于数字化学习典

型特点的是(　　)

A. 学习方式更加自主　　B. 学习环境具有更多的交互性

C. 学习资源具有更强的开放性　　D. 学习时间更加灵活

88. 良好的师生关系是教育教学活动顺利开展的重要保证,主要体现为(　　)

A. 教师主导,学生主体　　B. 尊师爱生,相互配合

C. 民主平等,和谐融洽　　D. 合作共享,共同成长

89. 教育的文化功能是指教育具有促进文化延续和发展的功能。具体来讲,教育的文化功能主要表现在(　　)

A. 文化传承　　B. 文化选择　　C. 文化交流　　D. 文化创新

90. 19 世纪中期开始,义务教育逐渐在世界范围内普及。一般来说,义务教育的主要特点有(　　)

A. 普及性　　B. 专业性　　C. 强制性　　D. 免费性

91. 韦纳认为个人对自己的行为及其结果有自求了解的动机,个人对成败的解释主要归于能力、努力、工作难度、运气、自身状况和别人的反应六种原因,韦纳将这六种原因归入以下哪几个维度(　　)

A. 原因源　　B. 稳定性　　C. 可控性　　D. 技能源

92. 奥苏贝尔认为有意义学习就是符号所代表的新知识与学习者认知结构中已有的观念建立非人为的(非任意的)和实质性的(非字面的)联系的过程,奥苏贝尔提出进行有意义学习必须具备一定的前提条件,下列选项属于有意义学习条件的是(　　)(常考)

A. 学习材料本身必须具备逻辑意义

B. 学习者必须具备有意义学习的心向

C. 学习者认知结构中必须有同化新知识的原有的适当观念

D. 学习过程必须有教师的指导

93. 如果一个人能够逐渐认识到团体的行为规范,进而接受并付诸实践。按照科尔伯格的理论,这个人的道德水平可能处于(　　)

A. 人际协调的定向阶段　　B. 社会契约定向阶段

C. 维护权威或秩序的定向阶段　　D. 道德原则定向阶段

94. 思维的流畅性是创造性思维的三大特征之一,指个体在限定时间内产生观念数量的多少,下列属于思维流畅性的是(　　)(易错)

A. 用词的流畅性　　B. 联想的流畅性

C. 表达的流畅性　　D. 观念的流畅性

95. 遗忘是对识记过的材料不能再认与回忆或者错误的再认与回忆,是一种记忆的丧失。关于遗忘的规律,下列说法正确的是(　　)

A. 先快后慢　　B. 先慢后快

C. 熟练的技能遗忘的最慢　　D. 对于材料首尾容易记住,中间部分容易遗忘

96. 在问题解决过程中,有两类通用的解决问题的策略:算法策略和启发式策略。其中启发式策略是指根据目标的指引,试图不断地将问题状态转化为与目标状态相近的状态,从而试探那些只对成功趋向目标状态有价值的操作。下列属于启发式策略的是(　　)

A. 手段—目的分析法　　B. 逆向反推法

C. 爬山法　　D. 类比思维

97. 注意是心理活动对一定对象的指向和集中,是伴随感知觉、记忆、思维、想象等心理过程的一种共同的心理特征。注意品质是衡量一个人注意力好坏的标志。下列选项属于注意品质的是(　　)

A. 注意的广度　　B. 注意的分散　　C. 注意的转移　　D. 注意的稳定性

98. 皮亚杰认为推动儿童心理发展的因素是(　　)

A. 经验　　B. 平衡　　C. 成熟　　D. 社会环境

99. 青少年的自我中心通常反映在青少年认为其他人也和自己一样对自己感兴趣。青少年自我中心性主要表现为(　　)

A. 假想观众　　B. 思维独特　　C. 独特的自我　　D. 情绪不稳定

100. 学习动机的自我决定理论认为,自我决定是一种关于经验选择的潜能,是在充分认识个人需要和环境信息的基础上,个体对行动所做出的自由选择,自我决定不仅是个体的一种能力,而且是个体的一种需要,个体的基本心理需要有(　　)

A. 胜任感　　B. 自主性　　C. 安全感　　D. 归属感

五、判断题(判断下列各题的正误,正确的打"√",错误的打"×"。本大题共 10 小题,每小题 0.6 分,共 6 分)

101. 教学是整个教育活动的一个重要组成部分,是实现教育目标的重要途径。(　　)

102. 教育目的规定教育工作的总方向,由国家制定,具有权威性。(　　)

103. 任何教育家的教育思想都是在一定社会文化背景中孕育的,是世界观和价值观的反映。比如,西方教育史上夸美纽斯、卢梭、裴斯泰洛齐的教育思想都是资产阶级上升时期要求"肯定人性、削弱神性"的社会潮流的反映。(　　)

104. 备课是整个教学活动的中心环节,是提高教学质量的关键环节。(常考)(　　)

105. 一般而言,教育发展的规模和速度总是与社会生产力发展水平成正比,教育发展不能超越生产力发展。(　　)

106. 任何学业测验只要有较高的测验效度,就一定具备较高的测验信度。(　　)

107. 先前学习对后继学习的影响称为逆向迁移,后继学习对先前学习的影响称为顺向迁移。(　　)

108. 小学生常常以教师的行为为榜样,教师也处处表现出对表现好的学生的喜爱和认可,学生从中获得派生地位。这种地位随着学生表现出来的能力高低以及学业成绩的优秀转移。(　　)

109. 作为影响学习的变量,控制点主要通过影响学生的成就动机来影响学生的学业成绩。(　　)

110. 小学生和中学生的认知发展水平不同,决定了即使传授他们同样的知识,对其提出的学习要求和采取的教学方式也会有显著的不同。(　　)

2020年山东省青岛市教师招聘考试真题试卷(六十一)

(满分100分　时间150分钟)

第一部分　公共基础知识(共35题,共30分)

一、单项选择题(在下列每小题四个选项中只有一个选项是符合题意的,将其选出并把它的标号写在括号内。错选、多选或未选均不得分。本大题共25小题,每小题0.8分,共20分)

1. 习近平总书记2020年"七一讲话"的主题是(　　)

A. 不忘初心、砥砺前行　　B. 不忘初心、继续前进

C. 不忘初心、牢记使命　　D. 不忘初心、矢志前行

2. 2020年6月30日,全国人大常委会根据十三届全国人大三次会议决议通过了(　　)

A.《中华人民共和国香港特别行政区维护国家治安法》

B.《中华人民共和国香港特别行政区维护国家领土法》

C.《中华人民共和国香港特别行政区维护国家安全法》

D.《中华人民共和国香港特别行政区维护国家和平法》

3. 被称为"社会生活的百科全书",也是中国第一部以法典命名的法律是(　　)

A.《中华人民共和国民法典》　　B.《中华人民共和国宪法典》

C.《中华人民共和国刑法典》　　D.《中华人民共和国行政法典》

4. 依靠高收入国家提供资金支持,向发展中国家提供低息贷款、无息信贷和赠款的世界经济组织是(　　)(易混)

A. 国际货币基金组织　　B. 国际贸易银行

C. 世界贸易组织　　D. 世界银行

5. 对山东省的历史描述,下列选项中不正确的是(　　)

A. 山东省简称"鲁",源自西周封邦建国的分封名称

B. 明朝初期设置山东省,"山东"才成为该省的专名

C. 齐国作为"战国七雄"之一,占据了今山东省的大部分地区

D. 山东行政区划大致萌芽于夏代,在氏族部落基础上逐渐形成

6. 港珠澳大桥建成通车的时间是(　　)

A. 2016年　　B. 2017年　　C. 2018年　　D. 2019年

7. 我国真正意义上的第一艘国产航空母舰是(　　)

A. 辽宁舰　　B. 海南舰　　C. 浙江舰　　D. 山东舰

8. 2020年6月1日起,我国卫生与健康领域施行的第一部基础性、综合性法律是(　　)

A.《中华人民共和国基本医疗健康保障法》

B.《中华人民共和国基本医疗卫生促进法》

C.《中华人民共和国基本医疗卫生与健康促进法》

D.《中华人民共和国基本医疗卫生与健康保障法》

9. 在防疫特殊时期,全国政协提案委员会建立政协提案工作"快速通道",围绕抓好疫情防控和经济社会发展提交了一批提案,并在第一时间以参阅件的形式发给承办单位参考。全国政协在上述行动中行使的职能是(　　)(常考)

A. 政治协商　　B. 民主监督　　C. 参政议政　　D. 民主管理

10. 我国正在积极推进垃圾分类的试点工作,下列选项中属于有害垃圾的是(　　)

A. 废电池　　B. 书本　　C. 中药残渣　　D. 果皮

11.《国务院关于加强教师队伍建设的意见》将每五年为一周期的教师全员培训由不少于240学时提高到不少于(　　)

A. 300学时　　B. 320学时　　C. 340学时　　D. 360学时

12. 关于科学家与其代表成就的描述,下列选项中对应错误的是(　　)

A. 牛顿—经典力学　　B. 法拉第—电磁感应

C. 普朗克—狭义相对论　　D. 爱因斯坦—广义相对论

13. 我国各地昼夜平分的节气是(　　)

A. 立春　　B. 谷雨　　C. 芒种　　D. 秋分

14. 确立以毛泽东为代表的马克思主义正确路线在中国共产党内领导地位的会议是(　　)(常考)

A. 瑞金会议　　B. 遵义会议　　C. 井冈山会议　　D. 西柏坡会议

15. 关于"倡议书"的表述,下列选项中不正确的是(　　)

A. 正文开头需要写问候语　　B. 倡议的响应者具有不确定性

C. 倡议书本身不具有很强的约束力　　D. 主体内容需要交待倡议的背景、目的

16. 2020年是我国开展"节能宣传周"(　　)

A. 20周年　　B. 30周年　　C. 40周年　　D. 50周年

17. 我国《刑法》对残疾人犯罪的规定,下列表述正确的是(　　)(常考)

A. 精神病人犯罪的,不负刑事责任

B. 有肢体障碍的人犯罪,不负刑事责任

C. 又聋又哑的人或者盲人犯罪,可以从轻、减轻或者免除处罚

D. 尚未完全丧失行为能力的精神病人犯罪的,应当负刑事责任,且不可以从轻或减轻处罚

18. 对"人力资本"的表述,下列选项中不正确的是(　　)

A. 人力资本并不是体现在人身上的资本

B. 人力资本的素质提高对提高劳动生产率具有重要作用

C. 人力资本的衡量依据是人的劳动能力的高低和可使用程度

D. 人力资本是对生产者进行教育、培训等支出及其接受教育的机会成本等的总和

19. 第55颗导航卫星的成功发射，标志着我国组网成功的卫星导航系统是(　　)

A. 北斗一号　　B. 北斗二号　　C. 北斗三号　　D. 北斗四号

20. 为扩大"一带一路"在中国东南沿海的影响力和辐射力，我国着力打造的新区是(　　)

A. 粤港澳大湾区　　B. 珠三角发展区　　C. 雄安新区　　D. 三沙新区

21. 下列不属于人格权的是(　　)

A. 债权　　B. 姓名权　　C. 隐私权　　D. 身体权

22. 关于侵权责任的归责方式，下列选项中正确的是(　　)(易错)

A. 所有未成年学生在学校发生的侵权纠纷均适用无过错原则

B. 所有未成年学生在学校外发生的侵权纠纷均适用过错原则

C. 过错原则要求行为人在行为存在过错时，行为人才承担责任

D. 法律没有明确规定适用无过错原则时，也可酌情适用无过错原则

23. 关于"奥林匹克"相关内容的表述，下列选项中正确的是(　　)

A. 奥林匹克首届运动会在雅典举行

B. 奥林匹克的口号是更高、更快、更强

C. 奥林匹克之父是英国教育家皮埃尔·德·顾拜旦

D. 奥林匹克五环标志象征五大洲和四大洋的团结

24. 下列各组商品中，不属于互补品的是(　　)(常考)

A. 网球和网球拍　　B. 手机和手机充电器

C. 牙膏和牙刷　　D. 花生油和玉米油

25. 下列我国古代科举考试与录取者称谓，对应正确的是(　　)

A. 院试：贡生　　B. 乡试：秀才　　C. 会试：举人　　D. 殿试：进士

二、多项选择题(在下列每题列出的选项中至少有两项是符合题意的，将其选出并把它的标号填在括号内。多选、错选或少选均不得分。本大题共10小题，每小题1分，共10分)

26. 通货膨胀是指在货币流通条件下，因货币发行量超过了流通中实际需要的量，现实购买力大于产出供给，导致货币贬值，而引起的一段时间内物价持续而普遍上涨的现象。通货膨胀的衡量指标包括(　　)

A. 消费者物价指数　　B. 生产者价格指数

C. 商品价格指数　　D. 国民生产总值价格折算指数

27. 下列法律纠纷可用《中华人民共和国民法典》规定的法律规范直接调整的是(　　)

A. 甲乙结婚后，甲常常夜不归宿，乙要求离婚，甲坚决不同意

B. 甲骑车不慎将正常行走的乙撞伤，甲拒绝向乙支付由此产生的医药费

C. 甲与乙签订木材买卖合同，甲支付价款后，乙迟迟未按合同约定向甲交付木材

D. 某工商局以甲违法经营为由对甲进行行政处罚，甲认为自己的经营行为是合法的

28. 下列化学反应中能产生二氧化碳的是(　　)

A. 碳酸钙加盐酸　　B. 高温煅烧石灰石

C. 甲烷在空气中燃烧　　D. 氢氧化钙加碳酸钾

29. 哺乳动物是动物发展史上最高级的阶段，下列选项中属于哺乳动物的是(　　)

A. 海马　　B. 蓝鲸　　C. 长颈鹿　　D. 海象

30. 在行政公文中，报告的主要功能包括(　　)

A. 汇报工作实施的情况　　B. 答复各级机关的询问

C. 提出合理化的对策建议　　D. 反映执行中的具体问题

31. 习近平总书记提出的建设中国特色社会主义，必须坚持的是(　　)

A. 道路自信　　B. 理论自信　　C. 制度自信　　D. 文化自信

32. 2020年6月，小明于16岁生日当天与同学偷偷溜出校外庆生，不幸遭遇车祸死亡。对小明死亡的责任认定，下列选项中不正确的是(　　)

A. 肇事车主与学校共同承担连带责任

B. 学校即使承担责任，也只承担补充责任

C. 学校对学生有安全保障义务，无法证明自己无过错时，应对小明的死亡承担责任

D. 学校对学生有安全保障义务，不论学校是否有过错，都应对小明的死亡承担责任

33. 封建社会女性地位低，随着社会的发展，两性平等越来越受到重视，女性在社会各个领域都发挥着重要作用，这说明(　　)

A. 社会存在决定社会意识　　B. 社会意识随着社会存在的变化而变化

C. 社会意识的内容有时可以决定社会存在　　D. 社会意识的发展始终与社会存在保持一致

34. 下列属于唯物主义的代表人物有(　　)

A. 罗素　　B. 黑格尔　　C. 墨子　　D. 王守仁

35. 关于古代年龄的称谓，下列选项中正确的是(　　)(易混)

A. 垂髫：两三岁　　B. 及笄：十五岁　　C. 弱冠：二十岁　　D. 耳顺：五十岁

第二部分　教育基础知识(共95题，共70分)

三、单项选择题(在下列每小题四个选项中只有一个选项是符合题意的，将其选出并把它的标号写在括号内。错选、多选或未选均不得分。本大题共70小题，每小题0.6分，共42分)

36. 主张"有教无类"与"上说下教"的古代思想家分别是(　　)

A. 孔子　墨子　　B. 老子　墨子　　C. 孔子　老子　　D. 墨子　老子

37. 战国时期集讲学、著述、育才活动为一体,并兼有咨议作用的高等学府是(　　)

A. 国学　　B. 太学　　C. 官学　　D. 稷下学宫

38. 我国古代教育史上提出"循序渐进""熟读精思""虚心涵泳""切己体察""着紧用力""居敬持志"读书法的思想家是(　　)(常考)

A. 朱熹　　B. 韩愈　　C. 董仲舒　　D. 王夫之

39. 在东西方教育史上,最早提出"课程"一词的思想家是(　　)

A. 孟子　夸美纽斯　　B. 孔颖达　夸美纽斯

C. 孟子　斯宾塞　　D. 孔颖达　斯宾塞

40. 论述家庭教育经验的教育名著是(　　)

A.《教育漫话》　　B.《普通教育学》

C.《实验教育学》　　D.《经验与教育》

41. 学生对明星的某种品质或特征印象深刻,以至掩盖了对他的其他品质和特征的判断,这种现象称为(　　)(常考)

A. 近因效应　　B. 晕轮效应　　C. 投射效应　　D. 刻板效应

42. 李老师发现王红这段时间听讲认真,就不再像以前上课时那样总提醒她,王红的成绩也逐步提高。李老师的这种行为属于(　　)(常考)

A. 替代性强化　　B. 自我强化　　C. 内部强化　　D. 负强化

43. 每次考试前,小刘就出现紧张、失眠,甚至头痛、胸闷等现象,导致学习效率下降。由此判断,小刘产生了(　　)(常考)

A. 强迫症　　B. 焦虑症　　C. 抑郁症　　D. 恐惧症

44. 现实中,人们往往对事物的用途持固定的看法,如"刀是用来切东西的,笔是用来书写的",这会影响问题的解决。这种心理因素属于(　　)

A. 知识表征　　B. 定势　　C. 功能固着　　D. 刺激呈现

45. 学生学习数学新知识时,将原有算术图式发展为代数图式,运用新图式可正确解决代数题,实现图式上的新平衡。这在皮亚杰心理学理论中被称为(　　)(易混)

A. 同化　　B. 顺应　　C. 组织化　　D. 平衡

46. 儿童将"有头无尾"理解为"只有头没有尾巴",将"一针见血"理解为"扎一针就看见血",表明其思维处于(　　)

A. 直觉水平的概括　　B. 形象水平的概括

C. 抽象水平的概括　　D. 逻辑水平的概括

47. 迁移是一种学习对另一种学习的影响,平面镜、凸透镜、凹透镜等知识的学习会相互影响,这是学习的(　　)(常考)

A. 横向迁移　　B. 负迁移　　C. 逆向迁移　　D. 特殊迁移

48. 某学生特别喜欢小动物,经常阅读相关的课外书籍,还饲养小动物并做观察记录,这种行为体现的是(　　)

A. 安全需要　　B. 尊重需要　　C. 归属与爱的需要　　D. 求知需要

49. 暑假期间,小丁想跟爸爸妈妈外出旅游,但又想参加学校组织的夏令营,不知该怎么办。这种心理活动属于心理冲突中的(　　)

A. 多重趋避冲突　　B. 双避冲突　　C. 双趋冲突　　D. 趋避冲突

50. 下列选项中,属于学习动机中附属内驱力的是(　　)

A. 某学生为了让老师喜欢自己,从而更积极地学习

B. 某学生考试名列前茅,得到了爸爸妈妈的夸奖,从而更积极地学习

C. 某学生认为期末考试一定要考班级前三名,这样同学们就会对他刮目相看

D. 学生非常喜欢科技知识,总喜欢按自己的想法设计一些小实验

51. 下列表述符合桑代克"联结说"的是(　　)

A. 学习是反应与强化之间建立联结的过程

B. 学习是刺激与反应之间建立联结的过程

C. 学习需要在学生经验和教材之间建立联结

D. 学习建立在人的大脑对学习材料加工的基础上

52. 下列说法属于现代认知学习观的是(　　)

A. 学习是行为改变的过程　　B. 学习是一个顿悟的过程

C. 学习是知觉的重新组织过程　　D. 学习是通过认知获得意义的过程

53. 小明在语文学习中非常刻苦,但每次语文考试成绩都不理想。小明逐渐丧失了学习的自信心,觉得自己再怎么努力都学不好语文。这在心理学中被称为(　　)

A. 自我效能感低　　B. 消极归因　　C. 成就动机水平低　　D. 习得性无助

54. 冬天时节,学校组织冬泳,同学们跳进水里,最初感觉很冷,过一会儿就不觉得冷了。这种现象是(　　)

A. 感觉对比　　B. 感觉适应　　C. 嗅觉　　D. 感觉后效

55. 有位数学教师长期教学生用"——"表示已知条件,用"～～"表示未知条件,用"△"表示关键词,如果有疑难处,则用"?"表示,这在心理学中称为(　　)

A. 内隐表征　　B. 外显表征　　C. 元认知　　D. 意义表征

56. 学校要求各班级以"健全人格,自我管理"为主题,开展系列班级活动,该措施属于培养学生核心素养中的(　　)

A. 健康生活　　B. 实践创新　　C. 人文底蕴　　D. 自主发展

57. 学生有时候会模仿教师的语气,甚至运用教师的经典语句进行表达。这一现象说明语言具有(　　)

A. 创造性　　B. 指代性　　C. 意义性　　D. 社会性

58. 在短时记忆阶段，记忆容量保持最大的是(　　)

A. 数字　　B. 颜色　　C. 字母　　D. 图形

59. 关于教育的生物起源说，下列选项中正确的是(　　)(易混)

A. 教育起源于人与人之间的社会交往

B. 教育起源于儿童对成人无意识的模仿

C. 教育起源于动物界中各类动物的生存本能活动

D. 教育起源于劳动过程中人的生产需要和发展需要的辩证统一

60. 康德说："人只有通过教育才能成为人。"对这句话的理解正确的是(　　)

A. 教育是成人的充分条件　　B. 人是需要教育的生物

C. 教育是人个性化的需求　　D. 受教育是人的基本权利

61. 为促进教育公平，促进义务教育学校的均衡发展，提供同样质量的师资、课程、评价，尽可能保证学生都受到同样水平的教育，这体现了教育公平内涵中的(　　)

A. 教育起点公平　　B. 教育过程公平

C. 教育结果公平　　D. 教育机会公平

62. 教育功能表示教育作用，根据教育作用的对象，可以把教育功能分为(　　)

A. 个体功能和社会功能　　B. 本体功能和派生功能

C. 显性功能和隐性功能　　D. 保守功能和超越功能

63. "教育的目的是实现个人的社会化，因为社会化而使一个民族的整个生活道德化。"这一观点属于(　　)

A. 形式教育论　　B. 实质教育论　　C. 社会本位论　　D. 个人本位论

64. 我国高中阶段实行普通高中和职业高中全面分流，采用的教育制度是(　　)

A. 分支制　　B. 双轨制　　C. 混合制　　D. 单轨制

65. 我国近代教育家陶行知毕生致力于教育和社会改革事业，其教育思想的核心是(　　)

A. 活教育　　B. 全人生指导　　C. 教育独立　　D. 生活教育

66. 放假前，老师要求学生以小组为单位到社区开展社会调查，并参加公益活动，以帮助学生形成良好的文明行为习惯，这是德育方法中的(　　)

A. 陶冶法　　B. 榜样示范法

C. 说服教育法　　D. 实际锻炼法

67. 李强发现爸爸挪用单位巨额现金为爷爷做心脏病手术，他纠结于该不该向公安机关举报爸爸，这属于(　　)

A. 道德两难问题　　B. 道德法则问题

C. 道德发展问题　　D. 道德能力问题

68. 某教师对学生们说："成绩好是衡量你们学业成功的标志，我们教师的责任就是让每位同学考上理想的大学。"该教师的说法违背职业道德规范中的(　　)(常考)

A. 爱岗敬业　　B. 关爱学生　　C. 教书育人　　D. 廉洁从教

69. 下列教学实践中，不符合杜威教育思想的是(　　)

A. 教师引导学生在新旧知识之间建立关联

B. 教师引导学生在购买物品的过程中认识人民币

C. 教师通过创设问题情境帮助学生理解知识的情境性

D. 教师组织学生结合自己的生活经验来建构知识的实践意义

70. 教学应以培养学生的德行为最终目的，这一观点体现的教学原理是(　　)

A. 发展性教学原理　　B. 教育性教学原理

C. 建构性教学原理　　D. 社会性教学原理

71. 为了更好地促进学生发展，在课堂教学中，强调小组合作学习、情景教学、教学对话等，其主要理论依据是(　　)

A. 掌握学习理论　　B. 累积学习理论

C. 行为主义学习理论　　D. 建构主义学习理论

72. 下列属于教学组织形式的是(　　)

A. 个别教学　　B. 探究教学　　C. 对话教学　　D. 讲授教学

73. 教学设计的诸子系统有序地成等级结构排列，且前一子系统制约、影响着后一子系统，后一子系统依存并制约着前一子系统。这是教学设计的(　　)

A. 程序性原则　　B. 结构性原则　　C. 整体性原则　　D. 统一性原则

74. 告诉学生某人的心率为每分钟 76 次，要求回答出此人一个心动周期是多少秒，这类知识属于(　　)

A. 陈述性知识　　B. 程序性知识　　C. 策略性知识　　D. 结构性知识

75. "一个孩子仅仅把手伸进火焰，这还不是经验；当这个行动和他遭受的疼痛联系起来的时候，才是经验，从此以后，他知道手伸进火焰意味着灼伤。"这句话说明(　　)

A. 经验由儿童理解和社会理解构成　　B. 经验是个体对所经历事件的提炼

C. 经验由主动和被动两方面因素构成　　D. 经验是一个完全主观的心理过程

76. 一位接受了亚里士多德或裴斯泰洛齐唯实论哲学思想的教师，在教学方法上最有可能采用(　　)

A. 启发式问答　　B. 直观教学法

C. 问题解决教学　　D. 探究教学法

77. 物理教师讲解浮力原理后，通过视频向学生展示日常生活中的浮力现象，该教学方法体现了(　　)

A. 实物直观　　B. 言语直观　　C. 模像直观　　D. 教学直观

78. 行为主义教学理论、认知教学理论与情感教学理论的代表人物分别是(　　)

A. 华生、布鲁纳、罗杰斯　　B. 华生、罗杰斯、布鲁纳

C. 布鲁纳、华生、罗杰斯　　D. 罗杰斯、华生、布鲁纳

79. 教学应创设与真实任务类似的问题情境，让学生通过亲身体验和感受，主动识别、探索、发现并解决问题。这种教学设计被称为(　　)

A. 随机通达教学设计　　B. 支架式教学设计

C. 抛锚式教学设计　　D. 传递式教学设计

80. "学然后知不足，教然后知困。知不足，然后能自反也；知困，然后能自强也"，这句话体现的教学理念是(　　)

A. 问题和学习相互交融　　B. 困难和学习相辅相成

C. 教授和学习相互促进　　D. 教授和学习相得益彰

81. 新生入学时，张老师为了提高教学针对性，通过摸底测验了解学生的学习情况，这种评价属于(　　)(易错)

A. 诊断性评价　　B. 形成性评价　　C. 总结性评价　　D. 过程性评价

82. 小丽数学考了 89 分，在全班同学中处于中间水平，小丽爸爸因此觉得小丽不够努力，此评价属于(　　)(易混)

A. 绝对性评价　　B. 相对性评价　　C. 个体内差异评价　　D. 综合性评价

83. 隐性课程是学校课程的重要构成，下列不属于制度性隐性课程的是(　　)(易混)

A. 教师教学风格　　B. 学校组织机构

C. 班级管理方式　　D. 学校管理体制

84. 小学《品德与社会》包括公民、历史、地理等社会科学内容，这种课程属于(　　)

A. 广域课程　　B. 学科课程　　C. 核心课程　　D. 活动课程

85. 有关国家课程和校本课程的表述，下列选项中不正确的是(　　)

A. 校本课程的形式可以是改编已有的课程

B. 国家课程和校本课程都具有权威性和强制性

C. 校本课程是相对于国家课程和地方课程而言的

D. 国家课程由中央政府负责编制，而校本课程以学校为课程编制的主体

86. 芝加哥实验学校实施了诸如烹饪、缝纫和木工等课程，支撑这些课程开设的理论流派是(　　)

A. 社会改造主义课程论　　B. 存在主义课程论

C. 经验主义课程论　　D. 学科中心主义课程论

87. 将英语课程中前一单元中所学的单词在后面单元中予以重复，这是课程组织的(　　)

A. 顺序性　　B. 整合性　　C. 连续性　　D. 重复性

88. 关于我国第八次基础教育课程改革的表述，下列选项中不正确的是(　　)

A. 以"基础知识、基本技能"为核心价值导向

B. 分别从课程功能、课程结构、课程内容等九个方面进行了改革

C.《基础教育课程改革纲要(试行)》的颁布标志着课程改革的正式实施

D. 构建了有中国特色、反映时代精神、体现素质教育理念的基础教育课程体系

89. 关于课程标准在教学设计中的作用，下列选项中不正确的是(　　)

A. 评价作用　　B. 纲领作用

C. 导向作用　　D. 执行作用

90. 关于"教材"的表述，下列选项中不正确的是(　　)

A. 教材是课程标准的具体化　　B. 教材是学科内容的系统反映

C. 教材是供教学所用的资料　　D. 教材是由教育部统一编制的

91. 关于"说课"的表述，下列选项中不正确的是(　　)

A. 说课是一种教研活动　　B. 说课的对象主要是同行

C. 说课的核心是教学依据　　D. 说课的目的是改进教学

92. 教师对不同学生采取不同的教育教学方法，尤其能因势利导地处理学生突发事件，这表明教师劳动具有(　　)

A. 示范性　　B. 创造性　　C. 繁重性　　D. 灵活性

93. 某教师最担心的问题是："学生喜欢我吗？""同事如何看我？""领导是否觉得我干得不错？"这说明该教师处于成长中的(　　)(常考)

A. 关注形象阶段　　B. 关注生存阶段　　C. 关注情境阶段　　D. 关注学生阶段

94. 教师从班级中随机抽取一位学生，并对其寄予了高期待，数月后，这位学生比其他没被抽到的学生进步快，这在心理学中称为(　　)

A. 潜移默化　　B. 霍桑效应　　C. 马太效应　　D. 皮格马利翁效应

95. "近朱者赤，近墨者黑"属于学生失范行为解释模式中的(　　)

A. 差异交往说　　B. 控制缺乏说

C. 标签理论　　D. 亚文化群理论

96. 当学习到一定层次后，想要再进一步提高学习成绩变得非常困难，仿佛学习停滞不前了，这是因为学习过程中存在(　　)(常考)

A. 死海现象　　B. 洼地效应　　C. 高原现象　　D. 晕轮效应

97. 小叶因考试不及格，情绪十分低落，不愿见人。老师发现后，经常找小叶交谈、疏导、鼓励。该老师扮演的角色是(　　)

A. 班级领导者　　B. 行为示范者　　C. 学习指导者　　D. 心理辅导者

98. 小学四年级学生出现早恋倾向，班主任并未责备，而是分析学生的情况和原因，站在学生的角度看问题，体现了心理辅导中的(　　)

A. 发展性原则　　B. 尊重与理解学生原则

C. 价值中立原则　　D. 保密性原则

99. 某班开展以"小发明小创造"为主题的兴趣活动,这属于课外活动中的(　　)(常考)

A. 文艺活动　　B. 体育活动　　C. 科技活动　　D. 游戏活动

100. 学生的学校生活与家庭生活最大的差别是(　　)

A. 教育性　　B. 强制性　　C. 指导性　　D. 支持性

101. 儿童最基本的权利是(　　)

A. 生存权、健康权、受尊重权、安全权　　B. 生存权、受教育权、受尊重权、隐私权

C. 生存权、受教育权、受尊重权、安全权　　D. 生存权、隐私权、受尊重权、安全权

102. 学校要求教师相互听课、研讨问题,这体现了校本研究倡导的(　　)

A. 同伴互助　　B. 自我反思　　C. 专家引导　　D. 问题驱动

103. 某教师为调查学生的学习动机投放了问卷,用该问卷重复调查同一群体学生的情况,每次的调查结果趋于一致,但调查结果和实际情况有较大差距。这表明(　　)

A. 问卷信度低,效度也低　　B. 问卷信度高,效度却低

C. 问卷信度高,效度也高　　D. 问卷信度低,效度却高

104. 某教师做"单元教学设计针对学生学习改进的实验研究",此研究中的因变量是(　　)

A. 单元教学设计

B. 新来的实习老师提升了学生学习兴趣

C. 通过单元教学设计,学生学习方面得以改进

D. 全新多媒体的使用促进学生学习的改进

105. 实际工作者在现实情境中自由展开反思,敢于探索,并以解决工作情境中特定的实际问题为主要目的的研究是(　　)

A. 叙事研究　　B. 个案研究

C. 行动研究　　D. 调查研究

四、多项选择题(在下列每题列出的选项中至少有两项是符合题意的,将其选出并把它的标号写在括号内。多选、错选或少选均不得分。本大题共20小题,每小题0.9分,共18分)

106. 教师让学生列举水的用途,小刚一口气说出了许多用途,个别用途让大家意想不到,这表明该学生发散性思维具有(　　)

A. 流畅性　　B. 变通性　　C. 独特性　　D. 多样性

107. 下列教育思想中,由赫尔巴特提出的是(　　)

A. 教育性教学原则　　B. 兴趣的多方面性

C. 自然主义教育　　D. 教学形式阶段

108. 学校激发和维持学生外部动机的措施有(　　)

A. 多用正强化,慎用负强化　　B. 及时反馈学生的学习结果

C. 对学习结果进行适当评价　　D. 帮助学生设立明确的学习目标

109. 下列属于经典性条件反射的有(　　)(易混)

A. 画饼充饥

B. 望梅止渴

C. 小白鼠通过反复尝试,会通过按压杠杆的方式获取食物

D. 每次给狗提供食物之前摇铃,反复几次后,狗听到铃声就会流口水

110. 关于"成就动机水平"和"归因倾向"之间关系的表述,下列选项中正确的是(　　)

A. 成就动机水平高的人在失败时往往把原因归于努力不够

B. 成就动机水平低的人在失败时往往把原因归于能力不够

C. 成就动机水平高的人在失败时往往把原因归于运气不好

D. 成就动机水平低的人在失败时往往把原因归于努力不够

111. 学生的同辈群体是因年龄、兴趣、发展水平等因素相近或相同而自发形成的群体,学生加入同辈群体的主要原因是同辈群体对其成员有(　　)

A. 支持功能　　B. 保护功能　　C. 发展功能　　D. 吸引功能

112. 课堂管理是维持课堂秩序的重要手段,教师有效制止学生课堂不良行为的做法有(　　)

A. 提供可选择的目标行为

B. 严厉地要求停止与任务无关的行为

C. 给学生提供足够的信息,使之明确理解课堂的要求

D. 忽视与任务无关的行为,对与任务有关的行为进行表扬

113. 关于"劳动技术"内容的表述,下列选项中正确的是(　　)

A. 我国当前的劳动技术教育尚不包括职业认知

B. 中小学的公益性劳动主要体现为服务性的劳动

C. 人的全面发展是在劳动技术实践过程中实现的

D. 劳动技术教育属于以操作性学习为特征的学习领域

114. 在西方教育思想史上,被称为"里程碑著作"的有(　　)(常考)

A.《爱弥儿》　　B.《理想国》

C.《普通教育学》　　D.《民主主义与教育》

115. 对青少年叛逆期的表述,下列选项正确的是(　　)

A. 14岁左右是青少年叛逆行为的高峰年龄

B. 具有反叛性格的学生当中,女生多于男生

C. 学习成绩差的学生一定比学习成绩好的学生更加反叛

D. 主要表现在家长和孩子或老师和学生之间的激烈对抗

116. 2016年教育部发布"中国学生发展核心素养"框架,该框架包括(　　)

A. 文化基础　　B. 信息技术　　C. 社会参与　　D. 自主发展

117.《中学教师专业标准(试行)》中,“专业理念与师德”维度包括(　　)(常考)

A. 教育教学的态度与行为　　B. 对学生的态度与行为

C. 职业理解与认识　　D. 个人修养与行为

118. 关于《中小学班主任工作规定》相关内容的表述,下列选项中正确的是(　　)

A. 中小学每个班级应当配备一名班主任

B. 教师担任班主任期间应将班主任工作作为主业

C. 班主任有采取适当方式对学生进行批评教育的权利

D. 担任一个班级的班主任时间一般应连续3学年以上

119. 对课程内容的解释,主要围绕几种不同的取向,这些取向是(　　)

A. 课程内容即教材　　B. 课程内容即学习活动

C. 课程内容即教学内容　　D. 课程内容即学习经验

120. 师生关系是指教师和学生在教育教学过程中结成的相互关系,其类型包括(　　)

A. 以促进年轻一代成长为目标的社会关系

B. 以维持双方情感为目标的朋友关系

C. 以促进学生发展为目标的教育关系

D. 以维持和发展教育关系为目标的心理关系

121. 以下属于中华优秀传统文化教育的是(　　)

A. 举行校园诗词大会　　B. 组织学生参观历史博物馆

C. 组织学生在端午节前一起包粽子　　D. 邀请非物质文化遗产传承人做讲座

122. 杜威对西方哲学史中的“经验”概念进行了改造,这些改造包括(　　)

A. 拓展了经验的外延　　B. 克服了经验与理性的对立

C. 强调经验过程中人的主动性　　D. 强调经验是知识唯一来源的重要性

123. 关于学生主体性的表述,下列选项中正确的是(　　)

A. 学生认识的主体性是自然存在的

B. 在教学系统中,学生是认识人类文明经验的主体

C. 学生主体性的发挥与自身努力和教师引导分不开

D. 学生主体性的充分发挥是教学活动有序进行的基础

124. 多媒体技术和网络技术给传统教学带来了巨大影响,关于这些影响的表述正确的是(　　)

A. 消解了传统意义上的“知识”概念

B. 多媒体网络技术不会控制和操纵学生的主体意识

C. 打破了传统教学以教室为主要场所的局限,极大地拓展了教学时空

D. 冲击了传统教学的“工业化”模式,为“个性化”教学提供了支持

125. 某学生原在农村学校学习名列前茅,后随父亲来到城市学校后,学习成绩不理想。虽然非常努力,但成绩仍不好。父亲开始骂他,同学嘲笑他,该学生从而出现厌学、逃学等情况。如果你是老师,改变该生厌学状态的措施有(　　)

A. 引导其他学生帮助该学生　　B. 与家长沟通,鼓励学生建立自信

C. 指导学生正确归因,促使其继续努力　　D. 抓住时机表扬学生,使学生获得成就感

五、不定项材料分析题(请仔细阅读下面给定的材料,根据所提供的信息,回答126~130小题。题目中的选项至少有一项是符合题意的,请找出恰当的选项,多选、错选或少选均不得分。本大题共5小题,每小题2分,共10分)

《一堂有趣的数学课》

叮铃铃……上课了,这是王老师的一堂小学数学课。在上节课学完“平行四边形的面积”之后,本节课要学习“三角形的面积”。王老师首先引导学生复习上节课的内容,再组织学生围绕“如何计算三角形的面积”展开合作学习,具体包括:(1)给每位同学分发两个形状、大小相同的三角形纸片,要求学生结合平行四边形面积计算的知识,动手探索三角形面积的计算(该环节中,小飞同学将两个纸片重合在一起,但这显然不利于核心问题的解决,在与同组同学交流后,他开始尝试新的方法)。(2)操作完成后,学生小组内部讨论图形拼接与解决核心问题之间的关联。讨论结束后请学生总结发言。(3)王老师结合学生的操作和讨论,提出问题:①拼接成的这个图形是什么图形?面积如何计算?②拼接成的图形面积与原三角形面积之间有何关系?③三角形的面积如何计算?最后,王老师引导学生总结概括出本节课中所用的数学思想是“转化思想”。整堂课,学生沉浸在“做数学”的乐趣中,不断挑战自己的思维和理解,学生们觉得这些知识是通过自己的努力发现的,因此也更加喜欢数学课。

126. 以上案例中,王老师坚持的教育理念是(　　)

A. 以学生的学为中心　　B. 以学科知识为中心

C. 以教师的教为中心　　D. 以问题解决为中心

127. 以上案例中,采用的教学方法有(　　)

A. 探究教学法　　B. 讨论法　　C. 问答法　　D. 演示法

128. 与个别学习相比,小组学习的优势是(　　)

A. 有助于提高学习效率　　B. 有助于学生学会合作

C. 有助于开发学生的智力潜能　　D. 有助于激发学生的学习兴趣

129. 以上案例中,教学设计的特点有(　　)

A. 目标明确　　B. 思路清晰　　C. 重点突出　　D. 结构完整

130. 对上述案例的评价,下列选项中正确的是(　　)

A. 注重教学思想方法的渗透　　B. 充分发挥了学生的主体性

C. 教师重视小组合作中的指导　　D. 有助于学生数学学科核心素养的养成

2020年山东省威海市高新区教师招聘考试真题试卷(六十二)

(本套试卷仅收录教育理论部分试题)

一、判断题(判断下列各题的正误,并在题后括号内打"√"或"×"。本大题共10小题,每小题0.8分,共8分)

1. 教育的本质属性在于它的永恒性、阶级性、历史性。(易错) ( )
2. 教育与生产劳动相结合是实现人的全面发展的唯一方法。 ( )
3. 班级授课制是课堂教学的主要形式。(常考) ( )
4. 学生在听到音乐时脑海中常常会出现相应的画面,学生的这种心理活动就是联觉。 ( )
5. 为了记住大量的文史知识,小明常常会将它们进行串联,赋予它们自己熟知事物的意义,小明所使用的这种学习策略叫复述策略。 ( )
6. 老师正在上课时,小刚闯进了教室,学生们齐刷刷地都看向了他。学生们的这种心理活动就是无意注意。(常考) ( )
7. 王老师对于学校给予他的处分不服,应该向当地纪检部门提出申诉。 ( )
8. 刘老师对学校的教育教学工作积极提出自己的意见,刘老师的这种行为是履行教师义务。 ( )
9. 教师职业道德是教师职业活动中不可或缺的素养,是教师完成教育任务的保障,也是教育事业成败的根本因素。 ( )
10. 教书育人是教师职业的本质要求。 ( )

二、单项选择题(下列每小题列出的四个选项中只有一个是最符合题意的,请将其代码填在括号内。错选、多选或未选均不得分。本大题共20小题,每小题1.1分,共22分)

11. 瑞士教育学家裴斯泰洛齐认为儿童生来就蕴藏着各种能力和力量的种子,教育就是促使儿童的各种天赋、才能的种子获得和谐发展。这种教育目的的价值取向是( )

A. 教育无目的论　B. 个人本位论
C. 社会本位论　D. 宗教本位论

12. 张老师是一位教过小学和初中两个学段的老师,据她说刚从小学部调到初中部的时候,学生们对她的教学模式都比较抵触,通过两个月的调整,她终于得到了初中学生的充分认可。张老师的经历告诉我们,个体身心发展具有( )

A. 阶段性　B. 不平衡性　C. 个别差异性　D. 顺序性

13. 古语有云"近朱者赤,近墨者黑",从影响人的身心发展因素来看,这句话反映出的观念属于( )

A. 主体能动论　B. 教育主导论
C. 遗传决定论　D. 环境决定论

14. 关于师生关系,下列说法不正确的是( )(易错)

A. 教师是传授者,学生是接受者
B. 教师的性格、气质会影响学生对他的态度
C. 良好的师生关系建立在尊重学生的绝对自由上
D. 良好的师生关系是学生健康成长的保障

15. 为做好文化传承工作,努力保护非物质文化遗产,某地将传承几百年的皮影戏纳入了中学课程,请当地的老艺术家们给学生开设了独具特色的"皮影课"。这种课程属于( )

A. 社会课程　B. 国家课程　C. 地方课程　D. 校本课程

16. 新中国成立以来,我国历史上大致进行了八次比较大规模的课程改革,其中确立了"一纲多本"的课程改革方略,在课程目标、内容、组织和结构等方面大胆借鉴其他国家相关经验的是( )

A. 第四次课程改革　B. 第五次课程改革
C. 第六次课程改革　D. 第七次课程改革

17. 美国实用主义教育家杜威提出,要以儿童的现实生活特别是活动为中心来编制课程,他的这一理论被称为( )

A. 学生中心课程理论　B. 社会中心课程理论
C. 要素主义课程理论　D. 结构主义课程理论

18. 在教学过程中,王老师经常给学生放映一些动画片或图片,帮助学生更好地理解所学内容。王老师遵循的教学原则是( )

A. 直观性原则　B. 启发性原则
C. 因材施教原则　D. 循序渐进原则

19. 化学老师在讲氧气的性质时,带来了两瓶无色气体。其中一瓶是空气,一瓶是氧气,怎么区分它们呢?老师发问后,将两根燃烧的木条分别伸进了两个瓶子里,告诉学生燃烧更剧烈的是氧气。这种教学方法是( )(易混)

A. 讲授法　B. 实验法　C. 演示法　D. 谈话法

20. 李老师上课主张学生进行自由联想和讨论,通过学生的思维碰撞达到集思广益的效果,这种训练方法叫作( )

A. 头脑风暴法　B. 谈话法　C. 讨论法　D. 启发法

21. 教师在期末评语上写道,李乐同学严谨细致,王西同学勤奋刻苦。李老师描述的这些心理特征属于(　　)(易混)

A. 性格　B. 情绪　C. 能力　D. 气质

22. 小芳同学上课总喜欢做小动作,但回答问题非常积极并且跟很多同学都能保持良好关系。小芳的气质类型属于(　　)(常考)

A. 抑郁质　B. 多血质

C. 黏液质　D. 胆汁质

23. 因为宋老师活泼大方,能与学生平等交流,学生们都非常喜欢她,在这种环境下,宋老师工作越发起劲了,对自己的教学充满了信心,认为自己一定可以教好每位学生,这主要反映了她的哪种心理特征(　　)

A. 教学幸福感　B. 教学责任感

C. 教学理智感　D. 教学效能感

24. 马上就要中考了,李老师把班级里几个成绩比较出色的学生叫到办公室,并对他们说:"你们几个是我们班学习成绩最好的,也是我们班最有可能考上重点高中的学生,你们一定要多多努力。"李老师的这番话让几位学生感受到巨大压力,最终影响到了他们的考试成绩。李老师的这种行为是(　　)

A. 期望效应　B. 晕轮效应

C. 首因效应　D. 刻板效应

25. 15 岁的张某经常打架斗殴,并且染上了抽烟、喝酒的不良恶习,但是他的父母仍旧对他不闻不问。依据《中华人民共和国预防未成年人犯罪法》,应由公安机关(　　)

A. 对张某进行拘留　B. 对张某父母进行拘留

C. 对张某进行训诫　D. 对张某父母进行训诫

26. 学生唐某上课时感到饿了,于是在课堂上吃起了零食。刘老师发现后,中断了自己的正常教学,并当着全班同学的面辱骂唐某,并要求他去操场上跑圈。刘老师的做法(　　)(易混)

A. 是正确的,唐某这种学生就该被这么教育

B. 是正确的,杀一儆百,能帮助孩子们更好成长

C. 是不正确的,违反了《中华人民共和国未成年人保护法》

D. 是不正确的,违反了《中华人民共和国教育法》

27. 某父母外出打工,将 14 岁的孩子单独留在了家中上学。父母的做法(　　)

A. 是不正确的,不应该去外地工作

B. 是不正确的,不应该让孩子单独居住

C. 是正确的,可以培养孩子的独立能力

D. 是正确的,父母即便在远方也可以照顾到孩子

28. 班级中有几个学生总是捣乱,班主任想到了一条计策——以后谁违纪就给他安排更多的值日任务并罚款。班主任的这种做法(　　)

A. 正确,有助于消灭班级存在的不良势头

B. 正确,有助于提高捣乱学生的自觉性

C. 不正确,班主任的做法侵犯了学生的财产权

D. 不正确,涉及金钱利益应该请示校方

29. 临近期末,宋老师向学生推荐了一本教辅书,告诉学生们说:"不出意外的话,期末考试的内容都在这本书里。"然后叫课代表组织收取费用。宋老师的做法(　　)

A. 是对学生负责任的态度　B. 体现了宋老师的敬业精神

C. 有利于促进教育公平　D. 违背了教师职业道德规范

30. 作为一名教师,不仅要教给学生知识,还应该关心爱护每一位学生,平等公正地对待每一位学生,尊重每一位学生。从这一段话来看,教师职业道德的灵魂是(　　)(常考)

A. 教书育人　B. 公平公正

C. 关爱学生　D. 尊重学生

2020年湖北省黄石市阳新县定向教师招聘考试真题试卷(六十三)

(本套试卷仅收录教育理论综合知识的试题)

一、单项选择题(下列每小题列出的四个选项中只有一个是最符合题意的,请将其代码填在括号内。错选、多选或未选均不得分。本大题共10小题,每小题1分,共10分)

1. 我国古代也是世界教育史上最早专门论述教育和教学问题的论著是(　　)(常考)

A.《学记》　B.《论语》　C.《理想国》　D.《孟子》

2. 古希腊提出"助产术"的著名思想家是(　　)

A. 柏拉图　B. 亚里士多德　C. 苏格拉底　D. 昆体良

3. "由浅入深,由易到难,由简到繁"体现的教学原则是(　　)

A. 巩固性原则　B. 直观性原则

C. 循序渐进原则　D. 启发性原则

4. 中华人民共和国成立以来,我国在教师队伍建设过程中的第一个里程碑式的文件是(　　)

A.《中华人民共和国教师法》

B.《中华人民共和国教育法》

C.《教师教育振兴行动计划(2018—2022年)》

D.《中共中央 国务院关于全面深化新时代教师队伍建设改革的意见》

5. "一把钥匙开一把锁"体现的是德育的(　　)

A. 导向性原则　B. 疏导原则

C. 教育影响的一致性与连贯性原则　D. 因材施教原则

6. "一朝被蛇咬,十年怕井绳"这种现象是指(　　)

A. 消退　B. 刺激比较　C. 刺激泛化　D. 刺激分化

7. 根据学习的定义,下列现象中属于学习的是(　　)(常考)

A. 蜜蜂采蜜　B. 猴子练习攀爬

C. 病症导致的行为改变　D. 儿童模仿别人的行为

8. 需要层次理论的提出者和代表人物是(　　)

A. 马斯洛　B. 韦纳　C. 阿特金森　D. 班杜拉

9. 学生心理健康教育的主要场所是(　　)

A. 家庭　B. 社会　C. 学校　D. 工作单位

10. 采用"道德两难故事法"研究道德发展阶段的心理学家是(　　)(常考)

A. 华生　B. 加涅　C. 科尔伯格　D. 皮亚杰

二、多项选择题(在下列每题四个选项中至少有两个选项是符合题意的,将其选出并把它的标号写在括号内,错选、多选、漏选均不得分。本大题共5小题,每小题2分,共10分)

1. 班级管理包括(　　)三个基本环节。

A. 制订计划　B. 组织实施　C. 评价总结　D. 科学规范

2. 学生的本质属性包括(　　)(易混)

A. 学生是人　B. 学生是以学习为主要任务的人

C. 学生是发展中的人　D. 学生是社会中的人

3. 发散思维是创造性思维的核心,其主要特征有(　　)(常考)

A. 流畅性　B. 变通性　C. 独创性　D. 目的性

4. 下列选项中属于外部学习动机的是(　　)

A. 学习是为了获得老师的表扬　B. 学习是为了不让父母失望

C. 学习是为了提高自身素质　D. 学习是为了报效祖国

5. "温故而知新"属于学习迁移中的(　　)

A. 正迁移　B. 负迁移　C. 顺向迁移　D. 逆向迁移

三、判断题(判断下列各题的正误,并在题后的括号内打"√"或"×",本大题共20小题,每小题0.5分,共10分)

1. 教育是人类所特有的有意识的活动,是人类传递经验的一种特殊形式。(易错)　(　　)

2. 在知、情、意、行四个德育环节中,知是基础,情是关键。　(　　)

3. 教育学是一门以教育现象和教育问题为研究对象,探索教育规律的科学。　(　　)

4. 在集体教育思想方面,苏霍姆林斯基与马卡连柯是完全一致的。　(　　)

5. 我国学校课程的雏形"六艺"是指"诗、书、礼、乐、射、数"。(易混)　(　　)

6. 卢梭认为,根据社会要求强加给儿童的教育是坏的教育,顺其自然、远离社会影响的教育才是好的教育。　(　　)

7. 教学永远具有教育性。　(　　)

8. 教科书的使用对象是教师。　(　　)

9. "道而弗牵,强而弗抑,开而弗达"主张的是启发式教学。　(　　)

10. 孟母择邻和我们当前流行的择校是一回事。　(　　)

11. 教育目的对一切教育工作都具有指导作用。　(　　)

12. 美育就是艺术教育。(常考)　(　　)

13. 教学有法,但无定法。　(　　)

14. 终身教育主要是指成人教育。　(　　)

15. 绝对评价又称目标参照评价。　(　　)

16. 德育过程就是品德形成的过程。　(　　)

17. 在西方,最早的教育工作者被称为"智者派"。　(　　)

18. 分组教学克服了班级授课制的缺陷,是一种非常完美的教学组织形式。　(　　)

19. 技能就是知识。　(　　)

20. 无论是正强化还是负强化,都能增加行为出现的概率。　(　　)

2020年内蒙古自治区赤峰市中小学校教师招聘考试真题试卷(六十四)

(满分100分 时间120分钟)

一、单项选择题(下列每小题列出的四个选项中只有一个是最符合题意的,请将其代码填在括号内。错选、多选或未选均不得分。本大题共50小题,每小题1分,共50分)

1.(　　)主张人只有通过教育才能成为人。

A. 夸美纽斯　B. 康德　C. 赫尔巴特　D. 布鲁纳

2. 冯特在(　　)大学建立第一个心理学实验室。

A. 慕尼黑　B. 柏林　C. 海德堡　D. 莱比锡

3. 面对问题时经常举棋不定,是意志的(　　)弱的表现。

A. 自觉性　B. 果断性　C. 坚韧性　D. 自制性

4.《中华人民共和国教师法》规定的教师考核内容为"政治思想、业务水平、(　　)、工作成绩"几个方面。

A. 工作态度　B. 工作热情　C. 工作效率　D. 工作质量

5. 班主任要善于抓住班级重大偶发事件的处理,组织学生讨论,以明辨是非、美丑,发扬优点、抵制不良行为习惯,形成正确的人生观、价值观。这说明培养班集体时应注意(　　)

A. 确定集体目标　B. 组织、培养班干部

C. 有计划地开展集体活动　D. 培养正确的舆论与良好班风

6. 夸美纽斯出版的(　　)是教育学形成一门独立学科的标志。(易错)

A.《大教学论》　B.《普通教育学》　C.《爱弥儿》　D.《世界图解》

7. 到2035年,教师综合素质、专业化水平和(　　)大幅提升,培养造就数以百万计的骨干教师、数以十万计的卓越教师、数以万计的教育家型教师。

A. 教育教学能力　B. 思想政治素质　C. 职业道德水平　D. 创新能力

8. 注意是心理活动对一定事物的(　　)

A. 整体反映　B. 个体反应　C. 指向和集中　D. 倾向性

9. 当课堂秩序出现学生吵闹,杂音盖过教师讲课的声音时,老师通过加大嗓门使课堂中的学生安静下来。这是借助(　　)引起学生的注意来控制课堂秩序的一种方法。

A. 刺激与环境中其他物体的差异　B. 刺激强度

C. 感知者的情感　D. 感知者的需要

10. 思维包括两个基本特征,一是间接性,二是(　　)

A. 对比性　B. 概括性　C. 稳定性　D. 目的性

11. 与生产劳动相脱离的教育是(　　)

A. 原始社会教育　B. 奴隶社会教育

C. 近代教育　D. 现代教育

12. 学校工作的中心环节是(　　)

A. 教学　B. 科研　C. 行政管理　D. 后勤保障

13. 为适应学生的个性差异而开发的课程类型是(　　)

A. 选修课程　B. 必修课程　C. 学科课程　D. 综合课程

14. 根据学习的定义,下列属于学习的现象是(　　)

①会打球　②个子越长越高　③风沙吹进眼睛自然流泪　④小孩看到穿白大褂的医生感到害怕

⑤儿童理解了"地球是圆的,而不是平的"

A. ①②④　B. ②③⑤　C. ①④⑤　D. ①③④

15. 教师对学生持有积极的期待,学生就会向教师期望的方向发展,这种效应称为(　　)(常考)

A. 首因效应　B. 晕轮效应

C. 近因效应　D. 皮格马利翁效应

16. "入芝兰之室,久而不闻其香;入鲍鱼之肆,久而不闻其臭"指的是(　　)

A. 明适应　B. 暗适应　C. 感觉适应　D. 味觉适应

17. 义务教育是国家统一实施的所有适龄儿童、少年必须接受的教育,是国家必须予以保障的(　　)事业。

A. 长期性　B. 社会性　C. 公益性　D. 强制性

18. 根据我国《教师法》的规定,各级人民政府应该采取措施,加强教师的思想政治教育和业务培训,改善教师的工作条件和生活条件,保障教师的合法权益,提高教师的(　　)地位。

A. 政治　B. 经济　C. 法律　D. 社会

19.(　　)在心理学的发展历史上说:"心理学有着漫长的过去,但只有短暂的历史。"

A. 弗洛伊德　B. 巴甫洛夫　C. 艾宾浩斯　D. 凯利

20. 提出"生活即教育""社会即学校""教学做合一"教育主张的教育家是(　　)(常考)

A. 杜威　B. 陈鹤琴　C. 凯洛夫　D. 陶行知

21. 根据《关于进一步加强学校体育工作的若干意见》,中小学生每天校园体育活动时间应达到(　　)

A. 0.5小时　B. 1小时　C. 1.5小时　D. 2小时

22. 根据《教师资格条例》,参加教师资格考试有作弊行为的,其考试成绩作废,不得再参加教师资格考试的限制年限是(　　)

A. 1年　B. 3年　C. 5年　D. 8年

23. 我国最早提出“教学相长”的著作是( )

A.《大学》 B. 四书 C.《战国》 D.《学记》

24. 个体身心发展的互补性要求教育者要做到( )

A. 相互衔接 B. 长善救失 C. 循序渐进 D. 教学相长

25. 班主任在班级管理中的领导影响力主要表现在两方面，一是职权影响力，二是( )

A. 学术影响力 B. 个性影响力 C. 年龄影响力 D. 职称影响力

26. 某学生在学校放假期间，擅自翻越学校围墙摔倒在地，导致腿部受伤，经治疗花去医疗费5000元。对于该名同学受到的伤害，下列表述正确的是( )

A. 学校没有过错，无需承担赔偿责任 B. 学校没有过错，但要承担部分赔偿责任

C. 学校存在过错，应当承担全部赔偿责任 D. 学校存在过错，应当承担部分赔偿责任

27. 教育活动要注意“三结合”，“三结合”的教育一般是指( )

A. 学校、家庭、社会教育三结合 B. 班主任、科任老师、家长教育三结合

C. 校长、教师、家长教育三结合 D. 家庭、环境、学校教育三结合

28. 吹拉弹唱为( )

A. 识记技能 B. 心智技能 C. 操作技能 D. 认知技能

29. 政治经济制度决定着( )(易混)

①教育领导权 ②受教育权 ③教育目的 ④教育结构 ⑤教育内容

A. ①②③④ B. ①②④⑤ C. ②③④⑤ D. ①②③⑤

30. 我国教学的基本组织形式是( )

A. 个别教学 B. 分组教学 C. 课堂教学 D. 现场教学

31. 在我国，受教育者在入学、升学、就业等方面依法享有( )

A. 公平权利 B. 特殊权利 C. 平等权利 D. 唯一权利

32. 在我国，适龄儿童、少年的父母或其他监护人有义务使适龄儿童、少年接受并完成规定年限的( )教育。

A. 高等 B. 职业 C. 义务 D. 中等

33. 根据我国《教师法》的规定，教师的平均工资水平应当( )国家公务员的平均工资水平。

A. 接近 B. 不低于或高于 C. 高于 D. 等同于

34. 在我国，爱国主义教育基地、图书馆、青少年宫、儿童活动中心应当对未成年人( )开放。

A. 无偿或优惠 B. 优惠 C. 免费 D. 无偿

35. 集体舆论是指( )

A. 集体中占优势的、为大多数人所赞同的言论和意见

B. 班主任所提倡的言论和意见

C. 集体中所有人都一致同意的言论和意见

D. 集体中优秀分子的言论和意见

36. “教学有法，而无定法”反映了教师劳动的( )(常考)

A. 连续性 B. 创造性 C. 长期性 D. 示范性

37. 学生年龄特征包括哪两方面的特征( )

A. 认识和个性特征 B. 个性和性格特征

C. 生理和心理特征 D. 认识和情感特征

38.《给教师的建议》的作者是( )

A. 克鲁普斯卡娅 B. 苏霍姆林斯基 C. 布鲁纳 D. 马卡连柯

39. 艾宾浩斯发现遗忘的规律表现为( )(常考)

A. 先快后慢 B. 先慢后快 C. 不快不慢 D. 比较均匀

40. 马斯洛需要层次理论的最高层次需要是( )

A. 安全需要 B. 尊重需要

C. 爱和归属需要 D. 自我实现的需要

41. 习近平总书记指出，“两个一百年”奋斗目标和中华民族伟大复兴中国梦的实现，归根到底要( )

A. 靠经济 B. 靠人才和教育 C. 靠政策开放 D. 靠科技发展

42. 习近平指出，( )是教育的首要问题。

A. 培养什么人 B. 怎样培养人 C. 为谁培养人 D. 立德树人

43. 为人师表是教师职业的( )

A. 内在要求 B. 内在动力 C. 本质要求 D. 基本要求

44. 学生在学校各项权利中最主要、最基本的一项权利是( )

A. 受教育权 B. 生命健康权 C. 人格尊严权 D. 人身自由权

45. 学校的各种人际关系中，居于核心地位的是( )

A. 师生关系 B. 上下级关系

C. 教师与家长的关系 D. 同学关系

46. “举一反三”和“触类旁通”所说的是( )

A. 学会学习 B. 学习迁移 C. 创造学习 D. 发现教学法

47. 创造性思维的核心是( )

A. 发散思维 B. 聚合思维 C. 形象思维 D. 抽象思维

48. 教育与人类社会共存亡、同始终。这说明教育具有( )

A. 历史性 B. 阶级性 C. 永恒性 D. 相对独立性

49. 教师的根本任务是( )(常考)

A. 传授知识 B. 教书育人 C. 提高升学率 D. 提高业务水平

50. 教师是教育工作的组织者、领导者，在教育过程中起( )

A. 领导作用 B. 主导作用 C. 主体地位 D. 执行作用

二、多项选择题(本题共25小题,每小题2分,共计50分。每小题有多个选项符合题意,全部选对的得2分,选对但不全的得0.9分,选错或未选的得0分)

51. 学校应对老师的(　　)进行考核。

A. 政治思想　B. 工作态度　C. 业务水平　D. 工作成绩

52. 国家建立统一的义务教育教师职务制度。教师职务分为(　　)

A. 初级职务　B. 中级职务　C. 高级职务　D. 特级职务

53. 下列符合发散思维的是(　　)

A. 一物多用　B. 先入为主　C. 一事多写　D. 一题多解

54. 心理健康是一种持续、良好的心理状态与过程,主要表现为(　　)

A. 良好的社会适应能力　B. 有效发挥个人的身心潜力

C. 具有生命的活力　D. 具有积极的内心体验

55. 新手型教师的特点包括(　　)(易错)

A. 非常重视课前准备　B. 课堂调控能力强

C. 注重周围人对自己的评价　D. 充满热情活力

56. 国家实行教师资格、职务、聘任制度,通过(　　)提高教师素质,加强教师队伍建设。

A. 培养　B. 培训　C. 考核　D. 奖励

57. 以下属于教师权利的是(　　)

A. 参加进修或者其他方式的培训

B. 按时获得工资报酬,享受国家规定的福利待遇以及寒暑假期的带薪休假

C. 进行教育教学活动,开展教育教学改革和实验

D. 从事科学研究、学术交流,参加专业的学术团体,在学术活动中充分发表意见

58.《中华人民共和国教师法》规定,对教师的考核应客观、公正、准确,充分听取(　　)意见。

A. 学生　B. 教师本人　C. 学生家长　D. 其他教师

59. 习近平提出:"国家繁荣、民族振兴、教育发展,需要我们大力培养造就一支(　　)的高素质专业化教师队伍。"

A. 师德高尚　B. 业务精湛　C. 结构合理　D. 充满活力

60. 记忆过程的基本环节包括(　　)

A. 识记　B. 保持　C. 再认和回忆　D. 运用

61. 属于教师职业道德修养的基本方法的是(　　)

A. 虚心向他人学习,自觉与他人交流　B. 坚持自律和他律相结合

C. 加强理论学习,注意内省、慎独　D. 勇于实践锻炼,增强情感体验

62. 下面有关教师为人师表的特征,正确的是(　　)

A. 具有鲜明的示范性　B. 具有突出的严谨性

C. 具有较弱的激励性　D. 缺乏可操作性

63. 廉洁从教的内容包括(　　)

A. 坚守高尚情操　B. 发扬奉献精神

C. 自觉抵制社会不良风气　D. 不利用职权之便谋取私利

64. 学习和教学活动过程包括(　　)

A. 学习过程　B. 教学过程　C. 评价　D. 反馈

65. 我国心理学家对学习的分类是(　　)

A. 知识的学习　B. 认知策略的学习

C. 技能的学习　D. 行为规范的学习

66. 知识的直观形式包括(　　)

A. 情景直观　B. 实物直观　C. 模像直观　D. 言语直观

67. 品德的心理结构包括(　　)

A. 道德认识　B. 道德情感　C. 道德修养　D. 道德行为

68. 个人的自我意识主要包括三种心理成分,分别是(　　)

A. 自我认识　B. 自我体验　C. 自我行动　D. 自我控制

69. 气质类型包括(　　)

A. 胆汁质　B. 多血质　C. 黏液质　D. 抑郁质

70. 属于教师职业道德素养的是(　　)

A. 忠诚于人民教育事业　B. 热爱学生

C. 严格要求自己,为人师表　D. 集体协作精神

71. 知觉的特性包括(　　)

A. 选择性　B. 整体性　C. 理解性　D. 恒常性

72. 思维的基本形式包括(　　)

A. 概念　B. 判断　C. 推理　D. 比较

73. 影响人身心发展的因素主要有(　　)

A. 遗传　B. 环境　C. 社会　D. 教育

74. 下列属于教学工作的基本环节的是(　　)

A. 备课　B. 布置作业和课外辅导

C. 上课　D. 学业成绩的检查与评定

75. 德育过程的构成要素包括(　　)(常考)

A. 教育者　B. 受教育者　C. 德育内容　D. 德育方法

2020年山西省太原市晋源区小学(幼儿园)教师招聘考试真题试卷(六十五)

(本套试卷共100小题,目前已收录97小题)

一、单项选择题(下列每小题列出的四个选项中只有一个是最符合题意的,将其选出并把其标号写在括号内。错选、多选或未选均不得分。本大题共87小题,每小题0.95分,共82.65分)

1.教育的(　　)的显著标志是非计划性、非预期性,如教师的行为方式、学校文化等。

A.正向功能　B.负向功能　C.显性功能　D.隐性功能

2.推动教育学发展的内在动力是(　　)

A.教育法律　B.教育问题　C.教育现象　D.教育制度

3.下列不属于形式化教育阶段特征的是(　　)

A.教育主体确定

B.教育对象相对稳定

C.大抵有固定的活动场所

D.明确规定各种制度,如入学制度、教学制度等

4.“白沙在涅,与之俱黑”说明(　　)影响人的身心发展。

A.遗传素质　B.社会环境　C.教育手段　D.个体的主观能动性

5.“善歌者,使人继其声;善教者,使人继其志”出自(　　),它是我国最早的一篇专门论述教育和教学问题的专著。

A.《学记》　B.《论语》　C.《理想国》　D.《大教学论》

6.同年龄的儿童具有不同的兴趣爱好和性格,这说明人身心发展具有(　　)(常考)

A.顺序性　B.阶段性

C.不均衡性　D.个别差异性

7.在古希腊“七艺”课程中,侧重自然科学的是(　　)

A.文法　B.修辞学　C.辩证法　D.算术

8.下列能夯实素质教育的基础的是(　　)

A.国家各项教育政策　B.课程大纲的实施

C.学校的具体改革措施　D.新课程改革

9.“人受了什么样的教育,就会成为什么样的人”体现的教育理论是(　　)

A.教育万能论　B.教育独立论　C.筛选假设理论　D.劳动力市场理论

10.办学宗旨为“激发忠爱,开通智慧,振兴实业”的学制是(　　),它也是我国首次颁布的学制。(常考)

A.壬寅学制　B.癸卯学制　C.壬戌学制　D.壬子癸丑学制

11.下列制约着教育目的的制定、教育内容的选择和专业的设置的是(　　)

A.人口因素　B.文化传统

C.生产力发展水平　D.政治经济制度

12.在课程标准的组成部分中,统率课程标准的指导思想的是(　　)

A.前言部分　B.课程目标部分

C.课程内容标准部分　D.课程实施建议部分

13.“教育的产生完全来自动物本能,是种族发展的本能需要”体现了教育起源说的哪种观点(　　)

A.劳动起源说　B.神话起源说　C.生物起源说　D.交往起源说

14.(　　)是教材的基本部分,也是教学的依据。

A.插图　B.附录　C.课文　D.习题

15.孔子将古代封建文化典籍分为诗、书、礼、乐四科来教学生,这些课程属于(　　)(常考)

A.综合课程　B.分科课程　C.活动课程　D.隐性课程

16.引导学生将知识运用到实际中去,体现了赫尔巴特教学过程思想中的(　　)

A.明了　B.联合　C.方法　D.系统

17.某班学习委员拾金不昧,该班班主任号召全班同学向他学习,该教师所采用的方法是(　　)

A.榜样示范法　B.情感陶冶法　C.品德评价法　D.实际锻炼法

18.在全面发展教育中,(　　)对其他各育起保证方向和保持动力的作用。(易混)

A.智育　B.德育

C.美育　D.劳动技术教育

19.课程内容组织形式中的(　　)是指教材内容要按照学科知识的逻辑序列,从已知到未知、从简到繁、从具体到抽象等先后顺序来组织编写。

A.直线式　B.螺旋式　C.横向组织　D.纵向组织

20.“读书无疑者,须教有疑;有疑者,却要无疑,到这里方是长进”说明教学要遵循(　　)原则。

A.循序渐进　B.理论与实践结合

C.启发性　D.科学性与思想性相统一

21.某教师在教授《路旁的橡树》一课时,将学生“学会关爱生命”拟定为教学目标之一。该教学目标属于(　　)

A.过程与方法目标　B.知识与技能目标

C.价值观与方法目标　D.情感态度与价值观目标

22.幻灯片、录像带、影视片属于(　　)中的直观教具。

A.实物直观　B.模像直观　C.多媒体教学　D.言语直观

23. 上好一堂课的关键是(　　)

A. 明确教学目的　B. 组织教学活动　C. 布置课外作业　D. 注重解惑纠错

24. 某教师在教授《小小的船》一课时,想要了解学生对这首诗的理解情况,于是在课堂上向学生提问:"你们知道叶圣陶先生想要通过这首诗表达什么吗?"这属于教学过程中的(　　)

A. 个体差异性评价　B. 诊断性评价

C. 形成性评价　D. 总结性评价

25. 教学实践中最基本、最常用的一种教案形式是(　　)

A. 表格式教案　B. 记叙式教案　C. 卡片式教案　D. 议论式教案

26. 在德育工作中,教师要善于依靠、发扬学生自身的积极因素,调动学生自我教育的积极性,克服消极因素,实现品德发展内部矛盾的转化。这说明德育工作要遵循(　　)

A. 疏导原则　B. 尊重学生与严格要求学生相结合的原则

C. 教育影响的一致性和连贯性原则　D. 长善救失原则

27. 被认为是"教师专业发展和自我成长的核心因素"的是(　　)

A. 自我发展　B. 专业引领　C. 自我反思　D. 同伴互助

28. 某同学通过学习知道"北京是中国的首都"。根据加涅的学习分类理论,这属于(　　)的学习。

A. 言语信息　B. 智慧技能　C. 认知策略　D. 动作技能

29. 在某综艺真人秀节目中,黄磊会给女儿多多设立恰当的目标,同时也会倾听女儿的意见。这说明其家庭教养方式属于(　　)

A. 忽视型　B. 溺爱型　C. 专制型　D. 权威型

30. 某学生热爱交际、能说会道、活泼好动、反应迅速、适应性强,但同时也见异思迁、缺乏耐心、稳定性差。该学生的气质类型属于(　　)

A. 胆汁质　B. 多血质　C. 黏液质　D. 抑郁质

31. 小姝为了得到其他小朋友手中的布娃娃而打人,这一行为属于(　　)

A. 言语攻击　B. 间接攻击　C. 工具性攻击　D. 敌意性攻击

32. 下列不属于亲社会行为的是(　　)

A. 分享　B. 模仿　C. 谦让　D. 援助

33. 某学生认为,插队是不文明的行为,但是当遇到孕妇和老人时,可以让他们"插队"。根据皮亚杰的认知发展阶段理论,该学生处于(　　)

A. 感知运动阶段　B. 前运算阶段

C. 具体运算阶段　D. 形式运算阶段

34. 同一首曲子用不同的乐器演奏或由不同人来演唱,我们仍然知觉为同一首曲子。这体现了知觉具有(　　)(常考)

A. 选择性　B. 理解性　C. 恒常性　D. 整体性

35. "情急生智"描述的情绪状态是(　　)

A. 应激　B. 激情　C. 心境　D. 喜悦

36. 某学生放学后不用家长催促,就能自己主动去做作业。这说明该学生意志的(　　)较好。(易混)

A. 果断性　B. 自制性　C. 自觉性　D. 坚持性

37. 某学生在冬天因为怕冷不想起床,但又害怕上学迟到。这种心理冲突属于(　　)(常考)

A. 双趋冲突　B. 趋避冲突　C. 双避冲突　D. 多重趋避冲突

38. 某教师在教授《我的母亲》一课时,天空中突然响起了雷,把学生的注意力都吸引了过去。这种注意属于(　　)

A. 有意注意　B. 无意注意　C. 有意后注意　D. 无意后注意

39. 某学生在复习时喜欢做笔记,该学生利用的学习策略是(　　)

A. 复述策略　B. 精细加工策略　C. 组织策略　D. 资源管理策略

40. 某学生可以将在语文学习中习得的阅读技巧、写作技巧等运用到英语学习中。这种迁移属于(　　)

A. 零迁移　B. 负迁移　C. 具体迁移　D. 一般迁移

41. 某学生先学习"锐角"的概念后又学习"角"的概念,这种学习属于(　　)

A. 上位学习　B. 并列结合学习

C. 派生类属学习　D. 相关类属学习

42. 某学生这样来管理自己的学习:"如果我能在30分钟内完成英语老师布置的家庭作业,那么就可以和爸爸出去玩。"该学生运用的是(　　)

A. 外部强化　B. 替代强化　C. 自我强化　D. 消极强化

43. 某学生能够记得曾经吃过的食物的味道。这种记忆属于(　　)

A. 动作记忆　B. 情绪记忆　C. 逻辑记忆　D. 形象记忆

44. 根据奥苏贝尔的学习动机分类理论,某学生为了获得老师的夸奖而朗诵诗歌。这种学习动机属于(　　)

A. 自我提高内驱力　B. 附属内驱力

C. 自我生存内驱力　D. 认知内驱力

45. 游泳时,刚刚跳进水中时会觉得水很冷,不久后这种感觉就会消失,这种感觉规律属于(　　)

A. 感觉后像　B. 感觉适应　C. 感觉对比　D. 感觉补偿

46. 在一节课45分钟内,甲同学能够集中注意力30分钟,乙同学能够集中注意力20分钟。这说明甲同学注意的(　　)比乙同学好。

A. 转移　B. 分配　C. 广度　D. 稳定性

47. 某学生思考了20分钟,终于把一道棘手的数学题给解出来了,感到非常开心。这种情感属于(　　)

A. 美感　B. 理智感　C. 正义感　D. 道德感

48. 妈妈告诉小明，只要他期末考试进入班级前十名就给他买一台游戏机。妈妈运用的是(　　)

A. 消退　B. 负强化　C. 正强化　D. 惩罚

49. 某学生对英语有着浓厚的兴趣，教师引导其继续学习。这种主要考虑如何使学生原有的学习需要得到满足的培养学生学习动机的方式属于(　　)

A. 间接发生途径　B. 直接发生途径　C. 直接转化途径　D. 间接转化途径

50. 小虎在读"落霞与孤鹜齐飞，秋水共长天一色"时，好像自己站在滕王阁上看到了诗中描绘的美景。这种想象属于(　　)

A. 无意想象　B. 再造想象　C. 创造想象　D. 幻想

51. 某教师让学生列举报纸的用途，得到的答案是学习、包东西、用来引火。这种思维属于(　　)

A. 抽象思维　B. 聚合思维　C. 发散思维　D. 直觉思维

52. 智力的核心是(　　)

A. 注意力　B. 思维力　C. 创造力　D. 观察力

53. 教师在制作课件时，一般不会将字设置得过大或过小，这是运用了感知规律中的(　　)(易错)

A. 强度律　B. 活动律　C. 组合律　D. 对比律

54. 阿特金森认为，个体的成就动机可分为(　　)

A. 追求刺激的动机和追求利益的动机　B. 回避困难的动机和避免失败的动机

C. 追求成功的动机和避免失败的动机　D. 追求利益的动机和追求成功的动机

55. 有的人觉得晚上的学习效果会更好，这是因为这一阶段的学习不受(　　)的干扰。

A. 前摄抑制　B. 双重抑制　C. 单一抑制　D. 后摄抑制

56. "以小人之心，度君子之腹"可用(　　)来解释。

A. 投射效应　B. 近因效应　C. 晕轮效应　D. 首因效应

57. 李老师每次上新课前，都会预设问题激发兴趣，并让学生提前进行预习，这符合桑代克学习定律中的(　　)(常考)

A. 练习律　B. 泛化律　C. 准备律　D. 效果律

58. (　　)是教师在履行自己职业责任的过程中产生的一种使命感。

A. 职业良心感　B. 职业荣誉感　C. 职业幸福感　D. 职业义务感

59. 教师职业道德规范中的(　　)是完成本职工作的前提和基础。

A. 依法执教　B. 终身学习　C. 关爱学生　D. 为人师表

60. 教师进行职业道德修养的根本途径是(　　)

A. 理论学习　B. 职业实践　C. 参考他人经验　D. 独自进行摸索

61. (　　)是关系到能否教育好学生、培养好人才的大问题，是衡量教师职业道德水准高低的一个起码尺度。

A. 教书育人　B. 乐于奉献　C. 严谨治学　D. 团结协作

62. 下列不属于教师在与家长交往中应该保持的态度的是(　　)

A. 谦虚和蔼　B. 尊重理解　C. 颐指气使　D. 一视同仁

63. 中国共产党坚持独立自主的和平外交政策，坚持和平发展道路，坚持(　　)的开放战略。

A. 互利共赢　B. 互信互利　C. 包容互信　D. 包容共赢

64. "故不登高山，不知天之高也；不临深溪，不知地之厚也"强调(　　)

A. 先知后行，重在知　B. 没有知就没有行

C. 先行后知，重在行　D. 知对行具有指导作用

65. 下列属于客观唯心主义观点的是(　　)

A. "理在事先"　B. "意识是万物的本原"

C. "物是观念的集合"　D. "存在就是被感知"

66. 中国特色社会主义制度的最大优势是(　　)

A. 依法治国　B. 以德治国

C. 人民当家作主　D. 中国共产党的领导

67. 要实现全体人民共同富裕的宏伟目标，最终要靠的是(　　)

A. 改革　B. 发展　C. 创新　D. 技术

68. 确立毛泽东思想为党的指导思想，通过了毛泽东《论联合政府》的政治报告的是(　　)

A. 八七会议　B. 古田会议　C. 洛川会议　D. 中共七大

69. "三个代表"重要思想在党的建设方面作出了一系列新的理论贡献。其中不包括(　　)

A. 提出"两个先锋队"的思想

B. 提出解决"两大历史性课题"的思想

C. 提出党的建设必须按照党的政治路线来进行的理论

D. 提出中国共产党是中国特色社会主义事业的领导核心

70. 下列不符合否定之否定规律的是(　　)

A. 团结—批评—团结　B. 麦粒—麦株—麦粒

C. 地心说—日心说—三维空间　D. 白天—黑夜—白天

71. 下列与"自古逢秋悲寂寥，我言秋日胜春朝"蕴含相同哲理的是(　　)

A. 横看成岭侧成峰，远近高低各不同　B. 少小离家老大回，乡音无改鬓毛衰

C. 七十二溪成一瀑，合流飞落玉渊长　D. 东边日出西边雨，道是无晴却有晴

72. 下列关于科学发展观的说法，错误的是(　　)

A. 第一要务是绿色　B. 核心是以人为本

C. 根本方法是统筹兼顾　D. 基本要求是全面协调可持续

73. 我们党的根本组织原则和领导制度是(　　)，它是马克思主义政党区别于其他政党的重要标志。

A. 个人独裁制　B. 领导负责制　C. 民主集中制　D. 集中负责制

74.“善泳者，溺；善骑者，堕；各以其所好，反自为祸”蕴含的哲理是(　　)

A. 事物之间是普遍联系的　　B. 人可以认识和利用规律

C. 要透过现象认识事物的本质　　D. 矛盾双方在一定条件下可以相互转换

75. 甲、乙签订购销合同，甲按约给乙付三万元定金后，乙违约，则甲依法有权要求乙给付(　　)赔偿。

A. 3 万元　　B. 6 万元　　C. 9 万元　　D. 12 万元

76. 我国《刑法》规定的完全刑事责任年龄为(　　)(常考)

A. 12 周岁　　B. 14 周岁　　C. 16 周岁　　D. 18 周岁

77. 甲与乙共谋枪杀丙，两人先后开枪，甲未击中丙，乙击中丙，造成丙死亡，甲的行为属于(　　)

A. 犯罪既遂　　B. 犯罪未遂　　C. 侵权行为　　D. 犯罪中止

78. 甲经常结伙对周边小学生使用轻微暴力强抢财物，严重扰乱社会秩序，甲的行为构成(　　)

A. 抢夺罪　　B. 抢劫罪　　C. 诈骗罪　　D. 寻衅滋事罪

79. 根据我国《合同法》的规定，恶意串通，损害国家、集体或者第三人利益的合同(　　)

A. 无效　　B. 可更改　　C. 可撤销　　D. 效力待定

80. 下列不属于民事法律关系构成要素的是(　　)

A. 主体　　B. 行为　　C. 内容　　D. 客体

81. 最高人民法院是国家的(　　)

A. 专门审判机关　　B. 最高审判机关　　C. 最高司法机关　　D. 专门行政机关

82. 下列哪种刑罚可以独立适用，也可以附加适用(　　)

A. 拘役　　B. 管制　　C. 死刑　　D. 没收财产

83. 根据我国《未成年人保护法》的规定，国家采取措施，预防未成年人沉迷网络属于(　　)

A. 社会保护　　B. 家庭保护　　C. 司法保护　　D. 学校保护

84. 根据我国《教育法》的规定，下列不属于学校及其他教育机构可行使的权利的是(　　)

A. 拒绝任何组织和个人对教育教学活动的非法干涉

B. 招收学生或者其他受教育者

C. 维护受教育者、教师及其他职工的合法权益

D. 组织实施教育教学活动

85. 根据我国《教育法》的规定，侵占学校及其他教育机构的校舍、场地及其他财产的，依法(　　)(常考)

A. 承担刑事责任　　B. 承担民事责任　　C. 给予行政处分　　D. 给予行政处罚

86. 某教师当着全班同学的面辱骂兵兵为傻子，该教师侵犯了兵兵的(　　)

A. 隐私权　　B. 健康权　　C. 人格尊严权　　D. 人身自由权

87. 根据我国《义务教育法》的规定，对违反学校管理制度的学生，学校应当(　　)

A. 开除其学籍　　B. 对其单独禁闭

C. 进行劳动改造　　D. 予以批评教育

二、多项选择题(下列每小题列出的四个选项中至少有两个是符合题意的，请将其选出并把它的标号写在括号内。错选、多选或未选均不得分。本大题共 10 小题，每小题 1.45 分，共 14.5 分)

88. 在德育过程中，自我教育能力由(　　)构成。

A. 自我期望的能力　　B. 自我评价的能力

C. 自我调控的能力　　D. 自我认识的能力

89. 下列属于教学的辅助形式的是(　　)

A. 作业　　B. 参观　　C. 讲座　　D. 辅导

90. 下列关于小学生心理发展的特点，说法正确的有(　　)(易混)

A. 具有封闭性　　B. 具有可塑性　　C. 速度较为缓慢　　D. 过程平稳协调

91. 布鲁纳的认知结构学习理论认为，学习的三大过程包括(　　)

A. 领会　　B. 评价　　C. 转化　　D. 获得

92. 下列师生沟通中的体态恰当的有(　　)

A. 时而微笑　　B. 不时点头　　C. 用手指戳　　D. 保持善意的目光

93. 下列属于教师职业道德修养的基本方法的有(　　)

A. 坚持自律和他律相结合　　B. 确立可行目标，坚持不懈努力

C. 勇于实践磨炼，增强情感体验　　D. 虚心向他人学习，自觉与他人交流

94. 我国处理民族关系的原则包括(　　)

A. 团结　　B. 互助　　C. 共同繁荣　　D. 平等

95. 下列属于毛泽东思想的有(　　)

A. 枪杆子里出政权　　B. 星星之火，可以燎原

C. 一切反动派都是纸老虎　　D. 改革是中国发展生产力的必由之路

96. 下列属于不可诉讼的行政行为的有(　　)

A. 国家领导人预备出使访问日本

B. 某县政府出台新的规划方案，涉及大面积拆迁问题

C. 某市交警部门在执法过程中对司机李某处以 50 元的行政处罚

D. 某地公安局对本局程某的记过处分决定

97. 根据我国《教师法》的规定，学校或者其他教育机构应当对教师的(　　)进行考核。(常考)

A. 政治思想　　B. 业务水平　　C. 工作方法　　D. 学习能力

2020年山西省大同市直教师招聘考试真题试卷(六十六)

(本套试卷共91小题,目录已收录83小题)

第一部分　教育学与教育心理学

一、单项选择题(下列每小题列出的四个选项中只有一个是最符合题意的,将其选出并把其标号写在括号内。错选、多选或未选均不得分。本大题共20小题,每小题2分,共40分)

1.《中华人民共和国教师法》颁布于(　　)年。

A. 1993　B. 1995　C. 1996　D. 1998

2. 有预定目的,需要一定意志努力的注意是(　　)

A. 随意注意　B. 不随意注意　C. 随意后注意　D. 无意注意

3. 决定教育的性质、教育的领导权与受教育权的因素是(　　)

A. 政治制度　B. 经济水平

C. 政治经济发展水平　D. 文化传统

4. 心理学研究表明,个体遗忘曲线的变化规律是(　　)(常考)

A. 前后一样　B. 先快后慢　C. 先慢后快　D. 没有规律

5. 我国《义务教育法》规定,义务教育阶段不收取(　　)

A. 学杂费　B. 教材费

C. 学费　D. 学杂费和教材费

6. 在教学中不断变换同类事物的非本质属性,以便突出本质属性的方法称为(　　)

A. 变化　B. 改变　C. 变式　D. 突出

7. 对人的发展起主导作用的是(　　)

A. 自我教育　B. 社会教育　C. 家庭教育　D. 学校教育

8. 根据皮亚杰的认知发展阶段理论可知,儿童可以同时从两个或两个以上角度思考问题,这表明儿童认知水平处于(　　)

A. 感知运动阶段　B. 前运算阶段

C. 具体运算阶段　D. 形式运算阶段

9. 我国第一个现代学制的名称是(　　)

A. 壬寅学制　B. 癸卯学制　C. 壬子癸丑学制　D. 壬戌学制

10. 提出认知结构学习论的心理学家是(　　)

A. 奥苏贝尔　B. 布鲁纳　C. 加涅　D. 桑代克

11. 学生班级的直接教育者、组织者和领导者是(　　)

A. 班长　B. 班主任

C. 班干部　D. 校长

12. 通过创设问题情境使学生提出假设,然后验证假设并做出结论的教学策略是(　　)

A. 合作教学　B. 发现教学　C. 情境教学　D. 指导教学

13. 根据《儿童权利公约》和我国《宪法》等法律法规的规定可知,学生享有的最基本的权利是(　　)

A. 生存权利　B. 受教育权利　C. 受尊重权利　D. 发展和安全权利

14. 按照迁移性质的不同,学习迁移可以分为(　　)

A. 正与负迁移　B. 纵向与横向迁移

C. 普遍与特殊迁移　D. 顺向与逆向迁移

15. 从类型上看,演示法属于以(　　)为主的教学方法。

A. 语言传递　B. 实际训练　C. 直观感知　D. 探究活动

16. 下列哪项属于认知策略的实例(　　)(易混)

A. 学生在考试后能准确预测自己的分数

B. 学生在学习中能举一反三

C. 学生在阅读时遇到难点停下来思考或回到前面重新阅读

D. 利用复述策略进行记忆

17. 教师在劳动过程中要解决知与不知、学与思、知与行等矛盾,这反映了教师劳动具有(　　)的特点。

A. 创造性　B. 长期性　C. 示范性　D. 复杂性

18. 数学老师在教应用题时,一再强调要学生看清题目,必要时可以画一些示意图,这样做的目的是(　　)(常考)

A. 牢记题目内容　B. 很好地完成对问题的心理表征

C. 有效地监控解题过程　D. 熟练地使用计算技能

19. 如果一个家长想用看电视作为强化物奖励儿童认真按时完成作业的行为,下列选项中最合适的安排是(　　)

A. 让儿童看完电视后立即监督他完成作业　B. 规定每天看电视的适当时间

C. 惩罚孩子过分喜欢看电视的行为　D. 只有按时完成家庭作业后才能看电视

20. 学校实施德育的基本途径是(　　)(常考)

A. 教学　B. 社会实践活动

C. 班会　D. 时事政策学习

二、填空题(在下列每小题的空格中填上正确答案。填错、不填均不得分。本大题共10小题,每小题2分,共20分)

1. 培养全面发展的人的基本原则和方法是________。(常考)

2. 影响迁移的主要因素有相似性、________和学习心向与定势。

3. ________既是教育活动的出发点,也是教育活动的归宿。

4. 元认知策略包括计划策略、________和调节策略。

5. ________是指课程体系的构成要素、构成部分之间的内在联系,它体现为一定的课程组织形式。

6. 教育心理学研究的系统过程是由学习过程、________和评价/反思过程这三种活动过程交织在一起组成的。

7. 对年青一代实施美育,其具体内容主要包括:文学艺术的美、________和社会生活的美。

8. 我国心理学家对学习的分类是________、技能的学习和行为规范的学习。(常考)

9. 构成人的素质的基本要素按其内容的性质可分为身体素质、心理素质和________。

10. 品德的心理结构的三种成分包括道德认识、道德情感和________。

三、简答题(本大题共3小题,每小题8分,共24分)

1. 简述班杜拉的自我效能感理论。

2. 如何全面地认识教师与学生的关系?

3. 简述教学工作的基本环节。

四、综合论述题(本大题共16分)

中小学生心理健康的标准有哪些?请联系实际论述中小学校开展心理健康教育的意义与途径。

第二部分 综合知识

一、单项选择题(下列每小题列出的四个选项中只有一个是最符合题意的,将其选出并把其标号写在括号内。错选、多选或未选均不得分。本大题共12小题,每小题1分,共12分)

1. 中国共产党人的精神支柱和政治灵魂是( )

A. 共产主义远大理想和中国特色社会主义共同理想

B. 马列主义

C. 共产主义远大理想

D. 中国特色社会主义共同理想

2. 实现中华民族伟大复兴的中国梦,必须弘扬以( )为核心的时代精神。(常考)

A. 解放思想 B. 实事求是 C. 爱国主义 D. 改革创新

3. 2020年是全面建成小康社会的决胜之年,全面建成小康社会的底线任务和标志性指标是( )

A. 防范化解重大风险 B. 脱贫攻坚

C. 经济持续健康发展 D. 污染防控

4. 2020年6月29日,习近平总书记在中央政治局第二十一次集体学习时指出:严密的( )是马克思主义政党的优势所在,力量所在。

A. 制度体系 B. 监督体系 C. 管理体系 D. 组织体系

5. 2020年,习近平主席赴山西考察时强调:要千方百计巩固好脱贫攻坚成果,接下来要把( )这篇文章做好,让乡亲们生活越来越美好。

A. 乡村振兴 B. 乡村之明

C. 农业现代化 D. 城市一体化

6. "海内存知己,天涯若比邻",出自唐代诗人王勃的《送杜少府之任蜀州》,这首诗的题材是( )

A. 田园诗 B. 山水诗 C. 送别诗 D. 怀古诗

7.《天工开物》是世界上第一部关于农业和手工业生产的综合性著作,该书作者是(　　)(常考)

A. 贾思勰　B. 宋应星　C. 张景岳　D. 徐光启

8. 我国海拔最高,面积最大的自然保护区是(　　)

A. 长白山自然保护区　B. 卧龙自然保护区

C. 三江源自然保护区　D. 鼎湖山自然保护区

9. 用于向国内外宣布重大事项或法定事项时所使用的文种是(　　)

A. 布告　B. 通告　C. 公告　D. 通知

10. 新中国颁布的第一部法律是(　　)

A. 宪法　B. 刑法　C. 土地改革法　D. 婚姻法

11. 根据我国民法典的规定,下列财产可以抵押的是(　　)(易错)

A. 土地所有权　B. 海域使用权

C. 依法被监管的财产　D. 公益幼儿园的教育设施

12.《中华人民共和国香港特别行政区维护国家安全法》在2020年(　　)在香港特别行政区刊宪公布生效。

A. 6月30日　B. 7月1日　C. 10月1日　D. 12月1日

二、多项选择题(下列每小题列出的四个选项中至少有两个是符合题意的,请将其选出并把其标号写在括号内。错选、多选或少选均不得分。本大题共10小题,每小题2分,共20分)

1. 广大人民在城乡居民群众自治组织依法直接行使(　　)的权利,对所在基层组织的公共事务和公益事业实行民主自治,已经成为当代中国最直接,最广泛的民主实践。

A. 民主选举　B. 民主决策　C. 民主管理　D. 民主监督

2. 2020年7月21日,习近平总书记在京主持召开企业家座谈会并发表讲话,指出市场主体是我国(　　),在国家发展中发挥着重要作用。

A. 经济活动为主要参与者　B. 就业机会的主要提供者

C. 社会发展的主要动力者　D. 技术进步的主要推动者

3. 2020年6月24日,习近平总书记在中央政治局第二十一次集体学习时指出,各级党组织要提高(　　),把广大人民群众紧紧团结在党的周围。

A. 政治领导力　B. 思想引领力

C. 群众组织力　D. 社会号召力

4. 下列咏花的诗句中,属于咏梅花的是(　　)

A. 宁可枝头抱香死,何曾吹落北风中　B. 忽然一夜清香发,散作乾坤万里春

C. 雪满山中高士卧,月明林下美人来　D. 疏影横斜水清浅,暗香浮动月黄昏

5. 2020年7月31日,北斗三号开通,当天中共中央贺电指出,要大力弘扬(　　)的新时代北斗精神。

A. 自主创新　B. 开放融合　C. 万众一心　D. 追求卓越

6. 下列经济事项中,属于国际货币基金组织会员国国际储备构成内容是(　　)

A. 货币性黄金　B. 直接投资收益

C. 外汇储备　D. 在国际货币基金组织的储备头寸

7. 下列属于公文必备的基本组成部分有(　　)

A. 发文机关　B. 报送机关　C. 标题　D. 成文日期

8. 公文具有严格的程序,一般情况下,可以越级行文的情形有(　　)(常考)

A. 某县政府发现上级市政府有渎职情形,准备越级上报至上级的省政府

B. 某省政府因环境保护问题,指定下级县政府直接报告工作无需经过市政府

C. 某县政府人事处理决定问题向上级省政府咨询

D. 某县政府因为重大资金问题多次请示上级政府未得到回应,准备越级向省政府请示

9. 下列属于行政强制措施种类的是(　　)

A. 责令停产停业　B. 冻结存款

C. 查封场所　D. 吊销营业执照

10. 根据我国劳动合同法的规定,用人单位在下列哪些情况下可以约定由劳动者承担违约金(　　)

A. 用人单位与劳动者签订了竞业限制条款

B. 用人单位与劳动者约定损坏单位财物支付违约金

C. 用人单位与劳动者约定劳动合同期限劳动者提前辞职

D. 单位为劳动者提供培训费用,对其进行专业技术培训并约定服务期限

三、判断题(判断下列各题的正误,正确的填"A",错误的填"B"。本大题共20小题,每小题1分,共20分)

1. 习近平新时代中国特色社会主义思想是当代中国的马克思主义。(　　)

2. 创新是中国特色社会主义的本质特征。(易混)(　　)

3. 新中国成立是中国历史上最深刻最伟大的社会改革。(　　)

4. 党的十九大首次把党的政治建设纳入党的建设总体布局。(　　)

5. 公有制经济仅包括国有经济和集体经济。(　　)

6. 对消费者需求量影响最大的是价格因素。(　　)

7. 国有经济的"三驾马车"是投资、消费、进口,它们是拉动经济增长的最主要力量。(　　)

8. 陈望道翻译了首个中文全译本《共产党宣言》。(常考)(　　)

9. "清明时节雨纷纷,路上行人欲断魂"的作者是杜甫。(　　)

10. 甲骨文主要是指殷墟甲骨文,是殷商时代刻在龟甲兽骨上的文字。(　　)

11. 黄河是我国南北地理分界线。(常考)(　　)

12. 全球气候变暖最明显的后果是海平面上升。(　　)

13. 人工智能是对人的意识、思维的信息过程的模拟。(　　)

14. 现代物理学的两大基本支柱为相对论和量子力学。 ( )

15. 所有公文都需要编制份数序号。 ( )

16. 任免通知落款处由任免机关领导人亲笔签署(或代以签名章)。 ( )

17. 财政部向国务院建议在全国范围内展开一次税收财务大检查,应用通报行文。 ( )

18. 我国宪法规定了国家主席替补制度,主席缺位则由副主席继任。 ( )

19. 张立为行为不能自理的精神病人,外出期间他不慎被执法车撞伤,则其父母可代他向人民法院提出行政诉讼。(易错) ( )

20. 失踪人所欠税款、债务和应付法人其他费用,由继承人从失踪人的财产中支付。 ( )

四、简答题(本大题共 2 小题,每小题 10 分,共 20 分)

1. 如何理解"人民是我们党执政的最大底气,是我们共和国的坚实根基,是我们强党兴国的根本所在"。

2. 简述颁布实施民法典的重大意义。

五、连线题(本大题共 5 小题,每小题 4 分,共 20 分)

1. 请连线关于党的路线的概述。

政治路线	党制定的关于组织工作总的原则和方针
思想路线	党的一切工作的根本出发点和归宿
组织路线	党制定各项具体方针政策的根本指南
群众路线	党所遵循的最根本的指导原则和思想基础

2. 请连线关于《红楼梦》人物对应的概述。

贾宝玉	遵循传统道德,等级观念浓厚
林黛玉	精明强干,活泼狠毒
薛宝钗	天真率直,多愁善感,至死不渝
王熙凤	主张人人平等,尊重个性

3. 请连线相应人物及其对应著作。

林则徐	《海国图志》
魏源	《四洲志》
郑观应	《天演论》
严复	《盛世危言》

4. 请连线下列文学常识。

《神曲》	狄更斯	英国
《我愿是一条急流》	裴多菲	俄国
《复活》	但丁	匈牙利
《双城记》	托尔斯泰	意大利

5. 请连线我国公民对应的基本权利。

政治权利	隐私权
人身权利	休息权
财产权利	继承权
社会经济权利	表达权

2020年山西省忻州市教育局直属中小学校教师招聘考试真题试卷(六十七)

(满分50分　时间70分钟)

注:本套试卷包括教育综合知识和所报岗位对应的学科专业知识两科,现只收录教育综合知识部分的试题。

一、单项选择题(下列每小题列出的四个选项中只有一个是最符合题意的,将其选出并把其标号写在括号内。错选、多选或未选均不得分。本大题共25小题,每小题1.2分,共30分)

1. 习近平总书记强调,(　　)是做好教育工作的根本保证。

A. 加强党的领导　　B. 人民当家作主

C. 国家治理体系和治理能力现代化　　D. 推进党和国家机构职能优化协同高效

2. 服务经济社会发展全局是教育的重要使命。建设社会主义现代化强国,(　　)是第一资源。

A. 发展　　B. 创新　　C. 人才　　D. 改革

3. 关于当前我国加快推进教育现代化的指导思想,下列表述不正确的是(　　)

A. 以习近平新时代中国特色社会主义思想为指导

B. 以培养社会主义建设者和接班人为根本任务

C. 以着力深化改革和服务国计民生为时代主题

D. 以全面加强党对教育工作的领导为根本保证

4. 下列说法正确的是(　　)

A. 义务教育是根据法律规定,适龄儿童和青少年选择接受的教育

B. 义务教育在中国得到全面普及

C.《教师法》规定教师的平均工资水平应当不高于或者低于国家公务员的平均工资水平

D. 现代学制改革重在延长义务教育年限

5. 以下不属于《学生伤害事故处理办法》的适用范围的是(　　)(易混)

A. 学校组织的校外活动　　B. 学生自行组织的校外活动

C. 在学校实施的教学活动　　D. 学生宿舍

6. 下列属于《新时代中小学教师职业行为十项准则》中对于"坚持言行雅正"的要求的是(　　)

A. 不得歧视、侮辱学生　　B. 忠于祖国,忠于人民

C. 落实立德树人根本任务　　D. 不得与学生发生任何不正当关系

7. 教师在教学过程中起到表率作用,其中最重要的是(　　)

A. 衣着整洁　　B. 谈吐文雅

C. 言行一致　　D. 举止端庄

8. 教师职业道德对教师教育行为的调节主要是通过(　　)来实现的。

A. 社会舆论、内心信念　　B. 法律法规、传统习惯

C. 知识水平、宗教信仰　　D. 道德素质、国家强制力

9. 李老师和学生家长产生矛盾,被学生家长辱骂和投诉,但李老师还是努力做好本职工作。这体现了其具备(　　)的职业道德。

A. 爱岗敬业　　B. 教书育人

C. 关爱学生　　D. 终身学习

10. 张老师在看到学生遇到危险时,不顾个人安危上前救助学生,这一行为对全体学生产生了积极影响。这体现了教师这一职业的(　　)特点。

A. 复杂性　　B. 示范性

C. 创造性　　D. 主体性

11. 学校和教师按照确定的教育教学内容和课程设置开展教育教学活动,保证达到国家规定的基本质量要求。国家鼓励学校和教师采用(　　)教育等教育教学方法,提高教育教学质量。

A. 填鸭式　　B. 启发式

C. 题海式　　D. 自由式

12. 随着新课程的实施,讨论法被越来越多的教师所重视并在教学中使用。下列哪项属于讨论法的要求(　　)

A. 善于启发引导学生自由发表意见,让每个学生都有发言机会

B. 讲究语言艺术,语言要生动形象、富有感染力

C. 要科学分配练习的时间和练习的次数

D. 掌握好演示的时间,避免分散学生的注意力

13. 新课程改革背景下,教师的教学行为发生变化,在对待师生关系上,新课程强调(　　)(易混)

A. 反思　　B. 合作

C. 尊重、赞赏　　D. 帮助、引导

14. 在生物教学中,教师经常把收集的各种图片、影视素材片段调用到课堂的某一环节中,探究中有生趣,课堂活跃而不乱,学生在轻松愉快中学到了知识。这属于新课程理念的哪项教学原则(　　)

A. 开放性原则　　B. 资源性原则

C. 整合性原则　　D. 普及性原则

15. 课堂教学是完全按照国家规定的课程计划、学科课程标准进行系统的知识传授和技能训练，所以很难照顾到学生的个别差异，而课外活动正好能弥补这一缺陷，更有利于(　　)

A. 发展学生个性　　B. 促进“温故知新”

C. 加强“教学相长”　　D. 坚持“循序渐进”

16. 课程是教师、学生、教材、环境四个因素动态交互作用的(　　)

A.“温室系统”　　B.“鼓动器”

C.“生态系统”　　D.“生长点”

17. 在斯宾塞、博比特等人看来，以个人的生活为着眼点，凡是能促进人生各类活动的课程内容，即为有用的课程内容。这属于课程内容选择的哪种原则(　　)

A. 系统知识原则　　B. 社会效率原则

C. 兴趣需要原则　　D. 社会发展原则

18. 教师在与学生的日常教学的接触、互动过程中，以观察和交流为主要方式，不断地了解学生，进而在有意或无意之间形成对学生某种看法和判断的评价方式是(　　)

A. 配置性评价　　B. 诊断性评价

C. 非正式评价　　D. 非理性评价

19. 建构主义认为，(　　)是由学习者自己建构起来的，它无法通过直接的传递而实现。

A. 外部的信息　　B. 社会的文化

C. 知识的意义　　D. 已有的经验

20.《西游记》中活泼好动、精力旺盛、反应迅速，但脾气急躁、容易冲动、缺乏耐心的孙悟空的气质类型是(　　)(易混)

A. 多血质　　B. 胆汁质

C. 黏液质　　D. 抑郁质

21. 布鲁纳是美国著名的认知教育心理学家，他强调学科结构的重要性，提出了认知结构学习理论和(　　)

A. 程序教学法　　B. 非指导性教学模式

C. 掌握学习模式　　D. 发现学习教学法

22. 注意(　　)的大小主要取决于一个人已有的经验和知识。经验愈多，知识愈广，就愈善于组织所感知的对象，把它们联系成一个整体来感知。

A. 广度　　B. 稳定性

C. 分配　　D. 转移

23. 在欣赏辛弃疾的诗句“马作的卢飞快，弓如霹雳弦惊”时，我们仿佛想象到了一个率领铁骑，快马加鞭，奔赴战场的将军形象。这是一种(　　)

A. 创造想象　　B. 记忆表象

C. 再造想象　　D. 幻想

24. 在学习汉字时，对“已”“巳”的区分，体现了(　　)(常考)

A. 泛化抑制　　B. 分化抑制

C. 自我抑制　　D. 超限抑制

25. 下列关于技能与习惯的区别，说法不正确的是(　　)

A. 技能是越来越向一定的标准动作体系提高，而习惯则越来越保持原来的动作组织情况

B. 技能既无高级、低级之分，也无好坏之别；习惯根据对个人和社会的意义有好坏之分

C. 技能和一定的情境、任务都有联系，而习惯只和一定的情境相联系

D. 技能要与一定的客观标准做对照，而习惯则只是与上一次的动作做对照

二、多项选择题(下列每小题列出的选项中至少有两个是符合题意的，请将其选出并把它的标号写在括号内。错选、多选或未选均不得分。本大题共 8 小题，每小题 1.25 分，共 10 分)

26. 中共中央、国务院印发的《中国教育现代化 2035》提出了推进教育现代化的八大基本理念，其中包括(　　)

A. 更加注重知行合一　　B. 更加注重共建共享

C. 更加注重以智为先　　D. 更加注重面向人人

27. 根据《中华人民共和国教育法》规定，广播、电视台(站)应当开设教育节目，促进受教育者(　　)素质的提高。

A. 体育运动　　B. 文化

C. 思想品德　　D. 科学技术

28. 下列体现了教师职业道德的基本原则中“教书育人原则”的有(　　)(常考)

A. 师也者，教之以事而喻诸德者也

B. 师者，所以传道授业解惑也

C. 其身正，不令而行；其身不正，虽令不从

D. 三人行，必有我师焉

29. (　　)是师德的生命，也是教师应具备的业务素质。

A. 遵纪守法　　B. 严谨治学

C. 不断进取　　D. 廉洁自律

30. 关于班主任工作，下列说法正确的有(　　)(常考)

A. 了解和研究学生是班主任工作的前提和基础

B. 组织和培养班集体是班主任工作的中心环节

C. 坚定的教育信念和对学生炙热的爱是班主任开展工作的理论基础

D. 班主任在工作中,应充分尊重并发挥学生的主体作用

31. 课程资源开发与利用的基本原则包括( )

A. 经济性原则　B. 客观性原则

C. 适应性原则　D. 共享性原则

32. 情感是同人的社会性需要相联系的态度体验,人的社会性情感主要分为哪几类( )

A. 道德感　B. 焦虑感

C. 理智感　D. 美感

33. 下列关于情绪状态的说法正确的有( )

A. 应激是已经预料到的紧急情况而引起的情绪状态

B. 激情是一种强烈的、短暂的、爆发性的情绪状态

C. 心境是一种微弱的、平静的、持续时间较长的情绪状态

D. 愉悦是大脑释放出类似快乐电流的情绪状态

三、判断题(判断下列各题的正误,并在题后的括号内打"√"或"×"。本大题共 20 小题,每小题 0.5 分,共 10 分)

34. 改革创新是时代发展的不竭动力,只有坚持深化改革不动摇,不断释放制度红利,才能使我国教育越办越好、实现由教育大国到教育强国的历史跨越。( )

35. 推动各级教育高水平高质量普及,要提升高中阶段教育普及水平,推进高等职业教育和普通高中教育协调发展。( )

36. 教育法规按适用范围和法律效力的大小可分为若干层次,其中效力层级最高的是教育行政法规。( )

37. 对比教育法是指在教师职业道德教育中广开言路、循循善诱、说服教育,引导教师不断提高自己的道德觉悟,以满足社会对教师职业道德要求的教育方法。( )

38. 教师不得擅自从事影响教育教学本职工作的兼职兼薪行为。( )

39. 教师职业道德具有强烈的责任性,是教师自觉、积极职业态度形成的基础,是教师教育、教学和自身发展的重要精神动力。( )

40. 教师在教育工作中要做到循序渐进,这是因为教育活动要遵循人身心发展的一般规律。( )

41. 遗传素质是造成人的发展的个别差异的原因之一,这属于外铄论的基本观点。( )

42. 教学大纲规定了各门学科的目的、任务、内容、范围、体系、教学进度、时间安排以及对教学方法的要求。(常考)( )

43. 做好个别教育工作是指做好优秀生的教育工作和后进生的转化教育工作。(常考)( )

44. 现代社会教育的特征包括教育日益显示出整体性、开放性。( )

45. 新课程改革倡导以学生的学习成绩为本。( )

46. "最近发展区"是指身体或心理某一方面的机能和能力最适宜形成的时期。( )

47. 根据韦纳的归因理论,如果学生把成功归因为自己的能力,学生会感到内疚和无助。( )

48. 按照安德森对智慧技能的分类,智慧技能的学习阶段可分为认知阶段、联结阶段和自动化阶段。( )

49. 人借助于内部言语在头脑中进行的,按照合理的、完善的方式组织起来的智力活动方式称为心智技能。( )

50. 附属内驱力是一种内在的学习动机。(常考)( )

51. 感受器在刺激物的持续作用下,引起感受性起伏变化的现象是感觉对比。( )

52. 知识经验丰富的人在其领域内有较高的直觉思维水平。( )

53. 善于从整体中分析出各个元素,喜欢学习无结构的材料,不太容易受外界的影响是场独立型学习者的特点。( )

2020年广东省广州市花都区教师招聘考试真题试卷(六十八)

(满分120分　时间120分钟)

一、单项选择题(在下列每题四个选项中只有一个是最符合题意的,将其选出并把它的标号写在括号内。错选、多选或未选均不得分。本大题共50小题,每小题0.86分,共43分)

1. 十九大报告指出,中国共产党一经成立,就把实现(　　)作为党的最高理想和最终目标,团结带领人民进行了艰苦卓绝的斗争,谱写了气吞山河的壮丽史诗。

A. 共产主义　　B. 中华民族伟大复兴

C. 大同社会　　D. 世界和平

2. 十九大报告指出,(　　)是激励全党全国各族人民奋勇前进的强大精神力量。

A. 马克思主义理论　　B. 毛泽东思想

C. 中国特色社会主义制度　　D. 中国特色社会主义文化

3. 十九大报告指出,十八大以来,脱贫攻坚战取得决定性进展,六千多万贫困人口稳定脱贫,贫困发生率从10.2%下降到(　　)以下。

A. 1%　　B. 4%　　C. 10%　　D. 1.5%

4. 我国实现全体人民共同富裕的宏伟目标,最终靠的是(　　)

A. 改革　　B. 发展　　C. 创新　　D. 开放

5. 坚持群众路线,核心的问题是(　　)(易混)

A. 党要始终保持同人民群众的血肉联系,一刻也不脱离群众

B. 一切依靠群众

C. 把党的正确主张变为群众的自觉行动

D. 一切为了群众

6. 习近平总书记在中央政治局第三次集体学习中提出,要大力发展(　　),筑牢现代化经济体系的坚实基础。

A. 共享经济　　B. 数字经济

C. 虚拟经济　　D. 实体经济

7. 习近平总书记指出:(　　)是决定当代中国命运的关键一招,也是决定实现"两个一百年"奋斗目标、实现中华民族伟大复兴的关键一招。

A. 创新创业　　B. 发展经济

C. 改革开放　　D. 军民融合

8. 下列关于义务教育的相关说法,错误的是(　　)

A. 适龄儿童、少年免试入学

B. 凡年满五周岁的儿童,其父母或者其他法定监护人应送其入学接受并完成义务教育

C. 县级人民政府教育行政部门应采取措施防止适龄儿童、少年辍学

D. 县级人民政府教育行政部门应对本行政区域内的军人子女接受义务教育予以保障

9. 根据《中华人民共和国教师法》的规定,下列教师的做法错误的是(　　)

A. 张老师利用课余时间带领学生开展卖水果体验活动

B. 李老师在考试前夕把体育课全改成了自习课

C. 赵老师看到可疑人员进入校园后立即拨打了报警电话

D. 周老师经常去听其他老师的课,以学习经验

10. 下列属于初中学生法制教育内容的是(　　)(易混)

A. 知道法治精神体现了社会公平、正义的要求,反映了人与人之间的平等关系

B. 了解自己依法享有的权利,任何人的权利不可随意剥夺和侵犯

C. 了解宪法是国家的根本大法,是制定其他法律的依据,具有最高的法律效力,初步建立宪法意识

D. 掌握初步的自我保护方法,知道权利受到侵犯时如何寻求法律保护,了解寻求法律保护的渠道

11. 根据《国家教育考试违规处理办法》规定,下列行为应当认定为考试违纪的是(　　)

A. 抄袭或者协助他人抄袭试题答案或者与考试内容相关的资料的

B. 携带具有发送或者接收信息功能的设备的

C. 在答卷上填写与本人身份不符的姓名、考号等信息的

D. 未经考试工作人员同意在考试过程中擅自离开考场的

12. 教师不得在教育教学活动中及其他场合有损害党中央权威、违背党的路线方针政策的言行,这属于《新时代中小学教师职业行为十项准则》中的哪一准则(　　)(常考)

A. 传播优秀文化　　B. 自觉爱国守法

C. 坚定政治方向　　D. 潜心教书育人

13. 班主任李老师应邀参加了学生小林的升学宴,并接受了小林父母送的现金红包。李老师的做法违背了《新时代中小学教师职业行为十项准则》中的(　　)

A. 秉持公平诚信　　B. 坚守廉洁自律

C. 规范从教行为　　D. 加强安全防范

14. 人在其发展过程中是自决的,这体现了人的发展的(　　)特点。

A. 阶段性　　B. 顺序性

C. 未完成性　　D. 能动性

15. 对个人来说,通过教育的(　　)功能,可以充分调动个人的积极性、创造性,找到更好的工作地点、单位等。

A. 社会流动　　B. 文化　　C. 经济　　D. 政治

16. 德国哲学家那托尔普说:"在事实上个人是不存在的,因为人之所以为人,是因为他生活于人群之中。"这说明他在教育目的的价值取向上持(　　)的观点。(易混)

A. 国家本位论　　B. 个人本位论

C. 社会本位论　　D. 文化本位论

17. (　　)既是学校教育的产物,也是科学技术发展与分化的产物。至今,它在课程设置上仍是主流。

A. 经验课程　　B. 综合课程

C. 活动课程　　D. 学科课程

18. "重复、例证、扩展"等属于课程目标技能中(　　)水平的行为动词。

A. 独立操作　　B. 模仿　　C. 迁移　　D. 理解

19. 有的人强调要使某种理论、观念、思想"进教材""进课堂""进试卷",这种做法违背了德育的(　　)原则。

A. 理论和生活相结合　　B. "一分为二"地看待学生

C. 严格要求学生与尊重学生相结合　　D. 在集体中教育

20. 学校体育区别于学校其他活动最根本的表现不包括(　　)

A. 使学生自觉养成锻炼身体的习惯　　B. 使学生具有健壮的体格

C. 全面发展学生的体能　　D. 提高学生对自然环境的适应能力

21. 综合实践活动的主题、活动方式、活动过程,都是学生在教师的指导下,从他们的现实生活情境中确定和设计的。这体现了综合实践活动的(　　)特点。(易混)

A. 综合性　　B. 实践性　　C. 开放性　　D. 自主性

22. 下列属于对班主任素质的特殊要求的是(　　)

A. 热爱学生　　B. 有家长的情怀

C. 有精湛的学科专业知识　　D. 有健康的职业心理

23. 孟子说,"得天下英才而教育之"是君子三乐之一,这体现了教师劳动的(　　)

A. 社会价值　　B. 专业价值　　C. 个人价值　　D. 创造价值

24. 下列关于学校管理人性化的说法,错误的是(　　)

A. 要充分发挥校园文化的管理和育人功能

B. 要考虑个体差异

C. 要强调人的内在价值

D. 要实现学生在管理中的主导地位

25. 皮亚杰认为,处于(　　)的学生,能够进行抽象思维和纯符号思维,此阶段个体认知发展的特点是具有假设—演绎推理能力、命题推理能力、组合分析能力。

A. 形式运算阶段　　B. 前运算阶段

C. 具体运算阶段　　D. 感觉运动阶段

26. 小华饮食、大小便、睡眠都很有规律,心境、情绪比较愉快、积极,根据托马斯和切斯关于儿童气质类型划分的理论,小华属于(　　)气质类型。

A. 困难型　　B. 容易型　　C. 慢活跃型　　D. 焦虑型

27. 教师在日常生活中教孩子如何分享食物,这属于亲社会行为的哪种习得途径(　　)

A. 模仿学习　　B. 观察学习

C. 移情反应的条件化　　D. 直接训练

28. 根据奥苏贝尔关于学习性质分类的理论,背乘法表属于(　　)

A. 发现学习和意义学习　　B. 接受学习和意义学习

C. 接受学习和机械学习　　D. 发现学习和机械学习

29. 赵老师通过课文中的人物分析,引导学生分辨勇敢和鲁莽、谦让和退缩,这符合经典性条件反射中的哪一原理(　　)(常考)

A. 刺激的分化　　B. 刺激的泛化　　C. 获得　　D. 消退

30. 郑老师在观摩了几场公开课后,总结了一些经验和方法,对下周自己要上的公开课充满了信心。这说明自我效能感的形成受(　　)的影响。

A. 直接经验　　B. 间接经验

C. 情绪唤醒水平　　D. 别人的意见

31. 赵老师在上语文课时,会让学生先将课文阅读一遍,然后用自己的语言对其中心思想进行简短陈述。这属于精加工策略中的(　　)

A. 人为联想策略　　B. 记笔记策略

C. 内在联系策略　　D. 生成策略

32. 某学生在掌握进位加法的运算技能后,不再需要借助于小棍、手指等,就可以口算出答案。根据加里培林的智慧技能学习过程理论,该学生处在(　　)

A. 内部言语活动阶段　　B. 无声的外部言语阶段

C. 出声的外部言语活动阶段　　D. 物质化活动阶段

33. 重视纪律情境,使学生在各种不同的纪律情境中领悟纪律的实质,是解决(　　)之间的矛盾的方法之一。

A. 遵守纪律与辨识能力低　　B. 遵守纪律与个人动机

C. 纪律认识与纪律态度　　D. 外在纪律规范与学生认识

34. 中小学心理健康教育具有促进学生全面发展的功能,其表现不包括(　　)(易错)

A. 预防心理问题的发生,提高心理素质

B. 促进学生人际和谐

C. 提高学生的社会适应能力

D. 为塑造良好道德品质提供前提

35. 心理健康教育不只是为了治疗学生的心理疾病,还包括学生心理素质的培养和心理健康水平的提高。这体现了心理健康教育的(　　)(易混)

A. 针对性原则　B. 整体性原则　C. 发展性原则　D. 全体性原则

36. 帮助学生加强自我认识,客观地评价自己,认识青春期的生理特征和心理特征。这属于哪一阶段学生心理健康教育的内容(　　)

A. 高中年级　B. 小学中年级　C. 小学低年级　D. 初中年级

37. 在学校个别心理辅导中,应遵循的基本原则不包括(　　)

A. 保密原则　B. 感同身受原则

C. 时间限定原则　D. 辅导自愿原则

38. 布鲁纳认为教学应遵循(　　),因为外在强化对学习行为可能具有激发和维持作用。

A. 序列原则　B. 结构原则　C. 反馈原则　D. 动机原则

39. 赫尔巴特把教学过程分为明了、联想、系统和方法四个阶段,其中(　　)阶段要求引导学生把所学知识用于实际。

A. 联想　B. 系统　C. 明了　D. 方法

40. 教师的策略教学应有技巧,下列相关说法错误的是(　　)(易错)

A. 为加强效果,可缩短训练间隔,加大训练强度

B. 应采用灵活多样的教学方法,激发学习者学习策略的需要

C. 策略教学次序的安排要科学

D. 及时复述策略

41. 某教师强调让学生在课堂上互相探讨,在做中学,而忽视了系统知识的传授。这说明该教师没有正确处理好(　　)的关系。

A. 掌握知识与发展智力　B. 间接经验与直接经验

C. 教师主导作用与学生主动性　D. 掌握知识与进行教育

42. 无论讲授人文或科学知识,都应当深入浅出、通俗易懂,但不可因追求通俗有趣而影响了科学性和思想性。这符合科学性和思想性统一原则中的哪一要求(　　)

A. 重视补充有价值的资料　B. 发掘教材的思想性

C. 保证教学的科学性　D. 教师要不断提高自己的专业水平

43. 班级管理要从学生的实际情况出发,因材施教,发挥每个人的创造性,努力适应学生的个性发展。这是就班级管理的(　　)而提出的要求。

A. 针对性　B. 及时性

C. 不可预测性　D. 对象的特殊性

44. 某班集体在班主任带领下,其核心、骨干力量在扩大,班级涌现出更多的积极分子,优良的班风和正确的舆论导向进一步得到巩固。这说明该班集体正处于(　　)阶段。

A. 优秀班集体　B. 联合的班级群体

C. 松散的群体　D. 稳定的班集体

45. 俗话说,"授人以鱼不如授人以渔",因此在班级管理中要注重(　　)

A. 促进班级教育教学工作的有序进行　B. 培养学生自我教育和管理的能力

C. 指导具体工作,明确班级努力方向　D. 提高学生对班级管理的认识

46. 从学生行为表现的主要倾向性来看,可以把学生的问题行为分为两大类,下列属于内向性退缩性行为的是(　　)

A. 同学间推来搡去甚至打骂　B. 故意顶撞老师

C. 交头接耳、擅换座位　D. 上课走神发呆、不愿意发言

47. 根据《学生伤害事故处理办法》的规定,下列情形学校不承担责任的是(　　)(易错)

A. 学校发现小刘擅自离校,但未通知家长,后小刘在外遭遇车祸

B. 李老师在课间看到有学生在走廊打闹,未做提醒,后学生发生意外受伤事故

C. 小美患有心脏病,但其家长及本人均未告知学校,某日小美在课堂上突发疾病,后经抢救无效去世

D. 周老师罚班上违纪学生在烈日下跑步,结果其中一个学生中暑晕倒

48. 发生学生伤害事故,属于重大伤亡事故的,教育行政部门应当按照有关规定及时向(　　)报告。

A. 同级人民政府和上一级教育行政部门　B. 主管教育行政部门及有关部门

C. 上级人民政府和主管教育行政部门　D. 教育管理委员会和公安部门

49. 学校应当建立校内安全工作领导机构,实行(　　)

A. 学校委员会负责制　B. 校长负责制

C. 家长委员会负责制　D. 教师负责制

50. 公安机关对学校安全工作履行的职责不包括(　　)

A. 及时依法查处扰乱校园秩序、侵害师生人身、财产安全的案件

B. 制定校园安全的应急预案

C. 指导和监督学校做好消防安全工作

D. 协助学校处理校园突发事件

二、多项选择题(在下列每题列出的选项中至少有两项是符合题意的,将其选出并把它的标号写在括号内。多选、错选或未选均不得分。本大题共 10 小题,每小题 1.2 分,共 12 分)

51. 十九大报告指出,十八大以来,我国全面推进中国特色大国外交,形成(　　)的外交布局,为我国发展营造了良好外部条件。

A. 全方位　B. 多层次　C. 立体化　D. 多元化

52. 在新时代,要进一步加强和创新社会治理,就要打造(　　)的社会治理格局,形成人人有责、人人尽责的社会治理共同体。

A. 共赢　B. 共建　C. 共享　D. 共治

53. 国家鼓励依法举办学校及其他教育机构的主体包括(　　)

A. 企业事业组织　B. 社会团体　C. 其他社会组织　D. 公民个人

54. 下列属于《新时代中小学教师职业行为十项准则》中关心爱护学生主要内容的有(　　)

A. 严慈相济,诲人不倦

B. 不得区别对待学生

C. 真心关爱学生,严格要求学生,做学生良师益友

D. 不得歧视、侮辱学生

55. 学校美育内容主要包括(　　)

A. 生活教育　B. 形式教育　C. 理想教育　D. 艺术教育

56. 下列属于发现学习在应用上的缺点的有(　　)

A. 教师的主导作用无法发挥　B. 费时太多,不能保证学习的进度

C. 容易对学生造成精神压力　D. 学生必须具有一定的知识和技能

57. 下列选项中,属于中小学心理健康教育中团体辅导的局限性的有(　　)(易错)

A. 团体辅导对参与成员有一定的要求

B. 在团体情境中,有的成员可能会受到伤害

C. 在团体情境中,个体差异很容易被消除

D. 团体辅导对辅导者要求高

58. 现代教学提倡以系统的观点为指导来选用教学方法,优化教学。下列属于其主要依据的有(　　)

A. 教学过程、教学原则和班级上课的特点

B. 学科的任务、内容和教学法特点

C. 师与生双边活动的配合、互动的状况和质量

D. 教师的思想与业务水平、实际经验与能力

59. 教师在运用民主管理方法管理班级时,应遵循的要求主要包括(　　)

A. 使学生养成民主的意识和作风　B. 建立民主和谐的师生关系

C. 民主选举、评议班干部　D. 处理好民主与集中的关系

60. 处理学生伤害事故应当遵循的原则包括(　　)

A. 高效　B. 依法

C. 客观公正　D. 合理适当

三、判断题(判断下列各题的正误,正确的为"A",错误的为"B"。本大题共 20 小题,每小题 0.75 分,共 15 分)

61. 十九大报告指出,发展必须是科学发展,必须坚定不移贯彻创新、协调、绿色、开放、共享的发展理念。(　　)

A. 正确　B. 错误

62. 香港、澳门两个特别行政区的高度自治权是自摆脱殖民者统治时就固有的。(　　)

A. 正确　B. 错误

63. 习近平总书记指出:"让老百姓过上好日子是我们一切工作的出发点和落脚点。"(　　)

A. 正确　B. 错误

64. 就业是最大的民生工程、民心工程、根基工程。要把扩大就业摆在突出位置,实施就业优先政策,实现更高质量和更充分就业。(　　)

A. 正确　B. 错误

65. 根据我国《教育法》的规定,教育是社会主义现代化建设的基础,国家保障教育事业优先发展。(　　)

A. 正确　B. 错误

66. 学校不得聘用受过处分的人担任工作人员。(　　)

A. 正确　B. 错误

67. 在教育教学活动中,遇突发事件、面临危险时,教师不得不顾学生安危,擅离职守,自行逃离。(　　)

A. 正确　B. 错误

68. 人是教育的出发点,是教育的对象,是受教育者,也是教育的主体。(　　)

A. 正确　B. 错误

69. 教科书是课程资源开发和利用的主要来源和依据。(　　)

A. 正确　B. 错误

70. 教学的科学性和思想性主要靠教师来保障。(　　)

A. 正确　B. 错误

71. 教育研究素养属于教师的文化素养。(　　)

A. 正确　B. 错误

72. 教师职业的复杂性主要表现在教师的任务是培养德、智、体、美、劳全面发展的人。 ( )

A. 正确 B. 错误

73. 教师想要恢复失去的威信，要比最初建立威信要简单得多。（易错） ( )

A. 正确 B. 错误

74. 创造性认知品质是指创造性心理结构中与认知加工有关的部分，这是创造心理活动的核心。 ( )

A. 正确 B. 错误

75. 一般来说难度较大的问题应在课中提出，以便教师和学生充分讨论解决。 ( )

A. 正确 B. 错误

76. 促进稳定是危机后心理重建的第一步，有利于尽快恢复当事人的各项心理功能。 ( )

A. 正确 B. 错误

77. 教师在教学过程中要随时了解学生的发展水平、已有的知识和能力状况。 ( )

A. 正确 B. 错误

78. 教学的循序渐进原则要求教师在课堂教学时要面面俱到，讲清所有知识点。 ( )

A. 正确 B. 错误

79. 随着学校教育的不断发展，班级已经成为学校教育的基本单位。 ( )

A. 正确 B. 错误

80. 各级各类学校应当把应急知识教育纳入教学内容，对学生进行应急知识教育，培养学生的安全意识和自救与互救能力。 ( )

A. 正确 B. 错误

四、材料分析题（本大题共 15 分）

2020 年 6 月 5 日下午，某市实验小学迎来了劳模大讲堂首场开讲活动。

活动伊始，学校葛校长隆重为师生们介绍了此次讲座的嘉宾——本市农业科学院科研管理科副科长宋老师，他不平凡的经历引起了孩子们极大的兴趣。

紧接着，宋老师以《你想要成为什么样的人》为题，为六年级的孩子们开启了一场富含深意的毕业课程。宋老师从孩子们熟悉的小麦、玉米、小米等农作物引入，开始了他生动有趣而又富含丰厚专业知识的讲解。图文并茂的课件，深入浅出的讲解，宋老师为孩子们展现了科技发展的巨大力量，拓宽了大家的视野，深深地吸引了在场的所有听众。

小听众们一边听，一边记，个个专注入神。学习现场氛围热烈，互动积极。宋老师由种植农作物谈到培育新品种，由此引发孩子们思考：自己想要成为一个什么样的人。他用自己的亲身经历，让孩子们明白："遇到困难，要迎难而上。没有什么问题是解决不了的，只要我们敢于不断尝试。"

转眼间，报告会就要结束了，葛校长对宋老师的讲座给予了高度评价，并为其颁发了荣誉证书。

这场别开生面的劳模讲座，给即将毕业的孩子们开启了一扇窗，让他们对农业知识有了进一步的了解，对科学攻关有了更深刻的认识。

81. 根据以上材料，回答相关问题。

(1) 学校开展劳模讲座的意义和目的是什么？（7 分）

(2) 联系实际，说说学校应如何更好地开展劳动教育？（8 分）

五、案例分析题（本大题共 15 分）

小叶是一名初一学生，性格活泼好动。某次小叶将自己纸折的青蛙放在课桌上玩了起来，嘴里发出呱呱的叫声，干扰老师上课，老师非常生气，当着全班同学的面严厉地批评了他，结果第二天小叶带来了一只小狗。接着出现了麻雀、老鼠、兔子等，有一次小叶竟然将一条蚯蚓放在讲台上。班主任也拿他没辙，只能一次又一次地批评和惩罚他。他在大家眼中成了不可救药的调皮大王。

初二时来了一位新班主任，新班主任了解小叶的情况后，没有着急批评他，而是仔细观察他。了解到他喜欢上生物课，于是找他谈话，还告诉他班上要成立一个动物兴趣小组，准备让他当小组长。小叶听后非常开心，向班主任表示一定改正自己的缺点。在小组活动中，他懂得了学好各门功课的重要性，对学习产生了浓厚的兴趣，成绩也有了很大的进步。后来他不仅完成了科学小论文，还带领小组在比赛中获得奖项。

82. 根据以上案例，回答相关问题。

(1) 教师应如何发现学生的闪光点？（7 分）

(2) 教师在运用长善救失教育原则时应注意哪些问题？（8 分）

2020年广东省茂名市直教师招聘考试真题试卷(六十九)

(本套试卷共80小题,目前已收录78小题)

一、单项选择题(在下列每小题四个选项中只有一个选项是符合题意的,将其选出并把它的标号写在括号内。错选、多选或未选均不得分。本大题共49小题,每小题1.25分,共61.25分)

1. 各种德育方法中,(　　)是通过各种活动,训练和培养受教育者的思想品德的方法。其具体方式有学习活动、委托任务、行为训练等。

A. 情感陶冶法　B. 榜样示范法　C. 品德评价法　D. 实际锻炼法

2.《品德与生活》不仅包括品德教育的内容,还包括科学教育、社会文化教育的内容。这体现了德育课程内容的(　　)

A. 生活化　B. 综合化　C. 生本性　D. 开放性

3.(　　)是德育的首要问题,是德育的出发点和归宿,对整个德育过程具有导向、选择、协调和激励的作用。

A. 德育目标的确立　B. 德育内容的应用

C. 德育过程的执行　D. 德育原则的遵守

4. 在现实生活中,教师不可能每次都选择所有学生均感兴趣的内容,但是教师可以对课程进行适当调整,使得所呈现的材料难度适中,所提出的指导性要求符合学生的当前水平。这属于课堂行为管理预防中的(　　)

A. 注意教学的组织　B. 增加参与　C. 保持动量　D. 保持教学的流畅性

5. 夸美纽斯是捷克教育家,1632年,他出版了(　　)一书,该书标志着理论化、系统化的教学论的确立。

A.《普通教育学》　B.《母育学校》　C.《大教学论》　D.《教育漫话》

6. 微格教学是一种利用现代化教学技术手段,主要用来培训师范生和在职教师教学技能的系统方法。微格教学的实施过程中,受训者训练教学技能的具体教学实践过程是(　　)

A. 观摩示范　B. 角色扮演　C. 评价反馈　D. 分析与讨论

7. 教学策略不仅建基于一定的教学思想或原则,而且需要根据具体的教学目标、内容来制定与之相应的方法、技术和实施程序,它要转化为教师与学生的具体行动。这说明教学策略必须具有(　　)

A. 指向性　B. 可操作性　C. 综合性　D. 灵活性

8. 合理的教学评价具有明确的评价目标、预设的评价标准以及严格的评价程序,就像一根"指挥棒",对教学实践的发展起到定标导航的作用。这反映了教学评价具有(　　)

A. 改进功能　B. 激励功能　C. 研究功能　D. 导向功能

9. 教材中的(　　),就是历史上或社会上发生过的事件过程或者是实验中进行的过程和结果。

A. 事实　B. 概念　C. 原理　D. 内在联系

10. 下列不属于传统教育媒体的是(　　)

A. 教科书　B. 黑板

C. 实物标本模型　D. 已录制的载有教育信息的幻灯片

11. 各教学组织形式中,(　　)的优点在于效率高,一个教师能同时教几十个学生,比较适合学生身心发展的年龄特点,发挥学生之间的相互影响作用,有助于提高教学质量。

A. 个别教学制　B. 班级授课制　C. 分组教学制　D. 道尔顿制

12. 接受了多元的音乐文化教育后,现代一些音乐创作者将传统的戏曲元素和西方的流行元素融合在一起,使歌曲更加悦耳动听。这反映了教育的(　　)

A. 文化传承功能　B. 文化选择功能　C. 文化交流功能　D. 文化创新功能

阅读以下教学案例,回答13~15题。

一位政治老师在讲"事物发展的趋势"时,先提问学生:"什么是发展?"在学生回答了"发展"之后,教师这样引渡到新课:"同学们,既然一切事物都是在变化发展,而发展就是新事物代替旧事物,那么,新事物为什么会代替旧事物?新事物代替旧事物的过程是否一帆风顺?如果不是一帆风顺那又是怎样的呢?"让学生思索片刻后,教师接着讲:"今天我们这节课所要学习的知识就是解决这些问题的……"

13. 该教师使用的课堂导入的方法是(　　)

A. 利用游戏,创设情境　B. 联系旧知,提示新课

C. 动手操作,亲身体验　D. 故事吸引,启迪思考

14. 要想取得良好的教学效果,教学导入需要遵循的原则不包括(　　)

A. 导入要合情入理　B. 导入要简洁明快

C. 导入要因课制宜　D. 导入要以教师为中心

15. 案例中的教师并没有直接告诉学生问题的答案,而是在提问后让学生思索片刻再接着讲。这体现了教学讲授的(　　)原则。

A. 启发性　B. 精讲　C. 生动易懂　D. 巩固性

16. 函授教育是运用通讯方式进行的教育,学员以自学函授教材为主。下列有关其特点说法错误的是(　　)

A. 学员可以充分利用业余时间　B. 专业设置针对性弱

C. 学习形式灵活机动　D. 教育投资少,不需新建校舍

17. 当小璐在生活中遇到烦恼时,张老师会细心地指导和鼓励她。案例中,张老师的角色是(　　)(常考)

A. 朋友　B. 榜样者　C. 研究者　D. 管理者

18. 李老师是某班级的班主任,为做好班级卫生管理,让班长通过每天安排值日和班委每天检查卫生的形式督促大家做好班级卫生工作。同时李老师又通过以身作则的方式,让同学们养成良好的卫生习惯。这种班级管理模式属于(　　)

A. 班级常规管理　　B. 班级平行管理

C. 班级民主管理　　D. 班级目标管理

19. 学生在学习过马路的时候,老师告知过马路并不是"别人过,你也过",而是要学会一个规则,即"红灯停、绿灯行"。这主要说明了(　　)

A. 观察学习必须要有示范者　　B. 观察学习并非简单的模仿

C. 观察学习不依赖于直接强化　　D. 观察学习中,学习者不必直接做出反应

20. 上课时,英语老师穿了一件旗袍进教室,所有学生都禁不住赞叹,兴奋地讨论着,性格温和的老师提醒了好几次,可教室始终无法安静下来。面对这种情况,英语老师最恰当的处理方式是(　　)

A. 走出教室,等学生安静了再进来

B. 微笑着说:"如果大家对我的穿着很感兴趣,欢迎课后找我咨询。"

C. 很不好意思,但还是笑着接受

D. 不予理睬,直接上课

21. 六年级(3)班的周浩同学上课时总喜欢转向后面,与坐在他后排的马雷同学悄悄说话。如果你是班主任,下列做法合适的是(　　)

A. 告诉周浩:"你上课可以不听课,但是你不要去影响其他同学听课。"

B. 防止周浩上课说废话,将他的座位调到教室最后一排

C. 及时制止,课后对他们进行批评教育

D. 立即将他们俩带到办公室去写检讨

22. 五年级(4)班的美术老师要求班里学生第二天上课带上水彩笔学习画画,但是第二天吴阳同学忘记带水彩笔了。如果你是美术老师,下列做法正确的是(　　)

A. 指责吴阳不长记性

B. 让吴阳站着听课,给他一点教训

C. 为了不耽误吴阳画画,将自己的水彩笔借给他用

D. 打电话让吴阳的父母立即将水彩笔送到学校来

23. 张老师让同学们朗读完《背影》之后,便向学生提出了"《背影》这篇文章中什么地方最令你感动"的问题,但没有一个学生主动举手,纷纷默不作声,从而导致班级的教学进度滞后。为了保证教学进度,此时张老师最恰当的做法是(　　)

A. 保持沉默,继续候答,直至有学生主动举手回答

B. 通过叫答的方式,让学生回答问题

C. 跳过这个问题,继续讲解文章

D. 对学生不主动举手回答问题的行为进行严厉批评

24. 在教育心理学研究中,学生心理的发展有几个基本特征。下列不属于其特征的是(　　)

A. 连续性　　B. 阶段性　　C. 顺序性　　D. 统一性

25. 小优准备去英国旅游,为了此次出行顺利,他查看了很多旅游攻略,并根据攻略的描述,能想象得到出入境时大致的场景。根据维果茨基的文化—历史发展理论,小优的这种心理活动属于(　　)

A. 随意机能　　B. 本能　　C. 高级心理机能　　D. 非条件反射

26. 人际交往过程中,在语言信息表达不清时,人们往往通过情绪的外部表现,如微笑、点头等,使信息表达得更充分。这体现了情绪和情感的(　　)(易混)

A. 使动功能　　B. 组织功能　　C. 信号功能　　D. 适应功能

27. 小明非常胆小,从来不敢主动向老师提问。某天,马老师看见小明在办公室门外观望,便向他招手询问:"有什么事情吗?"小明默默地拿出练习册说有道题没听懂。马老师耐心地解答了疑问,并鼓励他多提问。马老师的这种做法属于行为改变方法中的(　　)

A. 强化法　　B. 示范法　　C. 消退法　　D. 榜样法

28. 一年级的小胜因为在幼儿园期间参加了英语课外补习班,上小学时学习中文拼音时总是把汉语拼音和英文字母混淆。小胜的情况是发生了(　　)(常考)

A. 垂直迁移　　B. 负迁移　　C. 远迁移　　D. 逆向迁移

29. 培养学生的道德品质是学校教育的一项重要教学目标。下列关于品德的说法,错误的是(　　)

A. 品德是社会道德在个体身上的反映

B. 品德的形成和发展仅受个人身心发展特点和规律的制约

C. 品德是个性中最有道德评价意义的部分

D. 品德是内在的心理倾向

30. "大象"图式可以嵌套在"动物"图式中,而"动物"图式又可以嵌套在"生物"图式中。这体现了图式具有(　　)的特征。

A. 含有变量　　B. 层次性　　C. 能促进推论　　D. 阶级性

31. 已经拿到驾照的小珍第一次独自开车去上班时,她根据自己考驾照时所学到的知识,正确应对在路上所遇到的各种状况,并顺利到达了单位。这体现了知识具有(　　)

A. 辨别功能　　B. 预期功能　　C. 调节功能　　D. 动机功能

32. 学生学习重力和重力加速度两个概念之间的关系的学习属于(　　)

A. 信号学习　　B. 刺激—反应学习　　C. 连锁学习　　D. 规则学习

33. 根据斯金纳的观点,强化可以分为一级强化和二级强化。下列属于二级强化的是(　　)

A. 饥饿的时候给予食物　　B. 渴的时候给予水

C. 冷的时候给予温暖　　D. 饥饿的时候给予钱

34. 技能可分为动作技能和心智技能。下列属于动作技能的是(　　)

A. 写毛笔字的技能　B. 观察技能　C. 打腹稿技能　D. 默读技能

35. 行为主义心理学的创始人(　　)认为学习就是以一种刺激替代另一种刺激建立条件作用的过程,同时他也认为行为是有机体适应环境的全部活动。

A. 维果茨基　B. 华生　C. 罗杰斯　D. 皮亚杰

36. 根据埃里克森的社会发展理论,处于(　　)阶段的孩子开始追求出于自我利益和动机的活动,如当妈妈在洗衣服时,孩子帮妈妈递过洗衣粉,他便认为自己是在做一件很重要的事情,发挥了举足轻重的作用。

A. 自主感对羞怯感　　B. 勤奋感对自卑感

C. 主动感对内疚感　　D. 角色同一性对角色混乱

37. 刚进入学校做教师的小胡每天都在努力学习如何成为一名优秀的教师,每天的教学工作结束后,小胡总要求自己写下自己的经验,并且和带自己的教师一起分析。小胡所采用的教学反思方法是(　　)

A. 详细描述　B. 反思日记　C. 行动研究　D. 职业发展

38. 根据德里弗斯的教学专长发展阶段理论,(　　)教师是师范生或刚进入教学领域的教师。在这个水平,教师的任务是学习一般的教学原理、教材内容和教学方法等,并熟悉课堂教学的步骤和各类教学情境,初步获得教学经验。

A. 新手水平　B. 高级新手水平　C. 胜任水平　D. 熟练水平

39. (　　)是指在群体压力下,行为或信念的变化,而非自愿做出选择。如在数学课堂提问时,关于某道选择题班级中大部分同学都选择 A 选项,于是小明也选择 A 选项。

A. 服从　B. 遵从　C. 从众　D. 遵守

40. 在学习了连通器原理后,张老师问学生“现在有人能告诉我喷泉的工作原理了吗?”从赫尔巴特教学四阶段论来看,学生此时正处于(　　)阶段。

A. 明了　B. 联想　C. 系统　D. 方法

41. 程序教学的基本原则中,(　　)要求学习者对每个学习问题都做出主动的反应。

A. 小步子呈现原则　B. 积极反应原则　C. 及时反馈原则　D. 自定步调原则

42. 下列选项中,不属于主观性教学资源的是(　　)

A. 教师的知识观　B. 教学器具　C. 教学效能感　D. 教师期望

43. 下列属于直接推动学习行为的原因和内部动力的是(　　)(常考)

A. 学习时间　B. 学习环境　C. 学习动机　D. 学习兴趣

44. 教师必须率先垂范、以身作则,引导和帮助学生把握好人生方向,引导和帮助学生扣好人生的第一粒扣子。这是对教师(　　)的职业道德要求。

A. 坚持言行雅正　B. 秉持公平诚信　C. 坚守廉洁自律　D. 提高教学技能

45. 黄老师的妻子是某保险公司的员工,为了减轻妻子的绩效压力,他向学生家长推销妻子公司的保险产品。黄老师的这种行为违背了《新时代中小学教师职业行为十项准则》中的(　　)

A. 坚定政治方向　B. 坚守廉洁自律　C. 加强安全防范　D. 关心爱护学生

46. 小星在数学课上突然口吐白沫,全身抽搐,倒在了地上。这把周围同学都吓坏了,班主任得知情况后,试图将他劝退,但小星不愿意,想要继续回去上课。班主任便告诉小星,不同意退学就不能回教室上课。对于班主任的做法,下列说法正确的是(　　)

A. 做法正确,这是出于保护其他学生正常学习的目的

B. 做法不正确,侵犯了小星的受教育权

C. 做法不合理,教师应当尽全力满足学生的要求

D. 做法合理,小星必须去特殊教育学校学习

47. 下列关于《中华人民共和国教师法》的说法中,正确的有(　　)个。

①每年九月十日为教师节

②中小学教师资格由市级以上地方人民政府教育行政部门认定

③取得小学教师资格,应当具备中等师范学校毕业及其以上学历

A. 0　B. 1　C. 2　D. 3

48. 2020 年 6 月,一则 17 岁少女举报父母为自己“包办婚姻”的新闻引起广泛议论。根据《中华人民共和国未成年人保护法》,该新闻所反映的事件内容违背了其中的(　　)规定。

A. 家庭保护　B. 学校保护　C. 社会保护　D. 司法保护

49. 近日,某高中开除并取消了因涉嫌盗窃被采取刑事强制措施的 16 周岁小明的学籍。该校的做法是(　　)(常考)

A. 合法的,学校可以开除小明

B. 合法的,学校有权处罚小明

C. 不合法的,判决生效学校也不能取消小明学籍

D. 不合法的,判决生效前学校不得取消小明学籍

二、多项选择题(在下列每题列出的选项中至少有两项是符合题意的,将其选出并把它的标号写在括号内。多选、错选、少选或未选均不得分。本大题共 9 小题,每小题 1.85 分,共 16.65 分)

50. 爱国主义教育是我国中小学德育的主要内容之一。下列属于这方面教育的有(　　)

A. 民族意识与民族情感教育　　B. 宗教信仰教育

C. 民主与法制观念教育　　D. 国防教育

51. 下列关于暗示教学法的说法中,正确的有(　　)

A. 利用情境因素组织教学,便于学生在轻松愉快的环境中接受知识

B. 能有效地激发学生的学习动机

C. 有利于非智力因素在教学中发挥积极作用

D. 诱发学生学习潜力的外部环境设置难度较低

52. 总结性测评是针对一个完整的教学过程的总体功能进行测定，其主要用于(　　)

A. 测评教学目标的达成程度　　B. 检查教学的有效性和教材教法的适当性

C. 考核学生的学习效果　　D. 确定学生的最终学习成绩

53. 下列关于课外辅导的说法，错误的有(　　)

A. 教师可有偿为基础较差的学生进行课外辅导

B. 课外辅导主要是为成绩优异的学生进行个别辅导

C. 课外辅导可以指导学生的实践性和社会服务性活动

D. 课外辅导是适应学生个别差异、贯彻因材施教的重要措施

54. 班主任在编排学生座位时应做好的方面包括(　　)

A. 切忌徇私情，照顾各种关系　　B. 要充分发扬民主

C. 要尽量体现互补性　　D. 要适当轮换

55. 学生发展的不平衡性主要指生理成熟与心理成熟的不平衡和发展速度的不平衡。下列属于学生心理成熟的标志有(　　)

A. 性机能的成熟　　B. 不依赖他人

C. 具有独立思考的能力　　D. 较稳定的自我意识与个性的形成

56. 直接的近景性学习动机指向学习过程本身及学习的近期结果，这类学习动机比较具体，效果显而易见，但不太稳定，容易受一些偶然因素和具体情境变化的影响。下列情况能够激发学生直接的近景性动机的有(　　)

A. 老师生动形象的讲解　　B. 新颖丰富的教学内容

C. 灵活多样的教学方法　　D. 获得优良成绩可有某种奖励

57. 在读大学之前，小关认为一个人只要获得大学学历就好了，读研究生既浪费时间又没有必要。读了大学之后，小关感受到了就业的压力，觉得读研究生是很有必要的，于是大四开始准备考研。根据波斯纳的观点，小关观点发生改变，可能满足的条件包括(　　)

A. 对原有观念有不满的地方　　B. 新的观念有可理解之处

C. 新的观念有合理之处　　D. 新的观念具有有效性

58. 国家鼓励高等学校毕业生以志愿者的方式到(　　)缺乏教师的学校任教，相关教育行政部门依法认定其教师资格，其任教时间计入工龄。

A. 民族地区　　B. 农村地区　　C. 沿海地区　　D. 直辖市地区

三、判断题(判断下列各题的正误，正确的打“√”，错误的打“×”。本大题共 20 小题，每小题 0.95分，共 19 分)

59. 大中小学每学年设立劳动周，可在学年内或寒暑假自主安排，以个人劳动为主。(　　)

60. 隐性知识就是通常所称的“知识”，一般以书面文字、图表和数学公式等加以表达。(　　)

61. 学生评价是教育评价的重要领域之一，也是学校教育中每一位教师都必须实际操作的一项重要内容。(　　)

62. 生物起源说和心理起源说的相同点是都否认了教育的目的性和社会性，但心理起源说否认教育为人类独有，生物起源说承认教育为人类独有。(　　)

63. 教育现象是对教育活动最广泛的概括，是各种各样教育活动的外在表现，所有的教育现象都可以构成教育问题。(　　)

64. 从事教学工作 20 余年的牟老师对自己工作的意义和价值评价下降，常常迟到早退，甚至开始打算跳槽甚至转行。牟老师的这种情况属于职业倦怠。(　　)

65. 要解决我国学校班级管理中存在的问题，必须建立以学生为本的班级管理新机制，尊重学生的人格和主体性，充分发挥学生自身的聪明才智，发扬学生在班级自我管理中的主人翁精神。(　　)

66. 小红利用谐音法记单词，用“俺不能死”记住“ambulance”的意思是“救护车”，这里小红运用了精细加工策略。(　　)

67. 儿童能够独立表现出来的心理发展水平，和儿童在成人的指导下所能表现出来的心理发展水平之间，往往有差距，后者水平不及前者高。(　　)

68. 学习动机激活能力的大小，是由动机的性质和强度决定的，高强度的学习动机更有利于任务的完成。(　　)

69. 在解决结构不良问题时，解决者常常首先要确定问题的解决方法是什么。(　　)

70. 知识不简单等同于能力，但知识是能力发展的重要基础。(　　)

71. 过度学习对那些必须长期地准确回忆且又没有什么意义的操作信息最为有用，比如背乘法口诀。(　　)

72. 认知风格属于场独立型的学生容易受周围人们，特别是权威人士的影响和干扰。(常考)(　　)

73. 遗忘是一种正常、合理的心理现象，其发生发展毫无规律可言，疾病、疲劳等是造成遗忘的主要原因。(　　)

74. 埃里克森认为个体发展是持续一生的，而不是在成年早期就结束了。(　　)

75. 小学生的自我认识能力和自我评价能力在不断发展。在自我描述时，他们往往会从内部品质方面进行说明。(　　)

76. 道德既能调整教师的行为层面，又能深刻触及教师的思想、观念、情感甚至信仰等精神领域。(　　)

77. 适龄儿童、少年的父母或者其他监护人以及有关社会组织和个人有义务使适龄儿童、少年接受并完成规定年限的义务教育。(　　)

78. 中国的教育法规适用于在中国境内的外国人。(　　)

2020年湖南省长沙市浏阳市中小学教师招聘考试真题试卷(精编)(七十)

(本套试卷仅收录教育法规和教育理论的试题)

第一部分　小学

一、判断题(判断下列各题的正误,并在题后括号内打"√"或"×"。本大题共9小题,每小题0.5分,共4.5分)

1. 教学模式就是教学方法。(常考)　(　　)
2. 在教学过程的基本阶段中,居于中心环节的是巩固知识。　(　　)
3. 流畅性、变通性和独特性是发散思维的重要特性。(常考)　(　　)
4. 德育的具体实施过程必须按知、情、意、行的顺序来进行。　(　　)
5. 操作条件反射与自愿行为有关。　(　　)
6. 短时记忆中,对刺激信息主要以视觉形式进行编码和储存。(易错)　(　　)
7. 观察学习始于学习者对示范者的注意。　(　　)
8. 对未成年学生和儿童实施体罚、变相体罚或者其他侮辱人格尊严的行为是违法的。　(　　)
9. 依法治教的主体是各级行政机关。　(　　)

二、单项选择题(下列每小题列出的四个选项中只有一个是最符合题意的,请将其代码填在括号内。错选、多选或未选均不得分。本大题共15小题,每小题1分,共15分)

1. 我国古代思想家管仲说过:"一年之计,莫如树谷;十年之计,莫如树木;终身之计,莫如树人。"这反映了教师劳动的(　　)(常考)

A. 复杂性　B. 创造性　C. 示范性　D. 长期性

2. "学而时习之"主张教学应遵循(　　)(常考)

A. 启发性原则　B. 因材施教原则
C. 巩固性原则　D. 量力性原则

3. 采取打乱传统的按年龄编班的做法,只根据学生的学习能力或学习成绩编班进行分组教学,这种分组属于(　　)

A. 内部分组　B. 外部分组　C. 综合分组　D. 交叉分组

4. 我国近代教育史上被毛泽东称为"学界泰斗,人世楷模"的教育家是(　　)

A. 陶行知　B. 杨贤江　C. 徐特立　D. 蔡元培

5. 一般在教学开始前使用,用来摸清学生的现有水平及个别差异,以便安排教学的评价属于(　　)

A. 形成性评价　B. 诊断性评价　C. 总结性评价　D. 非正式评价

6. 教学研究中实验法的种类有很多,教学实验一般采用(　　)

A. 自然实验　B. 验证性实验
C. 实验室实验　D. 创新性实验

7. 在布鲁纳看来,人最高级的表征系统是(　　)

A. 动作表征　B. 肖像表征　C. 映象表征　D. 符号表征

8. 儿童从周围人的表情中能了解自己哪些行为动作受激励,应该做;哪些行为动作受责备,不该做。这体现了情绪和情感的(　　)

A. 迁移功能　B. 动机功能　C. 感染功能　D. 信号功能

9. 某同学为了得到老师的表扬而努力学习。这种学习动机是(　　)(常考)

A. 认知内驱力　B. 自我提高内驱力
C. 附属内驱力　D. 外在驱力

10. 先学习"蔬菜"的概念,再学习"萝卜""青菜"等概念。这属于(　　)

A. 上位学习　B. 下位学习
C. 相关学习　D. 组合学习

11. 关于罗杰斯有意义学习的要素,不正确的是(　　)

A. 学习具有个人参与的性质　B. 学习是学习者自我发起的
C. 学习是由教师评价的　D. 学习是渗透性的

12. "一切以自我为中心"的思维特征出现在(　　)

A. 具体运算阶段　B. 前运算阶段
C. 形式运算阶段　D. 感知运动阶段

13. "热爱学生"是教师必备的(　　)

A. 思想政治素养　B. 教育理论素养
C. 职业技能素养　D. 职业道德素养

14. 我国义务教育的课程计划具有普遍性、基础性和(　　)的特点。

A. 强制性　B. 规范性　C. 指导性　D. 标准性

15. 根据《中华人民共和国教育法》的规定,明知校舍或者教育教学设施有危险,而不采取措施,造成人员伤亡或者重大财产失的,对直接负责的主管人员和其他直接责任人员,依法追究(　　)(常考)

A. 民事责任　B. 刑事责任
C. 赔偿责任　D. 行政责任

第二部分　初中

一、判断题(判断下列各题的正误,并在题后括号内打"√"或"×"。本大题共10小题,每小题0.5分,共5分)

1. 在教学中,探究法比讲授法的效果要好。( )
2. 先行组织者教学技术有助于促进学习的迁移。( )
3. 自主学习是相对于合作学习而言的。( )
4. 在实际教学中,教师应根据教学需要,灵活地、有创造性地使用教材。( )
5. 在基础教育中,德育最广泛、最基本的途径是班主任工作。(常考) ( )
6. 学生能根据课文描述想象出雷锋叔叔的模样,这属于创造想象。( )
7. "大器晚成"体现智力发展水平上的差异。( )
8. 合作学习中小组的划分一般遵循"组间异质""组内同质"的原则。( )
9. 对于未成年人的信件,教师可以藏匿或丢弃。( )
10. 中小学教师资格由县级以上地方人民政府教育行政部门认定。( )

二、单项选择题(下列每小题列出的四个选项中只有一个是最符合题意的,请将其代码填在括号内。错选、多选或未选均不得分。本大题共14小题,每小题1分,共14分)

1. 教育是社会主义现代化建设的( ),国家保障教育事业优先发展。

A. 核心　B. 关键　C. 基础　D. 保证

2. 下列不属于教学设计的基本特点的是( )

A. 易控性　B. 预演性　C. 灵活性　D. 操作性

3. 教师在教学过程中的地位是( )(常考)

A. 主体地位　B. 主导地位　C. 主宰地位　D. 中心地位

4. 在奥苏贝尔看来,影响课堂学习中有意义学习的重要因素是学生的( )

A. 接受能力　B. 认知结构

C. 理解能力　D. 判断能力

5. 下列不属于认知目标水平内容的是( )

A. 了解水平　B. 理解水平　C. 应用水平　D. 反应水平

6. 下列教学方式中,适合教师与学生交流思想和感受的是( )

A. 自主探究　B. 对话教学　C. 体验学习　D. 接受学习

7. 根据学习动机的社会意义,学习动机可分为( )

A. 社会动机与个人动机　B. 直接动机与间接动机

C. 高尚动机与低级动机　D. 内部动机与外部动机

8. 难度不同的两种学习之间的相互影响是( )

A. 垂直迁移　B. 水平迁移

C. 顺向迁移　D. 逆向迁移

9. 教师在讲课过程中要声音洪亮。这所依据的感知规律是( )(常考)

A. 强度律　B. 差异律　C. 活动律　D. 组合律

10. 某教师喜欢对打小报告的学生采取故意不理会的方式。这是一种( )

A. 惩罚　B. 正强化　C. 负强化　D. 消退

11. 加强教师职业道德修养必须以( )教育为核心。(易错)

A. 教育观　B. 理想信念

C. 职业道德　D. 教学思路

12. 对于同一道题,两位同学分别用不同的方法得出了同样的答案,老师没有简单地判断孰优孰劣,而是请他们上台陈述自己思考、推理、证明的步骤。这一做法体现了老师具有( )的教学理念。

A. 关注结果　B. 关注过程　C. 关注知识　D. 关注情感

13. 义务教育是国家统一实施的所有适龄儿童、少年必须接受的教育,是国家必须予以保障的( )事业。

A. 普及性　B. 公平性　C. 公益性　D. 社会性

14. 初中生王某多次违反学校的管理制度,学校能够对王某采取的教学方式是( )(常考)

A. 收容教养　B. 开除学籍

C. 强制劝退　D. 批评教育

2020年湖南省郴州市桂东县教师招聘考试真题试卷(七十一)

(总分100分　时间120分钟)

一、填空题(在下列每小题的空格中填上正确答案,填错、不填均不得分。本大题共5小题,每空1分,共20分)

1. 依法执教是________在教师工作中的具体体现,也是对教师的基本要求。

2.《国家中长期教育改革和发展规划纲要(2010~2020年)》中规定,义务教育是国家依法统一实施、所有________必须接受的教育,具有________、________和________,是教育工作的重中之重。

3. 教师职业道德修养的基本原则有坚持知和行的统一、坚持________和________的统一、坚持自律和他律相结合、坚持________和________相结合、坚持________和________相结合。(常考)

4. 教师职业道德评价的主要方法是________、________、________。

5. 教育的本质属性是________,________、________、________、________和________是全面发展教育的组成部分。

二、单项选择题(在下列每题四个选项中只有一个是符合题意的,将其选出并把它的标号写在括号内,本大题共10小题,每小题1分,共10分)

6. 人的心理活动内容的源泉是(　　)

A. 认知　B. 需要　C. 客观现实　D. 个性

7. 心理现象就其产生的方式来说是(　　)

A. 精神活动　B. 反射活动　C. 意识活动　D. 本能活动

8. 学生在小学时期以直观动作思维为主,而中学时期抽象思维发展较快。这体现了学生心理发展的(　　)

A. 顺序性　B. 阶段性　C. 不平衡性　D. 个别差异性

9. 老师对学生说:"今天课堂作业全对的同学可以不做家庭作业了。"老师的做法属于(　　)(常考)

A. 正强化　B. 负强化　C. 正弱化　D. 负弱化

10. 小明看到有人摔倒会绕开走,看到教室杂乱会暂时离开。这种行为属于(　　)(易混)

A. 消退　B. 回避条件作用

C. 逃避条件作用　D. 强化

11. 要求学生分辨勇敢和鲁莽,谦让和退缩是刺激的(　　)

A. 获得　B. 消退　C. 泛化　D. 分化

12. 下面哪个理论为改变差生提供了依据(　　)

A. 加涅的学习条件论　B. 孔子的差异心理思想

C. 韦纳的归因理论　D. 桑代克的试误说

13. 下列不属于影响课堂管理因素的是(　　)

A. 教师的领导风格　B. 班级的规模

C. 班级性质　D. 教师对学生的期望

14. 课堂中的从众现象的发生一般认为是(　　)的结果。

A. 群体凝聚力　B. 群体规范

C. 课堂气氛　D. 课堂中的人际交往与人际关系

15. 一位教师非常注重反思,经常会想"同事们怎么看自己?""领导觉得自己干得怎么样?"这名教师目前属于(　　)(常考)

A. 关注学生阶段　B. 关注生存阶段

C. 关注情境阶段　D. 虚拟关注阶段

三、多项选择题(在下列每题五个选项中至少有两个选项是符合题意的,将其选出并把它的标号写在括号内,错选、多选、漏选均不得分。本大题共15小题,每小题2分,共30分)

16. 陶行知的"生活即教育"和杜威的"教育即生活",二者的共同点有(　　)

A. 承认教育和生活之间存在密切联系　B. 承认教育对改造生活的重要作用

C. 认为生活含有重要的教育意义　D. 认为学校是社会生活的一种方式

E. 认为教育即经验的改造

17. 教育活动的基本规律包括(　　)(易混)

A. 教育与生产力之间的矛盾和关系

B. 教育与社会发展之间的矛盾和关系

C. 教育现象内部各要素之间的矛盾和关系

D. 教育与人的身心发展之间的矛盾和关系

E. 教育与生产关系之间的矛盾和关系

18. 从层次结构上来分,学校教育的类型有(　　)

A. 泛读教育　B. 高等教育

C. 学前教育　D. 中等教育

E. 初等教育

19. 教师培养学生主体性的措施主要有(　　)

A. 建立民主而和谐的师生关系,重视学生自学能力的培养

B. 重视培养学生主体参与课堂,让学生体验成功

C. 尊重学生的个性差异

D. 教育目标要反映社会发展

E. 尊重学生的身心发展规律

20. 班级管理的主要内容有(　　)

A. 班级组织建设　　B. 班级教学管理

C. 班级制度管理　　D. 班级活动管理

E. 班级目标管理

21. 下列活动中属于群众性活动的有(　　)

A. 演讲比赛　　B. 书法兴趣小组

C. 参观科技馆　　D. 公益活动

E. 调查访问

22. 根据方法论的不同,教育研究可分为(　　)(易混)

A. 基础研究　　B. 定性研究　　C. 定量研究　　D. 应用研究

E. 开发研究

23. 影响课程变革的因素有(　　)

A. 经济因素　　B. 政治因素　　C. 学生发展　　D. 文化因素

E. 科技革新

24. 新课程理念下教师角色的定位是(　　)

A. 领导者　　B. 定向者　　C. 促进者　　D. 引路人

E. 管理者

25. 中小学综合实践活动属于(　　)

A. 经验性课程　　B. 综合性课程

C. 三级管理的课程　　D. 学科性课程

E. 实践性课程

26. 教学反馈在课堂教学中的作用表现为(　　)

A. 激励作用　　B. 调控作用　　C. 媒介作用　　D. 预测作用

E. 强制作用

27. 德育过程的构成要素有(　　)

A. 德育方法　　B. 德育环境　　C. 教育者　　D. 受教育者

E. 德育内容

28. 教师进行教学工作的基本程序是(　　)(常考)

A. 备课　　B. 上课

C. 课外辅导　　D. 课外作业的布置与批改

E. 学生成绩的评定

29. 科学课上,教师让学生分小组观察自己养的蚕宝宝,了解蚕的生活习性,并在全班交流学习成果,教师运用的教学方法是(　　)

A. 参观法　　B. 演示法　　C. 讨论法　　D. 讲授法

E. 陶冶法

30. 下列关于讲授法的说法,正确的有(　　)(易错)

A. 可分为讲述、讲解、讲演、讲读四种方式

B. 讲授内容要有科学性、系统性、思想性

C. 注意启发

D. 讲究语言艺术

E. 是注入式的教学方法

四、判断题(判断下列各题的正误,并在题后的括号内打"√"或"×"。本大题共 10 小题,每小题 1 分,共 10 分)

31. 核心课程是以人类基本活动为主题而编制的课程系统。(　　)

32. 课程目标是教学目标的载体和具体化。(　　)

33. 中国近代第一所实施班级授课制的官办新式学堂是京师同文馆。(常考)(　　)

34. 诊断性评价主要针对学习上存在问题障碍的学生,正常的学生不需要诊断性评价。(　　)

35. 量力性原则又称可接受性原则,是为了防止发生教学难度低于或高于学生实际程度的状况而提出的。(　　)

36. 德育方法是德育工作的出发点,制约着德育工作的基本过程。(　　)

37. 不同教育阶段,其思想品德教育内容的重点是不变的。(　　)

38. 评价一个班集体的好坏,主要是看班里的学习风气如何。(　　)

39. 为了促进学生的发展,教育者要用探究学习取代接受学习。(　　)

40. "染于苍则苍,染于黄则黄"说明学生具有向师性。(　　)

五、简答题(本大题共 4 小题,每小题 5 分,共 20 分)

41. 教学过程作为一种特殊的认识过程,其特殊性主要表现在哪些方面?

42. 简述班集体的形成与培养过程。(常考)

43. 简述课堂提问的基本要求。

44. 第30个教师节前夕,习近平总书记考察北京师范大学时,在勉励广大师生的讲话中提倡做“四有好老师”。简述“四有好老师”是指哪“四有”。

六、案例分析题(本大题共2小题,每小题5分,共10分)

45. 在一次关于实施素质教育的讨论会上,教师们积极发言。

王老师说:“素质教育就是多开展文体活动,多上文体课。”

李老师说:“素质教育就是不要考试,特别是不要百分制的考试。”

请运用素质教育的知识,分析老师们的发言。

46. 有些老师在课堂上经常会这样说:“同学们喜欢哪段就学哪段,大家自由发挥,选择同一学习内容的同学坐在一起。”于是同学们你争我抢地换座位,自由学习的气氛洋溢在整个教室。

对于材料中的现象,你怎么看?请运用教学的有关知识谈谈你的看法。

2020年湖南省湘潭市岳塘区教师招聘考试真题试卷(七十二)

(本套试卷仅收录教育综合知识部分的试题)

单项选择题(在下列每题四个选项中只有一个是符合题意的,将其选出并把它的标号写在括号内,本大题共25小题,每小题1.2分,共30分)

1. 2020年4月25日,为指导疫情期间儿童青少年近视预防工作,国家卫健委发布了《儿童青少年新冠肺炎疫情期间近视预防指引(更新版)》,对线上学习时间做出明确限制,小学生每天不超过________小时,中学生每天不超过________小时。( )

A. 2.5;3　B. 2.5;4　C. 3;4　D. 3;5

2. 2020年3月20日,中共中央、国务院提出意见,要求根据各学段特点,在大中小学设立( )必修课程。

A. 劳动教育　B. 艺术教育　C. 计算机教育　D. 实践教育

3. 2020年3月9日,李克强主持召开中央应对新冠肺炎疫情工作领导小组会议,部署深化防控国际合作防范疫情________,强调在疫情防控中激励________务求实效。( )

A. 输出输入;真抓实干　B. 输出输入;经济发展　C. 跨境传播;真抓实干　D. 跨境传播;经济发展

4. 一般来说,教学过程的主要矛盾是( )

A. 学生与教师之间的矛盾　B. 学生与所学知识之间的矛盾
C. 学生与家长之间的矛盾　D. 教师与所教知识之间的矛盾

5. 学校教育与生产劳动相脱离始于( )(易混)

A. 奴隶社会　B. 原始社会　C. 封建社会　D. 近代社会

6. ( )提出"白板说",认为人的心灵如同白板,观念和知识都来自后天。

A. 洛克　B. 夸美纽斯　C. 杜威　D. 康德

7. 人的身心发展有不同的阶段,"心理断乳期"一般发生在( )(常考)

A. 幼儿阶段　B. 青少年阶段　C. 成年阶段　D. 老年阶段

8. ( )反映个体身心发展各组成部分之间的相互关系,它指机体某一方面的机能受损甚至缺失后,可通过其他方面的超常发展得到部分补偿。

A. 互补性　B. 不平衡性　C. 系统性　D. 阶段性

9. 语文老师在上《荷塘月色》这堂课的时候,把荷塘月色的美用图片展示出来,使月色表现得更真切,让学生更能体会月光的美。语文老师的做法体现了( )

A. 直观性原则　B. 巩固性原则
C. 循序渐进原则　D. 教育性与科学性相结合原则

10. 学生先学会写"火"字,有助于学习写"炎"字,这一现象属于( )(常考)

A. 一般迁移　B. 水平迁移　C. 垂直迁移　D. 具体迁移

11. 意志的( )是指能够完全自觉、灵活地控制自己的情绪,约束自己的言行的意志品质。

A. 坚韧性　B. 果断性　C. 自制性　D. 独立性

12. ( )是把同一课题内容按深度、广度的不同层次安排在教科书的不同阶段重复出现,使得每一次重复都将原有的知识、方法、经验进一步加深拓广,逐级深化。

A. 螺旋式教科书结构　B. 直线式教科书结构　C. 曲线式教科书结构　D. 波浪式教科书结构

13. 学校环境文化和设施文化属于( )

A. 学校自然文化　B. 学校组织和制度文化　C. 学校精神文化　D. 学校物质文化

14. 教师期望效应又称( )(常考)

A. 首因效应　B. 晕轮效应　C. 酸葡萄效应　D. 皮格马利翁效应

15. 皮亚杰认为,儿童道德认知发展的趋势是从无律阶段、他律阶段到( )

A. 节律阶段　B. 纪律阶段　C. 超律阶段　D. 自律阶段

16. 布鲁纳认为,学习包括获得、转化和( )三个过程。

A. 实践　B. 理解　C. 评价　D. 巩固

17. 新课改下的校外课程资源不包括( )

A. 科技馆　B. 乡土资源　C. 教学过程　D. 博物馆

18. ( )是指个人以同等程度的两个动机去追求两个有价值的目标时,因不能同时获得而产生的动机冲突。

A. 双避冲突　B. 双趋冲突　C. 多重趋避冲突　D. 趋避冲突

19. 下列选项中属于教师一般权利的是( )(易错)

A. 文化教育权、学术自由权、受聘权　B. 受聘权、获得报酬权、政治权
C. 名誉权、培训进修权、教育教学权　D. 政治权、文化教育权、公民人身自由权

20. 在新课程背景下,教学从"以教育者为中心"向"以( )"转变。

A. 学习者为中心　B. 教学工具为中心　C. 教学环境为中心　D. 教学方法为中心

21. 按照评价主体的不同,教学评价可分为( )(常考)

A. 自我评价和外部评价　B. 定性评价和定量评价
C. 相对评价和绝对评价　D. 诊断性评价和形成性评价

22. ( )是指学生由于过度和不恰当地使用网络而导致的一种难以抗拒再度使用网络的着迷状态,并影响到其正常的学习和生活。

A. 多动症　B. 网络成瘾　C. 恐惧症　D. 强迫症

23. 教育目的的基本层次不包括( )

A. 国家的教育目的　B. 各级各类学校的培养目标
C. 教师的教学目标　D. 社会的价值取向

24. ( )是学生集体的基层组织,是学校进行教育和教学活动的基本组织单位。

A. 年级　B. 学习小组　C. 班级　D. 社团

25. 王老师在语文教学中会根据学生不同的学习基础,设计课堂提问和课后练习。这表明王老师( )

A. 注重实践能力　B. 关注学生差异　C. 注重循序渐进　D. 注重面向全体

参考答案及解析

2021 年江苏省南京市教师招聘考试真题试卷(一)

一、单项选择题

1. A 【解析】本题考查政治常识。中国特色社会主义最本质的特征是中国共产党领导。

2. A 【解析】本题考查政治常识。2020 年 10 月 26 日至 29 日，中国共产党第十九届中央委员会第五次全体会议在北京举行，全会提出了到 2035 年基本实现社会主义现代化的远景目标。

3. D 【解析】本题考查政治常识。习近平在全国抗击新冠肺炎疫情表彰大会上的讲话中指出，在这场同严重疫情的殊死较量中，中国人民和中华民族以敢于斗争、敢于胜利的大无畏气概，铸就了生命至上、举国同心、舍生忘死、尊重科学、命运与共的伟大抗疫精神。生命至上，集中体现了中国人民深厚的仁爱传统和中国共产党人以人民为中心的价值追求。举国同心，集中体现了中国人民万众一心、同甘共苦的团结伟力。舍生忘死，集中体现了中国人民敢于压倒一切困难而不被任何困难所压倒的顽强意志。尊重科学，集中体现了中国人民求真务实、开拓创新的实践品格。命运与共，集中体现了中国人民和衷共济、爱好和平的道义担当。故 D 项正确。

4. B 【解析】本题考查科技常识。北斗卫星导航系统是由我国自主建设运行的重要空间基础设施，也是我国迄今为止，规模最大、覆盖范围最广、服务性能要求最高的巨型复杂航天系统。

5. A 【解析】本题考查政治常识。中国依靠自身力量端牢自己的饭碗，实现了由“吃不饱”到“吃得饱”，再到“吃得好”，这归根结底取决于农业发展方式的转变。我国加快由传统农业向现代农业转变，即加快构建现代农业产业体系、生产体系、经营体系，促进粮食综合生产能力、农产品质量安全水平、农业资源利用率、农民收入再上新台阶，推动农业发展由数量增长为主转到数量质量效益并重上来，由主要依靠物质要素投入转到依靠科技创新和提高劳动者素质上来，由主要依靠拼资源拼消耗转到可持续发展上来，走产出高效、产品安全、资源节约、环境友好的农业现代化道路。

6. D 【解析】本题考查地理常识。秦岭山脉由横亘于渭河和汉水之间的一系列近东西走向的山体组成，为黄河与长江水系的主要分水岭，是中国暖温带与亚热带的分界线。

7. B 【解析】本题考查法律常识。根据《中华人民共和国婚姻法》第五、六条规定，结婚必须男女双方完全自愿，不许任何一方对他方加以强迫或任何第三者加以干涉。结婚年龄，男不得早于二十二周岁，女不得早于二十周岁。晚婚晚育应予鼓励。(《中华人民共和国民法典》施行后，该法律已废止)

8. B 【解析】本题考查数学知识。1000 克新鲜木耳含水量 96% 就是含有 960 克水，经晾晒后含水量降为 92%，该含水量是由原有的水的克重减去蒸发的水的克重除以蒸发水后的木耳质量得出的，因此，设蒸发的水的克重为 X，即 $(960-X)/(1000-X)=92\%$，可得出 $X=500$。故晾晒后的木耳质量为：$1000-500=500$(克)。

9. A 【解析】本题考查我国目前中小学主要的教学原则。启发性原则是指在教学活动中，教师要调动学生的主动性和积极性，引导他们通过独立思考、积极探索，生动活泼地学习，自觉地掌握科学知识，提高分析问题和解决问题的能力。题干中《学记》这句话的意思是：(所以)教师对人施教，就是启发诱导。这体现了启发性教学原则。

10. D 【解析】本题考查先行组织者策略的运用。奥苏贝尔提出了“先行组织者”的概念，即先于某个学习任务本身呈现的引导性学习材料。先行组织者的抽象、概括和综合水平高于学习任务，并与认知结构中的原有观念及新的学习任务相关联。题干中“三角形”的概念等级高于“等腰三角形”，并且二者存在一定的关联。因此，题干中的做法符合先行组织者策略。

11. A 【解析】本题考查斯霞的教育思想。“童心母爱”是斯霞教育思想的核心，其中孕育着的丰富的教育教学理念和深刻的教育教学精神，是我国教育的宝贵财富。

12. B 【解析】本题考查南京市的人文历史。①搭配正确；②的正确搭配为：灵谷寺——南朝名僧塔，明帝御迁地；③的正确搭配为：古林公园——齐梁拜梅亭，今朝赏梅地；④搭配正确。因此答案选 B 项。

13. C 【解析】本题考查传统文化常识。A 项正旦俗称“青衣”，因所扮演的角色常穿青色褶子而得名，主要扮演庄重的青年、中年妇女；B 项彩旦又称丑旦，常扮演滑稽风趣或奸刁的女子；C 项花旦多扮演性格活泼爽朗、天真烂漫、轻盈伶俐的少女；D 项刀马旦大多扮演擅长武艺的青壮年妇女。故答案选 C 项。

14. C 【解析】本题考查生物常识。人体有一个平衡感受器，它位于耳朵的内耳里面。当我们的身体变动位置时，感受器就会受到刺激，由神经传到脑，进而调节我们身体的平衡。

15. C 【解析】本题考查传统文化常识。中国象棋棋盘有 10 条横线，9 条竖线，所以一共是 90 个交叉点。

16. A 【解析】本题考查思维的种类。A 项聚合思维强调从众多设想、办法、答案中选择最佳方案、最好办法等；B 项发散思维强调寻求多种答案、方法、途径等；C 项经验思维强调用日常经验判断生产、生活中的问题；D 项创造性思维强调用新颖、独特的方式来解决问题。故 A 项符合题意。

17. B 【解析】本题考查表象的内涵。表象是事物不在面前时，人们在头脑中出现的关于事物的形象。题干中强调游览后在头脑中再现出南京长江大桥的形象，故属于表象。

18. B 【解析】本题考查遗忘的相关知识。有意义的材料比无意义的材料遗忘得慢，即没有重要意义的材料遗忘较快，故①说法正确；一般情况下，学习者对于熟悉的情景材料遗忘较慢，故②说法正确；在学习程度相等的情况下，识记材料越多遗忘越快，故③说法错误；过度学习达到 50%，即学习的熟练程度达到 150% 时，学习的效果最好，故④说法正确。因此，答案选 B 项。

19. C 【解析】本题考查对概念形成的理解。概念形成是指个体通过反复接触大量同一类事物或现象的共同特征或共同属性，并通过肯定(正例)或否定(反例)的例子加以证实的过程。题干中王老师给学生提供了许多能反映某概念特征的不同事例，并引导学生发现这些事例的共同特征，这一过程属于概念形成。

20. C 【解析】本题考查酝酿效应的内涵。A 项，通常把学生在学习过程中出现一段时间的学习成绩和学习效率停滞不前，甚至学过的知识感觉模糊的现象，称为“高原现象”。不符合题意，排除。

B 项，定势(即心向)是指重复先前的操作所引起的一种心理准备状态。不符合题意，排除。

C 项，当一个人长期致力于某一问题解决而又百思不得其解的时候，如果他暂时停下对这个问题的思考去做别的事情，几小时、几天或几周之后，他可能会忽然想到解决的办法，这就是酝酿效应。与题干相符，答案选 C 项。

D 项，人们把某种功能赋予某物体的倾向称为功能固着。不符合题意，排除。

二、判断题

21. √ 【解析】本题考查教育政策知识。教育部等七部门印发的《关于加强和改进新时代师德师风建设的意见》中提出，把立德树人的成效作为检验学校一切工作的根本标准，把师德师风作为评价教师队伍素质的第一标准，将社会主义核心价值观贯穿师德师风建设全过程。故题干表述正确。

22. √ 【解析】本题考查思想政治教育的相关知识。习近平总书记在全国高校思想政治工作会议上强调指出，要用好课堂教学这个主渠道，思想政治理论课要坚持在改进中加强，提升思政教育亲和力和针对性，满足学生成长发展需求和期待，其他各门课程都要守好一段渠、种好责任田，使各类课程与思想政治理论课同向同行，形成协同效应。

23. √ 【解析】本题考查《中小学班主任工作规定》。根据《中小学班主任工作规定》可知，班主任是中小学的重要岗位，从事班主任工作是中小学教师的重要职责。教师担任班主任期间应将班主任工作作为主业。题干表述正确。

24. × 【解析】本题考查语言的特征。语言的特征包括：创造性、结构性、意义性、指代性、社会性与个体性。其中，语言的指代性表现在，语言的各种成分都指代一定的事物或者抽象的概念。正是由于语言具有一定的指代性，人们才能理解抽象符号所代表的意义。语言的生命在于广大社会成员的运用，不被运用的语言就没有生命力。因此，语言具有语言生命力的主要原因是广大社会成员的运用，这与指代性的特征不符，故本题说法错误。

25. √ 【解析】本题考查教育政策知识。习近平同志在 2018 年全国教育大会上指出，要坚决克服唯分数、唯升学、唯文凭、唯论文、唯帽子的顽瘴痼疾，从根本上解决教育评价指挥棒问题，扭转教育功利化倾向。

26. × 【解析】本题考查想象的种类。根据创造程度的不同，有意想象可以分为再造想象和创造想象。幻想是创造想象的一种特殊形式。幻想是一种与生活愿望相结合并指向于未来的想象。故题干说法错误。

三、简答题(参考答案)

27. (1)教师应该具有的“常规动作”指教师专业化应具备的条件，即教师的学科专业素养、教师的教育专业素养、教师的人格特征、教师良好的职业道德素质。材料主要强调教师的学科专业素养以及教师教育专业素养中的研究能力。

①教师的学科专业素养也即教师的学科知识素养。这是教师胜任教学工作的基础性要求，有别于其他专业人员学习同样学科的要求。材料中，习总书记的话强调教师应该具备渊博的学识，也即“四有”好老师的标准之一——有扎实学识。

②研究能力是综合地、灵活地运用已有的知识进行创造性活动的能力，是对未知事物探索性、发现性的心智、情感主动投入的过程。进行教育研究不只是专家、学者和名师的“专利”，而是每一位教师的职责。教师应该将大多数时间和主要精力放在提高教学质量上，但这绝不意味着可以轻忽教学以外其他专业方面的发展，绝不意味着可以放弃成长为名优教师的目标与追求，也绝不意味着教师可以不读书、不研究、不探索、不撰写教育教学文章。

(2)教师的常规动作有助于提高教师自身的综合素质，提高其教育教学能力，确保教育教学质量；有助于教师队伍整体素质的提高，有助于实现学生的全面发展。

28.(1)新课程强调加强课程内容与学生生活以及现代社会和科技发展的联系，关注学生的学习兴趣和经验，精选终身学习必备的基础知识和技能。材料中，语文课分享及主题教育活动都是围绕学生身边的、社会上耳熟能详的人或事进行的，体现了课程内容与学生生活以及现代社会的联系。

(2)新课程倡导以人为本的学生观，认为学生是具有独立意义的人，学生是学习的主体，教师在教学过程中要充分发挥学生的主体作用。材料中的学科教学及主题教育活动均调动了学生的主观能动性，体现了以人为本的学生观。

(3)新课程倡导全面发展的教学观，教学重结论更要重过程，教学关注学科更要关注人。材料中，学生在语文课堂上分享自己写的亲人传记，为数学课认真准备课件，并且自己选择英雄人物来设计班级文化墙，这些都体现了对学生的关注、对过程的关注。

(4)新课程要求改变学生的学习方式，倡导自主学习、探究学习、合作学习。材料中，无论是语文课分享、数学课讲解，还是主题教育活动，都是学生自己完成的，体现了学生学习方式的转变。

2021年江苏省徐州市教育局直属教师招聘考试真题试卷(二)

一、单项选择题

1. A 【解析】本题考查时事政治。2021年2月25日，习近平总书记在全国脱贫攻坚总结表彰大会上发表重要讲话强调，我国脱贫攻坚战取得了全面胜利，现行标准下9899万农村贫困人口全部脱贫，832个贫困县全部摘帽，12.8万个贫困村全部出列，区域性整体贫困得到解决，完成了消除绝对贫困的艰巨任务。故本题选A项。

2. C 【解析】本题考查时事热点。2020年11月10日，我国自主研发的“奋斗者号”全海深载人潜水器在太平洋马里亚纳海沟成功坐底，深度达到10909米，创造了中国载人深潜的新纪录。

3. B 【解析】本题考查时事政治。2021年3月11日，第十三届全国人民代表大会第四次会议审查了国务院提出的《中华人民共和国国民经济和社会发展第十四个五年规划和2035年远景目标纲要(草案)》，会议同意全国人民代表大会财政经济委员会的审查结果报告，决定批准这个规划纲要。故本题选B项。

4. D 【解析】本题考查教学原则。科学性和思想性相统一的原则是指教学要以马克思主义为指导，授予学生科学知识，并结合知识教学对学生进行社会主义品德和正确人生观、科学世界观教育。这一原则的实质是要求在教学活动中把教书和育人有机地结合起来。题干中的李老师在讲授“圆周率”的同时，还讲述了祖冲之努力探索圆周率的故事，即在传授学生科学知识的同时对学生进行了人生观教育。故李老师的教学体现了科学性和思想性相统一的教学原则。

5. B 【解析】本题考查讨论法。讨论法是指在教师指导下，学生以全班或小组为单位，围绕某一中心问题发表看法，从中获取知识或巩固知识的教学方法。采用讨论法时，教师应设置有吸引力的问题，注重对讨论过程的启发引导，并做好讨论小结。故选B项。

6. A 【解析】本题考查教师职业道德的特点。行为的典范性是指教师的品德和行为对学生的思想品德的形成与行为具有榜样作用。教师职业道德的典范性是由教师劳动的示范性决定的。教师要以身作则、为人师表，这是教师职业道德区别于其他职业道德的显著标志。故题干所述体现了教师职业道德行为的典范性。

7. D 【解析】本题考查学习策略的种类。A项，复述策略是指在工作记忆中为了保持信息，运用内部语言在大脑中重现学习材料或刺激，以便将注意力维持在学习材料上的方法。B项，组织策略是指将经过精加工提炼出来的知识点加以构造，形成更高水平的知识结构的信息加工策略。C项，计划策略是指根据认知活动的特定目标，在认知活动开始之前计划完成任务所涉及的各种活动、预计结果、选择策略，设想解决问题的方法，并预估其有效性等。D项，精加工策略是指把新信息与头脑中的旧信息联系起来从而增加新信息意义的深层加工策略。记忆术是精加工策略的一种，即通过把那些枯燥无味但又必须记住的信息“牵强附会”地赋予意义，使记忆过程变得生动有趣，从而提高学习记忆效果的方法。题干中强调对材料赋予特别的意义，故属于精加工策略。

8. C 【解析】本题考查思维的抽象性。思维的抽象性即逻辑性强、善于归纳概括、能深挖事物的本质。题干中强调学生善于归纳，能深知事物的本质，这反映了该学生思维的抽象性较好。

9. B 【解析】本题考查调节不良情绪的方法。自我暗示是运用内部语言或书面语言进行自我调节情绪的方法。故本题选B项。A项，转换认知法是指主动调整认知，换一个角度去重新看待发生的事情，纠正认识上的偏差，可以减弱或消除不良情绪。C项，注意转移法是采取迂回的办法把自己的注意力、情感和精力转移到其他活动上去，使消极的情绪在蔓延之前就被一些因素干扰，不再恶化，朝着良性方面发展。D项，适当宣泄法是指采用一定的方法和方式，把人的情绪体验充分表现出来。注意宣泄方式必须合理、适当，否则会导致消极后果。

10. D 【解析】本题考查先行组织者的应用。先行组织者，即先于某个学习任务本身呈现的引导性学习材料。目的在于把新知识纳入已有的知识结构中，找到支撑点，有助于新知识的理解。题干强调教师给学生提供观念上的支撑点，故运用了先行组织者策略。

二、判断题

1. √ 【解析】本题考查教学过程的双边性规律。学生是学习活动的主人，教学过程中教师的教只有以学生的主动学习为基础，才能取得预期的效果。一般来说，学生的学习主动性、积极性愈大，求知欲、自信心、刻苦性、探索性和创造性愈大，学习效果也愈好。因此，教师要确立“学生学习要靠自己主动学习，他人不能包办代替”的观念。当然，学生主体性的形成和发展，离不开教师的正确引导。教学实质上就是引导学生学。

2. × 【解析】本题考查“隐性课程”概念的提出者。美国著名教育学家、课程论专家杰克逊于1968年出版了《班级生活》一书，他在这本书中首次提出“隐性课程”这一概念。

3. × 【解析】本题考查皮亚杰的道德发展阶段理论。皮亚杰认为，10岁是儿童从他律道德向自律道德转化的分水岭，10岁前儿童对道德行为的思维判断主要依据他人设定的外在标准，也就是他律道德；10岁以后儿童对道德行为的思维判断大多依据自己的内在标准，也就是自律道德。

4. √ 【解析】本题考查影响自我效能感的因素。个人自身行为的成败经验(即直接经验)对自我效能感的影响最大。一般来说，成功经验会提高效能期望，反复的失败会降低效能感。此外，成功经验对效能期待的影响还要取决于个体对成败的归因方式。故题干说法正确。

三、案例分析题(参考答案)

(1)根据案例描述可知，出现课堂失控，教师方面的主要原因有：①教师的教学技能有待提升；②教师的管理方式有待改进；③教师威信不高。

(2)创设良好的课堂气氛可从以下方面入手：

①发挥教师的主导作用。教师在营造良好的课堂氛围的过程中起着主导作用。如果教师能精心组织课堂教学，巧妙把握语言艺术，善于用良好的情绪情感感染学生，处理课堂问题，就更容易创造出良好的课堂氛围。

②尊重学生的主体地位。创造良好的课堂氛围，关键在于教师能否切实调动学生学习的主观能动性，使学生真正成为学习的主体。因此，教师必须调动学生参与的积极性和主动性，让学生保持最佳的学习心态。

③构建和谐的师生关系。课堂中的师生关系，直接影响课堂气氛。建立和谐的课堂人际关系，是创设积极课堂气氛的基础。可以采取以下措施来使师生关系更加和谐：第一，师生民主平等；第二，树立一定的教师威信；第三，教师要关心爱护学生。

四、作文题(参考范文)

教师当严谨治学

曾读过这样一则材料：一位地理老师讲到中国四大海产墨鱼、带鱼、大黄鱼、小黄鱼时，一学生问大小黄鱼的区别，这位教师虽教书多年，却从没有碰到过这类问题，只好回答“不知道”。“不知道”三个字使他如芒在背，查资料，问同事，终于在火车上巧遇一位做水产工作的旅伴，才解决了这个问题。读过这则材料，我感触最深的是这位老师严谨的治学态度。

这位地理老师，对于学生提出的超出地理学科范围的问题，本可以不予理睬，但他出于严谨的治学态度，并没有对这个问题等闲视之，而是“如芒在背”，的确很令人称赞。作为一名教师，面对的是祖国的未来，教师的一个小小的行为，很可能对孩子产生巨大的影响。因此，教师应抱着严谨的态度治学。

放眼古今中外，能够获得成功的人，大多都有着严谨的态度。明朝的李时珍，一生致力于研究中医药，他既不盲从古代文献的记载，也不迷信，凡事都亲自观察、询问、实践。一次，他为研究“仙物”榔梅，冒着从悬崖上摔下来和被官府重罚的危险采到一颗。研究后发现那“仙物”只是很普通的东西，推翻了当时对榔梅的错误看法。他凭着严谨的研究态度，写出了举世闻名的药典《本草纲目》，在世界医学史上留下了灿烂的一页。

有些人，却因缺乏严谨的态度而与成功擦肩而过。大家都知道伦琴发现“X”射线，是由于他抓住阴极射线实验中的异常现象不放，从而荣获了诺贝尔奖。而与他同时期的克鲁克斯和古德斯培德，在几年前曾分别发现过同样的异常现象，但他们并未继续研究下去，使眼看到手的成功化为乌有。此类事例不胜枚举，这些事例充分说明了严谨的态度在科研方面的重要性。

只有治学严谨的教师，才能教出处事严谨的学生。教师职业是神圣的，教师要为祖国培育人才，为社会的发展培养后备力量。因此，教师在教育过程中更应具备严谨的治学与处事态度。

2021 年福建省教师招聘考试真题试卷（三）

一、单项选择题

1. B 【解析】2020 年 5 月 28 日，第十三届全国人民代表大会第三次会议表决通过了《中华人民共和国民法典》，这部法律被称为“社会生活百科全书”，也是新中国第一部以法典形式命名的法律，开创了我国法典编纂立法的先河，具有里程碑意义。

2. A 【解析】在 2020 年 9 月 8 日举行的全国抗击新冠肺炎疫情表彰大会上，为了隆重表彰在抗击新冠肺炎疫情斗争中作出杰出贡献的功勋模范人物，弘扬他们忠诚、担当、奉献的崇高品质，根据第十三届全国人民代表大会常务委员会第二十一次会议的决定，授予钟南山“共和国勋章”，授予张伯礼、张定宇、陈薇“人民英雄”国家荣誉称号。所以本次“共和国勋章”获得者是钟南山。

3. C 【解析】2020 年 12 月 8 日，国家主席习近平同尼泊尔总统班达里互致信函，共同宣布珠穆朗玛峰最新高程为 8848.86 米。

4. D 【解析】2020 年 12 月 17 日凌晨，嫦娥五号返回器携带月球土壤样品成功在内蒙古中部四子王旗预定区域安全着陆。这标志着嫦娥五号任务获得圆满成功。所以，执行本次探月工程任务的是嫦娥五号。

5. B 【解析】2020 年 12 月 17 日晚，我国单独申报的“太极拳”、我国与马来西亚联合申报的“送王船——有关人与海洋可持续联系的仪式及相关实践”两个项目，经联合国教科文组织保护非物质文化遗产政府间委员会评审通过，列入联合国教科文组织人类非物质文化遗产代表作名录。至此，我国共有 42 个非物质文化遗产项目列入联合国教科文组织非物质文化遗产名录（册），居世界第一。故选 B 项。

6. A 【解析】2021 年 1 月 18 日，国家统计局发布的数据显示，初步核算，2020 年全年国内生产总值为 1015986 亿元，按可比价格计算，比上年增长 2.3%。故本题答案选 A 项。

7. D 【解析】根据《中华人民共和国教育法》第十四条规定，国务院和地方各级人民政府根据分级管理、分工负责的原则，领导和管理教育工作。故本题答案选 D 项。

8. C 【解析】《中共中央 国务院关于全面加强新时代大中小学劳动教育的意见》提出，初中要注重围绕增加劳动知识、技能，加强家政学习，开展社区服务，适当参加生产劳动，使学生初步养成认真负责、吃苦耐劳的品质和职业意识。故本题答案选 C 项。

   A 项，小学低年级要注重围绕劳动意识的启蒙，让学生学习日常生活自理，感知劳动乐趣，知道人人都要劳动。

   B 项，小学中高年级要注重围绕卫生、劳动习惯养成，让学生做好个人清洁卫生，主动分担家务，适当参加校内外公益劳动，学会与他人合作劳动，体会到劳动光荣。

   D 项，普通高中要注重围绕丰富职业体验，开展服务性劳动、参加生产劳动，使学生熟练掌握一定劳动技能，理解劳动创造价值，具有劳动自立意识和主动服务他人、服务社会的情怀。

9. B 【解析】中共福建省委、福建省人民政府印发的《关于全面深化新时代教师队伍建设改革的实施意见》中提出，实施“卓越教师培养计划”，分类推进教师培养模式改革，按照幼儿园教师综合培养、小学教师全科型培养、中学教师“一专多能”培养、特殊教育教师复合型培养、职业院校教师“双师型”培养的要求，提高师范生培养质量。故本题答案选 B 项。

10. C 【解析】杨贤江是我国第一位系统传播马克思主义教育思想的教育理论家。他的著作《新教育大纲》是中国现代史上最早的一部系统阐述马克思主义教育原理的著作。

11. A 【解析】有人认为，教育目的由四个层次构成：一是国家或社会所规定的教育总目的；二是各级各类学校的培养目标；三是课程目标；四是教学目标。教育目的的各层次之间的关系是：从教育目的到教学目标是抽象到具体的关系，后者是前者的具体化，只有实现了具体的教学目标，才能达到实现教育的总目的的要求；反过来，从教学目标到教育目的是具体到抽象的关系，上一个层次的教育目标是下一个层次教育目标的依据、任务和方向，对下一个层次目标起制约和指导作用，而课程目标、教学目标又是教育目的、培养目标实现的保障。故 A 项正确。

12. B 【解析】洛克反对天赋观念，提出了“白板说”。他认为人的心灵原来就像一块白板，没有一切特性，没有任何观念，天赋的智能人人平等。

13. A 【解析】操行评定是以教育目的为指导思想，以“学生守则”为基本依据，对学生一个学期内在学习、劳动、生活、品行等方面的小结与评价。题干所述符合操行评定的内涵。

14. C 【解析】1922 年 9 月，教育部在北京专门召开了学制会议，会议对全国教育会联合会所提出的学制系统改革案稍作修改，又交予同年 10 月在济南召开的教育会联合会第八届年会征询意见，最终于 11 月 1 日以大总统令公布了《学校系统改革案》。这就是 1922 年的“新学制”，或称“壬戌学制”，由于采用的是美国式的六三三分段法，又称“六三三学制”。故题干所述为壬戌学制。

15. A 【解析】杜威的理论是现代教育理论的代表，他提出了“新三中心论”，即“儿童中心”“活动中心”“经验中心”。杜威认为，教育即生活，教育即生长，教育即经验的改组或改造，他还提出“从做中学”的观点。故题干所述的教育家为杜威。

16. A 【解析】教育叙事研究是抓住人类经验的故事性特征进行研究并用故事的形式呈现研究结果的一种研究方式。案例研究是围绕某一研究对象或问题，通过系统地收集和整理资料，以获得对该对象或问题的整体性的认识与思考。叙事研究与案例研究的区别在于：虽然它们都以故事的形式呈现，但叙事研究叙述的只有一个完整的故事，是个案；而案例研究是教学的整合，可以在教育叙事的基础上，以某个核心主题为对象，选取若干个有典型意义的、多种角度的教学故事来进行研究、反思和讨论，是综案。题干所述更符合叙事研究的特点。故选 A 项。

17. D 【解析】知觉的选择性是指当面对众多的客体时，知觉系统会自动地将刺激分为对象和背景，并把知觉对象优先地从背景中区分出来。题干中强调用红色粉笔标注重点内容（知觉对象），以引起学生关注，故体现了知觉的选择性特征。

    A 项，知觉的理解性是指人以知识经验为基础对感知的事物加工处理，并用语词加以概括赋予说明的加工过程。

    B 项，知觉的恒常性是指客观事物本身不变，但知觉条件在一定范围内发生变化时，人的知觉映像仍相对不变。

    C 项，知觉的整体性是指人根据自己的知识经验把直接作用于感官的客观事物的多种属性整合为统一整体的过程。

18. B 【解析】理智感是人认识事物和探求真理的需要是否得到满足而产生的主观体验。如发现问题的惊奇感、问题解决的喜悦感、为真理献身的自豪感、问题不解的苦闷感等。故本题答案选 B 项。

    A 项，美感是人们根据一定的审美标准对自然或社会现象及其在艺术上的表现予以评价时所产生的情感体验。

    C 项，道德感是根据一定的道德标准评价人的思想、意图和言行时所产生的主观体验。如爱国主义情感、集体主义情感、责任感、事业心、荣誉感、自尊心等。

    D 项，自我效能感是指人对自己能否成功从事某一成就行为的主观判断。

19. B 【解析】英国心理学家斯皮尔曼首先提出了智力的二因素论。他认为，智力包括两种因素：一般因素（即 G 因素）和特殊因素（即 S 因素）。故答案选 B 项。

    A 项，阜南认为智力结构由四个层次组成。

    C 项，卡特尔按心智能力功能上的差异，将人的智力分为流体智力和晶体智力两种不同的形态。

    D 项，吉尔福特的智力三维结构论认为，智力是一个由不同方式对不同信息进行加工的各种能力的综合系统，是一个包括内容、操作和产品（成果）的三维结构 。

20. B 【解析】需要是有机体感到某种缺乏或不平衡状态而力求获得满足的心理倾向，是有机体自身和外部生活条件的要求在头脑中的反映。故答案选 B 项。

    A 项，能力是直接影响人的活动效率，促使活动顺利完成的个性心理特征。

    C 项，兴趣是人对事物的一种认识倾向，伴随着积极的情绪体验，对个体活动，特别是对个体的认知活动有巨大的推动作用。

    D 项，动机是激发和维持有机体的行动，并使该行动朝向一定目标的心理倾向或内部驱力。

21. D 【解析】积极适应挫折的方法和技术有：(1)理智的压抑。(2)升华。升华泛指心理欲望从社会不可接受的方向转向社会可接受的方向的过程。当一个人意识到自己的某种欲望无法为自己接受，且与社会规范、伦理道德相悖时，为求得心理平衡，将其净化、提高，成为一种高尚的追求。(3)补偿。(4)幽默。(5)合理宣泄。(6)认知重组。

22. C 【解析】勤奋感对自卑感（6 ~ 11 岁）阶段的发展任务是培养勤奋感。在这个时期，多数儿童已进入学校，第一次接受社会赋予他并期望他完成的任务。他们追求任务完成时获得的成就感及由此带来的长辈的认可和赞许。因此，小学儿童人格发展要解决的主要矛盾是勤奋感对自卑感。

    A 项，主动感对内疚感（4 ~ 5 岁）是学前儿童人格发展要解决的主要矛盾。

    B 项，自主感对羞耻感（2 ~ 3 岁）是幼儿人格发展要解决的主要矛盾。

    D 项，自我同一性对角色混乱（12 ~ 18 岁）是青少年人格发展要解决的主要矛盾。

23. D 【解析】一般说来，场依存型学生对人文学科和社会学科更感兴趣，偏好合作学习；而场独立型学生在数学与自然科学方面更擅长，偏向于自主学习。故答案选 D 项。

24. D 【解析】程序性知识即操作性知识，是一种经过学习后自动化了的关于行为步骤的知识，表现为在信息转换活动中进行具体操作。因此，D 项中“根据已知条件，求∠C 的度数”属于程序性知识。陈述性知识也叫描述性知识，是个人能用言语进行直接陈述的知识，主要用于区别和辨别事物，是回答"是什么"和"为什么"的知识，故A、B、C三项属于陈述性知识。

25. C 【解析】顺向迁移是指先前学习对后继学习产生的影响；逆向迁移是指后继学习对先前学习产生的影响。题干中强调后阅读的小说对已学词句的影响，故属于逆向迁移。正迁移也叫"助长性迁移"，是指一种学习对另一种学习的促进作用；负迁移也叫"抑制性迁移"，是指一种学习对另一种学习产生阻碍作用。题干中强调"加深理解"，故属于正迁移。综上所述，本题答案选C项。

二、多项选择题

26. ACD 【解析】《中共中央关于制定国民经济和社会发展第十四个五年规划和二〇三五年远景目标的建议》的逻辑主线是：在全面建成小康社会之后，开启全面建设社会主义现代化国家新征程，要科学把握新发展阶段，深入贯彻新发展理念，加快构建新发展格局，以推动高质量发展为主题，以深化供给侧结构性改革为主线，实现经济行稳致远、社会安定和谐，为全面建设社会主义现代化国家开好局、起好步。简而言之，规划《建议》的核心要义体现在三个"新"上，就是新发展阶段、新发展理念、新发展格局。

27. BC 【解析】根据《中国学生发展核心素养》可知，实践创新主要是学生在日常活动、问题解决、适应挑战等方面所形成的实践能力、创新意识和行为表现。具体包括劳动意识、问题解决、技术应用等基本要点。故答案选B、C两项。A项属于学会学习的核心要点，D项属于健康生活的核心要点。

28. ABD 【解析】根据《中小学教育惩戒规则(试行)》第八条规定，教师在课堂教学、日常管理中，对违规违纪情节较为轻微的学生，可以当场实施以下教育惩戒：(1)点名批评；(2)责令赔礼道歉、做口头或者书面检讨；(3)适当增加额外的教学或者班级公益服务任务；(4)一节课堂教学时间内的教室内站立；(5)课后教导；(6)学校校规校纪或者班规、班级公约规定的其他适当措施。因此，答案选A、B、D三项。而C项属于教师在教育教学管理、实施教育惩戒过程中不得出现的行为，故排除。

29. ABD 【解析】教学是教与学矛盾统一的过程，教和学是互为条件而存在的，又是相互影响、相互促进的。教师和学生是教学活动中的主体，教师是教的主体，在教学活动中起主导作用；学生是学的主体，在教学活动中发挥主体作用。在教学中只有把教师的主导作用与学生的主体作用结合起来，才能很好地完成教学任务。故A、B、D项表述均正确。C项忽视了教师的主导作用，表述错误。

30. BD 【解析】综合课程是指打破传统的分科课程的知识领域，组合两门以上学科领域而构成的一门学科。"科学"课程包含了物理、化学、生物等学科内容，"艺术"课程包含了音乐、美术等学科内容，所以这两门课程都属于综合课程，答案选B、D项。分科课程是指根据学校教育目标、教学规律和一定年龄阶段的学生发展水平，分别从各门学科中选择部分内容，组成各种不同的学科，彼此分立地安排它们的教学顺序、教学时数和期限。我国普通中小学教育大多采用分科课程，A、C项也在这一课程类型之列，故不选。

31. ACD 【解析】古代东西方社会教育的共同特征有：(1)专门的教育机构和专职的教育人员；(2)鲜明的阶级性与严格的等级性；(3)教育内容更加丰富；(4)教育与生产劳动的分离和对立；(5)教育方法崇尚书本、呆读死记、强迫体罚、棍棒纪律；(6)官学和私学并行的教育体制；(7)个别施教或集体个别施教的教学组织形式。故A、C、D项属于古代社会教育的特征。B项属于现代社会教育的特征。

32. ABC 【解析】A项，聚合思维，也叫求同思维、集中思维、辐合思维、会聚思维，是指人们解决问题时，思路集中到一个方向，从而形成唯一的、确定的答案。在解答本题中的问题时，会形成唯一的、确定的答案，因此运用了辐合思维。

B项，抽象逻辑思维是以词为中介来反映现实的思维过程，也叫词的思维或逻辑思维。例如，学生证明某一命题、定理时，要运用数字符号和概念来进行推导和求证。在解答题干中的问题时，会运用字母符号进行推导，故运用了逻辑思维。

C项，分析思维是遵循严密的逻辑程序和规律，逐步推导，然后得出合乎逻辑的正确答案或做出合理结论的思维。在解答题干中的问题时，需要按照逻辑进行逐步推导，故运用了分析思维。

D项，创造性思维是指以新颖、独特的方式来解决问题的思维方式。解答本题中的问题时，由于试题比较简单，运用常用的数学推导方法即可解决，故没有体现创造性思维。

33. ABCD 【解析】A项，气质受生理影响大，性格受社会影响大。因此，气质是先天的，性格是后天的。故A项说法正确。

B项，气质无所谓好坏，性格有优劣之分。故B项说法正确。

C项，不同气质类型的人可以形成相同的性格，相同气质类型的人也可以形成不同的性格。故C项说法正确。

D项，气质影响性格的形成和发展，以及形成的速度。故D项说法正确。

34. AD 【解析】精加工策略是指把新信息与头脑中的旧信息联系起来从而增加新信息意义的深层加工策略。主要有记忆术、做笔记、提问、生成性学习、运用背景知识、联系客观实际等策略。其中，编歌诀法是利用编制歌谣口诀的方式来帮助记忆的方法，属于精加工策略中的记忆术。故A、D两项均属于精加工策略。B项，用表格罗列主要观点属于组织策略；C项，统筹安排学习时间属于资源管理策略中的时间管理策略。

35. AC 【解析】根据皮亚杰的认知发展阶段理论可知，具体运算阶段的认知特点有：(1)去自我中心性(去中心化)；(2)可逆性；(3)守恒；(4)分类；(5)序列化。故答案选A、C两项。B项，假设推理属于形式运算阶段的认知特点；D项，客体永久性属于感知运动阶段的认知特点。

三、填空题

36. 选举	37. 特殊	38. 试用	39. 升学	40. 社会政治经济制度
41. 不平衡性	42. 教学原则	43. 核心(核心队伍)	44. 客观现实	45. 表象
46. 具体化	47. 操作能力	48. 态度	49. 心理自我	50. 定向

四、判断说理题

51. 常言道"教学有法，但无定法"。某教师认为这意味着自己在教学中可以任意采用某一种教学方法。该教师的观点是否正确？请运用教育学知识并结合实际加以说明。

(1)该教师的观点是不正确的。(2)"教学有法，但无定法"的意思是我们的教育教学活动是有规律可遵循、有法则可遵守、有模式可遵照的，是有可以掌握的基本方法、基本规律的。但是教学的模式、方法、技能等不是机械的、教条的，而是灵活多变、富有个性、充满灵性的。教师劳动的创造性要求教师不断更新教学方法，但绝不意味着教师可以任意选择教学方法。在实际教学中，教师要根据教学目的和任务、教学内容的性质和特点、教学对象的实际情况、教师自身素养及所具备的条件、教学方法的类型与功能等因素科学、合理地选择和有效地运用某一种或某几种教学方法。故题干观点错误。

(考生可结合实际加以阐述，言之有理即可)

52. 注意的起伏和注意的分散都是稳定性差的表现。这种说法是否正确？请运用心理学知识加以说明。

(1)这种说法是不正确的。(2)注意的稳定性，是指注意保持在某一对象或某一活动上的时间长短特性。持续时间愈长，注意就愈稳定。注意的分散是指注意离开了当前应当完成的任务而被无关的事物所吸引，这是注意不稳定的表现。而注意的起伏是指短时间内注意周期性地不随意跳跃现象，它是由于人的感受性不能长时间地保持固定的状态，而是间歇性地加强和减弱造成的，这是一种正常的心理现象。因此，只有注意的分散是稳定性差的表现，故本题说法错误。

53. 动机强度与学习效率之间构成线性关系，且与学习任务的难易无关。这种说法是否正确？请运用心理学知识加以说明。

(1)这种说法是不正确的。(2)根据"耶克斯—多德森定律"可知，动机水平和行为效果的关系表现为：①动机的最佳水平随任务性质的不同而不同。在比较容易的任务中，行为效果(工作效率)随动机的提高而上升；随着任务难度的增加，动机的最佳水平有逐渐下降的趋势。②一般来讲，最佳水平为中等强度的动机。③动机水平与行为效果呈倒U型曲线。因此，本题说法错误。

五、材料分析题(参考答案)

54. (1)违法主体是苏奶奶、美容产品店店主和网络直播平台。

①根据《中华人民共和国未成年人保护法》第十六条规定，未成年人的父母或者其他监护人应当履行下列监护职责：为未成年人提供生活、健康、安全等方面的保障；对未成年人进行安全教育，提高未成年人的自我保护意识和能力；保障未成年人休息、娱乐和体育锻炼的时间，引导未成年人进行有益身心健康的活动；等等。材料中，苏奶奶作为苏同学的监护人，在苏同学持续长时间晚归的情况下，没有及时了解真实情况。同时，在向苏同学询问后，苏同学对其撒谎，苏奶奶也没有向学校核实苏同学说明的情况，说明苏奶奶履行监护职责不到位，没有做好家庭保护。

②根据《中华人民共和国未成年人保护法》第六十一条规定，任何组织或者个人不得招用未满十六周岁未成年人，国家另有规定的除外。材料中，美容产品店店主为了营销产品，与正在上初一的苏同学进行签约，付费让其每天直播1小时，因此店主的行为违反了上述规定。

③根据《中华人民共和国未成年人保护法》第七十六条规定，网络直播服务提供者不得为未满十六周岁的未成年人提供网络直播发布者账号注册服务；为年满十六周岁的未成年人提供网络直播发布者账号注册服务时，应当对其身份信息进行认证，并征得其父母或者其他监护人同意。材料中，网络直播平台同意了上初一的苏同学注册直播账号，网络直播平台监管不到位，故违反了上述规定。

(2)周老师践行了自觉爱国守法、关心爱护学生、坚守廉洁自律的职业行为准则。

①自觉爱国守法,要求教师要忠于祖国,忠于人民,恪守宪法原则,遵守法律法规,依法履行教师职责;不得损害国家利益、社会公共利益,或违背社会公序良俗。材料中,周老师自觉遵守法律法规,并依法履行教师应尽的义务,在店主不能认识和改正自身的错误行为时,及时采取法律手段向有关部门举报,这属于自觉爱国守法的体现。

②关心爱护学生,要求教师要严慈相济,诲人不倦,真心关爱学生,严格要求学生,做学生良师益友;不得歧视、侮辱学生,严禁虐待、伤害学生。材料中,周老师关注学生的学习情况,必要时进行家访,并及时制止有害于学生的行为。这属于关心爱护学生的体现。

③坚守廉洁自律,要求教师要严于律己,清廉从教;不得索要、收受学生及家长财物或参加由学生及家长付费的宴请、旅游、娱乐休闲等活动,不得向学生推销图书报刊、教辅材料、社会保险或利用家长资源谋取私利。材料中,面对店主的讨好,周老师不为所动,这属于坚守廉洁自律的体现。

55. (1)徐老师贯彻了如下德育原则:

①疏导原则。疏导原则是指进行德育时要循循善诱、以理服人,从提高学生认识入手,调动学生的主动性,使他们积极向上。材料中,徐老师面对缺乏生活自理技能和生活常识的刘同学,没有直接进行批评教育,而是引导学生帮助他,既让刘同学摆脱了尴尬的局面,又能让他学到生活自理技能和生活常识,这一教育过程贯彻了疏导原则。

②因材施教原则。因材施教原则是指教育者在德育过程中,应根据学生的年龄特征、个性差异以及品德发展现状,采取不同的方法和措施,加强德育的针对性和实效性。材料中,徐老师对刘同学和赵同学在实践基地活动中表现出的不同问题采取了不同的教育方式和措施,贯彻了因材施教原则。

③知行统一原则。知行统一原则是指教育者在进行德育时,既要重视对学生进行系统的思想道德的理论教育,又要重视组织学生参加实践锻炼,把提高认识和行为养成结合起来,使学生做到言行一致。材料中,在发现班级学生不能说出所有蔬菜的名称时,徐老师建议基地辅导员给同学们开设现场讲座,帮助学生认识家乡的农作物,说明徐老师既重视实践锻炼,也重视提高学生的认识水平,贯彻了知行统一原则。

④集体教育和个别教育相结合原则。在德育过程中,教育者要善于组织和教育学生热爱集体,并依靠集体教育每个学生,同时通过对个别学生的教育,来促进集体的形成和发展,从而把集体教育和个别教育有机地结合起来。材料中,针对个别学生缺乏生活常识的情况,徐老师组织全班同学参加讲座,共同学习,贯彻了集体教育和个别教育相结合原则。

⑤尊重信任学生与严格要求学生相结合的原则。在德育过程中,教育者既要尊重信任学生,又要对学生提出严格的要求,把严和爱有机地结合起来,使教育者的合理要求转化为学生的自觉行动。材料中,针对赵同学违反纪律偷带手机的行为,徐老师对她进行了批评教育,体现了徐老师对学生的严格要求;但同时徐老师也肯定了赵同学带手机的初衷,并委以重任,体现了对学生的尊重信任。这一过程贯彻了尊重信任学生与严格要求学生相结合的原则。

⑥依靠积极因素、克服消极因素的原则。在德育工作中,教育者要善于依靠、发扬学生自身的积极因素,调动学生自我教育的积极性,克服消极因素,以达到长善救失的目的。材料中,徐老师充分发挥了赵同学喜欢拍照这一优点,对她进行教育,最终既增强了赵同学的纪律性,也提高了她学习的积极性。徐老师对赵同学的教育贯彻了依靠积极因素、克服消极因素的原则,取得了良好的效果。

(2)徐老师对赵同学的教育运用了以下德育方法:

①说服教育法。说服教育法是通过摆事实、讲道理,使学生提高认识、形成正确观点的方法。材料中,针对赵同学违反纪律偷带手机的行为,徐老师对她进行了批评教育,最终使赵同学认识到了自己的错误,运用了说服教育法。

②品德评价法。品德评价法是通过对学生品德进行肯定或否定的评价而予以激励或抑制,促使其品德健康形成和发展的德育方法。它包括奖励、惩罚、评比和操行评定等。材料中,徐老师对赵同学偷带、偷玩手机的行为进行了批评教育,运用了品德评价法。

③实际锻炼法。实际锻炼法是有目的地组织学生参加各种实际活动,使其在活动中锻炼思想,增长才干,培养优良的思想和行为习惯的德育方法。材料中,徐老师安排赵同学负责基地活动的拍照并且最终成功举办活动成果展,从而使赵同学的纪律性和学习的积极性都明显增强,这一过程运用了实际锻炼法。

56. (1)材料中影响问题解决的因素是问题情境与知识表征方式。问题情境是指问题呈现的知觉方式,知识表征是指信息在人脑中的存储和呈现方式,二者都能影响问题解决。

(2)问题情境与知识表征方式对问题解决的影响有以下几点:①问题情境中问题元素的空间集合方式不同,影响问题解决的难易。②问题情境中提供的条件刺激太多或太少都不利于问题解决,太少可能遗漏信息,太多则会产生干扰。③问题表征的方式与主体的认知结构之间的关系影响问题解决。一般而言,问题表征的方式与主体的认知结构越接近,越利于问题解决;反之,则越难。

材料中第一组的问题描述过于复杂,提供信息过多,对问题解决产生了干扰作用。同时,第二组的问题描述与个人的认知结构更相近。因此,第二组解答问题的正确率和速度均明显优于第一组。

57. (1)"早晨起床后和晚上临睡前记忆效果好"的现象体现了系列位置效应。"早晨起床后和晚上临睡前记忆效果好"是因为只受"单一抑制"的影响,即早晨起床后只受倒摄抑制的影响,不受前摄抑制的影响;晚上临睡前只受前摄抑制的影响,不受倒摄抑制的影响。其中,前摄抑制是先学习的材料对识记和回忆后学习材料的干扰作用;倒摄抑制是后学习的材料对保持和回忆先学习的材料的干扰作用。

(2)存在的问题:

①存在不良情绪和学习动机不足。甲同学有偏科现象,对文科存在畏难心理,平时学习也缺乏主动性,他的不良情绪和动机影响记忆效果。

②识记方法不合理。以理解为基础的意义识记比机械识记的效果好得多。甲同学在复习时总以为"文科就靠背",可以不求甚解。他采用机械识记的方法,从而记忆效果不好。同时,对于形象的知识和抽象的知识采用相同的学习方法,因此难以取得相应的记忆效果。

③复习方法较单一。甲同学在复习时,采用单一的反复识记的方法,这不利于提高记忆效果。

④学习程度不够。甲同学没有进行过度学习,总是刚能背诵就停止学习,因此记忆效果不好。

⑤复习时间不足且复习的内容数量过多。甲同学总是考前"临时抱佛脚",造成复习时间紧、任务重,因此学习效果欠佳。

改善措施:

①在学习时保持积极的情绪状态和适当的动机水平。在学习时,要端正学习态度,培养学习兴趣,积极寻求帮助,克服畏难心理。

②加强对学习内容的理解并将其系统化。在学习时,不死记硬背知识,对于没有明显意义的学习材料,要尽力找出它们之间的联系,甚至人为地加以联系,以帮助识记。

③采用合理的复习方法。在复习时,采用分散复习与集中复习相结合、运用多种感官参与复习、尝试回忆与反复识记相结合等方法,使复习方法多样化,避免复习方法单一,提高记忆效果。

④把握好复习的时间。在学习后要及时复习,即在遗忘开始前就进行复习。同时合理安排复习内容和时间,提高复习效率,不"临时抱佛脚"。

⑤把握好复习的数量,并进行适当的过度学习。每次复习时,学习材料的数量不宜过多,同时使学习的熟练程度达到150%,提高记忆效果。

2021年上半年四川省教师公开招聘考试真题试卷(四)

一、判断题

1. × 【解析】本题考查教育目的与教育方针的概念。教育目的即教育意欲达到的归宿所在或所预期实现的结果。它本身就反映着办教育的主体对教育活动在努力方向、社会倾向性和人的培养规格标准等方面的要求和指向。教育方针是最高国家权力机关根据政治、经济要求,明令颁布实行的一定历史阶段教育工作的总的指导方针或总方向。它反映了一个国家教育的根本性质、总的指导思想和教育工作的总方向等要素,是教育目的的政策性表达,具有政策的规定性,在一定时期内具有必须贯彻的强制性。

2. √ 【解析】本题考查教育对经济的正向功能。现代教育对经济发展的促进功能,主要通过以下两个途径来实现:(1)教育通过劳动力的生产促进经济的发展;(2)教育通过生产科学技术促进经济的发展。

3. × 【解析】本题考查影响学生问题解决的因素。定势(即心向)是指重复先前的操作所引起的一种心理准备状态。在定势的影响下,人们会以某种习惯的方式对刺激情境做出反应。定势对解决问题有积极作用,也有消极作用。因此,题干所述是定势对问题解决的影响。

4. √ 【解析】本题考查教师与学生的相关知识。要成为一位好教师,必须具有理想信念,必须具有专业技能,必须具有仁爱之心。如果说专业技能是教师的智商,那么仁爱之心则是教师的情商。对教师自身而言,人生没有彩排,每一刻都是现场直播。一颗仁爱之心会保证老师良好的生命状态,会确保专业技能的正常发挥。对学生而言,真正的教育不仅发生在课堂上,同时发生在师生交流的任何一个时刻,仁爱之心是生命对生命的灌溉,精神对精神的濡染。(具体内容参看朱永新著的《教育,让梦想成真》)

5. × 【解析】本题考查课程资源的类型。根据课程资源的物理特性和呈现方式,课程资源可分为文字资源、实物资源、活动资源和信息化资源。其中,活动资源内容广泛,包括教师的言语活动和体态语言、班级集体和学生社团的活动、各种集会和文艺演出、社会调查和实践活动,以及师生之间、学生之间的交往,等等。充分开发与利用活动课程资源,有利于打破单一的课堂接受教学模式,使学生在掌握知识的过程中,增进社会适应和社会交往,养成健全的人格。

6. × 【解析】本题考查教师专业发展的取向。一般认为,教师专业发展有三种取向:理智取向、实践—反思取向、文化生态取向。其中,理智取向认为教师要进行有效教学,一是自己要拥有“内容(知识、技能、价值观等)”,二是要有知识和技能帮助学生获得这些“内容”,即教学专业最为基本的两类知识:学科知识和教育知识。实践知识属于实践—反思取向关注的内容。故题干说法错误。

7. × 【解析】本题考查对中小学教师的职业准入标准的理解。中小学教师资格考试标准是教师职业准入的国家标准,是从事中小学和幼儿园教师职业的最基本要求。《中学教师专业标准(试行)》和《小学教师专业标准(试行)》是国家对中学和小学合格教师专业素质的基本要求,是教师培养、准入、培训、考核等工作的重要依据。因此,《中学教师专业标准(试行)》和《小学教师专业标准(试行)》是中小学教师职业准入的重要依据,而不是中小学教师的职业准入标准。

8. × 【解析】本题考查影响个体身心发展的因素。遗传,也叫遗传素质,是指从上一代继承下来的生理解剖上的特点,如机体的形态、结构以及器官和神经系统的特征等。人的发展就是在人类特有的遗传素质基础上展开的。遗传素质是人的身心发展的前提,为人的发展提供了一定条件。但人与人之间的差别并不大,正如马克思所说:“哲学家与搬运夫之间的原始差别要比家犬与猎犬之间的差别小得多。”另外,遗传提供条件是一回事,这些条件在后天是否得以发挥是另外一回事。遗传的缺欠,是可以采取一定形式补救的。可见,任何人的才智都是先天与后天,各种因素综合构成的。遗传素质可以为形成某些智能提供条件,但能否实现这种可能,关键还取决于一个人的努力。遗传不能决定一个人的发展。

9. × 【解析】本题考查小学生攻击行为的差异。有人曾对小学一、二年级的老师做过研究,结果发现,攻击行为常常被认为是典型的男孩行为,依赖行为对两性都不典型,但有依赖性的女孩比有依赖性的男孩更为老师所喜欢。题干表述过于绝对,故本题说法错误。

10. × 【解析】本题考查过度学习的内涵。过度学习是指学习达到恰能背诵之后再继续学习。实验证明:过度学习达到 50%,即学习的熟练程度达到 150%时,学习的效果最好;超过 150%时,效果并不递增,很可能引起厌倦、疲劳而成为无效劳动。故并不是复习次数越多越好。

11. √ 【解析】本题考查习近平总书记关于教育的重要论述。2014 年 9 月 9 日,习近平总书记同北京师范大学师生代表座谈时的讲话中提到:“好老师的道德情操最终要体现到对所从事职业的忠诚和热爱上来。好老师应该执着于教书育人。我们常说干一行爱一行,做老师就要热爱教育工作,不能把教育岗位仅仅作为一个养家糊口的职业。有了为事业奋斗的志向,才能在老师这个岗位上干得有滋有味,干出好成绩。如果身在学校却心在商场或心在官场,在金钱、物欲、名利同人格的较量中把握不住自己,那是当不好老师的。”

12. × 【解析】本题考查维纳的归因理论。根据维纳的归因理论,将成功归于能力,有助于增强个体的自我效能,进而有利于以后的学习;如果将失败归于努力,会有利于维持学生的自信心,并能激发他投入以后的学习中去,以改变其目前境况。因此,学生将考试结果不好归因于自己不够努力,不会降低自我效能感。

13. × 【解析】本题考查注意和心理过程的关系。注意不是一种独立的心理过程,也不属于某一种心理过程,而是伴随各种心理过程存在的特殊心理状态。

14. √ 【解析】本题考查布鲁纳的认知—发现学习理论。布鲁纳的认知—发现学习理论又称认知—结构教学论或认知—发现学习说,这一学说认为学习的实质在于主动形成认知结构。

15. √ 【解析】本题考查皮亚杰的认知发展阶段理论。认知发展处于前运算阶段的儿童认为别人眼中的世界和他所看到的一样,以为世界是为他而存在的,一切都围绕着他转。皮亚杰的“三山实验”证明了儿童的“自我中心性”的思维特征。

16. × 【解析】本题考查理性—情绪疗法。艾利斯提出了解释人的行为的 ABC 理论。其中,A 是指个体遇到的主要事实、行为、事件;B 是指个体对 A 的信念、观点;C 是指事件造成的情绪结果。因此,题干说法错误。

17. √ 【解析】本题考查学困生的内涵。学习困难,又称学习障碍,即学习技能缺乏,指在知识的获取、巩固和应用的过程中缺乏策略和技巧,也就是我们常说的没有掌握学习方法。学困生在获得和运用听、说、读、写、推理、数学运算能力方面表现出一种或一种以上特殊性障碍。因此,某些学困生在阅读方面可能比较落后,但在数学方面有可能高于平均水平。

18. × 【解析】本题考查教育法律规范的种类。根据法律规范的基本职能,法律规范可以分为调整性规范和保障性规范两大类。调整性规范在此是指设立以一定教育权利和义务关系为内容的教育法律关系模式的规范。其主要作用是确立一定的教育关系秩序,使之按照实现一定教育目标的轨道运行。如《教育法》中规定教育制度的规范,明确教育主体权利和义务的规范都是调整性规范。保障性规范是指规定法律责任措施和保护权利措施的规范。从实施角度来看,保障性规范是调整性规范受到相应主体遵守的保证。如《教育法》中对违法责任做出规定的规范,就是保障性规范。因此,题干说法错误。

19. √ 【解析】本题考查教育法律关系的含义。教育法律关系是教育法律规范在调整人们有关教育活动的行为过程中形成的权利和义务关系,是一种特殊的社会关系。在教育领域内,学校与政府、学校与社会、学校与教师、学校与学生的关系因为有相应的法律规定,故皆属于法律关系。题干中的学校聘用了小张并签订了教师聘用合同,因此学校与小张形成了教育法律关系。故题干说法正确。

20. √ 【解析】本题考查教育法规的体系结构。地方性教育法规是地方国家权力机关制定的规范性文件的专称。由省、自治区、直辖市以及省级人民政府所在地的市和经国务院批准的较大的市的人民代表大会及其常务委员会制定。地方性教育法规只在该行政区域内有效,不得同宪法、法律、行政法规相抵触,其名称通常有条例、办法、规定、规则、实施细则等。因此,题干说法正确。

21. × 【解析】本题考查《中华人民共和国教师法》。根据《中华人民共和国教师法》第三十七条规定,教师有下列情形之一的,由所在学校、其他教育机构或者教育行政部门给予行政处分或者解聘:(1)故意不完成教育教学任务给教育教学工作造成损失的;(2)体罚学生,经教育不改的;(3)品行不良、侮辱学生,影响恶劣的。因此,题干说法错误。

22. × 【解析】本题考查《中华人民共和国预防未成年人犯罪法》。根据《中华人民共和国预防未成年人犯罪法》第五十八条规定,刑满释放和接受社区矫正的未成年人,在复学、升学、就业等方面依法享有与其他未成年人同等的权利,任何单位和个人不得歧视。因此,题干描述错误。

23. √ 【解析】本题考查对《新时代中小学教师职业行为十项准则》与《教师法》规定的基本法律义务的关系。教育教学活动是教师职业的基本性活动,甚至可以说是根本性活动,《教师法》在总则第三条明确指出“教师是履行教育教学职责的专业人员,承担教书育人,培养社会主义事业建设者和接班人、提高民族素质的使命”。这一点可以说从法制范畴的角度明确了教师的根本性职责就是教育教学,承担的历史使命是教书育人、为国家培养建设者和接班人。所以,教育教学是教师的本职工作,也是教师职业的基本性义务。同时,《教师法》第八条第二款对此义务进行了更详细的解读和规定,即教师在履行教育教学基本任务时不得有违背国家教育方针的言论和行为,要遵守规章制度,执行学校的教学计划。2018 年 11 月 8 日,教育部发布了关于《新时代中小学教师职业行为十项准则》的通知,也可以看成是对教师义务的进一步补充和细化。其中,明确强调在新的时代背景之下,中小学教师要遵守“坚定政治方向”“潜心教书育人”等准则。在“一、坚定政治方向”中强调中小学教师“不得在教育教学活动中及其他场合有损害党中央权威、违背党的路线方针政策的言行”;在“四、潜心教书育人”中强调“不得违反教学纪律,敷衍教学,或擅自从事影响教育教学本职工作的兼职兼薪行为”。因此,可以说教育教学是教师的本职工作和根本性义务,同时也是教师必须遵循的基本义务。因此,题干表述正确。

24. √ 【解析】本题考查教师职业道德。教师职业道德是教师在从事教育劳动时所应遵循的行为规范和必备的品德的总和,是调节教师与他人、与社会等关系时所必须遵守的基本道德规范和行为准则,以及在此基础上所表现出来的道德观念、情操和品质。它具有特殊的社会地位,是一种崇高的道德,具有很高的社会威望和影响力,对教师自身的道德修养也有很大的感染力和约束力,能有效地调节教师的行为,促使教师自觉地进行道德磨炼,提高自己的道德水平,形成高尚的人格。因此,题干说法正确。

二、单项选择题

1. C 【解析】本题考查习近平总书记关于教育的重要论述。2018 年 5 月 2 日,习近平总书记在北京大学师生座谈会上的讲话中提出:“评价教师队伍素质的第一标准应该是师德师风。师德师风建设应该是每一所学校常抓不懈的工作,既要有严格制度规定,也要有日常教育督导。”

2. C 【解析】本题考查时政知识。

2017 年 1 月,国务院印发《国家教育事业发展“十三五”规划》,指出“以创新、协调、绿色、开放、共享的发展理念统领教育改革发展”。理念是行动的先导。只有牢固树立新发展理念,才能践行以人民为中心的发展思想,真正办好人民满意的教育。坚持以新发展理念引领教育领域综合改革,要求准确把握新发展理念的科学内涵,深刻认识到创新是引领发展的第一动力,协调是持续健康发展的内在要求,绿色是永续发展的必要条件和人民对美好生活追求的重要体现,开放是国家繁荣发展的必由之路,共享是中国特色社会主义的本质要求。要从整体上、从内在联系中把握新发展理念,增强贯彻落实的全面性、系统性,在教育改革发展的理论和实践上有新突破,不断开拓教育领域综合改革的新境界。A 项正确。

党的十九大报告指出:“建设教育强国是中华民族伟大复兴的基础工程,必须把教育事业放在优先位置,深化教育改革,加快教育现代化,办好人民满意的教育。”B 项正确。

2015年5月4日，教育部出台《关于深入推进教育管办评分离 促进政府职能转变的若干意见》中指出："推进管办评分离，构建政府、学校、社会之间新型关系，是全面深化教育领域综合改革的重要内容，是全面推进依法治教的必然要求。改革开放以来，我国教育体制改革不断深化，政府、学校、社会之间关系逐步理顺，但政府管理教育还存在越位、缺位、错位的现象，学校自主发展、自我约束机制尚不健全，社会参与教育治理和评价还不充分。为进一步提高政府效能、激发学校办学活力、调动各方面发展教育事业的积极性，必须深入推进管办评分离，厘清政府、学校、社会之间的权责关系，构建三者之间良性互动机制，促进政府职能转变。"C项错误。

全面深化教育领域综合改革，需要继续坚持教育优先发展战略。习近平总书记在与北京师范大学师生代表座谈时提出了教育事业改革发展的新目标和新要求："坚持科教兴国战略和人才强国战略，坚持把教育放在优先发展的战略位置，继续大力推动教育改革发展，使我国教育越办越好、越办越强。"这一重要论述，指明了我国教育事业改革发展的总方向，就是要从上规模、讲数量向强素质、提质量、促公平转变，进一步满足人民群众对更好教育的强烈期盼。D项正确。

3. D 【解析】本题考查新中国成立以来教育目的的各种表述。

A项。1995年，第八届全国人民代表大会第三次会议通过了《中华人民共和国教育法》，规定："教育必须为社会主义现代化建设服务，必须与生产劳动相结合，培养德、智、体等方面全面发展的社会主义事业的建设者和接班人。"2015年，第十二届全国人民代表大会常务委员会第十八次会议决定将《中华人民共和国教育法》第五条修改为："教育必须为社会主义现代化建设服务、为人民服务，必须与生产劳动和社会实践相结合，培养德、智、体、美等方面全面发展的社会主义建设者和接班人。"2021年，第十三届全国人民代表大会常务委员会第二十八次会议决定将《中华人民共和国教育法》第五条修改为："教育必须为社会主义现代化建设服务、为人民服务，必须与生产劳动和社会实践相结合，培养德智体美劳全面发展的社会主义建设者和接班人。"

B项。1993年，中共中央、国务院印发《中国教育改革和发展纲要》，提出："教育改革和发展的根本目的是提高民族素质，多出人才，出好人才。各级各类学校要认真贯彻'教育必须为社会主义现代化建设服务，必须与生产劳动相结合，培养德、智、体全面发展的建设者和接班人'的方针，努力使教育质量在90年代上一个新台阶。"

C项。1985年，《中共中央关于教育体制改革的决定》指出："教育体制改革的根本目的是提高民族素质，多出人才、出好人才。""所有这些人才，都应该有理想、有道德、有文化、有纪律，热爱社会主义祖国和社会主义事业，具有为国家富强和人民富裕而艰苦奋斗的献身精神，都应该不断追求新知，具有实事求是、独立思考、勇于创造的科学精神。"

D项。1999年，《中共中央国务院关于深化教育改革，全面推进素质教育的决定》提出："实施素质教育，就是全面贯彻党的教育方针，以提高国民素质为根本宗旨，以培养学生的创新精神和实践能力为重点，造就'有理想、有道德、有文化、有纪律'的、德智体美等全面发展的社会主义事业建设者和接班人。"

综上所述，1999年发布的《中共中央国务院关于深化教育改革，全面推进素质教育的决定》是首次将美育纳入教育方针的文件。故本题选D项。

4. D 【解析】本题考查对教育名言的理解。叶圣陶先生曾说过："教育是农业而不是工业。"这句话有两层意思：(1)教育像农业一样需要一个缓慢的过程，需要一个很长的周期，而不像工业一样立竿见影，批量生产；(2)教育像农业一样需要差别化对待，不同农作物对气候、土壤、环境的要求不同。培养学生也是如此，教育的本质是生命自发、个性化的生长，绝不是标准化的工业生产。故本题选D项。

5. D 【解析】本题考查后现代主义课程论的基本观点。多尔在分析和批判泰勒模式的基础上，把他设想的后现代课程标准概括为"4R"，即丰富性、循环性、关联性和严密性。故本题选D项。

6. B 【解析】本题考查教育对文化的正向功能。教育对文化的正向功能包括：(1)教育的文化传承功能。(2)教育的文化选择功能。教育进行文化选择的标准之一是，选择有价值的文化精华，剔除文化糟粕，传播文化中的真善美。(3)教育的文化融合功能。(4)教育的文化创造功能。题干所述意为"取其精华，去其糟粕"，即体现了教育对文化的选择功能。

7. D 【解析】本题考查实用主义教育学的基本观点。实用主义教育学的基本观点之一是，教育即生活，教育的过程与生活的过程是合一的。该观点认为教育是生活的过程，学校是社会生活的一种形式。因此，"教育是学生生活的过程"属于实用主义教育学的观点。

8. C 【解析】本题考查各教育家及其教育思想。

蔡元培比较系统地提出了五育并举的思想，即军国民教育、实利主义教育、公民道德教育、世界观教育和美感教育。故A项正确。

晏阳初被誉为"国际平民教育之父"。他主张乡村平民教育，提出了"四大教育"（文艺教育、生计教育、卫生教育、公民教育）和"三大方式"（学校式、家庭式、社会式）。故B项正确。

苏联教育家赞科夫出版了《教学与发展》一书。他把学生的一般发展作为教学的出发点，提出了发展性教学理论的五条教学原则，即高难度、高速度、理论知识起主导作用、理解学习过程、使所有学生包括"差生"都得到一般发展的原则。教学过程最优化理论是由巴班斯基提出的。故C项错误。

在西方教育史上，裴斯泰洛齐是第一个明确提出"教育心理学化"口号的教育家。所谓"教育心理学化"，就是把教育提高到科学的水平，将教育科学建立在人的心理活动规律的基础上。故D项正确。

9. D 【解析】本题考查建构主义学习理论的相关知识。支架式教学的理论基础是维果茨基的"最近发展区"理论及"辅助学习"思想。建构主义提出的支架式教学体现了以学生为中心的教学原则，教师在教学中的作用就是搭建一个学习的"脚手架"，便于学生一步步攀升，随着学生的进步，支架也逐渐减少。故本题D项符合题意。

10. C 【解析】本题考查孔子的教师观。孔子的教师观的内容包括：学而不厌、温故知新、诲人不倦、以身作则、爱护学生、教学相长。故本题选C项。

11. D 【解析】本题考查教育机会均等的内容。教育机会均等主要包含几个方面：(1)入学机会均等或入学不受歧视；(2)教育过程中机会均等，教育过程中机会均等既包括向学生传授知识的机会均等，也包括向学生分配教育资源的机会均等；(3)取得学业成功的机会均等；(4)不只是在获得知识方面的机会均等，更主要的是使人在获得本领方面的机会均等；(5)回归教育形式中的机会均等；(6)在国际范围内，主要是指富国和穷国之间在教育资源分布、教育设施发展、学业成功率和学业证书价值上的均等。因此，班主任不应该采纳该家长的建议，每个学生都享有教育资源的机会均等，按照分数排座位是不合理的，故答案选D项。

12. A 【解析】本题考查学生群体的相关知识点。非正式群体是指学生自发形成或者组织起来的群体。它包括因兴趣爱好相同，感情融洽，或是邻居、亲友、同学关系而形成的各种学生群体。其成员不稳定，易受外部或内部情况的变化而变化，主要成员的变化（如退出或有新人参与）易导致群体的解体、重组及其性质的变化，故A项说法错误。参照群体是学生个人心目中向往和崇尚的群体。在生活中或心理活动中，每个学生实际上都同时参加若干个正式的与非正式的群体，故B、C两项说法正确。正式群体一般都是根据学校和班级的需要或要求成立的，得到学校、班主任或有关教师的领导。故D项说法正确。因此，答案选A项。

13. D 【解析】本题考查教师的管理类型。教师的管理类型可分为强硬专断型、仁慈专断型、放任自流型以及民主管理型四种。具体如下：

类型	教师的行为特点	学生的典型反应
强硬专断型	对学生严加看管，要求即刻无条件地接受一切命令；很少表扬学生；认为没有教师的监督，学生不可能自觉学习	屈服，不信服、厌恶这种领导；推卸责任；易激怒，不愿合作，可能会在背后伤人；教师一旦离开教室，学习明显松垮
仁慈专断型	不认为自己专断独行；表扬、关心学生；口头禅：我喜欢这样做/你能让我这样做吗；以"我"为班级一切的工作标准	依赖教师，没有多大的创造性；屈从，缺乏个人的发展；班级的工作量可能是多的，而质也可能是好的
放任自流型	认为学生爱怎样就怎样；很难做出决定，对学生的管理没有明确目标；不鼓励学生，也不反对学生；不参加学生的活动，也不提供帮助或方法	道德差，学习也差；有许多"推卸责任""寻找替罪羊""容易激怒"的行为；没有合作，谁也不知道该做些什么
民主管理型	善于和集体共同制订计划和做出决定；在不损害集体的情况下，很乐意给个别学生以帮助、指导；尽可能鼓励集体的活动，给予客观的表扬和批评	喜欢学习，喜欢和别人尤其是教师一道工作；学习的质和量都很高，相互鼓励，且独自承担某些责任；不论教师在不在课堂，要改正的问题很少

综上所述，题干中的班主任属于强硬专断型的领导方式。故本题选D项。

14. D 【解析】本题考查教学评价的基本类型。根据评价采用的标准，可以分为绝对性评价、相对性评价和个体内差异评价。其中，个体内差异评价是对被评价者的过去和现在进行比较，或将评价对象的不同方面进行比较。题干中的小明认为自己这一次的数学考试成绩跟上一次相比有进步，是对自己的过去和现在进行比较，属于个体内差异评价。故本题选D项。

15. A 【解析】本题考查美育的途径。美育的途径有三：第一，通过课堂教学和课外文化艺术活动进行美育；第二，通过大自然进行美育；第三，在日常生活中进行美育。题干中的老师让学生在春游过程中饱览大自然的美景，提高了学生的审美素养，这表明老师是通过大自然进行美育的。故本题选A项。

16. B 【解析】本题考查学生发展的规律。学生发展的阶段性是指，在个体发展的不同阶段，会表现出不同的年龄特征及主要矛盾，面临着不同的发展任务。不同的发展阶段之间是相互关联的，上一阶段影响着下一阶段的发展。学生发展的阶段性要求教师对不同年龄阶段的学生，在教育的内容和方法上应有所不同，而不能搞“一刀切”“一锅煮”。故本题选 B 项。

17. B 【解析】本题考查新课程的基本理念。新课程的基本理念包括：(1) 倡导个性化的知识生成方式。新课程旨在扭转以“知识授受”为特征的教学局面，把转变学生的学习方式作为重要的着眼点，以尊重学生学习方式的独特性和个性化作为基本信条，从而使教、学、师生关系等概念获得了新的含义。(2) 增强课程内容的生活化、综合性。新课程不再是单一的、理论化的、体系化的书本知识，而是向学生呈现人类群体的生活经验，并把它们纳入到学生生活世界中加以组织。课程体系在整体上谋求走向综合化，具体表现为：首先，从小学至高中设置非学科的“综合实践活动”课程，这一课程所坚持的基本理念之一就是反映儿童生活的完整性，克服当前基础教育课程脱离儿童自身生活和社会生活的倾向，帮助学生在生活世界中选择感兴趣的探究主题，过自己的有价值的生活。其次，新课程还设置了许多“综合性学科”，着意推进课程的综合化，对旧有的课程结构进行改造。综合性学科包括 1 - 2 年级的《品德与生活》、3 - 6 年级的《品德与社会》《科学》和《历史与社会》，以及《艺术》课程。这些课程不是按照学科体系的逻辑加以展开的，而是在学科知识和方法基础上进行跨学科的整合，努力软化学科界限，重建学科知识体系。再次，各分科课程都在尝试综合化的改革，强调科学知识同生活世界的交汇，理性认识同感性经验的融合。故本题选 B 项。

18. A 【解析】本题考查加涅的指导学习理论。加涅提出了他的学习过程的八个阶段和相应心理过程的假设。(1) 动机阶段：激发学习者的学习动机；(2) 了解（领会）阶段：注意和选择性知觉；(3) 获得阶段：所学的信息进入短时记忆，并编码和储存；(4) 保持阶段：已编码的信息进入长时记忆储存；(5) 回忆阶段：进行信息的检索；(6) 概括阶段：实现学习的迁移；(7) 操作阶段：反应发生阶段，学生通过作业表现其操作活动；(8) 反馈阶段：证实预期，获得强化。题干中刘老师通过呈现利比亚战争中孩子的照片并引导学生讨论，这激发了学生的学习兴趣和讨论热情，故此时学生的学习处于动机阶段。

19. B 【解析】本题考查对幼儿园教育管理行为的评价。新课程的评价观之一是：重综合评价，关注个体差异，实现评价指标的多元化。某幼儿园按照统一的评价指标对幼儿进行测评，并根据结果将幼儿分成三类。但并未因此对不同的孩子进行不同的教育，没有关注到孩子的个体差异，不利于因材施教。另外，幼儿园对三类幼儿中的前两类给予金额不等的奖励。这种做法可能会打击部分幼儿的自尊心，使部分幼儿产生自卑心理，不利于幼儿的身心健康发展。同时，这种做法还容易产生不当竞争，助长功利化倾向。因此，该幼儿园的考核方式没有做到科学合理，无法激励孩子和家长更好地参与幼儿园的活动。故本题选 B 项。

20. A 【解析】本题考查新课程的教学观。新课程的教学观包括：(1) 全面发展的教学观。(2) 交往与互动的教学观——教学不只是教师教、学生学的过程，更是师生交往、积极互动、共同发展的过程。其中，对教师而言，交往意味着教师角色定位的转换：教师由教学中的主角转向“平等中的首席”，由传统的知识传授者转向现代学生发展的促进者。(3) 开放与生成的教学观——教学不只是课程传递和执行的过程，更是课程创生与开发的过程。故本题选 A 项。

21. B 【解析】本题考查教师专业标准的相关内容。《小学教师专业标准（试行）》和《中学教师专业标准（试行）》中提出了四个基本理念：师德为先、学生为本、能力为重、终身学习。故本题选 B 项。

22. C 【解析】本题考查学习迁移理论。

概括化理论也称经验类化说，由美国心理学家贾德提出，其主要观点是，一个人只要对自己的经验进行了概括，就可以完成从一个情境到另一个情境的迁移。他认为先前的学习之所以能迁移到后来的学习中，是因为在先前学习中获得了一般原理，这种一般原理可以部分或全部地运用于后续的学习中。题干中的同学们通过第一个问题掌握了乘法原理后，可以很快计算出第二个问题的答案，这符合经验类化说的观点。故选择 C 项。

相同要素说认为，迁移是非常具体的、有条件的，需要有共同的要素。A 项不符合题意。

形式训练说认为心理官能只有通过训练才能得以发展，迁移就是心理官能得到训练而发展的结果，迁移是无条件的、自发的。B 项不符合题意。

关系转换说（关系顿悟说）认为，迁移是学习者突然发现两个学习经验之间关系的结果，是对情境中各种关系的理解和顿悟，而非由于具有共同成分或原理自动产生。D 项不符合题意。

方法技巧：理解学习迁移理论可从以下方面着手：形式训练说强调心理官能的训练；相同要素说强调相同的要素；经验类化说强调对经验、原理的概括；关系转换说强调对关系的理解和顿悟。

23. D 【解析】本题考查加里培林的智力技能形成阶段。加里培林把智力技能的形成过程分为以下五个阶段：(1) 活动的定向阶段。这是个准备阶段，就是要了解、熟悉活动任务，使学生知道做什么和怎么做，从而在头脑里建立起活动的定向映象。(2) 物质活动或物质化活动阶段。即借助于实物或实物的模型、图表、标本等进行学习。物质活动是指运用实物而言。儿童学数数最先总是用实物，数实物，就是运用实物的物质活动。(3) 出声的外部言语活动阶段。这一阶段是外部的物质与物质化活动向智力活动转化的开始，此时智力活动已经摆脱了实物或实物的替代物，而代之以外部言语为支持物。例如，小学生的朗读、口算就属于这个阶段的智力技能的表现。(4) 无声的外部言语活动阶段。该阶段的特点是智力活动以不出声的外部言语来进行。例如，小学生的默读、心算。(5) 内部言语活动阶段。这是智力技能形成的最后阶段。其主要特点是智力技能活动的简化、压缩和自动化。因此，能够“默读”的学生处于无声的外部言语活动阶段。

24. B 【解析】本题考查认知风格的测验方法。场依存型与场独立型的测验方法主要有三种：(1) 身体顺应测验；(2) 棒框测验；(3) 镶嵌图形测验。其中，镶嵌图形测验是一种纸笔测验，要求被试在一个较大的复杂图形或场中找出一个隐藏的简单图形。场独立型的人比场依存型的人容易分离出简单图形。

25. D 【解析】本题考查德育原则。依靠积极因素，克服消极因素的原则（长善救失原则）是指，在德育工作中，教育者要善于依靠、发扬学生自身的积极因素，调动学生自我教育的积极性，克服消极因素，以达到长善救失的目的。贯彻这一原则的要求之一是，教育者要用一分为二的观点，全面分析，客观地评价学生的优点和不足。题干中既阐明了冬冬的优点，也表明了冬冬的缺点。因此，张老师应该发扬冬冬的积极因素，克服冬冬的消极因素，即采用依靠积极因素，克服消极因素的德育原则。

26. D 【解析】本题考查皮亚杰的道德发展理论。皮亚杰把儿童的品德发展划分为以下四个阶段：(1) 自我中心阶段（前道德阶段）；(2) 权威阶段（他律道德阶段或道德实在论阶段）；(3) 可逆性阶段（自律或合作道德阶段）；(4) 公正阶段。其中，自我中心阶段是从儿童能够接受外界的准则开始的。例如，儿童在打弹珠游戏中总是自己玩自己的，按照自己的想象去执行规则。这是因为儿童还不能把自己同外在环境区别开来，而把外在环境看作是他自身的延伸。规则对于他来说，还不具有约束力。题干中，丽丽不遵守事先说好的游戏规则，按照自己的想象去执行规则，这说明游戏规则对于她来说，还不具有约束力。因此，丽丽的品德发展处于自我中心阶段。故答案选 D 项。

27. C 【解析】本题考查回忆的种类。无意回忆是指没有预定目的，也不需要任何意志努力的回忆，如触景生情或偶然想起了一件往事。有意回忆是指有回忆任务、并做一定的意志努力、自觉追忆以往经验的回忆。直接回忆是指由当前事物直接唤起旧经验的重现，如对熟记的外语单词的回忆。间接回忆是指通过一系列中间环节或中介性的联想才能达到要回忆的旧经验，如根据一些提示和推断回想起钥匙所遗落的地方。触景生情是由当前事物直接唤起旧经验的重现。因此，“触景生情”属于无意回忆和直接回忆。

28. D 【解析】本题考查学习策略的分类。记忆术即通过把那些枯燥无味但又必须记住的信息“牵强附会”地赋予意义，使记忆过程变得生动有趣，从而提高学习记忆效果的方法。题干中，化学老师将化学学科用语填进《青花瓷》歌曲中，帮助学生理解记忆，正是运用了精加工策略中的记忆术。答案选 D 项。

29. B 【解析】本题考查注意的分类。无意注意也称不随意注意，是没有预定目的、无需意志努力、不由自主地对一定事物所发生的注意。题干中学生对老师的新发型的注意是没有预定目的、无需意志努力、不由自主的，故属于无意注意。答案选 B 项。

30. A 【解析】本题考查学习理论的相关知识。行为主义心理学家斯金纳提出了操作性条件作用理论。操作性条件作用的基本规律有：强化、逃避条件作用与回避条件作用、消退、惩罚。斯金纳还提出了程序教学，程序教学的原则有：小步子原则、积极反应原则、自定步调原则、及时反馈原则和低错误率原则。故题干中强调要及时反馈和强化的心理学家是斯金纳。选项 A 符合题意。加德纳提出了多元智力理论，布鲁纳提出了认知—发现学习说，罗杰斯提出了以学生为中心的主张，突出学习者在教学过程中的中心地位。故 B、C、D 三项均不符合题意。

31. B 【解析】本题考查我国学校德育内容。根据 1988 年、1994 年和 1996 年中共中央颁布的有关决定，我国学校德育内容主要有政治教育、思想教育、道德教育和心理健康教育（也有说法认为，我国学校德育内容主要有政治教育、思想教育、道德教育、法制教育和心理健康教育）。其中，思想教育是有关人生观、世界观以及相应思想观念方面的教育，包括辩证唯物主义和历史唯物主义世界观和人生观教育、革命理想和革命传统教育、劳动教育、自觉纪律教育。我国中小学思想教育的目的在于引导学生逐步理解和领会世界、社会与人生的丰富性与复杂性，教导学生学会思考，逐步形成科学的世界观、正确的人生观和价值观。故本题选 B 项。

32. A 【解析】本题考查皮亚杰的认知发展阶段理论。皮亚杰将个体的认知发展分为以下四个阶段：感知运动阶段（0 ~ 2 岁），前运算阶段（2 ~ 7 岁），具体运算阶段（7 ~ 11 岁），形式运算阶段（11 岁 ~ 成人）。小学三年级的学生处于具体运算阶段。具体运算阶段具有的特征为：去自我中心、可逆性、守恒、分类和序列化（传递性推理）。其中序列化是指能够根据大小、体积、重量或其他的一些特性对一系列要素进行心理上的排序。选项 C 体现了序列化的特点。守恒是指儿童认识到客体在外形上发生了变化，但特有的属性不变。选项 D 体现了守恒。传递性推理是指对元素排列次序关系的一种推理，比如，由 A > B，B > C，推理 A > C。它是儿童逻辑推理能力的核心。选项 B 体现了传递性推理。故 B、C、D 三项均可以出现在小学三年级学生的身上。形式运算阶段的儿童能够运用假设—演绎推理的方式来解决问题。选项 A 体现了假设—演绎推理能力，故不可能出现在小学三年级的学生身上，故答案选 A。

33. B 【解析】本题考查陈述性知识和程序性知识的区别。(1)陈述性知识可用来区别和辨别事物，具有静态性，程序性知识与实践操作联系密切，具有动态的性质。故 C 选项说法正确。(2)从测量方式看，陈述性知识可以通过“陈述”或“告诉”的方式加以测量；而程序性知识往往只能通过观察个体的行为间接测量。(3)从表征方式上看，陈述性知识主要以命题、命题网络、表象等形式在头脑中得到表征；而程序性知识则主要以产生式和产生式系统等形式来表征。(4)从意识控制角度看，陈述性知识的激活速度一般较慢，其提取往往是一个有意识的搜寻过程，要求有较好的意识控制；而程序性知识的激活速度较快，能相互激活，一旦启动之后，意识控制程度的要求很低，特别是当某项操作达到自动化水平之后更是如此。故 D 选项说法正确。(5)从习得与遗忘速度看，由于陈述性知识习得的速度较快，有可能在较短的时间内有较多的积累，但遗忘也快。而程序性知识的学习速度相对较慢，常常需要过度学习，要通过大量练习后才能熟练掌握，但遗忘较慢，有些技能甚至能终生不忘。故选项 B 说法错误。(6)从获得后的修改或调整看，获得之后，要对陈述性知识进行调整或修改的话，比较容易；而要对程序性知识进行修改，具有很大的难度。故选项 A 说法正确。

34. D 【解析】本题考查认知失调理论的运用。勒温、皮亚杰、费斯廷格和海德等人的研究都表明，人类具有一种维持平衡和一致性的需要，即力求维持自己的观点、信念的一致，以保持心理平衡。当认知不平衡或不协调时，如新出现的事物与自己原有的经验不一致，或者自己的观点与他人的、社会的观点或风气不一致等，这时内心就会有不愉快或紧张的感受，个体就试图通过改变自己的观点或信念，以达到新的平衡。可以说，认知失调是态度改变的先决条件。题干中学生对学习的态度是不认真的，此时如果让学生认识到学习不认真对自己的危害，则新出现的事物(不认真学习的危害)就会与其原先的观点不一致，会促使其改变自己原有的不认真学习的态度，故选项 D 符合题意。

35. A 【解析】本题考查学校心理健康教育主题选择的依据。选择心理辅导内容时须做到四个考虑：(1)考虑学生成长过程中必然遇到的问题，即以学生心理发展中的问题为主线。故 C 项说法正确。(2)考虑不同年龄阶段的学生心理发展的特点，即对不同年龄阶段的学生有不同的辅导重点。故 D 项说法正确。(3)考虑学校对学生教育的整体规划的需要，即要结合学校德育工作来安排。(4)考虑学生所处的环境和他们的实际需要，即根据学生的生活环境和他们所关心的热点问题来安排。故 B 项说法正确。本题为选非题，故答案选 A 项。

36. B 【解析】本题考查教育法律责任的分类。根据违法主体的法律地位、违法行为的性质和危害程度的不同，教育法律责任主要可分为：行政法律责任、民事法律责任和刑事法律责任三种。在特定情况下还可以追究违宪责任。其中，民事法律责任是指由于实施民事违法行为所导致的赔偿或补偿的法律责任，简称民事责任。民事责任的特点表现为：(1)民事责任基于民事违法行为而产生。(2)民事责任主要是财产责任。(3)一定条件下，民事责任可以由当事人协商解决。违法者一般应主动承担，拒不履行时，才由受害人请求人民法院裁决。(4)民事责任既有个人责任，也有连带责任或由相关人负替代责任。

37. D 【解析】本题考查教育行政救济的途径。教育法律救济的途径主要通过三种方式来实现：(1)诉讼方式(司法救济方式)。包括民事诉讼、行政诉讼和刑事诉讼。凡符合民事诉讼法、刑事诉讼法、行政诉讼法受案范围的，都可以通过诉讼的途径获得法律救济。(2)行政方式(行政救济方式)。包括行政申诉、行政复议、行政赔偿。行政申诉包括教育行政人员的一般申诉、教师申诉、学生申诉等。(3)其他方式。主要指通过教育组织内部或机构以及其他民间渠道来实施法律救济。如仲裁和调节等。故答案选 D 项。

38. D 【解析】本题考查教育法规的效力。教育法规的效力主要有以下四种：(1)形式效力；(2)时间效力；(3)地域效力(空间效力)；(4)对人的效力。其中，教育法规对人的效力是指教育法规对什么人有约束力。这里的“人”指法律关系主体，包括自然人和法人，也包括国际组织和国家。《中学生日常行为规范》《小学生守则》只适用于中、小学生，《中等专业学校教师职务试行条例》只适用于中等专业学校的教师。这体现的是教育法规实施的对人的效力。因此，答案选 D 项。

39. C 【解析】本题考查教育法规的体系结构。由于制定机关的性质和法律地位不同，上下层次的教育法规之间具有从属关系。我国教育法律体系的纵向结构为：(1)我国《宪法》中有关教育的条款；(2)教育基本法律，如《中华人民共和国教育法》；(3)教育单行法律，如《中华人民共和国教师法》；(4)教育行政法规，如《教师资格条例》；(5)地方性教育法规；(6)教育规章，如《中小学教育惩戒规则(试行)》。因此，答案选 C 项。

40. A 【解析】本题考查公民受教育权的时间起点。受教育权作为一项基本人权，是一个人生而有之、终身享有的权利，始于出生，贯穿于婴幼儿、青少年、中年、老年各个时期，直至死亡。因此，答案选 A 项。

41. B 【解析】本题考查教育法律权利的表现形式。教育法律权利通常表现为三种形式：行为权、要求权和请求权。(1)行为权是指教育法律关系的主体为或不为一定行为的权利。(2)要求权是指教育法律关系主体要求义务人做出或者不做出某种行为的权利。这种权利设置的意义在于，保证权利人要求义务人停止侵害自己的利益，或者要求负有积极义务的义务人做出积极行为以满足权利人的利益要求。(3)请求权是指教育法律关系主体在法律权利受到侵害时，诉请提供保护的权利。题干所述为要求权，故答案选 B 项。

42. C 【解析】本题考查教育法规的相关知识点。

行政诉讼的受理机关是人民法院。故 A 项说法正确。

教育法律责任主要可分为：行政法律责任、民事法律责任和刑事法律责任三种。在特定情况下还可以追究违宪责任。故 B 项说法正确。

教育法律关系的主体是指教育法律关系的参加者，也就是在具体的教育法律关系中享有权利并承担义务的人和组织。我国教育法律关系的主体可分为三类：公民(自然人)、机构和组织(法人)、国家。教育法律关系的客体是教育法律主体权利与义务所指向的对象，如物质财富、非物质财富、行为。学生权利受侵害时，学生可作为教育法律关系的主体提起申诉。C 项说法错误。

根据 2012 年修正的《中华人民共和国未成年人保护法》第六十九条规定，侵犯未成年人隐私，构成违反治安管理行为的，由公安机关依法给予行政处罚。故 D 项说法正确。

43. A 【解析】本题考查教育法律基础知识。

教育权利法律救济是指教育法律关系当中的主体权益受到侵害时，使自己的权利得到恢复和补救的法律制度。教师和学生都是教育法律关系的主体，其合法权益受到侵犯时可提出申诉。教师申诉制度和学生申诉制度都是权利救济制度。因此 A 项正确。

根据《中华人民共和国教师法》第三十九条规定，教师对学校或者其他教育机构侵犯其合法权益的，或者对学校或者其他教育机构作出的处理不服的，可以向教育行政部门提出申诉，教育行政部门应当在接到申诉的三十日内，作出处理。教师认为当地人民政府有关行政部门侵犯其根据本法规定享有的权利的，可以向同级人民政府或者上一级人民政府有关部门提出申诉，同级人民政府或者上一级人民政府有关部门应当作出处理。因此 B 项错误。

教师申诉应当以书面形式提出，但受教育者提出申诉可以以口头或书面形式。因此 C 项错误。

教师申诉的申诉人必须是教师本人，而受教育者由于有成年学生与未成年学生之分，故提起申诉的人可以是受教育者本人，也可以是未成年学生的监护人。因此 D 项错误。

44. B 【解析】本题考查 2008 年修订的《中小学教师职业道德规范》的内容。2008 年修订的《中小学教师职业道德规范》中关于“终身学习”方面所规定的具体职业行为要求之一是，崇尚科学精神，树立终身学习理念，拓宽知识视野，更新知识结构。题干引文的意思是：没有一件事不应该学习，没有一个时刻不应该学习，没有一个地方不应该学习。好学者事事、时时、处处都应该学习。这句话体现了教师要树立终身学习理念。故本题选 B 项。

45. B 【解析】本题考查对“立德树人”的理解。“立德树人”具有三个层面的深刻含义：一是立德树人揭示了教育的本质，是对教育本质的最新认识。二是立德树人揭示了德育在人的全面发展中的突出地位，强调促进人的德性成长是教育的首要任务。三是立德树人揭示了道德发展与人的全面发展的辩证关系，强调德性成长是人的全面发展的根本保障，体现了党对教育规律的深刻认识。故本题选 B 项。

三、多项选择题

1. BCDE 【解析】本题考查习近平总书记关于教育的重要论述。2016 年 9 月 9 日，习近平总书记在北京市八一学校考察时的讲话中提出：“广大教师要做学生锤炼品格的引路人，做学生学习知识的引路人，做学生创新思维的引路人，做学生奉献祖国的引路人。”故本题选 B、C、D、E 四项。

方法技巧：考生在做此类试题时，可以提取这四个“引路人”的关键字进行记忆，即练(炼)习卫(维)国。

2. ABCDE 【解析】本题考查课程类型。

活动课程亦称经验课程，是指围绕着学生的需要和兴趣、以活动为组织方式的课程形态，即以学生的主体性活动经验为中心组织的课程。其主导价值在于使学生获得关于现实世界的直接经验和真切体验。题干中的“实地考察”“做成标本”“写生”等活动均属于学生通过亲身体验获得直接经验，就体现了阳光小学实施了活动课程。

显性课程表现为课程方案中明确列出和有专门要求的课程。而隐性课程(也称潜在课程、隐蔽课程)则是以内隐的、间接的方式呈现的课程，是学生在显性课程以外所获得的所有学校教育的经验，不作为获得特定教育学历或资格证书的必备条件。显性课程的实施总是伴随着隐性课程，而隐性课程也总是蕴藏在显性课程的实施与评价过程之中的。题干中体现出的生物、语文、美术课程就属于显性课程。另外，学校围绕“莲文化”主题进行校园文化建设，老师让学生到莲花湖写生,学生背诵有关诗歌等这些过程中就体现了阳光小学实施了隐性课程。

学校课程即校本课程,是学校在确保国家课程和地方课程有效实施的前提下,针对学生的兴趣和需要,结合学校的传统和优势以及办学理念,充分利用学校和社区的课程资源,自主开发或选用的课程。题干中,阳光小学结合学校的办学理念,充分利用学校周边的环境资源,自主开发了校本教材,组织了综合实践活动等就体现了阳光小学实施了校本课程。

核心课程要求围绕一个核心组织教学内容和教学活动。题干中,阳光小学围绕"莲文化"主题进行校园文化建设,组织教学内容和教学活动,这就体现了阳光小学实施了核心课程。

综上所述,阳光小学实施的课程类型有活动课程、显性课程、隐性课程、校本课程和核心课程。故本题全选。

3. BD 【解析】本题考查教育目的与教育方针的区别。从教育目的与教育方针的区别来看,一方面教育方针所含的内容比教育目的的内容更多些。教育目的一般只包括"为谁培养人""培养什么样的人"的问题;而教育方针除此之外,还含有"怎样培养人"的问题和教育事业发展的基本原则。另一方面教育目的在对人培养的质量规格方面要求较为明确,而教育方针则在"办什么样的教育""怎样办教育"方面更为突出。故本题选 B、D 两项。

4. BE 【解析】本题考查对教师教学的评价。

根据现代教学理论的研究,教学可分为三种水平:记忆水平、理解水平和探索水平。其中,记忆水平是一种低水平的教学。其主要特点是:教师照本宣科、一味灌输,不会引导启发,学生则停滞在机械掌握、一知半解上,不能保证教学质量。主因是教师水平太低,对教材未能很好地掌握,教学又不得法。题干中的万老师一方面介绍了古诗作者,开拓了学生视野;另一方面,万老师没有把握教学重点,没有从古诗所表达的情感方面启迪学生。因此,根据题干表述,无法判断万老师的教学处于何种水平。A 项不选。

万老师用大半的时间介绍古诗作者,用少量时间讲解古诗内容,这说明万老师没有抓住教学重点。而且课堂导入应尽量做到简练省时,力争用最少的话语、最短的时间导入新课,引出新的教学内容。一般而言,导入的时间以 3 ~ 5 分钟为宜。这说明万老师课堂导入时间分配不合理。万老师在整堂课中以讲为中心,没有体现学生在课堂上的主体地位。这些都说明了万老师教学时间分配不合理。B 项正确。

读书指导法是指教师指导学生通过阅读教科书和其他参考书,以获得知识、巩固知识、培养学生自学能力的一种方法。运用读书指导法的基本要求包括:教师要提出明确的目的、要求和思考题;教会学生使用工具书;帮助学生逐步学会阅读的方法;用多种方式指导学生阅读。题干中的万老师在课堂上以讲为主,主要采用了讲授法,无法体现其运用了读书指导法。C 项不选。

"自我更新"取向的教师专业发展阶段论认为教师专业发展分为"非关注"阶段、"虚拟关注"阶段、"生存关注"阶段、"任务关注"阶段、"自我更新关注"阶段五个阶段。其中,"任务关注"阶段的教师的主要特征是:随着教学基本"生存"知识、技能的掌握,自信心日益增强,由关注自我的生存转到更多地关注教学,由关注"我能行吗"转到关注"我怎样才能行"。根据题干表述,无法判断万老师的专业发展处于何种阶段。D 项不选。

对小学生的教育要以小学生的认知发展水平和特点为基础,要照顾到他们的年龄特征。小学生记忆的主要方式是形象记忆,并且小学生的注意力容易分散,而万老师的授课方式没有考虑到小学生的这些特点,没有采取适合小学生的教学方式。这表明万老师对教学对象的认知特点把握不准确。E 项正确。

综上所述,本题选 B、E 两项。

5. ACE 【解析】本题考查协同教学。协同教学是哈佛大学倡导的教学管理组织形式,其重点是从小学阶段开始就将教师和儿童从固定的班级中解放出来,采取较有弹性的教学组织。将儿童按不同学科分为大组与小组,大组可以采取讲课式的同步教学,小组可以彻底地实施个别教学。这样既可以发挥教师的专长,又可以唤起儿童的学习动机,为充实和提高教学活动奠定基础。故 A、C、E 三项正确。特朗普制试图把大班上课、小班讨论和个人独立研究结合在一起,并采用灵活的时间单位代替固定划一的上课时间,以大约 20 分钟为计算课时的单位。故 B、D 两项描述的是特朗普制。

6. CD 【解析】本题考查负强化的运用。负强化也称消极强化,是通过消除或中止厌恶、不愉快刺激来增强反应频率。惩罚是指当有机体做出某种反应以后,呈现一个厌恶刺激,以消除或抑制此反应的过程。故 C、D 两项属于负强化,A、B、E 三项属于惩罚。

易错警示:考生易混淆负强化和惩罚的内涵。在做题时,考生应注意:负强化的本质是通过厌恶刺激的排除来增加反应频率,而惩罚则是通过厌恶刺激的呈现来降低反应频率。

7. ABCE 【解析】本题考查物质奖励与学习动机的关系。自我决定论的提出者德西等人的经典实验说明了内在动机与外在动机是一种此消彼长的关系,外在激励会损害个体已有的内在动机,将个体的注意力引向外在价值,而忽略了过程本身的体验与感受。故 A、B、C 三项说法正确。D 项表述不严谨。动机可以是内部动机,也可以是外部动机。物质奖励可以激发学生的动机,但当奖励是实物性的、预期的(事先允诺的)且与表现水平的高低没有密切联系时,对个体有浓厚兴趣的活动进行奖励会削弱内部动机。故 D 项说法错误。奖励要以精神奖励为主,物质奖励为辅,故 E 项说法正确。

8. ACE 【解析】本题考查托尔曼的符号学习理论。托尔曼是一位受格式塔学派影响的行为主义者,他的动物方位学习迷宫实验揭示了:(1)学习是对完形的认知,是形成认知地图的过程。托尔曼主张将行为主义 S – R 公式改为 S – O – R 公式,O 代表机体的内部变化。即学习结果并不是 S – R 的直接联结,而是有机体内部变化的中介变量的作用。(2)潜伏学习的存在,潜伏学习是指动物在没有强化的条件下学习也会发生,只不过结果不太明显,是"潜伏"的。一旦受到强化,具备了操作的动机,这种结果才通过操作而明显地表现出来。也就是未受奖励的学习期间,其认知结构也会发生变化。故选项 A、C、E 三项符合题意。

9. ABD 【解析】本题考查中学生异性交往的教育。对异性交往的认识和态度是帮助青少年建立正常异性关系的前提。(1)作为教师必须树立起异性交往是正常的、必然的这一观念,不向异性交往者投去异样的目光。要理解和尊重学生的情感,通过谈心等方式,引导他们树立正确的情感倾向和异性交往模式。(2)家长和社会要正确看待青少年男女之间的交往,提倡男女生之间进行正常的交往。这既有利于减轻青少年对异性的神秘感和促进异性交往的公开化,也有利于教师和家长对青少年异性交往的正确引导和及时监管。(3)要加强青春期教育,开设青春期课程,树立全面教育观,创设宽松的氛围,为学生提供一个思维活跃、心理健康的空间。(4)采用适当的方式引导青少年进行异性交往,如通过主题班会、文体娱乐、郊游等活动,结合异性正常交往的原则及时给予学生指导,也可通过个别谈话、小组讨论和团体辅导等向学生说明早恋等不适当的异性交往的危害。而对于写黑板和传小道消息的学生也应进行适当的批评教育。因此,答案选 A、B、D 三项。

10. AB 【解析】本题考查学生伤害事故的责任承担者。根据《学生伤害事故处理办法》第九条规定,学校的校舍、场地、其他公共设施,以及学校提供给学生使用的学具、教育教学和生活设施、设备不符合国家规定的标准,或者有明显不安全因素的,学校应当依法承担相应的责任。因此,在此事故中,学校应该承担责任。刘同学是造成李同学受伤的直接原因,刘同学是限制民事行为能力人,《婚姻法》规定:未成年人对国家、集体或他人造成损害时,父母有赔偿经济损失的义务。因此,刘同学的父母虽然不在事故现场,但仍需承担法律责任。总之,刘同学的父母和学校都应承担法律责任,李同学的经济损失由刘同学的父母和学校共同承担。

四、案例分析题

1. BCE 【解析】本题考查建构主义学习理论。程序教学是一种个别化的教学形式,斯金纳将要学习的大问题分解为一系列小问题,并将其按一定的程序编排和呈现给学生,要求学生学习并回答问题,学生回答问题后及时得到反馈信息。程序教学的基本原理是采用连续接近法,通过设计好的程序不断强化,使学生形成教育者希望的行为模式。其理论基础是行为主义。抛锚式教学要求建立在有感染力的真实事件或真实问题的基础上,所以有时也被称为"实例式教学"或"基于问题的教学",其理论基础是建构主义。该教学设计中教师的教学活动是基于问题的教学,故 B 项符合题意,选项 A、D 两项不符合题意。该教学设计中,既有学生的自主实验与观察探究,也有小组讨论,故 C 项符合题意。该教学设计中,通过教师的问题可以引导学生思考,并且该设计突出了学生的思考、讨论与探究,故 E 项符合题意。

2. CDE 【解析】本题考查建构主义学习理论。该案例中的老师的教学设计是基于建构主义的教育思想。建构主义认为,学习者的知识是在一定情境下,借助于他人的帮助,通过意义的建构而获得的。建构主义非常强调学习者本身已有的经验结构,认为学习者在学习新信息、解决新问题时往往可以基于相关的经验,依靠其认知能力形成对问题的解释。建构主义更愿意把教师看成是学生学习的帮助者、合作者。建构主义认为教学不是由教师到学生的简单的转移和传递,而是在师生的共同活动中,教师通过提供帮助和支持,引导学生从原有的知识经验中"生长"出新的知识经验。故 C、D、E 三项表述正确,A、B 两项表述不正确。

3. ABD 【解析】本题考查对教育教学活动的分析。

附属内驱力是指个体为了获得长者们(如家长、教师)的赞许或认可而表现出把工作、学习做好的一种需要。案例中,宁宁获得了老师的表扬,这提高了她的附属内驱力。故 A 项说法正确。

学习迁移也称训练迁移,是指一种学习对另一种学习的影响,或习得的经验对完成其他活动的影响。迁移是学习的一种普遍现象,广泛存在于各种知识、技能、行为规范与态度的学习中。案例中宁宁在获得同学们的掌声后,主动向老师提交了字迹工整的作文,这是态度迁移的结果。故 B 项说法正确。

一般来说,完整的课程目标体系包括三类:(1)结果性目标。即明确告诉人们学生的学习结果是什么。这类课程目标主要应用于"知识"领域。(2)体验性目标。即描述学生自己的心理感受、情绪体验应达成的目标。这类课程目标主要应用于各种"过程"领域。(3)表现性目标。即明确安排学生各种各样的个性化的发展机会和发展程度。这类课程目标主要适用于各种"制作"领域。案例中的老师针对宁宁的问题，调整了教学内容，通过在课堂上朗读宁宁摘抄的作文，鼓励宁宁的做法，让宁宁主动认识到自己的问题，并加以改正。这并没有体现老师注重结果性教学目标。故C项说法错误。

个人自身行为的成败经验对自我效能感的影响最大。一般来说，成功经验会提高效能期望，反复的失败会降低效能感。宁宁以前的经验降低了其自我效能感。故D项说法正确。

根据维纳的归因理论，能力属于内部、稳定、不可控的因素，宁宁认为自己"不是学语文的料"，属于能力归因。故E项说法错误。

4. ACE 【解析】本题考查对教育活动的理解。良好的师生关系能化为强大的教育力量，激励学生的自我完善，为教师运用各种教学的教育手段提供条件。案例中，老师对宁宁的尊重与关爱，使宁宁受到了感动，激励宁宁自我完善。这体现了良好的师生关系是一种强大的教育力量。故A项说法正确。案例中教师没有进行竞争教育，故B项不符合题意。案例中，宁宁对待作文作业不认真，谈话时态度也消极，老师通过感化学生，使宁宁转变了对待作文的态度。故C项说法正确。改变学生不正确的归因，提高学习动机可以从"努力归因"（内部归因）和"现实归因"入手。故D项说法错误。激发学生的学习动机，让学生真正地好学、乐学成为教育的重点目标之一。故E项说法正确。故答案选A、C、E三项。

5. CE 【解析】本题考查对教师行为的评价。

自然后果法是卢梭在德育上的主张，即不是在儿童做某事之前为了防止他犯错误给他制定各种准则，而是在他犯了错误之后，通过他行为所造成的结果进行教育。案例中的张老师在发现窗帘损坏后，通过开展主题班会对学生进行了正面的教育引导，并不是运用后果自然法。故A项错误。

教育惩戒是指教师不以损害学生身心健康为原则的一种惩罚方式，教育惩戒首先应该是教育，其次是处罚，属于批评教育的一种方式，对学生处罚合理合法，就不属于体罚范围，惩戒的目的是让学生心悦诚服地不愿再犯类似的错误。案例中的张老师因为窗帘损坏一事，开展了一期主题班会，教育学生们意识到了自己的错误，承担起了班级管理的指导和引领作用。故B、D两项错误。

所谓价值澄清法是指教师在价值观教育过程中引导学生对其生活其中的社会、团体、学校、周围人的价值观进行理性的思考和审慎的分析、判断、评价，在价值澄清的基础上做出自己的选择，形成自己的价值观。案例中的张老师抓住了窗帘被损坏这一教育契机，采用价值澄清的方法，引导学生进行理性思考和判断，提高了学生的自我教育能力，加强了学生对班级的自主管理，培养了学生的责任与担当意识。故C、E两项正确。

6. ABCDE 【解析】本题考查对教育活动的理解。

预先制定的班级规则、纪律等，往往能防患于未然，避免一些问题的发生。案例中的张老师在主题班会中提到，"作为班主任，我没有在安装窗帘时及时向同学们明确提出爱护公物的要求，是我的失职"。这体现了班级纪律的重要性。故A项正确。

教室里的窗帘被损坏后，张老师通过开展主题班会对全班学生进行了教育和引导，这体现了学生集体是教育的对象；在主题班会中，班长组织全班学生共同处理教室里的窗帘被损坏这件事，并在这一过程中进行了自我反思与教育，这体现了学生集体也是教育的主体。故B项正确。

班主任和教师一方面要强化角色意识，认真履行自己的角色职责和义务；另一方面还要善于转换角色，不以教育者自居，发扬教育民主，做到教学相长。案例中，张老师认真履行了自己的角色职责和义务，通过开展主题班会，解决了窗帘被损坏的问题，并教育了学生；另外，张老师也善于转换角色，在主题班会中不以教育者自居，发扬了教育民主，尊重学生集体讨论的结果，做到了信任学生。故C项正确。

案例中，张老师通过开展主题班会解决窗帘被损坏的问题，在这一过程中激发了全班学生的主人翁意识，教育学生主动承担起作为班级一员的责任和义务。同时，损害窗帘的学生在班会结束后，主动向张老师承认了错误，这表明张老师通过主题班会教育全班学生的同时，也教育了个别学生。故D项正确。

窗帘被损坏，张老师不是简单粗暴地质问、批评学生，而是通过间接的方法使学生受到教育，学生也能感受到张老师的用意，体现了师生之间、生生之间的包容和信任，班会的结果是学生认识到自身的错误并且自身的主人翁意识得到提升，这表明良好的师生关系有利于学生健全人格的发展。故E项正确。

7. BC 【解析】本题考查教育法律基础知识。根据我国《未成年人保护法》第四条规定，保护未成年人，应当坚持最有利于未成年人的原则。处理涉及未成年人事项，应当符合下列要求：(1)给予未成年人特殊、优先保护；(2)尊重未成年人人格尊严；(3)保护未成年人隐私权和个人信息；(4)适应未成年人身心健康发展的规律和特点；(5)听取未成年人的意见；(6)保护与教育相结合。学校在没有掌握确切证据的情况下，没有听取何小萍的意见就认定她作弊，并对其采取公告形式进行处分的做法违背了《中华人民共和国未成年人保护法》。因此A、D两项说法错误，B、C两项说法正确。学校认为何小萍作弊，并对其进行公告处分是她与母亲产生矛盾的重要原因，因此，何小萍的离家出走与学校处分有一定的联系。E项说法错误。因此，本题选B、C两项。

8. ACDE 【解析】本题考查对教育法律法规的理解和运用。学校应当建立健全现代学校管理制度，提高依法治校水平。故A项说法正确。常见的侵犯学生受教育权的表现形式主要有：(1)侵犯学生受教育机会的平等权；(2)侵犯学生的入学权；(3)侵犯学生参加考试的权利；(4)随意开除学生。此外，还有侵犯学生上课学习的权利、侵犯学生受教育的选择权、侵犯学生升学复学方面的同等权利、以侵犯姓名权的手段侵犯学生的受教育权、延误学生录取通知书的发放等。惩戒权是指对品行有问题的学生进行一定惩罚，以规范其改正错误行为的权利。B项说法太绝对。故B项说法错误。学校和家长要加强学生心理承受能力的教育和训练，充分尊重学生的名誉权。故C项说法正确。根据2012年修正的《中华人民共和国未成年人保护法》第四十九条规定，未成年人的合法权益受到侵害的，被侵害人及其监护人或者其他组织和个人有权向有关部门投诉，有关部门应当依法及时处理。故D项说法正确。学校进行的违纪处理调查取证要证据确凿，事实清楚，作弊使用的工具、资料等要注意保存，作弊事实、行为要经作弊学生、监考老师签字确认。故E项说法正确。

2021年河南省洛阳市伊川县教师招聘考试真题试卷（精编）（五）

一、单项选择题

1. B 【解析】本题考查时政知识。《关于进一步减轻义务教育阶段学生作业负担和校外培训负担的意见》中指出，学校要确保小学一、二年级不布置家庭书面作业，可在校内适当安排巩固练习；小学三至六年级书面作业平均完成时间不超过60分钟，初中书面作业平均完成时间不超过90分钟。故本题选B项。

2. A 【解析】本题考查个体身心发展的规律。个体身心发展的顺序性是指人的身心发展是一个由低级到高级、由简单到复杂、由量变到质变的连续不断的发展过程。人的发展的顺序性是客观的、不以人的意志为转移的，教育工作要遵循这种顺序性，循序渐进地促进人的发展。故本题选A项。

3. D 【解析】本题考查教学原则的运用。教学的因材施教原则是指教师在教学中，要从课程计划、学科课程标准的统一要求出发，面向全体学生，同时又要根据学生的个别差异，有的放矢地进行有差别的教学，使每个学生都能扬长避短，获得最佳的发展。题干所述说明教学应注重因材施教。故本题选D项。

4. D 【解析】本题考查义务教育的性质和特征。强制性又叫义务性。让适龄儿童、少年接受义务教育是学校、家长和社会的义务。谁违反这个义务，谁就要受到法律的规范。家长不送学生上学，家长要承担责任；学校不接受适龄儿童、少年上学，学校要承担责任；学校不提供相应的条件，也要受到法律的规范。故题干所述符合强制性的内涵。

5. C 【解析】本题考查教学方法的运用。演示法是指教师通过展示实物、教具和示范性的实验来说明、印证某一事物和现象，使学生掌握新知识的一种教学方法。演示所使用的工具可分为四大类：实物、标本、模型、图片的演示；图表、示意图、地图的演示；实验演示；幻灯片、电影、录像的演示。题干中的教师通过演示实验来验证燃烧需要氧气，就体现了对演示法的运用。

6. C 【解析】本题考查道尔顿制。道尔顿制是由美国教育家柏克赫斯特创建的一种新的教学组织形式。其目的是废除年级和班级教学，学生在教师指导下，各自主动地在实验室（作业室）内，根据拟订的学习计划，以不同的教材，不同的速度和时间进行学习，用以适应其能力、兴趣和需要，从而发展其个性。故本题选C项。

7. B 【解析】本题考查旧中国的学制沿革。辛亥革命后，南京临时政府对旧学制进行修改，颁布了"壬子癸丑学制"。该学制明显反映了资产阶级在学制方面的要求，明令废除在受教育权方面的性别和职业限制，在法律上体现了教育机会均等。"壬子癸丑学制"是我国教育史上第一个具有资本主义性质的学制。故本题选B项。

8. B 【解析】本题考查道家的教育思想。道家的代表人物有老子和庄子。"虚怀若谷"出自《老子》："敦兮其若朴，旷兮其若谷。"其意思是：人要有像山谷一样深广的胸怀和宽容的胸襟，形容十分谦虚。这是老子提出的重要处事原则。故本题选B项。A、C两项属于孔子的教育思想。D项属于法家的教育思想。

9. B 【解析】本题考查内发论的观点。内发论强调内在因素，如"需要""成熟"，强调人的身心发展的力量主要源于人自身的内在需要，身心发展的顺序也是由身心成熟机制决定的。孟子是内发论的代表人物之一，他认为人的本性是善的，万物皆备于我，人的本性中就有"恻隐、羞恶、辞让、是非"之心，这是"仁、义、礼、智"四种基本品性的根源，人只要善于修身养性，向内寻求，这些品性就能得到发展。故本题选B项。

10. A 【解析】本题考查课外、校外教育的组织形式。小组活动是课外、校外教育活动的主要组织形式。小组活动以自愿组合为主，根据学生的兴趣爱好和学校的具体条件，进行有目的、有计划的经常性活动。故本题选A项。

11. C 【解析】本题考查循序渐进教学原则。循序渐进原则是指教师要严格按照科学知识的内在逻辑和学生的认知发展规律进行教学，使学生掌握系统的科学文化知识，能力得到充分的发展。《学记》要求"学不躐等""不陵节而施"，提出"杂施而不孙，则坏乱而不修"，意思是：如果教学不按一定的顺序，杂乱无章地进行，学生就会陷入紊乱而没有收获。故本题选 C 项。

12. C 【解析】本题考查课程内容的组织形式。螺旋式是指在不同单元或阶段乃至不同课程门类中，使课程内容重复出现，螺旋上升，逐渐扩大知识面，加深知识难度，即同一课程内容前后重复出现，前面的内容是后面内容的基础，后面内容是对前面内容的不断扩展和加深，且层层递进。题干中，不同水平的学生学习同样的内容，但难度和要求依次升高，这种组织形式属于螺旋式。

13. D 【解析】本题考查教学评价的基本类型。个体内差异评价是对被评价者的过去和现在进行比较，或将评价对象的不同方面进行比较。故本题选 D 项。

14. C 【解析】本题考查课程类型。从课程目标上看，地方课程是针对地方实际设计的，它的基本目的是满足地方或社区发展的实际需要，加强学生与社会现实或社区发展的联系，使学生了解社区，接触社会，关注社会，学会对社会负责，关心社会，增强学生的社会责任感。地方课程的设计与实施，有利于克服课程脱离社会生活的弊端。故本题选 C 项。

15. B 【解析】本题考查教学目标。教学目标包括知识性目标、技能性目标和情感性目标，其中知识性目标包括三个水平：了解水平、理解水平和应用水平。学生会认以及会写汉字处在了解水平，故而属于知识性目标。

16. B 【解析】本题考查教学方法的运用。练习法是指学生在教师的指导下巩固知识，培养各种技能和技巧的基本教学方法。练习法的种类有说话的练习，解答问题的练习，绘画、制图的练习，作文和创作的练习，运动与文娱技能、技巧的练习。题干中的老师在讲完圆的面积后，给学生出练习题，让学生计算圆的面积，就属于一种解答问题的练习。

17. A 【解析】本题考查观察法的类型。按观察实施的方法（是否对观察活动进行严格的控制）可以将观察分为结构式观察与非结构式观察。结构式观察是有明确的目标、问题和范围，有详细的观察计划、步骤和合理设计的可控制性观察，能获得真实的材料，并能对观察资料进行定量分析和对比研究，常用于对研究对象有较充分了解的情况下的观察。故本题选 A 项。

18. C 【解析】本题考查课堂导入的类型。悬念导入是一种以认知冲突的方式设疑，使学生思维进入惊奇、矛盾等状态，构成悬念的导入方法。悬念的设置有助于吸引学生的注意力，使学生思维处于一种激活状态，产生非弄清楚不可的求知心理，从而迅速进入学习知识的最佳状态，在思考、研究中学习新知识。题干中的语文老师提出的问题，有助于吸引学生的注意力，使学生思维处于一种激活状态。故本题选 C 项。

19. C 【解析】本题考查教学评价的类型。形成性评价是在教学过程中为改进和完善教学活动而进行的对学生学习过程及结果的评价。它包括在一节课或一个课题的教学中对学生的口头提问和书面测验。形成性评价的目的不是注重成绩的评定，而是使师与生都能及时获得反馈信息，更好地改进教与学，以促进教师和学生的发展、提高。题干中的英语老师在课堂上对学生进行提问以了解学生的学习情况，属于形成性评价。故本题选 C 项。

20. D 【解析】本题考查教师劳动的特点。教师劳动任务的复杂性是指教师不仅要传授科学文化知识和训练学生的技能，发展学生的智力、培养学生的能力，还要培养学生一定的思想品德，促进学生的身心健康发展。教育目的就是使每个学生得到全面、和谐而独特的发展。题干所述说明教师劳动具有复杂性。故本题选 D 项。

21. A 【解析】本题考查德育原则。知行统一原则是指教育者在进行德育时，既要重视对学生进行系统的思想道德的理论教育，又要重视组织学生参加实践锻炼，把提高认识和行为养成结合起来，使学生做到言行一致。题干中，朱熹的言论说明了知与行的关系，体现的是知行统一原则。故本题选 A 项。

22. A 【解析】本题考查课程结构原则。新课改在课程结构方面的改革向多样化和复合化方向发展，体现了全新的课程结构原则：均衡性、综合性和选择性原则。其中，完成课程结构的综合性的途径之一是，开发并设置学科性的综合课程，如品德与生活、品德与社会、科学、艺术、历史与社会、综合实践活动等，这些课程实现了对特定学习领域内容和教育价值的统整。故本题选 A 项。

23. D 【解析】本题考查班级授课制的产生与发展。1632 年，捷克教育家夸美纽斯出版的《大教学论》最早从理论上对班级授课制做了阐述，为班级授课制奠定了理论基础。故本题选 D 项。

24. C 【解析】本题考查教育的起源学说。常见的教育起源学说包括：

代表学说	主要观点
神话起源说	教育由人格化的神（上帝或天）所创造；教育目的是体现神或天的意志
生物起源说	教育是一种生物现象，而不是人类所特有的社会现象
心理起源说	教育起源于日常生活中儿童对成人的无意识模仿；否认了教育的社会属性
劳动起源说	教育起源于人类特有的生产劳动

综上所述，本题选 C 项。

25. D 【解析】本题考查柏拉图的教育思想。柏拉图的教育思想集中体现在其代表作《理想国》中，他认为理想国中教育的最高目标是培养哲学家兼政治家——哲学王。

26. B 【解析】本题考查苏霍姆林斯基的教育思想。苏霍姆林斯基是苏联早期著名的教育实践家和教育理论家。他在《给教师的一百条建议》《把整个心灵献给孩子》等著作中系统论述了他的全面和谐教育思想。他认为学校教育的理想是培养全面和谐发展的人，其著作被称为"活的教育学"。故本题选 B 项。

27. D 【解析】本题考查内发论的代表人物。内发论强调内在因素，如"需要""成熟"，强调人的身心发展的力量主要源于人自身的内在需要，身心发展的顺序也是由身心成熟机制决定的。内发论的主要代表人物有孟子、弗洛伊德、威尔逊、高尔顿、格塞尔、霍尔。荀子、洛克和华生是外铄论的代表人物。故本题选 D 项。

28. C 【解析】本题考查教育的概念。A、B 两项属于动物之间的"哺育"，是一种基于亲子和生存本能的自发行为，其产生与动物的生理需求直接相关，内容与动物的生存本能（如捕食、逃避天敌等）相关，动物的学习以本能为依据，因此不能称为"教育"。教育是人类特有的一种现象，D 项不符合题意。故本题选 C 项。

29. B 【解析】本题考查个体身心发展的规律。个体身心发展的不平衡性的表现：一方面是指身心发展的同一方面的发展速度，在不同的年龄阶段是不平衡的。例如，青少年的身高体重在其全部发展过程中会经历两个高峰：第一个高峰是在一岁左右，第二个高峰是在青春发育期。在这两个高峰期内，身高体重的发展较之其他阶段快得多。另一方面是就个体身心发展的不同方面而言的。题干所述为个体身心发展的不平衡性规律的表现。故本题选 B 项。

30. A 【解析】本题考查德育方法。品德评价法是通过对学生品德进行肯定或否定的评价而予以激励或抑制，促使其品德健康形成和发展的德育方法。品德评价的方式有表扬与批判、奖励与惩罚、评比与鉴定等，所以品德评价法也叫作奖惩法。题干中的教师用奖励小文具等方式鼓励学生，体现了奖惩评价。故本题选 A 项。

31. C 【解析】本题考查影响个体身心发展的因素。社会环境对人的发展的作用包括：（1）环境是人的发展的现实基础；（2）环境为人的发展提供对象、手段、资源、机遇等；（3）人是在与环境的相互作用中得到发展的。题干所述体现了环境对人的发展的作用。故本题选 C 项。（具体参看钟祖荣主编的《教育学》）

32. D 【解析】本题考查成败归因理论。一般来说，如果把学习成败归因于努力程度，对学习动机的激励作用最大，把学习成功归因于能力则可加强自信心。

33. A 【解析】本题考查知识学习的类型。符号学习又称表征学习，是指学习单个符号或一组符号的意义。符号学习的心理机制是符号和它们所代表的事物或观念在学习者认知结构中建立相应的等值关系。题干中强调儿童用"香蕉"或"banana"等符号来代表他看到的具体的香蕉，故这种学习属于符号学习。

34. D 【解析】本题考查情感的分类。从情感的社会内容角度来看，人类的情感有道德感、美感和理智感三种形式。其中，道德感是根据一定的道德标准评价人的思想、意图和言行时所产生的主观体验。它表现在对待国家、集体、工作、事业、学习以及人与人之间的关系等各个方面，如爱国主义情感、集体主义情感、责任感、事业心、荣誉感、自尊心等。题干中的可可因为帮助别人而感到开心，这属于道德感。故答案选 D 项。

35. D 【解析】本题考查韦纳的成败归因理论。根据韦纳的成败归因理论可知，任务难度属于稳定的、外在的、不可控的归因。题干中的李林同学将考试没考好归因于题目超纲，这属于任务难度的归因。故答案选 D 项。

36. A 【解析】本题考查知识学习的类型。上位学习又称总括学习，是在学生掌握一个比认知结构中原有概念的概括和包容程度更高的概念或命题时产生的。等边三角形是特殊的等腰三角形，即新学习的等腰三角形知识的包容和概括程度高于等边三角形知识，故属于上位学习。答案选 A 项。

37. D 【解析】本题考查学习策略的种类。编歌诀法就是利用编制歌谣口诀的方式来帮助记忆的方法。它属于常见的一种记忆术，而记忆术属于精加工策略。故题干所述运用了精加工策略。因此，答案选 D 项。

38. C 【解析】本题考查操作性条件作用的基本规律。正强化也称积极强化，是通过呈现想要的愉快刺激来增强反应频率；负强化也称消极强化，是通过消除或中止厌恶、不愉快刺激来增强反应频率；消退是指条件刺激形成以后，如果得不到强化，条件反应会逐渐减弱，直至消失的现象；替代强化是指观察者因看到榜样的行为被强化而受到强化。题干中的李老师通过不布置课后作业（消除不愉快刺激）来增加学生认真听课行为出现的次数，这属于负强化。故答案选 C 项。

39. D 【解析】本题考查教育研究方法。行动研究就是实践者为了改进工作质量，将研究者和实践者、研究过程与实践过程结合起来，在现实情境中通过自主的反思性探索，解决实际问题的一种研究活动。题干所述为教育行动研究的概念。故本题选 D 项。

40. A 【解析】本题考查动机冲突的分类。从形式上看，可将动机冲突分为双趋冲突、双避冲突、趋避冲突、多重趋避冲突。其中，双趋冲突是指从自己同时都很喜爱的两个事物中仅择其一的心理状态。题干中的小叶对目标选择存在矛盾心理,既想做教师又想做主持人,这种对两种目标都很喜爱的心理现象属于双趋冲突。故答案选 A 项。

方法技巧:

动机冲突是考试中的重点,常结合实例进行考查。通常可以根据题意,运用关键词组进行区分。

双趋冲突:表述中含有"既想……又想……,但不可兼得"的含义;

双避冲突:表述中含有"既怕……又怕……"的含义;

趋避冲突:表述中含有"既想……又怕……"的含义;

多重趋避冲突:表述中的趋避冲突因素为两个以上。

41. B 【解析】本题考查皮亚杰的认知发展阶段理论。处于具体运算阶段的儿童的认知结构由前运算阶段的表象图式演化为运算图式。具体运算阶段思维的特点:具有守恒性、脱离自我中心性和可逆性。皮亚杰认为,该时期的心理操作着眼于抽象概念,属于运算性(逻辑性)的,但思维活动需要具体内容的支持。

42. D 【解析】本题考查皮亚杰的道德发展阶段理论。皮亚杰把儿童的品德发展划分为以下四个阶段:(1)自我中心阶段(2~5 岁);(2)权威阶段(他律道德阶段或道德实在论阶段)(6~8 岁);(3)可逆性阶段(自律或合作道德阶段)(9~10 岁);(4)公正阶段(11~12 岁)。其中,处于公正阶段的儿童开始倾向于主持公正、公平,认为公正的奖惩不能是千篇一律的,应根据个人的具体情况进行。也就是说,儿童不再刻板地按固定的规则去判断,在依据规则判断时会考虑到同伴的一些具体情况,从关心和同情出发去进行判断。根据题干描述可知,小红的道德发展处于公正阶段。

43. C 【解析】本题考查发散思维的特征。思维的灵活性是指摒弃以往的习惯思维方法而开创不同方向的能力,也叫思维的变通性。思维变通性较好的人能随机应变,触类旁通、不局限于某一方面,不受消极定势的桎梏。

44. B 【解析】本题考查影响学生行为改变的方法。行为塑造是指通过不断强化逐渐趋近目标的反应,来形成某种较复杂的行为。有时候教师所期望的行为在某学生身上很少出现或很少完整地出现,此时,教师可以依次强化那些渐趋目标的行为,直到合意行为的出现。题干中的张老师通过不断强化小莉表现出的趋近目标的行为,促使她形成良好的学习习惯,这说明张老师采用了行为塑造法。

45. C 【解析】本题考查马斯洛的需要层次理论。需要层次理论说明,在某种程度上学生缺乏学习动机可能是由于某种缺失性需要没有得到充分满足。一般来说,在目前条件下,学生在学校中最重要、也最容易缺失的是爱和尊重的需要。归属与爱的需要是学生交往的动力,在学校环境中,师生交往、同伴交往既是学习的条件,也是学习的内容。教师和家长要尽可能地给学生以爱,要创造一个良好和善的学习环境;要重视师生之间的交互作用,要让学生在集体中受到欢迎和接纳,得到友情,尽可能使学生不遭到拒绝或排斥。尊重需要是推动学生学习的重要动力,学生具有好胜心、求成欲、自尊的动机和避免失败的心愿,因此,教师要很好地利用这一特点,使学生有成功和获得赞许的机会,使他们从中获得成功的体验,同时要重视和珍惜他们的每一点进步和每一次成功。因此,班主任应该考虑张明的归属与爱的需要、尊重需要是否得到满足。故本题选 C 项。

46. D 【解析】本题考查知觉的规律。知觉的恒常性是指客观事物本身不变,但知觉条件在一定范围内发生变化时,人的知觉映像仍相对不变。题干中强调对煤炭、粉笔和国旗颜色的知觉映像不会因光照的不同而改变,这体现了知觉的恒常性。故答案选 D 项。

47. C 【解析】本题考查《学记》的教育思想。《学记》提出:"是故学然后知不足,教然后知困。知不足,然后能自反也;知困,然后能自强也。故曰:教学相长也。"故本题选 C 项。

48. D 【解析】本题考查孔子关于教学过程的观点。公元前 6 世纪,孔子把学习过程概括为"学—思—行"(也有说法认为是"学—思—习—行")的统一过程。故本题选 D 项。

49. A 【解析】本题考查教育与政治的关系。题干所述出自《学记》,意思是古代的君主在建立国家、统治百姓时,总是把教育放在首要的位置。这体现的是教育与政治的关系。故本题选 A 项。

50. A 【解析】本题考查古希腊教育。通常以斯巴达和雅典这两个城邦的教育代表古希腊教育。其中,古代斯巴达教育以军事体育训练和政治道德灌输为主,教育内容单一,教育方法也比较严厉,其教育目的是培养忠于统治阶级的强悍的军人。故本题选 A 项。

51. C 【解析】本题考查杜威的"新三中心论"。杜威的理论是现代教育理论的代表,区别于传统教育"课堂中心""教材中心""教师中心"的"旧三中心论",他提出了"儿童中心(学生中心)""活动中心""经验中心"的"新三中心论"。故本题选 C 项。

52. B 【解析】本题考查赫尔巴特的教学阶段论。19 世纪德国教育家赫尔巴特试图用心理学"统觉理论"来解释教学过程,他提出教学过程由"明了、联合、系统、方法"四阶段构成(后来发展为五个阶段),这一理论标志着教学过程理论的形成。故本题选 B 项。

53. D 【解析】本题考查《雄辩术原理》的历史地位。

赫尔巴特《普通教育学》的出版标志着规范教育学的建立。A 项错误。

《学记》是中国也是世界教育史上的第一部教育专著。B 项错误。

捷克教育家夸美纽斯于 1632 年出版的《大教学论》是教育学开始形成一门独立学科的标志。C 项错误。

昆体良是古罗马教学法大师,他的《雄辩术原理》(《论演说家的教育》或《论演说家的培养》)是第一部系统阐述教学理论的著作。故本题选 D 项。

54. A 【解析】本题考查不同心理学家的观点。

A 项,布鲁纳认为,学习的实质在于主动地形成认知结构。

B 项,桑代克认为,学习的实质在于形成情境与反应之间的联结,联结公式是 S－R。

C 项,巴甫洛夫提出了经典性条件反射理论。

D 项,布卢姆侧重于对教学目标的划分。

因此,题干所述符合布鲁纳的观点,答案选 A 项。

55. D 【解析】本题考查德育的功能。学校德育的功能可以概括地表述为德育的社会性功能、个体性功能和教育性功能。其中,德育的社会性功能指的是学校德育能够在何种程度上对社会发挥何种性质的作用。具体来说,主要指学校德育对社会政治、经济、文化等发生影响的政治功能、经济功能、文化功能等。故本题选 D 项。

56. A 【解析】本题考查教育终身化的内容。法国教育家保罗·朗格朗最早系统论述了终身教育。终身教育既深深扎根于各级各类教育的实践土壤中,又高屋建瓴地指导各级各类教育,这是一种完全崭新的、富于创造性的、面向未来的开放的教育理念,是当代国际社会中影响最大、传播最广、最具生命力的一种教育思潮。故本题选 A 项。

57. B 【解析】本题考查个体身心发展的规律。个体身心发展在不同的年龄阶段表现出不同的总体特征及主要矛盾,面临着不同的发展任务,这就是身心发展的阶段性。故本题选 B 项。

58. C 【解析】本题考查个体身心发展的规律。顺序性是指个体身心发展是一个由低级到高级、由简单到复杂、由量变到质变的连续不断的发展过程。"揠苗助长""陵节而施"违背了个体身心发展的顺序性的教育要求。故本题选 C 项。

59. D 【解析】本题考查《国家中长期教育改革和发展规划纲要(2010~2020 年)》的内容。《国家中长期教育改革和发展规划纲要(2010~2020 年)》中指出,坚持以人为本、全面实施素质教育是教育改革发展的战略主题,是贯彻党的教育方针的时代要求。

60. C 【解析】本题考查素质教育的内涵。素质教育是以培养创新精神和实践能力为重点的教育。故本题选 C 项。

61. B 【解析】本题考查教师劳动的特点。教师劳动的长期性指人才培养的周期比较长,教育的影响具有迟效性。教师劳动的成效并不是一时就可以检验出来的,而是需要教师付出长期的大量的劳动才能看到结果、得到验证,教师的某些影响对学生终身都会发生作用。题干所述表明教师劳动成果显效的时间长,是教师劳动长期性的体现。

62. B 【解析】本题考查教师的知识结构。教师合理的知识结构主要包括本体性知识、条件性知识、实践性知识和一般文化知识。其中,条件性知识,即认识教育对象、开展教育活动和研究所需的教育科学知识和技能,如教育原理、心理学、教学论、学习论、班级管理、现代教育技术等。故本题选 B 项。

63. C 【解析】本题考查学生的特点。学生的主观能动性主要表现在三个方面:(1)自觉性,也称主动性,这是学生主观能动性最基本的表现。(2)独立性,也称自主性,这是自觉性进一步发展的表现。(3)创造性,这是学生主观能动性的最高表现。故本题选 C 项。

64. A 【解析】本题考查学生的特点。学生在教育过程中处于双重的地位,他们既是教育的客体,又是自我教育和发展的主体。故本题选 A 项。

65. B 【解析】本题考查班主任的领导方式。班主任的领导方式一般可以分为三种类型:权威型、民主型、放任型。其中,采用民主型领导方式的班主任比较善于倾听学生的意见,不是以直接的方式管理班级,而是以间接的方式引导学生。故本题选 B 项。

66. A 【解析】本题考查教师的能力素养。教师的能力素养包括:语言表达能力、组织管理能力、组织教育和教学的能力、自我调控和自我反思能力(较高的教育机智)。其中,教育和教学的组织能力包括对教材和各种影响因素的加工能力和传导能力。教师自己所具备的知识或教材内容需要教师再加工,使之处于学生能够接受和易于接受的传输状态。题干所述即教师通过长期的辛勤劳动,对知识进行再加工,使之处于学生能够接受的状态,从而帮助学生提高思想品德素养,完善了知识与能力,是教师的教育教学能力在教学工作中的体现。

67. B 【解析】本题考查班主任工作的内容。班主任工作的内容包括:(1)了解和研究学生。(2)有效地组织和培养优秀班集体。组织和培养班集体是班主任工作的中心环节。(3)协调校内外各种教育力量。(4)学习指导、学习活动管理和生活指导、生活管理。(5)组织课外、校外活动和指导课余生活。(6)建立学生档案。(7)操行评定。(8)班主任工作计划与总结。(9)个别教育工作。(10)班会活动的组织。(11)偶发事件的处理。故本题选 B 项。

68－71. 缺。

72. B 【解析】本题考查课程类型。从课程的表现形式或者说影响学生的方式来划分,课程可分为显性课程与隐性课程。其中,隐性课程亦称潜在课程、自发课程,是学校情境中以间接的、内隐的方式呈现的课程。校园文化属于隐性课程。故本题选 B 项。

73. D 【解析】本题考查上课的意义。上课是整个教学工作的中心环节,是教师教和学生学的最直接的体现,是提高教学质量的关键。

74. A 【解析】本题考查教学原则。启发性原则是指在教学活动中,教师要调动学生的主动性和积极性,引导他们通过独立思考、积极探索,生动活泼地学习,自觉地掌握科学知识,提高分析问题和解决问题的能力。苏格拉底的"产婆术"、孔子提出的"不愤不启,不悱不发"的教学要求以及《学记》中"道而弗牵,强而弗抑,开而弗达"的教学思想,都是这一教学原则的体现。故本题选 A 项。

75. C 【解析】本题考查师生关系的内涵。师生关系是指教师和学生在教育教学活动中为完成一定的教育任务,以"教"和"学"为中介而形成的一种特殊的社会关系,包括彼此所处的地位、作用和态度等。师生关系是教育活动过程中人与人关系中最基本、最重要的关系。故本题选 C 项。

二、多项选择题

76. AB 【解析】本题考查外铄论的代表人物。外铄论认为人的发展主要依靠外在的力量,诸如环境的刺激和要求、他人的影响和学校的教育等。外铄论的代表人物有荀子、洛克、华生等。弗洛伊德和格塞尔均是内发论的代表人物。故本题选 A、B 两项。

77. BCD 【解析】本题考查个人本位论的代表人物。个人本位论的代表人物包括孟子、卢梭、裴斯泰洛齐、福禄贝尔、马利坦、赫钦斯、奈勒、马斯洛、萨特等。A 项涂尔干是社会本位论的代表人物。故本题选 B、C、D 三项。

78. ABCD 【解析】本题考查教师成长的途径。教师成长的途径包括:(1)观摩和分析优秀教师的教学活动;(2)开展微格教学;(3)进行专门训练;(4)进行教学反思。故本题答案全选。

79. ABCD 【解析】本题考查课堂纪律的分类。课堂纪律的类型包括:(1)教师促成的纪律;(2)集体促成的纪律;(3)任务促成的纪律;(4)自我促成的纪律。故本题答案全选。

80. ABD 【解析】本题考查教师劳动的特点。教师劳动的复杂性主要体现在:(1)劳动对象的差异性;(2)教育目的的全面性;(3)教育任务的多样性。故本题选 A、B、D 三项。C 项体现的是教师劳动的创造性。(具体参看任平、孙文云主编的《现代教育学概论(第三版)》)

81. ACD 【解析】本题考查桑代克提出的学习原则。桑代克认为学习的基本规律包括准备律、效果律和练习律。

82. CD 【解析】本题考查认知策略的分类。认知策略分为复述策略、精加工策略和组织策略。其中,组织策略是指将经过精加工提炼出来的知识点加以构造,形成更高水平的知识结构的信息加工策略。故 C、D 两项属于组织策略。A 项属于复述策略,B 项属于精加工策略,均不符合题意,故 A、B 两项排除。

83. BCD 【解析】本题考查个体身心发展的规律。个体身心发展的一般规律包括:阶段性、顺序性、不平衡性、互补性、整体性和个别差异性。故 A 项说法错误,本题选 B、C、D 三项。

84. ACD 【解析】本题考查行为主义心理学派的代表人物。行为主义心理学派的主要代表人物有巴甫洛夫、桑代克、斯金纳等;苛勒属于认知派的代表人物。故答案选 A、C、D 三项。

85. AC 【解析】本题考查耶克斯—多德森定律。心理学家耶克斯和多德森的研究表明,动机强度与学习效率的关系并不是线性的关系,而是成倒"U"型曲线关系。换言之,学习动机的强度有一个最佳水平,即动机水平适中,此时的学习效率最高。超过或低于这个最佳水平,即学习动机过强或过弱都会对学习效率产生一定的影响。另外,学习动机强度的最佳水平不是固定不变的,而是根据任务性质的不同而不同。学习任务比较简单时,学习动机强度较高可达到最佳水平;学习任务比较困难时,学习动机强度较低可达到最佳水平。综上所述可知,A、C 两项说法错误,B、D 两项说法正确。因此,答案选 A、C 两项。

三、判断题

86. × 【解析】本题考查教育法的渊源。教育法的渊源则是指教育法的具体表现形式。我国教育法的渊源主要包括以下几种:(1)宪法;(2)教育法律;(3)教育行政法规;(4)地方性教育法规;(5)自治条例和单行条例;(6)教育规章。《中华人民共和国宪法》由最高国家权力机关(全国人民代表大会)制定,具有最高的法律地位和法律效力,是国家的根本大法,是其他一切法律法规制定的依据。《中华人民共和国宪法》中有关教育的条款是我国教育立法的根本依据,是教育法最高层次的渊源。故题干说法错误。

87. √ 【解析】本题考查《中华人民共和国预防未成年人犯罪法》。根据《中华人民共和国预防未成年人犯罪法》第三十一条规定,学校对有不良行为的未成年学生,应当加强管理教育,不得歧视;对拒不改正或者情节严重的,学校可以根据情况予以处分或者采取以下管理教育措施:(1)予以训导;(2)要求遵守特定的行为规范;(3)要求参加特定的专题教育;(4)要求参加校内服务活动;(5)要求接受社会工作者或者其他专业人员的心理辅导和行为干预;(6)其他适当的管理教育措施。故题干表述正确。

88. × 【解析】本题考查《中小学教育惩戒规则(试行)》。根据《中小学教育惩戒规则(试行)》第八条规定,教师在课堂教学、日常管理中,对违规违纪情节较为轻微的学生,可以当场实施以下教育惩戒:(1)点名批评;(2)责令赔礼道歉、做口头或者书面检讨;(3)适当增加额外的教学或者班级公益服务任务;(4)一节课堂教学时间内的教室内站立;(5)课后教导;(6)学校校规校纪或者班规、班级公约规定的其他适当措施。因此,题干中的任课老师让该学生罚站一节课,这属于教育惩戒。故题干说法错误。

89. × 【解析】本题考查教育法律规范的概念。教育法律规范是由国家制定或认可,并以国家强制力保证实施的行为规则。故题干表述错误。

90. √ 【解析】本题考查《学生伤害事故处理办法》。根据《学生伤害事故处理办法》第九条规定可知,因学校组织学生参加教育教学活动或者校外活动,未对学生进行相应的安全教育,并未在可预见的范围内采取必要的安全措施而造成的学生伤害事故,学校应当依法承担相应的责任。小明参加学校组织的义务劳动时,不慎造成腿部韧带拉伤,这说明学校可能未对学生进行相应的安全教育或未在可预见的范围内采取必要的安全措施,所以小明同学的医疗费用应由学校承担。

91. × 【解析】本题考查教师违法(侵权)行为的主要类型。学校和教师必须尊重学生的人格尊严,严禁对学生实施体罚、变相体罚或其他侮辱人格尊严的行为。题干中王老师因为班集体的平均成绩排名靠后而骂自己的学生像猪一样蠢笨,其行为侵犯了学生的人格尊严权。故题干说法错误。

92. × 【解析】本题考查《中华人民共和国教师法》。根据《中华人民共和国教师法》第十四条规定,受到剥夺政治权利或者故意犯罪受到有期徒刑以上刑事处罚的,不能取得教师资格;已经取得教师资格的,丧失教师资格。故题干说法错误。

93. × 【解析】本题考查《严禁中小学校和在职中小学教师有偿补课的规定》。《严禁中小学校和在职中小学教师有偿补课的规定》就中小学校和在职中小学教师有偿补课行为作出六条禁令:(1)严禁中小学校组织、要求学生参加有偿补课;(2)严禁中小学校与校外培训机构联合进行有偿补课;(3)严禁中小学校为校外培训机构有偿补课提供教育教学设施或学生信息;(4)严禁在职中小学教师组织、推荐和诱导学生参加校内外有偿补课;(5)严禁在职中小学教师参加校外培训机构或由其他教师、家长、家长委员会等组织的有偿补课;(6)严禁在职中小学教师为校外培训机构和他人介绍生源、提供相关信息。故本题说法错误。

94. × 【解析】本题考查《中华人民共和国义务教育法》。根据《中华人民共和国义务教育法》第三条规定,义务教育必须贯彻国家的教育方针,实施素质教育,提高教育质量,使适龄儿童、少年在品德、智力、体质等方面全面发展,为培养有理想、有道德、有文化、有纪律的社会主义建设者和接班人奠定基础。

95. √ 【解析】本题考查《中华人民共和国教育法》。根据《中华人民共和国教育法》第六十二条规定,国家鼓励运用金融、信贷手段,支持教育事业的发展。故本题说法正确。

96. √ 【解析】本题考查《中华人民共和国教师法》。根据《中华人民共和国教师法》第二十七条规定,地方各级人民政府对教师以及具有中专以上学历的毕业生到少数民族地区和边远贫困地区从事教育教学工作的,应当予以补贴。故本题说法正确。

97. × 【解析】本题考查《中华人民共和国预防未成年人犯罪法》(2012 年修正)。根据 2012 年修正的《中华人民共和国预防未成年人犯罪法》第三十五条规定,对未成年人送工读学校进行矫治和接受教育,应当由其父母或者其他监护人,或者原所在学校提出申请,经教育行政部门批准。故本题说法错误。

98. √ 【解析】本题考查教师的权利。教育教学权是指教师享有进行教育教学活动,开展教育教学改革和实验的权利。这是教师为履行教育教学职责而必须具备的最基本的权利。故本题说法正确。

99. √ 【解析】本题考查德育过程与品德形成过程的关系。德育过程与思想品德形成过程是教育与发展的关系。德育过程的最终目标是使受教育者形成一定的思想品德。品德形成属于人的发展过程,德育过程是对品德的形成与发展过程的调节与控制。德育只有遵循人的品德形成发展规律,才能有效地促进人的品德形成与发展。故本题说法正确。

100. × 【解析】本题考查教师职业道德的相关内容。教师职业道德作为社会道德的一个组成部分,同属于社会意识形态,具有历史继承性。但是师德不是一成不变的,它是随着社会经济关系的发展变化而不断发展变化的。故本题说法错误。

101. √ 【解析】本题考查教师的教育理念。题干的表述说明教师要站在学生的角度去思考问题，一切从学生出发，即教师要懂得换位思考。故本题说法正确。

102. × 【解析】本题考查1997年修订的《中小学教师职业道德规范》的内容。1997年修订的《中小学教师职业道德规范》的内容包括依法执教、爱岗敬业、热爱学生、严谨治学、团结协作、尊重家长、廉洁从教、为人师表。其中，严谨治学是指，树立优良学风，刻苦钻研业务，不断学习新知识，探索教育教学规律，改进教育教学方法，提高教育、教学和科研水平。廉洁从教是指，坚守高尚情操，发扬奉献精神，自觉抵制社会不良风气影响，不利用职责之便谋取私利。题干中的“以教谋私”“有偿家教”现象违背了廉洁从教的职业道德。故本题说法错误。

103. × 【解析】本题考查2008年修订的《中小学教师职业道德规范》的内容。2008年修订的《中小学教师职业道德规范》中的“爱岗敬业”要求教师要：忠诚于人民教育事业，志存高远，勤恳敬业，甘为人梯，乐于奉献。对工作高度负责，认真备课上课，认真批改作业，认真辅导学生。不得敷衍塞责。陶行知先生曾说：“在教师手里操着幼年人的命运，便是操着民族和人类的命运。”只有当教师把教育作为一项事业、作为自己的人生追求时，才可能默默奉献、甘为人梯，这是教育工作的核心价值所在。因此，陶行知的话是要求教师要爱岗敬业。

104. √ 【解析】本题考查2008年修订的《中小学教师职业道德规范》的内容。2008年修订的《中小学教师职业道德规范》的内容包括：(1)爱国守法——教师职业的基本要求；(2)爱岗敬业——教师职业的本质要求；(3)关爱学生——师德的灵魂；(4)教书育人——教师的天职；(5)为人师表——教师职业的内在要求；(6)终身学习——教师专业发展的不竭动力。故本题说法正确。

105. × 【解析】本题考查学生学习的特点。学生学习的特点之一是，学生以学习间接经验为主。学生的学习主要接受前人经验，而非自身的直接发现。虽然学生的学习也要求个人具有一定的直接经验作为基础，但他们的学习不可能事事从直接经验开始，由于学习的地点和时间的局限，学生只能在教师的指导下学习间接经验。故本题说法错误。

2021年河南省安阳市龙安区教师招聘考试真题试卷(六)

一、判断题

1. √ 【解析】本题考查义务教育的相关知识。义务教育在整个教育体系中处于基础地位。故本题说法正确。

2. × 【解析】本题考查课堂管理的最终目标。课堂是教师对学生开展教育活动的最重要的场所，而课堂管理的最终目标就是促进学生的成长与进步。故题干说法错误。

3. √ 【解析】本题考查教育功能的内涵。教育作为培养人的社会实践活动，它所发挥的直接作用就是促进人的发展，培养社会所需要的人；其间接作用就是通过培养社会所需要的人，满足社会的需要，促进社会的发展与进步。故本题说法正确。

4. × 【解析】本题考查新课程观的内容。新课程实现了基础教育课程概念的重建，体现出课程是教师、学生、教材、环境四个因素动态交互作用的“生态系统”这一特点。学生与教师的经验即课程，生活即课程，自然即课程。分门别类的教材只是课程的一个因素，只有在和其他因素整合起来，成为课程“生态系统”的有机构成的时候，这个因素才发挥应有的作用。故本题说法错误。

5. √ 【解析】本题考查赫尔巴特在教育学史上的地位。赫尔巴特是康德哲学教席的继承者，近代德国著名的心理学家和教育学家，在世界教育学史上被认为是“现代教育学之父”或“科学教育学的奠基人”。故本题说法正确。

6. × 【解析】本题考查正迁移和负迁移。一般而言，两种学习间的刺激越相同，且两种学习间的反应越不相同，越会产生负迁移。故题干说法错误。

7. √ 【解析】本题考查《中华人民共和国未成年人保护法》。根据《中华人民共和国未成年人保护法》第三十九条规定可知，对严重的欺凌行为，学校不得隐瞒，应当及时向公安机关、教育行政部门报告，并配合相关部门依法处理。

8. × 【解析】本题考查班杜拉的理论观点。班杜拉认为，并非所有的学习都依赖直接强化，在很多情况下，学习者输入的信息是刺激和与其相对应的榜样的反应，刺激和反应的结合作为信息被学习者接受。在这种情况下，榜样所受到的强化对学习者来说是一种“替代强化”，在替代强化基础上发生的学习就是观察学习。儿童在游戏中的行为、流行歌曲的传播等，观察或模仿所起的作用更大。通过对攻击性行为、亲社会行为的研究，班杜拉坚定了“榜样的力量是无穷的”这一看法。故班杜拉的理论为“榜样的力量是无穷的”这一观点提供了理论支持。

9. × 【解析】本题考查2008年修订的《中小学教师职业道德规范》。2008年修订的《中小学教师职业道德规范》中关于“教书育人”方面所规定的具体职业行为要求之一是“培养学生良好品行，激发学生创新精神，促进学生全面发展”。“关爱学生”方面所规定的具体职业行为要求包括：(1)关心爱护全体学生，尊重学生人格，平等公正对待学生；(2)对学生严慈相济，做学生的良师益友；(3)保护学生安全，关心学生健康，维护学生权益；(4)不讽刺、挖苦、歧视学生，不体罚或变相体罚学生。故本题说法错误。

10. √ 【解析】本题考查重要他人的内容。“互动性重要他人”，是指学生在日常交往过程中认同的重要他人。“偶像性重要他人”，是指因受到学生特别喜爱、崇拜或尊敬而被学生视为学习榜样的具体人物。它与互动性重要他人的共同之处是：两者都对学生的社会化有重要影响，而主要区别表现为三个方面：第一，互动性重要他人是学生生活环境中的具体人物，往往是学生的互动对象，而偶像性重要他人则一般是社会知名人士，并非学生的直接互动对象；第二，互动性重要他人是学生与其双向交流的产物，而偶像性重要他人是学生单向选择的结果；第三，互动性重要他人对学生的影响涉及个体社会化的几乎所有方面，其影响方式大多是潜移默化地进行的，而偶像性重要他人对学生的影响则主要是人生观、价值观等方面，其影响方式往往是突发的、短暂的，但又是刻骨铭心的。故本题说法正确。

二、单项选择题

11. C 【解析】本题考查教育目的的意义。教育目的是整个教育工作的核心，是教育活动的依据和评判标准、出发点和归宿，在教育活动中居于主导地位。同时它也是全部教育活动的主题和灵魂，是教育的最高理想。它贯穿于教育活动的全过程，对一切教育活动都有指导意义，也是确定教育内容、选择教育方法和评价教育效果的根本依据。

12. B 【解析】本题考查记忆的分类。语义记忆又称语词逻辑记忆，是个体对以各种有组织的知识为内容的记忆。语义记忆是以语词所概括的事物的关系以及事物本身的意义和性质为内容的记忆。例如，概念、定理、公式和规则等。故答案选B项。

13. A 【解析】本题考查理论联系实际原则的内容。荀子这句话的意思是：了解到的不如去实行，学问到了实行就达到了极点。实行，才能明白事理。荀子的这句话指明了理论联系实际的重要性，运用在教学中即体现了理论联系实际原则。该原则是指教师在教学中，应使学生从理论与实际的结合中来理解和掌握知识，并引导他们运用新获得的知识去解决各种实际问题，培养他们分析问题和解决问题的能力。

14. A 【解析】本题考查学习的分类。替代性学习是通过观察别人而进行的学习。替代性学习可以避免人去经历有负面影响的行为后果，如我们可以通过听他人讲述、看书以及看电影等来了解面临火灾时的逃生办法。题干中强调通过给学生观看视频的方式来学习自然灾害的危险性及自救常识，这属于替代性学习。故本题选A项。

15. C 【解析】本题考查个体身心发展的规律。个体身心发展在不同的年龄阶段表现出不同的总体特征及主要矛盾，面临着不同的发展任务，这就是身心发展的阶段性。个体身心发展的阶段性规律，决定了教育工作必须根据不同年龄阶段的特点分阶段进行。题干中，针对不同年龄阶段的学生提供不同的教育，不同阶段的教育又分为不同的等级，体现的正是个体身心发展的阶段性规律。

16. C 【解析】本题考查昆体良的教育思想。昆体良是古罗马教学法大师，他是西方教育史上第一个专门论述教育问题的教育家。在世界教育史上，昆体良是最早提出反对体罚的教育家，反映了他对儿童人格的尊重。昆体良提出：教育目的是培养善良而精于雄辩术的人。善良是第一位的，在雄辩术上达到完美境界是第二位的。因此，他坚持把良好道德的培养放在教育任务的首要位置。

17. D 【解析】本题考查演示法的运用。演示法是指教师通过展示实物、教具和示范性的实验来说明、印证某一事物和现象，使学生掌握新知识的一种教学方法。演示所使用的工具可分为四大类：实物、标本、模型、图片的演示；图表、示意图、地图的演示；实验演示；幻灯片、电影、录像的演示。题干中的李老师借助标本和模型来讲授知识，就体现了对这一方法的运用。

18. A 【解析】本题考查班主任约谈学生应遵循的原则。约谈是班主任教育、帮助学生的重要方法，应遵循以下四个原则：(1)针对性原则；(2)平等性原则；(3)灵活性原则；(4)广泛性原则。其中，针对性原则是指，班主任约谈学生不可随心所欲，必须有的放矢，目标明确，针对性强。梁实秋先生的话就强调了班主任约谈学生时要遵循针对性原则，即班主任要做足功课，根据具体的教育环境、教育对象，有针对性地与学生展开谈话。故本题选A项。

19. B 【解析】本题考查建构主义教学理论的主要教学形式。建构主义的教学理论提出的主要教学形式有：随机通达教学、情境教学、支架式教学。非指导性教学是人本主义心理学家罗杰斯提出的教学模式。故本题选B项。

20. A 【解析】本题考查需要的相关知识。在马斯洛研究的基础上，克莱顿·奥尔德佛区分出三种核心需要，即生存需要、关系需要和成长需要。其中，关系需要指人与人之间建立友谊、信任、尊重和建立良好的人际关系的需要。题干中强调学生在合作学习的过程中，发生分歧时会避免争论和竞争，目的是维护团队关系和谐，这体现了建立良好的人际关系的需要，即关系需要。故本题选A项。B项，自主需要是指个体能感知到做出的行为是出于自己的意愿的，是由自我来决定的，即个体的行为应该是自愿的且能够自我调控的。C项，成就需要指追求成就感、寻求成功的欲望。D项，权力需要指促使别人顺从自己意志的欲望。

21. D 【解析】本题考查学习策略的分类。组织策略是指将经过精加工提炼出来的知识点加以构造,形成更高水平的知识结构的信息加工策略。组织策略主要有两种:(1)归类策略,用于概念、语词、规则等知识的归类整理;(2)纲要策略,主要用于对学习材料结构的把握。题干中强调对学习材料进行归类整理,并形成系统结构图,这属于组织策略。故本题选 D 项。

22. C 【解析】本题考查教学评价的分类。诊断性评价,是在实施教学活动之前进行的评价。诊断性评价的目的是了解学生对新学习目标任务的准备状况,以确定学生的基本能力和起点行为,为确定教学目标、设定课堂教学结构奠定基础。

23. B 【解析】本题考查类比的种类。拟人类比是指将事物"拟人化"或"人性化"。例如,要求学生写一篇作文,想象一棵树生病了会怎么样?学生把自己想象成一棵生病了的小树,将自己平时生病时的症状和感受都赋予了这棵小树,因此写得生动感人。根据题干描述可知,娟娟运用的是拟人类比。故本题选 B 项。A 项,直接类比是将两种不同的事物,彼此加以隐喻或类比,借以触类旁通,举一反三。C 项,狂想类比是让学生考虑解决问题的途径,尽可能地以不寻常的思路去思考或尽可能地牵强附会。D 项,符号类比是指运用符号象征化的类比。

24. D 【解析】本题考查图式理论的相关知识。所谓图式,是指围绕某一个主题组织起来的知识的表征和贮存方式。题干中给主题思想不明确的短文加上标题相当于把杂乱的知识组织起来,便于人们的学习,这属于图式理论。故本题选 D 项。

25. A 【解析】本题考查职业倦怠的内涵。教师职业倦怠是用来描述教师不能顺利应对工作压力时的一种极端反应,是教师在长时期压力体验下而产生的情感、态度和行为的衰竭状态。故本题选 A 项。(具体参看张淑芳、王琨主编的《教育心理学》)

26. B 【解析】本题考查对课程类型的理解。在课程性质上,《道德与法治》课程是以学生的生活为基础,以培养品德良好、乐于探究、热爱生活的学生为目标的活动型综合课程。故本题选 B 项。

27. C 【解析】本题考查对教学过程的分析。题干中的数学老师在教学开始之前,直接将学习的结论告知学生,再让学生去测量验证。在这一过程中,学生受已有结论的影响,自主探索的空间受限。更好的做法是先不明确告知学生三角形内角和为 180 度,而是引导学生自己测量、主动探索并得出结论。

28. B 【解析】本题考查有效掌握概念的措施。大量的实验研究和教学经验证明,概念的关键特征越明显,学习越容易;无关特征越多、越明显,学习就越困难。因此在概念教学中可以采用突出有关特征(定义特征),控制无关特征的方法促进教学。例如,能飞并不是鸟的有关特征,虽然许多鸟会飞,但还有些鸟不能飞(如鸭、鸵鸟),而有些能飞的却不是鸟(如蜜蜂)。根据题干描述可知,答案选 B 项。

29. C 【解析】本题考查校园文化的内容。以校园文化的呈现形态进行分类,可将校园文化分为显性文化与隐性文化两类。(1)校园显性文化——显性文化包括了校园物质环境,如校舍建筑、校园场地布置、校园活动仪式等。学校应重视校园建筑、校园仪式蕴涵的德育价值。(2)校园隐性文化——在校园中,存在着一个无形的环境,如校风、班风、人际关系等,也同样体现出学校的文化积淀,成为极具教育意义的隐性文化。其中,对学生影响最大的就是校园人际关系环境。故 A、B、D 三项属于校园显性文化,C 项属于校园隐性文化。

30. D 【解析】本题考查美育的任务。美育的主要任务包括:(1)培养学生正确的审美观点,使他们具有感受美、理解美和鉴赏美的知识与技能;(2)培养学生艺术活动的技能,发展他们体现美和创造美的能力;(3)培养学生心灵美和行为美,使他们在生活中体现内在美和外在美的统一。其中,形成创造美的能力是美育的最高层次的任务。故本题选 D 项。

三、多项选择题

31. ACD 【解析】本题考查习近平总书记在 2018 年全国教育大会上的讲话。2018 年 9 月 10 日,习近平总书记在全国教育大会上的讲话中指出,要在坚定理想信念上下功夫,教育引导学生树立共产主义远大理想和中国特色社会主义共同理想,增强学生的中国特色社会主义道路自信、理论自信、制度自信、文化自信,立志肩负起民族复兴的时代重任。因此本题选 ACD 三项。

32. ABC 【解析】本题考查《中国学生发展核心素养》的内容。中国学生发展核心素养,以科学性、时代性和民族性为基本原则,以培养"全面发展的人"为核心,分为文化基础、自主发展、社会参与三个方面。综合表现为人文底蕴、科学精神、学会学习、健康生活、责任担当、实践创新六大素养,具体细化为人文积淀、国家认同、批判质疑等 18 个基本要点。因此本题选 ABC 三项。

33. AB 【解析】本题考查《关于大力推进幼儿园与小学科学衔接的指导意见》的内容。教育部印发的《关于大力推进幼儿园与小学科学衔接的指导意见》明确了幼小衔接的主要目标:全面推进幼儿园和小学实施入学准备和入学适应教育,减缓衔接坡度,帮助儿童顺利实现从幼儿园到小学的过渡。幼儿园和小学教师及家长的教育观念与教育行为明显转变,幼小协同的有效机制基本建立,科学衔接的教育生态基本形成。因此本题选 A、B 两项。

34. ACD 【解析】本题考查个人本位论的代表人物。个人本位论盛行于 18 ~ 19 世纪上半叶,认为确立教育目的的根据是人的本性,教育的目的是培养健全发展的人,发展人的本性,挖掘人的潜能,增进受教育者的个人价值,个人价值高于社会价值,而不是为某个社会集团或阶级服务。简言之,教育的根本目的是人的本性和本能的高度发展。个人本位论的代表人物有孟子、卢梭、裴斯泰洛齐、福禄贝尔、马利坦、赫钦斯、奈勒、马斯洛、萨特等。B 项是社会本位论的代表人物之一。故本题选 A、C、D 三项。

35. ABC 【解析】本题考查教学组织形式。个别辅导是指教师在课堂教学的基础上针对不同学生的情况进行个别指导的教学组织形式。故 A 项正确。分层教学是一种面向全体学生、因材施教的教学模式,即要针对不同层次学生的学习能力、接受能力等方面的不同,采取不同方式的教学方法。故 B 项正确。小组合作学习将不同个性特点的学生有机地整合在一起,使学习的个体变成了学习的共同体,有利于因材施教,弥补了教师由于班额大而不能照顾到每一个学生的不足,实现了每个学生都能获得成功的体验及实践和发展的目的。故 C 项正确。班级授课制的缺点是不利于因材施教。故 D 项错误。综上所述,本题选 A、B、C 三项。

36. ABC 【解析】本题考查个性心理特征的种类。个性心理特征包括气质、性格和能力。气质是表现在心理活动的强度、速度、灵活性与指向性等方面的一种稳定的心理特征,如有的人活泼好动、反应敏捷,有的人直率热情、情绪易冲动等。性格是指人的较稳定的态度与习惯化了的行为方式相结合而形成的人格特征,其结构包括态度特征、意志特征、情绪特征和理智特征。能力是直接影响人的活动效率,促使活动顺利完成的个性心理特征,它包括观察力、记忆力、注意力、想象力和思维力等成分。A 项描述的是想象力,属于能力的一种;B 项中的热情、直爽属于气质类型,亲和力也是人稳定表现出来的特点,属于个性心理特征;C 项描述的是性格的意志特征;D 项描述的是兴趣,属于个性心理倾向性的内容。故本题选 A、B、C 三项。

37. ABCD 【解析】本题考查培养和激发学习动机的措施。培养和激发学习动机的措施主要有:(1)创设问题情境,实施启发式教学;(2)根据作业难度,恰当控制学生的动机水平;(3)充分利用反馈信息,妥善进行奖惩;(4)正确指导结果归因,促使学生继续努力。(具体参见陶红、张玲燕主编的《心理学》)

38. ABC 【解析】本题考查《中小学德育工作指南》的内容。《中小学德育工作指南》指出,初中学段的德育目标是:教育和引导学生热爱中国共产党、热爱祖国、热爱人民,认同中华文化,继承革命传统,弘扬民族精神,理解基本的社会规范和道德规范,树立规则意识、法治观念,培养公民意识,掌握促进身心健康发展的途径和方法,养成热爱劳动、自主自立、意志坚强的生活态度,形成尊重他人、乐于助人、善于合作、勇于创新等良好品质。D 项属于高中学段的德育目标。故本题选 A、B、C 三项。

39. BCD 【解析】本题考查涟漪效应的相关知识。涟漪效应是指当学生违反课堂规则时,若教师没有及时加以制止或者制止方式不当,反而会引起其他学生模仿不良行为。为防止涟漪效应的发生,教师应注意:(1)批评学生时,必须明确指出他的行为错在哪里。(2)除了指出学生的错误行为之外,应向学生说明怎样的做法才是正确的。C 项正确。(3)要学生立即停止错误行为,并向他说明必须停止的理由。B 项正确。(4)批评学生时,教师态度应公正严肃,在言辞上要明确肯定,让学生在心理上产生敬畏感。D 项正确。(5)对学生行为的批评,应采取"对事不对人"的原则,且不应在言辞上有辱他的人格。A 项错误。(6)批评学生时,尽量避免带有愤怒的情绪反应。答案选 B、C、D 三项。

40. ABD 【解析】本题考查近视的预防措施。2021 年,教育部组织全国综合防控儿童青少年近视专家宣讲团专家提出中小学生和幼儿护眼十个要诀:(1)眼鼻口手要管住,严防病毒来侵入。(2)体育锻炼要保证,沐浴阳光不耽误。在疫情低风险地区,坚持参加多种形式的户外活动和体育锻炼,尽量做到中小学生每天 2 小时以上,幼儿每天 3 小时以上。A 项正确。(3)读写姿势要正确,一尺一拳加一寸。阅读书写时桌椅高度要合适,做到书本离眼睛一尺、胸口离桌一拳、握笔手指离笔尖一寸。D 项正确。(4)纸质读物要选好,字体大小要适当。纸质阅读材料的字体不宜过小,材质尽量不要有反光,保证阅读舒适。C 项错误。(5)采光照明要注意,台灯位置须关注。(6)线上学习要大屏,安全距离把眼护。(7)视屏时间要节制,家长一起来督促。家长要严格控制孩子每天观看电子屏幕的时间,年纪越小视屏时间要越短。视屏时遵循"20—20—20"法则,即观看电子屏幕 20 分钟后,要抬头远眺 20 英尺(6 米)外 20 秒钟以上。B 项正确。(8)饮食营养要均衡,睡眠时间要充足。(9)视力检测要重视,健康档案留记录。(10)防控方法要科学,迷信广告把病误。

四、综合分析题(参考答案)

41. (1)评价:案例中教师的做法遵循了教育教学的规律,符合新课程改革的要求,值得我们学习借鉴。

①教师具有新课程倡导的以人为本的学生观。现代学生观要求教师用发展的眼光看学生,认识到学生具有巨大的发展潜能,并能把学生看作具有独立意义的人,是学习的主体。案例中的教师期待班级中能有知名的小说家的产

生,并通过班会活动帮助学生认识到平衡兴趣与学业的关系的重要性,让写小说在考试之后成为班里一道独特的风景,就体现出该教师具有正确的学生观。

②教师的做法符合新课程倡导的教师角色。新课程认为,从教师与学生的关系看,教师是学生学习的促进者。教师不仅仅要向学生传播知识,更要引导学生沿着正确的道路前进,并不断在他们成长的道路上设置不同的路标,成为学生健康心理和健康品德形成的促进者、催化剂,引导学生学会自我调适、自我选择,向更高的目标前进。案例中的教师在发现班里的学生因迷上写小说而影响学业时,及时召开了主题班会,并在班会中鼓励学生的"小说梦",引导学生做好规划,平衡兴趣与学业的关系,就体现出该教师是学生学习的促进者角色。

③教师的做法符合新课程倡导的全面发展的教学观、交往与互动的教学观、开放与生成的教学观。新课程要求教师关注学科更关注人,重结论更重过程,能与学生积极互动、共同发展,并能根据学生情况对课堂进行开发和创新。案例中的教师针对学生沉迷写小说的现状召开了主题班会,并在班会中与学生积极互动,关注学生的情绪生活和情感体验,鼓励学生发展其兴趣爱好,引导学生处理好兴趣与学业的关系,这些都符合新课程倡导的教学观。

④教师的做法符合新课程倡导的学习方式。新课程强调学习方式的转变,以培养创新精神和实践能力为主要目的。通过自主、合作、探究的方式开展教学,教师由课堂教学的主导者转变为学生学习活动的组织者,探究发现的引导者。案例中,教师没有粗暴地打击学生写小说的积极性,而是借助陈思思同学的写小说心得,将兴趣与学业联系起来,启发学生自主学习,并在过程中提供方法的指导和建议,让他们自主探究,提升写作能力。

⑤此外,教师对学生的尊重、信任、耐心,体现出教师对学生的关爱;对班级学生沉迷写小说事件的处理、课堂教学与课外阅读的灵活组织等,能看出教师具有专业的教育科学知识和教育教学能力,即教师有着良好的职业素养。

(2)启示:案例中的教师的教育行为对我今后开展教育工作的启示如下:

①树立正确的学生观、教师观、教学观和学习观,充分了解和研究学生,尊重学生的人格,发现学生身上的闪光点,使用新型的学习方式组织教学,做学生学习的引导者、合作者。

②树立终身学习的理念,不断深化专业知识,拓宽知识视野。学习本学科的专业知识以及教育学、心理学等教育科学知识,同时了解丰富的科学文化知识,为学生提供更全面的指导。

③在实践中磨炼专业能力。提高自身的教育教学能力、组织管理能力、语言表达能力等。

④关心爱护学生,一切以学生为本,为学生考虑。尊重学生人格,平等对待每一个学生,接纳学生提出的意见和建议,关心他们的诉求。

五、论述题(参考答案)

42. 结合实际与上述材料,分析影响抗挫折能力发展的因素。

影响学生抗挫折能力的因素包括学校教育因素、家庭教育因素、社会环境因素以及学生自身因素。

(1)学校教育因素。首先,学校是学生的早期教育基地,但是在社会评价体系的引导之下,个别学校过分重视学生的学业成绩、就业情况、竞赛名次、升学比率等,导致学生未能获得抗挫折方面的隐性教育。其次,有的学校在进行教学活动过程中缺乏明确的目标和导向,往往一味要求学生要直面挫折、战胜挫折,但是在实际中并没有教导他们如何去做。再次,学校中灌输式教育方式依然较为普遍,导致教育效果不佳。最后,学校环境氛围,如人文风貌和精神面貌等,都在无形之中影响着学生的抗挫折能力提升。如材料中的学校不敢放开手脚管理学生,怕学生闹出极端事件,这剥夺了孩子们经历自然挫折的机会,不利于学生抗挫折能力的发展。

(2)家庭教育因素。处于心理发展期的学生在判断能力、社会认知等方面还存在很大的缺陷,此时如果家庭不能采用科学的培养方式,则容易造成学生性格上的懦弱和意志上的消沉,不利于学生抗挫折能力的发展。如材料中的部分父母过分包办和溺爱的行为;孩子遇到挫折时,家长只是一味地说教和指责。这均不利于学生抗挫折能力的发展。

(3)社会环境因素。现阶段,我国社会主义核心价值观逐步深入,营造了和谐的社会氛围,有利于提升学生的抗挫折能力。然而社会环境的改变对提升学生抗挫折能力的影响有限,仍需在教育界、社会各界加大重视度并付诸实践。

(4)学生个人因素。部分学生缺乏自主克服困难的意识,自我心理调节能力不足,致使他们一旦遇到挫折则更为无所适从。如材料中的小学生因寒假作业没有做完就跳楼,这反映出该生在遇到挫折时,不能很好地调节自己心理。

43. 结合材料和你对挫折教育的理解,谈谈你在日常生活中应如何帮助学生提升抗挫折能力?

(1)帮助学生树立正确的挫折观。挫折是客观存在、不可避免的。帮助学生树立正确的挫折观,教会学生对挫折有正确认识与思想准备,使其对在学习、生活中可能出现的挫折与困难事先有充分的估计,做好心理准备,就会减轻挫折感,增强战胜挫折的信心与勇气。

(2)帮助学生确定适当的抱负水平。青少年关于自己的理想或抱负有不同的水平,过高的抱负水平是产生挫折感的一个重要因素。

(3)适度感受挫折,锻炼挫折承受力。教师和家长可以有意识地提供或利用一些挫折情境,鼓励学生主动地在学习、生活实践中克服困难,战胜挫折,积累经验,不断成熟。

(4)教会学生积极适应挫折的方法和技术。通过训练和有意识的辅导,帮助学生掌握积极适应挫折的方法和技术,使他们学会如何对挫折做出积极主动的适应也是挫折教育不可忽视的内容。常见的积极适应方式有:理智的压抑;升华;幽默;合理宣泄;认知重组。主体对挫折情境的认识评价如何,直接影响到挫折感的产生,称为认知重组。如材料中的湖南长沙的14岁女生,如果改变对成绩下滑的认识,看到成绩并不是评价自己能力的唯一标准,通过与家人、老师沟通,改变学习方式和调整学习心态,学习成绩也许会提高。这样就可以减轻挫折感。

(考生可结合材料与实际加以阐述,言之有理即可)

44. 试述为落实国家"双减"政策,学校应从哪些方面发力,强化教育教学的主阵地作用?

(1)守住课堂就是守住教育教学质量。向课堂要质量、向课堂要效率是减负的根本所在。在课堂教学达标基础上,进一步提升教学质量,可以有效削弱寻求校外培训的动机,即良好的课堂教学有利于减少绝大多数学生和家庭的补课需求,进而推动减负真正落地。

(2)课堂教学成败关键在教师,守住课堂要求教师设计好每一个教案,上好每一堂课,留好每一次课后作业。一方面,学校和相关主管部门要坚决抵制教师"学校不讲课外补习讲,课堂不讲培训班讲"的行为,发现后要严肃处理。另一方面,教师要科学布置作业。作业要具有趣味性,要有拓展性和开放性,能够持续引导学生进行自主探索和深入思考,能够激励学生将学到的书本知识应用到实践中,从而实现知识的融会贯通和能力的自主发展。

(3)进一步完善课后服务,解决家长后顾之忧,让学生在校内"吃饱""吃好"。学校开展课后服务,可以有效解决家长接送难、孩子没地方去的问题;可以充分利用课后时间,提供丰富多彩的服务内容,为学生提供学习和发展空间;还有助于更好地满足学生个性化发展需求,促进学生全面健康成长。

(4)要加大推进教育均衡发展的力度,缩小校际差距,做到校校达标,个个精彩。缩小区域内同学段学校间的差距可以有效地缓解"择校热",也就可以很好地抑制为升入好学校而不断恶化的竞争性补课,进而也就从根本上断绝了校外培训的"补课市场"需求。在缩小校际差距时要注意:既不是"千校一面"追求同质化教学,也不是削峰填谷平庸化发展,而是要在优质均衡的基础上办出各自的特色,满足学生个性化发展需求,为我国创新人才的培养奠定坚实基础。

(5)此外,减负是一个复杂的系统工程,守住学校这一主阵地还需要进行系统的思考和全方位的设计,如:既要建立良好的家校合作沟通机制,又要创造性地做好课后服务工作;推行教师"弹性上下班"制,有效吸纳"银龄教师"到校参与服务;既要完成国家要求的教育教学任务,又要满足学生个性化需求,探索如"选课走班"等教育教学改革。

2021年辽宁省抚顺市清原满族自治县教师招聘考试真题试卷(七)

一、单项选择题

1. D 【解析】本题考查教育与教学的关系。教学与教育两个概念既相联系又相区别。教育指一切培养人的活动。广义的教学所指与教育一词的含义基本没有区别。但是在狭义上,教学专指教师的教与学生的学相统一的专门活动,已经从教育中分化独立了出来,是教育的核心部分。教学尽管有教育活动的性质,但是如果简单地完全归属于教育活动,则不利于对教学本质进行深入认识。故D项说法错误。

2. A 【解析】本题考查教育的生物起源说。生物起源说把教育概念生物学化,把人类教育的起源归结于动物的本能行为,没有把握人类教育的目的性和社会性,没能区分人类教育与动物界类似的教育行为之间的差别,把动物适应环境、求得生存而进行的本能性活动作为人的教育的基础,忽视了人的教育与动物的本能性生物行为之间的客观存在的本质区别,从根本上否定了人与动物的本质区别,否认了教育的社会性。

3. C 【解析】本题考查柏拉图的教育思想。柏拉图的教育思想集中体现在其代表作《理想国》中。他认为,教育和培养是当政者应注意的一件大事。理想国的建立和保持,端赖于教育;一个人得到的培养如果不合适,那么最好的天赋所得到的结果甚至会比差的天赋还要坏。故本题选C项。

4. C 【解析】本题考查教育对人的身心发展的影响。题干引文的意思是:吴国、越国、东夷、北貉之人,刚生下来啼哭的声音都是一样的,长大后风俗习惯却各不相同,就是教育使他们如此的。这句话强调了教育对人的身心发展的影响,故本题选C项。

5. A 【解析】本题考查古代教育的特点。古代东西方的教育虽然在具体内容和形式上存在许多差异,但也有一些共同特征:阶级性、道统性、等级性、专制性、刻板性、象征性。教育具有专制性,教育过程是管制与被管制、灌输与被灌输的过程,道统的威严通过教师、牧师的威严,通过招生、考试以及教学纪律的威严予以保证。故本题选A项。

6.D 【解析】本题考查教育家的教育思想。题干引言出自苏霍姆林斯基,他认为教育技能的全部奥秘就在于如何爱护孩子。

7.A 【解析】本题考查我国学校教育的现实问题。A项过于看重分数,不符合当前素质教育的要求。故A项理解错误。

8.B 【解析】本题考查教育的功能。题干引文的意思是:玉石不打磨雕琢,就不会成为精美的器物;人不学习,就不知道仁义道理。运用在教育中,体现了教育对人身心发展的重要性,即体现了教育的个体功能。

9.D 【解析】本题考查批判教育学的观点。批判教育学的目的就是要揭示所谓自然事实背后的利益关系,帮助教师和学生对自己所处的教育环境及形成教育环境的诸多因素敏感起来,即对他们进行启蒙,以达到意识"解放"的目的,从而积极地寻找克服教育及社会不平等和不公正的策略;教育现象不是中立的和客观的,而是充满着利益纷争的,教育理论研究不能采取唯科学主义的态度和方法,而要采取实践批判的态度和方法,揭示具体教育生活中的利益关系,使之从无意识的层面上升到意识的层面。故本题选D项。

10.A 【解析】本题考查教育的本质属性。教育的本质属性是育人,即教育是一种有目的地培养人的社会活动,这是教育区别于其他事物现象的根本特征,也是教育的质的规定性。如果失去了这一质的规定性,那就不能称之为教育了。A项只是新生儿正常的抓握反射,不属于教育现象。

11.A 【解析】本题考查21世纪教育的特点。教育的全民化指全民教育,即全体国民都有接受教育的基本权利并必须接受一定程度的教育,通过各种方式满足基本的学习需求。也就是教育对象的全民化,亦即教育必须向所有人开放。让贫困人口的子女也有受教育的机会,这体现了21世纪教育注重教育全民化的特点。

12.缺。

13.C 【解析】本题考查教育的文化功能。教育具有创造、更新文化的功能。现代教育与文化创造紧密结合,成为促使文化变革的一个重要方面。其一,在现代教育中,教育者对作为教育内容的文化素材,已不是简单机械的照搬,而是根据教育原理和各种文化素材的特点进行加工和再造。另外,现代学校总是用科学的眼光看待民族文化中的一切特质,否定其中丑恶的东西,倡导科学的民俗习惯和价值观念。其二,以科学研究为主要形式的文化创造活动,已经成为现代教育,特别是高等教育不可缺少的一个组成部分。所以,题干所述表明教育具有更新与创造文化的功能。

14.A 【解析】本题考查教育的人口功能。教育的人口功能之一是有助于人口迁移。教育对人口迁移的影响主要表现为:(1)受过教育的人口更容易做远距离迁移;(2)文化教育发达的城市和地区对人口迁移更有吸引力;(3)教育本身就在实现着人口的迁移。北京优质的教育资源吸引了大批周边的人群,体现了教育对人口迁移的影响。故本题选A项。

15.C 【解析】本题考查个体身心发展的规律。个体身心发展的个别差异性是指个体之间的身心发展以及个体身心发展的不同方面之间,存在着发展程度和速度的不同。题干所述表明不同个体在同一方面的发展程度不同,体现了个体身心发展的个别差异性。故本题选C项。

16.A 【解析】本题考查课程与教学目标取向的分类。普遍性目标是基于经验、哲学观或伦理观、意识形态或社会政治需要而引出的一般教育宗旨或原则,这些宗旨或原则直接运用于课程与教学领域,成为课程与教学领域一般性、规范性的指导方针。故本题选A项。

17.缺。

18.A 【解析】本题考查个人本位论的内涵。个人本位论认为确立教育目的的根据是人的本性。倡导个性解放,尊重人的价值。教育的目的是培养健全发展的人,发展人的本性,挖掘人的潜能,增进受教育者的个人价值。个人价值高于社会价值,而不是为某个社会集团或阶级服务。简言之,教育的根本目的是人的本性和本能的高度发展。由题干中的"教育是为了学生的发展,把学生塑造成一个人格健全的人"可知,该教育专家提倡个人本位论。

19.A 【解析】本题考查教学方法的运用。实践活动法是指让学生参加社会实践活动,培养学生解决实际问题的能力和多方面实践能力的教学方法。在实践活动法中,学生是中心,教师是学生的参谋或顾问,教师必须保证学生的主动参与,决不能越俎代庖。题干中的苏珊老师带学生进行野外短途旅行运用的就是实践活动法。

20.C 【解析】本题考查教学原则的具体运用。思想性(教育性)和科学性相统一的原则是指教学要以马克思主义为指导,授予学生科学知识,并结合知识教学对学生进行社会主义品德和正确人生观、科学世界观教育。这一原则的实质是要求在教学活动中把教书和育人有机地结合起来。苏珊老师通过野外短途旅行,把保护生态环境理念灌输给学生,在开展野外知识教学的同时对学生进行思想教育,就体现了对该原则的运用。

21.C 【解析】本题考查课时教学计划的内涵。课时教学计划即教案,它通常是指教师为某一节课而拟定的上课计划。一个完整的课时计划,一般包括班级、学科名称、授课时间、课题、教学目标、教学重点和难点、课的类型、教学方法、教具、教学过程、板书设计、教学反思、备注等。故本题选C项。

22.D 【解析】本题考查作业的形式。作业的形式包括:(1)阅读作业,如复习、预习教科书,阅读人文和科学读物;(2)口头作业,如口头回答、朗读、复述、背诵;(3)书面作业,如演算习题、作文、绘图;(4)实践作业,如观察、实验、测量、社会调查等。A项属于阅读作业,B项属于口头作业,C项属于书面作业,故本题选D项。

23.A 【解析】本题考查复式教学的内涵。复式教学是把两个或两个以上不同年级的学生编在一个教室里,由一位教师分别用不同的教材,在一节课里对不同年级的学生进行教学的一种特殊组织形式。它适用于学生少、教师少、校舍和教学设备较差的农村以及偏远地区。故本题选A项。

24.B 【解析】本题考查教师劳动的特点。教师劳动的创造性主要表现在三个方面:(1)因材施教。(2)教学方法上的不断更新。(3)教师需要"教育机智"。教育机智是教师在教育教学过程中的一种特殊定向能力,是指教师能根据学生新的特别是意外的情况,迅速而正确地做出判断,随机应变地采取及时、恰当而有效的教育措施解决问题的能力。题干中的语文老师在课堂出现意外情况时,能够及时地采取恰当的教育措施,这体现了教师劳动的创造性特点。

25.D 【解析】本题考查学习方法指导的方式。经验交流式是指学生之间通过自己的实践和学习过程的反思总结出自己的学习方法,并互相交流经验,取长补短,改进自己的学习方法。这种方式可以在教师的指导下进行,也可以学生独立进行。它的优点是具有较强的实用性,可以随时随地进行,不受时空局限,比较符合学生的实际,易于被学生接受。缺点是由于学生的经历和经验有限,交流的内容有限,且学生的认识水平较低,很难从科学的高度来总结。D项表述不符合经验交流式的特点。故本题选D项。

26.A 【解析】本题考查教学媒体应用的基本要求。教学媒体应用的基本要求包括:(1)与板书配合使用;(2)教学上要实用,设计和选择教学媒体时首先要注意的就是"实用";(3)表现形式上要美观形象;(4)制作和使用上要代价小,效能大;(5)在学习效果上注重多重刺激。故本题选A项。

27.A 【解析】本题考查知识直观的方式。在实际的教学过程中,主要有三种直观方式,即实物直观、模像直观和言语直观。其中,模像直观指观察与教材相关的模型与图像(如图片、图表、幻灯片、电影、录像、电视等),形成感知表象。题干中的关老师利用多媒体模拟火山爆发的场景,这属于模像直观。故答案选A项。

28.A 【解析】本题考查课堂导入的时间。课堂导入应尽量做到简练省时,力争用最少的话语、最短的时间导入新课,引出新的教学内容。一般而言,导入的时间以3~5分钟为宜。

29.B 【解析】本题考查板书的要求。板书的要求包括:计划性、简洁性、科学性、条理性、启发性、适时性和艺术性。板书要有简洁性是指,板书是对教学内容的提炼,板书语言不仅应该是精练概括的,而且应恰当地反映教学内容的本质,尤其是重点和难点内容。故本题选B项。

30.D 【解析】本题考查教师处理答问的过程。处理答问是指教师在学生回答问题后,对学生的答案进行的处理工作,其一般过程为:(1)积极倾听;(2)准确判断;(3)恰当提示;(4)及时评价。

31.缺。

32.C 【解析】本题考查新课程改革的基本理念。新课程改革的三大基本理念是:关注学生发展、强调教师成长、重视以学定教。故本题选C项。

33.D 【解析】本题考查隐性课程的具体运用。隐性课程亦称潜在课程、自发课程,是学校情境中以间接的、内隐的方式呈现的课程。隐性课程的主要表现形式之一是物质性隐性课程,包括学校建筑、教室的设置、校园环境等。题干所述就属于物质性隐性课程,故本题选D项。

34.B 【解析】本题考查地方课程的内涵。地方课程是省、自治区、直辖市教育行政机构和教育科研机构编定的课程,属于二级课程。它是一种为突出地方特色与地方文化,满足地方发展需要而设置的课程,具有区域性、本土性的特点。A市组织开发的课程,满足了本市发展实际需要,充分体现了本土特色,属于地方课程。故本题选B项。

35.A 【解析】本题考查课程资源开发与利用的原则。开放性原则是指课程资源的开发与利用要以开放的心态对待人类创造的一切文明成果,尽可能开发与利用有益于教育教学活动的一切可能的课程资源。课程资源开发与利用的开放性包括类型的开发性、空间的开放性和途径的开放性。题干中的胡老师把旅游时发现的多彩泥土带回学校,以便在课堂上向学生展示,就体现了胡老师以开放的心态对待课程资源,尽可能地利用有益于教育教学活动的一切可能的课程资源。故本题选A项。

36.C 【解析】本题考查德育方法的运用。个人修养法是在教师引导下学生经过自觉学习、自我反思和自我行为调节,使自身品德不断完善的一种重要方法。修养包括:立志、学习、反思、箴言、慎独等。故本题选C项。

37.D 【解析】本题考查教学原则。因材施教原则是指教师在教学中,要从课程计划、学科课程标准的统一要求出发,面向全体学生,同时又要根据学生的个别差异,有的放矢地进行有差别的教学,使每个学生都能扬长避短,获得最佳的发展。题干中蔡元培先生的话,就体现了在教学中要因人而异,因材施教。

38. D 【解析】本题考查德育过程的规律。德育过程的规律之一是:德育过程是组织学生的活动和交往,统一多方面教育影响的过程。活动和交往是学生思想品德形成和发展的基础和源泉。个体的思想品德是在活动和交往的过程中,接受外界教育影响,逐渐形成和发展,并通过活动和交往的过程表现出来的。题干中的某学校通过组织一系列的主题活动来对学生进行德育,说明该学校充分认识到德育是在活动和交往中接受多方面影响的过程。

39. C 【解析】本题考查皮亚杰的道德发展阶段理论。皮亚杰把儿童的品德发展划分为以下四个阶段:(1)自我中心阶段(2~5岁);(2)权威阶段(他律道德阶段或道德实在论阶段)(6~8岁);(3)可逆性阶段(自律或合作道德阶段)(9~10岁);(4)公正阶段(11~12岁)。其中,可逆性阶段的儿童已不把准则看成是不可改变的,而把它看作是同伴间共同约定的。该阶段的儿童一般都形成了这样的概念,如果所有的人都同意的话,规则是可以改变的。根据题干描述可知,小明的道德认知水平最可能处于可逆性阶段。故本题答案选C项。

40. D 【解析】本题考查品德的心理结构。品德的心理结构包括四种相辅相成的基本心理成分:道德认知、道德情感、道德意志和道德行为,简称知、情、意、行。其中,道德意志是个体自觉地调节道德行为,克服困难,以实现预定道德目标的心理过程。道德意志实际上是道德观念的能动作用,是个体通过自己理智的权衡作用去解决道德生活中内心矛盾与支配行为的力量,这种力量表现为能够排除内部障碍和外部困难,坚决执行道德动机所引起的行为决定。题干中的小恒想改掉坏习惯,但总是坚持不了,无法坚决执行预定目标,这说明对小恒的教育应从道德意志入手。故本题答案选D项。

41. C 【解析】本题考查缓解高原现象的方法。通常把学生在学习过程中出现一段时间的学习成绩和学习效率停滞不前,甚至学过的知识感觉模糊的现象,称为“高原现象”。其产生的原因在于:(1)学习方法的固定化;(2)学习任务的复杂化;(3)学习动机减弱;(4)兴趣降低;(5)心理和生理上的疲劳;(6)意志不够顽强。学生有心理和生理上的疲劳,适度的放松可以缓解紧张,令其达到心理平衡,但不能让学生彻底放松,这会取得适得其反的效果。故C项做法错误,A、B两项做法正确。根据学生学习方法的固定化这一原因可知,D项做法正确。因此,答案选C项。

42. B 【解析】本题考查教育名句蕴含的教学思想。“教,上所施,下所效也”是许慎在《说文解字》中对“教”的解释,其中的“施”就是操作、演示的意思,“效”就是模仿和效仿的意思。也就是说,教就是上行下效的意思,这与题干的观点一致。答案选B项。A项体现了好学的重要性,C项体现了学思结合的思想,D项体现了复习巩固的思想。

43. 缺。

44. A 【解析】本题考查教学操作能力的内涵。教学操作能力主要是指教师在实现教学目标过程中解决教学问题的能力。从教学操作的手段或方式看,这种能力主要表现为:(1)教师的言语表达能力,如语言表达的准确性、条理性、连贯性等;(2)非言语表达能力,如言语的感染力、表情、手势等;(3)选择和运用教学媒体的能力,如运用教具的恰当性。根据题干描述可知,蒋老师已经具备较好的言语表达能力和选择教学媒体的能力,因此,蒋老师发展的这类教学能力属于教学操作能力。

45. A 【解析】本题考查教师的专业素养。一名教师是否真正具备从事教师职业的条件,能否正确履行教师角色,根本上还在于教师的专业素养。故本题选A项。

46. B 【解析】本题考查学校文化的组成成分。观念文化是学校文化的内核和灵魂,是学校组织发展的精神动力。观念文化可分解为四种成分:(1)认知成分,即学校这个群体和构成它的个体对教育目的、过程、规律的认识,属于学校文化的理性因素;(2)情感成分,即学校这个文化体内的成员对教育、学校、班级、同事、同学、老师、学生特有的依恋、认同、参与、热爱的感情,这种感情通常包含着很深的责任感、归属感、优越感和献身精神;(3)价值成分,即学校校园所独有的价值取向系统;(4)理想成分,即学校及其成员对各种教育活动和学生的发展水平所表达的希望和追求。由题干中的“强烈的责任感和归属感”可知,这属于学校文化的情感成分。

47. B 【解析】本题考查实现学校教育主导作用和促进作用的条件。学校教育主导作用和促进作用的实现是相对的、有条件的。(1)从外部环境方面来说,它要求社会的发展为个体的发展提供相应的前提,它依赖于家庭环境的影响,包括家长的职业类别和文化程度、家庭的经济状况和自然结构;依赖于社会发展的状况,包括生产力水平、科技发展、社会环境、社会文化传统和民族心态以及公民整体素质等。(2)从教育系统内部来说,它依赖于教育自身的状况,包括学校的物质条件、师资队伍、教育管理者的水平等方面;依赖于学习者的主观能动性;它要求教育要遵循儿童的身心发展规律,还要积极协调社会、家庭等各个方面的教育影响,使其成为一股适合儿童需要的合力。故本题选B项。

48. B 【解析】本题考查课外活动的基本组织形式。小组活动是课外活动的基本组织形式。小组活动以自愿组合为主,根据学生的兴趣爱好和学校的具体条件,进行有目的、有计划的经常性活动。

49. D 【解析】本题考查教育心理学的学科性质。教育心理学的学科性质可以从三方面加以剖析。首先,从学科范畴看,它既是心理学的一个分支学科,又是教育与心理结合而产生的交叉学科;其次,从学科作用上看,它既是一门理论性学科(具有基础性),又是一门应用性较强的学科(具有实践指导性),但以应用性为主;从学科性质上看,它兼有社会科学和自然科学的性质,但以社会科学特征为主。因此,A、B、C三项说法正确。教育心理学是一门研究教育教学情境中学与教的基本心理规律的科学。它拥有自身独特的研究课题,即如何学、如何教以及学与教之间的相互作用。故D项说法错误。

50. D 【解析】本题考查卡特尔的智力形态论。美国心理学家卡特尔根据因素分析的结果,按心智能力功能上的差异,将人的智力分为流体智力和晶体智力两种不同的形态。流体智力以生理为基础,受先天遗传因素的影响较大。其主要表现为:(1)对新奇事物的快速辨认、记忆、理解等;(2)需要较少的专业知识,包括理解复杂关系和解决问题的能力。流体智力与年龄有密切的关系:一般人在20岁以后,流体智力的发展达到顶峰,30岁以后随着年龄的增长而降低。根据题干中“本能”“顶峰”“下降”等关键词可知,本题答案选D项。

51. C 【解析】本题考查学习风格的差异。学习者在感觉通道偏好上存在三种典型类型:(1)视觉型学习者。这类学习者对于视觉刺激较为敏感,习惯于通过视觉接受学习材料,如景色、相貌、书籍、图片等。他们适合于通过自己看书和做笔记进行学习,而不适合于教师的讲授和灌输。(2)听觉型学习者。这类学习者较为偏重听觉刺激,他们对于语言、声响和音乐的接受力和理解力较强,甚至喜欢一边学习,一边戴着耳机听音乐。当学习外语时,他们喜欢多听多说,而不太关心具体单词的拼写或者句型结构。(3)动觉型学习者。这类学习者喜欢接触和操作物体,对于自己能够动手参与的认知活动更感兴趣。因此,本题答案选C项。

52. D 【解析】本题考查无意注意的内涵。无意注意也称不随意注意,是没有预定目的、无需意志努力、不由自主地对一定事物所发生的注意。无意注意更多地被认为是由外部刺激物引起的一种消极被动的注意,是注意的初级形式。D项,同学们对窗外突然下起的雪的注意,是没有预定目的、无需意志努力、不由自主的,故属于无意注意。A项属于有意后注意,B、C两项属于有意注意,故本题答案选D项。

53. A 【解析】本题考查职业倦怠的特征。玛勒斯等人认为职业倦怠主要表现为三个方面:(1)情绪耗竭(情绪衰竭),指个体情绪情感处于极度的疲劳状态,工作热情完全丧失,情绪耗竭是职业倦怠的核心维度,也是最明显的症状表现;(2)去人性化,即刻意在自身和工作对象间保持距离,对工作对象和环境采取冷漠和忽视的态度;(3)个人成就感低,表现为消极地评价自己,贬低工作的意义和价值。题干中的刘美丽对教育工作失去了热情,属于情绪耗竭的典型表现。故本题选A项。

54. D 【解析】本题考查学生的认知风格差异。杰罗姆·卡根通过一系列实验发现,一些学生的知觉与思维方式以冲动为特征,而另一些学生则以反思为特征。冲动型思维的学生倾向于根据几个线索做出很大的直觉的跃进,往往以很快的速度形成自己的看法,在回答问题时很快就做出反应;反思型思维的学生则在做出回答之前倾向于进行深思熟虑的、计算的、分析性的和逻辑的思考,往往先评估各种可替代的答案,然后给予较有把握的答案。题干中的明明能以很快的速度形成自己的看法,在回答问题时能很快就做出反应,这说明他的认知风格有可能属于冲动型。故答案选D项。

55. D 【解析】本题考查应激的内涵。应激是出乎意料的紧迫情况所引起的急速而高度紧张的情绪状态。当人们遇到突然出现的事件或意外发生危险时,为了应付瞬息万变的紧急情况,就得果断地采取决定,迅速地做出反应。应激正是在这种情境中产生的内心体验。A项,小美一气之下撕碎了试卷,这属于激情。B项,小明被表扬后感觉天格外蓝,这属于心境。C项,李逵怒杀老虎一家,这属于激情。D项,小林突然被老师点名答题而不知所措,这属于出乎意料的紧迫情况所引起的高度紧张的情绪状态。因此,答案选D项。

56. C 【解析】本题考查微格教学的程序。一般情况下,微格教学通常采用以下教学程序:(1)明确选定特定的教学行为作为着重分析的问题。(2)观看有关的教学录像,指导者说明这种教学行为具有的特征,使新教师理解和掌握要点。(3)新教师制订教学计划,以一定数量的学生为对象,实际进行微格教学,并录音或录像。(4)和指导者一起观看录像,分析自己的教学行为,考虑改进行为的方法。(5)在以上分析和评论的基础上,再次设计微格教学,并对教学方案进行必要的修正。(6)进行以另外的学生为对象的微格教学,并录音或录像。(7)和指导教师一起分析第二次微格教学。故本题答案选C项。

57. B 【解析】本题考查班杜拉的自我效能感的相关知识。教学效能感一般指教师对于自己影响学生学习活动和学习结果能力的一种主观判断。这种判断会影响教师对学生的期待、对学生的指导等行为,从而影响教师的工作效率。目前教育心理学中关于教师教学效能感的概念在理论上来源于心理学家班杜拉的自我效能的概念。故本题选B项。

58. D 【解析】本题考查教育中的心理效应。得寸进尺效应,又称登门槛效应,在教育领域中指教师在进行学生管理时常常将教育目标进行分解,通过一系列细小目标的实现,最后达到较大的教育目标。例如,有经验的德育教师在做学生工作时，总是先让学生承诺完成一件比较容易的任务，待到任务完成后，他再接着提出更大的要求。根据题干描述可知，教师对学习有困难的学生先提出小的要求，达到要求后再逐步提出更高的要求，这属于登门槛效应在教学中的运用。

59. C 【解析】本题考查教师的教育责任。教师作为儿童进入学校后最主要的指导者，是帮助学生面对情感或人际问题的最好资源。C 项正确。

60. C 【解析】本题考查中学生常见的情绪困扰。自卑感是个体觉得自己低人一等的惭愧、羞怯、畏缩甚至灰心的复杂情感，是自我评价过低的重要体现。中学生的自卑感有以下特点：(1)自我评价过低。这是自卑的实质，表现在对自己的生理条件（如认为外貌丑陋，身高不够高等）以及学习、交往等各方面能力的评价过低。(2)概括化、泛化。即由于某一方面的原因而造成的自卑情绪极易泛化到其他方面，如有的女生会由于身材不好（如长得胖）引起自卑，使她感到自己的言谈举止及社会交往能力都不如别人，认为自己一无是处。(3)敏感性。具有自卑感的中学生往往会对自己的不足之处以及别人对自己的评价很敏感，常常非常在意老师和同学对自己的态度，也常常把与己无关的言行看成是对自己的轻视。(4)掩饰性。因此，小明的这种情况属于中学生情绪困扰中的自卑。故本题选 C 项。

61. C 【解析】本题考查马斯洛的需要层次理论。马斯洛根据需要出现的先后及强弱顺序，把需要分成了五个层次，即生理需要、安全需要、归属与爱的需要、尊重需要和自我实现的需要。其中，归属与爱的需要，也称社交需要，是指每个人都有被他人或群体接纳、爱护、关注、鼓励及支持的需要。根据题干描述可知，小静转入新班级后，没人愿意和她交朋友，因此小静的社交需要没有得到满足，故本题选 C 项。

62. A 【解析】本题考查教师成长的阶段。福勒和布朗根据教师的需要和不同时期所关注的焦点问题，把教师的成长划分为关注生存、关注情境和关注学生三个阶段。其中，处于关注生存阶段的一般是新教师，他们非常关注自己的生存适应性，最担心的问题是"学生喜欢我吗""同事们如何看我""领导是否觉得我干得不错"等。因而，可能会把大量的时间花在如何与学生搞好个人关系上，想方设法控制学生，而不是更多地考虑如何让学生获得学习上的进步。题干中强调李老师担心学生不喜欢自己，想和学生搞好关系，这说明李老师处于关注生存阶段。

63. C 【解析】本题考查教师职业的特点。教师作为一种专门职业，有其专业标准，要求从业人员经过严格、持续的学习，获得并保持相应的专业知识和专业技术，这就需要对他们进行专业培训。教师的专业教育通常包括职前、入职和在职教育三个环节，其中在职培训时间最长，持续教师整个职业生涯，是促进教师专业成长的关键。题干中某教师接受了职前教育和在职培训，体现了教师职业的专门化特点。

64. B 【解析】本题考查动机斗争的种类。双避式冲突是指从希望回避的两种事物中必取其一的心理状态。题干中强调小明既害怕考试不及格，又不想认真听讲，这种"既怕……又不想……"的心理属于双避式冲突。故本题选 B 项。

65. B 【解析】本题考查感知规律的内容。差异律指对象和背景的差异越大，对象从背景中区分开来就越容易。在物质载体层次上，应通过合理的板书设计、教材编排等方面恰当地加大对象和背景的差异。题干中强调用黑色的碳素笔在白板上写板书，加大了对象和背景的差异，这利用了差异律。故本题选 B 项。

66. C 【解析】本题考查成就动机的训练过程。成就动机的训练过程一般可以分为以下六个阶段：(1)意识化；(2)体验化；(3)概念化；(4)练习；(5)迁移；(6)内化。其中，体验化阶段指通过游戏或其他活动，让学生体验成功与失败，了解目标与成败的关系、成败与情感的联系，特别是了解为了取得成功所必须掌握的行为策略。故本题选 C 项。

67. B 【解析】本题考查程序教学的基本原则。1958 年斯金纳在《教学机器》一文中，提出了程序教学的基本原则。(1)小步子呈现原则。框面以由易到难的小步子呈现，两个步子之间难度差很小。(2)积极反应原则。要求学习者对每个学习问题都作出主动的反应。(3)及时反馈原则。在学生作出反应后，及时确认或及时强化，以提高学生的信心。(4)自定步调原则。让学生按自己的速度和潜力完成整个教学程序，强调个体化的学习方式。(5)低错误率原则。教学中尽量避免可能出现的错误反应，提高学习效率。故本题选 B 项。

68. B 【解析】本题考查行为主义学习理论的相关知识。行为主义者把刺激—反应作为行为的基本单位，学习即刺激—反应之间联结的加强。根据这一原理，课程的目的就是要提供特定的刺激，以便引起学生特定的反应。所以，课程目标越具体、越精确越好。行为主义者关注的是怎样教，侧重的是行为，并要以一种可以观察到的、可以测量的形式来具体说明课程内容和教学过程，其典型就是斯金纳的程序教学。故 A、C、D 三项说法正确。因此，答案选 B 项。

69. A 【解析】本题考查记忆的相关知识。关键词记忆是一种非常重要的记忆技术，之所以称作关键词记忆，是因为这个词能够把需要记忆的东西与某个心理图片之间建立联系，关键词记忆的主要方法是：在一个句子中或在一段需要记忆的文字中找出容易引起想象的词语，通过这个词语把需要记忆的东西和相应的心理图片建立联系，然后通过对心理图片的回忆唤起所要记忆的东西。故本题选 A 项。

70. B 【解析】本题考查机械记忆的相关知识。机械记忆是指人根据记忆材料的外部联系，在没有对材料的意义进行理解的情况下，采取机械重复的方法所进行的记忆。它的基本条件是多次重复，其优点是记忆准确，但花费时间较多，消耗精力大。B 项为意义记忆的特点。故本题选 B 项。

71. B 【解析】本题考查发散思维的基本特征。流畅性是指在限定时间内产生观念数量的多少。灵活性（变通性）是指摒弃以往的习惯思维方法而开创不同方向的能力。题干中的刘梅可以快速想到淀粉的多种用途，但是都在食品范围之内，这说明刘梅的流畅性好，变通性差。故本题选 B 项。

72. B 【解析】本题考查动作技能的特征。动作技能的特征包括客观性、精确性、协调性和适应性。其中，精确性是指操作动作符合规范要求，符合动作原理，无论是在动作的力量、速度、幅度还是结构等方面都有标准可循。如投篮、跳水。故本题选 B 项。

73. A 【解析】本题考查《新时代中小学教师职业行为十项准则》的内容。《新时代中小学教师职业行为十项准则》中的"潜心教书育人"要求教师落实立德树人根本任务，遵循教育规律和学生成长规律，因材施教，教学相长；不得违反教学纪律，敷衍教学，或擅自从事影响教育教学本职工作的兼职兼薪行为。题干中教师由于熬夜打游戏影响了第二天的教学进程，没有做到潜心教书育人。故本题选 A 项。

74. C 【解析】本题考查《新时代中小学教师职业行为十项准则》的内容。《新时代中小学教师职业行为十项准则》中的"传播优秀文化"要求：带头践行社会主义核心价值观，弘扬真善美，传递正能量；不得通过课堂、论坛、讲座、信息网络及其他渠道发表、转发错误观点，或编造散布虚假信息、不良信息。题干中耿老师在课堂上带领学生为明星应援，既占用了正常的上课时间，也没有对学生传播优秀文化，这种行为既不合情也不合理。故本题选 C 项。

75. A 【解析】本题考查教师与家长的人际关系处理。教师在处理与家长关系时应遵循的道德要求包括：(1)主动与学生家长联系；(2)认真听取家长的意见和建议；(3)尊重学生家长的人格；(4)教育学生尊重家长。题干中的陈老师直接当众指责李同学的家长，没有做到尊重学生家长的人格，这种做法是不恰当的。对于李同学头发过长的问题，陈老师应该首先与家长积极进行沟通和交流，讲明学生的仪表规范要求，取得家长的认同，从而共同致力于李同学的教育问题。

76. D 【解析】本题考查班主任对学生课堂问题行为的处理。对未成年学生的教育，要坚持以思想教育为主，惩罚为辅。所以，对于在课堂上不认真听课的学生，班主任王老师要及时对其进行教育，督促他们养成认真听课的好习惯。

77. B 【解析】本题考查《中华人民共和国教师法》。根据《中华人民共和国教师法》第七条规定可知，教师享有按时获取工资报酬，享受国家规定的福利待遇以及寒暑假期的带薪休假的权利。题干中的医疗保险属于国家规定的福利待遇，故该学校的做法侵犯了林业的获得报酬权。

78. B 【解析】本题考查《中华人民共和国教师法》。根据《中华人民共和国教师法》第三十六条规定，对依法提出申诉、控告、检举的教师进行打击报复的，由其所在单位或者上级机关责令改正；情节严重的，可以根据具体情况给予行政处分。国家工作人员对教师打击报复构成犯罪的，依照刑法有关规定追究刑事责任。题干强调情节严重，故本题答案选 B 项。

79. D 【解析】本题考查《中华人民共和国教育法》。根据《中华人民共和国教育法》第六十条规定，国家鼓励境内、境外社会组织和个人捐资助学。故 A 项说法正确。根据第六十一条规定，国家财政性教育经费、社会组织和个人对教育的捐赠，必须用于教育，不得挪用、克扣。故 B 项说法正确。根据第六十二条规定，国家鼓励运用金融、信贷手段，支持教育事业的发展。故 C 项说法正确。根据第五十九条规定，国家采取优惠措施，鼓励和扶持学校在不影响正常教育教学的前提下开展勤工俭学和社会服务，兴办校办产业。故 D 项说法错误。

80. D 【解析】本题考查《中华人民共和国教育法》。根据《中华人民共和国教育法》第四十四条规定，受教育者应当履行下列义务：(1)遵守法律、法规；(2)遵守学生行为规范，尊敬师长，养成良好的思想品德和行为习惯；(3)努力学习，完成规定的学习任务；(4)遵守所在学校或者其他教育机构的管理制度。故 D 项不属于受教育者应当履行的义务。

二、多项选择题

81. ACD 【解析】本题考查教育学的研究任务。教育学是庞大教育科学体系中的基础学科。教育学的研究任务就是通过研究形成教育的一系列概念，揭示教育的基本规律，阐明教育的诸多问题，建立教育学的理论体系。故本题选 ACD 三项。

82. ABC 【解析】本题考查原始社会教育的特点。原始社会的教育主要有三个特征：(1)教育具有非独立性，教育和社会生活、生产劳动紧密相连。(2)教育具有自发性、全民性(普及性)、广泛性、无等级性(平等性)和无阶级性,是原始状态下的教育机会均等,只因年龄、性别和劳动分工不同而有差别。(3)教育具有原始性。教育内容简单,主要是传递生产经验;教育方法单一,只限于动作示范与观察模仿、口耳相传与耳濡目染。故本题选 ABC 三项。

83. ABD 【解析】本题考查家庭教育的特点。家庭教育的特点包括:(1)先导性;(2)感染性;(3)权威性;(4)针对性;(5)终身性;(6)个别性。故本题选 ABD 三项。

84. AD 【解析】本题考查教学策略的相关知识。教学策略是教师在现实的教学过程中对教学活动的整体性把握和推进的措施。故 A 项说法正确。教学策略是一系列有计划的动态过程,具有不同的层次和水平。故 B 项说法错误。教学方法是更为详细具体的方式、手段和途径,它是教学策略的具体化,介于教学策略与教学实践之间,教学方法受制于教学策略。故 C 项说法错误。任何教学策略都是针对教学目标的每一具体要求而制定的,具有与之相对应的方法、技术和实施程序,它要转化为教师与学生的具体行动。这就要求教学策略必须是可操作的。故 D 项说法正确。因此,答案选 A、D 两项。

85. ABC 【解析】本题考查学校课程开发的影响因素。课程反映了一定社会的政治、经济要求,受一定社会生产力和科学文化发展水平以及学生身心发展规律的制约。也就是说,学生(儿童)、学科(知识)和社会是影响学校课程开发的三大因素。

86. ABCD 【解析】本题考查《中小学德育工作指南实施手册》。《中小学德育工作指南实施手册》中提出,学校要建立和完善教育常规制度,形成稳定、持续、常态开展的德育工作体系。每周一次升旗仪式;每学期固定的校会;每学期常规安排的班、团、队会,重大节日、纪念日教育活动,开学、毕业典礼,表彰三好学生、优秀学生活动;周期性的研学旅行,参观主题教育基地,参加社会志愿服务等,均应形成制度,并认真坚持。

87. AB 【解析】本题考查知觉的理解性。知觉的理解性是指人以知识经验为基础对感知的事物加工处理,并用语词加以概括赋予说明的加工过程。人在知觉的过程中,不是被动地把知觉对象的特点登记下来,而是以过去的知识经验为依据,力求对知觉对象做出某种解释,使它具有一定的意义。故 A、B 两项体现了知觉的理解性。知觉的选择性是指当面对众多的客体时,知觉系统会自动地将刺激分为对象和背景,并把知觉对象优先地从背景中区分出来。C、D 两项体现了知觉的选择性。因此,答案选 AB 两项。

88. ABC 【解析】本题考查影响教师威信形成的因素。教师威信的形成取决于一系列主客观因素。其中,影响教师威信形成的主观因素主要有:(1)良好的道德品质、渊博的知识、高超的教育教学艺术是教师获得威信的基本条件。因此,A、B、C 三项说法正确。(2)在与学生长期交往中能否适当满足学生的需要,对教师威信形成具有重大影响。教师的威信是在与学生长期交往中形成的。(3)教师的仪表、生活、作风和习惯对获得威信有重要影响。教师的仪容姿态、作风、生活习惯,并非微不足道的细枝末节。(4)教师给学生的第一印象,对教师威信形成有一定的影响。教师的仪表主要是说教师的姿态等,而不是美貌或俊俏的容颜,故 D 项说法错误。

89. BD 【解析】本题考查成败归因理论。韦纳把人经历过事情的成败归结为六种原因,即能力、努力程度、工作难度、运气、身心状况、外界环境。又把上述六项因素按各自的性质,分别归入三个维度:内部归因和外部归因、稳定性归因和非稳定性归因、可控制归因和不可控制归因。其中,运气属于外部、不可控、不稳定的因素。题干中强调王雪将答对问题归因于运气,故王雪的归因属于外归因、不稳定性归因。

90. AC 【解析】本题考查未成年人具有的特点。预防未成年人犯罪法针对未成年人好模仿、可塑性强等特点,把净化社会环境、减少不良因素侵蚀作为预防未成年人犯罪的重要任务,重点规定了对治安环境和文化环境的综合治理。为未成年人身心健康发展创造良好的社会环境。故本题选 AC 两项。

三、判断题

91. × 【解析】本题考查旧中国的学制沿革。"癸卯学制"主要承袭了日本的学制,是中国近代教育史上第一部由国家颁布的并在全国实行的学制系统,成为中国近代教育走向制度化、法制化阶段的标志。该学制明文规定教育目的是"忠君、尊孔、尚公、尚武、尚实",明显反映了"中学为体,西学为用"的思想。"壬寅学制"以日本的学制为蓝本,由当时的管学大臣张百熙起草,是中国近代教育史上最早由国家正式颁布的学制系统,虽然正式公布,但并未实行。故本题说法错误。

92. √ 【解析】本题考查教育的本质属性。教育的本质属性是育人,即教育是一种有目的地培养人的社会活动,这是教育区别于其他事物现象的根本特征,也是教育的质的规定性。教育是人类所特有的一种有意识的社会活动,动物界不存在教育。动物抚育幼崽的过程不属于教育。

93. × 【解析】本题考查孔子的教育思想。题干的意思是:"几个人在一起行走,其中必定有可作为我的老师的人,要选择他们的优点来学习,如果看到他们的缺点要反省自己有没有像他们一样的缺点,若有,要加以改正。"这体现了孔子重视向他人学习,内省改正。

94. √ 【解析】本题考查教育学的价值。教育学的价值之一是提高教育实践工作者的自我反思和发展能力。一个好的教育工作者,应该是一个能够不断自我反思和发展的教育工作者。所谓能够自我反思,是指能够不断地在思想领域内对自己所作所为的合理性和合法性进行追问;所谓能够自我发展,是指能够不断地超越自己已经达到的教育境界,追求某种更高的教育境界。无论是自我反思还是自我发展,在经验领域内部都是不可能完成的。只有教育理论才能帮助教育实践工作者超越经验的限制,摆脱习惯的束缚,在不断的自我反思中不断地发展自我、完善自我和实现自我。

95. √ 【解析】本题考查全面发展教育的内涵。全面发展教育并不是均衡教育,更不是削弱个性的教育。全面发展教育更多的是侧重于对学校的工作要求,学校应为学生提供全面发展的平台,提供学生符合自己特点的可选择的发展机会;而不是为所有学生提供千篇一律的教育,更不是用一把尺子衡量所有的学生。(具体参看袁振国主编的《当代教育学》)

96. × 【解析】本题考查练习法的内涵。练习法是学生在教师指导下运用知识去反复完成一定的操作、作业与习题,以加深理解和形成技能技巧的方法。练习的目的是学以致用,加深理解,形成技能、技巧,培养学生解决实际问题的初步能力。练习是教学的一种基本方法。练习必须通过一定数量的活动才有成效,但绝非机械训练,只重数量,不讲质量。

97. √ 【解析】本题考查学生能力的培养。"授人以鱼,不如授人以渔"的意思是:给别人一条鱼,不如教他捕鱼的方法。这强调的是传授给人既有知识,不如传授给人学习知识的方法。"教是为了不教"的意思就是说教会学生学习,因材施教,培养学生独立的思维、学习和工作的能力。这体现在教学过程中,就是要重视学生能力的培养。

98. × 【解析】本题考查教学评价的类型。诊断性评价是在学期开始或一个单元教学开始时,为了了解学生的学习准备状况及影响学习的因素而进行的评价。它包括各种通常所称的摸底考试。形成性评价是在教学过程中为改进和完善教学活动而进行的对学生学习过程及结果的评价。它包括在一节课或一个课题的教学中对学生的口头提问和书面测验。故题干所述属于形成性评价。

99. × 【解析】本题考查科尔伯格的道德发展阶段理论。科尔伯格将道德判断分为三个水平,每一水平包含两个阶段,六个阶段依照由低到高的层次发展。这一道德发展的顺序,科尔伯格认为是固定的,只是各人并非都在同样的年龄达到同一发展水平。实际上,有许多人永远也无法达到道德判断的最高水平,甚至有人还停留在前习俗水平上对问题进行思考。故题干说法错误。

100. × 【解析】本题考查素质教育的内涵。我国的全面发展教育主要包括德育、智育、体育、美育、劳动技术教育。素质教育是全面发展教育在社会主义建设时期的具体落实和深化。实施素质教育,在教育过程中要坚持五育并举,全面发展。

101. × 【解析】本题考查班集体的建设。班集体是通过开展集体活动逐步形成起来的,因为只有在为实现集体的共同目标而进行的系列活动中,全班学生才能充分交往、沟通、协作,紧密团结,形成集体的核心,调动全班同学的积极性;才能激发出学生的工作责任感和集体主义精神,使他们学会正确处理人与人、个人与集体、班与学校及社会之间的关系,形成正确的舆论和班风。良好班集体的建设不可能靠简单的道德说教而完成,它需要教育者采用一定策略,通过细致、深入的工作,才能逐渐地培养建立起来。所以题干说法错误。

102. √ 【解析】本题考查学生生活的内容。美善的学生生活应该是一种"现实的生活"、一种"教育的生活"、一种"完整的生活"。

103. √ 【解析】本题考查心理发展的年龄特征。在一定社会和教育条件下,心理发展的年龄特征既表现出一定的稳定性,又表现出一定的可变性。故题干说法正确。

104. × 【解析】本题考查多血质的特征。活泼、好动、敏感、反应迅速、喜欢与人交往、注意力容易转移、兴趣容易变换是多血质的特征。注意力稳定属于黏液质的特征,故题干说法错误。

105. × 【解析】本题考查知识学习的分类。下位学习又称类属学习、归属学习,是一种把新的观念归属于认知结构中原有观念的某一部分,并使之相互联系的过程。原有观念在包容和概括水平上高于新学习的知识。题干所述为上位学习的概念,故题干说法错误。

106. × 【解析】本题考查班杜拉对强化的分类。班杜拉将强化分为直接强化、替代强化和自我强化三种。其中,自我强化是指对自己表现出的符合或超出标准的行为进行自我奖励。替代强化是指观察者因看到榜样的行为被强化而受到强化。题干中强调榜样的作用,属于替代强化。故题干说法错误。

107. × 【解析】本题考查泛化的内涵。机体对与条件刺激相似的刺激做出条件反应,属于刺激的泛化。如果只对条件刺激做出条件反应,而对其他相似刺激不做反应,则出现了刺激的分化。题干中强调类似的刺激也可以引起条件反射,属于泛化,题干描述错误。

108. √ 【解析】本题考查问题解决的特征。问题解决是通过内在的心理加工实现的,自动化的操作如走路、穿衣等虽然也有一定的目的性,但不能称为问题解决。故题干说法正确。

109. √ 【解析】本题考查教师职业道德的功能。教师职业道德对教育对象具有教育功能。青少年具有很大的可塑性。他们往往从教师的道德意识和道德行为中汲取是非、善恶观念。当教师按照教师职业道德作为时,会使道德要求具体化、人格化,从而使学生在富于形象性的榜样中受到启迪和教育,在潜移默化中形成教师所期望学生拥有的良好思想品德,增强教师教育的可信度、吸引力和有效性。故题干说法正确。

110. √ 【解析】本题考查学校的选址要求。学校的选址首先要考虑的就是安全因素。根据国家的有关规定,学校的选址不应设在靠近污染源、地震断裂带、山丘滑坡段、悬崖旁、泥石流地区及水坝泄洪区、低洼地等不安全地带。故题干说法正确。

2021年辽宁省凌海市教师招聘考试真题试卷(八)

一、单项选择题

1. B 【解析】本题考查学校教育主导作用的发挥。学校教育主导作用和促进作用的实现是相对的、有条件的。当社会影响和家庭教育与学校教育相一致,教育者能按教育规律做好工作,学生又能积极主动参与时,学校教育才能发挥主导作用;否则,不能起主导作用。故本题选B项。

2. D 【解析】本题考查陶行知的教育思想。陶行知继承发展了杜威的现代教育思想,并从中国国情出发,提出了生活教育理论,认为"生活即教育",主张以人类的生活作为教育内容,在生活实践中接受教育;"社会即学校",要"把学校里的一切延伸到大自然界中去";"教学做合一",强调学做结合。故本题选D项。

3. A 【解析】本题考查道尔顿制。道尔顿制属于改革班级教学制、进行个别教学的一种组织形式。其目的是废除年级和班级教学,学生在教师指导下,各自主动地在作业室内,根据拟定的学习计划,以不同的教材、速度和时间进行学习,以适应其能力、兴趣和需要的差异,从而发展其个性。故本题选A项。

4. A 【解析】本题考查内发论的教育观点。内发论强调内在因素,如"需要""成熟",强调人的身心发展的力量主要源于人自身的内在需要,身心发展的顺序也是由身心成熟机制决定的。高尔顿和霍尔的话表明他们都强调遗传的作用,这种观点属于内发论。故本题选A项。

5. D 【解析】本题考查个体身心发展的规律。个体身心发展的个别差异性是指个体之间的身心发展以及个体身心发展的不同方面之间,存在着发展程度和速度的不同。个体身心发展的个别差异性的表现之一是不同儿童不同方面的发展存在差异。题干中"有的学生对音乐很敏感,有的学生对语言文字敏感,有的学生对数字敏感"就体现了不同的学生在不同方面的发展存在差异。故本题选D项。

6. A 【解析】本题考查循序渐进的思想。题干的表述均出自《学记》。"学不躐等"即教学要遵循学生的心理发展特点,循序渐进;"不陵节而施之谓孙"即不超越受教育者的才能和年龄特征而进行教育,叫作合乎顺序;"杂施而不孙,则坏乱而不修"即如果教学杂乱无章而不能做到循序渐进,则教学会陷入混乱而学生学习没有成效。这些都强调在教学中要做到循序渐进。故本题选A项。

7. D 【解析】本题考查教育的经济功能。教育的经济功能是指,教育通过总结、传承与发展生产经验、科学技术与经济管理知识,培养能够参与各种经济活动的劳动者和专门人才,使社会生产力和经济得到发展。具体表现为:(1)教育是使可能的劳动力转变为现实的劳动力的基本途径;(2)现代教育是使知识形态的生产力转化为直接的生产力的一种重要途径;(3)现代教育是提高劳动生产率的重要因素。由题干表述可知,这主要体现了教育的经济功能。(具体参看王道俊、郭文安主编的《教育学(第七版)》)

8. C 【解析】本题考查个人本位论的观点。个人本位论认为,教育的根本目的是人的本性和本能的高度发展。C项"充分发挥作用的人"就是个人本位论的体现。A、B、D三项均是社会本位论的观点。故本题选C项。

9. D 【解析】本题考查教师劳动的特点。教师劳动的示范性指教师的言行举止,如人品、才能、治学态度等都会成为学生学习的对象。教师劳动的示范性是由学生的可塑性、向师性和模仿心理特征决定的。由题干中的"直接榜样""用自己的思想、情感、行为等影响学生"可知,这体现了教师劳动的示范性。故本题选D项。

10. B 【解析】本题考查教学的相关内容。受教育者是教育的对象及学习的主体,他在接受思想、品德、知识、技能、行为以及智慧、性格等方面的影响时具有主观能动性。魏老师只重视发挥教师的主导作用,显然忽略了受教育者的主观意识的重要性。

11. A 【解析】本题考查教师成长的阶段。福勒和布朗根据教师的需要和不同时期所关注的焦点问题,把教师的成长划分为关注生存、关注情境和关注学生三个阶段。其中,处于关注生存阶段的一般是新教师,他们非常关注自己的生存适应性,最担心的问题是"学生喜欢我吗""同事们如何看我""领导是否觉得我干得不错"等。根据题干描述可知,梁老师最可能处于关注生存阶段。

12. A 【解析】本题考查讲授策略的局限性。讲授策略的缺点是:(1)对教师的语言表达能力和组织听讲的能力要求高。(2)学生在教学过程中的主体地位落实难,极易形成学生学习被动的习惯,独立创新精神的培养不够。(3)课堂交流沟通单调,气氛沉闷。(4)不利于学生个性的发展。运用讲授策略时,教师可自主控制教学时间,耗费课时少。A项不属于讲授策略的局限性。故本题选A项。

13. C 【解析】本题考查课堂导入的方法。问题导入(提问导入)是指教师通过提出富有启发性的问题,引起学生回忆、联想、思考,从而激发学生产生学习和探究欲望,进而导入新的教学内容的一种导入方法。老师提出"世界上什么东西力量最大"这个问题来引导学生思考,激发学生的探究欲望,进而导入新课,这种导入方法属于提问导入。

14. B 【解析】本题考查实验法的运用。实验法是指教师引导学生使用一定的仪器和设备,进行独立操作,引起某些事物和现象产生变化,从而使学生获得直接经验,培养学生技能和技巧的教学方法。实验法常用于物理、化学、生物等自然学科的教学。在老师的指导下,甲同学进行了氧气制取的实验,这是对实验法的运用。

易错警示:

演示法中的实验演示与实验法是考生容易混淆的知识点,两者的区别在于操作主体的不同:

实验演示——教师做实验,学生看;实验法——学生做实验,教师指导。

15. B 【解析】本题考查教学原则的运用。思想性(教育性)和科学性相统一的原则是指教学要以马克思主义为指导,授予学生科学知识,并结合知识教学对学生进行社会主义品德和正确人生观、科学世界观教育。这一原则的实质是要求在教学活动中把教书和育人有机地结合起来。张老师既向同学们讲授了杂交水稻的知识,又为同学们介绍了袁隆平的感人事迹,在教书的同时做到了育人,就体现了思想性(教育性)和科学性相统一的教学原则。

16. D 【解析】本题考查教学过程的中心环节。教学过程大致分为激发学习动机、领会知识、巩固知识、运用知识、检查知识五个阶段。其中,领会知识是教学过程的中心环节。

17. A 【解析】本题考查教学评价的运用。形成性评价是在教学过程中为改进和完善教学活动而进行的对学生学习过程及结果的评价。它包括在一节课或一个课题的教学中对学生的口头提问和书面测验。李老师在每周一的课堂中对学生进行测试,以充分掌握学生的学习情况,这体现了李老师对形成性评价的运用。

18. B 【解析】本题考查班级授课制的历史发展。1632年,捷克教育家夸美纽斯出版的《大教学论》最早从理论上对班级授课制做了阐述,为班级授课制奠定了理论基础。

19. D 【解析】本题考查德育方法的运用。品德评价法是通过对学生品德进行肯定或否定的评价而予以激励或抑制,促使其品德健康形成和发展的德育方法。它包括奖励、惩罚、评比和操行评定等。李老师用五角星奖励助人为乐的学生,这体现了对品德评价法的运用。

20. C 【解析】本题考查价值澄清模式的内容。价值澄清模式的代表人物是美国的拉斯、哈明、西蒙等人。这种模式着眼于价值观教育,试图帮助人们减少价值混乱并通过评价过程促进统一的价值观的形成。其目的是通过选择、赞扬和实践过程来增进赋予理智的价值选择。题干中的老师利用班会时间组织学生对"公交车上要不要让座"进行探讨,从而引导学生选择符合道德原则的价值观念,塑造学生的价值观。这就体现了对价值澄清模式的运用。

21. D 【解析】本题考查科尔伯格的道德发展阶段理论。科尔伯格将道德判断分为三个水平,每一水平包含两个阶段,六个阶段依照由低到高的层次发展。其中,习俗水平的第二个阶段是维护权威或秩序的道德定向阶段。这一阶段的道德价值是以服从权威为导向,包括服从社会规范,遵守公共秩序,尊重法律的权威,以法制观念判断是非、知法守法。题干中强调小林以法制观念判断是非,故其道德判断发展到习俗水平。故本题选D项。

22. B 【解析】本题考查品德情感的内涵。情即品德情感,是人们对客观事物做出是非、善恶判断时引起的内心体验,表现为人们对客观事物的爱憎、好恶的态度。故本题选B项。

23. C 【解析】本题考查品德的心理结构。品德的心理结构包括四种相辅相成的基本心理成分:道德认知、道德情感、道德意志和道德行为。其中,道德意志是个体自觉地调节道德行为,克服困难,以实现预定道德目标的心理过程。题干中强调小可还是忍不住摘下好看的花,说明其意志薄弱,故应该提高其道德意志水平。因此,答案选C项。

24. D 【解析】本题考查皮亚杰的道德发展阶段理论。自我中心阶段是一种无道德规则阶段,道德规则对儿童没有任何约束力。因为这一年龄阶段的儿童正处于前运算阶段,并不能真正地理解规则,儿童对问题的考虑都还是以自我为中心的。儿童在游戏中不顾及规则,按照自己的想象去制定规则。题干中强调云丰凡事以自我为中心,这说明云丰最可能处于道德发展的自我中心阶段。故本题选D项。

25. C 【解析】本题考查课堂气氛的类型。对抗的课堂气氛的特征是:课堂纪律问题严重,师生关系紧张;学生随心所欲,各行其是;注意力指向无关对象;教师无法正常上课,时常被学生打断或不得不停下来维持课堂纪律,基本上是一种失控的课堂状态。故题干所述符合对抗的课堂气氛的特征。因此,答案选C项。

26.C 【解析】本题考查班级组织的功能。班级组织的矫正功能是指，班级组织在发挥诊断功能的基础上，还可以通过各种活动和集体舆论，有针对性地让学生扮演一定的角色、承担一定的责任，以形成学生的能力、责任感、自信心及合作意识。例如，以自我为中心的学生会因受到伙伴的批评而改变行为；自我控制能力欠缺的学生能够在集体的监督约束下逐步形成自律意识。题干中，性格羞怯内向的小科在班集体的鼓励下变得活泼大方，自信心增强，体现了班级组织的矫正功能。

27.C 【解析】本题考查非正式群体的相关知识。在同伴交往过程中，一些学生自由结合、自发形成的小群体，称为非正式群体。题干中强调同学们自发形成音乐兴趣小组，这属于非正式群体。故本题选 C 项。

28.A 【解析】本题考查克服学生的畏难情绪的方法。有畏难情绪的学生往往在学习上都经历了反复失败的过程，他们逐渐产生了消极的自我概念，自卑感上升，学习原动力丧失。这种反复失败会形成恶性循环。教师要帮助学生体验成功，找回自信心，变反复失败的恶性循环为不断成功的良性循环。A 项中的做法有利于帮助雷雷体验到成功的喜悦，树立自信心，不断增强对英语学习的动力，进而消除畏难情绪。

29.D 【解析】本题考查行动研究法的内涵。行动研究是一种由实际工作者在现实情境中自主进行的反思性探索，并以解决工作情境中特定的实际问题为主要目的，强调研究与活动的一体化，使实际工作者从工作过程中学习、思考、尝试和解决问题。题干中的郑老师对教学过程中小组讨论法出现的问题进行了反思，发现了存在的问题并设计实施了问题解决方案，最终解决了这一问题，郑老师采用的教育研究方法主要是行动研究法。

30.D 【解析】本题考查教师的角色类型。教师不仅仅是传统意义上的知识传授者，而且是学生成长的引导者。教师的引导者角色，包括引导学生的知识学习，引导学生道德品质的发展，引导学生的身心健康发展以及引导学生的人生道路。题干中的于老师引导学生全面发展，充当着学生的引导者角色。故本题选 D 项。

31.C 【解析】本题考查《深化新时代教育评价改革总体方案》。《深化新时代教育评价改革总体方案》指出，到 2035 年，我国要基本形成富有时代特征、彰显中国特色、体现世界水平的教育评价体系。

32.D 【解析】本题考查古德莱德的课程分类。古德莱德认为，存在着五种不同的课程：(1)理想的课程，即由一些研究机构、学术团体和课程专家提出的应该开设的课程。(2)正式的课程，即由教育行政部门规定的课程计划、课程标准和教材，也就是列入学校课程表中的课程。(3)领悟的课程，即任课教师所领会的课程。(4)运作的课程，即在课堂上实际实施的课程。(5)经验的课程，即学生实际体验到的东西。义务教育阶段制订的课程计划和统一使用的教材都属于正式的课程。故本题选 D 项。

33.D 【解析】本题考查隐性课程的运用。隐性课程亦称潜在课程、自发课程，是学校情境中以间接的、内隐的方式呈现的课程。学校校训、班级守则、主题教育宣传栏能够对学生起到潜移默化的影响，体现了隐性课程的作用。故本题选 D 项。

34.D 【解析】本题考查课程目标取向的分类。表现性目标指在教育情境的种种遭遇中每一个学生个性化的创造性表现，是生成性目标的进一步发展。它关注学生的创造精神、批判思维，适合以学生活动为主的课程安排。题干中的教师让学生谈谈在当代社会应如何看待作者家贫嗜学、乐以忘忧的学习态度，关注的是学生的个性化表现，属于表现性目标。

35.B 【解析】本题考查三维课程目标。"知识与技能"目标强调基础知识和基本技能的获得，相当于传统的"双基教学"。"过程与方法"目标突出的是让学生"学会学习"，使学生获得知识的过程同时成为获得学习方法和能力发展的过程。"情感态度与价值观"目标强调教学过程中激发学生的情感共鸣，引起积极的态度体验，形成正确的价值观。题干所述目标使学生在了解古代诗歌的相关知识的同时，获得了自主研究和合作学习的方法和能力，这体现的是过程与方法目标。故本题选 B 项。

36.A 【解析】本题考查马克思主义的全面发展观。社会主义的教育目的是培养全面发展的新型劳动者。马克思主义认为，全面发展首要的是智力和体力的广泛、充分、统一、自由的发展。故本题选 A 项。

37.D 【解析】本题考查布鲁纳的认知—发现学习理论。布鲁纳是美国著名的认知心理学家和教育心理学家，他主张学习的目的在于以发现学习的方式，使学科的基本结构转变为学生头脑中的认知结构。

38.A 【解析】本题考查桑代克提出的学习原则。所谓效果律是指刺激和反应之间的联结可因导致满意的结果而加强，也可因导致烦恼的结果而减弱。题干中强调小军因考试进步而获得刘老师的奖励，体会到了成功的喜悦，从而更加努力学习，故刘老师的做法体现了效果律。因此，答案选 A 项。

39.A 【解析】本题考查加涅的信息加工学习理论。加涅提出了他的学习过程的八个阶段和相应心理过程的假设。其中，动机阶段强调激发学习者的学习动机。题干中王老师通过实验的方式来引起学生的学习兴趣，从而激发了学生的学习动机，这说明此时学生的学习处于动机阶段。故本题选 A 项。

40.D 【解析】本题考查消退的应用。消退是一种无强化的过程，其作用在于降低某种反应在将来发生的概率，以达到消除某种行为的目的。例如，学生上课扮鬼脸是为了得到老师或同学的关注(强化)，那么老师或同学可以不予理睬，不给予其希望得到的强化，那么该生的此类行为就会逐渐减少。根据题干描述可知，老师的做法属于消退。故本题选 D 项。

41.C 【解析】本题考查加涅的学习分类理论。根据学习情境由简单到复杂、学习水平由低到高的顺序，加涅把学习分为八类，建构了一个完整的学习层级结构。其中，解决问题的学习是指在各种情况下，使用所学原理或规则去解决问题。题干中强调利用数学公式去做数学题，这属于解决问题的学习。故本题选 C 项。

42.C 【解析】本题考查酝酿效应的内涵。有时候学习者尽力去解决一个复杂的或需要创造性思考的问题时，无论多努力，还是不能解决问题。在这种时候，暂时停止对问题的积极探究，可能就会对问题的解决起到关键作用。这种暂停就是心理学上的酝酿效应。故本题选 C 项。

43.D 【解析】本题考查加涅的学习分类理论。按学习结果，心理学家加涅将学习分为五种类型。其中，言语信息指有关事物的名称、时间、地点、定义以及特征等方面的事实性信息。题干中强调学生知道上海的简称和苹果的英文单词，这属于言语信息的学习。故本题选 D 项。A 项，高级规则的学习属于智慧技能的学习，指能用简单规则解决较复杂的问题。不符合题意，排除。B 项，认知策略指调控自己的注意、学习、记忆和思维等内部心理过程的技能。不符合题意，排除。C 项，智慧技能指运用符号或概念与环境交互作用的能力。不符合题意，排除。

44.C 【解析】本题考查观察学习的相关知识。班杜拉认为，儿童是通过观察学习来习得新行为的。故 A 项表述正确。所谓观察学习，是指学习者通过观察他人(或榜样)的行为表现及其后果而进行的学习。观察学习的学习者不需要直接作出行为反应，也不需要直接体验强化，而只要通过观察他人在一定环境中的行为及该行为所带来的正面或反面的后果就能完成学习。故 B 项表述正确。观察学习不是简单的模仿。模仿只是学习者对榜样行为的复制，而观察学习则是通过观察从他人的行为及其结果中获取信息。所以观察学习比模仿更复杂。故 C 项表述错误。班杜拉把观察学习的过程分为注意、保持、复现和动机四个子过程。观察学习起始于学习者对示范者行动的注意。故 D 项表述正确。因此，本题答案选 C 项。

45.D 【解析】本题考查知识学习的类型。下位学习又称类属学习，是一种把新的观念归属于认知结构中原有观念的某一部分，并使之相互联系的过程。题干中"山羊""猴子""斑马"都属于"哺乳动物"，故属于下位学习。因此，答案选 D 项。A 项，上位学习又称总括学习，是在学生掌握一个比认知结构中原有概念的概括和包容程度更高的概念或命题时产生的。B 项，并列结合学习又称组合学习，是在新命题与认知结构中原有的命题既非下位关系又非上位关系，而是一种并列的关系时产生的。C 项，符号学习又称表征学习，是指学习单个符号或一组符号的意义。

46.B 【解析】本题考查类比法的内涵。类比是根据两个或两类对象间在某些属性上的相同或相似所作的类推。类比的方法不仅教师在上课时用到，学生在课堂学习时也会将新旧知识主动联系起来作类比，比如学生在学习分子运动时做一瓶水与一瓶酒精混合后装不满两瓶的实验时，联想到一筐核桃与一筐小米混合后装不满两筐，就能够形象化地理解实验原理了。故本题选 B 项。(具体参看刘衍玲、吴明霞主编的《接受学习与课堂教学》)

47.A 【解析】本题考查倒摄抑制的相关知识。后学习的材料对保持和回忆先学习的材料的干扰作用，称为倒摄抑制。题干中强调刘老师让小明在睡前回忆当天学习的知识，以加深记忆，因为睡前所复习的知识不会再受到后学习的材料的干扰，即可以避免倒摄抑制。故本题选 A 项。

48.A 【解析】本题考查韦纳的成败归因理论。韦纳把人经历过事情的成败归结为六种原因，即能力、努力程度、工作难度、运气、身心状况、外界环境。又把上述六项因素按各自的性质，分别归入三个维度：内部归因和外部归因、稳定性归因和不稳定性归因、可控制归因和不可控制归因。题干中小丽将考试成绩优异归因于认真复习(即努力)。努力属于内部、可控、不稳定的因素，故本题选 A 项。

49.D 【解析】本题考查自我效能感的影响因素。自我效能感的影响因素有：(1)个人自身行为的成败经验(直接经验)。(2)替代经验。个体的许多效能期望是来源于对他人的观察，如果看到一个与自己一样或不如自己的人成功，自己的效能感就会提高。(3)言语暗示。(4)情绪唤醒。题干中强调小阳观看了小元坐过山车的全过程后，觉得自己也可以克服恐惧，这属于替代性经验。故本题选 D 项。

50.C 【解析】本题考查自我价值理论。高驱高避型又被称作"过度努力者"。具有这种动机形式的人为了成功的同时又要掩饰自己的努力，他们中就出现了一种"隐讳努力"的现象。他们在同学中尽量表现得贪玩、不在乎考试，但私下里却偷偷努力，拼命学习。这样，成功时，他们的成绩更有价值，更能说明他们的能力过人；即使失败，也可以为自己的失利找到很好的理由，不会被认为无能。题干中强调小张熬夜学习，但又掩饰自己的努力，这属于高驱高避型的学习动机。

51.B 【解析】本题考查奥苏贝尔对学习动机的划分。根据学校情境中的学业成就动机的不同，奥苏贝尔等人把动机分为认知内驱力、自我提高内驱力和附属内驱力三个方面。其中，附属内驱力是指个体为了获得长者们(如家长、教师)的赞许或认可而表现出把工作、学习做好的一种需要。题干中强调小刘因王老师的表扬而努力学习，这属于附属内驱力。故本题选B项。A项，认知内驱力是指要求了解、理解和掌握知识以及解决问题的需要。C项，自我提高内驱力是指个体因自己的胜任或工作能力而赢得相应地位的需要。D项为干扰选项。

52. C 【解析】本题考查学习策略的种类。调节策略是指在学习过程中根据对认知活动监视的结果，找出认知偏差，及时调整策略或修正目标。例如，测验时跳过某个难题先做简单的题目。根据题干描述可知，这属于调节策略。故本题选C项。A项，计划策略是指根据认知活动的特定目标，在认知活动开始之前计划完成任务所涉及的各种活动、预计结果、选择策略，设想解决问题的方法，并预估其有效性等。B项，组织策略是指将经过精加工提炼出来的知识点加以构造，形成更高水平的知识结构的信息加工策略。D项，精加工策略是指把新信息与头脑中的旧信息联系起来从而增加新信息意义的深层加工策略。

53. A 【解析】本题考查斯金纳的操作性条件作用理论。操作性条件作用强调行为发生在刺激之前，其行为后果影响随后的行为。例如，学生回答问题后受到表扬，使得学生回答问题的次数增加。故题干所述属于操作性条件反射。因此，答案选A项。

54. C 【解析】本题考查过度学习的内涵。过度学习是指学习达到恰能背诵之后再继续学习。实验证明：过度学习达到50%，即学习的熟练程度达到150%时，学习的效果最好。题干中强调小花利用10分钟背会古诗后，又继续读了5分钟，这属于过度学习。并且其过度学习未超过50%，因此属于适当过度学习，答案选C项。

55. C 【解析】本题考查精加工策略的种类。视觉联想(视觉想象)就是要通过心理想象来帮助人们对联系的记忆。联想时，想象越奇特且合理，记忆就越牢固。题干中的语文老师联系老鼠的形象来学习“鼠”字，这属于视觉想象法。故本题选C项。A项，首字连词法是利用每个词语的第一个字形成缩写，或者用一系列词描述某个过程的每个步骤，然后将这一系列词提取首字作为记忆的支撑点。B项，谐音联想法是通过谐音线索，运用视觉表象，假借意义进行人为联想。D项，位置记忆法是通过与熟悉的地点顺序相联系来记忆一些名称或者客体顺序的方法。

56. B 【解析】本题考查学习迁移的宏观整合机制。从宏观角度来看，学习迁移的过程是新旧经验的整合过程，也就是经验的有序化过程。整合可通过三条途径实现：同化、顺应和重组。(具体参看冯忠良、伍新春、姚梅林、王健敏著的《教育心理学　第三版》)

57. D 【解析】本题考查学习迁移的种类。具体迁移也称特殊迁移，是指学习迁移发生时，学习者原有的经验组成要素及其结构没有变化，只是将一种学习中习得的经验要素重新组合并移用到另一种学习之中。例如：学习了“日”“月”对学习“明”的影响；掌握了加减法对做四则运算题的影响等。因此，题干所述属于具体迁移，故本题选D项。A项，逆向迁移是指后继学习对先前学习产生的影响。B项，一般迁移也称非特殊迁移、普遍迁移，是指一种学习中所习得的一般原理、原则和态度对另一种具体内容学习的影响，即原理、原则和态度的具体应用。C项，负迁移也叫“抑制性迁移”，是指一种学习对另一种学习产生阻碍作用。

58. A 【解析】本题考查对科尔伯格的道德认知发展阶段论的重新解读。处于好孩子定向阶段的儿童，他们开始认识到工具性交易中公平的不完全性，开始引入第二方视角即以父母或老师等与自己有亲密关系的人群的价值和期望为道德的判断标准。看重外界对自身的评价，认同父母或老师传播的社会规范或价值观。故本题选A项。

59. C 【解析】本题考查态度与品德学习的一般过程。态度与品德的形成大致经历三个阶段：(1)社会规范的依从；(2)社会规范的认同；(3)内化(社会规范的信奉)。其中，依从，即表面上接受规范，按照规范的要求来行动，但对规范的必要性或根据缺乏认识，甚至有抵触情绪。题干中阳阳因冯老师的注视而将废纸捡起来丢进垃圾桶，这属于社会规范的依从阶段。

60. B 【解析】本题考查高原现象的内涵。钢琴演奏是一项技能性、专业性较强的活动。在演奏技能形成的练习过程中，学生常常出现练习成绩不稳定、起伏较大或者常处于停滞不前的现象。通常教师把这种现象称为“坎”，在心理学中则称为“高原现象”。故本题答案选B项。

61. B 【解析】本题考查操作技能的形成阶段。操作技能的形成依次经历操作定向、操作模仿、操作整合、操作熟练四个阶段。其中，模仿是在定向的基础上进行的，个体在定向阶段了解了一些基本的动作机制之后，就会尝试做出某种动作。模仿的实质是将头脑中形成的定向映像以外显的实际动作表现出来。题干中强调小花先观察教练的动作，然后再自行练习，这属于操作模仿阶段。故本题选B项。

62. A 【解析】本题考查知识的分类。陈述性知识也叫描述性知识，是个人能用言语进行直接陈述的知识，主要用于区别和辨别事物。陈述性知识是关于事物及其关系的知识，或者说是关于“是什么”的知识，它包括事实、规则、发生的事件、个人的态度等。题干中老师在生物课上所讲的内容是关于“是什么”的知识，故属于陈述性知识。因此，答案选A项。B项，程序性知识即操作性知识，是一种经过学习后自动化了的关于行为步骤的知识，表现为在信息转换活动中进行具体操作。C项，策略性知识是关于如何学习和如何思维的知识，即个体运用陈述性知识和程序性知识去学习、记忆、解决问题的一般方法和技巧。D项，条件性知识主要是指教师所具有的教育学科方面的知识。

63. C 【解析】本题考查布卢姆对认知目标的分类。美国教育心理学家布卢姆将认知领域的教学目标分为知识、领会、运用(应用)、分析、综合、评价六级。其中，领会是指把握所学材料的意义，代表最低水平的理解。C项强调概括文章的故事情节，这属于领会。故本题选C项。A项强调给定事实材料，写出一篇报道，这属于综合；B项强调评价人物的价值观，这属于评价；D项强调背诵，这属于知识。

64. B 【解析】本题考查学习迁移理论。根据共同要素说，如果两种学习活动含有共同成分，无论学习者是否意识到这种成分的共同性，都会有迁移现象的产生。题干中“going”与其他带有“ing”的词都拥有共同的词缀，因此，学生拼读时变得更加熟练，这可以用共同要素说来解释。故本题选B项。

65. A 【解析】本题考查原型启发的相关知识。对问题解决起启发作用的事物叫原型。原型启发是指从其他事物上发现解决问题的途径和方法。题干中科学家根据人类眼睛的成像原理发明了照相机，这属于原型启发。故本题选A项。B项，晕轮效应是指当我们认为某人具有某种特征时，就会对他的其他特征做相似判断。C项，人们把某种功能赋予某物体的倾向称为功能固着。D项，教师期望效应也叫罗森塔尔效应或皮格马利翁效应，即教师的期望或明或暗地传递给学生，会使学生按照教师所期望的方向来塑造自己的行为。

66. A 【解析】本题考查问题解决的策略。所谓手段—目的分析法，就是将需要达到的问题的目标状态分成若干个子目标，通过实现一系列的子目标而最终达到总目标。例如，完成一篇20页的论文，对某些学生来说是个难题。采用手段—目的分析策略，把任务分解成几个子任务，如选题、查找资料、阅读资料、组织材料、制定大纲、完成初稿、修改定稿等，问题就容易解决。故本题选A项。

67. C 【解析】本题考查教师的教育责任。教师作为儿童进入学校后的最主要的指导者，是帮助学生面对情感或人际问题的最好资源。

68. A 【解析】本题考查影响教育机智的因素。教师面临突然出现的新问题，能否当机立断、机警地采取有效措施，受教师自身各种因素的影响，其中主要有以下几点：(1)对工作和对学生的态度。教师对工作和学生的态度是能否表现教育机智的前提。(2)意志的自制性和果断性。(3)深厚的知识素养和经验积累。故本题选A项。

69. D 【解析】本题考查自我认识的相关知识。自我认识是自我意识的认知成分，是自我意识的首要成分，也是自我调节控制的心理基础，它又包括自我感觉、自我概念、自我观察、自我分析和自我评价。其中，自我评价是对自己能力、品德、行为等方面社会价值的评估，它最能代表一个人自我认识的水平。

70. D 【解析】本题考查想象的种类。根据创造程度的不同，有意想象可以分为再造想象和创造想象。其中，再造想象是依据词语或符号的描述、示意在头脑中形成与之相应的新形象的过程。题干中强调小娟在读完课文后，在脑海中形成了桂林山水的美景图，这属于再造想象。故本题选D项。A项，幻想是一种与生活愿望相结合并指向于未来的想象。B项，无意想象又称不随意想象，是没有预定目的，不由自主产生的想象。C项，创造想象是按照一定目的、任务，使用自己以往积累的表象，在头脑中独立地创造出新形象的过程。

71. D 【解析】本题考查学习风格的相关知识。视觉型学习者对于视觉刺激较为敏感，习惯于通过视觉接受学习材料，如景色、相貌、书籍、图片等。他们适合于通过自己看书和做笔记进行学习，而不适合于教师的讲授和灌输。故A项说法正确。场依存型学习者偏好人文、社会科学。故B项说法正确。场独立型学习者偏好理科、自然科学。故C项说法正确。对于动觉型学习者，教师用手轻拍他们的头表示赞赏要比口头表扬产生的效果更好。故D项说法错误。因此，答案选D项。

72. C 【解析】本题考查气质的类型。抑郁质典型特征有：细心谨慎，感情细腻深刻，想象丰富，善于觉察到别人不易察觉的事物，自制力强。但行动迟缓，不善交际，孤僻离群，软弱胆小，优柔寡断，情绪抑郁，多愁善感。根据题干中的关键词“不爱交际”“行动迟缓”“优柔寡断”等可知，小雅的气质类型为抑郁质。故本题选C项。

73. C 【解析】本题考查注意的种类。无意注意也称不随意注意，是没有预定目的、无需意志努力、不由自主地对一定事物所发生的注意。题干中大家对突然有书掉在地上和同学摔倒的注意是没有目的、无需意志努力和不由自主的，故属于无意注意。

74. D 【解析】本题考查《中小学生阅读指导目录(2020年版)》。《中小学生阅读指导目录(2020年版)》中所推荐图书的信息包括作品名称、作者、分类。此外，推荐图书不指定具体版本(出版社)，学生、家长和学校可以根据实际情况选择适合的版本。

75. A 【解析】本题考查《中华人民共和国义务教育法》。根据《中华人民共和国义务教育法》第十一条规定可知，凡年满六周岁的儿童，其父母或者其他法定监护人应当送其入学接受并完成义务教育；条件不具备的地区的儿童，可以推迟到七周岁。故A项说法错误。根据第二十二条规定可知，学校不得分设重点班和非重点班。故B项说法正确。根据第三十六条规定可知,学校应当把德育放在首位,寓德育于教育教学之中,开展与学生年龄相适应的社会实践活动,形成学校、家庭、社会相互配合的思想道德教育体系,促进学生养成良好的思想品德和行为习惯。故 C 项说法正确。根据第二十五条规定,学校不得违反国家规定收取费用,不得以向学生推销或者变相推销商品、服务等方式谋取利益。故 D 项说法正确。

76. C 【解析】本题考查《中华人民共和国义务教育法》。根据《中华人民共和国义务教育法》第二十七条规定,对违反学校管理制度的学生,学校应当予以批评教育,不得开除。题干中强调初中生小军因逃课去网吧被学校勒令退学,初中生小军处于义务教育阶段,故学校的行为违反了《中华人民共和国义务教育法》的规定。因此,本题答案选 C 项。

77. D 【解析】本题考查《中华人民共和国未成年人保护法》。根据《中华人民共和国未成年人保护法》第七十五条规定,网络游戏服务提供者不得在每日二十二时至次日八时向未成年人提供网络游戏服务。

78. B 【解析】本题考查《中华人民共和国预防未成年人犯罪法》。根据《中华人民共和国预防未成年人犯罪法》第三十五条规定,未成年人无故夜不归宿、离家出走的,父母或者其他监护人、所在的寄宿制学校应当及时查找,必要时向公安机关报告。

79. D 【解析】本题考查《中小学教育惩戒规则(试行)》。根据《中小学教育惩戒规则(试行)》第十二条规定,教师在教育教学管理、实施教育惩戒过程中,不得有下列行为:(1)以击打、刺扎等方式直接造成身体痛苦的体罚;(2)超过正常限度的罚站、反复抄写,强制做不适的动作或者姿势,以及刻意孤立等间接伤害身体、心理的变相体罚;(3)辱骂或者以歧视性、侮辱性的言行侵犯学生人格尊严;(4)因个人或者少数人违规违纪行为而惩罚全体学生;(5)因学业成绩而教育惩戒学生;(6)因个人情绪、好恶实施或者选择性实施教育惩戒;(7)指派学生对其他学生实施教育惩戒;(8)其他侵害学生权利的。故 D 项中的做法不得实施。

80. C 【解析】本题考查教师职业道德规范的内容。2008 年修订的《中小学教师职业道德规范》中的"为人师表"的具体职业行为要求之一是:自觉抵制有偿家教,不利用职务之便谋取私利。李老师开办有偿教学补习班,违背了为人师表的这一要求。故本题选 C 项。

二、多项选择题

81. AC 【解析】本题考查教育的起源学说。生物起源说的代表人物有法国的利托尔诺、英国的沛西·能。生物起源说认为教育是一种生物现象,而不是人类所特有的社会现象。其基本错误是混淆了动物的本能活动与人类社会教育活动的界限,否认了教育的社会性。故 A、C 两项说法正确。孟禄是心理起源说的代表人物。教育的生物起源说和心理起源说的共同缺陷之一是,否认了教育是一种自觉的有意识的活动。故 B、D 两项说法错误。

82. 缺。

83. AD 【解析】本题考查实施素质教育的主要途径和方法。实施素质教育的主要途径和方法包括:(1)发挥教师的作用;(2)调动学生学习的主动性和积极性;(3)积极开展实践活动。故本题选 A、D 两项。(具体参看任平、孙文云主编的《现代教育学概论(第三版)》)

84. AC 【解析】本题考查制度化教育。制度化教育主要指的是正规教育,也就是具有层次结构的、按年龄分级的教育制度。我国近代制度化教育兴起的标志是清朝末年的"废科举,兴学校",以及颁布了全国统一的教育宗旨和近代学制。因此,A、C 两项属于制度化教育。另外,B 项属于非制度化教育;D 项属于前制度化教育。故本题选 A、C 两项。

85. ABCD 【解析】本题考查学校教育的基本特征。学校教育对学生的发展起着主导作用,这是因为学校教育是最基本、最主要的教育形式。它具有以下基本特征:(1)有明确的目的,即培养目标;(2)有确定的教育内容;(3)有固定的教育组织形式;(4)有精心组织的教育活动;(5)有专门从事教育工作的教师;(6)有教育场地和教育设施;(7)有稳定的教育周期。

86. ABD 【解析】本题考查备课的内容。备课的内容主要包括三个方面的工作:解读课程文本、分析学生、设计教学过程。(具体参看李方主编的《基础教育学教程》)

87. AB 【解析】本题考查直观教具的相关知识。直观教具可分两类:一是实物直观,包括各种实物、标本、实验、参观;二是模像直观,包括各种图片、图表、模型、幻灯片、录像带、电视和电影等。因此答案选 AB 两项。

88. 缺。

89. AC 【解析】本题考查班级管理的策略。题干中"由班级成员轮流担任值日班长"体现的是自我管理策略。"班主任还把该制度列入班规贴在墙报上"体现的是制度化策略。故本题选 A、C 两项。

90. AC 【解析】本题考查孔子的教育思想。A 项是孔子的教育思想。孔子提出"有教无类"的办学方针,认为不分贵贱贫富和种族,人人都可以入学受教育。

B 项是王夫之的教育思想。他明确提出人性不是天生的,而是在后天不断的生长变化过程中逐渐形成的,是"日生则日成""继善成性"的。人的知识才能、道德观念"非性之本然",而是后天教育与学习的结果。"人之性随习迁",教育在人的发展过程中起着决定性的作用。

C 项是孔子的教育思想。他强调学思结合,两者并重而不偏,提出"学而不思则罔,思而不学则殆";还强调学习与行动相结合,要求学以致用。

D 项是王守仁的教育思想。他以"知行合一"思想为指导,强调道德践履和实际行动对于道德教育和修养的重要性,提出了四个基本主张:静处体悟、事上磨炼、省察克治、贵于改过。

综上所述,本题选 A、C 两项。

91. ABC 【解析】本题考查技能的种类。操作技能又叫运动技能、动作技能,是通过学习而形成的合乎法则的操作活动方式。日常生活中的写字、打字、绘画,音乐方面的吹、拉、弹、唱,体育方面的田径、球类、体操,生产劳动方面的车、刨、磨等活动方式,都属于操作技能的范畴。故 ABC 三项正确。心算技能属于心智技能,故排除。

92. ABC 【解析】本题考查学生的学习特点。学生学习是人类学习中的一种,既有人类认识过程的一般特点,又有其特殊性。与一般人类学习相比,学生的学习具有以下特点:(1)学生学习的接受性。(2)学生学习的目的性、计划性和组织性。(3)学生学习具有一定程度的被动性。(4)学生学习的多重目的性。因此,答案选 ABC 三项。

93. CD 【解析】本题考查学习动机的种类。根据动机产生的动力来源,可将学习动机分为内部学习动机与外部学习动机。故 CD 两项正确。按学习动机的社会意义,可分为高尚的学习动机和低级的学习动机,故排除 AB 两项。

94. AB 【解析】本题考查学生的认知方式差异。根据学生对问题做出反应的速度,可以把学生区分为冲动型和沉思型。两种认知风格各有优缺点,并无好坏高下之分。具有冲动型风格的人解决问题速度快,但容易出现错误。而沉思型者相反,速度慢,但错误少。冲动型学生在运用低层次事实性信息的问题解决中占据优势,而沉思型学生在解决高层次问题中成绩更好。因此,答案选 AB 两项。

95. CD 【解析】本题考查罗杰斯的有意义学习的要素。对于有意义学习,罗杰斯认为主要具有四个要素:(1)学习具有个人参与的性质;(2)学习是自发的;(3)全面发展;(4)学习是由学生进行自我评价的。因此,答案选 C、D 两项。

96. ABCD 【解析】本题考查教师处理问题的相关举措。班级部分同学拉帮结派,以及部分同学被孤立的情况表明同学们在处理人际关系上存在问题。A、B、C、D 四项措施均有利于帮助学生处理好人际关系。故本题全选。

97. BCD 【解析】本题考查《中华人民共和国教师法》。根据《中华人民共和国教师法》第三十七条规定,教师有下列情形之一的,由所在学校、其他教育机构或者教育行政部门给予行政处分或者解聘:(1)故意不完成教育教学任务给教育教学工作造成损失的;(2)体罚学生,经教育不改的;(3)品行不良、侮辱学生,影响恶劣的。教师有前款第(2)项、第(3)项所列情形之一,情节严重,构成犯罪的,依法追究刑事责任。因此,答案选 B、C、D 三项。

98. AC 【解析】本题考查学生的权利。根据《中华人民共和国教育法》第四十三条规定,受教育者享有下列权利:(1)参加教育教学计划安排的各种活动,使用教育教学设施、设备、图书资料;(2)按照国家有关规定获得奖学金、贷学金、助学金;(3)在学业成绩和品行上获得公正评价,完成规定的学业后获得相应的学业证书、学位证书;(4)对学校给予的处分不服向有关部门提出申诉,对学校、教师侵犯其人身权、财产权等合法权益,提出申诉或者依法提起诉讼;(5)法律、法规规定的其他权利。受教育权是学生最基本的权利。常见的侵犯学生受教育权的表现形式主要有:(1)侵犯学生受教育机会的平等权;(2)侵犯学生的入学权;(3)侵犯学生参加考试的权利;(4)随意开除学生。此外,还有侵犯学生上课学习的权利、侵犯学生受教育的选择权、侵犯学生升学复学方面的同等权利、以侵犯姓名权的手段侵犯学生的受教育权、延误学生录取通知书的发放等。故 B 项中的做法侵犯了学生的获得公正评价权,D 项中的做法侵犯了学生的受教育权。本题为选非题,因此,答案选 A、C 两项。

99. ABCD 【解析】本题考查《中小学幼儿园安全管理办法》。根据《中小学幼儿园安全管理办法》第三条规定,学校安全管理遵循积极预防、依法管理、社会参与、各负其责的方针。

100. AD 【解析】本题考查"关爱学生"的师德规范。2008 年修订的《中小学教师职业道德规范》中关于"关爱学生"方面所规定的具体职业行为要求有:(1)关心爱护全体学生,尊重学生人格,平等公正对待学生;(2)对学生严慈相济,做学生的良师益友;(3)保护学生安全,关心学生健康,维护学生权益;(4)不讽刺、挖苦、歧视学生,不体罚或变相体罚学生。A、D 两项的做法符合关爱学生的要求。B 项违背了关爱学生的要求;C 项体现了终身学习的要求。故本题选 A、D 两项。

三、判断题

101. A 【解析】本题考查卢梭的教育思想。卢梭教育思想的核心是自然教育理论,自然教育的目的是培养自然天性得到充分发展的"自然人"。这种思想强调教育必须顺应儿童天性发展的自然历程,即遵循儿童身心发展的特点,这种强调儿童是教育主体的思想,开辟了现代教育理论的先河。

102. B 【解析】本题考查教育的基本要素。教育的基本要素主要包括教育者、学习者、教育内容和教育手段。其中,教育者和学习者是影响教育活动成效的决定性因素。(具体参看项贤明主编的《教育学原理》)

103. B 【解析】本题考查教师的知识素养。教育学、心理学及各科教材教法是教师首先要掌握的最为基本的教育科学知识(条件性知识)。根据题干所述,教师应当具有条件性知识。

104. A 【解析】本题考查学校管理文化的相关知识。教师的行为是学校管理文化的缩影,受价值观的支配,也受学校管理制度的影响。这种无形的价值观及管理制度构成了学校管理文化的基本要素,潜移默化地感染教育着学生。

105. B 【解析】本题考查抛锚式教学的概念。抛锚式教学是指以问题为中心,将知识抛锚在一定的问题情境中,以激发学生的好奇心和创造力的教学模式。支架式教学是指为学习者构建知识体系、提供概念框架的教学。

106. A 【解析】本题考查班级制度文化建设的核心。班级中的规章制度制定得是否科学、合理,是否以学生成长为出发点是班级制度文化建设是否合理的核心。

107. A 【解析】本题考查刺激的泛化与分化。刺激泛化和刺激分化是互补的过程。泛化是对事物的相似性的反应,分化则是对事物的差异性的反应。故题干说法正确。

108. B 【解析】本题考查防止学生注意力分散的措施。在教学过程中,教师用同一种教学方法讲授教材,实际上是一种单一刺激。这不利于防止学生注意力分散。教师应采用多样化的教学方法,防止学生注意力的分散。故本题说法错误。

109. A 【解析】本题考查奥苏贝尔的认知结构同化学习理论。奥苏贝尔认为认知结构同化学习理论的核心是:学生能否习得新信息,主要取决于他们认知结构中已有的有关观念(如已有知识的可利用性、可辨别性和固定性)。故题干说法正确。

110. B 【解析】本题考查马斯洛的需要层次理论。马斯洛认为需要的层次越低,它的力量越强,潜力越大。故题干说法错误。

111. B 【解析】本题考查教育心理学的作用。教育心理学的作用主要有:(1)为教育现象提供不同于传统常识的新观点;(2)帮助教师运用研究的方法来了解问题;(3)为课堂教学提供理论性指导;(4)帮助教师分析、预测并干预学生的行为;(5)帮助教师结合实际教学进行创造性的持续的研究。故题干说法错误。

112. A 【解析】本题考查艾宾浩斯遗忘曲线。遗忘曲线表明,遗忘是有规律的,即遗忘的进程是不均衡的,其趋势是先快后慢、先多后少,呈负加速,且到一定的程度几乎就不再遗忘了。故题干说法正确。

113. B 【解析】本题考查知识的转化。程序性知识的形成以掌握陈述性知识为必要条件。故题干说法错误。(具体参看张大均主编,郭成、余林副主编的《教育心理学》)

114. B 【解析】本题考查最近发展区理论。维果斯基认为,最近发展区的大小是儿童心理发展潜能的重要标志,也是儿童可接受教育程度的重要标志。故题干说法错误。

115. A 【解析】本题考查《中华人民共和国教师法》。根据《中华人民共和国教师法》第二十七条规定,地方各级人民政府对教师以及具有中专以上学历的毕业生到少数民族地区和边远贫困地区从事教育教学工作的,应当予以补贴。

116. B 【解析】本题考查《中华人民共和国教师法》。根据《中华人民共和国教师法》第五条规定,国务院教育行政部门主管全国的教师工作。国务院有关部门在各自职权范围内负责有关的教师工作。学校和其他教育机构根据国家规定,自主进行教师管理工作。故题干的后半句表述错误。

117. B 【解析】本题考查《中华人民共和国教育法》。根据《中华人民共和国教育法》第四十三条规定可知,受教育者享有对学校给予的处分不服向有关部门提出申诉,对学校、教师侵犯其人身权、财产权等合法权益,提出申诉或者依法提起诉讼的权利。若陈同学对学校给予的处分不服,应向有关部门(教育行政部门)提出申诉。故题干说法错误。

118. A 【解析】本题考查《中华人民共和国义务教育法》。根据《中华人民共和国义务教育法》第二条规定,义务教育是国家统一实施的所有适龄儿童、少年必须接受的教育,是国家必须予以保障的公益性事业。实施义务教育,不收学费、杂费。

119. A 【解析】本题考查教师职业道德规范的内容。终身学习是教师在处理其与自己发展的关系时所应遵循的原则要求。终身学习是教师专业发展的不竭动力。

120. A 【解析】本题考查加强中小学教师职业道德建设的意义。教师的思想政治素质和职业道德水平直接关系到大中小学德育工作状况和亿万青少年的健康成长,关系到国家的前途命运和民族的未来。加强中小学教师职业道德建设,提高教师的师德素养,对于确保党的事业后继有人和社会主义事业兴旺发达,全面建设小康社会,构建社会主义和谐社会,实现中华民族伟大复兴,具有十分重要的意义。

2021 年天津市和平区教师招聘考试真题试卷(九)

一、单项选择题

1. B 【解析】本题考查教育学的相关知识。教育学是研究教育现象和教育问题,揭示教育规律的一门科学。教育现象被认识和研究,便成为教育问题。教育问题是推动教育学发展的内在动力。

2. A 【解析】本题考查马克思主义关于人的全面发展学说。马克思阐述了关于人的全面发展学说,这一学说是我国确立教育目的的理论依据和基础。其主要内容之一是,旧式分工造成了人的片面发展。马克思认为社会分工是导致人片面发展的根本原因。

3. A 【解析】本题考查班主任工作的内容与方法。班主任工作的内容与方法包括:(1)了解和研究学生;(2)有效地组织和培养优秀班集体;(3)协调校内外各种教育力量;(4)学习指导、学习活动管理和生活指导、生活管理;(5)组织课外、校外活动和指导课余生活;(6)建立学生档案;(7)操行评定;(8)班主任工作计划与总结;(9)个别教育工作;(10)班会活动的组织;(11)偶发事件的处理。其中,了解和研究学生是班主任工作的前提和基础。故本题选 A 项。

4. C 【解析】本题考查感觉的相互作用的规律。一种感觉兼有另一种感觉的心理现象叫联觉。题干中由听觉引起的悲伤、沉重、欢快等的感觉就属于联觉。

5. A 【解析】本题考查教学目标的含义。教学目标是学校教学的出发点和归宿,是教学的灵魂,支配着教学的全过程,并规定了教与学的方向。故本题选 A 项。

6. C 【解析】本题考查义务教育的性质和特征。就其性质而言,义务教育具有强制性(义务性)、普及性(普遍性、统一性)、免费性(公益性)、公共性(国民性)和基础性。其中,义务教育的普及性是义务教育的基本性质。

7. B 【解析】本题考查不同心理学家的观点。

加涅提出了他的信息加工学习理论,其基本观点是:学习是学习者神经系统发生的各种过程的复合。学习不是刺激—反应间的一种简单联结,因为刺激是由人的中枢神经以一些完全不同的方式来加工的,了解学习也就在于指出这些不同的加工过程是如何起作用的。故 B 项正确。

A 项,奥苏贝尔提出了有意义接受(言语)学习理论,主张有意义的接受学习。

C 项,马斯洛是美国当代人本主义心理学家,人本主义心理学认为心理学应该探讨完整的人,强调人的价值,强调人有发展的潜能,而且有发挥潜能的内在倾向,即自我实现倾向。

D 项,布鲁纳是美国著名的认知教育心理学家,他主张学习的目的在于以发现学习的方式,使学科的基本结构转变为学生头脑中的认知结构。A、C、D 三项与题干所述观点无关,不符合题意,排除。

8. A 【解析】本题考查情感的分类。从情感的社会内容角度来看,人类的情感有道德感、美感和理智感三种形式。其中,道德感是根据一定的道德标准评价人的思想、意图和言行时所产生的主观体验。它表现在对待国家、集体、工作、事业、学习以及人与人之间的关系等各个方面,如爱国主义情感、集体主义情感、责任感、事业心、荣誉感、自尊心等。因此,题干中丽华的爱国主义情感属于道德感。

9. A 【解析】本题考查中国古代的教育。“六艺”是西周各级各类学校教育的基本学科,具体指礼、乐、射、御、书、数。其中,礼乐教育是“六艺”教育的中心。

10. B 【解析】本题考查加德纳的多元智力理论。

逻辑—数学智力是指数字运算与逻辑思考的能力以及科学分析的能力。典型人群如数学家。

视觉—空间智力是指认识环境、辨别方向的能力。典型人群如画家、雕塑家、建筑师。

自知智力(内省智力)是指认识自己并选择自己生活方向的能力。典型人群如神学家、哲学家和心理学家。

存在智力,指陈述、思考有关生与死、身体与心理等问题的倾向性,如人为何到地球上来,在人类出现之前地球是怎样的,别的星球有无生命,以及动物之间能否相互理解等。因此,画家的视觉—空间智力发育较好。

11. B 【解析】本题考查皮亚杰的认知发展阶段理论。处于前运算阶段的儿童还没有“守恒”能力或没有形成“守恒”的概念,思维缺乏观念的传递性。儿童观察事物时往往只能注意表面的、显著的特征,倾向于注意事物的静止状态。思维活动表现的关系单一,不能进行可逆运算。题干中的儿童只知道自己有个好朋友叫红红,却不知道红红有个好朋友是自己,这体现了该儿童的思维具有不可逆性。故其认知发展水平处于前运算阶段。

12. A 【解析】本题考查教育心理学的发展。维果斯基在《教育心理学》一书中,主张必须把教育心理学作为一门独立的分支学科来进行研究,反对把普通心理学的成果移入教育心理学。因此,A 项正确。桑代克出版了《教育心理学》,这是西方第一本以“教育心理学”命名的著作。因此,B 项错误。布鲁纳发起的课程改革运动促使美国教育心理学转向对教育过程、学生心理、教材、教法和教学手段改进的探讨。因此,C 项错误。皮亚杰提出了认知发展阶段论。因此,D 项错误。

13. B 【解析】本题考查学习动机的分类。按动机的远近和起作用的久暂划分，学习动机可分为远景性学习动机和近景性学习动机。远景性动机与学习的社会意义和个人的前途等长远目标相联系，与学生的人生观、世界观密切相关，反映着社会的要求。例如，有的学生立志成为对社会有贡献的人，有的则立志出人头地。近景性动机与近期目标相联系，与学习活动直接相关，出于对学习的直接兴趣或对学习结果的追求，这类动机比较具体并有实际效能，但容易受到环境因素的影响，稳定性差。题干中的学生在确定选修课时，将其与个人的前途相联，属于远景性动机。故答案选 B 项。

14. A 【解析】本题考查影响学习迁移的因素。影响学习迁移的因素可以分为主客观两个方面：(1)主观方面：原有的认知结构、对学习情境的理解、学习的心理准备状态(心向)、学习策略的水平、智力与能力。(2)客观方面：学习材料的特点、教师的指导。因此，A 项不属于影响迁移的客观条件。

15. B 【解析】本题考查布卢姆的教学目标分类。评价是指对材料(论点的陈述、小说、诗歌、研究报告等)做价值判断的能力，包括按材料内在的标准(如组织)或外在的标准(如材料对目标的适当性)进行判断；可使用的描述动词：评价、对比、证实等。如给学生两篇有关某一事件的报道，学生能评定哪一篇较为真实可信；评价孔乙己的价值观。故答案选 B 项。

16. C 【解析】本题考查中小学生心理发展的阶段特征。少年期又称学龄中期，大致相当于初中阶段，是个体从童年期向青年期过渡的时期，具有半成熟、半幼稚的特点。在这一时期，学生处于生理发育的第二个高峰期。整个少年期充满独立性和依赖性、自觉性和幼稚性错综的矛盾。这一时期也被称为"心理断乳期"或"危险期"。心理活动的随意性显著增长，能随意调节自己的行动。成人感产生，独立性强烈。开始关心自己和别人的内心世界，同龄人间的交往和认同大大增强，社会高级情感迅速发展。道德行为更加自觉，能通过具体的事实概括出一般伦理原则，并以此来指导自己的行动，但因自我控制力不强，常出现前后自相矛盾的行为。

17. A 【解析】本题考查图解式板书。图解式板书是教师用不同的符号、线条、颜色和简明的文字组成一定的图示，从而直观形象地勾勒出抽象的概念和原理及复杂事物之间的内在联系，帮助学生借助于对图形的正确理解、分析，概括出相关的概念、原理的一种板书形式。图解式板书具有直观性、形象性、趣味性和艺术性，简明准确，一目了然的特点。

18. D 【解析】本题考查常见的几种社会知觉偏差。投射效应是指以己度人，认为自己具有某种特性，他人也一定会有与自己相同的特性，把自己的感情、意志、特性投射到他人身上并强加于人的一种心理。故答案选 D 项。

19. A 【解析】本题考查操作性条件作用的基本规律。正强化也称积极强化，是通过呈现想要的愉快刺激来增强反应频率。题干中，学生违纪在某种程度上是为了获得关注，齐老师对他们喊叫使其行为受到了强化，因此，学生的不良行为增加。故题干所述可用正强化来说明。

20. C 【解析】本题考查前摄抑制的内涵。前摄抑制是先学习的材料对识记和回忆后学习材料的干扰作用。先学习的汉语拼音"B"对后学习的英语字母"B"的干扰作用属于前摄抑制。

21. D 【解析】本题考查元认知策略的类型。监控策略是指在认知过程中，根据认知目标及时检测认知过程，寻找两者之间的差异，并对学习过程及时进行调整，以期顺利实现有效学习的策略。监控策略包括阅读时对注意加以跟踪和对材料进行自我提问、考试时监视自己的速度和时间等。故答案选 D 项。

22. D 【解析】本题考查知识学习的类型。上位学习又称总括学习，是在学生掌握一个比认知结构中原有概念的概括和包容程度更高的概念或命题时产生的。上位学习遵循从具体到一般的归纳概括过程。根据题干描述可知，铁、铝、氢、氧、钠、钙等物质属于化学元素，因此学习完铁、铝、氢、氧、钠、钙等物质再学习化学元素，这属于上位学习。

23. D 【解析】本题考查《学记》的教育思想。《学记》指出："大学之教也，时教必有正业，退息必有居学。"意为：大学的教育活动，按时令进行，各有正式课业；休息的时候，也有课外作业。这体现的是课内与课外相结合的教育思想。

24. B 【解析】本题考查课堂纪律的发展。课堂纪律的形成不是一蹴而就的，它往往要经历一个发展过程，国外学者参照科尔伯格的道德发展的阶段理论，对不同年龄阶段儿童的纪律发展水平划分为如下几个阶段。

(1)反抗行为阶段。4～5 岁之前的儿童，多处于这一阶段。这一阶段的儿童，他们的行为中经常表现出对抗性，拒绝遵循指示、要求，需要给予大量的注意；他们很少具有自己的规则，但是畏于斥责，可能遵循他人的要求。在学校教育阶段，也有一些学生处于这一水平。表现为当教师盯住他们时，他们会表现得中规中矩，但是稍微不注意，他们就会失去控制。

(2)自我服务行为阶段。5～7 岁的儿童，多处于这一阶段。这一阶段的学生是以自我为中心的，但是在课堂上比较容易管理，因为他们所关心的是行为后果"对我意味着什么"，是奖励还是惩罚。处于这一阶段的学生很少具有自我纪律感。他们可能在这节课上表现很好，而在另一节课上失去自我控制。与处于反抗行为阶段的儿童一样，为了避免出现纪律问题，教师需要对他们进行不断的监督。

(3)人际纪律阶段。大多数中学生处于这一阶段。处于这一阶段的学生，其行为取向是要建立一种相互的人际关系，他们做出的行为往往与"我怎样才能取悦你"联系在一起，他们这样做是因为你要求他们这样做；他们关心自己在别人心目中的形象，希望别人喜欢自己。

(4)自我约束阶段。处于这一阶段的学生很少陷入什么麻烦，因为他们能够明辨是非，理解遵守纪律的意义，也能够做到自我约束。教师可以离开教室 20～30 分钟，回来后发现他们依然很安静地在学习。他们这样做，是因为他们知道这样做是对的，就应该这样做。尽管许多中学生能够达到这一水平，但是只有一部分学生能够稳定地保持在这一水平上。

因此，该班学生的课堂纪律发展处于自我约束阶段，答案选 B 项。

25. A 【解析】本题考查形成性评价的概念。形成性评价是指在教学中为了了解学生的学习情况，及时发现教学中的问题而进行的评价。通过形成性评价，教师可以随时了解学生在学习上的进展情况，获得连续反馈，为教师随时调整教学计划、改进教学方法提供依据。

26. A 【解析】本题考查成败归因理论。根据题干描述可知，张红将失败归因于自己"不是学数学的料"，即能力。根据韦纳的成败归因理论可知，能力属于内部的、不可控制的、稳定的归因，故答案选 A 项。

27. B 【解析】本题考查先行组织者的概念。奥苏贝尔提出"先行组织者"的概念，即先于某个学习任务本身呈现的引导性学习材料。先行组织者的抽象、概括和综合水平高于学习任务，并与认知结构中的原有观念及新的学习任务相关联。

28. C 【解析】本题考查《中华人民共和国未成年人保护法》。根据 2012 年修正的《中华人民共和国未成年人保护法》第十八条规定，学校应当尊重未成年学生受教育的权利，关心、爱护学生，对品行有缺点、学习有困难的学生，应当耐心教育、帮助，不得歧视，不得违反法律和国家规定开除未成年学生。

29. C 【解析】本题考查品德课程常用的教学活动形式。品德课程常用的教学活动形式主要有讨论、资料调查、现场调查、情境模拟与角色扮演等。其中，"情境模拟与角色扮演"是为了让儿童获得某些难以身临其境去学习的体验、经验、知识等，而有目的地创设某种情境，令其经历的仿真性演习活动。活动的关键是让儿童获得体验，演技好坏并不重要。

30. A 【解析】本题考查时政知识。2021 年 5 月，国务院教育督导委员会办公室印发《关于组织责任督学进行"五项管理"督导的通知》，通知指出，加强中小学生作业、睡眠、手机、读物、体质管理(简称"五项管理")，关系学生健康成长、全面发展，是深入推进立德树人的重大举措。

二、多项选择题

31. ABD 【解析】本题考查传统教育学派的主要观点。以赫尔巴特为代表的传统教育学派的主要观点可以归纳为"三个中心"，即"课堂中心""教材(书本)中心"和"教师中心"。C 项属于杜威倡导的"新三中心论"。

32. ACD 【解析】本题考查影响问题解决的因素。影响问题解决的因素有：(1)问题情境(问题表征)；(2)定势与功能固着；(3)原型启发；(4)已有知识经验；(5)酝酿效应；(6)情绪与动机。此外，认知结构的限制、个性特征以及问题的特点等也会影响问题解决。

33. ABC 【解析】本题考查学校文化的内涵。学校文化是指围绕着学校教育教学活动所建立起来的一整套价值观念、行为方式、语言习惯、制度体系、知识符号、建筑风格等的集合体。学校文化由观念文化(精神文化)、规范文化(制度文化)和物质文化构成。故本题选 A、B、C 三项。

34. ABC 【解析】本题考查《义务教育初中科学课程标准(2011 年版)》。《义务教育初中科学课程标准(2011 年版)》中明确指出，科学课程是一门改革创新力度很大的新课程，需要从提高每一个学生的科学素养出发，建立评价主体多元、评价内容全面、评价方式多样的与科学课程相配套的评价体系。

35. ABD 【解析】本题考查自主学习的特点。自主学习关注学习者的主体性和能动性，是学生自主而不受他人支配的学习方式。自主学习的特点包括：(1)自主学习是一种主动学习；(2)自主学习是一种独立学习；(3)自主学习是一种元认知监控的学习。

36. CD 【解析】本题考查马斯洛的需要层次理论。马斯洛把需要分为生理需要、安全需要、归属与爱的需要、尊重需要、求知需要、审美需要和自我实现的需要七个层次。前四种需要被称为缺失需要，后三种需要是成长需要。故 A、B 两项属于缺失需要，C、D 两项属于成长需要。

37. ABCD 【解析】本题考查能力的个别差异。能力的个别差异主要有：(1)能力类型差异；(2)能力发展水平的差异；(3)能力表现早晚的差异；(4)特殊能力的差异；(5)能力的性别差异。

38. ABCD 【解析】本题考查《中华人民共和国教师法》。根据《中华人民共和国教师法》第八条规定，教师应当履行下列义务：(1)遵守宪法、法律和职业道德，为人师表；(2)贯彻国家的教育方针，遵守规章制度，执行学校的教学计划,履行教师聘约,完成教育教学工作任务;(3)对学生进行宪法所确定的基本原则的教育和爱国主义、民族团结的教育,法制教育以及思想品德、文化、科学技术教育,组织、带领学生开展有益的社会活动;(4)关心、爱护全体学生,尊重学生人格,促进学生在品德、智力、体质等方面全面发展;(5)制止有害于学生的行为或者其他侵犯学生合法权益的行为,批评和抵制有害于学生健康成长的现象;(6)不断提高思想政治觉悟和教育教学业务水平。

39. AB 【解析】本题考查知觉的恒常性的内涵。知觉的恒常性是指客观事物本身不变,但知觉条件在一定范围内发生变化时,人的知觉映像仍相对不变。根据定义可知,A、B 两项属于知觉的恒常性;C 项属于知觉的选择性;D 项属于知觉的整体性。

40. ABCD 【解析】本题考查我国基础教育课程改革的发展趋势。我国基础教育课程改革的发展趋势主要表现为:(1)以学生发展为本、促进学生全面发展与培养个性相结合;(2)稳定并加强基础教育;(3)加强道德教育和人文教育,促进课程科学性与人文性融合;(4)加强课程综合化;(5)课程与现代信息技术相结合,加强课程个性化和多样化;(6)课程法制化。

三、判断题

41. √ 【解析】本题考查概念同化的内涵。概念同化是学生学习概念的主要方式。所谓概念同化,就是利用学习者认知结构中原有的概念,以定义的方式直接给学习者提示概念的关键特征,从而使学习者获得概念的方式。

42. √ 【解析】本题考查表象的特征。表象具有三个主要特征:(1)直观性。(2)概括性。(3)可操作性。心理学家通过"心理旋转实验"证明了表象的可操作性。

43. × 【解析】本题考查人际交往的原则。人际交往的原则有:交互原则、尊重原则、真诚原则、宽容原则和互助原则等。其中,尊重原则体现在:在人际交往中,尊重是一种信息,能够引发人的信任、坦诚等许多积极的情感,缩短相互间的心理距离,而这种心理反馈也必然为他人所尊重。正如古人所说:"爱人者人恒爱之,敬人者人恒敬之。"因此"爱人者人恒爱之,敬人者人恒敬之"反映了人际交往的尊重原则。

44. √ 【解析】本题考查教学的首要任务。教学的首要任务是使学生掌握系统的科学文化基础知识,形成基本技能、技巧,其他任务的实现都是在完成这一任务的过程中和基础上进行的。

45. √ 【解析】本题考查直观的内涵。直观是主体通过对直接感知到的教学材料的表层意义、表面特征进行加工,从而形成对有关事物的具体的、特殊的、感性的认识的加工过程。直观是理解科学知识的起点,是学生由不知到知的开端,是知识获得的首要环节。故题干说法正确。

46. √ 【解析】本题考查学生起始状态的内容。学生起始状态,包括学习者的学习态度、起始能力、知识背景等。故题干说法正确。

47. √ 【解析】本题考查教学原则的相关内容。教学原则伴随着教学活动的产生而产生,并不断发展变化。随着教学实践的日益深化,教学原则也在不断地推陈出新。千百年来,人们在教学实践中创造了因材施教、启发诱导、循序渐进、学思行结合、温故知新等众多的教学原则。这些传统教学原则,各有其不同的特点、功能和应用范围,但由于它们正确地反映了教学规律,都对后世产生了深远的影响,直至今天仍有巨大的价值。现代教学理论中所倡导的因材施教、启发诱导、循序渐进、理论联系实际、温故知新等教学原则就是对上述传统教学原则的继承和发展。(具体参看李森著的《现代教学论纲要》)

48. × 【解析】本题考查情绪的分类。心境是一种微弱的、持续时间较长的,带有弥漫性的情绪状态。激情是一种爆发式的、猛烈而时间短暂的情绪状态。因此题干所述符合激情的内涵,故说法错误。

49. √ 【解析】本题考查遗忘的概念。遗忘是指对识记过的材料不能回忆或再认,或者表现为错误的回忆或再认。或者说记忆的内容不能保持或者提取有困难就是遗忘。

50. × 【解析】本题考查教师的相关内容。事业心是教师最宝贵和重要的品质,是教师做好教育工作的精神动力。

四、简答题(参考答案)

51. 简述课外活动的意义。

(1)课外活动有利于学生开阔眼界,获得知识;

(2)课外活动有利于发展学生智力,培养学生的各种能力;

(3)课外活动是进行德育的重要途径;

(4)课外活动是对学生因材施教,发展个性特长的广阔天地。

52. 简述短时记忆的概念和特点。

(1)概念:短时记忆是指人脑中的信息在 1 分钟之内加工与编码的记忆,是信息从感觉记忆到长时记忆的过渡阶段。

(2)特点:①时间很短,不超过 1 分钟。②容量有限,一般是 7 ± 2 个组块。③意识清晰。④操作性强。⑤易受干扰。

53. 程序教学所遵循的主要原则有哪些?

(1)小步子原则。学生所用的教材或程序教学机器要将学习的内容分为许多小单元,小单元之间相互联系,层层深入,相邻小单元之间的难度差距小,学习者容易成功。

(2)积极反应原则。保证学生在学习过程中一直处于积极的状态,学生产生学习行为,就要及时给予强化,以保证学习活动的持续进行。

(3)自定步调原则。学生可以按照自己的接受程度选择最适宜的学习进度,这样学生容易成功,学习动机强。

(4)及时反馈原则。及时反馈,也就是说让学生立刻知道自己的答案是否正确,正确的回答可以让学生树立信心,保持学习行为,进行下一阶段的学习。

(5)低错误率原则。保证学习者在学习中将错误率减小到最低,以达到强化效果。

五、论述题(参考答案)

54. 一个成熟的班集体的构成要素有哪些?如何建设一个优秀的班集体?

(1)班集体是班级群体的高级形式,一个成熟的班集体必须具备以下四个基本特征:

①明确的共同目标。这是班集体形成的基础。②一定的组织结构,有力的领导集体。③共同生活的准则,健全的规章制度。④具有正确的集体舆论以及团结、和谐、向上的人际关系。

(2)建设一个优秀的班集体需要:

①确定班集体的发展目标。目标是集体发展的方向和动力,一个班集体只有具有共同的目标,才能使班级成员在认识上和行动上保持统一,才能推动班集体的发展。

②建立得力的班集体核心。一个得力的班集体核心非常重要,它是维护和推动班级工作的有力助手,是带动全班同学实现集体发展目标的核心。因此,建立一支核心队伍是培养班集体的一项重要工作。

③建立班集体的正常秩序。班集体的正常秩序是维持和控制学生在校生活的基本条件,是教师开展工作的重要保证。班集体的正常秩序包括必要的规章制度、共同的生活准则以及一定的生活规律。

④组织形式多样的教育活动。班集体是在全班同学参加各种教育活动的过程中逐步成长起来的,而各种教育活动又可以使每个人都有机会为集体出力并展示自己的才能。

⑤培养正确的舆论和良好的班风。班集体舆论是班集体生活与成员意愿的反映。正确的班集体舆论是一种巨大的教育力量,对班集体每个成员都有约束、激励的作用,是教育集体成员的重要手段。良好的班风是班集体大多数成员精神状态的共同倾向与表现。正确的舆论和良好的班风是班集体形成的重要标志。

六、案例分析题(参考答案)

55. (1)学校心理健康教育的必要性有:

中小学开展心理健康教育,既是学生自身健康成长的需要,也是社会发展对人的素质要求的需要。《中共中央国务院关于深化教育改革,全面推进素质教育的决定》中明确指出,要"加强学生的心理健康教育,培养学生坚韧不拔的意志,艰苦奋斗的精神,增强青少年适应社会生活的能力。"

①注重中小学心理健康教育,是避免各种突发事件,维护社会安定稳定,学校正常运作,学生家庭幸福的需要;

②注重中小学心理健康教育,是保证学生正常健康成长的需要;

③注重中小学心理健康教育,是青少年身心发展的特点的需要;

④注重中小学心理健康教育,是当前社会变动时期的需要。

(2)实施心理健康教育工作可通过以下途径:

①全面渗透在学校教育的全过程中。在学科教学、各项教育活动、班主任工作中,都应注重对学生心理健康的教育,这是心理健康教育的主要途径。

②除与原有思想品德课、思想政治课及青春期教育等相关教学内容有机结合进行外,还可利用活动课、班团队活动,举办心理健康教育的专题讲座。对小学生也可通过组织有关促进心理健康教育内容的游戏、娱乐等活动,帮助学生掌握一般的心理保健知识和方法,培养良好的心理素质。

③开展心理咨询和心理辅导。对个别存在心理问题或出现心理障碍的学生及时进行认真、耐心、科学的心理辅导,帮助学生解除心理障碍。

④建立学校和家庭心理健康教育沟通的渠道,优化家庭教育环境。引导和帮助学生家长树立正确的教育观,以良好的行为、正确的方式去影响和教育子女。

56. (1)①宋老师的做法体现了间接经验与直接经验相结合的教学规律。教学活动是学生认识客观世界的过程,要以间接经验为主、直接经验为辅,将二者有机结合起来。案例中,宋老师在教学中没有直接给学生介绍有关花卉的知识，而是鼓励学生自主探索，使学生不仅获得了花卉的信息，还了解了获取信息的途径。这体现了间接经验与直接经验相结合的规律。

②宋老师的做法体现了启发性、理论联系实际和直观性教学原则。案例中，宋老师调动了学生的主动性和积极性，引导学生通过积极探索，获得相关知识，即体现了启发性教学原则的运用；宋老师在带学生去公园赏花前，先鼓励学生主动了解有关花卉的知识，即体现了对理论联系实际和直观性教学原则的运用。

③宋老师的做法充分发挥了学生的主体性。充分发挥学生的主体性，这是上好课最根本的要求。案例中，宋老师运用讨论法，组织学生讨论各自获得的信息，使课堂气氛热烈，充分发挥了学生的主体性。

(2)①教师要营造轻松愉快的教学氛围。从教师与学生的关系看，新课程倡导的教师是学生学习的促进者。教师要发挥主导作用，首先要转变观念，改变以往的“权威者”的身份，给学生创设一个愉悦、和谐、民主的环境；其次，教师应为学生提供有利于创造的学习环境和勇于表现的机会，让学生大胆地探索创新。

②引导探索，适时点拨。在教学过程中，教师要指导学生积极主动地学习，并通过创设问题情境、设置悬念、引导学生质疑等活动使学生得到发展。

③做好评价，激励奋进。学生提出的问题或解决问题的方法只要有合理之处，教师就应给予肯定，即使有缺点甚至是错误的，也不要全盘否定，而是要在肯定的基础上鼓励、引导学生修改或完善。另外，教师要坚持发展性评价和激励性评价，关注学生的个体差异，发挥学生的积极性和主动性，促进学生不断进步。

七、活动设计(参考设计)

57. [活动主题]

心怀感恩，致敬英雄

[活动目标]

通过此次活动，教育引导全班学生了解民族精神的丰富内容，感受民族精神的伟大力量，体验民族精神的时代内涵，逐步树立民族自尊心和自豪感，立志为实现中华民族的伟大复兴做好全面准备。

[活动过程]

(1)图片引入

师：古往今来，无数革命烈士为了民族独立、人民幸福，冲锋在前，视死如归。数百年来，为中华民族的崛起而奋斗并为此付出宝贵生命的英雄们，大家都认识吗？（向学生展示英雄人物的图片，如黄继光、邱少云、董存瑞等）

通过图片展示，引出本次活动的主题，即“心怀感恩，致敬英雄”。

(2)分享交流

请学生分享自己所知道的英雄人物的事迹，如舍身堵枪眼的黄继光、烈火中“永生”的邱少云、舍身炸碉堡的董存瑞等人的事迹。

在听完这些事迹后，请其他学生谈谈感想，感受革命先烈们视死如归、慷慨赴死的英雄气概。

(3)思考探究

师：刚才我们提到的革命先烈都是中华民族的英雄，都应该受到敬仰与崇拜。没有革命先烈的抛头颅洒热血，便没有我们今天的幸福生活，他们是民族的精神支柱，是我们最为宝贵的精神财富。但有些人却以娱乐的心态、猎奇的心理，消遣和恶搞英雄，抹黑历史事实。针对这一现象，请同学们发表自己的看法。

通过思考探究，引导学生与一切亵渎、诋毁英雄的言行作斗争，像爱护自己的眼睛一样爱护我们的英雄。

(4)活动总结

活动结束，全体起立齐唱国歌。

[教师寄语]

英雄是正确价值观的标杆，是积极向上、团结进取的社会风尚。我们不能忘记他们曾经撒过的热血，作为学生，大家不能认为这些事情与自己无关，必须与一切亵渎、诋毁英雄的言行作斗争。这不仅是一种社会良知，更是作为中华儿女的血性所在、责任所在。通过此次活动，希望同学们今后能永葆一颗爱国之心，永怀感恩，像爱护自己的眼睛一样爱护我们的英雄！

[预计效果]

学生能够在活动中体悟革命先烈不怕牺牲、敢于奉献生命的伟大精神，提高自身精神境界。

[检验方法]

(1)观察学生在以后的生活、学习中的表现。

(2)通过同家长、其他学生的交流，了解班级学生是否做到敬重英雄等。

2021 年天津市滨海新区教师招聘考试真题试卷(十)

一、单项选择题

1. D 【解析】本题考查鸿都门学的地位。东汉灵帝时设立了鸿都门学，它是一种专门学校，作为一种办学的新型形式，为后代专门学校的发展提供了经验。同时，它也是世界上最早的文学艺术专门学校。

2. C 【解析】本题考查关键期。奥地利动物习性学家劳伦兹在研究动物的习性时发现，它们通常将出生后第一眼看到的对象当作自己的母亲，并对其产生偏好和追随反应，这种现象叫“母亲印刻”。印刻只在小动物出生后一个短时期内发生，劳伦兹称之为关键期。

3. D 【解析】本题考查扎根理论的概念。所谓扎根理论，是指在经验资料的基础上建构理论。研究者在研究开始之前，一般没有理论假设，直接从原始资料中归纳出概念或命题，然后上升到理论。它是一种自下而上建立理论的方法，即在系统搜集资料的基础上，寻找反映社会现象的核心概念，然后通过在这些概念之间建立起联系而形成理论。

4. B 【解析】本题考查德育过程的实质。德育过程是教育者按照一定的道德规范和受教育者思想品德形成的规律，对受教育者有目的、有计划地施加影响，以形成教育者所期望的思想品德的过程，是促使受教育者道德认识、道德情感、道德意志和道德行为发展的过程。其实质是教育者将一定的社会思想道德规范转化为受教育者个体的思想品德的过程。故本题选 B 项。

5. A 【解析】本题考查教育家及其著作。1949 年，泰勒的《课程与教学的基本原理》出版，该书被视为现代课程理论的奠基石。另外，《什么知识最有价值》的作者是英国教育家斯宾塞；《教育目标分类学》的作者是布卢姆；《教育诗篇》的作者是马卡连柯。

6. B 【解析】本题考查心理性欲发展的五阶段理论。弗洛伊德把利比多的发展分为五个阶段：口唇期(0~1 岁)；肛门期(1~3 岁)；前生殖器期(3~6 岁)；潜伏期(6~11 岁)；青春期(11 或 13 岁开始)。故答案选 B 项。

7. D 【解析】本题考查德育的价值澄清模式。价值澄清学派认为，当代社会根本不存在一套公认的道德原则或价值观可传递给儿童，当代儿童生活在价值观日益多元化且相互冲突的世界，在每一个转折关头或处理每件事务时，都面临选择。选择时人们都依据自己的价值观，但人们常常不清楚所持的价值观到底是什么就已做出了选择。因此，要创造条件，利用一切有效途径和方法帮助青少年澄清他们选择时所依据的内心价值观，并把其公之于众，这对他们进行正确选择，并付诸行动是有意义的。

8. C 【解析】本题考查亚里士多德的观点。亚里士多德在教育史上首次提出了“教育遵循自然”的观点，主张按照儿童心理发展的规律对儿童进行分阶段教育，提倡对儿童进行和谐的教育，这些成为后来全面发展教育的思想源泉。

9. D 【解析】本题考查启发性教学原则的贯彻要求。启发性教学原则的贯彻要求包括：(1)加强学习的目的性教育，调动学生学习的主动性；(2)设置问题情境，启发学生独立思考，培养学生良好的思维方法和思维能力；(3)让学生动手，培养学生独立解决问题的能力，鼓励学生将知识创造性地运用于实际；(4)发扬教学民主。D 项是直观性教学原则的贯彻要求。

10. D 【解析】本题考查京师大学堂的内容。京师大学堂是中国近代史上第一所国立综合性大学，它既是全国最高学府，又是国家最高教育行政机关，统辖各省学堂。

11. A 【解析】本题考查苏湖教法的内容。“苏湖教法”的意义在于，它在中国教学制度发展史上，第一次按照实际需要，在同一学校中分设经义斋和治事斋，进行分科教学。治民、治兵等实用学科被正式纳入官学教学体系之中，取得了与儒家经学平起平坐的地位，并且开创了主修和副修制度的先声。

12. B 【解析】本题考查夸美纽斯的教育思想。夸美纽斯从他的民主主义的“泛智”思想出发，提出了普及教育思想。他的泛智思想要求“把一切事物教给一切人”，并且认为“一切儿童都可以教育成人”。他要求使贫苦人民的子弟也能进入学校，因此提出普及教育的民主要求。他提出“一切男女青年都应该进学校”等。

13. A 【解析】本题考查我国教育目的的发展历程。1982 年，《中华人民共和国宪法》有关教育的条文规定为：“国家培养青年、少年、儿童在品德、智力、体质等方面全面发展。”这是我国当代历史上，第一个以法律形式规定的教育目的。

14. A 【解析】本题考查卢梭的教育观点。卢梭提出：在万物的秩序中，人类有他的地位；在人生的秩序中，儿童有他的地位；应当把成人看作成人，把孩子看作孩子。他呼吁人们既不要把儿童当成待管教的奴仆，也不能把他作为成人的玩物。

15. A 【解析】本题考查问卷调查法的特点。问卷调查法的优点包括：(1)标准化程度较高；(2)具有较好的匿名性，易于收集到真实信息；(3)运用范围广；(4)效率高、费用低，调查问卷可以不受时间、地点和人数的限制，可以节省人力、物力、经费和时间；(5)便于比较和定量分析。故 A 项正确。(具体参看张湘洛主编的《教育科学研究方法》)

16. A 【解析】本题考查《中华人民共和国教师法》。根据《中华人民共和国教师法》第十三条规定,中小学教师资格由县级以上地方人民政府教育行政部门认定。中等专业学校、技工学校的教师资格由县级以上地方人民政府教育行政部门组织有关主管部门认定。普通高等学校的教师资格由国务院或者省、自治区、直辖市教育行政部门或者由其委托的学校认定。

17. D 【解析】本题考查教育研究原则。教育研究原则是人们在教育研究活动中必须遵循的行为准则。它是教育研究规律的反映和教育研究实践经验的总结,是指导教育研究活动的一般原理,是优化教育研究质量的重要保证。在任何教育研究中,都必须遵循客观性原则、继承性原则和创新性原则。故本题选D项。(具体参看朱德全主编的《教育研究方法》)

18. D 【解析】本题考查概念获得教学模式。概念获得教学模式是由乔伊斯和韦尔以布鲁纳等人的研究为基础建立起来的,有接受学习模式、选择学习模式、无序材料学习模式三种变式。故本题选D项。

19. A 【解析】本题考查蒙田的教育思想。文艺复兴时期资产阶级提倡的新的文化和世界观被称为"人文主义"。人文主义即是以"人"为中心的文化,用到教育上,人文主义教育即是以"人"为中心的教育。代表人物有意大利的维多利诺、尼德兰的埃拉斯莫斯(又译伊拉斯谟)、法国的拉伯雷和蒙田等人。其中,蒙田认为严厉的惩罚不仅会摧毁儿童学习的愿望,还会使人的高贵的本性堕落,他要求抛弃暴力和强制,使教育成为一种"没有惩罚、没有眼泪"、充满兴趣和欢乐的活动,使儿童的天性得以健康发展。

20. B 【解析】本题考查智力测验的标准。

信度是指一个测验量表的可靠程度(或可信程度)。它以反复测验时能否提供相同的结果来说明。如果一个人初测时分数很高,而在复测时分数很低,说明测验的信度差。A项错误。

效度是指一个测验工具希望测到某种行为特征的有效性与准确程度。表示效度的一种方法,是将测量的结果与随后的行为进行对照。如果一种测验能够预测后来的行为,这种测验的效度就高。题干所述符合效度的内涵,B项正确。

区分度是指该项题目对不同水平的答题者反应的区分程度和鉴别能力。C项错误。

难度指题目的难易程度。D项错误。

因此,答案选B项。

21. D 【解析】本题考查《中华人民共和国教育法》。根据《中华人民共和国教育法》第三十条规定,学校及其他教育机构应当履行下列义务:(1)遵守法律、法规;(2)贯彻国家的教育方针,执行国家教育教学标准,保证教育教学质量;(3)维护受教育者、教师及其他职工的合法权益;(4)以适当方式为受教育者及其监护人了解受教育者的学业成绩及其他有关情况提供便利;(5)遵照国家有关规定收取费用并公开收费项目;(6)依法接受监督。D项属于学校及其他教育机构行使的权利。

22. B 【解析】本题考查生成性教学的内涵。生成性教学是指在弹性预设的前提下,在教学展开过程中,由教师和学生根据不同的教学情境,自主建构教学活动的过程。

23. B 【解析】本题考查三个飞跃期的内容。

学前儿童思维发展过程中有几个明显的质变,在学前儿童思维发展的进程中,以下三个飞跃期应该得到特别关注。

出生后8、9个月,是思维发展的第一个飞跃期,直观行动思维从这个时期之后获得发展。故A项错误。

2岁至3岁(主要是2.5岁~3岁),是思维发展的第二个飞跃期,这个时期是从直观行动思维向具体形象思维发展的一个转折点。故B项正确。

5.5岁至6岁,是思维发展的第三个飞跃期,从具体形象思维向抽象逻辑思维过渡正是从这个时期开始的。故C、D两项错误。

24. A 【解析】本题考查新课程改革的相关知识。新课程结构的选择性是针对地方、学校与学生的差异而提出的,它要求学校课程要以充分的灵活性适应地方社会发展的现实需要,以显著的特色适应学校的办学宗旨和方向,以选择性适应学生的个性发展。其中,"新课改"减少了国家课程在学校课程体系中的比重。在义务教育阶段,将10%~20%的课时量给予了地方课程和校本课程的开发与实施。

25. A 【解析】本题考查中国古代的学校教育。

A项,元朔五年,汉武帝采纳董仲舒的建议,为博士置弟子,标志着太学的正式设立。太学的设立,是我国封建社会正式官办大学的开始。故本题选A项。

B项,东汉灵帝时设立了鸿都门学,这是世界上最早的文学艺术专门学校。

C项,国子监创立于隋朝,是设在京师的具有一定综合性的最高学府。它的名称是由汉的太学,西晋的国子学,北齐的国子寺等逐渐演化而来的。

D项,书院是我国古代特有的一种教育形式,对我国文化教育的发展曾产生过重大影响。宋朝书院盛行,出现了六大书院,包括白鹿洞书院、石鼓书院、岳麓书院、应天府书院、嵩阳书院、茅山书院。

26. C 【解析】本题考查2008年修订的《中小学教师职业道德规范》。2008年修订的《中小学教师职业道德规范》中关于"爱岗敬业"方面所规定的具体职业行为要求有:忠诚于人民教育事业,志存高远,勤恳敬业,甘为人梯,乐于奉献。对工作高度负责,认真备课上课,认真批改作业,认真辅导学生。不得敷衍塞责。张老师的行为即体现了教师职业道德规范中的爱岗敬业。

27. A 【解析】本题考查《大学》的教育思想。《大学》是儒家学者论述大学教育的一篇论文,它对大学教育的目的、程序和要求作了完整的概括。《大学》开头就说:"大学之道,在明明德,在亲民,在止于至善。"这是儒家对大学教育目的和为学做人目标的纲领性表达,"明明德""亲民""止于至善"被称为"三纲领"。

28. B 【解析】本题考查我国现代学制形成的标志。1902年的《钦定学堂章程》亦称"壬寅学制"是中国近代教育史上最早由国家正式颁布的学制系统,虽然正式公布,但并未实行。1904年1月《奏定学堂章程》颁布执行,又称"癸卯学制"。"癸卯学制"是我国正式实施的第一个现代学制。这两部学制的颁布及后者的实施,对中国教育近代化进程产生了十分重要的影响,是现代学制在我国形成的标志。故本题选B项。

29. A 【解析】本题考查马克思主义个人全面发展学说的基本含义。马克思主义个人全面发展学说的基本含义是劳动能力的全面发展。马克思主义个人全面发展的实质和核心,就是个人的智力和体力尽可能广泛、充分、统一和自由地发展,并在此基础上实现脑力劳动和体力劳动相结合。(具体参看姚俊编著的《教育学基本原理》)

30. A 【解析】本题考查新课程改革的基本理念。我国的新课程改革的基本理念可以概括为:(1)关注学生发展。(2)强调教师成长。(3)重视以学定教。新课程课堂教学真正体现了以学生为主体、以学生发展为本,改变了传统的课堂教学评价方式,体现了以学生的"学"来评价教师"教"的"以学论教"的评价思想,强调以学生在课堂教学中呈现的状态为参照来评价课堂教学质量,提倡"以学论教",主要从学生的情绪状态、注意状态、参与状态、交往状态、思维状态、生成状态六个方面来评价课堂教学质量。

二、多项选择题

31. ABCD 【解析】本题考查以语言传递为主的教学方法的类型。以语言传递为主的教学方法主要包括讲授法、谈话法、讨论法、读书指导法四种。

32. BCD 【解析】本题考查教学评价的基本类型。根据教学评价的作用(功能),教学评价可以分为诊断性评价、形成性评价和总结性评价。根据评价采用的标准,教学评价可以分为绝对性评价、相对性评价和个体内差异评价。故本题选B、C、D三项。

33. ABCD 【解析】本题考查教育目的的作用。黄胜主编的《教育学新编》认为:教育目的在教育实践中的作用包括导向作用、规范作用、激励作用、协调作用、评价作用。孙俊三主编的《普通教育学》认为:教育目的在教育实践活动中的作用包括导向作用、激励作用、协调作用、标准作用。故本题全选。

34. ABC 【解析】本题考查社会本位论的代表人物。社会本位论盛行于19世纪下半叶,认为确立教育目的的根据是社会的要求,个人的发展必须服从社会需要,因为个人生活在社会中,受制于社会环境。简言之,教育以社会的稳定和发展为最高宗旨。社会本位论的代表人物有荀子、柏拉图、赫尔巴特、涂尔干、纳托普、凯兴斯泰纳、孔德、巴格莱等。赫钦斯是个人本位论的代表人物。

35. AB 【解析】本题考查教学过程的相关内容。教学过程中的"吃透两头":一是弄清所教知识点与前后知识的衔接与结构关系,即充分理解教材;二是需要对学生学习过程中出现的错误以及深层次的原因有比较深刻的了解,即充分认识学生。

36. AC 【解析】本题考查《中小学心理健康教育指导纲要(2012年修订)》。《中小学心理健康教育指导纲要(2012年修订)》指出,心理健康教育应从不同地区的实际和不同年龄阶段学生的身心发展特点出发,做到循序渐进,设置分阶段的具体教育内容。小学低年级主要包括:帮助学生认识班级、学校、日常学习生活环境和基本规则;初步感受学习知识的乐趣,重点是学习习惯的培养与训练;培养学生礼貌友好的交往品质,乐于与老师、同学交往,在谦让、友善的交往中感受友情;使学生有安全感和归属感,初步学会自我控制;帮助学生适应新环境、新集体和新的学习生活,树立纪律意识、时间意识和规则意识。故答案选A、C两项。B项属于初中年级的具体教育内容,D项属于小学中年级的具体教育内容。

37. ABD 【解析】本题考查中学生心理发展的特点。中学生的主要心理特点是过渡性、闭锁性、社会性和动荡性。(1)过渡性。从幼稚期向成熟期过渡。前期即少年期,保留着一定的幼稚性和依赖性;后期即青年初期,则包含着成熟后的独立性和自觉性。(2)闭锁性。即他们的内心世界逐渐复杂,开始不大轻意将内心活动显露出来。但是,比起成年人来尚显纯真、直率,有时甚至锋芒毕露。(3)社会性。如果说儿童心理发展的特点是更多地依赖于生理的成熟和家庭、学校环境的影响,那么中学生的心理发展及其特点,则更多地决定于社会和政治环境的影响。

(4)动荡性。中学生敏感,容易产生变革现实的愿望,敢想、敢说、敢做,自尊心、自信心强,争强好胜,但思维的片面性很大,容易偏激、摇摆。他们热心、重感情,但激情占有相当的地位,感情的波动性大。他们精力充沛,能力在发展,但性格未最后定型,可塑性大。

38. ABCD 【解析】本题考查学校心理辅导室的服务对象。在服务对象方面,学校心理辅导室开放的服务对象主要以校内学生为主,但也要接待有心理问题求助需求的教职工和学生家长,在力所能及的范围内还要为社区及周围的民众服务。故本题答案全选。

39. BCD 【解析】本题考查自我调控策略的内容。自我调控策略是指学习者在学习过程中,如何有意识地、系统地监测、评估、调节自己的思维、感知、情绪、动机与行为,以达成其目标的一种心理活动。一般自我调控策略有三个要素:(1)自定目标与计划,是指学生分析学习任务,设置具体的学习目标以及规划,或者改善为达到目标所选用的策略;(2)自我监测、自我评价,是学生根据对先前表现和结果的观察与记录,判断自己学习的效能,即评价个体在某一学习任务上的现有能力水平;(3)自我激励、自我调整,是指学生把注意力集中于学习结果和策略过程两者之间的关系上,以确定某种策略的有效性。因此,答案选 B、C、D 三项。(具体参看吴增强编著的《学习心理辅导 实用心理辅导丛书》)

40. AC 【解析】本题考查应对考试焦虑的方法。应对考试焦虑的方法主要有:(1)加强考前指导,诚信应对考试。(2)端正考试动机,减轻心理负担。每位学生对考试的意义都要有客观正确的认识,从而树立正确的应试动机。要重视学习过程,而不要太计较考试结果。(3)做好充分准备,形成良好的考试状态。(4)积极的自我暗示。(5)放松训练,包括腹式呼吸方法、渐进式放松法。(6)系统脱敏。因此,答案选 A、C 两项。

三、简答题(参考答案)

41. 根据《中华人民共和国义务教育法》,简述"义务教育"中的"义务"的含义。

根据《中华人民共和国义务教育法》第二条规定,义务教育是国家统一实施的所有适龄儿童、少年必须接受的教育,是国家必须予以保障的公益性事业。实施义务教育,不收学费、杂费。这是《中华人民共和国义务教育法》在修正后总则第二条的规定,也是对义务教育含义的最确切概括。

在我国《义务教育法》实施过程中,国家、社会、适龄儿童和少年、家庭、学校都是法律关系主体,均依法享有权利和承担义务。其中义务主要包括以下几个方面:

(1)国家的义务。制定法律保障适龄儿童、少年接受义务教育;设置学校;建立义务教育经费保障机制;制定义务教育的办学标准;保护学生、教师、学校的合法权益。

(2)社会的义务。尊重教师;不得招用应当接受义务教育的适龄儿童、少年就业等。

(3)适龄儿童、少年的义务。适龄儿童、少年具有接受义务教育的义务,凡达到规定入学年龄的儿童、少年都应入学接受规定年限的义务教育。

(4)学校的义务。按照规定标准完成教育教学任务,保证教育教学质量;接收具有接受普通教育能力的残疾适龄儿童、少年随班就读,并为其学习、康复提供帮助等。

(5)家庭的义务。家庭具有依法保证适龄儿童、少年按时入学接受并完成义务教育的义务。

42. 简述促进学习迁移的方法。

(1)改革教材内容,促进迁移。①精选教材,提高对概念和原理的理解水平;②合理编排教学内容,突出知识的组织特点。(2)合理编排教学方式,促进迁移。(3)教授学习策略,提高学生的迁移意识。(4)改进对学生的评价。

四、论述题(参考答案)

43. 论述皮亚杰的道德发展阶段理论。

皮亚杰把儿童的品德发展划分为以下四个阶段:

(1)自我中心阶段(2~5 岁)。自我中心阶段是从儿童能够接受外界的准则开始的。例如,儿童在打弹珠游戏中总是自己玩自己的,按照自己的想象去执行规则。这是因为儿童还不能把自己同外在环境区别开来,而把外在环境看作是他自身的延伸。规则对于他来说,还不具有约束力。

(2)权威阶段(他律道德阶段或道德实在论阶段)(6~8 岁)。该时期的儿童服从外部规则,接受权威指定的规范,把人们规定的准则看作是固定的、不可变更的,而且只根据行为后果来判断对错。看待行为有绝对化的倾向;赞成严厉的惩罚,并认为受惩罚的行为本身就说明是坏的,还把道德法则与自然规律相混淆,认为不端的行为会受到自然力量的惩罚。

(3)可逆性阶段(自律或合作道德阶段)(8~10 岁)。这一阶段的儿童已不把准则看成是不可改变的,而把它看作是同伴间共同约定的。该阶段的特征是:儿童一般都形成了这样的概念,如果所有的人都同意的话,规则是可以改变的。儿童已经意识到一种同伴间的社会关系,即应相互尊重。准则对他们来说已具有一种保证他们相互行动、互惠的可逆特征。

(4)公正阶段(10~12 岁)。这一阶段的公正观念是从可逆的道德认知中脱胎而来的。他们开始倾向于主持公正、公平等。公正的奖惩不能是千篇一律的,应根据个人的具体情况进行。也就是说,儿童不再刻板地按固定的规则去判断,在依据规则判断时应该考虑到同伴的一些具体情况,从关心和同情的角度出发去判断。

五、案例分析题(参考答案)

44. 李老师的观点更符合新课程理念。

(1)新课程倡导"立足过程,促进发展"的课程评价。这不仅仅是评价体系的变革,更重要的是评价理念、评价方法与手段以及评价实施过程的转变。现代教育评价的理念是发展性评价与激励性评价。发展性评价的根本目的在于促进发展。

(2)案例中的张老师过于注重学生的测验成绩,忽视了测验本身是为了促进学生的发展。张老师所持的是传统的评价观念。

(3)案例中的李老师不仅关注学生的测验成绩的高低,更重视测验过程中学生所遇到或所呈现出来的问题。李老师的观点体现了"立足过程,促进发展"的课程评价。

2021 年天津市河北区教师招聘考试真题试卷(十一)

一、单项选择题

1. C 【解析】本题考查教育的社会属性。教育受一定社会的政治经济等因素的制约,但作为一种培养人的社会活动,教育有其自身的规律,具有相对独立性。此外,教育的相对独立性还表现在特定的教育形态不一定跟其当时的社会形态保持一致,而存在教育"超前"或"滞后"的现象。故本题选 C 项。

2. A 【解析】本题考查古代雅典的教育。古代雅典在西方最早形成体育、德育、智育、美育和谐发展的教育,教育内容比较丰富,教育方法也比较灵活,教育目的是培养有文化、有修养和多种才能的政治家和商人。

3. C 【解析】本题考查课程类型。从课程设计、开发和管理的主体来看,课程可分为国家课程、地方课程与校本课程;从课程的表现形式或对学生的影响方式来看,课程可分为显性课程与隐性课程。其中,校本课程即学校课程,是学校在确保国家课程和地方课程有效实施的前提下,针对学生的兴趣和需要,结合学校的传统和优势以及办学理念,充分利用学校和社区的课程资源,自主开发或选用的课程。校本课程的主导价值在于通过课程展示学校的办学宗旨和特色,提升学校的办学水平,促进学生的个性发展。故题干中的小学开设的《剪纸艺术》课程属于校本课程。

4. B 【解析】本题考查感觉的相互作用的规律。感觉对比是同一感受器接受不同的刺激,而使感受性发生变化的现象。感觉对比分为两种:同时对比和继时对比。其中,刺激物先后作用于同一感受器会产生继时对比现象。题干中糖和橘子的先后呈现,使得味觉的感受性发生变化,从而产生继时对比现象。

5. C 【解析】本题考查教育的起源。教育的起源学说包括神话起源说、生物起源说、心理起源说和劳动起源说等。其中,劳动起源说是在马克思历史唯物主义理论的指导下形成的,认为教育起源于人类特有的生产劳动。

6. D 【解析】本题考查品德的心理结构。道德行为是道德形成的最终环节,是指个体在一定的道德意识支配下表现出来的对他人和社会的有道德意义的活动。它是个体道德认知的外在表现,是实现道德动机的手段。道德行为是衡量道德品质的重要标志。

7. A 【解析】本题考查学生的认知方式差异。

场依存型认知方式的人倾向于以外部参照作为信息加工的依据,他们的态度和自我知觉更容易受周围的人们,特别是权威人士的影响和干扰,善于察言观色,注意并记忆言语信息中的社会内容。A 项正确。

一般而言,场独立型认知方式的人,常常利用自己内部的参照来判断客观事物,不易受外来因素的影响和干扰,其认知独立于周围的背景,倾向于在更抽象的和分析的水平上进行加工,独立地对事物做出判断。B 项错误。

整体型认知方式是指个体学习一篇材料时,通过使用说明性例子和类比的方法来达到对学习材料的总体把握。如果学习材料有不同的层次,他们往往比其他人更快地往下读,阅读的注意范围更大。在他们看来,准确把握许多孤立的细节也不一定能够领会材料的整体意义。而一旦确立了整体意义,把握细节便不困难。C 项错误。

序列(系列)型认知方式则通过连续或相继地注意材料的细节,达到对材料各个部分的把握。他们相信既然整体是由部分组成的,只要准确把握了材料的细节,必然能够准确地把握整体意义。因而他们往往从一部分再到另一部分地认知,步步为营地留心一连串的细节。D 项错误。

8. D 【解析】本题考查组织策略的分类。组织策略是指将经过精加工提炼出来的知识点加以构造,形成更高水平的知识结构的信息加工策略。组织策略主要分为归类策略和纲要策略。其中,纲要策略主要有:主题纲要法、符号纲要法。符号纲要法包括系统结构图、流程图、模式或模型图、网络关系图。因此,题干中的老师采用逻辑关系图对课本知识进行总结,属于组织策略中的纲要策略。A、B两项属于精加工策略。

9.B 【解析】本题考查强化理论的内容。经典条件反射与操作条件反射的理论都认为强化是形成和巩固条件反射的重要条件。在他们看来,人的某种学习行为倾向完全取决于先前的这种学习行为与刺激因强化而建立的牢固联系;强化可以使人在学习过程中增强某种反应重复可能性的力量。

10.B 【解析】本题考查教育的先导性。教育的先导性是指教育的发展对社会主义现代化建设具有引领作用。教育的先导性不仅表现在经济发展方面,还表现在对科学技术的引领与文化价值观念方面,尤其是对社会主义核心价值观念的引领等方面。故本题选B项。

11.D 【解析】本题考查培养自尊心的先决条件。教育心理学家库珀·史密斯在《自尊心的养成》一书中提出培养自尊心的三个先决条件是:(1)重要感,指个人觉得自己的存在是重要的和有意义的。(2)成就感,指个人能胜任具有挑战性的任务,而且能达到预期目的。学生在学业上的成就感,是形成其正确自我概念的关键。(3)有力感,指个人感觉到自己有处理事务的能力。

12.A 【解析】本题考查个体身心发展的规律。个体身心发展的互补性是指机体某一方面的机能受损甚至缺失后,可通过其他方面的超常发展得到部分补偿。个体身心发展的互补性特征告诉我们,教师要长善救失,善于发现学生的错误,并加以纠正和指导,将缺点转化为优点。

13.C 【解析】本题考查情绪的分类。应激是出乎意料的紧迫情况所引起的急速而高度紧张的情绪状态。题干中的小雪同学第一次在公众场所进行演讲对其而言属于紧迫情况,故其紧张表现属于应激。

14.A 【解析】本题考查记忆系统的编码形式。感觉记忆的编码形式有图像记忆和声像记忆两种。图像记忆是感觉记忆的主要编码形式。故A项正确。

短时记忆又称工作记忆,有听觉编码和视觉编码两种编码形式,主要是听觉编码。

长时记忆又称永久性记忆,以意义编码为主,它包括表象编码和语义编码,主要是语义编码。

15.C 【解析】本题考查学校群体的心理效能。学校群体的心理效能主要有:(1)教育功能;(2)归属功能;(3)认同功能;(4)支持功能。其中,认同功能指学校群体能对个体的认知提供知识和信息,使各个成员对一些重大事件与原则问题同学校群体保持共同的认识和评价。题干中的小玲和她的同学在很多方面都能很好地与学校保持一致,这体现了群体的认同功能。

16.D 【解析】本题考查问题解决的策略。在寻求解答时,可能存在这样两种途径:算法式和启发式。其中常用的启发式方法有:(1)手段目的分析法。将目标划分成许多子目标,将问题划分成许多子问题后,寻找解决每一个子问题的手段。(2)逆向反推法。应用反推法,从目标开始,退回到未解决的最初的问题,这种方法对解决几何证明题有时非常有效。(3)爬山法。基本思想是设立一个目标,然后选取与起始点邻近的未被访问的任一节点,向目标方向运动,逐步逼近目标。(4)类比思维。当面对某种问题情境时,个体可以运用类比思维,先寻求与此有些相似的情境的解答。当人们第一次发明潜艇后,工程师们要思考如何让战舰确定潜艇隐藏在海下的方位。于是,通过研究蝙蝠导航机制导致了声呐的发明,将其运用于潜艇的定位。故答案选D项。(具体参看王春阳、杨彬、张婕著的《教育心理学》)

17.C 【解析】本题考查影响学生行为改变的方法。理性—情绪疗法,又称合理情绪疗法,是认知疗法的一种,因其采用了行为治疗的一些方法,故又被称为认知行为疗法。艾利斯认为,人的情绪是由他的思想决定的,合理的观念导致健康的情绪,不合理的观念导致负向的、不稳定的情绪。通过改变不合理信念调整自己的认知,是维护心理健康的重要途径。题干中的王老师通过改变小红的认知偏差来帮助她克服焦虑情绪的方法属于合理情绪疗法。故答案选C项。

18.A 【解析】本题考查操作性条件作用的基本规律。负惩罚又称为移除性惩罚,是通过取消愉快刺激来降低某一行为的反应频率。小明的妈妈通过取消周末看电影这一愉快刺激,来降低小明在学校不遵守纪律的频率。故属于负惩罚。

19.D 【解析】本题考查想象的加工方式。

黏合,是指把两种或两种以上客观事物的属性、元素、特征或部分结合在一起而形成新形象的过程。如孙悟空的形象。故A项错误。

夸张,是指改变客观事物的正常特点,对某些特点加以夸大和强调,使其增大、缩小、数量加多、色彩加浓等。如"千手观音"的形象。故B项错误。

拟人化,是指把人类的特性、特点加在外界事物上,使之人格化的过程。如"雷公""电母"等形象。故C项错误。

典型化,是指根据一类事物共同的、典型的特征创造新形象的过程。如鲁迅小说中的人物模特儿,往往嘴在浙江,

脸在北京,衣服在山西,是一个拼凑起来的角色。故D项正确。

因此,答案选D项。

20.A 【解析】本题考查思维的特点。思维的特点为:间接性和概括性。其中,间接性,是指思维能对感官所不能直接把握的或不在眼前的事物,借助于某些媒介物与头脑加工来进行反映。因此,中医通过"望闻问切"这四个手段来诊断病人的病情,反映了思维的间接性。

易错警示:考生易混淆思维的间接性和概括性。可从下面两方面区分思维的间接性和概括性:

(1)在做题的时候,把握题干中的关键词。间接性的关键词是:"根据""推断";概括性的关键词是:"对……的认识""得出……结论"。

(2)遇到谚语时不能一概而论,要具体分析题目强调哪方面的意思。题目强调"间接地推测事物",选间接性;题目强调人们通过自身的多年劳动生活经验,总结归纳出一定规律,选概括性。

21.D 【解析】本题考查皮亚杰的道德发展阶段理论。皮亚杰把儿童的品德发展划分为以下四个阶段:(1)自我中心阶段;(2)权威阶段(他律道德阶段或道德实在论阶段);(3)可逆性阶段(自律或合作道德阶段);(4)公正阶段。其中,公正阶段的公正观念是从可逆的道德认知中脱胎而来的。儿童开始倾向于主持公正、公平等。公正的奖惩不能是千篇一律的,应根据个人的具体情况进行。也就是说,儿童不再刻板地按固定的规则去判断,在依据规则判断时应该考虑到同伴的一些具体情况,从关心和同情的角度出发去判断。因此,题干所述表明个体的道德发展到了公正阶段。

22.D 【解析】本题考查情绪调节的方法。合理宣泄法又称自我排解,是指当人受到不良刺激而产生消极情绪时,应让不良情绪充分得以宣泄,通过合理的宣泄来减轻心理负担,恢复心理平静。合理宣泄的途径主要有:(1)倾诉。在内心充满烦恼和忧虑时,可以向知心朋友或信任的老师、家长倾诉心声,但诉说不是一味的抱怨,说出来心情就好了一大半了。(2)哭泣。哭是人类的一种本能,是人不愉快情绪的直接流露。(3)运动。在无倾诉对象或不便痛哭的情况下,可以做些大运动量的活动。如对着沙包狠揣一通,找个空旷无人的场地大喊几声或高声歌唱,到运动场大跑几圈,大汗淋漓之后就不那么压抑了。通过剧烈的运动,有助于释放紧张的情绪,消除烦闷。因此,题干中的学生通过运动来调节不良情绪,属于合理宣泄法。(具体参看郑开梅主编的《大学生心理健康教育》)

23.D 【解析】本题考查群体动力的内容。群体凝聚力是指群体对成员的吸引力和成员之间的相互吸引力。它可以通过群体成员对群体的忠诚、责任感、荣誉感、成员间的友谊和志趣等来表明。关系融洽、凝聚力强的班级,会使学生产生强烈的自豪感和认同感,顺利完成课堂教学任务。所以,凝聚力常常成为衡量一个班集体成功与否的重要标志。

24.B 【解析】本题考查《中华人民共和国教育法》的制定。《中华人民共和国教育法》于1995年3月18日经第八届全国人民代表大会第三次会议通过,自1995年9月1日起施行,这是自新中国成立以来我国制定的第一部教育基本法,这是我国教育史上具有里程碑意义的大事。故答案选B项。

25.D 【解析】本题考查教学评价的基本类型。根据评价采用的标准,教学评价可以分为绝对性评价、相对性评价和个体内差异评价。其中,个体内差异评价是对被评价者的过去和现在进行比较,或将评价对象的不同方面进行比较。题干中的数学老师对小明不同方面(记忆能力和逻辑推理能力)的评价属于个体内差异评价。

26.C 【解析】本题考查价值澄清模式。价值澄清模式的代表人物是美国的拉斯、哈明、西蒙等人。这种模式着眼于价值观教育,试图帮助人们减少价值混乱并通过评价过程促进统一的价值观的形成。从根本上讲,这一过程的基础是避免观点说教并促使人们在确定价值观方面使用有道理的推理。价值澄清的完整过程可划分为选择、赞赏和行动三个阶段。

27.B 【解析】本题考查课程目标取向的分类。课程目标取向可分为普遍性目标取向、行为目标取向、生成性目标取向和表现性目标取向。其中,生成性目标不是由外部事先规定的目标,而是在教育情境之中随着教育过程的展开而自然生成的目标。这种目标所关注的不是外部事先规定的目标,而是师生根据课程教学的实际进展情况而提出的相应的目标。题干中的杨老师在教学过程中提出的目标就属于生成性目标。

28.A 【解析】本题考查教师劳动的特点。教师劳动的示范性指教师的言行举止,如人品、才能、治学态度等都会成为学生学习的对象。教师劳动的示范性特点是由学生的可塑性、向师性和模仿心理特征决定的。故本题选A项。

29.B 【解析】本题考查教师职业道德的主要范畴。教师职业道德的主要范畴包括教师义务、教师良心、教师公正、教师荣誉、教师幸福和教师人格等。其中,教师荣誉是教师道德行为的调节器,对教师道德行为、品质的取向具有导向和制约作用。公平合理地评价和对待每个学生,是教师公正的最基本、最核心的内容。教师职业道德义务的核心内容是要落实或践行教育公正与教育仁慈。教师良心是隐藏在教师内心深处的一种对教师社会道德责任感、义务感的认识和感情以及自我评价能力。故本题选B项。

30. C 【解析】本题考查科尔伯格的道德发展阶段理论。

处于维护权威和社会秩序的定向阶段的个体开始从维护社会秩序的角度来思考什么行为是正确的,认识到每个社会成员都应当遵守全社会共同约定的某些行为准则,即强调对法律和权威的服从。因此,A项不符合题意。

处于好孩子定向阶段的儿童认识到必须尊重他人的看法和想法,考虑到他人和社会对一个"好孩子"的期望和要求,并尽量按这种要求去做。在这个阶段,儿童已经开始从关心自己的需求发展到较全面地关心别人的需求,从而为自己塑造一个社会赞同的形象。故B项不符合题意。

处于社会契约定向阶段的的个体认识到法律不再是死板的、一成不变的条文,可以通过共同协商和民主的程序来改变。如果一个人感到法律有失公平,就有权利通过正当途径说服别人改变法律。故C项符合题意。

处于普遍道德原则的定向阶段的个体,其认识超越了法律,认为除了法律以外,还有诸如生命的价值、全人类的正义、个人的尊严等更高的道德原则。故D项不符合题意。

因此,答案选C项。(具体参看林秉贤主编的《心理咨询的理论与测验》)

二、多项选择题

31. ABCD 【解析】本题考查现代教育发展特征的相关内容。教育现代化的内涵丰富,包括教育普及化、教育国际化、教育民主化、教育法制化、教育个性化、教育多样化、教育整体化、教育终身化等。故本题全选。

32. ABCD 【解析】本题考查影响问题解决的因素。影响问题解决的因素有:(1)问题情境。问题情境就是指问题呈现的知觉方式。(2)定势与功能固着。(3)原型启发。(4)已有知识经验。(5)酝酿效应。(6)情绪与动机。此外,认知结构的限制、个性特征以及问题的特点等也会影响问题解决。故答案选A、B、C、D四项。

33. AB 【解析】本题考查马斯洛的需要层次理论。马斯洛把需要分为生理需要、安全需要、归属与爱的需要、尊重需要、求知需要、审美需要和自我实现的需要七个层次。前四种需要被称为缺失需要,后三种需要是成长需要。故A、B两项属于缺失需要,C、D两项属于成长需要。

34. ABC 【解析】本题考查隐性课程的主要表现形式。隐性课程亦称潜在课程、自发课程,是学校情境中以间接的、内隐的方式呈现的课程。隐性课程的主要表现形式有:(1)观念性隐性课程;(2)物质性隐性课程;(3)制度性隐性课程;(4)心理性隐性课程。

35. BCD 【解析】本题考查影响自我效能感的因素。影响自我效能感的因素有:(1)个人自身行为的成败经验;(2)替代经验(对他人的观察);(3)言语暗示;(4)情绪唤醒(生理和情感状态)。故B、C、D三项正确。

36. ABCD 【解析】本题考查影响识记效果的因素。(1)识记的目的与任务;(2)识记的态度和情绪状态;(3)活动任务的性质;(4)材料的数量和性质;(5)识记的方法。

37. AC 【解析】本题考查时政知识。2021年7月,中共中央办公厅、国务院办公厅印发了《关于进一步减轻义务教育阶段学生作业负担和校外培训负担的意见》,并发出通知,要求各地区各部门结合实际认真贯彻落实。

38. BC 【解析】本题考查素质教育的相关知识。

素质教育与应试教育是对立统一的关系,不能简单认为两者背道而驰。故A项说法错误。

素质教育是以提高民族素质为宗旨的教育。故B项说法正确。

素质教育是促进学生全面发展和个性发展的教育。素质教育是全面发展的教育,是从教育对所有学生的共同要求的角度来看的。因此,素质教育关注共性发展,也关注个性发展。故C项说法正确。

素质教育强调为学生的发展奠定基础,同时又要发展学生的个性,因此素质教育对学生的要求是合格加特长。素质教育并不是特长培养的教育。故D项说法错误。

39. ABC 【解析】本题考查教师的相关内容。中共中央、国务院印发的《关于全面深化新时代教师队伍建设改革的意见》提出,不断提高地位待遇,真正让教师成为令人羡慕的职业要做到以下几点:(1)明确教师的特别重要地位。(2)完善中小学教师待遇保障机制。(3)大力提升乡村教师待遇。(4)维护民办学校教师权益。(5)推进高等学校教师薪酬制度改革。(6)提升教师社会地位。鼓励社会团体、企事业单位、民间组织对教师出资奖励,开展尊师活动,营造尊师重教良好社会风尚。另外,还要维护教师职业尊严和合法权益,关心教师身心健康,克服职业倦怠,激发工作热情等。故本题选A、B、C三项。D项,完善中小学教师准入和招聘制度,严格教师准入,提高入职标准是深化教师管理综合改革,切实理顺体制机制的举措。

40. ABD 【解析】本题考查外部动机的内涵。按学习动机产生的诱因来源,可分为内部学习动机和外部学习动机。内部学习动机是指诱因来自学习者本身的内在因素,即学生因对活动本身发生兴趣而产生的动机。具有内部动机的学生,活动本身就能使其得到满足,无需外力的作用,如报酬和奖赏,也能产生荣誉感。外部学习动机是指诱因来自学习者外部的某种因素,即在学习活动以外由外部的诱因激发出来的学习动机。A、B、D三项均是由外部的诱因激发出来的学习动机,故属于外部学习动机;C项张涛是自己主动去请教老师不明白的知识点,属于内部学习动机。故答案选A、B、D三项。

三、判断题

41. × 【解析】本题考查现代教育技术的相关内容。现代教育技术在课堂教学中仅作为辅助教学手段而存在,只有根据教学实际,在课堂教学中合理运用现代教育技术,才能有效提高课堂教学效率。故题干说法错误。

42. × 【解析】本题考查教师违法(侵权)行为的主要类型。受教育权是学生最基本的权利。常见的侵犯学生受教育权的表现形式主要有:(1)侵犯学生受教育机会的平等权;(2)侵犯学生的入学权;(3)侵犯学生参加考试的权利;(4)随意开除学生。我国《未成年人保护法》第二十八条规定,学校应当保障未成年学生受教育的权利,不得违反国家规定开除、变相开除未成年学生。因此,班主任张老师无权责令小明退学,这属于侵犯学生的受教育权。故题干说法错误。

43. × 【解析】本题考查师生关系的相关内容。在教师与学生的关系上,应以学生为主体,以教师为主导。题干所述过于强调教师的权威作用,忽视了学生的主观能动性,是教师中心论的观点。

44. √ 【解析】本题考查教学过程的基本规律。教学过程的直接经验与间接经验相结合的规律认为,学习间接经验是学生认识客观世界的基本途径。人类的知识都产生于实践,来自直接经验,虽然通过直接经验也能不断扩大对客观世界的认识,但由于个人的活动范围、时间、精力十分有限,仅依靠直接经验认识世界是不可能的,必须以学习间接经验为主。故题干说法正确。

45. × 【解析】本题考查分组教学的类型。外部分组即取消按年龄编班,按学生的能力或某些测验成绩编班;内部分组即在按年龄编班的班级内,再根据学生的成绩将他们分成若干个不同的小组。题干所述是外部分组的概念。

46. √ 【解析】本题考查德育过程的基本矛盾。德育过程的基本矛盾是社会通过教师向学生提出的道德要求与学生已有品德水平之间的矛盾,这是德育过程中最一般、最普遍的矛盾,也是决定德育过程本质的特殊矛盾。

47. √ 【解析】本题考查《中华人民共和国未成年人保护法》。根据2012年修正的《中华人民共和国未成年人保护法》第四十条规定,学校、幼儿园、托儿所和公共场所发生突发事件时,应当优先救护未成年人。

48. × 【解析】本题考查学生的认知方式差异。认知方式没有优劣、好坏之分,只是表现为学生对信息加工方式的某种偏爱,主要影响学生的学习方式。冲动型的学生认知问题的速度虽然很快,但错误率高,在运用低层次事实性信息的问题解决中占优势。他们更多的是使用整体加工方式。沉思型的学生解答认知问题的速度虽然慢,但错误率很低,在解决高层次问题时占优势。他们多采用细节性加工方式。故题干说法错误。

49. × 【解析】本题考查知识学习的类型。奥苏贝尔根据新旧观念的概括水平及其联系方式不同,划分了下位学习、上位学习和并列结合学习这三种同化模式。其中,上位学习又称总括学习,是在学生掌握一个比认知结构中原有概念的概括和包容程度更高的概念或命题时产生的。上位学习遵循从具体到一般的归纳概括过程。在上位学习中,新旧观念相互作用的结果总是导致原有认知结构中的有关概念发生实质性变化。故题干表述错误。

50. √ 【解析】本题考查直观的内涵。直观是主体通过对直接感知到的教学材料的表层意义、表面特征进行加工,从而形成对有关事物的具体的、特殊的、感性的认识的加工过程。直观是理解科学知识的起点,是学生由不知到知的开端,是知识获得的首要环节。故题干说法正确。

四、名词解释

51. 投射效应

投射效应指与人交往时把自己具有的某些不讨人喜欢、不为人接受的观念、性格、态度或欲望转移到别人身上,认为别人也是如此,以掩盖自己不受人欢迎的特征。

52. 随机通达教学

随机通达教学(随机进入教学),是指学习者可以随机通过不同途径、不同方式进入同样教学内容的学习,从而获得对同一事物或同一问题的多方面认识和理解。

53. 标准参照评价

标准参照评价以教学目标所确定的作业标准为依据,根据学生在试卷上答对题目的多少来评定学生的学业成就。学校教学评价一般都采用标准参照评价。

五、简答题(参考答案)

54. 奥苏贝尔认为学校情境中的成就动机由哪几个方面组成?并做简要说明。

根据学校情境中的学业成就动机的不同,奥苏贝尔等人把动机分为认知内驱力、自我提高内驱力和附属内驱力三个方面。

(1)认知内驱力,指要求了解、理解和掌握知识以及解决问题的需要,一般来说,这种内驱力大多是从好奇倾向中派生出来的。

(2)自我提高内驱力,指个体因自己的胜任或工作能力而赢得相应地位的需要。
(3)附属内驱力,指个体为了获得长者们(如家长、教师)的赞许或认可而表现出把工作、学习做好的一种需要,是一种间接地学习需要。

55. 关于遗忘的原因有哪些学说?

(1)消退说。消退说,又叫痕迹衰退说,是一种对遗忘原因的最古老解释。按照这种理论,遗忘是由记忆痕迹衰退引起的,衰退随时间的推移自动发生。
(2)干扰说。干扰说认为,遗忘是因为在学习和回忆之间受到其他刺激的干扰所致。一旦干扰被排除,记忆就能恢复,而记忆痕迹并未消退。干扰说可用前摄抑制和倒摄抑制来说明。
(3)压抑说(动机说)。压抑说认为,遗忘是由于情绪或动机的压抑作用引起的,如果压抑被解除,记忆就能恢复。该理论是弗洛伊德在给病人催眠时发现的。
(4)提取失败说。我们都有这样的经验:不能回忆起某件事,但又知道这件事是知道的。这种明明知道某件事,但就是不能回忆出来的现象称为"舌尖现象"或"话到嘴边现象"。从信息加工的观点看,遗忘是一时难以提取出需要的信息,遗忘之所以发生是因为编码不准确,失去了检索线索或线索错误。一旦有了正确的线索,经过搜寻,所需要的信息就能提取出来,这就是遗忘的提取失败理论。
(5)同化说(认知结构说)。奥苏贝尔认为,遗忘是知识的组织和认知结构简化的过程。当人们学到了更高级的概念与规律之后,就可以以此来代替低级的观念,使低级观念简化,从而减轻记忆负担。这是一种积极的遗忘。当然,在有意义学习中,或者由于原有知识结构不巩固,或者由于新旧知识辨析不清楚,也有可能以原有的观念来代替表面相同而实质不同的新观念,从而出现记忆错误。这是一种消极的遗忘,教学中必须努力避免。

56. 学生在动作技能的形成中会出现高原现象。什么是高原现象?形成的原因有哪些?

(1)通常把学生在学习过程中出现一段时间的学习成绩和学习效率停滞不前,甚至学过的知识感觉模糊的现象,称为"高原现象"。
(2)高原现象产生的原因有:①学习方法的固定化;②学习任务的复杂化;③学习动机减弱;④兴趣降低;⑤心理和生理上的疲劳;⑥意志不够顽强。

57.《中小学教师职业道德规范》包括哪几方面内容?

2008 年修订的《中小学教师职业道德规范》的基本内容包括:爱国守法、爱岗敬业、关爱学生、教书育人、为人师表、终身学习。

六、论述题(参考答案)

58. (1)请分析创造性的基本特征。

尽管不同的研究及其相关测验强调创造性的不同特征,但目前比较公认的是以发散思维的基本特征来代表创造性的特征。
①流畅性。流畅性是指在限定时间内产生观念数量的多少。在短时间内产生的观念越多,流畅性越大。该特征能反映个体的心智灵活、思路通达的程度。
②灵活性。灵活性是指摒弃以往的习惯思维方法而开创不同方向的能力,也叫思维的变通性。
③独创性(独特性)。独创性是指产生不寻常的反应和不落常规的能力,以及重新定义或按新的方式对所见所闻加以组织的能力。

(2)如果你是一位中小学在职教师,请分析如何在教学中培养学生的创造性?

创造性是由人的认知能力、个性倾向和社会环境相互作用产生的行为结果。因此,可以从以下四个方面来探索创造性的培养途径:
①培养创造性认知能力。包括:培养创造性的知识基础;创造性思维的培养。②注重创造性个性的塑造。具体包括保护好奇心、解除个体对答错问题的恐惧心理、鼓励独立性和创新精神、重视非逻辑思维能力、给学生提供具有创造性的榜样。③创设有利的社会环境。包括:创设宽松的心理环境;给学生留有充分选择的余地;改革考试制度与考试内容。④培养创造型的教师队伍。要培养学生的创造性,必须对教师进行有关创造性的相应培训和专门指导。具体表现在:第一,要转变教师的教育教学观念,使教师形成理解并鼓励学生的创造,把培养创造性作为一种教学目标的现代教育理念;第二,要教给教师必要的创造技法和思维策略,提高他们自身的创造意识和创造能力;第三,要为教师提供比较明晰的具有实际应用价值的关于创造性的操作定义、相应的评价标准和程序、有效的教学策略和技能。

七、案例分析题(参考答案)

59. (1)学生观就是教师对学生的基本看法,它影响教师对学生的认识及其态度与行为,进而影响学生的发展。作为教师,应树立现代学生观:①学生是发展中的人,要用发展的观点认识学生;②学生是独特的人;③学生是具有独立意义的人。
(2)班主任王老师的做法体现了新课程倡导的学生观,是正确的。
①班主任王老师把学生看成是发展中的人,用发展的观点认识学生。王老师在教育小明时,没有直接根据小明的现实表现推断小明没有出息、没有潜力,而是理解小明身上存在的不足,帮助小明改正错误,促进小明发展与进步。
②班主任王老师把学生看成是独特的人。王老师针对小明出现的问题,耐心调查,主动家访,并针对小明的情况进行因材施教。
③班主任王老师把学生看成是具有独立意义的人。王老师让小明做体育委员,管理班级纪律的做法,尊重了小明的主观能动性,提高了小明的积极性,促进了小明的成长与进步。

60. (1)①注重从关注全面发展到关注终身发展。上海市重视在中小学校园中推广应急救护知识,不少高校、中小学和幼儿园教师都掌握了应急救护知识,让教师在教育生涯中不断学习急救知识,使师生受益终身。
②从关注平等的教育到关注适合的教育。上海市开展的一系列社会实践活动,符合社会的需求,以及学生的身心发展特点。
③从关注"双基"到关注关键能力。上海中小学校通过健康教育课程、主题班会活动、晨会等形式,开展健康行为与生活方式、疾病预防、安全应急与避险等知识教育,尤其注重理论授课与技能实训结合。
④从关注学校教育管理到关注学校专业领导。上海市以推进中考和高考改革为契机,构建初中和高中学生综合素质评价体系,让学生们有了更多的机会走出教室,走出校门。
⑤新增了艺术素养测评,完善了品德和社会化行为指标,拓展了心理健康测评内容,突出了学生和家长对学校教育的满意度。
(2)2020 年 6 月 30 日,习近平总书记主持中央全面深化改革委员会第十四次会议审议通过了《深化新时代教育评价改革总体方案》,这是新中国第一个关于教育评价系统性改革的文件。《深化新时代教育评价改革总体方案》的出台实施,对于全面贯彻党的教育方针,完善立德树人体制机制,破除"五唯"顽瘴痼疾,引导全党全社会树立科学的教育发展观、人才成长观、选人用人观具有重大意义,必将有利于推动构建服务全民终身学习的教育体系,培养担当民族复兴大任的时代新人,培养德智体美劳全面发展的社会主义建设者和接班人,加快推进教育现代化、建设教育强国、办好人民满意的教育。(考生可结合案例和实际加以阐述,言之有理即可)

2021 年河北省石家庄市事业单位第一次教师招聘考试
真题试卷(十二)

一、单项选择题

1. D 【解析】本题考查教育的基本要素。教育的基本要素包括教育者、受教育者(学习者)和教育影响。其中,教育影响即教育活动中教育者作用于学习者的全部信息,既包括信息的内容,也包括信息选择、传递和反馈的形式,是形式与内容的统一。正是这种教育内容与教育形式的统一所构成的教育影响,使得教育活动成为一种区别于其他社会活动的相对独立的社会实践活动。故选 D 项。
2. C 【解析】本题考查教育功能的分类。从教育作用的对象看,教育功能可分为个体功能和社会功能;从教育功能的层次来看,教育功能可分为本体功能(基本功能)和派生功能;从功能的表面属性和外部特征来看,教育功能可分为显性功能和隐性功能;从性质上看,教育功能可分为保守功能和超越功能。故选 C 项。
3. B 【解析】本题考查教育方针的内容。教育方针是一个国家在一定时期内关于教育工作的总要求,它反映了一个国家教育的根本性质、总的指导思想和教育工作的总方向等要素。教育方针包含"为谁培养人""培养什么样的人"的问题,也包含"怎样培养人"的问题和教育事业发展的基本原则。故选 B 项。
4. C 【解析】本题考查教育目的的价值取向。从历史的发展来看,近代以前的教育基本上是以人文素质培养作为主要的价值取向;而近代以来的教育,科技素质在教育目的价值取向上日益突出。故选 C 项。
5. B 【解析】本题考查教育制度的特点。教育制度具有客观性、规范性、历史性和强制性。其中,教育制度的规范性主要表现为入学条件(即受教育权的限定)和各级各类学校培养目标的日益标准化。故选 B 项。
6. A 【解析】本题考查单轨制。单轨制最早产生于美国,数十年之所以没有重大变化,被世界许多国家先后采纳,是因为它有利于教育的逐级普及。故选 A 项。
7. D 【解析】本题考查现代学校教育制度的变革。在当代,很多国家都已把幼儿教育列入学制系统。这是现代学制的一个重要特点,也是现代学制向终身教育制度发展的重要标志之一。
8. A 【解析】本题考查我国现行学校教育制度的改革。我国现行学校教育制度改革的内容包括:(1)基本普及学前教育;(2)均衡发展义务教育;(3)努力普及高中阶段教育;(4)大力发展高等教育。其中,促进义务教育均衡发展已经成为我国现阶段教育改革和发展的重大任务。故选A项。

9. C 【解析】本题考查现代意义上的"教师"与古代意义上的"教师"的区别。现代意义上的"教师"与古代意义上的"教师"有着本质区别:一是多功能性;二是专门性,作为教师,必须经过培养和培训,取得合格证书;三是高素质性,现代教师的内涵更丰富,是"经师"与"人师"的统一;四是发展性,现代教师必须终身学习,不断更新自己的专业知识结构、能力结构,使自己成为会学习的人。故选C项。

10. A 【解析】本题考查教师享有的权利。教师享有的社会权利,除一般公民权利(如生存权、选举权,享受各种待遇和荣誉等)外,还包括职业本身特点所赋予的专业方面的自主权:教育的权利、专业发展权、参与管理权。教师所享有的权利,尤其是专业权利的多少,不仅反映国家和社会对教师职业的重视与保护程度,而且直接影响到教师在社会民众及学生心目中的威望与地位。

11. B 【解析】本题考查实践—反思取向主张的教师专业发展途径。教师专业发展有三种取向:理智取向、实践—反思取向、文化生态取向。其中,实践—反思取向主张教师通过实践反思,发现教育教学意义,获得实践智慧,其主要方法有写日志、传记、构想、文献分析、教育叙事、教师访谈、参与性观察等。选项B符合题意,故选B项。A项属于理智取向的教师专业发展途径;CD两项属于文化生态取向的教师专业发展途径。

12. B 【解析】本题考查教师的知识结构。教师合理的知识结构主要包括本体性知识、条件性知识、实践性知识和一般文化知识。其中,条件性知识,即认识教育对象、开展教育活动和研究所需的教育科学知识和技能,如教育原理、心理学、教学论、学习论、班级管理、现代教育技术等。故选B项。

13. A 【解析】本题考查学生的主体性。学生的主体性就是指学生在教学中的主观能动性,具体包括独立性、选择性、调控性、创造性和自我意识性。其中,学生的独立性是指每个学生都是一个自组织系统,一个独立的物质实体。承认学生的独立性是发挥学生主体性的前提条件,承认学生的独立性也就承认了学生发展过程的多途径、发展方式的多样性和发展结果的差异性。故选A项。

14. D 【解析】本题考查学生的情感发展特征。在童年期,情感特征是不稳定且形于外。在少年期,对情感的体验开始向深与细的方向发展,但很脆弱。在青年初期,情感较丰富细腻、深刻稳定,同时道德感、理智感等在情感生活中占主要地位。青年期包括青年初期、青年中期和青年晚期,故选D项。

15. B 【解析】本题考查班级组织的个性化功能。班级组织的个性化功能包括:(1)促进发展功能。班级组织应该为每一个成员提供多元的、不同层次的发展机会。(2)满足需求功能。良好的班级组织应当能够满足学生的正当需求。(3)诊断功能。学生置身于班级组织中时,其人格及能力上的特点、差异以及不足就会显现出来。在班级开展的各项活动中,每一个成员都会通过自己和他人的表现以及在所获得的评价中,判断其表现的优势与不足。(4)矫正功能。班级组织在发挥诊断功能的基础上,还可以通过各种活动或集体舆论,有针对性地让学生扮演一定的角色、承担一定的责任,以形成学生的能力、责任感、自信心及合作意识。故选B项。

16. A 【解析】本题考查师生关系的调节方式。从调节的主体和方式来划分,师生关系的调节方式主要有三种:(1)社会调节。作为一种社会的调节方式,主要有法律调节、道德调节。凡是对学生权益产生重大影响的基本关系,都由法律来调节;凡是对学生的发展产生重大影响但又未触犯法律的基本关系,主要由道德,特别是教师职业道德来调节。(2)学校调节。学校对师生关系有基本的规范,这些规范是在遵守国家法律的前提下,根据学校具体情况确定的,如不准男教师与女学生单独谈话。(3)教师调节。教育教学中的师生关系本质上是教育工作关系,由教师的认知调节、组织和沟通行为调节、态度调节、情感调节、意志调节。故选A项。

17. C 【解析】本题考查古德莱德关于课程的定义。美国学者古德莱德归纳出五种不同的课程:(1)理想的课程,即由一些研究机构、学术团体和课程专家提出应该开设的课程;(2)正式的课程,即由教育行政部门规定的课程计划和教材等;(3)领悟的课程,即指任课教师所领会、理解的课程;(4)实行的课程,即在课堂中实际展开的课程;(5)经验的课程,即学生实际体验到的东西,称作"生定课程"。故选C项。

18. D 【解析】本题考查存在主义课程论。存在主义课程论的主要代表人物之一美国学者奈勒认为,不能把教材看作为学生谋求职业做好准备的手段,也不能把它们看作进行心智训练的材料,而应当把它们看作用来作为自我发展和自我实现的手段;不能使学生受教材的支配,而应该使学生成为教材的主宰。故选D项。

19. D 【解析】本题考查后现代主义课程论。后现代主义课程论的代表人物多尔在分析和批判泰勒模式的基础上,把他设想的后现代课程标准概括为"4R",即丰富性、循环性、关联性和严密性。其中,严密性是"4R"中最重要的。故选D项。

20. B 【解析】本题考查学科课程的优点。学科课程,又称为"分科课程",它以有组织的学科内容作为课程组织的基础。学科课程的优点在于,它比较强调每一学科的逻辑组织。故选B项。

21. C 【解析】本题考查隐性课程的主要表现形式。隐性课程的主要表现形式包括:(1)观念性隐性课程,包括隐藏于显性课程之中的意识形态,学校的校风、学风,有关领导与教师的教育理念、价值观、知识观、教学风格、教学指导思想等;(2)物质性隐性课程,包括学校建筑、教室的布置、校园环境等;(3)制度性隐性课程,包括学校管理体制、学校组织机构、班级管理方式、班级运行方式;(4)心理性隐性课程,主要包括学校人际关系状况、师生特有的心态、行为方式等。故选C项。

22. A 【解析】本题考查文化模式对课程变革的影响。文化模式通常是指民族各部分文化内容之间彼此交错联系而形成的一种系统的文化结构。民族文化的基本模式要求学校课程变革时,依据不同民族的文化特质,设置与不同民族文化相适应的课程,在内容、难度、编排、实施、评价等方面考虑和体现民族特色,否则,就难以达到良好的教育效果。长期以来,我国在中小学课程建设上忽视了文化模式对课程的影响。近年来,课程变革逐步认识到这一点,并在新的课程计划中推行一纲多本,实施双语教学,强调乡土教材的重要性,取得了一定成效。故选A项。

23. C 【解析】本题考查布鲁纳的教学原则。布鲁纳提出了四条教学原则:(1)动机原则。学习取决于学生对学习的准备状态和心理倾向。学生对学习都具有天然的好奇心和学习的愿望,问题在于教师如何利用学生的这种自然倾向,激发学生参与探究活动,从而促进学生智慧的发展。(2)结构原则。即要选择适当的知识结构,并选择适合于学生认知结构的方式,才能促进学习。这意味着教师应该认识到教学内容与学生已有知识之间的关系,知识结构应与学生的认知结构相匹配。(3)序列原则。即要按最佳顺序呈现教学内容。由于学生的发展水平、动机状态、知识背景都可能会影响教学序列的作用,因此,如果发现教学效果不理想,教师就需要随时准备修正或改变教学序列。(4)强化原则。即要让学生适时地知道自己学习的结果。但需要注意的是,教师不应提供太多的强化,以免学生过于依赖教师的指点。根据题干表述,许老师的做法符合序列原则,故选C项。

24. D 【解析】本题考查当代主要教学理论流派的基本观点。建构主义者强调用情节真实、复杂的故事呈现问题,营造解决问题的环境,以帮助学生在解决问题的过程中活化知识,变事实性知识为解决问题的工具;主张用产生于真实背景中的问题启发学生思维,并以此支撑和鼓励学生解决问题的学习、基于案例和项目的学习,进而以此方式参与课程的设计与编制;主张课程既要基于学科,又要超越学科,面向真实世界,从而使教学始于课堂,走出课堂,融于社会。题干的描述符合建构主义教学理论的观点,故选D项。

25. A 【解析】本题考查教学设计的基本内容。教学设计的基本内容包括:教学目标设计、教学内容设计、教学时间设计、教学措施设计和教学评价设计。其中,教学内容设计是教师认真分析教材、合理选择和组织教学内容以及合理安排教学内容的表达或呈现的过程。它是教学设计最关键的环节,是教学设计的主体部分,其质量高低直接影响教学活动的成败。故选A项。

26. B 【解析】本题考查学生的专注学习时间。根据测量研究,学生不产生疲劳的适当学习时间是:6~8岁为30~40分钟,9~12岁为40~50分钟,13~15岁为50~60分钟。故选B项。

27. B 【解析】本题考查教学策略的特征。操作性指任何教学策略都是针对教学目标的每一具体要求而制定的,具有与之相对应的方法、技术和实施程序,它要转化为教师与学生的具体行动。故选B项。指向性指教学策略的产生就是为了解决现实的教学问题,掌握特定的教学内容,达到预定的教学目标,收到预期的教学效果。排除A项。综合性指教学策略包括教学活动的元认知过程、教学活动的调控过程和教学方法的执行过程。这三个过程是相互关联的一个整体,彼此之间相互作用,每一个过程依据其他两个过程而作相应的规定和变化。排除C项。灵活性指教学策略不是"万金油"式的"教学处方",不存在一个能包揽一切的大而全的教学策略。同一策略可以解决不同的问题,不同的策略也可以解决相同的问题。排除D项。

28. D 【解析】本题考查学生常见的心理障碍。在学生中常见的心理障碍主要有以下四种:(1)攻击。例如,有些学生在学校受到挫折,回到家里向家人出气,以发泄自己的情绪。符合题意,故选D项。(2)退缩。例如,一些学生受到挫折后,会表现出一种与自己的年龄、身份很不相称的幼稚行为。(3)焦虑。焦虑是一种特殊的恐惧或忧虑,是一种不愉快的情绪状态。在学生中,考试焦虑、人际关系紧张的焦虑是最常见的表现形式。(4)恐怖。研究表明,一些学生如果在学校生活中受到了强烈的负面刺激或长期不当的影响,就可能形成学校恐惧症,极度讨厌学校生活,坚决拒绝上学,形成怕课堂、怕教师、怕校园的心理障碍。

29. A 【解析】本题考查学生失范行为的理论解释。心理缺陷说将越轨、犯罪解释为心理缺陷的结果,认为正常人知道限制他们的越轨冲动,心理缺陷者不知道限制他们的越轨冲动,而心理缺陷主要是因童年的社会化失调造成的。符合题干描述,故选A项。差异交往说认为越轨行为是与越轨群体交往后学习的结果,排除B项。控制缺乏说强调社会环境中的社会控制对个人的效用,认为越轨和犯罪是由于社会内外部的控制削弱和受到破坏而引起的,排除C项。挫折—侵犯说认为越轨行为是一种由挫折产生的针对他人和社会的侵犯形式,侵犯的强度与挫折的强度有关,排除D项。

30. C 【解析】本题考查家庭教育对学生的影响。家庭生活所表现出来的基础性、持久性给学生的影响是独特和重要的。家庭教育的优势和家长的教育力量常常是其他任何教育形式都难以具备的。在家庭教育的诸因素中，亲子关系的质量往往决定着孩子的发展水平。故选 C 项。

31. D 【解析】本题考查班主任的责任。班主任对学生的全面发展负有以下责任：(1)教育的责任，即教育学生学会做人，学会做事；(2)培养的责任，即利用和创造条件，使学生的整体素质得到提高，健康和谐地发展；(3)发现的责任，即发现学生的个性特点、兴趣爱好、特殊才能、发展的内驱力等；(4)激活的责任，即启动学生的积极意识和进取心，给予他们成功的体验，引发他们产生健康积极的欲望和需求，使他们形成自我教育的要求和能力；(5)夯实的责任，即为学生的发展打下坚实的基础，使学生在德、智、体、美各个方面具有可持续发展的能力。故选 D 项。A 项属于教育的责任，B 项属于培养的责任，C 项属于发现的责任。

32. B 【解析】本题考查初等教育的地位。初等教育是国民教育的基础，其发展直接关系到国民素质的提高，同时也已成为衡量一个国家全民教育发展水平的重要尺度。

33. C 【解析】本题考查知识的分类。自下而上的知识就是学习者在自己的日常生活、交往和游戏等活动中形成的大量个体经验，故选 C 项。自上而下的知识是在人类的社会实践活动中形成的公共文化知识，以语言符号的形式在个体的学习中出现。排除 D 项。结构良好领域的知识有固定的答案，可以直接套用计算法则或公式。排除 A 项。结构不良领域的知识不能简单套用原来的解决方法，需要面对新问题并在原有经验的基础上重新分析。排除 B 项。

34. C 【解析】本题考查罗杰斯的主张。20 世纪 60 年代，罗杰斯提出了"以学生为中心"的主张，认为教师只是一个"使学习变得更方便的人"。故选 C 项。

35. D 【解析】本题考查学生自我意识的发展。自我概念最简单的解释就是个人主体自我对客体自我的看法。它是个人心目中对自己的印象，包括对自己存在的认识以及对个体身体能力、性格、态度等方面的认识。题干中学生的说法就是该生对自己的认识，故选 D 项。自我发展是连续的分化和整合的过程，意味着成长、改变和生活，意味着个体的主动发展，排除 A 项。自我实现即追求自我理想的实现，是充分发挥个人潜能、才能的心理需要，不符合题意，排除 B 项。自我监督是一个人以其良心或内在的行为准则对自己的言行实行监督的过程，排除 C 项。

36. A 【解析】本题考查学习风格的理论。科尔勃从两个维度来考虑认知风格，即具体体验—抽象概括维度和反省性观察—主动实验维度，然后，他由这两个维度构成了一个坐标系，确定出四种学习风格：顺应者方式、发散者方式、聚合者方式和同化者方式。科尔勃还发展了一套学习风格测验量表，整个测评活动包括以下四个阶段，在每一阶段上都有一种学习风格与其相对应。(1)第一阶段对应发散者学习风格。该种方式的学习者关注发散的思想，富有想象力。针对这种学习风格，可以采用自由发言和小组讨论这两种教学策略，以激发学生的创造性思维。(2)第二阶段对应同化者学习风格。该种方式的学习者喜欢处理抽象的观点和概念，具有理性或逻辑性。在众多的教学方法中，讲座较为适宜这种学习风格。(3)第三阶段对应聚合者学习风格。该种方式的学习者擅长把理论应用于实践，即对理论在实际中的应用更感兴趣。学生在这个阶段将接受一系列学习风格测验，他们自己作答、计分和解释结果，教师启发他们把测验结果和自己的经验进行对比。(4)第四阶段对应顺应者学习风格。该种方式的学习者强调主动探索和具体体验。比较适合的教学策略是实验室工作和现场调查研究。根据题干表述，高老师的做法符合第一阶段，故选 A 项。

37. A 【解析】本题考查社会知觉偏差。晕轮效应指当我们认为某人具有某种特征时，就会对他的其他特征做相似判断，即"一好百好""一坏百坏"。题干中张老师对小明和小磊的印象符合晕轮效应，故选 A 项。社会刻板印象更强调群体特征推及个人，排除 C 项。B 项强调最初获得的信息，D 项强调最近获得的信息，与题干不符，排除。

38. D 【解析】本题考查行为主义理论的主要规律。刺激的泛化是指机体对与条件刺激相似的刺激做出条件反应。题干中，李玲由于数学老师的批评不喜欢上数学课，产生了条件反应，条件刺激是数学课。之后对与数学课堂相似的其他刺激，如其他课堂和学校，产生了讨厌和害怕的条件反应，符合泛化的定义，故选 D 项。消退现象指条件反射形成以后，如果得不到强化，条件反应会逐渐减弱，直至消失，排除 C 项。强化是采用适当的强化物而使机体反应频率、强度和速度增加的过程，题干中没有行为增加的过程，排除 AB 两项。

39. A 【解析】本题考查奥苏贝尔对学习动机的分类。附属内驱力是指个体为了获得长者们(如家长、教师)的赞许或认可而表现出把工作、学习做好的一种需要，题干表述符合附属内驱力的定义，故选 A 项。附属内驱力是一种间接的学习需要，属于外部动机，但本题是单项选择题，选择最优选项，故排除 D 项。认知内驱力是指要求了解、理解和掌握知识以及解决问题的需要，排除 B 项。自我提高内驱力是指个体由自己的学业成就而获得相应的地位和威望的需要，排除 C 项。

40. C 【解析】本题考查马斯洛的需要层次理论。归属与爱的需要，也称社交需要，是指每个人都有被他人或群体接纳、爱护、关注、鼓励及支持的需要。题干中赵新"不知道如何与宿舍同学相处""不被老师关注"是缺乏归属与爱的需要的体现，故选 C 项。

41. D 【解析】本题考查维果斯基的最近发展区理论。维果斯基认为，儿童的现有水平和可能达到的发展水平之间的差异，就是最近发展区。教学的可能性由学生的最近发展区决定，"教学应该走在发展的前面"。教师可进行支架式教学，即在学生试图解决超出当前知识水平的问题时给予支持和指导，帮助其顺利通过最近发展区。题干的表述符合最近发展区及其应用，故选 D 项。

42. C 【解析】本题考查自我价值理论。科文顿根据学生追求成功和避免失败的倾向，将学生分为四类：高驱低避者、低趋高避者、高驱高避者和低趋低避者。高驱高避型的人是教师非常喜欢的孩子，他们学习努力、聪明能干。对于大部分没有挑战性的作业和功课，他们会自己提出更高的要求和目标，以赢得老师额外的奖励。表面来看，他们很好，但事实上他们深受紧张、冲突的精神困扰。符合题意，故选 C 项。

43. D 【解析】本题考查苏霍姆林斯基的教育思想。苏联教育家苏霍姆林斯基说：让学生变聪明的方法不是补课，不是增加作业，而是阅读。

44. B 【解析】本题考查练习成绩的起伏现象。在动作技能的练习曲线中，练习成绩会出现时而提高、时而下降、时而停顿的现象，这就是练习成绩的起伏现象。造成练习成绩起伏的原因主要有：(1)客观条件的变化，如学习环境、练习工具、教师指导的改变等；(2)学生的主观条件的变化，如有无强烈的学习动机和浓厚的学习兴趣，注意力是否集中、稳定等。题干中新舞蹈老师按照考试标准要求小蒙改变原有动作属于教师指导的改变，从而造成的小蒙出现成绩停顿或下降的现象属于练习成绩的起伏现象，故选 B 项。

45. B 【解析】本题考查影响问题解决的主要因素。人们把某种功能赋予某物体的倾向称为功能固着。在功能固着的影响下，人们不易摆脱事物用途的固有观念，从而直接影响问题解决的灵活性。题干中小轩将布与做衣服和被褥的功能绑定，禁锢了思维，符合功能固着的定义，故选 B 项。

46. D 【解析】本题考查学生问题解决能力的培养措施。学生问题解决能力的培养措施包括：(1)培养学生主动质疑和解决问题的内在动机；(2)问题的难度要适当；(3)帮助学生正确表征问题；(4)帮助学生养成分析问题和对问题归类的习惯；(5)提高学生知识储备的数量和质量，指导学生善于从记忆中提取信息；(6)训练学生陈述自己的假设及其步骤，鼓励自我评价和反思；(7)教授与训练解决问题的方法和策略；(8)提供多种练习机会；(9)训练逻辑思维能力，提高思维水平。D 项，学生只配合不多思考，不利于学生问题解决能力的培养。本题为选非题，故选 D 项。

47. A 【解析】本题考查短时记忆的特点。短时记忆有以下特点：(1)时间不超过 1 分钟；(2)容量有限；(3)意识清晰；(4)操作性强；(5)易受干扰。题干中小刚在完成作业的过程中多次停顿，干扰到了短时记忆的保存，故选 A 项。

48. C 【解析】本题考查提高注意力的措施。科诺发现，注意与学习者的自我管理能力有关，注意力差的学生很难计划和控制自己的学习。应该教给学生抑制分心的策略，以帮助他们进行自我管理和调节，如注意此刻正在做什么，避免接触分散注意力的事物等。故选 C 项。

49. C 【解析】本题考查弗洛伊德的人格"三我"结构。人格由本我、自我和超我三部分构成。其中，超我位于人格结构的最高层，是道德化了的自我，由社会规范、伦理道德、价值观念内化而来，其形成是社会化的结果。超我遵循道德原则，它具有三个作用：(1)抑制本我的冲动；(2)对自我进行监控；(3)追求完善的境界。题干中小楠没有受批评还是感到内疚，正是超我在道德层面对自我进行监控的结果，故选 C 项。

50. B 【解析】本题考查人本主义学习理论的观点。人本主义学习理论的主张反映在学生中心模式及与其相关的人本主义课程、开放教育、自由学校、合作学习和道德教育等之中。价值教育作为道德教育的代表，其主要目的在于增强学生的六种能力：沟通、移情、问题解决、批判、决策和个人一致。故选 B 项。

51. A 【解析】本题考查移情。移情指设想自己处在他人位置，了解他人想法，体验他人情绪情感的一种心理反应。在道德培养的过程中，移情是最具有动力特征的因素。移情是亲社会行为的动机基础，能激发与促进亲社会行为的发展。故选 A 项。

52. C 【解析】本题考查科尔伯格的道德发展阶段论。处于习俗水平的儿童认同父母，并遵从父母的道德判断标准。儿童主要满足社会期望，这时社会规范已开始内化。故选 C 项，排除 BD 两项。题干所述儿童的道德判断受他自身以外的价值标准的支配，是他律道德，排除 A 项。

53. A 【解析】本题考查对社会规范的认同。对社会规范的认同，是指学习者在认识、情感和行为上与规范趋于一致，自愿对规范遵从的现象。认同分偶像认同和价值认同。偶像认同是指因对某人或某团体的崇拜、仰慕等趋同心理而产生的遵从现象。题干中公众人物需要严格自律，正是因为存在偶像认同，故选 A 项。

54. B 【解析】本题考查社会规范形成的影响因素。规范认同是个体接受规范的一种自觉形式,是个体出于认知或情感上对规范的一致性反应而产生的趋同心理。儿童已有的社会经验会影响到对规范的接受态度,所以要实现规范认同,必须首先消除个体原有经验中的认知障碍与情感障碍。比如,对于"助人为乐"这一规范,不同个体的体验是不同的。如果一个人从未得到过别人的帮助,或者从未体验过需要帮助,就可能会产生助人行为的情感障碍。题干的表述符合情感障碍,故选 B 项。由于儿童的道德认知能力还不高,看问题往往以偏概全,就容易产生认知障碍,从而影响其对规范的认同,排除 A 项。

55. D 【解析】本题考查训练学习策略的教学模式。交互式教学模式是教师与学生轮流承担教的角色的课堂教学组织形式,旨在教学生总结、提问、澄清和预测四种策略,故选 D 项。直接教学是以学习成绩为中心,在教师指导下使用结构化的有序材料的课堂教学策略,排除 A 项。脚本式合作是指在学习活动中,两个学生一组,彼此轮流向对方总结材料,以纠正错误和遗漏。然后两个学生互换角色,直到学完所学材料为止,排除 B 项。实践教学指在学校的引导下,学生以获得直接经验或将间接经验转化为直接经验为主要目的,参与理论教学之外的具体社会生活的教学活动,排除 C 项。

56. C 【解析】本题考查效度的分类。内容效度指测验题目对有关内容或行为范围取样的适当性,也就是测验所选的项目是否符合所要测量的东西,其代表性是否适当。题干中王老师编制试卷时没有随机取样,试题内容缺乏代表性,内容效度不高,故选 C 项。信度是指一个测验量表的可靠程度,以反复测验时能否提供相同的结果来说明,题干中没有涉及反复测验,排除 A 项。实证效度指测验对处于特定的情境中的个体行为进行预测的有效程度,题干没有涉及预测行为,排除 B 项。构想效度指测验对某种理论的符合程度,题干中没有涉及某一理论,排除 D 项。

57. D 【解析】本题考查基于问题学习。基于问题学习是一种让学生通过解决不一定具有正确答案的真实性问题来获取知识的教学,是由理解和解决问题的活动构成的一种新的学习方式。针对基于问题学习的效果,研究发现,基于问题学习虽然在短期里不能让学生学到更多的知识,但是却能让学生在短时间里获得解决问题、高层次思维等能力,对学习过程保持更高的满意感。符合题干描述,故选 D 项。

58. B 【解析】本题考查课堂管理的阶段特点。不同年龄阶段的学生需要不同的课堂管理方式,伊伏特孙等人划分了课堂管理的四个阶段。(1)幼儿园和小学阶段的管理。这个阶段的儿童正在学习如何上学,他们将要被社会化成一个新的角色。在这一阶段要直接教授课堂规则和程序。排除 A 项。(2)小学中年级阶段的管理。儿童已经熟悉了学生这一角色,掌握了很多学校和课堂管理规则。教师要花较多的时间监控和维持管理系统,不是直接教授规则和程序。但是,某个特别活动中具体的、新的规则和程序还必须直接教授。排除 C 项。(3)小学高年级和初中阶段管理。这一阶段,友谊以及在伙伴团体中的地位对学生来说更重要。管理的关键是如何建设性地处理学生否定教师权威导致的混乱,如何激励那些不再关心教师观点的学生以及对社会生活更感兴趣的学生。符合题意,选择 B 项。(4)高中阶段的课堂管理。这一阶段的主要任务是管理课程、使学业材料适合学生的兴趣和能力、帮助学生主动管理自己的学习。每一学期开始的几节课都要教给学生一些特别的事项和程序,如材料和设备、记录、作业等。排除 D 项。

59. A 【解析】本题考查实用行为分析程序。实用行为分析程序包括:以家庭为背景的强化、个人日志卡、整班代币强化和集体绩效系统。集体绩效系统是根据集体成员的行为对整个集体进行奖励的一种强化体系。老师说"如果明天测验全班平均分在 90 分以上,下周的家庭作业就免了",是对整个班级的行为进行奖励。符合定义,故选 A 项。以家庭为背景的强化是指把学生在学校的行为报告给家长,家长提供奖励。个人日志卡是要求父母参与并且强化所期望的结果的一种行为管理系统。BD 两项都需要家长参与,题干不涉及家长,排除。整班代币强化是指学生能把因学习和积极的课堂行为而获得的代币,如小红星、分数等,变换成他们想要的奖品的一种强化系统。题干不涉及代币,排除 C 项。

60. C 【解析】本题考查学习评定的模式。课程本位评定是以课程内容为依据,使用标准参照测验进行的评定。它把教学提到最显著的位置,注重课程目标,降低了测验与考试的作用。与传统评定相比,评定的内容一般经过了良好的界定,提供的信息也比较详细,有助于描述学生对课程的掌握情况。它根据特定学校或班级的课程要求对学生的学习进行评价,有助于加强评定与教学的联系。而且,课程本位评定还能降低竞争带来的一些负面影响,如同学关系的淡漠、对学习和考试的消极情绪等。符合题干描述,故选 C 项。

61. A 【解析】本题考查学习评定的分类。布卢姆根据学习评定在教学工作中的作用将学习评定分为三类:诊断性评定、形成性评定和总结性评定。学习评定方法中的形成性评定,即在教学中多次进行,目的是要了解教学效果,探索教学中存在的问题,并且其测验分数不计入成绩册,也不评定学生的等级或名次。故选 A 项。诊断性评定是教师在确定教学目标后进行的,目的是分析学生的起点行为,排除 B 项。总结性评定是在某一阶段的教学活动结束后进行的,目的是判断学生在这一阶段的学习是否达到教学目标的要求,排除 C 项。常模参照评定以学生团体测验的平均成绩,即常模,为参照点,比较分析某一学生的学业成绩在团体中的相对位置,排除 D 项。

62. B 【解析】本题考查认知发展各阶段的特点。皮亚杰将个体的认知发展分为四个阶段:感知运动阶段、前运算阶段、具体运算阶段、形式运算阶段。前运算阶段儿童的思维具有泛灵论和自我中心性的特点,故选 B 项。

63. D 【解析】本题考查教师职业道德情感。教师职业道德情感包括:(1)职业正义感;(2)职业责任感;(3)职业义务感;(4)职业良心感;(5)职业荣誉感;(6)职业幸福感。其中,职业幸福感是教师从事职业活动最强大的精神动力和根本目的。

64. A 【解析】本题考查教师职业道德修养的途径和方法。教师职业道德修养的途径和方法概括起来就是勤学、慎独、内省、兼听、自律。作为一名人民教师,要加强职业道德修养,第一要勤学,不但要学政治文化,而且要学教育学、心理学、法律。要不断用学习来充实自己,以适应新形势教育的需要。第二要慎独,不计较个人得失,以坦荡、无私的心境干好自己的教育教学工作;第三要内省,通过自己不断的反省,回顾和总结工作中的得失;第四要兼听,就是要正确处理好个人与领导、教师、家长的关系,要广泛听取各方面的意见、建议和批评,要克服"文人相轻"、互不服气的不良风气;第五要自律,用人民教师的道德规范来衡量自己、约束自己,真正做到处处以身作则、事事为人师表,以自己较完善的人格和高尚的行为去影响学生,促进学生良好人格和行为的形成。故选 A 项。

65. B 【解析】本题考查教师职业道德修养的内容。是否具备坚强的职业道德意志是衡量教师职业道德素质高低的重要标志。

66. A 【解析】本题考查师德的灵魂。关爱学生是师德的灵魂。

67. D 【解析】本题考查教师职业道德修养的基本原则。教师职业道德修养要坚持自律和他律相结合。自律是指自我控制,是教师依靠发自内心的信念对自己教育行为的选择和调节。他律是指外部凭借奖惩以及各种制度规范等手段对行为进行的调节和控制。自律和他律的关系,实质上就是内因和外因的关系。教师职业道德的养成既要用外在因素进行自我约束,又必须发挥主观能动性,以自律为主,做到自律和他律的结合。

68. A 【解析】本题考查教师职业道德的作用。教师职业道德具有调节作用、教育作用、导向作用、促进作用。其中,对教育过程的调节作用是教师职业道德最基本、最重要的作用。

69. C 【解析】本题考查教师职业道德的概念。教师职业道德是教师在从事教育劳动时所应遵循的行为规范和必备的品德的总和,是调节教师与他人、与社会等关系时所必须遵守的基本道德规范和行为准则,以及在此基础上所表现出来的道德观念、情操和品质。故选 C 项。

70. B 【解析】本题考查教师劳动的特点。教师劳动的复杂性的表现之一是劳动性质的复杂性,教师的劳动属于专业行为,是一种高度复杂的心智劳动。"张老师认真研读教材,依据课程标准制定教学目标,运用新教育理念设计教学过程和教学方法,制作了精美的教学课件"说明教师的劳动属于专业行为,是一种高度复杂的心智劳动,体现了教师劳动的复杂性。教师劳动的创造性的表现之一是教师需要"教育机智",面对评委的提问,张老师迅速做出恰当、合理的回答,这说明张老师具备教育机智,体现了教师劳动的创造性。故选 B 项。

71. D 【解析】本题考查《中华人民共和国义务教育法》的内容。根据《中华人民共和国义务教育法》第七条规定,义务教育实行国务院领导,省、自治区、直辖市人民政府统筹规划实施,县级人民政府为主管理的体制。故选 D 项。

72. A 【解析】本题考查《中华人民共和国教育法》的内容。根据《中华人民共和国教育法》第三十一条规定,学校的教学及其他行政管理,由校长负责。故选 A 项。

73. C 【解析】本题考查校园暴力侵犯的权利。人格尊严权具体表现为名誉权、肖像权、姓名权、隐私权、荣誉权。根据我国相关法律规定,中华人民共和国公民的人格尊严不受侵犯。禁止用任何方法对公民进行侮辱、诽谤和诬告陷害。辱骂、强迫脱衣的行为侵犯了学生的人格尊严权。殴打他人受伤,侵犯了对方的健康权;殴打他人致死,侵犯了对方的生命权。题干描述的行为确定侵犯学生的人格尊严权,选择最佳选项 C 项。

74. D 【解析】本题考查《中华人民共和国义务教育法》的内容。根据《中华人民共和国义务教育法》第五十一条规定,未履行对义务教育经费保障职责的,由国务院或者上级地方人民政府责令限期改正;情节严重的,对直接负责的主管人员和其他直接责任人员依法给予行政处分。故选 D 项。

75. B 【解析】本题考查《幼儿园工作规程》的内容。根据《幼儿园工作规程》第十一条规定,幼儿园规模应当有利于幼儿身心健康,便于管理,一般不超过 360 人。故选 B 项。

76. A 【解析】本题考查义务教育的性质和特征。义务教育具有强制性(义务性)、普及性(普遍性、统一性)、免费性(公益性)、公共性(国民性)和基础性的特征,其中义务教育的普及性是义务教育的基本性质,故选 A 项。

77. D 【解析】本题考查《中华人民共和国义务教育法》的内容。根据《中华人民共和国义务教育法》第二十二条规定,县级以上人民政府及其教育行政部门应当促进学校均衡发展,缩小学校之间办学条件的差距,不得将学校分为重点学校和非重点学校。故选 D 项。

78. C 【解析】本题考查《中华人民共和国教育法》的内容。根据《中华人民共和国教育法(2015 年)》第五条规定,教育必须为社会主义现代化建设服务、为人民服务,必须与生产劳动和社会实践相结合,培养德、智、体、美等方面全面发展的社会主义建设者和接班人。故选 C 项。

79. B 【解析】本题考查《中小学班主任工作规定》的内容。根据《中小学班主任工作规定》第五条规定,班主任由学校从班级任课教师中选聘。聘期由学校确定,担任一个班级的班主任时间一般应连续 1 学年以上。故选 B 项。

80. D 【解析】本题考查《中华人民共和国教师法》的内容。根据《中华人民共和国教师法》第二十七条规定,地方各级人民政府对教师以及具有中专以上学历的毕业生到少数民族地区和边远贫困地区从事教育教学工作的,应当予以补贴。故选 D 项。

二、多项选择题

81. BCD 【解析】本题考查教育目的社会价值取向的确立应注意的问题。教育目的社会价值取向的确立应注意的问题包括:(1)以可持续发展的理念为指导;(2)适应与超越问题;(3)功利价值和人文价值的问题;(4)民族性与世界性问题。A 项属于教育目的人的价值取向的确立应注意的问题。故选 BCD 三项。

82. ABCD 【解析】本题考查教师职业的社会作用。教师职业的社会作用主要表现在:(1)教师是人类文化的传递者,在人类社会发展中起着承上启下的作用;(2)教师是社会物质财富和精神财富的创造者,通过理论建构、知识创新、品德示范、宣传咨询等直接参与社会物质文明和精神文明建设,起着"先导"的作用;(3)教师是人才生产的主要承担者,担负着培养一代新人的重任,在学生发展中起着引导作用。故选 ABCD 四项。

83. CD 【解析】本题考查中小学教师专业标准的基本内容。"尊重学生个体差异""善于自我调节情绪"属于"专业理念与师德"中提出的基本要求,故 AB 两项排除;"有效调控教学过程""妥善应对突发事件"属于"专业能力"中提出的基本要求,故选 CD 两项。

84. AB 【解析】本题考查教师的职业形象。教师的职业形象是通过其内在精神和外在事物显现出来的,其内在精神包括职业的精神风貌、工作态度、敬业精神、创新精神等;外在事物表现为教师节日、教师组织、教师着装等。教师个人的形象包括对学生的态度、工作态度、道德水平、教学水平、人际关系等。故选 AB 两项。C 项属于教师的个人形象,D 项属于教师职业形象的外在事物。

85. ABC 【解析】本题考查影响师生关系的因素。影响师生关系的因素主要有三个方面:(1)教师方面,包括教师对学生的态度、教师的领导方式、教师的智慧、教师的人格因素;(2)学生方面,主要是学生对教师的认识;(3)环境方面,主要指学校的认识关系环境和课堂的组织环境,其中课堂的组织环境主要包括教室的布置、座位的排列、学生的人数等。故选 ABC 三项。

86. ABCD 【解析】本题考查综合课程。综合课程克服了学科课程分科过细的缺点,比较容易贴近社会现实和实际生活,通过把多种学科的相关内容融合在一起,构成新的课程。如人口教育课、环境教育课、法制教育课、社交技能课、闲暇与生活方式课等,这些课程不可避免地要涉及历史、地理、化学、生物、物理、卫生等各门学科。

87. ABD 【解析】本题考查昆体良的教育思想。昆体良从自己的实践经验出发,对古希腊以来的教育思想作了系统总结,在他的《论演说家的教育》一书中主张对儿童进行早期训练,教学要根据儿童的年龄特点因材施教和量力而行,要劳逸结合和给学生以奖励、反对体罚。

88. BCD 【解析】本题考查过度学习的主要表现。过度学习指的是要求学生对教学内容过多地进行反复学习,主要表现为重复学习、超量学习、过难学习,故选 BCD 三项。

89. AB 【解析】本题考查班级文化。班级文化的创建要做到:(1)营造文化性物质环境;(2)营造社会化环境;(3)营造良好的人际环境;(4)营造正确的舆论和良好的班风;(5)营造健康的心理环境。其中,文化性物质环境主要是指微观物质环境,如班级中的标语、图画、图书资料、教学设施、学习园地、作品角、光荣榜等,从而实现"让每一面墙壁都说话"。这类物质环境能对学生的心理发展产生经常性的影响,起到"润物细无声"的渗透作用。故选 AB 两项。

90. ACD 【解析】本题考查埃里克森的心理社会发展阶段论。自主对羞怯和怀疑是埃里克森提出的第二个心理社会发展阶段,发生在孩子 1.5~3 岁之间。这个阶段中的儿童开始表现出自我控制的需要与倾向,渴望自主并试图自己做一些事情,如吃饭、穿衣、大小便。儿童这种对权利和独立性的渴望常常与父母的要求相冲突。这时,父母要允许儿童自由地探索,给予适当的关怀和保护,帮助儿童形成自信心。如果父母对儿童一味地严厉要求和限制,会使得儿童对自己的能力产生怀疑。过多的怀疑和羞怯可能会导致个体一生对自己的能力缺乏信心。故选 ACD 三项。

91. ABC 【解析】本题考查有意义的自由学习的主要表现。罗杰斯提出的"有意义的自由学习"冲击了传统教育理论,推动了教育改革运动的发展,主要表现在:(1)突出情感在教学活动中的地位和作用,形成了一种以知情协调活动为主线、以情感作为教学活动的基本动力的新教学模式;(2)以学生的"自我"完善为核心,强调人际关系在教学过程中的重要性,认为课程内容、教学方法、教学手段等都维系于课堂人际关系的形成和发展;(3)把教学活动的重心从教师引向学生,把学生的思想、情感、体验和行为看作教学的主体,从而促进了个别化教学运动的发展。故选 ABC 三项。D 项是马斯洛的观点,排除。

92. ABCD 【解析】本题考查韦纳的归因理论。韦纳把人经历过的事情的成败归结为六种原因,即能力、努力程度、工作难度、运气、身心状况、外界环境。任务难度即工作难度,故选 ABCD 四项。

93. ABCD 【解析】本题考查认知评价理论。认知评价理论主要探讨了内在动机的影响因素尤其是社会环境因素对内在动机的影响。首先,该理论认为报酬、反馈、交流、免受贬低性评价等社会事件通过个体的能力知觉影响内在动机。这些社会事件能让个体产生成就感,满足个体的能力需要,增强行为的内在动机。其次,满足人们自主需要的环境也能促进行为的内在动机。研究表明,个体体验到成就感或效能感的同时,还必须感觉到行为是由自我决定的,这样才能真正促进内在动机。因此,与控制型教师相比,自主支持型教师更能促进学生产生强烈的内在动机、好奇心和挑战欲。接受控制型教育方式的学生容易丧失学习主动性,而且,进行概括性和创造性学习时,学习效果比预期差得多。第三,归属需要也与内在动机有关。研究表明处于有安全感和归属感的环境中,个体表现出更多的内在动机行为。故选 ABCD 四项。

94. ABD 【解析】本题考查错误概念的转变。教学中想要转变错误概念应该做到:(1)创设开放的、相互接纳的课堂气氛;(2)倾听、洞察学生的经验世界;(3)引发认知冲突;(4)鼓励学生交流讨论。课堂气氛应是开放的,不是教师主导的,排除 C 项,故选 ABD 三项。

95. ABCD 【解析】本题考查建构主义学习理论的基本观点。建构主义学习理论的基本观点包括知识观、学习观、学生观、教学观和教师观。故选 ABCD 四项。

96. AB 【解析】本题考查布卢姆的教学目标分类。布卢姆将教学目标分为认知、情感和动作技能三个领域。其中,情感领域的教学目标分为接受、反应、形成价值观念、组织价值观念系统、价值体系个性化五级,故选 AB 两项。认知领域的教学目标分为知识、领会、运用、分析、综合、评价六级,CD 是认知领域的内容,排除。

97. ABCD 【解析】本题考查基于问题学习的特征。基于问题学习(PBL)的主要特征包括:(1)问题是课程的关键;(2)以学生为中心;(3)教师是学习的辅导者或引导者;(4)学生通过小组合作共同提出解决问题的多种方法,共同学习;(5)问题是解决问题技能发展的载体;(6)通过自主学习获得新信息。故选 ABCD 四项。

98. ABCD 【解析】本题考查教师个体专业发展的内容。教师个体专业发展的具体内容包括:(1)专业理想的建立;(2)专业知识的拓展;(3)专业能力的发展;(4)专业自我的形成。故选 ABCD 四项。

99. ACD 【解析】本题考查《中华人民共和国未成年人保护法》的内容。根据《中华人民共和国未成年人保护法》(2020 年修订)第三条规定,国家保障未成年人的生存权、发展权、受保护权、参与权等权利。故选 ACD 三项。未成年人指未满十八周岁的公民,年满十八周岁的公民才有选举权,排除 B 项。

100. AC 【解析】本题考查《中华人民共和国教育法》的内容。根据《中华人民共和国教育法》第五十一条规定,图书馆、博物馆、科技馆、文化馆、美术馆、体育馆(场)等社会公共文化体育设施,以及历史文化古迹和革命纪念馆(地),应当对教师、学生实行优待,为受教育者接受教育提供便利,故选 AC 两项。

三、判断题

101. A 【解析】本题考查我国教育的基本使命。为经济建设和社会的全面发展进步培养各级各类人才,这是我国教育的基本使命。一个国家经济建设和社会的全面发展进步,需要各级各类人才与之相适应。

102. B 【解析】本题考查旧中国的学制。癸卯学制的突出特点是教育年限长,共 26 年。如果 6 岁入学,中学毕业为 20 岁,读完通儒院则是 32 岁。壬戌学制在学校系统上,将全部学校教育分为 3 段 5 级:初等教育段为 6 年,中等教育段为 6 年,高等教育段为 4~6 年。

103. B 【解析】本题考查我国学制改革和发展的基本方向。近几十年来,我国学制改革和发展的基本方向就是重建和完善分支型学制,即通过发展基础教育后的职业教育走向分支型学制,再通过高中综合化走向单轨学制。故题干说法错误。

104. A 【解析】本题考查教师的文化形象。教师的文化形象是教师形象的核心。传统的教师文化形象是传统文化的传递者、维护者,所谓"才高八斗""学富五车"皆是教师的典型文化特征。

105. B 【解析】本题考查班级组织的改造。最早提出对班级教学进行改造的教学组织形式是道尔顿制。道尔顿制主张改善传统教授法几乎不顾及每个儿童本身特点的弊端,使学习者能按照自定的步调学习;针对传统方法中各科的课程时刻表不分优劣生一律平等的弊端,依据每个儿童学习各学科的难易度,适当分配课程时间。

106. A 【解析】本题考查师生关系的作用。师生关系是一种重要的课程资源和校园文化。师生关系是教育教学实践中及时形成的一种课程资源，具有重要的德育功能、心理功能和认知价值。同时，师生关系作为学校中最基本、最重要的人际关系，是一所学校的精神风貌、校风、教风、学风的整体反映和最直观反映。师生关系作为校园文化的组成部分，对学校精神文化的建设、对学生在校的发展和今后的成长都起着重要的作用。

107. B 【解析】本题考查科学—实证主义课程评价观与人文—自然主义课程评价观。科学—实证主义课程评价观又称"传统评价观"，它以泰勒的行为—目标模式为代表。其核心思想是，目标是课程评价的依据和出发点，通过测量目标的达到程度判断教学效果。人文—自然主义课程评价观又称"新潮课程评价观"，其倡导者非常注重环境对课程的影响以及课程运行的整个过程。故题干说法错误。

108. B 【解析】本题考查学生身心发展的一般规律。学生身心发展具有个别差异性，主要是指学生的个性心理特征和个性倾向表现出不同的差异，包括兴趣、需要、动机、理想、气质、性格、能力等方面。比如，有的学生喜欢自然科学的科目、有的学生喜欢社会科学的科目、有的学生则爱好音体科目等。

109. A 【解析】本题考查对教学概念的理解。中外学者在对教学概念的理解上，虽然存在认识上的差异，但也有共同之处。(1)都强调教师教与学生学的结合或统一，即教师教和学生学是同一活动的两个方面，是辩证统一的。首先，教不同于学，在课堂教学情境中，教主要是教师的行为，学主要是学生的行为。教师与学生之间存在着差异，教与学之间也存在着差异。教主要是一种外化过程，而学主要是一种内化过程。其次，"教"和"学"相互依存，相辅相成。(2)都明确了教师教的主导作用和学生学的主体地位。(3)都指出了教学对学生全面发展的促进功能。

110. A 【解析】本题考查梁启超的教育思想。清末著名改良主义教育家梁启超提出趣味教学思想，主张学生"乐知"；强调联系实际，使学生有所"发明"；推行自动、自主、自治、自立教学法。

111. A 【解析】本题考查青少年的阶段特征。14～16岁是青少年越轨犯罪的多发年龄段，也是青少年个性最为突出、心理最为脆弱的时期，故本题正确。

112. B 【解析】本题考查性别差异对学校态度的影响。男女生对学校不满情绪的表现各不相同。男生常常把不满归咎于学校，女生则更多的是自责，她们在学校中的行为一般与那些满意学校的女生的行为相差不大。这种情况往往使教师比较容易识别对学校不满的男生，而较难分清对学校同样不满的女生。故本题错误。

113. B 【解析】本题考查教师认知风格对教学的影响。场独立性的教师往往倾向于高估那些与自己场定向不相匹配的学生，而场依存性的教师则倾向于低估与自己场定向不相匹配的学生，故本题错误。

114. A 【解析】本题考查教师的教学思想。奥斯特曼等把教师的教学思想分为两类：(1)所倡导的理论。这种知识教师容易意识到，容易报告出来，它更容易受到外界新信息的影响而产生变化，但它并不能对教学行为产生直接的影响。(2)所采用的理论，这类知识直接对教学行为产生重要影响，但却不容易被意识到，而且不容易受新信息的影响而产生变化，而是更多地受文化和习惯的影响。这两类教学思想并非截然分开，所倡导的理论可以转化为所采用的理论而对教学活动产生影响。比如，一个教师接受了建构主义学习理论的培训，知道了让学生对一定的真实性问题情境进行探索的重要性，这种理论便基本成为所倡导的理论，但他在教学中却可能完全是另一种做法，仍旧沿袭满堂灌的模式，他所采用的理论并没有多大改变。故本题正确。

115. B 【解析】本题考查效果律。桑代克认为，学习要遵循三条重要的原则：准备律、练习律、效果律；效果律是指刺激和反应之间的联结可因导致满意的结果而加强，也可因导致烦恼的结果而减弱，奖励是影响学习的主要因素。效果律是由桑代克提出的，不是斯金纳，故本题错误。

116. B 【解析】本题考查建构主义的观点。个人建构主义强调学习是一个意义建构的过程，强调学习者在认知活动中主动建构意义；社会建构主义强调学习是一个文化参与过程，学习者通过借助一定的文化互动及共同体实践活动来内化知识。题干描述的是个人建构主义的观点，故本题错误。

117. B 【解析】本题考查奖励和动机的关系。莱泊尔所做的实验证明，过度的奖励有可能降低其内部动机。故本题错误。

118. A 【解析】本题考查无条件积极关注的含义。无条件的积极关注指学习的促进者尊重学习者的情感和意见，关心学习者的方方面面，接纳个体学习者的价值观念和情感表现，故本题正确。

119. B 【解析】本题考查社会规范认同的特点。社会规范认同阶段的行为具有一定的自觉性、主动性和稳定性等特点。服从性不是其特点，故本题错误。

120. A 【解析】本题考查抛锚式教学。抛锚式教学的主要目的是使学生在一个完整、真实的问题背景中产生学习的需要，并通过镶嵌式教学以及学习共同体中成员间的互动、交流，即合作学习，凭借自己的主动学习、生成学习，亲身体验从识别目标到提出和达到目标的全过程，故本题正确。

121. B 【解析】本题考查课堂管理的内容。课堂管理包括课堂人际关系管理、课堂环境管理、课堂纪律管理等方面。课堂纪律管理指的是课堂行为规范、准则的制订与实施，应对学生的问题行为等活动。题干说法错误。

122. A 【解析】本题考查维持团体的注意焦点。维持团体注意焦点的两个基本成分是问责制和团体警觉。问责制是指在提问和回答期间，教师让学生对他们完成任务的情况进行说明和反映；团体警觉是指在讲演和讨论期间，老师用来鼓励学生保持注意力的提问方法。题干中，老师要求同学们注意听张强的发言，然后进行说明，是问责制的做法，故本题正确。

123. A 【解析】本题考查习得性无助。一个总是失败并把失败归于内部的、稳定的和不可控的因素(即能力低)的学生会形成一种习得性无助的自我感觉，故本题正确。

124. A 【解析】本题考查教师职业道德的特点。教师要以身作则、为人师表，这是教师职业道德区别于其他职业道德的显著标志。

125. B 【解析】本题考查《国家中长期教育改革和发展规划纲要(2010－2020年)》的内容。《国家中长期教育改革和发展规划纲要(2010－2020年)》提出，大力开展"阳光体育"运动，保证学生每天锻炼一小时，不断提高学生体质健康水平。故本题错误。

126. A 【解析】本题考查《中华人民共和国未成年人保护法》的内容。根据《中华人民共和国未成年人保护法》(2020年修订)第五十八条规定，游艺娱乐场所设置的电子游戏设备，除国家法定节假日外，不得向未成年人提供。故本题正确。

127. A 【解析】本题考查《中华人民共和国未成年人保护法》的内容。根据《中华人民共和国未成年人保护法》(2020年修订)第七十五条规定，网络游戏服务提供者不得在每日二十二时至次日八时向未成年人提供网络游戏服务。故本题正确。

128. B 【解析】本题考查教育法规的体系结构。《中华人民共和国教育法》是我国的教育基本法律，教育基本法律由全国人民代表大会制定，故本题错误。由全国人民代表大会常务委员会制定的是教育单行法律，如《中华人民共和国教师法》。

129. A 【解析】本题考查《关于进一步加强中小学生睡眠管理工作的通知》的内容。《关于进一步加强中小学生睡眠管理工作的通知》中提出，小学生每天睡眠时间应达到10小时，初中生应达到9小时，高中生应达到8小时。故本题正确。

130. A 【解析】本题考查《中华人民共和国未成年人保护法》的内容。根据《中华人民共和国未成年人保护法》(2020年修订)第四十条规定，学校、幼儿园、托儿所和公共场所发生突发事件时，应当优先救护未成年人，故本题正确。

四、材料分析题

131. A 【解析】本题考查马克思主义关于人的全面发展的内涵。马克思关于人的全面发展的内涵极为丰富，突出表现为三个方面：一是人生产物质生活本身的劳动能力的全面发展；二是人才能的全面发展；三是人的自由发展。故选A项。

132. ABCD 【解析】本题考查广义的德育。德育有广义和狭义之分。狭义的德育仅指道德教育；广义的德育，除道德教育外，还包括涉及人成长生活的其他品德内容，如思想教育、政治教育、法制教育、生命教育、人格教育、心理品质教育等。

133. BC 【解析】本题考查"五育"。《2020中国基础教育年度报告》中提出，体美教育是提高青少年身心健康水平、促进其全面发展的重要途径和手段，最终指向人格的塑造。

134. A 【解析】本题考查《关于全面加强新时代大中小学劳动教育的意见》的内容解读。中共中央、国务院印发的《关于全面加强新时代大中小学劳动教育的意见》，对新时代劳动教育做了全面部署，明确指出"劳动教育是国民教育体系的重要内容，是学生成长的必要途径，具有树德、增智、强体、育美的综合育人价值"，不仅充分强调了劳动教育在整个学校教育体系中处于重要地位，而且将"树德"摆在综合育人价值的首位，对立德树人具有重要支撑作用。故选A项。

135. B 【解析】本题考查《中小学教师职业道德规范(2008年修订)》。《中小学教师职业道德规范(2008年修订)》中关于"爱岗敬业"方面所规定的具体职业行为要求有：对工作高度负责；认真备课上课；认真批改作业；认真辅导学生；不得敷衍塞责。材料中张老师脚伤还没有痊愈，就回到了学校，为了方便与学生进行课堂交流与互动，坚持"跪着"上课等都表明张老师对工作高度负责、不敷衍塞责，这符合"爱岗敬业"的教师职业道德规范。

136. BD 【解析】本题考查材料分析能力。由题干中"坐着上课，无法看到所有学生，不方便与学生进行课堂交流和互动"可知，张老师"跪着"上课主要是为了增强课堂效果、保证教学质量，关注全班同学、重视师生互动。故选BD两项。

137. ABC 【解析】本题考查理想师生关系的基本特征。理想的师生关系是师生主体间关系的优化，从其发生、发展的过程及其结果来看，具有三个基本特征：(1)尊师爱生，相互配合；(2)民主平等，和谐亲密；(3)共享共创，教学相长。故选 ABC 三项。

138. C 【解析】本题考查时政知识。2021 年 2 月 17 日，张桂梅获得“感动中国 2020 年度人物”荣誉；2021 年 2 月 25 日，中共中央总书记、国家主席、中央军委主席习近平在北京市人民大会堂授予张桂梅“全国脱贫攻坚楷模”荣誉称号。故选 C 项。A 项，邓家军被评为“2018 年度最美教师”；B 项，叶嘉莹被评为“感动中国 2020 年度人物”；D 项，支月英被评为“感动中国 2016 年度人物”。

139. C 【解析】本题考查材料分析能力。杭州市该区的作业改革从源头上减轻了学生作业的数量，在保障教育质量的同时减轻了中小学生过重的学业负担，故选 C 项。该区试行的“一本作业本”等举措是该区课程改革的一个切入点，通过作业的改革，可以带动区域内教学方式的变革和课程实施的推进。故 B 项不选。AD 两项材料中未体现，故不选。

140. ABCD 【解析】本题考查材料分析能力。“一本作业本”等作业改革措施从源头上减轻了学生作业的数量，同时也倒逼老师去精选、精批作业，倒逼课堂转型。故选 AC 两项。通过减轻书包重量、作业数量以及规定作业时间，有利于学生身心健康发展，故选 B 项。有关作业改革的指导意见的出台及举措的推出，为学校和教师在作业布置上提供了相应的指导，有利于促进学校规范管理制度，故选 D 项。

141. ABCD 【解析】本题考查布置作业的要求。布置作业的要求有：(1)作业内容符合课程标准的要求；(2)考虑不同学生的能力需求；(3)分量适宜、难易适度；(4)作业形式多样，具有多选性；(5)要求明确，规定作业完成时间；(6)作业反馈清晰、及时；(7)作业要具有典型意义和举一反三的作用；(8)应有助于启发学生的思维，含有鼓励学生独立探索并进行创造性思维的因素；(9)尽量同现代生产和社会生活中的实际问题结合起来，力求理论联系实际。故选 ABCD 四项。

142. B 【解析】本题考查《关于加强义务教育学校作业管理的通知》。《关于加强义务教育学校作业管理的通知》强调，要严格控制书面作业总量，提高作业设计质量。要求小学一二年级不布置书面家庭作业，小学其他年级每天书面作业完成时间平均不超过 60 分钟；初中每天书面作业完成时间平均不超过 90 分钟。故选 B 项。

143. D 【解析】本题考查《学生伤害事故处理办法》的内容。根据《学生伤害事故处理办法》第九条规定，学生有特异体质或者特定疾病，不宜参加某种教育教学活动，学校知道或者应当知道，但未予以必要的注意而造成的学生伤害事故，学校应当依法承担相应的责任，因此材料中的情形学校需要依法承担相应责任，故选 D 项。学校予以赔偿后可向龚老师追偿，但归责时，由学校承担事故责任，排除 C 项。

144. AD 【解析】本题考查《学生伤害事故处理办法》的内容。根据《学生伤害事故处理办法》第一条规定，为积极预防、妥善处理在校学生伤害事故，保护学生、学校的合法权益，根据《中华人民共和国教育法》、《中华人民共和国未成年人保护法》和其他相关法律、行政法规及有关规定，制定本办法。

145. ACD 【解析】本题考查学生常见的特定疾病。《学校特异体质、特定疾病和心理异常学生管理办法》中提出，特定疾病包括先天心脏病、癫痫、肺结核、高血压、胃溃疡、哮喘、肺炎、肾炎、精神病、脑血管疾病、轻微脑中风、血液系统疾病等。故选 ACD 三项。

146. ABC 【解析】本题考查针对有特定疾病的学生，学校可采取的有效措施。《学校特异体质、特定疾病和心理异常学生管理办法》中提出的管理措施有：(1)加强学校设施建设；(2)建立学生健康档案；(3)加强日常管理和保护；(4)出现病情及时救治；(5)注重心理健康教育；(6)加强信息保密管理。故选 ABC 三项。

147. BCD 【解析】本题考查人脑对表象加工改造的基本方式。人脑对表象的加工、改造有五种基本方式：拼合、联合、夸张、典型化和猜想，故选 BCD 三项。

148. AC 【解析】本题考查教学中引导学生猜想的作用。“结合前面学习的运算律，你有怎样的猜想?”表明刘老师在教学过程中引导学生在复习巩固旧知识的基础上，培养学生的创新意识。AC 两项符合题意，BD 两项材料中未体现。

149. BC 【解析】本题考查推理的分类。类比推理是根据两个对象在某些属性上相同或相似，通过比较而推断出它们在其他属性上也相同的推理过程，是一种特殊到特殊的推理。材料中是由其他运算律推论至分配律的，是由特殊到特殊的推理，选择 C 项。归纳推理是由具体事物归纳出一般规律的推理过程，即从特殊到一般的推理过程，题干中学生判断出结合律交换律都是乘法运算律，是归纳推理，选择 B 项。演绎推理是从一般到特殊或具体的推理过程，排除 A 项。综合推理是从多个信息条件出发，经过辨识不同类型信息，提炼和分析复杂数据，在评估相关数据基础上推出结论的过程。综合推理属于演绎推理，其结论是必然成立的。排除 D 项。

150. ACD 【解析】本题考查课堂教学。刘老师利用推理的方法能够帮助学生学习。材料中未体现教师的主导作用以及课堂管理的内容，排除 B 项。

2021 年河北省沧州市运河区中小学教师招聘考试真题试卷(十三)

第一部分　公共基础知识

一、单项选择题

1. B 【解析】本题考查《中华人民共和国国民经济和社会发展第十四个五年规划和 2035 年远景目标纲要》。“十四五”时期经济社会发展主要目标有：经济发展取得新成效；改革开放迈出新步伐；社会文明程度得到新提高；生态文明建设实现新进步；民生福祉达到新水平；国家治理效能得到新提升。ACD 三项表述正确，B 项表述错误。本题为选非题。故选 B 项。

2. D 【解析】本题考查习近平新时代中国特色社会主义思想。党的十八大以来，习近平总书记反复强调，中华民族伟大复兴绝不是轻轻松松、敲锣打鼓就能实现的，实现伟大梦想必须进行伟大斗争；必须安不忘危、存不忘亡、乐不忘忧，时刻保持警醒，不断振奋精神，勇于进行具有许多新的历史特点的伟大斗争；团结一切可以团结的力量，调动一切积极因素，在斗争中争取团结，在斗争中谋求合作，在斗争中争取共赢。习近平新时代中国特色社会主义思想蕴含的斗争精神，深刻揭示了马克思主义批判性和革命性特征，为党领导人民栉风沐雨、砥砺前行提供了强大动能。故选 D 项。

3. B 【解析】本题考查党的领导。毫不动摇坚持中国共产党领导是中国青年运动蓬勃发展的根本历史经验。无论过去、现在还是未来，中国共产党永远是中国青年运动的根本领导力量，党的创新理论永远是指引中国青年向上、向善、向前的光辉旗帜。故选 B 项。

4. B 【解析】本题考查习近平新时代中国特色社会主义思想。习近平总书记在全国脱贫攻坚总结表彰大会上的讲话中指出，我们紧紧扭住教育这个脱贫致富的根本之策，强调再穷不能穷教育、再穷不能穷孩子，不让孩子输在起跑线上，努力让每个孩子都有人生出彩的机会，尽力阻断贫困代际传递。故选 B 项。

5. C 【解析】本题考查习近平新时代中国特色社会主义思想。习近平总书记指出，科技创新、科学普及是实现创新发展的两翼，要把科学普及放在与科技创新同等重要的位置。故选 C 项。

6. D 【解析】本题考查河北省时政热点。为适应新形势新任务新要求，紧紧围绕全面贯彻党的十九届五中全会精神和中央经济工作会议精神，深入落实习近平总书记重要指示和党中央决策部署，河北省省委、省政府研究决定，在全省部署开展“三重四创五优化”活动。“三重”即重大国家战略、重大项目建设、重大民生工程；“四创”即创新，创业，创全国文明城市、国家卫生城市、国家森林城市，创平安河北、法治河北；“五优化”即优化政治生态、优化经济结构、优化自然生态、优化营商环境、优化基层治理。因此，“四创”中不包括创国家园林城市。故选 D 项。

7. D 【解析】本题考查 2021 年沧州市《人民政府工作报告》。2021 年沧州市《人民政府工作报告》指出，2021 年地区生产总值的预期目标是增长 7.5% 以上。故选 D 项。

8. D 【解析】本题考查时事热点。《中央宣传部、司法部关于开展法治宣传教育的第八个五年规划(2021—2025 年)》中指出，全民普法是全面依法治国的长期基础性工作。故选 D。

9. B 【解析】本题考查社会主义法与执政党政策的关系。党的政策建立在对客观经济、政治形势的科学分析基础之上，反映着社会主义经济发展的需要，从而代表工人阶级和广大人民群众的意志和利益，所以执政党的政策是社会主义法的核心内容。法律受党的政策的领导，并不意味着法律只是简单地、被动地把政策“翻译”为法律条文。实际上，立法过程中有大量的创造性工作要做。B 项正确，A 项错误。社会主义法是贯彻执政党政策，完善和加强党的领导的不可或缺的基本手段。CD 项错误。故选 B 项。

10. C 【解析】本题考查宪法的本质。宪法是公民权利的保障书，是民主制度法律化的基本形式，是各种政治力量对比关系的集中体现，是统治阶级意志和利益的集中表现，C 项中“全民”的表述不符合马克思主义宪法理论中关于宪法本质的表述，说法错误。故选 C 项。

11. D 【解析】本题考查最低刑事责任年龄。根据我国《刑法》第十七条的规定，已满十二周岁不满十四周岁的人，犯故意杀人、故意伤害罪，致人死亡或者以特别残忍手段致人重伤造成严重残疾，情节恶劣，经最高人民检察院核准追诉的，应当负刑事责任。故选 D 项。

12. D 【解析】本题考查《中华人民共和国民法典》。根据我国《民法典》第三十五条的规定，监护人应当按照最有利于被监护人的原则履行监护职责。故选 D 项。

13. A 【解析】本题考查法律常识。我国《政府信息公开条例》第五十一条规定：“公民、法人或者其他组织认为行政机关在政府信息公开工作中侵犯其合法权益的，可以向上一级行政机关或者政府信息公开工作主管部门投诉、举报，也可以依法申请行政复议或者提起行政诉讼。”因此，如果王某认为区教育局公开学区信息的行为不当，侵犯了他的合法权益,其有权提起行政诉讼,A项说法正确。行政不作为是指行政机关应当履行职责而不履行或者拖延履行职责的行为。区教育局主动张贴学区调整的情况,并不能构成行政不作为,B项说法错误。我国《民法典》第一百四十七条规定:"基于重大误解实施的民事法律行为,行为人有权请求人民法院或者仲裁机构予以撤销。"王某因为没有及时了解学区调整的情况,将学区房低价卖给了李某,双方存在重大误解,因此王某可以请求人民法院或者仲裁机构将房屋买卖合同撤销,但不能直接与李某解除房屋买卖合同,C项说法错误。王某没有及时了解学区调整的信息,属于自己的疏忽,因此不能要求区教育局对他的损失承担赔偿责任,D项说法错误。故选A项。

14. B 【解析】本题考查习近平新时代中国特色社会主义思想。习近平总书记指出,在我国发展现阶段,畅通经济循环最主要的任务是供给侧有效畅通,有效供给能力强可以穿透循环堵点、消除瓶颈制约,可以创造就业和提供收入,从而形成需求能力。故选B项。

15. C 【解析】本题考查国家宏观调控的手段。经济手段指政府在依据经济规律和运用价值规律的基础上,借助于经济杠杆的调节作用,通过对经济利益的调整影响市场行为和调节社会经济活动,实现宏观调控目标的手段,包括调整价格、利率、税率、汇率等。行政手段是政府采取强制性的命令、指示、规定等行政方式来调节经济活动,以达到宏观调控目标的手段。法律手段指政府依靠经济立法和经济司法来监督管理经济的手段,具有权威性和强制性。选项A中,提高小规模纳税人增值税起征点属于对财政政策工具的运用;选项B中,扩大地方专项债规模也是对财政政策工具的运用;选项C中,国家相关部门投放中央储备冻猪肉属于国家宏观调控手段中的行政手段;选项D中,中国人民银行下调存款准备金率属于对货币政策工具的运用。财政政策和货币政策都属于国家宏观调控手段中的经济手段,因此ABD三项都属于相同的国家宏观调控手段。故选C项。

16. B 【解析】本题考查经济环节。经济环节主要有四个:生产、分配、交换、消费。其中,生产是指把投入变为产出的行为或活动;分配是指社会的经济资源配置过程;交换是指人们相互交换劳动和劳动产品的过程;消费是指利用社会产品来满足人们各种需要的过程。老李种菜对应的是生产环节;老李卖菜是用自己的劳动产品——菜,交换得到5000元钱的过程,对应的是交换环节;老李买空调是用自己拥有的一般等价物——货币,交换得到一台空调的过程,对应的也是交换环节。故选B项。

17. B 【解析】本题考查马克思主义哲学。题干中,"在马克思主义普遍原理指导下"体现了矛盾的普遍性,"从中国的基本国情出发,走自己的路"体现了矛盾的特殊性原理。总而言之,这句话体现了矛盾的普遍性和特殊性的统一,B项说法正确。故选B项。

18. B 【解析】本题考查历史唯物主义。科学技术是第一生产力,A项说法错误,排除;物质资料的生产是人类社会存在和发展的基础,C项说法错误,排除;矛盾是事物发展的内在动力和源泉,D项说法错误,排除。人民群众是社会实践的主体,是社会物质财富的创造者,是社会精神财富的创造者,也是社会变革的决定力量,B项说法正确。故选B项。

19. C 【解析】本题考查社会意识。社会意识具有相对独立性,它在反映社会存在的同时具有自己特有的发展形式和规律。首先,社会意识和社会存在的发展具有不平衡性;其次,社会意识内部各种形式之间相互作用、相互影响;最后,社会意识对社会存在具有能动的反作用,这是社会意识相对独立性的突出表现。故选C项。

20. D 【解析】本题考查道德建设。题干指出"社会经济的发展更需要道德标杆和传统美德的力量",强调了"社会经济的发展"对"道德标杆和传统美德"的需求。AB项本身说法错误。C项没有提到与经济建设相关的内容,与题干意图不符,排除。只有D项兼顾了这两个方面,最符合题意。故选D项。

21. B 【解析】本题考查职业道德。社会主义职业道德的主要内容有:爱岗敬业、诚实守信、办事公道、热情服务、奉献社会。其中,爱岗敬业是社会主义职业道德的重要规范,是职业道德的基础和基本精神。故选B项。

22. A 【解析】本题考查文学常识。A项,诗句出自宋代晏殊的《玉楼春·春恨》,意思是说天涯地角再远也有穷尽终了的那一天,只有相思是没有尽头、永不停止的,诗句表达出男女相思之情。B项,诗句出自唐代杜甫的《徒步归行》,意思是:与朋友交往不必在乎年龄、志趣等之间的差异,重要的是朋友之间能够交心。诗句表达了诗人对友情的理解。C项,诗句出自唐代孟浩然的《过故人庄》,意思是说老朋友准备丰盛的饭菜,邀请我到他的田舍做客,写出了朋友情谊的真挚深厚。D项,诗句出自王昌龄的《送柴侍御》,意思是说两地的青山同承云朵遮蔽、雨露润泽,同顶一轮明月又何曾身处两地呢?表达了诗人与友人的深厚友情。因此,BCD三项都是关于友情的诗句,排除。故选A项。

23. D 【解析】本题考查马克思主义思想在我国的传播。北京大学是中国最早研究和传播马克思主义的基地。早在20世纪初,李大钊等北京大学的师生就在北大开始了学习传播马克思主义的活动。故选D。

24. BD 【解析】本题考查八大行星。太阳系目前已知的八大行星按距日由近到远排序依次是:水星、金星、地球、火星、木星、土星、天王星、海王星。因此,八大行星中距太阳最近的是水星,而不是金星,A项说法错误,排除。小行星带是指太阳系内介于火星和木星轨道之间的小行星密集区域,B项说法正确。八大行星的自转方向多数和公转方向一致,是自西向东旋转,但金星和天王星是两个例外,它们的自转方向与公转方向相反,是自东向西旋转。C项说法错误,排除。木星、土星、天王星和海王星都属于巨行星,D项说法正确。故选B、D两项。

25. D 【解析】本题考查力学常识。太空属于真空环境,在这种环境下,物体会因为失去重力而处于漂浮状态,对杠杆没有力的作用,因此用天平无法测出物体的质量。故选D项。

26. D 【解析】本题考查化学常识。利用蒸馏法控制水的沸点,使水变为蒸气,再通过冷凝得到的蒸馏水就是淡化的海水,在这个过程中没有化学反应,A项说法正确。开发和推广新的绿色清洁能源是实现低碳生活的途径之一,B项说法正确。寻找高效催化剂,利用太阳能分解水制取氢气,能够节约能源,且对环境无污染,是较理想的制取氢气的方法,C项说法正确。二氧化硅是工业上制造光导纤维的主要原料,D项说法错误。故选D项。

27. D 【解析】本题考查科学技术。DNA双螺旋结构奠定了当今分子生物学的基础,对于生命科学和生物学具有划时代的意义,它从分子水平上揭示了生命现象的一部分奥秘。基因工程又称基因拼接技术和DNA重组技术,是指以分子遗传学为理论基础,以分子生物学和微生物学的现代方法为手段,将不同来源的基因按预先设计的蓝图,在体外构建杂种DNA分子,然后导入活细胞,以改变生物原有的遗传特性、获得新品种、生产新产品的遗传技术。基因工程的发展需要以DNA双螺旋结构的发现为基础,符合题意。故选D项。

28. D 【解析】本题考查科技热点。在2021年6月28日揭晓的新一期全球超级计算机500强榜单中,日本超级计算机"富岳"继续蝉联冠军,位列榜首。排名第二的是美国超级计算机"顶点",中国的超级计算机"神威·太湖之光"排名第四,中国超级计算机"天河二号"排名第七。故选D项。

二、判断题

29. × 【解析】本题考查中国特色社会主义。人民群众作为坚持和发展中国特色社会主义的根本力量,是中国特色社会主义事业的创造者,也应该成为中国特色社会主义发展成果的享有者。这是中国特色社会主义发展的内在逻辑。题干说法错误。

30. × 【解析】本题考查习近平新时代中国特色社会主义思想。习近平总书记在省部级主要领导干部学习贯彻党的十九届五中全会精神专题研讨班开班式上指出,构建新发展格局最本质的特征是实现高水平的自立自强,必须更强调自主创新,全面加强对科技创新的部署,集合优势资源,有力有序推进创新攻关的"揭榜挂帅"体制机制,加强创新链和产业链对接。题干中,"自主自强"说法错误。

31. √ 【解析】本题考查习近平新时代中国特色社会主义思想。习近平总书记指出,我们中国共产党人干革命、搞建设、抓改革,从来都是为了解决中国的现实问题。

32. √ 【解析】本题考查社会主义核心价值体系。马克思主义指导思想是社会主义核心价值体系的灵魂。建设社会主义核心价值体系,最根本的是坚持马克思主义的指导地位。

33. × 【解析】本题考查国家机构的职权。根据我国《宪法》的规定,国务院有权根据宪法和法律,规定行政措施,制定行政法规,发布决定和命令,但没有制定和发布教育法律的权力。全国人民代表大会和全国人民代表大会常务委员会行使国家立法权。

34. √ 【解析】本题考查职务侵占罪。根据我国《刑法》第二百七十一条的规定,职务侵占罪是指公司、企业或者其他单位的工作人员,利用职务上的便利,将本单位财物非法占为己有,数额较大的行为。赵某利用职务上的便利,用钥匙打开保险柜拿走单位现金2万元,构成职务侵占罪。

35. × 【解析】本题考查《人体器官移植条例》和自然人的民事行为能力。根据我国《人体器官移植条例》第八条的规定,捐献人体器官的公民应当具有完全民事行为能力。根据我国《民法典》的规定,十八周岁以上的自然人为成年人。不满十八周岁的自然人为未成年人。成年人为完全民事行为能力人,可以独立实施民事法律行为。十六周岁以上的未成年人,以自己的劳动收入为主要生活来源的,视为完全民事行为能力人。八周岁以上的未成年人为限制民事行为能力人。本题中,12岁的哥哥属于限制民事行为能力人,因此不能向急需动手术的妹妹捐献肾脏。

36. × 【解析】本题考查我国的基本经济制度。我国现阶段所坚持的公有制经济为主体是指公有资产在社会总资产中占优势,国有经济控制国民经济的命脉,在经济发展中起主导作用。公有制经济是指国有经济、集体经济以及混合所有制经济中的国有成分和集体成分。因此,我国现阶段所坚持的公有制经济为主体不仅仅是指坚持国有经济为主体。

37. × 【解析】本题考查认识论。实践是认识的基础和来源,是认识发展的动力,是检验认识真理性的唯一标准,是认识的目的和归宿。因此,认识的最终目的是实践,而不是获得真理。

38. × 【解析】本题考查职业道德。职业态度的好坏,能够反映出一个职业、部门或单位的道德水平和精神面貌,但无法反映出文化素质。因为文化素质的高低并不能决定一个人的职业态度的好坏。

39. × 【解析】本题考查文学常识。"东山高卧"讲的是东晋谢安隐居东山,不肯出仕的故事,后用以比喻隐居不仕。
40. × 【解析】本题考查中共党史。1922年7月召开的中共二大第一次明确提出了彻底的反帝反封建的民主革命纲领,对中国革命产生了巨大影响,具有重大历史意义。
41. √ 【解析】本题考查中国地理常识。塔里木河是中国最大的内流河,位于塔里木盆地北部。
42. √ 【解析】本题考查物理常识。蒸发是在液体表面进行的汽化现象,沸腾是在液体表面和内部同时发生的剧烈汽化现象。液体在任何温度下都能够蒸发,但在一定的外界压强下,必须达到一定温度——沸点才能发生沸腾。
43. × 【解析】本题考查科学技术。"天问一号"探测器使用的是太阳能电池板供电方式,采用能适应火星环境的三结砷化太阳能电池阵列,是我国目前最先进的实用性太阳能电池阵列。砷化镓电池是由砷化镓材料制成的太阳电池,是目前第三代太阳能光伏发电技术,比之前神舟早期任务中航天器上使用的多晶硅太阳能电池板转换效率高。
44. √ 【解析】本题考查医药常识。抗生素只能针对细菌引起的感染,而对于病毒引起的感染以及无菌性炎症是不起作用的。也就是说,抗生素能杀死细菌,但不能杀死病毒。

第二部分 教育基础理论

一、单项选择题

45. C 【解析】本题考查教育法规的体系结构。教育基本法律是由全国人民代表大会制定,调整教育内部、外部相互关系的基本法律准则。它对整个教育全局起宏观调控作用,或称为"教育宪法""教育母法"。我国的教育基本法律为1995年第八届全国人民代表大会第三次会议通过的《中华人民共和国教育法》。
46. C 【解析】本题考查《中华人民共和国义务教育法》的内容。《中华人民共和国义务教育法》第四条规定,凡具有中华人民共和国国籍的适龄儿童、少年,不分性别、民族、种族、家庭财产状况、宗教信仰等,依法享有平等接受义务教育的权利,并履行接受义务教育的义务。
47. B 【解析】本题考查教师违法(侵权)行为的主要类型及其表现。人身自由是公民的一项基本权利,包括身体行动自由和表达的自由。侵害学生人身自由的表现形式有:非法拘禁和限制学生、非法搜查学生、非法限制学生表达自由的权利等。题干中教师的做法限制了学生的行动自由,所以侵犯了学生的人身自由权,选择B项。
48. D 【解析】本题考查教育法律救济的特征。教育法律救济的特征体现在:(1)是宪法公平、正义的立法精神的体现;(2)纠纷的存在是教育法律救济的基础;(3)损害的发生是教育法律救济的前提;(4)补救受害者的合法权益是教育法律救济的根本目的;(5)法律救济具有权利性;(6)具有补救与监督双重作用。
49. A 【解析】本题考查《学记》的内容。题干引文出自《礼记·学记》,原文为:"故君子之教,喻也。道而弗牵,强而弗抑,开而弗达。"意为:所以说教师对人施教,就是启发诱导。(对学生)诱导而不牵拉;劝勉而不强制;指导学习的门径,而不把答案直接告诉学生。这是《学记》中关于启发性教学原则的叙述。故选A项。
50. D 【解析】本题考查生产力对教育发展的影响和制约。生产力的发展水平制约着教育发展的规模和速度。总的来说,教育发展的规模与速度,取决于生产力发展所提供的物质条件和生产力发展对教育事业所提出的要求。故选D项。
51. A 【解析】本题考查教育的科技功能。科学知识的再生产有多种途径,学校教育是科学知识再生产的最主要途径。教育作为科学知识再生产的主要途径,其作用一方面在于科学的继承与积累,把前人创造的科学知识加以总结和系统化,一代一代地传下去;另一方面在于科学的扩大再生产,把前人创造的科学知识传授给新的一代,使他们能够站在前人的肩膀上,有所发现、有所创新,生产出更新的科学成果。简言之,教育是科学知识再生产的主要途径,它使科学得以继承与系统化,在此基础上又使科学得以创新与发展。
52. A 【解析】本题考查时政知识。邓小平提出了"科学技术是第一生产力"的论断,揭示了现代生产力发展的深层本质。
53. B 【解析】本题考查教育的根本任务。教育的根本任务是培养人,故选B项。
54. C 【解析】本题考查学校文化的主体。教师文化是教师在教育教学活动中形成与发展起来的价值观念和行为方式。教师文化是学校文化的主体。
55. D 【解析】本题考查遗传素质对人发展的影响。遗传素质是人的身心发展的前提,具体体现在:(1)遗传素质是人的身心发展的前提,为人的发展提供了可能性,但不能决定人的发展;(2)遗传素质的个别差异是人的身心发展的个别差异的原因之一;(3)遗传素质的成熟机制制约着人的身心发展的水平及阶段。
56. D 【解析】本题考查个体身心发展的规律。个体身心发展的阶段性是指不同年龄阶段学生的身心发展具有不同的特征和任务,因而教育工作者对不同年龄阶段的学生,在教育的内容和方法上应有所不同。题干描述的是针对不同年龄阶段的学生,应采用不同的教学方式,体现了儿童身心发展的阶段性。

57. B 【解析】本题考查影响个体身心发展的因素。人对环境的反应是能动的。社会环境是人发展的外部条件,但是个体受环境的影响不是消极被动的,而是积极能动的实践过程。环境对人的发展的影响要通过个体的主观努力和社会实践活动才能实现。故选B项。
58. C 【解析】本题考查个体身心发展的规律。个体身心发展具有不平衡性,一方面是指身心发展的同一方面的发展速度,在不同的年龄阶段是不平衡的;另一方面是就个体身心发展的不同方面而言的。人的身心发展的不同方面有不同的发展期的现象,引起了心理学家的重视,由此提出了发展的关键期或最佳期的概念。故选C项。
59. 缺。
60. A 【解析】本题考查教育目的的意义。教育目的是整个教育工作的核心,是教育活动的依据和评判标准、出发点和归宿,在教育活动中居于主导地位。
61. B 【解析】本题考查马克思主义关于人的全面发展学说的基本思想。马克思主义关于人的全面发展学说的基本思想是:(1)人的发展是与社会发展相一致的;(2)人的全面发展是与人的片面发展相对而言的;(3)从历史发展的进程来看,人的发展受到社会分工的制约;(4)人朝什么方向发展,怎样发展,发展到什么程度取决于社会条件;(5)马克思预言,人类的全面发展只有在共产主义社会才能得以实现;(6)教育与生产劳动相结合是实现人的全面发展的唯一方法。故选B项。
62. A 【解析】本题全面发展教育各组成部分之间的关系。在全面发展教育中,德育对其他各育起着保证方向和保持动力的作用,它体现了社会主义教育的方向,是"五育"的灵魂;智育为其他各育的实施提供了认识基础;体育则是实施各育的物质保证;美育和劳动技术教育是德育、智育、体育的具体运用和实施。故选A项。
63. A 【解析】本题考查教育目的。教育目的是社会需求的集中反映,是教育性质的集中体现。故选A项。
64. C 【解析】本题考查学生发展的关键时期。学生是发展中的人,中学这一时期,是一个人的生理心理发育和形成的关键时期,是一个人从不成熟到基本成熟、从不定型到基本定型的成长发育时期,也是一个人生长发育特别旺盛的时期。
65. B 【解析】本题考查师生关系的表现形式。教师与学生是通过教学活动联系起来的,从不同的角度来研究,教师与学生之间的关系的表现就会不同:(1)从教育学的角度来研究,主要是一种教育与被教育的关系;(2)从社会学的角度来研究,主要是一种社会化与反社会化之间的关系;(3)从法学的角度来研究,主要是一种权利与义务之间的关系。故选B项。
66. B 【解析】本题考查课程表编制应遵循的原则。课程表的安排应遵循的原则:(1)整体性原则,在安排课程表的过程中,要从全局着眼,使每门课程都处在能发挥最佳效果的恰当位置;(2)迁移性原则,在安排课程表时要充分考虑各学科之间相互影响的性质和特点,利用心理学的迁移规律促使各门课程之间产生正迁移,促进教学质量的提高;(3)生理适宜原则,课程表的安排还要考虑到学生的生理特点,使学生的大脑功能和体能处于高度优化的状态。故选B项。
67. D 【解析】本题考查影响课程结构的因素。学习者的不同学习方式是课程具体结构的基础。决定课程不同结构的因素是多方面的,其中最根本、最基础的是学生的学习方式。学生学习方式的变化是不同课程的具体结构赖以建立的依据。
68. A 【解析】本题考查学校的中心工作。教学是学校教育的中心工作,学校教育工作必须坚持以教学为主。故选A项。
69. D 【解析】本题考查一节好课的最根本标准。一堂好课的要求包括:(1)教学目标明确;(2)教学内容正确;(3)教学方法适当;(4)教学结构紧凑;(5)学生主体性充分发挥。其中,充分发挥学生的主体性是上好课的最根本的要求,离开了这一点,以上的所有要求就失去了意义。故选D项。
70. B 【解析】本题考查教学的作用。教学有目的、有计划地将德育、智育、体育、美育等基本知识传授给学生,促进了学生个体在各方面朝预期方向发展。教学的作用直接地、具体地表现在对个体发展的影响上。故选B项。
71. C 【解析】本题考查教学活动的本质。教学活动就其本质而言,是一种特殊的认识活动。故选C项。
72. B 【解析】本题考查班级授课制的优点。班级授课制的优点包括:(1)有利于经济有效地大面积培养人才,提高教学效率;(2)它以"课"为教学活动单元,能保证学习活动循序渐进,有利于学生获得系统的科学知识;(3)有利于发挥教师的主导作用;(4)有利于发挥学生集体的教育作用;(5)有利于学生德、智、体多方面的发展;(6)有利于进行教学管理和教学检查。
73. D 【解析】本题考查教学策略的核心内容。教学过程中如何有效地提供学习内容是教学策略的核心内容。故选D项。
74. B 【解析】本题考查德育过程的真正开端和起点。德育过程是对学生知、情、意、行的培养与提高过程。由于知、情、意、行的辩证统一性和不平衡性,因而在培养人的知、情、意、行的具体实施过程中,在激发品德发展动机的前提下,不一定恪守知、情、意、行的一般教育培养顺序,而可根据学生品德发展的具体情况,或从培养品德行为习惯开始,或从陶冶品德情感开始,或从锻炼品德意志开始,最后达到使学生品德知、情、意、行全面和谐发展。但应该明确,无论是培养人的品德知、情、意、行的哪一个因素,都应激发品德发展动机。因此,激发品德发展动机是德育过程的真正开端和起点。

75. D 【解析】本题考查品德的心理结构。道德行为是品德形成的最终环节,是指个体在一定的道德意识支配下表现出来的对他人和社会的有道德意义的活动。道德行为是衡量人们思想品德高低好坏的根本标志。

76. D 【解析】本题考查德育原则。知行统一的德育原则是指教育者在进行德育时,既要重视对学生进行系统的思想道德的理论教育,又要重视组织学生参加实践锻炼,把提高认识和行为养成结合起来,使学生做到言行一致。故在德育过程中,知与行的统一,就是理论与实践相结合。

77. A 【解析】本题考查以学生为本的班级管理机制。建立以学生为本的班级管理机制需做到:(1)以满足学生的发展为目的;(2)确立学生在班级中的主体地位;(3)有目的地训练学生进行班级管理的能力。故选 A 项。

78. A 【解析】本题考查班级组织建构的原则。班级组织建构的原则包括:(1)有利于教育的原则。有利于教育的原则是班级组织建立的一条首要的原则。当其他的原则与其发生冲突的时候,其他原则都必须无条件地服从这一原则。(2)目标一致的原则。(3)有利于身心发展的原则。

79. D 【解析】本题考查教学方法的运用要求。"教必有法"是指我们的教育教学活动是有规律可遵循,有法则可遵守,有模式可遵照,是有可以掌握的基本方法、基本规律的;"教无定法"指的是教学的模式、方法、技能等不是机械的、教条的,而是灵活多变、富有个性、充满灵性的。因此,教学方法的运用必须做到原则性与灵活性相结合。

80. D 【解析】本题考查教育心理学的研究内容。教育心理学是研究教育教学情境中学与教的基本心理规律的科学。它拥有自身独特的研究课题,即如何学、如何教以及学与教之间的相互作用。教育心理学的具体研究范畴是围绕学与教相互作用的过程展开的,故选 D 项。

81. A 【解析】本题考查学生的认知方式差异。冲动型的学生在解决认知任务时,总是急于给出问题的答案,而不习惯对解决问题的各种可能性进行全面思考。这种类型的学生认知问题的速度虽然很快,但错误率高,在运用低层次事实性信息的问题解决中占优势。

82. B 【解析】本题考查学习的实质。学习是一种适应活动。个体要生存,必须适应环境的变化,与环境保持动态的平衡。适应有生理与心理两种:生理适应是在环境变化的作用下,个体生理结构与机能及其行为的变化;心理适应是在环境变化的作用下,个体心理结构与功能及其行为的变化。学习属于心理适应范畴,是一种以心理变化适应环境变化的过程。

83. B 【解析】本题考查加涅的学习水平分类。连锁学习是指学习联合两个或两个以上的刺激—反应动作,以形成一系列刺激—反应动作联结。故学习体操动作属于连锁学习。

84. B 【解析】本题考查学生学习的特点。学生学习的根本特点是通过主动的构建而进行的接受学习,即接受性。故选 B 项。

85. D 【解析】本题考查经典性条件作用理论的主要规律。如果只对条件刺激做出条件反应,而对其他相似刺激不做反应,则出现了刺激的分化。因此引导学生分辨勇敢和鲁莽、谦让和退缩属于刺激的分化。

86. B 【解析】本题考查桑代克的联结—试误学习理论。桑代克提出学习要遵循三条原则,其中,练习律是指刺激与反应之间的联结会由于重复或练习而加强,若不重复或练习,联结的力量就会减弱。练习律又分为应用律和失用律两个次律。应用律是指一个联结的使用(练习)会增加这个联结的力量;失用律是指一个联结的失用(不练习)会减弱这个联结的力量或使之遗忘。题干的描述符合练习律的定义,故选 B 项。

87. C 【解析】本题考查瞬时记忆的特点。在信息加工的过程中,受到主体注意的信息进入短时记忆,其它的信息保持 1 秒左右就丢失了。进入短时记忆的信息,通过复述进入长时记忆,而未复述的信息保持 1 分钟左右就丢失了。在瞬时记忆信息到短时记忆信息的加工过程中,必需有注意的参与。

88. B 【解析】本题考查记忆系统。现代认知心理学把人的记忆系统分为瞬时记忆、短时记忆和长时记忆三个子系统。

89. A 【解析】本题考查知识直观的方式。在实际的教学过程中,主要有三种直观方式:实物直观、模像直观和言语直观。故选 A 项。

90. D 【解析】本题考查技能的特点。技能是一种活动方式,是由一系列动作及其执行方式构成的,属于动作经验。技能是控制动作执行的工具,要解决的问题是动作能否做出来,会不会做,熟练不熟练。技能的学习要以程序性知识的掌握为前提。

91. B 【解析】本题考查心智技能。心智技能也称为智力技能、认知技能,是通过学习而形成的合乎法则的心智活动方式。阅读技能、写作技能、运算技能、解题技能等都是常见的心智技能。故选 B 项。

92. A 【解析】本题考查智力因素。智力是使人能顺利完成某种活动所必需的各种认知能力的有机结合,它包括观察力、记忆力、注意力、想象力和思维力等成分,并以思维力为核心。

93. B 【解析】本题考查发散思维的基本特征。灵活性是指摒弃以往的习惯思维方法而开创不同方向的能力,也叫思维的变通性。随机应变、触类旁通就是思维变通性的表现。

94. B 【解析】本题考查学习迁移的类型。顺向迁移是指先前学习对后继学习产生的影响,逆向迁移是指后继学习对先前学习产生的影响。正迁移也叫"助长性迁移",是指一种学习对另一种学习的促进作用。负迁移也叫"抑制性迁移",是一种学习对另一种学习的阻碍作用。题干描述的是后学习的高等数学对先前学习的初等数学的积极影响,属于逆向正迁移,选择 B 项。

95. C 【解析】本题考查学习动机的分类。附属内驱力是指个体为了获得长者们(如家长、教师)的赞许或认可而表现出把工作、学习做好的一种需要。它是为了从长者或同伴那里获得赞许和接纳。题干中小刘为了获得老师和家长的表扬而认真学习属于附属内驱力。

96. C 【解析】本题考查成败归因理论。韦纳把人经历过的事情的成败归结为六种原因,即能力、努力程度、工作难度、运气、身心状况、外界环境。题干中一名学生把成功归因于能力或努力从而自信心增强,另一名学生则把成功归因于运气,他们有不同的表现正是由于他们将成功归因为不同的因素。

97. A 【解析】本题考查马斯洛的需要层次理论。马斯洛把需要分成了七个层次,即生理需要、安全需要、归属与爱的需要、尊重需要、求知需要、审美需要和自我实现的需要。位于需要层次底部的四种需要被称为缺失性需要,它们是个体生存所必需的;后三种需要是成长性需要,它们虽不是我们生存所必需的,但对于我们适应社会来说却有很重要的积极意义。

98. B 【解析】本题考查成败归因理论。在课堂教育中,教师除了传授知识和技能外,还应帮助学生树立这样的信念:恰当的努力可以导致成功。每一位教师都应让学生知道,学习是一件艰苦的事,只局限于自己的聪明而不付出努力是不可能学好的;如果一味认为自己笨、无论如何也学不好,更会过早地丧失学习的信心和兴趣,因此,教师应该帮助学生形成内部但可控的归因,即努力归因。

99. A 【解析】本题考查学习策略的分类。尼斯比特等根据策略不同的适用范围,将策略分为三个层次:(1)通用策略,主要是与学习态度、学习动机密切相关的学习策略。该类策略既适用于认知领域的学习,也适用于动作与情感领域的学习,因此是一般性的、普遍性的策略。(2)宏观策略,是较为概括的策略,与学习者的知识经验密切相关,随经验的增长而不断得到改善。如一般的解决问题策略、思维策略等都属于宏观策略。(3)微观策略,是非常具体的、适合于某一特定的具体任务与具体领域的策略。这种策略比较容易教授,但其适用范围很有限。根据题意,选择 A 项。

100. D 【解析】本题考查精细加工策略。精细加工策略是指把新信息与头脑中的旧信息联系起来从而增加新信息意义的深层加工策略。它常被描述成一种理解记忆的策略,其要旨在于建立信息间的联系。联系越多,能回忆出信息原貌的途径就越多,即提取的线索就越多。精细加工越深入、细致,回忆就越容易。利用学生头脑中生动而鲜明的形象帮助记忆,就是精细加工策略的应用。

101. D 【解析】本题考查学习策略的分类。学习策略可分为认知策略、元认知策略和资源管理策略三种。认知策略又可分为复述策略、精细加工策略和组织策略。其中,组织策略是指将分散的、孤立的知识进行整理、归类,集合成一个整体,带上某种结构,使信息由繁到简、从无序到有序的策略。对于简单的陈述性知识,学生可使用归类策略。如,在学习汉字时,有人按字音归类识字,有人按偏旁结构归类识字。对于复杂的陈述性知识,学生可使用列提纲、画图形和列表格等方法对材料进行组织。故选 D 项。

102. C 【解析】本题考查态度的实质。态度是通过学习而形成的,影响个人的行为选择的内部准备状态或反应的倾向性,决定个体是否愿意完成某些任务,即决定行为的选择。

103. C 【解析】本题考查品德发展的价值内化理论。价值内化理论提出品德的形成发展包括依从、认同与内化三个阶段。内化阶段是认同阶段的进一步发展,是道德观念内化成为人生信念的阶段。此阶段中,个体在思想观点上与他人的思想观点一致,将自己所认同的思想和自己原有的观点、信念融为一体,构成一个完整的价值体系。

104. B 【解析】本题考查学生不良行为矫正的基本过程。一般认为,学生不良行为的矫正要经历醒悟阶段、转变阶段和自新阶段三个过程。

105. C 【解析】本题考查心理辅导的目标。心理辅导的一般目标可归纳为两个方面:学会调适和寻求发展。学会调适是基本目标,以此为主要目标的心理辅导可称为调适性辅导;寻求发展是高级目标,以此为主要目标的心理辅导可称为发展性辅导。

106. A 【解析】本题考查心理与行为相结合的教学目标陈述法。根据认知学习理论,在教学活动中学生学习的实质是内在的心理变化,但内在的心理变化无法直接观察到。因此,有心理学家提出内部心理与外部行为相结合来表述教学目标。

107. A 【解析】本题考查教学过程。教学是有一定程序结构的。在教学程序中,学生的学习随事先设计的教学情境而进行,教师安排的程序性事项就是教学事件。加涅认为在教学中要依次完成以下九大教学事件:(1)引起学生注意;(2)提示教学目标;(3)唤起先前经验;(4)呈现教学内容;(5)提供学习指导;(6)展现学习行为;(7)适时给予反馈;(8)评定学习结果;(9)加强记忆与学习迁移。其中引起学生注意是教学过程中的首要事件。

108. A 【解析】本题考查教学策略的选用。一旦确定教学目标后,教师就可以根据教学目标选用适当的教学策略。例如,教学目标侧重知识或结果,则宜于选择接受学习,与之相应的教学策略是讲授教学;如果教学目标侧重于过程或探索知识的经验,则宜于选择发现学习,与之相应的教学策略是有指导的发现教学。

109. D 【解析】本题考查学生座位的分配。研究发现,分配学生座位时教师主要关心的是减少课堂混乱。其实,分配学生座位时,最值得教师关注的应该是对人际关系的影响。

110. D 【解析】本题考查课堂人际交往与人际关系。竞争是指个体或群体充分实现自身的潜能,力争按优胜标准使自己的成绩超过对手的过程。适度和适量的竞争,不但不会影响学生间的人际关系,而且还会提高学习和工作的效率。但是,过度的竞争有可能使一部分学生过度紧张和焦虑,容易忽视活动的内在价值和创造性。

111. C 【解析】本题考查《中华人民共和国教师法》的内容解读。《中华人民共和国教师法》第七条规定教师有权进行教育教学活动,开展教育教学改革和实验,简称教育教学权。教育教学权是教师为履行教育教学职责而必须具备的基本权利,也是教师最神圣的权利,任何组织和个人都不得非法剥夺在聘教师从事教育教学活动,开展教育教学改革和实验权利的行使。

112. A 【解析】本题考查新课程倡导的教学观。新课程倡导开放与生成的教学观,认为教学不只是课程传递和执行的过程,更是课程创生与开发的过程。传统课程倡导的教学观认为课程是教学的方向、目标或计划,是在教学过程之前和教学情境之外预先规定的,教学的过程就是忠实而有效地传递课程,教师是既定课程的阐述者和传递者,学生则是课程的接受者。新课程所倡导的教学观认为教师和学生是课程的有机构成部分,是课程的创造者和主体,他们共同参与课程开发的过程。A 项为传统课程倡导的教学观下的课堂教学,故选 A 项。

113. C 【解析】本题考查良心的作用。从作用方式来讲,良心通常分为直觉良心和理智良心。直觉良心是以直觉方式发生作用的,理智良心是以理智方式发生作用的。良心的直觉作用是指良心可以以直觉、顿悟、预感等瞬间完成的方式起作用;良心的理智作用方式则是指经过道德认知和道德情感的冲突,做出深思熟虑的理性的判断和抉择。故选 C 项。

114. C 【解析】本题考查教学目标设计。教学目标是教学活动的出发点和依据,也是教学活动的归宿。确定教学目标是教学设计的核心问题,因而,它是教学设计中最先要考虑的问题。

二、多项选择题

115. BCD 【解析】本题考查教师的学科专业素养。教师的学科专业素养包括:(1)精通所教学科的基础性知识和技能;(2)了解与该学科相关的知识;(3)了解学科的发展脉络;(4)了解该学科领域的思维方式和方法论。A 项属于教师的教育专业素养,故选 BCD 三项。

116. CD 【解析】本题考查布卢姆的教育目标分类。美国教育心理学家布卢姆认为,完整的教育目标包括认知、情感和动作技能三个领域。

117. CD 【解析】本题考查确定教育目的的依据。人们的教育理想是确定教育目的的主观依据,人们在考虑教育目的时往往会受其哲学观念、人性假设和理想人格等观念和价值取向这些主观依据的影响。故选 CD 两项。

118. ACD 【解析】本题考查元认知策略。学习的元认知策略是指学生对自己整个学习过程的有效监视及控制的策略。元认知策略大致可分为计划策略、监控策略、调节策略。

119. ABCD 【解析】本题考查心理发展的基本特征。心理发展的基本特征有连续性和阶段性、定向性和顺序性、不平衡性和个体差异性。

三、判断题

120. × 【解析】本题考查我国法律法规的颁布。中华人民共和国颁布的第一部教育法律是《中华人民共和国学位条例》。

121. √ 【解析】本题考查对人的发展的理解。辩证唯物主义认为,人的发展是个体的内在因素与外部环境在个体活动中相互作用的结果。故题干说法正确。

122. × 【解析】本题考查教育的本质属性。教育属于人类社会特有的现象,是一种以促进人的发展为目的的实践活动。人类社会实践活动的根本特征是目的性,因此,人的一切活动都具有预期的目的和自觉的意识。故题干说法错误。

123. √ 【解析】本题考查文化的内涵。文化的内涵有广义和狭义之分。广义的文化是指人类在社会实践中创造的物质财富和精神财富的总和,包括物质文化、制度文化、精神文化。狭义的文化专指精神文化,是人类以社会成员的身份习得的复合性整体,包括知识、信仰、艺术、道德、法律、风俗和其他一切能力和行为。

124. √ 【解析】本题考查教师文化。教师文化是教师在教育教学活动中形成与发展起来的价值观念和行为方式。“学高为师”“身正为范”的古训,强调了教师行为规范的重要性。规范,成为教师文化的重要内涵和特征。

125. × 【解析】本题考查影响个体身心发展的因素。遗传素质是人的身心发展的前提,为人的发展提供了可能性,但遗传素质不决定人身心发展的现实性,遗传素质具有一定的可塑性,它会随着环境、教育的改变和人类实践活动的深入等作用而逐渐发生变化。个体的主观能动性是人的身心发展的内在动力,也是促进个体发展从潜在的可能状态转向现实状态的决定性因素。故题干说法错误。

126. × 【解析】本题考查个体身心发展的规律。个体身心发展的顺序性是指人的身心发展是一个由低级到高级、由简单到复杂、由量变到质变的连续不断的发展过程。人的发展的顺序性是客观的、不以人的意志为转移的,教育工作要遵循这种顺序性,循序渐进地促进人的发展。所以,教育一般不可“拔苗助长”“陵节而施”,否则就会出现教育的异化,造成教育的负效应。个体身心发展的个别差异性要求贯彻因材施教的原则,故题干说法错误。

127. √ 【解析】本题考查教育的价值取向。个人价值与社会价值并没有一个孰重孰轻的问题,个人本位论与社会本位论也没有一个谁正确谁错误的问题。从理论上讲,二者具有同等的合理性与同等的局限性。教育目的中个人价值与社会价值的权衡与选择,要受具体的社会历史条件的制约,是随社会历史条件的变化而有所变化与侧重的。社会需要与个人发展是辩证统一的,教育目的必须体现这种辩证统一的关系。故题干说法正确。

128. × 【解析】本题考查教育目的。教育目的的层级结构为:教育目的、培养目标、课程目标、教学目标。教育目的中的层次目标,一般都是根据具体教育问题提出的,它不仅是可以被具体教育活动可操作、可实现的目标,而且是评价具体教育活动效果达成程度的直接依据。

129. × 【解析】本题考查教师的地位。教师的地位一般是指教师的社会地位,它是由教师在社会中的经济地位、政治地位和文化地位构成的。

130. × 【解析】本题考查课程类型。根据课程任务,可将课程分为基础型课程、拓展型课程与研究型课程。其中,拓展型课程注重拓展学生的知识和能力,开阔学生的知识视野,发展学生各种不同的特殊能力,并迁移到其他方面的学习中。研究型课程注重培养学生的探究态度和能力。

131. × 【解析】本题考查双基教学。“双基”教学是指教给学生基本知识与基本技能,故题干说法错误。

132. × 【解析】本题考查有关教学过程本质的观点。发展说认为教学过程本质上是一种学生身心发展的过程。它强调了学生的主观能动性,但是削弱了教师的主导作用。实践说认为教学过程是一种特殊的实践过程。它以实践的观点看待教学过程,关注的是从师生展开活动,学生获得一定的意义,到学生发生某种成长性变化的最终结果。

133. × 【解析】本题考查教案设计。一般来说,教案的内容主要由概况、教学过程、板书设计、教学后记或教学反思四部分组成。因此,设计教学过程只是设计教案的一个部分。

134. √ 【解析】本题考查结构化策略。内容型教学策略有两条途径:结构化策略和问题化策略。其中,结构化策略强调知识结构,主张抓住知识的主干部分,削枝强干,构建简明的知识体系。结构化策略在教材的排列方面还可分为直线式、分支平行式、螺旋式和综合式等。故题干说法正确。

135. × 【解析】本题考查陶冶法。陶冶法是通过创设良好的情境,潜移默化地培养学生品德的方法。在运用陶冶法时,教师要引导学生参与情境创设。良好的情境不是固有的自然存在的,需要人为地创设。但这决不能只靠教师去做,应当组织学生为自己创设良好的学习与生活的情境。故题干说法错误。

136. × 【解析】本题考查班级组织建构的形式。班级组织机构的微观建制有三种形式:直线式、职能式、直线职能式。我国中小学班级组织的建构多数属于直线职能式的建制形式。

137. √ 【解析】本题考查罗素的教育思想。罗素认为,在每一个社会问题中,尤其在教育中,尊重人的个性是智慧的开端。

138. × 【解析】本题考查概念的学习。概念形成是指个体通过反复接触大量同一类事物或现象的共同特征或共同属性,并通过肯定或否定的例子加以证实的过程。发现学习是概念形成的主要方式。接受学习是概念同化的典型方式,与意义学习无关,故题干说法错误。

139. √ 【解析】本题考查心智技能的特点。一般而言,心智技能与操作技能相比,具有以下特点:动作对象的观念性、动作执行的内潜性、动作结构的简缩性。

140. √ 【解析】本题考查理解问题。理解问题就是把握问题的性质和关键信息,摒弃无关因素,并在头脑中形成有关问题的初步印象,即形成问题的表征。问题表征是指根据问题所提供的信息和自身已有的知识经验,发现问题的结构,构建自己的问题空间过程。故题干说法正确。

141. 缺。

142. √ 【解析】本题考查教学评价的类型。根据教学评价的作用(功能),教学评价可以分为诊断性评价、形成性评价和总结性评价。

143. × 【解析】本题考查学习定势说。学习定势说讲的是学习方法的迁移问题。学习定势说认为,在先行学习中形成或改进学习的一般方法,学会"如何学习"有利于学习迁移。

144. × 【解析】本题考查学习动机的分类。外部学习动机是指诱因来自学习者外部的某种因素而产生的动机,即外部诱因引起的学习动机。故题干说法错误。

2021 年安徽省教师招聘考试统考小学真题试卷(十四)

一、单项选择题

1. B 【解析】《中共中央 国务院关于全面加强新时代大中小学劳动教育的意见》指出,小学低年级要注重围绕劳动意识的启蒙,让学生学习日常生活自理,感知劳动乐趣,知道人人都要劳动。小学中高年级要注重围绕卫生、劳动习惯养成,让学生做好个人清洁卫生,主动分担家务,适当参加校内外公益劳动,学会与他人合作劳动,体会到劳动光荣。初中要注重围绕增加劳动知识、技能,加强家政学习,开展社区服务,适当参加生产劳动,使学生初步养成认真负责、吃苦耐劳的品质和职业意识。普通高中要注重围绕丰富职业体验,开展服务性劳动、参加生产劳动,使学生熟练掌握一定劳动技能,理解劳动创造价值,具有劳动自立意识和主动服务他人、服务社会的情怀。题干所述针对的学段是小学中高年级。故选 B 项。

2. A 【解析】根据《中华人民共和国教育法》第十九条规定,国家实行九年制义务教育制度。故选 A 项。

3. B 【解析】根据《中华人民共和国教师法》第七条规定,教师享有下列权利:(1)进行教育教学活动,开展教育教学改革和实验;(2)从事科学研究、学术交流,参加专业的学术团体,在学术活动中充分发表意见;(3)指导学生的学习和发展,评定学生的品行和学业成绩;(4)按时获取工资报酬,享受国家规定的福利待遇以及寒暑假期的带薪休假;(5)对学校教育教学、管理工作和教育行政部门的工作提出意见和建议,通过教职工代表大会或者其他形式,参与学校的民主管理;(6)参加进修或者其他方式的培训。故选 B 项。

4. A 【解析】《深化新时代教育评价改革总体方案》提出:改革教师评价,推进践行教书育人使命,要坚持把师德师风作为第一标准,突出教育教学实绩,强化一线学生工作,改进高校教师科研评价,推进人才称号回归学术性、荣誉性。故选 A 项。

5. C 【解析】《小学教师专业标准(试行)》中,沟通与合作能力包括:(1)使用符合小学生特点的语言进行教育教学工作。(2)善于倾听,和蔼可亲,与小学生进行有效沟通。(3)与同事合作交流,分享经验和资源,共同发展。(4)与家长进行有效沟通合作,共同促进小学生发展。(5)协助小学与社区建立合作互助的良好关系。故本题选 C 项。

6. B 【解析】教师职业具有价值性、伦理性、复杂性、教育性和创造性等特点。其中,伦理性是指,教育是成就人生命的事业,教师对学生的爱既是教育的目的,也是教育的条件。教育是人影响人的过程,教师对教育的爱、对学生的爱是教育不可或缺的基础。恰如夏丏尊先生所说的:"爱对于教育,犹如池塘之于水,没有水,便不能成为池塘;没有爱,便不能称其为教育。"教师只有爱教育事业、爱学生,才能对教育有真诚的投入,主动钻研教学,促进学生发展。(具体参看项贤明主编的《教育学原理》)

7. C 【解析】陶行知是我国现代教育史上著名的人民教育家和卓越的民主主义战士。他的教育名言有"千教万教教人求真,千学万学学做真人""捧着一颗心来,不带半根草去"。故本题选 C 项。

8. B 【解析】班级上课制是教学的基本组织形式。除上课外,还要采用多种辅助教学组织形式,以巩固、加深或补充上课之不足,如作业、参观、讲座和辅导。其中,参观是指根据一定的教学目的组织学生到一定的现场,通过对实际的事物或活动进行观察、询问,以获取知识的教学活动形式。故本题选 B 项。(具体参看王道俊、郭文安主编的《教育学》第七版)

9. A 【解析】1960 年,美国经济学家、诺贝尔经济学奖获得者西奥多·舒尔茨以《人力资本投资》为题的演讲,使"人力资本"成为当今经济学、教育理论中最重要的范畴。人力资本是指体现在人身上的资本,是对生产者进行教育、培训等支出及其接受教育的机会成本等的总和,以人的劳动能力的高低和可使用程度作为衡量依据。舒尔茨提出了人力资本收益测算法,强调了教育及教育投资对国民经济增长的贡献率,将教育作为促进经济增长、发展社会经济的重要支撑点。

10. D 【解析】原始社会的教育具有自发性、全民性(普及性)、广泛性、无等级性(平等性)和无阶级性,是原始状态下的教育机会均等,只因年龄、性别和劳动分工的不同而有差别。故 A 项错误。古代社会的教育一般指奴隶社会的教育和封建社会的教育,其特征包括阶级性、道统性、等级性、专制性、刻板性、象征性。故 B、C 项错误。现代社会的教育具有生产性、公共性、科学性、未来性、革命性、国际性、终身性。故 D 项正确。

11. D 【解析】马克思阐述了关于人的全面发展学说,这一学说是我国确立教育目的的理论依据和基础。故本题选 D 项。

12. B 【解析】中共中央办公厅、国务院办公厅印发《关于全面加强和改进新时代学校美育工作的意见》指出:美是纯洁道德、丰富精神的重要源泉。美育是审美教育、情操教育、心灵教育,也是丰富想象力和培养创新意识的教育,能提升审美素养、陶冶情操、温润心灵、激发创新创造活力。故 A、C、D 三项正确,B 项错误。

13. C 【解析】古人强调家庭教化,通过家训等形式来进行品德教育的实践,如诸葛亮的《诫子书》、颜之推的《颜氏家训》以及曾国藩的家书等都是家庭教化名典。

14. B 【解析】隐性课程是不在课程计划中反映的、不通过正式教学进行的,对学生的知识、情感、意志、行为和价值观等方面起潜移默化的作用,促进或干扰教育目标的实现。教师的穿着打扮、言行举止都会对学生有所影响,甚至引发学生的模仿,属于隐性课程。

15. C 【解析】从课程内容的组织方式来看,课程可分为分科课程与综合课程。分科课程也叫"科目课程","是根据各级各类学校培养目标和科学发展水平,从各门科学中选择出适合一定年龄阶段学生发展水平的知识,组成各种不同的教学科目,如中小学开设的语文、数学、美术等。综合课程是"综合有关联的几门学科,成为跨越更广泛的共同领域的课程",如小学科学课。故本题选 C 项。

16. B 【解析】课程忠实取向认为,教师角色的性质就是课程专家所制定的课程变革计划的忠实执行者。教师就是课程的"消费者",他应当按照专家对课程的"使用说明"循规蹈矩地实施课程。课程创生取向认为,教师的角色是课程开发者。教师连同其学生,成为建构积极的教育经验的主体。课程创生的过程即教师和学生持续成长的过程。故本题选 B 项。

17. A 【解析】《中国学生发展核心素养》以科学性、时代性和民族性为基本原则,以培养"全面发展的人"为核心,分为文化基础、自主发展、社会参与三个方面。综合表现为人文底蕴、科学精神、学会学习、健康生活、责任担当、实践创新六大素养,具体细化为人文积淀、国家认同、批判质疑等 18 个基本要点。

18. D 【解析】课程目标通常包括普遍性目标、行为目标、生成性目标(形成性目标)、表现性目标。其中,表现性目标与强调统一性的行为目标不同,它强调每位学生学习的个性化、多元化。它只是为学生提供活动的场所、活动的主题,并不预先规定学生学习的最终目标,是一种开放自由的设计。如"在一个星期内读完《红与黑》,讨论时列出你印象最深的三件事""用你喜欢的方式,有感情地朗读这篇课文并与大家分享你最感兴趣的故事情节"等。故本题选 D 项。(具体参看张海晨、李炳亭著的《高效课堂导学案设计》)

19. D 【解析】情境—陶冶教学模式是指在教学活动中,创设一种情感和认知相互促进的教学环境,让学生在轻松愉快的教学气氛中有效地获得知识的同时陶冶情感的一种教学模式。

20. D 【解析】根据评价采用的标准,教学评价可以分为绝对性评价(目标参照性评价、标准参照评价)、相对性评价(常模参照评价)和个体内差异评价。其中,个体内差异评价是以评价对象自身某一时期的发展水平为标准,判断其发展状况的评价方法。题干中的老师以小明之前的表现为标准,判断其现在明显有进步,并为其颁发"进步奖"。因此,这一评价属于个体内差异评价,选 D 项。

21. A 【解析】问卷调查就是以问卷为工具所实施的调查。问卷调查法的步骤:(1)确定研究目标;(2)选择调查对象(样本);(3)设计问卷;(4)预先测试问卷;(5)提前与调查对象联系;(6)发放问卷;(7)跟踪调查不回复问卷者;(8)分析问卷的数据资料。

22. C 【解析】学龄期(6~12 岁)儿童的发展任务是培养勤奋感。在这个时期,多数儿童已进入学校,第一次接受社会赋予他们并期望他们完成的任务。他们追求任务完成时获得的成就感及由此带来的长辈的认可和赞许。如果儿童在学习、游戏等活动中不断取得成就并受到成人的奖励,儿童将以成功、嘉奖为荣,养成乐观进取和勤奋的性格;反之,如果由于学习方法不当或努力不够而多次遭受挫折或其成就受到漠视,儿童容易形成自卑感。故选 C 项。

23. C 【解析】操作性条件反射的行为发生在刺激之前,行为后果影响随后的行为;在经典性条件作用中,行为发生在刺激之后,中性刺激与无条件刺激相匹配。题干中,小杰出现主动回答问题的行为后,受到了老师的表扬,此后行为频率增加,这体现了操作性条件反射的原理。

24. B 【解析】无意注意也称不随意注意，是没有预定目的、无需意志努力、不由自主地对一定事物所发生的注意。当教师突然提高音量强调某个重点内容时，学生无需意志努力、不由自主地就能注意到这个内容，故体现了无意注意。故本题答案为B项。

25. B 【解析】引起无意注意的客观条件有：(1)刺激物的强度，如一道强烈的光线；(2)刺激物之间显著的对比关系，如万绿丛中一点红；(3)刺激物的活动和变化，如活动变化的霓虹灯、演讲者抑扬顿挫的声调；(4)刺激物的新异性，如画廊中新张贴的广告等。本题中教师用红色粉笔书写重点内容就是利用了刺激物的对比，故选B项。

26. D 【解析】知觉的选择性是指当面对众多的客体时，知觉系统会自动地将刺激分为对象和背景，并把知觉对象优先地从背景中区分出来。因此，题干中学生用荧光笔画出优美的语句利用的就是知觉的选择性。故选D项。

27. C 【解析】趋避冲突是指对同一目的兼具好恶的矛盾心理。本题中小敏既想提高学习成绩，又害怕吃苦，这种动机冲突属于趋避冲突，故选C项。

方法技巧：考生易混淆动机冲突的种类。在考试时通常可以根据题意，运用关键词组进行区分。双趋冲突：表述中含有“既想……又想……，但不可兼得”的含义；双避冲突：表述中含有“既怕……又怕……”的含义；趋避冲突：表述中含有“既想……又怕……”的含义；多重趋避冲突：表述中的冲突因素为两个以上。

28. A 【解析】无意想象又称不随意想象，是没有预定目的，不由自主产生的想象。看到天上的白云，人们不由自主地将其想象成羊、棉花，这种想象是没有预定目的，不由自主的，故属于无意想象。故选A项。

29. A 【解析】负迁移也叫“抑制性迁移”，是指一种学习对另一种学习产生阻碍作用，题干中学习汉语拼音对初学英语有干扰作用，属于负迁移，故选A项。

30. C 【解析】对问题解决起启发作用的事物叫原型。原型启发是指从其他事物上发现解决问题的途径和方法。人们受面包发酵后变得松软的启发，制造出泡沫橡胶，这种解决问题的过程与方法属于原型启发，故选C项。

二、多项选择题

31. ABCD 【解析】教师应承担的角色包括：(1)学生发展的引导者；(2)知识体系的组织者；(3)共生关系的对话者；(4)教育教学的研究者；(5)不断发展的学习者。故本题选A、B、C、D四项。

32. ABC 【解析】个体社会化和个性化的统一主要表现在：(1)它们是人的发展不可缺少的两个方面；(2)二者在社会实践活动中实现统一；(3)人类社会发展的最终目的，是实现社会要求和个性发展的完美统一；(4)当代中国，在科学发展观的指导下，实现经济、社会和人的全面、协调、可持续发展。故本题选A、B、C三项。D项是个体社会化和个性化的对立的表现之一。

33. ABCD 【解析】教育的文化功能包括：(1)教育的文化传承功能。教育是保存文化的有效手段。教育的文化保存和延续功能有两种方式：其一是纵向的文化传承，表现为文化在时间上的延续；其二是横向的文化传播，表现为文化在空间上的流动。(2)教育的文化选择功能。(3)教育的文化融合功能。(4)教育的文化创造功能。故本题全选。(具体参看全国十二所重点师范大学联合编写的《教育学基础(第3版)》)

34. AB 【解析】微课的选题一般是学科内容中的某一个知识点(如重点、难点、易错点、易混淆点、典型习题例题等)。故A项说法正确。

微课以微视频的形式将知识展现出来。微视频的制作灵活、多样，可以用录屏软件加PPT制作，也可以用手机等摄像设备制作。故B项说法正确。

一节课并非只限于一个微课，要根据教学需要来制作微课。故C项说法错误。

根据微课的授课内容和性质，适当安排微课的使用时间：恰当安排在课前自学、课中辅导或课后总结中。故D项说法错误。

因此，本题选A、B两项。

35. BC 【解析】从情感的社会内容角度来看，人类的情感有道德感、美感和理智感三种形式。其中，道德感是指根据一定的道德标准评价人的思想、意图和言行时所产生的主观体验。例如，爱国主义情感、集体主义情感、责任感、事业心、荣誉感、自尊心等。故本题答案为B、C两项。

三、辨析题

36. 义务教育是公益性事业。

(1)这种说法是正确的。(2)根据《中华人民共和国义务教育法》第二条规定，国家实行九年义务教育制度。义务教育是国家统一实施的所有适龄儿童、少年必须接受的教育，是国家必须予以保障的公益性事业。实施义务教育，不收学费、杂费。因此，题干中的说法是正确的。

37. 课程计划是课程标准的具体实施步骤。

(1)这种说法是不正确的。(2)目前在我国，中小学课程主要由课程计划、课程标准、教材三部分组成。课程计划体现了国家对学校的统一要求，是编写各科课程标准和教材的主要依据。课程标准是课程计划中每门学科以纲要的形式编写的、有关学科教学内容的指导性文件，是课程计划的分学科展开，每门学科都有对应的学科课程标准。因此，题干的说法是不正确的。

38. 学生的心理健康问题只表现为学习问题。

(1)这种说法是不正确的。(2)世界卫生组织认为，心理健康是一种良好的、持续的心理状态与过程，表现为个体具有生命的活力、积极的内心体验、良好的社会适应能力，能够有效地发挥个人的身心潜力以及作为社会一员的积极的社会功能。从学生心理健康问题的内容、成因及所涉及的生活领域来分析，中小学生心理健康问题主要表现在以下几个方面：①学习问题；②人际关系问题；③学校生活适应问题；④自我概念问题；⑤与青春期性心理有关的问题。因此学生的心理健康问题并不是只表现为学习问题。

四、简答题(参考答案)

39.《小学教师专业标准(试行)》要求教师具备哪些通识性知识？

(1)具有相应的自然科学和人文社会科学知识；(2)了解中国教育基本情况；(3)具有相应的艺术欣赏与表现知识；(4)具有适应教育内容、教学手段和方法现代化的信息技术知识。

40. 教育的人口功能有哪些？

(1)减少人口数量，控制人口增长；(2)改善人口素质，提高人口质量；(3)使人口结构趋向合理化；(4)有助于人口迁移。

41. 教师如何培养学生的观察力？

在学校教育教学中，培养学生的观察力可以从以下几个方面入手：

(1)引导学生明确观察的目的与任务，是良好观察的重要条件。(2)充分的准备、周密的计划、提出观察的具体方法，是引导学生完成观察的重要条件。(3)在实际观察中应加强对学生的个别指导，有针对性地培养学生良好的观察习惯。(4)引导学生学会记录整理观察结果，在分析研究的基础上，写出观察报告、日记或作文。(5)引导学生开展讨论、交流并汇报观察结果，不断提高学生的观察能力，培养良好的观察品质。此外，教师还应努力培养学生观察兴趣与优良的性格特征，如学习的坚韧性、独立性等。

42. 选择与运用教学方法的基本依据有哪些？

(1)教学目的和任务的要求；(2)课程性质和特点；(3)每节课的重点、难点；(4)学生年龄特征；(5)教学时间、设备、条件；(6)教师业务水平、实际经验及个性特点。此外，教学方法的选择与运用还受教学手段、教学环境等因素的制约。这就要求我们要全面、具体、综合地考虑各种相关因素，进行权衡取舍。

五、材料分析题(参考答案)

43. (1)①广义的德育泛指所有有目的、有计划地对社会成员在政治、思想与道德等方面施加影响的活动。中华优秀传统文化教育属于德育的重要内容之一，德育要传承中华优秀传统文化，增强文化自觉和文化自信。材料中，璧山区在中华优秀传统文化的基础上，开展礼仪教育的实践探索，表明中华优秀传统文化是德育的宝贵资源，它所蕴含的德育理念、内容、方法等，对现代德育依然具有重要的价值。

②德育也是弘扬中华优秀传统文化的有效途径。材料中，璧山区通过德育实践，形成了区域德育新常态，提升了学生综合素质，发展了中华优秀传统文化。

③德育与中华优秀传统文化是相辅相成、互相促进的。现代德育的实践要注重从中华优秀传统文化中汲取力量，从而发展中华优秀传统文化，增强学生的文化自信，涵养学生的家国情怀。

(2)《中小学德育工作指南》规定，德育的总体目标为：培养学生爱党爱国爱人民，增强国家意识和社会责任意识，教育学生理解、认同和拥护国家政治制度，了解中华优秀传统文化和革命文化、社会主义先进文化，增强中国特色社会主义道路自信、理论自信、制度自信、文化自信，引导学生准确理解和把握社会主义核心价值观的深刻内涵和实践要求，养成良好政治素质、道德品质、法治意识和行为习惯，形成积极健康的人格和良好心理品质，促进学生核心素养提升和全面发展，为学生一生成长奠定坚实的思想基础。

(3)《中小学德育工作指南》规定，德育内容包括：理想信念教育、社会主义核心价值观教育、中华优秀传统文化教育、生态文明教育、心理健康教育。

(考生可结合材料进行阐述，言之有理即可)

44. (1)材料中的课明显体现了教学过程中传授知识与思想品德教育相统一的规律，即教育性规律。教师要上“具有文化味道的课”的原因：①在教学过程中，学生掌握科学文化知识和提高思想品德修养是相辅相成的。知识是思想品德形成的基础，思想品德修养水平的提高为学生积极地学习知识提供动力。②脱离知识进行思想品德教育，这会使思想品德教育成为无源之水、无本之木，不仅不利于学生品德修养水平的提高，而且还影响系统知识的教学。

③只强调传授知识,忽视思想品德教育,不利于学生的成长。教学的教育性必须要经过教师给学生施加积极影响,必须通过启发、激励,使学生对所学知识产生积极的态度,教学的教育性才能得以实现。在教学过程中要注意把二者有机结合起来。

(2)教学的基本任务包括:①引导学生掌握系统的科学文化基础知识和基本技能、技巧;②发展小学生的智力,培养小学生的能力,教会小学生学习;③发展小学生的体力,提高小学生的健康水平;④培养小学生高尚的审美情趣,养成良好的思想品德和行为习惯,为形成科学世界观和良好的个性心理品质打下基础。

(3)促进教师专业发展的方式包括:①师范教育。②入职培训。③在职培训。教师的在职培训活动很广,可以是业余进修,也可以是校本培训(如集体观摩、相互评课、相互研讨等)。④自我教育。教师自我教育的方式主要有自我反思、主动收集教改信息、研究教育教学中的各种关键事件、自学现代教育教学理论、积极感受教学的成功与失败等。此外,跨校合作(如教师专业发展学校),专家指导(如讲座、报告),政府教育部门和教研机构组织的各类专业培训和交流活动等也是教师专业发展的途径。

45.(1)记忆品质包括敏捷性、持久性、准确性和准备性。

①记忆的敏捷性是指能够在较短的时间内记住较多的东西,是记忆速度和效率方面的特征。材料中有些同学记忆力非常好,仅读几遍,就能够顺利地背出来,记得很快,这是记忆敏捷性良好的体现。

②记忆的持久性是指能够把知识经验长时间地保留在头脑中,甚至终身不忘,是记忆的保持特征。材料中有些同学背得很流利,声情并茂,而且记忆深刻,是记忆保持性良好的体现。

③记忆的准确性是指对于所识记的材料,在再认和回忆时,没有歪曲、遗漏、增补和臆测,是记忆的正确和精确特征。材料中有些同学能够顺利、正确地背出古诗词,这体现的是记忆的准确性。

④记忆的准备性使人能及时、迅速、灵活地从记忆信息的储存库中提取所需要的知识经验,以解决当前的实际问题。材料中有的同学背得磕磕巴巴,在多次提示后才能勉强背出来是记忆准备性不好的体现。

(2)记忆过程包括识记、保持、再现(再认或回忆)三个环节。从信息加工的角度来看,记忆过程是对输入信息的编码、储存和提取的过程。信息的输入编码是识记过程,信息的储存相当于保持过程,信息的提取是再认或回忆过程。

①识记。识记是指把所需信息输入头脑的过程,也就是反复认识某种事物并在头脑中留下印象的过程。

②保持。保持是指已获得的知识经验在人脑中的巩固过程,是记忆过程的第二个环节。识记的材料在保持过程中总会发生不同程度的变化和遗忘。保持的量随着时间的延长而趋于减少。

③再认或回忆。再认是指人们对感知过、思考过或体验过的事物,当它再度呈现时,仍能认识的心理过程。回忆是过去经历过的事物不在面前时,人们在头脑中把它重新呈现出来的过程。

(3)教师在教学过程中运用记忆规律包括以下两方面:第一,依据记忆规律合理安排和组织教学。①合理安排教学;②向学生提出具体的识记任务;③使学生处于良好的情绪和注意状态;④充分利用无意识记的规律组织教学;⑤使学生理解所学内容并把它系统化;⑥培养学生良好的记忆品质,提高其记忆能力。第二,依据记忆规律有效地组织复习。①复习时机要得当;②复习方法要合理;③复习次数要适宜;④重视对记忆品质的培养;⑤注意用脑卫生。

2021年安徽省教师招聘考试统考中学真题试卷(十五)

一、单项选择题

1.C 【解析】《中共中央 国务院关于全面加强新时代大中小学劳动教育的意见》指出,初中要注重围绕增加劳动知识、技能,加强家政学习,开展社区服务,适当参加生产劳动,使学生初步养成认真负责、吃苦耐劳的品质和职业意识。故答案选C项。

2.D 【解析】《中共中央 国务院关于深化教育教学改革全面提高义务教育质量的意见》指出,加强教学管理。省级教育部门要分学科制定课堂教学基本要求,市县级教育部门要指导学校形成教学管理特色。学校要健全教学管理规程,统筹制定教学计划,优化教学环节等。因此,答案选D项。

3.A 【解析】《深化新时代教育评价改革总体方案》指出,完善立德树人体制机制,扭转不科学的教育评价导向,坚决克服唯分数、唯升学、唯文凭、唯论文、唯帽子的顽瘴痼疾。因此,答案选A项。

4.B 【解析】根据《中学教师专业标准(试行)》可知,在教师专业能力领域中,教学实施能力之一是有效调控教学过程,合理处理课堂偶发事件。故答案选B项。

5.D 【解析】20世纪70年代,首先对人力资本理论进行修正和抨击的是筛选假设理论(文凭理论)。该理论认为教育是一个"筛选装置",不同的学历为雇主识别求职者的能力提供"信号",雇主便从中选聘有适当能力的求职者。雇主在劳动力市场上依据以文凭为标志的教育程度来筛选雇员,必须有一个前提假设。这个前提假设是:求职者的能力与其接受教育的成本呈负相关。即支付同样的教育成本,能力较高的人可以获得较高的教育水平或文凭,能力较低的人只能获得较低的教育水平或文凭。概括地讲,筛选假设理论存在的前提是"假设"条件成立,即教育成本与能力呈负相关,一旦这个"假设"不成立,筛选就不能依据"文凭"进行。故答案选D项。

6.D 【解析】题干的意思是:年少时不知要早早地勤奋学习,到老时会后悔读书太晚了。这句话体现了"黑发"(少年时期)比"白首"(老年时期)更容易接受学习的刺激,学习效果更好。说明了人的身心发展的同一方面在不同年龄阶段的发展速度是不平衡的,即错过了学习的关键期,再来学习就太迟了。故答案选D项。

7.B 【解析】家庭教育是学校教育的基础和补充,有不可替代的教育作用。故A项说法正确。

教育具有永恒性,教育与人类社会共始终。原始社会是无阶级的社会,但在原始社会时期已经出现了社会教育。因此,社会教育不是伴随阶级社会的产生而产生的。故B项说法错误。

虚拟教育的提出,与现代信息科学技术的发展,尤其是虚拟现实技术的发展是分不开的。故C项说法正确。

非正规教育是相对于正规教育而言的,是指在正规教育体系之外所进行的有组织的、有系统的教育活动。故D项说法正确。

8.D 【解析】《安徽省中小学办学行为规范(试行)》规定,寄宿制学校学生晚自习结束时间,初中不晚于21点,高中不晚于22点;早上统一起床时间,初中不早于7:00,高中不早于6:30。

9.C 【解析】在班级管理中,班主任行使着多种职能,扮演着多重角色:(1)班主任是班级建设的设计者;(2)班主任是班级组织的领导者;(3)班主任是协调班级人际关系的主导者(艺术家)。故C项说法错误。

10.A 【解析】从微观角度看,教育活动由教育者、受教育者(学习者)、教育内容和教育手段四个要素构成。教育者是教育过程中"教"的主体;受教育者(学习者)是教育过程中"学"的主体;教育内容是师生共同认识的客体;教育手段是教育活动的基本条件。故答案选A项。

11.C 【解析】实践活动把个体自身因素和外部环境因素结合起来,并通过对外部因素的消化和利用,转化为个体自身新的因素,实现人的发展。没有实践活动,内外两种因素就不可能结合,也不可能实现人的发展。在这个意义上,实践活动是个体发展的现实力量,是个体发展从可能状态转化为现实状态的决定性因素。故答案选C项。(具体参看项贤明主编的《教育学原理》)

12.B 【解析】"主体间性"作为主体间关系的规定,是指主体与主体之间的相关性、统一性。"主体间性"是胡塞尔现象学哲学的基础概念之一,有时也译为"主体际性""交往主体性"等。故答案选B项。

13.C 【解析】课程资源是课程建设的基础,它包括教材以及学生家庭、学校和社会生活中一切有助于学生发展的各种资源。教材是课程资源的核心和主要组成部分。故答案选C项。

14.D 【解析】课程实施的三种取向是:(1)忠实取向;(2)相互调适取向;(3)创生取向。其中,课程实施的忠实取向认为,设计好的课程是不能改变的,课程实施的过程应该是忠实地执行课程计划的过程。课程忠实取向认为,教师角色的性质就是课程专家所制定的课程变革计划的忠实执行者。故答案选D项。

15.A 【解析】基于美国课程论专家舒伯特的见解,我们将典型的课程目标取向归结为四种:"普遍性目标"取向、"行为目标"取向、"生成性目标"取向、"表现性目标"取向。其中,行为取向的课程目标是期待的学生的学习结果,具有导向、控制、激励与评价功能。行为目标具体、明确,便于操作、评价,对学习以训练知识、技能为主的课程内容较为适合。题干中,张老师对学生的要求具体、明确,便于操作、评价,属于一种期待的学生的学习结果的课程目标,即行为目标。

16.B 【解析】隐性课程,也被称为非正式课程、非官方课程、潜在课程、隐蔽课程、无形课程、自发课程等,是不在课程计划中反映的、不通过正式教学进行的,对学生的知识、情感、意志、行为和价值观等方面起潜移默化的作用,促进或干扰教育目标的实现。题干中的"小事"和"小节"都属于会对学生产生潜移默化作用的因素,故都属于隐性课程。

17.B 【解析】教育起源说主要包括:神话起源说、生物起源说、心理起源说和劳动起源说。其中,劳动起源说是在马克思历史唯物主义理论指导下形成的,认为教育起源于人类所特有的生产劳动。其代表人物是苏联和我国的大多数学者。

18.A 【解析】诊断性评价是在学期开始或一个单元教学开始时,为了了解学生的学习准备状况及影响学习的因素而进行的评价。题干中的王老师在学生入学之初,通过测验了解学生现有发展水平,这就属于对诊断性评价的运用。

19.D 【解析】历史研究涉及对过去发生事件的了解和解释。历史研究的目的在于通过对以往事件的原因、结果或趋向的研究,帮助解释目前事件和预测未来事件。

20.C 【解析】基础性作业的目的在于完成课程标准要求的基本训练,帮助学生掌握教材内容及相关知识。基础性作业要难易适度，数量适中，以大多数学生经过努力能够完成为标准。故答案选 C 项。

21. C 【解析】马斯洛将需要分为生理需要、安全需要、归属与爱的需要、尊重需要、求知需要、审美需要和自我实现的需要。前四种需要被称为缺失需要，后三种需要是成长需要。因此，A、B、D 三项属于缺失需要，C 项属于成长需要。故答案选 C 项。

22. B 【解析】无意注意也称不随意注意，是没有预定目的、无需意志努力、不由自主地对一定事物所发生的注意。题干中的同学们对小鸟的注意是没有预定目的、无需意志努力、不由自主的，故属于不随意注意。

23. B 【解析】感觉对比是同一感受器接受不同的刺激，而使感受性发生变化的现象。感觉对比分为两种：同时对比和继时对比。其中，刺激物先后作用于同一感受器会产生继时对比。电影院和明亮的环境先后呈现，使得视觉的感受性发生变化，从而产生继时对比现象。

24. A 【解析】识记是指把所需信息输入头脑的过程，也就是反复认识某种事物并在头脑中留下印象的过程。故题干所述符合识记的定义。

25. B 【解析】问题解决的过程一般可分为发现问题、理解问题、提出假设和检验假设四个阶段。其中，理解问题即明确问题，就是把握问题的性质和关键信息，摒弃无关因素，并在头脑中形成有关问题的初步印象，即形成问题的表征。故题干所述属于问题解决的明确问题阶段。

26. C 【解析】思维的间接性是指思维能对感官所不能直接把握的或不在眼前的事物，借助于某些媒介物与头脑加工来进行反映。通过"地上湿漉漉的"来推知"昨天晚上可能下雨了"，这体现了思维的间接性。

易错警示：考生易混淆思维的间接性和概括性的概念。在考试过程中，考生应注意题干中的关键词。例如：题干中出现推断、推理或不是直接把握的例子，应选间接性；出现谚语、规律或得出概念的，应选概括性。

27. D 【解析】激情是一种爆发式的、猛烈而时间短暂的情绪状态。例如，狂喜、暴怒、恐惧、绝望、剧烈的悲痛等，都是激情的表现。因此，根据题干中"喜欲狂"一词可知，杜甫当时的情绪状态属于激情。

28. A 【解析】再造想象是依据词语或符号的描述、示意，在头脑中形成与之相应的新形象的过程。因此，在阅读鲁迅先生的《孔乙己》时，读者根据书中的描述想象而成的人物形象属于再造想象。

易错警示：考生易混淆创造想象和再造想象的内涵。在做题时考生可以通过题干中的关键词来区分二者。创造想象是独立地创造出新形象的过程，如作者独立地创造出小说中的人物形象；再造想象是根据词语或符号的描述在头脑中形成新形象的过程，如读者脑中孔乙己的形象。

29. A 【解析】道德感是根据一定的道德标准评价人的思想、意图和言行时所产生的主观体验。它表现在对待国家、集体、工作、事业、学习以及人与人之间的关系等各个方面，如爱国主义情感、集体主义情感、责任感、事业心、荣誉感、自尊心等。因此，小华在为老人让座后产生的自豪感属于道德感。

30. D 【解析】心理素质专题训练过程一般由判断鉴别、策略训练、反思体验三个彼此衔接的基本环节构成。(1)判断鉴别。判断鉴别强调情境化、生活化，即鉴别一定要把学生置于具体、生动的情境之中，鉴别的内容一定要和学生的生活紧密联系。(2)策略训练。策略训练就是针对该课主题和在判断鉴别中所发现的问题，提出若干解决该问题的具体而有效的方法和技巧，通过组织学生参与讨论和操作活动来感受、理解，进而选择。(3)反思体验。反思体验就是对训练中的心理感受、情感体验、行为变化、活动过程及效果等进行反思、强化、内化，强化训练效果，促进自我认知与评价。故答案选 D 项。

二、多项选择题

31. CD 【解析】根据《中华人民共和国教师法》第八条规定，教师应当履行下列义务：(1)遵守宪法、法律和职业道德，为人师表；(2)贯彻国家的教育方针，遵守规章制度，执行学校的教学计划，履行教师聘约，完成教育教学工作任务；(3)对学生进行宪法所确定的基本原则的教育和爱国主义、民族团结的教育，法制教育以及思想品德、文化、科学技术教育，组织、带领学生开展有益的社会活动；(4)关心、爱护全体学生，尊重学生人格，促进学生在品德、智力、体质等方面全面发展；(5)制止有害于学生的行为或者其他侵犯学生合法权益的行为，批评和抵制有害于学生健康成长的现象；(6)不断提高思想政治觉悟和教育教学业务水平。A、B 两项属于教师的权利，故答案选 C、D 两项。

32. ABCD 【解析】班级管理的有效性是实现学校管理整体效益的基础，班级管理的效能直接表现为班级学生的健康成长和班级组织的高度成熟，具体而言主要包含：强大的内聚力、良好的执行力、充分的竞争力和积极的影响力。故本题选 ABCD 四项。

33. ACD 【解析】A、C、D 三项的措施符合新课程改革和素质教育的要求，有利于解决学生发展不平衡、不充分等问题。B 项不符合国家的相关政策要求，本身说法有误。故本题选 ACD 三项。

34. ABC 【解析】综合实践活动是国家义务教育和普通高中课程方案规定的必修课程，与学科课程并列设置，是基础教育课程体系的重要组成部分。另外，综合实践活动实现了国家课程、地方课程和校本课程的融合，它既是国家课程，又是地方课程和校本课程。故本题选 A、B、C 三项。

35. AC 【解析】根据迁移的性质和结果，迁移可分为正迁移、负迁移和零迁移。正迁移也叫"助长性迁移"，是指一种学习对另一种学习的促进作用。负迁移也叫"抑制性迁移"，是指一种学习对另一种学习产生阻碍作用。根据迁移发生的方向，迁移可分为顺向迁移和逆向迁移。顺向迁移是指先前学习对后继学习产生的影响。逆向迁移是指后继学习对先前学习产生的影响。题干中，学生学完毛笔字之后有助于学习钢笔字，属于顺向正迁移。故答案选 A、C 两项。

三、辨析题

36. 义务教育是公益性事业。

(1)这种说法是正确的。(2)根据《中华人民共和国义务教育法》第二条规定，国家实行九年义务教育制度。义务教育是国家统一实施的所有适龄儿童、少年必须接受的教育，是国家必须予以保障的公益性事业。实施义务教育，不收学费、杂费。因此，题干中的说法是正确的。

37. 评定学生学业成绩只能通过考试。

(1)这种说法是不正确的。(2)学业成绩的检查与评定是教学工作的一个重要环节，它对教学工作的顺利进行和教学质量的提高具有十分重要的意义。检查学生学业成绩的方法是多种多样的。常用的检查方式有两大类：平时考查和考试。平时考查的方式主要有口头提问、检查书面作业和单元测验等。考试是对学生知识、技能等进行总结性检查时所采用的一种方式。综上所述，评定学生学业成绩不是只能通过考试来进行。因此，题干中的说法是不正确的。

38. 性格有好坏之分。

(1)这种说法是正确的。(2)性格是指人的较稳定的态度与习惯化了的行为方式相结合而形成的人格特征。性格是后天形成的，虽然也具有一定的稳定性，但在社会生活条件的影响下，可塑性比气质更强。性格有好坏、优劣之分，能最直接地反映出一个人的道德风貌。因此，题干中的说法是正确的。

四、简答题(参考答案)

39. 《中学教师专业标准(试行)》要求教师具备哪些通识性知识？

(1)具有相应的自然科学和人文社会科学知识；

(2)了解中国教育基本情况；

(3)具有相应的艺术欣赏与表现知识；

(4)具有适应教育内容、教学手段和方法现代化的信息技术知识。

40. 人口对教育发展有哪些影响？

(1)人口数量对教育发展的影响。①人口数量影响教育事业发展的规模和速度；②人口数量增长速度影响教育发展战略目标的实现和战略重点的选择。

(2)人口质量对教育发展的影响。人口质量对教育的影响表现为直接和间接两个方面：①直接影响是指入学者已有的水平对教育质量的影响；②间接影响是指年长一代人口质量影响新生一代人口质量，从而影响以新生一代为对象的学校教育质量。

(3)人口结构对教育发展的影响。①人口年龄结构影响教育发展。一般来说，有什么样的人口年龄结构就会有什么样的教育结构与之相适应。②人口就业结构影响教育发展。人口就业结构取决于一定地区的生产力发展水平，特别是产业结构和技术结构，但它又必然会对教育发展产生影响。

41. 构建良好师生关系的基本策略有哪些？

教师方面：(1)了解和研究学生；(2)树立正确的学生观；(3)提高教师自身的素质；(4)热爱、尊重学生，公平对待学生；(5)发扬教育民主；(6)主动与学生沟通，善于与学生交往；(7)正确处理师生矛盾；(8)提高法制意识，保护学生的合法权利；(9)加强师德建设，纯化师生关系。

学生方面：(1)正确认识自己；(2)正确认识老师。

环境方面：(1)加强校园文化建设，确保校园文化的相对独立性、完整性和纯洁性；(2)加强学风教育，促进良好学风的养成，使学生在一个良好的学风氛围下健康地学习。

42. 心智技能的形成过程包括哪几个阶段？

冯忠良提出的心智技能形成的三阶段模型为：(1)原型定向。原型定向就是了解原型的活动结构，从而使主体明确活动的方向，知道该做哪些动作和怎样去完成这些动作。(2)原型操作。原型操作是依据智力技能的实践模式，把学生在头脑中已建立起来的活动程序计划以外显的操作方式付诸实施，获得完备的动觉映像的过程。(3)原型内化。原型内化，即智力活动的实践模式(原型)向头脑内部转化，由物质的、外显的、展开的形式变成观念的、内潜的、简缩的形式的过程。

五、材料分析题(参考答案)

43.(1)①教师是履行教育教学职责的专业人员,承担教书育人,培养社会主义事业建设者和接班人、提高民族素质的使命。师德师风建设是造就高素质教师队伍的内在要求和重要保证。因此,应该把师德师风建设摆在首要位置,激励广大教师努力成为"四有"好老师,着力培养德智体美劳全面发展的社会主义建设者和接班人。

②立德树人的成效是检验学校一切工作的根本标准,师德师风是评价教师队伍素质的第一标准。因此,应该把师德师风建设摆在首要位置,将社会主义核心价值观贯穿师德师风建设全过程,倡导全社会尊师重教。

(2)提高教师职业道德修养的方法有:①加强学习;②勤于实践磨炼,增强情感体验;③树立榜样,虚心向他人学习;④确立可行目标,坚持不懈努力;⑤学会反思;⑥努力做到"慎独"。

(3)2008年修订的《中小学教师职业道德规范》的主要内容包括:爱国守法、爱岗敬业、关爱学生、教书育人、为人师表和终身学习。

44.(1)①"把犯错的机会留给学生"是遵循教师主导作用与学生主体作用相统一规律的体现。②在教学中,教师的教依赖于学生的学,学生的学离不开教师的教,教与学是辩证统一的。教师的主导作用要依赖于学生主体作用的发挥。学生学习的主动性、积极性越高,说明教师的主导作用发挥得越好。反过来,学生的主体作用要依赖于教师的主导作用来实现。只有教师、学生两方面互相配合,才能收到最佳的教学效果。材料中所说的教师要"把犯错的机会留给学生",是指教师在充分发挥自身主导作用的前提下,可以促进学生在不断尝试错误中找到正确答案,从而充分发挥学生的主观能动性。

(2)①教师要树立正确的学生观。作为发展中的人,学生的不完善是正常的,而十全十美并不符合实际。没有缺陷,就没有发展的动力和方向。把学生作为发展中的人来对待,就要理解学生身上存在的不足,就要允许学生犯错误。当然,更重要的是要帮助学生解决问题,改正错误,从而不断促进学生的进步和发展。

②教师要充分发挥教师的主导作用和学生的主体作用,充分发挥学生的主观能动性,注重教能力而不仅仅是教知识,不是代表学生说出正确答案,而是要允许学生从错误中寻找正确的答案。

③教师要贯彻启发性原则。该原则是指在教学活动中,教师要调动学生的主动性和积极性,引导他们通过独立思考、积极探索,生动活泼地学习,自觉地掌握科学知识,提高分析问题和解决问题的能力。

(3)一堂好课的基本要求:①教学目标明确;②教学内容准确;③教学结构合理;④教学方法适当;⑤讲究教学艺术;⑥板书有序;⑦充分发挥学生的主体性。

45.(1)小华可能存在的心理健康问题是考试焦虑症。考试焦虑是一种复杂的情绪现象,是在一定的应试情境下,受个体认知评价能力、人格倾向与其他身心因素制约,以担忧为基本特征,以防御或逃避为行为方式,通过一定程度的情绪反应所表现出来的心理状态。其表现是:随着考试临近,心情极度紧张;考试时注意力不集中,知觉范围变窄,思维刻板,出现慌乱,无法发挥正常水平。题干中,小华只要听到"测验""考试",他就高度紧张,甚至吃不香、睡不好。对此,他很是着急,也非常迷茫,这些都是典型的考试焦虑症的表现。

(2)"耶克斯—多德森定律"表明,动机不足或过分强烈都会影响学习效果。

①动机的最佳水平随任务性质的不同而不同。在比较容易的任务中,行为效果(工作效率)随动机的提高而上升;随着任务难度的增加,动机的最佳水平有逐渐下降的趋势。材料中,小华认为老师每天讲的知识点不多,即任务难度低,应该提高学习动机才会收到一个良好的效果,然而小华感觉自己什么都懂,就没有进行必要的预习和巩固练习,所以几次测验他的各门功课都是刚刚及格,即学习效果不好。

②一般来讲,最佳水平为中等强度的动机。材料中,当任课老师与小华交流之后,小华提高了自己的学习动机,但是因为他的学习动机过高,成绩仍然不理想。因此,小华只有保持中等程度的动机水平,才会取得良好的学习效果。

③动机水平与行为效果呈倒U型曲线。

(3)作为教师,可以从以下几个方面激发学生的学习动机:

①创设问题情境,激发兴趣,维持好奇心。

②设置合适的目标。

③根据作业难度,恰当控制动机水平。

④表达明确的期望。

⑤提供明确的、及时的、经常性的反馈。

⑥合理运用外部奖赏。

⑦有效地运用表扬。

⑧对学生进行竞争教育,适当开展学习竞争。

2021年安徽省淮北市相山区公开招聘非在编中小学教学人员考试真题试卷(十六)

一、单项选择题

1.C 【解析】本题考查孔子的教育思想。孔子是世界上最早提出启发式教学的教育家,比苏格拉底提出的"产婆术"早几十年,故C项正确。A项荀子主张"性恶论";B项孟子持"性善论";D项墨子以"兼爱""非攻"为教。

2.A 【解析】本题考查陶行知的教育思想。陶行知提出生活教育理论:"生活即教育"(生活教育的本质论及核心)、"社会即学校"(生活教育的范围论)、"教学做合一"(生活教育的方法论)。故本题选A项。

3.A 【解析】本题考查内部因素对教育的影响。内发论(遗传决定论)强调内在因素,如"需要""成熟",强调人的身心发展的力量主要源于人自身的内在需要。高尔顿是遗传决定论的"鼻祖",认为个体的发展及其个性品质早在基因中就决定了,发展只是这些内在因素的自然展开,环境只起引发作用。故A项正确。

4.B 【解析】本题考查教科书的相关知识。教科书是课程标准的具体化,是学生学习的主要材料,是教师进行教学的主要依据。

5.A 【解析】本题考查教学工作的基本环节。一般而言,教学工作的基本环节包括:备课、上课、作业的布置与批改、课外辅导、学业考评。(具体参看扈中平主编的《教育学原理》)

6.D 【解析】本题考查班级授课制的内涵。班级授课制是一种班级集体教学形式,是指通过教师的讲授、演示等教学活动,把教学内容传授给一个班级的学生。从近代以来这种教学组织形式就取代古代的个别化学习,成为运用最广泛、最基本的教学组织形式。故本题选D项。

7.C 【解析】本题考查因材施教的教学原则。因材施教原则是指教师在教学中,要从课程计划、学科课程标准的统一要求出发,面向全体学生;同时又要根据学生的个别差异,有的放矢地进行有差别的教学,使每个学生都能扬长避短,获得最佳的发展。题干中的教育教学要面向每个学生就体现了因材施教的原则。故本题选C项。

8.B 【解析】本题考查课程的类型。隐性课程的主要表现形式有:(1)观念性隐性课程。包括隐藏于显性课程之中的意识形态,学校的校风、学风,有关领导与教师的教育理念、价值观、知识观、教学风格、教学指导思想等。(2)物质性隐性课程。包括学校建筑、教室的设置、校园环境等。(3)制度性隐性课程。包括学校管理体制、学校组织机构、班级管理方式、班级运行方式等。(4)心理性隐性课程。包括学校人际关系状况,师生特有的心态、行为方式等。故本题选B项。

9.B 【解析】本题考查影响个体身心发展的因素。总体看来,影响个体身心发展的因素主要有遗传、环境、教育(学校教育)和个体主观能动性等。其中,教育对人的发展特别是对年青一代的发展起着主导作用和促进作用。

易错警示:

影响人的身心发展的因素是多方面的,考生可结合以下表述来区分:

遗传素质——物质前提;

环境——提供了多种可能;

教育——主导作用;

个体主观能动性——内因和动力。

10.D 【解析】本题考查教师劳动的特点。教师劳动的长期性是指人才培养的周期比较长,教育的影响具有迟效性。教师的劳动成果是人才,而人才培养的周期比较长。把一个人培养成为能够独立生活、能够服务社会、能够为人类做出贡献的合格人才,不是一朝一夕之功。"十年树木,百年树人"就是对这个道理的最佳阐释。故本题选D项。

11.A 【解析】本题考查影响人的身心发展的因素。"一方水土养一方人"比喻一定的环境造就一定的人才。不同地域上的人,由于环境的不同、生存方式不同、地理气候不同,导致思想观念不同、人文历史不同、为人处事不同,文化性格特征也不同。这体现的是环境对人的身心发展的影响。故本题选A项。

12.D 【解析】本题考查家庭教育的地位。家庭是儿童身心成长的摇篮,家庭教育作为国民教育的重要组成部分,是学校教育和社会教育的基础,也是社会主义精神文明建设的重要方面。故本题选D项。

13.D 【解析】本题考查陶冶法的内涵。情感陶冶法指教育者有目的、有计划地设置和利用各种情感和环境因素,让受教育者受到潜移默化、耳濡目染的影响、感化和熏陶的教育方法。故本题选D项。

14.A 【解析】本题考查教师期望效应。教师期望效应也叫罗森塔尔效应或皮格马利翁效应,即教师的期望或明或暗地传递给学生,会使学生按照教师所期望的方向来塑造自己的行为。暗示在本质上人的情感和观念会不同程度地受到别人下意识的影响。人们会不自觉地接受自己喜欢、钦佩、信任和崇拜的人的影响和暗示。题干中老师通过鼓励将自己的期望传达给小明,小明接收到老师的期望后可能会成长得更好,这符合皮格马利翁效应的内涵,故答案选 A 项。

15. B 【解析】本题考查皮亚杰的认知发展阶段理论。处于具体运算阶段的儿童的认知结构已发生了重组和改善,具有了抽象概念,能够进行逻辑推理。这一阶段的标志是出现"守恒"的概念。思维有一定的弹性,思维可以逆转,儿童已经获得了长度、体积、重量和面积守恒,能凭借具体事物或从具体事物中获得的表象进行逻辑思维和群集运算。但思维仍需具体事物的支持,还不能进行抽象思维。儿童已能理解原则和规则,但只能刻板遵守,不能改变。(具体参看王春阳、杨彬、张婕著的《教育心理学》)

16. A 【解析】本题考查最近发展区理论。从最近发展区理论出发,教师应了解学生哪些问题能独立解决,即他已经达到了什么发展水平,还要了解学生解决哪些问题时需要提示、引导、帮助,即他可能达到什么发展水平,教师只有明确了这两种水平,才能在教学中找到教学的重点,才能有的放矢。学生的水平明确以后,教师需要定出符合学生实际水平的学习目标,这样才能激发学生的学习热情,并能使他们在一次次成功的鼓舞下继续冲击新的更高的目标。因而,教师在备课、上课时,要充分考虑学生的实际水平,根据学生的不同特点进行教学,提出合适的要求,以真正做到因材施教。因此,题干中的小张老师的做法依据了最近发展区理论。

17. D 【解析】本题考查学习动机的分类。根据动机产生的诱因来源,可以把学习动机分为内部学习动机和外部学习动机。内部学习动机是指诱因来自学习者本身的内在因素,即学生对活动本身发生兴趣而产生的动机。题干中的小刚热爱学习,在课堂上积极回答问题,课后遇到难题也会积极请教,这表明小刚对学习本身有兴趣。因此,最能够促进小刚学习的是内部学习动机。

18. B 【解析】本题考查学习策略的种类。元认知策略包括计划策略、监控策略和调节策略。其中,调节策略是指在学习过程中根据对认知活动监视的结果,找出认知偏差,及时调整策略或修正目标。在学习活动结束时,评价认知结果,采取相应的补救措施,修正错误,总结经验教训等。如当学习者意识到他不理解课文的某一部分时,他就会退回去重新读困难的段落;在阅读困难或不熟的材料时放慢速度;复习他不懂的课程材料;测验时跳过某个难题先做简单的题目等。题干中的小王在阅读困难章节时,会根据情况反思应该怎么办,然后退回去重新阅读,这表明他使用的学习策略是元认知策略中的调节策略。故答案选 B 项。

19. A 【解析】本题考查影响问题解决的因素。人们把某种功能赋予某物体的倾向称为功能固着。在功能固着的影响下,人们不易摆脱事物用途的固有观念,从而直接影响问题解决的灵活性。题干中的小张说吹风机只能用来吹头发,想不到吹风机的其他用途。因此,小张的表现属于功能固着。

20. C 【解析】本题考查注意的品质。注意的分配是指人在进行两种或多种活动时能把注意指向不同对象的现象。边听音乐边写作业,这是在同时进行两种活动,故属于注意的分配。

21. A 【解析】本题考查学生的认知方式差异。

A 项,场依存型的学生对客观事物的判断常以外部线索为依据,其态度和自我认知易受周围环境或背景(尤其是权威人士)的影响,往往不易独立地对事物做出判断,而是人云亦云,从他人处获得标准;行为常以社会为定向,社会敏感性强,爱好社交活动。

B 项,场独立型的学生对客观事物的判断常以自己的内部线索(经验、价值观)为依据,不易受到周围环境因素的影响和干扰,倾向于对事物的独立判断;行为常是非社会定向的,社会敏感性差,不善于社交,关心抽象的概念和理论,喜欢独处。

C 项,同时性加工是指认知主体在同一时间内对多个信息进行加工,并将它们联合成整体,从而获得事物意义的一种信息处理方式。

D 项,继时性加工是指认知主体对外界信息逐一进行加工从而获取意义的信息处理方式。

因此,题干中的小明在回答问题时易受老师和同学的影响而改变自己的答案,这说明他的认知风格属于场依存型。

22. D 【解析】本题考查《中华人民共和国教师法》。根据《中华人民共和国教师法》第七条规定,教师享有下列权利:(1)进行教育教学活动,开展教育教学改革和实验;(2)从事科学研究、学术交流,参加专业的学术团体,在学术活动中充分发表意见;(3)指导学生的学习和发展,评定学生的品行和学业成绩;(4)按时获取工资报酬,享受国家规定的福利待遇以及寒暑假期的带薪休假;(5)对学校教育教学、管理工作和教育行政部门的工作提出意见和建议,通过教职工代表大会或者其他形式,参与学校的民主管理;(6)参加进修或者其他方式的培训。D 项属于教师应当履行的义务。

23. B 【解析】本题考查《中华人民共和国义务教育法》。根据《中华人民共和国义务教育法》第二条规定,国家实行九年义务教育制度。义务教育是国家统一实施的所有适龄儿童、少年必须接受的教育,是国家必须予以保障的公益性事业。因此,答案选 B 项。

24. D 【解析】本题考查《中(小)学教师专业标准(试行)》对教师个人修养与行为的要求。我国《中(小)学教师专业标准(试行)》中关于教师个人修养与行为的要求是富有爱心、责任心、耐心和细心。因此答案选 D 项。

25. C 【解析】本题考查《中小学班主任工作规定》的内容。《中小学班主任工作规定》第二条指出:班主任是中小学日常思想道德教育和学生管理工作的主要实施者,是中小学生健康成长的引领者,班主任要努力成为中小学生的人生导师。故本题选 C 项。

26. B 【解析】本题考查《大中小学劳动教育指导纲要(试行)》的内容。教育部印发的《大中小学劳动教育指导纲要(试行)》指出:独立开设劳动教育必修课。在大中小学设立劳动教育必修课程。中小学劳动教育课平均每周不少于 1 课时,用于活动策划、技能指导、练习实践、总结交流等,与通用技术和地方课程、校本课程等有关内容进行必要统筹。故本题选 B 项。

27. B 【解析】本题考查《中华人民共和国教师法》。根据《中华人民共和国教师法》第三条规定,教师是履行教育教学职责的专业人员,承担教书育人,培养社会主义事业建设者和接班人、提高民族素质的使命。教师应当忠诚于人民的教育事业。

28. D 【解析】本题考查《中小学教师实施教育惩戒规则(征求意见稿)》。根据《中小学教师实施教育惩戒规则(征求意见稿)》第六条(一般惩戒)规定,教师在课堂教学、日常管理中,根据学生违规违纪情形,可以采取以下方式当场进行教育惩戒:(1)点名批评;(2)责令赔礼道歉、做口头或者书面检讨;(3)适当增加运动要求;(4)不超过一节课堂教学时间的教室内站立或者面壁反省;(5)暂扣学生用以违反纪律、扰乱秩序或者违规携带的物品;(6)课后留校教导;(7)学校校规规定的其他适当措施。学生扰乱课堂或者教学秩序,影响他人或者可能对他人造成伤害的,教师可以采取必要措施,将学生带离教室或者教学现场,暂时隔离。教师对学生实施前款措施后,应当视情况以适当方式告知学生父母或者其他监护人(以下称家长),要求家长共同做好对学生的教育工作。故答案选 D 项。

29. D 【解析】本题考查《中华人民共和国预防未成年人犯罪法》。根据 2012 年修正的《中华人民共和国预防未成年人犯罪法》第十六条规定,中小学生旷课的,学校应当及时与其父母或者其他监护人取得联系。

30. B 【解析】本题考查叙写教学目标的要素。叙写教学目标的四大要素为:行为主体、行为动词、行为条件和表现程度。(1)行为主体应是学生,而不是教师。(2)行为动词,需用词清晰、可测。(3)行为条件是指影响学生产生学习结果的特定的限制或范围。(4)表现程度指学生对目标所达到的最低表现水准。

31. C 【解析】本题考查叶澜的教育思想。"让课堂焕发出生命活力"是叶澜从生命的高度用动态生成的观点看课堂教学包涵多重丰富的涵义。首先,课堂教学应被看作是师生人生中一段重要的生命经历,是他们生命的、有意义的构成部分。对于学生而言,课堂教学是其学校生活的最基本构成,它的质量,直接影响学生当下及今后的多方面发展和成长;对于教师而言,课堂教学是其职业生活的最基本构成,它的质量,直接影响教师对职业的感受与态度和专业水平的发展和生命价值的体现。总之,课堂教学对于参与者具有个体生命价值。

32. C 【解析】本题考查智慧学习环境的内涵。智慧学习环境是一种能感知学习情景、识别学习者特征、提供合适的学习资源与便利的互动工具、自动记录学习过程和评测学习成果,以促进学习者有效学习的学习场所或活动空间。故题干所述符合智慧学习环境的内涵。

33. D 【解析】本题考查翻转课堂的内涵。翻转课堂又称颠倒课堂,是指重新调整课堂内外的时间,将学习的决定权从教师转移给学生。在这种教学模式下,学生能够自主选择学习的时间与内容,教师不再占用课堂的时间来讲授信息,这些信息需要学生在课前完成自主学习。也可以说,翻转课堂是一种学生自学和老师辅导相结合的学习模式。故本题选 D 项。

34. C 【解析】本题考查校本课程的内涵。校本课程是以学校为本位、由学校自己确定的课程和教材,它与国家课程、地方课程相对应。故本题选 C 项。

35. B 【解析】本题考查新课程倡导的教师角色。新课程倡导的教师角色之一是"教师是课程的开发者和建设者"。新课程倡导民主、开放、科学的课程理念,同时确立了国家、地方、学校三级课程管理政策,这就要求课程与教学相互整合,教师必须在课程改革中发挥主体作用。教师不仅是课程实施的执行者,更应成为课程的开发者和建设者。故本题选 B 项。

36. B 【解析】本题考查微课的内涵。微课是指运用信息技术按照认知规律,呈现碎片化学习内容、过程及扩展素材的结构化数字资源。(具体参看李颖、董彦编著的《现代教育技术应用(第 2 版)》)

37. D 【解析】本题考查《基础教育课程改革纲要(试行)》的内容。《基础教育课程改革纲要(试行)》指出:大力推进信息技术在教学过程中的普遍应用,促进信息技术与学科课程的整合,逐步实现教学内容的呈现方式、学生的学习方式、教师的教学方式和师生互动方式的变革,充分发挥信息技术的优势,为学生的学习和发展提供丰富多彩的教育环境和有力的学习工具。故本题选 D 项。

38. A 【解析】本题考查创新教育的内涵。创新教育就是以培养人们创新精神和创新能力为基本价值取向的教育。

故本题选 A 项。

39. C 【解析】本题考查关注个体差异的内容。“关注个体差异”就是根据学生实际存在的爱好、兴趣和差异使每个学生的特长都得到发挥。

40. A 【解析】本题考查新课程结构的内容。《基础教育课程改革纲要（试行）》指出：整体设置九年一贯的义务教育课程，小学阶段以综合课程为主；初中阶段设置分科与综合相结合的课程；高中以分科课程为主。

41. B 【解析】本题考查新课程改革的内容。新课程强调将学生学习知识的过程转化为形成正确价值观的过程，其价值观就是指学科、知识、个人、社会价值有机结合。

42. B 【解析】本题考查新课程的教育理念。贯彻新课程“以人为本”的教育理念首先应该做到尊重学生人格，关注个体差异。

43. B 【解析】本题考查教育公平的内容。教育公平就是教育机会均等，即人人都享有受教育的机会，人人公平接受高质量的教育。“努力让每个孩子都能享有公平而有质量的教育”就充分体现了教育公平的思想。

44. A 【解析】本题考查《大中小学劳动教育指导纲要（试行）》的内容。《大中小学劳动教育指导纲要（试行）》指出：劳动是创造物质财富和精神财富的过程，是人类特有的基本社会实践活动。

45. A 【解析】本题考查教育部印发的《中小学学生近视眼防控工作方案》的通知。教育部关于印发《中小学学生近视眼防控工作方案》的通知指出：加大投入力度，切实改善中小学教室采光与照明、课桌椅配置、黑板等教学条件，主动协调卫生行政部门定期对学校教学卫生状况进行监督与监测，保障教学设施和条件符合《国家学校体育卫生条件试行基本标准》及相关卫生标准，为学生建立良好的视觉环境。

46. B 【解析】本题考查《国家中长期教育改革和发展规划纲要（2010～2020 年）》的内容。《国家中长期教育改革和发展规划纲要（2010～2020 年）》强调，要增强学生体质。科学安排学习、生活、锻炼，保证学生睡眠时间。大力开展“阳光体育”运动，保证学生每天锻炼一小时，不断提高学生体质健康水平。提倡合理膳食，改善学生营养状况，提高贫困地区农村学生营养水平。保护学生视力。

47. D 【解析】本题考查中共中央办公厅、国务院办公厅印发的《关于进一步减轻义务教育阶段学生作业负担和校外培训负担的意见》的内容。《关于进一步减轻义务教育阶段学生作业负担和校外培训负担的意见》指出：

健全作业管理机制。严禁给家长布置或变相布置作业，严禁要求家长检查、批改作业。故 B 项正确。

分类明确作业总量。学校要确保小学一、二年级不布置家庭书面作业，可在校内适当安排巩固练习。故 A 项正确。

提高作业设计质量。鼓励布置分层、弹性和个性化作业，坚决克服机械、无效作业，杜绝重复性、惩罚性作业。故 C 项正确。

加强作业完成指导。教师要指导小学生在校内基本完成书面作业，初中生在校内完成大部分书面作业。故 D 项错误。

48. D 【解析】本题考查《未成年人学校保护规定》的内容。根据《未成年人学校保护规定》第十二条规定：义务教育学校不得开除或者变相开除学生，不得以长期停课、劝退等方式，剥夺学生在校接受并完成义务教育的权利；对转入专门学校的学生，应当保留学籍，原决定机关决定转回的学生，不得拒绝接收。故 A 项正确。

第六条规定：学校应当平等对待每个学生，不得因学生及其父母或者其他监护人（以下统称家长）的民族、种族、性别、户籍、职业、宗教信仰、教育程度、家庭状况、身心健康情况等歧视学生或者对学生进行区别对待。故 B 项正确。

第八条规定：学校不得设置侵犯学生人身自由的管理措施，不得对学生在课间及其他非教学时间的正当交流、游戏、出教室活动等言行自由设置不必要的约束。故 C 项正确。

第十条规定：学校采集学生个人信息，应当告知学生及其家长，并对所获得的学生及其家庭信息负有管理、保密义务，不得毁弃以及非法删除、泄露、公开、买卖。故 D 项错误。

49. C 【解析】本题考查习近平的重要讲话。2018 年 9 月 10 日，习近平总书记在全国教育大会上的讲话指出：人民教师无上光荣，每个教师都要珍惜这份光荣，爱惜这份职业，严格要求自己，不断完善自己。做老师就要执着于教书育人，有热爱教育的定力、淡泊名利的坚守。

50. B 【解析】本题考查四有好老师的内容。2014 年教师节时，习近平同北京师范大学的师生代表座谈时就如何做一名好老师提出了 4 点要求，即：要有理想信念、有道德情操、有扎实学识、有仁爱之心。

二、判断题

51. √ 【解析】本题考查教育的基本要素。一般认为，教育者、受教育者（学习者）和教育媒介（教育影响）是构成教育活动的基本要素。

52. √ 【解析】本题考查教育的本质属性。教育的本质属性是育人，即教育是一种有目的地培养人的社会活动，这是教育区别于其他事物现象的根本特征。

53. × 【解析】本题考查备课的要求。备课的要求包括：(1) 教师要做好三方面的工作，即钻研教材、了解学生、设计教法，也即备教材、备学生、备教法；(2) 教师要写好三种计划，即学年（或学期）教学计划、课题（或单元）计划、课时计划（教案）。故题干说法错误。

54. × 【解析】本题考查环境对人的身心发展的影响。环境对个体发展的影响有积极和消极之分，一般来说，生产力发达地区或良好的社会生活条件，可以加速年青一代身心发展的进程；相反，不良的社会生活条件，则可能阻碍年青一代身心发展的进程。

55. × 【解析】本题考查良好师生关系的意义。良好师生关系的意义包括：(1) 有助于提高教学效果；(2) 有助于提高教师的威信；(3) 有助于师生心理健康发展；(4) 有助于优化校园文化。故题干说法错误。（具体参看傅建明主编的《小学教育基础》）

56. √ 【解析】本题考查性格与气质的关系。气质是依赖于人的生理素质或身体特点的人格特征。性格是指人的较稳定的态度与习惯化了的行为方式相结合而形成的人格特征。它是一个人的心理面貌本质属性的独特结合，是人与人相互区别的主要方面。性格的好坏甚至可以左右一个人的命运，它不仅影响人的心理健康，还会直接影响人的生理健康。不同气质类型的人可以形成同样的性格特征，具有相同气质类型的人又可形成不同的性格特征。故题干表述正确。

57. × 【解析】本题考查奥苏贝尔的有意义接受学习理论。奥苏贝尔强调，必须消除对接受学习的误解。接受学习未必都是机械学习，它可以而且也应该是有意义的学习。同样，发现学习未必都是有意义的学习，它也可能是机械学习。

58. √ 【解析】本题考查学习策略的种类。谐音联想法是指通过谐音线索，运用视觉表象，假借意义进行人为联想。如把圆周率“3.1415926535……”编成顺口溜“山巅一寺一壶酒，尔乐苦煞吾……”谐音联想法属于精加工策略的一种，故题干说法正确。

59. × 【解析】本题考查学习风格的内涵。学习风格是学习者在探究、解决其学习任务时所表现出来的典型的、一贯的、独具个人特色的学习策略和学习倾向。学习风格的认知要素实质上是一个人的认知风格在学习中的体现。学习风格一经形成，就具有持久性和稳定性，并且无高低、好差之分。

60. √ 【解析】本题考查动作技能的保持。动作技能一经学会，便不易遗忘。对动作技能不易遗忘这一现象的原因解释主要集中在以下几方面：(1) 动作技能是经过大量的练习之后获得的。一般来说，经过过度学习的任务是不易遗忘的。(2) 许多动作技能是以连续任务的形式出现的。连续的任务相对简单，故不易遗忘。(3) 动作技能不同于言语知识，它的保持高度依赖小脑和脑低级中枢，而这些中枢可能比脑的其他部位有更大的保持动作痕迹的能量。

61. √ 【解析】本题考查义务教育的特征。就其性质而言，义务教育具有强制性（义务性）、普及性（普遍性、统一性）、免费性（公益性）、公共性（国民性）和基础性。其中，义务教育的强制性是义务教育的最本质特征。故题干表述正确。

62. √ 【解析】本题考查《中华人民共和国教育法》。《中华人民共和国教育法》的第四十三条和第四十四条分别规定了受教育者的权利和义务。

63. × 【解析】本题考查《教师资格条例》。根据《教师资格条例》第十六条规定，教师资格证书在全国范围内适用。教师资格证书由国务院教育行政部门统一印制。故题干表述错误。

64. × 【解析】本题考查《中华人民共和国教师法》。根据《中华人民共和国教师法》第六条规定，每年九月十日为教师节。故题干表述错误。

65. √ 【解析】本题考查《中华人民共和国义务教育法》。根据《中华人民共和国义务教育法》第三十九条规定，国家实行教科书审定制度。教科书的审定办法由国务院教育行政部门规定。未经审定的教科书，不得出版、选用。

66. √ 【解析】本题考查党的十八大报告的内容。党的十八大提出“把立德树人作为教育的根本任务，培养德智体美全面发展的社会主义建设者和接班人”。

67. × 【解析】本题考查马克思主义的教育思想。马克思在研究经济问题时提出了人的全面发展理论，因而要从经济学的角度去理解人的全面发展。所谓人的全面发展是指人的劳动能力，即人的体力和智力的全面、和谐、充分的发展，还包括人的道德的发展和人的个性的充分发展。

68. √ 【解析】本题考查合作学习的相关内容。合作学习是一种新型的课堂教学与学习方式。合作学习的意义在于培养学生的合作意识、合作能力与合作精神，并在这一愉悦宽松的氛围下激发学生的创造力，由此逐渐培养学生的自主探究精神。故题干说法正确。

69. √ 【解析】本题考查新课程改革的相关内容。形成性评价又称过程性评价，是在教学过程中为了改进和完善教学活动而进行的对学生学习过程的评价，通过及时的反馈信息来调控教学过程，激励学生学习。另外，形成性评价也是中国当前新课程评价非常强调的一种方法，是现代教学评价的发展趋势之一。故题干说法正确。

70. × 【解析】本题考查三维课程目标的内涵。新课程背景下的课堂教学，要求根据各学科教学的任务和学生的需求，从知识与技能、过程与方法、情感态度与价值观三个维度出发设计课程目标。

三、案例分析题（参考答案）

71. 霍懋征老师在教学过程中践行了2008年修订的《中小学教师职业道德规范》中的爱岗敬业、关爱学生、教书育人、为人师表等规范。

(1)2008年修订的《中小学教师职业道德规范》中关于"爱岗敬业"方面所规定的具体职业行为要求有：对工作高度负责；不得敷衍塞责等。倡导"爱岗敬业"就是要求教师对教育事业具有强烈的责任感和深厚的感情。没有责任就办不好教育，没有感情就做不好教育工作。案例中的霍懋征老师曾无限深情地说："我一生从教的体会，那就是六个字：光荣、艰巨、幸福。"薄一波为其题词"一代师表"，温家宝称她是"把爱心献给教育的人"。这体现了霍老师始终牢记自己的神圣职责，志存高远，把个人的成长进步同社会主义伟大事业、同祖国的繁荣富强紧密联系在一起，并在深刻的社会变革和丰富的教育实践中履行自己的光荣职责。

(2)2008年修订的《中小学教师职业道德规范》中关于"关爱学生"方面所规定的具体职业行为要求有：关心爱护全体学生，尊重学生人格，平等公正对待学生；对学生严慈相济，做学生的良师益友等。其中，关爱学生的范围是全体学生，而不是某一部分。尊重学生人格，就是把学生看作与自己一样有尊严、有利益诉求的人。关爱学生的关键是做到对学生平等公正。在霍懋征60多年的教学过程中，她从来没丢下过任何一个学生。这体现了她具有关爱学生的师德规范。

(3)2008年修订的《中小学教师职业道德规范》中关于"教书育人"方面所规定的具体职业行为要求有：遵循教育规律，实施素质教育；循循善诱，诲人不倦，因材施教等。案例中的霍老师认为"每个孩子都有上进心，都愿意学好，关键在老师如何引导。"在她60多年的教学过程中，她从来没丢下过任何一个学生。"教书育人"就是要求教师以育人为根本任务，霍老师的这些做法都体现了她具有教书育人的师德规范。

2021年浙江省台州市教师招聘考试真题试卷（十七）

一、判断题

1. × 【解析】本题考查西周的教育制度。西周官学可以分为"国学"和"乡学"两大类。国学是设在王城或诸侯都城的学校，按学生的年龄和知识水平又可以分为小学和大学。乡学指设在王都郊外或是地方的学校，可以分为庠、序、校、塾等种类。

2. × 【解析】本题考查卢梭的教育思想。由自然教育理论出发，卢梭主张教育要根据受教育者的年龄特征来实施。他按照自己对儿童发展的自然进程的理解，将儿童的成长发育分为四个阶段：(1)0—2岁，婴孩期。(2)2—12岁，儿童期（"理性睡眠期"）。卢梭认为，这个时期的儿童不适合进行理性教育，不适合学习文化知识，不应该读书，而感觉教育则应是这一时期主要的教育内容，与此同时仍要继续培养受教育者的健康身体。(3)12—16岁，青年期。(4)16—20岁，青春期。故题干说法错误。

3. √ 【解析】本题考查经验主义课程理论的观点。经验主义课程理论以杜威为代表。这种观点认为以学科为中心的传统课程是不足取的，应代之以儿童的活动为中心的课程。此外，课程的组织应心理学化，应该考虑到儿童心理发展的次序，充分关注儿童现有的经验和能力。

4. × 【解析】本题考查课程的相关知识。在我国，"课程"一词始见于唐宋期间。在西方，"课程"一词最早出现在英国教育家斯宾塞的《什么知识最有价值》一文中。一般认为，美国学者博比特在1918年出版的《课程》一书，标志着课程作为专门研究领域的诞生，这也是教育史上第一本课程理论专著。故题干说法错误。

5. × 【解析】本题考查"课程评价""学业评价"和"测量"这三个概念的关系。"学业评价"主要是指对学生学业的评价，"测量"是学业评价的一种特殊手段，它是采用定量分析的方法，对学生的学业做出评价。与"学业评价"和"测量"相比较，"课程评价"是一个最大的概念。仅就三者的外延大小而言，"课程评价"的外延最大，"学业评价"其次，"测量"最后。

6. √ 【解析】本题考查问题解决的策略。所谓手段—目的分析法，就是将需要达到的问题的目标状态分成若干个子目标，通过实现一系列的子目标而最终达到总目标。题干中的学生将写作文这一目标分成确定题目、寻找素材、制定写作大纲等步骤，通过实现每一个小目标来达到写作文的目的，这属于手段—目的分析法。

7. √ 【解析】本题考查赫尔巴特的教育思想。在西方教学史上，赫尔巴特第一次提出了"教育性教学"的概念。"教育性教学"指没有任何无教学的教育，也没有任何无教育的教学。

8. × 【解析】本题考查学习的内涵。学习是个体在特定情境下由于练习或反复经验而产生的行为或行为潜能的相对持久的变化，是人和动物共有的普遍现象。因此，题干说法错误。

9. √ 【解析】本题考查暗示教育法的运用。暗示教育法是保加利亚医学和心理学博士洛扎诺夫创立的教学方法。这种教学方法在外语教学方面，被公认为创造了奇迹。运用暗示教育法的基本要求之一是，充分利用各种艺术手段，如音乐、舞蹈、戏剧、电影等艺术形式进行教育活动。题干中的韩老师经常伴随着古典音乐给学生们朗读英语课文，就使用了暗示教育法。

10. √ 【解析】本题考查《中华人民共和国义务教育法》。《中华人民共和国义务教育法》于1986年4月12日第六届全国人民代表大会第四次会议通过，并于1986年7月1日起施行。根据2018年12月29日第十三届全国人民代表大会常务委员会第七次会议《关于修改〈中华人民共和国产品质量法〉等五部法律的决定》进行了第二次修正。因此，当前是2018年修正版。故题干说法正确。

11. × 【解析】本题考查自我效能理论。班杜拉将期待分为结果期待和效能期待，结果期待是指人对自己的某一行为会导致某一结果的推测。效能期待是指人对自己能够进行某一行为的能力的推测或判断，它意味着人是否确信自己能够成功地进行带来某一结果的行为。故题干说法错误。

12. × 【解析】本题考查记忆策略的内涵。人们一遍一遍地重复信息直到记住为止，这个策略被称为保持性复述。它适应于记忆电话号码和车牌号，尤其是那些只是暂时需要的信息。然而，它不是记忆复杂信息（如教科书中的信息）的最佳方式。对于复杂信息，最佳策略是阐释性复述。这种方法会将新信息与已知信息联系起来。故题干说法错误。

13. × 【解析】本题考查皮亚杰的发生认识论。同化是指在有机体面对一个新的刺激情境时，把刺激整合到已有的图式或认知结构中。顺应是指当有机体不能利用原有图式接受和解释新刺激时，其认知结构发生改变来适应新刺激的影响。同化导致增长（量的变化），顺应导致发展（质的变化）。顺应一旦发生，个体会再次尝试着去同化刺激，这时的同化是在新的基础上的更高一层的同化。故题干表述错误。

14. √ 【解析】本题考查布鲁纳的认知—发现学习理论。布鲁纳是美国著名的认知教育心理学家，他主张学习的目的在于以发现学习的方式，使学科的基本结构转变为学生头脑中的认知结构。布鲁纳提出了认知学习观、结构教学观和发现学习。

15. √ 【解析】本题考查学习迁移的分类。负迁移也叫"抑制性迁移"，是指一种学习对另一种学习产生阻碍作用。

16. × 【解析】本题考查短时记忆的特点。短时记忆的特点有：(1)时间很短。不超过1分钟。(2)容量有限。短时记忆的容量一般是7±2个组块，即5~9个项目，平均值为7。(3)意识清晰。(4)操作性强。(5)易受干扰。短时记忆的容量有限，学生无法在短时间内记住大量的新知识，故题干说法错误。

17. × 【解析】本题考查学习迁移理论。相同要素说认为，迁移是非常具体的、有条件的，需要有共同的要素。只有当两个机能的因素中有相同要素时，一个机能的变化才会改变另一个机能的习得。两种情境中的刺激相似，反应也相似时，迁移才会发生。关系转换说是由格式塔心理学家提出的一种迁移理论。和他们的学习理论一样，格式塔心理学强调行为和经验的整体性，认为每一行为和经验都自成一特殊的模式。所以，学到的迁移经验能否迁移到新的经验的获得中，关键不在于情境中有多少共同的因素，也不在于是否掌握了原理，而在于能否理解情境之间的关系，即情境中的所有要素是否组成了一种整体关系。在他们看来，迁移是由于学习者理解或顿悟了情境之间关系的结果。因此，题干所述属于关系转换说的观点。

18. × 【解析】本题考查最近发展区的概念。维果斯基认为，儿童有两种发展水平：一是儿童的现有水平，即由一定的已经完成的发展系统所形成的儿童心理机能的发展水平；二是可能达到的发展水平。这两种水平之间的差异，就是最近发展区。也就是说，最近发展区是儿童在有指导的情况下，借助成人的帮助所能达到的解决问题的水平与独自解决问题所达到的水平之间的差异，实际上是两个邻近发展阶段间的过渡状态。因此，题干说法错误。

19. √ 【解析】本题考查注意的分类。无意注意也称不随意注意，是没有预定目的、无需意志努力、不由自主地对一定事物所发生的注意。学生对"突然飞进教室的蝴蝶"的注意是没有预定目的、无需意志努力、不由自主的，属于无意注意。故题干表述正确。

20. √ 【解析】本题考查直观性原则。在乌申斯基的教学理论中，直观性原则占有重要地位，在他看来，直观教学并不是以抽象的观念和文字为基础，而是以学生直接感知的具体形象为基础的。故题干说法正确。

二、单项选择题

1. A 【解析】本题考查生活本位论的观点。"生活本位论"的教育目的观认为教育要为未来的生活作准备，或认为教育即生活，注重的是使受教育者怎样生活。突出的代表人物是斯宾塞和杜威。斯宾塞是教育要为未来的生活作准备的倡导者，他在《什么知识最有价值》中明确提出，教育的目的是为"完满的生活"作准备，教育的主要任务就是教会人们怎样生活，教会他们运用一切能力。杜威反对将教育视为未来生活的准备。故本题选A项。

2.D 【解析】本题考查建立学制的依据。建立学制的依据包括:(1)生产力发展水平和科学技术发展状况;(2)社会政治经济制度;(3)青少年儿童身心发展规律;(4)人口发展状况;(5)文化传统;(6)本国学制的历史发展和国外学制的影响。小明因为学习能力出众而跳级学习,这体现了人的身心发展规律对学制的制约。

3.D 【解析】本题考查素质教育的相关内容。素质教育是一种以提高受教育者诸方面素质为目标的教育模式。它重视人的思想道德素质、能力培养、个性发展、身体健康和心理健康教育。另外,传统教育强调的是对过去知识的记忆,素质教育强调的是"发现"知识。

4.C 【解析】本题考查《雄辩术原理》。昆体良是古罗马教学法大师,他是西方教育史上第一个专门论述教育问题的教育家。其代表作《雄辩术原理》(《论演说家的教育》或《论演说家的培养》)是西方最早的教育著作,也被誉为古代西方的第一部教学法论著。

5.A 【解析】本题考查古代教育家的教育思想。

荀子提出了"性恶论",认为教育的作用是"化性起伪",就是通过教育和学习来改变自己的本性,使人具有适应社会生活的道德智能。A项错误。

孔子提倡以"有教无类"作为办学方针。"有教无类"的意思是:不分贵贱贫富和种族,人人都可以入学受教育。B项正确。

墨子以"兴天下之利,除天下之害"为教育目的。"兴天下之利,除天下之害"出自《墨子·兼爱》,意思是:凡是于天下人有利的事就去干,帮助它兴办起来;凡是对天下人有害的事,就把它除掉。C项正确。

孟子推崇"易子而教"的教育方法。"易子而教"的意思是:把自己的孩子送到别人那里去接受教育。这种方法的目的在于维持家庭气氛的祥和。D项正确。

综上所述,本题选A项。

6.B 【解析】本题考查教育心理学的研究方法。

A项,调查法是通过其他有关材料,间接了解被试者的心理活动。如要求被试者本人口头报告、利用教师和家长的观察和记录等,调查也可采用问卷的方式。

B项,观察法是在学校教育过程中直接观察被试者某种心理活动的客观表现,从而对它进行了解。

C项,实验法是对某些变量进行操纵和控制,创设一定的情境,以探求心理现象的原因、发展规律的方法。其目的是研究并揭示变量间的因果关系。

D项,教育经验总结法是教育心理学一个重要的研究方法,它是依据教育实践所提供的事实,按照科学研究的程序,分析和概括教育现象,揭示其内在联系和规律,使之上升为教育理论的一种教育科研方法。

题干中的李老师通过在教室里四处走动来倾听学生的发言,这是采用了观察法进行课堂研究。

7.A 【解析】本题考查夸美纽斯的教育思想。捷克教育家夸美纽斯于1632年出版的《大教学论》是教育学开始形成一门独立学科的标志,该书被认为是近代第一本教育学著作。在这本著作中,他提出了普及教育的思想,论述了班级授课制等。故本题选A项。B项,经验主义教育思想是由美国教育家杜威提出的。C项,斯宾塞反对思辨,主张科学是对经验事实的描写和记录。D项,拉伊认为教育就是对人的发展的实际指导。

8.B 【解析】本题考查课堂规则和程序的维持与完善。课堂规则和程序的维持与完善的方法主要有:(1)鼓励投入学习。包括:注意教学进程的组织、教学过程具有参与性、保持教学的流畅性、保持动量、上课时维持团体的注意(基本成分是问责制和团体警觉)、课堂自习时维持团体的注意力及鼓励学生管理自己的学习。(2)预防不良行为。包括:明察秋毫、一心多用、关注整体及转换管理。(3)处理纪律问题。包括:非言语线索、表扬学生与不良行为相反的行为、表扬其他做出良好行为的学生、言语提示、反复提示及应用后果。其中,关注整体是指使尽量多的学生投入到课堂活动中,而避免把注意力集中在一两个学生身上。问责制是指在提问和回答期间,教师让学生对他们完成任务的情况进行说明和反映。团体警觉是指在讲演和讨论期间,老师用来鼓励学生保持注意力的提问方法。明察秋毫是指教师要让学生知道,他注意到了课堂里发生的每一件事,甚至没漏下任何一件。故B项正确。

9.A 【解析】本题考查教学反思的方法。反思日记,即在每天教学工作结束后,要求教师写下自己的经验,并与指导教师共同分析。详细描述,即教师相互观摩彼此的教学,详细描述看到的情境,并对此进行讨论分析。行动研究,即为弄清课堂上遇到的问题的实质,探索用以改进教学的行动方案,教师以及研究者可以进行调查和实验研究,这不同于研究者由外部进行的旨在探索普遍法则的研究,而是直接着眼于教学实践的改进。题干中的张老师运用了反思日记这一教学反思的方法,选A项。

10.A 【解析】本题考查情感投入的内容。对教育事业的情感投入是成为好教师的关键。教师心理研究表明,在课堂教学中教师的情感投入主要有三个方面:(1)对学生的责任感;(2)为人师表,不断自我提高;(3)与学生间的友好信赖的关系。

11.A 【解析】本题考查校本课程的内涵。校本课程也称学校课程,是学校在确保国家课程和地方课程有效实施的前提下,针对学生的兴趣和需要,结合学校的传统和优势以及办学理念,充分利用学校和社区的课程资源,自主开发或选用的课程。题干中,学校为了提高学生的身体素质而设计开发的具有当地民族特色的体育游戏课程,就属于校本课程。

12.A 【解析】本题考查《中华人民共和国教育法》。根据《中华人民共和国教育法》第四十三条规定,受教育者享有下列权利:(1)参加教育教学计划安排的各种活动,使用教育教学设施、设备、图书资料;(2)按照国家有关规定获得奖学金、贷学金、助学金;(3)在学业成绩和品行上获得公正评价,完成规定的学业后获得相应的学业证书、学位证书;(4)对学校给予的处分不服向有关部门提出申诉,对学校、教师侵犯其人身权、财产权等合法权益,提出申诉或者依法提起诉讼;(5)法律、法规规定的其他权利。A项属于受教育者应当履行的义务,故答案选A项。

13.C 【解析】本题考查教师违法(侵权)行为的主要类型。隐私包括个人私生活、个人日记、照片、储蓄及财产状况、生活习惯及通讯秘密等。隐私权是指公民生活中不愿为他人公开或知悉的个人秘密的不可侵犯的人身权利。学校和教师侵犯学生隐私权的表现形式有:故意隐匿、毁弃或者非法开拆学生信件,披露、宣扬学生自身及家庭成员的资料,提供学生成绩的方式不适当等。题干中的王老师非法开拆学生信件的行为,侵犯了学生的隐私权。故答案选C项。

14.C 【解析】本题考查教育心理学化的内容。在西方教育史上,裴斯泰洛齐是第一个明确提出"教育心理学化"口号的教育家。所谓"教育心理学化"就是把教育提高到科学的水平,将教育科学建立在人的心理活动规律的基础上。

15.A 【解析】本题考查学习的分类。根据学习活动的性质,奥苏伯尔从两个维度对学习做了区分:从学生学习的方式上,将学习分为接受学习与发现学习;从学习内容与学习者认知结构的关系上,又将学习分为有意义学习和机械学习。"弄清概念之间的关系"属于有意义的接受学习;"听导师精心设计的指导""科学研究"属于有意义的发现学习。三者都属于有意义学习,故答案选A项。

16.B 【解析】本题考查儿童心理发展的基本特征。心理发展的阶段性表现为心理发展在每一时期有相对固有的特性。心理发展从量的积累产生质变,使得个体在不同的时期表现出与其他时期不同的心理特点,从而表现出明显的阶段性。根据题干中的小明在小学与中学学习数学时的不同表现可知,人的心理发展具有阶段性。

17.B 【解析】本题考查动作技能学习的条件。练习是指以掌握一定的技能为目标而进行反复操作的过程,或是刺激与反应的重复操作。它是动作技能赖以形成的基本条件。

18.A 【解析】本题考查练习的一般趋势。各种动作技能形成的进程不尽相同,但它们之间又具有某些共同特点和规律,具有一般的发展趋势。(1)总的趋势是练习成绩逐步提高。具体表现为以下三种形式:①练习进步先快后慢。在多数情况下,技能在练习初期的成绩提高较快,以后逐渐变慢,如跳高、射箭、跳远等。②练习的进步先慢后快。在少数情况下,练习初期的进步比较缓慢,以后逐步加快,如投铅球、投标枪、游泳等。③练习进步先后比较平均。(2)高原期现象。(3)练习成绩的起伏现象。(4)练习成绩相对稳定的现象。(5)练习曲线的个别差异。故答案选A项。

19.B 【解析】本题考查加涅的信息加工学习理论。加涅将学习过程分为以下八个阶段:(1)动机阶段;(2)了解(领会)阶段;(3)获得阶段;(4)保持阶段;(5)回忆阶段;(6)概括阶段;(7)操作阶段;(8)反馈阶段。其中,动机阶段是第一个阶段。故答案选B项。

20.A 【解析】本题考查学习迁移的种类。根据迁移的性质和结果,迁移可分为正迁移、负迁移和零迁移。正迁移也叫"助长性迁移",是指一种学习对另一种学习的促进作用。负迁移也叫"抑制性迁移",是指一种学习对另一种学习产生阻碍作用。根据迁移发生的方向,迁移可分为顺向迁移和逆向迁移。其中,逆向迁移是指后继学习对先前学习产生的影响。根据迁移内容的抽象和概括水平不同,迁移可分为水平迁移和垂直迁移。其中,垂直迁移也称纵向迁移,是指先行学习内容与后续学习内容是不同水平的学习活动之间产生的影响。题干中的小李学会打羽毛球后对学习打网球的促进作用属于正迁移。

21.A 【解析】本题考查自我效能理论。学习动机的内容主要包括:学生对知识价值的认识(知识价值观)、对学习的直接兴趣(学习兴趣)、对自身学习能力的认识(学习能力感或自我效能感)、对学习成绩的归因(成就归因)等四个方面。一般来说,自我效能感强的人,其自信心也强,自我效能感缺乏的人,必然缺乏自信心。因此,对于内向、自卑的学生,老师可以通过增强其自我效能感来提高学习动机。

22.C 【解析】本题考查学习的种类。

A项,潜伏学习是指动物在没有强化的条件下学习也会发生,只不过结果不太明显,是"潜伏"的。一旦受到强化,具备了操作的动机,这种结果才通过操作而明显表现出来。小明向超级英雄学习帮助他人,是通过观察超级英雄的行为来学习,属于观察学习。故A项错误。

接受学习是指人类个体经验的获得是来源于学习活动中主体对他人经验的接受,把别人发现的经验经过掌握、占有或吸收,转化为自己的经验。小丽通过参加劳动学到了植物的生长规律,属于发现学习。故B项错误。

发现学习是指人类个体经验的获得是来源于学习活动中主体对经验的直接发现或创造,并非由他人的传授而得。小红通过观察和实验明白了水的张力,这是小红对经验的直接发现,属于发现学习。故C项说法正确。

观察学习是人的学习最重要的形式。班杜拉认为,学习是个体通过对他人的行为及其强化结果的观察,从而获得某些新的行为反应或已有的行为反应得到修正的过程。小青经过老师的讲解理解了英语语法,这是将老师的经验经过吸收转化为自己的经验,属于接受学习。故D项错误。

综上所述,答案选C项。

23. D 【解析】本题考查大五人格理论。塔佩斯等心理学家运用词汇学的方法对卡特尔的特质变量进行了再分析,发现了5个相对稳定的因素,取得了突破性的进展。在这之后,一些不同的研究者先后进一步验证了"五种特质"的人格模型,形成了著名的"大五因素人格模型"。这五个因素是:(1)开放性:具有想象、审美、情感丰富、求异、创造、智能等特质;(2)责任心:显示了胜任、公正、条理、尽职、成就、自律、谨慎、克制等特质;(3)外倾性:表现出热情、社交、果断、活跃、冒险、乐观等特质;(4)宜人性:具有信任、直率、利他、依从、谦虚、移情等特质;(5)神经质或情绪稳定性:具有焦虑、敌对、压抑、自我意识、冲动、脆弱等特质。故该同学的人格因素属于宜人性。

24. D 【解析】本题考查班杜拉的社会学习理论。替代强化是指观察者因看到榜样的行为被强化而受到强化。题干中的闪闪看到同学因上课举手回答问题受到老师的表扬后,增加了自己举手回答问题的动力,说明闪闪受到了替代强化。因此,答案选D项。

25. A 【解析】本题考查影响问题解决的因素。人们把某种功能赋予某物体的倾向称为功能固着。在功能固着的影响下,人们不易摆脱事物用途的固有观念,从而直接影响问题解决的灵活性。题干中的李灿灿只想到筷子可以用来夹菜,却想不到筷子还有固定头发的功能。因此,这属于功能固着。

三、论述题(参考答案)

1. 试述讲授法的基本要求。

(1)讲授内容要有科学性、系统性和思想性,要认真组织;(2)要讲究讲授的策略和方式,要系统完整,层次分明,重点突出,符合知识的系统性和启发性教学原则的要求;(3)教师要努力提高语言表达水平,讲究语言艺术;(4)要组织学生听讲;(5)要与其他教学方法配合使用。

2. 如何给予学生有效的反馈?

(1)反馈时注意层次递进。有效的课堂反馈,要能以低级认识为起点,以高级认识为终点,这样才能够不总在低层次思维上进行机械地重复,而是一环紧扣一环地引导学生向较高水平的思维层次递进,渗透一些科学思想方法和解决问题的方法,引导学生在"学会"的过程中向"会学"迈进。

(2)反馈要能启发学生不断思考。教师能够用来帮助学生建立联系以正确回答问题的方法有启发、提示、线索和探究等,要在反馈的过程中,启发学生不断思考。

3. 如何激发学生的学习动机?

(1)创设问题情境,激发兴趣,维持好奇心。兴趣和好奇心是内部动机最为核心的成分,是培养和激发学生内部学习动机的基础。(2)设置合适的目标。(3)根据作业难度,恰当控制动机水平。根据"耶克斯—多德森定律",教师在教学时,要根据学习任务的不同难度,恰当控制学生学习动机的激起程度。(4)表达明确的期望。(5)提供明确的、及时的、经常性的反馈。通过反馈,使学生及时了解学习的结果,包括运用所学知识解决问题的成效、作业的正误、考试成绩的优劣等,这会产生相当大的激励作用。

4. 试述皮亚杰的认知发展四阶段。

皮亚杰认为认知发展是一个构建的过程,是个体在与环境的相互作用中实现的。他提出了认知发展阶段理论,将个体的认知发展分为以下四个阶段:(1)感知运动阶段(0~2岁)。感知运动阶段的婴儿主要有以下几个方面的特点:①感觉和动作的分化;②客体永久性的形成;③问题解决能力开始得到发展;④延迟模仿的产生。(2)前运算阶段(2~7岁)。这一阶段,儿童的思维特征主要表现在以下几个方面:①早期的信号功能;②自我中心性(中心化);③不可逆运算;④不能够推断事实;⑤泛灵论;⑥不合逻辑的推理;⑦不能理顺整体和部分的关系;⑧认知活动具有具体性,还不能进行抽象的思维运算。(3)具体运算阶段(7~11岁)。这一阶段儿童的思维具有以下特点:①去自我中心性(去中心化);②可逆性;③守恒;④分类;⑤序列化。(4)形式运算阶段(11岁~成人)。本阶段儿童思维的特征如下:①命题之间的关系;②假设—演绎推理;③类比推理;④抽象逻辑思维;⑤可逆与补偿;⑥反思能力;⑦思维的灵活性;⑧形式运算思维的逐渐发展。

5. 试述影响学生自我效能感形成的主要因素。

(1)个人自身行为的成败经验。这一效能信息源对自我效能感的影响最大。(2)替代经验。个体的许多效能期望是来源于对他人的观察,如果看到一个与自己一样或不如自己的人成功,自己的效能感就会提高。(3)言语暗示。他人的言语暗示能提高自己的效能感,但缺乏经验基础的言语暗示效果是不牢固的。(4)情绪唤醒。班杜拉发现,高水平的情绪唤醒使成绩降低而影响自我效能感。

四、材料分析题(参考答案)

1. 厌学症是指学生缺乏学习欲望,对学习产生畏难情绪,感到无能和无望,没有学习目标,缺乏学习兴趣、学习动力不足,甚至有拒学、逃学等现象。造成学生厌学的原因有多种,家庭、学校教育、社会风气以及学生自身因素都会造成厌学症。

(1)家庭因素。家长对孩子的教养态度失当,如有的家长期望过高、要求过严、盲目加压,有的家长采取打骂或放任自流的教育方式,这都会使儿童对学习产生畏惧心理和厌烦情绪。材料中,刘晓的家长多次对他进行批评教育,没有关注他的不良情绪和到新学校的适应问题,是刘晓产生厌学心理的重要原因。

(2)学校因素。教师教法单一失当,应试教育下的强迫学习,学生学习负担重、压力大,学习的难度与学生的能力不相吻合,教师对学生缺少关心等,都有可能造成学生厌学。材料中,刘晓的英语基础差,学习英语对他来说很困难,但是老师没有给予他学习英语方面的关心,而只是一味地批评教育,这加重了刘晓的厌学心理。

(3)社会风气。在农村中一些不良习俗和观念以及留守儿童缺乏父母的关爱等都是造成学生厌学的社会诱因。材料中,刘晓是一名留守儿童,他从小生活的环境和城市中的其他学生的生活环境的差异;以及他从小随奶奶生活,缺乏父母的关爱,这些都是造成他厌学的原因。

(4)个人自身原因。学生缺乏学习能力,感到学习困难,个性品质不完善,缺乏自信心与毅力,在学习中经历挫折时,容易对学习产生迷惘、困惑、无力、无助的感觉,进而导致厌学。材料中,刘晓感到学习英语困难,努力后,成绩没有明显的提高,十分沮丧,越来越沉默寡言。这体现了刘晓在经历学习挫折时,产生的迷惘、无助的感觉,是导致厌学的原因之一;总感觉同学们看不起他,这体现了刘晓的个性品质不完善,缺乏自信心,也是导致他厌学的原因之一。

2. (1)"不愤不启,不悱不发。举一隅不以三隅反,则不复也"的意思是:不到他努力想弄明白而不得的程度不要去开导他;不到他心里明白却不能完善表达出来的程度不要去启发他。如果他不能举一反三,就不要再反复地给他举例了。"

"愤者,心求通而未得之意;悱者,口欲言而未能之貌;启,谓开其意;发,谓达其辞"的意思是:"愤"就是学生对某一问题正在积极思考、急于解决而又尚未搞通时的矛盾心理状态。这时教师应对学生思考问题的方法适时给予指导,以帮助学生开启思路,这就是"启"。"悱"是学生对某一问题已经有了一段时间的思考,但尚未考虑成熟,处于想说又难以表达的一种矛盾心理状态。这时教师应帮助学生弄清楚事物的本质属性,从感性认识上升到理性认识,然后才能用比较准确的语言表达出来,这就是"发"。

"道而弗牵,强而弗抑,开而弗达"的意思是:主张开导学生,但不要牵着学生走;对学生提出较高的要求,但不能使学生灰心;指导学习的门径,而不把答案直接告诉学生。

上述内容都体现了教学的启发性原则。该原则是指在教学活动中,教师要调动学生的主动性和积极性,引导他们通过独立思考、积极探索,生动活泼地学习,自觉地掌握科学知识,提高分析问题和解决问题的能力。

(2)贯彻要求:①加强学习的目的性教育,调动学生学习的主动性;②设置问题情境,启发学生独立思考,培养学生良好的思维方法和思维能力;③让学生动手,培养学生独立解决问题的能力,鼓励学生将知识创造性地运用于实际;④发扬教学民主。

3. 自我评价能力是自我意识发展的主要成分和标志,是在分析和评论自己的行为和活动的基础上形成的。研究表明,小学阶段儿童自我评价发展的特点为:

(1)从顺从别人的评价发展到有一定独立见解的评价,自我评价的独立性随年级而增高。小学生特别是低年级学生的自我评价往往依赖于教师和父母的评价,是用他人的眼光来看待自己的。材料中,小雨上一年级时,依赖老师对自己的评价,其自我评价的独立性较低。

(2)从比较笼统的评价发展到对自己个别方面或多方面行为的优缺点进行评价。材料中,小雨上三年级时,其自我评价开始从笼统发展到具体,认识到自己既有优点也有缺点,能从不同方面评价自己。

(3)开始出现对内心品质进行评价的初步倾向。材料中,到六年级时,小雨开始从内心品质评价自己,认为自己是个重感情的人。

(4)儿童的自我评价处于由具体性向抽象性、由外显行为向内部世界的发展。材料中,随着年级的增长,小雨从交朋友、爱看书、做事粗心等外显的、具体的行为评价逐渐发展到对内部的、抽象的个人品质的评价。

(5)儿童自我评价的稳定性逐渐加强。

2021年浙江省金华市/诸暨市中小学教师招聘考试真题试卷(十八)

一、单项选择题

1. A 【解析】本题考查中国传统文化价值观对中国教育的消极影响。中国传统文化价值观对中国教育的消极影响主要有以下几个方面:(1)重功利轻发展的价值观对教育的影响;(2)重共性轻个性的价值观对教育的影响;(3)重服从轻自主的价值观对教育的影响;(4)重认同轻创造的价值观对教育的影响。故选A项。

2. A 【解析】本题考查布鲁纳倡导的教学方法。发现法通常称作发现学习或问题教学法,就是让学生通过独立工作,自己主动发现问题、解决问题及掌握原理的一种教学方法。它是由美国心理学家布鲁纳所倡导的。故选A项。

3. C 【解析】本题考查教育目的的概念。一般来讲,教育目的是指国家或社会对教育所要造就的人的质量规格所做的总体规定与要求。具体来讲,教育目的是指教育活动所要达到的预期结果,是人们对受教育者达成状态的期望,即人们期望受教育者通过教育在身心诸方面发生什么样的变化,或者产生怎样的结果。教育目的具有导向功能、调控功能和评价功能。故选C项。

4. B 【解析】本题考查杜威的教育思想。杜威的教育观点主要有:(1)教育即生长。(2)教育即改造。他认为教育即经验的继续不断地改造。(3)教育即生活和学校即社会。他认为儿童的生长及经验的改造表现为社会性的活动即生活;教育就是儿童现在生活的过程,而不是生活的预备。故①②③属于杜威的教育观。

5. C 【解析】本题考查班主任了解学生的方法。在日常生活中,班主任了解学生的方法主要是谈话法、调查法。

6. D 【解析】本题考查人本主义学习理论对三维课程目标的影响。人本主义学习理论强调学生自主学习,自主建构知识意义,强调协作学习。与建构主义不同,它更强调"以人的发展为本",即强调"学生的自我发展",强调"发掘人的创造潜能",强调"情感教育"。故选D项。

7. D 【解析】本题考查个体的身心发展规律。个体发展的个别差异性规律要求教育必须因材施教,充分发挥每个学生的潜能和积极因素,有的放矢地选择适宜、有效的教育途径和方法手段,使每个学生都能得到最大的发展。加德纳提出了多元智力理论,他认为人的智力结构中存在着七种相对独立的智力(后发展为九种),这几种智力在每个人身上的组合方式是多种多样的,每个人在不同领域的智力发展水平是不同步的。因此教师应树立因材施教的教学观,要善于针对不同智力特点的学生,尤其是要根据学生智力结构中的优势智力,采用多元化的教学模式和教学方式,使不同的学生都能得到最好的发展。故多元智力理论主要说明人的发展具有个别差异性,选D项。

8. D 【解析】本题考查常见的社会知觉偏差。投射效应是指由于个体具有某种特性,因而推断他人也有与自己相同特性的心理现象。日常生活中看到虐待儿童的新闻,认为有孩子的人看不得,体现的正是投射效应。故选D项。A项,晕轮效应是当我们认为某人具有某种特征时,就会对他的其他特征做相似判断。B项为干扰项,可排除。C项,社会刻板效应是指对一群人的特征或动机加以概括,把概括得出的群体的特征归属于团体中的每一个人,认为他们每个人都具有这种特征,而无视团体成员中的个体差异。

9. C 【解析】本题考查注意的分类。根据有无目的和意志努力,注意可以分为无意注意、有意注意和有意后注意三种。有意后注意也叫随意后注意,是指有预定目的,但不需要意志努力的注意。题干中"给社区写了很多副春联,一个上午也不觉得疲倦",体现的就是有意后注意。故选C项。A项,无意注意也称不随意注意,是没有预定目的、无需意志努力、不由自主地对一定事物所发生的注意。B、D两项,有意注意也称随意注意,是有预先目的、必要时需要意志努力、主动地对一定事物所发生的注意。

10. C 【解析】本题考查自我防御机制。退回到前面的发展阶段是退行,是指一个人遇到困难的时候放弃已学到的比较成熟的应对技巧和方式,而使用原先比较幼稚的方式去应付困难和满足自己的欲望。妈妈不给小良买玩具,小良就在地面上打滚,他采用的就是退行的防御机制。故选C项。A项,压抑是指把意识所不能接受的观念、情感或冲动抑制到无意识中去。例如,对痛苦体验或创伤性事件的选择性遗忘。B项,否认是指对某种痛苦的现实无意识地加以否定,因为不承认似乎就不会痛苦。这一过程可使一个人逐渐地接受现实而不致猛然承受不了坏消息或痛苦,是一种保护性质的、正常的防御。D项,投射是指自我将不能接受的冲动、欲望或观念归因(投射)于客观或别人。

11. D 【解析】本题考查艾里克森的人格发展阶段理论。小学低年级段儿童正处于艾里克森人格发展阶段的第四阶段(6~11岁),这一阶段的冲突是勤奋感对自卑感,发展任务是培养勤奋感。故选D项。A项,0~1.5岁这一阶段的冲突是基本的信任感对基本的不信任感,发展任务是发展对周围世界,尤其是对社会环境的基本态度,培养信任感。B项为干扰项。C项,成年早期这一阶段的冲突是亲密感对孤独感,发展任务是培养亲密感。

12. A 【解析】本题考查常用的记忆术。形象联想法是通过人为联想,使无意义的、难记的材料和头脑中的鲜明、奇特的形象相结合,从而提高记忆效果。想象的形象越鲜明、具体越好,形象越夸张、奇特越好,形象之间的逻辑联系越紧密越好。题干中"把PULL后面两个L看成是两个钩,用来拉东西",运用的就是形象联想法。故选A项。B项,谐音联想法是通过谐音线索,运用视觉表象,假借意义进行人为联想。C项,位置记忆法是通过与熟悉的地点顺序相联系来记忆一些名称或者客体顺序的方法。D项,关键词法是将新词或概念和与之相似的声音线索词,通过视觉表象联系起来。

13. D 【解析】本题考查韦纳的归因理论。韦纳把人经历过事情的成败归结为六种原因:能力、努力程度、工作难度、运气、身心状况、外界环境。又把上述六项因素按各自的性质,分别归入三个维度:内部归因和外部归因、稳定性归因和非稳定性归因、可控制归因和不可控制归因。其中,难度属于外部、稳定、不可控因素。学生小东将考试取得好成绩归因于试卷简单,即归因于难度因素。故选D项。

14. B 【解析】本题考查小学生记忆发展的特点。小学生的记忆是在学习过程中不断发展起来的,并随着年龄的增长和年级的增高而逐步提高。(1)从记忆的自觉性和目的性看,小学生的记忆主要以无意记忆为主,有意记忆在不断发展;(2)从记忆的内容看,小学生的记忆主要以具体形象记忆为主,语词逻辑记忆在逐步发展;(3)从记忆方法看,小学生的记忆还是以机械记忆为主,意义记忆在逐步发展。故选B项。

15. B 【解析】本题考查全面发展教育的组成。德育、智育、体育、美育、劳动技术教育是全面发展教育的基本组成部分。其中,体育是教育者有目的、有计划、有组织地向学生传授体育卫生知识和技能,全面发展学生的身体素质,增强学生的体质和运动能力,培养良好的体育道德品质和意志品质的教育活动。体力和体质的发展是个性全面发展的物质基础。人们进行生产劳动,参加社会活动,或享受幸福的生活都离不开强健的体魄。故选B项。(参见东北师范大学出版社,杨兆山主编的《教育学原理》)

16. B 【解析】本题考查学习的元认知策略。学习的元认知策略是指个体为实现最佳的认知效果而对自己的认知活动所进行的调节和控制。元认知策略大致可分为:计划策略、监控策略和调节策略。计划策略是指根据认知活动的特定目标,在认知活动开始之前计划完成任务所涉及的各种活动、预计结果、选择策略,设想解决问题的方法,并预估其有效性等。题干中陈晨先完成比较难的理科作业,然后再写简单的文科作业,属于元认知策略中的计划策略。故选B项。A项中的组织策略是学习中的主要认知策略,为干扰项,可排除。C项,监控策略是指学生对自己整个学习过程的有效监视及控制的策略。D项,调节策略是指根据对认知活动结果的检查,如发现问题,则采取相应的补救措施,根据对认知策略的效果的检查,及时修正、调整认知策略。

17. A 【解析】本题考查课程实施的取向。课程实施的取向主要有三种:(1)忠实取向。指课程实施是按部就班地执行预定课程方案的过程。依据这一取向,预定课程方案的实现程度,就是衡量课程实施成功与否的基本标准。课程方案实现程度高,则课程实施成功;而课程方案实现程度低,则课程实施失败。坚持忠实取向的课程实施者,强调忠实执行、按部就班,难以对课程方案做出变革。(2)相互调适取向。指课程实施是预定课程方案与学校情境之间相互适应的过程。(3)创生取向。指课程实施是师生在具体情境中,联合缔造新的教育经验的过程。故选A项。

18. C 【解析】本题考查人的身心发展规律。个体身心发展的不平衡性(不均衡性)一方面是指身心发展同一方面的发展速度,在不同的年龄阶段是不平衡的,另一方面是就个体身心发展的不同方面而言的。心理学家根据个体的身心发展的不同方面有不同的发展期的现象提出了发展关键期。所谓关键期,就是指人的某种身心潜能在人的某一年龄段有一个最好的发展时期。根据个体身心发展的不平衡性,教育教学要抓住关键期,以求在最短的时间内取得最佳的效果。故选C项。

19. B 【解析】本题考查休伯曼的教师职业生涯周期论。美国教育家休伯曼等人参照人的生命周期现象,将教师职业生涯划分为五个时期:(1)入职期;(2)稳定期;(3)实验和歧变期;(4)平静和保守期;(5)退出教职期。其中,实验和歧变期是教师职业生涯道路上的转变期,处于这一时期的教师开始不安于教学现状,尝试进行教学改革,批评学校管理中的弊端,不断对职业和自我进行挑战,有的甚至考虑是否继续执教。故选B项。

20. B 【解析】本题考查《中华人民共和国教师法》的相关条文。根据《中华人民共和国教师法》第七条规定,教师享有下列权利:(1)进行教育教学活动,开展教育教学改革和实验;(2)从事科学研究、学术交流,参加专业的学术团体,在学术活动中充分发表意见;(3)指导学生的学习和发展,评定学生的品行和学业成绩;(4)按时获取工资报酬,享受国家规定的福利待遇以及寒暑假期的带薪休假;(5)对学校教育教学、管理工作和教育行政部门的工作提出意见和建议,通过教职工代表大会或者其他形式,参与学校的民主管理;(6)参加进修或者其他方式的培训。因此④不符合法律规定,故选B项。

二、论述题(参考答案)

请具体论述如何通过"内驱力"来激发小学生的学习动机。

内驱力是一种需要,但它是动态的。从需要的作用来看,学习需要即为学习的内驱力,即学习驱力。通过"内驱力"来激发小学生的学习动机的措施有:(1)创设问题情境,激发兴趣,维持好奇心;(2)设置合适的目标;(3)根据作业难度,恰当控制动机水平;(4)表达明确的期望;(5)提供明确的、及时的、经常性的反馈;(6)合理运用外部奖赏;(7)有效地运用表扬;(8)对学生进行竞争教育,适当开展学习竞争。

三、材料分析题(参考答案)

(1)材料中李老师的做法说明她积极践行新课程理念,在教学方法上大胆尝试、勇于创新,在教学过程中注重发挥学生的主体作用,她的初衷是好的,但由于对新课程理念的理解有偏差,教学方法使用不当等导致学生的学习效果差。

①新课程改革要求建立一种"对话·互动"式的新型师生关系。对话就是通过语言形式所进行的交流,它与权威式的"告诉"或"灌输"不一样,它是主体之间的交流;互动则是主体之间的相互作用,它具有交互性特征。这就要求教师成为学生自主学习、自我建构知识和经验的指导者,在教学过程中处理好教师主导作用与学生主体地位的关系。李老师的课堂教学完全采用自由讨论和小组合作的方法,一方面说明李老师在教学过程中注重学生的主体地位,但同时也暴露出李老师忽视了教师在教学过程中的主导作用,没有很好的承担起学生学习的指导者角色。

②提倡启发式,反对注入式,是当代运用教学方法的指导思想。但衡量一种教学方法是否具有启发性,关键是看教师能否促进学生积极主动地去学习,而不是单从形式上去加以判断。李老师认为传统的教学方法已经过时了,在四十余人的课堂上几乎从不讲授知识点,这说明李老师对讲授法的认识存在误区,讲授法可以充分发挥教师的主导作用,使学生在短时间内获得大量系统的科学知识,它是中小学各科教学的一种主要教学方法。

③教师选择与运用教学方法应考虑多方面的因素,如教学目的和任务的要求,课程性质和特点,每节课的重点、难点,学生年龄特征,教学时间、设备、条件,教师业务水平、实际经验及个性特点等。李老师不顾学生的年龄特征、班级规模、教学内容等,所有课程都使用自由讨论及小组合作的方法,这是导致学生掌握的知识不够系统,学习效果差的一个重要原因。

(2)建议:①正确理解新课程理念,对于传统教育理念应取其精华、去其糟粕,而不是完全摒弃;②在教学过程中处理好教师主导作用与学生主体地位的关系,当好学生学习的指导者、促进者;③教学方法的选择与运用应考虑多方面因素。

2021年浙江省宁波市中小学教师招聘考试真题试卷(十九)

一、判断题

1.× 【解析】本题考查乔姆斯基的语言获得理论。乔姆斯基认为,决定儿童语言获得的因素不是经验和学习,而是先天遗传的语言能力,这个理论被称作"先天语言能力说"。题干说法错误。

2.× 【解析】本题考查影响儿童的人格发展的社会化因素。一般来说,影响学生实现个体社会化的外在因素主要有社会文化、学校、家庭、同辈群体、大众传媒等。当儿童进入学龄期以后,学校的影响开始逐渐上升,并成为最重要的社会化因素。学校是学生的主要生活空间,是他们受社会化影响最集中、最丰富的社会生活环境,而且学校教育是有目的、有计划、有组织地进行的。题干说法错误。

3.√ 【解析】本题考查班主任的意义。班主任是学生班级的直接组织者、教育者和领导者,是学生健康成长的引路人,是联系班级与各任课教师的纽带,是沟通学校、家庭和社会的桥梁,是学校思想政治工作的骨干力量。题干说法正确。

4.× 【解析】本题考查儿童记忆发展的特点。在幼儿期,幼儿的记忆以机械性记忆为主,意义记忆逐步发展。幼儿习惯于采用简单重复的机械记忆方法,记忆事物的表面特征的外部联系。记忆理解材料时,机械记忆的成分减少,意义记忆成分增加。意义记忆的效果总是优于机械记忆的效果。进入小学阶段,小学生的记忆还是以机械记忆为主,意义记忆在逐步发展。机械记忆对于小学生来说也是必要的。然而,从记忆效果上看,意义记忆一般比机械记忆的效果好。题干说法错误。

5.√ 【解析】本题考查西周学校教育的基本内容。西周时期的学校教育以"六艺"为基本学科,即礼、乐、射、御、书、数。题干说法正确。

6.√ 【解析】本题考查赫尔巴特的教学四阶段论。赫尔巴特认为任何教学都必须经历明了(清楚)、联合(联想)、系统、方法四个阶段。题干说法正确。

7.× 【解析】本题考查认知风格的差异。美国心理学家杰罗姆·卡根主要根据个体对问题思考的速度的差异,将认知风格分为冲动型和反思型。冲动型认知风格的学生的知觉与思维方式以冲动为特征,倾向于根据几个线索做出很大的直觉的跃进,往往以很快的速度形成自己的看法,在回答问题时很快就做出反应,因此所用的时间较少,但出错率较高。反思型认知风格的学生在做出回答之前倾向于进行深思熟虑的、计算的、分析性的和逻辑的思考,往往先评估各种可替代的答案,然后给予较有把握的答案。两种风格并无优劣之分。题干说法错误。

8.√ 【解析】本题考查罗森塔尔效应。罗森塔尔效应又被称为教师期望效应、皮革马利翁效应,是指教师根据对某一学生的了解而形成一定的期望,在这种期望的作用下,该学生的学习成绩和行为就会表现出符合这一期望的变化。李老师的高期待使张艺成绩突飞猛进,符合罗森塔尔效应,题干说法正确。

9.× 【解析】本题考查强化的类型。强化有正强化和负强化之分。正强化是通过呈现想要的愉快刺激来增强反应频率,负强化是通过消除或中止厌恶、不愉快刺激来增强反应频率,题干说法错误。

10.√ 【解析】本题考查奥苏贝尔对学习动机的分类。奥苏贝尔认为,学习动机由三种内驱力组成:认知内驱力是指要求了解、理解和掌握知识以及解决问题的需要,属于内部动机;自我提高内驱力是指个体因自己的胜任或工作能力而赢得相应地位的需要,属于外部动机;附属内驱力是指个体为了获得长者们(如家长、教师)的赞许或认可而表现出把工作、学习做好的一种需要,属于外部动机。题干说法正确。

二、单项选择题

1.D 【解析】本题考查教育活动的构成要素。王道俊、郭文安主编的《教育学》(第七版)指出:凡是教育活动都具有教育者、受教育者、教育内容和教育活动方式等基本要素,这是构成教育活动的共性,缺少了其中任何一个要素都不可能成为真正的教育。故选D项。

方法技巧:关于教育活动的构成要素,不同的学者有不同的观点。以下归纳了几种常考的说法,考生做题时应注意具体问题具体分析。

三要素说:教育者、受教育者、教育影响/教育媒介/教育措施/教育内容。

四要素说:教育者、受教育者、教育内容、教育手段/教育活动方式。

2.C 【解析】本题考查学习的原则。学习的循序渐进原则是指学习要按照学科知识的内在逻辑体系和学习者的心理发展水平有计划有步骤的进行,处理好"快"与"慢"、"多"与"少"的辩证关系。从学生成才来说,知识掌握的越多,人才成长的越快越好。但是,从掌握知识的过程来说,又必须循序渐进,日积月累,持之以恒,不能急于求成。故题干所述强调的是学习的循序渐进原则。

3.A 【解析】本题考查教师劳动的特点。教师劳动的示范性指教师的言行举止,如人品、才能、治学态度等都会成为学生学习的对象。教师劳动的示范性特点是由学生的"向师性"和模仿性的心理特征决定的,故选A项。

4.C 【解析】本题考查教学方法的分类。以实际训练为主的教学方法主要有练习法、实验法、实习作业法、实践活动法四种。C项,读书指导法是以语言传递为主的教学方法。

5.C 【解析】本题考查蔡元培的教育思想。蔡元培任北京大学校长时提出了"思想自由,兼容并包"的办学方针,故选C项。

6.B 【解析】本题考查问题的分类。根据问题组织程度不同,可将问题分为结构良好问题和结构不良问题两类。结构良好问题是指已知条件和要达到的目标都非常明确,个体按一定的思维方式即可获得答案的问题。结构不良问题是指没有明确的结构或解决途径的问题。修电脑的已知条件和要达到的目标都不明确,不是结构良好的问题,故选B项。

7.C 【解析】本题考查动作技能形成中的练习成绩起伏现象。动作技能的形成不是一帆风顺、直线上升的。在其形成过程中,练习的成绩时而上升,时而下降,有峰有谷,呈现明显的波浪式,这就是练习成绩的起伏现象。故选C项。A项,高原现象是指学生在学习过程中出现一段时间的学习成绩和学习效率停滞不前,甚至学过的知识感觉模糊的现象。B项,反馈指在学习与练习过程中信息的返回传递。D项为干扰选项,可排除。

8.D 【解析】本题考查功能固着的定义。人们把某种功能赋予某物体的倾向称为功能固着。在功能固着的影响下,人们不易摆脱事物用途的固有观念,从而直接影响问题解决的灵活性。小刚只想到用螺丝刀拧螺丝,没有想到可以用小刀,说明其摆脱不了功能固着的影响。故选D项。A项为干扰项,可排除。B项,定势(即心向)是指重复先前的操作所引起的一种心理准备状态。在定势的影响下,人们会以某种习惯的方式对刺激情境做出反应。C项,酝酿效应是指当一个人长期致力于某一问题的解决而又百思不得其解的时候,如果他暂时停下对这个问题的思考而去做别的事情,几小时、几天或几周之后,他可能会忽然想到解决的办法。

9.B 【解析】本题考查学习的定义。学习是指有机体在后天生活过程中获得行为经验的过程,B项说法正确。学习是人和动物共有的普遍现象,无论是低级动物还是高级动物乃至人类,在其整个生活中都贯穿着学习,A项说法错误。鸭子游水属于先天性行为,不是学习;小狗钻火圈属于后天习得的行为,是学习,C项说法错误。学习表现为个体行为由于经验而发生的行为或行为潜能的较为稳定的变化,D项说法错误。

10.A 【解析】本题考查《中华人民共和国义务教育法》的相关条文。根据《中华人民共和国义务教育法》第二十七条规定,对违反学校管理制度的学生,学校应当予以批评教育,不得开除。A项说法错误。根据《中华人民共和国义务教育法》第三十六条规定,学校应当把德育放在首位,寓德育于教育教学之中,开展与学生年龄相适应的社会实践活动,形成学校、家庭、社会相互配合的思想道德教育体系,促进学生养成良好的思想品德和行为习惯。B项说法正确。根据《中华人民共和国义务教育法》第三十九条规定,国家实行教科书审定制度。教科书的审定办法由国务院教育行政部门规定。未经审定的教科书,不得出版、选用。C项说法正确。根据《中华人民共和国义务教育法》第四十三条规定,特殊教育学校(班)学生人均公用经费标准应当高于普通学校学生人均公用经费标准。D项说法正确。本题为选非题,故选A项。

2021年贵州省贵阳市教师招聘考试真题试卷(二十)

一、单项选择题

1. A 【解析】A项。2021年7月1日,习近平总书记在庆祝中国共产党成立100周年大会上的讲话中提到:"一百年前,中国共产党的先驱们创建了中国共产党,形成了坚持真理、坚守理想,践行初心、担当使命,不怕牺牲、英勇斗争,对党忠诚、不负人民的伟大建党精神,这是中国共产党的精神之源。"B项。2005年6月21日,习近平同志在《光明日报》发表文章《弘扬"红船精神"走在时代前列》,首次提出了"红船精神",并把"红船精神"概括为开天辟地、敢为人先的首创精神,坚定理想、百折不挠的奋斗精神,立党为公、忠诚为民的奉献精神。C项。2016年10月21日,习近平总书记在纪念红军长征胜利80周年大会上的讲话中提到:"伟大长征精神,就是把全国人民和中华民族的根本利益看得高于一切,坚定革命的理想和信念,坚信正义事业必然胜利的精神;就是为了救国救民,不怕任何艰难险阻,不惜付出一切牺牲的精神;就是坚持独立自主、实事求是,一切从实际出发的精神;就是顾全大局、严守纪律、紧密团结的精神;就是紧紧依靠人民群众,同人民群众生死相依、患难与共、艰苦奋斗的精神。"D项。2020年9月8日,习近平总书记在全国抗击新冠肺炎疫情表彰大会上的讲话中提到:"在这场同严重疫情的殊死较量中,中国人民和中华民族以敢于斗争、敢于胜利的大无畏气概,铸就了生命至上、举国同心、舍生忘死、尊重科学、命运与共的伟大抗疫精神。"综上所述,本题选A项。

2. C 【解析】在中国共产党百年华诞之际,在世界面临百年未有之大变局之下,贯彻落实好党史、新中国史、改革开放史、社会主义发展史学习教育具有重大意义。这是党中央发扬重视学习、自我提高的优良传统,将历史经验、现实发展与未来战略相结合,而提出的重要政治任务。故本题选C项。

3. D 【解析】《中华人民共和国国民经济和社会发展第十四个五年规划和2035年远景目标纲要》在第四十三章"建设高质量教育体系"中提出,推进基本公共教育均等化。巩固义务教育基本均衡成果,完善办学标准,推动义务教育优质均衡发展和城乡一体化。故本题选D项。

4. D 【解析】班集体的形成与培养包括:(1)确定班集体的发展目标;(2)建立得力的班集体核心;(3)建立班集体的正常秩序;(4)组织形式多样的教育活动;(5)培养正确的舆论和良好的班风。其中,正确的舆论和良好的班风是班集体形成的重要标志。故本题选D项。

5. A 【解析】注意的广度也称注意的范围,是指在同一时间内,人们能够清楚地知觉出的对象的数目。平时说的"眼观六路""耳听八方""一目十行"指的就是注意的广度。故答案选A项。

6. C 【解析】根据《学生伤害事故处理办法》第九条规定,因学校的校舍、场地、其他公共设施,以及学校提供给学生使用的学具、教育教学和生活设施、设备不符合国家规定的标准,或者有明显不安全因素造成的学生伤害事故,学校应当依法承担相应的责任。根据《学生伤害事故处理办法》第十三条规定,下列情形下发生的造成学生人身损害后果的事故,学校行为并无不当的,不承担事故责任;事故责任应当按有关法律法规或者其他有关规定认定:(1)在学生自行上学、放学、返校、离校途中发生的;(2)在学生自行外出或者擅自离校期间发生的;(3)在放学后、节假日或者假期等学校工作时间以外,学生自行滞留学校或者自行到校发生的;(4)其他在学校管理职责范围外发生的。故答案选C项。

7. B 【解析】苛勒等人通过著名的黑猩猩实验,对学习中个体产生变化的实质及原因做出了解释。他们关于学习本质的观点是:(1)从学习的结果来看,学习并不是形成刺激—反应的联结,而是形成了新的完形。(2)从学习的过程来看,学习是通过顿悟过程实现的。故A项错误。布鲁纳是美国著名的认知教育心理学家,他主张学习的目的在于以发现学习的方式,使学科的基本结构转变为学生头脑中的认知结构。因此,他的理论常被称为认知—结构教学论或认知—发现学习说。故B项正确。加涅认为学习的外部条件和内部条件应加以区别,发生在学习者头脑里(中枢神经系统)的内部活动是学习过程,它是在外界影响下发生的。故C项错误。托尔曼关于学习的主要观点包括:(1)学习是有目的的,是期望的获得。(2)学习是对完形的认知,是形成认知地图的过程。故D项错误。综上所述,答案选B项。

8. D 【解析】根据《中华人民共和国教师法》第三十七条规定,教师有下列情形之一的,由所在学校、其他教育机构或者教育行政部门给予行政处分或者解聘:(1)故意不完成教育教学任务给教育教学工作造成损失的;(2)体罚学生,经教育不改的;(3)品行不良、侮辱学生,影响恶劣的。教师有前款第(2)项、第(3)项所列情形之一,情节严重,构成犯罪的,依法追究刑事责任。故答案选D项。

9. B 【解析】课程实施的三种取向包括忠实取向、相互调适取向和创生取向。其中,相互调适取向认为,设计好的课程计划是可以变动的,课程实施过程是课程计划与班级或学校实际情境在课程目标、内容、方法、组织模式诸方面相互调整、改变与适应的过程。题干中的高老师根据学生的情况,增加了趣味性的教学内容,这体现的课程实施取向是相互调适取向。

10. C 【解析】一个总是失败并把失败归因于内部的、稳定的和不可控的因素(即能力低)的学生会形成一种习得性无助的自我感觉。习得性无助是当个体感到无论做什么事情都不会对自己的重要生活事件产生影响时所体验到的一种抑郁状态。题干中娜娜的心理反应属于习得性无助的典型表现。

11. B 【解析】根据《中华人民共和国义务教育法》第二十二条规定,县级以上人民政府及其教育行政部门应当促进学校均衡发展,缩小学校之间办学条件的差距,不得将学校分为重点学校和非重点学校。学校不得分设重点班和非重点班。县级以上人民政府及其教育行政部门不得以任何名义改变或者变相改变公办学校的性质。

12. A 【解析】行动研究法是指教师在现实教育教学情境中自主进行反思性探索,并以解决工作情境中特定的实际问题为主要目的的研究方法。其一般步骤为:(1)确定研究课题。发现教育工作中亟待解决的实际问题,选定研究主题,并对研究问题的成因进行分析诊断与判定。(2)拟订研究计划。(3)实施研究行动。收集资料、拟定并实施有效的教育措施。(4)进行总结评价。汇集资料、做好观察记录,根据各种反馈信息认真修正行动计划,再实施新一轮的行动研究,直至实现研究总目标。故本题选A项。

二、多项选择题

13. ABCD 【解析】《中小学教师职业道德规范(2008年修订)》中关于"终身学习"方面所规定的要求有:崇尚科学精神,树立终身学习理念,拓宽知识视野,更新知识结构;潜心钻研业务,勇于探索创新,不断提高专业素养和教育教学水平。故本题选ABCD四项。

14. ACD 【解析】教育心理学的具体研究范畴是围绕学与教相互作用的过程展开的。学与教的相互作用过程是一个系统过程,该系统包含学生、教师、教学内容、教学媒体和教学环境五种要素,由学习过程、教学过程和评价/反思过程这三种活动过程交织在一起组成。故答案选A、C、D三项。

15. BD 【解析】奥苏伯尔根据学习进行的方式,把学习分为接受学习和发现学习,又根据学习材料与学习者原有认知结构的关系,把学习分为机械学习和有意义学习。因此,答案选B、D两项。

16. ABC 【解析】根据《中小学教育惩戒规则(试行)》第十条规定,小学高年级、初中和高中阶段的学生违规违纪情节严重或者影响恶劣的,学校可以实施以下教育惩戒,并应当事先告知家长:(1)给予不超过一周的停课或者停学,要求家长在家进行教育、管教;(2)由法治副校长或者法治辅导员予以训诫;(3)安排专门的课程或者教育场所,由社会工作者或者其他专业人员进行心理辅导、行为干预。对违规违纪情节严重,或者经多次教育惩戒仍不改正的学生,学校可以给予警告、严重警告、记过或者留校察看的纪律处分。对高中阶段学生,还可以给予开除学籍的纪律处分。D项属于对高中阶段学生的纪律处分,故答案选A、B、C三项。

17. ABD 【解析】《关于全面深化新时代教师队伍建设改革的意见》中提出,突出师德。把提高教师思想政治素质和职业道德水平摆在首要位置,把社会主义核心价值观贯穿教书育人全过程,突出全员全方位全过程师德养成,推动教师成为先进思想文化的传播者、党执政的坚定支持者、学生健康成长的指导者。故答案选A、B、D三项。

三、判断题

18. × 【解析】教师公正是指教师在教育职业活动中,公平合理地对待和评价全体合作者。它是教育公正的核心内容,教育公正不仅包括教师公正,而且也包括教育的制度性公正。故题干说法错误。

19. √ 【解析】2018年8月22日,国务院办公厅印发的《关于规范校外培训机构发展的意见》中指出,面向中小学生的校外培训机构开展非学历教育培训是学校教育的补充,对于满足中小学生选择性学习需求、培育发展兴趣特长、拓展综合素质具有积极作用。故题干说法正确。

20. × 【解析】根据《幼儿园工作规程》第三十三条规定,幼儿园和小学应当密切联系,互相配合,注意两个阶段教育的相互衔接。幼儿园不得提前教授小学教育内容,不得开展任何违背幼儿身心发展规律的活动。

21. × 【解析】根据《中华人民共和国教育法》第三十条规定,学校及其他教育机构应当履行下列义务:(1)遵守法律、法规;(2)贯彻国家的教育方针,执行国家教育教学标准,保证教育教学质量;(3)维护受教育者、教师及其他职工的合法权益;(4)以适当方式为受教育者及其监护人了解受教育者的学业成绩及其他有关情况提供便利;(5)遵照国家有关规定收取费用并公开收费项目;(6)依法接受监督。根据题干中的关键词"以各种方式"可知,题干说法错误。

22. √ 【解析】最早对遗忘进行实验研究的是德国心理学家艾宾浩斯,他提出了著名的"遗忘曲线"。艾宾浩斯以无意义音节为材料,依据保持效果,绘制了遗忘曲线。压抑说(动机说)认为,遗忘是由于情绪或动机的压抑作用引起的,如果压抑被解除,记忆就能恢复。该理论是弗洛伊德在给病人催眠时发现的。他认为个体之所以无法回忆,是因为该记忆使病人感到痛苦而被人为地压抑在无意识之中。

23. √ 【解析】教学效能感一般指教师对自己影响学生行为和学习结果的能力的一种主观判断。

24. √ 【解析】德育过程的基本矛盾是教育者提出的德育要求(社会所要求的道德规范)与受教育者已有品德水平之间的矛盾。

25. × 【解析】根据埃里克森的人格发展阶段理论,自我同一性对角色混乱阶段(12~18岁)的发展任务是培养自我同一性;勤奋感对自卑感阶段(6~12岁)的发展任务是培养勤奋感。故题干说法错误。

26. √ 【解析】国务院教育督导委员会办公室印发的《关于组织责任督学进行"五项管理"督导的通知》中指出,加强中小学生作业、睡眠、手机、读物、体质管理(简称"五项管理"),关系学生健康成长、全面发展,是深入推进立德树人的重大举措。

27.√ 【解析】2021 年是中国共产党成立 100 周年,是"十四五"开局之年。站在"两个一百年"奋斗目标的历史交汇点上,基础教育面临着新形势、新阶段、新理念、新格局、新目标、新要求,更面临着巨大的发展机遇。征途漫漫,唯有奋斗。基础教育系统要锚定 2035 年建成教育强国远景目标,坚守为党育人、为国育才的使命,全面贯彻党的教育方针,落实立德树人根本任务,深化教育综合改革,切实提高育人质量,促进教育公平,办好人民满意的教育,为"十四五"时期高质量发展开好局、起好步,以优异成绩向党的百年华诞献礼。

四、简答题(参考答案)

28. 中小学德育工作的实施途径有哪些?

(1)思想品德课(思想政治课)与其他学科教学;(2)社会实践活动;(3)课外、校外活动;(4)共青团、少先队组织的活动;(5)校会、班会、周会、晨会、时事政策的学习;(6)班主任工作。

29. 学校与家庭的有效合作能促进学生健康成长,请列举家校合作的方式。

学校可以通过与家庭相互访问、建立通讯联系、定时举行家长会、组织家长委员会、举办家长学校等途径加强与家庭之间的联系。

30. 请列举教育部发布的《新时代中小学教师职业行为十项准则》(2018 年)中的任意六条。

(1)坚定政治方向。(2)自觉爱国守法。(3)传播优秀文化。(4)潜心教书育人。(5)关心爱护学生。(6)加强安全防范。(7)坚持言行雅正。(8)秉持公平诚信。(9)坚守廉洁自律。(10)规范从教行为。

(考生可结合自身实际,列举其中的任意六条即可)

31. 2021 年 4 月 29 日,第十三届全国人民代表大会常务委员会第二十八次会议修正了《中华人民共和国教育法》,简述其中提出的教育方针。

我国《教育法》总则第五条明确规定了我国的教育方针:"教育必须为社会主义现代化建设服务、为人民服务,必须与生产劳动和社会实践相结合,培养德智体美劳全面发展的社会主义建设者和接班人。"

五、案例分析题(参考答案)

32. (1)案例中家长对劳动教育的认知和做法是错误的。劳动技术教育是引导学生掌握劳动技术知识和技能,形成劳动观点和习惯的教育。我国的教育目的是培养德智体美劳全面发展的社会主义建设者和接班人。案例中,家长对劳动教育的认知和做法不利于学生的全面发展,违背了素质教育的要求。

(2)对中小学生开展劳动教育的意义和作用包括:①劳动技术教育是培养全面发展的人的重要组成部分。开展劳动技术教育能够促进学生优良品德的发展,有利于学生掌握知识,形成技能,发展智力,还能够增强学生的体质。②开展劳动技术教育,有利于完成升学和就业的双重任务,适应社会主义现代化建设的需要。

(3)家庭要发挥在劳动教育中的基础作用。①家长要注重抓住衣食住行等日常生活中的劳动实践机会,鼓励孩子自觉参与、自己动手,随时随地、坚持不懈进行劳动,掌握洗衣做饭等必要的家务劳动技能,每年有针对性地学会 1 至 2 项生活技能。②家长要鼓励孩子利用节假日参加各种社会劳动。③家庭要树立崇尚劳动的良好家风,家长要通过日常生活的言传身教、潜移默化,让孩子养成从小爱劳动的好习惯。

33. 王老师侵犯了学生小李的人身自由权、人格尊严权、财产权、受教育权。

(1)侵犯学生的人身自由权。人身自由是公民的一项基本权利,包括身体行动自由和表达的自由。侵害学生人身自由的表现形式有:非法拘禁和限制学生、非法搜查学生、非法限制学生表达自由的权利等。案例中,班主任王老师冲进教室对小李进行搜身,此行为侵犯了小李的人身自由权。

(2)侵犯学生的人格尊严权。学校和教师必须尊重学生的人格尊严,严禁对学生实施体罚、变相体罚或其他侮辱人格尊严的行为。案例中,班主任王老师当着全班同学的面辱骂小李,此行为侵犯了小李的人格尊严权。

(3)侵犯学生的财产权。个人的财产所有权是指公民对个人所有的财产依法进行占有、使用、收益和处分的权利。学生的合法财产受法律保护,教师不得侵占、破坏或非法扣押、没收等。教师侵犯学生财产权的表现形式:损坏学生财物、非法没收学生物品、乱罚款、乱摊派、推销商品等。案例中,班主任王老师清空小李购买的游戏装备,注销其游戏账号,此行为侵犯了小李的财产权。

(4)侵犯学生的受教育权。受教育权是学生最基本的权利。常见的侵犯学生受教育权的表现形式主要有:①侵犯学生受教育机会的平等权;②侵犯学生的入学权;③侵犯学生参加考试的权利;④随意开除学生。此外,还有侵犯学生上课学习的权利、侵犯学生受教育的选择权、侵犯学生升学复学方面的同等权利、以侵犯姓名权的手段侵犯学生的受教育权、延误学生录取通知书的发放等。案例中,班主任王老师让小李停课三天,这属于侵犯学生上课学习的权利。

六、写作题(写作思路)

34. 结合材料,从如何做一名好老师的角度出发,写作思路如下:

首先,材料中张桂梅校长的先进事迹,对我们的启示是:教师要有高尚的职业道德和责任担当,要坚守教育初心,努力践行新时代教师的使命。

其次,为了培育时代新人,践行新时代教师使命,教师要争取做一名有理想信念,有道德情操,有扎实学识,有仁爱之心的"四有"好老师。

最后,考生要结合自身实际加以叙述。立志成为人民教师的你可以结合自己所了解的优秀教师的范例,来谈谈在今后的教育工作中,自己要如何培育时代新人,践行新时代教师的使命。

2021 年贵州省贵阳市南明区教师招聘考试真题试卷(精编)(二十一)

一、单项选择题

1. 缺。

2. C 【解析】2020 年 11 月 30 日,世卫组织发布最新一期《世界疟疾报告》。报告显示,过去的 20 年中有 21 个国家消灭了疟疾,其中 10 个国家被世卫组织正式认证为无疟疾。

3. B 【解析】2020 年 12 月,教育部联合国家卫生健康委印发《关于进一步加强无烟学校建设工作的通知》(以下简称《通知》)。《通知》要求要切实加强组织领导,本着统一组织、属地管理的原则,建立完善本区域内无烟学校建设工作机制,制定实施方案和年度工作计划,推动无烟学校建设工作全面开展。力争到 2022 年底,实现各级各类学校全面建成无烟学校的目标。

4. D 【解析】A 项,神话起源说认为,教育由人格化的神(上帝或天)所创造,教育目的体现神或天的意志。该学说受到当时在人类起源问题上认识水平的局限,是根本错误的,非科学的。B 项,生物起源说认为,教育是一种生物现象,而不是人类所特有的社会现象。该学说没有把握人类教育的目的性和社会性,把教育的起源问题生物学化。C 项,心理起源说认为,教育起源于日常生活中儿童对成人的无意识模仿。该学说把人类有意识的教育行为混同于无意识模仿,否定了教育活动的目的性和意识性,同样导致了教育的生物学化,否认了教育的社会属性。D 项,劳动起源说认为,教育起源于人类特有的生产劳动。该学说认识到了社会性问题乃是教育起源的关键性问题,把握了人类的生存与物质生产的关系,并把工具的制造作为一个显著标志。故本题选 D 项。

5. A 【解析】两汉时期的主要学校类型有太学、鸿都门学等。其中,东汉灵帝设立的鸿都门学是世界上最早的研究文学艺术的专门学校。故本题选 A 项。B 项,太学是汉武帝在董仲舒的建议下设立的,是当时的最高教育机构。C 项,稷下学宫是春秋战国时期养士的一个缩影,是一所由官家举办、私家主持的学校,特点是学术自由。D 项,国子学是"六学"之一。唐代从中央到地方形成了相当完备的官学教育体系,六学(国子学、太学、四门学、律学、书学、算学)二馆(崇文馆、弘文馆)组成了中央官学的主干。

6. B 【解析】20 世纪 60 年代,法国教育家保罗·朗格朗提出了终身教育理论。终身教育是适应科学知识的加速增长和人的持续发展要求而逐渐形成的一种教育思想和教育制度,包括各个年龄阶段的各种方式的教育。

7. C 【解析】孔子提出了庶、富、教的观点,认为人口、财富和教育是立国的三个要素。其中,庶和富是实施教育的先决条件,只有在庶和富的基础上开展教育,才会取得社会成效。故本题选 C 项。A 项,孟子持"性善论",这是其教育思想的基础。孟子认为教育是扩充"善性"的过程,教育的目的在于"明人伦"。B 项,墨子即墨家的代表人物,墨子(墨翟)以"兼爱""非攻"为教,同时注重文史知识的掌握和逻辑思维能力的培养,还注重实用技术的传习。D 项,老子是道家的代表人物之一,著有《道德经》一书。

8. A 【解析】荀子认为,教育的目的是培养贤能之士,使得"始乎为士,终乎为圣人"。他把当时的儒者分为三个层次:俗儒、雅儒和大儒。"俗儒"学得儒学的外表,仅会把先王之道与诗书礼乐当作教条,且人格低下,不敢有任何自己的志向。"雅儒"能知道礼义诗书精神,尊贤畏法,言行符合礼法要求,是荀子所要培养的基本人才。"大儒"知识广博、知通统类,能够自觉遵守礼义法度和社会道德规范,能够自如地面对从未见过的新事物、新问题,执法志坚而无所凝滞。荀子认为教育的目的就是要培养雅儒和大儒,并以大儒作为理想目标。故本题选 A 项。

9. D 【解析】杨贤江以李浩吾为化名出版的《新教育大纲》是我国第一部马克思主义的教育学著作。他致力于中国的青年教育,提出了"全人生指导"的青年教育思想。所谓"全人生指导",就是对青年进行全面关心、教育和引导,即不仅关心他们的文化知识学习,同时对他们生活中的各种实际问题给以正确的指点和疏导,使之在德、智、体诸方面都得以健康成长,成为一个"完成的人",以适社会改进之所用。

10. C 【解析】"五育"各有其相对独立性并相互影响、相互促进。这具体表现在:(1)德育在全面发展教育中起着灵魂与统帅作用,为其他各育提供了方向性的保证。(2)智育在全面发展教育中起着前提和支持作用,为其他各育提供了知识基础和智力支持。(3)体育在全面发展教育中起着基础作用,为其他各育提供物质基础。(4)美育在全面发展教育中起着动力作用。(5)劳动技术教育可以综合德智体美各育的作用,是实现个体与社会协调统一、和谐发展的纽带和桥梁。故本题选 C 项。

11. A 【解析】17 世纪,捷克教育家夸美纽斯总结了前人和自己的实践经验,并在其代表作《大教学论》中对班级组织进行了论证,从而奠定了班级组织的理论基础。故本题选A项。B项,《大教育论》的作者是查有梁。C项,《雄辩术原理》又叫《论演说家的教育》或《论演说家的培养》,作者是昆体良。D项,《爱弥儿》的作者是卢梭。

12. C 【解析】后进生通常指那些学习积极性不高、学习成绩暂时落后、不太守纪律的学生。后进生一般具有如下心理特征:(1)不适度的自尊心;(2)学习动机不强;(3)意志力薄弱。C项属于先进生的心理特征之一。

13. B 【解析】赫尔巴特是康德哲学教席的继承者,近代德国著名的心理学家和教育学家,在世界教育史上被认为是"现代教育学之父"或"科学教育学的奠基人"。故本题选B项。A项,裴斯泰洛齐是西方教育史上第一个明确提出"教育心理学化"口号的教育家。C项,乌申斯基被誉为"俄罗斯教育心理学的奠基人"。D项,冯特被称为"心理学之父"。

14. A 【解析】教育性原则是指在教育心理学的研究过程中,所采用的研究手段与方法应能促进被试心理的良性发展,这是所有关于人的心理学研究中都应遵从的一个基本伦理道德原则。

15. B 【解析】少年期又称学龄中期,大致相当于初中阶段,是个体从童年期向青年期过渡的时期,具有半成熟、半幼稚的特点。在这一时期,学生处于生理发育的第二个高峰期。整个少年期充满独立性和依赖性、自觉性和幼稚性错综的矛盾。这一时期也被称为"心理断乳期"或"危险期"。

16. B 【解析】低常儿童是指智力发展明显低于同龄儿童平均水平并有适应性行为障碍的儿童,又称智力落后儿童。IQ低于70为智力落后,他们在人口中大约占2.7%。

17. 缺。

18. C 【解析】一个总是失败并把失败归因于内部的、稳定的和不可控的因素(即能力低)的学生会形成一种习得性无助的自我感觉。

19. A 【解析】高驱低避型又称为"成功定向者"。这种动机类型的学生拥有无穷的好奇心,表现得自信、机智,对学习有极高的自我卷入水平。B项错误。低驱高避型又称为"逃避失败者"。对于这类学生,逃避失败要比对成功的期望重要。他们表面上看起来没有学习的动机,但其实他们有强烈的对失败的恐惧。面对没有把握成功的任务时,他们的这种恐惧会十分强烈,而必须采用逃避的手段。C项错误。低驱低避型又称为"失败接受者"。他们没有对成功自豪的期望,也没有对羞耻感的恐惧。他们内心很少有冲突,同时学习的机会和时间也非常有限。他们放弃了通过能力的获得来保持其身份地位的努力。D项错误。高驱高避型又称为"过度努力者"。具有这种动机形式的人同时受到成功的诱惑和失败的恐惧,他们对一项任务怀有既追求又排斥的冲突情绪,他们兼具了成功定向者和避免失败者的特点。A项正确。因此,答案选A项。

20. 缺。

21. B 【解析】皮亚杰通过大量研究,发现并总结出了儿童道德认知发展的总规律,即儿童道德的发展经历从他律到自律的转化发展过程。他认为10岁是儿童从他律道德向自律道德转化的分水岭,10岁前儿童对道德行为的思维判断主要依据他人设定的外在标准,也就是他律道德;10岁以后儿童对道德行为的思维判断大多依据自己的内在标准,也就是自律道德。

22. C 【解析】直接教学是以学习成绩为中心,在教师指导下使用结构化的有序材料的课堂教学策略。在直接教学中,教师向学生清楚地说明教学目标,在充足而连续的教学时间里给学生呈现教学内容,监控学生的表现,及时向学生提供学习方面的反馈。

23. B 【解析】儿童多动综合征(简称多动症)是小学生中最为常见的一种以注意力缺陷和活动过度为主要特征的行为障碍综合征。高峰发病年龄为8~10岁。

24. A 【解析】A项形式训练说是最早的关于迁移的理论,以官能心理学为基础,代表人物主要有德国的沃尔夫。B项相同要素说认为迁移是非常具体的、有条件的,需要有共同的要素。只有当两个机能的因素中有相同要素时,一个机能的变化才会改变另一个机能的习得。C项概括化理论也称经验类化说,由美国心理学家贾德提出,其主要观点是,一个人只要对自己的经验进行了概括,就可以完成从一个情境到另一个情境的迁移。对原理了解、概括得越好,迁移效果也越好。D项关系转换理论认为迁移是学习者突然发现两个学习经验之间关系的结果,是对情境中各种关系的理解和顿悟,而非由于具有共同成分或原理自动产生。故本题答案为A项。

25. D 【解析】陈述性知识学习的过程包括获得、保持和提取三个阶段。(1)知识获得阶段,新信息进入短时记忆,与长时记忆中的相关信息联系,出现新的意义构建;(2)知识保持阶段,新构建的意义储存于长时记忆中,如果没有复习或新的学习,这些意义将随着时间的延长而遗忘;(3)知识提取阶段,个体运用所获得的知识回答"是什么"和"为什么"的问题,并应用这些知识解决实际问题,使所学知识产生广泛迁移。

26. 缺。

27. B 【解析】问题解决的过程一般可分为发现问题、理解问题、提出假设和检验假设四个阶段。其中,提出假设就是提出解决问题的可能途径与方案,选择恰当的解决问题的操作步骤。能否有效地提出假设,受到个体思维的灵活性与已有知识经验的影响。提出假设是问题解决的关键阶段。

28. D 【解析】《国家中长期教育改革和发展规划纲要(2010~2020年)》提出,推进义务教育均衡发展。均衡发展是义务教育的战略性任务。建立健全义务教育均衡发展保障机制。推进义务教育学校标准化建设,均衡配置教师、设备、图书、校舍等资源。

29. D 【解析】根据《教师资格条例》第十九条规定,有下列情形之一的,由县级以上人民政府教育行政部门撤销其教师资格:(1)弄虚作假、骗取教师资格的;(2)品行不良、侮辱学生,影响恶劣的。被撤销教师资格的,自撤销之日起5年内不得重新申请认定教师资格,其教师资格证书由县级以上人民政府教育行政部门收缴。

30. 缺。

二、多项选择题

31. ABC 【解析】古代东西方的教育虽然在具体内容和形式上存在许多差异,但也有一些共同特征:阶级性、道统性、等级性、专制性、刻板性、象征性。

32. ABCD 【解析】班主任在全面了解学生的基础上,对掌握的材料进行分析处理,并将整理结果分类存放起来,即建立学生的档案。建立学生档案一般分四个环节:收集—整理—鉴定—保管。

33. ABCD 【解析】操行评定是班主任根据预定的发展目标,在学期结束时对学生个体的思想品德及学习、劳动、个性发展等各方面的情况做出的总体评价。操行评定的主要内容有:(1)身心健康状况。(2)品行表现。思想品德方面的表现,如参与学校、班集体各项活动的情况,审美素养,劳动实践等。(3)学习情况。故本题全选。

34. ABCD 【解析】偶发事件处理的原则有:(1)教育性原则;(2)客观性原则;(3)有效性原则;(4)可接受性原则;(5)冷处理原则。

35. ABD 【解析】课外、校外教育是指在课程计划和学科课程标准以外,利用课余时间,对学生施行的各种有目的、有计划、有组织的教育活动。

36. CD 【解析】按文献的处理、加工程度,可将教育文献分为一次文献、二次文献和三次文献。其中,一次文献包括专著、论文、调查报告、档案材料等以作者本人的实践为依据而创作的原始文献;二次文献是对原始文献加工、整理,使之系统化、条理化的检索性文献。一般包括题录、书目、索引、提要和文摘等;三次文献是在利用二次文献的基础上对某个范围内的一次文献进行广泛深入的分析研究之后,综合浓缩而成的参考性文献,包括动态综述、专题述评、数据手册、年度百科大全以及专题研究报告等。因此,A项属于参考性文献,即三次文献。B项属于检索性文献,即二次文献。C、D两项属于原始文献,即一次文献。

37. AB 【解析】根据《中华人民共和国未成年人保护法》第四十四条规定,爱国主义教育基地、图书馆、青少年宫、儿童活动中心、儿童之家应当对未成年人免费开放;博物馆、纪念馆、科技馆、展览馆、美术馆、文化馆、社区公益性互联网上网服务场所以及影剧院、体育场馆、动物园、植物园、公园等场所,应当按照有关规定对未成年人免费或者优惠开放。

38. ABCD 【解析】教育心理学对教育实践具有描述、解释、预测和控制的作用。具体来说包括以下几个方面:(1)帮助教师准确地了解问题;(2)为实际教学提供科学的理论指导;(3)帮助教师预测并干预学生的行为;(4)帮助教师结合实际教学进行教育研究。

39. AC 【解析】精加工策略是指把新信息与头脑中的旧信息联系起来从而增加新信息意义的深层加工策略。它常被描述成一种理解记忆的策略,其要旨在于建立信息间的联系。常见的精加工策略有记忆术、做笔记、提问、生成性学习以及运用背景知识,联系客观实际等。A项关键词法属于记忆术的一种。B项列提纲属于组织策略。D项画线属于复述策略。本题答案为A、C两项。

40. BCD 【解析】有人以发散思维的特点来代表创造性思维的特点。发散思维具有流畅性、灵活性(变通性)和独创性(独特性)等特点。

三、判断题

41. √ 【解析】教育的本质属性是育人,即教育是一种有目的地培养人的社会活动,这是教育区别于其他事物现象的根本特征。故题干说法正确。

42. √ 【解析】在不同历史阶段,社会发展对教育的要求不同,因而教育内容也要发生一定的变化,教育学的研究内容就显得比较复杂,它主要探索教育的基本理论、课程和教学论、全面发展教育、学校教育管理与测评等,研究的核心内容是教育规律。(具体参看晏清才主编的《教育学》)

43. × 【解析】我国中小学德育途径是广泛多样的,包括:思想品德课(思想政治课)与其他学科教学,社会实践活动,课外、校外活动,共青团、少先队组织的活动,校会、班会、周会、晨会、时事政策的学习,班主任工作等。其中,思想品德课之外的其他各科教学是德育最经常、最基本、最有效的途径,社会实践活动是学校德育不可缺少的重要途径。故题干说法错误。

44. √ 【解析】班主任工作的基本任务是带好班级、教好学生。班主任工作的首要任务是组织建立良好的班集体。班主任工作的中心任务是促进班集体全体成员的全面发展。

45. √ 【解析】家庭教育的特点包括先导性、感染性、权威性、针对性、终身性和个别性。其中,先导性是指,一个人最早接受的教育是家庭教育,第一批教育者是家长。家长的政治态度、对问题的看法,甚至思想作风、爱好特长,都直接或间接地影响着学生。家庭这种先入为主的教育对他们以后的德、智、体等方面的发展影响极大,甚至影响他们的未来。

46.√ 【解析】现代教学观的内容包括:(1)全面发展的教学观。教学重结论更要重过程,教学关注学科更要关注人。(2)交往与互动的教学观——教学不只是教师教学生学的过程,更是师生交往、积极互动、共同发展的过程。(3)开放与生成的教学观——教学不只是课程传递和执行的过程,更是课程创生与开发的过程。故题干说法正确。

47.× 【解析】我国的基础教育包括学前教育和普通中小学教育。基础教育是实施普通文化科学知识的教育,是提高民族素质的奠基工程,在教育中处于基础性地位,主要任务是为学生以后的进一步学习、生活和工作打下扎实的基础。

48.√ 【解析】西欧双轨制以英国的双轨制为典型代表,法国、联邦德国等欧洲国家的学制都属这种学制。它的学校系统分为两轨,一轨是学术教育,为特权阶层子女所占有,学术性很强,学生可升到大学以上;另一轨是职业教育,为劳动人民的子弟所开设,属生产性的一轨。双轨制有两个平行的系列,这两轨既不相通,也不相接。

49.√ 【解析】根据《中华人民共和国义务教育法》第二十六条规定,学校实行校长负责制。校长应当符合国家规定的任职条件。校长由县级人民政府教育行政部门依法聘任。

50.× 【解析】根据《〈教师资格条例〉实施办法》第二十条规定,教师资格认定机构根据教师资格专家审查委员会的审查意见,在受理申请期限终止之日起30个法定工作日内作出是否认定教师资格的结论,并将认定结果通知申请人。符合法定的认定条件者,颁发相应的《教师资格证书》。

51.√ 【解析】教师专业发展的途径主要包括师范教育、新教师的入职培训、教师的在职培训和教师的自我教育。其中,教师的自我教育就是专业化的自我建构,它是教师个体专业化发展最直接、最普遍的途径。

52.× 【解析】我国出版的第一本教育心理学著作是1908年房东岳翻译日本小原又一著的《教育实用心理学》。1924年,廖世承编写了我国第一本《教育心理学》教科书。

53.√ 【解析】智力的性别差异表现在:(1)男女智力的总体水平大致相等,但男性智力分布的离散程度比女性大;(2)男女的智力结构存在差异,各自具有自己的优势领域。男女在一般智力因素上没有显著差异,其性别差异主要反映在特殊智力因素中,主要包括数学能力、言语能力和空间能力。

54.× 【解析】逃避条件作用是指当厌恶刺激出现时,有机体做出某种反应,从而逃避了厌恶刺激,则该反应在以后的类似情境中发生的概率便增加的一类条件作用。看见路上的垃圾后就绕道走开属于逃避条件作用的典例。逃避条件作用是负强化的条件作用类型,故题干说法错误。

55.√ 【解析】布鲁纳认为,发现是教育儿童的主要手段,学生掌握学科的基本结构的最好方法是发现学习。

56.√ 【解析】西方心理学的"第一势力"是行为主义心理学,西方心理学的"第二势力"是精神分析心理学,西方心理学的"第三势力"是人本主义心理学。

57.√ 【解析】罗杰斯所倡导的学习原则的核心就是让学生自由学习。他认为,只要教师信任学生,信任学生的学习潜能,并愿意让学生自由学习,就会在与学生的交往中形成适应自己风格的、促进学习的最佳方法。

58.× 【解析】"耶克斯—多德森定律"表明,动机不足或过分强烈都会影响学习效果。动机水平与行为效果呈倒U型曲线。故题干说法错误。

59.√ 【解析】柏拉图的教育思想集中体现在其代表作《理想国》中,他认为理想国中教育的最高目标是培养哲学家兼政治家——哲学王。故题干说法正确。

60.√ 【解析】2020年12月18日,新型地球物理综合科学考察船"实验6"号在广州举行交船暨入列仪式。"实验6"号的投入使用,填补了目前国内中型地球物理综合科学考察船的空白。

四、简答题(参考答案)

61.简述加涅对学习结果的分类。

按学习结果,心理学家加涅将学习分为五种类型。

(1)智慧技能。智慧技能指运用符号或概念与环境交互作用的能力的学习。

(2)认知策略。认知策略指调控自己的注意、学习、记忆和思维等内部心理过程的技能的学习。

(3)言语信息。言语信息指有关事物的名称、时间、地点、定义以及特征等方面的事实性信息的学习。

(4)动作技能。动作技能指通过身体动作的质量的不断改善而形成整体动作模式的学习。

(5)态度。态度指影响个人对人、事、物采取行动的内部状态。

这五项内容分属于三个领域:前三项内容属于认知领域;第四项内容属于动作技能领域;第五项内容属于情感领域。加涅认为,上述五类学习不存在等级关系,其顺序是随意排列的,它们是范畴各不相同的学习。

62.简述程序教学的原则。

(1)小步子原则。学生所用的教材或程序教学机器要将学习的内容分为许多小单元,小单元之间相互联系,层层深入,相邻小单元之间的难度差距小,学习者容易成功。

(2)积极反应原则。保证学生在学习过程中一直处于积极的状态,学生一产生学习行为,就要及时给予强化,以保证学习活动的持续进行。

(3)自定步调原则。学生可以按照自己的接受程度选择最适宜的学习进度,这样学生容易成功,学习动机强。

(4)及时反馈原则。及时反馈,也就是说让学生立刻知道自己的答案是否正确,正确的回答可以让学生树立信心,保持学习行为,进行下一阶段的学习。

(5)低错误率原则。保证学习者在学习中将错误率减小到最低,以达到强化效果。

63.简述学科中心主义课程理论的基本观点。

学科中心主义课程理论的基本观点是主张教学内容应以学科为中心,与不同学科对应设置课程,通过分科教学,使学生掌握各科的基本知识、技能、思想方法,从而形成学生的知识结构。

64.简述素质教育的内涵。

(1)素质教育是面向全体学生的教育;(2)素质教育是促进学生全面发展的教育;(3)素质教育是促进学生个性发展的教育;(4)素质教育是以培养创新精神和实践能力为重点的教育。

五、案例分析题(参考答案)

65.小张的做法主要违背了2008年修订的《中小学教师职业道德规范》中"关爱学生"的要求。

(1)"关爱学生"要求教师关心爱护全体学生,尊重学生人格,平等公正对待学生。小张老师更多采纳"好孩子"们的意见,而不注意其他学生的感受,没有做到关心爱护全体学生,没有平等公正对待学生,不符合"关爱学生"的教师职业道德规范要求。

(2)"关爱学生"要求教师对学生严慈相济,做学生的良师益友。关爱学生不是不要严格。严格要求学生,也是对学生的成长负责;然而严格不意味着没有宽容,学生成长总会出现这样那样的问题。所以,要严慈相济。小张老师因为害怕镇不住那些调皮的学生而严厉地对待学生,没有做到严慈相济。

(3)"关爱学生"要求教师不讽刺、挖苦、歧视学生,不体罚或变相体罚学生。这是对教师在与学生关系上的禁止性规定。在教育学生的方法上,采用体罚和变相体罚,是教师职业道德不容许的。小张老师采用变相体罚的方式来惩罚犯错误的学生,是错误的、不被容许的。

(4)"关爱学生"要求教师保护学生安全,关心学生健康,维护学生权益。小张老师采取罚款,不许学生进教室,甚至罚站、罚跑步等变相体罚的方式来惩罚犯错误的学生,严重影响了学生的身心健康。

六、材料写作(写作思路)

66.以议论文为例:

首先,分析材料,提出论点。考生可从现代学生观、教育观等角度出发,点出当一个好教师应具备的基本条件。

其次,结合论点,给出论据。考生可联系实际,提出一到两个典型事例。

最后,升华主题。考生可根据以上观点,呼吁广大教师认真感受和倾听学生心里的声音,做一个好教师。

2021年江西省中小学教师招聘考试真题试卷(二十二)

第一部分 选择题

一、单项选择题

1.C 【解析】A项出自《学记》的开篇,体现的是教育的目的;B项出自《学记》,体现的是长善救失原则;C项出自《荀子·劝学》,体现的是环境对个体身心发展的影响;D项出自《学记》,体现的是启发诱导原则。故本题选C项。

2.C 【解析】斯宾塞在教育内容方面,主张科学知识最有价值。故A项正确。亚里士多德的教育观点基本上承袭柏拉图,认为教育应该由国家负责,受国家控制。故B项正确。卢梭提出了"自然主义教育",夸美纽斯提出了"泛智"教育以及"把一切事物教给一切人"。故C项错误。福禄贝尔提出要让儿童在游戏中得到发展,他是教育史上第一个承认游戏的教育价值的人。故D项正确。

3.B 【解析】从教育发展的历史来看,由于时代不同,生产力和科技发展水平不同,学校课程设置及其内容选择也不同。学校所设置的各门课程都是教育内容的表现形式,课程的门类多少、难易程度及性质都受到生产力发展水平制约。故B项说法错误。

4.D 【解析】人的身心发展的互补性规律是指:(1)机体某一方面的机能受损甚至缺失后,可通过其他方面的超常发展得到部分补偿。(2)互补性也存在于心理机能与生理机能之间。故题干的表述体现的是人的身心发展的互补性对教育提出的要求。

5.C 【解析】学校教育对人的发展的主导作用是有条件的。并不是所有学校教育都能对人的发展起主导作用,也不是学校教育在任何时候都能对人的发展起主导作用。故C项说法过于绝对。

6.D 【解析】《中小学德育工作指南》规定,我国中小学德育内容包括:理想信念教育、社会主义核心价值观教育、中华优秀传统文化教育、生态文明教育和心理健康教育。其中,理想信念教育包括加强中国历史特别是近现代史教育、革命文化教育、中国特色社会主义宣传教育、中国梦主题宣传教育、时事政策教育,引导学生深入了解中国革命史、中国共产党史、改革开放史和社会主义发展史。故本题选D项。

7.C 【解析】教育目的是指一个国家或社会的教育对人才培养规格的总要求,是国家为培养人才而确定的质量规格和标准。故C项说法错误。

8.D 【解析】我国奴隶制社会时期,教育的一个重要特点是"学在官府,以吏为师",教师都由官吏兼任,官师一体。而我国古代社会一般包括奴隶社会和封建社会,故D项说法错误。

9.B 【解析】从教学场所来看,班级授课一般在教室、实验室中进行,比较固定。课堂中的座次也相对固定。但学生座次安排可采用不同的形式,如秧田式、圆桌式、马蹄式和会议式等。故A项说法正确。个别教学,又称个别辅导,是教师针对不同学生的情况进行个别辅导的教学组织形式。它更有利于因材施教,而不是拔尖人才的培养。故B项说法错误。走班制的形式是:(1)学科教室和教师固定,学生流动上课;(2)实行大、小班上课的多种教学形式;(3)小组合作学习的方式。故C项说法正确。分组教学的优点是能很好地适应学生的个别差异,可激发学生的学习兴趣,发展学生的特长,也有利于拔尖人才的培养。但分组教学在实施中也有许多问题和困难,如按成绩分组、编班后,容易造成学生心理不平衡和出现一些矛盾。故D项说法正确。

10.C 【解析】第八次课程改革的价值追求表现在:(1)教育公平。这意味着课程必须谋求所有适龄儿童平等享受高质量的基础教育。(2)国际理解。这意味着我国的课程体系必须追求国际性与民族性的内在统一,必须追求多样文化的教育价值观。(3)回归生活世界。回归生活世界的课程在内容上意味着要突破狭隘的科学世界的约束,因此,除了科学以外,艺术、道德、个人世界、自由的日常交往都是重要的课程资源。(4)关爱自然。(5)个性发展。这意味着课程必须尊重每一位学生个性发展的完整性、独立性、具体性、特殊性。因此,课程应创设有助于个性发展的社会情境。故C项不属于第八次课程改革的价值追求。

11.B 【解析】在我国,爱国主义教育是德育的永恒主题,是我国学校德育中最重要的内容,处于核心地位。故A项说法正确。德育过程与品德形成过程是两个完全不同的概念。两者是教育与发展的关系。故B项说法错误。道德教育是培养和发展学生基本道德品质的教育。这种教育实质上是教学生如何做人的教育。故C项说法正确。选择德育内容的依据之一是当前的时代特征,它决定了德育内容的针对性。故D项说法正确。

12.D 【解析】班级活动在准备时,根据活动的性质,可能需要一些外部的支持。例如,向学校申请活动经费支持,联系家长,把孩子的活动情况告知家长,甚至让家长一起参与活动等。一般而言,这种联系最好由班主任来进行,学生只起辅助作用。故D项说法错误。

13.B 【解析】贯彻德育的因材施教原则的要求包括:(1)深入了解学生的个性特点和内心世界。(2)根据学生个人特点有的放矢地进行教育。(3)根据学生的年龄特征有计划地进行教育。(4)要针对不同地区的实际情况来施教。故B项说法错误。

14.D 【解析】叶圣陶提出,"要想学生好学,必须先生好学。惟有学而不厌的先生才能教出学而不厌的学生"。在这个意义上说,身教比言教更为重要,更为有力。这句话体现的是教师职业道德中行为的典范性的特征。故D项说法错误。

15.A 【解析】《中华人民共和国教师法》于1993年10月31日经第八届全国人民代表大会常务委员会第四次会议通过,自1994年1月1日起施行。故A项说法错误。根据《教师资格条例》第十九条规定,有下列情形之一的,由县级以上人民政府教育行政部门撤销其教师资格:(1)弄虚作假、骗取教师资格的;(2)品行不良、侮辱学生,影响恶劣的。故B项正确。《中华人民共和国义务教育法》是教育法律之一,是关于教育的单行法,也是我国历史上第一部关于基础教育的法律。故C项说法正确。根据《中华人民共和国教育法》第十九条规定,国家实行九年制义务教育制度。故D项说法正确。

16.C 【解析】根据《学生伤害事故处理办法》第十三条规定,下列情形下发生的造成学生人身损害后果的事故,学校行为并无不当的,不承担事故责任;事故责任应当按有关法律法规或者其他有关规定认定:(1)在学生自行上学、放学、返校、离校途中发生的;(2)在学生自行外出或者擅自离校期间发生的;(3)在放学后、节假日或者假期等学校工作时间以外,学生自行滞留学校或者自行到校发生的;(4)其他在学校管理职责范围外发生的。题干中的刘某是在放学途中发生的学生伤害事故,学校行为并无不当,不承担法律责任。故答案选C项。

17.A 【解析】《中共中央 国务院关于全面深化新时代教师队伍建设改革的意见》提出的基本原则之一是突出师德,要求把提高教师思想政治素质和职业道德水平摆在首要位置,把社会主义核心价值观贯穿教书育人全过程,突出全员全方位全过程师德养成,推动教师成为先进思想文化的传播者、党执政的坚定支持者、学生健康成长的指导者。

18.C 【解析】C项,规则的学习,亦称原理学习,指了解概念之间的关系,学习概念间的联合。自然科学中各种定律、定理的学习是规则学习。桑代克的效果律属于定律。故答案选C项。A项,连锁学习,是一系列刺激—反应的联合。个体首先要习得每个刺激—反应联结,并按照特定的顺序反复练习,同时还应接受必要的及时强化。B项,言语联想学习,其实质是连锁学习,只不过它是语言单位的连接,如将单词组合为合乎语法规则的句子。D项,解决问题的学习,亦称高级规则的学习,指在各种条件下应用规则或规则的组合去解决问题。

19.D 【解析】D项,奥苏伯尔认为学校情境中的成就动机主要由三个方面组成,即认知内驱力、自我提高内驱力和附属内驱力。他认为,认知内驱力、自我提高内驱力和附属内驱力在动机结构中所占的比重并不是一成不变的,通常是随着年龄、性别、个性特征、社会地位和文化背景等因素的变化而变化。故提出该观点的心理学家是奥苏伯尔。A项,布鲁纳提出了认知—结构学习论;B项,斯金纳提出了操作性条件反射;C项,苛勒提出了学习的完形—顿悟说。

20.D 【解析】高创造性者一般具有以下个性特征:(1)具有幽默感;(2)有抱负和强烈的动机;(3)能够容忍模糊与错误;(4)喜欢幻想;(5)具有强烈的好奇心;(6)具有独立性,很少考虑自己在他人心目中的形象。

21.A 【解析】A项的常模参照(性)评价又称相对性评价,是运用常模参照性测验对学生的学习成绩进行的评价,它主要依据学生个人的学习成绩在该班学生成绩序列或常模中所处的位置来评价和决定他的成绩的优劣,而不考虑是否达到教学目标的要求。该评价具有甄选性强的特点,因而可以作为选拔人才、分类排队的依据。因此,想知道学生在班级中的排名,应该使用常模参照评价。故本题选A项。B项的标准参照评价又称绝对性评价(目标参照性评价),是运用目标参照性测验对学生的学习成绩进行的评价。它主要依据教学目标和教材编制试题来测量学生的学业成绩,判断学生是否达到了教学目标的要求,而不以评定学生之间的差异为目的。C项的诊断性评价是在学期开始或一个单元教学开始时,为了了解学生的学习准备状况及影响学习的因素而进行的评价。它包括通常所称的各种摸底考试。D项的总结性评价也称终结性评价,是在一个大的学习阶段、一个学期或一门课程结束时对学生学习结果的评价。它常在学期中或学期末进行。

22.B 【解析】操作性(工具性)条件反射与经典性条件反射有共同的规律。它们都是在一定条件下建立起来的反射,而最根本的共同点是都需要强化。二者的不同之处有:(1)无条件刺激是否明确。经典性条件反射中,无条件刺激"食物"很明确;操作性(工具性)条件反射中,无条件刺激不明确。故D项说法正确。(2)强化是与刺激有关,还是与反应有关。经典性条件反射中,强化与刺激有关,并且出现在反应之前,所以,经典性条件反射是刺激—反应的过程。操作性(工具性)条件反射中,强化与反应有关,并且出现在反应之后,所以,操作性(工具性)条件反射是反应—刺激的过程。故C项说法正确。(3)反应方式不同。经典性条件反射中,动物是被束缚着的,是被动地接受刺激,反应是先天固有的。在操作性(工具性)条件反射中,动物可以自由活动,它通过主动操作来达到一定的目的,反应是在学习过程中形成的。所以,操作性(工具性)条件反射在人类的活动中存在更广泛,意义也更大。故A项说法正确,答案选B项。(具体内容参见张潮、王敬国主编的《心理学》)

23.B 【解析】A项,抛锚式教学模式指以问题为中心,将知识抛锚在一定的问题情境中,以激发学生的好奇心和创造力的教学模式。B项,认知学徒教学模式主张通过在真正现场活动中获取、发展和使用认知工具来进行特定领域的学习,强调要把学习者和实践世界联系起来。C项,随机通达教学模式,是指学习者可以随机通过不同途径、不同方式进入同样的教学内容的学习,从而获得对同一事物或同一问题的多方面的认识和理解。D项,支架式教学模式是指通过提供一种概念框架来促进学习,帮助学生建构知识。故答案选B项。

24.D 【解析】根据韦纳的归因理论可知,所有可控制因素都是内在因素,如努力程度。故D项说法正确。所有稳定性因素并不都是内在因素,如工作难度属于外在因素。故A项说法错误。所有内在因素并不都是稳定性因素,如努力程度和身心状况属于不稳定性因素。故B项说法错误。所有内在因素并不都是可控制因素,如能力和身心状况属于不可控制因素。故C项说法错误。

25.B 【解析】效度针对不同的情况,可以分为内容效度、结构效度和实证效度。其中,内容效度是指一个测验实际测到的内容与所要测量的内容之间的吻合程度,可以用于成就测验,也可以用于选拔和分类的职业测验。

26.C 【解析】活动律,指活动的对象较之静止的对象容易感知。为此,应注意在活动中进行直观、在变化中呈现对象,要善于利用现代科学技术作为知识的物质载体,使知识以活动的形象呈现在学生面前。因此,题干所述正是利用了感觉的活动律。

27.A 【解析】耶克斯—多德森定律认为,教师在教学时,要根据学习任务的不同难度,恰当控制学生学习动机的激起程度。在学习较容易、较简单的课题时,应尽量使学生集中注意力,使学生尽量紧张一点;而在学习较复杂、较困难的课题时,则应尽量创造轻松自由的课堂气氛,在学生遇到困难或出现问题时,要尽量心平气和地慢慢引导,以免学生过度紧张和焦虑。从这个角度来看,平日在学生中流传的"大考大玩、小考小玩、不考不玩"的俏皮话,在一定程度上是有积极意义的。

28.B 【解析】瞬时记忆中只有能够引起个体注意并被及时识别的信息,才有机会被转入短时记忆。故A项说法正确。长时记忆的信息保持时间长久,在1分钟以上,直至保持终生。故C项说法正确。瞬时记忆的容量较大;短时记忆的容量有限,一般是 7±2 个组块;长时记忆的容量无限。故 D 项说法正确。长时记忆是信息经过充分加工,在头脑中长久保持的记忆。故 B 项说法错误。

29. C 【解析】根据埃里克森的人格发展阶段理论可知,2~3 岁儿童的发展任务是培养自主性;4~5 岁儿童的发展任务是培养主动性;6~11 岁儿童的发展任务是培养勤奋感;12~18 岁青少年的发展任务是培养自我同一性。因此,培养勤奋感的最佳时期是 6~11 岁。故答案选 C 项。

30. C 【解析】组织策略是指将经过精加工提炼出来的知识点加以构造,形成更高水平的知识结构的信息加工策略。常用的组织策略有:(1)列提纲;(2)利用图形;(3)利用表格。其中,利用图形包括系统结构图、流程图、模式或模型图和网络关系图。故答案选 C 项。

二、多项选择题

31. ABD 【解析】在我国,一般认为"教育"的概念最早见于《孟子·尽心上》中的"得天下英才而教育之,三乐也"一句。故 A 项正确。在西方文化背景下对教育进行词源考察,可以看到,在西文中,英文、法文、德文中的"教育"一词均由拉丁文"educare"演化而来,而拉丁文"educare"表示"引出"的意思。可见,西文中"教育"一词表示把受教育者内在的东西引导出来。故 B 项正确。"教育是经验的改造或改组"是杜威的教育思想。故 C 项错误。学校教育具有明确的目的性和方向性、较强的计划性和系统性、高度的组织性,故 D 项正确。

32. BCD 【解析】从 17 世纪到 19 世纪末,各资本主义国家纷纷建立起近代学校教育系统,大致说来,西方严格意义上的学校教育系统在 19 世纪下半期已经基本形成。故 A 项说法错误。一般认为,学校这种特殊的教育机构是在奴隶社会时期产生的。美国学者克雷默认为世界上最早的学校是产生于公元前 2500 年左右的埃及,称为苏美尔学校。故 B 项说法正确。我国的学校教育正式产生于商代,学校的存在已有了确凿的证据。故 C 项说法正确。学校产生的客观条件是体脑分工和专职教师的出现。故 D 项说法正确。

33. AD 【解析】隋唐时期形成以"六学二馆"为主干的中央官学。六学:国子学、太学、四门学、律学、书学、算学;二馆:崇文馆、弘文馆。故 A 项正确。中世纪西欧形成了骑士教育和教会教育这两种著名的封建教育体系。骑士教育的教育内容是"骑士七技":骑马、游泳、击剑、打猎、投枪、下棋、吟诗。教会教育的教育内容是"七艺":"三科"(文法、修辞、辩证法)和"四学"(算术、几何、天文、音乐),故 B 项错误。近代社会教育的特征之一是初等义务教育的普遍实施。故 C 项错误。现代社会教育的特征之一是人文教育与科学教育携手并进。故 D 项正确。

34. AB 【解析】霍尔提出"一两的遗传胜过一吨的教育"。高尔顿是遗传决定论的创始人,著有《遗传的天才》一书。故 A 项错误。洛克提出了"白板说"。卢梭提倡"自然主义教育"。故 B 项错误。吴伟士(武德沃斯)认为,人的发展等于遗传与环境的乘积。故 C 项正确。董仲舒提出"性三品说",突出了"先天""命定"性因素在人的发展中的作用。故 D 项正确。

35. BC 【解析】生活本位论的代表人物主要有斯宾塞和杜威等。故本题选 B、C 两项。A 项的卢梭是个人本位论的代表人物。D 项的涂尔干是社会本位论的代表人物。

36. BD 【解析】我国素质教育产生的背景有:(1)当代社会对高素质人才的需求;(2)教育自身存在的不能适应社会发展的问题;(3)信息化社会知识总量急剧增长,知识更新速度空前加快;(4)对教育的认识的深化。故 A 项说法正确。素质教育是面向全体学生的教育。素质教育倡导人人有受教育的权利,强调在教育中每个人都得到发展,而不是只注重一部分人,更不是只注重少数人的发展。故 B 项说法错误。素质教育不是一种具体的教育模式,而是一种教育价值取向。故 C 项说法正确。素质教育就是不要考试,特别是不要百分制考试。这是对考试的误解。这是实施素质教育的误区之一,故 D 项说法错误。

37. BC 【解析】教学与其说是教师的事情,不如说是学生的事情,因为它们根到底是为了学生的发展。如果不承认学生的主体地位,不调动学生学习的积极性,再好的教学设计都会落空。故 A 项说法正确。受教育权是学生最主要的权利,故 B 项说法错误。《中华人民共和国宪法》第四十六条规定:"中华人民共和国公民有受教育的权利与义务。"故 C 项说法错误。中小学生发展的时代特点包括:(1)生理成熟期提前。(2)学习目的多元化、实用化。(3)价值观念多元化,具有较高的职业理想和务实的人生观。(4)自我意识增强,具有一定的社会交往能力。当代中小学生具有鲜明的自我利益意识、积极主动的参与意识、强烈的个性表现欲望等。(5)心理问题增多。故 D 项说法正确。

38. AC 【解析】壬子癸丑学制规定了义务教育的年限。故 A 项正确。特殊学校、特殊班级的设立必须考虑学生的身心发展规律。故 B 项错误。义务教育制度是伴随大工业生产的发展逐渐实行的。进入当代社会以后,各发达国家不但普遍实施了义务教育,而且其年限在不断延长。义务教育年限的长短成为一国教育发展程度的标志之一。故 C 项正确。1922 年的"壬戌学制"采用美国式的六三三分段法,即小学六年、初中三年、高中三年,因此又称"新学制"或"六三三学制"。故 D 项错误。

39. BD 【解析】《中小学综合实践课程活动指导纲要》指出,综合实践活动是国家义务教育和普通高中课程方案规定的必修课程。自小学一年级至高中三年级全面实施。故 A 项错误。在我国,当前课程标准就是指学科课程标准或教学大纲。故 B 项正确。课程资源是课程建设的基础,它包括教材以及学生家庭、学校和社会生活中一切有助于学生发展的各种资源。故 C 项错误。综合实践活动课程的特点包括:自主性、实践性、开放性、整合性、连续性。故 D 项正确。

40. AD 【解析】1951 年国家颁布了《关于改革学制的决定》,规定从 1952 年起,在中小学设立"班主任",取代"级任导师",负责全班学生的思想教育、政治工作、道德行为、生活管理、课外活动等。至此,我国班主任制正式确立。故 A 项错误。班主任要扮演好班级管理的设计师角色。首先,要树立以生为本的理念。其次,要确立科学的系统化的管理。最后,进行个性化班级文化建设。故 B 项正确。调查法是班主任了解学生的方法之一,即通过对学生本人或知情者的调查访问,从侧面间接地了解学生,包括问卷、座谈等。故 C 项正确。《中小学班主任工作规定》指出,班主任应该经常与任课教师和其他教职员工沟通,主动与学生家长、学生所在社区联系,努力形成教育合力。故 D 项错误。

41. ABC 【解析】实践锻炼的类型包括:(1)组织活动。这里的活动包括学习活动、课外活动、社会实践活动、生产劳动等。其中,学习活动是学生最经常的实践锻炼方式。(2)执行制度。通过引导学生遵守一定的制度,特别有助于培养学生的组织性、纪律性、顽强的意志和严格要求自己的好习惯,故遵守纪律是一种很重要的实践锻炼。(3)委托任务。故 A、B 项正确。实践锻炼法是解决道德上知行脱节的最重要方法。故 C 项正确。实践锻炼法要求学生参与实践活动。但是,亲身参与实践活动并不意味着就能够产生实际效果。故 D 项错误。

42. CD 【解析】教学过程是学生的一种特殊认识过程,这是教学过程的特殊规定性的表现之一。故 A 项正确。在教学过程中,教师的教与学生的学是对立统一的辩证关系,是教与学矛盾转化的过程,是知与不知的矛盾转化过程。故 B 项正确。知识的多少与才能的高低并不等同,知识和运用知识的能力也并不相同。智力并不完全是随着知识的掌握自然发展的。故 C 项错误。教学过程大致分为五个阶段:心理准备阶段、领会阶段、巩固阶段、运用阶段和检查效果阶段。其中,教学过程的领会阶段包括感知、理解教材。故 D 项错误。

43. ABC 【解析】慕课(MOOC)是"Massive Open Online Courses"的英文首字母缩写的中文音译,意为"大规模在线开放课程"。其中,"Massive"(大规模的)是指对注册人数没有限制,用户数量级过万,故 B 项错误。"Open"(开放的)是指任何人均可参与,通常是免费的。故 A 项错误。就目前主流慕课平台来看,核心课程资源以 5~15 分钟的短小视频为主。这些微课的主讲教师大都由一流学校的名师担任。故 C 项错误,D 项正确。

44. ABC 【解析】教师诚信的具体表现之一是:实实在在地不断提高教育教学质量。故 A 项正确。《中小学教师职业道德规范》(教育部 2008 年修订)中"为人师表"的要求之一是自觉抵制有偿家教,不利用职务之便谋取私利。故 B 项正确。《中小学教师职业道德规范》(教育部 2008 年修订)中"爱国守法"的要求之一是不得有违背党和国家方针政策的言行。故 C 项正确。爱国守法是教师职业道德的基本要求,爱岗敬业是教师职业道德的本质要求。故 D 项错误。

45. ABD 【解析】《新时代中小学教师职业行为十项准则》的基本内容有:坚定政治方向、自觉爱国守法、传播优秀文化、潜心教书育人、关心爱护学生、加强安全防范、坚持言行雅正、秉持公平诚信、坚守廉洁自律和规范从教行为。

46. BCD 【解析】根据《中华人民共和国未成年人保护法》第二条规定,本法所称未成年人是指未满十八周岁的公民。故 A 项说法错误。根据《中华人民共和国预防未成年人犯罪法》(1999 年版)第四十五条规定,对于已满十四周岁不满十六周岁未成年人犯罪的案件,一律不公开审理。已满十六周岁不满十八周岁未成年人犯罪的案件,一般也不公开审理。该条规定经 2020 年修订后已删除。故 B 项说法正确。《中共中央 国务院关于深化教育教学改革全面提高义务教育质量的意见》指出要坚持"五育"并举,全面发展素质教育。故 C 项说法正确。根据《中华人民共和国教师法》第七条和第八条可知,D 项说法正确。

47. CD 【解析】人际关系深浅的标志,就是交往双方自我暴露的水平。故 A 项说法错误。随着双方共同情感领域的发现,双方的沟通也会越来越广泛,自我暴露的深度与广度也逐渐增加。但人们的话题仍避免触及别人秘密性的领域,自我暴露也不涉及自己根本的方面。故 B 项说法错误。在感情交流阶段,双方关系的性质开始出现实质性变化。此时双方人际关系安全感已经得到确立,因而谈话也开始广泛涉及自我的许多方面,并有较深的情感卷入。故 C、D 两项说法正确。

48. AB 【解析】托尔曼认为,学习是一种有目的的行为,进而不同意桑代克等人认为学习是盲目的观点。故 A 项说法正确。布鲁纳主张学习的目的在于以发现学习的方式,使学科的基本结构转变为学生头脑中的认知结构。故 B 项说法正确。有意义的自由学习观是罗杰斯提出的。故 C 项说法错误。桑代克提出了尝试—错误说,他把人和动物的学习定义为刺激与反应之间的联结,认为这种联结的形成是通过"盲目尝试—逐步减少错误—再尝试"这样一个往复过程习得的。他是行为主义的代表人物。故 D 项说法错误。

49. BC 【解析】A 项,图式最初来自遗传,在以后的环境适应过程中,图式不断变化和丰富。不符合题意。B 项,学生已有准备状态是新的教学出发点,根据学生原有的准备状态进行教学,就是教学的准备性原则。符合题意。C 项,皮亚杰的认知发展阶段理论说明,通过适当的教育训练来加快各个认知发展阶段转化的速度是可能的。只要教学内容和方法得当,系统的学校教学肯定可以起到加速认知发展的作用。符合题意。D 项,同化是指将周围的环境因素纳入自己已有的图式中,以加强和丰富主体的图式。不符合题意。故答案选 B、C 两项。

50. ABD 【解析】暗适应是指照明停止或由亮处转入暗处时视觉感受性提高的过程。与暗适应相反,明适应是指照明开始或由暗处转入亮处时视觉感受性下降的过程。故A项表述错误。与暗适应相比,明适应的时间比较短,大约在一分钟内即可完成。故B项表述错误。每一种感觉都是在适宜刺激作用于特定的感受器时产生的,刺激强度太弱或太强都不会产生感觉。故C项表述正确。知觉的恒常性是指客观事物本身不变,但知觉条件在一定范围内发生变化时,人的知觉映像仍相对不变。题干中,煤炭在晚上看起来比白天更黑,但仍把其知觉为一种煤炭,这正是由于知觉的恒常性。故D项表述错误。

第二部分 主观题

三、判断分析题

1. 校长是一个学校的灵魂。教师应该绝对服从校长的安排,支持其工作。

(1)这种说法是不正确的。(2)陶行知先生说过:校长是一个学校的灵魂,要评论一个学校先评论它的校长。所以,教师要尽力做好本职工作,尽可能地支持校长的工作。但是,学校工作是一项纷繁复杂的系统工作,要把这个工作做得高效而有序,仅靠校长的力量是不够的。对于校长的正确决策,教师要积极支持认真贯彻,而对待校长的错误决定,应善意地指出改进建议,教师与校长之间并非绝对服从的关系。教师与领导之间要做到:尊重领导,服从安排;顾全大局,遵守纪律;互相理解,互相支持;秉公办事,团结一致。由此可见,题干说法过于绝对。

2. 针对人口出现零增长或负增长现象,未来教育发展的战略重点是要放在教育的量的发展上。

(1)这种说法是不正确的。(2)教育事业发展的战略重点,是指教育发展过程中对实现战略目标具有关键作用的环节和部分。教育发展的战略重点的选择不仅要按照经济、社会及教育自身发展的法则和需要,还应依据人口因素。例如,在人口增长速度比较快的地区,教育发展应以扩大规模、增加数量为战略重点;而在人口增长速度较为平缓且经济发展比较好的地区,教育发展则以提高教育质量为战略重点。由此可见,针对人口出现零增长或负增长现象,未来教育发展的战略重点要放在教育的质的发展上。

3. 教师和家长应尽量为学生提供各种各样的活动和交往,来促进学生道德发展。

(1)这种说法是正确的。(2)德育过程是学生在活动和交往中形成思想品德规律的过程。活动与交往既是学生思想品德形成的源泉,也是学生思想品德发展的条件。可以说,活动与交往是激发个体道德情感和意志,促进其知行转化的最有效的途径。一个人的品德发展是其与外在环境交互作用的结果。个体只有在活动中才能形成和发展自己的品德。如果个体没有积极主动与环境发生交互作用,也即未能通过自身的活动能动地作用于外在环境,那么,环境就不会自然而然地对自己产生影响。由此可见,教师和家长应尽量为学生提供各种各样的活动和交往,来促进学生道德发展。

4. 班集体的核心队伍由班干部组成。所以,班主任建立班集体的核心队伍就是要加强班干部的选拔和培养。

(1)这种说法是不正确的。(2)班集体中的核心队伍是由积极分子与班干部组成的。建立班集体的核心队伍,首先,教师要善于发现和培养积极分子。这就需要教师在了解学生的基础上,及时发现并选拔出热心为集体服务,团结同学且具有一定管理能力的学生干部。其次,教师应把对积极分子的使用与培养结合起来。由此可见,题干说法过于片面。

5. 强化一定能够增强学生的学习动机。

(1)这种说法是不正确的。(2)一般来说,强化起着增强学习动机的作用,如适当的表扬与奖励、获得优秀成绩、取消令人厌恶的频繁考试等便是强化的手段。如果合理运用这些强化手段,便可增强学生的学习动机。但使用过多或者使用不当,不仅不能促进学生的学习,而且可能会破坏学生的学习动机。故强化并不一定能够增强学生的学习动机。

四、论述题(参考答案)

在促进迁移的教学中,如何贯彻理论联系实际的教学原则?

在教学中,教师要加强理论与实际的结合,促进学生的学习迁移。

要激发学生的学习兴趣和热情,达到有效迁移的目的,就必须把握课堂教学的特点,坚持理论联系实际的原则,在"学"和"用"上做文章,引导学生学会用所学的知识去分析、解决实际问题。

因此,在教学实践中,应特别注重书本知识与现实生活的结合,力求用现实问题去激发学生的兴趣和求知欲,用所学的理论知识去解决现实问题,激发学生的自豪感和成就感。同时,通过对现实问题的观察、思考,增强学生的责任感和使命感,使学生在学与用的结合中,既开阔了视野、丰富了知识,又锻炼了能力,提高了觉悟,真正实现课堂的教育教学目的。

(考生可结合实际加以阐述,言之有理即可)

五、案例分析题(参考答案)

(1)①没有明确惩戒的目的是教育转化过失学生。案例中的姜老师对小明的教育惩戒行为只有单纯的惩罚,没有帮助学生认识到自身的错误,没有为学生提供改正错误的方法。

②没有避免不人道的体罚、变相体罚与心罚。案例中的姜老师对小明进行了罚站、罚抄、罚跑、打手心和打脸,甚至在班上公开说他无可救药,姜老师的这些惩戒行为是违法的,会对学生的身心造成伤害。

③没有做到要根据学生的个人状况灵活机智地实施惩戒。案例中的小明是留守儿童,有其特殊的生活环境,姜老师在对他进行教育时,没有考虑到学生的自身特点,没有做到与学生家长互相沟通,共同协作,致力于对小明的教育工作。

(2)教师可以综合应用一些方法来帮助学生形成或改变态度与品德。常用的方法有:①有效的说服。有效的说服是提高道德认知的途径。主要有以下几种:第一,有效地利用正反论据;第二,发挥情感的作用,不仅要以理服人更要以情动人;第三,考虑原有态度的特点。案例中,张老师主动与小华交朋友,课后经常与其谈心,这说明张老师对小华进行了有效的说服,以理服人,以情动人。

②树立良好的榜样。这是加强道德行为的途径。根据班杜拉的社会学习理论,榜样在观察学习过程中起着非常重要的作用,榜样的特点、示范的形式及榜样所示范的行为的性质和后果都会影响到观察学习的效果。案例中,张老师让成绩好的小红与小华结对子,这就是为其树立良好的榜样。

③利用群体约定。教师可以利用集体讨论后做出的集体约定,来改变学生的态度。

④价值辨析。价值辨析是指引导个体利用理性思维和情绪体验来检查自己的行为模式,努力去发现自身的价值观并指导自己的道德行为。案例中,张老师鼓励小华参与热点问题讨论,引导学生利用理性思维和情绪体验来检查自己的行为模式,帮助学生发现自身的价值观并指导自己的道德行为。这就是利用了价值辨析。

⑤给予恰当的奖励与惩罚。奖励和惩罚作为外部调控手段,不仅影响着认知、技能和策略的学习,而且对个体道德的形成也起到一定的作用。案例中,张老师对小华兑现自己的奖罚诺言,这体现了对小华给予恰当的奖励与惩罚。

(3)刘老师的做法符合《中小学教师职业道德规范》(教育部2008年修订)中关于"关爱学生"的要求:

①案例中的刘老师喜爱学生,能够做到关心爱护每位学生。这体现了"关心爱护全体学生,尊重学生人格,平等公正对待学生"。②案例中的刘老师喜爱学生,与班上学生关系非常融洽,学生给她起了一个外号"最美妈妈"。这体现了"对学生严慈相济,做学生的良师益友"。③案例中的刘老师凡事多替学生着想、不轻易侵犯学生的合法权益。这体现了"保护学生安全,关心学生健康,维护学生权益"。④案例中的刘老师控制自己的不良情绪、从不辱骂和讽刺学生。这体现了"不讽刺、挖苦、歧视学生,不体罚或变相体罚学生"。

2021年山东省泰安市教师招聘考试真题试卷(二十三)

一、单项选择题

1. D 【解析】本题考查教育影响相关知识。教育影响即教育活动中教育者作用于学习者的全部信息,既包括了信息的内容,也包括了信息选择、传递和反馈的形式,是形式与内容的统一。从内容上说,主要就是教育内容、教育材料或教科书,它是教育者和学习者互动的媒介;从形式上说,主要就是教育手段、教育方法、教育组织形式。故本题选D。

2. C 【解析】本题考查教育目的的功能。教育目的具有定向与选择功能。教育目的对教育活动具有明显的定向功能。如果教育目的发生偏差,或虽有正确的教育目的而不能以此指导教育实践,教育活动就会偏离应有的方向,达不到应当追求的目标,我们自然也就很难培养出社会需要的合格人才。教育目的是一切教育活动的出发点,它规定了教育的社会性质、人才培养的方向,对课程选择与建设、教师的教学方向等也有定向作用。它是保证教育沿着正确方向发展的根本依据。教育目的的制定,为我们选择教学内容、培养技能技巧、发展学生能力等规定了明确的范围,使教育能够科学地对人类繁杂的文化做出有价值的取舍,保证学生的身心获得良好的发展。总之,在整个教育过程中教育工作者总是紧紧围绕着教育目的不断调控教育内容和活动,并以教育目的为依据对教育活动进行不断的评价,以分析教育效果和质量。

3. D 【解析】本题考查教育制度的内涵。现代教育制度的核心部分是学校教育制度。学校教育制度,简称学制,是一个国家各级各类学校的总体系,具体规定各级各类学校的性质、任务、要求、入学条件、修业年限及它们之间的相互关系。

4. B 【解析】本题考查教学组织形式的相关知识。特朗普制又称"灵活的课程表",是由美国教育学教授劳伊德·特朗普于20世纪后半叶提出的。它将大班上课、小班研究和个别教学三种教学组织形式结合起来,采用灵活的时间单位代替固定划一的上课时间,以大约20分钟为一个课时单位,教师可以根据需要轮番安排上述三种教学形式。

5. B 【解析】本题考查教学目标的表述方法。表现性目标重视学生的自主体验和感悟的差异性,让学生有创造性、个性化的表现。例如,实验课中"培养学生的科学态度"可以这样来表述:学生在实验时能够认真观察和操作,遵循科学方法,能根据自己观察的情况如实画图或解释,说明现象。故本题选B。

6. C 【解析】本题考查教师知识素养的相关知识。所谓"学者未必是良师",是说即便一个优秀的学者,如果没有从师的专业化训练,也未必能成为一名优秀的教师。换言之,一个教师要能在教学中感染每一个学生,使教学充满启发、神奇和艺术性,就必须具有教育科学知识。故本题答案为C。

7. D 【解析】本题考查学校道德教育过程规律的相关知识。学校道德教育过程的规律之一是道德教育过程是组织学生活动和交往的过程。作为社会成员的学生,其思想品德总是在一定社会条件下,在参与社会活动和交往中形成,又通过活动和交往表现出来。活动使社会关系得以实现,交往是社会关系现实化的方式。所以,活动和交往是形成学生思想品德的源泉,是道德教育过程的基础。

8. A 【解析】本题考查常用的德育方法。说服教育法在学校德育中是运用最广泛的方法,因为无论以什么途径和方法提高学生的认识能力,都离不开说服教育。

9. A 【解析】本题考查教学原则。循序渐进原则是指教学要按照学科的逻辑系统和学生认识发展的顺序进行,使学生系统地掌握基础知识和基本技能,形成周密的逻辑思维能力。贯彻循序渐进原则的要求之一是要使教学保持一定的速度和难度。循序渐进绝不是循序慢进,要求教学在依"序"而进的基础上,适当增加知识的难度和加快教学的进度,控制在"跳一跳,摘到桃"的程度,使学生的大脑始终处于积极的思维活动状态。故本题答案选 A。

10. B 【解析】本题考查教育目标的层次结构。教育目的包括三个层次:国家的教育目的、各级各类学校的培养目标和教师的教学目标。也有人认为,教育目的分为四个层次:教育目的、培养目标、课程目标和教学目标。综合选项,该题中属于三级教育目标的是课程目标,本题选 B。

11. D 【解析】本题考查学科课程和活动课程的优缺点。活动课程是从儿童的兴趣和需要出发,以儿童活动为中心,通过亲身体验获得直接经验的课程。它克服了学科课程分科过细、偏重书本知识、同实际生活距离较远、不能照顾到儿童的需要和兴趣、难以发挥学生主动性的缺陷。

12. B 【解析】本题考查德育模式相关知识。体谅或学会关心的道德教育模式为英国学校德育学家彼得·麦克费尔和他的同事所创。体谅模式把道德情感的培养置于中心地位。该模式假定与人友好相处是人类的基本需要,满足这种需要是教育的首要职责。

13. D 【解析】本题考查《中华人民共和国教育法》的相关内容。《中华人民共和国教育法》第四十三条第四项规定,受教育者享有对学校给予的处分不服向有关部门提出申诉,对学校、教师侵犯其人身权、财产权等合法权益,提出申诉或者依法提起诉讼的权利。

14. B 【解析】本题考查形成性评价的目的。终结性评价是在某项教育活动告一段落时,对最终成果作出价值判断。这种评价的目的是根据教育活动结果划分等级、排名次等。A、D 项不选。诊断性评价的目的在于了解评价对象的基础和情况,为教育活动的开展排除障碍,创造条件。C 项不选。形成性评价的目的在于调节教育活动行为,使教育目标得以顺利实现。B 项可选。

15. A 【解析】本题考查《国家中长期教育改革和发展规划纲要(2010~2020 年)》的相关内容。《国家中长期教育改革和发展规划纲要(2010~2020 年)》第一部分第二章中提出,立德树人,把社会主义核心价值体系融入国民教育全过程。

16. D 【解析】本题考查三维课程目标。新课程背景下的课堂教学,要求根据各学科教学的任务和学生的需求,从知识与技能、过程与方法、情感态度与价值观三个维度出发设计课程目标。具体到教学实践,就是要把原来目标单一(即知识与技能)的课堂转变为目标多维(即知识与技能、过程与方法、情感态度与价值观三个维度)的课堂。

17. D 【解析】本题考查班级管理的内容。班级管理的内容包括:(1)班级组织建设。班集体是学生学习、生活和成长的重要场所,班级管理是以班集体为基础展开的。因此,建设和培养良好的班集体是班级管理的核心工作,也是班主任工作成果的体现。(2)班级制度管理。(3)班级教学管理。(4)班级活动管理。

18. D 【解析】本题考查我国中小学课程内容的特点。课程内容的人文化强调新课程的内容注重学生的全面发展,注重学生社会责任感的养成,注重培养学生丰富的世界观、价值观和人生观,培养学生的科学和人文素养以及环境意识,培养他们良好的心理素质、健康的审美情趣和生活方式。故本题选 D。

19. A 【解析】本题考查教育现代化的内容。教育制度的现代化不仅是整个教育现代化不可缺少的重要组成部分,而且也是整个教育现代化的载体和保证。故本题选 A。

20. D 【解析】本题考查常用的教学方法。讲授法是教师运用口头语言系统连贯地向学生传授知识、技能,发展学生智力的教学方法。讲授有利于系统地传授知识,适宜解释多数学生面临的疑难问题。运用讲授法能使深奥、抽象的知识变得具体形象、浅显通俗,适合远离学生已有知识经验的知识点的学习。讨论法是全班或小组成员在教师的指导下,围绕某一中心问题发表自己的看法和见解,从而进行相互学习的一种方法。运用讨论法可以加深学生对重点知识的理解,从而更好地掌握知识。故对于难度较大的重点知识和远离学生已有知识经验的知识点的学习,适宜选择讲授法和讨论法。

21. B 【解析】本题考查强化。强化有正强化和负强化之分。正强化也称积极强化,是通过呈现想要的愉快刺激来增强反应频率。负强化也称消极强化,是通过消除或中止厌恶、不愉快刺激来增强反应频率。题干中学校在学生表现好了以后撤销处分,这属于负强化。

22. C 【解析】本题考查影响遗忘进程的因素。先学习的材料对后学习的材料的识记和回忆起干扰作用称为前摄抑制。后学习的材料对先学习的材料的保持和回忆起干扰作用称为倒摄抑制。前摄抑制和倒摄抑制一般是在学习两种不同但又彼此类似的材料时产生的。但是,在学习一种材料的过程中也会出现这两种抑制现象。题干中"在记忆材料过程中,中间忘得更快"是由于记忆材料的开始部分只受倒摄抑制的影响,记忆材料的终末部分只受前摄抑制的影响,而材料中间部分则同时受这两种抑制的作用。

23. C 【解析】本题考查学习策略。组织策略是指将经过精加工提炼出来的知识点加以构造,形成更高水平的知识结构的信息加工策略。组织策略主要有归类策略和纲要策略。纲要策略也称提纲挈领,是掌握学习材料纲目的方法。纲要可以是用词语或句子表达的主题纲要,也可以是用符号、图示等形象表达的符号纲要。学生利用图示方式对知识进行归纳,属于组织策略。

24. B 【解析】本题考查科尔伯格品德发展阶段理论。科尔伯格系统扩展了皮亚杰的理论和方法,提出了人类道德发展的顺序原则,并提出了他的品德发展阶段理论。他采用"道德两难故事法"进行研究,最典型的就是用"海因茨偷药"的故事,让儿童对道德两难问题做出判断。

25. C 【解析】本题考查皮亚杰的认知发展阶段理论。皮亚杰提出了认知发展阶段理论,将个体的认知发展分为感知运动阶段、前运算阶段、具体运算阶段、形式运算阶段四个阶段。其中 7~11 岁的儿童处于具体运算阶段。

26. D 【解析】本题考查"耶克斯—多德森定律"。"耶克斯—多德森定律"表明,动机不足或过分强烈都会影响学习效果。第一,动机的最佳水平随着任务性质的不同而不同。在比较容易的任务中,行为效果(工作效率)随着动机的提高而上升;随着任务难度的增加,动机的最佳水平有逐渐下降的趋势。第二,一般来讲,最佳水平为中等强度的动机。第三,动机水平与行为效果呈倒 U 型曲线。

27. A 【解析】本题考查注意的分类。根据有无预定目的和意志努力程度,注意可以分为无意注意、有意注意和有意后注意三种。其中有意注意也称随意注意,是有预先目的、必要时需要意志努力、主动地对一定事物所发生的注意。小夏克服困难,坚持努力学习英语的注意属于有意注意。

28. C 【解析】本题考查埃里克森的人格发展阶段理论。埃里克森将人格的发展划分为八个阶段,每个阶段都有自己的危机和发展任务。其中,童年期(又称学龄期)的主要任务是获得勤奋感,克服自卑感,形成能力品质。

29. D 【解析】本题考查加涅对学习的分类。按学习结果,心理学家加涅将学习分为智慧技能、认知策略、言语信息、动作技能、态度五种类型。这五项内容分属于三个领域,前三项内容属于认知领域;第四项内容属于动作技能领域;第五项内容属于情感领域。

30. D 【解析】本题考查影响问题解决的因素。影响问题解决的因素包括:(1)问题情境与知识表征的方式;(2)定势与功能固着;(3)原型启发;(4)已有知识经验;(5)情绪与动机;(6)迁移。

31. B 【解析】本题考查教育心理学的发展。1903 年,美国心理学家桑代克出版了《教育心理学》,这是西方第一本以"教育心理学"命名的著作。后又扩充为三卷本的《教育心理学大纲》。这本书奠定了教育心理学发展的基础,西方教育心理学的名称和体系由此确立,桑代克也因此被称为"现代教育心理学之父"。

32. A 【解析】本题考查教育心理学的研究方法。问卷法是通过设计一系列问题,有目的、有计划地收集资料的一种研究方法,具有标准化、匿名性、间接性、调查范围广、效率高等特点。通过大范围发放问卷,调查者能够同时对大量的研究对象进行调查,能够在短时间内搜集到大量的资料。这一点是其他研究方法所不能比拟的。

33. C 【解析】本题考查学习的定义。学习是个体在特定情境下由于练习或反复经验而产生的行为或行为潜能的相对持久的变化。A、B、D 三项属于本能。C 项老马在长时间的练习后可以认识路,这属于学习。

34. A 【解析】本题考查道德认知。道德认知是指对于行为规范及其意义的认知,是人的认识过程在道德上的表现。学校通过让丽丽写保证书,使她认识到行为规范及意义,这么做的重点在于提高其道德认知。

35. B 【解析】本题考查气质类型。胆汁质具有以下特点:感受性低而耐受性高,反应速度快但不灵活,外倾性明显。表现为直率热情、精力旺盛、易冲动、脾气急躁;思维敏捷,但准确性差;感情明显外露,但持续时间不长。

36. C 【解析】本题考查强化理论。消退是指条件刺激形成以后,得不到强化,条件反应会逐渐减弱,直至消失的现象。题干所述现象属于消退。

37. B 【解析】本题考查教育心理学的研究原则。教育心理学的研究原则包括客观性原则、教育性原则、发展性原则、实践性原则和系统性原则。其中,教育性原则是指,在教育心理学的研究过程中,所采用的研究手段与方法应能促进被试心理的良性发展,这是所有关于人的心理学研究中都应遵从的一个基本伦理道德原则。华生的小阿尔伯特实验违背了该原则。

38. C 【解析】本题考查桑代克的联结—试误学习理论。桑代克认为,学习要遵循三条重要的原则:准备律、练习律、效果律。其中,效果律是指,刺激和反应之间的联结可因导致满意的结果而加强,也可因导致烦恼的结果而减弱,它是最重要的学习规律。在实际教育过程中,教师应努力使学生的学习能得到自我满意的积极结果,防止一无所获或得到消极的后果。题中胡老师在学生取得进步和好成绩时及时给予表扬和奖励,这符合效果律的内涵。

39. C 【解析】本题考查马斯洛的需要层次理论。所谓"自我实现",即追求自我理想的实现,是充分发挥个人潜能、才能的心理需要,也是一种创造和自我价值得到体现的需要。马斯洛把完善自己,充分发挥自己的潜能,完成自身使命的需要,称作自我实现的需要。

40. A 【解析】本题考查社会学习理论。替代强化是指学习者因看到榜样的行为被强化而受到强化,它是一种间接的强化方式。陈东看到朋友因为学习好而获得奖励后,自己也努力学习,这属于替代强化。

二、论述题(参考答案)

41. 请概述建构主义学习理论中的知识观、学习观、学生观的核心思想,并依据此理论说明教师在教学中如何设计教学方法。

(一)建构主义知识观

建构主义在一定程度上对知识的客观性和确定性提出质疑,强调知识的动态性。具体体现在以下三个方面:

(1)知识不是对现实的准确表征,只是一种解释、一种假设。知识不是问题的最终答案,相反,它会随着人类的进步而不断被"革命",并随之出现新的假设和解释。

(2)知识并不能精确地概括世界的法则,而是需要针对具体情境进行再创造。

(3)知识不可能以实体的形式存在于具体个体之外,尽管我们通过语言符号赋予了知识一定的外在形式,甚至这些命题还得到了较普遍的认可,但这并不意味着学习者会对这些命题有同样的理解。因为这些理解只能由个体基于自己的经验背景而建构起来,取决于特定情境下的学习历程。

(二)建构主义学习观

建构主义在学习观上强调学习的主动建构性、社会互动性和情境性三方面。

(1)学习的主动建构性是指学生能够主动地对已有知识经验进行综合、重组和改造,从而用以解释新信息,并最终建构属于个人意义的知识内容。

(2)社会互动性主要表现在学习是通过对某种社会文化的参与而内化相关的知识和技能、掌握有关工具的过程,这一过程常常需要通过一个学习共同体的合作互动来完成。

(3)学习的情境性主要指学习、知识和智慧的情境性,认为知识是不可能脱离活动情境而孤立存在的。只有通过实际应用活动,知识才能真正被理解。

(三)建构主义学生观

建构主义者强调,学生并不是空着脑袋走进教室的。建构主义非常强调学习者本身已有的经验结构,认为学生是信息加工的主体,学习者在学习新信息、解决新问题时往往可以基于相关的经验,依靠其认知能力形成对问题的解释。通过儿童早期认知发展的研究也发现,即使是年龄非常小的孩子也已经形成了远比我们所想象的要丰富得多的知识经验。因此,教学不能无视学生的已有经验,而是要把儿童现有的知识经验作为新知识的生长点,引导儿童从原有的知识经验中发展出新的知识经验。

(四)建构主义学习环境下的教学设计原则

建构主义学习理论强调以学生为中心,认为学生是认知的主体,是知识意义的主动建构者;教师只对学生的意义建构起帮助和促进作用,并不要求教师直接向学生传授和灌输知识。建构主义使用的教学设计原则如下:

(1)强调以学生为中心;(2)强调"情境"对意义建构的重要作用;(3)强调"协作学习"对意义建构的关键作用;(4)强调对学习环境(而非教学环境)的设计;(5)强调利用各种信息资源来支持"学"(而非支持"教");(6)强调学习过程的最终目的是完成意义建构(而非完成教学目标)。

(考生可结合实际加以阐述,言之有理即可)

2021 年山东省临沂市教师招聘考试真题试卷(二十四)

一、单项选择题

1. A 【解析】本题考查古代中国的教育。A 项,宋代以后,学校的教育内容主要为"四书五经"("四书"是《大学》《中庸》《论语》《孟子》的合称,"五经"是《诗》《书》《礼》《易》《春秋》的合称)。宋朝文豪苏东坡,自幼熟读"四书五经",长期浸润在诗书的氛围中,处处散发出儒雅气质,并赋予他宽广胸怀,从而写出了许多流传千古的诗词名句。B 项,"六艺"是西周各级各类学校教育的基本学科,具体指礼、乐、射、御、书、数。C 项,程朱理学是由程颢、程颐兄弟创建,而在朱熹手中集大成的宋代理学的主要派系。苏轼逝于 1101 年,而朱熹生于 1130 年。因此,苏轼在少年时代不可能学习到程朱理学。D 项,"七艺"是中世纪西欧的教会教育的内容,包括"三科(三艺)"(文法、修辞、辩证法)和"四学"(算术、几何、天文、音乐)。综上所述,苏轼的少年时代,最有可能的学习材料是"四书五经"。

2. B 【解析】本题考查操作性条件作用的基本规律。正强化也称积极强化,是通过呈现想要的愉快刺激来增强反应频率;负强化也称消极强化,是通过消除或中止厌恶、不愉快刺激来增强反应频率。消退是指条件刺激形成以后,如果得不到强化,条件反应会逐渐减弱,直至消失的现象。惩罚是指当有机体做出某种反应以后,呈现一个厌恶刺激,以消除或抑制此反应的过程。题干中的老师是通过撤销批评(厌恶刺激)来增加学生遵守纪律的行为,所以运用的是负强化。

3. C 【解析】本题考查心理过程的内容。意志过程是个体自觉地确定目的,并根据目的调节支配自身的行动,克服困难去实现预定目标的心理过程。题干中小明为了完成作业,克服了自己想要跟同学一起出去玩的欲望,这体现的心理过程是意志过程。

4. A 【解析】本题考查教育的社会属性。教育的历史性是指在不同的社会或同一社会的不同历史阶段,教育的性质、目的、内容等各不相同。不同时期的教育有其不同的历史形态、特征。现代教育和古代教育在师生关系上的不同特点反映了教育的历史性。

5. B 【解析】本题考查赫尔巴特的教育思想。赫尔巴特不仅论述了教育学的独特性,而且还非常明确地提出了教育学的学科基础,即哲学和心理学。他说,"教育学作为一种科学,是以实践哲学和心理学为基础的。前者说明教育的目的;后者说明教育的途径、手段与障碍。"故本题选 B 项。

6. C 【解析】本题考查学习迁移的种类。根据迁移内容的不同,可将迁移分为一般迁移和具体迁移。其中,一般迁移也称非特殊迁移、普遍迁移,是指一种学习中所习得的一般原理、原则和态度对另一种具体内容学习的影响,即原理、原则和态度的具体应用。数学学习中形成的认真审题的态度及审题的方法将会对学习化学、物理等学科有积极影响,这是对原理和态度的具体应用。故属于一般迁移。

7. D 【解析】本题考查教育的功能。负向功能是指教育阻碍社会进步和个体发展的消极影响和作用;隐性功能是指伴随显性教育功能所出现的非预期性的功能。题干中,"小组间隐匿学习资料的现象"体现的是教育的负向隐性功能。

8. D 【解析】本题考查自我价值理论的内容。具有高驱高避型动机形式的人同时受到成功的诱惑和失败的恐惧,他们对一项任务怀有既追求又排斥的冲突情绪,他们兼具了成功定向者和避免失败者的特点。这类人被称作"过度努力者"。为了成功的同时又要掩饰自己的努力,他们中就出现了一种"隐讳努力"的现象。他们在同学中尽量表现得贪玩、不在乎考试,但私下里却偷偷努力,拼命学习。这样,成功时,他们的成绩更有价值,更能说明他们的能力过人;即使失败,也可以为自己的失利找到很好的理由,不会被认为无能。题干中的李强在同学中表现出贪玩、不在乎考试的样子,但在私下里却偷偷努力,拼命学习,这说明其自我价值动机倾向极可能是高驱高避型。

9. C 【解析】本题考查问题解决的策略。启发法是基于一定的经验,根据现有问题状态与目标状态之间的内在联系,采用较少搜索而找到解决问题途径的一种策略。启发法不需要像算法策略那样费时费力,往往是一种比较快捷的方法,但却并不能保证一定可以成功地解决问题。故答案选 C 项。

10. B 【解析】本题考查教育与社会发展的关系。社会政治经济制度决定着教育内容的取舍。不同政治经济制度的社会具有不同的政治方向、思想意识和主流文化,并且不同的政治经济制度要求培养具有不同政治立场和思想意识的人,这自然要求传递不同的教育内容,特别是思想道德方面的内容。秦始皇焚书坑儒,汉武帝独尊儒术体现了政治经济制度决定教育内容的取舍。

11. B 【解析】本题考查个体心理发展的一般规律。在正常条件下,心理的发展总是具有一定的方向性和先后顺序。尽管发展的速度有个别差异,会加速或延缓,但发展是不可逆的,也不可逾越。例如,心理的发展总是由机械记忆到意义记忆,由具体形象思维到抽象逻辑思维。

12. A 【解析】本题考查学校文化的构成。学校文化由观念文化、规范文化和物质文化构成。观念文化又叫精神文化,包括办学指导思想、教育观、道德观、思维方式、校风、行为习惯等。观念文化是学校文化的内核和灵魂,是学校组织发展的精神动力。故答案选 A 项。

13. B 【解析】本题考查癸卯学制。"癸卯学制"主要承袭了日本的学制,是中国近代教育史上第一部由国家颁布的并在全国实行的学制系统,成为中国近代教育走向制度化、法制化阶段的标志。该学制明文规定教育目的是"忠君、尊孔、尚公、尚武、尚实",其指导思想是"中学为体,西学为用"。

14. A 【解析】本题考查认知风格的知识。在教学方面,场独立性强的教师喜欢数学和自然科学各科,喜欢演讲,在讲课时注意教材的结构和逻辑,偏向于使用正规的教学方式;场依存性强的教师使用结构不那么讲究方法,喜欢与儿童相互作用,喜欢采用讨论的方法。故题干中赵老师的认知风格可能是场依存型。

15. B 【解析】本题考查教师职业的发展历史。教师职业的发展经历了非职业化阶段、职业化阶段、专门化阶段、专业化阶段。职业化阶段,独立的教师行业伴随着私学的出现而出现。例如,我国春秋时期的诸子百家,其中影响和规模最大的是儒、墨两家。这种私学教师在一定程度上改变了官学教师身上过重的官吏色彩,使教师开始回归到专业教育工作者的角色上来。从这个意义上来看,春秋战国时期这些出卖脑力劳动的"士"堪称中国第一代教师群。古希腊的"智者"也以专门教授人们知识为生。这时,私学教师逐渐形成一种行业。不过,这时虽有专门的教师,但教师职业基本上还不具备专门化水平,私学教师没有形成从教的专业技能。"自行束脩以上,吾未尝无悔焉"意思是只要是主动给我十条干肉作为见面礼物的,我从没有不给予教诲的。这表明此时的教师以专门教授人们知识为生,故属于教师职业发展的职业化阶段。

16. C 【解析】本题考查马斯洛的需求层次理论。在马斯洛的需求层次理论中,从低到高的需求依次为生理需要、安全需要、归属与爱的需要、尊重的需要、求知需要、审美需要、自我实现的需要。自我实现的需要是最高层次的需要,是在前面需要得到满足后产生的。所谓"自我实现",即追求自我理想的实现,是充分发挥个人潜能、才能的心理需要,也是一种创造和自我价值得到体现的需要。李老师在教学过程中充分发挥自身潜能,对教学中的每一项任务力求做到极致,这表明其达到的最高层次的需要是自我实现的需要。

17. D 【解析】本题考查教师劳动的创造性特点。教师劳动的创造性主要是由劳动对象的特点决定的。教师劳动的创造性主要表现在以下三个方面:(1)因材施教;(2)教学方法上的不断更新;(3)教师需要"教育机智"。故题干所述体现了教师职业劳动的创造性。

18. A 【解析】本题考查教师知识素养的内容。教师的知识素养包括政治理论修养、精深的学科专业知识(本体性知识)、广博的科学文化知识、必备的教育科学知识(条件性知识)、丰富的实践知识。其中,教师的教育科学知识(条件性知识)主要包括三个方面:(1)学生身心发展知识;(2)教与学的知识;(3)学生成绩评价的知识。故题干所述的知识属于教师的条件性知识。

19. D 【解析】本题考查课堂提问的要求。"不愤不启,不悱不发"的意思是:学生如果不经过思考并有所体会,想说却说不出来时,就不去开导他;如果不是经过冥思苦想而又想不通时,就不去启发他。也就是说,只有在学生"愤、悱"的状态下,才是启发(提问)的最佳时机。即学生"心求通而未得之意""口欲言而未能之貌"的时候,这个时候,学生注意力集中、思维活跃,对教师的提问往往能够积极地投入思考,从而让课堂教学收到良好的效果。因此,"不愤不启,不悱不发"要求教师在提问时把握好提问时机。故本题选 D 项。

20. D 【解析】本题考查人本主义学习理论的内容。马斯洛极端反对行为主义心理学者所提出的条件作用学习理论。他认为对学生来说,外铄学习是缺少个人意义的,只是对个别刺激所做的零碎反应。只是由外在影响加给学生的一些片段的习惯与行动而已。学生所学到的,顶多也不过像是在他口袋里装了几把钥匙或者几枚铜钱而已。学生所学的一切,对他个人的心智成长,毫无意义。按马斯洛的主张,学习不能由外铄,只能靠内发。教师不能强制学生学习;学习的活动应由学生自己选择和决定。故答案选 D 项。

21. B 【解析】本题考查教师成长的阶段。福勒和布朗根据教师的需要和不同时期所关注的焦点问题,把教师的成长划分为关注生存、关注情境和关注学生三个阶段。其中,处于关注情境阶段的教师关心的是如何教好每一堂课,以及班级大小、时间压力和备课材料是否充分等与教学情境有关的问题,如"内容是否充分得当""如何呈现教学信息""如何掌握教学时间"等。因此,题干所述表明王老师处于关注情境阶段。

22. C 【解析】本题考查课堂提问的类型。教育家特内曾根据布卢姆《教学目标分类学》的基本思想,创设"布卢姆—特内教学提问模式"。在这种教学提问模式中,教学提问被分成由低到高六个水平,即知识(回忆)水平、理解水平、应用水平、分析水平、综合水平和评价水平。其中,应用水平的提问可用来鼓励和帮助学生应用已学知识去解决问题。它要求学生能把所学的某些规则或理论应用于某些问题,对问题进行分类、选择,以确定正确的答案。在应用水平的提问中,教师常用的关键词是:应用、运用、分类、选择、举例等。题干中,王老师要求学生运用所学的完全平方公式去解决问题,体现了应用水平的提问。

23. D 【解析】本题考查注意的品质。注意的分配是指人在进行两种或多种活动时能把注意指向不同对象的现象。事实证明,注意的分配是可行的,人们在生活中可以做到"一心二用",甚至"一心多用"。"学生在上课时对学习内容用眼看、用耳听、用心记、用嘴说"体现的是注意的分配。这样做可以提高学生注意的分配能力。

24. B 【解析】本题考查三维课程目标的知识。新课程背景下的课堂教学,要求根据各学科教学的任务和学生的需求,从知识与技能、过程与方法、情感态度与价值观三个维度出发设计课程目标。"知识与技能"目标强调基础知识和基本技能的获得,相当于传统的"双基教学",这一维度的目标立足于让学生学会。"过程与方法"目标突出的是让学生"学会学习",使学生获得知识的过程同时成为获得学习方法和能力发展的过程,这一维度的目标立足于让学生会学。"情感态度与价值观"目标强调教学过程中激发学生的情感共鸣,引起积极的态度体验,形成正确的价值观,这一维度的目标立足于让学生乐学。

25. A 【解析】本题考查课程内容的编排方式。直线式是指学科课程内容的组织呈直线前进,前面安排过的内容在后面不再呈现。螺旋式是指同一课程内容前后重复出现,前面的内容是后面内容的基础,后面内容是对前面内容的不断扩展和加深,且层层递进。直线式和螺旋式是教科书编写的两种基本的组织方式,它们各有利弊,分别适用于不同性质的学科、不同年级的学生。对理论性较强、学生不易理解和掌握的内容,尤其对低年级的儿童来说,采用螺旋式来组编较适合;对一些理论性、难度或操作性相对较低的学科知识,采用直线式组编则较适合。

26. C 【解析】本题考查课程实施的取向。课程实施的三种取向为:(1)忠实取向;(2)相互调适取向;(3)创生取向。课程实施的创生取向认为,设计好的课程并不是固定不变的,课程实施的过程也是课程的设计过程。课程实施的过程是在具体教育情境中由师生共同创生新的教育经验的过程,原来设计好的课程只是这个"经验"创生过程中可供选择的材料之一。王老师注重课堂教学中预设与生成的关系,这符合课程实施的创生取向。

27. D 【解析】本题考查量力性教学原则。量力性教学原则又称为可接受性原则,是指教学的内容、方法、分量和进度要适合学生的身心发展特点,使他们能够接受,但又要有一定的难度,需要他们经过努力才能掌握,以促进学生的身心发展。"最近发展区"是儿童在有指导的情况下,借助成人的帮助所能达到的解决问题的水平与独自解决问题所达到的水平之间的差异,实际上是两个邻近发展阶段间的过渡状态。"语之而不知,虽舍之可也"的意思是:如果老师开导了(学生)还是不懂,那么暂时放弃开导,也是可以的。这都在一定程度上表明教学的内容、方法、分量和进度要适合学生的身心发展,使他们能够接受。故题干所述体现了量力性的教学原则。

28. D 【解析】本题考查分组教学的类型。分组教学有外部分组和内部分组、能力分组和作业分组等。外部分组,即取消按年龄编班,按学生的能力或某些测验成绩编班。内部分组,即在按年龄编班的班级内,再根据学生的成绩将他们分成若干个不同的小组。能力分组,是根据学生的能力发展水平进行分组教学的,各组课程相同,学习年限则不同。作业分组,是根据学生的特点和意愿来进行分组教学的,各组学习年限相同,课程则不同。故 D 项正确。

29. C 【解析】本题考查情境—陶冶教学模式。情境—陶冶教学模式是使学生处在创设的教学情境中,运用学生的无意识心理活动和情感,加强有意识的理性学习活动的教学模式。该教学模式的教学目标是使学生在思想高度集中、精神完全放松的状态下,高效率、高质量地掌握所学内容,并且在情感和思想上受到触动和感化。因此,若教学的核心目标是让学生形成某种态度或价值观,那就要采用情境—陶冶教学模式。故本题选 C 项。

30. C 【解析】本题考查心智技能的形成阶段。加里培林提出了较有影响力的心智技能形成理论。他认为心智技能的形成分为五个阶段:(1)活动的定向阶段;(2)物质活动和物质化活动阶段;(3)出声的外部言语阶段;(4)无声的外部言语阶段;(5)内部言语阶段。其中,无声的外部言语阶段,是以词的声音表象、动觉表象为支柱而进行智力活动的阶段。故答案选 C 项。

31. B 【解析】本题考查教学评价的基本类型。根据评价采用的标准,教学评价可以分为绝对性评价(标准参照性评价)、相对性评价(常模参照性评价)和个体内差异评价。其中,常模参照性评价是运用常模参照性测验对学生的学习成绩进行的评价,它主要依据学生个人的学习成绩在该班学生成绩序列或常模中所处的位置来评价和决定他的成绩的优劣,而不考虑是否达到教学目标的要求。它具有甄选性强的特点,因而可以作为选拔人才、分类排队的依据。事业编教师招聘考试是从高分到低分进行选拔的。故本题选 B 项。

32. A 【解析】本题考查常见的心理学效应。霍桑效应又称被试效应,"被试效应"的形成是由于被试者的"心理作用"造成的,是因为被试者觉察到了实验者的意图,或者因为实验场景的原因改变了他们本来的态度和行为,所有这些都对实验结果产生影响,而这种影响并非来自实验刺激的因素即自变量的影响。所谓"主试效应",是指由于实验者对研究结果的期望而产生的实验偏差。主试效应常常被称为"皮格马利翁效应"或"罗森塔尔效应"。巴纳姆效应指的是一般人都会轻易地对一个笼统的、一般性的人格描述深信不疑,即使这种描述空洞而模糊,他也会毫不怀疑地认为这种描述确实说出了自己的人格面貌。故题干所述符合霍桑效应的内涵。

33. C 【解析】本题考查 2008 年修订的《中小学教师职业道德规范》。2008 年修订的《中小学教师职业道德规范》中关于"为人师表"方面所规定的具体职业行为要求有:坚守高尚情操,知荣明耻,严于律己,以身作则。衣着得体,语言规范,举止文明。关心集体,团结协作,尊重同事,尊重家长。作风正派,廉洁奉公。自觉抵制有偿家教,不利用职务之便谋取私利。故本题选 C 项。

34. C 【解析】本题考查学习策略的种类。组织策略是指将经过精加工提炼出来的知识点加以构造,形成更高水平的知识结构的信息加工策略。常用的组织策略有:(1)列提纲。(2)利用图形(作示意图)。如系统结构图、流程图、模式图或模型图和网络关系图等。(3)利用表格。如一览表和双向表。根据题干中的"列提纲和画关系图"可知,这种学习策略属于组织策略。

35. B 【解析】本题考查德育模式相关知识。当代影响较大的德育模式有认知模式、体谅模式、社会模仿模式和价值澄清模式等。其中,体谅模式把道德情感的培养置于中心地位。体谅模式的特色有:(1)有助于教师较全面地认识学生在解决特定的人际—社会问题时的各种可能反应;(2)有助于教师较全面地认识学生在解决特定的人际—社会问题时可能遭到的种种困难,以便更好地帮助学生学会关心;(3)它提供了一系列可能的反应,教师能够根据它们指导学生围绕大家提出的行动方针进行讲座或角色扮演的主题活动。

36. A 【解析】本题考查班级管理的模式。班级平行管理是指班主任既通过对集体的管理去间接影响个人,又通过对个人的直接管理去影响集体,从而把对集体和个人的管理结合起来的管理方式。题干中,王老师既强调集体的教育力量,又通过对个别学生的教育来影响集体,这体现了班级平行管理。

37. A 【解析】本题考查常见的社会知觉偏差。社会刻板效应指对一群人的特征或动机加以概括,把概括得出的群体的特征归属于团体中的每一个人,认为他们每个人都具有这种特征,而无视团体成员中的个体差异。因此,题干中认为学习成绩差的学生品行也不好就是一种社会刻板效应。

38. A 【解析】本题考查奥苏贝尔的学习分类。奥苏贝尔认为,学生在学校中的有意义学习应该是有意义的接受学习和有意义的发现学习,但他更强调有意义的接受学习,因为有意义的接受学习可以在短时期内使学生获得大量的系统知识。有意义学习的本质就是以符号为代表的新观念与学习者认知结构中原有的适当观念建立起非人为的和实质性的联系的过程,是原有观念对新观念加以同化的过程。题干中的庄老师提到的弄清概念之间的关系,这是将新观念与原有的适当观念建立起实质性联系的过程,故最合适的学习方式是有意义的接受学习。A 项正确。

39. D 【解析】本题考查教学方法的选用依据。选择与运用教学方法的基本依据包括教学目的和任务的要求,课程性质和特点,学生年龄特征,教师业务水平、实际经验及个性特点等。国老师认为,教学方法的选用要考虑这堂课你要达成什么成果,这说明国老师的关注点在于课程目标。

40. D 【解析】本题考查学习动机的类型。根据学习动机的作用与学习活动的关系进行划分,学习动机可分为近景的直接性动机和远景的间接性动机。近景的直接性动机是与学习活动直接相连的,来源于对学习内容或学习结果的兴趣,此类动机作用效果比较明显,但稳定性比较差。远景的间接动机是与学习的社会意义和个人的前途相连的,此类动机的作用较为稳定和持久,能激励学生努力学习并取得好成绩。故D项正确。

二、多项选择题

41. ABD 【解析】本题考查个体身心发展的动因。外铄论认为人的发展主要依靠外在的力量,诸如环境的刺激和要求、他人的影响和学校的教育等。外铄论又称外塑论或经验论等。A、B、D三项均体现了外在的力量决定或影响人的发展,都倾向于"外铄论"的观点。C项,"万物皆备于我"是孟子提出的,属于"内发论"的观点。

42. CD 【解析】本题考查德育的方法。两难问题辨析法有助于促进儿童的道德判断的发展和道德行为的成熟,但是随着德育实践的深入,人们发现这种教学方法程序十分复杂,目的难以达到,尤其低年级儿童采用这种方法具有消极作用,具有不容易实施等不足,还有相当大的局限性。故A项错误。选择德育方法的依据包括:(1)德育目标。(2)德育内容。(3)德育对象的年龄特点和个性差异。例如,中学高年级学生,自我意识已充分发展,自我评价能力增强,适宜选用自我修养法、分组讨论法等。小学低年级学生,自我意识尚未形成,缺乏自我认识和评价的能力,适宜选用榜样示范法和实际锻炼法。故B项错误,D项正确。情感陶冶法是指教育者自觉创设良好的教育情境,潜移默化地使受教育者在道德和思想情操等方面受到感染、熏陶的方法。情感陶冶法的形式包括人格感化、环境陶冶和艺术陶冶。对小学生来说,学校、班级是他们学习与活动的主要场所,因此,创设优美的校园环境,形成团结向上的班级集体,就会使学生的心灵受到春风化雨般的滋润。故C项正确。

43. BD 【解析】本题考查经典性条件反射的内容。在操作性条件作用中,行为发生在刺激之前,行为后果影响随后的行为;在经典性条件作用中,行为发生在刺激之后,中性刺激与无条件刺激相匹配。题干中,小明出现帮助同学的行为后,受到了表扬,此后该行为频率增加,这体现了操作性条件反射的原理。故A项不符合题意。B项属于泛化,是经典性条件作用理论的规律之一。C项看见闪电捂耳朵的行为是为了避免闪电之后出现的响雷声,这是回避条件作用,属于操作性条件反射。D项是行为发生在刺激之后,属于经典性条件反射。故B、D两项符合题意。

44. ABCD 【解析】本题考查著名教育家及其教育思想。A项,荀子提出了"性恶论",认为教育的作用是"化性起伪",就是通过教育和学习来改变自己的本性,使人具有适应社会生活的道德智能。B项,洛克反对天赋观念,提出了"白板说"。他认为人的心灵原来就像一块白板,没有一切特性,没有任何观念,天赋的智力人人平等。他还提出了"绅士教育论",并在其著作《教育漫话》一书中,详细论述了绅士教育的内容(即体育、德育和智育)及方法。C项,杜威认为,教育即生活,教育即生长,教育即经验的改组或改造。此外,杜威还提出"学校即社会",这是对"教育即生活"的进一步引申。D项,陶行知提出了生活教育理论,认为"生活即教育","生活即教育"是陶行知生活教育理论的核心。综上所述,A、B、C、D四项中的教育家与其思想观点均对应正确。

45. BCD 【解析】本题考查建构主义的教学主张。基于建构主义的课堂教学模式有:(1)支架式教学;(2)抛锚式教学;(3)随机通达教学;(4)认知学徒制;(5)自上而下的教学。故B、D两项正确。建构主义在学习观上强调学习的主动建构性、社会互动性和情境性三方面,认为"情境""协作""会话""意义建构"是学习环境中的四大要素或四大属性。其中,学习的情境性主要指学习、知识和智慧的情境性,认为知识是不可能脱离活动情境而孤立存在的。只有通过实际应用活动,知识才能真正被理解。因此,人的学习应该与情境化的社会实践活动相联系,通过对某种社会实践的参与而逐渐掌握有关的社会规则并形成相应的知识。故C项说法正确。人本主义者倡导有意义的自由学习观,有意义学习关注学习内容与个人之间的关系。故A项属于人本主义的教学主张。答案选B、C、D三项。

46. CD 【解析】本题考查教师的能力素养。教师的能力素养包括语言表达能力、组织管理能力、组织教育和教学的能力、自我调控和自我反思能力(较高的教育机智)。"要使学生获得一点知识的亮光,教师应吸进整个光的海洋"是指教师需要具备广博的文化知识,属于教师的知识素养,故A项错误。B项,教师应"既知教之所由兴,又知教之所由废"是指教师既要懂得教育成功的因素,又要知道教育失败的原因,故B项体现了教师的知识素养。C项,教师语言表达要做到"生动、形象、具有启发性"属于教师能力素养中的语言表达能力。D项,教师应注意课堂教学中的自我监控与课后的自我反思属于教师能力素养中的自我调控和自我反思能力。

47. AB 【解析】本题考查西方主要的心理学流派及代表人物。行为主义心理学派被称为西方心理学的"第一势力",代表人物为华生。精神分析学派被称为西方心理学的"第二势力",代表人物为弗洛伊德。人本主义心理学派被称为西方心理学的"第三势力",代表人物为马斯洛和罗杰斯。格式塔心理学派代表人物为韦特海默、苛勒和考夫卡。

48. ABC 【解析】本题考查不同课程类型的特点。学科课程是指以文化知识(科学、道德、艺术)为基础,按照一定的价值标准,从不同的知识领域或学术领域选择一定的内容,根据知识的逻辑体系,将所选出的知识组织为学科的课程类型。布鲁纳的结构主义课程是其典型代表。A项正确。活动课程亦称经验课程,是指围绕着学生的需要和兴趣、以活动为组织方式的课程形态,即以学生的主体性活动经验为中心组织的课程。其主导价值在于使学生获得关于现实世界的直接经验和真切体验。活动课程的主要代表人物是杜威。B项正确。显性课程亦称公开课程,是指在学校情境中以直接的、明显的方式呈现的课程。C项正确。隐性课程亦称潜在课程、自发课程,是学校情境中以间接的、内隐的方式呈现的课程。不论是显性课程还是隐性课程,都是学校课程建设中不可或缺的。D项说法错误。

49. BC 【解析】本题考查对循序渐进教学原则的理解。"闻斯行诸"的故事是指子路和冉有同样问"闻斯行诸",孔子却作了不同的回答。由于子路做事有时不免轻率,所以孔子要他在听到一件该做的事时最好向父兄请教后才去做。而冉有则由于个性谦退,遇事往往畏缩,因此孔子要他在听到一件该做的事后立刻去做。这体现了因材施教的教学原则,故A项不符合题意。"盈科而进"意思是要想进步、提高,必须打好坚实的基础。这体现了循序渐进的教学原则,故B项当选。"杂施而不孙,则坏乱而不修"指教学如果不按一定的顺序,杂乱无章地进行,学生就会陷入紊乱而没有收获。它符合循序渐进的教学原则。故C项当选。苏格拉底的"产婆术"是指在与学生谈话的过程中,并不直截了当地把学生所应知道的知识告诉他,而是通过讨论、问答甚至辩论方式来揭露对方认识中的矛盾,逐步引导学生自己最后得出正确答案的方法。这体现了启发性教学原则,故D项不符合题意。

50. ACD 【解析】本题考查需要的相关知识。需要总是和满足需要的对象联系在一起,因此,需要具有对象性,A项正确。社会需要是人特有的,是通过学习得来的,又称为获得性需要,它随着人类的活动不断地产生和发展,C项正确。人类的需要是随着历史的发展而发展的,是随着社会生产力的发展,随着满足某种需要对象范围的改变和满足方式的改变而发展的,D项正确。人和动物都有自然的需要,但需要的具体内容不同,满足需要的手段也就不一样。人生活在社会中,人的自然需要不仅可以通过自然界的物体得到满足,而且可以通过使用社会的产品得到满足。故B项错误。

51. BCD 【解析】本题考查教学方法相关知识。依据指导思想的不同,各种教学方法可归并为两大类:注入式和启发式,这是两种根本对立的教学方法指导思想。注入式是一种"填鸭式"的教学方法,是指教师从主观出发,把学生看成单纯接受知识的容器,向学生灌注知识,无视学生在学习上的主观能动性。在我国传统教学中,教师多使用灌输的方式进行教学,在此过程中运用最多的又是讲授法,因此,有人将讲授法等同于注入式教学,这是错误的。衡量一种教学方法是否具有启发性,关键是看教师能否促进学生积极主动地去学习,而不是单从形式上去加以判断。故A项表述错误。以语言传递为主的教学方法主要包括讲授法、谈话法、讨论法、读书指导法四种。故B项表述正确。演示法是指教师通过展示实物、教具和示范性的实验来说明、印证某一事物和现象,使学生掌握新知识的一种教学方法。它是一种辅助性教学方法,要与讲授法、谈话法等教学方法结合使用。故C项表述正确。发现法是以引导探究为主的方法,就是让学生通过独立工作,自己主动发现问题、解决问题及掌握原理的一种教学方法。它是由美国心理学家布鲁纳所倡导的。故D项表述正确。

52. BD 【解析】本题考查中等生的特点。中等生,也叫"一般生"或"中间生",是指那些在班级中各方面都表现平平的学生。中等生的特点包括:(1)信心不足;(2)表现欲不强。A项属于先进生的心理特征;C项属于后进生的心理特征。故本题选B、D两项。

53. ABD 【解析】本题考查自我效能感理论。自我效能感的作用主要体现在以下几个方面:(1)决定人们对活动的选择,以及对活动的坚持性。自我效能感水平高者倾向于选择富有挑战性的任务,在困难面前能坚持自己的行为;而自我效能感水平低者就相反。故A项说法正确。(2)影响人们在困难面前的态度。自我效能感水平高者敢于面对困难,富有自信心,相信通过坚持不懈的努力可以克服困难;而自我效能感水平低者在困难面前则缺乏自信,畏首畏尾,不敢尝试。(3)自我效能感不仅影响新行为的习得,而且影响已习得行为的表现。故B、D两项说法正确。(4)自我效能感还会影响活动时的情绪。自我效能感高者活动时信心十足,情绪饱满,而自我效能感低者则充满恐惧和焦虑。故C项说法错误。因此,答案选A、B、D三项。

54. ABCD 【解析】本题考查时事政治。中共中央、国务院印发的《关于全面深化新时代教师队伍建设改革的意见》提出,健全师德建设长效机制,推动师德建设常态化长效化,创新师德教育,完善师德规范,引导广大教师以德立身、以德立学、以德施教、以德育德,坚持教书与育人相统一、言传与身教相统一、潜心问道与关注社会相统一、学术自由与学术规范相统一,争做"四有"好教师,全心全意做学生锤炼品格、学习知识、创新思维、奉献祖国的引路人。其中,"四有"好教师,即有理想信念、有道德情操、有扎实学识、有仁爱之心的老师。

55. ABCD 【解析】本题考查有关教育的法律法规。根据《中华人民共和国义务教育法》第二条规定,国家实行九年义务教育制度。义务教育是国家统一实施的所有适龄儿童、少年必须接受的教育,是国家必须予以保障的公益性事业。实施义务教育,不收学费、杂费。故A项正确。隐私权是指公民生活中不愿为他人公开或知悉的个人秘密的不可侵犯的人身权利。学校和教师侵犯学生隐私的表现形式有:故意隐匿、毁弃或者非法开拆学生信件,披露、宣扬学生自身及家庭成员的资料,提供学生成绩的方式不适当等。按学生的考试成绩进行排队,侵犯了学生的隐私权。故B项正确。根据《中华人民共和国义务教育法》第十一条规定,凡年满六周岁的儿童,其父母或者其他法定监护人应当送其入学接受并完成义务教育;条件不具备的地区的儿童,可以推迟到七周岁。故C项正确。根据《中华人民共和国预防未成年人犯罪法》第三十四条规定,未成年学生旷课、逃学的,学校应当及时联系其父母或者其他监护人,了解有关情况;无正当理由的,学校和未成年学生的父母或者其他监护人应当督促其返校学习。故D项正确。

2021年湖北省直事业单位教师招聘分类考试真题试卷(二十五)

小学综合应用能力(D类)

一、案例分析题(参考答案)

1.(1)了解产生矛盾的原因。结合学生的性格特点,选择适合的交流方式,与丽丽和小安分别进行正面沟通,了解矛盾所在。而后结合她们各自所述情况,找其他学生从侧面核实情况。

(2)提出建议。了解情况后,首先委婉地指出丽丽在与同学交流的过程中存在的问题,然后鼓励小安继续积极地与丽丽进行沟通,并为两位同学创设沟通交流的机会,帮助她们解决矛盾。

(3)召开班会。召开主题班会和同学们共同探讨如何正确处理自己与同学、老师等之间的关系,并对讨论结果进行归纳总结。

2.(1)合理分组,组间同质,组内异质。在开展小组合作学习前,应依据学生的学习成绩、能力、性别及社会背景等,优化小组组合,形成互补性合作团体,便于发挥小组各成员的个性特长。有的小组讨论热烈,声音很大;有的小组比较沉默,进展缓慢。这说明小组分配不合理,没有发挥小组成员的个性特长。

(2)精心设计合作学习的主题。只有经过小组分工合作才能更好地达到教学目标的内容,才是适合采取小组合作学习方式的内容。张老师设计的学习任务是分组讨论文章各部分的大意,这个学习任务是开放性的,不宜作为合作学习的主题。

(3)预设情境,提高监控能力。开展教学前,教师要对小组合作学习可能产生的问题有一个总体的预测及应对,这样才能及时对小组合作学习过程进行监控并加以指导,提高小组合作学习的有效性。

3.(1)赵老师应关爱学生,尊重学生的人格。关爱学生的核心是尊重学生人格。尊重学生人格,就是把学生看作与自己一样有尊严、有利益诉求的人。赵老师语气冰冷,怒气十足地呵斥学生,没有做到尊重学生人格。

(2)赵老师应为人师表,为学生树立榜样。在行为举止上,教师要注意言语和行为符合现代文明要求,能够为学生做出榜样。赵老师怒不可遏的表情、尖厉刺耳的苛责声都没有为学生做出良好的示范。

4.(1)选择特定问题加以关注,并从课程、学生等领域,收集关于这一问题的资料;(2)分析收集来的资料,形成对问题的表征,并利用自我提问的方式来帮助理解;(3)建立假设以解释情境和指导行动,并且在内心对行动的短期和长期效果加以考虑;(4)实施行动计划。

二、教育方案设计(参考答案)

【活动主题】家校联合,共育英才

【活动目标】

1.家长认识到家庭教育的重要性,树立正确的家庭教育观。

2.家长学会更好地配合学校工作,形成家校共育的合力。

【活动内容与过程】

1.活动导入

(1)班主任汇报最近一段时间孩子们学习、生活方面的情况,并分享学校、班级开展的一些活动以及班级建设取得的成绩。

(2)班主任分析学生的不同表现,将话题引到家校共育。

2.互动交流

(1)家长分组,互相讨论。家长们就近分为4~6人的小组,互相交流自己在教育子女方面的方法经验或困惑,形成比较集中或典型的问题。

(2)请每个小组的家长代表总结本组在家庭教育方面的经验及困惑。

(3)班主任、任课老师与家长探讨如何更好地教育学生。双方交流教育经验,并由班主任当场解决家长提出的教育孩子方面的困惑和忧虑。

3.收集家长建议

请家长给学校及老师提出合理化的建议。

4.班主任总结

班主任讲解家庭教育的重要性,总结家长与学校如何在家庭作业的布置与检查等方面相互配合,并就家校配合提一些合理化的要求和建议。

【结束寄语】

学校最重要的事情是教育孩子,家庭最重要的事情同样也是教育孩子。家庭教育是整个教育体系的重要组成部分。我们常说:"家庭是孩子永远眷恋且永不停课的学校,父母是孩子第一任且永不卸任的老师。"家长们,教育孩子没有固定的模式,但有最适合的教育方式。为了孩子,我们应当不断探索学习,这也是我们这次家长会的目的所在。让我们一起努力,做孩子们心中最棒的老师和家长吧!

中学综合应用能力(D类)

一、案例分析题(参考答案)

1.(1)课前做好备课工作。教师备课要做好三方面的工作,即钻研教材、了解学生、设计教法。吴老师在备课过程中没有深入了解学生,导致她的课堂出现"学生兴趣不高""所讲的很多内容学生已经会了"等问题。教师在备课时,要注意全面了解本班学生的学习准备情况及个性特点,有针对性地进行备课。

(2)在课堂教学中发挥教育机智。教师在教学中应充分发挥教育机智,面对学生出现的各种情况能够因势利导、随机应变。如课堂教学提前结束但仍有剩余时间时可以通过课堂提问帮助学生巩固所学知识或者引导学生继续深入学习本节课的内容,而不是直接安排学生自习。

(3)充分发挥学生的主体性。在教学中,学生是学习的主人,具有主观能动性。因此,在教学过程中应充分发挥学生的主体性,课堂教学要引起学生的兴趣,引导学生积极主动地学习,提高学生的课堂参与程度。

(4)注重生成性教学。整体把握教学过程的结构,关注学生,注意课前预设和课堂生成的统一。

2.(1)教学目标要具有发展性。教学目标的设计既要基于学生的实际,同时又要超越学生的现有水平,使教学目标指向学生更高层次的水平,这样,教学目标才具有引导作用。

(2)教学目标要全面,具有整体性。合理的课堂教学目标既要有知识与技能方面的,还要有过程与方法以及情感态度和价值观层面的,并且三者要保持和谐一致。

(3)教学目标要具有层次性和可行性。教学目标的设计要适当,符合学生的现有发展水平,考虑到学生个体间的差异,从而保证普适性目标全体学生都能达到,发展性目标优生能"吃饱"。

(4)教学目标要具有可操作性指标体系,能够体现学生学习行为及其变化,从而发挥其强大的激励、指导与聚合的功能。

3.(1)原因:①吴老师过于注重民主的课堂气氛,忽视了课堂纪律管理,对课堂纪律的重要性认识不足,导致部分学生上课走神、打瞌睡、看课外书等;②吴老师过于关注课堂教学任务,在课前没有深入了解学生,对学生的学习准备状态和个性特点认识不足,没有做到因材施教,因此不能真正地完成教学目标,促进学生发展;③吴老师在工作中忽略了班级学生的心理状态,没有积极地对学生进行心理辅导,因而不少学生不能很好地适应高中的学习生活。

(2)改进措施:①吴老师应确立明确的班集体发展目标,重视课堂纪律管理,通过制定规章制度建立班集体的正常秩序;②吴老师的教育教学应以学生的发展为本,课堂教学内容应满足不同学习基础的学生的需求,课堂教学设计考虑班级学生不同的个性特点;③吴老师在教育过程中不能只关注教学任务,更应关注学生的身心发展,以学生发展为本,在班级管理中严慈相济,提高学生自我管理的能力。

4.(1)观摩和分析优秀教师的教学活动。一般来说,为培养和提高新教师与教学经验欠缺的年轻教师宜进行组织化观摩,可以是现场观摩,如组织听课,也可以观看优秀教师的教学录像。

(2)开展微格教学。它是指以少数的学生为对象,在较短的时间内(5~20分钟),尝试做小型的课堂教学,并把这种教学过程摄制成录像,课后再进行分析。这是训练新教师、提高其教学水平的一条重要途径。

(3)进行专门训练。教师的成长与发展也可以通过专门的教学能力训练来实现,如训练新教师掌握教学过程中有效的教学策略等。

(4)进行教学反思。新教师还应注重对自身教学经验的反思,使专门训练与自身教学经验有效结合,才能真正提高自己的教学水平。

二、教育方案设计(参考答案)

1.

给高一(2)班学生的一封公开信

亲爱的同学们:

本次期中考试的结果以及大家对老师教学问题的反馈,让老师意识到自己之前的教学和管理工作存在一定的问题。接下来的时间里,老师希望与同学们一起做出改变。

高中生正处在思想、心理、身体发展的关键时期,面临着重大的学习压力,但同时,这也是你们自我发展的巨大良机。因此,不能习惯性地依赖老师对你们的管理和约束。自主管理能力是当代高中生必须具备的能力,良好的自主管理能力可以让你们在学习中更加自律,让学习更加科学,从而提高学习成绩,也可以提升学习毅力,抵御外界不良诱惑,增强克服学习困难的信心和勇气,使自己勇往直前!

同学们应牢牢抓住这一发展机遇,实现自我成长,真正发展为一个自律、自爱、自强的人。我也将为你们的健康成长护航,为你们指点迷津,让我们一起撑起"高一(2)班"的美好明天!

吴老师

2021.5.22

2.【活动主题】

学会自我管理,做自己的主人

【活动目标】

1. 了解自我管理的基本内容,明白自我管理的重要性;

2. 学会自我管理的方法,并能运用于日常学习生活中;

3. 激发学习动力,养成良好的自我管理习惯。

【活动内容与过程】

1. 案例导入

使用多媒体分享名人故事:科学家富兰克林成功的秘诀——自我管理。引导学生思考问题:富兰克林是怎样进行自我管理的,有哪些方面值得我们借鉴?

2. 自我管理调查

请学生填写《自主性学习管理调查表》,并思考以下问题:

(1)我在哪些方面缺乏自我管理?

(2)我该如何有针对地进行自我管理?

学生分小组对调查结果进行讨论,总结自我管理的方法,并派代表在班级内发言。

3. 事例分享

请学生分享自己周围有关自我管理的正反面事例,并表达自己的看法。

教师总结:每个人都是自己命运的建筑师,学习掌握在自己手中,只有高效的自我管理才能带来高效的学习效果。

4. 制作自我管理手册

每个小组合作制作一份自我管理手册,内容包括"个人档案""前进目标""每周成长足迹""学期总结"等项目,其中重点是"每周成长足迹"。手册制作完成后在未来每一周认真执行,组员之间互相监督。

【活动小结】

同学们,升入高中,意味着我们离成年又近了一步。成长的重要标志之一就是学会自我管理。或许很多同学还没有适应,明明高中的学习任务比初中要重很多,老师却不如之前那么"耳提面命"了。这是因为,高中的学习,老师课堂上的督促与学生课下的自习是同等重要的,面对诸多的自习时间,只有学会自我管理才能更加高效地学习。所以老师真心希望你们能在这次的活动中有所收获,做自己学习的主人,希望在不久的将来,大家都能有所进步。

2021年重庆市上半年市属教师招聘考试(教育类)真题试卷(二十六)

一、判断题

1. √ 【解析】本题考查时事政治。《重庆市国民经济和社会发展第十四个五年规划和二〇三五年远景目标纲要》指出,"十四五"时期,高质量发展实现重大突破。在质量效益明显提升的基础上实现经济持续健康发展,经济结构更加优化,现代化经济体系初步形成,地区生产总值年均增长6%左右,人均地区生产总值突破10万元,全员劳动生产率达到19万元/人。

2. √ 【解析】本题考查《中小学班主任工作规定》。《中小学班主任工作规定》第十六条规定,班主任在日常教育教学管理中,有采取适当方式对学生进行批评教育的权利。

3. × 【解析】本题考查党史。1935年遵义会议的召开,解决了当时最为紧迫的组织问题和军事问题,在全党确立了以毛泽东为主要代表的马克思主义正确思想路线的领导地位。但是,由于时间紧迫,没有来得及解决党的思想问题和作风问题,以至于王明、博古和李德等人虽然已经不再在中共中央占据主要领导地位,但以王明为代表的主观主义、教条主义还没有从思想上进行认真的清理。

4. √ 【解析】本题考查国际贸易。净出口和资本净流出在量上恒相等。从概念上看,净出口即出口产品价值与进口产品价值的差额,资本净流出是本国购买外国资产的支出减去外国购买资产的支出的差额。由于每一次国际贸易都涉及某种物品和资产的等值交换,所以在某一实际汇率和实际利率水平下,存在对应的合意的净出口需求和资本净流出需求。净出口(假设为正)意味着外币的净供给,资本净流出(假设为正)意味着外币的净需求。均衡状态下,汇率和利率会调整到净出口和资本净流出相等的水平。即使汇率没有处于均衡水平,净出口需求大于资本净流出需求的那部分缺口被被动的资本流出填补了,净出口等于资本净流出的说法仍然成立。

5. √ 【解析】本题考查扩张性财政政策。扩张性财政政策是指政府财政支出大于财政收入的一种财政政策,其目的在于刺激需求的增加,具有反经济衰退的功能。扩张的财政政策的主要措施有:增发国债、降低税率、提高政府购买和转移支付等,短期效果是总产量增加和物价水平上升。

6. √ 【解析】本题考查《关于防治中小学生欺凌和暴力的指导意见》。《关于防治中小学生欺凌和暴力的指导意见》中指出,校长是学校防治学生欺凌和暴力的第一责任人,分管法治教育副校长和班主任是直接责任人。

7. √ 【解析】本题考查苏格拉底"产婆术"的相关内容。苏格拉底的"产婆术"教学,分两个阶段。第一阶段:诘问,由施教者不断提出问题,使受教者在认识上陷入自相矛盾,最终承认自己的错误与无知。第二阶段:助产,帮助对方在明白道理的基础上,重新归纳所探究概念的正确含义。故题干说法正确。(具体参见王道俊、郭文安主编的《教育学(第七版)》)

8. × 【解析】本题考查感觉阈限。差别阈限,又称最小可觉差,是指刚刚能引起差别感觉的刺激物间的最小差异量。差别感受性是指能够感受刺激之间这一最小差异量的能力。宠物狗能够分辨主人和陌生人脚步声的差异,说明该宠物狗的差别感觉阈限很低,差别感受性很高。

方法技巧:关于感受性与感觉阈限,考生可结合以下表格进行区分:

依据	绝对(一个刺激、从无到有)	差别(两个刺激、有感觉变化)
刺激(数值/范围)	绝对感觉阈限	差别感觉阈限
能力	绝对感受性	差别感受性

9. × 【解析】本题考查股份转让。根据我国《公司法》第一百四十二条的规定,公司不得收购本公司股份。但是,有下列情形之一的除外:减少公司注册资本;与持有本公司股份的其他公司合并;将股份用于员工持股计划或者股权激励;股东因对股东大会作出的公司合并、分立决议持异议,要求公司收购其股份;将股份用于转换上市公司发行的可转换为股票的公司债券;上市公司为维护公司价值及股东权益所必需。

10. × 【解析】本题考查公文的行文规则。《党政机关公文处理工作条例》规定,党委、政府的办公厅(室)根据本级党委、政府授权,可以向下级党委、政府行文,其他部门和单位不得向下级党委、政府发布指令性公文或者在公文中向下级党委、政府提出指令性要求。

11. √ 【解析】本题考查公文格式。《党政机关公文处理工作条例》规定,公文的主要受理机关,应当使用机关全称、规范化简称或者同类型机关统称。

12. × 【解析】本题考查公文管理。《党政机关公文处理工作条例》规定,不具备归档和保存价值的公文,经批准后可以销毁。销毁涉密公文必须严格按照有关规定履行审批登记手续,确保不丢失、不漏销。个人不得私自销毁、留存涉密公文。

13. √ 【解析】本题考查政治常识。改革开放前建立起来的独立的比较完整的工业体系和国民经济体系,从根本上解决了工业化"从无到有"的问题,为新中国的经济独立和国防安全提供了物质保障,也为改革开放新时期的经济腾飞和民生改善准备了技术条件。

14. √ 【解析】本题考查中共党史。中共十一届三中全会是新中国成立以来党的历史上具有深远意义的转折点。它完成了党的思想路线、政治路线和组织路线的拨乱反正,是改革开放的开端。从此,中国历史进入社会主义现代化建设的新时期。

15. × 【解析】本题考查习近平新时代中国特色社会主义思想。习近平总书记多次强调,全面依法治国必须抓住领导干部这个"关键少数"。

16. √ 【解析】本题考查习近平新时代中国特色社会主义思想。"绿水青山就是金山银山"是习近平生态文明思想的集中体现,指明了实现经济发展和生态环境保护协同共生的新路径。

17. √ 【解析】本题考查联觉。一种感觉兼有另一种感觉的心理现象叫联觉。进入橙色灯光照耀下的餐厅,感觉很温暖,这属于联觉。

18. × 【解析】本题考查学习迁移的理论。概括化理论也称经验类化说,由美国心理学家贾德提出,其主要观点是,一个人只要对自己的经验进行了概括,就可以完成从一个情境到另一个情境的迁移。相同要素说强调两种情境中刺激的相似性,认为两种情境中的刺激相似,反应也相似时,迁移才会发生。两种情境中相同要素越多,迁移的量也就越大。

19. × 【解析】本题考查经济杠杆。经济杠杆是国家用以影响和调节社会生产、交换、分配、消费,实现对国民经济宏观调控的经济手段。经济杠杆的具体形式有价格、成本、利润、工资、奖金、信贷利率、外汇、税收、补贴等。

20. × 【解析】本题考查宏观调控。直接调控与间接调控的主要区别在于发挥宏观调控作用的机制不同。是否通过市场中介进行调控,是二者区别的主要标志。

21.× 【解析】本题考查行政法规。根据《立法法》的规定，犯罪和刑罚只能制定法律。行政机关制定的法规无权规定犯罪和刑罚。

22.× 【解析】本题考查民事法律行为的效力。我国《民法典》第一百四十七条规定："基于重大误解实施的民事法律行为，行为人有权请求人民法院或者仲裁机构予以撤销。"因此，该转让合同属于可撤消的民事法律行为，而非无效的民事法律行为。

23.× 【解析】本题考查遗忘规律。艾宾浩斯认为，遗忘是有规律的，遗忘的进程是不均衡的，趋势是先快后慢、先多后少，呈负加速。这表明，识记后遗忘很快就会发生。因此，对于新学习的材料，为了防止遗忘，必须"趁热打铁"，及时进行复习。所谓及时复习就是在初期大量遗忘开始之前就进行复习。

24.√ 【解析】本题考查头脑风暴法。头脑风暴法指在集体之中群策群力，互相启发，尽可能多地提出解决问题的方法。头脑风暴法是发散思维的应用。

25.× 【解析】本题考查政治常识。党的十九届五中全会提出，坚持创新在我国现代化建设全局中的核心地位，把科技自立自强作为国家发展的战略支撑，面向世界科技前沿、面向经济主战场、面向国家重大需求、面向人民生命健康，深入实施科教兴国战略、人才强国战略、创新驱动发展战略，完善国家创新体系，加快建设科技强国。要强化国家战略科技力量，提升企业技术创新能力，激发人才创新活力，完善科技创新体制机制。

26.√ 【解析】本题考查时事政治。《中华人民共和国国民经济和社会发展第十四个五年规划和 2035 年远景目标纲要》将 GDP 作为主要指标予以保留，同时将指标值设定为"年均增长保持在合理区间、各年度视情提出"。在五年规划史上，这样表述 GDP 尚属首次，即以定性表述为主，隐含定量表述。这是从推进现代化建设的全局和整体出发，充分把握"十四五"发展趋势和内外部环境，经过慎重论证、反复比选、深入研究作出的一次调整。

27.× 【解析】本题考查社会主义道德。为人民服务是社会主义道德的核心。

28.× 【解析】本题考查《重庆市义务教育条例》。《重庆市义务教育条例》第十二条规定，学校应当在每年 7 月 20 日前发布公告，通知适龄儿童、少年的父母或者其他法定监护人在指定时间领取入学通知；未领取的，学校应当及时通知到适龄儿童、少年的父母或者其他法定监护人。

29.× 【解析】本题考查公文格式。《党政机关公文格式》规定，不加盖印章的公文联合行文时，应当先编排主办机关署名，其余发文机关署名依次向下编排。

30.√ 【解析】本题考查居住权。我国《民法典》第三百六十八条规定："居住权无偿设立，但是当事人另有约定的除外。设立居住权的，应当向登记机构申请居住权登记。居住权自登记时设立。"

二、单项选择题

31.A 【解析】本题考查新时代党的建设总要求。新时代党的建设总要求是：坚持和加强党的全面领导，坚持党要管党、全面从严治党，以加强党的长期执政能力建设、先进性和纯洁性建设为主线，以党的政治建设为统领，以坚定理想信念宗旨为根基，以调动全党积极性、主动性、创造性为着力点，全面推进党的政治建设、思想建设、组织建设、作风建设、纪律建设，把制度建设贯穿其中，深入推进反腐败斗争，不断提高党的建设质量，把党建设成为始终走在时代前列、人民衷心拥护、勇于自我革命、经得起各种风浪考验、朝气蓬勃的马克思主义执政党。

32.D 【解析】本题考查《学生伤害事故处理办法》。《学生伤害事故处理办法》第三条规定，学生伤害事故应当遵循依法、客观公正、合理适当的原则，及时、妥善地处理。

33.A 【解析】本题考查毛泽东思想。毛泽东在《将革命进行到底》一文中首次公开提出"人民民主专政"这个概念。

34.A 【解析】本题考查市情。由第七次全国人口普查数据可知，全国四个直辖市的常住人口均超过千万大关。其中，重庆市常住人口最多。

35.B 【解析】本题考查《新时代中小学教师职业行为十项准则》。《新时代中小学教师职业行为十项准则》中提出，秉持公平诚信包括：坚持原则，处事公道，光明磊落，为人正直；不得在招生、考试、推优、保送及绩效考核、岗位聘用、职称评聘、评优评奖等工作中徇私舞弊、弄虚作假。

36.B 【解析】本题考查习近平新时代中国特色社会主义思想。习近平总书记强调，要坚持把实施乡村振兴战略作为新时代"三农"工作总抓手。

37.B 【解析】本题考查物权的分类。特定物是具有其独特的特征，不能为其他物所代替的物，与之相对应的是种类物。种类物是具有同度量衡、规格、质量等可以为同种类物所替代的物。种类物经过选择购买也可特定化出来成为特定物。

38.C 【解析】本题考查可撤销婚姻。根据我国《民法典》的规定，可撤销的婚姻有 2 种情形。第一种是因胁迫结婚的，受胁迫的一方可以向人民法院请求撤销婚姻。请求撤销婚姻的，应当自胁迫行为终止之日起一年内提出。第二种是一方患有重大疾病的，应当在结婚登记前如实告知另一方；不如实告知的，另一方可以向人民法院请求撤销婚姻。请求撤销婚姻的，应当自知道或者应当知道撤销事由之日起一年内提出。C 项正确。重婚、有禁止结婚的亲属关系、未到法定婚龄均属于婚姻无效的情形，A、B、D 三项错误。

39.D 【解析】本题考查思想品德发展基本特点。小学生的品德发展具有过渡性、平稳性和协调性。中学生道德推理的发展趋势是从前习俗思维向更为习俗化的推理水平的转变。故 D 项错误。

40.B 【解析】本题考查谈话法的概念。谈话法也叫问答法，它是教师按一定的教学要求向学生提出问题让学生回答，通过问答、对话的形式来引导学生思考、探究、获取或巩固知识，促进学生智能发展的方法。

41.C 【解析】本题考查教师职业道德规范相关知识。爱岗敬业是教师职业的本质要求，教师职业的基本要求是爱国守法，故 C 项说法错误。关爱学生是师德的灵魂，故 A 项说法正确。教书育人是对教师的专业要求，是教师工作的具体内容，师德引发的效果，必由此体现，所以它是师德的载体。故 B 项说法正确。从社会培养及择师的要求来看，为人师表是社会对教师职业所赋予的特殊要求，故 D 项说法正确。

42.D 【解析】本题考查王安石变法。王安石变法中的水利法的内容为：鼓励垦荒，兴修水利，费用由当地住户按贫富等级的高下出资兴修水利，也可向州县政府贷款。因此，这在一定程度上涉及了豪强垄断水利的问题，A 项表述错误。保甲法是指将乡村民户加以编制，十家为一保，民户家有两丁以上抽一丁为保丁，农闲时集中，接受军事训练。这加强了对农村的统治，维护了农村社会治安，建立了全国性的军事储备，节省了大量的训练费用，在一定程度上保证了雇佣军缺额的补充，但并不是"有效地保证了雇佣军缺额的补充"，B 项表述错误。王安石认为，北宋国家贫困的症结不在于开支过多，而在于生产过少。C 项表述错误，D 项表述正确。故本题选 D 项。

43.A 【解析】本题考查土地沙化的原因。造成土地沙化的原因有自然因素和人类活动两种。③是自然因素；①②造成植被破坏；④造成地下水位大幅度下降，使植被退化乃至衰亡。因此，4 个选项都是造成土地沙化的原因。

44.C 【解析】本题考查政治常识。全面建成小康社会后，我国将开启全面建设社会主义现代化国家新征程。

45.A 【解析】本题考查党的建设。2014 年，习近平总书记在十八届中央政治局第十六次集体学习时发表重要讲话强调，我们要聚精会神抓好党的建设，使我们党越来越成熟、越来越强大、越来越有战斗力。这是全党的政治责任，首先是中央政治局的政治责任。

46.B 【解析】本题考查教师素养的内容。教师素养包括教师专业知识、教师专业技能、教师专业情意和教师身心素养。其中，教师的专业技能是教师在教育教学活动中所形成的顺利完成某项教育教学任务的技能和本领，是教师综合素质最突出的外在表现，也是教师专业性的核心体现，包括基础能力素养和职业能力素养。

47.D 【解析】本题考查基尼系数。基尼系数是 20 世纪初意大利经济学家基尼提出的，用以综合考察居民内部收入分配差异状况的一个分析指标。基尼系数最小等于 0，表示收入分配绝对平均；最大等于 1，表示收入分配绝对不平均；如果基尼系数在 0.19 以下，则表示收入分配相当平均；如果基尼系数在 0.19 ~ 0.25 之间，则表示收入分配比较平均；如果基尼系数在 0.25 ~ 0.40 之间，则表示收入分配基本平均；如果基尼系数在 0.40 以上，则表示收入分配很不平均；一旦基尼系数超过 0.6，则意味着可能发生社会动荡。因此，若某地区基尼系数为 0.56，则表明该地区收入差距悬殊。

48.B 【解析】本题考查时事政治。《中共中央关于制定国民经济和社会发展第十四个五年规划和二〇三五年远景目标的建议》指出，加快建设现代化经济体系，加快构建以国内大循环为主体、国内国际双循环相互促进的新发展格局，推进国家治理体系和治理能力现代化，实现经济行稳致远、社会安定和谐，为全面建设社会主义现代化国家开好局、起好步。

49.C 【解析】本题考查市场机制。供求的变化引起价格的涨落，价格的涨落引起利润的增减，利润的增减引起投资活动的变化，而投资活动的变化又会引起利率和工资的变化。一系列变化连续不断，构成了明显的连锁反应，体现了市场机制具有关联性。

50.A 【解析】本题考查二十四节气。二十四节气分别是立春、雨水、惊蛰、春分、清明、谷雨、立夏、小满、芒种、夏至、小暑、大暑、立秋、处暑、白露、秋分、寒露、霜降、立冬、小雪、大雪、冬至、小寒、大寒。因此，在"处暑"与"秋分"之间的节气是白露。

方法技巧：二十四节气歌：春雨惊春清谷天，夏满芒夏暑相连；秋处露秋寒霜降，冬雪雪冬小大寒。

51.C 【解析】本题考查公文办理。根据《党政机关公文处理工作条例》的规定，需要两个以上部门办理的，应当明确主办部门。C 项不符合公文承办的要求。

52.C 【解析】本题考查公文办理。《党政机关公文处理工作条例》中对"登记"的规定是：对复核后的公文，应当确定发文字号、分送范围和印制份数并详细记载。

53.A 【解析】本题考查公文种类。《党政机关公文处理工作条例》规定，通告适用于在一定范围内公布应当遵守或者周知的事项；公告适用于向国内外宣布重要事项或者法定事项；通知适用于发布、传达要求下级机关执行和有关单位周知或者执行的事项，批转、转发公文；函适用于不相隶属机关之间商洽工作、询问和答复问题、请求批准和答复审批事项。因此，自来水厂告知公众做好用水准备，应选用的文种是通告。

54.C 【解析】本题考查埃里克森的人格发展阶段理论。在自我同一性对角色混乱阶段（12 ~ 18 岁），个体开始思考"我是谁"这一问题。自我同一性的形成要求谨慎的选择和决策，尤其体现在职业定向、性别角色分化等方面。如果青少年不能整合这些方面和各种选择，或者根本无法在其中进行选择，就会导致角色混乱。

55. D 【解析】本题考查思维定势。所谓定势就是指由先前影响所形成的往往不被意识到的心理准备状态，它将支配人以同样的方式去对待同类后继活动。小学生在计算连加后的减法运算时容易按照连加进行计算，这是问题解决中的思维定势。

易错提示：考生容易混淆功能固着和思维定势。思维定势强调固定的思维模式。功能固着强调熟悉了惯常功能后，很难看出其他功能。

56. C 【解析】本题考查创造力的分类。按照创造力本身从萌芽到形成的过程，海纳特将创造力分为前创造力、潜创造力和真创造力。所谓前创造力，是指创造力的准备阶段或是创造力的萌芽阶段。它不能产生创造性的结果。例如，儿童的幻想、青年人的憧憬以及想入非非等。所谓潜创造力，是指对创造力的广义理解。潜创造力对个人来说是独特的，新颖的，但是已经被人类发现或发明过的成果。所谓真创造力，是对创造力的狭义理解，是指提供具有独特的、新颖的和有社会价值的创造结果，该结果是前所未有的。（具体参见燕良轼著的《教育心理学 理论、实践与应用》）

57. B 【解析】本题考查抗美援朝。经过艰苦卓绝的战斗，中朝军队打败了武装到牙齿的对手，打破了美军不可战胜的神话，迫使不可一世的侵略者于1953年7月27日在停战协定上签字。B项中的年份错误。

58. A 【解析】本题考查总供给的决定因素。总供给基本取决于两组截然不同的因素：潜在产出和投入成本。从长期看，总供给主要取决于潜在产出，也就是由影响经济长期增长的因素决定的，包括劳动力的数量和质量，资本和自然资源的供给，技术水平等。与此同时，生产成本的变化也会影响短期总供给。由此可见，总供给的决定因素不包括利率的变化。

59. B 【解析】本题考查光学。光的传播是不需要介质的，它是一种波粒二象性的实体，光能在真空中传播。声波在真空中无法传播，因为声波的传播需要介质。B项说法错误。

60. D 【解析】本题考查经济全球化。经济全球化的核心是各国社会再生产过程的交叉渗透形成全球社会再生产。

61. C 【解析】本题考查失业。摩擦性失业是指来自于正常的劳动力市场变动的失业。它被看作是一种求职性失业，即一方面存在着职位空缺，另一方面存在着与这些数量相应的寻找工作的失业者。它的出现主要是因为劳动市场的信息具有不完备性。

62. A 【解析】本题考查民事责任承担方式。我国《民法典》第一百七十九条规定：“承担民事责任的方式主要有：(1)停止侵害；(2)排除妨碍；(3)消除危险；(4)返还财产；(5)恢复原状；(6)修理、重作、更换；(7)继续履行；(8)赔偿损失；(9)支付违约金；(10)消除影响、恢复名誉；(11)赔礼道歉。法律规定惩罚性赔偿的，依照其规定。本条规定的承担民事责任的方式，可以单独适用，也可以合并适用。”查封扣押、冻结财产不属于民事责任承担方式，A项符合题意。

63. C 【解析】本题考查行政复议。行政复议是指公民、法人或者其他组织认为行政机关作出的具体行政行为侵害其合法权益时，当事人向行政机关提出复议申请，相关行政机关按照行政复议的程序进行合法性和适当性审查，并作出行政复议决定的活动和制度。行政复议的审查对象必须是具体行政行为，抽象行政行为不可以单独作为行政复议的审查对象。

64. C 【解析】本题考查仲裁的适用。我国《仲裁法》第三条规定：“下列纠纷不能仲裁：(1)婚姻、收养、监护、扶养、继承纠纷；(2)依法应当由行政机关处理的行政争议。”A、B、D三项皆不适用仲裁，排除。故本题选C项。

65. A 【解析】本题考查知识的建构。知识的建构依据知识类型的不同，大体上有两种方式：陈述性知识建构的基本机制是同化，程序性知识建构的基本机制是产生式。

66. C 【解析】本题考查布鲁纳认知发展阶段论。布鲁纳根据儿童表征世界的方式，将儿童认知发展划分为动作式、映象式和符号式三个阶段。其中映象表征阶段的儿童无需经历具体动作，能够通过具体事物和动作在脑中的表象，包括视觉图象或其他感觉表象对世界进行表征。这与皮亚杰的具体运算阶段类似。（具体参见莫雷主编的《教育心理学》）

67. D 【解析】本题考查公文的保密期限。公文如需标注密级和保密期限，一般用3号黑体字，顶格编排在版心左上角第二行；保密期限中的数字用阿拉伯数字标注。保密期限在一年及一年以上的，以年计；保密期限在一年以内的，以月计。密级和保密期限用黑色五角星隔开。

68. B 【解析】本题考查公文格式。《党政机关公文处理工作条例》规定，上行文应当标注签发人姓名。四个选项中，只有“请示”是上行文，正式行文时需要在版头部分标注签发人姓名。

69. D 【解析】本题考查公文格式。《党政机关公文格式》规定，发文字号编排在发文机关标志下空二行位置，居中排布。年份、发文顺序号用阿拉伯数字标注；年份应标全称，用六角括号“〔〕”括入；发文顺序号不加“第”字，不编虚位（即1不编为01），在阿拉伯数字后加“号”字。

70. D 【解析】本题考查情绪理论。阿诺德和拉扎勒斯的认知—评价情绪理论认为，人的认知过程会左右对情绪的解释和反应。当人把知觉对象评估为有益时，就会产生趋近的体验和生理变化的模式；当人把知觉对象评估为有害时，则会产生回避的体验和生理变化的模式；当人把知觉对象评估为与己无关时，就会产生漠然的体验而予以忽视。但在不同情境下，知觉对象尽管相同，但人的情绪反应模式则可能不同。例如，在森林中看见一只老虎与在动物园里看到笼子里的老虎就会有截然不同的情绪反应，这是由于大脑皮层对情境评估上的差异所致，也是个体根据过去的经验以及当时个人的感受的结果。

三、多项选择题

71. ABCD 【解析】本题考查《重庆市义务教育条例》。《重庆市义务教育条例》第三十七条指出，市、区县（自治县）人民政府应当制定优惠政策，鼓励和支持高等学校毕业生和其他符合条件的人员以志愿者的方式到农村地区、三峡库区、民族地区、边远地区从事义务教育工作。市、区县（自治县）教育行政部门应当做好支教志愿者的管理和服务工作。

72. ACD 【解析】本题考查时事政治。2020年8月11日，国家主席习近平签署主席令，授予钟南山“共和国勋章”，授予张伯礼、张定宇、陈薇（女）“人民英雄”国家荣誉称号。

73. ABC 【解析】本题考查时事政治。《中华人民共和国国民经济和社会发展第十四个五年规划和2035年远景目标纲要》明确指出，深入实施扩大内需战略，增强消费对经济发展的基础性作用和投资对优化供给结构的关键性作用，建设消费和投资需求旺盛的强大国内市场。顺应居民消费升级趋势，把扩大消费同改善人民生活品质结合起来，促进消费向绿色、健康、安全发展，稳步提高居民消费水平。提升传统消费，加快推动汽车等消费品由购买管理向使用管理转变，健全强制报废制度和废旧家电、消费电子等耐用消费品回收处理体系，促进住房消费健康发展。培育新型消费，发展信息消费、数字消费、绿色消费，鼓励定制、体验、智能、时尚消费等新模式新业态发展。发展服务消费，放宽服务消费领域市场准入，推动教育培训、医疗健康、养老托育、文旅体育等消费提质扩容，加快线上线下融合发展。适当增加公共消费，提高公共服务支出效率。扩大节假日消费，完善节假日制度，全面落实带薪休假制度。培育建设国际消费中心城市，打造一批区域消费中心。完善城乡融合消费网络，扩大电子商务进农村覆盖面，改善县域消费环境，推动农村消费梯次升级。

74. BCD 【解析】本题考查再分配。再分配是在初次分配的基础上，对部分国民收入进行的重新分配，主要由政府调节机制起作用，是按照兼顾公平和效率的原则、并侧重公平原则进行的第二次分配。再分配主要有个人所得税、社会保障、银行信贷和其他转移支出等表现形式。最低工资仍属于劳动报酬，由单位支付，符合初次分配的特征，A项错误。故本题选B、C、D三项。

75. ABCD 【解析】本题考查民法典。2020年5月28日，十三届全国人大三次会议表决通过了《中华人民共和国民法典》，这部法律自2021年1月1日起施行。《民法典》被称为“社会生活的百科全书”，是新中国第一部以“法典”命名的法律，在法律体系中居于基础性地位，也是市场经济的基本法。

76. ABC 【解析】本题考查公文文种。决定适用于对重要事项作出决策和部署、奖惩有关单位和人员、变更或者撤消下级机关不适当的决定事项。通报适用于表彰先进、批评错误、传达重要精神和告知重要情况。命令适用于公布行政法规和规章、宣布施行重大强制性措施、批准授予和晋升衔级、嘉奖有关单位和人员。意见适用于对重要问题提出见解和处理办法。

77. ABD 【解析】本题考查公文格式。国家行政机关所有公文都可以标注主送机关，但“命令（令）”、“公告”、“通告”、“会议纪要”等文种通常不标注主送机关。

78. ABCD 【解析】本题考查公文格式。《党政机关公文格式》规定，如有附注，居左空二字加圆括号编排在成文日期下一行。当公文排版后所剩空白处不能容下印章或签发人签名章、成文日期时，可以采取调整行距、字距的措施解决。附件应当另面编排，并在版记之前，与公文正文一起装订。“附件”二字及附件顺序号用3号黑体字顶格编排在版心左上角第一行。如附件与正文不能一起装订，应当在附件左上角第一行顶格编排公文的发文字号并在其后标注“附件”二字及附件顺序号。

79. BCD 【解析】本题考查中共党史。参加中共一大的代表有：上海的李达、李汉俊，北京的张国焘、刘仁静，长沙的毛泽东、何叔衡，武汉的董必武、陈潭秋，济南的王尽美、邓恩铭，广州的陈公博，旅日的周佛海；包惠僧受陈独秀派遣，出席了大会。因此，陈独秀本人未出席中共一大。

80. ABCD 【解析】本题考查重庆热点时政。中共中央政治局2020年10月16日召开会议，审议《成渝地区双城经济圈建设规划纲要》。会议强调，要全面落实党中央决策部署，突出重庆、成都两个中心城市的协同带动，注重体现区域优势和特色，使成渝地区成为具有全国影响力的重要经济中心、科技创新中心、改革开放新高地、高品质生活宜居地，打造带动全国高质量发展的重要增长极和新的动力源。

81. ABCD 【解析】本题考查“四有好老师”的内涵。“四有好老师”是指有理想信念、有道德情操、有扎实学识、有仁爱之心的“四有”好老师。

82. ABD 【解析】本题考查货币政策。中央银行为对付通货膨胀,往往会通过提高法定准备金率、再贴现率以及在公开市场操作中出售政府债券等方式,使市场利率上升,以此收缩银根和信贷。

83. ABCD 【解析】本题考查公民监督权行使的具体方式。根据我国《宪法》第四十一条的规定,中华人民共和国公民对于任何国家机关和国家工作人员,有提出批评和建议的权利;对于任何国家机关和国家工作人员的违法失职行为,有向有关国家机关提出申诉、控告或者检举的权利,但是不得捏造或者歪曲事实进行诬告陷害。

84. ABCD 【解析】本题考查行政诉讼的受案范围。我国《行政诉讼法》第十三条规定:“人民法院不受理公民、法人或者其他组织对下列事项提起的诉讼:(1)国防、外交等国家行为;(2)行政法规、规章或者行政机关制定、发布的具有普遍约束力的决定、命令;(3)行政机关对行政机关工作人员的奖惩、任免等决定;(4)法律规定由行政机关最终裁决的行政行为。”

85. ABCD 【解析】本题考查时事政治。“四史”教育中的“四史”包括:党史,国史,改革开放史,社会主义发展史。

86. ACD 【解析】本题考查元认知策略。学习的元认知策略是指个体为实现最佳的认知效果而对自己的认知活动所进行的调节和控制,分为计划策略、监控策略和调节策略。复述策略属于认知策略。(具体参见王春阳、杨彬、张婕著的《教育心理学》)

87. ABC 【解析】本题考查人格权。我国《民法典》第九百九十二条规定:“人格权不得放弃、转让或者继承。”A 项正确。根据我国《民法典》第一千零七条的规定,禁止以任何形式买卖人体细胞、人体组织、人体器官、遗体。B 项正确。根据我国《民法典》第九百九十条的规定,人格权是民事主体享有的生命权、身体权、健康权、姓名权、名称权、肖像权、名誉权、荣誉权、隐私权等权利。C 项正确。我国《民法典》第九百九十九条规定:“为公共利益实施新闻报道、舆论监督等行为的,可以合理使用民事主体的姓名、名称、肖像、个人信息等;使用不合理侵害民事主体人格权的,应当依法承担民事责任。”因此,为公共利益实施新闻报道、舆论监督等行为的,可以合理使用民事主体的姓名、名称、肖像、个人信息等,不需要征得民事主体的同意,D 项错误。故本题选 A、B、C 三项。

88. ABC 【解析】本题考查皮亚杰的儿童道德发展阶段理论。皮亚杰的儿童道德发展的四阶段包括:(1)自我中心阶段(2~5 岁);(2)权威阶段(他律道德阶段)(6~8 岁);(3)可逆性阶段(自律道德阶段)(8~10 岁);(4)公正阶段(10~12 岁)。故本题选 A、B、C 三项。D 项属于科尔伯格的道德发展阶段理论。

89. ABD 【解析】本题考查心理健康的定义。对于心理健康的解释有多种,其中,有一种观点认为,心理健康是指心理形式协调、内容与现实一致和人格相对稳定的状态。(具体参看肖琪编著的《应用型本科大学生就业心理辅导》)

90. ACD 【解析】本题考查基于建构主义的课堂教学模式。基于建构主义的课堂教学模式包括:(1)抛锚式教学模式(情境教学模式);(2)支架式教学;(3)随机进入教学(随机通达教学);(4)认知学徒制;(5)自上而下的教学。(具体参看燕良轼著的《教育心理学 理论、实践与应用》)

2021 年重庆市渝中区教师招聘考试(教育类)真题试卷(二十七)

一、判断题

1. √ 【解析】本题考查时事政治。2021 年 1 月 22 日,中共中央总书记、国家主席、中央军委主席习近平在中国共产党第十九届中央纪律检查委员会第五次全体会议上发表重要讲话。他强调,2021 年是实施“十四五”规划、开启全面建设社会主义现代化国家新征程的第一年,也是我们党成立 100 周年。

2. √ 【解析】本题考查供求规律。供求规律是指在价值规律发挥作用的过程中,商品的市场供给同有支付能力的需求之间所具有的内在联系和趋于平衡的内在必然性。在市场经济中,供求规律不是某一发展阶段或某一领域的特有现象,它无处不在。但供求规律并不是孤立地发挥作用,而是与竞争规律、价值规律相结合起来共同发挥作用的。

3. √ 【解析】本题考查法的概念。马克思主义认为,法不是从来就有的,也不是永恒存在的。法是随着私有制、阶级和国家的产生而产生的,是阶级社会才存在的特殊社会现象。它是人类社会发展到一定历史阶段的产物,是具有普遍约束力的行为规范的总和,也是统治阶级意志的体现。

4. √ 【解析】本题考查市场活动的定义。市场活动是买卖双方的一种交换活动,离不开需求和供给。对于商品或劳务的供给者来说,市场活动就是一个商品或者劳务的价值实现过程。

5. √ 【解析】本题考查我国土地资源的特征。我国土地资源的特征有:绝对数量大,人均占有少;类型复杂多样,耕地比重小;利用情况复杂,生产力地区差异明显;地区分布不均,保护和开发问题突出等。

6. × 【解析】本题考查法律的分类。根据法的创制和表达的形式不同可以划分为成文法和不成文法。成文法,又叫制定法,是指国家机关制定和公布的,以文字符号形式表现出来的法律。习惯法是指国家虽然认可其具有法律效力,但未以文字符号形式表现出来的法律。法律制定的结果是规范性法律文件。在一个成文法国家中,法律的制定主要是通过立法活动来实现的,法律的表现形态是制定法。

7. √ 【解析】本题考查教育政策的含义。教育政策是整个政策体系中的一个分支,教育政策是一种有目的的动态发展过程,是政党、政府等政治实体为实现一定历史时期的教育目的和任务而规定的行动依据和准则。故题干说法正确。

8. √ 【解析】本题考查党的性质。我们党是中国工人阶级的先锋队,同时是中国人民和中华民族的先锋队。这一根本性质决定了党领导人民努力所创造的一切,都是为了满足人民对幸福美好生活的期待,为了实现中国特色社会主义共同理想和共产主义远大理想。

9. √ 【解析】本题考查《中华人民共和国教师法》。《中华人民共和国教师法》第十条规定,国家实行教师资格制度。中国公民凡遵守宪法和法律,热爱教育事业,具有良好的思想品德,具备本法规定的学历或者经国家教师资格考试合格,有教育教学能力,经认定合格的,可以取得教师资格。

10. × 【解析】本题考查法的分类。国内法是指一个主权国家制定的实施于本国的法律。国际法是指国际法律关系主体参与制定或公认的适用于各个主体之间的法律。国际法律关系的主体主要是国家。国际法与一个国家的作为国内法的涉外法在法的创制主体和适用主体等方面有所不同。

11. √ 【解析】本题考查市场。商品形态变化的过程,实际上也就是商品的交换过程。市场是商品交换关系的总和。

12. × 【解析】本题考查教育目的选择和确立的依据。一般来说,各层次教育目的(或目标)的选择与确立,是由不同的决策主体来进行的,其各自的主要依据也有一定的不同之处,有的主要是依据社会政治、经济、文化和生活方式的现实状况、发展需要和人的发展需要来确定的;有的主要是依据具体的教育内容和学生身心发展的程度和水平来确定的;有的主要是依据学科或专业发展的特点等来确定的。

13. √ 【解析】本题考查纵向法律关系。纵向法律关系,又称隶属法律关系,是指在不平等的法律主体之间所建立的权力服从关系,一方当事人可依据职权而直接要求他方当事人为或不为一定行为。行政法调整的是行政主体与行政管理相对人之间因行政管理活动而发生的纵向法律关系。在行政法律关系中,行政主体与行政管理相对人处于不平等的地位,行政行为由行政主体单方面依法作出,不需要双方平等协商。行政法律关系是纵向法律关系的典型代表。

14. √ 【解析】本题考查道德。道德是人们在社会生活中应当遵循的,依靠内心信念、社会舆论、传统习惯等力量来维系的,调整人与人之间以及个人与社会之间相互关系的行为规范的总和。它以善与恶、荣与辱、美与丑、诚实与虚伪、正义与非正义、公正与偏私等道德概念为评价标准,来影响和评价人们的各种行为。道德的调节作用虽然没有法律那种外在强制性,但它也被人们看成是应当普遍遵循的不成文的“法律”,有着很强的内在约束力。正因为如此,人们常把道德的制约作用形象地称为“道德法庭”。

15. × 【解析】本题考查时事政治。“十三五”规划的时间范围是 2016 年至 2020 年。十九届五中全会提出了到二〇三五年基本实现社会主义现代化的远景目标,这就是:我国经济实力、科技实力、综合国力将大幅跃升,经济总量和城乡居民人均收入将再迈上新的大台阶,关键核心技术实现重大突破,进入创新型国家前列;基本实现新型工业化、信息化、城镇化、农业现代化,建成现代化经济体系;基本实现国家治理体系和治理能力现代化,人民平等参与、平等发展权利得到充分保障,基本建成法治国家、法治政府、法治社会等等。因此,截至第十三个五年计划结束,我国还未基本上实现新型工业化、信息化、城镇化和农业现代化,未基本建成现代化经济发展体系。

16. √ 【解析】本题考查《中华人民共和国教育法》的立法宗旨。《中华人民共和国教育法》第一条规定,为了发展教育事业,提高全民族的素质,促进社会主义物质文明和精神文明建设,根据宪法,制定本法。

17. √ 【解析】本题考查法的效力范围。法对人的效力一般有以下 4 种原则:属人主义原则,属地主义原则,保护主义原则,折中主义原则。(1)属人主义原则是指,凡是本国公民,不论是在国内还是在国外,均受本国法的约束,而对外国人一律不适用。(2)属地主义原则是指,凡在本国管辖区域内的任何人,不论是本国人还是外国人,均受本国法的约束。在本国辖区以外的任何人,均不适用。(3)保护主义原则是指,任何侵害了本国利益的人,不论其国籍和所在地域,均受本国法的追究。(4)折中原则以属地主义原则为主,同时结合属人主义和保护主义的原则。我国也适用这一原则,即“中国人在中国,属地;中国人在外国,属人;外国人在中国,属地;外国人在外国欺负中国人,保护主义”。根据我国法律规定,法对人的效力包括对“中国公民的效力”。因此,中国公民在境外也应同样遵守中国法律,并受到我国法律的调整和保护。

18. √ 【解析】本题考查人的全面发展的含义。人的全面发展的含义包括三个方面:(1)人的全面发展是指人的劳动能力的全面发展;(2)人的全面发展是指人的体力和智力的全面发展,即指全面发展的人将是体力劳动和脑力劳动相结合,在体力和智力上得到协调发展的人;(3)人的全面发展是人的先天和后天的各种才能、志趣、道德和审美能力的充分发展，即人的个性的自由发展。

19. √ 【解析】本题考查权利和义务。基本、普通权利和义务是根据权利和义务所体现的社会内容（社会关系）的重要程度，即它们在权利义务体系中的地位、功能及社会价值所作的分类。

20. × 【解析】本题考查《中华人民共和国教师法》。《中华人民共和国教师法》第十七条规定，学校和其他教育机构应当逐步实行教师聘任制。教师的聘任应当遵循双方地位平等的原则，由学校和教师签订聘任合同，明确规定双方的权利、义务和责任。未规定需要上报教育主管部门进行备案，故题干描述错误。

21. √ 【解析】本题考查市场的构成要素。构成市场的基本要素主要有四个，即市场主体、市场客体、市场行为和市场秩序。市场是市场主体、市场客体、市场行为、市场秩序四方面有机结合的整体。没有市场主体，就不会产生市场行为；没有市场客体，就不会有可供交换的对象；没有市场行为，市场客体也就无法进行交换，资源也就无法得到配置；没有市场秩序，就难以保证市场主体行为的规范化，也就不会有运作正常的市场。它们相互联系、有机结合，共同维持市场的正常运转。

22. × 【解析】本题考查教师劳动的特点。教师劳动对象的复杂性首先表现在其具有较强的自主性和能动性；其次，在教育过程中学生主体意识的参与客观上影响并改变着教师的教育方法和手段。教师的示范作用充分体现了教师劳动手段的主体性。教师的言论行为、为人处世的态度都会被学生视为榜样，被学生竭力模仿。

23. × 【解析】本题考查货币。数字货币是一种基于节点网络和数字加密算法的虚拟货币，相对于纸币而言，具有更高的安全性。数字货币可分为法定数字货币和非法定的数字货币。法定数字货币是基于中央银行信用，由中央银行发行，具有主权性和法偿性的数字货币，从本质上属于"法定货币"。非法定数字货币不由央行发行，但能在一些地区对网络经济中的部分或全部商品及服务交易进行支付结算，从本质上不属于"法定货币"。

24. √ 【解析】本题考查市场经济的运行。在市场经济条件下，随着社会分工的发展，产业部门的多样化和生产单位的专业化，市场需求变得更加纷繁复杂。为了满足多方面的市场需求，要求把多种资源合理分配和使用于各种各样的经济部门，即实现资源的优化配置。这是市场经济有效运行的重要条件。

25. × 【解析】本题考查市场经济的历史演进。市场经济在起始阶段完全由价值规律这只"看不见的手"来支配，不受政府干预，因而经济发展带有较大的盲动性，这时的市场经济可以称为自由市场经济阶段。

26. √ 【解析】本题考查我国的宗教政策。我国各宗教坚持自主自办，在互相尊重、平等友好的基础上同外国宗教组织和宗教人士进行交往，但我国的宗教团体和宗教事务不受外国势力的支配，坚决抵制外国势力利用宗教对我国进行渗透。

27. √ 【解析】本题考查我国法律的空间效力。在我国，凡是中央及国家机关制定的法律、行政法规和其他规范性文件，除非有特殊规定，一经公布施行，就在我国全部领域内发生效力；地方性法规只在各地方所管辖的地区生效。

28. √ 【解析】本题考查保障未成年人的合法权益的内涵。保障未成年人的合法权益就是国家、社会、学校、家庭依法保护未成年人的权利和利益，防止和制止侵害未成年人合法权益的行为的发生，并对已被侵害的未成年人的权益予以救助和回复。

29. √ 【解析】本题考查生产要素。生产要素是市场主体在社会经济活动中进行生产和服务所必需的因素或条件。当企业出现严重亏损或者由于业务需要进行并购、重组时，其生产要素可以作为商品进行出售。

30. √ 【解析】本题考查《中华人民共和国义务教育法》。《中华人民共和国义务教育法》第十一条规定，凡年满六周岁的儿童，其父母或者其他法定监护人应当送其入学接受并完成义务教育；条件不具备的地区的儿童，可以推迟到七周岁。

二、单项选择题

31. D 【解析】本题考查时事政治。党的十九届五中全会强调，"坚持创新在我国现代化建设全局中的核心地位，把科技自立自强作为国家发展的战略支撑"。这既指明了科技自立自强的极端重要性，也抓住了加快构建以国内大循环为主体、国内国际双循环相互促进的新发展格局的关键。也就是说，无论是推动国内大循环，还是畅通国内国际双循环，都离不开科技自立自强。

32. B 【解析】本题考查科学技术。技术是人类在实践基础上通过经验总结、科学研究和实验等方式创造和发明出来的可以直接地改进生产或改善生活的知识和技能。

33. D 【解析】本题考查服兵役的主要形式。中华人民共和国的武装力量，由中国人民解放军、中国人民武装警察部队和民兵组成。兵役分为现役和预备役。我国公民服兵役义务的形式：(1)服现役，即参加中国人民解放军和中国人民武装警察部队；(2)服预备役，即参加民兵组织和经过预备役登记；(3)参加军训，即高等院校和高级中学的学生的军事训练；(4)承担优抚费，即人民群众对义务兵家属、民兵和其他预备役人员承担一定的优抚费。A、B、C 三项正确。

34. C 【解析】本题考查《中华人民共和国义务教育法》。《中华人民共和国义务教育法》第二条规定，实施义务教育，不收学费、杂费。A 项正确。第二十二条规定，县级以上人民政府及其教育行政部门应当促进学校均衡发展，缩小学校之间办学条件的差距，不得将学校分为重点学校和非重点学校。学校不得分设重点班和非重点班。B 项正确。第二十七条规定，对违反学校管理制度的学生，学校应当予以批评教育，不得开除。D 项正确。第三十八条规定，教科书根据国家教育方针和课程标准编写，内容力求精简，精选必备的基础知识、基本技能，经济实用，保证质量。国家机关工作人员和教科书审查人员，不得参与或者变相参与教科书的编写工作。C 项错误。故本题选 C 项。

35. A 【解析】本题考查我国 2035 年远景目标。《中华人民共和国国民经济和社会发展第十四个五年规划和 2035 年远景目标纲要》指出，展望 2035 年，我国将基本实现社会主义现代化。人均国内生产总值达到中等发达国家水平，中等收入群体显著扩大，基本公共服务实现均等化，城乡区域发展差距和居民生活水平差距显著缩小。

36. D 【解析】本题考查公文的作用。公文的宣传教育作用，体现在公文文本中要提出工作方针、任务和措施，讲解工作意义，使人们提高认识，不但知道要做什么，怎样去做，而且知道为什么要这样做，从而减少盲目性，增强自觉性，把党和政府的意图变为自觉的行动。这样，就能把上下左右的意志都集中到完成共同的任务中来。

37. C 【解析】本题考查《民法典》的施行。《中华人民共和国民法典》自 2021 年 1 月 1 日起正式施行。

38. D 【解析】本题考查《学生伤害事故处理办法》。《学生伤害事故处理办法》第十三条规定，下列情形下发生的造成学生人身损害后果的事故，学校行为并无不当的，不承担事故责任；事故责任应当按有关法律法规或者其他有关规定认定：(1)在学生自行上学、放学、返校、离校途中发生的；(2)在学生自行外出或者擅自离校期间发生的；(3)在放学后、节假日或者假期等学校工作时间以外，学生自行滞留学校或者自行到校发生的；(4)其他在学校管理职责范围外发生的。故 D 项学生擅自离校属于学校无需承担法律责任的情形。

39. B 【解析】本题考查"五位一体"总体布局。"五位一体"的具体内容包括：经济建设、政治建设、文化建设、社会建设和生态文明建设。

40. D 【解析】本题考查市场交易规则。市场交易规则是市场主体进行市场经营活动的准则与规范，它表明市场主体在市场交易中应遵守什么样的原则和行为规范，是确保市场秩序的重要市场规则。市场交易规则主要包括：(1)交易公开化，即一切交易活动都要在有组织的市场上公开进行，明码标价，公平交易，不容许黑市交易。(2)交易货币化，即交易以货币为媒介，让货币执行价值尺度的职能，以防止不等价交换和不公平交易，使交易建立在货币价值尺度的基础上。(3)信用票据化，即通过信用票据而促进商品交换，规范商品交易。(4)交易规则化，即交换必须依据规则进行，如经营场地规则、计量器具规则、批发和零售规则等，以形成良好的交易秩序。A、B、C 三项均符合市场交易规则。本题为选非题，故本题选 D 项。

41. A 【解析】本题考查法定代理人。我国《民法典》第二十三条规定："无民事行为能力人、限制民事行为能力人的监护人是其法定代理人。"

42. D 【解析】本题考查影响人的全面发展的基本因素。影响人的全面发展的基本因素有遗传素质、环境、教育（学校教育）、个体主观能动性。遗传、习俗、学校都会影响人的全面发展。

43. C 【解析】本题考查科学技术。"中国天眼"简称 FAST，位于贵州省黔南布依族苗族自治州。

44. A 【解析】本题考查道德。道德在社会生活中覆盖面广，在人类历史长河中源远流长，这种广泛的社会性是它区别于其他社会意识形态的一大特点。该特点主要表现在：道德广泛地渗透在社会的各种关系中，作用于社会生活的各个领域，贯穿于人类社会的各个形态。

45. D 【解析】本题考查法定继承。根据我国《民法典》第一千一百二十七条的规定，遗产按照下列顺序继承：第一顺序：配偶、子女、父母；第二顺序：兄弟姐妹、祖父母、外祖父母。因此，兄弟姐妹不属于第一顺序继承人，D 项符合题意。

46. C 【解析】本题考查教师的角色相关知识。教师在学校扮演的主要角色之一是"社会道德的实践者"。教书育人是教师的天职。"育人"的含义十分广泛，它不仅要帮助学生掌握一定的知识和技能，发展其智能，也包括学生良好道德品质的形成。对于学生道德品质的形成和发展，学校教育起主导作用。学生掌握社会道德规范不仅依赖于教师的"传道"，更取决于教师的"践行"。从这个角度说，教师应该充当社会道德的实践者（或者叫做行为规范示范者）的角色。

47. B 【解析】本题考查科学技术。简单地说，人脸识别就是通过人的脸部特征来鉴别人的身份，属于生物特征识别技术的一种。

48. D 【解析】本题考查宏观经济。社会总供给是指一定时期内社会各部门提供的可供市场购买的全部最终产品和劳务的价值总量。社会总需求，是指一定时期内社会通过各种渠道形成的对产品和服务有货币支付能力的购买力。在宏观经济运行中，货币供应量的波动既受社会总供给变动的影响，又受制于社会总需求的压力，A项不符合题意，排除。社会总需求是投资需求与消费需求的总和，因此，当社会总供给与总需求变化时，投资消费指数也会随之波动，B项不符合题意，排除。社会总供给与总需求的失衡，可能会导致经济社会的各种经济资源（包括劳动力资源）无法得到正常与充分的利用，从而影响就业失业率，C项不符合题意，排除。社会公共消费是出于公共消费需求的目的，由政府、企业单位或社会团体以非商品的形式为全体或局部国民提供的物品或劳务。因此，社会公共消费需求的大小，原则上取决于一国居民对公共产品需求程度的大小。在宏观经济运行中，一国居民对公共产品需求程度的大小通常不会因社会总供给与总需求的变化而波动，D项符合题意。故本题选D项。

49. C 【解析】本题考查市场经济。现代市场经济正朝着世界经济一体化方向发展，各国在共同发展的目标下彼此合作。

50. D 【解析】本题考查受教育者的范围。受教育者是指在各级各类学校的学生、违法犯罪的未成年人、在职从业人员和一切接受教育的公民。具体依据如下：《中华人民共和国教育法》第四十条规定，国家、社会、家庭、学校及其他教育机构应当为有违法犯罪行为的未成年人接受教育创造条件。第四十一条规定，从业人员有依法接受职业培训和继续教育的权利和义务。国家机关、企业事业组织和其他社会组织，应当为本单位职工的学习和培训提供条件和便利。D项高校教师不在法定的受教育者范围内。

51. A 【解析】本题考查法理学。法的渊源是区分法与其他社会规范的一个重要标志。不是所有的社会规范都是法，只有那些由一定国家机关通过一定程序制定或认可、成为法的一种渊源的社会规范才是法。

52. D 【解析】本题考查公文格式。根据《党政机关公文处理工作条例》第九条的规定，上行文应当标注签发人姓名；发文机关署名可以署发文机关全称或者规范化简称；附件是对公文正文的说明、补充或者参考资料；份号是公文印制份数的顺序号。D项说法错误，本题为选非题，故本题选D项。

53. B 【解析】本题考查企业。现代企业是拥有产权，能够自主经营、自负盈亏的市场主体和法人实体。企业是市场活动的主要参与者，是市场经济中最重要的市场主体。

54. A 【解析】本题考查现代学校德育新方法。情景活动强化法是指通过一定的设施、设备、场所和工具，为学生创设一种共同活动的环境气氛，让学生在亲身参与某种活动情景中体验关爱、协作、自主、分享等行为的重要性，从而培养学生的意志和情感品质，提高学生一定的操作技能和实践能力。故本题选A项。

B项价值判断澄清法，是为了帮助学生辨析其行为的价值，澄清思想上模糊不清的价值观念，提高学生的道德认识，促使学生产生更积极的行为。

C项游戏角色扮演法，是以生活中某一事件为原型，为学生创设一种类似实际生活的游戏情景和气氛，让学生轮流扮演各种角色去应付不同的困难和冲突，体验各种角色的感受，然后要求学生阐述自己采用某种处理方法的原因和依据，以逐渐丰富学生的情感体验，培养学生的移情能力，使他们学会推己及人地考虑和处理问题。

D项心理综合辅导法，是指针对当前学生在学习、人际关系、情感调控和生活适应等方面出现的问题行为进行辅导和教育，它深入到人的需要、动机、态度、价值观、情感、意志、品德、个性等心理品质的培养，关注人的各种心理品质的全面发展。

55. C 【解析】本题考查特别行政区。特别行政区是中华人民共和国的一个享有高度自治权的地方行政区域，直辖于中央人民政府，中央人民政府与特别行政区的关系是单一制国家结构形式内中央与地方之间的关系。我国宪法和法律规定，特别行政区的设立以及所实行的制度由全国人大以法律来规定。

56. A 【解析】本题考查《中华人民共和国义务教育法》。《中华人民共和国义务教育法》第十二条规定，适龄儿童、少年免试入学。地方各级人民政府应当保障适龄儿童、少年在户籍所在地学校就近入学。

57. B 【解析】本题考查现代企业的组织结构。现代企业科层组织的出现有三个原因：一是企业规模扩张；二是企业专业化分工协作趋于强化；三是市场内部化的要求。A、C、D项说法正确。本题为选非题，故本题选B项。

58. D 【解析】本题考查可持续发展的教育观。可持续发展的教育观主张，社会要个体可持续发展而推进教育终身化——学校教育的时间是有限的，通过终身教育、终身学习才是促进人类个体可持续发展的保证。

59. C 【解析】本题考查通过法案的基本原则。通过法案的基本原则一般是少数服从多数。法案只有获得法定多数表决者的赞同，才能通过而成为法。普通法案通常由法定会议人数中的普通多数通过。特殊法案如宪法案，由特殊多数通过。

60. D 【解析】本题考查《中华人民共和国高等教育法》。《中华人民共和国高等教育法》第十八条规定，高等教育由高等学校和其他高等教育机构实施。大学、独立设置的学院主要实施本科及本科以上教育。高等专科学校实施专科教育。经国务院教育行政部门批准，科学研究机构可以承担研究生教育的任务。其他高等教育机构实施非学历高等教育。

61. B 【解析】本题考查企业组织类型。按照财产的组织形式和所承担的法律责任不同，我国企业的组织类型有三种：独资企业（又称为个人业主制企业）、合伙制企业和公司制企业。

62. A 【解析】本题考查教学工作的基本环节。教学工作包括五个基本环节：备课、上课、作业的布置与批改、课外辅导和学业成绩的考核与评定（学业考评）。

63. D 【解析】本题考查法律责任。法律责任与法定权利和义务有密切的联系。首先，法律责任规范着法律关系主体行使权利的界限，以否定的法律后果防止权利行使不当或滥用权利；其次，在权利受到妨害，以及违反法定义务时，法律责任又成为救济权利、强制履行义务或追加新义务的依据；再次，法律责任通过否定的法律后果成为对权利、义务得以顺利实现的保证。总之，法律责任是国家强制责任人做出一定行为或不做出一定行为，救济受到侵害或损害的合法利益和法定权利的手段，是保障权利和义务实现的手段。

64. B 【解析】本题考查宏观经济。通货紧缩是指市场上流通的货币量少于商品流通中所需要的货币量而引起的货币升值、物价普遍持续下跌的状况。通货膨胀是指整个社会物价水平的持续和普遍的上涨。A、C两项说法正确。通货膨胀不是个别商品价格的上涨，不是商品价格一时的上涨，而是商品价格持续上涨并导致货币贬值，其实质是社会总需求大于社会总供给，将导致失业人数的增加，加剧社会矛盾的激化。B项说法错误，D项说法正确。本题为选非题，故本题选B项。

65. A 【解析】本题考查市场体系。完善的市场体系有利于资源的合理配置，是建立市场经济的重要环节，也是实现市场机制作用的基础。

66. C 【解析】本题考查2008年修订的《中小学教师职业道德规范》的内容。2008年修订的《中小学教师职业道德规范》的内容有六条：爱国守法、爱岗敬业、关爱学生、教书育人、为人师表、终身学习。

67. A 【解析】本题考查我国的国体。我国的国体是工人阶级领导的、以工农联盟为基础的人民民主专政的社会主义国家。

68. D 【解析】本题考查生产资料。生产资料是人们在生产过程中所使用的劳动资料和劳动对象，由此而形成的市场就是生产资料市场，又叫中间产品市场或生产用品市场。通常所说的生产资料市场中的"生产资料"一般是指人们从事物质资料生产所必需的一切物质条件，包括由工业部门生产加工的、提供给社会生产使用的原料、材料、燃料、机器、设备、仪器等。D项，"拓展中使用的技术"并非物质条件，不符合题意。故本题选D项。

69. B 【解析】本题考查教师的工资报酬组成。《中华人民共和国教师法》第七条第四款规定，按时获取工资报酬，享受国家规定的福利待遇以及寒暑假期的带薪休假。工资报酬包括基础工资、职务工资、课时报酬、奖金及教龄津贴等。

70. C 【解析】本题考查公民和人民。公民与人民是两个不同的概念，它们的区别在于：（1）性质不同。公民是与外国人和包括无国籍人相对应的法律概念。公民与国籍法相关，是宪法中权利和人权的直接主体，更具有宪法学的意义。人民则是与敌人相对应的政治概念。（2）内容的稳定性不同。公民是具有某国国籍的人，是稳定的法律概念，而人民作为政治概念在不同时期有不同的内容。（3）后果不同。我国《宪法》规定，国家的一切权力属于人民，人民是国家的主人，享有宪法和法律规定的全部权利并履行全部的义务；而公民中的敌人，不享有全部的权利，尤其是政治权利受到限制，也不能履行公民的某些光荣义务。（4）范围不同。公民的范围比人民的范围广泛，它不但包括全体人民，还包括人民的敌人。（5）指称的对象不同。公民所表达的通常是个体概念，而人民所表达的通常是集体概念或群体概念。综上，C项说法错误，符合题意。

三、多项选择题

71. ABD 【解析】本题考查党的十九届四中全会。党的十九届四中全会贯彻党的十九大精神，将构建一体推进不敢腐、不能腐、不想腐的体制机制，作为坚持和完善党和国家监督体系的重要内容。

72. ABCD 【解析】本题考查人权。近代人权思想确立于17至18世纪资产阶级革命时期。1776年的美国《独立宣言》，被称为"第一个人权宣言"。它第一次以国家法律文件的形式明确宣布了人权原则，并确立了在国家政治生活中的指导地位，A项正确。法国资产阶级革命以后，国民会议于1789年7月通过了《人权和公民权宣言》。这个宣言将卢梭、潘恩等人的人权思想和理论用国家法律的形式确立下来，B项正确。《联合国宪章》第一次将保护人权规定为一个国际组织的宗旨，这标志着人权开始成为国际社会普遍关心的问题和国际合作的事项，C项正确。人权思想发展于俄国十月社会主义革命时期。列宁亲自主持制定了《被剥削劳动人民权利宣言》，这个宣言突出强调了劳动人民当家作主，强调劳动人民享有政治自由和民主权利，享有经济社会文化权利，享有全面的人权，D项正确。故本题选A、B、C、D四项。

73. ABCD 【解析】本题考查企业。企业的经营战略，产品结构调整，生产组织等，以竞争环境、市场价格、供求信息和政府指引等因素作为导向。

74. ACD 【解析】本题考查市场竞争关系。在市场竞争关系中,存在多个竞争主体,这些主体可以分为两类:一类是卖方,另一类是买方。一般情况下,卖方存在多个,买方也存在多个。在这些主体中,卖方和卖方存在着竞争关系,买方和买方存在着竞争关系,卖方和买方之间也存在着竞争关系。因此,从竞争的主体上看,存在着卖方之间、买方之间以及买卖双方之间的竞争。

75. AD 【解析】本题考查法律关系。法律关系的形成、变更和消灭,需要具备一定的条件。其中最主要的条件有两个:一是法律规范,二是法律事实。

76. ABCD 【解析】本题考查国情。由于经济、历史、环境和地理等方面的原因,少数民族地区与内地沿海汉族地区的人口密度差距悬殊。

77. ABD 【解析】本题考查准予离婚的情形。我国《民法典》规定,人民法院审理离婚案件,应当进行调解;如果感情确已破裂,调解无效的,应当准予离婚。有下列情形之一,调解无效的,应当准予离婚:重婚或者与他人同居;实施家庭暴力或者虐待、遗弃家庭成员;有赌博、吸毒等恶习屡教不改;因感情不和分居满二年;其他导致夫妻感情破裂的情形。A、B、D 项项符合题意。C 项说法不准确,排除。

78. AC 【解析】本题考查公司内部治理机制。公司内部治理机制的主要内容是在公司内部构造一个合理的权力结构,从而在股东、董事会与经理人之间形成一种有效的激励、约束与制衡机制,以保证公司遵守有关法律法规、并实现公司及股东利益的最大化。

79. BC 【解析】本题考查法律事件。父母和子女是直系亲属关系,互有继承和被继承财产的权利,且是法定的。父母和未成年子女有抚养关系,且是法定的。老年父母与成年子女还有赡养关系,且是法定的。

80. ABCD 【解析】本题考查《中华人民共和国义务教育法》。《中华人民共和国义务教育法》第五条规定,各级人民政府及其有关部门应当履行本法规定的各项职责,保障适龄儿童、少年接受义务教育的权利。适龄儿童、少年的父母或者其他法定监护人应当依法保证其按时入学接受并完成义务教育。依法实施义务教育的学校应当按照规定标准完成教育教学任务,保证教育教学质量。社会组织和个人应当为适龄儿童、少年接受义务教育创造良好的环境。因此,国家、家庭、学校、社会应依法保障适龄儿童、少年接受义务教育的权利。

81. ABC 【解析】本题考查行政诉讼受案范围。根据我国《行政诉讼法》第十二条的规定,人民法院受理公民、法人或者其他组织提起的下列诉讼:(1)对行政拘留、暂扣或者吊销许可证和执照、责令停产停业、没收违法所得、没收非法财物、罚款、警告等行政处罚不服的;(2)对限制人身自由或者对财产的查封、扣押、冻结等行政强制措施和行政强制执行不服的;(3)申请行政许可,行政机关拒绝或者在法定期限内不予答复,或者对行政机关作出的有关行政许可的其他决定不服的;(4)对行政机关作出的关于确认土地、矿藏、水流、森林、山岭、草原、荒地、滩涂、海域等自然资源的所有权或者使用权的决定不服的;(5)对征收、征用决定及其补偿决定不服的;(6)申请行政机关履行保护人身权、财产权等合法权益的法定职责,行政机关拒绝履行或者不予答复的;(7)认为行政机关侵犯其经营自主权或者农村土地承包经营权、农村土地经营权的;(8)认为行政机关滥用行政权力排除或者限制竞争的;(9)认为行政机关违法集资、摊派费用或者违法要求履行其他义务的;(10)认为行政机关没有依法支付抚恤金、最低生活保障待遇或者社会保险待遇的;(11)认为行政机关不依法履行、未按照约定履行或者违法变更、解除政府特许经营协议、土地房屋征收补偿协议等协议的;(12)认为行政机关侵犯其他人身权、财产权等合法权益的。除前款规定外,人民法院受理法律、法规规定可以提起诉讼的其他行政案件。该法第十三条规定,人民法院不受理公民、法人或者其他组织对下列事项提起的诉讼:(1)国防、外交等国家行为;(2)行政法规、规章或者行政机关制定、发布的具有普遍约束力的决定、命令;(3)行政机关对行政机关工作人员的奖惩、任免等决定;(4)法律规定由行政机关最终裁决的行政行为。因此,D 项不符合题意,排除。故本题选 A、B、C 三项。

82. AC 【解析】本题考查《重庆市义务教育条例》。《重庆市义务教育条例》第三十六条规定,区县(自治县)教育行政部门应当建立教师交流制度,按照核定的编制和岗位,促进教师在城乡之间、学校之间的合作交流与合理流动,逐步实现师资力量均衡化。

83. ACD 【解析】本题考查法律监督的作用。根据法律监督的阶段(时间)不同,可以将法律监督分为事前监督、日常监督和事后监督。事前监督是在法律文件实施前对法律文件进行的监督。它的目的在于排除可能存在的隐患,具有预防功能。日常监督,又称事中监督,是指在立法、执法过程中进行的经常性的监督活动,体现了控制功能。事后监督是对立法或执法效果的监督。它通过对立法或执法效果的检验与评价,确定立法或执法效果与其理想目标之间的偏差,进而采取措施,矫正偏差,体现了矫治功能。故本题选 A、C、D 三项。

84. ABCD 【解析】本题考查《中华人民共和国预防未成年人犯罪法》。《中华人民共和国预防未成年人犯罪法》第三十八条规定,本法所称严重不良行为,是指未成年人实施的有刑法规定、因不满法定刑事责任年龄不予刑事处罚的行为,以及严重危害社会的下列行为:(1)结伙斗殴,追逐、拦截他人,强拿硬要或者任意损毁、占用公私财物等寻衅滋事行为;(2)非法携带枪支、弹药或者弩、匕首等国家规定的管制器具;(3)殴打、辱骂、恐吓,或者故意伤害他人身体;(4)盗窃、哄抢、抢夺或者故意损毁公私财物;(5)传播淫秽的读物、音像制品或者信息等,D 项正确;(6)卖淫、嫖娼,或者进行淫秽表演,C 项正确;(7)吸食、注射毒品,或者向他人提供毒品;(8)参与赌博赌资较大;(9)其他严重危害社会的行为。其中 A、B 两项属于严重危害社会的行为。所以本题选 A、B、C、D 四项。

85. BCD 【解析】本题考查宏观调控。政府对市场进行宏观调节必须以间接调节为主,而不能使用行政命令、指令性计划对经济活动进行直接干预。宏观间接调控的对象是市场,是通过市场引导企业的行为。保障体制由国家直接调控。金融体制、外汇体制、财税体制均属于以间接调控为主的体制。

86. BC 【解析】本题考查教育法的渊源。地方性教育法规是地方国家权力机关制定的规范性文件的专称。由省、自治区、直辖市以及省级人民政府所在地的市和经国务院批准的较大的市的人民代表大会及其常务委员会制定。故 B、C 两项属于地方性教育法规。

87. ABCD 【解析】本题考查法律制裁所指向的对象。法律制裁是指国家司法机关和国家授权的行政机关依据法律对违法者实施的惩罚和强制措施,是国家保障法律实施的重要手段。按违法性质和处分机关的不同,一般可分为刑事制裁、民事制裁、经济制裁和行政制裁。根据我国法律规定,法律制裁所指向的对象可以是人身、财产和非财产权利。

88. ACD 【解析】良好师生关系的构建就是师生关系建立、调整和优化的过程。(具体内容参见孔德英、张大俭主编的《教师必备的教育教学理论》)

89. ACD 【解析】本题考查市场经济。在劳动者就业实现自由流动、充满竞争和经营风险的市场经济中,经济的波动、企业的破产和职工的暂时失业都是不可避免的。因此,需要通过建立社会保障制度解决职工养老、医疗、失业救济等方面的困难。

90. ABC 【解析】本题考查《中华人民共和国未成年人保护法》。《中华人民共和国未成年人保护法》第五十八条规定,学校、幼儿园周边不得设置营业性娱乐场所、酒吧、互联网上网服务营业场所等不适宜未成年人活动的场所。营业性歌舞娱乐场所、酒吧、互联网上网服务营业场所等不适宜未成年人活动场所的经营者,不得允许未成年人进入。故 A、B、C 三项属于不允许或不适宜未成年人进入的场所。

2021 年内蒙古自治区赤峰市中小学校教师招聘考试
真题试卷(二十八)

一、单项选择题

1. B 【解析】本题考查时政知识。习近平总书记在 2020 年 6 月 27 日给复旦大学《共产党宣言》展示馆党员志愿服务队全体队员的回信中指出:"希望广大党员特别是青年党员认真学习马克思主义理论,结合学习党史、新中国史、改革开放史、社会主义发展史,在学思践悟中坚定理想信念,在奋发有为中践行初心使命,努力为实现"两个一百年"奋斗目标、实现中华民族伟大复兴的中国梦贡献智慧和力量。"

2. C 【解析】本题考查时政知识。党的十八大以来,以习近平同志为核心的党中央高度重视培养社会主义建设者和接班人,坚持把立德树人作为教育的根本任务,不断开创我国教育事业发展新局面。故选 C 项。

3. A 【解析】本题考查时政知识。2018 年 5 月 2 日,习近平总书记在北京大学师生座谈会上强调:"评价教师队伍素质的第一标准应该是师德师风。师德师风建设应该是每一所学校常抓不懈的工作,既要有严格制度规定,也要有日常教育督导。"

4. D 【解析】本题考查时政知识。2007 年 9 月 6 日,在第 23 个教师节到来前,时任上海市委书记的习近平来到上海师范大学、七宝中学和启音学校,看望慰问老师,代表市委、市政府向全市广大教师和教育工作者致以节日的问候。他强调:"要始终坚持把教育放在优先发展的战略地位,大力营造尊师重教的社会氛围。"

5. D 【解析】本题考查时政知识。习近平指出,要学习掌握事物矛盾运动的基本原理,不断强化问题意识,积极面对和化解前进中遇到的矛盾。问题是事物矛盾的表现形式,我们强调增强问题意识、坚持问题导向,就是承认矛盾的普遍性、客观性,就是要善于把认识和化解矛盾作为打开工作局面的突破口。故选 D 项。

6. C 【解析】本题考查教师职业道德修养的方法。题干引文出自《论语·里仁》,意为:看见有才能的人(德才兼备的人)就向他学习,希望能向他看齐;看见不贤的人,就反省自己有没有和他一样的缺点,有就要改正。这说明向先进人物学习是教师职业道德修养的重要方法。

7. A 【解析】本题考查《中华人民共和国未成年人保护法》(2020 年修订)。根据《中华人民共和国未成年人保护法》(2020 年修订)第一百一十条规定,公安机关、人民检察院、人民法院讯问未成年犯罪嫌疑人、被告人,询问未成年被害人、证人,应当依法通知其法定代理人或者其成年亲属、所在学校的代表等合适成年人到场,并采取适当方式,在适当场所进行，保障未成年人的名誉权、隐私权和其他合法权益。

8.C 【解析】本题考查《关于加强和改进新时代师德师风建设的意见》。《关于加强和改进新时代师德师风建设的意见》中提到：坚持思想铸魂，用习近平新时代中国特色社会主义思想武装教师头脑。依托高水平高校建设一批教育基地，同时统筹党校（行政学院）资源，定期开展教师思想政治轮训，使广大教师更好掌握马克思主义立场观点方法，认清中国和世界发展大势，增进对中国特色社会主义的政治认同、思想认同、理论认同、情感认同。

9.D 【解析】本题考查《中华人民共和国教师法》。根据《中华人民共和国教师法》第三十七条规定，教师有下列情形之一的，由所在学校、其他教育机构或者教育行政部门给予行政处分或者解聘：(1)故意不完成教育教学任务给教育教学工作造成损失的；(2)体罚学生，经教育不改的；(3)品行不良、侮辱学生，影响恶劣的。教师有前款第(2)项、第(3)项所列情形之一，情节严重，构成犯罪的，依法追究刑事责任。李老师在朋友圈展示家长送礼造成不良影响的行为属于品行不良，当地教育行政部门可以给予李老师行政处分或者解聘。故本题选 D 项。

10. 缺。

11. D 【解析】本题考查教师专业发展的阶段。伯利纳将教师专业发展分为五个阶段，分别是新手阶段、熟练新手阶段、胜任阶段、业务精干阶段、专家阶段。新手阶段的教师是指刚刚从事教学工作的教师，在此阶段他们主要需求是了解与教学有关的实际情况，熟悉具体的教学情境；新手教师经过 2～3 年逐渐发展成为熟练新手，该阶段他们需要把实践经验与书本知识逐渐整合，开始逐步掌握教学过程的内在联系，这正是凝练教育教学经验的过程；专家阶段的教师一般是在工作 10 年及以上，这时他们已经熟练掌握了教育教学方法，并且情感上对教育充满了热爱与责任感。系统学习基础理论知识主要是在职前期需要解决的问题。综上所述，本题选 D。

12. C 【解析】本题考查教师违法(侵权)行为的类型。荣誉是一个人受到外部给予的光荣称誉，每个学生在学校应有平等的机会获得。班主任取消小伟的奖学金资格的行为，侵犯了小伟的荣誉权。

13. A 【解析】本题考查对为人师表的理解。

A 项，“学为人师，行为世范”意为：所学要为世人之师，所行应为世人之范。这句话与“为人师表”的内涵是一致的。

B 项，“凡学之道，严师为难”意为：凡是求学的道理，以尊敬教师最难做到。与题干无关。

C 项，“德无常师，主善为师”意为：道德修养没有不变的榜样，以善为准则就是榜样。与题干无关。

D 项，“仰之弥高，钻之弥坚”意为：越是抬头看，就越觉得高远；越是用劲钻研，就越觉得深邃。与题干无关。

14. C 【解析】本题考查《中华人民共和国义务教育法》。根据《中华人民共和国义务教育法》第十九条规定，普通学校应当接收具有接受普通教育能力的残疾适龄儿童、少年随班就读，并为其学习、康复提供帮助。学校以小强腿有残疾为由拒绝其入校学习违反了《中华人民共和国义务教育法》。

15. B 【解析】本题考查教师的人际关系。良好的人际关系是教师完善人格的一个重要标志，也是教师心理健康的重要内容。从对象上看，教师的人际交往包括与学生保持良好的人际关系、与同事和学校领导建立良好的人际关系。因此，题干中的刘老师应反思自我，加强与同事的沟通，构建良好的人际关系。故选 B 项。

16. B 【解析】本题考查教师的职业素质。题干中的李老师作为优秀教师拒绝新入职的王老师随班听课，没有为新入职同事的专业成长提供帮助，说明其缺乏团结协作精神。

17. D 【解析】本题考查《中华人民共和国教师法》。根据《中华人民共和国教师法》第七条规定，教师享有“进行教育教学活动，开展教育教学改革和实验”的权利。教育教学权是教师为履行教育教学职责而必须具备的最基本的权利。

18. A 【解析】本题考查《中华人民共和国教育法》。根据《中华人民共和国教育法》第七十六条规定，学校或者其他教育机构违反国家有关规定招收学生的，由教育行政部门或者其他有关行政部门责令退回招收的学生，退还所收费用；对学校、其他教育机构给予警告，可以处违法所得五倍以下罚款；情节严重的，责令停止相关招生资格一年以上三年以下，直至撤销招生资格、吊销办学许可证；对直接负责的主管人员和其他直接责任人员，依法给予处分；构成犯罪的，依法追究刑事责任。故题干所述行政行为的法律依据是《中华人民共和国教育法》。

19. D 【解析】本题考查《中华人民共和国预防未成年人犯罪法》(2012 年修正)。根据《中华人民共和国预防未成年人犯罪法》(2012 年修正)第三十九条规定，解除收容教养、劳动教养的未成年人，在复学、升学、就业等方面与其他未成年人享有同等权利，任何单位和个人不得歧视。

20. D 【解析】本题考查《中华人民共和国义务教育法》。根据《中华人民共和国义务教育法》第二十七条规定，对违反学校管理制度的学生，学校应当予以批评教育，不得开除。学校不能进行收容教养，也没有权利强制劝退和开除学籍，否则侵犯了学生的受教育权。故选 D 项。

21 -22. 缺。

23. A 【解析】本题考查《中华人民共和国教育法》。根据《中华人民共和国教育法》第七十八条规定，学校及其他教育机构违反国家有关规定向受教育者收取费用的，由教育行政部门或者其他有关行政部门责令退还所收费用。

24. 缺。

25. D 【解析】本题考查教师与学生之间的法律关系。教师与学生之间的法律关系包括：(1)教育和被教育的关系；(2)管理和被管理的关系；(3)保护和被保护的关系；(4)互相尊重的平等关系。不涉及“控制与被控制的关系”，故 D 项不正确。

26. D 【解析】本题考查《国家中长期教育改革和发展规划纲要(2010～2020 年)》。根据《国家中长期教育改革和发展规划纲要(2010～2020 年)》第五十三条规定，以农村教师为重点，提高中小学教师队伍整体素质。

27. A 【解析】本题考查教师的教育行为。学生之间出现问题时，教师应当给予正确的引导，帮助学生改正错误行为。A 项，“严厉处罚”的方式过于激进，不能从根本上解决问题，不可取。

28 -30. 缺。

31. C 【解析】本题考查班级建设的设计。班级建设的设计是指班主任根据学校的整体办学思想，在主客观条件许可的范围内所提出的相对理想的班级模式，包括班级建设的目标，实现目标的途径、具体方法和工作程序。其中，以班级建设目标的制定最为重要。

32. D 【解析】本题考查教师劳动的示范性特点。教师劳动的示范性指教师的言行举止，如人品、才能、治学态度等都会成为学生学习的对象。因此，教师必须以身作则、为人师表。教师劳动的示范性特点是由学生的可塑性、向师性和模仿心理特征决定的。故选 D 项。

33. A 【解析】本题考查班主任工作的前提和基础。了解和研究学生是班主任工作的前提和基础，包括对班级群体和班级个体的了解和研究，是做好各项班级教育工作的前提，也是班级教育过程中有效开展各项工作必不可少的基本环节。故选 A 项。

易错提示：班主任工作的内容有很多，考生应注意以下内容。

(1)工作的前提和基础——了解和研究学生；

(2)工作的中心环节——组织和培养班集体；

(3)工作重点和经常性的工作——对学生进行思想品德教育。

34. B 【解析】本题考查班级授课制的优点。班级授课制有利于经济有效地大面积培养人才，提高教学效率。故选 B 项。

35. D 【解析】本题考查教学的首要任务。教学的一般任务包括：(1)传授系统的科学基础知识和基本技能；(2)发展学生智力、体力和创造才能；(3)培养社会主义品德和审美情趣，奠定学生的科学世界观基础；(4)关注学生个性发展。其中，教学的首要任务是引导学生掌握科学文化基础知识和基本技能。

36. B 【解析】本题考查凯洛夫对教学过程的理解。凯洛夫认为教学过程是一种认识过程，提出“知觉具体事物，理解事物的特点、关系或联系，形成概念，巩固知识，形成技能、技巧，实践运用”等六个环节的教学过程。

37. B 【解析】本题考查教育的社会属性。教育具有永恒性、历史性、继承性、长期性、相对独立性、生产性、民族性等社会属性。题干中“西汉时期实行的‘罢黜百家，独尊儒术’的文教政策”说明在同一社会的不同历史阶段，教育的性质、目的、内容等各不相同，体现了教育的历史性。故选 B 项。

方法技巧：关于教育的社会属性的考查，一般有三种考查方式：(1)考查教育的社会属性有哪些；(2)考查教育的某一社会属性的具体含义；(3)提供一个社会现象考查其反映了教育的哪一社会属性。针对第三种考查方式，考生可识记一些常考的社会现象以便快速答题。

永恒性	教育与人类社会共始终
历史性	春秋战国时期“百家争鸣”，秦朝“焚书坑儒”，西汉初期“独尊儒术”
继承性	《论语》《学记》等古代著作中的一些教育理念至今仍被借鉴
长期性	十年树木，百年树人
相对独立性	教育先行/教育优先发展
民族性	运用民族语言教学

38. A 【解析】本题考查教育学发展的内在动力。教育学是研究教育现象和教育问题，揭示教育规律的一门科学。教育问题是推动教育学发展的内在动力。

39. D 【解析】本题考查《学记》中的教育思想。“化民成俗，其必由学”意为：(君子想要)教化百姓，并形成好的风俗，就一定要重视设学施教。这揭示了教育为社会培养合格的成员和公民的重要性和教育与政治的关系。

40.D 【解析】本题考查孔子的教育思想。孔子是世界上最早提出启发式教学的教育家,故选 D 项。

41.C 【解析】本题考查亚里士多德的教育思想。亚里士多德是最早提出教育要适应儿童的年龄阶段,进行德智体多方面和谐发展教育的教育思想家。他在教育史上首次提出了"教育遵循自然"的观点。题干为亚里士多德的教育思想,故选 C 项。

42.C 【解析】本题考查社会政治经济制度对教育发展的影响和制约。社会政治经济制度决定受教育权。在阶级社会中,统治阶级总是要采取种种直接或间接的手段,决定和影响受教育权在社会中的分配,决定谁享有受学校教育的权利,谁无享受学校教育的权利,谁有受什么样学校教育的权利等问题。由题干中"'六学二馆'等级森严的入学条件"可知,社会政治经济制度影响和制约着受教育权的分配。

43.B 【解析】本题考查个体身心发展的动因理论。外铄论认为人的发展主要依靠外在的力量,诸如环境的刺激和要求、他人的影响和学校的教育等。洛克提倡"白板说",他认为人的心灵犹如一块白板,它本身没有内容,可以任意涂抹。这属于外铄论的观点,故选 B 项。

方法技巧:这一类型的考题一般会直接提到教育家的名字或常见观点,这时考生可用顺口溜的方式识记内发论与外铄论的主要代表人物,以便快速解题:

(1)内发论——内孟四尔弗。①孟,孟子;②四尔,威尔逊、高尔顿、格塞尔、霍尔;③弗,弗洛伊德。

(2)外铄论——外出寻找落花生。①寻,荀子;②落,洛克;③花生,华生。

44.A 【解析】本题考查影响人的发展的因素。影响人的发展的因素主要有遗传、环境、教育(学校教育)和个体主观能动性等。其中,遗传,也叫遗传素质,是指从上一代继承下来的生理解剖上的特点,如机体的形态、结构以及器官和神经系统的特征等。"种瓜得瓜,种豆得豆""龙生龙,凤生凤,老鼠的儿子会打洞"等观点,都强调了遗传因素对人的影响。

45.D 【解析】本题考查个体身心发展的顺序性的教育要求。个体身心发展的顺序性是指人的身心发展是一个由低级到高级、由简单到复杂、由量变到质变的连续不断的发展过程。人的发展顺序性是客观的、不以人的意志为转移的,教育工作要遵循这种顺序性,循序渐进地促进人的发展。

46.B 【解析】本题考查个体身心发展的阶段性规律。个体身心发展的阶段性是指个体身心发展在不同的年龄阶段表现出不同的总体特征及主要矛盾,面临着不同的发展任务。例如,童年期学生的思维特点是具有较大的具体性和形象性,抽象思维能力还比较弱,对抽象的道理不易理解;少年期的学生,抽象思维已经有了很大的发展,但经常需要具体的感性经验作支持。因此,对童年期的学生,我们在教学内容上应该多讲些比较具体的知识和浅显的道理,在教学方法上应多采用直观教具;对少年期的学生,我们在教学上要特别注意理论与实际的结合。故选 B 项。

47.C 【解析】本题考查制度化教育出现的标志。近代学校系统的出现,开启了制度化教育的新阶段。学校教育系统的形成,即意味着制度化教育的形成。故选 C 项。

48.C 【解析】本题考查学生的可塑性特点。学生具有可塑性。学生处于长知识、长身体的时期,也是他们的品德、人格正在形成的时期,各方面尚未成熟,具有很大的发展潜力,而且尚未定型,极容易受外部环境因素的影响,具有"染于苍则苍,染于黄则黄"的特点。

49.B 【解析】本题考查智育的概念。智育是教育者创设一定的情境以提升教育对象智慧水平为目标的教育。

50.D 【解析】本题考查信息时代下教师的职业角色。信息时代,教师是反思者和教育研究者。反思是教师教学能力提高的一条重要途径。教师要不断对自己的教学工作进行反思和评价,提高对自己教学活动的洞察力,发现和分析其中存在的问题,并提出改进的方案。另外,教师之间也可以进行观察分析,讨论交流,从而帮助彼此发现问题,共同提高教学水平。

51.D 【解析】本题考查狭义的课程概念。狭义的课程特指某一门学科,故选 D 项。

52.C 【解析】本题考查课程设计的概念。课程设计是一个有目的、有计划、有结构地产生课程计划(教学计划)、学科课程标准(教学大纲)以及教科书等系统化活动。

53.D 【解析】本题考查教学活动的本质。教学活动就其本质而言,是一种特殊的认识活动。

54.B 【解析】本题考查教学过程的间接性规律。以间接经验为主是教学活动的主要特点。人们认识客观事物主要有两条途径:一是获取直接经验,即通过亲自探索、实践所获得的经验;二是获取间接经验,即他人的认识成果,主要是指人类在长期认识过程中积累并整理而成的书本知识。教学活动是学生认识客观世界的过程,要以间接经验为主、直接经验为辅,将二者有机结合起来。学生在课堂上学习的"直角三角形的定理"等书本知识属于间接经验。故选 B 项。

55.D 【解析】本题考查备课的意义。备课是教师教学的起始环节,是上好课的先决条件,备好课是教好课的前提。

56.C 【解析】本题考查新课程倡导的学习方式。新课程倡导的学习方式有:自主学习、探究学习和合作学习。其中,与探究学习相对的是接受学习。接受学习的学习内容,直接呈现给学习者,而探究学习中,学习内容是以问题的形式呈现的。和接受学习相比,探究学习具有更强的问题性、实践性、参与性和开放性。题干引用的法国哲学家叔本华的这番话很好的道出了探究学习的重要价值。

57.C 【解析】本题考查不同感觉的相互作用。一种感觉兼有另一种感觉的心理现象叫联觉。"锅铲刮锅底的声音"是听觉,"很冷"是温度觉,听觉引起温度觉的变化即产生了联觉。

58.A 【解析】本题考查思维的种类。直观动作思维是以实际行动作为支柱的思维过程。题干中一年级的小学生借助小木棒、手指头等具体的事物才能完成计算任务体现了直观动作思维。

59.C 【解析】本题考查科尔伯格的道德发展阶段理论。维护权威或秩序的道德定向阶段(遵守规则阶段)的道德价值是以服从权威为导向,包括服从社会规范,遵守公共秩序,尊重法律的权威。小红认为丽丽不遵守学校规定,判定丽丽不是好学生,由此可见小红把学校规定当做是权威,道德发展处于遵守规则阶段。

60.C 【解析】本题考查学生行为改变的方法。代币是一种象征性强化物,筹码、小红星、盖章的卡片、特制的塑料币等都可作为代币。当学生做出教师所期待的良好行为后,就发给他们数量相当的代币作为强化物。题干所述心理辅导方法为代币法。

61.C 【解析】本题考查教师成长的阶段。能否自觉关注学生是衡量一个教师是否成熟的重要标志之一。

62.B 【解析】本题考查影响问题解决的因素。原型启发是指从其他事物上发现解决问题的途径和方法。从"蝙蝠超声波"制造出"雷达"属于原型启发。

63.C 【解析】本题考查符号学习。符号学习又称表征学习,是指学习单个符号或一组符号的意义。符号学习的主要内容是词汇学习。例如,汉字、英语单词的学习,就属于词汇学习。但是符号不限于语言符号(词),也包括非语言符号(如实物、图像、图表、图形等)。故本题选 C 项。

64.B 【解析】本题考查程序性知识。程序性知识即操作性知识,是一种经过学习后自动化了的关于行为步骤的知识,表现为在信息转换活动中进行具体操作。学生学会骑车属于具体操作,所以实际学会的是程序性知识。

65.C 【解析】本题考查知识的感知。言语直观也叫语言直观,指在生动形象的言语作用下唤起学生头脑中的表象,以提供感性材料的直观方式。教师运用语言向学生描述"推碾子磨豆子"的具体形象使用的直观手段属于语言直观。

66.A 【解析】本题考查心智技能的形成阶段。原型定向就是了解原型的活动结构,从而使主体明确活动的方向,知道该做哪些动作和怎样去完成这些动作。"在黑板上清楚而细致地演算例题"从而让学生知道数学做题步骤有哪些、怎样解答数学题,符合原型定向的概念,故本题选 A 项。

67.D 【解析】本题考查建构主义学习理论。建构主义在学习观上强调学习的主动建构性、社会互动性和情境性三方面。题干中老师所主张的观点符合建构主义学习观的内容。

68.D 【解析】本题考查需要层次理论。自我实现的需要,即追求自我理想的实现,是充分发挥个人潜能、才能的心理需要,也是一种创造和自我价值得到体现的需要。千辛万苦登上山峰实现了自己的理想目标是人的自我实现的需要得到了满足。

69.B 【解析】本题考查迁移的种类。横向迁移是指先行学习内容与后继学习内容在难度、复杂程度和概括层次上属于同一水平的学习活动之间产生的影响。题干所述属于同一水平的学习活动,故属于横向迁移。

70.B 【解析】本题考查学习策略的种类。精加工策略是指把新信息与头脑中的旧信息联系起来从而增加新信息意义的深层加工策略。创造故事将所要记忆的信息编在一起,是用头脑中已有的信息将要记忆的信息联系起来,属于精加工策略。

二、多项选择题

71.ABCD 【解析】本题考查习近平总书记关于教育的重要论述。习近平 2018 年 9 月 10 日在全国教育大会上的讲话中提出:"在实践中,我们就教育改革发展提出一系列新理念新思想新观点,主要有以下几个方面,坚持党对教育事业的全面领导,坚持把立德树人作为根本任务,坚持优先发展教育事业,坚持社会主义办学方向,坚持扎根中国大地办教育,坚持以人民为中心发展教育,坚持深化教育改革创新,坚持把服务中华民族伟大复兴作为教育的重要使命,坚持把教师队伍建设作为基础工作。"

72.BCD 【解析】本题考查习近平总书记关于教育的重要论述。习近平 2018 年 9 月 10 日在全国教育大会上的讲话中提出:我国是中国共产党领导的社会主义国家,这就决定了我们的教育必须把培养社会主义建设者和接班人作为根本任务,培养一代又一代拥护中国共产党领导和我国社会主义制度、立志为中国特色社会主义奋斗终身的有用人才。这是教育工作的根本任务,也是教育现代化的方向目标。故选 BCD 三项。

73.ABCD 【解析】本题考查习近平总书记关于教育的重要论述。习近平 2018 年 9 月 10 日在全国教育大会上的讲话中提出:办好教育事业,家庭、学校、政府、社会都有责任。家庭是人生的第一所学校,家长是孩子的第一任老师,要给孩子讲好"人生第一课",帮助扣好人生第一粒扣子。教育、妇联等部门要统筹协调社会资源支持服务家庭教育。全社会要担负起青少年成长成才的责任。各级党委和政府要为学校办学安全托底,解决学校后顾之忧,维护老师和学校应有的尊严,保护学生生命安全。

74. ABC 【解析】本题考查习近平总书记关于教育的重要论述。习近平 2013 年 9 月 9 日在致全国广大教师的慰问信中提到:"希望全国广大教师牢固树立中国特色社会主义理想信念,带头践行社会主义核心价值观,自觉增强立德树人、教书育人的荣誉感和责任感,学为人师,行为世范,做学生健康成长的指导者和引路人;牢固树立终身学习理念,加强学习,拓宽视野,更新知识,不断提高业务能力和教育教学质量,努力成为业务精湛、学生喜爱的高素质教师;牢固树立改革创新意识,踊跃投身教育创新实践,为发展具有中国特色、世界水平的现代教育作出贡献。"

75. ABCD 【解析】本题考查习近平总书记关于教育的重要论述。习近平 2014 年 9 月 9 日在同北京师范大学师生代表座谈时的讲话中提出,好老师没有统一的模式,可以各有千秋、各显身手,但有一些共同的、必不可少的特质:(1)有理想信念;(2)有道德情操;(3)有扎实学识;(4)有仁爱之心。

76. ABCD 【解析】本题考查习近平总书记关于教育的重要论述。习近平在全国高校思想政治工作会议上的讲话中提到:"要加强师德师风建设,坚持教书和育人相统一,坚持言传和身教相统一,坚持潜心问道和关注社会相统一,坚持学术自由和学术规范相统一,引导广大教师以德立身、以德立学、以德施教。"

77. AB 【解析】本题考查教师职业道德的功能。教师职业道德对教师教育行为的调节主要是通过社会舆论和内心信念两种形式来实现的。

78. ABCD 【解析】本题考查教师职业道德基本原则的主要内容。教师职业道德基本原则的主要内容为:教书育人原则、为人师表原则、依法从教原则、教育人道主义原则。

79. BCD 【解析】本题考查教师职业道德与其他职业道德的相同点。教师要以身作则、为人师表,这是教师职业道德区别于其他职业道德的显著标志。故选 BCD 三项。

80. ABCD 【解析】本题考查教师劳动的特点。教师劳动的特点有:复杂性和创造性、连续性和广延性、长期性和间接性、主体性和示范性等。

81. BCD 【解析】本题考查教育现代化的内容。教育现代化具体包括教育观念现代化、教育目标现代化、教育内容现代化、教育方法和手段现代化、教师队伍现代化、教育管理现代化、教育设备现代化、教育制度现代化、教师素质的现代化等。

82. ABC 【解析】本题考查现代学生观。现代学生观倡导学生是发展中的人、学生是独特的人、学生是具有独立意义的人。

83. ABCD 【解析】本题考查教育目的的作用。教育目的的作用包括:(1)导向作用;(2)激励作用;(3)调控作用;(4)选择作用;(5)评价作用。(孔德英、张大俭主编的《教师必备的教育教学理论》)

易错提示:关于教育目的的功能(作用),不同的学者有不同的观点,考生可根据选项,具体问题具体分析。

说法一:教育目的的功能包括导向功能、调控功能和评价功能。

说法二:教育目的的作用包括导向作用、协调作用、激励作用和评价作用。

说法三:教育目的具有定向作用、调控作用和评价作用。

说法四:教育目的具有规范功能、选择功能、激励功能、评价功能。

84. ACD 【解析】本题考查素质教育的相关内容。实施素质教育,必须把德育、智育、体育、美育等有机地统一在教育活动的各个环节中。学校教育不仅要抓好智育,更要重视德育,还要加强体育、美育、劳动技术教育和社会实践,使诸方面教育相互渗透、协调发展,促进学生的全面发展和健康成长。故 A 项正确。实施素质教育应当贯穿于幼儿教育、中小学教育、职业教育、成人教育、高等教育等各级各类教育,应当贯穿于学校教育、家庭教育和社会教育等各个方面。故 B 项错误。建设高质量的教师队伍,是全面推进素质教育的基本保证,教师要遵循教育规律,积极参与教学科研,在工作中勇于探索创新。故实施素质教育应遵循教育规律,C 项正确。全面发展的实质是最优发展、面向全体,全面发展不是平均发展,不是齐步走。故 D 项正确。

85. ABCD 【解析】本题考查德育过程的基本规律。德育过程是对学生知、情、意、行的培养与提高过程。德育过程一般以知为开端,以行为终结。但由于社会生活的复杂性,德育影响的多样性等因素,在德育具体实施过程中,又具有多种开端,可根据学生品德发展的具体情况,或从导之以行开始,或从动之以情开始,或从锻炼品德意志开始,最后达到使学生品德在知、情、意、行几方面和谐发展的目的。故 ABCD 四个选项说法均错误。

86. A 【解析】本题考查我国中小学主要的教学原则。案例中的教师通过一连串的问题,激发了学生的学习兴趣,启发学生思考并逐步获得了新知识。这体现了启发性教学原则。(说明:虽然本题为多选题,但依据理论分析,本题答案选 A 项,其他选项在材料中未体现)

87. B 【解析】本题考查中小学常用的教学方法。谈话法也叫问答法,它是教师按一定的教学要求向学生提出问题让学生回答,通过问答、对话的形式来引导学生思考、探究,获取或巩固知识,促进学生智能发展的方法。案例中的教师通过一问一答的方式,引导学生思考,激发学生学习兴趣这属于谈话法。(说明:虽然本题为多选题,但依据理论分析,本题答案选 B 项,其他选项在材料中未体现)

88. ABCD 【解析】本题考查与学习有关的认知过程和学习动机。案例中乐乐"一边听歌一边学习"体现其注意分散。"死记硬背"是机械识记,研究表明,以理解为基础的意义识记比机械识记的效果好得多,所以乐乐识记方法不正确。"觉得自己缺乏学习数学的能力"说明乐乐将数学学不好归因于能力,理想的学习归因应该是归因于努力。成就动机是指个体努力克服障碍,施展才能,力求又快又好地解决某一问题的愿望或趋势。"遇到不会的题,也不好意思去问教师和同学,怕被人笑话"说明乐乐成就动机不强。故本题选 ABCD 四项。

89. ABCD 【解析】本题考查内部学习动机的激发与培养。激发乐乐的内部动机有助于乐乐的学习。内部学习动机的激发与培养的方法主要有以下四种:(1)激发兴趣,维持好奇心;(2)设置合适的目标;(3)培养恰当的自我效能感;(4)训练归因。

90. CD 【解析】本题考查学习动机理论。案例中乐乐将数学学不好归因于能力,可以用成败归因理论分析;乐乐"觉得自己再也不能学好数学了"说明其自我效能感较低,可以用自我效能感理论分析。

三、判断题

91. √ 【解析】本题考查《中华人民共和国教师法》。根据《中华人民共和国教师法》第三十七条规定,教师故意不完成教育教学任务给教育教学工作造成损失的,由所在学校、其他教育机构或者教育行政部门给予行政处分或者解聘。

92. √ 【解析】本题考查教师违法(侵权)行为的类型。在学校教育中,体罚或变相体罚侵犯学生的生命权、身体权、健康权和人格尊严权。

93. × 【解析】本题考查教师的教育威信。教师威信是指教师在教育教学活动中表现出的学识水平、思想意识和人格特质等在学生心目中引起的佩服、尊重等情感反应。教师威信能对学生终身发展产生影响,它不是依靠棍棒、体罚和严酷的纪律树立的,而是依靠教师的人格品质建构的。

94. √ 【解析】本题查《中小学教师职业道德规范(2008 年修订)》的内容。《中小学教师职业道德规范(2008 年修订)》中关于"为人师表"方面规定教师要严于律己,以身作则。教师在职业活动中对自己要严格要求,要以自己的行为作为他人,特别是学生的楷模。故题干说法正确。

95. × 【解析】本题考查对教师专业发展的理解。教师专业发展,又称教师专业成长,是指教师在整个专业生涯中,依托专业组织、专门的培养制度和管理制度,通过持续的专业教育,习得教育教学专业技能,形成专业理想、专业道德和专业能力,从而实现专业自主的过程,它包括教师群体的专业发展和教师个体的专业发展。

96. √ 【解析】本题考查课程目标的内涵。课程目标是根据教育宗旨和教育规律而提出的具体价值和任务指标,是课程本身要实现的具体目标和意图。它是确定课程内容、教学目标和教学方法的基础,是整个课程编制过程中最为关键的准则。

97. × 【解析】本题考查创造力的影响因素。创造性(创造力)与智力并非成简单的线性关系,二者既有独立性,又在某种条件下具有相关性,在整体上呈正相关趋势。高智商是高创造性的必要条件,但不是充分条件。题干说法错误。

98. × 【解析】本题考查影响学习迁移的因素。定势是指由先前影响所形成的往往不被意识到的心理准备状态,它将支配人以同样的方式去对待同类后继活动。定势的作用有两重性:一是积极的促进作用;二是消极的阻碍作用。题干所述过于片面。

99. × 【解析】本题考查情绪的动机功能。研究表明,适度的紧张和焦虑能促使人积极地思考和解决问题。

100. × 【解析】本题考查非正式群体。非正式群体对学生个体和正式群体既有积极影响,也有消极影响。

2021 年内蒙古自治区呼伦贝尔市教师招聘考试
真题试卷(精编)(二十九)

一、单项选择题

1. C 【解析】本题考查"四有好教师"。教师的专业素质是指专业情意(主要体现为教师的教育信念)、专业知识和专业能力的集合。故习近平总书记提出的有理想信念、有道德情操、有扎实学识、有仁爱之心的"四有好教师",更多地体现了对教师的专业素质要求。

2. C 【解析】本题考查"教育"一词的最早出处。在我国,"教育"一词最早见于《孟子·尽心上》中的"得天下英才而教育之,三乐也"。故选 C 项。

易错提示:"教育"一词的最早出处与最早对"教育"一词进行解释的出处是易混淆的知识点。考生应注意:最早提出"教育"一词的教育家为孟子,见于《孟子·尽心上》;最早对"教育"一词进行解释的教育家为许慎,见于《说文解字》。

3. A 【解析】本题考查教育的本质属性。社会活动是多样的,把教育活动和其他社会活动区别开来的特征是教育是培养人的社会实践活动。教育的对象是人,是以培养人为直接目的的社会实践活动。故选 A 项。

4. A 【解析】本题考查教育对个体发展的功能。教育(学校教育)对个体发展的功能有个体个性化功能和个体社会化功能、个体谋生功能和个体享用功能。其中,个体社会化的内容包括:(1)学习生活技能;(2)内化社会文化;(3)形成社会性的发展目标;(4)学会认同身份和在每一场合下自己所处的角色,自觉按照角色所规定的行为规范办事,这是个体社会化的最终体现。故选 A 项。

5. D 【解析】本题考查课程改革。"中小学语文教材'部编本'将取代'一纲多本'"的目的是"解决'一纲多本'的教材质量参差不齐、忽视传统文化的情况",这说明我国的课程改革开始重视传统文化,即重视文化因素。故选 D 项。

6. D 【解析】本题考查教育功能的类型。将教育功能的方向和形式结合起来,可将教育功能划分为正向显性功能、正向隐性功能、负向隐性功能以及负向显性功能四类。课业负担过重会影响孩子创造性和批判思维能力的发展,这既体现了阻碍学生发展的功能——负向功能,又是非预期的且具有较大隐蔽性的功能——隐性功能。故选 D 项。

7. D 【解析】本题考查学校教育制度的概念。狭义的教育制度指学校教育制度,简称学制,是一个国家各级各类学校的总体系,具体规定各级各类学校的性质、任务、目的、入学条件、修业年限以及它们之间的相互衔接的关系。故选 D 项。

8. D 【解析】本题考查批判教育学的观点。批判教育学兴起于 20 世纪 70 年代,是当代西方教育理论界占主导地位的教育思潮。基本观点包括:(1)当代资本主义学校教育是维护现实社会的不公平、造成社会差别和对立的根源;(2)学校教育的功能就是再生产出占主导地位的社会政治意识形态、文化关系和经济结构;(3)教育目的是要对师生进行"启蒙",以达到意识"解放";(4)教育现象不是中立的和客观的,教育理论研究不能采用伪科学主义的态度和方法,教育理论研究要采用实践批判的态度和方法。

9. B 【解析】本题考查梁漱溟的教育思想。梁漱溟立足于文化传统来思考中国乡村改造和乡村教育。在 20 世纪二三十年代中国的乡村教育运动中,梁漱溟的"乡农教育"实验独树一帜,他的基于中国社会和文化特殊性分析的乡村教育理论及实践产生过广泛的社会影响。故选 B 项。

10. B 【解析】本题考查孔子的教育思想。孔子强调学思结合,两者并重而不偏,提出"学而不思则罔,思而不学则殆"。

11. A 【解析】本题考查《学记》中的教育思想。"时教必有正业,退息必有居学"意为:大学教学,按照时序进行,必须有正式的课业,课后休息时也得有课外练习。这属于课内与课外相结合的教育思想。

12. A 【解析】本题考查赫尔巴特的教育思想。教学具有教育性,是指在传授和学习知识的同时,总有某种思想、观点和道德精神影响学生。这里的"教育",指的是道德教育、思想品德教育。西方有句名言:教学永远具有教育性。"永远具有"指出了教学具有教育性不是一种暂时的偶然的现象,而是一条规律。正如赫尔巴特所说:"我想不到有任何无教学的教育,正如在相反方面,我不承认有任何无教育的教学。"故选 A 项。

13. C 【解析】本题考查杜威的教育思想。杜威提出了"儿童中心(学生中心)""活动中心""经验中心"的"新三中心论"。

14. B 【解析】本题考查陶行知的教育思想。陶行知主张"生活即教育""社会即学校""教学做合一"。故选 B 项。

方法技巧:陶行知师从杜威,但陶行知与杜威的教育思想又有所不同,考生需注意区分。

	杜威	陶行知
关于教育本质	教育即生活	生活即教育
关于教育范围	学校即社会	社会即学校
关于教育方法	从做中学	教学做合一

15. A 【解析】本题考查社会生产力对教育的影响和制约。社会生产力是引起并决定教育发展变化的最根本、最内在的因素。

16. D 【解析】本题考查人力资本理论。20 世纪 60 年代,以美国舒尔茨为代表的西方经济学家,提出了人力资本理论。倡导该理论的学者尤其重视教育投资的作用,认为教育不仅是一种消费活动,也是一种投资活动,而且能够提高劳动生产力,促进经济发展,带来社会经济效益。故选 D 项。

17. A 【解析】本题考查《学记》中的教育思想。"古之王者,建国君民,教学为先"的意思是古代的君主在建立国家、统治百姓时,总是把教育放在首要的位置。这揭示了教育的重要性以及教育与政治的关系。故选 A 项。

18. C 【解析】本题考查教育的相对独立性。教育的相对独立性的表现之一是教育与社会发展的不平衡性。教育受一定社会的生产力发展水平和政治、经济制度制约、决定,但与社会生产力发展水平和政治经济制度的改变,并非完全同步,具有与社会发展的不平衡性。故选 C 项。

19. A 【解析】本题考查《学记》中的教育思想。"当其可之谓时"意思是教学恰到好处,这叫做抓住了时机。"时过然后学,则勤苦而难成"意思是放过了学习时机,事后补救,尽管勤苦努力,也比较难成功。这说明人的身心发展过程中存在关键期,教育教学应要抓住关键期,以求在最短的时间内取得最佳的效果。

20. C 【解析】本题考查个体身心发展的个别差异性规律。个体身心发展的个别差异性是指个体之间的身心发展以及个体身心发展的不同方面之间,存在着发展程度和速度的不同。根据个体发展的个别差异性规律,教育必须因材施教,充分发挥每个学生的潜能和积极因素,有的放矢地选择适宜、有效的教育途径和方法手段,使每个学生都能得到最大的发展。

21. A 【解析】本题考查影响个体身心发展的因素。智力发展的生物前提是遗传素质。遗传是影响人的发展的生理前提,但不决定人的发展。因此,学校在学生报名入学时进行智力测验,说明了该学校过于重视学生的智力,即夸大了遗传对人的发展的作用。故选 A 项。

22. B 【解析】本题考查环境对个体身心发展的影响。社会环境为个体的发展提供了多种可能,使遗传提供的发展可能变成现实,但环境不决定人的发展。题干所述说明环境影响人的发展,C 项与题干无关且说法不正确,故排除;AD 两项说法错误,故选 B 项。

23. B 【解析】本题考查影响个体身心发展的主要因素。总体看来,影响个体身心发展的因素主要有遗传、环境、教育(学校教育)和个体主观能动性等。遗传素质是人的身心发展的物质前提,环境为个体的发展提供了多种可能,而教育作为特殊的环境对人的身心发展起主导作用,个体主观能动性是人的身心发展的内因和动力。这些因素彼此关联、相互配合,共同发挥作用,促进人的身心发展。

24. B 【解析】本题考查社会本位的教育目的观。"君子如欲化民成俗,其必由学乎"的意思是:君子如果要教化百姓,造就良好的风俗习惯,一定要从教育入手。这句话体现了社会本位的教育目的观。

25. B 【解析】本题考查教育目的的层次结构。教育目的包括三个层次:国家的教育目的、各级各类学校的培养目标和教师的教学目标。其中,各级各类学校的培养目标是根据国家的教育目的制定的某一级或某一类学校、某一专业对人才培养的具体要求,是国家的教育目的在不同教育阶段、不同级别的学校、不同专业方向的具体化。故选 B 项。

26. C 【解析】本题考查全面发展教育。在人的全面发展教育中,德育是促进青少年全面发展的重要保证,对青少年的健康发展起着定向和奠基的作用。

27. D 【解析】本题考查现阶段我国教育目的的重点。培养学生的创新精神和实践能力是我国现阶段教育目的的重点。

28. B 【解析】本题考查正规教育的概念。正规教育是指由教育部门认可的教育机构(学校)所提供的有目的、有计划、有组织、有专职人员承担的,以影响入学者的身心发展为直接目标的全面系统的训练和培养活动,它有一定的入学条件和规定的毕业标准,通常在教室(课堂)环境中进行,使用规定的教学大纲、教材,其特点是统一性、连续性、标准化和制度化。

29. B 【解析】本题考查教育的"四大支柱"的内容。1996 年,国际 21 世纪教育委员会向联合国教科文组织提交了《教育——财富蕴藏其中》的报告,提出教育要使学习者"学会认知""学会做事""学会共同生活(学会合作)"和"学会生存"。

30. D 【解析】本题考查我国现行学制。我国九年制义务教育的学制年限实行小学六年、初中三年的"六三制",小学五年、初中四年的"五四制",以及不划分为两个阶段的"九年一贯制"等。总体来看,学制年限的划分是多种形式并存的。

31. B 【解析】本题考查学生的特点。学生具有可塑性。学生处于长知识、长身体的时期,也是他们的品德、人格正在形成的时期,各方面尚未成熟,具有很大的发展潜力,而且尚未定型,极容易受外部环境因素的影响,具有"染于苍则苍,染于黄则黄"的特点。

32. D 【解析】本题考查受教育者的权利。受教育权是指公民所享有的并由国家保障实现的接受教育的权利,学生的受教育权包括受完法定教育年限权、学习权和公正评价权。

33. C 【解析】本题考查教师劳动的特点。由“谨慎”“对他的所作所为负完全责任”可知，教师必须以身作则、为人师表，这说明教师劳动具有示范性的特点。

34. B 【解析】本题考查教师的知识素养。教师专业知识主要包括本体性知识、条件性知识、实践性知识和一般文化知识。其中，条件性知识主要是指教育学科方面的知识，如教育学、心理学等相关的教育心理方面的知识。故选B项。

35. C 【解析】本题考查“自我更新”取向教师专业发展阶段。以叶澜等学者为代表提出的“自我更新”取向的教师专业发展阶段论认为教师专业发展分为“非关注”阶段、“虚拟关注”阶段、“生存关注”阶段、“任务关注”阶段、“自我更新关注”阶段。其中，处于“生存关注”阶段的教师在“现实的冲击”下，产生了强烈的自我专业发展的忧患意识，特别关注专业活动中的“生存”技能，专业发展集中在专业态度和动机方面。故选C项。

36. A 【解析】本题考查教师个体专业发展的具体内容。教师个体专业发展的具体内容包括：(1)专业理想的建立；(2)专业知识的拓展；(3)专业能力的发展；(4)专业自我的形成。其中，教师的专业理想是教师在对教育工作感受和理解的基础上所形成的关于教育本质、目的、价值和生活等的理想和信念，如“科教兴国”的理想、“让每个学生都成才和成人”的理念等。它是教师在教育教学工作中的世界观和方法论，是教师专业行为的理性支点和专业自我的精神内核。

37. D 【解析】本题考查影响师生关系的核心因素。影响师生关系的因素可归纳为教师、学生和环境三个方面，其中，教师的素质是影响师生关系的核心因素。故选D项。

易错提示：对于影响师生关系的核心(关键)因素，一些考生容易受“学生在教育过程中处于主体地位”的影响而误认为是“学生”。实际上，在教育活动中起着主导作用的教师才是影响师生关系的关键所在，因为教师的主导作用发挥得越好，学生学习的主动性、积极性越高。

38. B 【解析】本题考查良好师生关系的特征。题干引文出自《学记》：“是故学然后知不足，教然后知困。知不足，然后能自反也，知困，然后能自强也。故曰：教学相长也。”这体现的良好师生关系的特征是教学相长。

39. A 【解析】本题考查课程的定义。课程是知识，这是一种比较早、影响相当深远的观点，也是比较传统的观点。可以说，在世界范围内，近代的课程体系主要是在这种观点的影响下建立起来的。故选A项。

40. B 【解析】本题考查隐性课程。隐性课程亦称潜在课程、自发课程，是学校情境中以间接的、内隐的方式呈现的课程。隐性课程的主要表现形式有：(1)观念性隐性课程。包括隐藏于显性课程之中的意识形态，学校的校风、学风，有关领导与教师的教育理念、价值观、知识观、教学风格、教学指导思想等。(2)物质性隐性课程。(3)制度性隐性课程。(4)心理性隐性课程。题干中的“校园环境”属于物质性隐性课程，“校风校训、班风班训等”属于观念性隐性课程，故选B项。

41. C 【解析】本题考查学科课程与活动课程。学科课程的主导价值在于传承人类文明，强调使学生掌握、传递和发展人类积累下来的文化遗产。学科课程以传递间接经验为主。活动课程(经验课程)的主导价值在于使学生获得关于现实世界的直接经验和真切体验。因此，忽视经验课程，最有可能导致学生无法获得关于现实世界的直接经验和真切体验，故选C项。

42. A 【解析】本题考查学科中心主义课程理论。以知识为中心编订的课程具有很强的学术性，其特点是逻辑性强、结构严谨、理论周密，有利于学生掌握各门学科的原理和规律。学科中心主义课程论的弊端在于，以知识为中心编订课程容易把各门知识割裂开来，不能在整体中、联系中进行学习；各学科容易出现不必要的重复，增加学生的学习负担；忽视学生的学习兴趣和需要，容易导致理论和实践脱节，不能学以致用。故选A项。

43. B 【解析】本题考查人本主义课程理论。从自我实现的课程目标出发，人本主义课程论者提出了课程内容选择的原则——“适切性”原则，实质上倾向于学习者中心。人本主义者认为，教学是教儿童，不是单纯教教材，要展开真正的学习，儿童必须参与教学过程。有意义的学习只有在教材同学生自身的目的发生关系，由学生去认知时，才能产生。

44. C 【解析】本题考查课程目标取向。在课程目标取向上，通常有普遍性目标、行为性目标、生成性目标和表现性目标。其中，普遍性目标是根据一定的哲学或伦理观、意识形态、社会政治需要，对课程进行总括性和原则性规范与指导的目标。例如，语文课程标准在课程总目标中提出“在语文学习过程中，培养爱国主义感情、社会主义道德品质，逐步形成积极的人生态度和正确的价值观，提高文化品味和审美情趣”就是语文课程的普遍性目标，这一普遍性目标贯穿于语文教材编写的始终。因此，题干描述的科学课程的目标属于普遍性目标。

45. A 【解析】本题考查课程内容。目前在我国，中小学课程主要由课程计划、课程标准、教材三部分组成。故选A项。

46. B 【解析】本题考查课程标准的概念。课程标准规定了学科的教学目标、任务，知识的范围、深度和结构，教学进度以及有关教学方法的基本要求，是编写教科书和教师进行教学的直接依据，也是衡量各科教学质量的重要标准。

47. D 【解析】本题考查教学的任务。教学的一般任务包括：(1)传授系统的科学基础知识和基本技能；(2)发展学生智力、体力和创造才能；(3)培养社会主义品德和审美情趣，奠定学生的科学世界观基础；(4)关注学生个性发展。其中，教学的首要任务是引导学生掌握科学文化基础知识和基本技能。

48. A 【解析】本题考查教学过程的中心环节。有学者将教学过程的基本阶段划分为激发学习动机、领会知识、巩固知识、运用知识和检查知识五个阶段。其中，领会知识是教学过程的中心环节，具体包括使学生感知教材和理解教材。故选A项。

易错提示：关于教学过程的中心环节，一种说法是领会知识，还有一种说法是理解教材。这两种说法在本质上是一致的。领会知识包括感知教材和理解教材，一般来说，学生在教学中的认知往往是从感知教材入手的，它是理解教材的基础，“感觉只解决现象问题，理论才解决本质问题”，理解教材需要引导学生在学习上爬坡，在认识上飞跃，从感性上升到理性。因此，更进一步说，理解教材是教学过程的中心环节。

49. B 【解析】本题考查启发性教学原则。启发性教学原则是指在教学活动中，教师要调动学生的主动性和积极性，引导他们通过独立思考、积极探索，生动活泼地学习，自觉地掌握科学知识，提高分析问题和解决问题的能力。“教人发现真理”体现的是启发性原则，故选B项。

50. B 【解析】本题考查量力性教学原则。量力性原则，也称可接受性原则，是指教学的内容、方法、分量和进度要适合学生的身心发展，使他们能够接受，但又要有一定的难度，需要他们经过努力才能掌握，以促进学生的身心发展。夸美纽斯的话表明教学应遵循量力性原则。

51. D 【解析】本题考查情境教学法。情境教学法是指在教学过程中，教师有目的地引入或创设具有一定情绪色彩的生动具体的场景，以引起学生一定的情感体验，从而帮助学生理解教材，并使学生的心理机能得到发展的教学方法。教师创设的情境一般包括生活展现的情境、图画再现的情境、实物演示的情境、音乐渲染的情境、言语描述的情境等。故王老师讲授《我爱我的草原》时运用的是情境教学法。

52. A 【解析】本题考查谈话法的概念。谈话法又称问答法，它是教师引导学生运用已有知识经验回答提出的问题，借以获得新知识，或检查、复习、巩固已学知识是一种教学方法。

53. D 【解析】本题考查走班制的概念。走班制是指学生根据教学活动中预先制订的学习计划和自己的兴趣愿望，以“走班”为形式，“流动”到自己需要的班级进行学习的一种组织形式。

54. A 【解析】本题考查个体内差异评价的概念。个体内差异评价是以评价对象自身某一时期的发展水平为标准，判断其发展状况的评价方法。故选A项。

55. B 【解析】本题考查形成性评价。形成性评价是指在教学过程中，为了解学生的学习情况，及时发现教学中的问题而进行的评价。通过形成性评价，教师可以随时了解学生在学习上的进展情况，获得连续反馈，为教师随时调整教学计划、改进教学方法提供依据。故选B项。

56. C 【解析】本题考查教学评价的类型。定量评价是采用数学的方法，收集和处理数据资料，对学生做出定量结果的评价，是一种关注“量”的评价方法。如分数、等级等；定性评价是根据学生的平时表现、发展状态，直接对学生做出定性结论的评价，是一种关注“质”的评价方法。如评语、课堂讨论、学生互评、作业(品)展示等。故C项说法不正确。

57. A 【解析】本题考查测验的标准。效度是指一个测验工具希望测到某种行为特征的有效性与准确程度。如果一个数学测验题的文字难度太大，该测验就不能测到学生真正的数学掌握程度，那么该测验就不具备有效性和准确性，就是低效度的。

58. B 【解析】本题考查教案编写的重中之重。教学过程是整个教案的核心和主体，是教案编写的重中之重。

59. B 【解析】本题考查温故导入。温故导入是指教师通过帮助学生复习与即将学习的新知识有关的旧知识，从中找到新旧知识的联结点，合乎逻辑、顺理成章地引导学生学习新知识的一种导入方法。题干为温故导入的概念，故选B项。

60. C 【解析】本题考查课堂提问的类型。课堂提问的类型有知识(回忆)水平的提问、理解水平的提问、应用水平的提问、分析水平的提问、综合水平的提问、评价水平的提问。其中，理解水平的提问要求学生能用自己的话来叙述所学的知识，能比较和对照知识或事件的异同，能把一些知识从一种形式转变为另一种形式。在理解水平的提问中，教师经常使用的关键词是：怎样理解、有何根据、为什么、怎么样、何以见得、用你自己的话叙述等。所以，含有题干中这些关键词语的题目一般属于理解型提问。

61. B 【解析】本题考查小学阶段的德育重点。不同的年龄阶段，德育的侧重点也不相同。小学阶段德育的重点是培养学生形成良好的道德意识和行为习惯。故选B项。

62. C 【解析】本题考查学校德育的内容。根据1988年、1994年和1996年中共中央颁布的有关决定，我国学校德育内容主要有政治教育、思想教育、道德教育和心理健康教育。也有说法认为，我国学校德育内容主要有政治教育、思想教育、道德教育、法制教育和心理健康教育。

63. D 【解析】本题考查思想品德教育的最终目的。思想品德教育的最终目的是要培养人的道德行为。因为，这是社会对其成员品德的基本要求，而且思想品德也只有通过道德行为才能表现于外。

64. A 【解析】本题考查德育原则。长善救失原则又称"依靠积极因素，克服消极因素的原则"，即在德育工作中，教育者要善于依靠、发扬学生自身的积极因素，调动学生自我教育的积极性，克服消极因素，以达到长善救失的目的。故题干中教师的教育方式遵循了长善救失原则。

65. B 【解析】本题考查德育模式。体谅或学会关心的道德教育模式形成于20世纪70年代，为英国学校德育学家彼得·麦克费尔和他的同事所创。体谅模式把道德情感的培养置于中心地位。

66. A 【解析】本题考查陶冶教育法。陶冶教育法是教师利用环境和自身的教育因素，对学生进行潜移默化的熏陶和感染，使其在耳濡目染中受到感化的德育方法。"让学校的每一面墙壁都开口说话"即通过环境陶冶的方式教育学生，属于陶冶教育法。

易错提示：陶冶教育法是招教考试中的热门考点，一般会以名言的形式出题，如"让学校的每一面墙壁都开口说话""仁言不如仁声之入人深也"等。有时候也会以例子的形式出题，如：教师播放歌曲教育学生，利用黑板报、教室布置、良好班风教育学生，等等。考生在理解陶冶教育法的内涵时需注意：陶冶教育法强调的是"潜移默化"，使学生在不知不觉的情况下受到教育。

67. A 【解析】本题考查班级平行管理的内涵。班级平行管理是指班主任既通过对集体的管理去间接影响个人，又通过对个人的直接管理去影响集体，从而把对集体和个人的管理结合起来的管理方式。班级平行管理的理论源于马卡连柯的"平行影响"的教育思想。

68. B 【解析】本题考查课外、校外教育的特点。课外、校外教育活动具有自主性，它是学生自己的活动，学生是课外活动的主体。教师只是活动的指导者、辅导者，对学生活动的组织起辅助作用。故选B项。

69. B 【解析】本题考查课外、校外教育的特点。课外、校外教育活动具有广泛性。课外、校外教育活动的内容不受课程计划、课程标准的限制，可以根据参加活动者的愿望和要求，以及学校、校外教育机构的具体条件而确定。只要围绕学校的教育目的，课外、校外教育活动的内容可非常广泛，涉及科技活动、文学艺术活动、体育活动、生产劳动以及各种社会实践活动等。

70. B 【解析】本题考查行动研究法。行动研究法是指实际工作者(如教师)基于解决实际问题的需要，与专家、学者及本单位的成员共同合作，将实际问题作为研究的主题，进行系统的研究，以解决实际问题的一种研究方法。故选B项。

71. D 【解析】本题考查皮亚杰的认知发展阶段理论。形式运算阶段的学生能理解符号的意义、隐喻和直喻，能对事物做一定的概括，其思维发展水平已接近成人的水平。初中阶段的学生可以借助符号和概念，分析熟悉的现象说明其处于形式运算阶段。

方法技巧：考生在做皮亚杰的认知发展阶段理论的题时，可以从年龄方面进行理解与记忆。感知运动阶段(0～2岁)主要是简单的动作方面的发展；前运算阶段(2～7岁)主要是表象、符号方面的发展；具体运算阶段(7～11岁)开始能够借助实物和直观形象解决问题；形式运算阶段(11岁～成人)主要是抽象思维方面的发展。

72. D 【解析】本题考查儿童的思维特征。守恒是指儿童认识到客体在外形上发生了变化，但特有的属性不变。题干中儿童认识到苹果的外形改变但质量不变，说明其思维已经具备了守恒性。

73. A 【解析】本题考查埃里克森的人格发展阶段理论。勤奋感对自卑感阶段(6～11岁)的发展任务是培养勤奋感。在这个时期，儿童如果由于学习方法不当或努力不够而多次遭受挫折或其成就受到漠视，儿童容易形成自卑感。"小强在考试中没有取得理想的成绩时，就会认为自己没有能力，不可能成功。"说明小强容易形成自卑感，且五年级正处于勤奋感对自卑感阶段，故本题选A项。

74. A 【解析】本题考查维果斯基的心理发展观。最近发展区是指儿童现有水平与可能达到的发展水平之间的差异。在维果斯基看来，教学的可能性由学生的最近发展区决定，教学应该走在发展的前面。

75. D 【解析】本题考查学生的认知风格差异。场依存型的人较易于接受别人的暗示，他们学习的努力程度往往受到外来因素的影响。因而，场依存型的学生则在诱因来自外部时学得更好；而场独立型的学生在内在动机作用下学习，时常会产生更好的效果。A、B两项表述正确。冲动型学生面对问题时总是急于求成，不能全面细致地分析问题的各种可能性。C项表述正确。在对不同学习内容的测验上，沉思型学生与冲动型学生的成绩也存在明显差异。一般来说，较之冲动型学生，沉思型学生的阅读成绩、再认测验成绩及推理测验成绩较好，其创造性设计成绩优秀。相比之下，冲动型学生往往阅读困难，较多表现出学习能力缺失、学习成绩不及格。D项表述不正确。

76. A 【解析】本题考查因材施教的教育思想。针对同一个问题，孔子根据子路和冉有的不同性格，对他们提出不同的建议，这体现了教师在教学中要根据学生的性格差异进行因材施教。

77. C 【解析】本题考查加涅关于学习水平的分类。概念学习是指对刺激进行分类时，学会对一类刺激做出同样的反应，也就是对事物的抽象特征的反应。题干中学生将"柳树""杨树""松树"等一类刺激均反应为"植物"，体现了概念学习的特点，故本题选C项。

78. B 【解析】本题考查认知策略。认知策略指调控自己的注意、学习、记忆和思维等内部心理过程的技能的学习。从现代认知心理学的广义知识分类的观点看，题干中的学生掌握了大量的词汇，具备了陈述性知识；能写出通顺的句子，有了写作基本技能；但在写自己熟悉的题材时仍然写不出高水平的作文，是因为其缺乏写作认知策略，无法调控写出高水平的作文所需的内部心理过程。

79. D 【解析】本题考查奥苏贝尔关于学习的分类。有意义学习是指符号所代表的新知识与学习者认知结构中已有的适当观念建立起非人为的和实质性的联系。该生将乘法口诀"三三得九"所代表的新知识与认知结构中"3个3相加之和得9"的观念建立起了非人为的和实质性的联系，属于有意义学习。

80. D 【解析】本题考查桑代克的联结—试误学习理论。桑代克认为，学习要遵循三条重要的原则：效果律、准备律和练习律。效果律是指刺激和反应之间的联结可因导致满意的结果而加强，也可因导致烦恼的结果而减弱。题干中，小华数学成绩因取得满意的结果而提高，这遵循的是效果律。故本题选D项。

81. B 【解析】本题考查操作性条件作用的基本规律。负强化也称消极强化，是通过消除或终止厌恶、不愉快刺激来增强反应频率。题干中"家庭作业"是不愉快刺激，教师通过减少家庭作业的量来增强"学生表现良好"的频率，符合负强化的概念。故本题选B项。

82. C 【解析】本题考查社会学习理论对强化的分类。替代强化是指观察者因看到榜样的行为被强化而受到强化。老师表扬小明积极发言的榜样行为，其他同学受此鼓励而踊跃发言属于替代强化。故本题选C项。

83. D 【解析】本题考查奥苏贝尔对有意义学习的分类。奥苏贝尔将有意义学习分为抽象符号学习、概念学习、命题学习和发现学习。抽象符号学习是学习个别抽象符号的意义，将抽象符号与事物联结，并能用抽象符号代表事物。抽象符号学习的主要内容是词汇学习，如儿童听到"狗"或看到文字的"狗"，知其代表实际的狗，即使实际的狗不存在时，儿童也能以语言的或文字的狗在大脑中形成关于狗的形象。这样，我们说"狗"这个声音符号或文字符号对某个儿童来说获得了意义。题干所述"鸟"也是同理，故本题选D项。

84. B 【解析】本题考查奥苏贝尔的先行组织者策略。先行组织者即先于某个学习任务本身呈现的引导性学习材料。先行组织者不仅能够帮助学习者学习新知识，而且可以帮助其保持知识。奥苏贝尔主张应用"先行组织者技术"的用意是帮助学习者学习和保持新知识，为学生学习新知识奠定知识背景。故本题选B项。

85. B 【解析】本题考查学习动机的分类。内部学习动机是指诱因来自学习者本身的内在因素，即学生因对活动本身发生兴趣而产生的动机。张老师结合学生的兴趣和爱好激发学生喜欢学习数学的动机属于内部动机。

86. C 【解析】本题考查耶克斯—多德森定律。"耶克斯—多德森定律"表明动机的最佳水平随着任务性质的不同而不同。在比较容易的任务中，行为效果(工作效率)随着动机的提高而上升；随着任务难度的增加，动机的最佳水平有逐渐下降的趋势。学习难度大时，学习动机最佳水平低，①错误②正确。学习任务容易时，学习动机最佳水平高，③正确④错误。

方法技巧：关于耶克斯—多德森定律，考生需牢记以下几点：曲线为倒U，最佳为中等；任务易上升，任务难下降。

87. A 【解析】本题考查韦纳的成败归因理论。心理学家韦纳把人经历过事情的成败归结为六种原因，即能力、努力程度、工作难度、运气、身心状况、外界环境。又把上述六项因素按各自的性质，分别归入三个维度：内部归因和外部归因、稳定性归因和非稳定性归因、可控制归因和不可控制归因。能力是内部、不可控和稳定的因素。题干所述是将失败归因于能力，会产生"我太笨了"的观念，故本题选A项。

二、多项选择题

88. AB 【解析】本题考查《中小学教师职业道德规范(2008年修订)》的内容。小刘老师到岗后认真备课，认真讲课，这说明她做到了爱岗敬业。故选A项。小刘老师做到了终身学习，她入职后不断提高自己的教学技能和课堂教学水平。故选B项。小刘老师采取的罚站、不让学生进教室听课等方法是不可取的，她的这一教育行为没有尊重学生人格，也未体现对学生的关心爱护；而且对于不认真听讲的学生，教师应遵循教育规律，循循善诱，因材施教，而不是采取体罚或者变相体罚等方式。故CD两项不选。

89. AD 【解析】本题考查《中小学教师教师职业道德规范(2008年修订)》的内容。"关爱学生"的师德规范要求教师关心爱护全体学生，尊重学生人格，平等公正对待学生。徐老师没有询问王林打同学的原因、没有调查清楚事情的真相就把其家长叫到学校,没有做到关心爱护学生。A 项说法正确。“为人师表”的师德规范要求教师“语言规范,举止文明”“尊重同事,尊重家长”,徐老师一见到王林爸爸就直接指责其管不好孩子,是不尊重家长的表现。D 项说法正确。

90. BCD 【解析】本题考查《中小学教师职业道德规范(2008 年修订)》的内容。李老师对待提出质疑的学生,一棒喝退,严重挫伤了学生学习的积极主动性,故 B 项说法正确,D 项给出的建议是合理的。为人师表的师德规范要求教师坚守高尚情操,严于律己,以身作则,故李老师因学生的质疑而恼怒的行为违反了这一师德规范,而且其做法不利于教师威信的形成,故 C 项说法正确,A 项说法错误。

91. ABCD 【解析】本题考查教师的职业心理健康。A 项,由题干可知该教师由于工作压力较大,出现了一些职业压力问题。B 项,教师的职业倦怠是在长期工作压力和自身心理素质的互动下形成的,并带来生理、情绪、认知和行为等方面的问题,导致教师出现严重的身心疾病。题干中教师出现的问题属于职业倦怠。C 项,要想真正提高教师的心理健康水平,教师应加强自我维护:(1)教师应该树立科学理性的自我概念。(2)教师要保持一种开放的心态,勤于学习。(3)教师要掌握一些应对压力的策略和方法,进行积极的自我调适,避免消极情绪的影响。D 项,教师职业倦怠产生的心理紧张源有:(1)社会因素,即教师职业的声望压力;(2)职业因素,即教师担当的多种角色所产生的角色职责压力、角色冲突、学生问题、升学考试压力等;(3)工作环境,即教师与学生、家长、领导、同事之间的人际关系压力,学校的考评、聘任制度所带来的压力;(4)个人因素,即教师个人的认知方式和应对紧张的策略与心理压力的产生密切相关。题干中教师出现的现象主要是由职业因素和个人因素造成的。故本题选 A、B、C、D 四项。

92. BCD 【解析】本题考查《学生伤害事故处理办法》。根据《学生伤害事故处理办法》第十四条规定,因学校教师或者其他工作人员与其职务无关的个人行为,或者因学生、教师及其他个人故意实施的违法犯罪行为,造成学生人身损害的,由致害人依法承担相应的责任。根据《学生伤害事故处理办法》第二十八条规定,未成年学生对学生伤害事故负有责任的,由其监护人依法承担相应的赔偿责任。所以孙军与吴刚扭打导致吴刚受伤,孙军负主责,由其监护人负责赔偿。B 项正确。根据《学生伤害事故处理办法》第九条规定,学校教师或者其他工作人员在负有组织、管理未成年学生的职责期间,发现学生行为具有危险性,但未进行必要的管理、告诫或者制止的,学校应当依法承担相应的责任。体育老师布置学生自行踢球,自己在操场旁边玩手机,未履行应尽职责,C 项正确。根据《学生伤害事故处理办法》第二十七条规定,因学校教师或者其他工作人员在履行职务中的故意或者重大过失造成的学生伤害事故,学校予以赔偿后,可以向有关责任人员追偿。体育老师未履行应尽职责,属于有关责任人员。D 项正确。

93. ABCD 【解析】本题考查教师违法(侵权)行为。(1)隐私权是指公民生活中不愿为他人公开或知悉的个人秘密的不可侵犯的人身权利。王老师未经小明同意翻看他的手机短信,并在班上宣读短信内容,这侵犯了小明的隐私权。(2)学校和教师必须尊重学生的人格尊严,严禁对学生实施体罚、变相体罚或其他侮辱人格尊严的行为。王老师批评指责小明“思想堕落,道德败坏”,这侵犯了小明的人格尊严权。(3)个人的财产所有权是指公民对个人所有的财产依法进行占有、使用、收益和处分的权利。学生的合法财产受法律保护,教师不得侵占、破坏或非法扣押、没收等。王老师没收小明的手机不予归还,这侵犯了小明的财产权。

94. AD 【解析】本题考查《中华人民共和国义务教育法》。根据《中华人民共和国义务教育法》第二十二条规定,县级以上人民政府及其教育行政部门应当促进学校均衡发展,缩小学校之间办学条件的差距,不得将学校分为重点学校和非重点学校。学校不得分设重点班和非重点班。故题干中教育局要求正确,该初中做法错误。

三、判断题

95. × 【解析】本题考查教育的个体功能和社会功能的关系。教育的个体功能和社会功能是辩证统一的关系。教育的个体功能是教育的社会功能衍生的前提和基础,教育的社会功能对教育的个体功能的发挥具有制约作用。

96. × 【解析】本题考查生产力对教育发展的影响和制约。教育发展的规模与速度,取决于生产力发展所提供的物质条件和对教育事业所提出的要求。题干说法错误。

97. √ 【解析】本题考查教育的社会制约性。社会政治制度决定着教育目的的性质,生产力发展水平决定着培养人才的质量规格。题干说法正确。

98. √ 【解析】本题考查人的身心发展的内涵。人的身心发展,一般认为,是由于儿童已有的身心发展水平与社会、教育向儿童提出的要求所引起的新旧需要之间的矛盾运动而实现的。

99. √ 【解析】本题考查教育目的与教育方针的区别。从教育目的与教育方针的区别来看,一方面教育方针所含的内容比教育目的更多些。教育目的一般只包括“为谁培养人”“培养什么样的人”的问题;而教育方针除此之外,还含有“怎样培养人”的问题和教育事业发展的基本原则。另一方面教育目的在对人培养的质量规格方面要求较为明确,而教育方针则在“办什么样的教育”“怎样办教育”方面更为突出。题干说法正确。

100. × 【解析】本题考查备课。备课是教师教学的起始环节,是上好课的先决条件,备好课是教好课的前提。但教师备课要做好三方面的工作,即钻研教材、了解学生、设计教法,而不是把全部精力放在钻研教材上。题干后半句说法错误。

101. × 【解析】本题考查“德育为先”理念。“德育为先”就是强调在学生德智体美劳全面、协调发展的基础上,坚定不移地把道德教育放在一切教育重中之重的位置。在全面发展教育中,学校教育会因某一时期任务的不同,在某一方面有所侧重,但不能说思想政治教育课程及活动比其他教学活动更重要。

102. × 【解析】本题考查加涅关于学习的划分。态度指影响个人对人、事、物采取行动的内部状态。幼儿在听老师讲故事后,对大灰狼和小白兔产生不同的情感,这体现了态度的学习。

103. √ 【解析】本题考查惩罚的应用。惩罚并不能使行为发生永久性的改变,它只能暂时抑制行为,而不能根除行为。惩罚的运用必须慎重,惩罚一种不良行为应与强化一种良好行为结合起来,方能取得预期的效果,即指出正确的行为方式,在学生做出正确的行为后给予强化。因为惩罚只能让学生明白什么不能做,但不能让学生知道什么能做和应该怎么做。故题干说法正确。

104. × 【解析】本题考查学生学习的特点。学生学习的根本特点,在于它是接受前人经验,是一种接受学习。学生的学习不是创造、发明知识,而是再现、继承知识。人类知识的过程是对未知的阶段、领域进行探索的过程,而学生的学习过程是通过教学过程把人类总结的经验接收下来,而不是向未知领域的进军。题干说法错误。

105. × 【解析】本题考查学习动机的分类。远景的间接性学习动机是指由于了解活动的社会意义、活动结果的社会价值而引起的对某种活动的动机,它是与学习的社会意义和个人的前途相连的。例如,大学生意识到自己的历史使命,为不辜负父母的期望,为争取自己在班集体中的地位和荣誉等都属于间接性的动机。故题干说法错误。

106. √ 【解析】本题考查心理发展的影响因素。遗传素质在个体心理发展中的作用是不可忽视的,它是个体心理发展的生物前提和物质基础,没有这一前提条件就谈不上心理的发生与发展。人与人之间遗传素质越相似,心理发展的相似程度也就越高。反之,遗传素质差异越大,心理发展的差异也就越大。

107. × 【解析】本题考查品德的心理结构。道德认知是指对于行为规范及其意义的认识,是人的认识过程在道德上的表现,是个体道德的基础。道德行为是指个体在一定的道德意识支配下表现出来的对他人和社会的有道德意义的活动,是衡量道德修养水平的重要标志,故题干说法错误。

108. × 【解析】本题考查形式训练说。形式训练说主张迁移要经历一个“形式训练”的过程才能产生,认为心理官能只有通过训练才得以发展,而迁移训练就是心理官能得到训练后发展的结果。进行官能训练时,关键不在于训练的内容,而在于训练的形式。因为内容经常容易忘记,其作用是暂时的,但形式是永久的。

109. × 【解析】本题考查《中华人民共和国义务教育法》。根据《中华人民共和国义务教育法》第十九条规定,普通学校应当接收具有接受普通教育能力的残疾适龄儿童、少年随班就读,并为其学习、康复提供帮助。

2021 年山西省太原市小店区中小学教师招聘考试 真题试卷(三十)

一、单项选择题

1. B 【解析】本题考查教育的起源。教育的生物起源说是教育学史上第一个正式提出的有关教育起源的学说,也是较早地把教育的起源问题作为一个学术问题提出来的学说,标志着在教育起源问题上开始转向科学解释。

2. C 【解析】本题考查教育目的的基本类型。正式决策的教育目的指由社会一定权力机构确定并要求所属各级各类教育都必须遵循的教育目的。题干所述为正式决策的教育目的的概念。

A 项:发展性教育目的也称现实的教育目的,是指具有连续性的教育目的,表示教育及其活动在发展的不同阶段所要实现的各种结果,表明对人的培养的不同时期、不同阶段前后具有衔接性的各种要求。与题干不符,排除。

B 项:终极性教育目的也称理想的教育目的,是指具有终极结果的教育目的,表示各种教育及其活动在人的培养上最终要实现的结果,它蕴涵着人发展的那种最为理想的要求,具有“完人”的性质。与题干不符,排除。

D 项:非正式决策的教育目的指蕴涵在教育思想、教育理论中的教育目的,它不是被社会一定的权力机构正式确定而存在的,而是借助一定的理论主张和社会根基而存在的。与题干不符,排除。

3. A 【解析】本题考查有关教育目的确立的理论。社会本位论者强调要从社会的需要出发制定教育目的,使受教育者社会化,保证社会生活的稳定与延续是教育目的所在。在社会本位论者看来,社会价值高于个人价值,个人的存在与发展依赖并从属于社会,社会效益的高低是教育的价值所在。A 项正确。B、C、D 三项与题干不符,排除。

4. A 【解析】本题考查教育的根本问题。党的十八大以来,习近平总书记围绕“培养社会主义建设者和接班人”作出一系列重要论述,多次强调:百年大计,教育为本,只有把立德树人作为中心环节,回答好“培养什么人,怎样培养人,为谁培养人”这一根本问题,春风化雨,凝聚人心,才能培养德才兼备的有用人才,汇聚起铸就教育强国的磅礴力量。A 项正确。

5.B 【解析】本题考查孔子的相关内容。孔子是儒家学派的创始人,他的思想核心是“仁”,政治上主张礼制,鼓励人们出来做官。晚年,他整理了“六经”,汉代以后,孔子的思想成为封建社会的统治思想。B 项正确。

A 项:孔子的教育目的是要培养从政的君子,而君子必须具有较高的道德品质修养,所以孔子强调学校教育必须将道德教育放在首要地位。小华说法错误,排除。

C 项:孟子最早使用“教育”一词,孔子主张“有教无类”。小阳说法错误,排除。

D 项:孔子偏重社会人事和文事,轻视科技与生产劳动;墨子注重实用技术的传习。小英说法错误,排除。

6.D 【解析】本题考查个体身心发展的规律。个体身心发展的个别差异性要求贯彻因材施教的原则,D 项对应正确。人的发展的顺序性是客观的、不以人的意志为转移的,教育工作要遵循这种顺序性,循序渐进地促进人的发展。“陵节而施”“拔苗助长”的做法都是违背人的身心发展的顺序性的。个体身心发展的阶段性要求教育工作必须从学生的实际出发,针对不同年龄阶段的学生,提出不同的具体任务,采取不同的教育内容和方法。根据个体身心发展的不平衡性,教育教学要抓住关键期,以求在最短的时间内取得最佳的效果。A、B、C 项对应均不正确。

7.D 【解析】本题考查教学过程的基本规律。知识和智力是两个不同的概念,知识是人们对客观世界的认识,智力是人们认识客观事物的基本能力。知识的多少与才能的高低并不等同,知识和运用知识的能力也并不相同。智力并不完全是随着知识的掌握而自然发展起来的。所以,D 项正确。

A 项:掌握知识是发展智力的基础,但是掌握知识与发展智力并不成正比,并不是掌握的知识越多,智力水平越高。A 项错误。

B 项:掌握知识并不单单是为了发展智力,还包括促进学生德体美等的全面发展,B 项错误。

C 项:智力影响掌握知识的快慢,但并不能完全决定掌握知识的速度,C 项错误。

8.D 【解析】本题考查抛锚式教学的基本程序。抛锚式教学模式指以问题为中心,将知识抛锚在一定的问题情境中,以激发学生的好奇心和创造力的教学模式。抛锚式教学的基本程序是:创设情境—确定问题—自主学习—协作学习—效果评价。

9.D 【解析】本题考查美育的任务。美育的任务包括:(1)培养和提高学生感受美的能力;(2)培养和提高学生鉴赏美的能力;(3)培养和提高学生表现美、创造美的能力;(4)培养和提高学生追求人生趣味和理想境界的能力。D 项不属于美育的任务。

10.C 【解析】本题考查态度与品德的形成过程。态度与品德的形成包括依从、认同、内化三个阶段。其中,认同,即在思想、情感、态度和行为上主动接受规范,从而试图与之保持一致。题干中强调主动学习别人的思想、情感、品质等方面的优秀之处,并使自己与之保持一致,这体现了品德形成的认同阶段,故答案选 C 项。

服从强调权威命令等的压力作用;依从强调表面上接受规范;内化强调行为具有高度的自觉性和主动性,均与题干描述不符,排除。

11.B 【解析】本题考查品德的心理结构。道德意志是个体自觉地调节道德行为,克服困难,以实现预定道德目标的心理过程。题干中的小美明知道自己偷东西的行为是不对的,但就是控制不住自己,这说明小美缺乏自觉调节道德行为、克服困难的道德意志。故答案选 B 项。

道德认识是人的认识过程在道德上的表现;道德情感是人在心理上所产生的对某种道德义务的爱憎、喜恶等情感体验;道德行为是指个体在一定的道德意识支配下表现出来的对他人和社会的有道德意义的活动。这三项不符合题意,排除。

12.B 【解析】本题考查德育过程的基本规律。知、情、意、行是构成思想品德的四个基本要素。知即品德认识,是人们对是非善恶的认识和评价,以及在此基础上形成的品德观念,包括品德知识和品德判断两个方面。B 项小张不能辨别是非善恶表明小张缺乏对是非善恶的认识,也即需要加强品德认识方面的教育。B 项正确。A 项表明小亮已经具备了品德认识,但需要加强品德意志方面的教育;C 项体现了小赵的品德情感;D 项表明小罗需要加强品德意志方面的教育。

13.A 【解析】本题考查弗洛伊德的人格结构理论。依据弗洛伊德的人格结构理论,道德是儿童超我人格的发展,是儿童早期经验中成人道德标准的内化,是更为高尚的社会道德的反映。在他的人格结构中,本我是最原始的、天生的、无意识的情欲冲动部分,它依据“快乐原则”,要求得到直接满足,谈不上道德判断;自我则奉行“现实原则”,它把本我需要的满足纳入现实的轨道,但自我尚不足以控制本我,为此就需要超我;超我,是人格的象征,是社会道德的代表,是人格的最后形式而且是最文明的部分,它根据完善的原则来活动,限制本我、指导自我、实现理想化的自我。因此,A 项说法正确,B、C、D 三项说法错误。

14.A 【解析】本题考查确定课程目标的依据。确定课程目标的依据有:(1)学习者的需要(对学生的研究);(2)当代社会生活的需求(对社会的研究);(3)学科知识及其发展(对学科的研究)。A 项不属于确定课程目标的依据。

15.B 【解析】本题考查主要课程理论流派。活动中心课程论认为,应以儿童的活动为中心编制课程,要考虑到儿童的需要与兴趣,从儿童的经验出发设计课程。题干中 A 学校在设置课程时,由学生选择自己感兴趣的话题,并让学生通过自主探究进行学习,做到了以儿童活动为中心,考虑到了学生的兴趣和需要。这属于活动中心课程论。B 项正确。

16.D 【解析】本题考查课程实施的取向。相互调适取向(相互适应取向)认为,设计好的课程计划是可以变动的,课程实施过程是课程计划与班级或学校实际情境在课程目标、内容、方法、组织模式诸方面相互调整、改变与适应的过程。这种课程实施的取向与新课程改革的理念相符合,提倡教师要根据教学情境、教学目标、学生学习状态和课堂表现等,随时随地地对教学做适当的调整,以促进课程最大效度地被学生理解与掌握。D 项正确。

17.B 【解析】本题考查综合实践活动课程的相关内容。《基础教育课程改革纲要(试行)》提出从小学至高中设置综合实践活动并作为必修课程。B 项表述错误。

A 项:综合实践活动是基于学生的直接经验,密切联系学生自身生活和社会生活,体现对知识的综合运用的课程形态。这是一门以学生的经验与生活为核心的实践性课程。A 项表述正确。

C 项:综合实践活动作为我国新一轮基础教育课程改革的新领域,划分为国家的指定领域和非指定领域。C 项表述正确。

D 项:综合实践活动的内容主要包括:信息技术教育、研究性学习、社区服务与社会实践、劳动与技术教育。这四个领域并非综合实践活动内容的全部,而是国家为了帮助学校更好地落实综合实践活动而特别指定的几个领域。D 项表述正确。

18.D 【解析】本题考查教师的职业心理特征。教学操作能力是指教师在教学中使用策略的水平,其水平高低主要看他们是如何引导学生掌握知识、积极思考、运用多种策略解决问题的。在本题中,邓老师采用“先行组织者”策略进行教学,以提高学生的学习效果,故体现了邓老师的教学操作能力。

A 项:教学监控能力是指教师为了保证教学达到预期的目的而在教学的全过程中,将教学活动本身作为意识对象,不断对其进行积极主动的计划、检查、评价、反馈、控制和调节的能力。与题干不符,排除。

B 项:教学认知能力是指教师对所教学科的定理、法则和概念等的概括化程度,以及对所教学生的心理特点和自己所使用的教学策略的理解程度。与题干不符,排除。

C 项:为干扰项,排除。

19.C 【解析】本题考查教师劳动的特点。教师劳动的创造性主要表现在以下三个方面:(1)因材施教;(2)教学方法上的不断更新;(3)教师需要教育机智。题干中,陈老师面对今年所教班级学生基础知识薄弱的特点,对教学内容进行了针对性的调整,做到了因材施教,反映了教师劳动的创造性。

20.A 【解析】本题考查班级组织的形成。班级组织的形成一般要经历三个阶段:第一个阶段是个人属性之间的矛盾阶段;第二个阶段是团体要求与个人属性之间的矛盾阶段;第三个阶段是团体要求架构内的矛盾阶段。

21.D 【解析】本题考查班级管理的模式。班级民主管理是指班级成员在服从班集体的正确决定和承担责任的前提下参与班级全程管理的一种管理方式。题干中,教育家魏书生提出的“人人有事做,事事有人做”的班级管理理念即让班级中每一个学生都参与到班级的管理中来,体现了班级民主管理模式。D 项正确。

22.B 【解析】本题考查班集体的形成与培养。班集体舆论是班集体生活与成员意愿的反映。正确的班集体舆论是一种巨大的教育力量,对班集体每个成员都有约束、激励的作用,是教育集体成员的重要手段。良好的班风是班集体大多数成员精神状态的共同倾向与表现。题干中学生们在收集、交换玩具盲盒的过程中,形成了互相攀比、排挤同学的不良风气,属于不良的班级舆论和班风,章老师应通过培养正确舆论和良好班风的方法进行集体培养。B 项正确。

23.A 【解析】本题考查班级的相关内容。班级生活作为一种集体生活,有助于学生社会性的发展。作为个体,需要在集体生活中成熟和发展,学习在社会中与人交往,理解、形成、尊重在一定组织中群体生活的规则和社会规范。对于独生子女学生来说,这一价值更为重要。题干中,小美通过担任学习委员的职务,逐渐增强了责任意识,从任性变为懂得体谅父母,这说明小美的社会性得到了发展。A 项正确。

24.D 【解析】本题考查主题班会的类型。从活动类型看,主题班会可以分为体验型、讨论型、表演型、叙事型、综合型。

A 项:体验型班会是在主题班会里面通过对一个主题比较深入的体验,来使学生达到对这个主题的深入理解。题干中的主题班会是通过讲故事进行的,A项不符合题意,排除。

B项:为干扰项,与题干不符,排除。

C项:表演型班会即学生通过扮演某一生活场景的角色来获得关于某一问题的深刻体验,如心理剧和道德情景剧等。与题干不符,排除。

D项:叙事型班会即通过一个事件、故事的讲述来调动大家对这个故事的体验,唤起大家的共鸣。题干中,班主任通过让学生回忆并讲述自出生到现在父母与自己之间的小故事,使学生意识到了父母对自己的爱,激发了学生的感恩之情,这种班会类型属于叙事型班会。D项正确。

25. B 【解析】本题考查班主任的班级管理能力。题干中,王瑞将小猫带到教室,会影响正常的教学秩序,班主任正确的做法是把小猫带离教室,暂时帮王瑞照管小猫,并告诉王瑞同学下次不能将猫带进学校。B项正确。

26. C 【解析】本题考查导入方式。所谓表扬式,就是教师在讲课前,能够及时地抓住当前学生中好的倾向,给予肯定,使学生在听讲之时,处于一种积极的心理状态,并使学生始终具有学习活动的良好心境。如:有的教师在讲课前是这样说的:"今天我一走进教室,就感到同学们学习热情很高,我希望在我讲课的时候这份热情能保持下去。"也有的教师是这样说的:"咱们班同学的作业比以前做得都好,这是大家上课认真学习的结果。"短短的几句表扬,可以调动起学生学习的积极性。所以,王老师引入课程的方式是表扬式,C项正确。

A项,所谓引导式,就是讲课前告诉学生学习这节课的目的、意义以及学习方法、过程,把学生的注意力引导到这节课的学习活动中来。

B项,所谓提示式,就是教师在预备铃打响后就站在讲台前,并告诉学生这节课要学的科目,提示学生做好上课前的准备。

D项,所谓检查式,就是教师在课前检查学生学习用品准备情况,如所用的教科书、笔记本、笔、尺等,与这节课无关的东西是否拿走;也可以让学生互相检查或自己检查准备情况,及时地表扬表现好的个人或小组,目的在于引起学生对这节课学习的重视。

27. C 【解析】本题考查教师的教育机智。首先陈老师上课迟到了,应当勇于承认自己的错误,同时以自己为反面教材教育学生养成守时的习惯,而不是掩饰自己的迟到;其次,全班同学因陈老师进教室时差点摔倒而哄然大笑,许久不能进入课堂学习状态,此时陈老师应当维持课堂纪律,保证课堂教学顺利进行,而不能迁怒学生甚至惩罚学生。C项正确。

28. C 【解析】本题考查桑代克的学习规律。效果律是指刺激和反应之间的联结可因导致满意的结果而加强,也可因导致烦恼的结果而减弱。题干中陈老师给学习成绩不理想的同学预支分数并进行鼓励,增强了学生的学习兴趣,转变了学生的学习态度,这是因满意的结果导致的,故体现了效果律。答案选C项。

A项:认知失调是指当认知不平衡或不协调时,如新出现的事物与自己原有的经验不一致,或者自己的观点与他人的、社会的观点或风气不一致等,这时内心就会有不愉快或紧张的感受,个体就试图通过改变自己的观点或信念,以达到新的平衡。为干扰项,排除。

B项:练习律是指刺激与反应之间的联结会由于重复或练习而加强,不重复或练习,联结的力量就会减弱。与题干不符,排除。

D项:准备律是指联结的加强或削弱取决于学习者的心理准备和心理调节状态。与题干不符,排除。

29. D 【解析】本题考查教案的类别。教案是在课题备课基础上对每节课的教学进行深入细致的准备。它并非上课的绝对蓝本。D项说法错误。教案按篇幅分为详细教案和简要教案。其中,详案篇幅比较大,一个教案常常数千字,教师对教案的每一条目和教学活动过程的每一细节,均进行详细思考、研究设计并编写出计划,对教学活动过程的每一细节的设计和计划,均包括内容、教的活动、学的活动、教具和媒体使用、教与学的统一方式以及时间分配。详案是新教师和年轻教师备课时,以及老教师在进行新课题教学时常常采用的类型。A、B、C三项说法均正确。

30. B 【解析】本题考查布鲁纳关于掌握学科的基本结构的教学原则。布鲁纳提出了四条掌握学科基本结构的教学原则:动机原则、结构原则、程序(序列)原则、强化原则。其中,结构原则是指为了使学习者理解教材的一般结构,教师必须采取最佳的知识结构进行传授。根据题干描述可知,老师强调写作是综合内容,需要多方面知识的积累和练习才会提高。这说明写作能力的培养包含多方面的知识,需要根据最佳的知识结构进行传授,不适合单独讲解写作方法。故B项正确。A项:动机原则强调激发学生学习的内在动力。与题干不符,排除。C项:程序(序列)原则指教学就是引导学习者通过一系列有条不紊的程序,陈述一个问题或者大量知识的结构。与题干不符,排除。D项:为干扰项,排除。故正确答案为B项。

31. B 【解析】本题考查赫尔巴特的教学四阶段论。教学四阶段论即明了、联合(联想)、系统、方法。明了主要是把新教材分解为各个构成部分,并和意识中相关的观念,即已经掌握的知识进行比较;联合(联想),建立新旧观念的联系,使学生在新旧观念的联系中继续深入学习新教材;系统,学生在教师的指导下,在新旧观念联系的基础上进行深入思考,寻求结论和规律;方法,通过实际练习,运用系统的知识,使之变得更熟练、更牢固。题干中王老师在教学时,让学生尝试把所学习的新观念同原有的旧观念结合起来,即建立新旧观念的联系,这种教学属于联想阶段。B项正确。

32. A 【解析】本题考查教学原则。循序渐进原则是指教师要严格按照科学知识的内在逻辑和学生的认知发展规律进行教学,使学生掌握系统的科学文化知识,能力得到充分的发展。"学不躐等"是指学习不能超越次第,体现了循序渐进原则。A项欲速则不达指过于性急图快,反而不能达到目的,也体现了循序渐进原则。A项正确。B项体现的是启发性原则,C项体现的是知行统一原则,D项体现的是直观性原则。

33. B 【解析】本题考查知识直观的形式。在实际的教学过程中,主要有三种直观方式,即实物直观、模像直观和言语直观。其中,模像直观指观察与教材相关的模型与图像(如图片、图表、幻灯片、电影、录像、电视等),形成感知表象。因此,题干中的人体骨骼模型就属于模像直观。A项:言语直观指在生动形象的言语作用下唤起学生头脑中的表象,以提供感性材料的直观方式。与题干不符,排除。C、D两项:均为干扰项,与题干不符,排除。

34. D 【解析】本题考查教学策略的含义。教学策略是为了达成教学目的、完成教学任务,在对教学活动清晰认识的基础上对教学活动进行调节和控制的一系列执行过程。其含义为:

(1)教学策略包括教学活动的元认知过程、教学活动的调控过程和教学方法的执行过程。教学活动的元认知过程是教师对教学过程中的因素、教学进程的反思性认知。教学活动的调控过程是指教师根据教学的进程及其变化而对教学过程的反馈、调节活动。教学方法的执行过程是指教师在教学过程中采取的师生相互作用方式、方法与手段的展开过程。

(2)教学策略不同于教学设计,也不同于教学方法,它是教师在现实的教学过程中对教学活动的整体性把握和推进的措施。

(3)教师在教学策略的制定、选择与运用中要从教学活动的全过程入手和着眼,要兼顾教学目的、任务、内容,学生的状况和现有的教学资源,灵活机动地采取措施,保证教学的有效、有序进行。

(4)教学策略是一系列有计划的动态过程,具有不同的层次和水平。

故正确答案为D项。

35. B 【解析】本题考查教师期望效应的特点。教师期望效应的特点主要有:(1)暗示性;(2)层次性;(3)情感性;(4)激励性。其中,层次性具体表现在以下几个方面:

(1)年龄层次,指对于一个学生群体来说,教师对不同年龄的学生就可能持有不同的期望。

(2)基础层次,指即使在同一年龄层次中的学生,由于学生的性格、能力、行为表现等方面各有差异,教师也会对他们进行分类或分群,这种划分的依据就是基于学生群体的共同基础,如共同的兴趣爱好、知识基础、生活背景、个性特征、行为表现等,教师根据自己的判断,对同一年龄组的学生进行不同的期望,而且在同一期望层次中也存在对于各个不同学生的个性化的期望。这就是说,教师期望与学生已有的发展基础密切相关。

(3)时间层次,指教师不仅对不同年龄组、同一年龄组的学生有着不同的期望层次,即使对同一个学生的不同时期也存在不同的期望。这种期望层次与学生的能力发展的序列密切相关。

故题干所述体现了教师期望效应的层次性特点,答案选B项。

36. C 【解析】本题考查课堂教学的特点。题干中部分教师只关注教学形式,而不注重实际效果,丢弃了教学的根本,这种做法主要忽略了课堂教学的实效性。故答案选C项。

37. A 【解析】本题考查程序教学。斯金纳将操作性条件反射原理应用到教学活动上,提出了程序教学论及其教学模式。斯金纳认为,程序教学可以利用教学机器进行,把每一知识项目编制成知识框面,通过教学机器上的窗口或屏幕呈现给学习者,并能记录学习者的回答的对错,出示下一步该学习哪一框面中的知识项目等信息。程序教学也可以通过编制成书本来进行,每页呈现一项问题,并根据学生的回答指示学生下一步该学习哪一页的知识。故本题最佳答案选A项。

38. C 【解析】本题考查教材结构化策略的相关内容。教材结构化策略是指教师根据学生的知识水平、自己的教学风格和教学环境,分析和组织教材内容,使其在本身的逻辑结构基础上对学生具有潜在意义的策略。教材结构化策略是教师吃透教材的一个方面,是教师教学准备的一个重要环节,有利于学生进行意义学习。库克用实验证明,结构化策略虽然对少数优等生帮助不大,但对多数非优等生训练的收获很大。这提示我们,教师对教材进行加工的方法以及总结出的结构应该用来训练学生。故C项说法不正确,答案选C项。

39. D 【解析】本题考查教师的语言规范。语文老师对于"散文"的表述清晰准确严谨,符合教师语言规范。D项正确。

A 项:政治老师对于"黄金"的表述不够科学严谨,应用"货币"进行讲解。

B 项:生物老师对于"脑袋"的表述不够科学严谨,过于口语化了,应用"大脑"进行讲解。

C 项:地理老师对于"吃饭"的表述不够科学严谨,应用"饮食"进行讲解。

40. B 【解析】本题考查学习风格的分类。邓恩夫妇对学习风格的分类表现为:

分类	表现
环境类要素	(1)对学习环境安静或热闹的偏爱;(2)对光线强弱的偏爱;(3)对温度高低的偏爱;(4)对坐姿正规或随便的偏爱
情绪类要素	(1)成就动机的强弱;(2)学习坚持性的强弱;(3)学习责任感的强弱;(4)对学习内容组织程度的偏爱
社会性要素	(1)喜欢独立学习;(2)喜欢结伴学习;(3)喜欢与成人一起学习;(4)喜欢与各种不同的人一起学习
生理性要素	(1)喜欢听觉刺激;(2)喜欢视觉刺激;(3)喜欢动觉刺激;(4)学习时是否爱吃零食;(5)清晨学习效果最佳;(6)上午学习效果最佳;(7)下午学习效果最佳;(8)晚上学习效果最佳;(9)学习时是否喜欢活动
心理性要素	(1)分析与综合;(2)对大脑左右两半球的偏爱;(3)沉思与冲动;等等

因此,A 项属于社会性要素,B 项属于环境类要素,C 项属于情绪类要素,D 项属于生理性要素。故答案选 B 项。

41. A 【解析】本题考查教学过程的双边性。教学过程是教师的教和学生的学所构成的一种双边活动过程,即教师根据教学目的、任务和学生的身心发展特点,指导学生有目的、有计划地掌握系统的文化科学基础知识和基本技能,同时促进学生身心发展,培养思想品德的过程。现代教学活动是师生的双边活动。在这个活动过程中师生之间相互作用,不断发生碰撞、交流和融合。通过碰撞、交流达到融合后,又出现新的矛盾——新知与旧知、未知与已知的矛盾,产生新的碰撞和交流,呈现出一种波浪式的前进。A 项正确。

42. D 【解析】本题考查复式教学。复式教学是把两个或两个以上不同年级的学生编在一个教室里,由一位教师分别用不同的教材,在一节课里对不同年级的学生进行教学的一种特殊组织形式。它的主要特点是直接教学和学生自学或做作业交替进行。题干中教师的教学组织形式符合复式教学的特点。D 项正确。

A 项,协作教学是由教师、实验教学人员、视听教学人员和图书资料人员组成教学小组,共同研究拟订教学计划,然后分工合作,协力完成教学计划。

B 项,开放教学强调尊重儿童的天性、兴趣和需要,强调儿童的自然发展,不拘传统教学的结构,没有固定教学计划、教材和教室,不同年龄、不同程度的儿童聚集在一起,根据各自的爱好选择各种学习活动。

C 项,个别教学是教师针对不同学生的情况进行个别辅导的教学组织形式。

43. C 【解析】本题考查隐性课程的表现形式。隐性课程的主要表现形式包括:观念性隐性课程、物质性隐性课程、制度性隐性课程、心理性隐性课程。(1)观念性隐性课程包括隐藏于显性课程之中的意识形态,学校的校风、学风,有关领导与教师的教育理念、价值观、知识观、教学风格、教学指导思想等。(2)物质性隐性课程包括学校建筑、教室的设置、校园环境等。(3)制度性隐性课程包括学校管理体制、学校组织机构、班级管理方式、班级运行方式。(4)心理性隐性课程主要包括学校人际关系状况,师生特有的心态、行为方式等。题干中赫尔巴特强调的"管理"即属于制度性隐性课程。

44. B 【解析】本题考查学校突发事件的类型。不同的学者从不同的角度对学校突发事件进行分类。有的学者将学校突发事件分为政治类突发事件、学校管理类突发事件、恶性伤亡事故与学生意外伤害事件、违反《治安管理处罚条例》的治安案件、学生行为触犯刑法的刑事案件、公共卫生类突发事件。其中,公共卫生类突发事件在学校中最常见的是集体食物中毒事件和传染病流行。故本题答案选 B 项。

45. B 【解析】本题考查防暴雨事故的应急处理程序。学校防暴雨事故应急处理程序的要点是:防范事故,确保人员安全,减少财产损失。具体做法有:

(1)暴雨来临时段,学校值班人员和保安人员应当在学校各处巡视,若发现险情,立即向值班主管和单位领导报告,启动应急程序;(2)若房屋内漏雨,应当切断电源,有秩序地转移室内学生以及贵重设备。学校应当关闭所有门窗;(3)积水退尽后,学校应当和防疫部门一起做好消毒和清洁工作;等等。

故 A、C、D 三项均属于防暴雨应急预案中的应对方法;B 项做法有误,故答案选 B 项。

46. D 【解析】本题考查校园内群体性斗殴事件应急处理程序。校园内群体性斗殴事件应急处理程序的要点是:迅速制止斗殴,避免人员伤亡。具体做法包括:

(1)获得斗殴事件信息的任何人员都应当在第一时间,向值班主管和单位领导报告,若事态已经失控或后果严重,应立即打 110 报警。(2)学校领导应迅速集结优势力量(必要时携带防卫器械)赶到现场制止斗殴,并在斗殴现场设置警戒线,防止事态扩大。(3)若斗殴者手中有器械,应首先收缴所有斗殴器械。(4)若有校外人员参与斗殴,应设法不让他们逃离。(5)若有学生受伤,应立即进行救治,或打 120 送医院,并及时与家长联系。(6)分离斗殴双方,由学校领导、班主任等进行询问,了解斗殴原因和过程,并做好笔录。(7)对有恶势力嫌疑的校外人员,应交警方处理。因此,A、B 两项中的做法错误,处理斗殴时不应该让学生参与进来;C 项中的做法可能会使事件发生恶化;D 项属于正确的应对措施。

47. B 【解析】本题考查班杜拉的社会学习理论。替代强化是指观察者因看到榜样的行为被强化而受到强化。题干中,梁老师没有直接批评看课外书的李华,而是通过表扬他身边认真上课的同桌,来消除李华看课外书的行为。这体现了替代强化的作用,故答案选 B 项。

A 项:直接干预是直接采取措施处理学生的问题行为。与题干中的做法不符,排除。

C 项:团体警觉是指在讲演和讨论期间,老师用来鼓励学生保持注意力的提问方法。与题干中的做法不符,排除。

D 项:转换管理是指使整个课堂和全班学生能够顺利地完成过渡、有适当而灵活的进度、能够多样化地变换活动。有效率的教师会避免突然过渡。与题干中的做法不符,排除。

48. B 【解析】本题考查奥苏贝尔的学习动机分类。根据学校情境中的学业成就动机的不同,奥苏贝尔等人把动机分为认知内驱力、自我提高内驱力和附属内驱力三个方面。(1)认知内驱力是指要求了解、理解和掌握知识以及解决问题的需要。故 C 学生属于认知内驱力。(2)自我提高内驱力是指个体因自己的胜任或工作能力而赢得相应地位的需要。故 D 学生属于自我提高内驱力。(3)附属内驱力是指个体为了获得长者们(如家长、教师)的赞许或认可而表现出把工作、学习做好的一种需要。故 B 学生属于附属内驱力。A 学生的动机属于一种外部动机,但不属于附属内驱力,故排除。因此,本题答案选 B 项。

49. A 【解析】本题考查动机冲突的类型。动机冲突可分为以下四类:

(1)双趋冲突,是指从自己同时都很喜爱的两个事物中仅择其一的心理状态。

(2)双避冲突,是指从希望回避的两种事物中必取其一的心理状态。

(3)趋避冲突,是指对同一目的兼具好恶的矛盾心理。

(4)多重趋避冲突,是指对含有吸引与排斥两种力量的多种目标予以选择时所发生的冲突。

题干中强调小美对于加入舞蹈协会的矛盾心理,既想加入但又怕影响学业,故答案选 A 项。

50. C 【解析】本题考查影响学习风格的因素。影响学习风格的因素有:(1)生理因素,包括个体对外界环境生理刺激(如声、光、温度等)、对一天内时间节律及在接受外界信息时对不同感觉通道的偏爱;(2)心理因素,包括认知的、情感的和意动的三个方面;(3)社会性因素,包括独立学习与结伴学习、竞争与合作。其中,生理因素表现在:

(1)生理刺激方面。如声音、光线、温度。

(2)时间节律。每个个体对一天之中学习时间的偏爱是不同的,不同个体在不同时段的心理状态各不相同。

(3)感觉通道。依据识记材料时对某种感觉通道的偏爱而产生最好的效果,可分为视觉型、听觉型与动觉型。视觉型擅长通过自己读或看来学习,这样的学习者对视觉刺激敏感,习惯从视觉接受学习材料。他们喜欢通过自己看书和记笔记来学习,而不适于听取教师的讲授和灌输。听觉型则善于通过听来学习,他们对听觉刺激敏感,对语言、声响、音乐的接受力和理解力强。动觉型则以动手、动口来学习,效果最好,他们喜欢接触、操作物体,对有感觉的认知活动感兴趣,教师用手拍拍他们表示赞赏所产生的效果比口头表扬要好。

(4)大脑的单侧化。这是指左侧或右侧大脑半球何者占优势的问题。

根据题干描述可知,学生小张喜欢通过自己看书和记笔记来学习,学生小李喜欢通过听来学习,这表明小张属于视觉型学习者,小李属于听觉型学习者,故体现了学生的学习风格受感觉通道这个生理因素的影响。

51. A 【解析】本题考查干扰说。前摄抑制是先学习的材料对识记和回忆后学习材料的干扰作用。题干中的赵同学在背诵新古诗词时,她总会将部分旧知识混入其中,这是先学习的材料对后学习材料的干扰作用,故赵同学可能受到了前摄抑制的影响。

B 项:倒摄抑制是后学习的材料对保持和回忆先学习的材料的干扰作用。与题干不符,排除。

C 项:社会刻板印象是指对一群人的特征或动机加以概括,把概括得出的群体的特征归属于团体中的每一个人,认为他们每个人都具有这种特征,而无视团体成员中的个体差异。与题干不符,排除。

D 项:定势(即心向)是指重复先前的操作所引起的一种心理准备状态。与题干不符,排除。

52. C 【解析】本题考查格思里的消除不良习惯的方法。在格思里看来,消除不良习惯的基本原则是:发现引起不良习惯的线索,并接着以同样的线索实施一种与之不同的反应。具体而言,有以下三种主要方法:

(1)阈限法,即极其缓慢地引入条件刺激,使它不至于引起有关的不良反应。例如,一匹马不愿意驮任何东西,可以先在马背上放一条轻羊毛毯,然后放上鞍子,再在鞍子上放些东西,逐渐增加重量,直到最后人骑上去。

(2)疲劳法,即不断重复刺激线索,直到原先的不良习惯完全疲劳为止,然后再呈现那个线索,使它与新反应建立联结。例如，在驯服野马时，人可一直骑在马上，让它发作，直到它放弃挣扎为止。

(3)对抗性条件作用，即让有关的不良习惯同某一相矛盾的良性反应配对。如一条狗习惯于追逐小鸡，那就把一只死鸡绑在狗的脖子上。在这种情况下，狗要摆脱死鸡，就会对附近的小鸡作出强烈的逃避反应。

因此，本题答案选C项。

53. C 【解析】本题考查斯金纳的操作性条件作用论。斯金纳把人和动物的行为分为两类：应答性行为和操作性行为。应答性行为是由特定刺激引起的，是不随意的反射性反应；而操作性行为则不与任何特定刺激相联系，是有机体自发做出的随意反应。在日常生活中，人的大部分行为都是操作性行为。经典性条件反射理论可以解释应答性行为的产生，而操作性条件作用理论可以解释操作性行为的产生。

A、B、D三项是由特定刺激引起的行为，它们可用经典性条件反射理论来解释，故属于应答性行为。C项是先前的行为后果影响随后的行为，可用操作性条件作用理论来解释，故属于操作性行为。因此，答案选C项。

54. D 【解析】本题考查普雷马克原理。普雷马克原理，又称为"祖母法则"，即用高频活动作为低频活动的有效强化物。题干描述符合普雷马克原理的定义。故D项正确。

A项："耶克斯—多德森定律"表明，动机不足或过分强烈都会影响学习效果。第一，动机的最佳水平随着任务性质的不同而不同。在比较容易的任务中，行为效果(工作效率)随着动机的提高而上升；随着任务难度的增加，动机的最佳水平有逐渐下降的趋势。第二，一般来讲，最佳水平为中等强度的动机。第三，动机水平与行为效果呈倒U型曲线。与题干不符，排除。

B项：霍桑效应是指人们意识到自己正在被关注或者观察的时候，就会刻意改变一些行为或者言语表达的效应。与题干不符，排除。

C项：木桶效应是指一只水桶能装多少水，并不取决于最长的那块木板，而是取决于最短的那块木板。也可称为短板效应。与题干不符，排除。

55. B 【解析】本题考查课堂气氛的类型。在通常情况下，课堂气氛可以分成积极的、消极的和对抗的三种类型。积极的课堂气氛是恬静与活跃、热烈与深沉、宽松与严谨的有机统一。消极的课堂气氛通常以紧张拘谨、心不在焉和反应迟钝为基本特征。而对抗的课堂气氛则是失控的气氛，学生过度兴奋、各行其是、随便插嘴、故意捣乱。故B项属于对抗的课堂气氛。(具体内容参见皮连生主编的《学与教的心理学》)

56. D 【解析】本题考查同伴关系的相关知识。一般来说，同伴关系的发展与维持是建立在互惠的基础上的。彼此平等是同伴关系的主要特征。故答案选D项。

57. B 【解析】本题考查交友原则。交友原则包括以下三个方面：(1)善交益友。对自己的思想、工作、学习有帮助的朋友称为益友。益友能使自己获得更大的发展，开拓自己的视野。(2)乐交诤友。能够直言不讳地指出自己的错误、批评自己的朋友是诤友。有些学生认为，那些一味讨好自己，对自己只有赞同没有批评的就是自己的好朋友。然而，真正的朋友虽然不能总是指责，但也不能总做"老好人"，这样的朋友是不真诚的，对自己的发展也是不利的。(3)不交损友。对自己的道德品行产生不良影响的朋友称为损友。学生应该学会分辨损友，远离损友。根据题干中萌萌的表现可知，王老师可从乐交诤友的交友原则方面对萌萌进行引导。

58. B 【解析】本题考查进行知识概括的方法。正例又称肯定例证，指包含着概念或规则的本质特征和内在联系的例证；反例又称否定例证，指不包含或只包含了一小部分概念或规则的主要属性和关键特征的例证。正例的呈现可以防止"欠概括化"现象，反例的呈现可以避免"过度概括化"现象。故题干中刘老师最佳的做法是为学生呈现出反例。

59. A 【解析】本题考查学习迁移的分类。根据迁移的性质和结果，可分为正迁移、负迁移和零迁移。其中，正迁移也叫"助长性迁移"，是指一种学习对另一种学习的促进作用；负迁移也叫"抑制性迁移"，是指一种学习对另一种学习产生阻碍作用。根据选项描述可知，A项体现了学过电子琴后对学习钢琴的促进作用；其他三项均体现了一种活动对另一种活动的阻碍作用，不符合题意，排除。故本题答案选A项。

60. C 【解析】本题考查注意的品质。注意的广度也称注意的范围，是指在同一时间内，人们能够清楚地知觉出的对象的数目。题干中，李峰能关注到整个黑板上的大部分内容，这表明他注意的范围广，即注意的广度这一品质较好，故答案选C项。

A项：注意的分散是指注意离开了当前应当完成的任务而被无关的事物所吸引。与题干不符，排除。

B项：注意的转移是根据新的任务，主动地把注意从一个对象转移到另一个对象或由一种活动转移到另一种活动的现象。与题干不符，排除。

D项：注意的分配是指人在进行两种或多种活动时能把注意指向不同对象的现象。与题干不符，排除。

61. C 【解析】本题考查注意的分类。有意后注意也叫随意后注意，是有预定目的，但不需要意志努力的注意。它是在有意注意的基础上，经过学习、训练或培养个人对事物的直接兴趣达到的。在有意注意阶段，主体从事一项活动需要意志努力，但随着活动的深入，个体由于兴趣的提高或操作的熟练，不用意志努力就能够在这项活动上保持注意。根据题干描述可知，小陈刚开始学习物理时，只是出于完成学习任务的目的，后来他对物理产生了兴趣，可以自然而然的将注意力集中在物理学习上，这种注意属于有意后注意。故C项正确。

A项：有意注意也称随意注意，是有预先目的、必要时需要意志努力、主动地对一定事物所发生的注意。与题干不符，排除。

B项：无意注意也称不随意注意，是没有预定目的、无需意志努力、不由自主地对一定事物所发生的注意。与题干不符，排除。

D项：为干扰项，没有这种注意分类，排除。

62. C 【解析】本题考查记忆的类型。根据记忆的内容和经验的对象，可将记忆分为形象记忆、情景记忆、语义记忆、情绪记忆和动作记忆。其中，语义记忆又称语词逻辑记忆，是指人们对各种有组织的知识的记忆。它是以语词所概括的逻辑思维结果为内容的记忆，如字词、符号、概念、公式、规则、思想观点等。如对哥伦布发现美洲这个事实的记忆就是语义记忆。

A项：形象记忆是以我们感知过的事物形象为内容的记忆。与题干不符，排除。

B项：情景记忆是以亲身经历的、发生在一定时间和地点的事件(情景)为内容的记忆。与题干不符，排除。

D项：运动记忆是以做过的运动或动作为内容的记忆。与题干不符，排除。

63. A 【解析】本题考查奥苏贝尔的知识学习分类。奥苏贝尔根据新知识与原有认知结构的关系，将知识学习分为下位学习、上位学习和并列结合学习。

A项：上位学习又称总括学习，是在学生掌握一个比认知结构中原有概念的概括和包容程度更高的概念或命题时产生的。根据题干描述可知，学生小黄在学习了"蝴蝶""蜜蜂""蜻蜓"等词后，再学习"昆虫"一词，而"昆虫"的概念层级高于"蝴蝶""蜜蜂""蜻蜓"，故属于上位学习。

B、C、D三项：下位学习又称类属学习，是一种把新的观念归属于认知结构中原有观念的某一部分，并使之相互联系的过程。原有观念在包容和概括水平上高于新学习的知识。下位学习包括派生类属学习和相关类属学习。不符合题意，排除。

64. C 【解析】本题考查智慧技能的分类。智慧技能是指运用符号所代表的知识办事的能力。加涅把智慧技能分为四种类型，它们由低级到高级依次是：(1)辨别能力，察觉事物之间的不同特征的能力，如辨别己、已和巳这三个汉字的不同点；(2)获得与应用概念的能力，认识一类事物的共同本质特征并利用本质特征进行判断的能力，如形成数概念并应用数概念计数；(3)习得与应用规则(原理、公式、定理等)的能力，如应用公式$S=\pi r^2$，求半径为某一长度的圆面积；(4)习得与应用高级规则的能力(问题解决学习)。根据题干中小吴对不同形近字的辨别可知，C项符合题意。

65. C 【解析】本题考查学生常见的心理问题。焦虑症是以与客观威胁不相适应的焦虑反应为特征的神经症。学生中常见的焦虑反应是考试焦虑。其表现是：随着考试临近，心情极度紧张；考试时注意力不集中，知觉范围变窄，思维刻板，表现慌乱，无法发挥正常水平。根据题干描述可知，小李的表现属于焦虑症。

强迫症主要表现为强迫观念和强迫行为；抑郁症强调持久的心境低落；恐怖症强调对事物非理性的惧怕。均不符合题意，排除。

66. D 【解析】本题考查知识的表征。图式是一种有组织的知识结构，它涉及人对同一类事物中各成员的一些典型特征及其关系的认识。题干中强调儿童通过父母对猫的解释，形成对猫的基本理解，包括猫的外形特征、生活习性、脾气秉性等。这是用图式进行表征的过程，故答案选D项。

67. B 【解析】本题考查教师的态度对学生人格的影响。教师的态度对学生人格的影响表现在：

教师的态度	学生的人格特点
专制的	情绪紧张，冷淡，攻击性强，自制力弱
放任的	无组织纪律性，无团体目标
民主的	情绪稳定，态度积极友好，有领导能力

题干中的张老师对学生实行"放养"式管理，这种放任的态度会使学生形成无组织纪律性，无团体目标的人格特点。故本题答案选B项。

68. D 【解析】本题考查加涅的信息加工学习理论。加涅提出学习过程可分为以下八个阶段：动机、领会、获得、保持、回忆、概括、操作、反馈。其中，领会阶段的主要心理过程是注意和选择性知觉。根据题干中的关键词"选择性知觉”可知,本题答案选 D 项。

69. D 【解析】本题考查认知风格的类型。场依存型的学生对客观事物的判断常以外部线索为依据;场独立型的学生对客观事物的判断常以自己的内部线索(经验、价值观)为依据。故 D 项说法不正确,答案选 D 项。

场独立型的学生一般偏爱自然科学;场依存型的学生一般较偏爱社会科学。故 A 项说法正确。

场依存型的学生喜欢有严密结构的教学;场独立型的学生喜欢结构不严密的教学。故 B 项说法正确。

场独立型的学生善于运用分析的知觉方式;场依存型的学生则偏爱非分析的、笼统的或整体的知觉方式。故 C 项说法正确。

70. D 【解析】本题考查加涅的学习结果分类。按学习结果,心理学家加涅将学习分为五种类型:智慧技能、认知策略、言语信息、动作技能、态度。态度指影响个人对人、事、物采取行动的内部状态。D 项强调选择阅读小说作为课余消遣活动,这是个体对某件事采取行动的内部状态,故本题选 D 项。

而 A 项属于言语信息,B 项属于智慧技能,C 项属于动作技能。均不符合题意,排除。

71. A 【解析】本题考查动作技能的形成阶段。形成动作技能的过程可分为以下四个阶段:泛化阶段、分化阶段、巩固阶段和自动化阶段。其中,在泛化阶段,教师应根据来自学生的学习反馈信息,及时抓住动作的主要环节和主要问题进行指导,以形象、正确的讲解与示范帮助学生掌握动作,不要在细节上花费过多的精力,以取得重点突破的效果。在本题中,胡老师通过精练的讲解和准确的示范使学生形成正确的广播体操动作概念,并抓住动作的主要环节进行教学,但没有过多强调动作的细节,这属于泛化阶段。故本题答案选 A 项。

72. D 【解析】本题考查学习策略的应用。“心不及墨”是指大脑容易忘记,不如用笔记下可靠。俗语说:好记性不如烂笔头,心不及墨。这都强调了记笔记的重要性,故答案选 D 项。

73. C 【解析】本题考查学习策略的应用。从属联想记忆法是指根据地理事物之间因果、从属、并列等关系增强知识凝聚的联想记忆方法。张老师让同学们根据星系之间的从属关系进行记忆,正是运用了从属联想记忆法。故答案选 C 项。

74. B 【解析】本题考查气质的类型。气质类型主要分为以下四种:胆汁质、多血质、黏液质和抑郁质。其中,黏液质的特征主要表现在:稳重,但灵活性不足;踏实,但有些死板;沉着冷静,但缺乏生气。根据题干中对王岩“冷静沉着”“有耐久力”的描述可知,王岩的气质类型属于黏液质。

75. B 【解析】本题考查艾利斯的 ABC 理论。艾利斯认为,人们持有的不合理信念总结起来有三个特征:绝对化要求、过分概括化和糟糕至极。(1)绝对化要求,是指个体以自己的意愿为出发点,以极端的要求衡量一切事物。例如,学生要求“我必须每次都考第一名”“他们都应该对我好”等。(2)概括化要求,这是一种以偏概全的不合理的思维方式,它包括对自己和对他人的不合理评价。例如:一次考试成绩不理想便认为自己不行,从而导致自卑、指责、情绪消沉;别人一次约会迟到,就认为这人不守时,不值得信任,导致责备他人甚至愤怒等情绪。(3)糟糕至极,表现为一旦遇到什么挫折,就产生一种非常糟糕、甚至是灾难性的预期的非理性信念,从而陷入悲观、抑郁的情绪中而不能自拔。故 B 项属于“绝对化要求”,答案选 B 项。

76. C 【解析】本题考查自我意识的成分。一般认为,自我意识包括三种成分:(1)自我认识(认识成分),即个体对自己的心理特点、人格特征、能力及自身社会价值的自我了解与自我评价。(2)自我体验(情感成分),如自尊、自爱、自豪、自卑及自暴自弃等。(3)自我监控(意志成分),即对自己的意志控制,如自我检查、自我监督、自我调节、自我追求等。题干中强调花花很好地控制住了自己的情绪,故体现了自我意识中的自我调节。

77. A 【解析】本题考查学校心理健康教育。根据图片分析可知,图中某学校重视知识教育,忽视心理健康教育,故 A 项说法正确。

78—84. 缺。

85. A 【解析】本题考查风险管理的类型。回避风险包括主动预防风险和完全放弃两种。主动预防风险是指从风险源入手,将风险的来源彻底消除。例如,在修建公路时,在一些交通拥挤或事故易发地段,为了彻底消除交通事故风险,可采取扩建路面、改建人行天桥或禁止行人通行等措施。回避风险的另一种策略是完全放弃。根据题干描述可知,学校为了避免发生交通事故就禁止组织活动,这是回避风险的做法,故本题答案选 A 项。

86. B 【解析】本题考查小学生常见的心理挫折。对于小学生来说,主要的挫折有成就挫折、人际关系挫折和情感挫折。其中,当学生人际交往的目标未能得到实现时,对良好人际关系的需要就不能获得满足,从而造成了人际挫折。例如,经常被老师批评或忽视、受到同学的排斥与讽刺、与父母关系紧张等。根据题干描述可知,本题答案选 B 项。

A 项:当预期的成就目标没有达到并引发负性情绪时,就带来了成就挫折。其中,来自于学业成就的挫折最为普遍,如课业负担和考试成绩不理想。其次是其他方面的成就挫折,如体育比赛的失败等。

C 项:当情感或情绪上的目标未能达成或需要不能被满足,就会产生情感挫折。例如,文学作品中常常表达的“爱不能爱”或“恨不能恨”的冲突状态,就是一种情感挫折。

D 项:为干扰项,可排除。

87. C 【解析】本题考查图式的分类。现代认知心理学区分了两类图式,一类是关于客体的图式,如房子、动物、古玩等的图式;一类是关于事件的图式,如人们进餐馆、去医院就诊、上电影院看电影,如果这样的事件反复出现,人们就会形成关于多次出现的、有时间顺序的事件的图式表征,又称脚本。题干中老师说上一句,学生可以知道下一句,这是由于学生大脑中存储了相关脚本,故本题答案选 C 项。

88. D 【解析】本题考查奥苏贝尔的学习分类。奥苏贝尔从两个维度对学习做了区分:从学生学习的方式上,将学习分为接受学习与发现学习;从学习内容与学习者认知结构的关系上,又将学习分为有意义学习和机械学习。其中,有意义学习的本质就是以符号为代表的新观念与学习者认知结构中原有的适当观念建立起非人为的和实质性的联系的过程,是原有观念对新观念加以同化的过程。

D 项“学生李娟聚精会神地听教育专家的讲座”是接受学习,且学生是聚精会神地听,必然会深入理解所学知识,因此属于有意义的接受学习。故 D 项符合题意。

A、B 两项属于发现学习;C 项属于人为的增加联系,因此不属于有意义学习。这三项与题干不符,排除。

89. D 【解析】本题考查攻击行为。攻击行为,是一种有意伤害他人,引起他人生理上或心理上的痛苦的行为。题干中的学生经常欺负他人、伤害他人,故属于攻击行为,本题答案选 D 项。

90. C 【解析】本题考查激发学生学习动机的措施。根据题干描述可知,本题解题的关键句为“班主任利用游戏与学习的关系,希望把小刚的注意力从游戏引到学习上”。因此,激发小刚学习动机的最佳做法是促进学生动机的迁移,故答案选 C 项。

91. C 【解析】本题考查埃里克森的人格发展阶段理论。美国精神分析学家埃里克森认为,人格发展是一个逐渐形成的过程,必须经历八个顺序不变的阶段。其中,小学阶段(6 ~ 11 岁)的发展危机是勤奋感对自卑感。如果儿童由于学习不当或努力不够而多次遭受挫折,或其成就受到漠视,就容易形成自卑感。题干中的东东数学成绩不好,因而很不自信,老师对其进行个别辅导是在帮助东东建立勤奋感,克服自卑感。故本题答案选 C 项。

92. B 【解析】本题考查教师的素养。题干中,习总书记的话强调教师不能学识浅薄,这反过来强调了教师具备渊博知识的重要性。B 项符合题意。

93. D 【解析】本题考查“家校共育”的相关内容。教师要积极与家长沟通,了解家长的需求,对于家长所关注的问题,老师要及时给予解释及相应的关注,但不是要求教师马上回复和解释家长提出的任何问题。D 项表述错误。

94. D 【解析】本题考查《中小学教师职业道德规范》(2008 年修订)。2008 年修订的《中小学教师职业道德规范》中的教书育人要求教师要遵循教育规律,实施素质教育;循循善诱,诲人不倦,因材施教;培养学生良好品行,激发学生创新精神,促进学生全面发展;不以分数作为评价学生的唯一标准。题干中,该老师唯分数论的主张是错误的,违背了“不以分数作为评价学生的唯一标准”的要求。所以小王的说法是正确的。

95. A 【解析】本题考查《中小学教育惩戒规则(试行)》。《中小学教育惩戒规则(试行)》第十二条规定,教师在教育教学管理、实施教育惩戒过程中,不得有下列行为:(1)以击打、刺扎等方式直接造成身体痛苦的体罚;(2)超过正常限度的罚站、反复抄写,强制做不适的动作或者姿势,以及刻意孤立等间接伤害身体、心理的变相体罚;(3)辱骂或者以歧视性、侮辱性的言行侵犯学生人格尊严;(4)因个人或者少数人违规违纪行为而惩罚全体学生;(5)因学业成绩而教育惩戒学生;(6)因个人情绪、好恶实施或者选择性实施教育惩戒;(7)指派学生对其他学生实施教育惩戒;(8)其他侵害学生权利的。因此,①和②中的做法不符合要求,当选。

《中小学教育惩戒规则(试行)》第八条规定,教师在课堂教学、日常管理中,对违规违纪情节较为轻微的学生,可以当场实施以下教育惩戒:(1)点名批评;(2)责令赔礼道歉、做口头或者书面检讨;(3)适当增加额外的教学或者班级公益服务任务;(4)一节课堂教学时间内的教室内站立;(5)课后教导;(6)学校校规校纪或者班规、班级公约规定的其他适当措施。因此,题干中张老师对扰乱课堂秩序的小刘进行劝说并要求其写书面检讨的做法是合理的,故③不选。

因此,本题答案选 A 项。

96. A 【解析】本题考查《中华人民共和国义务教育法》。根据《中华人民共和国义务教育法》第十二条规定,适龄儿童、少年免试入学。地方各级人民政府应当保障适龄儿童、少年在户籍所在地学校就近入学。故正确答案为 A 项。

97. C 【解析】本题考查《中华人民共和国教师法》。根据《中华人民共和国教师法》第七条规定可知,教师享有“进行教育教学活动,开展教育教学改革和实验”的权利。题干中的校长打断教师正常的上课进程,让老师去迎接临时到访的上级领导,此行为影响了教育教学活动,故本题答案选 C 项。

98. D 【解析】本题考查《中华人民共和国未成年人保护法》(2020 年修订)。根据《中华人民共和国未成年人保护法》(2020 年修订)第六十三条规定,除下列情形外,任何组织或者个人不得开拆、查阅未成年人的信件、日记、电子邮件或者其他网络通讯内容:(1)无民事行为能力未成年人的父母或者其他监护人代未成年人开拆、查阅;(2)因国家安全或者追查刑事犯罪依法进行检查;(3)紧急情况下为了保护未成年人本人的人身安全。故 D 项违反了《中华人民共和国未成年人保护法》的规定。

99. C 【解析】本题考查《中华人民共和国预防未成年人犯罪法》(2020 年修订)。根据《中华人民共和国预防未成年人犯罪法》(2020 年修订)第三十九条规定,未成年人的父母或者其他监护人、学校、居民委员会、村民委员会发现有人教唆、胁迫、引诱未成年人实施严重不良行为的,应当立即向公安机关报告。根据第三十八条规定可知,"吸食、注射毒品,或者向他人提供毒品"属于严重不良行为。根据题干中的描述可知不良青年正在蛊惑小君吸食毒品,因此其父母发现这一行为后应当立即向公安机关报告。

100. B 【解析】本题考查《中华人民共和国教育法》(2021 年修正)。根据《中华人民共和国教育法》(2021 年修正)第七十七条规定,盗用、冒用他人身份,顶替他人取得的入学资格的,由教育行政部门或者其他有关行政部门责令撤销入学资格,并责令停止参加相关国家教育考试二年以上五年以下。故答案选 B 项。

二、多项选择题

101. ABC 【解析】本题考查德育内容。文明礼貌、遵守纪律的教育要求教育学生关心、爱护、尊重他人,对人热情有礼貌,说话文明,会用礼貌用语,不打架,不骂人;初步掌握在家庭、学校、社会上待人接物的日常生活礼节;遵守学校纪律和公共秩序;讲究个人卫生,保持环境整洁;爱护公用设施、文物古迹,爱护花草、树木,保护有益的动物。A、B、C 三项都属于文明礼貌、遵守纪律教育的要点,D 项属于集体主义教育的要点。

102. ABC 【解析】本题考查教育的社会制约性。教育受到经济、政治经济制度、文化、人口、科技等方面的影响。当代中国教育最严重的两个弊端是应试教育和教育不公。这首先跟我国自古以来的应试教育文化传统有关,也与我国的教育制度、政策偏向和地区发展不均衡有关。

103. CD 【解析】本题考查劳动技术教育。劳动技术教育既是全面发展教育中不可缺少的重要组成部分,又是促进学生全面发展的重要手段,并为学生将来就业准备了一定的条件。劳动技术教育的基本任务之一是使学生初步掌握现代生产技术的基础知识和基本技能,学会使用一般的生产工具。C、D 两项正确。德育在全面发展教育中起着灵魂、核心、统帅作用。美育和劳动技术教育是德育、智育、体育的具体运用和实施。A、B 项错误。

104. ABC 【解析】本题考查《学记》中的教育思想。题干引文的意思是:要引导学生而不要牵着学生走,要鼓励学生而不要压抑他们,要指导学生学习门径,而不是代替学生作出结论。所以,A、B、C 三项符合题意。学生在教学中处于主体地位,要尊重学生的主体地位,D 项表述错误。

105. ABCD 【解析】本题考查教师职业倦怠的表现。教师职业倦怠主要表现在以下几个方面:(1)身体耗竭;(2)心智枯竭;(3)情感衰竭;(4)同事关系紧张,人际关系恶化;(5)消极怠工,责任感丧失。故本题答案全选。

106. AB 【解析】本题考查班级文化的类型。班级物质文化主要表现为班级的物质环境,即教室的布置等,如张贴名人名言、悬挂国旗和班训、出黑板报等。班级制度文化主要是班级的规章制度,如班级一日常规、班级公约、奖惩制度等。班级精神文化主要是精神层面的,如班级人际关系、班级舆论和班风、班旗、班歌、班徽等。所以,A、B 项属于班级精神文化层面,C、D 项属于班级制度文化层面。

107. ABCD 【解析】本题考查新课程倡导的学习方式。新课程提倡自主、探究、合作的学习方式。其中,自主学习关注学习者的主体性和能动性,是学生自主而不受他人支配的学习方式;探究学习是一种以问题为依托的学习,是学生通过主动探究解决问题的过程;合作学习是指学生以小组为单位进行学习的方式。A 项关注的是学生的情绪和情感体验(激发学习兴趣,主动探究),体现了自主、探究式学习;B、D 项均提倡合作学习;C 项体现的是探究式学习。所以,选项均体现了新课程倡导的学习方式。

108. ABC 【解析】本题考查备课的内容。教师备课要做好三方面的工作:钻研教材、了解学生、设计教法。D 项不属于备课工作的内容。

109. AD 【解析】本题考查影响学习迁移的因素。根据题干描述可知,学习材料的相似性和情境作用属于影响学习迁移的客观因素,经验的概括程度和学习者的原有认知结构属于影响学习迁移的主观因素。故答案选 A、D 两项。

110. BCD 【解析】本题考查影响态度与品德形成的条件。研究表明,学生的态度和品德特征与家庭的教养方式有密切关系。民主、信任、宽容的家庭教养方式有助于儿童优良态度和品德的形成与发展。家长对待子女过分严格或放任,则孩子更容易产生不良的、敌对的行为。因此,答案选 B、C、D 三项。

111. CD 【解析】本题考查操作性条件作用的基本规律。

A 项:正惩罚是指呈现厌恶刺激,降低反应频率;负惩罚是指取消愉快刺激,降低反应频率。题干中强调老师惩罚小斌不让他参加课后学校举行的游园会活动,游园会活动对于小斌来说属于愉快刺激,故老师使用了负惩罚的手段。A 项说法错误,排除。

B 项:强化与惩罚不能混为一谈,二者是不同的。根据题干描述可知,老师使用了惩罚的方式教育小斌,这与外部强化方式是不同的。故 B 项说法错误,排除。

C 项:惩罚并不能使行为发生永久性的改变,它只能暂时抑制行为,而不能根除行为。因此,老师对小斌进行惩罚的手段,并不能保证今后小斌在课堂上不再出现吵闹行为。故 C 项说法正确,当选。

D 项:根据操作性条件作用理论,在教育过程中,教师应多用正强化的手段来塑造学生的良性行为,用不予强化的方法来消除消极行为,同时应慎重地对待惩罚。故 D 项说法正确,当选。

112. ABCD 【解析】本题考查交往的技巧。同伴交往的具体技巧有:(1)不以自我为中心;(2)学会倾听和分享;(3)多参加集体活动,主动与同伴交往;(4)理智把握交往的度;(5)学会拒绝,大胆说"不"。

113. ABCD 【解析】本题考查良好纪律的形成与培养。在纪律教育中运用情境要注意以下几点:(1)突出形象,寓理其中。(2)将情感活动与认知活动结合起来,按照情感本身发展的历程安排情境教育的步骤。(3)所营造的情境要和学生现有的经验、知识、情感及思维能力相衔接。(4)采用多种表现形式,加强情境的吸引力、感染力和说服力。

114. BCD 【解析】本题考查观察的品质。观察是一种有目的、有计划、主动的知觉过程。通过观察可以使学生获得大量的感性知识。认真观察,还有助于提高学生的学习兴趣,激发学生的求知欲,调动学习的积极性。所以观察在学生的学习和今后的成就中有十分重要的作用。因此需要重视培养学生的观察力。培养学生的观察力,首先要明确观察力有哪些品质。观察力的品质主要有:目的性、条理性、敏锐性、精确性、细微性。故本题答案选 B、C、D 三项。

115. ABC 【解析】本题考查学校心理健康教育的途径。在学校开展心理健康教育有以下途径:(1)开设心理健康教育的有关课程和心理辅导的活动课。(2)在学科教学中渗透心理健康教育的内容。(3) 结合班级、团队活动开展心理健康教育。(4)个别心理辅导或咨询。(5)小组辅导。故答案选 A、B、C 三项。D 项开展活动的主体不是学校,故排除。

116. CD 【解析】本题考查操作性条件作用的基本规律。强化有正强化和负强化之分。正强化也称积极强化,是通过呈现想要的愉快刺激来增强反应频率;负强化也称消极强化,是通过消除或中止厌恶、不愉快刺激来增强反应频率。C、D 两项中都是给予愉快刺激,以增强反应频率,故属于正强化。答案选 C、D 两项。

A 项中给予学生警告处分属于呈现厌恶刺激,降低了反应发生频率,是正惩罚,可排除。B 项中妈妈撤销了小明看电视的愉快刺激,降低了反应发生频率,是负惩罚,可排除。

117. ACD 【解析】本题考查教师职业信念。教师职业道德信念主要表现为:(1)教师要提高自己的职业认识,增强对从事的教育工作伟大意义特别是其崇高的伦理精神的理解;(2)教师要树立崇高的职业理想,把从事教育事业、促进他人的全面发展、为社会培养更多的人才作为人生的奋斗目标,进而形成从事教育这一行业应有的志向和抱负;(3)教师要确立正确的自我价值实现尺度;(4)教师要培养自己对教育工作的深厚感情;(5)教师要锤炼自己的意志品质。A、C、D 项正确。

118. ABCD 【解析】本题考查教师劳动工具的特殊性。教师劳动工具的特殊性是指教师所使用的劳动工具除了教材、教学设备等辅助性工具外,主要是教师的个性,它既包括教师个人的思想、品德、情感、意志、信念、世界观、人生观、价值观,也包括教师个体的知识和才能以及传授知识的技巧和本领。

119. ABCD 【解析】本题考查师德情感的内容。教师的职业道德情感(师德情感)主要包括正义感、自豪感、荣誉感和幸福感等。教师的正义感要求教师以公正不倚的态度来对待学生和处理好各种人际关系。自豪感是教师因本职工作的伟大而感到光荣的一种道德情感。荣誉感是教师为社会作出贡献而受到社会肯定和鼓励,从而意识到自己的社会价值并感到由衷喜悦和自我安慰。幸福感是教师在教育实践活动中,由于感受和理解到目标和理想的实现而得到精神上的愉快和满足。

120. ABD 【解析】本题考查《学生伤害事故处理办法》。根据《学生伤害事故处理办法》第六条规定,学生应当遵守学校的规章制度和纪律;在不同的受教育阶段,应当根据自身的年龄、认知能力和法律行为能力,避免和消除相应的危险。故答案选 A、B、D 三项。

三、判断题

121. × 【解析】本题考查教育的个体发展功能。在马克思看来,社会性是人的本质所在。人的发展首先是社会性的发展,因此教育的个体发展功能首先表现为促进个体社会化的功能。

122. × 【解析】本题考查传统学校教育与网络教育的区别。传统学校教育和网络教育的区别有:(1)传统的学校教育是"金字塔形"的等级制教育,网络教育却是"平等的"开放式教育;(2)传统学校教育的优劣标准所依据的是掌握在他人手中的"筛选制度",而网络教育所依据的是掌握在自己手中的"兴趣选择";(3)传统学校教育是较严格意义上的"年龄段教育",而网络教育是"跨年龄段教育",或者是"无年龄段教育";(4)传统学校教育存在着时空限制,而网络教育是跨时空的教育。所以题干表述错误。

123.√ 【解析】本题考查心理发展的动力。(1)心理发展的动力是已有的心理状态与外界环境和教育之间的矛盾,这个矛盾的不断产生和解决推动了个体的心理发展;(2)在这一矛盾中,环境和教育起着决定性的作用;(3)外因通过内因起作用,环境和教育的影响必须成为个体自身发展的需要时才能促进个体心理的发展;(4)这个矛盾在个体生存的整个时期内是一直存在的,特别是在儿童时期更为活跃,成年以后,由于心理发展已趋于成熟,其作用虽然存在,但已相对减弱。

124.√ 【解析】本题考查杜威的教育无目的论。杜威提倡教育无目的论。在教育目的上,杜威指出,教育过程之外无目的,教育目的在教育过程之中,儿童的生长即教育的目的。

125.× 【解析】本题考查教学原则。直观性原则是指在教学活动中,教师应尽量利用学生的多种感官和已有的经验,通过各种形式的感知,使学生获得生动的表象,从而比较全面、深刻地掌握知识。题干中,夸美纽斯的话强调要利用学生的多种感官来进行学习,体现了直观性教学原则。

126.√ 【解析】本题考查校风建设。校风建设实际上就是校园精神的塑造,校风作为构成教育环境的独特的因素,体现着一个学校的精神风貌。在校风体现形式上,校风主要表现在校训、校歌、校徽和校旗上。

127.√ 【解析】本题考查课堂教学的基本环节。课堂教学活动总是按照一定的步骤和环节逐步推进的。我国学者依据国内外的众多研究和主张,将上课的环节分为启动、导入、展开、调整和结束五个组成部分。

128.√ 【解析】本题考查校园环境建设。校园环境包括操场绿化、标语、景点、塑像、长廊、教室等。学生大多数时间生活在学校里,校园环境对学生的成长有着潜移默化的影响。可以说,和谐美好的校园环境是一种无声的浸入学生心灵的美育。我们应当深刻认识校园环境对学生的影响、熏陶,建设、美化校园环境,充分发挥其潜在的美育功能。

129.× 【解析】本题考查教学过程的阶段。教学过程大致分为以下五个阶段:(1)激发学习动机;(2)领会知识(感知教材和理解教材);(3)巩固知识;(4)运用知识;(5)检查知识。在教育开始阶段应该激发学生的学习动机,提高学生学习的积极性,使学生积极主动地接受教育。

130.√ 【解析】本题考查常用的教学方法。以直观感知为主的教学方法具有形象性、具体性、直接性和真实性的特点,主要有演示法和参观法两种。

131.√ 【解析】本题考查教学过程的间接性规律。教学中学生以学习间接经验为主,并且是间接地去体验。以间接经验为主组织学生进行学习,首先,在学习内容上,学习的内容是经过系统选择、精心加工、简化和典型化的人类文明经验的精华。其次,在认识方式上同样表现出间接性。学生主要是通过"读书""接受"现成的知识,然后再去"应用"和"证明"。这是学校教育为学生精心设计的一条认识世界的捷径。

132.√ 【解析】本题考查加强教师队伍建设的相关内容。教育部等六部门印发了《关于加强新时代高校教师队伍建设改革的指导意见》。该《意见》要求落实师德师风第一标准。加强教师队伍建设首先就要强化教师思想政治素质和师德素养,引导教师自觉贯彻落实新时代党的教育方针,增强自身责任感和使命感。

133.× 【解析】本题考查"四有"好老师的标准。"四有"好老师是指有理想信念、有道德情操、有扎实学识、有仁爱之心的老师。

134.× 【解析】本题考查对教育名言的理解。题干引文出自孔子,意思是:自我品行端正了,即使不发布命令,老百姓也会去实行;若自身品行不端正,即使发布命令,老百姓也不会服从。从教师的角度即强调以身作则的重要性,并不包含教师对学生下命令一定要正确的意思。

135.√ 【解析】本题考查习近平总书记的教育理念。习近平总书记在学校思想政治理论课教师座谈会上强调,"青少年阶段是人生的'拔节孕穗期',最需要精心引导和栽培"。在这一阶段,需要教师给予更多的尊重、理解和关爱,用宽容之情与仁爱之心为学生点亮理想的灯,照亮前行的路。

136.√ 【解析】本题考查《中华人民共和国义务教育法》。根据《中华人民共和国义务教育法》第四条规定,凡具有中华人民共和国国籍的适龄儿童、少年,不分性别、民族、种族、家庭财产状况、宗教信仰等,依法享有平等接受义务教育的权利,并履行接受义务教育的义务。故题干说法正确。

137.× 【解析】本题考查《中华人民共和国教师法》。根据《中华人民共和国教师法》第五条规定,国务院教育行政部门主管全国的教师工作。国务院有关部门在各自职权范围内负责有关的教师工作。学校和其他教育机构根据国家规定,自主进行教师管理工作。故题干表述有误。

138.√ 【解析】本题考查《中华人民共和国未成年人保护法》(2012 年修正)。根据《中华人民共和国未成年人保护法》(2012 年修正)第十六条规定,父母因外出务工或者其他原因不能履行对未成年人监护职责的,应当委托有监护能力的其他成年人代为监护。故题干表述正确。

139.× 【解析】本题考查《中华人民共和国预防未成年人犯罪法》(2012 年修正)。根据《中华人民共和国预防未成年人犯罪法》(2012 年修正)第三十四条规定,本法所称"严重不良行为",是指下列严重危害社会,尚不够刑事处罚的违法行为:(1)纠集他人结伙滋事,扰乱治安;(2)携带管制刀具,屡教不改;(3)多次拦截殴打他人或者强行索要他人财物;(4)传播淫秽的读物或者音像制品等;(5)进行淫乱或者色情、卖淫活动;(6)多次偷窃;(7)参与赌博,屡教不改;(8)吸食、注射毒品;(9)其他严重危害社会的行为。故题干表述有误。

140.× 【解析】本题考查《中华人民共和国教育法》。根据《中华人民共和国教育法》第五十条规定,学校、教师可以对学生家长提供家庭教育指导。题干中强调的是"必须"而不是"可以",故题干说法有误。

2021 年山西省大同市平城区教师招聘考试真题试卷(三十一)

一、单项选择题

1.A 【解析】本题考查孔子的教育思想。孔子是我国春秋末期的思想家和教育家,儒家学派的创始人。他把"有教无类"作为办学方针。"有教无类"的意思是:不分贵贱贫富和种族,人人都可以入学受教育。故本题选 A 项。

2.B 【解析】本题考查私学的历史地位。春秋战国时期,官学衰微,私学兴起,教育的对象由贵族扩大到平民,促成了百家争鸣的社会盛况。私学的发展是我国教育史、文化史上的一个重要里程碑。故本题选 B 项。

3.C 【解析】本题考查现代教育的特点。现代教育的基础性有两个方面的含义:一是指教育发展是社会发展的基础,二是指教育是个人发展的基础。在我国早些年提出的"百年大计,教育为本"和 2007 年党的十七大报告中提出的"教育是民族振兴的基石,教育公平是社会公平的重要基础"等表述,强调的即是教育在社会发展中的基础性作用。故本题选 C 项。

4.D 【解析】本题考查思维的种类。根据思维的指向性,可分为聚合思维和发散思维。其中,发散思维,也叫求异思维、分散思维、辐射思维,是指人们解决问题时,思路朝着各种可能的方向扩散,从而求得多种答案。因此,题干所述符合发散思维的内涵。

5.C 【解析】本题考查现代教育与传统教育的根本区别。重视创新能力的培养是现代教育与传统教育的根本区别之所在。故本题选 C 项。

6.B 【解析】本题考查卢梭的教育思想。卢梭是坚定的"性善论"者,他认为教育的任务应该使儿童"归于自然"。卢梭于 1762 年出版了他的教育小说《爱弥儿》,系统阐述了他的自然主义教育思想,强调教育活动必须注重感性、直观,必须遵循儿童的自然本性。故本题选 B 项。

7.D 【解析】本题考查教学监控能力的内涵。教学监控能力是指教师在教学过程中,对正在进行的教学活动进行不断的自我认识和反思,而不是机械地推进教学计划和步骤。

8.C 【解析】本题考查关注个体差异的教育措施。"关注个体差异"就是根据学生实际存在的爱好、兴趣和差异使每个学生的特长都得到发挥。故本题选 C 项。

9.A 【解析】本题考查《中华人民共和国教育法》。《中华人民共和国教育法》第四十九条规定,学校及其他教育机构在不影响正常教育教学活动的前提下,应当积极参加当地的社会公益活动。

10.D 【解析】本题考查学习迁移的内涵。学习迁移也称训练迁移,是指一种学习对另一种学习的影响,或习得的经验对完成其他活动的影响。迁移是学习的一种普遍现象,广泛存在于各种知识、技能、行为规范与态度的学习中。"举一反三""触类旁通""闻一知十"等属于典型的迁移。故答案选 D 项。

11.B 【解析】本题考查 2008 年修订的《中小学教师职业道德规范》的内容。2008 年修订的《中小学教师职业道德规范》中关于"终身学习"方面所规定的具体职业行为要求有:(1)崇尚科学精神,树立终身学习理念,拓宽知识视野,更新知识结构;(2)潜心钻研业务,勇于探索创新,不断提高专业素养和教育教学水平。故本题选 B 项。

12.C 【解析】本题考查《师说》的内容。题干出自韩愈的《师说》:"是故弟子不必不如师,师不必贤于弟子,闻道有先后,术业有专攻,如是而已。"题干的意思是"听到的道理有早有晚,学问技艺各有专长"。这体现了师生之间要互相尊重,教学相长。故本题选 C 项。

13.A 【解析】本题考查学习策略的种类。精加工策略是指把新信息与头脑中的旧信息联系起来从而增加新信息意义的深层加工策略。它常被描述成一种理解记忆的策略,其要旨在于建立信息间的联系。常见的精加工策略有:(1)记忆术;(2)做笔记;(3)提问;(4)生成性学习;(5)运用背景知识,联系客观实际。其中,做笔记不仅可以有效地控制自己的认知加工过程,还有助于概括新的知识和建立新旧知识之间的联系。做笔记有利于保持学习者的注意和兴趣,以及有效地组织材料。故杨毅使用的学习策略属于精加工策略中的做笔记。

14. D 【解析】本题考查教学策略和教学方法的关系。教学策略不同于教学方法。教学方法是为完成教学任务,教师的教和学生的学的相互作用所采取的方式、手段和途径。教学方法是更为详细具体的方式、手段和途径,它是教学策略的具体化,介于教学策略与教学实践之间,教学方法受制于教学策略。教学展开过程中选择和采用什么方法,受教学策略的支配。教学策略从层次上高于教学方法。教学方法是具体的、可操作的。因此,D项表述正确。

二、多项选择题

15. ACD 【解析】本题考查三结合教育的内容。教育合力是指学校、家庭、社会三种教育力量相互联系、相互协调、相互沟通,统一教育方向,形成以学校教育为主体,以家庭教育为基础,以社会教育为依托的共同育人的力量,使学校、家庭、社会教育一体化,以提高教育活动实效。故本题选A、C、D三项。

16. ABDE 【解析】本题考查杜威实用主义教育思想的主要观点。杜威的教育理论是现代教育理论的代表,区别于传统教育"课堂中心""教材中心""教师中心"的"旧三中心论",他提出了"儿童中心(学生中心)""活动中心""经验中心"的"新三中心论"。故C项错误,D项正确。杜威认为,教育即生活,教育即生长,教育即经验的改组或改造。此外,杜威还提出"学校即社会",这是对"教育即生活"的进一步引申。故A、B两项正确。在经验论的基础上,杜威提出"从做中学"。故E项正确。因此,本题选A、B、D、E四项。

17. DE 【解析】本题考查教学效能感的种类。教学效能感分为两类:一般教学效能感和个人教学效能感。前者指教师对教与学的关系、教育在学生身心发展中的作用等问题的一般看法和判断;后者指教师认为自己能够有效地影响学生,相信自己具有教好学生的能力。故答案选D、E两项。

18. ABCDE 【解析】本题考查《中华人民共和国教师法》。根据《中华人民共和国教师法》第七条规定,教师享有下列权利:(1)进行教育教学活动,开展教育教学改革和实验;(2)从事科学研究、学术交流,参加专业的学术团体,在学术活动中充分发表意见;(3)指导学生的学习和发展,评定学生的品行和学业成绩;(4)按时获取工资报酬,享受国家规定的福利待遇以及寒暑假期的带薪休假;(5)对学校教育教学、管理工作和教育行政部门的工作提出意见和建议,通过教职工代表大会或者其他形式,参与学校的民主管理;(6)参加进修或者其他方式的培训。故本题答案全选。

19. BCDE 【解析】本题考查启发式教学思想。A项,"人不知而不愠"的意思是:别人不了解我,我却不怨恨。这句话体现的是高尚的品德修养。其他四项均体现了启发式教学思想。

20. ABCDE 【解析】本题考查《中华人民共和国教育法》。根据《中华人民共和国教育法》第四十三条规定,受教育者享有下列权利:(1)参加教育教学计划安排的各种活动,使用教育教学设施、设备、图书资料;(2)按照国家有关规定获得奖学金、贷学金、助学金;(3)在学业成绩和品行上获得公正评价,完成规定的学业后获得相应的学业证书、学位证书;(4)对学校给予的处分不服向有关部门提出申诉,对学校、教师侵犯其人身权、财产权等合法权益,提出申诉或者依法提起诉讼;(5)法律、法规规定的其他权利。故本题答案全选。

21. ABD 【解析】本题考查教师职业的相关内容。题干的表述出自梁启超,意思是:师范(教师的道德规范)是学子求学的根基,师道不树立起来,却还想做好学术,就好像去跟稻苗要粮食一样,是不可能实现的。这段话一方面要求整个社会尊重知识、尊重教师,形成一种尊师重道的良好社会风气;另一方面则要求师范学校要培养出合格的师资,既能胜教于学校,又能促进社会及学术风气的日益好转,这是对中国教育传统的继承和发展。由此可知,这段话主要强调师德的重要性。故A、B、D三项说法正确。师德不属于专门的教育素养。C项错误。E项与题干无直接关系。

22. ACD 【解析】本题考查教学原则的运用。面对学生的提问,地理老师未能将理论知识与实际天气情况结合起来,违背了理论联系实际原则。直观性与抽象性相结合的原则要求教师做到直观与讲解相结合,而这位老师只关注讲解,未能结合直观的天气情况,违背了这一原则。统一要求与因材施教相统一的原则要求教师既要面向全体学生教学,又要针对学生的特点进行有差别的教学,尽量使每个学生都得到基于现有水平和个性特点的发展。这位老师回避学生的问题,未能做到因材施教。

三、简答题(参考答案)

23. 简述教学评价的基本原则。

(1)客观性原则;(2)发展性原则;(3)指导性原则;(4)整体性原则。

24. 简述如何培养和激发学生的学习动机?

学习动机的激发:

(1)创设问题情境,激发兴趣,维持好奇心。(2)设置合适的目标。(3)根据作业难度,恰当控制动机水平。(4)表达明确的期望。(5)提供明确的、及时的、经常性的反馈。(6)合理运用外部奖赏。(7)有效地运用表扬。(8)对学生进行竞争教育,适当开展学习竞争。

学习动机的培养:

(1)了解和满足学生的需要,促进学习动机的产生。(2)重视立志教育,对学生进行成就动机训练。(3)帮助学生确立正确的自我概念,获得自我效能感。(4)培养学生努力导致成功的归因观。(5)培养对学习的兴趣。(6)利用原有动机的迁移,使学生产生学习的需要。

四、材料分析题(参考答案)

25. (1)材料揭示了传授知识与思想品德教育相统一的教学规律(教育性规律)。

(2)在西方教学史上,赫尔巴特第一次提出了"教育性教学"的概念。他指出:"教学如果没有进行道德教育,只是一种没有目的的手段;道德教育如果没有教学,就是一种失去了手段的目的。""教育性教学"指没有任何无教学的教育,也没有任何无教育的教学。教育性教学的主要内容有:教学和教育是相互联系的同一过程的两个方面;教育和教学的关系是目的和手段的关系;决定教学具有教育性的主要因素在于强化教学工作中的教育目的性;对于教育性教学来说,一切都取决于其所引起的智力活动。

26. 材料中的现象说明在现今的教育过程中,教师的职业道德素养的缺失以及教师对学生缺乏关爱。教师应对学生亲切关怀、耐心帮助、平等相待,做学生的知心人。教师对学生的这种爱应是对学生严格要求和尊重信任的统一,应做到公正无私,关心爱护每一个学生,尤其是那些需要帮助的成绩不太好的学生或其他方面需要提高的学生。作为教师应努力营造和谐融洽的师生关系,而不要扮演高高在上、遥不可及的"老师"。

2021年山西省临汾市曲沃县教师招聘考试真题试卷(三十二)

一、单项选择题

1. C 【解析】本题考查教师职业道德的相关内容。教师是学生最重要的师表,是学生直观的、活生生的榜样。古今中外的优秀教育家都倡导教师要以身作则,为人师表,以自己的模范品行来教育和影响学生。例如,唐代的教育家韩愈提出教师应"以身立教",并认为这样的教师才会"其身亡而其教存"。故本题选C项。

2. B 【解析】本题考查《论语》的相关内容。孔子是春秋末期的大思想家、大教育家,儒家学派的创始人。他的教育思想主要体现在《论语》一书中。"不愤不启,不悱不发"即出自《论语·述而》,意为:不到他努力想弄明白而不得的程度不要去开导他;不到他心里明白却不能完善表达出来的程度不要去启发他。故本题选B项。

3. D 【解析】本题考查夸美纽斯的《大教学论》。捷克教育家夸美纽斯深受人文主义精神影响,具有强烈的民主主义思想,他在教育学的创立过程中,取得了突出的成就,其1632年出版的《大教学论》是教育学开始形成一门独立学科的标志,该书被认为是近代第一本教育学著作。故本题选D项。

4. B 【解析】本题考查道德情感的相关内容。题干的意思是:学生只有和老师亲近了,才会信任老师,相信老师所说的,接受老师的教育。这体现了学生对教师的情感认同。道德情感是人的道德需要是否得到实现及其所引起的一种内心体验,也就是人在心理上所产生的对某种道德义务的爱憎、喜恶等情感体验。故本题选B项。

5. A 【解析】本题考查德育模式。题干中的角色认取也译为角色扮演。为避免灌输与说教而大量使用道德问题情境激发学生角色认取和主动思考的德育模式,除道德认知发展模式外,还有体谅模式。故本题选A项。

6. C 【解析】本题考查发散思维的特征。流畅性是指在限定时间内产生观念数量的多少。灵活性(变通性)是指摒弃以往的习惯思维方法而开创不同方向的能力。题干中该学生在单位时间内列举出很多例证,说明其思维的流畅性好;但都在建筑材料范围之内,说明其变通性差。

7. D 【解析】本题考查教育的文化功能。教育的文化功能之一是:教育具有传播和交流文化的作用。教育通过传播文化,使不同国家和民族的文化相互交流、交融,促进文化的优化和发展。留学生来我国学习,并把中国文化传向世界各地,这就体现了教育具有文化传播功能。

8. D 【解析】本题考查交互式教学模式。交互式教学模式是由教师和一组学生(大约6人)一起进行的,主要是为了把擅长阅读的人的心智模型,通过策略外化成不擅长阅读的学生能操作的程序,以帮助成绩差的学生阅读领会。它旨在教学生总结、提问、析疑、预测四种策略。故本题选D项。

9. A 【解析】本题考查班杜拉的社会学习理论。班杜拉以儿童的社会行为习得为研究对象,形成了其关于学习的基本思路,即观察学习是人的学习最重要的形式。故A项说法正确。

10. B 【解析】本题考查罗森塔尔效应的内涵。教师期望效应也叫罗森塔尔效应或皮格马利翁效应,即教师的期望或明或暗地传递给学生,会使学生按照教师所期望的方向来塑造自己的行为。B项为典型的罗森塔尔效应。

11. A 【解析】本题考查素质教育的时代特征。素质教育是以培养创新精神和实践能力为重点的教育。作为国力竞争基础工程的教育,必须培养具有创新精神和实践能力的新一代人才,这是素质教育的时代特征。

12. D 【解析】本题考查道尔顿制的内涵。道尔顿制是由美国教育家柏克赫斯特创建的一种新的教学组织形式。道尔顿制是指教师不再通过上课向学生系统讲授教材，而只为学生分别指定自学参考书、布置作业，由学生自学和独立作业，有疑难时才请教师辅导，学生完成一定阶段的学习任务后，向教师汇报学习情况并接受考查。故本题选D项。

13. D 【解析】本题考查赫尔巴特的教育思想。赫尔巴特的道德教育包括训育和儿童管理两方面。他认为教育过程应有一定的顺序，包括管理、教学和训育三个阶段。

14. B 【解析】本题考查演示法的运用。演示法是指教师通过展示实物、教具和示范性的实验来说明、印证某一事物和现象，使学生掌握新知识的一种教学方法。题干中的陈老师分别在两个集气瓶中进行"燃烧木条"的示范性实验来帮助学生区分二氧化碳与空气，体现了对演示法的运用。

15. B 【解析】本题考查思维的种类。发散思维，也叫求异思维、分散思维、辐射思维，是指人们解决问题时，思路朝着各种可能的方向扩散，从而求得多种答案。根据题干中的关键词"多种途径""一题多解"可知，小敏的思维方式属于发散思维。

16. D 【解析】本题考查学习动机的分类。根据动机发挥作用的时间长短，可把学习动机分为远景性动机和近景性动机。远景性动机是指能够激发个体长期行为、使个体制定长期目标的动机；近景性动机是指在近期内激发个体行为，常与近期目标相联系。按学习动机产生的诱因来源，可分为内部学习动机和外部学习动机。内部学习动机是指诱因来自学习者本身的内在因素，即学生因对活动本身发生兴趣而产生的动机；外部学习动机是指诱因来自学习者外部的某种因素，即在学习活动以外由外部的诱因激发出来的学习动机。"为中华之崛起而读书"这一学习动机具有社会性，并与自身的志向相关联，是为了祖国的强盛而读书，故属于远景性外部动机。

17. A 【解析】本题考查教材的具体表现形式。教材是根据学科课程标准系统阐述学科内容的教学用书，它是知识授受活动的主要信息媒介，是课程标准的进一步展开和具体化。教材可以是印刷品（包括教科书、教学指导用书、补充读物、图表等），也可以是音像制品（包括幻灯片、电影、录音带、录像带、磁盘、光盘等）。故本题选A项。

18. D 【解析】本题考查影响问题解决的主要因素。对问题解决起启发作用的事物叫原型。原型启发是指从其他事物上发现解决问题的途径和方法。例如，鲁班从丝茅草割破手得到启发，发明了锯。因此，题干中瓦特借助烧开的水顶起壶盖这一现象发明了蒸汽机，就属于原型启发。

19. B 【解析】本题考查气质的类型。

气质类型	基本心理特征
多血质	活泼好动、情绪发生快而多变、易适应环境、思维言语动作敏捷、亲切、乐观
胆汁质	精力充沛、情绪发生快而强、言语动作急速、热情、率直、急躁、粗暴、难于自制
黏液质	沉着冷静、情绪发生慢而弱、思维言语动作迟缓、稳定、安静、坚忍、有自制力、执拗、淡漠
抑郁质	软弱畏缩、情绪发生慢而强、富于自我体验、孤僻、言语动作细小无力、敏感、羞怯

因此，A项属于抑郁质类型的特点，B项属于胆汁质类型的特点，C项属于黏液质类型的特点，D项属于多血质类型的特点。故答案选B项。

20. A 【解析】本题考查及时复习的内涵。学习后必须及时复习，趁热打铁。须知学习后在当天复习一刻钟比一星期后复习一小时效果更佳。注意及时复习不等于即时复习（如刚下课就复习）。一般来说，根据"与记忆有关的因素"的介绍，每天晚上睡觉前一刻钟将当天学习的重要内容回顾一下，效果较好。因此，答案选A项。

21. A 【解析】本题考查《中华人民共和国教师法》的制定。《中华人民共和国教师法》从1986年开始起草，后经过八年酝酿、修改，于1993年10月31日经第八届全国人民代表大会常务委员会第四次会议通过，自1994年1月1日起施行。

22. A 【解析】本题考查课程的文本形式。课程的文本形式是课程的书面表现形式，从宏观到微观，依次包括课程计划、课程标准、教材。

23. C 【解析】本题考查班主任工作的内容。了解和研究学生是班主任工作的前提和基础，包括对班级群体和班级个体的了解和研究，是做好各项班级教育工作的前提，也是班级教育过程中有效开展各项工作必不可少的基本环节。

24. C 【解析】本题考查习近平总书记关于教育的重要论述。2016年9月9日，习近平总书记在北京市八一学校考察时的讲话中指出：广大教师要做学生锤炼品格的引路人，做学生学习知识的引路人，做学生创新思维的引路人，做学生奉献祖国的引路人。

25. B 【解析】本题考查教师的职业素养。教师的职业道德素养是从教师对待事业、对待学生、对待集体和对待自己的态度上来体现的，陶行知先生的"捧着一颗心来，不带半根草去"的奉献精神是其典型代表。

26. B 【解析】本题考查教育的基本要素。叶澜编著的《教育概论》中提出，构成教育活动的基本要素是：教育者与受教育者，教育内容与教育物资。故本题选B项。

27. B 【解析】本题考查《中华人民共和国教育法》。根据《中华人民共和国教育法》（1995年颁布）第十二条规定，汉语言文字为学校及其他教育机构的基本教学语言文字。少数民族学生为主的学校及其他教育机构，可以使用本民族或者当地民族通用的语言文字进行教学。学校及其他教育机构进行教学，应当推广使用全国通用的普通话和规范字。因此B项说法错误。

28. C 【解析】本题考查教学的直观性原则。直观性原则是指在教学活动中，教师应尽量利用学生的多种感官和已有的经验，通过各种形式的感知，使学生获得生动的表象，从而比较全面、深刻地掌握知识。夸美纽斯率先提出了教学中的直观性原则，他在著作《大教学论》中指出："应该尽可能地把事物本身或代替它的图像放在面前，让学生去看看、摸摸、听听、闻闻等。"乌申斯基也指出："一般来说，儿童是依靠形式、颜色、声音和感觉来进行思维的。"他还指出："逻辑不是别的东西，而是自然界里的事物和现象的联系在我们头脑中的反映。"故本题选C项。

29. B 【解析】本题考查学生的认知方式差异。场独立型学习者偏爱理科、自然科学，故B项说法正确。A、C、D三项属于场依存型认知风格的人的学习特点。

30. D 【解析】本题考查感觉的相互作用规律。感觉对比是同一感受器接受不同的刺激，而使感受性发生变化的现象。题干中的教师用不同颜色的粉笔把形近字的相异部分写出来，让学生在视觉上接受不同的刺激，更易于产生对比。故答案选D项。

31. A 【解析】本题考查气质的类型。胆汁质类型的人以精力旺盛、粗枝大叶、表里如一、刚强、易感情用事为特征，整个心理活动笼罩着迅速而突发的色彩。即反应快，但控制不住自己的情绪。因此，题干中这种人的气质类型比较倾向于胆汁质。

32. D 【解析】本题考查学习的内涵。学习是个体在特定情境下由于练习或反复经验而产生的行为或行为潜能的相对持久的变化。然而值得注意的是，并非所有的行为变化都是由学习产生的，如生理成熟、疲劳、药物等因素亦可引起行为的变化。A项属于感觉适应，B项属于酒精的作用，C项属于药物的作用，因此这三项都不属于学习。故答案选D项。

33. B 【解析】本题考查知识的分类。陈述性知识是关于事物及其关系的知识，或者说是关于"是什么"的知识，它包括事实、规则、发生的事件、个人的态度等。故知道"三角形的内角和等于180度"这一知识属于陈述性知识。

34. C 【解析】本题考查教师职业道德的灵魂。爱国守法是教师职业的基本要求；爱岗敬业是教师职业的本质要求；关爱学生是师德的灵魂；教书育人是教师的天职。故本题选C项。

35. C 【解析】本题考查教师人格修养的策略。教师人格修养有两个问题：一是修养的策略问题，二是修养的尺度问题。在策略上，采取"取法乎上"的策略。故本题选C项。

36. B 【解析】本题考查教学评价的类型。诊断性评价是在学期开始或一个单元教学开始时，为了了解学生的学习准备状况及影响学习的因素而进行的评价。它包括各种通常所称的摸底考试。因此，赵老师在新学期开始时进行的摸底考试属于诊断性评价。

37. B 【解析】本题考查桑代克的联结—试误学习理论。效果律是指刺激和反应之间的联结可因导致满意的结果而加强，也可因导致烦恼的结果而减弱。"得寸进尺"就是因结果满意而使个体积极地趋向和维持某一行为的典型现象。

38. D 【解析】本题考查影响问题解决的主要因素。人们把某种功能赋予某物体的倾向称为功能固着。在功能固着的影响下，人们不易摆脱事物用途的固有观念，从而直接影响问题解决的灵活性。题干中的学生看到某个物品的惯常用途后，便很难看出它的其他用途，这属于功能固着。

39. A 【解析】本题考查维果斯基的最近发展区理论。维果斯基认为，儿童有两种发展水平：一是儿童的现有水平，即由一定的已经完成的发展系统所形成的儿童心理机能的发展水平；二是可能达到的发展水平，也就是通过教学所获得的潜力。这两种水平之间的差异，就是最近发展区。在维果斯基看来，教学的可能性由学生的最近发展区决定，教学应该走在发展的前面。维果斯基强调教学不能只适应发展的现有水平，还应适应最近发展区，从而走在发展的前面，最终跨越"最近发展区"而达到新的发展水平。故A项说法错误。

40. D 【解析】本题考查课内活动与课外活动的结合。

A项出自《论语》，意思是学习后经常温习所学的知识，不也很令人愉悦吗？

B项出自《学记》，意思是反对死记硬背，主张启发式教学，主张开导学生，但不要牵着学生走；对学生提出较高的要求，但不能使学生灰心。

C项出自《学记》，意思是如果等到错误出现了再去禁止，就会抵触而不易克服。

D项出自《学记》,意思是正课学习与课外练习兼顾,课内与课外相结合,相互补充。

综上所述,本题选D项。

二、判断题

41.× 【解析】本题考查德育原则。尊重信任学生与严格要求学生相结合的原则是指在德育过程中,教育者既要尊重信任学生,又要对学生提出严格的要求,把严和爱有机地结合起来,使教育者的合理要求转化为学生的自觉行动。爱是严的基础,严是爱的体现,只有把两者紧密结合在一起,才能取得最佳教育效果。故题干说法错误。

42.√ 【解析】本题考查学校心理咨询主要解决的问题。学校心理咨询主要是解决一般的心理状态失调或行为问题,如学习困难、怠学厌学、考试焦虑、情绪困扰、不良习惯,性格畏怯、孤僻、自卑、依赖、任性,等等。

43.× 【解析】本题考查耶克斯—多德森定律。"耶克斯—多德森定律"表明,动机不足或过分强烈都会影响学习效果。具体表现在:第一,动机的最佳水平随着任务性质的不同而不同。在比较容易的任务中,行为效果(工作效率)随着动机的提高而上升;随着任务难度的增加,动机的最佳水平有逐渐下降的趋势。第二,一般来讲,最佳水平为中等强度的动机。第三,动机水平与行为效果呈倒U型曲线。因此,题干说法错误。

44.× 【解析】本题考查成就动机理论。阿特金森把个体的成就动机分为两类:力求成功的动机和避免失败的动机。力求成功者的目的是获取成就,即通过各种活动努力提高自尊心和获得心理上的满足,成功概率为50%的任务是他们最有可能选择的。避免失败者则往往通过各种活动防止自尊心受伤害和产生心理烦恼,倾向于选择非常容易或非常困难的任务。故题干说法错误。

45.× 【解析】本题考查《国家中长期教育改革和发展规划纲要(2010~2020年)》。《国家中长期教育改革和发展规划纲要(2010~2020年)》中提出,积极发展学前教育,到2020年,普及学前一年教育,基本普及学前两年教育,有条件的地区普及学前三年教育。题干中强调"全面普及学前一年教育",《纲要》中强调"普及学前一年教育",故本题说法错误。

46.× 【解析】本题考查师生关系的内涵。师生关系是指教师和学生在教育教学活动中为完成一定的教育任务,以"教"和"学"为中介而形成的一种特殊的社会关系,包括彼此所处的地位、作用和态度等。师生关系是教育活动过程中人与人关系中最基本、最重要的关系。师生关系的好坏直接影响教育效果的好坏。故题干说法错误。

47.√ 【解析】本题考查2008年修订的《中小学教师职业道德规范》的内容。2008年修订的《中小学教师职业道德规范》的基本内容有六条:爱国守法、爱岗敬业、关爱学生、教书育人、为人师表、终身学习。其中,爱国守法包括两方面的含义:爱国和守法。爱国是教师的政治使命和社会责任,教师应该把自己的教育使命与国家和民族的生存发展结合起来,将爱国主义教育渗透于教育教学实践中,为国家和民族培养出热爱祖国、具有社会责任感的建设者和接班人。守法是教师坚持正确职业行为方向的保证。教师要在从教过程中依法行使教书育人的权利,履行法定的教育义务和责任,切实做到依法治教和依法执教。

48.√ 【解析】本题考查综合课的内涵。在实际的教学中,有时一节课只完成一个任务,有时一节课则需完成多项任务,所以根据一节课所完成任务的类型数,课的类型可分为单一课和综合课。其中,综合课是指在一节课内完成两种或两种以上任务的课。例如,在一节课内既有新知识的讲授,又有巩固、练习以及技能的检查等。

49.× 【解析】本题考查教学过程的基本规律。题干的意思是:给别人一条鱼不如教给别人捕鱼的方法。运用在教学过程中,即体现了发展学生能力的重要性。故题干说法错误。

50.√ 【解析】本题考查新课程改革倡导的师生关系。新课改倡导师生在人格上是平等的关系。

2021年广东省清远市佛冈县教师招聘考试真题试卷(精编)(三十三)

一、单项选择题

1.A 【解析】本题考查课程理论流派。存在主义否认"外界因素"对个性形成的作用,把个人作为"教育的主体",鼓吹自我设计、自我创造、自由发展、自我实现。因此,存在主义者在道德教育上,否认统一的道德标准,把个人"自由选择"道德标准作为品格教育的基本原则,在课程方面,注重人文学科,反对职业训练,强调"课程的全部重点必须从事物世界转移到人格世界",要使所有儿童除圣经以外,还要熟悉古代历史和古典著作。

2.C 【解析】本题考查社会政治经济制度对教育发展的影响和制约。社会政治经济制度决定受教育权。在阶级社会中,统治阶级总是要采取种种直接或间接的手段,决定和影响受教育权在社会中的分配,决定谁有享受学校教育的权利,谁无享受学校教育的权利,谁有受什么样学校教育的权利等问题。在资本主义社会中,劳动人民的子女接受大学教育的机会远少于资本家的子女,体现了政治经济制度对受教育权利的制约。

3.A 【解析】本题考查赫尔巴特的思想。赫尔巴特把兴趣分成六类:经验的兴趣、思辨的兴趣、审美的兴趣、同情的兴趣、社会的兴趣、宗教的兴趣。在多方面兴趣的基础上,赫尔巴特制定出他的课程计划。其中,根据经验的兴趣,设置博物学(自然)、地理、物理学、化学、天文学等课程。

4.B 【解析】本题考查墨家的教育思想。墨家教育内容的特色和价值主要体现在科学技术教育和训练思维能力的教育上,它们突破了儒家六艺教育的范畴,堪称一大创造。同时重视培养学生的思维能力,其目的在于以雄辩的逻辑力量去说服他人,推行自己的政治主张。因此,B项符合题意。

5.B 【解析】本题考查教育的功能。从性质上看,教育功能可以分为保守功能和超越功能。保守功能是指教育具有自身的结构,具有内在的稳定性和自身的逻辑性,不随社会的变化而变化,形成了教育自我保存的功能性和承继性,表现出教育重复、封闭、保守的一面。超越功能是指通过教育的自我更新和变革,促进和引领人类社会的发展。因此,B项符合题意。

6.B 【解析】本题考查有关教育目的确立的理论。社会本位的教育目的论重视教育的社会价值,教育的目的是为社会培养合格的成员和公民,使受教育者社会化,社会价值高于个人价值,教育质量和效果可以用社会发展的各种指标来评价。社会本位论以凯兴斯泰纳为代表人物之一。因此,B项符合题意。

7.D 【解析】本题考查陶行知的教育思想。陶行知创造教育理论的精华就是"六大解放"。他认为,儿童具有创造力,只有将这种创造力解放出来,才能使创造力不致被埋没、被浪费。因此,他提出了解放儿童创造力的六大方法,分别是:解放儿童的眼睛、解放儿童的头脑、解放儿童的双手、解放儿童的嘴、解放儿童的空间、解放儿童的时间。

8.B 【解析】本题考查课外活动的内容。科技活动是以让学生学习和了解科技知识为目的的课外、校外活动。题干中的学习计算机和良种培育,均包含具体的科学技术知识,因此属于科学技术活动。

9.C 【解析】本题考查布卢姆的教学目标分类理论。布卢姆将教学目标分为认知、情感和动作技能三个领域,其中,认知领域的目标从低级到高级分成知识、理解、应用、分析、综合、评价六个层次。分析是指能将知识进行分解,找出组成的要素,并分析其相互关系及组成原理。例如,要求学生达到能对事物进行具体分析,图示、叙述理由、举例说明、区别、指明、分开、再分,认出在推理上的逻辑错误;区别真正事实与推理,判断事实材料的相关性。题干中教师要求学生对数学应用题中的相关数字信息与无关数字信息进行区分,这属于认知领域目标分类中的分析层次。故本题选C项。

10.A 【解析】本题考查教学原则。启发性原则是指在教学活动中,教师要调动学生的主动性和积极性,引导他们通过独立思考、积极探索,生动活泼地学习,自觉地掌握科学知识,提高分析问题和解决问题的能力。题干引文的意思是:教师在知识的传授过程中,应启发学生思维,提高学生学习兴趣,使学生学会方法,提升能力,而不是把所有知识教给学生,强调了应注重启发性原则。

11.D 【解析】本题考查讲读法的优点。讲读法是教师指定学生以朗读方式表述教材或其他学科读物的方法。常常在印证、加深、补充所讲内容的时候引用,可弥补教学语言的不足,增强讲授内容的生动性和可信性。

12.C 【解析】本题考查常用的教学方法。实习作业法是指教师根据学科课程标准的要求,指导学生运用所学知识在课上或课外进行实际操作,将知识运用于实践的教学方法。这种方法在自然学科的教学中占有重要的地位,如数学课的测量练习、生物课的植物栽培和动物饲养等。题干中的老师在学生学习了长方形的面积公式后,让其回到家后计算客厅的面积,运用的是实习作业法。

13.A 【解析】本题考查教学过程的基本规律。间接经验与直接经验相结合(间接性规律)主要是指:教学活动是学生认识客观世界的过程,要以间接经验为主、直接经验为辅,将二者有机结合起来。学生学习间接经验要以直接经验为基础,教学中要充分利用学生已有经验,增加学生学习新知识所必需的感性认识,以保证教学的顺利进行。

14.B 【解析】本题考查班级授课制。在我国,最早采用班级授课制的是清政府于1862年设于北京的京师同文馆,并在癸卯学制中以法令形式确定下来,随之在全国范围内推广。"癸卯学制"即《奏定学堂章程》。

15.D 【解析】本题考查《礼记》。儒家思孟学派提出"博学之,审问之,慎思之,明辨之,笃行之"(《礼记·中庸》)的学习过程。

16.A 【解析】本题考查课程类型。从课程内容的固有属性来划分,课程可分为学科课程与活动课程。其中,学科课程是指根据学校培养目标和科学发展,分门别类地从各门科学中选择适合学生年龄特征与发展水平的知识所组成的教学科目。古希腊"七艺"即:文法、修辞、辩证法、算术、几何、音乐、天文学,故属于学科课程。

17.C 【解析】本题考查实用主义课程观。实用主义课程观是以实用主义教育哲学为基础的课程观念。代表人物为美国教育家杜威。他从经验论出发,提出教育是经验的继续不断改组或改造。教学应从儿童的经验和活动出发,而儿童的本能是他们获得经验的基础。他认为"决定学习的质和量的是儿童而不是教材","学校科目互相联系的真正中心,不是科学,不是文学,不是历史,不是地理,而是儿童本身的社会活动"。即所谓的"儿童中心课程"。

18.B 【解析】本题考查直观方式的分类。在实际的教学过程中,主要有三种直观方式:实物直观、模像直观和言语直观。其中,言语直观指在生动形象的言语作用下唤起学生头脑中的表象,以提供感性材料的直观方式。题干中郝老师在教授"奶"字时,采用生动形象的语言来帮助学生在头脑中形成走路时背弯弯的、需要拄着拐杖的女人的表象,这属于言语直观。

19.B 【解析】本题考查科尔伯格的道德发展阶段理论。科尔伯格将道德判断分为前习俗水平、习俗水平和后习俗水平三个水平,每一水平包含两个阶段。其中,处于习俗水平的好孩子的道德定向阶段(寻求认可取向阶段)的儿童的价值是以人际关系的和谐为导向,顺从传统的要求,符合大众的意见,谋求大家的称赞。在进行道德评价时,总是考虑到社会对一个"好孩子"的期望和要求,并总是按照这种要求去展开思维。题干中小军从不拒绝同学借学习用品,其目的是希望得到同学的赞赏和认可,让大家觉得他是个"好孩子",故小军处于习俗水平。

20.A 【解析】本题考查德育方法。实际锻炼法是有目的地组织学生参加各种实际活动,使其在活动中锻炼思想,增长才干,培养优良的思想和行为习惯的德育方法。题干中的学校通过让学生"去敬老院开展服务活动""去街道义务捡垃圾"等实际活动来开展德育,运用的是实际锻炼法。

21.C 【解析】本题考查德育模式。情感德育模式是一种以情感为核心的德育模式。该模式认为,关心是一种以情感为核心的知情行的整体结构且具有丰富的层次性。"学会关心"的教育价值在于引导学生从原始的、自发的"关心"感情,提升到理性的、自觉的"关心"感情,形成出自责任的"关心"品质,进而为整个德行的发展奠基。

22.A 【解析】本题考查品德的心理结构。品德的心理结构包括四种相辅相成的基本心理成分:道德认知、道德情感、道德意志和道德行为。其中,道德认知是指对于行为规范及其意义的认识,是人的认识过程在道德上的表现,是个体道德的基础,是道德情感、道德意志产生的依据。因此,个体道德品质形成的基础是道德认知。

23.C 【解析】本题考查德育的个体性功能。德育的个体性功能包括:德育的个体生存功能、德育的个体发展功能、德育的个体享用功能。其中,德育的个体发展功能包括以下几个方面:(1)促进个体品德的社会化;(2)促进个体品德的个性化;(3)促进和调节个体智能的发展;(4)促进和维护个体的心理健康;(5)促进和实现个体的自我完善。(具体参见张典兵主编的《德育学原理》)

24.D 【解析】本题考查课堂问题行为的处置和矫正。课堂问题行为的矫正方法有预防、非言语暗示、表扬、言语提醒等,其中,非言语暗示是指由于一般问题行为大都是一些暂时性的干扰,教师在处理这些行为时,通常只需要运用简单的非言语线索进行暗示,就可以得到既制止问题行为又不影响课堂教学进程的双重效果。题干中周老师通过肢体接触来提醒小林将注意力回归到课堂中,这属于非言语线索。

25.A 【解析】本题考查班集体的发展过程。班集体的发展要经历一个过程,分为四个连续的时期:(1)松散期。班级成员初进学校,学生之间的交互活动带有相互探询和适应的性质。集体的活动与任务均来自教师或学校的要求,学生参与意识不强,班级还未发挥应有的功能,对学生暂时还没有多大的吸引力。在这一阶段,教师应当尽可能提供给学生各种交往的机会,让学生相互了解,尽快摆脱松散和孤立的状态。(2)同化期。(3)凝聚期。(4)形成期。因此,A项符合题意。

26.A 【解析】本题考查文献的类型。按文献的处理、加工程度分,可将文献分为一次文献、二次文献、三次文献。其中一次文献包括专著、论文、调查报告、档案材料等以作者本人的实践为依据而创作的原始文献。故题干中提到的赫尔巴特所著的《普通教育学》,属于一次文献。

27.C 【解析】本题考查教育实验研究法的概念。教育实验研究法是研究者按照研究目的,合理地控制或创设一定的条件,人为地影响研究对象,从而验证假设,探讨教育现象之间因果关系的一种研究方法。

28.D 【解析】本题考查教育科学研究的四种水平。教育科学研究有四种不同的水平:(1)直觉观察水平,回答的问题是"发生了什么?"如小学二年级学生识字量是多少?(2)探究原因水平,回答的是"为什么会发生这种现象?"如学生识字量的增加是因为采用了新的识字方法。(3)迁移推广水平,回答的问题是"在不同环境条件下将发生同样现象吗?"如新的识字方法在城市可行,农村是否可行?(4)理论研究水平,回答的问题是"研究中有哪些潜在的基础理论原则?"如新的识字方法之所以有效是因为符合汉字结构特点。

29.C 【解析】本题考查观察法的分类。根据对观察的环境条件是否进行控制和改变,可以将观察分为自然情境中的观察和实验室中的观察。自然情境观察包括自然行为的偶然现象观察和系统的现象观察。实验室观察是研究者根据研究的目的,在对观察对象发生的环境和条件加以控制或改变的条件下进行的观察。

30.D 【解析】本题考查感觉的相互作用。感觉的相互作用包括同一感觉的相互作用和不同感觉的相互作用。不同感觉的相互影响是指任何一种感受器的感受性,都会因同时或继时发生作用的其他感受器的影响而有所变化。题干中何老师在学生阅读时配上轻音乐,以加深学生对文章内容的理解和感悟,这体现了感觉的相互作用中的不同感觉的相互影响。

31.C 【解析】本题考查记忆的分类。根据记忆时意识参与的程度,可将记忆分为外显记忆和内隐记忆。其中,内隐记忆是指在不需要意识参与或不需要有意回忆的情况下,个体的已有经验自动对当前任务产生影响而表现出来的记忆。题干中学生对于很久以前学过的英语单词无法回忆,但是可以再认,这属于内隐记忆。

32.D 【解析】本题考查遗忘的原因(遗忘理论)。提取失败说认为遗忘是一时难以提取出需要的信息,遗忘之所以发生是因为编码不准确,失去了检索线索或线索错误。一旦有了正确的线索,经过搜寻,所需要的信息就能提取出来。题干所述现象是提取失败说的典例。

33.A 【解析】本题考查知觉的特征。知觉的恒常性是指客观事物本身不变,但知觉条件在一定范围内发生变化时,人的知觉映像仍相对不变。题干中白纸和煤块在不同照明条件下观看时尽管产生的视觉效果存在差异,但是我们知觉到的纸张和煤块的颜色不会因为照明条件的改变而改变,这体现了知觉的恒常性。

34.B 【解析】本题考查情绪的分类。依据情绪发生的强度、持续性和紧张度的不同,可以把情绪状态划分为激情、心境、应激三种。其中,激情是强烈、短暂、爆发式的情绪状态,通常由突然发生的对人具有重大意义的事件引起。故本题选B项。

35.B 【解析】本题考查情感的分类。从情感的社会内容角度来看,人类的情感有道德感、美感和理智感三种形式。其中,道德感是根据一定的道德标准评价人的思想、意图和言行时所产生的主观体验。它表现在对待国家、集体、工作、事业、学习以及人与人之间的关系等各个方面,如爱国主义情感、集体主义情感、责任感、事业心、荣誉感、自尊心等。B项中随地吐痰属于责任感低的表现,看到这样的行为时而产生的厌恶感属于道德感的范畴。A、C两项属于理智感,D项属于美感,故本题选B项。

36.A 【解析】本题考查韦纳的成败归因理论。美国心理学家韦纳把人经历过事情的成败归结为能力、努力程度、工作难度、运气、身心状况、外界环境这六种原因,又把上述六项因素按各自的性质,分别归入内部归因和外部归因、稳定性归因和非稳定性归因、可控制归因和不可控制归因这三个维度。题干中王某将比赛落败归因于雨后跑道湿滑,这是将成败归因于外界环境因素,外界环境因素属于外在、不稳定、不可控的因素,故本题选A项。

37.B 【解析】本题考查学习迁移的分类。根据迁移内容的抽象和概括水平不同,可分为水平迁移和垂直迁移。其中,水平迁移也叫横向迁移,是指先行学习内容与后继学习内容在难度、复杂程度和概括层次上属于同一水平的学习活动之间产生的影响。题干中加减乘法和除法运算属于同一水平上的学习活动,故加减乘法的学习对学习除法运算造成的影响属于横向迁移。

38.C 【解析】本题考查学习动机的分类。根据学校情境中的学业成就动机的不同,奥苏贝尔等人把动机分为认知内驱力、自我提高内驱力和附属内驱力。其中,认知内驱力是指要求了解、理解和掌握知识以及解决问题的需要。在有意义学习中,认知内驱力是最重要、最稳定的动机。

39.A 【解析】本题考查学习策略。复述策略是指在工作记忆中为了保持信息,运用内部语言在大脑中重现学习材料或刺激,以便将注意力维持在学习材料上的方法。它是短时记忆的信息进入长时记忆的关键。在复杂知识学习中,复述策略包括边看书边讲述材料,在阅读时做摘录、画线或圈出重点等。常用的复述策略有:(1)在复述的时间上,采用及时复习、分散复习;(2)在复述的次数上,强调过度学习;(3)在复述的方法上,包括运用有意识记和无意识记、排除相互干扰、运用多种感官协同记忆、整体识记与部分识记相结合、复习形式多样化、画线等。同时,要注意保持积极的心向、态度和兴趣。故过度学习属于复述策略。本题选A项。

40.B 【解析】本题考查资源管理策略。资源管理策略是辅助学生管理可用环境和资源的策略,包括时间管理策略、学习环境管理策略、努力管理策略、学业求助策略。其中,学习环境管理策略主要是善于选择安静、干扰较少的地点学习,充分利用学习情境的相似性等。故题干所述符合学习环境管理策略的内涵。

41.C 【解析】本题考查类比的分类。根据结论可靠程度不同,类比分为科学类比和经验类比。其中,经验类比是源于经验的类比,是从过去简单的经验知识类比今天的一些情况。例如,今天的天色、气温、风向和昨天差不多,昨天下雪,所以类比今天也可能下雪。故本题选C项。

42.A 【解析】本题考查创造性的特征。创造性的特征包括流畅性、灵活性(变通性)和独创性。其中,流畅性是指在限定时间内产生观念数量的多少。在短时间内产生的观念越多,流畅性越大。该特征能反映个体的心智灵活、思路通达的程度。题干中某学生给出做面包、蛋糕、面条等10种面粉的用处,但都局限于"食物",这说明该学生的流畅性较好。

43.A 【解析】本题考查上位学习的内涵。上位学习又称总括学习,是在学生掌握一个比认知结构中原有概念的概括和包容程度更高的概念或命题时产生的。上位学习遵循从具体到一般的归纳概括过程。题干中教师先启发学生了解和分析铁、铝、氢、氧、钠、钙等物质的共同之处,再讲解"元素"这一概念,这是从具体到一般的归纳概括过程,因此属于上位学习。

44.B 【解析】本题考查心智技能的形成阶段理论。心智技能的形成阶段分为原型定向、原型操作、原型内化。其中,原型定向就是了解心智活动的实践模式。了解外化或物质化了的心智活动方式或操作活动程序,了解原型的活动结构,从而使主体知道该做哪些动作和怎样去完成这些动作,明确活动的方向。在原型定向阶段,主体的主要学习任务可以归结为两点:首先要确定所学心智技能的操作活动程序,其次要使这种实践模式的动作结构在头脑中得到清晰的反映。故 B 项正确。

45. D 【解析】本题考查泛化的内涵。机体对与条件刺激相似的刺激做出条件反应,属于刺激的泛化,如“一朝被蛇咬,十年怕井绳”。题干中“己”“已”“巳”属于相似刺激,低年级学生经常将其弄混,这体现了刺激的泛化。

46. B 【解析】本题考查教学效能感的内涵。教学效能感一般指教师对自己影响学生行为和学习结果的能力的一种主观判断。这种判断会影响教师对学生的期待和指导,从而影响教师的工作效率。

47. A 【解析】本题考查情绪的功能。情绪和情感的组织功能是指情绪和情感这种特殊的心理活动,对其他心理过程而言是一种监测系统,是心理活动的组织者。积极的情绪和情感具有调节和组织作用;消极的情绪和情感则有干扰、破坏作用。情绪和情感的组织作用表现在促成知觉选择,监视信息的移动,影响工作记忆,影响思维活动和影响人的行为表现。题干所述内容符合组织功能的内涵,故本题选 A 项。

48. C 【解析】本题考查意志的品质。意志的坚持性又叫坚韧性,是指一个人在行动中坚持决定,百折不挠地克服重重困难去达到行动目的的品质。题干中学生持之以恒地晨跑以达到强身健体的目的,这体现了意志的坚持性。故本题选 C 项。

49. C 【解析】本题考查感性意志与理性意志。意志包括感性意志与理性意志两个方面。感性意志是指人用以承受感性刺激的意志,如体力劳动需要克服机体在肌肉疼痛、呼吸困难、血管扩张、神经紧张等感性方面的困难与障碍。理性意志是指人用以承受理性刺激的意志,如脑力劳动需要克服大脑皮层在接受第二信号系统的刺激时所产生的思维迷惑、精神压力、情绪波动、信仰失落等理性方面的困难与障碍。故 A、B、D 三项属于理性意志,C 项属于感性意志。(具体内容参见马雅菊、蒙宗宏主编的《心理学基础》)

50. A 【解析】本题考查建构主义的发展观。皮亚杰认为,儿童心理发展的实质和原因就是主体通过动作完成对客体的适应。适应的本质在于取得机体与环境的平衡。

51. B 【解析】本题考查自我效能的影响因素。自我效能的影响因素有个人自身行为的成败经验(直接经验)、替代经验、言语暗示和情绪唤醒。其中,个人自身行为的成败经验(直接经验)对自我效能感的影响最大。故本题选 B 项。

52. A 【解析】本题考查加涅的学习结构分类理论。根据学习所得结果或形成能力的不同,心理学家加涅将学习分为五类:言语信息、智慧技能、认知策略、动作技能和态度。其中,态度是指影响个人选择行为的内部状态。题干中低年级学生听完《小红帽》的故事之后,对大灰狼采取的内部状态是憎恶,对小红帽采取的内部状态是喜爱,这符合加涅学习结构分类理论中的关于态度的学习。

53. B 【解析】本题考查加涅的信息加工学习理论。加涅将学习过程分为动机阶段、了解(领会)阶段、获得阶段、保持阶段、回忆阶段、概括阶段、操作阶段(作业阶段)和反馈阶段共八个阶段。其中,在概括阶段,加涅认为,对所学东西的提取和应用并不限于同一种学习情景,它不是只在所学内容的范围里才出现的,人们常常要在变化的情景或现实生活中利用所学的东西,这就需要实现学习的概括化。学习者要想把获得的知识迁移到新的情境,首先依赖于知识的概括,同时也依赖于提取知识的线索。为了促进学习的迁移,教师必须让学生在不同情境中学习,并给学生提供在不同情境中提取信息的机会。同时要引导学生概括和掌握其中的原理和原则。故本题选 B 项。

54. D 【解析】本题考查负强化的应用。负强化是通过消除或中止厌恶、不愉快刺激来增强反应频率。题干中每周扫地的任务对于小东来说是厌恶、不愉快的刺激,妈妈通过免去厌恶刺激来激励小东提高成绩的行为属于负强化。

55. C 【解析】本题考查奥苏贝尔的有意义接受学习理论。奥苏贝尔认为,学生的学习主要是有意义的接受学习。故本题选 C 项。

56. C 【解析】本题考查人本主义学习理论。人本主义学生中心的教学观认为,教育与教学过程就是要促进学生的个性发展,发挥学生的潜能,培养学生学习的积极性与主动性。而学习是人固有能量的自我实现过程,强调人的尊严和价值,强调无条件积极关注在个体成长过程中的重要作用。教育的目标、学习的结果应该是使学生成为具有高度适应性和内在自由性的人。教师的任务是要为学生提供学习的手段和条件,促进个体自由地成长。

57. D 【解析】本题考查心理防御机制。文饰作用又称合理化,指通过无意识用一种似乎有理的解释或实际上站不住脚的理由来为其难以接受的情感、行为或动机辩护以使其可以接受。题干中小李将高考没有考好归因为考题出得太偏,这属于文饰作用,故本题选 D 项。

58. C 【解析】本题考查常见的社会知觉偏差。当我们认为某人具有某种特征时,就会对他的其他特征做相似判断,这一现象被称为晕轮效应。题干中老年人根据年轻人的衣着打扮和行为举止判断他们没有道德修养,这体现了晕轮效应,故本题选 C 项。

59. A 【解析】本题考查认知风格的类型。冲动型的学生在解决认知任务时,总是急于给出问题的答案,而不习惯对解决问题的各种可能性进行全面思考,有时问题还未弄清楚就开始解答。这种类型的学生认知问题的速度虽然很快,但错误率高,在运用低层次事实性信息的问题解决中占优势。题干中面对问题不能全面细致分析各种可能性,总是急于求成的学生,其认知风格为冲动型。

60. C 【解析】本题考查埃里克森的人格发展阶段理论。主动感对内疚感(4~5 岁)阶段的发展任务是培养主动性。这一阶段儿童的活动范围逐渐超出家庭的圈子,儿童开始追求出于自我利益和动机的活动。他们想象自己正在扮演成年人的角色,并因以为自己能从事成年人的角色和胜任这些活动而体验一种愉快的情绪。而由于儿童能力的局限,他们出于自我动机的活动常常会被成年人禁止,使他们认识到“想做的”和“应该做的”之间的差距,从而可能会降低从事活动的热情。因此,本阶段的危机就在于儿童既要保持对活动的热情,又要控制那些会造成危害或可能会被禁止的活动。题干中学前期的儿童主动帮助别人做事情被认可时体验到愉快的情绪体验,因为能力有限,好心办坏事后产生内疚感,这表明该阶段的儿童面临的主要心理冲突是主动感对内疚感。故本题选 C 项。

61. D 【解析】本题考查会谈技术。面质,也称为对峙或对立,是指咨询师当面指出来访者自身存在的情感、观念、行为的矛盾,促使其面对或正视这些矛盾的一种语言表达方式。面质的目的不在于向来访者说明他说错了什么话或做错了什么事,不是“指出错误”,而是“反射矛盾”,面质的目的在于协助来访者认识自我,鼓励他们消除过度的心理防御机制,正视自己的问题,从而使问题得到妥善的解决。(具体内容参见张冬梅、谷丹主编的《大学生心理健康教育》)

62. B 【解析】本题考查气质类型的特征。多血质的典型表现包括:敏捷好动,善于交际,在新的环境里不感到拘束。在工作、学习上富有精力而效率高,表现出机敏的工作能力,善于适应环境变化。在集体中精神愉快,朝气蓬勃,愿意从事合乎实际的事业,能对事业心向神往,能迅速地把握新事物,在有充分的自制能力和纪律性的情况下,会表现出巨大的积极性。兴趣广泛,但情感易变,如果事业上不顺利,热情可能消失,其速度与投身事业一样迅速。从事多样化的工作往往成绩卓越。题干所述符合多血质的特点,故本题选 B 项。

63. C 【解析】本题考查教师的知识素养。“君子既知教之所由兴,又知教之所由废,然后可以为人师也。”意思是:君子既懂得教学成功的经验,又懂得教学失败的原因,才能当世人的教师。这句话强调了教师要具备丰富的教育理论知识。

64. B 【解析】本题考查 2008 年修订的《中小学教师职业道德规范》。2008 年修订的《中小学教师职业道德规范》中关于“爱岗敬业”方面所规定的具体职业行为要求有以下几点:(1)对工作高度负责;(2)认真备课上课;(3)认真批改作业;(4)认真辅导学生;(5)不得敷衍塞责。

65. B 【解析】本题考查《新时代中小学教师职业行为十项准则》。传播优秀文化是新时代中小学教师职业行为十项准则之一。具体要求有:带头践行社会主义核心价值观,弘扬真善美,传递正能量;不得通过课堂、论坛、讲座、信息网络及其他渠道发表、转发错误观点,或编造散布虚假信息、不良信息。故题干中高老师的行为违背了传播优秀文化的要求。

66. B 【解析】本题考查教师职业道德存在的问题。教师职业道德存在的问题包括:(1)部分教师缺乏奉献的精神,而且责任感不强。(2)部分教师缺乏职业理想。(3)部分教师的价值观念失衡。在经济体制建立和完善的过程中,一些不健康思想伴随而来,如拜金主义、享乐主义、利己主义等,对师德建设造成了很大冲击,导致一些教师思想观念上的功利化和多元化趋势。有些教师的价值取向的功利性变得越来越强,并且急功近利,在物质上过分追求,功利思想尤为膨胀,并且把个人利益放在第一位,不关心集体利益。教师的价值观失衡和扭曲会引起教师在行为上的失范,从而导致教师的事业心和责任心下降,消减了育人的奉献精神和育人意识。(4)部分教师师德意识较差。因此,B 项符合题意。

67. A 【解析】本题考查教师劳动的特点。教师劳动的复杂性表现之一是教师劳动任务的复杂性,即教师不仅要传授科学文化知识和训练学生的技能,发展学生的智力,培养能力,还要培养学生一定的思想品德,促进学生的身心健康。

68. D 【解析】本题考查教育时政。《关于进一步减轻义务教育阶段学生作业负担和校外培训负担的意见》中指出,全面压减作业总量和时长,减轻学生过重作业负担。学校要完善作业管理办法,加强学科组、年级组作业统筹,合理调控作业结构,确保难度不超国家课标。建立作业校内公示制度,加强质量监督。严禁给家长布置或变相布置作业,严禁要求家长检查、批改作业。B 项正确,D 项错误。学校要确保小学一、二年级不布置家庭书面作业,可在校内适当安排巩固练习;小学三至六年级书面作业平均完成时间不超过 60 分钟,初中书面作业平均完成时间不超过 90 分钟。C 项正确。教师要指导小学生在校内基本完成书面作业,初中生在校内完成大部分书面作业。教师要认真批改作业,及时做好反馈,加强面批讲解,认真分析学情,做好答疑辅导。不得要求学生自批自改作业。A 项正确。本题为选非题,选 D 项。

69. D 【解析】本题考查教育时政。《义务教育质量评价指南》的基本原则为坚持正确方向、坚持育人为本、坚持问题导向和坚持以评促建。其中，坚持问题导向原则中指出，完善评价内容，突出评价重点，改进评价方法，统筹整合评价，着力克服"唯分数、唯升学"倾向，促进形成良好教育生态。

70. A 【解析】本题考查《中小学教育惩戒规则(试行)》。根据《中小学教育惩戒规则(试行)》第十条规定，小学高年级、初中和高中阶段的学生违规违纪情节严重或者影响恶劣的，学校可以实施以下教育惩戒，并应当事先告知家长：(1)给予不超过一周的停课或者停学，要求家长在家进行教育、管教；(2)由法治副校长或者法治辅导员予以训诫；(3)安排专门的课程或者教育场所，由社会工作者或者其他专业人员进行心理辅导、行为干预。B、C、D三项说法错误，A项说法正确。故本题选A项。

二、多项选择题

71. ABC 【解析】本题考查裴斯泰洛齐的教育思想。裴斯泰洛齐的教育学体系的重心是关于和谐发展的要素教育的理论。他认为在各种教育教学过程中，在各门学科中，都存在着一些最简单的要素，教育教学过程必须从这些简单的因素开始，逐渐转移到复杂的因素。因为只有这样才能保证人的和谐发展。基于此，裴斯泰洛齐提出了德智体全面教育的基本要素。因此，A、B、C项符合题意。

72. BC 【解析】本题考查旧中国的学制沿革。"癸卯学制"主要承袭了日本的学制，是中国近代教育史上第一部由国家颁布的并在全国实行的学制系统。该学制的指导思想是"中学为体，西学为用"。B项表述正确。在课程设置上，癸卯学制特别注重读经，具有浓厚的封建性。C项表述正确。壬寅学制注重国民教育和实业教育，A项表述错误。壬戌学制是中国近代教育史上实施时间最长、影响最大的一个学制，D项表述错误。

73. CD 【解析】本题考查必修课程与选修课程相关知识。所谓选修课程，是指依据不同学生的特点与发展方向，容许个人选择的课程，是为适应学生的个性差异而开发的课程。C项表述正确。所谓必修课程，是指同一学年的所有学生必须修习的公共课程，是为保证所有学生的基本学力而开发的课程。D项表述正确。选修课程与必修课程拥有同等的价值，不存在主次关系，选修课程不是必修课程的附庸或陪衬。A、B两项表述错误。

74. BCD 【解析】本题考查班集体的内涵。班集体是班级群体的高级形式。班集体与班级并不等同，A项说法错误。在本质上，班集体的内涵具有多个层次，具体而言：第一，班集体是一个以学生亚文化为特征的社会群体。第二，班集体又是一个以教学为中介的共同活动体系。第三，班集体还是一个以直接交往为特征的人际关系系统。第四，班集体是一个以集体主义价值为导向的社会心理共同体。因此，B、C、D选项符合题意。

75. BD 【解析】本题考查知识的分类。安德森根据知识的不同表征形式，将知识分为陈述性知识和程序性知识。程序性知识即操作性知识，是一种经过学习后自动化了的关于行为步骤的知识，表现为在信息转换活动中进行具体操作，是关于事物"做什么"和"怎么做"的知识，包括各种动作技能、心智技能等。陈述性知识也叫描述性知识，是个人能用言语进行直接陈述的知识，主要用于区别和辨别事物，主要说明事物"是什么""为什么""怎么样"，是一种静态知识。A、C两项属于陈述性知识，B、D两项属于程序性知识。

76. ACD 【解析】本题考查想象的种类。根据想象内容的新颖程度和形式方式的不同，可将想象分为再造想象、创造想象和幻想。(具体内容参见朴雪涛、李楠主编的《教育理论》)

77. ABD 【解析】本题考查系统脱敏法。采用系统脱敏法治疗时须掌握的要点有：(1)帮助来访者建立对治疗的信心，要求来访者积极配合，坚持治疗；(2)在引起焦虑的刺激参照时，要求来访者不发生任何回避行为或意向，因为回避能强化恐惧的心理生理反应；(3)每一次治疗后，要与来访者进行讨论，对其成功加以赞扬，以强化来访者适应性行为。(具体内容参见陈美荣、胡永萍主编的《教育心理学》)

78. AC 【解析】本题考查《基础教育课程改革纲要(试行)》。《基础教育课程改革纲要(试行)》中指出，学校在执行国家课程和地方课程的同时，应视当地社会、经济发展的具体情况，结合本校的传统和优势、学生的兴趣和需要，开发或选用适合本校的课程。各级教育行政部门要对课程的实施和开发进行指导和监督，学校有权力和责任反映在实施国家课程和地方课程中所遇到的问题。因此，A、C两项符合题意。

79. AD 【解析】本题考查《中学教师专业标准(试行)》。《中学教师专业标准(试行)》中，关于"教育知识"的要求有：(1)掌握中学教育的基本原理和主要方法。(2)掌握班级、共青团、少先队建设与管理的原则与方法。(3)掌握教育心理学的基本原理和方法，了解中学生身心发展的一般规律与特点。(4)了解中学生世界观、人生观、价值观形成的过程及其教育方法。(5)了解中学生思维能力、创新能力和实践能力发展的过程与特点。(6)了解中学生群体文化特点与行为方式。综上所述可知，A、D两项正确。B项属于"通识性知识"的要求，C项属于"学科知识"的要求，不符合题意，排除。

三、判断题

80. A 【解析】本题考查内发论。内发论(遗传决定论)强调内在因素，如"需要""成熟"，强调人的身心发展的力量主要源于人自身的内在需要，身心发展的顺序也是由身心成熟机制决定的。即在人的身心发展过程中起决定作用的是遗传素质。题干引文的意思是，只有上等的智者与下等的愚人是不可改变性情的，符合内发论的观点。

81. B 【解析】本题考查个体身心发展的规律。个体身心发展的个别差异性是指个体之间的身心发展以及个体身心发展的不同方面之间，存在着发展程度和速度的不同。例如，不同儿童同一方面的发展速度和水平不同，有些人"少年得志"，有些人则"大器晚成"。题干说法错误。

82. A 【解析】本题考查杜威的教育思想。杜威认为，教育就是儿童生活的过程，而不是将来生活的预备。最好的教育就是"从生活中学习，从经验中学习"。

83. A 【解析】本题考查课程计划的概念。在基本内容上，课程计划主要是指教学科目的设置(课程设置)、学科顺序(课程开设顺序)、课时分配(教学时数)、学年编制和学周安排。其中，开设哪些科目(课程设置)是课程计划的中心和首要问题。

84. B 【解析】本题考查教学原则。思想性(教育性)和科学性相统一的原则是指教学要以马克思主义为指导，授予学生科学知识，并结合知识教学对学生进行社会主义品德和正确人生观、科学世界观教育。这一原则的实质是要求在教学活动中把教书和育人有机地结合起来。"文以载道"的意思是，文章是用来表达思想，阐明道理的，强调在教授学生学习文章时，还要讲明其中的道理，这体现了思想性(教育性)和科学性相统一的教学原则。

85. B 【解析】本题考查课堂气氛的类型。我国学者根据学生在课堂上表现出来的注意状态、情感状态、意志状态、定势状态与思维状态，将课堂气氛分为以下三种类型。(1)积极型。积极的课堂气氛是恬静与活跃、热烈而深沉、宽松与严谨的有机统一。(2)消极型。消极的课堂气氛通常是紧张拘谨、心不在焉、反应迟钝。(3)对抗型。对抗的课堂气氛是失控的气氛、学生过度兴奋、各行其是、随便插嘴、故意捣乱。题干说法错误。(具体内容参见左银舫主编的《教育心理学》)

86. A 【解析】本题考查班主任工作的内容。了解和研究学生是班主任工作的前提和基础，包括对班级群体和班级个体的了解和研究，是做好各项班级教育工作的前提，也是班级教育过程中有效开展各项工作必不可少的基本环节。

87. B 【解析】本题考查情绪和情感的关系。情绪是情感的基础，情感离不开情绪。人的情感是在大量情绪体验的基础上形成和发展起来的，也是通过情绪表达出来的。故题干所述错误。

88. A 【解析】本题考查情绪和情感的两极性。情绪和情感的两极性是指每一种情绪和情感都能找到与之对立的情绪和情感。在快感度、紧张度、激动度和强度上，情绪和情感都表现出互相对立的两极。这种两极性是情绪和情感的主要特征之一。对立的两极在一定条件下可以互相转化。如"苦尽甘来""乐极生悲"等。因此，题干描述正确。

89. A 【解析】本题考查德育过程的结构。从德育过程的内涵来看，构成德育过程的要素包括教育者、受教育者、德育内容和德育方法等。其中，教育者是德育过程的组织者和领导者，在德育过程中起主导作用。

90. A 【解析】本题考查皮亚杰认知发展理论中影响认知发展的因素。皮亚杰认为，影响认知发展的因素有成熟、练习和经验(自然经验)、社会性经验和平衡。题干说法正确。

91. B 【解析】本题考查注意的集中性。注意的指向性是指心理活动有选择地反映一定的对象，而离开其余的对象。注意的指向性表现出人的心理活动具有选择性；注意的集中性是指心理活动停留在被选择的对象上的强度或紧张度，它使心理活动离开一切无关的事物，并且抑制多余的活动，以保证注意的对象能得到比较鲜明和清晰的反映。对出现在同一时间的许多刺激进行选择体现的是注意的指向性。故题干说法错误。

92. A 【解析】本题考查随意注意的定义。随意注意也称有意注意，是有预先目的、必要时需要意志努力、主动地对一定事物所发生的注意。它受人的意识的自觉调节和控制，是人类所特有的一种注意。因此，题干说法正确。

93. A 【解析】本题考查情绪记忆的定义。情绪记忆是个体以曾经体验过的情绪或情感为内容的记忆。这一曾经体验过的情绪或情感内容可以是积极愉快的也可以是消极不愉快的，题干说法正确。

94. B 【解析】本题考查桑代克学习定律的内涵。桑代克认为，学习要遵循三条重要的原则：效果律、准备律、练习律。效果律是指刺激与反应之间联结加强或减弱受到反应结果的影响；练习律认为联结的强度决定于使用联结的频次。一个学会了的刺激—反应之间的联结，练习和使用越多，就越来越得到加强，反之会变弱。练习律的实质就是强化刺激与反应的感应结。故题干说法错误。(具体内容参见张大均、郭成著，郑日昌主编的《教育心理学 新世纪心理与心理健康教育文库》)

95. A 【解析】本题考查教师职业倦怠的特征。教师职业倦怠是教师不能顺利应对工作压力时的一种极端反应，是教师长期压力体验下所产生的情绪、态度和行为的衰竭状态，典型症状是工作满意度低、工作热情和兴趣的丧失以及情感的疏离和冷漠。它包括情感衰竭、去个性化及个人成就感低三个核心成分。故题干说法正确。(具体内容参见张大均主编，郭成、余林副主编的《教育心理学》)

96. A 【解析】本题考查教师的职业道德素养。教师的职业道德素养是从教师对待事业、对待学生、对待集体和对待自己的态度上来体现的。陶行知先生所倡导的“捧着一颗心来,不带半根草去”的奉献精神是其典型代表。

97. B 【解析】本题考查新课程改革下教师教学行为的变化。在对待师生关系上,新课程强调尊重、赞赏。

98. A 【解析】本题考查《中华人民共和国教师法》。根据《中华人民共和国教师法》第十四条规定,受到剥夺政治权利或者故意犯罪受到有期徒刑以上刑事处罚的,不能取得教师资格;已经取得教师资格的,丧失教师资格。题干说法正确。

99. B 【解析】本题考查《中华人民共和国教师法》。根据《中华人民共和国教师法》第三十二条规定,社会力量所办学校的教师的待遇,由举办者自行确定并予以保障。题干说法错误。

2021年广东省深圳市小学教师招聘考试真题试卷(三十四)

一、单项选择题

1. C 【解析】本题考查确立教育目的的客观依据。确定教育目的的客观依据包括:(1)生产力的影响。(2)生产关系的影响。一定的社会生产关系以及由此产生的政治关系和思想关系对教育目的的规定起着直接的决定性的影响。教育目的的性质和方向是由政治经济制度决定的。(3)受教育者身心的制约。故本题选C项。(具体参看靳玉乐主编的《教育概论》)

2. B 【解析】本题考查标准化测验的特点。标准化测验的特点是具有可靠性、有效性,考试标准的稳定性及可比性。但标准化测验也具有一些缺点:(1)试题答案不仅唯一,而且简单;(2)测验只衡量学生掌握信息的多少,却忽视他们综合信息、解决问题和独立思考的能力;(3)由于时间有限,所以与思考的深度相比,测验更注重思考的迅捷;(4)大多数标准化测验只注重基本技能,而忽视严密思考和推理能力的训练;(5)测验只强调独立知识的学习,而不重视在事实和思想的结合中学习。

3. B 【解析】本题考查《中华人民共和国未成年人保护法》。根据《中华人民共和国未成年人保护法》第二十七条规定,学校、幼儿园的教职员工应当尊重未成年人人格尊严,不得对未成年人实施体罚、变相体罚或者其他侮辱人格尊严的行为。根据第一百一十九条规定,学校、幼儿园、婴幼儿照护服务等机构及其教职员工违反本法第二十七条、第二十八条、第三十九条规定的,由公安、教育、卫生健康、市场监督管理等部门按照职责分工责令改正;拒不改正或者情节严重的,对直接负责的主管人员和其他直接责任人员依法给予处分。

4. B 【解析】本题考查动机斗争的类型。双避冲突是指从希望回避的两种事物中必取其一的心理状态。“前有狼,后有虎”中的两种事物都是希望回避的,因此属于双避冲突。故本题选B项。双趋冲突是指从自己同时都很喜爱的两个事物中仅择其一的心理状态。趋避冲突是指对同一目的兼具好恶的矛盾心理。多重趋避冲突是指对含有吸引与排斥两种力量的多种目标予以选择时所发生的冲突。

5. D 【解析】本题考查常用的德育方法。情感陶冶法是指通过设置一定的情境让学生自然而然地得到道德情感与心灵的熏陶、教育的一种教育方法。如果说讲授、谈话、讨论等是一种明示的德育方法的话,陶冶则是一种暗示的德育方法。故本题选D项。

6. D 【解析】本题考查小学生想象的发展。小学生想象的发展特点包括:(1)想象的有意性迅速发展。(2)想象中的创造成分日益增多。(3)想象的内容逐渐接近现实。故A、B、C三项说法正确,本题为选非题,因此,答案选D项。

7. B 【解析】本题考查课堂导入的方法。课堂导入的方法包括:直接导入、经验导入、旧知识导入、实验导入、直观导入、设疑导入、事例导入、悬念导入、故事导入、表演导入、随机事件的导入。除随机事件的导入外,其余导入都是教师在进入课堂之前设计好并做了相关准备的。教师除了预设课堂导入,也可以根据课间发生的一些随机性的事件启动课堂教学。由于随机事件是刚刚发生的,学生的感受和体会都真切而深刻,以此来导入教学更容易激发学生的学习兴趣。随机事件的导入需要教师对学生的举动保持高度的敏感,并且能够充分挖掘随机事件的教学价值。故本题选B项。(具体参看王晞等编著的《课堂教学技能》)

8. D 【解析】本题考查《中华人民共和国未成年人保护法》。根据《中华人民共和国未成年人保护法》第三十五条规定,学校、幼儿园安排未成年人参加文化娱乐、社会实践等集体活动,应当保护未成年人的身心健康,防止发生人身伤害事故。

9. A 【解析】本题考查布卢姆的教学目标分类。美国教育心理学家布卢姆及其同事将教学目标分为认知、情感和动作技能三个领域,每一领域的目标又从低级到高级分成若干层次。其中,认知领域的教学目标分为知识、领会(理解)、运用(应用)、分析、综合、评价六级。知识(又称知道)是指先前学习过的材料的记忆,包括具体事实、方法、过程、理论等的回忆。因此,“知道具体事实”“知道方法与过程”属于认知领域教学目标中的知识。

10. B 【解析】本题考查皮亚杰的道德发展阶段理论。皮亚杰把儿童品德的发展按顺序划分为以下四个阶段:(1)自我中心阶段;(2)权威阶段;(3)可逆性阶段;(4)公正阶段。故本题选B项。

11. B 【解析】本题考查思维的一般过程。抽象是指在人脑中提炼各种事物或现象的共同的、本质的特征,舍弃其个别的、非本质的特征的过程。

12. A 【解析】本题考查《中华人民共和国义务教育法》。根据《中华人民共和国义务教育法》第二十九条规定,教师应当尊重学生的人格,不得歧视学生,不得对学生实施体罚、变相体罚或者其他侮辱人格尊严的行为,不得侵犯学生合法权益。题干中的教师对学生进行言语侮辱、讽刺,这侵犯了学生的人格尊严权,违反了我国《义务教育法》的规定。故本题选A项。

13. C 【解析】本题考查班主任了解学生的方法。班主任了解学生的方法包括:(1)观察法。(2)谈话法。(3)调查法。(4)书面材料分析法。其中,观察法即在自然条件下,有目的、有计划地对学生的各种行为表现进行观察。这是班主任了解、研究学生的最基本方法。故本题选C项。

14. C 【解析】本题考查《中华人民共和国教师法》。根据《中华人民共和国教师法》第二十二条规定,教育行政部门对教师的考核工作进行指导、监督。

15. A 【解析】本题考查2008年修订的《中小学教师职业道德规范》。2008年修订的《中小学教师职业道德规范》中关于“爱岗敬业”方面所规定的具体职业行为要求有:(1)对工作高度负责;(2)认真备课上课;(3)认真批改作业;(4)认真辅导学生;(5)不得敷衍塞责。“教案和课件‘十年如一日’”违背了认真备课上课;“学生作业交由课代表批改”违背了认真批改作业;“对学生的提问也是草草回答、敷衍了事”违背了认真辅导学生、不得敷衍塞责。故本题选A项。

16. C 【解析】本题考查想象的相关知识。想象是人脑对已储存的表象进行加工改造,形成新形象的心理过程。根据创造程度的不同,有意想象又可以分为再造想象和创造想象。其中,再造想象是依据词语或符号的描述、示意在头脑中形成与之相应的新形象的过程。人在阅读文艺作品、历史文献,工人看建筑或机械图纸,学生听教师对课文生动形象的描述时,头脑中出现的有关事物的形象,都属于再造想象。故题干所述属于再造想象。

17. D 【解析】本题考查教学设计的相关内容。学习需要分析、学习内容分析与教学对象分析均处在教学设计的开始阶段,所以统称为“教学设计前期分析”。故A、B、C三项说法正确,本题选D项。

18. B 【解析】本题考查教师的语言技巧。语言技巧训练的要求有:(1)准确简洁,具有科学性;(2)流畅明快,具有逻辑性;(3)生动活泼,具有形象性;(4)含蓄凝练,具有针对性。其中,准确简洁,具有科学性,要求语音规范,表达确切清晰,阐述分寸适度,严谨精炼。要达到“丰而不余一言,约而不失一词”的程度。

19. A 【解析】本题考查班队活动。班队活动的主题是班队活动的灵魂,是班队活动成功的关键。班主任在帮助学生确定班队活动主题时,要根据本班的实际情况,结合学校的教育计划确定相应的活动主题。

20. C 【解析】本题考查《中华人民共和国义务教育法》。《中华人民共和国义务教育法》第四十条规定,教科书价格由省、自治区、直辖市人民政府价格行政部门会同同级出版主管部门按照微利原则确定。

21. D 【解析】本题考查教师的教学反馈。在学生完成探究实验后,教师与学生交谈探究结果,对于实验结果与假设不一致的,教师应当引导学生探索实验出现不同结果的合理性,与学生共同梳理实验过程中可能存在的操作问题,引导学生重新设计方案,并再次检验假设,而不是粗暴的批评学生做实验不认真。故D项做法不合适。

22. A 【解析】本题考查移情性的学生观。移情性的学生观是指班主任能设身处地地体验学生所处的境况,用同情、同理的态度体验学生的内心世界,以学生的情感体验为自己的情感体验,尊重学生个性。

23. C 【解析】本题考查《中华人民共和国教师法》。《中华人民共和国教师法》第十条规定,国家实行教师资格制度。中国公民凡遵守宪法和法律,热爱教育事业,具有良好的思想品德,具备本法规定的学历或者经国家教师资格考试合格,有教育教学能力,经认定合格的,可以取得教师资格。故A、B、D三项说法正确。根据第十一条规定可知,取得小学教师资格,应当具备中等师范学校毕业及其以上学历。故C项说法错误。

24. C 【解析】本题考查评定方法。相对标准是以其他青少年的成绩为依据,对应于常模参照评定。相对标准的评定不仅与青少年自己的成绩有关,还与其他同学的成绩有关。例如,小东阅读成绩是80分(满分100),按照绝对标准属于及格。但是按照相对标准却有不同的解释,如果班里同学都考的是50~60分,那么他的相对分数很高,达到了优秀水平;反之,如果同学们的分数都在92~98分,那么他的相对分数就非常低,很可能属于不合格水平。故本题选C项。

25. B 【解析】本题考查常用的德育方法。说服教育法又叫说理教育法,是通过语言说理,使学生明晓道理,分清是非,提高品德认识的德育方法。这是一种坚持正面理论教育和正面思想引导,增强辨别是非能力,促进道德发展的重要方法。题干中的张老师通过摆事实、讲道理的方法帮助小强认识到自己的错误,正是使用了说服教育法。

26. A 【解析】本题考查课堂管理的分类。根据常规课堂的需要,可以将课堂管理分为诱导型管理和监督型管理两大类。(具体参看王红录主编的《小学教学技能》)

27. C 【解析】本题考查探究式教学。探究式教学是指教师在其教学过程中，对学生进行科学有效的启发和诱导，从而促使学生开展自觉主动地独立学习和合作讨论，对某个知识点或者技能点进行探究，在这种教学模式中，学生的周围世界和生活实际是参照对象，学生可以更充分、更自由地表达自己的看法，对问题提出质疑、进行讨论、开展探究，让学生通过个人、小组、集体等多种解难释疑尝试活动，将自己所学的知识应用于解决实际问题的一种教学形式。故本题选 C。

28. B 【解析】本题考查课外、校外活动。课外活动能够充实学生的生活，扩大学生活动领域，密切学生与社会的联系，进而培养和发展学生的社会交往能力。

29. B 【解析】本题考查学习动机的分类。根据学校情境中的学业成就动机的不同，奥苏贝尔等人把动机分为认知内驱力（认知动机）、自我提高内驱力（自我提高动机）和附属内驱力（附属动机）三个方面。其中，自我提高内驱力是指个体因自己的胜任或工作能力而赢得相应地位的需要。故题干所述符合自我提高内驱力的内涵。

30. D 【解析】本题考查《中华人民共和国预防未成年人犯罪法》。根据《中华人民共和国预防未成年人犯罪法》第四十五条规定，未成年人实施刑法规定的行为、因不满法定刑事责任年龄不予刑事处罚的，经专门教育指导委员会评估同意，教育行政部门会同公安机关可以决定对其进行专门矫治教育。

31. C 【解析】本题考查《中华人民共和国教育法》。根据《中华人民共和国教育法》第七十二条规定，结伙斗殴、寻衅滋事，扰乱学校及其他教育机构教育教学秩序或者破坏校舍、场地及其他财产的，由公安机关给予治安管理处罚；构成犯罪的，依法追究刑事责任。题干中跳舞群众播放的歌曲已经严重影响学校的正常教学，这属于扰乱学校教学秩序的行为，因此，学校可向公安机关报案，并按规定进行处理。

32. D 【解析】本题考查《中华人民共和国义务教育法》。《中华人民共和国义务教育法》第五十八条规定，适龄儿童、少年的父母或者其他法定监护人无正当理由未依照本法规定送适龄儿童、少年入学接受义务教育的，由当地乡镇人民政府或者县级人民政府教育行政部门给予批评教育，责令限期改正。

33. A 【解析】本题考查我国教育目的的理论基础。马克思阐述了关于人的全面发展学说，这一学说是我国确立教育目的的理论依据和基础。

34. B 【解析】本题考查教师的教育机智。教育机智（教育智慧）是教师在教育教学过程中的一种特殊定向能力，是指教师能根据学生新的特别是意外的情况，迅速而正确地做出判断，随机应变地采取及时、恰当而有效的教育措施解决问题的能力。教育机智可以用四个词语概括：因势利导、随机应变、掌握分寸、对症下药。当突然飞来的蝴蝶吸引学生的注意力时，齐老师能根据这一意外的情况随机应变，顺势让大家猜词牌名，并以幽默的话语给出答案。至此课堂的良好氛围不仅没有被打破，还被积极地调动起来，这体现了齐老师的教育智慧。

35. B 【解析】本题考查成就动机理论。力求成功者的目的是获取成就，即通过各种活动努力提高自尊心和获得心理上的满足，成功概率为 50% 的任务是他们最有可能选择的。

36. D 【解析】本题考查需要层次理论。美国人本主义心理学家马斯洛提出了需要层次理论，他认为，人作为一个有机整体，具有多种动机和需要。

37. D 【解析】本题考查亲子关系的特点。亲子关系是一种不对称的双向相互作用关系。在亲子关系中，通常由父母亲掌握着权力和限制，儿童的合作就意味着对父母权威的顺从和尊重。父母指导和训练孩子，孩子有时寻求父母的教导，有时也反抗，但更多地是遵从父母的教育，从而自然地形成了亲子关系中父母占有权威地位。

38. C 【解析】本题考查小学生学习的特点。研究者将小学生学习活动的基本特点概括为直观—操作性、指导—模仿性、基础—再现性。其中，指导—模仿性是指小学生的学习活动是在教师的指导下，通过对教师的教授活动及其他同伴的学习活动的模仿而获得的。

39. A 【解析】本题考查布卢姆的教学目标分类。理解是指在知识记忆的基础上对知识的掌握，能抓住事物的实质，把握材料的主题和意义，包括转化、解释和推断。其中，转换指要求学生用不同的语言表达相同的意思，即用自己的话语或用与原先表达方式不同的方式来表达所学的内容。如学生用自己的语言来表述课文的中心思想，或者学生用自己的语言来陈述一个数学原理的大概意思。故题干中“用自己的语言描述我国基本经济制度的特征”属于理解层次。

40. A 【解析】本题考查教学反思。新课程强调教育是“为了每一个学生的发展”，这就要求教师在反思自己的教学行为的同时，观察并反思学生的学习过程，检查、审视学生在学习过程中学到了什么，形成怎么样的能力，发现并解决了哪些问题。题干中的教师认为在每段视频播放完后应该让学生简要谈谈感想，这样教学效果会更好。这就体现了该教师注重对学生学习过程的反思。

41. C 【解析】本题考查儿童同伴团体的形成和发展阶段。小学儿童同伴团体的形成和发展是有一个过程的。日本心理学家广田君美研究了小学儿童同伴团体的形成和发展过程，把整个过程分为孤立期、水平分化期、垂直分化期、部分团体形成期和集体合并期五个时期。其中，垂直分化期发生于二至三年级。在这一时期，由于儿童学习水平和身体能力的高低，分化出属于支配地位的和被支配地位的儿童。（具体参见刘电芝主编的《儿童发展与教育心理学》）

42. D 【解析】本题考查引起无意注意的条件。引起无意注意的条件包括：(1) 客观条件，即刺激物本身的特点。包括：①刺激物的强度；②刺激物之间显著的对比关系，如万绿丛中一点红；③刺激物的活动和变化；④刺激物的新异性。(2) 主观条件，即人本身的状态。包括：①当时的需要；②当时的特殊情绪状态；③当时的直接兴趣；④个体的知识经验等。题干中的教师制作白底黑字的课件、把形近字的相异部分显示为红色，这都利用了刺激物之间显著的对比关系，其目的在于刺激学生的无意注意。

43. B 【解析】本题考查皮亚杰的认知发展阶段理论。顺应是指当有机体不能利用原有图式接受和解释新刺激时，其认知结构发生改变来适应刺激的影响。题干中学生在知道鸵鸟是鸟，但不会飞后，重新建立了鸟的概念，其原有的认知结构发生了改变，故这一认知过程属于顺应。

44. B 【解析】本题考查教学过程的规律。题干引文的意思是给人一条鱼，只能满足他一顿饭的需要；教给他捕鱼的方法，那他终身都会受用。强调给别人一条鱼，不如教他捕鱼的方法。这体现在教学过程中，就是要重视学生能力的培养。故本题选 B 项。

45. C 【解析】本题考查创造性思维。创造性思维以发散思维为核心。

46. B 【解析】本题考查学习与教学的要素。在教育心理学看来，教学环境不仅是课堂管理研究的主要范畴，也是学习过程研究和教学设计研究所不能忽视的重要内容。

47. C 【解析】本题考查课堂导入的方式。经验导入是以学生原有的生活经验为出发点，教师通过生动而富有感染力的讲解、谈话或提问引起回忆，从而引导学生发现问题的导入方法。

48. C 【解析】本题考查教师的能力素养。教师的自我发展能力主要包括自我认知能力、自我调节能力和自我教育能力。故本题选 C 项。

49. C 【解析】本题考查小学生注意的特点。有意注意是有预先目的、必要时需要意志努力、主动地对一定事物所发生的注意。题干中小学生上课时不由自主地分散注意力，做作业时需要督促，这说明其有意注意能力弱。

50. C 【解析】本题考查板书的类型。提纲（纲要）式板书是将教学内容按照一定的逻辑顺序，通过大小不同的符号和简洁的文字，以提纲的形式表现出来的板书。提纲式板书是教学板书中最常见的一种形式，适用于各科教学。

二、多项选择题

51. ABCD 【解析】本题考查《中华人民共和国教育法》。《中华人民共和国教育法》第四十三条规定，受教育者享有下列权利：(1) 参加教育教学计划安排的各种活动，使用教育教学设施、设备、图书资料；(2) 按照国家有关规定获得奖学金、贷学金、助学金；(3) 在学业成绩和品行上获得公正评价，完成规定的学业后获得相应的学业证书、学位证书；(4) 对学校给予的处分不服向有关部门提出申诉，对学校、教师侵犯其人身权、财产权等合法权益，提出申诉或者依法提起诉讼；(5) 法律、法规规定的其他权利。

52. ABC 【解析】本题考查班级管理的内容。班级管理的内容主要有：(1) 班级组织建设；(2) 班级制度管理；(3) 班级教学管理；(4) 班级活动管理。故本题选 A、B、C 三项。

53. ABC 【解析】本题考查主观经验性考试的弊端。主观经验性考试存在的主要问题有：(1) 命题的主观性较强；(2) 评分的误差较大；(3) 分数解释的片面性。故本题选 A、B、C 三项。

54. ABCD 【解析】本题考查少先队的知识。队前教育“十知道”的具体内容有：(1) 知道队的名称，理解“先锋”的意义，了解先锋们的光辉业绩。(2) 知道队旗是五星加火炬的红旗，了解它的含义。(3) 知道队的标志是红领巾，了解红领巾的意义，学会系红领巾，爱护红领巾。(4) 知道怎样敬队礼，以及队礼所表示的意义。(5) 知道队的呼号是什么。(6) 知道要加入少先队首先要提出申请，学会写申请书。(7) 知道入队的时候首先要为人民做一件好事。(8) 会唱队歌。(9) 知道入队誓词的内容。(10) 知道做个好队员要有“五爱精神”，即爱祖国、爱人民、爱劳动、爱科学、爱社会主义。故本题选 A、B、C、D 四项。

55. ABC 【解析】本题考查小学生高级情感的发展。高级情感指与社会需要相联系的情感，包括道德感、美感、理智感。小学生道德感发展概括起来有如下特点：(1) 评价标准由无原则向有原则发展。例如，小学生一般不再按偶然的外部情况（书桌邻近、居住地邻近等）选择朋友，而是说明自己选择的理由，说明那些促进他与某个同学接近的道德特征。(2) 体验范围由小到大，由近及远。以低年级学生来说，他们爱的情感首先是爱父母、兄弟姐妹、同学，然后逐渐扩展到爱家乡、爱社会、爱祖国、爱全人类。(3) 小学生道德感的体验从浅显、冲动到深刻、稳定。例如，同样对于善良的理解，小学低年级学生认为不打人、不骂人就行了，高年级学生则认为还应该包括拾金不昧、团结友爱、乐于助人等等才行。故 A、C 两项说法正确，D 项说法错误。美感的发展：小学低年级的学生，美感仍然带有幼儿期的特点;以外在美为主,以真实性为主。小学中、高年级学生的精神生活逐步丰富,开始学会从现实生活中理解和感受美与丑、善与恶、高尚与卑劣等等。故B项说法正确。理智感的发展:由于知识面不宽、生活经验较少,抽象思维尚未发展,因此,小学生的理智感较多地与具体的直观事物相联系,他们兴趣的重点还是事实本身。故E项说法错误。因此,答案选A、B、C三项。

56. ABC 【解析】本题考查结课的作用。结课的作用(功能)包括:(1)条理化、系统化功能。(2)巩固强化功能。(3)激趣开智功能。(4)教学过渡功能。故本题选A、B、C三项。

57. ABCD 【解析】本题考查《中华人民共和国未成年人保护法》。《中华人民共和国未成年人保护法》第三十条规定,学校应当根据未成年学生身心发展特点,进行社会生活指导、心理健康辅导、青春期教育和生命教育。故A项说法正确。第二十八条规定,学校应当对尚未完成义务教育的辍学未成年学生进行登记并劝返复学;劝返无效的,应当及时向教育行政部门书面报告。故B项说法正确。第三十三条规定,学校不得占用国家法定节假日、休息日及寒暑假期,组织义务教育阶段的未成年学生集体补课,加重其学习负担。故C项说法正确。第二十九条规定,学校应当关心、爱护未成年学生,不得因家庭、身体、心理、学习能力等情况歧视学生。对家庭困难、身心有障碍的学生,应当提供关爱;对行为异常、学习有困难的学生,应当耐心帮助。故D项说法正确。第三十一条规定,学校应当组织未成年学生参加与其年龄相适应的日常生活劳动、生产劳动和服务性劳动,帮助未成年学生掌握必要的劳动知识和技能,养成良好的劳动习惯。故E项说法错误。因此,答案选A、B、C、D四项。

58. ABCDE 【解析】本题考查教师的社会定向适应性。社会定向适应性是指教师在对外在环境的应对和防御等适应过程中所表现出来的习惯性行为倾向。主要包括:(1)社会环境适应,包括社会认同感、社会参与性和社会接纳性。(2)人际环境适应。(3)应激环境适应。(4)职业角色适应。故本题答案全选。

59. ABC 【解析】本题考查自我意识的相关知识。自我意识是由自我认识、自我体验和自我调节三个子系统构成。自我认识是自我意识的认知成分,是自我意识的首要成分,也是自我调节控制的心理基础,它又包括自我感觉、自我概念、自我观察、自我分析和自我评价。自我体验是自我意识在情感方面的表现。自我调节是自我意识的意志成分,主要表现为个人对自己的行为、活动和态度的调控,它包括自我检查、自我监督、自我控制等。故要了解儿童的自我意识,必须了解儿童的自我评价、自我体验、自我控制等。因此,本题选A、B、C三项。

60. CDE 【解析】本题考查依靠积极因素、克服消极因素的原则。贯彻依靠积极因素、克服消极因素这一原则的要求有:(1)教育者要用一分为二的观点,全面分析,客观地评价学生的优点和不足;(2)教育者要有意识地创造条件,将学生思想中的消极因素转化为积极因素;(3)教育者要提高学生自我认识、自我评价能力,启发他们自觉思考,克服缺点,发扬优点。故本题选C、D、E三项。A项是贯彻知行统一原则的要求之一;B项是贯彻因材施教原则的要求之一。

61. AB 【解析】本题考查引起无意注意的条件。引起无意注意的条件包括:(1)客观条件,即刺激物本身的特点。(2)主观条件,即人本身的状态。故本题选A、B两项。

62. ABCDE 【解析】本题考查学生评价的发展趋势。学生评价的总体发展特点包括:(1)倡导构建"以发展为本"的学生评价体系。(2)以质性的评价模式取代量化的评价模式。(3)强调测评的真实性和情境性。(4)鼓励学生评价中的合作行为。(5)重视思维过程的评价。另外,新课程的学生评价观强调评价主体多元化,尤其强调被评价者对评价过程的主动参与,关注被评价者的地位和感受。故本题答案全选。

63. ABCDE 【解析】本题考查小学生心理健康教育的主要内容。小学生心理健康教育的主要内容包括:普及心理健康基本知识,树立心理健康意识,了解简单的心理调节方法,认识心理异常现象,以及初步掌握心理保健常识,其重点是学会学习、人际交往、升学择业以及生活和社会适应等方面的常识。(具体参见苏碧洋、张美兰主编的《普通心理学》)

64. ACDE 【解析】本题考查教学评价。表现性评价是通过学生完成特定任务的外部行为表现来评价学生的评价方法。它是针对传统的纸笔测验而出现的。期末考试成绩属于纸笔测验,故B项不选。本题答案为A、C、D、E。

65. ABCDE 【解析】本题考查《教育部关于做好义务教育学校教师绩效考核工作的指导意见》。《意见》中指出,教师绩效考核的内容主要是:教师履行《义务教育法》《教师法》《教育法》等法律法规规定的教师法定职责,以及完成学校规定的岗位职责和工作任务的实绩,包括师德和教育教学、从事班主任工作等方面的实绩。故B、D两项说法正确。师德主要考核教师遵守《中小学教师职业道德规范》的情况,特别是为人师表、爱岗敬业、关爱学生的情况。故A项说法正确。教育教学主要考核教师从事德育、教学、教育教学研究、教师专业发展的情况。故C项说法正确。因此,本题答案全选。

66. BCD 【解析】本题考查思维的独创性的特点。思维的独创性是指个体经过思考,独特地和新颖地解决问题的过程中表现出的智力品质,是个体智力的高级表现,它充分反映了人的主观能动性。它的主要特点包括:(1)独特性,具有鲜明的个性的特点,能动而独立地运用已有条件,找出解决问题的办法,绝不人云亦云;(2)发散性,从不同的角度、层次和关系考虑问题,不拘一格,不因循守旧;(3)新颖性,不论是概念、理解、判断、推理、假设、方案或是结论,都包含着新的因素,体现着创新精神,不是机械模仿和简单重复。

67. ABCDE 【解析】本题考查美育的任务。美育的主要任务包括:(1)培养学生正确的审美观点,使他们具有感受美、理解美和鉴赏美的知识与技能;(2)培养学生艺术活动的技能,发展他们体现美和创造美的能力;(3)培养学生的心灵美和行为美,使他们在生活中体现内在美和外在美的统一。故本题答案全选。

68. CD 【解析】本题考查作业的类型。按照作业的难易程度,可以把作业分为基础性作业和发展性作业两种类型。按照完成作业行为方式的不同,可以把作业分为口头作业、书面作业、观察作业和实践作业四种类型。故本题选C、D两项。

69. AC 【解析】本题考查体罚学生的行为。根据《中小学教育惩戒规则(试行)》第十二条规定可知,教师在教育教学管理、实施教育惩戒过程中,不得有超过正常限度的罚站、反复抄写,强制做不适的动作或者姿势,以及刻意孤立等间接伤害身体、心理的变相体罚等行为。根据第八条规定可知,可以对学生实施一节课堂教学时间内的教室内站立的教育惩戒。A项老师让小威在黑板前站一上午,属于超过正常限度的罚站。C项老师让小明抄写课文100遍,属于超过正常限度的反复抄写。故A、C两项属于变相体罚行为。根据第八条、第九条规定可知,可以对学生实施班级公益服务任务或校内公益服务任务的教育惩戒,其包括打扫教室卫生、打扫公共场所等形式,且B项并未体现罚打扫的时间、强度等方面,故B项属于正常限度的教育惩戒。不符合题意,排除。体罚学生是指教师以暴力的方法或以暴力相威胁,或以其他强制性手段,侵害学生的身体和精神健康的侵权行为。D项中实施惩罚的主体是小刚的父亲,不是教师,故不属于体罚学生。不符合题意,排除。E项属于正常的教学活动,不符合题意,排除。因此,答案选A、C两项。

70. ABDE 【解析】本题考查学生伤害事故的责任主体。《学生伤害事故处理办法》把学生伤害事故的民事责任主体分为三类,即学校、学生及未成年学生的监护人、第三人,并分别规定了三类主体在学生伤害事故中应承担的法律责任范围。故本题选A、B、D、E四项。

71. ABCD 【解析】本题考查教学提问的功能。教学提问的功能主要有:(1)集中注意,激发兴趣;(2)启发思维,发展智力;(3)反馈评价,调控教学;(4)提供参与机会,发展表达能力。(具体参看胡淑珍等编著的《教学技能》)

72. ABE 【解析】本题考查教育目的的作用。教育目的的功能(作用)包括导向功能、激励功能和评价功能。

73. BCDE 【解析】本题考查教育法律法规。《中华人民共和国预防未成年人犯罪法》第四十三条规定,对有严重不良行为的未成年人,未成年人的父母或者其他监护人、所在学校无力管教或者管教无效的,可以向教育行政部门提出申请,经专门教育指导委员会评估同意后,由教育行政部门决定送入专门学校接受专门教育。第四十六条规定,专门学校应当在每个学期适时提请专门教育指导委员会对接受专门教育的未成年学生的情况进行评估。对经评估适合转回普通学校就读的,专门教育指导委员会应当向原决定机关提出书面建议,由原决定机关决定是否将未成年学生转回普通学校就读。原决定机关决定将未成年学生转回普通学校的,其原所在学校不得拒绝接收;因特殊情况,不适宜转回原所在学校的,由教育行政部门安排转学。故学校不能责令学生转学。B项当选。根据《中华人民共和国未成年人保护法》第二十八条规定,学校应当保障未成年学生受教育的权利,不得违反国家规定开除、变相开除未成年学生。C、D两项当选。根据《中华人民共和国义务教育法》第二十九条规定,教师应当尊重学生的人格,不得歧视学生,不得对学生实施体罚、变相体罚或者其他侮辱人格尊严的行为,不得侵犯学生合法权益。E项当选。根据《中小学教育惩戒规则(试行)》第十条规定,小学高年级、初中和高中阶段的学生违规违纪情节严重或者影响恶劣的,学校可以实施给予不超过一周的停课或者停学,要求家长在家进行教育、管教的教育惩戒,并应当事先告知家长。A项属于针对中小学生违规违纪情节严重或者影响恶劣的教育惩戒,故不选。因此,本题选B、C、D、E四项。

74. CDE 【解析】本题考查教案的研制过程。教案的研制过程包括教案的设计撰写、实施检验和评价修改等三个环节。(具体参看黄甫全、王本陆主编的《现代教学论学程(修订版)》)

75. ACD 【解析】本题考查赫尔巴特的教育思想。赫尔巴特强调系统知识的传授,强调课堂教学的作用,强调教材的重要性,强调教师的权威作用和中心地位,形成了传统教育"课堂中心""教材中心""教师中心"的特点。杜威是现代教育理论的代表,区别于传统教育的"旧三中心论",他提出了"儿童中心(学生中心)""活动中心""经验中心"的"新三中心论"。故本题选A、C、D三项。

76. ACD 【解析】本题考查影响人格形成和发展的因素。人格的形成与发展离不开先天遗传与后天环境的关系与作用。心理学家们认为,人格是在遗传与环境的交互作用下逐渐形成并发展的。其中,环境因素主要指家庭、学校和社会对一个人个性形成的影响。(具体参见李美华主编的《心理学与生活》)

77. ABCD 【解析】本题考查班级行为管理的方法。班级行为管理的方法有:(1)行为观察法。为了让学生习得班级规范行为,可以提供班级规范行为的视频或是班主任自己的示范,以供学生观察学习。(2)榜样示范法。榜样示范法是以他人的崇高思想、模范行为和卓越成就来影响学生品德的方法。(3)行为强化法。这是指教师运用奖惩等强化手段来巩固学生良好行为、消除不良行为或建立某种新的良好行为的一种方法。(4)纪律约束法。采取纪律约束管理班级组织行为必须要措施到位,做到奖罚分明、公正。

78. ABC 【解析】本题考查《中华人民共和国未成年人保护法》。根据《中华人民共和国未成年人保护法》第三十三条规定,学校应当与未成年学生的父母或者其他监护人互相配合,合理安排未成年学生的学习时间,保障其休息、娱乐和体育锻炼的时间。

79. ABD 【解析】本题考查确定小学课外活动的内容和组织形式的依据。确定小学课外活动内容和组织形式的主要依据是学生的兴趣、爱好和身心发展特点,因此小学课外活动的内容和组织形式是多样的。(具体参看梁双顺、钟雪梅主编的《教育学》)

80. ABDE 【解析】本题考查小学儿童的社会性交往发展的特点。小学儿童的交往对象主要是父母、教师和同伴,但关系已由依赖走向自主,从对成人权威的完全信服到开始表现富有批判性的怀疑和思考。与此同时,具有更加平等关系的同伴交往日益在儿童生活中占据重要地位,并对儿童的发展产生重要影响。(具体参见刘儒德主编的《发展与教育心理学》)

三、是非题

81. √ 【解析】本题考查教学设计。教学是师生的双边活动过程。有效的教学设计是为学而设计的。以学定教、以学促教是教学设计的重要思想。

82. × 【解析】本题考查动机与行为的关系。动机与行为的关系是十分复杂的。同一种行为可能有不同的动机,不同的活动也可能有同一种或相似的动机。在同一个人身上,行为的动机也是多种多样的,其中,有些动机占主导地位,称主导动机,有些动机处于从属地位,称从属动机。例如,一个学生的主导学习动机是学到真才实学,长大后为人民服务,同时他也有成为优等生、报答父母养育之恩的愿望,这些动机则处于从属的地位。主导动机和从属动机的结合,组成个体的动机体系,推动个体的行为。所以,个体的活动往往不是受单一动机的驱使,而是由他的动机体系所推动的。故题干说法错误。(具体参见彭聃龄著的《普通心理学》)

83. √ 【解析】本题考查口头言语的培养。初入学的儿童已掌握一定数量的词汇,但这些词汇大部分是具体的,抽象的词不多,很多词内容贫乏,甚至很多是消极词汇。这种情况是和学习的要求不相适应的。为此,教师必须通过教学和日常活动来使儿童的口头词汇不断扩大、精确、丰富和深刻,并逐渐把一些消极词汇变为积极词汇。(具体参见朱智贤著的《儿童心理学》)

84. × 【解析】本题考查档案袋评价。档案袋评价,又称文件夹评价、学生成长记录袋评价、档案评价等,是为了取代传统的标准化考试、以体现学生实际发展水平而产生的评价方法。档案袋评价法是教师依据教学目标与计划,请学生持续一段时间主动收集、组织与省思学习成果的档案,以评定其努力、进步、成长情形的一种评价方法。故题干说法错误。

85. √ 【解析】本题考查德育的概念。德育是教育工作者组织适合德育对象品德成长的价值环境,促进他们在道德价值的理解和道德实践能力等方面不断建构和提升的教育活动。简言之,德育是促进个体道德自主建构的价值引导活动。(具体参看檀传宝著的《学校道德教育原理(修订版)》)

86. × 【解析】本题考查教学方法。谈话法也叫问答法,它是教师按一定的教学要求向学生提出问题让学生回答,通过问答、对话的形式来引导学生思考、探究,获取或巩固知识,促进学生智能发展的方法。题干所述为谈话法的特点。讲授法是教师运用口头语言系统连贯地向学生传授知识、技能,发展学生智力的教学方法。

87. × 【解析】本题考查学习困难的相关知识。学习困难,又称学习障碍,即学习技能缺乏,指在知识的获取、巩固和应用的过程中缺乏策略和技巧,也就是我们常说的没有掌握学习方法。而智力落后是指个体在发育期内有显著低于平均水平的一般智力,从而导致适应行为的缺陷。从操作层面上看,这一定义可以从三个方面来理解:(1)发育期是指0~18岁;(2)智力明显低于平均正常水平是指智力测验的平均分数低于正常水平的两个标准差;(3)适应行为缺陷是指个人能力在日常生活、学习、人际关系、职业要求等方面明显低于同龄人的平均水平。根据定义可知,学习困难儿童只是没有掌握学习方法,其智力发育可能是正常的,二者不存在从属关系。故题干说法错误。

88. × 【解析】本题考查自我防御机制。退行是指一个人遇到困难的时候放弃已学到的比较成熟的对应技巧和方式,而使用原先比较幼稚的方式去应付困难和满足自己的欲望。故题干所述符合退行的内涵。

89. × 【解析】本题考查强迫型人格障碍。强迫型人格障碍以过分小心谨慎、要求严格和完美、内心的不安全感为主要表现。这种障碍的主要特征是把冲突理智化,过分压抑和控制自己。因此,纠正这种障碍主要是减轻和放松精神压力,最有效的方式为凡事听其自然,不要对做过的事进行评价。因此,对于强迫型人格障碍的矫治,不能再增强其自控能力。故题干说法错误。

90. √ 【解析】本题考查《中华人民共和国未成年人保护法》。根据《中华人民共和国未成年人保护法》第三十七条规定,未成年人在校内、园内或者本校、本园组织的校外、园外活动中发生人身伤害事故的,学校、幼儿园应当立即救护,妥善处理,及时通知未成年人的父母或者其他监护人,并向有关部门报告。

2021年湖南省长沙市教师招聘考试真题试卷(精编)(三十五)

一、单项选择题

1. B 【解析】本题考查教育的起源。心理起源说认为教育起源于日常生活中儿童对成人的无意识模仿。这一起源说把人类有意识的教育行为混同于无意识模仿,导致了教育的生物学化,否认了教育的社会属性。

2. C 【解析】本题考查孔子的教育思想。文、行、忠、信是孔子倡导的教学内容。

3. C 【解析】本题考查教学反思。教学反思是指教师以自己的教学活动为意识对象,对自己的教育理念、教学行为、决策以及由此所产生的结果进行认真地自我审视、评价、反馈、控制、调节、分析的过程。教学反思技能的训练方法包括撰写反思日记、征询学生的反馈意见、观摩教学、课堂实录、合作讨论、文献检索、案例分析、行动研究等。其中,征询学生的反馈意见指教师在授课之后,深入到学生中去,对授课对象进行访谈,了解学生对教学内容的掌握、对教学效果的评价。通过特定的问题与学生进行沟通和交流,找出一些实际存在的问题,把握学生的学习程度,了解学生的知识结构,制定出相应的教学预案。因此,题干所述说明周老师的教学反思能力较好。

4. D 【解析】本题考查我国中小学主要的德育原则。教育影响的一致性和连贯性原则是指,在德育工作中,教育者应主动协调多方面教育力量,统一认识和步调,有计划、有系统、前后连贯地教育学生,发挥教育的整体功能,培养学生正确的思想品德。题干中对各级学校的学生进行思想品德教育,注重教育内容的相互衔接,体现了教育影响的一致性和连贯性原则。故本题选D项。

5. A 【解析】本题考查防御机制。常见的挫折防御机制可分为建设性防御、替代性防御、掩饰性防御、逃避性防御、攻击性防御五大类。其中建设性防御机制是一种具有升华作用的防御机制。它是指个体在遭遇挫折后将痛苦转化为一种建设性力量,把精力和情感投入到有意义的活动中,不让自己长久地沉浸在受挫的苦恼中的一种方式。题干中小曹将自己打人的冲动转化为有意义的锻炼和体育运动,这属于建设性防御机制。

6. C 【解析】本题考查灵感。在创造想象的过程中,新形象的产生往往带有突然性,这种突然出现新形象的状态称为灵感。灵感是想象者在长期生活实践中勤于积累经验的结果。

7. B 【解析】本题考查学习策略。学习的元认知策略是指个体为实现最佳的认知效果而对自己的认知活动所进行的调节和控制,包括计划策略、监控策略和调节策略。题干中小郑制定学习计划并自我监督,体现了元认知策略。

8. A 【解析】本题考查群体对个体的作用。社会干扰也叫社会抑制,是指当他人在场或与他人一起从事某项工作时,个体行为效率下降的现象。题干中当老师在身边的时候,学生做题效率降低,属于典型的社会抑制。

9. D 【解析】本题考查《新时代中小学教师职业行为十项准则》。《新时代中小学教师职业行为十项准则》中"传播优秀文化"即带头践行社会主义核心价值观,弘扬真善美,传递正能量;不得通过课堂、论坛、讲座、信息网络及其他渠道发表、转发错误观点,或编造散布虚假信息、不良信息。题干中的教师带领学生应援娱乐明星问题即违反了传播优秀文化的准则。

10. C 【解析】本题考查心智技能的形成阶段。冯忠良将心智技能的形成分为原型定向、原型操作和原型内化三个阶段。其中原型操作是依据智力技能的实践模式,把学生在头脑中已建立起来的活动程序计划以外显的操作方式付诸实施,获得完备的动觉映像的过程。

11. B 【解析】本题考查教育的词源。"教育"一词最早见于《孟子·尽心上》中的"得天下英才而教育之,三乐也"。故本题选B。

12. D 【解析】本题考查气质类型。胆汁质的人情绪体验强烈,爆发迅猛,平息快速,思维灵活但粗枝大叶,精力旺盛,争强好斗,勇敢果断,为人热情直率、朴实真诚,表里如一,行动敏捷,生气勃勃,刚毅顽强;但这种人遇事经常欠思量,鲁莽冒失,易感情用事,刚愎自用。从题干中对于李明的描述可以看出,李明属于胆汁质的气质类型。

13. C 【解析】本题考查知识直观的类型。在实际的教学过程中,主要有三种直观方式,即实物直观、模像直观和言语直观。其中模像直观指观察与教材相关的模型与图像(如图片、图表、幻灯片、电影、录像、电视等),形成感知表象。因此,题干所述直观教学类型为模像直观。

14. A 【解析】本题考查师生关系的内容。师生在教育内容的教学上结成授受关系。具体表现在:(1)从教师与学生的社会角色规定的意义上看,教师是传授者,学生是受授者;(2)学生在教学中主体性的实现,既是教育的目的,也是教育成功的条件;(3)对学生的指导、引导的目的是促进学生的自主发展。

15.B 【解析】本题考查我国目前中小学主要的教学原则。直观性原则是指在教学活动中,教师应尽量利用学生的多种感官和已有的经验,通过各种形式的感知,使学生获得生动的表象,从而比较全面、深刻地掌握知识。对教学中的直观性原则,古今中外教育家都做过非常精辟的阐述。中国古代教育家荀况说过,"不闻不若闻之,闻之不若见之""闻之而不见,虽博必谬",提出了在学习中不仅要"闻之"更要"见之",才能"博而不谬"。乌申斯基也指出:"一般来说,儿童是依靠形式、颜色、声音和感觉来进行思维的。"故题干中乌申斯基所说的话要求我们在教学中要遵循直观性原则。

16.A 【解析】本题考查动机冲突。动机冲突分为双趋冲突、双避冲突、趋避冲突和多重趋避冲突四种。其中,双趋冲突是指从自己同时都很喜爱的两个事物中仅择其一的心理状态,例如鱼与熊掌不可兼得。

17.D 【解析】本题考查社会知觉偏差。晕轮效应是指当我们认为某人具有某种特征时,就会对他的其他特征做相似判断,例如学生认为外表有魅力的老师教学能力强。题干中青少年认为形象美好的人同样拥有其他美好品质,反之亦然,这属于典型的晕轮效应。

18.A 【解析】本题考查学习的分类。下位学习包括派生类属学习和相关类属学习。其中派生类属学习是指新观念是认知结构中原有观念的特例或例证,新知识只是旧知识的派生物。这种学习比较简单,只需要经过具体化过程即可完成。题干中,新学习的"直角三角形"是原本学习的"三角形"的例证,因此属于派生类属学习。

19.D 【解析】本题考查教师劳动的特点。连续性是指时间的连续性。教师的劳动没有严格的交接班时间界限,这个特点是由教师劳动对象的相对稳定性决定的。广延性是指空间的广延性。教师没有严格界定的劳动场所,课堂内外、学校内外都可能成为教师劳动的空间,这个特点是由影响学生发展因素的多样性决定的。题干中"没有明显的时间和空间界限"体现的就是教师劳动的连续性和广延性。

20.A 【解析】本题考查师生关系的内涵。师生关系是指教师和学生在教育教学活动中为完成一定的教育任务,以"教"和"学"为中介而形成的一种特殊的社会关系,包括彼此所处的地位、作用和态度等。师生关系是教育活动过程中人与人关系中最基本、最重要的关系。

21.C 【解析】本题考查《学记》的教学思想。《学记》指出:"大学之教也,时教必有正业,退息必有居学。"这强调的是正课学习与课外练习必须兼顾,课内与课外相结合,相互补充,也即说明了教学活动和课外活动的关系。

22.B 【解析】本题考查注意的品质。注意的分配是指人在进行两种或多种活动时能把注意指向不同对象的现象。例如,学生在课堂上一边听课,一边记笔记。

23.A 【解析】本题考查中小学生常见的心理问题。抑郁症是以持久的心境低落为特征的神经症。个体有过度的抑郁反应,通常伴随有严重的焦虑感。其表现为:(1)情绪消极、悲观、颓废、淡漠、失去满足感和对生活的乐趣;(2)消极的认知倾向,低自尊、无能感,对未来没有期望;(3)缺乏动机、被动、缺乏热情;(4)肢体疲劳、失眠、食欲不振。

24.B 【解析】本题考查赫尔巴特的教学阶段理论。赫尔巴特把教学理论建立在心理学的基础上,提出了教学的四阶段论,即明了、联合(联想)、系统、方法。

25.C 【解析】本题考查最近发展区。维果斯基认为,儿童有两种发展水平:一是儿童的现有水平,即由一定的已经完成的发展系统所形成的儿童心理机能的发展水平;二是可能达到的发展水平。这两种水平之间的差异,就是最近发展区。也就是说,最近发展区是儿童在有指导的情况下,借助成人的帮助所能达到的解决问题的水平与独自解决问题所达到的水平之间的差异,实际上是两个邻近发展阶段间的过渡状态。

26.C 【解析】本题考查教学工作的基本环节。教学工作的基本环节包括:备课、上课、作业的布置与反馈、课外辅导和学业成绩的检查与评定。其中,上课是整个教学工作的中心环节,是教师教和学生学的最直接体现,是提高教学质量的关键。故本题选C项。备课是教师教学的起始环节,是上好课的先决条件,备好课是教好课的前提。课外辅导是上课的必要补充,是适应学生个别差异、贯彻因材施教的重要措施。

27.C 【解析】本题考查教师角色。教师所扮演的角色之一是"学生楷模"的角色。教师要担当学生的楷模是指教师是学生的成人榜样,教师对于学生不仅是社会道德准则的传递者,更重要的是社会道德准则的体现者。也就是说,教师应该是社会行为规范的代表,教师必须具有比较高尚的道德品格,是学生模仿的榜样。因此,教师也往往被人们誉为"人类灵魂的工程师"。这不仅是对教师的赞誉,也是社会对教师的职业期待。

28.C 【解析】本题考查学习迁移的类型。根据迁移的性质和结果,可分为正迁移、负迁移和零迁移。正迁移也叫"助长性迁移",是指一种学习对另一种学习的促进作用。题干中学生学习鲸、蝙蝠的概念后有利于哺乳动物概念的学习,属于正迁移。负迁移也叫"抑制性迁移",是指一种学习对另一种学习产生的阻碍作用。水平迁移也叫横向迁移,是指先前学习内容与后继学习内容在难度、复杂程度和概括层次上属于同一水平的学习活动之间产生的影响。一般迁移也称非特殊迁移、普遍迁移,是指一种学习中所习得的一般原理、原则和态度对另一种具体内容学习的影响,即原理、原则和态度的具体应用。

29.A 【解析】本题考查教育的质的特点。教育的质的特点有:(1)有目的地培养人的活动。教育的首要任务是促进年青一代体、智、德、美、行(实践智慧与能力)的全面发展,使他们从生物人逐步成长为社会人,进而成为适应与促进社会生活各个方面发展需要的人。(2)教育者引导受教育者传承经验的互动活动。(3)激励与教导受教育者自觉学习和自我教育的活动。(具体参见王道俊、郭文安主编的《教育学》)

30.D 【解析】本题考查个体活动在人的发展中的作用。个体活动在人的发展中的作用表现为:(1)个体活动是人的发展的决定因素;(2)个体活动制约着环境影响的内化与主体的自我建构;(3)个体通过能动的活动选择、建构着自我的发展。

31.D 【解析】本题考查教育的政治功能。教育的政治功能之一是教育是形成社会舆论、影响政治时局的重要力量。古今中外,通过学校制造舆论影响政治的不乏其例,例如,我国现代的五四运动和"一二·九"运动,便发端于学校,扩展到社会,进而形成全国性的政治运动。

32.A 【解析】本题考查社会本位论的观点。社会本位论者认为,教育的根本目的是由社会发展的需要所决定的,至于人的潜能与个性的需要是无关紧要的。其主要观点有:(1)个人的一切发展都有赖于社会;(2)教育除了满足社会需要以外并无其他目的;(3)教育的结果或效果是以其社会功能发挥的程度来衡量的。故A项属于社会本位论的观点。个人本位论的观点有:(1)教育目的是根据个人发展的需要制定的,而不是根据社会的需要制定的;(2)个人价值高于社会价值;(3)人生来就有健全的潜在本能,教育的基本职能就在于使这种潜能得到发展。故B、C、D三项属于个人本位论的观点。

33.C 【解析】本题考查活动课程的特点。活动课程的特点有:(1)重视儿童的兴趣、需要、能力和阅历,以及儿童在学习中的自我指导作用与内在动力;(2)注重引导儿童从做中学,通过探究、交往、合作等活动使学生的经验得到改组与改造,智能与品德得到养成与提高;(3)强调解决问题的动态活动的过程,注重教学活动过程的灵活性、综合性、形成性,因人而异的弹性,以及把课程资源作为解决问题的工具,反对预先确定目标的观念。C项说法错误,当选。

34.A 【解析】本题考查教科书的编写方式。直线式和螺旋式是教科书编写的两种基本的组织方式,它们各有利弊,分别适用于不同性质的学科、不同年级的学生。对理论性较强、学生不易理解和掌握的内容,尤其对低年级的儿童来说,采用螺旋式来组编较适合;对一些理论性、难度或操作性相对较低的学科知识,采用直线式组编则较适合。

35.B 【解析】本题考查教学的任务相关知识。教学的任务之一是发展体力、智力、能力和创造才能。所谓创造才能,对学生来说,主要是指能够运用自己已有的知识、智能、灵感、态度与意志去探索、发现、建构他尚未知晓的新的知识或方法的能力,也就是创新。(具体参见王道俊、郭文安主编的《教育学》)

36.A 【解析】本题考查教学过程的中心环节。传授/接受教学中学生掌握知识的基本阶段包括:(1)引起学习动机;(2)感知教材;(3)理解教材;(4)巩固知识;(5)运用知识;(6)检查知识、技能和技巧。其中,理解教材是教学过程的中心环节。

37.D 【解析】本题考查启发性原则相关知识。启发性原则是指在教学活动中,教师要调动学生的主动性和积极性,引导他们通过独立思考、积极探索,生动活泼地学习,自觉地掌握科学知识,提高分析问题和解决问题的能力。当代倡导的"发现法"或"探究学习",均传承、弘扬与发展了启发教学的思想。

38.B 【解析】本题考查常用的德育方法。明理教育法是通过引导学生摆事实、讲道理,经过思想情感上的沟通与互动,让他们悟明道德真谛,自觉践行的方法。明理教育法包括讲理、沟通、报告、讨论、参观等。(具体参见王道俊、郭文安主编的《教育学》)

39.A 【解析】本题考查班级上课制的优点。班级上课制的优点之一是能促进学生的社会化与个性化。其中促进学生的社会化表现为:班级上课使一个班的学生,长期在一起学习、交往、生活,形成了互爱、互尊、互助、民主平等、和谐亲密的人际关系,过着既丰富多彩又制度化的班组生活,有力地促进学生的社会化。

40.A 【解析】本题考查教师主导作用发挥得好坏的根本标志。教师主导作用是针对能否引导学生积极学习与上进而言的。学生的主动性、反思性、创造性发挥得怎样,学习的效果怎样,是衡量教师主导作用发挥得好坏的根本标志。

41.C 【解析】本题考查形成性评价的目的。形成性评价是在教学进程中,对学生的知识掌握和能力发展所做的比较经常而及时的测评,包括对学生的提问、书面测验、作业批改等。其目的不注重于成绩的评定,而是使师与生都能及时获得反馈信息,更好地改进教与学,以促进教师和学生的发展、提高。

42.D 【解析】本题考查操行评语的要求。操行评语,要实事求是,抓主要问题,有针对性,能反映学生思想品德发展的全貌、特点和趋向;要充分肯定学生的进步,指明其主要缺点和努力的方向,不可罗列现象、主次不分;文字要简明、贴切,使人一看就明白,切忌空洞、抽象、一般化,严防用词不当,伤害学生的情感,造成家长的误解。

43. A 【解析】本题考查教师做好教育工作的前提。热爱教育事业是教师做好教育工作的前提,是教师职业道德的基础,也是教师劳动积极性和创造性的源泉。

44. D 【解析】本题考查教师专业标准的基本理念。我国中小学教师专业标准的基本理念包括:(1)师德为先;(2)学生为本;(3)能力为重;(4)终身学习。

45. B 【解析】本题考查皮亚杰的认知发展理论。皮亚杰认为智力的本质是适应。儿童的认知是在已有图式的基础上,通过同化、顺应和平衡,不断从低级向高级发展。

46. C 【解析】本题考查埃里克森的人格发展阶段理论。勤奋感对自卑感阶段的特征为儿童发展出面对不同任务时的胜任感,尤其在学习上;否则,儿童会认为自己没有能力,不可能成功。

47. A 【解析】本题考查学习的实质。学习不是本能活动,而是后天习得的活动,是由经验或实践引起的。

48. C 【解析】本题考查当事人中心疗法。罗杰斯是当事人中心疗法的创始人。采用当事人中心疗法时,对于如何扮演优良治疗者角色的问题,罗杰斯提出了三个基本条件:(1)真诚一致;(2)无条件积极关注;(3)同理心。

49. B 【解析】本题考查 SQ3R 学习法。SQ3R 学习法包括:S 即 Survey(浏览);Q 即 Question(问题);3R 即 Read(阅读)、Recite(背诵)、Review(复习)。

50. C 【解析】本题考查操作技能的形成。复杂运动技能的形成,一般要经历四个主要阶段:认知阶段、分解阶段、联系定位阶段和自动化阶段。其中在分解阶段时,传授者把整套动作分解成若干局部动作,学习者则初步尝试,逐个学习。由于初学,学习者注意的范围狭小,虽然分解后的动作较简单,容易掌握,但在前后两个动作的交替和过渡上则比较困难,因而导致学习者出现动作忙乱、紧张呆板、不协调、顾此失彼等现象。如儿童初学写字时,往往头部过低,身体歪斜,握笔太紧,用力过大。

51. A 【解析】本题考查规范学习的特点。规范学习是一种让学生学会“做人”的学习,具有感情性、实践性、约束性和延迟性的特点。其中规范学习的情感性是指规范学习整个过程都伴随着情感过程,它是规范学习区别于一般的知识和技能学习的本质特征。

52. D 【解析】本题考查气质类型。抑郁质的观察指标包括:(1)感情不易变化;(2)学习时不愿和许多人在一起;(3)学习容易感到疲倦;(4)做作业花费时间多,怕教师提问;(5)喜欢复习过去学过的知识;(6)对新知识接受能力差,但弄懂之后就很难忘记;(7)不爱表现自己,在陌生人面前怕羞;(8)感情比较脆弱,容易神经过敏;(9)遇到挫折会很痛苦;(10)爱看感情细腻、富有描写心理活动的小说和电影。因此,题干所述是抑郁质的观察指数。

53. B 【解析】本题考查教育时政。习近平总书记在北京大学座谈会上指出,要把立德树人的成效作为检验学校一切工作的根本标准。

54. A 【解析】本题考查《中华人民共和国教育法》。《中华人民共和国教育法》第七十六条规定,学校或者其他教育机构违反国家有关规定招收学生的,由教育行政部门或者其他有关行政部门责令退回招收的学生,退还所收费用,A 项错误;对学校、其他教育机构给予警告,可以处违法所得五倍以下罚款,B 项正确;情节严重的,责令停止相关招生资格一年以上三年以下,直至撤销招生资格、吊销办学许可证,C 项正确;对直接负责的主管人员和其他直接责任人员,依法给予处分;构成犯罪的,依法追究刑事责任。D 项正确。故本题选 A 项。

55. D 【解析】本题考查《中华人民共和国教师法》。《中华人民共和国教师法》第十七条规定,学校和其他教育机构应当逐步实行教师聘任制。教师的聘任应当遵循双方地位平等的原则,由学校和教师签订聘任合同,明确规定双方的权利、义务和责任。

56. D 【解析】本题考查《中华人民共和国教师法》。《中华人民共和国教师法》第二十五条规定,教师的平均工资水平应当不低于或者高于国家公务员的平均工资水平,并逐步提高。建立正常晋级增薪制度,具体办法由国务院规定。

57. C 【解析】本题考查个体身心发展的规律。个体身心发展的个别差异性,是指个体之间的身心发展以及个体身心发展的不同方面之间,存在着发展程度和速度的不同。题干所述即说明人的发展具有个别差异性。

58. B 【解析】本题考查文化知识对人的发展的价值。文化知识蕴含着有利于人的发展的多方面价值:(1)它促进人的认识的发展。所谓“秀才不出门,能知天下事”,主要是指借助于学习知识来达到了解、认识天下事的目的。(2)它促进人的精神的发展。(3)它促进人的能力的发展。(4)它促进人的实践的发展。

59. C 【解析】本题考查以人为本的教育观。以人为本的教育观强调人的发展与社会发展是互动的。人越全面发展,社会的物质文化财富就会创造得越多,人民的生活就越能得到改善;而物质条件越充分,又越能推进人的全面发展。这是两个相互结合、相互促进的永无止境的历史过程。故 C 项说法错误。

60. A 【解析】本题考查德育的作用。德育是引导学生领悟社会主义思想观点和道德规范,组织和指导学生的道德实践,培养学生的社会主义品德的教育。它集中体现了我国教育的价值取向和社会政治性质,在学生的全面发展中起着定向和动力的作用。(具体参见王道俊、郭文安主编的《教育学》)

61. C 【解析】本题考查讲授法的形式。讲授法的形式可分为讲读、讲述、讲解和讲演四种。讲读是读(教科书)与讲的结合,边读边讲,亦称串讲。讲述是教师向学生描绘学习的对象、介绍学习的材料、叙述事物产生变化的过程。讲解是教师向学生对概念、原理、规律、公式等进行解释、论证。讲演则是教师在中学高年级采用的一种教学方法,它要求教师不仅要系统全面地描述事实,而且要通过深入分析、推理、论证来归纳、概括科学的概念或结论。

62. C 【解析】本题考查科尔伯格的品德发展阶段理论。处于好孩子的道德定向阶段的儿童的价值是以人际关系的和谐为导向,顺从传统的要求,符合大众的意见,谋求大家的称赞。

63. D 【解析】本题考查消退。消退是指条件刺激形成以后,如果得不到强化,条件反应会逐渐减弱,直至消失的现象。对儿童的攻击动作不予理睬,使它们得不到强化而逐渐减少,这属于消退法。

64. D 【解析】本题考查强化。强化是采用适当的强化物而使机体反应频率、强度和速度增加的过程。强化有正强化和负强化之分。正强化也称积极强化,是通过呈现想要的愉快刺激来增强反应频率;负强化也称消极强化,是通过消除或中止厌恶、不愉快刺激来增强反应频率。孩子哭闹后,家长让步给予玩具,是对孩子的哭闹反应给予愉快刺激,这属于正强化。

65. D 【解析】本题考查知识与智能的关系。(1)智能的发展依赖于知识的掌握情况。A 项正确。(2)知识的掌握又依赖于智能的发展水平。B 项正确。(3)知识与智能的辩证关系。一个人知识的多少并不能标志其智能发展水平的高低。因为,从知识的掌握到促进智能的发展是一个复杂的过程。智能不仅与掌握知识的多少有关,而且与掌握知识的质量、方法及运用知识解决问题的能力有关。教学中不能只抓知识教学或只重视智能发展。C 项正确,D 项错误。故本题选 D 项。

66. C 【解析】本题考查归因训练。归因训练的过程一般分为四个阶段:(1)了解学生的归因倾向;(2)创设情境,让学生在活动中取得成败体验,特别是要让学生体验到努力就能取得成功;(3)让学生对自己的成败进行归因;(4)引导学生进行积极归因,即增强学生对下一次活动成功的期待,引起良性的情绪体验,并由此对下一次成就行为产生有积极影响的归因方式。

67. D 【解析】本题考查精加工策略。精加工策略是指把新信息与头脑中的旧信息联系起来从而增加新信息意义的深层加工策略。它常被描述成一种理解记忆的策略,其要旨在于建立信息间的联系。

68. C 【解析】本题考查上位学习与下位学习的比较。上位学习遵循从具体到一般的归纳概括过程,属于发现学习。A 项正确。上位学习对学生获得基本概念和一般原理与规则具有重要意义。B 项正确。下位学习对新学知识效率高。C 项错误。下位学习遵循从一般到特殊的过程,属于接受学习。D 项正确。故答案选 C 项。

69. D 【解析】本题考查相同要素说。桑代克等人认为,迁移是非常具体的、有条件的,需要有共同的要素。只有当两个机能的因素中有相同要素时,一个机能的变化才会改变另一个机能的习得。两种情境中的刺激相似,反应也相似时,迁移才会发生。两种情境中相同要素越多,迁移的量也就越大。所以,两种学习之间要产生迁移,关键在于发现它们之间的一致性和相似性。

70. B 【解析】本题考查课堂纪律管理。根据形成途径,课堂纪律一般可分为教师促成的纪律、集体促成的纪律、任务促成的纪律和自我促成的纪律。其中自我促成的纪律又称自律,即在个体自觉努力下由外部纪律内化而成的个体内部约束力。自我促成的纪律是课堂纪律管理的最终目标,也是学生成熟水平向前迈进的标志。

71. C 【解析】本题考查创造性活动的心理过程。创造性活动主要由准备、酝酿、明朗和验证四个阶段构成。其中准备阶段是创造过程的基础阶段,包括积累知识、提出问题、调查研究、收集资料、分析别人的经验和数据等。这一阶段的任务主要是在积累知识的过程中检查和清理问题,确定创造的方向和目标,从主观和客观条件上做好必要的准备。

72. D 【解析】本题考查《中华人民共和国教师法》。《中华人民共和国教师法》第七条规定,教师享有下列权利:(1)进行教育教学活动,开展教育教学改革和实验;(2)从事科学研究、学术交流,参加专业的学术团体,在学术活动中充分发表意见;(3)指导学生的学习和发展,评定学生的品行和学业成绩;(4)按时获取工资报酬,享受国家规定的福利待遇以及寒暑假期的带薪休假;(5)对学校教育教学、管理工作和教育行政部门的工作提出意见和建议,通过教职工代表大会或者其他形式,参与学校的民主管理;(6)参加进修或者其他方式的培训。故 A、B、C 三项属于教师权利,D 项不属于教师权利。答案选 D 项。

73. A 【解析】本题考查《中华人民共和国教育法》。《中华人民共和国教育法》第五十四条规定,国家建立以财政拨款为主、其他多种渠道筹措教育经费为辅的体制,逐步增加对教育的投入,保证国家举办的学校教育经费的稳定来源。

74. C 【解析】本题考查《中华人民共和国义务教育法》。《中华人民共和国义务教育法》第十九条规定，普通学校应当接收具有接受普通教育能力的残疾适龄儿童、少年随班就读，并为其学习、康复提供帮助。D 项符合规定。第二十四条规定，学校应当建立、健全安全制度和应急机制，对学生进行安全教育，加强管理，及时消除隐患，预防发生事故。B 项符合规定。第二十五条规定，学校不得违反国家规定收取费用，不得以向学生推销或者变相推销商品、服务等方式谋取利益。C 项违反规定。第二十七条规定，对违反学校管理制度的学生，学校应当予以批评教育，不得开除。A 项符合规定。故答案选 C 项。

75. B 【解析】本题考查《中华人民共和国未成年人保护法》。十三届全国人民代表大会常务委员会第二十二次会议对《中华人民共和国未成年人保护法》进行了修订，增加了"网络保护"和"政府保护"两章。

二、多项选择题

76. AC 【解析】本题考查教育的本质属性。教育是以人的培养为直接目标的社会实践活动。故 A 项说法正确。教育是人类所特有的一种有意识的社会活动，故本能活动不属于教育，C 项说法正确。教育是一种有目的地培养人的社会活动，这是教育区别于其他事物现象的根本特征，是教育的本质属性，这也是教育的质的规定性。如果失去这一质的规定性，就不能称之为教育。例如，一个顽皮的孩子偶然把手指伸到火苗上，被灼伤，并由此获得火的有关知识的过程，不能算是受到了"教育"。这样没有明确目的的、偶然发生的外界对个体发展的影响就不能称为"教育"。故 B、D 项说法错误。

77. ACD 【解析】本题考查贯彻启发性原则的要求。贯彻启发性原则的要求有：(1) 加强学习的目的性教育，调动学生学习的主动性；(2) 设置问题情境，启发学生独立思考，培养学生良好的思维方法和思维能力；(3) 让学生动手，培养学生独立解决问题的能力，鼓励学生将知识创造性地运用于实际；(4) 发扬教学民主。

78. BC 【解析】本题考查自我价值理论。卡文顿提出了自我价值理论，该理论以成就动机理论和成败归因理论为基础，从学习动机的负面着眼，企图探讨"有些学生为什么不肯努力学习"的问题。卡文顿根据学生追求成功和避免失败的倾向，将学生分为四类。(1) 高趋高避者，又称过度努力者。他们兼具了成功定向者和避免失败者的特点。一方面对自我能力的评价较高，另一方面这一评价又不稳定，极易受到失败经历的动摇。B 项正确。(2) 高趋低避者，又称成功定向者。C 项正确。(3) 低趋低避者，又称失败接受者。(4) 低趋高避者，又称避免失败者。因此本题选 B、C 两项。

79. AD 【解析】本题考查多血质的特征。多血质的特征包括：感情丰富、外露但不稳定，思维敏捷，但不求甚解，活泼好动、热情大方、善于交往，但交情浅薄，行动敏捷，适应力强，容易接受新事物；他们的弱点是缺乏耐心和毅力，稳定性差，见异思迁。故选 A、D 两项。B 项为黏液质的特征。C 项为胆汁质的特征。

80. ABC 【解析】本题考查习近平总书记提出的四个"相统一"。四个"相统一"包括：(1) 坚持教书和育人相统一；(2) 坚持言传和身教相统一；(3) 坚持潜心问道和关注社会相统一；(4) 坚持学术自由和学术规范相统一。

81. AC 【解析】本题考查班级平行管理的内涵。班级平行管理是指班主任既通过对集体的管理去间接影响个人，又通过对个人的直接管理去影响集体，从而把对集体和个人的管理结合起来的管理方式。班级平行管理的理论源于马卡连柯的"平行影响"的教育思想。故本题 A、C 项正确，B 项错误。班级常规管理是指通过制定和执行规章制度来管理班级的经常性活动，故 D 项错误。

82. BCD 【解析】本题考查启发性教学原则。启发性原则是指在教学活动中，教师要调动学生的主动性和积极性，引导他们通过独立思考、积极探索，生动活泼地学习，自觉地掌握科学知识，提高分析问题和解决问题的能力。孔子提出的"不愤不启，不悱不发"的教学要求以及《学记》中"道而弗牵，强而弗抑，开而弗达"的教学思想，都是这一教学原则的体现。第斯多惠也曾说："一个坏的教师奉送真理，一个好的教师则教人发现真理。"故本题选 BCD。"学不躐等"反映的是循序渐进原则，故不选。

83. ABD 【解析】本题考查课堂气氛。我国学者根据学生在课堂上表现出来的注意状态、情感状态、意志状态、定势状态与思维状态，将课堂气氛分为以下三种类型。积极的课堂气氛是恬静与活跃、热烈而深沉、宽松与严谨的有机统一。消极的课堂气氛通常是紧张拘谨、心不在焉、反应迟钝。对抗的课堂气氛是失控的气氛、学生过度兴奋、各行其是、随便插嘴，故意捣乱。教师对学生的期望是影响课堂气氛的因素之一。故 A、B、D 三项正确。良好的课堂纪律是课堂教学得以顺利进行的重要保障条件。故 C 项错误。

84. ABC 【解析】本题考查三维课程目标。新课程背景下的课堂教学，要求根据各学科教学的任务和学生的需求，从知识与技能、过程与方法、情感态度与价值观三个维度出发设计课程目标。具体到教学实践，就是要把原来目标单一(即知识与技能)的课堂转变为目标多维(即知识与技能、过程与方法、情感态度与价值观三个维度)的课堂。

85. AB 【解析】本题考查组织策略。组织策略指整合所学新知识之间、新旧知识之间的内在联系，形成新的知识结构的策略。主要的组织策略有列提纲、做图表、利用表格等。故 A、B 两项属于组织策略。

86. ABCD 【解析】本题考查影响人身心发展的主要因素。总体来看，影响个体身心发展的因素主要有遗传、环境、教育(学校教育)和个体主观能动性等。

87. ACD 【解析】本题考查美育。中国教育史上蔡元培先生倡导的"以美育代宗教说"，是美育的超美育功能认识的一个代表。故 A 项正确。形成创造美的能力是美育的最高层次的任务。故 C 项正确。美育是培养学生正确的审美观，发展其鉴赏美、创造美的能力，培养他们的高尚情操和文明素质的教育，故 D 项正确。学校美育的内容包括形式教育、理想教育、艺术教育，故美育不等同于艺术教育，B 项说法错误。

88. BCD 【解析】本题考查态度与品德学习的一般过程。态度与品德的形成是一个从外到内的转化过程，是社会规范的接受和内化，大致经历依从、认同和内化三个阶段。

89. ACD 【解析】本题考查实习作业法的内涵。实习作业法是学生在教师指导下进行的学科实践活动，以培养学生专业操作能力的方法。如数学的实地测量、地理的地形测绘、生物的植物栽培和动物饲养等，都是有价值的实习作业。B 选项属于读书指导法的内容，故不选。

90. ABCD 【解析】本题考查品德的心理结构。品德的心理结构包括四种相辅相成的基本心理成分：道德认知、道德情感、道德意志和道德行为。

三、判断题

91. √ 【解析】本题考查昆体良的教育思想。昆体良认为，大多数的教学可以用同样大小的声音传达给全体学生，更不必说那些修辞学家的论证和演说，无论听众多少，每个人都能全部听清楚。他还说过，根据一些教师的实践，把儿童分成班级，依照他们每个人的能力，指定他们依次发言。昆体良的这些见解，是班级授课制思想的萌芽。

92. × 【解析】本题考查三维课程目标。三维课程目标中，"知识与技能"目标强调基础知识和基本技能的获得，相当于传统的"双基"教学。"过程与方法"目标突出的是让学生"学会学习"，使学生获得知识的过程同时成为获得学习方法和能力发展的过程。"情感态度与价值观"目标强调在教学过程中激发学生的情感共鸣，引起积极的态度体验，形成正确的价值观。题干中形成正确的知识产权意识属于情感态度与价值观目标。

93. √ 【解析】本题考查班级管理的核心。学生的发展是班级管理的核心。班级管理的实质就是让学生的潜能得到尽可能的开发。在现代学校教育中，班级活动完全是一种培养人的实践活动，满足学生发展的需要既是班级活动的出发点，又是班级活动的最终归宿。

94. √ 【解析】本题考查态度与品德学习的一般过程。认同，即在思想、情感、态度和行为上主动接受规范，从而试图与之保持一致。认同实质上就是对榜样的模仿，其出发点就是试图与榜样一致。

95. × 【解析】本题考查知识的表征。命题是一种断续的、抽象的表征，而表象是一种连续的、模拟的表征。

96. √ 【解析】本题考查回忆的种类。按是否有预定的目的、任务和意志努力的程度，回忆可分为有意回忆和无意回忆。其中有意回忆是指有回忆任务、并做一定的意志努力、自觉追忆以往经验的回忆，例如课堂上学生回答老师的提问。

97. √ 【解析】本题考查皮亚杰的认知发展阶段理论。皮亚杰提出，在儿童思维发展的所有特征中最重要的是可逆性。

98. × 【解析】本题考查学习的分类。奥苏贝尔从两个维度对学习做了区分：从学生学习的方式上，将学习分为接受学习和发现学习；从学习内容与学习者认知结构的关系上，又将学习分为有意义学习和机械学习。接受学习的特征是把要学习的全部内容或多或少地以定论的形式呈现给学习者，不需要学习者任何形式的独立发现，只需要学习者把学习材料加以内化，把新旧材料的内容有机地结合。有意义学习是以符号为代表的新观念与学习者认知结构中原有的适当观念建立起非人为的和实质性的联系的过程，是原有观念对新观念加以同化的过程。题干所述未能体现小郭进行了有意义的接受学习。

99. × 【解析】本题考查《中华人民共和国教师法》。《中华人民共和国教师法》第八条规定，教师应当履行下列义务：(1) 遵守宪法、法律和职业道德，为人师表；(2) 贯彻国家的教育方针，遵守规章制度，执行学校的教学计划，履行教师聘约，完成教育教学工作任务；(3) 对学生进行宪法所确定的基本原则的教育和爱国主义、民族团结的教育，法制教育以及思想品德、文化、科学技术教育，组织、带领学生开展有益的社会活动；(4) 关心、爱护全体学生，尊重学生人格，促进学生在品德、智力、体质等方面全面发展；(5) 制止有害于学生的行为或者其他侵犯学生合法权益的行为，批评和抵制有害于学生健康成长的现象；(6) 不断提高思想政治觉悟和教育教学业务水平。故题干所述属于教师的法定义务。

100. √ 【解析】本题考查教师劳动的连续性。教师劳动的连续性是指时间的连续性。教师的劳动没有严格的交接班时间界限，这个特点是由教师劳动对象的相对稳定性决定的。

2021年湖南省株洲市天元区教师招聘考试真题试卷(三十六)

一、单项选择题

1. C 【解析】本题考查教育的本质属性。教育的本质属性是育人,即教育是一种有目的地培养人的社会活动。这是教育区别于其他事物现象的根本特征。题干中夸美纽斯说的话和康德的观点都说明了教育是培养人的社会实践活动。

2. D 【解析】本题考查素质教育的时代特征。作为国力竞争基础工程的教育,必须培养具有创新精神和实践能力的新一代人才,这是素质教育的时代特征。

3. A 【解析】本题考查王守仁的教育思想。王守仁提出教育要循序渐进。王守仁认为学习要有序,不可躐等,"从本原上用力,渐渐盈科而进"。从这一认识出发,他进一步提出"与人论学亦须随人分限所及",即教学要考虑学者的基础,不断加深。

4. B 【解析】本题考查教育的起源。教育的劳动起源说的主要观点可以概括为:(1)人类教育起源于其劳动或劳动过程中所产生的需要;(2)以制造和利用工具为标志的人类的劳动不同于动物的本能活动,前者是社会性的,因而教育是人类特有的一种社会活动;(3)教育产生于劳动是以人类语言意识的发展为条件的;(4)教育从产生之日起其职能就是传递劳动过程中形成与积淀的社会生产和生活经验;(5)教育范畴是历史性与阶级性的统一,而不是如一些资产阶级教育学者所说的是永恒不变的范畴。生产力与生产关系的形态以及二者之间的关系改变了,教育形态也必须发生改革。

5. B 【解析】本题考查课程类型。我国古代的"六艺"、古希腊的"七艺"和"武士七艺"(即骑马、游泳、投枪、击剑、打猎、下棋、吟诗)都可以说是最早的学科课程。学科课程的主导价值在于传承人类文明,强调使学生掌握、传递和发展人类积累下来的文化遗产。

6. C 【解析】本题考查常用的德育方法。情感陶冶法是指教育者自觉创设良好的教育情境,潜移默化地使受教育者在道德和思想情操等方面受到感染、熏陶的方法。情感陶冶法包括人格感化、环境陶冶和艺术陶冶。其中,艺术陶冶是指通过音乐、美术、舞蹈、雕塑、诗歌、影视等文学艺术活动,使学生潜移默化地受到影响。题干中的学校组织学生观看爱国主义教育影片,运用的是情感陶冶法中的艺术陶冶。

7. B 【解析】本题考查新课程改革的核心任务。学生学习方式的转变具有极其重要的意义,这是因为学习方式的转变将会牵引出思维方式、生活方式甚至生存方式的转变。学生的自主性、独立性、能动性和创造性将因此得到真正的张扬和提升。学生不仅将成为学习和教育的主人,而且还将成为生活的主人,成为独立的、积极参与社会的、有责任感的人。学习方式转变因此被看成是新课程改革的显著特征和核心任务。

8. D 【解析】本题考查现代学习方式的首要特征。主动性是现代学习方式的首要特征,它对应于传统学习方式的被动性。二者在学生的具体学习活动中表现为:"我要学"和"要我学"。"我要学"是基于学生对学习的一种内在需要,"要我学"则是基于外在的诱因和强制。只有当学习的责任真正地从教师身上转移到学生身上,学生自觉担负起学习的责任时,学生的学习才是一种真正的、有意义的学习。

9. B 【解析】本题考查三维目标的相关内容。新课程的培养目标在各科课程标准中是分层次地体现的,目标的构成及其相互关系可按三个层次分列:知识与技能——基础目标,能力(过程)与方法——核心目标,情感态度与价值观——优先目标。

10. A 【解析】本题考查罗杰斯的非指导性教学模式。罗杰斯提出了非指导性教学模式。所谓"非指导性教学",就是非操纵教学,教师不是直接地教学生,而仅仅是促进他们学习。这种教学活动把学生放在居中的位置上,把学生的"自我"看成是教学的根本要求,教师竭尽所能地创造和谐、融洽、宽松的课堂气氛,使学生在整个学习过程中都感到安全与自信,充分显露自己的潜能,朝自我实现的目标发展。

11. C 【解析】本题考查操作技能的形成。操作技能的形成分为操作定向、操作模仿、操作整合和操作熟练四个阶段。其中操作熟练是操作技能掌握的高级阶段。通过动作练习形成的活动方式对各种变化的条件具有高度的适应性,动作的执行达到高度的程序化、自动化和完善化。

12. C 【解析】本题考查动作技能的分类。动作技能可按其执行过程中,外部情境是否变化而分成封闭的动作技能和开放的动作技能。封闭的动作技能是指外部情境在本质上相同的情况下,动作能始终如一地维持。像写字、打字等动作属于封闭的动作技能。开放的动作技能是指所进行的动作随着外部情境的变化而作相应变化的技能。像打乒乓球时的接发球、抽杀等动作,篮球比赛中的运球、传球、投篮等动作都属于这类动作技能。

13. A 【解析】本题考查加德纳的多元智能理论。早期,加德纳认为,人的智力结构中存在着七种相对独立的智力。其中人际沟通智能又称人际交往智力、人际智力,指对他人的表情、说话、手势动作的敏感程度以及对此做出有效反应的能力,表现为个人觉察、体验他人的情绪与情感,并做出适当的反应。

14. D 【解析】本题考查感知规律。感知规律分为强度律、差异律、活动律和组合律。其中组合律是指空间上接近、时间上连续、形状上相同、颜色上一致的事物,其易于构成一个整体为人们所清晰地感知。

15. D 【解析】本题考查托尔曼的符号学习理论。托尔曼认为,学习的结果不是 S 与 R 的直接联结,学习是对完形的认知,是形成认知地图的过程。

16. B 【解析】本题考查理想化偏见。理想化偏见是指个体在估计事件后果时,总是认为负面后果只会出现在他人身上,自己则不会有事。题干中贾同学认为在河滩戏水时危险不会发生在自己身上,属于典型的理想化偏见。

17. B 【解析】本题主要考查自我价值论。美国教育心理学家卡文顿提出了自我价值理论。他根据学生追求成功和避免失败的倾向,将学生分为高趋低避型、低趋高避型、高趋高避型和低趋低避型四类。其中低趋高避者,又称避免失败者。这类学生有很多保护自己胜任感的策略,使用各种自我防御术,从外部寻找个人无法控制的原因来解释失败。小微将失败归咎于失眠,说明其属于低趋高避型的学生。

18. C 【解析】本题考查影响问题解决的因素。思维定势(即心向)是指重复先前的操作所引起的一种心理准备状态。在定势的影响下,人们会以某种习惯的方式对刺激情境做出反应。题干中教师给自己认为好的学生高分,差的学生低分,属于对学生的思维定势。

19. D 【解析】本题考查习近平总书记在全国高校思想政治工作会议上的讲话。习总书记强调,做人的工作有三个方面:"四个为了"做好"为谁培养人"。为人民服务,为中国共产党治国理政服务,为巩固和发展中国特色社会主义制度服务,为改革开放和社会主义现代化建设服务。"四个坚持不懈"做好"如何培养人"。坚持不懈传播马克思主义科学理论,坚持不懈培育和弘扬社会主义核心价值观,坚持不懈促进高校和谐稳定,坚持不懈培育优良校风和学风。"四个正确认识"做好"培养什么样的人"。正确认识世界和中国发展大势,正确认识中国特色和国际比较,正确认识时代责任和历史使命,正确认识远大抱负和脚踏实地。

20. D 【解析】本题考查校本培训的概念。校本培训是一种由学校自行策划、自行组织、自行实施、自行考核的教师培训模式,其核心是培训的自主化和培训的个性化,即培训完全服务于本校的实际需要,培训内容和形式完全根据本校及本校教师的特点来编制设定,培训者基本由本校的教师来担任。

21. A 【解析】本题考查教育时政。2020 年 9 月 22 日,习近平总书记主持召开教育文化卫生体育领域专家代表座谈会时强调:体育是提高人民健康水平的重要途径,是满足人民群众对美好生活向往、促进人的全面发展的重要手段,是促进经济社会发展的重要动力,是展示国家文化软实力的重要平台。

22. B 【解析】本题考查《深化新时代教育评价改革总体方案》。《深化新时代教育评价改革总体方案》中指出,坚决克服重科研轻教学、重教书轻育人等现象,把师德表现作为教师资格定期注册、业绩考核、职称评聘、评优奖励首要要求,强化教师思想政治素质考察,推动师德师风建设常态化、长效化。

23. A 【解析】本题主要考查《中共中央 国务院关于深化教育教学改革全面提高义务教育质量的意见》。《中共中央国务院关于深化教育教学改革全面提高义务教育质量的意见》中指出,人力资源社会保障部门要依法落实教师待遇,为学校招聘教师提供支持。

24. B 【解析】本题考查教育政策的特点。教育政策不同于教育规律,它是人们主观意志的体现,因而总具有明确的指向性。(具体参见黄胜主编的《教育学新编》)

二、多项选择题

25. ABD 【解析】本题考查校园文化的相关内容。校园文化是指由全体师生员工在长期的教学实践过程中培育形成的共同遵守的道德标准、价值观念及行为规范。它以学生为主体,以校园为主要空间,以育人为导向,以精神文化、环境文化、行为文化、制度文化建设为主要内容。故 A 项说法正确,C 项说法错误。校园文化是社会整体文化的一部分,必须加以科学引导和规范,故 B 项说法正确。校园文化的作用包括:(1)校园文化是一种氛围、一种精神;(2)校园文化建设可以极大地提升学校的文化品位;(3)校园文化是一所学校综合实力的反映。故 D 项说法正确。

26. AC 【解析】本题考查师生关系相关知识。师生关系和谐健康,学生才会乐于接受教育,才有可能被培养成为符合社会发展需要的高素质人才。中学师生心理关系建立在平等和民主的基础之上。

27. ABD 【解析】本题考查蔡元培的五育并举思想。蔡元培比较系统地提出了五育并举的思想,即:军国民教育、实利主义教育、公民道德教育、世界观教育和美感教育。

28. ABD 【解析】本题考查布鲁纳的认知—发现学习理论。布鲁纳认为学习包括三种几乎同时发生的过程,这三种过程是:新知识的获得、知识的转化、知识的评价。

29. BC 【解析】本题考查知识学习的类型。奥苏贝尔根据新知识与原有认知结构的关系,将知识学习分为下位学习、上位学习和并列结合学习。其中上位学习又称总括学习,即通过综合归纳获得意义的学习,是在学生掌握一个比认知结构中原有概念的概括和包容程度更高的概念或命题时产生的。上位学习遵循从具体到一般的归纳概括过程。例如,为了让学生掌握"面积"的概念,教师以桌面、地面、墙面、操场为例证,并比较其大小,最后得出"面积就是平面图形或物体表面的大小"的定义,就属于上位学习。故B、C两项属于上位学习。

30. ACD 【解析】本题考查多元智能理论。多元智能理论认为,影响每个人智力的发展有三种因素:先天资质,个人成长经历和个人生存的历史文化背景。这三种因素相互影响、相互作用。

31. AB 【解析】本题考查教育时政。习近平总书记指出,要坚持不懈培育和弘扬社会主义核心价值观,引导广大师生做社会主义核心价值观的坚定信仰者,积极传播者,模范践行者。培育和弘扬社会主义核心价值观,广大师生应该深刻理解社会主义核心价值观的素质内涵、在学习和生活中自觉践行社会主义核心价值观。

32. CD 【解析】本题考查习近平总书记在学校思想政治理论课教师座谈会上的讲话。习近平总书记强调,在大中小学循序渐进、螺旋上升地开设思想政治理论课非常必要,是培养一代又一代社会主义建设者和接班人的重要保障。

33. ACD 【解析】本题考查《中华人民共和国教育法》。《中华人民共和国教育法》第三十一条规定,学校及其他教育机构的校长或者主要行政负责人必须由具有中华人民共和国国籍、在中国境内定居、并具备国家规定任职条件的公民担任,其任免按照国家有关规定办理。学校的教学及其他行政管理,由校长负责。

34. ABC 【解析】本题考查教师心理健康的标准。教师心理健康是教师心理素质的一个重要反映和指标,它既包括一般心理健康标准的共性,同时也体现教师职业的特殊性,因此,应包括:(1)对教师角色的认同;(2)良好的人际关系;(3)善于调控情绪;(4)健全的人格;(5)教育的独创性。

三、填空题

35.《普通教育学》　36. 符号学习　37. 环境　38. 直觉思维　39. 四
40. 机械识记　41. 县　42. 校长　43. 增值评价　44. 2035

四、简答题(参考答案)

45. 就深化教育教学改革、全面提高义务教育质量,中共中央、国务院提出了哪些意见?

根据《中共中央 国务院关于深化教育教学改革全面提高义务教育质量的意见》的规定可知,就深化教育教学改革、全面提高义务教育质量,中共中央、国务院提出了如下意见:

(1)坚持立德树人,着力培养担当民族复兴大任的时代新人;(2)坚持"五育"并举,全面发展素质教育;(3)强化课堂主阵地作用,切实提高课堂教学质量;(4)按照"四有好老师"标准,建设高素质专业化教师队伍;(5)深化关键领域改革,为提高教育质量创造条件;(6)加强组织领导,开创新时代义务教育改革发展新局面。

46. 义务教育质量评价包括县域、学校、学生三个层面,请你简述学生发展质量评价的主要内容。

《义务教育质量评价指南》规定学生发展质量评价主要包括学生品德发展、学业发展、身心发展、审美素养、劳动与社会实践等五个方面重点内容,旨在促进学生德智体美劳全面发展,培养适应终身发展和社会发展需要的正确价值观、必备品格和关键能力。

47. 项目式学习活动通常包括哪几个基本环节?

项目式学习活动的基本环节包括:(1)提出驱动性问题;(2)形成具体探究问题和探究计划;(3)实施探究过程;(4)形成和交流探究结果;(5)反思评价。

五、论述题(参考答案)

48. 各级党委和政府可以下达升学指标或以中高考升级率考核下一级党委和政府、教育部门、学校和教师,请你对此观点作出判断和分析。

这一观点是错误的,不符合我国《深化新时代教育评价改革总体方案》。

《深化新时代教育评价改革总体方案》中明确指出:坚决纠正片面追求升学率倾向。各级党委和政府要坚持正确政绩观,不得下达升学指标或以中高考升学率考核下一级党委和政府、教育部门、学校和教师,不得将升学率与学校工程项目、经费分配、评优评先等挂钩,不得通过任何形式以中高考成绩为标准奖励教师和学生,严禁公布、宣传、炒作中高考"状元"和升学率。对教育生态问题突出、造成严重社会影响的,依规依法问责追责。

题干所述观点会对我国的教育发展造成以下危害:

(1)只注重死记硬背,忽视学生的全面发展,有害于学生的身心健康发展;

(2)导致评价学生的指标单一化,不利于学生健康成长、多方面成才;

(3)导致教育脱离为社会发展服务的轨道,危害社会风气。

49. 认知建构主义对指导学习过程,促进教学改革具有重要意义,表现在哪里?

认知建构主义对指导学习过程,促进教学改革具有重要的意义。表现在以下几个方面:

(1)建构主义在知识观上对知识的客观性和确定性提出质疑,强调知识的动态性。教师在教育教学过程中应当要更加重视学生的个性化特点,因材施教,并不是要对所有的学生传授完全相同的原理知识,而是要让每个学生能够按照他的知识经验建构出新的知识内容。

(2)建构主义在学习观上强调学习的主动建构性、社会互动性和情境性。建构主义认为学习就是主体对学习客体的主动探索、不断变革,从而建构对客体意义理解的过程。因此,在教学中应当注意学生的意义建构,通过适当的教学策略启发学生能够自主建构认知结构。

(3)建构主义在学生观上认为,教学不能无视学生的已有经验,而是要把儿童现有的知识经验作为新知识的生长点,引导儿童从原有的知识经验中发展出新的知识经验。因此,在教学过程中除了传统知识的传授,还应当充分发挥学生的主体地位,强调学生的自主性和能动性,使学生在学习过程中能够主动发现、分析、解决问题。

(4)建构主义在教师观上把教师看成是学生学习的帮助者、合作者。建构主义认为教学不是由教师到学生的简单转移和传递,而是在师生的共同活动中,教师通过提供帮助和支持,引导学生从原有的知识经验中"生长"出新的知识经验。因此,在教学实践中,教师应该重视学生对各种现象的理解,倾听他们的看法,洞察他们这些想法的由来,以此为依据,引导学生丰富或调整自己的理解。

六、案例分析题(参考答案)

50. 后进生通常指那些学习积极性不高、学习成绩暂时落后、不太守纪律的学生。

后进生一般具有如下心理特征:(1)不适度的自尊心;(2)学习动机不强;(3)意志力薄弱。案例中,吴老师班上的这位男生上课不认真听讲,扰乱课堂秩序,对待作业很随意,与同学之间的关系紧张等,正是后进生的表现。

做好后进生的转化工作是班主任的工作内容之一,吴老师可以从以下几个方面展开教育工作:

(1)关心爱护,尊重人格。在具体工作中,对后进生给予应有的尊重,消除后进生的疑惧心理,在尊重他们人格的基础上,向他们伸出温暖的双手,注意倾听他们的心声及苦衷,尽量听取他们的意见,采纳他们的合理建议。吴老师在转化该生时,首先要做到尊重该生,消除其疑惧心理,给予其足够的关心爱护。

(2)培养兴趣,激发动机。要促使后进生的思想转变,就必须培养他们的学习兴趣,激发学习动机,把他们的精力引导到学习上来。要采取相应的措施,帮助他们从听懂课、会做一般的习题开始,树立学习的信心,逐步提高学习成绩,形成良好的习惯,改变自己的不良言行。吴老师在转化该生时,需要采取一定的措施来培养其学习兴趣,激发学习动机,使该生慢慢树立学习的信心,逐步喜欢学习。

(3)动之以情,晓之以理。班主任之爱是学生前进的重要源泉,是做好后进生思想转化工作的最基本要求。动之以情是后进生发生转变的动因,而晓之以理则是转变的根本保障。只有摆事实、讲道理,使后进生认识到自己错误的根源和危害,产生自觉改正的要求,使他们的心理需求与班主任的要求产生共鸣,才能使其不良思想得到真正的转化,才能使他们弃旧从新。吴老师在转化该生时,需要对之动之以情、晓之以理,使该生认识到不好好学习、不认真听讲的危害,并使该生懂得如何与同学和睦相处,从而转化该生的不良思想。

(4)发扬积极因素,克服消极因素。任何一个后进生不论他多么落后,或多或少总有一些积极因素,班主任要善于及时发现这些因素,有时甚至要夸大这些积极因素。通过教育转化活动,激发他们的上进心和自信心,对他们的点滴进步给予及时的表扬,使之成为推动他们前进的动力和良好转化的开端。吴老师在转化该生时,应该在日常学习生活中多多观察该生,发现其身上的闪光点,通过发扬该生身上的积极因素,来克服其消极因素,对其点滴进步给予及时表扬。

(5)抓反复,反复抓。对后进生的教育转化工作是一个长期的、反复的过程,不能急于求成,更不能期望一劳永逸,必须抓反复、反复抓,进行持之以恒的教育。当他们的缺点和错误再度出现时,要不急躁、不嫌弃,耐心地帮助他们分析出现反复的原因,提出转变的有力措施。吴老师在转化该生时,需要耐心细致,对其进行持之以恒的教育,不急躁、不嫌弃,不断促进该生向好的方向转化。

2021年广西壮族自治区贺州市市直教师招聘考试教育学与教学法基础知识真题试卷(汇编)(三十七)

一、单项选择题

1. B 【解析】本题考查卢梭的教育思想。卢梭是坚定的"性善论"者,他高度尊重儿童的天性,倡导自然教育。他于1762年出版的教育小说《爱弥儿》系统阐述了他的自然主义教育思想。

2. A 【解析】本题考查《大教学论》的历史地位。捷克教育家夸美纽斯深受人文主义精神影响,具有强烈的民主主义思想,他在教育学的创立过程中,取得了突出的成就,其1632年出版的《大教学论》是教育学开始形成一门独立学科的标志,该书被认为是近代第一本教育学著作。

3. D 【解析】本题考查同伴互助的形式。同伴互助是指在两个或两个以上教师之间发生的、以专业发展为指向、通过多种手段开展的，旨在实现教师持续主动地自我提升、相互合作并共同进步的教学研究活动，以达到改善教学之目的。同伴互助的形式有：沙龙会谈、一课多研、同课异构、专业对话、教练型教师示范教学、微型教学、相互听课、共同评价与分享、彼此鼓励、彼此协作与反馈等。D项，业余进修属于教师个体专业发展途径中教师的在职培训的活动之一。

4. B 【解析】本题考查教师的职业形象。教师职业形象至少包括三个方面：(1)教师的道德形象，被视为教师的最基本形象。(2)教师的文化形象，是教师形象的核心。(3)教师的人格形象，是学生亲近或疏远教师的首要因素。

5. C 【解析】本题考查德育方法。有学者将德育方法划分为两大类：(1)自我教育的方法；(2)指导教育的方法。指导教育法通常指说理教育法(说服教育法)、榜样示范法、陶冶教育法、实际锻炼法、品德评价法等。其中，实际锻炼法是有目的地组织学生参加各种实际活动，使其在活动中锻炼思想，增长才干，培养优良的思想和行为习惯的德育方法。实际锻炼的方式有两种：一种是执行学校规章制度的常规训练；另一种是组织学生参加多种实践活动的锻炼。故本题选C项。

6. D 【解析】本题考查班级教学管理。教学是学校的中心工作，教学质量管理是班级教学管理的核心。

7. B 【解析】本题考查班集体的发展阶段。一个优秀班集体的形成，一般要经过四个阶段：组建阶段、形核阶段、发展阶段、成熟阶段。形核阶段即形成核心的阶段。在这一阶段，同学之间开始相互了解，在班主任的引导培养下，涌现出一批积极分子开始协助班主任开展各项工作。故本题选B项。

8. B 【解析】本题考查创建班级文化的方法。创建班级文化需要营造健康的心理环境。心理环境主要是指具有积极健康的目标导向，能激发学生进取精神的环境。魏书生要求学生"课前陶醉在一支歌里"，用不同的声音高呼三遍"我能成功"等。这些做法都是为了创设一种积极的班级心理环境，对学生的发展起到心理上的暗示作用，让学生在班级生活中不断地受到自我激励和同辈群体激励，最终实现对现有发展水平的超越。

9. B 【解析】本题考查班级管理的核心工作。班集体是学生学习、生活和成长的重要场所，班级管理是以班集体为基础展开的。因此，建设和培养良好的班集体是班级管理的核心工作，也是班主任工作成果的体现。

10. A 【解析】本题考查影响课外活动目标实现的关键因素。课外活动的主体是学生。他们根据自己的兴趣、爱好自由参加活动，根据自己的理解与意愿独立自主地进行活动。因此，能否激发学生的积极主动性与创造精神，能否发挥学生的主体作用，是课外活动能否取得实效的关键。(具体参看柳海民主编的《现代教育原理》)

11. C 【解析】本题考查教育行动研究的过程。教育行动研究的过程包括：(1)选择和确定研究课题；(2)分析所要研究的问题；(3)拟定解决问题的可能方案与策略；(4)实践尝试行动策略；(5)反馈与评价行动结果；(6)归纳总结。其中，实践尝试行动策略是教育行动研究最关键、最核心的环节。

12. B 【解析】本题考查教育研究的类型。应用研究是为了解决某些特定的实际问题，将有关知识、规律或理论直接付诸实际应用，提供直接有用的知识，对教育科学发展具有实际应用价值。题干中的张老师对独生子女现状的研究是为了更好地开展家校合作，这种研究属于应用研究。

13. D 【解析】本题考查现代教育科学研究方法的理论基础。任何学者进行科学研究，都是以一定的世界观和方法论为基础的。科学的方法论是学者取得科学研究成果的前提和指导思想。马克思主义哲学是教育科学研究方法的理论基础。

14. D 【解析】本题考查一个好的研究课题必须具备的特点。一个好的研究课题必须具备的特点包括：(1)选题必须有价值；(2)选题必须有科学的现实性；(3)选题必须明确具体；(4)选题必须新颖，有独创性；(5)选题必须有可行性。故本题选D项。

15. C 【解析】本题考查教育研究方法的类型。实验研究法是根据研究目的，运用一定的人为手段，主动干预或控制研究对象的发生、发展过程，通过观察、测量、比较等方式探索、验证所研究现象因果关系的研究方法。实验研究的目的是发现事物间的因果关系，是各类研究中唯一能确定因果关系的研究。因此，王老师应该采用实验研究法来研究语文学科系统讲授加点评的教学方法与提高学生阅读水平之间的关系。

16. A 【解析】本题考查布卢姆的教学目标分类。美国教育心理学家布卢姆将教学目标分为认知、情感和动作技能三个领域，每一领域的目标又从低级到高级分成若干层次。其中，认知领域的教学目标分为知识、领会、应用、分析、综合、评价六级。其中，评价是指对所学材料做价值判断的能力，包括按材料内在的标准或外在的标准进行价值判断，代表最高水平的认知学习结果。故答案选A项。

17. A 【解析】本题考查教学目标的表述。行为目标的表述一般包含四个要素：(1)行为主体；(2)行为动词；(3)行为条件；(4)表现程度。其中，行为主体是指行为目标表述的应该是学生的行为，因此行为主体是学生。在实际的行为目标表述中，行为主体可以省略，但是从逻辑上去判断主体应该是学生。例如，"能够独立复述课文"这个目标的逻辑主语是学生。要切忌使用"使学生""教会学生""培养学生"之类的表述，因为这类表述是以教师为主体的。故题干中的教学目标表述存在的错误是行为主体不当。

18. A 【解析】本题考查各级各类学校的教学目标的制定者。在我国是由国家教育行政领导机关统一规定各级各类学校的教学目标的。

19. C 【解析】本题考查教学目标设计的原则。教学目标设计的原则有：整体性原则、层次性原则、灵活性原则和可操作性原则。其中，教学目标设计的灵活性原则是指教学目标虽然是教师在课堂教学之前预先设定的，但根据教学实践活动的实际情况，教师可以灵活地对其进行调整和变化。在实际的教学过程中，教师可以根据学生的个性特征、学习需要以及具体的教学情境，因时因地制宜，随机应变地对事先确定的教学目标作适当的调整，以便更好地完成教学任务，促进学生的发展。故题干所述符合教学目标设计的灵活性原则的内涵。

20. D 【解析】本题考查教学过程的内涵。教学过程是教师和学生双边活动的过程，双方有着不可分割的联系。

21. B 【解析】本题考查教学过程的基本规律。题干的意思是：给别人一条鱼不如教给别人捕鱼的方法。运用在教学过程中，即体现了发展学生能力的重要性。故本题选B项。

22. A 【解析】本题考查教学原则的运用。思想性(教育性)和科学性相统一的原则是指教学要以马克思主义为指导，授予学生科学知识，并结合知识教学对学生进行社会主义品德和正确人生观、科学世界观教育。杨老师在教学过程中既向学生讲授了多边形面积的计算方法，又让学生了解了我国古代的科技文化成就，这体现了对科学性和思想性相统一原则的运用。

23. D 【解析】本题考查教育活动的基本要素。教育活动的基本要素包括教育者、受教育者、教育内容和教育活动方式。其中，教育内容是指教育者引导受教育者在教育活动中学习的前人积累的经验，它主要是根据教育目的和青少年学生发展的特点选编的、最有教育价值的科学文化基础知识，一般体现为课程、教科书、教学参考资料；但教育活动过程中，教育者自身所拥有的知识、经验、言谈举止、思想品质和工作作风，以及师生与生生探讨和交流所涉及的各种经验、见闻与事物也是生动活泼能动地影响受教育者学习的重要内容。故本题选D项。(具体参看王道俊、郭文安主编的《教育学(第七版)》)

24. D 【解析】本题考查课程计划。课程计划是指导和规定教学活动的依据，也是制定课程标准的依据。

25. B 【解析】本题考查课程内容的组织形式。螺旋式是指在不同单元乃至阶段或不同课程门类中，使课程内容重复出现，逐渐扩大知识面，加深知识难度，即同一课程内容前后重复出现，前面呈现的内容是后面内容的基础，后面内容是对前面内容的不断扩展和加深，层层递进。故题干所述体现的课程内容的组织形式是螺旋式。

26. D 【解析】本题考查活动中心课程理论。活动中心课程理论又叫儿童中心课程理论、经验主义课程理论，其主要代表人物是杜威。活动中心课程理论的主要观点包括：(1)主张学生是课程，一切学习都来自经验，学习就是经验的改造或改组；(2)主张学习必须和个人的特殊经验发生联系，教学必须从学习者已有的经验开始；(3)主张打破严格的学科界限，强调在活动中学习，而教师从中发挥协助作用。另外，活动中心课程理论的优点之一是，重视学生学习活动的心理准备，在课程设计与安排上满足学生的兴趣，有很大的灵活性，有利于调动学生学习的主动性和积极性。故本题选D项。

27. A 【解析】本题考查教学内容设计。程序性知识的教学设计应确定的教学目标，主要就是帮助学生形成运用概念、规则和原理解决问题的能力。为达成这一目标，程序性知识教学要有充分的练习设计。

28. B 【解析】本题考查选用教学媒体应遵循的原则。选用教学媒体时要遵循的原则包括：(1)目的性原则。(2)发展性原则。(3)综合性原则。(4)经济性原则。(5)教学最优化原则。其中，发展性原则是指选择时应考虑教学媒体在多大程度上能发挥教育作用，促进学生各方面的发展。选用教学媒体时，应从有利于学生身心发展的角度慎重考虑。题干中的现象就违背了该原则，故本题选B项。

29. A 【解析】本题考查教学方法的特点。教学方法的特点包括：(1)相对性。任何一种教学方法，既有优点，也有缺点，不存在绝对好的方法或绝对不好的方法。正如苏联教育家巴班斯基所说的：每种教学方法就其本质来说，都是相对辩证的，它们都既有优点又有缺点。每种教学方法都可能有效地解决某些问题，而对解决另一些问题则无效；每种方法都可能会有助于达到某种目的，而妨碍达到另一些目的。(2)针对性。教师在进行教学时，要针对不同的对象和特点、不同的目的和要求，采取不同的态度，选择不同的教学方法。(3)综合性。教学方法是教师教的方法和学生学的方法的综合体。(4)多样性。教学内容、目的是多样的，教学方法也是多样的。故本题选A项。

30. C 【解析】本题考查夸美纽斯的教育思想。17世纪，伟大的捷克教育家夸美纽斯为班级授课制的确立奠定了理论和实践的基础。他提出了"一个教师同时教很多学生是可能的"假设，进而对课堂教学的课程、时空模式、班级组织等进行了界定。故本题选C项。

31. D 【解析】本题考查讲授法。讲授法是教师运用口头语言系统连贯地向学生传授知识、技能，发展学生智力的教学方法。它是教师使用最早、应用最广的教学方法。故本题选D项。

32. B 【解析】本题考查巩固性原则的运用。巩固性原则是指教师在教学中要引导学生在理解的基础上牢固地掌握基本知识和基本技能，而且在需要的时候，能够准确无误地呈现出来，以利于知识技能的利用。中外教育家对此均有论述。夸美纽斯形容只顾传授知识而不注意巩固的教学，等于"把流水泼到一个筛子上"，结果什么也没有留下。故本题选 B 项。

33. D 【解析】本题考查演示法的运用。演示法是指教师通过展示实物、教具和示范性的实验来说明、印证某一事物和现象，使学生掌握新知识的一种教学方法。演示所使用的工具可分为四大类：实物、标本、模型、图片的演示；图表、示意图、地图的演示；实验演示；幻灯片、电影、录像的演示。因此，周老师利用实物道具向学生演示的做法是对演示法的运用。

34. A 【解析】本题考查校本课程的基本特点。校本课程的基本特点包括：(1)获得中央、地方、学校等各个层面的支持，包括人力、财力、物力、信息和时间的支持。(2)中央政府把课程开发的权力下放给学校和教师，但不是完全放弃这方面的权力，更不是完全断绝与学校、教师之间的联系。(3)个别教师、部分教师或全体教师参与课程编制、课程实施和课程评价。(4)改变教师的传统角色，使教师从原来的国家课程实施者转变为校本课程编制者、实施者和评价者。(5)在校本课程开发的过程中，可以筛选、改编已有的课程，或者编制全新的校本课程。(6)校本课程的编制、实施和评价是一个持续的、动态的、逐步完善的过程。(7)鼓励和吸收学生、学生家长和社会人士共同参与和支持校本课程。故本题选 A 项。

35. B 【解析】本题考查课程实施的取向。课程实施的三种取向包括：(1)忠实取向；(2)相互适应(调适)取向；(3)创生取向。其中，相互适应(调适)取向认为，设计好的课程计划是可以变动的，课程实施过程是课程计划与班级或学校实际情境在课程目标、内容、方法、组织模式诸方面相互调整、改变与适应的过程。陈老师根据自己的经验、学生状况、实际需要等因素来调整自己的教学活动，属于教师对预定课程方案的积极的、理智的改变，体现了课程实施的相互适应(调适)取向。

36. D 【解析】本题考查新课程改革倡导的学习方式。新课程改革倡导的学习方式包括：自主学习、合作学习和探究学习。故本题选 D 项。

37. C 【解析】本题考查教师课堂教学的组织管理能力。教师基本的教学能力包括课堂教学的思维能力、表达能力、组织管理能力和研究能力等。其中，教师课堂教学的组织管理能力包括：善于与学生交往的能力，善于发动学生积极参与学习活动、激发学生学习动机的能力，善于营造课堂教学气氛的能力，善于组织形式多样的教学活动的能力，善于管理课堂教学中学生学习行为与纪律的能力，善于反馈、调控课堂教学的能力，善于评价课堂教学、激励学生学习的能力，善于处理突发事件的应变能力等。故 C 项说法正确。A 项属于教师课堂教学的表达能力；B 项属于教师课堂教学的研究能力；D 项属于教师课堂教学的思维能力。

38. B 【解析】本题考查新课程改革的基本理念。新课程教学评价倡导的基本理念包括关注学生发展、强调教师成长和重视以学论教。题干中的小学在走廊边、教室里展示学生的绘画作品、优秀作业、荣誉证书，记录学生的点滴成长与进步，这体现了对学生发展的关注。

39. B 【解析】本题考查课程评价的主要模式。目的游离评价模式是由美国学者斯克里文针对目标评价模式的弊病而提出来的。他主张把评价的重点从"课程计划预期的结果"转向"课程计划实际的结果"上来。故本题选 B 项。

40. D 【解析】本题考查质性评价的方法。质性评价的方法主要有写评语、行为观察、学习日记、情景测验、成长档案袋等。纸笔测验属于量化评价的方法。故本题选 D 项。

41. D 【解析】本题考查教学评价的类型。个体内差异评价是对被评价者的过去和现在进行比较，或将评价对象的不同方面进行比较。小华将自己现在的学习情况与去年进行对比，就体现了对个体内差异评价的运用。

二、多项选择题

42. BCD 【解析】本题考查我国当前教育发展与改革趋势。我国教育发展与改革的趋势包括：(1)义务教育向提高质量转变成为我国当代教育发展的重要方向；(2)教育改革常态化成为我国当代教育发展的重要特点；(3)对教育现代化的追求成为我国当代教育改革与发展的重要内容；(4)对教育公平的追求成为我国当代教育发展与改革的重要目标。故本题选 BCD 三项。

43. CD 【解析】本题考查教育价值与教育功能的关系。教育价值与教育功能二者都是回答教育对人的发展和社会发展的作用，其区别就在于：教育价值是教育应该发挥的作用，教育功能是教育能够发挥和实际发挥的作用。教育价值是人们对"好"教育的一种期待，它反映了"理想的教育应该干什么"；教育功能是一种实效，它反映了"应该干什么"的教育在实践中"实际干了什么"，是否实现了预期的价值。所以，教育价值是教育的"应然"表现；教育功能是教育的"实然"表现，是教育价值在教育实际中所释放出来的实际效果、功效。故 A、B 项说法错误，本题选 C、D 两项。

44. ABC 【解析】本题考查学校教育与家庭教育相互配合的途径。学校可以通过与家庭相互访问、建立通讯联系、定时举行家长会、组织家长委员会、举办家长学校等途径加强与家庭之间的联系。

45. ABCD 【解析】本题考查了解和研究学生的范围。了解和研究学生的范围，一般可以分为两个层次。(1)了解和研究学生个体，包括：①学生的家庭背景，其中有父母姓名、文化程度和职业，家庭住址及社会环境，家庭收入、人员构成与文化氛围等；②学生的心理状况；③学生的学习状况，主要是已有的知识基础、学习态度与习惯等；④学生的品德情况；⑤学生的体育卫生习惯和文体特长。(2)了解和研究学生群体。故本题选 A、B、C、D 四项。(具体参看韩延明主编的《新编教育学》)

46. ABCD 【解析】本题考查学习指导的内容。对学生的学习指导是班主任和教师的重点工作内容之一。学习指导包括培养学生正确的学习动机、浓厚的学习兴趣、积极的学习情绪、坚韧的学习意志，也包括培养学生稳定的注意力、敏锐的观察力、高超的记忆力、敏捷的思维力和丰富的想象力，还包括较强的动手操作能力、自学能力和较高的学习效率。

47. AB 【解析】本题考查班会活动。不同类型的班会的主持者有所不同，故 C 项错误。班会的特征是集体性、自主性和针对性。故 A 项正确。班会一般有三类，即常规班会、生活班会和主题班会。故 B 项正确。常规班会一般定期举行，生活班会是定期或不定期组织的。故 D 项错误。因此，本题选 A、B 两项。

48. ACD 【解析】本题考查一份好的调查问卷的设计思路。一份好的调查问卷的设计，一定要反映课题要求，问题应集中、明确、精练、易答，力求避免问题重复，甚至前后矛盾。问题数目虽没有一致规定，但不宜过多，问题排列顺序应先易后难，先封闭式后开放式，选项答案的设计安排要有利于数据处理，尤其是所列答案之间界限应清楚，以保证答卷者不产生歧义的理解，或在答案面前不知所措。故 B 项说法错误，本题选 A、C、D 三项。

49. ABCD 【解析】本题考查教育信息化的要求。教育信息化的要求包括：(1)让学生学会使用电子计算机；(2)让学生学会收集、选择、处理信息，进而学会创造信息；(3)促进学校教育手段的信息化、现代化；(4)进一步建立信息库、信息网络等。故本题选 A、B、C、D 四项。

50. ACD 【解析】本题考查教师在教育活动过程中的地位。教育者，尤其是教师，一般富有人生经验，学有专长，养成高尚的品德和良好的习性。他们在教育活动过程中处于领导者、设计者、引导者的地位。

51. ABCD 【解析】本题考查中小学综合实践活动的主要方式。《中小学综合实践活动课程指导纲要》指出，综合实践活动的主要方式及其关键要素为：考察探究、社会服务、设计制作、职业体验。

52. ABC 【解析】本题考查教学内容设计的依据。教师在设计具体的教学内容时，往往需要考虑众多方面的因素。一般而言，需要以学科内容、社会生活以及学生群体这三个方面的内容为设计的依据。

53. ABC 【解析】本题考查教学方法的含义。教学方法的含义包括：(1)教学方法是以教学目标为指向的。(2)教学方法是在教学过程中展开的。(3)教学方法是教师和学生之间相互联系的活动方式，是教师发出信息和学生接收信息的途径，它是师生双边活动的过程。在这里，教法和学法是统一的，教师无论是对教法的选择和运用，还是对学法的指导与实践，无不贯穿着这种统一。故 D 项说法错误，本题选 A、B、C 三项。

54. ABCD 【解析】本题考查进行实验法的一般要求。运用实验法的一般要求包括：教师事前充分做好准备，预先进行实验，仔细检查仪器设备、实验材料，以保证实验的效果和安全。在学生开始实验前，对实验的目的和要求、依据的原理、仪器设备安装使用的方法、实验的操作过程等，通过讲授或谈话进行充分说明，必要时进行示范，以增强学生实验的自觉性。小组实验，要尽可能使每个学生都亲自动手。在实验进行过程中，教师要巡视指导，及时发现和纠正出现的问题，对学生进行科学态度和方法的教育。实验结束后，由教师进行小结，并由学生写出实验报告。故本题选 A、B、C、D 四项。

三、判断题

55. × 【解析】本题考查教育的定义。从社会的角度来定义"教育"，可以把"教育"的定义区分为广义的教育、狭义的教育和更狭义的教育。其中，广义的教育指增进人的知识与技能、发展人的智力与体力、影响人的思想观念的活动。它包括社会教育、学校教育和家庭教育。例如，师傅教徒弟手艺、老师教学生学习、妈妈教婴儿说话等。故题干说法错误。

56. √ 【解析】本题考查教育的心理起源说。教育的心理起源说认为，教育起源于日常生活中儿童对成人的无意识模仿。把人类有意识的教育行为混同于无意识模仿，否定了教育活动的目的性和意识性，导致了教育的生物学化，否认了教育的社会属性。

57. √ 【解析】本题考查教育现代化的核心目标。在教育现代化的过程中，一切教育的内容、一切教育设施与手段包括教育制度与结构都是着眼于人的发展的需要，都是为着人的发展的实现。教育现代化既以人的现代化为出发点，也以人的现代化为归宿。这是教育现代化的核心目标所在。故题干说法正确。(具体参看傅道春主编的《教育学》)

58.√ 【解析】本题考查影响学生发展的因素。学生的发展是众多内外因素综合作用的结果。从外部因素看,可以分为可控和不可控、积极和消极维度。学校是影响学生发展的主要外部因素。它是通过可控的、积极的学校因素和选择社会环境中的积极因素来影响学生发展的。从内部因素看,学生身心发展的社会需要与个体现有发展水平之间的矛盾和由这种矛盾所构成的现实性活动是学生发展的根本动力。

59.√ 【解析】本题考查学生的相关表述。学生既是教育的对象又是教育的主体,了解和研究学生的本质特征、地位和发展规律是教育工作的出发点和归宿。

60.× 【解析】本题考查教师的成长阶段理论。福勒和布朗根据教师的需要和不同时期所关注的焦点问题,把教师的成长划分为关注生存、关注情境和关注学生三个阶段。其中,处于关注生存阶段的一般是新教师,他们非常关注自己的生存适应性,最担心的问题是"学生喜欢我吗""同事们如何看我""领导是否觉得我干得不错"等。因而,他们可能会把大量的时间花在如何与学生搞好个人关系上,想方设法控制学生,而不是更多地考虑如何让学生获得学习上的进步。因此,颜老师处于关注生存阶段。

61.× 【解析】本题考查班级组织的规模。目前,有的城市重点学校和农村学校的班级规模甚至超过 70 人。这样的班级组织规模使得学生受到教师直接指导的机会较少,学生与教师交流的时间、次数也受到很大限制,不利于因材施教,也不利于班级组织的管理。一般来说,班级组织的规模越大,教师就越会动用各种严格的规章制度和纪律来维持班级秩序。

62.× 【解析】本题考查班级组织的特点。班级组织的特点之一是,班级组织中的师与生交往是全面的和多方面的。在现实的班级活动中,由于班级组织中存在着各种交往的情感因素,因此班主任和教师与学生之间、学生与学生之间的交往不是单一的、片面的,常常是全面的和多层次的,既有知识传递与接受的交往,也有情感方面的交流与分享,等等。良好的班级组织能满足学生社交和归属的需要,也能满足学生自尊和自我实现的需要。

63.√ 【解析】本题考查课外活动的内容。学校现行的课外活动内容,基本上可以分为:科技活动、学科活动、文体活动、课外阅读活动、游戏活动、社会活动和主题活动。其中,游戏是儿童生活的重要内容。尤其在小学教育阶段,游戏活动应该成为学校课外活动的重要内容,通过有指导的游戏活动,让学生轻松愉快地学习和形成各种社会性知识、能力,提高其心理综合素质。(具体参看黄济、劳凯声、檀传宝主编的《小学教育学》)

64.× 【解析】本题考查课外活动与课堂教学的关系。课外活动与课堂教学既有密切的联系,又有明显的区别。课外活动一方面要密切配合课堂教学,保证和促进课堂教学质量的提高,另一方面又并不局限于课堂教学的内容和教学大纲规定的范围。

65.√ 【解析】本题考查主体教育思想。主体教育思想的主要观点有:(1)学生是自身生活、学习和发展的主体;(2)现代教育过程应该是教师与学生双主体协同活动的过程;(3)现代教育应把发挥和培养学生的主体性作为一项核心目标;(4)现代学校教育中应建立平等民主、相互尊重的新型师生关系。故题干说法正确。

66.√ 【解析】本题考查教学目标的表述。行为目标的表述一般包含四个要素:(1)行为主体;(2)行为动词;(3)行为条件;(4)表现程度。其中,表现程度是指学生对目标所达到的最低表现水准,用以评价行为表现所达到的程度,如"就提供的一道应用题,学生至少能写出三个解题方案"。故题干说法正确。

67.× 【解析】本题考查教学目标的内涵。教学目标是学习者通过教学后应该表现出来的可见行为的具体、明确的表述,它是预先确定的、通过教学可以达到并且能够通过技术手段测量的教学结果。因此,教学目标是对学习者表现出的行为的表述,而不是对教师做出的行为的表述。

68.√ 【解析】本题考查教与学的关系。在课堂教学情境中,教师的教就意味着学生的学,学生的学也内含着教师的教,这是同一个过程。在教学情境中,不存在没有教的学,也不存在没有学的教。

69.× 【解析】本题考查教学过程的规律。教学活动是学生认识客观世界的过程,要以间接经验为主、直接经验为辅,将二者有机结合起来。学习间接经验是学生认识客观世界的基本途径。学生学习间接经验要以直接经验为基础。

70.× 【解析】本题考查教学环境设计的范畴。教学环境设计,就是指为了创造或改善教学条件,对教学环境进行的整体或局部的规划、组织、协调和安排。教学环境由两大因素构成,即物质环境因素和社会心理环境因素。物质环境是学校教学工作正常开展的物质基础,主要包括教学设施、自然环境、时空环境。社会心理环境因素包括信息环境、组织环境两种。信息环境是指信息社会大环境给师生身心带来的影响。组织环境因素主要指班风和课堂气氛给师生带来的影响。

71.√ 【解析】本题考查教育活动的基本要素。教育活动的基本要素包括教育者、受教育者、教育内容和教育活动方式。其中,受教育者是社会的、现实的、活生生的人,他们不仅把自己个人的需要、习性、兴趣、情感与诉求带入教育过程,而且会在教育活动中做出自己的判断、选择、建构与评价。不管人们意识到还是没意识到,承认还是不承认,教育活动的实际效果归根到底必须落实到受教育者的自愿学习、自我建构和自我实现上。

72.× 【解析】本题考查新课程改革的核心理念。贯穿于第八次课程改革的核心理念是:为了中华民族的复兴,为了每一位学生的发展。这一基本的价值取向预示着我国基础教育课程体系的价值转型。重视以学定教是新课程改革的基本理念之一。故题干说法错误。

2021 年广西壮族自治区贺州市市直教师招聘考试教育心理学与德育工作基础知识真题试卷(汇编)(三十八)

一、单项选择题

1.B 【解析】本题考查人本主义心理学家的观点。20 世纪 60 年代掀起了一股人本主义思潮,罗杰斯提出了"以学生为中心"的主张,认为教师只是一个"方便学习的人"。

2.C 【解析】本题考查不同心理学家的观点。奥苏贝尔提出"先行组织者"概念,即先于某个学习任务本身呈现的引导性学习材料。先行组织者的主要功能是在学生能够有意义地接受学习新内容之前,在新旧知识之间架设起桥梁,使新旧知识清晰地联系起来,为学习新知识提供认知框架或固着点。故答案选 C 项。

3.D 【解析】本题考查不同学派学习理论的观点。建构主义认为,知识并不是对现实的准确表征,也不是最终答案,而只是一种解释、一种假设。认知派学习理论认为,有机体获得经验的过程是通过积极主动的内部信息加工活动形成新的认知结构的过程。行为主义学习理论的核心观点认为,学习过程是有机体在一定条件下形成刺激与反应的联系,从而获得新经验的过程。人本主义学习理论认为,心理学应该探讨完整的人,强调人的价值,强调人有发展的潜能,而且有发挥潜能的内在倾向,即自我实现倾向。因此,题干所述符合建构主义学习理论的观点。

4.D 【解析】本题考查皮亚杰的认知发展阶段理论。皮亚杰认为,儿童的认知是在已有图式的基础上,通过同化、顺应和平衡,不断从低级向高级发展。其中,同化是指有机体在面对一个新的刺激情境时,把刺激整合到已有的图式或认知结构中。通过这一过程,主体才能对新刺激做出反应,动作也得以加强和丰富。同化是图式发生量变的过程,它不能引起图式的质变,但影响图式的生长。题干中的学生在学习了三角形的概念的基础上,又学习了等腰三角形和等边三角形,这扩大了对三角形这一概念的认知,故属于同化的过程。

5.D 【解析】本题考查观察的品质。刚入学的儿童对字形的感知,注意形状而不注意方位,因此他们常把 b 与 d、p 与 q 相混淆。这是小学生方位知觉不精确的表现。

6.C 【解析】本题考查小学生想象的发展特点。小学生想象的发展特点为:(1)小学生想象有意性的发展。(2)小学生想象现实性的发展。儿童入学以后,想象的现实性逐渐提高,主要表现在:①想象所反映的形象,越发接近现实事物。想象形象的特征数由少到多,结构配置由不合理到合理。②从热衷于完全脱离现实的神话虚构,逐渐转向对现实生活的幻想。(3)小学生想象创造性的发展。(4)小学生想象概括性的发展。故答案选 C 项。

7.B 【解析】本题考查皮亚杰的认知发展四阶段。处于具体运算阶段的儿童能够运用逻辑思维解决具体问题,但必须依赖于实物和直观形象的支持才能进行逻辑推理和运用逻辑思维解决问题,不能够进行纯符号运算。这一阶段儿童的思维具有以下特征:(1)去自我中心性(去中心化);(2)可逆性;(3)守恒;(4)分类;(5)序列化。静止性指儿童的认知被静止的知觉状态支配,不能同时考虑导致这个状态的转化过程。静止性属于前运算阶段的特点,故 B 项当选。

8.C 【解析】本题考查影响学习迁移的因素。影响学习迁移的因素主要有:(1)学习材料的特点。(2)原有的认知结构。奥苏贝尔的认知结构迁移理论认为,一切新的有意义学习都是在原有的学习基础上产生的,即一切有意义的学习必然包括迁移,不受原有认知结构影响的有意义学习是不存在的,而学习者原有认知结构的特征则是影响新的学习的关键。奥苏贝尔同时提出"先行组织者"概念,即先于某个学习任务本身呈现的引导性学习材料。先行组织者的抽象、概括和综合水平高于学习任务,并与认知结构中的原有观念及新的学习任务相关联。(3)对学习情境的理解。(4)学习的心理准备状态(心向)。(5)学习策略的水平。(6)智力与能力。(7)教师的指导。故答案选 C 项。

9.D 【解析】本题考查成败归因理论。无论考试结果如何,归因于努力比归因于能力会使学生有更强烈的内心感受。当学生倾向于做努力归因时,取得成功时会认为是自己努力的结果,并会鼓励自己继续努力,期望下一次获得更大的成功;遭遇失败时会认为是自己不努力或努力不够造成的不良后果,认为自己今后只要努力,也一定可以获得成功。因此,教师引导学生归因于努力不够,才能使学生产生更高的学习动机。

10.B 【解析】本题考查耶克斯—多德森定律。"耶克斯—多德森定律"表明,动机不足或过分强烈都会影响学习效果。具体表现为:(1)动机的最佳水平随着任务性质的不同而不同。在比较容易的任务中,行为效果(工作效率)随着动机的提高而上升,即在难度较小的任务中,较高动机水平有利于任务的完成;随着任务难度的增加,动机的最佳水平有逐渐下降的趋势,即在难度较大的任务中,较低动机水平有利于任务的完成。(2)一般来讲,最佳水平为中等强度的动机。(3)动机水平与行为效果呈倒 U 型曲线。因此,B 项说法正确。

11. B 【解析】本题考查科尔伯格的道德发展阶段理论。科尔伯格采用"道德两难故事法"进行研究,最典型的就是用"海因茨偷药"的故事让儿童对道德两难问题做出判断。

12. B 【解析】本题考查皮亚杰的道德发展阶段理论。皮亚杰将儿童的道德认知发展划分为四个阶段:(1)前道德阶段。这一年龄时期的儿童正处于前运算思维时期,他们对问题的考虑都还是自我中心的。他们不顾规则,按照自己的想象去对待规则。他们的行动易冲动,感情泛化,行为直接受行动的结果所支配,道德认知不守恒。他们并不真正理解规则的含义,分不清公正、义务和服从。(2)他律道德阶段。又称权威阶段。这一阶段的儿童遵从成人的规则;从行为结果去判断行为好坏,不考虑行为动机。(3)自律道德阶段。此时的儿童不是盲目遵守成人的权威,而是自主地用自己的道德认识去判断,有一定的规则意识,有自己内在的判断标准。(4)公正阶段。这个阶段儿童的道德观念开始倾向于公正。因此,题干所述的儿童此时处于前道德阶段。

13. D 【解析】本题考查鼓励学生投入课堂的策略。鼓励学生投入课堂的策略主要有:(1)注意教学进程的组织。课堂的组织影响学生的投入,一般而言,教师的监督和连续的任务可以增强课堂的组织性。故B项说法正确。(2)教学过程具有参与性。(3)保持教学的流畅性。(4)保持动量。保持动量要求教师课前做好充分准备,如确定教学目标、精心设计教案、选择教学策略、备好教具等;课堂上要合理安排教学进度和节奏,选择适宜的课堂密度、课堂强度、课堂难度、课堂速度和课堂激情度;此外,教师要讲究语言艺术,语言要精练,不拖泥带水。故A项说法正确。(5)上课时维持团体的注意焦点。上课时维持团体的注意焦点,是指使用课堂组织策略和提问技术,确保班上所有的学生都始终投入到课堂中,即使老师只叫起一个学生回答问题时也如此。故C项说法正确。(6)课堂自习时维持团体的注意力。(7)鼓励学生管理自己的学习。故答案选D项。

14. C 【解析】本题考查德育的功能。德育的个体性功能是指德育对受教育者个体发展能够产生的实际影响。德育的个体性功能可以描述为德育对个体生存、发展、享用产生影响的三个方面。其中,德育的个体享用功能是说,可以使每一个个体实现某种需要、愿望(主要是精神方面的),从中体验满足、快乐、幸福,获得一种精神上的享受。个体享用性功能的实质是让个体在道德学习与生活中阅读、领会并体验道德人生的幸福、崇高,人格的尊严与优越。故题干所述体现了德育的个体享用功能。

15. A 【解析】本题考查《中小学德育工作指南实施手册》。《中小学德育工作指南实施手册》在理解价值取向上指出,小学低年级的主要内容包括:了解遵守纪律的重要性;养成良好的生活学习习惯;了解自由、平等和公正在同学之间交往行为中的具体表现;形成国家、国籍、公民的概念;学习在自然界和社会生活中的基本安全知识与安全技能。故A项正确。B项属于小学中高年级的主要内容;C项属于初中的主要内容;D项属于高中的主要内容。

16. D 【解析】本题考查德育过程的矛盾。德育过程的矛盾是指德育过程中各要素、各部分之间和各要素、各部分内部各方面之间的对立统一关系,包括教育者与受教育者的矛盾,教育者与德育内容、方法的矛盾,受教育者与德育内容、方法的矛盾,受教育者自身思想品德内部诸要素之间的矛盾等。故本题选D项。

17. B 【解析】本题考查德育方法。说服教育法是通过摆事实,讲道理,以理服人,使学生提高认识,形成观点的方法。摆事实,讲道理,以理服人,是说服教育法的本质特点。说服教育法的方式:第一类是运用语言文字进行说服教育的方式,如讲解、报告、谈话、讨论、辩论、读书指导等;第二类是运用事实进行说理教育的方式,主要包括参观、访问和调查。B项属于品德评价法。

18. D 【解析】本题考查德育方法。情感陶冶法是指教育者自觉创设良好的教育情境,潜移默化地使受教育者在道德和思想情操等方面受到感染、熏陶的方法。情感陶冶法的形式包括人格感化、环境陶冶、艺术陶冶。其中,人格感化是指通过教育者自身的品德、情操和对受教育者深切期望的态度来感染教育对象。题干中,李老师以自己的高尚品德、人格魅力、对学生的深切期望和真诚的爱来触动、感化学生,促进学生思想转变,就体现了对情感陶冶法中的人格感化的运用。

19. A 【解析】本题考查教育法规与教育道德的比较。教育法规与教育道德的共性表现有:(1)教育法规与教育道德以共同的现实物质条件为基础。(2)在同一社会中,教育法规与占社会主导地位的教育道德具有共同的作用方向,反映的利益关系一致。(3)教育法规与教育道德具有共同作用。它们都是对社会关系(包括教育关系)起调整作用,对人的行为(包括教育行为)起规范作用,并对一定的利益关系的形成起阻碍或促进作用。教育法规与教育道德的区别表现有:(1)两者内容的确定性及其产生过程不同。(2)两者调整对象的范围有所不同。(3)两者调整的方式和要承担的责任不同。违反教育法规的行为要受到一定的法律制裁,而违反教育道德的行为主要受良心、社会舆论的谴责。(4)两者作用的性质及其实现的制约机制不同。故答案选A项。

20. B 【解析】本题考查行政处罚的类型。行政处罚可分为四类:(1)申诫罚。是最轻微的处罚,表现形式有警告、通报等。(2)财产罚。主要有罚款、没收非法所得等形式。(3)行为罚(能力罚)。是限制或剥夺违法者特定行为能力的一种制裁,主要有撤销教育机构,取消颁发学历、学位和其他学业证书的资格,撤销教师资格,停考,停止申请认定资格,责令停止招生,吊销办学许可证。(4)人身罚。是限制或剥夺违法者人身自由的处罚,是最严厉的一种行政处罚。故答案选B项。

二、多项选择题

21. BD 【解析】本题考查优秀教师的人格特征。一个优秀教师的人格特征主要体现在情感特征、意志特征和领导方式等方面。故答案选B、D两项。A、C两项属于教师的认知特征,故排除。

22. ABD 【解析】本题考查教师心理健康的标准。教师心理健康的标准包括:(1)能积极地悦纳自我;(2)有良好的教育认知水平;(3)热爱教师职业,热爱学生;(4)具有稳定而积极的教育心境;(5)较高的自我调适能力;(6)和谐的教育人际关系;(7)能适应和改造教育环境。故答案选A、B、D三项。

23. ABC 【解析】本题考查建构主义学习理论的主要内容。建构主义在学习观上强调学习的主动建构性、社会互动性和情境性三方面。

24. BCD 【解析】本题考查态度与品德学习的一般过程。态度与品德的形成是一个从外到内的转化过程,是社会规范的接受和内化过程,大致经历以下三个阶段:(1)社会规范的依从;(2)社会规范的认同;(3)内化(社会规范的信奉)。

25. AB 【解析】本题考查言语说服的技巧。有效的说服是提高道德认知的途径。用言语说服学生需要一些技巧。首先,言语说服要以理服人、以情动人。向学生说明某种道理时,教师需要以理服人,用严密和条理的论证来说明。在此基础上,教师还需要动之以情,在说明道理的时候辅之以强烈的情感色彩,用情感来感染和打动学生。对于低年级的学生来说,富有感情色彩、生动感人的说服内容更容易发生影响,而对于高年级学生来说,充分说理、富有逻辑的说服内容更为有效。其次,在言语说服的过程中,是只提供正面的论点论据效果卓著,还是同时提供正反两方面的论点论据效果好呢?社会心理学家霍夫兰德发现,对于受教育程度高的人来说,提供正反两方面的论据论点更易于使他们信服,而对于受教育程度低的人来说,只提供正面论据更好些。故答案选A、B两项。(具体参看姬建锋、贾玉霞主编的《心理学》)

26. ABCD 【解析】本题考查德育目标的作用。德育目标指导、调节、控制着整个德育活动,具有导向作用、选择作用、协调作用和激励作用。

27. ACD 【解析】本题考查教师的终身学习。任何教师的专业成长,都是一个终身学习、实践、创造和再学习、再实践、再创造的过程。这之中,反思、合作和共生的意识和能力的培养是终身学习、实现专业发展的基本方法和必由之路。故本题选A、C、D三项。

28. ABD 【解析】本题考查处理教师与同事关系的职业行为准则。处理教师与同事关系的职业行为准则包括:(1)尊重。教师在集体中开展着自己的专业性活动,对于共同开展教育教学活动的同事,在地位上是平等的,也是应当给予尊重的对象。(2)理解。教师在集体中开展工作,由于工作任务及性质上的差异,教师集体中也会产生矛盾与冲突。这就需要教师与同事之间能够互相理解。(3)协作。教师在集体中工作,协作是十分必要的。协作需要教师与同事搞好团结,相互理解、相互支持。C项属于处理教师与学生关系的职业行为准则。

三、判断题

29. × 【解析】本题考查埃里克森的心理社会发展阶段论。埃里克森提出了人的八个阶段以及每个阶段的发展任务,其中第二阶段为儿童早期,这一阶段的主要发展任务是获得自主感而克服羞怯感。

30. √ 【解析】本题考查智力发展水平的差异。研究表明,人们的智力水平呈正态分布,又称常态分布,表现为中间高两头低,大多数人的智力属于中等水平。故题干表述正确。

31. × 【解析】本题考查教师的教学监控能力的表现。教学监控能力是指教师为了保证教学达到预期的目的而在教学的全过程中,将教学活动本身作为意识对象,不断对其进行积极主动的计划、检查、评价、反馈、控制和调节的能力。教师的教学监控能力有多方面的内容和多样化的表现:(1)教师对自己教学活动的事先计划与安排;(2)教师对自己实际教学活动进行有意识的监督、评价和反馈;(3)教师对自己的教学活动进行调节、矫正和有意识的自我控制。故题干说法错误。

32. × 【解析】本题考查教师威信的内容。教师威信是指由教师的资历、声望、才能和品德等因素决定的,教师个人或群体在学生或社会中的影响力。教师威信实质上反映了一种良好的师生关系,是教师成功地扮演教育者角色、顺利完成教育使命的重要条件。专制型教师非常严厉,在教育教学中,这类教师通常以严厉的纪律要求学生,监视学生,使用体罚或变相体罚的方式对待学生。因此,专制型的领导风格不利于教师威信的树立。

33. √ 【解析】本题考查强化理论的内容。一般来说,正强化和负强化都起着增强学习动机的作用,惩罚则一般起着削弱学习动机的作用,但有时也可使一个人在失败中重新振作起来。故题干说法正确。

34. × 【解析】本题考查资源管理策略的类型。努力管理策略是为了使学生维持自己的意志努力,需要不断鼓励学生进行自我激励。学业求助策略指当学生在学习上遇到困难时,向他人请求帮助的行为。学业求助包括两个方面:(1)学习工具的利用,如善于利用参考资料、工具书、图书馆、电脑等;(2)社会性人力资源的利用,如善于利用老师的帮助以及同学间的合作与讨论来加深对学习内容的理解。因此,题干中的学生向成绩较好的同学请教的行为属于学业求助策略。

35. √ 【解析】本题考查认知失调的内容。认知失调是态度改变的先决条件。故题干说法正确。

36. √ 【解析】本题考查中小学生道德的发展。在整个小学阶段,小学生在道德发展上,认识与行为、言与行基本上是协调的。年龄越小,言行越一致,随着年龄的增长,逐步出现了言行不一致的现象。

37. × 【解析】本题考查课堂管理的对象。课堂管理是指教师为有效利用时间、创造愉快的和富有建设性的学习环境以及减少问题行为而采取的组织教学、设计学习环境、处理课堂行为等一系列活动与措施。课堂管理的对象是全体学生,而不只是少数违反课堂纪律的学生。故题干说法错误。

38. √ 【解析】本题考查狭义的德育。广义的德育泛指所有有目的、有计划地对社会成员在政治、思想与道德等方面施加影响的活动,包括社会德育、社区德育、学校德育和家庭德育等方面。狭义的德育则专指学校德育。

39. × 【解析】本题考查德育过程的结构。德育过程通常由教育者、受教育者、德育内容和德育方法四个相互制约的要素构成。受教育者包括受教育者个体和群体,他们都是德育的对象。在德育过程中,受教育者既是德育的客体,又是德育的主体。

40. √ 【解析】本题考查德育方法。题干的意思是:自我品行端正了,即使不发布命令,老百姓也会去实行;若自身品行不端正,即使发布命令,老百姓也不会服从。这说明教师要以自身的品行为榜样来教育学生,体现的是德育的榜样示范法。

41. √ 【解析】本题考查《中华人民共和国义务教育法》。根据《中华人民共和国义务教育法》第四条规定,凡具有中华人民共和国国籍的适龄儿童、少年,不分性别、民族、种族、家庭财产状况、宗教信仰等,依法享有平等接受义务教育的权利,并履行接受义务教育的义务。

42. × 【解析】本题考查教师职业道德的相关知识。教师在履行教育义务的活动中,最主要、最基本的道德责任是正反两个方面。正面:教书育人;反面:"不要误人子弟"。

43. × 【解析】本题考查《学生伤害事故处理办法》。根据《学生伤害事故处理办法》第十三条规定,在放学后、节假日或者假期等学校工作时间以外,学生自行滞留学校或者自行到校发生的造成学生人身损害后果的事故,学校行为并无不当的,不承担事故责任。题干中的小涛是在国庆放假期间自行到校发生的学生伤害事故,学校行为并无不当,故不承担事故责任。

44. √ 【解析】本题考查教育法的内涵。教育法是国家大多数公民意志在教育方面的体现。法是社会关系的反映,法所反映的社会关系受到一定的社会发展规律所制约。因而,教育法所反映的内容必然要与人的普遍要求相适应,反映大多数公民的意志,具有与人类的普遍要求相一致的趋向。

45. √ 【解析】本题考查教师职业道德评价。人的目的是教育的目的,就是教师职业道德评价的最终目的。因而,教育伦理中的"至善"——人(包括类)的全面和自由地发展,成为教师职业道德评价的最高标准。

46. √ 【解析】本题考查"乐教"的内容。教师在如何对待自己的职业和职责上,存在着四种不同的境界,即厌教、功利、热爱和乐教。在这四种境界中,第一种是我们应当唾弃和否定的,第二种是我们承认其合理性的同时应当自觉超越的,第三种是我们应当大力肯定和倡扬的,第四种是我们应当向往和追求的。故本题说法正确。

2020 年上半年四川省教师公开招聘考试真题试卷(三十九)

一、判断题

1. √ 【解析】本题考查学校教育的相关内容。学校教育是一种制度化的教育,在现代教育体系中,学校教育形态是教育的主体形态。

2. × 【解析】本题考查教育的社会流动功能。教育的社会流动功能按其流向可分为横向流动功能与纵向流动功能。教育的纵向流动功能是指社会成员因受教育的培养与筛选,能够在社会阶层、科层结构中做纵向的提升,包括职称晋升、职务升迁、薪酬提级等,以提高其社会地位及作用,亦称垂直流动。读书人通过"寒窗苦读"才能"金榜题名",这体现的是教育的纵向流动功能。

3. √ 【解析】本题考查课程的相关知识。隐性课程的主要表现形式包括观念性隐性课程、物质性隐性课程、制度性隐性课程和心理性隐性课程。其中,心理性隐性课程主要包括学校人际关系状况,师生特有的心态、行为方式等。学生在学校里结交的好朋友属于学校隐性课程的内容。社团活动课程是在"社团活动课程化"理念推动下形成的课程类型。在学校,社团活动课程往往以不同的社团组织为依托,以丰富的社团活动内容作为课程内容,以活动作为课程的主要形式。因此,在学校里参加的社团活动也属于学校的课程。

4. × 【解析】本题考查课程组织的基本标准。课程组织的基本标准包括垂直组织的标准和水平组织的标准。所谓垂直组织,是指将各种课程要素按纵向的发展序列组织起来。课程的垂直组织有两个基本标准,即"连续性"和"顺序性"。所谓水平组织,是指将各种课程要素按横向(水平)关系组织起来。课程的水平组织的基本标准是"整合性"。

5. × 【解析】本题考查教学评价的相关知识。教学过程中的即时评价能直接起到促进学生进步与发展的作用,是教学的及时雨。在传统的课堂教学评价中,教师以自我为中心,以绝对裁判者的身份来评判学生,主观色彩过浓,使学生难以获得客观的评价,也很容易造成师生之间的对立。而发展性课程教学评价注重评价中的互动,以便与学生的心灵世界产生强烈的共鸣。因此,在教学过程中,学生对学习内容发生争论时,教师应该扮演引导者的角色,采用发展性评价和即时评价。

6. × 【解析】本题考查翻转课堂的相关内容。翻转课堂是指重新调整课堂内外的时间,将学习的决定权从教师转移给学生。它利用丰富的信息化资源,让学生逐渐成为学习的主角。但这并不意味着教师作用的弱化,相反,教师是决定翻转课堂的关键因素,其作用更加重要。

7. √ 【解析】本题考查德育渗透的相关知识。各学科的德育渗透要求不一样,因而渗透的方法也不一样。数学中渗透德育的方法有:(1)通过介绍数学家的事迹、数学典故等进行爱国主义教育。(2)从概念、定理、公式等内容的教学中进行辩证唯物主义教育。(3)在教学中对学生进行审美教育。(4)从数学教学中培养学生严谨的工作作风、坚强的意志品质和勇于创新的精神。题干中"创意性解法""介绍自己的解题思路,犹如做学术报告"等表明了老师对学生勇于创新的精神和严谨的工作作风的培养。题干所述是一种德育渗透。

8. √ 【解析】本题考查学校中教师之间的关系。教师和教师之间是合作与竞争的关系。教师之间的人际关系是学校人际关系中最基本的方面,它直接影响了教师的工作状态和学生的人际关系,是教师文化的最基本形式。(具体内容参看东北师范大学出版社出版,唐丽芳主编的《课程改革中的学校文化——一所学校的个案研究》)

9. × 【解析】本题考查程序教学模式的理论基础。程序教学模式的理论依据是斯金纳的操作性条件反射理论与强化原理。

10. × 【解析】本题考查幼儿游戏的相关内容。幼儿由于缺乏经验,心理的有意性差,对日常生活的体验、周围的环境认识还缺乏理解,因此在进行游戏的过程中需要成人的引导,对不同经验能力的幼儿提供相应的帮助。(具体内容参见姚伟主编的《幼儿游戏与指导》)

11. √ 【解析】本题考查"耶克斯—多德森定律"。"耶克斯—多德森定律"表明,动机不足或过分强烈都会影响学习效果。动机的最佳水平随着任务性质的不同而不同。在比较容易的任务中,行为效果(工作效率)随着动机水平的提高而上升;随着任务难度的增加,动机的最佳水平有逐渐下降的趋势。总的来说,焦虑和学习水平的关系与"耶克斯—多德森定律"相吻合,容易的问题需要较高的焦虑水平而困难问题则需要较低的焦虑水平。(具体内容参见方俊明主编的《认知心理学与人格教育》)

12. × 【解析】本题考查自我价值理论。美国教育心理学家卡芬顿提出自我价值理论,关注人们如何评估自身价值。自我价值理论采用四象模型将动机类型分为四种:(1)高趋低避型;(2)低趋高避型;(3)高趋高避型;(4)低趋低避型。其中,高趋高避型的学生被称作"过度努力者",他们在受到成功诱惑的同时,也存在着担忧失败的恐惧。他们对任务又爱又恨,产生既追求又排斥的冲突情绪,导致他们处于冲突状态中,但焦虑引起并加强了他们对学习的注意,所以他们会想办法取得成功及避免失败。表面上,他们追求成功、努力学习、聪明能干,但事实上他们严重受到紧张、冲突的精神困扰。如平时表现贪玩但私底下偷偷努力学习的学生,如果获得成功更能说明自己能力过人,如果遭遇失败则可以找到很好的理由(贪玩),而不会被人认为能力不足。(具体内容参见《教师教育"十三五"规划实训系列教材 教育心理学》)

13. √ 【解析】本题考查学困生的转化。"学困生"普遍的情况是学习基础、学习习惯差、学习目标低,学习的自信心和意志品质严重不足,心理脆弱,转化过程中对他们的要求相对他们的本身条件就会比较高,对他们来说难度也大,他们的接受程度和坚持就非常关键。在提出"严格"要求时,他们如果没有感受到爱和尊重,不但不会接受,反而会加以拒绝、反抗。因此,必须将爱与尊重作为转化的起点。

14. √ 【解析】本题考查《中小学心理健康教育指导纲要(2012 年修订)》的内容。《中小学心理健康教育指导纲要(2012 年修订)》指出,心理辅导是一项科学性、专业性很强的工作,心理健康教育教师应遵循心理发展和教育规律,向学生提供发展性心理辅导和帮助。开展心理辅导必须遵守职业伦理规范,在学生知情自愿的基础上进行,严格遵循保密原则,保护学生隐私,谨慎使用心理测试量表或其他测试手段,不能强迫学生接受心理测试,禁止使用可能损害学生心理健康的仪器,要防止心理健康教育医学化的倾向。

15. × 【解析】本题考查迁移的类型。一般迁移是将一种学习中习得的一般原理、方法、策略和态度等迁移到另一种学习中去。例如,学习了金属的热胀冷缩原理后,很容易掌握各种金属的一般特征。

16. √ 【解析】本题考查个体技能形成和发展的影响因素。个体技能的形成和发展,受其生活的社会发展水平制约。远古时代,没有今天所使用的汽车、电视、移动电话,因此,古人没有修理和操作这些东西的技能。此外,个体的技能还受其现实生活环境的影响,这一点在不同民族中表现得非常明显。例如,生活在草原上的民族,骑射技能比较娴熟;生活在海边或湖边的民族,游泳和潜水技能发展较好。

17. × 【解析】本题考查教育法律规范的表现形式。教育法律规范在表现形式上可以分为专门法源和共同法源。专门法源是指直接表达教育法律规范,对教育事务进行规范的法律形式。如《中华人民共和国教育法》《中华人民共和国教师法》《中华人民共和国义务教育法》等,可称为直接形式。

18. √ 【解析】本题考查教育的基本权利与非基本权利。所谓基本权利,即人权,是人的发展的必要的、最低的权利,是满足人们政治、经济、思想等方面的最低的、基本的需要的权利。非基本权利是人们生存和发展的比较高级的权利,是满足人们政治、经济、思想等方面比较高级的需要的权利。在现代教育体制中,受教育权依然是人的基本权利,但受高层次教育是人的非基本权利。普及义务教育是满足人的基本权利的手段。(具体内容参见郭元祥主编的《教育的立场》)

19. × 【解析】本题考查教育行政许可的内涵。教育行政许可是指教育行政机关应教育行政管理相对方的申请,通过颁发许可证等形式,依法赋予教育行政管理相对方从事某种教育活动的法律资格或法律权利的行政行为。在一般情况下,教育行政许可必须以教育行政管理相对方提出的申请为前提,如果没有相对方的申请,教育行政机关不能主动地予以许可。教育行政许可在程序上主要由受理申请、审查、颁发许可证明三个环节所组成。教育局颁发教师资格证书的行为属于教育行政许可。

20. × 【解析】本题考查学理解释的内涵。学理解释也称为法理解释,一般是指社会组织、学者和报刊对有关法律所进行的法理性的、法制宣传性的解释。学理解释一般属于研究性质,没有法律上的约束力,不能作为实施法律的依据。

21. × 【解析】本题考查立法的程序。根据《中华人民共和国宪法》第七十二条规定,全国人民代表大会代表和全国人民代表大会常务委员会组成人员,有权依照法律规定的程序分别提出属于全国人民代表大会和全国人民代表大会常务委员会职权范围内的议案。并非所有公民均有权提出法律议案。

22. × 【解析】本题考查教育法律救济的特征。教育法律救济的特征包括:(1)是宪法公平、正义的立法精神的体现;(2)纠纷的存在是教育法律救济的基础;(3)侵权损害事实的存在是实施法律救济活动的前提;(4)补救受害者的合法权益是教育法律救济的根本目的;(5)法律救济具有权利性;(6)具有补救与监督双重作用。侵权损害事实的存在才是实施法律救济活动的前提。

23. √ 【解析】本题考查教师职业道德的相关内容。教师的根本任务是教书育人,教师职业道德的一切内容都是围绕这一根本问题产生的,都是与这一根本问题相联系的。

24. × 【解析】本题考查教师职业道德修养的相关内容。教师职业道德修养是将教师职业道德要求转化为自己的信念并付诸行动的活动,简单来说,是一种自我锻炼、自我改造、自我陶冶、自我教育的过程。在具体的修养方法上,教师既要借鉴传统的知行合一、自省慎独、好礼守节的道德修养方法,又要做到学习与实践、他律与自律、品质锻炼与仪表修饰三结合,以便更好地履行教书育人的使命。

二、单项选择题

1. D 【解析】本题考查教育的经济功能。现代教育对经济发展的促进功能,主要通过以下两个途径来实现:(1)教育通过劳动力的生产促进经济的发展;(2)教育通过生产科学技术促进经济的发展。题干中的话是指,通过对山区贫困地区下一代的教育来帮助他们脱离贫困,促进生产力的发展,这体现了教育的经济功能。

2. B 【解析】本题考查教育目的的个人本位论。个人本位论者认为,教育的根本目的就是充分发展个人的潜能与个性,至于社会的要求是无关紧要的。其观点有:(1)教育目的是根据个人发展的需要制定的,而不是根据社会的需要制定的。(2)个人价值高于社会价值。(3)人生来就有健全的潜在本能,教育的基本职能就在于使这种潜能得到发展。故A、C、D三项属于个人本位论的观点。社会本位论者认为,教育的根本目的是由社会发展的需要所决定的,至于人的潜能与个性的需要是无关紧要的。其观点有:(1)个人的一切发展都有赖于社会。(2)教育除了满足社会需要以外并无其他目的。(3)教育的结果或效果是以其社会功能发挥的程度来衡量的。故B项属于社会本位论的观点。

3. B 【解析】本题考查遗传素质在人的发展中的作用。遗传,也叫遗传素质,是指从上一代继承下来的生理解剖上的特点,如机体的形态、结构以及器官和神经系统的特征等。遗传素质是人的身心发展的前提,具体体现在以下几个方面:(1)遗传素质是人的身心发展的前提,为人的发展提供了可能性,但不能决定人的发展;(2)遗传素质的个别差异是人身心发展的个别差异的原因之一;(3)遗传素质的成熟机制制约着人的身心发展的水平及阶段。故A、C、D三项正确。个体主观能动性,是人的身心发展的内在动力,也是促进个体发展从潜在的可能状态转向现实状态的决定性因素。故B项说法错误。

4. B 【解析】本题考查行为性目标的相关内容。在课程与教学目标的取向上,主要有"普遍性目标""行为性目标""生成性目标"和"表现性目标"四种基本形式。"行为性目标"是以具体的、可操作的形式陈述的课程与教学目标,它指明课程与教学过程结束时学生所发生的行为变化。这种目标的基本特点是目标的精确性、具体性和可操作性。题干中,张老师确定的教学目标精确、具体,可通过一定的方式判断学生是否达到教学目标,这属于行为性目标。

5. B 【解析】本题考查师生角色的关系。"师道尊严",本指老师受到尊敬,他所传授的道理、知识、技能才能得到尊重,后多指为师之道尊贵、庄严。唐代韩愈的《师说》进一步概括为"师者,传道、授业、解惑也",他还指出:"无贵无贱,无少无长,道之所存,师之所存也"。在这里,"道"的至上性,不仅是"尊师"的重要前提,而且也是"民知敬学"的重要保证。中国古代的尊师传统,不仅仅局限在儒家的经书教育中,而且也包括佛教、道教、医疗、建筑等各个方面。正是在这样浓厚的文化氛围中,"师"才能够在"天地君亲师"的牌位中占据一席之地。故A、C、D三项都体现了教师的权威。《学记》:"故安其学而亲其师,乐其友而信其道,是以虽离师辅而不反也。"这句话的意思是:安心学习,亲近师长,乐于与同学交朋友,并深信所学之道,尽管离开师长的辅导,也不会违背所学的道理。这体现了师生平等的关系。

6. C 【解析】本题考查课程的相关内容。课程资源开发和利用的基本原则包括:(1)共享性原则;(2)经济性原则;(3)实效性原则;(4)因地制宜原则。其中,因地制宜原则是指,课程资源的开发与利用不应强求一律,而应从实际出发,发挥地域优势,强化学校特色,区分学科特性,展示教师风格,扬长避短,扬长补短,因地制宜、因人制宜地开发与利用课程资源。故A、B项正确。新课程倡导民主、开放、科学的课程理念,同时确立了国家、地方、学校三级课程管理政策,这就要求课程与教学相互整合,教师必须在课程改革中发挥主体作用。教师不仅是课程实施的执行者,更应成为课程的开发者和建设者。故D项正确。课程实施的主体主要包括教师、校长和学生等。其中,教师是课程实施的决定因素。课程实施是教师的学习过程,是教师相互支持与合作的过程,是教师观念和知识"重构"的过程。校长是课程实施的保障因素。学生是课程实施效果的体现者。学生参与课程实施及其研究具有四种基本形式,包括学生作为数据来源、学生作为积极反应者、学生作为共同研究者和学生作为研究者。故C项说法错误。

7. D 【解析】本题考查教育人物及其教育观点。D项体现的是夸美纽斯的教育观点。夸美纽斯从他的民主主义的"泛智"思想出发,提出了普及教育的思想。提出"把一切事物教给一切人""一切男女青年都应该进学校"。晏阳初被誉为"国际平民教育之父",他提出了平民教育理论:"四大教育"(文艺教育、生计教育、卫生教育、公民教育)、"三大方式"(学校式、家庭式和社会式)。

8. C 【解析】本题考查裴斯泰洛齐的教育思想。裴斯泰洛齐是瑞士民主主义教育思想家、教育改革家。他明确提出把心理发展的研究作为教学总原则的基础,成为教学"心理学化"的先驱。

9. D 【解析】本题考查团体动力策略。团体动力策略是发展团体成员整体搭配与实现共同目标能力的策略。题干中针对学生的问题,教师同学生、家长及其他教师共同协作帮助该学生,属于团体动力策略。

10. B 【解析】本题考查经验主义课程论的观点。经验主义课程论也称儿童中心论。以杜威为代表的经验主义课程论流派认为,以学科为中心的传统课程是不足取的,应代之以儿童的活动为中心的课程,课程的内容不能超出儿童经验和生活的范围。

11. A 【解析】本题考查教学过程的间接性规律。间接经验与直接经验相结合(间接性规律)是指人们认识客观事物主要有两条途径:一是获取直接经验,即通过亲自探索、实践所获得的经验;二是获取间接经验,即他人的认识成果,主要是指人类在长期认识过程中积累并整理而成的书本知识。教学活动是学生认识客观世界的过程,要以间接经验为主、直接经验为辅,将二者有机地结合起来。小红通过自己摸索获得的是直接经验。妈妈所说的老师讲授的知识属于间接经验。这反映的教学规律是间接经验与直接经验相结合。

12. C 【解析】本题考查教师批评的方法。幽默式批评是指运用幽默、风趣的语言来表达所需要阐述的观点、道理,学生就能摆脱尴尬的处境,消除紧张的心理,在笑中明白道理,从而改正错误。题干中的老师运用风趣的语言来化解尴尬,消除学生紧张的心理,并指出了学生的不当之处,帮助学生改正错误。这种教育方式属于幽默式批评。

13. C 【解析】本题考查教育评价的功能。教育评价一般具有导向功能、鉴定功能、激励功能、反馈功能、管理功能。其中,反馈功能是指,教育过程是一个连续的、长期的、循环往复的过程,评价过程伴随着教育过程,不断为评价双方提供信息资料,及时了解情况、及时反馈信息、及时做出补救,使学生、教师、学校根据反馈情况不断修正、改进和完善。题干中的老师通过分析期中考试的试卷,对自己的教学进行反思、调整的行为,体现了教育评价的反馈功能。

14. C 【解析】本题考查对教育研究的反思。科学化、规范化、学术化像三条绳索,将中小学教育科研捆绑得紧紧的,从而使中小学教育科研失去了直面教学实践、改进行动质量、注重解决具体现实问题的特色。事实上，否定中小学教育科研的特点和差异，一味强调中小学教育科研的科学性、规范性，实质上是在否定中小学教师开展群众性教育科研的合法性。故C项错误。

15. A 【解析】本题考查道德认识。我国古代思想家非常强调道德认识(所谓"识道"、"知明")对一个人的道德行为所起的作用。例如，孔子认为，有了认识才会有坚定的信念，所谓"知者不惑"；认识乃是人们道德行为的前提条件，即其所云："盖有不知而作者，我无是也。"荀子认为，只有以理"识道"，才能提高道德的自觉性，只有"知明"，才能保证"行无过"。王守仁明确地指出，"今教童子"必须"讽之读书，以开其知觉。"这显然就是要提高学生的道德认识。(具体内容参见李柏黍、燕国材编著的《教育心理学》)

16. C 【解析】本题考查班集体的发展阶段。一个班的几十个学生，从刚组建的群体发展为坚强的集体，一般要经过如下阶段：(1)组建阶段；(2)核心初步形成阶段；(3)集体自主活动阶段。其中，集体自主活动阶段的特点是，积极分子队伍壮大，学生普遍关心、热爱班集体，能积极承担集体工作，参加集体的活动，维护集体的荣誉，形成正确的舆论与良好的班风。

17. C 【解析】本题考查儿童道德行为的发展。小学阶段的道德的一个特点是道德发展过程中出现"飞跃"或"质变"现象。小学阶段是儿童道德发展的关键年龄。这个关键年龄，具体在什么时候(哪个年级或年龄)出现，尚有待深入探讨。据我们的研究，这个关键期或转折期大致在三年级下学期前后，由于不同方式的学校教育的影响，出现的时间可能会提前或延后。(具体内容参见林崇德主编的《发展心理学》)

18. C 【解析】本题考查榜样示范法的具体运用。榜样示范法是用榜样人物的优秀品德来影响学生的思想、情感和行为的德育方法。我国古代教育中十分重视榜样的作用，要求以尧舜孔孟为榜样，"法古今完人"，提倡"论学取友""择其善者而从之"。题干所述体现的德育方法是榜样示范法。

19. B 【解析】本题考查关注生存阶段的内涵。处于关注生存阶段的一般是新教师，他们非常关注自己的生存适应性，最担心的问题是"学生喜欢我吗""同事们如何看我""领导是否觉得我干得不错"等。可能会把大量的时间花在如何与学生搞好个人关系上，并想方设法控制学生，而不是更多地考虑如何让学生获得学习上的进步。小张老师处于教师专业发展的关注生存阶段。

20. D 【解析】本题考查学习方法指导的方式。学习方法指导的方式主要有：(1)系统传授式；(2)专题讨论式；(3)学科渗透式；(4)学习诊断式；(5)经验交流式。其中，学习诊断式是教师运用心理诊断技术帮助学生具体找出并分析影响学习效果的原因，指出具体的解决办法。题干中，王老师帮助小敏分析影响学习效果的原因，并制定改进办法。这是王老师对学习诊断式的运用。

21. B 【解析】本题考查德育的体谅模式。体谅或学会关心的道德教育模式形成于20世纪70年代，为英国学校德育学家彼得·麦克费尔和他的同事所创。体谅模式是从自我的感受出发以体谅他人为主而展开的道德教育，是道德教育领域中独具特色的模式。简单地说，它就是一种换位思考的模式。

22. B 【解析】本题考查2008年修订的《中小学教师职业道德规范》的内容。2008年修订的《中小学教师职业道德规范》中"关爱学生"的具体职业行为要求有：关心爱护全体学生，尊重学生人格，平等公正对待学生；不讽刺、挖苦、歧视学生，不体罚或变相体罚学生。梦晨同学因为家里的原因，上课走神。班主任老师没有主动与梦晨沟通，了解她走神的原因，帮助她调整心态尽快投入学习，反而在全班同学面前讽刺她，这违背了关爱学生的教师职业道德规范。

23. C 【解析】本题考查直观性原则的运用。直观性原则是指在教学活动中，教师应尽量利用学生的多种感官和已有的经验，通过各种形式的感知，使学生获得生动的表象，从而比较全面、深刻地掌握知识。贯彻此原则的要求之一是重视运用言语直观。题干中的老师把混合气体的平均分子量比作三个同学的平均年龄来帮助学生理解，所运用的就是言语直观，即体现了对直观性原则的运用。

24. D 【解析】本题考查惩罚的内涵。惩罚是指当有机体做出某种反应以后，呈现一个厌恶刺激，以消除或抑制此反应的过程。负惩罚的特点是取消愉快刺激，其目的是降低反应频率。本题中老师的做法属于负惩罚。

25. D 【解析】本题考查皮亚杰的认知发展理论。具体运算阶段的儿童能够运用逻辑思维解决具体问题，但必须依赖于实物和直观形象的支持才能进行逻辑推理和运用逻辑思维解决问题，不能够进行纯符号运算。A项错误。前运算阶段儿童的思维具有自我中心性的特征，B项错误。根据皮亚杰的认知理论，教育教学要创设最佳的难度。根据皮亚杰的观点，认知发展是通过不平衡来促进的。因此，教师要在教学过程中经常制造一些使学生产生认知不平衡的问题，以促使他们的认知发展。换言之，教师的主要任务是通过提问来引起学生认知的不平衡，并提供有关的学习材料或活动材料，促进学生的认知发展。这些材料可适当超过学生的发展水平，故C项错误。皮亚杰认为影响认知发展的因素主要有四类，即成熟、物理环境、社会环境和平衡化。其中，具有自我调节作用的平衡化过程在认知发展中起关键作用。所谓平衡化，是指一种动态的认知过程，目的是要达到更高水平的平衡状态。D项正确。

26. C 【解析】本题考查幼儿道德的形成。婴儿期已具有道德感的萌芽，如同情心、责任感和怕羞等。幼儿在幼儿园的集体生活中，随着对各种行为规则的掌握，他们的道德感进一步发展起来。起先，这种道德感主要指向个别行为，而且往往直接由成人的评价而产生。到了中班，由于比较明显地掌握了一些概括化的道德标准，幼儿的道德感便开始与这些道德准则、认识相联系。中班幼儿不仅关心自己的行为是否符合道德标准，而且很关心别人的行为是否符合道德规范，并产生相应的情感。这一点可从幼儿的告状行为中充分体现出来。(具体内容参见林崇德主编的《品德发展心理学》)

27. C 【解析】本题考查情绪记忆的内涵。情绪记忆是个体以曾经体验过的情绪或情感为内容的记忆。娇娇对虫子的害怕属于情绪记忆。

28. A 【解析】本题考查继时性加工的内涵。同时性加工是指认知主体在同一时间内对多个信息进行加工，将它们联合成整体，从而获得事物意义的一种信息处理方式。同时性认知风格的特点是：在解决问题时，学习者善于采用发散性思维，从多个视角对问题进行全面思考，考虑多种假设，兼顾到解决问题的各种可能性；能同时把握事物的全部信息，并从各组成部分的关系中发现事物的整体联系。继时性加工是指认知主体对外界信息逐一进行加工，从而获取意义的信息处理方式。继时性认知风格的特点是：在解决问题时，学习者往往采取按部就班的分析程序，一步接一步，一环扣一环地对信息进行加工。每一步只考虑一种假设或一种属性，提出的假设在时间上有明显的先后顺序，第一个假设成立后再检验下一个假设，直到问题的解决。

29. D 【解析】本题考查资源管理策略的内容。资源管理策略包括时间管理策略、环境管理策略、努力管理策略、学业求助策略。其中，时间管理策略是指在时间管理上，应做到：(1)统筹安排学习时间；(2)高效利用最佳时间；(3)灵活利用零碎时间。本题中林林的这种安排属于资源管理策略中的时间管理策略。

30. A 【解析】本题考查负迁移的内容。负迁移也叫"抑制性迁移"，是指一种学习对另一种学习产生阻碍作用，如在掌握了汉语语法的情况下，在初学英语语法时，总是出现用汉语语法去套英语语法的情况，从而影响了英语语法的掌握。因此在学习拼音后再去学习英语，会产生负迁移。

31. A 【解析】本题考查埃里克森心理发展阶段理论的内容。根据埃里克森心理发展阶段理论，婴儿期(0～1.5岁)的发展任务是发展对周围世界，尤其是对社会环境的基本态度，培养信任感。

32. B 【解析】本题考查自我效能感的影响因素。影响自我效能感的因素包括：(1)个人自身行为的成败经验。这一效能信息源对自我效能感的影响最大。一般来说，成功经验会提高效能期望，反复的失败会降低效能感。当然，成功经验对效能期待的影响还要取决于个体对成败的归因方式。如果把成功归于外部、不可控的因素就不会增强自我效能；把失败归于外部、不可控的因素也不一定就降低自我效能。因此个体的归因方式直接影响自我效能的形成。D项错误。(2)替代经验(间接经验)。个体的许多效能期望是来源于对他人的观察，如果看到一个与自己一样或不如自己的人成功，自己的效能感就会提高。B项正确。(3)言语暗示。(4)情绪唤醒。A项属于强化理论，C项属于结果期待，故本题选B项。

33. C 【解析】本题考查桑代克的学习定律。桑代克的学习定律包括准备律、练习律、效果律。其中，效果律是指刺激和反应之间的联结可因导致满意的结果而加强，也可因导致烦恼的结果而减弱。王老师的做法体现的是桑代克学习定律中的效果律。

34. D 【解析】本题考查成就目标定向类型。成就目标主要包括学习目标和表现目标。学习目标者，希望通过学习来掌握知识，提高能力；而表现目标者，希望在学习过程中证明或表现自己的能力。对于持有表现目标的学生来说，其自我价值是由对自己与别人相比较时所具备的能力的知觉决定的，这种比较的结果是学业求助被视为缺乏能力的表现，因而也就是对自我价值的一种威胁，因此他们较少进行有效的学业求助。相反，如果学生持有学习目标，在确定自我价值时以自己为参考标准，就会将学业求助看作是可以促进学习的一种适应性策略，在遇到困难时不会轻易回避求助。(具体内容参见李朝霞主编的《心理学》)

35. B 【解析】本题考查知识掌握的阶段。认知教学心理学家诺曼和鲁梅哈特根据图式理论，提出知识的掌握需经过生长、重构和协调三个阶段。其中，生长阶段指的是，学生接触各种形式的知识，包括术语、事件、理论解释等，并力图把这些"外来的"知识与自己原有的知识建立联系。此时，信息以相对独立的方式被原有图式同化，以个别事实或命题的形式被表征。其教学首先应考虑所教的内容适合于学生原有知识准备，即找准生长点。此阶段学生获取的知识具有零散的和孤立的性质，一般不易迁移，难以应用。(具体内容参见冯忠良主编的《教育心理学》)

36. C 【解析】本题考查归因理论的内容。对于有自卑心理的学生，当其取得好成绩时，教师应增强学生的自信心，让学生相信是自己能力的提高取得的好成绩，引导学生进行能力归因。能力属于内部、稳定、不可控的因素。

37. C 【解析】本题考查气质的类型。胆汁质的观察指标有:(1)有强烈的情绪色彩;(2)各项课外活动积极参与;(3)完成作业匆忙;(4)工作效率高;(5)学习的理解能力和接受能力很快,但不求甚解;(6)喜欢与同学争辩;(7)容易激动;(8)喜欢在公开场合表现自己。故小颖的气质类型最有可能属于胆汁质。

38. C 【解析】本题考查心理辅导的方法。松弛法是指在暗示的作用下,使人的全身肌肉从头到脚逐步放松的方法。移情法的意思是能体验他人的精神世界,就好像是自己的精神世界一样,理解和分担来访者的各种精神负荷。移置法是指通过目标转移而使求询者忘却失败的痛苦并重新调整奋斗目标。一个人某一奋斗目标遭到失败,其心理上受到了严重伤害而产生了一些消极行为,如能将奋斗目标加以转移可改变其痛苦的状态。系统脱敏法是指有步骤地、由弱到强地逐步适应某种引起过敏反应的刺激源的方法。

39. A 【解析】本题考查教育法律规范的类型。原则性规范指的是表达一种综合性、稳定性的原理和准则,分为一般公理性原则和法律公理性原则。原则性规范的特点是确立抽象的行为模式,其操作要求联系具体的教育法律规则来进行。《中华人民共和国教师法》第四条的规定属于原则性规范。

40. D 【解析】本题考查教育法律关系主体、客体的内容。教育法律关系的主体是指教育法律关系的参加者,也就是在具体的教育法律关系中享有权利并承担义务的人和组织。我国教育法律关系的主体可分为三类:公民(自然人)、机构和组织(法人)、国家。教育法律关系客体是教育法律关系主体的权利与义务所指向的对象。教育法律关系的客体一般包括物质财富、非物质财富、行为三个大的方面。在本题中张老师和林某是法律关系的主体,支架发明是法律关系的客体。

41. B 【解析】本题考查学生伤害事故的责任承担。本题中事故发生的时间属于课间自由活动时间,老师不存在管理过失,小黄的手是由于小陈关门时夹伤的,根据《学生伤害事故处理办法》第二十八条规定,未成年学生对学生伤害事故负有责任的,由其监护人依法承担相应的赔偿责任。因此班主任应当告知双方家长,并主张小陈的家长负担医药费。

42. D 【解析】本题考查教育行政赔偿的特征。教育行政赔偿是指教育行政机关及其工作人员在执行职务过程中,违法行使职权侵犯了公民、法人或其他组织的合法权益,造成了损害,依照我国《国家赔偿法》由国家给予的赔偿。教育行政赔偿的特征:(1)侵权主体为教育行政机关及其公务员;(2)侵权损害发生在执行职务的过程中;(3)侵权行为源于教育行政机关及其公务员的违法行政;(4)教育行政赔偿主体是国家;(5)教育行政赔偿是一种法律责任。A、B、C三项正确,D项错误。

43. D 【解析】本题考查公民选举权的取得条件。根据《中华人民共和国宪法》第三十四条规定,中华人民共和国年满十八周岁的公民,不分民族、种族、性别、职业、家庭出身、宗教信仰、教育程度、财产状况、居住期限,都有选举权和被选举权;但是依照法律被剥夺政治权利的人除外。因此,公民取得选举权的时间是从满18周岁开始,本题答案为D项。

44. B 【解析】本题考查《中华人民共和国教师法》的内容。根据《中华人民共和国教师法》第十四条规定,受到剥夺政治权利或者故意犯罪受到有期徒刑以上刑事处罚的,不能取得教师资格;已经取得教师资格的,丧失教师资格。因此张平终身不能取得教师资格证。

45. D 【解析】本题考查民事责任的承担方式。民事责任的承担方式包括:(1)停止侵害;(2)排除妨碍;(3)消除危险;(4)返还财产;(5)恢复原状;(6)修理、重作、更换;(7)继续履行;(8)赔偿损失;(9)支付违约金;(10)消除影响、恢复名誉;(11)赔礼道歉。本题中小陈要求学校赔偿医疗费、护理费等各项损失六万余元,属于民事责任范畴,本题答案为D项。

三、多项选择题

1. ABDE 【解析】本题考查教育活动的基本要素。教育活动的基本要素包括教育者、受教育者、教育内容和教育活动方式等。其中,教育者是教育活动中“教”的主体。受教育者是教育活动中“学”的主体。教育内容是指教育者引导受教育者在教育活动中学习的前人积累的经验,一般体现为课程、教科书、教学参考资料。教育活动方式是指教育者引导受教育者学习教育内容所选用的交互活动方式。教育者、受教育者是教育活动的主体,教育内容是师生传承的精神客体,要使三者形成一个有目的地培养人的教育活动,必须选用并通过一定的中介——教育活动方式才能实现。故A、B、D、E项正确。教学风格是一个教师在教学中能够熟练应用的、比较成熟的、富有成效的教学模式和教学技术,它包括一个教师特有的教学思想、教学观念、教学方法、教学语言、教学风度和教学手段。故C项错误。

2. AD 【解析】本题考查教师劳动的特点。教师劳动的长效性是指教师劳动所产生的效果会对学生长期起作用,不会随学生学业的结束而消失。题干中,教师的精神无法完全从学生那里隐退出去,体现了教师劳动的长效性。由于学生对教师往往有一种特殊的信任感和依恋感,又朝夕与教师相处,教师的一言一行都会成为学生的榜样。学生这种“向师性”,加上模仿性强等特点,便形成了教师的劳动具有示范性的特征。题干中“学生的一举一动都反映出教师的影子”,体现了教师劳动的示范性。

3. AD 【解析】本题考查国家课程、地方课程和校本课程的内容。国家课程是自上而下、由国家政府负责编制,在全国各地统一实施、评价的课程。地方课程是地方教育主管部门允许利用地方课程资源所设计的课程,是对国家课程的补充。校本课程是自下而上的、由学校教师等人员依据学校资源特点负责编制、实施、评价的课程,是对国家课程和地方课程的补充。故B项错误。校本课程是一种多样化的课程,其课程的形式多种多样,既可以是必修课,也可以是选修课。故C项错误。国家课程和地方课程的开发是学者专家的权责,只有校外的学者专家有权参与。国家或地方课程开发的主体,即专家。所有与校本课程有利害关系的人士均有参与校本课程开发的权责,因此学校成员与校外人士均可参与校本课程的开发。校本课程开发的主体,即教师。故E项错误。

4. ADE 【解析】本题考查奥苏贝尔的有意义接受学习理论。奥苏贝尔根据有意义学习任务的复杂程度,把有意义学习分成有层次组织的类型:基本的有意义学习有三种:代表性学习、概念学习和命题学习,另外还有较高级的发现学习,包括知识运用、问题解决和创造。在有意义学习中,最低层次的是代表性学习,又称表征学习,它是指“学会一些单个符号(主要是词汇)的意义或者说学习它们代表什么”。A项正确。概念学习的实质是掌握同类事物或现象的共同关键特征或本质特征。其具体形式有两种:概念的发现和概念的同化。D项正确。命题学习是“学习以命题形式表达的观念的新意义”。学生进行命题学习时,所学习的命题与他们认知结构中已有概念或命题会建立起联系。E项正确。奥苏贝尔认为,根据新学习的命题与已有概念或命题之间的关系,可以分为三种类型的命题学习:下位学习、上位学习、并列结合学习。B项指的是班杜拉的观察学习基本过程中的动作再现过程。C项是格式塔学派的观点。

5. BCD 【解析】本题考查遗忘的相关内容。艾宾浩斯遗忘曲线表明遗忘是有规律的,即遗忘的进程是不均衡的,其趋势是先快后慢、先多后少,呈负加速,且到一定的程度就不再遗忘了。C项正确。有意义的材料比无意义的材料遗忘得慢;形象、直观的材料比抽象的材料遗忘得慢;比较长的、难度较大的材料的遗忘进程更符合艾宾浩斯遗忘曲线,长度、难度适中的材料保持效果最好。凡是能引起主体兴趣,符合主体需要、动机,激起主体强烈情绪,在主体的工作、学习、生活上具有重要意义的材料,一般不容易遗忘。D项正确,E项错误。开头部分和结尾部分的记忆效果较好,中间部分遗忘较多,这是由于开头和结尾只受倒摄抑制或前摄抑制的单一的影响,中间部分则受两种抑制的影响,保持效果差。B项正确。学习程度越高,遗忘得越慢。对材料记得越牢固,遗忘得越慢。过度学习达到150%记忆效果最好。A项错误。

6. CE 【解析】本题考查动机理论。材料中大班教学时,任务难度是相同的,但是随机分成4个小班,每个班级老师的奖励规则不同,学生可以自行选择任务难度,如是争取考第1还是第10。这表明每个学生的动机水平存在差异,从而会造成学生学习差异,故E正确。在施行过程中,每班20人,赵老师只奖励第1名,对于这种情况,学生在选择任务难度时,只有较难的任务可以得到奖励,不利于普通学生的成长。李老师奖励前15名,那普通的学生都可以获得奖励,任务难度系数偏低。所以处于中间层次的钱老师和孙老师的班级任务难度系数适中,有益于学生提升成绩。

7. ABD 【解析】本题考查自我意识的概念。自我意识是个体对自己以及自己与周围事物的关系的意识。一般认为,自我意识包括三种成分:(1)自我认识,即个体对自己的心理特点、人格特征、能力及自身社会价值的自我了解与自我评价。(2)自我体验,如自尊、自爱、自豪、自卑及自暴自弃等。(3)自我监控,即对自己的意志控制,如自我检查、自我监督、自我调节、自我追求等。

8. BC 【解析】本题考查《中华人民共和国义务教育法》《中华人民共和国未成年人保护法》等法律的相关内容。根据《中华人民共和国义务教育法》第二十七条规定,对违反学校管理制度的学生,学校应当予以批评教育,不得开除。A项错误。根据我国《治安管理处罚法》第十二条规定,已满十四周岁不满十八周岁的人违反治安管理的,从轻或者减轻处罚;不满十四周岁的人违反治安管理的,不予处罚,但是应当责令其监护人严加管教。B项正确。根据《中华人民共和国未成年人保护法》第二十五条规定,对于在学校接受教育的有严重不良行为的未成年学生,学校和父母或者其他监护人应当互相配合加以管教;无力管教或者管教无效的,可以按照有关规定将其送专门学校继续接受教育。根据《中华人民共和国教育法》第五十条规定,未成年人的父母或者其他监护人应当为其未成年子女或者其他被监护人受教育提供必要条件。未成年人的父母或者其他监护人应当配合学校及其他教育机构,对其未成年子女或者其他被监护人进行教育。学校、教师可以对学生家长提供家庭教育指导。C项正确。收容教养制度是以我国《刑法》为依据确立起来的一项制度,具体体现在我国现行《刑法》第十七条第四款:因不满16周岁不予刑事处罚的,责令他的家长或者监护人加以管教;在必要的时候,也可以由政府收容教养。小余并未触犯刑法,E项错误。D项侵犯了学生的受教育权,不可取。

9. AC 【解析】本题考查教育法规的体系结构。A项属于教育部制定的行政部门规章。B项属于国务院制定的行政法规。C项属于省政府制定的省级政府规章,与A项同属行政规章。D项属于全国人大常委会制定的教育单行法律。

E 项属于省人大常委会制定的地方性法规。

10. ABDE 【解析】本题考查"四有"好老师的标准。"四有"好老师的标准包括:(1)有理想信念;(2)有道德情操;(3)有扎实学识;(4)有仁爱之心。

四、案例分析题

1. BCE 【解析】合作学习是一种由能力各异的多名学生组成小组,一起互相帮助共同完成一定的学习任务的教学方法。王老师和李老师在课堂上都没有采用小组合作学习。故 A 项错误。王老师通过实验演示,李老师通过指导学生做实验,使学生直观感受到了磁铁的相关特性,体现了直观性原则。王老师和李老师都通过问题启发学生思考,体现了启发性原则。故 B 项正确。谈话法也叫问答法,它是教师按一定的教学要求向学生提出问题让学生回答,通过问答、对话的形式来引导学生思考、探究、获取或巩固知识,促进学生智能发展的方法。王老师通过一系列问题,引导学生探究磁铁的相关知识,体现了对问答法的运用。实验法是指教师引导学生使用一定的仪器和设备,进行独立操作,引起某些事物和现象产生变化,从而使学生获得直接经验,培养学生技能和技巧的教学方法。李老师介绍实验材料后,让学生进行实验探究,体现了对实验法的运用。故 C 项正确。在教学理念上,王老师把"小结"板书在黑板上,直接呈现给了学生,具有传统教学特色。李老师的教学注重发挥学生主动探究的精神,具有现代教学特色。故 D 项错误。传授—接受教学是指教师主要通过语言传授、演示与示范使学生掌握基础知识、基本技能,并对他们进行思想情趣熏陶的教学,亦称接受学习。王老师的教学主要采用了传授—接受式。问题—探究教学是指在教师引导下,学生主要通过积极参与对问题的分析、探索,主动发现或建构新知,掌握其方法与程序,养成他们的科研能力、科学态度和品行的教学。李老师的教学主要采用了问题—探究式。故 E 项正确。

2. BCE 【解析】传授—接受教学中学生掌握知识的基本阶段有:(1)引起学习动机;(2)感知教材;(3)理解教材;(4)巩固知识;(5)运用知识;(6)检查知识、技能和技巧。其中,理解教材是教学过程的中心环节。故 A 项错误。王老师采用了传授—接受教学模式,充分体现了教师在教学中主导作用的发挥。故 B 项正确。知识存在于具体的、情境性的、可感知的活动之中,不是一套独立于情境的知识符号,它只有通过实际应用活动才能真正被人所理解。故 C 项正确。学习间接经验是学生认识客观世界的基本途径。学生的学习以间接经验为主、直接经验为辅。故 D 项错误。教学过程作为一种特殊的认识过程,其特殊性表现在:(1)认识对象的间接性与概括性。(2)认识方式的简捷性与高效性。(3)教师的引导性、指导性与传授性(有领导的认识)。(4)认识的交往性与实践性。(5)认识的教育性与发展性。两位老师的教学都体现了教学是一种特殊的认识过程,具有间接性、引导性和简捷性的特点。故 E 项正确。

3. CDE 【解析】应答性行为是由特定刺激所引起的,是不随意的反射性反应;而操作性行为则不与任何特定刺激相联系,是有机体自发做出的随意反应。周聪上课讲话属于操作性行为。A 项错误。计算有效时间采用的是时间管理策略来帮助学生进行自我管理。B 项错误。周聪能够摆脱具体事物或事物表象进行思考,可以凭借抽象的符号和概念进行抽象逻辑思维,所以处于形式运算阶段。D 项正确。从初中二年级开始,中学生的抽象逻辑思维开始由"经验型"向"理论型"转化。资料中周聪对时间的认知是从经验型到理论型的转变。C 项正确。任课老师之所以对周聪上课讲话不予批评,是因为存在着"成绩好就是好学生"的观念,E 项正确。

4. BC 【解析】材料中的相关内容没有涉及到学生的自我效能感,A 项不正确。课堂上"吃不饱"的学生主要是学习需要没有得到满足,可以通过增加学习难度的方式来应对。B 项正确。学生是发展中的人,所以总是可能存在一些问题,作为老师,要有一个宽容的心,关注学生的成长发展。C 项正确。作为任课老师要有自主性,合理地根据课程安排教学并进行调控,不能过于死板地完全按照班主任的要求管教学生。D 项错误。对于学生违反班规的现象要具体问题具体分析,重要的是了解其中的原因,批评不是目的,要达到教育效果,也要根据实际情况作出调整。E 项不正确。

5. AC 【解析】根据《学生伤害事故处理办法》第十条规定,学生或者未成年学生监护人有其他过错的,造成学生伤害事故,学生或者未成年学生监护人应当依法承担相应的责任。小瑶登录妈妈的 qq,冒名给老师请假是欺骗老师的行为,事故为学生个人过错引起。第十三条规定,下列情形下发生的造成学生人身损害后果的事故,学校行为并无不当的,不承担事故责任;事故责任应当按有关法律法规或者其他有关规定认定:(1)在学生自行上学、放学、返校、离校途中发生的;(2)在学生自行外出或者擅自离校期间发生的;(3)在放学后、节假日或者假期等学校工作时间以外,学生自行滞留学校或者自行到校发生的;(4)其他在学校管理职责范围外发生的。小瑶属于擅自离校时发生的事故,学校行为并无不当,学校不承担事故责任。本题中赵老师按照学校的请假规章制度办事,不存在失责,学校不应该处分赵老师,赵老师可以对学校的处分提起申诉。AC 两项正确。

6. BE 【解析】A 项与资料无关。C、D 项体现不出是改进的措施。

7. BCD 【解析】教师职业道德规范要求教师在处理教师与家长的关系时,需要积极宣传科学的教育思想和方法,尊重学生家长的人格,不训斥、指责学生家长。故 A 项错误。目标管理法是班级教育管理者和班级学生根据社会发展要求、学校任务和班级实际情况,共同规划班级或个体在一定时间内要达到的目标,并将目标分解成一定的层次,逐级落实,通过采取一定的措施,努力使目标实现的一种管理方法。何老师在班级管理中采用了目标管理法,提前把每一种荣誉的具体要求告知学生,鼓励学生主动申请。这有利于学生积极向优秀靠拢,发挥学生自己管理自己的能力。故 B、C 项正确。何老师为改善班级情况,解决学生对奖项发放的疑问,利用作文题"和老师说说心里话"了解到了学生的真实想法,并采取了相应措施,解决班级管理中的问题。这体现了何老师的"授业、解惑者"角色。故 D 项正确。何老师适度扩大荣誉份额,激发更多学生争取荣誉,发挥了荣誉对学生的激励作用。故 E 项错误。

8. BDE 【解析】班主任做好个别教育工作,包括做好先进生的教育工作、中等生的教育工作和后进生的教育工作。故 A 项错误。班级管理有效性是指教师和学生根据一定的价值目标,以最低的消耗,恰当而有效地处置班级中的人、事、物、时、地等各个方面,构建良好的班级氛围,促进学生健康地成长,全面达成教育目标的高效能的班级。班级管理的效能直接表现为班级学生的健康成长和班级组织的高度成熟。学生对班主任权威的服从,不利于班级管理的有效性。故 C 项错误。

2020 年福建省教师招聘考试真题试卷(四十)

第一部分 客观题

一、单项选择题

1. A 【解析】在第 43 届世界遗产大会上,我国的黄(渤)海候鸟栖息地(第一期)和良渚古城遗址通过审议被列入世界遗产名录。截至目前,我国世界遗产总数达 55 处,位列世界第一。

2. A 【解析】中共中央、国务院在《关于支持深圳建设中国特色社会主义先行示范区的意见》中提出:到 2025 年,深圳经济实力、发展质量跻身全球城市前列,研发投入强度、产业创新能力世界一流,文化软实力大幅提升,公共服务水平和生态环境质量达到国际先进水平,建成现代化国际化创新型城市。

3. C 【解析】2019 年 12 月 17 日,我国第一艘国产航空母舰"山东舰"在海南三亚某军港交付海军。

4. D 【解析】五四运动爆发于 1919 年 5 月 4 日,2019 年为五四运动 100 周年。所以,答案选 D 项。

5. B 【解析】英国于当地时间 2020 年 1 月 31 日正式退出欧盟,结束其长达 47 年的欧盟成员国身份。

6. D 【解析】习近平总书记在决战决胜脱贫攻坚座谈会上强调,到 2020 年现行标准下的农村贫困人口全部脱贫,是党中央向全国人民作出的郑重承诺,必须如期实现,没有任何退路和弹性。

7. B 【解析】《中华人民共和国教育法》第六条规定,教育应当坚持立德树人,对受教育者加强社会主义核心价值观教育,增强受教育者的社会责任感、创新精神和实践能力。

8. A 【解析】根据《中华人民共和国教师法》第七条和第八条规定可知,A 项属于教师应当履行的义务,B、C、D 三项属于教师享有的权利。

9. D 【解析】《中国学生发展核心素养》指出,科学精神素养具体包括理性思维、批判质疑、勇于探究等基本要点,故答案选 D 项。A 项技术应用属于实践创新素养的基本要点,B 项勤于反思和 C 项乐学善学是学会学习素养的要点。

10. A 【解析】中共福建省委、福建省人民政府印发的《关于全面深化新时代教师队伍建设改革的实施意见》明确提出,将中小学教师到乡村学校任(支)教 1 年或薄弱学校任(支)教 3 年以上的经历作为申报高级教师职称和特级教师的必要条件。

11. B 【解析】社会教育主要是指学校、家庭环境以外的社区、文化团体和组织等给予儿童和青少年的影响。它主要通过以下途径和形式来影响儿童和青少年的身心发展:(1)社区对学生的影响;(2)各种校外机构的影响;(3)报刊、广播、电影、电视、戏剧等大众传播媒介的影响。张贴公益广告属于借助大众传播媒介进行教育,故这种教育活动属于社会教育。

12. C 【解析】我国教育家杨贤江以李浩吾为化名出版的《新教育大纲》(1930 年)是我国第一部马克思主义的教育学著作。

13. D 【解析】榜样示范法是用榜样人物的优秀品德来影响学生的思想、情感和行为的德育方法。运用榜样示范法的要求之一是选好学习的榜样。选好榜样是学习榜样的前提,我国古代教育重视榜样,要求以尧舜孔孟为榜样,"法古今完人",提倡"论学取友""择其善者而从之"。所以答案选 D 项。

14. C 【解析】隐性课程亦称潜在课程、自发课程,是学校情境中以间接的、内隐的方式呈现的课程。隐性课程的主要表现形式有:(1)观念性隐性课程;(2)物质性隐性课程;(3)制度性隐性课程;(4)心理性隐性课程。校园环境、班级氛围和学校风气都属于隐性课程。

15. C 【解析】书,文字教育;乐,包括音乐、诗歌、舞蹈教育;御,以驾兵车为主的军事技术教育;数,简单的计算教育。故本题选 C 项。

16. A 【解析】个体身心发展的个别差异性,是指个体之间的身心发展以及个体身心发展的不同方面之间,存在着发展程度和速度的不同。其表现有:(1)不同儿童同一方面的发展速度和水平不同;(2)不同儿童不同方面的发展存在着差异;(3)不同儿童所具有的个性心理倾向不同;(4)个别差异也表现在群体间。题干中两个同岁儿童语言表达能力的不同说明不同儿童同一方面的发展速度和水平不同,这体现了个体身心发展的个别差异性。

17. B 【解析】长善救失原则也称依靠积极因素,克服消极因素的原则。即在德育工作中,教育者要善于依靠、发扬学生自身的积极因素,调动学生自我教育的积极性,克服消极因素,以达到长善救失的目的。贯彻这一原则要求教育者要用一分为二的观点,全面分析,客观地评价学生的优点和不足;要有意识地创造条件,将学生思想中的消极因素转化为积极因素。所以题干所述贯彻了教育的长善救失原则。

18. D 【解析】实验教育学是作为赫尔巴特传统教育学说的对立物而出现的。它的一个显著特点就是运用自然科学范式研究教育现象,主张把自然科学实验方法和技术应用于教育问题研究,以数理统计和心理测量等学科的研究成果作为教育统计和测量的基础,从而为教育实验提供科学的手段和方法,形成科学的教育实验模式。(具体内容参看柳海民主编的《现代教育原理》一书)

19. B 【解析】行动研究是指在自然、真实的教育环境中,教育实际工作者按照一定的操作程序,综合运用多种研究方法与技术,以解决教育实际问题为首要目标的一种研究模式。理论研究是对复杂的教育问题的性质和相互关系从理论上加以分析和综合、抽象和概括,以发现其内在规律或一般性结论。历史研究涉及对过去发生事件的了解和解释。基础研究的主要目的在于发展和完善理论。(具体内容参看李锦宏著的《教科研修炼 优秀教师专业成长之需》)

20. A 【解析】注意的分配是指人在进行两种或多种活动时能把注意指向不同对象的现象。教师能够一边讲课,一边观察学生,这是在同时进行两种活动,故属于注意的分配。

21. A 【解析】一种感觉兼有另一种感觉的心理现象叫联觉。根据题干可知,作用于视觉器官的红色能引起温暖的感觉,绿色能引起凉爽的感觉,这是一种感觉兼有另一种感觉的典型现象,故属于联觉。

22. D 【解析】学习是个体在特定情境下由于练习或反复经验而产生的行为或行为潜能的相对持久的变化。但值得注意的是,并非所有的行为变化都是由于学习产生的,如生理成熟、疲劳、药物等因素亦可引起行为的变化。青春期学生的变声是生理成熟因素引起的行为变化,故不属于学习。

23. C 【解析】抽象思维是以词为中介来反映现实的思维过程,也叫词的思维或逻辑思维。例如,学生证明某一命题、定理时,要运用数字符号和概念来进行推导和求证。因此,运用数学知识求证某一定理的思维活动属于抽象思维。

24. D 【解析】A 项默里提出了成就动机的概念;B 项勒温主要进行了群体动力的研究并提出相关理论;C 项罗杰斯是人本主义的代表人物,主要提出了有意义的自由学习观、以学生为中心的教学观等学习理论;D 项马斯洛提出了需要层次理论。故答案选 D 项。

25. B 【解析】学习过程是教育心理学研究的核心内容,如学习的实质、条件、动机、迁移以及不同种类学习的特点等。

26. C 【解析】依据情绪发生的强度、持续性和紧张度的不同,可以把情绪状态划分为激情、心境、应激三种。激情是一种爆发式的、猛烈而时间短暂的情绪状态;心境是一种微弱的、持续时间较长的,带有弥漫性的情绪状态;应激是出乎意料的紧迫情况所引起的急速而高度紧张的情绪状态。从情感的社会内容角度来看,人类的情感有道德感、美感和理智感三种形式。道德感是根据一定的道德标准评价人的思想、意图和言行时所产生的主观体验;美感是人们根据一定的审美标准对自然或社会现象及其在艺术上的表现予以评价时所产生的情感体验;理智感是人认识事物和探求真理的需要是否得到满足而产生的主观体验。因此,“喜者见之则喜”属于心境,故 A 项表述错误;暴怒时肌肉紧张、面红耳赤属于激情,故 B 项表述错误;在进行认知活动时有新发现的喜悦感符合理智感的内涵,故 C 项表述正确;“先天下之忧而忧,后天下之乐而乐”属于道德感,故 D 项表述错误。

27. C 【解析】心理健康教育课程又称心理辅导活动课程,是我国学校的心理健康教育工作者在实践中创造出来的一种发展性辅导形式。心理健康教育课程是学校心理健康教育工作最主要的途径,它以课程的形式传递心理健康知识、训练心理素质、培养心理品质,以达到全面提高学生心理健康水平的目的。故答案选 C 项。

28. B 【解析】认知学派的代表人物苛勒认为,学习的实质在于形成新的完形;美国著名的认知教育心理学家布鲁纳认为,学习的实质在于主动形成认知结构;建构主义者认为,学习的过程就是建构自己知识的过程;行为主义学派的代表人物桑代克认为,学习的实质在于形成刺激与反应之间的联结。因此,本题答案选 B 项。

29. D 【解析】贾德在 1908 年所做的“水下击靶”实验,是概括化理论的经典实验。概括化理论也称经验类化说,故答案选 D 项。

30. C 【解析】做笔记属于精加工策略,列提纲属于组织策略,设置学习目标属于元认知策略中的计划策略,统筹安排学习时间属于资源管理策略。故答案选 C 项。

二、多项选择题

31. AC 【解析】黄旭华院士和曾庆存院士获得了 2019 年度国家最高科学技术奖。

32. ACD 【解析】根据《中华人民共和国义务教育法》第四十一条规定,国家鼓励教科书循环使用。故 A 项说法正确。第四十条规定,教科书价格由省、自治区、直辖市人民政府价格行政部门会同同级出版行政部门按照微利原则确定。故 B 项说法错误。第三十九条规定,国家实行教科书审定制度。教科书的审定办法由国务院教育行政部门规定。未经审定的教科书,不得出版、选用。故 C 项说法正确。第三十八条规定,教科书根据国家教育方针和课程标准编写,内容力求精简,精选必备的基础知识、基本技能,经济实用,保证质量。故 D 项说法正确。

33. BCD 【解析】生产力的发展水平制约着教育发展的规模和速度,A 项错误。教育的相对独立性表现之一是教育具有自身发展的传统与连续性,B 项正确。教育的文化功能的表现之一是教育能够促进文化的传播与交流,C 项正确。作为一种有目的地培养人的社会活动,教育的发展受社会政治经济制度、生产力水平、科学技术和文化传统等的影响,并对这些因素的变化发展产生反作用。D 项正确。

34. BC 【解析】能力高者,创造力可能高也可能低,故 A 项表述错误。个性心理特征包括能力、气质、性格等,故 B 项表述正确。能力是掌握知识与技能的前提。能力的高低会影响到知识掌握的深浅、难易和技能水平的高低。故 C 项表述正确。流体智力是一种以生理为基础的认知能力,受先天遗传因素的影响较大。一般人在 20 岁以后,流体智力的发展达到顶峰,30 岁以后随着年龄的增长而降低。故 D 项表述错误。

35. ABCD 【解析】影响问题解决的因素有问题的特征、定势与功能固着、原型启发、已有知识经验、情绪与动机等。

三、填空题

36. 牢记使命	37. 专业人员	38. 立德树人	39. 劳动	40. 意志
41. 学前教育	42. 教学目标	43. 课程内容	44. 遗传(遗传素质)	45. 1903
46. 顺应	47. 成败经验	48. 自我同一性	49. 言语	50. 冯特

第二部分 主观题

四、判断分析题

51. 有人认为家庭教育完全是父母或者监护人的事情。对此你觉得是否正确,请用法律法规知识说明理由。

(1)这种说法是不正确的。(2)教育孩子是父母或者其他监护人的法定职责。因此,父母或者监护人应该全面学习家庭教育知识,系统掌握家庭教育科学理念和方法,不断提升自身素质和能力,积极发挥榜样作用。但是在家庭教育中,学校和社会也发挥着重要作用。根据《中华人民共和国教育法》第五十条规定,学校、教师可以对学生家长提供家庭教育指导。根据《中华人民共和国未成年人保护法》第十二条规定,有关国家机关和社会组织应当为未成年人的父母或者其他监护人提供家庭教育指导。这些法律规定了学校和社会组织在家庭教育中的作用,旨在形成政府主导、部门协作、家长参与、学校组织、社会支持的家庭教育工作格局。因此,题干中的说法过于片面。

52. 班主任工作内容中的个别教育,实质上是对少数学生的教育。对此你觉得是否正确,请用教育学知识说明理由。

(1)这种说法是不正确的。(2)班主任的个别教育工作包括做好先进生的教育工作、中等生的教育工作和后进生的教育工作。它是指根据学生的个别差异,进行有针对性的个别教育,目的是使每个学生都得到发展。故把个别教育理解为对少数学生的教育的观点是错误的。

53. 某生的血型是 AB 型,有同学说:“你这种血型属于黏液质。”对此你觉得是否正确,请用心理学知识说明理由。

(1)这种说法是不正确的。(2)气质是表现在心理活动的强度、速度、灵活性与指向性等方面的一种稳定的心理特征,即我们平时说的脾气、禀性。黏液质是一种气质类型,气质是由人的神经系统的某些生物学特点、特别是脑的特点决定的,而与血型无关。故题干中的说法不正确。

54. 根据遗忘的干扰说可知,为了防止遗忘,应及时复习。对此你觉得是否正确,请用心理学知识说明理由。

(1)这种说法是不正确的。(2)艾宾浩斯的遗忘规律表明,识记后遗忘很快就会发生。因此,对于新学习的材料,为了防止遗忘,必须及时复习。在遗忘理论中,干扰说认为,遗忘是因为在学习和回忆之间受到其他刺激的干扰所致,即主要受到了前摄抑制和倒摄抑制的影响。因此,干扰说给我们的启示是:在早上或晚上学习效果较好,因为只受到单一抑制的影响。因此,题干中的说法错误。

五、案例分析题(参考答案)

55. (1)材料中的张老师践行了《新时代中小学教师职业行为十项准则》,具体表现如下:

①关心爱护学生,是指严慈相济,诲人不倦,真心关爱学生,严格要求学生,做学生良师益友;不得歧视、侮辱学生,

严禁虐待、伤害学生。材料中，对于家境困难中断学业的学生，张老师步行几十里崎岖的山路进行家访，并与家长进行沟通，最终改变家长的想法让学生完成学业；对于无心读书的学生，张老师对学生进行悉心开导，最终让学生改变想法，认真读书。这些做法都体现了张老师践行关心爱护学生的行为准则。

②坚守廉洁自律，是指严于律己，清廉从教；不得索要、收受学生及家长财物或参加由学生及家长付费的宴请、旅游、娱乐休闲等活动，不得向学生推销图书报刊、教辅材料、社会保险或利用家长资源谋取私利。材料中，张老师拒绝了李某家长请其在家吃饭的邀请，以及学生林某付费的旅游。这些做法都体现了张老师践行坚守廉洁自律的行为准则。

③潜心教书育人，是指落实立德树人根本任务，遵循教育规律和学生成长规律，因材施教，教学相长；不得违反教学纪律，敷衍教学，或擅自从事影响教育教学本职工作的兼职兼薪行为。材料中，张老师从学生爱下棋的特点入手，通过下棋对弈来对学生进行教育；张老师根据学生的特点，专门为学生准备系统的学习资料并精心辅导。这些做法都体现了张老师践行潜心教书育人的行为准则。

④坚持言行雅正，是指为人师表，以身作则，举止文明，作风正派，自重自爱；不得与学生发生任何不正当关系，严禁任何形式的猥亵、性骚扰行为。材料中，张老师自身教育教学能力突出，关心爱护学生，并有多项特长，如写诗、书法等，这些做法给自己的学生树立了良好的榜样，他的这些品质也深深地影响着自己的学生，学生苏某提议林董事长建立教育基金的做法即体现了张老师对学生的正面影响。这些做法都体现了张老师践行坚持言行雅正的行为准则。

(2)①张老师具备精深的学科专业知识。学科专业知识是教师知识结构的核心，也是教师向学生传授知识的必备基础。张老师为参加物理竞赛的学生准备系统的学习资料并进行辅导，在学生遇到难题时，张老师的指导总能让他茅塞顿开，这说明张老师具备精深的学科专业知识。

②张老师具备广博的科学文化知识。教师的知识不仅要“专”，而且要“博”，教师的专业知识应建立在广博的科学文化知识的基础之上。张老师懂下棋，也出版过个人诗集，还是市书法协会的副会长，这些都说明张老师具备广博的科学文化知识。

③张老师具备丰富的教育科学知识。教师要加强教育工作的科学性和有效性，就必须掌握相关的理论知识。教育学、心理学及各科教材教法是教师首先要掌握的最为基本的教育科学知识。张老师悉心开导无心读书的学生，最终使学生的思想发生了根本转变，这说明张老师具备且善于运用教育科学知识。

④张老师具备丰富的实践性知识。教师的实践性知识是基于教师个人的经验积累，在对待和处理教育问题时体现出的个人特质和教育智慧。面对学习成绩优异但却因为家境困难即将辍学的学生，以及学习成绩不理想却只想着早点闯世界的学生，张老师能以恰当的方式，引导学生及学生家长转变思想，妥善解决问题，这说明张老师具备丰富的实践性知识。

56.(1)①间接经验与直接经验相结合规律(间接性规律)。教学活动是学生认识客观世界的过程，要以间接经验为主、直接经验为辅，将二者有机结合起来。上述教学片段中，教师通过引导学生学习和阅读课文，给学生传授知识，遵循了间接性规律。

②掌握知识和发展智力相统一规律(发展性规律)。传授知识与发展智力二者是相互统一和相互促进的，在教学中，要把二者有机地结合起来。在片段一中，教师在教学的同时，引导学生通过查字典的方式解决问题，这是对学生能力的培养，遵循了发展性规律。

③教师主导作用与学生主体作用相统一规律(双边性规律)。在教学过程中，教师的教依赖于学生的学，学生的学离不开教师的教，教与学是辩证统一的。上述三个教学片段中老师通过一步步提问来引导学生，是教师发挥主导作用的体现；片段三中学生们积极主动用自己的话讲故事是学生发挥主体性的表现。

④传授知识与思想品德教育相统一规律(教育性规律)。在教学过程中，学生掌握科学文化知识和提高思想品德修养水平是相辅相成的两个方面。教师借助揠苗助长的寓言故事，教育学生做任何事情都要遵循规律，是遵循教育性规律的体现。

(2)①思想性(教育性)和科学性相统一的原则。这一原则是指教学要以马克思主义为指导，授予学生科学知识，并结合知识教学对学生进行社会主义品德和正确人生观、科学世界观教育。这一原则的实质是要求在教学活动中把教书和育人有机地结合起来。教师通过揠苗助长的寓言故事，使学生明白欲速则不达的道理，体现了思想性(教育性)和科学性相统一的原则。

②启发性原则。启发性原则是指在教学活动中，教师要调动学生的主动性和积极性，引导他们通过独立思考、积极探索，生动活泼地学习，自觉地掌握科学知识，提高分析问题和解决问题的能力。在上述教学片段中，教师引导学生想办法弄清楚“揠”的意思，让学生自己思考并解决问题，都遵循了启发性原则。

③循序渐进原则。循序渐进原则是指教师要严格按照科学知识的内在逻辑和学生的认知发展规律进行教学，使学生掌握系统的科学文化知识，能力得到充分的发展。上述教学片段中，教师由易到难地提出问题，逐步引导学生理解揠苗助长这一故事背后的道理，然后才让他们用自己的话讲故事，这一过程遵循了学生的认识顺序，贯彻了循序渐进原则。

④巩固性原则。巩固性原则是指教师在教学中要引导学生在理解的基础上牢固地掌握基本知识和基本技能，而且在需要的时候，能够准确无误地呈现出来，以利于知识技能的利用。在片段三中，教师让学生在课堂上以及回家后多多练习讲故事，有助于学生对所学知识的掌握，贯彻了巩固性原则。

57.心智技能也称为智力技能、认知技能，是通过学习而形成的合乎法则的心智活动方式。我国教育心理学家冯忠良通过教学实验，提出了心智技能的形成理论，具体阶段为：

(1)原型定向。原型定向就是了解原型的活动结构，从而使主体明确活动的方向，知道该做哪些动作和怎样去完成这些动作。材料中，教师运用运算规律进行算式的变形，帮助学生明确计算的方向，即教师引导学生进行了原型定向的过程。

(2)原型操作。原型操作是依据智力技能的实践模式，把学生在头脑中已建立起来的活动程序计划以外显的操作方式付诸实施，获得完备的动觉映像的过程。材料中，教师通过出一些类似的题目引导学生进行纸笔操作练习，这是进行原型操作的过程。

(3)原型内化。原型内化，即智力活动的实践模式(原型)向头脑内部转化，由物质的、外显的、展开的形式变成观念的、内潜的、简缩的形式的过程。材料中，学生通过纸笔操作练习，从而产生言语表征，形成熟练的心算技能，这是进行原型内化的过程。

58.根据新教师和老教师的教学数据分析可知，两位教师教学过程的差异体现在以下方面：

(1)维持学生注意的差异。在维持学生注意上，专家型教师有一套完善的维持学生注意的方法；新手型教师则相对缺乏。材料中，在学生课堂注意的时间比例上，老教师能使学生的注意在课堂教学时间的95%左右都维持在课堂上，而新教师只能使学生的注意维持在课堂教学时间的70%左右，这说明专家型教师更善于在课堂中维持学生的注意力。

(2)课堂练习的差异。在课堂练习方面，专家型教师针对全体学生，且学生的课堂作业效果较好；而新手型教师只关注自己关心的学生，不顾其他学生，且学生的课堂作业效果一般。材料中，老教师的课堂练习作业“好”的比例为75%，且练习针对全体学生；而新教师的课堂练习作业“好”的比例仅为44%，且练习主要针对中等生。这说明专家型教师的课堂练习更具针对性，且效果较好。

(3)课堂规则的制定与执行的差异。专家型教师制定的课堂规则比较明确，并能坚持执行；新手型教师的课堂规则较为含糊，不能坚持执行下去。材料中，老教师的课堂中学生执行课堂规则的情况为“优”，而新教师的课堂中学生执行课堂规则的情况为“中”。这说明了二者在课堂规则的制定与执行上的差异。

(4)教学策略的运用存在差异。专家型教师具有丰富的教学策略，并能灵活运用；新手型教师缺乏或不会运用教学策略。在提问策略与反馈策略上，专家型教师比新手型教师更善于提问和追问，从而让更多的学生获得反馈。材料中，老教师对于学生的回答反馈忽略较少，仅为5%，同时善于鼓励和追问学生；而新教师的反馈策略则较差，容易忽视对学生的回答反馈。这说明专家型教师具有丰富的教学策略。

2020年江苏省常州市武进区教师招聘考试真题试卷(四十一)

一、单项选择题

1.A 【解析】本题考查教师职业道德的相关知识。教师要以身作则、为人师表，这是教师职业道德区别于其他职业道德的显著标志。

2.C 【解析】本题考查三结合教育的相关知识。家庭教育是学校教育的基础和补充，有不可替代的教育作用。家庭、社会和学校三者协调一致有利于加强整体教育效果。因此，教师应当协助家长做好家庭教育工作，形成教育合力。故C项做法正确。

3.C 【解析】本题考查《中华人民共和国义务教育法》的有关内容。《中华人民共和国义务教育法》于1986年4月12日第六届全国人民代表大会第四次会议通过，并于1986年7月1日起施行。

4.D 【解析】本题考查班集体的形成与培养。正确的班集体舆论是一种巨大的教育力量，对班集体每个成员都有约束、激励的作用，是教育集体成员的重要手段。良好的班风是班集体大多数成员精神状态的共同倾向与表现。正确的舆论和良好的班风是班集体形成的重要标志。

5.B 【解析】本题考查心理健康的本质。心理健康作为一种心理机能状态，其最终的规定性是个体与其存在的内外环境能保持一种正常或良好的适应。因此,适应就是心理健康的本质。就显性表现来看,心理健康状态是个体的适应状态;就隐性机制来看,心理健康是个体的心理功能不断发挥与调节的适应过程。(具体参看叶一舵主编的《中小学心理健康教育教程》)

6. D 【解析】本题考查艾森克的人格理论。英国心理学家艾森克根据内倾与外倾、情绪的稳定与不稳定这两个维度,把人的气质分成四种类型,即稳定内倾型、稳定外倾型、不稳定内倾型与不稳定外倾型。

7. B 【解析】本题考查强迫行为的内容。强迫行为指当事人反复去做他不希望执行的动作,如果不这样想、不这样做,他就会感到极端焦虑。强迫洗手、强迫计数、反复检查(门是否上锁)、强迫性仪式动作是生活中常见的强迫症状。因此,题干中该学生在穿衣服过程中的表现,属于强迫行为,选 B 项。A 项强迫观念指当事人身不由己地思考他不想考虑的事情。C 项刻板行为指重复做一些毫无意义的行为。D 项冲动行为指由于激情而导致的失去自我控制的行为。

8. A 【解析】本题考查新课程改革的核心目标。新课程改革的具体目标包括:(1)实现课程功能的转变;(2)体现课程结构的均衡性、综合性和选择性;(3)密切课程内容与生活和时代的联系;(4)改善学生的学习方式;(5)建立与素质教育理念相一致的评价与考试制度;(6)实行三级课程管理制度。其中,实现课程功能的转变是新课程改革的核心目标。

9. D 【解析】本题考查三级课程管理的相关知识。新课程改革改变课程管理过于集中的状况,实行国家、地方、学校三级课程管理,增强课程对地方、学校及学生的适应性。

10. C 【解析】本题考查教师的侵权行为。受教育权是学生最基本的权利。常见的侵犯学生受教育权的表现形式主要有:(1)侵犯学生受教育机会的平等权;(2)侵犯学生的入学权;(3)侵犯学生参加考试的权利;(4)随意开除学生。此外,还有侵犯学生上课学习的权利、侵犯学生受教育的选择权、侵犯学生升学复学方面的同等权利、以侵犯姓名权的手段侵犯学生的受教育权、延误学生录取通知书的发放等。题干所述该教师侵犯了学生的受教育权,选 C 项。

二、判断题

1. × 【解析】本题考查教师职业道德修养的相关知识。教师职业道德修养具有鲜明的时代性。伴随社会、经济、文化发展及教育思想的转变,师德内涵不断融入具有鲜明时代特色的思想、观念、道德意识等内容,烙印上深刻的时代印迹。如以人为本、民主平等的教育思想,就是当今社会赋予师德的时代内涵。倡导师德修养,需要我们紧扣时代脉搏,站立时代潮头,开拓创新,与时俱进,丰富和发展中华民族的优秀师德。故题干说法错误。

2. √ 【解析】本题考查教师职业道德的相关知识。教师良好的职业道德在实践上具有教育、调节、社会促进等方面的功能。"亲其师而信其道"就是指教师只有满腔热忱地关心爱护学生、不歧视辱骂学生,学生才会愿意跟着教师学;同时教师对工作强烈的责任心和精益求精、乐于奉献等精神也会给学生以强烈的影响和感染,起到催化和激励的作用。

3. × 【解析】本题考查教师公正与教育公正的关系。教师公正是教育公正的核心内容,教育公正不仅包括教师公正,而且也包括教育的制度性公正。故题干说法错误。

4. √ 【解析】本题考查新课程改革的相关知识。回归生活是新课程改革的必然归属。回归生活意味着要培养在生活世界中会生存的人。

5. × 【解析】本题考查埃里克森的人格发展阶段理论。小学阶段儿童的年龄为 6~11 岁,根据埃里克森的人格发展阶段理论,该年龄段儿童发展任务是培养勤奋感。在这个时期,多数儿童已进入学校,第一次接受社会赋予他们并期望他们完成的任务。他们追求任务完成时获得的成就感及由此带来的长辈的认可和赞许。年龄为 12~18 岁儿童的发展任务是培养自我同一性。

6. √ 【解析】本题考查遗忘的规律。遗忘曲线表明遗忘是有规律的,即遗忘的进程是不均衡的,其趋势是先快后慢、先多后少,呈负加速,且到一定的程度几乎就不再遗忘了。故在教学结束后应引导学生及时复习,避免遗忘。

7. × 【解析】本题考查德育组织形式的内容。教学不仅是实施智育、体育、美育和劳动技术教育的基本组织形式,也是学校实施德育的基本组织形式。原因包括:(1)教学为学生品德及其能力的形成发展提供了文化科学知识基础和能力基础。(2)教学具有教育性,培养学生良好品德是教学的一项重要任务。(3)教学是学校实现德育内容,达到德育目标的基本手段。总之,通过教学对学生进行品德教育是学校德育最经常、最有效的形式,也是学校德育区别于校外教育机构进行德育的一个显著特点。

8. × 【解析】本题考查发现学习的有关内容。"发现学习"是布鲁纳为了改革美国的中小学教育而建构的一种学习理论,它既是一种学习方法,又是一种教学方法。它是指给学生提供有关的学习材料,让学生通过探索、操作和思考,自行发现知识,理解概念和原理的教学方法。这种学习方法不把学生当作知识的容器,也不看成活动的书橱,而要把学生培养成为自主的思想家。要求学生像科学家那样去思考、探索求知,最终达到对所学知识的理解和掌握。不过,布鲁纳对发现的界定是比较宽泛的,他认为发现不仅包括人们探索未知的行为,还包括用自己的头脑亲自获得知识的一切形式。题干所述较为片面,故此说法不正确。

9. √ 【解析】本题考查班杜拉观察学习过程中的动机过程。能够再现示范行为之后,观察学习者(或模仿者)是否能够经常表现出示范行为,将受行为结果因素的影响。行为结果包括外部强化、自我强化和替代性强化。班杜拉把这三种强化作用看成是学习者再现示范行为的动机力量。

10. × 【解析】本题考查归因理论的有关内容。归因理论由美国社会心理学家海德最早提出。所谓归因是人们对自己或他人活动及其结果的原因所做的解释和评价。美国心理学家韦纳对此进行了系统的研究。他把人经历过事情的成败归结为六种原因,即能力、努力程度、工作难度、运气、身心状况、外界环境。

三、多项选择题

1. ABCD 【解析】本题考查"慎独"的相关知识。教师能否"慎独",即在无人监督的情况下,处处按照社会主义教师道德的要求行事,直接关系到学生的德、智、体全面发展。因此,在职业道德修养中要自觉进行"慎独"。离开了"慎独",也就无所谓真正的道德修养。教师在职业道德修养中要达到这一崇高境界,应着重从以下三个方面下工夫:(1)要求教师注意把师德规范内化为内心信念,化作行为的品质,并且以此来支配自己的行动,即使在独处和无人监督之时,也依然按照师德规范行事。(2)要在"隐"和"微"处着手,狠下工夫。(3)要重视在无人监督时,自觉履行师德规范,养成良好的师德行为习惯。

2. ABC 【解析】本题考查学科课程的三大理论支柱。20 世纪 60 年代以来,关于学科课程的理论主要有美国教育心理学家布鲁纳的结构主义课程论、德国教育学家瓦·根舍因的范例方式课程论和苏联教育家赞科夫的发展主义课程论。故本题选 A、B、C 三项。

3. ABCD 【解析】本题考查皮亚杰的认知发展阶段理论。皮亚杰提出了认知发展的阶段理论,将个体的认知发展分为以下四个阶段:(1)感知运动阶段(0~2 岁);(2)前运算阶段(2~7 岁);(3)具体运算阶段(7~11 岁);(4)形式运算阶段(11 岁~成人)。

4. AD 【解析】本题考查课程改革的出发点。贯穿于第八次课程改革的核心理念是:为了中华民族的复兴,为了每位学生的发展。这一基本的价值取向即"学生发展为本"的课程价值观,预示着我国基础教育课程体系的价值转型。"以人为本""以学生的发展为本"是课程改革的出发点。为实现这一出发点,教师在教学中要做到关注每一个学生。

5. BCD 【解析】本题考查舒缓心理压力的方法。调整好情绪可以减轻或消除心理压力,稳定思想情绪。调节情绪的方法有:(1)合理地宣泄;(2)转移注意力;(3)积极的自我暗示;(4)自然陶冶法;(5)想象放松法;(6)深呼吸身心放松法;(7)升华法;(8)培养美好情感。所谓宣泄就是把不良的情绪能量通过一定渠道释放掉,以缓冲心理压力恢复心理平衡的方法。宣泄的途径很多,可以通过倾诉、哭泣、书写、运动、找模拟物品出气等多种形式发泄心中的压抑。故 B、C、D 三项符合。

2020 年江苏省宿迁市宿豫区教师招聘考试真题试卷(四十二)

一、单项选择题

1. D 【解析】本题考查《学记》的相关知识。《学记》(收入《礼记》)是中国也是世界教育史上的第一部教育专著,成文大约在战国末期。《学记》主张"教学相长",提出"是故学然后知不足,教然后知困。知不足,然后能自反也;知困,然后能自强也。故曰:教学相长也。"故本题选 D 项。

2. C 【解析】本题考查教学原则的相关知识。循序渐进原则在西方常称为系统性原则,是指教师要严格按照科学知识的内在逻辑和学生的认知发展规律进行教学,使学生掌握系统的科学文化知识,能力得到充分的发展。《学记》要求"学不躐等""不陵节而施",提出"杂施而不孙,则坏乱而不修",意思是:如果教学不按一定的顺序,杂乱无章地进行,学生就会陷入紊乱而没有收获。故题干的说法体现的是循序渐进原则。

3. B 【解析】本题考查亚里士多德的教育著作。亚里士多德是古希腊百科全书式的哲学家,他秉承了柏拉图的理性说,认为追求理性就是追求美德,就是教育的最高目的。亚里士多德的教育思想主要体现在他的著作《政治学》中。A 项的作者是柏拉图;C 项的作者是昆体良;D 项的作者是杜威。

4. C 【解析】本题考查教学原则的相关知识。启发性原则是指在教学活动中,教师要调动学生的主动性和积极性,引导他们通过独立思考、积极探索,生动活泼地学习,自觉地掌握科学知识,提高分析问题和解决问题的能力。苏格拉底的"产婆术"、孔子提出的"不愤不启,不悱不发"的教学要求以及《学记》中"道而弗牵,强而弗抑,开而弗达"的教学思想,都是这一教学原则的体现。

5. D 【解析】本题考查教学原则的相关知识。巩固性原则是指教师在教学中要引导学生在理解的基础上牢固地掌握基本知识和基本技能，而且在需要的时候，能够准确无误地呈现出来，以利于知识技能的利用。历代教育家都很重视知识的巩固问题，如孔子要求"学而时习之""温故而知新"。

6. A 【解析】本题考查"范例教学"的提出者。德国教育家瓦·根舍因创立了范例教学理论，提出改革教学内容，加强教材的基本性、基础性，并通过对范例的接触，培养学生独立思考、独立判断与独立工作的能力。B 项的布鲁纳提出了结构主义教学理论；C 项的巴班斯基提出了教学过程最优化理论；D 项的赞科夫提出了发展性教学理论。

7. C 【解析】本题考查教学目标的概念。教学目标是指在教学活动中所期待得到的学生的学习结果。教学活动以教学目标为导向，且始终围绕实现教学目标而进行。

8. D 【解析】本题考查教育学的相关概念。教育现象被认识和研究，便成为教育问题，但并不是所有的教育现象都可以构成教育问题。只有当教育现象中的某些矛盾引起了人们的注意，并具有研究价值的时候，才能构成教育问题，成为教育学研究的对象。教育问题是推动教育学发展的内在动力。

9. D 【解析】本题考查素质教育的相关知识。素质教育的内涵包括：(1)素质教育是面向全体学生的教育。(2)素质教育是促进学生全面发展的教育。(3)素质教育是促进学生个性发展的教育。(4)素质教育是以培养创新精神和实践能力为重点的教育。作为国力竞争基础工程的教育，必须培养具有创新精神和实践能力的新一代人才，这是素质教育的时代特征。

10. A 【解析】本题考查个体身心发展的规律。个体身心发展在不同的年龄阶段表现出不同的总体特征及主要矛盾，面临着不同的发展任务，这就是身心发展的阶段性。个体身心发展的阶段性规律，决定了教育工作必须根据不同年龄阶段的特点分阶段进行。如果不顾学生的年龄特征和接受能力，在教育工作中搞"一刀切""一锅煮"，让孩子同成年人一样地听报告、搞活动、开批判会，把对儿童和青少年的教育"成人化"，就违反了个体身心发展的阶段性规律。

11. A 【解析】本题考查关键期的相关知识。所谓关键期，就是指人的某种身心潜能在人的某一年龄段有一个最好的发展时期。研究认为，关键期既包括有机体需要刺激的时期，也包括有机体对某种刺激最敏感的时期。因此，关键期也叫敏感期、最佳期。在这一时期内，对个体某一方面进行训练可以获得最佳成效，并能充分发挥个体在这一方面的潜力。错过了关键期，训练的效果就会降低，甚至永远无法补偿。

12. C 【解析】本题考查影响人的身心发展的因素。影响人的身心发展的因素是多方面的。遗传素质是人的身心发展的物质前提，环境为个体的发展提供了多种可能，而教育作为特殊的环境对人的身心发展起主导作用，个体因素是人的身心发展的内因和动力。

13. B 【解析】本题考查个体身心发展的规律。个体身心发展的个别差异性，是指个体之间的身心发展以及个体身心发展的不同方面之间，存在着发展程度和速度的不同。个体身心发展的个别差异性的表现之一是：不同个体同一方面的发展速度和水平不同。如有些人"少年得志"，有些人则"大器晚成"。

14. C 【解析】本题考查结构主义课程论的代表人物。结构主义课程理论的代表人物是该课程理论的创始人布鲁纳。结构主义课程理论以学科结构为课程中心，认为人的学习是认知结构不断改进与完善的过程。A 项的杜威和 D 项的克伯屈都是经验主义课程论的代表人物；B 项的怀特海提出了"有机过程论"。

15. D 【解析】本题考查班主任工作的相关知识。组织和培养班集体是班主任工作的中心环节。A 项是班主任工作的前提和基础；B 项和 C 项都是班主任工作的内容之一。

16. A 【解析】本题考查《义务教育数学课程标准(2011 年版)》的内容。《义务教育数学课程标准(2011 年版)》指出评价结果的呈现应采用定性与定量相结合的方式。第一学段的评价应当以描述性评价为主，第二学段采用描述性评价和等级评价相结合的方式，第三学段可以采用描述性评价和等级(或百分制)评价相结合的方式。

17. B 【解析】本题考查家庭教养方式。鲍姆宁曾根据控制、成熟的要求、父母与儿童的交往、父母的教养水平等四个指标，将父母的教养行为分为专制型、放纵型和民主型等三种教养模式，研究不同的教养模式对儿童人格发展的影响。结果发现，专制型教养模式下的儿童不太知足、不安全、忧虑、退缩、怀疑、不喜欢与同伴交往。放纵型教养模式下的儿童是最不成熟的，他们缺乏自我控制力和探索精神，有极强的依赖性，遇到新奇事物或紧张事情就会退缩。民主型教养模式下的儿童是最成熟的，他们有能力，独立性强，自信，知足，爱探索，善于控制自己，喜欢交往，自我肯定。因此，儿童有不知足、不安全、忧虑、退缩、怀疑、不喜欢与同伴交往等特点，最有可能是在专制型教养方式下形成的。

18. B 【解析】本题考查感觉的相互作用规律。感觉对比是同一感受器接受不同的刺激，而使感受性发生变化的现象。"月明星稀"的意思是月亮明亮时，星星就显得稀疏了。用心理学知识解释是眼睛在同时接受月亮和星星这两种不同的刺激时，感受性发生了变化，故体现了感觉对比现象。

19. C 【解析】本题考查需要层次理论。早期，马斯洛根据需要出现的先后及强弱顺序，把需要分成了五个层次，即生理需要、安全需要、归属与爱的需要、尊重需要和自我实现的需要。因此，自我实现的需要是最高层次的需要。

20. C 【解析】本题考查学生的认知方式差异。沉思型的学生在解决认知任务时，总是谨慎、全面地检查各种假设，在确认没有问题的情况下才会给出答案。这种类型的学生解答认知问题的速度虽然慢，但错误率很低。因此，题干中学生的认知方式为沉思型。

21. C 【解析】本题考查荣格对性格的分类。按照心理活动的指向，性格可分为内向型(内倾型)和外向型(外倾型)。内外向的概念是由荣格提出来的，因此本题答案选 C 项。

22. A 【解析】本题考查记忆的分类。根据信息从输入到提取所经过的时间、信息编码方式和记忆阶段的不同，可将记忆分为瞬时记忆、短时记忆和长时记忆。这是现代认知心理学对记忆的分类。故答案选 A 项。根据记忆时意识参与的程度，可将记忆分为外显记忆和内隐记忆。故 B 项排除。C、D 两项为干扰项，排除。

23. C 【解析】本题考查遗忘曲线的提出者。最早对遗忘进行实验研究的是德国心理学家艾宾浩斯，他于 1879 年至 1884 年对遗忘进行研究，以无意义音节为材料，依据保持效果，提出了著名的"遗忘曲线"。

24. D 【解析】本题考查埃里克森的人格发展阶段论。根据埃里克森的人格发展阶段论可知，中学阶段(12～18 岁)的发展任务是培养自我同一性，故答案选 D 项。小学阶段(6～11 岁)的发展任务是培养勤奋感，故 A 项不符；4～5 岁的发展任务是培养主动性，故 B 项不符；成年早期的发展任务是培养亲密感，故 C 项不符。

25. A 【解析】本题考查知识的分类。根据反映活动的形式不同，知识可以分为陈述性知识与程序性知识。

26. C 【解析】本题考查测验的指标。区分度是指测验题目对不同水平的答题者反应的区分程度和鉴别能力。倘若，高水平被试在测验题目上能得高分，而低水平被试只能得低分，那么测验题目区分被试水平的能力就强。因此，题干所述说明测验的区分度质量指标高，故答案选 C 项。A 项信度是指一个测验量表的可靠程度(或可信程度)；B 项效度是指一个测验工具希望测到某种行为特征的有效性与准确程度；D 项难度指题目的难易程度。

27. A 【解析】本题考查《学校体育工作条例》的颁发时间。《学校体育工作条例》于 1990 年 2 月 20 日经国务院批准，1990 年 3 月 12 日国家教育委员会令第 8 号、国家体育运动委员会令第 11 号联合发布。

二、填空题

1. 主体　合作者
2. 全面了解学生学习的过程和结果，激励学生学习和改进教师教学
3. 考试命题
4. 生产劳动
5. 行政处罚
6. 综合课程
7. 夸美纽斯
8. 《民主主义与教育》(《民本主义与教育》)

三、简答题(参考答案)

1. 2008 年修订的《中小学教师职业道德规范》中规定的教师职业道德的主要内容是什么？

(1)爱国守法；(2)爱岗敬业；(3)关爱学生；(4)教书育人；(5)为人师表；(6)终身学习。

2. 根据学生个体身心发展的规律，教育者应该采用什么样的策略？

(1)个体身心发展的顺序性，是指人的身心发展是一个由低级到高级、由简单到复杂、由量变到质变的连续不断的发展过程。人的发展的顺序性是客观的、不以人的意志为转移的，教育工作要遵循这种顺序性，循序渐进地促进人的发展。

(2)个体身心发展的阶段性，是指个体身心发展在不同的年龄阶段表现出不同的总体特征及主要矛盾，面临着不同的发展任务。个体身心发展的阶段性规律，决定了教育工作必须根据不同年龄阶段的特点分阶段进行。

(3)个体身心发展的不平衡性(不均衡性)的表现为：一方面是指身心发展的同一方面的发展速度，在不同的年龄阶段是不平衡的。另一方面是就个体身心发展的不同方面而言的。根据个体身心发展的不平衡性，教育教学要抓住关键期，以求在最短的时间内取得最佳的效果。

(4)个体身心发展的互补性，是指机体某一方面的机能受损甚至缺失后，可通过其他方面的超常发展得到部分补偿。个体身心发展的互补性要求教育工作者：要树立信心，相信每一个学生，特别是暂时落后或某些方面有缺陷的学生，通过其他方面的补偿性发展，都会达到与一般正常学生一样的发展水平；要掌握科学的教育方法，发现学生的优势，扬长避短、长善救失，激发学生自我发展的信心和自觉。

(5)个体身心发展的个别差异性，是指个体之间的身心发展以及个体身心发展的不同方面之间，存在着发展程度和

速度的不同。个体身心发展的个别差异性要求贯彻因材施教的原则，因材施教的原则要求全面深入地了解每个学生，系统掌握其成长发展的资料，注意对个别学生进行特殊培养，采取弹性教学制度等教学组织形式。在思想品德教育中，针对由不同遗传素质、家庭环境、社会关系、个人经历等所形成的不同个性特点，有的放矢地进行引导。

(6)个体身心发展的整体性，是指学生是一个整体的人，以其整个身心投入教学生活，并以整个身心来感知、体验、享受和创造这种教学生活，教师所面对的是一个活生生的、整体的人，尽管这个整体不是“完美”的整体。个体身心发展的整体性规律要求教学应该面对学生的整个身心；教学要着眼于学生的整体性，促进学生的一般发展，注意做到认知因素与非认知因素、意识与潜意识、科学与艺术的统一。

3. 结合教师角色的多样性，请你谈谈学生喜欢的教师的特征。

教师作为教育系统中知识和经验的传授者，对学生的发展起着重要的影响。根据研究，心理学家认为，教师要充当知识的传授者、团体的领导者、模范公民、纪律的维护者、家长的代理人、亲密朋友、心理辅导者等诸多角色。由此可见，由于教师这一职业行为的艰巨性、复杂性、专业性和多变性，教师成为一个集许多角色于一身的“角色丛”。

(1)当学生把教师看成是知识的传授者时，他们希望教师具有精通教学业务、兴趣广泛、知识渊博、语言明了等特征；

(2)当学生把教师看成是团体的领导者和纪律的维护人时，他们希望教师表现出公正、民主、合作、处事有伸缩性等特征；

(3)当学生把教师看成是模范公民时，则要求教师言行一致、幽默、开朗、直爽、守纪律等；

(4)当学生把教师看成是家长的代理人时，他们希望教师具有仁慈、体谅、耐心、温和、亲切、易接近等特征；

(5)当学生将教师看成是朋友、心理辅导者时，他们则希望教师表现出同情、理解、真诚、关心，值得信赖等特征。

总之，要成为一名受学生欢迎和爱戴的好教师，教师本人不仅需要具有一般公民需要的良好品质，而且需要具备教师职业所需要的特殊品质。

2020年江苏省常州市国家高新区（新北区）教师招聘考试真题试卷（四十三）

一、填空题

1. 学校教育　2. 关爱学生　3. 1986年
4.《学记》　5. 具体形象　6. 教师的教和学生的学
7. 高尚的思想情操　8. 目标意识　9. 性格

二、单项选择题

10. B 【解析】本题考查教师职业道德的相关知识。加强师德建设是具有社会意义的重要工程，是贯彻以德治国的现实需要。

11. D 【解析】本题考查夸美纽斯的教育思想。捷克教育家夸美纽斯深受人文主义精神影响，具有强烈的民主主义思想，他在教育学的创立过程中，取得了突出的成就，其1632年出版的《大教学论》是教育学开始形成一门独立学科的标志，该书被认为是近代第一本教育学著作。A项杜威的代表作是《民主主义与教育》；B项赫尔巴特的代表作是《普通教育学》，这本书被认为是第一本现代教育学著作；C项裴斯泰洛齐是西方教育史上，第一个明确提出“教育心理学化”口号的教育家。

12. C 【解析】本题考查教师的身份定位。根据《中华人民共和国教师法》第三条规定，教师是履行教育教学职责的专业人员，承担教书育人，培养社会主义事业建设者和接班人、提高民族素质的使命。教师应当忠诚于人民的教育事业。

13. B 【解析】本题考查人的身心发展的规律。人的身心发展具有顺序性、阶段性、不均衡性、互补性、个体差异性、整体性等规律。其中，人的发展的顺序性是客观的、不以人的意志为转移的，教育工作要遵循这种顺序性，循序渐进地促进人的发展。

14. D 【解析】本题考查教师劳动的特点。教师劳动的特点包括：(1)复杂性和创造性；(2)连续性和广延性；(3)长期性和间接性；(4)主体性和示范性。教师注重自身的发展，做到以身作则、为人师表，这就体现了教师劳动的主体性和示范性的特点。

15. A 【解析】本题考查教学工作的中心环节。教师教学工作包括五个基本环节（即基本程序）：备课、上课、作业的布置与反馈、课外辅导和学业成绩的检查与评定。其中，上课是整个教学工作的中心环节，是教师教和学生学的最直接的体现，是提高教学质量的关键。

16. B 【解析】本题考查课堂管理的功能。课堂管理始终制约着教学和评价的有效进行，具有促进和维持的功能。促进功能是指教师在课堂里创设对教学起促进作用的组织良好的学习环境，满足课堂内个人和集体的合理需要，激励学生潜能的释放以促进学生的学习。维持功能是指在课堂教学中持久地维持良好的内部环境，使学生的心理活动始终保持在课业上，以保证教学任务的顺利完成。（具体参看李国强主编的《教育心理学》）

17. B 【解析】本题考查知识直观的手段。在实际的教学过程中，主要有三种直观方式，即实物直观、模像直观和言语直观。模像直观指观察与教材相关的模型与图像（如图片、图表、幻灯片、电影、录像、电视等），形成感知表象。因此，题干所述为典型的模像直观，故答案选B项。A项实物直观指在感知实际事物的基础上提供感性材料的直观教学方式；C项言语直观指在生动形象的言语作用下唤起学生头脑中的表象，以提供感性材料的直观方式；D项为干扰选项。

18. B 【解析】本题考查知识的类型。安德森根据知识的不同表征形式，将知识分为陈述性知识和程序性知识。陈述性知识也叫描述性知识，是个人能用言语进行直接陈述的知识，主要用于区别和辨别事物。程序性知识即操作性知识，是一种经过学习后自动化了的关于行为步骤的知识，表现为在信息转换活动中进行具体操作。程序性知识的最大特点是能够很容易地用动作或步骤显示出来，表明该事是怎样做的，但却不容易很清楚地用语言加以描述。由于反映活动的深度不同，知识可分为感性知识和理性知识。所谓感性知识，是对活动的外表特征和外部联系的反映，可分为感知和表象两种水平。所谓理性知识，反映的是活动的本质特征与内在联系，包括概念和命题两种形式。

19. B 【解析】本题考查教学风格对学生的影响。教师教学风格的形成，直接影响学生的个性发展和学习风格的形成。因为教学风格是教师人格和个性特征在教学上的全面反映，而教学活动直接影响到学生的发展。这正如苏霍姆林斯基所说：“假如孩子离开你时是灰色的、无个性的，那就意味着你没有在他身上留下任何东西，对于一个教师来说恐怕没有比这种结局更令人痛心了。因为，我们称之为‘教育’的一切，正是在人身上再现自己的一种伟大的创造。”教师的教学风格对学生个性的发展和学习风格的形成有着直接而深远的影响，尽管其影响方式可能是潜移默化的。可见，教师形成教学风格的确不仅是个人的事情，而是关乎学生成长的重要教育影响源。（具体参看韩延明主编的《新编教育学》）

三、简答题（参考答案）

20. 简述美国教育家波斯纳提出的“教师成长＝经验＋反思”的含义。

美国学者波斯纳认为：“没有反思的经验是狭隘的经验，至多只能成为肤浅的知识。如果教师仅满足于获得的经验而不对经验进行深入的思考，那么他的教学水平的发展将大受限制，甚至有所滑坡。”为此，他提出一个教师成长的公式：“教师成长＝经验＋反思”。该公式体现了教师成长过程应该是一个总结经验、捕捉问题、反思实践的过程。同时，该公式也强调教学反思的重要性。教学反思是指教师以自己的教学活动为意识对象，对自己的教育理念、教学行为、决策以及由此所产生的结果进行认真的自我审视、评价、反馈、控制、调节、分析的过程。

21. 为什么学校教育工作必须坚持以教学为主？

教学是学校教育的中心工作，学校教育工作必须坚持以教学为主（教学的地位）。学校是专门培养人的机构，要使学生在德、智、体等方面都得到发展，就需要通过教学、课外校外活动、生产劳动等途径来实现。教学在学校教育工作中所占时间最多，涉及面最广，对学生发展的影响最全面深刻，对学校教育质量的影响也最大。所以，学校工作必须以教学为主。学校工作以教学为主，既是由教学本身的性质决定的，也是多年来教育工作经验的总结。但这并不意味着学校可以轻视甚至忽略其他工作，应当坚持“教学为主，全面安排”的原则。

22. 如何培养学生的问题意识？

(1)创设培养问题意识的环境与气氛；(2)把握问题设置的原则与方法；(3)做好培养问题意识的激励与评价；(4)明确好问题的标准与掌握提问的方法。

23. 师生关系的本质是一种人际关系，我国社会主义新型师生关系有哪些特点？

(1)人际关系：尊师爱生；(2)社会关系：民主平等；(3)教育关系：教学相长；(4)心理关系：心理相容。

24. 如何提高课堂教学效率？

(1)精心设计教学内容，使课堂教学井然有序；(2)对学生严格要求，有良好的课堂纪律；(3)在课堂上要培养学生倾听的习惯；(4)在课堂上要关注每位学生，走到学生中去，切不可高高在上；(5)注重课堂教学方法；(6)注重课堂教学反馈；(7)在教学中注意帮助学生有效地巩固和应用知识；(8)注重为人师表；(9)建立良好的师生关系；(10)重视对课堂管理的反思和课堂学习行为的评价。

四、案例分析题（参考答案）

25. (1)邓老师在教育李铭同学过程中的不当之处有：①隐私权是指公民生活中不愿为他人公开或知悉的个人秘密的不可侵犯的人身权利。邓老师未经李铭同意翻看他的手机短信，并在班上宣读短信内容，这侵犯了李铭的隐私权。②学校和教师必须尊重学生的人格尊严，严禁对学生实施体罚、变相体罚或其他侮辱人格尊严的行为。邓老师批评指责李铭“思想堕落，道德败坏”，这侵犯了李铭的人格尊严权。③个人的财产所有权是指公民对个人所有的财产依法进行占有、使用、收益和处分的权利。学生的合法财产受法律保护，教师不得侵占、破坏或非法扣押、没收等。邓老师没收李铭的手机不予归还，这侵犯了李铭的财产权。

(2)①创设有利的环境。可以通过说理教育、榜样教育、制定课堂规则、培养良好的校风和班风、形成正确的集体舆论等措施影响学生，逐步帮助学生形成良好的观念。②培养学生积极稳定的学习动机。在教学中注意因材施教，创设问题情境，激发学生的兴趣和好奇心，从而激起学生的学习动机。③培养学生与不良诱因作斗争的意志力。可以锻炼学生抗诱惑的意志力，提高他们对不良诱因的"免疫力"，从而帮助学生形成和巩固良好的行为习惯。④积极关心爱护学生，满足学生归属与爱的需要。作为教师应以真挚深沉的爱心激发学生积极向上的健康情感，满足学生的缺失需要。⑤开展普法教育，做到依法执教。作为教师应依法进行教育教学活动，同时也要注意培养学生的法律意识，做到在不侵害学生合法权益的基础上进行教育教学活动。

2020年江苏省南京市教师招聘考试真题试卷(精编)(四十四)

一、单项选择题

1. A 【解析】《新时代爱国主义教育实施纲要》指出：坚持把实现中华民族伟大复兴的中国梦作为鲜明主题。坚持以维护祖国统一和民族团结为着力点；坚持立足中国又面向世界，促进人类和平与发展的崇高事业，共同推动人类文明发展进步；深入开展国情教育和形势政策教育。所以本题选A项。

2. C 【解析】在党的十九大报告中，习近平总书记明确指出："要全面贯彻党的教育方针，落实立德树人根本任务，发展素质教育，推进教育公平，培养德智体美全面发展的社会主义建设者和接班人。"

3. D 【解析】"学而时习之，不亦说乎"是《论语》开篇第一句，强调不断复习所学知识。

4. D 【解析】中华人民共和国成立70周年之际，国家主席习近平签署主席特赦令，根据十三届全国人大常委会第十一次会议表决通过的关于特赦部分服刑罪犯的决定，对依据2019年1月1日前人民法院作出的生效判决正在服刑的九类罪犯予以特赦，其中也包括对部分战犯的特赦。对本决定施行之日符合上述条件的服刑罪犯，经人民法院依法作出裁定后，予以释放。这是新中国成立后第九次特赦。所以①不正确。

5. C 【解析】2019年12月20日，南京市委市政府召开发布会就南京已通车过江通道命名更名进行通报，南京长江大桥维持原名，南京长江二桥更名为八卦洲大桥，南京长江三桥更名为大胜关大桥，南京长江四桥更名为栖霞山大桥，南京扬子江隧道更名为定淮门长江隧道，南京长江隧道更名为应天大街长江隧道。

6. C 【解析】"终古高云簇此城，秋风吹散马蹄声"出自谭嗣同的《潼关》，描述的是潼关景色。所以②不选。

7. B 【解析】蜻蜓翅膀末端的边缘有一块深色的角质加厚区——翼眼，或称翅痣。它能调整翅膀的震动，使蜻蜓在高速飞行中能避免发生折断翅膀的"颤振"现象。

8. A 【解析】污染空气的污染物包括烟尘、总悬浮颗粒物、可吸入颗粒物、细颗粒物、二氧化氮(NO_2)、二氧化硫(SO_2)、一氧化碳(CO)、臭氧、挥发性有机化合物等等。二氧化碳(CO_2)不是大气污染物，故选A。

9. C 【解析】"嫦娥四号"探测器所获得的科学数据与信息是通过电磁波传播到地球接收站的。这是因为电磁波传播不需要介质，而声音传播需要介质。

10. A 【解析】有意注意也称随意注意，是有预先目的、必要时需要意志努力、主动地对一定事物所发生的注意。题干中初学骑车的人注意有预定目的，也需要意志努力，故属于有意注意。

11. D 【解析】斯金纳是行为主义的代表人物，冯特是构造主义的代表人物，杜威、安吉尔是机能主义的代表人物，故D项搭配正确。

12. C 【解析】"生活即教育""社会即学校""教学做合一"三大主张是陶行知的教育思想，毛泽东对他的评价是"伟大的人民教育家"。

13. C 【解析】认知理论的代表人物布鲁纳认为，知识结构是在认知过程中经过积极的组织构成的。知识学习的认知过程主要是思维过程，正是思维在学习过程中的概念化或类型化的活动，才使人们弄懂了所觉察到的大堆杂乱的事实。因此，这属于认知理论的观点。

14. B 【解析】概念学习是指掌握概念的一般意义，其实质是掌握一类事物的共同的本质属性和关键特征。题干中学习三角形的本质特征并排除无关特征，这种学习属于概念学习。

15. B 【解析】晕轮效应是指当我们认为某人具有某种特征时，就会对他的其他特征做相似判断。题干中的学生认为外表有魅力的老师教学能力强，这属于晕轮效应。

16. A 【解析】学生通过讲解已经掌握的知识从而获得新的认识，体现的是教学相长的原则。

17. B 【解析】根据加德纳的多元智力理论可知，视觉—空间智力是指认识环境、辨别方向的能力。如画家、雕塑家、建筑师的视觉—空间智力发达。题干中的小吴在绘画上有天赋，这间接说明了他的视觉—空间智力强。

18. D 【解析】老师针对小明经常迟到这一问题进行家访，体现了学校教育与家庭教育的结合。在这一过程中学校教育占主导地位，家庭教育是学校教育的补充。D项表述错误。

二、判断题

19. √ 【解析】提高课堂效率是"减负增效"的关键，教师要尽可能使学生在课堂学习中掌握有效知识，发挥好每一分钟的作用，提高课堂效率，使学生在课堂中就掌握课后作业所涉及的知识，达到"减负"的效果。

20. × 【解析】奥苏贝尔认为，接受学习未必都是机械学习，它可以而且也应该是有意义的学习。同时，必须把接受学习与被动学习区分开来。接受学习可能是主动的，也可能是被动的，它与被动学习、主动学习都没有必然联系。故题干表述错误。

21. √ 【解析】能力高的学生，不管焦虑高低，成绩都较好，但高焦虑更能促进他们的学习；能力低的学生，无论焦虑水平高低，成绩都差，但低焦虑对他们更有利些。

22. × 【解析】《新时代公民道德建设实施纲要》中指出：家庭是社会的基本细胞，是道德养成的起点。

23. √ 【解析】演示法是指教师通过展示实物、教具和示范性的实验来说明、印证某一事物和现象，使学生掌握新知识的一种教学方法。所以题干表述正确。

24. √ 【解析】为了满足特殊儿童的特殊学习需要而设计的教育即为特殊教育。相对普通教育而言，特殊教育更加注重儿童个别间与个别内在差异的存在。学者们指出，个别间的差异是作为能力分班或特殊分班的依据，而个别内在差异则专为特殊儿童提供个别化教学方案的依据。特殊教育的各种设施，要以适合个别化教学为原则。事实上，也只有通过个别化教学，才能满足特殊儿童的独特需要。因此，个别化教学乃是特殊教育实施的指导原则。故题干说法正确。

三、简答题(参考答案)

25. 教育惩戒是教师履行教育教学职责的必要手段和法定职权。在实际教学中，教师在惩戒学生时可以从以下几个方面进行把握：(1)育人为本，惩戒目的要正当明确；(2)合法合规，惩戒过程要公开公正；(3)过罚适当，选择适当的惩戒措施；(4)保障安全，惩戒手段选择侵害性最小的。

26. 特点：(1)教育性。该校利用学校周边丰富的野菜资源，组织"八野"资源主题活动，安排学生参观种植基地，给学生进行野菜生长属性、种植方法、管理养护等知识的讲解，体现了教育性。(2)实践性。该校在校内开辟"八野"种植园，由学生自己完成开挖、平整、种植、养护工作，体现了实践性。(3)综合性。该校将"八野"资源与学科教学相结合，对学生进行综合性教育，促进学生德智体美劳全面发展。(4)多样性。该校利用"八野"资源开展多种多样的教学活动，如：开展八野绘画比赛、摄影比赛、知识竞赛，评选年度种植小能手和优秀观察日记；学科教学走进八野种植园，语文课引导写观察日记，科学课制作标本，美术课画八野园画卷，音乐课传唱自编歌曲、跳自编舞，实践活动课包饺子、炒芦蒿……

价值：(1)智育价值。该校将"八野"资源与学科教学相联系，传授给学生系统的科学文化知识、技能，发展他们的智力和与学习有关的非认知因素。(2)美育价值。该校通过开展八野绘画比赛、摄影比赛等形式，培养学生健康的审美观，发展他们感受美、鉴赏美、创造美的能力，培养他们高尚的情操与文明素养。(3)综合素质教育价值。该校通过"八野"资源与学科教学结合，促进学生全面发展，具有综合素质教育价值。

2020年河南省开封市龙亭区教育体育局区属小学(幼儿园)教师招聘考试真题试卷(四十五)

一、单项选择题

1. A 【解析】本题考查夏朝的学校教育。一般认为，在夏朝的时候，我国就出现了学校，包括"序"和"校"两类学校。据考证，"校"的出现在时间上要比"序"晚一些，其教育意义则比"序"大一些。所以夏朝的"校"，实际上是一种发展比较完备的军事体育性质的教育机构。故本题答案选A项。"庠"最早出现于五帝时期；太学是汉武帝时期的最高教育机构。

2. D 【解析】本题考查《论演说家的教育》的历史地位。昆体良是古罗马教学法大师，他是西方教育史上第一个专门论述教育问题的教育家。其代表作《雄辩术原理》(《论演说家的教育》或《论演说家的培养》)是西方最早的教育著作，论述的是对雄辩家的培养和要求，集希腊和罗马教育思想与经验之大成，是欧洲古代教育理论发展的最高成就，也被誉为古代西方的第一部教学法论著。A项的作者是柏拉图，该书被认为是后世公共教育思想源头；B项收入《礼记》，是中国也是世界教育史上的第一部教育专著；C项的作者是夸美纽斯，该书被认为是近代第一本教育学著作。

3. B 【解析】本题考查《中华人民共和国未成年人保护法》的内容。根据《中华人民共和国未成年人保护法》第六十六条规定,在中小学校园周边设置营业性歌舞娱乐场所、互联网上网服务营业场所等不适宜未成年人活动的场所的,由主管部门予以关闭,依法给予行政处罚。

4. D 【解析】本题考查感知规律的内容。感知规律包括强度律、差异律、活动律和组合律。差异律,指对象和背景的差异越大,对象从背景中区分开来就越容易。题干中描述的是红与绿的差异显著,使得红从背景绿中突显出来,体现的是差异律,故选 D 项。A 项强度律是指作为知识的物质载体的直观对象(实物、模像或言语)必须达到一定强度,才能为学习者清晰地感知。B 项活动律是指活动的对象较之静止的对象容易感知。C 项为干扰选项,不选。

5. B 【解析】本题考查新课程倡导的教师角色。从教师与学生的关系看,教师是学生学习的促进者。这是教师最明显、最直接、最富时代性的角色特征,是教师角色中的核心特征。另外,从教学与研究的关系看,教师是教育教学的研究者;从教学与课程的关系看,教师是课程的开发者和建设者;从学校与社区的关系看,教师是社区型开放的教师。

6. C 【解析】本题考查教师职业行为规范的相关知识。教师职业行为规范的主要内容包括:教师的思想行为规范、教师的教学行为规范、教师的人际行为规范、教师的仪表行为规范和教师的语言行为规范。其中,教师的人际行为规范要求教师与家长之间要做到:尊重家长,理解家长;经常家访,互通情况;密切配合,教育学生。

7. A 【解析】本题考查教学反思的方法。布鲁巴奇等人认为教学反思的方法主要有:(1)反思日记。在每一天教学工作结束后,要求教师写下自己的经验,并与指导教师共同分析。题干所述为反思日记的方法,故选 A 项。(2)详细描述。教师相互观摩彼此的教学,详细描述看到的情境,并对此进行讨论分析。(3)交流讨论。来自不同学校的教师聚集在一起,主要的工作是:①提出课堂上发生的问题;②共同讨论解决问题的办法;③得到的方案为所有教师共享。(4)行动研究。为弄清课堂上遇到的问题的实质,探索用以改进教学的行动方案,教师以及研究者可以进行调查和实验研究,这不同于研究者由外部进行的旨在探索普遍法则的研究,而是直接着眼于教学实践的改进。

8. A 【解析】本题考查教师专业发展的相关知识。教师专业发展的主要途径是对教学进行不断的实践和反思,只有在经验的基础上进行自觉的反思形成对教育教学实践的直觉与感悟,才能优化教师的组织结构。故 A 项说法正确。

9. C 【解析】本题考查教师与家长沟通合作的分歧。教师与家长沟通合作的分歧包括:教育观念的分歧、教育出发点的分歧、教育方法的分歧和教育价值观方面的分歧。其中,教育方法的分歧体现在教师的教育行为一般来说是比较科学的、系统的、有目的性的,而家长的教育行为则是经验性的、零散的、自发性的、无序的、不系统的。故 C 项正确。

10. D 【解析】本题考查发现法的优缺点。"探究—发现"模式着眼于培养学生的归纳思维能力,符合人类思维发展的规律,有利于学生对知识的掌握,有利于激发学生的智慧潜力,有利于培养学生的自我激励的内在动机,有利于学会探索的技巧,有利于培养学生的责任心,而且发现学习的结果也有利于记忆的保持。发现法的最大缺点在于太耗费时间。(具体参看汪凤炎主编的《教育心理学新编》第 3 版)

11. A 【解析】本题考查《学生伤害事故处理办法》的内容。根据《学生伤害事故处理办法》第九条规定,因学校组织学生参加教育教学活动或者校外活动,未对学生进行相应的安全教育,并未在可预见的范围内采取必要的安全措施造成的学生伤害事故,学校应当依法承担相应的责任。

12. D 【解析】本题考查素质教育的特点。素质教育的特点有:方向性、发展性、全体性、全面性、整体性、层次性、开放性、多样性、时代性、超前性和主体性等特征。其中,素质教育的发展性不仅体现在素质教育自身的发展中,而且也体现在素质教育与外部的关系上,处于动态的变化之中。任何新生事物的萌生和发展都经历着发展过程。发展性是教育的基本功能和本质特征,也是素质教育的本质特性。(具体参看肖文娥主编的《素质教育概论》)

13. B 【解析】本题考查 2008 年修订的《中小学教师职业道德规范》的内容。2008 年修订的《中小学教师职业道德规范》中的"爱岗敬业"所规定的具体职业行为要求有:(1)对工作高度负责;(2)认真备课上课;(3)认真批改作业;(4)认真辅导学生;(5)不得敷衍塞责。所以,题干表述的是教师职业道德规范中的爱岗敬业。

14. D 【解析】本题考查巴甫洛夫的经典性条件作用理论的主要规律。机体对与条件刺激相似的刺激做出条件反应,属于刺激的泛化。刺激分化指的是通过选择性强化和消退使有机体学会对条件刺激和与条件刺激相类似的刺激做出不同反应的一种条件作用过程。分化是对事物的差异的反应。题干中对不同的情境做出不同的恰当反应属于分化,选择 D 项。条件作用的获得过程是通过条件刺激反复与无条件刺激相匹配,从而使个体学会对条件刺激做出条件反应的过程。条件反射形成以后,如果得不到强化,条件反应会逐渐减弱,直至消失,这称为消退现象。

15. A 【解析】本题考查学习模式的相关知识。"独学而无友,则孤陋而寡闻"的意思是:如果学习中缺乏学友之间的交流切磋,就必然会导致知识狭隘,见识短浅。"相观而善之谓摩"的意思是学生互相观摩而学习他人的长处,也就是切磋琢磨。故题干的表述体现了学习要注重交流与合作。合作学习模式是指在合作学习活动中,两个学生一组,一节一节地彼此轮流向对方总结材料,当一个学生主讲时,另一个学生听着,纠正错误和遗漏。然后,两个学生彼此变换角色,直到学完所学材料为止。合作性讲解的两个参与者都能从这种学习活动中受益,而主讲者比听者获益更大。故本题答案选 A 项。B 项交互式教学模式,是由教师和一组学生(大约 6 人)一起进行的,主要是为了把擅长阅读的人的心智模型,通过策略外化成不擅长阅读的学生能操作的程序,以帮助成绩差的学生阅读领会。C 项指导教学模式的基本思想是学生在教师的引领下学习有关的学习策略,由激发、讲演、练习、反馈和迁移等环节构成。D 项程序化训练模式是根据加涅的学习层次理论,将活动的基本技能分解成若干有条理的小步骤,在其适宜的范围内作为固定程序。学习者要按程序进行活动,经过反复练习使之达到自动化程度。

16. C 【解析】本题考查义务教育的特点。义务教育的强制性是义务教育的最本质特征。义务教育是法律保证实施的教育活动。让适龄儿童、少年接受义务教育是学校、家长和社会的义务。对不履行义务教育的行为,国家以立法的形式,强制执行。题干所述体现的是义务教育的强制性。所谓公益性(免费性),就是明确规定"不收学费、杂费"。公益性和免费性是联系在一起的。统一性主要强调要制定统一的义务教育阶段教科书设置标准、教学标准、经费标准、建设标准、学生公用经费的标准等。题干中并未体现,故不选。

17. A 【解析】本题考查良性竞争的作用。竞争是指个体或群体充分实现自身的潜能,力争按优胜标准使自己的成绩超过对手的过程。良性竞争不但不会影响学生间的人际关系,而且还会提高学习和工作的效率。

18. B 【解析】本题考查迁移的类型。垂直迁移也称纵向迁移,是指先行学习内容与后续学习内容是不同水平的学习活动之间产生的影响。垂直迁移表现在两个方面:(1)自下而上的迁移,即下位的较低层次的经验影响上位的较高层次的经验的学习,题干中对"植物、动物"等具体概念的学习影响对"生物"概念的掌握便属于自下而上的迁移。(2)自上而下的迁移,即上位的较高层次的经验影响下位的较低层次的经验的学习,题干中对"角"这个概念的掌握影响对"直角、锐角"等概念的掌握属于自上而下的迁移。故选 B 项。A 项水平迁移也叫横向迁移,是指先行学习内容与后继学习内容在难度、复杂程度和概括层次上属于同一水平的学习活动之间产生的影响。C 项逆向迁移是指后面的学习影响着前面学习所形成的经验结构,使原有的经验结构发生一定的变化,使之得到充实、修正、重组或重构等。D 项顺向迁移是指先前学习对后继学习产生的影响。

19. B 【解析】本题考查教师义务的相关内容。教师在履行教育义务的活动中,最主要、最基本的道德责任是正反两个方面。正面:教书育人;反面:"不要误人子弟"。教师应当对此有清醒的认识。

20. B 【解析】本题考查教学情境创设的原则。教学情境创设的原则包括:价值性原则、开放性原则、生活性原则、层次性原则、趣味性原则、学科性原则、品味性原则、时代性原则。生活性原则是指教学情境的创设要紧贴学生熟悉的生活经历,与学生经验相符,为学生提供观察生活的机会,使他们能从周围熟悉的事物中寻找素材,感受学习内容与生活的密切联系。强调情境创设的生活性,目的是能够使学生的学习领域和生活领域相互融合。

21. C 【解析】本题考查陶行知的创造教育思想。陶行知为了实现创造教育的目的,提出了实施创造教育的两个基本条件即"民主化"和"劳力上劳心"。其中,民主化是最利于创造力发挥的首要条件。所谓民主,就是要求教师要以民主平等、宽容和了解的态度参与教育过程,充分发扬民主,而不对学生施加权威性的影响。(具体参看王尚义主编的《陶行知教育思想教程》)

22. D 【解析】本题考查人本主义心理学的代表人物。人本主义心理学的代表人物有罗杰斯、马斯洛。

23. B 【解析】本题考查课程标准的相关知识。国家课程标准是教材编写、教学、评估和考试命题的依据,是国家管理和评价课程的基础。新课改要求课程标准应体现国家对不同阶段的学生在知识与技能、过程与方法、情感态度与价值观等方面的基本要求,规定各门课程的性质、目标、内容框架,提出教学建议和评价建议。

24. B 【解析】本题考查《中华人民共和国义务教育法》的有关内容。《中华人民共和国义务教育法》是根据我国宪法和实际情况制定的旨在发展基础教育,促进社会主义物质文明和精神文明建设的教育法律。

25. B 【解析】本题考查记忆的类型。根据识记有无目的性,可分为无意识记和有意识记。无意识记是事先没有预定目的,也不需要运用任何有助于识记的方法和意志努力,自然而然地识记。潜移默化就是运用了无意识记,故选择 B 项。A 项有意识记是有明确的识记目的,并运用一定方法的识记,在识记过程中还需要一定的意志努力。根据识记材料的性质和识记方法的不同,可分为机械识记和意义识记。C 项机械识记是根据材料的外在联系,采取多次重复的方式所进行的识记,即平时所说的死记硬背。D 项意义识记是在理解的基础上,依据材料的内在联系,并运用已有的知识经验而进行的识记,有人也称之为理解记忆或逻辑记忆。

26. B 【解析】本题考查结课的方式。拓展延伸结课是指教师要把教学内容做进一步延伸和拓展进行结课的方法。运用拓展延伸结课时,教师要考虑到学生能获得的课程资源,提出的要求一定是学生通过努力能够做到的。题干中,教师介绍了欧·亨利的小说的特点后,又向学生推荐了他的两篇代表作品,鼓励学生抽时间读一读。这体现的是延伸式结课。

27. B 【解析】本题考查学习的类型。奥苏贝尔根据新知识与原有认知结构的关系,将知识学习分为下位学习、上位学习和并列结合学习。上位学习又称总括学习,是在学生掌握一个比认知结构中原有概念的概括和包容程度更高的概念或命题时产生的。食品的概念的概括和包容程度在水果、蔬菜、肉食等概念之上，故这样的学习属于上位学习，选择B项。A项下位学习是一种把新的观念归属于认知结构中原有观念的某一部分，并使之相互联系的过程。D项并列结合学习又称组合学习，是指在新命题与认知结构中原有的命题既非下位关系又非上位关系，而是一种并列的关系时产生的。C项归属学习是指把新、旧知识之间的有关部分联系起来，从而使新、旧知识之间构成一种从属或总括关系的学习。

28. C 【解析】本题考查教学方法的相关知识。从教师、学生、教材三方面交互作用的关系的角度来审视教学方法，可以把纷繁复杂的教学方法归结为三种基本类型，即"提示型教学方法""共同解决问题型教学方法""自主型教学方法"。自主型教学方法是学生独立地解决由他本人或教师所提出的课题，教师在学生需要的时候提供适当帮助，由此而获得知识技能、发展能力与人格的教学方法。

29. B 【解析】本题考查课堂问题行为的矫正方法。由于一般问题行为大都是一些暂时性的干扰，教师在处理这些行为时，通常只需要运用简单的非言语线索进行暗示，就可以得到既制止问题行为又不影响课堂教学进程的双重效果。故比较妥当的处理方法是体态语暗示。

30. C 【解析】本题考查新时期教师职业道德的特点。新时期教师职业道德的特点包括：(1)从教师的社会责任来看，教师职业道德具有全局性；(2)从教师的社会地位来看，教师职业道德具有超前性；(3)从教师职业及个人素质看，教师职业道德具有导向性；(4)从教师的人格评价来看，教师职业道德具有超越一般职业道德的示范性。

31. B 【解析】本题考查班主任谈话的方式。谈话法是班主任通过有目的地与学生谈话来了解和研究学生情况的方法。谈话法的形式包括：商讨式谈话、点拨式谈话、触动式谈话、谈心式谈话、突击式谈话、渐进式谈话、循异式谈话。其中，点拨式谈话是指班主任用暗示的手段，或借他人他事旁敲侧击，或用名言、警句、格言、成语等加以提示，帮助学生明白某些道理。此种方式适用于自我意识强、独立感受力强、心理敏感的学生。

32. A 【解析】本题考查教学过程的基本阶段。教学过程大致分为以下五个阶段：激发学习动机、领会知识、巩固知识、运用知识、检查知识。领会知识包括使学生感知和理解教材。感知教材是指具体事物的属性和联系在头脑中的反映，形成表象，为进一步揭示事物特征的理性认识打下基础。教师要引导学生通过感知形成清晰的表象和鲜明的观点，为理解抽象概念提供感性知识的基础并发展学生相应的能力。

33. B 【解析】本题考查班级管理的原则。班级管理的原则包括：尊重学生的原则、方向性原则、民主性原则、主体性原则、集体性原则、实效性原则、效率性原则和规范适度性原则。其中，实效性原则是指班级管理的开展要根据班级、学生的实际情况，及时发现各种问题，通过采取各种具有可行性和操作性的班级管理策略，切实促进班集体和学生的健康成长，提高教学质量。

34. B 【解析】本题考查《中华人民共和国教育法》的相关内容。根据《中华人民共和国教育法》第三十六条规定，学校及其他教育机构中的管理人员，实行教育职员制度。学校及其他教育机构中的教学辅助人员和其他专业技术人员，实行专业技术职务聘任制度。

35. D 【解析】本题考查强化的作用。强化的作用包括：激励功能、维持功能、促进功能、巩固功能和强化功能。其中，强化的巩固功能是指强化使学生正确的认识和行为得到巩固。如当学生作出正确的反应，如回答正确、思维灵活、见解独特等，符合甚至超过了教师的期望时，教师用肯定和赞许给予强化，会使学生获得成就感和满足感，促进了学生的内部强化，从而巩固正确的认识和行为。学生在义务劳动中表现优秀，教师给予表扬和肯定，该教师这样做利用了强化的巩固功能。故本题选D项。A项激励功能是指强化会引发学生的内心体验，而重复引发快乐体验的行为和避免引发痛苦体验的行为是人的天性。为了获得或者避免某种引发快乐或痛苦的学习强化物，学生必须明确学习目标，使自己的认识和行为朝着教师期望的方向发展，提高学习的正确率，这样，学生学习的外在动机和内在动机得到激发，就能积极主动地投入学习。例如，教师表扬一位同学："回答得很好！希望大家都能像XX同学一样勤于思考，灵活运用知识。"B项维持功能是指强化可以促进教师与学生的双向交流，防止和减少非教学因素刺激对学生学习产生的干扰，使学生在教学过程中将注意力集中于学习活动，提高学生注意的持续性。C项强化的促进功能是指强化增强学生某种与教学目标相符的认识和行为重复出现的可能性，学生的认识和行为逐渐从量变到质变发展，从而使最近发展区不断转化为现有发展区。

36. C 【解析】本题考查提问的类型。根据不同的标准，可以把提问分为多种类型。根据布卢姆的目标分类学中关于认知目标的层次把课堂提问划分为六种类型：知识(回忆)水平的提问、理解水平的提问、应用水平的提问、分析水平的提问、综合水平的提问、评价水平的提问。应用水平的提问可以用来鼓励和帮助学生应用已学知识去解决问题，它要求学生能把所学的某些规则或理论应用于某些问题，对问题进行分类、选择，以确定正确答案。题干要求根据正方形的边长计算其面积，就是对正方形面积公式的应用，这属于应用水平的提问。

37. B 【解析】本题考查班级管理目标制定的原则。班级管理目标制定的原则有三点，即确定目标要切合实际、规定目标达成的时间要合理、评价目标达成的标准要科学。具体如下：(1)发展性原则。发展性原则是指班级管理目标应体现促进学生发展的要求。(2)针对性原则。针对性原则是指班级管理目标应符合班级管理对象的实际。(3)层次性原则。层次性原则是指班级管理目标应具有层次性。故B项正确。

38. B 【解析】本题考查性格的有关内容。性格是指人的较稳定的态度与习惯化了的行为方式相结合而形成的人格特征。它是一个人的心理面貌本质属性的独特结合，是人与人相互区别的主要方面，是人格的核心。性格会影响一个人的言行，进而影响命运的发展。本题所述说明了性格对人的影响。

39. C 【解析】本题考查教学过程的相关知识。教学过程是教养和教育的统一。教学过程不仅是一个教养过程，而且还是一个教育过程。所谓"教养"，是指体现于各门学科中的学科知识。所谓"教育"，是指道德教育、思想品德教育。

40. B 【解析】本题考查学习动机的类型。按学习动机起作用时间的长短，可分为近景的直接性学习动机和远景的间接性学习动机。近景的直接性学习动机是指由活动的直接结果引起的对某种活动的动机，它是与学习活动直接相连的，来源于对学习内容或学习结果的兴趣。例如，学生的求知欲、成功的愿望、对某门学科的浓厚兴趣，以及教师生动形象的讲解、教学内容的新颖等都直接影响到学生的学习动机。题干所述事例为典型的近景的直接性动机，故选B项。C项远景的间接性学习动机是指由于了解活动的社会意义、活动结果的社会价值而引起的对某种活动的动机，它是与学习的社会意义和个人的前途相连的。

41. A 【解析】本题考查自我效能感的内容。自我效能感由班杜拉首次提出，是指人对自己能否成功从事某一成就行为的主观判断。题干中学生对自己认真听课并带来好成绩的判断属于自我效能感，选择A项。B项成就动机是指个体努力克服障碍，施展才能，力求又快又好地解决某一问题的愿望或趋势。C项强化是指采用适当的强化物而使机体的反应频率、强度和速度增加的过程。D项需要是指有机体感到某种缺乏或不平衡状态而力求获得满足的心理倾向，是有机体自身和外部生活条件的要求在头脑中的反映。

42. B 【解析】本题考查《中华人民共和国未成年人保护法》的有关内容。《中华人民共和国未成年人保护法》是我国保护儿童权益的专项法律。故答案选择B项。

43. D 【解析】本题考查班级管理的方法。班级管理的方法包括：了解和研究学生的方法、说理法、目标管理法、情境感染法、规范制约法、舆论影响法、心理疏导法、行为训练法、心理暗示法、自我管理法。A项的情境感染法是班级教育管理者利用或创设各种教育情境，以境育情，使学生在情感上受到感染的方法。B项的心理疏导法是班级教育管理者运用心理学知识、方法，对学生给予辅导、疏导或进行沟通，解开学生的心理症结，使学生保持心理平衡，促进其心理发展的方法。C项的舆论影响法是班级教育管理者通过健康向上的集体舆论，形成积极的、浓厚的班级学习、生活的环境氛围，从而对身处其中的每个学生产生潜移默化的影响的方法。行为训练法是指在学生的日常学习、生活、劳动等实践活动中，班级教育管理者运用心理学的行为改变技术对学生的错误行为进行矫正，使其知行统一，形成良好的行为习惯的方法。故本题选D项。

44. D 【解析】本题考查不同心理学流派的研究内容。斯金纳的操作性条件作用的基本规律有：强化、逃避条件作用与回避条件作用、消退、惩罚。题干所述属于行为主义学习理论的内容，选择D项。A项人本主义心理学着重于人格方面的研究，认为：(1)人的本质是善良的；(2)人有自由意志，有自我实现的需要。B项机能主义心理学主张心理学的研究对象是具有适应性的心理活动，强调意识活动在人类有机体的需要与环境之间起重要的中介作用。C项精神分析心理学主要研究异常行为和无意识。

45. B 【解析】本题考查加涅的智慧技能层次论。加涅的智慧技能层次论把智慧技能分为五个亚类：辨别、具体概念、定义性概念、规则、高级规则。加涅进一步提出五种智慧技能的习得存在着如下的层次关系：高级规则学习以简单规则学习为先决条件，规则学习以定义性概念学习为先决条件，定义性概念学习以具体概念学习为先决条件，具体概念学习以知觉辨别为先决条件。这是加涅的智慧技能层次论的核心思想。故加涅的智慧技能层次理论在理论上的主要贡献是阐明了不同类型智慧技能的形成条件。(具体参看胡正亚主编的《当代国外教学理论》)

46. A 【解析】本题考查高级神经活动类型与气质类型的关系。"强、平衡、灵活"属于活泼型(灵活型)，与多血质对应，故选择A项。"强、不平衡"属于不可遏制型(兴奋型)，与胆汁质对应。"强、平衡、不灵活"属于安静型(不灵活型)，与黏液质对应。"弱"属于弱型(抑制型)，与抑郁质对应。

47. B 【解析】本题考查集体主义教育的内容。集体主义教育是指用无产阶级的集体主义思想对学生进行关心集体、热爱集体和善于在集体中生活的教育。集体主义教育的主要内容有：(1)教育学生关心集体，热爱集体，为集体做好事；(2)培养学生对集体的责任感、义务感、荣誉感；(3)培养学生的组织性、纪律性；(4)培养学生团结友爱、互相帮助的精神。故题干所述属于集体主义教育的内容。

48. D 【解析】本题考查教师体态语的意义。体态语在教学最优化中的意义，概括起来有六点：帮助组织教学、增进师生感情、激活学习情绪、突出教学重点、调控教学进程、提高教学效果。其中,帮助组织教学体现在:上课铃响,教师步入教室在讲台上站定,用目光扫视一下全班学生,学生即可安定下来,班长就会主动喊"起立"。这样教师不费一言,上课就会正式开始。

49. D 【解析】本题考查学习迁移理论。奥苏贝尔在有意义接受学习理论的基础上提出了认知结构迁移理论,认为一切有意义的学习都是在原有认知结构的基础上产生的,不受原有认知结构影响的有意义学习是不存在的。题干中该老师的做法可使学生学习新知识在上节课学习的知识内容的基础上进行,遵循了认知结构迁移理论,选择 D 项。A 项学习定势说是指先前习得的态度倾向,对解决新问题的影响。B 项经验类化说也称概括化理论,由美国心理学家贾德提出,其主要观点是,一个人只要对自己的经验进行了概括,就可以完成从一个情境到另一个情境的迁移。C 项形式训练说认为心理官能只有通过训练才能得以发展,迁移就是心理官能得到训练而发展的结果,迁移是无条件的、自发的。

50. D 【解析】本题考查《中华人民共和国教育法》的有关内容。《中华人民共和国教育法》中关于教师素质的规定是制定和执行教师素质要求的根本依据。《中华人民共和国教育法》第三十三条、三十五条对教师应具备的素质做了概括性的规定。第三十三条规定,教师享有法律规定的权利,履行法律规定的义务,忠诚于人民的教育事业。第三十五条规定,国家实行教师资格、职务、聘任制度,通过考核、奖励、培养和培训,提高教师素质,加强教师队伍建设。从中可以看出,《中华人民共和国教育法》对于教师应当具备的素质结构包括"政治思想素质和业务素质"两方面的要求。政治思想素质的核心是忠诚于人民的教育事业;业务素质是通过教师资格、职务、聘任制度,通过考核、奖励、培养和培训,以期优化和提升教师的整体素质结构。

51. C 【解析】本题考查知觉的特征。知觉的理解性是指人以知识经验为基础对感知的事物加工处理,并用语词加以概括赋予说明的加工过程。知觉的理解性强调知识经验的作用。学生在听老师讲解时,运用已有知识经验把握所学内容,这属于知觉的理解性。

52. C 【解析】本题考查痕迹衰退说的内容。消退说,又叫痕迹衰退说,是一种对遗忘原因的最古老的解释。按照这种理论,遗忘是记忆痕迹得不到强化而逐渐衰弱,以致最后消退的结果。练习律是指刺激与反应之间的联结会由于重复或练习而加强,不重复或练习,联结的力量就会减弱。因此,可以用痕迹衰退说解释。

53. D 【解析】本题考查教师的教学技巧。题干的意思是:善于提问的老师(提问时)就像要砍伐坚硬的树木,先从容易的开始,然后再砍伐它的坚硬的枝节,等到一定的时候,(问题)就会迎刃而解。不善于提问的老师与此相反。这反映了教师在教学中要善于运用问答技巧。

54. C 【解析】本题考查教学策略的分类。目前,已进行较深入的研究并形成流派的教学策略有:先行组织者策略、概念形成策略、认知发展策略、随机管理策略、自我管理策略、行为练习策略。其中,行为练习策略的特点是建立一系列的模式化的教师行为。实施步骤为:明确课程目的、环节和内容;呈现新信息;控制练习时间;通过语言提示使学生掌握和运用新技能、新结构;个别指导;提供机会使学生独立练习。题干所述为行为练习教学策略的内容,故选 C 项。A 项先行组织者策略源于奥苏贝尔的有意义的学习理论。基本步骤为:准备预备性材料;设想学习进程;呈现预备性材料和新材料;从预备性材料中抽象出新信息;运用活动强化。B 项认知发展策略是建立在皮亚杰的研究基础上,运用的基本原则为:儿童从实践中获得知识;教育活动以儿童为中心;教学必须是个别化的;社会交往起重要作用。教师以开发者、诊断者、认知冲突的创设者和促进者、社会交往的推动者等身份发挥作用。D 项概念形成策略,源于布鲁纳等人的理论研究,包括选择性策略和接受性策略两种。其实施步骤为:呈现实例,确认概念,强化练习,发展思维技巧。(具体参看饶玲主编的《课程与教学论》)

55. D 【解析】本题考查班集体的发展阶段。一个优秀班集体的形成,一般要经过如下阶段:组建阶段、形核阶段、发展阶段、成熟阶段。成熟阶段是班集体趋向成熟的时期,集体的特征得到充分而完全的体现,并为集体成员所内化,全班已成为一个组织制度健全的有机整体,学生积极参与班级活动,并使自己的个性特长得到发展,整个班级洋溢着一种平等、和谐、上进、合作的心理气氛。

56. B 【解析】本题考查加涅的学习水平的分类。根据学习情境由简单到复杂、学习水平由低到高的顺序,加涅把学习分为八类,依次为:信号学习、刺激—反应学习、连锁学习、言语联结学习、辨别学习、概念学习、原理学习(规则学习)、解决问题的学习(高级规则的学习)。其中,连锁学习是指学习联合两个或两个以上的刺激—反应动作,以形成一系列刺激—反应动作的联结。题干所述事例为典型的连锁学习,故选 B 项。A 项信号学习是指学习对某种信号做出某种反应,其过程为:刺激—强化—反应,如巴甫洛夫的经典性条件反射。C 项辨别学习是指学会识别多种刺激的异同并对之做出不同的反应。

57. C 【解析】本题考查近因效应的内涵。近因效应是指在总体印象形成上,新近获得的信息比原来获得的信息影响更大的现象。题干所述该学生近期的行为比原来的行为对老师影响更大,体现的是近因效应,故选 C 项。A 项首因效应是指在总体印象形成上最初获得的信息比后来获得的信息影响更大的现象。B 项晕轮效应是指当我们认为某人具有某种特征时,就会对他的其他特征做相似判断。D 项投射效应是指由于个体具有某种特性,因而推断他人也有与自己相同特性的心理现象。

58. B 【解析】本题考查教师劳动的特点。教师劳动的创造性主要是由劳动对象的特点决定的。教师劳动的创造性主要表现在以下三个方面:(1)因材施教。教师劳动的创造性首先表现在因材施教上。(2)教学方法上的不断更新。"教学有法,教无定法"是对教师劳动创造性的最好注脚。(3)教师需要"教育机智"。题干中,教师要针对学生的个体差异,进行因材施教就体现了教师劳动的创造性特点。

59. C 【解析】本题考查布卢姆的教学目标。分析水平的教学目标是指将整体材料分解成其构成成分并理解其组织结构,包括对要素的分析、关系的分析和组织原理的分析,代表了比运用更高的智能水平;可使用的描述动词有:分解、说明、推理等。题干中让学生将课文的结构分解出来属于分析水平的层次,故选 C 项。A 项领会层次是指领悟所学材料的意义,但并不一定将其与其他事物相联系,代表最低水平的理解;可使用的描述动词有:解释、辨别、概括等。B 项运用层次是指将所学概念、规则、方法、规律和理论应用于新情境中的能力,代表较高水平的理解;可使用的描述动词有:计算、操作、演示等。D 项综合层次是指将所学的零碎知识整合为知识体系,强调的是创造能力,需要产生新的模式或结构;可使用的描述动词有:创造、编写、设计等。

60. B 【解析】本题考查教师角色的相关知识。不同学派对待师生角色的看法存在着巨大的差异,舒尔曼曾设计了一个模型对这种差异进行比较(见下表),他首先区分了四种假定的教师角色,每种角色都源于一种关于知识本质的哲学观点,这些观点反映了相应的心理学研究的理论背景,表中还包含了关于学习者角色的象征性的观点。根据下表所示,教师是知识的管理者,是信息加工教学理论对教师角色的定位。

教师的角色	传授者	管理者	促进者	合作者
知识的本质	普遍的,客观的,固定的(独立于学习者之外)	普遍的,客观的(受学习者先前经验的影响)	独立建构的,客观的(取决于个体的智力发展)	社会建构的,主观的(在认识者之间传播的)
理论基础	行为主义	信息加工理论	认知建构主义	社会建构主义
学生的象征角色	转换台	计算机	缺乏经验的科学家	学徒

二、多项选择题

61. ABCD 【解析】本题考查我国基础教育改革的趋势。我国基础教育改革的趋势之一是关注教师的发展。关注教师的发展包括:(1)关注角色转变:由传授者转化为促进者、由管理者转化为引导者、由"居高临下"转向"平等中的首席"。(2)关注教学行为转变:强调教师之间的合作交流、不断改善知识结构。(3)关注能力提高:提高课程开发的能力、提高对教学的整合能力。(4)关注学习方式的引导转变:指导学生开展研究(探究)性学习、创设丰富的教学情境、注重学生的亲身体验、引导学生将知识转化为能力。

62. ABC 【解析】本题考查班杜拉的观察学习的相关知识。班杜拉提出的观察学习为教育中的示范教学、观摩教学以及教学演示等行为提供理论依据。观察学习是人们行为习得的一个重要方面。在观察学习中,示范者对学习者来说具有举足轻重的作用。示范不仅仅影响人们的行为反应,在不同类型的示范影响下,人们通过观察学习,可以学到许多东西。其中包括判断标准、言语方式、概念结构、信息处理策略、认知策略、行为标准、道德判断、个性特征和新的行为方式等。在教育中的示范教学、观摩教学等方式可以为其他教学者提供一种榜样示范作用,使教学者之间相互学习,取长补短,不断提高教学质量。(具体参看刘冬梅主编的《教育心理学》)

63. ABC 【解析】本题考查在日常管理中进行奖励和惩罚时的注意事项。在日常管理中实施奖励时要注意以下问题:(1)奖励要做到实事求是,公正合理;(2)奖励要有教育性;(3)奖励要有群众基础,得到学生集体的支持;(4)奖励要着眼于未来。故 A、B、C 三项正确。在日常管理中实施惩罚时要注意的问题:(1)尊重学生的人格;(2)惩罚要公正合理;(3)惩罚要得到学生集体的支持;(4)惩罚要讲究艺术。

64. ACD 【解析】本题考查认知过程的内容。认知过程包括感觉、知觉、记忆、想象、思维、言语等。兴趣属于个性心理倾向性。

65. ACD 【解析】本题考查课堂教学板书的特点。板书设计是教师在教学过程中运用文字符号、绘图、列表等形式和手段集中反映教材内容,有效提高教学质量的一种教学行为,是整个课堂教学的有机组成部分,是教师应当具备的教学基本功之一。好的板书设计具有以下特点:目的性、概括性、准确性、条理性、直观性、启发性、统一性、示范性、艺术性。

66. ABCD 【解析】本题考查孔子提出的教师道德规范。孔子在他四十余年的教育实践中,总结了比较完整的教师道德论述和教师道德的实践要求,堪称中国教师道德的最初内容。如学而不厌、诲人不倦;以身作则,言传身教;热爱学生,有教无类;不耻下问,知过而改;因材施教,循循善诱等。正是在此基础上,逐步形成了我国古代社会比较完整的教师道德规范体系。(具体参看杨玉厚主编的《师德教育读本》)

67. ABD 【解析】本题考查教师的教学实施能力的内容。教学实施能力是教师在课堂上实施教学方案、解决具体问题进而实现教学目标的能力,教师通过营造良好的学习环境、氛围,激发与保护学生的学习兴趣,采取启发式、探究式、讨论式、参与式等多种方式,有效地实施教学,有效地调控教学过程来加以体现,具体表现为课堂调控能力、实施教案能力、教学应变能力等。故本题选 A、B、D 三项。

68. ABCD 【解析】本题考查学习困难学生的特点。学习困难学生的特点有:(1)智能发展特点。高级认知能力不足但存在不同程度的潜能。(2)认知加工特点。学习困难学生在这一过程中表现出较多的障碍,如注意、记忆、问题解决等,这便是他们内部的学习障碍。(3)情绪和动机特点。学习困难学生同一般学生相比,他们存在更多的情意障碍,诸如成就期望低,学习上缺乏胜任感,自卑自弃,懒散成性,畏学、厌学乃至逃学等。(4)行为特点。学习困难学生比较突出的学习行为问题是不良的学习习惯(包括课堂违纪行为)和注意力失调等问题。除此之外,学习困难学生还有不少社会适应问题。这里的社会适应问题主要是指人格适应不良。故学习困难学生的特点在注意、记忆、智力、动机这几个方面都有体现。故本题答案选择 A、B、C、D 四项。(具体参看吴增强主编的《学习心理辅导》)

69. CD 【解析】本题考查维持有意注意的条件。维持有意注意的条件有:(1)加深对目的任务的理解;(2)合理组织活动;(3)对兴趣的依从性;(4)排除内外因素的干扰,提高意志力水平。故选 C、D 两项。A、B 两项属于引起无意注意的条件。

70. ABC 【解析】本题考查教育口语的基本要求。教育口语是指教师有目的地对学生进行思想品德教育和行为规范教育的谈话,它是教师的日常工作用语。教育口语的基本要求是:必须具有明显的教育指向性;要有可接受性;要有多样性和灵活性。故本题选 A、B、C 三项。

三、判断题

71. √ 【解析】本题考查基础教育课程改革的相关知识。新课程改革实现了学习方式的多样化,这对教师的教学方式提出了新的要求。有人说,学生学习方式的改变是对未来教师最大的挑战。

72. × 【解析】本题考查《中国少年先锋队章程》的内容。《中国少年先锋队章程》指出,凡是 6 周岁到 14 周岁的少年儿童,愿意参加少先队,愿意遵守队章,向所在学校少先队组织提出申请,达到入队要求后,经批准,就成为队员。

73. √ 【解析】本题考查教师的教学创新能力的内涵。教师的教学创新能力是指教师在现行教育传统的基础上,更新教育观念、革新教学内容、改革教学方法的能力和举措。这是教师最具根本意义的自我提高能力。

74. × 【解析】本题考查《中华人民共和国预防未成年人犯罪法》的内容。根据《中华人民共和国预防未成年人犯罪法》第十九条规定,未成年人的父母或者其他监护人,不得让不满十六周岁的未成年人脱离监护单独居住。

75. √ 【解析】本题考查讲授法的相关知识。讲授法可分为讲述、讲解、讲读和讲演四种形式。其中,讲述是指教师运用生动形象的语言,叙述、描绘所要讲的知识内容的一种讲授方式。讲解是指教师对所要讲的知识内容进行解释、说明、分析、论证的一种讲授方式。与讲述相比,讲解侧重于讲理而不是说事,其目的在于帮助学生发展理论思维能力。(具体参看王晞等编著的《课堂教学技能》)

76. √ 【解析】本题考查教学方法的运用。一般来说,各种教学方法既有启发性质,又有注入性质,是一把"双刃剑"。各种教学方法的启发性因素的作用能否得到充分发挥,显示出它应有的功效,关键在于教师运用教学方法的指导思想是否正确。

77. √ 【解析】本题考查师生关系的相关知识。在教育过程中,师生之间能够建立并保持经常性的民主、平等、和谐的关系,教育效果就好,反之,教育效果就差。因为在一个没有民主、没有平等、极不协调的师生关系中,反感甚至对立的情绪总是销蚀着学生良好的学习状态和他们对教育理解的能动性,甚至形成对教育的排斥现象。正因为如此,民主、平等、和谐的师生关系日益成为现代教育的重要取向。

78. √ 【解析】本题考查反例的应用。反例又称否定例证,指不包含或只包含了一小部分概念或规则的主要属性和关键特征的例证。一般而言,概念或规则的正例传递了最有利于概括的信息,反例则传递了最有利于辨别的信息。在呈现感性材料时应注意同时运用正例和反例。正例传递的信息有利于学生概括出概念的共同特征,反例的适当运用,则有助于学生排除概念学习中无关特征的干扰。(具体参看卢家楣主编的《学习心理与教学理论和实践》第 3 版)

79. × 【解析】本题考查强化的内容。强化有正强化和负强化之分。正强化也称积极强化,是通过呈现想要的愉快刺激来增强反应频率;负强化也称消极强化,是通过消除或中止厌恶、不愉快刺激来增强反应频率。惩罚是指当有机体做出某种反应以后,呈现一个厌恶刺激,以消除或抑制此反应的过程。题干中对学生的表扬是属于正强化,但批评运用的不是负强化而是惩罚。

80. √ 【解析】本题考查课堂问题行为产生的原因。课堂问题行为产生的原因有:(1)教师的教育偏差。①错误的教育观、学生观;②管理不当;③滥用处罚;④情绪异化冷漠;⑤教学失误。(2)学生的身心因素。①性别差异;②生理障碍;③学生个性方面的问题;④角色差异。(3)环境的因素。①家庭因素;②学校环境;③大众媒体;④课堂内部环境。(具体参看刘兴富,刘芳主编的《教师专业化发展的理论与实践》)

四、简答题(参考答案)

81. 讲授法的基本要求包括哪几个方面?

(1)讲授内容要有科学性、系统性和思想性,要认真组织;(2)讲授要讲究策略和方式,要系统完整,层次分明,重点突出,符合知识的系统性要求,教师讲授要有启发性,讲的内容要清楚,但不要"一览无余",要给学生留下思维的空间;(3)教师要努力提高语言表达水平,讲究语言艺术;(4)要组织学生听讲;(5)要与其他教学方法配合使用。

82. 简述影响识记效果的因素。

(1)识记的目的与任务;(2)识记的态度和情绪状态;(3)活动任务的性质;(4)材料的数量和性质;(5)识记的方法。

五、案例分析题(参考答案)

83. (1)案例中的教师借助"用绳圈菜地"这个故事,引发学生的思考,激发了学生的求知欲,这采用的是悬念导入。悬念导入是一种以认知冲突的方式设疑,使学生思维进入惊奇、矛盾等状态,构成悬念的导入方法。

(2)悬念导入的优点:可以最大限度地激发学生的求知欲,点燃他们的智慧火花,让他们以饱满的热情、最佳的学习状态,进入到课堂的探究活动中。学生必然急切地想了解新课的内容,注意力就会被吸引住,课堂气氛也就被调动起来。

(3)设计悬念导入的要求:①故布疑阵,激发兴趣。有经验的教师常善于提出一些令人费解的问题或制造一些使人迷惑的现象导入新课,继而剥茧抽丝、释疑去难。教育是一种艺术,有时直截了当往往收效甚微,倒不如欲擒故纵、欲正先反,迂回前进,反而能奏奇效。②巧设悬念,引人好奇。悬念一般出乎人们预料,或违背常识,或超越常理。通过悬念的设置,往往能造成学生心理上的焦虑、渴望和兴奋,只想打破砂锅问到底,尽快知道究竟,而这种心态正是教学所需要的"愤""悱"状态。但须注意,悬念的设置要从学生的"最近发展区"出发,恰当适度。不悬,难以引发学生的兴趣,太悬,学生百思不得其解,都会降低学习的积极性。只有不思不解、思而可解方能使学生兴趣高涨,自始至终扣人心弦,收到引人入胜的效果。

(考生可结合实际教学加以阐述,言之有理即可)

六、论述题(参考答案)

84. 在对待教学上,新课程强调教的本质在于引导。试述在课堂教学中如何进行引导。

教的本质在于引导。引导的特点是含而不露、开而不达、引而不发;引导的内容不仅包括方法和思维,同时也包括价值和做人。教师要通过恰当的问题,或者准确、清晰、富有启发性的讲授,引导学生积极思考、求知求真,激发学生的好奇心;教师要通过恰当的归纳和示范,使学生理解知识、掌握技能、积累经验、感悟思想;教师要用不同层次的问题或教学手段,引导每一个学生都能积极参与学习活动,提高教学活动的针对性和有效性。

2020 年河南省新乡市获嘉县教师招聘考试真题试卷(四十六)

一、单项选择题

1. D 【解析】本题考查主张活动课程理论的教育家。学生中心课程理论也称儿童中心课程理论,具有实用性、综合性、实践性等特点,是以儿童的现实生活特别是活动为中心来编制课程的理论,因此,这种课程理论又称活动课程理论。活动课程理论的主要倡导者是美国实用主义教育家杜威。

2. D 【解析】本题考查教师的知识素养。教师的知识素养包括:(1)政治理论修养,马列主义、毛泽东思想和邓小平理论。(2)精深的学科专业知识(本体性知识)。(3)广博的科学文化知识。(4)必备的教育科学知识(条件性知识)。教师的教育科学知识主要包括三个方面:①学生身心发展知识;②教与学的知识;③学生成绩评价的知识。(5)丰富的实践知识。题干中的学生的年龄特征就属于学生身心发展知识,故 D 项正确。

3. D 【解析】本题考查个性心理特征与心理过程的关系。个性心理是在心理过程中形成的,个性心理包含个性心理倾向性和个性心理特征,心理过程包括认知、情绪情感和意志过程。故个性心理特征也是在认知、情感和意志过程中形成的。

4. A 【解析】本题考查教师职业道德的相关知识。2008 年修订的《中小学教师职业道德规范》中要求教师要"关心爱护全体学生,尊重学生人格,平等公正对待学生"。教师要想做到深切地关心和爱护学生,并不只是停留在口头上,而是要在实际行动中表达出对学生的爱。如果教师付出很多努力,但是学生体会不到,很重要的一点原因就是教师没有高超的沟通能力，缺乏恰当的表达技巧。题干所述就说明教师还没有掌握高超的沟通与表达技巧。

5. C 【解析】本题考查实验法的内涵。实验法是指根据研究目的，改变或控制某些条件，以引起被试某种心理活动的变化，从而揭示特定条件与这种心理活动之间关系的方法。题干所述为实验法的内涵，故选 C 项。A 项观察法是指在教育过程中，研究者通过感官或借助于一定的科学仪器，有目的、有计划地考察和描述个体某种心理活动的表现或行为变化，从而收集相关的研究资料的方法。B 项考查测验法，测验法即心理测验法，就是采用标准化的心理测验量表或精密的测验仪器来测量被试有关心理品质的方法。D 项个案法（个案研究法）是指要求对某个人进行深入而详尽的观察与研究，收集相关资料，分析其心理特征，以便发现影响其某种行为和心理的原因。

6. C 【解析】本题考查应用心理学的含义。应用心理学是研究如何把理论心理学所揭示的基本规律应用于人类社会生活的各个方面，并进一步探索研究在各个社会实践领域中心理活动的具体现象及其规律的心理学。题干所述为应用心理学的内涵，故选 C 项。B 项理论心理学是研究关系到整个心理学的根本性质的理论问题的一个心理学分支，也称体系心理学。A 项社会心理学和 D 项普通心理学都属于理论心理学的分支学科。

7. A 【解析】本题考查考生对依法执教的概念理解。依法执教就是要求教师在教育教学活动中，按照教育法律、法规使自己的教育教学活动法制化和规范化。

8. C 【解析】本题考查法律规范的类别。义务性规范是指教育法律关系主体必须为一定行为或不为某种行为，故题干所述为义务性规范的内容，选 C 项。A 项强制性规范是指法律关系参加者在某种条件或情况出现时，必须做出或禁止做出一定行为的规范。B 项任意性规范是指法律关系参加者可以做出一定行为的规范。D 项授权性规范是指教育法律关系主体有权做出或不做出某种行为的规范。

9. A 【解析】本题考查教师的职业良心的相关知识。教师良心是教师个人在自己的教育实践中，对社会向教师提出的一系列道德要求的自觉意识，是教师个人对学生、教师集体和社会自觉履行其职责的道德责任感以及对自己教育行为进行道德控制和道德评价的能力，是多种教师职业道德心理因素在教师个人意识中的有机统一。从教师个体职业良心形成的角度看，教师的职业良心首先会受到社会生活和群体的影响。

10. B 【解析】本题考查心理发展的研究方法。纵向跟踪研究是指在相当的一段时间内（跨越几年或更久）对相同的被试组进行反复跟踪调查的研究方法。题干所述为纵向跟踪研究法，故选 B 项。A 项横向比较研究是指就某一方面心理发展（如记忆），通过在同一时段内对不同年龄的儿童进行比较（如比较小学三年级、预备班和初三学生自由回忆单词的能力），能够迅速有效地找到差异所在。C 项连续发生研究是横向比较研究与纵向跟踪研究的融合，即集齐了两者的优点，又尽量避免两者各自的弱点，在实际应用中非常有效。D 项跨文化研究指将隶属于不同文化群体的儿童的一种或多种行为和能力模式加以比较的研究方法。（具体参看孙时进主编的《心理学概论》）

11. A 【解析】本题考查自我效能感的影响因素。影响自我效能感的因素有：个人自身行为的成败经验（直接经验）、替代经验、言语劝说（言语暗示）、情绪唤醒。其中个人自身行为的成败经验这一效能信息源对自我效能感的影响最大。一般来说，成功经验会提高效能期望，反复的失败会降低效能感。

12. C 【解析】本题考查"发生认识论"的创始人。皮亚杰的理论核心是"发生认识论"。皮亚杰关于儿童认知发展阶段的思想是皮亚杰整个发生认识论体系中的重要组成部分，揭示了儿童认知发生、发展的规律和机制。华生是行为主义的创始人。加德纳是多元智力理论的提出者。斯腾伯格是智力的三元理论的提出者。

13. C 【解析】本题考查皮亚杰理论概念中平衡化的含义。平衡化指的是一种动态的平衡，其目标指向是达到更好的平衡状态。从适应的角度来看，也就是指认知同化与认知顺应这两极趋于更佳的和谐一致。本题答案选择 C 项。A 项同化是指有机体在面对一个新的刺激情境时，把刺激整合到已有的图式或认知结构中。B 项顺应是指当有机体不能利用原有图式接受和解释新刺激时，其认知结构发生改变来适应刺激的影响。D 项为干扰选项。

14. A 【解析】本题考查归责原则。根据《学生伤害事故处理办法》的有关规定，学校事故的归责原则是过错责任原则和过错推定原则。《学生伤害事故处理办法》中的规定明确了教育机构依法负有对未成年人的教育、管理和保护的义务，如果因过错没有尽其相应的义务，致使发生学生伤害事故的，学校应当承担与其过错相应的民事责任。因此，教育机构对学生伤害事故的责任，在性质上是违反法定义务的过错责任。在使用过错责任原则的时候，应该注意在分配当事人举证责任时适当使用过错推定责任原则，以保护弱势一方当事人的利益。

15. B 【解析】本题考查《中华人民共和国义务教育法》的内容。根据《中华人民共和国义务教育法》第二十四条规定，学校不得聘用曾经因故意犯罪被依法剥夺政治权利或者其他不适合从事义务教育工作的人担任工作人员。

16. A 【解析】本题考查教育法律关系的含义。教育法律关系是教育法律规范在调整人们有关教育活动的行为过程中形成的权利和义务关系，是一种特殊的社会关系。

17. B 【解析】本题考查乔姆斯基的语言获得理论。当代比较有影响的先天决定理论有两种：以乔姆斯基为代表的"LAD 理论"和以伦内伯格为代表的"关键期理论"。乔姆斯基认为，儿童有一种受先天遗传因素决定的"语言获得机制"。（具体参看王双宏、黄胜主编的《学前儿童发展心理学》）

18. A 【解析】本题考查第斯多惠的教育名言。德国教育家第斯多惠说过："一个人要不主动学会些什么，他就一无所获，不堪造就……人们可以提供一个物体或其他什么东西，但是人却不能提供智力。人必须主动掌握、占有和加工智力。"

19. B 【解析】本题考查发现法的运用。发现法又称研究法、探索法和启发法，是指教师不直接将学习内容提供给学生，而是为学生创设问题情境，引导学生探讨和发现新知识和问题的方法。它是由美国心理学家布鲁纳所倡导的。发现法的特点：(1)学生通过对问题的探究获得经验和知识，提高创新意识和进取精神；(2)学生在教师的引导下探究和解决问题，在教学中处于主要地位；(3)教学方法以学生独立探究和作业为主，教师的讲授、指导以及学生的阅读、练习服务于独立探究。

20. D 【解析】本题考查教师的示范作用。"其身正，不令而行；其身不正，虽令不从"出自《论语》，可译为：当管理者自身端正（作出表率时），不用下命令，被管理者也会跟着行动起来；相反，如果管理者自身不端正（而要求被管理者端正），纵然三令五申，被管理者也不会服从的。这句话强调了教师做好榜样示范的重要性。故 D 项说法正确。

21. D 【解析】本题考查社会认知的偏差。社会刻板印象是指人们对人或事物所持有的一套比较笼统、概括、固定的看法，并以这种看法作为评价人或事物的依据。题干所述为刻板效应的含义，故选 D 项。A 项首因效应也称最初效应，是指在社会认知过程中，首先获得的信息对印象形成具有更重要的作用。B 项近因效应也称最近效应，是指在社会认知过程中，最近获得的信息对印象形成具有更重要的作用。C 项晕轮效应又称光环效应，是指当我们认为某人具有某种特征时，就会对他的其他特征做相似判断。

22. B 【解析】本题考查教师的侵权类型。受教育权是学生最基本的权利。常见的侵犯学生受教育权的表现形式主要有：(1)侵犯学生受教育机会的平等权；(2)侵犯学生的入学权；(3)侵犯学生参加考试的权利；(4)随意开除学生。此外，还有侵犯学生上课学习的权利、侵犯学生受教育的选择权、侵犯学生升学复学方面的同等权利、以侵犯姓名权的手段侵犯学生的受教育权、延误学生录取通知书的发放等。题干中随意开除学生侵犯了学生的受教育权，故选 B 项。A 项人身权是指公民享有的最基本、最重要的权利。根据有关法律规定，学生的人身权可分为生命权、身体权、健康权、姓名与肖像权、名誉与荣誉权、人格尊严权、人身自由权、隐私权等。C 项人身自由是公民的一项基本权利，包括身体行动自由和表达的自由。侵害学生人身自由的表现形式有：非法拘禁和限制学生、非法搜查学生、非法限制学生表达自由的权利等。D 项侵犯学生人格尊严权的主要表现有：讽刺、挖苦学生；故意侮辱学生，随意谩骂学生；给学生取一些歧视性的绰号或侮辱性的称号，如"弱智""笨蛋"等。

23. A 【解析】本题考查现代教育改革的相关理念。"人性"讲求道义与和谐，"狼性"则遵循弱肉强食的生存法则。从现代教育改革的理念来看，鲁迅希望中国人多一点狼性，少一点人性。这实际上是在提倡发展学生的个性，培养其自主探究的能力。

24. A 【解析】本题考查教师的侵权类型。根据有关规定，只要是自己独立完成的，体现了自己的思想、情感、构思和表达方式的，属于文学、艺术和科学领域内并能以某种有形形式复制的智力成果都是著作权法所称的作品。构成作品并不需要达到一定的文学、艺术或者科技水准。著作权人对其作品享有发表权，任何人不得未经许可发表其作品。中小学生的作文也是作品，是受我国《著作权法》保护的文字作品。题干中该教师的做法侵犯了学生的著作权。

25. D 【解析】本题考查班级管理的模式。班级平行管理是指班主任既通过对集体的管理去间接影响个人，又通过对个人的直接管理去影响集体，从而把对集体和个人的管理结合起来的管理方式。班级平行管理的理论源于马卡连柯的"平行影响"的教育思想。

26. B 【解析】本题考查学校文化的概念。学校文化是指学校全体成员或部分成员习得且共同具有的思想观念和行为方式。学校文化作为文化的一个组成部分，也可以再细分成学校物质文化、学校组织和制度文化、学校精神文化三个部分。

27. B 【解析】本题考查性格的含义。性格是指表现在人对现实的态度和行为方式中比较稳定的独特的心理特征的总和。题干所述为性格的含义，选 B 项。A 项气质是指不以活动目的和内容为转移的典型的、稳定的心理活动的动力特性。C 项兴趣是个体积极探索事物的认识倾向。D 项能力是指人们成功地完成某种活动所必须具备的个性心理特征，它是成功地完成某种活动的必要条件。

28. D 【解析】本题考查情绪的基本形式中快乐的含义。快乐、悲哀、愤怒、恐惧是常见的基本情绪形式。快乐是盼望的目的达到后，继之而来的紧张解除时的情绪体验。快乐的程度取决于愿望满足的程度。题干所述的情绪体验为快乐，选 D 项。A 项悲哀与失去所盼望、所追求的东西和目的有关，是在失去心爱的对象或愿望破灭、理想不能实现时所产生的体验。B 项恐惧是指企图摆脱、逃避某种危险情景时所产生的情绪体验。C 项愤怒是指由于受到干

扰而使人不能达到目标时所产生的体验。(具体参看刘佳、陈克宏主编的《普通心理学》)

29. B 【解析】本题考查教育目的的个人本位论。个人本位论盛行于18~19世纪上半叶,认为确立教育目的的根据是人的本性,教育的目的是培养健全发展的人,发展人的本性,挖掘人的潜能,增进受教育者的个人价值,个人价值高于社会价值,而不是为某个社会集团或阶级服务。简言之,教育的根本目的是人的本性和本能的高度发展。裴斯泰洛齐强调"发展每个人天赋的内在力量",这体现了教育目的的个人本位论。

30. C 【解析】本题考查自我定义的含义。客体的自我也就是自我概念。将自我作为客体进行观察,可以形成一系列关于自己特质与特征的认识,就是所谓的自我概念。它包括自我辨认、自我定义以及在此过程中进行的社会比较。根据性别、年龄、技能、拥有物、居住地以及朋友对自己进行相应的分类,称为自我定义。

31. D 【解析】本题考查幼儿"分离焦虑"的含义。从6个月起到3岁左右是依恋的表现阶段,儿童会积极寻求与专门抚育者的接近,对依恋对象的存在表现出极大的关注。这一时期再见到陌生人,婴儿往往会哭闹并畏缩于母亲身上,表现出"陌生人焦虑"的现象;一旦抚育者离开,则会有"分离焦虑",并表现出类似的哭闹行为。和直接抚养者身体上的接近会明显减少婴儿的烦恼。

32. B 【解析】本题考查加涅根据学习结果对学习进行的分类。加涅根据学习结果将学习分为言语信息、智力技能、动作技能、认知策略和态度。其中智力技能指运用符号或概念与环境交互作用的能力。题干所述为智力技能,选B项。A项言语信息指有关事物的名称、时间、地点、定义以及特征等方面的事实性信息。C项动作技能指通过身体动作的质量的不断改善而形成的整体动作模式。D项认知策略指调控自己的注意、学习、记忆和思维等内部心理过程的技能。

33. D 【解析】本题考查教师教学工作的评价的相关知识。在教学实际中,存在着不同的教学水平。我们可以从中发现质的差别,找到一种衡量教学水平的尺度。根据现代教学理论的研究,从教学效果的质上看,教学可分为三个水平:记忆水平、理解水平和探索水平。

34. A 【解析】本题考查孟子的观点。孟子在《孟子·告子上》中提出:恻隐之心、羞恶之心、恭敬之心、是非之心,人皆有之。孟子是中国古代内发论的代表,他认为人的本性是善的,"万物皆备于我",人的本性中就有恻隐、羞恶、辞让、是非四端,这是仁、义、礼、智四种基本品性的根源,人只要善于修身养性,向内寻求,这些品性就能得到发展。

35. C 【解析】本题考查教学评价的相关知识。根据教学评价在教学过程中的作用不同,可以分为诊断性评价、形成性评价和总结性评价。诊断性评价是在学期教学开始或一个单元教学开始时对学生现有知识水平、能力发展的评价。形成性评价,是在教学进程中对学生的知识掌握和能力发展的及时评价。总结性评价,是在一个大的学习阶段、一个学期或一门学科终结时对学生学习成绩的总评,也称终结性评价。故C项说法正确。另外,根据评价采用的标准,教学评价可以分为绝对性评价、相对性评价和个体内差异评价。

36. B 【解析】本题考查皮亚杰提出的儿童品德发展阶段理论。处于他律阶段儿童的特点为:(1)儿童认为规则是不变的,不理解规则是由人创造的;(2)评定是非时,总是抱极端的态度,非好即坏,非善即恶;(3)判断行为好坏的根据是后果的严重性,而不看主观动机;(4)把惩罚看作是天意和报应,而不是把惩罚看作是改变人的行为的一种手段。题干所述为该阶段的特征,故选B项。A项自我中心阶段是从儿童能够接受外界的准则开始的。C项自律阶段的儿童既不简单地服从权威,也不机械地遵守规则,他们已不把准则看成是不可改变的,而把它看作是同伴间共同约定的。D项公正阶段儿童的公正观念是从可逆的道德认知中脱胎而来的,他们开始倾向于主持公正、公平等。

37. B 【解析】本题考查《中华人民共和国教育法》的内容。根据《中华人民共和国教育法》第七十三条规定,明知校舍或者教育教学设施有危险,而不采取措施,造成人员伤亡或者重大财产损失的,对直接负责的主管人员和其他直接责任人员,依法追究刑事责任。

38. C 【解析】本题考查桑代克的学习律。桑代克认为,学习要遵循三条重要的原则:准备律、练习律、效果律。效果律是指刺激和反应之间的联结可因导致满意的结果而加强,也可因导致烦恼的结果而减弱。题干中的事例符合效果律,选择C项。A项准备律是指联结的加强或削弱取决于学习者的心理准备和心理调节状态。B项练习律是指刺激与反应之间的联结会由于重复或练习而加强,不重复或练习,联结的力量就会减弱。D项为干扰选项。

39. A 【解析】本题考查负强化的内容。负强化要求在个体目标行为出现之后马上出现个体所预期的结果,即厌恶刺激的消除、减少或者延缓到来。如果采取的是逃避过程,那么应该在行为出现之后马上减少或者消除厌恶刺激;如果采取的是回避过程,那么应给予警告信号或者与厌恶刺激有关的信号,当个体的行为发生改变达到目标要求时,则停止给予厌恶刺激。故警告属于负强化,选择A项。B项惩罚是减少某种行为发生的频率,而负强化是增加某种行为的频率,两者不同。C项属于正强化,D项属于消退。(具体参看昝飞主编的《行为矫正技术》)

40. A 【解析】本题考查法贝的职业倦怠类型。美国心理学家法贝认为职业倦怠行为在不同的个体身上的表现是不同的,具体而言,主要有以下三种表现形式:(1)精疲力竭型。这类教师在高压力下的表现是放弃努力,以减少对工作的投入来求得心理平衡。这类职业倦怠一旦出现,要想恢复就很困难,因为这些症状会得到自我强化。题干所述该教师的症状就是精疲力竭型,本题选A项。(2)狂热型。这类教师有着极强的成功信念,能狂热地投入工作,但他们的这种热情坚持不了太长时间,理想与现实之间的巨大反差使得他们的整个信念系统迅速塌陷,最终精力耗尽。B项不符合题意。(3)低挑战型。对这类教师而言,工作本身缺乏刺激,他们觉得以自己的能力来做当前的工作是大材小用,因而厌倦工作。这类教师在工作一段时间后,就开始对工作敷衍塞责,并考虑更换其他工作。C项不符合题意。马勒诗等人提出了职业倦怠的三维度模型,这三个维度分别是情绪衰竭、非人性化、低个人成就感。其中,低个人成就感是指个体对自我的评估,表现为个体对自己工作意义与价值的评价降低。D项不符合题意。

二、多项选择题

41. ABC 【解析】本题考查教师法律救济的途径。法律救济的途径和形式是多样的,在我国主要的法律救济途径有以下几种:(1)行政救济,是指法律关系主体,尤其是公民、法人或其他组织认为行政机关作出的行政行为直接侵害其合法权益,请求有权的国家机关依法对行政违法或行政不当行为实行纠正,并追究其行政责任,以保护行政相对人的合法权益的法律救济途径。(2)司法救济,是指法律关系主体,尤其是公民、法人或其他组织认为当权利受到侵害或者有被侵害之虞时,权利人行使诉权,通过仲裁、诉讼等手段维护自己的合法权益的法律救济途径。(3)社会救济,主要是指通过社会组织的内部组织或机构以及其他民间渠道来实施法律救济。故教师法律救济的途径有司法救济、行政救济和社会救济。

42. ABCD 【解析】本题考查教育行政处罚的种类。行政处罚是指国家行政机关依法对违反行政法律规范的组织或个人进行的行政制裁。教育行政处罚的种类包括:(1)警告;(2)罚款;(3)没收违法所得,没收违法颁发、印制的学历证书、学位证书及其他学业证书;(4)撤销违法举办的学校和其他教育机构;(5)取消颁发学历、学位和其他学业证书的资格;(6)撤销教师资格;(7)停考、停止申请认定资格;(8)责令停止招生;(9)吊销办学许可证;(10)法律、法规规定的其他教育行政处罚。

43. ABCD 【解析】本题考查叙事研究的相关知识。在叙事研究中,获取现场文本的途径是多种多样的,主要通过有关经验的故事、口述、现场观察、日记、访谈、自传或传记甚至书信及文献分析等,来逼近经验和实践本身。(具体参看靳玉乐、李森主编的《现代教育学》)

44. ABCD 【解析】本题考查现代教育研究的特点。现代教育研究的特点包括:(1)研究范式的整合性;(2)研究主体的复合性;(3)研究关系的互动性;(4)研究方法的多元性或综合性;(5)研究过程的动态性。(具体参看靳玉乐、李森主编的《现代教育学》)

45. ABCD 【解析】皮亚杰认为,发展有四个条件,即成熟、经验(物质环境、自然环境)、社会环境的传递和平衡化,前三者是发展的三个经典性因素,皮亚杰充分肯定这些因素在儿童智力发展中的重要作用,认为这些因素是必不可少的。而第四个条件才是真正的原因,是智力发展的决定性因素。

46. ABC 【解析】本题考查心理学的自然科学属性。心理学的自然科学属性,可从其研究对象、历史渊源与研究方法上得到说明。首先从心理学的研究对象来说,心理是人脑的属性,是人脑对客观世界的反映,因此研究人的心理现象必须对人脑的工作原理和机制进行研究,以了解有关心理现象的产生过程及其外在行为表现。而人具有自然性的一面,是自然界长期发展的产物,属于自然界的一部分,是自然存在物、自然实体、生物实体。其次从心理学发展的历史渊源来说,心理学与自然科学,尤其是生物学、生理学以及神经学的发展等有着极为密切的联系。最后从心理学的研究方法来说,自然科学的研究讲求逻辑性、客观性、可重复性与可测量性,心理学的研究方法在很大程度上亦取法于自然科学。

47. BD 【解析】本题考查教育的属性。教育的阶级性是指在阶级社会中教育为一定社会的阶级利益服务的特性。在阶级社会里,超阶级、超政治的教育是没有的。而教育的阶级性并不是从来就有的,是从人类社会产生了阶级以后才出现的,并将随着阶级的消亡而消失。故A项说法错误。教育的本质属性是育人,即教育是一种有目的地培养人的社会活动,这是教育区别于其他事物现象的根本特征。教育就是把人类积累的生产和生活经验转化为受教育者个体的能力和品德,使身心得到发展,成为社会所需的人。所以,育人性是教育从其产生之时起就具备的。故B项说法正确。原始社会的教育具有平等性,古代社会的教育具有了阶级性和等级性,故教育并不是始终具有平等性,C项说法错误。教育的历史性是指教育随着人类社会的产生而产生,随着人类社会历史的发展而发展的历史特点。故D项说法正确。

48. ABD 【解析】本题考查教师的角色的相关知识。教师作为"促进者",其角色的特点包括:(1)积极地旁观;(2)给学生心理上的支持,创造良好的学习气氛;(3)注重培养学生的自律能力。

49. AB 【解析】本题考查利他行为的类型。一般从利他行为产生的情景来看,主要可分为两类:非紧急情况下的利他行为;紧急情况下的利他行为。非紧急情况下的利他行为是指并无危害生命财产的威胁存在,即日常生活中经常遇到的情况,如公共汽车上的主动让座、进行义务劳动、帮助有困难的人等。其帮助他人不需要采取紧急措施,而是在一种正常情景下进行的。题中A、B两项符合。C、D两项为紧急情况下的利他行为。(具体参看杨丹编著的《人际关系学》)

50. BCD 【解析】本题考查教与学的关系。现代教学中的教与学的关系主要体现为一种动态的、平等的、民主的交往关系,是一种基于"对话"基础上的教学活动。

51. ABC 【解析】本题考查教师的法定权利。我国《教师法》第二章第七条规定,教师享有以下六方面的权利:(1)教育教学权。(2)科学研究权(学术自由权)。(3)管理学生权(指导评价权)。(4)获得报酬权。这是教师的基本物质保障权利。包括:按时获取工资报酬权;享受国家规定的福利待遇权;寒暑假期的带薪休假权。(5)民主管理权(参与教育管理权)。(6)进修培训权。D项侵犯了学生的受教育权。

52. ABCD 【解析】本题考查教学监控策略的相关知识。教学监控策略是指为了保证达到预期的教学目标,教师在教学活动中对教学的全过程进行积极主动的计划、检查、评价、反馈、控制和调节所采用的教学谋略或措施。

53. AB 【解析】本题考查实验法的内涵。实验法是按研究的目的控制或者创造条件,主动引起或改变被试的心理活动,并对其进行研究的方法。人们往往会受到周围环境各种因素的影响,比如光线、声音、景物、味道、颜色等。会引起变化的因素称为自变量,引起的变化称为因变量。实验法就是在保持其他因素恒定的前提下研究因变量和自变量的关系和变化规律。

54. ABC 【解析】本题考查陶冶法的内涵。情感陶冶法是指教育者自觉创设良好的教育情境,潜移默化地使受教育者在道德和思想情操等方面受到感染、熏陶的方法。主要包括人格感化、环境陶冶和艺术陶冶等。D项体现的是品德修养指导法。

55. ABD 【解析】本题考查教师发展阶段的相关知识。美国学者伯顿提出教师发展阶段论,他将教师发展分为三个阶段,依次为:求生存阶段、调整阶段和成熟阶段。美国学者司德菲建立了教师生涯发展模式,他将教师发展分为五个阶段,依次为:预备生涯阶段、专家生涯阶段、退缩生涯阶段、更新生涯阶段和退出生涯阶段。故本题选A、B、D项。

56. AD 【解析】本题考查学习的内涵。学习是个体在特定情境下由于练习或反复经验而产生的行为或行为潜能的相对持久的变化。学习引起的是相对持久的行为或行为潜能的变化。但值得注意的是,并非所有的行为变化都是由学习产生的,如生理成熟、疲劳、药物等因素亦可引起行为的变化。A项公鸡打鸣属于本能反应,D项喜极而泣属于生理情绪反应,均不属于学习现象。

57. BC 【解析】本题考查学习迁移的内涵。学习迁移也称训练迁移,是指一种学习对另一种学习的影响,或习得的经验对完成其他活动的影响。题干中B、C两项属于学习迁移中典型的正迁移。原型启发是指从其他事物上发现解决问题的途径和方法,属于影响问题解决的因素,A、D两项均属于原型启发。

58. ACD 【解析】本题考查巴甫洛夫的高级神经活动类型说。根据巴甫洛夫的高级神经活动类型说,活泼型(灵活型)对应的是多血质,它的高级神经活动过程是强、平衡、灵活。

59. ABCD 【解析】本题考查青少年儿童身心发展的客观规律。人的身心发展有自己的规律。比如,青少年身心发展的客观规律是:发展的顺序性和阶段性,发展速度的不均衡性,发展的稳定性和可变性,以及发展的共同性和差异性。

60. CD 【解析】本题考查认知过程的内容。心理现象从形式上可以归纳为心理过程和个性心理两个方面。心理过程包括认知过程、情绪情感过程和意志过程。认知过程包括感觉、知觉、记忆、想象、思维等。故C、D两项符合题意。A项意志属于意志过程。个性心理包括个性心理倾向性和个性心理特征,B项性格属于个性心理特征。

61. ABCD 【解析】本题考查当代课程改革的共同发展趋势。当代世界各国的课程改革,存在着一些共同的发展趋势:(1)重视课程内容的现代化、综合化;(2)重视基础学科和知识的结构化;(3)重视能力的培养;(4)重视个别差异。

62. ABC 【解析】本题考查道德义务与非道德义务的相关知识。道德义务与非道德义务相比,具有一些明显的特质:(1)道德义务的精神性;(2)道德义务的自觉性;(3)道德义务的意志特征。

63. ABCD 【解析】本题考查教学大纲的内涵。教学大纲是根据教学计划,以纲要形式编定的有关学科教学内容的指导性文件。它规定该学科的指导思想、教学目的要求、教材范围、教材体系、教学进度和教学方法上的基本要求。(具体参看赵锦铭主编的《教育学》)

64. ABCD 【解析】本题考查行为主义的教学观。行为主义将学习看成是经验的联结,或操作的变化,而学习主要是通过练习和刺激反应式的强化来实现的,学习效果表现为外部行为的变化,因而教学的目的是传授知识技能体系。(具体参看孙时进主编的《心理学概论》)

65. ABC 【解析】本题考查加涅的学习分类。加涅根据学习成果的不同,把学习分为三类:言语信息学习、智力技能学习、认知策略学习。(具体参看孙时进主编的《心理学概论》)

66. ABCD 【解析】本题考查个体社会化的条件。个体的社会化是以人的生物遗传素质为基础的。概括而言,个体社会化的主要条件主要包括以下几个方面:(1)脑力劳动的特性;(2)较长的依赖生活期;(3)较强的学习能力;(4)特有的语言能力。(具体参看尹保华主编的《社会学概论》)

67. ACD 【解析】本题考查维果斯基所论述的教学与发展的关系。在教学与发展的关系上,维果斯基提出了三个重要的问题:一个是"最近发展区"思想;一个是教学应当走在发展的前面;一个是关于学习的最佳期限问题。

68. AD 【解析】本题考查影响课堂管理的因素。影响课堂管理的因素有:(1)教师的领导风格;(2)班级规模;(3)班级的性质;(4)对教师的期望。

69. BCD 【解析】本题考查心理辅导的原则。要做好心理辅导工作,必须遵循的原则主要有:(1)面向全体学生;(2)预防与发展相结合;(3)尊重与理解学生;(4)发挥学生主体性;(5)个别对待学生;(6)促进学生整体性发展。

70. ABCD 【解析】本题考查教师职业道德修养的基本原则。教师职业道德修养的基本原则有:知行统一原则、动机和效果统一原则、自律和他律相结合原则、继承和创新相结合原则、个人和社会相结合原则。

三、简答题(参考答案)

71. 确立教学原则的依据有哪些?

(1)教学原则的确立依据人们对教学规律的认识;(2)教学原则产生于丰富的教学经验的积累;(3)教学原则的提出受教育目的的制约;(4)教学原则的确立依据受教育者身心发展的规律;(5)教学原则的确立要适应社会的发展。

72. 请联系实际,说一下影响课程改革的因素。

社会的政治变革、经济发展、文化变迁、科技进步必然会给教育的结构与功能、方法与内容带来巨大的变化,课程作为教育问题的核心,自然也受到这些因素的影响与制约。

(1)政治因素。①政治因素影响课程变革目标的厘定;②政治因素影响课程变革内容的选择;③政治因素制约着课程的编制过程。(2)经济因素。①经济领域劳动力质量提高的要求制约课程目标;②经济发展的地区差异性制约课程变革;③市场经济的建立对课程产生影响。(3)文化因素。①文化模式对课程改革的影响;②文化变迁对课程改革的影响;③文化多元对课程变革的影响。(4)科技革新。①科技革新制约课程变革的目标;②科技革新推进课程结构的变革;③科技革新影响课程变革的速度。(5)学生发展。①学生身心发展的特性与课程变革;②学生的需要与课程变革;③课程变革要着眼于学生的最近发展区。

四、案例分析题(参考答案)

73. 总体看来,影响个体身心发展的因素主要有遗传、环境、教育(学校教育)和个体主观能动性等。

(1)遗传,也叫遗传素质,是指从上一代继承下来的生理解剖上的特点,如机体的形态、结构以及器官和神经系统的特征等。遗传素质是人的身心发展的前提,为人的发展提供了可能性,但不能决定人的发展。人的身心发展必须以正常的遗传素质为基础,发展才有可能。没有这个前提,任何发展都不可能,或者某些遗传素质有缺陷,某种发展可能永远就不能实现。"初生的刘亦婷与其他健康的婴儿没有明显区别"体现了遗传素质对人发展的基础作用。

(2)环境包括自然环境和社会环境两大部分,社会环境为个体的发展提供了多种可能,使遗传提供的发展可能变成现实。环境是推动人身心发展的动力。案例中的刘亦婷生于一个普通家庭,未出生时,其母就接触了国外早期教育的理论和方法,制订了培育她的计划,就是在这种良好的家庭教育环境中,刘亦婷获得了更多发展的可能,这体现了社会环境对个体发展的动力作用。

(3)教育对人的发展特别是对年青一代的发展起着主导作用和促进作用。案例中的刘亦婷的母亲接触了国外早期教育的理论和方法,制订了培育她的计划,为她后续的学校教育打好了基础。刘亦婷在小学、初中、高中也都接受了良好的学校教育,这从外部环境和教育系统内部两个方面保证了教育效果的实施。体现了教育对人的发展的促进作用。

(4)个体主观能动性是指人的主观意识和活动对于客观世界的积极作用,包括能动地认识客观世界和改造客观世界,并统一于人们的社会实践活动中。个体的主观能动性是一种寻求发展的积极动机和渴望,是人的身心发展的内在动力,也是促进个体发展从潜在的可能状态转向现实状态的决定性因素。案例中的刘亦婷在小学阶段努力学习,考入了成都外国语学校,而后除了努力学好学校规定的各门课程外,她还积极参加各种课外活动,出演电视剧,参加知识联赛,而且学习成绩始终在班上前几名。高三阶段,她在积极准备高考的同时,考托福并完成了多所大学的入学申请,连续高强度、超负荷运转,以坚韧的意志支撑下来。这些都体现了个体主观能动性对人的发展的作用。

总之,影响人的身心发展的因素是多方面的。遗传素质是人的身心发展的物质前提,环境为个体的发展提供了多种可能,而教育作为特殊的环境对人的身心发展起主导作用,个体因素是人的身心发展的内因和动力。这些因素彼此关联、相互配合,共同发挥作用,促进人的身心发展。就是在各方面因素的协调配合下,刘亦婷才获得了良好的发展。

五、论述题(参考答案)

74. 结合马克思主义关于人的全面发展学说,谈一谈对我国当前教育实践的认识。

(1)马克思阐述了关于人的全面发展学说,这一学说是我国确立教育目的的理论依据和基础。它的内容主要有:①人的全面发展。所谓人的全面发展是指人的劳动能力,即人的体力和智力的全面、和谐、充分的发展,还包括人的道德的发展和人的个性的充分发展。②旧式分工造成了人的片面发展。③机器大工业生产为人的全面发展提供了基础和可能。④社会主义制度是实现人的全面发展的社会条件。⑤教育与生产劳动相结合是"造就全面发展的人的唯一方法"。教育与生产劳动相结合是培养全面发展的人的根本途径,也是唯一途径。

(2)根据马克思主义关于个人的全面发展学说,个人发展应该是一个历史的、动态的概念。我国当前正处在一个社会发展的特殊阶段,人的发展问题既有马克思所揭示的那种一般性,又具有这个历史阶段的具体历史条件所决定的特殊性,这是在制定教育目的时不能不予以考虑的。①社会主义初级阶段与社会分工。在我国,由于生产力的发展仍处于一个较低水平,因此社会分工仍然在较大的程度上制约着经济发展和人的发展。社会分工对人类社会的进步有巨大的推动作用,是发展生产力的一个重要因素。但是,由于分工的隔离性或独自性,它也会导致人的片面发展。在我国社会发展的当前阶段,必要的社会分工还不可能消灭或避开,甚至在某些方面还会强化。我们只能有条件地对分工的消极影响加以限制,还不可能完全消除它的影响。因此,在制定教育活动的目标时,应清醒地认识到这一矛盾状态,对社会分工的影响进行具体的分析,并积极寻求具体的教育措施,克服分工对个人发展的消极影响,以促进社会经济发展和个人发展的较好的统一。②人的现代化与人的全面发展。社会现代化的进程造成了一个高度复杂、迅速变化的社会环境。它要求每一个劳动者在知识、技能、素质、能力各方面都要有一个较大的突破。人的素质、能力、知识结构上的这种变化趋势本身,就是马克思所设想的人的全面发展所包含的一项重要内容。我国作为一个发展中国家,一方面就其经济发展的现状来说,还不能同现今的发达国家相比,因此对人才素质的各方面要求应该根据社会生产力及社会生活发展的要求提出。但另一方面,我国正处在一个经济高速发展的新阶段,在大力发展劳动密集型产业的同时要有条件地发展高技术产业,这样一种跳跃式的经济发展必然会对人才数量和质量不断提出新的要求。这就要求教育必须不断地根据社会现代化的进程从总体上研究人的素质和能力等方面的变化对人的全面发展的意义,为人在这些方面的协调发展指出方向。③社会生活的现代化与人的自由时间。现代新科技在生产中的应用极大地提高了劳动生产率,加速了生产力的发展,从而使人的体力和脑力得到解放,有可能更多地享有自由时间,这就为人们从事生产劳动以外的其他各种活动创造了有利的条件。为此,教育必须伸展到社会的各个方面、各种年龄、各种职业的社会成员中去,形成一个普及开放的大教育系统。在教育的目标、体制、内容乃至方法上都应体现现代社会和个人的多方面教育需求。

2020 年辽宁省沈阳市浑南区教师招聘考试真题试卷(四十七)

一、单项选择题

1. D 【解析】本题考查卢梭和道家的教育思想。卢梭被人们誉为第一个"发现儿童"的人,他认为教育的任务应该使儿童"归于自然",这是其自然主义教育的核心。道家主张"绝学"和"愚民",认为"绝学无忧"。根据"道法自然"的哲学,道家主张教循自然原则,一切任其自然,便是好的教育。因此,道家的教育思想与卢梭的教育思想最为接近。

2. A 【解析】本题考查教育研究方法的运用。调查研究法是在教育理论指导下,通过运用观察、列表、问卷、访谈、个案研究及其测验等方式,搜集教育问题的资料,从而对教育的现状做出科学分析,并提出具体工作建议的一整套实践活动。在教育调查研究中,常用的调查方法有查阅资料、问卷法、开调查会、访谈法和调查表法,其中,最基本、使用最广泛的方法是问卷调查。题干中的老师为了了解学生暑假学习的情况,给学生家长发放问卷,并进行面谈就体现了对调查法的运用。

3. D 【解析】本题考查教育制度的特点。教育制度具有客观性、规范性、历史性、强制性的特点。其中,教育制度的客观性是指教育制度作为一种制度化的东西,不是从来就有的,而是一定时代的人们根据自己的需要制定的。教育制度的制定虽然反映着人们的一些主观愿望和特殊的价值需求,但是,人们并不是也不可能随心所欲地制定或废止教育制度,某种教育制度的制定或废止,有它的客观基础,也是有规律可循的。

4. D 【解析】本题考查教育与生产实践的关系。D 项的引文出自《孟子·滕文公上》:"或劳心,或劳力;劳心者治人,劳力者治于人;治于人者食人,治人者食于人:天下之通义也"。意为:有的人从事脑力劳动,有的人从事体力劳动;脑力劳动者统治人,体力劳动者被人统治;被统治者养活别人,统治者靠别人养活;这是通行天下的原则。这体现了古代社会脑力劳动与体力劳动的分离,反映了当时的学校教育基本上是与生产劳动脱离的。

5. C 【解析】本题考查知识的价值。知识的陶冶价值主要是指知识陶冶人生智慧的价值。知识蕴含着科学精神和人文精神,而科学精神和人文精神正是构成人生智慧的基本要素。学生经过科学精神和人文精神的陶冶,体验到以史为据的事实尺度和以人为本的价值尺度,感悟到人何以生存、为何生存,才能真正形成人生智慧,具有人生理想、人生抱负,担当社会责任、人类责任,才能成为"富贵不能淫,贫贱不能移,威武不能屈"的人,才能成为挣脱奴性、物性的大写的人。

6. D 【解析】本题考查素质教育的特性。素质教育是充分弘扬人的主体性的教育。依据主体性,素质教育不是把人看作物而是把人看作人。素质教育重视开发学生的智慧潜能,要养成学生的认知能力、发现能力、学习能力、生活能力、发展能力和创造能力等。依据主体性,素质教育不仅仅把学生作为认知体,更重要的更本质的是它把学生作为生命体。它要指导学生怎样作人,要为学生指导完整人生,要让学生做自己生命的主人。故 D 项说法正确。

7. C 【解析】本题考查个体身心发展的规律。个体身心发展的个别差异性,是指个体之间的身心发展以及个体身心发展的不同方面之间,存在着发展程度和速度的不同。人的先天素质、环境和教育以及自身的主观能动性的不同,决定了人的身心发展存在着个别差异。题干中的亮亮虽然不爱学习,考试成绩倒数第一,但是却酷爱篮球并在篮球赛上有出色的发挥,这就说明了亮亮在学习和篮球两个方面的发展程度不同,与其他儿童存在差异,即体现了个体身心发展的个别差异性。

8. C 【解析】本题考查教育目的的分类。从教育目的作用的特点看,有价值性教育目的和功用性教育目的之分;从教育目的所含要求的特点看,有终极性教育目的和发展性教育目的之分。其中,价值性教育目的,即教育在人的价值倾向性发展上意欲达到的目的,内含对人的价值观、生活观、道义观、审美观、社会观、世界观等方面发展的指向和要求,反映教育在建构和引领人的精神世界、人文情感、人格品行、审美意识、生活态度、社会倾向等方面所要达到的结果。李老师的话体现的就是价值性的教育目的。

9. C 【解析】本题考查学校教育的相关知识。根据《中华人民共和国职业教育法》第十二条规定,国家根据不同地区的经济发展水平和教育普及程度,实施以初中后为重点的不同阶段的教育分流,建立、健全职业学校教育与职业培训并举,并与其他教育相互沟通、协调发展的职业教育体系。故 C 项说法错误。

10. D 【解析】本题考查课外活动的类型。文体活动是深受学生欢迎的课外活动,包括文娱活动和体育活动两方面。文娱活动如文艺演出、诗歌朗诵等,文娱活动可以丰富学生的精神生活,培养他们的生活情趣,使他们获得欣赏美、创造美的能力。体育活动主要是各种形式的身体锻炼活动,如运动会、各类球赛等。题干中的书法大赛就属于文体活动。

11. A 【解析】本题考查校园文化的内容。校园文化包括校园物质文化、校园精神文化和校园组织与制度文化。校园精神文化是校园文化的核心内容,也是校园文化的最高层次,主要包括校风、学风、教风、班风和学校人际关系等。校园组织与制度文化作为校园文化的内在机制,包括学校的传统、仪式、规章制度等。故 A 项属于校园组织与制度文化,B、C、D 三项属于校园精神文化。

12. D 【解析】本题考查学生失范行为产生的原因。学生心理障碍和失范行为产生的原因是多方面的,主要原因有:(1)社会生活环境中的问题,包括社会规范失控、文化的商品化、城市化的影响、价值观多元化、人口流动问题;(2)学校教育失误问题,包括学校教育与生活脱节、学校教育指导思想的偏差、个别教师素质差、心理健康教育和法制教育的薄弱;(3)家庭生活环境中的问题,主要表现为两个方面:一是家庭生活中的"四过现象"(即家长对子女的过高期望、过多照顾、过分爱护、过度保护)十分普遍,二是家庭教育中出现了"教育真空现象"。

13. B 【解析】本题考查教师劳动的社会价值。教师劳动对社会精神文明的发展起着直接而重要的推动作用。首先,教师是人类文化的传播者。其次,教师是学生智能的开发者。最后,教师是学生品德的培育者。其中,教师在学生智能开发方面的作用具体表现为:第一,教师可以向学生系统地传授科学文化知识,这是培养学生创造性思维能力的基础。第二,教师通过揭示新思想、新知识的科学性和真理性,点燃学生的学习热情,激发和培养学生对科学和真理的追求热情和钻研精神,这种强烈的学习欲望和探索真理的热情,是学生各种潜能得到最大限度发挥的重要条件。第三,教师在发展学生智力过程中具有重要的组织作用。(具体参看路丙辉主编的《教师职业道德修养》)

14. B 【解析】本题考查课堂纪律的种类。集体促成的纪律即在集体舆论和集体压力的作用下形成的群体行为规范。题干中的王明是在班集体的舆论及压力下安静地听课,属于典型的集体促成的纪律,故答案选 B。教师促成的纪律即在教师的指导帮助下形成的班级行为规范。任务促成的纪律即某一具体任务对学生行为提出的具体要求。自我促成的纪律简单说就是自律,即在个体自觉努力下由外部纪律内化而成的个体内部约束力。

15. B 【解析】本题考查在线教育的相关知识。相较于在线教育,传统课堂教育更有利于师生情感的交流等。故在线教育还无法取代传统课堂教育,A 项说法错误。在线教育是互联网与传统教育深度融合形成的一种教育形态,其特点来自两者的结合,既不能简单地按互联网的常规思维去理解,也不能片面地从传统教育角度去看待。从互联网角度看,在线教育的特点可归纳为 5 个"Any",即在线教育通过网络,让任何学习者(Anyone),能够在任何时间(Anytime)、任何地点(Anywhere)、去学习任何课程(Any Course)的任何章节(Any Chapter),完全体现了随时、随地、灵活的特点。故 B 项说法正确,D 项说法错误。C 项属于在线教育的优势而非局限。故本题选 B 项。

16. B 【解析】本题考查贯彻系统性的教学原则的要求。系统性原则(循序渐进原则)指教学活动应当持续、连贯、系统地进行。这一原则是为了处理好教学活动的顺序、学科课程的体系、科学理论的体系、学生发展规律之间错综复杂的关系而提出的。在教学中贯彻这一原则,对教师有以下要求:(1)按照课程标准的顺序教学;(2)教学必须由近及远、由浅入深、由简到繁;(3)根据具体情况进行调整。B 项属于贯彻量力性原则的要求。

17. B 【解析】本题考查布鲁巴奇提出的教学反思的方法。布鲁巴奇等人认为教学反思的方法主要有:(1)反思日记;(2)详细描述;(3)交流讨论;(4)行动研究。其中,详细描述是指教师相互观摩彼此的教学,详细描述看到的情境,并对此进行讨论分析的方法。因此,题干描述的反思方法为详细描述,答案选 B 项。A 项反思日记是指在每一天教学工作结束后,要求教师写下自己的经验,并与指导教师共同分析的方法。D 项行动研究是指为弄清课堂上遇到的问题的实质,探索用以改进教学的行动方案,教师以及研究者可以进行调查和实验研究的方法,这不同于研究者由外部进行的旨在探索普遍法则的研究,而是直接着眼于教学实践的改进。C 项为干扰选项。

18. C 【解析】本题考查教学设计的模式。A 项,系统分析模式是在借鉴工程管理科学的某些原理的基础上形成的。这种模式将教学过程看作一个"输入—产出"的系统过程,"输入"是学生,"产出"是受过教育的人。这一模式强调以系统分析的方法对教学系统的"输入—产出"过程及系统的组成因素进行全面的分析、组合,借此获得最佳的教学设计方案。B 项,目标模式又称系统方法模式,是由美国教学设计专家迪克和科瑞提出的。这一模式的基本特点是强调教学目标的基点作用,它最接近教师的实际教学,即在课程规定的教学内容、教学目标的条件下,如何根据学生的初始状态传递教学信息。C 项,过程模式是由美国新泽西州立大学教授肯普提出的。这一模式与目标模式的主要区别在于,它的设计步骤是非直线型的,设计者根据教学的实际需要,可从整个设计过程的任何一个步骤起步,向前或向后进行设计。这一模式的基本特点是灵活、实用,教学设计人员可以根据教学情境的需要有侧重地设计教学方案。D 项,主导—主体模式,即以教师为主导,学生为主体的学教并重的教学设计过程模式。该模式由我国教育技术界专家何克抗提出。题干中,李老师的教学方式很灵活,不会拟定"一板一眼"的教学步骤,而是列出可能会涉及的大概步骤,这更符合过程模式的特点。

19. D 【解析】本题考查教育机智的运用。合理运用教育机智强调教师应该因势利导、随机应变,题干中的同学提出的问题,与本节课程知识的学习无关,可以作为课下讨论的话题,因此 D 项做法最合理。

20. C 【解析】本题考查讲授的相关知识。一般来说,讲授大体分为三个阶段:第一阶段:介绍讲授纲要;第二阶段:详述内容;第三阶段:综述要点。故 C 项正确。(具体参看全国十二所重点师范大学联合编写的《教育学基础(第 3 版)》)

21. A 【解析】本题考查板书的相关知识。脉络式板书是以文字表述为主,并用线条、数字或符号把文字组成一个框架,表现事物的结构、顺序、过程等的板书形式。题干中的老师在讲授"分数"时,黑板上的板书以文字表述为主,并用线条连接,表现了"分数"这节课的教学顺序。因此,该老师板书的方式是脉络式板书。

22. C 【解析】本题考查课程的组织方式。螺旋式是指在不同单元乃至阶段或不同课程门类中,使课程内容重复出现,逐渐扩大知识面,加深知识难度,即同一课程内容前后重复出现,前面呈现的内容是后面内容的基础,后面内容是对前面内容的不断扩展和加深,层层递进。孙老师的主张体现的课程组织方式就是螺旋式。

23. B 【解析】本题考查隐性课程的内容。隐性课程亦称潜在课程、自发课程,是学校情境中以间接的、内隐的方式呈现的课程。教室里的标语就属于一种隐性课程,潜移默化地对学生产生影响。

24. A 【解析】本题考查课程计划的内涵。课程计划是根据一定的教育目的和培养目标,由教育行政部门制定的有关学校教育和教学工作的指导性文件。课程计划主要由课程计划的指导思想、培养目标、课程设置及其说明、课时安排、课程开设顺序和时间分配、考试考查制度和实施要求几部分构成。在基本内容上,课程计划主要是指教学科目的设置(课程设置)、学科顺序(课程开设顺序)、课时分配(教学时数)、学年编制和学周安排。

25. C 【解析】本题考查课程实施的取向。相互调适取向认为,设计好的课程计划是可以变动的,课程实施过程是课程计划与班级或学校实际情境在课程目标、内容、方法、组织模式诸方面相互调整、改变与适应的过程。张老师在按照教学大纲及课程目标开展教学的同时,也会根据学生对知识经验的掌握程度,对教学计划进行调整,就体现了课程实施的相互调适取向。

26. D 【解析】本题考查教师的语言规范。A 项应该改为"货币是从商品中分离出来固定充当一般等价物的特殊商品";B 项应该改为"大脑主要包括左、右大脑半球,是中枢神经系统的最高级部分";C 项应该改为"饮食具有强烈的地域性、民族性、民俗性等人文特性";D 项表述符合语文学科的专业知识。

27. C 【解析】本题考查品德的四要素。品德是由知、情、意、行四者构成的,因此,培养学生品德的德育过程,就是培养四种品德心理因素并使之协调发展的过程。知即道德认识,包括道德知识和道德判断。道德认识是品德形成的基础。情即道德情感,是对客观事物作是非、善恶判断时引起的内心体验,是实现知行转化的催化剂。意即道德意志,是人们为了实现道德行为所做出的自觉而顽强的努力,是调节品德行为的精神力量。行即道德行为习惯,是通过实践或练习形成的,是衡量一个人品德水平的重要标准。

28. B 【解析】本题考查美育的实施途径。美育实施的途径有:(1)通过课堂教学和课外文化艺术活动进行美育;(2)通过大自然进行美育;(3)通过日常生活进行美育。通过日常生活进行美育的方式包括:一是利用家庭环境进行美育;二是组织学生参加美化学校环境的活动;三是引导学生在日常生活中体现美。故 B 项正确。另外,A 项属于通过大自然进行美育。C、D 项属于通过课堂教学和课外文化艺术活动进行美育。

29. C 【解析】本题考查有效表扬与无效表扬的特征。有效表扬的特征为:依具体情况给予表扬;表扬学生工作的特定方面;注重学生的成就,表扬也依成就不同有变化;只奖励特定行为表现标准(包括努力)的达成;告诉学生他们的能力和成就的价值的信息;引导学生正确评价自己与学习活动有关的行为,多考虑如何解决问题;以学生自己原有的成绩为背景描述他现在的成绩;学生在完成困难的学习任务时,付出很大努力或取得成功,则给予表扬;把成功归因于努力和能力,暗示将来仍有希望取得类似的成功;鼓励内源性归因(学生认为他们是因为喜欢学习或想提高与学习任务有关的技能才付出努力的);把学生的注意集中在与其学习任务有关的行为上;鼓励教学过程之后与学习任务有关的行为。故题干中 A、B、D 项都属于有效表扬。无效表扬的特征是:很少或无规则地给予表扬;表扬学生一般化的积极反应;不注重学生表现,表扬缺少变化;只奖励参与,而不考虑行为结果;不告诉学生任何信息或只告诉他们在班内的位置;引导学生与别人比较,更多地考虑竞争;以学生同伴的成绩为背景描述他们现在的成绩;把成功只归因于能力或运气、学习任务容易等外部因素;鼓励外源性归因(学生认为他们是由于外部原因——取悦教师、在竞争中获胜赢得奖赏等才付出努力的);把学生的注意集中在控制他们并作为他们外部权威任务的教师身上;介于进行中的教学过程,使学生不能专心于与学习任务有关的行为。故 C 项属于无效表扬。(具体参看刘衍玲、吴明霞主编的《接受学习与课堂教学》)

30. A 【解析】本题考查洛克的教育思想。洛克提倡"白板说",认为人的心灵犹如一块白板,它本身没有内容,可以任意涂抹。白板说是洛克用来说明人的意识和儿童心灵原始状态的学说。故本题选 A 项。B 项"天赋说"的倡导者是笛卡尔,洛克反对天赋观念。C 项"自然论"的倡导者是卢梭。D 项"大理石花纹说"由莱布尼茨提出,他批判了洛克的"白板说",认为心灵不是洛克所说的"白板",而像一块有纹路的大理石。

31. B 【解析】本题考查社会知觉偏差。晕轮效应是指当我们认为某人具有某种特征时,就会对他的其他特征做相似判断。题干同学们因小张成绩不好,做作业马虎就认为他工作也做不好就是典型的晕轮效应。故答案选 B 项。A 项首因效应是指在总体印象形成上最初获得的信息比后来获得的信息影响更大的现象。C 项近因效应是指在总体印象形成上,新近获得的信息比原来获得的信息影响更大的现象。D 项对比效应是指人们对一个人的评价并不是孤立进行的,而是常常受到人们最近接触到的其他人的影响。

32. A 【解析】本题考查皮亚杰的认知发展阶段理论。处于前运算阶段的儿童还没有"守恒"能力或没有形成"守恒"的概念,思维缺乏观念的传递性。儿童观察事物时往往只能注意表面的、显著的特征,倾向于注意事物的静止状态。

33. C 【解析】本题考查布朗芬布伦纳提出的生态环境理论。布朗芬布伦纳的四个生态系统包括:微系统、中系统、外系统以及宏系统。根据布朗芬布伦纳的生态系统理论,社区处于社会生态系统的外系统中,儿童未直接参与其中,但社区会影响儿童的微观系统,给儿童发展带来各种影响,对儿童的心理发展有重要意义。

34. B 【解析】本题考查需要层次理论。根据需要层次理论,家长和教师应注重为学生创设一个良好的成长环境,学生只有在各种缺失性需要都获得满足后,才会不断成长,达到自我实现的理想境界。在现实的学校生活中,学生最主要的缺失性需要往往是"爱"和"自尊",只有民主、公正、理解、爱护、尊重学生的教师,才有可能使学生产生学习的热情、克服困难的意志和创造的欲望。

35. A 【解析】本题考查学生的认知风格。场独立型者善于理解、记忆文章中的具体细节或部分,但往往把握不住文章的主体;而场依存型者正好相反,他们能掌握文章总的框架结构或基本思想,但对文中的具体细节不能分析清楚。(具体参看赵守盈,潘运主编的《心理学》)

36. A 【解析】本题考查奥尔波特性格特征的分类。奥尔波特将性格特征分为共同特质和个人特质。个人特质是个人独有的、代表个人行为倾向的特质,它包括首要特质、中心特质和次要特质。首要特质是一个人最典型、最具有概括性的特质,它影响一个人的各方面的行为,如多愁善感是林黛玉的首要特质。中心特质是构成个体独特性的几个重要特质，在每个人身上大约有 5 ~ 10 个，如清高、率直、聪慧、孤僻都属于林黛玉的中心特质。次要特质也是人格的组成因素，是个体的一些不太重要的特质，往往只有在特殊的情况下才会表现出来。因此，题干所述的“勤奋”为郎朗的首要特质。

37. B 【解析】本题考查态度的功能。态度的过滤功能是指态度不但影响个体行为的方向性，也会影响个体对信息的选择。在一般情况下，人们总是接受与自己态度一致的信息，拒绝与自己态度不一致的信息。而且，在面对一致信息时，也倾向于注意和评价信息中好的方面。这使得在对新对象的认识与判断中学生的已有态度担负着选择、过滤的作用。故题干所述为态度的过滤功能，答案选择 B 项。A 项态度的调节功能是指态度会调节个体的语言行为和非语言行为。C 项态度的价值表现功能是指人们常通过表态的方式来表现自己的价值观。学生的价值观往往取决于其需要、动机、理想、信念等个性倾向性。如果个性倾向性与价值观一致，就会产生积极的态度，反之则产生消极态度。D 项态度的适应功能是指人的态度是在对外部环境的适应过程中逐渐形成的，反过来又起着适应外部环境的作用。（具体参看张大均主编的《教育心理学》第 2 版）

38. D 【解析】本题考查自我完善的内容。“师傅领进门，修行靠个人”是指老师把知识和技能交给了徒弟，只是第一步，徒弟要想学得好，还需要自己努力，下苦功多练习，才能学的好，学得扎实。班主任引用这句俗语旨在鼓励学生进行自我完善。

39. C 【解析】本题考查注意的品质。注意的转移是根据新的任务，主动地把注意从一个对象转移到另一个对象或由一种活动转移到另一种活动的现象。题干中学生的注意从书本转移到黑板上，属于注意的转移。A 项注意的分散是指注意离开了当前应当完成的任务而被无关的事物所吸引的现象。B 项注意的分配是指人在进行两种或多种活动时能把注意指向不同对象的现象。D 项注意的起伏是指短时间内注意周期性地不随意跳跃现象。

40. B 【解析】本题考查知觉的特征。知觉的理解性是指人以知识经验为基础对感知的事物加工处理，并用语词加以概括赋予说明的加工过程。知觉的理解性与人已有的知识经验有密切关系。知识经验不同对事物的认识也有所不同。题干中由于学生各自知识经验的不同，所以对同一漫画的立意也不同，这种心理活动的差异源于知觉的理解性，故答案选 B 项。A 项知觉的整体性是指人根据自己的知识经验把直接作用于感官的客观事物的多种属性整合为统一整体的过程。C 项知觉的恒常性是指客观事物本身不变，但知觉条件在一定范围内发生变化时，人的知觉映像仍相对不变。D 项知觉的选择性是指当面对众多的客体时，知觉系统会自动地将刺激分为对象和背景，并把知觉对象优先地从背景中区分出来。

41. D 【解析】本题考查教学支架的类型。支架式教学是指在学生试图解决超出当前知识水平的问题时给予支持和指导，帮助其顺利通过最近发展区，使之最终能够独立完成任务。根据教学支架是否具有互动功能，可以将支架分为两种大的类型：互动式的和非互动式的。互动式支架包括：教师示范、出声思维、提出问题。非互动式支架包括：改变教材、书面或口头的提示与暗示。

42. B 【解析】本题考查替代性经验的内容。替代性经验是指人们通过观察他人的活动，获得对自己能力的一种间接评估。B 项张老师让小刘去看望医院因抽烟而得癌症的病人，正是采用了替代性经验让小刘知道抽烟的危害。

43. D 【解析】本题考查加涅学习结果分类中的智慧技能。智慧技能指运用符号或概念与环境交互作用的能力。智慧技能又可分为五个小类：(1) 辨别：区分事物之间的不同点；(2) 具体概念：识别具有共同特征的同类物体；(3) 定义性概念：运用概念的定义特征对事物分类；(4) 规则：运用单一规则办事；(5) 高级规则：同时运用几条规则办事。题干中学生运用公式解决电路中问题，说明其正处于智慧技能的高级规则阶段。（具体参看汪凤炎，燕良轼主编的《教育心理学新编》）

44. C 【解析】本题考查知识的类型。陈述性知识也叫描述性知识，是个人能用言语进行直接陈述的知识，主要用于区别和辨别事物。是关于事物及其关系的知识，或者说是关于“是什么”的知识，它包括事实、规则、发生的事件、个人的态度等。这类知识一般通过记忆获得，因此有的心理学家也把它称为记忆性知识。题干所述是对陈述性知识的学习，选择 C 项。B 项程序性知识即操作性知识，是一种经过学习后自动化了的关于行为步骤的知识，表现为在信息转换活动中进行具体操作。A 项感性知识的学习是通过感知觉来获得知识的过程。学生对感性知识的学习主要是在对学习内容的直观中完成的。D 项技能是指经过练习而获得的合乎法则的认知活动或身体活动的动作方式。对技能的学习主要通过练习进行。

45. C 【解析】本题考查泛化的内容。机体对与条件刺激相似的刺激做出条件反应，属于刺激的泛化。学生将不是鸟类的蝙蝠、蜜蜂也归为鸟类属于对鸟类概念的泛化。故答案选 C 项。A 项变式是指变换使用不同形式的直观材料或事例说明事物的属性，使本质属性保持不变而非本质属性或有或无，以便突出本质属性。B 项分化是指只对条件刺激做出条件反应，而对其他相似刺激不做反应。D 项同化是指有机体在面对一个新的刺激情境时，把刺激整合到已有的图式或认知结构中。

46. C 【解析】本题考查奥苏贝尔知识学习的类型。奥苏贝尔根据新知识与原有认知结构的关系，将知识学习分为下位学习、上位学习和并列结合学习。下位学习又称类属学习，是一种把新的观念归属于认知结构中原有观念的某一部分，并使之相互联系的过程。“过去完成时”归属于“过去时”，题干所述属于典型的下位学习。答案选择 C 项。组合学习又称并列结合学习，是在新命题与认知结构中原有的命题既非下位关系又非上位关系，而是一种并列的关系时产生的，上位学习又称总括学习，是在学生掌握一个比认知结构中原有概念的概括和包容程度更高的概念或命题时产生的。因此，排除 A、B、D 三项。

47. D 【解析】本题考查动作技能的类型。工具性动作技能是指需要操纵某种工具才能完成活动的技能，如写字、打字、雕刻等，其特点是需要操纵现成的工具。非工具性动作技能是指不需要操纵工具，只需要利用人体一系列的骨骼、肌肉运动就能完成活动的技能，如跳舞、走路、唱歌等。其特点是不需要操纵任何工具。

48. D 【解析】本题考查动作技能的培养。在动作技能的示范与讲解中，当教练与练习者出现意见不一致时，通常是减少言语指导而代之以实际训练，让学生带着自己的观点在实践中去验证。

49. C 【解析】本题考查想象的类型。再造想象是依据词语或符号的描述、示意在头脑中形成与之相应的新形象的过程。题干所述依据冠状病毒的名字想象它的形象属于再造想象的过程。答案选择 C 项。A 项无意想象又称不随意想象，是没有预定目的，不由自主产生的想象。B 项创造想象是指按照一定目的、任务，使用自己以往积累的表象，在头脑中独立地创造出新形象的过程。D 项幻想是一种与生活愿望相结合并指向于未来的想象。

50. C 【解析】本题考查智商与创造性的关系。高智商是高创造性的必要条件，但不是充分条件。其关系表现为：(1) 低智商不可能具有高创造性；(2) 高智商可能有高创造性，也可能有低创造性；(3) 低创造性者的智商水平可能高，也可能低；(4) 高创造性者必须有高于一般水平的智商。

51. D 【解析】本题考查习得性无助感。习得性无力（助）感简称无力感，指由于连续的失败体验而导致个体产生的对行为结果感到无力控制、无能为力的心理状态。一个总是失败并把失败归因于内部的、稳定的和不可控的因素（即能力低）的学生会形成一种习得性无助的自我感觉。A 项小刚将自己的失败归因于任务难度，B 项小飞将自己的失败归因于外界，C 项小亮将自己的失败归因于努力程度，D 项小红将自己的失败归因于能力。故小红更容易形成习得性无助感，答案选择 D 项。

52. C 【解析】本题考查动机的类型。根据维持时间的长短，动机可分为短暂的动机和长远的动机。一般来说，为了达到暂时的目标而产生的动机，持续的时间较短，容易被偶然因素所左右，不具有稳定性。相反，为了达到长远的目标而产生的动机，持续的时间很长，不容易被偶然的因素所左右，具有很大的稳定性。题干所述该学生为了将来成为一名音乐家而努力学习，其目标长远，会持续很长时间，属于长远的动机。答案选择 C 项。A 项生理性动机是与人的生理需要有关的初级的、原发性动机，也称内驱力。B 项低级的动机的核心是利己的、自我中心的，学习动机只来源于自己眼前的利益。

53. C 【解析】本题考查资源管理策略的内容。资源管理策略中的努力管理策略是指为了使学生维持自己的意志努力，需要不断鼓励学生进行自我激励。这包括：(1) 激发内在的动机；(2) 树立正确的学习信念；(3) 选择有挑战性的任务；(4) 调节成败的标准；(5) 正确归因；(6) 自我奖励等。题干中小明就是对自己的自我奖励，运用的是资源管理策略中的努力管理策略。

54. A 【解析】本题考查迁移的类型。具体迁移也称特殊迁移，是指学习迁移发生时，学习者原有的经验组成要素及其结构没有变化，只是将一种学习中习得的经验要素重新组合并移用到另一种学习之中。题干所述为具体迁移的典例，答案选择 A 项。B 项一般迁移也称非特殊迁移、普遍迁移，是指一种学习中所习得的一般原理、原则和态度对另一种具体内容学习的影响，即原理、原则和态度的具体应用。C 项负迁移也叫“抑制性迁移”，是指一种学习对另一种学习产生阻碍作用。D 项垂直迁移也称纵向迁移，是指先行学习内容与后续学习内容是不同水平的学习活动之间产生的影响。

55. A 【解析】本题考查科尔伯格的道德发展阶段理论。处于相对功利的道德定向阶段儿童的道德价值来自对自己要求的满足，偶尔也来自对他人需要的满足。在进行道德评价时，他们开始从不同角度将行为与需要联系起来，但具有较强的自我中心性，认为符合自己需要的行为就是正确的。A 项属于该阶段儿童可能的回答。B 项属于好孩子的道德定向阶段儿童可能的回答。C 项属于维护权威或秩序的道德定向阶段儿童可能的回答。D 项属于普遍原则的道德定向阶段的儿童可能的回答。

56. A 【解析】本题考查学生的心理健康教育档案的特点。学校心理健康教育档案是有关学生心理特点变化历程及有关咨询、辅导的记录，而不是学籍档案，学生的学业成绩、体能测试、教师对学生的操行评语、奖惩记录等都是学籍档案，它可公开让教师、家长及学生了解。而心理健康教育档案更具有隐私性，主要是为心理健康教育工作服务，除经本人同意和特殊情况外，教师、家长甚至法律部门也不能随意查阅学生的心理健康教育档案。因此，对它的管理应更加严格和规范。

57. B 【解析】本题考查焦虑症的内容。焦虑症是以与客观威胁不相适应的焦虑反应为特征的神经症。学生中常见的焦虑反应是考试焦虑。考试焦虑是一种复杂的情绪现象，是在一定的应试情境下，受个体认知评价能力、人格倾向与其他身心因素制约，以担忧为基本特征，以防御或逃避为行为方式，通过一定程度的情绪反应所表现出来的心理状态。其表现是：随着考试临近，心情极度紧张；考试时注意力不集中，知觉范围变窄，思维刻板，表现慌乱，无法发挥正常水平。题干中宁宁的心理问题就属于考试焦虑。A 项包括强迫观念和强迫行为。强迫观念指当事人身不由己地思考他不想考虑的事情；强迫行为指当事人反复去做他不希望执行的动作，如果不这样想、不这样做，他就会感到极端焦虑。C 项恐怖症是对特定的无实际危害的事物与场景的非理性的惧怕。D 项人格障碍是长期固定的适应不良的行为模式，这种行为模式由一些不成熟、不适当的压力应对或问题解决方式所构成。

58. D 【解析】本题考查情绪的调节方式。有选择地接受反馈是指当行为结果的评价有损或有利于自尊时，个体就会有选择地接受反馈信息。人们趋向贬低消极的、否定的反馈评价的可靠性，夸张积极的、肯定的反馈评价的可靠性。常常会全盘接受积极评价的反馈信息，而拒绝接受消极评价的反馈信息。例如：比赛失败的人会说，这次比赛根本不能比出真正的水平，而得冠军的人则会说这次比赛真是赛出了水平，得冠军真不容易。题干所述现象属于有选择地接受反馈，答案选择 D 项。A 项自我设障是指尽管个体将失败归结于外因，但有时也积极主动，预先设置障碍，以其作为后来失败的归因，达到保护自尊的目的。B 项选择性遗忘指当被回忆的事件有损于个人的自尊时，就会出现选择性遗忘。C 项缺陷补偿是指个体在扮演社会角色时，不可能事事成功，当自我角色目标失败时，常常可能会对相关的社会角色的重要性做出重新评价，以此进行自我定义进而补偿自己的角色缺陷。

59. C 【解析】本题考查《中小学幼儿园安全管理办法》的内容。根据《中小学幼儿园安全管理办法》第二十五条规定，有寄宿生的学校应当建立住宿学生安全管理制度，配备专人负责住宿学生的生活管理和安全保卫工作。学校应当对学生宿舍实行夜间巡查、值班制度，并针对女生宿舍安全工作的特点，加强对女生宿舍的安全管理。学校应当采取有效措施，保证学生宿舍的消防安全。A 项正确。第四十二条规定，学校可根据当地实际情况，组织师生开展多种形式的事故预防演练。学校应当每学期至少开展一次针对洪水、地震、火灾等灾害事故的紧急疏散演练，使师生掌握避险、逃生、自救的方法。B 项正确。第五十五条规定，在发生地震、洪水、泥石流、台风等自然灾害和重大治安、公共卫生突发事件时，教育等部门应当立即启动应急预案，及时转移、疏散学生，或者采取其他必要防护措施，保障学校安全和师生人身财产安全。C 项错误。第五十六条规定，校园内发生火灾、食物中毒、重大治安等突发安全事故以及自然灾害时，学校应当启动应急预案，及时组织教职工参与抢险、救助和防护，保障学生身体健康和人身、财产安全。D 项正确。

60. A 【解析】本题考查《国家教育考试违规处理办法》的内容。根据《国家教育考试违规处理办法》第五条规定，考生不遵守考场纪律，不服从考试工作人员的安排与要求，有下列行为之一的，应当认定为考试违纪：(1)携带规定以外的物品进入考场或者未放在指定位置的；(2)未在规定的座位参加考试的；(3)考试开始信号发出前答题或者考试结束信号发出后继续答题的；(4)在考试过程中旁窥、交头接耳、互打暗号或者手势的；(5)在考场或者教育考试机构禁止的范围内，喧哗、吸烟或者实施其他影响考场秩序的行为的；(6)未经考试工作人员同意在考试过程中擅自离开考场的；(7)将试卷、答卷（含答题卡、答题纸等，下同）、草稿纸等考试用纸带出考场的；(8)用规定以外的笔或者纸答题或者在试卷规定以外的地方书写姓名、考号或者以其他方式在答卷上标记信息的；(9)其他违反考场规则但尚未构成作弊的行为。第九条规定，考生有第五条所列考试违纪行为之一的，取消该科目的考试成绩。

61. A 【解析】本题考查完全行为能力人的内容。完全行为能力人一般指完全民事行为能力人。完全民事行为能力，是指自然人能够通过自己的独立行为进行任何民事活动。年满 18 周岁且精神健康的公民是完全民事行为能力人。考虑到我国九年义务教育制度的现状，年满 16 周岁不满 18 周岁的公民，若以自己的劳动收入作为主要生活来源的，也视为完全民事行为能力人。本题中路遥是成年人属于完全行为能力人。

62. D 【解析】本题考查《关于进一步加强和改进未成年人校外活动场所建设和管理工作的意见》的内容。《关于进一步加强和改进未成年人校外活动场所建设和管理工作的意见》中指出，公益性未成年人校外活动场所建设和改造资金以各级政府投入为主。

63. A 【解析】本题考查《中华人民共和国教师法》的内容。根据《中华人民共和国教师法》第七条规定，教师享有对学校教育教学、管理工作和教育行政部门的工作提出意见和建议，通过教职工代表大会或者其他形式，参与学校的民主管理的权利。题干中校长侵犯了教师的民主管理权。

64. C 【解析】本题考查《中华人民共和国义务教育法》的内容。根据我国《义务教育法》第三十三条规定，国家鼓励高等学校毕业生以志愿者的方式到农村地区、民族地区缺乏教师的学校任教。县级人民政府教育行政部门依法认定其教师资格，其任教时间计入工龄。

65. B 【解析】本题考查《中华人民共和国预防未成年人犯罪法》的内容。根据《中华人民共和国预防未成年人犯罪法》第十九条规定，未成年人的父母或者其他监护人，不得让不满十六周岁的未成年人脱离监护单独居住。

66. A 【解析】本题考查《学校卫生工作条例》的内容。根据《学校卫生工作条例》第十一条规定，学校应当根据学生的年龄，组织学生参加适当的劳动，并对参加劳动的学生，进行安全教育，提供必要的安全和卫生防护措施。普通中小学校组织学生参加劳动，不得让学生接触有毒有害物质或者从事不安全工种的作业，不得让学生参加夜班劳动。故 B、D 项正确，A 项错误。第十二条规定，学校在安排体育课以及劳动等体力活动时，应当注意女学生的生理特点，给予必要的照顾。故 C 项正确。

67. B 【解析】本题考查班主任的相关知识。B 项中王老师认为优秀班主任就是班级学生学习成绩都优秀，过于看重学生的成绩，忽视了学生其他方面的发展。这种观点是错误的。

68. C 【解析】本题考查《教师和教育工作者奖励规定》的内容。根据《教师和教育工作者奖励规定》第二条：国务院教育行政部门对长期从事教育教学、科学研究和管理、服务工作并取得显著成绩的教师和教育工作者，分别授予“全国优秀教师”和“全国优秀教育工作者”荣誉称号，颁发相应的奖章和证书；对其中作出突出贡献者，由国务院教育行政部门会同国务院人事部门授予“全国模范教师”和“全国教育系统先进工作者”荣誉称号，颁发相应的奖章和证书。

69. A 【解析】本题考查加强教师职业道德修养的方法。教师职业道德修养必须克服旧道德修养脱离社会实践，片面讲求个人“修身”“养性”的弱点，切实把职业道德修养建立在职业道德实践的基础上。其中，加强学习，是师德修养的必要途径。学习是修养的前提。故 A 项正确。

70. A 【解析】本题考查教师职业道德的特点。教师职业道德是教师在从事教育劳动时所应遵循的行为规范和必备的品德的总和，是调节教师与他人、与社会等关系时所必须遵守的基本道德规范和行为准则，以及在此基础上所表现出来的道德观念、情操和品质。教师的职业道德超越一般职业道德，具有全局性、超前性、导向性、示范性等特点。第一，从教师的社会责任来看，师德具有全局性；第二，从社会地位来看，师德具有超前性；第三，从教师职业及个人素质看，师德具有导向性；第四，从教师的人格评价来看，师德具有超越一般职业道德的示范性。题干中，教师舍身保护学生的事件，促进了社会上“舍己为人”良好风气的形成，这说明了教师职业道德具有导向性。

71. C 【解析】本题考查教师个体的专业发展的内容。教师个体的专业发展的具体内容包括：(1)专业理想的建立；(2)专业知识的拓展；(3)专业能力的发展；(4)专业自我的形成。其中，教师的专业理想是教师在对教育工作感受和理解的基础上所形成的关于教育本质、目的、价值和生活等的理想和信念。例如，“科教兴国”的理想，“让每个学生都成才和成人”的理念等。它是教师在教育教学工作中的世界观和方法论，是教师专业行为的理性支点和专业自我的精神内核。（具体参看全国十二所重点师范大学联合编写的《教育学基础（第 3 版）》）

72. A 【解析】本题考查“四有”好老师的相关内容。“四有”好老师标准包括：(1)有理想信念；(2)有道德情操；(3)有扎实学识；(4)有仁爱之心。习近平指出，做好老师，要有理想信念。广大教师要始终同党和人民站在一起，自觉做中国特色社会主义的坚定信仰者和忠实实践者，忠诚于党和人民的教育事业。要用好课堂讲坛，用好校园阵地，用自己的行动倡导社会主义核心价值观，用自己的学识、阅历、经验点燃学生对真善美的向往。所以“要有理想信念”体现的是对教师政治方向上的要求。

73. B 【解析】本题考查 2008 年修订的《中小学教师职业道德规范》的内容。图画体现的是，学校将学生分为重点班和普通班，教师给予重点班的学生更多的关心和照顾，忽视了普通班的学生，这反映了教学中不能平等对待全体学生的现象。2008 年修订的《中小学教师职业道德规范》中“关爱学生”的要求有关心爱护全体学生，尊重学生人格，平等公正对待学生。故 B 项正确。

74. D 【解析】本题考查《新时代中小学教师职业行为十项准则》的内容。《新时代中小学教师职业行为十项准则》中的“坚守廉洁自律”是指：严于律己，清廉从教；不得索要、收受学生及家长财物或参加由学生及家长付费的宴请、旅游、娱乐休闲等活动，不得向学生推销图书报刊、教辅材料、社会保险或利用家长资源谋取私利。故 D 项正确。

75. B 【解析】本题考查陶行知先生的教育思想。题干中陶行知先生指出，教师要讲真话、驳假话，要追求真理，坚持“教人求真，学做真人”的求真精神。故 B 项说法正确。

二、多项选择题

76. AC 【解析】本题考查教育的内涵。教育的本质属性是育人，即教育是一种有目的地培养人的社会活动。这是教育区别于其他事物现象的根本特征。这也是教育的质的规定性。A 项中的父亲教儿子交通规则和 C 项中的教师给学生讲授数学知识都是一种有目的地培养人的活动，都属于教育。“教育”必然有其明确的目的，没有明确的目的、偶然发生的外界对个体发展的影响不能称为“教育”，故 B 项中的孩子不能算是受到了“教育”。D 项是动物的本能行为。

77. BCD 【解析】本题考查全面发展教育的相关知识。一般认为，我国现在中小学的全面发展教育主要包括德育、智育、体育、美育、劳动技术教育。培养全面发展的人,各育紧密相连,既不能或缺,也不能相互代替,故D项说法正确。体育是各育实施的物质前提,是人的一切活动的基础,故A项说法错误;智育是各育实施的认识基础和智力支持,故B项说法正确;德育是各育实施的方向统帅和动力源泉,故C项说法正确。另外,美育协调各育的发展;劳动技术教育是各育的实践基础。

78. BCD 【解析】本题考查环境对人的发展的影响。环境对人发展的影响的性质包括:(1)环境对人发展的影响主要表现为提供了多种发展可能性,同时也作出了一定限制;(2)环境对人作用的大小与环境本身的性质、变化相关,也与个体发展水平相关;(3)环境对人发展的影响在方向上有正反之分,大小环境的作用方向有多种组合的可能。故A项说法错误,B、C、D三项说法正确。(具体参看叶澜主编的《教育概论》)

79. CD 【解析】本题考查如何对待学生网络生活的问题。网络资源对于学生来说,有利也有弊。因此,教师在对待学生网络生活的问题上,不能简单地一味禁止,而是要与家庭和社会各界积极保持交流和沟通,从而引导学生正确利用网络资源,监督学生的网络运用,避免学生沉迷网络,故本题选C、D两项。

80. ACD 【解析】本题考查群众性活动的内容。群众性课外活动带有普及性质,可以吸收大批学生参加,有一定声势,适合青少年特点,能激发学生的学习热情,有利于活动的开展。群众性活动包括:报告和讲座,各种集会,各种比赛,参观、访问、调查、旅行,社会公益活动等。B项属于小组活动。

81. ABCD 【解析】本题考查发现学习的基本要素。发现学习的基本要素包括:(1)激发学习的内部动机;(2)探究解决方案;(3)灵活运用和组织外界提供的信息;(4)灵活而又执着地追求问题的解决。

82. ABD 【解析】本题考查形成性评价的具体运用。形成性评价是在教学过程中为改进和完善教学活动而进行的对学生学习过程及结果的评价。它包括在一节课或一个课题的教学中对学生的口头提问和书面测验。故A、B、D三项都属于形成性评价。C项属于诊断性评价。

83. BD 【解析】本题考查班级授课制的优缺点。班级授课制的优越性主要体现在四个方面:(1)有效地扩大了教育规模,促进了学校教育的普及。(2)有利于学生获得系统的科学知识。(3)有助于教师充分发挥主导作用。(4)有利于学生之间的相互切磋、交流。班级授课制的局限性主要体现在四个方面:(1)不利于对学生因材施教,难以照顾学生的个别差异。(2)在一定程度上限制了学生的主体地位、独立性、创新精神等方面的发展。(3)以"课"为基本的教学活动单位,某些情况下会割裂内容的整体性。(4)缺乏真正的生生之间的合作。故A项说法错误,C项说法错误。本题选BD两项。(具体参看裴娣娜主编的《教学论》)

84. ABD 【解析】本题考查新课程改革的相关知识。针对我国基础教育课程存在的主要问题,新课程改革努力在以下方面取得重要进展:(1)明确区分义务教育与非义务教育,建立合理的课程结构,更新课程内容。(2)突出学生的发展,科学制定课程标准。(3)加强新时期学生思想品德教育的针对性和时效性。主要通过三方面来实现:①加强德育课程建设;②各门课程渗透德育;③设置综合实践活动为必修课。(4)以创新精神和实践能力的培养为重点,建立新的教学方式,促进学习方式的变革。(5)建立促进学生发展、教师提高的评价体系。(6)制定国家、地方、学校三级课程管理政策,提高课程的适应性,满足不同地方、学校和学生的需要。故A、B、D三项说法正确。

85. ABC 【解析】本题考查卡特尔的智力分类。流体智力是一种以生理为基础的认知能力。它受先天遗传因素的影响较大,主要表现为对新奇事物的快速辨认、记忆、理解等。流体智力是与基本心理过程有关的能力,如知觉、记忆、运算速度、推理能力等。流体智力多半经由对空间关系的认知、机械式记忆、对事物判断反应的速度等方面表现出来。故A、B、C项属于流体智力。晶体智力是以学得的经验为基础的认知能力。它受后天经验的影响较大,主要表现为运用已有知识和技能去吸收新知识和解决新问题的能力。D项烹饪技能是后天学习得来的,属于晶体智力。

86. ABC 【解析】本题考查短时记忆与长时记忆的内容。许多实验表明,长时记忆是以比较高水平的语义的编码形式来储存信息的,而短时记忆则是在感觉记忆的基础上主要以言语听觉的编码形式来储存信息的,A项正确。长时记忆的遗忘机制主要是干扰,而短时记忆的遗忘机制主要是迅速地衰退。从长时记忆中提取信息需要有较长的搜索时间,而从短时记忆提取信息则需要极短的时间,B项正确。短时记忆的信息或者经不断的复述而进入长时记忆,或者迅速衰退而遗忘,而长时记忆中的信息能经久不衰,甚至终生难忘,C项正确。短时记忆的容量是有限的,一般是7±2,即5~9个项目,平均值为7,故D项错误。

87. ABC 【解析】本题考查行为矫正的方法。行为矫正就是系统地应用先前刺激和后果来改变行为。它可以对个别学生进行行为矫正,也可以对全班同学进行行为矫正。行为矫正的程序有:(1)识别目标行为和强化;(2)设立基点行为;(3)选择强化物和强化的标准;(4)必要的惩罚及其标准;(5)观察行为并与基点作比较;(6)减少强化的频率。

88. BCD 【解析】本题考查学生问题解决能力的培养。培养学生问题解决能力具体可从以下几方面入手:(1)培养学生主动质疑和解决问题的内在动机。(2)问题的难度要适当。(3)帮助学生正确表征问题。画草图、列表、写方程式等都是常用的表征问题的方式。B项有助于学生对问题的表征。(4)帮助学生养成分析问题和对问题归类的习惯。故C项正确。(5)提高学生知识储备的数量和质量,指导学生善于从记忆中提取信息。(6)训练学生陈述自己的假设及其步骤,鼓励自我评价和反思。(7)教授与训练解决问题的方法和策略。(8)提供多种练习机会。应避免低水平的、简单的提问或重复的机械练习,防止学生埋没于题海之中,应考虑练习的质量,故A项重复性机械练习的做法是不正确的。(9)训练逻辑思维能力,提高思维水平。故D项做法正确。

89. ABC 【解析】本题考查动机冲突。双避冲突指从希望回避的两种事物中必取其一的心理状态。双趋冲突是从自己同时都很喜爱的两个事物中仅择其一的心理状态。如鱼与熊掌不可兼得。A、B、C三项均属于双避冲突,D项属于双趋冲突。

90. ACD 【解析】本题考查品德培育的基本方法。条件反应法是利用经典性条件反应和操作性条件反应的原理来进行品德培育的方法。借助经典性条件反应,在教学中,可以把"助人为乐""热爱集体"等类似的道德要求与教师的赞许、同伴的羡慕、父母的疼爱联系起来,使学生形成对这些道德要求的积极态度。自我强化法是利用个体以自我评价提供的信息为依据所做出的反应进行品德培育的方法。这种反应可以是自我奖赏、自我奖励,也可以是自我谴责、自我否定。要有效地培养学生的品德,教师可尝试使用群体讨论的方法。道德行为习惯是指稳定的、经常的、在一定情境下自然而然出现的道德行为方式。养成良好的道德行为习惯能加强道德行为的自觉性、概括性和稳定性,这是由不经常的道德行为转化为稳定道德品质的重要一步。本题中班主任的行为运用的道德教育方法有条件反应法、群体讨论法、习惯养成法,答案为A、C、D三项。

91. ABCD 【解析】本题考查意志的品质。意志的品质包括自觉性(独立性)、果断性、坚韧性(坚定性)、自制性。意志的自觉性是指一个人清晰地意识到自己行动的目的和意义,并且能够主动地支配自己的行动,使之符合既定目的的意志品质。意志的果断性是一种善于辨明是非、抓住时机、迅速而合理地采取决定并执行决定的意志品质。意志的自制性是一个人善于控制和支配自己的情绪,约束自己言行的意志品质。意志的坚韧性是一个人在行动中坚持决定,百折不挠地克服重重困难去达到行动目的的意志品质。

92. BCD 【解析】本题考查健康的标准。世界卫生组织制定的衡量健康的10项标准,健康应包括生理、心理、社会适应和道德健康等。(1)充沛的精力,能从容不迫地应对日常生活和工作而不感到精神有压力。(2)处事乐观,态度积极,勇于承担责任。B项正确。(3)善于休息,睡眠良好。(4)应变能力强,能适应外界的各种变化。C项正确。(5)能抵御一般的感冒和传染病。并不是能抵御所有疾病,故A项错误。(6)体重适当,身体匀称。站立时,头、肩、臂的位置协调。D项正确。(7)眼睛明亮,眼睑不易发炎。(8)牙齿清洁,无龋齿,不疼痛,牙龈颜色正常,无出血现象。(9)头发有光泽,无头屑。(10)肌肉丰满,皮肤有弹性,走路活动感到轻松。

93. ABD 【解析】本题考查《学生伤害事故处理办法》的有关内容。根据《学生伤害事故处理办法》第九条规定,学校教师或者其他工作人员在负有组织、管理未成年学生的职责期间,发现学生行为具有危险性,但未进行必要的管理、告诫或者制止,造成的学生伤害事故,学校应当依法承担相应的责任。第二十三条规定,对发生学生伤害事故负有责任的组织或者个人,应当按照法律法规的有关规定,承担相应的损害赔偿责任。15岁的小亮虽然是限制民事行为能力人,但其具有一定的认知能力,并能认识到玩单杠的行为具有一定的危险性,并且其摔下单杠导致左手腕骨骨折是由其自身行为造成的。因此,小亮也应该承担部分责任。第二十七条规定,因学校教师或者其他工作人员在履行职务中的故意或者重大过失造成的学生伤害事故,学校予以赔偿后,可以向有关责任人员追偿。体育老师在上课时临时离开,造成学生受伤,也应承担相应的责任。

94. ABCD 【解析】本题考查《中华人民共和国教育法》的内容。根据《中华人民共和国教育法》第二十六条规定,国家制定教育发展规划,并举办学校及其他教育机构。国家鼓励企业事业组织、社会团体、其他社会组织及公民个人依法举办学校及其他教育机构。国家举办学校及其他教育机构,应当坚持勤俭节约的原则。以财政性经费、捐赠资产举办或者参与举办的学校及其他教育机构不得设立为营利性组织。

95. ABCD 【解析】本题考查《关于减轻中小学教师负担进一步营造教育教学良好环境的若干意见》的内容。《关于减轻中小学教师负担进一步营造教育教学良好环境的若干意见》指出坚持以习近平新时代中国特色社会主义思想为指导,全面贯彻落实习近平总书记关于教育的重要论述特别是关于教师工作的重要指示批示精神,强化党对教育工作的全面领导,遵循教育教学规律,聚焦教师立德树人、教书育人主责主业,坚决反对形式主义和官僚主义。坚持分类治理,从源头上查找教师负担,大幅精简文件和会议。坚持因地制宜,充分考虑区域、城乡、学段等不同特点,避免"一刀切"。坚持标本兼治,严格清理规范与中小学教育教学无关事项,突出重点,大力精简治标;协调好学校管理与教育教学关系,提高水平,发展专业治本。坚持共同治理,调动各级各部门、社会各界力量,形成合力,切实减轻中小学教师负担,进一步营造宽松、宁静的教育教学环境和校园氛围,确保中小学教师潜心教书、静心育人。

96. ABCD 【解析】本题考查《中共中央 国务院关于全面加强新时代大中小学劳动教育的意见》的内容。《中共中央国务院关于全面加强新时代大中小学劳动教育的意见》中指出，明确劳动教育总体目标。通过劳动教育，使学生能够理解和形成马克思主义劳动观，牢固树立劳动最光荣、劳动最崇高、劳动最伟大、劳动最美丽的观念；体会劳动创造美好生活，体认劳动不分贵贱，热爱劳动，尊重普通劳动者，培养勤俭、奋斗、创新、奉献的劳动精神；具备满足生存发展需要的基本劳动能力，形成良好劳动习惯。

97. ABCD 【解析】本题考查《中小学教师实施教育惩戒规则(征求意见稿)》的内容。根据《中小学教师实施教育惩戒规则(征求意见稿)》第五条规定，实施教育惩戒，应当遵循以下原则：(1)育人为本。应当基于关爱学生的宗旨、符合育人规律，达到教育学生遵守规则、增强自律、改过向上的目的。(2)合法合规。应当以事先公布的规则为依据，尊重学生基本权利和人格尊严，遵循法治原则，程序正当、客观公正。(3)过罚适当。应当根据学生的性别、年龄、个性特点、身心特征、认知水平、一贯表现、过错性质、悔过态度等，选择适当的惩戒措施，实现最佳教育效果。(4)保障安全。应当事先了解学生行为动机、判断行为性质，并注意方式、场所和环境的安全，防范可能出现的风险。

98. BCD 【解析】本题考查教师公正的内容。教师公正的内容包括：(1)坚持真理；(2)秉公办事；(3)奖罚分明。(具体参看刘济良主编的《教师职业道德》)

99. AD 【解析】本题考查实现有效家访的途径。实现有效家访的途径包括：(1)确定家访对象，明确家访目标；(2)做好访前准备；(3)切实把握家访时机；(4)家访时的谈话要讲究艺术性；(5)做好家访记录，及时反馈。故A、D项说法正确。

100. ABCD 【解析】本题考查提升教师职业道德素养的方法。A、B、C、D四项都是有利于提升教师职业道德素养的方法。

2020年辽宁省沈阳市和平区教师招聘考试真题试卷(四十八)

一、单项选择题

1. C 【解析】本题考查基础教育课程改革的提出。2001年我国启动了解放以后规模最大、深度最深的一次课程改革，叫作"第八次基础教育改革"，它的标志是2001年颁布的《基础教育课程改革纲要(试行)》。

2. A 【解析】本题考查教师的职业素质。热爱教育事业是教师做好教育工作的前提，是教师职业道德的基础，也是教师劳动积极性和创造性的源泉。因此，作为一名教师，首先需要的职业素质是热爱教育事业。

3. D 【解析】本题考查课程目标的含义。课程目标是教育目标的具体化，又称为"学科目标"，是针对某一具体学科领域的特点和学生发展的状况而提出的要求，在《课程标准》(以前称为《教学大纲》)中出现。故本题选D项。A项的教学目标是最下位的一个目标概念，它与具体的教学过程密切相关，反映的是具体教学设计中的教育价值，又称为"课堂教学目标"。B项的教育目的一般体现了一定社会或国家对培养人的方向的指导性要求，往往体现在宪法、教育基本法以及国家的教育方针之中。C项的教育目标是教育目的的具体化，体现的是对不同性质和不同阶级教育的要求，又称为各级各类学校的"培养目标"或"办学宗旨"。(具体参看吴维屏主编的《小学品德与生活(社会)课程与教学》(第二版))

4. B 【解析】本题考查语文教师的普通话水平资格。作为中小学语文教师普通话水平至少应达到二级甲等。

5. C 【解析】本题考查教学评价的概念。教学评价是以教学目标为依据，运用可操作的科学手段，通过系统地收集有关教学的信息，对教学活动的过程和结果作出价值上的判断，并为被评价者的自我完善和有关部门的科学决策提供依据的过程。

6. B 【解析】本题考查依据成绩编排座位的弊端。不少班主任按照学生成绩优劣来编排座位，座位成为教师奖优罚劣的工具。哪个学生成绩好，哪个学生就有机会挑选好的座位。这种座位编排方式很容易挫伤学生学习的积极性。对学生的自尊心与学习成绩有一定的影响。

7. A 【解析】本题考查埃里克森人格发展理论。埃里克森的心理社会性发展模型指出，青春期面临的心理社会冲突是同一性对角色混乱。自我同一性也称为自我认同，它是指个体在发展过程中逐渐了解自己，逐渐成熟，最终获得一个积极的、完整的、统一的自我概念。青春期是个体心理走向成熟的时期，又是个体面临很多重大选择的时期，因此，认识自己就成为这一时期重要的任务，形成自我概念是人生青春期阶段的任务。B项成人早期的任务是获得亲密感，C项6～12岁的任务是培养勤奋感，D项为无关选项。(具体参看杨宜音主编的《社会心理学》)

8. C 【解析】本题考查课程目标的相关内容。从实践上看，世界范围内各种基础教育改革中，课程目标的改革历来是课程改革的核心。从理论上看，课程目标决定着课程的具体实施过程：(1)课程的实施内容取决于课程目标；(2)课程的教学设计取决于课程目标；(3)课程的学习方式取决于课程目标；(4)课程的实施评鉴取决于课程目标。(具体参看吴维屏主编的《小学品德与生活(社会)课程与教学》(第二版))

9. B 【解析】本题考查教学设计的含义。我国学者认为，教学设计是指"对整个教学系统的规划，是教师教学准备工作的组成部分，是在分析学习者的特点、教学目标、学习内容、学习条件以及教学系统组成部分特点的基础上统筹全局，提出教学具体方案，包括一节课进行过程中的教学结构、教学方式、教学方法、知识来源、板书设计等"。

10. A 【解析】本题考查教育心理学的奠基人。1903年，美国心理学家桑代克出版了《教育心理学》，这是西方第一本以"教育心理学"命名的著作。1913～1914年，该书又扩充为三卷本的《教育心理大纲》，奠定了教育心理学发展的基础，西方教育心理学的名称和体系由此确立，桑代克也因此被称为"教育心理学之父"。桑代克是教育心理学的奠基者和创始人。故本题答案选择A项。最早的智力测验是由法国心理学家比纳和西蒙于1905年编制的，称为比纳—西蒙智力量表。冯特被称为"心理学之父"。

11. B 【解析】本题考查群体规范的内涵。群体规范是约束群体内成员的行为准则，包括成文的正式规范和不成文的非正式规范。群体规范使学生保持认知、情感和行为上的一致，并为学生的课堂行为划定方向和范围，成为引导学生行为的指南。

12. 缺。

13. D 【解析】本题考查校园霸凌的相关内容。校园霸凌实际上是指孩子们之间权力不平等的欺凌与压迫，它一直长期存在于校园中，包括肢体或言语的攻击、人际互动中的抗拒及排挤，也有可能是类似性骚扰般的谈论对别人的性或对身体部位的嘲讽、评论或讥笑。霸凌是以多种形式存在。如：暴力霸凌(肉体上的欺凌行为)、言语霸凌(辱骂、嘲弄、恶意中伤)、社交霸凌(团体排挤、人际关系对立)、网络霸凌(以手机简讯、电子邮件等媒介散播谣言、中伤等攻击行为)。D项给他人起外号不属于校园霸凌，只有在起侮辱性外号时才属于校园霸凌。

14. B 【解析】本题考查《学记》的内容。《学记》(收入《礼记》)是中国古代最早的一篇专门论述教育、教学问题的论著，也是世界教育史上的第一部教育专著，成文大约在战国末期。

15. B 【解析】本题考查决定教育性质的直接因素。政治经济制度是决定教育性质的直接因素。

16. D 【解析】本题考查《中华人民共和国教育法》的地位。《中华人民共和国教育法》是教育的根本大法，在整个教育法律体系中，《中华人民共和国教育法》处于"母法"和"根本大法"的地位。

17. C 【解析】本题考查《教师资格条例》的相关内容。根据《教师资格条例》第二十条规定，参加教师资格考试有作弊行为的，其考试成绩作废，3年内不得再次参加教师资格考试。

18. B 【解析】本题考查《中华人民共和国教师法》的相关内容。根据《中华人民共和国教师法》第七条规定，教师享有下列权利：(1)进行教育教学活动，开展教育教学改革和实验(教育教学权)；(2)从事科学研究、学术交流，参加专业的学术团体，在学术活动中充分发表意见(科学研究权)；(3)指导学生的学习和发展，评定学生的品行和学业成绩(管理学生权)；(4)按时获取工资报酬，享受国家规定的福利待遇以及寒暑假期的带薪休假(获得报酬权)；(5)对学校教育教学、管理工作和教育行政部门的工作提出意见和建议，通过教职工代表大会或者其他形式，参与学校的民主管理(民主管理权)；(6)参加进修或者其他方式的培训(进修培训权)。本题中张老师的做法是教师行使教育教学权的典型事例。

19. C 【解析】本题考查教师培养学生自信心的做法。 个自卑、性格懦弱的孩子，难以适应未来的社会。因此，教师要注重培养学生的自信心。教师应做到：(1)引导学生在寻找自己的优点和特长中建立自信，多关注学生的闪光点并进行表扬。(2)让学生从鼓励和赏识中获得自信。(3)引导学生在战胜挫折中磨炼自信。(4)引导学生制定适中的发展目标，并在不断达到目标过程中强化自信。

20. D 【解析】本题考查道德行为的培养。道德行为主要有两种表现：一种道德行为是不稳定的、有条件的，这种行为尚不能成为个体道德品质的一部分；另一种道德行为是稳定的、无条件的，是一种道德习惯。道德习惯是一种协调一致的近乎自动化的行为方式，一定的道德情境往往会引起连锁的道德行为反应，因此，形成良好的道德习惯是培养道德行为的关键。

21. C 【解析】本题考查品德培养的方法。教师可以综合应用一些方法来帮助学生形成或改变态度与品德。常用的方法有言语说服、榜样示范、群体约定、价值辨析、奖惩等。其中，群体约定指的是教师可以利用集体讨论后做出的集体约定，来改变学生的态度。题干所述刘老师的品德培养方法属于群体约定。

22. A 【解析】本题考查我国学校德育的组成部分。我国学校德育包括三个组成部分：政治教育、思想教育、道德教育。德育工作是一个系统工程，既要抓全面，又要分层次进行。首先要抓好道德品质教育，这是基础和根本；然后抓好思想教育，解决信仰问题；最后要根据政治发展的情况抓好政治教育。(具体参见韩延明主编的《新编教育学》)

23. D 【解析】本题考查教师职业道德修养的相关内容。教师良好的师德修养不是与生俱来的，必须是在科学理论的指导下，经过长期的社会实践，不断完善自身的结果。教师的师德修养，只有在实践中才能得到不断的充实、提高和完善。

24. D 【解析】本题考查教师应具备的品德。"学高为师,身正为范"的意思是:知识渊博所以成为教师,品德高尚所以成为模范和榜样。这意味着教师本身要知识渊博,品行端正。

25. B 【解析】本题考查教师在教学中遵循的原则。当前很多教师的教学不是立足于事实,而是常常建立在与个人观念有关的假设基础上。他们不是对所收集到的与学生个体需要相关的信息进行客观分析,继而将自己置于对方立场思考问题,而是简单凭感觉行事,从而造成教学中大量的不公平现象的发生。题干所述事例表明该教师违背了公平原则。

26. D 【解析】本题考查教学过程的基本规律。A 项的间接经验与直接经验相结合的规律是指间接性规律;B 项的教师主导作用与学生主体作用相统一的规律是指双边性规律;C 项的掌握知识和发展智力相统一的规律是指发展性规律;D 项的传授知识与思想品德教育相统一的规律是指教育性规律。

27. A 【解析】本题考查陈述性知识的内涵。陈述性知识也叫描述性知识,是个人能用言语进行直接陈述的知识,主要用于区别和辨别事物。陈述性知识主要是指言语信息方面的知识,用于回答世界是什么的问题。题干所述的知识属于陈述性知识。

28. A 【解析】本题考查班主任了解学生的方法。班主任了解学生的方法有观察法、谈话法、调查法和书面材料分析法。其中,观察法是班主任了解、研究学生的最基本的方法。

29. B 【解析】本题考查体罚的内容。体罚是指通过对人身体的责罚,特别是造成疼痛,来进行惩罚或教育的行为。常见的体罚方式有罚站、罚跪、用教鞭打手心、罚绕操场跑圈等,严重的还有打耳光,用黑板擦、扫帚等责打学生,甚至命令其他学生轮流打某个学生。变相体罚的惩罚措施一般没有直接的身体接触,通常采用的是罚抄课文、罚做值日、不让吃饭、放学后不让学生回家、不分青红皂白辱骂或者挖苦学生、无故禁止学生参加班级活动等,侧重于在心理上施加压力,使受罚学生感到痛苦或者疲劳。

30. C 【解析】本题考查罗森塔尔效应的内涵。教师期望效应也叫罗森塔尔效应或皮格马利翁效应,即教师的期望或明或暗地传送给学生,会使学生按照教师所期望的方向来塑造自己的行为。人们把像这种由于他人(特别是像老师、家长或领导者这样的"权威人士")的期望和热爱,而使人们的行为发生与期望趋于一致的变化情况,统称为"罗森塔尔效应"。自我效能感由班杜拉首次提出,是指人对自己能否成功从事某一成就行为的主观判断。晕轮效应是指当我们认为某人具有某种特征时,就会对他的其他特征做相似判断。首因效应是指在总体印象形成上最初获得的信息比后来获得的信息影响更大的现象。题干所述体现的是罗森塔尔效应的内涵。

31. B 【解析】本题考查"思想品德"的课程标准的相关内容。1997 年 4 月,国家教委颁布了根据《中共中央关于进一步加强和改进学校德育工作的若干意见》精神制定的《九年义务教育小学思想品德课和初中思想政治课课程标准(试行)》。这是建国后第一次将九年义务教育作为一个有机的系统进行整体的综合设计,是对克服小学与中学德育脱节问题进行的一次尝试。(具体参看吴维屏主编的《小学品德与生活(社会)课程与教学》(第二版))

32. A 【解析】本题考查课堂气氛的内涵。课堂气氛是指在课堂上占优势地位的态度和情感的综合状态。它具有独特性,不同的课堂往往有不同的气氛,即使是同一课堂,也会形成不同教师的气氛区。

33. A 【解析】本题考查巴甫洛夫的实验。在巴甫洛夫的实验中,最初,狗只要一看到食物,唾液分泌量就增加;后来则发展到只要见到送食物的实验助手,甚至听到实验助手的脚步声,唾液分泌量便开始增加。狗的这种提前分泌唾液的现象,使巴甫洛夫很感兴趣。他把这一现象称为"心因性分泌",并由此开始了其著名的条件作用研究。为了与后来发展起来的操作性条件作用相区分,巴甫洛夫的条件作用被称为经典性条件作用。B 项格赛尔做的实验为"双生子爬梯实验",C 项卢钦斯做的是量水的定势实验,D 项斯金纳提出的是操作性条件作用理论,是用小白鼠做的实验。(具体参看冯忠良主编的《教育心理学》)

34. A 【解析】本题考查社会学习理论的相关内容。社会学习理论的创始人班杜拉从社会学习的观点出发,在 1977 年提出了自我效能理论,用以解释在特殊情景下动机产生的原因。自我效能感由班杜拉首次提出,是指人对自己能否成功从事某一成就行为的主观判断。班杜拉指出,人的行为受行为的结果因素与先行因素的影响。行为的结果因素是人们通常所说的强化。行为的先行因素就是人在认识到行为与强化之间的依随关系之后产生的对下一步强化的期待。

35. C 【解析】本题考查评价学生的相关内容。"三好学生"是我国学校给予思想品德好、学习好、身体好的学生的一种荣誉称号。因此,题干所述的评价学生的方式不是很全面。

36. A 【解析】本题考查教师的义务。根据《中华人民共和国教师法》第八条规定,教师应当履行下列义务:(1)遵守宪法、法律和职业道德,为人师表;(2)贯彻国家的教育方针,遵守规章制度,执行学校的教学计划,履行教师聘约,完成教育教学工作任务;(3)对学生进行宪法所确定的基本原则的教育和爱国主义、民族团结的教育,法制教育以及思想品德、文化、科学技术教育,组织、带领学生开展有益的社会活动;(4)关心、爱护全体学生,尊重学生人格,促进学生在品德、智力、体质等方面全面发展;(5)制止有害于学生的行为或者其他侵犯学生合法权益的行为,批评和抵制有害于学生健康成长的现象;(6)不断提高思想政治觉悟和教育教学业务水平。A 项不是教师的义务。

37. D 【解析】本题考查教师的职业素养的相关内容。热爱学生是教师职业道德的核心,是教师高尚道德品质的表现。热爱学生的要求之一是要全面关怀学生。关心学生的学习,关心学生的生活,关心学生的身心健康。因此,在学生变得郁郁寡欢,学习成绩下降时,老师应该关心学生,了解学生的情况。故 D 项正确。

38. D 【解析】本题考查教师申诉的相关内容。根据《中华人民共和国教师法》第三十九条规定,教师对学校或者其他教育机构侵犯其合法权益的,或者对学校或者其他教育机构作出的处理不服的,可以向教育行政部门提出申诉,教育行政部门应当在接到申诉的三十日内,作出处理。

39. 缺。

40. D 【解析】本题考查教师与学生沟通的相关内容。教师的人际行为规范指出,教师与学生之间要做到:热爱学生,关心学生,尊重学生;严格要求,耐心教导,循循善诱,不偏不袒;不以师生关系谋取私利。故 D 项说法最合适。

41. D 【解析】本题考查教育心理学的研究原则。教育性原则(道德性原则)是指在教育心理学的研究过程中,所采用的研究手段与方法应能促进被试心理的良性发展,这是所有关于人的心理学研究中都应遵从的一个基本伦理道德原则。A 项客观性原则是指教育心理学研究要贯彻实事求是的精神,即根据教育心理现象的本来面貌来研究其本质、规律与机制,采取实事求是的态度。遵循客观性原则是进行科学研究的前提条件。B 项发展性原则是指教育心理学研究要求研究者牢记被试的心理是不断发展变化的,应该采用动态的、变化的指标进行衡量。它还要求研究者在发挥其主导作用的同时,充分考虑被试已有的知识经验和态度对其心理发展的影响。C 项系统性原则要求在教育心理学的研究中,坚持以全面的、发展的和整体的观点去观察、分析和解决问题。题干所述为道德性原则,答案选 D 项。

42. A 【解析】本题考查心境的内涵。心境是一种微弱的、持续时间较长的,带有弥漫性的情绪状态。心境一经产生就不只表现在某一特定对象上,而是在相当长的一段时间内,使人的整个心理活动都染上某种情绪色彩,影响人的整个行为表现,成为情绪生活的背景。题干所述的情绪状态是心境。

43. A 【解析】本题考查教师的教学技能。教学口语是由语音和吐字、音量和响度、语速、语调和节奏、词汇、语法等几个相互联系、相互制约的要素构成的。其中,音量是指声音的大小,响度是指声音的高低。教学中要努力使坐在每个位置的学生都能毫不费力地听清楚教师讲的每句话、发出的每个音节,并且耳感舒适。故 A 项说法正确。

44. B 【解析】本题考查性格的内涵。性格是指人的较稳定的态度与习惯化了的行为方式相结合而形成的人格特征。它是一个人的心理面貌本质属性的独特结合,是人与人相互区别的主要方面,是人格的核心。

45. A 【解析】本题考查兴趣的概念。A 项兴趣是人对事物的一种认识倾向,伴随着积极的情绪体验,对个体活动,特别是对个体的认知活动有巨大的推动作用。B 项需要是有机体感到某种缺乏或不平衡状态而力求获得满足的心理倾向,是有机体自身和外部生活条件的要求在头脑中的反映。C 项动机是引起和维持个体活动,并使活动趋向一定的目标,以满足某种需要的一种内部心理动力。D 项理想是符合事物发展规律、有实现可能的积极幻想。本题答案为 A 项。

46. C 【解析】本题考查学习动机的成分。学习动机的两个基本成分是学习需要与学习期待,两者相互作用形成学习的动机系统。本题答案选 C 项。

47. A 【解析】本题考查迁移的类型。根据迁移内容的抽象和概括水平不同,可将迁移划分为水平迁移和垂直迁移。水平迁移也称横向迁移、侧向迁移,是指处于同一抽象和概括水平的经验之间的相互影响。垂直迁移又称纵向迁移,指处于不同抽象、概括水平的经验之间的相互影响。题干所述为垂直迁移的内涵,故本题答案选 A 项。正迁移也叫"助长性迁移",是指一种学习对另一种学习的促进作用。负迁移也叫"抑制性迁移",是指一种学习对另一种学习产生阻碍作用。

48. B 【解析】本题考查青春期孩子的教育。青春期是一个充满冲突和困惑的时期。由于身心的逐渐发展和成熟,青少年在这个时期往往对生活采取消极反抗的态度,否定以前发展起来的一些良好本质。这种反抗倾向,会引起青少年对父母、学校以及社会生活的要求、规范的抗拒态度和行为,从而会引起一些不利于他们的社会适应的心理和行为问题。A、C、D 项中所采取的教育方法可能会引起孩子内心更多的不满与反抗。因此,教师应做到的是多发现孩子身上的特长,帮助其发现自身的闪光点,树立自信心。本题答案为 B 项。

49. B 【解析】本题考查学生学习动机的鉴别。研究和了解学生的学习动机,对提高教育与教学质量具有重要意义。在通常情况下,相同的动机可能以不同的行为表现出来,同一行为也可能源于不同的动机。题干中小芳与小利的动机不同,但两人都有认真学习的行为,这表明同一行为有不同的学习动机。

50.C 【解析】本题考查派生类属学习的内涵。下位学习又称类属学习，是一种把新的观念归属于认知结构中原有观念的某一部分，并使之相互联系的过程。原有观念在包容和概括水平上高于新学习的知识。下位学习包括派生类属学习和相关类属学习。派生类属学习是指新观念是认知结构中原有观念的特例或例证，新知识只是旧知识的派生物。相关类属学习是指新知识扩展、修饰或限定学生已有的旧知识，并使其精确化。A项上位学习又称总括学习，是在学生掌握一个比认知结构中原有概念的概括和包容程度更高的概念或命题时产生的。B项并列结合学习又称组合学习，是在新命题与认知结构中原有的命题既非下位关系又非上位关系，而是一种并列的关系时产生的。题干所述属于派生类属学习，答案选择C项。

51.D 【解析】本题考查学生的认知方式。沉思型学生总是把问题考虑周全以后，再做反应。他们看重的是解决问题的质量，而不是速度。他们多采用细节性加工方式。A项场独立型的学生对客观事物的判断常以自己的内部线索(经验、价值观)为依据，不易受到周围环境因素的影响和干扰，倾向于对事物的独立判断。B项场依存型的学生对客观事物的判断常以外部线索为依据，其态度和自我认知易受周围环境或背景(尤其是权威人士)的影响，往往不易独立地对事物做出判断，而是人云亦云，从他人处获得标准。C项冲动型学生面对问题时总是急于求成，不能全面细致地分析问题的各种可能性，有时还没弄清问题的要求，就开始对问题进行解答，解决问题时强调的是速度而非精度。本题答案为D项。

52.B 【解析】本题考查学习的内涵。学习的内涵可以从以下几个方面去理解：(1)学习实质上是一种适应活动；(2)学习是人和动物共有的普遍现象；(3)学习是由反复经验引起的；(4)学习是有机体后天习得经验的过程；(5)学习的过程可以是有意的，也可以是无意的；(6)学习引起的是相对持久的行为或行为潜能的变化。但值得注意的是，并非所有的行为变化都是由于学习产生的，如生理成熟、疲劳、药物等因素亦可引起行为的变化。A项属于感觉适应，C项属于生理成熟引起的变化，D项属于药物引起的行为的变化，都不属于学习。本题答案为B项。

53.A 【解析】本题考查埃里克森的心理社会发展阶段论。6～12岁的儿童面临来自家庭、学校以及同伴的各种要求和挑战，他们力求保持一种平衡，以至于形成一种压力。而且随着社交范围的扩大，同伴的相互作用变得越来越重要。儿童在不同社交范围活动的经验，以及完成任务和从事集体活动的成功经验增强了儿童的胜任感，其中的困难和挫折则导致了自卑感。0～1.5岁获得的人格品质是希望，12～18岁获得的是忠诚、诚实的人格品质，1.5～3岁获得的是意志品质。

54.C 【解析】本题考查过度学习的具体应用。过度学习是指学习达到恰能背诵之后再继续学习。过度学习达到50%，即学习的熟练程度达到150%时，学习的效果最好。A项掌握学习是由美国心理学家布卢姆提出来的一种适应学习者个别差异的教学方法。该方法将学习内容分成小的单元，学生每次学习一个小的单元并参加单元考试，直到学生以80%～100%的掌握水平通过考试，才能进入下一个单元的学习。B项奥苏贝尔的有意义学习的本质就是以符号为代表的新观念与学习者认知结构中原有的适当观念建立起非人为的和实质性的联系的过程，是原有观念对新观念加以同化的过程。D项是干扰选项。本题中学生花20分钟学习一首诗刚好成诵，又继续学习了10分钟，这种学习属于过度学习。

55.A 【解析】本题考查罗特的控制点理论。罗特对归因理论进行了发展，提出了控制点的概念，并依据控制点把个体分为内控型和外控型。内控型的人认为自己可以控制周围的环境，无论成功还是失败，都是由自己的能力或努力等内部因素造成的，他们乐于对自己的行为负责；外控型的人则感到自己无法控制周围的环境，无论成败都归因为他人的影响或运气等外在因素，他们往往对自己的行为不愿承担责任。题干中内控型的丽丽可能将演讲的成功归因于自己认真的准备。

56.B 【解析】本题考查课外、校外教育与课内教育的共同之处。课外、校外教育与课堂教学既有联系，又有区别。从两者的联系看，它们的目的是一致的，都是为了实现全面发展的教育目的，完成学校的教育任务；两者都是在学校的统一领导下有计划、有组织地进行的。

57.A 【解析】本题考查教学的本质。教学活动是一种特殊的认识活动，这是教学的本质。

58.A 【解析】本题考查班主任工作的相关内容。中等生是指各方面表现处于一般水平的中间状态的学生。这类学生在班级中是大多数，他们大都品德良好、学习成绩一般，各方面表现不突出，也不惹是生非，所以容易被班主任忽略，成为个别教育的盲区。事实上，中等学生在各方面的发展上都有较大潜力。目前发展欠佳很多是个性上的弱点造成的，如长期缺乏积极评价造成的不够自信。根据题干表述，小亮就属于班级内的中等学生，他的学习成绩一般，但愿意帮助别人，经常为班级做好事，却得不到班主任老师的关注，表明小亮缺乏来自班主任老师的积极评价，这可能会使小亮缺少自信。

59.A 【解析】本题考查孔子的教育思想。“因材施教”的思想最早是由孔子提出来的。孔子因材施教的前提是承认学生间的个体差异，并了解学生特点，在了解的基础上有针对性地进行教育。

60.B 【解析】本题考查荣誉激励法的内容。荣誉激励法是指，对于学习优秀的学生，或某一方面比较突出的学生，或进步比较明显的学生，给予必要的精神激励或适当的物质鼓励，可使他们取得的成绩和积极行为得到承认和肯定，从而激发其继续努力争取“新高”的积极性。班主任给上课愿意“抢话”的学生授予“最佳发言奖”的做法，是对荣誉激励法的运用。

61.D 【解析】本题考查集体教育和个别教育相结合原则的含义。集体教育和个别教育相结合原则是指，在德育过程中，教育者要善于组织和教育学生热爱集体，并依靠集体教育每个学生，同时通过对个别学生的教育，来促进集体的形成和发展，从而把集体教育和个别教育有机地结合起来。这一原则是苏联教育家马卡连柯成功教育经验的总结，即著名的“平行教育原则”。

62.D 【解析】本题考查《中华人民共和国教师法》的内容。根据《中华人民共和国教师法》第三十七条规定，教师有下列情形之一的，由所在学校、其他教育机构或者教育行政部门给予行政处分或者解聘：(1)故意不完成教育教学任务给教育教学工作造成损失的；(2)体罚学生，经教育不改的；(3)品行不良、侮辱学生，影响恶劣的。教师有前款第(2)项、第(3)项所列情形之一，情节严重，构成犯罪的，依法追究刑事责任。

63.D 【解析】本题考查西方最早的教育著作。昆体良是古罗马教学法大师，他是西方教育史上第一个专门论述教育问题的教育家。其代表作《雄辩术原理》(《论演说家的教育》或《论演说家的培养》)是西方最早的教育著作，也被誉为古代西方的第一部教学法论著。另外，A项的作者是柏拉图。

64.C 【解析】本题考查教师的班级管理能力。班级同学家庭条件不一，班级周末组织课外活动需要交钱的时候，作为老师首先应该了解学生的情况。

65.B 【解析】本题考查我国确立教育目的的理论基础。马克思阐述了关于人的全面发展学说，这一学说是我国确立教育目的的理论依据和基础。

66.D 【解析】本题考查个案调查的内涵。个案调查又称为典型调查，是指从总体中选取具有代表性的若干人或典型单位进行调查。题干中，对一所学校或一个学生进行的专门调查属于个案调查。

67.A 【解析】本题考查教师的违法(侵权)行为。学生作为公民享有生命权、身体权和健康权。在学校教育中，这类侵害主要是由体罚或变相体罚、教育教学设施设备不安全以及学校、教师的不作为侵权等造成的。题干中的陈老师罚学生抄写单词100遍，属于一种变相体罚行为，侵犯了学生的身心健康权。

68.B 【解析】本题考查教育目的的功能。教育目的的功能(作用)包括导向功能、调控功能、评价功能和激励功能。

69.A 【解析】本题考查适应阶段的内容。有研究者提出处于文化接触中的个体存在4个情感适应阶段：蜜月期、危机期、恢复期和适应期。蜜月期中的个体享受新文化带来的新奇；危机期中的个体体验到文化冲击带来的挫折和焦虑；恢复期中的个体开始试图解决新环境中的危机；而适应期的个体重新适应新环境。本题中小敏对于学校充满好奇与兴奋，属于适应的蜜月期阶段。

70.D 【解析】本题考查认知失调理论的内涵。勒温、皮亚杰、费斯廷格和海德等人的研究都表明，人类具有一种维持平衡和一致性的需要，即力求维持自己的观点、信念的一致，以保持心理平衡。当认知不平衡或不协调时，如新出现的事物与自己原有的经验不一致，或者自己的观点与他人的、社会的观点或风气不一致等，这时内心就会有不愉快或紧张的感受，个体就试图通过改变自己的观点或信念，以达到新的平衡。可以说，认知失调是态度改变的先决条件。A项期望理论是美国心理学家弗鲁姆提出的。期望理论的基本观点是：人们在预期他们的行动将会有助于达到某个目标的情况下，才会被激励起来去做某些事情以达到目标。C项首因效应是指在总体印象形成上最初获得的信息比后来获得的信息影响更大的现象。B项为干扰选项。题干所述属于认知失调的典型事例。

二、多项选择题

71.ABC 【解析】本题考查教师职业道德的核心要求。爱岗敬业是当代中国教师职业道德的核心要求之一，指热爱教育、热爱学校、热爱学生，发扬敬业精神，认真履行教师职责。故A项正确。教书育人是当代中国教师职业道德的核心要求之一，指教师在教学过程中要向学生传授书本知识，帮助学生去发现、获取和运用知识，教会学生如何做事，还要自觉利用一切可能的条件对学生进行思想道德教育，引导学生学会如何做人。故B项正确。为人师表是当代中国教师职业道德的核心要求之一，指教师在品德、学问、言行等各方面以身示范，成为学生学习和效法的榜样。故C项正确。

72.AB 【解析】本题考查自我管理理论。自我管理理论主要是从社会认知角度出发，充分挖掘个人的主观能动性，提倡个体对行为进行内归因，认为个体的情绪、行为变化可以通过自控性认知加工来实现。该理论认为人并不是单纯外部影响的反应者，人(认知)、行为和环境三者是相互作用的；人具有自我调控能力，可通过自我认知来进行自我调节从而实现认知行为的改变。其中自我调节的三个主要机制如下。(1)行为过程的自我参与：认为个体在行为及习惯的培养上通常有外部控制和自我参与两种模式。外部控制是支持条件，个体参与才是整个变化过程的主角和动因。(2) 行为过程中的自主认知加工:认为认知功能与行为的发生、维持和变化存在着自动的(也叫不随意的)认知加工和自主的(也叫随意的)认知加工两种模式。当原有的认知行为不符合主观要求时,个体作出调整的自主认知加工过程就发生了。(3) 对行为发生原因的内归因:认为个体从主客观方面分析行为的原因有外归因和内归因两种模式。其中内归因能促使个体去自我控制和自我维持。

73. BCD 【解析】本题考查学习的划分。从学习主体来说,学习可分为动物学习、人类学习和机器学习。

74. ABC 【解析】本题考查记忆系统的构成。记忆过程中从信息输入到提取所经过的时间间隔不同,对信息的编码方式也不相同。根据这些特点,一般把记忆分为三种系统,即瞬时记忆系统、短时记忆系统和长时记忆系统。

75. AB 【解析】本题考查有效教学的相关知识。建构主义教育思想对有效教学的理解包括:(1)有效教学是学生通过驱动自己学习的动力机制积极主动地建构知识的过程;(2)有效教学应该使师生、生生之间保持有效的互动;(3)有效教学应该为学生的主动建构提供学习材料和时空上的保障;(4)有效教学旨在使学习者形成对知识真正的理解;(5)有效教学必须关注学习者对自己及他人学习的反思;(6)有效教学应该使学生获得对学习的积极的情感体验。(具体参看吴维屏主编的《小学品德与生活(社会)课程与教学》(第二版))

76. AB 【解析】本题考查德育课程的特点。德育课程在目标、内容、方法等方面与其他课程不同,该课程与其他课程相比有两个主要的特点:其一,育德性。德育课程以促进学生的道德成长为目标追求,不是以学生获得道德知识为目标,这是该课程的根本特性。其二,理解性。描述和理解是道德学习的有效方式。(具体参看吴维屏主编的《小学品德与生活(社会)课程与教学》(第二版))

77. ABCD 【解析】本题考查"品德与生活"的课程性质的相关内容。在"品德与生活"课程标准中对本课程的性质界定为:以儿童的生活为基础,以培养品德良好、乐于探究、热爱生活的儿童为目标的活动型综合课程。(1)课程是"以儿童的生活为基础",表征课程的生活属性;(2)课程目标是"培养品德良好、乐于探究、热爱生活的儿童",表述课程的价值属性;(3)课程呈现形态是"活动型",体现实施方式的属性;(4)课程类型是"综合课程",是将品德教育、生活常识教育、文化教育、科学教育有机地整合成一门包容性更强的综合课程,既符合低年级学生的综合性的认知方式,又符合生活本身的综合性状态,更符合学生心理整体性的发展规律。(具体参看吴维屏主编的《小学品德与生活(社会)课程与教学》(第二版))

78. ABD 【解析】本题考查教师的行为礼仪的相关内容。教师礼仪规范有六大基本要求:(1)平等相处,尊重学生;(2)谦和有礼,尊重家长;(3)关心同志,礼貌待人;(4)以身作则,为人师表;(5)举止大方,仪表端庄;(6)说话和气,语言文明。故A、B两项说法正确。教师的职业特点,就决定了教师的着装不能过于时尚新潮,不能奇装异服,不能让社会上的人对你"刮目相看",但也不是保守、落后。故C项说法错误,D项说法正确。

79. AB 【解析】本题考查心理健康的标准。1946年第三届国际心理卫生大会具体指出了心理健康的几个标志:第一,身体、智力、情绪十分调和;第二,适应环境,人际关系中彼此能谦让;第三,有幸福感;第四,在工作和职业中,能充分发挥自己的能力,过有效率的生活。

80. ACD 【解析】本题考查教师职业道德的特点。教师职业道德的特点包括:(1)教师职业道德标准具有高度的严格性;(2)教师职业道德意识具有强烈的自觉性;(3)教师职业道德行为具有独特的示范性;(4)教师职业道德影响具有潜在的深远性;(5)教师职业道德内容具有鲜明的时代性。

81. BC 【解析】本题考查教师的相关知识。《中华人民共和国教师法》规定:"国家实行教师资格制度。中国公民凡遵守宪法和法律,热爱教育事业,具有良好的思想品德,具备本法规定的学历或者经国家教师资格考试合格,有教育教学能力,经认定合格的,可以取得教师资格。"故A项错误。教师的职业良心就外在表现而言,首先是教师在工作上恪尽职守,教育良心要求教师遵守职业规范,按照社会和教育事业对教师的要求尽职尽责,做好本职工作。故C项说法正确。另外,由于教师劳动具有个人性和自由性特点,良心作为一种道德自律机制对教师的调控能够起到十分关键的作用。大量的工作是在职业良心支配下,教师自觉自愿去做的。故B项说法正确,D项说法有误。故本题选B、C两项。

82. ABCD 【解析】本题考查影响教师威信的因素。影响教师威信形成的主观条件包括:(1)教师的专业素质,如教师的教学态度和教学能力;(2)教师的人格魅力,如教师的仪表、作风和习惯;(3)师生关系;(4)教师的评价手段。

83. ABC 【解析】本题考查教师热爱学生的基本要求。教师热爱学生的基本要求有:全面关心学生的成长,把爱的种子撒向每一个学生,保持对学生稳固而持久的爱。

84. ABC 【解析】本题考查教书育人的基本要求。教书育人的基本要求有:教师首先要转变教育观念,改革育人的模式;其二,积极进行教学改革,提高课堂教学的质量;其三,把教书育人渗透到课外活动和社会实践中去。

85. ABD 【解析】本题考查《国家中长期教育改革和发展规划纲要(2010~2020年)》的相关内容。《国家中长期教育改革和发展规划纲要(2010~2020年)》中关于义务教育的规定包括:(1)巩固提高九年义务教育水平;(2)推进义务教育均衡发展;(3)减轻中小学生课业负担。

86. ACD 【解析】本题考查《国家中长期教育改革和发展规划纲要(2010~2020年)》的相关内容。《国家中长期教育改革和发展规划纲要(2010~2020年)》中关于加强教师队伍建设的措施有:(1)建设高素质教师队伍;(2)加强师德建设;(3)提高教师业务水平;(4)提高教师地位待遇;(5)健全教师管理制度。

87. ABC 【解析】本题考查教育法律救济的方式。教育法律救济依其救济方式的不同,可分为教育申诉、教育行政复议和教育行政诉讼。(具体参看王爱国主编的《高等教育法规基础》)

88. BC 【解析】本题考查教师处理学生问题的方式。A项的做法会损害这位学生的自尊心,不可取。D项没有体现教师在处理学生问题中的主体作用,并且该学生的问题并没有严重到需要报告给学校来进行处理的地步。当学生出现问题时,教师不仅要对学生进行教育,还应该积极与其家长进行沟通,家长和教师互相配合,共同帮助学生解决问题。本题答案为B、C两项。

89. ACD 【解析】本题考查教育法律法规的相关内容。根据《中华人民共和国教师法》第七条规定,教师有进行教育教学活动,开展教育教学改革和实验的权利。第八条规定,教师有贯彻国家的教育方针,遵守规章制度,执行学校的教学计划,履行教师聘约,完成教育教学工作任务的义务。根据《中华人民共和国义务教育法》的有关规定可知,适龄儿童接受义务教育既属于权利又属于义务。1988年2月5日,国务院发布《扫除文盲工作条例》,指出:"凡15周岁至40周岁的文盲、半文盲公民,除不具备接受扫盲教育能力的以外,不分性别、民族、种族,均有接受扫除文盲教育的权利和义务"。本题答案为ACD三项。

90. ABCD 【解析】本题考查高创造性者的个性特征。高创造性者一般具有以下个性特征:(1)具有幽默感;(2)有抱负和强烈的动机;(3)能够容忍模糊与错误;(4)喜欢幻想;(5)具有强烈的好奇心;(6)具有独立性。

91. BD 【解析】本题考查教育心理学研究的基本方法。教育心理学的研究的基本方法包括:(1)实验法;(2)观察法;(3)调查法;(4)个案法;(5)测验法;(6)教育经验总结法;(7)产品分析法。

92. ABCD 【解析】本题考查促进学生迁移的教学方法。促进学生迁移的方法有:(1)改革教材内容,促进迁移。①精选教材,提高对概念和原理的理解水平;②合理编排教学内容,突出知识的组织特点。(2)合理编排教学方式,促进迁移。(3)教授学习策略,提高学生的迁移意识。(4)改进对学生的评价。

93. AB 【解析】略。

94. ABC 【解析】本题考查专家型教师和新手型教师的区别。专家型教师和新手型教师有如下差异:(1)课时计划的差异;(2)课堂教学过程的差异;(3)课后评价差异;(4)其他差异(如师生关系方面、人格魅力方面、职业道德方面)。

95. ABCD 【解析】本题考查教师的职业角色。教师的职业角色主要有以下六个方面:(1)"传道者"角色(人类灵魂的工程师);(2)"授业、解惑者"角色(知识传授者、人类文化的传递者);(3)示范者角色(榜样);(4)"教育教学活动的设计者、组织者和管理者"角色;(5)"家长代理人、父母"和"朋友、知己"的角色;(6)"研究者"角色和"学习者""学者"角色。另外,教师是教育工作的组织者、领导者,在教育过程中起主导作用。故本题选A、B、C、D四项。

96. BC 【解析】本题考查家校联系的相关知识。信息化时代下,家校联系除了传统的家访、校访、电话、书面通知外,还应该与时俱进,采取新的家校联系模式,题干中的中小学老师建立的班级家长群就属于一种网络平台的交流方式。家校联系的重要性体现在:(1)有利于家校互相了解学生表现情况,开展针对性教育。(2)化解家长教育误区,掌握科学教育方式。进行有效的家校沟通可以使家长在对孩子的教育过程中,能够配合学校,与学校教育保持一致,让学生更健康地成长。(3)有利于学生良好行为习惯的培养。故B、C两项说法正确。A、D两项违背了教师职业道德规范的要求,说法错误。

97. ABCD 【解析】本题考查班主任的工作内容。班主任在完成本科教学任务的同时,还应做好以下工作:(1)教育学生明确学习目的,端正学习态度;(2)指导学生掌握正确的学习方法和培养良好的学习习惯;(3)创设良好的学习环境;(4)形成优良的学风。

98. BD 【解析】本题考查课程类型。从课程设计、开发和管理的主体来看,课程可分为国家课程、地方课程与校本课程;从课程任务来看,课程可分为基础型课程、拓展型课程与研究型课程。

99. ACD 【解析】本题考查教师礼仪的相关知识。教师主要活动地点是在课堂上,着工装、正装、得体的休闲装是很好的选择。故B项符合教师的礼仪要求。无论是面对青少年学生还是成年人,大耳环、露脐装、低腰裤、透视装、吊带、拖鞋等都是教师着装的忌讳,它们会不同程度地分散学生注意力,甚至影响到学生的视线自由。故A、C项不符合教师的礼仪要求。教师的职业,不论什么脸型和体型的男女教师,都不宜留披肩发,更不能留怪发型。教师发型应自然、典雅、庄重。故D项不符合教师的礼仪要求。故本题选A、C、D三项。

100. ABCD 【解析】略。

2020年辽宁省葫芦岛市兴城市教师招聘考试真题试卷(四十九)

一、单项选择题

1. B 【解析】癸卯学制是中国近代第一个颁布并实行的学制。壬寅学制虽然正式公布,但并未实行。壬子癸丑学制是我国教育史上第一个具有资本主义性质的学制。壬戌学制第一次明确规定以学龄儿童和青少年身心发展规律作为划分学校教育阶段的依据。

2. A 【解析】《学记》(收入《礼记》)是中国古代最早的一篇专门论述教育、教学问题的论著,也是世界教育史上的第一部教育专著。

3. C 【解析】康德曾先后四次在哥尼斯堡大学讲授教育学,是最早在大学开设教育学讲座的有影响的学者之一。

4. A 【解析】人力资本理论学说重视教育投资的作用,认为教育不但是一种消费活动,也是一种投资活动。这体现了教育对经济的促进作用。

5. A 【解析】"建国君民,教学为先"的意思是:建立国家,统治人民,要把兴办教育作为首要任务。这反映了教育与政治的关系。

6. D 【解析】遗传素质是人的身心发展的前提,为人的发展提供了可能性,但不能决定人的发展。

7. B 【解析】外铄论认为人的发展主要依靠外在的力量,诸如环境的刺激和要求、他人的影响和学校的教育等。英国哲学家洛克提出"白板说",认为人的心灵犹如一块白板,它本身没有内容,可以任意涂抹。这属于外铄论的观点。

8. C 【解析】美国生理和心理学家格塞尔通过双生子爬梯实验证明了他的"成熟势力说",强调的是遗传素质的成熟机制制约着人的身心发展的水平及阶段。

9. C 【解析】互补性是指机体某一方面的机能受损甚至缺失后,可通过其他方面的超常发展得到部分补偿。题干所述体现了个体身心发展的互补性规律。

10. C 【解析】20世纪末在中国开始的"素质教育"运动实质上是马克思主义人的全面发展学说的具体实践。

11. A 【解析】教育目的是整个教育工作的核心,是教育活动的依据和评判标准、出发点和归宿,在教育活动中居于主导地位。

12. C 【解析】重视创新能力的培养是现代教育与传统教育的根本区别之所在。

13. A 【解析】课程标准是课程计划中每门学科以纲要的形式编写的、有关学科教学内容的指导性文件,是课程计划的分学科展开。

14. A 【解析】学科课程强调按照学科知识的逻辑体系来编制课程,活动课程强调以学生的主体性活动的经验为中心来组织课程,两者是相互对立的两种课程类型。

15. D 【解析】演示法是指教师配合讲授和谈话,通过向学生展示实物、直观教具,做示范性实验或采用现代化教学手段的方式,使学生获取知识的教学方法。题干描述的是演示法的概念。

16. B 【解析】题干引文人意为:没有听到不如听到,听到不如亲眼看到。这句话体现了直观性原则。

17. D 【解析】充分发挥学生的主体性是上好课的最根本的要求。

18. D 【解析】区分度是指测验题目对不同水平的答题者反应的区分程度和鉴别能力。高水平的学生在测验项目上能得高分,而低水平的学生只能得低分,说明该测验可以很好地区分不同水平的答题者的能力,故该测验的区分度高。

19. D 【解析】"视其所以,观其所由,察其所安"是孔子提出了解学生的方法,要求根据学生的不同特点进行区别性的教育。这体现了因材施教原则。

20. B 【解析】活动和交往是学生品德形成的基础和源泉。

21. B 【解析】组织和培养班集体是班主任工作的中心环节。

22. A 【解析】最早采用班级授课制的是清政府于1862年设于北京的京师同文馆。

23. D 【解析】学生具有很大的发展可能性与可塑性。

24. B 【解析】教师职业的专门化以专门培养教师的教育机构的出现为标志。

25. A 【解析】性格的态度特征是指个体对自己、他人、集体、社会以及对工作、劳动、学习的态度特征。例如,谦虚或自负、利他或利己、粗心或细心、创造或墨守成规等。

26. B 【解析】黏液质的高级神经活动过程表现为强、平衡、不灵活。

27. C 【解析】梦是无意想象(不随意想象)的一种特殊形式。

28. A 【解析】双趋冲突是指从自己同时都很喜爱的两个事物中仅择其一的心理状态,如鱼与熊掌不可兼得。

29. A 【解析】明适应是指照明开始或由暗处转入亮处时视觉感受性下降的过程。

30. B 【解析】艾宾浩斯遗忘曲线表明,遗忘是有规律的,即遗忘的进程是不均衡的,其趋势是先快后慢、先多后少,呈负加速,且到一定的程度就不再遗忘了。

31. B 【解析】注意的广度也称注意的范围,是指在同一时间内,人们能够清楚地知觉出的对象的数目。"一目十行"指的就是注意的范围。

32. B 【解析】长时记忆是指信息在头脑中储存的时间在1分钟以上,甚至保持终生的记忆。

33. A 【解析】再认是指人们对感知过、思考过或体验过的事物,当它再度呈现时,仍能认识的心理过程。选择题考查的就是对识记材料的再认能力。

34. C 【解析】1903年,美国心理学家桑代克出版了《教育心理学》一书,这是西方第一本以教育心理学命名的专著,由此确立了教育心理学的独立体系。因此,教育心理学创立于1903年。

35. D 【解析】规范学习指的是学生获得一定的规范认识,并努力将规范所确定的、外在的行为要求转化为其内在的行为需要,从而建构起内部的行为调节机制的过程。

36. B 【解析】下位学习又称类属学习,是一种把新的观念归属于认知结构中原有观念的某一部分,并使之相互联系的过程。原有观念在包容和概括水平上高于新学习的知识。"动物"的知识在包容和概括水平上高于"鸟"的知识,因此属于下位学习。

37. C 【解析】1903年,美国心理学家桑代克出版了《教育心理学》一书,这是西方第一本以教育心理学命名的专著,由此确立了教育心理学的独立体系。因此,教育心理学的诞生是以桑代克撰写的《教育心理学》的正式出版作为标志的。

38. B 【解析】创造性是个体利用一定内外条件,产生新颖、独特、有社会和个人价值产品的心理品质。

39. D 【解析】同化是指儿童把新的刺激物纳入已有图式中的认知过程。同化是图式发生量变的过程,它不能引起图式的质变,但影响图式的生长。

40. B 【解析】根据埃里克森的心理社会发展阶段论,12~18岁处于自我同一性对角色混乱阶段,这一年龄阶段的学生处于青春期。

41. B 【解析】罗杰斯提出了有意义的自由学习观。

42. C 【解析】成就动机高的人倾向于选择中等难度的任务,故答案选C项。

43. B 【解析】现代认知心理学运用产生式理论来解释程序性知识获得的心理机制。西蒙和纽厄尔认为,人和计算机一样,都是物理信号系统,其功能都是操作符号。计算机之所以具有智能,能完成各种运算和解决问题,是由于它储存了一系列以"如果……那么……"形式编码的规则。人经过学习,头脑中也储存了一系列以"如果……那么……"形式表示的规则,这种规则称为产生式。

44. D 【解析】动机是引起和维持个体活动,并使活动趋向一定的目标,以满足某种需要的一种内部心理动力。构成动机的基本因素是内驱力和诱因。

45. C 【解析】美国心理学家斯金纳在巴甫洛夫经典性条件反射理论和桑代克的联结—试误学习理论的影响下,于1937年提出了操作性条件反射学说。

46. C 【解析】元认知就是对认知的认知,具体地说,是个人关于自己认知过程的知识和调节这些过程的能力。

47. A 【解析】在刺激作用停止后暂时保留的感觉现象称为感觉后效,即感觉后像。在各种感觉中,视觉的后效很显著,又称视觉后像。视觉后像有正后像和负后像两种,题干所述属于典型的负后像现象。

48. D 【解析】能够感受刺激之间的最小差异量的能力叫差别感受性。乐队指挥者的听觉比较灵敏,故其听觉差别感受性比一般人高。

49. C 【解析】新课程背景下的课堂教学,要求根据各学科教学的任务和学生的需求,从知识与技能、过程与方法、情感态度与价值观三个维度出发设计课程目标。

50. B 【解析】要改革旧的教育观念,真正确立起与新课程相适应的、体现素质教育精神的教育观念,是教学改革的首要任务。

51. D 【解析】要实现我国基础教育课程的现代化,构建符合素质教育要求的新型课程体制,就必须进行"课程概念再变革",树立开放的大课程观,构建一个开放的大课程体制。这个课程体制共包括四大类课程:学科课程,综合化课程,实践活动类课程,潜隐性课程。(具体参见邱石编著的《探究性学习与教师行为的变化》)

52. C 【解析】《基础教育课程改革纲要(试行)》指出:教师在教学过程中应与学生积极互动、共同发展,要处理好传授知识与培养能力的关系,注重培养学生的独立性和自主性,引导学生质疑、调查、探究,在实践中学习,促进学生在教师指导下主动地、富有个性地学习。

53. D 【解析】新课程的核心理念是:为了中华民族的复兴,为了每位学生的发展。

54. A 【解析】综合实践活动的内容主要包括:信息技术教育、研究性学习、社区服务与社会实践、劳动与技术教育。

55. A 【解析】新课程改革不仅开设了与分科课程相对应的综合课程,而且规定小学阶段以综合课程为主,初中阶段设置分科与综合相结合的课程,高中以分科课程为主。

56. B 【解析】改变课程管理过于集中的状况,实行国家、地方、学校三级课程管理,增强课程对地方、学校及学生的适应性。

57. D 【解析】课程评价在新课程改革中起着导向与质量监控的重要作用,是新课程改革成败的关键环节。

58. C 【解析】2001 年开始的新课程改革是中华人民共和国成立起来的第八次规模较大的课程改革。

59. D 【解析】新课程改革中,教育观念的转变包括教育功能观、学生观、教师观、教学观以及评价观的转变。

60. B 【解析】新课程倡导的教师角色包括:(1)从教师与学生的关系看,教师是学生学习的促进者;(2)从教学与研究的关系看,教师是教育教学的研究者;(3)从教学与课程的关系看,教师是课程的开发者和建设者;(4)从学校与社区的关系看,教师是社区型开放的教师。

61. A 【解析】在新课程改革中,教师教学行为的变化包括:(1)在对待师生关系上,新课程强调尊重、赞赏;(2)在对待教学关系上,新课程强调帮助、引导;(3)在对待自我上,新课程强调反思;(4)在对待与其他教育者的关系上,新课程强调合作。

62. C 【解析】新课程倡导"立足过程,促进发展"的课程评价,这不仅仅是评价体系的变革,更重要的是评价理念、评价方法与手段以及评价实施过程的转变。

63. A 【解析】综合实践活动是由国家设置、由地方和学校根据实际开发的课程领域。所以在课程管理权限上属于国家课程。

64. C 【解析】《基础教育课程改革纲要(试行)》指出,建立促进教师不断提高的评价体系。强调教师对自己教学行为的分析与反思,建立以教师自评为主,校长、教师、学生、家长共同参与的评价制度,使教师从多渠道获得信息,不断提高教学水平。

65. B 【解析】职业理想就是指人们对于未来工作类别的选择以及在工作上达到何种成就的向往和追求。

66. B 【解析】题干大意为:自我品行端正了,即使不发布命令,老百姓也会去实行;若自身品行不端正,即使发布命令,老百姓也不会服从。用在教育中,这反映了教师劳动的示范性的特点。

67. C 【解析】从教师个体职业良心形成的角度看,教师的职业良心首先会受到社会生活和群体的影响。

68. B 【解析】"见贤思齐焉,见不贤而内自省也"的意思是几个人在一起,其中必有一人是可以学习的能者,选择他的长处学习,看见没有德行的人,自己就要反省是否有和他一样的错误,体现了榜样教育与自我教育相结合的方法。

69. A 【解析】"良心活"说明教师已经将教师职业道德行为准则内化为自己行事的原则,体现了教师职业道德的自觉性。

70. B 【解析】教师职业道德评价应遵循的原则有方向性原则、客观性原则、科学性原则、教育性原则和民主性原则。

71. B 【解析】教师职业道德基本原则、规范、范畴相互作用、相互影响、相辅相成,共同构成教师职业道德规范体系。在这一规范体系中,由于基本原则是对教师教育活动中道德现象的高度概括,是社会道德原则的阶级本质在教师职业活动中的集中体现,是教师处理个人利益和社会整体利益的根本准则,因此它在教师职业道德规范体系中居于首要地位,起着主导作用,成为教师职业道德规范体系的总纲和精髓,统帅着教师职业规范体系,贯穿于教师职业道德发展过程的始终。

72. B 【解析】教师职业道德具有调节作用、教育作用、导向作用、促进作用。其中,对教育过程的调节作用是教师职业道德最基本、最重要的作用。

73. D 【解析】教育的性质和方向是教育工作的首要问题,也是教育法首先要明确的问题。

74. B 【解析】新《义务教育法》是指 2006 年 6 月 29 日第十届全国人民代表大会常务委员会第二十二次会议修订的《中华人民共和国义务教育法》。

75. A 【解析】根据《中华人民共和国教师法》第十四条规定,受到剥夺政治权利或者故意犯罪受到有期徒刑以上刑事处罚的,不能取得教师资格;已经取得教师资格的,丧失教师资格。

76. B 【解析】根据《学生伤害事故处理办法》第九条规定,因学生有特异体质或者特定疾病,不宜参加某种教育教学活动,学校知道或者应当知道,但未予以必要的注意造成的学生伤害事故,学校应当依法承担相应的责任。根据题干描述可知,班主任对小李的病情是知情的,但未告知体育老师并对小李予以必要的注意。因此,小李在参加学校的教育教学活动中受伤,学校应当承担相应的赔偿责任。故小李父母的要求是合理的。

77. C 【解析】根据《中华人民共和国教育法》第七十二条规定,结伙斗殴、寻衅滋事,扰乱学校及其他教育机构教育教学秩序或者破坏校舍、场地及其他财产的,由公安机关给予治安管理处罚;构成犯罪的,依法追究刑事责任。

78. C 【解析】根据《中华人民共和国义务教育法》第二条规定,实施义务教育,不收学费、杂费。

79. C 【解析】我国《义务教育法》的立法宗旨是发展基础教育。

80. C 【解析】根据《中华人民共和国教师法》第三条规定,教师是履行教育教学职责的专业人员,承担教书育人,培养社会主义事业建设者和接班人、提高民族素质的使命。

二、多项选择题

81. ABC 【解析】赫尔巴特强调系统知识的传授,强调课堂教学的作用,强调教材的重要性,强调教师的权威作用和中心地位,形成了传统教育"课堂中心""教材中心""教师中心"的特点。

82. ABCD 【解析】以语言传递为主的教学方法,主要包括讲授法、谈话法、讨论法、读书指导法四种。

83. ABCD 【解析】从层次结构上来看,我国现行学校教育包括学前教育、初等教育、中等教育和高等教育四个层次。

84. ABC 【解析】教育目的的功能(作用)包括导向功能、调控功能、评价功能和激励功能。

85. ABD 【解析】教师的工作具有长期性、复杂性、多面性、自觉性、创造性、延时性及个体性与集体性相结合等特点。(具体参见张向葵主编的《教育心理学》)

86. BD 【解析】生产力的发展水平制约着教育发展的规模和速度。

87. AD 【解析】就个人发展与社会的关系来说,教育史上形形色色的教育目的可以归结为两种不同的教育价值观:一种是从个人发展出发,依据内在需要来确定的,另一种是从社会发展出发,依据外在需要来确定的。依据这两种不同的教育价值观,也就有了两种不同的教育目的价值取向:个人本位论和社会本位论。

88. ABCD 【解析】促进教师成长有以下几种方法:(1)观摩和分析优秀教师的教学活动;(2)开展微格教学;(3)进行专门训练;(4)进行教学反思。

89. AC 【解析】从课程内容的组织方式来划分,课程可分为分科课程与综合课程。

90. AD 【解析】贯彻因材施教原则的要求包括:(1)充分了解学生;(2)尊重学生的差异;(3)面向每一个学生。C 项属于贯彻循序渐进原则的要求之一。(具体参见贾玉霞、姬建锋、李峰主编的《教育学》)

91. ABC 【解析】遗传决定论有代表性的观点包括柏拉图的人分"三等论"、基督教的"原罪说"和中国古代的性善性恶论等等。中国古代儿童观,是围绕对人性的认识展开的,主要形成了三种代表性的观点:(1)以孟子为代表的性善论;(2)以荀子为代表的性恶论;(3)董仲舒、韩愈提出的性分上中下三等的观点。洛克的"白板说"属于环境决定论。

92. ACD 【解析】班级组织机构微观建制的形式有三种:(1)直线式;(2)职能式;(3)直线职能式。

93. ABC 【解析】注意的功能有:(1)选择功能;(2)保持功能;(3)调节和监督功能。

94. ABCD 【解析】知觉的基本特征包括:(1)知觉的选择性;(2)知觉的理解性;(3)知觉的整体性;(4)知觉的恒常性。

95. CD 【解析】根据信息加工处理和储存方式的不同,可将记忆分为陈述性记忆和程序性记忆;根据记忆时意识参与的程度,可将记忆分为外显记忆和内隐记忆。

96. ABCD 【解析】情绪和情感的功能有:(1)适应功能;(2)动机功能;(3)组织功能;(4)信号功能;(5)健康功能;(6)感染功能。

97. CD 【解析】似动知觉的主要形式有:(1)动景运动;(2)诱导运动;(3)自主运动;(4)运动后效。

98. AC 【解析】适应性运动指人在注意状态下,感觉器官一般是朝向注意对象的。例如:人在观察某个物体时,把视线集中在该物体上,即所谓"举目凝视";注意听一个声音时,把耳朵转向声音的方向,即所谓"侧耳倾听";当沉浸于思考或想象时,眼睛常常是"呆视着",好像看着远方一样,对周围对象的感知就变得模糊起来。

99. ABCD 【解析】精加工策略包括:(1)人为联想策略;(2)内在联系策略;(3)生成策略;(4)记笔记策略。

100. ACD 【解析】根据能力的功能不同,可分为认知能力、操作能力和社交能力。

101. ABD 【解析】根据学校情境中的学业成就动机的不同,奥苏贝尔等人把动机分为认知内驱力、自我提高内驱力和附属内驱力三个方面。

102. ABCD 【解析】亲社会行为的科学定义是指在社会情境中,个体自愿做出的,可以给他人带来收益或者有利于共同目标的实现,并能促进和谐人际关系的行为,包括帮助行为、分享行为、安慰行为和合作行为。

103. ABC 【解析】董奇认为,元认知由元认知知识、元认知体验和元认知控制(监控)三部分构成。

104. ABCD 【解析】沃拉斯的四阶段理论认为,创造性活动主要由准备、酝酿(孕育)、明朗和验证四个阶段构成。

105. ABC 【解析】均衡性、综合性和选择性既是本次课程结构调整的三条基本原则,又是新课程结构区别于现行课程结构的三个基本特征。

106. ABC 【解析】新课程在培养学生能力方面倡导:学生主动参与、乐于探究、勤于动手,培养学生收集和处理信息的能力、获取新知识的能力、分析和解决问题以及交流与合作的能力。

107. ABCD 【解析】新课改的六项具体目标包括：改变课程功能、调整课程结构、精选教学（课程）内容、改进教学方式、改革考试和评价制度、重建课程管理体系。

108. ABCD 【解析】新课程改革要求建立一种"对话·互动"式的新型师生关系。在教学中有效地运用"对话·互动"，必须做到以下几点：(1)教师要转变角色和行为，与学生建立新型的民主、平等的师生关系；(2)要创设一定的"情境"和引出一定的"话题"；(3)教师要学会一些引导"对话·互动"的策略和技巧。

109. ABC 【解析】影响基础教育改革的理论、理念非常庞杂，如人力资本理论、终身教育思潮、全民教育思潮、人本主义教育理念、建构主义教育理念、多元智力理论、人的全面发展理论等。

110. ABD 【解析】当代世界课程改革的共同发展趋势包括：(1)重视课程内容的现代化、综合化；(2)重视基础学科和知识的结构化；(3)重视能力的培养；(4)重视个别差异。

111. ACD 【解析】新课程倡导的学习方式包括：(1)自主学习；(2)探究学习；(3)合作学习。

112. ABD 【解析】新课程提倡的学生观的主要观点包括：(1)学生是发展中的人，要用发展的观点认识学生；(2)学生是独特的人；(3)学生是具有独立意义的人。

113. ACD 【解析】教师职业道德修养的基本原则包括：(1)坚持知和行的统一；(2)坚持动机和效果的统一；(3)坚持自律和他律相结合；(4)坚持个人和社会相结合；(5)坚持继承和创新相结合。

114. BCD 【解析】《中小学教师职业道德规范》中关于"爱岗敬业"方面所规定的具体职业行为要求有以下几点：(1)对工作高度负责；(2)认真备课上课；(3)认真批改作业；(4)认真辅导学生；(5)不得敷衍塞责。

115. ABCD 【解析】《中小学教师职业道德规范》中关于"爱国守法"方面所规定的具体职业行为要求有以下几点：(1)全面贯彻国家教育方针；(2)自觉遵守教育法律法规，依法履行教师职责权利；(3)不得有违背党和国家方针政策的言行。

116. ABC 【解析】教师公正的内容有：(1)坚持真理，伸张正义；(2)一视同仁，爱无差等；(3)办事公道，赏罚分明；(4)因材施教，长善救失；(5)确立性别平等意识，公正地对待不同性别的学生。

117. ACD 【解析】根据《中华人民共和国教师法》第二十二条规定，学校或者其他教育机构应当对教师的政治思想、业务水平、工作态度和工作成绩进行考核。

118. CD 【解析】根据《中华人民共和国教师法》第十七条规定，教师的聘任应当遵循双方地位平等的原则，由学校和教师签订聘任合同，明确规定双方的权利、义务和责任。故聘任是双方的法律行为，确立的是双方的法律关系；聘任双方在平等地位上签订的聘任合同具有法律效力，对聘任双方都有约束力。另外，根据聘任合同领取相应的工资，职务工资应反映教师的工作业绩、教育教学水平，体现按劳分配的原则。因此，A、B 两项说法错误，C、D 两项说法正确。

119. AB 【解析】根据《中华人民共和国义务教育法》第四十七条规定，国务院和县级以上地方人民政府根据实际需要，设立专项资金，扶持农村地区、民族地区实施义务教育。

120. BCD 【解析】根据《中华人民共和国教师法》第七条、第八条规定可知，B、C、D 三项属于教师享有的权利，A 项属于教师应当履行的义务。

三、判断题

121. × 【解析】教育学是随着社会的发展和人类教育经验的丰富而逐渐形成和发展起来的一门学科，它并不是随着人类社会的产生而产生。

122. × 【解析】学校的建筑属于物质性隐性课程。

123. √ 【解析】近现代教育史，提出过不同的学生掌握知识阶段的学说，主要有两种模式：一种是以师生授受知识为特征的传授/接受教学；另一种是以学生主动探取知识为特征的问题/探究教学。

124. √ 【解析】品德的心理结构包括四种相辅相成的基本心理成分：道德认知、道德情感、道德意志和道德行为，简称知、情、意、行。

125. × 【解析】道德意志是个体自觉地调节道德行为，克服困难，以实现预定道德目标的心理过程。小亮由于天气寒冷不肯钻出被窝是意志力薄弱的表现。因此，对小亮的教育应从培养其道德意志入手。

126. √ 【解析】教师劳动的特点表现在：(1)教师劳动的复杂性；(2)教师劳动的示范性；(3)教师劳动的创造性；(4)教师劳动的专业性。

127. × 【解析】注意是伴随各种心理过程存在的特殊的心理状态。

128. √ 【解析】气质是人的天性，没有好坏之分。

129. × 【解析】感觉是人脑对直接作用于感觉器官的客观事物的个别属性的反映。知觉是在感觉的基础上产生的，它是人脑对直接作用于感觉器官的客观事物的整体属性的反映。故题干说法错误。

130. √ 【解析】知识的表征是指知识在头脑中储存和转化的方式。故题干说法正确。

131. × 【解析】弗洛伊德是精神分析学派的代表人物。

132. × 【解析】按程序性知识的性质和特点，可以把程序性知识分为智慧技能、动作技能和认知策略三类。

133. × 【解析】在 2000 年 10 月召开的全国中小学信息技术教育工作会议上，教育部提出了中小学普及信息技术教育的两个主要目标：(1)开设信息技术必修课，加快信息技术教育与其他课程的整合；(2)全面实施中小学"校校通"工程，努力实现基础教育的跨越式发展。

134. × 【解析】新一轮的课程改革是全面贯彻党的教育方针，全面推进素质教育。但并不是对传统教学的彻底改变，例如仍保留着传统教学的班级授课的形式。

135. × 【解析】新课程强调的评价不是为了"选拔适合教育的儿童"，而是如何发挥评价的激励作用，关注学生成长与进步的状况，并通过分析指导，提出改进计划来促进学生的发展。

136. √ 【解析】独立性是现代学习方式的核心特征，它对应于传统学习方式的依赖性。

137. × 【解析】教师公正是教师职业道德修养水平的重要标志，其内容要求一视同仁、爱无差等。所以教师不能偏爱优秀学生。

138. √ 【解析】教师职业道德修养的最高层次是"慎独"，"慎独"一语最早出自儒家经典《礼记·中庸》。

139. × 【解析】在我国教育法律体系中，《中华人民共和国教育法》处于"母法"的地位。

140. √ 【解析】根据《中华人民共和国未成年人保护法》第五十四条规定，对违法犯罪的未成年人，实行教育、感化、挽救的方针，坚持教育为主、惩罚为辅的原则。

2020 年天津市河东区教师招聘考试真题试卷（五十）

一、单项选择题

1. D 【解析】本题考查发现教学的程序。布鲁纳设计了"发现教学"的一般程序。第一，提出问题。教师选一个或几个一般原理，给学生一些感性材料，使学生带着问题学习，学生提出弄不懂的问题与疑难。第二，创设问题情境。问题情境是一种特殊的学习环境。情境中的问题既适合学生已有的知识水平、能力，又需要经一番努力才能解决，从而使学生形成对未知事物进行探究的心向。第三，提出假设。利用所给定的材料，在寻求答案的过程中，充分利用直觉思维，提出各种有益于问题解决的可能性。第四，评价、验证，得出结论。对各种可能性，运用分析思维反复地求证、讨论，寻求答案，根据学生的"自我发现"，提取出一般的原理或概念，把一般的原理与概念付诸实践，提高学生运用知识分析问题与解决问题的能力。（具体参看孟伶泉主编的《基于现代理念的教育理论与实践》）

2. C 【解析】本题考查教育学理论的相关知识。文化教育学又称精神科学教育学，是 19 世纪末出现在德国的一种教育学说，代表人物有狄尔泰、斯普兰格、利特。代表著作主要有《关于普遍妥当的教育学的可能》《教育与文化》等。故 C 项正确。A 项属于实验教育学的代表人物及著作。B 项属于实用主义教育学的代表人物及著作。另外，《经验与教育》属于实用主义教育学的代表作，故 A、B、D 三项错误。

3. B 【解析】本题考查《中华人民共和国义务教育法》的内容。根据《中华人民共和国义务教育法》第三十条规定，教师应当取得国家规定的教师资格。国家建立统一的义务教育教师职务制度。教师职务分为初级职务、中级职务和高级职务。

4. A 【解析】本题考查维果斯基的理论。维果斯基在《教育心理学》一书中，主张必须把教育心理学作为一门独立科学的分支来研究，反对把普通心理学的成果简单移入教育心理学，强调在儿童发展中教育与教学的主导作用，并由此提出了"文化发展论"和"内化说"，认为掌握文化能够改造儿童的心理过程，使本来直接的、自然的行为方式转变为间接的、文化的活动或过程。而人的心理过程的结构必须在他的外部活动中形成，然后才能向内转化为内部过程的结构。

5. B 【解析】本题考查师生关系的相关内容。师生关系的作用包括：(1)良好的师生关系是教育教学活动顺利进行的重要条件；(2)师生关系是衡量教师和学生学校生活质量的重要指标；(3)师生关系是校园文化的重要内容。故 B 项说法正确，C 项说法错误。师生关系的内容包括：(1)师生在教育内容的教学上结成授受关系；(2)师生在人格上是平等的关系；(3)师生在社会道德上是互相促进的关系。故 A、D 两项说法错误。

6. A 【解析】本题考查《中小学教师违反职业道德行为处理办法》(2018 年修订)的内容。《中小学教师违反职业道德行为处理办法》(2018 年修订)所称处理包括处分和其他处理。处分包括警告、记过、降低岗位等级或撤职、开除。警告期限为 6 个月，记过期限为 12 个月，降低岗位等级或撤职期限为 24 个月。是中共党员的，同时给予党纪处分。

7. A 【解析】本题考查《中华人民共和国未成年人保护法》的内容。根据《中华人民共和国未成年人保护法》第十九条规定,学校应当根据未成年学生身心发展的特点,对他们进行社会生活指导、心理健康辅导和青春期教育。

8. A 【解析】本题考查皮亚杰的认知发展阶段理论。根据皮亚杰的认知发展阶段理论,处于前运算阶段(2～7岁)的儿童思维具有自我中心性。该阶段的儿童还不能设想他人所处的情境,常以自己的经验为中心,从自己的角度出发来观察和理解世界。

9. D 【解析】本题考查个体心理发展的影响因素。影响个体心理发展的因素主要有遗传、环境与教育以及个体的主观能动性。

10. D 【解析】本题考查自我效能感的提出者。自我效能感由班杜拉首次提出,是指人对自己能否成功从事某一成就行为的主观判断。故答案选D项。A项阿特金森是成就动机理论的代表人物。B项马斯洛提出了需要层次理论。C项加涅提出了信息加工学习理论。

11. B 【解析】本题考查教师个体专业性发展的内容。教师个体的专业发展是教师作为专业人员,从专业思想到专业知识、专业能力、专业心理品质等方面由不成熟到比较成熟的发展过程,即由一个专业新手发展成为专家型教师或教育家型教师的过程。教师个体专业性发展的内容包括:(1)专业理想的建立。(2)专业知识的拓展。(3)专业能力的发展。一般来说,应包括:①设计教学的能力;②表达能力;③教育教学组织管理能力;④教育教学交往能力;⑤教育教学机智;⑥反思能力;⑦教育教学研究能力;⑧创新能力。(4)专业自我的形成。故B项正确。

12. C 【解析】本题考查痕迹衰退说的起源。痕迹衰退说是一种对遗忘原因的最古老的解释。按照这种理论,遗忘是由记忆痕迹衰退引起的,衰退随时间的推移自动发生。它起源于亚里士多德,由桑代克和巴甫洛夫学派进一步发展。

13. D 【解析】本题考查学习迁移的类型。垂直迁移也称纵向迁移,是指先行学习内容与后续学习内容是不同水平的学习活动之间产生的影响。垂直迁移表现在两个方面:(1)自下而上的迁移,即下位的较低层次的经验影响上位的较高层次的经验的学习;(2)自上而下的迁移,即上位的较高层次的经验影响下位的较低层次的经验的学习。D项属于垂直迁移。A项属于不同类的事物,B项属于水平迁移,C项属于具体迁移。

14. C 【解析】本题考查《中华人民共和国义务教育法》的内容。根据《中华人民共和国义务教育法》第七条规定,义务教育实行国务院领导,省、自治区、直辖市人民政府统筹规划实施,县级人民政府为主管理的体制。

15. C 【解析】本题考查《新时代中小学教师职业行为十项准则》的内容。《新时代中小学教师职业行为十项准则》中的"自觉爱国守法"指出:忠于祖国,忠于人民,恪守宪法原则,遵守法律法规,依法履行教师职责;不得损害国家利益、社会公共利益,或违背社会公序良俗。

16. C 【解析】本题考查学科课程与活动课程的关系。学科课程与活动课程的差异包括:在教学组织形式方面,学科课程为班级授课制;活动课程灵活多样。故A项说法错误。在教育观念方面,学科课程倡导社会本位论、"教育为生活做准备";活动课程倡导个人本位论、"教育即生活"。故B项说法错误。在课程的排列方面,学科课程以逻辑顺序排列课程;活动课程以心理顺序排列课程。故C项说法正确。在知识的性质方面,学科课程注重学术性知识;活动课程注重现实有用的经验性知识。故D项说法错误。(具体参看黄胜主编的《教育学新编》)

17. B 【解析】本题考查活动中心课程论的基本观点。活动中心课程论就是以经验为中心的课程理论,又称经验课程论、儿童中心课程论等。活动中心课程论的基本特征包括:(1)主张一切学习都来自经验,而学习就是经验的改造和改组;(2)主张学习必须和个人的特殊经验发生联系,教学必须从学习者已有的经验开始;(3)主张打破严格的学科界限,有步骤地扩充学习单元和组织教材,强调在活动中学习,而教师从中发挥协助作用。故B项说法正确,D项说法错误。A项体现的是学科中心课程理论的观点。C项体现的是社会中心课程理论的观点。

18. A 【解析】本题考查知识学习的分类。奥苏贝尔根据新知识与原有认知结构的关系,将知识学习分为下位学习、上位学习和并列结合学习。上位学习又称总括学习,是在学生掌握一个比认知结构中原有概念的概括和包容程度更高的概念或命题时产生的。题干所述事例属于典型的上位学习,故选A项。B项下位学习又称类属学习,是一种把新的观念归属于认知结构中原有观念的某一部分,并使之相互联系的过程。C项并列结合学习又称组合学习,是在新命题与认知结构中原有的命题既非下位关系又非上位关系,而是一种并列的关系时产生的。D项属于干扰项。

19. A 【解析】本题考查格式塔学习理论的内容。格式塔的顿悟学习理论认为,学习的实质是在主体内部构造完形,学习的过程是通过顿悟实现的,强调刺激和反应之间是以意识为中介的。题干所述为格式塔的顿悟学习理论的内容,故选择A项。B项托尔曼的认知—目的论认为学习是有目的的行为,学习的原因和实质就是在头脑中形成了认知地图,认为没有强化动物也能进行学习。C项奥苏贝尔的接受学习理论认为,学生的学习主要是有意义的接受学习。D项加涅的信息加工理论认为学习是一个信息加工的过程。

20. D 【解析】本题考查构造主义心理学的有关内容。构造主义心理学是19世纪末心理学成为一门独立的实验科学以后,出现于欧美的第一个心理学派,它与之后出现的机能心理学相对立。构造主义心理学主张采用实验内省法对意识的内容或构造进行自我观察和描述,并找出意识的组成部分以及它们如何连结成各种复杂心理过程的规律。

21. B 【解析】本题考查马克思主义教育学的理论。马克思主义教育学的基本观点之一是:在教育与社会的政治、经济、文化的关系上,教育一方面受它们的制约,另一方面又具有相对独立性,并反作用于它们,对于促进现代社会政治、经济与文化的发展具有巨大的作用。故B项说法正确。

22. C 【解析】本题考查应试教育和素质教育的区别。在教学过程方面,应试教育强调以教师为中心。素质教育强调充分发挥教师的主导作用和学生的主体作用,两个作用密切结合。故A项说法错误。在教学结构方面,应试教育是单渠道的,强调以课堂教学为中心,只抓课内不抓课外,教学方法一般是讲、练、背、考。素质教育则是多渠道、多层次的,课内与课外两条渠道并举。故B项说法错误。在教学内容方面,应试教育强调以课本为中心,忽视知识的相互渗透和综合化。素质教育不是采用单一课程,而是多种课程的互补。故C项说法正确。教学基本上有三种水平,其一是记忆性水平;其二是说明性水平;其三是探索性水平。在教学效果方面,应试教育基本上只能达到记忆性水平或说明性水平。素质教育则要求达到探索性水平。故D项说法错误。

23. A 【解析】本题考查教师的职业形象。教师的职业形象是道德形象、文化形象和人格形象三者统一的整体。其中,教师的文化形象是指教师是以文化为中介来与学生发生关联,对学生产生实质影响,并实现对社会的文化功能。

24. A 【解析】本题考查综合课程的内涵。所谓"综合课程"是指这样一种课程取向:有意识地运用两种或两种以上学科的知识观和方法论去考察和探究一个中心主题或问题。

25. C 【解析】本题考查裴斯泰洛齐的教育思想。在西方教育史上,裴斯泰洛齐是第一个明确提出"教育心理学化"口号的教育家。所谓"教育心理学化"就是把教育提高到科学的水平,将教育科学建立在人的心理活动规律的基础上。

26. D 【解析】本题考查现代教育的相关知识。现代教育萌芽于资本主义初始阶段,形成于资本主义社会的发展时期。它的共同特征是:(1)教育与生产劳动由分离逐步走向结合是现代教育的基本特征;(2)学校教育的普及性;(3)学校教育制度日趋完善;(4)创立新的教学组织形式,实行班级授课制;(5)教学手段、教学方法不断更新,教育内容逐渐科学化。因此,A项是现代教育的共同特征之一,D项是现代教育的基本特征。B项属于信息社会教育的特征,C项属于工业社会教育的特征。故本题选D项。

27. D 【解析】本题考查教育的社会功能。教育对社会民主的推进主要表现在三个方面:(1)教育传播科学,启迪人的民主观念;(2)教育民主化本身是政治民主化的重要组成部分,也是衡量社会民主化的重要一环;(3)民主的教育是政治民主化的"孵化器"。故D项说法正确。A、B两项体现的是教育的经济功能,C项体现的是教育的文化功能。

28. D 【解析】本题考查诊断性评价的运用。诊断性评价是在学期开始或一个单元教学开始时,为了了解学生的学习准备状况及影响学习的因素而进行的评价。另外,总结性评价常在学期中或学期末进行;形成性评价一般在教学过程中进行。

29. B 【解析】本题考查艾森克的人格维度理论。艾森克是最早提出人格特质"三因素模型"(内倾性—外倾性、神经质、精神质)的心理学者,他注重研究人格中最基本的特质并对人格特质的生理基础做了探讨,形成了独具特色的人格层次理论。(具体参看徐学俊主编的《人格心理学》)

30. C 【解析】本题考查中小学生发展的时代特点。中小学生发展的时代特点包括:(1)身体发育水平持续提高,身体素质持续下降;(2)学习目的多元化、实用化;(3)价值观念多元化,具有较高的职业理想和务实的人生观;(4)自我意识增强,具有一定的社会交往能力;(5)心理问题和行为问题增多;(6)网络生活成为大部分中小学生生活的重要组成部分。故C项说法正确。学生发展的一般规律包括:(1)顺序性和阶段性;(2)稳定性和可变性;(3)不均衡性;(4)个别差异性;(5)整体性。其中,整体性规律要求教学要着眼于学生的整体性,促进学生的一般发展,注意做到认知因素与非认知因素、意识与潜意识、科学与艺术的统一。故A、B、D三项体现的是学生发展的一般规律。(具体参看全国十二所重点师范大学联合编写的《教育学基础(第3版)》)

二、多项选择题

31. ABCD 【解析】本题考查人际交往的影响因素。一般来说,影响人际交往的因素主要有以下几个方面:(1)文化因素。(2)认知因素,主要包括在人际交往中的自我认知、社会认知。(3)情绪因素。(4)人格因素。(具体参看杨绍维主编的《大学生思想道德修养》)

32. ABC 【解析】本题考查外部感觉的内容。外部感觉是指感受外部刺激,反映外部事物个别属性的感觉,主要分为视觉、听觉、嗅觉、味觉和肤觉(包括触压觉、温度觉和痛觉)五大类,其中视觉在人的各种感觉中起主导作用。体表感觉包括触压觉、温觉、冷觉、痛觉。故体表感觉也属于外部感觉。深部感觉,包括肌肉、肌腱、关节等感觉及深部痛觉和深部压觉。

33. AD 【解析】本题考查教学原则的相关知识。A 项体现的是启发性教学原则。B 项体现的是循序渐进原则。C 项体现的是巩固性原则。D 项体现的是在教学中要将学、思相结合,而启发性教学原则的要义在于引导学生独立思考,训练和拓展其提出问题、分析问题和解决问题的思维能力。因此,D 项体现的是启发性教学原则。故本题选 A、D 两项。

34. BD 【解析】本题考查识记的分类。根据识记材料是否有意义,以及学习者是否理解材料的意义,可把识记分为机械识记和意义识记。根据主体有无预定的识记目的,是否付出特殊的努力,可将识记分为无意识记和有意识记。有意识记又称随意识记。

35. ABCD 【解析】本题考查中学生观察力的发展特点。进入中学后,随着教学的要求和学生智力活动自觉性的提高,学生的观察力也得到了充分的发展,具体体现如下:(1)观察目的更明确。初中生能使观察服务于一定目的,并持续较长时间。(2)观察时间更持久。中学生在注意力和观察目的性、自觉性发展的基础上,观察可持续时间不断增长。(3)观察内容更精细。随着年纪增长,初中生比小学生在观察精确性、完整性和系统性方面有明显的提高。(4)观察角度更概括。低年级小学生对所观察事物作出整体概括的能力很差,表述事物特征分不清主次,往往忽略了有意义的特征而注意无意义的特征。而中学生的分辨力和判断力就好多了。

36. ABC 【解析】本题考查学生的情感学习评价的构成。对学生情感学习评价的分类,现在并没有一个统一的标准体系。目前学生情感学习评价一般由兴趣、态度、品德三个类别构成。(具体参看全国十二所重点师范大学联合编写的《教育学基础》)

37. BCD 【解析】本题考查《国务院办公厅关于加强中小学幼儿园安全风险防控体系建设的意见》的内容。《国务院办公厅关于加强中小学幼儿园安全风险防控体系建设的意见》的基本原则是:(1)坚持统筹协调、综合施策;(2)坚持以人为本、全面防控;(3)坚持依法治理、立足长效;(4)坚持分类应对、突出重点。

38. BCD 【解析】本题考查现代教学观的演变趋势。现代教学观的演变趋势表现为六个方面:(1)从重视教师的教向重视学生的学转变;(2)从重视知识传授向重视能力培养转变;(3)从重视教法向重视学法转变;(4)从重视认知向重视发展转变;(5)从重视结果向重视过程转变;(6)从重视继承向重视创新转变。

39. ABD 【解析】本题考查人格的特征。人格的基本特征包括:(1)人格的整体性;(2)人格的独特性;(3)人格的稳定性;(4)人格的社会性。

40. CD 【解析】本题考查教育功能的分类。教育功能从作用呈现的形式来分,包括显性功能和隐性功能。教育功能从作用的对象来分,包括个体功能和社会功能。故本题选 C、D 两项。

41. ACD 【解析】本题考查教学评价的分类。按评价参照标准来分,教学评价可以分为相对评价、绝对评价和个体内差异评价。按评价分析方法来分,教学评价可以分为定性评价和定量评价。

42. ABCD 【解析】本题考查中学生常见的心理问题。中学生常见的心理问题大致有:(1)学习方面困扰,包括学习方法烦恼、学习压力感大、考试焦虑、学习挫折、记忆力衰退、神经衰弱等。(2)人际关系方面的困扰,包括同学关系烦恼、交友烦恼、师生关系烦恼、与家庭的间离感等。(3)青春期生理、心理困扰,如性心理苦闷、早恋困惑、体相烦恼、孤独感等。(4)人生发展中的烦恼,如理想与现实的冲突、新生综合征、人生困惑感、自卑感、自杀倾向等。

43. CD 【解析】本题考查知识的分类。根据反映活动的深度不同,知识可分为感性知识和理性知识。所谓感性知识,是对活动的外表特征和外部联系的反映,可分为感知和表象两种水平。所谓理性知识,反映的是活动的本质特征与内在联系,包括概念和命题两种形式。根据知识的抽象程度,可将知识分为具体知识与抽象知识。

44. BCD 【解析】本题考查实验法的分类。实验法的类型包括:(1)根据实验进行的场所,可分为实验室实验和自然实验;(2)根据实验的目的,可以分为确认性实验、探索性实验和验证新实验;(3)根据同一实验中自变量因素的多少,可分为单因素实验和多因素实验。故 B、C、D 三项正确。(具体参看任平、孙文云主编的《现代教育学概论(第3版)》)

45. AB 【解析】本题考查教育的个体社会化的功能。学校教育(教育)对人身心发展的促进作用表现在促进个体个性化与个体社会化两方面。其中,教育的个体社会化的功能主要体现在三个方面:(1)教育根据社会的规范和要求促进个体思想意识的社会化;(2)教育通过引导和规范个体的行为,促进个体行为的社会化;(3)教育通过指导学生根据自己的兴趣和能力确定自己未来的职业意向和角色,培养个体的职业角色意识。

三、简答题(参考答案)

46. 简述教育的文化功能和文化对教育的影响。

教育的文化功能:(1)教育能够传承文化;(2)教育能够改造文化(选择和整理、提升文化);(3)教育能够传播、交流和融合文化;(4)教育能够更新和创造文化。

文化对教育的影响:(1)文化对教育具有价值定向作用;(2)文化发展促进学校课程的发展;(3)文化影响教育目的的确立;(4)文化影响教育内容的选择;(5)文化影响教育教学方法的使用。

47. 如何提高解决问题的能力?

(1)培养学生主动质疑和解决问题的内在动机;(2)问题的难度要适当;(3)帮助学生正确表征问题;(4)帮助学生养成分析问题和对问题归类的习惯;(5)提高学生知识储备的数量和质量,指导学生善于从记忆中提取信息;(6)训练学生陈述自己的假设及其步骤,鼓励自我评价和反思;(7)教授与训练解决问题的方法和策略;(8)提供多种练习机会;(9)训练逻辑思维能力,提高思维水平。

四、论述题(参考答案)

48. 试述全面发展是不是要求均衡发展?

全面发展并不是要求均衡发展。

(1)要培养全面发展的人,就必须建构起全面发展的教育。一般认为,我国现在的中小学的全面发展教育主要包括德育、智育、体育、美育、劳动技术教育。

(2)全面发展不能理解为要求学生"样样都好"的平均发展,也不能理解为人人都要发展成为一样的人。全面发展的教育同"因材施教""发挥学生的个性特长"并不是对立的、矛盾的。人的发展应是全面、和谐、具有鲜明个性的。在实际生活中,青少年德、智、体、美、劳诸方面的发展往往是不平衡的,有时需要针对某个带有倾向性的问题强调某一方面。学校教育也常会因某一时期任务的不同,在某一方面有所侧重。

49. 结合中小学实际教学情况,试述激发学生学习动机的方法。

(1)创设问题情境,激发兴趣,维持好奇心;(2)设置合适的目标;(3)根据作业难度,恰当控制动机水平;(4)表达明确的期望;(5)提供明确的、及时的、经常性的反馈;(6)合理运用外部奖赏;(7)有效地运用表扬;(8)对学生进行竞争教育,适当开展学习竞争。

五、案例分析题(参考答案)

50. 邱老师的观点更符合新课程理念。

(1)新课程倡导"立足过程,促进发展"的课程评价。这不仅仅是评价体系的变革,更重要的是评价理念、评价方法与手段以及评价实施过程的转变。现代教育评价的理念是发展性评价与激励性评价。发展性评价的根本目的在于促进发展。

(2)案例中的白老师过于注重学生的测验成绩,忽视了测验本身是为了促进学生的发展。白老师所持的是传统的评价观念。

(3)案例中的邱老师不仅关注学生的测验成绩的高低,更重视测验过程中学生所遇到或所呈现出来的问题。邱老师的评价体现了"立足过程,促进发展"的课程评价。

51. (1)教师素质的现代化是教育现代化的核心,因为教育中的任何活动都要靠教师进行,教育目标的实现及其效果如何都取决于教师。教师素质的现代化包括教育思想观念的现代化、职业道德素质的现代化、能力素质的现代化。总之,教师素质的现代化是现代社会对现代人的总体要求在教师职业上的特殊反映。

(2)材料中,老师产生自我怀疑的主要原因在于他对当今社会的新生事物、新鲜词的不理解,换句话说是教育思想观念跟不上现代化步伐。因此,老师应当树立终身学习的理念,结合时代的发展,更新自己的教育观念,努力实现自身素质的现代化。

2020 年天津市蓟州区教师招聘考试真题试卷(五十一)

一、单项选择题

1. D 【解析】本题考查认知发展理论中影响认知发展的因素。皮亚杰认知发展理论认为影响认知发展的因素有成熟、练习和经验(自然经验)、社会性经验和平衡。

2. A 【解析】本题考查活动课程的特点。活动课程的特点可归纳为:(1)乡土性。它是以儿童所在社区的课题为题材的。(2)综合性。它打破传统的学科框架,以生活题材为学习单元。(3)主体性。尊重学生的主动精神。(4)经验性。学习者通过面临的各种问题的解决,重建经验。A 项属于学科课程的特点。

3. B 【解析】本题考查桑代克的联结主义理论的观点。桑代克的试误学习理论是根据其对动物的实验结果提出的,其中最著名的就是猫逃出迷笼的实验。桑代克根据实验的结果,认为动物和人的学习实质是"刺激"和"反应"的联结;学习过程是一种循序渐进、尝试错误的过程,简称"试误"。桑代克的试误论又称为学习联结论。

4. B 【解析】本题考查交互式教学模式的相关内容。交互式教学模式旨在教学生这样四种策略:(1)总结—总结段落内容;(2)提问—提与要点有关的问题;(3)析疑—明确材料中心的难点;(4)预测—预测下文会出现什么。交互式教学模式的最终目的是让学生充分参与到学习过程中,教师先树立一些榜样性行为,示范这四种策略,然后改变自己的角色,在学生不会使用策略时给予必要的帮助,起一个促进者和组织者的作用。

5. B 【解析】本题考查埃里克森的人格发展阶段理论。根据埃里克森人格发展理论,在儿童出生第一年后至第三年,处于自主性对羞怯和疑虑阶段,在这个阶段中儿童学会了走、爬、推、拉和交谈等技能,换句话说儿童能"随心所欲"地决定做还是不做某些事情。从这时起就介入了自己意愿与父母意愿相互冲突的矛盾之中。(具体参看张忠仁、胡珊、李丹主编的《心理学》)

6. B 【解析】本题考查学校教育对人的身心发展的影响。学校作为专职教育机构,有着明确的目的、周密的计划、科学的组织,有经验丰富、掌握青少年学生身心发展规律的专门教育工作者。学校教育在人的身心发展中占主导地位。

7. C 【解析】本题考查社会学习模式的观点。社会学习模式是由美国心理学家班杜拉创建的,该模式强调以行为的研究为主线来讨论道德教育问题,着眼于青少年儿童的社会行为与道德发展之间的联系,特别重视环境对道德形成的作用。社会学习理论的主要德育观点包括:(1)通过社会学习即观察学习和模仿学习,个人的道德可得到改变。(2)社会环境、文化、榜样强化是影响人的道德发展的主要因素。(3)德育过程要充分认识到这些因素,重视榜样的作用和强化的方法的运用。(具体参看柳海民主编的《教育学原理(第2版)》)

8. C 【解析】本题考查信息加工的方式。学生对信息加工的深度存在两种方式,一种是深层加工,另一种是表层加工。深层加工指深刻理解所学内容,将所学内容与更大的概念框架联系起来,以获取内容的深层意义。表层加工指记忆学习内容表面信息,不将它们与更大的概念框架联结起来。题干中学生将"中心"的概念与成人常表现的自我中心的事实联系起来理解,就属于对"中心"这个概念的深层加工,故本题答案选择C项。

9. D 【解析】本题考查"问题解决模式"的编制人。"问题解决模式"是鲁宾斯坦编制的一套供大学生使用的训练教程,它向学生提供了许多解决问题的工具。例如,使用矩阵来表示逻辑前提,用等式表现故事中所包含的问题,用示意图澄清不熟悉的命题表述等。

10. B 【解析】本题考查成就目标理论的内容。德维克的成就目标理论认为,人们对能力持有不同的内隐观念。一种为能力实体观,持这种观点的人认为能力是稳定的,是不可改变的特质。另一方面,能力增长观则认为能力是不稳定的,是可以控制的,是可以随着知识的学习、技能的培养而加强的。持有能力实体观的学生倾向于建立表现目标,从而避免被别人看不起。他们选择适宜的工作,比如不需花费太多精力而且成功可能性很大的工作,以最好的成绩表现他们聪明的一面,因为拼命工作换取的成功还不足以说明自己天资聪颖。持有能力增长观的学生,他们更多设置掌握目标(学习目标)并寻求那些能真正锻炼自己的能力、提高自己的技能的任务。因为进步才意味着能力的提高;失败并不可怕,不过是走向成功的必走的一步,它只是说明自己还需要更多的努力,自己的能力并没有受到威胁,所以,他们选择有挑战性的任务。故B项正确。

11. D 【解析】本题考查精加工策略的内容。精加工策略是指把新信息与头脑中的旧信息联系起来从而增加新信息意义的深层加工策略。精加工策略包括:(1)记忆术;(2)做笔记;(3)提问;(4)生成性学习;(5)运用背景知识,联系客观实际。D项复习属于复述策略。

12. B 【解析】本题考查道尔顿制的内涵。道尔顿制是指教师不再上课向学生系统讲授教材,而只为学生分别指定自学参考书、布置作业,由学生自学和独立作业,有疑难时才请教师辅导,学生完成一定阶段的学习任务后,向教师汇报学习情况和接受考查。故B项正确。另外,A项设计教学法的重点是以活动课程代替学科课程,使学生在活动中获得对知识的整体认知。C项贝尔—兰喀斯特制是以班级为基础,但教师不直接面向班级全体学生,教师先把教学内容教给年龄较大的学生,而后由他们中间的佼佼者——导生去教年幼的或成绩较差的其他学生。D项分组教学是指在按年龄编班或取消按年龄编班的基础上,根据学生能力、成绩分组进行编班的教学组织形式。

13. A 【解析】本题考查教育学流派、代表人物及其代表作。实用主义教育学的代表人物及其著作包括:杜威的《民主主义与教育》和《经验与教育》;克伯屈的《设计教学法》等。故A项正确。文化教育学的代表人物有狄尔泰、斯普兰格、利特、福利特纳等。代表著作主要有《关于普遍妥当的教育学的可能》《教育与文化》等。实验教育学的主要代表人物是德国的梅伊曼和拉伊、法国的比纳、美国的霍尔和桑代克,代表著作主要有《实验教育学》《实验教育学纲要》等。马克思主义教育学的代表人物及其著作包括:克鲁普斯卡娅的《国民教育与民主主义教育》;加里宁的《论共产主义教育》;杨贤江以李浩吾为化名出版的《新教育大纲》等。故B、C、D项错误。

14. D 【解析】本题考查差距评价模式的内涵。差距评价模式(差别模式)是由普罗沃斯提出的。该模式是一个以课程开发和管理为目的而建构起来的评价模式,旨在揭示计划的标准与实际的表现之间的差距,以此作为改进课程计划的依据。这一模式包括五个阶段:第一,设计阶段;第二,装置评价阶段;第三,过程评价阶段;第四,成果评价阶段;第五,成本效益评价阶段。故D项说法正确。A项泰勒提出了目标评价模式;B项斯太克提出了CSE评价模式;C项斯塔弗尔比姆提出了CIPP评价模式。

15. D 【解析】本题考查影响人的身心发展的因素。遗传素质是人的身心发展的前提,为人的发展提供了可能性,但不能决定人的发展。个体的主观能动性是人的身心发展的内在动力,也是促进个体发展从潜在的可能状态转向现实状态的决定性因素。故A项说法正确,D项说法错误。遗传素质的成熟机制制约着人的身心发展的水平及阶段。故B项说法正确。遗传素质的个别差异是人的身心发展的个别差异的原因之一。故C项说法正确。

16. A 【解析】本题考查常模参照测评的内容。常模参照测评表示的是受试个体的成绩在受试团体的成绩中所处的位置,是在受试者之间进行的比较。常模参照测评在一些以选拔为目的的大规模测评中,能发挥很好的作用。题干所述是在参加比赛的员工之间进行的比较,故属于常模参照测评,答案选择A项。

17. D 【解析】本题考查《关于全面深化课程改革落实立德树人根本任务的意见》的内容。《关于全面深化课程改革落实立德树人根本任务的意见》指出要强化教师育人能力培养。把社会主义核心价值观纳入教师教育课程体系,融入教师职前培养和准入、职后培训和管理的全过程。

18. C 【解析】本题考查《学记》的相关知识。《学记》(收入《礼记》)是中国古代最早的一篇专门论述教育、教学问题的论著,也是世界教育史上的第一部教育专著,成文大约在战国末期。《学记》开篇阐述教育的目的:"建国君民,教学为先""君子如欲化民成俗,其必由学乎"。

19. B 【解析】本题考查人本主义的道德教育观点。人本主义的道德教育思想是情感取向的道德教育理论之一,主要可以归纳为五个方面:(1)承认人性是建设性的。(2)重视情感在道德教育中的作用。(3)实施道德教育的三个最基本的条件:一是真诚;二是接受和信任;三是移情性理解。(4)视道德教育为一种过程,教师应是这一过程的"促进者"。(5)以学生为中心的非指导性教学模式。

20. B 【解析】本题考查赫尔巴特的思想观点。赫尔巴特在《普通教育学》中指出:教育学是教育者自身所需要的一门科学,但他们还应当掌握传授知识的科学。而在这里,我得立刻承认,不存在"无教学的教育"这个概念,正如反过来,我不承认有任何"无教育的教学"一样,至少在这本书中如此。

二、多项选择题

21. BCD 【解析】本题考查《中国学生发展核心素养》的有关内容。中国学生发展核心素养,以科学性、时代性和民族性为基本原则,以培养"全面发展的人"为核心,充分反映新时期经济社会发展对人才培养的新要求,高度重视中华优秀传统文化的传承与发展,系统落实社会主义核心价值观。

22. BCD 【解析】本题考查教师的专业能力的相关知识。教师的专业能力主要包括:教学设计能力、教学实施能力、教学组织监控能力、教育评价能力、科研能力、运用现代信息技术手段的能力,等等。其中,教学实施能力包括:(1)激发学生学习动机的能力;(2)信息传递能力;(3)师生多向互动能力。教育评价能力包括:(1)对学生的学业进行评价的能力;(2)对教学效果进行评价的能力。故B、C、D三项符合题意,A项属于教育评价能力。

23. BC 【解析】本题考查课程理论的代表人物。学科中心课程的历史悠久,其支持者认为,知识是课程中不可或缺的要素。学科中心课程理论包括:结构主义课程理论、要素主义课程理论和永恒主义课程理论。B项的布鲁纳和C项的施瓦布是结构主义课程理论的代表人物。A项的弗莱雷和D项的布拉梅尔德是社会中心课程理论(社会改造主义课程理论)的代表人物。

24. ABC 【解析】本题考查中小学教学方法改革与发展的趋势。中小学教学方法改革与发展的趋势包括:(1)教学方法现代化;(2)教学方法心理学化;(3)教学方法个性化。(具体参看柳海民主编的《教育学原理(第2版)》)

25. ABC 【解析】本题考查课堂规则和程序的设计构成。课堂规则和程序的设计一般由三步构成:确定所期望的学生行为,把期望转换成规则和程序,规定后果。

26. ABC 【解析】本题考查人本主义与认知主义中有意义学习的含义。认知主义的有意义学习由奥苏贝尔提出,奥苏贝尔认为有意义学习的本质就是以符号为代表的新观念与学习者认知结构中原有的适当观念建立起非人为的和实质性的联系的过程,是原有观念对新观念加以同化的过程。故C项正确。人本主义罗杰斯提出的有意义学习,是指一种涉及学习者是完整的人,使个体的行为、态度、个性以及在未来选择行动方针时发生重大变化的学习,是一种与学习者各种经验融合在一起的、使个体全身心地投入其中的学习。例如,当一个刚学步的小孩的手碰到取暖器时,他就学会了"烫"这个词的意义,他同时也学会了以后对所有类似的取暖器都要当心。B项为人本主义有意义学习的典例。故A、B项正确,D项错误。

27. ACD 【解析】本题考查教育目的与教育方针的关系。教育目的与教育方针既有联系又有所不同。在层次上,教育方针是一个国家教育发展和人才培养的最高行动指针,是目的体系中的最高层次,一定时期一个国家(特别是中央集权制国家)只能有一个教育方针。故A项正确。在具体内涵上,教育方针是从最宏观、最根本的方面规定了一个国家的教育性质和教育方向、人才发展的内容和质量要求,以及实现方针要求的途径。故B项错误,D项正确。教育目的是在方针的规定下或依据方针而对某一层次所要培养的人才规格做出的具体规定,它往往有着不同层次、不同类别教育的具体性和特殊性。故C项正确。(具体参看柳海民主编的《教育学原理(第2版)》)

28. ABD 【解析】本题考查斯滕伯格的成功智力理论。斯腾伯格于1996年提出了成功智力理论。他认为成功智力是指达成人生目标的智力,它包括分析性智力、创造性智力和实践性智力。所谓分析性智力是指对生活的情境和可能的选择进行分析、评价的能力,涉及解决问题和判定思维成果的质量,强调比较、判定等分析能力;创造性智力指发现、创造、想象、假设等有助于形成好的问题和思想的能力;实践性智力指日常生活中将思想及其分析的结果以一种行之有效的方法来加以应用的能力,是运用知识解决实际问题的能力。

29. BCD 【解析】本题考查教育内容在教育活动中的意义。教育内容在教育活动中具有以下意义:(1)教育内容是联系教育者和学习者的中介;(2)最佳的教育内容是目的性与对象性的统一;(3)教育内容包含教育目标。(具体参看柳海民主编的《教育学原理(第2版)》)

30. ABD 【解析】本题考查布卢姆的教学目标。美国教育心理学家布卢姆将教学目标分为认知、情感和动作技能三个领域,每一领域的目标又从低级到高级分成若干层次。

2020年天津市和平区、宝坻区教师招聘考试真题试卷(五十二)

一、单项选择题

1. A 【解析】本题考查注意的基本特征。注意的广度也称注意的范围,是指在同一时间内,人们能够清楚地知觉出的对象的数目。"一目十行"指的就是注意的范围。题干所述反映的是注意的广度的差异。

2. C 【解析】本题考查共变原理的内涵。当成绩与别人的一致或共变时,我们倾向于做外在归因;当成绩与别人的不一致(缺乏共变)时,我们倾向于做内在归因。这种现象称为共变原理。

3. D 【解析】本题考查诊断性评价的具体运用。诊断性评价一般是在教育、教学或学习计划实施的前期阶段开展的评价,重在对学生已经形成的知识、能力、情感等发展状况作出合理的评价,为计划的有效实施提供可靠的信息资源,以获得更好的效果。题干中的教师在本学期之初,对班内学生的学习准备情况和影响学习的因素进行了细致的摸底,就属于在学习计划实施的前期阶段开展的评价,故该教师进行的是诊断性评价。

4. C 【解析】本题考查先行组织的作用。先行组织者即先于某个学习任务本身呈现的引导性学习材料。先行组织者的主要功能是在学生能够有意义地接受学习新内容之前,在新旧知识之间架设起"桥梁",即使新知识与原有知识清晰地联系起来,为有意义地接受学习新知识提供认知框架或固着点。

5. B 【解析】本题考查自我效能感的影响因素。影响自我效能感的因素有:(1)个体自身行为的成败经验;(2)替代经验;(3)言语暗示;(4)情绪唤醒。其中,最主要因素是个体自身行为的成败经验。

6. C 【解析】本题考查并列结合学习的内涵。并列结合学习又称组合学习,是在新命题与认知结构中原有的命题既非下位关系又非上位关系,而是一种并列的关系时产生的。学习了钠、镁、铝等元素的相关内容后,再学习铜、铁、锌等概念,这属于并列结合学习。

7. B 【解析】本题考查态度与品德学习的一般过程。认同,即在思想、情感、态度和行为上主动接受规范,从而试图与之保持一致。认同实质上就是对榜样的模仿,其出发点就是试图与榜样一致,包括偶像认同或价值认同。本题所述属于认同。

8. B 【解析】本题考查效度的内涵。效度是指一个测验工具希望测到某种行为特征的有效性与准确程度。某数学老师,仅用一道综合题来考查学生的数学成绩,难以保证测验的效度。

9. A 【解析】本题考查精加工学习策略的内容。精加工策略是指把新信息与头脑中的旧信息联系起来从而增加新信息意义的深层加工策略。精加工策略包括:记忆术、做笔记、提问、生成性学习、运用背景知识,联系客观实际。题干所述小米运用的是记忆术中的编歌诀法。

10. A 【解析】本题考查不合理信念的内容。人们持有的不合理信念总结起来有三个特征:(1)绝对化要求;(2)过分概括化;(3)糟糕至极。其中,过分概括化指的是一种以偏概全的不合理的思维方式,它包括对自己和对他人的不合理评价。一些人当面对失败或是极坏的结果时,往往会认为自己"一无是处""一钱不值",是"废物"等,以自己做的某一件或某几件事的结果来评价自己整个人,评价自己作为人的价值,其结果常常会导致自责、自卑、自弃心理以及焦虑和抑郁情绪的产生。

11. B 【解析】本题考查思维间接性的内涵。所谓间接性,是指思维能对感官所不能直接把握的或不在眼前的事物,借助于某些媒介物与头脑加工来进行反映。题干中根据海洋生物化石来进行推断的方式属于思维的间接性。

12. A 【解析】本题考查元认知的内涵。美国心理学家弗拉维尔于1976年在《认知发展》一书中首次提出了元认知的概念。他认为,元认知就是对认知的认知,具体地说,是个人关于自己认知过程的知识和调节这些过程的能力。

13. B 【解析】本题考查智慧技能的内涵。智慧技能指运用符号或概念与环境交互作用的能力的学习。智慧技能又可分为五个小类:辨别学习、具体概念学习、定义性概念学习、规则学习和高级规则学习。

14. C 【解析】本题考查对桑代克准备律的理解。准备律是指联结的加强或削弱取决于学习者的心理准备和心理调节状态。桑代克的准备不是指学习前的知识准备或成熟方面的准备,而是指学习者在开始学习时动机的准备。

15. A 【解析】本题考查教育心理学家的一些思想观点。苛勒是格式塔心理学家的代表人物。学习的效果律是指刺激和反应之间的联结可因导致满意的结果而加强,也可因导致烦恼的结果而减弱。A项是桑代克的观点。

二、名词解释

16. 分组教学

分组教学是指在按年龄编班或取消按年龄编班的基础上,根据学生能力、成绩分组进行编班的教学组织形式。

三、简答题(参考答案)

17. 什么叫学习风格?了解学生的学习风格对教学有什么意义?

学习风格是学习者个体在长期的学习过程中受多种因素影响逐步形成的相对稳定的学习方式偏爱。它的形成与个体的人格特质、教育背景、生长环境有关。学习风格的差异影响学习策略的取舍、信息接收及信息加工的方式。

教师应了解学生的学习风格差异,并尊重这种差异,而不是试图消灭这种差异。任何一种学习风格的学习者,只要向他们提供适宜的学习刺激,采取相应的学习策略,都可以取得良好的效果。另外,研究学习风格,有利于因材施教,进行个别化教育。从某种意义上讲,因材施教就是"因风格而教"。

四、论述题(参考答案)

18. 请结合实际,谈谈你对校园文化的理解,并说明校园文化的作用。

校园文化的内涵:所谓校园文化,就是学校全体成员在学习、工作和生活的过程中所共同拥有的价值观、信仰、态度、作风和行为准则。校园文化包括校园物质文化、校园精神文化和校园组织与制度文化。

校园文化的作用:(1)按照作用性质,可将校园文化的作用划分为:①导向作用。校园文化有助于将学校全体成员的思想与行为统一到学校组织的发展目标上来,不仅对学校教师与学生等成员的心理、性格、行为起导向、塑形作用,而且对学校整体的价值取向和行为起导向作用。②陶冶功能。校园文化能对学校成员特别是学生群体的思想、性格、兴趣起潜移默化的作用,让学生等群体在校园文化情景中受到"陶冶",起到它陶冶育人的作用。③激励作用。校园文化所蕴含的价值立场、奋斗理想等能够使学校教师、学生看到学校的特点和优点、方向与目标,形成对学校的自豪感,激励师生按照学校建设方向努力。④凝聚作用。校园文化使成员自觉不自觉地接受学校的共同信念和价值观,促进学生、教师对学校的心理认同,从而把个人融合于集体,形成归属感,增加凝聚力。

(2)按照影响方式,可将校园文化的作用划分为:①显性作用:校园文化具有"文化规定性"的外显性影响功能,特别是制度层面的校园文化就明确地对学生以及教师等群体的行为提出规范性的要求,并对违反者规定了相应的惩罚措施。②隐性作用:校园文化具有"无声的说话能力"的隐性影响功能,它提供了指引学校成员行为的各种表达性符号,润物细无声地影响人们。

此外,如果从作用对象角度看,校园文化有对学生的教育作用,对职工的规范作用,对社区的辐射作用。如果从影响性质看,校园文化有积极作用和消极作用,如此等等,由此可见校园文化的作用是多方面的,多层次的。

2020年河北省石家庄市事业单位教师招聘考试真题试卷(五十三)

一、单项选择题

1. B 【解析】本题考查教育功能的特征。教育功能具有多样性。在社会发展的不同阶段,因对教育认识的不同,故教育功能的重点也自然会有所不同。当代教育呈现出全方位的功能,既有对个体发展的功能,也有对社会发展的功能。在个体发展功能中,既有个体社会化功能,也有个体个性化功能;在社会发展功能中,既有政治功能,也有经济功能、文化功能,以及人口功能、生态功能等。教育对社会方方面面的作用,决定了教育功能的多样性。故选B项。

2. D 【解析】本题考查工业社会教育的特征。工业社会的教育具有以下特征:(1)现代学校的出现和发展;(2)教育与生产劳动从分离走向结合,教育的生产性日益突出;(3)教育的公共性日益突出;(4)教育的复杂性程度和理论自觉性都越来越高,教育研究在推动教育改革中的作用越来越大。故选D项。

3. D 【解析】本题考查教育的社会制约性。社会政治经济制度对教育的影响和制约表现在:社会政治经济制度决定教育的领导权、受教育权、教育目的、教育内容的取舍、教育体制,社会政治经济制度制约教育的改革与发展。

4. C 【解析】本题考查教育的生态功能。教育的生态功能就是教育对保护自然环境、促进可持续发展和建设生态文明所起的积极作用。具体表现在:一是通过环境教育提高人们保护自然环境的意识、责任和绿色的生活习惯;二是通过发展创造科学技术,提高人们解决环境问题的能力,有效地解决生态问题;三是形成可持续发展的理念和生态文明的理念。题干所述体现了教育的生态功能,故选C项。

5.B 【解析】本题考查确立教育目的的依据。在本质上,教育目的是受社会发展制约的,不同国家、不同时代的教育目的都要受到当时的社会政治、经济、文化和科技等因素的影响。其中,不同国家的历史与文化背景使教育培养的人各有特色,如英国所向往的理想人物是"绅士",比较重视人文素养,所以教育的目的强调陶冶学生的人格,注重培养有教养的人。故题干所述英国的教育目的受文化背景的影响。

6.C 【解析】本题考查历史研究法的运用要求。历史研究法即研究者通过对人类历史上丰富的教育实践和教育思想的考察,从中获取教益,认识教育现象及其发展的规律性以指导现实的教育工作。运用历史研究法需要注意:(1)要以马克思主义理论为指导,唯物地、发展地、具体全面地考察研究对象,以求做出科学的结论和评价;(2)要有全局观念并注意抓主要事实材料;(3)要重视研究对象发展的时间顺序和空间变换。

7.C 【解析】本题考查教育制度的特点。教育制度具有客观性、规范性、历史性和强制性。其中,强制性是指教育制度作为教育系统活动的规范是面向整个教育系统的。从某种意义上说,它独立于个体之外,对个体的行为具有一定的强制作用。例如,学校的考试制度规定任何学生和教师在考试过程中不能有舞弊行为,否则,一经查实,就要给予相应的处分。考试制度对于学生和教师个人都有一种强制性。

8.C 【解析】本题考查个体身心发展的规律及其教育要求。个体身心发展具有不平衡性,一方面是指身心发展的同一方面的发展速度,在不同的年龄阶段是不平衡的;另一方面是就个体身心发展的不同方面而言的。研究表明,青少年身心的不同方面所达到的某种发展水平或成熟的时期是不平衡的,有的方面可能在较早年龄就达到较高水平,而有的方面则晚些。因此,教育教学要抓住关键期,以求在最短的时间内取得最佳的效果。

9.B 【解析】本题考查课程目标的类型。课程目标主要有四类:(1)认知类,包括知识的基本概念、原理和规律,理解和思维能力;(2)技能类,包括行为、习惯、运动及交际能力;(3)情感类,包括思想、观点和信念,如价值观、审美观等;(4)应用类,包括应用前三类来解决社会和个人生活问题的能力。故交际能力、运动能力、行为习惯等属于技能类课程目标。

10.A 【解析】本题考查课程的类型。分科课程是根据学校教育目标、教学规律和一定年龄阶段的学生发展水平,分别从各门学科中选择部分内容,组成各种不同的学科,彼此分立地安排它们的教学顺序、教学时数和期限。其主导价值在于使学生获得体系严密、逻辑清晰的学科知识。

11.D 【解析】本题考查运用说服教育法的基本要求。运用说服教育法的要求有:(1)明确目的性和针对性;(2)富有知识性、趣味性;(3)注意时机;(4)以诚待人。故选D项。A项属于品德修养指导法的要求;B项是品德评价法的要求,C项是实际锻炼法的方式。

12.C 【解析】本题考查课堂纪律的类型。集体促成的纪律,即在集体舆论和集体压力的作用下形成的群体行为规范。随着年龄的增长,学生受同伴群体的影响会越来越大,开始以同辈群体的集体要求和价值判断作为自己的行为准则,以"别人也都这么干"为理由而做某件事情。

13.B 【解析】本题考查常用的德育方法。实际锻炼法是有目的地组织学生参加各种实际活动,使其在活动中锻炼思想、增长才干、培养优良的思想和行为习惯的德育方法。题干引文意为:上天要把重任降临在某人的身上,一定先要使他心意苦恼,筋骨劳累,使他忍饥挨饿,身体空虚乏力,使他的每一行动都不如意,这样来激励他的心志,使他性情坚忍,增加他所不具备的能力。强调在生活实践中锻炼、培养人的思想、才干等,故体现了实际锻炼的德育方法。

14.C 【解析】本题考查建构主义学习理论。建构主义在一定程度上对知识的客观性和确定性提出质疑,强调知识的动态性。建构主义非常强调学习者本身已有的经验结构,认为学生能够主动地对已有知识经验进行综合、重组和改造,从而用以解释新信息,并最终建构属于个人意义的知识内容。

15.A 【解析】本题考查教育方针。教育方针是最高国家权力机关根据政治、经济要求,明令颁布实行的一定历史阶段教育工作的总的指导方针或总方向。"办人民满意的教育"是对教育事业发展方向的总要求,体现了教育方针对教育质量的规定性。

16.B 【解析】本题考查2008年修订的《中小学教师职业道德规范》的内容。2008年修订的《中小学教师职业道德规范》中关于"教书育人"方面要求教师不以分数作为评价学生的唯一标准。

17.C 【解析】本题考查教学的原则。陶行知先生认为,生活即教育,游戏即工作。他提出以幼儿园周围的社会生活、自然现象、家乡生产、风土人情为内容编成教材,以幼儿足力所能及的地方为教室,以幼儿所能接触到的事物为主要内容,参加种植、饲养等劳动,让幼儿从中学习,自己解决问题,自己组织游戏,培养出"生龙活虎的体魄、活活泼泼的心灵"。所以,让儿童自己解决问题贯彻了生活性原则。

18.D 【解析】本题考查学生失范行为的类型。学生失范行为可以划分为目的型失范行为、价值取向型失范行为、情感型失范行为、传统型失范行为四种理想类型。传统型失范行为的目的是遵循传统习俗、维护传统秩序,如学生讲哥们儿义气。

19.C 【解析】本题考查创设良好课堂气氛的条件。教师的人格魅力是一种巨大的精神力量,具有很强的教育作用,是影响学生情感体验和课堂气氛的重要因素。

20.C 【解析】本题考查教师角色的形成阶段。教师角色的信念是指教师在角色扮演中,将职业角色的社会要求转化为个体需要,坚信自己对教师职业的正确认识,并将其作为规范自己行为的指南,形成职业的自尊心和自豪感。

21.B 【解析】本题考查教师的职业道德修养。教师的职业道德修养主要包括职业道德理想、知识、情感、意志、信念和行为习惯六个方面。其中,职业道德意志是人们在履行职业道德责任和义务的过程中,所表现出来的克服困难和障碍的能力和毅力。它是职业道德行为持之以恒的重要精神力量,也是职业道德观念内化为人们职业道德品质的重要因素。"一生清贫,坚守三尺讲台"体现了教师克服清贫,坚守岗位的毅力,突出体现了教师坚强的职业道德意志。

22.B 【解析】本题考查孔子提出的德育原则。中国古代教育家孔子很重视"循循然善诱人";对人不仅"听其言",更重视"观其行";而且采取因材施教、以身作则等原则。故选B项。防微杜渐,防患于未然是中国古代德育的重要原则,《学记》指出"禁于未发之谓豫"。英国教育家洛克提出"自然后果"原则,强调受教育者在自己的行为后果中自动对行为加以调节,反对教育的外力干涉。苏联教育家克鲁普斯卡娅、马卡连柯提出了在集体中通过集体进行教育,尊重学生与严格要求相结合,以及结合生产劳动进行教育等德育原则。

23.D 【解析】本题考查"变式"教学法。所谓变式,就是变换使用不同形式的直观材料或事例说明事物的本质属性,使本质属性保持不变而非本质属性或有或无,以便突出本质属性。题干描述中变换果实的非本质属性,即"可食"或"不可食"来突出"果实"的本质属性,即植物的种子,这运用的就是"变式"教学法。

24.A 【解析】本题考查道尔顿制。道尔顿制是美国教育家柏克赫斯特创建的一种教学组织形式。运用这种方法时,教师不再讲授,只为学生指定自学参考书、布置作业,由学生自学和独立完成作业后,向老师汇报学习情况和接受考查。这是一种典型的自学辅导式的教学组织形式。

25.C 【解析】本题考查陶行知的教育思想。"生活教育"是陶行知教育思想的核心,集中反映了他在教育目的、内容和方法等方面的主张,反映了他为探索适合中国国情和时代需要的教育理论所做的努力。

26.A 【解析】本题考查少先队的活动原则。少先队的活动要有教育性。少年儿童正处在学习和成长的过程中,少先队的各种活动,都要考虑到对少年儿童的教育和影响。要通过各种活动,使他们增长一些知识,懂得一些道理,学会一些本领,养成一些好的习惯,在身心各方面有所得益。"光盘行动,节约粮食"的主题系列活动可以使学生懂得粮食的来之不易,养成不浪费粮食的好习惯等,体现了少先队活动的教育性。

27.A 【解析】本题考查品德结构。道德信念是指在一定的道德观念、道德情感、道德意志的基础上,构成人们行为的内在动机和性格的有机部分的思想和观点。道德信念是道德认识转化为道德行为的中介和关键要素。

28.C 【解析】本题考查皮亚杰的道德发展阶段理论。皮亚杰认为10岁以后儿童对道德行为的思维判断大多依据自己的内在标准,这就是自律道德。

29.C 【解析】本题考查班级组织的发展。班级的产生标志着人类的教育活动由个别指导为主的阶段进入到集体指导为主的阶段。随着学校教育的不断发展,班级组织也成为师生从事教育教学活动及学校管理活动的基本单位。

30.B 【解析】本题考查课外、校外活动的组织形式。课外、校外活动的组织形式主要有群众性活动、小组活动和个人活动(个别活动)。其中,小组活动是课外、校外活动的基本组织形式。

31.B 【解析】本题考查班级管理。班级管理是班主任的日常工作内容,是班级工作的基础,有利于学生良好的行为习惯的养成。

32.C 【解析】本题考查常用的德育方法。陶冶教育法是教师利用环境和自身的教育因素,对学生进行潜移默化的熏陶和感染,使其在耳濡目染中受到感化的德育方法。故选C项。

33.D 【解析】本题考查消退的应用。消退是一种无强化过程,其作用在于降低某种反应在将来发生的概率,以达到消除某种行为的目的。不去强化而去淡化,既可消除不正确行为,又不会带来诸如惩罚等导致的感情受挫的副作用。题干中赵老师正是利用消退来淡化学生的扮鬼脸行为。

34.A 【解析】本题考查组织策略。组织策略是指将分散的、孤立的知识进行整理、归类,集合成一个整体,带上某种结构,使信息由繁到简、从无序到有序的策略。组织策略主要有两种:一种是归类策略,另一种是纲要策略。专家建议学生使用的组织策略包括形成概念图、使用分类、运用类推、形成规则或产生式、建构图式。李宏通过画关系图帮助自己掌握学科知识,正是利用了组织策略。

35.B 【解析】本题考查气质的属性。个性心理特征包括能力、气质和性格。其中,气质在很大程度上受遗传和先天因素的制约,变化较难、较慢。

36.A 【解析】本题考查马斯洛的需要层次理论。生理需要是人对食物、水分、空气、睡眠、性等的需要。它是人的所有需要中最基本、最原始,也是最强有力的需要,是其他一切需要产生的基础。

37.B 【解析】本题考查迁移理论对应的实验。苛勒所做的"小鸡觅食"实验是支持关系转换说的经典实验。

38.C 【解析】本题考查加涅对于学习的划分。概念学习是指对刺激进行分类时,学会对一类刺激做出同样的反应,也就是对事物的抽象特征的反应。将水稻、小麦、玉米等归纳为"粮食作物"即对事物抽象特征的总结和概括,所以属于概念学习。

39.D 【解析】本题考查教师职业的社会地位。教师职业的社会地位是通过教师职业在整个社会中所发挥的作用和所占有的地位资源来体现的,主要包括政治地位、经济地位、法律地位和专业地位。其中,教师职业的专业地位是教师职业社会地位的内在标准。

40.D 【解析】本题考查家庭教育的特点。家庭教育具有针对性。家庭的教育工作能从实际出发,有的放矢,而不是想当然,不是一般化的说教。人们常说:"知子莫若父,知女莫若母"就是子女自幼随父母生活,长期相处,父母能够全面细致地了解、熟知子女。这说明家庭教育比学校教育更具有针对性。

41.A 【解析】本题考查加德纳的多元智力理论。人际智力是指与人交往并和睦相处的能力。人际智力高者善于处理人际关系,善于与人交往。题干表述说明班主任具有很高的人际智力。

42.D 【解析】本题考查的是普雷马克原理的应用。普雷马克原理,即用高频活动作为低频活动的有效强化物。但是运用时要注意,行为和强化的关系不能颠倒,必须先有行为,再有强化。因此如果用吃冰糕作为强化物来鼓励小杰给爷爷捶背,最合适的安排是小杰先给爷爷捶背后才能吃冰糕。

43.C 【解析】本题考查义务教育制度的年限。《中华人民共和国义务教育法》第二条规定,国家实行九年义务教育制度。

44.C 【解析】本题考查我国《义务教育法》规定的儿童入学年龄的标准。《中华人民共和国义务教育法》第十一条规定,凡年满六周岁的儿童,其父母或者其他法定监护人应当送其入学接受并完成义务教育;条件不具备的地区的儿童,可以推迟到七周岁。

45.B 【解析】本题考查我国《教师法》关于教师身份的界定。我国《教师法》第三条规定,教师是履行教育教学职责的专业人员,承担教书育人,培养社会主义事业建设者和接班人、提高民族素质的使命。

46.C 【解析】本题考查劳动与技术教育的特征。劳动与技术教育是以学生获得积极劳动体验,形成良好技术素养为主要目标,且以操作性学习为主要特征的国家指定性学习领域。(参见朱昌宝主编的《课程改革发展》)

47.D 【解析】本题考查幼儿劳动的主要特点。幼儿劳动的特点具有目的不明确性、生活性和游戏性。

48.D 【解析】本题考查美育的最高层次的任务。美育的主要任务包括:(1)培养学生正确的审美观点,使他们具有感受美(审美活动的起点)、理解美和鉴赏美的知识与技能;(2)培养学生艺术活动的技能,发展他们体现美和创造美的能力;(3)培养学生心灵美和行为美,使他们在生活中体现内在美和外在美的统一。其中,形成创造美的能力是美育最高层次的任务。

49.A 【解析】本题考查新课程改革的评价观。新课程改革倡导建立促进学生全面发展的评价体系。评价不仅要关注学生的学业成绩,而且要发现和发展学生多方面的潜能,了解学生发展中的需求,帮助学生认识自我,建立自信。发挥评价的教育功能,促进学生在原有水平上的发展。

50.A 【解析】本题考查考生对效度的理解。效度是指一个测验工具希望测到某种行为特征的有效性与准确程度。表示测验效度的一种方法,是将测量的结果与随后的行为进行对照,看其相关度是否高。

51.C 【解析】本题考查对"文以载道"的理解。"文以载道"强调在传授知识的同时,注重对人的教化。这意味着教学要做到教书与育人相结合。

52.B 【解析】本题考查对教学方法的理解。范例教学法具有基本性、基础性和范例性三个基本特征。其中,范例性是就教育者传授的角度来说的,它要求教给学生经过精选的基本性和基础性的知识。这些知识材料能起到示范作用,有助于学生举一反三、触类旁通,有助于学生学习迁移,有助于实际应用。故选B项。

53.A 【解析】本题考查学科中心课程论的观点。学科中心课程论强调把知识的来源与选择、组织与学习作为课程设计的中心问题,主要探询知识的逻辑分类、阶段划分以及生成途径等问题。故选A项。

54.B 【解析】本题考查杜威的教育思想。杜威的理论是现代教育理论的代表,区别于传统教育"课堂中心""教材中心""教师中心"的"旧三中心论",他提出了"儿童中心(学生中心)""活动中心""经验中心"的"新三中心论"。

55.C 【解析】本题考查实质教育论的观点。实质教育论认为教学的主要任务在于传授给学生有用的知识,至于学生的智力则无需进行特别的培养和训练。因此,实质教育论提倡知识本位,故选C项。

56.B 【解析】本题考查幼儿园教学活动。幼儿园教学活动是幼儿通过在具体活动中的感知和体验来学习的过程,而不是坐着听和看的过程。也就是说在幼儿园教学活动中,幼儿是以学习直接的知识和经验为主的。

57.C 【解析】本题考查学生掌握知识的目的。学生掌握知识的目的在于运用,即学生能自主地将所学的知识运用于完成作业和分析、解决实际问题的活动中去。通过知识的运用,使学生进一步加深对概念和规律的认识,巩固所学的知识,形成技能技巧,提高发现问题、分析问题和解决实际问题的能力。

58.C 【解析】本题考查婴幼儿集体教学活动的安排。对1岁以下的婴儿,主要是采取个别教育的方式。随着婴儿年龄的增长,1~2岁的婴儿可以增加小组教育方式。对2岁以上的婴儿,可以每天安排1~2次集体教学活动,每次时间约为5~10分钟。

59.A 【解析】本题考查教师的知识素养。"学高为师"的意思是学问高的人可以成为老师,意在强调教师应具备精深的学科专业知识(本体性知识),这是教师知识结构的核心,也是教师向学生传授知识的必备基础。故选A项。

60.B 【解析】本题考查技能的种类。操作技能又叫运动技能、动作技能,是通过学习而形成的合乎法则的操作活动方式。"蹒跚学步"属于运动技能。

61.A 【解析】本题考查人的个性的核心品质。创造性是个体在创造活动中所表现出来的自主、独特、与众不同的倾向。它是个性的核心品质,是个体的自主性、独特性的综合体现。

62.A 【解析】本题考查社会知觉偏差中的晕轮效应。晕轮效应即当我们认为某人具有某种特征时,就会对他的其他特征做相似判断。"爱屋及乌"比喻爱一个人而连带地关爱与他(她)有关系的人或物。这体现的就是晕轮效应。

63.C 【解析】本题考查皮亚杰的认知发展阶段理论。具体运算阶段儿童开始进行一些运用符号的逻辑思考活动,可以形成一系列的行动心理表象。比如,8岁左右的儿童去过几次小朋友的家,就能够画出具体的路线图来,而5、6岁的儿童则无法做到。

64.C 【解析】本题考查弗洛伊德的人格"三我"结构。弗洛伊德认为,人格由本我、自我和超我三部分构成。其中,本我是由先天的本能、欲望组成的能量系统,包括各种生理需要。本我是无意识、非理性、非社会化和混乱无序的。它遵循快乐原则。

65.C 【解析】本题考查情绪的分类。应激是出乎意料的紧迫情况所引起的急速而高度紧张的情绪状态。新教师,初上讲台时,因为不熟悉,所以慌乱紧张,这种情绪状态属于应激。

66.C 【解析】本题考查注意的品质。注意的稳定性,是指注意保持在某一对象或某一活动上的时间长短特性。持续时间愈长,注意就愈稳定。小朋友能够完整听完妈妈讲故事,说明其注意力集中时间长,体现的是注意的稳定性。

67.A 【解析】本题考查幼儿的主要思维方式。幼儿的思维方式主要是具体形象思维。

68.C 【解析】本题考查思维的类型。发散思维,也叫求异思维,是指人们解决问题时,思路朝各种可能的方向扩散,从而求得多种答案。王老师鼓励学生从不同角度思考问题,有利于培养学生的发散思维。

69.B 【解析】本题考查知识直观的类型。实物直观指在感知实际事物的基础上提供感性材料的直观教学方式。李老师带领学生到植物园实地参观,运用的就是实物直观。

70.C 【解析】本题考查高原现象的定义。通常把学生在学习过程中出现一段时间的学习成绩和学习效率停滞不前,甚至学过的知识感觉模糊的现象,称为"高原现象"。

71.A 【解析】本题考查《中华人民共和国教师法》的立法宗旨。《中华人民共和国教师法》第一条规定,为了保障教师的合法权益,建设具有良好思想品德修养和业务素质的教师队伍,促进社会主义教育事业的发展,制定本法。

72.B 【解析】本题考查我国教育法律的基本原则。一般来说,教育法律的平等性包括起点平等、过程平等和结果平等。对于国家来说,结果平等意味着国家应当保障各个地区、各个阶层、各个民族在接受教育的结果上保持平等。例如,对于边远地区和一些少数民族地区要加大教育投入,以提高当地人民群众接受教育的程度。对于一些特殊人群,如残疾学生、女性学生、流动人口子女、有违法犯罪前科的学生等,国家和社会要采取一定的措施,保证他们接受教育的机会平等,保证他们与优势群体有同样成功的机会。

73.B 【解析】本题考查我国《义务教育法》的立法宗旨。《中华人民共和国义务教育法》第一条规定,为了保障适龄儿童、少年接受义务教育的权利,保证义务教育的实施,提高全民族素质,根据宪法和教育法,制定本法。

74.C 【解析】本题考查教育法规的制定机关。教育行政法规是行政法规的形式之一,是由最高国家行政机关(国务院)依据《中华人民共和国宪法》和教育法律制定的关于教育行政管理的规范性文件。教育行政法规的名称一般有三种:条例、规定、办法或细则,如《中华人民共和国义务教育法实施细则》《教师资格条例》等。

75.C 【解析】本题考查教师申诉制度。对于教师申诉的处理,教育行政部门应当在接到申诉的30日内,作出处理。

76. A 【解析】本题考查我国《预防未成年人犯罪法》的内容。《中华人民共和国预防未成年人犯罪法》第十九条规定，未成年人的父母或者其他监护人，不得让不满十六周岁的未成年人脱离监护单独居住。

77. D 【解析】本题考查学校和教师违法侵权行为。隐私权是指公民生活中不愿为他人公开或知悉的个人秘密的不可侵犯的人身权利。学校和教师侵犯学生隐私的表现形式有：故意隐匿、毁弃或者非法开拆学生信件，披露、宣扬学生自身及家庭成员的资料，提供学生成绩的方式不适当等。

78. B 【解析】本题考查学生伤害事故的归责。根据《学生伤害事故处理办法》第十三条规定，在学生自行上学、放学、返校、离校途中发生的造成学生人身损害后果的事故，学校行为并无不当的，不承担事故责任。第二十八条规定未成年学生对学生伤害事故负有责任的，由其监护人依法承担相应的赔偿责任。根据题干描述，张伟应该对这起伤害事故负主要责任，因为张伟属于未成年人，所以王明的医药费由张伟的监护人承担。

79. B 【解析】本题考查法律救济手段。王老师没收学生李正的手机，拒不归还，侵犯了李正的财产权。根据受教育者的权利可知，对学校、教师侵犯其人身权、财产权等合法权益的情况，学生有提出申诉或者依法提起诉讼的权利。故本题答案选 B 项。

80. B 【解析】本题考查我国《预防未成年人犯罪法》的内容。我国《预防未成年人犯罪法》第四十九条规定，未成年人的父母或者其他监护人不履行监护职责，放任未成年人有本法规定的不良行为或者严重不良行为的，由公安机关对未成年人的父母或者其他监护人予以训诫，责令其严加管教。

二、多项选择题

81. ABC 【解析】本题考查国家课程的特征。国家课程亦称“国家统一课程”，是自上而下由中央政府负责编制、实施和评价的课程，具有权威性、多样性和强制性等特征。

82. ABC 【解析】本题考查学校教育的特点。一般认为，学校教育具有三个特点：(1)教育目的明确，无论是教学还是其他教育活动都有明确的教育目的。(2)教育组织严密，学校教育由受过专门训练的教师承担教育任务，学生相对稳定，具有较严密的教育活动计划和较为完善的学校教育制度。(3)教育环境优越，学校是专门的教育场所，一般具有比较齐全的教育设备、图书资料和活动场地。

83. AD 【解析】本题考查教学过程的结构。领会知识是教学过程的中心环节。领会知识包括使学生感知和理解教材。

84. ABCDE 【解析】本题考查作业的形式。作业的形式有多种，主要包括：(1)阅读作业，如复习、预习教科书，阅读人文和科学读物；(2)口头作业，如口头回答、朗读、复述、背诵；(3)书面作业，如演算习题、作文、绘图；(4)实践作业，如观察、实验、测量、社会调查等。

85. ABCDE 【解析】本题考查课程开发的基本原则。课程开发应遵循的基本原则有超前性原则、多元性原则、基础性原则、实践性原则和灵活性原则。

86. CD 【解析】本题考查孟子的教学思想。孟子的教学思想主要有：“深造自得”“盈科而进”“教亦多术”“专心致志”。故选 C、D 两项。因材施教、启发诱导为孔子的教育思想，教学相长为《学记》中的教学思想。

87. ABCD 【解析】本题考查 CIPP 模式的步骤。CIPP 模式认为课程评价包括四个步骤：(1)背景评价；(2)输入评价；(3)过程评价；(4)结果评价。

88. BDE 【解析】本题考查贯彻循序渐进教学原则的要求。贯彻循序渐进原则的要求有：(1)按教材的系统性进行教学；(2)抓住主要矛盾，解决好重点与难点；(3)由浅入深，由易到难，由简到繁。A 项为贯彻因材施教原则的要求，C 项为贯彻启发性原则的要求。

89. ABE 【解析】本题考查幼儿游戏的特点。游戏特征是幼儿在进行游戏活动的过程中所表现出的那种区别于其他活动的特点，西方学者和我国学者都从各自的角度对其进行了抽象与概括。我国学者认为幼儿游戏的特征为：(1)游戏是儿童主动、自愿的活动；(2)游戏是在假想的情境中反映周围的生活；(3)游戏没有社会实用价值，没有强制性的社会义务，也不直接创造财富；(4)游戏伴随着愉悦的情绪。

90. BCE 【解析】本题考查《3～6 岁儿童学习与发展指南》中倡导的幼儿学习方式。幼儿的学习是以直接经验为基础，在游戏和日常生活中进行的。要珍视游戏和生活的独特价值，创设丰富的教育环境，合理安排一日生活，最大限度地支持和满足幼儿通过直接感知、实际操作和亲身体验获取经验的需要，严禁“拔苗助长”式的超前教育和强化训练。

91. AE 【解析】本题考查针对学生气质差异因材施教。教育过程中，教师要因人而异，因材施教。对于多血质的学生，可以采取多种教育方式，但要定期提醒，对其进行严厉批评。教师鼓励他们勇于克服困难，培养扎实专一的精神，防止见异思迁，创造条件，多给他们活动的机会，培养他们朝气蓬勃、足智多谋的个性品质。对于胆汁质的学生，教师应采取直截了当的方式，但这些学生不宜轻易激怒，对其严厉批评要有说服力，培养其自制力，坚持到底的精神，以及豪放、勇于进取的个性品质。对于黏液质的学生，教师要采取耐心教育的方式，让他们有考虑和做出反应的足够时间，培养其生气勃勃的精神、热情开朗的个性。对于抑郁质的学生，则应采取委婉暗示的方式，对其多关心、爱护，不宜在公开场合下指责，不宜过于严厉地批评，培养他们亲切友好、善于交往的个性品质，富有自信的精神，使其高自尊地成长。

92. ABD 【解析】本题考查自我调控系统的结构。自我调控系统是以自我意识为核心的人格调控系统，包括自我认识、自我体验、自我控制三个子系统。

93. BCDE 【解析】学生心理障碍是指学生在学校生活和其他社会生活的矛盾冲突下，不能很好地适应差异，产生了心理异常和心理疾病，严重影响了正常的学校生活，主要表现为人格障碍、神经症和精神病三类。研究发现，在学生中常见的心理障碍主要有四种：攻击、退缩、焦虑和恐惧。

94. AC 【解析】本题考查注意的分配。注意的分配是指人在进行两种或多种活动时能把注意指向不同对象的现象。根据定义可以判断 A、C 两项属于注意的分配。

95. ACE 【解析】本题考查建构主义学习理论。建构主义在学习观上强调学习的主动建构性、社会互动性和情境性三方面。

96. AD 【解析】本题考查师生社会关系的特点。社会关系是一种背景关系，是教师和学生作为社会人的身份和角色在教育教学中的直接反映，具有规范性、稳定性的特点，常以比较强硬的方式投射到师生之间的教育关系和心理关系之中。弥散性和情境性是师生心理关系的特点。

97. ABCDE 【解析】本题考查影响遗忘进程的因素。影响遗忘进程的因素包括：(1)学习材料的性质；(2)系列位置效应；(3)识记材料的数量和学习程度；(4)记忆任务的长久性与重要性；(5)识记的方法；(6)时间因素；(7)情绪和动机。

98. ABCDE 【解析】本题考查我国教育的基本原则。根据我国《教育法》的规定，我国教育的基本原则可以概括为以下几个方面：(1)对受教育者进行政治思想道德教育的原则；(2)继承和吸收优秀文化成果的原则；(3)教育公益性原则；(4)教育与宗教相分离原则；(5)受教育机会平等原则；(6)帮助特殊地区和保护弱势群体的原则；(7)建立和完善终身教育体系原则；(8)鼓励教育科学研究原则；(9)推广普通话原则；(10)奖励突出贡献原则。

99. ABCD 【解析】本题考查教育法律救济的途径。法律救济的渠道有四种：行政渠道、司法渠道、仲裁渠道和调解渠道。

100. ABD 【解析】本题考查师德的核心内容。一般认为，爱岗敬业、教书育人和为人师表是师德的核心内容，关爱学生是最基本内容。

三、判断题

101. A 【解析】本题考查教育法的渊源。教育法源主要是国家根据法定的职权和程序制定的关于教育方面的规范性文件，主要有宪法、教育法律、教育行政法规、地方性教育法规、教育规章、教育条例和协定。宪法是最高国家立法机关制定的国家的总的章程，是制定其他法律法规的根本依据。所以，宪法也是我国教育法律的基本渊源。

102. B 【解析】本题考查教育法律关系的主体。教育法律关系的主体是指教育法律关系的参加者，也就是在具体的教育法律关系中享有权利并承担义务的人和组织。教育法律关系中最重要的法律主体是学生与教师。

103. A 【解析】本题考查学生的受教育权的内容。学生的受教育权包括受完法定年限教育权、学习权和公正评价权。

104. A 【解析】本题考查教师不作为违法侵权行为的表现。学校和教师的不作为侵权行为表现形式有：(1)对学生身体状况关照不力；(2)教师对生病或受伤学生救护不力；(3)在履行职责中违反工作要求、操作规程；(4)学校活动组织失职；(5)饮食安全事故；(6)未及时向学生监护人履行告知义务。

105. B 【解析】本题考查教师职业道德的特点。“师也者，教之以事而喻诸德者也”的意思是：教师的职责是既要教学生有关具体事物的知识，又要让学生知晓立身处世的品德。这体现了教师职业道德的教书与育人的双重性特点。

106. B 【解析】本题考查教育史上第一个正式提出的教育起源学说。生物起源说是第一个正式提出的有关教育起源的学说，标志着在教育起源问题上开始转向科学解释。

107. A 【解析】本题考查对格塞尔同卵双生子实验的理解。格塞尔通过双生子爬梯实验证明了他的“成熟势力说”，强调成熟机制对人的发展的决定作用。他认为，胎儿的发育大部分是由基因制约的，这种由基因制约的发展过程的机制就是成熟。格塞尔的观点属于遗传决定论，夸大了遗传的作用。

108. A 【解析】本题考查我国义务教育的发展现状。义务教育是国家统一实施的所有适龄儿童、少年必须接受的教育，是国家必须予以保障的公益性事业。它对于人的发展、教育发展和社会发展都具有重大意义。促进义务教育均衡发展是我国现阶段教育改革和发展的重大任务。

109. A 【解析】本题考查强迫症的表现。小明同学一遍一遍地数课文中的人物数目属于常见的强迫性计数行为。

110. A 【解析】本题考查"自我更新"取向教师专业发展阶段及其特征。处于"任务关注阶段"的教师的主要特征为:随着教学基本"生存"知识、技能的掌握,自信心日益增强,由关注自我的生存转到更多地关注教学,由关注"我能行吗"转到关注"我怎样才能行"。张老师在工作中更多地关注教学,经常思考怎样才能当好一名老师,这说明张老师处于"任务关注"阶段。

111. B 【解析】本题考查斯宾塞的教育思想。斯宾塞是19世纪英国的社会学大师,是"教育为生活做准备"思想的代表人物。

112. B 【解析】本题考查迁移的类型。同化性迁移是指不改变原有的认知结构,直接将原有的认知经验应用到本质特征相同的一类事物中去。原有认知结构在迁移过程中不发生实质性的改变,只是得到某种充实。平时我们所讲的"举一反三""闻一知十"等都属于同化性迁移。顺应性迁移指将原有认知经验应用于新情境中时,需调整原有的经验或对新旧经验加以概括,形成一种能包容新旧经验的更高一级的认知结构,以适应外界的变化。

113. A 【解析】本题考查"耶克斯—多德森定律"。"耶克斯—多德森定律"表明动机水平与学习效果呈倒U型曲线。

114. B 【解析】本题考查教师期望效应。教师期望效应也叫罗森塔尔效应或皮格马利翁效应,即教师的期望或明或暗地传送给学生,会使学生按照教师所期望的方向来塑造自己的行为。题干所述属于教师期望效应。

115. B 【解析】本题考查个体身心发展的规律。身心发展的顺序性是指人的身心发展是一个由低级到高级、由简单到复杂、由量变到质变的连续不断的发展过程。"三翻六坐八爬,十二个月喊爸爸"中从会翻、坐、爬到会"喊爸爸",这是一个从简单到复杂,由低级到高级的发展过程,体现了个体身心发展的顺序性。

116. A 【解析】本题考查图式。图式是指人在认识周围世界的过程中,形成自己独特的认知结构。从发展的角度来看,儿童最初的图式是遗传所带来的一些本能反射行为,如吸吮反射、定向反射等。

117. A 【解析】本题考查知觉的定义。知觉是在感觉的基础上产生的,它是人脑对直接作用于感觉器官的客观事物的整体属性的反映,现代认知心理学派把知觉看作信息的识别。能够辨别出月季花,是整合头脑中月季花的颜色、形状、气味等多种属性,做出的判断,符合知觉的定义。

118. B 【解析】本题考查教育与政治的关系。教育能够通过传播思想、形成舆论作用于一定的政治经济制度。"服民以道德,渐民以教化"的意思是用道德使百姓顺服,用教育感化百姓,使百姓逐渐受到感染。这说明教育能够通过传播思想意识,影响社会的风俗习惯和道德面貌等,为一定的政治经济服务,体现了教育的政治功能。

119. B 【解析】本题考查过度学习的最佳程度。实验证明,过度学习达到50%,即学习的熟练程度达到150%时,学习的效果最好。

120. A 【解析】本题考查小学生思维发展的特点。小学生思维的发展经历一个思维发展的质变过程,即从具体形象思维为主逐步向抽象逻辑思维为主过渡。

121. A 【解析】本题考查最近发展区的应用。教育必须不断地向学生提出他们能接受但又高于其现有水平的要求,以促进他们的发展。因此,学校选择课程内容应当着眼于学生的最近发展区。

122. A 【解析】本题考查过程性评价的特征。过程性评价是对一个教学过程(一般是以一节课作为一个单元)进行的评价。过程性评价强调全面、综合和发展的原则,尊重教师的个性化和教学风格,通过评价,可以发现教师的特长和优势;亦可诊断问题,促进发展。

123. B 【解析】本题考查儿童词汇的发展。儿童先掌握的是实词,然后是虚词。在实词中,儿童掌握的顺序是名词—动词—形容词。

124. A 【解析】本题考查幼儿园教师的角色。题干描述中"幼儿园教师要能够接住幼儿抛来的'球',并用恰当的方式把'球'抛回给幼儿"是指教师要以伙伴的身份参与到幼儿的学习活动当中,与幼儿共同推动学习活动的进行。因此,该说法体现的是教师是幼儿学习活动的"合作者"。

125. B 【解析】本题考查《幼儿园工作规程》的内容。《幼儿园工作规程》第十五条规定,幼儿园应当结合幼儿年龄特点和接受能力开展反家庭暴力教育,发现幼儿遭受或者疑似遭受家庭暴力的,应当依法及时向公安机关报案。

126. B 【解析】本题考查动机斗争的类型。双趋冲突即从自己同时都很喜爱的两个事物中仅择其一的心理状态。李哲既想看足球赛,又想看演唱会,但因为时间冲突,只能选择其一,他面临的是双趋冲突。

127. A 【解析】本题考查课程的类型。根据组织方式,课程可分为综合课程和分科课程。其中,综合课程是指打破传统的学科课程的知识领域,组合两门以上学科领域而构成的一门学科。故"道德与法治"属于综合课程。

128. B 【解析】本题考查教师劳动的特点。教师劳动具有长期性,长期性指人才培养的周期比较长,教育的影响具有迟效性。教师的劳动成果是人才,而人才培养的周期比较长。把一个人培养成为能够独立生活、能够服务社会、能够为人类做出贡献的合格人才,不是一朝一夕之功。"十年树木,百年树人"就是对这个道理的最佳阐释。

129. B 【解析】本题考查厌学症的表现。儿童厌学症的主要表现是对学习不感兴趣,讨厌学习。故题干表述不正确。

130. B 【解析】本题考查气质类型。多血质的人反应迅速、情绪发生快而多变、动作敏捷、有朝气、活泼好动、喜欢与人交往、注意容易转移、兴趣易变化。根据题干描述,晓梅"活泼好动、善于交际、思维敏捷、注意力容易转移"等特征符合多血质的气质类型。

四、材料分析题

131. ABD 【解析】本题考查幼儿园活动区的布局要求。幼儿园活动区在布局上要做到:(1)干湿分区,如美工区、科学区要用水,图书区不用水,应该分开;(2)动静分区,如建构区、音乐区等属于"热闹"的"动"区,而数学区等属于活动量小的"静"区,因此要分开,以免互相干扰;(3)讲究就近原则。例如,美工区可能会常常用到水,那么该活动区应该尽量设置在离水源较近的地方。

132. C 【解析】本题考查区域活动的教育功能的实现手段。区域活动的教育功能主要是通过材料来表现的,材料越丰富,形式越多样,幼儿在操作过程中就会更积极主动地发现和探索。

133. ABCDE 【解析】本题考查区域活动的材料投放。在投放区域活动材料时,应注意目的性和适宜性,丰富性和层次性,启发性、操作性、探索性,趣味性(兴趣性),儿童参与性,整合性和开放性。

134. C 【解析】本题考查科学区活动的目标。科学区活动的目的是激发幼儿探究的兴趣,培养观察记录、实验操作等探究技能。对大班幼儿来说,科学区应逐步增加用于各种实验的材料,同时也要求提供些方便幼儿记录、合作探究的材料。

135. D 【解析】本题考查学生失范行为的表现。学生的失范行为主要表现为越轨行为与违法行为两类。学生的违法行为主要是指违反教育法律以及国家其他法律、法规的行为,即普通违法行为和犯罪行为。普通违法行为与犯罪行为最主要的区别是前者的社会危害性还不足以用刑罚来惩罚。材料中小范把小盛打成重伤,不治而亡,属于违法犯罪行为。

136. C 【解析】本题考查《中华人民共和国未成年人保护法》的内容。我国《未成年人保护法》第二十一条规定,学校、幼儿园、托儿所的教职员工应当尊重未成年人的人格尊严,不得对未成年人实施体罚、变相体罚或者其他侮辱人格尊严的行为。故E项措施不正确。第五十五条规定,公安机关、人民检察院、人民法院办理未成年人犯罪案件和涉及未成年人权益保护案件,应当照顾未成年人身心发展特点,尊重他们的人格尊严,保障他们的合法权益,并根据需要设立专门机构或者指定专人办理。我国《预防未成年人犯罪法》第四十五条规定,对于审判的时候被告人不满十八周岁的刑事案件,不公开审理。故D项措施不正确。根据我国《刑法》第十七条规定,已满十四周岁不满十六周岁的人,犯故意杀人、故意伤害致人重伤或者死亡、强奸、抢劫、贩卖毒品、放火、爆炸、投毒罪的,应当负刑事责任。因小范不满十四周岁,所以免于刑事处罚。故A项措施不合理。根据我国《未成年人保护法》第二十七条规定,对违反学校管理制度的学生,学校应当予以批评教育,不得开除。材料中小范的行为属于犯罪行为,不是简单的违反学校管理制度,单纯的批评教育不合理,故排除B项。根据我国《预防未成年人犯罪法》第三十八条规定,未成年人因不满十六周岁不予刑事处罚的,责令其父母或者其他监护人严加管教;在必要的时候,也可以由政府依法收容教养。因此本题选C项。

137. D 【解析】本题考查《中华人民共和国未成年人保护法》的内容。根据我国《未成年人保护法》第五章司法保护,第五十四条规定,对违法犯罪的未成年人,实行教育、感化、挽救的方针,坚持教育为主、惩罚为辅的原则。

138. BCDE 【解析】本题考查的是校园暴力和校园欺凌行为的特征。校园暴力和校园欺凌行为的特征包括:(1)非均衡性;(2)隐蔽性;(3)持续性;(4)普遍性;(5)形式具有多样性。故正确答案为BCDE。

139. AB 【解析】本题考查教师采用的教学方法。材料中王老师的教学主要采用了讨论法和发现法。讨论法是指全班或小组成员在教师的指导下,围绕某一中心问题发表自己的看法和见解,从而进行相互学习的一种方法。发现法就是让学生通过独立工作,自己主动发现问题、解决问题及掌握原理的一种教学方法。采用发现法时,学生在教师的引导下探究和解决问题,在教学中处于主要地位。王老师就教学内容提出问题启发引导学生进行讨论,体现了讨论法;学生在教师的指导下提出许多颇有探索性、创造性的见解以解决问题体现了发现法。

140. CE 【解析】本题考查我国目前中小学主要的教学原则。(1)王老师在讲授"昆虫标本制作"时,通过提问调动了学生学习的主动性和积极性,使学生积极探索所学内容,体现了启发性原则;(2)王老师以"十字形花冠标本采集"及"菜粉蝶的捕捉和蝶类标本制作"为教学内容,既传授了书本知识,又与学生的生活实际相联系,体现了理论联系实际原则。

141. BDE 【解析】本题考查王老师的课堂教学特点。在教学中,王老师运用了启发性原则和理论联系实际原则,注重引导学生探究和解决问题,充分调动学生学习的主动性,而且将学生所学知识与实践相结合,故选BDE三项。

142. ABCDE 【解析】本题考查设计课堂问题的要求。在教学中,教师要合理地设计问题:(1)要围绕教学目标和学习要求,按照教学内容的逻辑顺序,循序渐进、由浅及深地设计不同层次的问题;要考虑到学生的认知发展规律,循序而问,步步深入,使学生积极思考,逐步得出正确结论。(2)设计的问题要难易适中、深浅适度,符合学生的认知水平和个性特点,提出的问题最好位于学生思维的“最近发展区”。(3)教师在设计问题时,要善于设计问题的变式,提问的形式也应多种多样,促使学生对知识深入理解。(4)提问的问题之间应紧密联系、前后有序,不应孤立、零散。(5)问题的设计要力求精练扼要,紧扣教材,突出重、难点和关键点。故ABCDE都正确。

143. E 【解析】本题考查2008年修订的《中小学教师职业道德规范》。2008年修订的《中小学教师职业道德规范》中关于“为人师表”方面要求教师严于律己,以身作则;作风正派,廉洁奉公等,要求教师不从学生那里谋取自己的利益。王某作为小学教师在工作时间进行微商买卖活动,还介绍学生家长加入购物群的行为显然违背了“为人师表”的师德规范。

144. D 【解析】本题考查教育法规的纵向结构。教育规章是中央和地方有关国家行政机关依照法定权限和程序制定颁布的有关教育的规范性文件,有的称为教育行政规章,包括部门教育规章和地方政府教育规章。部门教育规章是国务院所属各部、各委员会发布的有关教育的规范性文件。《中小学教师职业道德规范》是教育部发布的规范,属于部门教育规章。

145. ABCD 【解析】本题考查廉洁从教的具体内容。廉洁从教是指教师在整个教育教学生涯中都要坚持行廉操洁的原则,不贪受学生及家长的钱物、不贪占公共和他人的钱物,不沾染社会上贪、赌、欲等恶习,始终以清廉纯洁的道德品行为学生和世人做出表率。廉洁从教要求教师要坚守高尚情操,发扬奉献精神,自觉抵制社会不良风气影响。不利用职责之便谋取私利。E项属于关爱学生的具体内容。

146. ABCDE 【解析】本题考查贯彻教书育人原则的要求。贯彻教书育人原则的要求包括:(1)坚持对学生的全面培养。这要求教师帮助学生培养良好的道德品质,形成良好的行为习惯等,促进学生的全面发展。故选CD两项。(2)按教育规律教书育人。学生的成长是有其自身规律的,要教好书、育好人,就必须遵循教育规律。故选E项。(3)努力学习,提高自身素质,探索教书育人的规律。教师应当努力学习,不断提高自己的综合素质,以适应教书育人的需要。教师不仅要努力学习科学文化知识,拓宽知识面,深入研究问题;还要努力学习马克思主义理论,使自己具有较高的思想政治觉悟、良好的道德品质。故选AB两项。(参见钱焕琦主编的《教师职业道德》)

147. B 【解析】本题考查旧中国的学制沿革。1904年我国开始实行“癸卯学制”,1912到1913年颁布了“壬子癸丑学制”。故清宣统元年(1909年)北京实验二小成立时,我国实行的学制是癸卯学制。

148. ABCE 【解析】本题考查对素质教育的理解。北京实验二小在全面实施素质教育中注重体育学科,倡导教师“勇敢地退、适时地进”的学校课堂文化,有利于培养学生的创新精神、实践能力、学习能力以及合作精神。

149. ABDE 【解析】本题考查体育的基本任务。体育的基本任务包括:(1)指导学生锻炼身体,促进身体正常发育和技能的发展,增强学生体质,提高健康水平;(2)使学生掌握运动锻炼的科学知识和基本技能,掌握运动锻炼的方法,增强运动能力;(3)使学生掌握身心卫生保健知识,养成良好的身心卫生保健习惯;(4)发展学生良好品德,养成学生文明习惯。

150. CD 【解析】本题考查教师主导作用与学生主体作用的关系。在教学过程中应遵循教师主导作用与学生主体作用相统一的规律,教师作为主导者,应尊重学生的学习主体地位,充分发挥学生主体参与教学的能动性。教师“勇敢地退”即教师要尊重学生的主体地位,发挥学生的主体作用,在教学中把更多的时间和机会留给学生,充分发挥学生学习的积极性。

2020年河北省邢台市隆尧县事业单位公开教师招聘考试真题试卷(五十四)

一、单项选择题

1. A 【解析】本题考查时政。习近平总书记对“十四五”规划编制工作作出重要指示强调,编制和实施国民经济和社会发展五年规划,是我们党治国理政的重要方式。五年规划编制涉及经济和社会发展方方面面,同人民群众生产生活息息相关,要开门问策、集思广益,把加强顶层设计和坚持问计于民统一起来,鼓励广大人民群众和社会各界以各种方式为“十四五”规划建言献策,切实把社会期盼、群众智慧、专家意见、基层经验充分吸收到“十四五”规划编制中来,齐心协力把“十四五”规划编制好。

2. D 【解析】本题考查文化自信。四个自信即中国特色社会主义道路自信、理论自信、制度自信、文化自信,其中文化自信是更基础、更广泛、更深厚的自信,是一个国家、一个民族发展中更基本、更深沉、更持久的力量。

3. A 【解析】本题考查十九大报告。十九大报告指出,综合分析国际国内形势和我国发展条件,从二〇二〇年到本世纪中叶可以分两个阶段来安排。第一个阶段,从二〇二〇年到二〇三五年,在全面建成小康社会的基础上,再奋斗十五年,基本实现社会主义现代化。第二个阶段,从二〇三五年到本世纪中叶,在基本实现现代化的基础上,再奋斗十五年,把我国建成富强民主文明和谐美丽的社会主义现代化强国。

4. A 【解析】本题考查十九大报告。十九大报告指出,优先发展教育事业。建设教育强国是中华民族伟大复兴的基础工程,必须把教育事业放在优先位置,深化教育改革,加快教育现代化,办好人民满意的教育。要全面贯彻党的教育方针,落实立德树人根本任务,发展素质教育,推进教育公平,培养德智体美全面发展的社会主义建设者和接班人。

5. A 【解析】本题考查国旗法知识。我国《国旗法》第十九条规定:“在公共场合故意以焚烧、毁损、涂划、玷污、践踏等方式侮辱中华人民共和国国旗的,依法追究刑事责任;情节较轻的,由公安机关处以十五日以下拘留。”

6. A 【解析】本题考查民法典。《中华人民共和国民法典》被称为“社会生活的百科全书”,也是新中国第一部以法典形式命名的法律,开创了我国法典编纂立法的先河,具有里程碑意义。

7. A 【解析】本题考查价值规律。价值规律是商品生产和商品交换的基本经济规律,也是市场经济最主要的经济规律。价值规律调节生产资料和劳动力在各生产部门的分配;刺激商品生产者改进生产工具,提高劳动生产率,加强经营管理,降低消耗,以降低个别劳动时间;促使商品生产者优胜劣汰。从根本上说,“寻找空白点”体现了价值规律的要求。故选A。

8. A 【解析】本题考查环境保护常识。绿色化学倡导用化学的技术和方法减少或停止那些对人类健康、社区安全、生态环境有害的原料、催化剂、溶剂和试剂、产物、副产物等的使用与产生。就地焚烧秸秆会产生大气污染物,不符合“绿色化学”的理念,故选A。

9. A 【解析】本题考查运动。题干这句话体现的是事物的运动和发展具有客观性,不以人的主观意志或者朝代的更替为转移,有其自身客观的发展规律。BCD项与题意无关。故选A。

10. B 【解析】本题考查政治常识。党的十五大报告指出:“建设有中国特色社会主义的政治,就是在中国共产党领导下,在人民当家作主的基础上,依法治国,发展社会主义民主政治。”

11. A 【解析】本题考查“一带一路”知识。“只涉及”说法不准确,B项错误。“一带一路”不是经济结盟,C项错误。D项说法片面。故选A。

12. C 【解析】本题考查道德。在阶级社会中,道德具有鲜明的阶级性,由一定社会和集团的阶级利益所决定,又为一定的阶级利益服务。恩格斯指出,每一个阶级,甚至每一个行业,都各有各的道德,而一切剥削阶级所提倡的道德都是维护和巩固其统治的工具。

13. C 【解析】本题考查民法知识。财产所有权是指所有人依法对自己的财产享有占有、使用、收益和处分的权利。故选C。

14. C 【解析】本题考查公文处理。发文办理主要程序是:复核、登记、印制和核发,A项正确。两个以上机关联合办理的公文,原件由主办机关归档,相关机关保存复制件,B项正确。不具备归档和保存价值的公文,经批准后可以销毁,D项正确。根据规定,各级行政机关的办公厅(室)应当设立文秘部门或者配备专职人员负责公文处理工作,C项符合题意。

15. A 【解析】2018年中央经济工作会议指出,我国市场规模位居世界前列,今后潜力更大。要努力满足最终需求,提升产品质量,加快教育、育幼、养老、医疗、文化、旅游等服务业发展,改善消费环境,落实好个人所得税专项附加扣除政策,增强消费能力,让老百姓吃得放心、穿得称心、用得舒心。

16. B 【解析】本题考查规章制度。规章制度是党政机关、社会团体、企事业单位制定并公布,要求有关部门和人员共同遵守的一种具有法规性和约束力的文书。

17. A 【解析】本题考查经济常识。商品是用来交换的劳动产品,劳动产品不一定是商品,但商品一定是劳动产品。A项属于劳动产品,但没有用于交换,不属于商品,当选。

18. D 【解析】本题考查道德。道德是人类在改造自然和社会的实践中,以善恶为标准,依靠内心信念、社会舆论和传统习惯来评价人们的行为,调整人与人、人与自然环境,以及个人与社会之间关系的行为准则和规范的总和。道德是由一定的社会经济基础所决定,并为其服务的上层建筑。

19. C 【解析】本题考查现代农业类型。观光休闲型农业侧重于将农业与旅游、生产与消费融为一体,是生产、生活与生态三位一体的现代农业形式。

20. C 【解析】本题考查唯物论。“共同但有区别的责任”原则对发达国家和发展中国家的区分是基于历史因素和现实因素等方面考虑,体现了坚持一切从实际出发,实事求是。

21. D 【解析】本题考查代理。超越代理权限的代理行为,属于效力待定行为。原则上讲,超越代理权的行为属于无效行为,但是如果该代理行为得到了被代理人的追认,那么该行为也可能转化为有效行为,其造成的后果也分不同情况由被代理人或代理人承受。故选D。

22. D 【解析】本题考查政治常识。党的十八大报告指出,解决好农业农村农民问题是全党工作重中之重,城乡发展一体化是解决“三农”问题的根本途径。

23.B 【解析】本题考查历史常识。①土地改革运动是指新中国建立初期(1950～1953年)在新解放区开展的土地制度改革。②人民公社化指始于1958年的中国农村人民公社化运动。③农业合作化是在中国共产党领导下,通过各种互助合作的形式,把以生产资料私有制为基础的个体农业经济,改造为以生产资料公有制为基础的农业合作经济的过程。农业合作化发生于土地改革后。到1956年底,我国基本上完成了对农业的社会主义改造。④家庭联产承包责任制是农民以家庭为单位,向集体经济组织(主要是村、组)承包土地等生产资料和生产任务的农业生产责任制形式。它是中国现阶段农村的一项基本经济制度,开始于1978年。

24.D 【解析】本题考查政治常识。社会主义初级阶段不是泛指任何国家进入社会主义都会经历的起始阶段,而是特指我国生产力落后、商品经济不发达条件下建设社会主义必然要经历的特定阶段。

25.A 【解析】本题考查哲学知识。原因和结果是揭示事物或现象间普遍联系和相互作用的哲学范畴。原因是指引起一定现象的现象,结果是指由原因起作用而被引起的现象。事物或现象之间这种引起或被引起的关系,就是因果关系。在本题中,黄河下游断流和供水不足是原因,工业损失巨大是结果。故本题选A。

26.D 【解析】本题考查法理学。民事法律关系的要素,是指构成民事法律关系的必要因素或条件。民事法律关系的主体、客体和内容为民事法律关系的要素。

27.B 【解析】本题考查政治常识。深化党和国家机构改革,是推进国家治理体系和治理能力现代化的一场深刻变革。

28.B 【解析】本题考查矛盾。“能与不能、知与不知、有与没有”是矛盾的双方,二者对立统一,在一定条件下相互转化,材料启示我们坚持两点论和重点论的统一,不要贪得无厌,①④正确。事物的性质主要由主要矛盾的主要方面决定,②错误。③与题意无关。故选B。

29.D 【解析】本题考查法治与法制。法治是法制的前提和条件,法制是法治的实现和保障,D项符合题意。

30.A 【解析】本题考查唯物主义。朴素唯物主义认为世界由物质构成,本质上是正确的,并且具有朴素的辩证法思想,但是还具有将世界的本原归结为某种或某些具体的物质形态的局限性,A项正确。形而上学唯物主义发展了唯物主义,但把物质等同于“原子”,B项不符合题意。辩证唯物主义是把唯物主义和辩证法有机地统一起来的科学世界观,认为物质是标志着客观实在的哲学范畴,物质的唯一特性是客观实在性,C项不符合题意。庸俗唯物主义承认物质是唯一的实在,但庸俗地把意识直接归结为物质性的东西,从而取消了物质和意识的区别,D项不符合题意。故选A。

31.C 【解析】本题考查我国国家机构。全国人民代表大会常务委员会对全国人民代表大会负责并报告工作。

32.A 【解析】本题考查唯物辩证法的范畴。规律是事物运动过程中内在的、固有的、稳定的、必然的联系,兔子撞到树桩是一种偶然联系,而该农夫主观认为这是一种规律,把偶然联系当作必然联系,犯了主观主义错误,违背了规律的客观性。故选A。

33.B 【解析】本题考查政治常识。党的十九大党章修正案指出,在新世纪新时代,经济和社会发展的战略目标是,到建党一百年时,全面建成小康社会;到新中国成立一百年时,全面建成社会主义现代化强国。可见,党和国家2020年的奋斗目标是全面建成小康社会。

34.D 【解析】本题考查政治常识。习近平总书记对中央和国家机关推进党的政治建设作出重要指示强调,中央和国家机关首先是政治机关,必须旗帜鲜明讲政治,坚定不移加强党的全面领导,坚持不懈推进党的政治建设。

35.A 【解析】本题考查货币政策目标。央行货币政策目标主要有经济增长、充分就业、物价稳定和国际收支平衡。货币政策各项目标之间,经济增长能够创造更多的就业机会,而就业的增加反过来也将推动经济增长,经济增长与充分就业呈一致性关系,故选A。

36.C 【解析】本题考查政治常识。党的十八大报告强调,全党必须更加自觉地把推动经济社会发展作为深入贯彻落实科学发展观的第一要义。

37.C 【解析】本题考查唯物辩证法的范畴。必然性和偶然性是揭示事物联系和发展中两种不同的趋势的一对范畴。必然性产生于事物内部的主要原因,在发展过程中居于支配地位,决定着事物发展的前途和方向;偶然性则产生于事物次要的和外部的原因,在发展中居于从属地位,对事物的发展过程起着促进或延缓的作用。故选C。

38.B 【解析】本题考查市场的类型。按照构成市场的要素不同,可以将市场划分为商品市场、资金市场、劳动力市场、技术市场、信息市场;按照商品用途或商品满足消费者需求的性质不同,可以将市场划分为生活资料市场和生产资料市场;按照市场的竞争形态不同,可以将市场划分为完全竞争市场、完全垄断市场、寡头垄断市场和垄断竞争市场。消费品市场又称生活资料市场、最终产品市场。它是指生产经营者从事消费品经营,满足人们生活消费需要的经济活动领域,或指消费者为满足生活消费需要而购买商品的场所。故选B。

39.B 【解析】本题考查意识的能动作用。意识是人类所特有的能动地认识世界,又通过实践能动地改造世界的能力,即人类的主观能动性。人们在从事实践活动时一般都是先制定计划,规划蓝图,再按照计划和图纸具体实施,说明两点:第一,意识活动具有目的性和计划性;第二,人们在意识的指导下能动地改造世界,即通过实践把意识中的东西变成现实的东西,创造出没有人的参与永远也不可能出现的东西。故选B。

40.D 【解析】本题考查所有制。非公有制经济主要包括个体经济、私营经济、外资经济等。股份制经济是指全部注册资本由全体股东共同出资,并以股份形式投资举办企业而形成的一种经济类型。股份制是社会化大生产和商品经济发展的必然产物。它作为一种企业组织形式和经营管理制度,不是一种独立的所有制,可以适用于不同的社会制度。故选D。

41.C 【解析】本题考查法理学。法律汇编是指按照一定标准(如颁布的时间、法律部门,或者一定的主题等)将规范性文件收入加以系统排列,汇编成册。法律编纂又称法典编纂,是指有立法权的国家机关在法律清理和汇编的基础上,对现行法律体系中的某一部门法律或某一类法律进行审查、研究、整理、补充和修改,最终形成一部集中统一而且内部协调的系统的法律或法典的专门性立法活动。法律体系是指由法律部门组成的现行法律有机联系的统一整体。法律渊源是指法律的存在或表现形式。故选C。

42.B 【解析】本题考查对立统一规律。对立统一规律即事物的矛盾规律,揭示了事物发展的源泉和动力,是唯物辩证法的实质和核心。

43.A 【解析】本题考查社会存在与社会意识。先进的社会意识正确反映了社会发展规律,能够预测社会发展的前进趋势,因而可以通过实践的形式来促进社会发展。

44.B 【解析】本题考查行文规则。根据《党政机关公文处理工作条例》第十六条的规定,涉及多个部门职权范围内的事务,部门之间未协商一致的,不得向下行文;擅自行文的,上级机关应当责令其纠正或者撤销。

45.B 【解析】本题考查唯物辩证法。B项犯了形而上学的错误,没有用发展的观点看问题,符合题意。

46.B 【解析】本题考查政治常识。《中共中央关于制定国民经济和社会发展第十三个五年规划的建议》提出,农村贫困人口脱贫是全面建成小康社会最艰巨的任务。必须充分发挥政治优势和制度优势,坚决打赢脱贫攻坚战。

47.A 【解析】本题考查道德。道德认识指对道德上的是与非、善与恶的行为准则及其意义的认识。道德信念指人们发自内心地对某种道德义务的真诚信仰和强烈的责任感。道德行为指个体在一定的道德意识支配下表现出来的有利或有害于他人的社会行为。道德意志是个体在履行道德义务的过程中,通过自觉地确定目的、支配行动、克服困难等表现出来的能动的实践精神。故选A。

48.B 【解析】本题考查新时代公民道德建设。《新时代公民道德建设实施纲要》提出,全面推进社会公德、职业道德、家庭美德、个人品德建设,持续强化教育引导、实践养成、制度保障,不断提升公民道德素质,促进人的全面发展,培养和造就担当民族复兴大任的时代新人。

49.B 【解析】本题考查法律常识。我国的法律是人民意志的体现,社会主义法律的实现主要依靠广大人民群众的自觉守法。

50.B 【解析】本题考查民事诉讼法知识。根据我国《民事诉讼法》第二十三条的规定,因合同纠纷提起的诉讼,由被告住所地或者合同履行地人民法院管辖,A项错误。根据该法第二十八条的规定,因侵权行为提起的诉讼,由侵权行为地或者被告住所地人民法院管辖,B项正确。根据该法第二十五条的规定,因票据纠纷提起的诉讼,由票据支付地或者被告住所地人民法院管辖,C项错误。根据该法第三十二条的规定,因共同海损提起的诉讼,由船舶最先到达地、共同海损理算地或者航程终止地的人民法院管辖,D项错误。故选B。

51.B 【解析】本题考查《中华人民共和国教育法》的内容。《中华人民共和国教育法》第四十三条规定了受教育者的权利,第四十四条规定了受教育者的义务。

52.C 【解析】本题考查教师职业道德的相关知识。教师的职业道德素养要求教师要为人师表,身体力行,做到言行一致,发挥表率作用,这表明教师要做到身教重于言教。故排除A项。教师的职业道德素养要求教师忠于人民的教育事业,这要求教师做到爱岗敬业,廉洁从教。故排除B项。“善教”体现的是教师的教学能力,不属于教师的职业道德素养。故排除D项。热爱教育事业是教师做好教育工作的前提,是教师职业道德的基础,也是教师劳动积极性和创造性的源泉。热爱教育事业具体体现在热爱学生上。热爱学生是教师职业道德的核心,是教师高尚道德品质的表现。因此,我们应该大力肯定和倡导的是热爱。故本题选C项。

53.A 【解析】本题考查新课程改革的相关知识。新课程改革的主要理论基础是建构主义的学习理论和多元智能理论。建构主义者认为,儿童是生活在社会之中的,因而是带着经验走进教室的,教学要从学生的兴趣和需要出发,教师要为理解而教;学习不是由教师向学生传递知识的过程,而是学生主动建构自己知识的过程。故选A项。

54.D 【解析】本题考查师生关系的相关知识。学校的教育活动是师生双方共同的活动,是在一定的师生关系维系下进行的。因此,良好的师生关系是教育教学活动取得成功的必要保证。

55. C 【解析】本题考查教学组织形式的概念。教学组织形式是指为完成特定的教学任务,教师和学生按照一定要求组合起来进行活动的结构。故本题选 C 项。A 项的教学策略是指为达到某种预测效果所采取的多种教学行动的综合方案,就是在教学目标确定以后,根据已定的教学任务和学生的特征,有针对性地选择与组合相关的教学内容、教学组织形式、教学方法和技术,以便形成具有效率意义的特定的教学方案。B 项的教学过程是教师根据一定社会的要求和学生身心发展的特点,通过有目的、有计划地指导学生掌握系统的科学文化知识和基本技能,发展学生的智力和体力,培养学生的良好品德和健康个性,使其形成科学世界观的过程。D 项的教学设计是指在实施教学之前由教师对教学目标、教学方法、教学评价等进行规划和组织并形成设计方案的过程。

56. C 【解析】本题考查教师职业道德修养的内容。教师的职业道德修养对其行为的选择起决定性作用。只有高尚的道德修养才能引导教师高尚的行为。

57. C 【解析】本题考查品德的心理结构。虽然道德品质的心理结构比较复杂,不同理论学派所强调的侧面也不一样,但人们的一般看法是把道德动机和道德行为方式看成道德品质的两大构成部分,因而道德品质的形成也就是这两大部分相互联系的过程。

58. D 【解析】本题考查有意义学习的条件。有意义学习的条件有:(1)客观条件,是指受学习材料本身性质的影响。有意义学习的材料本身必须合乎这种非人为的和实质性的标准,即具有逻辑意义。(2)主观条件,是指受学习者自身因素的影响。主要表现在:①学习者必须具有有意义学习的心向;②学习者认知结构中必须具有能够同化新知识的适当的认知结构;③学习者必须积极主动地使这种具有潜在意义的新知识与认知结构中有关的旧知识发生相互作用,使旧知识得到改造,新知识获得实际意义,即心理意义。

59. C 【解析】本题考查奥苏贝尔的动机分类。根据学校情境中的学业成就动机的不同,奥苏贝尔等人把动机分为认知内驱力、自我提高内驱力和附属内驱力三个方面。附属内驱力是指个体为了获得长者们(如家长、教师)的赞许或认可而表现出把工作、学习做好的一种需要。题干所述事例为附属内驱力,故答案选 C 项。A 项认知内驱力是指要求了解、理解和掌握知识以及解决问题的需要。B 项自我提高内驱力是指个体因自己的胜任或工作能力而赢得相应地位的需要。D 项为干扰选项。

60. D 【解析】本题考查布卢姆的认知目标。美国教育心理学家布卢姆将教学目标分为认知、情感和动作技能三个领域,每一领域的目标又从低级到高级分成若干层次。其中,认知领域的教学目标分为知识、领会(理解)、运用(应用)、分析、综合、评价六级。

61. B 【解析】本题考查教育的功能。教育的育人功能主要表现为:(1)教育对个体发展的促进功能,主要包括促进个体社会化的功能和促进个体个性化的功能。其中,教育促进个体社会化的功能主要表现为促进个体思想意识、行为的社会化以及培养个体的职业意识和角色。故 CD 两项可排除。(2)教育的个体职业塑造功能,主要指教育的个体谋生功能和享用功能。教育的个体谋生功能一方面是指教育可以通过促进个体社会化,将社会文化行为规范传递给新生一代,使他们获得未来社会生活或职业生活中相应的角色和意识,以便他们在进入社会生活时能尽快地适应新环境。另一方面是指教育要传授"何以为生"的本领。故 A 项可排除,选 B 项。(3)教育对个体发展的负向功能。

62. B 【解析】本题考查《国家中长期教育改革和发展规划纲要(2010~2020 年)》的相关内容。《国家中长期教育改革和发展规划纲要(2010~2020 年)》指出,把育人为本作为教育工作的根本要求。要以学生为主体,以教师为主导,充分发挥学生的主动性,把促进学生健康成长作为学校一切工作的出发点和落脚点。

63. B 【解析】本题考查素质教育的相关知识。素质教育是以培养创新精神和实践能力为重点的教育。作为国力竞争基础工程的教育,必须培养具有创新精神和实践能力的新一代人才,这是素质教育的时代特征。对教育来说,培养创新精神和实践能力不是一般性的要求,更不是可有可无的事,而应成为教育活动的根本追求,成为素质教育的核心。能不能培养学生的创新精神和实践能力是应试教育和素质教育的本质区别。

64. D 【解析】本题考查教育的相关知识。教育是一种社会现象,它产生于社会生活的需要,而归根到底产生于生产劳动。

65. C 【解析】本题考查联觉的概念。一种感觉兼有另一种感觉的心理现象叫联觉。如红色给人以热烈、紫色给人以高贵、蓝色给人以安静、黑色给人以沉重的感觉等。不同的声音也会产生不同的联觉。题干所述现象为联觉。

66. A 【解析】本题考查教师义务的相关知识。教师的义务是教师在一定的内心信念和道德责任感的支配下,在教育教学实践中,自觉履行的对学生、他人和社会应尽的职责和任务。教师的义务,是教师职业道德的基本范畴之一,其实质是教师的职责在行为上的体现。

67. B 【解析】本题考查教师劳动的特点。教师劳动的创造性主要是由劳动对象的特点决定的。教师劳动的创造性主要表现在以下三个方面:(1)因材施教。(2)教学方法上的不断更新。"教学有法,教无定法"是对教师劳动创造性的最好注脚。(3)教师需要"教育机智"。题干强调教师必须在教育内容、形式和方法上不断创新,这体现了教师劳动的创造性特点。

68. 缺。

69. A 【解析】本题考查无意注意的含义。根据有无目的和意志努力,注意可以分为无意注意、有意注意和有意后注意三种。无意注意也称不随意注意,是没有预定目的、无需意志努力、不由自主地对一定事物所发生的注意。题干所述老师的做法是为了引起学生的无意注意。有意注意也称随意注意,是有预先目的、必要时需要意志努力、主动地对一定事物所发生的注意。有意后注意也叫随意后注意,是指有自觉目的,但不需要意志努力的注意。

70. C 【解析】本题考查班课管理的相关知识。班课管理旨在将已有的"班级管理"和"课堂管理"整合起来。班课管理关涉学生行为,但其目的绝不是控制学生行为。班课管理应当定位在开发学生的自我控制,绝不在强化教师对学生的控制。有效地管理班课,意味着创造条件提升学生学习。简言之,班课管理包含教师这样一些决策与行动,它们旨在创造一种有益于学习的环境。所以,班课管理的根本价值,就是创造环境让学生投身学习。(参见黄甫全主编的《现代课程与教学论》)

71. D 【解析】本题考查不同认知类型的学生解决问题的方式。根据学生分类时使用的假设类型以及建立分类系统方式的差异,将学生的学习方式分为整体型和系列型。两种类型学生在思维方式与问题解决方式方面有着明显的差异。整体型的学生解决问题时视野比较宽,能全面地审视问题,倾向于对问题有关的各个子问题进行全面的考虑,而不是一碰到问题就立即着手一步一步地解决。系列型的学生解决问题时,倾向于按照问题的逻辑顺序,一步一步地解决子问题,只有在学习过程快结束时,才对所学的内容形成一种比较完整的看法。冲动型学生具有迅速确认问题答案的欲望,往往能很快形成自己的看法,不用全面掌握事件线索,仅凭几个线索就能作出直觉的跳跃性推论;一般出错相对较多;抗诱惑力较差;擅长整体思考。反思型(沉思型)学生通常比较谨慎,不急于回答问题,而是倾向于事先评估各种替代答案,然后给予较有把握的回答;一般出错较少;在信息加工策略方面关注细节,追求精确化答案,但速度比较慢。根据题干所述本题选 D。

72. D 【解析】本题考查现代社会教育的特点。教育民主化包括教育的民主和民主的教育两个方面。教育民主化首先是指教育机会均等,即教育要为所有的社会成员提供平等的教育权利,包括入学机会的均等、教育过程中享有教育资源机会的均等和教育结果的均等。其次指师生关系的民主化。再次指教育方式、教育内容等的民主化。最后是追求教育的自由化,包括教育自主权的扩大、根据社会要求设置课程、编写教材的灵活性等。由"让所有人都受到同样的教育""追求教育的自由化"可判断题干体现的是教育民主化的特点,故选 D 项。A 项教育全民化为易混淆的选项,教育的全民化主要强调教育对象的全民化,即教育必须向所有人开放。

73. A 【解析】本题考查加强人民民主法制的中心环节。1956 年 9 月 19 日董必武在中共第八次全国代表大会上作了题为《进一步加强人民民主法制,保障社会主义建设事业》的讲话,指出"依法办事是我们进一步加强人民民主法制的中心环节。依法办事有两方面的意义:其一,必须有法可依;其二,有法必依今后对于那些故意违反法律的人,不管他现在地位多高,过去功劳多大,必须一律追究法律责任"。故选 A。

74. D 【解析】本题考查法律意义上教师的含义。我国《教师法》等法律明确界定了教师这一概念的法律含义与范畴。我国《教师法》第二条的适用范围规定,该法适用于在各级各类学校和其他教育机构中专门从事教育教学工作的教师。教师是在学校及其他教育机构的教育教学人员。在学校及其他教育机构从事教育教学活动是确定教师概念的外延,即必须是具备教师资格并与学校和其他教育机构建立聘任关系,并直接从事教育教学工作的人才是法律意义上的教师。

75. B 【解析】本题考查《中华人民共和国教育法》的法律地位。教育基本法律是由全国人民代表大会制定,调整教育内部、外部相互关系的基本法律准则。它对整个教育全局起宏观调控作用,或称为"教育宪法""教育母法"。我国的教育基本法律为 1995 年第八届全国人民代表大会第三次会议通过的《中华人民共和国教育法》。

76. D 【解析】本题考查教师职业道德的相关知识。教师的职业道德主要表现为对教育事业的忠诚、对学生的热爱以及与同事之间的友好协作,对教育事业的忠诚是教师职业道德的核心成分。

77. D 【解析】本题考查《中华人民共和国教师法》的内容。根据《中华人民共和国教师法》第三十七条规定,教师有下列情形之一的,由所在学校、其他教育机构或者教育行政部门给予行政处分或者解聘:(1)故意不完成教育教学任务给教育教学工作造成损失的;(2)体罚学生,经教育不改的;(3)品行不良、侮辱学生,影响恶劣的。教师有前款第(2)项、第(3)项所列情形之一,情节严重,构成犯罪的,依法追究刑事责任。

78. A 【解析】本题考查我国教育法律法规。根据《教师资格条例》第十八条规定,依照教师法第十四条的规定丧失教师资格的,不能重新取得教师资格,其教师资格证书由县级以上人民政府教育行政部门收缴。根据《中华人民共和国教师法》第十四条规定，受到剥夺政治权利或者故意犯罪受到有期徒刑以上刑事处罚的，不能取得教师资格；已经取得教师资格的，丧失教师资格。

79. B 【解析】本题考查创造性思维的核心。创造性思维往往以创造性活动作为其产生的基础，这种思维是指用独特、新颖的方法解决问题的思维过程，它是人类思维的高级形态，是智力的高级表现，以发散思维为核心。

80. B 【解析】本题考查教师职业道德的相关知识。教师要以身作则、为人师表，这是教师职业道德区别于其他职业道德的显著标志。

81. A 【解析】本题考查正强化的含义。强化是采用适当的强化物而使机体的反应频率、强度和速度增加的过程。强化有正强化和负强化之分。正强化也称积极强化，是通过呈现想要的愉快刺激来增强反应频率。题干所述符合正强化，A 项当选。B 项负强化也称消极强化，是通过消除或中止厌恶、不愉快刺激来增强反应频率。C 项消退是指条件刺激形成以后，如果得不到强化，条件反应会逐渐减弱，直至消失的现象。D 项惩罚是指当有机体做出某种反应以后，呈现一个厌恶刺激，以消除或抑制此反应的过程。

82. B 【解析】本题考查成就动机理论。成就动机是指个体努力克服障碍，施展才能，力求又快又好地解决某一问题的愿望或趋势。阿特金森把个体的成就动机分为两类：力求成功的动机和避免失败的动机。力求成功者的目的是获取成就，即通过各种活动努力提高自尊心和获得心理上的满足，成功概率为 50% 的任务是他们最有可能选择的。避免失败者则往往通过各种活动防止自尊心受伤害和产生心理烦恼，倾向于选择非常容易或非常困难的任务。如果成功的概率大约是 50% 时，他们会回避这项任务。

83. A 【解析】本题考查教育评价观。"填空题错了一道，其他题全对，能够非常好地运用循环小数简便记法等知识"说明孙老师关注学生的知识掌握情况和学习效果，"等级定为优秀"说明孙老师对学生的学业水平进行了评定。孙老师的评语并没有以分数作为评价标准，故 A 项说法不正确。

84. A 【解析】本题考查教师的能力素养。吴老师把课堂教学中存在的突出问题归纳、提炼为若干主题进行研究并发表系列论文，这说明吴老师有教育研究意识，且有良好的教育教学研究能力。

85. A 【解析】本题考查班级常规管理的内涵。班级常规管理是指通过制定和执行规章制度来管理班级的经常性活动。遵守班级规章制度是对每个学生的基本要求，也是每个学生必须履行的基本义务和职责。

86. D 【解析】本题考查《中华人民共和国义务教育法》的内容。根据《中华人民共和国义务教育法》第十四条规定，禁止用人单位招用应当接受义务教育的适龄儿童、少年。根据国家有关规定经批准招收适龄儿童、少年进行文艺、体育等专业训练的社会组织，应当保证所招收的适龄儿童、少年接受义务教育；自行实施义务教育的，应当经县级人民政府教育行政部门批准。

87. C 【解析】本题考查知觉的基本特征。知觉的理解性是指人以知识经验为基础对感知的事物加工处理，并用语词加以概括赋予说明的加工过程。题干所述体现了知觉的理解性，故选 C 项。A 项知觉的选择性是指当面对众多的客体时，知觉系统会自动地将刺激分为对象和背景，并把知觉对象优先地从背景中区分出来。B 项知觉的整体性是指人根据自己的知识经验把直接作用于感官的客观事物的多种属性整合为统一整体的过程。D 项知觉的恒常性是指客观事物本身不变，但知觉条件在一定范围内发生变化时，人的知觉映像仍相对不变。

88. A 【解析】本题考查教育目的的价值取向。个人本位论认为确立教育目的的根据是人的本性，教育的目的是培养健全发展的人，发展人的本性，挖掘人的潜能，增进受教育者的个人价值，个人价值高于社会价值，而不是为某个社会集团或阶级服务。简言之，教育的根本目的是人的本性和本能的高度发展。题干强调个人的发展与价值，故属于个人本位论。

89. A 【解析】本题考查教师职业道德修养的方法。题干引文出自《论语·里仁》，意为：看见有才能的人（德才兼备的人）就向他学习，希望能向他看齐；看见不贤的人，就反省自己有没有和他一样的缺点，有就要改正。这说明向先进人物学习是教师职业道德修养的重要方法。

90. A 【解析】本题考查新的教育本质观。新的教育本质观认为，教育不仅具有文化传承的功能，而且是文化改造和创新的社会活动。教育不仅要传递人类已有的文化知识，还要为变革社会服务，不断创造新文化。因此，教育不仅具有文化传承的功能，更应该有培养创新能力的功能。

91. C 【解析】本题考查影响人的身心发展的因素。总体看来，影响个体身心发展的因素主要有遗传、环境、教育（学校教育）和个体主观能动性等。遗传素质是人的身心发展的物质前提，环境为个体的发展提供了多种可能，而教育作为特殊的环境对人的身心发展起主导和促进作用，个体主观能动性是人的身心发展的内因和动力。

92. A 【解析】本题考查教师的教育能力。A 项的处理方式可以快速有效的处理突发事件，维持课堂秩序，而且对作画学生进行了鼓励和正面的教育引导，有利于学生的发展。故 A 项的处理方式最恰当。BCD 三项的做法既不能发挥偶发事件的积极作用，又不利于维持课堂秩序和教育作画学生，因此其处理方式是不恰当的。

93. A 【解析】本题考查班主任的领导方式。在权威型的领导方式中，班主任无视学生的个别差异，以僵硬的对策为基础，只给予统一强制的指导，或一味的斥责、威胁；学生的反应主要表现为活动性显著降低，消极性、依存性行为增多。在李老师管理的班级中，学生在班主任在场和不在场时的表现截然不同，这说明学生对班主任的依赖性较高，因此李老师的领导方式很可能是权威型的。故选 A 项。在民主型的领导方式中，学生的行为较稳定，自主积极的行为较多，显然不符合二班的情况；放任型的领导方式属于不干预性指导，班主任容忍班级生活的种种冲突，而学生有目的的活动水平低下，违背团体原则的自发行为增多，也是不符合二班情况的，故 BCD 三项均不选。

94. C 【解析】本题考查动机的冲突。趋避冲突是指对同一目的兼具好恶的矛盾心理。题干中该学生既想参加比赛又害怕讲不好的这种心理为典型的趋避冲突，故选 C 项。A 项双趋冲突是指从自己同时都很喜爱的两个事物中仅择其一的心理状态。B 项双避冲突是指从希望回避的两种事物中必取其一的心理状态。D 项双重趋避冲突是指对含有吸引与排斥两种力量的两种目标予以选择时所发生的冲突。

95. B 【解析】本题考查教学评价的相关知识。安置性评价，又称"预测性评价""预备性评价"。它主要是在特定的教学活动之前判断学生的前期准备。它要解决的问题是：学生是否已掌握了参加预定教学活动所需要的知识与技能；在多大程度上学生已经达到了预期的教学目标；学生的兴趣、习惯以及其他个性特征显示何种教学模式最为合适。安置性评价主要用于学生分班。题干中，通过对学生进行水平测试并以此成绩来进行编班的评价属于安置性评价。故选 B 项。A 项诊断性评价一般指在教学活动开始之前，为使教学计划更有效地实施而进行的评价。它的重点在于对学生学习中屡犯错误深层原因的调查。通过诊断性评价，可以了解学生学习的准备情况和基础，推断学生学习障碍的性质和原因。C 项总结性评价是指教学活动告一段落时为了解学生的学习结果而进行的评价，其目的在于确定教学目标的到达程度并对教学成果进行全面评定。它是对教育活动全过程的检查，一般在教育过程结束后进行。D 项形成性评价是指在课堂教学活动中，为了解教学效果以矫正教学所进行的评价。它的目的不是为了对学习者分等或鉴定，而是帮助学生和教师把注意力集中在为进一步提高所必需的特殊的学习上。

96. B 【解析】本题考查对古文的理解。《西邻教子》讲的是：西边邻居家有五个儿子。一个儿子老实，一个儿子聪明，一个儿子瞎，一个儿子驼背，一个儿子瘸。就让老实的务农，聪明的经商，瞎子卜卦算命，驼背的搓麻绳，瘸子纺线，五个儿子都不为衣食发愁。因材施教原则是指教师在教学中，要从课程计划、学科课程标准的统一要求出发，面向全体学生，同时又要根据学生的个别差异，有的放矢地进行有差别的教学，使每个学生都能扬长避短，获得最佳的发展。西邻教子的故事说明根据每个人的特点施以不同的教育，即可取得良好的效果。这体现了因材施教的教学原则。

97. D 【解析】本题考查学生伤害事故的处理。《最高人民法院关于审理人身损害赔偿案件适用法律若干问题的解释》第七条规定，对未成年人依法负有教育、管理、保护义务的学校、幼儿园或者其他教育机构，未尽职责范围内的相关义务致使未成年人遭受人身损害，或者未成年人致他人人身损害的，应当承担与其过错相应的赔偿责任。第三人侵权致未成年人遭受人身损害的，应当承担赔偿责任。学校、幼儿园等教育机构有过错的，应当承担相应的补充赔偿责任。根据题干描述可知对李某的人身损害，刘某应承担赔偿责任，某小学应承担相应的补充赔偿责任。

98. B 【解析】本题考查课程类型的相关知识。活动课程亦称经验课程，是指围绕着学生的需要和兴趣、以活动为组织方式的课程形态，即以学生的主体性活动的经验为中心组织的课程。活动课程的主要特点就在于动手"做"，在于手脑并用，在于脱离开书本而亲身体验生活的现实，以获得直接经验。

99. C 【解析】本题考查《中华人民共和国教育法》的内容。根据《中华人民共和国教育法》第三十一条规定，学校及其他教育机构的举办者按照国家有关规定，确定其所举办的学校或者其他教育机构的管理体制。学校及其他教育机构的校长或者主要行政负责人必须由具有中华人民共和国国籍、在中国境内定居、并具备国家规定任职条件的公民担任，其任免按照国家有关规定办理。学校的教学及其他行政管理，由校长负责。

100. C 【解析】本题考查思维的类型。发散思维，也叫求异思维、分散思维、辐射思维，是指人们解决问题时，思路朝着各种可能的方向扩散，从而求得多种答案。题干中老师的思维方法为发散思维，选 C 项。A 项创造性思维是指以新颖、独特的方式来解决问题的思维方式。B 项聚合思维，也叫求同思维，是指人们解决问题时，思路集中到一个方向，从而形成唯一的、确定的答案。D 项直觉思维是指未经逐步分析就迅速对问题答案做出合理的猜测、设想或突然领悟的思维。

101. D 【解析】本题考查迁移的理论。概括化理论也称经验类化说，由美国心理学家贾德提出，其主要观点是，一个人只要对自己的经验进行了概括，就可以完成从一个情境到另一个情境的迁移。对原理了解、概括得越好，迁移效果也越好。贾德在 1908 年所做的"水下击靶"实验，是概括化理论的经典实验。故 D 项符合题意。A 项关系理论认为迁移是学习者突然发现两个学习经验之间关系的结果，是对情境中各种关系的理解和顿悟，而非由于具有共同成分或原理自动产生。B 项共同要素说指如果两种学习活动含有共同成分，无论学习者是否意识到这种成分的共同性,都会有迁移现象的产生。C 项形式训练说认为心理官能只有通过训练才能得以发展,迁移就是心理官能得到训练而发展的结果,迁移是无条件的、自发的。

102. D 【解析】本题考查课程类型的相关知识。学科课程是指以文化知识(科学、道德、艺术)为基础,按照一定的价值标准,从不同的知识领域或学术领域选择一定的内容,根据知识的逻辑体系,将所选出的知识组织为学科的课程类型。我国中小学开设的语文、数学、外语等课程均属于学科课程。

103. C 【解析】本题考查教师职业道德修养的特点。教师职业道德修养的特点包括:(1)历史继承性。这就需要教师从深厚的历史和文化底蕴中汲取丰富的精神营养,责无旁贷地传承和弘扬中华民族的优秀师德。故 AB 两项说法不正确。(2)鲜明的时代性。这就需要教师紧扣时代脉搏,站在时代潮头,开拓创新,与时俱进,丰富和发展中华民族的优秀师德。故 D 项说法不正确,选 C 项。

104. A 【解析】本题考查课外活动与课堂教学的关系。从课外活动与课堂教学的联系看,它们的目的是一致的,都是为了实现全面发展的教育目的,完成学校的教育任务;两者都是在学校的统一领导下有计划、有组织地进行的。此外,两者在教育过程中是互相配合的。

105. A 【解析】本题考查《中华人民共和国教师法》的内容。根据《中华人民共和国教师法》第一条规定,为了保障教师的合法权益,建设具有良好思想品德修养和业务素质的教师队伍,促进社会主义教育事业的发展,制定本法。

106. C 【解析】本题考查人的身心发展的规律。人的身心发展的互补性是指机体某一方面的机能受损甚至缺失后,可通过其他方面的超常发展得到部分补偿。主要包括生理机能之间的互补以及生理机能与心理机能之间的互补。盲人的触觉、听觉一般非常灵敏体现了生理机能之间的互补,故选 C 项。

107. B 【解析】本题考查合作学习的概念。自主学习、探究学习、合作学习是新课程倡导的三种主要学习方式。其中,合作学习是指学生在小组或团队中为了完成共同的任务,有明确的责任分工的互助性学习。故选 B 项。

108—109. 缺。

110. C 【解析】本题考查动作技能的培训要求。练习是形成各种操作技能所不可缺少的关键环节,通过应用不同形式的练习,可以使个体掌握某种技能。"见者易,学者难"这句话强调的是练习对动作技能学习的重要性。

111. C 【解析】本题考查教师的人格特征。在教师的人格特征中,有两个重要特征对教学效果有显著影响:一是教师的热心和同情心;二是教师富于激励和想象的倾向性。研究表明,有激励作用、生动活泼、富于想象并热心于自己学科的教师,他们的教学工作较为成功。题干中的事例说明了在教师的人格中热心和同情心对教学有显著影响。

112. A 【解析】本题考查因材施教的教育思想。针对同一个问题,孔子根据子路和冉有不同的性格,对他们提出不同的建议,这体现了教师在教学中要根据学生性格差异进行因材施教。

113. C 【解析】本题考查 2008 年修订的《中小学教师职业道德规范》的内容。2008 年修订的《中小学教师职业道德规范》的内容包括:爱国守法、爱岗敬业、关爱学生、教书育人、为人师表、终身学习。

114. B 【解析】本题考查操行评定的相关知识。操行评定是以教育目的为指导思想,以"学生守则"为基本依据,对学生一个学期内在学习、劳动、生活、品行等方面的小结与评价。操行评定的主要内容有道德品行、学习、身心健康三个方面。

115. C 【解析】本题考查教学评价的类型。诊断性评价是在学期开始或一个单元教学开始时,为了了解学生的学习准备状况及影响学习的因素而进行的评价。题干中的李老师在教学活动开始之前对学生进行测试,了解学生的知识基础和准备状况,这属于诊断性评价,故选 C 项。另外,A 项常在学期中或学期末进行;B 项常在教学过程中进行;D 项一般是根据一定标准,对学生的学业成就进行价值判断的过程。

116. C 【解析】本题考查《中华人民共和国教师法》的内容。根据《中华人民共和国教师法》第三十七条规定,教师有下列情形之一的,由所在学校、其他教育机构或者教育行政部门给予行政处分或者解聘:(1)故意不完成教育教学任务给教育教学工作造成损失的;(2)体罚学生,经教育不改的;(3)品行不良、侮辱学生,影响恶劣的。教师有前款第(2)项、第(3)项所列情形之一,情节严重,构成犯罪的,依法追究刑事责任。

117. C 【解析】本题考查对"教育"的认识。正规教育主要指学校教育,是学生在有组织的教育机构中所受到的教育。形式化教育是学生在有组织的教育机构中所接受的教育。广义的教育指增进人的知识与技能、发展人的智力与体力、影响人的思想观念的活动,它包括社会教育、学校教育和家庭教育。狭义的教育指学校教育,是教育者依据一定的社会要求,依据受教育者的身心发展规律,有目的、有计划、有组织地对受教育者施加影响,促使其朝着所期望的方向发展变化的活动。故"生活的磨难教育了我们"中的"教育"为广义的教育。

118. B 【解析】本题考查影响人的身心发展的因素。个体的主观能动性是人的一种内在需要,是一种寻求发展的积极动机和渴望。所以,个体的主观能动性是人的身心发展的内在动力,也是促进个体发展从潜在的可能状态转向现实状态的决定性因素。逆境可以成才,"同流而不合污""出淤泥而不染""威武不能屈"等典故反映了人的主观能动性在个体发展中的作用。题干的表述主要体现的是个体的主观能动性对人的身心发展的影响。即人在接受环境的过程中并不是消极被动的,而是积极、主动的实践过程。

119. B 【解析】本题考查个体身心发展的规律。个体身心发展的个别差异性,是指个体之间的身心发展以及个体身心发展的不同方面之间,存在着发展程度和速度的不同。根据个体发展的个别差异性规律,教育必须因材施教,充分发挥每个学生的潜能和积极因素,有的放矢地选择适宜、有效的教育途径和方法手段,使每个学生都能得到最大的发展。

120. C 【解析】本题考查 2008 年修订的《中小学教师职业道德规范》的相关内容。在 2008 年修订的《中小学教师职业道德规范》中,终身学习是教师专业发展的不竭动力。A 项关爱学生是师德的灵魂,B 项教书育人是教师的天职,D 项爱岗敬业是教师职业的本质要求。

二、多项选择题

121. AC 【解析】本题考查政治常识。四个意识包括:政治意识、大局意识、核心意识、看齐意识。

122. BCD 【解析】本题考查时政。国家主席习近平在 2020 年 8 月 11 日签署主席令,根据十三届全国人大常委会第二十一次会议表决通过的决定,授予钟南山"共和国勋章",授予张伯礼、张定宇、陈薇(女)"人民英雄"国家荣誉称号。

123. 缺。

124. ABC 【解析】本题考查教师的法定义务。根据《中华人民共和国教师法》第八条规定,教师应当履行下列义务:(1)遵守宪法、法律和职业道德,为人师表;(2)贯彻国家的教育方针,遵守规章制度,执行学校的教学计划,履行教师聘约,完成教育教学工作任务;(3)对学生进行宪法所确定的基本原则的教育和爱国主义、民族团结的教育,法制教育以及思想品德、文化、科学技术教育,组织、带领学生开展有益的社会活动;(4)关心、爱护全体学生,尊重学生人格,促进学生在品德、智力、体质等方面全面发展;(5)制止有害于学生的行为或者其他侵犯学生合法权益的行为,批评和抵制有害于学生健康成长的现象;(6)不断提高思想政治觉悟和教育教学业务水平。

125. BD 【解析】本题考查心智技能的含义。心智技能也称为智力技能、认知技能,是通过学习而形成的合乎法则的心智活动方式。阅读技能、写作技能、运算技能、解题技能等都是常见的心智技能。B、D 项符合,A、C 项属于操作技能。

126. ABCD 【解析】本题考查《中华人民共和国义务教育法》的内容。根据《中华人民共和国义务教育法》第二条规定,国家实行九年义务教育制度。义务教育是国家统一实施的所有适龄儿童、少年必须接受的教育,是国家必须予以保障的公益性事业。实施义务教育,不收学费、杂费。国家建立义务教育经费保障机制,保证义务教育制度实施。故 A 项正确。第十二条规定,适龄儿童、少年免试入学。地方各级人民政府应当保障适龄儿童、少年在户籍所在地学校就近入学。故 B 项正确。第三十九条规定,国家实行教科书审定制度。教科书的审定办法由国务院教育行政部门规定。未经审定的教科书,不得出版、选用。故 C 项正确。第二十二条规定,县级以上人民政府及其教育行政部门应当促进学校均衡发展,缩小学校之间办学条件的差距,不得将学校分为重点学校和非重点学校。学校不得分设重点班和非重点班。故 D 项正确。

127. ACD 【解析】本题考查有意义活动学习的特征。无论是接受还是活动的教学方式,都有有意义学习和机械学习的区别。在奥苏贝尔那里,对于个体来说,有意义学习就是习得语言文字符号的意义。活动学习大大超过了言语学习的范围,它有别于接受式的主要特征是:(1)强调实践、操作及探索行为;(2)注重对策略性知识的默会理解;(3)重视人际交往,突出情感体验。有意义活动学习是学生将已有的知识、经验、判断等作为"工具"去解决新问题、实施新任务的过程,学生亲自参与,自行完成从"工具"到任务的策略性整合,从中获得知识与体验。

128. ABCD 【解析】本题考查基础教育课程改革的具体目标。《基础教育课程改革纲要(试行)》中提出,基础教育课程改革的具体目标包括:(1)改变课程过于注重知识传授的倾向,强调形成积极主动的学习态度,使获得基础知识与基本技能的过程同时成为学会学习和形成正确价值观的过程。(2)改变课程结构过于强调学科本位、科目过多和缺乏整合的现状,整体设置九年一贯的课程门类和课时比例,设置综合课程,以适应不同地区和学生发展的需求,体现课程结构的均衡性、综合性和选择性。(3)改变课程内容"繁、难、偏、旧"和过于注重书本知识的现状,加强课程内容与学生生活以及现代社会科技发展的联系,关注学生的学习兴趣和经验,精选终身学习必备的基础知识和技能。(4)改变课程实施过于强调接受学习、死记硬背、机械训练的现状,倡导学生主动参与、乐于探究、勤于动手,培养学生搜集和处理信息的能力、获取新知识的能力、分析和解决问题的能力,以及交流与合作的能力。(5)改变课程评价过分强调甄别与选拔的功能,发挥评价促进学生发展,教师提高和改进教学实践的功能。(6)改变课程管理过于集中的状况,实行国家、地方、学校三级课程管理,增强课程对地方、学校及学生的适应性。

129. BCD 【解析】本题考查新课程倡导的学习方式。新课程倡导的学习方式主要包括自主学习、合作学习和探究学习。

130. ABC 【解析】本题考查《中小学班主任工作规定》的内容。《中小学班主任工作规定》第八条规定,全面了解班级内每一个学生,深入分析学生思想、心理、学习、生活状况。关心爱护全体学生,平等对待每一个学生,尊重学生人格。采取多种方式与学生沟通,有针对性地进行思想道德教育,促进学生德智体美全面发展。《中小学班主任工作规定》第九条规定,认真做好班级的日常管理工作,维护班级良好秩序,培养学生的规则意识、责任意识和集体荣誉感,营造民主和谐、团结互助、健康向上的集体氛围。指导班委会和团队工作。故选 ABC 项。

三、判断题

131. √ 【解析】本题考查教育热点。2018 年 9 月,习近平在全国教育大会上的讲话中提出了关于教育的"首要问题"和我国教育的"根本任务"的重要论断。他指出:培养什么人,是教育的首要问题。

132. × 【解析】本题考查教育与社会发展的相关知识。作为一种有目的地培养人的社会活动,教育的发展受社会政治经济制度、生产力水平、科学技术和文化传统等的影响,并对这些因素的变化发展产生反作用。其中,决定教育事业发展的直接和最终的因素是生产力发展水平。

133. × 【解析】本题考查道德意志的内涵。道德意志是个体自觉地调节道德行为,克服困难,以实现预定道德目标的心理过程。题干所述学生缺乏的是道德意志,教师应加强对其道德意志的培养。

134. √ 【解析】本题考查变相体罚的相关知识。变相体罚是指用不通过对人身体造成疼痛而利用其他形式来进行处罚以达到教育目的的行为。变相体罚的种类有:(1)罚抄:强制性让学生罚抄过量作业,如抄写十遍课文、抄写生字几十次等。(2)罚钱:不论数目多少,不论形式如何。(3)罚劳动:连续多天做值日或罚其打扫卫生。(4)逐出教室而不及时处理。(5)未经领导同意,随意停课或停止学生参加一切活动。(6)轰撵学生回家。故老师罚李某抄课文 50 遍属于变相体罚。

135. √ 【解析】本题考查师生关系的相关知识。传统的"师道尊严"的师生关系,在管理上表现为"以教师为中心"的专制型的师生关系,这种关系的基础是等级主义,其必然结果是导致学生的被动性和消极态度,造成师生关系紧张。

136. × 【解析】本题考查《中华人民共和国义务教育法》的内容。根据《中华人民共和国义务教育法》第三十九条规定,国家实行教科书审定制度。教科书的审定办法由国务院教育行政部门规定。未经审定的教科书,不得出版、选用。

137. × 【解析】本题考查学生常见的心理问题。学习困难综合征是指某些智力正常或接近正常的儿童,因神经系统的某种或某些功能性失调,使其在听、读、写、算方面能力降低或发展较慢,以至陷入学习困难。儿童多动综合征(简称多动症)是小学生中最为常见的一种以注意力缺陷和活动过度为主要特征的行为障碍综合征。题干所述现象为多动症。

138. × 【解析】本题考查教育发展的根本性社会动力。教育的每一次发展都与物质生产的发展有关,社会物质生产的发展为教育的发展提供了基础性条件,又对教育不断提出新的要求,成为推动教育发展的根本性的社会动力。

139. × 【解析】本题考查我国学校教学的基本组织形式。我国最早采用班级授课制的是 1862 年清政府在北京设立的京师同文馆。1902 年,清政府颁布《钦定学堂章程》后,班级授课制在全国广泛推行。直至现在,班级授课制仍是我国各级各类学校教学的基本组织形式。

140. × 【解析】本题考查教学过程的规律。教学过程的规律之一是:间接经验与直接经验相结合(间接性规律),即教学活动是学生认识客观世界的过程,要以间接经验为主、直接经验为辅,将二者有机结合起来。

141. √ 【解析】本题考查学生观的相关知识。在"大一统"的传统教学活动中,由于学生的个性差异没有得到尊重,个人的独特需要和兴趣没有得到合理的满足,致使学生缺乏幸福的感受和成功的体验。(参见杨小微、张天宝主编的《教学论》)

142. √ 【解析】本题考查《中华人民共和国未成年人保护法》的内容。根据《中华人民共和国未成年人保护法》第三条规定,未成年人享有生存权、发展权、受保护权、参与权等权利,国家根据未成年人身心发展特点给予特殊、优先保护,保障未成年人的合法权益不受侵犯。

2020 年安徽省教师招聘考试统考小学真题试卷(五十五)

一、单项选择题

1. C 【解析】《中共中央 国务院关于全面加强新时代大中小学劳动教育的意见》指出,劳动教育的基本原则包括把握育人导向、遵循教育规律、体现时代特征、强化综合实施、坚持因地制宜。其中,把握育人导向是指,坚持党的领导,围绕培养担当民族复兴大任的时代新人,着力提升学生综合素质,促进学生全面发展、健康成长。把准劳动教育价值取向,引导学生树立正确的劳动观,崇尚劳动、尊重劳动,增强对劳动人民的感情,报效国家,奉献社会。故题干所述属于劳动教育的基本原则。

2. A 【解析】《中国教育现代化 2035》提出,2035 年主要发展目标是:建成服务全民终身学习的现代教育体系、普及有质量的学前教育、实现优质均衡的义务教育、全面普及高中阶段教育、职业教育服务能力显著提升、高等教育竞争力明显提升、残疾儿童少年享有适合的教育、形成全社会共同参与的教育治理新格局。

3. D 【解析】《中小学教育质量综合评价指标框架(试行)》中,关于学业发展水平的评价中包括,知识技能、学科思想方法、实践能力、创新意识四项关键指标。其中,创新意识指的是学生独立思考、批判质疑、钻研探究,解决问题的思路、方式方法等方面的情况。

4. A 【解析】以人为本的教育思想的核心在于对人性的充分肯定,对人的智慧、潜能的信任,对自由、民主的向往和追求。故题干的观点属于人本主义教育观。

5. C 【解析】"染于苍则苍,染于黄则黄"的意思是:一块白色的丝布,把它放到青色的染缸中,白丝就变成了青色;把它放到黄色的染缸中,就又变成了黄色。这体现了环境对人的身心发展的影响。

6. B 【解析】学生中心课程理论(儿童中心课程理论)是以儿童的现实生活特别是活动为中心来编制课程的理论。该理论强调实践活动,重视学生通过亲自体验获得直接经验,认为教育应以儿童实际经验为起点,从做中学。故题干所述的课程理论流派为学生中心论。

7. D 【解析】情境教学法是指在教学过程中,教师有目的地引入或创设具有一定情绪色彩的生动具体的场景,以引起学生一定的情感体验,从而帮助学生理解教材,并使学生的心理机能得到发展的教学方法。

8. C 【解析】个别差异性是指个体之间的身心发展以及个体身心发展的不同方面之间,存在着发展程度和速度的不同。个别差异性的教育要求包括贯彻因材施教的原则,全面深入地了解每个学生,注意对个别学生进行特殊培养等。题干中,"个性化教育""使人成为他自己"等体现了因材施教原则,这说明教育应遵循人身心发展的差异性。

9. A 【解析】教育目的指教育要达到的预期结果,是根据一定社会发展和受教育者自身发展需要及规律,对受教育者提出的总的要求,规定了把受教育者培养成什么样的人,是培养人的质量规格标准,同时也反映了教育在人的努力方向和社会倾向性等方面的要求。

10. B 【解析】说服教育法又叫说理教育法,是通过语言说理,使学生明晓道理,分清是非,提高品德认识的德育方法。这是一种坚持正面理论教育和正面思想引导,增强辨别是非能力,促进道德发展的重要方法。

11. D 【解析】叙事研究是以抓住人类经验的故事性特征进行研究并用故事的形式呈现研究结果的一种研究方式。它所关注的是在一定的场景和实践中所发生的故事,以及主人公是如何思考、筹划、应对、感受、理解这些故事的。即教育主体叙述教育教学中的真实情境的过程,是通过讲述教育故事,体悟教育真谛的一种研究方法。题干中,李老师通过记录自己的教育教学过程和事例,对自己的教学实践进行反思和改进的方法属于叙事研究法。

12. C 【解析】现代教育评价的理念是发展性评价和激励性评价。发展性评价的根本目的在于促进发展。C 项的评价突出了评价的激励与调控功能,有利于促进学生的发展。在四个选项中,C 项最符合现代教育理念。

13. A 【解析】在教学过程中,学生掌握科学文化知识和提高思想品德修养是相辅相成的。知识是思想品德形成的基础。学生思想品德修养水平的提高有赖于其对科学文化知识的掌握。正如赫尔巴特说的"我不承认有任何无教育的教学",教学永远具有教育性。题干所述体现的教学规律是传授知识与思想品德教育相统一(教育性规律)。

14. B 【解析】"谁要是自己还没有发展、培养和教育好"体现的是教师的学。"他就不能发展、培养和教育别人"体现的是教师的教。故题干所述说明教师的学影响教师的教。

15. B 【解析】分科课程也叫"科目课程",它是一种单学科的课程组织模式,强调不同学科门类之间的相对独立性和一门学科逻辑体系的完整性,其主导价值在于使学生获得的文化知识具有严密的逻辑和清晰的条理。

16. A 【解析】复式教学是把两个或两个以上不同年级的学生编在一个教室里,由一位教师分别用不同的教材,在一节课里对不同年级的学生进行教学的一种特殊组织形式。它适用于学生少、教师少、校舍和教学设备较差的农村以及偏远地区。

17. B 【解析】情境陶冶法是指通过创设良好的教育情境,潜移默化地培养学生品德的方法。它包括人格感化、环境陶冶和艺术陶冶等。"让学校的每一面墙壁都会说话"体现的德育方法是环境陶冶。(具体参看王道俊、郭文安主编的《教育学》第七版)

18. D 【解析】教育对经济发展的作用,不是表现为直接创造物质财富,而是表现在为经济活动再生产劳动者和再生产科学知识。通过教育可以提高劳动力的质量和素质,使之获得一定劳动部门认可的技能和技巧,成为发达的和专门的劳动力,这体现了教育的经济功能。一个熟练工人进修一年后,劳动生产率比他在工厂工作一年提高 1.6 倍,这说明了教育能促进经济增长。

19. C 【解析】具体运算阶段的儿童能够运用逻辑思维解决具体问题,但必须依赖于实物和直观形象的支持才能进行逻辑推理和运用逻辑思维解决问题，不能够进行纯符号运算。具体运算阶段的儿童已经具有守恒概念，能够去中心化并能逆向运算，守恒能力迅速发展。

20. A 【解析】情绪的信号功能体现在个体将自己的愿望、要求、观点、态度通过一定的情感表达方式传递给别人并加以影响。这种功能是通过表情实现的。它是非言语沟通的重要组成部分，在人与人之间的信息交流中具有信号意义。例如：点头微笑表示赞赏；摇头皱眉表示否定。题干所述说明情绪、情感具有信号功能。

21. B 【解析】注意的分配是指人在进行两种或多种活动时能把注意指向不同对象的现象。题中该画家在作画时的"双管齐下"体现的是注意的分配。

22. D 【解析】联觉指的是一种感觉兼有另一种感觉的心理现象。在日常生活中各种感觉现象经常联系在一起，由此产生了联觉，如红色给人以热烈、紫色给人以高贵、蓝色给人以安静、黑色给人以沉重的感觉等。题干所述的现象属于联觉。

23. D 【解析】机械识记是根据材料的外在联系，采取多次重复的方式所进行的识记，即平时所说的死记硬背。意义识记是在理解的基础上，依据材料的内在联系，并运用已有的知识经验而进行的识记，有人也称之为理解记忆或逻辑记忆。题干所述的记忆方式属于机械识记。无意识记是事先没有预定目的，也不需要运用任何有助于识记的方法和意志努力，自然而然地识记。

24. B 【解析】思维的敏捷性是指思维活动迅速正确，能当机立断。思维的敏捷性与轻率迥然不同，它不仅要求思维速度快，而且要求思维的正确性高。本题中学生在规定时间内写出的汉字越多，表明其思维速度快，思维敏捷性强。

25. B 【解析】再造想象是依据词语或符号的描述、示意在头脑中形成与之相应的新形象的过程。人在阅读文艺作品、历史文献，工人看建筑或机械图纸，学生听教师对课文生动形象的描述时，头脑中出现的有关事物的形象，都属于再造想象。题干所述属于再造想象。

26. C 【解析】人们把某种功能赋予某物体的倾向称为功能固着。在功能固着的影响下，人们不易摆脱事物用途的固有观念，从而直接影响问题解决的灵活性。题干所述属于功能固着的内涵。

27. D 【解析】道德感指的是，根据一定的道德标准评价人的思想、意图和言行时所产生的主观体验。题干所述的情感体验是道德感。

28. D 【解析】知觉的恒常性是指客观事物本身不变，但知觉条件在一定范围内发生变化时，人的知觉映像仍相对不变。例如：无论是清晨、中午、傍晚，都会把中国国旗看作是鲜红色的。题干所述反映的是知觉的恒常性。

29. C 【解析】"耶克斯—多德森定律"表明，动机水平与行为效果呈倒U型曲线。学习动机与学习效率之间是倒U型关系。

30. A 【解析】正迁移也叫"助长性迁移"，是指一种学习对另一种学习的促进作用，如学习数学有利于学习物理，学习珠算有利于学习心算，懂得英语的人很容易掌握法语等。题干所述属于正迁移。

二、多项选择题

31. ABC 【解析】《安徽省中小学办学行为规范（试行）》规定，中小学招生实行"六公开"原则，即：公开招生政策、公开招生计划、公开招生范围、公开招生程序、公开录取方式、公开录取结果。所有要求公开的内容必须在当地的主流媒体、教育网站、学校公示栏等公布，自觉接受社会和学生的监督。

32. ABCD 【解析】当今世界的教育发展变革呈现出如下几个方面的走向或趋势：(1)教育全民化；(2)教育终身化；(3)教育民主化；(4)教育信息化；(5)教育个性化；(6)教育国际化。（具体参看曹树真、韩冰清主编的《教育学教程》）

33. ABD 【解析】备课就是教师根据学科课程标准的要求和本门课程的特点，结合学生的具体情况，选择最合适的表达方法和顺序，以保证学生有效地学习。备好课是教好课的前提。虽然网络上教育资源丰富，但教师仍需要结合学生的具体情况，选择最合适的教学方法和策略，合理利用网络资源。教师需要备课，故C项说法错误。

34. BD 【解析】学校中的强化既可以是外部强化，也可以是内部强化。外部强化是由教师施予学生身上的强化手段，而内部强化则是学生自我强化。正强化也称积极强化，是通过呈现想要的愉快刺激来增强反应频率。题干所述的强化方式既属于外部强化也属于正强化。

35. ACD 【解析】当前，我国中小学心理辅导工作大多数是针对某一方面内容来开展的，比如学习辅导、情感教育、人际关系辅导、职业指导、青春期心理辅导、健全人格的培养、耐挫能力的培养等。与心理辅导工作范围相对应，上述具体内容又可分别归属于生活心理辅导、学习心理辅导和职业心理辅导三大类中。

三、判断题

36. √ 【解析】学生的特点包括：(1)学生是教育的对象（客体）；(2)学生是自我教育和发展的主体；(3)学生是发展中的人。

37. × 【解析】《中共中央 国务院关于全面加强新时代大中小学劳动教育的意见》指出，小学低年级要注重围绕劳动意识的启蒙，让学生学习日常生活自理，感知劳动乐趣，知道人人都要劳动。小学中高年级要注重围绕卫生、劳动习惯养成，让学生做好个人清洁卫生，主动分担家务，适当参加校内外公益劳动，学会与他人合作劳动，体会到劳动光荣。普通高中要注重围绕丰富职业体验，开展服务性劳动、参加生产劳动，使学生熟练掌握一定劳动技能，理解劳动创造价值，具有劳动自立意识和主动服务他人、服务社会的情怀。故题干说法错误。

38. × 【解析】教育的相对独立性，是指教育具有自身的规律，对政治经济制度和生产力具有能动作用。教育与政治经济制度和生产力的发展并非完全同步，有可能教育先行，也有可能教育后行。但还应该看到，教育的这种独立性又是相对的，归根到底，教育还是由政治经济制度和生产力所决定的。

39. × 【解析】新课程倡导民主、开放、科学的课程理念，同时确立了国家、地方、学校三级课程管理政策。三级课程管理政策赋予了学校教师开发校本课程的专业自主权，因而校本课程开发的主体必须是教师。学校教师之外的其他机构人员，可以参与和协助教师开发校本课程，但不能取代教师的工作。国家课程和地方课程的开发主体可以而且常常是专家。因此，一线教师不仅负责课程改革与开发的落实，更应成为课程的开发者和建设者。

40. √ 【解析】广义的特殊儿童是指一切偏离常态的儿童，既包括智力超常和才能非凡的儿童，也包括各种身心障碍的儿童。

41. × 【解析】短时记忆是指人脑中的信息在1分钟之内加工与编码的记忆，是信息从感觉记忆到长时记忆的过渡阶段。短时记忆的容量一般是7 ± 2，即5～9个项目，平均值为7。

42. √ 【解析】学习的元认知策略是指学生对自己整个学习过程的有效监视及控制的策略，大致可分为：计划策略、监控策略、调节策略。其中，调节策略是指在学习过程中根据对认知活动监视的结果，找出认知偏差，及时调整策略或修正目标。例如：测验时跳过某个难题先做简单的题目等。题干所述为元认知策略中的调节策略。

43. × 【解析】前摄抑制是先学习的材料对识记和回忆后学习材料的干扰作用。后学习的材料对保持和回忆先学习的材料的干扰作用，称为倒摄抑制。题干所述为前摄抑制。

44. √ 【解析】在学生动作技能的形成中，练习到一定阶段往往出现进步暂时停顿现象，这种现象被称为高原现象。（具体参看燕良轼《教育心理学理论、实践与应用》）

45. √ 【解析】各种智力不仅在质或量的方面表现出明显的差异，而且智力表现的早晚也存在着明显的差异。有的人在儿童时期就显露出非凡的智力或特殊能力，这叫人才"早慧"或"早熟"。在人的智力发展中，也有不少人的能力表现较晚，这叫"大器晚成"。

四、简答题（参考答案）

46. 简述小学德育的途径。

小学德育的途径包括：(1)思想品德课与其他学科教学；(2)社会实践活动；(3)课外、校外活动；(4)共青团、少先队组织的活动；(5)校会、班会、周会、晨会、时事政策的学习；(6)班主任工作。

47. 班主任如何建设培养班集体？

(1)确定班集体的发展目标；(2)建立得力的班集体核心；(3)建立班集体的正常秩序；(4)组织形式多样的教育活动；(5)培养正确的舆论和良好的班风。

48. 简述小学常用的教学原则。

小学常用的教学原则包括：思想性（教育性）和科学性相统一的原则、理论联系实际原则、直观性原则、启发性原则、循序渐进原则、巩固性原则、因材施教原则和量力性原则。

49. 如何培养学生良好的意志品质？

(1)树立远大的理想和信念，培养小学生行为的目的性，减少其行动的盲目性；

(2)加强养成教育，培养小学生的自制能力；

(3)教育小学生正确地对待挫折；

(4)在困难环境中锻炼小学生的意志。

50. 影响问题解决的因素有哪些？

影响问题解决的因素有：(1)问题情境；(2)定势与功能固着；(3)原型启发；(4)已有知识经验；(5)情绪与动机。此外，个体的认知结构、个性特征以及问题的特点等也会影响问题解决。

五、材料分析题（参考答案）

51. (1)材料中的三所学校在育人方面的共同点：①坚持以学生为本。学生是完整的人。学生并不是单纯的、抽象的学习者，而是有着丰富个性的完整的人。学习过程并不是单纯的知识接受或技能训练，而是伴随着交往、创造、追求、选择、意志努力、喜怒哀乐等的综合过程，是学生整个内心世界的全面参与。这三所学校在育人上都不只是知识的传授，而是致力于培养幸福而又完整的学生。②秉持素质教育理念。素质教育是依据人的发展和社会发展的实际需要,以全面提高全体学生的基本素质为根本目的,以尊重学生主体性和主动精神、注重开发人的智慧潜能、形成人的健全个性为根本特征的教育。这三所学校利用校本课程将中国优秀传统文化引入到学生的学习中,满足了学生的学习兴趣和需要,促进了学生的全面发展。

(2)文化对教育的影响包括:①文化类型影响教育目的;②文化观念影响教育观念;③文化传统影响教育内容和教育教学方法。

(3)教育的文化功能包括:①教育能够传承文化;②教育能够改造文化(选择和整理、提升文化);③教育能够传播、交流和融合文化;④教育能够更新和创造文化。

52.(1)根据《小学教师专业标准(试行)》的要求,材料中的张老师值得学习的地方有:

①树立了终身学习的教育理念。终身学习是教师专业发展的不竭动力。材料中的张老师自费参加各种教育教学技能培训,提高自己的教学水平;还主动学习现代信息技术,不断掌握通识性知识,以满足教育教学的需要。

②张老师具有高尚的师德,做到了关爱学生、爱岗敬业。材料中的张老师不顾家人的反对,坚守乡村教育岗位,爱岗敬业,关爱学生,经常牺牲休息时间,利用各种方法和途径对学生进行个别教育。

③具有学生为本的教育理念。张老师关爱留守儿童,关注留守儿童,针对每个学生的问题进行个别指导,体现了以学生为本。

(也可从专业理念与师德、专业知识、专业能力几个维度展开讲解)

(2)材料中的张老师在播放学生视频时,将学生的肖像、姓名、班级、家庭成员等信息,详细显示在视频中,暴露了学生的隐私,可能会导致别人戴着有色眼镜看待学生,同时也可能伤害学生的自尊心,不利于学生的身心健康发展。张老师没有遵守教育法律法规,根据《中华人民共和国未成年人保护法》第三十九条规定,任何组织或者个人不得披露未成年人的个人隐私。张老师的做法侵犯了学生的隐私权。

建议:张老师在未来可以将自己所做的视频修改处理之后进行播放,呼吁全社会来关心留守儿童,关注这一特殊群体的身心健康发展,同时将自己关于留守儿童的教育经验分享给其他老师。但是在播放视频前应征得学生和学生家长的同意,并保护好学生的隐私。

(3)①树立终身学习的意识。通过不断学习提升自己的教育教学能力,让自己拥有精深的专业知识和广博的通识性知识,做到与时俱进,顺应时代的变化,不断更新自己的知识。

②对待学生要有爱心、耐心和责任心。做学生成长的引路人。

53.(1)材料中老师通过合理组织教学,适当予以强化,激发了学生学习成语的兴趣。最初学生缺乏学习成语的动机,教师便设置奖惩制度,并适当开展学习竞争,以此激发学生学习成语的外部动机,即在学习活动以外由外部的诱因激发出来的学习动机。如材料中描述学生为得到橡皮、笔记本等学习用品,而积极学习成语。逐渐地,学生开始对成语本身产生了极大兴趣,即学生因对活动本身发生兴趣而产生的动机,属于内部学习动机。材料中的学生由最初的因对橡皮、笔记本等外在奖励感兴趣而学习成语,逐渐转变为对成语本身感兴趣而学习成语,体现了学生的学习动机由外在动机转变为内在动机。

(2)学习动机的培养:①了解和满足学生的需要,促进学习动机的产生;②重视立志教育,对学生进行成就动机训练;③帮助学生树立正确的自我概念,获得自我效能感;④培养学生努力导致成功的归因观;⑤培养对学习的兴趣;⑥利用原有动机的迁移,使学生产生学习的需要。

学习动机激发:①创设问题情境,激发兴趣,维持好奇心;②设置合适的目标;③根据作业难度,恰当控制动机水平;④表达明确的期望;⑤提供明确的、及时的、经常性的反馈;⑥合理运用外部奖赏;⑦有效地运用表扬;⑧对学生进行竞争教育,适当开展学习竞争。

2020年安徽省教师招聘考试统考中学真题试卷(五十六)

一、单项选择题

1. A 【解析】《中共中央 国务院关于全面加强新时代大中小学劳动教育的意见》指出:根据各学段特点,在大中小学设立劳动教育必修课程,系统加强劳动教育。中小学劳动教育课每周不少于1课时,学校要对学生每天课外校外劳动时间作出规定。

2. B 【解析】《中国教育现代化2035》提出2035年主要发展目标是:建成服务全民终身学习的现代教育体系、普及有质量的学前教育、实现优质均衡的义务教育、全面普及高中阶段教育、职业教育服务能力显著提升、高等教育竞争力明显提升、残疾儿童少年享有适合的教育、形成全社会共同参与的教育治理新格局。

3. A 【解析】根据《中华人民共和国教师法》第八条规定,教师应当履行下列义务:(1)遵守宪法、法律和职业道德,为人师表;(2)贯彻国家的教育方针,遵守规章制度,执行学校的教学计划,履行教师聘约,完成教育教学工作任务;(3)对学生进行宪法所确定的基本原则的教育和爱国主义、民族团结的教育,法制教育以及思想品德、文化、科学技术教育,组织、带领学生开展有益的社会活动;(4)关心、爱护全体学生,尊重学生人格,促进学生在品德、智力、体质等方面全面发展;(5)制止有害于学生的行为或者其他侵犯学生合法权益的行为,批评和抵制有害于学生健康成长的现象;(6)不断提高思想政治觉悟和教育教学业务水平。

4. C 【解析】《中小学教育质量综合评价指标框架(试行)》中"学业发展水平"包括"知识技能、学科思想方法、实践能力、创新意识"。"知识技能"指"学生对各学科课程标准要求的基础知识、基本技能的理解和掌握情况"。"学科思想方法"指"学生对各学科思想和方法的理解和掌握情况"。"实践能力"指"学生关注现实生活、参加社会实践和志愿服务活动、解决实际问题、进行职业准备等方面的情况"。"创新意识"指"学生独立思考、批判质疑、钻研探究,解决问题的思路、方式方法等方面的情况"。

5. D 【解析】陶行知提出的生活教育理论包括:"生活即教育"(生活教育的本质论及核心)、"社会即学校"(生活教育的范围论)、"教学做合一"(生活教育的方法论)。

6. B 【解析】"遇物而诲""择机而教"是唐太宗李世民总结出来的家教宝典,意思是教育孩子并非只是在课堂内,而要在生活中遇到什么事情就相机而教,以鲜活的事例对孩子进行形象生动的教育,这种教育对儿童具有现实性、针对性、及时性。

7. D 【解析】教育通过传播文化,使不同国家和民族的文化相互交流、交融,促进文化的优化和发展。国际性的文化交流使各个民族的文化相互补充,使得各民族文化的精华汇合、交融起来,逐渐形成全人类的共同文化财富,这是民族文化融入全球文明的过程。文化的融合是文化交流的产物,它表现为不同文化的相互吸收、结合而趋于一体的过程。外国留学生来中国学习,并将中国文化带到国外就是一种文化传播的过程。

8. D 【解析】个体主观能动性是指人的主观意识和活动对于客观世界的积极作用,包括能动地认识客观世界和改造客观世界,并统一于人们的社会实践活动中。个体的主观能动性是人的一种内在需要和动力,是一种寻求发展的积极动机和渴望。所以,个体的主观能动性是人的身心发展的内在动力,也是促进个体发展从潜在的可能状态转向现实状态的决定性因素。逆境可以成才,"同流而不合污""出淤泥而不染""威武不能屈"等典故反映出人的主观能动性在个体发展中的作用。

9. C 【解析】素质教育的内涵之一是素质教育是面向全体学生的教育。故C项正确。素质教育就是要学生什么都学、什么都学好。这是对素质教育使学生全面发展的误解。故A项错误。素质教育就是要使教师成为学生的合作者、帮助者和服务者。这是对素质教育所倡导的"学生的主动发展"和"民主平等的师生关系"的误解。故B项错误。素质教育就会影响升学率。这种观点的形成在于对素质教育内涵的误解。故D项错误。

10. A 【解析】教育部《关于全面深化课程改革落实立德树人根本任务的意见》指出,改进学科教学的育人功能。全面落实以学生为本的教育理念。各地要组织开展育人思想和方法研讨活动,将教育教学的行为统一到育人目标上来。

11. B 【解析】学科课程是指以文化知识(科学、道德、艺术)为基础,按照一定的价值标准,从不同的知识领域或学术领域选择一定的内容,根据知识的逻辑体系,将所选出的知识组织为学科的课程类型。

12. A 【解析】思想性(教育性)和科学性相统一的原则是指教学要以马克思主义为指导,授予学生科学知识,并结合知识教学对学生进行社会主义品德和正确人生观、科学世界观的教育。这是培养德智体全面发展的人的要求,是建设社会主义物质文明和精神文明的要求,体现了我国教育的根本方向。同时这也是知识的思想性、教学的教育性规律的反映。这一原则的实质是要求在教学活动中把教书和育人有机地结合起来。科学性与思想性相统一的原则是一条既有深远历史渊源,又能体现社会主义教学的教育性、方向性的教学原则。

13. B 【解析】项目教学的指导思想是将一个相对独立的任务项目交予学生独立完成,从信息的收集、方案的设计与实施,到完成后的评价,都由学生具体负责。通过项目的实施,使学生能够了解和把握完成项目的每一环节的基本要求与整个过程的重点难点。教师在教学过程中起到咨询、指导与解答疑难的作用。

14. C 【解析】在好孩子的道德定向阶段(寻求认可取向阶段或社会习俗的定向),儿童的价值是以人际关系的和谐为导向,顺从传统的要求,符合大众的意见,谋求大家的称赞。在进行道德评价时,总是考虑到社会对一个"好孩子"的期望和要求,并总是按照这种要求去展开思维。题干中的学生所处的是寻求认可取向阶段。

15. D 【解析】实际锻炼法是有目的地组织学生参加各种实际活动,使其在活动中锻炼思想、增长才干、培养优良的思想和行为习惯的德育方法。题干引文的意思是:所以上天要把重任降临在一个人的身上,一定先要使他心意苦恼,筋骨劳累,使他忍饥挨饿,受尽贫困之苦,使他所做的事情颠倒错乱,用来使他的内心受到震撼,使他性情坚韧起来,增加他所不具备的能力或原来没有的才能。这就体现了对实际锻炼法的运用。

16. D 【解析】"四有好老师"的内容包括:有理想信念、有道德情操、有扎实学识、有仁爱之心。

17. A 【解析】傅敏、田慧生认为"教育叙事研究是研究者通过描述个体教育生活,搜集和讲述个体教育故事,在解构和重构教育叙事材料的过程中对个体行为和经验建构获得解释性理解的一种活动。"

18. C 【解析】注意不稳定表现为注意的分散,也叫分心。注意的分散是指注意离开了当前应当完成的任务而被无关的事物所吸引。题干所述学生的情况属于注意分散。

19.B 【解析】活动律指活动的对象较静止的对象容易被感知。为此,应注意在活动中进行直观、在变化中呈现对象,要善于利用现代科学技术作为知识的物质载体,使知识以活动的形象呈现在学生面前。题干所述为活动律。强度律指作为知识的物质载体的直观对象(实物、模像或言语)必须达到一定强度,才能为学习者清晰地感知。差异律指对象和背景的差异越大,对象从背景中区分开来越容易。组合律指空间上接近、时间上连续、形状上相同、颜色上一致的事物,其易于构成一个整体为人们所清晰地感知。

20.D 【解析】情绪记忆是个体以曾经体验过的情绪或情感为内容的记忆。它是个体将过去经历过的情绪情感体验保存在记忆中,并且在一定条件下,这种情绪情感被重新体验到的过程。题干所述记忆为情绪记忆。形象记忆是以我们感知过的事物形象为内容的记忆。语义记忆又称语词逻辑记忆,是个体对各种有组织的知识的记忆。动作记忆是以做过的运动或动作为内容的记忆,又称运动记忆。

21.A 【解析】聚合思维,也叫求同思维、集中思维、辐合思维、会聚思维,是指人们解决问题时,思路集中到一个方向,从而形成唯一的、确定的答案。题干所述思维过程为求同思维。发散思维,也叫求异思维、分散思维、辐射思维,是指人们解决问题时,思路朝着各种可能的方向扩散,从而求得多种答案。再造性思维也称常规性思维或习惯性思维,是指人们运用已获得的知识经验,按现成的方案和程序,用惯常的方法、固定的模式来解决问题的思维方式。创造性思维是指以新颖、独特的方式来解决问题的思维方式。

22.C 【解析】再造想象是依据词语或符号的描述、示意在头脑中形成与之相应的新形象的过程。

23.D 【解析】理智感是人认识事物和探求真理的需要是否得到满足而产生的主观体验。例如,人们在探求未知的事物时所表现的求知欲、认识兴趣和好奇心,发现问题的惊奇感,问题解决的喜悦感,为真理献身的自豪感,问题不解的苦闷感等。题干所述为理智感。

24.B 【解析】韦纳把人经历过的事情的成败归结为六种原因,即能力、努力程度、工作难度、运气、身心状况、外界环境。又把上述六项因素按各自的性质,分别归人三个维度:内部归因和外部归因、稳定性归因和非稳定性归因、可控制归因和不可控制归因。努力属于内在、不稳定、可控因素。

25.A 【解析】根据学校情境中的学业成就动机,奥苏贝尔等人将动机分为认知内驱力、自我提高内驱力和附属内驱力。自我提高内驱力是指个体因自己的胜任能力或工作能力而赢得相应地位的需要。自我提高内驱力并非直接指向学习任务本身,而是把成就看作赢得地位与自尊心的根源,属于外部动机。题干中学校利用了学生的自我提高内驱力。认知内驱力是指一种要求理解事物、掌握知识,系统地阐述问题并解决问题的需要。附属内驱力是指个体为了获得长者们(如家长、教师)的赞许或认可而表现出来的把工作、学习做好的一种需要。

26.B 【解析】场独立型的学生对客观事物的判断常以自己的内部线索(经验、价值观)为依据,不易受到周围环境因素的影响和干扰,倾向于对事物的独立判断。题干所述该学生的认知风格属于场独立型。场依存型的学生对客观事物的判断常以外部线索为依据,其态度和自我认知易受周围环境或背景(尤其是权威人士)的影响,往往不易独立地对事物做出判断,而是人云亦云,从他人处获得标准。

27.C 【解析】建构主义非常强调学习者本身已有的经验结构,认为学习者在学习新信息、解决新问题时往往可以基于相关的经验,依靠其认知能力形成对问题的解释。故题干所述为建构主义的学生观。

28.D 【解析】并列结合学习又称组合学习,是在新命题与认知结构中原有的命题既非下位关系又非上位关系,而是一种并列的关系时产生的。“脊椎动物”与“无脊椎动物”两者既非上位关系又非下位关系,故属于并列结合学习。

29.C 【解析】通常把学生在学习过程中出现一段时间的学习成绩和学习效率停滞不前,甚至学过的知识感觉模糊的现象,称为“高原现象”。

30.A 【解析】学校心理辅导的一般目标可归纳为两个方面:学会调适和寻求发展。学会调适是基本目标,以此为主要目标的心理辅导可称为调适性辅导;寻求发展是高级目标,以此为主要目标的心理辅导可称为发展性辅导。题干所述辅导类型为发展性辅导。

二、多项选择题

31.ABC 【解析】《安徽省中小学办学行为规范(试行)》规定,中小学招生实行“六公开”原则,即:公开招生政策、公开招生计划、公开招生范围、公开招生程序、公开录取方式,公开录取结果。

32.ABCD 【解析】我国新型师生关系的特征包括:(1)相互尊重,彼此理解;(2)民主平等,共同参与;(3)对话合作,共享共创;(4)教学相长,共同发展。(具体参看曹树真、韩冰清主编的《教育学教程》)

33.AD 【解析】相对性评价又称为常模参照性评价,是运用常模参照性测验对学生的学习成绩进行的评价,它主要依据学生个人的学习成绩在该班学生成绩序列或常模中所处的位置来评价和决定他的成绩的优劣,而不考虑是否达到教学目标的要求。绝对性评价又称为目标参照性评价(标准参照性评价),是运用目标参照性测验对学生的学习成绩进行的评价。

34.AC 【解析】一般迁移也称非特殊迁移、普遍迁移,是指一种学习中所习得的一般原理、原则和态度对另一种具体内容学习的影响,即原理、原则和态度的具体应用,如获得基本的运算技能、阅读技能后运用到各种具体的学科学习中。题干所述属于一般迁移。正迁移也叫“助长性迁移”,是指一种学习对另一种学习的促进作用。题干中认真审题的态度对化学、物理学科审题的影响为积极的影响,属于正迁移。

35.ABCD 【解析】刘继良等认为,青春期青少年常见的心理、行为问题有以下几个方面:(1)过度关注自我;(2)情绪的两极性;(3)性别角色混乱;(4)人格冲突;(5)人际关系冲突;(6)性心理问题。

三、判断题

36.√ 【解析】根据《中华人民共和国未成年人保护法》第二条规定,本法所称未成年人是指未满十八周岁的公民。

37.√ 【解析】教育者、受教育者(学习者)和教育媒介(教育影响)是构成教育活动的基本要素。教育者是在社会的专门委托下,以社会要求的体现者的身份参与教育过程的人,以其有目的的活动来调整、控制教育对象、教育影响以至整个教育过程,因此具有主体性、目的性和社会性。教育的三个构成要素之间既相互独立又密切联系,共同构成一个完整的实践系统。其中,教育者是主导性的因素。

38.× 【解析】课程标准是课程计划中每门学科以纲要的形式编写的、有关学科教学内容的指导性文件,是课程计划的分学科展开。而课程计划是根据一定的教育目的和培养目标,由教育行政部门制订的有关学校教育和教学工作的指导性文件。

39.× 【解析】《中共中央 国务院关于全面加强新时代大中小学劳动教育的意见》指出:小学低年级要注重围绕劳动意识的启蒙,让学生学习日常生活自理,感知劳动乐趣,知道人人都要劳动。小学中高年级要注重围绕卫生、劳动习惯养成,让学生做好个人清洁卫生,主动分担家务,适当参加校内外公益劳动,学会与他人合作劳动,体会到劳动光荣。初中要注重围绕增加劳动知识、技能,加强家政学习,开展社区服务,适当参加生产劳动,使学生初步养成认真负责、吃苦耐劳的品质和职业意识。普通高中要注重围绕丰富职业体验,开展服务性劳动、参加生产劳动,使学生熟练掌握一定劳动技能,理解劳动创造价值,具有劳动自立意识和主动服务他人、服务社会的情怀。

40.√ 【解析】现代教育制度的发展趋势:(1)加强学前教育并重视与小学教育的衔接。(2)强化普及义务教育,延长义务教育年限。(3)中等教育中普通教育与职业教育朝着相互渗透的方向发展。(4)高等教育的大众化。(5)终身教育体系的建构。(6)教育社会化与社会教育化。(7)教育的国际交流加强。(8)学历教育与非学历教育的界限逐渐淡化。

41.× 【解析】美育是培养学生健康的审美观,发展他们感受美、鉴赏美、创造美的能力,培养他们高尚的情操与文明素养的教育。学校美育的内容包括形式教育、理想教育、艺术教育。

42.× 【解析】尽管人们不喜欢消极情绪,但消极情绪对生存是至关重要的:厌恶让我们远离疾病,恐惧让我们远离威胁,愤怒让我们准备战斗,甚至是抑郁这种没有给大众留下任何积极印象的情绪,实际上它帮助人类在必要的阶段和情境下停止活跃,保存能力。故消极情绪的存在是有一定的意义,要消除一切消极情绪是不正确的。

43.√ 【解析】组织策略是指将经过精加工提炼出来的知识点加以构造,形成更高水平的知识结构的信息加工策略。组织策略主要有两种:一种是归类策略,用于概念、语词、规则等知识的归类整理;另一种是纲要策略,主要用于对学习材料结构的把握。纲要可以是用语词或句子表达的主题纲要,也可以是用符号、图式等形象表达的符号纲要。

44.× 【解析】能力与知识、技能既有联系又有区别。(1)联系:能力是掌握知识与技能的前提;能力是在掌握知识和技能的过程中形成和发展起来的,掌握系统的知识和技能有利于能力的增长和发挥。(2)区别:能力与知识、技能具有不同的概括水平;在一个人身上,知识和技能的发展是无止境的,而能力的发展则有一定的限度;知识、技能的掌握和能力的发展是不同步的,知识多了,能力并不一定就高。

45.√ 【解析】晶体智力是以学得的经验为基础的认知能力。它受后天经验的影响较大,主要表现为运用已有知识和技能去吸收新知识和解决新问题的能力。显然,晶体智力与教育、文化有关,但在个体差异上与年龄的变化没有密切关系,晶体智力不因年龄增长而降低,有些人甚至因知识经验的累积,晶体智力随着年龄的增长而升高。

四、简答题(参考答案)

46.简述新时代中学班主任的角色。

(1)班主任是班级建设的设计者;

(2)班主任是班级组织的领导者;

(3)班主任是协调班级人际关系的主导者(艺术家)。

47.简述德育过程的基本规律。

(1)德育过程是具有多种开端的,对学生知、情、意、行的培养提高过程;

(2)德育过程是组织学生的活动和交往,对学生多方面施加教育影响的过程;

(3)德育过程是促使学生思想内部矛盾运动的过程;

(4)德育过程是一个长期的、反复的、不断前进的过程。

48.中学教师应树立怎样的学生观?

(1)学生是发展中的人,要用发展的观点认识学生;

(2)学生是独特的人；
(3)学生是具有独立意义的人。

49. 简述影响性格形成和发展的因素。
(1)家庭；(2)学校教育；(3)同伴群体；(4)社会实践；(5)自我教育；(6)社会文化因素。

50. 简述动机强度与学习效率之间的关系及对教育的启示。
(1)"耶克斯—多德森定律"表明，动机不足或过分强烈都会影响学习效果。具体表现在：①动机的最佳水平随任务性质的不同而不同。在比较容易的任务中，学习效果随动机的提高而上升；随着任务难度的增加，动机的最佳水平有逐渐下降的趋势。②一般来讲，最佳水平为中等强度的动机。③动机水平与学习效果呈倒U型曲线。
(2)对教育的启示：根据学习任务的难度，恰当控制学生的动机水平。
(2)对教育的启示：根据"耶克斯—多德森定律"，教师在教学时，要根据学习任务的不同难度，恰当控制学生学习动机的激起程度。
根据"耶克斯—多德森定律"，教师在教学时，要根据学习任务的不同难度，恰当控制学生学习动机的激起程度。所谓"平时如战时，战时如平时"，就是要求在学习较容易、较简单的课题时，应尽量使学生集中注意力，使学生尽量紧张一点，动机激起水平达到中等偏高的最佳状态；而在学习较复杂、较困难的课题时，则应尽量创造轻松自由的课堂气氛，让动机激起水平处于中等稍低的最佳状态；在学生遇到困难或出现问题时，要尽量心平气和地慢慢引导，以免学生过度紧张和焦虑。

五、材料分析题(参考答案)

51. (1)①社会因素。社会心理学认为，一个人的发展，在很大程度上取决于社会心理环境，材料一中，"中小学教师国家级培训计划"和"中小学教师专业能力建设项目系列指南"等内容，体现了国家政策对教师专业发展的影响。
②群体因素。教师不是孤立存在的，他生活、工作在一定的群体之中，群体组织对于个体成长的影响和作用是十分明显的。材料二中不同教育工作者根据自己对教育教学的思考和经验所编辑的书籍，便是各教师之间的思想交流与学习。
③学校因素。学校是教师进行教育教学工作的主要场所，更是教师专业发展的主阵地。
④个体因素。个体因素是影响教师专业发展最直接、最主要、也是最根本的因素。材料二中的教师自费订阅了二十多种教育报刊，并长期在教育书店邮购书籍。多年的阅读让他受益匪浅，教育教学能力得到很大提升，教学效果得到学生、同行和家长的一致认可，先后获得特级教师等多项荣誉称号。该教师通过阅读、学习，促进了自身专业发展。这体现了个体因素对教师专业发展的影响。
(2)新时代中学教师应具备的专业素养包括：①教师的职业道德素养：对待事业，忠于人民的教育事业；对待学生，热爱学生；对待集体，团结协作；对待自己，为人师表(良好的道德修养)。
②教师的知识素养：政治理论修养；精深的学科专业知识(本体性知识)；广博的科学文化知识；必备的教育科学知识(条件性知识)；丰富的实践知识。
③教师的能力素养：语言表达能力；组织管理能力；组织教育和教学的能力；自我调控和自我反思能力(较高的教育机智)。
④职业心理健康：高尚的师德、愉悦的情感、良好的人际关系、健康的人格。
(3)作为新任教师，可以通过以下途径来提升自己的专业素养：新教师的入职培训、教师的在职培训和教师的自我教育。此外，跨校合作(如教师专业发展学校)，专家指导(如讲座、报告)，政府教育部门和教研机构组织的各类专业培训和交流活动等也是教师专业发展的途径。

52. (1)小明的意志存在动摇性，具有动摇性的人或缺乏坚定的行动目的，对既定目的持怀疑态度，或对实现目的缺乏信心和决心。小刚的意志存在执拗性，具有执拗性的人不能根据形势的变化而灵活调整自己的思想行为；他们常常在明知自己的主张和观点错误时，仍然固执己见，违背客观规律而一意孤行。两者均缺乏意志的坚韧性。
(2)①意志的自觉性是指一个人清晰地意识到自己行动的目的和意义，并且能够主动地支配自己的行动，使之符合既定目的的意志品质。具有自觉性品质的人，在对行为的目的深刻认识的基础上采取决定，不随波逐流，不屈服于外界的压力，能独立判断，独立地采取决定和执行决定。
②意志的果断性是一种善于辨明是非、抓住时机、迅速而合理地采取决定并执行决定的意志品质。具有果断性品质的人善于审时度势、对问题情境做出正确的分析和判断、洞察问题的是非真伪。
③意志的自制性是一个人善于控制和支配自己的情绪，约束自己言行的品质。具有良好自制性的人，一方面善于控制自己去执行所采取的决定，具有较强的组织性和纪律性；另一方面又善于控制自己的困惑、恐惧、慌张、厌倦和懒惰等消极情绪，表现出较强的忍耐性。
④意志的坚韧性是一个人在行动中坚持决定，百折不挠地克服重重困难去达到行动目的的品质。目标越大，需要付出的努力越多，需要花费的时间越长。如果没有坚持不懈的意志品质很难达到远大的目标。
(3)培养学生良好的意志品质是教育工作者的一项重要任务，教师应当教育学生加强意志的自我锻炼，使他们养成自我检查、自我监督、自我激励的习惯，主要做法有：①加强生活目的性教育，树立科学的世界观；②组织实践活动，让学生获得意志锻炼的直接经验；③根据学生意志品质的差异，采取不同的锻炼措施；④发挥教师、班集体和榜样的模范作用，给予必要的纪律约束；⑤加强自我锻炼，从点滴小事做起。

53. (1)①计算机辅助教学(CAI)。该教学模式是指使计算机作为一个辅导者呈现信息，给学生提供练习机会，评价学生的成绩以及提供额外的教学。
②网络远程教学。该教学模式是指师生凭借一定的媒体所进行的非面对面的教学。在网络环境下的远程教学中，教师和学生处于网络的不同端点，不碰面，但教师可以通过网络对学生进行指导，学生可以利用网络向教师咨询。这种教学模式可以打破时间和地域的限制。
(2)①学习主要靠自律，学生从被动走向主动。在线教学重在改变教师教的模式，改变学生学的方式，使学生学习从被动走向主动，从而落实到培养学生核心素养，促进学生学科知识、学科关键能力和通识能力的培养上。
②教学方法要求创新思路。线上课堂创新要求教师设法让课堂变得更高效，留出时间增加教师与学生的有效互动。
③教师的在线教学水平逐渐提升。在线教学的根本问题，还是教师能力发展水平的问题。教师"互联网+"教学能力发展可以分为起步适应、模仿迁移、熟练融合、研究创新4个阶段。在不同阶段，教师表现出不同的教学理念、教学方法、技术素养。教师的教学观念、学科专业能力、信息素养很大程度上决定着在线教学的质量。新技术的发展，要求教师的在线教学水平逐渐提升。
④课堂走向开放，家校有效协同。在线教学打破了家庭和学校、课堂和生活的界限，家庭和学校成为平等的合作者。这要求课堂应走向开放，家校应有效协同。
(3)教师可根据学生学习的兴趣和差异，不必严格遵循原有的班级授课制模式，允许学生重新选课，形成新的在线学习班级或群组，提供更具针对性的在线课程和师资，这种方式也可以称之为"网络走班制"，可以有效破解线下走班制的困境，为深化教育改革积累经验和探索路径。

2020年浙江省丽水市遂昌县小学教师招聘考试真题试卷(精编)(五十七)

一、填空题

1. 赫尔巴特　　2. 壬寅学制　　3. 场独立型　　4. 依靠积极因素、克服消极因素(长善救失)
5. 倒U型　　6. 认知内驱力　　7. 马斯洛的需要层次理论　　8. 校本课程

二、简答题(参考答案)

1. 简述小学生素质教育的特点。
素质教育的特点主要有：全体性、全面性、基础性、主体性、发展性、合作性和未来性。

2. 简述小学生自我意识的发展趋势。
小学生的自我意识在教育和社会化过程中得到不断的发展，但是自我意识水平还不高，具体表现特点如下：(1)小学生自我意识的总体水平在不断发展，但发展不是直线均匀的。一年级到三年级是一个上升期，三年级到五年级是相对平稳阶段，五年级到六年级处于第二个上升时期。(2)自我认识水平不断发展，已经分化为对身体自我的认识和对心理自我的认识，由对外部行为的认识转向对内部品质的认识。(3)小学生的自我评价水平逐步提高。(4)小学生的自尊水平在不断地分化和发展。从小学低年级开始，小学生的自尊就逐步分化为学业自尊、社会交往自尊和身体自尊三种，此后三方面的自尊又不断地分化。(5)小学生自我控制的水平也在不断发展，逐渐由他律转向自律，到高年级开始使用内化的行为准则来监督、调节和控制自己的行为。

三、论述题(参考答案)

论述遗忘的规律以及影响遗忘进程的因素。

(1)遗忘的规律：最早对遗忘进行实验研究的是德国心理学家艾宾浩斯，提出了著名的"遗忘曲线"。这条曲线表明，遗忘是有规律的，即遗忘的进程是不均衡的，其趋势是先快后慢、先多后少，呈负加速，且到一定的程度就不再遗忘。

(2)影响遗忘进程的因素有：①学习材料的性质。学习材料的性质指材料的种类、长度、难度以及意义性。②系列位置效应。系列位置效应就是指接近开头和末尾的记忆材料的记忆效果好于中间部分的记忆效果的趋势。③识记材料的数量和学习程度。一般来说，材料过多、学习程度太小或太大，都不利于对知识的记忆。实验证明，过度学习达到50%，即学习的熟练程度达到150%时，学习的效果最好；超过150%时，效果并不递增，很可能引起厌倦、疲劳而成为无效劳动。④记忆任务的长久性与重要性。一般来说，长久的识记任务有利于材料在头脑中保持时间的延长，不重要和未经复习的内容则容易遗忘。⑤识记的方法。研究表明，以理解为基础的意义识记比机械识记的效果好得多。⑥时间因素。⑦情绪和动机。

四、案例分析题(参考答案)

(1)语文老师因坤坤在上课做小动作，对他进行了批评和辱骂，伤害了坤坤的自尊心，让他对教师产生了抵触，为了减少受到的伤害,坤坤对学习产生了厌烦,不愿意学习。在坤坤转学后,刘老师在坤坤做小动作时敲他的肩制止,并对坤坤不做小动作进行表扬,为了得到老师更多的表扬,坤坤在上课时不做小动作并认真听课。

(2)①坤坤的小动作属于一般问题行为。由于一般问题行为大都是一些暂时性的干扰,教师在处理这些行为时,通常只需要运用简单的非言语线索进行暗示,就可以得到既制止问题行为又不影响课堂教学进程的双重效果。刘老师在坤坤做小动作时,走到他的身边轻轻地敲一下他的肩,这样做既不会影响课堂教学的进行,又能制止坤坤的小动作。②强化是采用适当的强化物而使机体反应频率、强度和速度增加的过程。刘老师在坤坤不做小动作时,向他微笑一下以示奖励,并在课堂上表扬坤坤不做小动作,坐姿端正,刘老师的微笑和表扬强化了坤坤不做小动作的行为,慢慢改变了坤坤上课老是做小动作的习惯。

2020年贵州省贵阳市教师招聘考试真题试卷(精编)(五十八)

一、单项选择题

1. B 【解析】《中华人民共和国民法典》被称为“社会生活百科全书”,是民事权利的宣言书和保障书。2020年5月28日,十三届全国人大三次会议表决通过了《中华人民共和国民法典》。自2021年1月1日起施行。
2. D 【解析】为规范个别竞赛在组织过程中暴露出的问题,2020年7月20日,教育部办公厅印发《关于进一步加强面向中小学生的全国性竞赛活动管理工作的通知》,要求坚持素质教育导向,切实维护教育公平,进一步规范竞赛管理工作。
3. C 【解析】在2020年全国教育工作会议上,教育部部长陈宝生表示,2020年基础教育要在扩容和深化上下功夫。深化教育教学改革,学前教育要制订幼小科学衔接行动计划,中小学要推广国家优秀教学成果,优化教学方式,提高课堂教学质量。普通高中推进实施新课程新教材,为高考综合改革创造条件。
4. B 【解析】场依存型的学生对客观事物的判断常以外部线索为依据,其态度和自我认知易受周围环境或背景的影响,往往不易独立地对事物做出判断,而是人云亦云,从他人处获得标准;行为常以社会为定向,社会敏感性强,爱好社交活动。题干所述的认知方式是场依存型的认知方式。
5. A 【解析】原型启发,是指从其他事物上发现解决问题的途径和方法。对问题解决起启发作用的事物叫原型。任何一个人对某一项目的发明创造或革新,都不是凭空想象出来的,在开始时总要受到某种类似的事物或模型的启发。
6. D 【解析】分层教学是一种针对学生现有的知识基础、智力水平、非智力因素和学习成绩等方面的差异,划分层次,并相应制定出不同的教学目标,提出不同的教学要求,施以不同的教学内容,采取不同的教学方式,以最大限度地调动每一个学生的学习积极性,充分促进学生智能发展的教学方法。这关注了学生身心发展规律的个别差异性。
7. D 【解析】一般认为,我国现在的中小学的全面发展教育主要包括德育、智育、体育、美育、劳动技术教育。培养全面发展的人,各育紧密相连,既不能或缺,也不能相互代替。体育是各育实施的物质前提,是人的一切活动的基础;智育是各育实施的认识基础和智力支持;德育则是各育实施的方向统帅和动力源泉;美育协调各育的发展;劳动技术教育是各育的实践基础。(具体参看中央广播电视大学出版社出版,柳海民主编的《教育学》第二版)
8. D 【解析】个体的主观能动性是人的一种内在需要和动力,是一种寻求发展的积极动机和渴望。所以,个体的主观能动性是人的身心发展的内在动力,也是促进个体发展从潜在的可能状态转向现实状态的决定性因素。逆境可以成才,“同流而不合污”“出淤泥而不染”“威武不能屈”等典故反映出人的主观能动性在个体发展中的作用。
9. C 【解析】根据《中华人民共和国未成年人保护法》第二十一条规定,学校、幼儿园、托儿所的教职员工应当尊重未成年人的人格尊严,不得对未成年人实施体罚、变相体罚或者其他侮辱人格尊严的行为。C项是学校保护,A、B两项是社会保护,D项是家庭保护。
10. C 【解析】根据《中华人民共和国教师法》第十四条规定,受到剥夺政治权利或者故意犯罪受到有期徒刑以上刑事处罚的,不能取得教师资格;已经取得教师资格的,丧失教师资格。
11. A 【解析】隐私权是指公民生活中不愿为他人公开或知悉的个人秘密的不可侵犯的人身权利。学校和教师侵犯学生隐私权的表现形式有:故意隐匿、毁弃或者非法开拆学生信件,披露、宣扬学生自身及家庭成员的资料,提供学生成绩的方式不适当等。题干所述班主任的做法侵犯了学生的隐私权。
12. C 【解析】受教育权是学生最基本的权利。常见的侵犯学生受教育权的表现形式主要有:(1)侵犯学生受教育机会的平等权;(2)侵犯学生的入学权;(3)侵犯学生参加考试的权利;(4)随意开除学生。此外,还有侵犯学生上课学习的权利、侵犯学生受教育的选择权、侵犯学生升学复学方面的同等权利、以侵犯姓名权的手段侵犯学生的受教育权、延误学生录取通知书的发放等。题干中班主任的做法侵犯了小李的受教育权。

二、多项选择题

13. ABCD 【解析】演示法是指教师通过展示实物、教具和示范性的实验来说明、印证某一事物和现象,使学生掌握新知识的一种教学方法。演示所使用的工具可分为四大类:实物、标本、模型、图片的演示;图表、示意图、地图的演示;实验演示;幻灯片、电影、录像的演示。
14. ABCD 【解析】班杜拉以儿童的社会行为习得为研究对象,形成了其关于学习的基本思路,即观察学习是人的学习最重要的形式。观察学习包括注意、保持、复现(动作再现)和动机四个子过程。
15. BCD 【解析】确立教育目的的依据包括:(1)社会政治、经济、文化因素;(2)人的身心发展特点与需求;(3)教育目的制定者的教育理想和价值观。(具体参看孙式武、于淑君主编的《小学教育概论》)
16. ABD 【解析】2008年修订的《中小学教师职业道德规范》中关于“爱国守法”方面所规定的内容是:热爱祖国,热爱人民,拥护中国共产党领导,拥护社会主义。全面贯彻国家教育方针,自觉遵守教育法律法规,依法履行教师职责权利。不得有违背党和国家方针政策的言行。C项是“爱岗敬业”方面所规定的内容。
17. ABCD 【解析】教师劳动的特点包括:(1)教师劳动目的和任务的特殊性。教师劳动的最大特点是培养人。其中,教师劳动的特殊目的是把青少年培养成为具有一定的科学文化知识,基本劳动技能和良好道德品行的人。题干中的李老师的教育目的是“培养全面发展的人”,就体现了教师劳动目的的特殊性。故A项正确。(2)教师劳动对象的特殊性。教师劳动的对象,既不是无生命的自然物,也不是一般的动物或植物,而是有思想、有感情、有理性、有个性的活生生的人。教师劳动的特殊性要求教师必须尊重学生,与学生建立良好的信任关系。题干中的李老师关心学生、悉心培养学生,这表明了李老师对学生的尊重和爱护,同时,这也体现了教师劳动对象的特殊性。故B项正确。(3)教师劳动工具的特殊性。在教育劳动中,教师所使用的劳动工具除了教材、教学设备这些教育劳动的辅助性工具外,主要是教师的个性,包括教师个体的思想、品德、情感、意志、信念、世界观、政治态度,也包括教师个体的知识和才能以及传授知识的技巧和本领。题干中的李老师“讲究教学的艺术性”,这表明了李老师的教学技巧和本领,体现了教师劳动工具的特殊性。故C项正确。(4)教师劳动中人际关系的特殊性。(5)教师劳动结果的特殊性。教育劳动的结果是产生掌握一定文化科学知识和形成一定思想品德的人,即受过教育的人,能够自我发展的人。“经过他的悉心培养,班上的学生都品学兼优”,这就体现了教师劳动结果的特殊性。故D项正确。(具体参看于永昌编著的《教育伦理》)

三、判断题

18. × 【解析】所谓监护,是对未成年人和精神病人的人身、财产及其他合法权益进行监督和保护的民事法律制度。我国是根据亲权和亲属关系来设立监护制度的。所以,作为监护人产生的方式只有两种,即法定和指定。我们现行的法律中没有规定学校是未成年学生的法定或指定监护人,故学校的法定职责中没有对未成年学生的监护权。
19. × 【解析】教师,是传递和传播人类文明的专职人员,是学校教育职能的主要实施者。教师的根本任务是教书育人。故题干说法过于片面。
20. × 【解析】根据《中华人民共和国预防未成年人犯罪法》第四十四条规定,对于被采取刑事强制措施的未成年学生,在人民法院的判决生效以前,不得取消其学籍。
21. √ 【解析】略。
22. √ 【解析】阿特金森把个体的成就动机分为两类:力求成功的动机和避免失败的动机。
23. √ 【解析】归因是个体对自己的成功或失败所做出的因果解释。韦纳指出,学生一般把自己的学习成败归因于四类因素,亦即能力、努力、任务难度和运气。
24. √ 【解析】现代认知心理学一般依据知识的不同表征方式和作用,将知识划分为陈述性知识、程序性知识和策略性知识。陈述性知识主要以命题和命题网络的形式进行表征。程序性知识主要以产生式和产生式系统进行表征,对知识的学习只有实现概念化、条件化、结构化、自动化和策略化之后才能真正促进问题解决。我们在教学中以教授陈述性知识为主。(具体参看莫雷主编的《教育心理学》)
25. √ 【解析】鲍姆宁曾根据控制、成熟的要求、父母与儿童的交往、父母的教养水平等四个指标,将父母的教养方式分成专制型、放纵型和民主型三种方式。其中,民主型教养方式对孩子的教育最好。
26. √ 【解析】2020年5月,强基计划首批试点高校陆续公布2020年招生简章,高考成绩优异或者相关学科领域具有突出才能和表现的两类考生均可申请。试点高校聚焦各自优势基础学科,以国家重大战略需求为导向确定招生的学科与专业,主要选拔培养有志于服务国家重大战略需求且综合素质优秀或基础学科拔尖的学生。
27. √ 【解析】教育部办公厅关于开展2020年教育系统“安全生产月”“安全生产万里行”和“安全专项整治三年行动”活动的总体思路为:以习近平新时代中国特色社会主义思想为指导,深入贯彻落实党的十九大和十九届二中、三中、四中全会精神,认真贯彻落实习近平总书记“从根本上消除事故隐患,有效遏制重特大事故发生”的重要指示精神,贯彻落实党中央、国务院关于安全生产重大决策部署,着眼加强新冠肺炎疫情防控常态化条件下安全生产和专项整治三年行动排查整治工作,推动各级各类学校树牢安全发展理念,层层压紧压实安全责任,扎实开展教育系统安全风险隐患排查整治,开展有声势、有实效的宣传教育活动,着力提升师生安全意识和安全素质,促进学校安全水平稳步提升、安全形势持续向好,有效防范和遏制重特大事故发生,坚决守住教育系统安全底线。

四、简答题(参考答案)

28.《中小学教师职业道德规范》的主要内容有哪些?

(1)爱国守法;(2)爱岗敬业;(3)关爱学生;(4)教书育人;(5)为人师表;(6)终身学习。

29.简述学校开展心理辅导的主要途径。

(1)独立开设专门的心理健康课程;(2)将心理辅导融于班级、团队活动之中;(3)在学科教学中渗透心理辅导;(4)个别辅导;(5)团体辅导。

30.微课的主要特点是什么?

(1)教学时间较短;(2)教学内容较少;(3)资源容量较小;(4)资源组成/结构/构成"情境化";(5)微评审。

31.教师作为专业教学人员享有哪些职业权利?

(1)教育教学权;(2)科学研究权(学术自由权);(3)管理学生权(指导评价权);(4)获取报酬权;(5)民主管理权(参与教育管理权);(6)进修培训权。

五、案例分析题(参考答案)

32.吴老师的职业行为符合2008年修订的《中小学教师职业道德规范》中"爱岗敬业"和"关爱学生"的教师职业道德规范;违背了"为人师表"的教师职业道德规范。

(1)"爱岗敬业"的师德规范要求教师:对工作高度负责;认真备课上课;认真批改作业;认真辅导学生;不得敷衍塞责。吴老师立志成为一名优秀的人民教师,工作努力,认真负责,体现了爱岗敬业的师德规范。

(2)"关爱学生"的师德规范要求教师:关心爱护全体学生,尊重学生人格,平等公正对待学生;对学生严慈相济,做学生的良师益友;保护学生安全,关心学生健康,维护学生权益;不讽刺、挖苦、歧视学生,不体罚或变相体罚学生。吴老师在得知班上学生要退学去打工后,主动联系家长,给家长转账,恳请家长把孩子送回学校的行为,维护了学生受教育的权利,体现了关爱学生的师德规范。

(3)"为人师表"的师德规范要求教师自觉抵制有偿家教,不利用职务之便谋取私利。吴老师收取补课辛苦费的行为就违背了为人师表的师德规范。

六、写作题(写作思路)

33.首先,表明高三的科任老师都是经过学校严格考评、慎重考虑以后才确定的,是能够胜任高三教学工作的。而且,高三年级中每个学科组都拥有丰富的备考经验和成熟的帮带制度,可以保证高三的教学质量,希望小明的妈妈能够相信学校的安排,相信老师的能力。

其次,表明临时更换科任老师,会影响学校教学安排,打乱学校正常的教学秩序,不利于学生的学习。如果科任老师的具体的教学方法、策略和过程行为等有需要改善的,欢迎家长提出宝贵的意见和建议,老师会合理采纳,及时改进。

最后,感谢小明的妈妈对学校教育教学工作的关注和支持,希望今后家长可以和学校保持交流和沟通,家校形成合力,从而更好地促进学生的成长。

2020年江西省中小学教师招聘考试真题试卷(五十九)

第一部分 选择题

一、单项选择题

1.D 【解析】本题考查《中华人民共和国义务教育法》的有关内容。根据《中华人民共和国义务教育法》第三十五条规定,学校和教师按照确定的教育教学内容和课程设置开展教育教学活动,保证达到国家规定的基本质量要求。国家鼓励学校和教师采用启发式教育等教育教学方法,提高教育教学质量。

2.B 【解析】本题考查《中华人民共和国教育法》的有关内容。根据《中华人民共和国教育法》第三十六条规定,学校及其他教育机构中的教学辅助人员和其他专业技术人员,实行专业技术职务聘任制度。

3.A 【解析】本题考查德育过程的一般规律。德育过程的一般规律之一是德育过程是学生在活动和交往中形成思想品德规律的过程。活动与交往既是学生思想品德形成的源泉,也是学生思想品德发展的条件。

4.A 【解析】本题考查教育的生物起源论和心理起源论的共同特点。生物起源论的局限是没有把握人类教育的目的性和社会性,把教育的起源问题生物学化;心理起源论的局限是把人类有意识的教育行为混同于无意识模仿,否定了教育活动的目的性和意识性,同样导致了教育的生物学化,否认了教育的社会属性。因此,教育的生物起源论和心理起源论的共同特点是都否认了教育的社会性。

5.C 【解析】本题考查《学记》的教育思想。《学记》指出,正课学习与课外练习必须兼顾,课内与课外相结合,相互补充。即"大学之教也,时教必有正业,退息必有居学"。故C项说法正确。

6.B 【解析】本题考查人的身心发展的规律。人的身心发展的不均衡性(不平衡性),一方面是指身心发展的同一方面的发展速度,在不同的年龄阶段是不均衡的。例如,青少年的身高、体重在其全部发展过程中会经历两个高峰:第一个高峰是在一岁左右,第二个高峰是在青春发育期。在这两个高峰期内,身高体重的发展较之其他阶段快得多。另一方面是就个体身心发展的不同方面而言的。故B项正确。

7.B 【解析】本题考查教育的文化功能。教育的文化功能之一是文化选择。教育需要对文化进行选择与整理。教育的文化选择通常有两个尺度:一是它要与主流文化相一致;二是它符合人的身心发展规律。根据以上两个尺度,教育的文化选择功能表现为"吸取"和"排斥"。通过选择,使文化成为更有助于人发展的力量。题干中的"对于西方政治文明,应取其精华,弃其糟粕,而后进行普及"就体现了文化的选择、提升功能。

8.D 【解析】本题考查教学评价的类型。从不同的角度和标准出发,教学评价可以划分为不同的类型:(1)依据评价的作用,教学评价可以分为形成性评价、诊断性评价、总结性评价;(2)按照评价活动参照的标准,教学评价可以分为相对性评价、绝对性评价、个体内差异评价;(3)按照评价主体,教学评价可以分为自我评价、他人评价。

9.C 【解析】本题考查《中小学教师职业道德规范》(教育部2008年修订)的内容。在《中小学教师职业道德规范》(教育部2008年修订)中,爱国守法是教师职业道德的基本要求。爱岗敬业是教师职业道德的本质要求。关爱学生是教师职业道德的灵魂。教书育人是教师的天职。为人师表是教师职业道德的内在要求。终身学习是教师专业发展的不竭动力。

10.B 【解析】本题考查教师如何处理好与学生家长的关系。教师在处理与家长关系时应遵循的道德要求有:(1)主动与学生家长联系;(2)认真听取家长的意见和建议;(3)尊重学生家长的人格;(4)教育学生尊重家长。值得注意的是,尊重并不代表迁就,故B项说法错误。

11.C 【解析】本题考查教师的专业技能。师范生专业技能包括语言文字基本功、教学工作、班主任工作、职业发展能力等四个部分。其中,在语言文字基本功的训练中,应当培养师范生口语、书面语言的表达能力,进行"一话三笔"(普通话、钢笔字、毛笔字、粉笔字)训练,故普通话水平属于教师的专业技能。

12.D 【解析】本题考查杜威及其代表作。杜威的理论是现代教育理论的代表,其代表作《民主主义与教育》(又译《民本主义与教育》,1916年)及反映在其作品中的实用主义教育思想,对20世纪的教育和教学有深远影响,具有里程碑的意义。

13.B 【解析】本题考查费斯勒的教师生涯循环论。费斯勒的教师生涯循环阶段之一是稳定和停滞阶段,这一阶段的教师存在着"做一天和尚撞一天钟"的心态。教师只做分内的工作,不会主动追求教学专业的卓越与成长,不求有功,但求无过,可以说是缺乏进取心、敷衍塞责的阶段。

14.B 【解析】本题考查社会本位论的代表人物。社会本位论的代表人物有荀子、柏拉图、涂尔干、纳托普、凯兴斯泰纳、孔德、巴格莱等。个人本位论的代表人物有孟子、卢梭、洛克、裴斯泰洛齐、福禄贝尔、帕克、爱伦·凯、马利坦、赫钦斯、奈勒、萨特、马斯洛、罗杰斯等。A、C、D三项均是个人本位论的代表人物,故B项正确。

15.A 【解析】本题考查义务教育的提出。在清政府于1904年颁布执行的《奏定学堂章程》中的《学务纲要》中,最先出现了"义务教育"一词。1906年,学部颁布《强迫教育章程》十条,规定"幼童至7岁须令入学,及岁不入学者,罪其父兄"。这是中国政府计划实行强迫义务教育的第一道正式法令。清政府学部在《试办义务教育章程案》中明确规定以4年为义务教育期,并提出了试办义务教育的办法。

16.D 【解析】本题考查新课程结构的内容。新课程改革在课程结构方面指出,要改变过于强调学科本位、科目过多和缺乏整合的状况,整体设置九年一贯的课程门类和课时比例,设置综合课程,体现课程结构的均衡性、综合性和选择性。

17.C 【解析】本题考查教学过程的规律。教学过程的规律之一是掌握知识与提高能力相结合的规律。掌握知识和发展智力相互依存、相互促进,二者统一于教学活动中。知识是发展智力的基础。知识为智力活动提供了广阔的领域,只有有了某一方面的知识,才有可能去从事该方面的思维活动。列宁的话就体现了掌握知识对于发展学习者的思考力的重要作用。

18.A 【解析】本题考查学科德育渗透的途径。学科德育渗透的途径包括:(1)挖掘教材的德育因素。各科教材中不同程度地存在一些德育因素,即"文以载道",教师应该把蕴含在各学科知识中的德育因素挖掘出来,寓德于教。语文、历史、地理等课要利用课程中语言文字、传统文化、国土常识等丰富的思想道德教育因素,潜移默化地对学生进行世界观、人生观和价值观的引导。(2)注重教法的德育效果;(3)发挥教师的道德示范。

19.B 【解析】本题考查心理学及教育心理学的发展历史。1879年,德国著名心理学家冯特在德国莱比锡大学创建了世界上第一个心理学实验室,开始对心理现象进行系统的实验研究。在心理学史上,人们把这一事件看作是心理学脱离哲学,走上独立发展道路的标志。1903年,美国心理学家桑代克出版了《教育心理学》,这是西方第一本以教育心理学命名的专著。这之间相隔24年。

20.D 【解析】本题考查心理过程的内容。心理过程是心理活动的一种动态过程,是人脑对客观现实的反映过程。它包括认知过程、情绪情感过程和意志过程三个方面。

21. C 【解析】本题考查正迁移的概念。正迁移也叫“助长性迁移”，是指一种学习对另一种学习的促进作用。顺向迁移是指先前学习对后继学习产生的影响。逆向迁移是指后继学习对先前学习产生的影响。负迁移也叫“抑制性迁移”，是指一种学习对另一种学习产生阻碍作用。

22. D 【解析】本题考查学习的概念。学习是个体在特定情境下由于练习或反复经验而产生的行为或行为潜能的相对持久的变化。这一定义是广义的学习定义，既适用于动物的学习，也适用于人类的学习。

23. C 【解析】本题考查形成操作技能的关键环节。练习是形成各种操作技能所不可缺少的关键环节，也是操作技能形成的基本途径。

24. C 【解析】本题考查态度和品德的形成中第一阶段的内容。依从，即表面上接受规范，按照规范的要求来行动，但对规范的必要性或根据缺乏认识，甚至有抵触情绪。它是规范内化的初级阶段，是态度与品德建立的开端。依从包括从众和服从两种。

25. B 【解析】本题考查布鲁纳教学的最终目标。布鲁纳认为，教学的目的在于理解学科的基本结构。由于布鲁纳强调学习的主动性和认知结构的重要性，所以他主张教学的最终目标是促进学生对学科结构的一般理解。

26. B 【解析】本题考查性格的概念。性格是指人的较稳定的态度与习惯化了的行为方式相结合而形成的人格特征。它是一个人的心理面貌本质属性的独特结合，是人与人相互区别的主要方面。

27. B 【解析】本题考查难度的计算。难度的公式为[P = XXmax]([X]为平均分，[Xmax]为满分)，[X]平均分越高，难度指数P越大，说明该试卷越容易。

28. A 【解析】本题考查学习策略的内容。缩简就是将识记材料的每条内容简化成一个关键性的字，然后变成自己所熟悉的事物从而将材料与过去经验联系起来。题干中该生使用的学习策略就是记忆术中的缩简法。

29. B 【解析】本题考查态度的内容。态度是通过学习而形成的影响个人行为选择的内部准备状态或反应的倾向性。态度的行为成分是指个体对态度对象企图表现出来的行为意向，它构成态度的准备状态，即态度对特定对象作出某种反应。

30. D 【解析】本题考查信度的内涵。信度是指在不同时间，使用同一测验，或者使用两个不同项目的等值测验，或在其他不同的测试条件下，对同一组被试实施两次或多次测试所得分数的一致性。题干中，针对同一份试题，该学生的两次测验分数相同，说明这份试题有很高的一致性，有很高的信度。

二、多项选择题

31. ACD 【解析】本题考查《学生伤害事故处理办法》的有关内容。按照学生被侵害权利的不同，学生伤害事故包括以下三种类型：(1)死亡(生命权被侵害)；(2)患病(健康权被侵害)；(3)伤残(身体权被侵害)。(具体参看方恒编著的《学生伤害维权自助》)

32. BCD 【解析】本题考查《中华人民共和国未成年人保护法》的有关内容。根据《中华人民共和国未成年人保护法》第二十条规定，学校应当与未成年学生的父母或者其他监护人互相配合，保证未成年学生的睡眠、娱乐和体育锻炼时间，不得加重其学习负担。

33. ABC 【解析】本题考查影响课程发展的外部因素。影响课程发展的基本因素分为：(1)外部因素，包括社会因素、儿童因素、知识因素；(2)内部影响，包括课程传统、课程理论、课程自身发展的辩证否定规律以及学制。

34. ABD 【解析】本题考查《中小学教师职业道德规范》(教育部2008年修订)的内容。《中小学教师职业道德规范》(教育部2008年修订)中“爱岗敬业”这一条目的基本内容或要求包括：忠诚于人民教育事业，志存高远，勤恳敬业，甘为人梯，乐于奉献。对工作高度负责，认真备课上课，认真批改作业，认真辅导学生。不得敷衍塞责。C项属于“关爱学生”的要求。

35. ABCD 【解析】本题考查教师职业道德修养的特点。教师职业道德修养的特点包括内省性、自主性、实践性和持恒性。

36. BCD 【解析】本题考查《中共中央国务院关于深化教育教学改革全面提高义务教育质量的意见》的内容。《意见》对“促进信息技术与教育教学融合应用”做的规定为：推进“教育 + 互联网”发展，按照服务教师教学、服务学生学习、服务学校管理的要求，建立覆盖义务教育各年级各学科的数字教育资源体系；加快数字校园建设，积极探索基于互联网的教学；免费为农村和边远贫困地区学校提供优质学习资源，加快缩小城乡教育差距；加强信息化终端设备及软件管理，建立数字化教学资源进校园审核监管机制。

37. ABC 【解析】本题考查教育学萌芽阶段的代表作。萌芽阶段的教育学还没有成为一门独立的学科，只是表现为许多零星的教育思想与观点，理论上并不成熟，方法是经验总结和理性思考。这一时期的教育学著作有《学记》、《论语》、《孟子》、《老子》、《庄子》、《大学》、朱熹的《四书集注》、王守仁的《传习录》、韩愈的《师说》、柏拉图的《理想国》、亚里士多德的《政治学》和昆体良的《雄辩术原理》(《论演说家的教育》)等。《教育漫话》是洛克的代表作品，属于教育学学科独立及开始发展阶段的作品。

38. ABCD 【解析】本题考查学校教育在人的发展中起主导作用的原因。学校教育在人的发展中起主导作用的原因包括：(1)学校教育具有明确的目的性和方向性；(2)学校教育具有较强的计划性和系统性；(3)学校教育具有高度的组织性；(4)学校教育能对影响学生发展的因素加以调节、控制和利用，以最大限度促进学生的发展。同时，学校教育可以抓住儿童受教育的最佳时期。

39. BCD 【解析】本题考查专制型师生关系中学生的典型表现。专制型师生关系中学生的典型表现包括：(1)屈服，但一开始就不喜欢和厌恶这种教师；(2)推卸责任是常见的事情；(3)学生易激怒，不愿合作，而且可能会在背后伤人；(4)教师一离开课堂，学习就明显松垮。A项属于放任型师生关系中学生的典型表现。

40. AC 【解析】本题考查课程资源的类型。课程资源的类型包括：(1)按照课程资源空间分布的不同，大致可以把课程资源分为校内课程资源和校外课程资源。(2)按课程资源的功能特点区分，有素材性课程资源和条件性课程资源。(3)根据课程资源的存在方式，可将课程资源分为显性课程资源和隐性课程资源。

41. ABCD 【解析】本题考查启发性教学原则的贯彻要求。启发性教学原则的贯彻要求包括：(1)加强学习的目的性教育，调动学生学习的主动性；(2)设置问题情境，启发学生独立思考，培养学生良好的思维方法和思维能力；(3)让学生动手，培养独立解决问题的能力，鼓励学生将知识创造性地运用于实际；(4)发扬教学民主，它包括：建立民主、平等的师生关系和生生关系，创造民主、和谐的教学气氛，鼓励学生发表不同见解，允许学生向教师提出质疑等。

42. ABD 【解析】本题考查中华优秀传统文化教育。中华优秀传统文化教育包括：开展家国情怀教育、社会关爱教育和人格修养教育，传承发展中华优秀传统文化，大力弘扬核心思想理念、中华传统美德、中华人文精神，引导学生了解中华优秀传统文化的历史渊源、发展脉络、精神内涵，增强文化自觉和文化自信。C项属于心理健康教育。

43. ABC 【解析】本题考查艺术浸染的类型。陶冶教育法包含三个方面：(1)人格感化。这是指教师以自己的品行和情感为情境对学生进行熏陶。(2)环境熏陶。这里的环境既包括物质环境，也包含精神氛围。前者如干净的校园、朴实的校舍；后者如优良的校风、班风。(3)艺术浸染。艺术包括音乐、美术、舞蹈、诗歌、文学、影视、雕塑等。这些艺术来自生活，寓意深厚，具有强大的道德感染功能。

44. ACD 【解析】本题考查班级管理的功能。班级管理的功能包括：(1)有助于实现教学目标，提高学习效率；(2)有助于维持班级秩序，形成良好的班风；(3)有助于锻炼学生能力，学会自治自理。

45. BD 【解析】本题考查学习理论的有关内容。认知主义学习理论认为学习是对情境的理解和顿悟，是认知结构的变化。加涅、奥苏伯尔属于认知主义学习理论的心理学家。华生为行为主义学派的心理学家，罗杰斯为人本主义的心理学家。

46. ABC 【解析】本题考查关键期的内容。所谓关键期，就是指人的某种身心潜能在人的某一年龄段有一个最好的发展时期。研究认为，关键期既包括有机体需要刺激的时期，也包括有机体对某种刺激最敏感的时期。因此，关键期也叫敏感期、最佳期。A项正确。在这一时期内，对个体某一方面进行训练可以获得最佳成效，并能充分发挥个体在这一方面的潜力。错过了关键期，训练的效果就会降低，甚至永远无法补偿。B项正确。当然，关键期也并非绝对的，错过关键期之后，经过补偿性学习仍有可能得到发展，只是难度要大些。故D项错误。4～5岁是学习书面语言的关键期，C项正确。

47. ABC 【解析】本题考查论述题的编制。论述题最适合测量客观性试题所无法测量的那些高水平、复杂的技能。与客观性测验相比，优秀的论述题会促使学生更加深入地探究学习。

48. ABC 【解析】本题考查自我实现需要的内容。自我实现需要由低到高可以分为认知需要、审美需要和自我创造需要。

49. ABD 【解析】本题考查我国学习的分类。我国的心理学家通常把学生的学习分为知识的学习、技能的学习和行为规范的学习三类。

50. ABCD 【解析】本题考查迁移的影响因素。影响迁移的主要因素有：(1)相似性；(2)原有认知结构；(3)学习的心向与定势。除前面所涉及的影响迁移的一些基本因素外，诸如年龄、智力、学习者的态度、教学指导、外界的提示与帮助等都在不同程度上影响着迁移的产生。

第二部分　主观题

三、判断分析题

1. 循循善诱，诲人不倦，是教师开展教书育人工作的目标指向。

(1)这种说法是不正确的。(2)培养学生良好品行，激发学生创新精神，促进学生全面发展，是教师开展教书育人工作的目标指向。此外，循循善诱，诲人不倦，因材施教是教师开展教书育人工作的具体方法。《中小学教师职业道德规范》(教育部2008年修订)中关于“教书育人”方面所规定的具体职业行为要求有以下几点：①遵循教育规律，实施素质教育；②循循善诱，诲人不倦，因材施教；③培养学生良好品行，激发学生创新精神，促进学生全面发展；④不以分数作为评价学生的唯一标准。

2. 教师备课就是备教材。

(1)这种说法是不正确的。(2)教师备课的要求包括:①教师备课要做好三方面的工作,即钻研教材、了解学生、设计教法,也即备教材、备学生、备教法;②写好三种计划,即学年(或学期)教学计划、课题(或单元)计划、课时计划(教案)。

3. 学生问老师竹子的竹筒有没有空气,老师没有回答他,而是引导学生自己思考,学生试过摇、敲、破的方法,最后想到将竹筒放进水里,学生看到有水泡冒出来,非常兴奋。从情感的社会角度看,这种兴奋是一种道德感。

(1)这种说法错误。(2)理智感是人认识事物和探求真理的需要是否得到满足而产生的主观体验。例如,人们在探求未知的事物时所表现的求知欲、认识兴趣和好奇心、发现问题的惊奇感、问题解决的喜悦感、为真理献身的自豪感、问题不解的苦闷感等。题干所述为理智感。道德感是根据一定的道德标准评价人的思想、意图和言行时所产生的主观体验。

4. 学习动机是直接推动学习行为的原因和动力。

(1)这种说法正确。(2)学习动机是指引发个体进行学习活动和维持已引起的学习活动,并使个体的学习活动达到一定学业目标的一种内部动力。学习动机是直接推动学生进行学习的内部动力。一个学生是否想要学习、学习的努力程度、积极性、主动性等都与学习动机有关。

5. 试误学习的过程中,学习者对刺激情境做出反应之后,能够获得满意的结果时,联结力量就会增强,这符合桑代克联结学习的练习律。

(1)这种说法错误。(2)练习律是指一个学会了的反应的重复将增加刺激反应之间的联结。在试误学习的过程中,任何刺激与反应的联结,一经练习运用,其联结的力量逐渐增大;而如果不运用,则联结的力量会逐渐减少。题干所述为效果律。效果律是指在试误学习的过程中,如果其他条件相等,学习者在对刺激情境做出特定的反应之后能够获得满意的结果时,其联结就会增强;而得到烦恼的结果时,其联结就会削弱。

四、论述题(参考答案)

结合班主任的素质要求、工作内容与方法,论述如何做一名班主任。

班主任的素质要求包括:(1)坚定的教育信念;(2)高尚的思想品德;(3)对学生炽热的爱;(4)较强的组织能力;(5)交往与合作能力;(6)多方面的兴趣与才能;(7)扎实的教育理论素养。此外,班主任还需要具备良好的心理素质,具备一定的心理指导能力。学校应当按照上述的要求来选派班主任。班主任则应该按照这些要求来提高自己的素质。

班主任工作的主要内容包括:(1)了解和研究学生;(2)组织和培养班集体;(3)做好个别教育工作;(4)进行操行评定;(5)协调校内外各种教育力量;(6)班主任工作计划与总结;(7)班会活动的组织;(8)偶发事件的处理。

班主任工作的方法包括:(1)说理教育法;(2)激励法;(3)榜样示范法;(4)角色模拟法;(5)暗示法;(6)契约法;(7)惩戒法;(8)行为训练法。

五、案例分析题(参考答案)

(1)在"加强劳动教育"方面提出的要求有以下几点:①要加强学生生活实践、劳动技术和职业体验教育。②优化综合实践活动课程结构,确保劳动教育课时不少于一半。③家长要给孩子安排力所能及的家务劳动,学校要坚持学生值日制度,组织学生参加校园劳动,积极开展校外劳动实践和社区志愿服务。

(2)案例中的劳动教育,运用了以下综合实践活动的方式:①考察探究。考察探究是学生基于自身兴趣,在教师的指导下,从自然、社会和学生自身生活中选择和确定研究主题,开展研究性学习,在观察、记录和思考中,主动获取知识,分析并解决问题的过程。案例中,师生对实践中遇到的问题进行探索,开发了新课程,培养了发现问题、解决问题的能力。②社会服务。社会服务指学生在教师的指导下,走出教室,参与社会活动,以自己的劳动满足社会组织或他人的需要。案例中,学生在 STEM 课程中设计制作的工具,可以帮助他们解决生产劳动中的实际问题。③设计制作。设计制作指学生运用各种工具、工艺(包括信息技术)进行设计,并动手操作,将自己的创意、方案付诸现实,转化为物品或作品的过程。案例中,师生开发了 STEM 课程,制作了采果子的工具,是学生将自己的创意转化为物品的过程。④职业体验。职业体验指学生在实际工作岗位上或模拟情境中见习、实习,体认职业角色的过程,如军训、学工、学农等。案例中,学生翻地、浇水、施肥、剪枝是对农业劳动的体验,培养了学生的劳动意识。

(3)案例中老师主要通过以下两点来培养:①保护学生好奇心,例如案例中组织各种活动课程让学生亲近自然,保持对自然的好奇。②鼓励独立性和创新精神,例如案例中让学生用新方法制作采果子的工具。在教学中我们还可以采用以下几点方法:①解除个体对答错问题的恐惧心理,例如学生在有错误回答以后不应该批评他们,要鼓励他们继续努力思考。②重视非逻辑思维能力。例如经常让学生从第一直觉来谈想法,发挥非逻辑思维的重要性。③给学生提供具有创造性的榜样。例如在教学中多让学生向优秀的发明家,科学家学习。

2020 年山东省济南市联考教师招聘考试真题试卷(六十)

第一部分 公共基础知识

一、单项选择题

1. B 【解析】本题考查时事政治。2020 年 6 月 30 日,全国人大常委会表决通过《中华人民共和国香港特别行政区维护国家安全法》,这是香港回归以来中央处理香港事务的重大举措。

2. B 【解析】本题考查历史常识。两江总督府位于南京市玄武区总统府内,现为中国近代史遗址博物馆。

3. D 【解析】本题考查文学常识。太常引是词牌名,又名"太清引""腊前梅"等。

4. D 【解析】本题考查公司法知识。股东不能申请或宣告破产,但可以申请解散公司,然后再清算。公司破产由人民法院宣告。

5. D 【解析】本题考查文学常识。"小康"一词出自《诗经・大雅・民劳》中的"民亦劳止,汔可小康。惠此中国,以绥四方"。这句话的意思是说百姓很辛苦了,让他们休息一下吧,只有这样才能保护国家,安定四方,表达了奴隶制时代先民们的一种理想。

6. C 【解析】本题考查科技常识。导致吸烟成瘾的主要物质是尼古丁,它会以极快的速度随血液进入大脑,引起大脑额叶皮质的先兴奋后抑制,使吸烟者开始感到很舒适、愉快。但是尼古丁在人体内代谢很快,一旦血中尼古丁含量下降,就会感觉心烦、疲乏、思维迟钝、注意力不能集中等,产生强烈的再次吸烟的欲望,所以吸烟者必须持续吸烟。同时,随着吸烟的增加,大脑中与尼古丁结合的乙酰胆碱受体对尼古丁的敏感性下降,体内代偿性产生更多受体,为获得与以前同样的感觉,就需要更多的尼古丁与之结合,因此形成恶性循环,吸烟者的烟量越来越大。此外,尼古丁会刺激多巴胺系统神经元,促使多巴胺释放,多巴胺具有影响情绪的作用,使吸烟者感到舒适、兴奋,从而对烟产生心理渴求,终致成瘾。

7. C 【解析】本题考查国情。毛南族是我国人口较少的山地民族之一,广西壮族自治区环江县是国家扶贫开发工作重点县,也是全国唯一的毛南族自治县。

8. D 【解析】本题考查人文常识。"博物馆"一词源于希腊文"museion",原意为"祭祀缪斯的地方"。

9. C 【解析】本题考查中国古代科技成就。中国旅游日(5 月 19 日)源自《徐霞客游记》的首篇《游天台山记》开篇之日(公元 1613 年 5 月 19 日)。《徐霞客游记》是明代地理学家徐霞客创作的一部散文游记。

10. A 【解析】本题考查社会热点。2020 年珠峰高程测量是人类首次在珠峰峰顶开展重力测量,这有利于大地水准面优化,提高珠峰高程精度,并获取宝贵的科学数据。

11. D 【解析】本题考查政治常识。"修昔底德陷阱"是指一个新崛起的大国必然要挑战现存大国,而现存大国也必然会回应这种威胁,这样战争变得不可避免。此说法源自古希腊著名历史学家修昔底德,他认为,当一个崛起的大国与既有的统治霸主竞争时,双方面临的危险多数以战争告终。

12. C 【解析】本题考查历史常识。习近平总书记在纪念五四运动 100 周年大会上的讲话中明确指出:"五四运动以全民族的力量高举起爱国主义的伟大旗帜。五四运动,孕育了以爱国、进步、民主、科学为主要内容的伟大五四精神,其核心是爱国主义精神。"

13. D 【解析】本题考查所有权。矿藏、水流、海域均属于国家所有。我国《宪法》第十条规定:"农村和城市郊区的土地,除由法律规定属于国家所有的以外,属于集体所有;宅基地和自留地、自留山,也属于集体所有。"集体所有的不动产和动产包括:(1)法律规定属于集体所有的土地和森林、山岭、草原、荒地、滩涂;(2)集体所有的建筑物、生产设施、农田水利设施;(3)集体所有的教育、科学、文化、卫生、体育等设施;(4)集体所有的其他不动产和动产。

14. C 【解析】本题考查艺术素养。《百鸟朝凤》是一首被称为"鼓吹乐"或"鼓乐"的民间吹打乐合奏曲,主要流行于河南、山东、河北、安徽等地。本题为选非题,答案为 C。

15. D 【解析】本题考查人文常识。题干中的诗句出自王士祯的《初春济南作》,描写了济南春晴、泉清和秀美的湖光山色。

16. B 【解析】本题考查艺术素养。花旦,多为年轻活泼的小家碧玉或丫鬟;正旦,又叫青衣,多为端庄稳重的中青年妇女;彩旦是戏曲中扮演女性的丑角;刀马旦,多为女将或女元帅。

17. D 【解析】本题考查中国古代文化常识。"期颐"用来代指一百岁。七十岁用"古稀"来代指,六十岁用"耳顺""花甲"来代指,九十岁用"耄耋"来代指。

18. D 【解析】本题考查历史常识。曾侯乙编钟一般指战国曾侯乙编钟。战国曾侯乙编钟是战国早期曾国国君的一套大型礼乐重器,国家一级文物,1978 年在湖北随县(今随州)擂鼓墩曾侯乙墓出土,现藏于湖北省博物馆,为该馆"镇馆之宝"。

19. B 【解析】本题考查我国科技成就。2020 年 6 月 23 日，北斗系统第五十五颗导航卫星，也是北斗三号最后一颗全球组网卫星在西昌卫星发射中心点火升空。

20. D 【解析】本题考查历史常识。洛克是英国思想家，洛克的思想是启蒙思想的重要思想来源。狄德罗、伏尔泰、卢梭均为法国启蒙思想家。

二、多项选择题

21. ABCD 【解析】本题考查时事政治。《海南自由贸易港建设总体方案》提出：紧紧围绕国家赋予海南建设全面深化改革开放试验区、国家生态文明试验区、国际旅游消费中心和国家重大战略服务保障区的战略定位，充分发挥海南自然资源丰富、地理区位独特以及背靠超大规模国内市场和腹地经济等优势，抢抓全球新一轮科技革命和产业变革重要机遇，聚焦发展旅游业、现代服务业和高新技术产业，加快培育具有海南特色的合作竞争新优势。

22. AD 【解析】本题考查时事政治。中非团结抗疫特别峰会由中国和非盟轮值主席国南非、中非合作论坛共同主席国塞内加尔共同倡议，以视频方式举行。

23. ABCD 【解析】本题考查中国古代文化常识。端午节，又称端阳节、龙舟节、重午节、龙节、正阳节、天中节等，源自天象崇拜，由上古时代祭龙演变而来。

24. BCD 【解析】本题考查十九届四中全会知识。十九届四中全会指出，必须加强和创新社会治理，完善党委领导、政府负责、民主协商、社会协同、公众参与、法治保障、科技支撑的社会治理体系，建设人人有责、人人尽责、人人享有的社会治理共同体，确保人民安居乐业、社会安定有序，建设更高水平的平安中国。

25. AD 【解析】本题考查 2020 年政府工作报告。"两新一重"建设即加强新型基础设施建设，加强新型城镇化建设，加强交通、水利等重大工程建设。

26. AB 【解析】本题考查文学素养。李贺的诗作想象极为丰富，引用神话传说，托古寓今，后人誉为"诗鬼"。贺知章的诗作豪放旷达，人称"诗狂"。CD 项对应错误，AB 项对应正确。

27. ABD 【解析】本题考查十九届四中全会知识。党的十九届四中全会强调：突出坚持和完善支撑中国特色社会主义制度的根本制度、基本制度、重要制度。可以说，根本制度是中国特色社会主义制度存在的依据，起顶层决定性、全域覆盖性、全局指导性作用。基本制度是体现党关于经济社会发展基本原则和基本理念的制度，是各领域建设赖以运转的主要依据和基本规范。重要制度是从根本制度和基本制度派生而来的、国家治理各领域各方面各环节的具体的主体性制度，包括经济体制、政治体制、文化体制、社会体制、生态文明体制、法治体系、党的建设制度等，是推动国家治理各方面政策落实落细的制度。

28. BCD 【解析】本题考查经济常识。从企业发展的历史来看，具有代表性的企业制度有以下三种：业主制，合伙制，公司制。

29. BC 【解析】本题考查哲学知识。"堤溃蚁孔，气泄针芒"比喻不注意细微的漏洞就会铸成大错，说明量变达到一定程度会引发质变，A 项对应有误。"和实生物，同则不继"；意为实现了和谐，则万物即可生长发育，如果完全相同，则无法发展，反映了矛盾的同一性和斗争性是辩证统一的，D 项对应有误。BC 项均对应正确，当选。

30. ABCD 【解析】本题考查科技常识。可再生能源是指在自然界中可以不断再生、永续利用、取之不尽、用之不竭的资源，它对环境无害或危害极小，而且分布广泛，适宜就地开发利用。太阳能、地热能、风能、生物质能、海洋能、潮汐能等都属于可再生能源。

第二部分　教育基础知识

三、单项选择题

31. B 【解析】本题考查孟禄的教育思想。孟禄是心理起源论的代表人物之一，心理起源论认为教育起源于日常生活中儿童对成人的无意识模仿。"使用的方法从头到尾都是简单的、无意识的模仿"就体现了心理起源论的观点。

32. C 【解析】本题考查终身教育相关知识。终身教育是"人们在一生中所受到的各种培养的总和"，它指开始于人的生命之初，终止于人的生命之末，包括人发展的各个阶段及各个方面的教育活动。既包括纵向的一个人从婴儿到老年期各个不同发展阶段所受到的各级各类教育，也包括横向的从学校、家庭、社会各个不同领域受到的教育，其最终目的在于"维持和改善个人社会生活的质量"。

33. A 【解析】本题考查教育目的确立的理论。个人本位论盛行于 18 ~ 19 世纪上半叶，认为确立教育目的的根据是人的本性，教育的目的是培养健全发展的人，发展人的本性，挖掘人的潜能，增进受教育者的个人价值，个人价值高于社会价值，而不是为某个社会集团或阶级服务。简言之，教育的根本目的是人的本性和本能的高度发展。裴斯泰洛齐强调"发展每个人天赋的内在力量"，这体现了教育目的的个人本位论。

34. B 【解析】本题考查教育的功能。教育的个体发展功能是指教育对个体发展的影响和作用。它由教育活动的内部结构特征决定，发生于教育活动内部。教育的负向功能是指教育阻碍社会进步和个体发展的消极影响和作用。题干中的表述即体现了教育对个体发展的负向功能。

35. D 【解析】本题考查教师劳动的长期性特点。教师劳动的长期性的表现之一是教师的劳动成果是人才，而人才培养的周期比较长。把一个人培养成为能够独立生活、能够服务社会、能够为人类做出贡献的合格人才，不是一朝一夕之功。"十年树木，百年树人"就是对这个道理的最佳阐释。

36. B 【解析】本题考查教师中心论的观点。关于师生关系，有两种对立的观点，即教师中心论和儿童中心论。教师中心论的典型代表是赫尔巴特，他认为教师在教育教学过程中起主宰作用，强调教师的权威作用。儿童中心论则认为教育的目的在于促进儿童的成长，因此教育要从学生的兴趣和需要出发，整个教育过程要围绕儿童进行，其代表人物有法国的卢梭和美国的杜威。

37. D 【解析】本题考查时政知识。习近平在 2018 年全国教育大会的讲话中，强调在党的坚强领导下，全面贯彻党的教育方针，坚持马克思主义指导地位，坚持中国特色社会主义教育发展道路，坚持社会主义办学方向，立足基本国情，遵循教育规律，坚持改革创新，以凝聚人心、完善人格、开发人力、培育人才、造福人民为工作目标，培养德智体美劳全面发展的社会主义建设者和接班人，加快推进教育现代化、建设教育强国、办好人民满意的教育。

38. C 【解析】本题考查德育方法相关知识。榜样示范法是用榜样人物的优秀品德来影响学生的思想、情感和行为的德育方法。由于榜样能把社会真实的思想、政治和法纪、道德关系表现得更直接、更亲切、更典型，因而能给人以极大的影响、感染和激励，教育、带动和鼓舞人们前进。榜样包括伟人的典范、教育者的示范、学生中的好榜样等。题干中的心忧天下的领袖、感动中国的人物、新冠疫情中勇敢的逆行者、抗震救灾的英雄都是学生可以学习的榜样人物。

39. B 【解析】本题考查班级授课制相关知识。1632 年，捷克教育家夸美纽斯出版的《大教学论》最早从理论上对班级授课制做了阐述，为班级授课制奠定了理论基础。

40. B 【解析】本题考查个体发展观相关知识。题干中荀子的话的意思是：(吴国、越国、东夷、北貉之人)刚生下来啼哭的声音都是一样的，长大后风俗习惯却各不相同，就是教育使他们如此的。题干内容强调了教育对人的身心发展的影响。外铄论认为人的发展主要依靠外在的力量，诸如环境的刺激和要求、他人的影响和学校的教育等。故题干中荀子的话体现的是外铄论的观点。

41. C 【解析】本题考查《中国教育改革和发展纲要》中关于教育体制改革的规定。根据《中国教育改革和发展纲要》规定，中等及中等以下各类学校实行校长负责制。校长要全面贯彻国家的教育方针和政策，依靠教职员工办好学校。

42. A 【解析】本题考查抽样调查的方法。如果总体中每个个体被抽到的机会是均等的，并且在抽取一个个体后总体的成分不变，那么，抽得的这些个体就能很好地反映总体的情况，基于这种想法去抽取个体的方法称为简单随机抽样。

43. C 【解析】本题考查人的身心发展的顺序性规律。人的身心发展的顺序性是指个体身心发展是一个由低级到高级、由简单到复杂、由量变到质变的连续不断的发展过程。其教育要求是遵循量力性原则，循序渐进地施教；不可"拔苗助长""陵节而施"。

44. B 【解析】本题考查赞科夫的发展性教学理论。赞科夫提出了发展性教学理论的五条教学原则，即高难度、高速度、理论知识起主导作用、理解学习过程、使所有学生包括"差生"都得到一般发展的原则。赞科夫的研究成果集中体现在《教学与发展》一书中。赞科夫的"教学与发展"理论运用了他的导师、苏联著名心理学家维果斯基的最近发展区学说。

45. C 【解析】本题考查教学过程的基本规律。赫尔巴特说过"我不承认有任何无教育的教学"，教学永远具有教育性。在教学过程中，学生的知、情、意同时介入，相互作用。这体现在教学过程中即体现了传授知识与思想品德教育相统一(教育性规律)。

46. D 【解析】本题考查《中华人民共和国教师法》中关于教师权利的规定。根据《中华人民共和国教师法》第七条规定，教师享有下列权利：(1)进行教育教学活动，开展教育教学改革和实验；(2)从事科学研究、学术交流，参加专业的学术团体，在学术活动中充分发表意见；(3)指导学生的学习和发展，评定学生的品行和学业成绩；(4)按时获取工资报酬，享受国家规定的福利待遇以及寒暑假期的带薪休假；(5)对学校教育教学、管理工作和教育行政部门的工作提出意见和建议，通过教职工代表大会或者其他形式，参与学校的民主管理；(6)参加进修或者其他方式的培训。D 项是教师的义务。

47. C 【解析】本题考查《中华人民共和国未成年人保护法》中关于社会保护的规定。根据《中华人民共和国未成年人保护法》第三十九条规定，任何组织或者个人不得披露未成年人的个人隐私。对未成年人的信件、日记、电子邮件，任何组织或者个人不得隐匿、毁弃；除因追查犯罪的需要，由公安机关或者人民检察院依法进行检查，或者对无行为能力的未成年人的信件、日记、电子邮件由其父母或者其他监护人代为开拆、查阅外，任何组织或者个人不得开拆、查阅。班主任私自拆封张某的信，并公然在班会上阅读，这种行为披露了张某的个人隐私，故违反了《中华人民共和国未成年人保护法》。

48. B 【解析】本题考查洛克的教育思想。洛克反对天赋观念，提出了"白板说"。他认为人的心灵原来就像一块白板，没有一切特性，没有任何观念，天赋的智力人人平等。

49. D 【解析】本题考查罗森塔尔效应。教师期望效应也叫罗森塔尔效应或皮格马利翁效应，即教师的期望或明或暗地传送给学生，会使学生按照教师所期望的方向来塑造自己的行为。题干叙述的效应为罗森塔尔效应。

50. B 【解析】本题考查教学原则相关知识。启发性原则是指在教学活动中，教师要调动学生的主动性和积极性，引导他们通过独立思考、积极探索，生动活泼地学习，自觉地掌握科学知识，提高分析问题和解决问题的能力。题干中第斯多惠的阐述是贯彻启发性原则的体现。

51. A 【解析】本题考查教学评价的基本类型。常模参照性评价(相对性评价)以学生团体测验的平均成绩即常模为参照点，比较分析某一学生的学业成绩在团体中的相对位置。题干描述的是常模参照性评价(相对性评价)的概念。

52. D 【解析】本题考查德育原则相关知识。教育影响的一致性与连贯性原则是指在德育工作中，教育者应主动协调多方面教育力量，统一认识和步调，有计划、有系统、前后连贯地教育学生，发挥教育的整体功能，培养学生正确的思想品德。贯彻这一原则要求教师要充分发挥教师集体的作用，统一学校内部的多种教育力量，使之成为一个分工合作的优化群体；争取家长和社会的配合，主动协调好与家庭、社会教育的关系，逐步形成以学校为中心的"三位一体"的德育网络。题干中班主任的做法显然体现了这一贯彻要求。

53. C 【解析】本题考查课程类型。综合课程是指打破传统的分科课程的知识领域，组合两门以上学科领域而构成的一门学科。我国小学阶段设置的品德与社会等课程就属于综合课程。

54. A 【解析】本题考查泰勒的目标评价模式。目标评价模式是美国课程评价专家，也是有着"课程评价之父"美誉的泰勒，针对 20 世纪初形成并流行的常模参照测验的不足而提出的。

55. B 【解析】本题考查古代社会教育的特征。古代社会的教育具有等级性，等级性表现为统治阶级子弟也要按家庭出身、父兄官职高低进入不同等级的学校。学校的等级与出仕授官、权力分配紧紧联系在一起。

56. D 【解析】本题考查学习策略的种类。学习策略可分为认知策略、元认知策略和资源管理策略。认知策略包括复述策略、精加工策略和组织策略。题干所述的学习策略属于精加工策略中的首字连词法。

57. B 【解析】本题考查刻板效应的概念。刻板效应是指对一群人的特征或动机加以概括，把概括得出的群体的特征归属于团体中的每一个人，认为他们每个人都具有这种特征，而无视团体成员中的个体差异。题干所述的现象在心理学上称为刻板效应。

58. B 【解析】本题考查自我体验的内容。自我体验属于自我意识的情感成分，是人对自己所持态度的体验，是在自我认识的基础上产生的体验。自我体验包括自尊、自信、内疚、自豪感、成就感等，其中，自尊是自我体验中最主要的成分。

59. C 【解析】本题考查奥尔波特对性格特征的分类。奥尔波特将性格特征分为共同特质和个人特质。个人特质是个人所独有的、代表个人行为倾向的特质，它包括首要特质、中心特质和次要特质。首要特质是一个人最典型、最具有概括性的特质，它影响一个人的各方面的行为。中心特质(核心特质)又称重要特质或主要特质，是构成个体独特性的几个重要特质，在每个人身上大约有 5～10 个。次要特质也是人格的组成因素，是个体的一些不太重要的特质，往往只有在特殊的情况下才会表现出来。题干中描述的是重要特质。

60. B 【解析】本题考查自我强化的概念。自我强化是学习者根据一定的评价标准进行自我评价和自我监督，来强化相应的学习行为。依据班杜拉的社会学习理论，最适宜解释题干所述现象的概念是自我强化。

61. D 【解析】本题考查人本主义学派的观点。以马斯洛为首的一些心理学家组建了美国人本主义心理学会，该学会的几项工作原则是：(1)心理学首要的研究对象是具有经验的人；(2)人本主义心理学家研究关心的是个人的创造性和自我实现；(3)研究对个人和社会有意义的问题；(4)人的尊严和价值的提高应成为心理学主要工作范围。

62. B 【解析】本题考查大五人格因素的内容。大五人格因素分别是：外倾性、宜人性、责任心、开放性、神经质或情绪稳定性。其中，在开放性维度得分高者表现为富于想象、寻求变化、自主性强；得分低者表现为务实、遵守惯例、顺从。根据题干中该学生的表现特点可知，他的这些人格因素最有可能属于大五人格因素中的开放性维度，故选择 B 项。在外倾性维度得分高者表现为好交际、爱娱乐、感情丰富；得分低者表现为不好交际、严肃、含蓄。在宜人性维度得分高者表现为热心、信赖、乐于助人；得分低者表现为怀疑、无情、不合作。在责任心维度得分高者表现为有序、谨慎细心、自律；得分低者表现为无序、粗心大意、意志薄弱。

63. D 【解析】本题考查布卢姆的认知目标分类。布卢姆将认知领域的教学目标分为知识、领会、运用、分析、综合、评价。其中，综合层次是指把各个元素或部分组成新的整体，如给出一些事实材料，要学生写出新闻报道。运用指的是把所学的知识运用于新情境，如应用几何知识测出一个楼塔的高度。领会层次是指在知识记忆的基础上掌握知识，能抓住事物的实质，把握材料的主题和意义。分析层次是指能将知识进行分解，找出组成的要素，并分析其相互关系及组成原理。根据题干所述，本题答案选择 D 项。

64. B 【解析】本题考查道德自律的概念。不断检查自己的言行是否符合"忠""信"，使自己形成完美的理想人格，这符合道德自律的概念。

65. A 【解析】本题考查亲社会行为的相关内容。移情是亲社会行为的动机基础，能够激发和促进个体的亲社会行为。故选择 A 项。

66. B 【解析】本题考查皮亚杰的道德发展阶段理论。皮亚杰通过大量研究，发现并总结出了儿童道德认知发展的总规律，即儿童道德的发展经历从他律到自律的转化发展过程。自律道德亦称"合作道德""互惠道德"或"道德相对论"，约在 10 岁以后出现，故选择 B 项。具体参看《教育大辞典 第 5 卷 教育心理学》。

67. C 【解析】本题考查努力管理策略的含义。努力管理策略是指为了使学生维持自己的意志努力，需要不断鼓励学生进行自我激励。这包括：(1)激发内在的动机；(2)树立正确的学习信念；(3)选择有挑战性的任务；(4)调节成败的标准；(5)正确归因；(6)自我奖励；等等。题干所述反映了学生的努力管理策略。

68. C 【解析】本题考查酝酿效应的含义。当反复探索一个问题的解决而毫无结果时，把问题暂时搁置一段时间，如几小时、几天或几个星期，然后再回过头来解决，反而可能很快找到解决办法。这种现象称为酝酿效应。

69. C 【解析】本题考查迁移的概括化理论。概括化理论也称经验类化说，由美国心理学家贾德提出，其主要观点是，一个人只要对自己的经验进行了概括，就可以完成从一个情境到另一个情境的迁移。对原理了解、概括得越好，迁移效果也越好。故选 C 项。

70. A 【解析】本题考查高原现象的概念。通常把学生在学习过程中出现一段时间的学习成绩和学习效率停滞不前，甚至学过的知识感觉模糊的现象，称为"高原现象"，这一现象，用王国维在《人间词话》中的诗句描述就是"衣带渐宽终不悔，为伊消得人憔悴"。

71. D 【解析】本题考查概念获得的典型方式。对于学生来说，概念的形成是概念获得的典型方式。

72. C 【解析】本题考查卡文顿提出的自我价值论。高驱高避型又称为"过度努力者"。这类学生通常学习努力、聪明能干，对于大部分没有挑战性的作业和功课，他们会自己提出更高的要求和目标，以赢得老师额外的奖励。表面看他们很好，但事实上他们受着紧张、冲突的严重困扰。为了成功同时又要掩饰自己的努力，他们中就出现了一种"隐讳努力"的现象。他们在同学中尽量表现得贪玩、不在乎考试，但私下里却偷偷努力，拼命学习。这样，成功时，他们的成绩更有价值，更能说明他们的能力过人；即使失败，也可以为自己的失利找到很好的理由，不会被认为无能。故选择 C 项。高驱低避型又称为"成功定向者"；低驱高避型又称为"逃避失败者"；低驱低避型又称为"失败接受者"。

73. B 【解析】本题考查奥苏贝尔对动机的划分。根据学校情境中的学业成就动机的不同，奥苏贝尔等人把动机分为认知内驱力、自我提高内驱力和附属内驱力三个方面。自我提高内驱力是指个体因自己的胜任或工作能力而赢得相应地位的需要。题干表述是自我提高内驱力的概念，故选择 B 项。认知内驱力是指要求了解和理解的需要，要求掌握知识的需要，以及系统地阐述问题并解决问题的需要。附属内驱力是指个体为了获得长者们(如家长、教师)的赞许或认可而表现出把工作、学习做好的一种需要。

74. C 【解析】本题考查学习动机的功能。动机具有激活功能、指向功能、维持和调节功能(强化功能)。动机具有维持功能，它表现为行为的坚持性。动机激发个体的某种活动后，这种活动能否坚持下去，同样要受动机的调节和支配。题干所述表明学习动机具有维持功能，故选择 C 项。动机的激活功能指动机是个体能动性的一个主要方面，它具有发动行为的作用，能推动个体产生某种活动，使个体由静止状态转向活动状态。动机的指向功能指在动机的作用下，人的行为将指向某一目标。例如，在学习动机的支配下，人们可能去图书馆或教室。

75. A 【解析】本题考查建构主义教学模式。基于建构主义的课堂教学模式包括抛锚式教学模式、支架式教学、随机进入教学(随机通达教学)、认知学徒制、自上而下的教学。支架式教学借用建筑行业中使用的脚手架，来形象地说明一种教学模式：教师引导着教学的进行，使学生掌握、建构和内化所学的知识技能，从而使他们进行更高水平的认知活动。简言之，是通过支架(教师的帮助)把管理学习的任务逐渐由教师转移给学生自己，最后撤去支架。在支架式教学中，教师作为文化的代表引导着教学，使学生掌握和内化那些能使其从事更高认知活动的技能，这种掌握和内化是与其年龄和认知水平相一致的，但是，一旦他获得了这些技能，便可以更多地对学习进行自我调节。故选择 A 项。

76. B 【解析】本题考查斯皮罗的认知灵活性理论。斯皮罗的认知灵活性理论把学习分为两种：初级知识获得(初级学习)和高级知识获得(高级学习)。初级知识获得是学习中的低级阶段，教师只要求学生知道一些重要的概念和事实，在测验中只要求他们将所学的东西按原样再现出来(如背诵、填空、简单的练习题等)，这里所涉及的内容主要是结构良好的领域。而高级学习则与此不同，它要求学生把握概念的复杂性，并广泛而灵活地运用到具体情境中。这时，概念的复杂性以及实例间的差异性都显而易见，因而大量涉及结构不良领域的问题。故选择 B 项。

77. D 【解析】本题考查并列结合学习的含义。并列结合学习又称组合学习，是在新命题与认知结构中原有的命题既非下位关系又非上位关系，而是一种并列的关系时产生的。例如，学习质量与能量、遗传与变异、需求与价格等概念之间的关系就属于并列结合学习。

78. D 【解析】本题考查一级强化和二级强化的含义及区分。一级强化满足人和动物的基本生理需要,如食物、水、安全、温暖、性等。二级强化是任何一个中性刺激如果与一级强化反复联合,它就能获得自身的强化性质。二级强化可分为社会强化(如社会接纳、微笑等)、信物(如钱,级别、奖品等)和活动(如自由地玩、听音乐、旅游等)。温暖属于一级强化,金钱、微笑、听音乐属于二级强化,故选择 D 项。

79. C 【解析】本题考查效果律的概念。桑代克认为,学习要遵循三条重要的原则:准备律、练习律、效果律。其中,效果律是指刺激和反应之间的联结可因导致满意的结果而加强,也可因导致烦恼的结果而减弱。它是最重要的学习规律。生活中,越是成绩好的学生越愿意学习,越是成绩差的学生越不愿意学习,体现了桑代克的效果律。

80. C 【解析】本题考查教师职业倦怠的类型。美国心理学家法贝认为教师的职业倦怠可以分为三个类型,即精疲力竭型、狂热型、低挑战型。其中,对于低挑战型的教师而言,工作本身缺乏刺激,他们觉得以自己的能力来做当前的工作是大材小用,因而厌倦工作。他们在工作一段时间后,就开始对工作敷衍塞责,并考虑更换其他工作。

四、多项选择题

81. ABCD 【解析】本题考查学校产生的条件。学校的出现必然需要一定条件,即社会条件和社会需要。学校产生的社会条件主要包括社会物质生活条件的改善、私有制产生、文字的出现和丰富的社会生产知识积累。学校产生的社会需要包括生产力的发展、社会知识和经验的传递以及阶级政治统治等需要。其中,催生学校产生的直接原因是统治阶级巩固政权的需要。

82. ABC 【解析】本题考查《中小学德育工作指南》中提出的德育内容。2017 年教育部印发的《中小学德育工作指南》中提出的德育内容包括:(1)理想信念教育;(2)社会主义核心价值观教育;(3)中华优秀传统文化教育;(4)生态文明教育;(5)心理健康教育。

83. AB 【解析】本题考查教育活动的主体性要素。在教育活动中存在着“教”与“学”两种活动,教育者是教育过程中“教”的主体,受教育者是教育过程中“学”的主体。故教育的主体性因素是教育者和受教育者。

84. ABC 【解析】本题考查课堂教学的“三维目标”。我国第八次课程改革提出的课堂教学的“三维目标”是知识与技能目标、过程与方法目标以及情感态度与价值观目标。

85. ABC 【解析】本题考查教育的类型。按教育活动存在的空间范围来划分,教育形态可分为社会教育、家庭教育和学校教育。

86. ABC 【解析】本题考查隐性课程的表现形式。隐性课程的主要表现形式有观念性隐性课程、物质性隐性课程、制度性隐性课程以及心理性隐性课程。A 项属于物质性隐性课程,B 项属于制度性隐性课程,C 项属于观念性隐性课程。D 项学校的特色课程是在学校情境中以直接的、明显的方式呈现的课程,属于显性课程。

87. ABCD 【解析】本题考查数字化学习的典型特点。数字化学习是指在教育领域建立互联网平台,人们通过网络进行学习的一种全新学习模式。数字化学习形成了灵活的数字化学习方式,利用数字化平台和数字化资源可进行合作学习,通过对资源的收集利用、探索研究,形成资源发现、协商合作和实践创造等新途径。数字化学习鼓励自主学习和独立学习。A 项说法正确。数字化学习创造了良好的数字化学习环境,也就是经过数字化信息处理具有信息显示多媒体化、信息传输网络化和教学环境虚拟化的特征。数字化学习环境具有更多的交互性。B 项说法正确。数字化学习提供了丰富的数字化学习资源,数字化学习资源的开放性是指数字化学习资源面向各阶层、各行业的公众服务功能而言的,是对全体社会成员将各种数字化学习资源所承载的文化信息的无限开放,是对各种受众者提供的全面服务,是对构建学习性社会作用的充分放大。C 项说法正确。数字化学习资源可实现资源无时间限制地开放,为学习者提供了灵活的学习时间,学习者可以扬长避短或根据自己的需要,自主确定学习目标、规划学习进程、制定学习方案、运用学习资源和策略,从而最大限度地调动社会成员的学习积极性,促进学习主体的全面和谐发展。D 项说法正确。

88. BCD 【解析】本题考查良好师生关系的标准。良好师生关系的标准:(1)尊师爱生,相互配合。(2)民主平等,和谐亲密;(3)合作共享,共同成长。故本题选 BCD 三项。

89. ABCD 【解析】本题考查教育的文化功能。教育的文化功能主要表现为:(1)教育能够传承文化。教育传承文化的功能有三种主要表现形式:传递、保存、活化。(2)教育能够改造文化(选择和整理、提升文化)。(3)教育能够传播、交流和融合文化。(4)教育能够更新和创造文化。

90. ACD 【解析】本题考查义务教育的主要特点。一般来说,义务教育的主要特点有强制性(义务性)、普及性、免费性等。

91. ABC 【解析】本题考查韦纳的成败归因理论。韦纳认为,分析一个人成功和失败的原因是理解成就行为的关键。个体对行为成败原因的知觉影响个体成就行为的坚持性、强度和选择。韦纳把引起成功与失败的根由分为六个方面:能力、努力、任务难度、运气、身心状况和别人的反应。上述成败的原因可以从原因源(即内外性)、稳定性和可控性三个维度来归类。

92. ABC 【解析】本题考查有意义学习的条件。有意义学习的条件包括:(1)客观条件,指受学习材料本身性质的影响。有意义学习的材料本身必须合乎这种非人为的和实质性的标准,即具有逻辑意义。A 项属于有意义学习的客观条件。(2)主观条件,指受学习者自身因素的影响。主要表现在:①学习者必须具有有意义学习的心向;②学习者认知结构中必须具有适当的知识,以便与新知识进行联系;③学习者必须积极主动地使这种具有潜在意义的新知识与认知结构中有关的旧知识发生相互作用。B、C 项属于有意义学习的主观条件。

93. AC 【解析】本题考查科尔伯格的品德发展阶段理论。科尔伯格将道德判断分为三个水平,每一水平包含两个阶段,六个阶段依照由低到高的层次发展。习俗水平是在小学中年级以上出现的,一直到青年、成年。这时期的特征是个人逐渐认识到团体行为规范的必要性,进而接受并付诸实践,这时期又可分为两个阶段,即人际协调的定向阶段或“好孩子”定向阶段和维护权威或秩序的定向阶段。

94. ABCD 【解析】本题考查思维流畅性的形式。美国心理学家吉尔福特把思维流畅性分为四种形式:用词的流畅性、联想的流畅性、表达的流畅性及观念的流畅性。

95. ACD 【解析】本题考查遗忘的规律。遗忘的进程是不均衡的,其趋势是先快后慢、先多后少,呈负加速。所以,A 项说法正确、B 项说法错误。材料的性质会影响遗忘进程。一般而言,熟练的技能遗忘最慢,形象材料次之,言词材料遗忘较快,无意义的材料遗忘最快。所以,C 项说法正确。识记材料的序列位置不同,遗忘的情况也不一样。一般来说,材料的首尾部分最容易记住,不易遗忘,中间部分容易遗忘。所以,D 项说法正确。

96. ABCD 【解析】本题考查启发式问题解决策略。常用的启发式方法有手段—目的分析法、逆向反推法、爬山法以及类比思维等。具体内容参见刘志军主编的《教育心理学》。

97. ACD 【解析】本题考查注意的品质。注意的品质包括注意的广度、注意的稳定性、注意的分配、注意的转移等。注意的分散是与注意的稳定性相反的情况。

98. ABCD 【解析】本题考查推动儿童心理发展的因素。皮亚杰认为,推动儿童心理发展的因素有四个,它们是:成熟、经验、社会环境和平衡化。具体参见王振宇主编的《幼儿心理学(新编)》。

99. AC 【解析】本题考查青少年自我中心性的主要表现。青少年的自我中心主义指的是青少年高涨的自我意识,它通常反映在青少年认为其他人也和自己一样对自己感兴趣,以及认为自己是独特的和不可战胜的。青少年的自我中心特点是独特自我和假想观众。

100. ABD 【解析】本题考查自我决定理论。自我决定论形成了四种分支理论:基本心理需要理论、认知评价理论、有机整合理论和因果定向理论。研究者们总结出了三种基本的心理需要:自主需要、胜任需要和归属需要。

五、判断题

101. √ 【解析】本题考查教学的意义。教学是整个教育活动的一个重要组成部分,是传播、延续、发展人类科学文化的桥梁,是向学生进行思想品德教育的重要阵地,是实现教育目标的重要途径。

102. × 【解析】本题考查教育方针的内涵。教育方针是最高国家权力机关根据政治、经济要求,明令颁布实行的一定历史阶段教育工作的总的指导方针或总方向。教育方针是教育政策的总概括,是全国各级各类教育的目的和必须遵循的准则,是指导整个教育事业发展的战略原则和行动纲领。

103. √ 【解析】本题考查文化对教育发展的影响和制约。文化观念影响着教育思想的产生和形成。任何教育家的教育思想都是在一定的社会文化背景下孕育起来的,是其世界观和价值观的反映。西方教育史上夸美纽斯、卢梭、裴斯泰洛齐的“自然教育”原则,是资产阶级上升时期要求“肯定人性、削弱神性”的社会潮流的反映。

104. × 【解析】本题考查教学工作的基本环节相关知识。备课是教师教学的起始环节,是上好课的先决条件。上课是整个教学工作的中心环节,是教师教和学生学的最直接的体现,是提高教学质量的关键。

105. √ 【解析】本题考查教育与生产力发展的关系。一般而言,教育的规模和速度与社会生产力发展水平成正比。任何教育活动的开展,都要消耗一定的人力、物力和财力。因此,要发展教育事业,必须要有一定的人力、物力和财力的投入,教育投资的数量和比例对教育发展的规模和速度有着直接影响。而社会向教育领域的人、财、物的投入的多少,不是人的主观意志所能决定的,最终要取决于经济和生产力发展的水平,如果经济实力雄厚,生产力高度发达,社会就有可能向教育领域投入较多的人力、物力和财力,从而加快教育发展的速度,扩大教育发展的规模。相反,如果经济力量较为薄弱,生产力水平较为落后,则社会对教育的投入就非常有限,教育发展的规模和速度也就因此会受到限制。如果一个国家离开自己在一定时期内的经济实力和生产力发展现状,随意地、盲目地加快教育发展的速度,扩大教育的规模,就必然违背客观规律,这对教育和经济的发展是有害的。

106. √ 【解析】本题考查信度与效度的关系。信度是效度的必要条件,但不是充分条件。效度高,信度也必然高。题干表述正确。

107. × 【解析】本题考查顺向迁移与逆向迁移的含义。顺向迁移是指先前学习对后继学习产生的影响。逆向迁移是指后继学习对先前学习产生的影响。

108. × 【解析】本题考查附属内驱力的含义。小学生希望得到教师的认可和赞扬,从而获得派生的地位。但这种地位与自我提高的内驱力所赢得的一定的社会地位不同。这种派生的地位不是由学生本人的能力或成就水平决定的,而是从他追随和依附的长者或权威人物所给予的赞许中引申出来的。所以,题干表述错误。

109. × 【解析】本题考查控制点与学习。控制点是指人们对影响自己生活与命运的那些力量的看法,是影响学习的变量。控制点主要通过影响学生的成就动机、投入学习的精力、对待学习的态度和行为方式、对奖励的敏感性及惩罚和分数对他们的意义、责任心等一系列变量来影响学习。

110. √ 【解析】本题考查认知发展水平差异的教育意义。个体的认知发展水平(特别是智力发展水平)直接影响着学习的可接受水平、学习的深度与广度。因此学生的认知发展水平是有效学习的基本条件。小学生的认知发展处于具体运算阶段(7~11岁),中学生的认知发展处于形式运算阶段(11岁~成人),所以教师即使传授了相同的知识,也应对小学生和中学生分别提出不同的学习要求、采取不同的教学方式。

2020年山东省青岛市教师招聘考试真题试卷(六十一)

第一部分　公共基础知识

一、单项选择题

1. C 【解析】本题考查时事政治。2020年7月1日出版的第13期《求是》杂志发表中共中央总书记、国家主席、中央军委主席习近平的重要文章《在"不忘初心、牢记使命"主题教育总结大会上的讲话》。

2. C 【解析】本题考查时事政治。2020年6月30日,十三届全国人大常委会第二十次会议表决通过了《中华人民共和国香港特别行政区维护国家安全法》。

3. A 【解析】本题考查法律常识。《中华人民共和国民法典》被称为"社会生活的百科全书",是新中国第一部以法典命名的法律。

4. D 【解析】本题考查国际经济组织。世界银行依靠高收入国家提供资金支持,基于这笔基金,向发展中国家提供低息贷款、无息信贷和赠款。

5. B 【解析】本题考查山东省省情。清初设置山东省,"山东"才成为该省的专名。

6. C 【解析】本题考查社会热点。港珠澳大桥于2018年10月24日正式通车。

7. D 【解析】本题考查我国的科技成就。2019年12月17日,经中央军委批准,中国第一艘国产航母命名为"中国人民解放军海军山东舰",舷号为"17"。

8. C 【解析】本题考查时事政治。2020年6月1日,我国卫生健康领域第一部基础性、综合性法律《中华人民共和国基本医疗卫生与健康促进法》正式实施。

9. C 【解析】本题考查政治协商会议的职能。中国人民政治协商会议的主要职能是政治协商、民主监督、参政议政。政治协商是对国家和地方的大政方针以及政治、经济、文化和社会生活中的重要问题在决策之前进行协商和就决策执行过程中的重要问题进行协商。民主监督是对国家宪法、法律和法规的实施,重大方针政策的贯彻执行、国家机关及其工作人员的工作,通过建议和批评进行监督。参政议政是对政治、经济、文化和社会生活中的重要问题以及人民群众普遍关心的问题,开展调查研究,反映社情民意,进行协商讨论。通过调研报告、提案、建议案或其他形式,向中国共产党和国家机关提出意见和建议。根据题干材料,全国政协在上述行动中行使的职能是参政议政。

10. A 【解析】本题考查生活常识。可回收物是指适宜回收、可循环利用的生活废弃物,主要包括纸张、塑料、玻璃、金属和布料五大类;有害垃圾是指对人体健康或者自然环境造成直接或者潜在危害的生活废弃物,主要包括废电池、灯管、过期药品、过期化妆品、油漆及其容器等;厨余垃圾即湿垃圾,主要包括食材废料、剩菜剩饭、过期食品、瓜皮果核、花卉绿植、中药药渣等易腐的生活废弃物;干垃圾即其他垃圾,是指除可回收物、有害垃圾、湿垃圾以外的其他生活废弃物。故本题选A。

11. D 【解析】本题考查教育领域热点话题。《国务院关于加强教师队伍建设的意见》提出,实行五年一周期不少于360学时的教师全员培训制度,推行教师培训学分制度。

12. C 【解析】本题考查外国科技成就。普朗克是著名物理学家,主要成就是创立量子力学;相对论是由爱因斯坦提出的,依其研究对象的不同可分为狭义相对论和广义相对论。C项对应错误,当选。

13. D 【解析】本题考查地理常识。春分和秋分当天,太阳直射赤道,全球各地昼夜等长。春分过后,太阳直射点开始由赤道进入北半球,北半球开始昼长夜短。秋分过后,太阳直射点开始由赤道进入南半球,北半球开始昼短夜长。

14. B 【解析】本题考查党的重大会议。遵义会议是中国共产党第一次独立自主地运用马克思列宁主义基本原理解决自己的路线、方针、政策的会议,在极端危险的时刻,挽救了党和红军。这次会议开始确立实际以毛泽东为代表的马克思主义的正确路线在中共中央的领导地位,是中国共产党历史上一个生死攸关的转折点,标志着中国共产党从幼稚走向成熟。

15. A 【解析】本题考查公文写作。专用书信是为某种特殊需要而使用的信件,每一种专用书信都有它的专门用途。常用的专用书信有证明信、慰问信、感谢信、申请书、倡议书等。在专用书信的写法中,标题一般直接写出文种的名称,正文一般不写问候语,也可不用结束语。本题为选非题,故选A。

16. B 【解析】本题考查社会热点。全国节能宣传周活动是在1990年国务院第六次节能办公会议上确定的。从1991年开始,全国节能宣传周活动每年举办。2020年是开展全国"节能宣传周"30周年,主题是"绿水青山,节能增效"。

17. C 【解析】本题考查刑法知识。根据我国《刑法》第十八条规定:"精神病人在不能辨认或者不能控制自己行为的时候造成危害结果,经法定程序鉴定确认的,不负刑事责任,但是应当责令他的家属或者监护人严加看管和医疗;在必要的时候,由政府强制医疗。间歇性的精神病人在精神正常的时候犯罪,应当负刑事责任。尚未完全丧失辨认或者控制自己行为能力的精神病人犯罪的,应当负刑事责任,但是可以从轻或者减轻处罚。"AD项错误。本法第十九条规定:"又聋又哑的人或者盲人犯罪,可以从轻、减轻或者免除处罚。"C项正确。B项在我国《刑法》中没有明确规定。故本题选C。

18. A 【解析】本题考查经济常识。人力资本是指体现在劳动者身上的、以劳动者的数量和质量表示的非物质资本,表现为劳动者在一定时间内所具有的一定的健康体魄、操作技能和劳动熟练程度,一般被理解为通过人力资本投资形成的、寓寄在劳动者身上并能够为其使用者带来持久性收入来源的劳动能力。A项说法错误,当选。

19. C 【解析】本题考查我国科技成就。2020年6月23日,北斗三号最后一颗全球组网卫星在西昌卫星发射中心点火升空,发射成功。至此,北斗三号全球卫星导航系统星座部署比原计划提前半年全面完成。

20. A 【解析】本题考查我国对外开放。粤港澳大湾区包括香港特别行政区、澳门特别行政区和广东省广州市、深圳市、珠海市、佛山市、惠州市、东莞市、中山市、江门市、肇庆市,是我国开放程度最高、经济活力最强的区域之一。粤港澳大湾区地处我国沿海开放前沿,以泛珠三角区域为广阔发展腹地,在"一带一路"建设中具有重要地位。打造粤港澳大湾区,有利于推进"一带一路"建设,通过区域双向开放,构筑丝绸之路经济带和21世纪海上丝绸之路对接融汇的重要支撑区。

21. A 【解析】本题考查公民的基本权利。人格权是民事主体享有的生命权、身体权、健康权、姓名权、名称权、肖像权、名誉权、荣誉权、隐私权等权利。债权不属于人格权。

22. C 【解析】本题考查民法知识。我国《民法典》第一千一百九十九条规定:"无民事行为能力人在幼儿园、学校或者其他教育机构学习、生活期间受到人身损害的,幼儿园、学校或者其他教育机构应当承担侵权责任;但是,能够证明尽到教育、管理职责的,不承担侵权责任。"第一千二百条规定:"限制民事行为能力人在学校或者其他教育机构学习、生活期间受到人身损害,学校或者其他教育机构未尽到教育、管理职责的,应当承担侵权责任。"第一千二百零一条规定:"无民事行为能力人或者限制民事行为能力人在幼儿园、学校或者其他教育机构学习、生活期间,受到幼儿园、学校或者其他教育机构以外的第三人人身损害的,由第三人承担侵权责任;幼儿园、学校或者其他教育机构未尽到管理职责的,承担相应的补充责任。幼儿园、学校或者其他教育机构承担补充责任后,可以向第三人追偿。"可见,对无民事行为能力人的情况采用过错推定原则,对限制民事行为能力人的情况采用过错原则。AB项错误。过错责任原则又称过失责任原则,它是以行为人主观上的过错为承担民事责任的基本条件的认定责任的准则。按过错责任原则,行为人仅在有过错的情况下,才承担民事责任。没有过错,就不承担民事责任,C项正确。不能在法律没有明确规定适用无过错责任原则的情况下,擅自适用该原则,D项错误。

23. A 【解析】本题考查奥林匹克的相关知识。1896年,首届现代奥林匹克运动会在希腊雅典举行,A项正确。奥林匹克的口号是"更快、更高、更强",B项错误。皮埃尔·德·顾拜旦是法国人,C项错误。奥林匹克五环是奥林匹克标志,它是五大洲的象征,代表着五大洲的团结和全世界的运动员在奥林匹克运动会上相见,D项错误。

24. D 【解析】本题考查经济常识。互补品是指必须和另一种产品搭配使用才能满足消费者需要的产品。替代品是指可以代替某一种产品满足消费者同一种需要的产品。D项,花生油和玉米油互为替代品。

25. D 【解析】本题考查科举制度的相关知识。院试是清代由各省学政主持的考试。院试录取后称生员,即秀才,A项错误。乡试是由南、北直隶和各布政使司举行的地方考试。乡试考中的称举人,第一名称解元,B项错误。会试是由礼部主持的全国考试,又称礼闱。考中的称贡士,第一名称会元,C项错误。殿试在会试后当年举行,应试者为贡士。贡士在殿试中均不落榜,只是由皇帝重新安排名次。殿试由皇帝亲自主持。录取分三甲:一甲三名,赐进士及第,第一名称状元,第二名称榜眼,第三名称探花,合称"三鼎甲"。二甲赐进士出身,三甲赐同进士出身。一、二、三甲统称进士,D项正确。

二、多项选择题

26. ABD 【解析】本题考查经济常识。通货膨胀的衡量主要通过物价指数来进行,物价指数是表明某些商品的价格从一个时期到下一个时期变动程度的指数。衡量通货膨胀率的价格指数一般有三种:消费者物价指数、生产者价格指数和国民生产总值价格折算指数。

27. ABC 【解析】本题考查民法知识。A 项，可适用《民法典》婚姻家庭编进行调整；B 项，可适用《民法典》侵权责任编进行调整；C 项，可适用《民法典》合同编进行调整；D 项，应使用行政法相关法律进行调整，而非《民法典》，排除。

28. ABC 【解析】本题考查化学常识。碳酸钙和盐酸反应生成氯化钙、二氧化碳和水，A 项正确。高温煅烧石灰石可生成生石灰和二氧化碳，B 项正确。甲烷在空气中完全燃烧生成二氧化碳和水，C 项正确。氢氧化钙加碳酸钾反应生成碳酸钙和氢氧化钾，D 项错误。

29. BCD 【解析】本题考查生物常识。海马不是哺乳动物，而是卵生动物，A 项错误。

30. AD 【解析】本题考查公文文种及其适用范围。根据《党政机关公文处理工作条例》规定，报告适用于向上级机关汇报工作、反映情况，回复上级机关的询问。

31. ABCD 【解析】本题考查中国特色社会主义理论体系。习近平总书记提出：坚持不忘初心、继续前进，就要坚持中国特色社会主义道路自信、理论自信、制度自信、文化自信，坚持党的基本路线不动摇，不断把中国特色社会主义伟大事业推向前进。

32. ACD 【解析】本题考查民法知识。小明是限制民事行为能力人，本案适用过错原则，受害人小明需要进行过错证明，而非学校。C 项属于过错推定原则，适用于无民事行为能力人，排除 CD。无民事行为能力人或者限制民事行为能力人在幼儿园、学校或者其他教育机构学习、生活期间，受到幼儿园、学校或者其他教育机构以外的第三人人身损害的，由第三人承担侵权责任；幼儿园、学校或者其他教育机构未尽到管理职责的，承担相应的补充责任。幼儿园、学校或者其他教育机构承担补充责任后，可以向第三人追偿。由此可见，学校对第三人在教育机构造成人身损害的侵权责任适用过错责任原则并承担补充责任。只有 B 项说法正确。

33. AB 【解析】本题考查历史唯物主义。封建社会女性地位低，说明社会存在决定社会意识，A 项正确。随着社会的发展，两性平等越来越受到重视，说明社会意识随着社会存在的变化而变化，B 项正确。CD 项说法错误。

34. AC 【解析】本题考查哲学基本派别的历史形态。罗素提出“逻辑原子论”，认为这个世界是由逻辑事实构成的，这是近代形而上学唯物主义的观点。黑格尔把绝对精神看做世界的本原，这是客观唯心主义的观点。墨子以“耳目之实”的直接感觉经验作为认识的唯一来源，他认为，判断事物的有与无，不能凭个人的臆想，而是要以大家所看到的和所听到的为依据，这是古代朴素唯物主义的观点。王守仁主张心外无物，心外无理，宇宙便是吾心，吾心便是宇宙，这是主观唯心主义的观点。故本题选 AC。

35. BC 【解析】本题考查中国古代文化常识。两三岁的幼儿称为“孩提”，垂髫指三四岁至七八岁的儿童，A 项错误。耳顺是六十岁，D 项错误。

第二部分　教育基础知识

三、单项选择题

36. A 【解析】本题考查教育人物。孔子提倡“有教无类”作为办学方针，“有教无类”这个方针指导着孔子的教育实践活动，是孔子教育思想的组成部分。“有教无类”的本来意思是：不分贵贱贫富和种族，人人都可以入学受教育。墨子一生不外宣传和讲学，即“上说下教”。

37. D 【解析】本题考查稷下学宫。稷下学宫是战国时代齐国一所著名学府，它是一所集讲学、著述、育才活动为一体并兼有咨议作用的高等学府。

38. A 【解析】本题考查朱熹的“朱子读书法”。朱熹强调读书穷理，他的弟子汇集他的训导归纳为“朱子读书法”六条：循序渐进；熟读精思；虚心涵泳；切己体察；着紧用力；居敬持志。

39. D 【解析】本题考查课程相关知识。在我国，“课程”一词始见于唐宋期间。唐朝孔颖达在《五经正义》里为《诗经・小雅・巧言》中“奕奕寝庙，君子作之”一句注疏：“维护课程，必君子监之，乃得依法制也。”这是“课程”一词在汉语文献中的最早显露。在西方，“课程”一词最早出现在英国教育家斯宾塞的《什么知识最有价值》一文中。

40. A 【解析】本题考查教育著作。洛克认为，教育目的就是培养绅士，而这种培养只能通过家庭教育，由此提出了“绅士教育论”。在其著作《教育漫话》一书中，他详细论述了绅士教育的内容（即体育、德育和智育）及方法。洛克的教育思想对 18 世纪英国的家庭教师教育和学园教育产生了重要影响。

41. B 【解析】本题考查晕轮效应的含义。晕轮效应是指当我们认为某人具有某种特征时，就会对他的其他特征做相似判断。学生因对明星的某种品质或特征印象深刻，之后也据此推断他的其他方面的品质或特征，进而掩盖该明星其他方面的品质或特征，这是一种典型的晕轮效应。

42. D 【解析】本题考查负强化的含义。负强化也称消极强化，是通过消除或中止厌恶、不愉快刺激来增强反应频率。题干中李老师中止了对王红上课时的提醒，而王红的成绩也逐步提高，这是负强化的体现。

43. B 【解析】本题考查常见心理问题的表现。焦虑是由紧张、不安、焦急、忧虑、恐惧交织而成的一种情绪状态。焦虑症是以与客观威胁不相适应的焦虑反应为特征的神经症。题干中小刘的表现说明其产生了考试焦虑症。

44. C 【解析】本题考查功能固着的含义。人们把某种功能赋予某物体的倾向称为功能固着。题干中强调人们对事物用途持固定的看法，这是功能固着的表现。

45. B 【解析】本题考查顺应的含义。同化是指在有机体面对一个新的刺激情境时，把刺激整合到已有的图式或认知结构中。顺应是指当有机体不能利用原有图式接受和解释新刺激时，其认知结构发生改变来适应刺激的影响。因此，同化引起图式的量变，顺应引起图式的质变。题干中强调将原有算术图式发展为代数图式，这是产生了新的图式，发生的是认知结构的质变。因此，该过程为顺应。

46. B 【解析】本题考查不同概括水平的区别。儿童思维概括水平的发展大体经历三级水平：直观形象水平的概括、形象—抽象水平的概括和初步的本质抽象水平的概括。其中直观形象水平的概括又称形象水平的概括，在这一概括水平上，儿童所能概括的事物特征或属性，常常是事物直观的、形象的、外部的特征或属性，更多注意的是事物的外部属性及实意义。如把“有头无尾”理解为“只有头，没有尾巴”，把“一针见血”理解为“扎一针就看见血”。

47. A 【解析】本题考查横向迁移的含义。横向迁移是指先行学习内容与后继学习内容在难度、复杂程度和概括层次上属于同一水平的学习活动之间产生的影响。题干中平面镜、凸透镜、凹透镜等知识的学习，在难度、复杂程度和概括层次上属于同一水平，故产生了横向迁移。而负迁移强调一种学习对另一种学习产生阻碍作用；逆向迁移强调后一种学习对先前学习产生影响；特殊迁移强调将一种学习中习得的经验要素重新组合并移用到另一种学习之中。这三种迁移均与题干描述不符。

48. D 【解析】本题考查马斯洛的需要层次理论。求知需要又称认知与理解的需要，是指个人对自身和周围世界的探索、理解及解决疑难问题的需要。题干中的学生喜欢小动物，为了更加了解它们，经常阅读课外书籍，还饲养小动物并做观察记录，这些都是满足自己求知需要的体现。

49. C 【解析】本题考查动机冲突类型的含义。双趋冲突是指从自己同时都很喜爱的两个事物中仅择其一的心理状态。题干中小丁既想跟爸爸妈妈外出旅游，又想参加学校组织的夏令营，这两种活动都是其想要参加的，但只能选择其一。因此，小丁产生的心理冲突是双趋冲突。多重趋避冲突强调对含有吸引与排斥两种力量的多种活动予以选择时产生的矛盾心理；双避冲突指从希望回避的两种事物中必取其一的心理状态；趋避冲突是指对同一活动兼具好恶的矛盾心理。因此，答案选 C 项。

50. A 【解析】本题考查附属内驱力的含义。附属内驱力指个体为了获得长者们（如家长、教师）的赞许或认可而表现出把工作、学习做好的一种需要。A 项中的学生为了让老师喜欢自己而更加积极地学习，符合附属内驱力的含义。B 项中的学生是因考了好成绩而得到父母的夸奖，因此更加积极学习，这与附属内驱力的内涵不相符，只能说明该学生的学习动机是一种外部动机，故不选。C 项中的学生取得好成绩的驱力是让同学们对其刮目相看，这是一种自我提高内驱力（即个体因自己的胜任或工作能力而赢得相应地位的需要），故不选。D 项中的学生学习的驱力是对科技知识的喜爱，是个体掌握知识的需要，这是一种认知内驱力，故不选。

51. B 【解析】本题考查桑代克“联结说”的观点。桑代克认为，学习的过程就是形成刺激与反应之间联结的过程，而联结是通过尝试错误的过程建立的。故答案选 B 项。

52. D 【解析】本题考查现代认知学习观。A 项属于行为主义的观点。认知派学习观包括早期的认知学习观和现代认知观。格式塔的学习观属于早期的认知学习观，B、C 项都是格式塔学习观的观点，属于早期的认知学习观。现代认知学习观认为，学习是通过认知获得意义和意向形成认知的过程，学习是认知结构的组织和重新组织，D 项属于现代认知学习观。

53. D 【解析】本题考查习得性无助的含义。习得性无助感指由于连续的失败体验而导致个体产生的对行为结果感到无力控制、无能为力的心理状态。当个体因多次失败而产生习得性无助感后，会感到绝望，觉得无能为力并放弃对周围环境和事情结果的控制，其动机水平和自我控制感降低。小明在连续的语文成绩不理想中逐渐丧失了学习的自信心，感觉无能为力。这在心理学中被称为习得性无助。

54. B 【解析】本题考查感觉适应的含义。感觉适应是指由于刺激对感受器的持续作用而使感受性发生变化的现象。感觉适应可以引起感受性的提高，也可以引起感受性的降低。同学们刚跳进水里感觉很冷，过一会儿就不觉得冷了，这种现象是感觉适应中的肤觉适应。

55. B 【解析】本题考查问题的表征。对问题的表征有两种：(1) 内隐表征指在分析和理解问题的条件、要求、障碍的基础上，在头脑中形成整个问题的结构。(2) 外显表征指通过外部行为，如作图、批注等辅助内隐表征的策略。教师让学生用“——”“～～”“△”“?”等符号来辅助内隐表征，这属于外显表征。

56. A 【解析】本题考查中国学生发展核心素养的内容。中国学生发展核心素养，以科学性、时代性和民族性为基本原则，以培养“全面发展的人”为核心，分为文化基础、自主发展、社会参与三个方面。综合表现为人文底蕴、科学精神、学会学习、健康生活、责任担当、实践创新六大素养，具体细化为人文积淀、国家认同、批判质疑等 18 个基本要点。其中，自主发展包括学会学习和健康生活。健康生活主要是学生在认识自我、发展身心、规划人生等方面的综合表现。具体包括珍爱生命、健全人格、自我管理等基本要点。题干所述属于培养学生核心素养中的健康生活。

57. D 【解析】本题考查语言的特点。语言具有创造性、结构性、意义性、任意指代性、社会性与个体性这几个特征。

(1)语言的创造性体现在两个方面:一是人们可以用有限的声音和词汇产生无限的语言信息,这些语言信息可能是个体之前从未听过或从未看过的;二是同样的观点或思想可以用多种不同的语言来表达。(2)语言的指代性指的是语言的各种成分都指代一定的事物或抽象的概念。(3)语言的意义性指的是语言中的每个词、每句话都是有一定意义的,这些意义使得人们能够相互理解、相互交流。(4)因为语言是运用约定俗成的符号进行交际的活动,因此语言具有社会性。另外,语言交流发生在人与人之间,个体说话的内容及方式很容易受他人的影响,这些都表明语言具有社会性。题干所述学生的语言交流受到了教师的影响,这表明语言具有社会性。

58. A 【解析】本题考查不同性质材料的短时记忆容量。不同性质材料的短时记忆容量也不同。具体来说,不同类别材料的记忆容量从大到小依次为:数字、颜色、字母、几何图形、随机图形、无意义材料。

59. C 【解析】本题考查教育的生物起源说相关知识。教育的生物起源说主张教育的产生完全来自动物的本能,是种族发展的本能需要,故选C项。A项属于教育的交往起源说的观点;B项属于教育的心理起源说的观点;D项属于教育的劳动起源说的观点。

60. B 【解析】本题考查对教育名言的理解。康德曾强调教育的必要性和重要意义。他认为,人出生时除了与生俱来的天赋本能外,是既无经验,也无能力,完全处于未"开化"的状态。人与其他动物的区别之一,在于人必需有成年人的抚养和教育。"人只有靠教育才能成人。人完全是教育的结果。"故选B项。"人只有通过教育才能成为人"说明教育应是成人的必要条件而非充分条件,故A项不正确。受教育既是人的权利也是人的义务,康德的这句话更倾向于受教育应是人的基本义务,故D项不正确。C项说法与题干没有直接关系。

61. B 【解析】本题考查教育公平相关知识。教育公平主要包括起点公平、过程公平和结果公平。起点公平包括教育权利平等和教育机会平等两个方面。权利平等是指人人享有的基本权利应该完全平等以及人人享有的非基本权利比例是相同的。教育机会平等,主要是指每个人无论性别、出身、民族、身体状况、智力水平、政治地位、经济基础、居住地等情况,都有接受教育的机会。A、D项不符合题意。过程公平是指在接受教育的过程中享受平等的待遇,不仅包括建筑、场地、教学设施等硬件资源,还包括学校管理、教师队伍等软件资源,同时还包括教师在课堂教学过程中平等对待每一位学生,根据每位学生的身体智力水平、家庭背景、特长爱好、教养程度进行教育。题干表述为促进义务教育学校的均衡发展,要提供同样质量的师资、课程、评价,这体现的是教育的过程公平。B项符合题意。结果公平即教育质量的公平,是指学生在毕业时所获得的知识与技能、过程与方法、情感态度价值观在同一水平,实现实质上的平等。C项不符合题意。

62. A 【解析】本题考查教育功能的类型。从教育作用的对象看,通常把教育功能分为个体功能和社会功能;从教育功能的层次来看,教育功能可以分为本体功能(基本功能)和派生功能(工具功能);从功能的表面属性和外部特征来看,教育功能可以分为显性功能和隐性功能;从性质上看,教育功能可以分为保守功能和超越功能。具体内容参考全国十二所重点师范大学联合编写的《教育学基础》第3版。

63. C 【解析】本题考查社会本位论相关知识。社会本位论强调教育的目的是为社会培养合格的成员和公民,使受教育者社会化。故选C项。个人本位论强调教育的目的是培养健全发展的人,发展人的本性,挖掘人的潜能,增进受教育者的个人价值。形式教育论和实质教育论作为教学过程的两种误区,前者强调训练学生的思维形式,后者强调向学生传授对实际生活有用的知识。

64. A 【解析】本题考查学制相关知识。分支型学制的代表国家是苏联,其学制特点是前段(小学、初中阶段)是单轨,后段分叉,上通(高等学校)下达(初等学校),左(中等专业学校)右(中等职业技术学校)畅通。我国高中阶段实行普通高中与职业高中的分流,采用的教育制度是典型的分支型学制。

65. D 【解析】本题考查教育人物。在我国近代教育家中,陶行知提出了生活教育理论,认为"生活即教育"。故选D项。A项"活教育"为陈鹤琴的教育思想;B项"全人生指导"为杨贤江的教育思想;C项"教育独立"为蔡元培的教育思想。

66. D 【解析】本题考查德育方法。实际锻炼法是有目的地组织学生参加各种实际活动,使其在活动中锻炼思想,增长才干,培养优良的思想和行为习惯的德育方法。锻炼的方式主要有学习活动、社会活动、生产劳动和课外文体科技活动。题干中的学生以小组为单位到社区开展社会调查,并参加公益活动即属于实际锻炼法。

67. A 【解析】本题考查道德两难的含义。道德两难是指同时涉及两种道德规范且两者不可兼得的情境或者问题。李强对于爸爸的做法存在矛盾心理,遵守"不能私自挪用公款"的规则,就必须违背"救人性命"的规则;遵循"救人性命"的规则,就得违背"不能私自挪用公款"的规则。任何行为决断都会违背其中的一条规范,所以称之为"道德两难问题"。

68. C 【解析】本题考查《中小学教师职业道德规范》相关知识。2008年修订的《中小学教师职业道德规范》中关于"教书育人"方面所规定的具体职业行为要求有:(1)遵循教育规律,实施素质教育;(2)循循善诱,诲人不倦,因材施教;(3)培养学生良好品行,激发学生创新精神,促进学生全面发展;(4)不以分数作为评价学生的唯一标准。题干中的教师在教学中只关注学生的学习成绩,忽略了学生良好品行的培养,没有实施素质教育,不关注学生的全面发展。故该教师的说法违背了"教书育人"的师德规范。

69. A 【解析】本题考查教育人物。杜威主张"从做中学",并在此基础上提出了五步探究教学法,即创设疑难情境、确定疑难所在、提出解决问题的种种假设、推断哪个假设能解决这个困难、验证这个假设。故B、C、D三项的做法符合杜威的教育思想。赫尔巴特提出教学过程包括明了、联合(联想)、系统、方法四个阶段。其中,"联合(联想)"即建立新旧观念的联系,使学生在新旧观念的联系中继续深入学习新教材。故A项符合赫尔巴特的教育思想。

70. B 【解析】本题考查教育性教学原理相关知识。教育性教学是赫尔巴特最早提出的概念。所谓教育性教学,是指以培养德行为最终目的,并对德行形成能产生有效促进作用的教学。

71. D 【解析】本题考查建构主义学习理论的应用。建构主义学习理论强调情境教学、合作学习等。

72. A 【解析】本题考查教学组织形式。个别教学是教师针对不同学生的情况进行个别辅导的教学组织形式,它是现代教学的辅助形式。B、C、D三项属于教学方法,不属于教学组织形式。

73. A 【解析】本题考查教学设计的原则。程序性原则指教学设计是一项系统工程,诸子系统的排列组合具有程序性特点,即诸子系统有序地成等级结构排列,且前一子系统制约、影响着后一子系统,而后一子系统依存并制约着前一子系统。根据教学设计的程序性特点,教学设计中应体现出其程序的规定性及联系性,确保教学设计的科学性。

74. B 【解析】本题考查程序性知识的含义。皮连生教授明确地把程序性知识分为两类:一类是应用规则对外办事,相当于加涅所说的智力技能;另一类是应用规则对内调控,相当于加涅所说的认知策略。告诉学生某人的心率,并要求其回答此人的一个心动周期(心动周期的计算有固定的公式),这属于应用规则对外办事,因此题干所述知识类型属于程序性知识。

75. C 【解析】本题考查杜威的经验主义教学论相关知识。在杜威的教学论中,一方面,"经验"具有儿童理解的性质;另一方面,"经验"具有社会理解的性质。在儿童理解方面,经验由主动的因素和被动的因素构成,"在主动的方面,经验就是尝试;在被动的方面,经验就是承受结果"。两者结合在一起对个体的生长才有意义,才构成经验。关于这一点,杜威举了一个儿童学习的例子:一个孩子仅仅把手伸进火焰,这还不是经验;当这个行动和他遭受的疼痛联系起来的时候,才是经验,从此以后,他知道手伸进火焰意味着灼伤。故选C项。

76. B 【解析】本题考查教学方法相关知识。一位接受了亚里士多德或裴斯泰洛齐唯实论哲学前提的教师,在认识论上必然认为认识来源于人们对物体的感觉,通过对感觉材料的抽象才能形成与现实物体相应的概念,因此,这位教师在教学活动中肯定会强调直观性原则,并利用各种方式充分刺激学生感官的活动。

77. C 【解析】本题考查直观教学的方式。模像直观指观察与教材相关的模型与图像(如图片、图表、幻灯片、电影、录像、电视等),形成感知表象。通过视频向学生展示浮力现象,体现的就是模像直观。

78. A 【解析】本题考查行为主义教学理论、认知教学理论与情感教学理论的代表人物。

79. C 【解析】本题考查建构主义的教学模式。抛锚式教学要求建立在有感染力的真实事件或真实问题的基础上,所以有时也被称为"实例式教学"或"基于问题的教学"或"情境性教学"。抛锚式教学的理论基础是建构主义。抛锚式教学的主要目的是使学生在一个完整、真实的问题情境中产生学习的需要,并通过学习共同体中成员间的互动、交流,即合作学习,凭借自己的主动学习、生成学习,亲身体验完成从认识目标到提出和达到目标的全过程。

80. C 【解析】本题考查《学记》相关知识。题干引文出自《学记》,原文"是故学然后知不足,教然后知困。知不足,然后能自反也;知困,然后能自强也。故曰:教学相长也。"意为:所以学习以后知道自己的不足之处,教导人以后才知道困惑不通。知道自己不足之处,这样以后能够反省自己;知道自己困惑的地方,这样以后才能自我勉励。所以说教与学是互相促进的。其体现了教授和学习相互促进的教学理念。

81. A 【解析】本题考查教学评价的基本类型。诊断性评价是在学期开始或一个单元教学开始时,为了了解学生的学习准备状况及影响学习的因素而进行的评价。它的主要形式有:(1)查阅被评价者在此之前的有关成绩记录;(2)摸底测验;(3)必要的学习要素调查表。故选A项。形成性评价又叫过程性评价,是指在教学过程中为改进和完善教学活动而进行的对学生学习过程及结果的评价。总结性评价是在一个大的学习阶段、一个学期或一门课程结束时对学生学习结果的评价。

82. B 【解析】本题考查教学评价的基本类型。相对性评价又称为常模参照性评价,是运用常模参照性测验对学生的学习成绩进行的评价,它主要依据学生个人的学习成绩在该班学生成绩序列或常模中所处的位置来评价和决定他的成绩的优劣,而不考虑是否达到教学目标的要求。绝对性评价主要依据教学目标和教材编制试题来测量学生的学业成绩,判断学生是否达到了教学目标的要求,而不以评定学生之间的差异为目的。进行评价时,每个人的成绩分数只与统一的、固定的客观标准进行比较。故题干中"小丽数学考了89分,在全班同学中处于中间水平"的评价属于相对性评价。

83. A 【解析】本题考查隐性课程相关知识。隐性课程的主要表现形式有:(1)观念性隐性课程。包括隐藏于显性课程之中的意识形态,学校的校风、学风,有关领导与教师的教育理念、价值观、知识观、教学风格、教学指导思想等。(2)物质性隐性课程。包括学校建筑、教室的设置、校园环境等。(3)制度性隐性课程。包括学校管理体制、学校组织机构、班级管理方式、班级运行方式。(4)心理性隐性课程。主要包括学校人际关系状况,师生特有的心态、行为方式等。故A项属于观念性隐性课程。

84.A 【解析】本题考查课程类型相关知识。广域课程是指合并数门相邻学科的内容形成的综合课程。例如,有的国家把地理、历史综合形成"社会研究"课程;把物理、化学、生物、生态、生理、实用技术综合成"综合自然科学"。故小学的《品德与社会》属于广域课程。

85.B 【解析】本题考查国家课程和校本课程相关知识。国家课程的主导价值在于通过课程体现国家的教育意志,它侧重于学生发展的基本要求与共同素质,强调课程内容的一致性、共同性和发展性,在实施上具有强制性。校本课程是学校在确保国家课程和地方课程有效实施的前提下,针对学生的兴趣和需要,结合学校的传统和优势以及办学理念,充分利用学校和社区的课程资源,自主开发或选用的课程。故B项不正确。

86.C 【解析】本题考查课程理论流派相关知识。杜威是经验主义课程论的代表人物,他提出课程必须与儿童的生活相沟通,应该以儿童为出发点、为中心、为目的,理想的课程应该促进儿童的生长和发展,这也是衡量课程价值的标准。课程的内容不能超出儿童经验和生活的范围,而且课程要考虑到儿童的需要和兴趣,否则不能引起儿童学习的动机,也就不能有自发的活动。为此,杜威曾在芝加哥实验学校实施了诸如烹饪、缝纫和木工等课程,这些活动是儿童已经在生活中熟悉和喜欢的。

87.C 【解析】本题考查课程组织相关知识。课程组织包括垂直组织和水平组织,课程组织的基本标准包括垂直组织的标准和水平组织的标准。课程的垂直组织有两个基本标准:(1)"连续性",将选出的各种课程要素在不同学习阶段予以重复。例如,在英语课程中,将第一单元中所学习的单词或习惯用语在后面的单元中予以重复。(2)"顺序性",将选出的课程要素根据学科的逻辑体系和学习者的身心发展阶段,由浅至深、由简至繁地组织起来。课程的水平组织的基本标准是"整合性",针对所选出的各种课程要素,在尊重差异的前提下,找出彼此之间的内在联系,然后整合为一个有机整体。

88.A 【解析】本题考查我国基础教育课程改革相关知识。"育人为本"是以人为本思想在教育领域的集中体现,是教育为人民服务的根本要求,也是教育改革的核心价值。2001年6月8日,教育部颁布了《基础教育课程改革纲要(试行)》,标志着我国基础教育新课程改革的正式实施。《基础教育课程改革纲要(试行)》中涉及课程目标、课程结构、教学过程、教材开发与管理、课程评价、课程管理、教师的培养和培训以及课程改革的组织与实施9个方面的内容。经过多年的教育实践,我国课程改革取得显著成效,构建了有中国特色、反映时代精神、体现素质教育理念的基础教育课程体系,各学科课程标准得到中小学教师的广泛认同。故A项说法不正确。

89.D 【解析】本题考查课程标准在教学设计中的作用。

90.D 【解析】本题考查教材相关知识。2001年颁布的《基础教育课程改革纲要(试行)》提出,实行国家基本要求指导下的教材多样化政策,鼓励有关机构、出版部门等依据国家课程标准组织编写中小学教材。建立教材编写的核准制度,教材编写者应根据教育部《关于中小学教材编写审定管理暂行办法》,向教育部申报,经资格核准通过后,方可编写。完善教材审查制度,除经教育部授权省级教材审查委员会外,按照国家课程标准编写的教材及跨省使用的地方课程的教材须经全国中小学教材审查委员会审查;地方教材须经省级教材审查委员会审查。故D项说法不正确。

91.C 【解析】本题考查说课相关知识。说课的核心在于说理,在于说清"为什么这样教"。

92.B 【解析】本题考查教师劳动的特点。教师劳动的创造性主要表现在以下三个方面:(1)因材施教;(2)教学方法上的不断更新;(3)教师需要"教育机智"。"教师对不同学生采取不同的教育教学方法"体现的是"教学有法,教无定法",是对教师劳动创造性的最好注脚。"能因势利导地处理学生突发事件"则是说教师具备"教育机智"。故本题选择B项。

93.B 【解析】本题考查教师成长的阶段。处于关注生存阶段的教师非常关注自己的生存适应性,最担心的问题是"学生喜欢我吗""同事们如何看我""领导是否觉得我干得不错"等。

94.D 【解析】本题考查教师期望效应。教师期望效应也叫罗森塔尔效应或皮格马利翁效应,即教师的期望或明或暗地传送给学生,会使学生按照教师所期望的方向来塑造自己的行为。学生在教师的高期待下,进步比其他同学快,体现的就是皮格马利翁效应。

95.A 【解析】本题考查学生失范行为的解释模式。美国犯罪学家萨塞兰德提出差异交往说的基本假设:所有的人都要经历社会化过程,但他们如何社会化取决于他们与谁交往。一个孩子通过与越轨群体的交往学到了对越轨行为的理解、态度和技能,他与越轨群体的交往越密切,这个孩子学到的犯罪手段就会越高,犯罪的动机就越高,犯罪的可能性也就越大。这种理论也就是中国的老话:"近朱者赤,近墨者黑。"

96.C 【解析】本题考查高原现象。高原现象是指学生在学习过程中出现一段时间的学习成绩和学习效率停滞不前,甚至学过的知识感觉模糊的现象。

97.D 【解析】本题考查教师的角色。题干中的老师针对小叶情绪低落等心理问题,运用交谈等方法鼓励小叶,帮助小叶解决心理问题。张老师扮演了心理辅导者的角色。

98.B 【解析】本题考查心理辅导的原则。尊重与理解是学校心理辅导过程中对待学生的正确态度和建立良好师生关系的基本要求。尊重就是尊重学生的人格与尊严,尊重每个学生存在的权利,承认他是不同于其他人的独立的个体,承认他与教师、与其他人在人格上具有平等的地位。理解就是辅导人员能设身处地地体会学生的情绪和情感体验,正确地理解学生的思想,使学生能够在精神上得到理解和支持,从而产生一种"遇到自己人"的感觉。题干中班主任的做法符合尊重与理解学生的原则。

99.C 【解析】本题考查课外活动的内容。科技活动是以让学生学习和了解科技知识为目的的课外活动。例如:举办科技讲座,参观游览,成立无线电小组、航模小组、园艺小组等,开展小发明、小创造、小制作、小实验、小论文等"五小活动"。

100.B 【解析】本题考查学校生活与家庭生活的最大差别。学校生活是学生生活的主要部分,是一种规范的生活。学校生活与家庭生活的最大差别就是强制性。

101.C 【解析】本题考查儿童最基本的权利。儿童最基本的权利是生存权、受教育权、受尊重权、安全权。

102.A 【解析】本题考查校本研究相关知识。同伴互助的实质是教师作为专业人员之间的交往、互动与合作,其基本形式有三种:对话、协作、帮助。教师相互听课、研讨问题,体现的是校本研究倡导的同伴互助。

103.B 【解析】本题考查信度与效度。信度是指一个测验量表的可靠程度(或可信程度),它以反复测验时能否提供相同的结果来说明。效度是指一个测验工具希望测到某种行为特征的有效性与准确程度。题干描述中问卷调查的结果每次都趋于一致,这说明其信度高。问卷调查结果和实际情况有较大差距,说明问卷的效度低。

104.C 【解析】本题考查因变量的含义。被观测的反应变量称为因变量。自变量是指研究者选择和控制的变量,它决定着行为或心理的变化。在"单元教学设计针对学生学习改进的实验研究"中,教师选择和控制的是单元教学设计;教师关注和测量的是学生学习改进的情况,因此C项的表述符合题意。

105.C 【解析】本题考查教育研究方法。行动研究是一种由实际工作者在现实情境中自主进行的反思性探索,并以解决工作情境中特定的实际问题为主要目的,强调研究与活动的一体化,使实际工作者从工作过程中学习、思考、尝试和解决问题。

四、多项选择题

106.AC 【解析】本题考查发散思维的特点。发散思维具有流畅性、灵活性(变通性)和独创性(独特性)等特点。流畅性是指在限定时间内产生观念数量的多少。在短时间内产生的观念越多,流畅性越大。小刚一口气说出了许多用途,表明其发散性思维具有流畅性。独特性是指产生不寻常的反应和不落常规的能力,以及重新定义或按新的方式对所见所闻加以组织的能力。小刚说出的个别用途让大家意想不到,表明其发散性思维具有独特性。

107.ABD 【解析】本题考查教育人物。在赫尔巴特的《普通教育学》一书中,他全面、系统地阐述了自己的教育理论:由儿童的管理、教学和道德教育所构成的教育过程,兴趣的多方面性,教学形式阶段,教育性教学原则,由单纯提示的教学、分析教学和综合教学所构成的教学进程,等等。

108.ABCD 【解析】本题考查学校激发和维持学生外部动机的措施。为了激发和维持学生的外来动机需要有效地利用各类强化,在学校中特别要注意的是以下几方面:(1)使学生建立明确适当的学习目标;(2)及时反馈学生的学习结果;(3)对学习结果进行适当的评价;(4)适当开展竞赛;(5)选用有效的强化物;(6)多用正强化,慎用负强化。

109.ABD 【解析】本题考查经典性条件反射。经典性条件反射的基本原理:经典性条件反射是指将中性刺激(不诱发反应)与一个能诱发反应的刺激相匹配,致使中性刺激最终能诱发反应的过程。D项属于典型的经典性条件反射。我们平时所熟知的望梅止渴、画饼充饥、谈虎色变等都属于经典性条件反射。A、B项属于经典性条件反射。操作性条件反射是指有机体在某种刺激情境中自发地做出某种行为,强化则提高了该行为在这种情境中发生的概率,即形成了该反应与情境的联系。C项属于经典的操作性条件反射。

110.AB 【解析】本题考查"成就动机水平"和"归因倾向"之间的关系。人们在研究中发现,成就动机水平高的人在失败时往往把原因归于努力不够,即使失败也不灰心,相信努力与结果之间具有依随性,不产生无力感,表现出积极的行为。成就动机水平低的人在失败时往往把原因归于能力不足,容易灰心丧气,认为努力也不能带来相应的结果,容易产生无力感。

111.BC 【解析】本题考查学生加入同辈群体的主要原因。同辈群体是指因年龄、地域、观念、兴趣、活动类型、发展水平等相近或相同而较自发地形成的群体。学生同辈群体生活的主要特征是有相同的心理需要、明显的情感色彩、灵敏的信息传递渠道及其自然形成的权威人物。因此,同辈群体对于学生往往具有巨大的吸引力,其影响甚至会超过家庭与学校。导致学生形成、加入同辈群体的主因是学生对平等的追求和期望,因为同辈群体对其成员具有"保护功能"与"发展功能"。

112.ABCD 【解析】本题考查有效制止学生课堂不良行为的措施。教师有效制止学生课堂不良行为的方法特征包括:(1)要求学生停止与任务无关的行为(最有效的制止);(2)给学生提供足够的信息,使之明确理解课堂的要求(例如,“住手”就不如“爱德华,不要在窗子上乱画。”);(3)建议一个可供选择的目标行为而不是简单地要求停止与任务无关的行为(例如,老师继续说:“爱德华,请回到你的座位上。”);(4)忽视与任务无关的行为而对与任务有关的行为进行表扬(例如,老师又对爱德华说:“你能像昨天一样把这些单词整洁地抄在作业本上吗?你的作业本这么漂亮。”);(5)对理想的行为或相关的课堂规则做出描述(例如,“嗨,爱德华,如果有人在窗户上乱画,管理员会伤心的,因为他又不得不去擦洗它。”);(6)及时制止(在不良行为扩展或加剧之前);(7)准确制止目标(直接指向主要的错误行为者)。

113. CD 【解析】本题考查劳动技术教育相关知识。我国劳动技术教育的具体任务之一是对学生进行职业试探和职业定向教育。其中职业定向包括职业认知、职业试探和职业准备等三个阶段。故A项错误。公益性劳动和服务性劳动都是劳动技术教育的重要形式,二者是并列的关系,不是包含关系,故B项错误。

114. ABD 【解析】本题考查教育著作。在西方教育思想史上,柏拉图的《理想国》和卢梭的《爱弥儿》、杜威的《民主主义与教育》被称为三个里程碑。

115. AD 【解析】本题考查青少年叛逆期的特征。青少年的叛逆行为呈现出一些共同的特点:(1)在年龄特点上,14岁左右是青少年叛逆行为的高峰年龄,A项说法正确;(2)在性别特点上,具有反叛性格的学生,男生多于女生,B项说法错误;(3)在教育特点上,学习成绩差的学生要比学习成绩好的孩子更加反叛,C项说法过于绝对;(4)在诱因特点上,家长和孩子、老师和孩子之间常有激烈对抗,D项说法正确;(5)在行为特点上,反叛的青少年大多不计较行为后果,做出某些十分极端的事情,如长期在网吧,甚至可能流浪乞讨、赌博、进行违法犯罪活动等。

116. ACD 【解析】本题考查《中国学生发展核心素养》的框架。“中国学生发展核心素养”的总体框架表述为:中国学生发展核心素养,以科学性、时代性和民族性为基本原则,以培养“全面发展的人”为核心,分为文化基础、自主发展、社会参与三个方面。综合表现为人文底蕴、科学精神、学会学习、健康生活、责任担当、实践创新六大素养,具体细化为人文积淀、国家认同、批判质疑等18个基本要点。

117. ABCD 【解析】本题考查《中学教师专业标准(试行)》的主要内容。《中学教师专业标准(试行)》提出,“专业理念与师德”维度包括:(1)职业理解与认识;(2)对学生的态度与行为;(3)教育教学的态度与行为;(4)个人修养与行为。

118. ABC 【解析】本题考查《中小学班主任工作规定》中有关班主任的规定。根据《中小学班主任工作规定》第四条规定,中小学每个班级应当配备一名班主任。A项说法正确。根据《中小学班主任工作规定》第二条规定,班主任是中小学的重要岗位,从事班主任工作是中小学教师的重要职责。教师担任班主任期间应将班主任工作作为主业。B项说法正确。根据《中小学班主任工作规定》第十六条规定,班主任在日常教育教学管理中,有采取适当方式对学生进行批评教育的权利。C项说法正确。根据《中小学班主任工作规定》第五条规定,班主任由学校从班级任课教师中选聘。聘期由学校确定,担任一个班级的班主任时间一般应连续1学年以上。D项说法错误。

119. ABD 【解析】本题考查课程内容的三种取向。自课程作为一个独立的研究领域以来,对课程内容的解释大多都围绕着三种不同的取向而展开:(1)课程内容即教材;(2)课程内容即学习活动;(3)课程内容即学习经验。

120. ACD 【解析】本题考查师生关系的类型。师生关系的类型包括:(1)以年轻一代成长为目标的社会关系;(2)以直接促进学生发展为目标的教育关系;(3)以维持和发展教育关系为目标的心理关系。

121. ABCD 【解析】本题考查中华优秀传统文化教育相关知识。《完善中华优秀传统文化教育指导纲要》指出:加强中华优秀传统文化校园教育活动。利用学校博物馆、校史馆、图书馆、档案馆等,结合校史、院史、学科史和人物史的挖掘、整理和研究,发挥其独特的文化育人作用。深入开展创建中华优秀传统文化艺术传承学校活动,邀请传统文化名家、非物质文化遗产传承人等进校园、进课堂。依托少先队、共青团、学生党支部、学生会、学生社团等,开展主题教育、理论研讨、社会实践、志愿服务、文艺体育等形式多样、丰富多彩的活动。A项属于传统文化主题教育,C项属于节日主题教育。故A、B、C、D都属于中华优秀传统文化教育。

122. ABC 【解析】本题考查杜威的经验观。“经验”是西方哲学史中的一个重要概念,杜威理论中“经验”的意义与前人有异,杜威对其做了若干改造。首先,克服了经验与理性的对立;其次,拓展了经验的外延;再次,强调经验过程中人的主动性。

123. BCD 【解析】本题考查学生认识的主体性的相关知识。现代教学充分体现着学生认识的主体性,关于学生认识的主体性的具体理解,需要把握以下几点:(1)在教学系统中,学生面临着认识人类文明经验的历史任务。关于学生认识的主体性的理解,首先要有一种人类文化传承意义上的总体观照,要赋予所有学生以认识文明经验的主体地位。(2)具体教学活动的有序进行需要以学生主体性的充分发挥为基础。(3)在具体的教学活动中,学生认识的主体性并不是自然存在的,它是有意识的专门努力的结果。一方面,学生认识的主体性的具体表现和师生业务关系的组合模式有内在的关联,这是因为,教师对于教学活动赋有组织领导的职责。另一方面,学生自身的积极性和学习能力,也影响着学生是否真正成为认识的主体。(4)关于学生认识的主体性,还有必要梳理学生是责权主体的观念。

124. ACD 【解析】本题考查多媒体技术和网络技术对传统教学的影响。在信息时代,多媒体技术和网络技术的出现,开拓了人类新的社会生活领域,对传统教学的“工业化”模式产生了极大的冲击。从维持走向创新——学习方式的转变;从封闭走向开放——教学时空的扩展。网络技术既扩展了教学的物理时空,同时也拓展了师生的心理时空。以建构主义学习理论为指导的多媒体技术和网络技术的应用,消解了传统意义上的“知识”概念。在信息时代,在教学活动中,学生的主体性并不是自发形成的,他们完全有可能被非主体的数字化符合所控制、操纵,造成技术理性对人性的压抑和束缚。在信息时代,现代教学应使学生形成正确的价值观、道德观,培养学生的道德判断能力、选择能力以及道德自主性、自律性,而不是仅仅让学生记住几条道德规范、接受几次思想教育。

125. ABCD 【解析】本题考查改变厌学状态的措施。教师应当引导其他学生一起对该学生进行帮助、与家长进行沟通得到家长的支持,让该学生感受到大家对他的关怀,从而帮助其重新获得学习和生活的自信,激发他对学习的上进心,促进其继续努力。A、B项可以改变学生的厌学状态。教师应指导学生进行成败归因。一方面,要引导学生找出成功或失败的真正原因;另一方面,教师也应根据每个学生过去一贯的成绩的优劣差异,从有利于今后学习的角度进行归因。一般而言,归因于主观努力的方面是有利的。C项可改变学生的厌学状态。表扬与奖励比批评与指责能更有效地激发学生的学习动机,因为前者能使学生获得成就感,增强自信心。D项可以改变学生的厌学状态。

五、不定项材料分析题

126. AD 【解析】本题考查教育理念相关知识。题干中的王老师“组织学生围绕‘如何计算三角形的面积展开合作学习”,体现了王老师坚持以问题解决为中心的教育理念。让学生动手实践、交流发言则体现了王老师坚持以学生的学为中心的教育理念。

127. AB 【解析】本题考查教学方法。讨论法是全班或小组成员在教师的指导下,围绕某一中心问题发表自己的看法和见解,从而进行相互学习的一种方法。题干中“学生小组内部讨论图形拼接与解决核心问题之间的关联”是运用讨论法的体现。以引导探究为主的方法,是指教师组织和引导学生通过独立的探究和研究活动而获得知识的方法。题干中的教师抛出问题,让学生合作探究解决问题,以学生的独立探究为主,老师处于辅助地位。所以题干内容也体现了探究教学法。

128. ABCD 【解析】本题考查小组学习与个别学习的关系。小组学习的优势是可以发挥集体学习与个别学习的长处,照顾不同学生的学习兴趣,促进学生间的相互帮助等。通过小组学习,让学生学会自主合作学习,提高单位时间内学习效率,逐步缩小学生学习差异,大面积提高学业成就。A、B、D项符合题意。小组合作学习更能突出学生的主体地位,培养主动参与的意识,激发学生的创造潜能,有助于开发学生的智力潜能。C项符合题意。

129. ABCD 【解析】本题考查教学设计的特点。在案例中,本节课要学习“三角形的面积”,这体现出教学设计目标明确。王老师首先引导学生复习上节课的内容,再组织学生围绕“如何计算三角形的面积”展开合作学习,有可行流畅的操作步骤、小组讨论、教师的启发性提问、总结升华。这体现出教学设计思路清晰、结构完整。在案例中,王老师和学生活动的中心都是三角形的面积,这体现出教学设计的重点突出。

130. ABD 【解析】本题综合考查对王老师教学情况的评价。王老师引导学生总结概括出本节课中所用的数学思想是“转化思想”,进而显示注重教学思想方法的渗透。A项正确。在整个教学过程中,王老师抛出问题,让学生合作探究解决问题,以学生的独立探究为主,体现了充分发挥了学生的主体性。B项正确。整堂课,学生沉浸在“做数学”的乐趣中,不断挑战自己的思维和理解,学生们觉得这些知识是通过自己的努力发现的,有助于学生数学学科核心素养的养成。D项正确。案例中并没有体现教师对小组合作中的指导,C项不选。

2020年山东省威海市高新区教师招聘考试真题试卷(六十二)

一、判断题

1. × 【解析】本题考查教育的本质属性。教育的本质属性是育人,即教育是一种有目的地培养人的社会活动。这是教育区别于其他事物现象的根本特征。教育的社会属性包括永恒性、历史性、继承性、长期性、相对独立性、生产性、民族性等。故本题说法错误。

2. √ 【解析】本题考查马克思关于人的全面发展的学说。马克思阐述了关于人的全面发展学说,这一学说的内容之一是:教育与生产劳动相结合是“造就全面发展的人的唯一方法”。教育与生产劳动相结合是培养全面发展的人的根本途径,也是唯一途径。

3. √ 【解析】本题考查班级授课制的相关知识。课堂教学的主要形式是班级授课制。它是把学生按年龄和文化程度分成固定人数的班级,教师根据课程计划和规定的时间表进行教学的一种组织形式。

4. √ 【解析】本题考查联觉的含义。联觉是指一种感觉兼有另一种感觉的心理现象。例如:红色给人以热烈、紫色给人以高贵、蓝色给人以安静、黑色给人以沉重的感觉等;欢快的歌曲、沉重的乐曲;等等。题干所述现象是听觉中兼有视觉，属于心理活动中的联觉。

5. × 【解析】本题考查精加工策略。复述策略是指在工作记忆中为了保持信息，运用内部语言在大脑中重现学习材料或刺激，以便将注意力维持在学习材料上的方法。精加工策略是指把新信息与头脑中的旧信息联系起来从而增加新信息意义的深层加工策略。题干中，小明对知识进行串联，并赋予意义，是将新、旧知识联系起来，属于精加工策略，而不是复述策略。

6. √ 【解析】本题考查无意注意的内涵。无意注意也称不随意注意，是没有预定目的、无需意志努力、不由自主地对一定事物所发生的注意。在无意注意的状态下，我们对要注意的东西没有任何准备，也没有明确的认识任务。题干中，小刚闯进了教室，学生们看小刚时没有目的、也不需要意志努力，因此属于无意注意。

7. × 【解析】本题考查《中华人民共和国教师法》的有关内容。根据《中华人民共和国教师法》第三十九条规定，教师对学校或者其他教育机构侵犯其合法权益的，或者对学校或者其他教育机构作出的处理不服的，可以向教育行政部门提出申诉，教育行政部门应当在接到申诉的三十日内，作出处理。所以王老师应该找教育行政部门进行申诉而不是找纪检部门申诉。

8. × 【解析】本题考查教师的法定权利。根据《中华人民共和国教师法》第七条规定，教师享有下列权利：(1)进行教育教学活动，开展教育教学改革和实验；(2)从事科学研究、学术交流，参加专业的学术团体，在学术活动中充分发表意见；(3)指导学生的学习和发展，评定学生的品行和学业成绩；(4)按时获取工资报酬，享受国家规定的福利待遇以及寒暑假期的带薪休假；(5)对学校教育教学、管理工作和教育行政部门的工作提出意见和建议，通过教职工代表大会或者其他形式，参与学校的民主管理；(6)参加进修或者其他方式的培训。故题干中刘老师的做法属于教师享有的权利而非教师要履行的义务。

9. × 【解析】本题考查教师职业道德的相关知识。教师职业道德是教师职业活动中不可或缺的素养，是教师完成教育任务的保障，也是影响教育事业成败的重要因素。故题干说法错误。

10. × 【解析】本题考查 2008 年修订的《中小学教师职业道德规范》的内容。2008 年修订的《中小学教师职业道德规范》的内容包括：爱国守法、爱岗敬业、关爱学生、教书育人、为人师表、终身学习。其中，爱国守法是教师职业的基本要求；爱岗敬业是教师职业的本质要求；关爱学生是师德的灵魂；教书育人是教师的天职；为人师表是教师职业的内在要求；终身学习是教师专业发展的不竭动力。

二、单项选择题

11. B 【解析】本题考查教育目的的个人本位论的相关知识。个人本位论盛行于 18 ~ 19 世纪上半叶，认为确立教育目的的根据是人的本性，教育的目的是培养健全发展的人，发展人的本性，挖掘人的潜能，增进受教育者的个人价值，个人价值高于社会价值，而不是为某个社会集团或阶级服务。简言之，教育的根本目的是人的本性和本能的高度发展。题干中，裴斯泰洛齐认为，教育是促使儿童的各种天赋、才能的种子获得和谐发展，即强调教育对个体发展的作用，这体现了教育目的的个人本位论。

12. A 【解析】本题考查个体身心发展的规律。个体身心发展在不同的年龄阶段表现出不同的总体特征及主要矛盾，面临着不同的发展任务，这就是身心发展的阶段性。个体身心发展的阶段性规律，决定了教育工作必须根据不同年龄阶段的特点分阶段进行。题干中的张老师从小学调到初中，学生的年龄阶段不同，呈现出不同的年龄特点，张老师经过两个月的调整，改变以前适应小学生年龄特点的教育方法，转而根据初中生的年龄特点采取有针对性的教育，这就体现了个体身心发展具有阶段性规律。

13. D 【解析】本题考查环境决定论的内容。题干的意思是：靠着朱砂的变红，靠着墨的变黑。比喻接近好人可以使人变好，接近坏人可以使人变坏。这表明客观环境对人有很大影响。外铄论（环境决定论）认为人的发展主要依靠外在的力量，诸如环境的刺激和要求、他人的影响和学校的教育等。故题干的表述体现了环境决定论的观点。

14. C 【解析】本题考查师生关系的相关知识。师生在教育内容的教学上结成授受关系。从教师与学生的社会角色规定的意义上看，教师是传授者，学生是受授者。故 A 项正确。教师的性格、气质、兴趣等是影响师生关系的重要因素。性格开朗、气质优雅、兴趣广泛的教师最受学生欢迎。故 B 项正确。良好的师生关系建立在尊重学生人格的基础上，但是，学生作为发展中的人，意味着学生还是不成熟的人，是一个正在成长的人，所以需要教师的引导和帮助。因此，即使是在良好的师生关系中，也不存在所谓绝对的自由。故 C 项错误。良好的师生关系是教育活动有效实施的基础和保障，也是学生健康成长的保障。故 D 项正确。

15. C 【解析】本题考查地方课程的内涵。地方课程是省级教育行政部门以国家课程为基础，依据当地的政治、经济、文化、民族等发展的需要而开发设计的课程。其宗旨是补充、丰富国家课程，满足地区差异。题干中的某地将传承几百年的皮影戏纳入了中学课程，请当地的老艺术家们给学生开设了独具特色的“皮影课”。这不仅做好了文化传承工作，也保护了非物质文化遗产，体现了该地区的文化特色，故属于地方课程的内容。

16. D 【解析】本题考查我国新课程改革的相关知识。新中国成立以来，我国先后组织了八次基础教育课程改革。其中，1985 年 5 月中共中央颁发的《中共中央关于教育体制改革的决定》和 1986 年 4 月全国人大通过的《中华人民共和国义务教育法》，拉开了第七次课程改革的序幕。这次课程改革在课程行政管理体制上开始打破“集权制”的绝对支配地位，确立了“一纲多本”的课程改革方略；在课程目标、内容、组织、结构等方面大胆借鉴国际上的先进经验，敢于突破以往课程改革中的诸多禁区，如“个性发展”“选修课程”“活动课程”等内容在各地的课程计划、课程标准中都有重要地位。

17. A 【解析】本题考查学生中心课程理论的相关知识。学生中心课程理论也称儿童中心课程理论，具有实用性、综合性、实践性等特点，是以儿童的现实生活特别是活动为中心来编制课程的理论，因此，这种课程理论又称活动课程理论。活动课程理论的主要倡导者是美国实用主义教育家杜威。

18. A 【解析】本题考查直观性原则的具体运用。直观性原则是指在教学活动中，教师应尽量利用学生的多种感官和已有的经验，通过各种形式的感知，使学生获得生动的表象，从而比较全面、深刻地掌握知识。这一原则是根据人类的认识规律、直接经验和间接经验相统一的教学规律提出来的，也是由中小学学生的年龄特征所决定的。题干中的王老师给学生放映动画片或图片就属于利用模像直观的方式来帮助学生更好地理解所学内容，体现了对直观性原则的运用。

19. C 【解析】本题考查教学的演示法的运用。演示法是指教师通过展示实物、教具和示范性的实验来说明、印证某一事物和现象，使学生掌握新知识的一种教学方法。题干中的化学老师通过做示范性的实验来帮助学生区分两瓶无色气体，就体现了对演示法的运用。

20. A 【解析】本题考查头脑风暴法。头脑风暴法由心理学家奥斯本提出，为产生更多新颖、独创的问题解决方案，可使用头脑风暴法，即在集体之中群策群力，互相启发，尽可能多地提出解决问题的方法。头脑风暴法通常以集体讨论的方式进行，鼓励参加者尽可能快地提出各种各样异想天开的设想或观点，相互启迪，激发灵感，从而引发创造性思维的连锁反应，形成解决问题的新思路。题干所述事例为典型的头脑风暴法。B 项谈话法是教师按一定的教学要求向学生提出问题让学生回答，通过问答、对话的形式来引导学生思考、探究、获取或巩固知识，促进学生智能发展的方法。C 项讨论法是全班或小组成员在教师的指导下，围绕某一中心问题发表自己的看法和见解，从而进行相互学习的一种方法。D 项启发法指依据经验或直觉选择解法，即基于一定的经验，根据现有问题状态与目标状态之间的内在联系，采用较少搜索而找到解决问题途径的一种策略。

21. A 【解析】本题考查性格的特征。性格是由各种不同的性格特征组成的，其结构十分复杂。一般认为性格结构包括：对现实态度的性格特征、性格的意志特征、性格的情绪特征和性格的理智特征四个方面。其中对现实态度的性格特征，由以下几个方面构成：(1)对待社会、集体、他人的态度特征。如热爱祖国、公而忘私、正直、诚实、富于同情心、亲切、有礼貌等；与此相反的如自私自利、假公济私、虚伪、冷酷无情、生硬粗暴等。(2)对学习、劳动和工作态度的特征。属于这方面的性格特征有：勤劳或懒惰，认真或马虎，节俭或浪费，富有首创精神或墨守成规等。(3)对自己态度的性格特征。表现在这方面的性格特征有：谦逊或自负，自信或自卑，羞怯或大方，严于律己或放纵自己等。题干李老师的描述属于对现实态度的性格特征。

22. B 【解析】本题考查气质的类型。多血质的气质类型的特点是：反应迅速、有朝气、活泼好动、动作敏捷、情绪不稳定。题干中，小芳同学上课总喜欢做小动作，但回答问题非常积极并且跟很多同学都能保持良好关系。说明小芳具有活泼好动、稳定性差、热爱交际的特点，属于多血质，故选 B 项。A 项抑郁质的气质类型特点是：敏锐、稳重、体验深刻、外表温柔、怯懦、孤独、行动缓慢。C 项黏液质的气质类型特点是：稳重，但灵活性不足；踏实，但有些死板；沉着冷静，但缺乏生气。D 项胆汁质的气质类型特点：精力旺盛、粗枝大叶、表里如一、刚强、易感情用事。

23. D 【解析】本题考查教学效能感的内容。教学效能感一般指教师对自己影响学生行为和学习结果的能力的一种主观判断。这种判断会影响教师对学生的期待和指导，从而影响教师的工作效率。教学效能感又分两个部分：一般教学效能感和个人教学效能感。前者指教师对教与学的关系、教育在学生身心发展中的作用等问题的一般看法和判断；后者指教师认为自己能够有效地影响学生，相信自己具有教好学生的能力。题干所述反映了宋老师的个人教学效能感。

24. A 【解析】本题考查期望效应。期望效应认为教师的期望或明或暗地被传送给学生，学生会按照教师所期望的方向来塑造自己的行为。期望效应有时具有积极作用，有时也会有消极作用。例如，当教师对学生形成不恰当的期望时，期望效应就会产生消极影响。在教育教学过程中，教师对学生的期望一般会产生两种偏差：(1)期望值偏低。教师如果对学生抱有过低的期望，就会降低学生的学习标准，削弱学生的学习热情，乃至这种低标准还会给学生传达一种消极暗示，使学生认为是自己不行了。(2)期望值偏高。如果教师的高期望超过了学生的现有能力，则这种高期望也会使学生望而生畏，造成过度的精神压力而不利于学习。题干所述正是教师期望值过高给学生带来了消极的影响。B 项晕轮效应是指当我们认为某人具有某种特征时，就会对他的其他特征做相似判断。C 项首因效应是指在总体印象形成上，最初获得的信息比后来获得的信息影响更大的现象。D 项刻板效应是指对一群人的特征或动机加以概括，把概括得出的群体的特征归属于团体中的每一个人，认为他们每个人都具有这种特征，而无视团体成员中的个体差异。

25. D 【解析】本题考查《中华人民共和国预防未成年人犯罪法》的有关内容。根据《中华人民共和国预防未成年人犯罪法》第四十九条规定，未成年人的父母或者其他监护人不履行监护职责，放任未成年人有本法规定的不良行为或者严重不良行为的，由公安机关对未成年人的父母或者其他监护人予以训诫，责令其严加管教。

26. C 【解析】本题考查《中华人民共和国未成年人保护法》的有关内容。根据《中华人民共和国未成年人保护法》第二十一条规定，学校、幼儿园、托儿所的教职员工应当尊重未成年人的人格尊严，不得对未成年人实施体罚、变相体罚或者其他侮辱人格尊严的行为。题干中刘老师的做法是不正确的，违反了《中华人民共和国未成年人保护法》。

27. B 【解析】本题考查《中华人民共和国预防未成年人犯罪法》的有关内容。根据《中华人民共和国预防未成年人犯罪法》第十九条规定，未成年人的父母或者其他监护人，不得让不满十六周岁的未成年人脱离监护单独居住。

28. C 【解析】本题考查教师的侵权行为。班主任罚款侵犯了学生的财产权。个人的财产所有权是指公民对个人所有的财产依法进行占有、使用、收益和处分的权利。学生的合法财产受法律保护，教师不得侵占、破坏或非法扣押、没收等。学生对教师侵犯其财产权的行为可依法申诉或提起诉讼。教师侵犯学生财产权的表现形式有：损坏学生财物、非法没收学生物品、乱罚款、乱摊派、推销商品等。

29. D 【解析】本题考查教师职业道德规范的内容。2008 年修订的《中小学教师职业道德规范》中的“为人师表”指出要“自觉抵制有偿家教，不利用职务之便谋取私利”。题干中的宋老师利用职务之便向学生推销教辅书就违背了“为人师表”的教师职业道德规范。

30. C 【解析】本题考查教师职业道德的灵魂。在 2008 年修订的《中小学教师职业道德规范》中，“关爱学生”是师德的灵魂。关爱学生是教师处理其与学生的关系时所应遵循的原则要求。

2020 年湖北省黄石市阳新县定向教师招聘考试真题试卷（六十三）

一、单项选择题

1. A 【解析】本题考查《学记》的相关知识。《学记》（收入《礼记》）是中国也是世界教育史上的第一部教育专著，成文大约在战国末期。B 项《论语》是体现孔子思想的代表著作。C 项《理想国》是柏拉图的代表作，该著作被认为是后世公共教育思想源头。D 项《孟子》是体现孟子思想的代表著作。

2. C 【解析】本题考查“助产术”的相关知识。苏格拉底问答法亦称“产婆术”或“精神助产术”，分为三步：第一步称为苏格拉底讽刺，他认为这是使人变得聪明的一个必要的步骤，因为除非一个人很谦逊，“自知其无知”，否则他不可能学到真知；第二步称为定义，在问答中经过反复诘难和归纳，从而得出明确的定义和概念；第三步称为助产术，引导学生自己进行思索，自己得出结论。

3. C 【解析】本题考查循序渐进教学原则的具体运用。循序渐进原则在西方常称为系统性原则，是指教师要严格按照科学知识的内在逻辑和学生的认知发展规律进行教学，使学生掌握系统的科学文化知识，能力得到充分的发展。贯彻此原则的要求之一是按照学生的认识顺序，由浅入深、由易到难、由简到繁地进行教学。

4. D 【解析】本题考查《中共中央 国务院关于全面深化新时代教师队伍建设改革的意见》的有关内容。《中共中央 国务院关于全面深化新时代教师队伍建设改革的意见》是新中国成立以来，党中央出台的第一个专门面向教师队伍建设的里程碑式政策文件。

5. D 【解析】本题考查德育的因材施教原则。因材施教原则是指教育者在德育过程中，应根据学生的年龄特征、个性差异以及品德发展现状，采取不同的方法和措施，加强德育的针对性和实效性。“一把钥匙开一把锁”就是贯彻德育的因材施教原则的典型示例。

6. C 【解析】本题考查刺激泛化的内容。机体对与条件刺激相似的刺激做出条件反应，属于刺激的泛化。题干所述事例属于典型的泛化现象，选择 C 项。A 项消退是指条件刺激形成以后，如果得不到强化，条件反应会逐渐减弱，直至消失的现象。D 项刺激的分化是指机体只对条件刺激做出条件反应，而对其他相似刺激不做反应。B 项为干扰选项。

7. D 【解析】本题考查学习的内涵。学习是个体在特定情境下由于练习和反复经验而产生的行为或行为潜能的相对持久的变化。值得注意的是，并非所有的行为变化都是由学习产生的，如生理成熟、疲劳、药物等因素亦可引起行为的变化。故 D 项属于学习。A、B 项属于本能行为，C 项属于病变，都不属于学习。

8. A 【解析】本题考查需要层次理论的代表人物。需要层次理论由美国当代人本主义心理学家马斯洛提出。韦纳是成败归因理论的代表人物。阿特金森是成就动机理论的主要代表人物。班杜拉是社会学习理论的代表人物。

9. C 【解析】本题考查学生心理健康教育的主要场所。心理健康教育是预防精神疾病，保障学生心理健康的需要，而学校是学生心理健康教育的主要场所。

10. C 【解析】本题考查科尔伯格的道德发展阶段论的有关内容。科尔伯格提出了道德发展阶段论，他采用“道德两难故事法”进行研究，最典型的就是“海因茨偷药”的故事，让儿童对道德两难问题做出判断。研究发现，不同国家和地区，虽然种族、文化各有不同，社会道德标准各异，但道德判断能力的发展却相当一致。因此，他以道德判断的发展代表道德认识的发展，进而代表品德发展的水平。

二、多项选择题

1. ABC 【解析】本题考查班级管理的过程。班级管理是一个动态的过程，它是班主任和教师根据一定的目的和要求，采用一定的手段和措施，带领全班学生对班级中的各种资源进行计划、组织、协调、控制，以实现教育目标的组织活动过程。班级管理过程包括制订计划、组织实施、评价总结三个基本环节。

2. ABC 【解析】本题考查学生的本质属性的相关知识。学生的本质属性包括：(1)学生是人；(2)学生是发展中的人；(3)学生是一个完整的人；(4)学生是以学习为主要任务的人。故本题选 A、B、C 三项。

3. ABC 【解析】本题考查发散思维的特征。创造性思维以发散思维为核心。发散思维具有流畅性、灵活性（变通性）和独创性（独特性）等特点。

4. ABD 【解析】本题考查外部学习动机的内容。外部学习动机是指诱因来自学习者外部的某种因素，即在学习活动以外由外部的诱因激发出来的学习动机。内部学习动机是指诱因来自学习者本身的内在因素，即学生因对活动本身发生兴趣而产生的动机。C 选项提高自身素质属于内部学习动机。

5. AC 【解析】本题考查迁移的类型。正迁移也叫“助长性迁移”，是指一种学习对另一种学习的促进作用。顺向迁移是指先前学习对后继学习产生的影响。“温故而知新”指通过温习过去所学习的知识来促进对新知识的理解，属于顺向正迁移。

三、判断题

1. √ 【解析】本题考查教育的相关知识。教育是一种培养人的社会现象。教育起源于社会的生产劳动；教育是人类所特有的有意识的活动；教育是人类社会所特有的传递经验的形式。

2. × 【解析】本题考查构成思想品德的四个基本要素。学生的思想品德由知、情、意、行四个心理因素构成。其中，知是基础，行是关键。

3. √ 【解析】本题考查教育学的内涵。教育学是研究教育现象和教育问题，揭示教育规律的一门科学。

4. × 【解析】本题考查集体教育思想的相关知识。苏霍姆林斯基的集体主义教育理论摆脱了马卡连柯的机械性和片面性。马卡连柯只强调通过集体进行教育，忽视个别影响。马卡连柯的教育对象是少年违法者和孤儿，苏霍姆林斯基的教育对象是普通学生，苏霍姆林斯基坚持对他们进行全面发展的教育。故在集体教育思想方面，苏霍姆林斯基与马卡连柯并不是完全一致的。

5. × 【解析】本题考查六艺的相关知识。六艺具体指礼、乐、射、御、书、数。“五经”包括《诗》《书》《礼》《易》《春秋》。题干的表述混淆了“六艺”与“五经”的内容，故本题说法错误。

6. √ 【解析】本题考查卢梭的教育思想。卢梭在其代表作《爱弥儿》中提出，人的本性是善的，但被现存的环境和教育破坏了，假如能为人造就新的、适合人性健康发展的社会环境和教育，人类就能在更高阶段回归自然。因此，根据社会要求强加给儿童的教育是坏的教育，让儿童在自然中顺其自然发展才是好的教育，甚至越是远离社会影响的教育才越是好的教育。

7. √ 【解析】本题考查教学的教育性。教学具有教育性，是指教学在传授和学习知识的同时，总有某种思想、观点和道德精神影响学生。这里的“教育”，指的是道德教育、思想品德教育。西方有句名言：教学永远具有教育性。“永远具有”指出了教学具有教育性不是一种暂时的偶然的现象，而是一条规律。正如 19 世纪德国教育家赫尔巴特所说：“我想不到有任何‘无教学的教育’，正如相反方面，我不承认有任何‘无教育的教学’。”

8. × 【解析】本题考查教科书的相关知识。教科书的使用对象虽包括教师，但更主要的应是学生。

9. √ 【解析】本题考查启发式教学的相关知识。题干的表述出自《学记》：“故君子之教，喻也。道而弗牵，强而弗抑，开而弗达”，是指要反对死记硬背，主张启发式教学，主张开导学生，但不要牵着学生走，对学生提出较高的要求，但不能使学生灰心。

10. × 【解析】本题考查影响个体身心发展的因素。在孟母择邻的故事中，孟母是为了给孩子创造一个更好的生活环境，这体现了对环境的重视。现今的择校行为，更看重的是学校的教育，体现了对教育的重视，因此，两者分别体现了环境和教育对个体身心发展的影响，并非一回事。

11. √ 【解析】本题考查教育目的的作用。教育目的对教育工作具有导向作用。无论是教育政策的制定、教育制度的确立、教育内容的取舍、教育方法和手段的选择，还是对教育效果的评价，都是以教育目的为依据和前提的。无论是对教育者还是受教育者来说，教育目的都具有导向作用。

12. × 【解析】本题考查美育的相关知识。美育又称审美教育，是运用艺术美、自然美和社会生活美培养学生健康的审美观，发展他们感受美、鉴赏美、创造美的能力，培养他们高尚的情操与文明素养的教育。学校美育的内容包括形式教育、理想教育、艺术教育。故美育不等于艺术教育，题干表述错误。

13. √ 【解析】本题考查教学的相关知识。“教学有法，但无定法”说明了教学方法上的不断更新，它也是对教师劳动创造性的最好注脚。

14.× 【解析】本题考查终身教育的相关知识。终身教育是适应科学知识的加速增长和人的持续发展要求而逐渐形成的一种教育思想和教育制度，包括各个年龄阶段的各种方式的教育。因此，把终身教育等同于成人教育或职业教育是片面的。

15.√ 【解析】本题考查绝对性评价的相关知识。绝对性评价又称为目标参照性评价（标准参照评价），是运用目标参照性测验对学生的学习成绩进行的评价。

16.× 【解析】本题考查德育过程的相关知识。德育过程与思想品德形成过程是教育与发展的关系。德育过程是一种教育过程，是教育者与受教育者双方统一活动的过程，是培养和发展受教育者品德的过程。而品德形成过程是受教育者思想道德结构不断建构完善的过程，影响这一过程的有生理的、社会的、主观的和实践的等因素。因此两者既有联系又有区别，并不能等同。

17.√ 【解析】本题考查"智者派"的相关知识。在西方，古希腊时期出现的"智者派"是最早的教师，以教授无知的人，使其有知识而生存。

18.× 【解析】本题考查教学组织形式的相关知识。课堂教学的主要形式是班级授课制。班级授课制虽然有自身的缺点，但它仍然是现代教学的基本组织形式。虽然分组教学在一定程度上弥补了班级授课制的缺陷，但是分组教学也有自身的缺点，因此它并非一种非常完美的教学组织形式。

19.× 【解析】本题考查技能与知识的关系。从广义的角度上讲，技能也是知识的一种，但从严格的意义来看，技能和知识是有区别的。知识是经验的概括，技能是对操作方式的概括和熟练。但两者是相互联系的，知识是技能形成的必要条件，技能是在掌握知识的前提下，根据问题目标使认知活动或动作能有序而顺利进行的一种活动方式，是通过反复操作练习而获得的。如果没有知识，技能是难以获得的。（具体参看王娜、孙霜编著的《小学生认知与学习》）

20.√ 【解析】本题考查正强化与负强化的内容。强化是采用适当的强化物而使机体的反应频率、强度和速度增加的过程。强化有正强化和负强化之分。正强化也称积极强化，是通过呈现想要的愉快刺激来增强反应频率；负强化也称消极强化，是通过消除或中止厌恶、不愉快刺激来增强反应频率。故无论是正强化还是负强化，都能增加行为出现的概率。

2020年内蒙古自治区赤峰市中小学校教师招聘考试真题试卷（六十四）

一、单项选择题

1.B 【解析】本题考查康德的教育思想。康德的教育思想主要反映在《康德论教育》一书中。在该书中，他明确指出，"人只有通过教育才能成为人"。

2.D 【解析】本题考查冯特对于心理学的贡献。1879年，德国著名心理学家冯特在德国莱比锡大学创建了世界上第一个心理学实验室，开始对心理现象进行系统的实验研究。

3.B 【解析】本题考查考生对意志品质的辨析。意志的果断性是一种善于辨明是非、抓住时机、迅速而合理地采取决定并执行决定的意志品质。缺乏果断性的人会表现出优柔寡断、犹豫不决，面对问题时会举棋不定，疑虑重重。

4.A 【解析】本题考查我国《教师法》规定的教师考核内容。根据我国《教师法》第二十二条规定，学校或者其他教育机构应当对教师的政治思想、业务水平、工作态度和工作成绩进行考核。

5.D 【解析】本题考查班集体的形成与培养。在班集体的形成与培养过程中，教师应注意培养正确的舆论和良好的班风。班集体舆论是班集体生活与成员意愿的反映，良好的班风是班集体大多数成员精神状态的共同倾向与表现。使学生"明辨是非、美丑，发扬优点、抵制不良行为习惯，形成正确的人生观、价值观"说明班主任在培养班集体时注意培养正确的舆论与良好的班风。

6.A 【解析】本题考查教育学形成一门独立学科的标志。捷克教育家夸美纽斯在总结自己丰富的教育实践的基础上于1632年写出了《大教学论》。一般认为，《大教学论》的出版，是教育学形成一门独立学科的标志。（参见钟祖荣主编的《教育学》）

7.D 【解析】本题考查教师队伍建设改革的目标。2018年，中共中央、国务院印发《关于全面深化新时代教师队伍建设改革的意见》，提出教师队伍建设改革的目标：到2035年，教师综合素质、专业化水平和创新能力大幅提升，培养造就数以百万计的骨干教师、数以十万计的卓越教师、数以万计的教育家型教师。

8.C 【解析】本题考查注意的定义。注意是心理活动或意识对一定对象的指向和集中，是心理过程的动力特征之一。

9.B 【解析】本题考查感知规律的应用。强度律，指作为知识的物质载体的直观对象（实物、模像或言语）必须达到一定强度，才能为学习者清晰地感知。题干所述中教师通过加大嗓门，即提高声音的强度，来引起学生的注意。

10.B 【解析】本题考查思维的特征。思维具有概括性和间接性两个特征。

11.B 【解析】本题考查奴隶社会教育的特征。奴隶社会里，出现了专门从事教育工作的教师，产生了学校教育。这一时期世界各国教育表现出的共同有特征有：（1）学校教育成为奴隶主阶级手中的工具，具有鲜明的阶级性；（2）学校教育与生产劳动相脱离和相对立；（3）学校教育趋于分化和知识化；（4）学校教育制度尚不健全。故选B项。

12.A 【解析】本题考查学校工作的中心环节。教学是学校工作的中心环节，学习是学生在学校里的首要任务。

13.A 【解析】本题考查课程类型。选修课程是指依据不同学生的特点与发展方向，允许个人选择的课程，是为适应学生的个性差异而开发的课程。

14.C 【解析】本题考查考生对学习定义的理解。学习是个体在特定情境下由于练习或反复经验而产生的行为或行为潜能的相对持久的变化。生理成熟、疲劳、药物等因素引起的行为变化不属于学习。②属于生理成熟引起的变化，③属于生理现象，都不属于学习。

15.D 【解析】本题考查教师期望效应。教师期望效应也叫罗森塔尔效应或皮格马利翁效应，即教师的期望或明或暗地传送给学生，会使学生按照教师所期望的方向来塑造自己的行为。

16.C 【解析】本题考查感觉适应中的嗅觉适应。由于刺激对感受器的持续作用而使感受性发生变化的现象叫感觉适应。适应现象表现在所有感觉中，其中嗅觉适应是说人在较长时间闻了某种气味后，会降低对这种气味的嗅感。题干描述的就是嗅觉适应现象。

17.C 【解析】本题考查义务教育的内涵。根据我国《义务教育法》第二条规定，义务教育是国家统一实施的所有适龄儿童、少年必须接受的教育，是国家必须予以保障的公益性事业。

18.D 【解析】本题考查《中华人民共和国教师法》的法律条文。根据《中华人民共和国教师法》第四条规定，各级人民政府应当采取措施，加强教师的思想政治教育和业务培训，改善教师的工作条件和生活条件，保障教师的合法权益，提高教师的社会地位。

19.C 【解析】本题考查心理学的发展史。著名心理学家艾宾浩斯曾说："心理学有着漫长的过去，但只有短暂的历史。"这句话表明自从人类存在，人类的心理就一直存在，人们对心理的探索从未停止。

20.D 【解析】本题考查陶行知的教育思想。陶行知提出了生活教育理论，主张"生活即教育""社会即学校""教学做合一"。陶行知与杜威的教育思想容易混淆，杜威主张"教育即生活""学校即社会""从做中学"。

21.B 【解析】本题考查《关于进一步加强学校体育工作的若干意见》中关于学生体育活动时间的规定。《关于进一步加强学校体育工作的若干意见》规定要实施好体育课程和课外体育活动。各地要规范办学行为，减轻学生课业负担，切实保证中小学生每天一小时校园体育活动，严禁挤占体育课和学生校园体育活动时间。

22.B 【解析】本题考查《教师资格条例》中关于考试作弊处罚的规定。根据《教师资格条例》第二十条规定，参加教师资格考试有作弊行为的，其考试成绩作废，3年内不得再次参加教师资格考试。

23.D 【解析】本题考查《学记》的内容。《学记》（收入《礼记》）是中国也是世界教育史上的第一部教育专著，最早概括提出了"教学相长"的教学原则："是故学然后知不足，教然后知困。知不足，然后能自反也；知困，然后能自强也。故曰：教学相长也。"

24.B 【解析】本题考查个体身心发展的互补性的教育要求。个体身心发展的互补性要求教育者：（1）树立信心，相信每一个学生，特别是暂时落后或在某些方面有缺陷的学生，通过其他方面的补偿性发展，都会达到与一般正常学生一样的发展水平；（2）掌握科学的教育方法，发现学生的优势，扬长避短、长善救失，激发学生自我发展的信心和自觉。故选B项。

25.B 【解析】本题考查班主任在班级管理中的影响力。班主任在班级管理中的影响力主要表现在两个方面：一是班主任的权威、权力和地位构成的职权影响力；二是班主任的个性特征与人格魅力构成的个性影响力。

26.A 【解析】本题考查学生伤害事故的责任归属。根据《学生伤害事故处理办法》第十三条规定，在放学后、节假日或者假期等学校工作时间以外，学生自行滞留学校或者自行到校发生的学生伤害事故，学校行为并无不当的，不承担事故责任。题干中的学生是在学校放假期间，擅自翻越学校围墙摔倒在地，造成伤害，学校行为并无不当，故不承担责任。

27.A 【解析】本题考查"三结合"教育。"三结合"的教育一般是指学校教育、家庭教育和社会教育三结合。

28.C 【解析】本题考查操作技能的定义。操作技能又叫运动技能、动作技能，是通过学习而形成的合乎法则的操作活动方式。日常生活中的写字、打字、绘画，音乐方面的吹、拉、弹、唱，体育方面的田径、球类、体操，生产劳动方面的车、刨、磨等活动方式，都属于操作技能的范畴。

29.D 【解析】本题考查教育的社会制约性。社会政治经济制度对教育的影响表现为：社会政治经济制度决定教育的领导权、受教育权、教育目的、教育内容的取舍、教育体制，而且制约着教育的改革与发展。

30.C 【解析】本题考查我国教学的基本组织形式。课堂教学是班级授课制的基本表现形式，也是现代学校教学的基本组织形式。

31.C 【解析】本题考查《中华人民共和国教育法》的内容。我国《教育法》第三十七条规定，受教育者在入学、升学、就业等方面依法享有平等权利。

32. C 【解析】本题考查《中华人民共和国教育法》的内容。我国《教育法》第十九条规定,国家实行九年制义务教育制度。各级人民政府采取各种措施保障适龄儿童、少年就学。适龄儿童、少年的父母或者其他监护人以及有关社会组织和个人有义务使适龄儿童、少年接受并完成规定年限的义务教育。

33. B 【解析】本题考查《中华人民共和国教师法》关于教师工资的规定。我国《教师法》第二十五条规定,教师的平均工资水平应当不低于或者高于国家公务员的平均工资水平,并逐步提高。

34. C 【解析】本题考查《中华人民共和国未成年人保护法》的内容。《中华人民共和国未成年人保护法》第三十条规定,爱国主义教育基地、图书馆、青少年宫、儿童活动中心应当对未成年人免费开放;博物馆、纪念馆、科技馆、展览馆、美术馆、文化馆以及影剧院、体育场馆、动物园、公园等场所,应当按照有关规定对未成年人免费或者优惠开放。

35. A 【解析】本题考查集体舆论的含义。集体舆论是在集体中占优势的为大多数人所赞同的言论和意见。集体舆论是集体生活和集体成员意愿的反映,以议论、褒贬等形式肯定或否定集体的动向和集体成员的言行。

36. B 【解析】本题考查教师劳动的特点。"教学有法"是指我们的教育教学活动是有规律可遵循,有法则可遵守,有模式可遵照,是有可以掌握的基本方法、基本规律的。"而无定法"指的是教学的模式、方法、技能等不是机械的、教条的,而是灵活多变、富有个性、充满灵性的。因此,教师在教学中应注意教学方法的灵活运用、不断更新,这体现了教师劳动的创造性特点。

37. C 【解析】本题考查学生年龄特征的概念。学生的年龄特征,是指在一定的社会和教育的条件下,不同年龄阶段的学生在生理和心理发展方面所表现出来的一般的、典型的和本质的特征。

38. B 【解析】本题考查《给教师的建议》的作者。《给教师的建议》是苏霍姆林斯基的教育著作,故选 B 项。克鲁普斯卡娅的教育代表作是《国民教育与民主主义教育》;布鲁纳的教育代表作是《教育过程》;马卡连柯的教育代表作是《教育诗》。

39. A 【解析】本题考查艾宾浩斯总结的遗忘规律。艾宾浩斯遗忘曲线表明,遗忘是有规律的,即遗忘的进程是不均衡的,其趋势是先快后慢、先多后少,呈负加速,且到一定的程度就不再遗忘了。

40. D 【解析】本题考查马斯洛的需要层次理论。在马斯洛的需要层次理论中,自我实现的需要是最高层次的需要。

41. B 【解析】本题考查时政知识。习近平总书记指出,"两个一百年"奋斗目标的实现、中华民族伟大复兴中国梦的实现,归根到底靠人才、靠教育。

42. A 【解析】本题考查时政知识。习近平于 2018 年 9 月 10 日在全国教育大会上的讲话中提出了关于教育的"首要问题"和我国教育的"根本任务"的重要论断。他指出:培养什么人,是教育的首要问题。我国是中国共产党领导的社会主义国家,这就决定了我们的教育必须把培养社会主义建设者和接班人作为根本任务,培养一代又一代拥护中国共产党领导和我国社会主义制度、立志为中国特色社会主义奋斗的有用人才。这是教育工作的根本任务,也是教育现代化的方向目标。

43. A 【解析】本题考查 2008 年修订的《中小学教师职业道德规范》。2008 年修订的《中小学教师职业道德规范》的内容有:(1)爱国守法——教师职业的基本要求;(2)爱岗敬业——教师职业的本质要求;(3)关爱学生——师德的灵魂;(4)教书育人——教师的天职;(5)为人师表——教师职业的内在要求;(6)终身学习——教师专业发展的不竭动力。

44. A 【解析】本题考查受教育权在学生权利中的地位。受教育权是学生最基本的权利。

45. A 【解析】本题考查师生关系的地位。在教育活动过程中,教师与其他方方面面的人结成了多层次的关系,如教师与学生之间的关系、教师与教师之间的关系、教师与学生家长之间的关系、教师与教育管理人员之间的关系、教师与教辅人员之间的关系、教师与社会各方面人士之间的关系等。其中,最核心的关系是师生关系。故选 A 项。

46. B 【解析】本题考查考生对学习迁移概念的理解。学习迁移也称训练迁移,是指一种学习对另一种学习的影响,或习得的经验对完成其他活动的影响。"举一反三""触类旁通"是指从一个事物可以推及其他事物,即一种事物对其他事物的影响,属于学习迁移。

47. A 【解析】本题考查创造性思维的核心。发散思维是创造性思维的核心。

48. C 【解析】本题考查教育的社会属性。教育具有永恒性,教育是人类所特有的社会现象,它是一个永恒的范畴。只要人类社会存在,就存在着教育。教育与人类社会共始终。故选 C 项。

49. B 【解析】本题考查教师的根本任务。教师是学校教育工作的主要实施者,根本任务是教书育人。

50. B 【解析】本题考查教师的作用。教师是教育工作的组织者、领导者,在教育过程中起主导作用。

二、多项选择题

51. ABCD 【解析】本题考查教师的考核内容。我国《教师法》第二十二条规定,学校或者其他教育机构应当对教师的政治思想、业务水平、工作态度和工作成绩进行考核。

52. ABC 【解析】本题考查义务教育教师职务制度。根据我国《义务教育法》第三十条规定,国家建立统一的义务教育教师职务制度。教师职务分为初级职务、中级职务和高级职务。

53. ACD 【解析】本题考查考生对发散思维的理解。发散思维,也叫求异思维、分散思维、辐射思维,是指人们解决问题时,思路朝着各种可能的方向扩散,从而求得多种答案。"一物多用""一事多写""一题多解"都是需要思维向外扩散,符合发散思维的定义。

54. ABCD 【解析】本题考查心理健康的表现。世界卫生组织认为,心理健康是一种良好的、持续的心理状态与过程,表现为个体具有生命的活力,积极的内心体验,良好的社会适应能力,能够有效地发挥个人的身心潜力以及作为社会一员的积极的社会功能。

55. ACD 【解析】本题考查新手型教师的特点。在教学策略上,新手型教师非常重视课前准备,课堂控制能力有待提高;在工作动机方面,由于新手型教师更加注重周围人对自己的评价,所以新手型教师的工作动机在成就目标上是以成绩目标为主,更关心的是能否向他人证明自己的能力,解决生存问题是其关注的焦点;在人格特征方面,除了教师的个体差异以外,新手型教师具有的一般人格特征是:热情、外向、朝气蓬勃。

56. ABCD 【解析】本题考查《中华人民共和国教育法》的内容。我国《教育法》第三十五条规定,国家实行教师资格、职务、聘任制度,通过考核、奖励、培养和培训,提高教师素质,加强教师队伍建设。

57. ABCD 【解析】本题考查教师的权利。根据《中华人民共和国教师法》第七条规定,教师享有的权利包括:(一)进行教育教学活动,开展教育教学改革和实验;(二)从事科学研究、学术交流,参加专业的学术团体,在学术活动中充分发表意见;(三)指导学生的学习和发展,评定学生的品行和学业成绩;(四)按时获取工资报酬,享受国家规定的福利待遇以及寒暑假期的带薪休假;(五)对学校教育教学、管理工作和教育行政部门的工作提出意见和建议,通过教职工代表大会或者其他形式,参与学校的民主管理;(六)参加进修或者其他方式的培训。

58. ABD 【解析】本题考查教师的考核。根据《中华人民共和国教师法》第二十三条规定,考核应当客观、公正、准确,充分听取教师本人、其他教师以及学生的意见。

59. ABCD 【解析】本题考查时政知识。习近平提出:国家繁荣、民族振兴、教育发展,需要我们大力培养造就一支师德高尚、业务精湛、结构合理、充满活力的高素质专业化教师队伍,需要涌现一大批好老师。

60. ABC 【解析】本题考查记忆的过程。记忆过程包括识记、保持、再现(再认和回忆)三个环节。

61. ACD 【解析】本题考查教师职业道德修养的基本方法。教师职业道德修养的基本方法包括:(1)加强理论学习,注意内省、慎独;(2)勇于实践磨炼,增强情感体验;(3)虚心向他人学习,自觉与他人交流。B 项坚持自律和他律相结合属于教师职业道德修养的基本原则。

62. AB 【解析】本题考查教师为人师表的特征。教师为人师表的特征主要表现为:(1)鲜明的示范性;(2)突出的严谨性;(3)重要的激励性;(4)现实的可操作性。

63. ABCD 【解析】本题考查 1997 年修订的《中小学教师职业道德规范》。1997 年修订的《中小学教师职业道德规范》中关于"廉洁从教"的具体职业行为要求包括:坚守高尚情操,发扬奉献精神,自觉抵制社会不良风气影响,不利用职责之便谋取私利。

64. ABC 【解析】本题考查教育心理学的研究内容。学与教的相互作用过程是一个系统过程,由学习过程、教学过程和评价/反思过程这三种活动过程交织在一起组成。

65. ACD 【解析】本题考查我国学者对学习的分类。按学习内容,我国学者一般把学习分为知识的学习、技能的学习和行为规范的学习。

66. BCD 【解析】本题考查直观教学的形式。直观是主体通过对直接感知到的教学材料的表层意义、表面特征进行加工,从而形成对有关事物具体的、特殊的、感性的认识的加工过程。在实际的教学过程中,主要有三种直观方式,即实物直观、模像直观和言语直观。

67. ABD 【解析】本题考查品德的心理结构。品德的三因素构成说认为,品德的心理结构包括道德认识、道德情感和道德行为三个成分。

68. ABD 【解析】本题考查自我意识的结构。一般认为,自我意识包括三种成分:自我认识、自我体验、自我控制。

69. ABCD 【解析】本题考查气质的类型。气质类型可分为四种,分别是多血质、胆汁质、黏液质和抑郁质。

70. ABCD 【解析】本题考查教师的职业道德素养。教师应具备的职业道德素养包括:(1)对待事业:忠于人民的教育事业;(2)对待学生:热爱学生;(3)对待集体:团结协作;(4)对待自己:为人师表。

71. ABCD 【解析】本题考查知觉的特征。知觉的特征包括:知觉的选择性、知觉的整体性、知觉的理解性、知觉的恒常性。

72. ABC 【解析】本题考查思维的基本形式。思维的基本形式有:概念、判断、推理。

73. ABD 【解析】本题考查影响个体身心发展的因素。总体看来,影响个体身心发展的因素主要有遗传、环境、教育(学校教育)和个体主观能动性等。

74. ABCD 【解析】本题考查教学工作的基本环节。教学工作包括五个基本环节:备课、上课、作业的布置与反馈、课外辅导和学业成绩的检查与评定。

75. ABCD 【解析】本题考查德育过程的构成要素。德育过程通常由教育者、受教育者、德育内容和德育方法四个相互制约的要素构成。

2020 年山西省太原市晋源区小学(幼儿园)教师招聘考试真题试卷(六十五)

一、单项选择题

1. D 【解析】本题考查教育的功能。隐性功能指伴随显性教育功能所出现的非预期性的功能。所以 D 项正确。

2. B 【解析】本题考查教育学的相关概念。教育问题既属于教育学的研究对象,又是推动教育学发展的内在动力。

3. D 【解析】本题考查形式化教育阶段的特征。形式化教育阶段的特征包括:(1)教育主体确定;(2)教育对象相对稳定;(3)形成系列的文化传播活动,所传播的文化逐渐规范化;(4)大抵有固定的活动场所和或多或少的设备;(5)由以上种种因素结合而形成独立的社会活动形态。而明确规定各种制度,如入学制度、教学制度等属于制度化教育阶段特征,所以 D 选项符合题意。

4. B 【解析】本题考查影响个体身心发展的主要因素。"白沙在涅,与之俱黑"的意思是说:白色的细沙混在黑土中,也会跟它一起变黑。这体现了社会环境对人的身心发展具有影响。

5. A 【解析】本题考查《学记》。"善歌者,使人继其声;善教者,使人继其志"的意思是:会唱歌的人,不仅声音悦耳,动人心弦,还要使人情不自禁地跟着唱;会教学的人,不仅给人以知识,还要诱导学生自觉地跟着他学。这句话出自《学记》,它是我国也是世界教育史上的第一部教育专著。

6. D 【解析】本题考查个体身心发展的一般规律。人的身心发展具有个别差异性,具体表现在不同个体所具有的个性心理倾向不同,如同年龄的儿童具有不同的兴趣、爱好和性格等。题干所述体现了人的身心发展具有个别差异性。

7. D 【解析】本题考查古希腊的"七艺"课程。古希腊教育中的"七艺",实际上是以人文科学为主体的。文法、修辞、辩证法、音乐,直至今日都是主要的人文学科。所以,"七艺"课程中侧重自然科学的是算术。

8. C 【解析】本题考查素质教育的实现途径。素质教育的实现途径包括:(1)国家各项教育政策措施确保素质教育发展路线;(2)学校文化变革集中体现素质教育的精神;(3)新课程改革是推进素质教育的有效途径;(4)学校的具体改革措施夯实素质教育的基础。故本题答案选择 C 项。

9. A 【解析】本题考查教育万能论的观点。教育万能论常见的观点有"人受了什么样的教育,就成为什么样的人""教育是包括自然环境和社会环境等一切生活条件的总和"等。这种观点认为人完全是教育的产物,所以题干所述体现的是教育万能论。

10. A 【解析】本题考查旧中国的学制沿革。壬寅学制的办学宗旨为"激发忠爱,开通智慧,振兴实业",它是中国近代教育史上最早由国家正式颁布的学制系统,虽然正式公布,但并未实行。

11. C 【解析】本题考查教育的社会制约性。生产力发展水平影响着教育目的的制定,影响着教育事业发展的规模与速度,影响着教学内容的选择与专业设置,影响着教学方法、教学设备和教学组织形式的改革。(具体内容考生可参考柳海民主编的《教育学(第 1 版)》)

12. A 【解析】本题考查课程标准的组成部分。课程标准一般由说明(或前言)、课程目标、课程内容标准和课程实施建议等部分组成。说明部分,扼要阐释课程的性质与意义、课程的基本理念与价值诉求、课程的设计思路与总体框架(或结构),这是统率课程标准的指导思想。

13. C 【解析】本题考查教育的起源。生物起源说主张教育的产生完全来自动物本能,是种族发展的本能需要。

14. C 【解析】本题考查教材的构成。教材一般由目录、课文、习题、实验、图表、注释、附录等部分构成。课文一般分类别、模块、纲目来编排与陈述,是教材的基本部分,也是教学的主要依据。

15. B 【解析】本题考查课程的类型。分科课程是根据学校教育目标、教学规律和一定年龄阶段的学生发展水平,分别从各门学科中选择部分内容,组成各种不同的学科,彼此分立地安排它们的教学顺序、教学时数和期限。题干中孔子所分成的诗、书、礼、乐四科属于分科课程。

16. C 【解析】本题考查赫尔巴特的教学过程思想。方法是指通过实际练习,运用系统的知识,使之变得更熟练、更牢固。题干所述体现了赫尔巴特教学过程思想中的方法。

17. A 【解析】本题考查常用的德育方法。榜样示范法是指用榜样人物的优秀品德来影响学生的思想、情感和行为的德育方法。题干中该班主任号召全班学生向学习委员学习的做法,体现了榜样示范法。

18. B 【解析】本题考查我国教育目的的基本构成。在全面发展教育中,德育对其他各育起保证方向和保持动力的作用。

19. D 【解析】本题考查课程组织。纵向组织,又称垂直组织、序列组织,是指按照知识的逻辑序列,由已知到未知、由简单到复杂等先后顺序组织编排课程内容。

20. C 【解析】本题考查我国目前中小学主要的教学原则。"读书无疑者,须教有疑;有疑者,却要无疑,到这里方是长进"的意思是读书不思考的人,要教他们去思考,而经过自己的怀疑、思考、辨析,最终得出了自己的结论,这样就是学有所获。这体现了教学的启发性原则。

21. D 【解析】本题考查新课改背景下的三维课程目标。情感态度与价值观目标强调在教学过程中激发学生的情感共鸣,引起积极的态度体验,形成正确的价值观。题干中该教师将学生"学会关爱生命"拟定为教学目标之一,这属于情感态度与价值观目标。

22. B 【解析】本题考查直观教学的类型。模像直观指观察与教材相关的模型与图像(如图片、图表、幻灯片、电影、录像、电视等),形成感知表象。故幻灯片、录像带、影视片属于模像直观中的直观教具。

23. D 【解析】本题考查上好一堂课的关键。要想上好一堂课,需要做到以下几点:(1)明确教学目的;(2)保证教学的科学性与思想性;(3)调动学生的学习积极性;(4)注重解惑纠错;(5)组织好教学活动;(6)布置好课外作业。其中,上好一堂课的关键是注重解惑纠错。

24. C 【解析】本题考查教学评价的基本类型。形成性评价是在教学过程中为改进和完善教学活动而进行的对学生学习过程及结果的评价。它包括在一节课或一个课题的教学中对学生的口头提问和书面测试。题干中该教师在课堂上进行提问,想要了解学生对这首诗的理解情况属于教学过程中的形成性评价。

25. B 【解析】本题考查教案的形式。记叙式教案是主要用文字形式将备课的结果表达出来的教案,教学信息容量较大,表达细致,编制简单,是最基本、最常用的教案形式。

26. D 【解析】本题考查我国中小学主要的德育原则。长善救失原则是指在德育工作中,教育者要善于依靠、发扬学生自身的积极因素,调动学生自我教育的积极性,克服消极因素,实现品德发展内部矛盾的转化。

27. C 【解析】本题考查校本研究的基本要素。自我反思被认为是教师专业发展和自我成长的核心因素,是开展校本研究的基础和前提。

28. A 【解析】本题考查加涅的学习结果分类。言语信息学习指对有关事物的名称、时间、地点、定义以及特征等方面的事实性信息的学习。因此,题干中该同学对"北京是中国的首都"这一地点信息的学习,属于言语信息的学习。

29. D 【解析】本题考查家庭教养方式的类型。鲍姆宁从要求和反应性两个维度,将父母的教养方式分为权威型、专制型、溺爱型和忽视型四类。在多数情况下,权威型的教养方式对孩子的成长最为有利。采用权威型教养方式的父母会对孩子提出合理的要求,对孩子的行为做出适当的限制,设立恰当的目标,并坚持要求孩子服从和达到这些目标。同时,他们表现出对孩子成长的关爱,会耐心地倾听孩子的观点。因此,根据题干描述可知,多多受到的家庭教养方式属于权威型。

30. B 【解析】本题考查气质类型。多血质的人情感丰富、外露但不稳定,思维敏捷但不求甚解,活泼好动,热情大方,善于交往但交情浅薄,行动敏捷,适应性强,但他们缺乏耐心和毅力,稳定性差,见异思迁。因此,根据题干描述可知,该学生的气质类型属于多血质。(具体内容参见王大顺、张彦军主编的《发展与教育心理学》)

31. C 【解析】本题考查攻击行为的类型。工具性攻击行为指幼儿为了获得某个物品所做出的抢夺、推搡等动作,这类攻击本身指向于一个主要的目标或某一物品的获取。故题干描述的行为属于工具性攻击。

32. B 【解析】本题考查亲社会行为。亲社会行为又称积极的社会行为,指一个人帮助或打算帮助他人,做有益于他人的事的行为和倾向。幼儿的亲社会行为主要有:同情、关心、分享、合作、谦让、帮助、抚慰、援助、捐献等。

33. D 【解析】本题考查皮亚杰的认知发展阶段理论。处于形式运算阶段的儿童其思维具有灵活性,他们不再刻板地恪守规则,反而常常由于规则与事实的不符而违反规则。在本题中,该学生不刻板地恪守文明规则,当遇到孕妇和老人时,可以让他们"插队",这表明其思维具有灵活性,故该学生处于形式运算阶段。

34. D 【解析】本题考查知觉的规律。知觉的整体性是指人根据自己的知识经验把直接作用于感官的客观事物的多种属性整合为统一整体的过程。知觉的整体性受知觉对象各组成部分之间的结构关系的影响。例如,把相同的音符置于不同的排列顺序、不同的节拍和旋律之中就构成不同的曲调;而如果曲调的各成分关系不变,只是个别刺激成分发生变化,或用不同的乐器演奏或不同人来演唱,就不会改变我们对歌曲整体性的知觉。

35. A 【解析】本题考查情绪的分类。应激是出乎意料的紧迫情况所引起的急速而高度紧张的情绪状态。当人们遇到突然出现的事件或意外发生危险时,为了应付瞬息万变的紧急情况,就得果断地采取决定,迅速地做出反应。应激正是在这种情境中产生的内心体验,故"情急生智"是一种应激现象。

36. C 【解析】本题考查意志的品质。意志的自觉性是指一个人清晰地意识到自己行动的目的和意义,并且能够主动地支配自己的行动,使之符合既定目的的意志品质。题干中的学生放学后能自己主动去做作业,即他能主动支配自己的行动以达到既定目的,说明其意志的自觉性较好。

37. C 【解析】本题考查动机冲突的类型。双避冲突是指从希望回避的两种事物中必取其一的心理状态。题干中的学生害怕寒冷不想起床,但又害怕上学迟到,这是既想逃避寒冷又想逃避上学迟到的心理,但他必须从中选择一个,故属于双避冲突。

38. B 【解析】本题考查注意的分类。无意注意也称不随意注意，是没有预定目的、无需意志努力、不由自主地对一定事物所发生的注意。题干中的学生对雷声的注意是没有预定目的、无需意志努力、不由自主的，故属于无意注意。

39. B 【解析】本题考查认知策略。做笔记策略是使用较为普遍的精细加工策略。

40. D 【解析】本题考查学习迁移的种类。一般迁移也称非特殊迁移、普遍迁移，是指一种学习中所习得的一般原理、原则和态度对另一种具体内容学习的影响，即原理、原则和态度的具体应用。例如，获得基本的运算技能、阅读技能后运用到各种具体的学科学习中。

41. A 【解析】本题考查知识学习的类型。上位学习又称总括学习，是在学生掌握一个比认知结构中原有概念的概括和包容程度更高的概念或命题时产生的。在本题中，后掌握的"角"的概念包括了先学习的"锐角"的概念，故属于上位学习。

42. C 【解析】本题考查班杜拉提出的强化分类。自我强化是指对自己表现出的符合或超出标准的行为进行自我奖励。题干中的学生对自己完成家庭作业的奖励就属于一种自我强化。

43. D 【解析】本题考查记忆的分类。形象记忆是以我们感知过的事物形象为内容的记忆。形象记忆的内容主要是事物的感知特征，它们可以是视觉的，也可以是听觉的、嗅觉的、触觉的或味觉的。例如，参观了北京故宫之后，对故宫的记忆就是形象记忆；尝过一道美食后，对食物味道的记忆也是形象记忆。

44. B 【解析】本题考查学习动机的分类。附属内驱力是指个体为了获得长者们（如家长、教师）的赞许或认可而表现出把工作、学习做好的一种需要。题干中的学生为了获得老师的夸奖而朗诵诗歌，他的这种学习动机就属于附属内驱力。

45. B 【解析】本题考查感觉的相互作用的规律。由于刺激对感受器的持续作用而使感受性发生变化的现象叫感觉适应。感觉适应可以引起感受性的提高，也可以引起感受性的降低。游泳时，刚刚跳进水中时会觉得水很冷，不久后这种感觉就会消失，这是由于冷水对皮肤的持续刺激，使个体的感受性降低了，故属于感觉适应现象。

46. D 【解析】本题考查注意的品质。注意的稳定性，是指注意保持在某一对象或某一活动上的时间长短特性。持续时间愈长，注意就愈稳定。题干中甲同学一节课内集中注意力的时间比乙同学长，故甲同学注意的稳定性比乙同学好。

47. B 【解析】本题考查情感的分类。理智感是人认识事物和探求真理的需要是否得到满足而产生的主观体验。问题解决时的喜悦感就是一种理智感。

48. C 【解析】本题考查操作性条件作用的基本规律。正强化也称积极强化，是通过呈现想要的愉快刺激来增强反应频率。题干所述为正强化的典型运用。

49. B 【解析】本题考查学习动机的培养方式。教育心理学研究表明，新的学习需要可以通过两条途径来形成：(1)直接发生途径，即因原有学习需要不断得到满足而直接产生新的更稳定更分化的学习需要；(2)间接转化途径，即新的学习需要由原来满足某种需要的手段或工具转化而来。因此，题干中教师培养学生学习动机的方式属于直接发生途径。

50. B 【解析】本题考查想象的种类。再造想象是依据词语或符号的描述、示意在头脑中形成与之相应的新形象的过程。人在阅读文艺作品时，头脑中出现的有关事物的形象，就属于再造想象。

51. C 【解析】本题考查思维的种类。发散思维，也叫求异思维、分散思维、辐射思维，是指人们解决问题时，思路朝着各种可能的方向扩散，从而求得多种答案。老师让学生列举报纸的用途，得到了多种不同的答案，这说明学生的思路朝着各种可能的方向扩散，从而求得多种答案，故体现的是发散思维。

52. B 【解析】本题考查智力的结构。智力也即智能，是使人能顺利完成某种活动所必需的各种认知能力的有机结合，它包括观察力、记忆力、注意力、想象力和思维力等成分，并以思维力为核心。

53. A 【解析】本题考查感知规律。强度律是指作为知识的物质载体的直观对象（实物、模像或言语）必须达到一定强度，才能被学习者清晰地感知。刺激过强或过弱都属于不适宜刺激，不能使学生获得清晰的感知，因此，教师在教学中应注意言语的运用，语调柔和而亲切、声音适中，辅以一定的手势语言和表情，将更有利于学生的感知；写板书时字迹要清晰，字不要过大或过小，画图时线条粗细要适中，以保证全体学生都能看明白。

54. C 【解析】本题考查成就动机理论的基本观点。阿特金森把个体的成就动机分为两类：力求成功的动机和避免失败的动机。

55. D 【解析】本题考查倒摄抑制。后学习的材料对保持和回忆先学习的材料的干扰作用，称为倒摄抑制（后摄抑制）。在晚上学习不会受到后学习的材料的干扰，即没有倒摄抑制的作用，因此学习效果较好。

56. A 【解析】本题考查社会知觉中常出现的几种偏差。投射效应指由于个体具有某种特性，因而推断他人也有与自己相同特性的心理现象。"以小人之心，度君子之腹"即为典型的投射效应。

57. C 【解析】本题考查桑代克的联结—试误学习理论。准备律是指联结的加强或削弱取决于学习者的心理准备和心理调节状态。因此，李老师在上新课前预设问题激发兴趣，并让学生提前进行预习，就是要让学生在有准备的状态下进行学习活动。这种做法符合桑代克学习定律中的准备律。

58. D 【解析】本题考查教师职业道德情感。职业义务感是教师在履行自己职业责任的过程中产生的一种使命感。

59. A 【解析】本题考查1997年修订的《中小学教师职业道德规范》。依法执教是调整教师劳动与法律制度之间关系的教师职业道德规范，是教师完成本职工作的前提和基础，是国家和社会对教师提出的道德要求。

60. B 【解析】本题考查教师职业道德修养的途径。教师的职业实践是进行职业道德修养的根本途径，离开这个根本途径，任何高超的道德修养方法都不可能培养出优秀的道德品质和高尚的道德人格。

61. C 【解析】本题考查1997年修订的《中小学教师职业道德规范》中的严谨治学。严谨治学是关系到能否教育好学生、培养好人才的大问题，是衡量教师职业道德水准高低的一个基本尺度。

62. C 【解析】本题考查教师与家长交往的态度。教师在与家长交往中应保持合作的态度，对家长要谦虚和蔼、尊重理解、一视同仁。颐指气使是对学生家长的不尊重，在与家长的交往过程中应该避免。

63. A 【解析】本题考查我国外交政策。《中国共产党党章》总纲规定，中国共产党坚持独立自主的和平外交政策，坚持和平发展道路，坚持互利共赢的开放战略。故选A。

64. C 【解析】本题考查实践与认识的关系。"登高山""临深渊"属于实践活动，题干强调了实践的重要性，实践是认识的来源，故选C。

65. A 【解析】本题考查客观唯心主义的观点。客观唯心主义把客观精神（如上帝、鬼神、理念、绝对精神等）看作世界的主宰和本原，认为现实的世界只是这些客观精神的外化和表现。朱熹提出"理在事先"，即把"天理"说成是世界万物的本原，属于客观唯心主义的观点。C、D两项属于主观唯心主义的观点。B项属于唯心主义的观点，但无法判断是主观唯心主义还是客观唯心主义。故选A。

66. D 【解析】本题考查政治常识。中国共产党的领导是中国特色社会主义制度的最大优势。

67. B 【解析】本题考查政治常识。要实现全体人民共同富裕的宏伟目标，最终要靠的是发展。

68. D 【解析】本题考查毛泽东思想的确立。中共七大通过党章确立了毛泽东思想在全党的指导地位，会议上毛泽东作了《论联合政府》的政治报告。

69. D 【解析】本题考查"三个代表"重要思想的理论贡献。"三个代表"重要思想在党的建设方面作出了六项新的理论贡献：提出党的建设必须按照党的政治路线来进行；提出"两个转变"的思想；提出"两个先锋队"的思想；提出"两个纲领相统一"的思想；提出"两个基础"的思想；提出解决"两大历史性课题"的思想。本题为选非题，故选D。

70. D 【解析】本题考查否定之否定规律。否定之否定规律是指事物由肯定到否定，再到否定之否定的过程。A、B、C项都包含了辩证否定的过程，符合否定之否定规律。D项白天—黑夜—白天反映的是自然循环规律，不符合否定之否定规律。本题为选非题，故选D。

71. A 【解析】本题考查认识论。"自古逢秋悲寂寥，我言秋日胜春朝"的意思是：自古以来人们每逢秋天都会感到悲凉寂寥，我却认为秋天要胜过春天。题干说明不同的人对秋天的感觉和认识不同，体现了认识具有主体差异性。A项诗句意为：从正面看庐山山岭连绵起伏，侧面看则山峰耸立，从远处、近处、高处、低处看庐山，庐山都呈现不同的样子，同样说明认识具有主体差异性。故选A。

72. A 【解析】本题考查科学发展观。科学发展观，第一要务是发展，核心是以人为本，基本要求是全面协调可持续，根本方法是统筹兼顾。故选A。

73. C 【解析】本题考查党的建设。民主集中制是党的根本组织原则和领导制度。

74. D 【解析】本题考查辩证法。题干的意思是往往最善于游泳的人被溺死，最善于骑马的人被摔死。即越是最擅长的东西，越容易被忽视而出现祸事。这体现了辩证法中事物在一定条件下可以相互转化的规律。

75. B 【解析】本题考查合同的违约责任。根据我国《合同法》第一百一十五条规定，收受定金的一方不履行约定的债务的，应当双倍返还定金。可见，甲依法有权要求乙给付的赔偿为6万元。故选B。

76. C 【解析】本题考查自然人的刑事责任年龄。我国《刑法》第十七条规定，已满十六周岁的人犯罪，应当负刑事责任。已满十四周岁不满十六周岁的人，犯故意杀人、故意伤害致人重伤或者死亡、强奸、抢劫、贩卖毒品、放火、爆炸、投毒罪的，应当负刑事责任。已满十四周岁不满十八周岁的人犯罪，应当从轻或者减轻处罚。因不满十六周岁不予刑事处罚的，责令他的家长或者监护人加以管教；在必要的时候，也可以由政府收容教养。可见，我国《刑法》规定的完全刑事责任年龄为16周岁。

77. A 【解析】本题考查故意犯罪的形态。共同犯罪是指二人以上共同故意犯罪。在实施同一个犯罪中，一人既遂，全部既遂。本题中，甲虽未击中丙，但乙击中了丙，则甲、乙共同构成故意杀人罪既遂。故选A。

78. D 【解析】本题考查刑法知识。A、B、C项均属于侵犯财产罪，D项属于妨害社会管理秩序罪。我国《刑法》第二百九十三条列举了寻衅滋事罪的四种具体情况：随意殴打他人，情节恶劣的；追逐、拦截、辱骂他人，情节恶劣的；强拿硬要或者任意损毁、占用公私财物，情节严重的；在公共场所起哄闹事，造成公共场所秩序严重混乱的。因此，从侵犯的客体方面分析，寻衅滋事罪侵犯的客体主要是公共秩序，而非公私财物的所有权和公民的人身权利。从客观方面分析，寻衅滋事罪对强抢财物的数量要求较小，暴力程度较低。从主观方面分析，甲明显带有以强凌弱的动机。可见，甲在公共场所，以轻微暴力强抢小学生的财物，更符合寻衅滋事罪的犯罪特征。故选D。

79. A 【解析】本题考查合同的效力。根据我国《合同法》第五十二条规定，恶意串通，损害国家、集体或者第三人利益的合同无效。

80. B 【解析】本题考查民事法律关系的构成要素。民事法律关系由主体、内容、客体三个要素组成。本题为选非题，故选B。

81. B 【解析】本题考查我国的国家机构。最高人民法院是最高审判机关。

82. D 【解析】本题考查刑罚的种类。刑罚的种类分为主刑和附加刑，主刑包括管制、拘役、有期徒刑、无期徒刑和死刑；附加刑包括罚金、剥夺政治权利和没收财产。附加刑可以独立适用，也可以附加适用。A、B、C项均属于主刑，D项是附加刑。故选D。

83. A 【解析】本题考查《中华人民共和国未成年人保护法》。根据我国《未成年人保护法》第四章社会保护中第三十三条规定，国家采取措施，预防未成年人沉迷网络。

84. C 【解析】本题考查《中华人民共和国教育法》。根据《中华人民共和国教育法》第二十九条和第三十条规定可知，A、B、D三项属于学校及其他教育机构可行使的权利，C项属于学校及其他教育机构应当履行的义务。故答案选C项。

85. B 【解析】本题考查《中华人民共和国教育法》。根据我国《教育法》第七十二条规定，侵占学校及其他教育机构的校舍、场地及其他财产的，依法承担民事责任。

86. C 【解析】本题考查教师违法(侵权)行为。侵犯学生人格尊严权利的主要表现有：(1)讽刺、挖苦学生；(2)故意侮辱、随意谩骂学生；(3)不给学生以合理的解释权和辩护权；(4)以记档案威胁学生等。因此，题干中的教师辱骂兵兵的行为侵犯了兵兵的人格尊严权。

87. D 【解析】本题考查《中华人民共和国义务教育法》。根据我国《义务教育法》第二十七条规定，对违反学校管理制度的学生，学校应当予以批评教育，不得开除。

二、多项选择题

88. ABC 【解析】本题考查自我教育能力的构成。自我教育能力主要由自我期望能力、自我评价能力和自我调控能力构成。

89. ABCD 【解析】本题考查现代教学的辅助形式。现代教学的辅助形式主要有作业、参观、讲座、辅导等。(具体内容参见王道俊、郭文安主编的《教育学》)

90. BD 【解析】本题考查小学生心理发展的特点。小学生心理发展的一般特点表现在：(1)迅速性；(2)协调性；(3)外露性；(4)可塑性。故B、D两项说法正确。

91. BCD 【解析】本题考查布鲁纳的认知—发现学习理论。布鲁纳认为学习包括三种几乎同时发生的过程，这三种过程是：新知识的获得、知识的转化、知识的评价。

92. ABD 【解析】本题考查教师的体态语。教师在运用体态语时，应尊重学生的人格，保护学生的自尊心，不能使用蔑视甚至敌视性的体态语。用手指戳学生的做法严重损伤学生的自尊心和自信心，不利于学生的身心健康发展，也影响教师在学生心目中的形象。所以，答案选A、B、D。

93. BCD 【解析】本题考查教师职业道德修养的方法。教师职业道德修养的方法主要有：(1)加强理论学习，注重内省、慎独；(2)勇于实践磨炼，增强情感体验；(3)虚心向他人学习，自觉与他人交流；(4)确立可行目标，坚持不懈努力；(5)正确开展批评和自我批评。坚持自律和他律相结合属于教师职业道德修养的基本原则。故A项不选。

94. ACD 【解析】本题考查处理我国民族关系的基本原则。民族平等、民族团结、各民族共同繁荣是处理我国民族关系的基本原则。

95. ABC 【解析】本题考查毛泽东思想。A项，毛泽东在八七会议上提出了著名的"枪杆子里出政权"的论断。B项，井冈山时期，毛泽东为了批判党内存在的悲观思想，在给林彪的信中，运用唯物辩证法科学地分析了国内政治形势和敌我力量对比，提出"星星之火，可以燎原"。C项，1946年，毛泽东在和美国记者的谈话中指出："一切反动派都是纸老虎。看起来，反动派的样子是可怕的，但是实际上并没有什么了不起的力量。从长远的观点看问题，真正强大的力量不是属于反动派，而是属于人民。"D项，"改革是中国发展生产力的必由之路"是邓小平在1985年发表的对改革的性质的判断。故选ABC。

96. ABD 【解析】本题考查《中华人民共和国行政诉讼法》。《中华人民共和国行政诉讼法》第十三条规定，人民法院不受理公民、法人或者其他组织对下列事项提起的诉讼：(1)国防、外交等国家行为；(2)行政法规、规章或者行政机关制定、发布的具有普遍约束力的决定、命令；(3)行政机关对行政机关工作人员的奖惩、任免等决定；(4)法律规定由行政机关最终裁决的具体行政行为。A、B、D三项分别对应(1)(2)(3)。故选ABD。

97. AB 【解析】本题考查《中华人民共和国教师法》。根据我国《教师法》第二十二条规定，学校或者其他教育机构应当对教师的政治思想、业务水平、工作态度和工作成绩进行考核。

2020年山西省大同市直教师招聘考试真题试卷(六十六)

第一部分　教育学与教育心理学

一、单项选择题

1. A 【解析】本题考查《中华人民共和国教师法》。《中华人民共和国教师法》于1993年10月31日经第八届全国人民代表大会常务委员会第四次会议通过，自1994年1月1日起施行。因此，《中华人民共和国教师法》颁布于1993年。

2. A 【解析】本题考查随意注意的内涵。有意注意也称随意注意，是有预先目的、必要时需要意志努力、主动地对一定事物所发生的注意。故本题答案选A项。

3. A 【解析】本题考查教育的社会制约性。社会政治制度主要决定着教育的性质、教育的领导权和受教育的权利，同时对教育目的的制定、教育内容的选择等具有导向和规范的意义。(具体内容参见冯建军主编的《现代教育学基础(第2版)》)

4. B 【解析】本题考查艾宾浩斯遗忘曲线。艾宾浩斯遗忘曲线表明，遗忘是有规律的，即遗忘的进程是不均衡的，其趋势是先快后慢、先多后少，呈负加速，且到一定的程度几乎就不再遗忘了。

5. A 【解析】本题考查《中华人民共和国义务教育法》。根据《中华人民共和国义务教育法》第二条规定，实施义务教育，不收学费、杂费。

6. C 【解析】本题考查变式的内涵。变式，就是变换使用不同形式的直观材料或事例说明事物的属性，使本质属性保持不变而非本质属性或有或无，以便突出本质属性。故本题答案选C项。

7. D 【解析】本题考查影响个体身心发展的主要因素。学校教育在人的身心发展中起主导作用和促进作用。

8. C 【解析】本题考查皮亚杰的认知发展阶段理论。认知发展处于具体运算阶段的儿童不能想象独立于他们直接经验之外的事物，但能够考虑多个感知特征，即去自我中心，得出具体问题的解决方法。题干中的儿童可以同时从两个或两个以上角度思考问题，说明其思维已经具有了去中心化的特征，故表明该儿童的认知水平处于具体运算阶段。

9. A 【解析】本题考查我国现代学校教育制度的演变。中国近代教育史上最先制定的系统的学校教育制度，是1902年的《钦定学堂章程》，亦称"壬寅学制"。这是我国第一个现代学制，但并未实施。

10. B 【解析】本题考查不同学习理论的代表人物。布鲁纳是美国著名的认知教育心理学家，他主张学习的目的在于以发现学习的方式，使学科的基本结构转变为学生头脑中的认知结构。因此，他的理论常被称为认知—结构教学论或认知—发现学习说。奥苏贝尔提出了有意义接受学习理论，也叫认知同化论；加涅提出了信息加工学习理论；桑代克提出了联结—试误说。故本题答案选B项。

11. B 【解析】本题考查班主任的概念。班级是学校思想品德教育工作的基本单位，班主任是学生班级的直接教育者、组织者和领导者。(具体内容参见靳希斌主编的《教育学》)

12. B 【解析】本题考查对不同教学策略的理解及应用。美国教育心理学家布鲁纳提出了"发现学习"的教学模式。一般来说，发现学习的教学要经过以下四个阶段：(1)创设问题情境，使学生在这种情境中发现其中的矛盾，提出问题；(2)促使学生利用教师所提供的某些材料，针对所提出的问题，提出要解答的假设；(3)从理论上或实践上检验自己的假设；(4)根据实验获得的一些材料或结果，在仔细评价的基础上引出结论。故题干中描述的教学策略是发现教学。

13. B 【解析】本题考查法律法规知识。根据我国相关的法律法规可知，受教育权是学生享有的最基本的权利。

14. A 【解析】本题考查迁移的种类。根据迁移的性质和结果，可分为正迁移、负迁移和零迁移；根据迁移内容的抽象和概括水平不同，可分为横向迁移和纵向迁移；根据迁移内容的不同，可分为普遍迁移和特殊迁移；根据迁移发生的方向，可分为顺向迁移和逆向迁移。故本题答案选A项。

15. C 【解析】本题考查常用的教学方法。以直观感知为主的教学方法，主要有演示法和参观法两种。

16. D 【解析】本题考查学习策略的种类。D项中使用的复述策略是常见的认知策略，故答案选D项。

17. D 【解析】本题考查教师劳动的特点。教师的劳动过程是一个复杂的矛盾运动过程。在劳动过程中，教师要解决知与不知、学与思、知与行等矛盾。所以，题干所述反映了教师劳动的复杂性。

18. B 【解析】本题考查问题解决的过程。题干中的数学老师要求学生在做应用题时看清题目，必要时可以画一些示意图，这是为了让学生理解问题，即帮助学生形成对问题的表征。故答案选B项。

19. D 【解析】本题考查普雷马克原理。普雷马克原理，又称为“祖母法则”，即用高频活动作为低频活动的有效强化物。在使用该原理时，行为和强化的关系不能颠倒，必须先有行为，再有强化。因此，题干中的家长应在儿童按时完成作业后再让他看电视。

20. A 【解析】本题考查德育的途径。思想品德课（思想政治课）与其他学科教学是学校有目的、有计划、系统地对学生进行德育的基本途径。

二、填空题

1. 教育与生产劳动相结合 2. 原有认知结构 3. 教育目的 4. 监控策略 5. 课程结构
6. 教学过程 7. 大自然的美 8. 知识的学习 9. 社会文化素质 10. 道德行为

三、简答题（参考答案）

1. 简述班杜拉的自我效能感理论。

自我效能感的概念由班杜拉首次提出，是指人对自己能否成功从事某一成就行为的主观判断。班杜拉指出，人的行为受行为的结果因素与先行因素的影响。行为的结果因素是人们通常所说的强化；行为的先行因素就是人在认识到行为与强化之间的依随关系之后产生的对下一步强化的期待。

班杜拉认为，自我效能感的作用表现在：(1)决定人们对活动的选择以及对活动的坚持性。(2)影响人们在困难面前的态度。(3)不仅影响新行为的习得，而且影响已习得行为的表现。(4)影响活动时的情绪。

班杜拉认为，影响自我效能感的因素有：(1)个人自身行为的成败经验；(2)替代经验；(3)言语暗示；(4)情绪唤醒。

2. 如何全面地认识教师与学生的关系？

师生之间的现实关系是不断变化和丰富多样的，可以从不同的层面进行划分，主要表现为社会关系、教育关系、心理关系和伦理关系。

(1)社会关系。它以年青一代的成长为目标，是人与人的各种社会关系在教育教学中的反映。主要表现为师生之间存在的代际关系、政治关系、文化的授受关系、道德关系以及法律关系。

(2)教育关系。师生之间的教育关系是指教师与学生在教育教学活动中为完成一定的教育任务，以“教”和“学”为中介，以促进学生的整体发展和自主发展为目标而建立的一种工作关系。教育关系是基本关系，其他师生关系皆服务于这一关系。

(3)心理关系。师生心理关系的实质是师生个体之间的情感是否融洽、个性是否冲突、人际关系是否和谐。具体体现在：①师生之间的认知关系是师生心理关系的基础；②情感关系是师生心理关系的另一个重要方面。

(4)伦理关系。师生之间的伦理关系是指在教育教学活动中，教师与学生构成一个特殊的道德共同体，各自承担一定的伦理责任，履行一定的伦理义务。这种关系是师生关系体系中最高层次的关系形式，对其他关系形式具有约束和规范作用。

3. 简述教学工作的基本环节。

教师教学工作包括五个基本环节（即基本程序）：(1)备课；(2)上课；(3)作业的布置与反馈；(4)课外辅导；(5)学业成绩的检查与评定。

四、综合论述题（参考答案）

中小学生心理健康的标准有哪些？请联系实际论述中小学校开展心理健康教育的意义与途径。

中小学生心理健康的标准有：(1)自我意识正确。能正确评价、接纳自己。(2)人际关系协调。乐于交往，能和多数人建立良好的人际关系，具有处理矛盾的能力。(3)性别角色分化。能够获得相应的性别角色，行为方式和相应的性别角色规范一致。(4)社会适应良好。能够面对、接受、适应现实，能够妥善处理生活、学习中的各种挑战。(5)情绪积极稳定。情绪乐观稳定，热爱生活，积极向上，对未来充满希望，有烦恼能自行解脱。(6)人格结构完整。具有较高的能力、完善的性格、良好的气质、正确的动机、广泛的兴趣和坚定的信念等。

中小学校开展心理健康教育的意义体现在：(1)心理健康教育是预防精神疾病，保障学生心理健康的需要。(2)心理健康教育是提高学生心理素质，促进其人格健全发展的需要。(3)心理健康教育是学校日常教育教学工作的配合与补充。

中小学校开展心理健康教育的途径有：(1)开设心理健康教育的有关课程和心理辅导的活动课；(2)在学科教学中渗透心理健康教育的内容；(3)结合班级、团队活动开展心理健康教育；(4)个别心理辅导或咨询；(5)小组辅导。

第二部分　综合知识

一、单项选择题

1. A 【解析】本题考查十九大内容。十九大报告指出：共产主义远大理想和中国特色社会主义共同理想，是中国共产党人的精神支柱和政治灵魂，也是保持党的团结统一的思想基础。

2. D 【解析】本题考查政治常识。实现中华民族伟大复兴的中国梦，必须弘扬中国精神。这就是以爱国主义为核心的民族精神，以改革创新为核心的时代精神。

3. B 【解析】本题考查时事政治。习近平总书记在解决“两不愁三保障”突出问题座谈会上的讲话中指出：党的十八大以来，党中央把脱贫攻坚作为全面建成小康社会的底线任务和标志性指标，作出一系列重大部署。党的十九大后，党中央把打好精准脱贫攻坚战作为全面建成小康社会的三大攻坚战之一。这些年，脱贫攻坚力度之大、规模之广、影响之深前所未有，进展符合预期。

4. D 【解析】本题考查时事政治。习近平总书记在中央政治局第二十一次集体学习时指出：要抓好党的组织体系建设。严密的组织体系，是马克思主义政党的优势所在、力量所在。

5. A 【解析】本题考查时事政治。2020 年 5 月，习近平主席在山西考察时强调：今年是决战决胜脱贫攻坚和全面建成小康社会的收官之年，要千方百计巩固好脱贫攻坚成果，接下来要把乡村振兴这篇文章做好，让乡亲们生活越来越美好。

6. C 【解析】本题考查文学常识。诗歌按题材可分为：怀古诗，田园诗，山水诗，送别诗，咏物诗，战争诗等。“海内存知己，天涯若比邻”的意思是四海之内有知心朋友，即使远在天边也如近在比邻。这首送别诗表现了诗人乐观宽广的胸襟和对友人的真挚情谊，也道出了诚挚的友谊可以超越时空界限的哲理，给人以莫大的安慰和鼓舞。故选 C。

7. B 【解析】本题考查科技常识。《天工开物》是世界上第一部关于农业和手工业生产的综合性著作，是中国古代一部综合性的科学技术著作，作者是明朝的宋应星。外国学者称它为“中国 17 世纪的工艺百科全书”。故选 B。

8. C 【解析】本题考查地理常识。三江源是长江、黄河、澜沧江三条大河的发源地。三江源自然保护区是我国海拔最高，面积最大的自然保护区。故选 C。

9. C 【解析】本题考查公文知识。《党政机关公文处理工作条例》第八条规定：“……(五)公告。适用于向国内外宣布重要事项或者法定事项。(六)通告。适用于在一定范围内公布应当遵守或者周知的事项……(八)通知。适用于发布、传达要求下级机关执行和有关单位周知或者执行的事项，批转、转发公文……”布告不是我国法定的公文文种。故选 C。

10. D 【解析】本题考查法理学知识。1950 年 5 月 1 日，新中国制定的第一部法律《中华人民共和国婚姻法》颁布实施。

11. B 【解析】本题考查民商法知识。我国《民法典》第三百九十五条规定：“债务人或者第三人有权处分的下列财产可以抵押：(一)建筑物和其他土地附着物；(二)建设用地使用权；(三)海域使用权；(四)生产设备、原材料、半成品、产品；(五)正在建造的建筑物、船舶、航空器；(六)交通运输工具；(七)法律、行政法规未禁止抵押的其他财产。抵押人可以将前款所列财产一并抵押。”该法典第三百九十九条规定：“下列财产不得抵押：(一)土地所有权；(二)宅基地、自留地、自留山等集体所有土地的使用权，但是法律规定可以抵押的除外；(三)学校、幼儿园、医疗机构等为公益目的成立的非营利法人的教育设施、医疗卫生设施和其他公益设施；(四)所有权、使用权不明或者有争议的财产；(五)依法被查封、扣押、监管的财产；(六)法律、行政法规规定不得抵押的其他财产。”故选 B。

12. A 【解析】本题考查时事政治。2020 年 6 月 30 日，《中华人民共和国香港特别行政区维护国家安全法》在香港刊宪公布，即日晚 11 时生效。故选 A。

二、多项选择题

1. ABCD 【解析】本题考查政治常识。广大人民在城乡居民群众自治组织依法直接行使民主选举、民主决策、民主管理、民主监督的权利，对所在基层组织的公共事务和公益事业实行民主自治，已经成为当代中国最直接，最广泛的民主实践。故选 ABCD。

2. ABD 【解析】本题考查时事政治。习近平总书记在企业家座谈会上指出：市场主体是我国经济活动的主要参与者、就业机会的主要提供者、技术进步的主要推动者，在国家发展中发挥着十分重要的作用。市场主体是经济的力量载体，保市场主体就是保社会生产力。要千方百计把市场主体保护好，激发市场主体活力，弘扬企业家精神，推动企业发挥更大作用实现更大发展，为经济发展积蓄基本力量。故选 ABD。

3. ABCD 【解析】本题考查时事政治。习近平总书记在中央政治局第二十一次集体学习时指出：各级党组织要提高政治领导力、思想引领力、群众组织力、社会号召力，把广大人民群众紧紧团结在党的周围。故选 ABCD。

4. BCD 【解析】本题考查文学知识。“宁可枝头抱香死，何曾吹落北风中”出自宋代郑思肖的《寒菊》，A 项错误。“忽然一夜清香发，散作乾坤万里春”出自元代王冕的《白梅》，B 项正确。“雪满山中高士卧，月明林下美人来”出自高启的《咏梅九首》，C 项正确。“疏影横斜水清浅，暗香浮动月黄昏”出自宋代林逋的《山园小梅二首》，D 项正确。故选 BCD。

5. ABCD 【解析】本题考查时事政治。2020 年 7 月 31 日，北斗三号开通，当天中共中央贺电指出，要大力弘扬“自主创新、开放融合、万众一心、追求卓越”的新时代北斗精神。以国为重是“北斗精神”的核心价值观。故选 ABCD。

6. ACD 【解析】本题考查国际经济学。国际货币基金组织会员国的国际储备，一般可分为四种类型：货币性黄金、外汇储备、在国际货币基金组织的储备头寸和特别提款权。故选 ACD。

7. ACD 【解析】本题考查公文知识。公文的基本组成部分有：发文机关、发文字号、标题、正文、成文日期、印发机关和印发日期、页码。故选 ACD。

8. ABD 【解析】本题考查公文的行文规则。可以越级行文的情形有：(1)遇有特殊重大紧急情况，如战争、自然灾害等，如逐级上报，可能会延误时机，造成重大损失时；(2)经多次请示直接上级，长期未得到解决的重大问题；(3)上级领导或领导机关交办，并指定越级直接上报的事项；(4)对直接上级机关或领导进行检举、控告；(5)直接上下级机关有争议，而无法解决的重大问题；(6)询问、联系无需经过直接上级机关的一些工作问题等。ABD 项符合越级行文的情况，故本题选 ABD。

9. BC 【解析】本题考查行政法知识。我国《行政强制法》第九条规定："行政强制措施的种类：(一)限制公民人身自由；(二)查封场所、设施或者财物；(三)扣押财物；(四)冻结存款、汇款；(五)其他行政强制措施。"故选 BC。

10. AD 【解析】本题考查社会法知识。我国《劳动合同法》第二十五条规定："除本法第二十二条和第二十三条规定的情形外，用人单位不得与劳动者约定由劳动者承担违约金。"该法第二十二条规定："用人单位为劳动者提供专项培训费用，对其进行专业技术培训的，可以与该劳动者订立协议，约定服务期。劳动者违反服务期约定的，应当按照约定向用人单位支付违约金。"该法第二十三条规定："用人单位与劳动者可以在劳动合同中约定保守用人单位的商业秘密和与知识产权相关的保密事项。对负有保密义务的劳动者，用人单位可以在劳动合同或者保密协议中与劳动者约定竞业限制条款，并约定在解除或者终止劳动合同后，在竞业限制期限内按月给予劳动者经济补偿。劳动者违反竞业限制约定的，应当按照约定向用人单位支付违约金。"故本题选 AD。

三、判断题

1. A 【解析】本题考查政治常识。习近平新时代中国特色社会主义思想是新时代中国共产党的思想旗帜，是国家政治生活和社会生活的根本指针，是当代中国的马克思主义、21 世纪的马克思主义。

2. B 【解析】本题考查十九大内容。十九大报告指出：中国特色社会主义最本质的特征是中国共产党领导，中国特色社会主义制度的最大优势是中国共产党领导。

3. B 【解析】本题考查政治常识。1956 年，对农业、手工业和资本主义工商业"三大改造"的基本完成，标志着我国社会主义制度的基本建立。社会主义制度的建立是中国历史上最深刻最伟大的社会改革。

4. A 【解析】本题考查十九大内容。党的十九大报告第一次把党的政治建设纳入党的建设总体布局，强调以党的政治建设为统领。

5. B 【解析】本题考查社会主义市场经济常识。我国的公有制经济不仅包括国有经济和集体经济，还包括混合所有制经济中的国有成分和集体成分。

6. A 【解析】本题考查微观经济。影响消费者需求的因素有：商品本身的价格，消费者的偏好，替代商品的价格和数量，互补品的数量和价格，消费者的收入，消费者对未来价格的预期等。其中，对消费者需求量影响最大的是价格因素。

7. B 【解析】本题考查宏观经济。拉动经济增长的"三驾马车"是投资、消费、出口。

8. A 【解析】本题考查历史常识。1920 年 8 月，《共产党宣言》第一个中文全译本在上海出版，为中国共产党的成立做了思想上的准备。它的首译者是陈望道。

9. B 【解析】本题考查文学常识。"清明时节雨纷纷，路上行人欲断魂"出自唐代杜牧的《清明》。

10. A 【解析】本题考查文化常识。甲骨文主要指殷墟甲骨文，又称为"殷墟文字""殷契"，是殷商时代刻在龟甲兽骨上的文字。

11. B 【解析】本题考查地理常识。秦岭—淮河一线是我国南北地理分界线。

12. A 【解析】本题考查地理常识。全球气候变暖最明显的后果是海平面上升。海平面上升是因冰川融化和海水热膨胀引起的海水上涨现象，它是长期缓慢进行的。海平面的上升会改变海岸线，给沿海地区带来巨大影响，海拔较低的沿海地区将面临被淹没的危险。

13. A 【解析】本题考查科技常识。人工智能是对人的意识、思维的信息过程的模拟。人工智能不是人的智能，但能像人那样思考。

14. A 【解析】本题考查科技知识。现代物理学的两大基本支柱为相对论和量子力学。

15. B 【解析】本题考查公文知识。不是所有的公文都要标注份号，涉密公文应当标注份号。

16. A 【解析】本题考查公文知识。任免干部的通知，用于向干部和群众传达任免事项，以履行规定的任免程序，并利于取得干部群众的监督与支持及方便工作联系。撰写这种通知，要求以简要的文字分条列项写明：任免干部的机关(会议)名称、日期与被任免人员的姓名与职务。这种通知的落款处由任免机关的领导人亲笔签署(或代以签名章)。

17. B 【解析】本题考查公文知识。通报适用于表彰先进、批评错误、传达重要精神和告知重要情况。财政部作为国务院的组成部门，向国务院建议在全国范围内展开一次税收财务大检查，可以用报告、请示或者意见，不能用通报。

18. A 【解析】本题考查宪法知识。我国《宪法》第八十四条规定："中华人民共和国主席缺位的时候，由副主席继任主席的职位。中华人民共和国副主席缺位的时候，由全国人民代表大会补选。中华人民共和国主席、副主席都缺位的时候，由全国人民代表大会补选；在补选以前，由全国人民代表大会常务委员会委员长暂时代理主席职位。"

19. B 【解析】本题考查行政诉讼知识。行政诉讼是指公民、法人或其他组织认为国家行政机关及工作人员的具体行政行为侵犯其合法权益时，依法向人民法院提起诉讼，并由人民法院对具体行政行为是否合法进行审查并做出裁判的活动和制度。执法车撞伤王某并不属于具体行政行为，而属于执行公务时，侵犯了王某的人身权。作为王某的法定代理人，其父母可以代他申请国家赔偿，而不是行政诉讼。

20. B 【解析】本题考查民法知识。我国《民法典》第四十三条规定："财产代管人应当妥善管理失踪人的财产，维护其财产权益。失踪人所欠税款、债务和应付的其他费用，由财产代管人从失踪人的财产中支付。"题干中的说法错误，失踪人被宣告死亡，才能发生继承。

四、简答题(参考答案)

1. 如何理解"人民是我们党执政的最大底气，是我们共和国的坚实根基，是我们强党兴国的根本所在"。

第一，人民是大山。中国拥有近 14 亿勤劳勇敢的人民，占世界人口六分之一之多，是世界人口第一大国。近 14 亿人民的力量是最磅礴的力量、最雄浑的力量、最无穷的力量，如同绵延不绝的巍巍高山，矗立在世界东方。人民是历史的见证者、历史的记录者、历史的创造者，是推动国家发展进步的力量源泉。

第二，人民是靠山。靠山，简言之，就是可依靠的强大力量。中国革命、建设、改革、发展的伟大实践有力证明，人民是党和国家的最强大靠山。党和国家背靠这座大山，必将无往而不胜，直抵中华民族伟大复兴的理想彼岸。

第三，人民是泰山。泰山自古都是稳固、安定的代名词，泰山稳就是社稷稳定、政权稳固、国家昌盛、民族团结的象征。近 14 亿中国人民是共和国的宝贵财富、无穷财富、最大财富，是共和国 960 万平方公里广袤大地的压舱石、寿山石、泰山石。有了这样的人民，国家必定稳如泰山，坚如磐石，有了这样的人民，国家必定基业长青、事业兴旺、政权稳固、繁荣昌盛、民族富强、民族必然复兴。

2. 简述颁布实施民法典的重大意义。

民法典，我国第一部以法典命名的法律。这部民法典的颁布，是坚持和完善中国特色社会主义制度的现实需要，是推进全面依法治国、推进国家治理体系和治理能力现代化的一个重大举措，是坚持和完善社会主义基本经济制度、推动经济高质量发展的客观要求，是增进人民福祉、维护最广大人民民事权利的一个必然要求，具有重大的现实意义和深远的历史意义。

第一，民法典的颁布是新时代中国立法进程的重大工程。民法典的编纂与出台是新时代中国特色社会主义法治进程中科学立法、民主立法、依法立法的重要里程碑，对坚持以人民为中心的发展思想、依法维护人民权益、推动我国人权事业发展，推进国家治理体系和治理能力现代化，具有重大意义。

第二，民法典的颁布是新时代全面依法治国的必然要求。民法典是全面依法治国的重要制度载体，很多规定同有关国家机关直接相关，直接涉及公民和法人的权利义务关系。国家机关履行职责、行使职权必须清楚自身行为和活动的范围和界限。各级党和国家机关开展工作要考虑民法典规定，不能侵犯人民群众享有的合法民事权利，包括人身权利和财产权利。同时，有关政府机关、监察机关、司法机关要依法履行职能、行使职权，保护民事权利不受侵犯、促进民事关系和谐有序。民法典实施水平和效果，是衡量各级党和国家机关履行为人民服务宗旨的重要尺度。

第三，民法典的颁布是坚持以人民为中心的必由之路。民法是权利法。以人民为中心，就要实现好、维护好、发展好人民的权利。人民的核心利益和重大关切主要体现在形形色色、内容各异的权利当中，人民的权利得到了实现、维护和发展，其根本利益也就得到了保障。民法典的立法宗旨和目的就是充分反映人民群众的意愿，保障私权，维护广大人民群众的利益。

五、连线题

1. 政治路线——党所遵循的最根本的指导原则和思想基础
思想路线——党制定各项具体方针政策的根本指南
组织路线——党制定的关于组织工作总的原则和方针
群众路线——党的一切工作的根本出发点和归宿

2. 贾宝玉——天真率直，多愁善感，至死不渝
林黛玉——主张人人平等，尊重个性
薛宝钗——遵循传统道德，等级观念浓厚
王熙凤——精明强干，泼辣狠毒

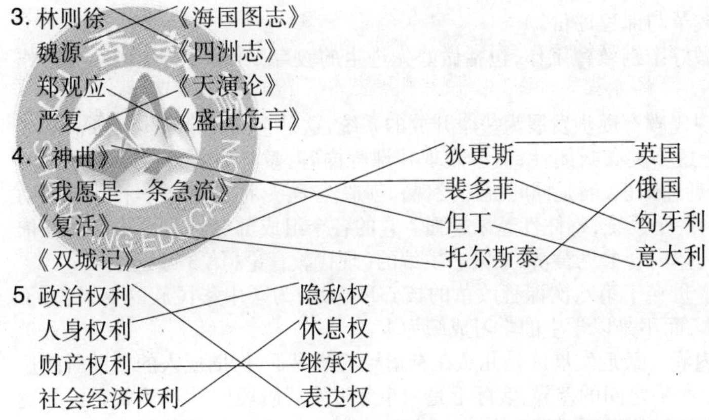

2020 年山西省忻州市教育局直属中小学校教师招聘考试真题试卷（六十七）

一、单项选择题

1. A 【解析】本题考查时政知识。习近平总书记强调，加强党的领导是做好教育工作的根本保证。

2. C 【解析】本题考查时政知识。习近平总书记强调，服务经济社会发展全局是教育的重要使命。建设社会主义现代化强国，发展是第一要务，创新是第一动力，人才是第一资源。

3. C 【解析】本题考查教育政策知识。中共中央办公厅、国务院办公厅印发的《加快推进教育现代化实施方案（2018～2022 年）》中指出，加快推进教育现代化的指导思想是：以习近平新时代中国特色社会主义思想为指导，全面贯彻党的十九大和十九届二中、三中全会精神，以培养社会主义建设者和接班人为根本任务，以全面加强党对教育工作的领导为根本保证，以促进公平和提高质量为时代主题，围绕加快推进教育现代化这一主线，聚焦教育发展的战略性问题、紧迫性问题和人民群众关心的问题，统筹实施各类工程项目和行动计划，着力深化改革、激发活力，着力补齐短板、优化结构，更好发挥教育服务国计民生的作用，确保完成决胜全面建成小康社会教育目标任务，为推动高质量发展、实现 2035 年奋斗目标夯实基础。因此，A、B、D 三项表述正确，故答案选 C 项。

4. B 【解析】本题考查法律法规知识。根据《中华人民共和国义务教育法》第二条规定可知，义务教育是国家统一实施的所有适龄儿童、少年必须接受的教育，是国家必须予以保障的公益性事业。故 A 项说法错误。到 2008 年年底，我国不仅实现了义务教育的全面普及，而且实现了义务教育的全面免费，这是我国普及义务教育的伟大成就。但我国的义务教育也存在发展不平衡的问题，促进义务教育均衡发展已经成为我国现阶段教育改革和发展的重大任务。在完全普及九年义务教育以后，普及高中阶段教育就成为教育发展的重要趋势。故 B 项说法正确，D 项说法错误。根据《中华人民共和国教师法》第二十五条规定可知，教师的平均工资水平应当不低于或者高于国家公务员的平均工资水平，并逐步提高。故 C 项说法错误。因此，答案选 B 项。

5. B 【解析】本题考查《学生伤害事故处理办法》。根据《学生事故处理办法》第二条规定，在学校实施的教育教学活动或者学校组织的校外活动中，以及在学校负有管理责任的校舍、场地、其他教育教学设施、生活设施内发生的，造成在校学生人身损害后果的事故的处理，适用本办法。因此，学生自行组织的校外活动不属于《学生伤害事故处理办法》的适用范围。

6. D 【解析】本题考查《新时代中小学教师职业行为十项准则》。根据《新时代中小学教师职业行为十项准则》可知，“坚持言行雅正”的准则包括：为人师表，以身作则，举止文明，作风正派，自重自爱；不得与学生发生任何不正当关系，严禁任何形式的猥亵、性骚扰行为。故答案选 D 项。而 A 项属于“关心爱护学生”的准则，B 项属于“自觉爱国守法”的准则，C 项属于“潜心教书育人”的准则。

7. C 【解析】本题考查《中小学教师职业道德规范》（2008 年修订）中的“为人师表”。为人师表是教师职业的内在要求。“学为人师，行为世范”是教师职业最基本的原则。倡导为人师表，就是要求教师言传身教，以身立教，言行一致。教师的一言一行、一举一动，都会对学生产生潜移默化的影响。教师在学生心目中就像一面镜子，无论学识、思想、境界、品德，还是好恶，都可能影响到学生。所以，教师在教学过程中起到表率作用，其中最重要的是言行一致。

8. A 【解析】本题考查教师职业道德的功能。教师职业道德对教师工作具有促进功能。教师职业道德对教师教育行为的调节主要是通过社会舆论和内心信念这两种形式来实现的。

9. A 【解析】本题考查 2008 年修订的《中小学教师职业道德规范》。爱岗敬业的师德规范要求教师对工作高度负责，认真备课上课，认真批改作业，认真辅导学生，不得敷衍塞责。李老师即使被学生家长辱骂和投诉，还是努力做好本职工作，这是爱岗敬业的表现。

10. B 【解析】本题考查教师劳动的特点。教师劳动的示范性指教师的言行举止，如人品、才能、治学态度等都会成为学生学习的对象。张老师不顾个人安危救助学生的行为对全体学生产生的积极影响，体现了教师劳动的示范性。

11. B 【解析】本题考查《中华人民共和国义务教育法》。根据《中华人民共和国义务教育法》第三十五条规定可知，学校和教师按照确定的教育教学内容和课程设置开展教育教学活动，保证达到国家规定的基本质量要求。国家鼓励学校和教师采用启发式教育等教育教学方法，提高教育教学质量。

12. A 【解析】本题考查运用讨论法的基本要求。运用讨论法的基本要求有：讨论前，教师应提出有吸引力的讨论题目，并明确讨论的具体要求，指导学生收集有关资料；讨论时，教师要善于引导学生围绕中心，联系实际，自由发表意见，并让每个学生都有发言机会；讨论结束后，教师要进行小结，并提出需要进一步思考的问题。所以只有 A 项符合题意。B 项属于运用讲授法的基本要求，C 项属于运用练习法的要求，D 项属于运用演示法的要求。

13. C 【解析】本题考查新课程背景下教师教学行为的变化。在对待自我上，新课程强调反思；在对待与其他教育者的关系上，新课程强调合作；在对待师生关系上，新课程强调尊重、赞赏；在对待教学关系上，新课程强调帮助、引导。所以答案选 C 项。

14. B 【解析】本题考查新课程理念中的教学原则。资源性原则是指，所有的媒体展现出来的资源，都服务于课标，它替代不了课本，也不能取代教师的地位。媒体素材只能是师生共享的资源。如在生物教学中，经常把收集的各种数码图片、影视素材片段调用到课堂的某一环节中，探究中有生趣，课堂活跃而不乱，学生在轻松愉快中学到了知识。反之，整节课全面运用媒体，教师和学生两个主体的个性被扼杀在媒体的主导中。所以答案选 B 项。

15. A 【解析】本题考查课外活动的意义。课外活动是因材施教、发展学生个性特长的广阔天地。与课堂教学相比，课外活动更有利于发展学生的个性。

16. C 【解析】本题考查课程的定义。实践性课程理论认为，课程不是静态的物（教材、教具等），而是教师、学生、教材、环境之间动态交互作用的“完整文化”，是一个动态平衡的“生态系统”，教师与学生是课程意义的创造者和主体。（具体内容参见全国十二所重点师范大学联合编写的《课程论》）

17. B 【解析】本题考查课程内容选择的原则。生活效用准则又称社会效率原则，它以个人的社会生活为着眼点，认为对人生有用的内容为好内容。斯宾塞、博比特等人持此观点。在他们看来，凡是能促进人生各类活动的课程与教学内容，即为具备社会效率的内容，即为有用的课程教学内容。该原则的特点是重视个人的生活需要，而忽视学习者的本性、兴趣与当前需要，而且也忽视了社会发展需要及社会应有的方向。（具体内容参见钟启泉主编的《课程与教学概论》）

18. C 【解析】本题考查非正式评价的概念。非正式评价是指在日常教学活动中，在评价者和评价对象的相互接触、互动过程中，评价者以观察和交流为主要方式，不断地了解评价对象，进而在有意或无意之间形成对评价对象的某种看法和判断的一种评价类型。非正式评价所提供的是关于评价对象全面的、活生生的信息，而不是死板静止的分数。（具体内容参见黄甫全主编的《现代课程与教学论学程（下）》）

19. C 【解析】本题考查建构主义学习理论。建构主义认为，知识的意义就在于学习者的主动建构性，知识无法通过直接的传递而实现。故本题答案选 C 项。

20. B 【解析】本题考查气质的类型。胆汁质气质类型的特征表现为：精力旺盛，反应迅速；情感体验强烈，情绪发生快而强，易冲动，但平息也快；直率爽快，开朗热情，外向但急躁易怒，往往缺乏自制力；有顽强拼劲和果敢性，但缺乏耐心。因此，题干中对孙悟空气质类型的描述，符合胆汁质气质类型的表现。（具体内容参见卢家楣主编的《心理学与教育理论和实践》）

21. D 【解析】本题考查布鲁纳的学习理论。布鲁纳提出了发现教学法，斯金纳提出了程序教学法，罗杰斯提出了非指导性教学模式，布卢姆提出了掌握学习模式。故本题答案选 D 项。

22. A 【解析】本题考查注意的品质。注意广度的大小主要取决于一个人已有的经验和知识。经验愈多，知识愈广，就愈善于组织所感知的对象，把它们联系成一个整体来感知。

23. C 【解析】本题考查想象的类型。再造想象是依据词语或符号的描述、示意在头脑中形成与之相应的新形象的过程。人在阅读文艺作品、历史文献，工人看建筑或机械图纸，学生听教师对课文生动形象的描述时，头脑中出现的有关事物的形象，都属于再造想象。因此，题干中阅读诗句所产生的形象，就是一种再造想象。

24. B 【解析】本题考查巴甫洛夫的经典性条件作用规律。分化抑制是指只对条件刺激物加以强化，对类似刺激物不予强化，使类似刺激物引起的反应受到抑制。题干中对“已”“巳”的区分，是只对条件刺激做出反应的过程，故属于分化抑制。

25. B 【解析】本题考查技能与习惯的区别。技能与习惯的区别表现在：（1）技能是越来越向一定的标准动作体系提高，而习惯则越来越保持原来的动作组织情况。（2）技能有高级、低级之分，但没有好坏之别。习惯则不同，它根据对个人和社会的意义有好坏之分。(3)技能和一定的情境、任务都有联系,而习惯只和一定的情境相联系。(4)技能要与一定的客观标准做对照,而与习惯做对照的,则只是上一次的动作。因此,B项中说技能没有高级、低级之分的说法是错误的。

二、多项选择题

26. ABD 【**解析**】本题考查《中国教育现代化2035》。《中国教育现代化2035》提出了推进教育现代化的八大基本理念:更加注重以德为先,更加注重全面发展,更加注重面向人人,更加注重终身学习,更加注重因材施教,更加注重知行合一,更加注重融合发展,更加注重共建共享。故答案选A、B、D三项。

27. BCD 【**解析**】本题考查《中华人民共和国教育法》。根据《中华人民共和国教育法》第五十一条规定可知,广播、电视台(站)应当开设教育节目,促进受教育者思想品德、文化和科学技术素质的提高。

28. AB 【**解析**】本题考查教师职业道德的基本原则。"师也者,教之以事而喻诸德者也"的意思是:教师的职责是既要教学生有关具体事物的知识,又要让学生知晓立身处世的品德。这说明教师职业道德要求具有教书和育人的双重性。"师者,所以传道授业解惑也"的意思是:老师,是(可以)依靠来传授道理、教授学业、解答疑难问题的。这两项都体现了教师职业道德的教书育人原则。C项体现了教师职业道德的为人师表原则。D项体现的是一种谦虚的学习态度。

29. BC 【**解析**】本题考查教师职业道德的相关内容。严谨治学、不断进取是师德的生命,也是教师应具备的业务素质。严谨治学,是指教师要具有坚实的知识功底和对待科学的严肃态度。必须做到勤奋学习,不断钻研业务,力求精益求精,不断进取,努力提高自身的知识素养和业务能力。

30. ABD 【**解析**】本题考查班主任工作的相关内容。精深的专业知识和广博的相关学科知识是班主任开展工作的理论基础。班主任要注重知识的日积月累;注重总结经验教训,在不断学习中提高教育理论素养。C项表述错误。

31. ACD 【**解析**】本题考查课程资源开发与利用的基本原则。关于课程资源开发与利用的基本原则有多种表述,其中之一为:(1)优先性原则;(2)经济性原则;(3)适应性原则;(4)共享性原则。

32. ACD 【**解析**】本题考查情感的分类。从情感的社会内容角度来看,人类的情感有道德感、美感和理智感三种形式。

33. BCD 【**解析**】本题考查情绪的相关知识。应激是出乎意料的紧迫情况所引起的急速而高度紧张的情绪状态,故A项说法错误。激情是一种爆发式的、猛烈而时间短暂的情绪状态,故B项说法正确。心境是一种微弱的、持续时间较长的,带有弥漫性的情绪状态,故C项说法正确。愉快是大脑释放出类似快乐的电流的情绪状态,故D项说法正确。故答案选B、C、D三项。

三、判断题

34. √ 【**解析**】本题考查政治知识。改革创新是时代发展的不竭动力,只有坚持深化改革不动摇,不断释放制度红利,才能使我国教育越办越好、实现由教育大国到教育强国的历史跨越。故题干说法正确。

35. × 【**解析**】本题考查《中国教育现代化2035》。《中国教育现代化2035》中指出,要推动各级教育高水平高质量普及。提升高中阶段教育普及水平,推进中等职业教育和普通高中教育协调发展,鼓励普通高中多样化有特色发展。故题干说法错误。

36. × 【**解析**】本题考查教育法规的体系结构。教育法规按适用范围和法律效力的大小分为以下七个层次:(1)宪法中的教育条款;(2)教育法;(3)教育方面的其他法律和其他法律中的教育条款;(4)教育行政法规;(5)教育规章;(6)地方性教育法规;(7)地方性教育规章。因此,题干中的说法是错误的。(具体内容参见龚德隆主编的《学校法律实务大全》)

37. × 【**解析**】本题考查教师职业道德教育的方法。说理疏导法是指在教师职业道德教育中广开言路、循循善诱、说服教育,引导教师不断提高自己的道德觉悟,以满足社会对教师的职业道德要求的教育方法。

38. √ 【**解析**】本题考查《新时代中小学教师职业行为十项准则》。根据《新时代中小学教师职业行为十项准则》中提出的"潜心教书育人"的准则可知,教师不得违反教学纪律,敷衍教学,或擅自从事影响教育教学本职工作的兼职兼薪行为。故题干说法正确。

39. √ 【**解析**】本题考查教师职业道德的特点。教师职业道德具有强烈的责任感,这是教师自觉、积极职业态度形成的基础,是教师教育、教学和自身发展的重要精神动力。

40. √ 【**解析**】本题考查个体身心发展的规律。人的发展的顺序性是客观的、不以人的意志为转移的,教育工作要遵循这种顺序性,循序渐进地促进人的发展。所以题干表述正确。

41. × 【**解析**】本题考查个体身心发展的动因。外铄论认为人的发展主要依靠外在的力量,诸如环境的刺激和要求、他人的影响和学校的教育等。所以题干所述不属于外铄论的基本观点。

42. √ 【**解析**】本题考查教学大纲的概念。"教学大纲"是一门课程的纲要结构,是以纲要的形式规定有关学科内容的指导性文件,它规定了各门学科的目的、任务、内容、范围、体系、教学进度、时间安排以及对教学方法的要求等,教学大纲是国家对各科教学内容所规定的统一要求,是编制教材的直接依据和进行教学工作、考核教学效果的基本指南。(具体内容参见陈玉琨等著的《课程改革与课程评价》)

43. × 【**解析**】本题考查个别教育工作。班主任做好个别教育工作,包括做好先进生的教育工作、中等生的教育工作和后进生的教育工作。

44. √ 【**解析**】本题考查现代社会教育的特征。现代教育逐步发展为一个开放的系统,这是它的一个基本特征。现代教育的开放性不仅表现在制度上和组织形式上逐步突破封闭性,而且表现在课程内容、教学方法等也不再是封闭的了,不再局限于课堂内教师传授固定的已知真理知识,而是同时提倡发现和创造性学习,把课堂教学和课外活动以及广阔的生活天地联系起来。现代教育作为一个系统,整体性越来越强。它的各个组成部分和各个方面相互依存,联系越来越密切。所以题干表述正确。(具体内容参见黄济、王策三主编的《现代教育论(第3版)》)

45. × 【**解析**】本题考查新课程改革的核心理念。贯穿于第八次课程改革的核心理念是:为了中华民族的复兴,为了每位学生的发展。新课程改革倡导以学生为本,而不是以学生的学习成绩为本。

46. × 【**解析**】本题考查关键期和最近发展区的内涵。最近发展区是儿童在有指导的情况下,借助成人的帮助所能达到的解决问题的水平与独自解决问题所达到的水平之间的差异,实际上是两个邻近发展阶段间的过渡状态。关键期是指人的某种身心潜能在某一年龄段有一个最好的发展时期。在这一时期内,对个体某一方面进行训练可以获得最佳成效,并能充分发挥个体在这一方面的潜力。因此,题干所述体现了关键期的内涵。

47. × 【**解析**】本题考查韦纳的成败归因理论。根据韦纳的归因理论可知,如果一个人将失败归因于缺少能力,则会产生羞愧和内疚,并且长期归因于能力,还会形成一种习得性无助的自我感觉。故题干说法错误。

48. √ 【**解析**】本题考查安德森的心智技能形成理论。著名认知心理学家安德森认为,心智技能(智慧技能或智力技能)的形成需经过三个阶段,即认知阶段、联结阶段和自动化阶段。

49. √ 【**解析**】本题考查心智技能的内涵。心智技能又称智慧技能或智力技能,它是一种借助于内部言语在头脑中进行的智力活动方式,它是按照合理、完善的程序组织起来的。故题干所述体现了心智技能的内涵。

50. × 【**解析**】本题考查学习动机的种类。附属内驱力是指个体为了获得长者们(如家长、教师)的赞许或认可而表现出把工作、学习做好的一种需要。因此,附属内驱力是一种间接的学习需要,属于外部动机。

51. × 【**解析**】本题考查感觉的规律。感觉适应是指感受器在刺激物的持续作用下,引起感受性暂时起伏波动的现象;感觉对比是指同一感受器在不同刺激物的作用下,感受性发生起伏波动的现象。因此,题干所述为感觉适应的内涵,故题干说法错误。

52. √ 【**解析**】本题考查直觉思维的相关知识。直觉思维的成效取决于人对事物的洞察力和理解力,并与思维者知识经验的丰富程度有密切的关系。因此,知识经验丰富的人在其领域内有较高的直觉思维水平。

53. √ 【**解析**】本题考查认知方式的特点。场独立型学习者善于从整体中分析出各个元素,喜欢学习无结构的材料,喜欢个人独自学习,不太容易受外界的影响,对于他人的评价有自己的看法,不受外界环境的干扰。故题干说法正确。

2020年广东省广州市花都区教师招聘考试真题试卷(六十八)

一、单项选择题

1. A 【**解析**】本题考查党的十九大相关知识。习近平总书记在党的十九大报告中指出,实现中华民族伟大复兴是近代以来中华民族最伟大的梦想。中国共产党一经成立,就把实现共产主义作为党的最高理想和最终目标,义无反顾肩负起实现中华民族伟大复兴的历史使命,团结带领人民进行了艰苦卓绝的斗争,谱写了气吞山河的壮丽史诗。

2. D 【**解析**】本题考查党的十九大相关知识。在十九大报告中,习近平总书记对中国特色社会主义道路、理论体系、制度、文化的重大意义和深刻内涵作出了新的论述,指出"中国特色社会主义道路是实现社会主义现代化、创造人民美好生活的必由之路,中国特色社会主义理论体系是指导党和人民实现中华民族伟大复兴的正确理论,中国特色社会主义制度是当代中国发展进步的根本制度保障,中国特色社会主义文化是激励全党全国各族人民奋勇前进的强大精神力量"。

3. B 【**解析**】本题考查党的十九大相关知识。党的十九大报告指出,十八大以来的五年,脱贫攻坚战取得决定性进展,6000多万贫困人口稳定脱贫,贫困发生率从10.2%下降到4%以下。

4. B 【**解析**】本题考查习近平新时代中国特色社会主义思想相关知识。实现全体人民共同富裕的宏伟目标,最终靠的是发展。发展是基础,唯有发展才能满足人民对美好生活的热切向往。没有发展,没有扎扎实实的发展成果,共同富裕就无从谈起。

5. A 【**解析**】本题考查习近平新时代中国特色社会主义思想相关知识。习近平总书记指出:"群众路线是我们党的生命线和根本工作路线,是我们党永葆青春活力和战斗力的重要传家宝。"不论过去、现在和将来,我们都要坚持一切为了群众,一切依靠群众,从群众中来,到群众中去,把党的正确主张变为群众的自觉行动,把群众路线贯彻到治国理政全部活动之中。坚持群众路线,核心的问题是党要始终保持同人民群众的血肉联系,一刻也不脱离群众。

6.D 【解析】本题考查习近平总书记关于现代化经济体系重要思想相关知识。实体经济是一国经济的立身之本，是财富创造的根本源泉，是国家强盛的重要支柱。习近平总书记在主持中央政治局第三次集体学习时提出，要大力发展实体经济，筑牢现代化经济体系的坚实基础，与党的十九大报告中关于"建设现代化经济体系，必须把发展经济的着力点放在实体经济上"的论述一脉相承，是党中央立足全局、面向未来作出的重大战略抉择。

7.C 【解析】本题考查习近平新时代中国特色社会主义思想相关知识。习近平总书记指出："改革开放是决定当代中国命运的关键一招，也是决定实现'两个一百年'奋斗目标、实现中华民族伟大复兴的关键一招。"改革开放已成为当代中国最鲜明的特色、当代中国共产党人最鲜明的品格。

8.B 【解析】本题考查《中华人民共和国义务教育法》的具体条文。根据《中华人民共和国义务教育法》第十一条规定，凡年满六周岁的儿童，其父母或者其他法定监护人应当送其入学接受并完成义务教育；条件不具备的地区的儿童，可以推迟到七周岁。故B项错误。第十二条规定，适龄儿童、少年免试入学。地方各级人民政府应当保障适龄儿童、少年在户籍所在地学校就近入学。县级人民政府教育行政部门对本行政区域内的军人子女接受义务教育予以保障。故A、D项正确。第十三条规定，县级人民政府教育行政部门和乡镇人民政府组织和督促适龄儿童、少年入学，帮助解决适龄儿童、少年接受义务教育的困难，采取措施防止适龄儿童、少年辍学。故C项正确。

9.B 【解析】本题考查《中华人民共和国教师法》的相关知识。根据《中华人民共和国教师法》第八条规定，教师应当履行下列义务：(1)遵守宪法、法律和职业道德，为人师表；(2)贯彻国家的教育方针，遵守规章制度，执行学校的教学计划，履行教师聘约，完成教育教学工作任务；(3)对学生进行宪法所确定的基本原则的教育和爱国主义、民族团结的教育，法制教育以及思想品德、文化、科学技术教育，组织、带领学生开展有益的社会活动；(4)关心、爱护全体学生，尊重学生人格，促进学生在品德、智力、体质等方面全面发展；(5)制止有害于学生的行为或者其他侵犯学生合法权益的行为，批评和抵制有害于学生健康成长的现象；(6)不断提高思想政治觉悟和教育教学业务水平。李老师的做法阻碍学生在品德、智力、体质等方面全面发展，故选B项。

10.A 【解析】本题考查初中学生法制教育的内容。初中学生法制教育的内容包括：(1)进一步学习宪法的基本知识，增强宪法意识。(2)知道法治精神体现了社会公平、正义的要求，反映了人与人之间的平等关系。(3)理解我国公民权利的广泛性、现实性、平等性，懂得公民在享有权利的同时必须履行相应的法定义务，懂得不承担法定义务或触犯法律要承担法律责任。(4)懂得法律维护社会秩序，能够协调人与自然、人与社会的协调发展。着重了解与学生生活密切相关的刑事、民事、行政管理等方面的法律知识。(5)了解预防未成年人犯罪法的有关内容，知道违法和犯罪的含义，认识违法犯罪的危害，知道不良行为容易导致违法犯罪，违法犯罪会受到法律的惩罚。抵制不良诱惑，养成遵纪守法的习惯。懂得未成年人要在保证自身安全的条件下见义勇为，知道揭发检举、及时报警、正当防卫等是同犯罪作斗争的有效手段。(6)懂得未成年人权益应当受到国家保护，知道未成年人保护法关于家庭保护、学校保护、社会保护、司法保护的主要内容，掌握自我保护和维权的方法，学会采用诉讼或者非诉讼方式维护合法权益。A项符合题意。B、C、D项属于小学生法制教育的内容。

11.D 【解析】本题考查《国家教育考试违规处理办法》相关知识。根据《国家教育考试违规处理办法》第五条规定，考生不遵守考场纪律，不服从考试工作人员的安排与要求，有下列行为之一的，应当认定为考试违纪：(1)携带规定以外的物品进入考场或者未放在指定位置的；(2)未在规定的座位参加考试的；(3)考试开始信号发出前答题或者考试结束信号发出后继续答题的；(4)在考试过程中旁窥、交头接耳、互打暗号或者手势的；(5)在考场或者教育考试机构禁止的范围内，喧哗、吸烟或者实施其他影响考场秩序的行为的；(6)未经考试工作人员同意在考试过程中擅自离开考场的；(7)将试卷、答卷(含答题卡、答题纸等，下同)、草稿纸等考试用纸带出考场的；(8)用规定以外的笔或者纸答题或者在试卷规定以外的地方书写姓名、考号或者以其他方式在答卷上标记信息的；(9)其他违反考场规则但尚未构成作弊的行为。

12.C 【解析】本题考查《新时代中小学教师职业行为十项准则》相关知识。《新时代中小学教师职业行为十项准则》中坚定政治方向准则即坚持以习近平新时代中国特色社会主义思想为指导，拥护中国共产党的领导，贯彻党的教育方针；不得在教育教学活动中及其他场合有损害党中央权威、违背党的路线方针政策的言行。

13.B 【解析】本题考查《新时代中小学教师职业行为十项准则》相关知识。《新时代中小学教师职业行为十项准则》中坚守廉洁自律准则即严于律己，清廉从教；不得索要、收受学生及家长财物或参加由学生及家长付费的宴请、旅游、娱乐休闲等活动，不得向学生推销图书报刊、教辅材料、社会保险或利用家长资源谋取私利。题干中的李老师参加了学生小林的升学宴并接受了小林父母送的现金红包。这种行为违背了坚守廉洁自律的准则。

14.D 【解析】本题考查人的发展的特点。人在发展过程中会表现出人所特有的能动性，这种能动性具体表现在人的能动、自主、自觉、自决和自我塑造等方面。其具体体现之一是人在其发展过程中是自决的，这是人发展自主性的重要表现。

15.A 【解析】本题考查教育的社会流动功能的意义。教育的社会流动功能对个人、社会以及教育来说均具有重要意义。其中，对个人来说，通过教育的社会流动功能，可以充分调动个人的积极性、创造性，找到更好的工作地点、单位、岗位与境遇，在职务、薪酬与地位上获得逐步晋级与提升，得到多方面的个人利益与家庭的幸福，或实现更为崇高的目标与理想。

16.C 【解析】本题考查教育目的价值取向的基本类型。社会本位论的代表人物主要有德国哲学家那托尔普、法国思想家涂尔干、德国教育家凯兴斯泰纳等。社会本位论的主要观点之一是个人的一切发展都有赖于社会，正如那托尔普所说："在事实上个人是不存在的，因为人之所以为人，是因为他生活于人群之中，并且参加社会生活。"

17.D 【解析】本题考查学科课程相关知识。学科课程的历史悠久，影响深远，既是学校教育的产物，也是科学技术发展与分化的产物。至今，它在课程设置上仍是主流。

18.B 【解析】本题考查课程目标相关知识。课程目标技能中的模仿水平即在原型示范和具体指导下完成操作；对所提供的对象进行模拟、修改等。行为动词包括：模拟、重复、再现、模仿、例证、临摹、扩展、缩写等。

19.A 【解析】本题考查德育原则。题干的做法违背了理论和生活相结合原则。有的人强调要使某种理论、观念、思想"进教材""进课堂""进试卷"，就很值得深思。因为，尽管可以组织编写教材，可以命令学校开设课程，可以命令教师必须教、学生必须学，甚至学生也能做到下笔答题、口头复述；但是不是进了学生的头脑，成为学生的思想并见诸行动，则问题很大。之所以如此，一个重要原因就在于这种做法脱离学生生活实际，硬是把某种理论强加给学生，迫使学生认同；而不是让理论与学生生活对话，以便学生在学习中体验到理论为生活所必需，产生道德情感。

20.A 【解析】本题考查学校体育任务相关知识。学校体育的根本任务是发展学生体力，增强学生体质，这是学校体育与学校其他活动最根本的区别。增强学生体质主要包括以下内容：(1)使学生具有健壮的体格，不仅生长发育良好，而且要形成健美的体形和正确的姿态；(2)全面发展学生的体能，包括身体素质(速度、力量、灵敏、耐力、柔韧)和身体基本活动能力(走、跑、跳、投掷、攀登、爬越)；(3)提高学生对自然环境的适应能力。

21.D 【解析】本题考查综合实践活动的特征。综合实践活动的主题、活动方式、活动过程，都是学生在教师的指导下，从他们的现实生活情境中自主确定和设计的，具有鲜明的自主性。

22.B 【解析】本题考查班主任素质的要求。班主任不仅应具有教师的一般素养，而且应有做一个班主任的特殊品质：(1)要有为人师表的风范；(2)要相信教育的力量；(3)要有家长的情怀；(4)要有较强的组织亲和力；(5)要能歌善舞、多才多艺。

23.C 【解析】本题考查教师劳动的价值。教师劳动具有极其丰富的个人价值，有一般劳动所享受不到的乐趣。这种乐趣来自学生平日的点滴进步，来自桃李满天下，来自学生毕业后对社会的贡献。难怪孟子说"君子有三乐"，"得天下英才而教育之"便是其中一乐。

24.D 【解析】本题考查学校管理人性化相关知识。学校中的人性化管理是指学校管理工作要以人为本，关注人的情感、满足人的需要、崇尚人的价值、尊重人的主体人格和地位。为了把这种理念付诸实施，第一，要考虑人的因素，一切要从人的实际出发；第二，要考虑个体差异，懂得每个人都有自己的思想、情感、兴趣和爱好；第三，要强调人的内在价值，通过激励的方式来提高工作效率；第四，要努力构建一种充满尊重、理解和信任的人际环境，增强教职工和学生的集体归属感；第五，要加强校园文化环境建设，充分发挥校园文化的管理和育人功能；第六，要转变管理观念和管理方式，贯彻管理即育人、管理即服务的思想。

25.A 【解析】本题考查皮亚杰的认知发展阶段理论。皮亚杰认为，个体的认知发展一般要经历四个阶段：(1)感觉运动阶段(从出生到2岁)，即从被动反应到积极而有意的主动反应，"客体永久性"概念的形成，通过操纵物体来了解其属性，该阶段形成了以后复杂认知结构的基础；(2)前运算阶段(2~7岁)，即发展了运用符号来表征客观物体的能力，认知具有如下特点：具体形象性、不可逆性、刻板性、自我中心主义；(3)具体运算阶段(7~11岁)，即掌握了一定的逻辑运算能力，但只能将逻辑运算应用于具体的事物，还不能扩展到抽象的概念，儿童的认知具有守恒性、逆向性、结合性、同一性和重复性；(4)形式运算阶段(11岁以后)，即能够进行抽象思维和纯符号思维，此阶段个体认知发展的特点是具有假设—演绎推理能力、命题推理能力、组合分析能力。所以，A项符合题意。

26.B 【解析】本题考查托马斯、切斯的气质类型说。托马斯和切斯将大部分儿童的气质分为容易型、慢活跃型、困难型。托马斯等人认为，容易型气质类型的儿童饮食、大小便、睡眠都很有规律；心境、情绪比较愉快、积极；乐于探究新事物，在新事物与陌生人跟前表现出适度的紧张，对环境的变化容易适应。故小华属于容易型的气质类型。

27.D 【解析】本题考查亲社会行为的习得途径。亲社会行为的习得途径包括：(1)移情反应的条件化。移情训练的具体方法有听故事、引导理解、续编故事、扮演角色等。(2)直接训练。它是指教师利用一切学习和游戏活动，引导训练学生在实践中表现出合作、谦让、共享等良好行为。(3)观察学习。根据班杜拉的观点，对亲社会行为影响最大的是社会榜样。因此，树立一定的榜样，使学生有意无意地进行模仿，可以有效促进学生亲社会行为的形成与发展。教师在日常生活中教孩子如何分享食物，这是通过直接训练来培养学生的亲社会行为。

28.C 【解析】本题考查奥苏贝尔关于学习的分类。奥苏贝尔从两个维度对学习做了区分：从学生学习的方式上，将学习分为接受学习与发现学习；从学习内容与学习者认知结构的关系上，又将学习分为有意义学习(意义学习)和机械学习。接受学习是指人类个体经验的获得是来源于学习活动中主体对他人经验的接受，把别人发现的经验经过其掌握、占有或吸收,转化为自己的经验。背乘法表是将别人发现的经验转化成自己的经验,故属于接受学习。在机械学习中,学习者没有理解学习符号的真实含义,只是在学习内容与已有的知识结构之间建立一种非本质的、人为的联系。背乘法表属于机械学习。

29. A 【解析】本题考查刺激分化的概念。只对条件刺激做出条件反应,而对其他相似刺激不做反应,这属于刺激的分化。分化是对事物的差异的反应。赵老师引导学生分辨勇敢和鲁莽、谦让和退缩,这符合刺激的分化原理。

30. B 【解析】本题考查影响自我效能感的因素。影响自我效能感的因素包括:(1)直接经验:个人自身行为的成败经验。(2)替代经验(间接经验)。个体的许多效能期望是来源于对他人的观察,如果看到一个与自己一样或不如自己的人成功,自己的效能感就会提高。(3)言语暗示。(4)情绪唤醒。郑老师在观摩了几场公开课后,总结了一些经验和方法,对下周自己要上的公开课充满了信心。这说明自我效能感的形成受间接经验的影响。

31. D 【解析】本题考查精加工策略的相关知识。常用的精加工策略包括人为联想策略(记忆术)、记笔记策略、生成策略。生成策略强调的是在理解的基础上,对学习的新信息进行提炼和组织,这样的学习效果要好于单纯的记忆效果,其主要方式有:(1)画线、摘要、做注释。这种方式就是在学习过程中,将众多的学习内容中的重点和难点内容勾画出来,便于理解。(2)标题目、写提要。这一策略需要学习者对新信息进行精加工和整合,对材料的中心思想进行心理加工,具体表现为学生要用自己的语言对材料的中心思想进行组织和简短陈述。赵老师在语文课上使用的方法属于精加工策略中的生成策略。具体内容参见任秀华、陆桂芝主编的《教育心理学》。

32. C 【解析】本题考查加里培林的心智技能(智慧技能)形成理论。加里培林认为心智技能的形成分为五个阶段:(1)活动的定向阶段,即教师向学生提供活动样本、指出程序及关键点以使学生对活动形成表象。(2)物质活动和物质化活动阶段,即借助实物、模像或图表等为支柱而进行心智活动的阶段。这个阶段的关键点在于"展开"和"概括"两个过程。前者是将智力活动分解为大大小小的操作单元展示给学生的过程;后者是在掌握展开的外部操作的直观水平之上,形成关于智力活动的较为概括的表象。这一阶段常常要求将智力操作和言语的解释相结合。(3)出声的外部言语阶段,这是指不直接依赖于实物而借助出声言语进行活动的阶段。(4)无声的外部言语阶段,即以词的声音表象、动觉表象为支柱而进行智力活动的阶段。(5)内部言语阶段,即智力活动简化、自动化,似乎不需要意识的参与而进行智力活动的阶段。某学生掌握进位加法的运算技能后,不再需要借助于小棍、手指等,就可以口算出答案,这说明该学生处在出声的外部言语活动阶段。

33. A 【解析】本题考查纪律形成的内在矛盾。在学生将行为规范内化为自己的内在要求,再外化为纪律行为的过程中,需要经过复杂的转化环节与矛盾。这些矛盾是在纪律形成时要特别予以重视的,包括:(1)外在纪律规范与学生认识之间的矛盾。(2)纪律认识与纪律态度之间的矛盾。(3)遵守纪律与个人动机之间的矛盾。(4)遵守纪律与辨识能力低之间的矛盾。解决此矛盾的措施是:①重视纪律情境,使学生在各种不同的纪律情境中领悟纪律的实质,发展自己的纪律辨识能力;②重视自我纪律评价能力的发展,使学生对纪律的评价从现象到本质、从片面到全面、从情境到原则、从自我到群体、从他人到自己,不断发展。(5)遵守纪律与不良行为习惯之间的矛盾。题中所述方法可以用来解决遵守纪律与辨识能力低之间的矛盾。

34. B 【解析】本题考查中小学心理健康教育的功能。中小学心理健康教育的功能有:(1)具有促进学生全面发展的功能。该功能包括:①预防心理问题的发生,提高心理素质;②提高学生的社会适应能力;③提高学科教学和学生的学习效果;④为塑造良好道德品质提供前提;⑤为终身发展奠定良好基础。所以,A、C、D项属于中小学心理健康教育具有促进学生全面发展功能的表现。(2)具有为教育改革增效的支持性功能。该功能包括:①中小学心理健康教育的进一步开展有助于《国家中长期教育改革和发展规划纲要(2010~2020年)》目标的实现;②素质教育的全面推进呼唤中小学心理健康教育的深化;③课程改革的持续推进需要中小学心理健康教育的进一步支持;④德育改革的深入需要中小学心理健康教育的跟进。(3)具有推动社会和谐发展的功能。该功能包括:①深化心理健康教育,能有效促进中小学生的自我和谐;②深化心理健康教育,能有效促进中小学生的人际和谐;③深化心理健康教育,能有效促进中小学生与环境的和谐。B项属于中小学心理健康教育具有推动社会和谐发展功能的表现。

35. D 【解析】本题考查心理健康教育的原则。全体性原则是指心理健康教育必须面向全体学生,全体学生都是心理健康教育的对象。之所以强调全体性原则是因为:(1)只有把全体学生作为心理健康教育的对象,才能实现学校心理健康教育的目标。(2)心理健康教育不只是为了治疗学生的心理疾病,它还包括学生心理素质的培养和心理健康水平的提高。(3)中小学阶段是人生心理发展的关键时期,青少年在学习、生活、社交等各方面总会碰到这样那样的问题。由于他们知识、阅历都比较肤浅,这意味着他们急需外部教育的帮助。因此,心理健康教育应该考虑到大多数中小学生的不成熟,使所有的学生都拥有受教育的机会。题中所述内容体现了心理健康教育的全体性原则。

36. D 【解析】本题考查心理健康教育的主要内容。心理健康教育应从不同地区的实际和不同年龄阶段学生的身心发展特点出发,做到循序渐进,设置分阶段的具体教育内容。初中年级心理健康教育的内容主要包括:(1)帮助学生加强自我认识,客观地评价自己,认识青春期的生理特征和心理特征;(2)适应中学阶段的学习环境和学习要求,培养正确的学习观念,发展学习能力,改善学习方法,提高学习效率;(3)积极与老师及父母进行沟通,把握与异性交往的尺度,建立良好的人际关系;(4)鼓励学生进行积极的情绪体验与表达,并对自己的情绪进行有效管理,正确处理厌学心理,抑制冲动行为;(5)把握升学选择的方向,培养职业规划意识,树立早期职业发展目标;(6)逐步适应生活和社会的各种变化,着重培养应对失败和挫折的能力。题中所述属于初中阶段学生心理健康教育的内容。

37. B 【解析】本题考查个别心理辅导的基本原则。在学校个别心理辅导中,能否遵循心理辅导的基本原则,关系到辅导能否顺利开展以及辅导工作的成败和效果。个别心理辅导应遵循的基本原则有:(1)保密原则;(2)时间限定原则;(3)辅导自愿原则;(4)价值中立原则。故选择B项。

38. C 【解析】本题考查布鲁纳认知—发现学习理论的教学观。教学活动中应该注意以下四条原则:(1)动机原则。布鲁纳认为学习和问题解决取决于学习者做出选择的探索活动。教学必须对学习者的这种探索活动起促进和调节作用。(2)结构原则。布鲁纳认为任何观念、问题或知识都可以用很简单的结构化形式表达出来,以便理解。(3)序列原则。在组织教材和进行教学时,要根据学生的发展水平、动机状态和知识背景来确定所学材料的最佳顺序。不存在对所有学习者都适用的序列。(4)反馈原则。布鲁纳承认外在强化对学习行为可能具有的激发和维持作用,但对学生长远的学习过程并无裨益。教学应该强调学习者的内在动机和奖励。故选择C项。

39. D 【解析】本题考查赫尔巴特教学四阶段理论相关知识。赫尔巴特按照儿童获得知识的心理过程,把教学过程分为四个阶段:明了给学生明确讲授新知;联想使学生将新知与旧知联系起来;系统指导学生在新旧知识基础上做出概括和总结;方法引导学生把所学知识用于实际。

40. A 【解析】本题考查提高策略教学有效性的具体步骤。有研究者提出,提高策略教学有效性的具体步骤包括以下几部分:(1)注重策略知识的掌握。(2)教师的策略教学应有技巧。①应采用灵活多样的教学方法,激发学习者学习策略的需要。B项说法正确。②策略教学次序的安排要科学,先易后难,先一般后特殊,符合学习者认知发展特点。C项说法正确。③及时复述策略。D项说法正确。④训练不宜密集进行,因为适当延长训练间隔,能使学习者有充分消化、理解的时间,每次训练应围绕一个中心进行,切忌贪多求快。A项说法错误。(3)促进学习者策略的迁移应用。

41. B 【解析】本题考查要处理好教学中间接经验与直接经验的关系。处理间接经验与直接经验的关系,要防止教学史上曾出现过的两种偏向。一种是在传统教育观影响下产生的偏向,他们只重书本知识的传授,而不注重联系生活实际,习惯于教师讲、学生听,不考虑学生是否理解、消化,导致注入式教学,造成学生掌握知识上的一知半解、僵化、片面。另一种是在经验主义教育观影响下产生的偏向,过于重视学生个人的感知、探究、从做中学,而忽视系统知识的授受,使学生难以掌握系统缜密的学科知识。二者都违反教学的规律,割裂了间接经验与直接经验的内在联系,影响了教学质量的提高。题干中的教师的做法即没有正确处理好直接经验与间接经验的关系。

42. C 【解析】本题考查科学性和思想性统一原则的要求。保证教学的科学性是贯彻科学性和思想性统一原则的基本要求之一。保证教学的科学性即在教学中,教师要以马克思主义的观点和方法来分析教材,使选择和补充的教学内容都要切合时代的需要,反映学科的进步;力求传授给学生的知识及其方法、过程都应当是科学的、准确无误的、富有教益的。当然,在教学中,有时也需要安排一些似是而非、含有片面性甚至错误的知识与事例,供学生辨析和评价,以锻炼和提高他们明辨是非的批判能力。再者,无论讲授人文或科学知识,都应当深入浅出、通俗易懂、生动有趣。然而,表述要力求准确,实验、计算还要注意精确,不可因追求通俗有趣而影响了科学性、思想性。

43. D 【解析】本题考查班级管理的特性。班级管理对象具有很大的特殊性,主要表现在以下几个方面:其一,班级管理的对象年龄一般是六七岁到十七八岁的学生。作为社会成员之一的学生,在教育过程中具有主观能动性,有自己的思想、自己的选择。而且学生带着家庭生活、社会生活中培养起来的情感来到学校,具有思想感情。每个学生的身心发展都由各种条件决定,具有明显的差异性,因此班级管理要从学生的实际情况出发,因材施教,发挥每个人的创造性,努力适应学生的个性发展。其二,这个年龄学段的学生身心还处于不成熟时期,具有发展的可能性和可塑性,还不具备"独立"生活的能力。其三,班级管理的内容不仅包括学习方面,还包括身体发展、个人品质等方面。

44. A 【解析】本题考查班集体的发展阶段。在优秀班集体阶段,班集体的核心、骨干力量在扩大,班级涌现出更多的积极分子,优良的班风和正确的舆论导向进一步得到巩固,班级组织结构既有民主,又有集中,体现了大多数人的愿望。组织纪律严明,有班级发展的明确目标和目标要求,对内保持一种友好、互助、稳定的学习环境,对外则以团结一致、朝气蓬勃的集体面貌出现,在学校各项活动中表现为一个富有战斗力的集体,并成为同年级甚至全校其他班级的楷模。

45. B 【解析】本题考查班级管理相关知识。俗话说,"授人以鱼不如授人以渔",同样,在班级管理中也无处不体现这一理念。因此,培养学生的自我教育和自我管理能力要在、也能在班级管理目标中得到体现。

46. D 【解析】本题考查内向性退缩行为的含义。从学生行为表现的主要倾向性来看,可以把学生的问题行为分为两大类:(1)外向性且有攻击性的行为,如活动过度、行为粗鲁,上课不专心,与同学不能和睦相处,严重的甚至逃学。这一类的问题所导致的课堂纪律问题可直接扰乱课堂秩序。例如:同学间推来搡去甚至打骂、讽刺等侵犯他人的行为;交头接耳、擅换座位、传递纸条等过度亲昵行为;高声谈笑、口出怪音、敲打物品、扮鬼脸等故意引起同学注意的行为;故意不遵守规定,不听从指挥,反对班干部管理,故意顶撞老师的行为。所以,A、B、C项属于外向性且有攻击性的行为。(2)内向性的退缩性行为,如沉默寡言、胆怯退缩、孤僻离群,或者神经过敏,烦躁不安、过度焦虑。在课堂上表现为:上课时走神发呆,胡思乱想,心不在焉,不愿意发言,胡乱涂写等,这些行为虽不构成对课堂纪律的严重干扰,但也影响教师正常教育活动的开展,并且使教学效率低下。D项属于内向性的退缩行为。

47. C 【解析】本题考查《学生伤害事故处理办法》中有关事故与责任的规定。根据《学生伤害事故处理办法》第十条规定,学生或者未成年学生监护人由于过错,有下列情形之一,造成学生伤害事故,应当依法承担相应的责任:(1)学生违反法律法规的规定,违反社会公共行为准则、学校的规章制度或者纪律,实施按其年龄和认知能力应当知道具有危险或者可能危及他人的行为的;(2)学生行为具有危险性,学校、教师已经告诫、纠正,但学生不听劝阻、拒不改正的;(3)学生或者其监护人知道学生有特异体质,或者患有特定疾病,但未告知学校的;(4)未成年学生的身体状况、行为、情绪等有异常情况,监护人知道或者已被学校告知,但未履行相应监护职责的;(5)学生或者未成年学生监护人有其他过错的。故C项中的责任应由学生或者未成年学生监护人承担。A、B、D项中的责任应由学校承担。

48. A 【解析】本题考查《学生伤害事故处理办法》中关于事故处理程序的规定。根据《学生伤害事故处理办法》第十六条规定,发生学生伤害事故,情形严重的,学校应当及时向主管教育行政部门及有关部门报告;属于重大伤亡事故的,教育行政部门应当按照有关规定及时向同级人民政府和上一级教育行政部门报告。

49. B 【解析】本题考查《中小学幼儿园安全管理办法》中关于校园安全管理制度的规定。根据《中小学幼儿园安全管理办法》第十六条规定,学校应当建立校内安全工作领导机构,实行校长负责制;应当设立保卫机构,配备专职或者兼职安全保卫人员,明确其安全保卫职责。

50. B 【解析】本题考查《中小学幼儿园安全管理办法》中关于安全管理职责的规定。根据《中小学幼儿园安全管理办法》第八条规定,公安机关对学校安全工作履行下列职责:(1)了解掌握学校及周边治安状况,指导学校做好校园保卫工作,及时依法查处扰乱校园秩序、侵害师生人身、财产安全的案件;(2)指导和监督学校做好消防安全工作;(3)协助学校处理校园突发事件。A、C、D项属于公安机关对学校安全工作应履行的职责。根据《中小学幼儿园安全管理办法》第七条规定,B项属于教育行政部门对学校安全工作应履行的职责。

二、多项选择题

51. ABC 【解析】本题考查党的十九大相关知识。在党的十九大报告中,习近平总书记对过去五年中国的外交政策取得的成果有全面的描述:"全方位外交布局深入展开。全面推进中国特色大国外交,形成全方位、多层次、立体化的外交布局,为我国发展营造了良好外部条件。实施共建'一带一路'倡议,发起创办亚洲基础设施投资银行,设立丝路基金,举办首届'一带一路'国际合作高峰论坛、亚太经合组织领导人非正式会议、二十国集团领导人杭州峰会、金砖国家领导人厦门会晤、亚信峰会。倡导构建人类命运共同体,促进全球治理体系变革。我国国际影响力、感召力、塑造力进一步提高,为世界和平与发展作出新的重大贡献。"

52. BCD 【解析】本题考查新时代社会治理相关知识。新时代讲一步加强和创新社会治理,要坚持问题导向,把专项治理和系统治理、综合治理、依法治理、源头治理结合起来,坚定不移走中国特色社会主义社会治理之路,打造共建共治共享的社会治理格局,形成人人有责、人人尽责的社会治理共同体。

53. ABCD 【解析】本题考查《中华人民共和国教育法》中关于国家鼓励依法举办学校及其他教育机构的主体的规定。根据《中华人民共和国教育法》第二十六条规定,国家制定教育发展规划,并举办学校及其他教育机构。国家鼓励企业事业组织、社会团体、其他社会组织及公民个人依法举办学校及其他教育机构。故选A、B、C、D四项。

54. ACD 【解析】本题考查《新时代中小学教师职业行为十项准则》相关知识。《新时代中小学教师职业行为十项准则》中关心爱护学生的主要内容包括:严慈相济,诲人不倦,真心关爱学生,严格要求学生,做学生良师益友;不得歧视、侮辱学生,严禁虐待、伤害学生。

55. BCD 【解析】本题考查美育的内容。对学生实施美育,既可以通过德育、智育、体育,运用其中相应的内容进行,也可以独立地对学生的美感或表现美、创造美的能力作专门的培养,但从体现美的本质角度看,学校美育内容主要包括三个方面:形式教育、理想教育和艺术教育。

56. BCD 【解析】本题考查发现学习的缺点。发现学习是指学生在教师指导下,像科学家发现真理一样,通过自己主动地探索、学习和独立思考,发现事物的变化及其内在联系,从中获得规律性的知识,从而发现知识,掌握原理。故A错误。发现学习在应用上存在局限性。比如费时太多,不能保证学习的进度,而且学生必须具有一定的知识和技能,否则无法主动从事发现学习。因此,在缺乏知识经验的小学低年级,很难使用此种方式教学。而且,自行探索回答问题的方式对思维较为缓慢者也容易构成精神压力。故选择B、C、D项。

57. ABD 【解析】本题考查团体辅导的局限性。团体辅导的局限性主要体现在以下五个方面:(1)团体辅导对参与成员有一定的要求。故A项正确。(2)在团体情境中,有的成员可能会受到伤害。故B项正确。(3)在团体情境中,辅导者对个体差异难以照顾周全。故C项错误。(4)在团体情境中,成员深层次的问题不易暴露。(5)团体辅导对辅导者要求高。故D项正确。

58. ABCD 【解析】本题考查教学方法的选择依据。现代教学提倡以系统的观点为指导来选用教学方法,优化教学。主要的依据如下:(1)学科的任务、内容和教学法特点,课题(或单元)与课时的教学目的和任务;(2)教学过程、教学原则和班级上课的特点;(3)学生的情趣、水平、智能的发展与个别差异、独立思考能力、学习态度、学风与习惯;(4)教师的思想与业务水平、实际经验与能力、教学的习惯与特长;(5)学生参与教学过程中的答问、讨论、作业、评析的积极性与水平;(6)师与生双边活动的配合、互动的状况与质量;(7)班、组活动与个人活动结合的状况,课堂教学、课外作业或课外活动结合的状况与质量;(8)学校与地方可能提供的物质与仪器设备、社会条件、自然环境等;(9)学科、单元、课题乃至每节课所规定的课时,其他可利用的时间,如早、晚自习等;(10)对可能取得的成效的缜密预计与意外状况出现时的应变措施。

59. BCD 【解析】本题考查民主管理方法相关知识。民主管理班级,可以提高学生的主人翁意识,培养学生的责任感,有利于学生日后养成民主的意识、作风,掌握民主的形式。同时,有利于提高班级管理的效率。A选项是民主管理班级的优势,不是要求,故不选。教师在运用民主管理方法管理班级时,应遵循的要求如下:(1)建立民主和谐的师生关系;(2)民主选举、评议班干部;(3)处理好民主与集中的关系。故本题答案选B、C、D。

60. BCD 【解析】本题考查《学生伤害事故处理办法》中关于处理学生伤害事故应遵循的原则的规定。根据《学生伤害事故处理办法》第三条规定,学生伤害事故应当遵循依法、客观公正、合理适当的原则,及时、妥善地处理。故选择B、C、D三项。

三、判断题

61. A 【解析】本题考查党的十九大相关知识。十九大报告指出,坚持新发展理念。发展是解决我国一切问题的基础和关键,发展必须是科学发展,必须坚定不移贯彻创新、协调、绿色、开放、共享的发展理念。

62. B 【解析】本题考查高度自治权相关知识。我国是单一制国家,中央对包括香港、澳门特别行政区在内的所有地方行政区域拥有全面管治权。香港、澳门两个特别行政区的高度自治权不是固有的,而是来源于中央授权。高度自治权不是完全自治,中央对高度自治权具有监督的权力,绝不允许以"高度自治"为名对抗中央的权力。

63. A 【解析】本题考查《习近平总书记系列重要讲话读本》相关知识。增进民生福祉是坚持立党为公、执政为民的本质要求。我们党来自人民、植根人民、服务人民,是全心全意为人民服务的政党,无论干革命、搞建设、抓改革,都是为了让人民过上幸福生活。习近平总书记指出:"让老百姓过上好日子是我们一切工作的出发点和落脚点。"检验我们一切工作的成效,最终都要看人民是否真正得到了实惠,人民生活是否真正得到了改善。

64. B 【解析】本题考查习近平新时代中国特色社会主义思想相关知识。《习近平新时代中国特色社会主义思想学习纲要》中指出,就业是最大的民生工程、民心工程、根基工程。要把稳就业摆在突出位置,实施就业优先政策,实现更高质量和更充分就业。

65. A 【解析】本题考查《中华人民共和国教育法》中关于教育的地位的规定。根据《中华人民共和国教育法》第四条规定,教育是社会主义现代化建设的基础,国家保障教育事业优先发展。

66. B 【解析】本题考查《中华人民共和国义务教育法》中关于学校的规定。根据《中华人民共和国义务教育法》第二十四条规定,学校不得聘用曾经因故意犯罪被依法剥夺政治权利或者其他不适合从事义务教育工作的人担任工作人员。

67. A 【解析】本题考查《新时代中小学教师职业行为十项准则》中关于加强安全防范的规定。加强安全防范准则的要求是增强安全意识,加强安全教育,保护学生安全,防范事故风险;不得在教育教学活动中遇突发事件、面临危险时,不顾学生安危,擅离职守,自行逃离。

68. A 【解析】本题考查教育目的建构的相关知识。教育目的的建构需反映人的发展规律,遵循人的发展的可能与限定。人是教育的出发点,是教育的对象,是受教育者,也是教育的主体。建构教育目的,对青少年儿童进行教育,不能不了解并依据人的生命遗传天赋的能动性、可塑性,不能不了解并依据儿童发展的顺序性、阶段性、差异性,不能不了解并激发、引导和依靠受教育者的积极性、自主性、创造性。因此,建构教育目的,不仅要依据社会发展的需求,而且要反映人的发展特性、规律与需求,遵循人的发展的可能与限定。这样才能使学校教育有正确的方向,从而顺利、有效地实现预期的目的。

69. A 【解析】本题考查课程资源相关知识。教科书是教学内容的主要来源,就经常性、便捷性和功能性而言,在各类课程资源中教科书位居核心地位。教师对教科书进行加工处理就是在进行课程资源的开发和利用。

70. A 【解析】本题考查科学性和思想性统一原则相关知识。贯彻科学性和思想性统一原则的基本要求之一是教师要不断提高自己的专业水平和思想修养。列宁指出:"在任何学校里,最重要的是课程的思想政治方向。这个方向由什么来决定呢?完全只能由教学人员来决定。"所以,教学的科学性和思想性主要靠教师来保障。

71. B 【解析】本题考查教师素养相关知识。教师应具备的素养包括:高尚的师德、宽厚的文化素养、专门的教育素养、健康的心理素质。其中,教师专门的教育素养包括三个方面的内容:教育理论素养、教育能力素养、教育研究素养。教育研究素养不属于教师的文化素养,故题干说法错误。

72. A 【解析】本题考查教师职业的特点。教师职业的复杂性主要表现在教师的任务是培养德、智、体、美、劳全面发展的人。具体内容参见张大均主编的《教育心理学》。

73. B 【解析】本题考查教师威信的变化。教师的威信一旦形成,就具有相对的稳定性。引起教师威信变化的因素既有主观因素,又有客观因素。教师自身素质的提高或降低,决定着教师威信变化的方向。教师如果不是经常处于积极的发展状态,行为表现不合乎教师角色的要求,其威信就有可能降低或丧失。教师想要恢复已失去的威信,要比最初获得威信困难得多。

74. A 【解析】本题考查创造性认知品质的概念。创造性认知品质是指创造心理结构中与认知加工有关的部分,它是创造心理活动的核心。

75. B 【解析】本题考查问题提出的相关知识。一般来说难度较大的问题应在课前提出,教师和学生有所准备可以充分讨论解决。

76. A 【解析】本题考查学校心理危机干预的主要原则。为了缓解危机受害者的悲痛,重建他们的独立功能,预防和减轻他们遭受心理创伤和创伤后应激障碍(PTSD)的痛苦,要注意以下五个原则:(1)快速干预。(2)稳定化。最大程度动员物资、人员等投入救助工作,建立物质上和心理上的支持网络,尽快恢复生活秩序和规则以稳定受灾人员和当事人的心态。促进稳定是危机后心理重建的第一步,有利于尽快恢复当事人的各项心理功能。(3)理解危机。(4)注重问题解决。(5)鼓励自力更生。

77. A 【解析】本题考查贯彻量力性原则需要注意的问题。贯彻量力性原则需要注意了解学生的发展水平。第斯多惠指出:"学生的发展水平是教学的出发点。"教师在教学之前或教学过程中都要随时了解学生的发展水平、已有知识和能力状况,这是教学的基点,是学生知识的生长点、可接受点。教学只有符合学生的发展水平,才能被他们所理解和接受。

78. B 【解析】本题考查贯彻循序渐进原则基本要求的相关知识。贯彻循序渐进原则的基本要求之一是抓主要矛盾,解决好重点与难点。教学循序渐进并不意味着教学要面面俱到、平均使用力量,而是要求区别主次、分清难易、有详有略地教学。故题干的说法错误。

79. A 【解析】本题考查班级相关知识。随着学校教育的不断发展,班级已成为学校教育的基本单位。学校生活一般都是以班级为单位展开,班级是学生的"第二个家",是学生健康成长的乐园。

80. A 【解析】本题考查《中华人民共和国突发事件应对法》相关知识。根据《中华人民共和国突发事件应对法》第三十条规定,各级各类学校应当把应急知识教育纳入教学内容,对学生进行应急知识教育,培养学生的安全意识和自救与互救能力。

四、材料分析题(参考答案)

81. (1)意义和目的:①让学生们明白遇到困难,要迎难而上,没有什么问题是解决不了的,只要敢于不断尝试。②给即将毕业的孩子们开启一扇窗,让他们对农业知识有进一步的了解,对科学攻关有更深刻的认识。

(2)学校要切实承担劳动教育主体责任,明确实施机构和人员,开齐开足劳动教育课程,不挤占、挪用劳动实践时间。明确学校劳动教育要求,着重引导学生形成马克思主义劳动观,系统学习掌握必要的劳动技能。根据学生身体发育情况,科学设计课内外劳动项目,采取灵活多样形式,激发学生劳动的内在需求和动力。统筹安排课内外时间,可采用集中与分散相结合的方式。组织实施好劳动周,小学低中年级以校园劳动为主,小学高年级和中学可适当走向社会、参与集中劳动,高等学校要组织学生走向社会、以校外劳动锻炼为主。

(考生可结合实际用自己的语言叙述,言之有理即可)

五、案例分析题(参考答案)

82. (1)①捕捉亮点,正面引导。如案例中小叶初二时新来的班主任那般,善于发现小叶身上的亮点——亲近动物,并对小叶进行正面引导。②善于发现学生的爱好,并针对其爱好进行引导教育。如案例中新来的班主任发现小叶喜欢上生物课,于是就找小叶谈话,针对小叶的爱好,让其当动物兴趣小组的小组长。③用欣赏的眼光看待学生。案例中新来的班主任就是以欣赏的眼光看待小叶。④善于发现每一个学生的优点,以表扬为主,鼓励学生进步。⑤培养自己的观察能力,同时多和学生接触以创造"机缘"。⑥肯定学生行为中合理的地方,赞赏学生解决问题的创造性。⑦包容学生的过失,能用期待的心情等待学生的每一点进步,用喜悦的激情去赞许学生的每一份成功。⑧创造条件,给予学生成功的机会,增强他们战胜困难的信心。

(考生可结合案例适当阐述,言之有理即可)

(2)①教育者要用一分为二的观点,全面分析,客观地评价学生的优点和不足;②教育者要有意识地创造条件,将学生思想中的消极因素转化为积极因素;③教育者要提高学生自我认识、自我评价能力,启发他们自觉思考,克服缺点,发扬优点。

2020 年广东省茂名市直教师招聘考试真题试卷(六十九)

一、单项选择题

1. D 【解析】本题考查德育方法。实际锻炼法是通过各种实际活动,训练和培养受教育者的思想品德的方法。其具体方式有学习活动、委托任务、组织活动、执行制度及行为训练等。具体内容参见张英彦主编的《教育学》。

2. B 【解析】本题考查德育课程内容特点相关知识。现行德育课程内容的主要特点包括:(1)生活化。遵循不同阶段学生生活的逻辑,以学生的现实生活为主要源泉,以密切联系学生生活的主题活动为载体。(2)综合化。每一学段课程内容力求体现多重价值,整合多种学科内容。品德与生活课包含了品德教育、科学教育、社会文化教育等多方面的内容。(3)生本性。课程内容主张从学生成长、发展与生活实际出发,从学生思想品德发展的现状、问题和需要出发,尊重学生已有的生活经验。(4)开放性。面向学生逐步扩展整个生活世界,从封闭的教科书扩展到所有对学生有意义、有兴趣的题材。

3. A 【解析】本题考查德育目标相关知识。德育目标的确立是德育的首要问题。它是德育的出发点和归宿,决定着德育内容的确定、德育方法和形式的选择与运用以及德育效果的检测与评定,对整个德育过程具有导向、选择、协调和激励的作用。

4. B 【解析】本题考查保持学生投入学习的策略。保持学生投入学习的策略有以下几条:(1)注意教学进程的组织。课堂的组织影响学生的投入。一般而言,教师的监督和连续的任务可以增强课堂的组织性。教师的监督增加,学生投入的时间也会增加。另外,当学习任务具有很好的连续性时,学生知道下一步应该做什么,他们就会更好地投入学习。这就要求活动步骤应该明了,一个步骤自然地就会引出下一个步骤。学生完成任务所需的材料应该齐全,为学生不停地投入学习提供保障,避免干扰和分心。(2)教学过程具有参与性。增加学生的投入时间的最好途径,就是教学非常有趣、有参与性,与学生的兴趣有关的课程,使学生愿意做要求他们做的事。它不强调学生独立的课堂自习,尤其是没有监督的课堂自习,因为,教师教课时学生的参与性要比课堂自习时高,在结构完善的合作学习课程中学生的投入时间要比在独立的课堂自习中多。(3)保持教学的流畅性。流畅性是指不断地注意教学意义的连续性。流畅的教学从一个活动转向另一活动时所花的时间极少,并且能给学生一个注意信号,避免毫无过渡地在不同的活动间跳跃。(4)保持动量。动量是指避免打断或放慢,就是平时所说的紧凑。上课时候动量是学生高度参与的关键。(5)上课时维持团体的注意焦点。(6)课堂自习时维持团体的注意力。(7)鼓励学生管理自己的学习。具体参看陈琦、刘儒德主编的《当代教育心理学》。

5. C 【解析】本题考查《大教学论》相关知识。《大教学论》是捷克著名教育家夸美纽斯的教学理论代表著作,发表于1632年,目的是阐明"把一切事物教给一切人类的全部艺术",本书标志着理论化、系统化的教学论的确立。

6. B 【解析】本题考查微格教学的基本步骤相关知识。微格教学的基本步骤包括学习相关知识、确定训练目标、观摩示范、分析与讨论、编写教案、角色扮演与微格实践、评价反馈以及修改教案。其中,角色扮演是微格教学中的重要环节,是受训者训练教学技能的具体教学实践过程。

7. B 【解析】本题考查教学策略的特征。任何教学策略都是针对教学目标的每一具体要求而制定的,具有与之相对应的方法、技术和实施程序,它要转化为教师与学生的具体行动。这就要求教学策略必须是可操作的。

8. D 【解析】本题考查教学评价的功能。教学评价的导向功能指通过评价引导教学活动趋向于理想的目标。合理的教学评价具有明确的评价目标、预设的评价标准以及严格的评价程序,就像一根"指挥棒",对教学实践的发展起到定标导航的作用。

9. A 【解析】本题考查教材的具体内容相关知识。教材的具体内容由事实、概念、原理及它们的内在联系构成。其中,教材中的事实,就是历史上或社会上发生过的事件过程或者是实验中进行的过程与结果。

10. D 【解析】本题考查教育媒体相关知识。教育媒体种类繁多,按其运用现代科技成果的情况,可分为传统教育媒体和现代教育媒体。传统教育媒体有教科书、黑板(粉笔)、实物标本模型、报刊图书资料、图表、照片、挂图等。现代教育媒体按作用于人的感官又分为:视觉媒体、听觉媒体、视听觉媒体、综合媒体。视觉媒体有幻灯、投影等。听觉媒体有广播、录音、CD 等。视听觉媒体有电影、电视、录像、激光视盘等。综合媒体有多媒体教室、语言实验室、计算机多媒体系统等。D 项属于现代教育媒体,当选。

11. B 【解析】本题考查教学组织形式。班级授课制是一种集体教学形式,它把一定数量的学生按年龄与知识程度编成固定的班级,根据周课表和作息时间表,安排教师有计划地向全班学生集体上课。它的优点在于效率高,一个教师同时能教几十个学生;比较适合学生身心发展的年龄特点和发挥学生之间的相互影响作用,有助于提高教学质量。

12. C 【解析】本题考查教育的文化功能。文化交流功能是教育的文化功能之一,文化交流实际上是指在一定社会价值体系下,不同文化之间相互影响、吸收和融合的过程。文化交流主要通过两条途径实现:一是以教育活动本身为交流手段实现文化交流,例如学者间的学术交流等;二是通过教育内容、方法等实现文化交流。题干中"将传统的戏曲元素和西方的流行元素融合在一起”体现了不同文化之间的相互影响、吸收和融合，反映了教育的文化交流功能。

13. B 【解析】本题考查课堂导入的方法。在运用“联系旧知，提示新课”的导入方法时，一般来说，新知识是在旧知识基础上发展与延伸，学生是从旧知识中起步迈向新知识的掌握。教师要从已有的知识出发，抓住新旧知识的联系，精心设计，导入新课。这样，可以使学生感到旧知识不旧，新知识不难，建立起新旧的联系，明确学习的思路，增强学习的信心。依据教学案例，案例中学生能回答什么是“发展”，说明学生已经学过“发展”的概念，体现了该教师在这一阶段是在联系旧知；案例中教师运用了一系列提问，最后又明确点明“今天我们这节课所要学习的知识就是解决这些问题的……”体现了该教师是在提示新课。故该教师使用的课堂导入的方法是联系旧知，提示新课。

14. D 【解析】本题考查教学导入原则。教学导入需要遵循的原则包括：(1)导入要合情入理；(2)导入要因课制宜；(3)导入要简洁明快；(4)导入要灵活多变；(5)导入要有艺术性。

15. A 【解析】本题考查教学讲授原则。教学讲授的原则主要有启发性原则、精讲原则、生动易懂原则以及针对学生原则等。其中，启发性原则强调教师在讲授时的主导作用，绝不是代替学生去寻找答案，而是启发引导学生自己去思考与探索。启发性讲授的核心是调动学生学习的积极性、主动性，引导学生独立思考，发展思维能力。案例中教师的做法即贯彻了教学讲授的启发性原则。

16. B 【解析】本题考查函授教育的特点。函授教育的主要特点包括：(1)学员可以充分利用业余时间，在教师书面指导下，按照函授学校相应专业的教学计划和教学大纲进行学习。(2)专业设置针对性强，函授教育不仅可以办本科、专科培养高级专门人才，也可以开设若干单科，供学员选学，还可以开设一些新技术学科，为在职人员提供接受新的科学技术教育的机会。(3)学习形式灵活机动，受时间、地域等方面的限制较少，学习方式灵活，以业余、自学为主，工学矛盾少，可以适应于许多部门职工学习。(4)函授教育投资少，不需新建校舍，可以充分利用现有师资和各种教育措施。

17. A 【解析】本题考查教师职业角色。“朋友”角色是指学生往往愿意把教师当作他们的朋友，也期望教师能把他们当作朋友看待，希望在学习、生活、人生等多方面得到教师的指导，希望教师能与他们一起分担痛苦与忧伤，分享欢乐与幸福。张老师指导与鼓励小璐，扮演的即“朋友”角色。

18. C 【解析】本题考查班级管理模式。班级民主管理是指班级成员在服从班集体的正确决定和承担责任的前提下参与班级全程管理的一种管理方式。实行班级民主管理的要求包括：(1)组织全体学生参与班级全程管理，即在班级管理的计划、实行、检查、总结的各个阶段，都让学生参与进来；(2)建立班级民主管理制度，如干部轮换制度、定期评议制度、值日生制度、值周生制度、民主教育活动制度。由题干中的李老师以身作则，引导学生养成良好卫生习惯以及通过实行民主型的值日生制度，使全班同学各尽其职地做好班级卫生工作可知，这种班级管理模式属于班级民主管理。

19. B 【解析】本题考查观察学习的特点。观察学习有以下四个明显的特点：(1)观察学习不一定具有外显的行为反应。(2)观察学习并不依赖直接强化。(3)观察学习具有认知性。(4)观察学习不等同于模仿。模仿仅指学习者对他人行为的简单复制，而观察学习指的是从他人的行为及其后果中获得信息，观察学习既可能包含模仿，也可能不包含模仿。题干中老师告知学生学习过马路并不是“别人过，你也过”，而是要学会一个规则，即“红灯停，绿灯行”。这说明了观察学习并非简单的模仿。

20. B 【解析】本题考查课堂问题行为的处理策略。B 项的做法属于比较机智的处理方式，不仅可以制止学生的讨论，恢复课堂秩序，还能够拉近师生的距离，促进良好师生关系的建立。A、C、D 三项的做法不能有效制止学生违反课堂纪律的行为，从而不利于正常教学进程的开展。

21. C 【解析】本题考查课堂问题行为的处理策略。面对周浩与马雷违反课堂纪律的行为，作为班主任应立即制止，以免影响正常教学进程的开展。同时，课后而不是当场对他们进行批评教育，既可以维护他们的自尊心，也可以让他们认识到自己的错误。故 C 项做法合适。A、B 项做法会伤害学生的自尊心，D 项做法侵犯了学生的受教育权。

22. C 【解析】本题考查课堂问题行为的处理策略。C 项做法既能体现教师对学生的关心，也能解决问题，保证吴阳的正常学习，属于正确的处理办法。A 项做法会伤害学生的自尊心，B 项做法属于变相体罚，D 项做法会影响吴阳正常的学习，这三项都不是恰当的处理办法。

23. B 【解析】本题考查课堂问题行为的处理策略。叫答就是教师示意学生回答，面对教学进度滞后的状况，采用叫答的方式可以推进教学进度，B 项做法恰当。A 项做法不仅解决不了问题，还会使教学进度进一步滞后。C 项做法会使学生无法获得相关知识，也解决不了学生对于这个问题的疑惑。面对学生不主动举手回答问题的行为，教师要反思自己的教学方式，并采取积极的措施引导学生主动举手，而不是批评学生，D 项做法不恰当。

24. D 【解析】本题考查个体心理发展的基本特征。个体心理发展有以下几个基本特征：(1)连续性与阶段性；(2)定向性与顺序性；(3)不平衡性；(4)差异性。

25. C 【解析】本题考查维果茨基的文化—历史发展理论中的两种心理机能。维果茨基所提出的两种心理机能包括：一是作为动物进化结果的低级心理机能，如简单的感觉和无意注意等。二是作为历史发展结果的高级心理机能，即以符号系统为中介的心理机能，如抽象逻辑思维。高级心理机能是人类所特有的，它使得人类心理在本质上区别于动物。维果茨基指出，儿童在与成人交往的过程中，通过掌握高级心理机能的工具—语言符号这一中介环节，使其在低级的心理机能基础上形成了各种新的心理机能。题干中小优根据攻略的描述能想象到出入境时大致的场景，这体现了使用语言符号为中介的高级心理机能，故选择 C 项。

26. C 【解析】本题考查情绪和情感的信号功能。情绪和情感在人际间具有传递信息，沟通思想的功能。情绪的信号功能体现在个体将自己的愿望、要求、观点、态度通过一定的情感表达方式传递给别人并加以影响。这种功能是通过表情实现的。微信、点头是信号功能的典型示例，故选 C 项。

27. A 【解析】本题考查强化法的含义。强化法用来培养新的适应行为。根据学习原理，一个行为发生后，如果紧跟着一个强化刺激，这个行为就会再一次发生。马老师耐心解答小明的疑问并鼓励他多提问的做法属于强化法。

28. B 【解析】本题考查负迁移的概念。负迁移也叫“抑制性迁移”，是指一种学习对另一种学习产生阻碍作用。题干中小胜因参加了英语课外补习班，此后学习中文拼音时总是把汉语拼音和英文字母混淆，从而影响中文拼音的掌握，这是因为发生了负迁移。

29. B 【解析】本题考查品德的相关知识。品德是社会道德在个人身上的反映，道德就是依靠舆论力量和内心驱使来支持的行为准则的总和。A 项说法正确。道德的发生发展有赖于社会的发展；品德的形成和发展不仅要受到社会发展规律的制约，更重要的还要受到个人身心发展特点和规律的制约。B 项说法错误。品德与个性有所区别，品德是个性中最有道德评价意义的部分。C 项说法正确。品德又称道德品质，是个体依据一定的社会道德准则规范自己行动时所表现出来的稳定的心理倾向和特征。品德是内在的心理倾向，由内而发支配个人的外显行为。D 项说法正确。

30. B 【解析】本题考查图式的基本特征。加涅认为，图式一般具有以下三个基本特征：(1)图式含有变量。例如在“人脸”图式中，虽然一般都会含有眼睛、鼻子、嘴巴等要素，但这些要素是可以改变的。例如，眼睛可以是蓝颜色的，也可以是黑颜色的；鼻子可高可低；嘴巴可大可小。(2)图式具有层次。不同抽象水平的图式可以相互嵌套，比如“眼睛”图式可以嵌套于“人脸”图式中，而“人脸”图式又可以嵌套于“人体”图式中。题干中“大象”图式可以嵌套在“动物”图式中，而“动物”图式又可以嵌套在“生物”图式中，这体现了图式具有层次性的特征。故选 B 项。(3)图式能促进推论。例如，在“房子”图式中，通过其被嵌套的“建筑物”图式，我们可以推论出房子有房顶、有墙壁等特征。

31. C 【解析】本题考查知识的功能。知识是人对行为进行定向和调节的基础，是个体适应环境的重要机制。知识有以下三个功能：(1)辨别功能。人可以基于有关知识对感受到的事物进行辨认和归类，从而对它们不再感到陌生。(2)预期功能。在具备了相应的知识时，人就可以通过推论对事物形成一定的预期，推知事物会是怎样的，它会怎样发展变化等。(3)调节功能。个体总在以自己的知识为基础来确定活动的程序，并对活动的实施过程进行监控和调节。题干中拿到驾照的小珍根据自己考驾照时所学到的知识，正确应对在路上所遇到的各种状况，并顺利到达了单位，这体现了知识的调节功能。故选择 C 项。

32. D 【解析】本题考查加涅关于学习的水平分类。根据学习情境由简单到复杂、学习水平由低到高的顺序，加涅把学习分为八类：信号学习、刺激—反应学习、连锁学习、言语联结学习、辨别学习、概念学习、规则或原理学习、解决问题学习(高级规则的学习)。信号学习是指学习对某种信号做出某种反应，其过程为：刺激—强化—反应。刺激—反应学习是指学会对某一情境中的刺激做出某种反应，以获得某种结果。其过程是：情境—反应—强化。连锁学习是指学习联合两个或两个以上的刺激—反应动作，以形成一系列刺激—反应动作联结。规则或原理学习是指学习两个或两个以上概念之间的关系。题干中学生学习重力和重力加速度两个概念之间的关系的学习属于规则或原理学习，故选择 D 项。

33. D 【解析】本题考查斯金纳的强化理论。强化可划分为一级强化和二级强化两类。一级强化满足人和动物的基本生理需要，如食物、水、安全、温暖、性等。二级强化是指任何一个中性刺激如果与一级强化反复联合，它就能获得自身的强化性质。二级强化可分为社会强化(社会接纳、微笑)、信物(钱、级别、奖品等)和活动(自由地玩、听音乐、旅游等)。由此可知“钱”属于二级强化中的信物，故选择 D 项。A、B、C 三项均属于一级强化。

34. A 【解析】本题考查操作技能的相关知识。操作技能又叫运动技能、动作技能，是通过学习而形成的合乎法则的操作活动方式。操作技能是一种习得的能力，表现于迅速、精确、流畅和娴熟的身体运动的活动方式。像我们日常生活中的写字、打字、绘画，音乐方面的吹、拉、弹、唱，体育方面的田径、球类、体操，生产劳动方面的车、刨、磨等活动方式，都属于操作技能的范畴。题干中写毛笔字的技能属于操作技能的范畴，故选 A 项。心智技能也称为智力技能、认知技能，是通过学习而形成的合乎法则的心智活动方式。阅读技能、写作技能、运算技能、解题技能等都是常见的心智技能。

35. B 【解析】本题考查华生的行为主义理论的相关知识。华生认为，学习就是以一种刺激替代另一种刺激建立条件作用的过程。华生提出心理学的研究应关注行为，而不是人的意识，他把有机体应付环境的一切活动统称为行为，把作为行为最基本成分的肌肉收缩和腺体分泌称为反应，把引发有机体活动的外部或内部变化统称为刺激。

36. C 【解析】本题考查埃里克森的心理社会发展阶段论。美国精神分析学家埃里克森认为，人格发展是一个逐渐形成的过程，必须经历八个顺序不变的阶段。其中，主动感对内疚感阶段(4～5岁)的发展任务是培养主动性。这一阶段儿童的活动范围逐渐超出家庭的圈子，儿童开始追求出于自我利益和动机的活动。他们想象自己正在扮演成年人的角色，并因以为自己能从事成年人的角色和胜任这些活动而体验一种愉快的情绪。例如，当父母做饭时，儿童递过一把勺子，他便认为自己是在从事一项重要的活动，发挥了重要的作用。故本题选择C项。

37. B 【解析】本题考查教学反思的方法。布鲁巴奇等人提出了四种反思的方法，即反思日记、详细描述、实际讨论、行动研究。(1)反思日记，指一天的教学工作结束后，要求教师写下自己的经验，并与其指导教师共同分析。题干中小胡在每天的教学工作结束后要求自己写下自己的经验，并且和带自己的教师一起分析，这是采用了反思日记的教学反思方法。故选B项。(2)详细描述，指教师间相互观摩彼此的教学，详细描述他们所看到的情景，并进行讨论分析。(3)实际讨论，指来自不同学校的教师在一起，针对课堂上发生的问题，探讨解决的办法。(4)行动研究，指针对课堂问题的实质，探索改进教学的行动方案，教师与研究者合作进行调查和实验研究。高校教师(特别是年轻教师)应养成对教学不断反思的良好习惯，从而更有效地开展教学工作。

38. A 【解析】本题考查德里弗斯的教学专长发展阶段理论。教师从新手到专家的过程划分为五个阶段：新手水平、高级新手水平、胜任水平、熟练水平和专家水平。(1)新手水平教师是师范生或刚进入教学领域的教师。在这个水平，教师的任务是学习一般的教学原理、教材内容知识和教学方法等，并熟悉课堂教学的步骤和各类教学情境，初步获得教学经验。故选A项。(2)高级新手水平教师是有两三年教龄的教师。他们把言语化理论知识与经验相融合，把教学事件与案例知识相结合，他们开始意识到各种教学情境有其共性，也会运用一些教学策略来调节和控制自己的行为。但是他们还不能有意识地控制自己的行为或课堂中的教学事件，还不能确定教学事件的重要性。(3)胜任水平教师并不是每个教师都能达到的。他们的教学有两个特性：能明确自己的教学目标和内容；能确定课堂教学活动中各类事件的主次。此水平教师对完成教学目标有较强的信心，但是他们的教学水平仍然达不到迅速、流畅和变通的水平。(4)熟练水平教师对课堂教学情境和学生的反应有敏锐的洞察力。他们能从不同的教学实践中总结共性，形成有关教学的模式识别能力，可以准确地预测学生的学习反应。正是由于获得了这种能力，熟练水平教师能根据课堂教学进程及学生的学习反应，及时调整自己的教学计划，并有效控制自己的教学活动。(5)专家水平教师在处理课堂教学事件时，并非以分析、思考、有意识选择与控制等方式，而是以直觉方式立即反应，从而能轻松、流畅地完成教学任务。此外，专家水平教师会针对复杂程度各异的教学情境，采取不同的处理方式：当突发的教学事件发生时，他们开始有意识地思考，采取审慎的解决方法；当教学事件进行得十分流畅时，他们的课堂行为就成为一种自然而然的反射行为。

39. C 【解析】本题考查从众的概念。从众是个人在群体压力下，放弃自己的意见，转变原有的态度，采取与大多数人一致的行为，是组织活动中常见的一种心理现象。社会心理学家认为，在群体内部，当个人的意见和行为与多数成员不一致时，就会产生一种心理上的压迫感。这种实际存在的或头脑中想象的压力会促使个人产生符合群体要求的行为和态度，个体不仅在行动上表现出来，而且在信念上也改变了原来的观点，放弃了原有的意见，从而产生了从众行为。题干中小明看到大部分同学都选择A选项，于是他也选择A选项，这种心理就是从众。

40. D 【解析】本题考查赫尔巴特的教学四阶段论。教学四阶段论即明了、联合(联想)、系统、方法。明了，主要是把新教材分解为各个构成部分，并和意识中相关的观念，即已经掌握的知识进行比较；联合(联想)，建立新旧观念的联系，使学生在新旧观念的联系中继续深入学习新教材；系统，学生在教师的指导下，在新旧观念联系的基础上进行深入思考，寻求结论和规律；方法，引导学生把所学知识用于实际。张老师问学生"现在有人能告诉我喷泉的工作原理了吗?"，这是在引导学生将所学知识用于实际，故本题选D。

41. B 【解析】本题考查斯金纳程序教学的基本原则。1958年斯金纳在《教学机器》一文中，提出了程序教学的基本原则。(1)小步子呈现原则。框面以由易到难的小步子呈现，两个步子之间难度差很小。(2)积极反应原则。要求学习者对每个学习问题都做出主动的反应。故选B项。(3)及时反馈原则。在学生做出反应后，及时确认或及时强化，以提高学生的信心。(4)自定步调原则。让学生按自己的速度和潜力完成整个教学程序，强调个体化的学习方式。(5)低错误率原则。教学中尽量避免可能出现的错误反应，提高学习效率。

42. B 【解析】本题考查教学资源的相关知识。根据教学活动中认识的指向性指标，可将教学资源划分为主观性教学资源和客观性教学资源。主观性教学资源主要是指在教学过程中，影响教学活动的依存于教学活动主体自身的特征。师生不仅是教学资源的利用者，而且师生自身就是教学资源的重要构成者和开发者。教师的知识观、知识经验、智力水平、个性、教学观、学生观、教学能力、教学风格、教学态度、教学效能感、教学准备状态、教师期望等都是依存于教师身上的影响教学活动的主观因素。客观性教学资源是在教学过程中，影响教学活动的作为认识对象的教学材料、教学环境和支持系统。教学材料包括教科书、挂图、教学器具、CAI课件、多媒体等。凡是符合特定的教学目标和要求，符合学习规律的，都可以用作教学材料。由此可知，A、C、D项所述内容均属于主观性教学资源，故答案选B项。

43. C 【解析】本题考查学习动机的含义。学习动机是动机在学习活动中的表现。根据动机的概念，我们可以把学习动机定义为引起和维持个体进行学习活动，并使活动朝向一定的学习目标，以满足某种学习需要的一种内部心理状态。学习动机是直接推动学习行为的原因和内部动力。

44. A 【解析】本题考查《新时代中小学教师职业行为十项准则》。《新时代中小学教师职业行为十项准则》第七条要求教师："坚持言行雅正。为人师表，以身作则，举止文明，作风正派，自重自爱；不得与学生发生任何不正当关系，严禁任何形式的猥亵、性骚扰行为。"题干所述是对教师坚持言行雅正的职业道德要求。

45. B 【解析】本题考查《新时代中小学教师职业行为十项准则》。《新时代中小学教师职业行为十项准则》第九条要求教师："坚守廉洁自律。严于律己，清廉从教；不得索要、收受学生及家长财物或参加由学生及家长付费的宴请、旅游、娱乐休闲等活动，不得向学生推销图书报刊、教辅材料、社会保险或利用家长资源谋取私利。"题干中黄老师向学生家长推销妻子公司的保险产品的行为即违背了《新时代中小学教师职业行为十项准则》中的坚守廉洁自律。

46. B 【解析】本题考查《中华人民共和国未成年人保护法》的相关规定。根据《中华人民共和国未成年人保护法》第三条规定，未成年人享有受教育权，国家、社会、学校和家庭尊重和保障未成年人的受教育权。受教育权是学生最基本的权利。学生的受教育权包括受完法定年限教育权、学习权和公正评价权。题干中班主任试图劝退小星，并告诉小星不同意退学就不能回教室上课，这侵犯了小星的受教育权。

47. C 【解析】本题考查《中华人民共和国教师法》的相关规定。根据《中华人民共和国教师法》第六条规定，每年九月十日为教师节。第十一条规定，取得小学教师资格，应当具备中等师范学校毕业及其以上学历。第十三条规定，中小学教师资格由县级以上地方人民政府教育行政部门认定。故①③正确，②错误，故答案选择C项。

48. A 【解析】本题考查《中华人民共和国未成年人保护法》中有关家庭保护的内容。根据《中华人民共和国未成年人保护法》第十五条规定，父母或者其他监护人不得允许或者迫使未成年人结婚，不得为未成年人订立婚约。题干中父母为自己17岁的女儿"包办婚姻"的做法违背了家庭保护的规定，故答案选A项。

49. D 【解析】本题考查《中华人民共和国预防未成年人犯罪法》中有关刑事责任追究原则和方针的规定。《中华人民共和国预防未成年人犯罪法》第四十四条规定，对犯罪的未成年人追究刑事责任，实行教育、感化、挽救方针，坚持教育为主、惩罚为辅的原则。司法机关办理未成年人犯罪案件，应当保障未成年人行使其诉讼权利，保障未成年人得到法律帮助，并根据未成年人的生理、心理特点和犯罪的情况，有针对性地进行法制教育。对于被采取刑事强制措施的未成年学生，在人民法院的判决生效以前，不得取消其学籍。题干中某高中开除并取消了因涉嫌盗窃被采取刑事强制措施的16周岁小明的学籍，这一做法是不合法的，故选D项。

二、多项选择题

50. AD 【解析】本题考查爱国主义教育相关知识。爱国主义教育是培养学生热爱祖国的情感，使学生形成保卫祖国、维护祖国统一和利益的坚强意志的教育。爱国主义教育包括国家观念教育；民族意识与民族情感教育；国情教育，为祖国的富强和人民的富裕而奋斗的教育；国防教育；国际主义与世界主义教育等。

51. ABC 【解析】本题考查暗示教学法。暗示教学法的优点表现为：(1)利用情境因素组织教学，能使学生在轻松愉快的环境中接受知识；(2)能有效地激发学生的学习动机；(3)有利于非智力因素在教学中发挥积极作用，促进学生的发展。暗示教学法的不足之处突出表现为诱发学生学习潜力的外部环境设置难度大。具体内容参看陈梦稀主编的《教育学》。

52. ABCD 【解析】本题考查总结性测评相关知识。总结性测评是针对一个完整的教学过程的总体功能进行测定，又叫终结性测评，它主要用于评定教学目标的达成程度，检查教学的有效性和教材教法的适当性，考核学生的学习效果，确定学生的最终学习成绩。

53. AB 【解析】本题考查课外辅导相关知识。教师有偿为基础较差的学生进行课外辅导的行为违背了为人师表的师德规范，教师对学生的课外辅导应该是无偿的，A项说法错误。为成绩优异的学生进行个别辅导只是课外辅导的一个方面，B项说法错误。课外辅导是上课的必要补充，是适应学生个别差异、贯彻因材施教的重要措施。D项说法正确。课外辅导的内容包括：(1)为学生解答疑难问题；(2)为学习有困难的学生或缺课的学生补习；(3)指导学习方法；(4)对尖子学生作提高性指导；(5)为有学科兴趣的学生提供课外研究帮助；(6)开展课外辅助教学活动，如参观、看教学影片或录像；(7)指导学生的实践性和社会服务性活动。C项说法正确。

54. ABCD 【解析】本题考查班主任编排座位的注意事项。班主任在编排学生座位时应做到以下几点：(1)切忌徇私情，照顾各种关系；(2)要充分发扬民主；(3)要尽量体现互补性；(4)要适当轮换；(5)要变换座椅的摆法。

55. CD 【解析】本题考查学生发展的一般规律。学生发展的一般规律有以下几个：(1)顺序性。(2)不平衡性。学生发展过程中，其生理和心理的成熟是不一致的，一般来说性机能成熟是生理成熟的标志，心理成熟的标志则主要是指独立思考的能力、较稳定的自我意识和个性的形成。(3)阶段性。(4)最佳发展期。(5)个别差异性。

56. ABCD 【解析】本题考查直接的近景性学习动机的相关内容。学习动机从其与学习活动的关系及其作用的久暂来看,有间接的远景性学习动机和直接的近景性学习动机。直接的近景性学习动机与学习活动本身直接相联系,表现为对学习内容的直接兴趣和爱好,以及对学习活动的直接结果的追求。教师生动形象的讲解,新颖丰富的教学内容,灵活多样的教学方法,以及获得优良成绩、受到某种奖励等,都可以激起学生直接的近景性学习动机。故A、B、C、D选项都正确。这种学习动机比较具体,其效果也显而易见,但它的作用不大稳定持久,易受偶然因素或外部变化的影响。间接的远景性学习动机不易受学习活动本身及其直接结果的影响,而是同学习活动的间接结果——学习的社会意义与个人意义相联系。比如,社会对学生学习的要求,以及学生个人的未来前途和远大志向等都可制约这类学习动机。这类动机一旦形成,就具有较大的稳定性和持久性,能在较长时间内发挥作用。

57. ABCD 【解析】本题考查影响观念转变的条件。波斯纳等人提出,一个人原来的观念要发生转变(顺应)需要满足四个条件:(1)对原有观念的不满;(2)新观念的可理解性;(3)新观念的合理性;(4)新观念的有效性。

58. AB 【解析】本题考查《中华人民共和国义务教育法》中有关教师支教的规定。根据《中华人民共和国义务教育法》第三十三条规定,国务院和地方各级人民政府鼓励和支持城市学校教师和高等学校毕业生到农村地区、民族地区从事义务教育工作。国家鼓励高等学校毕业生以志愿者的方式到农村地区、民族地区缺乏教师的学校任教。县级人民政府教育行政部门依法认定其教师资格,其任教时间计入工龄。故答案选择A、B两项。

三、判断题

59. × 【解析】本题考查《中共中央 国务院关于全面加强新时代大中小学劳动教育的意见》相关知识。《中共中央 国务院关于全面加强新时代大中小学劳动教育的意见》指出,大中小学每学年设立劳动周,可在学年内或寒暑假自主安排,以集体劳动为主。

60. × 【解析】本题考查显性知识。显性知识就是通常所称的"知识",一般以书面文字、图表和数学公式等加以表达。长期以来在人类生活和实践领域,占据支配地位的都是显性知识。

61. √ 【解析】本题考查学生评价。学生评价是指在一定教育价值观的指导下,根据一定的标准,运用科学的方法、技术,对学生的思想品德、学业成绩、身心素质、情感态度等的发展过程和状况进行描述和判断的活动。学生评价是教育评价的重要领域,也是每一位教师必须实际操作的一项重要内容。

62. × 【解析】本题考查教育起源的学说。生物起源说和心理起源说的相同点是都否认了教育的目的性和社会性。二者的不同点在于是否承认教育现象为人类独有:生物起源说否认教育为人类独有;心理起源说承认教育为人类独有。

63. × 【解析】本题考查教育学的研究对象相关知识。教育现象被认识和研究,便成为教育问题,但并不是所有的教育现象都可以构成教育问题。只有当教育现象中的某些矛盾引起了人们的注意,并具有研究价值的时候,才能构成教育问题,成为教育学研究的对象。

64. √ 【解析】本题考查职业倦怠的特征。职业倦怠最常表现出来的症状有三种:(1)对工作丧失热情,情绪烦躁、易怒,对前途感到无望,对周围的人、事物漠不关心。(2)工作态度消极,对服务或接触的对象越发没耐心、不柔和,如教师厌倦教书,无故体罚学生,或医护人员对工作厌倦而对病人态度恶劣,等等。(3)对自己工作的意义和价值评价下降,常常迟到早退,甚至开始打算跳槽甚至转行。题干中牟老师的情况属于职业倦怠的常见表现。

65. √ 【解析】本题考查班级管理相关知识。要解决我国班级管理中存在的问题,必须建立以学生为本的班级管理新机制,尊重学生的人格和主体性,充分发挥学生自身的聪明才智,发扬学生在班级自我管理中的主人翁精神,强调师生合作、生生合作。

66. √ 【解析】本题考查学习策略中的精细加工策略。精细加工策略是指把新信息与头脑中的旧信息联系起来从而增加新信息意义的深层加工策略。它常被描述成一种理解记忆的策略,其要旨在于建立信息间的联系。如记忆术,做笔记,提问,生成性学习,运用背景知识、联系客观实际都属于精加工策略。常用的记忆术有形象联想法、谐音联想法、首字连词法、位置记忆法等。故题干表述正确。

67. × 【解析】本题考查维果茨基的最近发展区。最近发展区的概念最初是由苏联心理学家维果茨基提出的。维果茨基认为儿童心理发展存在两个水平:一个是儿童能够独立表现出来的心理发展水平,另一个是儿童在成人指导下所能够表现出来的心理发展水平,这两个水平之间的差距,就是最近发展区。一般来说,儿童能够独立表现出来的心理发展水平,都低于他在成人指导下所能够表现出来的水平。故题干表述错误。

68. × 【解析】本题考查动机的功能。动机具有以下几种功能:(1)激活功能。动机是个体能动性的一个主要方面,它具有发动行为的作用,能推动个体产生某种活动,使个体由静止状态转向活动状态。如为了消除饥饿而引起择食活动,为了获得优秀成绩而努力学习,为了取得他人赞扬而勤奋工作,为了摆脱孤独而结交朋友等。动机激活力量的大小,是由动机的性质和强度决定的。一般认为,中等强度的动机有利于任务的完成。(2)指向功能动机不仅能激发行为,而且能将行为指向一定的对象或目标。

69. × 【解析】本题考查结构不良问题的解决过程。早先的信息加工理论认为,结构不良问题的解决过程和结构良好问题的解决过程是相同的。但近来研究表明两者有明显的差别。结构不良问题的解决过程更主要是一种"设计"过程,而不是在一定的逻辑结构中进行系统的"解法搜索"。乔纳森把结构不良问题的解决过程总结为以下几个环节。(1)理清问题及其情境限制。在解决结构不良问题时,解决者常常首先要确定问题是否真的存在。(2)澄清、明确各种可能的角度和利害关系。(3)提出可能的解决方法。(4)评价各种方法的有效性。(5)对问题表征和解法的反思监控。(6)实施、监察解决方案。(7)调整解决方案。故题干表述错误。

70. √ 【解析】本题考查知识的作用。事实表明,人们一旦掌握了知识,知识就参与调节、指导今后的有关活动。从这个意义上讲,知识是人们活动的定向依据。知识作为活动的定向工具,主要表现在以下几方面:(1)任何活动总有一定的方向,活动的方向由活动的目的决定。确定活动的目的是确保活动定向的一个不可缺少的环节。(2)任何活动都是由一系列具体动作组成的动作系统。各具体动作作用于一定的对象,从而使对象发生合乎目的要求的变化。为此,除确定活动的目的之外,活动的定向还包括确定组成活动的各动作及其操作顺序。要做到这些,除要具备有关动作的知识外,还要有关于动作对象及其在动作作用下可能发生的变化的知识。知识不简单等同于能力,但知识是能力发展的重要基础。

71. √ 【解析】本题考查过度学习的相关知识。过度学习对于那些必须能长期地准确回忆而且又没有什么意义的操练信息最为有用,典型的例子即背乘法口诀表和化学元素周期表最适宜用"过度复习"法。故题干所述正确。

72. × 【解析】本题考查场独立型和场依存型的概念。美国心理学家赫尔曼·威特金将认知方式分为两种:场依存型与场独立型。场依存型的学生对客观事物的判断常以外部线索为依据,其态度和自我认知易受周围环境或背景(尤其是权威人士)的影响,往往不易独立地对事物做出判断,而是人云亦云,从他人处获得标准。故题干表述错误。场独立型的学生对客观事物的判断常以自己的内部线索(经验、价值观)为依据,不易受到周围环境因素的影响和干扰,倾向于对事物的独立判断。

73. × 【解析】本题考查遗忘的相关知识。遗忘是对识记过的材料不能回忆或再认,或是错误地回忆或再认。用信息加工的观点来说,遗忘就是记忆信息不能被提取出来,或者提取出错。遗忘是一种正常、合理的心理现象。关于遗忘的解释,主要有以下四种影响较大的假说:记忆痕迹衰退说、干扰说、压抑说和提取失败说。心理学关于记忆的研究表明,遗忘是有规律的。遗忘是在学习之后就立即开始了,遗忘的总趋势是最初很快,忘得多,之后逐渐缓慢,忘得少,即遗忘是先快后慢。故题干表述错误。

74. √ 【解析】本题考查埃里克森的心理社会发展阶段论。埃里克森认为,个体发展是持续一生的,而不是在成年早期就结束了。在心理发展的每个阶段,个体都会面临着一个需要解决的心理社会问题,该问题引起个体心理发展的矛盾与危机。如果个体能顺利解决每一阶段所面临的矛盾与危机,就会对个体的心理发展产生积极影响;相反,则会产生消极影响。

75. × 【解析】本题考查小学生自我认识发展的特点。对于小学生而言,他们的自我认识能力和自我评价能力在不断发展。但是他们的自我描述更多则是从外部的特征进行的,比如在回答"我是谁"这个问题时,他们往往会从姓名、性别、年级和身体特征等方面进行描述。他们的自我认识具有具体性和绝对化的特点。小学高年级的学生开始从外部特征的描述向对内部品质的评价发展。小学生的自我概念,主要是指社会自我、身体自我和学习自我,他们的自我评价也是从学业、运动、社会接纳、身体外表和行为表现等方面进行的。故题干表述错误。

76. √ 【解析】本题考查道德对教师的调节作用。道德既能调整教师的行为层面,又能深刻触及教师的思想、观念、情感甚至信仰等精神领域。

77. √ 【解析】本题考查《中华人民共和国教育法》中教育基本制度的相关知识。根据《中华人民共和国教育法》第十九条规定,国家实行九年制义务教育制度。各级人民政府采取各种措施保障适龄儿童、少年就学。适龄儿童、少年的父母或者其他监护人以及有关社会组织和个人有义务使适龄儿童、少年接受并完成规定年限的义务教育。

78. √ 【解析】本题考查教育法规的效力相关知识点。教育法规的效力问题,是指法律在什么时间、什么地域、对什么人有效的问题,即法律规范在时间、地域、对象等方面的效力问题。具体有三种效力:(1)时间效力。(2)地域效力。(3)人的效力。其中,教育法规的人的效力是指教育法规对什么人有约束力。这里的"人"指法律关系主体,包括自然人和法人,也包括国际组织和国家。关于这个问题各国主要采取四种原则:①属人主义原则,即以人的国籍为标准。凡是有本国国籍的公民,不论其在国内还是在国外,本国法律对其都有约束力。②属地主义原则,即以地域为标准,不分国籍,适用于该国管辖地区内所有的人。③保护主义原则,即以保护本国利益为标准,任何人只要损害了本国利益,不论损害者的国籍与地域如何,都要受到该国法律的追究。④折衷主义原则,即以属地主义为主,以属人主义、保护主义为补充的原则。我国教育法规适用于全体中国公民及在中国境内的外国人和无国籍人。

2020年湖南省长沙市浏阳市中小学教师招聘考试真题试卷(精编)(七十)

第一部分 小学

一、判断题

1. × 【解析】本题考查教学模式的内涵。教学模式是指比较稳定的教学程序及其方法体系,它具有特定的教学理论指导,具有特定的教学目标定位,对教学因素及其组合结构具有特定的要求,对教学活动及其流程具有特定的规定。把教学模式等同于教学程序或教学方法是不恰当的。教学程序和方法是教学模式的重要组成要素或重要特征,但教学模式不是单纯的教学程序或教学方法,它是由多种教学要素所构成的一个综合体。

2. × 【解析】本题考查教学过程的中心环节。教学过程大致分为五个阶段:(1)激发学习动机;(2)领会知识;(3)巩固知识;(4)运用知识;(5)检查知识。其中,领会知识是教学过程的中心环节。领会知识包括使学生感知和理解教材。感知教材主要是使学生获得关于所学内容的一个整体的表象,是所有教学活动的必经阶段。理解教材的目的在于形成概念、原理,真正认识事物的本质和规律。

3. √ 【解析】本题考查发散思维的特点。发散思维具有流畅性、灵活性(变通性)和独创性(独特性)等特点。

4. × 【解析】本题考查德育过程的规律。德育过程的一般顺序可以概括为:提高品德认识、陶冶品德情感、锻炼品德意志和培养品德行为习惯。德育过程一般以知为开端,以行为终结。但由于社会生活的复杂性,德育影响的多样性等因素,在德育具体实施过程中,又具有多种开端,可根据学生品德发展的具体情况,或从导之以行开始,或从动之以情开始,或从锻炼品德意志开始,最后达到使学生品德在知、情、意、行几方面和谐发展的目的。

5. √ 【解析】本题考查操作条件反射的内容。操作条件反射与经典条件反射不同的是经典条件反射与非自愿行为有关,而操作条件反射与自愿行为有关。

6. × 【解析】本题考查短时记忆的特点。短时记忆的编码方式有听觉编码和视觉编码两种,主要是听觉编码。

7. √ 【解析】本题考查观察学习中的注意过程。班杜拉重视对观察学习过程的分析,认为观察学习由四个子过程构成。(1)注意过程。观察学习始于学习者对示范者的注意,如果人们对榜样行为的重要特征不加以注意,就无法通过观察进行学习。(2)保持过程。观察学习对示范行为的保持依存于两个储存系统:一个是表象系统,另一个是言语编码系统。(3)运动再生过程。也称动作再现过程,即再现以前所观察到的示范行为。(4)动机过程。再现示范行为后,观察学习者因表现出示范行为而受到强化,从而影响后继行为产生的动机。

8. √ 【解析】本题考查《中华人民共和国义务教育法》的有关内容。根据《中华人民共和国义务教育法》第二十九条规定,教师应当尊重学生的人格,不得歧视学生,不得对学生实施体罚、变相体罚或者其他侮辱人格尊严的行为,不得侵犯学生合法权益。

9. × 【解析】本题考查依法治教的有关内容。依法治教的主体,不仅包括各级行政机关,即各级人民政府,也包括各级权力机关、审判机关和检察机关,即各级人大及常委会、法院和检察院;不仅包括各级教育行政部门,也包括各级政府的其他有关行政部门;还包括各级各类学校及其他教育机构、企事业单位社会团体及公民个人等。他们也是依法治教的重要法律关系的主体。

二、单项选择题

1. D 【解析】本题考查教师劳动的特点。题干的意思是:作一年的打算,最好是种植五谷;作十年的打算,最好是种植树木;作终身的打算,最好是培育人才。教师的劳动成果是人才,而人才培养的周期比较长。把一个人培养成为能够独立生活、能够服务社会、能够为人类做出贡献的合格人才,不是一朝一夕之功。这体现了教师劳动的长期性特点。

2. C 【解析】本题考查巩固性原则的具体运用。题干的表述出自孔子,意思是学过的内容要经常实践,这说明孔子很重视知识的巩固问题。反映在教学中就体现了巩固性原则。巩固性原则是指教师在教学中要引导学生在理解的基础上牢固地掌握基本知识和基本技能,而且在需要的时候,能够准确无误地呈现出来,以利于知识技能的利用。

3. B 【解析】本题考查分组教学的类型。分组教学包括外部分组和内部分组、能力分组和作业分组等。其中,外部分组,即取消按年龄编班,按学生的能力或某些测验成绩编班。

4. D 【解析】本题考查我国著名的教育学家。A项的陶行知,毛泽东称颂他为"伟大的人民教育家",宋庆龄赞誉他为"万世师表"。B项的杨贤江,以李浩吾为化名出版的《新教育大纲》是我国第一部马克思主义的教育学著作。C项的徐特立,党中央曾评价他"对自己是学而不厌,对别人诲人不倦"。D项的蔡元培是我国近代著名的民主革命家和教育家。毛泽东评价他为"学界泰斗,人世楷模"。故D项说法正确。

5. B 【解析】本题考查诊断性评价的内涵。诊断性评价是在学期开始或一个单元教学开始时,为了了解学生的学习准备状况及影响学习的因素而进行的评价。故B项正确。另外,形成性评价一般在教学过程中为改进和完善教学

活动而进行;总结性评价一般是在一个大的学习阶段、一个学期或一门课程结束时对学生学习结果的评价;非正式评价则是针对个别学生的评价,且评价的资料大多是采用非正式方式收集的,如观察、谈话等。

6. A 【解析】本题考查实验法的分类。在教学研究中,实验法分为实验室实验法和自然实验法。实验室实验法在实验室内进行,即在依靠仪器及现代测量技术的前提下,严格控制各种无关变量,并精密观察和记录某一现象的产生变化情况,进而分析其原因。自然实验法是在正常的生活环境中,适当控制条件,结合其他日常活动而进行的实验。由于教学活动的复杂性,教学实验一般采用自然实验法。

7. D 【解析】本题考查布鲁纳的认知表征理论。布鲁纳认为在人的成长过程中,经历了三种表征系统的阶段:动作性表征、表象性表征和符号性表征,人类是通过这三种表征系统来认识世界的。(1)动作性表征。在儿童发展初期,他们是根据对客体的直接感受来表征客体的,用布鲁纳的话来说,就是用肌肉来表征客体的。这种动作表征与皮亚杰的感知运动阶段的认知方式相类似。(2)表象性表征。在此阶段,儿童能够对外部世界形成心理的图像或表象,并对图像进行记忆和加工。这个阶段相当于皮亚杰的前运算阶段。(3)符号性表征。符号性表征是人类认知表征的最高级形式。在此表征方式的过程中,可以用符号对外部世界进行表征,最常见的方式就是语言及各种常见的标志性符号。(具体参看刘启珍、杨黎明主编的《学与教的心理学》)

8. D 【解析】本题考查情绪情感的功能。情绪的信号功能体现在个体将自己的愿望、要求、观点、态度通过一定的情感表达方式传递给别人并加以影响。这些信号常常起激励或抑制作用,使人们对事物的认识或态度更加鲜明、生动、外显,更容易被感知和接受。题干所述为信号功能的典型事例,故答案选D。B项动机功能是指情绪和情感是动机的源泉之一,是动机系统的一个基本成分。它能够激励人的活动,提高人的活动效率。适度的情绪兴奋,可以使身心处于活动的最佳状态,推动人们有效地完成任务。C项感染功能是指人类的情绪和情感可以互相传递和感受,具有感染性。人们之间的感情沟通正是通过情绪和情感的易感性功能才得以实现的。A项为干扰选项。

9. C 【解析】本题考查奥苏贝尔的动机类型。根据学校情境中的学业成就动机的不同,奥苏贝尔等人把动机分为认知内驱力、自我提高内驱力和附属内驱力三个方面。附属内驱力是指个体为了获得长者们(如家长、教师)的赞许或认可而表现出把工作、学习做好的一种需要。故题干所述事例为附属内驱力,选C项。A项认知内驱力是指要求了解、理解和掌握知识以及解决问题的需要。B项自我提高内驱力是指个体因自己的胜任或工作能力而赢得相应地位的需要。D项为干扰选项。

10. B 【解析】本题考查奥苏贝尔关于学习的分类。奥苏贝尔根据新知识与原有认知结构的关系,将知识学习分为下位学习、上位学习和并列结合学习。下位学习又称类属学习,即通过类属过程获得意义的学习,是一种把新的观念归属于认知结构中原有观念的某一部分,并使之相互联系的过程。题干中把新学的"萝卜""青菜"的概念归属于"蔬菜"的概念中,属于下位学习,选择B项。A项上位学习又称总括学习,即通过综合归纳获得意义的学习,是在学生掌握一个比认知结构中原有概念的概括和包容程度更高的概念或命题时产生的。D项组合学习又称并列结合学习,是在新命题与认知结构中原有的命题既非下位关系又非上位关系,而是一种并列的关系时产生的。C项为干扰选项。

11. C 【解析】本题考查人本主义的有意义学习的要素。人本主义的有意义学习包含四个要素:(1)学习是学习者自我参与的过程,整个人都要参与到学习之中;(2)学习是学习者自我发起的,内在动力在学习中起主要作用;(3)学习是渗透性的,使学生的行为、态度以及个性等都发生变化;(4)学习的结果由学习者进行自我评价,他们知道自己想要学什么和学到了什么。(具体参看廖策权、梁俊主编的《教育心理学》)

12. B 【解析】本题考查皮亚杰的认知发展阶段理论。前运算阶段儿童的思维具有以下特征:(1)早期的信号功能;(2)自我中心性(中心化);(3)不可逆运算;(4)不能够推断事实;(5)泛灵论;(6)不合逻辑的推理;(7)不能理顺整体和部分的关系;(8)认知活动具有具体性,还不能进行抽象的思维运算。

13. D 【解析】本题考查教师的职业道德素养。教师的职业道德素养是从教师对待事业、对待学生、对待集体和对待自己的态度上来体现的。其中,热爱学生是教师职业道德的核心,是教师高尚道德品质的表现。热爱学生是教师必备的职业道德素养。

14. A 【解析】本题考查我国义务教育的课程计划的基本特征。我国义务教育的课程计划的基本特征包括:强制性、普遍性和基础性。

15. B 【解析】本题考查《中华人民共和国教育法》的有关内容。根据《中华人民共和国教育法》第七十三条规定,明知校舍或者教育教学设施有危险,而不采取措施,造成人员伤亡或者重大财产损失的,对直接负责的主管人员和其他直接责任人员,依法追究刑事责任。

第二部分 初中

一、判断题

1. × 【解析】本题考查教学方法的相关知识。讲授法是教师运用口头语言系统连贯地向学生传授知识、技能,发展学

生智力的教学方法。探究法是指老师在教学过程中,引导学生针对所学知识开展探讨分析活动,并借此来达到完成学习任务和发展学习能力的目的的一种教学方法。探究法和讲授法各有利弊,因此不能简单地说探究法比讲授法的效果要好。

2. √ 【解析】本题考查迁移理论的相关内容。迁移发生取决于学习者原有认知结构的清晰、稳定、概括和包容的程度。新近学习对于迁移的作用并不是直接的,它是通过影响原有认知结构的有关特征,从而间接影响迁移的发生。因此,奥苏贝尔特别强调在新学习之前设计一个"先行组织者",为新的学习提供观念上的固定点,增加新旧知识之间的可辨别性,在新的学习任务与学习者原有认知结构之间架设一座桥梁,以促进迁移的发生。(具体参看燕良轼主编的《教育心理学 理论、实践与应用》)

3. × 【解析】本题考查新课程倡导的学习方式。新课程倡导自主学习、探究学习和合作学习三种学习方式。自主学习是一种主动学习,是相对于"被动学习""他主学习"而言的。探究学习是相对于"接受学习"而言的。合作学习是相对于"个体学习"而言的。

4. √ 【解析】本题考查新课程的教材观。根据新课标的教材使用建议,教师要善于结合实际需要,灵活地和有创造性地使用教材,对教材的内容、编排顺序和教学方法等方面进行适当的取舍或调整。

5. × 【解析】本题考查德育的途径。我国学校的德育途径是广泛多样的,具体包括:(1)思想品德课(思想政治课)与其他学科教学。(2)社会实践活动。(3)课外、校外活动。(4)共青团、少先队组织的活动。(5)校会、班会、周会、晨会、时事政策的学习。(6)班主任工作。其中,思想品德课之外的其他各科教学是德育最经常、最基本的途径。而班主任工作是学校对学生进行德育的一个重要而又特殊的途径。

6. × 【解析】本题考查想象的类型。再造想象是依据词语或符号的描述、示意在头脑中形成与之相应的新形象的过程。人在阅读文艺作品、历史文献,工人看建筑或机械图纸,学生听教师对课文生动形象的描述时,头脑中出现的有关事物的形象,都属于再造想象。故题干所述事例为再造想象。创造想象是按照一定目的、任务,使用自己以往积累的表象,在头脑中独立地创造出新形象的过程。

7. × 【解析】本题考查智力的个体差异。智力表现的早晚存在着明显的差异。有的人在儿童时期就显露出非凡的智力或特殊能力,这叫人才"早慧"或"早熟"。在人的智力发展中,也有不少人的能力表现较晚,这叫"大器晚成"。智力发展水平的差异(即一般能力的差异),指的是个体之间或个体内部智力水平高低不同的程度。它表明人的智力发展有高有低。

8. × 【解析】本题考查合作学习的分组原则。合作学习分组的原则:(1)组内异质,组间同质;(2)小组成员人数以5人左右为宜。一般来说,最为有效的小组人数是4~6个成员。

9. × 【解析】本题考查《中华人民共和国未成年人保护法》的内容。根据《中华人民共和国未成年人保护法》第三十九条规定,任何组织或者个人不得披露未成年人的个人隐私。对未成年人的信件、日记、电子邮件,任何组织或者个人不得隐匿、毁弃;除因追查犯罪的需要,由公安机关或者人民检察院依法进行检查,或者对无行为能力的未成年人的信件、日记、电子邮件由其父母或者其他监护人代为开拆、查阅外,任何组织或者个人不得开拆、查阅。

10. √ 【解析】本题考查《中华人民共和国教师法》的内容。根据《中华人民共和国教师法》第十三条规定,中小学教师资格由县级以上地方人民政府教育行政部门认定。

二、单项选择题

1. C 【解析】本题考查《中华人民共和国教育法》的内容。根据《中华人民共和国教育法》第四条规定,教育是社会主义现代化建设的基础,国家保障教育事业优先发展。

2. C 【解析】本题考查教学设计的特征。教学设计的特征有:(1)指导性;(2)统合性;(3)操作性;(4)预演性;(5)凸显性;(6)易控性;(7)创造性。(具体参看全国十二所重点师范大学联合编写的《教育学基础(第3版)》)

3. B 【解析】本题考查教师在教学过程中的地位。在教学过程中,充分发挥教师的主导作用,这是有成效的教学的普遍规律。教师是教学活动的领导者、组织者,是学生学习的指导者和学习质量的检查者,他能够引导学生沿着社会所期望的方向发展,使学生成为社会所需要的人才。而学生是教学活动的主体。

4. B 【解析】本题考查有意义学习的条件。奥苏贝尔认为,认知结构在有意义学习中起着非常重要的作用,是影响学生知识学习的最重要的因素。认知结构变量就是学习者应用他原有的知识同化新知识时,原有认知结构内容和组织方面的特征。认知结构变量主要包括三个方面:一是认知结构的可利用性,指认知结构中是否有与新知识建立联系的适当观念。二是认知结构的可辨别性,指具有潜在意义的新材料与有关观念之间的分化程度。三是认知结构的巩固性,指已有认知结构中起固定作用的有关观念的稳定性和清晰性。(具体参看王大顺、张彦军主编的《发展与教育心理学》)

5. D 【解析】本题考查认知目标包含的内容。教学目标设计中知识与技能是结果性目标维度。其中知识(认知)目标,可分为三个水平,分别是:了解水平、理解水平和应用水平。技能目标的三个水平为:模仿水平、独立操作水平和迁移水平。故D项不属于认知目标水平的内容。

6. B 【解析】本题考查教学方式的相关内容。与传统教学更为强调教师的师道尊严不同,对话教学中,师生双方享有同等的"思想"和言说的权利,彼此真诚平等、尊重信任、包容接纳、分享参与。由此可见,对话教学更适合教师与学生交流思想和感受。

7. C 【解析】本题考查学习动机的分类。按学习动机的社会意义,可分为高尚的学习动机和低级的学习动机。判断学习动机高尚与低级的标准是看它是否有利于社会和集体。如果把学习看成是对社会做贡献和尽义务,则是高尚的学习动机;而把学习看成是猎取个人名利的手段,则是低级的学习动机。

8. A 【解析】本题考查学习迁移的类型。根据前后学习的难度差异,可以把迁移分为垂直迁移和水平迁移两类。难易不同的两种学习之间的相互影响,叫垂直迁移。故选A项。B项水平迁移是指难易相同的两种学习之间的相互影响。C项顺向迁移是指先前的学习对后继学习的影响。D项逆向迁移是指后继学习对先前学习的影响。(具体参看马洪江、郑国庆编著的《心理学教程》)

9. A 【解析】本题考查感知规律的内容。强度律,指作为知识的物质载体的直观对象(实物、模像或言语)必须达到一定强度,才能为学习者清晰地感知。因此,在直观过程中,教师应突出那些强度低但较重要的要素,使它们充分地展示在学生面前。题干中的老师正是应用了此规律,选择A项。B项中差异律,指对象和背景的差异越大,对象从背景中区分开来就越容易。C项活动律,指活动的对象较之静止的对象容易感知。D项组合律,指空间上接近、时间上连续、形状上相同、颜色上一致的事物,易于构成一个整体被人们清晰地感知。

10. D 【解析】本题考查消退的含义。消退是指条件刺激形成以后,如果得不到强化,条件反应会逐渐减弱,直至消失的现象。消退是一种无强化的过程,其作用在于降低某种反应在将来发生的概率,以达到消除某种行为的目的。消退是减少不良行为、消除坏习惯的有效方法。题干中该教师应用的正是此方法,因此选D项,B、C不符合题意。A项惩罚是指当有机体做出某种反应以后,呈现一个厌恶刺激,以消除或抑制此反应的过程。不合题意。

11. B 【解析】本题考查教师职业道德修养的相关知识。教师的职业追求只有体现在正确的职业理想、坚定的职业信念以及矢志不渝的教育探索和专业发展中才会有价值,才能得以实现。深入地理解、加强教师职业道德修养必须以理想信念教育为核心。

12. B 【解析】本题考查教学理念的相关知识。传统的评价往往只要求学生提供问题的答案,而对于学生是如何获得这些答案的却漠不关心。新课程倡导从过分关注结果逐步转向对过程的关注。只有关注过程,评价才可能深入学生发展的进程,及时了解学生在发展中遇到的问题、所做出的努力以及获得的进步,这样才有可能对学生的持续发展和提高进行有效的指导,评价促进发展的功能才能真正发挥作用。题干中的老师在两位同学对同一道题分别用不同的方法得出了同样的答案后,请他们上台陈述自己思考、推理、证明的步骤,就体现了该老师更加关注学生学习的过程而不仅仅是获得答案而已。

13. C 【解析】本题考查《中华人民共和国义务教育法》的内容。根据《中华人民共和国义务教育法》第二条规定,国家实行九年义务教育制度。义务教育是国家统一实施的所有适龄儿童、少年必须接受的教育,是国家必须予以保障的公益性事业。实施义务教育,不收学费、杂费。

14. D 【解析】本题考查《中华人民共和国义务教育法》的内容。根据《中华人民共和国义务教育法》第二十七条规定,对违反学校管理制度的学生,学校应当予以批评教育,不得开除。

2020年湖南省郴州市桂东县教师招聘考试真题试卷(七十一)

一、填空题

1. 依法治教
2. 适龄儿童少年　强制性　免费性　普及性
3. 动机　效果　个人　社会　继承　创新
4. 自我评价法　学生评价法　社会评价法
5. 育人　德育　智育　体育　美育　劳动技术教育

二、单项选择题

6. C 【解析】本题考查人的心理的实质。心理是通过脑这一特殊物质实现的一种反映形式,而反映的对象则是客观现实,客观现实是人的心理活动内容的源泉。

7. B 【解析】本题考查心理现象的产生方式。人的心理活动,就其产生方式来说,是客观事物引起人脑反射的活动。

8. B 【解析】本题考查个体心理发展的一般规律。在心理发展过程中,当某些代表新特征的量累积到一定程度时,就会取代旧特征而处于主导地位,表现为阶段性的间断现象。思维的发展也是一个从量变到质变的过程,学生从直观动作思维到抽象思维是一个质变,体现了心理发展的阶段性,选B选项。A项顺序性是指在正常条件下,心理的发展总是具有一定的方向性和先后顺序。C项不平衡性是指心理的发展可以因进行的速度、到达的时间和最终达到的高度而表现出多样化的发展模式。一方面表现出个体不同系统在发展的速度、发展的起止时间与到达成熟时期的不同进程;另一方面也表现出同一机能特性在发展的不同时期有不同的发展速率。D 项个别差异性是指任何一个正常学生的心理发展总要经历一些共同的基本阶段,但发展的速度、最终达到的水平,以及发展的优势领域等方面往往又千差万别。

9. B 【解析】本题考查负强化的内容。负强化也称消极强化,是通过消除或中止厌恶、不愉快刺激来增强反应频率。题干中教师通过撤销做家庭作业的厌恶刺激来增加学生做对题的频率就属于负强化,故选 B 项。A 项正强化也称积极强化,是通过呈现想要的愉快刺激来增强反应频率。C、D 项为干扰选项。

10. C 【解析】本题考查逃避条件作用的内容。逃避条件作用是指当厌恶刺激出现时,有机体做出某种反应,从而逃避了厌恶刺激,则该反应在以后的类似情境中发生的概率便增加的一类条件作用。在日常生活中,逃避条件作用不乏其例。例如:看见路上的垃圾后绕道走开;感觉屋内人声嘈杂时暂时离屋等。题干所述符合 C 项。B 项回避条件作用是指当预示厌恶刺激即将出现的刺激信号呈现时,有机体也可以自发地做出某种反应,从而避免了厌恶刺激的出现,则该反应在以后的类似情境中发生的概率便增加的一类条件作用。A 项消退是指条件刺激形成以后,如果得不到强化,条件反应会逐渐减弱,直至消失的现象。D 项强化是采用适当的强化物而使机体反应频率、强度和速度增加的过程。

11. D 【解析】本题考查巴甫洛夫的经典性条件作用理论的主要规律。如果只对条件刺激做出条件反应,而对其他相似刺激不做反应,则出现了刺激的分化。分化能使我们对不同的情境做出不同的恰当反应,从而避免盲目行动。分辨词语的不同是刺激的分化,故选 D 项。C 项泛化是指机体对与条件刺激相似的刺激做出条件反应。A 项获得是指条件作用的获得,是通过条件刺激反复与无条件刺激相匹配,从而使个体学会对条件刺激做出条件反应的过程。B 项消退是指条件反射形成以后,如果得不到强化,条件反应会逐渐减弱,直至消失的现象。

12. C 【解析】本题考查韦纳归因理论的有关内容。韦纳的归因理论的贡献在于,要求归因时不仅从行为上进行分析,而且从认知(特别是思维)情感和人际关系中来分析。他从大量的实验中总结出成败的原因主要是能力、努力程度、任务难度和机遇四个方面,为改变差生提供了理论依据。(具体参看娄宏毅、宋尚桂主编的《成人教育学》)

13. D 【解析】本题考查课堂管理的影响因素。影响课堂管理的因素有:(1)教师的领导风格;(2)班级规模;(3)班级的性质;(4)对教师的期望。

14. B 【解析】本题考查群体规范的内容。群体规范是约束群体内成员的行为准则,包括成文的正式规范和不成文的非正式规范。正式规范是有目的、有计划地教育的结果。非正式规范的形成则是成员们约定俗成的结果,受模仿、暗示和顺从等心理因素的制约。群体规范会形成群体压力,对学生的心理和行为产生极大的影响,还可能导致从众现象的发生。群体规范使学生保持认知、情感和行为上的一致,并为学生的课堂行为划定方向和范围,成为引导学生行为的指南。

15. B 【解析】本题考查教师成长的阶段理论。福勒和布朗根据教师的需要和不同时期所关注的焦点问题,把教师的成长划分为关注生存、关注情境和关注学生三个阶段。处于关注生存阶段的一般是新教师,他们非常关注自己的生存适应性,最担心的问题是"学生喜欢我吗""同事们如何看我""领导是否觉得我干得不错"等。因而,可能会把大量的时间花在如何与学生搞好个人关系上,想方设法控制学生,而不是更多地考虑如何让学生获得学习上的进步。题干所述教师正处于此阶段,故选 B 项。处于关注情境阶段的教师关心的是如何教好每一堂课,以及班级大小、时间压力和备课材料是否充分等与教学情境有关的问题,如"内容是否充分得当""如何呈现教学信息""如何掌握教学时间"等。传统教学评价集中关注这一阶段,一般来说,老教师比新教师更关注此阶段。当教师顺利地适应了前两个阶段后,成长的下一个目标便是关注学生。教师将考虑学生的个别差异,认识到不同发展水平的学生有不同的需要,根据学生的差异采取适当的教学,促进学生发展。能否自觉关注学生是衡量一个教师是否成熟的重要标志之一。

三、多项选择题

16. ABC 【解析】本题考查陶行知与杜威的教育思想。陶行知的"生活即教育"和杜威的"教育即生活"的相同点是:(1)承认教育和生活之间存在着密切的联系,反对将教育与生活分离;(2)认为生活含有重要的教育意义;(3)承认教育对改造生活的重要作用。D、E 两项均是杜威的教育思想。

17. BD 【解析】本题考查教育活动的基本规律。教育最基本的规律有两条:(1)关于教育与社会发展关系的规律,我们称之为教育的外部关系规律,教育外部诸因素指人口、政治、经济、文化;(2)关于教育和人的发展关系的规律,我们称之为教育的内部关系规律,教育内部诸因素指教师、学生、教材、设备、教学管理等。

18. BCDE 【解析】本题考查我国的学校教育制度的相关内容。从层次结构上来看,我国现行学校教育包括学前教育、初等教育、中等教育和高等教育四个层次。另外,从类型结构上来看,我国现行学校教育可划分为基础教育、职业技术教育、高等教育、成人教育和特殊教育五个大类。

19. ABC 【解析】本题考查培养学生主体性的措施。对于学生主体性的培养,一般学者认为主要从三个方面着手:(1)建立民主而和谐的师生关系,重视学生自学能力的培养;(2)重视培养学生主体参与课堂,让学生获得主体参与的体验,尤其让学生体验成功;(3)尊重学生的个性差异,对学生进行具有针对性的教育。

20. ABCD 【解析】本题考查班级管理的内容。班级管理的内容包括:班级组织建设、班级制度管理、班级教学管理和班级活动管理。故 A、B、C、D 四项正确。E 项属于班级管理的模式。

21. ACDE 【解析】本题考查群众性活动的内涵。群众性活动是一种面向多数或全体学生的带有普及性质的活动。群众性活动的具体活动方式有:(1)集会活动;(2)竞赛活动;(3)参观、访问、游览和调查;(4)文体活动;(5)墙报和黑板报;(6)社会公益劳动。故 A、C、D、E 四项正确。B 项属于小组活动。

22. BC 【解析】本题考查教育研究的类型。根据研究目的的不同,教育研究可分为基础研究、应用研究与开发研究。根据方法论的不同,教育研究可分为定量研究与定性研究。

23. ABCDE 【解析】本题考查影响课程变革的因素。影响课程变革的重要因素包括:政治因素、经济因素、文化因素、科技革新和学生发展。

24. CD 【解析】本题考查新课程倡导的教师角色。新课程倡导的教师角色包括:(1)从教师与学生的关系看,教师是学生学习的促进者。其内涵主要包括两个方面:教师是学生学习能力的培养者和教师是学生人生的引路人。(2)从教学与研究的关系看,教师是教育教学的研究者。(3)从教学与课程的关系看,教师是课程的开发者和建设者。(4)从学校与社区的关系看,教师是社区型开放的教师。

25. ABCE 【解析】本题考查综合实践活动的性质。综合实践活动的性质包括:(1)相对于学科课程而言,综合实践活动是一门经验性课程,不存在内在的知识逻辑和知识体系,是按主题的形式来展开设计的;(2)相对于分科课程而言,综合实践活动是一门综合性课程,包括内容综合、学习方式综合和活动时空综合三个方面;(3)综合实践活动还是一门实践性课程,强调对学生实践能力的培养;(4)综合实践活动是三级管理的课程。

26. ABCD 【解析】本题考查教学反馈的作用。教学反馈是指教师在课堂教学中,有意识地收集和分析教育教学的状况,并做出相应反应的教学行为。它是完成教学进程的重要环节,是强化和调控目标检测的重要手段,具有激励、调控、媒介和预测的作用。

27. ACDE 【解析】本题考查德育过程的构成要素。德育过程通常由教育者、受教育者、德育内容和德育方法四个相互制约的要素构成。

28. ABCDE 【解析】本题考查教学工作的基本程序。教师教学工作包括五个基本环节(即基本程序):备课、上课、作业的布置与反馈、课外辅导和学业成绩的检查与评定。

29. BC 【解析】本题考查教学方法的具体运用。演示法是指教师通过展示实物、教具和示范性的实验来说明、印证某一事物和现象,使学生掌握新知识的一种教学方法。讨论法是全班或小组成员在教师的指导下,围绕某一中心问题发表自己的看法和见解,从而进行相互学习的一种方法。题干中的教师让学生观察自己养的蚕宝宝,体现了对演示法的运用;教师让学生在全班交流学习成果,体现了对讨论法的运用。

30. ABCD 【解析】本题考查讲授法的相关知识。讲授法可分为讲读、讲述、讲解和讲演四种。故 A 项正确。运用讲授法的基本要求包括:讲授内容要有科学性、系统性和思想性,要认真组织;讲授要讲究策略和方式,要系统完整,层次分明,重点突出,符合知识的系统性和启发性教学原则的要求;教师要努力提高语言表达水平,讲究语言艺术;要组织学生听讲;要与其他教学方法配合使用。故 B、C、D 三项说法正确。衡量一种教学方法是否具有启发性,关键是看教师能否促进学生积极主动地去学习,而不是单从形式上去加以判断。将讲授法等同于注入式教学,这是错误的。故 E 项说法错误。

四、判断题

31. √ 【解析】本题考查核心课程的内涵。核心课程要求以人类基本活动为主题而编制课程系统,在实质上是活动课程的发展。(具体参看袁仕勋、吴永忠主编的《教育学新编》)

32. × 【解析】本题考查教学目标与课程目标的相关知识。教学目标是课程目标的载体,教学目标是课程目标的具体化,只有将课程目标转化为一系列具体的可操作性的教学目标时,课程目标才能得以落实,并通过一系列的教学目标的达成,使得课程目标最终得以实现。故题干说法错误。

33. √ 【解析】本题考查班级授课制的发展历程。在我国,最早采用班级授课制的是清政府于 1862 年设于北京的京师同文馆,并在癸卯学制中以法令形式确定下来,随之在全国范围内推广。

34. × 【解析】本题考查诊断性评价的具体运用。诊断性评价是在学期开始或一个单元教学开始时,为了了解学生的学习准备状况及影响学习的因素而进行的评价。诊断性评价的主要功能包括:(1)检查学生的学习准备程度;(2)决定对学生的适当安置;(3)辨别造成学生学习困难的原因。因此,诊断性评价适用于全体学生,故题干说法错误。

35. √ 【解析】本题考查量力性原则的具体运用。量力性原则,也称可接受性原则,是指教学的内容、方法、分量和进度要适合学生的身心发展,使他们能够接受,但又要有一定的难度,需要他们经过努力才能掌握,以促进学生的身心发展。这一原则是为了防止发生教学难度低于或高于学生实际程度而提出的。

36. × 【解析】本题考查德育目标的相关内容。德育目标是教育目标在受教育者思想品德方面要达到的总体规格要求,亦即德育活动所要达到的预期目的或结果的质量标准。德育目标是德育工作的出发点,它不仅决定了德育的内容、形式和方法,而且制约着德育工作的基本过程。

37. × 【解析】本题考查德育内容的相关知识。德育内容的选择依据之一是受教育者的身心发展特征。受教育者的身心发展特征,决定德育内容的深度和广度。因此,在不同的教育阶段,思想品德教育内容的重点,也会随着该阶段学生的年龄特征有所改变。

38. × 【解析】本题考查班集体的相关知识。评价一个班集体建设的好坏,不仅要看一个班集体的思想、学习、纪律、班风、舆论等方面的状况如何,要看每个同学德、智、体诸方面发展情况如何,还要看每个成员的个性是否得到健康的发展。班里的学习风气只是评价班集体好坏的一个方面,故题干说法有误。

39. × 【解析】本题考查新课程倡导的学习方式。新课程改革提倡探究学习并不是完全抛弃接受学习。只是因为传统的学习方式过分突出和强调接受和掌握,冷落和贬低发现和探究,从而在实践中导致了对学生认识过程的极端处理,使学生学习书本知识变成仅仅是接受书本知识,学生学习成了纯粹被动地接受、记忆的过程。我们批判的是教师没有正确引导学生运用传统学习方式,而不是传统学习方式本身。故题干说法过于绝对。

40. × 【解析】本题考查学生的特点。从学生自身特点看,学生具有可塑性、依赖性和向师性。其中,学生的可塑性是指学生处于长知识、长身体的时期,也是他们的品德、人格正在形成的时期,各方面尚未成熟,具有很大的发展潜力,而且尚未定型,极容易受外部环境因素的影响,具有"染于苍则苍,染于黄则黄"的特点。

五、简答题(参考答案)

41. 教学过程作为一种特殊的认识过程,其特殊性主要表现在哪些方面?

教学过程作为一种特殊的认识过程,其特殊性表现在:(1)认识对象的间接性与概括性;(2)认识方式的简捷性与高效性;(3)教师的引导性、指导性与传授性(有领导的认识);(4)认识的交往性与实践性;(5)认识的教育性与发展性。

42. 简述班集体的形成与培养过程。

(1)确定班集体的发展目标;(2)建立得力的班集体核心;(3)建立班集体的正常秩序;(4)组织形式多样的教育活动;(5)培养正确的舆论和良好的班风。

43. 简述课堂提问的基本要求。

(1)合理地设计问题;(2)面向全体学生提问;(3)目的明确,把握好时机;(4)提问的语言要准确,具有启发性;(5)提问的态度要温和自然;(6)及时进行评价和总结。

44. 第30个教师节前夕,习近平总书记考察北京师范大学时,在勉励广大师生的讲话中提倡做"四有好老师"。简述"四有好老师"是指哪"四有"。

"四有好老师"中的"四有"是指:(1)有理想信念;(2)有道德情操;(3)有扎实学识;(4)有仁爱之心。

六、案例分析题(参考答案)

45. 案例中王老师和李老师的发言都是不正确的,是对素质教育认识上的误区。

(1)王老师认为素质教育就是多开展文体活动,多上文体课。这是对素质教育形式化的误解。教育培养人的基本途径是教学,学生的基本任务是在接受人类文化精华的过程中获得发展。这就决定了素质教育的主渠道是教学,主阵地是课堂。

(2)李老师认为素质教育就是不要考试,特别是不要百分制的考试。这是对考试的误解。考试包括百分制考试本身没有错,要说错的话,就是应试教育中使用者将其看作学习的目的。考试作为评价的手段,是衡量学生发展的尺度之一,也是激励学生发展的手段之一。

46. 从表面上看,材料中的教师注重学生的个人感受,尊重学生,培养孩子的个性化阅读能力。实际上,教学流于形式,没有深入实际。造成这种现象的原因在于部分老师没有很好地把握教师主导作用与学生主体作用相统一的教学规律。教师主导作用与学生主体作用相统一(双边性规律)是指在教学中,教师的教依赖于学生的学,学生的学离不开教师的教,教与学是辩证统一的。需要指出的是,尊重儿童并非放任儿童,听任课堂自发地发展,放弃教师的职责与主导作用,而是提高了对教师教的要求,加重了教师的责任和工作量。材料中的教师一味地强调学生在教学中的主体地位与作用,过于注重课堂的活动与热烈氛围,相对忽视了教师在教学上的理智引导与规范,以致学生活泼有余,对知识的系统掌握则有不足,影响了教学质量,其危害不可忽视。

2020年湖南省湘潭市岳塘区教师招聘考试真题试卷(七十二)

单项选择题

1. B 【解析】本题考查《儿童青少年新冠肺炎疫情期间近视预防指引(更新版)》的内容。《儿童青少年新冠肺炎疫情期间近视预防指引(更新版)》指出,线上学习期间,应限制线上学习的电子产品使用时间。(1)线上学习时间,小学生每天不超过2.5小时,每次不超过20分钟;中学生每天不超过4小时,每次不超过30分钟。(2)减少线上学习外的视屏时间,除教育部门安排的线上教育时间外,其他用途的视屏时间每天累计不超过1小时。

2. A 【解析】本题考查《中共中央 国务院关于全面加强新时代大中小学劳动教育的意见》的内容。2020年3月20日颁布的《中共中央 国务院关于全面加强新时代大中小学劳动教育的意见》指出,根据各学段特点,在大中小学设立劳动教育必修课程,系统加强劳动教育。中小学劳动教育课每周不少于1课时,学校要对学生每天课外校外劳动时间作出规定。职业院校以实习实训课为主要载体开展劳动教育,其中劳动精神、劳模精神、工匠精神专题教育不少于16学时。普通高等学校要明确劳动教育主要依托课程,其中本科阶段不少于32学时。除劳动教育必修课程外,其他课程结合学科、专业特点,有机融入劳动教育内容。大中小学每学年设立劳动周,可在学年内或寒暑假自主安排,以集体劳动为主。高等学校也可安排劳动月,集中落实各学年劳动周要求。

3. A 【解析】本题考查时政内容。2020年3月9日中共中央政治局常委、国务院总理、中央应对新冠肺炎疫情工作领导小组组长李克强主持召开领导小组会议。会议指出,部署深化防控国际合作防范疫情输出输入,强调在疫情防控中激励真抓实干务求实效。

4. B 【解析】本题考查教学过程的主要矛盾。教学过程的主要矛盾是学生与其所学知识之间的矛盾(教师提出的教学任务同学生完成这些任务的需要、实际水平之间的矛盾),实际上也就是学生认识过程的矛盾,是认识主体与其客体之间的矛盾。

5. A 【解析】本题考查奴隶社会教育的特点。奴隶社会时期,出现了脑力劳动从体力劳动中的第一次分离,出现了教育从生产劳动中的第一次分离。学校轻视体力劳动,造成整个社会的体脑分离,并最终形成"劳心者治人,劳力者治于人"的对立。

6. A 【解析】本题考查洛克的教育观点。洛克反对天赋观念,提出了"白板说"。他认为人的心灵原来就像一块白板,没有一切特性,没有任何观念,天赋的智力人人平等。

7. B 【解析】本题考查少年期的心理特征。少年期又称学龄中期,大致相当于初中阶段,是个体从童年期向青年期过渡的时期,具有半成熟、半幼稚的特点。在这一时期,学生处于生理发育的第二个高峰期。整个少年期充满独立性和依赖性、自觉性和幼稚性错综的矛盾。这一时期也被称为"心理断乳期"或"危险期"。

8. A 【解析】本题考查个体身心发展的规律。个体身心发展的互补性的概念包括:(1)互补性是指机体某一方面的机能受损甚至缺失后,可通过其他方面的超常发展得到部分补偿。机体各部分存在着互补的可能,使人在自身某方面缺失的情况下能与环境协调,从而为继续生存与发展提供条件。(2)互补性也存在于心理机能与生理机能之间。人的精神力量、意志、情绪状态对整个机能起到调节作用,能帮助人战胜疾病和残缺,使身心依然得到发展。

9. A 【解析】本题考查教学原则的运用。直观性原则是指在教学活动中,教师应尽量利用学生的多种感官和已有的经验,通过各种形式的感知,使学生获得生动的表象,从而比较全面、深刻地掌握知识。题干中的语文老师展示荷塘月色的图片,使月色表现得更真切,帮助学生体会月光的美,就体现了直观性原则。

10. D 【解析】本题考查迁移的类型。具体迁移也称特殊迁移,是指学习迁移发生时,学习者原有的经验组成要素及其结构没有变化,只是将一种学习中习得的经验要素重新组合并移用到另一种学习之中。例如:学习了"日""月"对学习"明"的影响;掌握了加减法对做四则运算题的影响等。题干所述属于具体迁移的典例,故选D项。A项一般迁移是指一种学习中所习得的一般原理、原则和态度对另一种具体内容学习的影响,即原理、原则和态度的具体应用。B项水平迁移也叫横向迁移,是指先行学习内容与后继学习内容在难度、复杂程度和概括层次上属于同一水平的学习活动之间产生的影响。C项垂直迁移也称纵向迁移,是指先行学习内容与后续学习内容是不同水平的学习活动之间产生的影响。

11. C 【解析】本题考查意志的品质。意志的自制性是指一个人善于控制和支配自己的情绪,约束自己言行的品质。题干所述符合意志自制性的内涵,故选C项。A项意志的坚韧性是指一个人在行动中坚持决定,百折不挠地克服重重困难去达到行动目的的品质。B项意志的果断性是指一种善于辨明是非、抓住时机、迅速而合理地采取决定并执行决定的意志品质。D项意志的独立性指一个人在行动中具有明确的目的,不屈从于周围人们的压力,按照自己的信念、知识和行为方式进行行动的品质。

12. A 【解析】本题考查教科书的编写方式。我国中小学教科书的组织结构一般采用螺旋式上升与直线式编写两种基本方式。直线式教科书结构是把一门学科的课程内容或其中一个课题的内容按照知识本身的逻辑结构来展开呈现在教科书中,使各种知识在内容上均不重复的编排形式。螺旋式教科书结构是把同一课题内容按深度、广度的不同层次安排在教科书的不同阶段重复出现,使得每一次重复都将原有的知识、方法、经验进一步加深拓广,逐级深化。

13. D 【解析】本题考查物质文化的内涵。学校文化由观念文化(精神文化)、规范文化(制度文化)和物质文化构成。其中,物质文化是学校文化的空间物态形式,是学校精神文化的物质载体。物质文化包括环境文化和设施文化,它是学校教育教学及其管理活动的物质基础。

14. D 【解析】本题考查教师期望效应的内容。教师期望效应也叫罗森塔尔效应或皮格马利翁效应，即教师的期望或明或暗地传递给学生，会使学生按照教师所期望的方向来塑造自己的行为。A 项首因效应指在总体印象形成上最初获得的信息比后来获得的信息影响更大的现象。B 项晕轮效应指当我们认为某人具有某种特征时，就会对他的其他特征做相似判断。C 项酸葡萄效应指把得不到的东西说成是不好的。

15. D 【解析】本题考查皮亚杰的道德认知发展阶段理论。皮亚杰将儿童的道德认知发展分为三个阶段：(1)前道德阶段，也叫无律阶段；(2)道德实在论阶段，也称他律阶段；(3)道德主义观念阶段，也称自律阶段。（具体参看王双宏、黄胜主编的《学前儿童发展心理学》）

16. C 【解析】本题考查布鲁纳的学习过程。布鲁纳认为学习包括三种几乎同时发生的过程，这三种过程是：新知识的获得、知识的转化、知识的评价。这三个过程实际上就是学习者主动地建构新认知结构的过程。

17. C 【解析】本题考查课程资源的类型。按照课程资源空间分布的不同，大致可以把课程资源分为校内课程资源和校外课程资源。凡是学校范围之内的课程资源就是校内课程资源，超出学校范围的课程资源就是校外课程资源。校外课程资源主要包括校外图书馆、科技馆、博物馆、网络资源以及乡土资源等。故 A、B、D 三项属于校外课程资源，C 项属于校内课程资源。

18. B 【解析】本题考查动机的冲突。双趋冲突是指个体以同等程度的两个动机去追求两个有价值的目标时，因不能同时获得而产生的动机冲突。双避冲突是指个体以同等程度的两个动机去躲避两个具有威胁性的事件或情境时，因不能同时避开而产生的动机冲突。趋避冲突指个体对一个事物同时产生两种相反的态度取向时内部的动机冲突。多重趋避冲突是指由于面对两个或多个既对个体具有吸引力又遭个体排斥的目标或情境而引起的心理冲突。题干所述为双趋冲突的含义，故答案选 B 项。

19. D 【解析】本题考查教师的一般权利的内容。教师的一般权利是教师作为公民所应当享有的权利。我国《宪法》规定，公民享有：政治权利、宗教信仰自由权、平等权、公民人身自由权、文化教育权、社会经济权以及监督权等。故答案选 D。

20. A 【解析】本题考查新课程倡导的教学观。新课程倡导的教学观的具体体现有：(1)教学从"以教育者为中心"向"以学习者为中心"转变；(2)教学从"教会学生知识"向"教会学生学习"转变；(3)教学从"关注学科"向"关注人"转变；(4)教学从"重结论轻过程"向"重结论的同时更重过程"转变。

21. A 【解析】本题考查教学评价的类型。按照评价主体，教学评价可以分为内部评价（自我评价）和外部评价。按评价分析方法，教学评价可以分为定性评价和定量评价。根据评价采用的标准，教学评价可以分为绝对性评价、相对性评价和个体内差异评价。根据教学评价的作用，教学评价可以分为诊断性评价、形成性评价和总结性评价。故本题选 A 项。

22. B 【解析】本题考查网络成瘾的内容。网络成瘾又称为互联网成瘾综合征，指个体由于过度使用互联网而导致明显的社会、心理功能损害的一种现象，是由重复使用网络所导致的一种慢性或周期性的着迷状态，并产生难以抗拒的再度使用的欲望，对于上网所带来的快感会一直有心理与生理上的依赖，当剥夺上网行为之后会出现焦躁情绪等。网络成瘾的主要表现为：对网络有一种心理上的依赖感，不断增加上网时间；从上网行为中获得愉快和满足，离开网络后感觉不快，出现焦虑、烦躁、抑郁、多汗等生理症状；在现实生活中出现自闭现象，不与他人交往，终日沉浸在迷幻、恍惚的状态中；以上网来逃避现实生活中的烦恼与情绪问题；不承认过度上网给自己的学习、生活造成了损害。题干所述为典型的网络成瘾的症状。（具体参看兰瑞侠、郭俊峰主编的《心理健康教育》第 2 版）

23. D 【解析】本题考查教育目的的层次结构。教育目的是各级各类学校遵循的工作总方针，但各级各类学校还有各自的具体工作方针，这便决定了教育目的的层次性。一般认为，教育目的包括三个层次：国家的教育目的、各级各类学校的培养目标和教师的教学目标。故 D 项说法错误。

24. C 【解析】本题考查班级的内涵。班级是学校为实现一定的教育目的，将年龄和知识程度相近的学生编班分级而形成的、有固定人数的基本教育单位。班级是学校行政体系中最基层的行政组织，是开展教学活动的基本单位。

25. B 【解析】本题考查个体身心发展的规律。学生是各具差异的个体，教师在教育过程中要注重针对学生的个体差异，实施有针对性的教育。题干中的王老师根据学生不同的学习基础，设计课堂提问和课后练习就体现了王老师对学生个体差异的关注。因此本题选 B 项。

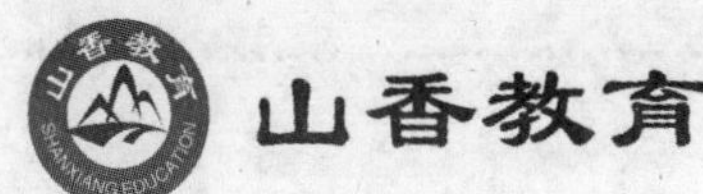

特岗教师招聘考试

真题大全 教育理论基础

|答案|

山香教育考试命题研究中心　主　编

目　录

2023年河南省特岗教师招聘考试真题试卷(一)

一、单项选择题

1. B 【解析】本题考查时事政治。党的二十大报告指出,必须坚持自信自立。党的百年奋斗成功道路是党领导人民独立自主探索开辟出来的,马克思主义的中国篇章是中国共产党人依靠自身力量实践出来的,贯穿其中的一个基本点就是中国的问题必须从中国基本国情出发,由中国人自己来解答。我们要坚持对马克思主义的坚定信仰、对中国特色社会主义的坚定信念,坚定道路自信、理论自信、制度自信、文化自信,以更加积极的历史担当和创造精神为发展马克思主义作出新的贡献,既不能刻舟求剑、封闭僵化,也不能照抄照搬、食洋不化。

2. A 【解析】本题考查政策文件。《关于加强中小学地方课程和校本课程建设与管理的意见》指出,为全面贯彻党的教育方针,落实立德树人根本任务,提高国家义务教育、普通高中课程方案实施水平,发挥地方课程和校本课程育人功能,需遵循的基本原则是:(1)整体设计,协同育人;(2)因地制宜,体现特色;(3)以管促建,提升质量。其中"整体设计,协同育人"是指坚持立德树人,聚焦核心素养,把促进学生全面发展、健康成长作为出发点和落脚点。强化系统设计,增强地方课程、校本课程与国家课程的有效配合,形成课程育人合力。

3. D 【解析】本题考查教师侵权行为的主要类型。受教育权是学生,最基本的权利。学生的受教育权包括受完法定年限教育权、学习权和公正评价权。公正评价权是指学生在教育教学过程中,享有教师、学校对自己的学业成绩、道德品质等进行公正评价,并客观真实地记录在学生成绩档案中,在毕业时获得相应的学业成绩证明和毕业证书的权利。题干中的班主任未做到公正评价,侵犯了李某的受教育权。

4. C 【解析】本题考查《中小学教育惩戒规则(试行)》。《中小学教育惩戒规则(试行)》第八条规定,教师在课堂教学、日常管理中,对违规违纪情节较为轻微的学生,可以当场实施以下教育惩戒:(1)点名批评;(2)责令赔礼道歉、做口头或者书面检讨;(3)适当增加额外的教学或者班级公益服务任务;(4)一节课堂教学时间内的教室内站立;(5)课后教导;(6)学校校规校纪或者班规、班级公约规定的其他适当措施。教师对学生实施前款措施后,可以以适当方式告知学生家长。

《中小学教育惩戒规则(试行)》第九条规定,学生违反校规校纪,情节较重或者经当场教育惩戒拒不改正的,学校可以实施以下教育惩戒,并应当及时告知家长:(1)由学校德育工作负责人予以训导;(2)承担校内公益服务任务;(3)安排接受专门的校规校纪、行为规则教育;(4)暂停或者限制学生参加游览、校外集体活动以及其他外出集体活动;(5)学校校规校纪规定的其他适当措施。

故A、B、D三项是学生违反校规校纪,情节较重或者经当场教育惩戒拒不改正时,学校可以实施的教育惩戒。C项符合题意。

5. B 【解析】本题考查2008年修订的《中小学教师职业道德规范》。2008年修订的《中小学教师职业道德规范》要求教师要"关爱学生"。"关爱学生"方面所规定的具体职业行为要求之一是:关心爱护全体学生,尊重学生人格,平等公正对待学生。其中,平等公正对待学生指的是教师要对不同成绩、不同智商、不同爱好特长、不同家庭情况和不同成长环境的学生进行针对性的灵活教育引导。习近平在北京师范大学师生代表座谈会上表示:"对所谓的'差生'甚至问题学生,教师更应该多一些理解和帮助。教师在学生心目中具有重要位置,教师无意间的一句话,可能造就一个天才,也可能毁灭一个天才。好教师一定要平等对待每一个学生,尊重学生的个性,理解学生的情感,包容学生的缺点和不足,善于发现每一个学生的长处和闪光点,让所有学生都成为有用之才。"因此,题干所述体现了2008年修订的《中小学教师职业道德规范》中的关爱学生。故选B项。

6. C 【解析】本题考查文化对教育发展的影响。教育具有社会制约性,教育的发展受社会政治经济制度、生产力、科学技术和文化等的影响。其中,文化对教育发展的影响表现在:(1)文化类型影响教育目的;(2)文化观念影响教育观念;(3)文化传统影响教育内容和教育方法。题干中的"戏剧进校园"活动正是文化传统影响教育内容和教育方法的表现。故选C项。

7. B 【解析】本题考查影响个体身心发展的主要因素。环境是影响个体身心发展的因素之一,它包括自然环境和社会环境两大部分。广义上来说,教育也包括在环境这一概念之中。题干中的"名校或名师班级"属于社会环境中的教育因素。故选B项。

8. B 【解析】本题考查学生评价的功能。学生评价具有诊断功能、导向功能、发展功能和管理功能。其中,管理功能是指学生评价作为一种价值判断,客观上能够对学生知识的掌握状况和发展水平给予鉴定并做出一定的区分,有益于高一级学校的选拔;同时,学生评价的结果也可作为评价教师工作质量的依据之一。因此,世界各国的学校教育都利用学生评价的管理功能,作为对学生有效分流的主要依据之一,并以此调整学校教育的发展方向,改善教育教学活动。故选B项。

9. B 【解析】本题考查师生关系。师生之间的教育关系,即教师和学生在教育教学活动中为促进学生的发展而形成的主体间的关系。它是一种最基本的关系,是师生关系的主体。故选B项。

10. C 【解析】本题考查新课程倡导的学习方式。探究学习也称为发现学习,是一种以问题为依托的学习,是学生通过主动探究解决问题的过程。新课程要求的学习方式的转变就是要学生转变单一的被动接受式的学习,把学习过程之中的发现、探究等认识活动凸显出来,使学习过程更多地成为学生发现问题、分析并解决问题的过程。题干中,学生在学习过程中主动分析问题并且寻求答案,体现了对探究学习的运用。故选C项。

11. B 【解析】本题考查课堂导入的基本要求。课堂导入的基本要求有:(1)导入要有针对性;(2)导入要有启发性、趣味性;(3)导入要有新颖性;(4)要恰当把握导入的"度"。其中,导入要有启发性、趣味性,要求教师通过设置悬念、创设情境、做游戏、展示现象等方法来设计具有启发性的课堂导入,激发学生兴趣。题干中,教师用学生喜闻乐见的形式导入新课,具有一定的趣味性,能够激发学生的学习兴趣。故选B项。

12. D 【解析】本题考查教育家及其著作。法国著名教育家保罗·朗格朗的代表作是《终身教育引论》。《学会生存》是联合国教科文组织国际教育发展委员会于1972年提交的一份调查报告,被世界教育界公认为当代教育思想发展历程的里程碑式的著作。故D项错误。

13. C 【解析】本题考查虚拟仿真技术。虚拟仿真又称虚拟现实技术或模拟技术,就是用一个虚拟的系统模仿另一个真实系统的技术。虚拟仿真技术具有沉浸性、交互性、逼真性、虚幻性的基本特性,它可以应用在中小学及高校的理论教学和实验教学当中,利用计算机建模和仿真技术来表现某些系统的结构和动态,为学生提供一种可供他们体验和观测的环境,产生各种与现实世界相类似的现象,供学生观察,帮助学生认识和理解这些规律与现象的本质。虚拟仿真技术允许学生看到真实世界以及融合于真实世界之中的虚拟对象,因此增强了现实的体验,而不是替代现实。虚拟仿真技术并不能取代学生学习体验的发生,故选C项。

14. C 【解析】本题考查作业的类型。从日常教学作业功能的角度,可以把作业分为:(1)预习型作业;(2)巩固型作业;(3)拓展型作业;(4)综合型作业。

A项,预习型作业是教师在上新课之前,针对将要传递的新课内容给学生布置的作业,其主要目的是帮助学生在课堂上更好地接受和理解新知识,提高课堂教学的效率。

B项,巩固型作业是日常教学中最经常使用的作业类型,以学生应掌握的基础知识和基本技能为主要内容,其目的是帮助学生理解和强化课堂所传递的新知识。

C项,拓展型作业是为了加深理解课堂所学的知识,以及对课堂所学知识进行一定延伸的作业。这是相对高层次的作业,主要是为了适应学生在掌握知识上客观存在的层次性差异,以更好地满足学生发展的不同要求。

D项,综合型作业主要是在学习内容相对完整的阶段,如学期的期中、期末或单元学习结束时,教师为学生设计的复习型作业,其目的是帮助学生对学习的内容进行必要的总结和回顾,通过复习进一步巩固和加深对知识的理解、掌握和运用。

题干中的教师为了帮助学生加深理解本节课所学习的知识所设置的作业属于拓展型作业。故选C项。

15. A 【解析】本题考查卢梭的教育思想。"出自造物主之手的东西都是好的,而一到了人的手里,就全变坏了"出自卢梭的《爱弥儿》,卢梭是自然主义的代表人物,倡导"性善论"。故选A项。

16. B 【解析】本题考查注意的品质。注意的分配是指人在进行两种或多种活动时能把注意指向不同对象的现象。例如,司机需要一边驾车,一边观察路况。题干体现的是注意的分配,故本题选B项。

17. A 【解析】本题考查感觉的相互作用规律。在刺激作用停止后感觉暂时保留的现象称为感觉后效,即感觉后像。在各种感觉中,视觉的后效最显著,又称视觉后像。我们看电影、电视就是依靠视觉后像的作用。题干中,快速播放静止的图片,让人看到连续运动的场景,这是视觉后像的作用。

18. A 【解析】本题考查记忆的相关知识。记忆结构由三个不同的子系统构成:感觉登记(瞬时记忆)、短时记忆和长时记忆。复述是一个常用的有效的记忆策略,也是将短时记忆转化为长时记忆的必要手段。故A项符合题意。

19. C 【解析】本题考查操作性条件反射。操作性条件反射是在没有已知刺激的条件下,有机体先做出自发的操作反应,然后才得到强化物的强化,从而使这种操作反应的概率增加,与操作性行为的塑造有关。题干中学生先做出专心听讲的行为,后被老师表扬而受到强化,最终养成良好的听课习惯,这属于操作性条件反射。

20. A 【解析】本题考查埃里克森的人格发展阶段理论。美国精神分析学家埃里克森认为,人格发展是一个逐渐形成的过程,必须经历八个顺序不变的阶段。其中,勤奋感对自卑感阶段(6~11岁)的主要发展任务是获得勤奋感,克服自卑感,体验能力的实现。6~11岁儿童处于小学阶段,故A项当选。主动感对内疚感阶段(4~5岁)的主要发展任务是获得主动感,克服内疚感,体验目的的实现。亲密感对孤独感阶段(成年早期)的主要发展任务是获得亲密感,避免孤独感。自我整合对绝望感阶段(成年晚期)的主要发展任务是获得完善感,避免失望。故排除B、C、D三项。

21. D 【解析】本题考查创造性思维能力的培养。可以通过各种专门的课程来教授一些创造性思维的策略与方法,训练学生的创造力。常用的方法有以下几种:(1)发散思维训练;(2)推测与假设训练;(3)自我设计训练;(4)头脑风暴训练。

22. D 【解析】本题考查操作技能的形成阶段。操作技能的形成阶段包括操作定向、操作模仿、操作整合和操作熟练。其中,在操作模仿阶段,动作控制主要靠视觉控制,动觉控制水平较低;在操作整合阶段,视觉控制不起主导作用,逐步让位于动觉控制,但动觉控制不稳定;在操作熟练阶段,动觉控制增强,不需要视觉的专门控制和有意识的活动。故动觉控制起主导作用是在操作熟练阶段。

23. C 【解析】本题考查教学才能。一般而言,要完成某些复杂的活动,仅仅具备一种能力是不够的,它需要多种能力的有机组合。所以,为了成功地完成某种活动所需要的多种能力的完备结合就称为才能。例如,教师要成功地完成教学任务,必须具备驾驭教材、组织教材的能力,逻辑思维、形象思维能力,流畅的语言表达能力,敏锐的观察力和注意力分配能力,以及具有丰富的感情等等,这些能力有机地集于教师一身,就构成了他的教学才能。因此,题干中的"观察敏锐、语言流畅、思维严谨等多种能力"属于教师的教学才能。

24. C 【解析】本题考查概念的分类。根据概念所包含属性的抽象与概括的程度,可以分为具体概念与抽象概念。按事物的指认属性形成的概念称为具体概念;按事物的内在的、本质的属性形成的概念称为抽象概念。人工概念是在实验室的条件下,为模拟自然概念的形成过程而人为地制造出的一种概念,它的内涵与外延常常可以人为确定。不经过专门教学,而是在日常同别人交往和积累个人经验的过程中去掌握的概念称为日常概念。题干中,学生掌握哺乳动物的特征是"哺乳"和"胎生",这属于哺乳动物内在的、本质的属性,说明学生形成的概念是抽象概念。

25. D 【解析】本题考查影响态度与品德学习的一般条件。影响态度与品德学习的外部条件有:(1)家庭教养方式;(2)社会风气;(3)同伴群体。影响态度与品德学习的内部条件有:(1)认知失调;(2)态度定势;(3)道德认知。

二、多项选择题

1. AE 【解析】本题考查2008年修订的《中小学教师职业道德规范》。2008年修订的《中小学教师职业道德规范》中的"爱岗敬业"要求教师忠诚于人民教育事业,志存高远,勤恳敬业,甘为人梯,乐于奉献。对工作高度负责,认真备课上课,认真批改作业,认真辅导学生,不得敷衍塞责。因此,A、E两项符合题意。B、C两项体现了"教书育人"的教师职业道德规范。D项体现了"关爱学生"的教师职业道德规范。

2. CE 【解析】本题考查政策文件。《关于防治中小学生欺凌和暴力的指导意见》指出,要加强平安文明校园建设。校长是学校防治学生欺凌和暴力的第一责任人,分管法治教育副校长和班主任是直接责任人,要充分调动全体教职工的积极性,明确相关岗位职责,将学校防治学生欺凌和暴力的各项工作落实到每个管理环节、每位教职工。

3. ABCDE 【解析】本题考查校本课程的教学目标设计的原则。教学目标设计的基本原则包括:(1)发展性原则;(2)整体性原则;(3)可行性原则;(4)可操作性原则;(5)阶段性原则。故本题全选。

4. ABCE 【解析】本题考查班主任对学生全面发展负有的责任。班主任的角色特点决定着他对学生的全面发展负有以下责任:(1)教育的责任,即教育学生学会做人,学会做事;(2)培养的责任,即利用和创造条件,使学生的整体素质得到提高,健康和谐地发展;(3)发现的责任,即发现学生的个性特点、兴趣爱好、特殊才能、发展的内驱力等,挖掘他们的潜力,使他们得到充分的发展;(4)激活的责任,即启动学生的积极意识和进取心,给予他们成功的体验,引发他们产生健康的积极的欲望和需求,使他们形成自我教育的要求和能力;(5)夯实的责任,即为学生的发展打下坚实的基础,使学生在德、智、体、美各个方面具有可持续发展的能力。故选A、B、C、E四项。

5. ABCDE 【解析】本题考查说课的内容。说课一般包括以下内容:(1)说教材;(2)说学生(说学情);(3)说教学目标;(4)说教学过程;(5)说教学方法,包括说教法和说学法。故本题全选。

6. ABC 【解析】本题考查教育学的价值。教育学的价值包括:(1)反思日常教育经验;(2)科学解释教育问题;(3)沟通教育理论与实践。

7. DE 【解析】本题考查意志的品质。意志的品质包括意志的自觉性、意志的果断性、意志的自制性和意志的坚持性。其中,意志的坚持性(坚韧性)是一个人在行动中坚持决定,百折不挠地克服重重困难去达到行动目的的品质。坚持是对行动目的的坚持。与坚持性相反的意志品质是动摇性和执拗性。D、E两项符合题意。A项为干扰项。B、C两项是与自觉性相反的意志品质。

8. ABCD 【解析】本题考查学习迁移的内涵。学习迁移是指一种学习对另一种学习的影响,或习得的经验对完成其他活动的影响。我们常说的"举一反三""触类旁通""闻一知十"等就是学习迁移的典型表现。原型启发指在其他事物或现象中获得的信息对解决当前问题的启发作用。原型启发总是促进人们更快地找到问题解决的方法。从某种意义上说,它是一种正迁移。聪明过人的意思是智力超过一般人,不属于学习迁移,排除E项。

9. ABE 【解析】本题考查皮亚杰的认知发展阶段理论。具体运算阶段的儿童思维具有以下特征:(1)去自我中心性(去中心化);(2)可逆性;(3)守恒;(4)分类;(5)序列化。

10. ADE 【解析】本题考查心理现象及其结构。心理现象非常复杂,但从形式上可以归纳为心理过程和个性心理两个方面。心理过程是心理活动的一种动态过程,是人脑对客观现实的反映过程。它包括认知过程、情绪情感过程和意志过程三个方面。

三、判断题

1. × 【解析】本题考查政策文件。《关于构建优质均衡的基本公共教育服务体系的意见》指出,实施校长教师有序交流轮岗行动计划,科学推进教师"县管校聘"管理改革,从城市、农村等不同地区的实际出发,完善交流轮岗保障与激励机制,将到乡村学校或办学条件薄弱学校任教1年以上作为申报高级职称的必要条件,3年以上作为选任中小学校长的优先条件,推动优秀校长和骨干教师向乡村学校、办学条件薄弱学校流动。题干中"3年以上"的说法错误。

2. √ 【解析】本题考查《学生伤害事故处理办法》。《学生伤害事故处理办法》第二十八条规定,未成年学生对学生伤害事故负有责任的,由其监护人依法承担相应的赔偿责任。题干表述正确。

3. × 【解析】本题考查个体身心发展的动因。孟子是内发论的代表人物之一,主张人的本性是善的。在孟子看来,人生来就有天赋本性,那就是恻隐之心、羞恶之心、辞让之心、是非之心。他把这些属于天赋的人性视为"仁义礼智"的四个发端,简称为"四端",认为积极地扩充"四端",可以保持本性的善良。荀子是外铄论的代表人物之一,认为教育在人的发展中起着"化性起伪"的作用。故题干说法错误。

4. × 【解析】本题考查学生的特点。自觉性,也称主动性,是学生主观能动性最基本的表现。创造性是学生主观能动性的最高表现。故题干说法错误。

5. × 【解析】本题考查讲授法的优缺点。讲授法是教师运用口头语言系统连贯地向学生传授知识、技能,发展学生智力的教学方法。其优点是:可以充分发挥教师的主导作用,使学生在短时间内获得大量系统的科学知识,并且能结合知识传授进行思想品德教育。其缺点是:不易发挥学生的主动性和积极性,不利于因材施教,容易造成"填鸭式""满堂灌"的教学效果。故题干说法错误。

6. √ 【解析】本题考查教学评价的意义。教学评价最重要的作用在于运用它来探明、改善和提高教学活动本身的功能。如果说教学活动是一个信息传递系统,教学评价则是这个系统的反馈机制。只有很好地掌握教学评价这个信息反馈机制,才能了解教学系统运行的情况,有效地调节和改善这个系统的整体功能,以最佳方式促进学生的发展,实现预期的教学目的、任务,提高教育质量。故题干说法正确。

7. × 【解析】本题考查思维的种类。根据思维的指向性,可将思维分为聚合思维和发散思维。发散思维是指人们解决问题时,思路朝各种可能的方向扩散,从而求得多种答案。聚合思维是指人们解决问题时,思路集中到一个方向,从而形成唯一的、确定的答案。聚合思维的过程是人们根据已知的信息和利用熟悉的规则,产生逻辑的结论从而解决问题的过程。这是一种有方向、有条理、有范围的思维方式。例如,由A>B,B>C,C>D,得出结论:A>D。故题干所述的思维属于聚合思维。

8. × 【解析】本题考查学习动机与学习效果的关系。"耶克斯—多德森定律"表明,动机不足或过分强烈都会影响学习效率。一般来讲,最佳水平为中等强度的动机。动机水平与行为效果呈倒U型曲线。因此,题干中"动机水平越高,学习效果越好”的说法是错误的。

9.√ 【解析】本题考查气质。气质具有动力性,影响人们的活动方式。因此,同样做一件事情,不同气质类型的人的行为方式和情绪反应有所不同。

10.√ 【解析】本题考查教师的教学能力。教学监控能力是指教师在教学过程中,对正在进行的教学活动进行不断的自我认识和反思,而不是机械地推进教学计划和步骤。

四、案例分析题(参考答案)

1.(1)小王老师违背了《新时代中小学教师职业行为十项准则》中的“自觉爱国守法”“潜心教书育人”“关心爱护学生”“坚持言行雅正”准则。

①自觉爱国守法准则要求教师忠于祖国,忠于人民,恪守宪法原则,遵守法律法规,依法履行教师职责。材料中的小王老师经常迟到、早退,对学生进行挖苦、讽刺,未能依法履行教师职责,其行为违背了自觉爱国守法准则。

②潜心教书育人准则要求教师落实立德树人根本任务,遵循教育规律和学生成长规律,因材施教,教学相长;不得违反教学纪律,敷衍教学,或擅自从事影响教育教学本职工作的兼职兼薪行为。材料中的小王老师经常迟到、早退,对学生漠不关心,其行为违反教学纪律,属于敷衍教学,违背了潜心教书育人准则。

③关心爱护学生准则要求教师严慈相济,诲人不倦,真心关爱学生,严格要求学生,做学生良师益友;不得歧视、侮辱学生,严禁虐待、伤害学生。材料中的小王老师挖苦、讽刺学生的行为违背了关心爱护学生准则。

④坚持言行雅正准则要求教师为人师表,以身作则,举止文明,作风正派,自重自爱。材料中的小王老师经常迟到、早退,挖苦、讽刺学生,没有做到为人师表,以身作则,举止文明,其行为违背了坚持言行雅正准则。

(共6分。答出小王老师违背“自觉爱国守法”“潜心教书育人”“关心爱护学生”“坚持言行雅正”准则得2分,正确阐述每项准则并结合材料合理分析每点1分)

(2)小王老师的行为违反了《中华人民共和国教师法》《中华人民共和国义务教育法》和《中华人民共和国未成年人保护法》的相关规定。

①根据《中华人民共和国教师法》第八条规定可知,教师有义务贯彻国家的教育方针,遵守规章制度,执行学校的教学计划,履行教师聘约,完成教育教学工作任务。教师应当履行关心、爱护全体学生,尊重学生人格,促进学生在品德、智力、体质等方面全面发展的义务。材料中的小王老师迟到、早退、违反教学纪律且挖苦、讽刺学生的行为违反了该条规定。

②《中华人民共和国义务教育法》第二十九条规定,教师应当尊重学生的人格,不得歧视学生,不得对学生实施体罚、变相体罚或者其他侮辱人格尊严的行为,不得侵犯学生合法权益。材料中的小王老师挖苦、讽刺学生的行为违反了该条规定。

③《中华人民共和国未成年人保护法》第二十七条规定,学校、幼儿园的教职员工应当尊重未成年人人格尊严,不得对未成年人实施体罚、变相体罚或者其他侮辱人格尊严的行为。义务教育阶段的学生属于未成年人,材料中的小王老师挖苦、讽刺学生的行为违反了该条规定。

(共4分。答出该老师的行为违反了《中华人民共和国教师法》《中华人民共和国义务教育法》和《中华人民共和国未成年人保护法》的相关规定得1分,正确阐述法律条文且结合材料合理分析每点1分)

2.(1)李老师运用了意义识记。意义识记是在理解的基础上,依据材料的内在联系,并运用已有的知识经验而进行的识记。材料中老师通过展示“家”字的演变过程、讲解“家”字的含义促进学生对“家”字的理解,帮助学生记忆,体现了对意义识记的运用。

(共2分。答出意义识记及其内涵得1分,结合材料合理阐述得1分)

(2)①帮助学生明确记忆目的,增强学习的主动性。学生在运用意义识记之前,需要明确记忆目的。记忆目的越明确,其记忆的主动性就越强。因此,在教学中,教师应当帮助学生明确学习目标与任务,点明记忆目的,从而帮助学生提高学习效果。

②引导学生理解学习材料的意义,对材料进行精加工,促进其对知识的理解。在教学中教师应当引导学生以意义识记为主,机械识记为辅,指导学生在学习中对材料进行分析、理解、意义标示,并用自己的话将材料概括描述出来,即对材料进行精加工,从而提高记忆效果及学习效果。

③教授学生人为联系策略。当学习材料本身意义性不强时,教师可以引导学生人为地、“牵强附会”地赋予意义,以帮助记忆。如运用形象联想法和谐音联想法,通过人为联想使无意义的学习材料和头脑中鲜明、生动、奇特的形象结合起来,从而提高学生记忆和学习效果。

④教授学生内在联系策略。对于意义性比较强的学习材料,教师应该指导学生抓住字面意义背后的深层意义,对材料进行深水平加工。如通过摘录与勾画、提要与标题、提问等形式帮助记忆。

⑤指导学生运用纲要法掌握学习材料。指导学生在分析、理解学习材料的基础上,提炼出材料的重点字词或意思,用符号、连线、箭头等表示它们之间的层次或内在关系,然后记忆简化了的图表,以提高学生记忆效果。

⑥重视复习方法,防止知识遗忘。意义识记效果虽好,但也需要进行复习,复习是短时记忆进入长时记忆的必经途径,良好的复习方法是防止知识遗忘的有效手段。因此教师在教学中应当指明复习的重要性,并教授学生良好的复习方法。

(共8分。答出“明确记忆目的、理解学习材料意义、精加工、人为联系策略、内在联系策略、纲要法、复习”等关键点并合理阐述酌情给6~8分)

五、论述题(参考答案)

结合实践论述劳动教育如何与德育、智育、体育、美育相融合。

《关于全面加强新时代大中小学劳动教育的意见》中指出,必须把劳动教育纳入人才培养全过程,把劳动教育与德育、智育、体育、美育相融合。鉴于劳动教育的重要性,我们可以从以下几个方面着手:

(1)充分发挥劳动教育必修课主阵地的作用。①劳动教育的课程目标与教学目标中要渗透德育、智育、体育与美育的相关理念;②教师要设置综合性的学习材料,将德育、智育、体育与美育的相关理念与知识融合到劳动教育课程之中;③教师要贯彻正确的教育理念、掌握正确的教学方法,在日常的劳动技术教学过程当中可以向学生普及相应的德育、智育、体育与美育的知识,在潜移默化中影响学生。

(2)师师合作,开展融合性课程促进劳动教育与其他四育相融合。学校要为师师合作提供相应的条件与氛围,各科教师开展跨学科交流,可以以劳动技术教育为核心,融合德育、智育、体育与美育等相关课程知识,开发新的融合性课程。

(3)在德智体美学科教学的过程中渗透劳动教育的观念。可以在道德与法治、语文、数学、英语等课程中渗透劳动观念、技巧;在体育教学中渗透劳动方法、劳动意志与时间效率知识。在其余学科教学中将劳动教育与德育、智育、体育、美育有机融合。

(4)通过课外、校外教育与社会实践活动促进劳动教育与其他四育融合。在课外、校外教育中,使劳动教育与学生校内的学习生活有机结合起来,丰富学生的劳动体验,增强学生对劳动教育的理解。组织学生参与各类实践活动,如社区服务、环境保护等,让学生亲身体验劳动的过程和价值,在劳动实践的过程当中,以劳育德、以劳健体、以劳促智、以劳促美。

(5)改革评价方法。采用多元化的评价方式,不仅注重学生的实际操作技能,还要考察他们的道德品质、团队协作和创新能力。通过不同形式的评价,激励学生全面发展,使他们认识到劳动教育与其他方面教育结合的重要性。

(6)建立学校、家庭与社会教育的资源网络。学校、家庭与社会要形成教育三合力,学校通过向家长、社会传递五育结合的理念,结合家庭教育、社会教育共同促进五育融合,家庭、社会可以为学校提供相应的课外指导,为五育融合提供良好的教育环境。

(共15分。从“劳动教育必修课”“融合性课程”“学科渗透”“社会实践活动”“改革评价方法”“教育合力”等方面论述劳动教育如何与德育、智育、体育、美育相融合,至少答出五个方面并结合实践进行阐述,每个方面3分;未结合实践阐述每个方面酌情扣1~2分。考生若有其他合理的回答,可酌情给分)

六、教学设计题(参考答案)

《综合性学习——天下国家》

【设计理念】

“天下国家”是一个古老的话题,早在两千多年前的战国时期,就有关于“天下国家”的讨论。在中华文明悠久的历史中,爱国主义精神一直是中华民族得以凝聚、生存和发展的强大精神动力。如今,在中国特色社会主义建设的关键时期,弘扬与培育学生的爱国主义精神无疑具有更加重要的意义。通过本次的综合性学习,提升学生信息收集与合作学习的能力,增加学生语言素材的积累,通过活动丰富学生的主体性体验,批判性地认识爱国主义者的情怀,更加深刻地理解个人与国家命运的关系,感受中华文化的魅力,培育爱国情怀。

【教学目标】

(1)说出“天下国家”的含义,积累丰富的爱国故事、诗词与名言,能在特定的情境下进行交流与分享。

(2)正确评价爱国人物的生活理想和政治抱负,并且能够结合现实条件进行批判思考、有逻辑地表达自己的认识。

(3)概括爱国诗词的特点与美,感受爱国人物独特的思想魅力,结合自己的理解想象或构造出自己心中的美好家国。

(4)感受爱国故事、诗词、名言警句的文化魅力,提高民族认同感,坚持将个人命运与国家命运紧密结合的理念,树立“胸怀民族,肩负天下”的远大理想,增强为实现中华民族伟大复兴而努力奋斗的使命感和社会责任感。

【教学过程】

(一)导入新课

1. 播放视频

欣赏歌曲《国家》及配套视频,初步感受爱国情感,营造氛围。

2. 揭示主题

一曲《国家》,唱出了中华儿女的心声,人人都有家,人人都有国。“天下国家”,简简单单四个字,道尽了多少中华儿女的家国情怀。今天,让我们一起走进“天下国家”!

(二)激情分享

分享资料收集整理过程中你印象深刻的内容,并说说你的感受和体会。

1. 爱国人物故事会

每当读到某个爱国英雄的故事时我们总会热血沸腾,也常被某些爱国人物的事迹感动得热泪盈眶。

(1)学生结合课内的学习以及课外阅读的积累,选择熟悉的一两个历史人物,利用报刊书籍或网络,搜集他们的爱国事迹。小组内可以适当分工。从搜集来的事迹中选取一两个有代表性的故事进行适当的加工。

(2)随机选择学生进行“心目中的爱国英雄”的分享交流。

2. 爱国诗词朗诵会

爱国,是诗歌常见的主题。古往今来,诗人们以诗词的形式,歌咏祖国大好河山,赞颂爱国历史人物,表达对国家命运的牵挂,抒发个人报国之志——爱国情怀成为这些诗作最感动人、最振奋人心的旋律。

(1)要求小组成员分类搜集爱国诗词。

(2)组长负责汇总,并指定几位同学整理这些诗词。

(3)每人从中选择一首自己最喜欢的诗词进行朗诵。

(4)选出几位评委。评委从读音、语调、节奏、表情、感染力与背景音乐等方面对大家的朗诵进行评判,评出优胜者。

3. 爱国名言展示会

有这样一些名言警句,或表达对祖国的感恩,或抒发对故土的思念,或阐述爱国精神的实质,或思索个人与国家休戚相关的命运,虽然都是“只言片语”,却因其语言精练,颇具思辨色彩,而更显情思隽永,精警动人。

(1)小组合作,分类搜集爱国名言。

(2)组长负责汇总、整理大家的搜集成果,并召集大家一起阅读、讨论。

(3)采用各种形式,如办黑板报、制作幻灯片、创作书法作品等,将整理出来的名言在班内展示。

(三)探究讨论

围绕中学生如何爱国话题,让学生展开讨论。

1. 小组合作讨论:在日常生活中,我们中学生该如何爱国?每个小组分享出自己的措施,班长进行汇总。

2. 教师进行总结与补充:中学生要自觉弘扬爱国精神,做到守法、爱国、知礼、诚信,尊重国家法律、关注国家大事、珍爱祖国文化、积极参与社会公益活动等。

(四)课堂小结

通过本次活动,同学们了解了爱国的一些故事、诗词、名言等,增强了民族自豪感及民族自信心。“少年智则国智,少年富则国富;少年强则国强,少年独立则国独立。”愿同学们都能胸怀家国理想,牢记初心使命,担当时代重任,为中华之崛起而发奋读书,为民族之振兴而努力学习,用你我的共同行动去证明我们爱祖国!

(五)布置作业

学生根据这次活动及感受,写一篇作文,力求突出所受到的启迪和感悟。

评分标准:

(1)设计理念(共2分。需突出“爱国的重要性及本次活动要达成的目标”,只答其一或者泛泛而谈可酌情给1分)

(2)教学目标(共6分。从多个维度展开给2分,目标具体明确给2分,契合本次活动的主题给2分)

(3)教学过程(共12分。①导入环节生动有趣的给2分,若只是教师的口头语言导入,给1分;②活动环节多样化且体现学生主体的给4分,若只有一个活动或者全程教师讲授,可酌情给1~2分;③讨论环节问题明确、有讨论形式与延伸的给3分,只提问题给1分;④小结环节升华主题的给2分,若只是教师口头总结给1分;⑤作业布置环节1分,若作业不适合七年级学生不给分)

七、教育写作(参考答案)

【写作指导】

根据题干要求,考生需要自选角度,自拟题目。考生可从农村特岗教师敢于吃苦、勇于奉献、脚踏实地、为农村教育振兴贡献力量等角度入手进行写作。写作时要紧紧围绕所给材料的主题,结合自身的看法展开论证。结构思路:前后对照,结尾升华等。在写作中照顾到以上几点,加以提炼,语言尽量简洁,逻辑通畅,言之有理,即可拿高分。

【评分标准】

等级	标准
一等文章 (占总分的80%~100%)	内容:切合题意,结合材料确定主题。例如,从习近平总书记希望同学们能够将课堂学习与乡村实践结合起来,为乡村振兴做出贡献出发,点明农村特岗教师肩负振兴农村教育的使命的论点,并进行论证,论据合理且充分。 语言:语言流畅,表达准确,用词贴切、用句规范,能够恰当地进行修饰和限制,言简意赅,观点鲜明,论述有说服力和感染力,可以有0~1处词汇或句法错误。 结构:结构严谨、完整,层次清晰,全文结构紧凑。 书写:字体工整,书写规范,卷面整洁
二等文章 (占总分的51%~79%)	内容:围绕“肩负振兴农村教育的使命”阐述自己的观点,从1~2个方面论证自己的看法,论据合理。 语言:语言通顺,表达比较准确,用词基本贴切、用句基本规范,语言简洁,能阐明观点,论述比较有说服力,可以有2~3处词汇或句法错误。 结构:结构完整,层次比较清晰,全文结构紧凑。 书写:字体较工整,书写较规范,卷面较整洁
三等文章 (占总分的28%~50%)	内容:仅体现了“肩负振兴农村教育的使命”,未能全面且清晰地表达自己的看法,论据不够合理。 语言:语言基本通顺,但不够简洁,有3~4处词汇或句法错误,影响了对写作主题的表达。 结构:结构不够完整,层次模糊,内容缺少连贯性,信息未能清楚地传达给读者。 书写:字迹清晰,错别字较少
四等文章 (占总分的0%~27%)	内容:偏离主题,有观点无内容,或无观点堆砌材料。 语言:语言不通顺,用词不当,有超过5处词汇或句法错误。 结构:结构混乱,逻辑不通,内容不连贯,信息未能清楚地传达给读者。 书写:字迹不易辨认,错别字多,卷面不整洁

注:其他试卷的作文评分标准参考以上评分标准。

【参考范文】

肩负振兴农村教育的使命

近年来，乡村振兴战略的实施，让农村教育走在了一个全新的发展阶段。作为农村特岗教师，我们肩负着振兴农村教育的使命，要发扬“自找苦吃”的精神，勇于探索，努力实践，为农村教育事业的发展贡献自己的力量。

肩负振兴农村教育的使命，我们要树立正确的人生观和价值观，明确自己的使命和责任。曼德拉曾说：“教育是我们可以用来改变世界的最强有力的武器。”他的这句名言强调了教育的力量，教育可以改变个人的人生观和价值观，进而影响整个社会的发展。因此，即将成为农村特岗教师的我们要树立正确的人生观和价值观，通过教育的力量帮助农村地区的孩子们获得平等的受教育机会，从而改变他们的命运，推动农村教育发展。

肩负振兴农村教育的使命，我们要勇于担当，积极投身乡村振兴的大舞台。张桂梅曾说：“只要还有一口气，我就要站在讲台上，倾尽全力、奉献所有，九死亦无悔!”她这种无私奉献的精神和坚定的决心，鼓舞着更多的人投身乡村教育事业；她坚定的信念和无悔奉献的态度，激励我们为农村地区的发展贡献自己的力量。我们要以她为榜样，要勇于担当，为农村学生提供优质的教育服务，为农村地区的孩子们提供平等的发展机会，培养他们的才华和品德。

肩负振兴农村教育的使命，我们要将课堂学习与乡村实践相结合，脚踏实地地走进乡村，了解当地的实际情况和需求。实践是检验真理的唯一标准，通过实践，我们可以更加深入地了解农村地区的实际情况，掌握实用的技能和知识，提高自己的综合素质。同时，实践也可以帮助我们验证和应用课堂学习的知识，促进知识的深入理解和掌握。只有将课堂学习与乡村实践相结合，才能真正实现农村教育的振兴和发展。

在新时代的历史背景下，农村特岗教师们要始终坚持为农村教育事业服务的宗旨，肩负起振兴农村教育的使命，勇于探索，不断创新，为农村学生提供更好的教育服务，为加快推进农业农村现代化、全面建设社会主义现代化国家贡献自己的青春力量。

（这篇作文开门见山，首段直接点出“农村特岗教师肩负着振兴农村教育的使命”这一中心论点。然后从“树立正确的人生观和价值观”“勇于担当，积极投身乡村振兴的大舞台”“将课堂学习与乡村实践相结合”角度出发，论述作为农村特岗教师应该如何深入农村、为农村教育发展贡献力量。最后总结全文，升华主题。整篇作文结构完整，逻辑清晰，是一篇佳作。拟定得分38分）

注：本书在2022～2023年真题解析中增设“主观题评分参考标准”，考生可作为主观题估分参考。

2023年河北省特岗教师招聘考试真题试卷（二）

一、单项选择题

1. B 【解析】本题考查教育法规的纵向结构。我国教育法律体系的纵向结构为：我国《宪法》中有关教育的条款、教育基本法律、教育单行法律、教育行政法规、地方性教育法规和教育规章。其中，教育单行法律又叫部门教育法，主要调整各个教育部门的内外部关系。一般是由全国人民代表大会常务委员会制定的，规定教育领域某一方面具体问题的规范性文件，其效力低于《中华人民共和国宪法》和教育基本法。《中华人民共和国义务教育法》规定了教育领域义务教育方面的具体问题，故属于部门教育法。

2. C 【解析】本题考查教师的专业能力。《小学教师专业标准(试行)》要求教师具备一定的专业能力，其具体内容包括教育教学设计能力、组织与实施能力、激励与评价能力、沟通与合作能力、反思与发展能力。其中，组织与实施能力要求教师能够“妥善应对突发事件”。题干中的马老师能够妥善处理课堂突发事件，这反映了教师的组织与实施能力。

3. A 【解析】本题考查教育著作。《学记》是中国也是世界上最早的系统阐述教育思想的经典之作。A项符合题意。B项，捷克教育家夸美纽斯于1632年出版的《大教学论》是教育学开始形成一门独立学科的标志，该书被认为是近代第一本教育学著作。C项，赫尔巴特的《普通教育学》的出版标志着规范教育学的建立，同时，这本书也被认为是第一本现代教育学著作。D项，《中庸》是中国古代论述人生修养境界的一部道德哲学专著，与《大学》《论语》《孟子》合称为“四书”。

4. D 【解析】本题考查遗传决定论的观点。遗传决定论强调内在因素，如“需要”“成熟”，强调人的身心发展的力量主要源于人自身的内在需要，身心发展的顺序也是由身心成熟机制决定的，即在人的身心发展过程中起决定作用的是遗传素质。故D项属于遗传决定论的观点。A项是德国心理学家施泰伦提出的，属于辐合论的观点。B、C两项强调后天的要求和教育，属于环境决定论的观点。

5. A 【解析】本题考查德育的社会性功能。德育的社会性功能指的是学校德育能够在何种程度上对社会发挥何种性质的作用。古代中国是一个特别重视道德教化的国度，德育一直是统治者“齐风俗，一民心”“齐家治国平天下”的工具。所以在中国，人们较早也较多地关注了德育的社会性功能。

6. A 【解析】本题考查我国中小学课程的一般结构。目前在我国，中小学课程主要由课程计划、课程标准、教材三部分组成，它们也是中小学课程的具体表现形式。其中，课程计划也称课程方案，人们常把教科书与讲义简称为教材。故答案选择A项。

7. B 【解析】本题考查教学过程的特点。教学过程是一种特殊的认识过程，即它是学生个体的认识过程，具有不同于人类总体认识的显著特点：(1)间接性。学生主要以掌握人类长期积累起来的科学文化知识为中介，间接地认识现实世界。(2)引导性。学生需要在富有知识的人的教导下进行认识，而不能独立完成。(3)简捷性。学生走的是一条认识的捷径，是一种科学文化知识的再生产。“学生的学习离不开教师这样有经验的人的指导”说明教学过程具有引导性。

8. C 【解析】本题考查教学原则。因材施教原则是指教师在教学中，要从课程计划、学科课程标准的统一要求出发，面向全体学生；同时又要根据学生的个别差异，有的放矢地进行有差别的教学，使每个学生都能扬长避短，获得最佳的发展。题干强调教学要尊重学生的个体差异，让每一个学生获得适宜性发展，即体现了因材施教的教学原则。

9. B 【解析】本题考查教学工作的中心环节。上课是整个教学工作的中心环节，是教师教和学生学的最直接的体现，是提高教学质量的关键。故选B项。A项，备课是教师教学的起始环节，是上好课的先决条件。C项，作业的布置与批改是教学工作的一个基本环节。D项，课外辅导是上课的必要补充，是适应学生个别差异、贯彻因材施教原则的重要措施。

10. C 【解析】本题考查少先队的性质。《中国少年先锋队章程》上明确写道：“我们队的性质：是中国少年儿童的群团组织，是少年儿童学习中国特色社会主义和共产主义的学校，是建设社会主义和共产主义的预备队。”

11. B 【解析】本题考查影响学习动机形成的因素。影响学习动机形成的因素包括内部条件和外部条件。内部条件包括：(1)学生的自身需要与目标结构。在社会实践中，由于每个人的生活和经历不同，形成了个人独特的需要和认识事物的方式，从而反映在学习动机上的认识和求知需要也多种多样。由于每个人在需要的强度和水平上不尽相同，反映在学习水平和动机的强度上也存在很大的差异。A项正确。(2)成熟与年龄特点。在各种动机表现中可见，幼年的孩子对于社会的影响、家长的过高要求常常是不予理睬的。如在马斯洛的理论中，小孩子对生理安全过分担心，而大孩子对社会影响、教师和家长的期望等比较关注。刚入学的孩子会产生对小学生地位和外表的羡慕，而对教师的眼神却不会多注意。随着年龄的增长，社会性动机的作用随之增长，如注意自己在班级中的地位，渐渐学会与其他同学比较等。B项错误。(3)学生的性格特征和个别差异。(4)学生的志向水平和价值观。(5)学生的焦虑程度。外部条件包括：(1)家庭环境和社会舆论。社会要求通过家庭对学生的动机起影响作用。不同文化背景的家庭对学生的学习有不同的影响。D项正确。(2)教师的榜样作用。教师本人是学生动机的榜样，教师的期望也会对学生的动机和行为产生不同的影响。C项正确。故本题选B项。

12. A 【解析】本题考查皮亚杰的认知发展阶段理论。在皮亚杰认知发展理论的所有概念中，同化、顺应和图式是最为基础，也是最为关键的。其中，图式指的是人们为了应对某一特定情境而产生的认知结构，是个体经过组织而形成的思维以及行为的方式。故A项符合题意，本题选A项。

B项适应的本质在于取得机体与环境的平衡。适应分为两种不同的类型：同化和顺应。

C项同化是指有机体在面对一个新的刺激情境时，把刺激整合到已有的图式或认知结构中。

D项顺应是指当有机体不能利用原有图式接受和解释新刺激时，其认知结构发生改变来适应刺激的影响。

13. D 【解析】本题考查个体身心发展的顺序性规律。个体身心发展的顺序性是指人的身心发展是一个由低级到高级、由简单到复杂、由量变到质变的连续不断的发展过程。人的发展的顺序性是客观的、不以人的意志为转移的，教育工作要遵循这种顺序性，循序渐进地促进人的发展。因此，教师要遵循儿童身心发展的顺序性特点，就必须循序渐进地进行教育。故选D项。A项是遵循儿童身心发展的不平衡性规律的要求，B、C两项是遵循儿童身心发展的个别差异性规律的要求。

14. B 【解析】本题考查发现学习。发现学习是以学生为中心的一种教学方法，它是指为学生提供可使用的知识，来建构理解的一种策略。在发现学习模型中,教师首先提供一系列事例,然后让学生运用归纳推理的方式得到隐含于其中的原理。在发现学习中,学生通过自己进行的活动,"发现"其中的基本概念和一般原理。布鲁纳认为,学生要是自己做出了"发现",那么他们就"拥有"了自己的知识,并且这样做能够让学生对自己的学习负责,提高他们的学习动机。

15. A 【解析】本题考查迁移的类型。根据迁移发生的方向,可将迁移分为顺向迁移和逆向迁移。其中,逆向迁移是指后继学习对先前学习产生的影响。例如,学习了微生物后对先前学习的动物、植物概念的理解会产生影响等。题干中的学生后学习的英语语法对先学习的中文语法的影响属于逆向迁移。故本题选A项。

B项顺向迁移是指先前学习对后继学习产生的影响。

C项负向迁移(负迁移)是指一种学习对另一种学习产生阻碍作用。

D项垂直迁移也称纵向迁移,是指先行学习内容与后续学习内容是不同水平的学习活动之间产生的影响。

二、填空题

16. 教育　17. 核心价值观

18. 专业　19. 教育教学

20.《论语》　21. 班级授课制

22. 马克思主义(社会主义)　23. 学校

24. 再认　25. 危机

三、辨析题(参考答案)

26. 进行德育、智育、体育、美育和劳动技术教育的全面教育,一定要分清主次和先后。

(1)这种说法是不正确的。(2)全面发展教育的五个组成部分是有机统一的整体,各有其独特的功能,又互相渗透、互相补充、互相依赖、互相制约,相辅相成,缺一不可。德育、智育、体育、美育和劳动技术教育既具有相对的独立性,又相互渗透,并作为一个和谐的教育整体力量综合地促进每一个别方面的发展,同时也促进诸方面全面和谐地发展。在实际教育工作中,往往会出现各育发展不平衡现象,这并不意味着在任何时候五育都要平分秋色,在某一时期根据实际需要,突出某一方面,不但是允许的,也是必要的。但是,严格地说,各育无主次之分,实施无先后之别。因此教育工作者必须树立"五育并重,全面推进"的全面教育观。故题干说法错误。

(共2分。判断1分,判断"说法正确"本题不得分;理由1分,答出"各育无主次之分,实施无先后之别"0.5分,具体阐述0.5分)

27. 只要进行教育,就会对儿童发展产生积极作用。

(1)这种说法是不正确的。(2)教育对人的发展既可能起到积极的促进作用,也可能起到消极的损害作用。这就意味着,教育发挥对个体发展的促进作用是有条件的,这些条件主要有:①教育活动必须遵循个体的身心发展规律;②教育活动必须符合社会发展的方向和要求;③有效地组织教育活动以促进学生的发展;④发挥教师的引导作用,培养学生的自觉能动性。

(共2分。判断1分,判断"说法正确"本题不得分;理由1分,答出"教育对人发展的作用有积极和消极之分"0.5分,阐述"教育发挥对个体发展的促进作用的条件"0.5分)

28. 智育与教学具有交叉关系。

(1)这种说法是正确的。(2)教学与智育是一种复杂的交叉关系,两者既有联系又有区别。作为教育的一个组成部分的智育,即向学生传授系统的科学文化知识和发展学生的智力,主要是通过教学进行的,但不能把两者等同。一方面,教学是智育的主要途径,但不是唯一途径,智育也需要通过课外活动等途径才能全面实现;另一方面,教学要完成智育任务,但智育却不是教学的唯一任务,教学也要完成德育、体育、美育等任务。

(共2分。判断1分,判断"说法不正确"本题不得分;理由1分,答出"教学与智育是一种复杂的交叉关系"0.5分,具体阐述0.5分)

29. 心理定势对问题解决既有积极作用,也有消极作用。

(1)这种说法是正确的。(2)定势(即心向)是指重复先前的操作所引起的一种心理准备状态。在定势的影响下,人们会以某种习惯的方式对刺激情境做出反应。定势对解决问题有积极作用,也有消极作用。

(共2分。判断1分,判断"说法不正确"本题不得分;理由1分,答出"定势"的概念0.5分,具体阐述0.5分)

30. 在人的各种气质类型中,抑郁质是最差的一种气质类型。

(1)这种说法是不正确的。(2)气质是依赖人的生理素质或身体特点的人格特征,是表现在心理活动的强度、速度、灵活性与指向性等方面的一种稳定的心理特征,即我们平时说的脾气、禀性。气质仅使人的行为带有某种动力特征,无所谓好坏;同时,每一种气质类型都有其积极的方面,也都有其消极的方面,无法比较好坏。

(共2分。判断1分,判断"说法正确"本题不得分;理由1分,答出"气质"的概念0.5分,具体阐述"气质无所谓好坏"0.5分)

四、简答题(参考答案)

31. 简述现代教育的主要特征。

(1)培养全面发展的人由理想走向实践;(2)教育与生产劳动相结合日趋密切;(3)教育普及制度化,教育形式、手段多样化;(4)教育实施的法制化和民主化;(5)人文教育与科学教育携手并进;(6)教育日益显示出开放性和整体性。

(共10分。答案完整得满分;答出"培养全面发展的人""教育与生产劳动相结合""教育普及""教育实施法制化、民主化""人文教育与科学教育结合""教育显示出开放性、整体性"等内容,每点可酌情给1~2分)

32. 简述在教学中贯彻启发性原则的基本要求。

(1)加强学习的目的性教育,调动学生学习的主动性;

(2)设置问题情境,启发学生独立思考,使学生掌握正确的思维方法,发展学生的思维能力;

(3)让学生动手,培养独立解决问题的能力,鼓励学生将知识创造性地运用于实际;

(4)发扬教学民主。

(共10分。每点2.5分,答案完整得满分;答出"调动学生学习主动性""启发学生独立思考""发扬教学民主"等关键词可得6分)

33. 简述学校心理健康教育的主要途径。

(1)开设心理健康教育的有关课程和心理辅导的活动课;

(2)在学科教学中渗透心理健康教育的内容;

(3)结合班级、团队活动开展心理健康教育;

(4)个别心理辅导或咨询;

(5)小组辅导。

(共10分。答案完整得满分;答出"心理辅导的活动课""教学中渗透心理健康教育""结合班级、团队活动""个别心理辅导""小组辅导"等内容,每点可酌情给1~2分)

五、案例分析题(参考答案)

34. (1)林老师在课上主要运用了讨论法。讨论法是指全班或小组成员在教师的指导下,围绕某一中心问题发表自己的看法和见解,从而进行相互学习的一种方法。林老师通过课上分组,指导学生在两个活动环节中充分讨论与"笔"相关的问题,帮助学生掌握"笔"的知识以及学会思考和合作,这体现了对讨论法的有效运用。

(共3分。答出"讨论法"2分;答出讨论法的概念0.5分;结合案例合理阐述0.5分)

(2)讨论法的优点在于:①通过对所学内容的讨论,学生之间可以集思广益,互相启发,加深理解,提高认识;②可以激发学生的学习热情,培养对问题的钻研精神并训练学生的语言表达能力。

(共6分。每点3分,答案完整得满分;答出"集思广益""互相启发""激发学习热情""培养钻研精神""训练语言表达能力"等关键词可得4分)

(3)运用讨论法的基本要求包括:

①讨论前,教师应提出有吸引力的讨论题目,并明确讨论的具体要求,指导学生收集有关资料。案例中,林老师在上课之前就给学生布置好了话题,并表明需要使用分组讨论的上课方式,这符合讨论法的运用要求。

②讨论时,教师要善于引导学生围绕中心,联系实际,自由发表意见,并让每个学生都有发言的机会。在两个教学活动环节中,林老师都明确地提出学生需要进行讨论的问题,并且进行巡视,适时地给予指导。这样既保证了学生的讨论焦点始终围绕中心问题,又能使学生进行充分深入的讨论,这遵循了讨论法的运用要求。

③讨论结束后,教师要进行小结,并提出需要进一步思考的问题。案例中,林老师在第二个环节开始时,提出了较第一个环节更高层次的问题,有助于学生讨论水平的提高和思维的深度发展。在两个活动环节结束后,林老师都对学

生的讨论进行了总结和点评，做到了及时归纳与反馈。这都体现了对讨论法的合理运用。

（共6分。答出“运用讨论法的三个基本要求”，每点1分；结合案例合理阐述，每点1分）

35.(1)①李老师通过让学生写出心里话的方法了解学生，帮助学生寻找解决办法，说明李老师能够尊重学生的个别差异，有针对性地解决学生遇到的问题。这样做有利于因材施教，可以达到更好地开展教学和营造良好学习风气的目的。

②李老师将特殊案例放在课堂上讲解，让这名女生感受到欺骗甚至感到被侮辱，侵犯了该名女生的隐私权和人格尊严权。

③李老师没有履行他“特殊问题私下解决”的承诺，这种行为会损害师生关系和教师威信。

（共6分。答出“个别差异”得1分，结合案例合理阐述1分；答出“隐私权”“人格尊严权”得1分，结合案例合理阐述1分；答出“师生关系”“教师威信”得1分，结合案例合理阐述1分）

(2)①教会学生形成适宜的情绪状态。教师可以教学生学会按自己的意愿形成适宜的情绪状态。在案例中，李老师可以指导该名女生平复自己内心不合理的冲动。

②丰富学生的情绪体验。在案例中，李老师可以通过号召班内同学和任课老师在生活和学习上多关心单亲家庭的学生，以帮助单亲家庭学生走出困扰。

③引导学生正确看待问题（调整认知）。教师应该指导学生从多个角度看待问题，以发现问题的积极意义，从而产生健康的情绪。在案例中，李老师可以从该名女生自尊心强入手，发掘她的优势，提高她自立自强的能力；同时应该让她认识到，父母离婚并不意味着她失去爸爸，帮助她走出困扰。

④教会学生情绪调节的方法。在案例中，李老师可以教授学生们认知调节、合理宣泄、转移注意等方法，以便学生在遇到情绪困扰时可以自己主动调节情绪。

⑤通过实际锻炼提高学生的情绪调节能力。在日常生活学习中，李老师要不断鼓励学生克服不良情绪状态，养成积极乐观的心理品质；同时注意创设情境，让学生体验不良情绪的困扰，从而找到合理宣泄的渠道，这也有助于增强其心理抗压力。

（共9分。答案完整并结合案例合理阐述得满分。答出“教会学生形成适宜的情绪状态”“丰富学生的情绪体验”“调整认知”“教会学生情绪调节的方法”“提高学生的情绪调节能力”等关键内容可得7分）

六、写作题（参考答案）

36.【参考范文】

反思“内卷”　回归教育本质

近年来，教育领域出现了严重的“内卷”现象，在该现象之下，学生承受了沉重的学业负担，甚至家长也参与了教育竞争。作为一名即将步入教师岗位的人，我深切感受到教育“内卷”对学生成长的严重影响，它已违背了教育的本质。因此，我们应该呼吁社会各界共同反思和抵制教育“内卷”的负面风气，让教育回归本质，关注学生身心健康和全面发展。

教育“内卷”忽视了学生的个体差异，压制了孩子个性的发展。每个孩子都有独特的潜能和兴趣，只有因材施教才能促进他们的健康成长。但“内卷”倾向促使人们对孩子进行高强度统一培养，忽视了他们的个性。家长们纷纷生搬硬套地运用各种方法训练孩子，而这不仅无法发掘孩子的长处和兴趣，还会扼杀他们的个性，导致他们失去学习动力，甚至产生精神抑郁。作为教师，我们应该将因材施教的思想贯彻到底，充分考虑每个学生的特点，帮助他们发掘兴趣和潜能，而不是机械化、模式化地统一训练。

教育“内卷”过度强调应试教学，无法提高真正的能力。教育的“内卷”使人们更倾向于应试训练，追求分数而忽视了真正能力的增长。但分数并不能全面反映一个孩子的能力。我们的教育需要培养孩子的批判思维、团队合作、问题解决等核心素养，而不应仅仅是为了应试而机械记忆知识点。教育的目标是提高综合能力，不是分数的机械竞争。

教育“内卷”加重了学业负担，影响了学生身心健康。过多的课业和考试导致孩子长期处于高压状态，缺乏运动时间，并出现睡眠不足、视力下降等问题。这无形中扭曲了教育，使其背离本来应关心学生成长的本质。教育不能以追求成绩为目标，而应注重学生的身心健康，要减轻学生的学业负担，让他们能在快乐中学习和成长。

拒绝教育“内卷”需要每个家庭和学校的共同参与。家长要理解每个孩子的独特需求，不要以分数排名作为教育标准。学校要优化教学内容和方法，关注学生兴趣和综合能力培养。整个社会要形成支持学生全面发展的环境。

教育“内卷”违背了教育的本质，我们必须坚决反思并抵制这种风气。要让教育回归本质，关注每一个孩子的成长，使他们在阳光环境下快乐学习、健康成长。让我们共同努力，给每一个孩子一个快乐的童年。

（这篇作文观点明确、论证严谨。①观点鲜明，立意正确。本文根据材料内容，完美地总结出了正确的立意。②论证严谨。本文开头点明论点，接着从三个方面论证了教育“内卷”的危害，最后提出了解决办法，且结尾与开头相互照应，再次点明中心论点。拟定得分28分）

2023年安徽省特岗教师招聘考试真题试卷（三）

一、单项选择题

1. D 【解析】本题考查青少年儿童的合法权利。学生是权利的主体，享有法律所规定的各项社会权利。我国宪法与法律规定青少年儿童的合法权利有：(1)生存的权利；(2)安全的权利；(3)受教育的权利；(4)受尊重的权利；(5)人身自由的权利等。其中，受尊重的权利在《中华人民共和国义务教育法实施细则》第二十二条中有明确规定，即学校和教师不得对学生实施体罚、变相体罚或者其他侮辱人格尊严的行为；对品行有缺陷、学习有困难的儿童、少年应当给予帮助，不得歧视。

2. A 【解析】本题考查《安徽省中职中小学教师职业道德考核办法（试行）》(2013年)。《安徽省中职中小学教师职业道德考核办法（试行）》(2013年)规定的考核内容中有关“教书育人”方面的内容包括：遵循教育规律，实施素质教育。循循善诱，诲人不倦，因材施教。注重学思结合，激发学生创新精神和实践能力，促进学生全面发展。培养学生良好品行，结合所教学科特点将德育渗透于教育教学工作中，塑造学生健全人格。精心组织课堂教学和实践教学活动，努力提高教育教学质量，切实减轻学生课业负担。严禁对学生有偿补课和有偿家教，不得私自在校外兼课、兼职，不得组织学生统一征订教辅材料。故选A项。

3. D 【解析】本题考查内发论。内发论强调内在因素，如“需要”“成熟”，强调人的身心发展的力量主要源于人自身的内在需要，身心发展的顺序也是由身心成熟机制决定的。D项的“仁义礼智，非由外铄我也，我固有之也，弗思耳矣”出自《孟子·告子上》，意思是：仁义礼智都不是外部给予的，而是本身所固有的，只是平时不用心思考、领悟罢了。这体现的是内发论的观点。故选D项。

外铄论认为人的发展主要依靠外在的力量，诸如环境的刺激和要求、他人的影响和学校的教育等。A项的“生而同声，长而异俗，教使之然也”出自《荀子·劝学》，意思是：(各地的人)刚生下来啼哭的声音都是一样的，长大后风俗习惯却各不相同，就是教育使他们如此的。这强调的是教育。C项的“蓬生麻中，不扶自直”出自《荀子·劝学》，意思是：蓬草长在麻地里，不用扶持也能挺立。这强调的是环境。故A、C项体现的是外铄论的观点。

多因素相互作用论认为，人的发展是个体的内在因素与外部环境在个体活动中相互作用的结果。故B项属于多因素相互作用论。

4. B 【解析】本题考查教育的经济功能。教育具有经济功能，能通过提高劳动者素质促进经济发展。这种促进作用主要表现在：(1)教育可以把潜在的劳动力转化为现实的劳动力；(2)教育可以改变劳动能力的形态。故题干所述体现了教育的经济功能。

5. C 【解析】本题考查目标游离评价模式。目标游离评价模式是由美国学者斯克里文针对目标评价模式的弊病而提出来的。他主张把评价的重点从“课程计划预期的结果”转向“课程计划实际的结果”上来。故选C项。A项，目标评价模式是泰勒针对20世纪初形成并流行的常模参照测验的不足而提出来的，这种模式以目标为中心展开。B项，外观评价模式是斯塔克在对目标评价模式的批评的基础上提出来的。该模式是以前提条件、相互作用、结果这三个因素为基础建立起来的。D项，CIPP评价模式是美国教育评价家斯塔弗尔比姆倡导的课程评价模式。该模式包括四个步骤：(1)背景评价；(2)输入评价；(3)过程评价；(4)成果评价。

6. B 【解析】本题考查《义务教育课程方案(2022年版)》的内容。《义务教育课程方案(2022年版)》指出，深化教学改革要坚持素养导向。围绕“为什么教”和“为谁教”，深刻理解课程育人价值，落实育人为本理念。准确把握课程要培养的学生核心素养，明确教学内容和教学活动的素养要求，培养学生正确价值观、必备品格和关键能力，设定教学目标，改革教学过程和教学方法，把立德树人根本任务落实到具体教育教学活动中。

7. C 【解析】本题考查科尔伯格的道德发展阶段理论。科尔伯格将道德判断分为三个水平，每一水平包含两个阶段，这六个阶段依照由低到高的层次发展。前习俗水平包括服从与惩罚的道德定向阶段、相对功利的道德定向阶段；

习俗水平包括寻求认可取向阶段、遵守法规取向阶段;后习俗水平包括社会契约的道德定向阶段、普遍原则的道德定向阶段。故题干中的儿童的道德判断水平达到了习俗水平,即第三、四阶段。故选C项。

8. A 【解析】本题考查注意的种类。无意注意是没有预定目的、无需意志努力、不由自主地对一定事物所发生的注意。题干中的学生被吵闹声吸引是没有预定目的的,无需意志努力且不由自主,这属于无意注意。故选A项。

9. A 【解析】本题考查表象的内涵。表象是事物不在面前时,人们在头脑中出现的关于事物的形象。表象是人脑对外界事物通过形象储存下来的信息,包括静止的、活动的画面,平面的、立体的画面,有声的、无声的画面。题干所述的情景即表象。故选A项。

10. B 【解析】本题考查遗忘的规律。艾宾浩斯遗忘曲线表明,遗忘是有规律的,即遗忘的进程是不均衡的,其趋势是先快后慢、先多后少,呈负加速,并且到一定的程度就几乎不再遗忘了。故选B项。

11. C 【解析】本题考查功能固着。人们把某种功能赋予某物体的倾向称为功能固着。在功能固着的影响下,人们不易摆脱事物用途的固有观念,从而直接影响问题解决的灵活性。故选C项。

12. D 【解析】本题考查学习理论。人本主义心理学强调人的价值和尊严。人本主义心理学家认为,当代最有用的学习是学习过程的学习,即让学习者"学习如何学习",而学习的内容是次要的。学习的目的和结果是使学生成为一个完善的人,一个充分起作用的人,即使学生整体的人格得到发展。故选D项。

二、判断题

13. × 【解析】本题考查全面发展。全面发展不是人的各方面平均发展。把全面发展看成是平均发展,这种认识是非常机械的。实质上,全面发展是指人的各方面素质的和谐发展。故题干说法错误。

14. × 【解析】本题考查《中小学教育惩戒规则(试行)》。根据《中小学教育惩戒规则(试行)》第八条规定,教师在课堂教学、日常管理中,对违规违纪情节较为轻微的学生,可以当场实施一节课堂教学时间内的教室内站立的教育惩戒。故题干说法错误。

15. × 【解析】本题考查师生关系的调节。由于师生关系具有不同的性质和类型,所以其调节方式也有所不同。从调节的主体和方式来划分,主要有:(1)师生关系的社会调节。师生关系本质上是一种社会关系,是对社会的反映。作为一种社会关系的调节方式,主要有法律调节、道德调节。(2)师生关系的学校调节。(3)师生关系的教师调节。故题干说法错误。

16. √ 【解析】本题考查隐性课程的内容。隐性课程的内容主要包括:(1)物质层面,如学校建筑、校园环境等;(2)行为层面,如学生间的交往、师生间的关系等;(3)观念层面,主要有校风、办学方针、教学观念和教学指导思想等;(4)制度层面,包括学校管理体制、学校组织机构以及班级运行方式等。故题干说法正确。

17. √ 【解析】本题考查教学过程的本质。在教学中,无论是由教师向学生做知识授受,或是引导学生去探究以发现新知,都是认识及实践活动。可见,教学过程是一种认识过程,确切地说,是一种特殊的认识过程。故题干说法正确。

18. √ 【解析】本题考查气质的内涵。气质是人的天性,无好坏之分。它只给人的言行涂上某种色彩,但不能决定人的社会价值,也不直接具有社会道德评价含义。故题干说法正确。

19. × 【解析】本题考查学习动机对学习效果的影响。学习动机对学习效果的影响可分为两个方面:(1)总体而言,一般情况下,学习动机与学习效果的关系是一致的,表现为学习动机可以促进学习,提高成绩。(2)对一项具体的学习活动而言,学习动机与学习效果的关系并不是那么简单。只有当学习动机的强度处于最佳水平时,才能产生最好的学习效果。同时,"耶克斯—多德森定律"表明,动机不足或过分强烈都会影响学习效率。第一,动机的最佳水平随任务性质的不同而不同。第二,一般来讲,最佳水平为中等强度的动机。第三,动机水平与行为效率呈倒U型曲线。故题干说法错误。

20. √ 【解析】本题考查强化的内涵。强化是采用适当的强化物而使机体反应频率、强度和速度增加的过程。斯金纳认为,强化是塑造行为的有效而重要的条件,但强化的使用必须得当,否则就会强化不良行为。例如,儿童由于想要某一个玩具而哭闹。如果父母顺其心意使儿童通过哭闹这一行为得到了想要的玩具,并反复地进行强化,儿童就可能会形成为了想要的事物而哭闹的行为。故题干说法正确。

三、简答题(参考答案)

21. 简述《义务教育课程方案(2022年版)》中,为落实培养目标,义务教育课程应遵循的基本原则。

(1)坚持全面发展,育人为本;

(2)面向全体学生,因材施教;

(3)聚焦核心素养,面向未来;

(4)加强课程综合,注重关联;

(5)变革育人方式,突出实践。

(共5分。每点1分,答案完整得满分;答出"育人为本""因材施教""面向未来""注重关联""突出实践"等关键词可得3分)

22. 简述情绪的概念和功能。

(1)一般认为,情绪是以主体的愿望和需要为中介的一种心理活动。情绪是一种混合的心理现象,它是由独特的主观体验、外部表现和生理唤醒三种成分组成的。

(2)情绪主要具有适应功能、动机功能、组织功能、信号功能、健康功能、感染功能等。

(共5分。情绪的概念3分,答出"以愿望和需要为中介"1分,答出情绪的成分"主观体验""外部表现""生理唤醒"2分;情绪的功能2分,仅答出"适应""动机""信号"等关键词可得1分)

四、材料分析题(参考答案)

23. (1)王老师在教学过程中主要遵循的教学原则如下:

①直观性原则。该原则是指在教学活动中,教师应尽量利用学生的多种感官和已有的经验,通过各种形式的感知,使学生获得生动的表象,从而比较全面、深刻地掌握知识。材料中,王老师利用面包和小鹅来演示魔术,使学生获得了生动的表象,从而更深刻地掌握了磁铁的知识。这主要遵循了直观性原则。

②启发性原则。该原则是指在教学活动中,教师要调动学生的主动性和积极性,引导他们通过独立思考、积极探索,生动活泼地学习,自觉地掌握科学知识,提高分析问题和解决问题的能力。材料中,王老师先以魔术吸引学生的学习兴趣,调动学生积极性,而后引导学生进行主动探索,提高了学生的探究能力。这主要遵循了启发性原则。

③理论联系实际原则。该原则是指教师在教学中,应使学生从理论与实际的结合中来理解和掌握知识,并引导他们运用新获得的知识去解决各种实际问题,培养他们分析问题和解决问题的能力。材料中,王老师在学生了解并总结出磁铁的特性后,进一步引导学生探究磁铁在实际生活中的具体应用,培养了学生分析、解决问题的能力。这主要遵循了理论联系实际原则。

(共4分。答出"直观性原则""启发性原则""理论联系实际原则"及各原则的含义3分;结合材料合理分析1分)

(2)教学原则确立的主要依据如下:

①教学原则是教学实践经验与教育实验结果的概括与总结。人们在长期的教学实践中,不断探索出一些成功经验或失败教训,对这些经验或教训进行理论分析,由感性认识上升到理性认识,从而制定出教学原则。案例中王老师在丰富的教学经验的积累下,通过运用磁铁进行魔术表演,激发学生的好奇心和求知欲,进而引入磁铁的教学内容。

②教学原则是教学规律的反映。教学原则虽然是人们主观制定的,但它反映了教学过程的客观规律。教学原则是人们根据对教学规律的认识制定的。案例中王老师遵循学生认识发展的一般规律,在学生具备感性认识的基础上进行讲解,并引导他们进行观察、思考和总结。

③教学原则受到教学目标的制约。教学目标是教学工作的出发点和归宿,它规定了教学活动的发展方向和预定的结果,指导和支配着教学活动的各个方面。任何教学原则的提出或教学原则体系的确定,都要遵循和反映教学目标。案例中王老师的授课目的是让学生了解磁铁的特性和用途,因此他采用互动式的教学方法来达到这个目标。同时,他也关注学生的生活经验和实际需要,在课程中融入了磁铁在日常生活中的应用实例,从而体现出理论联系实际原则。

(共6分。从"教学实践经验与教育实验结果的概括与总结""教学规律的反映""受到教学目标的制约"三方面分析教学原则确立的依据,每点2分)

2023年四川省特岗教师招聘考试真题试卷(四)

一、单项选择题

1. B 【解析】本题考查古代教育和现代教育的发展。现代教育兴起以后,学校制度、课程设置、考试制度等措施应运而生,促使现代教育向制度化的方向发展:现代教育的早期,以班级教学代替个别教学,出现了制度化教育的端倪;

教育系统的形成,教育事业的普及,推动了教育"制度化"的进程;教育研究和教育改革的进展,教育经验的积累,使"制度化教育"趋于成熟。故B项说法错误。古代的学校教育是个封闭的教育系统,与外界社会相隔离。而现代教育突破学校之墙,打破了学校是教育唯一场所的限制,出现了许多教育补充形式或新形式,显示出开放性。A项正确。与古代学校教育脱离生产劳动不同,现代以来教育在世界各国被置于先行发展的地位,主要是由于教育与生产劳动密切关联。C项正确。在古代社会,教学组织形式是个别教育或集体个别施教,还未形成系统的集体施教的教学组织形式。在现代社会,班级授课制创立并成为教学的基本组织形式。D项正确。

2. C 【解析】本题考查教育的起源。劳动起源说是在马克思历史唯物主义理论指导下形成的,认为教育起源于人类所特有的生产劳动。苏联的巴拉诺夫在1976年编写的《教育学》中仍持劳动起源的原则立场。他写道:"马列主义教育学认为,只有当人认为在自己和自然界之间需要劳动工具和劳动手段时,只有当人学会使用它们时,只有当人面临着制作劳动工具和劳动手段的任务时,只有在这时才会在人类社会中产生老一辈向晚一辈传授劳动经验、知识和技巧的需要。为了使年青一代在与大自然的可怕威力的斗争中不致牺牲,为了使人不变为野兽,便产生了进行教育的必要性。"故选C项。

3. B 【解析】本题考查实用主义教育学。实用主义教育学的代表人物是杜威和克伯屈,它的主要思想包括:(1)教育即生活,教育的过程与生活的过程是合一的;(2)教育即学生个体经验持续不断的增长;(3)学校是一个雏形的社会;(4)课程组织应以学生的经验为中心;(5)师生关系以儿童为中心;(6)教学过程注重学生的独立发现和体验,尊重学生发展的个体差异。实用主义教育学的不足之处就是在一定程度上忽视了系统知识的学习,弱化了教师在教育教学过程中的主导作用,模糊了学校的特质。B项描述不够准确。故选B项。

4. A 【解析】本题考查文化对教育发展的影响和制约。文化类型影响教育目的。教育作为一种价值引导工具,其培养目标也受着文化的影响,社会文化类型不同,教育目标会因此有所差异。题干中,美国教育和英国教育不同的培养目标说明了文化影响教育目的。故选A项。

5. D 【解析】本题考查教师劳动的特点。长期性指人才培养的周期比较长,教育的影响具有迟效性(滞后性)。教师劳动的成效并不是一时就可以检验出来的,而是需要教师付出长期的、大量的劳动才能看到结果、得到验证,教师的某些影响对学生终身都会发生作用。因此,教师的劳动具有长期性。故选D项。

6. D 【解析】本题考查教师的专业素养。教师的专业素养指的是教师拥有和带入教学情景的知识、能力和信念的集合,通常是经过正规而严格的教师教育而获得的。教师的专业素养是以一种结构形态存在的。一般来说,一个好的教师要拥有专业知识、专业技能和专业情意三方面的素养。故选D项。

7. D 【解析】本题考查教育目的的价值取向。个人本位论和社会本位论都属于教育目的的价值取向,二者对教育目的的认识都是片面的,没有孰对孰错的区分。个人本位论过分强调个人价值高于社会价值,将人的个性发展及需要的满足视为教育的价值所在;社会本位论过分强调人对社会的依赖,把教育的社会目的绝对化、唯一化,完全割裂了人与社会的关系,极易导致教育对人的培养只见社会不见人。要正确理解教育目的的价值取向,必须坚持以马克思主义关于人的全面发展思想为指导,将满足个人发展与社会发展结合起来。题干所述是对社会本位论的批判,言外之意就是强调教育不应该只重视社会的发展,还应重视人的价值、个性发展及其需要。故选D项。A、B、C三项都是片面强调个人本位论的观点。

8. A 【解析】本题考查课程目标的内涵。课程目标是根据教育宗旨和教育规律而提出的具体价值和任务指标,是课程本身要达到的具体目标和意图。它是确定课程内容、教学目标和教学方法的基础,是整个课程编制过程中最为关键的准则。故选A项。

9. B 【解析】本题考查德育原则。正面疏导与纪律约束相结合原则是指在对学生进行思想品德教育时,要循循善诱、以理服人,同时,要把正确的思想疏导与必要的纪律约束结合起来。贯彻这一原则的要求之一是教师要讲明道理、疏通思想。题干中教师将纪律约束与思想疏导有机结合起来,教育违反校规的学生。这体现了正面疏导与纪律约束相结合原则。故选B项。(具体内容参见丁锦宏主编的《教育学》)

10. B 【解析】本题考查教学模式。程序教学模式强调将学习的内容分解成为具体简单的若干步骤,学生通过对每一步骤的练习、复习、反馈、检查、巩固,逐步获得知识。发现教学模式关注学习的过程,强调直觉思维,通过提出问题、假设问题情境、提出解决假设、验证假设,引导学生进行思考、推理、判断、选择,深入理解知识,培养技能,将知识运用到问题解决中去,将知识转化为能力。暗示教学模式的基本程序是:创设情境—参与各类活动—总结转化。掌握学习教学模式包含确定教学目标、进行单元教学、形成性测验与评价、矫正与巩固、终结性测验与评价五个程序。因此,强调创设情境的是发现教学模式和暗示教学模式。

11. A 【解析】本题考查教育心理学发展的初创时期。1903年,美国心理学家桑代克出版了《教育心理学》,这是西方第一本以"教育心理学"命名的著作。后来该书扩展为三卷本的《教育心理学》,并于1913~1914年出版。在该书中,桑代克创建了教育心理学的完整体系,从而正式确立了教育心理学独立学科的地位,标志着教育心理学的正式诞生。

12. A 【解析】本题考查感觉的概念。感觉是人脑对直接作用于感觉器官的客观事物的个别属性的反映。题干中对事物颜色、大小、声调等个别属性和特性的认识属于感觉。

13. D 【解析】本题考查皮亚杰的认知发展观。平衡指同化和顺应之间的"均衡",是个体通过自我调节机制,使认识的发展从一个平衡状态向另一个较高平衡状态过渡的过程。故选D项。

14. D 【解析】本题考查加涅关于学习的划分。刺激—反应学习是指学会对某一情境中的刺激做出某种反应,以获得某种结果。连锁学习是指学习联合两个或两个以上的刺激—反应动作,以形成一系列刺激—反应动作的联结。言语联结学习是指形成一系列的言语单位的联结,即言语连锁化。辨别学习是指学会识别多种刺激的异同并对之做出不同的反应。故选D项。

15. C 【解析】本题考查罗杰斯的教学观。罗杰斯倡导以学生为中心的教学观,他提出了非指导性教学模式。在这个模式中,教师最富有意义的角色不是权威,而是"助产士"和"催化剂"。故选C项。A、B、D三项均属于建构主义学习理论的教学模式。

16. C 【解析】本题考查学习动机的种类。根据动机产生的诱因来源,可以把学习动机分为内部学习动机和外部学习动机。内部学习动机是指诱因来自学习者本身的内在因素,即学生因对活动本身发生兴趣而产生的动机。外部学习动机是指诱因来自学习者外部的某种因素,即在学习活动以外由外部的诱因激发出来的学习动机。题干中,学生学习的诱因是获得同学的认可(外部因素)。故选C项。

17. B 【解析】本题考查马斯洛的需要层次理论。马斯洛将人的七种需要分为两大类:一类是缺失需要,又称为匮乏性需要,包括生理需要、安全需要、归属与爱的需要和尊重需要。另一类是成长需要,又称为发展性需要,包括求知需要、审美需要和自我实现的需要。故选B项。

18. A 【解析】本题考查命题的内涵。命题是知识(意义或观念)的最小单元,它既可以陈述简单的事实,也可以陈述一般规则、原理、定律、公式等,因此它被看成是陈述性知识掌握的高级形式。故选A项。

19. B 【解析】本题考查学习迁移的种类。正迁移是指一种学习对另一种学习的促进作用;负迁移是指一种学习对另一种学习产生阻碍作用。题干中强调学习加法、减法和乘法运算对学习除法运算的促进作用,属于正迁移。故选B项。特殊迁移是指学习迁移发生时,学习者原有的经验组成要素及其结构没有变化,只是将一种学习中习得的经验要素重新组合并移用到另一种学习之中。垂直迁移是指先行学习内容与后续学习内容是不同水平的学习活动之间产生的影响。加法、减法、乘法、除法统称为四则运算,属于同一水平的学习活动。A、C、D三项均不符合题意。

20. B 【解析】本题考查知识的表征形式。图式表征了对某个主题的综合性知识。比如,我们在头脑中都有关于教室的图式,与它相关的信息有教师、学生、黑板、课桌、讲台等。通过这样的图式,我们可以预想到整个教室的布置,可以预想到上课时的情境。题干所述体现的知识表征形式是图式。故选B项。A项,表象是人们头脑中形成的与现实世界的情境相类似的心理图像。C项,产生式是指条件—动作的配对,即"如果某种条件满足,那么就执行某种动作"的知识。D项,两个或多个命题常常因为有某个共同的成分而联系在一起,从而构成了命题网络。

21. B 【解析】本题考查高原现象。练习曲线中间有一个明显的、暂时的停顿期,即高原期。通常把学生在学习过程中出现一段时间的学习成绩和学习效率停滞不前,甚至学过的知识感觉模糊的现象,称为"高原现象"。故选B项。练习成绩的起伏现象是指在动作技能的练习曲线中,练习成绩时而提高、时而下降、时而停顿的现象,A项排除。C、D两项为干扰项。

22. C 【解析】本题考查资源管理策略。资源管理策略包括时间管理策略、环境管理策略、努力管理策略和学业求助策略。本题为选非题,故选C项。

23. A 【解析】本题考查创造性与智力的关系。高智力是高创造性的必要条件,但不是充分条件。创造性与智力的关系表现为:(1)低智力不可能具有高创造性,B项正确;(2)高智力可能有高创造性,也可能有低创造性,C项正确;

(3)低创造性者的智力水平可能高,也可能低,D项正确;(4)高创造性者必须有高于一般水平的智力。高于一般水平的智力是实现创造性潜力所必需的,但是超过了临界水平,智力与创造性的相关就几乎等于零。A项说法过于绝对,A项错误。

24. B 【解析】本题考查群体心理。从众是个体在群体的压力下,放弃自己的意见而采取与大多数人一致的行为的社会现象。服从是指在权威命令、社会舆论或群体气氛的压力下,放弃自己的意见而采取与大多数人一致的行为。题干中学生在严肃的集体气氛中被迫遵守纪律属于服从现象。故选B项。

25. D 【解析】本题考查教育权的组成部分。教育权是法律赋予一定的主体有权承担教育任务的资格。教育权包括国家教育权、学校教育权、家庭教育权和社会教育权。故选D项。

26. C 【解析】本题考查《中华人民共和国教育法》。根据《中华人民共和国教育法》第二十七条规定,设立学校及其他教育机构,必须具备下列基本条件:(1)有组织机构和章程;(2)有合格的教师;(3)有符合规定标准的教学场所及设施、设备等;(4)有必备的办学资金和稳定的经费来源。故选C项。

27. B 【解析】本题考查教师违法(侵权)行为。隐私包括个人私生活、个人日记、照片、储蓄及财产状况、生活习惯及通讯秘密等。隐私权是指公民生活中不愿为他人公开或知悉的个人秘密的不可侵犯的人身权利。题干中的老师未经允许私自翻看学生的书包,这种行为侵犯了学生的隐私权。故选B项。

28. C 【解析】本题考查《中华人民共和国教师法》。根据《中华人民共和国教师法》第七条规定可知,教师享有"按时获取工资报酬,享受国家规定的福利待遇以及寒暑假期的带薪休假"的权利。题干中的学校要求教师暑假加班,并扣发不加班老师的部分工资,这种行为侵犯了教师暑假带薪休假的权利。故选C项。

29. B 【解析】本题考查2008年修订的《中小学教师职业道德规范》。2008年修订的《中小学教师职业道德规范》中"爱岗敬业"要求教师:忠诚于人民教育事业,志存高远,勤恳敬业,甘为人梯,乐于奉献;对工作高度负责,认真备课上课,认真批改作业,认真辅导学生。题干中的老师践行了爱岗敬业的职业道德要求。故选B项。

30. C 【解析】本题考查教师职业道德规范。为人师表的教师职业道德规范要求教师尊重家长。教师与家长在人格上是平等的,教师在进行家校合作教育活动中,应当充分尊重家长及其他人的人格,以平等人格主体的身份开展合作。同时,教师要积极宣传科学的教育思想和方法,不训斥、指责学生家长。题干中的班主任严厉批评家长的行为是不正确的。故选C项。

二、判断简析题(参考答案)

31. 接受学习是机械学习,发现学习是有意义的学习。

(1)×。(2)奥苏贝尔从两个维度对学习做了区分:从学习者学习的方式上,将学习分为接受学习与发现学习;从学习内容与学习者认知结构的关系上,又将学习分为有意义学习和机械学习。奥苏贝尔强调,接受学习未必都是机械学习,它可以而且也应该是有意义的学习。同样,发现学习未必都是有意义的学习,它也可能是机械学习。故题干说法错误。

(共4分。判断1分,判断"√"本题不得分;理由3分,答出奥苏贝尔对学习的两种区分得2分,答出"接受学习未必都是机械学习""发现学习未必都是有意义学习"得1分)

32. 学习动机强度越高,学习效果不一定就越好。

(1)√。(2)总体而言,一般情况下,学习动机与学习效果的关系是一致的,表现为学习动机可以促进学习,提高成绩。但对一项具体的学习活动而言,只有当学习动机的强度处于最佳水平时,才能产生最好的学习效果。"耶克斯—多德森定律"表明,动机不足或过分强烈都会影响学习效率(学习效果)。在比较容易的任务中,学习效率(学习效果)随动机的提高而上升;随着任务难度的增加,动机的最佳水平有逐渐下降的趋势。故题干说法正确。

(共4分。判断1分,判断"×"本题不得分;理由3分,答出总体和具体学习活动的情况下学习动机与学习效果的关系得2分,答出"耶克斯—多德森定律"的相关内容得1分)

33. 在期末复习时,学生采用将课本内容以列结构提纲、画网络图的方法来帮助记忆,这种学习策略属于精加工策略。

(1)×。(2)认知策略包括复述策略、精加工策略和组织策略。其中,精加工策略是指把新信息与头脑中的旧信息联系起来从而增加新信息意义的深层加工策略。组织策略是指将分散的、孤立的知识进行整理、归类,集合成一个整体,带上某种结构,使信息由繁到简、从无序到有序的策略。组织策略包括归类策略和纲要策略。列结构提纲、画网络图均属于组织策略中的纲要策略。故题干说法错误。

(共4分。判断1分,判断"√"本题不得分;理由3分,答出精加工策略和组织策略的内涵得2分,答出"列提纲和画网络图属于组织策略"得1分)

34. 智力是创造性的充分条件。

(1)×。(2)高智力是高创造性的必要条件,但不是充分条件。创造性与智力的关系表现为:①低智力不可能具有高创造性;②高智力可能有高创造性,也可能有低创造性;③低创造性者的智力水平可能高,也可能低;④高创造性者必须有高于一般水平的智力。题干说法错误。

(共4分。判断1分,判断"√"本题不得分;理由3分,答出"高智力是高创造性的必要条件,但不是充分条件"得1分,答出创造性与智力关系的四种表现得2分,每条表现0.5分)

35. 师德的灵魂是立德树人。

(1)×。(2)关爱学生是师德的灵魂,是教师处理其与学生的关系时所应遵循的原则要求。立德树人是教育的根本任务。故题干说法错误。

(共4分。判断1分,判断"√"本题不得分;理由3分,答出"关爱学生是师德的灵魂"得2分,答出"立德树人是教育的根本任务"得1分)

36. 教师如果从事"有偿家教"就违背了严谨治学的职业道德。

(1)×。(2)严谨治学的教师职业道德规范要求教师树立优良学风,刻苦钻研业务,不断学习新知识,探索教育教学规律,改进教育教学方法,提高教育、教学和科研水平。廉洁从教的教师职业道德规范要求教师坚守高尚情操,发扬奉献精神,自觉抵制社会不良风气影响。不利用职责之便谋取私利。教师从事"有偿家教"违背了廉洁从教的教师职业道德规范。故题干说法错误。

(共4分。判断1分,判断"√"本题不得分;理由3分,答出"严谨治学的要求"得1分,答出"廉洁从教的要求"得1分,答出"有偿家教"违背廉洁从教的教师职业道德规范得1分)

三、简答题(参考答案)

37. 简述教育促进个体社会化的功能。

"个体社会化"一般指个体在出生后的发展中,习得社会文化规范、价值观念和行为习惯等,并借以适应社会、参与社会的过程。教育促进个体社会化的功能主要表现在以下三个方面:(1)教育促进个体思想意识的社会化。(2)教育促进个体行为的社会化。(3)教育促进角色和职业的社会化。

(共5分。完整答出教育促进个体社会化功能的含义得1分;答出教育促进个体"思想意识""行为""角色""职业"的社会化得4分)

38. 简述教师个体专业发展的具体内容。

(1)专业理想的建立;(2)专业态度和动机的完善;(3)专业知识的拓展与深化;(4)专业能力的提高;(5)教师的专业人格;(6)专业自我的形成。

(共5分。正确答出"专业理想""专业态度和动机""专业知识""专业能力""专业人格""专业自我"六条内容可得满分,答对1条给1分,答对5条及以上给满分)

39. 简述奥苏贝尔的有意义学习的条件。

(1)客观条件,是指受学习材料本身性质的影响。有意义学习的材料本身必须合乎这种非人为的和实质性的标准,即具有逻辑意义。

(2)主观条件,是指受学习者自身因素的影响。主要表现在:①学习者必须具有有意义学习的心向;②学习者认知结构中必须具有适当的知识,以便与新知识进行联系;③学习者必须积极主动地使这种具有潜在意义的新知识与认知结构中有关的旧知识发生相互作用。

(共5分。答出有意义学习的客观条件"学习材料具有逻辑意义"得2分;答出有意义学习的主观条件"有意义学习的心向""适当的知识""积极主动地发生作用",每点得1分)

40. 简述科尔伯格的道德发展阶段理论。

科尔伯格采用"道德两难故事"进行研究,他以道德判断的发展代表道德认识的发展,进而代表品德发展的水平。科尔伯格将道德判断分为三个水平,每一水平包含两个阶段,这六个阶段依照由低到高的层次发展:

(1)前习俗水平,包括服从与惩罚的道德定向阶段和相对功利的道德定向阶段。该时期的特征是:个体着眼于人物行为的具体结果及其与自身的利害关系,认为道德的价值不决定于人及准则,而是决定于外在的要求。

(2)习俗水平,包括好孩子的道德定向阶段和维护权威或秩序的道德定向阶段。该时期的特征是:个体着眼于社会的希望和要求,能够从社会成员的角度去思考道德问题;开始意识到人的行为必须符合群体或社会的准则;能够了解、认识社会行为规范,并遵守、执行这些规范。

(3)后习俗水平,包括社会契约的道德定向阶段和普遍原则的道德定向阶段。该时期的特点是:道德行为由共同承担的社会责任和普遍的道德准则支配,道德标准已被内化为他们自己内部的道德命令,表现为个体的义务感、责任感。

(共5分。答出"前习俗水平""习俗水平""后习俗水平"三个水平及每个水平对应的两个阶段,每个水平及其阶段1分,错答不得分;各水平时期的特征阐述合理得2分)

41. 简述教育法律关系的构成要素。

(1)教育法律关系的主体。教育法律关系的主体是指教育法律关系的参加者,也就是在具体的教育法律关系中享有权利并承担义务的人和组织。我国教育法律关系的主体可分为三类:公民(自然人)、机构和组织(法人)、国家。

(2)教育法律关系的客体。教育法律关系的客体是教育法律关系主体的权利与义务所指向的对象。教育法律关系的客体一般包括物质财富、非物质财富、行为三个大的方面。

(3)教育法律关系的内容。教育法律关系的内容是教育法律关系的主体依据法律规定而享有的权利与义务。

(共5分。正确答出"主体、客体、内容"三个要素,每点得1分;各要素的内容阐述合理且完整可得2分)

四、论述题(参考答案)

42. 试述如何构建良好的师生关系。

(1)教师方面:①了解和研究学生,主要包括了解和研究学生个人、学生的群体关系、学生的学习和生活环境。②树立正确的学生观。教师既要把学生当作教育的对象,又要把学生看作学习的主人;既要耐心细致地做好各项指导工作,又要充分调动学生的积极主动性。③提高教师自身的素质。教师的素质是影响师生关系的核心因素。教师的道德素养、知识素养和能力素养是学生尊重教师的重要条件,也是教师提高教育影响力的保证。④热爱、尊重学生,公平对待学生。热爱学生包括热爱所有学生,对学生充满爱心,经常走到学生之中,忌挖苦、讽刺学生、粗暴对待学生。尊重学生特别要尊重学生的人格,保护学生的自尊心,维护学生的合法权益,避免师生对立。教师处理问题必须公正无私,使学生心悦诚服。⑤发扬教育民主。民主平等是现代师生伦理关系的核心要求。教师要以平等的态度对待学生,而不能以"权威"自居。⑥主动与学生沟通,善于与学生交往。师生关系一般要经历生疏、接触、亲近、依赖、协调、默契六个阶段。⑦正确处理师生矛盾。教师要善于驾驭自己的情绪,冷静全面地分析矛盾,正视自身的问题,敢于做自我批评,对学生的错误进行耐心的说服教育或必要的等待、解释等。要能与学生心理互换,设身处地地为学生着想,理解学生,帮助学生,满足学生的正当要求,启发学生自省改错。⑧提高法制意识,保护学生的合法权利。教师要提高法制意识,明确师生之间的权利义务,切实依法保护学生的合法权利。⑨加强师德建设,纯化师生关系。教师应加强自身修养,提高抵御不良社会风气的积极性和能力。同时,也要更新管理观念,树立以人为本的管理思想,为师生关系的纯化创造有利的教育环境。

(2)学生方面:①正确认识自己。学生如果能够正确认识自己的优缺点以及应该努力的目标,站在客观的角度思考和看待自己,那么他们对于教师的指导就能更加认真倾听和思考,这对于形成良好师生关系有很大的促进作用。②正确认识老师。学生应该摒弃对教师的固有成见,学会客观地认识和理解老师的付出,积极主动地和老师沟通,这样互相理解的师生双方才是良好师生关系形成的基础。

(3)环境方面:①加强校园文化建设,确保校园文化的相对独立性、完整性和纯洁性;②加强学风教育,促进良好学风养成,使学生在一个良好的学风氛围中健康地学习。

(共10分。从教师、学生、环境三个方面展开阐述,教师方面6分,至少答出6条,每条1分;学生方面和环境方面各2分。每个方面的具体内容阐述完整可给满分,若每个方面只答出要点可酌情给分)

五、案例分析题(参考答案)

43.(1)市教委侵犯了王某的下列权利:

①荣誉权。荣誉是一个人受到外部给予的光荣称誉,每个学生在学校应有平等的机会获得。根据《中华人民共和国民法典》第一千零三十一条规定,民事主体享有荣誉权。任何组织或者个人不得非法剥夺他人的荣誉称号,不得诋毁、贬损他人的荣誉。获得的荣誉称号应当记载而没有记载的,民事主体可以请求记载;获得的荣誉称号记载错误的,民事主体可以请求更正。市教委将王某的"优秀学生干部"改成了"三好学生",这侵犯了王某的荣誉权。

②受教育权。学生享有受教育权。市教委的行为使王某失去了进入她期望的一所重点大学的机会,这侵犯了王某在升学方面的同等权利,侵犯了王某的受教育权。

③人身权。身心健康权是人身权的最基本权利,主要包含学生的生命健康权、人身安全和心理健康三方面的内容,社会、学校和家庭及其他组织和个人不得侵害。市教委因过错行为,导致王某的身心受到重创,侵犯了王某的人身权。

(2)①侵犯学生荣誉权的主要表现有:非法剥夺他人的荣誉称号;诋毁、贬损他人的荣誉称号;民事主体获得的荣誉称号应当记载而没有记载;民事主体获得的荣誉称号被记载错误。案例中的市教委将王某的荣誉称号记载错误,把"优秀学生干部"改成了"三好学生"。这是侵犯荣誉权的表现。

②侵犯学生受教育权的主要表现有:侵犯学生受教育机会的平等权;侵犯学生的入学权;侵犯学生参加考试的权利;随意开除学生;侵犯学生上课学习的权利;侵犯学生受教育的选择权;侵犯学生升学复学方面的同等权利;以侵犯姓名权的手段侵犯学生的受教育权;延误学生录取通知书的发放等。案例中的市教委侵犯了王某在升学方面的同等权利。

③侵犯学生人身权的主要表现有:侵犯学生的生命权、身体权和健康权;侵犯学生的人格尊严权;侵犯学生的人身自由权;侵犯学生的隐私权等。案例中的市教委侵犯了王某的身心健康权。

(共11分。第一问5分。答出侵犯了王某"荣誉权""受教育权""人身权"得2分,结合案例具体分析得3分。第二问6分。结合案例合理阐述"荣誉权""受教育权""人身权"的具体表现,每点2分)

2023年贵州省特岗教师招聘考试真题试卷(五)

一、单项选择题

1. C 【解析】本题考查巩固性教学原则。巩固性原则是指教师在教学中要引导学生在理解的基础上牢固地掌握基本知识和基本技能,而且在需要的时候,能够准确无误地呈现出来,以利于知识技能的利用。"学而时习之""温故而知新"强调学生在学习过程中要经常复习,才能牢记知识并且获得新的认识。这体现了巩固性原则。

2. B 【解析】本题考查个体身心发展的规律。个体身心发展的顺序性指个体身心发展是一个由低级到高级、由简单到复杂、由量变到质变的连续不断的发展过程。个体身心发展的顺序性的教育要求包括:遵循量力性原则,循序渐进地施教;不可"拔苗助长""陵节而施"。故选B项。

3. D 【解析】本题考查我国中小学常用的教学方法。根据教学活动中学生的不同认识方式,可将我国中小学常用的教学方法分为五大类:(1)以语言传递为主的教学方法:讲授法、谈话法、讨论法、读书指导法;(2)以直观感知为主的教学方法:演示法、参观法;(3)以实际训练为主的教学方法:练习法、实验法、实习作业法、实践活动法;(4)以引导探究为主的教学方法:发现法;(5)以情感陶冶(体验)为主的教学方法:欣赏教学法、情境教学法。

4. C 【解析】本题考查教师劳动的创造性特点。"教育有法"是指我们的教育教学活动是有规律可遵循,有法则可遵守,有模式可遵照,是有可以掌握的基本方法、基本规律的。"教无定法"指的是教学的模式、方法、技能等不是机械的、教条的,而是灵活多变、富有个性、充满灵性的。因此,教师在教学中应注意教学方法上的不断更新,这体现了教师劳动的创造性特点。

5. A 【解析】本题考查情感的分类。从情感的社会内容角度来看,人类的情感分为道德感、美感和理智感三种形式。理智感是人认识事物和探求真理的需要是否得到满足而产生的主观体验。题干中李刚同学成功解决一道难题说明其认识事物的需要得到满足,由此产生的"自豪愉悦感"属于理智感。故A选项正确。

6. D 【解析】本题考查认知策略。认知策略包含复述策略、精加工策略和组织策略。其中,组织策略是指将经过精加工提炼出来的知识点加以构造,形成更高水平的知识结构的信息加工策略。组织策略分为归类策略和纲要策略,其中,归类策略是对概念、语词、规则等知识的归类整理。题干中,依据不同的规则对汉字进行分类,这属于归类策略,因此D选项正确。

7.C 【解析】本题考查桑代克的学习理论。桑代克认为,学习要遵循三条原则,即准备律、练习律、效果律。效果律是指刺激和反应之间的联结可因导致满意的结果而加强,也可因导致烦恼的结果而减弱。题干中,每次小云取得好成绩后都会得到老师的表扬和奖励,老师的这种做法增强了刺激与反应之间的联结。故C选项正确。

8.D 【解析】本题考查动机斗争(动机冲突)。个体在同一时间内往往存在多种动机,几种动机相互矛盾,就形成了动机斗争。其中对同一目的兼具好恶的矛盾心理是趋避冲突。体操运动员既想选择有挑战性的动作又担心失败,这种动机冲突属于趋避冲突,故D选项正确。

9.A 【解析】本题考查教师职业道德区别于其他职业道德的显著标志。教师要以身作则、为人师表,这是教师职业道德区别于其他职业道德的显著标志。

10.B 【解析】本题考查教师职业。根据《中华人民共和国教师法》第三条规定,教师是履行教育教学职责的专业人员,承担教书育人,培养社会主义事业建设者和接班人、提高民族素质的使命。该条规定明确了教师职业是一种专门职业,教师是专业人员。

二、简答题(参考答案)

11. 简述长善救失德育原则的内涵及要求。

(1)长善救失德育原则的内涵:长善救失原则也称为依靠积极因素,克服消极因素的原则,是指在德育工作中,教育者要善于依靠、发扬学生自身的积极因素,调动学生自我教育的积极性,克服消极因素,以达到长善救失的目的。

(2)贯彻长善救失德育原则的要求:①教育者要用一分为二的观点,全面分析,客观地评价学生的优点和不足;②教育者要有意识地创造条件,将学生思想中的消极因素转化为积极因素;③教育者要提高学生自我认识、自我评价的能力,启发他们自觉思考,克服缺点,发扬优点。

(共5分。长善救失德育原则的内涵2分,内涵表述需完整、准确;贯彻长善救失德育原则的要求3分,每点1分)

12. 简述奥苏贝尔提出的有意义学习的条件。

有意义学习的条件分为客观条件和主观条件。

(1)客观条件指学习材料本身的性质。有意义学习的材料必须合乎非人为的和实质性的标准,即具有逻辑意义。

(2)主观条件指学习者自身的因素,包括:①学习者必须具有有意义学习的心向;②学习者认知结构中必须具有适当的知识,以便与新知识进行联系;③学习者必须积极主动地使这种具有潜在意义的新知识与认知结构中有关的旧知识发生相互作用。

(共5分。从"客观"和"主观"两个方面阐述有意义学习的条件。其中,"客观条件"方面2分,答出"学习材料本身性质""逻辑意义"等关键词可得1分;"主观条件"方面3分,每点1分)

三、案例分析题(参考答案)

13. 教师是教育过程的组织者,在全部教育活动中起主导作用。从根本上说,良好的师生关系首先取决于教师。因此,教师要维护良好师生关系,可从以下几个方面努力:

(1)了解和研究学生。案例中的张老师要想与学生建立良好的关系,首先应该了解和研究学生,与学生取得共同语言,使教育影响深入学生的内心世界。

(2)树立正确的学生观。案例中的张老师应该把学生看作学习的主人,不应该简单粗暴地对待学生。

(3)提高教师自身的素质。教师的道德素养、知识素养和能力素养是学生尊重教师的重要条件,也是教师提高教育影响力的保证。案例中的张老师教学死板僵硬等表明他需要提高自身的素质。

(4)热爱、尊重学生,公平对待学生。案例中的张老师没有做到公平对待每一位学生是导致师生关系紧张的重要原因。因此,张老师要做到公平对待所有学生。

(5)发扬教育民主。案例中的张老师对待学生简单粗暴,经常发脾气,没有以平等的态度对待学生,这也是导致师生关系紧张的重要原因。因此,教师在教育教学中要尊重学生,为学生营造一个民主的氛围。

(6)主动与学生沟通,善于与学生交往。案例中学生见到张老师不打招呼,张老师要主动与学生交流,关注学生的身心需要,欣赏学生的独特见解。

(7)正确处理师生矛盾。教师要善于驾驭自己的情绪,冷静全面地分析矛盾,正视自身的问题,敢于做自我批评,对学生的错误进行耐心的说服教育或必要的等待、解释等。案例中学生扰乱课堂秩序,张老师要控制脾气,冷静全面地分析原因,并采取恰当有效的措施引导学生自觉遵守课堂纪律。

(8)提高法制意识,保护学生的合法权利。教师要提高法制意识,明确师生之间的权利义务,切实依法保护学生的合法权利。

(9)加强师德建设,纯化师生关系。教师应加强自身修养,提高抵御不良社会风气的积极性和能力。

(共10分。从"了解和研究学生""树立正确的学生观""提高教师自身的素质""热爱、尊重学生,公平对待学生""发扬教育民主"等方面分析教师维护良好师生关系的途径和方法,至少能提出5条并结合案例阐述,每条2分。提出其他合理途径和方法可酌情给分)

2023年黑龙江省小学特岗教师招聘考试真题试卷(六)

一、判断题

1.√ 【解析】本题考查《中华人民共和国教育法》。根据《中华人民共和国教育法》第八条规定,教育活动必须符合国家和社会公共利益。国家实行教育与宗教相分离。任何组织和个人不得利用宗教进行妨碍国家教育制度的活动。题干说法正确。

2.× 【解析】本题考查《中华人民共和国教育法》。根据《中华人民共和国教育法》第三十二条规定,学校及其他教育机构中的国有资产属于国家所有。题干说法错误。

3.√ 【解析】本题考查《中华人民共和国义务教育法》。根据《中华人民共和国义务教育法》第九条规定,发生违反本法的重大事件,妨碍义务教育实施,造成重大社会影响的,负有领导责任的人民政府或者人民政府教育行政部门负责人应当引咎辞职。题干说法正确。

4.× 【解析】本题考查《中华人民共和国教师法》。根据《中华人民共和国教师法》第十四条规定,受到剥夺政治权利或者故意犯罪受到有期徒刑以上刑事处罚的,不能取得教师资格;已经取得教师资格的,丧失教师资格。故题干说法错误。

5.× 【解析】本题考查《中华人民共和国教师法》。根据《中华人民共和国教师法》第十三条规定,中小学教师资格由县级以上地方人民政府教育行政部门认定。中等专业学校、技工学校的教师资格由县级以上地方人民政府教育行政部门组织有关主管部门认定。普通高等学校的教师资格由国务院或者省、自治区、直辖市教育行政部门或者由其委托的学校认定。题干说法错误。

6.√ 【解析】本题考查《中小学班主任工作规定》。根据《中小学班主任工作规定》第十六条规定,班主任在日常教育教学管理中,有采取适当方式对学生进行批评教育的权利。故题干说法正确。

7.× 【解析】本题考查马克思主义关于人的全面发展学说。人的全面发展是指人的个性的自由全面发展。所谓全面,主要是指人的各项个性因素的全面养成和提高。这种全面性不能被理解为每一个人在每个活动领域都达到最高的水平,它是指人的各种潜能都得到一定的发展,而不是只发展了某一种能力,而使其他各种可能发展的能力处于压抑或沉睡的状态。

8.√ 【解析】本题考查《中华人民共和国未成年人保护法》。根据《中华人民共和国未成年人保护法》第十五条规定,共同生活的其他成年家庭成员应当协助未成年人的父母或者其他监护人抚养、教育和保护未成年人。故题干说法正确。

9.√ 【解析】本题考查教育法的特点。教育法的特点主要有以下四个方面:(1)主体的多元性;(2)适用范围的广泛性;(3)法律关系的多样性;(4)法律后果的特殊性。故题干说法正确。

10.× 【解析】本题考查《中华人民共和国义务教育法》。根据《中华人民共和国义务教育法》第一条规定,为了保障适龄儿童、少年接受义务教育的权利,保证义务教育的实施,提高全民族素质,根据宪法和教育法,制定本法。因此,我国《义务教育法》的立法依据是我国《宪法》和《教育法》。题干说法错误。

11.√ 【解析】本题考查课外辅导的意义。课外辅导是在课堂教学规定时间以外,教师对学生的辅导。课外辅导是对课的补充和延伸,是课堂教学的继续,是上课的必要补充,可以弥补课堂上的不足,也是因材施教的重要途径,是教学工作的重要环节之一。

12.√ 【解析】本题考查教育目的与培养目标的关系。教育目的是一定社会培养人的总要求,培养目标是对各级各类学校的具体培养要求。培养目标是根据国家的教育目的和自己学校的性质及任务,对培养对象提出的特定要求。

所以,教育目的与培养目标没有实质性的区别,只是概括性的程度不同。教育目的是整个国家各级各类学校必须遵循的统一的质量要求;培养目标则是某级或某类学校的具体要求。培养目标是教育目的的具体化。(具体内容参见施良方著的《课程理论——课程的基础、原理与问题》)

13. × 【解析】本题考查协作学习模式的概念。探究性学习模式是指学生可以在教师指导下,通过一些多媒体工具对某个特定问题进行探究性学习,或者对学习过程中的一些现象进行研究,从而得出相应的结论。协作学习模式是指利用计算机网络以及多媒体等技术,由多个学习者针对同一学习内容彼此交互和协作,以达到对教学内容深入理解和掌握的学习模式。

14. √ 【解析】本题考查班级目标管理模式。实行班级目标管理模式要围绕全体成员共同确立的班级奋斗目标,将学生的个体发展与班级进步紧密地联系在一起,并在目标的引导下,实施学生的自我管理。因此,班级目标管理模式是以学生自我管理为主要手段来完成教育教学目标的管理方法。

15. × 【解析】本题考查问题式板书。问题式板书不同于其他类型的板书,其他类型板书是由词语、语句组成的,而问题式板书主要是由具有启发性的问题组成的,给学生留有思考空间。这种板书更能激发学生学习的动机,使他们自主参与学习、探索未知问题。

16. × 【解析】本题考查想象与创造性的关系。想象是人脑对已储存的表象进行加工改造,形成新形象的心理过程。创造性是指人们根据一定目的,运用已知信息,产生出某种新颖、独特、有社会价值的产品的能力或特性。想象包括无意想象和有意想象。而从两者所产生的产品角度看,创造性过程所产生的产品具有社会价值,而想象过程所产生的产品并不一定具有社会价值,如空想。故题干说法错误。

17. × 【解析】本题考查"白板说"。洛克提出了"白板说",认为人的心灵犹如一块白板,它本身没有内容,可以任意涂抹。格塞尔通过"双生子爬梯"实验,证明了他的"成熟势力说",强调成熟机制对人的发展的决定作用。

18. × 【解析】本题考查对学习定义的理解。学习是个体在特定情境下由于练习或反复经验而产生的行为或行为潜能的相对持久的变化。对于学习这个定义,必须注意三个要点:(1)只有那些对人的能力或行为倾向带来变化的活动才是学习。(2)其变化是由后天经验引起的,这一定义强调学习不同于发展,人的发展是由两个因素决定的,一个因素是自然成熟,另一个因素是学习。学习是凭经验产生的行为或思维的变化。那些由生理成熟和先天反应倾尚而导致的变化,就不是学习。(3)其变化必须能"相对持久保持",以区别于其他的暂时性变化。故题干说法错误。

19. √ 【解析】本题考查皮亚杰的道德发展阶段理论。皮亚杰认为,随着儿童年龄的增长以及同伴的相互关系的不断发展,儿童道德判断的基础便从考虑后果转为考虑意图。在这个转变过程中,起重要作用的是同伴的协作,而不是成人的教育或榜样。故题干说法正确。

20. × 【解析】本题考查儿童焦虑症的影响因素。焦虑症是以与客观威胁不相适应的焦虑反应为特征的神经症。同时,过度焦虑反应同儿童的焦虑性人格特质以及家庭、环境的影响有密切关系。故题干说法错误。(具体内容参见汤仕平、邓廷奎主编的《教育心理学》)

21. √ 【解析】本题考查学习动机与学习效率的关系。"耶克斯—多德森定律"表明,动机不足或过分强烈都会影响学习效率。(1)动机的最佳水平随任务性质的不同而不同,即在比较容易的任务中,学习效率随动机的提高而上升;随着任务难度的增加,动机的最佳水平有逐渐下降的趋势。(2)一般来讲,最佳水平为中等强度的动机。(3)动机水平与行为效率呈倒U型曲线。故题干说法正确。

22. × 【解析】本题考查皮亚杰的道德发展阶段理论。皮亚杰采用"对偶故事法"对儿童道德判断的发展进行大量研究,发现并总结出了儿童道德认知发展的总规律,即儿童道德的发展经历从他律到自律的转化发展过程。而科尔伯格采用了"道德两难故事法"对儿童的道德发展进行研究。故题干说法错误。

23. √ 【解析】本题考查战国时期的法家学说及其代表性人物。战国末期的韩非是先秦法家思想的集大成者,其思想集中体现在《韩非子》一书中。故题干说法正确。

24. × 【解析】本题考查古希腊神话故事。古希腊神话传说中,希腊人在特洛伊战争的第十年,照奥德修斯的计策制造一匹巨大的木马,把精兵藏于马腹内,放在城外后佯作退兵。特洛伊人以为敌兵已退,把木马拖进城里。夜间伏兵跳出,打开城门,希腊兵一拥而入,一举攻下特洛伊城,取得胜利。故题干说法错误。

25. √ 【解析】本题考查中国古代数学成就。《九章算术》大约成书于东汉时期。它标志着以筹算为基础的中国古代数学体系的正式形成。故题干说法正确。

26. × 【解析】本题考查清代散文流派。桐城派,又称桐城古文派、桐城散文派。因其主要代表人物戴名世、方苞、刘大櫆、姚鼐等均为清代安徽桐城人,故名。方苞、刘大櫆、姚鼐被尊为"桐城三祖"。故题干说法错误。

27. × 【解析】本题考查中国当代文学。《受戒》是汪曾祺的代表作之一。小说以一个桃花源般的江南水乡作为背景,讲述了明海和小英子纯真唯美的初恋故事。故题干说法错误。

28. × 【解析】本题考查外国文学。莎士比亚的四大悲剧是《哈姆雷特》《奥赛罗》《麦克白》《李尔王》。故题干说法错误。

29. × 【解析】本题考查中国历史文化及地理常识。圆明园位于北京西郊海淀,有"万园之园"之称。故题干说法错误。

30. × 【解析】本题考查逻辑推理分类。根据推理的前提和结论之间是否有蕴涵关系,把推理分为必然性推理和或然性推理。前提与结论之间有蕴涵关系,即前提真则结论一定真的推理叫作必然性推理;前提与结论之间没有蕴涵关系(前提真而结论未必真)的推理叫作或然性推理。在或然性推理中,依据推理进程的不同,可以分为归纳推理和类比推理。归纳推理是从特殊到一般的推理,类比推理是从特殊到特殊的推理。演绎推理是必然性推理。故题干说法错误。

二、单项选择题

31. A 【解析】本题考查教师职业道德的作用。教师职业道德的作用体现在三个方面:(1)教师职业道德对教师起调节和教育作用。所谓调节作用,指教师职业道德具有纠正人的行为和指导实际活动的能力;所谓教育作用,就是教育教师正确认识和对待教师职业,认识自己对他人、对集体、对社会的利益关系应尽的责任和义务,以及在此基础上形成的道德观念和判断力。(2)教师职业道德对学生起榜样和带动作用。榜样作用是指在道德行为上,教师职业道德有着更加强烈的典范性;带动作用包括教师所起的带头作用、纽带作用和思想政治品质的教育作用。(3)教师职业道德对社会起影响和促进作用。具体表现为对精神文明建设的促进作用、对物质文明的推动作用和对社会生活的影响作用。

32. B 【解析】本题考查学校保护的含义。学校保护是指各级各类学校在其职责范围内,依照法律法规的规定,对在校未成年人进行教育并保护其身心健康与合法权益。故本题选B项。

A项,家庭保护是指父母或者其他监护人对未成年人的生理发展、心理状况、行为习惯、受教育权利等方面实施家庭方面的教育与保护。C项,社会保护是指在社会生活环境中对未成年人的保护,主要要求社会给未成年人提供好的条件、场所,禁止他们参加一些不利于其成长的活动。D项,司法保护是指公安机关、人民检察院、人民法院,以及监狱、少年犯管教所等机关,依法履行职责,对未成年人实施的专门保护活动。

33. D 【解析】本题考查教师成长的阶段。福勒和布朗根据教师的需要和不同时期所关注的焦点问题,把教师的成长划分为关注生存、关注情境和关注学生三个阶段。故本题选D项。

34. D 【解析】本题考查教师专业能力。教师的专业能力是教师综合素质最突出的外在表现,也是评价教师专业性的核心因素。

35. C 【解析】本题考查《学生伤害事故处理办法》。根据《学生伤害事故处理办法》第九条规定,因学校组织学生参加教育教学活动或者校外活动,未对学生进行相应的安全教育,并未在可预见的范围内采取必要的安全措施的,造成的学生伤害事故,学校应当依法承担相应的责任。题中小徐上体育课时,由于场地没有铺设护垫,导致摔倒后上臂肿胀,学校应承担法律责任。

36. C 【解析】本题考查教育的构成要素。教育影响即教育活动中教育者作用于受教育者的全部信息,既包括了信息的内容,也包括了信息选择、传递和反馈的形式,是内容与形式的统一。从内容上说,主要是教育内容、教育材料或教科书;从形式上说,主要是教育手段、教育方法和教育组织形式。故C项说法不正确,本题答案选C项。

37. A 【解析】本题考查隐性课程。隐性课程也被称为潜在课程、隐蔽课程、自发课程等,它不在课程计划中反映,不通过正式的教学进行,对学生的知识、情感、意志、行为和价值观等方面起着潜移默化的作用,促进或干扰教育目标的实现。其主要特点是潜在性和非预期性、弥散性和持久性。它通常体现在学校和班级的情境之中,包括物质情境(如学校建筑、设备)、文化情境(如教室布置、校园文化、各种仪式活动)和人际关系情境(如师生关系、同学关系、学风、班风、校风、校纪等)。"隐性课程"一词是由杰克逊在1968年出版的《班级生活》一书中首先提出来的。故A项说法错误,B、C、D三项说法正确,本题答案选A项。

38. B 【解析】本题考查学习的实质。学习是个体在特定情境下由于练习或反复经验而产生的行为或行为潜能的相对持久的变化。动物本能的行为，由生理成熟、疲劳、药物等因素引起的行为变化都不是学习。A项，蜘蛛结网是蜘蛛的本能活动，是在长期的历史发展过程中形成的，不属于学习。B项，根据班杜拉的社会学习理论，模仿是观察学习的一种方式。模仿榜样的行为属于学习。C项，膝跳反射属于无条件反射，是无意识的本能行为，不属于学习。D项，望梅生津属于条件反射，是后天经过学习才能得到的反射。望梅生津产生的机制是发生了学习，即通过学习形成了条件反射。本题为单选题，望梅生津应只从词语表面进行理解，即看见梅子便分泌唾液，不涉及其背后的产生机制。故本题最佳选项为B项。

39. B 【解析】本题考查学生的认知方式差异。杰罗姆·卡根将认知方式分为冲动型与沉思型，区分冲动与沉思的标准是反应时间和精确性。冲动型的学生在解决认知任务时，总是急于给出问题的答案，而不习惯对解决问题的各种可能性进行全面思考，有时问题还未弄清楚就开始解答。沉思型的学生在解决认知任务时，总是谨慎、全面地检查各种假设，在确认没有问题的情况下才会给出答案。故本题选B项。

40. C 【解析】本题考查注意的品质。注意的品质包括注意的稳定性、注意的转移、注意的分配和注意的广度。注意的分配是指人在进行两种或多种活动时能把注意指向不同对象的现象。题干强调红红能把注意同时指向弹琴和唱歌，体现了注意的分配。故本题选C项。

41. D 【解析】本题考查中国古代的医学家。华佗，东汉末年著名医学家。少年时曾在外游学，钻研医术而不求仕途。他医术全面，尤其擅长外科，精于手术，被后人称为“外科圣手”“外科鼻祖”。华佗还模仿虎、鹿、熊、猿、鸟五种动物的活动姿态，创编出了“五禽戏”，帮助人们强身健体。故本题选D项。

42. D 【解析】本题考查法国大革命。1789年7月14日，巴黎人民攻占巴士底狱，法国大革命爆发。故本题选D项。

43. B 【解析】本题考查中国古代科举考试制度。乡试第一名叫解元，会试第一名叫会元，殿试第一名叫状元。故本题选B项。

44. B 【解析】本题考查中国当代文学。陈忠实的代表作有《白鹿原》《李十三推磨》等。王蒙的代表作有《青春万岁》《组织部来了个年轻人》等。余华的代表作有《活着》《许三观卖血记》等。路遥的代表作有《平凡的世界》《人生》等。故本题选B项。

45. A 【解析】本题考查细胞的发现者。1665年，英国科学家虎克用显微镜观察植物的木栓组织，发现其由许多规则的小室组成，他把观察到的小室画了下来，并称其为细胞。虎克既是细胞的发现者，也是细胞的命名者。故本题选A项。

三、多项选择题

46. ABC 【解析】本题考查《中华人民共和国教育法》。根据《中华人民共和国教育法》第二十九条规定，学校及其他教育机构行使下列权利：(1)按照章程自主管理；(2)组织实施教育教学活动；(3)招收学生或者其他受教育者；(4)对受教育者进行学籍管理，实施奖励或者处分；(5)对受教育者颁发相应的学业证书；(6)聘任教师及其他职工，实施奖励或者处分；(7)管理、使用本单位的设施和经费；(8)拒绝任何组织和个人对教育教学活动的非法干涉；(9)法律、法规规定的其他权利。A、B、C项符合题意，故当选。根据《中华人民共和国教育法》第三十条规定，学校及其他教育机构应当履行下列义务：(1)遵守法律、法规；(2)贯彻国家的教育方针，执行国家教育教学标准，保证教育教学质量；(3)维护受教育者、教师及其他职工的合法权益；(4)以适当方式为受教育者及其监护人了解受教育者的学业成绩及其他有关情况提供便利；(5)遵照国家有关规定收取费用并公开收费项目；(6)依法接受监督。D、E项属于学校及应当履行的义务，不选。

47. ABE 【解析】本题考查教师职业态度。教师职业态度是指教师对自身职业劳动的看法和采取的行为，简而言之，就是指教育劳动态度或教师劳动态度。在社会主义社会，教师职业态度的基本要求是：树立积极主动的劳动态度，努力培养社会主义建设者和接班人。教师必须有主人翁的责任感、具有从事教育劳动的光荣感与自豪感、要有肯于吃苦的精神。C项属于教师职业纪律对教师提出的要求，D项属于教师职业责任对教师提出的要求，故C项和D项排除。

48. CDE 【解析】本题考查教师劳动的特点。教师劳动的复杂性表现在三方面：(1)教师劳动对象的复杂性。教师的劳动对象是具有一定自觉意识的、有感情的、有理智、年龄不同、个性特点各异的一代青少年。教师既要按统一的标准来培养学生，又要注意学生的个性差异，提出不同的要求，采用不同的方法，区别对待，因材施教。教师劳动对象的复杂性，还表现为影响学生成长因素的多样性。(2)教师劳动内容的复杂性。教师的根本任务就是育人，使每个学生在德、智、体、美、劳等方面都得到发展，既要传授科学文化知识，又要发展学生的智能，还要帮助学生确立正确的世界观、人生观。教师劳动内容的复杂性还表现为合格人才的培养，向教师提出了一个无限量的时空要求。在课堂里、操场上，在校内、在校外，只要有学生活动的地方，职责要求教师就必须出现在那里。因此，教师的工作，在时间上，具有连续性；在空间上，具有广延性。具体说来，就是无上下班的明显界限，无限定的教育区域范围。(3)教师劳动过程的复杂性。教师在工作中，既要培养学生的品德，传授知识技能，又要发展其智力、体力，培养其能力。全面发展的每一方面内容都是极其复杂的。把这些复杂的内容转化成学生的思想品德素质、科学文化素质、身体素质的劳动过程是一个运用智力的过程，是掌握、积累、传递、转化文化的复杂的脑力劳动和体力劳动过程。故本题答案选C、D、E。A项和B项反映了教师劳动的示范性特点，故排除。(具体内容参见袁兆春主编的《高等教育法学与教师职业道德》)

49. ABCD 【解析】本题考查教师语言行为规范。教师语言行为规范强调：(1)教师要正确使用普通话，边远地区的教师也要通过媒体及其他途径练习使用普通话，力求发音标准。(2)教师的课堂用语、语法要规范，避免方言、土语，指导学生使用正确的词语和语法。(3)语义要明确，表达要清楚。这需要教师熟悉学科知识、思路清晰。(4)语句要完整，上下连贯，有逻辑性。课堂教学切忌言语断层、表达混乱、自相矛盾。(5)教师还要注意与时俱进、丰富语言，学会运用学生熟悉、喜欢的语言表达方式。

50. ABCDE 【解析】本题考查保证有差异学生的共同发展的要求。运用“以人为本”的学生观来开展教育活动，要遵循“教育公正”的原则，处理好学生发展的“共同性”和“差异性”问题。保证有差异学生的共同发展，需要关注：(1)学生的性别差异与共同发展；(2)学生的民族差异与共同发展；(3)学生的地域差异与共同发展；(4)学生家庭背景的差异与共同发展；(5)学生身心发展水平的差异与共同发展。

51. ABDE 【解析】本题考查了解和研究学生的要求。为了深入了解和研究学生，教师要仔细观察每个学生的学习习惯、生活习惯等，同时还要和每个学生有密切的接触，如找学生进行谈话等。另外，教师在了解学生个人的基础上，还需要全面分析、准确评价每个学生，从而掌握学生集体情况，为班级的教育教学工作奠定基础。故A、B、D、E项可选。C项表述有歧义，不选。

52. ABCE 【解析】本题考查20世纪以后的教育改革和发展的特点。20世纪以后的教育改革和发展的特点包括：(1)教育的终身化；(2)教育的全民化；(3)教育的民主化；(4)教育的多元化；(5)教育技术的现代化；(6)教育全球化；(7)教育信息化；(8)教育具有科学性。

53. ABCDE 【解析】本题考查少先队活动的特点。少先队活动的特点包括：(1)教育性；(2)自主性；(3)组织性；(4)趣味性；(5)实践性；(6)创造性。

54. ABCDE 【解析】本题考查前运算阶段儿童的认知特点。皮亚杰将个体的认知发展分为四个阶段，感知运动阶段、前运算阶段、具体运算阶段以及形式运算阶段。其中，处于前运算阶段儿童的认知特点有：(1)早期的信号功能；(2)自我中心性(中心化)；(3)不可逆运算，还没有“守恒”能力，思维还只能沿着单一的方向进行；(4)不能够推断事实。(5)泛灵论；(6)不合逻辑的推理；(7)不能理顺整体和部分的关系；(8)认知活动具有具体性，还不能进行抽象的思维运算。故本题选A、B、C、D、E项。

55. ABDE 【解析】本题考查品德的心理结构。品德的心理结构包括四种相辅相成的基本心理成分，分别是道德认识、道德情感、道德意志和道德行为。故选A、B、D、E项。

56. ABD 【解析】本题考查建安七子。建安七子是东汉献帝建安年间，孔融、陈琳、王粲、徐干、阮瑀、应玚、刘桢七位文学家的合称。故选A、B、D项。

57. CD 【解析】本题考查老舍的作品。老舍，原名舒庆春，字舍予。他的作品主要有长篇小说《老张的哲学》《赵子曰》《离婚》《骆驼祥子》《四世同堂》等，话剧《方珍珠》《龙须沟》《茶馆》等。《受戒》是汪曾祺的作品，《随想录》是巴金的作品，故选C、D项。

58. ABD 【解析】本题考查欧洲古典主义文学的创作规则。三一律，又称“三整一律”，是欧洲古典主义戏剧的创作法则。它要求剧作在情节、时间和地点三个方面保持完整一致，即剧本故事情节必须集中单一，剧情必须发生在一个地点，剧情延续的时间必须以一昼夜为限。故选A、B、D项。

59. ABCDE 【解析】本题考查多媒体课件的设计原则。多媒体课件的设计原则有教育性原则、启发性原则、科学性原则、艺术性原则、技术性原则。故选A、B、C、D、E项。

60. ACDE 【解析】本题考查议论文常用的论证方法。论证方法就是论述、证明论点的方法。议论文常用的论证方法有:例证法、引证法、喻证法、归纳法、演绎法、类比法、对比法、归谬法、反证法等。白描法不是议论文论证方法,排除B项。故选A、C、D、E项。

四、简答题(参考答案)

61. 常见的学生权利被侵犯的表现有哪些?

(1)侵犯学生的受教育权,包括:①侵犯学生受教育机会的平等权;②侵犯学生的入学权;③侵犯学生参加考试的权利;④随意开除学生。(2)侵犯学生的人身权,包括:①侵犯学生的生命权、身体权和健康权;②侵犯学生的姓名肖像权、名誉荣誉权;③侵犯学生的人格尊严权;④侵犯学生的人身自由权;⑤侵犯学生的隐私权;⑥性侵害。(3)侵犯学生的财产权。(4)侵犯学生的著作权。(5)不作为违法侵权。

(共5分。答案完整得满分;答出"受教育权""财产权""人身权""著作权"等关键词可得2分)

62. 如何理解终身学习是教师职业的必然要求?

(1)终身学习是教师专业发展的必然要求;

(2)终身学习是由教师职业生涯周期特点所决定的;

(3)终身学习是教师工作对象特点的必然要求。

(共5分。答案完整得满分;答出"专业发展""职业生涯周期特点""教师工作对象特点"等关键词可得4分;少答一点酌情扣1~2分)

63. 简述组织小学班级活动的要求。

(1)活动要有主题和计划;

(2)活动的内容和形式要符合学生的年龄特点;

(3)活动的开展要力求展现班级特色;

(4)活动应充分调动学生的积极性和创造性;

(5)活动要坚持全员参与。

(共5分。每点1分,答案完整得满分;答出"有主题""内容符合学生年龄特征""全员参与"等关键词可得2分)

64. 简述培养小学生学习兴趣的方法。

(1)通过各种活动发展学生的兴趣;(2)通过提高教学水平,引发学生兴趣;(3)引导学生将广泛兴趣与中心兴趣结合起来;(4)要根据学生的年龄特征来提高学生的学习兴趣;(5)要根据学生的知识基础培养学生的学习兴趣;(6)通过积极的评价使学生的兴趣得以强化;(7)充分利用原有兴趣的迁移。

(共5分。答案完整得满分;答出"各种活动""提高教学水平""年龄特征""知识基础""积极的评价"等关键词可得3分)

65. 简述小学生品德发展的基本特征。

总体来看,小学生的品德发展是从依附性向自觉性、从外部监督向自我监督、从服从型向习惯型过渡,发展较为平稳,显示出协调性。具体表现为:(1)逐步形成和谐的道德认识能力;(2)道德言行从比较协调到逐步分化;(3)明显地表现出自觉纪律的形成。

(共5分。答案完整得满分;答出"自觉性""协调性""道德认识能力""自觉纪律"等关键词可得2分)

66. 如何培养小学生的思维能力?

(1)加强科学思维方法的训练;(2)运用启发式方法调动学生思维的积极性、主动性;(3)加强言语交流训练;(4)发挥定势的积极作用;(5)培养学生解决实际问题的思维品质。

(共5分。答案完整得满分;答出"科学思维方法""启发式""言语交流""定势""解决实际问题"等关键词可得3分)

五、论述题(参考答案)

67. 论述素质教育背景下,新课改带来的教学转变。

素质教育背景下,新课改带来的教学改变具体包括:教师角色发生转变、教师教学行为发生转变、师生关系发生转变、教学观发生转变、学习方式发生转变。

(1)教师角色发生转变。①从教师与学生的关系看,教师是学生学习的促进者。②从教学与研究的关系看,教师是教育教学的研究者。教师即研究者,意味着教师在教学过程中要以研究者的心态置身于教学情境之中,以研究者的眼光审视和分析教学理论与教学实践中的各种问题,对自身的行为进行反思,对出现的问题进行探究,对积累的经验进行总结,最终形成规律性的认识。③从教学与课程的关系看,教师是课程的开发者和建设者。教师不仅是课程实施的执行者,更应成为课程的开发者和建设者。④从学校与社区的关系看,教师是社区型开放的教师。新课程特别强调学校与社区的互动,重视挖掘社区的教育资源。教师不仅是学校的一员,还是社区的一员,是整个社区教育、科学、文化事业的共建者。因此,教师角色是开放的,是"社区型"教师。

(2)教师教学行为发生转变。①在对待师生关系上,新课程强调尊重、赞赏。教师不仅要尊重每一位学生,还要学会发现学生的闪光点,学会赞赏每一位学生。②在对待教学关系上,新课程强调帮助、引导。教的本质在于引导,在这里,引导表现为教师对学生的启迪与激励。③在对待自我上,新课程强调反思。教学反思有助于教师形成和培养自我反思的意识和自我监控的能力。④在对待与其他教育者的关系上,新课程强调合作。在教育教学过程中,教师除了面对学生外,还要与周围其他教师发生联系,要与学生家长进行沟通与配合。

(3)师生关系发生转变。新课程改革要求建立一种"对话·互动"式的新型师生关系。对话就是通过语言形式所进行的交流,它与权威式的"告诉"或"灌输"不一样,它是主体之间的交流;互动则是主体之间的相互作用,它具有交互性特征。

(4)教学观发生转变。教学观的转变具体体现为:①教学从以"教育者为中心"转向"学习者为中心";②教学从"教会学生知识"转向"教会学生学习";③教学从"重结论轻过程"转向"重结论的同时更重过程";④教学从"关注学科"转向"关注人"。

(5)学习方式发生转变。新课改倡导的学习方式包括自主学习、探究学习和合作学习。自主学习关注的是学习者的主体性和能动性,是学生自主而不受他人支配的学习方式。探究学习是一种以问题为依托的学习,是学生通过主动探究解决问题的过程。合作学习是指学生以小组为单位进行学习的方式。

(共10分。从"教师角色""教师教学行为""师生关系""教学观""学习方式"五个方面论述新课改带来的教学转变,每点2分)

68. 请你谈谈对"德育为先,五育并举"的理解。

"德育为先,五育并举"是实施素质教育的途径,德、智、体、美、劳等几方面的教育是学校教育的组成部分。素质教育作为完整的人的教育,不仅包括这几方面的教育,而且这几方面的教育要与素质教育的理念结合起来。

(1)德育集中体现了我国教育的价值取向和社会政治性质,在学生的全面发展中起着定向和动力作用。所以,德育在全面发展教育的重要组成部分中,处于引领的地位。德育的重要意义如下所示:

①德育是实现我国教育目的的基本要求。促进青少年政治意识、思想观念和道德品质的发展,是实现教育目的的基本内容,同时也是实现教育目的的基本标志。没有德育,我国社会主义教育目的就不可能实现,培养全面发展的人也就无从谈起。

②德育为我国培养高素质的社会主义合格公民奠定基础。我国政治制度的社会主义性质,要求个体要具有社会主义公民应具有的政治意识、思想观念和道德品质等素质。推进素质教育,德育处于主导地位。培养具有社会责任感、创新精神和实践能力的建设人才,同样离不开德育。

③德育对于促进学生的全面发展具有积极意义。学生的全面发展,是学生在德、智、体、美、劳等方面的发展。德育制约并影响学生的发展方向,对促进学生的全面发展具有导向作用。

(2)①"五育"中的每一组成部分都有其相对独立性,有其特定的任务、内容和功能,对其他各育起着影响、促进的作用,各育不能相互代替。各育都具有特定的内涵、特定的任务,其各自的社会价值、教育价值、满足人发展的价值都是通过各自不同的作用体现出来的。德育对其他各育起着保证方向和保持动力的作用,它体现了社会主义教育的方向,是"五育"的灵魂;智育为其他各育的实施提供了认识基础;体育是实施各育的物质保证;美育和劳动技术教育是德育、智育、体育的具体运用和实施。

②"五育"之间具有内在联系。德育、智育、体育、美育、劳动技术教育紧密相连,它们互为条件、互相促进、相辅相成,构成一个统一的整体。它们的关系具有在活动中相互渗透的特征。

综上所述,我们在实施素质教育的过程中,要坚持"德育为先,五育并举"的原则。

(共10分。"德育为先,五育并举"的内涵2分;"德育为先"4分,从"德育是实现我国教育目的的基本要求""德育为我国培养高素质的社会主义合格公民奠定基础"等方面论述"德育为先",至少提出2条,每条2分;"五育并举"4分,从"五育的相对独立性""五育的内在联系"两个方面论述"五育并举",每条2分)

69. 论述小学教育科学研究的一般过程。

(1)确定研究课题。科学研究开始于发现问题。一切科学研究工作均是从选题开始的。选题恰当与否直接关系到研究成果的质量水平。选择了研究课题,也就意味着确定了主攻方向,这是撰写论文的第一步。选题必须符合选题的原则,要体现出所选课题的理论价值与实践意义。

(2)查找文献与阅读文献。科学研究总是在前人研究的基础上进行的,具有继承性和连续性的特点,因此没有资料就无法进行科学研究。查找文献的方法通常采用的是综合查找法,阅读文献通常采用的是翻阅、粗读、精读相结合的方式,来获得一些与研究课题有关的、重要的、有价值的资料,确保查阅文献的质量,为着力解决尚未解决的问题、为自己的研究奠定基础。

(3)提出研究假设。理论假设也叫研究假设,它是指根据已有的事实材料和科学原理,对未知事实及其规律提出的一种不完备的、尚待验证的设想与推测。简单地说,假设是期待解决问题的暂时答案。假设是科学研究的焦点,尤其是实验研究程序的关键所在,大多数的科学研究都是为了验证假设而设计施行的。

(4)制订研究计划,设计研究方案。制订研究计划、设计研究方案的目的是能以较少的人力、物力和时间获取客观、可靠的研究结论而制定的周密、科学的整个研究的工作计划和安排。研究方案设计得是否科学、合理和完善,不仅关系到研究的进程,而且还影响着研究结论的可靠性、科学性。当然,我们一方面要尽量尊重原定计划,使研究工作能按部就班地进行,但也不能完全受原计划的限制,而应从实际出发,实事求是地进行工作,把计划性和灵活性有机地结合起来。

(5)收集、整理和分析资料。收集资料和整理、分析资料对形成科学理论也是非常重要的。所谓收集研究资料,就是在查阅文献的基础上,针对所要研究的问题,重新搜集资料,最终获得结论。整理和分析资料指的是对所收集到的原始资料进行加工,使其逐步趋于系统化和条理化的过程,目的是对原始资料进行意义解释。

(6)做出结论。在得出研究结论时,应当始终以唯物辩证法为工作的指导,做到全面、综合地考虑与研究有关的数据与资料,在此基础上,得出研究结果。做出结论要客观、科学、公正、实事求是,不能主观臆造,不能歪曲事实,同时也要以正确的理论分析为指导。

(7)撰写成文。撰写成文,这是教育科研的最后一个步骤。所谓撰写报告,就是把科研的全过程及取得的结果用文字完整地表述出来,一般有调查报告、总结报告、实验报告及论文等几种形式。通常来说,一篇好的研究报告或论文,要具备正确性、客观性、公正性、可读性的特点。

(共10分。从"确定研究课题""查找文献与阅读文献""提出研究假设""制订研究计划,设计研究方案""收集、整理和分析资料""做出结论""撰写成文"七个方面论述小学教育科学研究的一般过程,每点1~1.5分)

70. 结合教育教学实际,谈谈在教学中如何培养学生的迁移能力。

(1)在教师的指导下发展学生理解一般性原理的能力。作为教师,其教学不能只满足于学生对原理的简单背诵,而应该通过对原理的应用练习,让学生理解原理是如何在迁移中起作用的,并让学生用自己的语言或主要用自己的语言重新阐述原理的意义,达到对原理的真正理解。

(2)在多种情境中应用知识,帮助学生积累迁移的经验。教师的教学应当注重情境性,在多种情境中教会学生对知识的应用与变通,尤其是当下知识在将来情境中的应用,为学生积累迁移经验提供机会,并使学生的"感性迁移体验"通过实际应用教学上升为"理性体验"。

(3)培养学生独立分析、概括的能力。当学生具有了理解一般性原理的能力,并具有了丰富的迁移体验以后,教师就应该培养学生独立分析、概括的能力。学生只有具备了独立分析和概括问题的能力,才能够在复杂的学习情境中把握知识之间的联系,找到新旧学习情境的共同点,进而产生迁移。

(4)帮助学生形成良好的认知策略和元认知策略。一方面,在教学中教师要善于把学习方法教给学生,例如关于理解的方法、记忆的方法、复习巩固的方法等。另一方面,教师要鼓励学生自己总结出适合自己的学习策略,并在同学之间相互交流。这些策略性知识的掌握可以改善认知过程,提高思维品质,有助于促进学生迁移能力的发展。

(共10分。从"理解一般性原理的能力""积累经验""培养独立分析、概括能力""形成认知策略和元认知策略"方面论述如何培养学生的迁移能力,每个方面2.5分,理论依据准确1分,展开合理论述1.5分)

六、案例分析题(参考答案)

71. 李红霞老师的教育行为践行了2008年修订的《中小学教师职业道德规范》中的教书育人、关爱学生、终身学习、爱岗敬业等规范。

(1)2008年修订的《中小学教师职业道德规范》中关于"教书育人"方面所规定的具体职业行为要求有:遵循教育规律,实施素质教育;循循善诱,诲人不倦,因材施教;培养学生良好品行,激发学生创新精神,促进学生全面发展;不以分数作为评价学生的唯一标准。案例中李老师认为,中学生要多了解社会,培养责任感。与文化成绩相比,李老师更关注学生的全面成长。此外,李老师带领学生参加社会实践,还开辟了思政育人新阵地。李老师的这些做法都体现了她遵循了教书育人的师德规范。

(2)2008年修订的《中小学教师职业道德规范》中关于"关爱学生"方面所规定的具体职业行为要求有:关心爱护全体学生,尊重学生人格,平等公正对待学生;对学生严慈相济,做学生良师益友;保护学生安全,关心学生健康,维护学生权益;不讽刺、挖苦、歧视学生,不体罚或变相体罚学生。关爱学生的关键是做到对学生平等公正。对于学不懂、学不会、学不明白的学生,李老师一视同仁,给予悉心帮助。这体现了她遵循了关爱学生的师德规范。

(3)2008年修订的《中小学教师职业道德规范》中关于"终身学习"方面所规定的具体职业行为要求有:崇尚科学精神,树立终身学习理念,拓宽知识视野,更新知识结构;潜心钻研业务,勇于探索创新,不断提高专业素养和教育教学水平。李老师创新教学模式,开辟了思政育人新阵地,还与大学进行大中小思政衔接专题研究,提升本校思政课教师们的理论水平。这些做法都体现了她遵循了终身学习的师德规范。

(4)2008年修订的《中小学教师职业道德规范》中关于"爱岗敬业"方面所规定的具体职业行为要求有:忠诚于人民教育事业,志存高远,勤恳敬业,甘为人梯,乐于奉献;对工作高度负责,认真备课上课,认真批改作业,认真辅导学生;不得敷衍塞责。李老师连续多年放弃节假日,强忍病痛,坚持送教下乡,为山村教育事业默默奉献自己的力量。这体现了她遵循了爱岗敬业的师德规范。

(共10分。从"教书育人""关爱学生""终身学习""爱岗敬业"四个方面分析李红霞老师的教育行为,每条2.5分,理论依据准确、充分1分,结合案例阐述合理1.5分)

72. (1)乐乐的主要问题是厌学行为问题。厌学行为是指小学生在主观上对学校的学习活动失去兴趣,产生厌倦的情绪和冷漠的态度,并且在客观行为上明显表现出来的不良行为。案例中,在主观上,乐乐表现出情绪低落;在客观行为上,乐乐表现出明显的不良行为,即经常不完成作业、逃学等。

(共2分。答出"厌学行为问题"1分,结合案例合理分析1分)

(2)厌学行为产生的原因主要有主观和客观两方面:①主观方面。乐乐在学习中的自卑感。如果小学生在学习上经常处于一种失败的状态,失败后的消极情绪得不到及时的调整,加上受到别人的指责,这样雪上加霜,致使他们经常产生学习痛苦的情绪体验,久而久之,因自己认识能力差,在学习进步上无能为力,逐渐形成自卑心理。因此,一接触学习内容,痛苦的体验便油然而生,于是十分厌倦学习。案例中,乐乐由于性格胆小自卑,且妈妈在达不到标准时就打骂乐乐,这容易使乐乐在学习上形成自卑心理,进而导致厌学行为的产生。②客观方面。家长对乐乐的期望过高。如果家长对小学生的期望过高,提出的要求超出小学生能力范围,就会使小学生一次又一次无法达到目标而产生受挫感。案例中,乐乐的妈妈总是站在成人的认知程度里去要求乐乐,没有考虑到乐乐的能力范围,进而使乐乐产生受挫感,讨厌上学。

(共8分。从"主观"和"客观"两个方面阐述乐乐产生这一问题的原因,每个方面4分,理论依据准确2分,结合案例合理分析2分)

七、情境分析题(参考答案)

73. (1)弄清小美爱哭的原因,从原因入手来解决问题。"我"会通过观察、与其他同学谈话、家访等多种形式,去了解小美爱哭的原因,然后针对原因,对症下药,解决小美爱哭的问题。

(2)榜样的力量是无穷的,"我"会为小美树立一个良好的榜样,让小美去学习榜样的处事方式。具体来说,"我"会为小美安排一个善良、乐于助人的同桌,让这个同桌去帮助小美、感染小美,通过同学之间的交流和互相学习来解决小美爱哭的问题。

(3)重视家庭教育的力量,通过家校合作,来帮助小美解决爱哭的问题。"我"会请小美的家人来学校,一起聊聊小美同学的情况。"我"会告诉家长,孩子的成长是一个长期的过程,希望家校配合,同时请家长无论多忙,都要挤出时间,陪孩子聊天,进而提高孩子的沟通能力和语言表达能力。

(4)鼓励小美参加学校开设的心理课程,让小美通过心理课程,来学习控制情绪的方法,懂得如何控制自己的情绪。

(5)重视图书的力量,通过阅读来学习调节情绪的方法。我会寻找一些与调节情绪、良性沟通有关的图书,利用午会课或者班会开展快乐阅读,带领学生们阅读书籍,学习调节情绪的技能。

(6)重视班集体的力量。"我"会召开班会,在班会上表扬小美同学产生的一些变化,让班级其他同学为小美加油鼓劲,引导小美在班集体中继续成长进步。

(共20分。从"弄清原因""树立榜样""家校合作""参加心理课程""图书阅读""班集体的力量"等方面阐释解决小美爱哭的方法,至少能提出5个方法,每个方法4分。提出其他合理方法可酌情给分)

2023年云南省中小学特岗教师招聘考试真题试卷(七)

小　学

一、简答题(参考答案)

1. 简述学校体育的措施。

体育是授予学生健康的知识、技能,发展他们的体力,增强他们的自我保健意识和体质,培养他们参加体育活动的需要和习惯,增强其意志力的教育。

学校体育的措施包括:(1)改进体育课程与教学;(2)开展课外体育活动;(3)建立科学的作息制度;(4)加强体育场地和设施建设;(5)健全学生体质健康检测制度和体育考试评价制度。

(共5分。每点1分,答案完整得满分;答出"改进体育课程""加强体育场地建设"等关键词可得2分。考生若有其他合理回答可酌情给分)

2. 简述自我效能感的含义及其主要影响因素。

(1)含义:自我效能感由班杜拉首次提出,是指人对自己能否成功从事某一成就行为的主观判断。

(2)影响自我效能感的主要因素:①个人自身行为的成败经验(直接经验)。这一效能信息源对自我效能感的影响最大。②替代经验。个体的许多效能期望来源于对他人的观察,如果看到一个与自己一样或不如自己的人成功,自己的效能感就会提高。③言语暗示(言语劝说)。他人的言语暗示能提高自己的效能感,但缺乏经验基础的言语暗示效果是不牢固的。④情绪唤醒。班杜拉发现,高水平的情绪唤醒使成绩降低而影响自我效能感。自我效能感与情绪状态之间存在相互影响。

(共5分。自我效能感的含义1分;影响自我效能感的因素4分,每条1分,答出"成败经验""替代经验""言语暗示"等关键词可得2分)

二、论述题(参考答案)

试论述我国常用的教学原则以及教师在实际教学工作应该如何做。

教学原则是根据一定的教学目的和教学过程规律而制定的指导教学工作的基本准则。我国常用的教学原则如下:

(1)思想性和科学性相统一的原则。该原则是指教学要以马克思主义为指导,授予学生科学知识,并结合知识教学对学生进行社会主义品德和正确人生观、科学世界观教育。教师在教学过程中应做到:①保证教学的科学性;②结合教学内容的特点进行思想品德教育;③通过教学活动的各个环节对学生进行思想品德教育;④不断提高自己的业务能力和思想水平。

(2)理论联系实际原则。该原则是指教师在教学中,应使学生从理论与实际的结合中来理解和掌握知识,并引导他们运用新获得的知识去解决各种实际问题,培养他们分析问题和解决问题的能力。教师在教学过程中应做到:①重视书本知识的教学,在传授知识的过程中注重联系实际;②重视引导和培养学生运用知识的能力;③加强教学的实践性环节,逐步培养与形成学生综合运用知识的能力,进行"第三次学习";④正确处理知识教学与能力训练的关系;⑤补充必要的乡土教材。

(3)直观性原则。该原则是指在教学活动中,教师应尽量利用学生的多种感官和已有的经验,通过各种形式的感知,使学生获得生动的表象,从而比较全面、深刻地掌握知识。教师在教学过程中应做到:①正确选择直观教具和教学手段;②将直观教具的演示与语言讲解结合起来;③重视运用言语直观。

(4)启发性原则。该原则是指在教学活动中,教师要调动学生的主动性和积极性,引导他们通过独立思考、积极探索,生动活泼地学习,自觉地掌握科学知识,提高分析问题和解决问题的能力。教师在教学过程中应做到:①加强学习的目的性教育,调动学生学习的主动性;②设置问题情境,启发学生独立思考,培养学生良好的思维方法和思维能力;③让学生动手,培养独立解决问题的能力,鼓励学生将知识创造性地运用于实际;④发扬教学民主。

(5)循序渐进原则。该原则是指教学要严格按照科学知识的内在逻辑和学生的认知发展规律进行教学,使学生掌握系统的科学文化知识,能力得到充分的发展。教师在教学过程中应做到:①教师的教学要有系统性;②抓主要矛盾,解决好重点与难点;③教师要引导学生将知识体系化、系统化;④按照学生的认识顺序,由浅入深、由易到难、由简到繁地进行教学。

(6)巩固性原则。该原则是指教师在教学中要引导学生在理解的基础上牢固地掌握基本知识和基本技能,而且在需要的时候,能够准确无误地呈现出来,以利于知识技能的利用。教师在教学过程中应做到:①要在教学的全过程中加强知识的巩固;②组织好学生的复习工作,教会学生记忆的方法;③通过扩充、改组和运用知识的过程来巩固知识。

(7)因材施教原则。该原则是指教师在教学中,要从课程计划、学科课程标准的统一要求出发,面向全体学生;同时又要根据学生的个别差异,有的放矢地进行有差别的教学,使每个学生都能扬长避短,获得最佳的发展。教师在教学过程中应做到:①要坚持课程计划和学科课程标准的统一要求;②教师要了解学生,从实际出发进行教学;③教师要善于发现每个学生的兴趣、爱好,并创造条件,尽可能使每个学生的不同特长都得以发挥。

(8)量力性原则。该原则是指教学的内容、方法、分量和进度要适合学生的身心发展,使他们能够接受,但又要有一定的难度,需要他们经过努力才能掌握,以促进学生的身心发展。教师在教学过程中应做到:①了解学生的发展水平,从实际出发进行教学;②考虑学生认识发展的时代特点。

(共10分。至少答出5个教学原则,每个教学原则2分,教学原则的名称及概念1分,教师在教学过程中的做法1分)

中　学

一、简答题(参考答案)

1. 简述美育的内涵和目标。

(1)美育的内涵:美育是培养学生健康的审美观,发展他们感受美、鉴赏美、创造美的能力,培养他们高尚的情操与文明素养的教育。

(2)美育的目标:①培养学生正确的审美观点,使他们具有感受美、理解美和鉴赏美的知识与技能;②培养学生艺术活动的技能,发展他们体现美和创造美的能力;③培养学生的心灵美和行为美,使他们在生活中体现内在美和外在美的统一。

(共5分。美育的内涵2分,内涵表述需完整、准确;美育的目标3分,每点1分)

2. 简述加里培林的心智技能形成阶段理论。

(1)活动定向阶段。活动定向是让学生在头脑中形成对活动程序和活动结果的映像。(2)物质活动或物质化活动阶段。物质活动是指运用实物的教学活动,物质化活动是指利用实物的模拟品进行的教学活动。(3)有声的言语活动阶段。有声的言语活动指不直接依赖实物或模拟品,而是借助出声的外部言语活动来完成各个操作步骤。(4)无声的外部言语活动阶段。无声的外部言语活动是指以词的声音表象、动觉表象为中介,进行智力活动。(5)内部言语活动阶段。内部言语活动是凭借简化了的内部言语,似乎不需要多少意识的参与就能自动化进行的智力活动。

(共5分。每个阶段1分,答出"活动定向""有声的言语活动""无声的外部言语""内部言语"等关键词可得2分)

二、论述题(参考答案)

试论述生产力、政治经济制度及文化对教育的影响。

(1)生产力对教育的影响包括:①生产力的发展水平制约着教育发展的规模和速度。教育发展的规模与速度,取决于生产力发展所提供的物质条件和生产力发展对教育事业所提出的要求。②生产力的发展水平制约着教育结构的变化。生产力的发展促使经济结构产生各种变化,从而也决定了教育结构的变化。③生产力发展水平制约着教育的内容、方法与手段。④生产力发展水平制约着学校的专业设置。

(2)政治经济制度对教育的影响包括:①政治经济制度决定教育的领导权。在人类社会中,谁掌握了生产资料的所有权,谁就掌握了国家政权,谁就能控制精神产品的生产,谁就能控制学校教育的领导权。②政治经济制度决定受教育权。在阶级社会中,统治阶级总是要采取种种直接或间接的手段,决定和影响受教育权在社会中的分配,决定谁有享受学校教育的权利，谁无享受学校教育的权利，谁有受什么样学校教育的权利等问题。③政治经济制度决定教育目的。在一定社会中，培养具有什么政治方向和思想观念的人，是由政治经济制度决定的。④政治经济制度决定着教育内容的取舍。不同政治经济制度的社会具有不同的政治方向、思想意识和主流文化，并且要求培养具有不同政治立场和思想意识的人，这自然要求传递不同的教育内容，特别是思想道德方面的内容。⑤政治经济制度决定着教育体制。任何一个国家的教育体制都不存在固定僵化的模式，要随着政治体制、经济体制的变革而变革。

(3)文化对教育的影响包括：①文化类型影响教育目的。教育目的的确立，除了取决于社会政治经济制度和生产力的发展水平以外，还受文化的影响。②文化观念影响教育观念。文化观念制约人们对教育的态度和行为，影响教育思想的产生和发展。③文化传统影响教育内容和教育方法。

(共10分。答出"生产力""政治经济制度""文化"三个方面对教育的影响6分，每个方面2分；合理展开论述4分)

2023年吉林省特岗教师招聘考试真题试卷(八)

一、判断题

1. × 【解析】本题考查《关于进一步减轻义务教育阶段学生作业负担和校外培训负担的意见》。《关于进一步减轻义务教育阶段学生作业负担和校外培训负担的意见》在"全面压减作业总量和时长，减轻学生过重作业负担"中指出：分类明确作业总量。学校要确保小学一、二年级不布置家庭书面作业，可在校内适当安排巩固练习；小学三至六年级书面作业平均完成时间不超过60分钟，初中书面作业平均完成时间不超过90分钟。故本题说法错误。

2. × 【解析】本题考查《中华人民共和国义务教育法》。《中华人民共和国义务教育法》第二条规定，义务教育是国家统一实施的所有适龄儿童、少年必须接受的教育，是国家必须予以保障的公益性事业。题干说法不准确。

3. √ 【解析】本题考查教育方针的内涵。教育方针是最高国家权力机关根据政治、经济要求，明令颁布实行的一定历史阶段教育工作的总的指导方针或总方向，具有权威性。教育方针的内容一般包含教育的性质和服务方向、教育目的、实现教育目的的根本途径三个部分。故题干说法正确。

4. √ 【解析】本题考查素质教育的内涵。素质教育是面向全体学生的教育，是以全面提高全体学生的基本素质为根本目的的教育。故题干说法正确。

5. × 【解析】本题考查发散思维的特点。发散思维具有流畅性、灵活性(变通性)和独创性(独特性)等特点，不具备平衡性，故本题说法错误。

6. × 【解析】本题考查卡特尔的智力形态论。卡特尔按心智功能的差异将人的智力分为流体智力和晶体智力。晶体智力是指需要经过教育培养，通过掌握社会文化经验而获得的智力，流体智力是以神经生理为基础，随神经系统的成熟而提高，相对不受教育和文化的影响的智力。故本题说法错误。

7. √ 【解析】本题考查维果斯基的心理发展观。维果斯基区分了两种心理机能：低级心理机能和高级心理机能。其中，高级心理机能是以符号系统为中介的心理机能。维果斯基认为，儿童在与成人交往的过程中，通过掌握高级心理机能的工具——语言符号这一中介环节，使其在低级的心理机能基础上形成各种新的心理机能，故本题说法正确。

8. √ 【解析】本题考查遗忘的系列位置效应。系列位置效应就是指接近开头和末尾的记忆材料的记忆效果好于中间部分的记忆效果的趋势。其原因是：开始部分只受倒摄抑制的影响，不受前摄抑制的影响；结尾部分只受前摄抑制的影响，不受倒摄抑制的影响；中间部分则受两种抑制的影响，因而最容易遗忘。故本题说法正确。

9. × 【解析】本题考查"耶克斯—多德森定律"。"耶克斯—多德森定律"表明，动机不足或过分强烈都会影响学习效率。动机水平与行为效率(工作效率)呈倒"U"形曲线，故本题说法错误。

10. √ 【解析】本题考查情绪的功能。情绪在人际间具有传递信息、沟通思想的功能，情绪的信号功能体现在个体将自己的愿望、要求、观点、态度通过一定的情感表达方式传递给别人并加以影响。故本题说法正确。

二、单项选择题

11. B 【解析】本题考查《关于加强和改进新时代师德师风建设的意见》。《关于加强和改进新时代师德师风建设的意见》中提出：严格考核评价，落实师德第一标准。将师德考核摆在教师考核的首要位置，坚持多主体多元评价，以事实为依据，定性与定量相结合，提高评价的科学性和实效性，全面客观评价教师的师德表现。故本题选B项。

12. B 【解析】本题考查《义务教育课程方案(2022年版)》。《义务教育课程方案(2022年版)》指出，义务教育课程包括国家课程、地方课程和校本课程三类。以国家课程为主体，奠定共同基础；以地方课程和校本课程为拓展补充，兼顾差异。故选B项。

13. C 【解析】本题考查"教育"的定义。从社会的角度来定义"教育"，可以把"教育"的定义区分为广义的教育、狭义的教育和更狭义的教育。其中，狭义的教育指学校教育，是教育者依据一定的社会要求，依据受教育者的身心发展规律，有目的、有计划、有组织地对受教育者施加影响，促使其朝着所期望的方向发展变化的活动。故选C项。

14. D 【解析】本题考查个体身心发展的规律。个体身心发展的顺序性是指，个体身心发展是一个由低级到高级、由简单到复杂、由量变到质变的连续不断的发展过程。教育活动必须根据身心发展的这一特点循序渐进地进行。无论是知识技能的学习，还是思想品德的发展，都应由浅入深、由简到繁、由易到难、由少到多、由具体到抽象，循序渐进。故选D项。

15. C 【解析】本题考查品德的心理结构。品德的心理结构包括四种相辅相成的基本心理成分：道德认知、道德情感、道德意志和道德行为。其中，道德行为是道德形成的最终环节，是指个体在一定的道德意识支配下表现出来的对他人和社会的有道德意义的活动。题干中，刘老师结合现实生活提醒学生，最终的目的是规范学生的道德行为，使学生形成良好德行。故本题选C项。

16. D 【解析】本题考查似动知觉的形式。似动知觉的形式主要包括：诱导运动、动景运动、自主运动和运动后效。其中，自主运动是人在注视暗环境中一个微弱的、静止的光点，片刻后感觉到光点在来回移动的现象。题干中的星星在夜空中是一个微弱静止的光点，长时间注视后发现其闪动的现象属于自主运动。故本题选D项。

17. A 【解析】本题考查奥苏贝尔对学习的划分。奥苏贝尔从学习者学习的方式上，将学习分为接受学习与发现学习；从学习内容与学习者认知结构的关系上，将学习分为有意义学习和机械学习。其中，有意义学习的本质是以符号为代表的新观念与学习者认知结构中已有的适当观念建立起非人为的和实质性的联系的过程。故本题选A项。

18. A 【解析】本题考查韦纳的成败归因理论。韦纳发现人们倾向于将活动成败的原因归结为以下六项因素，即能力、努力程度、工作难度、运气、身心状况、外界环境。上述六项因素按各自的性质可归入三个维度：内部归因和外部归因、稳定性归因和非稳定性归因、可控制归因和不可控制归因。题干中小明将自己体育测试不及格归因于运动能力差，能力属于内部、稳定、不可控的归因，故本题选A项。

19. C 【解析】本题考查学习迁移的分类。根据迁移的性质和结果，可将迁移分为正迁移、负迁移和零迁移；根据迁移发生的方向，可将迁移分为顺向迁移和逆向迁移。其中，负迁移是指一种学习对另一种学习产生阻碍作用，顺向迁移是指先前学习对后继学习产生的影响。题干中小明先前对羽毛球的学习对后面网球的学习产生了阻碍作用，这属于顺向负迁移，故本题选C项。

20. B 【解析】本题考查学习策略中的元认知策略。元认知策略是指学生对自己整个学习过程的有效监视及控制的策略。元认知策略大致可分为计划策略、监控策略(监视策略)和调节策略三种。组织策略是认知策略的一种，不属于元认知策略，故本题选B项。

三、简答题(参考答案)

21. 作为一名教师，应该如何上好一堂课？

教师上好一堂课必须以现代教学理念为指导，遵循教学规律，全面贯彻教学原则，善于科学而灵活地运用各种教学方法。其标准具体包括：(1)教学目标明确；(2)教学内容准确；(3)教学结构合理；(4)教学方法适当；(5)讲究教学艺术；(6)板书有序；(7)充分发挥学生的主体性。

(共4分。正确答出"教学目标""教学内容""教学结构""教学方法""教学艺术""板书"方面的要求3分，每点0.5分；正确答出"发挥学生主体性"1分)

22. 简述注意的品质。

(1)注意的广度，指同一时间内，人们能够清楚地知觉出的对象的数目。

(2)注意的稳定性，指注意保持在某一对象或某一活动上的时间长短特性。

(3)注意的分配，指人在进行两种或多种活动时能把注意指向不同对象的现象。

(4)注意的转移，指根据新的任务，主动地把注意从一个对象转移到另一个对象或由一种活动转移到另一种活动的现象。

(共4分。正确答出"注意的广度""注意的稳定性""注意的分配""注意的转移"并合理阐述内容，每点1分)

四、论述题(参考答案)

23. 论述建立良好师生关系的方法。

(1)教师方面。教师要从以下几个方面努力:①了解和研究学生;②树立正确的学生观;③提高教师自身的素质;④热爱、尊重学生,公平对待学生;⑤发扬教育民主;⑥主动与学生沟通,善于与学生交往;⑦正确处理师生矛盾;⑧提高法制意识,保护学生的合法权利;⑨加强师德建设,纯化师生关系。

(2)学生方面。学生要从以下几个方面努力:①正确认识自己;②正确认识老师。

(3)环境方面。①加强校园文化建设,确保校园文化的相对独立性、完整性和纯洁性;②加强学风教育,促进良好学风养成,使学生在一个良好的学风氛围中健康地学习。

(共6分。从教师、学生、环境三个方面展开阐述,教师方面3分,至少答出6条,每条0.5分;学生方面1分,环境方面2分。每个方面的具体内容阐述完整可给满分)

五、案例分析题(参考答案)

24. (1)《新时代中小学教师职业行为十项准则》中"潜心教书育人"准则要求教师:落实立德树人根本任务,遵循教育规律和学生成长规律,因材施教,教学相长;不得违反教学纪律,敷衍教学,或擅自从事影响教育教学本职工作的兼职兼薪行为。

李老师体现"潜心教书育人"原则的行为有:

①李老师扎根农村教育,始终坚持"学高为师,身正为范"的原则,勤恳工作,帮助有需要的学生进行无偿辅导,落实了立德树人根本任务。

②李老师重视学业与品德并重,结合学生年龄特征和身心特点,帮助学生健康成长,体现了其对学生成长规律的遵循,符合因材施教、教学相长的原则。

③李老师遵守各项规章纪律,获得学校领导、同事、学生、家长的一致好评,体现了其对教学纪律的遵守。

(2)根据《新时代中小学教师职业行为十项准则》的规定,除"潜心教书育人"原则外,教师还应遵守的其他原则包括:坚定政治方向、自觉爱国守法、传播优秀文化、关心爱护学生、加强安全防范、坚持言行雅正、秉持公平诚信、坚守廉洁自律、规范从教行为。

(共6分。第一问3分。从"立德树人""因材施教""遵守纪律"三方面结合案例分析李老师的行为是如何体现"潜心教书育人"原则的,每点1分。第二问3分。完整答出十项准则中剩余的九项准则可得3分,漏答酌情给分,错答不得分)

2023年湖北省中小学教师公开招聘考试综合知识真题试卷(九)

一、单项选择题

1. A 【解析】本题考查我国社会主义法律体系的核心。宪法规定着我国各项基本制度、公民的基本权利和义务以及国家机构组织和活动的基本原则。宪法涉及的是社会生活中的根本问题,反映我国社会主义法的本质和指导思想,具有最高的法律效力和地位,是其他法律部门的立法基础和依据。所以,宪法是我国社会主义法律体系的核心。故选A项。

2. D 【解析】本题考查时政知识。2023年2月13日,《中共中央 国务院关于做好2023年全面推进乡村振兴重点工作的意见》(2023年中央一号文件)发布,文件包括9个部分33条,主要内容可以概括为守底线、促振兴、强保障。故选D项。

3. D 【解析】本题考查时政知识。《中共中央关于党的百年奋斗重大成就和历史经验的决议》指出,要坚持用习近平新时代中国特色社会主义思想教育人,用党的理想信念凝聚人,用社会主义核心价值观培育人,用中华民族伟大复兴历史使命激励人,培养造就大批堪当时代重任的接班人。故选D项。

4. C 【解析】本题考查时政知识。党的二十大报告指出,教育、科技、人才是全面建设社会主义现代化国家的基础性、战略性支撑。必须坚持科技是第一生产力、人才是第一资源、创新是第一动力,深入实施科教兴国战略、人才强国战略、创新驱动发展战略,开辟发展新领域新赛道,不断塑造发展新动能新优势。故选C项。

5. B 【解析】本题考查中国古代科举制度。乡试每三年一次,又叫"乡闱"。考期在秋季八月,故又称"秋闱""秋试"。B项表述正确。院试又称郡试、道试,由朝廷所派官员主考,考中者称秀才。A项与题意不符,排除。会试是由礼部主持的全国考试,又称"礼闱"。全国举人在京师会试,考期在春季二月,故称"春闱"。C项与题意不符,排除。殿试在会试后当年举行,应试者为贡士。殿试由皇帝亲自主持。D项与题意不符,排除。故本题答案选B。

6. D 【解析】本题考查《全国青少年学生读书行动实施方案》。《全国青少年学生读书行动实施方案》提出,中小学阶段要重视引导学生加强历史文化、科普知识、法律常识、卫生健康等方面的阅读;大学阶段要引导人文社科类专业学生加强科技史、科学发展趋势等方面的阅读,理工农医类专业学生加强文学、历史、哲学、艺术等方面的阅读。故选D项。

7. D 【解析】本题考查"四新"建设。教育部提出的"四新"建设即新工科、新医科、新农科、新文科建设。"四新"建设是建设高等教育"质量中国"的战略一招、关键一招、创新一招,是高等教育人才培养的"中国方案",是高等教育高质量发展的战略布局。故选D项。

8. A 【解析】本题考查时政知识。2023年全国教育工作会议指出,要持续办好更加公平、更高质量的基础教育。学前教育、特殊教育突出"普惠发展",义务教育突出"优质均衡",高中阶段学校突出"多样化",继续把"双减"摆在突出位置来抓。故选A项。

9. A 【解析】本题考查时政知识。2023年2月13日,世界数字教育大会在北京拉开帷幕。大会以"数字变革与教育未来"为主题,旨在推动我国教育数字化工作取得新进展,为世界数字教育发展注入新动能。故选A项。

10. A 【解析】本题考查教学原则。

A项,循序渐进原则是指教师要严格按照科学知识的内在逻辑和学生的认知发展规律进行教学,使学生掌握系统的科学文化知识,能力得到充分的发展。《学记》要求"学不躐等""不陵节而施",这是指教学要遵循一定的顺序进行,体现了循序渐进的教学原则。故选A项。

B项,启发性原则是指在教学活动中,教师要调动学生的主动性和积极性,引导他们通过独立思考、积极探索,生动活泼地学习,自觉地掌握科学知识,提高分析问题和解决问题的能力。

C项,因材施教原则是指教师在教学中,要从课程计划、学科课程标准的统一要求出发,面向全体学生,同时又要根据学生的个别差异,有的放矢地进行有差别的教学,使每个学生都能扬长避短,获得最佳的发展。

D项,巩固性原则是指教师在教学中要引导学生在理解的基础上牢固地掌握基本知识和基本技能,而且在需要的时候,能够准确无误地呈现出来,以利于知识技能的利用。

11. C 【解析】本题考查德育方法。

A项,奖惩法是对学生的思想和行为做出评价,包括表扬、奖励和批评、处分两个方面。

B项,榜样法(榜样示范法)是用榜样人物的优秀品德来影响学生的思想、情感和行为的德育方法。

C项,陶冶法是通过创设良好的情境,潜移默化地培养学生品德的方法。

D项,说服法(说服教育法)是通过语言说理,使学生明晓道理,分清是非,提高品德认识的德育方法。

"孟母三迁"的故事中,孟母多次搬家的目的是想帮自己的孩子选择一个良好的环境来促进他的健康成长,所以最后她把家定在了一个私塾旁边。这说明了社会环境对人的发展的影响,体现的德育方法是陶冶法。故选C项。

12. C 【解析】本题考查最早倡导终身教育的学者。法国教育家保罗·朗格朗最早系统论述了终身教育。故选C项。A项,美国心理学家布鲁纳提出了结构教学论。B项,美国心理学家斯金纳提出了操作性条件作用理论。D项,苏联教育家赞科夫提出了发展性教学理论。

13. A 【解析】本题考查教学评价。根据教学评价的作用,教学评价可以分为诊断性评价、形成性评价和终结性评价。

A项,诊断性评价是在学期开始或一个单元教学开始时,为了了解学生的学习准备状况及影响学习的因素而进行的评价。

B项,形成性评价是在教学过程中为改进和完善教学活动而进行的对学生学习过程及结果的评价。

C项,终结性评价也称为总结性评价,是在一个大的学习阶段、一个学期或一门课程结束时对学生学习结果的评价。

D项,在诊断性评价中,有两个经常进行的特殊评价:(1)预测诊断性评价(预测性评价),是指为了确保教育活动中某一状态正常,对发生前的状态进行诊断性评价;(2)问题诊断性评价(问题性评价),是指为了确保教育活动中某一状态正常,对影响该状态正常的问题,寻求其发生原因而进行的诊断性评价。

根据题干中的“新单元教学开始前”,可排除B、C两项。根据题干中的“目的是弄清学生的知识基础和能力水平”,可排除D项。故本题选A项。

14. B 【解析】本题考查观察研究法。观察研究法是指人们有目的、有计划地通过感官和辅助仪器,对处于自然状态下的客观事物进行系统考察,从而获取经验事实的一种科学研究方法。李老师对课堂情况进行记录,表明其运用的研究方法是观察研究法。观察研究法的局限包括:(1)不能判断“为什么”这一类因果关系的问题,只能说明“有什么”和“是什么”问题。(2)由于观察时间和观察情境的限制,在研究对象人数多且分散的情况下应用较困难。(3)由于教育现象的复杂且处于不断变化之中,观察项目归类推论性太多,会影响研究的信度。(4)观察研究往往取样小,观察的资料琐碎不易系统化,普遍性的程度不高。故B项说法错误。

15. D 【解析】本题考查教学过程的基本规律。教学过程的基本规律包括:(1)间接经验与直接经验相结合(间接性规律);(2)教师主导作用与学生主体作用相统一(双边性规律);(3)掌握知识和发展智力相统一(发展性规律);(4)传授知识与思想品德教育相统一(教育性规律);(5)智力因素与非智力因素相统一。故选D项。

16. D 【解析】本题考查皮亚杰的认知发展阶段理论。皮亚杰将个体的认知发展分为感知运动阶段、前运算阶段、具体运算阶段和形式运算阶段。其中,初中生处于形式运算阶段,本阶段的个体具有抽象逻辑思维,即能理解符号的意义、隐喻和直喻,能对事物做一定的概括,其思维发展水平已接近成人的水平。题干中强调初中生在解决问题时已出现抽象思维,这属于形式运算阶段的特点。故选D项。

17. B 【解析】本题考查学习策略的种类。学习的元认知策略是指个体为实现最佳的认知效果而对自己的认知活动所进行的调节和控制。它大致可分为计划策略、监控策略和调节策略三种。其中,调节策略是指在学习过程中根据对认知活动监视的结果,找出认知偏差,及时调整策略或修正目标;在学习活动结束时,评价认知结果,采取相应的补救措施,修正错误,总结经验教训等。题干中的学生能够分析考试成败的原因,这属于调节策略。因此,答案选B项。

18. D 【解析】本题考查中国历代文教政策。元朝采用“遵用汉法”的文教政策。清朝确定了“兴文教,崇经术,以开太平”的文教政策。D项对应不正确。宋初推行了“兴文教,抑武事”的政策。A项对应正确。唐代既尊崇儒术又兼重佛道,以尊孔崇儒为主,以佛、道为辅的统治思想成为当时文化教育领域内的主导思想。B项对应正确。汉武帝时期确立了“推明孔氏,抑黜百家”的文教政策。C项对应正确。故本题答案选D项。

19. A 【解析】本题考查学习迁移理论。相同要素说(共同要素说)认为,迁移是非常具体的、有条件的,需要有共同的要素。只有当两个机能的因素中有相同要素时,一个机能的变化才会改变另一个机能的习得。两种情境中的刺激相似,反应也相似时,迁移才会发生。故题干所述现象可以用共同要素说解释。

20. D 【解析】本题考查上好课的先决条件。备课是教师教学的起始环节,备好课是上好课的先决条件,是上好课的前提。故选D项。

21. D 【解析】本题考查“幼儿园教师”角色。“幼儿园教师”角色表现为儿童生活的照料者、活动环境的提供者和活动的管理者。ABC项说法均正确,排除。根据我国《民法典》的相关规定,未成年人的监护人是父母。如果父母已经死亡或者没有监护能力的,祖父母、外祖父母、兄、姐、其他愿意担任监护人的个人或者组织都可以担任监护人。所以,儿童监护人不属于幼儿园教师角色。D项说法不正确。故本题答案选D。

22. B 【解析】本题考查《中华人民共和国教育法》。根据《中华人民共和国教育法》第六条规定,教育应当坚持立德树人,对受教育者加强社会主义核心价值观教育,增强受教育者的社会责任感、创新精神和实践能力。国家在受教育者中进行爱国主义、集体主义、中国特色社会主义的教育,进行理想、道德、纪律、法治、国防和民族团结的教育。故选B项。

23. A 【解析】本题考查教育与社会发展的关系。

A项,生产力的发展水平决定着教育发展的规模和速度。故A项描述不正确。

B、D项,教育对社会的能动作用具有自身的特点和规律性。教育的相对独立性的表现之一是,教育具有自身发展的传统与连续性。故B、D项描述正确。

C项,教育的文化功能之一是,教育能够传播、交流和融合文化。故C项描述正确。

综上所述,本题选A项。

24. B 【解析】本题考查隐性课程。

A、C项,与显性课程相比,隐性课程有潜在性、非预期性和多样性的特点。其中,非预期性是指,隐性课程的影响往往不是教育者能事先估计到或预料到的,而且其影响可能是积极的影响,也可能是消极的影响,在教育过程中,教育者若能按一定目的进行规划设计,必将有助于实现教育目标。故A、C项说法正确。

B项,显性课程与隐性课程共同形成了学校课程的全貌——“实际课程”。显性课程与隐性课程是两种不同的课程类型,两者在性质、特点、功能等方面各不相同。显性课程和隐性课程之间也存在内在的联系。一方面,显性课程的实施总是伴随着隐性课程;另一个方面,隐性课程也在不断转化为显性课程。因此,隐性课程并非独立于学校课程建设之外。故B项说法不正确。

D项,隐性课程亦称潜在课程、自发课程,是学校情境中以间接的、内隐的方式呈现的课程。它通常体现在学校和班级的情境之中,包括物质情境(如学校建筑、设备)、文化情境(如教室布置、校园文化、各种仪式活动)和人际关系情境(如师生关系、同学关系、学风、班风、校风、校纪等)。因此,校园文化算是一种隐性课程。故D项说法正确。

综上所述,本题选B项。

25. D 【解析】本题考查《学生伤害事故处理办法》。根据《学生伤害事故处理办法》第十三条规定可知,在学生自行上学、放学、返校、离校途中发生的造成学生人身损害后果的事故,学校行为并无不当的,不承担事故责任。故A项不符合题意,排除。根据《学生伤害事故处理办法》第十条规定,学生或者未成年学生监护人由于过错,有下列情形之一,造成学生伤害事故,应当依法承担相应的责任:(1)学生违反法律法规的规定,违反社会公共行为准则、学校的规章制度或者纪律,实施按其年龄和认知能力应当知道具有危险或者可能危及他人的行为的;(2)学生行为具有危险性,学校、教师已经告诫、纠正,但学生不听劝阻、拒不改正的;(3)学生或者其监护人知道学生有特异体质,或者患有特定疾病,但未告知学校的;(4)未成年学生的身体状况、行为、情绪等有异常情况,监护人知道或者已被学校告知,但未履行相应监护职责的;(5)学生或者未成年学生监护人有其他过错的。故BC两项不符合题意,排除。根据《学生伤害事故处理办法》第九条规定可知,因学校组织学生参加教育教学活动或者校外活动,未对学生进行相应的安全教育,并未在可预见的范围内采取必要的安全措施造成的学生伤害事故,学校应当依法承担相应的责任。故D项符合题意,当选。

26. D 【解析】本题考查学生伤害事故的归责。学校和教师的不作为侵权行为表现形式之一是教师对生病或受伤学生救护不力。即教师对学生在校期间突发疾病或者受到伤害,没有根据实际情况及时采取相应救治措施,而是消极的不作为,致使学生的疾病或者伤害因为延迟治疗而加重。根据《学生伤害事故处理办法》第九条规定可知,因学生在校期间突发疾病或者受到伤害,学校发现,但未根据实际情况及时采取相应措施,导致不良后果加重造成的学生伤害事故,学校应当依法承担相应的责任。根据《学生伤害事故处理办法》第二十七条规定,因学校教师或者其他工作人员在履行职务中的故意或者重大过失造成的学生伤害事故,学校予以赔偿后,可以向有关责任人员追偿。题干中熊老师对生病的李毅同学救护不力,致使李毅死亡,即构成不作为违法侵权。但这次事故是在熊老师上课的过程中发生的,所以学校应当依法承担相应的责任,但学校予以赔偿后,可以向熊老师追偿。故D项符合题意。

27. A 【解析】本题考查《中华人民共和国教师法》。根据《中华人民共和国教师法》第三十九条规定,教师对学校或者其他教育机构侵犯其合法权益的,或者对学校或者其他教育机构作出的处理不服的,可以向教育行政部门提出申诉,教育行政部门应当在接到申诉的三十日内,作出处理。教师认为当地人民政府有关行政部门侵犯其根据本法规定享有的权利的,可以向同级人民政府或者上一级人民政府有关部门提出申诉,同级人民政府或者上一级人民政府有关部门应当作出处理。李某在某县高中任教,所以应向当地县教育局提出申诉。故选A项。

28. D 【解析】本题考查中国文学常识。《醉翁亭记》是宋代文学家欧阳修创作的一篇文章。D项说法错误,本题为选非题,故答案选D。

29. D 【解析】本题考查中国古代科技成就。《墨经》是《墨子》一书中的重要组成部分。《墨经》总结了一些重要的物理学定理,在物理学发展史上具有重要的价值。光学方面,《墨经》探讨了光与影的关系,提及了“光学八条”;力学方面,《墨经》记载了力的定义、浮力等力学原理;《墨经》还记载了墨家实验研究杠杆原理的做法和声学的相关知识。D项当选。《梦溪笔谈》是以笔记体裁形式写成的科学典籍,书中最早记载了人工磁化的一种简便方法,即“以磁石磨针锋”造指南针。英国学者李约瑟称它为“中国科学史上的里程碑”。A项与题意不符,排除。《天工开物》是世界上第一部关于农业和手工业生产的综合性著作,被誉为“中国17世纪的工艺百科全书”。B项与题意不符,排除。《营造法式》是中国古代最完整的建筑技术书籍。C项与题意不符,排除。故本题答案选D。

30. B 【解析】本题考查中国古代科技成就。东汉末年著名医学家张仲景,被后人尊称为“医圣”,著有《伤寒杂病论》。“外科鼻祖”华佗发明的麻沸散是世界上最早的用于外科手术的全身麻醉药物。A项表述错误,排除。中国古代天文学家张衡发明了世界上第一台测定地震方位的仪器——候风地动仪。B项表述正确。东汉南阳太守杜诗发明"水排",利用水力鼓风冶铁。解决水流从低处往高处灌溉问题的是三国时马钧的翻车,C项表述错误,排除。秦长城不是中国最早的长城,D项表述错误,排除。故本题答案选B。

31. D 【解析】本题考查急救常识。海姆立克急救法适用于呼吸道异物的排除。果冻误吸入气道可以通过海姆立克急救法进行急救。D项表述正确。烧烫伤处涂牙膏是错误的做法,普通牙膏没有治疗烧伤、烫伤的有效成分,涂抹牙膏还可能会造成伤口感染。A项表述错误,排除。体温过高发生惊厥时,尽量不要强行喂水或者是喂药,避免出现阻塞呼吸道的情况,如果高热惊厥不能停止,需要立刻送往医院。B项表述错误,排除。用吞咽馒头的方式来去除鱼刺,可能会在吞咽馒头的时候对鱼刺造成挤压,挤压明显时就可能会导致鱼刺划伤咽喉,局部出现了伤口同样也会引发局部感染;食醋并没有软化鱼刺的作用,食醋浓度过高时还会对食道黏膜造成明显的刺激。C项表述错误,排除。故本题答案选D。

32. B 【解析】本题考查科学常识。关于宇宙的起源,最具代表性、影响最大的理论是大爆炸理论,B项表述正确。黑洞是现代广义相对论中,宇宙空间内存在的一种密度极大、体积极小的天体,所有的物理定理遇到黑洞都会失效。A项与题意不符,排除。暗物质是由天文观测推断存在的、无法直接观测到的不发光物质,C项与题意不符,排除。能量守恒定律即热力学第一定律,是指在一个封闭系统的总能量保持不变,D项与题意不符,排除。故本题答案选B。

33. D 【解析】本题考查医学知识。甲型肝炎(简称"甲肝")是甲型肝炎病毒引起的肠道传染病,主要通过"粪—口"途径传播,有日常生活接触、水型、食物型等传播形式。而乙型肝炎(简称"乙肝")是由乙肝病毒引起的传染病,主要通过母婴传播、血液传播和性传播。D项说法错误,本题为选非题,故本题答案选D。

34. B 【解析】本题考查生物常识。组成人体细胞的化合物中,含量最多的无机化合物是水,含量最多的有机化合物是蛋白质,蛋白质占人体细胞干重50%以上。故本题答案选B。

35. C 【解析】本题考查基期量。由材料第二段可知,2022年某地区的就业人员是0.7万人,同比增加了1.6倍。所求为2021年就业人数即基期量,基期量 $=\frac{\text{现期量}}{1+\text{增长率}}$,则2021年就业人数$=\frac{\text{2022年就业人数}}{1+\text{就业人数增长率}}=\frac{0.7}{1+1.6}\approx 0.269$万人。故本题答案选C。

36. B 【解析】本题考查比重。由材料第一段可得,该市实现利用外资460亿元,所求为外资的实际利用率。外资的实际利用率$=\frac{\text{外资实际利用额}}{\text{外商投资总额}}\times 100\%=\frac{460}{967}\times 100\%\approx 48\%$。故本题答案选B。

37. D 【解析】本题考查综合分析。由材料第二段可知,2021年,在所占消费品零售额的比重中,日用品占的比重为26.7%-14%=12.7%,服装类为19.3%-4%=15.3%>12.7%,服装类所占比重高于日用品所占比重。D项说法错误。2022年,文化娱乐类占34%,同比增加12个百分点。因此2021年,文化娱乐类所占比重为34%-12%=22%。所以2021年其他类占100%-12.7%-15.3%-22%=50%。A项表述正确,排除。由材料第一段可知,2022年该地区进出口贸易总额达886亿元,占全国的18.7%,所求为2022年我国进出口贸易总额即整体量,整体量=部分量÷比重,则2022年我国进出口贸易总额=该地区进出口贸易总额÷占全国的比重=886÷18.7%≈4738亿元。B项表述正确,排除。由材料第一段可知,2022年该地区实现利用外资460亿元,占全国的11.4%,所求为2022年全国利用外资额即整体量,整体量=部分量÷比重,则2022年全国利用外资额=该地区利用外资额÷占全国的比重=460÷11.4%≈4035亿元。C项表述正确,排除。本题为选非题,故本题答案选D。

38. C 【解析】词义推测题。根据"Yet"表示转折关系可知,trivial的意思应与下文的"The fact of first-rate importance"以及"predominant"相反。important意为"重要的";serious意为"严肃的";ordinary意为"普通的,一般的";considerable意为"相当多(或大、重要等)的"。故选C。

39. D 【解析】细节理解题。根据第二段前两句话可知,A选项正确。根据第一段中的"The fact of first-rate importance is the predominant role that custom plays in experience and belief, and the very great varieties it may manifest "可知,B选项正确。根据最后一段中的"Until we are intelligent as to its laws and varieties,the main complicating facts of human life must remain unintelligible. "可知,C选项正确。根据最后一段中的"The life history of the individual is first and foremost an accommodation to the patterns and standards traditionally handed down in his community "可知,D项表述错误。故选D。

40. C 【解析】推理判断题。根据第二段中杜威所说的话可知,风俗对个人行为的塑造有着重大影响。C选项(每个孩子从出生起就会受到其所处群体中风俗的影响,而处在世界另一端的孩子所受的影响不及其千分之一)与其含义相同。B选项只是一句评价,不体现观点(它本意是强调杜威说的话是正确的),故排除;A、D两项均无法通过杜威的话得出,故排除。故选C。

【全文翻译】

现在风俗一般未被认为是什么重要的课题。我们觉得,只有我们大脑内部的活动情况才值得研究,至于风俗,只是些司空见惯的行为而已。事实上,情况正好相反。从世界范围来看,传统风俗是由许多细节性的习惯行为组成,它比任何个人养成的行为都更加引人注目,不管个人行为多么异常。这只是问题的一个次要的侧面。最重要的是,风俗在实践中和信仰上所起的举足轻重的作用,以及它所表现出来的极其丰富多彩的形式。

没有一个人是用纯洁而无偏见的眼光看待世界。人们所看到的是一个受特定风俗习惯、制度和思想方式剪辑过的世界。甚至在哲学领域的探索中,人们也无法超越这些定型的框框。人们关于真与伪的概念依然和特定的传统风俗有关。约翰·杜威曾经非常严肃地指出:风俗在形成个人行为方面所起的作用和一个人对风俗的任何影响相比,就好像他本国语言的总词汇量和自己咿呀学语时他家庭所接纳的他的词汇量之比。当一个人认真地研究自发形成的社会秩序时,杜威的比喻就是他实事求是观察得来的形象化的说法。

个人的生活史首先是适应他的社团世代相传形成的生活方式和准则。从他呱呱坠地的时刻起,他所生于其中的风俗就开始塑造他的经历和行为规范。到他会说话时,他就是传统文化塑造的一个小孩子了;等他长大了,能做各种事了,他的社团的习惯就是他的习惯,他的社团的信仰就是他的信仰,他的社团不能做的事就是他不能做的事。每一个和他诞生在同一个社团中的孩子和他一样具有相同的风俗;而在地球的另一边,诞生在另一个社团的孩子与他就很少有相同的风俗。没有任何一个社会问题比得上风俗的作用问题更要求我们对它理解。直到我们理解了风俗的规律性和多样性,我们才能明白人类生活中主要的复杂现象。

二、材料作文题(参考答案)

【写作指导】

根据题干要求,考生需要围绕"坚守人才培养为核心"写一篇1000~1200字的议论文。根据材料内容来看,考生可从以下几个角度进行命题:(1)强国建设,需要坚守人才培养为核心;(2)搞好高等教育,需要坚守人才培养为核心;(3)改革教育体制,需要坚守人才培养为核心。写作时紧紧围绕所给的主题,结合实际展开论证。结构思路:前后对照,结尾点题等。在写作中照顾到以上几点,加以提炼,逻辑清晰,语言流畅,表达准确,即可拿高分。

【参考范文】

坚守人才培养为核心,构筑未来发展之基

人才是一个国家最宝贵的资源,是国家发展的核心竞争力。在当今社会,人才培养已经成为各国共同关注的焦点。然而,随着经济全球化的加深和科技的迅猛发展,人才培养面临着新的机遇和挑战。因此,我们必须坚守人才培养为核心,构筑未来发展之基。

坚守人才培养为核心是实现国家可持续发展的关键。人才是国家发展的基石,只有通过培养和吸引优秀人才,才能推动经济社会的持续发展。例如,中国实施的"千人计划"和"万人计划"等人才引进政策,吸引了大量国内外高层次人才,为国家的科技创新和经济发展提供了强大的支持。只有坚守人才培养为核心,国家才能在全球竞争中立于不败之地。

坚守人才培养为核心是推动科技创新的重要保障。在当今科技高速发展的时代,科技创新已经成为国家竞争力的重要标志。而科技创新的核心是人才创新,只有拥有一支高素质的人才队伍,才能推动科技创新的不断突破。例如,美国的硅谷和中国的深圳,都是以培养和吸引高科技人才为基础,成为全球科技创新的重要中心。只有坚守人才培养为核心,国家才能在科技创新的道路上赢得更多的机会。

坚守人才培养为核心是实现人民幸福的重要保障。人民是国家的根基,只有人民的幸福感得到保障,国家的发展才能得到可持续推进。而人才培养是提升人民素质的重要途径。通过培养优秀人才,提高人民的知识水平和技能,可以为人民提供更多的机会和福利。例如,一些国家通过实施教育扶贫政策,提供免费教育和职业培训,帮助贫困地区的人民走上致富之路。只有坚守人才培养为核心,国家才能实现人民的幸福和全面发展。

然而,要坚守人才培养为核心,还需要解决一系列问题。我们需要改革教育体制,提高教育质量。当前,教育质量不均衡的问题依然存在，一些地区和学校的教育资源严重不足。因此，我们需要加大对教育的投入，提高教育资源的配置效率，确保每个孩子都能享有公平而有质量的教育。我们需要改革人才评价机制，提高人才培养的针对性和有效性。当前，人才评价更多地关注学历和职称，忽视了人才的创新能力和实践能力。因此，我们需要建立多元化的人才评价体系，注重发现和培养具有创新潜力和实践能力的人才，为他们提供更多的机会和平台。同时，我们需要加强人才培养和产业发展的对接，提高人才培养的实效性。当前，一些高校和企业之间的合作机制还不够完善，导致人才培养与社会实际需求脱节。因此，我们需要加强高校与企业之间的合作，建立产学研结合的机制，培养适应社会发展需求的高素质人才。

总之，坚守人才培养为核心，是实现国家可持续发展、推动科技创新和实现人民幸福的重要保障。我们需要改革教育体制，改革人才评价机制，加强人才培养和产业发展的对接，构筑未来发展之基。只有通过坚守人才培养为核心，积极应对各种风险挑战，我们才能以更加昂扬的姿态迈向新征程。

（这篇作文开门见山，直接点出"坚守人才培养为核心，构筑未来发展之基"这一中心论点；然后从国家建设、科技创新、人民幸福、教育改革等方面出发，论证"坚守人才培养为核心"的重要性和必要性；最后总结上文论述，得出结论，照应题目。整篇作文逻辑清晰，语言流畅，论述合理，是一篇佳作。拟定得分38分）

2023年江西省中小学教师招聘考试真题试卷（十）

一、单项选择题

1. C 【解析】本题考查教育的定义和要素。A项，《学记》说："教也者，长善而救其失者也。"这里的"教"，是教育的略称，其意指教育是培养人的活动，旨在使人作善。故A项表述正确。

B项，亚里士多德认为，教育是"形成人的理性"，从而"使天性、习惯和理性协调统一"。故B项表述正确。

C项，一个真正的教育者必须有明确的教育意图或教育目的，理解他/她在实践活动中所肩负的促进个体发展及社会发展的任务或使命。那些偶尔对学生的身心发展产生影响的人，不能被称为教育者。故C项表述错误。

D项，在广义的教育中，凡是为提高自身素质而处于学习状态的人都是受教育者（学习者）。故D项表述正确。

综上所述，本题选C项。

2. A 【解析】本题考查古代中国的教育。A项，西周时期，我国建立了"政教合一""学在官府"的教育体制。春秋战国时期，官学衰微，私学兴起，冲破了"学在官府"的限制，促成了百家争鸣的社会盛况。故A项表述错误。

B项，唐朝时期，我国形成了以六学二馆为主干的完备的官学教育系统。故B项表述正确。

C项，隋炀帝时，进士科的创立，标志着科举制的正式确立。故C项表述正确。

D项，明朝时期，八股文成为科考的固定格式。故D项表述正确。

综上所述，本题选A项。

3. C 【解析】本题考查古代著名教育家的思想。A项，"子以四教：文、行、忠、信"出自《论语》，这是指孔子以文化、品行、忠诚和信实教育学生。故A项表述错误。

B项，我国古代孔子善于根据学生的不同特点，有针对性地进行教育，以发挥他们各自的专长，宋代朱熹把孔子的这一经验概括为"孔子施教，各因其材"，这是"因材施教"的来源。故B项表述错误。

C项，孟子认为人先天就具有仁、义、礼、智四个"善端"，教育是扩充"善性"的过程，教育的目的在于"明人伦"。故C项表述正确。

D项，墨翟提出了"素丝说（染丝说）"，以素丝和染丝为喻，来说明人性及其在教育下的改变和形成。故D项表述错误。

综上所述，本题选C项。

4. B 【解析】本题考查教育与社会发展的关系。A项，教育在科学技术再生产中所发挥的作用主要表现在：(1)教育是使科学技术得以继承和传递的重要条件；(2)教育对科学技术的再生产是一种扩大的再生产；(3)教育对科学技术的再生产是一种高效率的再生产。故A项表述正确。

B项，当前的学生或家长已经不满足于自己或孩子有机会上学，而是希望自己或孩子能够接受到好的、适合的、丰富的教育，即学生和家长对教育的需求从"有学上"向"上好学"转变。归根到底，这是对教育质量的诉求，对优质教育的诉求。故B项表述错误。

C项，教育对政治的反作用之一是教育通过培养人才为政治服务。题干中"为政在人""人存则政举，人亡则政息"。这说明了教育通过造就政治管理人才，促进政治体制的变革与完善。故C项表述正确。

D项，文化传统影响教育方法，在中国的传统文化里，把读书和求教看成是获得知识、增长才能的最佳途径。但是人的知识的获得和才能的成长有着多种来源和途径，"吾日三省吾身"体现的是通过日常反思来获得知识、增长才能。故D项说法正确。

综上所述，本题选B项。

5. D 【解析】本题考查教育的政治功能。教育的政治功能包括：(1)教育通过培养人才为政治服务；(2)教育能够促进政治民主化；(3)教育能够形成政治舆论。学校是知识分子和青少年集中的地方，他们有知识、有见解，思想敏锐，勇于发表意见，通过教育者和受教育者的言论、讲演、文章和社会活动等，来宣传一定的思想，造就一定的舆论，借以影响群众，为一定的政治、经济服务。古今中外，通过学校制造舆论影响政治的不乏其例，例如，我国的"五四运动"和"一二·九运动"便发端于学校，扩展到社会，进而形成全国性的政治运动。故选D项。

6. D 【解析】本题考查人身心发展的动因。A项，内发论强调人的身心发展是由自身的需要决定的，身心发展的顺序也是由人的身心成熟机制决定的。如孟子是中国古代内发论的代表人物，孟子认为"万物皆备于心""人的心中自有浩然之气"。故A项表述正确。

B、D项，外铄论的基本观点是人的发展主要依靠外在的力量，如环境的压力、刺激和要求，他人的影响和学校教育。中国古代的思想家荀子、英国的洛克、美国的华生都持有这样的观点。外铄论强调教育的价值，对教育的作用持乐观的态度，关注的重点是学习。故B项表述正确，D项表述错误。

C项，多因素相互作用论（马克思关于事物发展的动因论）认为，在主客观条件大致相似的情况下，个体主观能动性发挥的程度，对人的发展有着决定性的意义。故C项表述正确。

综上所述，本题选D项。

7. B 【解析】本题考查教育目的的相关内容。A项，教育目的既是一个国家人才培养的质量规格和标准，同时也当然是衡量教育质量和效益的重要依据。教育目的的评价功能可集中体现在现代教育评估或教育督导行为中。故A项表述正确。

B项，2018年，习近平在全国教育大会上指出：坚持中国特色社会主义教育发展道路，培养德智体美劳全面发展的社会主义建设者和接班人。"劳动"第一次被正式纳入全面发展的要素之中。2021年修正的《中华人民共和国教育法》第五条提出：教育必须为社会主义现代化建设服务、为人民服务，必须与生产劳动和社会实践相结合，培养德智体美劳全面发展的社会主义建设者和接班人。这是正式以教育法的形式明确了"劳动教育"在全面发展教育中的重要地位。故B项说法错误。

C项，个人本位论认为，教育的根本目的是人的本性和本能的高度发展。卢梭是个人本位论的代表人物之一，他主张教育要尊重儿童的本性，顺应儿童的自然天性，把儿童培养成"自然人"，而不是培养成社会的"公民"。故C项表述正确。

D项，教育目的包括三个层次：国家的教育目的、各级各类学校的培养目标和教师的教学目标。其中，教育目的是针对所有受教育者提出的，而培养目标是针对特定的教育对象而提出的。故D项表述正确。

综上所述，本题选B项。

8. C 【解析】本题考查教师职业的发展历史。教师职业的发展历史包括：(1)非职业化阶段。如我国的奴隶制社会时期，教育的特点是"学在官府""以吏为师"，教师由官吏兼任，官师一体。(2)职业化阶段。如我国春秋战国时期的"士"，古希腊的智者。另外，在中世纪，僧院学校、教会学校多以僧侣、神父、牧师为师。(3)专门化阶段。师范教育的产生，使教师的培养走上专门化的道路。(4)专业化阶段。学校对教师的需求开始从"量"的急需向"质"的提高方面转变，独立设置的师范院校逐渐并入文理学院，教师的培养改由综合大学的教育学院或师范学院承担，这被称为"教师教育大学化"，教师职业开始走上专业化的发展道路。故C项表述错误。

9. D 【解析】本题考查教师的相关内容。A项，教师劳动的创造性主要表现在：(1)因材施教；(2)教学方法上的不断更新；(3)教师需要"教育机智"。"一把钥匙开一把锁"反映在教学上就是要因材施教，即体现了教师劳动的创造性。故A项表述正确。

B项，在新课程中，师生彼此将形成一个真正的"学习共同体"。教师成为学生学习的促进者，这是教师角色的核心特征。故B项表述正确。

C项,教师的自我教育是专业理想、专业情感、专业技能、专业风格形成的关键。故C项表述正确。

D项,教师知识结构中的“精深的学科专业知识”和“广博的科学文化知识”是教师的“本体性知识”,主要解决教师“教什么”的问题;“丰富的教育理论知识”是教师的“条件性知识”,主要解决如何将知识传授给学生,即“怎么教”的问题。故D项表述错误。

综上所述,本题选D项。

10. B 【解析】本题考查教育制度的相关内容。A项,国际上通常认为,高等教育的毛入学率低于15%的属精英教育阶段,大于15%小于50%的为大众化阶段,大于50%的为普及化阶段。2021年,我国高等教育毛入学率达到57.8%,迈入了世界公认的普及化阶段。故A项表述错误。

B项,癸卯学制是中国近代教育史上第一部由国家颁布的并在全国实行的学制系统,它的最大特点是修业年限长,从小学堂至大学堂要21年,至通儒院要26年。故B项表述正确。

C项,双轨制的学校系统分为两轨:一轨是学术教育,为特权阶层子女所占有,学术性很强,学生可升到大学以上;另一轨是职业教育,为劳动人民的子弟所开设,属生产性的一轨。两轨之间互不相通,互不衔接。这种学制不利于教育的普及。故C项表述错误。

D项,从类型上看,我国现行学制是从单轨学制发展而来的分支型学制。故D项表述错误。

综上所述,本题选B项。

11. C 【解析】本题考查义务教育的相关内容。A项,在1912~1913年的壬子癸丑学制中,明确规定:“初等小学四年为义务教育。”故A项表述错误。

B项,《中华人民共和国义务教育法》于1986年7月1日起施行。2006年6月,全国人大常委会审议通过了修订后的新《中华人民共和国义务教育法》,于2006年9月1日起实施。义务教育经费保障机制的转变改善是2006年修订的《中华人民共和国义务教育法》令人瞩目的亮点。故B项表述错误。

C项,德国是世界上最早普及义务教育的国家。故C项表述正确。

D项,义务教育的平等性是指义务教育是所有公民的教育,是一种平等的、公平的、均衡发展的教育。故D项表述错误。

综上所述,本题选C项。

12. B 【解析】本题考查课程的相关内容。A项,泰勒是美国著名的课程理论家,享有“课程理论之父”“课程评价之父”的美誉。故A项表述正确。

B项,教育部于2019年印发的《中小学教材管理办法》的第八条规定,校本课程由学校开发,要立足学校特色教学资源,以多种呈现方式服务学生个性化学习需求,原则上不编写出版教材,确需编写出版的应报主管部门备案,按照国家和地方有关规定进行严格审核。故B项表述错误。

C项,学科课程是指以文化知识(科学、道德、艺术)为基础,按照一定的价值标准,从不同的知识领域或学术领域选择一定的内容,根据知识的逻辑体系,将所选出的知识组织为学科的课程类型。古希腊智者派创立文法、修辞学、辩证法“三艺”的课程是国外最早的学科课程。故C项表述正确。

D项,核心课程,也称问题课程,是指围绕社会重大问题,以解决实际问题的逻辑顺序为主线,来组织起来的课程。故D项表述正确。

综上所述,本题选B项。

13. D 【解析】本题考查综合实践活动的相关内容。A项,《义务教育课程方案(2022年版)》规定,综合实践活动每周不少于1课时。故A项表述正确。

B项,《中小学综合实践活动课程指导纲要》明确了综合实践活动的基本理念是:(1)课程目标以培养学生综合素质为导向;(2)课程开发面向学生的个体生活和社会生活;(3)课程实施注重学生主动实践和开放生成;(4)课程评价主张多元评价和综合考察。故B项表述正确。

C项,《中小学综合实践活动课程指导纲要》中指出,综合实践活动的主要方式及其关键要素为:(1)考察探究;(2)社会服务;(3)设计制作;(4)职业体验。其中,职业体验指学生在实际工作岗位上或模拟情境中见习、实习,体认职业角色的过程,如军训、学工、学农等。故C项表述正确。

D项,《中小学综合实践活动课程指导纲要》明确了综合实践活动的课程性质是:综合实践活动是从学生的真实生活和发展需要出发,从生活情境中发现问题,转化为活动主题,通过探究、服务、制作、体验等方式,培养学生综合素质的跨学科实践性课程。故D项表述错误。

综上所述,本题选D项。

14. D 【解析】本题考查教学的相关内容。A项,教育包括教学,教学只是学校进行教育的一个基本途径。故A项表述正确。

B项,综合课亦称混合课,是在一节课上同时完成两种或两种以上教学任务的课。这类课在小学和中学低年级经常采用,这一方面是因为小学和初中的学习内容比较简单,不需要在一节课上只完成一种教学任务,另一方面是因为小学生和初中生的随意注意还不发达,还不习惯把注意力长时间集中到一种活动上。故B项表述正确。

C项,集体备课是由相同学科和相同年级的教师共同钻研教材,解决教材的重点、难点和教学方法等问题的活动。故C项表述正确。

教学的基本任务包括:(1)引导学生掌握基础知识和基本技能;(2)发展学生的智能和体能;(3)培养学生良好的审美情趣;(4)帮助学生养成良好的思想品德,形成科学的世界观和个性心理品质。其中,教学的首要任务是使学生掌握系统的现代科学文化知识,形成基本技能、技巧。故D项说法错误。

综上所述,本题选D项。

15. C 【解析】本题考查教学原则的相关内容。A项,贯彻思想性(教育性)和科学性相统一的原则的要求之一是,教师要保证教学的科学性。因此,对中小学生来说,一般不宜将尚有争议的、不可靠的知识当作科学基础知识传授给他们。故A项表述错误。

B项,贯彻直观性原则的要求之一是,将直观教具的演示与语言讲解结合起来。故B项表述错误。

C项,可接受性原则(量力性原则)是指教学的内容、方法、分量和进度要适合学生的身心发展,使他们能够接受,但又要有一定的难度,需要他们经过努力才能掌握,以促进学生的身心发展。该原则的依据是“最近发展区”理论。故C项表述正确。

D项,创造宽松、和谐、民主、平等、坦率、活跃的课堂教学氛围是启发教学的重要条件。故D项表述错误。

综上所述,本题选C项。

16. B 【解析】本题考查教学组织形式的相关内容。A项,在进行个别辅导时,应该注意的问题之一是,个别辅导就是个别指导,而不是通常的课堂教学,不要搞成课堂教学中的分组教学。故A项表述错误。

B项,美国教育家克伯屈系统地归纳和阐述了设计教学法的理论,主张废除班级授课制和教科书。故B项表述正确。

C项,班级授课制中学生座次安排可采用不同的形式,如秧田式、圆桌式、马蹄式和会议式等。故C项表述错误。

D项,小班化教学是在现代先进教学理论指导下,以缩小班级人数来达到提高教学效率,培养全面发展人才为目的的教学组织形式。班级授课制在今后很长一段时间内仍然是各国教学的基本组织形式,但它将趋向小型化。故D项表述错误。

综上所述,本题选B项。

17. D 【解析】本题考查德育的相关内容。学生思想内部的内部矛盾有很多,其中教育者提出的教育要求所引起的学生的精神需要、动机与其现有思想品德的认识、情感动机、行为的矛盾是主要矛盾。

18. D 【解析】本题考查德育原则。集体教育和个别教育相结合原则是指在德育过程中,教育者要善于组织和教育学生热爱集体,并依靠集体教育每个学生,同时通过对个别学生的教育,来促进集体的形成和发展,从而把集体教育和个别教育有机地结合起来。故D项中的“把某一位后进生放入一个优秀的班集体中进行教育”是贯彻集体教育和个别教育相结合原则的要求。

19. C 【解析】本题考查班集体的相关内容。A项,我国最早采用班级授课制是1862年清政府在北京设立的京师同文馆,到1901年,清政府废科举、兴学堂,班级授课制在我国才得以普遍推广。故A项表述正确。

B、D项,班级管理的功能之一是有助于锻炼学生能力,学会自治自理。然而很多中小学的班级干部相对固定,使一些学生养成了“干部作风”,不能平等地对待同学。故B、D项表述正确。

C项,班级平行管理是指班主任既通过对集体的管理去间接影响个人,又通过对个人的直接管理去影响集体,从而把对集体和个人的管理结合起来的管理方式。故C项表述错误。

综上所述，本题选C项。

20. C 【解析】本题考查班集体的培养。A项，组织和培养班集体是班主任工作的中心环节。故A项错误。

B项，班级目标必须由全体成员，包括班主任和全班学生共同讨论确定。故B项错误。

C项，建立班集体的核心队伍可以从两方面着手：(1)班主任要善于发现积极分子；(2)班主任要大胆使用积极分子，在使用过程中把其培养成班级的领导核心。故C项正确。

D项，教师在班集体的组建阶段，就应着手正常秩序的建立工作，特别是当接到一个教育基础较差的班级时，首先就要做好这项工作。故D项错误。

综上所述，本题选C项。

21. B 【解析】本题考查教师职业素养。A项，教师职业道德是教师职业素养中的关键素养。故A项说法正确。

B项，《深化新时代教育评价改革总体方案》中指出，改革教师评价，推进践行教书育人使命，要坚持把师德师风作为第一标准。故B项说法错误。

C项，先进的教育理念最集中反映在教师要具有符合时代特征的教育观、学生观、教师观。故C项说法正确。

D项，精深的学科专业知识是教师的主要知识素养，是教师知识结构的核心。故D项说法正确。

综上所述，本题选B项。

22. A 【解析】本题考查教育与人的发展。学校教育对人的发展的作用是有条件的。并不是所有学校教育都能对人的发展起主导作用，也不是学校教育在任何时候都能对人的发展起主导作用。学校教育的主导作用能否实现、实现的程度如何等，受学校教育内外多方面因素的影响。故A项表述错误。

23. B 【解析】本题考查教师职业道德。教师职业道德体现的是公德，而教师道德则兼有公德与私德的成分。教师在参与教育教学活动时，其角色是国家和社会所赋予的，其言语举止代表的是国家与社会，所以其在教育教学活动中所体现出的道德或不道德均属于公德的范畴。而教师个人道德是其在教育教学活动之外体现的道德或不道德，是一种公民行为，属于私德的范畴。由于教师道德包含了教师职业道德与教师个人道德，所以，教师道德兼有公德与私德的成分。故B项表述错误。

24. C 【解析】本题考查教师职业道德。A项，教育人道主义原则要求教师要尊重学生的人格尊严，始终关心和热爱学生；尊重学生的人身权等。对学生实施心理惩罚违背了这一原则。故A项表述正确。

B项，教师职业道德境界的高尚性具体体现之一是强调教师职业道德要求的禁行性，这是从反面彰显教师职业道德境界的高尚性，也就是明确要求教师不能踩的“红线”。师德评价标准的“一票否决制”体现了这一点。故B项表述正确。

C项，教师劳动手段的特殊性和学生的向师性、可塑性特点决定了教师的人格示范性。教师的劳动手段主要是教师自身的学识、品格、个性、情感等。故C项表述错误。

D项，教书育人是教师与“教书匠”区分开来的根本标准，因为“教书匠”只教书，不育人。故D项表述正确。

综上所述，本题选C项。

25. D 【解析】本题考查《江西省中小学教师违反职业道德行为处理实施办法》。根据《江西省中小学教师违反职业道德行为处理实施办法》第十三条可知，教师组织或者参与针对学生的营利性活动，向学生或家长推销学习用品和教辅资料，收取规定收费项目标准以外的任何费用，强制学生订购教辅资料、报刊等牟取利益的，情节较轻的，给予警告或者记过处分；情节严重或者影响恶劣的，给予降低岗位等级以上处分。A项正确。

根据该法第九条可知，教师受处分期间暂缓教师资格定期注册。B项正确。

该法第二十八条规定，教师对处分决定不服的，可以自知道或者应当知道该处分决定之日起三十日内向学校主管教育部门或学校主管单位申请复核。对教师的处理，在期满后根据悔改表现予以延期或解除，处理决定和处理解除决定都应完整存入人事档案及教师师德师风信用系统。故C项正确，D项错误，本题选D项。

26. B 【解析】本题考查教育法律法规。《中华人民共和国教育法》是中国教育工作的根本大法，是依法治教的根本大法。故A项正确。教师单方面毁约一般属于合同纠纷问题，教师应该承担民事法律责任。故B项错误。根据《中华人民共和国教育法》第七十七条规定可知，盗用、冒用他人身份，已经成为公职人员的，依法给予开除处分。故C项正确。根据《中华人民共和国教育法》第十七条规定，国家实行学前教育、初等教育、中等教育、高等教育的学校教育制度。故D项正确。

27. D 【解析】本题考查加涅关于学习的分类。信号学习是指学习对某种信号做出某种反应，其过程为：刺激—强化—反应。巴甫洛夫的经典性条件反射属于信号学习，故A项正确。刺激—反应学习是指学会对某一情境中的刺激做出某种反应，以获得某种结果，其过程为：情境—反应—强化。操作性条件反射属于刺激—反应学习，故B项正确。连锁学习是指学习联合两个或两个以上的刺激—反应动作，以形成一系列刺激—反应动作联结。各种动作技能的形成都离不开连锁学习，故C项正确。概念学习是指对刺激进行分类时，学会对一类刺激做出同样的反应，也就是对事物的抽象特征的反应。把鲸鱼、狗等概括为哺乳动物属于概念学习。故D项错误。

28. B 【解析】本题考查学习理论。苛勒通过对黑猩猩的问题解决行为的实验研究提出了完形—顿悟说。故A项正确。建构主义在一定程度上对知识的客观性和确定性提出质疑，强调知识的动态性，认为知识并不是对现实的准确表征，也不是最终答案，而只是一种解释、一种假设。故B项错误。康布斯的学习理论，在教育上被作为实施情感教育的理论依据。康布斯主张，教育的目的绝不只限于教学生知识或谋生技能，更重要的是针对学生的情感需求，使他们能在知识、情感、意志或动机几方面均衡发展，从而培养其健全的人格。故C项正确。由于布鲁纳强调学习的主动性和认知结构的重要性，所以他主张教学的最终目标是促进学生对学科基本结构的一般理解。故D项正确。

29. C 【解析】本题考查韦纳的成败归因理论。韦纳对行为结果的归因进行了系统探讨，发现人们倾向于将活动成败的原因即行为责任归结为六个因素，又将它们按各自的性质，分别归入三个维度：内部归因和外部归因、稳定性归因和非稳定性归因、可控制归因和不可控制归因。故A项正确。其中，工作难度属于稳定、不可控制、外在的归因；运气属于不稳定、不可控制、外在的归因。故B项正确，C项错误。在实际教学过程中，运用归因理论来了解学习动机，对于改善学生的学习行为，提高其学习效果会产生一定的作用。故D项正确。

30. B 【解析】本题考查耶克斯—多德森定律。耶克斯—多德森定律表明：(1)动机的最佳水平随任务性质的不同而不同。(2)一般来讲，最佳水平为中等强度的动机。(3)动机水平与行为效率(学习效率)呈倒U型曲线。故B项错误，D项正确。根据该定律，教师在教学时，要根据学习任务的不同难度，恰当控制学生学习的动机水平。在学习较容易、较简单的任务时，应尽量使学生集中注意力，使学生尽量紧张一点儿；在学习较复杂、较困难的任务时，则应尽量创造轻松自由的课堂气氛，在学生遇到困难或出现问题时，要尽量心平气和地耐心引导，以免学生过度紧张和焦虑。故A、C两项正确。

31. C 【解析】本题考查班杜拉对强化的重新解释。替代强化是指观察者因看到榜样的行为被强化而受到强化。被表扬的学生相当于榜样，教师对该学生进行强化可以对其他学生起到替代强化的作用。故C项正确。

32. C 【解析】本题考查态度与品德的形成。态度的结构包括认知成分、情感成分和行为成分。其中，情感成分是态度的核心成分。故A项正确。态度与品德的形成大致经历依从、认同和内化三个阶段。在内化阶段，个体的行为具有高度的自觉性和主动性，并且具有坚定性。此时，稳定的态度与品德便形成了。故B项正确。操作性条件反射理论认为，当个体的某些行为得到他人赞许时，就获得了强化，使个体产生积极的情感体验，从而表现出对该行为的积极态度；反之，如果个体的行为受到惩罚，使个体产生消极的情感体验，则会表现出对该行为的消极态度。故C项错误。条件反应法是利用经典性条件反应和操作性条件反应的原理来进行品德培育的方法。故D项正确。

33. D 【解析】本题考查教师心理。教师给学生的第一印象对教师获得威信有较大影响，留下美好的第一印象是教师获得威信的重要捷径。故A项正确。罗森塔尔效应也叫教师期望效应，即教师的期望或明或暗地传送给学生，会使学生按照教师所期望的方向来塑造自己的行为。罗森塔尔效应带来的启示：教师对学生传递积极的期望，就会使他进步得更快，发展得更好。故B项正确。教学效能感一般指教师对自己影响学生行为和学习结果的能力的一种主观判断。已有的研究表明，教师的教学效能感对学生的学习成绩有很大的预测力。故C项正确。玛勒斯等人认为职业倦怠主要表现为情绪耗竭、去人性化(去个性化)、个人成就感低三个方面。故D项错误。

34. D 【解析】本题考查知识的学习。陈述性知识是回答事物“是什么”“为什么”等问题的言语信息方面的知识。“三角形的内角和等于180度”属于陈述性知识。故A项正确。强度律是指作为知识的物质载体的直观对象(实物、模像或言语)必须达到一定强度，才能被学习者清晰地感知。教师在讲课过程中声音洪亮体现了强度律。故B项正确。模像直观指观察与教材相关的模型与图像(如图片、表格、幻灯片、电影、录像、电视等)，形成感知表象。PPT演示属于幻灯片的类型。故C项正确。在组织策略中，符号纲要法是采用图解的方式体现知识的结构，即作关系图。画思维导图运用的是符号纲要法，它属于组织策略而非精加工策略。故D项错误。

35. A 【解析】本题考查智力技能。智力技能也叫心智技能,是通过学习而形成的合乎法则的心智活动方式。阅读技能、写作技能、运算技能、解题技能等都是常见的心智技能。故A项当选。

36. A 【解析】本题考查创造性。创造性是由人的认知能力、个性倾向和社会环境相互作用产生的行为结果。由于创造性与个性之间具有互为因果的关系,因此,在创造性的培养中,要注重创造性个性的塑造。故A项错误,当选。

37. A 【解析】本题考查问题解决。发现问题是问题解决的首要环节。故A项错误。功能固着是一种特殊类型的定势,是人们把某种功能赋予某物体的倾向。故B项正确。检验假设的方法有直接检验和间接检验两种。故C项正确。一般来说,问题情境中刺激信息的呈现方式不同,对问题解决的影响也不同,刺激信息在问题解决者的视野之中且比较明了,问题就容易解决,而刺激信息愈隐蔽,问题解决就愈困难。故D项正确。

38. C 【解析】本题考查学习迁移。形式训练说是最早的关于迁移的理论,以官能心理学为基础。故A项正确。产生式迁移理论由安德森提出;概括化理论由美国心理学家贾德提出。故B、D两项正确。同化性迁移是指不改变原有的认知结构,直接将原有的认知经验应用到本质特征相同的一类事物中去。平时我们所讲的"举一反三""闻一知十"等都属于同化性迁移。故C项错误。

39. B 【解析】本题考查迁移的种类。垂直迁移是指先行学习内容与后续学习内容是不同水平的学习活动之间产生的影响。垂直迁移表现在两个方面:(1)自下而上的迁移,即下位的较低层次的经验影响上位的较高层次的经验的学习;(2)自上而下的迁移,即上位的较高层次的经验影响下位的较低层次的经验的学习。角包含锐角和直角,所以角属于上位的较高层次的经验。因此B项所述属于垂直迁移。

40. C 【解析】本题考查课堂管理。课堂管理的功能主要有:维持功能、促进功能、发展功能。其中,维持功能是课堂管理的基本功能。故A项正确。权威型领导方式是指课堂中的一切由教师作决定,学生没有自由,只是听从教师的命令,教师完全控制学生的行为。它常常会引起学生的高焦虑,学生对教师敬而远之。故B项正确。移情,即"感人之所感",并同时能"知人之所感",又称为同理心,是指在人际交往中设身处地以对方的想法去体察其心情。而按照康尼的解释,微波效应指教师责罚某一学生后,对班级中其他学生所产生的负面影响。故教师能设身处地从学生的角度去体察其心情,体现了教师的移情,C项错误。社会助长是指个体与别人在一起活动或有别人在场时,个体的行为效率提高的现象。有些学生上公开课行为效率提高(踊跃发言等)的现象属于社会助长。故D项正确。

二、多项选择题

41. ABC 【解析】本题考查教育学著作的地位。卢梭的《爱弥儿》、柏拉图的《理想国》、杜威的《民主主义与教育》被誉为教育史上的"三大里程碑"。

42. ABCD 【解析】本题考查教育与社会的关系。A项,在阶级社会中,统治阶级总是要采取种种直接或间接的手段,决定和影响受教育权在社会中的分配,决定谁有享受学校教育的权利,谁无享受学校教育的权利,谁有受什么样学校教育的权利等问题。在阶级社会中,"超阶级""超政治"的教育是不存在的。故A项正确。

B项,一个国家的政治是否民主,这直接取决于该国家的政治体制,但与该国家人民的文化素质和教育事业发展的程度也有重大关系。教育是推动政治民主化的重要力量。故B项正确。

C项,一般来说,教育发展的规模和速度总是与社会生产力发展水平成正比。教育发展不能超越生产力发展的可能达到的限度,只有生产力发展了,教育才可能发展。故C项正确。

D项,教育有助于改善人口结构。教育促使人口结构合理化具体表现在:(1)教育可使人口性别结构趋向合理;(2)教育可使人口的城乡结构趋向合理。故D项正确。

综上所述,本题全选。

43. ABC 【解析】本题考查人的身心发展的规律。A项,身心发展的顺序性是指人的身心发展是一个由低级到高级、由简单到复杂、由量变到质变的连续不断的发展过程。这种顺序性表明,人的身心发展要遵循一定的方向性和先后顺序,既不会逾越,又不会逆向发展。故A项表述错误。

B项,人的身心发展的互补性要求教育工作者要扬长避短、长善救失,激发学生自我发展的信心和自觉。故B项表述错误。

C项,人的身心发展的不平衡性(不均衡性),一方面是指身心发展的同一方面的发展速度,在不同的年龄阶段是不平衡的。另一方面是就个体身心发展的不同方面而言的。由于食物营养和社会文化的影响,个体生理成熟的年龄提前了,这就使得本来就存在的身心发展的不均衡性表现得更为突出。故C项表述错误。

D项,大脑各区成熟的先后次序为:运动区→体觉区→视觉区→听觉区。故D项正确。

综上所述,本题选A、B、C三项。

44. AC 【解析】本题考查师生关系。A项,根据傅乐的教师关注阶段论,处于"教学前关注阶段"的教师因为未曾经历教学,没有教学经验,因此只关注自己;早期生存关注阶段的教师关注的是自我胜任能力及自我的生存问题,关注学生与同事的肯定、接纳等。早期生存关注阶段的教师比较关注"我的课学生喜欢吗?"这一问题。故A项错误。

B项,师生关系紧张和僵化时,老师应主动与学生沟通,善于与学生交往。B项表述正确。

C项,专制型师生关系是以命令、权威、疏远为其心态和行为特征的。教师在教室内采取专制的作风,事事亲力亲为,并担负全部的责任,计划班级的学习活动,控制学生的行为。C项表述错误。

D项,在实际工作中,许多教师往往忽视学生是发展中的人这一点,只是从现实表现来推断学生有没有出息,有没有潜力。教师与学生关系僵化,大多表现为与差生或后进生之间关系较差,这其中的一个重要原因是教师未能树立以人为本的学生观,特别是教师未能把学生当作发展中的人看待。D项表述正确。

综上所述,本题选A、C两项。

45. BCD 【解析】本题考查我国学校教育制度的产生与发展。A项,我国古代学制萌芽于西周,形成于西汉,到唐宋时期才比较完备,具有完整体系的学制到清朝末年才出现。A项说法错误。

B项,1922年的壬戌学制又称"新学制"或"六三三学制",采用美国式的六三三分段法,即小学六年、初中三年、高中三年。B项说法正确。

C项,壬子癸丑学制第一次规定了男女同校,废除读经,充实了自然科学的内容,将学堂改为学校。它是我国教育史上第一个具有资本主义性质的学制。C项说法正确。

D项,1904年的癸卯学制以"中学为体、西学为用"作宗旨,是中国近代教育史上第一部由国家颁布的并在全国实行的学制系统,它标志着中国封建传统学校的结束以及中国教育近代化的开始。D项说法正确。

综上所述,本题选B、C、D三项。

46. ABD 【解析】本题考查基础教育课程改革。A项,新课程改革的基本理念之一是:走出知识传授的目标取向,确立培养"整体的人"的课程目标。A项说法正确。

B项,《基础教育课程改革纲要(试行)》指出,在义务教育阶段的语文、艺术、美术课中要加强写字教学。B项说法正确。

C项,《义务教育课程方案(2022年版)》中关于课程方案的主要变化之一是优化了课程设置。科学、综合实践活动起始年级提前至一年级。C项说法错误。

D项,新课程强调以人为本,关注人是新课程的核心理念在教学中的具体体现。它意味着:(1)关注每一位学生;(2)关注学生的情绪生活和情感体验;(3)关注学生的道德生活和人格养成。D项说法正确。

综上所述,本题选A、B、D三项。

47. ACD 【解析】本题考查教学的相关知识。A项,教师主导作用与学生主体作用相统一规律表现为:(1)发挥教师的主导作用是学生简捷有效地学习知识的必要条件。(2)调动学生学习的主动性是教师有效地教学的一个主要因素。(3)防止忽视学生主体性和忽视教师主导作用的片面性。A项说法错误。

B项,学生的认识对象具有间接性。学生是在直接经验与间接经验相结合的基础上,以学习和掌握间接经验、书本知识为主的。学生的这一认识规律决定了教学要以书本知识为主。故B项说法正确。

C项,读书指导法是指教师指导学生通过阅读教科书和其他参考书,以获得知识、巩固知识、培养学生自学能力的一种方法。读书指导法是教师教会学生学习的基本方法。C项说法错误。

D项,领会知识包括使学生感知和理解教材。学生理解知识是一个感性认知和理性认识相结合的过程,理解教材是领会知识的关键,是教学的中心环节。D项说法错误。

综上所述,本题选A、C、D三项。

48. ABCD 【解析】本题考查新时代思政课。A项,《普通高中思想政治课程标准(2017年版2020年修订)》中规定,高中思想政治课程由必修、选择性必修、选修三类课程构成。A项表述正确。

B项,《义务教育道德与法治课程标准(2022年版)》在课程理念方面强调,突出学生主体地位,充分考虑学生的生活经验。故B项正确。

C项,《义务教育道德与法治课程标准(2022年版)》在课程实施方面强调"立足核心素养,制订彰显铸魂育人的教学目标"。教师应从发展学生核心素养的角度制订教学目标,将核心素养的培育作为教学的出发点和落脚点。故C项正确。

D项,《义务教育道德与法治课程标准(2022年版)》在课程实施方面强调"及时丰富和充实教学内容,反映党和国家重大实践和理论创新成果"。要将党和国家重大实践和理论创新成果引入课堂,充分体现马克思主义中国化最新成果。故D项正确。

综上所述,本题全选。

49. ABD 【解析】本题考查班主任工作。A项,班主任的素质要求之一是班主任要具有家长的情怀。A项表述正确。

B项,班主任实施职权影响力要依据一定的组织法规和一定的群体规范,具体来说,一是国家的教育法令、学制、教育方针及学校的课程、教学计划、规章制度等;二是班级的目标、规范、舆论、纪律、班风等。班主任对班级的领导影响力必须在职权影响力这一范围内施加,否则班主任的领导合法性与有效性就会受到质疑。B项表述正确。

C项,"大学之教也,时教必有正业,退息必有居学"指的是正课学习与课外练习兼顾,课内与课外相结合,相互补充。其中,"居学"指在家休息时的学习。C项表述错误。

D项,《中小学班主任工作规定》第十条规定:组织、指导开展班会、团队会(日)、文体娱乐、社会实践、春(秋)游等形式多样的班级活动,注重调动学生的积极性和主动性,并做好安全防护工作。D项表述正确。

综上所述,本题选A、B、D三项。

50. ABD 【解析】本题考查课程的相关知识。A项,《义务教育课程方案(2022年版)》中对教学时间的规定是每学年共39周。A项表达正确。

B项,课程标准是课程计划中每门学科以纲要的形式编写的、有关学科教学内容的指导性文件,是课程计划的分学科展开。国家课程标准是教材编写、教学、评估和考试命题的依据,是国家管理和评价课程的基础。B项表达正确。

C项,教育部印发的《中小学教材管理办法》第二十八条规定:义务教育学校不得使用境外教材。普通高中选用境外教材,按照国家有关政策执行。C项说法错误。

D项,《义务教育课程方案(2022年版)》在课程类别方面规定,义务教育课程包括国家课程、地方课程和校本课程三类。D项表达正确。

综上所述,本题选A、B、D三项。

51. BC 【解析】本题考查学生的相关知识。A项,现代学生观认为,学生是发展中的人;学生是独特的人;学生是具有独立意义的人。A项表述正确。

B项,《中华人民共和国未成年人保护法》第二十八条规定:学校应当保障未成年学生受教育的权利,不得违反国家规定开除、变相开除未成年学生。劝退差生,侵犯了未成年学生的受教育权,故B项错误。

C项,独立性是指每个学生都是一个独立的自组织系统,具有自己选取、分析、判断、处理问题的能力。承认学生的独立性是发挥学生主体性的前提条件,但并不是要教师放弃教育的责任,任学生自己发展。因为与教师相比,学生毕竟经验不多,知识较少,独立能力不强,各个方面都需要教师的指导,需要向教师学习。因此,C项表述错误。

D项,在《儿童权利公约》中,发展权主要表现为受教育权,即儿童有权接受正规和非正规的教育,以及儿童有权享有促进其身体、心理、精神、道德和社会发展的生活条件。D项表述正确。

综上所述,本题选B、C项。

52. ACD 【解析】本题考查态度与品德。费斯廷格提出认知失调理论。该理论认为认知失调是态度改变的先决条件。故A项正确。态度的情感成分是态度的核心成分,研究态度的行为成分常常根据态度中的情感成分推测。故B项错误。品德的内容来自道德,个人品德是社会道德的组成部分,是社会道德在个人身上的具体表现,离开社会道德就不会有个人品德。故C、D两项正确。

53. ABD 【解析】本题考查科尔伯格的道德发展阶段理论。科尔伯格将道德判断分为三个水平,其中,前习俗水平包括惩罚与服从的道德定向阶段和朴素的利己主义定向阶段。处于朴素的利己主义定向阶段的儿童以行为的功用和相互满足需要为准则,行为的好坏按行为的后果带来的赏罚而定,得赏者为是,受罚者为非,没有主观是非标准。故A项错误,C项正确。惩罚与服从的道德定向阶段的儿童还缺乏是非善恶观念,只因为恐惧惩罚并要避免惩罚,才服从规范。故D项错误。习俗水平中的维护权威或秩序的道德定向阶段的儿童服从团体规范,严守公共秩序,尊重法律权威。故B项错误。

54. AC 【解析】本题考查群体心理。如果个人所从事的活动是简单的机械或手工操作,有他人在场(群体)会使活动者的工作表现更加出色,就表现出社会助长效应;如果个体所从事的是学习活动,并需要一系列复杂的判断、推理等思维活动的参与,则他人在场(群体)将会产生社会抑制作用。故A项错误。根据群体的社会助长和社会抑制作用,在学校教学活动中,应按活动的性质和学生个人技巧熟练程度,组织学生进行群体活动或单独活动。故B项正确。群体成员失去自我意识,失去被别人评价的顾虑,失去个体感,而淹没在群体、群众之中就叫去个性化、无个性化。去个性化的实质是在群体之中个人责任心、责任感的降低。故C项错误。责任分散是影响去个性化的因素,它是指个体在与群体一起活动时,认为群体内每个成员都应负责任,甚至认为可以把自己的责任推给别人。解释群体极化的责任分散说认为:人们之所以在群体中敢于作出比个人单独决定更冒险的决策,是因为决策的后果(即冒险带来的恶果)不是由个人承担而是由群体承担,相应地,责任也分散到了全体成员,这样就减少了个人对失败的恐惧感,因而个人敢于作出大胆的冒险决定。故D项正确。

55. ACD 【解析】本题考查负惩罚。负惩罚是通过取消愉快刺激来降低反应在将来发生的频率。A项,"杀鸡儆猴"比喻惩罚一个人来吓唬或警诫另外的人,不属于负惩罚。B项,通过取消愉快刺激(最喜欢的玩具)来降低犯错的概率,属于负惩罚。C项,通过给予愉快刺激(看电视)来增加完成作业的概率,属于正强化。D项,通过呈现厌恶刺激(饿一会儿)来减少表现不好的概率,属于正惩罚。故本题选A、C、D三项。

56. ABCD 【解析】本题考查智力与创造性的关系。创造性的研究表明,创造性与智力的关系是一种相对独立、在一定条件下又有相关的非线性关系。故A项正确。高智力是高创造性的必要条件,但不是充分条件。创造性与智力关系表现为:(1)低智力不可能具有高创造性;(2)高智力可能有高创造性,也可能有低创造性;(3)低创造性者的智力水平可能高,也可能低;(4)高创造性者必须有高于一般水平的智力。故B、C、D三项正确。综上,本题全选。

57. AB 【解析】本题考查学生的心理发展。维果斯基认为,儿童的心理发展主要是同社会环境相互作用的结果。故A项正确。根据皮亚杰的认知发展阶段理论,前运算阶段儿童的认知活动具有相对具体性,还不能进行抽象的思维运算。故B项正确。依据个人心理活动的倾向性,人的性格可分为外倾型与内倾型;依据一个人独立或顺从的程度,人的性格可分为独立型和顺从型。故C项错误。根据个体在解决问题时在速度和准确性方面存在的差异,可以将问题解决风格分为沉思型与冲动型两种类型。故D项错误。

58. CD 【解析】本题考查《中华人民共和国预防未成年人犯罪法》。根据《中华人民共和国预防未成年人犯罪法》第三十八条规定,本法所称严重不良行为,是指未成年人实施的有刑法规定、因不满法定刑事责任年龄不予刑事处罚的行为,以及严重危害社会的下列行为:(1)结伙斗殴,追逐、拦截他人,强拿硬要或者任意损毁、占用公私财物等寻衅滋事行为;(2)非法携带枪支、弹药或者弩、匕首等国家规定的管制器具;(3)殴打、辱骂、恐吓,或者故意伤害他人身体;(4)盗窃、哄抢、抢夺或者故意损毁公私财物;(5)传播淫秽的读物、音像制品或者信息等;(6)卖淫、嫖娼,或者进行淫秽表演;(7)吸食、注射毒品,或者向他人提供毒品;(8)参与赌博赌资较大;(9)其他严重危害社会的行为。故选C、D两项。A、B两项属于该法所称的不良行为。

59. BD 【解析】本题考查知识的学习。一门学科的知识,乃至不同学科的知识通常都是以命题网络的形式储存在人的长时记忆中。故A项错误。为了增强直观的效果,必须充分利用言语直观,加强词与形象的结合。故B项正确。组合律是指空间上接近、时间上连续、形状上相同、颜色上一致的事物,易于构成一个整体被人们清晰地感知。因此,教材编写分章节依据的是感知规律中的组合律。故C项错误。配合运用正例和反例是有效进行知识概括的教学策略之一。故D项正确。

60. AC 【解析】本题考查2008年修订的《中小学教师职业道德规范》。2008年修订的《中小学教师职业道德规范》中关于"爱岗敬业"的内容为:忠诚于人民教育事业,志存高远,勤恳敬业,甘为人梯,乐于奉献。对工作高度负责,认真备课上课,认真批改作业,认真辅导学生。不得敷衍塞责。故选A、C两项。另外,B项体现的是教书育人的师德规范;D项体现的是关爱学生的师德规范。

三、辨析题(参考答案)

61. 小明上课说话被李老师罚到教室后面站一节课,小明家长为此向校长提出抗议。请对李老师的教育行为做出判断。

(1)李老师的教育行为是正确的。(2)根据《中小学教育惩戒规则(试行)》第七条规定可知,学生"扰乱课堂秩序、学校教育教学秩序的"学校及其教师应当予以制止并进行批评教育,确有必要的,可以实施教育惩戒。小明上课说话属于"扰乱课堂秩序",故李老师可以对其实施教育惩戒。根据《中小学教育惩戒规则(试行)》第八条规定可知,教师在课堂教学、日常管理中,对违规违纪情节较为轻微的学生,可以当场实施"一节课堂教学时间内的教室内站立"的教育惩戒。小明上课说话,违规违纪情节较轻微,故李老师罚其到教室后面站一节课符合规定的教育惩戒方式。综上所述,李老师的教育行为是正确的。

(共5分。判断"行为正确"得2分,判断"行为错误"本题不得分;理由3分,准确答出《中小学教育惩戒规则(试行)》第七条和第八条的相关规定,得2分,合理阐述得1分)

62. 通过学科教学对学生实施德育渗透,就是通过各个学科上课来实施渗透。

(1)这种说法是不正确的。(2)学科德育渗透的整体渗透原则指出,通过学科教学对学生实施德育渗透,要避免一种片面的观点,即只是通过上课来实施渗透。实际上,教学包括备课、上课、作业批改、个别辅导、成绩评定等五个环节,缺一不可。通过上课来实施德育渗透是最基本的途径,但是其他四个环节也是实施学科德育渗透的途径。只有全面兼顾五个环节的德育渗透,才是整体完整的渗透,才能充分发挥学科德育的渗透功能。

(共5分。判断2分,判断"说法正确"本题不得分;理由3分,答出"备课、上课、作业批改、个别辅导、成绩评定等五个环节""上课是最基本的途径"各1分,具体阐述1分)

63. 张老师自觉抵制有偿家教,较好地遵循了教书育人的师德规范。

(1)这种说法是不正确的。(2)张老师自觉抵制有偿家教,较好地遵循了2008年修订的《中小学教师职业道德规范》中"为人师表"的师德规范。2008年修订的《中小学教师职业道德规范》中关于"为人师表"方面所规定的具体职业行为要求有:①坚守高尚情操,知荣明耻;②严于律己,以身作则;③衣着得体,语言规范,举止文明;④关心集体,团结协作,尊重同事,尊重家长;⑤作风正派,廉洁奉公;⑥自觉抵制有偿家教,不利用职务之便谋取私利。

(共5分。判断2分,判断"说法正确"本题不得分;理由3分,答出张老师遵循了"为人师表"的师德规范得1分;答出"为人师表"方面所规定的具体职业行为要求,表述完整合理得2分)

64. 谐音联想法属于有意义学习,在日常教学中教师要指导学生用好这种精加工策略。

(1)这种说法是错误的。(2)有意义学习的本质就是以符号为代表的新观念与学习者认知结构中原有的适当观念建立起非人为的和实质性的联系的过程,是原有观念对新观念加以同化的过程。谐音联想法是一种精加工策略,这种方法是指通过谐音线索,运用视觉表象,假借意义进行人为联想。因此,谐音联想法不属于有意义学习,题干说法错误。

(共5分。判断"说法错误"得2分,判断"说法正确"本题不得分;理由3分,答出"非人为和实质性的联系""谐音联想法是一种精加工策略""运用视觉表象,假借意义进行人为联想"三个要点各1分)

65. 认知内驱力和自我提高内驱力是青春期学生学习的主要内部动机。

(1)这种说法是错误的。(2)到了青年期,认知内驱力和自我提高内驱力成为学生学习的主要动机,学生学习的主要目的在于满足自己的求知需要,并从中获得相应的地位和威望。认知内驱力是指要求了解、理解和掌握知识以及解决问题的需要,属于内部动机。自我提高内驱力是指个体因自己的胜任或工作能力而赢得相应地位的需要,属于外部动机。因此,题干说法错误。

(共5分。判断"说法错误"得2分,判断"说法正确"本题不得分;理由3分,答出"青年期认知内驱力和自我提高内驱力成为学生学习的主要动机""认知内驱力属于内部动机""自我提高内驱力属于外部动机"三个要点各1分)

四、案例分析题(参考答案)

66. (1)李老师提高职业道德修养的方法:

①学习。认真读书,善于向书本学习;虚心求教,善于向他人学习;积极进取,善于向榜样学习。

②实践。参加社会实践是促进教师职业道德修养的根本方法。教师只有在教育教学实践中,在处理师生之间、教师之间、教师与家长或社会其他成员之间的关系中,才能认识到自身行为的是与非,才能辨别善与恶,才能养成自己良好的教师道德品质。

③反省。教师要严格按照教师职业道德的要求,经常对自己在教书育人过程中的思想和行为进行自省,并对不符合要求的思想和行为进行严肃的自责和及时的自纠。

④慎独。"慎独"要求一个人在单独活动、无人监督的时候,也能坚持自己的道德信念,自觉地按照一定的道德原则和道德规范去行动,而不做任何不道德的事。

(共4分。每点1分,答出"学习""实践""反省""慎独"等关键词可得2分,具体阐述准确、合理可得2分)

(2)李老师通过以下方式做"后进生"小强的转化工作:

①关心爱护和尊重后进生。李老师主动了解小强的家庭情况,体现了对小强的关心和爱护。

②激发后进生的自信心。当小强在课堂上遵守纪律,经常举手发言时,李老师对其进行表扬与肯定,激发了小强的自信心。

③对后进生赋予期待与信任。李老师让小强担任班干部,体现了对小强的期待与信任。

④善于挖掘和及时捕捉后进生的闪光点。李老师发现小强做事细心、责任心较强,说明其善于挖掘后进生的闪光点。

⑤持之以恒地教育后进生。小强在二年级的时候进步较大,但进入三年级以后,由于不被李老师关注,又成了"后进生",李老师对小强失去了信心,并在小强破坏课堂纪律时对其进行踢打,这说明李老师没有做到持之以恒地教育后进生。

(共5分。每点1分,理论依据准确0.5分,结合案例,具体阐述合理、充分0.5分)

(3)李老师维持课堂纪律的策略:

①建立有效的课堂规则。课堂规则是课堂成员应遵守的课堂基本行为规范和要求。李老师应当注意以下原则和要求,制定好课堂规则:a.课堂规则应符合四个条件,即明确、合理、必要和可行;b.课堂规则应通过教师与学生的充分讨论,共同制定;c.课堂规则应少而精,内容表述以正向引导为主;d.课堂规则应及时制定与调整。

②合理组织课堂教学,维持学生的注意和学习兴趣。教师应做到:a.增加学生参与课堂的机会;b.保持紧凑的教学节奏,合理布置学业任务;c.处理好教学活动之间的过渡。案例中,小强在没有被李老师关注后破坏课堂纪律,李老师此时应当增加他参与课堂的机会。

③做好课堂监控。教师应能及时预防或发现课堂中出现的一些纪律问题,并采取言语提示、目光接触等方式提醒学生注意自己的行为。案例中,李老师发现小强课上说话后,应当先用言语提示和目光接触等方式提醒他,而不是情绪激动之下伤害学生。

④培养学生的自律品质。促进学生形成和发展自律品质,是维持课堂纪律的最佳策略之一。教师在培养学生的自律品质时应做到:a.要对学生提出明确的要求,加强课堂纪律的目的性教育;b.引导学生对学习纪律持有正确、积极的态度,产生积极的纪律情感体验,进行自我监控;c.集体舆论和集体规范是促使学生自律品质形成和发展的有效手段,教师应对其加以有效利用。李老师应当积极促进学生形成和发展自律的品质。

(共6分。答出"建立有效的课堂规则""合理组织课堂教学""做好课堂监控""培养学生的自律品质"四个要点可各得1分,合理阐述并适当结合案例可得2分)

2022年河北省特岗教师招聘考试真题试卷(十一)

一、单项选择题

1. B 【解析】本题考查我国的教育基本法律。教育基本法律是由全国人民代表大会制定,调整教育内部、外部相互关系的基本法律准则。它对整个教育全局起宏观调控作用,或称为"教育宪法""教育母法"。我国的教育基本法律为1995年第八届全国人民代表大会第三次会议通过的《中华人民共和国教育法》。故选B项。

2. B 【解析】本题考查学校侵犯教师权利的类型。根据《中华人民共和国教师法》第七条规定,教师享有"进行教育教学活动,开展教育教学改革和实验"的权利。故题干中学校的做法侵犯了张老师的教育教学权。

3. A 【解析】本题考查教师的职业素养。教师的职业道德素养是从教师对待事业、对待学生、对待集体和对待自己的态度上来体现的。其中,在对待事业上,要求教师忠于人民的教育事业。忠于人民的教育事业要求教师做到:(1)依法执教,严谨治教;(2)爱岗敬业,廉洁从教。故"爱岗敬业"属于教师职业素养中的道德素养。

4. B 【解析】本题考查课程类型。隐性课程亦称潜在课程、自发课程、隐蔽课程,是学校情境中以间接的、内隐的方式呈现的课程。李老师在课堂上通过发小红花、奖状等鼓励学生,这属于以间接的、内隐的方式呈现的课程,故属于隐性课程。

5. D 【解析】本题考查马克思主义教育学的观点。马克思主义教育学(社会主义教育学)的基本观点包括:(1)教育是一种社会历史现象,在阶级社会中具有鲜明的阶级性,不存在脱离社会影响的教育;(2)教育起源于生产劳动;(3)教育的根本目的是促进学生的全面发展;(4)现代教育与生产劳动相结合不仅是发展社会生产力的重要方法,也是培养全面发展的人的唯一方法;(5)在与社会的政治、经济、文化的关系上,教育一方面受其制约,另一方面又具有相对独立性,并反作用于政治、经济、文化;(6)马克思主义唯物辩证法和历史唯物主义是教育科学研究的方法论基础。故本题选D项。A项属于批判教育学的观点;B项属于实用主义教育学的观点;C项属于文化教育学的观点。

6. C 【解析】本题考查个体身心发展的动因。环境决定论认为人的发展主要依靠外在的力量,诸如环境的刺激和要求、他人的影响和学校的教育等。家长不顾家庭经济条件也要买学区房的行为,体现了家长对学校教育的过分重视,从儿童的发展角度看,这倾向于环境决定论。

7. B 【解析】本题考查现代学校的最基本职能。现代学校的基本职能包括:(1)提高受教育者素质;(2)培养现代社会的劳动者和各级各类专门人才;(3)文化的传承与创新;(4)开展科学研究;(5)提供社会服务。其中,提高受教育者素质是现代学校的最基本职能。

8. A 【解析】本题考查教育目的的功能。教育目的具有定向、调控、评价等功能。其中,教育目的对教育活动的定向功能是指,任何社会的教育活动,都是通过教育目的才得以定向的。教育目的指示给教育的不仅有"为谁(哪个社会、哪个阶层)培养人""培养什么样的人"这样未来的方向,而且还包括现实教育实际问题解决的具体路径。故本题选A项。

9. B 【解析】本题考查教学原则。直观性原则是指在教学活动中,教师应尽量利用学生的多种感官和已有的经验,通过各种形式的感知,使学生获得生动的表象,从而比较全面、深刻地掌握知识。题干中的教师通过视频帮助学生认识动物,这体现了对直观性教学原则的运用。

10. C 【解析】本题考查教学评价的基本类型。根据评价采用的标准,教学评价可以分为绝对性评价、相对性评价和个体内差异评价。其中,个体内差异评价是以评价对象自身状况为基准,对评价对象进行价值判断的评价方法。在这种方法中,评价对象只与自身状况进行比较,包括自身现在成绩同过去成绩的比较,以及自身不同侧面的比较。题干中的"进步奖"体现的是对学生现在与过去的成绩进行的比较,这属于个体内差异评价。

11. C 【解析】本题考查个体身心发展的规律。个体身心发展具有不平衡性(不均衡性),一方面是指身心发展的同一方面的发展速度,在不同的年龄阶段是不平衡的;另一方面是就个体身心发展的不同方面而言的。有人对人的智力发展进行研究,发现人的感知、思维、记忆、想象等都存在不同的关键期。根据个体身心发展的不平衡性,教育教学要抓住关键期,以求在最短的时间内取得最佳的效果。

12. B 【解析】本题考查学校咨询与辅导的基本任务。A项,缺陷矫正是指对于极少数长期处于恶劣环境下已经积累产生了严重的心理和行为障碍的学生,需要进行系统的矫正。B项,危机干预是由专业人员及辅助人员对处于心理危机的人进行的短期的心理关怀和帮助,以使其安全、顺利度过心理危机,恢复生理及心理的正常状态和功能,以及社会功能的正常水平。C项,问题预防是指在可能的问题发生之前,主动开展各种形式的工作,提高学生应付将来问题的能力。D项,学生在不同的时期,面临不同的适应和发展的任务,可能会出现一些普遍性的问题。发展指导是指在此之前,我们就应该开展的必要的指导活动,帮助学生成功完成心理—社会发展任务。题干中该学生已经有情绪消沉、人际退缩等心理危机,学校咨询人员对其进行心理咨询,这属于危机干预。故选B项。

13. C 【解析】本题考查皮亚杰的认知发展阶段理论。认知发展处于具体运算阶段的儿童已经掌握守恒的概念,开始进行一些运用符号的逻辑思维活动,可以形成一系列的行动心理表象。比如,8岁左右的儿童去过几次小朋友的家,就能够画出具体的路线图来,而5、6岁的儿童则无法做到。

14. D 【解析】本题考查科尔伯格的道德发展阶段论。科尔伯格将道德判断分为三个水平,每一水平包含两个阶段,六个阶段依照由低到高的层次发展。前习俗水平包括服从与惩罚的道德定向阶段和相对功利的道德定向阶段;习俗水平包括好孩子的道德定向阶段和维护权威或秩序的道德定向阶段;后习俗水平包括社会契约的道德定向阶段和普遍原则的道德定向阶段(良心或原则定向阶段)。故选D项。

15. A 【解析】本题考查考试焦虑。考试焦虑是指个体在面临和参加考试时所表现出的紧张、焦虑、不安、恐慌等反应。一般都伴随着生理反应、认知过程和行为反应。(1)生理反应。心率加快、呼吸加剧、肠胃不适、头痛失眠等生理现象。这些生理反常会导致焦虑加深、情绪更加浮躁。(2)认知过程。由消极的自我评价所形成的意识体验。(3)行为反应。如考场上惶恐不安,多余动作或思维活动增加,或胡乱答完卷子早早离开考场,或干脆坐在座位上脑子一片空白等。

二、填空题

1. 教育　　2. 传统文化
3. 三十日　　4. 公益性
5. 生产劳动　　6. 启发性
7. 教书育人　　8. 教育目的
9. 策略性知识　　10. 抽象思维

三、辨析题(参考答案)

1. 教师考核可以由学校自主进行。

(1)这种说法是正确的。(2)根据《中华人民共和国教师法》第二十二条规定,学校或者其他教育机构应当对教师的政治思想、业务水平、工作态度和工作成绩进行考核。教育行政部门对教师的考核工作进行指导、监督。因此,学校是负责考核教师的具体实施者,考核可根据学校实际情况自主进行。

(共2分。判断1分,判断"说法不正确"本题不得分;理由1分,答出《中华人民共和国教师法》第二十二条规定0.5分,具体阐述0.5分)

2. 劳动教育就是让青少年进行家务劳动。

(1)这种说法是不正确的。(2)劳动教育也可称生产劳动教育,是指通过学生的劳动实践活动,培养学生的劳动观念、劳动态度和劳动习惯,以及对待劳动人民的思想感情。劳动教育的内容包括工农业生产劳动、公益劳动、家务劳动、自我服务劳动等。因此,劳动教育不仅仅是让青少年进行家务劳动,题干说法错误。

(共2分。判断1分,判断"说法正确"本题不得分;理由1分,完整答出劳动教育的概念0.5分,完整答出劳动教育的内容0.5分)

3. 人的全面发展和全面发展教育是辩证统一的。

(1)这种说法是正确的。(2)人的全面发展和全面发展教育虽然是两个不同的概念,但两者紧密相关。人的全面发展要依赖于全面发展的教育,在社会条件同时完全具备的情况下,全面发展教育是实现人的全面发展的必要条件。人的全面发展是全面发展教育的目标或要求,而全面发展教育则是促使人的全面发展的内容或途径。为了使青少年获得全面发展,就要对他们进行德育、智育、体育、美育和劳动技术教育。故题干说法正确。

(共2分。判断1分,判断"说法不正确"本题不得分;理由1分,完整答出人的全面发展和全面发展教育的关系0.5分,具体阐述0.5分)

4. 面向多数学生的发展性需求,主要在心理咨询室进行辅导。

(1)这种说法是不正确的。(2)发展性辅导指的是以学生发展、人格成长为价值取向和工作主体的学校心理健康教育。工作对象是全体学生,工作内容围绕青少年成长的常见问题、共性需要和一般困惑展开,主要形式采用团体辅导、心理讲座、班级心理活动,与日常教育教学紧密结合,通过营造健康和谐的校园文化、友爱互助的班级氛围、亲切尊重的师生关系得以落实。因此,题干中的说法是错误的。

(共2分。判断1分,判断"说法正确"本题不得分;理由1分,完整答出发展性辅导的概念0.5分,完整答出发展性辅导的主要形式0.5分)

5. 注意转移等于注意分散。

(1)这种说法是不正确的。(2)注意的转移是根据新的任务,主动地把注意从一个对象转移到另一个对象或由一种活动转移到另一种活动的现象。注意的分散,也叫分心,是指注意离开了当前应当完成的任务而被无关的事物所吸引。因此,题干中的说法是错误的。

(共2分。判断1分,判断"说法正确"本题不得分;理由1分,完整答出注意转移的概念0.5分,完整答出注意分散的概念0.5分)

四、简答题(参考答案)

1. 简述教师职业道德规范中"关爱学生"的内涵。

(1)关心爱护全体学生,尊重学生人格,平等公正对待学生;(2)对学生严慈相济,做学生的良师益友;(3)保护学生安全,关心学生健康,维护学生权益;(4)不讽刺、挖苦、歧视学生,不体罚或变相体罚学生。

(共10分。每点2.5分,答案完整得满分;答出"关心爱护全体学生""严慈相济""保护学生安全""不体罚学生"等关键词可得4分)

2. 简述学校德育的途径。

(1)思想品德课(思想政治课)与其他学科教学;(2)社会实践活动;(3)课外、校外活动;(4)共青团、少先队组织的活动;(5)校会、班会、周会、晨会、时事政策的学习;(6)班主任工作。

(共10分。答案完整得满分;答出"思想品德课""课外活动""少先队组织的活动""班会""班主任工作"等关键词可得5分;少答一条酌情扣1~2分)

3. 简述品行不良学生的矫正措施。

(1)改善人际关系,消除疑惧心理和对立情绪;(2)保护自尊心,培养集体荣誉感;(3)讲究谈话艺术,提高道德认知;(4)锻炼与诱因做斗争的毅力,巩固新的行为习惯;(5)注重个别差异,运用教育机智。

(共10分。每点2分,答案完整得满分;答出"改善人际关系""保护自尊心""提高道德认知""巩固行为习惯""注重个别差异"等关键词可给5分)

五、案例分析题(参考答案)

中小学班主任工作是一项复杂、细致,需要付出爱心、耐心和责任心,对学生健康成长起着重要作用的工作,要求班主任坚持以人为本、注重公平、尊重学生、遵循规律、以身作则等。案例中的齐老师违背了班主任工作的基本要求,具体分析如下:

(1)班主任要注重公平,面向班集体每一个学生。案例中,齐老师在教学过程中以不同的态度对待学生,没有做到公平对待学生。

(2)班主任要尊重学生,注重与学生交流沟通的方式。案例中,齐老师对有的学生言语侮辱、谩骂等,这属于不尊重学生,是不可取的行为。

(3)班主任要遵循学生的年龄特点和身心发展规律。案例中,齐老师在教学时不考虑学生的不同水平,而是按照自己的想法进行教学,这没有遵循学生的年龄特点和身心发展规律。

(4)班主任要以身作则。案例中,齐老师区别对待学生,言语侮辱学生,乱扔粉笔头,未能给学生做好榜样。

(共15分。答出"齐老师违背了班主任工作的基本要求"3分;具体分析12分,从"注重公平""尊重学生""遵循规律""以身作则"四个方面分析齐老师的行为,每个方面3分,理论依据准确、充分1分,结合案例阐述合理2分。考生若有其他合理回答可酌情给分)

六、材料分析题(参考答案)

(1)材料中涉及的学习理论是学习迁移。学习迁移也称训练迁移,是指一种学习对另一种学习的影响,或习得的经验对完成其他活动的影响。

学生们的谈话内容涉及正迁移、负迁移和顺向迁移等三种学习迁移的类型。

①正迁移也叫"助长性迁移",是指一种学习对另一种学习的促进作用。材料中小红认为学习平面几何有助于学习立体几何,小莲认为学习电子琴有助于学习钢琴,这都体现了正迁移。

②负迁移也叫"抑制性迁移",是一种学习对另一种学习的阻碍作用。材料中小强认为会骑自行车不利于学骑三轮车,这体现了负迁移。

③顺向迁移是指先前学习对后继学习产生的影响。材料中小红、小莲和小强的话都强调前面学习对后继学习产生的影响,均体现了顺向迁移。

(共7分。答出学习迁移的概念1分,概念的表述需完整、准确;学习迁移的种类6分,每点2分,类型正确1分,结合材料阐述合理1分)

(2)在教学中应用学习迁移原理应该遵循下列原则:①按照从一般到个别逐渐分化的原则组织教材;②按照综合的原则加强概念、原理、课题及章节之间的联系以促进新教材的学习和保持;③按照顺序安排每门学科的教材以适合学生认知功能发展的水平;④在有顺序的学习过程中,先行材料学习的稳固性和清晰性对新材料的学习与保持起着决定性的作用。

(共8分。从"逐渐分化原则""综合原则""顺序原则""巩固原则"等方面分析在教学中应用学习迁移原理应该遵循的原则,至少能提出4个原则,每个原则2分。提出其他合理原则可酌情给分)

七、教育写作(参考答案)

【写作指导】

根据题干要求,考生需要自拟题目,写一篇不少于800字的论述文。材料呈现了两位小学语文老师在期末考试阅卷时表现出的截然相反的评价理念:一位老师主张小学阶段应以鼓励为主,另一位老师主张小学阶段应对学生进行严格教育。考生可从教育的"宽"与"严",教育中的"赞赏"与"批评"等方面入手进行写作,写作时要紧紧围绕确定的主题,结合自身的看法展开论证。结构思路:对比论证,结尾升华等。在写作中照顾到以上几点,加以提炼,语言尽量简洁,逻辑通畅,言之有理,即可拿高分。

【参考范文】

教育的艺术

自古,教育是一个永恒的话题,如何开展教育是一门艺术,也是每一位教育者在内心深处问了无数次的问题。教育学家也有不同的观点:有人提倡赏识教育,认为老师要成为一名伯乐,善于发现学生身上的优点和长处,并加以鼓励;有人认为教育应该严格,正所谓"玉不琢不成器""棍棒底下出孝子"。我希望教育是赏与严的结合,"赏"促使学生充满自信,"严"促使学生成就自我。

赞扬就像照进人心灵的阳光,促进学生的发育和成长。疫情管控期间,志愿者小胡连续工作近14个小时,正准备做完消毒,吃口热乎饭时,急促的手机铃声再次响起——一户居家隔离人员的蔬菜被放到了别的单元楼,需要小胡重新配送。当小胡拖着疲惫的身躯,一步一步爬到五楼,将菜品送到居家隔离人员家门口时。一句"谢谢,辛苦你了。你的敲门声是我今天听到最美的声音"顿时让小胡感觉自己浑身又充满了力量。一句赞美、鼓励的话,让小胡的疲惫一扫而光。在教育中也是一样,如果一个孩子生活在鼓励之中,他将学会自信;如果一个孩子生活在认可之中,他将学会自爱。每个学生都有优点,关键在于老师能否发现;每个学生都希望得到老师的肯定,关键在于老师能否恰到好处地予以赞赏。

"严"犹如灯塔,指引了学生前进的方向。著名的钢琴家郎朗被称为继霍洛维茨和鲁宾斯坦之后世界钢琴界的又一位领军人物。如此光环下的郎朗,其亲身经历却不禁让人想到一句话:欲戴王冠,必承其重。在郎朗学琴的生涯里面,父亲郎国任一直都是以第一名来要求郎朗的,在这种近乎严苛的要求下,郎朗在不计其数的比赛中仅有一次获得第7名。在此次比赛之后,郎朗的父亲要求郎朗永远记住这段经历,并强调:知耻而后勇,知弱而图强。也正是因为这一次的失败教训让郎朗在以后的日子里加倍努力。郎朗的成功和父亲严格的教育方式是分不开的,如果童年的郎朗在一种轻松、愉快的氛围中长大,曾经的世界可能会多一名开心的孩子,而今天的世界则会少一名优秀的钢琴家。严格是给学生提出努力的方向,指明前进的道路,这样才能成就全面发展的自我。

学生是树,老师的赞美似阳光,是学生成长不可或缺的养料;老师的严格似剪刀,是学生成才的利器。如果成长中仅仅供给养料,树木将会出现各种枝枝杈杈,而难以成为有用之"材";如果成长中不停的修剪,而不供给养料,树木将不可能长成参天大树。教育中要将"赏"和"严"相结合,"赏"给学生提供动力,"严"给学生指明方向。

(这篇作文开篇明义,文章主体部分分别从"赏"和"严"两方面展开阐述,依次突出二者在教育中不可或缺的重要作用,最后以形象的比喻总结上文,充分说明了教育者在教育中把握好二者关系,保证"严""赏"相济的重要意义。整篇作文中心突出、富有哲理、意蕴深长,是一篇佳作。拟定得分27分)

2022年河南省特岗教师招聘考试真题试卷(十二)

一、单项选择题

1. A 【解析】本题考查《义务教育质量评价指南》。《义务教育质量评价指南》提出了四项基本原则,即坚持正确方向、坚持育人为本、坚持问题导向、坚持以评促建。其中,坚持正确方向原则指践行为党育人、为国育才使命,坚持正确政绩观和科学教育质量观,促进义务教育公平发展和质量提升。

2. D 【解析】本题考查《关于进一步减轻义务教育阶段学生作业负担和校外培训负担的意见》。《关于进一步减轻义务教育阶段学生作业负担和校外培训负担的意见》指出,要全面压减作业总量和时长,减轻学生过重作业负担。学校要确保小学一、二年级不布置家庭书面作业,可在校内适当安排巩固练习;小学三至六年级书面作业平均完成时间不超过60分钟,初中书面作业平均完成时间不超过90分钟。

3. B 【解析】本题考查不作为违法侵权行为。不作为侵权行为,是指行为人以一定的不作为致人损害的行为。根据我国《教师法》《未成年人保护法》的规定，学校和教师负有保护学生的法定义务。如果教师没有积极履行保护职责或阻止有害学生的行为即构成不作为侵权。学校和教师不作为侵权行为的表现形式有：(1)对学生身体状况关照不力；(2)教师对生病或受伤学生救护不力；(3)在履行职责中违反工作要求、操作规程；(4)学校活动组织失职；(5)饮食安全事故；(6)未及时向学生监护人履行告知义务。题干中，李老师在上课期间到室外接听电话，属于在履行职责中违反工作要求、操作规程，这在一定程度上导致了事故的发生，属于不作为侵权行为。故B项符合题意。

4. C 【解析】本题考查《中小学教育惩戒规则(试行)》。根据《中小学教育惩戒规则(试行)》第七条规定可知，学生有扰乱课堂秩序、学校教育教学秩序的情形时，学校及其教师应当予以制止并进行批评教育，确有必要的，可以实施教育惩戒。根据第八条规定可知，教师在课堂教学、日常管理中，对违规违纪情节较为轻微的学生，可以当场实施一节课堂教学时间内的教室内站立的教育惩戒。题干中的小明扰乱课堂秩序，故王老师令其站到教室最后面反省的行为属于教育惩戒。

5. C 【解析】本题考查《学生伤害事故处理办法》。根据《学生伤害事故处理办法》第七条规定，学校对未成年学生不承担监护职责，但法律有规定的或者学校依法接受委托承担相应监护职责的情形除外。根据《学生伤害事故处理办法》第五条规定，学校应当对在校学生进行必要的安全教育和自护自救教育；应当按照规定，建立健全安全制度，采取相应的管理措施，预防和消除教育教学环境中存在的安全隐患；当发生伤害事故时，应当及时采取措施救助受伤害学生。学校对学生进行安全教育、管理和保护，应当针对学生年龄、认知能力和法律行为能力的不同，采用相应的内容和预防措施。因此，A、B、D三项不符合题意，C项符合题意。

6. A 【解析】本题考查教师的专业素养。教师的专业素养包括学科专业素养、教育专业素养、人格特征、良好的职业道德素质。习近平总书记提出的有理想信念、有道德情操、有扎实学识、有仁爱之心的“四有好老师”，主要体现了对教师的专业素养要求。

7. A 【解析】本题考查黄炎培的教育思想。A项，黄炎培是我国职业教育的先驱，他提倡“大职业教育主义”，将职业教育的目的概括为“使无业者有业，使有业者乐业”。故选A项。

B项，陈鹤琴是中国近代学前儿童教育理论和实践的开创者，明确提出了“活教育”主张。

C项，蔡元培提出了“五育并举”的教育方针，倡导教育独立思想。

D项，陶行知提出了生活教育理论。

8. C 【解析】本题考查德育方法。A项，所谓说服法，就是通过摆事实、讲道理等使受教育者提高认识、形成正确观点的方法。

B项，所谓榜样法，是指教育者通过他人的高尚思想、模范行为以及卓越成绩等来对受教育者施加影响，引导和促进受教育者品德发展的方法。

C项，所谓锻炼法，是指教育者有目的、有计划地组织受教育者参加各种活动，并在活动中形成和发展良好品德的方法。题干中，学校通过组织“我为父母洗脚”的活动，培养学生的感恩之心，属于对锻炼法的运用。故选C项。

D项，所谓陶冶法，是指教育者通过创设良好的教育情境和氛围，对受教育者的思想品德进行潜移默化影响的方法。

9. D 【解析】本题考查教育目的的价值取向。社会本位论强调教育的目的是为社会培养合格的成员和公民，使受教育者社会化。“古之王者，建国君民，教学为先”意为：古代的君王，建设国家，统治人民，首先要设学施教。这强调了教育为社会培养合格的成员和公民的重要性，体现了教育目的价值取向上的社会本位论。

10. B 【解析】本题考查教学管理类型。王老师在课堂上鼓励学生质疑，发表不同意见，以讨论、协商的方式解决问题。这说明王老师发扬了教育民主，其教学管理类型是民主型。

11. D 【解析】本题考查形成性评价的功能。形成性评价是在教学过程中为改进和完善教学活动而进行的对学生学习过程及结果的评价。形成性评价的主要功能包括：(1)改进学生的学习；(2)确定学生的学习进度；(3)强化学生的学习；(4)给教师提供反馈。D项属于诊断性评价的功能。

12. D 【解析】本题考查国内具有代表性的教学方法。A项，愉快教学法由倪谷音首先倡导，它借助于建立民主和谐的师生关系，着力于儿童的全面发展。

B项，情境教学法由李吉林首创，是指教师根据教材特点和教学内容的要求，创设一个有关的情境，以激发学生的学习兴趣和积极性，使学生生动活泼地掌握知识，发展创造力。

C项，尝试教学法由邱学华首创，是给学生创造一定的条件，让学生主动探索、独立思考、发现问题、分析问题和解决问题，以培养学生的探索精神和自学能力为主要目标的教学方法。

D项，成功教学法由以刘京海为首的一批教改研究者首先提出，指教师在教育教学中，通过激发学生的成功动机，指导学生的成功行为，使学生感到成功的愉悦，进而升华成功目标，达到人人都主动争取成功，不断取得学习上的成功。成功教学法的基本要素包括：积极的期望、成功的机会和鼓励性评价。题干中的“鼓励性反馈”“积极的期待”“学习的内部动力”，表明教师运用了成功教学法。故选D项。

13. C 【解析】本题考查学习策略的分类。元认知策略可分为以下三种：(1)计划策略；(2)监控策略；(3)调节策略。其中，调节策略是指在学习过程中根据对认知活动监视的结果，找出认知偏差，及时调整策略或修正目标。在学习活动结束时，评价认知结果，采取相应的补救措施，修正错误，总结经验教训等。例如：当学习者意识到他不理解课文的某一部分时，他就会退回去读困难的段落；在阅读困难或不熟的材料时放慢速度；复习不懂的课程材料；测验时跳过某个难题先做简单的题目等。调节策略能帮助学生矫正自己的学习行为，补救理解上的不足。故题干所述属于元认知策略中的调节策略的应用。

14. B 【解析】本题考查感知规律的内容。感知规律包括强度律、差异律、活动律和组合律。其中，差异律指对象和背景的差异越大，对象从背景中区分开来就越容易。例如：凡是题目、标题、重要定律、结论等，应用粗体字，使它特别醒目，容易被学生感知；教师应该用红笔批改学生的作业，使学生能够迅速、清楚地感知到自己的作业正确与否。题干中教师把不同的偏旁部分标成红色，帮助学生区分“爆”“躁”二字，正是运用了知识感知的差异律。

15. A 【解析】本题考查学生的认知方式(认知风格)差异。冲动型的学生在解决认知任务时，总是急于给出问题的答案，而不习惯对解决问题的各种可能性进行全面思考，有时问题还未弄清楚就开始解答。这种类型的学生认知问题的速度虽然很快，但错误率高。题干中小轩没有弄清楚题意，就抢先回答，表明他的认知风格属于冲动型。故选A项。

16. B 【解析】本题考查意志的品质。意志的自觉性是一个人清晰地意识到自己行动的目的和意义，并且能够主动地支配自己的行动，使之符合既定目的的意志品质。题干强调学生需要在家长的督促下才能完成作业，是因为学生本身的学习目的不明确，故应着重培养其意志品质的自觉性。

17. D 【解析】本题考查积极适应挫折的方法和技术。A项，系统脱敏法是指当某些人对某事物、某环境产生敏感反应(害怕、焦虑、不安)时，我们可以在当事人身上发展起一种不相容的反应，使其对本来可引起敏感反应的事物，不再发生敏感反应。B项，强化法用来培养新的适应行为。根据学习原理，一个行为发生后，如果紧跟着一个强化刺激，这个行为就会再一次发生。C项，幽默法，指个体遇到挫折、处境困难或尴尬时，用一种机智、双关、讽喻、诙谐、自嘲等语言、动作的良性刺激，来化解困难，以摆脱内心的失衡状态。故A、B、C三项不合题意。D项，升华是指一个人将受挫后的心理压抑向符合社会规范的、具有建设性意义的方向抒发的心理反应。如将心中的痛苦通过写诗、作画、写小说等文学艺术的创作手法表现出来，将心中的积怨、愤怒、压抑变为创作的激情。故题干中这种情绪调节的方法是升华法。

18. A 【解析】本题考查情感的分类。从情感的社会内容角度来看，人类的情感有道德感、美感和理智感三种形式。其中，道德感是根据一定的道德标准评价人的思想、意图和言行时所产生的主观体验。它表现在对待国家、集体、工作、事业、学习以及人与人之间的关系等各个方面，如爱国主义情感、集体主义情感、责任感、事业心、荣誉感、自尊心等。一个爱国主义者，总是“先天下之忧而忧，后天下之乐而乐”，具有强烈的民族自豪感。这是一种崇高的情感，是道德感的体现。

19. C 【解析】本题考查桑代克提出的学习的原则。桑代克认为，学习的原则有：(1)准备律。准备律是指联结的加强或削弱取决于学习者的心理准备和心理调节状态。(2)练习律。练习律是指刺激与反应之间的联结会由于重复或练习而加强，不重复或练习，联结的力量就会减弱。(3)效果律。效果律是指刺激和反应之间的联结可因导致满意的结果而加强，也可因导致烦恼的结果而减弱。即如果一个动作跟随情境中一个满意的变化，在类似的情境中这个动作重复的可能性将增加；但是，如果跟随的是一个不满意的变化，这个行为重复的可能性将减少。这样我们就能看到一个人当前行为的后果对决定他未来的行为起着关键的作用。也即哪一种行为会被“记住”，会与刺激建立起联系，取决于这种行为产生的效果。题干中，阳阳的数学成绩好于语文成绩，因而学习数学的积极性更高，这体现了数学成绩好这一令阳阳满意的结果对其数学学习积极性的提高作用。

20. B 【解析】本题考查替代学习的内涵。替代学习也称为观察学习，是指个体通过对他人的行为及其强化结果的观察，从而获得某些新的行为反应或使已有的行为反应得到修正的过程。所谓“见贤思齐”只需有“贤者”为楷模足矣;又谓“见不贤而内自省”也是同样的情形。像这种不必亲身经历,只凭观察所见即产生学习的现象,称为替代学习。故题干所述属于替代学习。

二、判断题

21. √ 【解析】本题考查《义务教育课程方案和课程标准(2022年版)》。2022年新修订的义务教育课程方案与课程标准,全面落实习近平总书记关于培养担当民族复兴大任时代新人的要求,结合义务教育性质及课程定位,从有理想、有本领、有担当三个方面,明确义务教育阶段时代新人培养的具体要求。

22. √ 【解析】本题考查《中小学教育惩戒规则(试行)》。根据《中小学教育惩戒规则(试行)》第十条规定,小学高年级、初中和高中阶段的学生违规违纪情节严重或者影响恶劣的,学校可以实施以下教育惩戒,并应当事先告知家长:(1)给予不超过一周的停课或者停学,要求家长在家进行教育、管教;(2)由法治副校长或者法治辅导员予以训诫;(3)安排专门的课程或者教育场所,由社会工作者或者其他专业人员进行心理辅导、行为干预。故题干说法正确。

23. × 【解析】本题考查《中华人民共和国教师法》。根据《中华人民共和国教师法》第二十四条规定,教师考核结果是受聘任教、晋升工资、实施奖惩的依据。故题干说法错误。

24. √ 【解析】本题考查外铄论。外铄论认为人的发展主要依靠外在的力量,诸如环境的刺激和要求、他人的影响和学校的教育等。荀子是外铄论的代表人物之一,在教育思想上,他提出了“性恶论”的人性假设,强调教育在人的发展中起着“化性起伪”的作用(教育的“化性起伪”外铄功能)。故题干说法正确。

25. × 【解析】本题考查美育的途径。课堂教学是学校美育的主要途径,学校美育只有渗入各科教学之中,才能有效地实施。在自然学科的教学中,教师要善于诱导学生发现科学的美,如数学中数与形的结合,化学中的分子结构及模拟图形,物理学中的电磁场,生物学中的细胞分裂、各种动物与植物的千姿百态,无不包含它独特的美。因此,教师通过数学、物理、化学、生物等学科教学,可以向学生揭示自然的壮观和美丽,引导他们观察宏观宇宙和微观世界中美的奥秘。故题干说法错误。

26. × 【解析】本题考查教学评价。目标参照性评价(绝对性评价)可以衡量学生的实际水平,了解学生对知识、技能的掌握情况,宜用于升级考试、毕业考试和合格考试。它的缺点是不适用于甄选人才。常模参照性评价(相对性评价)具有甄选性强的特点,因而可以作为选拔人才、分类排队的依据。因此,招聘、升学等选拔性考试通常采用常模参照性评价。故题干说法错误。

27. √ 【解析】本题考查确定教育目的的客观依据。确定教育目的的客观依据包括:(1)教育目的要反映生产力和科技发展对人才的需求;(2)教育目的要符合社会政治经济发展的需要;(3)教育目的要符合受教育者的身心发展规律。故题干说法正确。

28. √ 【解析】本题考查习近平总书记关于教育的重要论述。2014年5月4日,习近平总书记在北京大学师生座谈会上的讲话中强调,青年的价值取向决定了未来整个社会的价值取向,而青年又处在价值观形成和确立的时期,抓好这一时期的价值观养成十分重要。这就像穿衣服扣扣子一样,如果第一粒扣子扣错了,剩余的扣子都会扣错。人生的扣子从一开始就要扣好。这段话强调了对青年进行价值观教育的重要性。故题干说法正确。

29. × 【解析】本题考查个案研究法。个案研究法是对某一个体、某一群体或某一组织在较长时间里连续进行调查,从而研究其行为发展变化全过程的研究方法。

30. × 【解析】本题考查创造力。创造力,也称为创造性,是一种较特殊的智力品质,是智力发展的结果。创造性与智力并非简单的线性关系,二者既有独立性,又在某种条件下具有相关性,其基本关系表现在以下几个方面:(1)低智力不可能具有高创造性。(2)高智力可能有高创造性,也可能有低创造性。(3)低创造性者的智力水平可能高,也可能低。(4)高创造性者必须有高于一般水平的智力。故题干表述错误。

31. √ 【解析】本题考查人的心理的主观性。不同的人(或同一人在不同的时间)对同一外界影响的反映不尽相同,可谓“仁者见仁,智者见智”。比如同一班学生,听同一教师讲同一节课或看同一部电影,各人对教材的掌握和对电影的理解都是不完全相同的。现实是不依赖于人而客观存在的,人们对同一客观现实的反映却因个人的知识经验、个性特点、世界观的不同而不同,这就是人的心理的主观性。故题干说法正确。

32. √ 【解析】本题考查斯金纳的操作性条件作用理论。斯金纳认为通过逐步强化可以塑造儿童的良好行为,通过消退则可以消除儿童的不良行为,即通过不给予强化来减少某类行为出现的可能性。故题干说法正确。

33. √ 【解析】本题考查人本主义的学习动机理论。人本主义的学习动机理论,以促进整体人性的发展为出发点和目标。认为教育的功能是帮助学生心理成长,而这一功用能否发挥,则取决于学生能否把他对自己的认知和对学习内容的认知联系起来,发现所学知识与自我成长之间的密切关系。这就要求教师在教学过程中,设身处地从学生的立场出发,提出并回答这样的问题:“我们为什么要给学生教这些知识?它对学生的成长是有意义的吗?学生会认为这些知识对他的成长是有意义的吗?”只要学生们认为学习是有意义和有价值的,符合他们成长的需要;同时他也觉得有能力学习这些知识,有能力学到教师对他期望的程度,他就自然会努力学习,即使没有外部的强化和控制,他也会主动维持强烈的学习动机。因此,维持良好的师生关系与培养和谐的教室气氛,是维持学生学习动机的基本条件。

34. × 【解析】本题考查影响个体身心发展的主要因素。美国生理和心理学家格塞尔通过双生子爬梯实验证明了他的“成熟势力说”,强调的是遗传素质的成熟机制制约着人的身心发展的水平及阶段。

35. × 【解析】本题考查再造想象。根据创造程度的不同,有意想象可以分为再造想象和创造想象。其中,再造想象是依据词语或符号的描述、示意在头脑中形成与之相应的新形象的过程。如学生听教师对课文生动形象的描述时,头脑中出现的有关事物的形象,就属于再造想象。故题干所述属于再造想象。

三、案例分析题(参考答案)

36. 案例中,元建周老师的行为体现了爱岗敬业、关爱学生、教书育人、为人师表、终身学习的教师职业道德规范。

(1)元建周老师的行为体现了爱岗敬业的师德规范。爱岗敬业的师德规范要求教师忠诚于人民教育事业,志存高远,勤恳敬业,甘为人梯,乐于奉献。元建周扎根乡村,潜心教育十余年,诠释了一名教师对人民教育事业的忠诚。

(2)元建周老师的行为体现了关爱学生的师德规范。关爱学生的师德规范要求教师关心爱护全体学生,尊重学生人格,平等公正对待学生;对学生严慈相济,做学生良师益友。元建周老师用自己的工资接济贫困学生,不让一个学生辍学,被学生亲切地称为元大哥。这些都体现了他对学生深切的关爱。

(3)元建周老师的行为体现了教书育人的师德规范。教书育人的师德规范要求教师遵循教育规律,实施素质教育;培养学生良好品行,激发学生创新精神,促进学生全面发展。元建周老师不仅教给学生知识,还教育学生懂得感恩、美言善行,有利于促进学生的全面发展。

(4)元建周老师的行为体现了为人师表的师德规范。为人师表的师德规范要求教师坚守高尚情操,知荣明耻,严于律己,以身作则。元建周老师接济贫困学生的行为为学生们树立了良好的榜样,他的学生在成才后开始捐助社会困难群体,表明元建周老师做到了为人师表。

(5)元建周老师的行为体现了终身学习的师德规范。终身学习的师德规范要求教师崇尚科学精神,树立终身学习理念,拓宽知识视野,更新知识结构;潜心钻研业务,勇于探索创新,不断提高专业素养和教育教学水平。元建周老师在业余时间不断充电,取得教育硕士专业学位,体现了他坚持终身学习。

(共10分。从“爱岗敬业”“关爱学生”“教书育人”“为人师表”“终身学习”五个方面分析元建周老师的行为,每点共2分,其中理论依据准确、充分给1分,结合案例阐述合理给1分)

37. 案例中的教师没有正确认识到学生掌握知识和发展能力的关系。

(1)教学过程既是向学生传授知识的过程,又是发展学生能力的过程,二者相互依存,相互促进。在教学中,只有把二者有机地结合起来,才能提高教学质量。因此,教师不仅要培养学生的能力,还需要让学生掌握基本知识。

(2)掌握知识是发展能力的基础。在教学过程中,学生能力的发展依赖于他们对知识的掌握,可以说学生能力的发展是在掌握知识的过程中实现的,离开了知识,能力的发展就成了无源之水。因此,学生不仅需要通过互联网获取知识,还需要掌握一定的基本知识,这样才能促进能力的发展。

(3)能力发展是掌握知识的重要条件。学生获得知识的过程必须借助注意、观察、思考、想象和记忆等能力,否则就不可能掌握相应的知识。因此,发展学生的能力可以促进学生知识的掌握。

(4)掌握知识和发展能力是在同一认识活动中实现的,二者有一定的关系,但它们并不一定是同步发展的,也不会自然转化。学习者知识的多少并不标志他的能力发展的高低。从知识的掌握到能力发展是一个极其复杂的过程,不仅与学习者掌握知识的量、性质、内容有关,也与他们获取知识的方法和运用知识的创造态度有关。因此,学生在掌握基本知识时,还需要教师传授给学生规律性的知识,留给学生思考的时间,启发学生的思维,这样才能真正促进学生能力的发展。

(共10分。答出“案例中的教师没有正确认识到学生掌握知识和发展能力的关系”2分;答出“掌握知识和发展能力相互促进”“掌握知识是发展能力的基础”“能力发展是掌握知识的重要条件”“掌握知识和发展能力不会自然转化”关键点共8分,其中每个关键点理论阐述完整给1.5分,结合案例合理分析给0.5分)

38.(1)案例所述就是著名的罗森塔尔效应,也叫教师期望效应或皮格马利翁效应,是指教师的期望或明或暗地传递给学生,会使学生按照教师所期望的方向来塑造自己的行为。案例中,那些被告知有发展潜力的学生在各方面都获得了更大的进步,成绩提高也更明显的现象是教师期望效应。

(2)教师期望效应对学生的影响:①如果教师喜欢某些学生,对他们抱有较高期待,一段时间后,教师会将自己暗含期待的感情微妙地传递给学生,使这些学生更加自尊、自信、自爱、自强,诱发出一种积极向上的激情,这些学生常常像老师所期待的那样有所进步。②如果教师厌恶某些学生,对学生的期待较低,一段时间后,学生也会感受到教师的"偏心",也常常像老师所期待的那样一天天变差。教师的这种期待产生了相互交流的反馈,出现了教师期待的效果。因此,在教育过程中,教师要对学生充满信心,抱着对学生极大的期望去教育学生,学生将感受到这种期望,并将这种期望转化成一定的动力,在这种动力的驱使下,学生将在智力、情感、个性等方面获得更好的发展。

(共10分。答出罗森塔尔效应及其定义得4分;从"喜欢""厌恶"两个方面答出教师期望效应对学生的影响得3分;结合案例阐述合理得3分)

四、论述题(参考答案)

39.请结合某一学科,论述如何在教学中对学生进行思想政治教育。

以地理学科为例,教师在地理教学中进行思想政治教育的方法包括:

(1)"寓德育于智育之中"。因为地理教材的科学性、思想性、实践性以及严密的逻辑性,都含有很强的说服力和感染力,它本身就具有强烈的教育作用。对学生进行思想政治教育,必须使科学性和思想性紧密地结合起来,这是地理课,也是所有学科对学生进行思想政治教育的一个根本原则。例如,通过讲述我国优越的自然地理条件,来对学生进行爱国主义教育。

(2)进行思想政治教育时,要紧密结合教材,深入分析和发掘教材的思想性,只有这样才能充分发挥教材的教育价值和教育作用。地理教材中的思想性,有的可以明显看出来,容易分析。但是,有的则是潜在的,深藏在教材之中,需要教师在备课和教学中下功夫,深入地加以分析。

(3)进行思想政治教育时,要用科学的地理观点来阐明各种地理现象。所谓科学的地理观点,从地理教育的角度来看,主要是正确地阐明人地观、种族观等。

(4)在地理教学中进行思想政治教育,还必须注意联系实际。把教材和当前的国内和国际形势联系起来,这是在地理教学中进行思想政治教育的重要方法。要联系祖国社会主义建设的实际;要联系国内外重大的政治事件等。例如,在讲授中国的行政区划时,将香港作为特别行政区已经回归祖国的内容加上,这样既可以避免学生发生混淆,又可以利用香港的回归对学生进行爱国主义教育。

(5)在地理教学中还要注意结合自己所在地区的实例,因为乡土地理也是进行思想政治教育的重要内容。可以利用自己所在地区的美好的自然环境、优越的自然条件、重大建设成果和取得的重要成就来激发学生对自己家乡的热爱,将学生对家乡的热爱扩大并引向对祖国的热爱上,激发学生为建设有中国特色的社会主义而献身的热情。

(6)在对学生进行思想政治教育时,要注意运用比较法。因为通过事物比较所得到的科学结论具有更大的说服力,能产生很大的鼓舞和教育作用。例如,通过新旧中国工农业的对比,可以显示出社会主义的优越性,使学生更加热爱自己的祖国。

(7)在地理教学中进行思想政治教育的途径,除了课堂教学之外,有条件的还可以在地理课外活动中或地理旅行参观中进行,也可以举行具有强烈政治性和现实意义的时事地理讲座。

(共10分。至少答出5种方法;从"寓德育于智育之中""发掘教材的思想性""联系实际""运用比较法""开展课外活动"等方面论述如何在教学中对学生进行思想政治教育,每点2分;若没有结合学科进行作答,本题最多给5分)

五、教学设计题(参考答案)

40.【教学目标】

(1)了解我国发生过的主要自然灾害,认识自然灾害带来的影响,了解如何避免诱发或加重自然灾害。

(2)运用图表分析、讨论交流等方法,培养学生收集资料、整理资料、思辨探究的能力。

(3)培养学生应对自然灾害的能力,提高自我保护和互助合作意识。

(4)学习不屈的抗灾精神,提高防灾避险的意识,加强保护地球的责任感。

【教学过程】

(一)导入新课

1.播放视频

教师播放汶川地震的相关视频。

2.谈话引入

2008年5月12日,中国四川省汶川县发生了中华人民共和国成立以来破坏性最强、波及范围最广、灾害损失最重、救灾难度最大的一次地震。观看视频后,请同学们谈一谈地震的危害有哪些?

3.揭示课题

今天我们一起来学习——应对自然灾害。

(二)讲授新课

1.读图分析

这是中国自然灾害分布图和统计图,从图中,你有什么发现?(教师带领学生们一起读图分析,并对学生的回答进行总结)

2.看图思考

请大家思考自然灾害造成了哪些损失?(教师请学生进行回答)

3.案例探究

教师出示有关人类破坏自然环境的案例,引导学生思考自然灾害发生的原因。

4.交流探讨

为了防御自然灾害,人们发明了哪些抗灾技术,请大家进行交流。(学生分组讨论,并以小组为单位进行汇报)

5.感悟精神

重大自然灾害发生后,全国人民发扬"一方有难,八方支援"的精神共同应对灾难。请大家分享自己知道的人们在灾害中团结互助的故事,讨论什么是不屈不挠、团结互助的抗灾精神。

(三)结课

教师与学生一起总结本节课的收获,并要求学生在课下画一幅校园逃生图。

评分标准:

(1)教学目标:共5分。从多个维度展开给2分,结合教学材料设定教学目标,且全面、具体、清晰、可操作2分。

(2)教学过程:共10分。①选择能够吸引学生兴趣的导入方式2分,若导入方式不能充分吸引学生兴趣,在不偏离主题的情况下可酌情给1分;②在讲授环节至少设计3个活动,每个活动2分,教学活动设计合理1分,表述清晰1分;③在结课环节根据题干中的学生情况,布置合适的作业2分,若作业不适合农村小学六年级学生不得分。

六、教育写作(参考答案)

41.【写作指导】

根据题干要求,考生需要结合材料确定写作立意。两则引言分别出自习近平总书记2021年4月19日考察清华大学时的重要讲话和2021年9月8日给全国高校黄大年式教师团队代表的回信,体现的都是对教师的期望:希望教师成为大先生;希望教师当好学生成长的引路人。写作时要体现对材料的思考,表达出自己的观点。结构思路:确定主题、展开论述、结论点题。在写作中照顾到以上几点,加以提炼,语言流畅,论述有感染力,即可拿高分。

【参考范文】

论 师

蔡元培先生曾经说过:"教育者,养成人性之事业也。"一位好老师,胜过万卷书。每一位优秀的老师都是用自己的生命之光,照亮学生的人生旅途。在学生的成长过程中,老师的影响是至关重要的,有时甚至会超越父母的影响。因此,当好学生成长的引路人,要求老师做到以下几点。

第一,当好学生成长的引路人,要求老师尊重学生。鲁迅先生一次于家中宴客,儿子海婴同席。在吃鱼圆时,客人无不赞叹新鲜可口。唯海婴说:"鱼圆是酸的!"母亲听了,立马责备孩子胡说乱闹,不守规矩。看到一旁被责备后闷闷不乐的儿子,鲁迅便尝了尝儿子咬过的鱼圆,果然不怎么新鲜,于是颇有感慨地说:"孩子说不新鲜,我们不加以查看就抹杀，这是不对的。孩子说的话我们也得尊重啊！"教育的秘诀是尊重。要教育好学生，首先要尊重和理解学生，如果不先行理解，一味指挥，则有碍于学生发展。

第二，当好学生成长的引路人，要求老师关爱学生。陶行知先生说过："不要你的金，不要你的银，只要你的心。"作为一名老师，要拿出自己的真心对待每一位学生。关爱学生是教师职业道德的灵魂，老师只有拿出一颗真心去关爱、善待学生，才能把学生培养成真、善、美的人。老师赤诚的爱，可以驱散学生的迷茫，哺育学生的自信，点燃学生的青春，扬起学生的征帆。

第三，当好学生成长的引路人，要求老师信任学生。苏联教育家苏霍姆林斯基说："课堂上一切困惑和失败的根子，在绝大多数场合下都在于教师忘却了，上课是儿童和老师共同的劳动，这种劳动的成功，首先是由师生关系决定的。"良好师生关系的建立需要老师和学生相互信任。老师只有信任学生，才能被学生接纳和信任，继而与之建立起相互尊重、彼此理解的关系。

老师的一言一行都应体现对学生的尊重、关爱和信任，只有做到尊重、关爱和信任学生，才能引导学生亲其师，信其道，从而当好学生成长的引路人。

（这篇作文紧密结合材料，论点清晰明了，并运用名人名言和名人故事来论证自己的观点，深入浅出地论述了教师当好学生成长的引路人的重要性及其要求。整篇作文结构严谨，中心突出，有可圈可点的佳句，是一篇佳作。拟定得分37分）

2022年贵州省特岗教师招聘考试真题试卷（十三）

一、单项选择题

1. B 【解析】本题考查个体身心发展的规律。人的身心发展的不均衡性的表现：一方面是指身心发展的同一方面的发展速度，在不同的年龄阶段是不平衡的；另一方面是就个体身心发展的不同方面而言的。教育必须适应人身心发展的不均衡性，在人的素质发展的关键期内，施以相应的教育，促进该素质的发展。故本题选B项。

2. B 【解析】本题考查陶行知的教育思想。陶行知提出了生活教育理论："生活即教育"（生活教育的本质论及核心）、"社会即学校"（生活教育的范围论）、"教学做合一"（生活教育的方法论）。故本题选B项。

3. B 【解析】本题考查观察法的记录方式。A项：行为核对法，主要用来核对重要行为的呈现与否，观察者将规定观察的项目预先列出表格，当出现此行为时，就在该项上画"√"。

B项：轶事记录法，着重记录某种有价值的行为，可以是有主题的，也可以是没有主题的，随时记录感兴趣的问题，不受任何时间条件限制，事先也不需要做特别的编码分类。

C项：日记描述法，是研究者对同一个或同一组儿童进行长期跟踪观察，以日记形式记录观察对象行为表现的方法。

D项：事件取样法，从个体的行为中选取有代表性的、并与研究目的有直接联系的行为进行观察，记录其发生和变化过程。

综上所述，本题选B项。

4. C 【解析】本题考查教育影响的一致性和连贯性原则。教育影响的一致性和连贯性原则是指，在德育工作中，教育者应主动协调多方面教育力量，统一认识和步调，有计划、有系统、前后连贯地教育学生，发挥教育的整体功能，培养学生正确的思想品德。"爹打娘护"的现象违背了该原则。

5. A 【解析】本题考查想象与形象思维的关系。无意想象又称不随意想象，是指没有预定目的，不由自主产生的想象。比如把天上的白云自然而然地想象成草原上的羊群或连绵起伏的山峦，就是无意想象。故题干所述是一种无意想象。

想象即想象思维，是思维的特殊范畴。想象是创造新的形象的思维过程，这种形象是在我们的大脑里创造出来的。而形象思维是以直观形象来解决问题的思维。可见，想象是一种形象思维的过程。可以说，想象思维是形象思维的具体化，是人脑借助表象进行加工操作的最主要形式，是人类进行创新及其活动的重要的思维形式。故题干所述体现了学生的形象思维。A项符合题意。

6. D 【解析】本题考查操作性条件作用的基本规律。A项，正强化也称积极强化，是通过呈现想要的愉快刺激来增强反应频率；B项，负强化也称消极强化，是通过消除或中止厌恶、不愉快刺激来增强反应频率；C项，惩罚是指当有机体做出某种反应以后，呈现一个厌恶刺激，以消除或抑制此反应的过程。故A、B、C三项不合题意。D项，消退是指条件刺激形成以后，如果得不到强化，条件反应会逐渐减弱，直至消失的现象。题干中，刘老师采取不理会的方式来减少小强的告状行为，体现了对消退的运用。故选D项。

7. C 【解析】本题考查维果斯基的最近发展区理论。为促进教学发展，维果斯基认为教师可采用教学支架，进行支架式教学，即在学生试图解决超出当前知识水平的问题时给予支持和指导，帮助其顺利通过最近发展区，使之最终能够独立完成任务。支架式教学的理论基础是维果斯基的内化学说和最近发展区理论。故C项符合题意。

8. C 【解析】本题考查《学生伤害事故处理办法》的相关内容。根据《学生伤害事故处理办法》第九条规定可知，因学校组织学生参加教育教学活动或者校外活动，未对学生进行相应的安全教育，并未在可预见的范围内采取必要的安全措施造成的学生伤害事故，学校应当依法承担相应的责任。故在这一事故中应承担责任的是学校，答案选C项。

9. A 【解析】本题考查2008年修订的《中小学教师职业道德规范》。2008年修订的《中小学教师职业道德规范》中关于"关爱学生"方面所规定的要求有：(1)关心爱护全体学生，尊重学生人格，平等公正对待学生；(2)对学生严慈相济，做学生的良师益友；(3)保护学生安全，关心学生健康，维护学生权益；(4)不讽刺、挖苦、歧视学生，不体罚或变相体罚学生。故题干所述违背了"关爱学生"方面所规定的要求。

10. C 【解析】本题考查课程目标取向的分类。表现性目标是美国学者艾斯纳提出的一种目标取向，指在教育情境的种种遭遇中每一个学生个性化的创造性表现，是生成性目标的进一步发展。表现性目标的例证：参观动物园并讨论那里有趣的事情；观赏花，谈谈自己的发现；听《七个小矮人》的故事，谈谈自己的感受，并用自己喜欢的方式表达对故事的感受。故题干所述为表现性目标。

二、简答题(参考答案)

11. 简述培养创造力的策略。

(1)培养创造性认知能力；(2)注重创造性个性的塑造；(3)创设有利的社会环境；(4)培养创造型的教师队伍。

（共5分。完整答出"培养创造性认知能力、创造性个性塑造、创设有利的社会环境、培养创造型的教师队伍"得满分，少答一点扣1分）

12. 简述教学过程的基本规律。

(1)间接经验与直接经验相结合（间接性规律）；(2)教师主导作用与学生主体作用相统一（双边性规律）；(3)掌握知识和发展智力相统一（发展性规律）；(4)传授知识与思想品德教育相统一（教育性规律）。

（共5分。完整答出"间接经验与直接经验相结合、教师主导作用与学生主体作用相统一、掌握知识和发展智力相统一、传授知识与思想品德教育相统一"得满分，少答一点扣1分）

三、案例分析题(参考答案)

13. 陈老师对君君同学的教育行为是错误的，违背了现代学生观。

(1)学生是发展中的人，要用发展的观点认识学生。作为发展中的人，意味着学生还是不成熟的人，是一个正在成长的人。把学生作为发展中的人来对待，就要理解学生身上存在的不足，就要允许学生犯错误。针对君君身上存在的问题，陈老师没有帮助他改正错误，而是直接训斥他，这违背了要用发展的观点认识学生的现代学生观。

(2)学生是独特的人。学生是完整的人，每个学生都有自身的独特性，学生与成人之间存在着巨大的差异。陈老师没有根据君君当前心理发展规律分析他的行为，而是以成人的观点看待君君，在君君再次犯错误时，当着全班同学的面训斥他，并号召其他小朋友不跟他玩，这一做法违背了学生是独特的人的现代学生观。

(3)学生是具有独立意义的人。每个学生都是独立于教师的头脑之外，不以教师的意志为转移的客观存在。教师不可以对学生随意支配，或任意捏塑，不可以随意强加给学生一些外在的知识。陈老师一再训斥君君、孤立君君的行为，强行让君君变得老实、沉默，不再说口头禅，这违背了学生是具有独立意义的人的现代学生观。

（共10分。答出陈老师的行为是错误的1分，结合现代学生观和材料进行阐述，每点3分，答出三点得9分）

2022年陕西省小学特岗教师招聘考试真题试卷(十四)

一、单项选择题

1. C 【解析】本题考查传统教育派与现代教育派的代表人物。杜威的教育学说提出以后,西方教育学便出现了以赫尔巴特为代表的传统教育学派和以杜威为代表的现代教育学派对立的局面。所以,传统教育派与现代教育派的代表人物分别是赫尔巴特和杜威。

2. C 【解析】本题考查个体身心发展的规律。个体身心发展的互补性是指机体某一方面的机能受损甚至缺失后,可通过其他方面的超常发展得到部分补偿。有听力障碍的儿童通过发展口型变化的精细感知能力来弥补自己的听力障碍,发展自己的交流能力。这属于生理机能之间的互补,体现了个体身心发展的互补性。个体身心发展的顺序性强调身心发展有一定的方向性且不可逆;阶段性强调不同阶段的发展特征或任务不同;个体差异性(个别差异性)强调不同个体或群体之间的差异。

3. B 【解析】本题考查教育目的的层次结构。教育目的可分为四个层次:教育目的、培养目标、课程目标和教学目标。其中,培养目标是指依据国家的教育目的和各级各类学校的性质、任务提出的具体培养要求,是教育目的的具体化。

4. C 【解析】本题考查生产力对教育发展的影响和制约。生产力的发展水平制约着教育发展的规模和速度。教育发展的规模与速度,取决于生产力发展所提供的物质条件和生产力发展对教育事业所提出的要求。

5. A 【解析】本题考查常用的教学方法。演示法是指教师通过展示实物、教具和示范性的实验来说明、印证某一事物和现象,使学生掌握新知识的一种教学方法。

6. B 【解析】本题考查班主任的领导方式。民主型属于综合性的指导。采用民主型领导方式的班主任比较善于倾听学生的意见,不是以直接的方式管理班级,而是以间接的方式引导学生。

7. B 【解析】本题考查我国近代学制的发展。癸卯学制是中国近代教育史上第一部由国家颁布的并在全国实行的学制系统,成为中国近代教育走向制度化、法制化阶段的标志。

8. C 【解析】本题考查教育心理学的发展。1903年,美国心理学家桑代克出版了《教育心理学》,这是西方第一本以"教育心理学"命名的著作。1913~1914年,该书又扩充为三卷本的《教育心理大纲》,奠定了教育心理学发展的基础,西方教育心理学的名称和体系由此确立,桑代克也因此被称为"教育心理学之父"。

9. C 【解析】本题考查埃里克森的人格发展阶段论。美国精神分析学家埃里克森把人格发展分为八个阶段,每个阶段都有其特定的发展任务。其中,勤奋感对自卑感(6~12岁)阶段的发展任务是培养勤奋感。如果儿童在学习、游戏等活动中不断取得成就并受到成人的奖励,儿童将以成功、嘉奖为荣,养成乐观、进取和勤奋的性格;反之,如果由于学习方法不当或努力不够而多次遭受挫折或其成就受到漠视,儿童容易形成自卑感。故此阶段儿童面临的人格矛盾为勤奋与自卑。

10. D 【解析】本题考查桑代克提出的学习要遵循的三条原则。效果律是指刺激和反应之间的联结可因导致满意的结果而加强,也可因导致烦恼的结果而减弱。即如果一个动作跟随情境中一个满意的变化,在类似的情境中这个动作重复的可能性将增加;但是,如果跟随的是一个不满意的变化,这个行为重复的可能性将减少。题干中沈老师对获得进步和取得好成绩的学生进行表扬与奖励,即增加学生随后获得进步和取得好成绩的可能性,这体现了效果律。

11. A 【解析】本题考查布鲁纳的认知—发现学习理论。发现学习是指给学生提供有关的学习材料,让学生通过探索、操作和思考,自行发现知识、理解概念和原理的教学方法。题干中物理老师设置问题、指导实验,学生独立探索获得知识的过程属于发现学习。

12. C 【解析】本题考查创造性的特征。创造性的特征有:(1)流畅性。流畅性是指在限定时间内产生观念数量的多少。在短时间内产生的观念越多,流畅性越大。(2)灵活性。灵活性是指摒弃以往的习惯思维方法而开创不同方向的能力,也叫思维的变通性。例如,让被试"举出报纸的用途",如果回答"阅读""学习""获取信息",就只是把报纸的用途局限在了"阅读材料"上;而如果回答"包东西""折玩具"等,则范围更加广泛,变通性也就比较大。(3)独创性(独特性)。独创性是指产生不寻常的反应和不落常规的能力,以及重新定义或按新的方式对所见所闻加以组织的能力。其中,独创性在行为上表现为超出常规,擅长做一些别人从未想过和做过的事情,观念新颖独特,知人所不知,见人所不见,敢于向权威挑战。

13. C 【解析】本题考查成败归因理论。在海德和罗特研究的基础上,韦纳对行为结果的归因进行了系统探讨,发现人们倾向于将活动成败的原因即行为责任归结为以下六个因素,即能力、努力程度、工作难度、运气、身心状况、外界环境。又把上述六项因素按各自的性质,分别归入三个维度:内部归因和外部归因、稳定性归因和非稳定性归因、可控制归因和不可控制归因。其中,工作难度(任务难度)属于外在、稳定、不可控的因素。

14. A 【解析】本题考查学习迁移的内涵。学习迁移也称训练迁移,是指一种学习对另一种学习的影响,或习得的经验对完成其他活动的影响。迁移是学习的一种普遍现象,广泛存在于各种知识、技能、行为规范与态度的学习中,平时所说的"举一反三""触类旁通"等即典型的迁移形式。

15. D 【解析】本题考查皮亚杰的道德发展阶段论。皮亚杰采用"对偶故事法"对儿童道德判断的发展进行大量研究,发现并总结出了儿童道德认知发展的总规律,即儿童道德的发展经历从他律到自律的转化发展过程。

16. A 【解析】本题考查人格的特征。人格的独特性是指不同的遗传、生存和教育环境使每个人都有独特的心理特点。所谓"人心不同,各如其面",正说明了人格是千差万别、千姿百态的,这就是人格的独特性。

17. C 【解析】本题考查学生不良行为的矫正。一般认为,学生不良行为的矫正要经历醒悟阶段、转变阶段和自新阶段三个过程。

18. B 【解析】本题考查学习策略的种类。学习策略可分为认知策略、元认知策略和资源管理策略三种。认知策略包含复述策略、精加工策略、组织策略三种。组织策略是指将经过精加工提炼出来的知识点加以构造,形成更高知识结构水平的信息加工策略。组织策略主要有两种:一种是归类策略,用于概念、语词、规则等知识的归类整理;一种是纲要策略,主要用于对学习材料结构的把握。其中,纲要策略也称提纲挈领,是掌握学习材料纲目的方法。纲要可以是用语词或句子表达的主题纲要,也可以是用符号、图式等形象表达的符号纲要。符号纲要法主要有:系统结构图、流程图、模式或模型图、网络关系图。故题干中学生用列提纲、画图形、列表格的方式复习功课是对组织策略中的纲要策略的运用。

19. C 【解析】本题考查教师期望效应。教师期望效应也叫罗森塔尔效应或皮格马利翁效应,即教师的期望或明或暗地传送给学生,会使学生按照教师所期望的方向来塑造自己的行为。

20. A 【解析】本题考查标准化测验的优越性。标准化测验的优越性在于:(1)客观性。在大多数情境下,标准化测验是一种比教师自行编制的测验更加客观的测量工具。(2)计划性。专家在编制标准化测验时,已经考虑到所需的时间和经费,因此标准化测验比大部分的课堂测验更有计划性。(3)可比性。标准化测验由于具有统一的参照标准,使得不同考试的分数具有可比性。

21. B 【解析】本题考查师德的概念。教师职业道德简称师德,是教师在从事教育劳动时所应遵循的行为规范和必备的品德的总和,是调节教师与他人、与社会等的关系时所必须遵守的基本道德规范和行为准则,以及在此基础上所表现出来的道德观念、情操和品质。

22. A 【解析】本题考查教师职业道德原则的概念。道德原则是一定社会或阶级对人们的行为提出的最基本的要求,是道德体系的核心。教师职业道德原则在教师职业道德体系中居于主导地位,是整个教师职业道德体系的核心和精髓。

23. C 【解析】本题考查教师职业理想的内涵。教师的职业理想是教师对自己未来职业的选择和向往,也是教师在职业活动中追求的事业成就或奋斗目标。托尔斯泰的这句话强调了理想的重要性,要求教师应当树立远大的职业理想。

24. D 【解析】本题考查教师义务的履行。教师义务的内容主要有:(1)不断提高思想政治觉悟和教育教学业务水平;(2)尽职尽责,教书育人;(3)创设一个良好的内部教育环境。ABC三项明显都属于自觉履行教师义务的做法,D项不符合"不断提高思想政治觉悟和教育教学业务水平",未自觉履行教师义务。

25. C 【解析】本题考查教师对待学生的态度。新课程强调以人为本,关注人是新课程的核心理念在教学中的具体体现。它要求教师关注每一位学生。所以,C项是教师正确对待学生的态度。

26. B 【解析】本题考查教师职业道德规范中的爱岗敬业。"爱岗敬业"要求教师:忠诚于人民教育事业,志存高远,勤恳敬业,甘为人梯,乐于奉献。对工作高度负责,认真备课上课,认真批改作业,认真辅导学生,不得敷衍塞责。B项比喻遇事敷衍,得过且过,不符合爱岗敬业的践行要求。

27. A 【解析】本题考查教师职业道德规范。关爱学生的教师职业道德规范要求教师对学生严慈相济,做学生的良师益友。严慈相济体现的是亦师亦友的师生关系。严格要求是作为教师的责任,倾心帮助是作为朋友的热诚。学生遇到困难和挫折时,教师的鼓励和微笑能够化作学生前行的力量,体现了教师对学生的关爱。

28. C 【解析】本题考查教师职业道德规范。严慈相济体现的是亦师亦友的师生关系。严格要求是作为教师的责任,倾心帮助是作为朋友的热诚。李老师对犯错的学生,一方面绝不姑息学生的错误,这体现了李老师对学生的严格要求;另一方面仍然热心帮助犯错误的学生,这体现了李老师对学生的关爱。总体而言,题干是教师严慈相济的具体体现。

29. B 【解析】本题考查教师职业道德规范。为人师表是教师职业的内在要求,它要求教师严于律己,以身作则。教师在职业活动中对自己要严格要求,要以自己的行为作为他人,特别是学生的楷模。所以,教师事事处处都能率先垂范,起到表率作用,做他人学习的榜样,体现的教师职业内在要求是为人师表。

30. A 【解析】本题考查教师职业道德规范。为人师表的教师职业道德规范要求教师衣着得体,语言规范,举止文明。教师要以身作则,在行为举止上,要注意穿着、言语和行为符合现代文明要求,能够为学生做出榜样。李老师穿着拖鞋去上课,这种衣着不够得体,会给学生带来不好的影响。所以李老师的这种行为违背了衣着得体、举止文明的要求。

31. A 【解析】本题考查教师职业道德规范。2008年修订的《中小学教师职业道德规范》中,终身学习要求教师崇尚科学精神,树立终身学习理念,拓宽知识视野,更新知识结构;潜心钻研业务,勇于探索创新,不断提高专业素养和教育教学水平。王老师坚持学习,不断提高自己的专业素养和教学水平,说明王老师具有终身学习的意识。

32. D 【解析】本题考查教师职业道德培养的意义。加强师德建设的重要性有:(1)加强师德建设是教育发展、教师队伍建设的需要;(2)加强师德建设是教师实现自身价值、完善人格的需要;(3)加强师德建设是学生健康成长的需要;(4)加强师德建设是净化教育行业、推动社会精神文明建设的需要。D项不包括在内。

33. D 【解析】本题考查教师职业道德评价的功能。教师职业道德评价的功能包括:(1)评定功能。这是教师职业道德评价最基本的功能。(2)导向功能。它是教师行为的监督器和方向标,是维护教师职业道德规范的保证。(3)激励功能。(4)转换功能。所以D项不属于教师职业道德评价的功能。

34. B 【解析】本题考查教师职业道德评价的内在形式。教师职业道德评价的内在形式主要是自我评价。自我评价是指教师依据一定的道德评价标准,通过内心信念来对自己行为的善恶进行鉴别、评判的方式。

35. B 【解析】本题考查教育的公共性原则。教育的公共性是现代教育的一个重要特征,也是国家对教育活动的一个基本要求。我国《教育法》第八条规定:"教育活动必须符合国家和社会公共利益。"该条规定确立了教育的公共性原则。

36. C 【解析】本题考查教育法规的体系结构。教育单行法律一般是由全国人民代表大会常务委员会制定的,规定教育领域某一方面具体问题的规范性文件,其效力低于《中华人民共和国宪法》和教育基本法。例如,《中华人民共和国教师法》《中华人民共和国职业教育法》《中华人民共和国高等教育法》《中华人民共和国义务教育法》等。故《中华人民共和国职业教育法》属于教育单行法。

37. C 【解析】本题考查我国教育法律的沿革。《中华人民共和国学位条例》于1980年2月12日经第五届全国人民代表大会常务委员会第十三次会议通过,是中华人民共和国颁布的第一部教育法律。

38. D 【解析】本题考查《中华人民共和国教育法》的内容。《中华人民共和国教育法》(2009年修正)第五条规定,教育必须为社会主义现代化建设服务,必须与生产劳动相结合,培养德、智、体等方面全面发展的社会主义事业的建设者和接班人。

39. A 【解析】本题考查《中华人民共和国教育法》的内容。《中华人民共和国教育法》第十四条规定,国务院和地方各级人民政府根据分级管理、分工负责的原则,领导和管理教育工作。中等及中等以下教育在国务院领导下,由地方人民政府管理。

40. B 【解析】本题考查《中华人民共和国教师法》的内容。《中华人民共和国教师法》第七条规定,教师享有下列权利:(1)进行教育教学活动,开展教育教学改革和实验;(2)从事科学研究、学术交流,参加专业的学术团体,在学术活动中充分发表意见;(3)指导学生的学习和发展,评定学生的品行和学业成绩;(4)按时获取工资报酬,享受国家规定的福利待遇以及寒暑假期的带薪休假;(5)对学校教育教学、管理工作和教育行政部门的工作提出意见和建议,通过教职工代表大会或者其他形式,参与学校的民主管理;(6)参加进修或者其他方式的培训。题干中某小学拖欠教师工资和奖金津贴,即侵犯了教师的获取报酬权。

41. A 【解析】本题考查教师违法(侵权)行为。隐私包括个人私生活、个人日记、照片、储蓄及财产状况、生活习惯及通讯秘密等。隐私权是指公民生活中不愿为他人公开或知悉的个人秘密的不可侵犯的人身权利。学校和教师侵犯学生隐私的表现形式有:故意隐匿、毁弃或者非法开拆学生信件,披露、宣扬学生自身及家庭成员的资料,提供学生成绩的方式不适当等。题干中教师擅自拆开学生的信件并当众阅读的行为侵犯了学生的隐私权。

42. A 【解析】本题考查《中华人民共和国未成年人保护法》的内容。《中华人民共和国未成年人保护法》第二条规定,本法所称未成年人是指未满十八周岁的公民。

43. B 【解析】本题考查《中华人民共和国教育法》的内容。《中华人民共和国教育法》第三十二条规定,学校及其他教育机构具备法人条件的,自批准设立或者登记注册之日起取得法人资格。

44. C 【解析】本题考查《中华人民共和国宪法》的内容。《中华人民共和国宪法》第四十六条规定,中华人民共和国公民有受教育的权利和义务。

45. C 【解析】本题考查教育法律责任的类型。根据违法主体的法律地位、违法行为的性质和危害程度的不同,教育法律责任主要可分为行政法律责任、民事法律责任和刑事法律责任三种。

46. D 【解析】本题考查《中小学教育惩戒规则(试行)》的内容。《中小学教育惩戒规则(试行)》第七条规定,学生有下列情形之一,学校及其教师应当予以制止并进行批评教育,确有必要的,可以实施教育惩戒:(1)故意不完成教学任务要求或者不服从教育、管理的;(2)扰乱课堂秩序、学校教育教学秩序的;(3)吸烟、饮酒,或者言行失范违反学生守则的;(4)实施有害自己或者他人身心健康的危险行为的;(5)打骂同学、老师,欺凌同学或者侵害他人合法权益的;(6)其他违反校规校纪的行为。学生实施属于预防未成年人犯罪法规定的不良行为或者严重不良行为的,学校、教师应当予以制止并实施教育惩戒,加强管教;构成违法犯罪的,依法移送公安机关处理。故D项不属于应当实施教育惩戒的范围。

47. A 【解析】本题考查《中华人民共和国刑法》的内容。《中华人民共和国刑法》第十五条规定,应当预见自己的行为可能发生危害社会的结果,因为疏忽大意而没有预见,或者已经预见而轻信能够避免,以致发生这种结果的,是过失犯罪。

48. B 【解析】本题考查《中华人民共和国教师法》的内容。《中华人民共和国教师法》第三十七条规定,教师有下列情形之一的,由所在学校、其他教育机构或者教育行政部门给予行政处分或者解聘:(1)故意不完成教育教学任务给教育教学工作造成损失的;(2)体罚学生,经教育不改的;(3)品行不良、侮辱学生,影响恶劣的。教师有前款第(2)项、第(3)项所列情形之一,情节严重,构成犯罪的,依法追究刑事责任。题干中李老师故意多次缺课,造成不良影响,学校可以依法给予其行政处分或解聘。

49. C 【解析】本题考查《中华人民共和国教师法》的内容。《中华人民共和国教师法》第十三条规定,中小学教师资格由县级以上地方人民政府教育行政部门认定。

50. B 【解析】本题考查教师违法(侵权)行为的主要类型。个人的财产所有权是指公民对个人所有的财产依法进行占有、使用、收益和处分的权利。学生的合法财产受法律保护,教师不得侵占、破坏或非法扣押、没收等。题干中徐老师将学生的手机摔坏,侵犯了学生的财产权。

二、多项选择题

51. ABCD 【解析】本题考查教育的文化功能。教育的文化功能表现在教育能够传承文化(传递、保存、活化文化),改造文化(选择和整理、提升文化),传播、交流和融合文化,更新和创造文化。

52. ABCD 【解析】本题考查素质教育的基本观点。素质教育是面向全体学生的教育,是促进学生全面发展的教育,是促进学生个性发展的教育。BC项正确。《中共中央国务院关于深化教育改革,全面推进素质教育的决定》提出,实施素质教育,就是全面贯彻党的教育方针,以提高国民素质为根本宗旨,以培养学生的创新精神和实践能力为重点,造就"有理想、有道德、有文化、有纪律"的、德智体美等全面发展的社会主义事业建设者和接班人。《国家中长期教育改革和发展规划纲要(2010~2020年)》再次明确了素质教育的重点是面向全体学生、促进学生全面发展,着力提高学生服务国家服务人民的社会责任感、勇于探索的创新精神和善于解决问题的实践能力。所以,AD项正确。

53. ABC 【解析】本题考查培养学生主体性的措施。对于学生主体性的培养,主要从三个方面着手:(1)建立民主而和谐的师生关系,重视学生自学能力的培养;(2)重视培养学生主体参与课堂,让学生获得主体参与的体验,尤其让学生体验成功;(3)尊重学生的个性差异,对学生进行具有针对性的教育。

54. ABCD 【解析】本题考查程序教学的原则。程序教学的原则有:(1)小步子原则;(2)积极反应原则;(3)自定步调原则;(4)及时反馈原则;(5)低错误率原则。

55. ABC 【解析】本题考查学习策略的种类。学习策略可分为认知策略、元认知策略和资源管理策略三种。认知策略包括复述策略、精加工策略(精细加工策略)、组织策略三种。

56. ABC 【解析】本题考查教师良心的作用。有人认为,教师良心在教师职业道德行为过程中的作用包括:教师良心对教师的行为选择起指导作用;教师良心对教师的行为过程起监控作用;教师良心对教师行为结果起评价作用。

57. ABC 【解析】本题考查教书育人的素质要求。教书育人的素质要求包括:(1)知识系统,扎实有效。教师要做好教书育人的工作,必须具有完备的知识系统。从教师知识的功能出发,教师知识系统可以分为四个方面:本体性知识、条件性知识、实践性知识和一般文化知识,这四个方面共同构成教师的知识结构。(2)遵循规律,方法得当。教书育人不是教书与育人内容的简单相加,教师必须全面贯彻教育方针,遵循教育教学规律,注重教育教学方法的选用,将学生培养成有理想、有道德、有文化、有纪律的社会主义事业建设者和接班人。(3)探究出新,追求卓越。教师在教书育人工作中勤于进取、勇于创新、精益求精、追求卓越,这既是时代和教育发展对教师的迫切要求,也是新世纪培养高素质劳动者和各类专门人才的重要保证。

58. ABC 【解析】本题考查教师职业道德规范内化的条件。教师职业道德规范内化过程的实现需要依赖一定的条件。这些条件包括社会道德教育、教师个人道德修养、职业道德评价。社会道德教育是为了使教师履行职业道德规范而对教师有组织、有计划地施加系统的道德影响。教师个人道德修养是教师道德要求由"他律"向"自律"升华的关键,是教师职业道德要求内化的必要条件。教师职业道德评价是把教师职业道德规范内化为教师道德信念,形成教师道德行为的重要环节,是促使教师不断提高道德认识,加强道德修养,为学生树立学习楷模的重要途径。

59. ABC 【解析】本题考查教育法律关系的客体。教育法律关系客体是教育法律关系主体的权利与义务所指向的对象。教育法律关系的客体一般包括物质财富、非物质财富、行为三个大的方面。

60. ABCD 【解析】本题考查《中华人民共和国教育法》的内容。《中华人民共和国教育法》第二十七条规定,设立学校及其他教育机构,必须具备下列基本条件:(1)有组织机构和章程;(2)有合格的教师;(3)有符合规定标准的教学场所及设施、设备等;(4)有必备的办学资金和稳定的经费来源。

三、论述题(参考答案)

61. 论述作业布置的要求。

(1)作业内容符合课程标准的要求;(2)考虑不同学生的能力需求;(3)分量适宜、难易适度;(4)作业形式多样,具有多选性;(5)要求明确,规定作业完成时间;(6)作业反馈清晰、及时;(7)作业要具有典型意义和举一反三的作用;(8)作业应有助于启发学生的思维,含有鼓励学生独立探索并进行创造性思维的因素;(9)尽量同现代生产和社会生活中的实际问题结合起来,力求理论联系实际。

(共10分。完整答出作业布置的要求给10分;答出"符合课程标准、考虑学生需求、分量难度适当、形式多样、要求明确、反馈清晰及时、具有典型意义、能启发学生思维、联系实际"等关键点可酌情给1~9分)

62. 从个性的角度谈谈如何培养学生的创造性。

(1)保护好奇心。应接纳学生提出的任何奇特的问题,并赞许其好奇心,不应忽视或讥讽。

(2)解除个体对答错问题的恐惧心理。对学生所提出的问题,无论是否合理,均以肯定态度接纳。对出现的错误不应全盘否定,更不应指责,应鼓励学生正视并反思错误,引导学生尝试新的探索,而不循规蹈矩。

(3)鼓励独立性和创新精神。应重视学生与众不同的见解、观点,并尽量采取多种形式支持学生以不同的方式来理解事物。对平常的问题的处理能提出超常见解者,教师应给予鼓励。例如,在解决数学题目时鼓励学生想出不同的解决方法,在写作文时鼓励学生自己选题。

(4)重视非逻辑思维能力。非逻辑思维是创造性思维的重要成分,在各种创造活动中都起着重要作用,贯穿整个创造活动的始终。教师应鼓励学生大胆猜测,进行丰富的想象,不必拘泥于常规的答案。给学生机会进行猜测,并尽量让他们有猜测的成功体验。在丰富学生的想象力方面,可以应用多种教学手段和形式,使学生头脑中的表象更为鲜明、完整。

(5)给学生提供具有创造性的榜样。通过给学生介绍或引导阅读文学家、艺术家或科学家传记,或带领学生参观各类创造性展览、与有创造性的人直接交流等,使学生领略到创造者对人类的贡献,受到创造者优良品质的潜移默化的影响,从而启发他们见贤思齐的心理需求。

(共10分。从"保护好奇心、消除恐惧心理、培养独立性和创新精神、重视非逻辑思维能力、提供创造性榜样"等方面合理阐述创造性个性的培养方法每条2分)

四、材料分析题(参考答案)

63. (1)李老师在教学过程中用了谈话法(问答法)。谈话法是教师按一定的教学要求向学生提出问题让学生回答,通过问答、对话的形式来引导学生思考、探究,获取或巩固知识,促进学生智能发展的方法。案例中,李老师为了让学生明白"圆"的定义,通过问答一步步引导学生获取关于"圆"的知识。这一过程体现了李老师对谈话法的运用。运用谈话法的基本要求有:要做好计划,教师要对谈话的中心、提问的内容做充分准备,并拟定谈话提纲;要善问,提出的问题要明确、具体、难易适宜,符合学生已有的知识程度、经验,还要有启发性、形式要多样化,要善于启发诱导;谈话时,教师要面向全体学生,给学生留有思考的余地,因势利导,让学生一步步地去获得新知;谈话结束后,应结合学生回答的情况进行归纳和小结,给出问题的正确答案,指出谈话过程中的优缺点。

(2)李老师在教学过程中用了如下教学原则:

①启发性原则。启发性原则是指在教学活动中,教师要调动学生的主动性和积极性,引导他们通过独立思考、积极探索,生动活泼地学习,自觉地掌握科学知识,提高分析问题和解决问题的能力。李老师在教学时向学生提出问题,引起学生的思考与求知欲,体现的是启发性教学原则。贯彻启发性原则的要求有:加强学习的目的性教育,调动学生学习的主动性;设置问题情境,启发学生独立思考,培养学生良好的思维方法和思维能力;让学生动手,培养学生独立解决问题的能力,鼓励学生将知识创造性地运用于实际;发扬教学民主。

②理论联系实际原则。理论联系实际原则是指教师在教学中,应使学生从理论与实际的结合中来理解和掌握知识,并引导他们运用新获得的知识去解决各种实际问题,培养他们分析问题和解决问题的能力。李老师联系实际生活中与圆相似的车轮来讲解知识,体现了对理论联系实际原则的运用。贯彻理论联系实际原则的要求有:重视书本知识的教学,在传授知识的过程中注重联系实际;重视引导和培养学生运用知识的能力;加强教学的实践性环节,逐步培养与形成学生综合运用知识的能力,进行"第三次学习";正确处理知识教学与能力训练的关系;补充必要的乡土教材。

(共10分。第一问6分。答出李老师运用了谈话法或问答法得1分;完整答出谈话法的概念给2分,答出"问答、对话形式"可给1分;结合案例进行合理分析和阐述给1分;完整答出谈话法的运用要求给2分,答出"做好计划""难易适宜""善于启发诱导""及时归纳和小结"等关键点可酌情给0~2分。第二问4分。答出李老师运用了启发性原则和理论联系实际原则并结合案例合理阐述这两个教学原则给2分;完整答出这两个教学原则的贯彻要求给2分)

2022年陕西省中学特岗教师招聘考试真题试卷(十五)

一、单项选择题

1. C 【解析】本题考查科举选士制度产生的时期。科举制度是我国封建社会实行的一种分科考试、选拔官员的制度。它始建于隋朝,到唐朝逐步完善,经宋、元、明而发展,于清朝末年废除。

2. D 【解析】本题考查教育的社会功能。教育能够传播、交流和融合文化。某中学开设茶道社团、国画社团等,在社团中进行茶道、国画等传统文化的传播和交流,体现了教育的文化功能。

3. C 【解析】本题考查教师劳动的特点。教师劳动的示范性指教师的言行举止,如人品、才能、治学态度等都会成为学生学习的对象。孔子和韩愈提出的主张,都有教师以自身为榜样的意思,体现了教师职业的示范性特点。

4. A 【解析】本题考查学科中心课程理论的代表人物。学科中心课程理论主要包括结构主义课程理论、要素主义课程理论、永恒主义课程理论三种。其中结构主义课程理论是一种以结构主义心理学为基础的课程理论,它的代表人物是该课程理论的创始人布鲁纳。所以,学科中心课程理论的代表人物是布鲁纳。

5. A 【解析】本题考查教学原则。直观性原则是指在教学活动中,教师应尽量利用学生的多种感官和已有的经验,通过各种形式的感知,使学生获得生动的表象,从而比较全面、深刻地掌握知识。郭老师在音乐欣赏课上现场弹奏古筝,能够使学生获得生动直观的表象,这一做法体现了直观性教学原则。

6. B 【解析】本题考查课外活动的主要内容。学校的课外文体活动,包括文学、艺术、娱乐、体育训练与体育竞赛等内容。文娱、体育活动是最广泛的群众性活动,如文艺会演、歌咏比赛、看电影、组织球赛等。这些活动可以增加生活的乐趣,增强学生体质,并尽可能满足文体爱好者的需要,及早发现和培养文体专业人才。所以,歌咏比赛属于文娱、体育活动。

7. C 【解析】本题考查教育理论。形式教育论认为教学的主要任务在于通过开设希腊文、拉丁文、逻辑、文法和数学等学科发展学生的智力，至于学科内容的实用意义则是无关紧要的。所以，题干所述教育理论为形式教育理论。

8. A 【解析】本题考查桑代克对教育心理学的贡献。桑代克是美国著名心理学家，他采用实证主义的取向，使教育心理学研究走向了科学化的道路，是科学教育心理学的开创者，是第一个系统论述教育心理学的心理学家，被称为“现代教育心理学之父”。

9. A 【解析】本题考查直观教学的基本形式。直观教学的基本形式包括实物直观、模像直观、言语直观三种。

10. C 【解析】本题考查短时记忆的特点。短时记忆(工作记忆)的特点有：(1)时间很短，不超过1分钟；(2)容量有限，一般是7±2个组块；(3)意识清晰；(4)操作性强；(5)易受干扰。

11. B 【解析】本题考查以学生为中心的教学策略。一般来说，发现学习的教学要经过四个阶段：(1)创设问题情境，使学生在这种情境中发现其中的矛盾，提出问题；(2)促使学生利用教师提供的某些材料，针对所提出的问题，提出要解答的假设；(3)从理论上或实践上检验自己的假设；(4)根据实验获得的一些材料或结果，在仔细评价的基础上引出结论。

12. 缺

13. D 【解析】本题考查情绪理论。认知评价是对事件全部的认识过程，在心理应激的发生和强度方面发挥重要作用。现代心理学有关情绪的研究表明，人类对情绪的体验取决于对周围环境的认知评价。最明显的例子是，人到动物园看到老虎并不会感到紧张，因为人们认识到笼子里的老虎不能伤人。反之假如在野外遇见老虎，情况就截然不同了，因为人们认识到野外的老虎会伤人。杯弓蛇影原义是将映在酒杯里的弓影误认为蛇，后比喻因疑神疑鬼而引起恐惧。因此，认知评价的不同使得人与人之间产生不同的情绪体验。D项当选。

14. B 【解析】本题考查意志的品质。意志具有自觉性、果断性、自制性、坚韧性的特征。其中，意志的果断性是指一种善于辨明是非、抓住时机、迅速而合理地采取决定并执行决定的意志品质。题干中面临选择时当机立断属于意志果断性良好的特征，瞻前顾后和犹豫不决属于与果断性相反的意志品质。

15. B 【解析】本题考查学生的认知方式差异。场依存型的学生对客观事物的判断常以外部线索为依据，其态度和自我认知易受周围环境或背景的影响，往往不易独立地对事物做出判断，而是人云亦云，从他人处获得标准；行为常以社会为定向，社会敏感性强，爱好社交活动。场独立型的学生对客观事物的判断常以自己的内部线索为依据，不易受到周围环境因素的影响和干扰，倾向于对事物的独立判断；行为常是非社会定向的，社会敏感性差，不善于社交，关心抽象的概念和理论，喜欢独处。

16. B 【解析】本题考查科尔伯格的道德发展阶段论。科尔伯格将道德判断分为前习俗、习俗、后习俗三个水平，每一水平包含两个阶段，六个阶段依照由低到高的层次发展。其中，习俗水平包括好孩子的道德定向和维护权威或秩序的道德定向两个阶段。处于维护权威或秩序的道德定向阶段的儿童的道德价值是以服从权威为导向，包括服从社会规范，遵守公共秩序，尊重法律的权威，以法制观念判断是非、知法守法。题干中以法律为判断对错的唯一标准说明其处于习俗水平的维护权威或秩序的道德定向阶段。

17. B 【解析】本题考查桑代克提出的学习要遵循的三条原则。准备律是指联结的加强或削弱取决于学习者的心理准备和心理调节状态。准备不是指学习前的知识准备或成熟方面的准备，而是指学习者在学习开始时的预备定势。题干中教师在呈现新内容前讲相关的故事，即运用了学习的准备律。

18. C 【解析】本题考查知识的分类。陈述性知识也叫描述性知识，是个人能用言语进行直接陈述的知识，主要用于区别和辨别事物。陈述性知识是回答事物“是什么”“为什么”等问题的言语信息方面的知识。程序性知识即操作性知识，是一种经过学习后自动化了的关于行为步骤的知识，表现为在信息转换活动中进行具体操作。程序性知识是有关“怎么办”和“如何做”的知识，是关于方法和应用的知识。

19. B 【解析】本题考查师德的概念。教师职业道德简称师德，是教师在从事教育劳动时所应遵循的行为规范和必备的品德的总和，是调节教师与他人、与社会等的关系时所必须遵守的基本道德规范和行为准则，以及在此基础上所表现出来的道德观念、情操和品质。

20. A 【解析】本题考查教师职业道德原则的概念。道德原则是一定社会或阶级对人们的行为提出的最基本的要求，是道德体系的核心。教师职业道德原则在教师职业道德体系中居于主导地位，是整个教师职业道德体系的核心和精髓。

21. C 【解析】本题考查教师职业理想的内涵。教师的职业理想是教师对自己未来职业的选择和向往，也是教师在职业活动中追求的事业成就或奋斗目标。托尔斯泰的这句话强调了理想的重要性，要求教师应当树立远大的职业理想。

22. D 【解析】本题考查教师义务的履行。教师义务的内容主要有：(1)不断提高思想政治觉悟和教育教学业务水平；(2)尽职尽责，教书育人；(3)创设一个良好的内部教育环境。ABC三项明显都属于自觉履行教师义务的做法，D项不符合“不断提高思想政治觉悟和教育教学业务水平”，未自觉履行教师义务。

23. C 【解析】本题考查教师对待学生的态度。新课程强调以人为本，关注人是新课程的核心理念在教学中的具体体现。它要求教师关注每一位学生。所以，C项是教师正确对待学生的态度。

24. B 【解析】本题考查教师职业道德规范中的爱岗敬业。“爱岗敬业”要求教师：忠诚于人民教育事业，志存高远，勤恳敬业，甘为人梯，乐于奉献。对工作高度负责，认真备课上课，认真批改作业，认真辅导学生，不得敷衍塞责。B项比喻遇事敷衍，得过且过，不符合爱岗敬业的践行要求。

25. A 【解析】本题考查教师职业道德规范。关爱学生的教师职业道德规范要求教师对学生严慈相济，做学生的良师益友。严慈相济体现的是亦师亦友的师生关系。严格要求是作为教师的责任，倾心帮助是作为朋友的热诚。学生遇到困难和挫折时，教师的鼓励和微笑能够化作学生前行的力量，体现了教师对学生的关爱。

26. C 【解析】本题考查教师职业道德规范。关爱学生的教师职业道德规范要求教师对学生严慈相济，做学生的良师益友。严慈相济体现的是亦师亦友的师生关系。严格要求是作为教师的责任，倾心帮助是作为朋友的热诚。李老师对犯错的学生，一方面绝不姑息学生的错误，这体现了李老师对学生的严格要求；另一方面仍然热心帮助犯错误的学生，这体现了李老师对学生的关爱。总体而言，题干是教师严慈相济的具体体现。

27. B 【解析】本题考查教师职业道德规范。为人师表是教师职业的内在要求，它要求教师严于律己，以身作则。教师在职业活动中对自己要严格要求，要以自己的行为作为他人，特别是学生的楷模。所以，教师事事处处都能率先垂范，起到表率作用，做他人学习的榜样。这体现的教师职业内在要求是为人师表。

28. D 【解析】本题考查有偿家教的危害。有偿家教加剧了教育资源的不均衡，扩大了教育差异化，违背了教育公平的原则。A项正确。有偿家教使教育涂上功利化、商业化的色彩，使师生之间的教学关系蜕变为金钱关系，不仅损害了教师的光辉形象，也严重扭曲了奉献和服务的核心，影响教育的整体形象。B项正确。有偿家教造成部分教师不能安心工作，危害学校正常的教学工作。C项正确。家教“市场”有限，有偿家教使教师之间的竞争加剧，教师之间的矛盾丛生。D项错误。

29. A 【解析】本题考查教师职业道德规范。为人师表的教师职业道德规范要求教师衣着得体，语言规范，举止文明。教师要以身作则，在行为举止上，要注意穿着、言语和行为符合现代文明要求，能够为学生做出榜样。李老师穿着拖鞋去上课，这种衣着不够得体，会给学生带来不好的影响。所以李老师的这种行为违背了衣着得体、举止文明的要求。

30. A 【解析】本题考查教师职业道德规范。2008年修订的《中小学教师职业道德规范》中，终身学习要求教师崇尚科学精神，树立终身学习理念，拓宽知识视野，更新知识结构；潜心钻研业务，勇于探索创新，不断提高专业素养和教育教学水平。王老师坚持学习，不断提高自己的专业素养和教学水平，说明王老师具有终身学习的意识。

31. D 【解析】本题考查教师职业道德培养的意义。加强师德建设的重要性有：(1)加强师德建设是教育发展、教师队伍建设的需要；(2)加强师德建设是教师实现自身价值、完善人格的需要；(3)加强师德建设是学生健康成长的需要；(4)加强师德建设是净化教育行业、推动社会精神文明建设的需要。D项不包括在内。

32. D 【解析】本题考查教师职业道德评价的功能。教师职业道德评价的功能包括：(1)评定功能。这是教师职业道德评价最基本的功能。(2)导向功能。它是教师行为的监督器和方向标，是维护教师职业道德规范的保证。(3)激励功能。(4)转换功能。所以D项不属于教师职业道德评价的功能。

33. B 【解析】本题考查教师职业道德评价的内在形式。教师职业道德评价的内在形式主要是自我评价。自我评价是指教师依据一定的道德评价标准，通过内心信念来对自己行为的善恶进行鉴别、评判的方式。

34. D 【解析】本题考查教师职业道德规范内化的条件。教师职业道德规范内化过程的实现需要依赖一定的条件。这些条件包括社会道德教育、教师个人道德修养、职业道德评价。社会道德教育是为了使教师履行职业道德规范而对教师有组织、有计划地施加系统的道德影响。教师个人道德修养是教师道德要求由“他律”向“自律”升华的关键，是教师职业道德要求内化的必要条件。教师职业道德评价是把教师职业道德规范内化为教师道德信念、形成教师道德行为的重要环节，是促使教师不断提高道德认识，加强道德修养，为学生树立学习楷模的重要途径。所以，D项不属于教师职业道德规范内化的条件。

35. B 【解析】本题考查教育的公共性原则。教育的公共性是现代教育的一个重要特征，也是国家对教育活动的一个基本要求。我国《教育法》第八条规定："教育活动必须符合国家和社会公共利益。"该条规定确立了教育的公共性原则。

36. C 【解析】本题考查教育法规的体系结构。教育单行法律一般是由全国人民代表大会常务委员会制定的，规定教育领域某一方面具体问题的规范性文件，其效力低于《中华人民共和国宪法》和教育基本法。例如，《中华人民共和国教师法》《中华人民共和国职业教育法》《中华人民共和国高等教育法》《中华人民共和国义务教育法》等。故《中华人民共和国职业教育法》属于教育单行法。

37. C 【解析】本题考查我国教育法律的沿革。《中华人民共和国学位条例》于1980年2月12日经第五届全国人民代表大会常务委员会第十三次会议通过，是中华人民共和国颁布的第一部教育法律。

38. D 【解析】本题考查《中华人民共和国教育法》的内容。《中华人民共和国教育法》第五条规定，教育必须为社会主义现代化建设服务、为人民服务，必须与生产劳动和社会实践相结合，培养德智体美劳全面发展的社会主义建设者和接班人。

39. A 【解析】本题考查《中华人民共和国教育法》的内容。《中华人民共和国教育法》第十四条规定，国务院和地方各级人民政府根据分级管理、分工负责的原则，领导和管理教育工作。中等及中等以下教育在国务院领导下，由地方人民政府管理。

40. B 【解析】本题考查《中华人民共和国教师法》的内容。《中华人民共和国教师法》第七条规定，教师享有下列权利：(1)进行教育教学活动，开展教育教学改革和实验；(2)从事科学研究、学术交流，参加专业的学术团体，在学术活动中充分发表意见；(3)指导学生的学习和发展，评定学生的品行和学业成绩；(4)按时获取工资报酬，享受国家规定的福利待遇以及寒暑假期的带薪休假；(5)对学校教育教学、管理工作和教育行政部门的工作提出意见和建议，通过教职工代表大会或者其他形式，参与学校的民主管理；(6)参加进修或者其他方式的培训。题干中某小学拖欠教师工资和奖金津贴，即侵犯了教师的获取报酬权。

41. A 【解析】本题考查教师违法(侵权)行为。隐私包括个人私生活、个人日记、照片、储蓄及财产状况、生活习惯及通讯秘密等。隐私权是指公民生活中不愿为他人公开或知悉的个人秘密的不可侵犯的人身权利。学校和教师侵犯学生隐私的表现形式有：故意隐匿、毁弃或者非法开拆学生信件，披露、宣扬学生自身及家庭成员的资料，提供学生成绩的方式不适当等。题干中教师擅自拆开学生的信件并当众阅读的行为侵犯了学生的隐私权。

42. A 【解析】本题考查《中华人民共和国未成年人保护法》的内容。《中华人民共和国未成年人保护法》第二条规定，本法所称未成年人是指未满十八周岁的公民。

43. B 【解析】本题考查《中华人民共和国教育法》的内容。《中华人民共和国教育法》第三十二条规定，学校及其他教育机构具备法人条件的，自批准设立或者登记注册之日起取得法人资格。

44. C 【解析】本题考查《中华人民共和国宪法》的内容。《中华人民共和国宪法》第四十六条规定，中华人民共和国公民有受教育的权利和义务。

45. C 【解析】本题考查教育法律责任的类型。根据违法主体的法律地位、违法行为的性质和危害程度的不同，教育法律责任主要可分为行政法律责任、民事法律责任和刑事法律责任三种。

46. D 【解析】本题考查《中小学教育惩戒规则(试行)》的内容。《中小学教育惩戒规则(试行)》第七条规定，学生有下列情形之一，学校及其教师应当予以制止并进行批评教育，确有必要的，可以实施教育惩戒：(1)故意不完成教学任务要求或者不服从教育、管理的；(2)扰乱课堂秩序、学校教育教学秩序的；(3)吸烟、饮酒，或者言行失范违反学生守则的；(4)实施有害自己或者他人身心健康的危险行为的；(5)打骂同学、老师，欺凌同学或者侵害他人合法权益的；(6)其他违反校规校纪的行为。学生实施属于预防未成年人犯罪法规定的不良行为或者严重不良行为的，学校、教师应当予以制止并实施教育惩戒，加强管教；构成违法犯罪的，依法移送公安机关处理。故D项不属于应当实施教育惩戒的范围。

47. A 【解析】本题考查《中华人民共和国刑法》的内容。《中华人民共和国刑法》第十五条规定，应当预见自己的行为可能发生危害社会的结果，因为疏忽大意而没有预见，或者已经预见而轻信能够避免，以致发生这种结果的，是过失犯罪。

48. B 【解析】本题考查《中华人民共和国教师法》的内容。《中华人民共和国教师法》第三十七条规定，教师有下列情形之一的，由所在学校、其他教育机构或者教育行政部门给予行政处分或者解聘：(1)故意不完成教育教学任务给教育教学工作造成损失的；(2)体罚学生，经教育不改的；(3)品行不良、侮辱学生，影响恶劣的。教师有前款第(2)项、第(3)项所列情形之一，情节严重，构成犯罪的，依法追究刑事责任。题干中李老师故意多次缺课，造成不良影响，学校可以依法给予其行政处分或解聘。

49. C 【解析】本题考查《中华人民共和国教师法》的内容。《中华人民共和国教师法》第十三条规定，中小学教师资格由县级以上地方人民政府教育行政部门认定。

50. B 【解析】本题考查教师违法(侵权)行为的主要类型。个人的财产所有权是指公民对个人所有的财产依法进行占有、使用、收益和处分的权利。学生的合法财产受法律保护，教师不得侵占、破坏或非法扣押、没收等。题干中徐老师将学生的手机摔坏，侵犯了学生的财产权。

二、多项选择题

51. ABCD 【解析】本题考查行动研究法的优点。行动研究法的优点主要表现为：(1)适应性和灵活性；(2)评价的持续性和反馈的及时性；(3)较强的实践性与参与性；(4)综合应用多种研究方法。选项均属于行动研究法的优点。

52. ACD 【解析】本题考查课程评价的方法。课程评价的方法有：(1)专家判断法。专家判断法是指利用专家的知识专长，来提供对课程教学的意见和判断。(2)观察法。观察是指研究者或评价者凭借自己的感觉器官和辅助工具，在自然状态下，对有关的现象和过程，有目的、有计划地进行考察和研究的一种方法。(3)论文测验法。在帮助教师确定学生是否理解了课程所具有的意义和重要性方面，论文测验特别有效。(4)实验法。实验法是在课程与教学评价时，将课程与教学方案当作实验处理加以操纵，再处理产生的结果，对课程材料或教学方案做出判断。(5)纸笔测试法。纸笔测试形式多种多样，其中最常用的是选择回答或多种选择测试，在这种测试中，学生必须从几个备选的回答中选择正确的或最佳的回答。

53. ABCD 【解析】本题考查教学的基本环节。教师教学工作包括五个基本环节：备课、上课、作业的布置与反馈、课外辅导和学业成绩的检查与评定。

54. ABCD 【解析】本题考查影响问题解决的主要因素。影响问题解决的主要因素有：(1)问题情境(问题表征)；(2)定势与功能固着；(3)原型启发；(4)酝酿效应；(5)迁移(已有知识经验、认知结构)；(6)情绪与动机。

55. ABC 【解析】本题考查学习策略的种类。学习策略可分为认知策略、元认知策略和资源管理策略三种。认知策略包括复述策略、精加工策略(精细加工策略)、组织策略三种。

56. ABCD 【解析】本题考查易导致学生心理挫折的冲突。易导致学生心理挫折的冲突主要有以下几种：(1)期望与现实的冲突；(2)社会理想与现实生活的冲突；(3)独立与依赖的冲突；(4)自尊与自卑的冲突。

57. ABCD 【解析】本题考查教师职业良心的具体要求。教师的职业良心可以表现在教育工作的每一个环节中。其主要内涵包括：恪尽职守、自觉工作、爱护学生、团结执教。

58. ABC 【解析】本题考查教书育人的素质要求。教书育人的素质要求包括：(1)知识系统，扎实有效。教师要做好教书育人的工作，必须具有完备的知识系统。从教师知识的功能出发，教师知识系统可以分为四个方面：本体性知识、条件性知识、实践性知识和一般文化知识，这四个方面共同构成教师的知识结构。(2)遵循规律，方法得当。教书育人不是教书与育人内容的简单相加，教师必须全面贯彻教育方针，遵循教育教学规律，注重教育教学方法的选用，将学生培养成有理想、有道德、有文化、有纪律的社会主义事业建设者和接班人。(3)探究出新，追求卓越。教师在教书育人工作中勤于进取、勇于创新、精益求精、追求卓越，这既是时代和教育发展对教师的迫切要求，也是新世纪培养高素质劳动者和各类专门人才的重要保证。

59. ABC 【解析】本题考查教育法律关系的客体。教育法律关系客体是教育法律关系主体的权利与义务所指向的对象。教育法律关系的客体一般包括物质财富、非物质财富、行为三个大的方面。

60. ABCD 【解析】本题考查《中华人民共和国教育法》的内容。《中华人民共和国教育法》第二十七条规定，设立学校及其他教育机构，必须具备下列基本条件：(1)有组织机构和章程；(2)有合格的教师；(3)有符合规定标准的教学场所及设施、设备等；(4)有必备的办学资金和稳定的经费来源。

三、论述题(参考答案)

61. 结合我国教育发展改革的实际，论述作为一名专业教师应具备的基本素养。

(1)教师的职业道德素养。①对待事业：忠于人民的教育事业。热爱教育事业是教师做好教育工作的前提，是教师职业道德的基础，也是教师劳动积极性和创造性的源泉。忠于人民的教育事业要求教师做到：依法执教，严谨治教；爱岗敬业，廉洁从教。②对待学生：热爱学生。热爱教育事业具体体现在热爱学生上。热爱学生是教师职业道德的核心，是教师高尚道德品质的表现。热爱学生的要求有：把对学生的爱与严格要求相结合；把爱与尊重、信任相结合；要全面关怀学生；要关爱全体学生；理解和宽容学生；解放学生；对学生要保持积极、稳定的情绪。③对待集体：团结协作。教师必须与各方面协同合作，以便形成教育合力，共同完成培养人的工作。教师之间团结协作必须做到：认识教师之间关系的特点；尊重和关心每个同事；善于合作，共同进取；正确地开展竞争；克服文人相轻。④对待自己：为人师表（良好的道德修养）。教师的言行举止、品德才能、治学态度等方面都会对学生产生潜移默化的影响，成为学生学习的对象。这是由教师劳动的"主体性、示范性"特点以及学生的"向师性、模仿性、可塑性"特点所决定的。为人师表要求教师做到：高度自觉，自我监控；身教重于言教。

(2)教师的知识素养。①政治理论修养。马列主义、毛泽东思想和中国特色社会主义理论体系。②精深的学科专业知识（本体性知识）。这是教师知识结构的核心，也是教师向学生传授知识的必备基础。精深的专业知识主要包括：掌握该学科的基本知识和基本技能；掌握该学科的基本理论和学科体系；了解该学科的发展脉络；了解学科领域的思维方式和方法论。③广博的科学文化知识。教师的知识不仅要"专"，而且要"博"，教师的专业知识应建立在广博的科学文化知识的基础之上。④必备的教育科学知识（条件性知识）。教师的教育科学知识主要包括三个方面：学生身心发展的知识；教与学的知识；学生成绩评价的知识。⑤丰富的实践知识。教师的实践性知识是基于教师个人的经验积累，在对待和处理教育问题时体现出的个人特质和教育智慧。

(3)教师的能力素养。①语言表达能力。语言表达能力是影响教师活动成效的最直接因素。语言，特别是口头语言，是教师向学生传递教育信息的重要工具，因此要求教师具有较强的语言表达能力。对教师的语言表达要求包括：准确、简练，具有科学性；清晰、流畅，具有逻辑性；生动、形象，具有启发性；语言和肢体语言的巧妙结合。②组织管理能力。教师要进行教育活动，必须具备一定的组织管理能力。具体来说，包括两个方面：教师要有确定合理目标和计划的能力；教师要有引导学生的能力。③组织教育和教学的能力。具体包括：教师要善于制订教育教学工作计划，编写教案，组织教材，以加强教育教学工作的预见性、有序性；教师要善于组织课堂教学，以保证教学过程的顺利进行和教学任务的完成；教师还要善于组织学校、家庭及社会各方面的教育力量，使各方面相互配合，进行教育资源的整合。④自我调控和自我反思能力（较高的教育机智）。教师的自我调控和反思能力主要表现在：对自身的教育教学表现进行自我监督、自我反馈、自我反思、自我改进的能力；根据新情况、新问题调整自己的预定计划以适应变化的能力。此外，教师还应该具备教育科研能力、学习能力、观察学生的能力、创新能力以及运用现代教育技术手段的能力。

(4)职业心理健康。教师心理健康的构成是指一个优秀教师所应有的心理素质，也就是教师对内外环境及人际关系有着良好适应的条件。这些条件包括高尚的职业道德、愉悦的情绪情感、良好的人际关系、健康的人格特征等。

（共10分。教师的职业道德素养共2分，教师的知识素养共2分，教师的能力素养共2分，教师职业心理健康共1分，完整答出这四项基本素养的内容给7分，只答出关键点可酌情给分。结合我国教育发展改革的实际，阐述合理可酌情给3分）

62. 论述学生学习动机培养的方法和策略。

(1)了解和满足学生的需要，促进学习动机的产生。学生的学习动机产生于需要，需要是学生学习积极性的源泉。教师应该通过多种方法了解学生的学习需要，通过采取一些强化和训练手段使学习的要求内化为学生自己的学习需要。

(2)重视立志教育，对学生进行成就动机训练。通过立志教育可以增强学生的责任感与使命感，启发学生自觉、勤奋地学习。

(3)帮助学生确立正确的自我概念，获得自我效能感。自我效能感是一种主观判断，它与个体的自我概念有密切的关系。要培养学生的自我效能感应该从培养正确的自我概念入手，方法包括：①创造条件使学生获得成功的体验；②为学生树立成功的榜样。

(4)培养学生努力导致成功的归因观。相信成功与努力之间有必然联系，人就不容易表现出消极行为，不容易产生无力感，这有助于培养学生的学习动机。教师训练学生的步骤如下：①了解学生的归因倾向；②让学生进行某种活动，并取得成功体验；③让学生对自己的成败进行归因；④引导学生进行积极归因。

(5)培养对学习的兴趣。①通过各种活动发展学生的兴趣；②通过提高教学水平，引发学生兴趣；③引导学生将广泛兴趣与中心兴趣结合起来；④要根据学生的年龄特征来提高学生的学习兴趣；⑤根据学生的知识基础培养学生的学习兴趣；⑥通过积极的评价使学生的兴趣得以强化；⑦充分利用原有兴趣的迁移。

(6)利用原有动机的迁移，使学生产生学习的需要。有的学生对学习持冷漠态度，甚至有厌学情绪。但他们很多在体育运动、课外兴趣小组、文娱表演等活动中具有相当高的积极性和浓厚兴趣，引导学生把这些积极因素与学习联系起来，转化为学习需要和学习兴趣，这是培养学习动机的有效手段。

（共10分。从"需要满足、立志教育、自我效能、归因观、学习兴趣、动机迁移"等至少五方面合理阐述培养学习动机的方法每条2分，完整答出5条及以上得满分）

四、材料分析题(参考答案)

63. (1)①教学资源的多样化。传统的教学活动中，主要教学资源局限于书本上的文字和教师讲授的声音。现代教学已不满足于教师简单地传授书本知识，信息技术教学手段需要多种感官体验配合使用，从而加深学生对知识的理解和掌握程度。随着信息技术的发展，多媒体技术在教学中的运用，教学资源变得更加丰富多彩，其中包括声音、图像、视频、动画等多种信息资源，使教学有了身临其境的感觉，学生足不出户，即可感知天下，获取更多的知识。案例中，学生查到的大量关于"沙尘暴的发生"的图片就是通过网络完成的，体现了教学资源的多样化。

②教学模式的立体化。传统课堂教学中，课堂是进行教育活动的主要场所，学校的教学任务主要通过课堂教学去完成的。在现代教育教学活动中，由于课堂教学内容从课内延伸到了课外，教学资源也更加丰富和多样化，这就使得教师在实践教学任务时往往采取多种教学模式，并在不知不觉中推动了教学信息技术的普及和发展。比如大规模在线教育、虚拟现实技术、移动终端设备、智慧教室等新技术在教育教学活动中的应用，使得信息技术下的教学模式更加立体化。案例中，学生通过交互式学习，完成人—机、人—书、师—生、生—生之间的交互沟通，体现了教学模式的立体化。

③教学水平的科学化。随着信息技术在教育教学活动中的广泛应用，教师传统的教学能力和手段已经不能适应现代教学的需要，教师必须要利用更多的时间进行专业知识的研修和自我专业素质的提升，才能跟得上时代的发展和社会的进步。

④教学关系的自主化。传统课堂教学中，教师是课堂教学的权威、知识的传授者，学生在教学中只能被动接受教师的教导和指示。现代教育教学活动中，学生不是知识的被动接受者，而是知识的主动探索者和建构者。信息技术在教学活动中的广泛应用，促成了学生从被动的接受学习到主动的探索学习的转变。特别是多媒体教学，使孩子们的眼界更为开阔，思路更为活跃，促进了教师与学生的教学关系发生了根本性的转变，课堂教学变教师的"教"为学生的"学"，教师在教学中起主导作用，而学生则处于教学的主体地位。学生可以利用多媒体、网络等现代信息技术手段自主学习，自主管理，最大限度地实现教学的自主化。传统教学模式忽略了以学生为主体的教学理念，缺乏师生互动，现代信息技术在教学活动中的广泛应用，增强了师生互动，更加注重在教学中以学生为主体的教学理念。

(2)网络教学不仅是教学内容的网络化和教学手段的革新，而且是教学思想、教学模式和教学方法的变革，最重要的就是教学模式的网络化。作为新时代的教师，要改变传统的教育思想、教育观念，从"以教师为中心"转变为"以学生发展为中心"，具体讲，就是教师由"权威者"转变为"合作者"和"指导者"，将学生从"吸收者"转变为"主动参与者"；学习先进的教育方式，自觉利用网络技术手段组织教学，发挥网络工具的作用；树立终身学习理念，主动充实先进的教育理论，提高自身运用现代教育技术手段的能力，培养自身的信息素养。

（共10分。第一问4分。从"教学资源多样化、教学模式立体化、教学水平科学化、教学关系自主化"四个角度回答信息技术的应用对传统课堂教学的影响，阐述合理可酌情给1～4分。第二问6分。答出"改变教育理念、学习先进教育方式、提高信息技术能力、培养信息素养"等关键点可酌情给1～4分；考生从其他角度回答的，若阐述合理可酌情给分）

2022年黑龙江省中学特岗教师招聘考试真题试卷(十六)

一、判断题

1. × 【解析】本题考查素质教育的发展。2006年6月，第十届全国人大常务委员会第二十二次会议修订的《中华人民共和国义务教育法》明确规定："义务教育必须贯彻国家的教育方针，实施素质教育。"这标志着素质教育已经上升到法律层面，成为国家意志。

2. √ 【解析】本题考查人的全面发展的含义。人的全面发展是指人的个性的自由全面发展。所谓全面，主要是指人的各项个性因素的全面养成和提高。个性，是人的本质在个人身上的具体体现。

3. × 【解析】本题考查教师终身学习的途径。教师应当树立终身学习的理念，这样才会通过教育影响到学生的终身学习理念。理念的形成不是靠外部灌输，而是在工作实践中逐步形成的，这就要求教师在工作实践中落实终身学习。

4. × 【解析】本题考查《中华人民共和国教育法》。根据《中华人民共和国教育法》第五十四条规定，国家建立以财政拨款为主、其他多种渠道筹措教育经费为辅的体制，逐步增加对教育的投入，保证国家举办的学校教育经费的稳定来源。

5. × 【解析】本题考查《中华人民共和国教师法》。根据《中华人民共和国教师法》第二条规定可知，该法适用于在各级各类学校和其他教育机构中专门从事教育教学工作的教师。

6. √ 【解析】本题考查对犯罪的未成年人重新犯罪的预防的最根本原则。对犯罪的未成年人重新犯罪的预防，最根本的原则就是"教育、感化、挽救""坚持教育为主、惩罚为辅"。从这一原则出发，负有预防未成年人犯罪的义务主体必须保障犯罪未成年人法律规定给予的权利。

7. √ 【解析】本题考查教师的权利。《中华人民共和国教师法》规定，教师享有"参加进修或者其他方式的培训"的权利，这项权利可称为"进修培训权"，是教师享有宪法规定的公民的受教育权利的具体体现。教师有权参加进修或其他形式的培训，以便提高自身的思想政治觉悟和业务水平。教育行政部门、学校及其他教育机构应采取多种形式，开辟多种渠道，努力为教师的进修培训创造条件。教师进修培训权的行使，必须要在完成本职工作的前提下，有组织、有计划地进行，不得影响正常的教育教学工作。

8. × 【解析】本题考查教师的违法(侵权)行为的主要类型。教师的罚款行为侵犯了学生的财产权，是一种违法(侵权)行为。教师甚至学校都是没有罚款权的。在法律上，只有国家法律授权的机关和单位才有罚款权。学生的合法财产受法律保护，教师不得侵占、破坏或非法扣押、没收等。教师侵犯学生财产权的表现形式主要包括：损坏学生财物、非法没收学生物品、乱罚款、乱摊派、推销商品等。学生对教师侵犯其财产权的行为可依法提起申诉或提起诉讼。

9. √ 【解析】本题考查受教育权的内涵。我国学者把受教育权的内涵归纳为四个方面：受教育的平等权(即教育平等权)、受教育的选择权、受教育的自由权和受教育的普遍权。其中，受教育的平等权是核心内容。

10. × 【解析】本题考查《中华人民共和国未成年人保护法》。根据《中华人民共和国未成年人保护法》第六十三条规定，除下列情形外，任何组织或者个人不得开拆、查阅未成年人的信件、日记、电子邮件或者其他网络通讯内容：(1)无民事行为能力未成年人的父母或者其他监护人代未成年人开拆、查阅；(2)因国家安全或者追查刑事犯罪依法进行检查；(3)紧急情况下为了保护未成年人本人的人身安全。

11. × 【解析】本题考查西方第一本教育论著。昆体良是古罗马教学法大师，他是西方教育史上第一个专门论述教育问题的教育家。其代表作《雄辩术原理》(《论演说家的教育》或《论演说家的培养》)是西方最早的教育著作，也被誉为古代西方的第一部教学法论著。

12. × 【解析】本题考查原始社会的教育特征。原始社会的教育具有非独立性，教育和社会生活、生产劳动紧密相连。教育没有从社会生活和生产中分化出来，教育是在生产劳动和社会生活中进行的，没有特定的教育场所和专职教育人员。

13. √ 【解析】本题考查影响个体身心发展的因素。总体看来，影响个体身心发展的因素主要有遗传、环境、教育(学校教育)和个体主观能动性等。遗传素质是人的身心发展的物质前提，环境为个体的发展提供了多种可能，而教育(学校教育)作为特殊的环境对人的身心发展起主导作用，个体主观能动性是人的身心发展的内因和动力。这些因素彼此关联、相互配合，共同发挥作用，促进人的身心发展。故题干说法正确。

14. × 【解析】本题考查德育途径。思想品德课之外的其他各科教学是学校德育最经常、最基本、最有效的途径。班主任工作是学校对学生进行德育的一个重要而又特殊的途径。

15. √ 【解析】本题考查教师成长和发展的基本途径。教师的教学过程是一个采取决策的过程，如判断自己的教学行为所引起的学生反应是否符合期望，如果符合，则继续维持自己的行为；不符合，就采取一定的预防和矫正措施。教学决策训练是指在了解和掌握将要教授的班级状况的基础上，新教师在指导者的指导下观看其他教师对此班级的现场教学或教学录像，从中找到自己教学的最佳行为的过程。研究显示，通过教学决策训练，可以提高受训人员的教学能力和水平。

16. √ 【解析】本题考查人格的特征。人格具有整体性、稳定性、独特性和社会性这四个基本特征。其中，人格的社会性是指社会化把人这样的动物变成社会的成员，人格是社会的人所特有的，它强调人格是在社会化的过程中形成的。

17. √ 【解析】本题考查幻想。幻想是一种与生活愿望相结合并指向于未来的想象。幻想是创造想象的特殊形式。

18. × 【解析】本题考查思维定势。定势(即心向)是指重复先前的操作所引起的一种心理准备状态。在定势的影响下，人们会以某种习惯的方式对刺激情境做出反应。定势对解决问题有积极作用，也有消极作用。

19. × 【解析】本题考查学生思维发展的特点。小学生思维发展的基本特征是从具体形象思维为主逐步向抽象逻辑思维为主过渡。到了中学阶段，学生的思维以抽象逻辑思维为主，学生能够理解和掌握一般的抽象概念(如定理、定义)，并进行逻辑推导。故题干说法错误。

20. × 【解析】本题考查感觉的相互作用规律。一种感觉兼有另一种感觉的心理现象叫联觉。感觉对比是同一感受器接受不同的刺激，而使感受性发生变化的现象。感觉对比分为两种：同时对比和继时对比。其中，几个刺激物同时作用于同一感受器会产生同时对比现象。例如"月明星稀"。故题干所述属于感觉对比中的同时对比。

21. √ 【解析】本题考查学习迁移理论。奥苏贝尔在有意义接受学习理论的基础上提出了认知结构迁移理论，认为一切有意义的学习都是在原有认知结构的基础上产生的，不受原有认知结构影响的有意义学习是不存在的。一切有意义的学习必然包括迁移，迁移是以认知结构为中介进行的，先前学习所获得的新经验，通过影响原有认知结构的有关特征影响新学习。

22. √ 【解析】本题考查学生的认知方式差异。认知方式也称认知风格，是指人们在认知活动中所偏爱的信息加工方式。它是一种比较稳定的心理特征，存在很大的个体差异。认知方式没有优劣、好坏之分，只是表现为学生对信息加工方式的某种偏爱，主要影响学生的学习方式。美国心理学家赫尔曼·威特金将认知方式分为两种：场依存型与场独立型。场独立型者独立自觉学习，由内在动机支配。场依存型者易受暗示，学习欠主动，由外在动机支配。

23. √ 【解析】本题考查中国古代思想家。荀子名荀况，字卿，战国末年赵国人，我国儒家学派的集大成者之一。荀子提出："天行有常，不为尧存，不为桀亡。"这句话的意思是：自然界的运行有其自身的规律，它不因为尧的贤明而存在，也不因为桀的暴虐而消亡，即天道有其内在规律性，不因人的意志而改变。

24. √ 【解析】本题考查中国古代天文历法成就。《夏小正》是中国最早的历书和中国现存最古老的历法学文献。

25. √ 【解析】本题考查天文历法。天干地支，简称"干支"。在中国古代的历法中，甲、乙、丙、丁、戊、己、庚、辛、壬、癸被称为"十天干"，子、丑、寅、卯、辰、巳、午、未、申、酉、戌、亥被称为"十二地支"。

26. × 【解析】本题考查中国当代文学。《随想录》是巴金的作品，共分为五集，分别是《随想录》《探索集》《真话集》《病中集》《无题集》。

27. √ 【解析】本题考查外国文学。古希腊三大悲剧作家分别是埃斯库罗斯、索福克勒斯和欧里庇得斯。《俄狄浦斯王》是索福克勒斯创作的剧本。

28. × 【解析】本题考查中国艺术。顾恺之是东晋杰出画家，博学有才气，工诗赋、书法，尤精绘画，擅画人像、佛像、禽兽、山水等，有"才绝、画绝、痴绝"之称。

29. × 【解析】本题考查计算机知识。搜索引擎按其工作方式主要可分为三种，分别是全文搜索引擎、目录索引类搜索引擎和元搜索引擎。

30. √ 【解析】本题考查中国古代文学。《诗经》是我国第一部诗歌总集，共收录自西周初期至春秋中叶约五百年间的诗歌305篇，广泛反映了当时的政治、经济、文化、军事、地理、民俗状况，分《风》《雅》《颂》三个部分。《诗经》形式上基本采用的是整齐的四言诗，采用赋比兴的艺术手法。风、雅、颂、赋、比、兴合称"诗六义"。

二、单项选择题

31. B 【解析】本题考查教师成长的历程。福勒和布朗根据教师的需要和不同时期所关注的焦点问题，把教师的成长划分为关注生存、关注情境和关注学生三个阶段。故选B项。

32. A 【解析】本题考查教师队伍建设的核心目标。师德建设是教师队伍建设的核心目标。师德修养的状况如何直接影响到青少年的健康成长。故选A项。

33. C 【解析】本题考查《中华人民共和国义务教育法》。根据《中华人民共和国义务教育法》第七条规定，义务教育实行国务院领导,省、自治区、直辖市人民政府统筹规划实施,县级人民政府为主管理的体制。

34. C 【解析】本题考查《学生伤害事故处理办法》的颁布者。《学生伤害事故处理办法》是教育部于2002年6月25日发布的部门规章,明确了学生伤害事故与责任、处理程序、事故损失的赔偿、责任者的处理等事项。

35. D 【解析】本题考查教师违法(侵权)行为的主要类型。受教育权是学生最基本的权利。侵犯学生的受教育权包括侵犯学生上课学习的权利、侵犯学生受教育的选择权、侵犯学生升学复学方面的同等权利、以侵犯姓名权的手段侵犯学生的受教育权、延误学生录取通知书的发放等。故题干中老师的做法侵犯了小明上课学习的权利。

36. A 【解析】本题考查普通中小学的中心工作。教学是实现教育目的的最基本途径,是普通中小学的中心工作。

37. C 【解析】本题考查品德的心理结构。道德认知(道德认识)是指对于行为规范及其意义的认识,是人的认识过程在道德上的表现。道德认识是社会道德要求转化为个人内在品质的首要环节,是整个道德品质形成的基础。

38. B 【解析】本题考查最近发展区概念的提出者。维果斯基提出了"最近发展区"的概念,他认为,儿童有两种发展水平:一是儿童的现有水平,即由一定的已经完成的发展系统所形成的儿童心理机能的发展水平;二是可能达到(即将达到)的发展水平,也就是通过教学所获得的潜力。这两种水平之间的差异,就是最近发展区。

39. D 【解析】本题考查认知过程。想象是人脑对已储存的表象进行加工改造,形成新形象的心理过程。根据想象的目的和计划性,可将想象分为无意想象和有意想象。根据创造程度的不同,有意想象又可以分为再造想象和创造想象。其中,再造想象是依据词语或符号的描述、示意在头脑中形成与之相应的新形象的过程。读完《沁园春·雪》后在脑海中形成的相应的景象属于再造想象。

40. A 【解析】本题考查学习策略的种类。编歌诀法就是利用编制歌谣口诀的方式来帮助记忆的方法。编歌诀法属于精加工策略中的记忆术。故选A项。

41. B 【解析】本题考查中国古代名人。鲁班,春秋时期鲁国人,我国古代建筑工程家,被建筑工匠称为"祖师",B项正确。墨子,名翟,墨家学派创始人,著名的思想家、教育家、科学家、军事家,提出了"兼爱""非攻""尚贤"等观点,A项错误。李冰,战国时期著名的水利工程专家,与其子一同主持修建的都江堰水利工程为成都平原成为"天府之国"奠定了坚实的基础,C项错误。李春是隋代著名的桥梁工匠,建造了举世闻名的赵州桥,D项错误。故选B。

42. A 【解析】本题考查中国古代传统节日。寒食节起源于春秋时期晋文公纪念介子推的故事。东周分为春秋时期和战国时期,故选A。

43. C 【解析】本题考查中国古代文学。《西厢记》的全名是《崔莺莺待月西厢记》,作者为元代著名杂剧作家王实甫,C项正确。白朴的代表作品是《唐明皇秋夜梧桐雨》《墙头马上》等。马致远的代表作品是《汉宫秋》《荐福碑》等。关汉卿的代表作品是《窦娥冤》《救风尘》《望江亭》等。ABD三项均错误。故选C。

44. D 【解析】本题考查中国艺术。1905年,北京的丰泰照相馆摄制了京剧舞台纪录片《定军山》,揭开了中国人摄制影片的历史序幕,故选D。

45. B 【解析】本题考查中国古代天文历法成就。《春秋》记载,公元前613年,"有星孛入于北斗",这是世界上公认的首次关于哈雷彗星的确切记录,故选B。

三、多项选择题

46. ABCDE 【解析】本题考查实施素质教育的途径。实施素质教育的途径主要有:(1)国家政策保障;(2)推行基础教育课程改革;(3)德育为先,五育并举;(4)学校管理、课外教育活动、班主任工作。故本题全选。

47. ACDE 【解析】本题考查教师专业发展的途径。教师专业发展的途径包括:师范教育(职前培训)、入职培训、在职培训和自我教育。

48. ABC 【解析】本题考查教育法的本质属性。教育法的本质属性有:(1)教育法由国家制定或认可。制定与认可是国家创制法律的两种基本形式。教育法是国家的权力机关在法定的权限范围内,依照法定的程序制定或认可的。(2)教育法是一种行为规范。行为规范是指人们在社会生活中必须遵循的行为规则或行为模式,通过行为规范可以调整社会中人与人之间的关系。教育法是教育领域不同主体间的权利与义务关系的行为规范,通过确立不同主体的权利与义务来保证教育的实施。(3)教育法是以国家强制力保障实施的行为规范,这也是法律区别于其他行为规范的一个重要特点。教育法具有国家强制力,是以国家强制机构(包括警察、法院等)和强制措施作为后盾的。

49. ABCE 【解析】本题考查教师集体中的人际关系。正确处理教师集体中的人际关系要做到:(1)正确认识教师之间关系的特点;(2)尊重和关心每个同事;(3)善于合作,共同进取;(4)正确地开展竞争;(5)克服文人相轻。

50. ABCDE 【解析】本题考查《中华人民共和国教师法》。根据《中华人民共和国教师法》第十条规定,国家实行教师资格制度。中国公民凡遵守宪法和法律,热爱教育事业,具有良好的思想品德,具备本法规定的学历或者经国家教师资格考试合格,有教育教学能力,经认定合格的,可以取得教师资格。

51. BCD 【解析】本题考查现代教育的"三中心"。杜威的理论是现代教育理论的代表,区别于传统教育"课堂中心""教材中心""教师中心"的"旧三中心论",他提出了"儿童中心(学生中心)""活动中心""经验中心"的"新三中心论"。

52. ACDE 【解析】本题考查中国古代文学。明代剧作家汤显祖在戏曲创作上反对拟古和拘泥于格律,其传奇剧《牡丹亭》《邯郸记》《南柯记》《紫钗记》合称"临川四梦",ACDE项正确。《老残游记》是清末文学家刘鹗的代表作,B项错误。故选ACDE。

53. ABCE 【解析】本题考查外国艺术。法国雕塑艺术家奥古斯特·罗丹的主要作品有《沉思者》《青铜时代》《圣徒约翰》《加莱义民》《巴尔扎克》等,ABCE项正确。《自由引导人民》是法国画家德拉克罗瓦为纪念1830年法国七月革命而创作的一幅油画,D项错误。故选ABCE。

54. ABCDE 【解析】本题考查类比推理。(1)人们在认识的活动过程中,既可以根据两个对象在某些方面的相同推出其他方面的相同,也可以根据两个对象在某些方面的相异推出其他方面的相异,还可以根据两个对象在某些方面相同,又在某些方面相异,然后通过平衡相同点和相异点而得出结论。这就形成了类比推理的三种最一般的模式:肯定类比、否定类比和中性类比。(2)根据类比所考虑的属性是事物的性质还是事物之间的关系,可以把类比推理分为性质类比和关系类比。故选ABCDE。

55. ABC 【解析】本题考查现代学制的主要类型。现代学制主要有三种类型:一是双轨学制,二是单轨学制,三是分支型学制。

56. BCD 【解析】本题考查人格。人格包括个人的人格心理特征和人格倾向性两个相互联系的方面。人格心理特征包括能力、气质、性格,这些心理特征在不同程度上受先天遗传因素的影响,相对比较稳定。人格倾向性包括需要、动机、兴趣、价值观、理想等,主要在后天社会化过程中形成,集中反映了人性独特的一面。故选B、C、D三项。A、E两项属于认知过程,排除。

57. ABCD 【解析】本题考查马斯洛的需要层次理论。马斯洛把需要分为生理需要、安全需要、归属与爱的需要、尊重需要、求知需要、审美需要、自我实现的需要。前四种需要被称为缺失需要,后三种需要是成长需要。故选ABCD四项。

58. BCE 【解析】本题考查中国现代文学。徐志摩是我国现代诗人、散文家,代表作品有《轮盘》《翡冷翠的一夜》《猛虎集》《云游》《落叶》《秋》等,BCE三项正确,D项错误。《雨巷》是诗人戴望舒在1927年创作的一首现代诗,A项错误。故选BCE。

59. ABCE 【解析】本题考查中国传统工艺。中国四大名绣分别是苏州的苏绣、湖南的湘绣、广东的粤绣、四川的蜀绣。故选ABCE。

60. 缺

四、简答题(参考答案)

61. 简述教师职业的特点。

教师职业的特点包括:(1)价值性;(2)伦理性;(3)复杂性;(4)教育性;(5)创造性。

(共5分。每点1分,答案完全正确得满分)

62. 简述教育法律责任的归责条件。

(1)有损害事实;(2)损害行为必须违法;(3)行为人主观有过错;(4)违法行为与损害事实之间具有因果关系。

(共5分。答案完整得满分;答出"有损害事实""行为必须违法""主观过错""具有因果关系"等关键词可得4分;少答一点扣1分)

63. 简述生产力对教育的制约作用。

(1)生产力的发展水平制约着教育发展的规模和速度;(2)生产力的发展水平制约着教育结构的变化;(3)生产力发展水平制约着教育的内容、方法与手段;(4)生产力发展水平制约着学校的专业设置。

(共5分。答案完整得满分;答出制约"规模和速度""教育结构""教育内容""专业设置"等关键词可得3分;少答一点扣1分)

64. 简述中学生的学习特点。

(1)中学生的学习是以掌握书本上的间接知识经验为主;(2)中学生的学习是在教师指导下,有目的、有计划、有组织进行的;(3)中学生的学习包括智能的发展与情感的培养。

(共5分。答案完整得满分;答出"掌握间接知识经验为主""教师指导""智能的发展与情感的培养"等关键词可得3分;少答一点扣2分)

65. 简述巩固记忆效果的方法。

(1)及时复习;(2)合理分配复习时间;(3)反复阅读和尝试重现相结合;(4)采取多样化的复习方法;(5)多种感官参与复习。

(共5分。每点1分,答案完整得满分;答出"合理分配时间""反复阅读""采用多种方法"等关键词可得3分)

66. 简述加涅的学习结果分类。

按学习结果,加涅将学习分为五种类型:(1)言语信息;(2)智慧技能;(3)认知策略;(4)动作技能;(5)态度。

(共5分。答案完整得满分;答出"言语信息、智慧技能、认知策略、动作技能、态度"每点1分;少答一点扣1分)

五、论述题(参考答案)

67. 论述如何实施全面发展教育。

(1)正确处理"五育"关系,科学设计教育活动。我们强调"五育并举",但这并不意味着在教育实践中平均用力,应根据各育的特点和人的身心发展规律,进行科学设计、合理安排。

(2)正确认识全面发展和个性发展的关系,促进学生全面、和谐发展。全面发展与个性发展是一致的、统一的。全面发展是对人的普遍、统一的基本要求,个性发展是教育的必然结果。教育实践中要在全面发展这一基本要求的基础上,根据每一位学生的特殊性因材施教,在充分发挥每个学生长处的同时求得学生的全面、和谐发展。

(3)坚持以人为本,充分发挥师生潜能。教育是专门培养人的活动,实施全面发展教育必须用科学发展观为指导,坚持以人为本,只有这样才能实现人的全面发展的目标,办人民满意的教育。以人为本首先就是要以学生的发展为本,要面向全体学生,尊重学生的差异和个性,促进学生的全面、和谐发展。其次就是要依靠教师,激发全体教师的责任心和积极性,发挥全体教师的智慧和才能。

(4)树立崇高理想,培养学生的创新精神和实践能力。实施全面发展教育首先要解决学生的学习方向、学习动力等问题,激发学生的学习欲望。其次要重视培养学生的创新精神和实践能力。

(5)确定合理的培养目标,促进学生生动活泼、主动地发展。培养目标是教育目的的具体化,是从各级各类教育的实际出发,提出既与教育目的的指导方向一致,又符合教育实际需要的目标。培养目标的确立除了考虑落实教育目的之外,还应结合各级各类学校教育的性质和任务,以及特定教育对象的身心特点及规律。确定合理的培养目标才能使教育目的真正落到实处。

(共10分。从"正确处理'五育'关系""正确认识全面发展和个性发展的关系""坚持以人为本""培养学生的创新精神和实践能力""确定合理的培养目标"五个方面论述如何实施全面发展教育,每点2分,理论依据准确、充分1分,展开合理论述1分)

68. 论述学校如何开展未成年人保护工作。

(1)建构组织领导体系。按照"谁主管、谁负责"的原则,学校主要负责人是本单位安全管理第一责任人,应组织制定本单位安全发展规划,建立健全本单位的安全制度、措施和管理办法。

(2)建构安全教育体系。安全教育是学校安全工作的一个重要内容,也是学生知识体系不可缺少的一个组成部分。学校要以"六进一实践"为载体,强化校园安全教育活动。"六进"是指进社区(村庄)、进家庭、进校园、进教材、进课堂、进头脑。"一实践"是指学校要根据《中小学幼儿园应急疏散演练指南》的要求,在"全国中小学生安全教育日""5·12全国防灾减灾日"等重要时间节点组织应急疏散演练。

(3)建构安全管理体系。校园安全,人人有责。学校要在安全管理上制定一系列严密措施,给全体师生的安全提供强有力的保障。例如:落实全员安全帮包工作;完善学校安全举报机制;加强"三防"建设;完善校园安全管理台账。

(4)建构安全隐患排查整改体系。学校要落实安全隐患排查整改规定,以及校园"安全隐患首遇责任制",学生、教师在校内发现安全隐患要及时上报班主任、安全办主任,确保及时消除隐患。

(5)建构社会参与体系。校园安全不仅仅是学校的事,也是整个社会的事,社会各界联防联守,是守护校园安全的有力举措。

(6)建构安全风险评估体系。学校应准确辨识自身教育教学活动中存在的所有危险源,并对其进行风险评估,策划制定风险控制措施。

(7)建构突发事件预测分析体系。学校要依据校园安全事件的特点,建立校园突发事件预测分析体系,采取有效措施提前介入,对防范安全事件的发生起到积极作用。

(8)建构应急管理体系。学校应结合教育实际,坚持以人为本,按照预防和应急并重、常态和非常态相结合的原则,建构应急管理体系。

(共10分。从"建构组织领导体系""建构安全教育体系""建构安全管理体系""建构安全隐患排查整改体系""建构社会参与体系"等方面论述学校如何开展未成年人保护工作,至少提出5条建议,每条建议2分,建议合理1分,展开合理论述1分)

69. 论述我国基础教育课程改革的内容。

当前我国基础教育课程改革是一项系统工程,其内容主要涉及课程目标、课程结构、教学过程、课程评价、课程与教材管理等几个方面。

(1)课程目标的改革。根据基础教育的性质和时代特点,要求课程目标要从单纯注重传授知识转变到引导学生学会学习、学会生存、学会做人,促进学生在知识与技能、过程与方法、情感态度与价值观三个方面都得到良好的发展。

(2)课程结构的改革。要求整体设置九年一贯的课程门类和课时比例,建立具有均衡性、综合性和选择性的课程结构,为促进学生全面而充分自由的发展创造条件。具体要求是:小学阶段以综合课程为主,初中阶段设置分科与综合相结合的课程,高中以分科课程为主。

(3)教学过程的改革。努力实现教师的教学方式和学生的学习方式的转变,建立民主平等的师生关系。

(4)课程评价的改革。要求转变课程评价的功能,实现评价主体的多元化和评价方式的多样化,为促进学生发展、教师提高和改进教学实践服务。

(5)课程与教材管理的改革。在课程管理上,强调实行国家、地方、学校三级课程管理。在教材管理上,要求完善基础教育教材管理制度,实现教材的高质量与多样化。

(共10分。从"课程目标""课程结构""教学过程""课程评价""课程与教材管理"五个方面论述我国基础教育课程改革的内容,每点2分,理论依据准确、充分1分,展开合理论述1分)

70. 论述促进学习迁移的策略。

(1)改革教材内容,促进迁移。①精选教材,提高对概念和原理的理解水平;②合理编排教学内容,突出知识的组织特点。

(2)合理编排教学方式,促进迁移。教师在组织教学时,一方面要抓住教材内容的核心;另一方面要合理安排教学程序,使得学生顺利地将所学习的内容融会贯通,提高迁移的效果。

(3)教授学习策略,提高学生的迁移意识。学习不只是要让学生掌握一门或几门学科的具体知识与技能,而且还要让学生学会如何去学习,即掌握学习方法的知识与技能。

(4)改进对学生的评价。有效运用评价手段对学生形成积极的学习态度,对学习迁移都具有积极的作用。

(共10分。从"教材内容""教学方式""学习策略""评价"四个方面论述促进学习迁移的策略,每点2.5分,理论依据准确、充分1分,展开合理论述1.5分)

六、案例分析题(参考答案)

71~72. 缺

七、情境分析题(参考答案)

73. (1)李宏老师主要运用了直观性原则。直观性原则是指在教学活动中,教师应尽量利用学生的多种感官和已有的经验,通过各种形式的感知,使学生获得生动的表象,从而比较全面、深刻地掌握知识。直观手段种类繁多,一般分为三大类:实物直观、模像直观和言语直观。李宏老师借助挂图和标本等教具进行教学,这是运用模像直观的典型表现。

(共10分。答出"直观性原则"2分;阐释直观性原则的概念4分,概念需完整、准确,包含"利用感官和经验""获得表象"等要点;结合材料分析4分)

(2)①正确选择直观教具和教学手段。李宏老师应准备大小适当的挂图和标本,让教室内的所有学生都能看清楚,改善直观教学的效果。

②将直观教具的演示与语言讲解结合起来。李宏老师应在翻看课件期间,配以合适的语言讲解,这有利于学生将直接经验与间接经验相结合,加深对所学知识的理解,提高教学效率。

③重视运用言语直观。李宏老师在使用模像直观的前提下,也可借助生动形象的言语唤起学生头脑中关于两栖动物的表象,以提供感性材料进行学习。

(共10分。从"正确选择直观教具""将教具演示与语言讲解结合""重视运用言语直观"等方面分析李宏老师如何正确运用直观性原则,理论依据准确、充分5分,结合案例阐述合理5分)

2022年四川省特岗教师招聘考试真题试卷(十七)

一、单项选择题

1. C 【解析】本题考查教育的根本功能。教育的根本功能是促进人的成长和全面发展。

2. B 【解析】本题考查教育的起源学说。教育的生物起源学说的代表人物是法国社会学家、哲学家利托尔诺与英国教育学家沛西·能。利托尔诺在《各人种的教育演化》一书中认为,教育活动不仅存在于人类社会之中,而且也存在于人类社会之外,甚至存在于动物界。不仅在脊椎动物中存在,甚至在非脊椎动物中也存在。故本题选B项。

3. A 【解析】本题考查我国传统教育的相关内容。在我国传统文化中,教师在教学中处于中心位置,为课堂的主体与权威。

4. C 【解析】本题考查教育的基本要素。教育由教育者、学习者和教育影响三个要素构成。故本题选C项。

5. B 【解析】本题考查影响人发展的因素。"橘生淮南则为橘,生于淮北则为枳"的意思是:橘子生长在淮河以南就是橘子,生长在淮河以北就变成枳了。这说明同样一种东西,生长的环境不同,结果也会不一样。这体现了环境对人发展的影响。

6. D 【解析】本题考查教育的文化功能。教育的文化功能主要表现在教育的文化传承功能、教育的文化选择功能、教育的文化融合功能和教育的文化创造功能四个方面。其中,教育的文化融合功能的表现之一是,教育过程本身通过对不同文化的学习,如引进国外的教材、介绍国外的学术成果和理论,对这些异域的文化进行判断、选择,对本土的文化进行变革、改造,进而整合成新的文化,促进文化的不断丰富和发展。故本题选D项。

7. A 【解析】本题考查旧中国的学制沿革。

A项,壬寅学制是中国近代教育史上最早由国家正式颁布的学制系统,虽然正式公布,但并未实行。

B项,癸卯学制是中国近代教育史上第一部由国家颁布的并在全国实行的学制系统,成为中国近代教育走向制度化、法制化阶段的标志。C项,壬子癸丑学制明显反映了资产阶级在学制方面的要求,是我国教育史上第一个具有资本主义性质的学制。D项,壬戌学制又称"新学制""六三三学制",该学制一直沿用到全国解放初期。综上所述,本题选A项。

8. A 【解析】本题考查教师职业的社会地位。教师职业的社会地位是通过教师职业在整个社会中所发挥的作用和所占有的地位资源来体现的,主要包括政治地位、经济地位、法律地位和专业地位。其中,教师职业的政治地位是指教师职业在国家或民族的政治生活中所处的地位和所起的作用,表现为教师的政治身份的获得、教师自治组织的建立、政治参与度、政治影响力等。故本题选A项。

9. B 【解析】本题考查我国教育目的的理论基础。马克思阐述了关于人的全面发展学说,这一学说是我国确立教育目的的理论依据和基础。

10. C 【解析】本题考查隐性课程的表现形式。隐性课程的主要表现形式有:(1)观念性隐性课程。包括隐藏于显性课程之中的意识形态,学校的校风、学风,有关领导与教师的教育理念、价值观、知识观、教学风格、教学指导思想等。(2)物质性隐性课程。包括学校建筑、教室的布置、校园环境等。(3)制度性隐性课程。包括学校管理体制、学校组织机构、班级管理方式、班级运行方式。(4)心理性隐性课程。主要包括学校人际关系状况,师生特有的心态、行为方式等。因此,班级管理规定属于制度性隐性课程。

11. B 【解析】本题考查班主任的领导方式。班主任的领导方式包括专制型、民主型和放任型三种。其中,专制型的领导方式属于支配性指导。持专制型领导方式的班主任无视学生的个别差异,以僵硬的对策为基础,只给予统一强制的指导,或一味地斥责、威胁。故本题选B项。

12. B 【解析】本题考查心理发展的一般规律。心理发展是一个不断由量变到质变的发展过程。当某一种心理活动在发展变化之中而又未出现新质变时,它就正处于一种量变的积累过程。这种心理变化在未达到新质变而进行着的孕育更新的质的量变,就表现为心理发展的连续性。实际上,每一种心理过程、心理特征的发展,都以先前的状况为基础,都是对先前心理活动的继承与发展。例如,个体整个思维的发展是连续的过程。不同年龄阶段的儿童思维状况既有上一年龄阶段的思维的"影子",又向下一年龄阶段的思维发展特点趋近。具体来说,学前儿童的思维继承着婴儿动作思维的特点,但形象思维也开始发展起来;小学中、低年级儿童的思维以形象思维为主,但又开始发展抽象思维;小学高年级儿童的抽象思维更进一步发展,但仍保留着具体形象思维的特点。

13. A 【解析】本题考查遗传决定论。内发论(遗传决定论)强调内在因素,如"需要""成熟",强调人的身心发展的力量主要源于人自身的内在需要,身心发展的顺序也是由身心成熟机制决定的。格塞尔是遗传决定论的代表人物,他通过双生子爬梯实验证明了他的"成熟势力说",强调了成熟机制对人的发展的决定作用。故本题选A项。

14. B 【解析】本题考查经典性条件反射与操作性条件反射的比较。在操作性条件作用中,行为发生在刺激之前。在经典性条件作用中,行为发生在刺激之后。题干中的学生自发产生积极的行为后被肯定(即先有行为,后有刺激),最终形成良好的行为习惯,操作性条件反射理论能很好地解释这一现象。

15. C 【解析】本题考查班级的非正式组织。班级的非正式组织是源于班级组织的个人属性层面的人际关系,是学生在共同的学习与活动中基于成员间的需求、能力、特点的不同,从个人的好感出发而自然形成的。学生的非正式组织有积极型、娱乐型、消极型、破坏型四种类型。其中,积极型非正式组织的价值目标与班级正式群体的价值目标是一致的,是班级正式群体的补充。例如,学生们自发组织的文艺活动小组、公益活动小组、体育活动小组等。因此,学生自发组织的足球运动小组属于积极型非正式组织。

16. B 【解析】本题考查学习的类型。有意义学习的本质就是以符号为代表的新观念与学习者认知结构中原有的适当观念建立起非人为的和实质性的联系的过程,是原有观念对新观念加以同化的过程。题干中的学生将新概念(菱形)与原有概念(平行四边形)建立起实质性的联系的过程,属于典型的有意义学习。

17. B 【解析】本题考查知识的分类。程序性知识是关于"如何做"的知识,也被称之为技能,包括动作技能和智力技能。故B项符合题意。陈述性知识也叫描述性知识,是个人能用言语进行直接陈述的知识,主要用于区别和辨别事物。陈述性知识学习的过程包括获得、保持和提取三个阶段。其中,在知识提取阶段,个体运用所获得的知识回答"是什么"和"为什么"的问题。故A项不合题意。感性知识是对活动的外表特征和外部联系的反映,可分为感知和表象两种水平。故C项不合题意。D项为干扰选项,因此,答案选B项。

18. C 【解析】本题考查学习策略的分类。精加工策略是指把新信息与头脑中的旧信息联系起来从而增加新信息意义的深层加工策略。它常被描述成一种理解记忆的策略,其要旨在于建立信息间的联系。记忆术是常见的精加工策略之一,主要包括:形象联想法、谐音联想法、首字连词法、位置记忆法、缩简和编歌诀等方法。其中,编歌诀法就是利用编制歌谣口诀的方式来帮助记忆的方法。题干中的张老师采用歌谣口诀法教学生学习,属于编歌诀法,故这种学习策略属于精加工策略。

19. A 【解析】本题考查瞬时记忆的内容。A项:瞬时记忆也称感觉记忆,感觉记忆在瞬时能储存大量的信息,进入感受器的信息几乎都被储存,即记忆容量大。故A项说法正确。B项:组块是指将若干小单位联合成大单位的信息加工,也指这样组成的单位。米勒认为,短时记忆的容量是以组块来计算的。组块化加工在短时记忆中用得很普遍。经过复述和组块化加工,信息就可以暂时储存在短时记忆中并准备进入长时记忆及与另外后续信息发生互动。故B项说法错误。短时记忆也称工作记忆,其特点为时间很短,不超过1分钟或5秒~2分钟,短时记忆是唯一对信息进行有意识加工的记忆阶段。故C、D两项说法错误。

20. B 【解析】本题考查科尔伯格品德发展阶段的理论。习俗水平包括以下两个阶段:(1)好孩子的道德定向阶段。(2)维护权威或秩序的道德定向阶段。其中,维护权威或秩序的道德定向阶段的儿童的道德价值是以服从权威为导向,包括服从社会规范,遵守公共秩序,尊重法律的权威,以法制观念判断是非、知法守法。题干中的孩子认为违反交通规则的行为,扰乱了社会秩序,即没有遵守公共秩序,因此这个孩子的道德发展水平处于习俗水平。

21. B 【解析】本题考查矫正学生不良心理与行为的主要方法。

A项:系统脱敏是指当某些人对某事物、某环境产生敏感反应(害怕、焦虑、不安)时,我们可以在当事人身上发展起一种不相容的反应,使其对本来可引起敏感反应的事物,不再发生敏感反应。与题干表述不符。

B项:认知疗法的其中一种是理性—情绪疗法(RET),又称合理情绪疗法,是20世纪50年代由艾利斯在美国创立的,因其采用了行为治疗的一些方法,故又被称为认知—行为疗法。艾利斯认为,人的情绪是由他的思想决定的,合理的观念导致健康的情绪,不合理的观念导致负向的、不稳定的情绪。与题干表述一致,当选。

C项:行为塑造是指通过不断强化逐渐趋近目标的反应,来形成某种较复杂的行为。与题干表述不符。

D项:来访者中心疗法又称患者中心疗法,该疗法认为,每个人都具有生存、成长和促进自身发展的本能的自我实现倾向。

22. B 【解析】本题考查马斯洛的需要层次理论。马斯洛将需要分为七个层次,即生理需要、安全需要、归属与爱的需要、尊重需要、求知需要(认知需要)、审美需要和自我实现的需要。前四种需要被称为缺失需要(基本需要),后三种需要是成长需要(心理需要)。因此,B项属于成长需要,A、C、D三项属于基本需要。

23. A 【解析】本题考查认知风格的差异。

A项:场依存型的学生对客观事物的判断常以外部线索为依据,其态度和自我认知易受周围环境或背景(尤其是权威人士)的影响,往往不易独立地对事物做出判断,而是人云亦云,从他人处获得标准;行为常以社会为定向,社会敏感性强,爱好社交活动。偏爱人文、社会科学和社会工作。根据题干中的"与人有联系""社会工作"可知,这类人的认知风格属于场依存型。与题干表述一致,当选。

B项:场独立型的学生对客观事物的判断常以自己的内部线索(经验、价值观)为依据,不易受到周围环境因素的影响和干扰,倾向于对事物做独立判断;行为常是非社会定向的,社会敏感性差,不善于社交,关心抽象的概念和理论,喜欢独处。偏爱理科和自然科学。与题干不符。

C项:整体性策略是指从全盘上考虑如何解决问题。与题干不符。

D项:采取系列性策略的学生,一般把重点放在解决一系列子问题上。与题干不符。

24. B 【解析】本题考查注意的分类。无意注意也称不随意注意,是没有预定目的、无需意志努力、不由自主地对一定事物所发生的注意。题干中学生对汽车的鸣笛声的注意是没有预定目的、无需意志努力、不由自主的,故这一注意是无意注意。

25. D 【解析】本题考查教师聘任制的运行。教师聘任制的运行是指教师聘任合同具体发生法律效力的过程。其中包括招聘、签订聘任合同、续聘(或解聘、辞聘)几个环节。其中,招聘是指用人单位面向社会公开、择优选拔具有教师资格的所需人员。续聘是指聘任期满后,聘任单位与教师继续签订聘任合同。如果用人单位因为某种原因不适宜继续聘任教师,双方解除合同关系,称为解聘。解聘是由学校作为主动方提出的行为。由教师主动提出与用人单位解除聘任合同的法律行为称为辞聘。故某教师请求学校解除聘任合同的行为属于辞聘。答案选D项。

26. B 【解析】本题考查教育法规体系的纵向结构。A项:教育基本法律是由全国人民代表大会制定,调整教育内部、外部相互关系的基本法律准则,如《中华人民共和国教育法》。

B项:教育单行法律一般是由全国人民代表大会常务委员会制定的,规定教育领域某一方面具体问题的规范性文件,其效力低于《中华人民共和国宪法》和教育基本法,如《中华人民共和国义务教育法》《中华人民共和国教师法》《中华人民共和国职业教育法》《中华人民共和国高等教育法》等。故答案选B项。

C项:教育行政法规是行政法规的形式之一,是由最高国家行政机关(国务院)依据《中华人民共和国宪法》和教育法律制定的关于教育行政管理的规范性文件,其效力低于《中华人民共和国宪法》和教育法律,高于地方性教育法规和教育规章。如《教师资格条例》等。

D项:教育规章是中央和地方有关国家行政机关依照法定权限和程序制定颁布的有关教育的规范性文件,有的称为教育行政规章,包括部门教育规章和地方政府教育规章。

27. A 【解析】本题考查法律制裁的方式。法律制裁主要有行政制裁、民事制裁和刑事制裁三种方式。其中行政制裁可分为行政处分和行政处罚两种方式。行政处分是国家机关、企业事业单位按照行政隶属关系,给予犯有轻微违法违纪失职行为、尚不够刑事处分的所属人员的一种惩罚措施。行政处分的种类有:警告、记过、记大过、降级、撤职、开除等。故本题选A项。

28. B 【解析】本题考查《中华人民共和国义务教育法》。根据《中华人民共和国义务教育法》第二条规定,国家实行九年义务教育制度。

29. D 【解析】本题考查《中华人民共和国教师法》。根据《中华人民共和国教师法》第七条规定,教师享有下列权利:(1)进行教育教学活动,开展教育教学改革和实验;(2)从事科学研究、学术交流,参加专业的学术团体,在学术活动中充分发表意见;(3)指导学生的学习和发展,评定学生的品行和学业成绩;(4)按时获取工资报酬,享受国家规定的福利待遇以及寒暑假期的带薪休假;(5)对学校教育教学、管理工作和教育行政部门的工作提出意见和建议,通过教职工代表大会或者其他形式,参与学校的民主管理;(6)参加进修或者其他方式的培训。D项属于教师的义务,故本题选D项。

30. A 【解析】本题考查教育法律法规的相关内容。

A项:根据《中华人民共和国义务教育法》第十九条规定,普通学校应当接收具有接受普通教育能力的残疾适龄儿童、少年随班就读,并为其学习、康复提供帮助。因此,学校并非无条件接收所有残疾适龄儿童随班就读。A项说法错误。

B项:《中华人民共和国教育法》中规定了学校有对学生进行教育和管理的权利。B项说法正确。

C项:根据《中华人民共和国教育法》第四十四条规定,受教育者应当履行下列义务:(1)遵守法律、法规;(2)遵守学生行为规范,尊敬师长,养成良好的思想品德和行为习惯;(3)努力学习,完成规定的学习任务;(4)遵守所在学校或者其他教育机构的管理制度。C项说法正确。

D项:学校和学生之间的关系包括:(1)教育和被教育的关系;(2)管理和被管理的关系;(3)保护和被保护的关系。D项说法正确。

本题为选非题,故答案选A项。

二、判断简析题(参考答案)

31. 贯穿整个教学过程的评价是终结性评价。

(1)×。(2)终结性评价也称为总结性评价,是在一个大的学习阶段、一个学期或一门课程结束时对学生学习结果的评价。总结性评价注重考查学生掌握某门学科的整体程度,概括水平较高,测验内容范围较广,常在学期中或学期末进行。形成性评价是在教学过程中为改进和完善教学活动而进行的对学生学习过程及结果的评价。形成性评价贯穿整个教学过程之中。故题干说法错误。

(共4分。判断1分,判断"√"本题不得分;理由3分,答出终结性评价的概念和特点给2分,答出形成性评价的概念给1分)

32. 皮亚杰认为顺应是儿童认知发展的量变过程。

(1)×。(2)皮亚杰将适应分为两种不同的类型:同化和顺应。同化是指在有机体面对一个新的刺激情境时,把刺激整合到已有的图式或认知结构中。同化是图式发生量变的过程,它不能引起图式的质变,但影响图式的生长。顺应是指当有机体不能利用原有图式接受和解释新刺激时,其认知结构发生改变来适应刺激的影响。顺应是图式发生质变的过程。因此,题干说法错误。

(共4分。判断1分,判断"√"本题不得分;理由3分,答出适应分为"同化和顺应"得1分,具体阐述"同化为量变过程""顺应为质变过程"得2分)

33. 埃里克森提出了认知发展的八阶段理论。

(1)×。(2)美国精神分析学家埃里克森提出了人格发展的八阶段理论,他强调社会文化背景的作用,认为人格发展受文化背景的影响和制约。他认为,人格发展是一个逐渐形成的过程,必须经历八个顺序不变的阶段,其中前五个阶段属于儿童成长和接受教育的时期。每一个阶段都有一个由生物学的成熟与社会文化环境、社会期望之间的冲突和矛盾所决定的发展危机。成功而合理地解决每个阶段的危机或冲突将使个体形成积极的人格特征和健全的人格。因此,题干说法错误。

(共4分。判断1分,判断"√"本题不得分;理由3分,答出"埃里克森提出人格发展的八阶段理论"得1分,具体阐述人格发展理论的内容得2分)

34. 前摄抑制是正迁移,倒摄抑制是负迁移。

(1)×。(2)前摄抑制是先学习的材料对识记和回忆后学习材料的干扰作用。后学习的材料对保持和回忆先学习的材料的干扰作用,称为倒摄抑制。根据迁移的性质和结果,迁移可分为正迁移、负迁移和零迁移。其中,正迁移也叫"助长性迁移",是指一种学习对另一种学习的促进作用。负迁移也叫"抑制性迁移",是指一种学习对另一种学习产生阻碍作用。在记忆领域的心理学研究中，正迁移又叫作前摄易化或倒摄易化，负迁移又叫前摄抑制或倒摄抑制。因此，题干说法错误。

（共4分。判断1分，判断"√"本题不得分；理由3分，正确答出"前摄抑制""倒摄抑制""正迁移""负迁移"的概念每条0.5分，正确答出"正迁移为前摄易化或倒摄易化""负迁移为前摄抑制或倒摄抑制"得1分）

35. 教学过程是教书和育人紧密结合的过程，教书和育人两者不可分割。

(1)√。(2)教书育人是遵循教学规律的要求。教书育人原则是依据教学过程的客观规律确立的。首先，教学的过程必然就是育人的过程。教师的主要任务是教学，教学过程是教书和育人紧密结合的过程，教书和育人两者不可分割。其次，教好书要求育好人，育好人是教好书的保证。故题干说法正确。

（共4分。判断1分，判断"×"本题不得分；理由3分，答出"依据教学过程的客观规律确定"给1分，具体内容阐述完整给2分）

36. 古人云："安其学而亲其师，乐其友而信其道。"这说明了友好的师生关系是思想道德教育获得成效的保证。

(1)√。(2)古人云："安其学而亲其师，乐其友而信其道。"友好的师生关系是思想道德教育获得成效的保证。思想道德教育的过程是师生之间伴随着主体思想、理论、观念灌输的不断交流的过程。其中，既有各种信息的发出和反馈，又有情感的相互交流。师生的友好互动则构成了教育、教学的氛围和背景，有利于在师生之间形成"知识场"与"心理场"。故题干说法正确。

（共4分。判断1分，判断"×"本题不得分；理由3分，答出思想道德教育过程的内涵给2分，答出师生友好互动的意义给1分）

三、简答题(参考答案)

37. 简述农业社会教育的特征。

(1)古代学校的出现和发展；(2)教育阶级性的出现和强化；(3)学校教育与生产劳动相脱离。

（共5分。完整答出得满分，答出"学校出现""阶级性出现""与生产劳动相脱离"给3分）

38. 简述教师要如何构建良好的师生关系。

(1)了解和研究学生；(2)树立正确的学生观；(3)提高教师自身的素质(努力提高自我修养，健全人格)；(4)热爱、尊重学生，公平对待学生；(5)发扬教育民主；(6)主动与学生沟通，善于与学生交往；(7)正确处理师生矛盾；(8)提高法制意识，保护学生的合法权利；(9)加强师德建设，纯化师生关系。

（共5分。至少答出5条策略，每条策略回答正确给1分）

39. 简述学习效果与学习动机的关系。

学习动机对学习效果的影响可分为两个方面：一方面是总体上整个动机水平对整个学习活动的影响；另一方面是具体的学习活动中学习动机对学习效果的影响。(1)总体而言，在一般情况下，学习动机与学习效果的关系是一致的。学习动机越强，有机体对学习活动的积极性就越高，学习效果就越佳，表现为学习动机可以促进学习，提高成绩。(2)对一项具体的学习活动而言，学习动机与学习效果的关系并不是那么简单。只有当学习动机的强度处于最佳水平时，才能产生最好的学习效果。"耶克斯—多德森定律"表明，动机不足或过分强烈都会影响学习效果。①动机的最佳水平随着任务性质的不同而不同。在比较容易的任务中，行为效果(工作效率)随着动机水平的提高而上升；随着任务难度的增加，动机的最佳水平有逐渐下降的趋势。②一般来讲，最佳水平为中等强度的动机。③动机水平与行为效果呈倒U型曲线。

（共5分。从总体方面答出"学习动机与学习效果的关系是一致的"得2分；从具体学习活动方面完整答出"耶克斯—多德森定律"的内容得3分）

40. 简述品德的形成过程。

态度与品德的形成是一个从外到内的转化过程，是社会规范的接受和内化，大致经历以下三个阶段：(1)社会规范的依从；(2)社会规范的认同；(3)社会规范的信奉(内化)。

（共5分。答出"依从""认同""信奉/内化"关键词每点1分，完整阐述品德的形成过程得满分）

41. 简述教育法规的主要社会职能。

教育法规作为法律的一个分支，具有法律的两大根本职能，即调整职能和保障职能。虽然职能不等于作用，但教育法规基本社会职能的实现是通过教育领域内的一系列具体作用来表现的。教育法规具有以下几方面社会职能：(1)促进和保障国家教育事业健康发展；(2)保证全面贯彻教育方针；(3)协调教育内外关系；(4)确认并保障公民的教育权利和义务。

（共5分。答出"保障国家教育事业""贯彻教育方针""协调教育关系""保障公民的教育权利和义务"等关键词每点1分，完整阐述教育法规的主要社会职能得满分）

四、论述题(参考答案)

42. 试述20世纪末教育学的新特征。

(1)教育学研究的问题领域急剧扩大。到了20世纪末21世纪初，教育学研究的问题领域已经从微观的教育教学过程扩展到宏观的教育规划，从教育的内部关系扩展到教育的外部关系，从基础教育扩展到高等教育，从正规教育扩展到非正规教育，从学校教育扩展到社会教育，从正常儿童的教育扩展到一些有特殊需要的儿童的教育，从儿童青少年的教育扩展到成人教育、老年教育、终身教育等。

(2)教育学的研究基础和研究模式呈现多样化。在赫尔巴特时代，教育学的基础主要是哲学和心理学，当代教育学的基础包括了更加广阔的学科领域，如生理学、脑科学、数学、社会学、经济学、政治学、法学、人类学、文化学、科学哲学、信息科学、管理学等。教育学的研究模式也呈现多样化，有的从科学主义的角度进行研究，强调对教育活动中数量关系的描述；有的从人文主义的角度进行研究，强调对教育活动中非数量关系的质的东西进行分析；还有的介于两者之间，或偏向一方，或两者结合。就教育学研究的层次而言，也出现了基础研究、应用研究、行动研究、政策咨询研究、开发研究等多种层次类型，彼此之间相互依赖、相互渗透、相互推动，构成教育学研究的庞大体系。

(3)教育学发生了细密的分化，形成了初步的教育学科体系。20世纪以来，特别是20世纪中叶以来，随着教育问题领域的扩展以及研究基础和模式的多样化，教育学也发生了快速的学科分化，教育学一个个组成部分纷纷发展为独立的学科，与此同时，这些相对独立的学科又与其他类型的学科进行交叉，出现了许多子学科、边缘学科。值得注意的是，就像其他任何学科一样，20世纪后半叶的教育学在发生高度分化的同时又出现了高度综合的现象。这种多层次、多类型、多形式的学科综合，打破了传统学科界限，扩展了研究视野，深化了问题研究。

(4)教育学研究与教育实践改革的关系日益密切。当代教育实践的发展日益呼唤着教育理论的指导，为教育学的发展提供了强大的社会动力。在这种情况下，传统教育理论工作者与教育实践工作者之间的隔膜、陌生乃至对立状态得到一定程度的扭转，在一些教育理论工作者和教育实践工作者之间出现了多种形式的接触、交流和对话。

(5)教育学加强了对自身的反思，形成了教育学的元理论。当代教育学发展的一个重要特征是出现了自觉的教育学反思。教育学反思作为一种研究活动而言不同于教育实践的研究，它是对教育研究的研究，也就是对教育的元研究，其目的不是要形成教育理论，而是要检讨教育研究活动本身的目的、性质、价值、知识结构等，形成教育学观。有关教育学自身的反思研究结果就形成了教育的元理论，即关于教育学学科自身的知识体系，如关于教育学研究对象的知识、逻辑起点的知识等。

（共10分。每条2分，完整答出给满分；答出"问题领域急剧扩大""研究基础和研究模式多样化""分化成初步的教育学科体系""与实践改革的关系日益密切""加强对自身的反思"等关键点，每个0.5分，每个关键点阐述合理且完整可得1.5分）

五、分析说明题(参考答案)

43. (1)学校应当承担相应责任。①虽然我国现行的《民法典》没有规定学校是未成年学生的法定或指定监护人，但是学校有义务保护在校学生的人身安全和身体健康，有义务保障在校学生的受教育权，如果学校违反了这些义务，就要承担相应的责任。材料中，学校以不作为(未及时向学生监护人履行告知义务)的方式侵犯了王某的权利，应当承担相应责任。

②根据《中华人民共和国义务教育法》第五条规定，各级人民政府及其有关部门应当履行本法规定的各项职责，保障适龄儿童、少年接受义务教育的权利。根据《中华人民共和国民法典》第一千二百条规定，限制民事行为能力人在学校或者其他教育机构学习、生活期间受到人身损害，学校或者其他教育机构未尽到教育、管理职责的，应当承担侵权责任。材料中，学校虽然明知王某(限制民事行为能力人)经常逃课，却没有对他进行管教，也没有向王某的家长反映，致使王某因缺课太多而使成绩一落千丈，难以跟上教学进度，因此，学校应当承担相应责任。

③根据《中华人民共和国民法典》第一千零四条规定，自然人享有健康权。自然人的身心健康受法律保护。任何组织或者个人不得侵害他人的健康权。根据《中华人民共和国未成年人保护法》第七十条规定，学校发现未成年学生

沉迷网络的,应当及时告知其父母或者其他监护人,共同对未成年学生进行教育和引导,帮助其恢复正常的学习生活。根据《中华人民共和国未成年人保护法》第一百二十九条规定,违反本法规定,侵犯未成年人合法权益,造成人身、财产或者其他损害的,依法承担民事责任。材料中,学校对王某的逃课行为听之任之,致使他迷恋上电子游戏而不可自拔,并且精神不振,无精打采,身体一天天变差。这侵犯了王某的健康权。因此学校应当承担责任。

(2)王某的父母需要承担相应责任。根据《中华人民共和国未成年人保护法》第十五条规定,未成年人的父母或者其他监护人应当学习家庭教育知识,接受家庭教育指导,创造良好、和睦、文明的家庭环境。根据《中华人民共和国未成年人保护法》第十六条规定,未成年人的父母或者其他监护人应当履行为未成年人提供生活、健康、安全等方面的保障;关注未成年人的生理、心理状况和情感需求;保障未成年人休息、娱乐和体育锻炼的时间,引导未成年人进行有益身心健康的活动的监护职责。根据《中华人民共和国未成年人保护法》第七十一条规定,未成年人的父母或者其他监护人应当提高网络素养,规范自身使用网络的行为,加强对未成年人使用网络行为的引导和监督。未成年人的父母或者其他监护人应当通过在智能终端产品上安装未成年人网络保护软件、选择适合未成年人的服务模式和管理功能等方式,避免未成年人接触危害或者可能影响其身心健康的网络信息,合理安排未成年人使用网络的时间,有效预防未成年人沉迷网络。根据《中华人民共和国家庭教育促进法》第二十二条规定,未成年人的父母或者其他监护人应当合理安排未成年人学习、休息、娱乐和体育锻炼的时间,避免加重未成年人学习负担,预防未成年人沉迷网络。材料中,王某的父母由于生意忙,没有对王某进行必要的管教,没有有效预防王某沉迷网络。对于王某精神不振,无精打采,不但功课不想做,而且身体也一天天地差下去的情况,应当及时发现,及时关注和进行干预。故王某的父母应当承担相应责任。

(共11分。第一问共4分。答出"学校应当承担责任"得1分,答出"学校不承担责任"第一问不得分,结合法条从学校保护在校学生的"受教育权"与"身心健康权"两方面合理阐述原因得3分。第二问共7分。答出"王某父母应当承担责任"得1分,答出"王某父母不承担责任"第二问不得分,结合法条从"家庭教育""监护职责""引导、监督未成年人使用网络"等方面合理阐述原因得6分)

2022年安徽省特岗教师招聘考试真题试卷(十八)

一、单项选择题

1. B 【解析】《中共中央 国务院关于全面加强新时代大中小学劳动教育的意见》指出,加强政府统筹,拓宽劳动教育途径,整合家庭、学校、社会各方面力量。家庭要发挥在劳动教育中的基础作用,学校要发挥在劳动教育中的主导作用,社会要发挥在劳动教育中的支持作用。故本题选B项。

2. C 【解析】《深化新时代教育评价改革总体方案》指出,改进中小学校评价。国家制定义务教育学校办学质量评价标准,完善义务教育质量监测制度,加强监测结果运用,促进义务教育优质均衡发展。故A、B、D三项属于改进中小学校评价的措施。《深化新时代教育评价改革总体方案》还指出,坚决纠正片面追求升学率倾向。不得通过任何形式以中高考成绩为标准奖励教师和学生,严禁公布、宣传、炒作中高考"状元"和升学率。本题选C项。

3. B 【解析】《关于进一步减轻义务教育阶段学生作业负担和校外培训负担的意见》指出,学校要确保小学一、二年级不布置家庭书面作业,可在校内适当安排巩固练习;小学三至六年级书面作业平均完成时间不超过60分钟,初中书面作业平均完成时间不超过90分钟。

4. D 【解析】教育的基本要素主要包括教育者、学习者、教育内容和教育手段。其中,教育者是教育活动的主导者,是构成教育活动的支撑性要素。故A项正确。学习者是教育的对象,是教育过程中学习和发展的主体,是构成教育活动的驱动性要素。故B项正确。教育内容是教育活动中师生共同认识的客体。故C项正确。教育手段是教育活动的基本条件。影响教育活动成效的决定性因素是教育者和学习者。故D项错误。

5. A 【解析】教师教学工作包括五个基本环节:备课、上课、作业的布置与反馈、课外辅导、学业成绩的检查与评定。"凡事预则立,不预则废"的意思是:要做好任何一件事情,都要预先有准备,有了准备,则可以获得成功,没有准备,则会遭到失败。体现在教学工作中,这说明教师要在课前做好充分的准备,即备课。

6. A 【解析】陶冶教育法是教师利用环境和自身的教育因素,对学生进行潜移默化的熏陶和感染,使其在耳濡目染中受到感化的德育方法。题干中的学校注重墙壁文化环境建设,使学生在耳濡目染中受到感化,就体现了对陶冶教育法的运用。

7. D 【解析】启发性原则是指在教学活动中,教师要调动学生的主动性和积极性,引导他们通过独立思考、积极探索,生动活泼地学习,自觉地掌握科学知识,提高分析问题和解决问题的能力。苏格拉底的"产婆术"、孔子提出的"不愤不启,不悱不发"的教学要求以及《学记》中"道而弗牵,强而弗抑,开而弗达"的教学思想,都是这一教学原则的体现。

8. C 【解析】根据教学评价的作用,可以分为诊断性评价、形成性评价和总结性评价(终结性评价)。其中,诊断性评价是在学期开始或一个单元教学开始时,为了了解学生的学习准备状况及影响学习的因素而进行的评价。

9. D 【解析】正迁移也叫"助长性迁移",是指一种学习对另一种学习的促进作用。逆向迁移是指后继学习对先前学习产生的影响。题干中,学生后学习的相关历史知识对先前学习的某篇古文的理解起到了促进作用,属于逆向正迁移。

10. A 【解析】记忆过程包括识记、保持、再现(再认或回忆)三个环节。识记是记忆过程的第一个基本环节,是指把所需信息输入头脑的过程,也就是反复认识某种事物并在头脑中留下印象的过程。

11. B 【解析】性格是指人的较稳定的态度与习惯化了的行为方式相结合而形成的人格特征。它是一个人的心理面貌本质属性的独特结合,是人与人相互区别的主要方面。题干中,有的学生做事认真,有的学生粗心大意,这种差异体现了个体的性格不同。

12. C 【解析】元认知策略包括计划策略、监控策略和调节策略。其中,调节策略是在学习过程中根据对认知活动监视的结果,找出认知偏差,及时调整策略或修正目标。在学习活动结束时,评价认知结果,采取相应的补救措施,修正错误,总结经验教训等。例如:当学习者意识到他不理解课文的某一部分时,他就会退回去重新读困难的段落;在阅读困难或不熟的材料时放慢速度;复习他不懂的课程材料;测验时跳过某个难题先做简单的题目等。因此小丽使用的学习策略是元认知策略。故选C项。

二、判断题

13. √ 【解析】所谓教育信息化,是指在教育领域,全面、深入地运用现代信息技术来促进教育改革与发展的过程。其技术特点是数字化、网络化、智能化和多媒体化,基本特征是开放、共享、交互、协作。

14. × 【解析】文献法是一种利用教育文献研究教育现象,深化教育认识、解决教育问题的非接触性方法。观察法是指人们有目的、有计划地通过感官和辅助仪器,对处于自然状态下的客观事物进行系统考察,从而获取经验事实的一种科学研究方法。故题干说法错误。

15. × 【解析】根据《中华人民共和国教师法》第八条规定可知,教师应当履行"关心、爱护全体学生,尊重学生人格,促进学生在品德、智力、体质等方面全面发展"的义务。故题干所述属于教师应当履行的义务,而不是教师享有的权利。

16. × 【解析】复式教学是把两个或两个以上年级的学生编在一个班里,由一位教师在同一节课里,针对不同年级的学生,采取直接教学和自动作业交替的办法进行教学的组织形式。现场教学是指教师把学生带到事物发生、发展的现场进行教学活动的形式。故题干说法错误。

17. √ 【解析】教学方法是为教学目标和教学内容服务的,是受学生认识规律制约的。

18. √ 【解析】感觉适应是指由于刺激对感受器的持续作用而使感受性发生变化的现象。感觉适应可以引起感受性的提高,也可以引起感受性的降低。故题干说法正确。

19. √ 【解析】动作技能也叫操作技能,是通过学习而形成的合乎法则的操作活动方式。菲茨与波斯纳提出了经典的操作技能形成的三阶段模型,包括认知阶段、联结阶段和自动化阶段。其中,到达自动化水平需要经过长期的实践。例如,有人经过长期的研究,发现雪茄生产工人的动作技能在四年的时间内都在进步,工人要掌握一定水平的技能需要经过大量的实践。许多体育技能的训练表明,一个运动员要达到自己的最高水平,需要多年的练习。故题干说法正确。

20. × 【解析】道德感是根据一定的道德标准评价人的思想、意图和言行时所产生的主观体验。它表现在对待国家、集体、工作、事业、学习以及人与人之间的关系等各个方面,如爱国主义情感、集体主义情感、责任感、事业心、荣誉感、自尊心等。道德感是在人的社会实践中发生和发展的,并受社会历史条件的制约。故题干说法错误。

三、简答题(参考答案)

21. 简述人的身心发展的规律。

(1)顺序性,人的身心发展是一个由低级到高级、由简单到复杂、由量变到质变的连续不断的发展过程。

(2)阶段性,不同年龄阶段人的身心发展具有不同的发展特征和任务。

(3)不平衡性(不均衡性),人的身心发展同一方面在不同年龄阶段的发展速度和不同方面的发展都是不平衡的。

(4)互补性,机体某一方面的机能受损甚至缺失后,可通过其他方面的超常发展得到部分补偿。

(5)个别差异性,人与人之间的身心发展以及人的身心发展的不同方面之间,存在着发展程度和速度的不同。

(6)稳定性和可变性。在一定社会和教育条件下,人的身心发展阶段、发展顺序和每一阶段变化过程及速度大体上是相同的。但另一方面,人的身心发展又是可变的。

(共5分。每点1分,任意答出五条人的身心发展的规律及其概念即可得满分)

22. 简述教师培养学生想象力的措施。

(1)在教学中发展学生的再造想象:①要扩大学生头脑中的表象储备;②教师要帮助学生真正弄懂描述中关键性词句和实物标志的含义;③教师要唤起学生对教材的想象,以加深对知识的理解和巩固。

(2)在教学中培养学生的创造想象:①要引导学生学会观察,丰富学生的表象储备;②引导学生积极思考,有利于打开想象力的大门;③引导学生努力学习科学文化知识,扩大学生的知识经验以发展学生的空间想象能力;④注意发展学生的语言能力;⑤结合学科教学,有目的地训练学生的想象力;⑥引导学生进行积极的幻想。

(共5分。从"发展学生的再造想象"方面出发至少答出两条合理措施,每条1分;从"培养学生的创造想象"方面出发至少答出三条合理措施,每条1分)

四、材料分析题(参考答案)

23. (1)冯老师的做法践行了教师职业道德规范的要求,值得我们学习。

①"爱岗敬业"的师德规范要求教师对工作高度负责,认真辅导学生。冯老师非常热爱自己的职业,认真辅导学生,就体现了"爱岗敬业"的师德规范。

②"关爱学生"的师德规范要求教师关心爱护全体学生,尊重学生人格,平等公正对待学生等。冯老师平等对待学生,关注每位学生的成长,帮助学生取得学习上的进步及心理上的健康成长,就体现了"关爱学生"的师德规范。

③"教书育人"的师德规范要求教师循循善诱,诲人不倦,因材施教等。冯老师根据不同学生的性格特点和发展需求实施有针对性的教育,就体现了"教书育人"的师德规范。

④"为人师表"的师德规范要求教师坚守高尚情操,知荣明耻,严于律己,以身作则等。冯老师在日常工作中,坚持用自身的言行举止、学识修养等来影响学生,就体现了"为人师表"的师德规范。

⑤"终身学习"的师德规范要求教师崇尚科学精神,树立终身学习理念,拓宽知识视野,更新知识结构;潜心钻研业务,勇于探索创新,不断提高专业素养和教育教学水平。冯老师努力学习,刻苦钻研,不断提高专业素养和教育教学水平,就体现了"终身学习"的师德规范。

(共5分。每点1分,理论依据准确、适当可得0.5分,结合材料具体阐述清晰、合理可得0.5分)

(2)在课堂教学中,教师可采取以下措施来引起和保持学生的有意注意:

①明确学习的目的和任务。教师要经常地进行学习目的性教育,明确为什么学习、每一部分学习内容的具体要求是什么,目的越明确,学生的注意就越容易集中。材料中冯老师在上课时会向学生阐明学习目标,这样做有利于维持学生的有意注意。

②培养间接兴趣。除了确立学习目标,教师还应对学生阐明本学科知识学习的意义和重要性,在知识教学中渗透思想教育。材料中冯老师经常在课堂上强调学好课程的重要意义,这可以引起学生对学习结果的间接兴趣,可以使学生进入有意注意的学习活动。

③合理组织课堂教学,防止学生分心。要合理地组织教学活动,采取具体措施促使学生保持有意注意。材料中冯老师组织生动有趣的教学活动,有助于学生有意注意的引起和保持。

④运用多种教学手段。教师可以运用多种教学手段,采取生动活泼的形式,来调整学生的注意状态,维持较长时间的有意注意。

(共5分。至少答出三条教师在课堂教学中引起和保持学生的有意注意的合理措施,每条1分,结合材料阐述合理得2分)

2022年云南省中小学特岗教师招聘考试真题试卷(十九)

小 学

一、简答题(参考答案)

1. 简述"个体个性化"的内涵及教育促进个体个性化的表现。

(1)"个体个性化"的内涵:"个体个性化"一般指个体在社会适应、社会参与过程中所表现出来的、比较稳定的独特性(即个体自身多种因素综合而表现出来的独特性)。

(2)教育促进个体个性化的表现:①教育促进人的主体意识的形成和主体能力的发展。②教育促进个性差异的充分发展,形成人的独特性。③教育开发人的创造性,促进个体价值的实现。

(共5分。"个体个性化"的内涵2分,内涵表述需完整、准确;教育促进个体个性化的表现3分,"意识的形成和能力的发展""人的独特性""个体价值的实现"三个要点各1分)

2. 简述小学生易产生的心理障碍。

(1)儿童多动综合征,简称多动症,是小学生中最为常见的一种以注意力缺陷和活动过度为主要特征的行为障碍综合征。

(2)学习困难综合征,这在小学生中比较多见。有一组调查资料表明,19%的男童和3%的女童,不同程度地表现出诵读困难(学习困难综合征的一种表现)的症状。

(3)儿童过度焦虑反应,这是儿童情绪障碍的一种表现。在小学生中,以女生的过度焦虑反应较为多见。

(4)儿童厌学症,厌学是由于人为因素所造成的儿童情绪上的失调状态。儿童厌学症作为一种社会病理心理状态的产物,已越来越引起人们的关注。

(5)儿童强迫行为,这是儿童情绪障碍的又一表现。研究发现,7~8岁是继2岁之后正常儿童出现强迫现象的又一高峰年龄。

(共5分。答出小学生易产生的"儿童多动综合征""学习困难综合征""儿童过度焦虑反应""儿童厌学症""儿童强迫行为"五种心理障碍,每点0.5分;合理阐述心理障碍,每点0.5分)

二、论述题(参考答案)

根据"五育"并举,论述劳动教育的内涵和意义。

(1)"五育"并举是指德智体美劳全面发展。

(2)劳动教育是发挥劳动的育人功能,对学生进行热爱劳动、热爱劳动人民的教育活动。

(3)劳动教育是国民教育体系的重要内容,是学生成长的必要途径,具有树德、增智、强体、育美的综合育人价值。具体表现在:①以劳树德。劳动教育可以促进学生形成勤俭节约、踏实肯干、意志坚定、团结协作、热爱劳动和尊重劳动人民的优良品质。②以劳增智。劳动教育不仅能培养学生的生活技能,而且能促进人的智力发展,培养学生的创新精神和实践能力。③以劳强体。学生参加一些力所能及的体力劳动,能够使他们的肌肉、筋骨、神经系统等得到锻炼,从而促进身体和大脑的发育。④以劳育美。劳动教育有利于加强和改进学校美育,形成以劳育美、以美育人、以文化人的育人模式,让学生在劳动创造中形成发现美、体验美、鉴赏美、创造美的意识和能力,从而提高学生的审美能力和人文素养。

(共10分。"五育"并举的内涵1分;劳动教育的内涵1分;劳动教育的意义8分,"树德""增智""强体""育美"四个要点各2分)

中 学

一、简答题(参考答案)

1. 什么是"个体社会化"?教育促进个体社会化的表现有哪些?

(1)"个体社会化"的内涵:"个体社会化"一般指个体在出生后的发展中,习得社会文化规范、价值观念和行为习惯等,并借以适应社会、参与社会的过程。

(2)教育促进个体社会化的表现:①教育促进个体思想意识的社会化。②教育促进个体行为的社会化。③教育促进角色和职业的社会化。

（共5分。"个体社会化"的内涵2分，内涵表述需完整、准确；教育促进个体社会化的表现3分，"思想意识的社会化""行为的社会化""角色和职业的社会化"三个要点各1分）

2. 简述学习动机的相关理论。

(1)强化理论。学习动机的强化理论是由行为主义学习理论家提出来的，他们不仅用强化来解释学习的发生，而且用它来解释动机的产生。在他们看来，人的某种学习行为倾向完全取决于先前的这种学习行为与刺激因强化而建立起来的稳固联系，而不断强化则可以使这种联结得到加强和巩固。

(2)需要层次理论。需要层次理论是人本主义心理学理论在动机领域中的体现。美国心理学家马斯洛是这一理论的提出者和代表人物。马斯洛认为人的基本需要有七种，它们由低到高依次排列成一定的层次，即生理需要、安全需要、归属与爱的需要、尊重的需要、求知需要、审美需要、自我实现的需要。前四种需要被称为缺失需要，后三种需要是成长需要。

(3)成就动机理论。成就动机是个体努力克服障碍、施展才能、力求又快又好地解决某一问题的愿望或趋势。它在人的成就需要的基础上产生，是激励个体乐于从事自己认为重要的或有价值的工作，并力求获得成功的一种内在驱动力。成就动机理论的主要代表人物是阿特金森。他认为，个体的成就动机可以分成两类，一类是力求成功的动机，另一类是避免失败的动机。

(4)成败归因理论。人们做完一项工作之后，往往喜欢寻找自己或他人取得成功或遭受失败的原因。美国心理学家韦纳对行为结果的归因进行了系统探讨，并把归因分为三个维度：内部归因和外部归因、稳定性归因和非稳定性归因、可控制归因和不可控制归因；又把人们活动成败的原因即行为责任主要归结为六个因素，即能力高低、努力程度、任务难易、运气(机遇)好坏、身心状态、外界环境等。

(5)自我效能感理论。自我效能感指人们对自己是否能够成功地从事某一成就行为的主观判断。这一概念由班杜拉最早提出。班杜拉在他的动机理论中指出，人的行为受行为的结果因素与先行因素的影响。行为的结果因素就是通常所说的强化，并把强化分为三种：直接强化、替代性强化和自我强化。

（共5分。答出"强化理论""需要层次理论""成就动机理论""成败归因理论""自我效能感理论"五种动机理论，每点0.5分；合理阐述各理论，每点0.5分）

二、论述题(参考答案)

教师应该怎样认识教材和使用教材？

(1)教材是根据课程标准编制的、系统反映学科内容的教学用书，它是知识授受活动的主要信息媒介，是课程标准的进一步展开和具体化。

(2)新课程将教材视为"跳板"而非"圣经"。新的课程计划和课程标准为教学活动预留了充分的空间，视教材为案例，开放教材，鼓励教师充实并超越教材。因此，教师要"用教材教"，而不是简单地"教教材"。教师完全可以而且应该根据学生的情况来处理教材。

(3)教师正确使用教材应做到：

①认真分析和理解教材编写的意图。教师对教材的理解不仅要全面，而且要深刻。教师在教学中要树立整体观念，从教材的整体入手，通读教材，了解教材的编排意图，弄清每部分在整个教材中的地位和作用，用联系、发展的观点分析处理教材。

②深入分析和挖掘教材内容的多重价值。教材由于篇幅的限制，可能无法提供详尽的学习材料和呈现完整的教学过程。这需要教师在深入钻研教材的基础上，对教材进行多角度分析，深入挖掘教材内容的多重价值，从而看到教材内容背后所蕴含的思想、观点和方法，设计丰富多彩的学习情境和探究活动，引导学生通过自主、探究、合作学习，全面实现课程目标。

③正确把握教学内容和教材内容的区别。教学内容来自于师生对课程内容与教材内容及教学实际的综合加工及再生和内化。教材内容是教学内容的重要组成部分。因此，教师在处理教材时，要"用教材教"而不是"教教材"，要充分发挥自身的创造性，做到尊重教材与灵活处理教材相结合。

④依据学生的实际需要设计教学活动。教材中的活动设计反映了编写者的认知和意图，可能并不完全适合教师本身和学生的实际情况。因此，教师在教学实践中，应根据学生的实际情况，发挥自己的创造性，对教材中的部分内容进行重新设计，要从学生的兴趣、爱好和经验出发，设计出最适合学生的教学活动。

（共10分。教材的概念1分；教师对教材的认识1分；教师如何使用教材8分，从"认真分析教材编写的意图""深入挖掘教材内容的多重价值""正确把握教学内容和教材内容的区别""依据学生的实际需要设计教学活动"等方面论述教师如何使用教材，至少提出4条建议，每条建议2分，建议合理1分，表述清晰且充分1分）

2022年湖北省中小学教师公开招聘考试综合知识真题试卷(二十)

一、单项选择题

1. A 【解析】本题考查时政知识。2022年2月22日，《中共中央 国务院关于做好2022年全面推进乡村振兴重点工作的意见》，即2022年中央一号文件发布。这是21世纪以来第19个指导"三农"工作的中央一号文件。

2. C 【解析】本题考查时政知识。《中共中央关于党的百年奋斗重大成就和历史经验的决议》指出："要坚持用习近平新时代中国特色社会主义思想教育人，用党的理想信念凝聚人，用社会主义核心价值观培育人，用中华民族伟大复兴历史使命激励人，培养造就大批堪当时代重任的接班人。"

3. B 【解析】本题考查时政知识。2022年3月5日，李克强总理在第十三届全国人民代表大会第五次会议上作2022年《政府工作报告》，在2022年政府工作任务第九条提出："促进教育公平与质量提升。落实立德树人根本任务。推动义务教育优质均衡发展和城乡一体化，依据常住人口规模配置教育资源，保障适龄儿童就近入学，解决好进城务工人员子女就学问题。"

4. B 【解析】本题考查时政知识。2022年3月5日，李克强总理在第十三届全国人民代表大会第五次会议上作2022年《政府工作报告》，在2022年经济社会发展总体要求和政策取向中指出："今年工作要坚持稳字当头、稳中求进。面对新的下行压力，要把稳增长放在更加突出的位置。各地区各部门要切实担负起稳定经济的责任，积极推出有利于经济稳定的政策。"

5. D 【解析】本题考查时政知识。2022年3月，山东省淄博市临淄区齐都镇小徐村西，齐国故城小城西门的外建筑基址群，正式被确认为稷下学宫遗址。稷下学宫是世界上第一所由官方举办的高等学府，东周时期"百家争鸣"的学术盛景就是以齐国稷下学宫为中心。

6. A 【解析】本题考查时政知识。2022年1月，《关于深入推进世界一流大学和一流学科建设的若干意见》(以下简称《若干意见》)发布。《若干意见》强调，更加突出"双一流"建设培养一流人才、服务国家战略需求、争创世界一流的导向，深化体制机制改革，统筹推进、分类建设一流大学和一流学科，在关键核心领域加快培养战略科技人才、一流科技领军人才和创新团队，为全面建成社会主义现代化强国提供有力支撑。

7. D 【解析】本题考查2022年湖北省义务教育工作。湖北省2022年《政府工作报告》中的2022年工作思路和重点任务指出，要推动教育高质量发展，实施"时代新人培育工程"，扩大普惠性学前教育资源，落实义务教育阶段"双减"政策，提高高中阶段教育普及水平，加快构建现代职业教育体系。B项介绍的是学前教育而非义务教育的工作重点任务，为干扰选项，故排除。综上所述，答案选D项。

8. B 【解析】本题考查《教育部2022年工作要点》。《教育部2022年工作要点》的第五条要点明确指出，实施教育数字化战略行动。强化数据挖掘和分析，构建基于数据的教育治理新模式。故A项说法正确。《教育部2022年工作要点》的第六条要点明确指出，把教师作为教育发展的第一资源，打造高素质专业化创新型教师队伍。故B项说法错误。2022年全国教育工作会议提出，实施教育数字化战略行动，这将是一项重要的教育改革举措。首先，实施教育数字化战略行动受到外部国际大环境大趋势的影响。用数字技术推动教育发展，通过教育培养数字人才，已成为全球大趋势，在国际人才竞争进入大变局之际，中国的教育数字化转型迫在眉睫。其次，实施教育数字化战略行动是信息技术与教育融合迭代的必然要求。故C、D两项说法正确。

9. C 【解析】本题考查2008年修订的《中小学教师职业道德规范》。2008年修订的《中小学教师职业道德规范》要求教师做到：爱国守法、爱岗敬业、关爱学生、教书育人、为人师表、终身学习。其中，爱岗敬业是教师职业的本质要求，倡导"爱岗敬业"就是要求教师对教育事业具有强烈的责任感和深厚的感情。题干中张桂梅老师的话便充分体现了这一师德规范。

10. D 【解析】本题考查环境对个体身心发展的影响。

A项出自《荀子·劝学》："故不登高山，不知天之高也；不临深溪，不知地之厚也；不闻先王之遗言，不知学问之大也。干、越、夷、貉之子，生而同声，长而异俗，教使之然也。"整句话强调的是教育对人发展的影响。故不选。

B项出自诸葛亮的《诫子书》,意思是:不努力学习就不能增长才干,不明确志向就不能在学习上获得成就。这突出了教育和个体主观能动性对人发展的影响。故不选。

C项是朱熹认为应该加强"省察"的两种情况,"省察"是经常进行自我反省和检查的意思。这强调的是自我教育。故不选。

D项出自《墨子·所染》,意思是:一块白色的丝布,把它放到青色的染缸中,白丝就变成了青色;把它放到黄色的染缸中,就又变成了黄色。这体现了环境对人的身心发展的影响。故选D项。

11. C 【解析】本题考查西方教育家及其教育思想。

A项,赫尔巴特是教师中心论的典型代表,他认为教师在教育教学过程中起主宰作用,强调教师的权威作用。

B项,裴斯泰洛齐虽不是第一个提出教育与生产劳动相结合思想的人,但他是西方教育史上第一位将这一思想付诸实践的教育家。

C项,夸美纽斯创建了班级授课制。实用主义教育学主张教育即学生个体经验持续不断的增长。故C项错误。

D项,卢梭提倡"自然后果"法,反对对儿童施以严酷的纪律和惩罚,主张让儿童通过体验其过失的不良后果去认识错误,吸取教训,学会服从"自然法则",自行改正。

12. B 【解析】本题考查科学技术对教育发展的影响和制约。具体地说,科技对教育的作用表现如下:(1)科学技术能够改变教育者的观念;(2)科学技术能够影响受教育者的数量和教育质量;(3)科学技术能够影响教育的内容、方法和手段。B项中,教师利用多媒体为学生展现病毒传播的全过程,这说明了科学技术影响教育手段,体现了科学技术促进教育的发展。A项体现的是教育的科技功能。C项是教师对学生提出的能力要求。D项更多体现了科学技术对人们生活的影响。综上所述,本题选B项。

13. D 【解析】本题考查对教学原则的运用。思想性(教育性)和科学性相统一的原则是指教学要以马克思主义为指导,授予学生科学知识,并结合知识教学对学生进行社会主义品德和正确人生观、科学世界观教育。运用此原则时教师要结合教学内容的特点进行思想品德教育。题干中王老师结合课堂讨论话题,留下合适的课后作业,有针对性地对学生进行教育,这体现了科学性与思想性相结合原则。

14. B 【解析】本题考查场依存型与场独立型。场独立型的学生对客观事物的判断常以自己的内部线索(经验、价值观)为依据,不易受到周围环境因素的影响和干扰,倾向于对事物的独立判断;行为常是非社会定向的,社会敏感性差,不善于社交,关心抽象的概念和理论,喜欢独处。故D项正确。在学习策略特点方面,场独立型者偏好独立自觉学习,由内在动机支配,场依存型者则易受暗示,学习欠主动,由外在动机支配。故A项正确。在教学方式偏爱方面,场独立型者偏好结构不严密的教学,场依存型者偏好结构严密的教学。故B项错误。场独立型者的理科、自然科学成绩好,人文、社会科学成绩差。故C项正确。

15. B 【解析】本题考查学习动机对学习效果的影响。学习动机与学习效果是有区别的,两者并不是一一对应的关系,同样的学习动机可以导致不同的学习效果,不同的学习动机可以取得相同的学习效果。故A项说法错误。"耶克斯—多德森定律"表明,动机不足或过分强烈都会影响学习效率。第一,动机的最佳水平随任务性质的不同而不同。在比较容易的任务中,学习效率随动机的提高而上升;随着任务难度的增加,动机的最佳水平有逐渐下降的趋势。第二,一般来讲,最佳水平为中等强度的动机。第三,动机水平与行为效率呈倒U形曲线。故B项说法正确,C项说法错误。学习动机与学习效果的关系并不是直接的,它们之间往往以学习行为为中介,而学习行为又不单纯只受学习动机的影响,它还要受一系列主客观因素,如学习基础、教师指导、学习方法、学习习惯、智力水平、个性特点、健康状况等的制约。故D项说法错误。

16. C 【解析】本题考查皮亚杰的认知发展阶段理论。皮亚杰认为认知发展是一个构建的过程,是个体在与环境的相互作用中实现的。他提出了认知发展的阶段理论,将个体的认知发展分为四个阶段:(1)感知运动阶段;(2)前运算阶段;(3)具体运算阶段;(4)形式运算阶段。其中,处于具体运算阶段的儿童具有多维思维,即指儿童可以同时从两个或两个以上角度思考问题。

17. B 【解析】本题考查元认知策略。学习的元认知策略是指个体为实现最佳的认知效果而对自己的认知活动所进行的调节和控制。它大致可分为计划策略、监控策略、调节策略。其中,监控策略是指在认知过程中,根据认知目标及时检测认知过程,寻找两者之间的差异,并对学习过程及时进行调整,以期顺利实现有效学习的策略。它具体包括领会监控、策略监控和注意监控。监控策略包括阅读时对注意加以跟踪和对材料进行自我提问、考试时监视自己的速度和时间等。B项属于元认知策略中的监控策略。

18. D 【解析】本题考查师生关系的相关内容。在不同的活动中,教师和学生处于不同的地位,或称"双主体",或称"复合主客体"。"在教授活动中,教师是活动的主体,是整个活动计划的设计者、实施者和控制者。学生和教材是活动的客体。"在学习活动中"体现学生的主体地位,特别是学生观察、思考与实践活动,使他们处于主动自由的地位"。因此,题干中的两句话体现的师生关系学说是复合主客体说。故选D项。(具体参看杨启亮、李如密主编的《课程与教学评论》)

19. A 【解析】本题考查教学模式的类型。基于学习理论的教学模式的分类主要包括行为修正模式、社会互动模式、人格发展的个人模式、信息加工模式和建构主义模式。其中,社会互动模式以社会互动理论为理论依据,如班杜拉的社会学习理论、维果斯基的文化历史发展理论等,强调师生、生生之间的相互影响和社会联系。其教学方法有合作学习、群体讨论、角色扮演、社会科学调查等,重点在于培养学生的人际交往沟通能力与协作能力。题干中,陈老师让全班学生分组讨论、合作学习,这运用的教学模式属于社会互动模式。

20. C 【解析】本题考查对于教学本质的认识。目前,国内学术界对"教学"一词有不同的认识和理解。归纳起来,主要有统一活动说和广义狭义说两种。其中,统一活动说中,王策三认为:所谓教学,乃是教师教、学生学的统一活动;在这个活动中,学生掌握一定的知识和技能,同时,身心获得一定的发展,形成一定的思想品德。李秉德也认为:教学就是教的人指导学的人进行学习的活动。进一步说,指的是教和学相结合或相统一的活动。与此相类似的观点还有"教学是一个复合体,教和学不可分割,教为学而存在,学又靠教来引导",等等。故A、B、D三项都属于统一活动说。C项属于交往说,该学说以苏联学者斯卡特金为代表。斯卡特金在《中学教学论》中写道:"教学过程的本质首先在于这是一个教师与学生相互交往的过程。没有这种相互交往,就没有教学。"故选C项。

21. D 【解析】本题考查民国时期我国教育家及其教育思想。梁漱溟对近代中国教育史的贡献在于他的乡村教育理论与实践,他认为乡村教育与乡村建设在实际上是合二为一的。黄炎培是我国职业教育的先驱,他提出了大职业教育思想。故A、B项错误。陶行知提出了生活教育理论。晏阳初主张乡村平民教育。故C项错误。陈鹤琴是中国近代学前儿童教育理论和实践的开创者,他的儿童教育思想是丰富的,并富有创造性。故D项正确。

22. C 【解析】本题考查对公民受教育的权利和义务的理解。根据《中华人民共和国宪法》第四十六条规定,中华人民共和国公民有受教育的权利和义务。根据宪法的规定,受教育既是权利,又是义务。受教育权是任何公民都终生享有的权利,而不仅仅是学龄期儿童少年享有的权利。受教育权不仅是一种权利,而且是一种义务。受教育成为公民的义务,主要是因为从公民个人的角度来说,接受教育是个人全面发展的前提,直接关系到公民个人的自我完善和发展;从国家和民族角度来看,公民受教育的程度,直接关系到国家和社会的发展。公民受教育是科学文化发展的前提,是进行物质文明和精神文明建设的基本条件,所以,对公民个人而言,受教育是他们不可剥夺的权利,相对于国家和社会而言,受教育又是每个公民应当履行的光荣义务。故选C项。A项对题干的理解过于片面,只涉及受教育的权利的部分内涵。故排除。B、D两项均错误地限定了我国公民享有受教育权和履行受教育义务的时间范围。故排除。

23. A 【解析】本题考查现代教学技术对教学的影响。人工智能不能取代课堂上教师所发挥的作用,A项说法错误。

24. C 【解析】本题考查交通事故的担责问题。根据《道路交通事故处理程序规定》第六十条规定,公安机关交通管理部门应当根据当事人的行为对发生道路交通事故所起的作用以及过错的严重程度,确定当事人的责任。(1)因一方当事人的过错导致道路交通事故的,承担全部责任;(2)因两方或者两方以上当事人的过错发生道路交通事故的,根据其行为对事故发生的作用以及过错的严重程度,分别承担主要责任、同等责任和次要责任;(3)各方均无导致道路交通事故的过错,属于交通意外事故的,各方均无责任。一方当事人故意造成道路交通事故的,他方无责任。根据《中华人民共和国民法典》第一千一百八十八条规定,无民事行为能力人、限制民事行为能力人造成他人损害的,由监护人承担侵权责任。监护人尽到监护职责的,可以减轻其侵权责任。根据题干所述可知,小强在驾驶共享电动车时不慎将老人秦某撞伤,故秦某的损失应由小强承担,由小强的监护人代偿。

25. D 【解析】本题考查《学生伤害事故处理办法》。根据《学生伤害事故处理办法》第十八条规定,发生学生伤害事故,学校与受伤害学生或者学生家长可以通过协商方式解决;双方自愿,可以书面请求主管教育行政部门进行调解。A项并未表明是在双方自愿的情况下,书面请求主管教育行政部门进行调解。故A项错误。根据第二十条规定可知,在调解期限内,双方不能达成一致意见,或者调解过程中一方提起诉讼,人民法院已经受理的,应当终止调解。故B项错误。根据第二十一条规定,对经调解达成的协议,一方当事人不履行或者反悔的,双方可以依法提起诉讼。故C项错误。D项,连带责任的实质在于:债权人有权向债务人中的任何一人请求部分清偿或全部清偿。任何一个债务人均不得借故拒绝清偿。根据第九条规定可知,学校教师或者其他工作人员在负有组织、管理未成年学生的职责期间,发现学生行为具有危险性,但未进行必要的管理、告诫或者制止造成的学生伤害事故,学校应当依法承担相应的责任。题干中事故发生时,段老师不在教室,故学校应承担相应的责任。根据第十条规定可知,学生违反法律法规的规定,违反社会公共行为准则、学校的规章制度或者纪律,实施按其年龄和认知能力应当知道具有危险或者可能危及他人的行为所造成的学生伤害事故,学生或者未成年学生监护人应当依法承担相应的责任。因为潘某是未成年人,其对赵某造成的伤害应由监护人负责。故D项正确。

26. D 【解析】本题考查伤害事故的担责问题。根据《中华人民共和国民法典》第一千一百六十五条规定,行为人因过错侵害他人民事权益造成损害的,应当承担侵权责任。故甲应当承担侵权责任。根据《工伤保险条例》第十四条规定可知,在工作时间和工作场所内,因工作原因受到事故伤害的,应当认定为工伤。故学校应当承担部分责任。丙在甲说明来意后未及时向上级反馈情况、征求意见,造成双方的争执,故丙承担部分责任。

27. B 【解析】本题考查文学知识。从元代开始,叙事文学占据了文坛的主导地位,这是具有重大意义的。从此,文学的对象更多地从案头的读者转向勾栏瓦舍里的听众和观众。文学的传媒不仅是写在纸上或刻印在纸上的读物,还包括了说唱扮演的艺术形式。儒生社会地位降低,走向社会下层从事通俗文学的创作,先是适应群众喜闻乐见的文学形式,继而提高这些文学形式,于是出现了关汉卿、王实甫、马致远、高明等一大批不同于正统文人的作家,元代的文学以戏曲和散曲为代表,以大都为中心的杂剧与以温州为中心的南戏,共同创造了元代文学的辉煌。故B项说法正确。

28. B/C 【解析】本题考查生活知识。二氧化硫能杀菌,具有防腐能力。干果、干蔬菜、调料粉等食物常通过二氧化硫熏蒸来防腐。同时二氧化硫广泛应用于葡萄酒酿造过程中,它能有效抑制微生物活动,从而延缓微氧化反应,但不会影响经人工选育的有效酵母的活动。BC均正确。(说明:本题属于单项选择题,但选项有问题,干果和葡萄酒都可以选)

29. C 【解析】本题考查我国古代数学知识。A项错误,宋代是中国数学取得辉煌成就的时期,也就是在这一时期,中国开始使用阿拉伯数字。B项错误,我国的夏、商、周奴隶制社会,甲骨文中已有较完整的十进位制计数法。但十进位制确立于春秋战国时期。C项正确,秦汉时期的数学著作《九章算术》确定了中国古代的数学体系。D项错误,明末徐光启与来华传教士利玛窦合译了古希腊欧几里得《几何原本》前六卷。

30. D 【解析】本题考查急救常识。A、B、C三项都是正确的急救方式。踝关节扭伤,在扭伤初期,破裂的小血管在流血,应该用冷敷,使血管收缩凝血,控制伤情发展,等出血停止后再热敷。热敷可以使扭伤处周围的淤血消散。故D项错误。

31. A 【解析】本题考查科学常识。行星运动三大定律一般指开普勒定律。开普勒定律是德国天文学家开普勒提出的关于行星运动的三大定律。

32. B 【解析】本题考查我国古代农学著作。A项,《缀术》是数学论文集。B项,《齐民要术》是中国杰出农学家贾思勰所著的一部综合性农学著作。C项,《黄帝内经》是中国传统医学四大经典著作之一。D项,《梦溪笔谈》是一部涉及古代中国自然科学、工艺技术及社会历史现象的综合性笔记体著作。故选B项。

33. D 【解析】本题考查经济知识。初次分配对实现合理有序的收入分配格局起着关键性的作用,是保障全体社会成员共享发展成果的基础。完善最低工资保障制度属于初次分配的途径之一。故选D项。国民收入再分配是国民收入继初次分配之后在整个社会范围内进行的分配,是指国家的各级政府以社会管理者的身份通过税收和财政支出等形式参与国民收入分配的过程。国民收入再分配的基本途径有两条:第一,征税。例如,征收个人所得税、财产税等。故A项属于收入再分配。第二,财政转移支出。例如,对低收入阶层的各种救济救助、失业救济、伤残救济、医疗补助等。故B项属于收入再分配。此外,国民收入再分配也借助价格、保险费、国家预算等经济杠杆进行。故C项属于收入再分配。

34. D 【解析】本题考查科学常识。沃森,美国生物学家,由于提出DNA的双螺旋结构而获得1962年诺贝尔生理学或医学奖,被称为DNA之父。故选D项。

35. B 【解析】定位资料第一段,2022年1—2月份,社会消费品零售总额74426亿元,比2021年12月份加快5个百分点,故2022年1—2月份社会消费品零售总额比2021年12月份增长5%。故选B项。

36. B 【解析】定位资料第四段,餐饮收入同比增长8.9%,石油及制品类涨25.6%,家具类跌6%。定位资料第五段,用类商品增长15.1%,故2022年1—2月份同比涨幅最大的商品类是石油及制品类。故选B项。

37. C 【解析】定位资料第一段,"除汽车以外的消费品零售额67305亿元,同比增长7.0%",故A项说法错误;定位资料第三段,"乡村消费品零售额9833亿元,增长7.1%",故B项说法错误;定位资料第五段,全国网上零售额同比增长10.2%,实物商品网上零售额同比增长12.3%,故实物商品网上零售额比全国网上零售额同比增长幅度大,故C项说法正确;定位资料第五段,"1—2月份限额以上零售业单位中的超市、便利店、百货店、专业店和专卖店零售额同比分别增长3.0%、12.8%、2.1%、10.3%和5.3%",故百货店零售额同比增长幅度最小,故D项说法错误。综上所述,答案选C项。

38. D 【解析】主旨大意题。根据全文内容,尤其是文章关键句"That change is the rapid acceleration of urbanization."可知,文章主要讲述了城市化加快造成的影响,作者借此提醒人们关注相关问题。故选D。

39. B 【解析】细节理解题。根据第三段中的"It's true that as people in developing nations move from the countryside to the city, the shift may reduce the pressure on land, which could in turn be good for the environment. This is especially so in desperately poor countries, where residents in the countryside slash and burn forests each growing season to clear space for farming."可知,发展中国家的人们从农村迁移到城市可能会减轻土地压力,进而对环境有利。在极度贫穷的国家尤其如此,那里的农村居民在每个生长季节都砍伐和烧毁森林,为农业腾出空间。由此可推断,贫穷国家的城市化将减少耕地压力。故选B。

40. C 【解析】细节理解题。根据最后一段前三句"The urbanization wave can't be stopped—and it shouldn't be. But Seto's paper does underscore the importance of managing that transition. If we do it the right way, we can reduce urbanization's impact on the environment."可知,如果我们能正确管理城市化的进程,那么将减少其对环境的影响。故选C。

二、材料作文题(参考答案)

【写作指导】

根据题干要求,考生需要自选角度,自拟题目。从材料内容来看,材料一说明了国家支持"发展在线教育",材料二和材料三说明了"线上教学"在疫情期间发挥了重要作用,材料四展现了家长们对"线上教学"的担忧,材料五呈现了不同阶段的学生对"线上教学"的适应性。考生可从"线上教学"对学生、教师、教学环境等多方面的影响入手进行写作。写作时要紧紧围绕所给的主题,结合自身的看法展开论证。结构思路:前后对照,结尾升华等。在写作中照顾到以上几点,加以提炼,语言尽量简洁,逻辑通畅,言之有理,即可拿高分。

【参考范文】

浅谈线上教学

一场新冠疫情横扫大江南北,打破了我们正常的教学秩序。这个特殊的时期让我们充分体会到了线上教学与传统课堂教学的不同。线上教学,顾名思义就是一个在线教学、线上学习的过程。我们通过网络直播的方式来连接教师与学生,进而实现知识的共享。随着"停课不停学,停课不停教"政策的落实,为什么呈现出了一种有人欢喜有人愁的局面呢?其实,线上教学这种方式并没有绝对的好与坏:好好利用,它便能助你更上一层楼;利用不好,它便显得毫无意义。

线上教学打破了时空局限,拓宽了学生的学习方式。由于疫情停课,推出线上教学就好比是雪中送炭,尤其是对于即将中考、高考的学生来说,更是相当于一场及时雨。在这种关键时刻,线上教学的推出,无疑解决了教育停滞这个问题。那么线上教学又有哪些优点呢?首先,线上教学是一种新颖的教学方式。众所周知,大部分人都对新颖的事物充满好奇,所以线上教学这种新颖的教学方式能吸引广大师生的共同参与。其次,线上教学不受区域的限制,即使师生相隔南北,还是可以通过网络进行交流学习。最后一点尤其重要,线上教学中,我们可以利用网络这个大平台来快速获取想要的优质教育资源,师生们可以通过网络达到资源共享的目的。如此一来,线上教学在开阔师生视野的同时也对教育以及学习的质量有着重大的提升。所以说,利用好线上教学,将有助于学生的学习更上一层楼,甚至实现质的飞跃。

线上教学促使学生的规则意识得到增强。学生们各自在家,没有了上下课铃声,上下课时间就需要自己进行管理。学生按时进入班级,参与课堂点名接龙,进行课堂互动……这些都需要学生有一定的守时意识。无规矩不成方圆,线上教学需要学生遵守课堂规则。好奇心较强的学生总喜欢去尝试。在一节线上课,学生不随意发语音、视频,不扰乱课堂秩序,能按老师的要求进行课堂互动,师生共同完成新课、练习、总结等环节,某种程度上是可以培养学生的自律能力和规则意识的。

当然,世上没有十全十美的事情。任何事物都有其两面性,线上教学也不例外。线上教学固然能起到不错的教育效果,但也不是毫无瑕疵的。比如线上教学需要用到电脑或者手机,而现实中有一些家庭经济上并不富裕,也有一些家庭位于边远地区,网络信号并不好,这就导致来自这些家庭的学生在接受线上教学时得不到良好的体验,学习的效率从而大大降低。再如,线上教学在促进师生课堂交流方面大打折扣,使得课堂气氛不活跃,学生难以集中注意力,最终导致学生的学习兴趣降低。最后,学生的自律性不一,很多学生利用手机、电脑并不是为了学习,而是为了玩游戏。而且在家与在学校的学习氛围大有不同,在家通常比较随意,不是所有家长都能随时陪在孩子身边,监督孩子学习的。这样一来,学生专注的学习状态便很难得到保证了。所以说,线上教学也存在缺陷,利用不好反而影响到孩子的学习。因此,学生在接受线上教学时,需要教师、家长等多方面共同的引导、监督。

要想让线上教学发挥出自己的优势,需要各地各校搜索资源、挖掘设备潜能、投入技术力量,努力支撑局域性的空中课堂;需要教师与时俱进,不断提高专业素养;需要家长积极配合,共同监督支持;更需要学生自律自强。只有在多方的共同努力下,线上教学才能发挥出最大的优势。

(这篇作文开门见山,直接点出"线上教学"有好有坏这一中心论点;然后从学生、教师、教学环境等多角度出发,通过重点介绍"线上教学"对学生的影响来论证"线上教学"的好与坏;最后总结上文,升华主题。整篇作文结构完整,逻辑清晰,是一篇佳作。拟定得分38分)

2022年辽宁省沈阳市特岗教师招聘考试真题试卷(二十一)

一、单项选择题

1. C 【解析】本题考查昆体良的教育思想。昆体良是古罗马教学法大师,在世界教育史上,他是最早提出反对体罚的教育家。其代表作《雄辩术原理》是西方最早的教育著作,也被誉为古代西方的第一部教学法论著。在这本著作中,昆体良总结了他在修辞学校长期培养演说家的经验。故选C项。

2. B 【解析】本题考查旧中国的学制沿革。1902年,清政府颁布了由管学大臣张百熙拟订的《钦定学堂章程》,又称为"壬寅学制",这是我国教育史上第一个比较完整的学制体系,也是现代学制建立的肇始。

3. A 【解析】本题考查生产力对教育发展的影响和制约。生产力发展水平制约着教育的内容、方法与手段。其中,生产力的发展促进了科学技术的发展与更新,从而也要求教育内容不断调整与更新。题干中,网络技术的发展,催生了机器人制造应用学、编程等新型学科,即体现了生产力发展水平对教育内容的制约。

4. D 【解析】本题考查内发论的代表人物及其观点。A项,弗洛伊德是精神分析学派的创始人,他指出:人的本能是最基本的自然本能,而推动个体发展的潜在的、无意识的、最根本的动因便是人的本能。B项,霍尔认为个体的发生、发展是种系发生发展过程的复演,个体发展动力来自种族祖先的遗传,他提出:"一两的遗传胜过一吨的教育。"C项,孟子认为人的本性是善的,万物皆备于我心,而仁、义、礼、智四种基本品性的根源是人的本性中就有的恻隐、羞恶、辞让、是非等心性。D项,高尔顿是遗传决定论的"鼻祖",他认为个体的发展及其个性品质早在基因中就决定了,发展只是这些内在因素的自然展开,环境只起引发作用。"只要通过环境和训练,人便可以被塑造成任何你想塑造的样子"是华生的观点,他是外铄论的代表人物。故本题选D项。

5. D 【解析】本题考查教育的政治功能。教育受到政治经济制度的制约,同时又对政治经济制度有维护、巩固和加强的作用。题干引文意为:古代的君王,建立国家,管理百姓,都把教学放在首要的位置。这主要体现了教育对政治经济制度的影响,即教育的政治功能。

6. A 【解析】本题考查教育目的的特点。同人类社会生活和活动的目的一样,教育目的也带有意识性、意欲性、可能性和预期性的特点。除此之外,教育目的还有两个较为明显的特点:(1)教育目的对教育活动具有质的规定性。即教育目的对教育活动的社会倾向和人的培养具有质的规定性。(2)教育目的具有社会性和时代性。教育是培养人的社会活动,无不受到社会及各个时代的制约,这也就使得教育目的在历史的发展中常常带有社会不同时代的特点,体现不同时代的要求。故A项错误,C、D两项正确。教育目的一般由国家或国家教育行政部门制定,指导一定时期的各级各类教育工作。B项正确。本题选A项。

7. A 【解析】本题考查教育研究方法。教育实验法是根据一定的理论和假设,通过人为地控制教育现象中某些因素从而探索变量之间某种因果关系的研究方法。教育实验法是实验研究的一种特殊形式。题干中,黄老师选取学业基础、人数基本一致的两个班,通过控制教学风格这一变量进行实验,目的是探索教学风格与学生成绩之间的关系。这采取的教育研究方法是教育实验法。故选A项。

8. B 【解析】本题考查教师教学风格的形成阶段。教师教学风格的形成阶段包括:(1)模仿性教学阶段。教师开始教学时,总是模仿别人的教学方法、别人的教学语言和教学风度,经常搬用别人成功的教学经验,甚至连举例、手势、语调等也打上别人教学影响的烙印。(2)独立性教学阶段。教师基本上摆脱了模仿的束缚,能够独立地完成教学工作的各个环节,能将别人成功的经验通过吸收消化,变成自己的东西。(3)创造性教学阶段。在独立性教学的基础上,教师的创造性在教学中不断表现出来,突出表现在教学方法的改革、教学效果的优化、教学效率的提高上。(4)有风格教学阶段。教学风格在教学过程各个环节、各个方面都有独特的稳定的表现,使教学带上了浓厚的个性色彩,处处闪烁着创造的火花。教学内容和形式独特而完美地结合起来,教学成为真正塑造人们灵魂的艺术。题干中,宁老师与钟老师同处于独立性教学阶段,熊老师则仍处于模仿性教学阶段。赵老师不断总结经验,对常规教学方式灵活运用,探索出了一套不同的教学方法,相比于其他三位老师,他是最可能处于创造性教学阶段的。故本题选B项。

9. A 【解析】本题考查课程标准的相关内容。课程标准是单科课程的总体规划,它从整体上规定各门课程的性质及其在课程体系中的地位。课程标准不同于教学大纲,它不是对内容的具体规定,而是对学生学习结果的描述,是某一学习阶段的最低的、共同的、统一的要求。A项错误。课程标准是教材编写、教学、评估和考试命题的依据,是国家管理和评价课程的基础。B项正确。国家课程标准是国家对各级学校的一定学段的课程目标、学科设置、课程实施、课程评价等所做出的总体规定,体现了国家对国民在某方面或某领域的基本素质要求,无论是教材编写、课程实施还是教学评价,其出发点和归宿都是为了落实并实现课程标准中所规定的对学生基本素质的要求。国家课程标准属于基本标准或最低标准。C项正确。国家课程标准是衡量教育水平的准则,是度量教学质量的准绳,是判定学校管理的参照。D项正确。故本题选A项。

10. D 【解析】本题考查课程的类型。根据课程的呈现形态划分,可将课程分为显性课程与隐性课程。其中,隐性课程是指在学校情境中以间接的、内隐的方式呈现的课程。隐性课程的主要表现形式包括观念性隐性课程、物质性隐性课程、制度性隐性课程、心理性隐性课程。在教室内外的墙壁上张贴的宣传标语和学生励志语录属于物质性隐性课程。故选D项。

11. A 【解析】本题考查常用的德育方法。陶冶教育法(陶冶法)是教师利用环境和自身的教育因素,对学生进行潜移默化的熏陶和感染,使其在耳濡目染中受到感化的德育方法。甲校通过校园宣传橱窗育人,这是利用环境对学生进行德育影响。故甲校主要使用了陶冶法。

12. B 【解析】本题考查班杜拉对强化的重新解释。A项,自我强化是指对自己表现出的符合或超出标准的行为进行自我奖励;B项,替代强化是指观察者因看到榜样的行为被强化而受到强化;C项,直接强化是指观察者因表现出观察行为而受到强化;D项,负强化是通过消除或中止厌恶、不愉快刺激来增强反应频率。题干中,小李因看到小张(榜样)上了优秀学生光荣榜,从而更加努力地学习,希望自己也能上光荣榜,体现的是替代强化的内涵。故选B项。

13. A 【解析】本题考查常用的教学原则。直观性原则是指在教学活动中,教师应尽量利用学生的多种感官和已有的经验,通过各种形式的感知,使学生获得生动的表象,从而比较全面、深刻地掌握知识。题干中,李老师借助各种现代教学手段,将静态抽象的教学内容转化得生动具体,有利于学生对知识的直观感知,这遵循的是直观性教学原则。

14. B 【解析】本题考查教师教学行为规范的基本要求。教师的教学行为规范要求教师按时上课下课,不迟到、不缺课、不拖堂。张老师拖堂把课上完,违背了教师的教学行为规范,其做法是不恰当的。故A、C两项错误。学生的注意力是有限的,在课间休息的时间继续教学不仅不利于学生集中注意力学习知识,同时也可能对学生下节课的学习产生消极影响,张老师的做法漠视了学生的学习效果。学生的学习风格在题干中没有体现,故不选。本题答案为B项。

15. D 【解析】本题考查课堂导入的方法。A项,故事导入是教师通过讲解与所要学习内容有关的故事、趣事,进而引发学生学习动机的导入方法。B项,情境导入是指教师运用满怀激情的朗读、演讲或者通过音乐、动画、录像等创设有趣的学习情境,感染学生,引起学生丰富的想象和联想,使其情不自禁地进入学习情境的导入方法。C项,直接导入是指教师在上课伊始直接阐明本节课的学习内容、目标和要求的导入方法。D项,悬念导入是教师以认知冲突的方式设疑,使学生思维进入惊奇、矛盾等状态,构成悬念的导入方法。悬念的设置有助于吸引学生的注意力,使学生思维处于一种激活状态，产生非弄清楚不可的求知心理，从而迅速进入学习知识的最佳状态，在思考、研究中学习新知识。题干中，刘老师提出的的问题激起了学生的疑惑，进而在学生思考问题的过程中自然进入教学之中。这属于悬念导入。故选D项。

16. B 【解析】本题考查学习动机的类型。根据学校情境中的学业成就动机的不同，奥苏贝尔等人将动机分为认知内驱力、自我提高内驱力和附属内驱力。其中，认知内驱力是指要求了解、理解和掌握知识以及解决问题的需要，是内部学习动机。题干中，学生因疑而动，体现了学生了解和解决问题的主动需要，符合认知内驱力的内涵。故选B项。

17. D 【解析】本题考查常用的教学方法。讨论法是全班或小组成员在教师的指导下，围绕某一中心问题发表自己的看法和见解，从而进行相互学习的一种方法。题干中刘老师让学生们针对问题各抒己见，这运用的教学方法是讨论法。

18. C 【解析】本题考查小组合作学习的特征。小组合作学习的特征主要表现在四个方面：(1)有利于培养学生的社会适应性。①它创造了学生相互认识、相互交流、相互了解的机会；②培养了学生善于听取别人的意见的好品质。(2)有利于培养学生的自主性和独立性。(3)为学生提供了更多的锻炼机会，促进了学生的全面发展。(4)有利于提高学生学习的正确率。故C项不正确。

19. D 【解析】本题考查课堂提问的功能(作用)。课堂提问具有组织调控作用，教师通过课堂提问，能引导全体同学的注意力集中，强化有意注意。即使个别注意力不集中的学生，在宁静的气氛中也会有所发现而回心转意。或者，教师对注意力不集中的学生发出"重复式"的提问，以"提问"进行组织教学比点名批评的方式更艺术，更和谐，更有利于教学活动的进行。

20. A 【解析】本题考查测验的标准。信度是指一个测验量表的可靠程度(或可信程度)。它以反复测验时能否提供相同的结果来说明。题干中，吴老师编写的试题反复使用都能得到大致相同的结果，说明该试题的信度高。故选A项。

21. B 【解析】本题考查个体身心发展的规律。个体身心发展的不平衡性表现为：个体身心发展同一方面在不同年龄阶段的发展速度和不同方面的发展水平都是不平衡的。因此，教育者要把握施教的关键期或最佳期，视时而教、及时施教。学生在感知、记忆、想象上存在关键期，表明个体身心发展的不同方面的发展水平是不平衡的。故选B项。A项表明了个体身心发展的顺序性规律；C项表明了个体身心发展的个别差异性规律；D项表明了个体身心发展的整体性规律。

22. B 【解析】本题考查班主任建设和管理班级组织的策略。班级建设应该通过动态的角色定位，使班级中的每个成员都拥有满意的位置，形成班级人际关系的新结构，这是班级建设和管理中一项富有创造性的工作。合理地确定学生在班级中的角色位置的措施包括：(1)科学地诊断班级人际关系的现状。(2)实行班干部轮换制。(3)丰富班级管理角色。具体做法有：增设管理岗位、一岗多人、动态分配管理岗位等。(4)正确对待班级中的非正式群体。①③可行。"让学生自己决定自己的班级管理角色"不合理，学生的班级管理角色的确定需要班主任的指导。②不妥。故本题选B项。

23. D 【解析】本题考查课堂纪律的类型。根据形成途径，课堂纪律一般可分为教师促成的纪律、集体促成的纪律、自我促成的纪律和任务促成的纪律。其中，集体促成的纪律是指在集体舆论和集体压力的作用下形成的群体行为规范。即学生以同辈群体的集体要求和价值判断作为自己的行为准则，以"别人也都这么干"为理由而做某件事情。题干中，小李常常以少先队的纪律作为自己的行为准则，并观察其他少先队员的行为。这体现了集体促成的纪律的内涵。

24. B 【解析】本题考查校园暴力的特征。校园暴力通常具有以下特征：(1)形式多样；(2)行为普遍；(3)行为的非均衡性；(4)行为的持续性；(5)行为的隐蔽性和难以判断性。题干中，女学生和男性气质不强的男生更容易成为校园暴力的对象，体现出校园暴力行为的非均衡性，即行为的对象有所偏向。故本题选B。

25. A 【解析】本题考查课程实施的基本取向。课程实施的基本取向包括：(1)忠实取向；(2)相互适应(调适)取向；(3)创生取向。其中，课程实施的忠实取向认为，设计好的课程是不能改变的，课程实施的过程应该是忠实地执行课程计划的过程。题干中，张老师循规蹈矩地按照专家对课程的"使用说明"来实施教学，可以看出其偏向课程实施的忠实取向。

26. D 【解析】本题考查布卢姆的教学目标分类。美国教育心理学家布卢姆将教学目标分为认知、情感和动作技能三个领域，每一领域的目标又从低级到高级分成若干层次。认知领域的教学目标分为知识、领会(理解)、运用(应用)、分析、综合、评价六级。其中，综合是指将所学的零碎知识整合为知识体系，强调的是创造能力，需要产生新的模式或结构；可使用的描述动词有创造、编写、设计等。题干中，小张为健身房设计了室内装修方案，这一任务对应了综合的认知要求。

27. C 【解析】本题考查班集体的发展阶段。一般来说，新组建的学生班级要发展成为班集体，须要经历一个有序的动态发展过程。这一过程可分为三个基本阶段：(1)初建期的松散群体阶段。(2)形成期的合作群体阶段。(3)成熟期的集体阶段。成熟期的集体阶段的班级已有明确的、共同认可的奋斗目标，班级已形成了坚强的核心，班干部已有了独立主持班务工作的能力；学生已有了较强的自我教育能力，班集体形成了良好的舆论氛围和民主团结的风气。班主任已开始成为班级领导者，主要任务在于根据学校教育计划，加强班集体的特色化建设，同时根据对每位学生的充分了解，为学生提出发展规划建议，促进学生的个性发展。因此，题干所述马老师带领的七年级(1)班目前发展到了成熟群体阶段。

28. D 【解析】本题考查因材施教的教学方法。图中，教师面对有不同理想的学生，给予公平的教育"灌溉"，而不对多种发展方向进行高低划分，厚此薄彼。这体现了教师对于学生个性的尊重，有利于因材施教，促进学生个性发展。

29. D 【解析】本题考查"思维可视化"的图示技术。思维可视化是基于脑科学理论，在知识可视化概念基础上提出的。它是指运用一系列图示技术把本来不可视的思维(包括思考方法和思考路径)呈现出来，使其清晰可见的过程。实现"思维可视化"的图示技术主要包括思维导图、概念图、流程图、模型图(考试规律模型、学科规律模型、思维方式模型)、信息图、漫画、表格等。

30. B 【解析】本题考查教学组织形式。道尔顿制的主要措施包括：(1)改教室为各科作业室或实验室，按学科性质陈列参考用书和实验仪器，供学生学习之用；(2)废除课堂讲授，把各科学习内容制成分月的作业大纲，规定应完成的各项作业，学生与教师订立学习公约后，即按照自己的兴趣，自由支配时间，在各作业室自学，各作业室配有该科教师1人，作为顾问，学生学习的进程分别由教师和学生记入学习进度表内；(3)重视学生身体及社会意识的发展，措施中包括对集体施教。故题干中学校的这种教学组织形式是道尔顿制。答案选择B项。A项，协调教学法是采用同一种下肢重复练习，配合不同的身体部位动作而组合成的练习方法。协调教学法多用于体育训练。C项，贝尔—兰喀斯特制，也称为导生制，这种教学组织形式仍以班级为基础，但教师不直接面向班级全体学生，教师先把教学内容教给年龄较大的学生，而后由他们中间的佼佼者——导生去教年幼的或成绩较差的其他学生。D项，特朗普制把大班上课、小班讨论和个人独立研究三种教学形式结合起来，以灵活的时间单位代替固定的上课时间。

31. A 【解析】本题考查马斯洛的需要层次理论。马斯洛根据需要出现的先后及强弱顺序，把需要分成了五个层次，即生理需要、安全需要、归属与爱的需要、尊重需要和自我实现的需要。后来他又补充了求知需要和审美需要。其中，归属与爱的需要，也称社交需要，是指每个人都有被他人或群体接纳、爱护、关注、鼓励及支持的需要。它是更高一级的需要，包括被人爱与爱他人、保持友谊、被团体接纳等。新课改提倡的良好的师生关系能够使学生感受到老师的关心和爱护，满足学生的归属与爱的需要。

32. B 【解析】本题考查发散思维的特征。发散思维具有流畅性、灵活性(变通性)和独创性(独特性)。其中，流畅性是指在限定时间内产生观念数量的多少。即在短时间内产生的观念越多，流畅性越大。题干中，"写汉字"的比赛以一定时间内写出含有"艹"字头的汉字数量为评判标准，考察了发散思维的流畅性。

33. D 【解析】本题考查学习迁移的类型。具体迁移也称特殊迁移，是指学习迁移发生时，学习者原有的经验组成要素及其结构没有变化，只是将一种学习中习得的经验要素重新组合并移用到另一种学习之中。例如，学习了"日""月"对学习"明"的影响。题干中，学习了"book"和"shop"对学习"bookshop"所产生的影响，最可能是发生了特殊迁移。

34. C 【解析】本题考查品德的心理结构。品德的心理结构包括四种相辅相成的基本心理成分：道德认知、道德情感、道德意志和道德行为。其中，道德意志是个体自觉地调节道德行为，克服困难，以实现预定道德目标的心理过程。题干中，晓华明知道践踏草坪是不对的行为，但依旧践踏草坪，体现出其道德意志相对薄弱，即不能自觉地调节道德行为，故林老师应注重培养其道德意志。

35. B 【解析】本题考查陈述性知识获得的机制。皮亚杰认为，儿童已掌握的知识经验是学习新知识的基础和关键，儿童通过同化和顺应两种方式把新旧知识联系起来进行学习。同化是指新知识纳入原有的认知结构而引起认知结构发生量变的过程。如儿童学会了加法再学乘法，知道乘法是相同加数连加的简便运算。顺应是指新知识的纳入使原有的认知结构得到调节和改造而引起认知结构发生质变的过程。如儿童学习了数学的负数知识以后，认识到数不仅有大小之分，而且有正负之分。故B项正确。(具体内容参见张大均主编的《教育心理学》)

36. A 【解析】本题考查程序性知识学习的一般过程。程序性知识的学习一般包括陈述性知识阶段、转化阶段和自动化阶段。陈述性知识阶段是掌握程序性知识的前提，是对以陈述性知识形态存在的程序性知识的学习。学习者首先要理解有关的概念、规则、事实和行动步骤等的含义，并以命题网络的形式把它们纳入个体的知识结构中。转化阶段是学生通过各种规则的变式练习，将程序性知识从规则的陈述性形式转化为可以表现到实际操作中的程序性形式。自动化阶段是程序性知识掌握和发展的最高阶段。在此阶段，人的行为在无意识状态下完全由规则支配，技能也相对达到自动化。题干中，为了对一元一次方程求解，教师先让学生理解"移项"和"合并同类项"的概念和规则，属于陈述性知识阶段的学习。

37. D 【解析】本题考查智慧技能的结构。智慧技能的学习可分为五个小类：辨别学习、具体概念学习、定义性概念学习、规则学习、高级规则学习。其中，高级规则学习是指由简单的规则组合在一起，组成一条能解决问题的高级规则。A项，小华能够区分相近的汉字，属于辨别学习。B项，小夏能够将不同的水果归纳为水果这一概念，属于具体概念学习。C项，小方学习牛顿第一定律，属于规则学习。D项，小斌能根据三角形与长方形的面积公式推算出梯形(可分割成长方形和三角形)的面积，属于高级规则的学习。故本题选D项。

38. D 【解析】本题考查布卢姆的教学目标分类。美国教育心理学家布卢姆将教学目标分为认知、情感和动作技能三个领域。其中，动作技能领域的教学目标包括知觉、模仿、操作、准确、连贯、习惯化六个层次。其中，知觉是指学生通过感官，对动作、物体、性质或关系等的意识能力，以及进行心理、躯体和情绪等的预备调节能力。模仿是指学生按提示要求行动或重复被显示的动作的能力，但学生的模仿性行为经常是缺乏控制的(如表演动作是冲动的、不完善的)。操作是指学生按提示要求行动的能力，但不是模仿性的观察(如按照指示表演或练习动作等)。连贯是指学生按规定顺序和协调要求，去调整行为、动作等的能力(如准确而有节奏地演奏)。题干中，笑笑能准确而有节奏地用小提琴演奏一首曲子，说明其达到连贯水平的动作技能目标。

39. D 【解析】本题考查资源管理策略。资源管理策略是辅助学生管理可用的环境和资源的策略，包括时间管理策略、环境管理策略、努力管理策略和学业求助策略。其中，时间管理策略包括统筹安排学习时间、高效利用最佳时间、灵活利用零碎时间等策略。环境管理策略包括：(1)注意调节自然条件；(2)要设计好学习的空间。题干中，小琼建立自己的学习时间表运用了时间管理策略；去安静的图书馆完成作业、预习课文运用了环境管理策略。故选D项。

40. C 【解析】本题考查常见的社会知觉偏差。晕轮效应是指当我们认为某人具有某种特征时，就会对他的其他特征做相似判断。题干中，老师因为某个学生调皮捣蛋，从而认为他的成绩(其他特征)差(相似判断)，体现了晕轮效应。

41. A 【解析】本题考查桑代克的学习理论。桑代克认为学习要遵循三条原则，即准备律、练习律和效果律。其中，准备律是指联结的加强或削弱取决于学习者的心理准备和心理调节状态。题干中，王老师直接跳过第三章讲第四章的内容，学生并未处于一个良好的心理准备和心理调节状态，违背了准备律的原则。故选A项。

42. C 【解析】本题考查斯金纳的操作性条件作用理论。斯金纳把人和动物的行为分为两类：应答性行为和操作性行为。应答性行为是由特定刺激引起的，是不随意的反射性反应；而操作性行为则不与任何特定刺激相联系，是有机体自发做出的随意反应。C项，吴浩完成试卷后奖励自己零食的行为属于操作性行为，其做出这样的行为是随意的，即先前未有任何特定的刺激驱使他完成试卷后奖励自己零食。A、B、D三项均属于应答性行为，有机体做出这样的行为由特定的刺激(铃声、风、刺鼻的味道)引起。故本题选C项。

43. C 【解析】本题考查加涅的信息加工学习理论。加涅提出了学习过程的八个阶段和相应心理过程的假设：(1)动机阶段——激发学习者的学习动机。(2)了解(领会)阶段。(3)获得(习得)阶段——所学的信息进入短时记忆，也就是对信息进行了编码和储存。(4)保持阶段——已编码的信息进入长时记忆储存。(5)回忆阶段。(6)概括阶段。(7)操作阶段。(8)反馈阶段——证实预期，获得强化。故选C项。

44. D 【解析】本题考查最近发展区。维果斯基认为，最近发展区是指现有水平与潜在水平之间的差距。所谓现有水平是指已经成熟的儿童心理机能的发展水平，表现为儿童能够独立完成智力任务。而潜在水平是指尚待形成的儿童心理机能的发展水平，表现为儿童经过模仿、努力才能完成智力任务。维果斯基把最近发展区纳入了教学的概念。教学是在使潜在水平转化为新的现有水平，创造新的最近发展区的过程。最近发展区按层次递进的过程，就是儿童不断积累知识和发展智力的过程，也是儿童的兴趣、情感、意志不断形成和完善的过程。因此，开发智力的最佳教学应从潜在水平开始，而开发智力的教学就是开发最近发展区的教学。故选D项。

45. A 【解析】本题考查普雷马克原理。普雷马克原理，又称"祖母法则"，即用高频活动作为低频活动的有效强化物。题干中，老师面对练习音节不耐烦的学生，将"弹一首流行歌曲"(高频活动)作为"准确地弹好这一小节"(低频活动)的强化物，调动学生的积极性。故选A项。

46. A 【解析】本题考查韦纳的成败归因理论。韦纳对行为结果的归因进行了系统探讨，发现人们倾向于将活动成败的原因(即行为责任)归结为以下六个因素，即能力、努力程度、工作难度、运气、身心状况、外界环境。上述六项因素按各自的性质，又可分别归入三个维度：内部归因和外部归因、稳定性归因和非稳定性归因、可控制归因和不可控制归因。其中，运气属于不稳定、外在、不可控的归因。故选A项。

47. C 【解析】本题考查气质类型及其特征。黏液质的个体稳重，但灵活性不足；踏实，但有些死板；沉着冷静，但缺乏生气。题干中，根据"沉着""镇定""死板""不懂变通"等关键词可判断小兰的气质类型倾向于黏液质。

48. A 【解析】本题考查操作性条件作用的基本规律。强化是采用适当的强化物而使机体反应频率、强度和速度增加的过程。儿童的哭闹行为实质上是儿童想通过哭闹来使父母满足他们的某种需求。如果家长给予其"奖励"，则孩子就通过哭闹得到了想要的东西，这再一次强化了儿童的哭闹行为，是一种不合理的应对方式。故A项正确，D项错误。惩罚并不能使行为发生永久性的改变，它只能暂时抑制行为，而不能根除行为。惩罚的运用必须慎重，一般来说，要尽可能地少用惩罚，在必要的时候才使用。消退是一种无强化过程，其作用在于降低某种反应在将来发生的概率，以达到消除某种行为的目的。不去强化而去淡化，既可消除不正确行为，又不会带来诸如惩罚等导致感情受挫的副作用。故儿童在公共场合的哭闹行为可以通过消退而不是惩罚来消除，不是不可避免的。B、C两项错误。综上，本题选A项。

49. A 【解析】本题考查影响遗忘进程的因素。前摄抑制是先学习的材料对识记和回忆后学习材料的干扰作用。倒摄抑制是指后学习的材料对保持和回忆先学习的材料的干扰作用。题干中，学生受到先前学习的汉语拼音的影响，将英文单词(后学习材料)的发音误发为汉语拼音，其原因是前摄抑制的影响。

50. D 【解析】本题考查奥苏贝尔的有意义接受学习理论。奥苏贝尔的关注焦点是学生的课堂学习，并认为学生的学习主要是有意义的接受学习。所谓意义学习，就是将符号所代表的新知识与学习者认知结构中已有的适当观念建立非人为的和实质性的联系。学习材料本身的逻辑意义、学习者认知结构具备适当的知识基础、学习者具有积极主动学习的心向是有意义学习的基本条件。所谓接受学习，是在教师指导下，学习者接受事物意义的学习。影响接受学习的关键因素是认知结构中起固定作用的观念的可利用性。为此，他提出了先行组织者的教学策略。

51. B 【解析】本题考查皮亚杰的认知发展阶段理论。皮亚杰将个体的认知发展分为四个阶段，其中，处于前运算阶段的儿童还没有"守恒"能力或没有形成"守恒"的概念，思维缺乏观念的传递性。儿童观察事物时往往只能注意表面的、显著的特征，倾向于注意事物的静止状态。题干中，学生注意到第二行正方体的整体长度大于第一行的，即只注意到事物的表面的、显著的特征，说明此时学生并未形成"守恒"的概念。故选B项。

52. D 【解析】本题考查埃里克森的人格发展阶段论。高中生处于自我同一性对角色混乱阶段，此阶段的发展任务是建立自我同一性，防止同一性混乱。所谓自我同一性是一种关于自己是谁，在社会上应占什么样的地位，将来准备成为什么样的人以及怎样努力成为理想中的人等一系列的感觉。题干中，静静对未来自己准备成为什么样的人进行思考，教师此时应帮助其建立良好的自我同一性。故选D项。

53. D 【解析】本题考查自我防御机制。补偿是指通过新的满足来弥补原有欲望达不到的痛苦，如学习成绩平平，但体育成绩突出，或因有其他特长，而使自己能够得到满足。题干中，小美考试不及格，但却用较好的家庭条件来弥补其痛苦，该行为属于补偿的表现。

54. C 【解析】本题考查学生心理健康。陌生的学习与生活环境、现实与理想的差距、自我地位的改变、不当的学习方法以及人际关系等问题，常常令入学新生感到烦恼，出现适应不良的现象。

对于中学生来说，处理好人际关系很重要。良好的人际关系不但能营造良好的学习气氛，也能使人身心愉快，如果人际关系处理不好，则会影响生活和学习。此外，中学生要有意识地培养团队意识和合作意识，只有更好地融入到团体中，才有归属感。故A项建议正确。

现今许多孩子对父母的依赖性很强，一旦离开父母就精神不安，情绪不稳定，生活无法自理。这被称为"社会适应不良"，是青少年常见的心理障碍，起因主要是父母未重视给孩子"心理断乳"。到了青少年期，为了让孩子成为一个能自理、自立和自主的独立人，还需要给孩子做一次"心理断乳"。逐步使孩子脱离父母的监护、照顾。故B项建议正确。

学习要靠自己，要讲究方法。与小学不同，中学的学习广度和深度都迅速增强，这就要求学生摸索适合自己的学习方法，而不是单一地跟着课程前进或在教师的督促下学习。所以，学生要从一开始就培养自主学习的习惯。故D项建议正确。

新生首要的问题是要摆正心态，不管自己过去是多么辉煌，都要把过去忘掉，要踏踏实实地投入到新的学习中来。教师要及早调整学生的心理落差，使其端正心态。故C项建议错误。

55. B 【解析】本题考查交友原则。交友的基本原则包括：善交益友，不交损友，乐交诤友。诤友，指能够直言不讳地指出对方错误、批评并帮助对方的朋友。题干中，青青与乐乐作为彼此的朋友，敢于直接指出对方的错误，共同改掉坏毛病，这样的交往体现了乐交诤友的交友原则。

56. C 【解析】本题考查皮亚杰的道德发展阶段理论。皮亚杰认为，儿童道德的发展经历从他律到自律的转化发展过程，包括自我中心阶段、权威阶段、可逆性阶段和公正阶段。其中，处于权威阶段的儿童的道德判断受外部的价值标准所支配和制约，表现出对外在权威的绝对尊重和顺从的愿望。这个阶段的儿童认为，应该尊重权威和尊重年长者的命令。题干中，婷婷认为"无论自己是否帮助了同学，最终结果是老师批评了自己，所以自己肯定是做错了"，是以老师的价值标准判断自己的行为，属于正处于权威阶段的表现。故选C项。

57. A 【解析】本题考查理性—情绪疗法。人们持有的不合理信念总结起来有三个特征：(1)绝对化要求，是指个体以自己的意愿为出发点，以极端的要求衡量一切事物。例如，学生要求"我必须每次都考第一名""他们都应该对我好"等。(2)过分概括化，这是一种以偏概全的不合理的思维方式，它包括对自己和对他人的不合理评价。(3)糟糕至极，表现为一旦遇到什么挫折，就产生一种非常糟糕、甚至是灾难性的预期的非理性信念，从而陷入悲观、抑郁的情绪中而不能自拔。题干中，小李要求自己凡事必须做到尽善尽美，这是绝对化要求的表现。

58. B 【解析】本题考查行为演练的基本方法。肯定性训练的目的是促进个人在人际关系中公开表达自己真实的情感和观点，维护自己的权益也尊重别人的权益，发展人的自我肯定行为。题干中，小彭因不敢拒绝其他同学的无理要求而被欺负，这说明其缺乏勇于表达自己真实的情感和观点的能力。因此，需要对小李进行肯定性训练，发展其自我肯定行为。故选B项。

59. C 【解析】本题考查学生心理辅导。题干中，小吴因对学习的目的有了错误的认识，即认为"读书是为了应付父母、老师的要求"，而对待学习的态度消极。李老师应该从改善其认知的角度帮助小吴激发学习动机，可采用的方法有：(1)加强学习目的性教育，激发学生的学习动机；(2)确立合适的学习目标；(3)激发和培养学生的学习兴趣；(4)内部学习动机和外部学习动机相结合，增强内部学习动机的核心作用。故A、B、D三项均合适，C项在材料中未体现相关状况，故选C项。

60. B 【解析】本题考查恐怖症。恐怖症(恐惧症)是对特定的无实际危害的事物与场景的非理性的惧怕。学生中社交恐怖较为常见，主要表现为：害怕在社交场合讲话，担心自己因双手发抖、脸红、声音颤抖、口吃而暴露自己的焦虑，觉得自己说话不自然，因而不敢抬头，不敢正视对方的眼睛。题干中，小芳独来独往、不敢在公共场合讲话，这是社交恐怖症的表现。故选B项。

61. B 【解析】本题考查《中小学法治副校长聘任与管理办法》。根据《中小学法治副校长聘任与管理办法》第六条规定，人民法院、人民检察院、公安机关和司法行政部门应当遴选、推荐符合以下条件的在职工作人员担任法治副校长：(1)政治素质好，品德优秀，作风正派，责任心强；(2)有较丰富的法律专业知识与法治实践经历，从事法治工作三年以上；(3)身心健康，热心教育工作，了解教育教学规律和学生的身心特点，关心学生健康成长；(4)具有较强的语言表达能力、沟通交流能力和组织协调能力。符合上述条件，年龄不超过65周岁的退休人员也可以经推荐担任一个任期的法治副校长。故选B项。

62. B 【解析】本题考查教育法律法规。根据《中华人民共和国义务教育法》第二条规定可知，义务教育是国家统一实施的所有适龄儿童、少年必须接受的教育，是国家必须予以保障的公益性事业。根据《中华人民共和国教育法》第十九条规定，适龄儿童、少年的父母或者其他监护人以及有关社会组织和个人有义务使适龄儿童、少年接受并完成规定年限的义务教育。根据《中华人民共和国未成年人保护法》第十七条规定可知，未成年人的父母或者其他监护人不得放任或者迫使应当接受义务教育的未成年人失学、辍学。故选B项。

63. C 【解析】本题考查《面向中小学生的全国性竞赛活动管理办法》。根据《面向中小学生的全国性竞赛活动管理办法》第十四条规定，竞赛应坚持公益性，不得以营利为目的。竞赛各项工作由组织主体(主办方)及承办单位直接负责实施，不得进行委托、授权。故D项正确，C项错误。第十六条规定，竞赛应对符合条件的中小学生平等开放，不得设置任何歧视性条件。故A项正确。第十九条规定，竞赛以及竞赛产生的结果不作为中小学招生入学的依据。故B项正确。

64. A 【解析】本题考查《新时代基础教育强师计划》。《新时代基础教育强师计划》在"优化义务教育教师资源配置"中强调，完善交流轮岗激励机制，将到农村学校或薄弱学校任教1年以上作为申报高级职称的必要条件，3年以上作为选任中小学校长的优先条件。故选A项。

65. C 【解析】本题考查《未成年人学校保护规定》。根据《未成年人学校保护规定》第二十一条规定，教职工发现学生实施下列行为的，应当及时制止：(1)殴打、脚踢、掌掴、抓咬、推撞、拉扯等侵犯他人身体或者恐吓威胁他人；(2)以辱骂、讥讽、嘲弄、挖苦、起侮辱性绰号等方式侵犯他人人格尊严；(3)抢夺、强拿硬要或者故意毁坏他人财物；(4)恶意排斥、孤立他人，影响他人参加学校活动或者社会交往；(5)通过网络或者其他信息传播方式捏造事实诽谤他人、散布谣言或者错误信息诋毁他人、恶意传播他人隐私。学生之间，在年龄、身体或者人数等方面占优势的一方蓄意或者恶意对另一方实施前款行为，或者以其他方式欺压、侮辱另一方，造成人身伤害、财产损失或者精神损害的，可以认定为构成欺凌。故①、②中的行为均可认定为构成校园欺凌。③中，小王借款后并非恶意不还，不属于校园欺凌的范畴，排除。故选C项。

66. A 【解析】本题考查"四有"好老师。"四有"好老师指有理想信念、有仁爱之心、有扎实学识、有道德情操的老师。

67. C 【解析】本题考查《中小学教师违反职业道德行为处理办法》。根据《中小学教师违反职业道德行为处理办法》第四条规定，应予处理的教师违反职业道德行为之一为：组织、参与有偿补课，或为校外培训机构和他人介绍生源、提供相关信息。此外，2022年沈阳市教育局印发通知：对在职中小学教师违规有偿补课"四严禁""六处理"。其中，"四严禁"之一为严禁在职中小学教师以各种名义组织、要求、推荐和诱导学生参加有偿补课。故题干所述的老师的行为违反了教育局禁止乱补课、乱收费的规定。

68. B 【解析】本题考查教师严格教育学生的原则。教师严格教育、全面要求学生应当遵循以下原则：(1)严而有理。严格教育、全面要求应当符合青少年学生身心发展规律，符合教育规律。(2)严而有度。教师对学生的实际水平、理解和接受能力应有一个正确的估量，才能对学生提出符合他们实际情况，能为他们所接受的适度要求。要求不能太高，又不能太低。在严格要求上不能"一刀切"。(3)严而有方。教师应想办法让学生乐意接受和执行自己提出的要求。要采取启发式教育、诱导的方式，寓教育教学要求于学生喜闻乐见的合理活动之中。(4)严而有恒。教师对学生提出的严格要求要保持一定的稳定性。并且要经常检查、督促，把要求落到实处。故题干所述要求教师做到严而有度。

69. B 【解析】本题考查2008年修订的《中小学教师职业道德规范》。2008年修订的《中小学教师职业道德规范》中的"爱岗敬业"要求教师：忠诚于人民教育事业，志存高远，勤恳敬业，甘为人梯，乐于奉献。对工作高度负责，认真备课上课，认真批改作业，认真辅导学生，不得敷衍塞责。王老师从教26年，依然坚持上每一节课前都认真备课，这体现了爱岗敬业的职业道德规范。

70. B 【解析】本题考查教师职业道德规范。教师职业道德规范要求教师要为人师表，以身作则，能够尊重他人，与他人和谐相处。教师在处理与家长关系时应遵循的道德要求有：(1)主动与学生家长联系；(2)认真听取家长的意见和建议；(3)尊重学生家长的人格；(4)教育学生尊重家长。A、C两项语气与态度不妥，未做到尊重家长，不选。D项，家访除了要反映学生情况，也要听取家长的意见，直接离开没有达到家访的目的，不选。B项语言客观，带有中肯建议，符合教师职业道德规范。故本题选B项。

二、多项选择题

1. ABCD 【解析】本题考查课堂提问技能。选择学生答问时，要充分考虑学生的性格特点、思维水平、成绩状况甚至座位区域等因素。为促进学生的全面发展和全体学生的发展，教师要尽量多提问下列学生：(1)理解能力较强，但不愿当众发言者；(2)成绩较差，不善于表达者；(3)智力较差，又不愿思考者；(4)坐在教室后面和两边的学生。同时，尽量避免群答，也不要随便选择不经思考就随意喊出答案的学生答问。故本题全选。

2. AC 【解析】本题考查课堂问题行为的处理。预防和处理不良行为，教师要做到：(1)明察秋毫；(2)一心多用；(3)关注整体；(4)转换管理。其中，一心多用是指同时跟踪和监督几个活动。这需要教师不断地监控全班。例如，教师在检查个别学生的作业的同时还要对其他学生说："好，继续！"让他们继续学习。教师在处理日常课堂行为问题时，要遵循最小干预原则，即教师应该采用能发挥作用的干预策略中最简单、副作用最小的一种策略对学生的不良课堂行为进行干预。如果教师为了解决一个学生的问题而让其他学生无事可做,这实际上造成了学生学习时间的不均等。题干中的李老师遵循最小干预原则,运用了非言语线索,同时一心多用,既处理了学生的不恰当行为,又没有中断学生上课的进程。故选A、C两项。B项,团体警觉是上课时维持团体的注意焦点的方法,并未在题干中有所体现。参与式教学是引导学生参与的教学模式。这种模式可以培养学生的参与意识、动手能力和思维能力,并能激发学习兴趣。D项为干扰项。

3. ABC 【解析】本题考查劳动教育的意义。劳动教育是中国特色社会主义教育制度的重要内容,直接决定社会主义建设者和接班人的劳动精神面貌、劳动价值取向和劳动技能水平。

4. AD 【解析】本题考查实用主义教育学的主要观点。实用主义教育学的观点包括:(1)教育即生活,教育的过程和生活的过程是合一的,而不是为将来的某种生活做准备;(2)教育即学生个人经验的增长,教育在于让学生在真实的情境中增长自己的经验,这是教育的最终目的;(3)教育是个人经验的增长过程,其原因在于学校就是一个雏形的社会,学生在学校的学习实际上就是一个在社会中成长的过程;(4)学校的课程组织是以学生的经验为中心的,打破了原来以学科为中心的课程体系;(5)教育教学中不再以教师为中心,教师只是学生成长的帮助者,学生才是教育教学的中心;(6)在教育教学过程中,要注重学生的创造性的发挥,提倡让学生在学习的过程中独立探讨、发现问题。故B、C两项错误,本题选A、D两项。

5. AD 【解析】本题考查教师批改作业过程中给予学生的建设性反馈。随着教学方法和理论的发展,人们越来越关注形成性评价,这就要求教师为学生提供富有建设性的反馈信息,更好地帮助学生改正错误,促进他们的学习。学生需要知道他们哪儿做得好,哪儿还需要努力,教师指出并改正学生作业中的错误远比为学生提供标准答案效果好。题干中,A、D两项给予了建议,属于建设性反馈。B项属于积极的反馈,C项属于无用反馈。故答案选择A、D两项。

6. BC 【解析】本题考查教师的行为。教师应该为人师表,尊重家长,不训斥、指责学生家长。A项错误。教师应爱岗敬业,对学生负责,并且争取家长的配合,协调教育影响,共同教育学生。B、C两项正确。教师应向学生及时反馈学习中存在的问题。D项错误。故本题选B、C两项。

7. BCD 【解析】本题考查教学过程中直接经验与间接经验的关系。人们认识客观事物主要有两条途径:一是获取直接经验;二是获取间接经验。教学活动是学生认识客观世界的过程,要以间接经验为主、直接经验为辅,将二者有机结合起来。这就是教学过程的间接性规律。间接性规律的内容包括:(1)以间接经验为主是教学活动的主要特点。(2)学生学习间接经验要以直接经验为基础。(3)贯彻直接经验与间接经验相统一的规律,要防止两种倾向:①过分强调书本知识的传授和学习,忽视引导学生通过实践活动、亲身参与、独立探索去积累经验、获取知识的倾向;②只强调学生通过自己的探索去发现、积累知识,忽视书本知识的学习和教师的系统讲授。故A项错误,B、C、D三项均正确。

8. ABC 【解析】本题考查教学设计的特征。教学设计具有以下特征:(1)教学设计的主要功能是导教和促学;(2)教学设计是将教学诸要素进行系统性谋划的过程;(3)教学设计的结果是形成教和学的计划和方案。故选A、B、C三项。教师的教学设计总是针对特定学生的,教师在制订教学计划时不仅要考虑自己的教学行为,更应考虑如何针对不同学生的不同学习需求,为其提供诊断性的学习设计,对其进行有目的的学习引导,直至所有学生达成教师所预设的学习目标。故D项说法错误。

9. AD 【解析】本题考查学生的认知风格。认知方式也称认知风格,是指人们在认知活动中所偏爱的信息加工方式。场独立型的学生对客观事物的判断常以自己的内部线索为依据,不易受到周围环境因素的影响和干扰,倾向于对事物的独立判断。沉思型的学生在解决认知任务时,总是谨慎、全面地检查各种假设,在确认没有问题的情况下才会给出答案。题干中,小李回答问题时总是经过深思熟虑,可判断其倾向于沉思型的认知风格;根据"不受他人影响,按照自己的思路进行作答",可判断其倾向于场独立型的认知风格。故选A、D两项。

10. ABC 【解析】本题考查成就动机理论。阿特金森把个体的成就动机分为两类:力求成功的动机和避免失败的动机。避免失败者往往通过各种活动防止自尊心受伤害和产生心理烦恼,倾向于选择非常容易或非常困难的任务。在对避免失败者进行教育时,要安排少竞争或竞争性不强的情境,如果取得成功则要及时表扬并给予强化,评定分数时要求稍稍放宽些,并尽量避免在公共场合下指责其错误。故A、B、C三项正确。由于力求成功的动机比避免失败的动机具有更大的主动性,因此,对学生还应增加他们力求成功的成分,使他们不以避免失败为满足,而以获取成功为快乐,这样才能真正调动一个人的积极性。故D项说法错误。

11. AC 【解析】本题考查课堂气氛的类型。根据学生在课堂上表现出来的注意状态、情感状态、意志状态、定势

状态与思维状态,可将课堂心理气氛分成积极的、消极的与对抗的三种类型。其中,对抗的课堂气氛的特点是:(1)学生的注意指向无关对象,而且常常故意这样做,教师被迫把注意力分散于课堂管理上去。(2)学生有激情,故意搞乱,敌视教师,讨厌上课;教师不耐烦甚至发脾气,师生关系紧张。(3)学生的意志状态为冲动的。(4)学生不信任教师。(5)学生不动脑筋。故A、C两项正确。B、D两项属于消极的课堂气氛的特点。

12. ABC 【解析】本题考查教育者应如何教育学生。用"学生的心灵"去感受、用"学生的大脑"去思考、用"学生的眼光"去看待、用"学生的情感"去体验即说明教育者教育学生应做到将心比心、设身处地,深入学生的内心世界,关注学生的心理体验。故选A、B、C三项。学生是以学习为主要任务的人,教育者注重学生的情感并不意味着就要忽视学生的学习,D项不正确。

13. AC 【解析】本题考查知觉的恒常性。知觉的恒常性是指客观事物本身不变,但知觉条件在一定范围内发生变化时,人的知觉映像仍相对不变。知觉恒常性包括颜色恒常性、明度恒常性(亮度恒常性)、形状恒常性、大小恒常性和声音恒常性。A项体现了大小恒常性,即身高不随距离变化而变化。B项体现了知觉的选择性,即将红花从"万绿"中分离出来。C项体现了颜色恒常性,即颜色知觉不随色光变化而变化。D项体现了知觉的理解性,即知觉的对象与已有的知识经验有密切关系。故本题选A、C两项。

14. AC 【解析】本题考查动作技能的种类。根据动作的精细程度与肌肉运动强度不同,可以将动作技能划分为细微型操作技能(精细技能)和粗放型操作技能(粗大技能)。其中,粗大技能依靠大肌肉群的运动来实现,需要全身运动的神经或肌肉的协调,如跑步、游泳等。根据动作连贯与否,可以划分为连续的操作技能(连贯技能)和不连续的操作技能(不连贯技能)。其中,连贯技能完成的动作序列较长,如舞蹈、体操等。据题干所述,跑步属于粗大技能、连贯技能。本题选A、C两项。

15. ABCD 【解析】本题考查复习策略。复习是实施复述策略的一种重要形式,它对学习有重要的促进作用。良好的复习策略有及时复习、分散复习、复习形式多样化、尝试背诵、自问自答等。故A、B、C、D均正确。

16. AC 【解析】本题考查应激。应激是出乎意料的紧迫情况所引起的急速而高度紧张的情绪状态。应激状态的产生与人面临的情景及人对自己能力的估计有关。当情景对一个人提出了要求,而他意识到自己无力应付当前情境的过高要求时,就会体验到紧张而处于应激状态。A项,小胡因上台演讲而紧张地咳嗽,体现应激的情绪状态。B项小郎感觉天格外蓝,体现了心境的情绪状态。C项小肖呆立在原地,体现了突发情况引起的情绪状态,即应激。D项小明撕掉试卷的表现,体现激情的情绪状态。故选A、C两项。

17. ABC 【解析】本题考查《关于进一步减轻义务教育阶段学生作业负担和校外培训负担的意见》。《关于进一步减轻义务教育阶段学生作业负担和校外培训负担的意见》指出:全面压减作业总量和时长,减轻学生过重作业负担。严禁给家长布置或变相布置作业,严禁要求家长检查、批改作业。学校要确保小学一、二年级不布置家庭书面作业,可在校内适当安排巩固练习;小学三至六年级书面作业平均完成时间不超过60分钟,初中书面作业平均完成时间不超过90分钟。故A、B、C三项不符合规定。《意见》同时指出:提升学校课后服务水平,满足学生多样化需求。学校要充分利用资源优势,有效实施各种课后育人活动,在校内满足学生多样化学习需求。引导学生自愿参加课后服务。故D项符合规定。

18. ABCD 【解析】本题考查《深化新时代教育评价改革总体方案》。《深化新时代教育评价改革总体方案》提出,要改进中小学校评价。义务教育学校重点评价促进学生全面发展、保障学生平等权益、引领教师专业发展、提升教育教学水平、营造和谐育人环境、建设现代学校制度以及学业负担、社会满意度等情况。

19. ABCD 【解析】本题考查《新时代基础教育强师计划》。《新时代基础教育强师计划》提出的一项基本原则是:坚持师德为先。这意味着要把教师思想政治和师德师风建设放在首要位置,围绕落实立德树人根本任务,全面加强中小学教师思想政治建设,提高教师的政治意识、政治能力,严格落实师德师风第一标准,突出全方位全过程师德养成,推动教师以德施教、以德立身。故本题全选。

20. BCD 【解析】本题考查教师对待家长的方式。学生家长是教师在教育学生过程中不可缺少的合作者,教师必须给予他们应有的尊重。这既是社会对教师的一般要求,也是教育伦理基于教育劳动的特点对教师的特殊要求。(1)当教育过程中发生困难时,教师要耐心和克制;(2)教师要虚心听取学生家长的意见;(3)教师必须一视同仁地对待每一位家长。故选B、C、D三项,A项说法过于绝对。

三、判断题

1. A 【解析】本题考查必修课程与选修课程。从对学生学习要求的角度来看，课程可分为必修课程与选修课程。必修课程是根据人的发展和社会发展需要制定的，所有学生都必须学习的科目。它是个体社会化的基础，其主导价值在于培养和发展学生的共性。选修课程是针对必修课程的不足之处提出来的，是为发展学生的兴趣、爱好和个性特长而开设的课程。题干说法正确。

2. A 【解析】本题考查生成型教学策略的优点。根据信息控制者不同来划分，可将教学策略划分为替代型教学策略和生成型教学策略。其中，生成型教学策略要求让学生作为学习的主要控制者，学生自己形成教学目标，自己对学习内容进行组织和加工，自己安排学习活动的顺序，并鼓励学生自己建构具有个人特有风格的学习类型。它的主要优点是：信息加工深入，学习效果好，激发兴趣、动机，学习结果高度个性化。其主要缺点是：对学生的自主性和智力有较高的要求。故题干说法正确。

3. B 【解析】本题考查课堂纪律问题的处理。课堂纪律问题表现为：上课准备不到位、仪式混乱；课堂运行不配合，起哄、开小差、打瞌睡、看课外书、做小动作、窃窃私语；下课行为不规矩，说怪话、出洋相、胡乱地敲桌子、拉凳子；等等。这些现象有的是由学生造成的，也有的是由教师造成的。教师要善于使用引导、劝说的方式，迫不得已再及时实施坚决的惩罚。当然，惩罚应该恰如其分，富于建设性，千万不可将增加学生作业和考试扣分等当作惩戒手段。故题干说法错误。(具体内容参看蔡楠荣主编的《课堂掌控艺术》)

4. B 【解析】本题考查奥苏贝尔的学习理论。奥苏贝尔认为学习是有意义的。他将有意义学习分为四种类型：(1)抽象符号学习；(2)概念学习；(3)命题学习；(4)发现学习。其中，发现学习是指学习内容不是以定论的方式呈现给学习者，而是要求学生在把最终结果并入认知结构之前，先要从事某些探索活动。因此，发现学习既可在前面所提的三种较低层次的意义学习类型(即抽象符号学习、概念学习、命题学习)中发生，也包含了其他一些较高层次学习类型，如应用学习、解决问题学习和创造学习等。故题干说法错误。

5. A 【解析】本题考查中小学生思维的发展。辩证逻辑思维是个体抽象逻辑思维发展的高级形式，是反映客观现实的辩证法，是主体自觉不自觉地运用辩证法所进行的思维。故题干说法正确。

6. A 【解析】本题考查抽象记忆的内涵。抽象记忆是人类所特有的，是个体保存经验最简便、最经济的方式，与之相对的是形象记忆。故题干说法正确。(具体内容参看刘启珍、杨黎明主编的《学与教的心理学》)

7. A 【解析】本题考查建构主义学习观。建构主义强调学习的社会互动性，强调学习中意义的获得与生成，这种意义的获得与生成不仅要依靠个人新旧经验的双向作用，而且要依赖他人经验的参与，包括教师、同伴的经验。社会性交往与活动或者交流与对话成为学习意义构建的组成部分。故题干说法正确。

8. B 【解析】本题考查想象的种类。根据创造程度的不同，有意想象可以分为再造想象和创造想象。再造想象是依据词语或符号的描述、示意在头脑中形成与之相应的新形象的过程。而创造想象是按照一定目的、任务，使用自己以往积累的表象，在头脑中独立地创造出新形象的过程。题干中，依据诗句在头脑中想象相应的景象体现出再造想象的内涵。故题干说法错误。

9. A 【解析】本题考查《中小学班主任工作规定》。根据《中小学班主任工作规定》第四章第十五条规定，班主任津贴纳入绩效工资管理。在绩效工资分配中要向班主任倾斜。对于班主任承担超课时工作量的，以超课时补贴发放班主任津贴。故题干说法正确。

10. B 【解析】本题考查他律与自律的概念。他律是道德主体在接受道德的有关原则、规范和要求的过程中，处于被动、受动的位置，其意志受到外在因素的干扰和驱使，把追求道德之外的目的作为行为准则。自律是指道德主体在道德实践过程中能严于律己，自觉主动地内化道德的有关原则、规范和要求，并自觉地付诸行动。题干匹配错误。

2022年辽宁省鞍山市岫岩满族自治县特岗教师招聘考试真题试卷(二十二)

一、单项选择题

1. A 【解析】本题考查教育信息化。习近平总书记在致国际教育信息化大会的贺信中指出："中国坚持不懈推进教育信息化，努力以信息化为手段扩大优质教育资源覆盖面。我们将通过教育信息化，逐步缩小区域、城乡数字差距，大力促进教育公平，让亿万孩子同在蓝天下共享优质教育、通过知识改变命运。"故选A项。

2. A 【解析】本题考查古代中国的教育。西周时期形成了以"礼乐"为中心的"六艺"教育。"六艺"即"礼""乐""射""御""书""数"，是当时学校教育的基本学科。故选A项。

3. B 【解析】本题考查洛克的教育思想。洛克在其著作《教育漫话》一书中，详细论述了绅士教育的内容及方法，提出了"绅士教育论"。绅士教育思想是近代欧洲三大教育思潮之一，对英国的学校教育产生了重大影响。故选B项。

4. D 【解析】本题考查个体身心发展的规律。个体身心发展的不平衡性是指个体身心发展同一方面在不同年龄阶段的发展速度和不同方面的发展水平都是不平衡的。因此，教育者要把握施教的关键期或最佳期，视时而教、及时施教。题干强调父母要把握孩子品格培养的关键期，这是因为人的身心发展是有不平衡性。故选D项。

5. B 【解析】本题考查古代社会教育的特征。古代社会的教育与生产劳动相脱离。"四体不勤，五谷不分"意指不参加劳动，不能辨别五谷。形容某人脱离生产劳动，缺乏生产知识。故选B项。

6. C 【解析】本题考查孔子的教育思想。诲人不倦不仅表现在毕生从事教育，还表现在以耐心说服的态度教育学生。有的学生思想品德较差，起点很低，屡犯错误，孔子也不加嫌弃，而是耐心诱导，造就人才。题干所述体现了孔子对学生的爱和高度负责，是他秉持诲人不倦教学思想的表现。故选C项。

7. C 【解析】本题考查培根的教育思想。培根认为科学研究应该使用以观察和实验为基础的归纳法。培根的归纳法对于科学发展，尤其是逻辑学的发展做出了贡献。故选C项。

8. D 【解析】本题考查教育的社会流动功能。教育的社会流动功能是指社会成员通过教育的培养、筛选和提高，能够在不同的社会区域、社会层次、职业岗位、科层组织之间转换、调整和变动，以充分发挥其个人的智慧才能，实现其人生价值。教育的社会流动功能可分为：(1)教育的横向流动功能，是指社会成员因受到教育和训练而提高了能力，可以根据社会需要，结合个人意愿与可能，更换其工作地点、单位等，做水平的流动，改变其环境而不提升其在社会阶层或科层结构中的地位。(2)教育的纵向流动功能，是指社会成员因受教育的培养与筛选，能够在社会阶层、科层结构中做纵向的提升，包括职称晋升、职务升迁、薪酬提级等，以提高其社会地位及作用。题干中的邹老师只是在职业岗位上进行水平的调整，不涉及职称晋升等纵向的提升。故选D项。

9. A 【解析】本题考查教育目的类型。价值性教育目的指引和要求实际的教育活动要关注和把握人的精神世界、价值倾向、情感态度、审美情趣和人格品行的发展，使人在生存发展中内心世界有所依托——"心有所属"。而功用性教育目的则是指引和要求实际的教育活动要关注和把握人从事各种实际活动、应对和解决实际问题的智能素养和技能技巧的发展，使人在生存发展中具有行事做事的力量和技能——"身有所为"。内在教育目的指具体教育过程(或某门课程建设)要实现的直接目的。外在教育目的指教育目的领域位次较高的教育目的。故选A项。

10. B 【解析】本题考查美育的原则。美育的情感性原则是指，对学生进行美育要引导他们深入到现实的和艺术的美的意境中去，激起情感上的共鸣，达到入迷、陶醉状态，使美融化于心灵。引导学生感知美的事物，并不是要形成科学概念，而是要求他们能够融入自己的感情，形成审美感受，做出审美判断。题干中的老师引导学生感受《星空》背后表达的创作者的情感，体现了美育的情感性原则。故选B项。

11. C 【解析】本题考查课程目标的特征。课程目标的特征包括：(1)整体性。各级各类的课程目标是相互关联的，而不是彼此孤立的。(2)阶段性。课程目标是一个多层次和全方位的系统，如小学课程目标、初中课程目标、高中课程目标。(3)持续性。高年级课程目标是低年级课程目标的延续和深化。(4)层次性。课程目标可以逐步分解为总目标和从属目标。(5)递进性。低年级课程目标是高年级课程目标的基础，没有低年级课程目标的实现，就难以达到高年级的课程目标。(6)时间性。随着时间的推移，课程目标会有相应的调整。题干强调初中数学的课程目标是小学数学课程目标的深化，体现了课程目标的持续性。

12. B 【解析】本题考查赫尔巴特的教学形式阶段论。赫尔巴特的教学形式阶段论将教学划分为明了、联合、系统、方法四个阶段：(1)明了，主要是把新教材分解为各个构成部分，并和意识中相关的观念，即已经掌握的知识进行比较；(2)联合，建立新旧观念的联系，使学生在新旧观念的联系中继续深入学习新教材；(3)系统，学生在教师的指导下，在新旧观念联系的基础上进行深入思考，寻求结论和规律；(4)方法，通过实际练习，运用系统的知识，使之变得更熟练、更牢固。题干强调杨老师引导学生将新学习的概念同原来的概念建立联系，这属于联合阶段的教学。故选B项。

13. C 【解析】本题考查新课程改革的核心理念。新课程改革的核心理念是"一切为了学生的发展"。这里的"一切"是指学校所有教育教学方略的制定、方式方法的使用都要建立在以人为本、促进学生健康成长的基础之上；"学生"是指学校里的每一位学生；"发展"是指学校的教育教学及一切课外活动都要把目标锁定在有利于学生终身发展上，有利于学生在学校获得今后走向社会所需要的基本生存能力。(具体内容参看庞国彬、靳涌韬主编的《教育学》)

14. C 【解析】本题考查课程的类型。学科课程以文化知识为基础，强调知识本位；活动课程围绕着学生的需要和兴趣，强调儿童本位。故A项正确。学科课程强调终结性评价，侧重考查学生学习的结果；活动课程则重视过程性评价，侧重考查学生学习的过程。故B项正确。学科课程强调教育为生活做准备；活动课程则强调教育即生活。故C项错误。从编排方式上讲，学科课程重视学科知识逻辑的系统性；活动课程则强调各种有教育意义的学生活动的系统性。故D项正确。

15. D 【解析】本题考查三维课程目标。"情感态度与价值观"目标强调在教学过程中激发学生的情感共鸣，引起积极的态度体验，形成正确的价值观。题干中"感受信息价值的判断在整个信息获取过程中的重要性"体现了"情感态度与价值观"目标的要求。

16. A 【解析】本题考查课程内容的组织方式。螺旋式是指同一课程内容前后重复出现，前面呈现的内容是后面内容的基础，后面内容是对前面内容的不断扩展和加深，层层递进。螺旋式适合理论性较强，学生不易理解和掌握的内容。题干强调不同教育阶段出现同一内容，且高一个教育阶段的内容是低一个教育阶段的内容的深化。故选A项。

17. B 【解析】本题考查课堂的特征。A项，课堂的多维性是指课堂是多维的，充满了人、任务和时间压力。B项，课堂的公开性是指课堂是大家共享的活动场所，因而总是公开的。课堂中的所有学生都看着并且评判着教师如何处理课堂中的事件，注意着教师如何对待别的学生，是否公正，是否偏心。教师的一言一行都处于学生的注视之中。故题干所述内容体现了课堂的公开性特征，答案选B项。C项，课堂的即时性与课堂生活节奏有关，教师一天之内和学生有着成百上千次即刻的交流，教师往往要迅速做出决定。D项，课堂的历史性是指，一般而言，课堂是比较固定的，课堂中师生相处总有一段相对比较长的"历史"，因而具有先后的因果联系。

18. D 【解析】本题考查恰当使用表扬的方式。恰当地使用表扬，应注意：(1)清晰且系统地给予表扬。例如，让学生明确知道想要得到表扬，就应该做出适当的行为。让学生明确知道哪些特定行为或成就可以得到表扬。A项错误，D项正确。(2)表扬是认可而非评价。例如，表扬并赞赏学生的努力、成就和行动特别是当学生做了帮助他人的行为时。不要评价学生的性格或人格——表扬行为，而不是针对个人本身。B项错误。(3)以每个人的能力和不足为基础设立表扬的标准。例如，表扬学生因自己的努力付出而取得的进步或成就。让学生关注自身的进步，而不是与别人进行比较。C项错误。(4)让表扬真正起到强化作用。(5)认可真正的成功。故选D项。

19. B 【解析】本题考查各流派的学习理论。行为主义学习理论把"强化"看作程序教学的核心，认为只有通过强化，才能形成最佳的学习环境，才能增强学生的学习动力。在教学中，对学生理想的行为要给予表彰和鼓励，还要尽量少地采取惩罚的消极手段，只有强化正确的"反应"，消退错误的"反应"，才能取得预期的效果。故选B项。

20. C 【解析】本题考查知识的类型。程序性知识是一种经过学习后自动化了的关于行为步骤的知识，表现为在信息转换活动中进行具体操作。程序性知识是有关"怎么办"和"如何做"的知识，是关于方法和应用的知识。题干中，学生学到的具体操作步骤，是"如何做"的知识。故选C项。

21. B 【解析】本题考查教师劳动的特点。教师劳动的创造性的一个表现是教师需要"教育机智"。教育机智是教师在教育教学过程中的一种特殊定向能力，是指教师能根据学生新的特别是意外的情况，迅速而正确地做出判断，随机应变地采取及时、恰当而有效的教育措施解决问题的能力。题干中的语文老师运用教育机智，有效地解决了"忘带课件"的问题。故选B项。

22. B 【解析】本题考查教学风格的类型。教学风格是教师的教育思想、个性特点、教育技巧在教育过程中独特的、和谐的结合和经常性的表现，是教师形成的自己的教学特色。教学风格主要有理智型、自然型、情感型、幽默型和技巧型五种类型：(1)理智型教学风格的特点是，教师讲课深入浅出，条理清楚，层层剖析，环环相扣，论证严密，结构严谨，用思维的逻辑力量吸引学生的注意力，用理智控制课堂教学过程。(2)自然型教学风格的特点是，教师讲课亲切自然，朴素无华，没有矫揉造作，也不刻意渲染，而是娓娓道来、循循诱导，师生在一种平等、协作、和谐的气氛下，进行默默的双向交流，将对知识的渴求和探索融于简朴、真实的情景之中，学生在静静地思考、默然地首肯中获得知识。(3)情感型教学风格表现在，教师讲课情绪饱满，把对科学文化的热爱和追求融入对学生的关爱和期望之中，充满着对人的高度尊重和依赖。(4)幽默型教学风格所体现的最突出特点是，教师讲课生动形象，机智恢谐，妙语连珠，动人心弦。(5)技巧型教学风格在于，教师精于教学技巧，充满机智，各种教学方法技巧可信手拈来，运用自如、恰到好处，并不带有丝毫雕琢的痕迹。故选B项。

23. B 【解析】本题考查备课的一般策略。A项，结构性备课策略是指教师将某一知识点放在整个知识结构体系中来备课，这样就能很好地把握知识之间的联系，从而便于学生很好地进行知识建构。

B项，反思性备课策略是指将备好的课进行实践，把实践所获得的反馈信息渗透到教案中，进行二次增、删、调整、修改，直至优化。故B项符合题意。

C项，开放性备课策略是指教师要放开思想，从教育理念、课堂活动的安排到学生的回答，教师必须从学生的发展需要出发，让学生有一个开放的成长空间。

D项，预设性备课策略是指教师要对学生所学的内容可能达到的程度有一个预期的展望，将这种预期的展望通过假设的情况蕴含在教案中，使教师能够随时把握学生的学习状况，并根据学生的实际情况反馈调整，从而顺应学生的学习需要。

24. B 【解析】本题考查教学方法。讨论法是全班或小组成员在教师的指导下，围绕某一中心问题发表自己的看法和见解，从而进行相互学习的一种方法。案例强调学生在教师的引导下，讨论青蛙跳出井口后会看到的景象。故选B项。

25. C 【解析】本题考查课程目标取向的类型。生成性目标不是由外部事先规定的目标，而是在教育情境之中随着教育过程的展开而自然生成的目标。它强调学生、教师与教育情境的交互作用，有益于培养学生解决实际问题的能力。案例中的"使学生明白环境保护的重要性"是额外的目标，是在教学过程中自然生成的目标。故选C项。

26. D 【解析】本题考查新课程倡导的教师角色。从教学与研究的关系看，教师是教育教学的研究者。教师即研究者，意味着教师在教学过程中要以研究者的心态置身于教学情境之中，以研究者的眼光审视和分析教学理论与教学实践中的各种问题，对自身的行为进行反思，对出现的问题进行探究，对积累的经验进行总结，最终形成规律性的认识。教师是教育教学研究的主体，教师让学生自由发言，是为了激发学生的学习动机，调动学生参与课堂讨论的积极性，而不是将教学研究者的角色交给学生，故D项说法错误。

27. B 【解析】本题考查科尔伯格的道德发展阶段理论。处于相对功利的道德定向阶段的儿童的道德价值来自对自己要求的满足，偶尔也来自对他人需要的满足。在进行道德评价时，他们开始从不同角度将行为与需要联系起来，但具有较强的自我中心性，认为符合自己需要的行为就是正确的。题干中的学生认为，往小河里倒垃圾，导致他们生病的人是坏人，这是站在对自己要求的满足的角度进行道德评价。故选B项。

28. D 【解析】本题考查教师教学风格的形成阶段。教师教学风格的形成阶段包括：(1)模仿性教学阶段。教师开始教学时，总是模仿别人的教学方法、别人的教学语言和教学风度，经常搬用别人成功的教学经验，甚至连举例、手势、语调等也打上了别人教学影响的烙印。(2)独立性教学阶段。教师基本上摆脱了模仿的束缚，能够独立地完成教学工作的各个环节，能将别人成功的经验通过消化吸收，变成自己的东西。(3)创造性教学阶段。在独立性教学的基础上，教师的创造性在教学中不断表现出来，突出表现为教学方法的改革、教学效果的优化、教学效率的提高。(4)有风格教学阶段。教学风格在教学过程各个环节、各个方面都有独特而稳定的表现，使教学带上了浓厚的个性色彩，处处闪烁着创造的火花。教学内容和形式独特而完美地结合起来，教学成为真正塑造人们灵魂的艺术。至此，教师的教学艺术臻于成熟。题干中严老师套用何老师的教案和教学模式，表明他的教学风格处于模仿性教学阶段。

29. A 【解析】本题考查信度。信度是指测验结果的可靠性或一致性的程度。效度是指测验结果的准确性或有效性的程度。故A项正确，B项错误。如果一个测验在不同的条件下对学生进行多次，而所获得的结果大体一样，即成绩好的学生和成绩差的学生都是相对稳定的人群，那么，我们就认为这一测验的信度较高。但是，在实际测验中其结果往往不可能达到100%，总是存在一定的误差。故C项错误。信度是效度的必要条件，但不是充分条件。一个测量工具要有效度必须有信度，没有信度就没有效度；但是有了信度不一定有效度。信度低，效度不可能高。信度高，效度未必高。故D项错误。

30. D 【解析】本题考查观察研究法的类型。根据观察者是否直接参与被观察者所从事的活动，可以将观察分为参与式观察与非参与式观察。参与式观察是研究者直接参与到所观察的群体和活动中去，不暴露研究者真正身份，在参与活动中进行隐蔽性的研究观察。非参与式观察不要求研究人员站到与被观察对象同一地位，而是以"旁观者"的身份，采取公开或秘密的方式进行观察。题干中教学督导不定期的随堂听课属于非参与式观察。

31. A 【解析】本题考查教学效能感。教学效能感一般指教师对自己影响学生行为和学习结果的能力的一种主观判断。题干强调罗老师对自己影响学生学习结果(化学成绩)的主观判断(取得进步)。故选A项。

32. D 【解析】本题考查师生关系体系。师生关系体系包括社会关系、教育关系、心理关系、伦理关系。其中，伦理关系是师生关系体系中最高层次的关系形式,对其他关系形式具有约束和规范作用。

33. A 【解析】本题考查教育文献的分类。按文献的处理、加工程度划分,文献可分为一次文献、二次文献、三次文献。其中,一次文献包括专著、论文、调查报告、档案材料等以作者本人的实践为依据而创作的原始文献。题干中张老师以自身的教育实践为依据发表的调查报告,属于一次文献。

34. A 【解析】本题考查班集体的心理效应。凝聚效应是指集体对其成员有一种吸引作用。凝聚效应以集体成员的共同需要为基础,包括认知、情感和行为等多种心理成分。班集体之所以有巨大的吸引力,主要是它能满足学生的多种需要。每个学生都有自尊的需要,这种需要是他们参加班级活动的积极性的源泉。一个真正的集体,没有被冷落的"多余人",没有被甩掉的"包袱",没有被歧视的"嫌弃儿"。故选A项。驱动效应是指集体的影响能在个体心理上产生一种积极向上的动势,形成内部的驱动力。泛化效应是指学生根据有限的信息,如教师的仪表、风度、举止等做出整体性的评价。同化效应是指集体成员接受了集体潜移默化的影响,自觉或不自觉地产生了与集体的要求相一致的行为。

35. A 【解析】本题考查班级教室的布置。教室布置的操作包括:(1)班训张贴。一般张贴在教室前黑板正上方,以便随时对学生起到提醒、告诫、鼓励的作用。(2)管理园地。可悬挂或张贴《班级公约》《学生守则》《值日表》等。(3)公布栏。主要用于张贴一些临时性的内容,如竞赛获奖情况、学校通知等。(4)荣誉栏。用于张贴或悬挂班级荣获的各种奖状、奖牌。(5)黑板报或墙报。在办黑板报或墙报的时候,要确定好主题、设计好版式、设计好题图、搭配好色彩、选择好内容等。(6)壁柱设置。通常用来张贴条幅式书法或绘画作品,或者悬挂带语录的名人画像。(7)学习园地。最好拟一个涵盖面广、带有一定诗情的标题,比如"五色土""百草园""金手指"等。栏目既可划分成几个固定的小版面,以填充不同科目或不同项目的内容,也可以整块版面一期一个专题。(8)阅读栏。做法可与"学习园地"相同,具体操作时,务必使这两个栏目大小相等、前后对称。故A项说法错误。

36. C 【解析】本题考查道德情感的类型。道德情感从表现形式上看,主要包括直觉的道德情感、想象的道德情感和伦理的道德情感。其中,伦理的道德情感是以清楚地意识到道德概念、原理和原则为中介的情感体验。伦理的道德情感具有清晰的意识性和明确的自觉性,具有较大的概括性和较强的伦理性,具有稳定性和深刻性。爱国主义情感和集体主义情感属于伦理的道德情感。题干中强调培养学生的爱国主义情感。故选C项。

37. A 【解析】本题考查教师与学生的谈话方式。A项,点拨式谈话是指教师用暗示的手段,或借他人他事旁敲侧击,或用名言、警句、格言、成语等简明语言加以提示,帮助学生明白某些道理。这种谈话方式适用于自我意识强、独立感受力强、心理敏感的学生。故赵老师采用的谈话方式为点拨式谈话,本题选A项。

B项,批评式谈话也叫触动式谈话,是指教师以严肃的态度、激烈的语调、尖锐的语言给学生以较大的心灵触动,促使其深入思考和改变。这种谈话方式适用于具有惰性心理、依赖心理和试探心理的学生。但运用这种方式一定要适度,火药味不宜太浓,不能给学生造成伤害。

C项,商讨式谈话是指教师以尊重、平等、亲切的态度与学生谈话,商讨问题的解决方式。这种谈话方式适用于自尊心强,有逆反心理,性格倔强,脾气暴躁,感情容易冲动的学生。

D项,突击式谈话是指教师因时、因事、因地、因人进行个别谈话的方式,主要用于自我防卫心理强的学生。

38. B 【解析】本题考查形成性评价。形成性评价是在教学过程中为改进和完善教学活动而进行的对学生学习过程及结果的评价,它包括在一节课或一个课题的教学中对学生的口头提问和书面测验。题干中李老师在教学活动中对学生进行了提问,表明李老师运用了形成性评价。

39. A 【解析】本题考查校园隐性文化。以学校文化的呈现形态进行分类,校园文化可分为显性文化和隐性文化两部分。校园显性文化就是学校外显型的文化,是指直接具有观感效果的文化形态。如校园场地布置、校园活动仪式等。校园隐性文化包括校风、班风、人际关系等。军训汇演、开学典礼属于校园活动仪式,属于校园显性文化;校园场地布置也属于校园显性文化。故①②③三项符合题意,本题选A项。

40. D 【解析】本题考查学生失范行为产生的原因。学生失范行为产生的主要原因包括三个方面:(1)社会生活环境中的问题,主要表现为社会规范失控、文化的商品化、城市化的影响、价值观多元化以及人口流动问题等。(2)学校教育失误问题,集中表现为学校教育与生活脱节、学校教育指导思想的偏差、个别教师素质差以及心理健康教育和法制教育的薄弱。(3)家庭生活环境中的问题,主要表现为家庭生活中的"四过现象"(即家长对子女的过高期望、过多照顾、过分爱护、过度保护)十分普遍、家庭教育中出现了"教育真空现象"(即青少年大部分时间处于无人管教的状态)。故D项不包括在内。

41. D 【解析】本题考查奥苏贝尔的认知同化理论。奥苏贝尔根据新旧观念的概括水平及其联系方式的不同,提出三种认知同化过程,即上位学习、下位学习和并列组合学习(组合学习)。其中,下位学习是一种把新的观念归属于认知结构中原有观念的某一部分,并使之相互联系的过程。题干中的学生先学习了化学家拉瓦锡的故事,对相关知识有了一定的了解,再学习化学家门捷列夫的故事,进而丰富已有的"化学家的故事"的观念。这属于下位学习。故本题选D项。

42. B 【解析】本题考查布鲁纳的教学原则。布鲁纳提出了四条教学原则,包括:(1)动机原则,所有学生都具有内在的学习愿望,内在动机是维持学习的基本动力;(2)结构原则,任何知识结构都可以用动作、图像和符号三种表征形式来呈现;(3)序列原则,又称程序原则。教学就是引导学习者通过有条不紊地陈述一个问题或大量知识的结构,来提高他们对所学知识的掌握、转化和迁移的能力;(4)反馈原则,又称强化原则,教学规定适合的强化时间和步调是学习成功的重要一环。题干中,钱老师将知识点整理成树状图,符合教学活动中的结构原则,故B项正确。

43. A 【解析】本题考查课堂座位的编排方式。A项是传统式座位,是最常见的座位编排方式,也称为"插秧式"。这种座位编排方式是全体学生一致面向教师和黑板,教师站在讲台上授课。它适合于独立的课堂作业、提问和回答,有助于学生集中注意于教师,使学生更容易配对学习。

B项是模块形座位,这实际上是一种以分组教学为主的座位编排方式。它有利于小组成员之间面对面地交流,也有利于培养小组成员的合作与探究能力;课堂气氛比较活跃,小组之间容易产生竞争。

C项是圆形(椭圆形)座位,是指学生围坐成一个圆圈,教师处于教室前方的一个角落或圆圈中央的一种座位编排方式。它从空间上消除了主次之分,学生比较容易进行视觉交流,也有利于师生之间、学生之间平等关系的形成;同时还拓展了学生的活动空间,便于学生讨论和小组表演。

D项是U形座位,也称为"马蹄式座位",是开口那端面向黑板的座位编排方式。在这种座位编排方式下,师生之间的关系比较民主,教师可以随时走到任何一个学生面前;全班学生都能看到教师的活动,包括身体语言等;学生可以在U形里面开展活动,其他学生都能看到。

44. D 【解析】本题考查支架式教学。支架式教学是在维果斯基"最近发展区"理论的基础上发展起来的。支架式教学重视学生在教师指导下的发现活动,强调教师的指导成分要逐渐减少,最终要使学生达到独立发现的程度,将监控学习和探索的责任由教师向学生转移。题干中,语文教师在开始教难的文言文时给学生提供了大量的注释,一段时间后,给学生的注释慢慢减少,学生也能独立完成文言文的阅读,体现了支架式教学的内涵。故本题选D项。

45. B 【解析】本题考查斯腾伯格的三元智力理论。斯腾伯格提出了智力的三元理论,他认为人类智力由分析性能力、创造性能力及应用性能力三种相对独立的能力组成,三种能力的不同组合造成了个体的智力差异。其中,创造性能力高的学生是天生的好点子者,善于提出自己的观点,喜欢我行我素。因此,贾星瑶最可能属于创造性能力高的学生,故B选项正确。

46. D 【解析】本题考查学习策略的种类。学习策略可分为认知策略、元认知策略和资源管理策略三种。其中,认知策略包含复述策略、精细加工策略和组织策略。精细加工策略是把新信息与头脑中的旧信息联系起来从而增加新信息意义的深层加工策略。精细加工策略中的记忆术包括谐音联想法、关键词法等方法。题干中,学生运用关键词记忆文章的策略属于精细加工策略。

47. D 【解析】本题考查先行组织者的概念。先行组织者是指先于某个学习任务本身呈现的引导性学习材料,其抽象、概括和综合水平高于学习任务,并与认知结构中的原有观念及新的学习任务相关联。题目中,"地形"概念的抽象与概括水平高于"山脉、高原、平原"等知识,属于先行组织者,故D选项正确。

48. D 【解析】本题考查皮亚杰的认知发展阶段理论。处于前运算阶段的儿童的思维具有自我中心性、相对具体性(具体形象性)、刻板性、不可逆性等特点,本题为选非题,故本题选D项。

49. A 【解析】本题考查注意的分类。根据有无目的和意志努力,注意可以分为无意注意、有意注意和有意后注意三种。无意注意是没有预定目的、无须意志努力、不由自主地对一定事物所发生的注意;有意注意是有预先目的、必要时需要意志努力、主动地对一定事物所发生的注意。有意后注意是指有自觉目的,但不需要意志努力的注意。题干中,钢琴声引起了正在上数学课的学生的注意,此时的注意是无目的且无须意志努力的无意注意。故本题选A项。

50. B 【解析】本题考查成就动机的分类。根据学校情境中的学业成就动机的不同,奥苏贝尔等人将成就动机分为认知内驱力、自我提高内驱力和附属内驱力三种。认知内驱力是指要求了解、理解和掌握知识以及解决问题的需要。这种动机指向学习任务本身(为了获得知识),满足这种动机的奖励(知识的实际获得)是由学习本身提供的。小晨和小东的学习动机指向了学习任务本身,该动机属于认知内驱力,故C、D两项排除;自我提高内驱力是指个体因自己的胜任或工作能力而赢得相应地位的需要。小飞为了地位竞选学习委员,其成就动机属于自我提高内驱力,故A项排除;附属内驱力是指个体为了获得他人的赞许或认可而表现出把工作、学习做好的一种需要,小明为了获得老师的认可而产生的成就动机属于附属内驱力,故本题选B项。

51. C 【解析】本题考查学习者在感觉通道上的偏好差异。感觉通道的差异是指学习者对于视觉、听觉和动觉刺激的偏好程度。听觉型学习者较为偏重听觉刺激,他们对于语言、声响和音乐的接受力和理解力较强。当学习外语时,他们喜欢多听多说,而不太关心具体单词的拼写或者句型结构。视觉学习者对于视觉刺激较为敏感,习惯通过视觉接受学习材料。动觉型学习者喜欢接触和操作物体,对于自己能够动手参与的认知活动更感兴趣。小野经常拼错单词却能熟练地用英语进行交流,因此他属于听觉学习者,故C项正确。

52. D 【解析】本题考查记忆的分类。根据记忆的内容和经验的对象的不同,可将记忆分为形象记忆、情景记忆、语义(逻辑)记忆、情绪记忆和动作记忆。其中,情绪记忆是个体以曾经体验过的情绪或情感为内容的记忆,题干中小袁所想起的就是自己在小学时快乐的情绪,因此D选项正确。

53. C 【解析】本题考查练习曲线的原理。练习曲线反映了不同学习者的技能随着练习量的增加而提高的一般趋势,其特征为:(1)开始进步快;(2)中间有一个明显的、暂时的停顿期,即高原期;(3)后期进步慢;(4)总趋势是进步的,但有时出现暂时的退步。题干中,小宋开始训练的时候进步快,随后出现了"瓶颈期"(高原期),进步速度减慢甚至倒退,符合练习曲线的特征,因此C选项正确。

54. B 【解析】本题考查思维的类型。根据思维的指向性,可将思维分为聚合思维和发散思维。聚合思维是指人们解决问题时,思路集中到一个方向,从而形成唯一的、确定的答案。发散思维是指人们解决问题时,思路朝各种可能的方向扩散,从而求得多种答案。题干中,老师要求学生尽可能给出不同的答案,这是为了培养学生的发散思维,B选项正确。

55. C 【解析】本题考查问题解决的策略。爬山法是采用一定的方法逐步降低初始状态和目标状态的距离,以达到问题解决的方法。逆推法是从问题的目标状态开始搜索直至找到通往初始状态的方法。联想法是通过联想解决过的相同或类似的问题的思路来解决当前问题的方法。联想法常在解决具体领域问题时使用,通过自我提问以激活过去的相关解题经验。类比法是将先前解决问题的经验运用到理解新问题上的策略。题干中,小明通过自我提问的方式,联想了之前的解决思路来解决问题,使用了联想法的问题解决策略,因此C选项正确。

56. B 【解析】本题考查知觉的特征。知觉的理解性是指人以知识经验为基础对感知的事物加工处理的过程,因此不同的人看到石头会产生不同的理解,B项当选。知觉的选择性是指当面对众多的客体时,知觉系统会自动地把知觉对象优先地从背景中区分出来的特性;知觉的整体性是人根据自己的知识经验把直接作用于感官的客观事物的多种属性整合为统一整体的特性;知觉的恒常性是指客观事物本身不变,但知觉条件在一定范围内发生变化时,人的知觉映像仍相对不变的特性。

57. D 【解析】本题考查学生的认知方式差异。场依存型的学生对客观事物的判断常以外部线索为依据,其态度和自我认知易受周围环境或背景的影响,往往不易独立地对事物做出判断,而是人云亦云,从他人处获得标准;场独立型的学生对客观事物的判断常以自己的内部线索为依据,不易受到周围环境因素的影响和干扰,倾向于对事物的独立判断。场依存型的人不能将一个模式(或图式)分解成许多部分,或者只能专注于情景的某一个方面;场独立型的人善于分析和组织。场独立型学生更擅长学习数学与自然科学方面的知识,而场依存型学生对人文社会科学方面的知识更感兴趣。故D项说法错误。本题为选非题,选D项。

58. B 【解析】本题考查学习的理论。桑代克的代表性理论是联结—试误说,强调"在做中学"。班杜拉的代表性理论为观察学习理论,他认为,对亲社会行为影响最大的是社会榜样,因此树立一定的榜样,使学生有意无意地进行模仿,可以有效促进学生亲社会行为的形成与发展,故B选项正确。斯金纳的代表性理论是操作性条件作用理论,强调通过强化、惩罚等方法塑造人的操作性行为。罗杰斯的代表性理论是以学生为中心的教学观,认为教师的作用是"助产士"。

59. C 【解析】本题考查建构主义学习理论的内容。在建构主义的教学中,教师是意义建构的帮助者、促进者,而不是知识的传授者与灌输者。教师的角色就是学生学习的辅导者、真实学习环境的设计者、学生学习过程的理解者和学生学习的合作者。故C选项不属于建构主义的观点,本题选C项。

60. A 【解析】本题考查问题解决能力的培养。学生问题解决能力的培养措施包括:(1)培养学生主动质疑和解决问题的内在动机。(2)问题的难度要适当。(3)帮助学生正确表征问题。(4)帮助学生养成分析问题和对问题归类的习惯。(5)提高学生知识储备的数量和质量,指导学生善于从记忆中提取信息。(6)训练学生陈述自己的假设及其步骤,鼓励自我评价和反思。(7)教授与训练解决问题的方法和策略。(8)提供多种练习机会。(9)训练逻辑思维能力,提高思维水平。题干中,物理老师鼓励小诺大胆假设并进行验证,能够培养小诺的问题解决能力,本题选A项。

61. D 【解析】本题考查操作技能形成的四阶段模型。冯忠良将操作技能的形成过程分为四阶段,分别是操作定向、操作模仿、操作整合和操作熟练。其中,操作熟练是操作技能掌握的高级阶段,该阶段的特点主要有:动作具有高度的灵活性、稳定性和准确性,在各种变化的条件下都能顺利完成动作;各个动作之间的干扰消失,衔接连贯、流畅,高度协调,多余动作消失;动觉控制增强,不需要视觉的专门控制和有意识的活动,视觉注意范围扩大,能准确地觉察到外界环境的变化并调整动作方式;心理消耗和体力消耗降至最低,表现为紧张感、疲劳感减少,动作具有轻快感。因此,该学习者处于操作熟练阶段,本题选D项。

62. A 【解析】本题考查韦纳的成败归因理论。韦纳的归因理论发现人们倾向于将活动成败的原因即行为责任归结为以下六项因素,即能力、努力程度、工作难度、运气、身心状况、外界环境。上述六项因素按各自的性质,又可归入三个维度,分别是稳定性、控制点与可控制性。小乐将自己成绩不理想的原因归结于自身能力不足,能力属于内在的、稳定的、不可控的归因,因此A选项正确。

63. A 【解析】本题考查有效表扬的特征。有效的表扬应具备以下关键的特征:(1)表扬应针对学生的良性行为;(2)教师应明确学生的何种行为值得表扬,应强调导致表扬的那种行为;(3)表扬应真诚,以体现教师对学生成就的关心;(4)表扬应具有这样的意义,即如果学生投入适当的努力,则将来还有可能成功;(5)表扬应传递这样的信息,即学生努力并受到表扬,是因为他们喜欢这项任务,并想形成有关的能力。故B、C、D三项说法正确。固定话术和形式的表扬不能针对学生的个别特点,因此A项说法错误。

64. C 【解析】本题考查知识学习的类型。根据知识本身的存在形式和复杂程度,知识学习可分为符号学习、概念学习和命题学习。符号学习是指学习单个符号或一组符号的意义,或者是说学习符号本身代表什么;概念学习是指掌握概念的一般意义,其实质是掌握一类事物的共同的本质属性和关键特征;命题学习是指获得由几个概念构成的命题的复合意义,实际上是学习表示若干概念之间关系的判断。"直角三角形的两个锐角之和等于90°"是由"直角""三角形""锐角"等概念组成的命题,因此属于命题学习。

65. A 【解析】本题考查知识的概括。概括的目的在于区分事物的本质和非本质要素,抽取事物的本质要素,抛弃事物的非本质要素。为了便于学生概括出共同的规律或特征,教学时最好同时呈现若干正例,以一个一个的例子来举例说明。如果所举事例中每个都包含着共有的属性,经过呈现多个事例之后,学生即可通过抽象化概括的方式而获得一个概括所有事例的概念或原理。因此A选项正确。

66. B 【解析】本题考查科尔伯格的课堂纪律发展理论。处于反抗行为阶段的学生,其行为中经常表现出对抗性,拒绝遵循指示、要求,需要给予大量的注意;他们很少具有自己的规则,但是畏于斥责,可能遵循他人的要求。处于自我服务行为阶段的学生是以自我为中心的,但是在课堂上比较容易管理,因为他们所关心的是行为后果"对我意味着什么",是奖励还是惩罚。处于人际纪律阶段的学生,其行为取向是要建立一种相互的人际关系,他们做出的行为往往与"我怎样才能取悦他人"联系在一起,他们这样做是因为他人要求他这样做;他们关心自己在别人心目中的形象,希望别人喜欢自己。处于自我约束阶段的学生很少陷入什么麻烦,因为他们能够明辨是非,理解遵守纪律的意义,也能够做到自我约束。题干中的小曼关心自己的形象,希望大家都喜欢她,说明此时小曼正处于人际纪律阶段,因此B选项正确。

67. C 【解析】本题考查道德的心理结构。道德的心理结构包括四种相辅相成的基本心理成分:道德认知、道德情感、道德意志和道德行为。其中,道德意志是个体自觉地调节道德行为,克服困难,以实现预定道德目标的心理过程。题干中,小雷知道自己的错误,但无法自觉地调节道德行为,因此说明其道德意志水平低。所以对小雷进行思想品德教育时应该重点提高其道德意志,C选项正确。

68. D 【解析】本题考查改变学生行为的方法。理性—情绪疗法由艾利斯提出,他认为人的情绪是由思想决定的,合理的观念导致健康的情绪,不合理的观念导致负向的、不稳定的情绪。人有许多非理性的观念,即不合理信念,其有三个特征:绝对化要求、过分概括化和糟糕至极。这种不合理信念会损害人的心理健康,因此需要通过改变不合理信念调整自己的认知。题干中,小华认为仅一次没回答出课堂提问,老师就会觉得她是差生,同学们会笑话她,这属于不合理信念,需要通过理性—情绪疗法来进行心理辅导,故D选项正确。

69. A 【解析】本题考查教师职业道德的特点。教师职业道德的特点之一是教师职业道德意识的自觉性。意识的自觉性是指教师因职业劳动的特点所决定的在职业道德意识上的更高的自觉性,它是教师职业情感和职业行为的基础。教师劳动的个体性要求教师要有遵守教师职业道德的自觉性。个体性主要是指教师在教育教学过程中所表现出来的相对独立性和灵活性。对于教师个体劳动的质量考评,有些"量"的指标好衡量,有些"量"的指标不好衡量。利益的驱动可能在潜意识之中影响教师的价值选择,思想觉悟的高低可能决定教师教育行为的付出多寡。教书育人的神圣职责要求教师要具有高度的责任感和自觉性。

70. A 【解析】本题考查加强师德师风建设的措施。加强师德师风建设,需要完善师德师风考评监督机制,完善教职员工入职查询制度,建立健全教育、宣传、考核、监督、奖励、惩处六大制度,大力惩处违规行为。

71. C 【解析】本题考查教师严格要求学生的道德特征。教师严格要求学生有着特定的道德特征:(1)严而有理。教师在要求学生时,一方面要符合学生身心发展的规律,符合教育的规律,有利于学生的全面发展;另一方面要摆事实、讲道理,使得每一项要求都有理有据。(2)严而有度。教师对学生的要求要适度、恰到好处。(3)严而有恒。教师对学生的要求必须始终一贯,坚持到底。(4)严而有方。在教育管理过程中,学生会出现各种各样的问题,教师必须想办法促使学生自觉执行对他们的严格要求。(5)严而有情。教师对学生的严格要求是出于对学生真诚的无限关爱,而不是一种冷酷无情的表现。题干中陈老师第一个学期严格要求学生,因未达到预期结果,下学期便采取了放任自流的态度,表明他并没有做到严而有恒。

72. C 【解析】本题考查教师职业道德修养的基本原则。教师职业道德修养的基本原则之一是坚持自律和他律的结合。自律是指自我控制,是教师依靠发自内心的信念对自己教育行为的选择和调节。他律是指外部凭借奖惩以及各种制度规范等手段对行为进行的调节和控制。教师职业道德的修养既要用外在道德规范进行自我约束,又必须发挥主观能动性,做到自律和他律的结合。题干中"对自身教育行为进行调节"属于自律,"各种制度规范"属于他律。这体现了自律和他律的结合。

73. A 【解析】本题考查2008年修订的《中小学教师职业道德规范》的内容。"爱岗敬业"的师德规范要求教师:(1)忠诚于人民教育事业,志存高远,勤恳敬业,甘为人梯,乐于奉献。(2)对工作高度负责,认真备课上课,认真批改作业,认真辅导学生,不得敷衍塞责。题干中王老师在上课时以激情四射的状态感染着每一个学生,体现了他对工作的高度负责,做到了认真上课,践行了爱岗敬业的教师职业道德规范。

74. C 【解析】本题考查《中华人民共和国家庭教育促进法》。《中华人民共和国家庭教育促进法》第二十条规定,未成年人的父母分居或者离异的,应当相互配合履行家庭教育责任,任何一方不得拒绝或者怠于履行;除法律另有规定外,不得阻碍另一方实施家庭教育。因此C选项正确。

75. D 【解析】本题考查教师侵权行为的主要类型。根据《中华人民共和国教育法》第四十三条规定可知,受教育者享有"参加教育教学计划安排的各种活动"的权利。受教育权是学生在学校中享有的最基本的权利。题干中,班主任通过"劝退"的方式侵犯了张某参加考试这一教育教学计划安排的活动的权利,因此侵犯了张某的受教育权,D选项正确。

76. B 【解析】本题考查《中华人民共和国教师法》。根据《中华人民共和国教师法》第七条规定,教师享有下列权利:(1)进行教育教学活动,开展教育教学改革和实验;(2)从事科学研究、学术交流,参加专业的学术团体,在学术活动中充分发表意见;(3)指导学生的学习和发展,评定学生的品行和学业成绩;(4)按时获取工资报酬,享受国家规定的福利待遇以及寒暑假期的带薪休假;(5)对学校教育教学、管理工作和教育行政部门的工作提出意见和建议,通过教职工代表大会或者其他形式,参与学校的民主管理;(6)参加进修或者其他方式的培训。因此,A、C、D三个选项属于教师享有的权利。B选项是教师需要履行的义务,不属于教师的权利,因此本题选择B选项。

77. A 【解析】本题考查《中华人民共和国未成年人保护法》。《中华人民共和国未成年人保护法》第三十七条规定,学校、幼儿园应当根据需要,制定应对自然灾害、事故灾难、公共卫生事件等突发事件和意外伤害的预案,配备相应设施并定期进行必要的演练。故A项做法正确;第五十条规定,禁止制作、复制、出版、发布、传播含有宣扬淫秽、色情、暴力、邪教、迷信、赌博、引诱自杀、恐怖主义、分裂主义、极端主义等危害未成年人身心健康内容的图书、报刊、电影、广播电视节目、舞台艺术作品、音像制品、电子出版物和网络信息等。故B项做法错误。第五十八条规定,学校、幼儿园周边不得设置营业性娱乐场所、酒吧、互联网上网服务营业场所等不适宜未成年人活动的场所。营业性歌舞娱乐场所、酒吧、互联网上网服务营业场所等不适宜未成年人活动场所的经营者,不得允许未成年人进入;游艺娱乐场所设置的电子游戏设备,除国家法定节假日外,不得向未成年人提供。经营者应当在显著位置设置未成年人禁入、限入标志;对难以判明是否是未成年人的,应当要求其出示身份证件。故C项做法错误。第六十三条规定,任何组织或者个人不得隐匿、毁弃、非法删除未成年人的信件、日记、电子邮件或者其他网络通信内容。除下列情形外,任何组织或者个人不得开拆、查阅未成年人的信件、日记、电子邮件或者其他网络通讯内容:(1)无民事行为能力未成年人的父母或者其他监护人代未成年人开拆、查阅;(2)因国家安全或者追查刑事犯罪依法进行检查;(3)紧急情况下为了保护未成年人本人的人身安全。故D项做法错误。

78. B 【解析】本题考查《教师资格条例》的相关内容。《教师资格条例》第二十条规定,参加教师资格考试有作弊行为的,其考试成绩作废,3年内不得再次参加教师资格考试。因此B选项正确。

79. D 【解析】本题考查《中华人民共和国义务教育法》。《中华人民共和国义务教育法》第三十八条规定,教科书根据国家教育方针和课程标准编写,内容力求精简,精选必备的基础知识、基本技能,经济实用,保证质量。国家机关工作人员和教科书审查人员,不得参与或者变相参与教科书的编写工作。因此A、C两项说法正确,D项说法错误。第三十九条规定,国家实行教科书审定制度。教科书的审定办法由国务院教育行政部门规定。未经审定的教科书,不得出版、选用。因此B项说法正确。

80. D 【解析】本题考查《中华人民共和国预防未成年人犯罪法》。《中华人民共和国预防未成年人犯罪法》第三十五条规定,收留夜不归宿、离家出走未成年人的,应当及时联系其父母或者其他监护人、所在学校;无法取得联系的,应当及时向公安机关报告。因此D选项正确。

二、多项选择题

81. ABCD 【解析】本题考查学校教育的特点。学校教育的特点包括:(1)职能的专门性;(2)组织的严密性;(3)作用的全面性;(4)内容的系统性;(5)手段的有效性;(6)形式的稳定性。

82. ABCD 【解析】本题考查非言语线索。由于一般问题行为大都是一些暂时性的干扰,教师在处理这些行为时,通常只需要运用简单的非言语线索进行暗示,这些非言语暗示包括目光接触、手势、身体靠近和触摸等,就可以得到既制止问题行为又不影响课堂教学进程的双重效果。

83. ABD 【解析】本题考查构建"开放、多维、有序"的班级活动体系的内容。班级活动可分为日常性活动和主题性活动,都蕴藏着丰富的教育资源。班级的主题性活动是更加集中、综合和有针对性的教育活动。为真正体现主题性活动的教育价值,在活动主题的选择和方式上需要注意四个方面:(1)主题性活动的确定要贴近学生成长的实际;(2)主题性活动的开展应体现学生的全员参与和获益;(3)主题性活动要达到使学生在活动中有新的体悟和变化,避免形式主义;(4)主题性活动的形式要丰富而富有创意。

84. ACD 【解析】本题考查具有挑战性的核心任务。教师在教学设计中,要结合实际设计具有挑战性的核心任务。在实践性的任务解决中培养学生具有迁移性的能力和素养。比如,语文和英语学科的核心任务可以是一场演讲或戏剧表演,也可以是一篇文章或一首诗歌创作。数学学科可以通过建模解决生活中的真实问题,比如通过三角形相似原理,测量教学楼的高度。科学类学科可以通过实验探究和科学推理等方法进行项目研究。体育、技术和艺术类学科则更加具有实践性,可以通过作品化的作业来展现学生的学习成果。B项,跟着带有字幕的美剧练习口语相对来说比较简单,不具有挑战性,B项不选。故本题选A、C、D三项。

85. ACD 【解析】本题考查耶克斯—多德森定律的相关内容。耶克斯—多德森定律描述了动机与学习效果之间的关系,主要包含三点:(1)动机的最佳水平随任务性质的不同而不同。在比较容易的任务中,学习效率随动机的提高而上升,随着任务难度的增加,动机的最佳水平有逐渐下降的趋势。(2)一般来讲,最佳水平为中等强度的动机。(3)动机水平与行为效率呈倒U形曲线。因此B选项错误,A、C、D三项正确。

86. AB 【解析】本题考查学习迁移。根据迁移的性质和结果,可将迁移分为正迁移、负迁移和零迁移。正迁移是一种学习对另一种学习的促进作用(积极影响),负迁移是指一种学习对另一种学习产生阻碍作用,两种学习也可能不发生影响,这种状态称为零迁移。题干中,英语阅读的学习对小莉英语写作有促进作用,因此A选项正确;素描的学习对小文学习油画有促进作用,因此B选项正确;小关先前骑三轮车的经验对其学习自行车产生了阻碍作用,因此属于负迁移,C选项错误;小朱学过的汉语拼音对英文字母的记忆产生了阻碍作用,属于负迁移,D选项错误。本题选A、B两项。

87. ABC 【解析】本题考查教师威信的形成。建立教师威信的途径包括:(1)培养自身良好的道德品质;(2)培养良好的认知能力和性格特征;(3)注重良好仪表、风度和行为习惯的养成;(4)给学生以良好的第一印象;(5)做学生的朋友与知己。D选项培养学生绝对服从的意识与做学生的朋友与知己不符,故错误。本题选A、B、C三项。

88. ABCD 【解析】本题考查推进师德师风建设的有效措施。全面加强和改进师德师风建设,要从四个方面入手:(1)坚持制度引领,明确师德遵循。不断完善学校师德师风建设制度体系,出台相关文件,进一步明确师德要求,划定师德底线。(2)坚持教育引领,提升师德素养。做好"结合"文章,利用多种渠道加强师德师风教育。要与教师发展活动、基层党组织活动及实践活动相结合,在实践教育中涵育师德修养。(3)坚持典型引领,弘扬师德风范。完善教师荣誉表彰体系,定期开展师德标兵、优秀教师、"我心中的好老师"等评选活动,充分发挥优秀教师的模范带动作用。(4)坚持文化引领,营造良好氛围。强化文化熏陶,建设文化景观,打造卓越的校园文化,充分发挥文化涵养师德师风功能。

89. BCD 【解析】本题考查《中华人民共和国教育法》。《中华人民共和国教育法》第五十一条规定,图书馆、博物馆、科技馆、文化馆、美术馆、体育馆(场)等社会公共文化体育设施,以及历史文化古迹和革命纪念馆(地),应当对教师、学生实行优待,为受教育者接受教育提供便利。A选项大型游乐场不在应当实施优待的场所之中,因此A选项错误,B、C、D三个选项正确。

90. ABCD 【解析】本题考查《中小学德育工作指南》。《中小学德育工作指南》提出,学校要完善党建带团建机制,加强共青团、少先队建设,在学校德育工作中发挥共青团、少先队的思想性、先进性、自主性、实践性优势。因此,本题全选。

三、判断题

91. √ 【解析】本题考查《大中小学劳动教育指导纲要(试行)》。《大中小学劳动教育指导纲要(试行)》规定,中小学每周课外活动和家庭生活中劳动时间,小学1至2年级不少于2小时,其他年级不少于3小时;职业院校和普通高等学校要明确生活中的劳动事项和时间,纳入学生日常管理工作。题干说法正确。

92. × 【解析】本题考查教育和教育学的产生。教育是随着人类社会的出现便存在的一种社会现象,但研究教育的教育学却是在社会发展到一定历史阶段才形成的。故题干说法错误。

93. × 【解析】本题考查教师的职业形象。教师的道德形象被视为教师的最基本形象。"为人师表""身正为范,学高为师"等,强调的是教师的榜样作用、示范作用。教师的文化形象是教师形象的核心。传统的教师文化形象是传统文化的传递者、维护者,所谓"才高八斗""学富五车"皆是教师的典型文化特征。故题干说法错误。

94. √ 【解析】本题考查《学记》的教学原则。"禁于未发之谓豫"是指要在不良倾向尚未发作前就采取预防措施,体现了预防性原则。故题干说法正确。

95. × 【解析】本题考查学习迁移的种类。根据迁移内容的不同,可将迁移分为一般迁移和具体迁移。一般迁移是指一种学习中所习得的一般原理、原则和态度对另一种具体内容学习的影响;具体迁移是指学习迁移发生时,学习者原有的经验组成要素及其结构没有变化,只是将一种学习中习得的经验要素重新组合并移用到另一种学习之中。题目中,学生已经学习过"日"和"月",但其原有经验并没有发生改变,只是将其重新组合学会了"明"这一概念,因此属于具体迁移,所以本题说法错误。

96. √ 【解析】本题考查加涅关于学习的分类。按学习结果,加涅将学习分为五种类型:智慧技能、认知策略、言语信息、动作技能和态度。其中,言语信息指有关事物的名称、时间、地点、定义以及特征等方面的事实性信息。题干中,"知道什么是分数和小数"属于对定义及特征的学习,因此该学习为言语信息的学习,故本题说法正确。

97. √ 【解析】本题考查晕轮效应。晕轮效应是当我们认为某人具有某种特征时,就会对他的其他特征做相似判断。因此本题说法正确。

98. √ 【解析】本题考查师生关系的意义。师生关系的意义包括:(1)在道德教育中,良好的师生关系是思想道德教育获得成效的保证。(2)在课程教学中,良好的师生关系是进行正常教学活动、提高教学效率的保证。和谐的师生关系是课程教学中一种无形的推动力。(3)在制度管理中,良好的师生关系是制度管理取得成效的保障。故题干说法正确。

99. × 【解析】本题考查《学生伤害事故处理办法》。根据《学生伤害事故处理办法》第十二条规定可知,因地震、雷击、台风、洪水等不可抗的自然因素造成的学生伤害事故,学校已履行了相应职责,行为并无不当的,无法律责任。因此,只有学校履行了相应职责,才无须承担法律责任,所以本题说法错误。

100. × 【解析】本题考查实施素质教育应避免的误区。素质教育是对传统应试教育的否定,但是,"素质教育就是不要考试,特别是不要百分制考试"是对考试的误解。考试包括百分制考试本身没有错,要说错的话,就是应试教育中使用者将其看作学习的目的。考试作为评价的手段,是衡量学生发展的尺度之一,也是激励学生发展的手段之一。故题干说法错误。

2022年重庆市特岗教师招聘考试真题试卷(二十三)

一、单项选择题

1. D 【解析】本题考查现代学制的类型。分支型学制是介于双轨学制和单轨学制之间的学制,它在进入中学阶段后开始分叉,前段(小学、初中阶段)是单轨,后段(高中阶段始)分叉成双轨。这种学制上通(高等学校)下达(初等学校),左(中等专业学校)右(中等职业技术学校)互连,既有利于学术人才的培养,也有利于职业教育的发展。题干所述符合分支型学制的特点。

2. D 【解析】本题考查教育的相对独立性。教育受一定社会的政治经济等因素的制约,但作为一种培养人的社会活动,教育有其自身的规律,具有相对独立性。此外,教育的相对独立性还表现在特定的教育形态不一定跟其当时的社会形态保持一致,而存在教育"超前"或"滞后"的现象。教育发展要走在经济发展的前面也就是教育先行或教育超前发展,体现了教育的相对独立性。

3. C 【解析】本题考查"精神助产术"的提出者。苏格拉底以其雄辩和与青年智者的问答法著名。苏格拉底问答法亦称"产婆术"或"精神助产术"。

4. C 【解析】本题考查教育的基本要素。在构成教育的基本要素中,教育内容是教育活动中师生共同认识的客体,教育手段是教育活动的基本条件。C项正确。

5. C 【解析】本题考查赫尔巴特的标志性著作。赫尔巴特的《普通教育学》的出版标志着规范教育学的建立,也标志着教育学的发展进入了科学化时期,同时,这本书也被认为是第一本现代教育学著作。所以赫尔巴特的标志性著作是《普通教育学》。A项是夸美纽斯的著作,B项是卢梭的著作,D项是斯宾塞的著作。

6. C 【解析】本题考查教师劳动的特点。教师劳动的示范性指教师的言行举止,如人品、才能、治学态度等都会成为学生学习的对象。《说文解字》对教育二字的阐释翻译为:"教",就是上面做示范,下面来模仿;"育",就是培养后代让他们多做好事。所以,《说文解字》对教育二字的阐释体现了我们的祖先重视教师劳动的示范性。

7. A 【解析】本题考查教学原则。思想性(教育性)和科学性相统一的原则是指教学要以马克思主义为指导,授予学生科学知识,并结合知识教学对学生进行社会主义品德和正确人生观、科学世界观教育。这一原则的实质是要求在教学活动中把教书和育人有机地结合起来。李老师在介绍预防新冠感染的科学常识和方法的同时,用广大医务工作者的伟大事迹对学生进行思想品德教育,也就是在教书的同时进行育人,体现了科学性和思想性相统一原则。

8. C 【解析】本题考查我国教育目的的理论基础。马克思主义关于人的全面发展学说是我国确立教育目的的理论依据和基础。

9. B 【解析】本题考查古代教育的特征。孔子的这段话表明孔子偏重社会人事和文事,轻视生产劳动,体现了当时的教育与生产劳动相脱离的特点。

10. C 【解析】本题考查杜威的教育观点。在教育的本质上,杜威认为,教育即生活,教育即生长,教育即经验的改组或改造。"教育是生活的过程,而不是将来生活的准备。"在经验论的基础上,杜威提出"从做中学",要求以活动性、经验性的主动作业取代传统的书本式教材的统治地位。

11. B 【解析】本题考查决定教育社会性质的根本因素。根据马列主义关于生产力和生产关系、经济基础和上层建筑、阶级和国家的根本原理,生产力发展水平、经济制度的性质、国家政权的性质、社会意识形态的特点等对教育都有重大的影响,其中,决定教育性质的根本因素乃是社会的经济制度。B项正确。(具体内容参见成有信编著的《比较教育学》)

12. B 【解析】本题考查学校文化的类型。学校文化由观念文化、规范文化和物质文化构成。规范文化又叫制度文化,是一种确立组织机构、明确成员角色和职责,规范成员行为的文化。规范文化有三种表达方式,即组织形态、规章制度、角色规范。中小学行为准则就是一种规章制度,属于制度文化。

13. D 【解析】本题考查个体身心发展的规律。个体身心发展的不平衡性一方面是指身心发展的同一方面的发展速度,在不同的年龄阶段是不平衡的;另一方面是就学生身心发展的不同方面而言的。题干所述表明个体身心同一方面在不同时期发展速度不同,特定期不同方面的发展速度不同,这体现了个体身心发展的不平衡性。

14. C 【解析】本题考查品德的心理结构。品德的心理结构包括四种相辅相成的基本心理成分:道德认知、道德情感、道德意志和道德行为,简称知、情、意、行。其中,道德认知是指对于行为规范及其意义的认识,是人的认识过程在道德上的表现;道德意志是个体自觉地调节道德行为,克服困难,以实现预定道德目标的心理过程。题干中的小明能够意识到自己的错误,说明其具有相应的道德认识,但是他总是管不住自己,说明其缺乏道德意志,老师应重点引导小明培养道德意志。

15. A 【解析】本题考查课程方案的概念。课程计划,亦称课程方案,是根据一定的教育目的和培养目标,由教育行政部门制定的有关学校教育和教学工作的指导性文件。课程计划主要由课程计划的指导思想、培养目标、课程设置及其说明、课时安排、课程开设顺序和时间分配、考试考查制度和实施要求几部分构成。

16. B 【解析】本题考查课程内容的编排方式。螺旋式是指在不同单元乃至阶段或不同课程门类中,使课程内容重复出现,逐渐扩大知识面,加深知识难度,即同一课程内容前后重复出现,前面呈现的内容是后面内容的基础,后面内容是对前面内容的不断扩展和加深,层层递进。中小学教材内容的编排方式是螺旋式。

17. B 【解析】本题考查课堂教学的中心环节。领会知识是教学过程的中心环节。领会知识包括使学生感知和理解教材。

18. B 【解析】本题考查"六艺"的内容。"六艺"是西周各级各类学校的基本学科,具体指礼、乐、射、御、书、数。古希腊的"七艺"包括"三科"(文法、修辞、辩证法)和"四学"(算术、几何、天文、音乐)。"四书五经"是"四书"(《大学》《中庸》《论语》《孟子》)和"五经"(《诗经》《尚书》《礼记》《周易》《春秋》)的合称。

19. D 【解析】本题考查我国义务教育的课程设置方式。《义务教育课程方案(2022年版)》规定,义务教育课程九年一贯设置,按"六三"学制或"五四"学制安排。所以,我国义务教育课程设置方式是多种设置方式并存。

20. C 【解析】本题考查教学评价的类型。相对性评价主要依据学生个人的学习成绩在该班学生成绩序列或常模中所处的位置来评价和决定他的成绩的优劣,而不考虑是否达到教学目标的要求。它具有甄选性强的特点,因而可以作为选拔人才、分类排队的依据。国家组织的各种选拔性考试,根据成绩排名也就是成绩序列位置进行选拔,这种评价方式属于相对性评价。

21. D 【解析】本题考查习近平总书记2018年9月10日在全国教育大会上的讲话。习近平总书记在全国教育大会上发表重要讲话,强调"培养德智体美劳全面发展的社会主义建设者和接班人,加快推进教育现代化、建设教育强国、办好人民满意的教育"。

22. D 【解析】本题考查教育研究方法。行动研究法是指实际工作者(如教师)基于解决实际问题的需要,与专家、学者及本单位的成员共同合作,将实际问题作为研究的主题,进行系统的研究,以期解决实际问题的一种研究方法。行动研究法是一种从实际中来、到实际中去的研究方法,题干所述符合行动研究法的特点。

23. A 【解析】本题考查情感的分类。从情感的社会内容角度来看,人类的情感有道德感、美感和理智感三种形式。其中,理智感是人认识事物和探求真理的需要是否得到满足而产生的主观体验。例如,人们在探索真理时的求知欲,了解和认识未知事物时的兴趣和好奇心;在解决疑难问题时体验到的迟疑、惊讶和焦躁,解决问题后产生的喜悦和快慰;在坚持自己观点时的热情;由于违背事实感到羞愧等,都是理智感的体现。题干所述符合理智感的内涵。

24. D 【解析】本题考查概念的内涵与外延。内涵,即这类事物所共有的关键特征;外延,即这一概念所代表的具体事物(实例)的范围。因此ABC三项属于"水果"的外延;D项属于"水果"的内涵。

25. A 【解析】本题考查关键期的相关知识。心理学家所讲的关键期,是指人或动物的某些行为与能力的发展有一定的时间,如果在此时给予适当的良性刺激,会促使其行为与能力得到更好的发展;反之,则会阻碍发展甚至导致行为的缺失。已有研究指出,0~5岁是儿童语言习得的关键期;2岁是口头言语发展的关键期等。A项说法错误,D项说法正确。有研究者认为,如果缺失关键期内的有效刺激,会导致认知、语言、社会交往等方面的能力低下,且难以通过教育与训练得到改进。BC两项正确。

26. A 【解析】本题考查记忆的种类。根据信息加工与存储的内容不同,可将记忆分为陈述性记忆和程序性记忆。陈述性记忆是指对有关事实和事件的记忆,如课本知识和生活常识;程序性记忆是指对如何做事情的记忆,包括对知觉技能、认知技能和运动技能的记忆。题干中的记忆属于对如何做事情的记忆,因此是程序性记忆。

27. C 【解析】本题考查负后像的内涵。感觉后效(感觉后像),是指在刺激作用停止后暂时保留的感觉现象。在各种感觉中,视觉的后效很显著,又称视觉后像。视觉后像可分为正后像和负后像两种。注视发光的灯泡几秒钟,再闭上眼睛,就会感到眼前有一个同灯泡差不多的光源出现在黑暗的背景里,这时出现的就是正后像。正后像出现以后,如果我们把视线转向白色的背景,就会感到在明亮的背景上有黑色的斑点,此时出现的是负后像。负后像是与外界刺激特征相反或颜色互补的后像。

28. C 【解析】本题考查感觉后像的相关知识。在刺激作用停止后暂时保留的感觉现象称为感觉后效,即感觉后像。在各种感觉中,视觉的后效很显著,又称视觉后像。由于视觉后像的作用,让一系列静止的画面看起来是连贯的,故本题选C项。

29. D 【解析】本题考查艾宾浩斯的"遗忘曲线"。艾宾浩斯"遗忘曲线"表明,遗忘在学习之后立即开始,而且在最初的时间里遗忘速度很快,随着时间的推移,遗忘的速度逐渐下降。由此可以看出,遗忘是有规律的,即遗忘的进程是不均衡的,其趋势是先快后慢、先多后少,呈负加速,且到一定的程度就几乎不再遗忘了。

30. C 【解析】本题考查思维的种类。发散思维,也叫求异思维、分散思维、辐射思维,是指人们解决问题时,思路朝着各种可能的方向扩散,从而求得多种答案。根据题干中的关键词"不同方向和角度""多方面""多样性"可知,这种思维活动属于发散思维。

31. D 【解析】本题考查气质的体液说。气质类型有四种:多血质、胆汁质、抑郁质和黏液质。其中,多血质类型的人活泼好动,善于交际,思维敏捷,容易接受新鲜事物,情绪情感容易产生也容易变化和消失,容易外露,体验不深刻。故类似于小红的气质类型为多血质。

32. D 【解析】本题考查短时记忆向长时记忆的转化。短时记忆是通过复述来保持信息的,并通过复述的作用把信息转入长时记忆系统。复述是指为了把一定限量的信息保持在记忆中的一种内部言语。学习或保持的材料是按被复述时相关联的形态而贮存起来的。

33. B 【解析】本题考查认知方式的类型。杰罗姆·卡根将认知方式分为两种:冲动型与沉思型。沉思型学生总是把问题考虑周全以后,再做反应。他们看重的是解决问题的质量,而不是速度。这种类型的学生解答认知问题的速度虽然慢,但错误率很低,在解决高层次问题时占优势。题干中的认知方式为沉思型。

34. B 【解析】本题考查常见的社会知觉偏差。社会刻板印象(社会刻板效应)指对一群人的特征或动机加以概括,把概括得出的群体的特征归属于团体中的每一个人,认为他们每个人都具有这种特征,而无视团体成员中的个体差异。题干中是将"知名学者"这一群体的特征归属到该人身上,这属于社会刻板效应。首因效应强调第一印象的重要性;近因效应强调新近获得的信息更重要;马太效应强调"好的愈好,坏的愈坏,多的愈多,少的愈少"。

35. C 【解析】本题考查性格的相关知识。性格是在后天社会环境中逐渐形成的,有好坏、优劣之分,能最直接地反映出一个人的道德风貌。AB两项说法过于绝对。

36. A 【解析】本题考查教育心理学的研究方法。观察法是指在教育过程中,研究者通过感官或借助于一定的科学仪器,有目的、有计划地考察和描述个体某种心理活动的表现或行为变化,从而收集相关研究资料的方法。题干中教师观察并记录学生参与讨论情况的方法属于观察法。自然实验法是在自然情境下,由实验者创设或改变一些条件,以引起学生某些心理活动的变化从而进行研究的方法。题干中未体现改变或控制某些条件,故不属于自然实验法。调查法是通过各种途径间接了解被试心理活动的一种研究方法。在教育心理学研究中,常用的调查方法有问卷法、访谈法等。CD两项排除。

37. A 【解析】本题考查情绪的分类。心境是一种微弱的、持续时间较长的,带有弥漫性的情绪状态。心境一经产生就不只表现在某一特定对象上,而是在相当长的一段时间内,使人的整个心理活动都染上某种情绪色彩,影响人的整个行为表现,成为情绪生活的背景。"人逢喜事精神爽"体现了情绪的弥漫性,故属于心境。

38. B 【解析】本题考查记忆方法。将一些纯语言的材料编成有韵律的顺口溜或故事去记忆的方法就叫韵律法,也称口诀法。例如,二十四个节气可以编成:"春雨惊春清谷天,夏满芒夏暑相连,秋处露秋寒霜降,冬雪雪冬小大寒",这样可以大大地提高记忆效果。

39. D 【解析】本题考查智力形态论。美国心理学家卡特尔提出了智力形态论,他将人的智力分为流体智力和晶体智力两种不同的形态。其中,晶体智力是以学得的经验为基础的认知能力。它受后天经验的影响较大,主要表现为运用已有知识和技能去吸收新知识和解决新问题的能力。晶体智力与教育、文化有关,但在个体差异上与年龄的变化没有密切关系,晶体智力不因年龄增长而降低,有些人甚至因知识经验的累积,晶体智力随着年龄的增长而升高。故D项正确。

40. A 【解析】本题考查情绪情感的相关知识。情绪状态产生时的生理反应称为生理唤醒。一定的情绪状态总伴有内脏器官、内分泌腺或神经系统的生理变化。在法律界运用较为广泛的测谎仪的设计是基于情绪与生理之间密不可分这个原理。"测谎仪"是一种记录多项生理反应的仪器,可以在犯罪调查中用来协助侦讯,以了解受讯问的嫌疑人的心理状况,从而判断其是否涉及刑案。

41. B 【解析】本题考查问题解决的方法。在寻求解答时,可能存在两种一般的途径:一种是算法式,另一种是启发式。算法式策略是指对一个问题解决的所有可能途径都加以尝试的一种策略。

42. B 【解析】本题考查能力的差异。智力(能力)的个体差异包括智力类型差异、智力发展水平的差异、智力表现早晚的差异等。智力类型差异主要是指学生在知觉、记忆、言语和思维等方面表现出的差异。例如,有的人长于想象,有的人长于记忆,有的人长于思维等。因此,题干中小王和小李的能力差异主要体现在能力类型上。

43. B 【解析】本题考查思维的特征。思维是人脑对客观事物的本质属性与内在联系的概括的、间接的反映。思维具有间接性和概括性。所谓间接性,是指思维能对感官所不能直接把握的或不在眼前的事物,借助于某些媒介物与头脑加工来进行反映。例如:内科医生不能直接看到病人内脏的病变,却能以听诊、切脉、B超、CT检验等手段为中介,间接判断出病人的病情;地震工作者可以根据动物的反常现象或其他仪表的数据来分析与预报震情;等等。因此题干中看到路面是湿的,就知道昨晚下雨了,这体现了思维的间接性。

44. D 【解析】本题考查学习的内涵。学习是个体在特定情境下由于练习或反复经验而产生的行为或行为潜能的相对持久的变化。故AB两项说法正确。学习是通过主客观的相互作用,在主体头脑内部积累经验、构建心理结构以积极适应环境的过程,C项说法正确。并非所有的行为变化都是由学习产生的,如生理成熟、疲劳、药物等因素亦可引起行为的变化。D项说法错误。

45. C 【解析】本题考查《关于进一步减轻义务教育阶段学生作业负担和校外培训负担的意见》。《关于进一步减轻义务教育阶段学生作业负担和校外培训负担的意见》在"分类明确作业总量"中指出,学校要确保小学一、二年级不布置家庭书面作业,可在校内适当安排巩固练习。

46. D 【解析】本题考查《中华人民共和国预防未成年人犯罪法》。《中华人民共和国预防未成年人犯罪法》第三十八条规定,本法所称严重不良行为,是指未成年人实施的有刑法规定、因不满法定刑事责任年龄不予刑事处罚的行为,以及严重危害社会的下列行为:(1)结伙斗殴,追逐、拦截他人,强拿硬要或者任意损毁、占用公私财物等寻衅滋事行为;(2)非法携带枪支、弹药或者弩、匕首等国家规定的管制器具;(3)殴打、辱骂、恐吓,或者故意伤害他人身体;(4)盗窃、哄抢、抢夺或者故意损毁公私财物;(5)传播淫秽的读物、音像制品或者信息等;(6)卖淫、嫖娼,或者进行淫秽表演;(7)吸食、注射毒品,或者向他人提供毒品;(8)参与赌博赌资较大;(9)其他严重危害社会的行为。

47. B 【解析】本题考查《中国教育现代化2035》。《中国教育现代化2035》中指出创新人才培养方式,推行启发式、探究式、参与式、合作式等教学方式以及走班制、选课制等教学组织模式,培养学生创新精神与实践能力。

48. C 【解析】本题考查《中共中央 国务院关于深化教育教学改革全面提高义务教育质量的意见》。《中共中央 国务院关于深化教育教学改革全面提高义务教育质量的意见》中提出要强化课堂主阵地作用,切实提高课堂教学质量。其中在"优化教学方式"中指出,精准分析学情,重视差异化教学和个别化指导。各地要定期开展聚焦课堂教学质量的主题活动,注重培育、遴选和推广优秀教学模式、教学案例。

49. C 【解析】本题考查《中华人民共和国教育法》。根据《中华人民共和国教育法》第二十九条规定可知,学校及其他教育机构有按照章程自主管理的权利。因此学校自主管理的直接依据是学校章程。

50. B 【解析】本题考查《中华人民共和国教育法》。《中华人民共和国教育法》第七十八条规定,学校及其他教育机构违反国家有关规定向受教育者收取费用的,由教育行政部门或者其他有关行政部门责令退还所收费用;对直接负责的主管人员和其他直接责任人员,依法给予处分。

51. C 【解析】本题考查《中华人民共和国教师法》。《中华人民共和国教师法》第八条规定,教师应当履行下列义务:(1)遵守宪法、法律和职业道德,为人师表;(2)贯彻国家的教育方针,遵守规章制度,执行学校的教学计划,履行教师聘约,完成教育教学工作任务;(3)对学生进行宪法所确定的基本原则的教育和爱国主义、民族团结的教育,法制教育以及思想品德、文化、科学技术教育,组织、带领学生开展有益的社会活动;(4)关心、爱护全体学生,尊重学生人格,促进学生在品德、智力、体质等方面全面发展;(5)制止有害于学生的行为或者其他侵犯学生合法权益的行为,批评和抵制有害于学生健康成长的现象;(6)不断提高思想政治觉悟和教育教学业务水平。故答案选C项。A、B、D三项属于教师享有的权利。

52. A 【解析】本题考查《中华人民共和国教师法》。根据《中华人民共和国教师法》第二十二条规定,学校或者其他教育机构应当对教师的政治思想、业务水平、工作态度和工作成绩进行考核。

53. B 【解析】本题考查《中华人民共和国义务教育法》。《中华人民共和国义务教育法》第二十二条规定,县级以上人民政府及其教育行政部门应当促进学校均衡发展,缩小学校之间办学条件的差距,不得将学校分为重点学校和非重点学校。学校不得分设重点班和非重点班。

54. B 【解析】本题考查《中华人民共和国义务教育法》。《中华人民共和国义务教育法》第三十条规定,教师应当取得国家规定的教师资格。国家建立统一的义务教育教师职务制度。教师职务分为初级职务、中级职务和高级职务。

55. C 【解析】本题考查《中华人民共和国义务教育法》。《中华人民共和国义务教育法》第三十一条规定,特殊教育教师享有特殊岗位补助津贴。在民族地区和边远贫困地区工作的教师享有艰苦贫困地区补助津贴。

56. C 【解析】本题考查《中华人民共和国未成年人保护法》。《中华人民共和国未成年人保护法》(2012年修正)第十二条规定,父母或者其他监护人应当学习家庭教育知识,正确履行监护职责,抚养教育未成年人。有关国家机关和社会组织应当为未成年人的父母或者其他监护人提供家庭教育指导。

57. D 【解析】本题考查《中华人民共和国未成年人保护法》。《中华人民共和国未成年人保护法》(2020年修订)第六十三条规定,除下列情形外,任何组织或者个人不得开拆、查阅未成年人的信件、日记、电子邮件或者其他网络通讯内容:(1)无民事行为能力未成年人的父母或者其他监护人代未成年人开拆、查阅;(2)因国家安全或者追查刑事犯罪依法进行检查;(3)紧急情况下为了保护未成年人本人的人身安全。

58. A 【解析】本题考查《新时代中小学教师职业行为十项准则》。《新时代中小学教师职业行为十项准则》中"潜心教书育人"准则要求教师落实立德树人根本任务,遵循教育规律和学生成长规律,因材施教,教学相长;不得违反教学纪律,敷衍教学,或擅自从事影响教育教学本职工作的兼职兼薪行为。

59. C 【解析】本题考查《中小学教师职业道德规范》(2008年修订)。2008年修订的《中小学教师职业道德规范》中,关爱学生要求教师关心爱护全体学生,尊重学生人格,平等公正对待学生;不讽刺、挖苦、歧视学生,不体罚或变相体罚学生。陈老师挖苦、羞辱回答问题出错的学生,不尊重学生的人格,其行为违背了关爱学生的职业道德规范。

60. D 【解析】本题考查《中小学教师职业道德规范》(2008年修订)。2008年修订的《中小学教师职业道德规范》中,为人师表要求教师作风正派,廉洁奉公;自觉抵制有偿家教,不利用职务之便谋取私利。何某参加学生家长付费的旅游,就是在利用职务之便谋取私利,其行为不符合为人师表的职业道德规范的要求。

二、多项选择题

61. AB 【解析】本题考查"遗传"的相关知识。遗传,也叫遗传素质,是指从上一代继承下来的生理解剖上的特点,如机体的形态、结构以及器官和神经系统的特征等。A项当选。气质是由人的神经系统的某些生物学特点,特别是脑的特点决定的。B项当选。性格是后天形成的,受社会影响大。C项排除。遗传素质是智力(能力)发展的生物前提、基础和自然条件。能力的形成还受早期经验、教育与教学、社会实践和主观努力等因素的影响。D项排除。

62. ABC 【解析】本题考查课程文本材料。课程计划(课程方案)、课程标准、教材(也有说教科书)是课程文本的一般表现形式,也是我国中小学课程的主要组成部分。

63. ABD 【解析】本题考查《大中小学劳动教育指导纲要(试行)》。《大中小学劳动教育指导纲要(试行)》中指出,劳动教育的主要内容包括日常生活劳动、生产劳动和服务性劳动中的知识、技能与价值观。故劳动教育的类型包括日常生活劳动教育、生产劳动教育和服务性劳动教育三个方面。

64. AC 【解析】本题考查动机冲突(动机斗争)。双趋冲突是指从自己同时都很喜爱的两个事物中仅择其一的心理状态。双避冲突是指从希望回避的两种事物中必取其一的心理状态。因此AC两项属于双趋冲突,BD两项属于双避冲突。

65. AB 【解析】本题考查想象的种类。根据想象有无目的和计划性,可将想象分为无意想象和有意想象。无意想象又称不随意想象,是没有预定目的,不由自主产生的想象。有意想象又称随意想象,是指有预定目的、自觉进行的想象。小红头脑中浮现出武松的人物形象属于个体自觉进行的想象,属于有意想象。B项当选。根据创造程度的不同,有意想象又可以分为再造想象和创造想象。再造想象是依据词语或符号的描述、示意在头脑中形成与之相应的新形象的过程。创造想象是按照一定目的、任务,使用自己以往积累的表象,在头脑中独立地创造出新形象的过程。小红的想象是根据《水浒传》的描述在头脑中形成的新形象,故属于再造想象。A项当选。

66. AC 【解析】本题考查引起无意注意的条件。引起无意注意的条件包括客观条件和主观条件。其中,客观条件即刺激物本身的特点,包括:(1)刺激物的强度,强烈的刺激物,如一道强光、一声巨响、一种浓烈的气味,都会不由自主地引起人们的注意;(2)刺激物之间显著的对比关系,如万绿丛中一点红;(3)刺激物的活动和变化,如活动变化的霓虹灯、演讲者抑扬顿挫的声调;(4)刺激物的新异性,如画廊中新张贴的广告等。因此AC两项有助于引起学生的无意注意。维持有意注意的条件有:(1)加深对目的任务的理解。(2)合理组织活动。(3)对兴趣的依从性。间接兴趣,特别是稳定的间接兴趣,是引起和保持有意注意的重要条件。(4)排除内外因素的干扰。因此BD两项是引起有意注意的条件。

67. BCD 【解析】本题考查性格的结构。性格的态度特征是指个体对自己、他人、集体、社会以及对工作、劳动、学习的态度特征。例如,谦虚或自负、利他或利己、粗心或细心、创造或墨守成规等。BCD三项符合题意。性格的意志特征指个体自觉地确定目标,调节支配行为,从而达到目标的性格特征。例如,顽强拼搏、当机立断。A项属于性格的意志特征。

68. AD 【解析】本题考查韦纳的成败归因理论。美国心理学家韦纳把人经历过事情的成败归结为六种原因,即能力、努力程度、工作难度、运气、身心状况、外界环境。又把上述六项因素按各自的性质,分别归入三个维度:内部归因和外部归因、稳定性归因和不稳定性归因、可控制归因和不可控制归因。其中身体状态(身心状况)属于内部、不稳定、不可控因素;能力属于内部、稳定、不可控因素。AD两项当选。努力属于内部、不稳定、可控制的因素;任务难度属于外部、稳定、不可控因素,BC两项排除。

69. ABC 【解析】本题考查《学生伤害事故处理办法》。《学生伤害事故处理办法》第九条规定,因下列情形之一造成的学生伤害事故,学校应当依法承担相应的责任:(1)学校的校舍、场地、其他公共设施,以及学校提供给学生使用的学具、教育教学和生活设施、设备不符合国家规定的标准,或者有明显不安全因素的;(2)学校的安全保卫、消防、设施设备管理等安全管理制度有明显疏漏,或者管理混乱,存在重大安全隐患,而未及时采取措施的;(3)学校向学生提供的药品、食品、饮用水等不符合国家或者行业的有关标准、要求的;(4)学校组织学生参加教育教学活动或者校外活动,未对学生进行相应的安全教育,并未在可预见的范围内采取必要的安全措施的;(5)学校知道教师或者其他工作人员患有不适宜担任教育教学工作的疾病,但未采取必要措施的;(6)学校违反有关规定,组织或者安排未成年学生从事不宜未成年人参加的劳动、体育运动或者其他活动的;(7)学生有特异体质或者特定疾病,不宜参加某种教育教学活动,学校知道或者应当知道,但未予以必要的注意的;(8)学生在校期间突发疾病或者受到伤害,学校发现,但未根据实际情况及时采取相应措施,导致不良后果加重的;(9)学校教师或者其他工作人员体罚或者变相体罚学生,或者在履行职责过程中违反工作要求、操作规程、职业道德或者其他有关规定的;(10)学校教师或者其他工作人员在负有组织、管理未成年学生的职责期间,发现学生行为具有危险性,但未进行必要的管理、告诫或者制止的;(11)对未成年学生擅自离校等与学生人身安全直接相关的信息,学校发现或者知道,但未及时告知未成年学生的监护人,导致未成年学生因脱离监护人的保护而发生伤害的;(12)学校有未依法履行职责的其他情形的。ABC三项符合题意。根据第十条规定可知,D项中的情况应当由学生或者未成年学生监护人依法承担相应的责任。

70. ABC 【解析】本题考查《中小学教师职业道德规范》(2008年修订)。2008年修订的《中小学教师职业道德规范》中,"终身学习"所规定的具体职业行为要求有:(1)崇尚科学精神,树立终身学习理念,拓宽知识视野,更新知识结构;(2)潜心钻研业务,勇于探索创新,不断提高专业素养和教育教学水平。D项是"爱岗敬业"的具体要求。

三、材料分析题

71. AD 【解析】本题考查德育方法。陈老师发现王闽的问题表现之后找王闽谈话对他进行教育,体现的德育方法是说服教育法;王闽因为期中考试成绩进步被评为班上的"进步标兵",体现的德育方法是品德评价法。

72. ABD 【解析】本题考查德育原则。陈老师以王闽在班级篮球荣誉方面的贡献来鼓励他努力学习,体现了发扬积极因素、克服消极因素原则;陈老师相信王闽有毅力,在学习上不会比别人差,并且要求王闽保证期中考试成绩比上学期不下降,体现了尊重信任与严格要求学生相结合原则;陈老师在跟王闽的谈话过程中,对他进行循循善诱,以表扬、激励为主,坚持正面教育,体现了疏导原则。

73. B 【解析】本题考查德育的途径。班主任工作是学校对学生进行德育的一个重要而又特殊的途径。陈老师对王闽进行谈话教育,是发挥班主任作用的表现。这体现的德育途径是班主任工作。

74. ABC 【解析】本题考查教学方法。郭老师在学生了解了诗歌的基本大意之后提问学生对诗歌有什么疑问,运用的教学方法是谈话法(问答法);郭老师通过PPT呈现了长江北岸扬州市瓜洲区、长江南岸镇江市京口区和西边的南京市钟山区的三角形位置,让学生直观地了解到三地之间的关系,运用的教学方法是演示法;郭老师让学生根据预习了解的背景知识来讨论交流李洁同学提出的问题,运用的教学方法是讨论法。

75. AB 【解析】本题考查教学原则。郭老师通过提问引导学生理解诗歌,并且肯定学生提出的问题,鼓励学生善于思考,体现了对启发性原则的运用。郭老师通过PPT呈现了长江北岸扬州市瓜洲区、长江南岸镇江市京口区和西边的南京市钟山区的三角形位置,让学生直观地了解到三地之间的关系,运用的教学原则是直观性原则。

76. AB 【解析】本题考查教学过程的基本规律。郭老师在提问过程中的引导发挥了学生的积极性,体现了教师主导与学生能动性相结合规律;郭老师通过PPT呈现了长江北岸扬州市瓜洲区、长江南岸镇江市京口区和西边的南京市钟山区的三角形位置,让学生把去过的这三个地方与诗歌中三地之间的关系联系到一起,体现了间接经验与直接经验相结合规律。

77. C 【解析】本题考查耶克斯—多德森定律。"耶克斯—多德森定律"表明,动机不足或过分强烈都会影响学习效果。具体表现在:(1)动机的最佳水平随着任务性质的不同而不同。在比较容易的任务中,行为效果(工作效率)随着动机的提高而上升;随着任务难度的增加,动机的最佳水平有逐渐下降的趋势。(2)一般来讲,最佳水平为中等强度的动机。(3)动机水平与行为效果呈倒U型曲线。材料中小红极度渴望有完美的表现,考试时非常紧张,动机水平过高,行为效果反而下降,最终导致小红没有发挥出应有的水平。

78. BCD 【解析】本题考查材料分析的能力。根据材料中小红认为如果不能当上画家人生就会非常失败可知,需要帮助小红树立正确的人生观;同时,根据小红的学习表现以及考试失利后便认为自己没有美术天赋,将失败归因于能力的情况来看,应帮助小红树立正确的学习观,进行正确归因。BD两项当选。小红因动机过强,考试时非常紧张,导致考试失利,因而需要帮助小红适当降低动机水平,C项当选。

79. C 【解析】本题考查焦虑症的表现。焦虑症的表现有:(1)情绪方面:紧张不安,忧心忡忡。(2)注意和行为方面:注意力集中困难,极端敏感,对轻微刺激做过度反应,难以做出决定。(3)躯体症状方面:心跳加快,过度出汗等。学生中常见的焦虑反应是考试焦虑。考试焦虑的表现是:随着考试临近,心情极度紧张;考试时注意力不集中,知觉范围变窄,思维刻板,表现慌乱,无法发挥正常水平。材料中红红时常心慌意乱,心跳加快,不能很好集中注意力;考试时,心跳加速、头脑发胀、昏昏沉沉,不能认真审题。以上情形均说明红红的心理症状为焦虑症。

80. 缺

2021年河南省特岗教师招聘考试真题试卷(二十四)

一、单项选择题

1. A 【解析】本题考查习近平总书记在庆祝中国共产党成立100周年大会上的讲话。2021年7月1日,习近平总书记在庆祝中国共产党成立100周年大会上指出,中国共产党一经诞生,就把为中国人民谋幸福、为中华民族谋复兴确立为自己的初心使命。一百年来,中国共产党团结带领中国人民进行的一切奋斗、一切牺牲、一切创造,归结起来就是一个主题:实现中华民族伟大复兴。故本题选A项。

2. B 【解析】本题考查《关于新时代加强和改进思想政治工作的意见》的内容。2021年7月,中共中央、国务院印发了《关于新时代加强和改进思想政治工作的意见》(以下简称《意见》)。《意见》指出,要把思想政治工作作为治党治国的重要方式。

3. B 【解析】本题考查《中华人民共和国义务教育法》的内容。根据《中华人民共和国义务教育法》第三十一条规定,特殊教育教师享有特殊岗位补助津贴。在民族地区和边远贫困地区工作的教师享有艰苦贫困地区补助津贴。故本题选B项。

4. C 【解析】本题考查教师违法(侵权)行为的主要类型及其表现形式。受教育权是学生最基本的权利。常见的侵犯学生受教育权的表现形式主要有:(1)侵犯学生受教育机会的平等权;(2)侵犯学生的入学权;(3)侵犯学生参加考试的权利;(4)随意开除学生。此外,还有侵犯学生上课学习的权利、侵犯学生受教育的选择权、侵犯学生升学复学方面的同等权利、以侵犯姓名权的手段侵犯学生的受教育权、延误学生录取通知书的发放等。题干中,李老师让学习不好的学生只能报考职业高中,这侵犯了学生的受教育权。

5. C 【解析】本题考查《中华人民共和国教师法》的内容。教师依法享有教育教学权,即教师有权进行教育教学活动,开展教育教学改革和实验。题干中,体育老师指导动作不规范的学生反复练习,这属于正常的教学行为,是教师依法行使自己的权利的表现。

6. D 【解析】本题考查《新时代中小学教师职业行为十项准则》的内容。《新时代中小学教师职业行为十项准则》中的"传播优秀文化"要求教师要带头践行社会主义核心价值观,弘扬真善美,传递正能量;不得通过课堂、论坛、讲座、信息网络及其他渠道发表、转发错误观点,或编造散布虚假信息、不良信息。故本题选D项。

7. A 【解析】本题考查教育的政治功能。教育的政治功能之一是:教育培养出政治经济制度所需要的人才。通过培养人才实现对政治经济制度的影响,是教育作用于政治经济制度的主要途径。题干中的"培养勇于担当、乐于奉献、善于合作的现代小公民"体现的是教育的政治功能。

8. B 【解析】本题考查对教育名著的认识。夸美纽斯一生写了大量的教育论著,最著名的就是《大教学论》(1632年)。在该书中,他不仅提出了泛智教育思想,探讨"把一切事物教给一切人类的全部艺术",提出了系统的教育目的论、方法论、教育原则体系、课程与教学论、德育论以及一些学科教育思想，而且首次系统论述了班级授课制。故A项正确。

卢梭于1762年出版的教育小说《爱弥儿》系统阐述了他的自然主义教育思想。洛克在其著作《教育漫话》一书中，详细论述了绅士教育的内容(即体育、德育和智育)及方法。故B项错误。

杜威的代表作《民主主义与教育》及反映在其作品中的实用主义教育思想，对20世纪的教育和教学有深远影响。其主要教育观点之一是，教育即生活，教育即生长，教育即经验的改组或改造。故C项正确。

赫尔巴特在1806年出版的《普通教育学》标志着教育学的发展进入了科学化时期。故D项正确。

9. D 【解析】本题考查个体身心发展的影响因素。影响个体身心发展的主要因素包括遗传、环境、教育(学校教育)、个体主观能动性。"种瓜得瓜，种豆得豆"强调的是遗传因素对个体发展的影响；"近朱者赤，近墨者黑"说明了社会环境对人的发展的影响；"出淤泥而不染"反映了人的主观能动性在个体发展中的作用。"揠苗助长"违背了个体身心发展的规律，是外部环境对个体发展的不良影响，并没有做到因材施教。故D项对应错误。

10. A 【解析】本题考查美育的内容。对学校美育来说，其内容主要包括自然美、社会美、艺术美和科学美。具体为：(1)自然美是以大自然作为审美对象所感受和体验到的美。(2)社会美是以社会生活中美好的人和事为对象而感受和体验到的美。(3)艺术美是以艺术家创造的典型化、集中化的艺术作品为对象所感受和体验到的美。艺术的形式是多种多样的，有文学、戏剧、电影、音乐、绘画、舞蹈等。(4)科学美是以人类的科研活动为对象所感受到的美。题干中，小学选用的京剧脸谱、豫剧服饰与民间泥塑等内容属于艺术美。

11. D 【解析】本题考查课程目标取向的分类。生成性目标不是由外部事先规定的目标，而是在教育情境之中随着教育过程的展开而自然生成的目标。它强调学生、教师与教育情境的交互作用，有益于培养学生解决实际问题的能力。当过程与结果、手段与目的被内在地联系起来后，课程与教学目标就是学生在教学过程中，在与教学情境的交互作用中产生的学生自己的目标，而不是课程开发者和教师所强加的目标。故本题选D项。

12. C 【解析】本题考查德育原则。知行统一原则是指教育者在进行德育时，既要重视对学生进行系统的思想道德的理论教育，又要重视组织学生参加实践锻炼，把提高认识和行为养成结合起来，使学生做到言行一致。贯彻该原则的要求之一是：组织和引导学生参加社会实践，通过实践活动加深认识，增强情感体验，养成良好的行为习惯。题干中，某小学为加强学生对非遗文化的认识与理解，组织学生到当地非物质文化传承基地，开展优秀传统文化教育活动。这体现的德育原则是知行统一原则。

13. D 【解析】本题考查西方主要的心理学流派。各心理学流派的理论主张及代表人物见下表：

理论流派	代表人物	理论主张
行为主义心理学	华生	反对意识，主张以可观察与测量的行为为研究对象
机能主义心理学	詹姆士、杜威、安吉尔	主张研究意识，但是他们不把意识看成是个别心理元素的集合，而是看成一种持续不断、川流不息的过程，提出了"意识流"
精神分析心理学	弗洛伊德	主张研究人的异常行为和无意识
人本主义心理学	罗杰斯、马斯洛	心理学研究应关心人的价值和尊严，应以研究个性的积极面代替研究个性的消极面，使心理学成为健康个性的心理学；强调人所具有的现实潜在能力，帮助人认识自身价值，发现真正的自我，对自己的成长负责，使他们向着自我实现的目标前进

综上所述，本题选D项。

14. A 【解析】本题考查问题解决的过程。问题解决的过程一般可分为发现问题、理解问题、提出假设和检验假设四个阶段。

理解问题就是把握问题的性质和关键信息，摒弃无关因素，并在头脑中形成有关问题的初步印象，即形成问题的表征。认知心理学将理解问题看作是在头脑中形成问题空间的过程。问题空间是个体对一个问题所达到的全部认识状态，包括问题的起始状态、目标状态以及由前者过渡到后者的各中间状态和有关的操作。不同的人所构造的问题空间也可能不同，同一个人，在问题解决之前也可能改变或重构问题空间。故本题选A项。

B项，从完整的问题解决过程来看，发现问题是其首要环节。能否发现问题，与个体的活动积极性、已有知识经验等有关。

C项，提出假设就是提出解决问题的可能途径与方案，选择恰当的解决问题的操作步骤。

D项，检验假设就是通过一定的方法来确定假设是否合乎实际、是否符合科学原理。

15. A 【解析】本题考查情绪的特点。题干中诗句的意思是：一轮弯月照人间，多少人家欢乐，又有多少人家忧愁。这说明在同一情景下，不同的人的情绪有不同的表现，故题干所述说明人的情绪具有主观性。

16. B 【解析】本题考查创造性思维能力的培养方法。训练发散思维的方法有多种，如用途扩散、结构扩散、方法扩散、形态扩散等。其中，用途扩散即让学生以某件物品的用途为扩散点，尽可能多地设想它的用途。比如，尽可能多地说出曲别针的用途。故本题选B项。

A项，头脑风暴法通常以集体讨论的方式进行，鼓励参与者尽可能快地提出各种各样异想天开的设想或观点，相互启迪，激发灵感，从而引发创造性思维的连锁反应，形成解决问题的新思路。

C项，推测与假设训练的主要目的是发展学生的想象力和对事物的敏感性，并促使学生深入思考，灵活应对。比如，让学生听一段无结局的故事，鼓励他们去猜测可能的结局。

D项，自我设计训练课是一种灵活性较强的训练课程。教师为学生提供必要的材料与工具，让学生利用这些材料，实际动手去制作某种物品，如贺年卡、图画、各种小模型等。学生通过实际的操作活动，完成自己的设计。

17. C 【解析】本题考查成败归因理论。根据韦纳的成败归因理论可知，运气属于外在、不稳定、不可控的归因。题干中的小刘将考试取得好成绩归因于运气，故小刘的归因模式属于外在不稳定型。

18. B 【解析】本题考查操作性条件作用的基本规律。正强化也称积极强化，是通过呈现想要的愉快刺激来增强反应频率；负强化也称消极强化，是通过消除或中止厌恶、不愉快刺激来增强反应频率。惩罚是指当有机体做出某种反应以后，呈现一个厌恶刺激，以消除或抑制此反应的过程。题干中的老师通过取消小王的"班级之星"称号，来降低其违反课堂纪律的频率，因此，老师的这种做法属于惩罚。

19. C 【解析】本题考查自我防御机制。合理化又称文饰作用，指无意识地用一种似乎有理的解释或实际上站不住脚的理由来为其难以接受的情感、行为或动机辩护以使其可以接受。合理化有两种表现：(1)酸葡萄心理，即把得不到的东西说成是不好的；(2)甜柠檬心理，即当得不到葡萄而只有柠檬时，就说柠檬是甜的。题干中，个体失败时以"失败乃成功之母"来安慰自己，即当无法获得成功时，就安慰自己失败也是有益的，把自己拥有的东西说成是好的，这种心理效应就属于甜柠檬心理。

B项，首因效应也称最初效应，是指在总体印象形成上，最初获得的信息比后来获得的信息影响更大的现象。

D项，近因效应也称最近效应，是指在总体印象形成上，新近获得的信息比原来获得的信息影响更大的现象。

20. A 【解析】本题考查科尔伯格的道德发展阶段论。科尔伯格将道德判断分为三个水平，每一水平包含两个阶段，六个阶段依照由低到高的层次发展。三水平六阶段的内容和特点可通过下表体现：

道德发展水平	道德发展阶段	主要特点
前习俗水平	服从与惩罚的道德定向阶段	屈从外力，逃避惩罚，缺乏是非善恶的观念
	相对功利的道德定向阶段(相对功利取向阶段)	具有较强的自我中心性，认为符合自己需要的行为就是正确的
习俗水平	好孩子的道德定向阶段(寻求认可取向阶段)	顺从传统的要求，符合大众的意见，谋求大家的称赞，做一个"好孩子"
	维护权威或秩序的道德定向阶段(遵守法规取向阶段)	服从社会规范，遵守公共秩序，尊重法律的权威，以法制观念判断是非、知法守法
后习俗水平	社会契约的道德定向阶段(社会契约取向阶段)	不再把社会规则和法律看成是死板的、一成不变的条文，认识到法律或习俗的道德规范仅仅是一种社会契约，它由大家商定，可以改变，而不是固定僵死的
	普遍原则的道德定向阶段(普遍伦理取向阶段)	有自己的人生哲学，对是非善恶的判断有独立的价值标准

题干中的学生认为社会法则不符合公众权益时是可以修改的，这说明该学生不再把社会法则看成是死板的、一成不变的条文，而是认识到它仅仅是一种社会契约，可以通过大家的商定而改变，这表明该生的道德发展属于社会契约取向阶段。

二、判断题

1. √ 【解析】本题考查教育政策文件。教育部办公厅发布的《关于进一步加强中小学生睡眠管理工作的通知》中提出，根据不同年龄段学生身心发展特点，小学生每天睡眠时间应达到10小时，初中生应达到9小时，高中生应达到8小时。故题干说法正确。

2. × 【解析】本题考查《中华人民共和国教育法》。根据《中华人民共和国教育法》第三十六条规定，学校及其他教育机构中的教学辅助人员和其他专业技术人员，实行专业技术职务聘任制度。

3. √ 【解析】本题考查《中华人民共和国义务教育法》。根据《中华人民共和国义务教育法》第三十三条规定，国家鼓励高等学校毕业生以志愿者的方式到农村地区、民族地区缺乏教师的学校任教。县级人民政府教育行政部门依法认定其教师资格，其任教时间计入工龄。

4. √ 【解析】本题考查教育民主化。现代教育最显著的发展特征表现为教育的民主化。教育民主化要求的是平等、高质量的教育和适合个体个性特征的教育。教育民主化的追求趋向于对个人学习权益的保障和终身学习的实现。故题干说法正确。

5. × 【解析】本题考查备课的主要任务。备课的主要任务是根据课程标准，将特定教学内容有效传递给特定的学生。备课的要求包括：(1)做好三方面的工作，即钻研教材、了解学生、设计教法，也即备教材、备学生、备教法；(2)写好三种计划，即学年(或学期)教学计划、课题(或单元)计划、课时计划(教案)。故题干说法过于片面。

6. × 【解析】本题考查教学评价的含义。诊断性评价是在学期开始或一个单元教学开始时，为了了解学生的学习准备状况及影响学习的因素而进行的评价。形成性评价是在教学过程中为改进和完善教学活动而进行的对学生学习过程及结果的评价。因此，语文老师在教学过程中为了了解学生情况而进行的评价属于形成性评价。

7. √ 【解析】本题考查方向性教学原则。方向性原则是指教学要以马克思主义为指导，以马克思主义的立场、观点和方法来选择教学内容，分析和理解教学内容，结合科学知识教学对学生进行社会主义核心价值观、正确的人生观和科学的世界观的教育。贯彻这一原则的要求包括：(1)坚持教学的马克思主义方向；(2)深入挖掘教材的思想性。故题干说法正确。

8. √ 【解析】本题考查教育政策文件。中共中央办公厅、国务院办公厅印发的《关于进一步减轻义务教育阶段学生作业负担和校外培训负担的意见》中提出，要全面压减作业总量和时长，减轻学生过重作业负担。提高作业设计质量。发挥作业诊断、巩固、学情分析等功能，将作业设计纳入教研体系，系统设计符合年龄特点和学习规律、体现素质教育导向的基础性作业。鼓励布置分层、弹性和个性化作业，坚决克服机械、无效作业，杜绝重复性、惩罚性作业。故题干说法正确。

9. × 【解析】本题考查教育行动研究。行动研究是指实际工作者(如教师)基于解决实际问题的需要，与专家、学者及本单位的成员共同合作，将实际问题作为研究的主题，进行系统的研究，以解决实际问题的一种研究方法。教育叙事研究是通过教育主体的故事叙说来描绘教育行为、进行意义建构并使教育活动获得解释性意义理解的一种质的研究或者研究方法。故题干所述属于教育叙事研究。

10. × 【解析】本题考查感知规律在教学中的应用。强度律，指作为知识的物质载体的直观对象(实物、模像或言语)必须达到一定强度，才能被学习者清晰地感知。活动律，指活动的对象较之静止的对象容易感知。根据题干描述可知，教师所依据的感知规律是活动律。

11. √ 【解析】本题考查班杜拉的观察学习理论。班杜拉认为，学习是个体通过对他人的行为及其强化结果的观察，从而获得某些新的行为反应或已有的行为反应得到修正的过程。班杜拉的实验证明，榜样在观察学习过程中起到非常重要的作用。故利用观察学习理论，可以用来解释“榜样学习”的教育效应。

12. √ 【解析】本题考查注意的品质。短时间内注意周期性地不随意跳跃现象称为注意的起伏(或注意的动摇)，它是由于人的感受性不能长时间地保持固定的状态，而是间歇性地加强和减弱造成的。注意的起伏周期一般为2、3秒至12秒。因此，题干中百米竞赛的预备信号和起跑信号相隔太长时间会影响运动员的成绩，是由于注意起伏的影响。

13. × 【解析】本题考查促进学习迁移的教学内容。具有广泛迁移价值的材料，是指学科的基本概念、基本原理、基本法则、基本方法、基本态度等。故题干说法错误。

14. × 【解析】本题考查人格的特质。共同特质是在同一文化形态下的群体所共同具有的特质，它是在共同的生活方式下形成的。题干所述为群体所共同具有的特质，属于共同特质。

15. √ 【解析】本题考查系列位置效应。前摄抑制是先学习的材料对识记和回忆后学习材料的干扰作用。后学习的材料对保持和回忆先学习材料的干扰作用称为倒摄抑制。因此，课间休息有助于减少前后两节课记忆材料引起的前摄抑制和倒摄抑制。故题干说法正确。

三、案例分析题(参考答案)

1. 案例中，张桂梅校长的事迹体现了爱国守法、爱岗敬业、关爱学生、教书育人、为人师表的师德规范。

(1)“爱国守法”的师德规范要求教师全面贯彻国家教育方针；自觉遵守教育法律法规，依法履行教师职责权利；不得有违背党和国家方针政策的言行。倡导“爱国守法”就是要求教师热爱祖国、遵纪守法。张桂梅校长在教育中坚持为党育人、为国育才，以党建统领教学、以革命传统立校、以红色文化育人，引导学生们感党恩、听党话、跟党走，做党的好女儿。这说明张桂梅校长热爱祖国，在教育过程中全面贯彻国家的教育方针，做到了爱国守法。

(2)“爱岗敬业”的师德规范要求教师对工作高度负责，认真备课上课等。张桂梅校长扎根贫困地区40余年，始终坚持为党育人、为国育才，这说明张桂梅校长做到了爱岗敬业。

(3)“关爱学生”的师德规范要求教师关心爱护全体学生；保护学生安全，关心学生健康，维护学生权益等。张桂梅校长为了山区贫困女孩可以接受高中阶段教育，创办免费女子高中，并且拿出自己的大部分工资接济贫困学生，把母亲般的慈爱全部献给学生，这说明张桂梅校长做到了关爱学生。

(4)“教书育人”的师德规范要求教师遵循教育规律，实施素质教育；培养学生良好品行，激发学生创新精神，促进学生全面发展等。张桂梅校长创办免费女子高中，坚持为党育人、为国育才，帮助近2000名贫困山区女孩圆大学梦，并荣获“全国教书育人楷模”荣誉称号。这说明张桂梅校长做到了教书育人。

(5)“为人师表”的师德规范要求教师坚守高尚情操，知荣明耻；严于律己，以身作则；作风正派，廉洁奉公等。张桂梅校长个人生活节俭，却拿出自己的大部分工资接济困难学生，并且先后获得“全国十佳师德标兵”“全国教书育人楷模”等荣誉称号。这些都充分体现了张桂梅校长做到了为人师表。

2. 班主任张老师在工作中采用了民主型的管理模式，注重对学生进行思想品德教育，同时也体现了新课程改革倡导的教师观和学生观。

(1)张老师采用了民主型的班级管理模式。班级民主管理的实质是在班级管理的全过程中，调动学生自我教育的力量，使人人都积极主动地参与班级事务。张老师在班级劳动教育活动中，设立“我是小小发言人”岗位，由学生轮流负责自主创编讲解稿并向客人讲解，使人人都参与到班级活动中来，充分调动了学生的积极主动性，这属于民主型的班级管理模式。

(2)张老师在教育过程中注重学生的思想品德教育。对学生进行思想品德教育是班主任的工作重点和经常性的工作。张老师在开展的劳动教育活动中，鼓励学生观察劳动活动的过程、创编劳动故事，并在教室布置劳动故事文化墙，组织学生轮流负责创编文化墙内容的讲解稿并为客人讲解，在这个过程中通过环境陶冶、实际锻炼等方式对学生进行了思想品德教育。

(3)张老师的行为符合新课程倡导的教师观。新课程倡导教师是学生学习的引导者、促进者、指导者。张老师在劳动教育活动中，转变了传统的知识传授者、教学支配者角色，树立了“以活动促发展”的教学观念，成为了学生自主学习活动的引导者和促进者。

(4)张老师的行为符合新课程倡导的学生观。新课程倡导学生是独特的人和具有独立意义的人。学生是有着丰富个性的完整的人，是学习的主体。张老师组织学生自编劳动故事、自主创编讲解稿并向客人讲解，学生的讲解风格迥异等都体现了张老师认识到了学生是独特的人和具有独立意义的人。

3. (1)精加工策略是指把新信息与头脑中的旧信息联系起来从而增加新信息意义的深层加工策略。它常被描述成一种理解记忆的策略，其要旨在于建立信息间的联系。联系越多，能回忆出信息原貌的途径就越多，即提取的线索就越多。精加工越深入越细致，回忆就越容易。案例中的李老师在教授学生记忆与区别“买”“卖”“燥”“躁”时，把字词与生活实际联系起来，赋予学习材料内在意义，让学生在理解的基础上掌握了知识，这一过程运用了学习策略中的精加工策略。

(2)与复述策略相比，精加工策略是一种比复述策略更高水平的、更精细的信息加工策略，是在意义理解基础上的信息加工策略。精加工策略是高效率地获得知识的基本条件之一,不仅能促进新旧知识的联系,增进对新知识的理解,而且能促使精加工后的新命题进入到命题网络,在以后需要唤起的时候容易检索,即使在直接检索它出现困难时,也能通过命题网络间接地把它推导出来。

四、论述题(参考答案)

请结合实际,论述新任教师促进自身专业发展的主要途径。

新任教师促进自身专业发展的途径大致有入职培训、在职教育、自我教育以及终身学习等。具体途径包括:

(1)观摩和分析优秀教师的教学活动。一般来说,为培养新教师和教学经验欠缺的年轻教师宜进行组织化观摩,可以是现场观摩,如组织听课,也可以观看优秀教师的教学录像。

(2)开展微格教学。微格教学以少数的学生为对象,在较短的时间内(5~20分钟),尝试做小型的课堂教学,并把这种教学过程摄制成录像,课后再进行分析。这是训练新教师、提高其教学水平的一条重要途径。

(3)进行专门训练。教师的成长与发展也可以通过专门的教学能力训练来实现,如训练新教师掌握教学过程中有效的教学策略等。研究表明,专家型教师所具有的教学技能和教学策略是可以教给新教师的,新教师在掌握这些知识后,会在一定程度上促进其教学。但同时也要明白,仅仅通过学习专家型教师的经验是远远不够的,新教师还应注重对自身教学经验的反思,使两者有效结合,才能真正提高自己的教学水平。

(4)进行教学反思。教学反思是指教师以自己的教学活动为意识对象,对自己的教育理念、教学行为、决策以及由此所产生的结果进行认真的自我审视、评价、反馈、控制、调节、分析的过程。反思帮助教师把经验和理论联结起来,从而更加有效地运用自己的专业技能。

五、教学设计题(参考答案)

1. 活动主题:走进信息世界

2. 活动理念:

我们生活在一个信息世界里,现代社会信息量越来越大,传递速度越来越快,人们获取信息的途径越来越广。互联网的出现改变着我们的学习方式和生活方式,引导学生及早认识和掌握这个作为现代文明标志的先进技术无疑是一件有意义的事。在信息时代,学会获得知识的方法往往比知识学习本身更为重要。通过这次综合性学习活动,引导学生感受信息传递方式的快速发展,体会信息给我们的学习、工作和生活带来的影响,并学会利用各种资源搜集和处理信息,还可以利用获得的信息,写简单的研究报告。

3. 活动目标:

(1)了解从古至今信息传递方式的演变与发展,现代信息传播的主要方式。

(2)研读研究报告,了解研究报告的撰写方法,能够撰写研究报告,能正确使用媒体,学会选择信息。

(3)感受信息传递方式的变化以及对人们生活、工作和学习的影响。

(4)培养学生分析和评估不同的信息传递方式以及对信息进行筛选和辨别的能力。

4. 活动过程:

(1)活动一:信息传递改变着我们的生活

①直接导入

同学们,我们生活在信息时代,每天我们会从电视、网络上接收大量信息,就让我们走进信息世界,了解信息传递方式的发展历史,感受它的变化以及它对我们生活、学习的影响。

②阅读指导

指导学生阅读五篇材料,了解从古至今信息传递方式的变化,感受互联网和电脑给我们带来的便利。

③探索实践

班级内分小组根据阅读材料填写表格,直观展示从古代到现代信息传递方式的变化。(小组代表分享展示本小组表格)

(2)活动二:利用信息,写简单的研究报告

①直接导入

我们身边充满了各种信息,信息对我们有什么用呢?当我们遇到一些问题时,可以通过搜集、处理信息,撰写研究报告来解决。那么研究报告是什么呢?让我们一起来学习一下吧。

②阅读报告

指导学生研读两篇不同类型的研究报告——《奇怪的东南风》和《关于李姓的历史和现状的研究报告》,掌握研究报告的撰写方法。

③交流汇报

班级内分小组自选主题,做一份组内研究报告,并派小组代表分享、汇报。

5. 活动评价:

教师评价这次综合性学习活动的效果,小组内成员互评在本次活动中的表现。

六、教育写作(写作思路)

(1)分析材料。通过阅读材料,可以明确材料表达的重点在于你心目中的好老师标准以及如何做一个新时期的人民教师,这也是材料表达的核心思想。

(2)确定主题。考生可结合实际,谈谈如何做一个培养创新人才、实施创新驱动发展战略的教师以及新时期的人民教师会为国家、社会、学生带来哪些好处。

(3)升华主题。考生可结合主题,呼吁广大人民教师都要争做新时期的人民教师。

2021年河北省特岗教师招聘考试真题试卷(二十五)

一、单项选择题

1. B 【解析】本题考查义务教育的基本内涵。义务教育又称强制教育和免费义务教育,其基本内涵是:国家与社会有义务确保全体适龄儿童接受法定年限的学校教育;家长有义务送适龄子女接受法定年限的学校教育;适龄儿童有义务接受法定年限的学校教育。

2. A 【解析】本题考查教师聘任的形式。教师聘任制依其聘任主体实施行为不同,可以分为以下几种形式:第一,招聘。即用人单位面向社会公开、择优选择具有教师资格的应聘人员。第二,续聘。即聘任期满后,聘任单位与教师继续签订聘任合同。第三,解聘。即用人单位因某种原因不适宜继续聘任教师,双方解除合同关系。第四,辞聘。即受聘教师主动请求用人单位解除聘任合同的行为。(具体参看艾其来、胡俊平主编的《教职工法治教育读本以案释法版》)

3. D 【解析】本题考查陶行知的教育思想。陶行知提出了生活教育理论,认为"生活即教育""社会即学校""教学做合一"。故本题选D项。在中国近代学者中,梁启超最早专门论述了设立教育目的的重要性。蔡元培主张"五育并举"的教育方针,提出"以美育代宗教"的口号。陈鹤琴提出"活教育"主张。

4. C 【解析】本题考查德育方法。"其身正,不令而行;其身不正,虽令不从"的意思是:当管理者自身端正,做出表率时,不用下命令,被管理者也就会跟着行动起来;相反,如果管理者自身不端正,而要求被管理者端正,那么,纵然三令五申,被管理者也不会服从的。这体现的是榜样示范法。

5. D 【解析】本题考查教师的知识素养。教师的职业素养包括教师的职业道德素养、教师的知识素养、教师的能力素养以及职业心理健康。其中,必备的教育科学知识(包括教育学、心理学知识等)属于教师的知识素养的一种。故心理学、教育学知识属于教师职业的知识素养。

6. A 【解析】本题考查教学组织形式。个别教学是历史上最早出现的教学组织形式,它不限制入学年龄和修业年限,不分年级、学科,把不同年龄和知识基础的学生组织到一起,教师分别对每一个人进行教学的组织形式。例如,我国周至隋唐时期的各级学校,古希腊、古罗马时代的各类学校以及西欧中世纪的教会学校和宫廷教育等,均采用这种形式。即使孔子"弟子三千,贤者七十",仍然是通过个别教学进行教育的,每个弟子之间在原有程度、学习内容、学习进度上各不相同,没有一致的要求和规定。

7. C 【解析】本题考查思维的特点。思维具有间接性和概括性。所谓间接性,是指思维能对感官所不能直接把握的或不在眼前的事物,借助于某些媒介物与头脑加工来进行反映。所谓概括性,包含两层意思:(1)把同一类事物的共同特征和本质特征抽取出来加以概括。(2)将多次感知到的事物之间的联系和关系加以概括,得出有关事物之间的内在联系的结论。题干中将灯的本质特征"照明的工具"提取出来加以概括,体现了概括性。思维的灵活性与敏捷性属于思维的品质。思维的灵活性是指能灵活地思考问题。思维的敏捷性是指思维活动迅速正确,能当机立断。

8. D 【解析】本题考查个体身心发展的规律。个体身心发展的顺序性是指人的身心发展是一个由低级到高级、由简单到复杂、由量变到质变的连续不断的发展过程。例如,身体的发展遵循着从上到下、从中间到四肢、从骨骼到肌肉的顺序发展。故本题选D项。

9. A 【解析】本题考查翻转课堂。"翻转课堂"也称"颠倒课堂"或"颠倒教室",就是在信息化环境中,课程教师提供以教学视频为主要形式的学习资源,学生在上课前完成对教学视频等学习资源的观看和学习,师生在课堂上一起完成作业答疑、协作探究和互动交流等活动的一种新型的教学模式。

10. A 【解析】本题考查少先队的性质。少先队队章上明确写道:"我们队的性质:是中国少年儿童的群众组织,是少年儿童学习中国特色社会主义和共产主义的学校,是建设社会主义和共产主义的预备队。"

11. D 【解析】本题考查我国现行的课程管理体制。2001年颁布的《基础教育课程改革纲要(试行)》明确规定实行国家、地方和学校三级课程管理体制。这样做是为了改变我国原有课程管理过于集中的状况,通过确立地方和学校参与课程改革的权力主体地位,完善课程管理体系,进一步增加课程对地方、学校及学生的适应性。

12. D 【解析】本题考查教师自编测验。教师自编测验的类型包括:(1)客观题。常见题型有:选择题、是非题、匹配题、填空题。(2)主观题。它包括论文题、问题解决题等。

13. D 【解析】本题考查气质类型及其特征。抑郁质的人情绪体验深刻、细腻持久,情绪抑郁、多愁善感,思维敏锐,想象力丰富,不善交际、孤僻离群,踏实稳重、自制力强,但他们的行为举止缓慢,软弱胆小,优柔寡断。

14. C 【解析】本题考查教学方法。讨论法是全班或小组成员在教师的指导下,围绕某一中心问题发表自己的看法和见解,从而进行相互学习的一种方法。故本题选C项。讲授法是教师运用口头语言系统连贯地向学生传授知识、技能,发展学生智力的教学方法。谈话法也叫问答法,它是教师按一定的教学要求向学生提出问题让学生回答,通过问答、对话的形式来引导学生思考、探究、获取或巩固知识,促进学生智能发展的方法。读书指导法是指教师指导学生通过阅读教科书和其他参考书,以获得知识、巩固知识、培养学生自学能力的一种方法。

15. B 【解析】本题考查常见的社会知觉偏差。晕轮效应是指,当我们认为某人具有某种特征时,就会对他的其他特征做相似判断。社会心理学家发现,外表的吸引力有明显的晕轮效应。例如,学生认为外表有魅力的老师教学能力强。题干中,学生因喜欢老师的穿着,就喜欢她上的课,属于典型的晕轮效应。故本题选B项。社会刻板印象是指,对一群人的特征或动机加以概括,把概括得出的群体的特征归属于团体中的每一个人,认为他们每个人都具有这种特征,而无视团体成员中的个体差异。教师期望效应也叫罗森塔尔效应或皮格马利翁效应,即教师的期望或明或暗地传送给学生,会使学生按照教师所期望的方向来塑造自己的行为。

二、辨析题(参考答案)

1. "我从这部电影中受到一次深刻教育"中的教育属于广义的教育。

(1)这种说法是正确的。(2)广义的教育指增进人的知识与技能、发展人的智力与体力、影响人的思想观念的活动。广义的教育可能是无组织的、自发的或零散的,也可能是有组织的、自觉的或系统的。通过看电影,受得了深刻教育即属于广义的教育。

2. 学校安全教育只是对学生进行安全教育。

(1)这种说法是不正确的。(2)根据《中小学幼儿园安全管理办法》的相关规定,学校安全教育不但包括在开学初、放假前,有针对性地对学生集中开展安全教育;对学生进行实验、用水、用电、防火、防盗和人身防护等的安全防护教育;对学生进行的安全防范教育、交通安全教育、消防安全教育、安全卫生教育等。还包括组织师生开展事故预防演练;选聘法制副校长或者法制辅导员对师生进行法制教育;组织负责安全管理的主管人员、学校校长、幼儿园园长和学校负责安全保卫工作的人员,定期接受有关安全管理培训;对教职工安全教育培训等内容。故学校安全教育不仅仅是对学生的安全教育。

3. 班级教学管理的内容只包括提高学生学习成绩。

(1)这种说法是不正确的。(2)班级教学管理的内容包括:①明确教学管理的目标和任务;②建立行之有效的班级教学秩序;③建立班级管理指挥系统;④指导学生学会学习。提高学生学习成绩只是班级教学管理的一项内容。

4. 危机干预是在学生心理问题严重的时候进行干预。

(1)这种说法是不正确的。(2)危机干预是由专业人员及辅助人员对处于心理危机的人进行的短期的心理关怀和帮助,以使其安全、顺利度过心理危机,恢复生理及心理的正常状态和功能,以及社会功能的正常水平。一般来说,在危机性事件的境遇下,除了在事件面前没有任何不良反应的心理健康的人以外,大多数人都需要心理危机干预。主要包括:创伤性危机事件的亲历者、情绪失衡人员、短期无法解决问题的失能力者、有自杀危险者、有明确或强烈的要求,希望自我改善的人。所以危机干预并不是在心理问题严重时进行的干预。

5. 学校期末考试属于形成性评价。

(1)这种说法是不正确的。(2)形成性评价是在教学过程中为改进和完善教学活动而进行的对学生学习过程及结果的评价。它包括在一节课或一个课题的教学中对学生的口头提问和书面测验。总结性评价也称为终结性评价,是在一个大的学习阶段、一个学期或一门课程结束时对学生学习结果的评价。总结性评价注重考查学生掌握某门学科的整体程度,概括水平较高,测验内容范围较广,常在学期中或学期末进行。故学校期末考试属于总结性评价。

三、填空题

1. 人民满意	2. 教育
3. 心理倾向和特征	4. 业务水平
5. 不低于	6. 教师
7. 受教育者	8. 职业
9. 智商	10. 有偿

四、简答题(参考答案)

1. 为什么说学校教育占主导地位?

(1)学校作为专职教育机构,有着明确的目的、周密的计划、科学的组织,有经验丰富、掌握青少年学生身心发展规律的专门教育工作者。

(2)学校具有青少年学生集中、学习环境好、规章制度健全、育人周期长等明显的教育优势,并在社会上具有广泛的凝聚力、号召力,容易得到包括党政机关在内的社会各界的支持协助。

2. 简述讲授法的要求。

(1)讲授内容要有科学性、系统性和思想性,要认真组织;(2)要讲究讲授的策略和方式,要系统完整,层次分明,重点突出,符合知识的系统性和启发性教学原则的要求;(3)教师要努力提高语言表达水平,讲究语言艺术;(4)要组织学生听讲;(5)要与其他教学方法配合使用。

3. 教师应如何指导学生应对考试焦虑?

(1)指导学生采用肌肉放松、系统脱敏等方法应对考试焦虑;(2)采用认知矫正程序,指导学生在考试中使用正向的自我对话,如"我能应付这个考试";(3)锻炼学生的性格,提高挫折应对能力;(4)指导学生往最好处做,不要计较最后结果;(5)指导学生考前注意调节情绪。

五、材料分析题(参考答案)

材料中这位老师违背了素质教育的观念,没有做到面向全体学生,促进学生个性发展。

(1)素质教育是面向全体学生的教育。素质教育倡导人人有受教育的权利,强调在教育中每个人都得到发展,而不是只注重一部分人,更不是只注重少数人的发展。该数学老师按照最低水平教学看似照顾了学习落后的学生,但也忽视了其他学生的学习需求,没有做到面向全体学生。

(2)素质教育是促进学生个性发展的教育。素质教育是全面发展的教育,是从教育对所有学生的共同要求的角度来看的。但每一个学生都有其个别性,如有不同的认知特征、不同的欲望需求、不同的兴趣爱好、不同的创造潜能,这些不同点铸造了一个个千差万别的、个性独特的学生。因此,教育还要尊重并充分发展学生的个性。该数学老师没有照顾到学生的个性,而是"一刀切"地进行最低水平教学,忽视了学生的个性发展。

六、案例分析题(参考答案)

要达到咨询的目标,主要应当把握以下几方面的原则:(1)积极关注和信任来访学生;(2)充分支持和鼓励来访学生;(3)注重来访学生的主动参与;(4)严格为来访学生保密。

案例中,老师对赵成给出的心情郁闷的理由,没有指责和排斥,而是充分信任了赵成,这体现了积极关注和信任来访学生的原则。老师帮助赵成改变态度,重拾了学习的信心,体现了充分支持和鼓励来访学生的原则。老师通过打开赵成的心扉,帮助他主动改变自己的态度,从而重拾信心,体现了注重来访学生的主动参与的原则。老师为赵成保密,体现了严格为来访学生保密的原则。

七、教育写作(写作思路)

首先,考生要理解题目的意思,题目强调的是教育对乡村振兴的重要性,教育对于个人、国家的重要性。

其次,考生可以结合人才强国战略、教育优先发展战略等正面论据来说明为什么要发展教育,培养人才;还可以联系国家发展的实际，阐述教育对乡村振兴的积极作用。

最后，考生可结合自身的教育实际，提出教育脱贫的可行性策略，以及自己在其中可以做些什么。

2021年贵州省特岗教师招聘考试真题试卷(二十六)

一、单项选择题

1. C 【解析】本题考查《中国学生发展核心素养》。《中国学生发展核心素养》中的“责任担当”主要是学生在处理与社会、国家、国际等关系方面所形成的情感态度、价值取向和行为方式。具体包括社会责任、国家认同、国际理解等基本要点。故本题选C项。

2. D 【解析】本题考查《中华人民共和国未成年人保护法》。根据《中华人民共和国未成年人保护法》第七十条规定，学校应当合理使用网络开展教学活动。未经学校允许，未成年学生不得将手机等智能终端产品带入课堂，带入学校的应当统一管理。这属于对未成年人的网络保护。

3. B 【解析】本题考查2008年修订的《中小学教师职业道德规范》。2008年修订的《中小学教师职业道德规范》中关于“教书育人”方面所规定的具体职业行为要求有以下几点：(1)遵循教育规律，实施素质教育；(2)循循善诱，诲人不倦，因材施教；(3)培养学生良好品行，激发学生创新精神，促进学生全面发展；(4)不以分数作为评价学生的唯一标准。故本题选B项。

4. A 【解析】本题考查说课的特点。说课的特点包括：(1)理论性；(2)合理性；(3)综合性；(4)灵活性；(5)激励性；(6)高层次性；(7)预见性。其中，说课的理论性主要体现在说课过程中，不但要求教师说出“教什么”和“怎样教”，更要求说清楚“为什么要这样教”。

5. B 【解析】本题考查教学过程的基本规律。题干的意思是：传授给人知识，不如传授给人学习知识的方法。鱼是目的，钓鱼是手段，一条鱼能解一时之饥，却不能解长久之饥，如果想永远有鱼吃，那就要学会钓鱼的方法。这在教师的教学过程中表现为在传授知识的同时也要重视能力的培养。故答案选B项。

6. D 【解析】本题考查情绪和情感的功能。人对社会的适应是通过调节情绪来进行的，情绪调控的好坏会直接影响到身心健康。情绪和情感的健康功能表现为积极的情绪有助于身心健康，消极的情绪会引起人的各种疾病。“笑一笑，十年少。”体现了情绪与情感的健康功能。故答案选D项。

7. B 【解析】本题考查遗忘的原因。前摄抑制是先学习的材料对识记和回忆后学习的材料的干扰作用；后学习的材料对识记和回忆先学习的材料的干扰作用，则称为倒摄抑制。临睡前的学习只受前摄抑制的影响，不受倒摄抑制的影响，因此，学习效果较好。

8. A 【解析】本题考查学习迁移的内涵。学习迁移也称训练迁移，是指一种学习对另一种学习的影响，或习得的经验对完成其他活动的影响。迁移是学习的一种普遍现象，广泛存在于各种知识、技能、行为规范与态度的学习中，平时所说的“举一反三”“触类旁通”等即典型的迁移形式。A项“杯弓蛇影”属于泛化，不属于迁移。B、C、D三项属于学习态度的迁移。

9. A 【解析】本题考查教师成长的阶段。处于关注生存阶段的一般是新教师，他们非常关注自己的生存适应性，最担心的问题是“学生喜欢我吗”“同事们如何看我”“领导是否觉得我干得不错”等。因而可能会把大量的时间都花在如何与学生搞好个人关系上，想方设法控制学生，而不是更多地考虑如何让学生获得学习上的进步。从题干中的关键词“讨学生喜欢”可知，教师的成长处于关注生存阶段。

10. C 【解析】本题考查学习动机的分类。按学习动机产生的诱因来源，可以把学习动机分为内部学习动机和外部学习动机。内部学习动机是指诱因来自学习者本身的内在因素，即学生因对活动本身发生兴趣而产生的动机。外部学习动机是指诱因来自学习者外部的某种因素，即在学习活动以外由外部的诱因激发出来的学习动机。根据学习动机的社会意义，可以把学习动机分为高尚的学习动机和低级的学习动机。如果把学习看成是对社会做贡献和尽义务，则是高尚的学习动机；而把学习看成是猎取个人名利的手段，则是低级的学习动机。题干中，周恩来总理立下“为中华之崛起而读书”的志向，是由外部因素引起的，这是把学习看成是对社会做贡献，故属于外部的、高尚的学习动机。故答案选C项。

二、简答题(参考答案)

11. 简述中小学教师选用教学方法时，需遵循的基本依据。

(1)教学目的和任务的要求；(2)课程性质和特点；(3)每节课的重点、难点；(4)学生年龄特征；(5)教学时间、设备、条件；(6)教师业务水平、实际经验及个性特点。此外，教学方法的选择与运用还受教学手段、教学环境等因素的制约，这就要求我们要全面、具体、综合地考虑各种相关因素，进行权衡取舍。

12. 简述中小学生焦虑症产生的原因。

(1)学校的统考和应试教育体制使学生缺乏内在自尊；(2)家长对子女期望过高；(3)学生的个性过于争强好胜，缺乏对于失败的耐受力，知识准备不足，缺乏相应的应试技能等。

三、案例分析题(参考答案)

13. (1)我认为语文老师的做法更好，体现的是一种理想的师生关系类型。

案例中，数学老师的领导方式为专制型，这一类型的师生关系缺乏情感因素，教师的专断粗暴、简单随意会引起学生的反感、憎恶甚至对抗，造成师生关系紧张。案例中的数学老师粗暴地命令迟到的小敏把面包扔了，并斥责她“学习不咋地，就想着吃”，致使小敏整节课没有心思听课。该数学老师忽视了师生在人格上的平等关系，以命令权威的态度来对待学生，这种做法不利于为学生营造良好的心理气氛和学习条件，难以形成尊师爱生、民主平等、教学相长、心理相容的新型师生关系。

案例中，语文老师的领导方式为民主型，这一类型的师生关系模式以开放、平等、互助为其主要心态和行为特征。案例中的语文老师并未斥责迟到的小凯，而是恰当地引导小凯先听课，课下及时了解小凯迟到的原因，并与小凯交流应对特殊事情的解决方法，从此小凯再也没有迟到过。该语文老师在处理事情时，表现出了对学生的尊重和关爱，从而换取了学生发自内心的尊敬与信赖。学生对教师的这种尊敬与信赖又可激发教师更加努力地工作，为学生营造良好的心理气氛和学习条件，有利于形成尊师爱生、民主平等、教学相长、心理相容的新型师生关系。

(2)体现王老师“教育机智”的句子有：正在上语文课的王老师没有责怪小凯，而是拿出干净的纸巾，微笑地递给他：“拿着，把食物放在纸巾上，先上课，等下课后你再吃吧。下课后到我办公室坐着吃会更好。”

(3)王老师主要运用了德育的陶冶教育法。陶冶教育法是教师利用环境和自身的教育因素，对学生进行潜移默化的熏陶和感染，使其在耳濡目染中受到感化的德育方法。陶冶教育法的方式主要有环境陶冶、情感陶冶、人格陶冶(人格感化)、艺术陶冶、科学知识陶冶、各种活动和交往情境陶冶等。具体而言，王老师采用了陶冶教育法中的人格感化，这是教育者以自身的品德和情感为“情境”对学生进行的陶冶。在这种情况下，教师不是通过说理和要求来教育学生，而是以自己的高尚品德、人格魅力，以及对学生的深切期望和真诚的爱来触动感化学生，促进学生思想转变，积极进取。案例中的王老师对迟到的小凯没有简单粗暴地斥责，也没有对班级规范进行说理，而是创设关爱的情境，让小凯去办公室坐着吃，帮助小凯解决生活中的问题，使小凯心怀感激，并从此再也没有出现上课迟到的现象。

2021年海南省特岗教师招聘考试真题试卷(二十七)

一、单项选择题

1. A 【解析】本题考查习近平总书记关于教育的重要论述。《习近平总书记教育重要论述讲义》第四讲中指出，马克思主义是我国教育最鲜亮的底色。

2. B 【解析】本题考查教师合作的理想模式。教师专业发展共同体是指教师有着共同的愿景和共同的目标——提升专业水平，从而对教育教学实践活动共同的关注点、同样的问题或者同一个话题进行共同讨论，丰富专业领域的知识和提高专业技术水平。教师专业发展共同体在当代的兴起，及其在促进教师专业发展领域独特价值的发挥，表明其建立在正确的理论基础之上。正是由于这些理论的深层支撑，才使得教师专业发展共同体成为教师专业发展的理想境域，并发挥出所内含的重要价值和意义。

3. 缺

4. C 【解析】本题考查情绪情感的相关知识。情绪和情感是人对客观事物的态度体验及相应的行为反应。需要是引发情绪和情感的中介。人对客观事物采取的态度是以该事物是否满足人的需要为中介的。

5. 缺

6. D 【解析】本题考查教育工作者的真正威信。一位教育工作者的真正威信在于他的人格力量,它会对学生产生终身影响。

7. D 【解析】本题考查教学目标的相关知识。教学目标是评价教学结果的最客观和可靠的标准,教学结果的测量必须针对教学目标。

8. C 【解析】本题考查变式的运用。所谓变式,就是变换使用不同形式的直观材料或事例说明事物的属性,使本质属性保持不变而非本质属性或有或无,以便突出本质属性。因此,运用变式的主要目的是突出概念本质。

9. D 【解析】本题考查《中华人民共和国教师法》。《中华人民共和国教师法》第三十七条规定,教师有下列情形之一的,由所在学校、其他教育机构或者教育行政部门给予行政处分或者解聘:(1)故意不完成教育教学任务给教育教学工作造成损失的;(2)体罚学生,经教育不改的;(3)品行不良、侮辱学生,影响恶劣的。因此D项当选。

10. D 【解析】本题考查传统教学存在的问题。传统的学校教育以学科为本,重认知轻情感,重教书轻育人。新课程强调以人为本,关注人是新课程的核心理念在教学中的具体体现。该学生因老师不经意的一次提问而感到喜悦,并且建议老师喊出每一个学生的名字,也就是希望老师能够关注到每一个学生。这反过来说明传统教学忽视人的存在,存在重教书轻育人的现象。

11. A 【解析】本题考查《学生伤害事故处理办法》。根据《学生伤害事故处理办法》第九条规定可知,学校教师或者其他工作人员体罚或者变相体罚学生,或者在履行职责过程中违反工作要求、操作规程、职业道德或者其他有关规定造成的学生伤害事故,学校应当依法承担相应的责任。因此承担马某身体受伤的主要责任主体是学校。

12. D 【解析】本题考查确定班会主题的依据。教师确定主题班会的做法有:(1)根据学生的学习生活、思想动态确定班会主题;(2)根据节令、纪念日确定班会主题;(3)根据突发事件、时事热点确定班会主题;(4)通过主题班会来缓解同学们的误解。D项不适合作为教师确定班会主题的依据。

13. C 【解析】本题考查课堂教学即时评价的方法。即时评价是在教学过程中依据一定的评价标准对教学现象做出实时评估,通过调整、控制受评者的后续行为取得最佳教学效果,是一种有效促进教学目标实现的教学手段。即时评价要体现及时性、激励性、全面性、公正性的原则。强化法可以用来培养新的适应行为。根据学习原理,一个行为发生后,如果紧跟着一个强化刺激,这个行为就可能再一次发生。强化法体现了及时性和激励性,因此,课堂教学即时评价最适宜采取的方法是强化法。

14. C 【解析】本题考查教育心理学的研究原则。教育心理学的研究原则包括:客观性原则、教育性原则(道德性原则)、发展性原则、理论联系实际原则(实践性原则)和系统性原则。其中,教育性原则是指在教育心理学的研究过程中,所采用的研究手段与方法应能促进被试心理的良性发展,这是所有关于人的心理学研究中都应遵从的一个基本伦理道德原则。题干中的教师为了研究让学生进入舞厅、网吧或观看少儿不宜的图像,这不利于被试(学生)心理的良性发展,这违背了教育性原则。

15. B 【解析】本题考查建构主义学生观的内容。在学生观上,建构主义学习理论强调学生经验世界的丰富性和差异性,强调学生的巨大潜能。当学生进入学习情境时并非一张白纸,每一个学生都有着不同的知识和经验。教学不能一味地从外部输入知识,而是要把学生已有的知识和经验作为新知识和新经验的生长点。

16. C 【解析】本题考查校本研究的基本要素。校本研究的基本要素包括自我反思、同伴互助、专业引领。其中,自我反思被认为是教师专业发展和自我成长的核心因素,是开展校本研究的基础和前提。

17. C 【解析】本题考查课程类型。隐性课程也被称为潜在课程、隐蔽课程、自发课程等,它不在课程计划中反映,不通过正式的教学进行,对学生的知识、情感、意志、行为和价值观等方面起潜移默化的作用,促进或干扰教育目标的实现。杜威提出的"附带学习"与正式学习相对,不在课程计划中规定,这种课程会对学生产生潜移默化的影响,属于隐性课程。

18. D 【解析】本题考查知觉的基本特性。知觉的整体性是指人根据自己的知识经验把直接作用于感官的客观事物的多种属性整合为统一整体的过程。知觉的整体性往往取决于四种因素:(1)知觉对象的特点,如接近、相似、闭合、连续等因素。(2)对象各组成部分的强度关系。(3)知觉对象各部分之间的结构关系。同样一些部分,处于不同的结构关系中就会成为不同的知觉整体。例如,把相同的音符置于不同的排列顺序、不同的节拍和旋律之中就构成不同的曲调;如果曲调的各成分关系不变,只是个别刺激成分发生变化,或用不同的乐器演奏或由不同人来演唱,就不会改变我们对其歌曲整体性的知觉。(4)知觉的整体性主要依赖于知觉者本身的主观状态,其中最主要的是知识与经验。题干中无论使用何种乐器演奏同一首歌曲,人们都很容易辨识出其旋律,这体现了知觉对象各部分之间的结构关系对知觉整体性的影响。

19. C 【解析】本题考查教案的主体。一般来说,教案内容主要由概况、教学过程、板书设计、教学后记或教学反思四部分组成。其中,教学过程是整个教案的核心和主体,编写时要根据教学目标及教材的具体情况,做到内容充实、重点突出、详略得当。

20. 缺

21. B 【解析】本题考查法律法规知识。《中华人民共和国义务教育法》第二条规定,义务教育是国家统一实施的所有适龄儿童、少年必须接受的教育,是国家必须予以保障的公益性事业。第五条规定,适龄儿童、少年的父母或者其他法定监护人应当依法保证其按时入学接受并完成义务教育。因此张某父母让初中生张某辍学务工的行为不合法,侵犯了张某的受教育权。A项说法错误,B项说法正确。《中华人民共和国未成年人保护法》第六十一条规定,任何组织或者个人不得招用未满十六周岁未成年人,国家另有规定的除外。因此汽修厂的用工不合法,违反了《中华人民共和国未成年人保护法》。C、D两项说法错误。

22. D 【解析】本题考查影响性格形成和发展的因素。影响性格形成和发展的家庭环境因素包括:(1)父母的教养方式和态度;(2)家庭自然结构;(3)家庭氛围;(4)出生顺序;(5)独生子女;(6)家庭重大生活事件。在家庭环境的各因素中,父母的教养方式和态度对儿童性格的形成及发展有很大影响。D项符合题意。

23. A 【解析】本题考查教学过程的基本规律。传授知识与思想品德教育相统一规律即教育性规律。在教学过程中,学生掌握科学文化知识和提高思想品德修养水平是相辅相成的,知识是思想品德形成的基础。学生思想品德修养水平的提高有赖于其对科学文化知识的掌握。首先,科学的世界观和先进的思想都要有一定的科学文化知识作为基础;其次,知识学习本身是艰苦的劳动,这个学习过程可以培养学生的优秀道德品质。正如赫尔巴特说的"我不承认有任何无教育的教学",教学永远具有教育性。所以,题干引文的意义在于强调传授知识与思想品德教育相统一。

24. A 【解析】本题考查教师职业道德的特点。意识的自觉性是指教师因职业劳动的特点所决定的在职业道德意识上的更高的自觉性。"良心活"说明教师已经将教师职业道德行为准则内化为自己行事的原则,体现了教师职业道德意识的自觉性。

25. D 【解析】本题考查教育研究方法。行动研究法是指实际工作者(如教师)基于解决实际问题的需要,与专家、学者及本单位的成员共同合作,将实际问题作为研究的主题,进行系统的研究,以期解决实际问题的一种研究方法。题干所述符合行动研究法的内涵。

26. A 【解析】本题考查学生中常见的心理健康问题。焦虑症是以与客观威胁不相适应的焦虑反应为特征的神经症。其表现有:(1)情绪方面:紧张不安,忧心忡忡;(2)注意和行为方面:注意力集中困难,极端敏感、对轻微刺激做过度反应,难以做出决定;(3)躯体症状方面:心跳加快,过度出汗等。根据题干中的关键词"心烦意乱、心神不宁、心慌"可知,小燕的心理问题可能是焦虑症。

27. C 【解析】本题考查新型的教学组织形式。"翻转课堂"也称"颠倒课堂"或"颠倒教室",就是在信息化环境中,课程教师提供以教学视频为主要形式的学习资源,学生在上课前完成对教学视频等学习资源的观看和学习,师生在课堂上一起完成作业答疑、协作探究和互动交流等活动的一种新型的教学组织形式。题干所述教学组织形式为翻转课堂。

28. C 【解析】本题考查教师的违法(侵权)行为。受教育权是学生最基本的权利。学生的受教育权包括受完法定年限教育权、学习权和公正评价权。学校中侵犯学生受教育权的主要表现有:(1)侵犯学生受教育机会的平等权;(2)侵犯学生的入学权;(3)侵犯学生参加考试的权利;(4)随意开除学生。此外,还有侵犯学生上课学习的权利、侵犯学生受教育的选择权、侵犯学生升学复学方面的同等权利、以侵犯姓名权的手段侵犯学生的受教育权、延误学生录取通知书的发放等。题干中教师的做法侵犯了学生参加考试的权利和上课学习的权利,即侵犯了学生的受教育权。

29. B 【解析】本题考查成败归因理论。根据归因理论,学生将成败归因于努力比归因于能力会产生更强烈的情绪体验。一般来说,把学习成败归因于努力程度对学习动机的激励作用最大。

30. D 【解析】本题考查德育过程的顺序。德育过程的一般顺序可以概括为:提高品德认识、陶冶品德情感、锻炼品德意志和培养品德行为习惯。德育过程一般以知为开端,以行为终结。但由于社会生活的复杂性、德育影响的多样性等因素,在德育具体实施过程中,又具有多种开端,可根据学生品德发展的具体情况,或从导之以行开始,或从动之以情开始,或从锻炼品德意志开始,最后达到使学生品德在知、情、意、行几方面和谐发展的目的。

二、判断题

31. √ 【解析】本题考查品德的结构。品德的心理结构包括四种相辅相成的基本心理成分：道德认知、道德情感、道德意志和道德行为，简称知、情、意、行。其中，道德认知(道德认识)是指对于行为规范及其意义的认识，是人的认识过程在道德上的表现。品德的核心是道德认知(道德认识)。

32. × 【解析】本题考查影响个体身心发展的因素。"近朱者赤，近墨者黑"的意思是靠近朱砂的就会变红，靠近墨的就会变黑。常用来比喻接近好人会使人变好，接近坏人会使人变坏。这句话说明环境对人的影响很大。但是环境不决定人的发展，能够决定人的身心发展的因素是个体主观能动性。

33. √ 【解析】本题考查基础教育的使命。基础教育的使命是奠定每一个儿童学力发展的基础和人格发展的基础，而人格发展的研究是最为首要的。

34. × 【解析】本题考查《大中小学劳动教育指导纲要(试行)》。《大中小学劳动教育指导纲要(试行)》中指出，大中小学每学年设立劳动周，采用专题讲座、主题演讲、劳动技能竞赛、劳动成果展示、劳动项目实践等形式进行。小学以校内为主，小学高年级可适当安排部分校外劳动；普通中学、职业院校和普通高等学校兼顾校内外，可在学年内或寒暑假安排，以集体劳动为主，由学校组织实施。高等学校也可安排劳动月，集中落实各学年劳动周要求。

35. √ 【解析】本题考查《中华人民共和国预防未成年人犯罪法》(2012年修正)。《中华人民共和国预防未成年人犯罪法》(2012年修正)第七条规定，教育行政部门、学校应当将预防犯罪的教育作为法制教育的内容纳入学校教育教学计划，结合常见多发的未成年人犯罪，对不同年龄的未成年人进行有针对性的预防犯罪教育。

36. × 【解析】本题考查教育内卷的危害。教育内卷是指广大父母为了不让孩子输在起跑线上，比学赶超地给孩子报各种培训班、兴趣班，导致教育资源不均衡加剧，学生之间的恶性竞争越来越激烈，极大地增加了孩子们的学习负担，对学生的身心健康和学习压力产生了很大的影响。

37. √ 【解析】本题考查时政知识。习近平总书记在北京大学师生座谈会上的讲话中指出，要把立德树人的成效作为检验学校一切工作的根本标准，真正做到以文化人、以德育人，不断提高学生思想水平、政治觉悟、道德品质、文化素养，做到明大德、守公德、严私德。

38. √ 【解析】本题考查义务教育的特点。义务教育具有强制性(义务性)、普及性(普遍性、统一性)、免费性(公益性)、公共性(国民性)和基础性。

39. √ 【解析】本题考查马斯洛的需要层次理论。自我实现的需要是最高层次的需要。所谓"自我实现"，即追求自我理想的实现，是充分发挥个人潜能、才能的心理需要，也是一种创造和自我价值得到体现的需要。题干说法正确。

40. √ 【解析】本题考查"堂堂清、日日清"的优缺点。"堂堂清"就是要学生在课堂上像考试一样紧张地学习，当堂能理解、记忆所学的知识，当堂能独立完成作业，力求不把问题留到课后。"日日清"就是今日事今日毕。当天学的各科知识，该读的都会读，该背的都会背，该运用的都会运用，做错了的都能更正。这种教学方式有利于提高课堂教学效率。但是，同样的教学内容，因为学生能力的不同，消化、理解的时间是有差别的，不能要求他们在相同的时间里完成。"堂堂清、日日清"的教学方式忽略了学生的个别差异性。

三、多项选择题

41. ACD 【解析】本题考查时事政治。习近平总书记在全国高校思想政治工作会议中强调，教师不能只做传授书本知识的教书匠，而要成为塑造学生品格、品行、品味的"大先生"。

42. ABC 【解析】本题考查终身学习的支柱。终身教育更大的价值在于帮助个人更新知识，有助于每个人在迅速变革的社会中掌握自己的命运，对其生命的各个阶段重新进行安排。终身学习应建立在四个支柱的基础上，即学会认知、学会做事、学会共处和学会生存。

43. CD 【解析】本题考查行为疗法的种类。行为疗法包括：(1)行为改变的基本方法，如强化法、代币奖励法、行为塑造法、示范法、惩罚法、自我控制法和暂时隔离法等。(2)行为演练的基本方法，如全身松弛法、系统脱敏法和肯定性训练等。CD两项符合题意。

44. ACD 【解析】本题考查《中共中央 国务院关于全面深化新时代教师队伍建设改革的意见》。《中共中央 国务院关于全面深化新时代教师队伍建设改革的意见》中指出，把提高教师思想政治素质和职业道德水平摆在首要位置，把社会主义核心价值观贯穿教书育人全过程，突出全员全方位全过程师德养成，推动教师成为先进思想文化的传播者、党执政的坚定支持者、学生健康成长的指导者。

45. ABC 【解析】本题考查文献研究的优点。文献研究法的优点主要有：(1)超越了时间、空间限制；(2)文献是真实、可靠的；(3)间接的、非介入性调查；(4)方便、自由、安全；(5)省时、省钱、效率高。D项不属于文献研究的优点。

46. ACD 【解析】本题考查教育常识。由于新冠肺炎疫情肆虐，教育可以通过培养学生自主学习的能力、建立网络教学平台、建立多元化评价体系等方式来应对在线教育这一变革。教育应当充分发挥学生学习的主动性，以生为本，B项"确立以师为本的理念"说法错误。

47. ABC 【解析】本题考查三结合教育。三结合教育是指学校教育、家庭教育、社会教育三者相结合，共同发挥教育合力。

48. ABC 【解析】本题考查《中华人民共和国教师法》。《中华人民共和国教师法》第七条规定，教师享有下列权利：(1)进行教育教学活动，开展教育教学改革和实验；(2)从事科学研究、学术交流，参加专业的学术团体，在学术活动中充分发表意见；(3)指导学生的学习和发展，评定学生的品行和学业成绩；(4)按时获取工资报酬，享受国家规定的福利待遇以及寒暑假期的带薪休假；(5)对学校教育教学、管理工作和教育行政部门的工作提出意见和建议，通过教职工代表大会或者其他形式，参与学校的民主管理；(6)参加进修或者其他方式的培训。根据第八条规定可知，D项属于教师应当履行的义务。

49. BD 【解析】本题考查对教师教学行为的评价。面对学生的质疑，刘老师直接挖苦、讽刺学生，不仅损害了学生的自尊心，挫伤了学生学习的积极性，而且没有把学生当作学习的主体，忽视了学生的主体地位。BD项评价正确。课堂上出现学生质疑很正常，教师若处理得当并不会影响正常的教学秩序，A项评价错误。教师的主导作用和学生的主体作用是不可分割的。发挥教师的主导作用，就是要更好地发挥学生的主动精神。题干中，学生的主动精神并没有得到很好的发挥，相应地教师的主导地位也没有得以体现。C项评价错误。

50. 缺

2021年吉林省特岗教师招聘考试真题试卷(二十八)

一、判断题

1. √ 【解析】本题考查《中华人民共和国教育法》。《中华人民共和国教育法》第十七条规定，国家实行学前教育、初等教育、中等教育、高等教育的学校教育制度。故题干说法正确。

2. √ 【解析】本题考查《中华人民共和国教师法》。《中华人民共和国教师法》第十三条规定，取得教师资格的人员首次任教时，应当有试用期。故题干说法正确。

3. × 【解析】本题考查教育叙事研究。教育叙事研究是抓住人类经验的故事性特征进行研究并用故事的形式呈现研究结果的一种研究方式。它属于一种质的研究方法，从根本上不同于自然科学的定量研究法。

4. √ 【解析】本题考查习近平总书记关于教育工作的论述。2018年9月10日，习近平总书记在全国教育大会上指出："在实践中，我们就教育改革发展提出一系列新理念新思想新观点，主要有以下几个方面，坚持党对教育事业的全面领导，坚持把立德树人作为根本任务，坚持优先发展教育事业，坚持社会主义办学方向，坚持扎根中国大地办教育，坚持以人民为中心发展教育，坚持深化教育改革创新，坚持把服务中华民族伟大复兴作为教育的重要使命，坚持把教师队伍建设作为基础工作。"

5. × 【解析】本题考查心理的实质。心理是人脑对客观现实主观能动的反映，即人的心理是人脑对社会现实的主观反映。故题干说法错误。

6. × 【解析】本题考查注意的分配。注意的分配是指人在进行两种或多种活动时能把注意指向不同对象的现象。而注意的分散是注意离开了当前应当完成的任务而被无关的事物所吸引。"一心二用"属于注意的分配。

7. √ 【解析】本题考查功能固着的概念。功能固着是指个体在解决问题时往往只看到某种事物的通常功能，而看不到它的其他功能。故题干说法正确。

8. × 【解析】本题考查性格的特点。俗话说"江山易改，禀性难移"，这里说的"禀性"就是指人的气质，它说明气质是与生俱来的、稳定的，难以改变。并且，性格具有可塑性的特点，所以人的性格是可以改变的。题干说法错误。

9. × 【解析】本题考查情感的类型。理智感是人认识事物和探求真理的需要是否得到满足而产生的主观体验。而道德感是根据一定的道德标准评价人的思想、意图和言行时所产生的主观体验。故题干所述属于道德感。

10. × 【解析】本题考查知识、能力与创造力的关系。能力是掌握知识的前提。而知识的掌握和能力的发展是不同步的。知识多了,能力并不一定就高。并且,创造性与智力并非成简单的线性关系,智力越高,创造力不一定就越高。故题干说法错误。

二、单项选择题

11. D 【解析】本题考查《新时代中小学教师职业行为十项准则》。新时代中小学教师职业行为十项准则有:(1)坚定政治方向;(2)自觉爱国守法;(3)传播优秀文化;(4)潜心教书育人;(5)关心爱护学生;(6)加强安全防范;(7)坚持言行雅正;(8)秉持公平诚信;(9)坚守廉洁自律;(10)规范从教行为。故D项不属于准则内容。

12. A 【解析】本题考查《中华人民共和国义务教育法》。《中华人民共和国义务教育法》第十一条规定,凡年满六周岁的儿童,其父母或者其他法定监护人应当送其入学接受并完成义务教育;条件不具备的地区的儿童,可以推迟到七周岁。第七条规定,义务教育实行国务院领导,省、自治区、直辖市人民政府统筹规划实施,县级人民政府为主管理的体制。第十二条规定,适龄儿童、少年免试入学。第二条规定,实施义务教育,不收学费、杂费。A项说法过于绝对,故A项表述不正确。

13. A 【解析】本题考查学生发展核心素养。学生发展核心素养指学生应具备的,能够适应终身发展和社会发展需要的必备品格和关键能力,是关于学生知识、技能、情感、态度、价值观等多方面要求的综合表现。

14. D 【解析】本题考查教学目标的功能。教育目标的功能包括:(1)导向功能,指教学目标对教学活动具有指引、定向功能。(2)激励功能,指教学目标能够激发教师和学生教和学的积极性、主动性。(3)评价功能,指教学目标是衡量教学效果的尺度、标准。(4)聚合功能,指教学目标能够对教学系统内的其他要素进行优化、组合、协调,使整个教学系统能够发挥最佳的教学效果。

15. A 【解析】本题考查"四有"好老师。2014年9月,习近平在北京师范大学视察时强调,全国广大教师要做"有理想信念、有道德情操、有扎实学识、有仁爱之心"的好老师,为发展具有中国特色、世界水平的现代教育,培养社会主义事业建设者和接班人作出更大贡献。

16. B 【解析】本题考查条件反射的内容。根据条件刺激的特点,巴甫洛夫把大脑皮层的功能分为第一信号系统活动和第二信号系统活动。第二信号系统指用语词作为条件刺激而建立的条件反射系统。B项是以"梅"这一语词为条件刺激,故B项符合题意。

17. D 【解析】本题考查班杜拉的社会学习理论。班杜拉认为,学习是个体通过对他人的行为及其强化结果的观察,从而获得某些新的行为反应或已有的行为反应得到修正的过程,即观察学习。故D项符合题意。

18. C 【解析】本题考查维果斯基关于教学与发展的关系的理论。维果斯基认为,教学的可能性由学生的最近发展区决定,"教学应该走在发展的前面"。教学应适应学生的现有水平,但更重要的是要发挥教学对发展的主导作用。故C项符合题意。

19. B 【解析】本题考查马斯洛的需要层次理论。归属与爱的需要,也称社交需要,是指每个人都有被他人或群体接纳、爱护、关注、鼓励及支持的需要。故B项符合题意。

20. C 【解析】本题考查遗忘曲线的内容。遗忘曲线表明,遗忘在学习之后立即开始,最初遗忘速度很快,随着时间的推移,遗忘的速度逐渐下降。因此,对于新学习的材料,为了防止遗忘,必须"趁热打铁",及时进行复习。故C项符合题意。

三、简答题(参考答案)

21. 简述政治对教育的影响。

(1)政治制约着教育的领导权;(2)政治制约着教育目的及教育内容;(3)政治制约着教育制度;(4)政治制约着受教育权。

22. 简述意志行动中的动机冲突类型。

(1)双趋冲突,指从自己同时都很喜爱的两个事物中仅择其一的心理状态,如鱼和熊掌不可兼得。

(2)双避冲突,指从希望回避的两种事物中必取其一的心理状态,如进退维谷。

(3)趋避冲突,指对同一目的的兼具好恶的矛盾心理,如既想当班干部又怕耽误时间影响学习。

(4)多重趋避冲突,指对含有吸引与排斥两种力量的多种目标予以选择时所发生的冲突,如大学毕业生就业中的选择困难。

四、论述题(参考答案)

23. 论述新课程改革的具体目标。

(1)实现课程功能的转变。新课程改革在《基础教育课程改革纲要(试行)》中首先确立了课程改革的核心目标即课程功能的转变:改变课程过于注重知识传授的倾向,强调形成积极主动的学习态度,使获得基础知识与基本技能的过程同时成为学会学习和形成正确价值观的过程。

(2)体现课程结构的均衡性、综合性和选择性。改变课程结构过于强调学科本位、科目过多和缺乏整合的现状,整体设置九年一贯的课程门类和课时比例,设置综合课程,以适应不同地区和学生发展的需求,体现课程结构的均衡性、综合性和选择性。

(3)密切课程内容与生活和时代的联系。改变课程内容"繁、难、偏、旧"和过于注重书本知识的现状,加强课程内容与学生生活以及现代社会科技发展的联系,关注学生的学习兴趣和经验,精选终身学习必备的基础知识和技能。

(4)改善学生的学习方式。改变课程实施过于强调接受学习、死记硬背、机械训练的现状,倡导学生主动参与、乐于探究、勤于动手,培养学生搜集和处理信息的能力、获取新知识的能力、分析和解决问题的能力,以及交流与合作的能力。

(5)建立与素质教育理念相一致的评价与考试制度。改变课程评价过分强调甄别与选拔的功能,发挥评价促进学生发展,教师提高和改进教学实践的功能。

(6)实行三级课程管理制度。改变课程管理过于集中的状况,实行国家、地方、学校三级课程管理,增强课程对地方、学校及学生的适应性。

五、案例分析题(参考答案)

24. 王老师主要遵循了德育的疏导原则、因材施教原则、依靠积极因素,克服消极因素原则。

(1)王老师遵循了德育的疏导原则。疏导原则是指进行德育时要循循善诱、以理服人,从提高学生认识入手,调动学生的主动性,使他们积极向上。王老师在得知张轩同学迷恋网络的原因后,并没有嘲笑他不切实际,而是循循善诱,以理服人,告诉他实现理想需要真才实学,以鼓励他认真学习。这体现了德育的疏导原则。

(2)王老师遵循了德育的因材施教原则。因材施教原则是指教育者在德育过程中,应根据学生的年龄特征、个性差异以及品德发展现状,采取不同的方法和措施,加强德育的针对性和实效性。王老师在了解了张轩同学迷恋网络、无心学习的原因后,对他进行了针对性的教育,如单独谈话、让张轩同学当信息技术课的课代表等。这体现了德育的因材施教原则。

(3)王老师遵循了德育的依靠积极因素,克服消极因素原则。在德育工作中,教育者要善于依靠、发扬学生自身的积极因素,调动学生自我教育的积极性,克服消极因素,以达到长善救失的目的。王老师善于利用张轩同学对于计算机的兴趣,并支持他的特长发展以带动全面发展;让张轩当信息技术课的课代表以帮助他体验到学习的乐趣;通过张轩对学习信息技术的积极性,带动他对学习其他课程的积极性。这都体现了依靠积极因素,克服消极因素的原则。

2021年陕西省小学特岗教师招聘考试真题试卷(二十九)

一、单项选择题

1. C 【解析】本题考查马克思主义教育理论在中国的传播。杨贤江是第一位在中国系统传播马克思主义教育理论的学者。他的《新教育大纲》是我国现代史上第一本比较系统全面地阐述马克思主义教育理论的著作。

2. B 【解析】本题考查义务教育的实施。世界上最早开始实施义务教育的国家是德国,早在1619年,德国的魏玛邦就颁布了《魏玛教育法令》,规定6~12岁的儿童必须接受义务教育。

3. A 【解析】本题考查教育的社会制约性。生产力发展影响教学方法、手段及组织形式。学校的物资设备、教学实验仪器及组织管理过程中所使用的工具和技术,都是一定生产工具和科学技术在教育领域的应用,反映了生产力发展水平。现代科学技术的发展为教育提供了更多有效平台,没有现代科技支撑,就不会有多种形式的远程教育跨越时空阻隔,将优质教育资源投放到每个村落更是天方夜谭。所以,题干所述表明制约教育发展的主要因素是生产力水平。

4. A 【解析】本题考查人的身心发展规律对教育的影响。人的身心发展的顺序性表现为个体生命的发展由低级到高级、由简单到复杂、由量变到质变的过程。遵循人的身心发展的顺序性,教育必须做到循序渐进,螺旋上升,逐步完善。人的发展的顺序性,决定教育不能超越相应的发展阶段。拔苗助长式的教育,违背了身心发展的顺序性。让六岁的孩子学习高等数学的行为即为拔苗助长的体现,故选A项。

5. D 【解析】本题考查教育目的对学校教育实施的意义。教育目的对学校教育的实施有重要意义:(1)定向作用。教育目的规定了学校教育和学生发展的根本方向,是学校办学的根本指导思想,也是学生发展的总方向,是学校教育工作的起点和归宿,并制约其全过程。(2)调控作用。教育目的规定了学校教育培养人才的基本质量规格,对学校教育的内容和活动方式起选择、协作、调节和控制作用。(3)评价作用。学校的办学质量以及学生的发展质量如何,可以有很多的标准来衡量,但根本标准乃是教育目的。D项正确。

6. B 【解析】本题考查课程类型。综合课程是指采用各种有机整合的形式,使学校教学系统中分化的各种要素及各成分之间形成有机联系的课程形态。简单来说,就是指打破传统的分科课程的知识领域,组合两门以上学科领域而构成的一门学科。小学阶段开设的道德与法治、科学等课程组合了两门以上学科领域,属于综合课程。

7. B 【解析】本题考查主要课程理论流派。社会中心课程理论(社会改造主义课程理论)的主要观点有:(1)社会改造是课程的核心。(2)学校课程应以建造新的社会秩序为方向,应该把学生看作社会的一员。(3)课程知识应该有助于学生的社会反思;课程的价值既不能根据学科知识本身的逻辑来判断,也不能根据学生的兴趣、需要来判断,而应该有助于学生的社会反思,唤醒学生的社会意识、社会责任和社会使命。(4)社会问题而非知识问题才是课程的核心问题。(5)应吸收不同社会群体参与到课程开发中来。题干所述为社会改造主义课程论的观点。

8. B 【解析】本题考查知觉的基本特性。知觉的选择性是指当面对众多的客体时,知觉系统会自动地将刺激分为对象和背景,并把知觉对象优先地从背景中区分出来。题干中强调人们会自动区分知觉对象与背景,这体现了知觉的选择性。故答案选B项。

9. C 【解析】本题考查注意的品质。注意的分配是指人在进行两种或多种活动时能把注意指向不同对象的现象。例如,学生在课堂上一边听课,一边记笔记。题干中的教师一边讲课,一边观察学生的表现,这属于注意的分配的典型运用。故答案选C项。

10. A 【解析】本题考查记忆的分类。根据记忆的内容和经验的对象的不同,可将记忆分为形象记忆、情景记忆、语义记忆、情绪记忆和动作记忆。其中,形象记忆是以我们感知过的事物形象为内容的记忆。例如,人们游览过"万里长城"后在头脑中留下了生动的形象。故答案选A项。

11. D 【解析】本题考查思维的类型。抽象逻辑思维是指当人们面对理论性质的任务,运用概念、判断、推理等形式来解决问题的思维。题干所述符合抽象逻辑思维的内涵,故答案选D项。

12. C 【解析】本题考查动机斗争的类型。趋避冲突是指对同一目的兼具好恶的矛盾心理。例如,学生既想当班干部又怕影响学习。题干中学生既想参加活动为校争光又怕影响学习,这属于典型的趋避冲突。故答案选C项。

13. C 【解析】本题考查马斯洛的需要层次理论。归属与爱的需要,也称社交需要,是指每个人都有被他人或群体接纳、爱护、关注、鼓励及支持的需要。它是更高一级的需要,包括被人爱与爱他人、保持友谊、被团体接纳等。因此,保持良好的师生关系和同学关系可以满足学生归属与爱的需要。故答案选C项。

14. B 【解析】本题考查学习迁移的类型。逆向迁移是指后继学习对先前学习产生的影响;负迁移也叫"抑制性迁移",是指一种学习对另一种学习产生阻碍作用;正迁移也叫"助长性迁移",是指一种学习对另一种学习的促进作用;一般迁移也称非特殊迁移、普遍迁移,是指一种学习中所习得的一般原理、原则和态度对另一种具体内容学习的影响。根据题干中的关键词"阻碍作用"可知,这属于负迁移。

15. A 【解析】本题考查布鲁纳的学习观。布鲁纳认为,学习知识的最佳方式是发现学习。所谓发现学习是指学生利用教材或教师提供的条件,自己独立思考,自行发现知识,掌握原理和规律。故答案选A项。

16. D 【解析】本题考查皮亚杰的认知发展阶段理论。皮亚杰将个体的认知发展分为感知运动阶段、前运算阶段、具体运算阶段和形式运算阶段。其中,7~11岁的儿童处于具体运算阶段。因此,10岁学生的思维处于具体运算阶段。故答案选D项。

17. B 【解析】本题考查最近发展区的内涵。儿童执行某些任务时不能独立完成,但在能力更强的教师、父母或伙伴的帮助下可以完成,这样的任务范围即最近发展区。故答案选B项。

18. D 【解析】本题考查科尔伯格的道德发展阶段论。科尔伯格将道德判断分为前习俗水平、习俗水平和后习俗水平。科尔伯格认为,十岁左右的儿童较多地属于前习俗水平;十三岁左右的儿童多数处于习俗水平的状态;十六岁以后,才逐渐上升到原则水平即后习俗水平的发展阶段。故答案选D项。

19. 缺失

20. D 【解析】本题考查教师职业道德规范。为人师表的师德规范要求教师作风正派,廉洁奉公;自觉抵制有偿家教,不利用职务之便谋取私利。学生送的礼物如果只是自制的代表个人心意的小礼物,教师可适当接受,如果是比较贵重的礼物,教师应当委婉拒绝。所以D项做法不违背教师职业道德规范。A、C项违背了为人师表的师德规范,B项违背了关爱学生的师德规范。

21. D 【解析】本题考查教师幸福。教师幸福是指处于一定社会经济关系和历史环境的教育工作者,在教育教学过程中,由于感受到目标和理想的实现,而获得的精神上的满足。题干所述体现了教师职业的幸福。

22. A 【解析】本题考查教师公正的首要特点。教师公正的特点首先是与他的职业特征联系在一起的。教师公正的首要特点就是其教育性。这里的教育性主要有两个方面:一是公正行为的教育示范性,二是公正调整的人际关系,主要是师生关系。

23. 缺失

24. D 【解析】本题考查"四有"好老师的内容。2014年教师节前夕,习近平总书记同北京师范大学的师生代表座谈时就如何做一名好老师提出了四点要求,即:要有理想信念、有道德情操、有扎实学识、有仁爱之心。

25. B 【解析】本题考查教师的教学效能感。教学效能感一般指教师对自己影响学生行为和学习结果的能力的一种主观判断。这种判断会影响教师对学生的期待和指导,从而影响教师的工作效率。题干引文分别体现了教师对教育在学生身心发展中的作用及自己教学能力的认识,这说明教师必须具备较高的教学效能感。

26. D 【解析】本题考查教师公正的核心。教师公正的核心是对学生的公正,公平合理地评价和对待每个学生是教师公正的最基本的内容。

27. A 【解析】本题考查时政知识。习近平总书记强调广大教师要做学生锤炼品格的引路人,做学生学习知识的引路人,做学生创新思维的引路人,做学生奉献祖国的引路人。

28. B 【解析】本题考查教学资源分配的原则。平等原则是指每个学生都有平等地享受教育资源的权利和机会,教师在教学中应无歧视地对待每一个学生。由题干中的"应照顾到每位学生"可知,教师在教学资源分配过程中要注意平等原则。

29. 缺失

30. D 【解析】本题考查教育政策。《中小学教师实施教育惩戒规则(征求意见稿)》第十二条提出,教师对学生实施教育惩戒后,应当注重与学生的沟通与帮扶,注重惩戒与教育效果的统一。故答案选D项。

31. A 【解析】本题考查教师的素质。中小学教师专业标准指出,教师要关爱学生,尊重学生人格,富有爱心、责任心、耐心和细心。故本题选A项。

32. B 【解析】本题考查教师仪态。仪态又称举止,指的是人们在日常生活中的活动、动作,以及身体各部分在其过程中所呈现的姿态,是指人的肢体所呈现的各种体态及其变动的行为动作和表情。故题干所述反映的是教师的教学举止,答案选B项。

33. B 【解析】本题考查《新时代中小学教师职业行为十项准则》。《新时代中小学教师职业行为十项准则》中规定,教师应坚守廉洁自律。严于律己,清廉从教;不得索要、收受学生及家长财物或参加由学生及家长付费的宴请、旅游、娱乐休闲等活动,不得向学生推销图书报刊、教辅材料、社会保险或利用家长资源谋取私利。题干中王老师拒绝答谢宴与礼品的行为坚守了廉洁自律的准则。故答案选B项。

34. A 【解析】本题考查教师职业道德修养的内容。教师职业道德信念是教师对职业理想、职业人格、职业原则、职业规范坚定不移的信仰,是深刻的职业道德认识、炽热的职业道德情感和顽强的职业道德意志的统一,是把教师职业道德认识转变为教师职业道德行为的中间媒介和内驱力,并使教师职业道德行为表现出明确性和一贯性。

35. C 【解析】本题考查教育法规的体系结构。教育单行法律一般是由全国人民代表大会常务委员会制定的,规定教育领域某一方面具体问题的规范性文件,其效力低于《中华人民共和国宪法》和教育基本法。例如,《中华人民共和国教师法》《中华人民共和国职业教育法》《中华人民共和国高等教育法》等。《中华人民共和国义务教育法》是关于教育的单行法,也是新中国成立以来颁布的第一部关于基础教育方面的法律。《中华人民共和国教育法》属于教育基本法律,是由全国人民代表大会制定。本题为选非题,故选C项。

36. B 【解析】本题考查教育法规与教育政策的关系。教育法规与教育政策发生矛盾时,应坚持教育法规优先原则,以法律为准绳,依法办事。

37. C 【解析】本题考查教育法律关系的构成要素。教育法律关系的主体是指教育法律关系的参加者,也就是在具体的教育法律关系中享有权利并承担义务的人和组织。我国教育法律关系的主体可分为三类:公民(自然人)、机构和组织(法人)、国家。故答案选C项。

38. B 【解析】本题考查教育法律法规的制定。《中华人民共和国教育法》于1995年3月18日经第八届全国人民代表大会第三次会议通过,并由中华人民共和国主席令第45号公布,自1995年9月1日起施行,这是新中国成立以来我国制定的第一部教育基本法。故答案选B项。

39. D 【解析】本题考查教师对学生迟到行为的处理。A项做法侵犯了学生的财产权。B项做法侵犯了学生的受教育权。C项做法侵犯了学生的荣誉权。D项做法最恰当,既保证了课堂教学的正常进行,又体现了对学生的尊重和关爱。

40. B 【解析】本题考查教师的身份。根据《中华人民共和国教师法》第三条规定可知,教师是履行教育教学职责的专业人员,承担教书育人,培养社会主义事业建设者和接班人、提高民族素质的使命。故答案选B项。

41. C 【解析】本题考查《中华人民共和国义务教育法》。根据《中华人民共和国义务教育法》第三十一条规定,特殊教育教师享有特殊岗位补助津贴。在民族地区和边远贫困地区工作的教师享有艰苦贫困地区补助津贴。故答案选C项。

42. D 【解析】本题考查教师的权利与义务。根据《中华人民共和国教师法》第七条规定,教师享有下列权利:(1)进行教育教学活动,开展教育教学改革和实验;(2)从事科学研究、学术交流,参加专业的学术团体,在学术活动中充分发表意见;(3)指导学生的学习和发展,评定学生的品行和学业成绩;(4)按时获取工资报酬,享受国家规定的福利待遇以及寒暑假期的带薪休假;(5)对学校教育教学、管理工作和教育行政部门的工作提出意见和建议,通过教职工代表大会或者其他形式,参与学校的民主管理;(6)参加进修或者其他方式的培训。根据第八条规定可知,遵守宪法和法律属于教师的义务。故答案选D项。

43. A 【解析】本题考查教育法律救济的途径。教师申诉制度指教师在其合法权益受到侵犯时,依照法律、法规的规定,向主管的行政机关申诉理由,请求处理的制度。根据题干描述可知,可以优先采取的法律救济途径是教师申诉。故答案选A项。

44. C 【解析】本题考查学生的受教育权。学生的受教育权包括受完法定教育年限权、学习权和公正评价权。故答案选C项。

45. A 【解析】本题考查我国九年义务教育的学段。我国的小学和初中实施义务教育,所以,我国九年义务教育的学段是小学和初中。

46. A 【解析】本题考查《中华人民共和国义务教育法》。根据《中华人民共和国义务教育法》第二十六条规定可知,学校实行校长负责制。故答案选A项。

47. D 【解析】本题考查《中华人民共和国义务教育法》。根据《中华人民共和国义务教育法》第二十七条规定,对违反学校管理制度的学生,学校应当予以批评教育,不得开除。故答案选D项。

48. B 【解析】本题考查教师违法(侵权)行为的主要类型。人格尊严权是指人所应有的最起码的社会地位并且受到社会和他人最起码的尊重的权利。它是指人人所具有的自尊心与自爱心不受伤害,个人价值不遭贬低的权利。题干中的教师将考试成绩名次靠后的学生安排到最后一排,伤害到了学生的自尊心,故侵犯了学生的人格尊严权。故答案选B项。

49. D 【解析】本题考查《中华人民共和国教师法》。根据《中华人民共和国教师法》第三十七条规定,教师有下列情形之一的,由所在学校、其他教育机构或者教育行政部门给予行政处分或者解聘:(1)故意不完成教育教学任务给教育教学工作造成损失的;(2)体罚学生,经教育不改的;(3)品行不良、侮辱学生,影响恶劣的。故答案选D项。

50. C 【解析】本题考查教师违法(侵权)行为的主要类型。隐私权是指公民生活中不愿为他人公开或知悉的个人秘密的不可侵犯的人身权利。学校和教师侵犯学生隐私的表现形式有:故意隐匿、毁弃或者非法开拆学生信件,披露、宣扬学生自身及家庭成员的资料,提供学生成绩的方式不适当等。因此,题干中班主任私自查阅学生日记的行为侵犯了学生的隐私权。故答案选C项。

二、多项选择题

51. ABC 【解析】本题考查班级管理的主要内容。班级管理的基本内容包括班级教学管理、班级德育管理、班级体育卫生和课外活动的管理、班级生活指导四个部分。学生的学习属于班级教学管理的内容;生活指导的范围包括身心健康指导、职业指导、劳动指导等。所以,ABC三项都属于班级管理的主要内容。

52. BD 【解析】本题考查教学方法的分类。以实际训练为主的教学方法主要有练习法、实验法、实习作业法、实践活动法四种。所以,答案选B、D项。

53. ABCD 【解析】本题考查小学的德育原则。我国中小学主要的德育原则包括导向性原则、疏导原则、因材施教原则、知行统一原则、集体教育和个别教育相结合原则、尊重信任学生与严格要求学生相结合的原则、正面教育与纪律约束相结合的原则、依靠积极因素与克服消极因素的原则、教育影响的一致性和连贯性原则。此外,还包括循序渐进原则、爱和民主原则等。

54. ABD 【解析】本题考查人类高级社会情感。情感是同人的社会性需要相联系的主观体验,是人类所特有的心理现象,人类高级社会情感有道德感、理智感和美感。故答案选A、B、D三项。应激是出乎意料的紧迫情况所引起的急速而高度紧张的情绪状态,属于情绪的一种。不符合题意,排除。

55. AB 【解析】本题考查操作性条件作用的基本规律。正强化也称积极强化,是通过呈现想要的愉快刺激来增强反应频率。惩罚是指当有机体做出某种反应以后,呈现一个厌恶刺激,以消除或抑制此反应的过程。因此,A、B两项中的表扬与奖励属于正强化,C、D两项中的批评属于惩罚。故答案选A、B两项。

56. BCD 【解析】本题考查学习动机的分类。根据动机产生的诱因来源,可以把学习动机分为外部学习动机和内部学习动机。外部学习动机是指诱因来自学习者外部的某种因素而产生的动机,即在学习活动以外由外部的诱因激发出来的学习动机。内部学习动机是指诱因来自学习者本身的内在因素而产生的动机,即学生因对活动本身发生兴趣而产生的动机。B、C、D三项中学生希望获得的表扬、好成绩、尊重都属于外部诱因,这些外部诱因激励学生努力学习,因此属于外部学习动机。A项中学生因喜爱数学而认真学习属于内部学习动机。故答案选B、C、D三项。

57. ABCD 【解析】本题考查教师职业良心的主要内涵。教师的职业良心可以表现在教育工作的每一个环节中,其主要内涵包括:恪尽职守、自觉工作、爱护学生、团结执教。

58. ABCD 【解析】本题考查违反教师职业道德的行为。根据《中小学教师违反职业道德行为处理办法》(2018年修订)第四条规定,应予处理的教师违反职业道德行为如下:(1)在教育教学活动中及其他场合有损害党中央权威、违背党的路线方针政策的言行。(2)损害国家利益、社会公共利益,或违背社会公序良俗。(3)通过课堂、论坛、讲座、信息网络及其他渠道发表、转发错误观点,或编造散布虚假信息、不良信息。(4)违反教学纪律,敷衍教学,或擅自从事影响教育教学本职工作的兼职兼薪行为。(5)歧视、侮辱学生,虐待、伤害学生。(6)在教育教学活动中遇突发事件、面临危险时,不顾学生安危,擅离职守,自行逃离。(7)与学生发生不正当关系,有任何形式的猥亵、性骚扰行为。(8)在招生、考试、推优、保送及绩效考核、岗位聘用、职称评聘、评优评奖等工作中徇私舞弊、弄虚作假。(9)索要、收受学生及家长财物或参加由学生及家长付费的宴请、旅游、娱乐休闲等活动,向学生推销图书报刊、教辅材料、社会保险或利用家长资源谋取私利。(10)组织、参与有偿补课,或为校外培训机构和他人介绍生源、提供相关信息。(11)其他违反职业道德的行为。故本题全选。

59. ABCD 【解析】本题考查教师的职业权利。依据我国《教师法》等相关法律法规的规定,我国教师享有教育教学权、学术研究权、管理学生权、报酬待遇权、参与管理权、进修培训权等六项职业权利。故本题全选。

60. ABD 【解析】本题考查《中华人民共和国义务教育法》。根据《中华人民共和国义务教育法》第三十条规定,国家建立统一的义务教育教师职务制度。教师职务分为初级职务、中级职务和高级职务。故答案选A、B、D三项。

三、论述题(参考答案)

61. 阐述近年来我国小学教学改革的趋势。

(1)教学目标指向从"双基"走向"三维目标""核心素养"。长期以来,我国的基础教育一直强调"双基",即基础知识和基本技能,注重学生知识的传授和技能的培养,从而使学生获得未来发展的基础。我国第八次课程改革提出了课堂教学的"三维目标"。"知识与技能""过程与方法""情感态度与价值观"是一个完整的整体。"三维目标"的提出,适应了时代的需要,是对传统的"双基"目标的一次超越,突出了以学生发展为本的思想。核心素养是我国基础教育课程改革的重要方向。2014年颁布的《教育部关于全面深化课程改革 落实立德树人根本任务的意见》,首次在国家文件中正式提出“研究制订学生发展核心素养体系和学业质量标准”。

(2)教学组织形式从“单一”走向“多样化”。教学组织形式的改革是优化教学系统、提高教学质量的重要手段。我国最基本的教学组织形式是班级授课制。这种教学组织形式有利有弊。随着时代的进步,这种教学组织形式也在发生变化。首先,小班化教学的出现,使学生能得到教师更多的关注,有机会享受更优质的教育资源。如今随着我国很多地方的生源萎缩,小班教学已经成为现实选择。小班教学能够很好地关注学生的个别差异,有效地实施个性化的教学。其次,课堂座位排列形式多样化。传统的秧田式不再是唯一选择,出现了马蹄式、圆桌式、会议式、弧形、辩论形等座位排列方式。除了班级教学组织形式的改变外,随着现代教育技术的发展,我国部分地区出现了差异教学、分层教学、走班教学等新的教学组织形式。

(3)教学评价走向“关注目标”与“关注价值”并重。随着教学改革的变化,教学评价也在不断变化。新课程改革以前,我国更关注教学目标达成度的评价,更加关注教学活动结果与预定教学目标的一致程度。目前,我国的教学评价除了关注教学目标达成度以外,还重视评价的价值。这是因为,过分关注目标达成度和教学实际效果,容易造成评价对象的窄化、对学生学业成绩的片面考查、对学生发展起着重要作用的非智力因素的缺失。这种片面的评价必然导致教师职业倦怠、学校管理主义倾向严重、教学正向价值和整体价值低效甚至无效。长此以往,容易违背学校教育的培养目标,导致对问题的认识、理解简单化,使教学陷入“科学主义”的不利境地。当然,过于关注教学评价的价值问题,不关注教学目标的实现程度也是不现实的。因此,教学评价应该逐渐走向“关注目标”和“关注价值”并重。

62. 论述影响小学生人格发展的因素。

人格是在遗传与环境交互作用下逐渐发展形成的。遗传决定了人格发展的可能性,环境决定了人格发展的现实性。影响小学生人格发展的因素有:

(1)生物遗传因素。①遗传是人格不可缺少的影响因素。②遗传因素对人格的作用程度因人格特征的不同而异。通常在智力、气质这些与生物因素相关较大的特征上,遗传因素较为重要;而在价值观、信念、性格等与社会因素关系紧密的特征上,后天环境因素更重要。③人格发展过程是遗传与环境交互作用的结果,遗传因素影响人格的发展方向及改变。

(2)社会因素。影响个体人格发展的社会因素基本上都是家庭、学校、同伴以及电视、电影、文艺作品等社会宣传媒体。①家庭教养方式的不同会影响孩子的行为表现。②学校教育按一定社会的教育目标,有计划、有步骤地对学生施加影响,因而直接制约着学生人格发展的方向和基本质量。学校教育在学生社会化中的作用主要是通过教师与学生的相互影响来实现的。教师对学生人格的发展具有指导定向的作用。教师的品德修养、知识经验、教育和教学技巧、对学生的态度等,对学生社会化与人格的发展都有举足轻重的意义。③随着年龄的增长,同伴的影响越来越强,在某种程度上甚至超过父母的影响。与同伴群体的交往能促进儿童的社会化和人格的发展,但是要注意防止不良同伴群体对中学生人格发展造成的不良影响。

(3)个人主观因素。社会上各种影响因素,首先要为个人接受和理解,才能转化为个体的需要、动机和兴趣,才能推动他去思考与行动。另外,个体已有的心理发展水平对人格特征形成的作用会随着年龄的增加而日益增强。

四、案例分析题(参考答案)

63.(1)①尊师爱生,相互配合。良好的师生关系需要教师真诚地关爱学生,教师的关爱能使学生对自我形成积极的、肯定的评价,对自我发展抱有积极向上的态度。同时,良好的师生关系需要学生尊重教师,尊重不是无条件地服从,而是学生从心底产生对教师的信任和爱戴。只有教师爱护学生、学生尊敬教师,教师与学生相互配合,才能建立良好的师生关系。

②民主平等,和谐融洽。在教育教学过程中,教师和学生是平等的关系。师生之间的民主、平等,不仅指师生双方在民主的氛围中平等地参与教育教学活动,还意味着师生双方均以主体人格的身份进行平等的对话、交流和沟通,充分发挥各自的积极性、主动性、创造性,从而形成融洽、和谐的师生关系。

③合作共享,共同成长。在教育过程中,教师的教引导学生的学,学生的学促进教师的教,双方存在着相互促进、彼此推动、共同提高的关系。合作共享的师生关系体现了教育教学的民主精神,体现了师生间的相互尊重、彼此信任、团结协作。合作、共享的教育教学关系,能够有效实现教学相长,促进教师与学生的共同成长。

陶行知认为,教育为给儿童需要之事业,教师教学应当以学生为中心,真正做到一切为了学生,为了一切学生,为了学生一切。作为新课程理念的贯彻者,教师必须以爱为前提,充分尊重学生的人格、尊严和权利,彼此信任,相互理解,才能达到师生关系的和谐。

(2)①教师方面:教师要了解和研究学生;树立正确的学生观;提高教师自身的素质;热爱、尊重学生,公平对待学生;发扬教育民主;主动与学生沟通,善于与学生交往;正确处理师生矛盾;提高法制意识,保护学生的合法权利;加强师德建设,纯化师生关系。

②学生方面:学生要正确认识自己和正确认识老师。

③环境方面:加强校园文化建设,确保校园文化的相对独立性、完整性和纯洁性;加强学风教育,促进良好学风的养成,使学生在一个良好的学风氛围中健康地学习。

(考生可结合当前教育现状进行阐述,言之有理即可)

2021年黑龙江省小学特岗教师招聘考试真题试卷(三十)

一、判断题

1. √ 【解析】本题考查教育法律基础知识。教育法律关系产生、变更与消灭的条件是教育法律规范加以规定的教育法律事实的存在。教育法律事实是由教育法律规定的,能够引起教育法律关系产生、变更或消灭的各种事实的总称。这种事实是由教育法律加以规定的,能够引起法律后果的事实,而不是普通的事实。教育法律事实可以分为教育法律事件和教育法律行为两种类型。

2. × 【解析】本题考查教育公正。教师公正是教育公正的核心内容,教育公正不仅包括教师公正,而且也包括教育的制度性公正。故题干说法错误。

3. × 【解析】本题考查教育法律基础知识。教育法律救济是指教育法律关系主体的合法权益受到侵犯并造成损害时,获得恢复和补救的法律制度。为弱势群体实施的一种专业性的法律帮助是指法律援助。题干说法错误。

4. √ 【解析】本题考查《学生伤害事故处理办法》。根据《学生伤害事故处理办法》第十二条规定,因学生有特异体质、特定疾病或者异常心理状态,学校不知道或者难于知道而造成的学生伤害事故,学校已履行了相应职责,行为并无不当的,无法律责任。

5. √ 【解析】本题考查教师职业道德。教师职业道德建设在教师队伍建设中具有首要和基础的作用。题干说法正确。

6. √ 【解析】本题考查教师职业道德的功能。教师职业道德对学生起榜样和带动作用。(1)榜样作用:在道德行为上,教师职业道德比其他职业道德有着更加强烈的示范性;(2)带动作用:包括教师所起的带头作用、纽带作用和思想政治品质的教育作用。故题干说法正确。

7. √ 【解析】本题考查构成教育法律责任的前提条件。行为违法即行为人实施了违反法律、法规的行为,是构成教育法律责任的前提条件。这个条件包括两个方面的含义:一方面是指行为的违法性,只有行为违反了现行法律的规定才是违法行为;另一方面,违法必须是一种行为。如果内在的思想不表现为外在的行为,则并不构成违法。题干说法正确。

8. √ 【解析】本题考查受教育者的权利。题干所述属于以侵犯姓名权的方式侵犯受教育权,故题干表述正确。

9. × 【解析】本题考查教师职业道德。教师职业道德与社会公共道德所具有的共性之一是具有相对的独立性。社会公共道德和教师职业道德的产生和发展都是由社会因素决定的,特别是受它们所依赖的社会物质生活条件和社会关系的制约。因此,一般说来,它们将随着社会的发展而发展,随着社会的变化而变化。但是,在随社会发展而发展的过程中,它们与社会的发展并不总是同步的,具有相对独立性。一是在它们的发展中,某些道德并不因沧桑变化和世代更替而发生变化,如勤劳、勇敢、诚实、钻研、敬业、善良等道德规范和道德品质。二是它们的发展与社会的发展并不总是绝对的同步,表现为或滞后于社会发展,或超前于社会发展。题干说法错误。

10. 缺

11. √ 【解析】本题考查教学过程的本质。教学过程是教师的教和学生的学所构成的一种双边活动过程。教学过程是一个特殊的认识过程,也是有意识地促进学生发展的过程,这是教学过程本质的一般表述。前者是从教师教和学生学的角度,从认识论的角度来分析教学过程的。教学的任务之一就在于使学生在尽可能短的时间内,排除历史发展过程中的偶然性,掌握人类的经验。因此,教学过程是一个特殊的认识过程,也是有意识地促进学生发展的过程。

12. × 【解析】本题考查班级管理的主体。班级管理的主体具有多重性,它包括班主任、任课教师、学校各级党政团领导、各种学生群众组织、校外教育机关、家长等。题干说法错误。

13. √ 【解析】本题考查义务教育阶段的数学课程目标。《义务教育数学课程标准(2011年版)》将数学课程目标界定为:"义务教育阶段数学课程目标分为总目标和学段目标,从知识技能、数学思考、问题解决、情感态度等四个方面加以阐述。"题干说法正确。

14. × 【解析】本题考查新课程改革的特点。本次新一轮课程改革是指1999年正式启动的基础教育课程改革(简称"新课改"),这是中华人民共和国成立以来我国的第八次课程改革。新课程改革的主要特点包括:(1)课程内容的生成性;(2)课程实施的开放性;(3)课程评价的发展性;(4)课程资源的广泛性。题干说法错误。

15. 缺

16. × 【解析】本题考查学习的内涵。学习是个体在特定情境下由于练习或反复经验而产生的行为或行为潜能的相对持久的变化。题干说法错误。

17. × 【解析】本题考查皮亚杰的道德发展阶段论。皮亚杰将儿童道德发展分为四个阶段:自我中心阶段、权威阶段、可逆性阶段、公正阶段。权威阶段儿童的道德判断受外部的价值标准所支配和制约,表现出对外在权威的绝对尊重和顺从的愿望。这个阶段的儿童认为,应该尊重权威和尊重年长者的命令。他们认为规则是必须遵守的,是不可更改的,只要服从权威就是对的,比如听父母或大人的话就是好孩子。题干说法错误。

18. √ 【解析】本题考查智力的性别差异。智力的性别差异表现在:(1)男女智力的总体水平大致相等,但男性智力分布的离散程度比女性大;(2)男女的智力结构存在差异,各自具有自己的优势领域。男女在一般智力因素上没有显著差异,其性别差异主要反映在特殊智力因素中,主要包括数学能力、言语能力和空间能力。题干说法正确。

19. √ 【解析】本题考查学习迁移的作用。学习迁移的作用如下:(1)对学习迁移的研究可以促进学习理论的完善;(2)学习迁移对提高解决问题的能力具有直接的促进作用;(3)学习迁移促进认知结构的完善;(4)学习迁移是促进学生心理发展的关键;(5)学习迁移规律对学习者和教育工作者以及有关的培训人员具有重要的指导作用。题干说法正确。

20. × 【解析】本题考查学习动机的分类。内部学习动机是指诱因来自学习者本身的内在因素而产生的动机,即学生因对活动本身发生兴趣而产生的动机。外部学习动机是指诱因来自学习者外部的某种因素而产生的动机,即在学习活动以外由外部的诱因激发出来的学习动机。学生为得到老师或父母的奖励而努力学习的动机是外部动机。题干说法错误。

21. √ 【解析】本题考查个体身心发展规律对教育的影响。个体身心发展的顺序性是客观的、不以人的意志为转移的,教育工作要遵循这种顺序性,循序渐进地促进人的发展。

22. × 【解析】本题考查学生的认知方式。沉思型学生在碰到问题时倾向于深思熟虑,用充足的时间考虑、审视问题,权衡各种问题解决的方法,然后从中选择一个满足多种条件的最佳方案,因而错误较少。场独立型的学生对客观事物的判断常以自己的内部线索为依据,不易受周围环境因素的影响和干扰,倾向于对事物的独立判断。题干中的学生是沉思型,故说法错误。

23. × 【解析】本题考查历史常识。"赤壁之战"是指东汉末年孙权、刘备联军在赤壁一带打败曹操军队的一次著名战役。

24. 缺

25. × 【解析】本题考查哲学常识。"我思故我在"的提出者是法国哲学家笛卡尔。

26. √ 【解析】本题考查古代文化常识。长揖是古代不分尊卑的相见礼,拱手高举,自上而下。

27. √ 【解析】本题考查文学常识。陈忠实的第一部长篇小说《白鹿原》被评论界公认为是一部具有史诗性品格的作品,是我们"民族灵魂的秘史"。

28. √ 【解析】本题考查文学常识。萨特是法国著名哲学家、作家,20世纪最重要的哲学家之一。1964年10月22日,瑞典文学院宣布诺贝尔文学奖颁给法国哲学家萨特,但他却主动谢绝该奖项,成为历史上第一位拒绝领奖的诺贝尔奖得主。

29. × 【解析】本题考查美术知识。《步辇图》是唐代画家阎立本的名作之一,描绘的是吐蕃使者禄东赞朝见唐太宗时的情景,是一幅成功描写古代吐蕃少数民族地区和中原友好交往的历史画卷。

30. × 【解析】本题考查《青年进行曲》的作者。抗日救亡歌曲《青年进行曲》是电影《青年进行曲》的主题歌,由田汉作词,冼星海作曲。

二、单项选择题

31. B 【解析】本题考查教育法规的体系结构。教育基本法律是由全国人民代表大会制定,调整教育内部、外部相互关系的基本法律准则。它对整个教育全局起宏观调控作用,被称为"教育宪法""教育母法"。我国的教育基本法律为1995年第八届全国人民代表大会第三次会议通过的《中华人民共和国教育法》。

32. D 【解析】本题考查《中华人民共和国教师法》。根据《中华人民共和国教师法》第三十九条规定,教师对学校或者其他教育机构侵犯其合法权益的,或者对学校或者其他教育机构作出的处理不服的,可以向教育行政部门提出申诉,教育行政部门应当在接到申诉的三十日内,作出处理。

33. A 【解析】本题考查《中华人民共和国未成年人保护法》。根据《中华人民共和国未成年人保护法》第一百一十三条规定,对违法犯罪的未成年人,实行教育、感化、挽救的方针,坚持教育为主、惩罚为辅的原则。

34. 缺

35. C 【解析】本题考查教师的权利。根据《中华人民共和国教师法》第七条规定,教师享有按时获取工资报酬,享受国家规定的福利待遇以及寒暑假期的带薪休假的权利。根据《中华人民共和国劳动法》第六十二条规定,女职工生育享受不少于九十天的产假。生育权是公民的一项基本权利,题干中学校的规定不合法,侵犯了女教师的人权。

36~37. 缺

38. D 【解析】本题考查人本主义心理学。人本主义认为心理学应该探讨完整的人,强调人的价值,强调人有发展的潜能和自我实现的倾向。

39. C 【解析】本题考查成败归因理论。美国心理学家韦纳提出了成败归因理论,他把人经历过的事情的成败归结为六种原因,即能力、努力程度、工作难度、运气、身心状况、外界环境。又把上述六项因素按各自的性质,分别归入三个维度:内部归因和外部归因、稳定性归因和非稳定性归因、可控制归因和不可控制归因。其中,努力属于内部、可控、不稳定的归因。故选C项。

40. C 【解析】本题考查品德的心理结构。品德的心理结构包括四种相辅相成的基本心理成分:道德认知、道德情感、道德意志和道德行为。道德情感是人的道德需要是否得到实现及其所引起的一种内心体验,也就是人在心理上所产生的对某种道德义务的爱憎、喜恶等情感体验。道德情感是品德的心理结构中最具动力色彩的成分。

41. A 【解析】本题考查文学常识。类书是分类编排各种资料以供检索的工具书,类似于后来的《百科全书》,《永乐大典》是历史上规模最大的一部类书。

42~43. 缺

44. C 【解析】本题考查文学常识。《昭明文选》又称《文选》,是中国现存的最早一部诗文总集,由南朝梁武帝的长子萧统组织文人共同编选。萧统死后谥"昭明",所以他主编的这部文选称作《昭明文选》。

三、多项选择题

45. ACE 【解析】本题考查《中华人民共和国教育法》。根据《中华人民共和国教育法》第二十七条规定,设立学校及其他教育机构,必须具备下列基本条件:(1)有组织机构和章程;(2)有合格的教师;(3)有符合规定标准的教学场所及设施、设备等;(4)有必备的办学资金和稳定的经费来源。

46. ABCE 【解析】本题考查《中华人民共和国未成年人保护法》。《中华人民共和国未成年人保护法》对未成年人的保护包括:家庭保护、学校保护、社会保护、网络保护、政府保护、司法保护。

47. BC 【解析】本题考查《中华人民共和国义务教育法》。根据《中华人民共和国义务教育法》第一条规定,为了保障适龄儿童、少年接受义务教育的权利,保证义务教育的实施,提高全民族素质,根据宪法和教育法,制定本法。

48. ABCDE 【解析】本题考查义务教育的基本特征。义务教育的基本特征包括强制性、义务性、免费性、公益性和平等性。

49. ABCDE 【解析】本题考查《中华人民共和国教育法》。根据《中华人民共和国教育法》第四十三条规定,受教育者享有下列权利:(1)参加教育教学计划安排的各种活动,使用教育教学设施、设备、图书资料;(2)按照国家有关规定获得奖学金、贷学金、助学金;(3)在学业成绩和品行上获得公正评价,完成规定的学业后获得相应的学业证书、学位证书;(4)对学校给予的处分不服向有关部门提出申诉,对学校、教师侵犯其人身权、财产权等合法权益,提出申诉或者依法提起诉讼;(5)法律、法规规定的其他权利。

50. 缺

51. AB 【解析】本题考查未成年人的权益保护。根据《民法典》规定，未成年人的监护人的产生方式为法定监护和指定监护两种。

52. BCDE 【解析】本题考查综合实践活动的特点。综合实践活动的特点主要有：(1)整体性(综合性)；(2)实践性；(3)开放性；(4)生成性；(5)自主性。

53. ABC 【解析】本题考查义务教育阶段数学课程的性质。义务教育阶段的数学课程是培养公民素质的基础课程，具有基础性、普及性和发展性。故选ABC三项。

54. ABE 【解析】本题考查皮亚杰的认知发展阶段理论。具体运算阶段的儿童能够运用逻辑思维解决具体问题，但必须依赖于实物和直观形象的支持才能进行逻辑推理和运用逻辑思维解决问题，不能够进行纯符号运算。这一阶段儿童的思维具有以下特征：去自我中心性、可逆性、守恒、分类、序列化。

55. ABCD 【解析】本题考查小学生观察的特点。小学生的观察品质有待发展，主要体现在以下方面：观察的目的性较差、观察缺乏精确性、观察缺乏顺序性、观察缺乏深刻性。

56. BCDE 【解析】本题考查文学常识。A项，《两都赋》是东汉文学家、史学家班固创作的大赋，分《西都赋》《东都赋》两篇。B项，《洛神赋》是三国时期曹魏文学家曹植创作的辞赋名篇。C项，《秋阳赋》是北宋著名词人、文学家苏轼仿照着汉赋的格式所填写的赋文。D项，《阿房宫赋》是唐代文学家杜牧创作的一篇借古讽今的赋体散文。E项，《二京赋》是东汉辞赋，为张衡的代表作之一。

57. ACDE 【解析】本题考查文学常识。A项，《水萤赋》是唐代李子卿创作的一篇散文。B项，《归田赋》是汉代辞赋家张衡创作的一篇抒情小赋。C项，《四时赋》是南朝骈赋作家江淹所作。D项，《日观赋》是唐朝大历十年东都洛阳举行的进士考试所考的赋题。E项，《灵乌赋》，一为梅尧臣对范仲淹的劝慰之文，一为范仲淹回梅尧臣的劝慰之文。

58. BC 【解析】本题考查古代文化常识。古代帝王祭祀社稷时，牛、羊、豕三牲全备为"太牢"。古代祭祀所用牺牲，行祭前需先饲养于牢，故这类牺牲称为牢；又根据牺牲搭配的种类不同而有太牢、少牢之分。少牢只有羊、豕，没有牛。由于祭祀者和祭祀对象不同，所用牺牲的规格也有所区别：天子祭祀社稷用太牢，诸侯祭祀用少牢。故选BC两项。

59. AC 【解析】本题考查文学常识。唐宋八大家又称为"唐宋散文八大家"，是唐代和宋代八位散文家的合称，分别为唐代柳宗元、韩愈和宋代欧阳修、苏洵、苏轼、苏辙、王安石、曾巩八位。故选AC两项。

60. ABCD 【解析】本题考查文学常识。叙述，从不同的角度有多种划分方法，而最通常的是按叙述的先后顺序，分为顺叙、倒叙、插叙、补叙、平叙。故选ABCD四项。

四、简答题(参考答案)

61. 简述教师的职业权利。

根据《中华人民共和国教师法》第七条规定，教师享有下列权利：(1)进行教育教学活动，开展教育教学改革和实验(教育教学权)；(2)从事科学研究、学术交流，参加专业的学术团体，在学术活动中充分发表意见(科学研究权，又称学术自由权)；(3)指导学生的学习和发展，评定学生的品行和学业成绩(管理学生权，又称指导评价权)；(4)按时获取工资报酬，享受国家规定的福利待遇以及寒暑假期的带薪休假；(5)对学校教育教学、管理工作和教育行政部门的工作提出意见和建议，通过教职工代表大会或者其他形式，参与学校的民主管理(民主管理权，又称参与教育管理权)；(6)参加进修或者其他方式的培训(进修培训权)。

62. 简述教师违法(侵权)行为的主要类型。

(1)侵犯学生的受教育权；(2)侵犯学生的人身权；(3)侵犯学生的财产权；(4)侵犯学生的著作权；(5)不作为违法侵权。

63. 简述我国教育目的的基本精神。

(1)坚持社会主义方向性；(2)坚持全面发展；(3)培养独立个性；(4)教育与生产劳动相结合，是实现我国教育目的的根本途径；(5)注重提高全民族素质。

64. 简述影响个体身心发展的因素。

总体看来，影响个体身心发展的因素主要有遗传、环境、教育(学校教育)和个体主观能动性等。

(1)遗传。遗传也叫遗传素质，是指从上一代继承下来的生理解剖上的特点。遗传素质是人的身心发展的前提，为人的发展提供了可能性，但不能决定人的发展。

(2)环境。环境包括自然环境和社会环境两大部分。教育学中所说的环境一般指社会环境。社会环境为个体的发展提供了多种可能，使遗传提供的发展可能变成现实，但环境不决定人的发展。

(3)教育(学校教育)。在影响人的发展因素中，教育对人的发展特别是对年青一代的发展起着主导作用和促进作用。

(4)个体主观能动性。个体主观能动性是指人的主观意识和活动对于客观世界的积极作用，包括能动地认识客观世界和改造客观世界，并统一于人们的社会实践活动中。个体的主观能动性是其身心发展的内驱力，也是促进个体发展从潜在的可能状态转向现实状态的决定性因素。

65. 简述小学生想象发展的特点。

(1)想象的有意性迅速增长；(2)想象中的创造性成分日益增多；(3)想象逐步富于现实性。

66. 简述小学生学习的特点。

(1)直观—操作性。小学生通过对实物、模型及形象性的言语的直接感知、对学习材料的直接操作来获取基本的经验与基本的态度。

(2)指导—模仿性。小学生的学习活动是在教师的指导下，通过对教师的教授活动及其他同伴的学习活动的模仿而获得的。

(3)基础—再现性。小学生的学习是以获取和再现人类知识体系中的最基础的部分、形成必要的行为规范、内化基本的生活态度为目的的，而不是以掌握当代的前沿性的知识经验或创造、发现新的知识领域为目的。

五、论述题(参考答案)

67. 论述小学教师要处理好的几种关系。

(1)教师与学生的关系。师生关系是教育活动过程中人与人关系中最基本、最重要的关系。处理教师与学生关系，教师要做到：热爱学生，关心学生，尊重学生；严格要求，耐心教导，循循善诱，不偏不袒；不以师生关系谋取私利。

(2)教师与学生家长的关系。处理教师与家长关系，教师要做到：尊重家长，理解家长；经常家访，互通情况；密切配合，教育学生。

(3)教师与同事的关系。教师的工作离不开教师集体，教师集体也离不开每一位教师。教师之间要做到：互相尊重，切忌嫉妒；相互学习，取长补短；平等相待，不卑不亢；乐于助人，关心同事。

(4)教师与教育管理者的关系。从管理的角度看，教育管理者与教师是管理与被管理的关系。但是，这种管理与被管理的关系，不意味着地位的不平等。教师在学校教育活动中的主体地位，不因教师是被管理者的地位而有所改变。教师与教育管理者之间要做到：尊重领导，服从安排；顾全大局，遵守纪律；互相帮助，互相支持；秉公办事，团结一致。

68. 论述小学老师怎样做到依法执教。

(1)教师要模范地遵守宪法及其他各种法律、法规。教师是人类文化的传播者，是我国社会主义现代化建设人才的培育者。教师的劳动具有高度的示范性和感染性，教师对学生的学习和成长起着潜移默化的影响。每一个教师都要争做遵守宪法及其他各种法律、法规的模范。

(2)教师要依法进行教育教学活动。①教师要认真贯彻执行教育方针，遵守各种规章制度，执行学校的教学计划，完成教育教学工作任务；②教师要对学生进行宪法所确定的关于四项基本原则的教育、爱国主义教育、民族团结教育以及法制教育；③教师要关心、爱护全体学生，尊重学生人格，保证学生在德、智、体等方面的发展；④教师要制止有害于学生的行为或者其他侵犯学生合法权益的行为，批评和抵制有害于学生健康成长的现象，为学生的健康成长营造良好的环境。

69. 论述小学班主任的主要工作。

(1)了解学生。班主任了解学生包括对学生个体的了解和对学生群体的了解两部分。班主任对学生个体的了解包括以下几个方面：个体的思想品德、个体的学习、个体的身体状况、个体的心理、个体的家庭。对群体的了解包括对正式群体和非正式群体的了解。班主任了解学生的方法一般有观察法、谈话法、书面材料和学生作品分析法以及调查访问。

(2)组织和培养班集体。

(3)建立学生档案。班主任在全面了解学生的基础上，对掌握的材料进行分析处理，并将整理结果分类存放起来，即建立学生的档案。建立学生档案一般分四个环节：收集—整理—鉴定—保管。

(4)个别教育。班主任要使每个学生都得到最大限度的发展就必须深入了解每一个学生，根据学生的个别特点进行教育。

(5)班会活动。班会活动是班主任进行教育活动的重要手段，是培养优良班集体的重要方法，也是养成学生活动能力的基本途径，所以它成为班主任工作的重要内容。

(6)协调各种教育影响。班主任应协调校内外各种因素的影响，一要统一科任教师的影响，二要统一学校领导的影响，三要统一班委会的教育影响，四要统一少先队的影响，五要统一家庭的教育影响，六要统一社会的教育影响。

(7)操行评定。操行评定是以教育目的为指导思想，以"学生守则"为基本依据，对学生一个学期内在学习、劳动、生活、品行等方面的小结与评价。

(8)班主任工作计划与总结。班主任工作计划一般分为学期计划、月或周计划以及具体的活动计划。班主任工作总结是对整个班主任工作过程、状况和结局做出全面的、恰如其分的评估，进行质的评议和量的估计。

70. 如何利用注意规律组织教学?

(1)根据注意的外部表现了解学生的听课状态。在课堂教学中，学生如果是认真听讲，注意教师的教学活动，会有相应的外部表现。教师通过观察学生的外部表现，既能够判断学生是否在专心听讲，又能够了解自己的教学效果，从而保证课堂教学的最优化。

(2)运用无意注意的规律组织教学。①创造良好的教学环境。为了使学生在学习过程中不受外部无关刺激的干扰，应该创造一个安静、整洁的教学环境。教师不仅要注意教室外环境对课堂的干扰，还应注意教室内的环境。②注重讲演、板书技巧和教具的使用。在讲课过程中，教师应该音量适中，语音、语调做到抑扬顿挫，遇到重点、难点还要加强语气，伴以适当的手势和表情；板书应该做到运用有度、重点突出、清晰醒目，必要时还要用彩色粉笔和图、表格加以强调；教具应该新颖直观，能够很好地说明问题。③注重教学内容的组织和教学形式的多样化。

(3)运用有意注意的规律组织教学。①明确学习的目的和任务；②培养间接兴趣；③合理组织课堂教学，防止学生分心；④运用多种教学手段。

(4)运用两种注意相互转换的规律组织教学。在教学过程中如果过分地要求学生使用有意注意，则容易引起疲劳；而如果只让学生凭借无意注意来学习，则不利于他们克服学习过程中的困难。所以，无论是在整个教学活动过程中，还是在一堂课上，教师都应充分利用两种注意转换的规律来组织教学。

六、案例分析题(参考答案)

71. 案例中张桂梅老师的教学行为体现了爱国守法、爱岗敬业、关爱学生、教书育人、为人师表的师德规范。

(1)"爱国守法"的师德规范要求教师全面贯彻国家教育方针，自觉遵守教育法律法规，依法履行教师职责权利；不得有违背党和国家方针政策的言行。倡导"爱国守法"就是要求教师热爱祖国、遵纪守法。张桂梅老师"在学校开展红色教育，每周组织红歌合唱、观看红色电影等"的行为说明她做到了爱国守法。

(2)"爱岗敬业"的师德规范要求教师对工作高度负责，认真备课上课等。张桂梅老师勤恳敬业，教出了上千名大学生，说明她做到了爱岗敬业。

(3)"关爱学生"的师德规范要求教师对学生严慈相济，做学生的良师益友；保护学生安全，关心学生健康，维护学生权益等。"她是校长，是保安，每天检查水电安全、熄灯与否，赶走路上的蛇"，这说明张桂梅老师做到了关爱学生。

(4)"教书育人"的师德规范要求教师遵循教育规律，实施素质教育；培养学生良好品行，激发学生创新精神，促进学生全面发展等。"拿着小喇叭，催促学生起床、吃饭、做操""在学校开展红色教育"等说明张桂梅老师做到了教书育人。

(5)"为人师表"的师德规范要求教师坚守高尚情操，知荣明耻；严于律己，以身作则；作风正派，廉洁奉公等。"张桂梅老师以身作则，和学生一起住宿舍，每天早上五点多起床，十二点后才休息"等行为说明她做到了为人师表。

72. (1)该名老师的教学是成功的。案例中的老师在课堂中运用启发式教学，让学生充分参与活动，开动脑筋，使他们能生动、活泼、主动地学习。在教学过程中老师以有趣、生动的教学方式吸引学生，使学生感到"有趣、有味、有奇、有惑"，充分调动了学生的学习兴趣。老师对学生的回答及时给予鼓励与表扬，使学生体验到成功的喜悦，及时有效的评价使学生的学习兴趣得以强化，该教师的行为合理。

(2)学习兴趣培养和激发的途径有：①通过各种活动发展学生的兴趣；②通过提高教学水平，引发学生兴趣；③引导学生将广泛兴趣与中心兴趣结合起来；④要根据学生的年龄特征来提高学生的学习兴趣；⑤根据学生的知识基础培养学生的学习兴趣；⑥通过积极的评价使学生的兴趣得以强化；⑦充分利用原有兴趣的迁移。

七、情境分析题(参考答案)

73. (1)我国小学常用的教学方法有：讲授法、谈话法、讨论法、演示法和练习法等。

(2)①材料中主要体现的教学方法为谈话法。谈话法也叫问答法，它是教师按一定的教学要求向学生提出问题，要求学生回答，并通过问答的形式来引导学生获取或巩固知识的方法。案例中的教师通过一问一答的方式，引导学生思考，激发学生学习兴趣，这属于谈话法。

②运用谈话法的要求：第一，要准备好问题和谈话计划；第二，提出的问题要明确，能引起思维兴奋，即富有挑战性和启发性，问题的难易要因人而异；第三，要善于启发诱导；第四，要做好归纳、小结，使学生的知识系统化、科学化，并注意纠正一些不正确的认识，帮助他们准确地掌握知识。

2021年四川省特岗教师招聘考试真题试卷(三十一)

一、单项选择题

1. D 【解析】本题考查教育起源的内容。劳动起源说在马克思历史唯物主义理论指导下形成，认为教育起源于人类所特有的生产劳动。故本题选D项。

2. D 【解析】本题考查洛克的教育思想。洛克在其著作《教育漫话》一书中详细论述了绅士教育的内容(即体育、德育和智育)及方法。故本题选D项。A项，泛智教育思想是由夸美纽斯提出的。B项，卢梭在他的教育小说《爱弥儿》中宣扬了他的自然主义教育思想。C项，一般认为，教育学成为一门独立学科所经历的时期的起点是17世纪捷克教育家夸美纽斯《大教学论》的问世，终点是19世纪初德国教育家赫尔巴特《普通教育学》的发表。

3. C 【解析】本题考查信息社会教育的特征。从教育系统所赖以运行的时间标准以及建立于其上的产业技术和社会形态出发，可以将教育形态划分为"农业社会的教育""工业社会的教育"与"信息社会的教育"。其中，信息社会教育的特征是：(1)学校将发生一系列变革；(2)教育的功能将进一步得到全面理解；(3)教育的国际化与教育的本土化趋势都非常明显；(4)教育的终身化和全民化理念成为指导教育改革的基本理念。C项属于农业社会教育的特征。故本题选C项。

4. D 【解析】本题考查杜威所代表的教育学派。实用主义教育学是19世纪末20世纪初兴起于美国的一种教育思潮，对20世纪整个世界的教育理论研究和教育实践发展产生了极大的影响。其代表人物是杜威、克伯屈。故本题选D项。A项，实验教育学的主要代表人物是德国的梅伊曼和拉伊、法国的比纳、美国的霍尔和桑代克。B项，文化教育学又称精神科学教育学，其代表人物有狄尔泰、斯普兰格、利特。C项，批判教育学的代表人物有美国的鲍尔斯、金蒂斯、阿普尔，法国的布厄迪尔。

5. C 【解析】本题考查教育目的的基本类型。从教育目的作用的特点看，可将它分为价值性教育目的和功用性教育目的；从教育目的所含要求的特点看，可将它分为终极性教育目的和发展性教育目的；从教育目的被实际所重视的程度看，可将它分为正式决策的教育目的和非正式决策的教育目的；从教育目的体现的范围看，可将它分为内在教育目的和外在教育目的。故本题选C项。

6. B 【解析】本题考查壬戌学制的相关内容。1922年，在北洋军阀统治下，留美派主持的全国教育会联合会以美国学制为蓝本，颁布了"壬戌学制"。故本题选B项。

7. C 【解析】本题考查教师职业的社会地位。教师职业的社会地位是通过教师职业在整个社会中所发挥的作用和所占有的地位资源来体现的，主要包括政治地位、经济地位、法律地位和专业地位。其中，教师职业的法律地位指法律赋予教师职业的权利、责任。教师职业的权利主要是指法律赋予教师在履行职责时所享有的权利。教师享有的社会权利，除一般公民权利(如生存权、选举权，享受各种待遇和荣誉等)外，还包括职业本身特点所赋予的专业方面的自主权：(1)教育的权利，即教师依法享有对学生实施教育、指导、评价的权利。(2)专业发展权，即教师依法享有发展自己、提高专业文化水平的权利。(3)参与管理权，即教师可以通过各种合法途径参与学校建设和管理。故本题选C项。

8. C 【解析】本题考查校本课程的相关内容。从课程设计、开发、管理主体或管理层次来看，可将课程分为国家课程、地方课程与校本(学校)课程。国家课程是自上而下由中央政府负责编制、实施和评价的课程。地方课程是省级教育行政部门以国家课程为基础，依据当地的政治、经济、文化、民族等发展的需要而开发设计的课程。校本课程是指由学生所在学校的教师编制、实施和评价的课程。故本题选C项。

9. D 【解析】本题考查教学评价的基本类型。根据教学评价的作用,教学评价可以分为诊断性评价、形成性评价(过程性评价)和总结性评价(终结性评价)。终结性评价,是在一个大的学习阶段、一个学期或一门课程结束时对学生学习结果的评价。终结性评价注重考查学生掌握某门学科的整体程度,概括水平较高,测验内容范围较广,常在学期中或学期末进行。高考是典型的终结性评价,是高中三年甚至可以说是小学至高中这一阶段的学习结束之后所进行的评价。故本题选D项。

10. D 【解析】本题考查班主任的领导方式。放任型班主任的领导方式属于不干预性指导。其特点为:容忍班级生活的种种冲突,更无意组织班级活动,回避学生的主动精神。故本题选D项。

11. D 【解析】本题考查德育原则的具体运用。因材施教原则是指教育者在德育过程中,应根据学生的年龄特征、个性差异以及品德发展现状,采取不同的方法和措施,加强德育的针对性和实效性。"一把钥匙开一把锁"说明对学生进行德育时,要因材施教,即体现了德育的因材施教原则。

12. A 【解析】本题考查心理发展的一般规律。心理发展的定向性与顺序性是指在正常条件下,心理的发展总是具有一定的方向性和先后顺序。尽管发展的速度有个别差异,会加速或延缓,但发展是不可逆的,也不可逾越。人的心理发展具有一定的顺序。题干表述的是心理发展的顺序性,故本题选A项。

13. B 【解析】本题考查遗传决定论的相关内容。遗传决定论(内发论)认为在人的身心发展过程中起决定作用的是遗传素质,其代表人物包括孟子、弗洛伊德、威尔逊、高尔顿、格塞尔、霍尔等。美国心理学家格塞尔强调成熟机制对人的发展的决定作用。他认为心理发展是由其内部所固有的不变的规律和顺序决定的,发展的个别差异正是反映了人的先天差异,强调先天优生的保健胜过后天环境的教养。故本题选B项。(具体内容参见莫雷主编的《教育心理学》)

14. B 【解析】本题考查强化的分类。强化是采用适当的强化物而使机体的反应频率、强度和速度增加的过程。强化有正强化和负强化之分。正强化也称积极强化,是通过呈现想要的愉快刺激来增强反应频率;负强化也称消极强化,是通过消除或中止厌恶、不愉快刺激来增强反应频率。题干中的老师通过减少小明的家庭作业,来增加他学习进步的频率,属于负强化的应用,故本题选B项。

15. B 【解析】本题考查潜伏学习的内涵。潜伏学习是指动物在没有强化的条件下学习也会发生,只不过结果不太明显,是"潜伏"的。一旦受到强化,具备了操作的动机,这种结果才通过操作而明显表现出来。在人类学习中,潜伏学习的现象更普遍。题干中的学生发生了学习,但学习的结果没有显示出来,符合潜伏学习的内涵,故本题选B项。

16. B 【解析】本题考查知识学习的类型。下位学习又称类属学习,是一种把新的观念归属于认知结构中原有观念的某一部分,并使之相互联系的过程。原有观念在包容和概括水平上高于新学习的知识。新学习的"铁、铜"属于"导体",故本题选B项。

17. B 【解析】本题考查影响学生问题解决的主要心理因素。定势是由心理操作形成的模式所引起的心理活动的准备状态,也就是人们在过去经验的影响下,解决问题时的倾向性。故本题选B项。(具体内容参见莫雷主编的《教育心理学》)

18. C 【解析】本题考查认知策略的类型。精加工策略包括:(1)记忆术;(2)做笔记;(3)提问;(4)生成性学习;(5)运用背景知识,联系客观实际。其中记忆术包括形象联想法、谐音联想法(谐音记忆法)、首字连词法、位置记忆法、缩简和编歌诀、关键词法、视觉联想、语义联想、特征记忆法、译意法、识记的连锁法等。故本题选C项。

19. A 【解析】本题考查短时记忆的内容。短时记忆容量有限,一般是7±2个组块,即5~9个项目,平均值为7,A项正确。感觉记忆中的信息是未经任何加工的,是按刺激的物理特征原样直接加以编码和储存的,B项错误。短时记忆是唯一对信息进行有意识加工的记忆阶段,C项错误。短时记忆中的内容在经过复述后可以进入长时记忆,作为知识经验长期储存起来,D项错误。故本题选A项。

20. B 【解析】本题考查科尔伯格的品德发展阶段理论。习俗水平包括以下两个阶段:(1)好孩子的道德定向阶段(寻求认可取向阶段或人际关系与补同的定向);(2)维护权威或秩序的道德定向阶段(遵守法规取向阶段或秩序和法规定向)。其中,好孩子的道德定向阶段的儿童的价值是以人际关系的和谐为导向,顺从传统的要求,符合大众的意见,谋求大家的称赞。在进行道德评价时,总是考虑到社会对一个"好孩子"的期望和要求,并总是按照这种要求去展开思维。题干中的小明认为道德就是要做别人喜欢的事,即按照人们所认为的"好孩子"的要求去做,属于好孩子的道德定向阶段,故本题选B项。

21. A 【解析】本题考查行为主义方法的各种技术简介。代币奖励法中的代币是一种象征性强化物,筹码、小红星、盖章的卡片、特制的塑料币等都可作为代币。当学生做出教师所期待的良好行为后,就发给他们数量相当的代币作为强化物。题干中的老师采用发徽章的方式来强化学生的良好表现,正是运用了代币奖励法。故本题选A项。

22. A 【解析】本题考查马斯洛的需要层次理论。马斯洛把需要分成七个层次,即生理需要、安全需要、归属与爱的需要、尊重需要、求知需要、审美需要和自我实现的需要。前四种需要被称为缺失需要,后三种需要是成长需要,故本题选A项。

23. C 【解析】本题考查维纳的归因理论。根据维纳的归因理论,能力属于不可控、稳定、内在的归因因素。

24. C 【解析】本题考查注意的功能。注意是一种复杂的心理活动,具有一系列重要的功能:(1)注意的选择功能。注意的选择功能,表现为人的心理活动指向那些有意义、符合需要、与当前活动相一致的刺激,避开或抑制那些无意义的、附加的、干扰当前活动的刺激和信息,具有一定指向性。(2)注意的维持功能。注意具有维持的功能,即当对外界信息进入知觉、记忆等心理过程进行加工时,注意能够把已经选择为有意义、需要进一步加工的信息保持在意识之中。(3)注意对活动的调节和监督功能。注意不仅表现在稳定而持续的活动中,而且也表现在活动的变化上。当需要从一种活动转向另一种活动的时候,注意就表现出重要的调节和监督功能,使人的活动朝向目标,并根据需要适当分配和适时转移,使其对外界事物或自己的行为、思想、情感反映得清晰和准确。另外,人在活动过程中难免会出现偏差,这时就需要注意的监控,及时加以修正。人只有在注意转移的状态下,才能实现活动的转变。题干中的学生在学习时发现并改正自己开小差的行为就体现了注意的调节和监督功能。故本题选C项。

25. D 【解析】本题考查学生人身权利的维护。隐私包括个人私生活、个人日记、照片、储蓄及财产状况、生活习惯及通讯秘密等。隐私权是指公民生活中不愿为他人公开或知悉的个人秘密的不可侵犯的人身权利。QQ聊天记录属于学生的隐私,因此,题干中的老师随意翻看学生的QQ聊天记录,侵害了该学生的隐私权。

26. B 【解析】本题考查教育法规的体系结构。教育法规体系的纵向结构,是指由不同层级的教育法律文件组成的等级、效力有序的纵向体系。我国教育法律体系的纵向结构为:(1)我国《宪法》中有关教育的条款;(2)教育基本法律;(3)教育单行法律;(4)教育行政法规;(5)地方性教育法规;(6)教育规章。其中,教育单行法律一般是由全国人民代表大会常务委员会制定的,规定教育领域某一方面具体问题的规范性文件,其效力低于《中华人民共和国宪法》和教育基本法,如《中华人民共和国义务教育法》《中华人民共和国教师法》《中华人民共和国职业教育法》《中华人民共和国高等教育法》等。故本题选B项。

27. A 【解析】本题考查法律制裁的方式。法律制裁主要有行政制裁、民事制裁和刑事制裁三种方式。其中行政制裁可分为行政处分和行政处罚两种方式。行政处分是国家机关、企业事业单位按照行政隶属关系,给予犯有轻微违法违纪失职行为、尚不够刑事处分的所属人员的一种惩罚措施。行政处分的种类有:警告、记过、记大过、降级、撤职、开除等。故本题选A项。

28. B 【解析】本题考查《中华人民共和国教师法》。根据《中华人民共和国教师法》第十一条规定,取得初级中学教师、初级职业学校文化、专业课教师资格,应当具备高等师范专科学校或者其他大学专科毕业及其以上学历。故本题选B项。

29. C 【解析】本题考查《中华人民共和国教师法》。根据《中华人民共和国教师法》第七条规定,教师享有下列权利:(1)进行教育教学活动,开展教育教学改革和实验;(2)从事科学研究、学术交流,参加专业的学术团体,在学术活动中充分发表意见;(3)指导学生的学习和发展,评定学生的品行和学业成绩;(4)按时获取工资报酬,享受国家规定的福利待遇以及寒暑假期的带薪休假;(5)对学校教育教学、管理工作和教育行政部门的工作提出意见和建议,通过教职工代表大会或者其他形式,参与学校的民主管理;(6)参加进修或者其他方式的培训。C项属于教师的义务,故本题选C项。

30. B 【解析】本题考查教育平等问题。在义务教育阶段,教育平等首先表现在接受教育的机会平等。也就是《中华人民共和国教育法》第九条规定,公民不分民族、种族、性别、职业、财产状况、宗教信仰等,依法享有平等的受教育机会。

二、判断简析题(参考答案)

31. 陈述性知识就是有关"怎么办"的知识。

(1)×。(2)陈述性知识也叫描述性知识,是个人能用言语进行直接陈述的知识,主要用于区别和辨别事物。陈述性知识学习的过程包括获得、保持和提取三个阶段。其中,知识提取阶段,个体运用所获得的知识回答"是什么"和"为什么"的问题。程序性知识即操作性知识,是一种经过学习后自动化了的关于行为步骤的知识,表现为在信息转换活动中进行具体操作。程序性知识是有关"怎么办"的知识。因此题干说法错误。

32. 埃里克森强调心理性欲对人格的影响。

(1)×。(2)根据力比多的发展,弗洛伊德提出了心理性欲发展阶段理论。他认为,在个体发展的不同阶段,人们总是通过身体的不同部位或区域得到满足并获取快感。而在不同部位获得快感的过程,就形成了人格发展的不同阶段。美国精神分析学家埃里克森强调社会文化背景的作用,认为人格发展受文化背景的影响和制约。因此,题干说法错误。

33. "先行组织者"策略是布鲁纳对知识教学的独特贡献。

(1)×。(2)"先行组织者"策略是奥苏贝尔对知识教学的独特贡献。奥苏贝尔提出"先行组织者"概念,即先于某个学习任务本身呈现的引导性学习材料。因此,题干说法错误。

34. 前摄抑制是一种顺向迁移,倒摄抑制是一种逆向迁移。

(1)√。(2)前摄抑制是先学习的材料对识记和回忆后学习材料的干扰作用。后学习的材料对保持和回忆先学习的材料的干扰作用,称为倒摄抑制。根据迁移发生的方向,可以分为顺向迁移与逆向迁移。顺向迁移是指先前学习对后继学习产生的影响。逆向迁移是指后继学习对先前学习产生的影响。因而,前摄抑制属于顺向迁移,倒摄抑制属于逆向迁移。因此,题干说法正确。

35. 教师威信最基本的是要能有效地管理学生。

(1)×。(2)教师威信指教师表现出的优秀心理品质,对学生产生了心理影响,博得了学生的尊敬与依赖。教师威信实质上反映了一种良好的师生关系,教师的威信是进行教育和教学活动的不可缺少的重要条件,教师的威信越高,其教育、教学的效果越好,教师的威信是多方面的,而最基本的是要有高尚的道德品质和精湛的业务能力。因此,题干说法错误。

36. 师生之间价值观念的对立是师生关系紧张的思想根源。

(1)√。(2)师生之间价值观念的对立是师生关系紧张的思想根源。传统的"师道尊严"观念影响根深蒂固,自古以来,教师都处在一种权威的地位。虽然随着社会的发展,学生已经成为教育中的主体,教育的过程应该是师生双方在平等地位上的良性互动,但是部分教师依然不能转变观念,放下架子,以平等、民主的心态对待学生,从而导致师生之间关系紧张,无法拉近彼此之间的距离,消除彼此之间的心理隔阂。因此,题干说法正确。

三、简答题(参考答案)

37. 简述教育目的的主要功能。

(1)对教育活动的定向功能;(2)对教育活动的调控功能;(3)对教育活动的评价功能。

38. 简述选择教学媒体应考虑的主要因素。

要想使教学媒体发挥出应有的作用,必须从以下几方面考虑媒体的选择与设计:(1)依据教学目标选择教学媒体;(2)依据教学对象的特点选用教学媒体;(3)依据媒体的技术特性选择教学媒体;(4)依据经济条件选择教学媒体。

39. 简述知识学习的一般心理过程。

知识学习的一般心理过程包括:(1)知识的理解。知识的理解主要指学生运用已有的经验、知识去认识事物的种种联系、关系,直至认识其本质、规律的一种逐步深入的思维活动。它是学生掌握知识过程的中心环节。(2)知识的巩固。知识的巩固是指将所理解的知识保持长久的记忆。(3)知识的运用。知识的运用是指运用已有的知识去解决有关问题。

40. 简述有意义学习的条件。

有意义学习的条件包括:(1)客观条件。客观条件,是指受学习材料本身性质的影响。有意义学习的材料本身必须合乎这种非人为的和实质性的标准,即具有逻辑意义。(2)主观条件。主观条件,是指受学习者自身因素的影响。主要表现在:①学习者必须具有有意义学习的心向;②学习者认知结构中必须具有适当的知识,以便与新知识进行联系;③学习者必须积极主动地使这种具有潜在意义的新知识与认知结构中有关的旧知识发生相互作用,使旧知识得到改造,新知识获得实际意义,即心理意义。

41. 简述教育法规与教育政策的关系。

教育法规与教育政策之间是一种相互制约、相互补充的辩证关系。

(1)联系:①教育法规与教育政策都决定于上层建筑,具有共同的目的;②教育政策是制定教育法规的依据,教育法规是教育政策的具体化、条文化和定型化;③教育政策决定教育法规的性质,教育法规的内容体现教育政策;④教育政策是实施教育法规的指导,教育法规是实现教育政策的保证。

(2)区别:①两者的制定主体不同;②两者的执行方式不同;③两者的规范效力不同;④两者调整和适用的范围不同;⑤两者所要解决问题的性质不同。

四、论述题(参考答案)

42. 班主任建设和管理班级组织的主要策略有哪些?

(1)创造性地规划班级发展目标。①以提高素质、发展个性为导向,制定适合班级组织实际水平的发展目标;②在班级组织的目标管理中,既要注重提高班级的整体发展水平,又要为班级中的每个成员精心规划其个性发展目标,并创造达成合理的个人发展目标的机会和条件,使班级中的每个成员在集体目标下树立自尊、自信、自强的自我形象。

(2)合理地确定学生在班级中的角色位置。①科学地诊断班级人际关系的现状;②实行班干部轮换制;③丰富班级管理角色;④正确对待班级中的非正式群体。

(3)协调好班内外各种关系。①协调班级内的各种组织和成员的关系;②协调与各任课教师及学校其他部门、其他班级的关系;③协调班级与社会、家庭的关系;④协调好班级内的各种活动和事务。

(4)建构"开放、多维、有序"的班级活动体系。班级建设必须建构一个由自主性的课堂教学活动、选择性的课外活动、创造性的社会实践活动有机组合的开放、多维、有序的共同活动体系,从而为每一个成员提供发现、尝试、锻炼和表现自己天赋和才能的自由时间和空间。

(5)营造健康向上、丰富活跃的班级文化环境。创建班级文化要做到:①营造文化性物质环境;②营造社会化环境;③营造良好的人际环境;④营造正确的舆论和班风;⑤营造健康的心理环境。

五、分析说明题(参考答案)

43. (1)案例中县教育局主要侵犯了张老师的荣誉权、财产权和教育教学权、科学研究权。

(2)荣誉权指公民或法人获得并维护荣誉称号的权利。身份权的一种。公民的荣誉是公民在学习、生产、工作或战斗中表现突出,成绩卓著或立有功勋而获得的荣誉称号,如劳动模范、先进工作者、战斗英雄、模范教师等。根据《民法典》第一千零三十一条规定,民事主体享有荣誉权。任何组织或者个人不得非法剥夺他人的荣誉称号,不得诋毁、贬损他人的荣誉。案例中,县教育局突然撤销张老师所获得的"模范教师"称号,侵犯了张老师的荣誉权。

根据《民法典》第三条规定,民事主体的人身权利、财产权利以及其他合法权益受法律保护,任何组织或者个人不得侵犯。作为公民,教师享有宪法和其他法规所规定的一切权利,如选举权、被选举权、人身权、姓名权、隐私权、财产权等。案例中,县教育局收回张老师所得奖金,侵犯了张老师的财产权。

根据《中华人民共和国教师法》第七条规定,教师享有下列权利:①进行教育教学活动,开展教育教学改革和实验;②从事科学研究、学术交流,参加专业的学术团体,在学术活动中充分发表意见;③指导学生的学习和发展,评定学生的品行和学业成绩;④按时获取工资报酬,享受国家规定的福利待遇以及寒暑假期的带薪休假;⑤对学校教育教学、管理工作和教育行政部门的工作提出意见和建议,通过教职工代表大会或者其他形式,参与学校的民主管理;⑥参加进修或者其他方式的培训。其中,教师依据法律规定享有进行教育教学活动,开展教学改革和实验的权利,这是国家赋予教师职业的特定权利,任何人都无权干涉或阻挠。科学研究权(学术自由权)是教师作为专业技术人员的一项基本权利。教师在完成规定的教育教学任务的前提下,有权进行科学研究、技术开发、撰写学术论文、著书立说;有权参加有关的学术交流活动,参加依法成立的学术团体并在其中兼任工作;有权在学术研究中发表自己的学术观点,开展学术争鸣。案例中,县教育局的领导打击报复张老师的行为,侵犯了教师享有的合法权益,即教育教学权和科学研究权,县教育局对此应承担相应的法律责任。

2021年安徽省特岗教师招聘考试真题试卷(三十二)

一、单项选择题

1. A 【解析】本题考查《中华人民共和国教育法》的内容。根据《中华人民共和国教育法》第三十五条规定,国家实行教师资格、职务、聘任制度,通过考核、奖励、培养和培训,提高教师素质,加强教师队伍建设。故选A项。

2. C 【解析】本题考查《中华人民共和国预防未成年人犯罪法》的内容。根据2012年修正的《中华人民共和国预防未成年人犯罪法》第五十条规定，未成年人的父母或者其他监护人，让不满十六周岁的未成年人脱离监护单独居住的，由公安机关对未成年人的父母或者其他监护人予以训诫，责令其立即改正。故选C项。

3. A 【解析】本题考查《中华人民共和国教师法》的内容。根据《中华人民共和国教师法》第七条规定，教师享有"按时获取工资报酬，享受国家规定的福利待遇以及寒暑假期的带薪休假"的权利。故答案选A项。

4. B 【解析】本题考查《安徽省中小学办学行为规范(试行)》的内容。《安徽省中小学办学行为规范(试行)》规定，学校选用的专题教育读本，必须经省中小学教材审定委员会审查通过，作为学校图书馆用书，所需费用列入学校公用经费预算开支，不得强制学生个人购买，也不得代为统一订购。故选B项。

5. C 【解析】本题考查我国第一部马克思主义教育理论著作。我国教育家杨贤江以李浩吾为化名出版的《新教育大纲》(1930年)是我国第一部马克思主义的教育学著作。故本题选C项。

6. D 【解析】本题考查教育信息化的内涵。教育信息化是指在教育领域全面、深入地运用现代信息技术来促进教育改革与发展的过程。其技术特点是数字化、网络化、智能化和多媒体化，基本特征是开放、共享、交互、协作。故题干所述体现的教育发展趋势是教育信息化。

7. D 【解析】本题考查教师职业理想的内涵。教师的职业理想是在对教育事业伟大意义的深刻理解的基础上产生的从事教育事业的志向、抱负和追求。具体而言，它是教师对自己未来职业的选择和向往，也是教师在职业活动中追求的事业成就或奋斗目标。故本题选D项。(具体参看杨春茂主编的《师德修养培训教材——师德修养与师德建设理论与实践》)

8. C 【解析】本题考查2008年修订的《中小学教师职业道德规范》的内容。2008年修订的《中小学教师职业道德规范》中关于"关爱学生"方面所规定的具体职业行为要求之一是：不讽刺、挖苦、歧视学生，不体罚或变相体罚学生。故本题选C项。

9. B 【解析】本题考查班杜拉对强化的重新解释。替代强化是指观察者因看到榜样的行为被强化而受到强化。题干中的琪琪看到丽丽的书法作品被学校悬挂在展览墙上，于是琪琪也想练好书法，作品能被学校展览，说明琪琪受到了替代强化。因此，答案选B项。

10. C 【解析】本题考查韦纳的成败归因理论。根据韦纳的成败归因理论可知，努力属于内部、可控、不稳定的归因。A项，稳定的内部归因，例如能力；B项，稳定的外部归因，例如工作难度；D项不属于韦纳的归因方式。因此，答案选C项。

11. B 【解析】本题考查气质的类型。多血质的人以情感丰富、工作能力强、适应能力强，但注意力不够集中，兴趣容易转移为特征。不符合题意。

胆汁质的人以精力旺盛、直率热情，但易冲动，脾气暴躁为特征。符合题意。

黏液质的人以安静沉稳，但可能过于刻板、缺乏激情为特征。不符合题意。

抑郁质的人以敏感细腻，情感体验丰富而深刻，但也容易多疑多虑为特征。不符合题意。(具体内容参见于冬娟、李天源主编的《新编大学生心理健康教育》)

12. A 【解析】本题考查耶克斯—多德森定律。"耶克斯—多德森定律"表明，动机不足或过分强烈都会影响学习效果。动机的最佳水平随任务性质的不同而不同。在比较容易的任务中，行为效果(工作效率)随动机的提高而上升；随着任务难度的增加，动机的最佳水平有逐渐下降的趋势。一般来讲，最佳水平为中等强度的动机。因此，在解决难度大的问题和完成复杂任务时，最有利的动机水平是中等偏下水平。

二、判断题

13. √ 【解析】本题考查《中共中央 国务院关于全面加强新时代大中小学劳动教育的意见》的内容。《中共中央国务院关于全面加强新时代大中小学劳动教育的意见》指出，劳动教育是国民教育体系的重要内容，是学生成长的必要途径，具有树德、增智、强体、育美的综合育人价值。

14. × 【解析】本题考查教学方法。讲授法是教师通过语言系统地向学生传授科学文化知识，并促进他们的智能与品德发展的方法。谈话法是教师和学生相互交谈，以引导学生根据已有的知识和经验，通过独立思考去获得新知识的教学方法，也叫问答法。故题干所述错误。

15. √ 【解析】本题考查课程类型。活动课程的特点是：重视儿童的兴趣、需要、能力和阅历，以及儿童在学习中的自我指导作用与内在动力；注重引导儿童从做中学，通过探究、交往、合作等活动使学生的经验得到改组与改造，智能与品德得到养成与提高；强调解决问题的动态活动的过程，注重教学活动过程的灵活性、综合性、形成性，因人而异的弹性，以及把课程资源作为解决问题的工具，反对预先确定目标的观念。(具体参看王道俊、郭文安主编的《教育学》第七版)

16. × 【解析】本题考查皮亚杰的认知发展阶段理论。皮亚杰认为，儿童的心理发展是一个连续的过程，这个过程具有阶段性，可以分为感知运动、前运算、具体运算和形式运算四个阶段。同时，每两个阶段之间都不是截然分开的，而是有着一定的交叉和重叠。他认为四个阶段的顺序是不变的，因为每个阶段都是下一个阶段的必要条件，前一个阶段的认知图式是后一阶段的基础。所有的儿童都要依次经历这四个发展阶段，不能跨越，也不能颠倒。但是，由于环境、文化、教育等差异，这些阶段可能加速或推迟。因此，题干说法错误。

17. × 【解析】本题考查情绪和情感的种类。激情发生时，意识范围缩小，意识对行为的控制作用明显降低，理解力降低，判断力减弱，易感情用事，不考虑后果。有人用激情爆发来原谅自己的错误，认为"激情时完全失去理智，自己无法控制"。这种说法是不对的，人能够意识到自己的激情状态，也能够有意识地调节和控制它。所以，人在激情状态下，并不总是做错事。

18. × 【解析】本题考查学生的认知方式差异。认知方式没有优劣、好坏之分，只是表现为学生对信息加工方式的某种偏爱，主要影响学生的学习方式。冲动型的学生在运用低层次事实性信息的问题解决中占优势，沉思型的学生在解决高层次问题时占优势。故题干说法错误。

19. √ 【解析】本题考查师生在教学过程中的关系。在教学中，教师主导作用与学生主体作用相统一，这是教学过程的双边性规律。故题干说法正确。

20. × 【解析】本题考查技能的掌握。知识的掌握是技能形成的前提，技能的形成一般都需要经过由陈述性知识向程序性知识转化的过程。在技能形成之初，学习者接受他人指导，了解操作过程，保存运动图式，模仿活动方式，乃至力求完成动作时，首先存留在头脑中的信息基本都是陈述性知识。因此，技能的掌握与陈述性知识有关。

三、简答题(参考答案)

21. 中小学班主任的工作任务有哪些？

《中小学班主任工作规定》第三章中规定了班主任的职责与任务。具体内容如下：

(1)全面了解班级内每一个学生，深入分析学生思想、心理、学习、生活状况。关心爱护全体学生，平等对待每一个学生，尊重学生人格。采取多种方式与学生沟通，有针对性地进行思想道德教育，促进学生德智体美全面发展。

(2)认真做好班级的日常管理工作，维护班级良好秩序，培养学生的规则意识、责任意识和集体荣誉感，营造民主和谐、团结互助、健康向上的集体氛围。指导班委会和团队工作。

(3)组织、指导开展班会、团队会(日)、文体娱乐、社会实践、春(秋)游等形式多样的班级活动，注重调动学生的积极性和主动性，并做好安全防护工作。

(4)组织做好学生的综合素质评价工作，指导学生认真记载成长记录，实事求是地评定学生操行，向学校提出奖惩建议。

(5)经常与任课教师和其他教职员工沟通，主动与学生家长、学生所在社区联系，努力形成教育合力。

22. 依据遗忘规律，如何合理地组织复习？

有效组织复习的方法有：

(1)复习时机要得当。①及时复习；②合理分配复习时间；③间隔复习；④循环复习。

(2)复习方法要合理。①分散复习与集中复习相结合；②复习方法多样化；③运用多种感官参与复习；④尝试回忆与反复识记相结合。

(3)复习次数要适宜，要掌握复习的量。

(4)重视对记忆品质的培养。

(5)注意用脑卫生。

四、材料分析题(参考答案)

23. (1)作业是结合教学内容，要求学生独立完成的各种类型的练习。作业的作用在于加深和加强学生对教材的理解和巩固，帮助学生掌握相关的技能、技巧。通过作业的布置、检查和批改，教师可以及时发现学生在知识或技能方面的缺陷并加以纠正，同时对学生的作业完成情况做出评价并提出进一步学习的建议。

(2)①作业内容符合课程标准的要求；②考虑不同学生的能力需求；③分量适宜、难易适度；④作业形式多样，具有多选性；⑤要求明确，规定作业完成时间；⑥作业反馈清晰、及时；⑦作业要具有典型意义和举一反三的作用；⑧作业应有助于启发学生的思维，含有鼓励学生独立探索并进行创造性思维的因素；⑨尽量同现代生产和社会生活中的实际问题结合起来，力求理论联系实际。

2021年内蒙古自治区特岗教师招聘考试真题试卷(三十三)

第一部分　教育学

一、单项选择题

1. B 【解析】本题考查加里宁的教育思想。最早提出教师要做“人类灵魂的工程师”的教育家是苏联的加里宁。他说：“很多教师常常忘记他们应该是教育家，而教育家也就是人类灵魂工程师。”故选B项。

2. B 【解析】本题考查对“产婆术”的理解。苏格拉底发明的问答式教学法，也叫“产婆术”或“苏格拉底法”。这种方法不是直接将现成的结论硬性灌输或强加给对方，而是通过对话不断提问、与对方共同讨论，诱导对方自然而然地得出事物正确的结论。启发性原则是指在教学活动中，教师要调动学生的主动性和积极性，引导他们通过独立思考、积极探索，生动活泼地学习，自觉地掌握科学知识，提高分析问题和解决问题的能力。二者的实质是一致的，故选B项。

3. A 【解析】本题考查班主任工作的前提和基础。了解和研究学生是班主任工作的前提和基础，故选A项。

4. B 【解析】本题考查社会政治经济制度对教育的影响和制约。社会政治经济制度对教育的影响和制约表现在：(1)社会政治经济制度决定教育的领导权；(2)社会政治经济制度决定受教育权；(3)社会政治经济制度决定教育目的；(4)社会政治经济制度决定着教育内容的取舍；(5)社会政治经济制度决定着教育体制；(6)社会政治经济制度制约教育的改革与发展。故选B项。

5. B 【解析】本题考查现代教育与传统教育的根本区别。重视创新能力的培养是现代教育与传统教育的根本区别。

6. C 【解析】本题考查教师备课、上课的主要依据。教科书是教师备课和上课的主要依据。

7. B 【解析】本题考查教学原则的概念。教学原则是根据一定的教学目的和对教学过程规律的认识而制定的指导教学工作的基本准则。教学原则贯穿于各项教学活动之中，它的正确和灵活运用，是提高教学质量的重要保证。

8. C 【解析】本题考查对教育目的的理解。教育目的是社会需求的集中反映，是教育性质的集中体现。它反映了社会政治和社会生产的需求，体现了教育的历史性、阶级性和生产力的性质。

9. A 【解析】本题考查教学活动的本质。教学活动就其本质而言，是一种特殊的认识活动。故选A项。

10. 缺失

二、多项选择题

11. ABC 【解析】本题考查对奖励或惩罚的理解。奖励和惩罚要做到公平、公正、民主，不隐瞒、不逃避，选项ABC说法正确。奖励和惩罚应及时有效，选项D排除。E项与题干无关。

12. BCDE 【解析】本题考查遗传决定论的代表观点。A项，洛克提倡“白板说”，他认为人的心灵犹如一块白板，它本身没有内容，可以任意涂抹。这属于外铄论(环境决定论)的观点。B项，血统论是一种主张以祖先长辈的血统和身份决定个人的前途命运和发展方向的政治思想。C项，柏拉图提出了人分三等论，他认为儿童发展的目标及个性差别，早已由人生来的自然素质所决定了。D项，格赛尔强调成熟机制对人的发展的决定作用。他认为，胎儿的发育大部分是由基因制约的，这种由基因制约的发展过程的机制就是成熟。E项，在中世纪的西方教育中，基督教的“原罪说”将儿童视为生而“有罪”的人。故BCDE四项均为遗传决定论的观点。

13. CD 【解析】本题考查教育学的研究对象。教育学是研究教育现象和教育问题，揭示教育规律的一门科学。

14. ABCD 【解析】本题考查现行学校的教学组织形式。在现代社会的学校教育中，存在以下几种教学组织形式：班级授课制、个别辅导与现场教学、复式教学、小组教学、分层教学等。

15. BCD 【解析】本题考查运用讲授法的基本要求。运用讲授法的基本要求有：(1)讲授内容要有科学性、系统性和思想性，要认真组织；(2)讲授要讲究策略和方式，要系统完整，层次分明，重点突出，符合知识的系统性和启发性教学原则的要求；(3)教师要努力提高语言表达水平，讲究语言艺术；(4)要组织学生听讲；(5)要与其他教学方法配合使用。故选BCD三项。

三、判断题

16. × 【解析】本题考查学生成绩评价相关知识。题干中教师采用的是自编测验的形式，即根据教学需要，教师自行设计和编制测验检验学生学业成绩。教师运用自编测验时应注意：(1)测验题目必须紧扣教育目标，不应出偏题、怪题。评价目的和教学目标的要求是测验编制的主要依据，不必人为规定题目的难易度，不能为了提高学生的成绩而降低难度，也不能为了增加区分度而提高题目的难度。(2)测验题目应有较广泛的覆盖面。故该教师为照顾成绩比较差的学生而降低试卷难度的做法是不可取的。

17. × 【解析】本题考查班集体与学生群体的关系。一个班的学生不是一群孩子的偶然聚集，而是按一定的教育目的、课程方案和教育教学要求组织起来的学生群体。但是，一个班的学生群体不能称之为集体。因为由班群体发展为班集体有一个逐步提高的过程，集体是群体发展的高级阶段。

18. × 【解析】本题考查教师的专业素养。教师的专业素养包括：(1)教师的学科专业素养，也即教师的学科知识素养；(2)教师的教育专业素养；(3)教师的人格特征；(4)教师良好的职业道德素质。故题干说法片面。

19. √ 【解析】本题考查学生的本质属性。学生是学习的主体，是具有能动性的教育对象。学生的主观能动性，也可称作主体性，它表现在学生具有独特性、选择性、调控性、创造性。

20. × 【解析】本题考查我国学校德育内容。根据1988年、1994年和1996年中共中央颁布的有关决定，我国学校德育内容主要有政治教育、思想教育、道德教育和心理健康教育。题干说法错误。

21. × 【解析】本题考查课程类型的相关内容。从课程内容的固有属性来看，可将课程分为学科课程与活动课程。学校开设的课程不仅包括学科课程，也包括活动课程，故学科课程不是学校开设的所有课程的总和。

22. × 【解析】本题考查教材和教科书的区别。教材是师生据以进行教学活动的材料，是教育者和受教育者在知识传递—接受活动中的主要信息媒介，是课程标准的进一步具体化。教材可以是印刷品(包括教科书、教学指导用书、补充读物、图表等)，也可以是音像制品(包括幻灯片、电影、录音带、录像带、磁盘、光盘等)。教科书是教材的主体，二者不能等同。

23. × 【解析】本题考查智育的概念。智育是传授给学生系统的科学文化知识、技能，发展他们的智力和与学习有关的非认知因素的教育。智育的主要内容和任务包括传授知识、发展技能、培养自主性和创造性。题干说法错误。

24. × 【解析】本题考查课程资源的内涵。课程资源是课程建设的基础，它包括教材以及学生家庭、学校和社会生活中一切有助于学生发展的各种资源。隐性课程亦称潜在课程、自发课程，是学校情境中以间接的、内隐的方式呈现的课程。故隐性课程属于学校课程资源。题干说法错误。

25. × 【解析】本题考查个体身心发展的不平衡性规律。个体身心发展的不平衡性一方面是指身心发展的同一方面的发展速度，在不同的年龄阶段是不平衡的，另一方面是就个体身心发展的不同方面而言的。人的身心发展的不同方面有不同的发展期的现象，引起了心理学家的重视，由此提出了发展关键期。题干说法错误。

四、简答题(参考答案)

26. 简述学生文化的特征。

(1)学生文化具有过渡性；(2)学生文化具有非正式性；(3)学生文化具有多样性；(4)学生文化具有互补性。

27. 简述教师的职业性质。

(1)教师职业是一种专门职业。教师是从事教育教学工作的专业人员。(2)教师是教育者，教师职业是促进个体社会化的职业。

28. 简述德育过程基本规律。

(1)德育过程是对学生知、情、意、行的培养与提高过程；(2)德育过程是一个促进学生思想内部矛盾斗争的发展过程，是教育与自我教育相结合的过程；(3)德育过程是组织学生的活动和交往，统一多方面教育影响的过程；(4)德育过程是一个长期的、反复的、逐步提高的过程。

五、案例分析题(参考答案)

29. 这位教师遵循了因材施教原则、量力性原则和启发性教学原则。

(1)因材施教原则是指教师在教学中，要从课程计划、学科课程标准的统一要求出发，面向全体学生，同时又要根据学生的个别差异，有的放矢地进行有差别的教学，使每个学生都能扬长避短，获得最佳的发展。案例中的教师根据学生之间的差异，对成绩好的学生提出不同的要求，允许他们自学。这体现了因材施教原则。

(2)量力性原则是指教学的内容、方法、分量和进度要适合学生的身心发展，使他们能够接受，但又要有一定的难度，需要他们经过努力才能掌握，以促进学生的身心发展。案例中的教师将学生编制的习题按程度介绍给班里的其他学生，推进了全班同学的学习进度，使全班同学提前五课时完成了教学任务。这说明该教师关注不同水平学生接受能力的差异，遵循了在最近发展区内进行教学，体现了量力性教学原则。

(3)启发性教学原则是指在教学活动中，教师要调动学生的主动性和积极性，引导他们通过独立思考、积极探索，生动活泼地学习，自觉地掌握科学知识，提高分析问题和解决问题的能力。案例中，教师在教学过程中调动了学生的自觉主动性，不仅让成绩好的学生自学解决问题，还选择合适的题让班里的其他同学练习和讨论，这体现了启发性教学原则。

第二部分　教育心理学

一、单项选择题

30. B 【解析】本题考查人类学习和动物学习的本质区别。人类的学习是以语言为中介来实现的。

31. B 【解析】本题考查问题解决的过程。问题解决的过程一般可分为发现问题、理解问题、提出假设和检验假设四个阶段。理解问题(分析问题)这个过程主要是收集与问题有关的材料，抓住关键、找出主要矛盾的过程。

32. B 【解析】本题考查态度的结构。态度的结构包括认知成分、情感成分和行为成分。态度的情感成分是指伴随着态度的认知成分而产生的情绪或情感体验，是态度的核心成分。

33. B 【解析】本题考查创造性思维。创造性思维是指用独特、新颖的方法解决问题的思维过程。它是人类思维的高级形态，是智力的高级表现，以发散思维为核心。

34. C 【解析】本题考查专家型教师和新手型教师的区别。专家型教师具有丰富的教学策略，并能灵活运用。新手型教师缺乏或者不会运用教学策略。在提问策略与反馈策略上：(1)专家型教师比新手型教师提的问题更多，学生获得反馈的机会也多，学习更加精确的机会也越多。(2)在学生正确回答后，专家型教师比新手型教师更多地再提另外一个问题，这样可促使学生进一步思考。(3)对于学生错误的回答，专家型教师较新手型教师更易针对学生提出另一个问题，或者是给出指导性反馈。(4)专家型教师比新手型教师在学生自发的讨论中更可能提出反馈。题干所述体现了专家型教师和新手型教师在策略应用方面的差异。故选C项。

35. A 【解析】本题考查知识学习的类型。上位学习是在学生掌握一个比认知结构中原有概念的概括和包容程度更高的概念或命题时产生的。题干中再学习的"金属"概念包括已掌握的"铜""铁"等概念，新学习的知识在包容和概括水平上高于原有观念，故属于上位学习。

36. A 【解析】本题考查发现教学。发现教学指教师向学生提供一种问题情境，而不是将学习的内容直接告诉学生，让学生通过自身的学习活动发现有关概念和原理的一种教学策略。在发现教学中，教师的角色是学生学习的促进者和引导者。

37. C 【解析】本题考查自我效能感的影响因素。自我效能感的影响因素有：(1)个人自身的成败经验；(2)替代经验；(3)言语暗示；(4)情绪唤醒。其中个人自身行为的成败经验对自我效能感的影响最大。

38. B 【解析】本题考查学习策略。根据生物钟安排学习活动是指根据时间安排学习活动，运用了时间管理策略，属于学习策略中的资源管理策略。故本题选B项。

39. B 【解析】本题考查认知方式。场依存型的学生对客观事物的判断常以外部线索为依据，其态度和自我认知易受周围环境或背景的影响，往往不易独立地对事物做出判断，而是人云亦云，从他人处获得标准；行为常以社会为定向，社会敏感性强，爱好社交活动。从该同学"容易受到同学、老师的影响""善于察言观色"可以看出其认知方式属于场依存型。

二、多项选择题

40. ABC 【解析】本题考查学习的内涵。学习是个体在特定情境下由于练习或反复经验而产生的行为或行为潜能的相对持久的变化。并非所有的行为变化都是由学习产生的，如生理成熟、疲劳、药物等因素亦可引起行为的变化。D项，感觉适应属于感受性的变化。E项，身体疲劳不是由学习产生的变化。

41. 缺失

42. ABCE 【解析】本题考查态度与品德的培养方法。态度与品德的培养有以下几种方法：(1)有效的说服；(2)树立良好的榜样；(3)利用群体约定；(4)价值辨析；(5)给予适当的奖励和惩罚。

43. ABC 【解析】本题考查心智技能的特点。心智技能的特点有：(1)动作对象的观念性；(2)动作执行的内潜性；(3)动作结构的简缩性。故本题选ABC三项。

44. ABD 【解析】本题考查需要层次理论。自我实现作为一种最高级的需要，包含认知、审美和创造的需要。

三、判断题

45. × 【解析】本题考查非正式群体。非正式群体按其性质可划分为四类：(1)积极型非正式群体，能够直接促进学校教育目标的实现。(2)中间型非正式群体，对学校教育目标的实现既有积极作用，又有消极作用。(3)消极型非正式群体，对学校教育目标的实现起消极作用，但他们的活动未超出法律许可的范围。(4)破坏型非正式群体，对学校教育目标的实现具有破坏性。题干说法过于绝对，故错误。

46. × 【解析】本题考查创造性。创造性并不是少数人独有的，而是人类普遍存在的一种潜能，是每个人都有的一种心理品质。

47. √ 【解析】本题考查教育心理学的研究对象。从学科范畴来看，教育心理学既是心理学的一个分支学科，又是以教育学与心理学结合而产生的交叉学科。它拥有自身独特的研究课题，即如何学、如何教以及学与教之间的相互作用。

48. × 【解析】本题考查知识学习的阶段。现代认知心理学认为，知识学习一般分为三个阶段：(1)知识的获得；(2)知识的保持；(3)知识的应用。知识的获得是知识学习的第一个阶段。

49. √ 【解析】本题考查记忆规律的应用。多种感官参与学习可以更好地提高记忆效果。

50. × 【解析】本题考查心理发展的概念。心理发展是指个体从出生、成熟、衰老直至死亡的整个生命进程中所发生的一系列心理变化。

51. √ 【解析】本题考查操作技能的形成。练习是形成各种操作技能所不可缺少的关键环节，通过应用不同形式的练习，可以使个体掌握某种技能。

52. √ 【解析】本题考查习得性无助。一个总是失败并把失败归因于内部的、稳定的和不可控的因素(即能力低)的学生会形成一种习得性无助的自我感觉。这样他们就认为自己无论做什么都不会改变现状，从而更易放弃学习。

53. × 【解析】本题考查操作性条件作用理论。操作性条件作用理论主张人的大部分行为都是操作性行为，行为发生在刺激之前，强调行为后的强化。

54. × 【解析】本题考查测验的标准。效度是指一个测验工具希望测到某种行为特征的有效性与准确程度。题干所述为效度的概念。信度是指一个测验量表的可靠程度(或可信程度)。

四、简答题(参考答案)

55. 简述心理健康教育的途径。

(1)心理健康教育活动课；(2)学科渗透；(3)班主任工作；(4)学校心理咨询与心理辅导；(5)家庭教育；(6)环境教育；(7)社会磨砺；(8)其他途径(少先队、板报、校报、广播等)。

56. 简述课堂纪律的类型。

课堂纪律是指为保障或促进学生的学习而设置的行为标准及施加的控制。根据形成途径，课堂纪律一般可分为以下四类：(1)教师促成的纪律；(2)集体促成的纪律；(3)自我促成的纪律；(4)任务促成的纪律。

57. 简述影响迁移的主要因素。

(1)学习材料的特点；(2)原有的认知结构；(3)对学习情境的理解；(4)学习的心理准备状态(心向)；(5)学习策略的水平；(6)智力与能力；(7)教师的指导。

五、案例分析题(参考答案)

58. (1)根据奥苏贝尔的观点，刘浩表现出的内驱力是附属内驱力。附属内驱力是指个体为了获得长者们(如家长、教师)的赞许或认可而表现出把工作、学习做好的一种需要。附属内驱力是一种间接的学习需要，属于外部动机。

(2)由于刘浩的数学学习动机为外部动机，所以作为数学老师应引导他把外部学习动机转化为内部学习动机。内部学习动机的激发与培养的方法有：①激发兴趣，维持好奇心。兴趣和好奇心是内部动机最为核心的成分，是培养和激发学生内部学习动机的基础。激发刘浩对数学的学习兴趣有助于发展其内部学习动机。②设置合适的目标。当目标是由个体自己设定，而不是由他人设定时，个体通常会付出更多的努力。可以引导刘浩设置自己的数学学习目标。

③培养恰当的自我效能感。让刘浩获得数学成功体验，提升其自我效能感。④训练归因。引导刘浩进行努力归因和现实归因。

第三部分　教育技术学

一、单项选择题

59. C 【解析】本题考查"教育技术"的曾用名。在我国，教育技术学这门学科从1933年到20世纪90年代一直被称为"电化教育"，至今仍然还有部分机构在使用。1995年国家教委（1998年更名为教育部）正式提出将电化教育专业更名为教育技术专业。

60. A 【解析】本题考查选择教学媒体的依据。教学媒体的选择依据主要有：(1)依据学习者（教学对象）的特征。(2)依据教学任务。依据教学任务主要是指选择教学媒体时要考虑教学目标、教学内容的特点以及采用的教学方法等。(3)依据客观条件。客观条件主要涉及媒体的易获性、适用性等。由题干可知教师根据教学目标选择了相应的教学媒体，故选A项。

61. D 【解析】本题考查处理声音信息的多媒体设备。声卡是处理声音信息的设备，也是多媒体计算机的核心设备。

62. C 【解析】本题考查教学设计的基本过程。教学设计的基本过程为前期分析、制定学习目标、教学策略与教学媒体选择、开展教学评价四个过程。其中，前期分析主要包括学习需要分析、学习者分析、教学内容分析。题干中教师通读和理解教材属于对教学内容的分析，故选C项。

63. C 【解析】本题考查信息素养的基本要素。关于信息素质（信息素养）的基本要素，不同的学者有不同的观点。彭绍东教授认为信息素质（信息素养）的基本要素为：信息知识、信息能力、信息情意。故选C项。

64. B 【解析】本题考查教育评价的功能。教育评价具有诊断功能、反馈功能、激励功能、管理功能、筛选功能等。其中，诊断功能包括诊断教师教学和诊断学生学习。题干中的摸底考试就是对学生整体的考查与诊断，体现了教育评价的诊断功能。

65. B 【解析】本题考查常用的图形图像处理软件。A项，Mind map是制作思维导图的一种软件。B项，Photoshop是著名的图像处理软件，是美国Adobe公司出品的。从功能上看，该软件可分为图像编辑、图像合成、校色调色及特效制作部分等。Photoshop是目前使用最广泛的专业图像处理软件。C项，Premiere是常用的视频编辑软件。D项，Excel属于电子表格软件。故选B项。

66. C 【解析】本题考查教学策略的选择。常用的教学策略包括先行组织者策略、示范—模仿策略、支架式教学策略、抛锚式教学策略、随机进入教学策略等等。其中，示范—模仿策略特别适合于实现动作技能领域的教学目标。因此，"对于动作技能要求较高的科目"，常采用的教学策略是示范—模仿策略。

67. B 【解析】本题考查学习者起点能力分析的内容。在教学设计中，学习者分析包括：(1)学习者一般特征的分析；(2)学习者起点能力的分析，具体包括预备技能分析、目标技能预测、了解学习者对学习内容的态度以及学习动机分析；(3)学习者学习风格的分析，如信息加工的风格、感情的需求等。故选B项。

68. D 【解析】本题考查教学媒体的作用。教学媒体不仅是辅助教师教的演示工具，更重要的是促进学生自主学习的认知工具与情感激励工具，是学生协作学习的工具。教学媒体只能拓展或代替教师的部分作用，而且适用的媒体还需要教师和设计人员去精心编制和置备，即使具有人工智能的多媒体计算机系统也不能完全代替教师。D项理解错误。

二、多项选择题

69. ABCDE 【解析】本题考查影响传播效果的传播者因素。教育是一个复杂的信息传播过程。在这个过程中，传播者和受播者的传播技巧、态度、知识、社会背景、文化等都直接影响信息的传播效果。

70. ABC 【解析】本题考查网络与通讯技术在教育中的应用。网络与通讯技术在教育中的应用包括校园网、多媒体网络教室、多媒体电子图书阅览室、视频点播、远程教学等内容，故ABC三项符合题意。人工智能是一门怎样表示知识以及怎样获得知识并使用知识的科学，是研究如何使信息化工具如计算机去做过去只有人才能做的智能工作。目前研究开发的信息化工具有专家系统、机器翻译系统、模式识别系统、机器学习系统、机器人等都属于人工智能领域的研究内容，故D项和E项不属于网络与通讯技术在教育中的应用。

71. BC 【解析】本题考查教育技术的研究对象。教育技术AECT'94的定义为：教育技术是为了促进学习，对有关的学习过程和学习资源进行设计、开发、利用、管理和评价的理论与实践。从AECT'94的定义可以看出，教育技术的目的是促进学习，研究对象是学习过程与学习资源，研究的范畴（内容）是设计、开发、利用、管理和评价，核心是教育的整体改革。

72. ABC 【解析】本题考查教学设计前端分析环节的内容。教学设计的前端分析主要包括学习需求分析、学习者分析、学习内容分析。

73. 缺失

三、判断题

74. √ 【解析】本题考查教育技术学的学科定位。教育技术是教育科学领域的一门新兴的二级分支学科，是连接教育科学理论与教育教学实践的桥梁。

75. √ 【解析】本题考查教育技术学的主要目标。教育技术学的主要目标是促进和改善人类学习的质量。题干说法正确。

76. × 【解析】本题考查教学媒体的选择。教学中的各种手段和方法都有其特长和局限性。在选择教学媒体时要针对教学内容、教学对象和媒体自身的特点，选择恰当的教学媒体，不可偏向或避免使用某一种教学媒体。

77. √ 【解析】本题考查教学系统设计。AECT把教学系统设计定义为一个"包括分析、设计、开发、实施和评价教学各步骤的有组织的过程"。题干说法正确。

78. × 【解析】本题考查混合学习。混合学习是将传统学习方式的优势与网络学习的优势结合起来。混合学习与其说是一种教学理论，不如说是一种教学理念，只要是符合将传统与网络学习的优势两者结合就可以称之为混合学习。信息技术与学科课程的整合，就是通过将信息技术有效融合于各学科的教学过程来营造一种新型教学环境，实现一种既能发挥教师主导作用又能充分体现学生主体地位的以"自主、探究、合作"为特征的教与学方式。因此，混合学习比"信息技术与学科课程的整合"所涉及的范围更广泛，两者不等同。

79. × 【解析】本题考查信息技术对教育的影响。信息技术对教育既有积极的影响，也有消极的影响。

80. × 【解析】本题考查数字媒体技术与人工智能技术的概念。数字媒体技术是包括计算机技术、通信技术和信息处理技术等各类信息技术的综合应用技术，其所涉及的关键技术及内容包括数字信息的获取与输出技术、数字信息存储技术、数字信息处理技术、数字传播技术、数字信息管理与安全等。人工智能技术是研究、开发用于模拟、延伸和扩展人的智能的理论、方法、技术及应用系统的一门新的技术科学。人工智能是计算机科学的一个分支，它企图了解智能的实质，并生产出一种新的能以人类智能相似的方式做出反应的智能机器。故数字媒体技术和人工智能技术不等同，题干说法错误。

81. × 【解析】本题考查微课的概念。微课，是指以视频为主要载体，记录教师在课堂内外的教育过程中围绕某个知识点（重点、难点、疑点、弱点）或技能点等单一教学任务而开展教学活动的方式，是指为使学生自主学习获得最佳效果，通过精心的信息化教学设计，以流媒体形式展示的围绕某个知识点的简短、完整的教学活动，是指基于教学设计思想，使用多媒体技术在几分钟内就一个知识点进行针对性讲解的一段音频与视频的过程。故微课主要聚焦于单一教学任务，而不是聚焦于多个教学问题，题干说法不正确。

82. × 【解析】本题考查教育信息化的核心。教育信息化的核心在于教学信息化。

83. × 【解析】本题考查协作学习。建构主义的学习理论特别强调协作学习，并将"协作"视为建构主义学习环境的要素之一。题干说法错误。

四、简答题（参考答案）

84. 解释终身学习的含义。

终身学习指社会每个成员为适应社会发展和实现个体身心发展的需要，贯穿于人的一生的、持续的学习过程。

85. 简述行为主义学习理论的主要观点。

(1)学习过程是有机体在一定条件下形成刺激与反应的联系，从而获得新经验的过程；(2)一切学习都是通过条件作用，在刺激和反应之间建立直接联结的过程；(3)强化在刺激—反应联结的建立中起着重要作用。在刺激—反应联结中，个体学到的是习惯，而习惯是反复练习和强化的结果。

86. 简述数字媒体的特征。

(1)数字化；(2)交互性；(3)多媒体性；(4)技艺并重性。

五、论述题(参考答案)

87. 论述信息时代教师角色的转换。

(1)教师应做学生的指导者。在网络时代,学生很容易从外部数据资源中获得信息,教师的角色不再是信息的垄断者、讲授者或良好知识体系的呈现者,其主要职能已从"教"转变为"导"——引导、指导、诱导、辅导和教导。

(2)教师是学生知识的意义建构的促进者。在建构主义的学习环境下,教师的作用主要是激发学生的学习兴趣,努力促使学生将当前的学习内容所反映的事物尽量和自己已经知道的事物联系起来,并通过创设符合教学内容要求的教学情境、提示新旧知识之间联系的线索,帮助学生建构当前所学知识的意义,并且尽可能地组织协作学习,开展讨论与交流,并对协作学习过程进行引导,使之朝着有利于知识的意义建构的方向发展。

(3)教师是信息资源的提供者和设计者。在一个基于多媒体计算机和网络通信技术的学习环境中,为了支持学习者主动探索和完成对所学知识的意义建构,教师在学习者学习的过程中,要为其提供各种信息资源,并且对信息资源进行设计。

(4)教师是协作者。这里的协作是一种新型的互相协作关系。在这种新型的协作学习环境中,教师作为群体协作者的作用体现在组织协作学习,并对协作学习过程进行引导,与学生建立良好而和谐的师生关系上。

(5)教师是课程开发者。教育技术专家指出,教师在开发课程体系时需要有一种建构主义的眼光,必须考虑社会生活每一方面的剧烈变革对课程体系和教学模式的影响。在制定新的课程体系时必须与其他教师通力合作,将社会需要放在首位,改变传统课程体系中的一些内容,重新确定基于一系列新的技能、技巧之上的课程体系及课程结构,重新组织课程的教学形式、教学策略,不断评价、完善新的课程体系。

(6)教师是学生的学习顾问。在建构主义的学习环境下,学习除了学生之间的协作学习外,个别化学习也是其主要形式。因此,为了适应和促进学生的个别化学习,使每一个学习者都能获得适合各自需要的教学帮助,使每一个人的潜力都能得到最大的发挥,教师必将扮演学生学习顾问的角色。

(7)教师是反思者与教育研究者。反思是教师教学能力提高的一条重要途径。教师要不断对自己的教学工作进行反思和评价,提高对自己教学活动的洞察力,发现和分析其中存在的问题,并提出改进的方案。另外,教师之间也可以进行观察分析,讨论交流,从而帮助彼此发现问题,共同提高教学水平。做教育研究者是提高教师职业专业化水平的必然途径,同时也是教师自我价值实现的重要方面。

(8)教师也是学习者。未来的社会是一个学习终身化的社会。教师职业的特点决定了教师必然是终身的学习者。

2021年湖北省中小学教师公开招聘考试综合知识真题试卷(三十四)

一、单项选择题

1. A 【解析】本题考查时政知识。2021年2月20号,习近平总书记在党史学习教育动员大会上的讲话中强调,要教育引导全党从党史中汲取正反两方面历史经验,坚定不移向党中央看齐,不断提高政治判断力、政治领悟力、政治执行力,切实增强"四个意识"、坚定"四个自信"、做到"两个维护",自觉在思想上政治上行动上同党中央保持高度一致,确保全党上下拧成一股绳,心往一处想、劲往一处使。"政治三力"即政治判断力、政治领悟力、政治执行力,故选A项。

2. C 【解析】本题考查习近平关于教育的重要论述。中共中央总书记、国家主席、中央军委主席习近平2021年3月6日下午看望了参加全国政协十三届四次会议的医药卫生界、教育界委员,并参加联组会,听取意见和建议。他强调,教育是国之大计、党之大计。要从党和国家事业发展全局的高度,坚守为党育人、为国育才,把立德树人融入思想道德教育、文化知识教育、社会实践教育各环节,贯穿基础教育、职业教育、高等教育各领域,体现到学科体系、教学体系、教材体系、管理体系建设各方面,培根铸魂、启智润心。故选C项。

3. D 【解析】本题考查时政知识。2021年2月23日,教育部召开新闻发布会。会上要求,新学期中小学教育教学要提高教育教学质量,强化学生作业管理,严格按照规定控制作业总量,坚决克服机械、无效作业,杜绝重复性、惩罚性作业。不得给家长布置或变相布置作业,不得要求家长检查批改作业。要按照"有限带入校园、禁止带入课堂"的要求,细化手机管理措施。

4. D 【解析】本题考查时政知识。自2021年3月1日起施行的《中小学教育惩戒规则(试行)》第三条规定,学校、教师应当遵循教育规律,依法履行职责,通过积极管教和教育惩戒的实施,及时纠正学生错误言行,培养学生的规则意识、责任意识。

5. D 【解析】本题考查社会本位论的观点。社会本位论认为确立教育目的的根据是社会的要求,个人的发展必须服从社会需要,因为个人生活在社会中,受制于社会环境。教育的目的是为社会培养合格的成员和公民,使受教育者社会化,社会价值高于个人价值,教育质量和效果可以用社会发展的各种指标来评价。故D项属于社会本位论的观点,选D项。ABC三项属于个人本位论的观点。

6. B 【解析】本题考查杜威的教育思想。在教育的本质上,杜威提出了两个口号:"教育即生活""学校即社会"。其中,"教育即生活"从主观唯心主义经验论出发,杜威说:"生活就是发展,而不断发展,不断生长,就是生活。""没有教育即不能生活,所以我们可以说,教育即生活"。在他看来,最好的教育就是"从生活中学习""从经验中学习"。因此,教育就是要给儿童提供保证生长或充分生活的条件,而不问他们年龄的大小。教育就是儿童现在生活的过程,而不是生活的预备。学校中一切课程的主要内容,应该就是儿童现在生活的经验。故选B项。

7. A 【解析】本题考查教学过程的基本规律。"授人以鱼,不如授人以渔"强调教师在教学中不仅要传授给学生知识,更重要的是发展学生的学习能力。故选A项。

8. A 【解析】本题考查综合课程。综合课程克服了学科课程分科过细的缺点,比较容易贴近社会现实和实际生活,通过把多种学科的相关内容融合在一起,构成新的课程。如人口教育课、环境教育课、法制教育课、社交技能课、闲暇与生活方式课等,这些课程不可避免地要涉及历史、地理、化学、生物、物理、卫生等各门学科。

9. C 【解析】本题考查埃里克森的人格发展阶段理论。美国精神分析学家埃里克森认为,人格发展是一个逐渐形成的过程,必须经历八个顺序不变的阶段。每一个阶段都有一个由生物学的成熟与社会文化环境、社会期望之间的冲突和矛盾所决定的发展危机。初中阶段约为12~15岁,对应埃里克森自我同一性对角色混乱的阶段(12~18岁),本阶段的发展任务是培养自我同一性,即建立同一性,防止角色混乱,选择C项。

10. D 【解析】本题考查实质教育论的观点。实质教育论认为教学的主要任务在于传授给学生有用的知识,至于学生的智力则无需进行特别的培养和训练。题干为实质教育论的观点,故选D项。

11. C 【解析】本题考查学习动机的分类。根据学校情境中的学业成就动机的不同,奥苏贝尔等人把动机分为认知内驱力、自我提高内驱力和附属内驱力三个方面。附属内驱力是指个体为了获得长者们(如家长、教师)的赞许或认可而表现出把工作、学习做好的一种需要。附属内驱力是一种间接的学习需要,属于外部动机。题干中郭同学想要获得老师的表扬,下决心努力学习的动机属于附属内驱力。

12. B 【解析】本题考查知识学习的类型。下位学习又称类属学习,是一种把新的观念归属于认知结构中原有观念的某一部分,并使之相互联系的过程。原有观念在包容和概括水平上高于新学习的知识。题干中"水果"在包容和概括水平上高于"荔枝、芒果和菠萝",属于下位学习。

13. B 【解析】本题考查注意的分类。根据有无目的和意志努力,注意可以分为无意注意、有意注意和有意后注意三种。无意注意也称不随意注意,是没有预定目的、无需意志努力、不由自主地对一定事物所发生的注意。教室的布置、环境等无关刺激的干扰容易引起学生的无意注意,题干中的做法属于排除无意注意的干扰。

14. C 【解析】本题考查梁启超的教育思想。梁启超反对填鸭式的教育,他在给孩子的信中曾经说道:"学习不必太求猛进,像装罐头,塞得越多越急,不见得便会受益。"故选C项。

15. B 【解析】本题考查教师成长的阶段。福勒和布朗根据教师的需要和不同时期所关注的焦点问题,把教师的成长划分为关注生存、关注情境和关注学生三个阶段。教师在关注学生阶段将考虑学生的个别差异,认识到不同发展水平的学生有不同的需要,考虑教学材料和方式是否能够让全体学生接受,根据学生的差异采取适当的教学,促进学生发展。故选B项。

16. A 【解析】本题考查德育方法。实际锻炼法是有目的地组织学生参加各种实际活动,使其在活动中锻炼思想,增长才干,培养优良的思想和行为习惯的德育方法。锻炼的方式主要是学习活动、社会活动、生产劳动和课外文体科技活动。故选A项。

17. A 【解析】本题考查教育信息化。教育信息化是指在教育领域全面、深入地运用现代信息技术来促进教育改革与发展的过程。其技术特点是数字化、网络化、智能化和多媒体化,基本特征是开放、共享、交互、协作。BCD三项说法正确,故选A项。

18. C 【解析】本题考查教师违法(侵权)行为。根据有关规定,只要是自己独立完成的,体现了自己的思想、情感、构思和表达方式的,属于文学、艺术和科学领域内并能以某种有形形式复制的智力成果都是著作权法所称的作品。著作权人对其作品享有发表权,未经许可任何人不得发表其作品。中小学生的作文也是作品,是受我国《著作权法》保护的文字作品。题干中该老师的做法侵犯了学生的著作权。

19.D 【解析】本题考查操作性条件作用的基本规律。正强化也称积极强化,是通过呈现想要的愉快刺激来增强反应频率。当小花想要加入集体活动时,老师通过欢迎并肯定的形式给予愉快刺激,属于正强化。

20.B 【解析】本题考查《中华人民共和国义务教育法》。根据《中华人民共和国义务教育法》第二十九条规定,教师在教育教学中应当平等对待学生,关注学生的个体差异,因材施教,促进学生的充分发展。教师应当尊重学生的人格,不得歧视学生,不得对学生实施体罚、变相体罚或者其他侮辱人格尊严的行为,不得侵犯学生合法权益。"罚两位同学在操场上跑步十圈才能回家"属于变相体罚,是不合理的。

21.A 【解析】本题考查气质的类型。不同气质类型及其对应特点如下表:

气质类型	特点
胆汁质	精力旺盛、表里如一、刚强、易感情用事
多血质	反应迅速、有朝气、活泼好动、动作敏捷、情绪不稳定
黏液质	稳重,但灵活性不足;踏实,但有些死板;沉着冷静,但缺乏生气
抑郁质	敏锐、稳重、体验深刻、外表温柔、怯懦、孤独、行动缓慢

由上表可知钟同学的气质类型属于多血质。

22.D 【解析】本题考查《中华人民共和国教师法》。根据《中华人民共和国教师法》第七条规定,教师享有下列权利:(1)进行教育教学活动,开展教育教学改革和实验;(2)从事科学研究、学术交流,参加专业的学术团体,在学术活动中充分发表意见;(3)指导学生的学习和发展,评定学生的品行和学业成绩;(4)按时获取工资报酬,享受国家规定的福利待遇以及寒暑假期的带薪休假;(5)对学校教育教学、管理工作和教育行政部门的工作提出意见和建议,通过教职工代表大会或者其他形式,参与学校的民主管理;(6)参加进修或者其他方式的培训。题干中学校的做法是错误的,侵犯了语文老师李某的参加进修培训的权利。

23.A 【解析】本题考查成败归因理论。美国心理学家韦纳把人经历过事情的成败归结为六种原因,即能力、努力程度、工作难度、运气、身心状况、外界环境。又把上述六项因素按各自的性质,分别归入三个维度:内部归因和外部归因、稳定性归因和非稳定性归因、可控制归因和不可控制归因。题干中刘同学将数学成绩不理想归因于运气,这一因素是不稳定的、外部的和不可控的。

24.C 【解析】本题考查教学原则。直观性原则是指在教学活动中,教师应尽量利用学生的多种感官和已有的经验,通过各种形式的感知,使学生获得生动的表象,从而比较全面、深刻地掌握知识。直观手段种类繁多,一般分为三大类:实物直观、模像直观和言语直观。题干中张老师通过实物、标本等形式进行教学运用了实物直观和模像直观的直观手段,故贯彻了直观性教学原则。

25.C 【解析】本题考查教书育人的内涵。A项,乐教勤业强调教师要乐于从事教育事业,勤奋努力地从事教育工作;B项,人格示范强调教师要通过自身高尚的人格力量给学生以良好的榜样示范;C项,教书育人强调教师遵循教育规律,实施素质教育,促进学生全面发展;D项,爱国守法强调教师要热爱祖国、遵纪守法。题干中的"成才"与"成人"说明教师要促进学生全面发展,故选C项。

26.B 【解析】本题考查教师的管理方式。采用放任型管理方式的教师,在教学中采取放任的方式,不负任何实际责任,给予学生充分的自由,允许他们学习自己所喜欢的东西。教师不控制学生的行为,也不指示学习方法,一切活动由学生自己进行。故选B项。

27.C 【解析】本题考查学习策略。精细加工策略是指把新信息与头脑中的旧信息联系起来从而增加新信息意义的深层加工策略。C项中,"词义"是学生已经知道的东西,"单词"是要学习的东西,英语老师将二者联系起来帮助学习属于精细加工策略。复述策略是指在工作记忆中为了保持信息,运用内部语言在大脑中重现学习材料或刺激,以便将注意力维持在学习材料上的方法。A、D项属于复述策略。组织策略是指将经过精加工提炼出来的知识点加以构造,形成更高水平的知识结构的信息加工策略。B项"画示意图"属于组织策略。故选C项。

28.A 【解析】本题考查对古文的理解。题干引文出自《易经·系辞传下》,强调易理是一切动作行为的准则,不可须臾离开的常法,但又是"唯变所适"的变法。凡人不可拘泥,要权事制宜,具体问题具体分析和具体处理,必须掌握好这个"常"与"变"的关系。其要义借鉴到教学中,即要做到与时俱进,故选A项。

29.A 【解析】本题考查世界地理。苏伊士运河位于埃及境内,沟通地中海与红海,是亚洲与非洲的分界线之一,是一条具有重要经济意义和战略意义的国际航运水道,A项正确。直布罗陀海峡是连接地中海与大西洋的重要门户,是欧洲与非洲的分界线之一,B项错误。巴拿马运河位于中美洲国家巴拿马,横穿巴拿马地峡,连接太平洋和大西洋,是南美洲与北美洲的分界线,C项错误。霍尔木兹海峡位于亚洲西南部,介于伊朗与阿拉伯半岛之间,是波斯湾进入印度洋的必经之地,D项错误。故选A项。

30.D 【解析】本题考查中国古代文学知识。题干诗句出自杜甫的名篇《望岳》,全诗为:"岱宗夫如何?齐鲁青未了。造化钟神秀,阴阳割昏晓。荡胸生层云,决眦入归鸟。会当凌绝顶,一览众山小。"杜甫的《望岳》诗共有三首,分咏东岳(泰山)、南岳(衡山)、西岳(华山)。这一首是望东岳泰山。故选D项。

31.D 【解析】本题考查中国入选联合国教科文组织人类非物质文化遗产名录(名册)项目。截至2020年12月,中国入选联合国教科文组织人类非物质文化遗产名录(名册)项目共计42项,包括:昆曲,古琴艺术,新疆维吾尔木卡姆艺术,蒙古族长调民歌,羌年,黎族传统纺染织绣技艺,中国木拱桥传统营造技艺,中国篆刻,中国雕版印刷技艺,中国书法,中国剪纸,中国传统木结构建筑营造技艺,南京云锦织造技艺,端午节,中国朝鲜族农乐舞,妈祖信俗,蒙古族呼麦歌唱艺术,南音,热贡艺术,中国传统桑蚕丝织技艺,龙泉青瓷传统烧制技艺,宣纸传统制作技艺,西安鼓乐,粤剧,花儿,玛纳斯,格萨(斯)尔,侗族大歌,藏戏,麦西热甫,中国水密隔舱福船制造技艺,中国活字印刷术,中医针灸,京剧,赫哲族伊玛堪,中国皮影戏,福建木偶戏后继人才培养计划,中国珠算,二十四节气,藏医药浴法,太极拳,送王船。因此,少林功夫不在联合国教科文组织人类非物质文化遗产名录中,D项当选。

32.A 【解析】本题考查古代文学知识。《红楼梦》是清代曹雪芹创作的中国古代章回体长篇小说,是中国古典四大名著之一,以贾、史、王、薛四大家族的兴衰为背景,揭示了封建社会的腐朽和没落,A项符合题意。《三国演义》是元末明初小说家罗贯中创作的长篇章回体历史演义小说,是中国古典四大名著之一,描写了从东汉末年到西晋初年之间近百年的历史风云,反映了三国时期各类社会斗争与矛盾的转化,塑造了一群叱咤风云的三国英雄人物,B项不符合题意,排除。《水浒传》是元末明初施耐庵创作的章回体长篇小说,是中国古典四大名著之一,全书通过描写梁山好汉反抗欺压、水泊梁山壮大和受宋朝招安,以及受招安后为宋朝征战并最终消亡的宏大故事,艺术地反映了历史上宋江起义从发生、发展直至失败的全过程,深刻揭示了起义的社会根源,满腔热情地歌颂了起义英雄的反抗斗争和他们的社会理想,也具体揭示了起义失败的内在历史原因,C项不符合题意,排除。《儒林外史》是清代吴敬梓创作的长篇小说,是中国古典讽刺文学的佳作,D项不符合题意,排除。故选A项。

33.D 【解析】本题考查矛盾观。"干将为利,名闻天下,匠以治木,不如斤斧"出自西汉刘向的《说苑·杂言》,意思是:宝剑干将的锋利闻名天下,木匠用它来砍树木,却赶不上用斧头。这句话体现了矛盾具有特殊性,应具体问题具体分析。A项,"割鸡焉用牛刀"的意思是:杀鸡怎能用宰牛的刀,这体现了矛盾具有特殊性,应具体问题具体分析。B项,"药对方,一口汤;不对方,一水缸"的意思是:汤药若能对症,喝下去就见效;若不对症,喝多少也治不了病,这比喻解决问题要有针对性,体现了矛盾具有特殊性,应具体问题具体分析。C项,"象牙再好,总不能镶在口里"表达了把象牙镶在口里的不适配性,体现了矛盾具有特殊性,应具体问题具体分析。D项,"月圆则缺,器满则倾"的意思是:月亮满圆,就要亏缺,容器装满,则将倾覆,这体现的是质量互变规律,强调了适度原则,与题干体现的哲理不同。故选D项。

34.C 【解析】本题考查《中华人民共和国预防未成年人犯罪法》。根据《中华人民共和国预防未成年人犯罪法》(2020年修订)第六十一条规定,公安机关、人民检察院、人民法院在办理案件过程中发现实施严重不良行为的未成年人的父母或者其他监护人不依法履行监护职责的,应当予以训诫,并可以责令其接受家庭教育指导。故选C项。

35.B 【解析】本题考查《中华人民共和国未成年人保护法》。根据《中华人民共和国未成年人保护法》(2020年修订)第三十八条规定,学校、幼儿园不得安排未成年人参加商业性活动,不得向未成年人及其父母或者其他监护人推销或者要求其购买指定的商品和服务。B项行为不适宜。A、C、D项均属于弘扬传统文化的教学实践活动,行为并无不当。故选B项。

36.C 【解析】本题考查《中华人民共和国未成年人保护法》。根据《中华人民共和国未成年人保护法》(2020年修订)第五十九条规定,学校、幼儿园周边不得设置烟、酒、彩票销售网点。禁止向未成年人销售烟、酒、彩票或者兑付彩票奖金。A项、B项行为不合法。根据《中华人民共和国未成年人保护法》第五十八条规定,营业性歌舞娱乐场所、酒吧、互联网上网服务营业场所等不适宜未成年人活动场所的经营者,不得允许未成年人进入。D项行为不合法。"小李在烧烤店买了500元羊肉串"属于对自己财产的支配,该行为合法。故选C项。

37.B 【解析】本题考查基期量。所求为2019年农村居民人均可支配收入即基期量,基期量 $=\frac{现期量}{1+增长率}$。由2020年"农村居民人均可支配收入17131元,比上年增长6.9%"可知,现期量为17131元,增长率为6.9%。则2019年农村居民人均可支配收入 $= \frac{17131}{1+6.9\%} \approx 16025$元。故选B项。

38. D 【解析】本题考查综合分析。由资料可知,2020年全国居民人均可支配收入比上年增长4.7%,2020年农村居民人均可支配收入比上年增长6.9%,2020年城镇居民人均可支配收入比上年增长3.5%。因此,2020年农村居民人均可支配收入增幅高于全国人均水平,2020年城镇居民人均可支配收入增幅低于全国人均水平。故A、B项说法错误。2020年全国居民人均消费支出比上年下降1.6%,2020年城镇居民人均消费支出比上年下降3.8%,2020年农村居民人均消费支出比上年增长2.9%。因此,2020年城镇居民人均消费支出降幅高于全国人均水平,2020年农村居民人均消费支出增幅高于全国人均水平。故C项说法错误,D项说法正确。

39. B 【解析】细节理解题。根据第一段中的"China has expressed 'grave concern' over Japan's decision to dump nuclear wastewater into the sea. . . the Ministry of Ecology and Environment said"可排除A;根据第三段中的"As a close neighbor of Japan and a stakeholder, we are seriously concerned about this decision. . ."可排除C;根据最后一段中的"The ministry said it will. . . ensure the safety of China's marine environment"可排除D;根据第二段中的"Despite opposition from its own people and doubts from the international community, the Japanese government unilaterally made the decision without fully consulting neighboring countries and the international community and without exhausting the means of safe disposal"可知,日本政府不顾本国民众反对和国际社会质疑,在未穷尽安全处置手段的情况下,未与周边国家和国际社会充分协商,单方面作出核废水排海的决定。本句中"without fully consulting"与B项中的"after full consultation"互为相反意义。故选B项。

40. C 【解析】主旨大意题。通读全文可知,文章开篇点题,作为日本近邻和利益攸关方,中国对日本作出的核废水排海决定表示严重关切,希望日本政府能对本国民众和国际社会采取负责任的态度,重新审视核废水处置问题。第2-4段是对该观点的具体阐述。最后一段照应开头,中国生态环境部表示,将密切跟踪事态发展,认真评估对海洋生态环境可能造成的影响,加强海洋辐射环境监测,保障中国海洋生态环境安全。由此可推断,本文主要讲述了中方敦促日方在处理核废水问题上采取"负责任的态度"。故选C项。

二、案例分析题(参考答案)

41. 邓老师的职业行为符合教书育人、关爱学生、为人师表的教师职业道德规范。

(1)教书育人的师德规范要求教师"遵循教育规律,实施素质教育;循循善诱,诲人不倦,因材施教;培养学生良好品行,激发学生创新精神,促进学生全面发展;不以分数作为评价学生的唯一标准"。案例中,邓老师发现凡凡的情况后,一直想帮助凡凡建立信心,并注重学生的全面发展,践行了教书育人的师德规范。

(2)关爱学生的师德规范要求教师"关心爱护全体学生,尊重学生人格,平等公正对待学生;对学生严慈相济,做学生的良师益友;保护学生安全,关心学生健康,维护学生权益;不讽刺、挖苦、歧视学生,不体罚或变相体罚学生"。案例中,邓老师关注凡凡与同学的关系,帮助凡凡敞开心扉融入班级,这说明邓老师关心学生的身心健康,是学生的良师益友,践行了关爱学生的师德规范。

(3)为人师表的师德规范要求教师"坚守高尚情操,知荣明耻;严于律己,以身作则;衣着得体,语言规范,举止文明;关心集体,团结协作,尊重同事,尊重家长;作风正派,廉洁奉公;自觉抵制有偿家教,不利用职务之便谋取私利"。案例中,邓老师拒收凡凡妈妈微信红包的行为说明其践行了为人师表的师德规范。

总之,邓老师高尚的职业道德行为值得广大教师学习、借鉴。

三、材料作文题(写作思路)

42. (1)确定主题。从材料中可以看出,母亲对孩子即将面对的环境的担忧和期待:国家、社会、教师,能否照顾好自己的孩子。引出主题——孩子的成长发展需要国家、社会、教师共同努力。

(2)展开论证。根据确定的主题,结合实际情况,具体分析国家、社会、教师如何才能为孩子提供一个和谐健康的成长环境。

(3)结论点题。总结上文论据,得出结论,点明中心论点。即孩子是国家的希望、民族的未来,国家、社会、教师应各尽其能、各司其职。

2021年辽宁省沈阳市特岗教师招聘考试真题试卷(三十五)

一、单项选择题

1. B 【解析】本题考查夸美纽斯的贡献。夸美纽斯于1632年出版的《大教学论》是教育学开始形成一门独立学科的标志。

2. A 【解析】本题考查文化对教育的影响和制约。文化对教育影响和制约的表现之一是文化传统制约教育传统的特性。文化传统越久,对教育传统的制约性越大。美国教育注重培养适应"民主社会"要求的理想公民,有浓厚的实用主义色彩;英国看重涵养文化、陶冶品行及形成智能的训练,有鲜明的绅士教育遗风;法国重视造就才智出众的精英;德国注重培养以国家为重的公民。教育上的这些差异都与各国的文化传统紧密相关。故题干所述体现了文化传统对教育的影响。

3. D 【解析】本题考查时政知识。国家中小学网络云平台于2020年2月17日正式开通,上线了4649课时的小学、初中、高中各学段主要学科课程学习资源和丰富的专题教育资源。秋季学期,课程学习资源实现了从疫情期间应急方案到精品课程的全面升级,主要体现在三个方面:一是精心设计,落实"三个坚持",即坚持育人为本,遵循教育规律和学生身心发展规律,坚持质量至上,充分体现"国家工程、服务全国、质量至上"宗旨,坚持统筹规划,充分调动各方力量系统谋划;二是体现高标准要求,依托"四高"开发,资源制作团队集中体现"四高"特色,即参与地区教育质量高,参与学校办学水平高,参与教师教学水平高,参与技术团队专业水平高;三是加强流程管理,"双审"保证质量,资源审查实行学科审查和政治审查双线管理,学科审查专家提前介入教学设计环节,政治审查专家坚守底线思维,保证资源质量。所以,A、B、C三项都符合互联网+教育的要求。互联网不能替代学校,D项表述错误。

4. A 【解析】本题考查个体身心发展的动因。本题易混淆A、B两项。A项,内发论认为在人的身心发展过程中起决定作用的是遗传素质。B项,外铄论认为人的发展主要依靠外在的力量,一般都注重教育的价值,对教育改造人的本性,形成社会所要求的知识、能力、态度等方面,都保持积极乐观的态度。分析题干可知,韩愈将人性分为三品,并且强调上品与下品之间不可移,这说明在韩愈看来人性是决定人发展的主要因素,教育只能在已定的人性品位内发生作用,因此教育的作用是有限的。故题干所述观点与内发论相符。

5. B 【解析】本题考查实现我国教育目的的根本途径。教育与生产劳动相结合,是实现我国教育目的的根本途径。

6. C 【解析】本题考查我国现行学制的类型。从类型上看,我国现行学制是从单轨学制发展而来的分支型学制。

7. C 【解析】本题考查社会改造主义课程理论的主张。社会改造主义课程论主张以广泛的社会问题为中心。改造主义者认为,由于报纸、电视以及其他宣传媒介的作用,学生对世界各地以及本国社会问题非常敏感,这些问题应该在学校课程中得到反映。学校的课程尤其要关注城市问题、犯罪问题、交通拥挤、环境问题、家庭破裂、文化娱乐等社会问题。学生对这些社会问题要有批判的意识。学校课程应该给学生认识和解决这一类问题提供一定的背景知识,并把这些问题联系成为一个整体。

8. D 【解析】本题考查课程目标取向的分类。课程目标取向的分类包括普遍性目标、行为性目标、生成性目标和表现性目标。其中,表现性目标是指在教育情境的种种际遇中每一学生个性化的创造性表现。它期望的不是学生反应的一致性,而是反应的多样性、个体性。由题干中的"展现自己独特的一面""创造多样的作品"可知,赵老师期待的是每个学生的个性化的创造性表现,这种课程目标属于表现性目标。

9. C 【解析】本题考查显性课程与隐性课程的关系。显性课程与隐性课程的关系主要表现为:(1)隐性课程对于某一个或某几个课程主体来说总是内隐的、无意识的;而显性课程则是以直接的、明显的方式呈现的课程,它对课程的实施者和学习者来说都是有意识的。(2)显性课程的实施总是伴随着隐性课程,而隐性课程也总是蕴藏在显性课程的实施与评价过程之中。(3)隐性课程可以转化为显性课程。当显性课程中存在的积极或消极的隐性课程影响为更多的课程主体所意识,而有意加以控制的时候,隐性课程便转化为显性课程。C项说法错误。

10. A 【解析】本题考查课程实施的取向。课程实施的忠实取向认为,设计好的课程是不能改变的,课程实施的过程应该是忠实地执行课程计划的过程。该取向认为,衡量课程实施成功与否的基本标准是课程实施过程中实现预定的课程方案的程度。李老师严格执行课程方案,并以其实现程度来衡量课程实施的成败,这属于课程实施的忠实取向。

11. D 【解析】本题考查我国的课程管理政策。2001年颁布的《基础教育课程改革纲要(试行)》明确规定实行国家、地方和学校三级课程管理体制。这样做是为了改变我国原有课程管理过于集中的状况,通过确立地方和学校参与课程改革的权力主体地位,完善课程管理体系,进一步增强课程对地方、学校及学生的适应性。

12. B 【解析】本题考查素质教育的重点。素质教育是以培养创新精神和实践能力为重点的教育。

13. D 【解析】本题考查分科课程的优点。分科课程的优点是:(1)有助于突出教学的逻辑性和连续性,是学生简捷有效地获取科学系统知识的重要途径。(2)有助于体现教学的专业性、学术性和结构性,从而有效促进学科尖端人才的培养和国家科技的发展。(3)有助于组织教学与评价,便于提高教学效率。D项表述属于综合课程的优点。

14. B 【解析】本题考查课程资源的类型。按课程资源的功能特点区分，有素材性课程资源和条件性课程资源。条件性课程资源包括与课程实施有关的人力、物力和财力，以及时间、场地、媒体、设备、设施和环境，还有对于课程本质的认识状况等。所以，教学环境及设备设施属于条件性课程资源。

15. C 【解析】本题考查课堂导入的类型。情境导入是指教师运用满怀激情的朗读、演讲或者通过音乐、动画、录像等创设有趣的学习情境，感染学生，引起学生丰富的想象和联想，使其情不自禁地进入学习情境。王老师用自身的衣着打扮给学生创设了与课程内容相关的情境，进而引入教学内容，这种导入方式属于情境导入。

16. D 【解析】本题考查教学设计的依据。教学设计的依据主要包括：(1)学科性质；(2)教学任务的要求；(3)教材内容的特点；(4)教学原则的要求；(5)教师本人的教学特点和风格；(6)学生的年龄特征和个别差异。根据题干描述可知，学校的教学设计从学生的角度出发，为其定制学习内容，让每一位学生都能按自己的学习进程学习等，这体现了学校关注学生的年龄特征和个别差异，故选D项。

17. D 【解析】本题考查教材的作用。教科书(教材)的作用包括：(1)教科书是学生在学校获得系统知识、进行学习的主要材料；(2)教科书是教师进行教学的主要依据；(3)教科书是统筹教学与各种活动的根据。所以，D项表述正确。

18. C 【解析】本题考查先行组织者策略的相关知识。先行组织者指先于某个学习任务本身呈现的引导性学习材料，其抽象、概括和综合水平高于学习任务，并与认知结构中的原有观念及新的学习任务相关联。先行组织者有定义、概括和类推三种类型。其中，当学习新的或不熟悉的内容时，可用定义作为先行组织者。如学习各种地形时，可用“地形是具有各种独特形状和结构的地面”作为先行组织者。题干中的张老师在讲授知识前，先告诉学生能源的定义，然后让学生讨论能源的类型。因此，张老师主要运用了先行组织者策略。

19. B 【解析】本题考查教学方法的运用。演示法是指教师通过向学生展示实物、直观教具，做示范性实验或采用现代化教学手段的方式，使学生获取知识的教学方法。李老师以幻灯片的形式进行教学，帮助学生更加直观地认识相向而行的行程问题的特点，运用的教学方法是演示法。

20. C 【解析】本题考查教学原则。直观性原则是指在教学活动中，教师应尽量利用学生的多种感官和已有的经验，通过各种形式的感知，使学生获得生动的表象，从而比较全面、深刻地掌握知识。演示法显然体现了直观性教学原则。

21. D 【解析】本题考查演示法的优点及局限性。演示法可以帮助学生获得丰富的感性材料，加深对事物的印象。教学中把理论与所展示的教具或实验演示结合起来，能使学生形成深刻、正确的概念，确信所学的各种原理、原则的正确性；同时，演示法还可以激发学生的学习兴趣，集中注意力，使学生学到的知识易于巩固。运用演示法时，教师要引导学生结合教材进行分析研究，避免使学生对教学的认知仅停留在表象上。演示法的适用范围有限，不是所有的学习内容都能演示。D项说法错误。

22. B 【解析】本题考查学习方法指导的方式。学习方法指导的方式主要有系统传授式、专题讨论式、学科渗透式、学习诊断式、经验交流式五种方式。

A项，系统传授法是指教师根据学习方法指导教材向学生系统地传授学习方法。

B项，专题讨论法是教师根据学生学习的需要，采取专题形式定期或不定期地举办学法指导讲座。这种方式既可以以班级为单位，也可以以年级为单位或全校统一进行；可以是报告会，也可以利用校刊、校报、学习园地等形式进行。刘老师制定的专题符合学生学习的需要，学生收集整理的结果以报告会的形式进行汇报。这种方式符合专题讨论法的内涵。所以，B项正确。

C项，学科渗透法是指教师根据自己所教的学科渗透学习方法。

D项，学习诊断法是教师运用心理诊断技术帮助学生具体找出并分析影响学习效果的原因，指出具体的解决方法。

23. A 【解析】本题考查程序教学的相关知识。斯金纳提出了直线式程序教学的模式。他首先把教学内容分成一组连续的小单元，在学生进入一个新的单元学习前，必须先回答一些关于前一个单元的问题。如果回答错了，程序或者向学生提供一些暗示，或者直接告知正确答案，只有经历了这一关，且学生真正了解了与前一单元相关的问题的正确答案后，才可能进入新的学习单元。程序教学作为组织和提供信息的一种特殊方法，在操作中将预先安排的教材分成许多小的单元，并按照严格的逻辑顺序编制程序，将教学信息转换成一系列的问题与答案，从而引导学生一步一步地达到预期的目标。因此，题干中的教学组织形式的理论依据是程序教学。

24. A 【解析】本题考查教学过程的基本阶段。领会知识是教学的中心环节。领会知识包括使学生感知和理解教材。A项说法错误，D项说法正确。学习动机是推动学生学习的一种内部动力，学习动机往往与兴趣、求知欲和责任感联系在一起。B项说法正确。巩固知识是使学生把所学知识牢固地保持在记忆中，当需要时能正确及时地提取。巩固知识往往渗透在教学的全过程，不一定是一个独立的环节。C项说法正确。

25. D 【解析】本题考查教育测验的编制。确定测验的目的是测验编制者首先要明确的问题。

26. C 【解析】本题考查区分度的内涵。区分度是指该项题目对不同水平的答题者反应的区分程度和鉴别能力。根据题干描述可知，学生们的成绩普遍偏低，即该测试未能区分出不同水平的答题者，因此卢老师的测试缺乏区分度。

27. A 【解析】本题考查测验编制中主观题的优缺点。主观题有自己突出的特点和长处，主要有：(1)不允许简单猜测，适于考察分析综合能力、组织表达能力以及计算与推论等较为复杂的心智技能；(2)提倡自由反应，有利于考察应用能力乃至创造能力；(3)可以获得较为丰富的作答反应过程资料，便于分析被试的技能、策略和知识缺陷等；(4)内容和形式更为接近教学与实践中的问题情境，被试不陌生、好接受，教师命拟比较方便。故B、C、D三项说法正确。但是主观题也有明显的不足，其中之一是评分易受阅卷者主观因素的影响。故A项说法错误。

28. A 【解析】本题考查教学评价的类型。形成性评价是在教学过程中为改进和完善教学活动而进行的对学生学习过程及结果的评价。它包括在一节课或一个课题的教学中对学生的口头提问和书面测验。李老师在单元教学结束之后进行的听力测验，属于形成性评价。

29. A 【解析】本题考查学生学习的特点。学生的学习具有以下特点：(1)学生学习的接受性；(2)学生学习的目的性、计划性和组织性；(3)学生学习具有一定程度的被动性；(4)学生学习的多重目的性；等等。其中，学生学习的多重目的性指学生在学校的学习不仅要掌握知识经验，而且要发展能力，锻炼健康的体魄，同时还要培养良好的品德，形成科学的世界观和人生观，促进健康人格的形成和发展。

30. D 【解析】本题考查教学过程的结构。检查知识是指在教学过程中要及时了解学生学习的效果，评价学生掌握知识的情况，包括教师检查和学生自检，这对师生双方都有积极的反馈作用。检查学习效果的目的在于：一是使教师及时获得关于教学效果的反馈信息，以调整教学进程与要求；二是帮助学生了解自己掌握知识技能的情况，发现学习上的问题，及时调节自己的学习方式，改进学习方法，提高学习效率。由此可知，王老师的行为属于教学过程结构中的检查知识。

31. C 【解析】本题考查教学设计的相关知识。科学可行的教学设计，能够使教师减少教学的盲目性和失控性，避免教学的低效性，提高教学的稳定性和效率。A项强调“消除”，故排除。教学设计的意义主要体现在它对实现教学最优化过程的促进上，故B项说法错误。尽管最完善的教学设计也无法消除教学的不稳定性，但是教学设计作为教学实施前的准备环节，它至少可以为教师提供一个相对稳定可控的施教框架。故C项说法正确。教学设计的主要功能是导教和促学，故D项说法错误。

32. B 【解析】本题考查学生的个体差异。教师在教学中常常为一些问题所烦恼，为什么有的学生学得又快又好，而有的学生学得既慢又未能真正掌握？为什么有的学生可以考虑不同的假设方式去解决问题，有的则不能？为什么有的学生积极主动参与学习，有的学生表现迟缓？其实，这些问题都或多或少地与教育中的个体差异有关。故答案选B项。

33. C 【解析】本题考查道德意志的内涵。道德意志是个体自觉地调节道德行为，克服困难，以实现预定道德目标的心理过程。根据题干描述可知，学生张亮在改正坏习惯时难以自觉调节自身行为，因此老师应该加强其道德意志的培养。

34. C 【解析】本题考查不良品行矫正的几种常用方法。榜样示范法是指教育者提供或树立榜样，然后要求教育对象注意观察榜样的示范行为，并加以模仿和实际操作。根据题干描述可知，班主任王老师通过提供李明这一榜样来影响小刚，小刚观察到李明的良好表现后逐步改掉了不良习惯，因此王老师运用了榜样示范法。表征性奖励法是指运用表征性奖励系统对行为者在矫正了不良行为或作出了良好行为反应后给予肯定和奖励。强化暂停法是指在一段特定时间内对行为者暂时不予强化，或把行为者与特定的强化环境相隔离，从而抑制不良行为的发生或降低其发生频率。过错矫正法就是要求不良行为者消除自己不良行为所造成的后果，使原来的状况得以恢复，并有所改善，继而还要做一定程度的练习。

35. C 【解析】本题考查教师成长的阶段。福勒和布朗根据教师的需要和不同时期所关注的焦点问题，把教师的成长划分为关注生存、关注情境和关注学生三个阶段。其中，处于关注生存阶段的一般是新教师，他们非常关注自己的生存适应性，最担心的问题是“学生喜欢我吗”“同事们如何看我”“领导是否觉得我干得不错”等。根据题干描述可知，刚入职的杨老师更加关注学生是否喜欢自己，因此其处于关注生存阶段。

36. C 【解析】本题考查教师的领导方式。仁慈专断型的教师不认为自己是一个独断专行的人，经常表扬学生并关心学生，他专断的症结在于他的自信。他的口头禅是："我喜欢这样做"或"你能给我这样做吗"。这种教师以自我为班级一切工作的标准。题干中教师的态度是民主的，但行为却是专制的，说明该教师的领导方式最可能是仁慈专断型。

37. B 【解析】本题考查班主任的个别教育工作。班主任必须根据学生的个别差异，做好学生的个别教育工作。只有使每个学生都得到发展，班集体才能健康地发展。班主任做好个别教育工作，包括做好先进生的教育工作、中等生的教育工作和后进生的教育工作。B项忽视了对中等生的教育，说法不正确。

38. B 【解析】本题考查卢梭的"自然展开说"。以夸美纽斯的思想为基础，卢梭对当时法国及欧洲其他国家的教育进行了猛烈的批判，并提出了学习的"自然展开说"。他认为，出自造物主之手的东西都是好的，而一到了人的手里就全变坏了。这完全是因为教育违反了人的天性，把好端端的人塑造成形形色色的怪物。卢梭认为，教育的最终目的应是培养"自然人"，即身心和谐而健康发展的人。而要达到培养"自然人"的目的，必须实施自然主义教育，让儿童在生活和活动中自然地进行学习，让儿童无拘无束地纵情于他们自己的自然冲动、本能和情感之中。

39. A 【解析】本题考查《学记》的教育思想。《学记》总结了教学相长、尊师重道、藏息相辅、豫时孙摩、启发诱导、长善救失、学不躐等教学原则。《学记》反对死记硬背，主张启发式教学，提出："故君子之教，喻也。道而弗牵，强而弗抑，开而弗达。道而弗牵则和，强而弗抑则易，开而弗达则思。和、易以思，可谓善喻矣。"所以，题干所述观点出自《学记》。

40. A 【解析】本题考查注意的种类。无意注意也称不随意注意，是没有预定目的、无需意志努力、不由自主地对一定事物所发生的注意。学生在上课时将目光转向了教室门口的家长，这种注意是不由自主的，因此属于无意注意。

41. D 【解析】本题考查埃里克森的人格发展阶段理论。学龄期的学生处于勤奋感对自卑感阶段（6～12岁），即面临勤奋感对自卑感的冲突。在这个时期，多数儿童已进入学校，第一次接受社会赋予他们并期望他们完成的任务。如果儿童在学习、游戏等活动中不断取得成就并受到成人的奖励，儿童将以成功、嘉奖为荣，养成乐观、进取和勤奋的性格；反之，如果由于学习方法不当或努力不够而多次遭受挫折或其成就受到漠视，儿童容易形成自卑感。题干中的张老师结合学生自身的能力，给予其恰当的挑战和可以完成的任务，这是在培养其勤奋感。

42. D 【解析】本题考查想象的种类。根据创造程度的不同，有意想象可以分为再造想象和创造想象。其中，再造想象是指依据词语或符号的描述、示意在头脑中形成与之相应的新形象的过程。题干中强调李娟在阅读时头脑中浮现出相应的形象，故属于再造想象。

43. A 【解析】本题考查能力的概念。能力是直接影响人的活动效率，促使活动顺利完成的个性心理特征。题干中"有的人能歌善舞，具有很高的音乐才能"指其音乐能力水平高，"有的人能说会道，善于与人相处"指其社交能力水平高。因此这体现的是个性心理特征中的能力。

44. B 【解析】本题考查知识学习的类型。奥苏贝尔根据新知识与原有认知结构的关系，将知识学习分为下位学习、上位学习和并列结合学习。其中，并列结合学习又称组合学习，是在新命题与认知结构中原有的命题既非下位关系又非上位关系，而是一种并列的关系时产生的。"李白的一生"与"杜甫的生平"属于同一水平的知识，故属于组合学习。

45. C 【解析】本题考查记忆的种类。动作记忆是以做过的运动或动作为内容的记忆，又称运动记忆。动作记忆中的信息保持和提取都比较容易，也不容易遗忘。题干中，学会骑自行车的同学就算有两个月不骑车，还是能骑得很好，这种现象反映了动作记忆。

46. C 【解析】本题考查行为演练的基本方法。系统脱敏是指当某些人对某事物、某环境产生敏感反应（害怕、焦虑、不安）时，我们可以在当事人身上发展起一种不相容的反应，使其对本来可引起敏感反应的事物，不再发生敏感反应。例如：一个学生过分害怕猫，我们可以让他先看猫的照片，谈论猫；再让他远远观看关在笼中的猫，让他靠近笼中的猫；最后让他摸猫、抱起猫，消除对猫的惧怕反应。这就是"脱敏"。题干中强调逐步消除恐惧心理，故属于系统脱敏法。

47. A 【解析】本题考查奥苏贝尔的学习分类。A项记乘法表属于机械的接受学习；B、C、D三项均属于发现学习。故本题答案选A项。

48. C 【解析】本题考查班杜拉的自我效能感理论。班杜拉认为，期待包括结果期待和效能期待。结果期待是指人对自己的某一行为会导致某一结果的推测。效能期待是指人对自己能够进行某一行为的能力的推测或判断，它意味着人是否确信自己能够成功地进行带来某一结果的行为。根据题干描述可知，小明认为只要自己坚持练习，就能取得好成绩，这属于对自己的某一行为会导致某一结果的推测，故属于结果期待。

49. D 【解析】本题考查自我效能感的影响因素。自我效能感的影响因素有：(1)个人自身行为的成败经验（直接经验）；(2)替代经验；(3)言语暗示（言语说服）；(4)情绪唤醒。其中，情绪唤醒是通过调整学生的情绪状态，减轻紧张和负面的情绪，从而提升其自我效能感。题干中学校通过百日誓师励志动员大会缓解学生的紧张情绪，激励学生以积极自信的心态迎接高考，从而增强其自我效能感。因此答案选D项。

50. A 【解析】本题考查加涅提出的学习过程八阶段理论。加涅提出了学习过程的八个阶段，包括动机、了解（领会）、获得（习得）、保持、回忆、概括、操作、反馈。其中，动机阶段强调激发学习者的学习动机；领会阶段强调注意和选择性知觉；习得阶段强调所学的信息进入短时记忆，并编码和储存；保持阶段强调已编码的信息进入长时记忆储存。题干中的物理老师通过新颖的引入和提出问题的方式使学生形成学习期望，这属于学习动机的激发，故选A项。

51. D 【解析】本题考查遗忘的原因。从信息加工的观点看，遗忘是一时难以提取出需要的信息，遗忘之所以发生是因为编码不准确，失去了检索线索或线索错误。一旦有了正确的线索，经过搜寻，所需要的信息就能提取出来，这就是遗忘的提取失败理论。题干中强调突然忘记想做的事情，但当回到原来的场景时（正确的线索），就可以回忆起，这符合提取失败说的理论观点。故本题答案选D项。消退说强调痕迹衰退；干扰说强调其他刺激的干扰；压抑动机说强调情绪和动机。

52. D 【解析】本题考查首因效应的内涵。首因效应指在总体印象形成上最初获得的信息比后来获得的信息影响更大的现象。根据题干描述可知，古人重视文章的首句、首段，这强调最初印象，故体现了首因效应。分化抑制是指对条件刺激物加以强化，而对其他类似的刺激物不强化，使类似的刺激物引起的反应受到抑制。延缓抑制指因强化物延缓出现而引起的条件反应的减弱或消失。近因效应指新近获得的信息比原来获得的信息影响更大的现象。

53. B 【解析】本题考查感觉规律。感觉对比是同一感受器接受不同的刺激，而使感受性发生变化的现象。根据题干描述可知，同样的灰色方块放在深色背景上比放在浅色背景上显得更亮一些，这体现了感觉对比现象。

54. B 【解析】本题考查耶克斯—多德森定律。"耶克斯—多德森定律"表明，动机不足或过分强烈都会影响学习效果。一般来讲，最佳水平为中等强度的动机。根据题干描述可知，该学生一心想考出好成绩，结果不能充分发挥实力，这是因为其学习动机过强而影响了学习效果。故选B项。

55. B 【解析】本题考查成败归因理论。美国心理学家韦纳把人经历过事情的成败归结为六种原因，即能力、努力程度、工作难度、运气、身心状况、外界环境。又把上述六项因素按各自的性质，分别归入三个维度：内部归因和外部归因、稳定性归因和不稳定性归因、可控制归因和不可控制归因。其中能力属于内在、稳定、不可控的归因。故选B项。

56. D 【解析】本题考查动机冲突的种类。多重趋避冲突指对含有吸引与排斥两种力量的多种目标予以选择时所发生的冲突。根据题干描述可知，小蕾在选择学校时，觉得甲乙两所学校各有好坏，这种心理冲突属于多重趋避冲突，故选D项。

57. B 【解析】本题考查学习动机的激发措施。激发学生学习动机的措施之一是对学生进行竞争教育，适当开展学习竞争。竞争可以极大地激发学生的好胜心和求成需要，增强学生的学习兴趣和克服困难的毅力，所以多数人在竞争情况下学习和工作的效率会有很大的提高。而且，通过竞争还可获得对自己能力比较实际的估计，较好地发现自己的不足和尚未显示出来的潜力，这也可以起到促进动机、提高成绩的作用。根据题干描述可知，杨老师将学生分成小组进行评选，此措施属于开展竞赛评比。

58. A 【解析】本题考查学习策略。精加工策略是指把新信息与头脑中的旧信息联系起来从而增加新信息意义的深层加工策略。做笔记策略是使用较为普遍的精加工策略。故A项符合题意。B项属于复述策略；C项属于资源管理策略中的环境管理策略；D项属于组织策略。

59. C 【解析】本题考查有效的时间管理策略。有效的时间管理策略包括：(1)确立有规律的学习时段。(2)确立切合实际的目标。(3)使用固定的学习区域。(4)分清任务的轻重缓急。(5)学会对分心的事情说"不"。(6)自我奖励学习上的成功。故C项当选。

60. D 【解析】本题考查记忆术。谐音联想法是通过谐音线索，运用视觉表象，假借意义进行人为联想。题干中的张静把英文单词记成它的谐音（姑的猫宁），故属于谐音联想法。

61. C 【解析】本题考查知识学习的类型。概念学习是指掌握概念的一般意义，其实质是掌握一类事物的共同的本质属性和关键特征。根据题干中的关键词"共同属性""加以命名"可知,这属于概念学习。

62. B 【解析】本题考查桑代克的学习定律。准备律是指对学习的解释必须包括某种动机原则,即联结的加强或削弱取决于学习者的心理准备和心理调节状态。题干中的王老师通过问题引导,激发学生的兴趣,让学生初步了解这类题型,这符合动机原则,故属于桑代克学习定律中的准备律。

63. C 【解析】本题考查态度与品德的形成。态度与品德的形成是一个从外到内的转化过程,是社会规范的接受和内化过程,大致经历社会规范的依从、认同和内化三个阶段。题干中从制定规范约束行为到学生主动爱护环境,再到学校形成了人人讲卫生的良好局面,这分别体现了依从、认同和内化三个阶段。故本题选C项。

64. C 【解析】本题考查发散思维的应用。发散思维,也叫求异思维、分散思维、辐射思维,是指人们解决问题时,思路朝着各种可能的方向扩散,从而求得多种答案。"一题多解"强调以不同的方式解决问题,这体现的是发散思维。

65. C 【解析】本题考查高原现象。最早用实验方法证明高原现象的是1897年布瑞安和赫特的研究。布瑞安等人研究了收发电报中动作技能的进步,结果发现:在收报练习15~28天之间,成绩一度停顿下来,虽有练习但成绩不见提高。这就是练习进程中的高原时期。故本题选C项。

66. A 【解析】本题考查反馈的分类。反馈分为固有的反馈和增补的反馈两种。固有的反馈有时也称为内反馈,是练习者不依赖外来帮助自己获得的反馈。增补的反馈是由教师、教练或某种自动化的记录装置提供给练习者的反馈信息,通常是在练习者得不到固有反馈信息时给予的,是对固有反馈的增加和补充。如在练习舞蹈动作时,教练会对学生的动作进行一些评点和指导,这里学生接受的信息就属于增补的反馈。

67. C 【解析】本题考查迁移的种类。负迁移也叫"抑制性迁移",是指一种学习对另一种学习产生阻碍作用。题干中强调学习了分数乘法后对分数加减法计算的干扰作用。故答案选C项。

68. A 【解析】本题考查功能固着的内涵。人们把某种功能赋予某物体的倾向称为功能固着。在功能固着的影响下,人们不易摆脱事物用途的固有观念,从而直接影响问题解决的灵活性。题干中人们对筷子的固有观念使得他们在看到用筷子演奏的大提琴表演后深感震惊,因此答案选A项。

69. C 【解析】本题考查《新时代中小学教师职业行为十项准则》。《新时代中小学教师职业行为十项准则》中的规范从教行为要求教师勤勉敬业,乐于奉献,自觉抵制不良风气;不得组织、参与有偿补课,或为校外培训机构和他人介绍生源、提供相关信息。故漫画中中小学在职教师的有偿补课行为违反了规范从教行为的规定。

70. C 【解析】本题考查《中小学教育惩戒规则(试行)》。根据《中小学教育惩戒规则(试行)》第七条规定,学生有下列情形之一,学校及其教师应当予以制止并进行批评教育,确有必要的,可以实施教育惩戒:(1)故意不完成教学任务要求或者不服从教育、管理的;(2)扰乱课堂秩序、学校教育教学秩序的;(3)吸烟、饮酒,或者言行失范违反学生守则的;(4)实施有害自己或者他人身心健康的危险行为的;(5)打骂同学、老师,欺凌同学或者侵害他人合法权益的;(6)其他违反校规校纪的行为。因此,A、B、D三项属于应该进行教育惩戒的情形,答案选C项。

71. A 【解析】本题考查《中华人民共和国义务教育法》。根据《中华人民共和国义务教育法》第二十七条规定,对违反学校管理制度的学生,学校应当予以批评教育,不得开除。故A项说法错误。根据第二十二条规定,学校不得分设重点班和非重点班。故B项说法正确。根据第二十一条规定,对未完成义务教育的未成年犯和被采取强制性教育措施的未成年人应当进行义务教育,所需经费由人民政府予以保障。故C项说法正确。根据第二十五条规定,学校不得违反国家规定收取费用,不得以向学生推销或者变相推销商品、服务等方式谋取利益。故D项说法正确。

72. A 【解析】本题考查《中华人民共和国教师法》。根据《中华人民共和国教师法》第七条规定,教师享有下列权利:(1)进行教育教学活动,开展教育教学改革和实验;(2)从事科学研究、学术交流,参加专业的学术团体,在学术活动中充分发表意见;(3)指导学生的学习和发展,评定学生的品行和学业成绩;(4)按时获取工资报酬,享受国家规定的福利待遇以及寒暑假期的带薪休假;(5)对学校教育教学、管理工作和教育行政部门的工作提出意见和建议,通过教职工代表大会或者其他形式,参与学校的民主管理;(6)参加进修或者其他方式的培训。题干中强调杨老师参加学术会议并发表见解,这是在行使从事科学研究、学术交流的权利。

73. D 【解析】本题考查《未成年人学校保护规定》。根据《未成年人学校保护规定》第四十三条规定,学校应当结合相关课程要求,根据学生的身心特点和成长需求开展以宪法教育为核心、以权利与义务教育为重点的法治教育,培养学生树立正确的权利观念,并开展有针对性的预防犯罪教育。

74. A 【解析】本题考查侵权行为。隐私包括个人私生活、个人日记、照片、储蓄及财产状况、生活习惯及通讯秘密等。隐私权是指公民生活中不愿为他人公开或知悉的个人秘密的不可侵犯的人身权利。学生的个人信息属于学生的隐私,若学校泄露、公开了学生的个人信息,则侵犯了学生的隐私权。

75. A 【解析】本题考查《中华人民共和国预防未成年人犯罪法》。根据《中华人民共和国预防未成年人犯罪法》第四十五条规定,未成年人实施刑法规定的行为、因不满法定刑事责任年龄不予刑事处罚的,经专门教育指导委员会评估同意,教育行政部门会同公安机关可以决定对其进行专门矫治教育。省级人民政府应当结合本地的实际情况,至少确定一所专门学校按照分校区、分班级等方式设置专门场所,对前款规定的未成年人进行专门矫治教育。前款规定的专门场所实行闭环管理,公安机关、司法行政部门负责未成年人的矫治工作,教育行政部门承担未成年人的教育工作。故选A项。

二、多项选择题

76. ABC 【解析】本题考查我国古代教育家的教育名言。D项为孔子的教育名言,意思是:默默地记住所见所闻,努力学习而不厌倦,教导别人不知疲倦。

77. AD 【解析】本题考查教育的社会流动功能。教育的社会流动功能是指社会成员通过教育的培养、筛选和提高,能够在不同的社会区域、社会层次、职业岗位、科层组织之间转换、调整和变动,以充分发挥其个人的智慧才能,实现其人生价值。教育的社会流动功能,按其流向可分为横向流动功能与纵向流动功能。A项出自《神童诗》,表达的是读书求学的人通过科举考试后,一步登天,由贫民一跃而成为高官。这体现了教育的纵向流动功能。

B项出自郑燮的《新竹》,表达的是新生力量的成长需要得到老一辈的积极扶持与关爱。这与教育的社会流动功能无关。

C项出自白居易的《放言五首·其三》,表达的是要知道事物的真伪优劣只有让时间去考验,经过一定时间的观察比较,事物的本来面目终会呈现出来。这与教育的社会流动功能无关。

D项出自李密的《陈情表》,意思是:先前有名叫逵的太守推举臣为孝廉,后来又有名叫荣的刺史推举臣为优秀人才。从"孝廉"到"秀才"体现了教育的纵向流动功能。

78. AB 【解析】本题考查基础教育阶段劳动技术教育的培养目标。我国的基础教育通常包括学前教育、初等教育与中等教育(包括初中阶段和高中阶段)。初中阶段劳动技术教育方面的培养目标是:掌握一定的生产劳动的基础知识和基本技能,了解择业的一般常识,具有正确的劳动观点、劳动态度和良好的劳动习惯。所以A、B项正确。

79. ABC 【解析】本题考查制约课程的主要因素。总的来说,社会、知识、儿童是制约学校课程的三大因素。

80. ABCD 【解析】本题考查评课的内容。从目前新课程改革的要求来看,评课应围绕以下内容进行:(1)评教学思想;(2)评教学目标;(3)评教学内容;(4)评课堂结构及教学组织;(5)评教学方法及教学手段;(6)评教学效果;(7)评教师的基本素质。选项均属于评课的内容。

81. ABC 【解析】本题考查"为了每位学生的发展"的基本含义。课程改革既要满足社会发展的需要,又要满足儿童发展的需要。"为了每位学生的发展"的基本含义如下:(1)关注学生作为"整体的人"的发展;(2)统整学生的生活世界和科学世界;(3)寻求学生主体对知识的建构。D项排除。

82. AC 【解析】本题考查新课程改革倡导的基本理念。新课程改革倡导的三大基本理念有:关注学生发展、强调教师成长、重视以学定教。题干中,该校的课堂教学把学生当作课堂的主人,充分尊重并满足了学生个性发展的需求,体现了"关注学生发展"和"以学定教"的基本理念。

83. ACD 【解析】本题考查板书技能。板书设计要紧扣教材内容,突出教学重点和难点,不能毫无取舍地将教材内容面面俱到地都板书出来。B项错误。

84. ABC 【解析】本题考查课堂总结应注意的问题。课堂总结应注意的问题有:(1)课堂总结要精短简洁,紧扣教学内容;(2)课堂总结要抓住关键,突出重点,以收到画龙点睛的效果;(3)课堂总结要注意首尾呼应,使结课与导课脉络贯通;(4)要多引导学生做课堂小结,以培养和发展学生的概括、归纳能力,并激发学生对学习的责任意识;(5)课堂总结要为教学服务,为学生发展服务,防止形式主义,注重实效。D项说法错误。

85. ABD 【解析】本题考查多媒体教学的利与弊。多媒体教学的优势有:(1)直观形象,与教材优势互补;(2)图文并茂,声像、动画兼备,多感官刺激,调动学生学习兴趣;(3)动态模拟有毒有害等危险实验的过程,避免发生危险;(4)及时交互,及时反馈,易于学生参与,师生互动;(5)虚拟现实,突破视觉局限,再现事物本质,激发学生创新思维;(6)能够不断重复,加强记忆,克服遗忘,提高教学效率;(7)信息量大,可提高课堂容量,充实课堂内容,引导学生主动学习;(8)节约空间,易于存储携带和长期保存。进行多媒体教学时,幻灯片的切换不便于学生做笔记,图文分离导致整体记忆效果欠佳;过分依赖多媒体教具,影响教学效果。所以,A、B项属于多媒体教学的优势,D项属于多媒体教学的弊端。C项说法错误。

86. ABD 【解析】本题考查自我评价能力的形成条件。自我评价是带有浓厚情感体验的自我认识活动。新课标提出,学生是学习的主体,教师是学习活动的组织者、引导者、合作者。教师的评价不应成为学生自我评价的标准,故C项不符合题意。

87. ABCD 【解析】本题考查德育过程的规律。德育过程的规律包括:(1)学生知、情、意、行诸因素统一发展的规律;(2)学生在活动和交往中形成思想品德的规律;(3)学生思想矛盾内部转化规律;(4)学生思想品德形成的长期性和反复性规律。(具体内容参见葛金国、吴玲、巫莉、张磊所著的《德育新理念与班主任工作》)

88. AD 【解析】本题考查教师劳动的创造性特点。教师劳动的创造性主要表现在以下三个方面:(1)因材施教;(2)教学方法上的不断更新;(3)教师需要"教育机智"。所以,A、D项体现了教师劳动的创造性。B项体现了教师劳动的示范性,C项与题意无关。

89. ACD 【解析】本题考查心智技能的内涵。心智技能也称为智力技能、认知技能,是通过学习而形成的合乎法则的心智活动方式。阅读技能、写作技能、运算技能、解题技能等都是常见的心智技能。因此,A、C、D三项属于心智技能。而B项属于动作技能。

90. ABD 【解析】本题考查支架式教学的相关知识。支架式教学模式的理论基础是维果斯基的"最近发展区"理论及"辅助学习"思想。故A项说法正确。支架式教学认为学习不是知识的传递而是学生自我建构知识的过程,因此学生既有的知识体系有助于新知识的学习。故B项说法正确。支架式教学强调通过教师的帮助(支架)将学习的任务逐渐由教师转移给学生自己,最后撤去支架,使学生达到独立学习的目标。故C项说法错误。支架式教学认为教师只是学生建构知识的辅助者,学习者必须始终处于主动的地位,其他人无法代替他自主学习。故D项说法正确。

91. ABC 【解析】本题考查避免学校教育中的性别偏向的措施。为了避免教学中的性别偏向,教师在学校工作中需要做好以下几方面的工作:(1)教学材料和语言方面。在教学中,教师要注意教学材料的选择和语言的使用。教师需要检查所用教材和材料,避免使用含有性别偏向的观点或图片。(2)学科和兴趣方面。教师要鼓励学生积极参与不同学科的学习,不能认为数学是男生的专长、诗歌是女生的专长。(3)课堂教学和活动方面。在课堂上,教师要给予男女生同样多的注意,对男女生提问的次数、问题的性质要差不多,对男女生所给予的反馈质量、数量也要相当。教师在布置任务或安排活动时,给予男女学生同等的参与、承担领导角色的机会。避免男女生分开组织活动、放学时让男女生分开列队回家、教室里男女生不能同桌等等。(4)尝试"双性化"教育。故选A、B、C三项。

92. AB 【解析】本题考查有意义学习的条件。有意义学习的主观条件有:(1)学习者必须具有有意义学习的心向;(2)学习者认知结构中必须具有适当的知识,以便与新知识进行联系;(3)学习者必须积极主动地使这种具有潜在意义的新知识与认知结构中有关的旧知识发生相互作用。根据题干描述可知,学生已具备相关的原有知识,要想发生有意义学习,应当积极复习原有的知识并把新旧知识联系起来。故选A、B两项。

93. AB 【解析】本题考查智慧技能的相关知识。加涅将智慧技能分成了四类,分别是辨别、概念、规则和高级规则。在加涅的学习分类中蕴含着一个重要观点,即学习具有层次性。这种层次性最明显地体现在智慧技能的学习中:高级规则学习以简单规则学习为先决条件,简单规则学习以概念学习为先决条件,概念学习又以辨别学习为先决条件。故A、B两项说法正确,C、D两项说法错误。

94. ABCD 【解析】本题考查问题解决的特征。虽然不同的问题有不同的解决方式,但是问题解决都有其共同的基本特征:(1)问题情境性;(2)目标指向性;(3)操作序列性;(4)认知操作性。故本题答案全选。

95. ABCD 【解析】本题考查亲社会行为的培养策略。小学生的亲社会行为是随着年龄、社会认知以及教育和环境的变化而变化的。培养学生的亲社会行为可采取的有效策略包括:(1)注重舆论,强化责任。(2)训练技能,促进男女生共同发展。(3)采取合理的训练方法。故本题答案全选。

96. ABC 【解析】本题考查气质类型。胆汁质的典型特征有精力旺盛、粗枝大叶、表里如一、刚强、易感情用事;多血质的典型特征有反应迅速、有朝气、活泼好动、动作敏捷、情绪不稳定;黏液质的典型特征有稳重,但灵活性不足;踏实,但有些死板;沉着冷静,但缺乏生气。故小华的气质类型为黏液质,小敏的气质类型为多血质,小英的气质类型为胆汁质。

97. ABCD 【解析】本题考查"四有好老师"的内涵。"四有好老师"指有理想信念、有道德情操、有扎实学识、有仁爱之心的好老师。故本题全选。

98. ABCD 【解析】本题考查《大中小学劳动教育指导纲要(试行)》。《大中小学劳动教育指导纲要(试行)》中强调,将劳动教育纳入人才培养全过程,丰富、拓展劳动教育实施途径。劳动教育途径包括:(1)独立开设劳动教育必修课;(2)在学科专业中有机渗透劳动教育;(3)在课外校外活动中安排劳动实践;(4)在校园文化建设中强化劳动文化。故本题答案全选。

99. ABC 【解析】本题考查《中华人民共和国教育法》。根据《中华人民共和国教育法》第七十九条规定,考生在国家教育考试中有下列行为之一的,由组织考试的教育考试机构工作人员在考试现场采取必要措施予以制止并终止其继续参加考试;组织考试的教育考试机构可以取消其相关考试资格或者考试成绩;情节严重的,由教育行政部门责令停止参加相关国家教育考试一年以上三年以下;构成违反治安管理行为的,由公安机关依法给予治安管理处罚;构成犯罪的,依法追究刑事责任:(1)非法获取考试试题或者答案的;(2)携带或者使用考试作弊器材、资料的;(3)抄袭他人答案的;(4)让他人代替自己参加考试的;(5)其他以不正当手段获得考试成绩的作弊行为。

100. ABCD 【解析】本题考查《中华人民共和国教育法》。根据《中华人民共和国教育法》第四条规定,教育是社会主义现代化建设的基础,对提高人民综合素质、促进人的全面发展、增强中华民族创新创造活力、实现中华民族伟大复兴具有决定性意义,国家保障教育事业优先发展。

2021年重庆市特岗教师招聘考试真题试卷(三十六)

一、单项选择题

1. C 【解析】本题考查教育的本质特点。有目的地培养人,是教育这一社会现象与其他社会现象的根本区别,是教育的本质特点。

2. A 【解析】本题考查《大学》的内容。《大学》开头就说:"大学之道,在明明德,在亲民,在止于至善。"这是儒家对大学教育目的和为学做人目标的纲领性表达,"明明德""亲民""止于至善"被称为"三纲领"。

3. D 【解析】本题考查昆体良的代表作。昆体良的代表作《雄辩术原理》(《论演说家的教育》或《论演说家的培养》)是西方最早的教育著作,也被誉为古代西方的第一部教学法论著。

4. C 【解析】本题考查教育活动的基本要素。从微观角度看,教育活动由教育者、受教育者、教育内容和教育手段四个要素构成。其中,教育者是教育活动中"教"的主体,受教育者是教育活动中"学"的主体,教育内容是师生共同认识的客体,教育手段是教育活动的基本条件。故本题选C。

5. D 【解析】本题考查洛克的教育思想。洛克反对天赋观念,提出了"白板说"。他认为人的心灵原来就像一块白板,没有一切特性,没有任何观念,天赋的智力人人平等。洛克认为,教育目的就是培养绅士,而这种培养只能通过家庭教育,由此提出了"绅士教育论"。

6. C 【解析】本题考查教育与生产劳动相分离的时期。在原始社会,教育和社会生活、生产劳动紧密相连。在奴隶社会和封建社会,教育与生产劳动相脱离和相对立。在社会主义社会和资本主义社会,教育与生产劳动紧密结合。

7. C 【解析】本题考查现代教育学派倡导的"新三中心论"。杜威被称为现代教育的代言人,其教育理论是现代教育理论的代表,区别于传统教育"课堂中心""教材中心""教师中心"的"旧三中心论",他提出了"儿童中心(学生中心)""活动中心""经验中心"的"新三中心论"。

8. B 【解析】本题考查制约教育性质的根本因素。根据马列主义关于生产力和生产关系、经济基础和上层建筑、阶级和国家的根本原理,问题很明显,生产力发展水平、经济制度的性质、国家政权的性质、社会意识形态的特点等等对教育都有重大的影响,其中,决定教育性质的根本因素乃是社会的经济制度。(具体参见成有信编著的《比较教育学》)

9. A 【解析】本题考查学校文化的构成。学校文化如果从其形式来看,可以分为精神文化、制度文化和物质文化三类。其中,物质文化是学校文化的空间物态形式,是学校精神文化的物质载体。物质文化包括环境文化和设施文化。故"教学设施环境"属于物质文化,答案选A项。精神文化包括办学指导思想、教育观、道德观、思维方式、校风、行为习惯等。制度文化是一种确立组织机构、明确成员角色和职责,规范成员行为的文化。

10. A 【解析】本题考查个体身心发展的规律。个体身心发展在不同的年龄阶段表现出不同的总体特征及主要矛盾,面临着不同的发展任务,这就是身心发展的阶段性。个体身心发展的阶段性规律,决定了教育工作必须根据不同年龄阶段的特点分阶段进行。现代教育把学校分为小学、初中和高中等不同阶段,这依据的是个体身心发展的阶段性规律。个体身心发展的顺序性要求教育工作要循序渐进地进行。个体身心发展的不平衡性要求教育要抓住关键期。个体身心发展的个别差异性要求教育要因材施教。

11. B 【解析】本题考查培养目标的内涵。根据各级各类学校的任务确定的对所培养的人的特殊要求,习惯上称为培养目标。它是根据国家的教育目的制定的某一级或某一类学校、某一专业对人才培养的具体要求,是国家的教育目的在不同教育阶段、不同级别的学校、不同专业方向的具体化。

12. B 【解析】本题考查学校教育制度的内涵。学校教育制度,简称学制,是一个国家各级各类学校的总体系,具体规定各级各类学校的性质、任务、要求、入学条件、修业年限及它们之间的相互关系。

13. C 【解析】本题考查教师劳动的特点。示范性指教师的言行举止,如人品、才能、治学态度等都会成为学生学习的对象。教师劳动的示范性特点是由学生的可塑性、向师性心理特征决定的。故小学生具有"向师性",这要求教师要重视发挥教师劳动的示范性。

14. C 【解析】本题考查课程标准的相关内容。课程标准应体现国家对不同阶段的学生在知识与技能、过程与方法、情感态度与价值观等方面的基本要求,规定各门课程的性质、目标、内容框架,提出教学建议和评价建议。故题干所述文件是课程标准。

15. B 【解析】本题考查地方课程的内涵。地方课程是省级教育行政部门以国家课程为基础,依据当地的政治、经济、文化、民族等发展的需要而开发设计的课程。题干中强调"某省编写了教材",并且"在本省所有中学开设课程学习",故这种课程属于地方课程,答案选B项。国家课程是由中央教育行政机构编制和审定的课程,故A项不选。校本课程是学校自主开发或选用的课程,故C项不选。生本课程是以国家课程为基础,以校本课程为补充,根据学生需要而设计的课程,D项不符合题意。

16. B 【解析】本题考查教学活动的中心环节。上课是整个教学工作的中心环节,是教师教和学生学的最直接的体现,是提高教学质量的关键。

17. D 【解析】本题考查综合实践活动课程的内容。综合实践活动课程的内容主要包括:信息技术教育、研究性学习、社区服务与社会实践以及劳动与技术教育。故"研究性学习"属于综合实践活动课程。

18. A 【解析】本题考查教学评价的类型。诊断性评价是在学期开始或一个单元教学开始时,为了了解学生的学习准备状况及影响学习的因素而进行的评价。它包括各种通常所称的摸底考试。故题干所述的评价属于诊断性评价。形成性评价是在教学过程中为改进和完善教学活动而进行的对学生学习过程及结果的评价。故B项不符合题意。总结性评价也称为终结性评价,是在一个大的学习阶段、一个学期或一门课程结束时对学生学习结果的评价。故C项不符合题意。个体内差异评价是对被评价者的过去和现在进行比较,或将评价对象的不同方面进行比较。故D项不符合题意。

19. C 【解析】本题考查班级授课制的发展历程。1632年,捷克教育家夸美纽斯出版的《大教学论》最早从理论上对班级授课制做了阐述,为班级授课制奠定了理论基础。

20. A 【解析】本题考查常用的教学原则。科学性和思想性相统一原则是指教学要以马克思主义为指导,授予学生科学知识,并结合知识教学对学生进行社会主义品德和正确人生观、科学世界观教育。题干中的张老师在讲授生物知识的同时,也讲述了袁隆平的感人事迹,对学生进行了正确的人生观和科学的世界观的教育,这体现了科学性和思想性相统一的原则。

巩固性原则是指教师在教学中要引导学生在理解的基础上牢固地掌握基本知识和基本技能,而且在需要的时候,能够准确无误地呈现出来,以利于知识技能的利用。故B项不选。

直观性原则是指在教学活动中,教师应尽量利用学生的多种感官和已有的经验,通过各种形式的感知,使学生获得生动的表象,从而比较全面、深刻地掌握知识。故C项不选。

因材施教原则是指教师在教学中,要从课程计划、学科课程标准的统一要求出发,面向全体学生,同时又要根据学生的个别差异,有的放矢地进行有差别的教学,使每个学生都能扬长避短,获得最佳的发展。故D项不选。

21. D 【解析】本题考查品德的心理结构。品德的心理结构包括四种相辅相成的基本心理成分:道德认知、道德情感、道德意志和道德行为。道德行为是道德形成的最终环节,是指个体在一定的道德意识支配下表现出来的对他人和社会的有道德意义的活动。它是个体道德认知的外在表现,是实现道德动机的手段。道德行为是衡量道德品质的重要标志。

22. A 【解析】本题考查抽样方法。简单随机抽样,指按照等概率原则,以简单方便的形式随机抽取,从而确定样本。调查组老师在广场上给路过的同学发放问卷,每一位学生收到问卷的概率相等,故属于简单随机抽样。

23. B 【解析】本题考查注意的分类。根据有无预定目的和意志努力程度,注意可以分为无意注意、有意注意和有意后注意三种。有意注意也称随意注意,是有预先目的、必要时需要意志努力、主动地对一定事物所发生的注意。题干中学生在遇到困难或环境出现干扰因素时,仍能自觉自动地将注意集中指向学习活动,这说明此时的注意是学生有目的、需要意志努力的注意,属于随意注意。无意注意也称不随意注意,是没有预定目的、无需意志努力、不由自主地对一定事物所发生的注意。有意后注意也称随意后注意,是指有预定目的,但不需要意志努力的注意。

24. A 【解析】本题考查记忆系统。记忆结构由三个不同的子系统构成:瞬时记忆、短时记忆和长时记忆。当客观刺激停止作用后,感觉信息会在一个极短的时间内保存下来,这种记忆叫瞬时记忆。感觉记忆的信息贮存时间极短,大约为0.25~2秒。这些信息若不加以注意,很快就会消失;若受到注意,就会转入短时记忆。瞬时记忆的存储形式为视觉表象和声音表象两种。故题干所述为瞬时记忆。短时记忆是指人脑中的信息在1分钟之内加工与编码的记忆。处在工作状态中的短时记忆,或者在完成当前任务时起作用的短时记忆,就是工作记忆。长时记忆是信息经过充分加工,在头脑中长久保持的记忆。

25. C 【解析】本题考查情绪的分类。依据情绪发生的强度、持续性和紧张度的不同,可以把情绪状态划分为激情、心境、应激三种。心境是一种微弱的、持续时间较长的,带有弥漫性的情绪状态。心境一经产生就不只表现在某一特定对象上,而是在相当长的一段时间内,使人的整个心理活动都染上某种情绪色彩,影响人的整个行为表现,成为情绪生活的背景。题干中"见花落泪,对月伤怀"就是心境。激情是一种爆发式的、猛烈而持续时间短暂的情绪状态。应激是出乎意料的紧迫情况所引起的急速而高度紧张的情绪状态。表情是情绪和情感的外部表现,是情绪和情感状态发生时身体各部分的动作量化形式。

26. D 【解析】本题考查社会刻板印象。社会刻板印象是指,对一群人的特征或动机加以概括,把概括得出的群体的特征归属于团体中的每一个人,认为他们每个人都具有这种特征,而无视团体成员中的个体差异。题干所述是典型的社会刻板印象。

27. A 【解析】本题考查知觉的规律。知觉的整体性是指人根据自己的知识经验把直接作用于感官的客观事物的多种属性整合为统一整体的过程。"窥一斑而见全豹"比喻可以从观察的部分推测到全貌,体现了知觉的整体性。

28. A 【解析】本题考查离差智商。离差智商代表一个人的智力水平偏离本年龄组平均水平的方向和程度,反映一个人在同龄人中智力所处的位置,决定于个体在相同条件团体中的相对位置。

29. D 【解析】本题考查人格的特征。人格的功能性是指,人格是一个人生活成败、喜怒哀乐的根源。人格决定一个人的生活方式,有时甚至会决定一个人的命运。

30. A 【解析】本题考查问题解决的影响因素。思维定势是人用某种固定的思维模式去分析问题和解决问题,这种固定的模式是已知的,事先有所准备的,它影响着后继活动的趋势、程度与方式。用老方法解决新问题,是典型的思维定势。(具体参看王德强著的《教育心理学教育实践与学生发展取向的心理学研究》)

31. B 【解析】本题考查影响人心理发展的因素。遗传素质对人的发展具有一定的影响,但它在人的心理发展中不能起决定作用,它只是人的心理发展的物质基础或前提条件,只是为人的发展提供可能性,而这种可能性必须要在一定的环境和教育条件下通过个体的主观能动性的发挥才能够转化为现实。因此,B项不能解释题干所述。"狼孩""豹孩""猪孩"在早期脱离了人类社会,因此A、C两项可以解释。"狼孩""豹孩""猪孩"回归人类社会后即使经过诊治和训练,也难以适应社会,是因为他们错过了发展的关键期。D项可以解释题干所述。

32. C 【解析】本题考查过度学习。过度学习是指学习达到恰能背诵之后再继续学习。实验证明:过度学习达到50%,即学习的熟练程度达到150%时,学习的效果最好;超过150%时,效果并不递增,很可能引起厌倦、疲劳而成为无效劳动。

33. A 【解析】本题考查智力与创造性的关系。创造性的研究表明,创造性与智力的关系表现为:(1)低智商不可能具有高创造性;(2)高智商可能有高创造性,也可能有低创造性;(3)低创造性者的智商水平可能高,也可能低;(4)高创造性者必须有高于一般水平的智商。

34. A 【解析】本题考查耶克斯—多德森定律。"耶克斯—多德森定律"表明,动机不足或过分强烈都会影响学习效果。动机的最佳水平随着任务性质的不同而不同。在比较容易的任务中,行为效果(工作效率)随着动机的提高而上升;随着任务难度的增加,动机的最佳水平有逐渐下降的趋势。因此,当活动难度增大时,动机强度应降低。

35. A 【解析】本题考查短时记忆的容量。短时记忆的容量有限,一般是7±2,即5~9个组块,平均值为7。

36. C 【解析】本题考查皮亚杰的认知发展阶段理论。具体运算阶段儿童的思维具有以下特征:第一,去自我中心性(去中心化);第二,可逆性;第三,守恒;第四,分类;第五,序列化。因此,本题选C项。A、B、D三项属于前运算阶段的儿童思维发展的特点。

37. A 【解析】本题考查思维的特点。所谓间接性,是指思维能对感官所不能直接把握的或不在眼前的事物,借助于某些媒介物与头脑加工来进行反映。例如:内科医生不能直接看到病人内脏的病变,却能以听诊、切脉、B超、CT检验等手段为中介,间接判断出病人的病情。

38. C 【解析】本题考查差别感觉阈限。感觉阈限是指能引起感觉或差别感觉的刺激量。差别感觉阈限,又称最小可觉差,是指刚刚能引起差别感觉的刺激物间的最小差异量。

39. D 【解析】本题考查发现学习。发现学习是指给学生提供有关的学习材料,让学生通过探索、操作和思考,自行发现知识、理解概念和原理的教学方法。题干所述属于发现学习。

40. C 【解析】本题考查思维。思维是人脑对客观事物的本质属性与内在联系的概括的、间接的反映。人能凭借思维完成概括、判断、推理等复杂的认知任务。故答案选C项。A、B两项属于感觉活动,D项属于情绪活动。

41. D 【解析】本题考查认知风格。冲动型学生面对问题时总是急于求成,不能全面细致地分析问题的各种可能性,有时还没弄清问题的要求,就开始对问题进行解答,解决问题时强调的是速度而非精度。这种类型的学生认知问题的速度虽然很快,但错误率高。题干中的学生回答问题时反应快,精确性差。这表明该生的认知方式属于冲动型。

42. B 【解析】本题考查科尔伯格的道德发展阶段理论。科尔伯格将道德判断分为前习俗、习俗、后习俗三个水平,每一水平包含两个阶段,六个阶段依照由低到高的层次发展。其中处于习俗水平的好孩子的道德定向阶段的儿童的价值是以人际关系的和谐为导向,顺从传统的要求,符合大众的意见,谋求大家的称赞。在进行道德评价时,总是考虑到社会对一个"好孩子"的期望和要求,并总是按照这种要求去展开思维。题干中孩子认为不应该偷药的原因是偷东西不能得到普遍赞扬,这说明其处于习俗水平的好孩子的道德定向阶段。

43. C 【解析】本题考查思维的一般过程。思维的一般过程包括分析与综合、比较与分类、抽象与概括、系统化与具体化。其中抽象是在人脑中提炼各种事物或现象的共同的、本质的特征,舍弃其个别的、非本质的特征的过程。

44. D 【解析】本题考查马斯洛需要层次理论。马斯洛将需要分成了七个层次,即生理需要、安全需要、归属与爱的需要、尊重需要、求知需要、审美需要和自我实现的需要。

45. C 【解析】本题考查《中国教育现代化2035》。《中国教育现代化2035》中提出的推进教育现代化的八大基本理念:更加注重以德为先,更加注重全面发展,更加注重面向人人,更加注重终身学习,更加注重因材施教,更加注重知行合一,更加注重融合发展,更加注重共建共享。

46. D 【解析】本题考查《中国教育现代化2035》。《中国教育现代化2035》中提出的2035年主要发展目标是:建成服务全民终身学习的现代教育体系、普及有质量的学前教育、实现优质均衡的义务教育、全面普及高中阶段教育、职业教育服务能力显著提升、高等教育竞争力明显提升、残疾儿童少年享有适合的教育、形成全社会共同参与的教育治理新格局。

47. B 【解析】本题考查《中国教育现代化2035》。《中国教育现代化2035》中提出,创新人才培养方式,推行启发式、探究式、参与式、合作式等教学方式以及走班制、选课制等教学组织模式,培养学生创新精神与实践能力。

48. B 【解析】本题考查《加快推进教育现代化实施方案(2018~2022年)》。《加快推进教育现代化实施方案(2018~2022年)》中提出,着力减轻中小学生过重课外负担,支持中小学校普遍开展课后服务工作。

49. B 【解析】本题考查《中华人民共和国教育法》。《中华人民共和国教育法》第十二条规定,国家通用语言文字为学校及其他教育机构的基本教育教学语言文字,学校及其他教育机构应当使用国家通用语言文字进行教育教学。

50. A 【解析】本题考查《中华人民共和国教育法》。《中华人民共和国教育法》第四十三条规定,受教育者享有下列权利:(1)参加教育教学计划安排的各种活动,使用教育教学设施、设备、图书资料;(2)按照国家有关规定获得奖学金、贷学金、助学金;(3)在学业成绩和品行上获得公正评价,完成规定的学业后获得相应的学业证书、学位证书;(4)对学校给予的处分不服向有关部门提出申诉,对学校、教师侵犯其人身权、财产权等合法权益,提出申诉或者依法提起诉讼;(5)法律、法规规定的其他权利。故答案选A项。B、C、D三项都是受教育者应履行的义务。

51. B 【解析】本题考查《中华人民共和国教育法》。《中华人民共和国教育法》第四十九条规定,学校及其他教育机构在不影响正常教育教学活动的前提下,应当积极参加当地的社会公益活动。

52. A 【解析】本题考查《中华人民共和国教师法》。《中华人民共和国教师法》第二十四条规定,教师考核结果是受聘任教、晋升工资、实施奖惩的依据。

53. C 【解析】本题考查《中华人民共和国义务教育法》。《中华人民共和国义务教育法》第十七条规定,县级人民政府根据需要设置寄宿制学校,保障居住分散的适龄儿童、少年入学接受义务教育。

54. C 【解析】本题考查《中华人民共和国义务教育法》。《中华人民共和国义务教育法》第三十二条规定,县级以上人民政府应当加强教师培养工作,采取措施发展教师教育。县级人民政府教育行政部门应当均衡配置本行政区域内学校师资力量,组织校长、教师的培训和流动,加强对薄弱学校的建设。

55. B 【解析】本题考查《中华人民共和国义务教育法》。《中华人民共和国义务教育法》第四十一条规定,国家鼓励教科书循环使用。

56. D 【解析】本题考查《中华人民共和国未成年人保护法》。《中华人民共和国未成年人保护法》中规定,任何组织或者个人发现不利于未成年人身心健康或者侵犯未成年人合法权益的情形,都有权劝阻、制止或者向公安、民政、教育等有关部门提出检举、控告。

57. B 【解析】本题考查《中华人民共和国未成年人保护法》。《中华人民共和国未成年人保护法》中规定,学校、幼儿园安排未成年人参加文化娱乐、社会实践等集体活动,应当保护未成年人的身心健康,防止发生人身伤害事故。

58. A 【解析】本题考查2008年修订的《中小学教师职业道德规范》。"爱岗敬业"的师德规范要求教师要对工作高度负责,认真备课上课,认真批改作业,认真辅导学生,不得敷衍塞责。题干中的李老师做好课前准备,精心设计教学环节和课程结构,向40分钟要质量,这体现了李老师对工作高度负责,认真备课上课,其行为符合爱岗敬业的师德规范。

59. B 【解析】本题考查2008年修订的《中小学教师职业道德规范》。"关爱学生"的师德规范要求教师要保护学生安全,关心学生健康,维护学生权益,不讽刺、挖苦、歧视学生,不体罚或变相体罚学生。题干中的王老师让李某"做100次下蹲起立",属于体罚学生,会对学生的身体造成一定的伤害,故王老师违反了关爱学生的师德规范。

60. D 【解析】本题考查《新时代中小学教师职业行为十项准则》的相关内容。《新时代中小学教师职业行为十项准则》中的规范从教行为要求教师要勤勉敬业,乐于奉献,自觉抵制不良风气;不得组织、参与有偿补课,或为校外培训机构和他人介绍生源、提供相关信息。题干中的李老师为校外培训机构介绍生源,违背了"规范从教行为"的要求。

二、多项选择题

61. ABC 【解析】本题考查现代学制的类型。现代学制主要有三种类型:一是双轨学制,二是单轨学制,三是分支型学制。故答案选A、B、C三项。

62. ABC 【解析】本题考查课程类型。学科课程是指以文化知识(科学、道德、艺术)为基础,按照一定的价值标准,从不同的知识领域或学术领域选择一定的内容,根据知识的逻辑体系,将所选出的知识组织为学科的课程类型。中小学语文、数学课是以语文知识、数学知识为基础组织的课程,因此属于学科课程,A项当选。

必修课程是根据人的发展和社会发展需要制定的,所有学生都必须学习的科目。就我国现阶段基础教育课程现状而言,必修课程一般包括国家课程和地方课程。故B项当选。

国家课程是由中央教育行政机构编制和审定的课程,其管理权限属中央级教育机关。中小学语文、数学课都是由中央教育行政机构编制和审定的课程,故属于国家课程,C项当选。

活动课程亦称经验课程,是指围绕着学生的需要和兴趣、以活动为组织方式的课程形态,即以学生的主体性活动经验为中心组织的课程。而中小学语文、数学课属于以知识为中心组织的课程,故不属于活动课程。

63. ABCD 【解析】本题考查学校德育的内容。我国学校德育内容主要有政治教育、思想教育、道德教育、法制教育(也有人提出为法纪教育)和心理健康教育。其中,政治教育是指教育者按照国家的政治观和一般社会要求对受教育者进行的系统教育,故B项符合题意。思想教育是指有关人生观、世界观以及相应思想观念方面的教育,故A项符合题意。法纪教育是指对受教育者进行有计划、有组织、有目的的法制教育和纪律规范教育的社会实践活动,故C项符合题意。道德教育是指注重受教育者良好个性的塑造和培养的教育,故D项符合题意。

64. CD 【解析】本题考查能力的分类。按能力适应活动范围的大小，可划分为一般能力和特殊能力。所谓一般能力，是指在进行各种活动时必须具备的基本能力，也称智力。它适用于广泛的活动范围，保证人们有效地认识世界。智力包括个体在认识活动中所必须具备的各种能力，如感知能力（观察力）、记忆力、想象力、思维能力、注意力等，其中抽象思维能力是核心，所谓特殊能力，又称专门能力，是指顺利完成某种专门活动所必备的能力，如音乐能力、绘画能力、数学能力、运动能力等。

65. AC 【解析】本题考查学习动机的分类。按学习动机产生的诱因来源，可分为内部学习动机和外部学习动机。内部学习动机（内在学习动机）是指诱因来自学习者本身的内在因素，即学生因对活动本身发生兴趣而产生的动机。外部学习动机（外在学习动机）是指诱因来自学习者外部的某种因素，即在学习活动以外由外部的诱因激发出来的学习动机。题干中学生为了通过考试而努力学习，其诱因来自外部（考试），故属于外在学习动机。A项正确，B项错误。根据动机发挥作用的时间长短，可把学习动机分为远景性动机和近景性动机。远景性动机是指能够激发个体长期行为、使个体制定长期目标的动机。近景性动机，是指在近期内激发个体行为，常与近期目标相联系。故C项正确，D项错误。（具体参看陶红、张玲燕著的《心理学》）

66. CD 【解析】本题考查知识的分类。安德森根据知识的不同表征形式，将知识分为陈述性知识和程序性知识。陈述性知识是个人能用言语进行直接陈述的知识，主要用于区别和辨别事物，是关于事物及其关系的知识，或者说是关于"是什么"的知识，它包括事实、规则、发生的事件、个人的态度等。程序性知识即操作性知识，是一种经过学习后自动化了的关于行为步骤的知识，表现为在信息转换活动中进行具体操作。A、B两项属于陈述性知识，C、D两项属于程序性知识。

67. BD 【解析】本题考查学习的内涵。学习是个体在特定情境下由于练习或反复经验而产生的行为或行为潜能的相对持久的变化。学习的含义可以从以下几个方面去理解：(1)学习实质上是一种适应活动；(2)学习是人和动物共有的普遍现象；(3)学习是由反复经验引起的；(4)学习是有机体后天习得经验的过程；(5)学习的过程可以是有意的，也可以是无意的；(6)学习引起的是相对持久的行为或行为潜能的变化。A、C两项属于本能，不属于学习。B、D两项属于学习。

68. BD 【解析】本题考查加德纳的多元智力理论。加德纳早期认为，人的智力结构中存在着七种相对独立的智力，分别是：言语智力、逻辑—数学智力（数理逻辑智能）、视觉—空间智力、音乐智力、运动智力、人际智力和自知智力。故A、C两项属于加德纳的多元智力理论中的智力类型。本题为选非题，因此选择B、D两项。

69. ABD 【解析】本题考查《中国教育现代化2035》。《中国教育现代化2035》提出了推进教育现代化的基本原则：坚持党的领导、坚持中国特色、坚持优先发展、坚持服务人民、坚持改革创新、坚持依法治教、坚持统筹推进。

70. ABC 【解析】本题考查2008年修订的《中小学教师职业道德规范》的内容。2008年修订的《中小学教师职业道德规范》中"爱国守法"的内容包括：热爱祖国，热爱人民，拥护中国共产党领导，拥护社会主义。全面贯彻国家教育方针，自觉遵守教育法律法规，依法履行教师职责权利。不得有违背党和国家方针政策的言行。故答案选A、B、C三项。D项属于"为人师表"的内容，故不选。

三、材料分析题

71. ABD 【解析】说服教育法又叫说理教育法，是通过语言说理，使学生明晓道理，分清是非，提高品德认识的德育方法。说服教育法的方式之一是运用语言文字进行说服，如讲解、谈话、讨论、报告等。材料中的张老师发现李晓在课本上画画之后，将李晓叫到办公室，与李晓进行谈话交流，这运用了说服教育法，故A项可选。

实际锻炼法是有目的地组织学生参加各种实际活动，使其在活动中锻炼思想，增长才干，培养优良的思想和行为习惯的德育方法。张老师发现李晓画画能力不错之后，让李晓负责黑板报的制作，这体现了对实际锻炼法的运用，故B项可选。

品德评价法是通过对学生品德进行肯定或否定的评价而予以激励或抑制，促使其品德健康形成和发展的德育方法。题干中的李晓的美术作品多次得到美术老师的表扬，并且他在期末被评为"优秀学生"，这都体现了老师对品德评价法的运用。故D项可选。

参观法又称现场教学，是教师根据教学目的和要求，组织学生进行实地考察、研究，使学生获取新知识，巩固、验证旧知识的一种教学方法。题干中未体现参观法的相关内容，故C项不选。

72. ACD 【解析】发扬积极因素克服消极因素原则是指，在德育工作中，教育者要善于依靠、发扬学生自身的积极因素，调动学生自我教育的积极性，克服消极因素，以达到长善救失的目的。材料中的张老师充分发扬了李晓画画的特长，克服了他上课不认真听讲的习惯，转变了他的学习态度，这体现了发扬积极因素克服消极因素的原则。故A项符合题意。

因材施教原则是指教育者在德育过程中，应根据学生的年龄特征、个性差异以及品德发展现状，采取不同的方法和措施，加强德育的针对性和实效性。材料中的张老师发现了李晓同学的画画能力，通过让李晓制作黑板报来发挥其绘画特长，美术老师也经常表扬李晓的美术作品，这些做法使李晓慢慢变成了一个积极向上的学生，这体现了因材施教原则。故C项符合题意。

尊重信任学生与严格要求学生相结合原则是指，在德育过程中，教育者既要尊重信任学生，又要对学生提出严格的要求，把严和爱有机地结合起来，使教育者的合理要求转化为学生的自觉行动。材料中的张老师的做法体现了尊重信任学生，但没有体现出来严格要求学生，故B项不符合题意。

教育影响的连贯性与一致性原则是指，在德育工作中，教育者应主动协调多方面教育力量，统一认识和步调，有计划、有系统、前后连贯地教育学生，发挥教育的整体功能，培养学生正确的思想品德。材料中的张老师发现了李晓的画画特长，通过让其制作黑板报来发挥其特长，美术老师也多次表扬李晓的美术作品，这体现了教师集体的合力作用，体现了教育影响的连贯性与一致性原则，故D项符合题意。

73. B 【解析】德育的主要途径包括：(1)思想品德课（思想政治课）与其他学科教学；(2)社会实践活动；(3)课外、校外活动；(4)共青团、少先队组织的活动；(5)校会、班会、周会、晨会、时事政策的学习；(6)班主任工作。其中，思想品德课是通过专门设置的思想品德课程对学生进行德育的途径，材料中未出现专门的思想品德课程，故A项不符合题意。

班主任工作是学校对学生进行德育的一个重要而又特殊的途径，即通过班主任做工作来对学生进行德育。材料中的班主任张老师通过与李晓谈话、让李晓制作黑板报等途径，转变了李晓的学习态度，使李晓变得积极向上，这体现的德育途径是班主任工作。故B项符合题意。

社会实践活动一般包括三种类型：(1)组织学生参加劳动，如生产劳动、社会公益劳动、自我服务性劳动；(2)开展勤工俭学活动；(3)组织学生参加社会政治活动。材料中未体现社会实践活动方面的内容，故C项不选。

课外、校外活动不受教学计划的限制，是学生根据兴趣爱好自愿参加的活动，是向学生进行德育的重要途径。材料中未体现课外活动的相关内容，故D项不选。

74. ABC 【解析】讲授法是教师运用口头语言系统连贯地向学生传授知识、技能，发展学生智力的教学方法。材料中的周老师教学生学习杜甫的诗歌《绝句》的基本大意，体现了对讲授法的运用，A项符合题意。

谈话法也叫问答法，它是教师按一定的教学要求向学生提出问题让学生回答，通过问答、对话的形式来引导学生思考、探究、获取或巩固知识，促进学生智能发展的方法。材料中的周老师通过与学生问答的形式，使学生加深了对诗歌的理解，体现了对谈话法的运用，B项符合题意。

演示法是指教师通过展示实物、教具和示范性的实验来说明、印证某一事物和现象，使学生掌握新知识的一种教学方法。材料中的周老师通过展示雪景的图片，使学生理解"窗含西岭千秋雪"的内涵，这体现了对演示法的运用，C项符合题意。

实习作业法是指教师根据学科课程标准要求，指导学生运用所学知识在课上或课外进行实际操作，将知识运用于实践的教学方法。材料中的内容未体现对实习作业法的运用，D项不选。

75. AB 【解析】直观性原则是指在教学活动中，教师应尽量利用学生的多种感官和已有的经验，通过各种形式的感知，使学生获得生动的表象，从而比较全面、深刻地掌握知识。材料中的周老师通过展示雪景的图片，使学生理解"窗含西岭千秋雪"的内涵，这体现了对直观性原则的运用。A项符合题意。

启发性原则是指在教学活动中，教师要调动学生的主动性和积极性，引导他们通过独立思考、积极探索，生动活泼地学习，自觉地掌握科学知识，提高分析问题和解决问题的能力。材料中的周老师通过师生问答的形式，充分调动了学生学习的积极性，并且请张东当小老师为大家讲解"门泊东吴万里船"，也充分发挥了张东的主体作用，这体现了对启发性原则的运用，B项符合题意。

循序渐进原则是指教师要严格按照科学知识的内在逻辑和学生的认知发展规律进行教学，使学生掌握系统的科学文化知识，能力得到充分的发展。循序渐进原则在材料中未体现出来，C项不符合题意。

巩固性原则是指教师在教学中要引导学生在理解的基础上牢固地掌握基本知识和基本技能，而且在需要的时候，能够准确无误地呈现出来，以利于知识技能的运用。巩固性原则在材料中未体现出来，D项不符合题意。

76. A 【解析】教师主导作用与学生能动性相结合的规律说明教学过程是教师和学生共同活动的过程，教师在教学过程中起主导作用，学生在学习活动中处于主体地位。该规律强调在教学过程中既要重视教师的主导作用，通过教师的组织、调节、指导，促进学生的发展，又要充分发挥学生的主体作用，调动学习的积极性。材料中的周老师在讲解完杜甫的诗歌之后，通过与学生谈话交流，充分激发了学生的求知欲，调动了学生学习的积极性，这既发挥了教师的主导作用，也发挥了学生的主体作用，体现了教师主导作用与学生能动性相结合。故答案选A项。

间接经验与直接经验相结合的规律是指学生以学习间接经验为主，学生学习间接经验要以直接经验为基础。材料中学生主要学习的是间接经验，未体现对直接经验的学习，B项不符合题意。

掌握知识与发展智力相结合的规律是指智力的发展水平制约着知识的掌握，知识的掌握又能促进智力的发展，材料中未体现掌握知识与发展智力的相关内容，C项不符合题意。

掌握知识与思想教育相结合的规律是指掌握知识是提高思想觉悟的基础，思想觉悟及思想品德的提高是促进知识学习和掌握的精神能源，是有效学习和掌握知识的动力，材料中未体现促进学生思想品德水平的提高，D项不符合题意。

77. BD 【解析】胆汁质的人直率、精力旺盛、热情奔放、急躁、莽撞、易感情用事、自制力差、具有外倾性。故李倩的气质属于胆汁质。抑郁质的人以敏锐、稳重、体验深刻、外表温柔、怯懦、孤独、行动缓慢为特征。王明的气质属于抑郁质。A项错误，B项正确。气质仅使人的行为带有某种动力特征，无所谓好坏。C项错误。气质是依赖人的生理素质或身体特点的人格特征，是由人的神经系统的某些生物学特点，特别是脑的特点决定的，受先天因素的影响。D项正确。

78. ACD 【解析】对胆汁质的学生，教师应采取直截了当的方式，但这些学生不宜轻易激怒，对其严厉批评要有说服力，培养其自制力、坚持到底的精神，豪放、勇于进取的人格品质。教师应避免和其发生直接冲突，可让其多承担一些班级事务。对抑郁质的学生，则应采取委婉暗示的方式，对其多关心、爱护，不宜在公开场合下指责，不宜过于严厉地批评，多给创设同伴合作机会，培养他们亲切、友好、善于交往、富有自信的精神，培养其敏感、机智、认真、细致、高自尊的优点。

79. CD 【解析】概括化理论也称经验类化说，由美国心理学家贾德提出，其主要观点是，一个人只要对自己的经验进行了概括，就可以完成从一个情境到另一个情境的迁移。他认为先前的学习之所以能迁移到后来的学习中，是因为在先前学习中获得了一般原理，这种一般原理可以部分或全部地运用于后续的学习中。对原理了解、概括得越好，迁移效果也越好。故C、D两项正确。A项属于形式训练说的观点。B项属于共同要素说的观点。

80. ABD 【解析】概括化理论强调对一般原理的概括。A、B、D三项均属于提高学生对一般原理的理解和概括能力的措施，故符合概括化理论。C项的内容在概括化理论中没有体现，故不符合。

2021年江西省中小学教师招聘考试教育综合基础知识真题试卷(三十七)

第一部分　客观题

一、单项选择题

1. C 【解析】本题考查《学记》的思想观点。A项出自《学记》的开篇，体现的是教育的目的；B项出自《学记》，体现的是长善救失原则；C项出自《荀子·劝学》，体现的是环境对个体身心发展的影响；D项出自《学记》，体现的是启发诱导原则。故本题选C项。

2. C 【解析】本题考查各教育家的教育观点。斯宾塞在教育内容方面，主张科学知识最有价值。故A项正确。

亚里士多德的教育观点基本上承袭柏拉图，认为教育应该由国家负责，受国家控制。故B项正确。

卢梭提出了“自然主义教育”，夸美纽斯提出了“泛智”教育以及“把一切事物教给一切人”。故C项错误。

福禄贝尔提出要让儿童在游戏中得到发展，他是教育史上第一个承认游戏的教育价值的人。故D项正确。

3. B 【解析】本题考查教育与社会发展的关系。从教育发展的历史来看，由于时代不同，生产力和科技发展水平不同，学校课程设置及其内容选择也不同。学校所设置的各门课程都是教育内容的表现形式，课程的门类多少、难易程度及性质都受到生产力发展水平制约。故B项说法错误。

4. D 【解析】本题考查个体身心发展的规律。人的身心发展的互补性规律是指：(1)机体某一方面的机能受损甚至缺失后，可通过其他方面的超常发展得到部分补偿。(2)互补性也存在于心理机能与生理机能之间。故题干的表述体现的是人的身心发展的互补性对教育提出的要求。

5. C 【解析】本题考查影响个体身心发展的主要因素。学校教育对人的发展的主导作用是有条件的。并不是所有学校教育都能对人的发展起主导作用，也不是学校教育在任何时候都能对人的发展起主导作用。故C项说法过于绝对。

6. D 【解析】本题考查我国中小学德育内容。《中小学德育工作指南》规定，我国中小学德育内容包括：理想信念教育、社会主义核心价值观教育、中华优秀传统文化教育、生态文明教育和心理健康教育。其中，理想信念教育包括加强中国历史特别是近现代史教育、革命文化教育、中国特色社会主义宣传教育、中国梦主题宣传教育、时事政策教育，引导学生深入了解中国革命史、中国共产党史、改革开放史和社会主义发展史。故本题选D项。

7. C 【解析】本题考查教育目的的相关知识。教育目的是指一个国家或社会的教育对人才培养规格的总要求，是国家为培养人才而确定的质量规格和标准。故C项说法错误。

8. D 【解析】本题考查教师职业的发展历史。我国奴隶制社会时期，教育的一个重要特点是“学在官府，以吏为师”，教师都由官吏兼任，官师一体。而我国古代社会一般包括奴隶社会和封建社会，故D项说法错误。

9. B 【解析】本题考查教学组织形式。从教学场所来看，班级授课一般在教室、实验室中进行，比较固定。课堂中的座次也相对固定。但学生座次安排可采用不同的形式，如秧田式、圆桌式、马蹄式和会议式等。故A项说法正确。

个别教学，又称个别辅导，是教师针对不同学生的情况进行个别辅导的教学组织形式。它更有利于因材施教，而不是拔尖人才的培养。故B项说法错误。

走班制的形式是：(1)学科教室和教师固定，学生流动上课；(2)实行大、小班上课的多种教学形式；(3)小组合作学习的方式。故C项说法正确。

分组教学的优点是能很好地适应学生的个别差异，可激发学生的学习兴趣，发展学生的特长，也有利于拔尖人才的培养。但分组教学在实施中也有许多问题和困难，如按成绩分组、编班后，容易造成学生心理不平衡和出现一些矛盾。故D项说法正确。

10. C 【解析】本题考查我国第八次课程改革的价值追求。我国第八次课程改革的价值追求表现在：(1)教育公平。这意味着课程必须谋求所有适龄儿童平等享受高质量的基础教育。(2)国际理解。这意味着我国的课程体系必须追求国际性与民族性的内在统一，必须追求多样文化的教育价值观。(3)回归生活世界。回归生活世界的课程在内容上意味着要突破狭隘的科学世界的约束，因此，除了科学以外，艺术、道德、个人世界、自由的日常交往都是重要的课程资源。(4)关爱自然。(5)个性发展。这意味着课程必须尊重每一位学生个性发展的完整性、独立性、具体性、特殊性。因此，课程应创设有助于个性发展的社会情境。故C项不属于第八次课程改革的价值追求。

11. B 【解析】本题考查德育的相关知识。在我国，爱国主义教育是德育的永恒主题，是我国学校德育中最重要的内容，处于核心地位。故A项说法正确。

德育过程与品德形成过程是两个完全不同的概念。两者是教育与发展的关系。故B项说法错误。

道德教育是培养和发展学生基本道德品质的教育。这种教育实质上是教学生如何做人的教育。故C项说法正确。

选择德育内容的依据之一是当前的时代特征，它决定了德育内容的针对性。故D项说法正确。

12. D 【解析】本题考查班级活动设计与组织的过程。班级活动在准备时，根据活动的性质，可能需要一些外部的支持。例如，向学校申请活动经费支持，联系家长，把孩子的活动情况告知家长，甚至让家长一起参与活动等。一般而言，这种联系最好由班主任来进行，学生只起辅助作用。故D项说法错误。

13. B 【解析】本题考查德育原则。贯彻德育的因材施教原则的要求包括：(1)深入了解学生的个性特点和内心世界。(2)根据学生个人特点有的放矢地进行教育。(3)根据学生的年龄特征有计划地进行教育。(4)要针对不同地区的实际情况来施教。故B项说法错误。

14. D 【解析】本题考查教师职业道德。叶圣陶提出，“要想学生好学，必须先生好学。惟有学而不厌的先生才能教出学而不厌的学生”。在这个意义上说，身教比言教更为重要，更为有力。这句话体现的是教师职业道德中行为的典范性的特征。故D项说法错误。

15. A 【解析】本题考查教育法规的内容。《中华人民共和国教师法》于1993年10月31日经第八届全国人民代表大会常务委员会第四次会议通过，自1994年1月1日起施行。故A项说法错误。

根据《教师资格条例》第十九条规定，有下列情形之一的，由县级以上人民政府教育行政部门撤销其教师资格：(1)弄虚作假、骗取教师资格的；(2)品行不良、侮辱学生，影响恶劣的。故B项正确。

《中华人民共和国义务教育法》是教育法律之一，是关于教育的单行法，也是我国历史上第一部关于基础教育的法律。故C项说法正确。

根据《中华人民共和国教育法》第十九条规定，国家实行九年制义务教育制度。故D项说法正确。

16. C 【解析】本题考查《学生伤害事故处理办法》。根据《学生伤害事故处理办法》第十三条规定，下列情形下发生的造成学生人身损害后果的事故，学校行为并无不当的，不承担事故责任；事故责任应当按有关法律法规或者其他有关规定认定：(1)在学生自行上学、放学、返校、离校途中发生的；(2)在学生自行外出或者擅自离校期间发生的；(3)在放学后、节假日或者假期等学校工作时间以外，学生自行滞留学校或者自行到校发生的；(4)其他在学校管理职责范围外发生的。题干中的刘某是在放学途中发生的学生伤害事故，学校行为并无不当，不承担法律责任。故答案选C项。

17. A 【解析】本题考查《中共中央 国务院关于全面深化新时代教师队伍建设改革的意见》。《中共中央 国务院关于全面深化新时代教师队伍建设改革的意见》提出的基本原则之一是突出师德，要求把提高教师思想政治素质和职业道德水平摆在首要位置，把社会主义核心价值观贯穿教书育人全过程，突出全员全方位全过程师德养成，推动教师成为先进思想文化的传播者、党执政的坚定支持者、学生健康成长的指导者。

18. C 【解析】本题考查学习的分类。C项，规则的学习，亦称原理学习，指了解概念之间的关系，学习概念间的联合。自然科学中各种定律、定理的学习是规则学习。桑代克的效果律属于定律。故答案选C项。

A项，连锁学习，是一系列刺激—反应的联合。个体首先要习得每个刺激—反应联结，并按照特定的顺序反复练习，同时还应接受必要的及时强化。

B项，言语联想学习，其实质是连锁学习，只不过它是语言单位的连接，如将单词组合为合乎语法规则的句子。

D项，解决问题的学习，亦称高级规则的学习，指在各种条件下应用规则或规则的组合去解决问题。

19. D 【解析】本题考查奥苏伯尔的理论观点。D项，奥苏伯尔认为学校情境中的成就动机主要由三个方面组成，即认知内驱力、自我提高内驱力和附属内驱力。他认为，认知内驱力、自我提高内驱力和附属内驱力在动机结构中所占的比重并不是一成不变的，通常是随着年龄、性别、个性特征、社会地位和文化背景等因素的变化而变化。故提出该观点的心理学家是奥苏伯尔。A项，布鲁纳提出了认知—结构学习论；B项，斯金纳提出了操作性条件反射；C项，苛勒提出了学习的完形—顿悟说。

20. D 【解析】本题考查高创造性者的特征。高创造性者一般具有以下个性特征：(1)具有幽默感；(2)有抱负和强烈的动机；(3)能够容忍模糊与错误；(4)喜欢幻想；(5)具有强烈的好奇心；(6)具有独立性，很少考虑自己在他人心目中的形象。

21. A 【解析】本题考查教学评价的类型。A项的常模参照(性)评价又称相对性评价，是运用常模参照性测验对学生的学习成绩进行的评价，它主要依据学生个人的学习成绩在该班学生成绩序列或常模中所处的位置来评价和决定他的成绩的优劣，而不考虑是否达到教学目标的要求。该评价具有甄选性强的特点，因而可以作为选拔人才、分类排队的依据。因此，想知道学生在班级中的排名，应该使用常模参照评价。故本题选A项。

B项的标准参照评价又称绝对性评价(目标参照性评价)，是运用目标参照性测验对学生的学习成绩进行的评价。它主要依据教学目标和教材编制试题来测量学生的学业成绩，判断学生是否达到了教学目标的要求，而不以评定学生之间的差异为目的。

C项的诊断性评价是在学期开始或一个单元教学开始时，为了了解学生的学习准备状况及影响学习的因素而进行的评价。它包括通常所称的各种摸底考试。

D项的总结性评价也称终结性评价，是在一个大的学习阶段、一个学期或一门课程结束时对学生学习结果的评价。它常在学期中或学期末进行。

22. B 【解析】本题考查操作性条件反射与经典性条件反射的区别。操作性(工具性)条件反射与经典性条件反射有共同的规律。它们都是在一定条件下建立起来的反射，而最根本的共同点是都需要强化。二者的不同之处有：(1)无条件刺激是否明确。经典性条件反射中，无条件刺激“食物”很明确；操作性(工具性)条件反射中，无条件刺激不明确。故D项说法正确。(2)强化是与刺激有关，还是与反应有关。经典性条件反射中，强化与刺激有关，并且出现在反应之前，所以，经典性条件反射是刺激—反应的过程。操作性(工具性)条件反射中，强化与反应有关，并且出现在反应之后，所以，操作性(工具性)条件反射是反应—刺激的过程。故C项说法正确。(3)反应方式不同。经典性条件反射中，动物是被束缚着的，是被动地接受刺激，反应是先天固有的。在操作性(工具性)条件反射中，动物可以自由活动，它通过主动操作来达到一定的目的，反应是在学习过程中形成的。所以，操作性(工具性)条件反射在人类的活动中存在更广泛，意义也更大。故A项说法正确，答案选B项。(具体内容参见张潮、王敬国主编的《心理学》)

23. B 【解析】本题考查常见的教学模式。A项，抛锚式教学模式指以问题为中心，将知识抛锚在一定的问题情境中，以激发学生的好奇心和创造力的教学模式。B项，认知学徒教学模式主张通过在真正现场活动中获取、发展和使用认知工具来进行特定领域的学习，强调要把学习者和实践世界联系起来。C项，随机通达教学模式，是指学习者可以随机通过不同途径、不同方式进入同样的教学内容的学习，从而获得对同一事物或同一问题的多方面的认识和理解。D项，支架式教学模式是指通过提供一种概念框架来促进学习，帮助学生建构知识。故答案选B项。

24. D 【解析】本题考查成败归因理论。根据韦纳的归因理论可知，所有可控制因素都是内在因素，如努力程度。故D项说法正确。所有稳定性因素并不都是内在因素，如工作难度属于外在因素。故A项说法错误。所有内在因素并不都是稳定性因素，如努力程度和身心状况属于不稳定性因素。故B项说法错误。所有内在因素并不都是可控制因素，如能力和身心状况属于不可控制因素。故C项说法错误。

25. B 【解析】本题考查智力测验的标准。效度针对不同的情况，可以分为内容效度、结构效度和实证效度。其中，内容效度是指一个测验实际测到的内容与所要测量的内容之间的吻合程度，可以用于成就测验，也可以用于选拔和分类的职业测验。

26. C 【解析】本题考查感知规律的内容。活动律，指活动的对象较之静止的对象容易感知。为此，应注意在活动中进行直观、在变化中呈现对象，要善于利用现代科学技术作为知识的物质载体，使知识以活动的形象呈现在学生面前。因此，题干所述正是利用了感觉的活动律。

27. A 【解析】本题考查耶克斯—多德森定律。耶克斯—多德森定律认为，教师在教学时，要根据学习任务的不同难度，恰当控制学生学习动机的激起程度。在学习较容易、较简单的课题时，应尽量使学生集中注意力，使学生尽量紧张一点；而在学习较复杂、较困难的课题时，则应尽量创造轻松自由的课堂气氛，在学生遇到困难或出现问题时，要尽量心平气和地慢慢引导，以免学生过度紧张和焦虑。从这个角度来看，平日在学生中流传的“大考大玩、小考小玩、不考不玩”的俏皮话，在一定程度上是有积极意义的。

28. B 【解析】本题考查记忆的种类。瞬时记忆中只有能够引起个体注意并被及时识别的信息，才有机会被转入短时记忆。故A项说法正确。长时记忆的信息保持时间长久，在1分钟以上，直至保持终生。故C项说法正确。瞬时记忆的容量较大；短时记忆的容量有限，一般是7±2个组块；长时记忆的容量无限。故D项说法正确。长时记忆是信息经过充分加工，在头脑中长久保持的记忆。故B项说法错误。

29. C 【解析】本题考查埃里克森的心理社会发展阶段论。根据埃里克森的人格发展阶段理论可知，2～3岁儿童的发展任务是培养自主性；4～5岁儿童的发展任务是培养主动性；6～11岁儿童的发展任务是培养勤奋感；12～18岁青少年的发展任务是培养自我同一性。因此，培养勤奋感的最佳时期是6～11岁。故答案选C项。

30. C 【解析】本题考查组织策略的种类。组织策略是指将经过精加工提炼出来的知识点加以构造，形成更高水平的知识结构的信息加工策略。常用的组织策略有：(1)列提纲；(2)利用图形；(3)利用表格。其中，利用图形包括系统结构图、流程图、模式或模型图和网络关系图。故答案选C项。

二、多项选择题

31. ABD 【解析】本题考查教育的内涵。在我国，一般认为“教育”的概念最早见于《孟子·尽心上》中的“得天下英才而教育之，三乐也”一句。故A项正确。

在西方文化背景下对教育进行词源考察，可以看到，在西文中，英文、法文、德文中的“教育”一词均由拉丁文“educare”演化而来，而拉丁文“educare”表示“引出”的意思。可见，西文中“教育”一词表示把受教育者内在的东西引导出来。故B项正确。

"教育是经验的改造或改组"是杜威的教育思想。故C项错误。

学校教育具有明确的目的性和方向性、较强的计划性和系统性、高度的组织性,故D项正确。

32. BCD 【解析】本题考查学校教育的产生。从17世纪到19世纪末,各资本主义国家纷纷建立起近代学校教育系统,大致说来,西方严格意义上的学校教育系统在19世纪下半期已经基本形成。故A项说法错误。

一般认为,学校这种特殊的教育机构是在奴隶社会时期产生的。美国学者克雷默认为世界上最早的学校是产生于公元前2500年左右的埃及,称为苏美尔学校。故B项说法正确。

我国的学校教育正式产生于商代,学校的存在已有了确凿的证据。故C项说法正确。

学校产生的客观条件是体脑分工和专职教师的出现。故D项说法正确。

33. AD 【解析】本题考查教育的发展。隋唐时期形成以"六学二馆"为主干的中央官学。六学:国子学、太学、四门学、律学、书学、算学;二馆:崇文馆、弘文馆。故A项正确。

中世纪西欧形成了骑士教育和教会教育这两种著名的封建教育体系。骑士教育的教育内容是"骑士七技":骑马、游泳、击剑、打猎、投枪、下棋、吟诗。教会教育的教育内容是"七艺":"三科"(文法、修辞、辩证法)和"四学"(算术、几何、天文、音乐),故B项错误。

近代社会教育的特征之一是初等义务教育的普遍实施。故C项错误。

现代社会教育的特征之一是人文教育与科学教育携手并进。故D项正确。

34. AB 【解析】本题考查关于人的发展的观点。霍尔提出"一两的遗传胜过一吨的教育"。高尔顿是遗传决定论的创始人,著有《遗传的天才》一书。故A项错误。

洛克提出了"白板说"。卢梭提倡"自然主义教育"。故B项错误。

吴伟士(武德沃斯)认为,人的发展等于遗传与环境的乘积。故C项正确。

董仲舒提出"性三品说",突出了"先天""命定"性因素在人的发展中的作用。故D项正确。

35. BC 【解析】本题考查生活本位论的代表人物。生活本位论的代表人物主要有斯宾塞和杜威等。故本题选B、C两项。A项的卢梭是个人本位论的代表人物。D项的涂尔干是社会本位论的代表人物。

36. BD 【解析】本题考查素质教育。我国素质教育产生的背景有:(1)当代社会对高素质人才的需求;(2)教育自身存在的不能适应社会发展的问题;(3)信息化社会知识总量急剧增长,知识更新速度空前加快;(4)对教育的认识的深化。故A项说法正确。

素质教育是面向全体学生的教育。素质教育倡导人人有受教育的权利,强调在教育中每个人都得到发展,而不是只注重一部分人,更不是只注重少数人的发展。故B项说法错误。

素质教育不是一种具体的教育模式,而是一种教育价值取向。故C项说法正确。

素质教育就是不要考试,特别是不要百分制考试。这是对考试的误解。这是实施素质教育的误区之一,故D项说法错误。

37. BC 【解析】本题考查学生的相关知识。教学与其说是教师的事情,不如说是学生的事情,因为它归根到底是为了学生的发展。如果不承认学生的主体地位,不调动学生学习的积极性,再好的教学设计都会落空。故A项说法正确。

受教育权是学生最主要的权利,故B项说法错误。

《中华人民共和国宪法》第四十六条规定:"中华人民共和国公民有受教育的权利与义务。"故C项说法错误。

中小学生发展的时代特点包括:(1)生理成熟期提前。(2)学习目的多元化、实用化。(3)价值观念多元化,具有较高的职业理想和务实的人生观。(4)自我意识增强,具有一定的社会交往能力。当代中小学生具有鲜明的自我利益意识、积极主动的参与意识、强烈的个性表现欲望等。(5)心理问题增多。故D项说法正确。

38. AC 【解析】本题考查学制的相关知识。壬子癸丑学制规定了义务教育的年限。故A项正确。

特殊学校、特殊班级的设立必须考虑学生的身心发展规律。故B项错误。

义务教育制度是伴随大工业生产的发展逐渐实行的。进入当代社会以后,各发达国家不但普遍实施了义务教育,而且其年限在不断延长。义务教育年限的长短成为一国教育发展程度的标志之一。故C项正确。

1922年的"壬戌学制"采用美国式的六三三分段法,即小学六年、初中三年、高中三年,因此又称"新学制"或"六三三学制"。故D项错误。

39. BD 【解析】本题考查课程的相关知识。《中小学综合实践课程活动指导纲要》指出,综合实践活动是国家义务教育和普通高中课程方案规定的必修课程。自小学一年级至高中三年级全面实施。故A项错误。

在我国,当前课程标准就是指学科课程标准或教学大纲。故B项正确。

课程资源是课程建设的基础,它包括教材以及学生家庭、学校和社会生活中一切有助于学生发展的各种资源。故C项错误。

综合实践活动课程的特点包括:自主性、实践性、开放性、整合性、连续性。故D项正确。

40. AD 【解析】本题考查班主任的相关知识。1951年国家颁布了《关于改革学制的决定》,规定从1952年起,在中小学设立"班主任",取代"级任导师",负责全班学生的思想教育、政治工作、道德行为、生活管理、课外活动等。至此,我国班主任制正式确立。故A项错误。

班主任要扮演好班级管理的设计师角色。首先,要树立以生为本的理念。其次,要确立科学的系统化的管理。最后,进行个性化班级文化建设。故B项正确。

调查法是班主任了解学生的方法之一,即通过对学生本人或知情者的调查访问,从侧面间接地了解学生,包括问卷、座谈等。故C项正确。

《中小学班主任工作规定》指出,班主任应该经常与任课教师和其他教职员工沟通,主动与学生家长、学生所在社区联系,努力形成教育合力。故D项错误。

41. ABC 【解析】本题考查实践锻炼法。实践锻炼的类型包括:(1)组织活动。这里的活动包括学习活动、课外活动、社会实践活动、生产劳动等。其中,学习活动是学生最经常的实践锻炼方式。(2)执行制度。通过引导学生遵守一定的制度,特别有助于培养学生的组织性、纪律性、顽强的意志和严格要求自己的好习惯,故遵守纪律是一种很重要的实践锻炼。(3)委托任务。故A、B项正确。

实践锻炼法是解决道德上知行脱节的最重要方法。故C项正确。

实践锻炼法要求学生参与实践活动。但是,亲身参与实践活动并不意味着就能够产生实际效果。故D项错误。

42. CD 【解析】本题考查教学过程的相关知识。教学过程是学生的一种特殊认识过程,这是教学过程的特殊规定性的表现之一。故A项正确。

在教学过程中,教师的教与学生的学是对立统一的辩证关系,是教与学矛盾转化的过程,是知与不知的矛盾转化过程。故B项正确。

知识的多少与才能的高低并不等同,知识和运用知识的能力也并不相同。智力并不完全是随着知识的掌握自然发展的。故C项错误。

教学过程大致分为五个阶段:心理准备阶段、领会阶段、巩固阶段、运用阶段和检查效果阶段。其中,教学过程的领会阶段包括感知、理解教材。故D项错误。

43. ABC 【解析】本题考查慕课。慕课(MOOC)是"Massive Open Online Courses"的英文首字母缩写的中文音译,意为"大规模在线开放课程"。其中,"Massive"(大规模的)是指对注册人数没有限制,用户数量级过万,故B项错误。"Open"(开放的)是指任何人均可参与,通常是免费的。故A项错误。

就目前主流慕课平台来看,核心课程资源以5~15分钟的短小视频为主。这些微课的主讲教师大都由一流学校的名师担任。故C项错误,D项正确。

44. ABC 【解析】本题考查教师职业道德规范。教师诚信的具体表现之一是:实实在在地不断提高教育教学质量。故A项正确。

《中小学教师职业道德规范》(教育部2008年修订)中"为人师表"的要求之一是自觉抵制有偿家教,不利用职务之便谋取私利。故B项正确。

《中小学教师职业道德规范》(教育部2008年修订)中"爱国守法"的要求之一是不得有违背党和国家方针政策的言行。故C项正确。

爱国守法是教师职业道德的基本要求,爱岗敬业是教师职业道德的本质要求。故D项错误。

45. ABD 【解析】本题考查《新时代中小学教师职业行为十项准则》。《新时代中小学教师职业行为十项准则》的基本内容有:坚定政治方向、自觉爱国守法、传播优秀文化、潜心教书育人、关心爱护学生、加强安全防范、坚持言行雅正、秉持公平诚信、坚守廉洁自律和规范从教行为。

46. BCD 【解析】本题考查教育政策与法律法规的内容。根据《中华人民共和国未成年人保护法》第二条规定，本法所称未成年人是指未满十八周岁的公民。故A项说法错误。

根据《中华人民共和国预防未成年人犯罪法》(1999年版)第四十五条规定，对于已满十四周岁不满十六周岁未成年人犯罪的案件，一律不公开审理。已满十六周岁不满十八周岁未成年人犯罪的案件，一般也不公开审理。该条规定经2020年修订后已删除。故B项说法正确。

《中共中央 国务院关于深化教育教学改革全面提高义务教育质量的意见》指出要坚持“五育”并举，全面发展素质教育。故C项说法正确。

根据《中华人民共和国教师法》第七条和第八条可知，D项说法正确。

47. CD 【解析】本题考查人际交往的相关知识。人际关系深浅的标志，就是交往双方自我暴露的水平。故A项说法错误。随着双方共同情感领域的发现，双方的沟通也会越来越广泛，自我暴露的深度与广度也逐渐增加。但人们的话题仍避免触及别人秘密性的领域，自我暴露也不涉及自己根本的方面。故B项说法错误。在感情交流阶段，双方关系的性质开始出现实质性变化。此时双方人际关系安全感已经得到确立，因而谈话也开始广泛涉及自我的许多方面，并有较深的情感卷入。故C、D两项说法正确。

48. AB 【解析】本题考查不同学习理论的观点。托尔曼认为，学习是一种有目的的行为，进而不同意桑代克等人认为学习是盲目的观点。故A项说法正确。布鲁纳主张学习的目的在于以发现学习的方式，使学科的基本结构转变为学生头脑中的认知结构。故B项说法正确。有意义的自由学习观是罗杰斯提出的。故C项说法错误。桑代克提出了尝试—错误说，他把人和动物的学习定义为刺激与反应之间的联结，认为这种联结的形成是通过“盲目尝试—逐步减少错误—再尝试”这样一个往复过程习得的。他是行为主义的代表人物。故D项说法错误。

49. BC 【解析】本题考查皮亚杰的认知发展理论。A项，图式最初来自遗传，在以后的环境适应过程中，图式不断变化和丰富。不符合题意。

B项，学生已有准备状态是新的教学出发点，根据学生原有的准备状态进行教学，就是教学的准备性原则。符合题意。

C项，皮亚杰的认知发展阶段理论说明，通过适当的教育训练来加快各个认知发展阶段转化的速度是可能的。只要教学内容和方法得当，系统的学校教学肯定可以起到加速认知发展的作用。符合题意。

D项，同化是指将周围的环境因素纳入自己已有的图式中，以加强和丰富主体的图式。不符合题意。故答案选B、C两项。

50. ABD 【解析】本题考查感知觉的一般规律。暗适应是指照明停止或由亮处转入暗处时视觉感受性提高的过程。与暗适应相反，明适应是指照明开始或由暗处转入亮处时视觉感受性下降的过程。故A项表述错误。

与暗适应相比，明适应的时间比较短，大约在一分钟内即可完成。故B项表述错误。

每一种感觉都是在适宜刺激作用于特定的感受器时产生的，刺激强度太弱或太强都不会产生感觉。故C项表述正确。

知觉的恒常性是指客观事物本身不变，但知觉条件在一定范围内发生变化时，人的知觉映像仍相对不变。题干中，煤炭在晚上看起来比白天更黑，但仍把其知觉为一种煤炭，这正是由于知觉的恒常性。故D项表述错误。

第二部分 主观题

三、判断分析题(参考答案)

1. 校长是一个学校的灵魂。教师应该绝对服从校长的安排，支持其工作。

(1)这种说法是不正确的。(2)陶行知先生说过：校长是一个学校的灵魂，要评论一个学校先评论它的校长。所以，教师要尽力做好本职工作，尽可能地支持校长的工作。但是，学校工作是一项纷繁复杂的系统工作，要把这个工作做得高效而有序，仅靠校长的力量是不够的。对于校长的正确决策，教师要积极支持认真贯彻，而对待校长的错误决定，应善意地指出改进建议，教师与校长之间并非绝对服从的关系。教师与领导之间要做到：尊重领导，服从安排；顾全大局，遵守纪律；互相理解，互相支持；秉公办事，团结一致。由此可见，题干说法过于绝对。

2. 针对人口出现零增长或负增长现象，未来教育发展的战略重点要放在教育的量的发展上。

(1)这种说法是不正确的。(2)教育事业发展的战略重点，是指教育发展过程中对实现战略目标具有关键作用的环节和部分。教育发展的战略重点的选择不仅要按照经济、社会及教育自身发展的法则和需要，还应依据人口因素。例如，在人口增长速度比较快的地区，教育发展应以扩大规模、增加数量为战略重点；而在人口增长速度较为平缓且经济发展比较好的地区，教育发展则以提高教育质量为战略重点。由此可见，针对人口出现零增长或负增长现象，未来教育发展的战略重点要放在教育的质的发展上。

3. 教师和家长应尽量为学生提供各种各样的活动和交往，来促进学生道德发展。

(1)这种说法是正确的。(2)德育过程是学生在活动和交往中形成思想品德规律的过程。活动与交往既是学生思想品德形成的源泉，也是学生思想品德发展的条件。可以说，活动与交往是激发个体道德情感和意志，促进其知行转化的最有效的途径。一个人的品德发展是其与外在环境交互作用的结果。个体只有在活动中才能形成和发展自己的品德。如果个体没有积极主动与环境发生交互作用，也即未能通过自身的活动能动地作用于外在环境，那么，环境就不会自然而然地对自己产生影响。由此可见，教师和家长应尽量为学生提供各种各样的活动和交往，来促进学生道德发展。

4. 班集体的核心队伍由班干部组成。所以，班主任建立班集体的核心队伍就是要加强班干部的选拔和培养。

(1)这种说法是不正确的。(2)班集体中的核心队伍是由积极分子与班干部组成的。建立班集体的核心队伍，首先，教师要善于发现和培养积极分子。这就需要教师在了解学生的基础上，及时发现并选拔出热心为集体服务，团结同学且具有一定管理能力的学生干部。其次，教师应把对积极分子的使用与培养结合起来。由此可见，题干说法过于片面。

5. 强化一定能够增强学生的学习动机。

(1)这种说法是不正确的。(2)一般来说，强化起着增强学习动机的作用，如适当的表扬与奖励、获得优秀成绩、取消令人厌恶的频繁考试等便是强化的手段。如果合理运用这些强化手段，便可增强学生的学习动机。但使用过多或者使用不当，不仅不能促进学生的学习，而且可能会破坏学生的学习动机。故强化并不一定能够增强学生的学习动机。

四、论述题(参考答案)

在促进迁移的教学中，如何贯彻理论联系实际的教学原则？

在教学中，教师要加强理论与实际的结合，促进学生的学习迁移。

要激发学生的学习兴趣和热情，达到有效迁移的目的，就必须把握课堂教学的特点，坚持理论联系实际的原则，在“学”和“用”上做文章，引导学生学会用所学的知识去分析、解决实际问题。

因此，在教学实践中，应特别注重书本知识与现实生活的结合，力求用现实问题去激发学生的兴趣和求知欲，用所学的理论知识去解决现实问题，激发学生的自豪感和成就感。同时，通过对现实问题的观察、思考，增强学生的责任感和使命感，使学生在学与用的结合中，既开阔了视野、丰富了知识，又锻炼了能力，提高了觉悟，真正实现课堂的教育教学目的。

(考生可结合实际加以阐述，言之有理即可)

五、案例分析题(参考答案)

(1)①没有明确惩戒的目的是教育转化过失学生。案例中的姜老师对小明的教育惩戒行为只有单纯的惩罚，没有帮助学生认识到自身的错误，没有为学生提供改正错误的方法。

②没有避免不人道的体罚、变相体罚与心罚。案例中的姜老师对小明进行了罚站、罚抄、罚跑、打手心和打脸，甚至在班上公开说他无可救药，姜老师的这些惩戒行为是违法的，会对学生的身心造成伤害。

③没有做到要根据学生的个人状况灵活机智地实施惩戒。案例中的小明是留守儿童，有其特殊的生活环境，姜老师在对他进行教育时，没有考虑到学生的自身特点，没有做到与学生家长互相沟通，共同协作，致力于对小明的教育工作。

(2)教师可以综合应用一些方法来帮助学生形成或改变态度与品德。常用的方法有：①有效的说服。有效的说服是提高道德认知的途径。主要有以下几种：第一，有效地利用正反论据；第二，发挥情感的作用，不仅要以理服人更要以情动人；第三，考虑原有态度的特点。案例中，张老师主动与小华交朋友，课后经常与其谈心，这说明张老师对小华进行了有效的说服，以理服人，以情动人。

②树立良好的榜样。这是加强道德行为的途径。根据班杜拉的社会学习理论，榜样在观察学习过程中起着非常重要的作用，榜样的特点、示范的形式及榜样所示范的行为的性质和后果都会影响到观察学习的效果。案例中，张老师让成绩好的小红与小华结对子，这就是为其树立良好的榜样。

③利用群体约定。教师可以利用集体讨论后做出的集体约定，来改变学生的态度。

④价值辨析。价值辨析是指引导个体利用理性思维和情绪体验来检查自己的行为模式，努力去发现自身的价值

观并指导自己的道德行为。案例中，张老师鼓励小华参与热点问题讨论，引导学生利用理性思维和情绪体验来检查自己的行为模式，帮助学生发现自身的价值观并指导自己的道德行为。这就是利用了价值辨析。

⑤给予恰当的奖励与惩罚。奖励和惩罚作为外部调控手段，不仅影响着认知、技能和策略的学习，而且对个体道德的形成也起到一定的作用。案例中，张老师对小华兑现自己的奖罚诺言，这体现了对小华给予恰当的奖励与惩罚。

(3)刘老师的做法符合《中小学教师职业道德规范》(教育部2008年修订)中关于"关爱学生"的要求：

①案例中的刘老师喜爱学生，能够做到关心爱护每位学生。这体现了"关心爱护全体学生，尊重学生人格，平等公正对待学生"。②案例中的刘老师喜爱学生，与班上学生关系非常融洽，学生给她起了一个外号"最美妈妈"。这体现了"对学生严慈相济，做学生的良师益友"。③案例中的刘老师凡事多替学生着想、不轻易侵犯学生的合法权益。这体现了"保护学生安全，关心学生健康，维护学生权益"。④案例中的刘老师控制自己的不良情绪、从不辱骂和讽刺学生。这体现了"不讽刺、挖苦、歧视学生，不体罚或变相体罚学生"。

2020年河南省特岗教师招聘考试真题试卷(三十八)

一、单项选择题

1. C 【解析】本题考查时政知识。2020年5月18日，国家主席习近平在第73届世界卫生大会视频会议开幕式上发表题为《团结合作战胜疫情，共同构建人类卫生健康共同体》的致辞。

2. A 【解析】本题考查《新时代爱国主义教育实施纲要》。2019年11月，中共中央、国务院印发了《新时代爱国主义教育实施纲要》，并发出通知，要求各地区各部门结合实际认真贯彻落实。其总体要求之一是：坚持把实现中华民族伟大复兴的中国梦作为鲜明主题。

3. B 【解析】本题考查《中华人民共和国教育法》的内容。《中华人民共和国教育法》以法律形式规定了我国教育基本制度。《中华人民共和国教育法》第二章的内容为教育基本制度，第二章的相关条款规定了相关的教育制度。

4. B 【解析】本题考查发散思维的内容。发散思维，也叫求异思维、分散思维、辐射思维，是指人们解决问题时，思路朝各种可能的方向扩散，从而求得多种答案。发散思维的过程是从给予的信息中产生多种信息的过程。题干中A、C、D三项均属于发散思维。

5. B 【解析】本题考查2008年修订的《中小学教师职业道德规范》中的"为人师表"的具体职业行为要求。2008年修订的《中小学教师职业道德规范》中的"为人师表"方面所规定的具体职业行为要求之一是"自觉抵制有偿家教，不利用职务之便谋取私利"。故中小学在职教师有偿补课的行为违背了"为人师表"的教师职业道德规范。

6. D 【解析】本题考查发现法。发现法是指学生学习概念和原理时，教师只是给他们一些事例和问题，让学生自己通过阅读、观察、实验、思考、讨论、听讲等途径去独立探究，自行发现并掌握相应的原理和结论的一种方法。它的指导思想是在教师指导下，以学生为主体，让学生自觉地、主动地探索，掌握认识和解决问题的方法与步骤，研究客观事物的属性，发现事物发展起因和事物内部的联系，从中找出规律，形成自己的概念。故选D项。

7. B 【解析】本题考查《论语》的相关内容。"君子博学而日参省乎己，则知明而行无过矣"出自《荀子·劝学》。A、C、D三项均出自《论语》。

8. D 【解析】本题考查教育家及其教育著作。《给教师的一百条建议》是苏霍姆林斯基的代表作。苏联教育家赞科夫的代表作是《教学与发展》。

9. A 【解析】本题考查教师劳动的特点。题干的表述出自乌申斯基，体现了培养教师的教育机智的重要性。教师劳动的创造性主要表现在三个方面：(1)因材施教。(2)教学方法上的不断更新。(3)教师需要"教育机智"。故题干的表述体现的是教师劳动的创造性。

10. B 【解析】本题考查活动课程与学科课程的相关内容。活动课程亦称经验课程，是从学生的兴趣与需要出发，以学生的主动实践获取直接经验为主来安排有关教育内容及其进程的一种课程类型，故B项说法错误。学科课程是指以文化知识(科学、道德、艺术)为基础，按照一定的价值标准，从不同的知识领域或学术领域选择一定的内容，根据知识的逻辑体系，将所选出的知识组织为学科的课程类型，故A项说法正确。儿童从活动课程中获得的知识缺乏系统性和连贯性，有较大的偶然性和随机性，因此活动课程所获结论有时可能有误，故C项说法正确。活动课程和学科课程相辅相成，相得益彰，使我们的教育目标深刻全面地得到落实。但是在具体的目的、编排方式、教学方式和评价上，活动课程与学科课程有着明显的区别，故D项说法正确。

11. C 【解析】本题考查个体身心发展的阶段性规律。个体身心发展的阶段性是指不同年龄阶段学生的身心发展具有不同的总体特征及主要矛盾，面临着不同的发展任务。因此，教育工作必须根据不同年龄阶段的特点分阶段进行，对不同年龄阶段的学生，在教育的内容和方法上应有所不同，而不能搞"一刀切""一锅煮"。题干所述，在教育中把儿童当作儿童，而不当作"小大人"就体现了个体身心发展具有阶段性规律。

12. C 【解析】本题考查班级组织的社会化功能。助力个性养成，体现了班级组织的个体发展功能。

13. D 【解析】本题考查埃里克森的人格发展阶段理论。根据埃里克森的人格发展阶段理论，自我同一性对角色混乱阶段(12～18岁)的发展任务是培养自我同一性。自我同一性是指个体组织自己的动机、能力、信仰及活动经验而形成的有关自我的一致性形象。自我同一性的形成要求谨慎的选择和决策，尤其体现在职业定向、性别角色分化等方面。如果青少年不能整合这些方面和各种选择，或者根本无法在其中进行选择，就会导致角色混乱。这一时期的学生常会被"我到底是谁""我将成为什么样的人?"之类的问题困扰。初中生正处于这一阶段，他们主要的发展任务是获得同一性，避免角色混乱，因此该题目选D。

14. A 【解析】本题考查动机的归因理论。罗特的控制点理论，将个体的行为分为内控型和外控型，内控型强调结果由个体的自身行为造成或者由个体稳定的个性特征(如能力)决定，反之，将事情归为自身以外的因素称之为外控。根据韦纳的成败归因理论，能力属于稳定、内在、不可控因素。因此，题目中将失败归为自己的能力不足，属于内控—稳定性归因，故选A。

15. A 【解析】本题考查心智技能的内容。心智技能也称为智力技能、认知技能，是通过学习而形成的合乎法则的心智活动方式。阅读技能、写作技能、运算技能、解题技能等都是常见的心智技能。故B、C、D属于心智技能，A选项属于心理过程，不属于技能，故选A。

16. B 【解析】本题考查影响学生行为改变的方法。强化法指的是根据学习原理，一个行为发生后，如果紧跟着一个强化刺激，这个行为就可能再一次发生。题干中王老师鼓励胆小的同学，并对其发言行为加以表扬，运用的是强化法，因此该题选B。自我控制法是指让学生自己运用学习原理，进行自我分析、自我监督、自我强化、自我惩罚，以改善自身的行为。系统脱敏是指当某些人对某事物、某环境产生敏感反应(害怕、焦虑、不安)时，我们可以在当事人身上发展起一种不相容的反应，使其对本来可引起敏感反应的事物不再发生敏感反应。代币奖励法指当学生做出教师所期待的良好行为后，教师就发给他们数量相当的代币作为强化物，学生用代币可以兑换有实际价值的奖励物或活动。

17. D 【解析】本题考查学习策略的种类。精加工策略是指把新信息与头脑中的旧信息联系起来从而增加新信息意义的深层加工策略。精加工策略包含记忆术，题干中的编歌谣、口诀属于记忆术的一种，故该题选D。

18. B 【解析】本题考查知识学习的类型。下位学习又称类属学习，是一种把新的观念归属于认知结构中原有观念的某一部分，并使之相互联系的过程。原有观念在包容和概括水平上高于新学习的知识。正方形是一种特殊的长方形，所以学完长方形的面积计算公式，再学习正方形的面积计算公式，属于下位学习。

19. C 【解析】本题考查斯金纳的操作性条件作用理论。所谓塑造，就是通过小步强化帮助学生达到目标。斯金纳认为"教育就是塑造行为"，他采用连续接近的方法，对趋向于所要塑造的反应的方向不断地给予强化，直到引出所需要的新行为。塑造学生行为体现了斯金纳的操作性条件作用理论中强化在教育上的应用。

20. A 【解析】本题考查卡特尔的智力形态论。卡特尔将智力分为流体智力和晶体智力，流体智力是个体通过遗传获得的在信息加工和问题解决过程中所表现出来的能力。故D项说法错误。流体智力的发展与年龄有密切的关系。一般人在20岁以后，流体智力的发展达到顶峰，30岁以后随着年龄的增长而降低。故C项说法错误。晶体智力是以学得的经验为基础的认知能力，受后天经验影响较大，与教育、文化有关。故B项错误。

二、判断题

1. √ 【解析】本题考查法律常识。《中华人民共和国民法典》被称为"社会生活的百科全书"，是新中国第一部以法典命名的法律，在法律体系中居于基础性地位，也是市场经济的基本法。

2. × 【解析】本题考查《中华人民共和国义务教育法》。根据《中华人民共和国义务教育法》第十一条规定，适龄儿童、少年因身体状况需要延缓入学或者休学的，其父母或者其他法定监护人应当提出申请，由当地乡镇人民政府或者县级人民政府教育行政部门批准。

3. × 【解析】本题考查《中华人民共和国未成年人保护法》。根据《中华人民共和国未成年人保护法》第三十八条规定，任何组织或者个人不得招用未满十六周岁的未成年人，国家另有规定的除外。

4. √ 【解析】本题考查教育的社会功能。教育的社会功能就是教育对社会的存在和发展所具有的功用和效能，主要包括政治功能、经济功能、文化功能、科技功能等。教育主要是通过培养人来实现其社会功能的。

5. × 【解析】本题考查两种对立的教学方法思想。依据指导思想不同，各种教学方法可归并为两大类：注入式和启发式，这是两种根本对立的教学方法指导思想。启发式是指教师从学生实际出发，采取各种有效的形式去调动学生学习的积极性，指导他们自己去学习的方法。它是运用各种教学方法的指导思想，不是一种具体的教学方法。因为一种具体的教学方法是由一套固定的教学格式和教学环节来构成的。启发式教学并没有固定的教学格式和环节，它的真正含义是要调动学生主动学习的积极性，引导学生独立思考、融会贯通，学会正确分析问题、解决问题的思路和方法。

6. × 【解析】本题考查新兴的教育研究方法。目前一些学者将行动研究划归质化研究，这有一定的道理，因为行动研究大都是用质化研究来做的，但这并不等于说所有的行动研究都不可以用量化的方法来做。此外，行动研究对于即将走向教育实践工作岗位的准教师而言比其他研究方法更具有重要意义，因此我们将教学行动研究独立于量化和质化研究之外。故题干说法不正确。(具体内容参见李森主编的《现代教学论》)

7. √ 【解析】本题考查教育制度的发展历史。非制度化教育是相对于制度化教育而言的。它指出了制度化教育的弊端，但又不是对制度化教育的全盘否定。非制度化教育所推崇的理想是："教育不应再限于学校的围墙之内。"

8. × 【解析】本题考查常用的德育方法。实践锻炼法是有目的地组织学生参加各种实际活动，使其在活动中锻炼思想，增长才干，培养优良的思想和行为习惯的德育方法。说服教育法又叫说理教育法，是通过语言说理，使学生明晓道理，分清是非，提高品德认识的德育方法。说服教育法的方式：第一类是运用语言文字进行说服的方式，如讲解、报告、谈话、讨论、辩论、读书指导等；第二类是运用事实进行说理教育的方式，主要包括参观、访问和调查。题干中的学校组织学生赴大别山革命老区接受红色教育属于运用事实进行的说理教育，采用的是说服教育法。

9. √ 【解析】本题考查耶克斯—多德森定律。"耶克斯—多德森定律"表明，动机不足或过分强烈都会影响学习效率。动机的最佳水平随任务性质的不同而不同。在比较容易的任务中，行为效果随动机的提高而上升；随着任务难度的增加，动机的最佳水平有逐渐下降的趋势。因此，教师在教学时，要根据学习任务的不同难度，恰当控制学生学习动机的激起程度。

10. × 【解析】本题考查意志的品质。意志的自制性是指一个人善于控制和支配自己的情绪，约束自己言行的品质。与自制性相反的是任性和怯懦。意志的坚持性是指一个人在行动中坚持决定，百折不挠地克服重重困难去达到行动目的的品质。虎头蛇尾的学生主要是指学生在行为中不能坚持下去，因此对于虎头蛇尾的学生应主要培养学生的坚持性，题干说法错误。

11. √ 【解析】本题考查记忆的发展规律。实验证明，过度学习达到50%，即学习的熟练程度达到150%时，学习的效果最好；超过150%时，效果并不递增，很可能引起厌倦、疲劳而成为无效劳动。因此"错一罚十"违背记忆发展规律，题干说法正确。

12. √ 【解析】本题考查情绪和情感的功能。人类的情绪和情感可以互相传递，具有感染性。人们之间的感情沟通正是通过情绪和情感的易感性功能才得以实现的。这种易感性，具体体现为"共鸣"和"移情"作用。移情是个人将自己的内心感受赋予他人或物，杜甫《春望》中的"感时花溅泪，恨别鸟惊心"就是这种表现。

13. × 【解析】本题考查认知方式的类型。认知风格，也称认知方式，是指人们在认知活动中所偏爱的信息加工方式。它是一种比较稳定的心理特征，存在着很大的个体差异。认知方式没有优劣、好坏之分，只是表现为学生对信息加工方式的某种偏爱，主要影响学生的学习方式。

14. × 【解析】本题考查培养创造性思维的方法。推测与假设训练的主要目的是发展学生的想象力和对事物的敏感性，并促使学生深入思考，以便灵活地应对问题。例如，让学生听一段无结局的故事，鼓励他们去猜测可能的结局；让学生读文章的标题，再去猜测文中的具体内容。还可以让学生进行各种假设、想象，如假设你当校长，你会如何管理这个学校等。因此，题干中的说法属于推测与假设训练。自我设计训练是指教师为学生提供必要的材料与工具，让学生利用这些材料，实际动手去制作某种物品。

15. × 【解析】本题考查态度与品德的形成阶段。依从，即表面上接受规范，按照规范的要求来行动，但对规范的必要性或根据缺乏认识，甚至有抵触情绪。认同是在思想、情感、态度和行为上主动接受他人的影响，把别人或某个群体的态度作为自己的态度，使自己的态度和行为与他人相接近。认同实质上就是对榜样的模仿，其出发点就是试图与榜样保持一致。根据定义可判断小张的态度处于认同阶段。

三、案例分析题(参考答案)

1. (1)有权利申诉。根据《中华人民共和国教师法》第三十九条规定，教师对学校或者其他教育机构侵犯其合法权益的，或者对学校或者其他教育机构作出的处理不服的，可以向教育行政部门提出申诉，教育行政部门应当在接到申诉的三十日内，作出处理。教师享有进修权，李老师认为学校的认定意见侵犯了自己的进修权，所以从此角度出发，该教师可以对认定意见提出自己的申诉。

(2)不会同意。虽然教师具有进修的权利，但是任何权利的行使，不是没有条件的，李老师事先未向学校请假而造成教学损失，违反了《中华人民共和国教师法》第三十七条规定，教师故意不完成教育教学任务给教育教学工作造成损失的，由所在学校、其他教育机构或者教育行政部门给予行政处分或者解聘。此案例中李老师没有完成学校所规定的教育教学任务，所以学校有权按照学校管理规定，给予处分或者解聘。

2. (1)教师职业角色的"不变"：①"传道者""授业、解惑者"角色。教师的根本任务依然是教书育人。②"示范者"角色。在教育活动中，教师的言行举止依然是学生学习和模仿的榜样。③"家长代理人、父母"和"朋友、知己"的角色。在人工智能时代，教师要教好学生，依然需要做到热爱、关心学生，理解学生。此外，教师在教育教学过程中依然扮演着"教育教学活动的设计者、组织者和管理者"角色以及"研究者""学习者"和"学者"的角色。

(2)教师职业角色的"变化"：教师需要转变单纯的知识传授者角色，成为学生学习的促进者。教师不仅要培养学生的各种能力，还要成为学生人生的引路人。

3. (1)定势(即心向)是指重复先前的操作所引起的一种心理准备状态。案例中，阿西莫夫的回答，受到汽车修理工所给情境的影响，产生了思维定势，认为盲人买剪刀也是做手势，但实际上盲人可以开口说话，这是在定势的影响下，以同样的思维习惯对刺激情境做出反应，所以该案例反映了思维定势的心理效应。

(2)定势对学生的学习既有积极作用，也有消极作用。积极作用：在同样的思维范式下，学生举一反三，可以快速地解决问题，提高学习效率；消极作用：总是采用惯用的方式学习，可能导致错误理解问题情境，从而出现错误。

四、论述题(参考答案)

请结合实际，论述运用榜样示范法的基本要求。

榜样示范法是用榜样人物的优秀品德来影响学生的思想、情感和行为的德育方法。运用榜样示范法的基本要求有：

(1)选好学习的榜样。选好榜样是学习榜样的前提。我们应从时代需要和学生实际出发，指导他们选择好学习的榜样，获得明确的方向与巨大动力。

(2)激起学生对榜样的敬慕之情。要使榜样能对学生产生力量，推动他们前进，就需要引导学生了解榜样，了解所学习榜样的身世，艰苦奋斗的经历，伟大卓越的成就，崇高光辉的品德，特别是了解那些感人至深、令人敬佩之处，使他们在心灵上对所学榜样产生爱慕、敬仰之情。这样，外在的学习榜样才能转化为学生心目中的榜样。为了培养学生对历史典范人物的情感，指导学生读一些历史著作、人物传记十分重要。为了引导学生向生活中的模范老师和优秀学生学习，应鼓励他们多接触这些人。

(3)引导学生用榜样来调节行为，提高修养。要及时地把学生的情感、冲动引导到行动上来，把仰慕之情转化为道德行为和习惯，并逐步巩固和加深。

五、教学设计题(参考答案)

1. 活动主题：爱公益爱劳动

2. 活动目标：

(1)使学生认识到劳动的重要性，帮助学生树立劳动光荣的观念；

(2)培养学生独立生活的能力，并掌握一些基本的知识和技能；

(3)使学生体会到劳动的辛苦，做到尊重劳动者及其成果，激发学生参加公益劳动的积极情感；

(4)激发学生主动劳动的意识，提高学生的自律精神和劳动能力。

3. 活动准备：

班主任准备好活动方案及班会所需的课件、教具等物品。学生准备好自己的发言稿，协助班主任做好布置教室等事宜。

4. 活动过程：

(1)《劳动最光荣》引入主题。

(2)"这些我来做"深化意识。通过小组合作的方式，让学生共同探讨出生活中可以自己动手完成的事情，并形成"这些我来做"小公约，培养学生爱劳动、勤动手的意识。(学生自由回答在生活中动手完成的事情)

(3)通过参加劳动技能竞赛体会劳动的乐趣。通过劳动技能竞赛，让学生在劳动中接受锻炼，体会劳动的乐趣，使他们成为生活中的小能手。(鼓励学生积极分享自己参加劳动活动的体验)

(4)"这些事情我要做"升华主题。每位同学以"这些事情我要做"为主题写一写可以做哪些公益劳动，如义务植树、义务大扫除、青年服务等。

5. 活动评价：班主任自评此次班会的效果，再由家长评价学生在班会中的表现，最后学生互评在班会中的表现。

六、教育写作(写作思路)

通过阅读材料可知，这三段话都在强调教育的重要性。因此在写作时，考生要抓准"扶贫""教育""孩子"等重点词语，从关注贫困地区的教育、教育对贫困地区的重要性、脱贫要从教育开始等观点进行写作。

2020年河北省特岗教师招聘考试真题试卷(三十九)

一、单项选择题

1. A 【解析】本题考查的是《中华人民共和国教育法》。《中华人民共和国教育法》第四十三条明确赋予了学生申诉权，"对学校给予的处分不服向有关部门提出申诉，对学校、教师侵犯其人身权、财产权等合法权益，提出申诉或者依法提起诉讼"。BCD均为干扰项，排除。故正确答案为A。

2. B 【解析】本题考查的是《中华人民共和国义务教育法》。《中华人民共和国义务教育法》第二十六条规定，校长由县级人民政府教育行政部门依法聘任。

3. C 【解析】本题考查的是《中华人民共和国未成年人保护法》。《中华人民共和国未成年人保护法》第五十四条规定，对违法犯罪的未成年人，实行教育、感化、挽救的方针，坚持教育为主、惩罚为辅的原则。

4. C 【解析】本题考查对教师职业道德规范的理解。题干中陶行知先生"捧着一颗心来，不带半根草去"的教育理念体现了教师的奉献精神，表明陶行知具备崇高的职业道德素养。故选C项。

5. B 【解析】本题考查交往与互动的教学观。新课程倡导交往与互动的教学观，认为教学不只是教师教学生学的过程，更是师生交往、积极互动、共同发展的过程。教师不只是知识的传授者，更应该是学生学习的促进者。因此，在教学过程中，教师应注重对学生的帮助、引导。故选C项。

6. D 【解析】本题考查夸美纽斯的教育思想。"把一切事物教给一切人类的全部艺术"出自夸美纽斯的著作《大教学论》。

7. A 【解析】本题考查遗传决定论的观点。遗传决定论强调在人的身心发展过程中起决定作用的是遗传素质，完全否定了后天学习、经验的作用。故A项属于遗传决定论的观点。BC两项强调的是教育对个体发展的影响，属于环境决定论的观点；D项是德国心理学家施泰伦提出的，属于辐合论的观点。

8. D 【解析】本题考查学校教育制度。从学制类型上看，我国现行学制是从单轨学制发展而来的分支型学制。故A项表述错误。壬寅学制是中国近代教育史上最早由国家正式颁布的学制系统，但并未实行，癸卯学制是中国近代教育史上第一部由国家颁布的并在全国实行的学制系统。故B项表述错误。壬戌学制是以美国学制为蓝本的，故C项表述错误。单轨制产生于美国，故选D项。

9. D 【解析】本题考查常用的教育研究方法。调查研究法是在教育理论指导下，通过运用观察、列表、问卷、访谈、个案研究及测验等方式，收集教育问题的资料，从而对教育的现状做出科学分析，并提出具体工作建议的一整套实践活动。依据调查的目的，调查研究法可分为历史调查、现状调查、发展调查、常规调查、比较调查和原因调查等。题干所述属于原因调查，故选D项。

10. A 【解析】本题考查班主任工作的首要任务。班主任工作的首要任务是组织建立良好的班集体。

11. D 【解析】本题考查自我强化的定义。自我强化是指对自己表现出的符合或超出标准的行为进行自我奖励。

12. C 【解析】本题考查遗传决定论的观点。美国生理和心理学家格塞尔通过双生子爬梯实验证明了他的"成熟势力说"，强调成熟机制对人的发展起决定作用。故选C项。

13. C 【解析】本题考查动机冲突的类型。双趋冲突，是指从自己同时都很喜爱的两个事物中仅择其一的心理状态。鱼与熊掌都是自己想要的事物，但只能选择其一，体现的是双趋冲突。

14. C 【解析】本题考查的是奥苏贝尔的学习分类。奥苏贝尔根据学习主体所得经验的来源和性质两个维度，将学习分为接受学习与发现学习、意义学习与机械学习两类，这两类学习的关系密切却相互独立，可以两两之间交叉形成四种学习类型。故C项正确，D项错误。在奥苏贝尔的学习分类中，接受学习不等于机械学习，发现学习也不等于意义学习。故AB项错误。

15. B 【解析】本题考查教师的认知特征。教师注意力的特点集中表现在注意分配能力上。

二、填空题

16. 理想信念　　17. 专业化

18. 立德树人　　19. 教育目的

20. 因材施教　　21. 社会化

22. 复式教学　　23. 概念

24. 认知策略　　25. 尊重的需要

三、简答题(参考答案)

26. 简述在教学中贯彻思想性和科学性相统一原则的基本要求。

思想性(教育性)和科学性相统一的教学原则是指教学要以马克思主义为指导，授予学生科学知识，并结合知识对学生进行社会主义品德和正确人生观、科学世界观教育。贯彻此原则的要求有：(1)教师要保证教学的科学性；(2)教师要结合教学内容的特点进行思想品德教育；(3)教师要通过教学活动的各个环节对学生进行思想品德教育；(4)教师要不断提高自己的业务能力和思想水平。

27. 简述良好的记忆品质表现在哪些方面。

(1)记忆的敏捷性，这是记忆的速度和效率特征；(2)记忆的持久性，这是记忆的保持特征；(3)记忆的准确性，这是记忆的正确和精确特征；(4)记忆的准备性，这是记忆的提取和应用特征。

四、材料分析题(参考答案)

28. "教师是履行教育教学职责的专业人员，承担教书育人，培养社会主义事业建设者和接班人、提高民族素质的使命。教师应当忠诚于人民的教育事业。"这说明教师的根本任务是教书育人，教师职业是促进个体社会化的职业。教师要完成自己的使命，就需要不断提高自身职业素养。教师应具备的职业素养主要有：

(1)职业道德素养。教师的职业道德素养是从教师对待事业、对待学生、对待集体和对待自己的态度上来体现的。具体包括：①对待事业：忠于人民的教育事业；②对待学生：热爱学生；③对待集体：团结协作；④对待自己：为人师表。

(2)知识素养。教师的知识素养主要包括政治理论修养，精深的学科专业知识，广博的科学文化知识，必备的教育科学知识和丰富的实践性知识。

(3)能力素养。教师的能力素养主要包括语言表达能力，组织管理能力，组织教育和教学的能力，自我调控和自我反思能力。此外，教师还应该具备教育科研能力、学习能力、观察学生的能力、创新能力以及运用现代教育技术手段的能力。

(4)职业心理健康。教师心理健康的构成也就是教师对内外环境及人际关系有着良好适应的条件。这些条件包括高尚的职业道德、愉悦的情绪情感、良好的人际关系、健康的人格特征等。

总之，作为一名教师，要时刻谨记自己的使命和职责，不断提升自己的职业素养。

五、案例分析题(参考答案)

29. 教师自编测验必须遵循以下几项原则，所编制的测验才能达到应有的效果。

(1)测验应反映教学目标与内容。教师自编测验最重要的一个原则是要密切结合教学的目标和内容。测验必须是教学内容的良好取样，它应该考查学生对教学或课程中最重要的概念和技能的掌握情况。

(2)测验的结构以测验目标为依据。在编制测验时，教师要明确该测验是做什么评价，是阶段性测验还是总结性测验，是预测性测验还是诊断性测验，根据评价目的选择适宜的题目。

(3)注意测验的信度。教师在编制题目时，要界定好题目内容，使内容明确，不可含糊其辞；减少区分度小的题目；还可以增加题量等。这些都可以提高测验的信度。

(4)测验要促进学生的学习。测验在教学中是作为教学的一个环节而进行的,因此它要起到对学生学习的指导、促进作用。这就要求教师在测验后及时给学生反馈信息,并纠正其错误,指导学生进一步学习的方向和方法。

六、教学设计题(参考答案)

30.(一)班会题目:庆国庆,迎未来

(二)班会目的:通过此次班会活动,让学生了解建国以来祖国母亲发生的伟大变化,从而更加热爱祖国,不仅能增强学生的民族自豪感和荣誉感,而且能增强集体荣誉感和班级凝聚力,促进班集体的发展,进一步提高个人的素质。

(三)活动过程与内容设计

1.主持人宣布《庆国庆,迎未来》主题班会现在开始。

男:伴着金秋明媚的阳光,迎着十月的天高云淡

女:带着世纪创业的豪情,满怀丰收的幸福渴望

男:中华人民共和国七十一岁华诞

合:在万众期盼的目光中向我们阔步走来

女:最难忘的,是1949年的那个秋天

男:最难忘的,是开国大典的那个夜晚

女:我们满怀热情——喜迎国庆

男:此时此刻,全中国都在欢呼,全世界都在为中国雀跃

女:让我们一起为中国呐喊、加油

2.全班合唱《今天是你的生日,我的祖国》。

3.请两位同学朗诵《祖国啊,我为你自豪!》。

女:当巍峨的华表,让挺拔的身躯披上曙光

男:当雄伟的天安门,让风云迎来东升的太阳

女:历史的耳畔,传来了礼炮的隆隆回响,那排山倒海般的回响,是中国沧桑巨变的回响。

合:一位巨人俯瞰着世界,洪亮的声音,全世界都听到了,中华人民共和国成立了!

……

4.请两位同学朗诵诗歌《少年强则国强》,激发同学们的积极进取之心。

5.播放视频《大国重器》。

6.针对视频中祖国出现的一些发展变化进行知识问答,回答不上的或者答错的要表演节目,回答对的有小奖品。

7.玩传花筒小游戏,主持人喊停止,拿到花的同学要回答主持人提出的关于祖国的一个小问题,回答不出或者答错的要表演节目。(如祖国是哪一年成立的?)

8.请同学们自由分享自己的梦想,帮助学生了解自己喜欢的事物或者职业。

预设一:我长大要当科学家!

预设二:我长大要当医生!

9.全班合唱《我爱你中国》。

10.班会结束,主持人致结束语:我们的祖国母亲之所以繁荣富强,是无数的英雄为我们奋斗得来的,没有他们的抛头颅、洒热血、不怕牺牲、锲而不舍,哪来今日的美好生活。他们开创了祖国的今天,身为祖国下一代的我们要还祖国一个灿烂的明天!为了实现我们的光荣使命,我们必须努力学习,用最先进的科学技术和博大精深的中华文化武装自己,学好建设祖国的本领,用自己的聪明才智为祖国贡献力量,让祖国越来越好。

(四)班会总结

通过这次主题班会,希望同学们更加了解祖国以及自己的梦想,给自己设定一个美好的明天,鼓励他们积极进取,努力学习。

七、写作题(写作思路)

31.首先,材料中提到,“网课”成为解决“停课不停学”的最佳手段和措施,“线上教学”成为中小学教学的正常现象,由此可以看出该材料的关键词为“网课”“线上教学”,围绕关键词即可确定写作立意。其次,材料中并没有明确表达对“线上教学”的态度。因此,可以选择的立意包括:

(1)疫情下网课的利与弊;

(2)疫情推动在线教学的快速发展;

(3)纯粹的线上教学不可取,回归“线下为主,线上为辅”才能取得更好的教学效果。

2020年贵州省特岗教师招聘考试真题试卷(四十)

一、单项选择题

1.A 【解析】本题考查教材的内容。教材可以是印刷品(包括教科书、教学指导用书、补充读物、图表等),也可以是音像制品(包括幻灯片、电影片、录音带、录像带、磁盘、光盘等)。

2.C 【解析】本题考查杜威的教育思想。杜威的理论是现代教育理论的代表,他提出了“儿童中心(学生中心)”“活动中心”“经验中心”的“新三中心论”。在经验论的基础上,他还提出“从做中学”,要求以活动性、经验性的主动作业取代传统的书本式教材的统治地位。

3.B 【解析】本题考查教育的文化功能。教育通过传播文化,使不同国家和民族的文化相互交流、交融,促进文化的优化和发展。我国在世界各地开办孔子学院,向各国人民介绍中国文化,这表明教育具有文化传播功能。

4.B 【解析】本题考查全面发展教育各组成部分之间的关系。一般认为,我国现在的中小学的全面发展教育主要包括德育、智育、体育、美育、劳动技术教育。“五育”各有其相对独立性,其中,德育对其他各育起着保证方向和保持动力的作用,它体现了社会主义教育的方向,是“五育”的灵魂;智育则为其他各育的实施提供了认识基础;体育则是实施各育的物质保证;美育和劳动技术教育是德育、智育、体育的具体运用和实施。

5.C 【解析】本题考查理论联系实际原则的运用。理论联系实际原则是指教师在教学中,应使学生从理论与实际的结合中来理解和掌握知识,并引导他们运用新获得的知识去解决各种实际问题,培养他们分析问题和解决问题的能力。“读万卷书,行万里路”表明既要注重理论知识的学习,又要重视结合实践,是理论联系实际原则的典型体现。

6.C 【解析】本题考查《中华人民共和国未成年人保护法》的相关内容。根据《中华人民共和国未成年人保护法》第十八条规定,学校应当尊重未成年学生受教育的权利,关心、爱护学生,对品行有缺点、学习有困难的学生,应当耐心教育、帮助,不得歧视,不得违反法律和国家规定开除未成年学生。

7.B 【解析】本题考查理智感的内涵。理智感是人认识事物和探求真理的需要是否得到满足而产生的主观体验。例如,人们在探求未知的事物时所表现的求知欲、认识兴趣和好奇心等。理智感对人们学习知识、认识事物、发现规律和探求真理的活动都有积极的推动作用。题干所述为理智感的内涵。

8.D 【解析】本题考查动机冲突的内容。双趋冲突,是指从自己同时都很喜爱的两个事物中仅择其一的心理状态。题干所述为双趋冲突的典型事例。

9.C 【解析】本题考查注意的品质。注意的稳定性,是指注意保持在某一对象或某一活动上的时间长短特性。持续时间愈长,注意就愈稳定。

10.A 【解析】本题考查《中共中央国务院关于深化教育教学改革全面提高义务教育质量的意见》的相关内容。根据《中共中央国务院关于深化教育教学改革全面提高义务教育质量的意见》的规定,依法保障教师权益和待遇。制定实施细则,明确教师教育惩戒权。依法依规妥善处理涉及学校和教师的矛盾纠纷,坚决维护教师合法权益。

二、简答题(参考答案)

11.简述中小学教师应具备的基本能力。

(1)语言表达能力;(2)组织管理能力;(3)组织教育和教学的能力;(4)自我调控和自我反思能力(较高的教育机智)。此外,教师还应该具备教育科研能力、学习能力、观察学生的能力、创新能力以及运用现代教育技术手段的能力。

12.简述影响中小学生心理健康的主要因素。

(1)生理因素。个体的躯体、气质、智力、神经过程的活动特点,尤其是某些精神疾病,受遗传因素的影响尤为明显。

(2)环境因素。①家庭因素包括家长素质、父母期望、家庭教养方式、家庭重大生活事件等。②学校因素主要有学校教育条件、学习条件、生活条件,以及师生关系、同伴关系等。③社会环境包括社会文化、社会风气、学习生活环境和社区生活环境。社会生活中的种种不健康的思想、情感和行为,会严重毒害学生的心灵。

(3)学生自身因素。中小学生正处于身心发展的重要时期,随着生理、心理的发育和发展,社会阅历的扩展,社会

化程度的提高,中小学生的情感、意志、需要、动机、性格等都会出现相应的波动和变化。但是,中小学生对自身心理与行为的控制、调适能力毕竟有限,尤其是高年级小学生处于心理问题和行为问题较多的少年时期,初中生处于叛逆的青春期,学习、生活、家庭关系、社会环境对他们身心健康的影响十分明显。有情绪障碍的小学生自身性格也存在一定的问题。因此,对中小学生生理和心理发展的特点及其自身在成长中面临的种种问题的应对能力,是学校进行心理健康教育应该予以关注和考虑的问题。(具体参看王大顺、张彦军主编的《发展与教育心理学》)

三、案例分析题(参考答案)

13.(1)材料中杨老师的行为违反了2008年修订的《中小学教师职业道德规范》中"爱国守法""关爱学生""教书育人"的要求。

①"爱国守法"的师德规范要求教师全面贯彻国家教育方针,自觉遵守教育法律法规,依法履行教师职责权利。材料中的杨老师动手打李同学,并让班级其他同学去打李同学5个耳光或用教鞭打手掌的行为违反了《中华人民共和国未成年人保护法》中的规定,违背了"爱国守法"的师德规范。

②"关爱学生"的师德规范要求教师关心爱护全体学生,尊重学生人格,平等公正对待学生。不讽刺、挖苦、歧视学生,不体罚或变相体罚学生。材料中的杨老师动手打李同学的行为违背了关爱学生的师德规范。

③"教书育人"的师德规范要求教师遵循教育规律,实施素质教育。循循善诱,诲人不倦,因材施教。培养学生良好品行,激发学生创新精神,促进学生全面发展。不以分数作为评价学生的唯一标准。材料中的杨老师因为李同学没有完成课后作业而动手打李同学,甚至让班级其他同学打李同学的行为严重违背了"教书育人"的师德规范。

(2)①与学生进行交流,关心爱护学生,安抚学生受伤的心灵。

②与家长进行沟通,站在家长的立场上,安抚家长的情绪。

③与杨老师进行沟通,让其理解自己的行为侵犯了学生的人身权,侮辱了学生的人格。帮助杨老师认识到自己的错误,并争取获得学生及家长的原谅。

④召开班会,指出老师打学生以及学生打学生的行为是错误的,引导学生与班级同学互相关爱,促进学生身心健康发展。

2020年陕西省中学特岗教师招聘考试真题试卷(四十一)

一、单项选择题

1. B 【解析】本题考查影响个体身心发展的因素。环境为个体的发展提供了多种可能,包括机遇、条件和对象,使遗传提供的发展可能变成现实。"孟母三迁"讲的是孟轲的母亲为选择良好的环境教育孩子,多次迁居的故事。这一故事强调的是环境对人发展的重要性。

2. D 【解析】本题考查实用主义教育学派的教育观点。杜威的实用主义教育思想的主要教育观点包括:在教育的本质上,杜威认为,教育即生活,教育即生长,教育即经验的改组或改造。"教育是生活的过程,而不是将来生活的准备。"此外,杜威还提出"学校即社会",这是对"教育即生活"的进一步引申。在经验论的基础上,杜威提出"从做中学",要求以活动性、经验性的主动作业取代传统的书本式教材的统治地位。所以题干所述是实用主义教育学派的重要主张。

3. A 【解析】本题考查教师的作用。教师是教育工作的组织者、领导者,在教育过程中起主导作用。

4. D 【解析】本题考查教学原则。"不愤不启,不悱不发"的意思是:不到他努力想弄明白而不得的程度不要去开导他,不到他心里明白却不能完善表达出来的程度不要去启发他。这是孔子提出的启发诱导思想,体现了启发性教学原则。

5. A 【解析】本题考查人的身心发展的规律。顺序性是指个体身心发展是一个由低级到高级、由简单到复杂、由量变到质变的连续不断的发展过程。"揠苗助长"的意思是把苗拔起来,帮助其成长。比喻违反事物的发展规律,急于求成,最后事与愿违。"揠苗助长"违背了个体身心发展的顺序性规律。

6. C 【解析】本题考查课程类型。依据课程的组织核心不同,可以把课程划分为学科课程、活动课程、综合课程几种类型。(具体内容参看丁永强、陈培霞主编的《教育学》)

7. B 【解析】本题考查班干部的培养。班干部是班主任的得力助手,是班级管理的核心力量。班干部队伍对班集体有着"以点带面"和"以面带面"的作用,班干部队伍直接影响班级的班风与学风建设。

8. C 【解析】本题考查教育心理学的发展。1903年,美国心理学家桑代克出版了《教育心理学》,这是西方第一本以"教育心理学"命名的著作。1913~1914年,该书又扩充为三卷本的《教育心理大纲》,奠定了教育心理学发展的基础,西方教育心理学的名称和体系由此确立,桑代克也因此被称为"教育心理学之父"。

9. D 【解析】本题考查学习的内涵。学习是个体在特定情境下由于练习或反复经验而产生的行为或行为潜能的相对持久的变化。学习的内涵可以从以下几方面去理解:(1)学习实质上是一种适应活动;(2)学习是人和动物共有的普遍现象;(3)学习是由反复经验引起的;(4)学习是有机体后天习得经验的过程;(5)学习的过程可以是有意的,也可以是无意的;(6)学习引起的是相对持久的行为或行为潜能的变化。但值得注意的是,并非所有的行为变化都是由学习产生的,如生理成熟、疲劳、药物等因素亦可引起行为的变化。A项属于感觉适应现象;B、C项属于酒精、药物带来的行为变化;D项小红对医生的模仿属于学习的结果。

10. D 【解析】本题考查操作性条件作用的基本规律。强化有正强化和负强化之分。正强化也称积极强化,是通过呈现想要的愉快刺激来增强反应频率;负强化也称消极强化,是通过消除或中止厌恶、不愉快刺激来增强反应频率。题干中"从轻发落"是指减轻刑罚,即通过移除厌恶刺激增加立功行为,属于负强化。

11. C 【解析】本题考查奥苏贝尔的有意义接受学习理论。奥苏贝尔(奥苏伯尔)认为学生在学校学习语言符号所代表的系统知识,主要是有意义学习而不是机械学习。学生在学校中的有意义学习应该是有意义的接受学习和有意义的发现学习,但他更强调有意义的接受学习,因为有意义的接受学习可以在短时期内使学生获得大量的系统知识。

12. A 【解析】本题考查耶克斯—多德森定律。"耶克斯—多德森定律"表明,动机不足或过分强烈都会影响学习效率。(1)动机的最佳水平随任务性质的不同而不同。在比较容易的任务中,学习效率随动机的提高而上升;随着任务难度的增加,动机的最佳水平有逐渐下降的趋势。(2)一般来讲,最佳水平为中等强度的动机。(3)动机水平与行为效率呈倒U型曲线。中考对于考生来说任务难度较大,因此教师应将学生的学习动机控制在较低水平。

13. C 【解析】本题考查学习迁移的概念。学习迁移也称训练迁移,是指一种学习对另一种学习的影响,或习得的经验对完成其他活动的影响。A项中学习英语对学习法语的影响,B项中学习骑自行车对学习骑摩托车的影响,D项中剪草对剪发的影响都属于一种学习对另一种学习或习得的经验对完成其他活动的影响,即学习迁移。C项中"画画"与"美术课上的表现"仅体现了画画这一种活动,不属于学习迁移。

14. B 【解析】本题考查影响问题解决的主要因素。人们把某种功能赋予某物体的倾向称为功能固着。在功能固着的影响下,人们不易摆脱事物用途的固有观念,从而直接影响问题解决的灵活性。题干中人们想不到杯子除喝水外的其他用途,这体现了功能固着的影响。

15. D 【解析】本题考查品德的心理结构。道德行为是道德形成的最终环节,是指个体在一定的道德意识支配下表现出来的对他人和社会的有道德意义的活动。道德行为习惯的养成是个体品德形成的标志。

16. C 【解析】本题考查最近发展区的概念。维果斯基认为,儿童有两种发展水平:一是儿童的现有水平,即由一定的已经完成的发展系统所形成的儿童心理机能的发展水平;二是可能达到(即将达到)的发展水平,也就是通过教学所获得的潜力。这两种水平之间的差异,就是最近发展区。维果斯基提出的最近发展区的概念对于教育具有重要的启示,由于教学应着眼于儿童的潜能发展,教师就不应只给儿童提供一些他们能独立解决的作业,而应布置一些有一定难度,需要在得到他人的适当帮助下才能解决的任务。C项正确。为促进教学发展,维果斯基认为教师可采用教学支架,进行支架式教学,即在学生试图解决超出当前知识水平的问题时给予支持和指导,帮助其顺利通过最近发展区,使之最终能够独立完成任务。A项与题意不符。先行组织者即先于某个学习任务本身呈现的引导性学习材料。先行组织者的抽象、概括和综合水平高于学习任务,并与认知结构中的原有观念及新的学习任务相关联。B项与题意不符。罗特就有关人们对强化源的信念进行了大量研究。某些人相信强化作用依赖于他们自己的行为,这些人被认为具有内部控制点。另外的人相信强化作用依赖于外在的力量,如命运、运气或者其他人的活动等,这些人被认为具有外部控制点。D项与题意不符。

17. A 【解析】本题考查认知结构理论。布鲁纳倾向于把认知结构看作编码系统。编码系统是人们对环境中的信息加以分组和组合的方式,并且是不断变化和重组的。它的一个重要特征是对相关的事物类别做出有层次结构的安排。

18. C 【解析】本题考查学习策略的种类。学习的元认知策略是指学生对自己整个学习过程的有效监视及控制的策略。元认知策略大致可分为计划策略、监控策略、调节策略三种。其中,调节策略是指在学习过程中根据对认知活动监视的结果，找出认知偏差，及时调整策略或修正目标。例如，当学习者意识到自己不理解课文的某一部分时，就会退回去重读困难的段落；在阅读困难或不熟的材料时放慢速度；复习他们不懂的课程材料；测验时跳过某个难题先做简单的题目等。题干中小明在考试中暂时跳过不会做的题，属于对元认知策略中调节策略的应用。

19. B 【解析】本题考查教师劳动的特点。长期性指人才培养的周期比较长，教育的影响具有迟效性。“十年树木，百年树人”说明人才的培养周期比较长，体现了教师劳动的长期性。教师劳动过程的复杂性是指要使学生形成良好的思想品德，需要经过知识的传授、情感的体验、意志的锻炼、信念的建立，以及行为习惯的培养这样一个长期的过程。“十年树木，百年树人”说明人才的培养是一个长期的过程，体现了教师劳动过程的复杂性。

20. C 【解析】本题考查教书育人的重要性。教书育人是教师的天职，是教师的神圣职责和义务，也是党和国家对学校教师的最基本的职业道德要求。

21. D 【解析】本题考查教师良心。教师良心，是一个教育工作者道德觉悟的综合表现，是教师职业道德认识、教师职业道德情感、教师职业道德意志、教师职业道德信念等因素互相作用的结果，是教师的道德灵魂，是一个教师自觉履行教师职业道德要求，激励自己搞好教学工作，提高教育、教学质量的最重要的内在道德因素。

22. B 【解析】本题考查教师义务。教师义务，从它的客观要求和内容来说，是教师的一种职责、使命或任务，具有不以人们的主观意志为转移的客观的约束力，因而也就存在着道德意识强制的因素，获得了“道德命令”的性质。有了这一点，就能使每个教师遵循所有教师职业生活纪律，去做“应该做”的事情。

23. D 【解析】本题考查苏霍姆林斯基的教育名言。苏联教育家苏霍姆林斯基说过：“教育技艺的全部奥秘就在于有一颗挚爱儿童的心。”教师对学生的爱，是一种只讲付出、不计回报、无私广泛的爱。这种爱是神圣的，是培育学生感情的基础。学生一旦体会到这种感情，就会“亲其师”而“信其道”。

24. B 【解析】本题考查教学相长的教育理念。通常人们对教学相长有两种理解：一是教师的教学活动和学习活动相互促进，在教育中促进学习，在学习中促进教学。这种理解只把教师作为教学相长的主体，认为教学相长是教师自己的活动。二是教师与学生相互学习，相互促进，共同成长。这种理解把教师和学生都作为教学相长的主体，认为教学相长是教师和学生共同的活动，是教师正确处理师生关系的行为规范。韩愈在《师说》中的这句话精辟地阐明了师生切磋、教学相长的道理和能者为师的教学原则。

25. C 【解析】本题考查教师职业的特点。教师职业不同于其他任何职业的基本特点，就在于它是培养人的，其职业劳动具有鲜明的个性化色彩。

26. B 【解析】本题考查教师职业道德信念。教师职业道德信念是教师对职业道德规范和要求的正当性、合理性等发自内心的坚定信念。教师的职业道德理想和人生观是道德信念的最高形式。它们决定着教师行为的方向性、目的性，影响着教师取得成就的水平以及品德修养的质量，道德内化的程度。

27. A 【解析】本题考查教师职业道德评价的依据。教师职业道德评价是指教师自己、他人或社会，根据社会主义教师职业道德准则、规范和科学的标准，在系统广泛地搜集各方面信息，充分占有各种资料的基础上，运用现代技术手段，对教师的职业道德意识、道德情感、道德意志和道德行为进行考察和价值判断。教师职业道德评价的依据就是教师教育行为的动机和效果。

28. D 【解析】本题考查教师职业道德修养。掌握道德概念是教师职业道德认识的理性阶段，是道德认识的概括化过程。它可以帮助教师从许多具体的道德现象和道德关系中，从某种道德行为的多方面表现中，概括地把握一定的道德关系和道德行为的本质；帮助教师深刻地理解一定的道德原则和规范，指导自己的行动或用于分析社会道德现象。

29. A 【解析】本题考查教师职业道德评价的内在形式。教师职业道德评价的内在形式主要是自我评价。自我评价是指教师依据一定的道德评价标准，通过内心信念来对自己行为的善恶进行鉴别、评判的方式。

30. A 【解析】本题考查教师职业道德内化的意义。教师职业道德内化的意义有：(1)教师个体道德品质形成的重要条件；(2)教师职业道德由他律向自律转化的需要；(3)教师道德人格完善的重要环节；(4)实现教师现代化的需要。A项正确。

31. D 【解析】本题考查团结协作的意义。团结协作是教师应当具备的职业道德。它是处理教师与教师集体关系、与同事及各方面关系，做好教育工作的重要保证。

32. C 【解析】本题考查教育人道主义原则。教育人道主义是社会主义人道主义在教育领域、教育过程中的具体化和职业化。它调整教育过程参与者之间的各种人际关系，并为这些关系规定原则和规范。

33. C 【解析】本题考查教师公正的相关内容。教师公正是指教师在自己的教育活动中对待不同利益关系所表现出来的公平和正义。它表现在教师与自身、教师与同侪、教师与学生等人际关系之中。教师公正是教育公正的核心内容，而教育公正包含更多的教育制度内涵。A项错误。教师公正的特点之一是教师公正主体的自觉性。教师公正是教育公正的核心内容，所以教师公正必然影响教育公正。B项错误。教师在教育劳动中如何公正合理地对每个学生进行教育，如何对学生在受教育过程中的知识、能力、品质和进步程度给予恰当的评价、奖励等，是一个极为复杂的问题。由于教师劳动的特点，教师道德上的公正不仅仅表现在普施爱心、有教无类上，还应该更具体地渗透到对每一个学生的因材施教上，以最大限度地发展每个学生的知识、才能和品质。因此，教师应当潜心研究教育规律，深入了解每个学生，选择最为公正合理的教育态度和教育手段。这是教师发挥个体能动性的表现。C项正确。从主观因素来说，首先，教师公正的确立，取决于教师对教育规律和每个学生情况的认识水平。D项错误。

34. 缺

35. D 【解析】本题考查教育法律的渊源。我国教育法律的渊源是指教育法的形式渊源，即教育法律规范的效力来源，是指国家机关根据法定的职权和程序制定的具有不同效力的关于教育方面的规范性文件，主要有宪法、教育法律、教育行政法规、地方性教育法规、教育行政规章与自治条例和单行条例。D项不属于我国教育法律的渊源。

36. A 【解析】本题考查《中华人民共和国宪法》的内容。《中华人民共和国宪法》第四十九条规定，父母有抚养教育未成年子女的义务，成年子女有赡养扶助父母的义务。

37. D 【解析】本题考查《中华人民共和国教育法》的内容。《中华人民共和国教育法》第四十三条规定，受教育者享有下列权利：(1)参加教育教学计划安排的各种活动，使用教育教学设施、设备、图书资料；(2)按照国家有关规定获得奖学金、贷学金、助学金；(3)在学业成绩和品行上获得公正评价，完成规定的学业后获得相应的学业证书、学位证书；(4)对学校给予的处分不服向有关部门提出申诉，对学校、教师侵犯其人身权、财产权等合法权益，提出申诉或者依法提起诉讼；(5)法律、法规规定的其他权利。题干中班主任禁止小明借阅书籍的行为侵犯了小明的使用教育资源权。

38. B 【解析】本题考查教育法规的体系结构。我国的教育基本法律为1995年第八届全国人民代表大会第三次会议通过的《中华人民共和国教育法》。

39. C 【解析】本题考查《中华人民共和国义务教育法》的内容。《中华人民共和国义务教育法》第十一条规定，凡年满六周岁的儿童，其父母或者其他法定监护人应当送其入学接受并完成义务教育；条件不具备的地区的儿童，可以推迟到七周岁。

40. A 【解析】本题考查《中华人民共和国义务教育法》的内容。《中华人民共和国义务教育法》第二十七条规定，对违反学校管理制度的学生，学校应当予以批评教育，不得开除。

41. C 【解析】本题考查《学生伤害事故处理办法》。《学生伤害事故处理办法》第九条规定，因学校的校舍、场地、其他公共设施，以及学校提供给学生使用的学具、教育教学和生活设施、设备不符合国家规定的标准，或者有明显不安全因素所造成的学生伤害事故，学校应当依法承担相应的责任。题干中单杠器材场地堆放有建筑材料，属于明显不安全因素，故学校应承担部分责任。故A、B、D三项说法均错误。

42. C 【解析】本题考查《中华人民共和国义务教育法》的内容。《中华人民共和国义务教育法》第三十九条规定，国家实行教科书审定制度。教科书的审定办法由国务院教育行政部门规定。未经审定的教科书，不得出版、选用。题干中教师余某自编的教材未经审定，不得使用。

43. A 【解析】本题考查《中华人民共和国教师法》的内容。根据《中华人民共和国教师法》第七条规定可知，教师享有“进行教育教学活动，开展教育教学改革和实验”的权利。题干中教师李某根据班级实际情况进行教学改革，是对教师权利的正当行使，应当予以鼓励。D项说法过于绝对，不选。

44. C 【解析】本题考查《教师资格条例》的内容。《教师资格条例》第十九条规定，有下列情形之一的，由县级以上人民政府教育行政部门撤销其教师资格：(1)弄虚作假、骗取教师资格的；(2)品行不良、侮辱学生，影响恶劣的。

45. A 【解析】本题考查《国家中长期教育改革和发展规划纲要(2010～2020年)》。《国家中长期教育改革和发展规划纲要(2010～2020年)》在工作方针中提出：把教育摆在优先发展的战略地位；把育人为本作为教育工作的根本要求；把改革创新作为教育发展的强大动力；把促进公平作为国家基本教育政策；把提高质量作为教育改革发展的核心任务。

46. A 【解析】本题考查教师违法(侵权)行为的主要类型。隐私包括个人私生活、个人日记、照片、储蓄及财产状况、生活习惯及通讯秘密等。隐私权是指公民生活中不愿为他人公开或知悉的个人秘密的不可侵犯的人身权利。学校和教师侵犯学生隐私的表现形式有:故意隐匿、毁弃或者非法开拆学生信件,披露、宣扬学生自身及家庭成员的资料,提供学生成绩的方式不适当等。题干中宋老师将学生的照片及姓名公开发布到报纸上,这侵犯了学生的隐私权。

47. B 【解析】本题考查《中华人民共和国义务教育法》。《中华人民共和国义务教育法》第二十九条规定,教师在教育教学中应当平等对待学生,关注学生的个体差异,因材施教,促进学生的充分发展。教师应当尊重学生的人格,不得歧视学生,不得对学生实施体罚、变相体罚或者其他侮辱人格尊严的行为,不得侵犯学生合法权益。B项说法正确。

48. C 【解析】本题考查《中华人民共和国未成年人保护法》的内容。《中华人民共和国未成年人保护法》(2012年修正)第五条规定,保护未成年人的工作,应当遵循下列原则:(1)尊重未成年人的人格尊严;(2)适应未成年人身心发展的规律和特点;(3)教育与保护相结合。C项不符合《中华人民共和国未成年人保护法》的规定。

49. C 【解析】本题考查《中华人民共和国教师法》的内容。《中华人民共和国教师法》第十七条规定,学校和其他教育机构应当逐步实行教师聘任制。教师的聘任应当遵循双方地位平等的原则,由学校和教师签订聘任合同,明确规定双方的权利、义务和责任。

50. B 【解析】本题考查《中华人民共和国教育法》的内容。《中华人民共和国教育法》(2015年修正)第五条规定,教育必须为社会主义现代化建设服务、为人民服务,必须与生产劳动和社会实践相结合,培养德、智、体、美等方面全面发展的社会主义建设者和接班人。

二、多项选择题

51. ABCD 【解析】本题考查“壬戌学制”提出的标准。制订壬戌学制的指导思想是:适应社会之需要;发挥平民教育精神;谋个性之发展;注意国民经济力;注意生活教育;使教育易于普及。壬戌学制在学校系统总说明中提出:学制分期大致以儿童身心发展为根据,采取纵横活动主义,教育以儿童为中心,顾及学生个性及智能,高等、中等教育之编课采用选科制,初等教育之升级采用弹性制。壬戌学制采用美国学制的一种,即“六·三·三·四”制。

52. ACD 【解析】本题考查教育目的的功能。教育目的的功能包括导向功能、调控功能、激励功能和评价功能。(具体内容参见任平、孙文云主编的《现代教育学概论(第3版)》)

53. AC 【解析】本题考查教育的经济功能。教育对经济的作用表现在以下几方面:(1)教育可以提高国民的文化素质和劳动生产能力,培养各级各类专业人才,为经济发展提供人力支持;(2)教育通过科学技术人才生产科学技术,促进经济发展。(具体内容参见施璐、马晓蓉、王靖晶主编的《教育学》)

54. ABCD 【解析】本题考查皮亚杰的认知发展阶段理论。皮亚杰提出了认知发展的阶段理论,将个体的认知发展分为感知运动、前运算、具体运算、形式运算四个阶段。

55. ABC 【解析】本题考查学习的原则。桑代克提出学习要遵循的原则有:(1)准备律,指联结的加强或削弱取决于学习者的心理准备和心理调节状态。(2)练习律,指刺激与反应之间的联结会由于重复或练习而加强,不重复或练习,联结的力量就会减弱。(3)效果律,指刺激和反应之间的联结可因导致满意的结果而加强,也可因导致烦恼的结果而减弱。

56. ACD 【解析】本题考查班杜拉的社会学习理论。班杜拉提出的强化形式有直接强化、替代强化、自我强化三种。

57. ABCD 【解析】本题考查教师公正确立的决定因素。在教育劳动中,教师公正的确立,是由多方面的因素决定的。从客观因素来说,教师公正的内容和要求,是受一定社会历史条件和社会教育制度、教育职业劳动目的制约的。从主观因素来说,首先,教师公正的确立,取决于教师对教育规律和每个学生情况的认识水平。其次,教师公正的确立,还取决于教师觉悟的提高。选项均属于教师公正的确立的决定因素。

58. ABCD 【解析】本题考查“爱岗敬业”的基本要求。爱岗敬业要求教师做到:(1)热爱教育,乐于从教;(2)教书育人,尽职尽责;(3)学而不厌,诲人不倦;(4)认真工作,不敷衍塞责;(5)勤奋钻研,科学施教;(6)淡泊名利,育人为乐。

59. ABCD 【解析】本题考查教育法规与教育政策的区别。教育法规与教育政策的区别在于:(1)基本属性不同;(2)制定的机关和约束力不同;(3)制定程序不同;(4)表现形式不同;(5)执行方式不同;(6)稳定性程度不同;(7)调整范围不同;(8)公布范围不同。故本题全选。

60. BD 【解析】本题考查《中华人民共和国教师法》的内容。《中华人民共和国教师法》第三十七条规定,教师有下列情形之一的,由所在学校、其他教育机构或者教育行政部门给予行政处分或者解聘:(1)故意不完成教育教学任务给教育教学工作造成损失的;(2)体罚学生,经教育不改的;(3)品行不良、侮辱学生,影响恶劣的。题干中教师王某经常在上课期间接打电话、上网聊天,对教育教学工作造成了影响,故学校可以依法解聘王某。A项正确。第三十九条规定,教师对学校或者其他教育机构侵犯其合法权益的,或者对学校或者其他教育机构作出的处理不服的,可以向教育行政部门提出申诉,教育行政部门应当在接到申诉的三十日内,作出处理。故王某针对学校做出的决定,可以向教育行政部门提出申诉。C项正确。本题为选非题,故选BD两项。

三、论述题(参考答案)

61. 教师教学工作包括五个基本环节(即基本程序):备课、上课、作业的布置与反馈、课外辅导和学业成绩的检查与评定。

(1)备课。备课就是教师根据学科课程标准的要求和本门课程的特点,结合学生的具体情况,选择最合适的表达方法和顺序,以保证学生有效地学习。备课的要求有:做好三方面的工作,即钻研教材、了解学生、设计教法,也即备教材、备学生、备教法;还要写好三种计划,即学年(或学期)教学计划、课题(或单元)计划、课时计划(教案)。

(2)上课。上课是整个教学工作的中心环节,是教师教和学生学的最直接体现,是提高教学质量的关键。上课也是教师教的活动和学生学的活动相互作用最直接的表现。教师上好一堂课必须以现代教学理念为指导,遵循教学规律,全面贯彻教学原则,善于科学而灵活地运用各种教学方法。具体要求包括:教学目标明确;教学内容准确;教学结构合理;教学方法适当;讲究教学艺术;板书有序;充分发挥学生的主体性。

(3)作业的布置与反馈。作业是结合教学内容,要求学生独立完成的各种类型的练习。无论是课内作业还是课外作业,作用都在于加深和加强学生对教材的理解和巩固,帮助学生掌握相关的技能、技巧。通过作业的布置、检查和批改,教师可以及时发现学生在知识或技能方面的缺陷并加以纠正,同时对学生的作业完成情况做出评价并提出进一步学习的建议。布置作业的要求有:①作业内容符合课程标准的要求;②考虑不同学生的能力需求;③分量适宜、难易适度;④作业形式多样,具有多选性;⑤要求明确,规定作业完成时间;⑥作业反馈清晰、及时;⑦作业要具有典型意义和举一反三的作用;⑧作业应有助于启发学生的思维,含有鼓励学生独立探索并进行创造性思维的因素;⑨尽量同现代生产和社会生活中的实际问题结合起来,力求理论联系实际。

(4)课外辅导。课外辅导是上课的必要补充,是适应学生个别差异、贯彻因材施教原则的重要措施。课外辅导的内容包括:帮学生解答疑难问题,指导学生做好作业;为基础差和因事、因病缺课的学生补课;给成绩特别优异的学生做个别辅导;对学生进行学习方法上的辅导;对学生进行学习目的和学习态度的教育。

(5)学业成绩的检查与评定。学业成绩检查与评定有利于促进学生的学习;有利于促进教师的教学;有利于学校领导了解学校的教学情况;有利于家长了解自己子女的学习情况;为上级教育主管部门制定教育方针政策和选拔人才提供依据。检查学生学业成绩的方法是多种多样的。常用的检查方式有两大类:平时考查和考试。

62. (1)培养深厚的师生感情,消除疑惧心理和对立情绪。犯错误的学生常常在心里有一道防线,对别人存有戒心,有敌意,并且心虚、敏感。我会更加关心、爱护、信任这类学生,使之深受感动,通过爱来感化学生,从而消除其心理防线。

(2)培养正确的道德观念,提高明辨是非的能力。由于有的学生缺乏道德观念和正确的是非观,所以常常犯错误,虽然他们在道德认知、道德评价方面的接受能力还比较差,过多的说教可能收获不大,但联系他们生活实际的说教常常还是能被他们理解和接受的。我会注意学生身心发展的特点和实际的接受能力,进行有效的说服工作,帮助他们形成正确的是非观念。

(3)保护和利用学生的自尊心,培养集体荣誉感。学生是生活在班集体之中的,犯了错误的学生在班集体中会受到集体规范的压力,从而产生自卑感。然而集体荣誉、集体感受、集体舆论、集体规范和集体目标等系列涉及集体利益的因素都能促使他们觉醒,使他们认识到所犯错误对班集体的危害。因此,我会充分利用集体的力量,和其他学生一起做他们的思想工作,帮助和鼓励犯错误的学生消除自卑感,培养其自尊心,使其自爱、自重、自强,并在此基础上鼓励他们和同学一起参加集体活动,培养其集体荣誉感。集体荣誉感一旦产生,集体的道德行为规范会内化为个人的行动指令,并产生自觉的行动。

(4)锻炼其同不良诱因作斗争的意志力,巩固新的行为习惯。有的学生会产生不良行为,这固然有其内部错误的心理结构的原因,但也与外部不良诱因有关。学生可塑性的另一面就是易变性,正在改正错误的学生往往一遇到不良诱因就很容易故态复发,因此,我会有意识地进行信任性考验,以锻炼其与不良诱因作斗争的意志力。对于学生来说,培养其良好的道德行为习惯是很重要的。教师在改变不良行为习惯的同时要帮助他们建立新的良好行为习惯，良好的行为习惯越巩固，不良行为习惯就越容易被克服。因此，我会对学生多鼓励、多表扬，以强化学生的良好行为习惯。

(5)针对学生的个别差异，采取灵活多样的教育措施。学生的个性不同，矫正的方法也应不同。我会针对学生个性的不同采取不同的措施。例如：有的学生流氓习气严重，有恃无恐，在对待这样的学生时就要分析，如果他怕集体，有些行为就可以通过集体帮助的方式来解决，当然使用这种方法要十分谨慎；如果学生自尊心特别强，可以先容忍一下，等事过之后再进行个别谈心，促进其思想转化；而有的学生则需要不理睬他，让他自己进行思想斗争；有的需要采取迂回的方法，有的则要从正面引导。

四、案例分析题(参考答案)

63.(1)我认为李老师的做法更好，值得我们学习。因为李老师充分发挥了教育机智，做到了尊重学生，践行了以人为本的学生观和教师职业道德规范中的关爱学生。张老师并未做到这些。具体原因分析如下：

①教育机智是指教师能根据学生新的特别是意外的情况，迅速而正确地做出判断，随机应变地采取及时、恰当而有效的教育措施解决问题的能力。案例中，张老师处理问题的方式不仅没有从根本上解决问题，还影响学生上课的情绪，说明张老师缺乏教育机智，不能灵活处理课堂纪律问题。而李老师充分发挥了教育机智，灵活处理了学生迟到问题，最终学生迟到问题得到圆满解决。

②在对待师生关系上，新课程强调尊重、赞赏。"为了每位学生的发展"是新课程的核心理念。为了实现这一理念，教师必须尊重每一位学生做人的尊严和价值。案例中，张老师批评迟到的学生"学习不好就知道吃"，还让学生把油条扔掉，没有尊重学生人格。李老师对待迟到的学生则恰恰相反，做到了尊重学生人格。

③新课程倡导以人为本的学生观，要求教师把学生当做发展中的人。把学生作为发展中的人来对待，就要理解学生身上存在的不足，就要允许学生犯错误。当然，更重要的是要帮助学生解决问题，改正错误，从而不断促进学生的进步和发展。张老师显然不允许学生犯错误，李老师不仅包容学生的错误，还做到了帮助学生改正错误。

④关爱学生的教师职业道德规范要求教师关心爱护全体学生，尊重学生人格，平等公正对待学生。张老师当众严厉批评迟到的学生，没有做到尊重学生人格；李老师先是让学生踏踏实实上课，下课后到她办公室慢慢吃，还给学生倒热水喝，耐心了解学生迟到的原因并嘱咐学生该注意的问题，李老师的一系列行为都体现了对学生的尊重和关爱。

(2)教师是教育过程的组织者，在全部教育活动中起主导作用。从根本上说，良好的师生关系首先取决于教师。要建立良好的师生关系，教师要从以下几个方面努力：

①了解和研究学生。教师要与学生取得共同语言，使教育影响深入学生的内心世界，就必须了解和研究学生。案例中，李老师在课后第一时间内了解学生迟到的原因，有利于后续问题的处理。

②树立正确的学生观。教师既要把学生当作教育的对象，又要把学生看作学习的主人；既要耐心细致地做好各项指导工作，又要充分调动学生的主动积极性。李老师对待学生迟到的态度体现了正确的学生观。

③热爱、尊重学生，公平对待学生。教师要热爱所有学生，对学生充满爱心，经常走到学生之中，忌挖苦讽刺学生、粗暴对待学生；还要尊重学生的人格，保护学生的自尊心，维护学生的合法权益，避免师生对立。李老师尊重迟到的学生，有利于建立良好的师生关系；张老师对待迟到学生的态度容易引起学生的不满情绪。

④发扬教育民主。民主平等是现代师生伦理关系的核心要求。教师要以平等的态度对待学生，而不能以"权威"自居。教育教学中，要尊重学生的看法，鼓励学生质疑、发表不同的意见，以讨论、协商的方式解决争端。要营造一个民主的氛围，保护学生的积极性，保证学生具有安全感。李老师以民主平等的态度对待迟到的学生，也获得了学生的尊重和感谢。

⑤主动与学生沟通，善于与学生交往。在师生交往的初期，往往会出现不和谐因素，如因为不了解而不敢交往或因误解而造成冲突等，这就要求教师掌握沟通与交往的主动性，经常与学生保持接触、交流；同时，教师还要掌握与学生交往的策略与技巧，如寻找共同的兴趣或话题、一起参加活动、邀请学生到家做客、通信联系等。对待学生迟到问题，李老师不是批评了之，而是在课后主动了解学生迟到的原因，并且嘱咐学生应注意的问题，说明李老师善于与学生沟通和交往。

2020年黑龙江省小学特岗教师招聘考试真题试卷(四十二)

一、判断题

1. √ 【**解析**】本题考查教学过程的基本规律。教学永远具有教育性，即传授知识与思想品德教育相统一(教育性规律)，这是教学活动的基本规律之一。题干表述正确。

2. × 【**解析**】本题考查我国义务教育的发展。1904年的癸卯学制将教育分为三个阶段：第一阶段为初等教育；第二阶段为中等教育；第三阶段为高等教育。其中，初等教育分为初等小学堂和高等小学堂，初等小学堂招收7岁以上儿童，修业5年，定为义务教育。所以题干表述错误。

3. √ 【**解析**】本题考查三级课程管理。2001年颁布的《基础教育课程改革纲要(试行)》明确规定实行国家、地方和学校三级课程管理体制。

4. √ 【**解析**】本题考查《学记》的地位。《学记》(收入《礼记》)是中国也是世界教育史上的第一部教育专著，成文大约在战国末期。

5. × 【**解析**】本题考查教师成长公式。美国教育心理学家波斯纳提出了教师成长公式：经验+反思=成长。

6. × 【**解析**】本题考查主要的教学原则。题干引文的意思是：没有听到不如听到，听到了不如见到。这句话是对直观性教学原则的典型阐释。

7. × 【**解析**】本题考查教师劳动的特点。"十年树木，百年树人"说明人才的培养周期长，体现了教师劳动的长期性。教师劳动的复杂性主要表现在劳动性质、劳动对象、劳动任务、劳动过程、劳动手段的复杂性。

8. × 【**解析**】本题考查卢梭的教育著作。卢梭倡导自然教育，他于1762年出版的教育小说《爱弥儿》系统阐述了他的自然主义教育思想。《教育论》是斯宾塞的代表著作。

9. × 【**解析**】本题考查制约教育的根本因素。政治是阶级利益的集中反映，所以，政治对教育有着直接的制约作用，这种制约作用涉及教育的一切方面。从教育的领导权到教育的享受权，从教育事业发展的规模到速度，从教育的总目标到各级各类学校的具体培养目标，从国家教育制度到学校管理制度，从教育内容到教育方法，从学校教育到非学校教育，无不反映出政治对教育的制约作用。而物质资料的生产是人类社会存在和发展的基础，所以，社会生产力是制约教育的根本因素。题干表述错误。

10. × 【**解析**】本题考查学校教育的中心工作。教学是学校教育的中心工作，学校教育工作必须坚持以教学为主。德育是学校教育的重要组成部分，其主要途径是教学。

11. × 【**解析**】本题考查教育法律基础知识。《中华人民共和国教育法》是我国教育的基本法，是我国教育事业改革和发展的根本大法。故本题说法错误。

12. × 【**解析**】本题考查心理学的研究方法。通常研究者使用的问卷有两种形式：开放式问卷和封闭式问卷。开放式问卷只提出问题，要求参与者按照自己的实际情况或看法作答。封闭式问卷指根据研究需要，把所有问题及可供选择的答案全部印在问卷上，参与者不可随意回答，必须按照研究者的设计，在给定的答案中做出选择。故题干表述有误。

13. × 【**解析**】本题考查教师职业道德的特点。教师要以身作则、为人师表，这是教师职业道德区别于其他职业道德的显著标志。爱岗敬业是对所有职业的要求。

14. √ 【**解析**】本题考查教师的职业道德修养。教师的职业道德素养是从教师对待事业、对待学生、对待集体和对待自己的态度上来体现的，陶行知先生的"捧着一颗心来，不带半根草去"的奉献精神是其典型代表。

15. × 【**解析**】本题考查班级管理的模式。班级常规管理是指通过制定和执行规章制度来管理班级的经常性活动。班级平行管理是指班主任既通过对集体的管理去间接影响个人，又通过对个人的直接管理去影响集体，从而把对集体和个人的管理结合起来的管理方式。

16. × 【**解析**】本题考查课外活动的意义。教学是学校实践活动中的主干部分，课外活动和班级活动则是它不可缺少的两侧。各类活动的相互协调，对于学校教育改革具有重要的整体性价值。课外活动的开展，不仅满足了学生求知、求乐、求发展的要求，有利于学生身心全面发展，而且完善丰富了学校教育实践活动，有利于促进学科教学改革和提高教师的教育、教学水平。

17. √ 【**解析**】本题考查个体身心发展的规律。人的身心发展的个别差异性，决定了教育教学工作必须"因材施教”,有的放矢,充分发挥每个学生的潜力和积极性,以利于扬长避短、长善救失,使具有各种差异的学生都能获得最大限度的发展。(具体内容参见张忠华编著的《教育学原理》)

18. √ 【解析】本题考查对“染于苍则苍”这句话的理解。题干这句话的意思是将丝放人青色的染料中,它就会变成青色,强调的是环境决定人的身心发展。但这个观点本身是片面的。

19. √ 【解析】本题考查学习动机的分类。按学习动机在活动中作用的大小,可把学习动机分为主导性学习动机和辅助性学习动机。有的动机在学习活动中起着主要的支配作用,称为主导性学习动机;有的动机起次要的辅助作用,叫作辅助性学习动机。例如,学生努力学习是为了在考试中得到高分,那么得到高分就是他的主导动机。

20. × 【解析】本题考查态度与品德的形成阶段。态度与品德的形成是一个从外到内的转化过程,是社会规范的接受和内化过程,大致经历以下三个阶段:依从、认同和内化。其中,在内化阶段,个体的行为具有高度的自觉性和主动性,并具有坚定性,表现为“富贵不能淫,贫贱不能移,威武不能屈”。此时,稳定的态度和品德即形成了。

21. × 【解析】本题考查品德发展的阶段理论。皮亚杰采用“对偶故事法”对儿童道德判断的发展进行研究;科尔伯格采用“道德两难故事法”进行研究,最典型的就是用“海因茨偷药”的故事,让儿童对道德两难问题做出判断。

22. √ 【解析】本题考查学校心理健康教育的原则。心理健康教育的保密性原则,是指在学校心理健康教育过程中,教育者有责任对学生的个人情况以及谈话内容等予以保密,学生的名誉权和隐私权应受到道义上的维护和法律上的保障。但是,替来访者保密也不是绝对的,在某些特殊情况下,为了进行科学研究,为了求助学生和他人的利益免受伤害,可以进行正当泄密,但依然不能损害求助学生的利益,要最大限度地保护求助学生。因此,在学校心理健康教育过程中,教育者为了求助学生或他人的利益免受伤害,可以将其状况告知班主任和家长。

23. × 【解析】本题考查国家课程的权限。国家课程是由中央教育行政机构编制和审定的课程,其管理权限属中央级教育机关。学校无权对国家课程进行删减。所以,题干表述错误。

24. √ 【解析】本题考查21世纪教育的发展。21世纪信息时代、互联网时代背景下,教育与信息技术的结合是大势所趋,“互联网+教育”正成为一种新的教学模式。

25. × 【解析】本题考查文学常识。我国第一部诗歌总集是《诗经》。

26. √ 【解析】本题考查文学常识。《史记》是中国历史上第一部纪传体通史。

27. √ 【解析】本题考查文学常识。欧洲文艺复兴运动是欧洲近代史的开端。

二、单项选择题

28. B 【解析】本题考查“白板说”的提出者。洛克反对天赋观念,提出了“白板说”。他认为人的心灵原来就像一块白板,没有一切特性,没有任何观念。天赋的智力人人平等。

29. B 【解析】本题考查“以人为本”思想在教学上的运用。在具体的教育实践中,贯彻实践“以人为本”的教育理念要求教师重视学生个性差异,因材施教。

30. D 【解析】本题考查最早系统论述终身教育的教育家。法国成人教育家保罗·朗格朗最早系统论述了终身教育,并于1970年出版了《终身教育引论》。这本书产生了广泛的影响,被公认为是终身教育理论的代表作。巴班斯基提出了教学过程最优化理论,赫尔巴特提出了教师中心论及教学过程的形式阶段论等理论,赞科夫提出了教学与发展理论。

31. B 【解析】本题考查教育法律基础知识。受教育权是学生最基本的权利,也是学生最主要的权利。

32. D 【解析】本题考查主要的教学原则。乌申斯基从儿童心理特征出发,强调直观性原则的重要。他认为教学不应建立在抽象的观念和词句上面,而应建立在儿童直接感知的具体形象上面。儿童年龄越小,就越要注重直观教学。他说:“一般说来,儿童是依靠形式、颜色、声音和感觉来进行思维的。”他主张对年幼儿童的教学,一开始就应当提示实物、画片,讲故事,把儿童引向活泼谈话的途径,逐步发展儿童的思维和语言。所以,乌申斯基主张在教学中遵循直观性原则。

33. C 【解析】本题考查主要的教学原则。题干引文出自孔子,意思是:温习旧知识而有新体会、新发现(就可以当老师了)。这说明孔子重视知识的巩固问题,体现了巩固性教学原则。

34. B 【解析】本题考查课堂导入的类型。游戏导入是指教师精心设计一些知识性、趣味性强的游戏,使学生在游戏中进入学习情境的导入方法。题干所述的“击鼓传花”是一种游戏,故教师采用了游戏导入。

35. A 【解析】本题考查我国中小学主要的德育原则。知行统一原则是指教育者在进行德育时,既要重视对学生进行系统的思想道德的理论教育,又要重视组织学生参加实践锻炼,把提高认识和行为养成结合起来,使学生做到言行一致。题干中的“纸上”代表了理论知识,“躬行”代表了实践,体现的是知行统一的德育原则。

36. C 【解析】本题考查个体身心发展的规律。个体身心发展的不平衡性的表现有:一方面是指身心发展的同一方面的发展速度,在不同的年龄阶段是不平衡的;另一方面是就个体身心发展的不同方面而言的。题干所述表明身心发展的同一方面的发展速度在不同的年龄阶段是不平衡的,这反映的是身心发展的不平衡性规律。

37. B 【解析】本题考查教育万能论的代表人物。“教育万能论”是一种片面地夸大教育在人的发展中的作用的观点,认为人完全是教育的产物。代表人物有英国的洛克、德国的康德、美国的华生、法国的爱尔维修等。霍尔认为“一两的遗传胜过一吨的教育”;高尔顿认为个体的发展及其个性品质早在基因中就决定了,发展只是这些内在因素的自然展开,环境只起引发作用;孟子认为人的本性是善的,“万物皆备于我”,他们都是遗传决定论的代表人物。故选B项。

38. B 【解析】本题考查时政常识。2008年神舟七号发射升空,翟志刚首次实现了太空行走。

39. B 【解析】本题考查文学常识。根据诗句描述可知,A项是描写春节的诗句,B项是描写重阳节的诗句,C项是描写元宵节的诗句,D项是描写中秋节的诗句。因此,答案选B项。

三、多项选择题

40. ABC 【解析】本题考查教学评价的基本内容。教学评价主要包括对学生学习结果的评价和对教师教学工作的评价,也可以划分为学生学业评价、课堂教学评价和教师评价。

41. BCD 【解析】本题考查“四有”教师的标准。“四有”教师标准包括:(1)有理想信念;(2)有道德情操;(3)有扎实学识;(4)有仁爱之心。

42. ABCD 【解析】本题考查《国家中长期教育改革和发展规划纲要(2010~2020年)》。《国家中长期教育改革和发展规划纲要(2010~2020年)》中指出,严格教师资质,提升教师素质,努力造就一支师德高尚、业务精湛、结构合理、充满活力的高素质专业化教师队伍。

43. AB 【解析】本题考查马克思关于人的全面发展学说的内涵。马克思关于人的全面发展的本来含义,指的是人的身心素质的全面发展,人的各种能力的充分发展以及个人能力与全体社会成员能力的统一发展。

44. ABD 【解析】本题考查新型师生关系中的教师角色。新型的师生关系,要求教师与学生在人格上是平等的,在交互活动中是民主的,在相处氛围上是融洽和谐的。它的核心是师生的心理相容,心灵的相互接纳,形成师生真诚互补的人际关系。在新型的师生关系中,教师的角色应该是导师、朋友、助手和学生的模范。

45. ACD 【解析】本题考查班级管理的内容。班级管理的内容包括班级组织建设、班级制度管理、班级教学管理、班级活动管理。B项属于班级管理的模式。

46. AD 【解析】本题考查个人本位论的代表人物。个人本位论的代表人物包括孟子、卢梭、裴斯泰洛齐、福禄贝尔、赫钦斯、奈勒、马斯洛、萨特等。赫尔巴特和孔德是社会本位论的代表人物。

47. ABC 【解析】本题考查心理过程的结构。心理过程是心理活动的一种动态过程,是人脑对客观现实的反映过程。它包括认知过程、情绪情感过程和意志过程三个方面。

48. ABD 【解析】本题考查加涅关于学习结果的分类。按学习结果,加涅将学习分为五种类型:(1)言语信息。言语信息学习指学习大量的名称、事实、事件的特性以及许多有组织的观念等。(2)智慧技能。智慧技能作为一种学习结果,是指学习者运用符号或概念与环境发生相互作用的能力。(3)认知策略。所谓认知策略,是学习者借以调节他们自己的注意、感知、记忆和思维等内部心理过程的技能。认知策略的习得使学习者学会了如何学习。例如,知道如何“根据地图方位来回忆中国省级行政区的名称”。(4)动作技能。动作技能是一种习得的能力,其行为结果表现为身体动作的敏捷、准确、有利和连贯等方面。(5)态度。态度是一种习得的、影响个体对某事物、人或事件的行为选择的内部状态。因此,题干所述属于认知策略的学习。故答案选A、B、D三项。

49. ABC 【解析】本题考查道德情感的表现形式。道德情感从表现形式上看,主要包括三种:(1)直觉的道德情感;(2)想象的道德情感;(3)伦理的道德情感。

50. ABCD 【解析】本题考查心理辅导的原则。要做好心理辅导工作,必须遵循面向全体学生、预防与发展相结合、尊重与理解学生、发挥学生主体性、个别对待学生(差异性)、促进学生整体性发展的原则。

51. AC 【解析】本题考查文学常识。初唐四杰,是中国唐朝初年文学家王勃、杨炯、卢照邻、骆宾王的合称。

52. ABD 【解析】本题考查文学常识。《四世同堂》是老舍的著作。

53. ABD 【解析】本题考查文学常识。"四书"是《大学》《中庸》《论语》《孟子》这四部著作的总称。

54. ABC 【解析】本题考查文学常识。"四大悲剧"是《哈姆雷特》《麦克白》《李尔王》《奥赛罗》这四部著作的总称。

四、简答题(参考答案)

55. 简述《小学教师专业标准(试行)》中关于教师专业能力的构成。

《小学教师专业标准(试行)》中教师专业能力由以下几个方面构成:(1)教育教学设计能力;(2)组织与实施能力;(3)激励与评价能力;(4)沟通与合作能力;(5)反思与发展能力。

56. 简述家校合作的主要途径。

学校可以通过与家庭相互访问、建立通讯联系、定时举行家长会、组织家长委员会、举办家长学校等途径加强与家庭之间的联系。

57. 简述小学德育的方法。

小学德育常用的方法包括:(1)说服教育法;(2)榜样示范法;(3)陶冶教育法;(4)实际锻炼法;(5)品德修养指导法;(6)品德评价法;(7)角色扮演法;(8)合作学习法。

58. 简述现代教师的角色定位。

现代教师的角色是多重的、不断变化和创新的。其基本角色有:(1)学习者和研究者;(2)知识的传授者;(3)学生心灵的培育者;(4)教学活动的设计者、组织者和管理者;(5)学生学习的榜样;(6)学生的朋友;(7)学校的管理者。

59. 简述教师根据遗忘规律指导学生进行复习的策略。

有效组织复习的方法有:(1)复习时机要得当;(2)复习方法要合理;(3)复习次数要适宜;(4)重视对记忆品质的培养;(5)注意用脑卫生。

60. 简述心理健康的标准。

一般来讲,心理健康具有以下标准:(1)自我意识正确。(2)人际关系协调。(3)性别角色分化。(4)社会适应良好。(5)情绪积极稳定。(6)人格结构完整。

五、论述题(参考答案)

61. 论述坚持"五育"并举,全面发展素质教育的策略。

(1)突出德育实效。完善德育工作体系,认真制定德育工作实施方案,深化课程育人、文化育人、活动育人、实践育人、管理育人、协同育人。

(2)提升智育水平。着力培养认知能力,促进思维发展,激发创新意识。

(3)强化体育锻炼。坚持健康第一,实施学校体育固本行动。严格执行学生体质健康合格标准,健全国家监测制度。

(4)增强美育熏陶。实施学校美育提升行动,严格落实音乐、美术、书法等课程,结合地方文化设立艺术特色课程。

(5)加强劳动教育。充分发挥劳动综合育人功能,制定劳动教育指导纲要,加强学生生活实践、劳动技术和职业体验教育。

62. 论述20世纪以来教育发展与改革呈现的新特点。

(1)教育的终身化。终身教育思想强调职前教育与职后教育的一体化、青少年教育与成人教育的一体化、学校教育与社会教育的一体化。法国教育家保罗·朗格朗最早系统论述了终身教育。终身教育是适应科学知识的加速增长和人的持续发展要求而逐渐形成的一种教育思想和教育制度,包括各个年龄阶段的各种方式的教育。把终身教育等同于成人教育或职业教育的观点是片面的。

(2)教育的全民化。所谓全民教育,即全体国民都有接受教育的基本权利并必须接受一定程度的教育,通过各种方式满足基本的学习需求。也就是教育对象的全民化,亦即教育必须向所有人开放。

(3)教育的民主化。教育民主化是对教育的等级化、特权化和专制性的否定。教育民主化包括教育的民主和民主的教育两个方面。

(4)教育的多元化。多元化是对单一性和统一性的否定,教育的多元化具体包括教育思想的多元化,培养目标、办学模式、教学内容、评价标准等的多元化。它是社会生活多元化以及人的个性化在教育上的反映。

(5)教育技术的现代化。教育技术的现代化是指现代科学技术在教育上的应用,包括教育设备、教育手段、教育方法等的现代化以及由此而引起的教育思想、观念的变化。

63. 论述学校班级管理中存在的问题及解决策略。

当前学校班级管理中存在的问题有:(1)班主任的班级管理方式偏重于专断型;(2)班级管理制度缺乏活力,学生参与班级管理的程度较低。

解决策略是建立以学生为本的班级管理机制:(1)以满足学生的发展为目的。学生的发展是班级管理的核心。在现代学校教育中,班级活动完全是一种培养人的实践活动,满足学生发展的需要既是班级活动的出发点,又是班级活动的最终归宿。班级管理的实质就是让学生的潜能得到尽可能的开发。

(2)确立学生在班级中的主体地位。发展学生的主体性是班级管理的宗旨。在传统的班级管理模式下,学生在某种程度上是教师的"附属物",学生的主体地位根本无法得到保障。为此,现代班级管理强调以学生为核心,建立一套能够持久地激发学生主动性、积极性的管理机制,确保学生的持久发展。

(3)有目的地训练学生自我管理班级的能力。以训练学生自我管理能力为主的班级管理制度改革的重点是:以教师为中心的班级教育活动转变为学生自我教育的过程,即把班集体作为学生自我教育的主体。要实行班级干部的轮流执政制,让每个学生都有锻炼机会,并学会与人合作。

64. 结合实际情况,论述教师激发学生学习兴趣的策略。

教师激发学生学习兴趣的策略有:(1)通过各种活动发展学生的兴趣;(2)通过提高教学水平,引发学生兴趣;(3)引导学生将广泛兴趣与中心兴趣结合起来;(4)要根据学生的年龄特征来提高学生的学习兴趣;(5)要根据学生的知识基础培养学生的学习兴趣;(6)通过积极的评价使学生的兴趣得以强化;(7)充分利用原有兴趣的迁移。

(考生可结合实际加以论述,言之有理即可)

六、案例分析题(参考答案)

65. 刘老师的教学行为符合现代学生观,具体分析如下:

(1)学生是处于发展过程中的人。作为发展中的人,意味着学生还是不成熟的人,是一个正在成长的人。把学生作为发展中的人来对待,就要理解学生身上存在的不足,就要允许学生犯错误。当然,更重要的是要帮助学生解决问题,改正错误,从而不断促进学生的进步和发展。刘老师在发现小月同学有些自卑后,决定召开主题班会帮助同学们克服自卑心理,说明刘老师把学生当成了发展中的人,重视学生心理问题的解决。

(2)学生是独特的人,学生并不是单纯的、抽象的学习者,而是有着丰富个性的、完整的人,每个学生都有自身的独特性。刘老师让同学们互相写出别人的优点,帮助同学们发现自己的优点,培养他们的自信心,正是因为关注到了每个学生的独特性和差异性。

(3)学生是具有独立意义的人。每个学生都是独立于教师的头脑之外,不以教师的意志为转移的客观存在,教师不能随意支配学生,也不能把自己的意志强加给学生。刘老师通过主题班会引导学生们发现自己的优点,进而克服自卑心理,而不是直接进行说教,说明刘老师把学生当成具有独立意义的人,尊重了学生的主体地位。

66. (1)从动机理论来看,王老师主要运用了需要层次理论和强化理论。

①马斯洛根据需要出现的先后及强弱顺序,将人的需要分为生理需要、安全需要、归属与爱的需要、尊重需要、求知需要、审美需要和自我实现的需要。他对以上七种需要进行了进一步的区分:位于需要层次底部的四种需要被称为缺失需要,它们是个体生存所必需的;后三种需要是成长需要,它虽不是我们生存所必需的,但对于我们适应社会来说却有重要的积极意义。需要层次理论说明,在某种程度上学生缺乏学习动机可能是由于某种缺失性需要没有得到充分满足。案例中,王老师经过谈话发现班级里学习成绩不太理想的同学,无论是物质上还是情感上都没有得到很好的照顾。这说明这些学生的归属与爱的需要没有得到充分满足,因而学习动机不强。王老师找学生谈话,了解学生情况的行为,有助于帮助学生满足归属与爱的需要,进而激发学生的学习动机。

②学习动机的强化理论是由联结主义心理学家提出来的,在他们看来,人的某种学习行为倾向完全取决于先前的这种学习行为与刺激因强化而建立起来的稳固联系,而不断强化则可以使这种联系得到加强和巩固。按照这种观点,任何学习行为都是为了获得某种报偿。因此,在学习活动中,采取各种外部手段如奖赏、赞扬、评分、等级、竞赛等,可以激发学生的学习动机,引起其相应的学习行为。案例中,王老师在发现这些学生学习动机不强时,采用外部的奖励手段,来激发这些学生的学习动机。

(2)教师激发学生学习动机的策略有:①创设问题情境,激发兴趣,维持好奇心;②设置合适的目标;③控制作业难度,恰当控制动机水平;④表达明确的期望;⑤提供明确的、及时的、经常性的反馈;⑥合理运用外部奖赏;⑦有效地运用表扬；⑧对学生进行竞争教育，适当开展学习竞争。

七、情境分析题(参考答案)

67.(1)①新课程倡导开放与生成的教学观，认为教学不只是课程传递和执行的过程，更是课程创生与开发的过程。于老师针对明明喜欢唱歌这一特点，创新了教学形式，体现了开放与生成的教学观。

②从教师与学生的关系看，新课程倡导教师是学生学习的促进者。于老师的教学形式激发了明明学习语文的兴趣，提高了明明学习的积极性和主动性，体现了其促进者角色。从教学与课程的关系看，新课程倡导教师是课程的开发者和建设者。于老师大胆将诗词与音乐结合，创新了教学形式，体现了其课程开发者角色。

③现代学生观认为，学生是发展中的人，要用发展的观点认识学生。于老师没有放弃语文基础薄弱的明明同学，而是从他喜欢唱歌这一特点出发，采用新的教学形式，从而激发了明明学习语文的兴趣，挖掘了明明的发展潜能。

④因材施教原则是指教师在教学中，要从课程计划、学科课程标准的统一要求出发，面向全体学生；同时又要根据学生的个别差异，有的放矢地进行有差别的教学，使每个学生都能扬长避短，获得最佳的发展。于老师针对明明语文基础薄弱这一学习问题，发挥明明喜欢唱歌这一特点，采用将诗词谱成曲让明明演唱的形式，调动明明的积极性和主动性，激发了明明学习语文的兴趣，最终取得了良好的教学效果。于老师的教学做到了因材施教，值得我们学习。

(2)贯彻因材施教原则要求教师做到以下几点：①要坚持课程计划和学科课程标准的统一要求。②教师要了解学生，从实际出发进行教学。于老师从明明语文基础薄弱这一现实问题出发，创新教学方式，激发明明学习的积极性，对明明进行教育。③教师要善于发现每个学生的兴趣、爱好，并创造条件，尽可能使每个学生的不同特长都得以发挥。于老师偶然发现明明非常喜欢唱歌，便充分利用这一特点，并且借鉴《经典永流传》这一节目的形式，将诗词谱成曲，让明明在班级中演唱，由此激发了明明学习语文的兴趣和积极性，发挥了明明喜欢唱歌这一爱好，最终取得了很好的教学效果。

2020年黑龙江省中学特岗教师招聘考试真题试卷(四十三)

一、判断题

1. √ 【解析】本题考查教学工作的中心环节。上课是整个教学工作的中心环节，是教师教和学生学的最直接的体现，是提高教学质量的关键。

2. √ 【解析】本题考查孔子的教育思想。“仁”被孔丘作为最高的道德准则，也是他学说的中心思想。他经常谈论“仁”，在《论语》中仁字出现109次。仁最通常的意思就是“爱人”，也就是承认别人的资格，把人当作人来爱。“爱人”并不是不分善恶而普遍地爱一切人，而是以“仁”为基本准则，有所爱也有所憎。

3. √ 【解析】本题考查遗传素质在人的发展中的作用。“用进废退”和“获得性遗传”说明遗传素质具有一定的可塑性，它会随着环境、教育的改变和人类实践活动的深入等作用而逐渐发生变化。

4. × 【解析】本题考查感觉的规律。感觉后效又称感觉后像，是指在刺激作用停止后暂时保留的感觉现象。在各种感觉中，视觉的后效最显著，又称视觉后像。视觉后像有两种：正后像和负后像。注视发光的灯泡几秒钟，再闭上眼睛，就会感到眼前有一个同灯泡差不多的光源出现在黑暗的背景里，这时出现的就是正后像。因此，题干中小兵注视灯泡后产生的现象就属于感觉后效的正后像。而感觉适应是指由于刺激对感受器的持续作用而使感受性发生变化的现象。故题干说法错误。

5. × 【解析】本题考查注意的分类。根据有无目的和意志努力，注意可以分为无意注意、有意注意和有意后注意三种。

6. √ 【解析】本题考查思维的发展。直观动作思维是以实际动作为支柱的思维过程。例如，3岁前的幼儿的思维就属于直观动作思维，他们的思维活动离不开触摸、摆弄物体的活动。故题干说法正确。

7. × 【解析】本题考查《国家中长期教育改革和发展规划纲要(2010～2020年)》的内容。《国家中长期教育改革和发展规划纲要(2010～2020年)》中指出，教育公平是社会公平的重要基础。教育公平的关键是机会公平。

8. × 【解析】本题考查教师的权利。我国《教师法》第二章第七条规定，教师享有以下六方面的权利：(1)教育教学权。这是教师为履行教育教学职责必须具备的最基本权利。(2)科学研究权(学术自由权)。(3)管理学生权(指导评价权)。(4)获得报酬权。(5)民主管理权(参与教育管理权)。(6)进修培训权。

9. √ 【解析】本题考查文学常识。老舍原名舒庆春，字舍予，中国现代著名小说家、文学家、剧作家，是新中国第一位获得“人民艺术家”称号的作家。

10. × 【解析】本题考查个体身心发展的规律。个体身心发展的互补性是指机体某一方面的机能受损甚至缺失后，可通过其他方面的超常发展得到部分补偿，其主要表现有生理与生理之间的互补和生理与心理之间的互补。失明的人听力敏锐属于生理与生理之间的互补，体现的是个体身心发展的互补性。

11. × 【解析】本题考查教师的作用。教师是教育工作的组织者、领导者，在教育过程中起主导作用。故题干表述错误。

12. √ 【解析】本题考查“什么知识最有价值”这一经典课程论命题的提出者。19世纪英国著名的哲学家、社会学家和教育家斯宾塞最早提出“什么知识最有价值”这一经典课程论命题，并对这个问题作出回答，提出了科学知识最有价值的观点。

13. × 【解析】本题考查认知学习理论的观点。认知倾向的心理学家重在研究学习者处理环境刺激的内部过程和机制，而不是外显的刺激与反应。他们一般强调，学习是内在心理结构的形成、丰富或改组的过程。

14. √ 【解析】本题考查情绪和情感的性质。情绪和情感是人对客观事物的态度体验及相应的行为反应。人的情绪情感不是无缘无故凭空产生的，而是由一定的刺激引起的。客观事物是人的情绪情感产生的客观来源，但并不是所有的客观事物都能引起人的情感体验。

15. √ 【解析】本题考查职业倦怠的内涵。职业倦怠是个体在长期的职业压力下，缺乏应对资源和应对能力而产生的身心耗竭状态。

16. √ 【解析】本题考查教师职业角色。教师的“示范者角色”体现在：(1)教师的言行是学生学习和模仿的榜样；(2)优秀教师还是其他教师学习的模范，是社会各界学习的模范。“教师做到言传身教”体现的是教师的示范者角色。

17. √ 【解析】本题考查教师自我教育能力的核心。教师自我教育能力的核心就是反思能力。它是指教师在职业活动过程中把自我作为意识的对象以及在教学过程中，将教育活动本身作为意识的对象，不断地对自我及教学进行积极主动的计划、评价、反馈和调控的能力。

18. √ 【解析】本题考查《中华人民共和国义务教育法》。《中华人民共和国义务教育法》的第一条就规定了本法的立法宗旨，即“为了保障适龄儿童、少年接受义务教育的权利，保证义务教育的实施，提高全民族素质，根据宪法和教育法，制定本法”。

19. × 【解析】本题考查《中华人民共和国未成年人保护法》。根据《中华人民共和国未成年人保护法》第三十八条规定，任何组织或者个人不得招用未满十六周岁的未成年人，国家另有规定的除外。故题干说法错误。

20. √ 【解析】本题考查《中华人民共和国教师法》。根据《中华人民共和国教师法》第三十七条规定，教师故意不完成教育教学任务给教育教学工作造成损失的，由所在学校、其他教育机构或者教育行政部门给予行政处分或者解聘。因此，题干中描述的教师行为属于违法行为。

21. × 【解析】本题考查文化常识。古代所说的“三更”是指子时，即当天的二十三点到次日凌晨一点。二十一点到二十三点指的是亥时。故题干说法错误。

22. √ 【解析】本题考查课程类型。根据课程的呈现状态，可分为显性课程和隐性课程。隐性课程是指不在课程计划中反映的、不通过正式教学进行的，对学生的知识、情感、意志、行为和价值观等方面起潜移默化的作用，促进或干扰教育目标实现的课程类型。校风、学风、师生关系符合隐性课程的特点，能够对学生起到潜移默化的影响，属于隐性课程。

23. × 【解析】本题考查我国目前中小学主要的教学原则。直观性原则指在教学活动中，教师应尽量利用学生的多种感官和已有的经验，通过各种形式的感知，使学生获得生动的表象，从而比较全面、深刻地掌握知识。对教学中的直观性原则，古今中外的教育家都进行了非常精辟的阐述。中国古代教育家荀子说过，“不闻不若闻之，闻之不若见之”“闻之而不见，虽博必谬”，提出了在学习中不仅要“闻之”更要“见之”，才能“博而不谬”。

24. √ 【解析】本题考查网络成瘾的内涵。网络成瘾又称网络依赖，是指不健康的、病态的、强迫性的过度使用互联网的行为。

25. × 【解析】本题考查文学常识。《孙子兵法》又称《孙武兵法》，是由孙武编写的；孙膑编写的是《孙膑兵法》。

26. √ 【解析】本题考查生物常识。病菌和病毒的发现者是巴斯德。

27. √ 【解析】本题考查对陶行知教育名言的理解。陶行知先生的“捧着一颗心来，不带半根草去”是对教师无私奉献的职业道德的完美诠释,即全身心地投入到教育事业中。

28. × 【解析】本题考查中国生物医学界诺贝尔奖的第一个获得者。中国生物医学界第一个获得诺贝尔奖的是屠呦呦。

29. × 【解析】本题考查天文知识。太阳是距地球最近的恒星,火星是行星而不是恒星。

30. × 【解析】本题考查"和为贵"思想的提出者。我国古代思想家孔子曾提出"和为贵"的观点,并将"仁"作为其哲学思想的核心。

二、单项选择题

31. B 【解析】本题考查课堂问题行为的类型。根据学生行为表现的倾向,将课堂问题行为分为外向性问题行为和内向性问题行为。外向性问题行为主要包括:相互争吵、挑衅推撞等攻击性行为;交头接耳、高声喧哗等扰乱秩序的行为;作滑稽表演、口出怪调等故意惹人注意的行为;以及故意顶撞班干部或教师、破坏课堂规则的盲目反抗权威的行为;等等。内向性问题行为主要表现为:在课堂上心不在焉、胡思乱想、做白日梦、发呆等注意力涣散行为;害怕提问、抑郁孤僻、不与同学交往等退缩行为;胡涂乱写、抄袭作业等不负责任的行为;迟到、早退、逃学等抗拒行为。因此,题干所述符合内向性问题行为的表现。

32. A 【解析】本题考查个人本位论的代表人物。个人本位论的代表人物有孟子、卢梭、裴斯泰洛齐、福禄贝尔、赫钦斯、奈勒、马斯洛、萨特等。所以A项正确。涂尔干、凯兴斯泰纳是社会本位论的代表人物,托马斯·阿奎那是宗教本位论的代表人物。

33. B 【解析】本题考查再造想象与创造想象的区别。再造想象是依据词语或符号的描述、示意在头脑中形成与之相应的新形象的过程。人在阅读文艺作品、历史文献,工人在看建筑或机械图纸,学生在听教师对课文生动形象的描述时,头脑中出现的有关事物的形象,都属于再造想象。

34. D 【解析】本题考查注意的品质。注意的品质包括注意的广度、注意的稳定性、注意的转移和注意的分配。其中,注意的分配是指人在进行两种或多种活动时能把注意指向不同对象的现象。题干中老师一边讲课一边观察学生们的表情,这是在同时进行两种活动,故属于注意的分配。

35. B 【解析】本题考查性质命题的种类。性质命题的种类可以分为质和量的不同。按照性质命题的质的不同,可以把性质命题分为肯定命题和否定命题两种。肯定命题是反映对象具有某种性质的命题,其形式为:S是P;例如,教师是人类灵魂的工程师。否定命题是反映对象不具有某种性质的命题,其形式为:S不是P。例如,成功不是天上掉下来的。按照性质命题的量的不同,可以把性质命题分为单称命题、全称命题和特称命题。单称命题是反映某一个别对象具有或不具有某种性质的命题;特称命题是反映某类中有对象具有或不具有某种性质的命题;全称命题是反映某类中的每一个对象都具有或不具有某种性质的命题。因此,本题答案选B项。

36. C 【解析】本题考查文学常识。《追求》是矛盾创作的中篇小说,收录在中篇小说集《蚀》中。《家》是巴金创作的"激流三部曲"中的第一部。《平凡的世界》是中国作家路遥创作的一部全景式地表现中国当代城乡社会生活的百万字长篇小说。《朝花夕拾》原名《旧事重提》,是现代文学家鲁迅的散文集。故答案选C项。

37. B 【解析】本题考查个体身心发展的规律。个体身心发展的个别差异性要求贯彻因材施教的原则,全面深入地了解每个学生,系统掌握其成长发展的资料,注意对个别学生进行特殊培养,采取弹性教学制度等。

38. D 【解析】本题考查夸美纽斯的教育思想。夸美纽斯从他的民主主义的"泛智"思想出发,提出了普及教育的思想。所谓"泛智",就是指把一切有用的东西教给一切人,并使其智慧得到普遍发展的理论。所以题干这一主张是夸美纽斯提出的。

39. B 【解析】本题考查教学评价的基本类型。诊断性评价是在学期开始或一个单元教学开始时,为了了解学生的学习准备状况及影响学习的因素而进行的评价。故答案选择B项。

40. D 【解析】本题考查学习策略的分类。组织策略是指将经过精加工提炼出来的知识点加以构造,形成更高知识结构水平的信息加工策略。组织策略主要有两种:一种是归类策略;另一种是纲要策略。其中,纲要策略包括主题纲要和符号纲要(系统结构图、流程图、模式或模型图、网络关系图)。因此,题干中某学生在学习过程中依据所学内容画出逻辑关系图,就属于组织策略中的纲要策略。

41. C 【解析】本题考查强迫症的表现。强迫观念指当事人身不由己地思考他不想考虑的事情。强迫行为指当事人反复去做他不希望执行的动作,如果不这样想、不这样做,他就会感到极端焦虑。强迫洗手、强迫计数、反复检查(门是否上锁)、强迫性仪式动作是生活中常见的强迫行为。因此,题干中小于反复洗手的表现就属于强迫行为。

42. C 【解析】本题考查教师劳动的特点。教师劳动的创造性体现在:(1)因材施教。(2)教学方法上的不断更新。"教学有法,教无定法"是对教师劳动创造性的最好注脚。(3)教师需要"教育机智"。所以"教学有法,但无定法"说明教师劳动具有创造性,本题答案选择C项。

43. B 【解析】本题考查教育法规的体系结构。《中华人民共和国宪法》具有最高的法律地位和法律效力,是国家的根本大法,故与题干不相符合。《中华人民共和国义务教育法》和《中华人民共和国教师法》是我国教育的单行法律,故与题干不相符合。《中华人民共和国教育法》是我国教育的基本法律和根本法律,故答案选B项。

44. A 【解析】本题考查历史常识。第一次鸦片战争爆发于1840年;1856年爆发了第二次鸦片战争;1937年抗日战争全面爆发。所以A项正确。

45. B 【解析】本题考查"五经"。"五经"包括《诗》《书》《礼》《易》《春秋》,《大学》《中庸》《论语》《孟子》合称"四书"。

三、多项选择题

46. ABCD 【解析】本题考查CIPP评价模式的步骤。CIPP评价模式包括四个步骤:背景评价、输入评价、过程评价、成果评价。

47. BCD 【解析】本题考查《国家中长期教育改革和发展规划纲要(2010~2020年)》。《国家中长期教育改革和发展规划纲要(2010~2020年)》中指出,严格教师资质,提升教师素质,努力造就一支师德高尚、业务精湛、结构合理、充满活力的高素质专业化教师队伍。

48. ABCD 【解析】本题考查心理健康教育的途径。学校心理健康教育的途径有:(1)开设心理健康教育的有关课程和心理辅导的活动课。这种专门开设的心理健康课程一般有两种形式:①以讲授为主的有关课程;②开设心理辅导活动课。(2)在学科教学中渗透心理健康教育的内容。(3)结合班级、团队活动开展心理健康教育。结合班会活动、课外活动、团体活动来进行,是这一途径的特点。(4)个别心理辅导或咨询。(5)小组辅导。此外,学校也可以充分利用校外教育资源开展心理健康教育课程。例如,充分发挥少年宫、科技馆、图书馆、博物馆等爱国主义教育基地和素质教育基地以及社会文化设施的作用,多让学生参与社会实践活动,把心理健康教育融于其中。因此,本题A、B、C、D四项全选。

49. ABCD 【解析】本题考查性格的结构特征。性格的结构特征主要有以下四个方面:(1)性格的态度特征。(2)性格的意志特征。(3)性格的情绪特征。(4)性格的理智特征(认知特征)。

50. ABC 【解析】本题考查马克思关于人的全面发展的思想内涵。马克思关于人的全面发展的含义,指的是人的身心素质的全面发展,人的能力的充分发展,个人素质能力与全体社会成员素质能力的统一发展。

51. ABCD 【解析】本题考查皮亚杰的认知发展阶段理论。皮亚杰提出了认知发展的阶段理论,将个体的认知发展分为以下四个阶段:(1)感知运动阶段(0~2岁)。(2)前运算阶段(2~7岁)。(3)具体运算阶段(7~11岁)。(4)形式运算阶段(11岁~成人)。

52. ABCD 【解析】本题考查教师风度仪表方面的要求。教师的风度仪表是其内心世界的表露,是其内在品质的外在表现形式。教师的风度仪表要求包括:(1)在服饰上,要做到整洁高雅;(2)在神态上,要做到愉快亲切;(3)在言谈上,要做到谦逊文雅;(4)在举止上,要做到稳重端庄;(5)在待人处事上,要做到真诚热情。

53. ABD 【解析】本题考查课堂问题行为处理的基本策略。根据课堂问题行为发生的不同时机,教师可以采取不同的处理策略。在问题出现之前要有防范意识,问题出现时要及时纠正,问题发生后要及时补救,并采取有效措施防止问题行为的再次出现。教师对学生课堂问题行为处理可以采取以下措施:(1)积极防范;(2)行为矫正;(3)必要的惩戒。负向强化可能造成学生的恐惧不安,甚至是师生关系变坏。故不选C项。

54. ACD 【解析】本题考查《学记》的教育思想。A、C、D三项均出自《学记》,孟子认为教育是扩充"善性"的过程,教育的目的在于"明人伦"。故B项不属于《学记》中的观点。

55. ABD 【解析】本题考查记忆过程。记忆过程包括识记、保持、再现(再认或回忆)三个环节。从信息加工的角度来看,记忆过程是对输入信息的编码、存储和提取的过程。

56. BCD 【解析】本题考查学习动机的功能。学习动机具有以下几个功能:(1)激活(激发)功能。(2)指向功能。(3)维持和调节功能(强化功能)。

57. ABC 【解析】本题考查《中华人民共和国预防未成年人犯罪法》。《中华人民共和国预防未成年人犯罪法》具体规定了对预防未成年人犯罪的方法，主要包括：(1)教育性预防方法，包括家庭教育、学校教育、社会教育；(2)保护性预防方法，包括保护未成年人不受外界不良影响的毒害，如禁止、限制未成年人进入某些娱乐场所，或者禁止从事有损于未成年人身心健康的活动，如任何经营场所不得向未成年人出售烟酒；(3)惩戒性预防方法，包括对不履行保护未成年人职责、侵犯未成年人合法权益以及从事危害未成年人身心健康的行为依法追究民事责任、行政责任和刑事责任。

58. ACD 【解析】本题考查逻辑规律的类型。逻辑规律就是运用各种思维方式进行思维时必须遵守的最一般的准则。逻辑基本规律有四条：(1)同一律；(2)矛盾律；(3)排中律；(4)充足理由律。

59. ABCD 【解析】本题考查信息处理能力的内容。信息处理能力已经成为信息时代一项基本的生存能力。信息处理能力主要包括：信息筛选能力、信息分析能力、信息提炼能力、信息综合能力、信息传递能力和信息存储能力等。故答案选择A、B、C、D四项。

60. AD 【解析】本题考查记叙文的表达方式。记叙文是以叙述、描写为主要表达方式，以抒情、说明和议论为辅助表达方式，以记人、叙事、写景、状物为主要内容的一种文体。因此，答案选择A、D两项。

四、简答题(参考答案)

61. 简述习近平总书记提出的"四有"好老师的基本内涵。

习近平总书记提出的"四有"好老师的基本内涵主要包括以下四个方面：(1)有理想信念；(2)有道德情操；(3)有扎实学识；(4)有仁爱之心。

62. 简述注意的稳定性及其影响因素。

注意的稳定性，是指注意保持在某一对象或某一活动上的时间长短特性。持续时间愈长，注意就愈稳定。

影响注意稳定性的因素有：(1)注意对象的特点；(2)有无坚定目的；(3)个人的主观状态。

63. 简述教师的义务包括哪些方面。

根据《中华人民共和国教师法》第八条规定，教师应当履行下列义务：(1)遵守宪法、法律和职业道德，为人师表；(2)贯彻国家的教育方针，遵守规章制度，执行学校的教学计划，履行教师聘约，完成教育教学工作任务；(3)对学生进行宪法所确定的基本原则的教育和爱国主义、民族团结的教育，法制教育以及思想品德、文化、科学技术教育，组织、带领学生开展有益的社会活动；(4)关心、爱护全体学生，尊重学生人格，促进学生在品德、智力、体质等方面全面发展；(5)制止有害于学生的行为或者其他侵犯学生合法权益的行为，批评和抵制有害于学生健康成长的现象；(6)不断提高思想政治觉悟和教育教学业务水平。

64. 简述中学教学过程实施的基本环节。

(1)激发学习动机。(2)领会知识。领会知识是教学过程的中心环节，它包括使学生感知和理解教材。(3)巩固知识。(4)运用知识。(5)检查知识。

65. 简述问题解决的基本步骤。

问题解决的基本步骤一般可分为以下四个阶段：(1)发现问题。从完整的问题解决过程来看，发现问题是其首要环节。(2)理解问题(明确问题)。(3)提出假设。提出假设是问题解决的关键阶段。(4)检验假设。

66. 简述教师课件设计的基本原则。

(1)教育性原则；(2)科学性原则；(3)启发性原则；(4)系统性原则；(5)技术性原则；(6)艺术性原则。

五、论述题(参考答案)

67. 论述启发性原则的内涵及基本要求。

内涵：启发性原则是指在教学活动中，教师要调动学生的主动性和积极性，引导他们通过独立思考、积极探索，生动活泼地学习，自觉地掌握科学知识，提高分析问题和解决问题的能力。

基本要求：(1)加强学习的目的性教育，调动学生学习的主动性；(2)设置问题情境，启发学生独立思考，培养学生良好的思维方法和思维能力；(3)让学生动手，培养学生独立解决问题的能力，鼓励学生将知识创造性地运用于实际；(4)发扬教学民主，包括：建立民主、平等的师生关系和生生关系，创造民主、和谐的教学气氛，鼓励学生发表不同见解，允许学生向教师提出质疑等。

68. 论述新时代教师专业发展的核心要素。

专业结构是教师专业发展的核心要素。从教师作为专业人员的角度，结合新课程对教师专业发展提出的新挑战，教师的专业结构包括：

(1)专业理想的建立。教师的专业理想是教师对成为一个成熟的教育教学专业工作者的向往与追求，它为教师提供了奋斗的目标，是推动教师发展的巨大动力。

(2)专业态度和动机的完善。教师的专业态度和动机是教师专业活动的动力基础。教师在这个方面的发展主要表现在教师的专业理想、对职业的态度、工作积极性高低以及职业满意度等。

(3)专业知识的拓展与深化。作为专业人员，教师必须具备从事专业工作所需要的基本知识。教师的专业知识(合理的知识结构)主要包括通识性知识、本体性知识、条件性知识、实践性知识。

(4)专业能力的提高。教师的专业能力是教师综合素质最突出的外在表现，也是评价教师专业性的核心因素。这种专业能力可分为教学技巧和教育教学能力两个方面。

(5)教师的专业人格。教师的专业人格是教师在教育教学工作中所必须具有的道德品质方面的自我修养，诚实正直、善良宽容、公正严格是教师专业人格的重要内容。

(6)专业自我的形成。教师的专业自我是教师个体对自我从事教育教学工作的感受、接纳和肯定的心理倾向，这种倾向将显著地影响到教师的教育教学工作效果。

69. 论述培养学生创造性的措施。

创造性是由人的认知能力、个性倾向和社会环境相互作用产生的行为结果。因此，可以从以下四个方面来探索创造性的培养途径：

(1)培养创造性认知能力。具体措施有：培养创造性的知识基础；培养学生的创造性思维。

(2)注重创造性个性的塑造。具体措施有：保护好奇心；解除个体对答错问题的恐惧心理；鼓励独立性和创新精神；重视非逻辑思维能力；给学生提供具有创造性的榜样。

(3)创设有利的社会环境。具体措施有：创设宽松的心理环境；给学生留有充分选择的余地；改革考试制度与考试内容。

(4)培养创造型的教师队伍。具体措施有：转变教师的教育教学观念，使教师形成理解并鼓励学生的创造，把培养创造性作为一种教学目标的现代教育理念；教给教师必要的创造技法和思维策略，提高他们自身的创造意识和创造能力；为教师提供比较明晰的具有实际应用价值的关于创造性的操作定义、相应的评价标准和程序、有效的教学策略和技能。

70. 论述构建积极师生关系的策略。

教师方面：(1)了解和研究学生，主要包括三个方面：了解和研究学生个人、了解学生的群体关系、了解和研究学生的学习和生活环境。(2)树立正确的学生观。教师既要把学生当作教育的对象，又要把学生看作学习的主人；既要耐心细致地做好各项指导工作，又要充分调动学生的主动积极性。(3)提高教师自身的素质。教师的素质是影响师生关系的核心因素。教师的道德素养、知识素养和能力素养是学生尊重教师的重要条件，也是教师提高教育影响力的保证。(4)热爱、尊重学生，公平对待学生。热爱学生包括热爱所有学生，对学生充满爱心，经常走到学生之中，忌挖苦、讽刺学生、粗暴对待学生。尊重学生特别要尊重学生的人格，保护学生的自尊心，维护学生的合法权益，避免师生对立。教师处理问题必须公正无私，使学生心悦诚服。(5)发扬教育民主。民主平等是现代师生伦理关系的核心要求。教师要以平等的态度对待学生，而不能以"权威"自居。(6)主动与学生沟通，善于与学生交往。师生关系一般要经历生疏、接触、亲近、依赖、协调、默契六个阶段。(7)正确处理师生矛盾。教师要善于驾驭自己的情绪，冷静全面地分析矛盾，正视自身的问题，敢于做自我批评，对学生的错误进行耐心的说服教育或必要的等待、解释等。要能与学生心理互换，设身处地地为学生着想，理解学生，帮助学生，满足学生的正当要求，启发学生自省改错。(8)提高法制意识，保护学生的合法权利。教师要提高法制意识，明确师生之间的权利义务，切实依法保护学生的合法权利。(9)加强师德建设，纯化师生关系。教师应加强自身修养，提高抵御不良社会风气的积极性和能力。同时，也要更新管理观念，树立以人为本的管理思想，为师生关系的纯化创造有利的教育环境。

学生方面：(1)正确认识自己。学生如果能够正确认识自己的优缺点以及应该努力的目标，站在客观的角度思考和看待自己，那么他们对于教师的指导就能更加认真倾听和思考，这对于形成良好师生关系有很大的促进作用。(2)正确认识老师。学生应该摒弃对教师的固有成见，要学会客观地认识和理解老师的付出，积极主动地和老师沟通，这样互相理解的师生双方才是良好师生关系的形成基础。

环境方面：(1)加强校园文化建设，确保校园文化的相对独立性、完整性和纯洁性；(2)加强学风教育，促进良好学风养成,使学生在一个良好的学风氛围下健康地学习,这对于良好师生关系的形成也具有一定的作用和价值。

六、案例分析题(参考答案)

71.(1)作为一名新教师,小佳老师对工作认真负责,努力向优秀教师学习,但教学效果却不理想,这可能是因为:

①小佳老师盲从优秀教师的教学经验,缺乏对自己教学实践的反思。教学反思是指教师以自己的教学活动为意识对象,对自己的教育理念、教学行为、决策以及由此所产生的结果进行认真的自我审视、评价、反馈、控制、调节、分析的过程。案例中小佳老师可能只是一味地照搬照抄优秀教师的经验,没能进行自我反思,未能及时发现自己教学实际中存在的问题并进行调整。

②小佳老师在教学过程中没有充分发挥学生的主观能动性,违背了教师主导作用与学生主体作用相统一的教学规律。在教学过程中,既要充分发挥教师的主导作用,又要充分发挥学生主体参与教学的能动性,把二者有机结合起来。小佳老师虽然工作认真负责,充分发挥了教师的主导作用,但是假如没有充分发挥学生的主体性,教学效果也会不理想。

③小佳老师没能结合学生实际进行教学,没能做到因材施教。因材施教原则是指教师在教学中,要从课程计划、学科课程标准的统一要求出发,面向全体学生,同时又要根据学生的个别差异,有的放矢地进行有差别的教学,使每个学生都能扬长避短,获得最佳的发展。案例中,小佳老师可能只是一味地去模仿优秀教师的课堂教学模式,而没有针对本班学生采取适宜的教学手段,教学缺乏针对性。

(2)①在教学工作中,小佳老师应经常进行教学反思,做教育教学的研究者,利用反思日记、交流讨论、行动研究等方法及时总结教学过程中的问题,以便及时改进教学;②在教学过程中,小佳老师要坚持教师主导作用与学生主体作用的统一,在发挥主导作用的同时,也要充分调动学生学习的积极性,做学生学习的促进者和引导者;③在教学过程中,小佳老师应深入了解本班学生的特点,全面掌握所教学生的知识基础和心理特点,从而有针对性地进行教育;④小佳老师要主动与学生进行沟通和交流,深入到学生之中,建立良好的师生关系,从而促进教学活动顺利进行。此外,小佳老师还要重视学生学业的检查与评定,而不仅仅是上好课。

72.(1)小钟同学考试焦虑的原因既有客观因素,也有主观因素。

客观因素:①考试本身。例如考试的重要性、难易程度、竞争程度等。越是重要的考试,越容易产生考试焦虑;题目越难,越容易产生考试焦虑;竞争程度越激烈,越容易引发考试焦虑。案例中,小钟平时各科成绩都不错,但到比较重要的期中、期末考试前就容易产生考试焦虑,这说明考试的重要性对小钟的考试焦虑有影响。②学生的学业期望。一般而言,学业期望越高的学生,对学习投入的精力越多,越看重学业成绩,因而对考试失败的恐惧越高,越容易产生考试焦虑;而那些学业期望较低的学生一般不会产生考试焦虑,但面临学业失败时,也可能会激发其考试焦虑。案例中,小钟同学学习认真,平时各科成绩都不错,对学业期待较高,因此容易在期中、期末考试前产生考试焦虑。

主观因素:个性气质特点。那些敏感、易焦虑、过于内向、缺乏安全感和自信心、做事追求完美的学生在考试中容易出现考试焦虑。案例中,小钟同学每次期中、期末考试前,他都会有烦躁、睡不好觉、心慌、心悸、出虚汗等的生理反应,可能和其个性气质特点有一定的关系。

(2)教师可以从以下几个方面帮助学生应对考试焦虑:①采用肌肉放松、系统脱敏等方法;②采用认知矫正程序,指导学生在考试中使用正向的自我对话,如"我能应付这个考试";③锻炼学生的性格,提高挫折应对能力;④告诉学生往最好处做,不要计较最后结果;⑤考前要注意帮助学生调节情绪。

七、情境分析题(参考答案)

73.(1)要树立正确的职业理想,必须做到以下几点:

①认识自己。树立正确的职业理想,需要从认识自己开始。职业的选择和职业理想的确立,是一个非常理性和严肃的思想过程。只有具备足够的理性,才能对自己进行正确的判断,才能在理性的基础上进行自我设计。只有经过审慎考量确立的职业理想,才能经得起考验。职业理想的确立,尤其是教师职业理想的确立,需要经过无数次审慎的思考。

②热爱教育事业,热爱本职工作。职业理想的树立并不是一蹴而就的。在选定了职业后,教师要树立职业理想,最根本的一条就是要立足于本职工作,热爱本职工作,热爱教育事业。于漪老师从教60多年来,一直潜心于语文教学科研的第一线,这种对教育事业的热爱值得我们学习。

③敬业、乐业、勤业和精业。树立职业理想,要求教师具有敬业、乐业、勤业和精业意识。敬业表现在献身教育、热爱学生、尽职尽责等方面;乐业表现在教师要时刻把教育事业的利益放在首位,不为权力、地位、名誉、金钱和其他物质利益所动摇;勤业表现为忠于职守、认真负责、教书育人、遵守规则、坚持不懈;精业表现为严谨治学、精益求精,不断进取。于漪老师90岁高龄仍然坚守在教学和科研的第一线,用心关爱每一个学生,这种高度的敬业、乐业、勤业和精业精神值得我们学习。

④投身于教育实践和道德实践。树立教师职业理想要求教师主动投身于教育实践和道德实践。教师投身于教育实践和道德实践最基本的就是要模范遵守职业道德规范以及法律、行政、业务技术等方面的行为规定。于漪老师用心关爱每一个学生,从教60年仍坚守教学第一线,这种精神值得我们学习。

(2)案例中,于老师用心关爱每一位学生,不让任何一名学生掉队,体现了"以人为本"的学生观。"以人为本"的学生观要求遵从学生的本质属性,将学生视为发展中的人,尊重学生个体的独特性,并且确保学生在教育教学过程中的主体地位。

①学生是发展中的人,要用发展的观点认识学生。学生的身心发展是有规律的,教师应依据学生身心发展的规律和特点来开展教育活动;学生具有巨大的发展潜能;学生是处于发展过程中的人,这意味着学生还是不成熟的人,是一个正在成长的人;学生的发展是全面的发展。于漪老师从未体罚过学生,也不让任何一名学生掉队,说明于老师把学生看成是发展中的人。

②学生是独特的人。首先,学生是完整的人。学生并不是单纯的、抽象的学习者,而是有着丰富个性的完整的人。其次,每个学生都有自身的独特性。独特性是个性的本质特征,珍视学生的独特性和培养具有独特个性的人,应成为我们对待学生的基本态度。最后,学生与成人之间存在着巨大的差异。于漪老师用心关爱每一位学生,尊重了学生的差异性和独特性。

③学生是具有独立意义的人。首先,每个学生都是独立于教师的头脑之外,不以教师的意志为转移的客观存在。教师不可以随意支配学生,或者把自己的意志强加给学生。其次,学生是学习的主体。教师主导对学生客体的教育与改造,只是学生发展的外部条件和外因,学生的主体活动才是学生获得发展的内在机制和内因。教师在教学过程中要尊重学生的学习主体地位,充分发挥学生学习的主动性和积极性。最后,学生是责权主体。学生在社会系统中享受各项基本权利,也要承担一定的责任和义务。

2020年安徽省特岗教师招聘考试真题试卷(四十四)

一、单项选择题

1. B 【解析】本题考查《新时代中小学教师职业行为十项准则》。《新时代中小学教师职业行为十项准则》中的潜心教书育人强调,落实立德树人根本任务,遵循教育规律和学生成长规律,因材施教,教学相长;不得违反教学纪律,敷衍教学,或擅自从事影响教育教学本职工作的兼职兼薪行为。

2. D 【解析】本题考查《中小学德育工作指南》中德育的总体目标。《中小学德育工作指南》中德育的总体目标是培养学生爱党爱国爱人民,增强国家意识和社会责任意识,教育学生理解、认同和拥护国家政治制度,了解中华优秀传统文化和革命文化、社会主义先进文化,增强中国特色社会主义道路自信、理论自信、制度自信、文化自信,引导学生准确理解和把握社会主义核心价值观的深刻内涵和实践要求,养成良好政治素质、道德品质、法治意识和行为习惯,形成积极健康的人格和良好心理品质,促进学生核心素养提升和全面发展,为学生一生成长奠定坚实的思想基础。

3. C 【解析】本题考查课程方案的内涵。课程方案也称教学计划,是指教育机构或学校为了实现教育目的而制定的有关课程设置的文件。教育学研究的课程方案主要是我国的普通小学与中学的课程方案,是指在国家的教育目的与方针的指导下,为实现各级基础教育的目标,由国家教育主管部门制定的有关课程设置、顺序、学时分配以及课程管理等方面的政策性文件。

4. A 【解析】本题考查复式教学的内涵。复式教学是把两个或两个以上不同年级的学生编在一个教室里,由一位教师分别用不同的教材,在一节课里对不同年级的学生进行教学的一种特殊组织形式。它适用于学生少、教师少、校舍和教学设备较差的农村以及偏远地区。

5. B 【解析】本题考查教师的教育能力素养。教育能力素养主要指保证教师顺利完成教育、教学任务的基本操作能力。这要求教师善于从事各种教育、教学活动,成为教育方面的"临床专家",能够像医生那样进行"分析""诊断"和"开处方",解决教育教学中的各种问题。(具体参看王道俊、郭文安主编的《教育学》第七版)

6. C 【解析】本题考查个体身心发展的规律。人的身心发展的个别差异性,是指个体之间的身心发展以及个体身心发展的不同方面之间,存在着发展程度和速度的不同。人的身心发展的个别差异性的表现:(1)不同儿童同一方面的发展速度和水平不同。如有些人"少年得志",有些人则"大器晚成"。(2)不同儿童不同方面的发展存在差异。如有的儿童,他们的数学能力较强,但绘画却很差,而有的儿童正好相反。(3)不同儿童所具有的个性心理倾向不同。如同年龄的儿童具有不同的兴趣、爱好和性格等。(4)个别差异也表现在群体间,如男女性别的差异。题干中的学生"好动"和"好静","学中做"和"做中学"都体现了不同的人在同一方面的发展所存在的差异。

7. C 【解析】本题考查教育科研选题的注意事项。教育科研的选题要注意三点:(1)"立足"要高;(2)"射点"要准;(3)"切口"要小,就是说,撰写文章要大处着眼,小处着手,遵照"宁凿一口井,不挖一条沟"的原则,选题不宜过大、过泛,做到小题目写大文章。

8. B 【解析】本题考查教学直观手段的种类。在实际的教学过程中,主要有三种直观方式,即实物直观、模像直观和言语直观。模像直观指观察与教材相关的模型与图像(如图片、图表、幻灯片、电影、录像、电视等),形成感知表象。题干所述的直观手段为模像直观。

9. C 【解析】本题考查意志的品质。意志的坚韧性是指一个人在行动中坚持决定,百折不挠地克服重重困难去达到行动目的的品质。题干所述体现了意志的坚韧性。

10. D 【解析】本题考查学习策略的种类。资源管理策略包括:(1)时间管理策略;(2)环境管理策略;(3)努力管理策略;(4)学业求助策略。

11. A 【解析】本题考查创造性思维的特征。独创性又称独特性,是指产生不寻常的反应和不落常规的能力,以及重新定义或按新的方式对所见所闻加以组织的能力。题干所述体现了创造性思维的独创性。灵活性是指摒弃以往的习惯思维方法而开创不同方向的能力,也叫思维的变通性。流畅性是指在限定时间内产生观念数量的多少。

12. D 【解析】本题考查马斯洛的需要层次理论。归属与爱的需要,也称社交需要,是指每个人都有被他人或群体接纳、爱护、关注、鼓励及支持的需要。它是生理和安全需要满足之后的更高一级的需要,包括被人爱与爱他人、希望交友融洽、保持友谊、人际关系和谐、被团体接纳、成为团体一员、有归属感等。

二、判断题

13. × 【解析】本题考查班主任的个别教育工作。班主任必须根据学生的个别差异,做好学生的个别教育工作。只有使每个学生都得到发展,班集体才能健康地发展。班主任做好个别教育工作,包括做好先进生的教育工作、中等生的教育工作和后进生的教育工作。

14. √ 【解析】本题考查中小学教师职业道德考核的方式。《安徽省中职中小学教师职业道德考核办法(试行)》指出,师德考核每年一次,与事业单位工作人员年度考核同步进行。中小学教师职业道德考核是教师绩效考核的重要组成部分,各级教育行政部门和学校要提高对师德考核工作重要性的认识,加强领导,明确分工,落实责任。要把师德建设列为考评学校、考核学校班子和教职工的一项重要指标,实行师德一票否决制。

15. × 【解析】本题考查教学模式的概念。教学模式是指反映特定教学理论的逻辑轮廓,为实现某种教学任务建立起来的相对稳定而具体的教学活动结构。教师的教学工作包括五个基本环节(即基本程序):备课、上课、作业的布置与反馈、课外辅导和学业成绩的检查与评定。故题干说法有误。

16. × 【解析】本题考查制约课程的因素。课程是随着社会的发展而演变的。课程要反映一定社会的政治、经济的要求,受一定社会生产力和科学文化发展水平以及受教育者身心发展规律和特点的制约。故题干说法有误。

17. × 【解析】本题考查定势的作用。定势又称心向,是人的心理活动的一种准备状态。它是个体按照某种比较固定的方式去解决问题的一种心理倾向。在定势的影响下,人们会以某种习惯的方式对刺激情境做出反应。定势对解决问题既有积极作用,也有消极作用。

18. √ 【解析】本题考查心智技能的相关知识。心智技能也称为智力技能、认知技能,是通过学习而形成的合乎法则的心智活动方式。阅读技能、写作技能、运算技能、解题技能等都是常见的心智技能。

19. × 【解析】本题考查卡特尔的智力形态论。流体智力的发展与年龄有密切的关系。一般人在20岁以后,流体智力的发展达到顶峰,30岁以后随着年龄的增长而降低。

20. √ 【解析】本题考查情绪和情感的关系。情绪和情感是人对客观事物的态度体验及相应的行为反应。认知是情绪和情感产生的基础,需要是引发情绪和情感的中介。那些满足人们需要的事物和对象,能引起各种肯定的态度,使人产生满意、愉快的情绪体验。不同的态度体验反映着客观事物与人的需要之间的不同关系。

三、简答题(参考答案)

21. 教学方法的选择依据有哪些?

(1)教学目的和任务的要求;(2)课程性质和特点;(3)每节课的重点、难点;(4)学生年龄特征;(5)教学时间、设备、条件;(6)教师业务水平、实际经验及个性特点。此外,教学方法的选择与运用还受教学手段、教学环境等因素的制约,这就要求我们要全面、具体、综合地考虑各种相关因素,进行权衡取舍。

22. 教师应如何做到"为迁移而教"?

(1)改革教材内容,促进迁移;(2)合理编排教学方式,促进迁移;(3)教授学习策略,提高学生的迁移意识;(4)改进对学生的评价。

四、材料分析题(参考答案)

23. (1)首先学生学习会有一定的课业负担,以确保基本的教育教学水平和基本教育质量。

其次,课业负担不能过重,不能超出学生的承受能力,更不能损害学生身心健康发展。学生课业负担过重是不符合素质教育理念的,违背了科学的教育质量观和人才培养观,也不符合教育教学规律,不利于促进中小学生的健康成长。

最后,不能认为实施素质教育,给学生减负,就是不要学生刻苦学习,不给或少给学生留课后作业。这是对素质教育使学生生动、主动和愉快发展的误解。一味地减轻学生的课业负担只会让学生"吃不饱",科学适量的课业负担是激发学生学习动力的重要手段。

(2)减轻过重课业负担的具体途径:一是通过提高质量来减负,在提高学校教学质量上下功夫。让学生在学校里、在课堂里就能够学懂、能够学好,尽量少留作业,把功夫下在校园内、下在课堂上。如果课堂讲不清楚,为了加深理解,那就拿着作业回家做。治本之策是提高课堂效率。

二是通过优化课程来减负。要从中小学生的学习特点和认知规律出发,优化课程结构和教学内容。要严格执行国家课程标准,义务教育阶段的课程标准对学什么、学多少、学到什么程度有基本规范和要求。因此要严格按照课程标准来教学,不能增加教学难度。同时时间上也不能赶超进度,本来是一个学期的学习内容,放到半个学期来学习,那孩子负担肯定很重。

三是通过规范校外培训减负。深化校外培训机构专项治理,特别是对违规行为和做法,要加大处罚力度,严格按照国务院的文件要求来执行,要规范。坚决杜绝超前、超标的培训行为,防止层层加码。孩子们在学校已经很辛苦了,到校外再加一层,负担是叠加的,越来越重。

四是通过科学评价来减负。健全义务教育质量评价标准体系,要纠正唯考试成绩唯升学率的片面做法,解决好"指挥棒"的问题。如果所有的东西都看学科的学业成绩,就盯着分数,这个负担是下不来的。如果按照素质教育、全面发展的标准评价,那学生们就会生动活泼地发展。

五是通过社会协同来减负。减负不光是学校、不光是校外培训机构的责任,家庭的作用也是非常大的。通过家校共育,使学校和家庭在减负问题上同向同行,形成合力。

2020年内蒙古自治区特岗教师招聘考试真题试卷(精编)(四十五)

第一部分 教育学

一、单项选择题

1. B 【解析】本题考查"自然主义教育"理论的倡导者。卢梭认为教育的任务应该使儿童"归于自然",这是其自然主义教育的核心。他的教育著作《爱弥儿》系统阐述了他的自然主义教育思想。

2. B 【解析】本题考查影响个体身心发展的主要因素。遗传素质是人的身心发展的物质前提,为人的发展提供了可能性。所以B项正确。环境是人身心发展的外部条件,教育作为特殊的环境对人的身心发展起主导作用,个体主观能动性是人的身心发展的内因和动力。

3. A 【解析】本题考查教育的社会制约性。总的来说,教育发展的规模与速度,取决于生产力发展所提供的物质条件和生产力发展对教育事业所提出的要求。所以答案选A项。

4. C 【解析】本题考查课外活动与课堂教学的关系。课外活动与课堂教学是一个完整的教育系统,课外活动是课堂教学的必要补充,二者相互作用、相辅相成,对完成教育任务、实现教育目的具有同样重要的作用。

5. D 【解析】本题考查德育的途径。班主任工作是学校对学生进行德育的一个重要而又特殊的途径。

二、多项选择题

1. ABCD 【解析】本题考查教师课堂教学语言的要求。课堂教学语言的基本要求:科学性要求、启发性要求、思想性要求、艺术性要求。

2. ACDE 【解析】本题考查班主任了解学生的方法。班主任了解和研究学生的具体方法有:观察法、谈话法、调查法、书面材料分析法。

3. AC 【解析】本题考查文化对课程的影响。文化对课程的影响主要体现在两个方面:(1)课程内容的丰富;(2)课程结构的更新。

4. BCDE 【解析】本题考查德育过程的基本要素。德育过程通常由教育者、受教育者、德育内容和德育方法四个相互制约的要素构成。

5. BE 【解析】本题考查教师职业专业化的条件。教师职业专业化的条件具体包括:(1)教师的学科专业素养;(2)教师的教育专业素养;(3) 教师的人格特征;(4)教师良好的职业道德素质。教师的学科专业素养即教师的学科知识素养。故本题答案选B、E项。

三、判断说理题(参考答案)

1. 概括地讲,学校德育就是学校的思想政治教育。

(1)这种说法是不正确的。(2)学校德育是指教育者按照一定社会或阶级的要求和受教育者品德形成发展的规律与需要,有目的、有计划、系统地对受教育者施加思想、政治和道德等方面的影响,并通过受教育者积极的认识、体验与践行,使其形成一定社会与阶级所需要的品德的教育活动,即教育者有目的地培养受教育者品德的活动。将学校德育等同于思想政治教育的观点过于狭隘,是错误的。

2. 课程改革的背景下,强调教育要回归儿童的生活和实际,因此儿童在学校的主要任务就是学习直接经验。

(1)这种说法是不正确的。(2)新课程强调改变课程内容"繁、难、偏、旧"和过于注重书本知识的现状,加强课程内容与学生生活以及现代社会科技发展的联系,关注学生的学习兴趣和经验,精选终身学习必备的基础知识和技能。教学活动是学生认识客观世界的过程,要以间接经验为主、直接经验为辅,将二者有机结合起来。所以,题干说法错误。

3. "教学有法,但无定法"说明教师课堂教学方法的选择和运用是率性而为的。

(1)这种说法是不正确的。(2)教学方法的选择和运用不是率性而为的,而是有其基本依据:教学目的和任务的要求;课程性质和特点;每节课的重点、难点;学生年龄特征;教学时间、设备、条件;教师业务水平、实际经验及个性特点。此外,教学方法的选择与运用还受教学手段、教学环境等因素的制约。万能的教学方法是没有的,只依赖于一两种方法进行教学无疑是有缺陷的。教学方法的选择与运用,既要讲科学与规范,又要重艺术与创新。每个教师都应当依据上述方面,恰当地选择和创造性地运用教学方法,表现自己的教学艺术和形成自己的教学风格。

4. 简要地说,智力就是指学生的聪明程度。

(1)这种说法是不正确的。(2)智力是人的一种综合认识能力,包括注意力、观察力、记忆力、想象力和思维力等因素。所以,将智力等同于学生的聪明程度是错误的。

5. 探究式教学和接受式教学是两种完全不同的教学方法。

(1)这种说法是正确的。(2)问题—探究式教学模式是一种以解决问题为中心,注重学生独立活动,着眼于创造性思维能力和意志力培养的教学模式。学生的认识能力必须通过实践才能逐步提高,所以必须让学生在学习过程中主动去探索、发现问题,并用所学知识去研究、解决问题。传递—接受式教学模式以传授系统知识、培养基本技能为目标,其着眼点在于充分挖掘人的记忆力、推理能力以及间接经验在掌握知识方面的作用,使学生能够快速有效地掌握更多的信息量。该模式强调教师的指导作用,认为知识是从教师到学生的一种单向传递,非常注重教师的权威性。所以,题干说法正确。

四、名词解释

1. 教育学

教育学是研究教育现象和教育问题,揭示教育规律的一门科学。

2. 教学原则

教学原则是根据一定的教学目的和教学过程规律而制定的指导教学工作的基本准则。它是有效进行教学必须遵循的基本要求和原理。

五、简答题(参考答案)

1. 简述教育的文化功能。

(1)教育能够传承文化;(2) 教育能够改造文化(选择和整理、提升文化);(3)教育能够传播、交流和融合文化;(4)教育能够更新和创造文化。

2. 简述教学工作的基本环节。

教师教学工作包括五个基本环节(即基本程序):备课、上课、作业的布置与反馈、课外辅导和学业成绩的检查与评定。

3. 简述班级管理的效能。

(1)有助于实现教学目标,提高学习效;(2)有助于维持班级秩序,形成良好的班风;(3)有助于锻炼学生能力,学会自治自理。

六、案例分析题(参考答案)

(1)讲授法可以充分发挥教师的主导作用,使学生在短时间内获得大量系统的科学知识,并且能结合知识传授进行思想品德教育。案例中,老师们口若悬河留下来许多知识是讲授法优点的体现。

(2)讲授法不易发挥学生的主动性和积极性,不利于因材施教,容易造成"填鸭式""满堂灌"的教学效果。案例中,教师在课堂上口若悬河,给学生灌输了很多知识,但是由于没有照顾到学生的个别差异性,也没有对学生进行因材施教,因而无法调动学生学习的主动性和积极性,不能使学生很好地掌握和吸收知识,这是讲授法缺点的体现。

因此,教师要正确运用讲授法,注意启发诱导学生,采用启发式而不是灌输式进行教学。

第二部分 教育心理学

一、单项选择题

1. C 【解析】本题考查韦纳的成败归因理论。美国心理学家韦纳提出了成败归因理论,他把人经历过的事情的成败归结为六种原因,即能力、努力程度、工作难度、运气、身心状况、外界环境。又把上述六项因素按各自的性质,分别归入三个维度:内部归因和外部归因、稳定性归因和非稳定性归因、可控制归因和不可控制归因。其中,能力属于内部、稳定、不可控的归因。因此,本题答案选C项。

2. D 【解析】本题考查学习策略的种类。画线属于典型的复述策略。题干中的学生采用在主题句下画线的方法来帮助学习,因此他使用的学习策略属于复述策略。

3. B 【解析】本题考查自我意识的发展阶段。生理自我在3岁左右基本成熟;社会自我到少年期基本成熟;心理自我是在青春期开始发展和形成的。因此,本题答案选B项。

4. C 【解析】本题考查知识学习的类型。下位学习强调原有观念在包容和概括水平上高于新学习的知识;上位学习强调掌握一个比认知结构中原有概念的概括和包容程度更高的概念或命题;并列结合学习强调新命题与认知结构中特有的命题是一种并列的关系。题干中学生先学习"鸟"的概念再学习"百灵鸟"的概念,原有的"鸟"的概念在包容和概括水平上高于新学习的"百灵鸟"的概念,因此属于下位学习。

5. C 【解析】本题考查班杜拉对强化的分类。直接强化是指观察者因表现出观察行为而受到强化;替代强化是指观察者因看到榜样的行为被强化而受到强化;自我强化是指对自己表现出的符合或超出标准的行为进行自我奖励。题干中,擅自离开座位的学生因为看到那些坐着不动的学生受到了老师的表扬,之后也不擅自离开座位了,这是因为他们看到榜样的行为被强化而受到了强化。因此,答案选C项。

6. B 【解析】本题考查皮亚杰的认知发展阶段理论。根据皮亚杰的认知发展阶段理论可知,在具体运算阶段儿童的思维具有去自我中心的特征,这让儿童逐渐学会从别人的观点看问题,意识到别人持有与他不同的观念和解答。他们能接受别人的意见,修正自己的看法。这是儿童与别人顺利交往,实现社会化的重要条件。

7. A 【解析】本题考查不同理论观点的创立者。斯金纳创立了操作性条件作用理论;巴甫洛夫创立了经典性条件作用理论;艾利斯创立了理性情绪疗法;贾德创立了概括化理论。因此,答案选A项。

8. C 【解析】本题考查教师成长阶段理论。能否自觉关注学生是衡量一个教师是否成熟的重要标志。

9. B 【解析】本题考查皮亚杰的道德发展阶段理论。根据皮亚杰的道德发展阶段理论可知,儿童在他律道德阶段对行为的判断主要根据客观结果,而不考虑主观动机;在自律道德阶段开始以动机作为道德判断的依据,认为公平的行为都是好的。题干中的儿童认为小刚的结果更严重,这是因为小刚打碎了十个碗,该儿童只根据小刚的客观结果来进行判断,而没有考虑到小刚的动机是好的,是为了帮助妈妈洗碗。因此,该儿童处于他律道德阶段,故答案选B项。根据上述描述,可排除A项;而C、D两项属于皮亚杰认知发展阶段理论中的观点,不符合题意,也可排除。

10. C 【解析】本题考查知识学习的分类。符号学习又称表征学习,是指学习单个符号或一组符号的意义。它主要包括以下几个部分:(1)词汇学习。(2)非语言符号的学习(如实物、图像、图表、图形等)。(3)事实性知识的学习,即学习一组符号(语言或非语言)所表示的某一具体事实。故答案选C项。

二、多项选择题

1. AC 【解析】本题考查迁移的种类。正迁移是指一种学习对另一种学习的促进作用;负迁移是指一种学习对另一种学习产生阻碍作用。顺向迁移是指先前学习对后继学习产生的影响;逆向迁移是指后继学习对先前学习产生的影响。垂直迁移是指先行学习内容与后续学习内容是不同水平的学习活动之间产生的影响。题干中先学习的平行四边形的知识对之后学习梯形知识很有帮助,这是先前学习对后继学习产生的促进作用,因此这既属于正迁移,又属于顺向迁移。梯形是只有一组对边平行的四边形,而平行四边形是两组对边平行的四边形。因此,梯形和平行四边形都属于四边形,二者是属于同一水平的学习,故不属于垂直迁移。因此答案选A、C两项。

2. ABCDE 【解析】本题考查资源管理策略的种类。资源管理策略包括:(1)学习时间管理策略;(2)学习环境管理策略;(3)学习努力和心境管理策略;(4)学习工具的利用策略;(5)社会性人力资源的利用策略。

3. ACD 【解析】本题考查标准化成就测验的优越性。标准化成就测验的优越性表现在以下三个方面:(1)客观性。在大多数情境下,标准化测验是一种比教师发展出的测验更加客观的测量工具。(2)计划性。专家在编制标准化测验时,已经考虑到所需的时间和经费,因此标准化测验比大部分的课堂测验更有计划性。(3)可比性。标准化测验由于具有统一的参照标准,使得不同考试的分数具有可比性。

4. ABCE 【解析】本题考查个体心理发展的一般规律。心理发展的不平衡性体现在以下两个方面:一方面表现出个体不同系统在发展的速度、发展的起止时间与到达成熟时期的不同进程;另一方面也表现出同一机能特性在发展的不同时期有不同的发展速率。因此,答案选A、B、C、E四项。

5. ADE 【解析】本题考查动机的功能。动机的功能包括:(1)激活功能;(2)指向功能;(3)维持和调节功能(强化功能)。

三、判断题

1. √ 【解析】本题考查影响自我效能感的因素。根据班杜拉的自我效能感理论可知,个人自身行为的成败经验对自我效能感的影响最大。

2. × 【解析】本题考查教育心理学的研究内容。学习过程是教育心理学研究的核心内容,如学习的实质、条件、动机、迁移以及不同种类学习的特点等。故题干说法错误。

3. × 【解析】本题考查定势的作用。定势的作用有两重性:一是积极的促进作用;二是消极的阻碍作用。故题干说法错误。

4. × 【解析】本题考查皮亚杰的认知发展阶段理论。认知发展处于形式运算阶段的儿童,其思维是以命题形式进行的。故题干说法错误。

5. × 【解析】本题考查不同学习理论流派的观点。动物解决问题的过程究竟是"尝试错误"还是"顿悟"?这个问题曾经是20世纪20年代学习理论研究领域争论的焦点问题。桑代克和学习"联结说"的拥护者坚持认为学习是尝试错误的过程;而格式塔心理学家及其拥护者坚决表示学习是顿悟的过程。现在,学习理论家们对这个问题已经有了清楚的认识和明确的回答。其实,不论是尝试错误还是顿悟,都是动物在解决问题的过程中所表现出的两种基本形式。不仅动物解决问题的过程是这样,人类在解决问题和学习新知识的过程中往往也表现出这两种方式。因此,题干中的说法较狭义。

四、简答题(参考答案)

1. 简述学习策略的特征。

学习策略的特征有:(1)主动性;(2)有效性;(3)过程性;(4)程序性。

2. 简述教育心理学的作用。

教育心理学的作用表现在以下几个方面:(1)帮助教师准确地了解问题;(2)为实际教学提供科学的理论指导;(3)帮助教师预测并干预学生;(4)帮助教师结合实际教学进行研究。

3. 简述教师成长与发展的基本途径。

教师成长与发展的基本途径主要有两个方面:一是通过师范教育培养新教师作为教师队伍的补充;二是通过实践训练提高在职教师的素质。主要的成长途径有以下几个方面:(1)观摩和分析优秀教师的教学活动。(2)开展微格教学。(3)进行专门训练。(4)进行教学反思。

4. 简述心智技能培养的基本要求。

心智技能的培养要求有:(1)确立合理的智力活动原型;(2)教师利用示范和讲解,并有效进行分阶段练习;(3)知识影响技能的形成;(4)注重培养学生认真思考的习惯和独立思考的能力。

五、论述题(参考答案)

举例说明如何运用代币奖励法改变儿童的不良行为习惯。

代币是一种象征性强化物,筹码、小红星、特制的塑料币等都可作为代币。当学生做出教师所期待的良好行为后,教师就发给他们数量相当的代币作为强化物,学生用代币可以兑换有实际价值的奖励物或活动。

例如,某老师使用特制的筹码作为代币来改变儿童的不良行为习惯,当儿童在一节课中表现良好时,即没有出现走神、发呆、做小动作、说小话等行为时,老师就奖励其一枚筹码,当集齐10枚筹码时,可以奖励集齐筹码的儿童看一集自己喜欢的动画片,以此来改变儿童在课堂上的不良行为习惯。

(考生可结合其它例子进行说明,言之有理即可)

第三部分 教育技术学

一、单项选择题

1. B 【解析】本题考查教育技术学中05定义研究对象的概念。AECT在2005年发布了关于教育技术的新定义,将原来的"学习过程和学习资源"变换为"用来促进学习和提高绩效的、并有合适技术(支持)的过程和资源"。

2. A 【解析】本题考查教学策略的选择方式。教学策略的选择方式包括预设性和生成性。

二、多项选择题

1. ACD 【解析】本题考查教育技术应用于解决教学问题的基本指导思想。美国学者把教育技术应用于解决教学问题的基本指导思想概括为:以学习者为中心、依靠资源和运用系统方法三个概念的整合应用。

2. AB 【解析】本题考查戴尔的"经验之塔"理论。在"经验之塔"理论,戴尔把人们获取知识的经验分为三类:做的经验、观察的经验、抽象的经验。其中获取观察的经验的方法包括:(1)观摩示范;(2)见习、旅行;(3)参观展览;(4)电影和电视;(5)广播、录音、照片、幻灯。言语符号和视觉符号是获取抽象的经验的方法。所以A、B项正确。

3. ABCDE 【解析】本题考查信息化教学资源的特点。信息化教学资源具有以下特点:(1)存储与传播的数字化,即环境的虚拟性。(2)教学资源的丰富性,即资源的全面性。(3)教学资源的开放性,即资源的全球性。(4)教学资源的可扩展性,即学习的自主性。(5)教学资源的再生性。(6)教学资源使用的灵活性。(7)师生在学习活动中的交互性。故答案选择A、B、C、D、E五项。

三、填空题

1. 相互独立、相互渗透　　2. 跨时空整合

3. 课堂　　4. "经验之塔"理论

四、简答题(参考答案)

1. 简述传播理论对教学活动的指导意义。

(1)揭示了教学传播过程所涉及的要素;(2)揭示了教学传播过程的基本阶段;(3)揭示了教学传播系统的教育功能实现机制。

2. 简述交互式电子白板的应用趋势。

(1)平板式电子白板将大规模出现;(2)多点触摸技术将成为白板的主流应用技术;(3)光电定位技术可能引发电子白板革命性风暴;(4)无线外设产品将得到广泛应用。

3. 简述信息化教学设计应遵循的基本原则。

信息化教学设计的基本原则为以下几点:(1)以学为中心;(2)充分利用各种信息资源来支持学生学习;(3)以"任

务驱动”和“问题解决”作为学习和研究活动的主线，在相关的有具体意义的情境中确定和教授学习策略与技能；(4)强调“协作学习”；(5)强调针对学习过程和学习资源的评价。

4.“课程本位的信息技术整合观”需要注意哪些问题？

(1)要运用先进的教育理论(特别是建构主义理论)来指导“整合”；(2)要紧紧围绕“主导—主体型”教学结构的创建来进行整合；(3)要运用“学教并重”的教学设计理论、方法进行“整合”课的教学设计；(4)要重视各学科的教学资源建设和信息化学习工具的搜集与开发，这是实现课程整合的必要前提；(5)要结合不同学科特点探索能支持新型教学结构的教学模式。

五、论述题(参考答案)

试述在“直播+线下课堂”的混合式学习中，教师应如何提高学生的学习积极性？

(1)教师应做好组织与引导。教师掌握理论知识是基础，而能够掌握一些技术方面的知识，不仅可以使教学过程推进得比较顺利，而且可以增强学生对教师的认可度。

(2)必须选择合适的课程内容。课程必须有比较多的资源、难度适合，且课程内容适应网络学习方式。

(3)加强学习环境的软、硬件建设，为学生的学习提供良好的学习环境。①良好的硬件设施是学习积极性的基础；②完善的软件建设是学习积极性的保障。

(4)针对内部因素，提高学生的学习积极性。必须加强课堂纪律，严格考勤制度，加强校风校纪建设，建立完善的激励机制等，促进良好学风的形成，从而引导学生，激发学习的积极性。

2020年海南省特岗教师招聘考试真题试卷(精编)(四十六)

一、单项选择题

1. B 【解析】本题考查教师劳动的特点。教师劳动任务的综合性表现在：(1)教师需要同时完成培养学生多方面发展的任务；(2)每一学科的教师都有责任和义务关注和指导学生身心的和谐发展；(3)教师要善于协调来自家庭、社会等方面的教育影响，以指导学生良好发展。陶行知的这句话说明教师要具备多方面的素质，具备多种技能。这体现了教师职业劳动的综合性。

2. C 【解析】本题考查《中华人民共和国教育法》。《中华人民共和国教育法》第二章“教育基本制度”对我国实施的各项教育基本制度做出了明确规定。我国教育基本制度包括：(1)学校教育制度；(2)义务教育制度；(3)职业教育和继续教育制度；(4)国家教育考试制度；(5)学业证书制度和学位制度；(6)扫除文盲的教育制度；(7)教育督导制度和教育评估制度。

3. C 【解析】本题考查常见的社会知觉偏差。晕轮效应指当我们认为某人具有某种特征时，就会对他的其他特征做相似判断。“情人眼里出西施”“一俊遮百丑”描述的都是因某方面的优点而对个体其他方面做出相似的判断，故属于晕轮效应。

4. C 【解析】本题考查课程设计的概念。课程设计是有目的、有计划地产生课程计划、课程标准以及教科书等的系统化活动。它是将课程理念转化为课程实践活动的“桥梁”。

5. C 【解析】本题考查思维的分类。根据思维所凭借的对象，思维可划分为动作思维(直观动作思维)、形象思维(具体形象思维)和抽象思维(抽象逻辑思维)。其中，抽象思维是指人们面对理论性的任务，运用概念、理论知识来解决问题时的思维。题干所述为抽象逻辑思维的概念。

6. A 【解析】本题考查教学评价的类型。相对性评价又称为常模参照性评价，是运用常模参照性测验对学生的学习成绩进行的评价，它主要依据学生个人的学习成绩在该班学生成绩序列或常模中所处的位置来评价和决定他的成绩的优劣，而不考虑是否达到教学目标的要求。相对性评价具有甄选性强的特点，因而可以作为选拔人才、分类排队的依据。义务教育学校教师公开招聘考试就是根据学生的考试成绩从高到低进行排名，划定分数线，择优录取。这种评价属于相对性评价。

7. D 【解析】本题考查心理的实质。社会生活实践是人的心理发生、发展的根源。人的心理基础是社会实践，没有社会实践，人的心理就不会发展，甚至不能产生。很多例子证明，人在儿童期如果没有机会与文明的社会生活相接触，大脑得不到适当的刺激，其心理发展就会陷于停滞。“狼孩”卡玛拉就是典型的例子。西方心理学家曾做了不少环境剥夺、感觉剥夺、情感剥夺的实验，实验证明：人的心理的产生、发展离不开社会环境的刺激和影响。因此，狼孩卡玛拉出现心理障碍的主要原因是缺乏社会性刺激。

8. A 【解析】本题考查《关于深化教育教学改革全面提高义务教育质量的意见》。《关于深化教育教学改革全面提高义务教育质量的意见》中提出，坚持“五育”并举，全面发展素质教育。其具体措施包括：突出德育实效；提升智育水平；强化体育锻炼；增强美育熏陶；加强劳动教育。

9. B 【解析】本题考查记忆的分类。根据记忆的内容和经验的对象的不同，可将记忆分为形象记忆、情景记忆、语义记忆、情绪记忆和动作记忆。动作记忆是以做过的运动或动作为内容的记忆，又称运动记忆。情绪记忆是个体以曾经体验过的情绪或情感为内容的记忆。语义记忆又称语词逻辑记忆，是以语词所概括的事物的关系以及事物本身的意义和性质为内容的记忆。题干中小明今年看到自行车就感觉到害怕、紧张，这是对去年摔成重伤的情绪记忆。

10. A 【解析】本题考查班杜拉对强化的重新解释。班杜拉认为，直接强化是指观察者因表现出观察行为而受到强化；替代强化是指观察者因看到榜样的行为被强化而受到强化；自我强化是指对自己表现出的符合或超出标准的行为进行自我奖励。题干中小华看到同桌助人为乐的行为被班主任表扬(受到强化)而去助人为乐，这属于替代强化。

11. D 【解析】本题考查人本主义取向的课堂管理模式。人本主义取向的课堂管理者认为，学生有自己的决策能力，他们可以对控制自己的行为负主要责任。典型的人本主义取向的课堂管理模式有格拉塞模式和基诺特模式。其中，格拉塞模式的观点是，人有两种基本需要，即爱和被爱的需要、期望自己的价值得到自己和他人认可的需要，这些需要若得不到满足，就会感到焦虑、自责、愤怒，就会变得逃避和不负责任，从而导致行为问题。因此，董老师的做法体现了人本主义取向的课堂管理模式。

12. D 【解析】本题考查埃里克森的人格发展阶段论。根据埃里克森的人格发展阶段论，处于自我同一性对角色混乱(12～18岁)阶段的个体的发展任务是培养自我同一性。自我同一性是指个体组织自己的动机、能力、信仰及活动经验而形成的有关自我的一致性形象，也是一种关于自己是谁，在社会中占什么样的地位，将来准备成为什么样的人，以及怎样努力成为理想中的人的一系列感觉。由于这个年龄阶段的个体正处于身心迅速发展和接近成熟的时期，他们对周围世界开始有了自己的评价和判断，自我意识增强，情感更加丰富，但他们又缺乏对世界的实际了解，缺乏自立能力，思想、情感常处于一种冲突和混乱之中。如何形成自我同一性，克服自我角色的混乱是这一时期所面临的任务。因此题干中的小孙的主要发展任务是建立自我同一性。

13. D 【解析】本题考查教学原则。理论联系实际原则是指教师在教学中，应使学生从理论与实际的结合中来理解和掌握知识，并引导他们运用新获得的知识去解决各种实际问题，培养他们分析问题和解决问题的能力。贯彻理论联系实际原则要求教师在传授知识的过程中注重联系实际，补充必要的乡土教材。题干所述符合理论联系实际原则的贯彻要求。

14. B 【解析】本题考查卡特尔的智力形态论。美国心理学家卡特尔根据因素分析结果，按心智功能上的差异，将人的智力分为流体智力和晶体智力两种不同的形态。流体智力以生理为基础，受先天遗传因素的影响较大。一般人在20岁以后，流体智力的发展达到顶峰，30岁以后随着年龄的增长而降低。故A项说法正确，B项说法错误。晶体智力以学得的经验为基础，受后天经验的影响较大。故C项说法正确。晶体智力的一部分是由教育和经验决定的，另一部分则是早期流体智力发展的结果。晶体智力在人的一生中都在增长，因为它包括了习得的知识和技能，例如词汇、一般信息和审美问题等。D项说法正确。

15. A 【解析】本题考查思维的种类。发散思维，也叫求异思维、分散思维、辐射思维，是指人们解决问题时，思路朝各种可能的方向扩散，从而求得多种答案。题干中强调学生解答问题时“一题多解”“探求多种答案”，因此其运用的思维方式是发散思维。

16～30. 缺

二、判断题

31. × 【解析】本题考查最近发展区理论的提出者。在教学与发展的关系上，维果斯基提出了三个重要的问题：一个是最近发展区思想；一个是教学应当走在发展的前面；一个是关于学习的最佳期限问题。题干说法错误。

32. √ 【解析】本题考查教师劳动创造性的表现。教师劳动的创造性主要表现在三个方面：(1)因材施教；(2)教学方法上的不断更新；(3)教师需要“教育机智”。所以，题干表述正确。

33. × 【解析】本题考查综合实践活动的内容。《基础教育课程改革纲要(试行)》规定，从小学至高中设置综合实践活动并作为必修课程，其内容主要包括：信息技术教育、研究性学习、社区服务与社会实践、劳动与技术教育。题干中的“选修课程”说法错误。

34. × 【解析】本题考查《中华人民共和国未成年人保护法》(2012年修正)。《中华人民共和国未成年人保护法》(2012年修正)第三十九条规定,任何组织或者个人不得披露未成年人的个人隐私。对未成年人的信件、日记、电子邮件,任何组织或者个人不得隐匿、毁弃;除因追查犯罪的需要,由公安机关或者人民检察院依法进行检查,或者对无行为能力的未成年人的信件、日记、电子邮件由其父母或者其他监护人代为开拆、查阅外,任何组织或者个人不得开拆、查阅。题干中的说法错误。

35. √ 【解析】本题考查教育制度的发展历史。非制度化教育所推崇的理想是:“教育不应再限于学校的围墙之内。”题干说法正确。

36. × 【解析】本题考查定势的作用。所谓定势就是指由先前影响所形成的往往不被意识到的心理准备状态,它将支配人以同样的方式去对待同类后继活动。定势的作用有两重性:一是积极的促进作用;二是消极的阻碍作用。题干说法错误。

37. √ 【解析】本题考查德育方法的运用。实际锻炼法(实践锻炼法)是有目的地组织学生参加各种实践活动,使其在活动中锻炼思想,增长才干,培养优良的思想和行为习惯的德育方法。研学旅行是由教育部门和学校有计划地组织安排,通过集体旅行、集中食宿方式开展的研究性学习和旅行体验相结合的校外教育活动,是学校教育和校外教育衔接的创新形式,是综合实践育人的有效途径。研学旅行采用的德育方法是实际锻炼法(实践锻炼法)。

38. √ 【解析】本题考查说教材的内涵。说课内容极为丰富,其基本和主要的内容可概括为说教材、说教法、说学法、说教学程序设计、说效果几个方面。其中,说教材是说课最基本的内容,即围绕“教什么”的问题展开的教研活动。

39. × 【解析】本题考查新课改提倡的学习方式。新课改提倡三大学习方式:自主学习、探究学习和合作学习。接受学习是传统教学所提倡的学习方式。

40. × 【解析】本题考查影响个体身心发展的因素。在影响个体身心发展的因素中,遗传素质是人的身心发展的前提,为人的发展提供了可能性,但不能决定人的发展;个体的主观能动性是促进个体发展从潜在的可能状态转向现实状态的决定性因素。

三、多项选择题

41. ABD 【解析】本题考查现代学生观。现代学生观认为学生是具有独立意义的人,其基本含义包括:(1)每个学生都是独立于教师的头脑之外,不以教师的意志为转移的客观存在;(2)学生是学习的主体;(3)学生是责权主体。C项属于“学生是独特的人”的基本含义。

42. ABCD 【解析】本题考查《中华人民共和国教育法》。《中华人民共和国教育法》第二章“教育基本制度”对我国实施的各项教育基本制度做出了明确规定。我国教育基本制度包括:(1)学校教育制度;(2)义务教育制度;(3)职业教育和继续教育制度;(4)国家教育考试制度;(5)学业证书制度和学位制度;(6)扫除文盲的教育制度;(7)教育督导制度和教育评估制度。

43. ABD 【解析】本题考查《国家中长期教育改革和发展规划纲要(2010~2020年)》。《国家中长期教育改革和发展规划纲要(2010~2020年)》在“推进义务教育均衡发展”中指出,切实缩小校际差距,着力解决择校问题。加快薄弱学校改造,着力提高师资水平。D项正确。加快缩小城乡差距。建立城乡一体化义务教育发展机制,在财政拨款、学校建设、教师配置等方面向农村倾斜。率先在县(区)域内实现城乡均衡发展,逐步在更大范围内推进。A项正确。努力缩小区域差距。加大对革命老区、民族地区、边疆地区、贫困地区义务教育的转移支付力度。鼓励发达地区支援欠发达地区。B项正确。C项“促进农科教结合”属于“加快发展面向农村的职业教育”的具体措施。

44. ABC 【解析】本题考查迁移的种类。根据迁移的性质和结果,可将迁移分为正迁移、负迁移和零迁移。正迁移也叫“助长性迁移”,是指一种学习对另一种学习的促进作用。负迁移也叫“抑制性迁移”,是指一种学习对另一种学习产生阻碍作用。ABC三项都能体现一种学习对另一种学习的促进作用。D项,学习汉语拼音的发音会对学习英语字母的发音产生阻碍作用,故属于负迁移。

45. ABCD 【解析】本题考查劳动技术教育的内容。劳动技术教育是全面发展教育的一个有机组成部分。劳动技术教育的内容主要包括:自我服务性的劳动技术、手工艺性的劳动技术、工农业生产性的劳动技术、社会服务性的劳动技术。选项均属于劳动技术教育的内容。(具体内容参见柳海民主编的《教育学》)

46. AB 【解析】本题考查系列位置效应。系列位置效应就是指接近开头和末尾的记忆材料的记忆效果好于中间部分的记忆效果的趋势。开头部分和结尾部分的记忆效果较好,分别称为首因效应和近因效应,而效果较差的中间部分被称为渐近部分。其原因是:课文的开始部分只受倒摄抑制的影响,不受前摄抑制的影响;结尾部分只受前摄抑制的影响,不受倒摄抑制的影响;中间部分则受两种抑制的影响,因而最容易遗忘。因此AB两项符合题意。

47. ABC 【解析】本题考查《中小学教师职业道德规范》(2008年修订)。2008年修订的《中小学教师职业道德规范》的基本内容有六条,即爱国守法、爱岗敬业、关爱学生、教书育人、为人师表、终身学习。D项属于教书育人的具体职业行为要求,不选。

48. ABCD 【解析】本题考查班级授课制的主要特征。班级授课制的特征主要有:(1)学生固定;(2)教师固定;(3)内容固定;(4)时间固定;(5)场所固定。(具体内容参见李秉德主编的《教学论》)

49. BD 【解析】本题考查德育方法中的榜样示范法。榜样示范法是用榜样人物的优秀品德来影响学生的思想、情感和行为的德育方法。B项的意思是:桃树、李树有芬芳的花朵、甜美的果实,虽然它们不会说话,但仍然能吸引许多人到树下赏花尝果,以至于树下走出一条小路来。这强调的是人们看到甜美的桃子和李子而受到教育,即以桃子和李子作为榜样,故体现的德育方法是榜样示范法。D项的意思是:自身品行端正了,即使不发布命令,老百姓也会去实行;若自身品行不端正,即使发布命令,老百姓也不会服从。这说明教师要以自身为榜样来教育学生,体现的德育方法是榜样示范法。BD项符合题意,当选。AC项体现了陶冶教育法。

50. BCD 【解析】本题考查校本课程开发。校本课程应该完全是学校教师开发和选用的课程方案或指南,而不能是学生人手一本的教材,所以校本课程开发并不是必须开发出相关的书面教材。A项说法错误。

2020年吉林省特岗教师招聘考试真题试卷(四十七)

一、判断题

1. √ 【解析】本题考查《中华人民共和国教师法》。根据《中华人民共和国教师法》第二十五条规定,教师的平均工资水平应当不低于或者高于国家公务员的平均工资水平,并逐步提高。

2. × 【解析】本题考查教育的功能。教育的功能按作用的方向可分为正向功能和负向功能。正向功能是指教育有助于社会进步和个体发展的积极影响和作用;负向功能是指教育阻碍社会进步和个体发展的消极影响和作用。对任何社会、任何时期的教育来说,正向和负向的功能都是存在的,只不过比重不同,多数时期的教育以正向功能为主。故本题说法错误。

3. × 【解析】本题考查教育的基本要素。狭义的教育者指从事学校教育活动的人。其中,教师是学校教育者的主体,是直接的教育者,在整个教育过程中起主导作用,是学生身心发展的主要影响源。受教育者,既包括在校学习的学生,也包括各种形式成人教育中的学习者。受教育者是教育的对象及学习的主体。故本题所述学生在教育教学活动中起主导作用的说法是错误的。

4. √ 【解析】本题考查《中华人民共和国义务教育法》。根据《中华人民共和国义务教育法》第三十八条规定,教科书根据国家教育方针和课程标准编写,内容力求精简,精选必备的基础知识、基本技能,经济实用,保证质量。

5. √ 【解析】本题考查定势对问题解决的作用。定势(即心向)是指重复先前的操作所引起的一种心理准备状态。在定势的影响下,人们会以某种习惯的方式对刺激情境做出反应。定势对解决问题有积极作用,也有消极作用。故题干说法正确。

6. × 【解析】本题考查耶克斯—多德森定律。对一项具体的学习活动而言,学习动机与学习效果的关系并不是那么简单。只有当学习动机的强度处于最佳水平时,才能产生最好的学习效果。“耶克斯—多德森定律”表明,动机不足或过分强烈都会影响学习效果。故题干说法错误。

7. √ 【解析】本题考查负迁移。负迁移也叫“抑制性迁移”,是指一种学习对另一种学习产生阻碍作用。题干中强调汉语拼音对英文字母发音的抑制作用,这属于负迁移。故题干说法正确。

8. × 【解析】本题考查强化的分类。负强化也称消极强化,是通过消除或中止厌恶、不愉快刺激来增强反应频率。正强化也称积极强化,是通过呈现想要的愉快刺激来增强反应频率。题干中强调给予愉快刺激,故题干所述属于正强化。

9. × 【解析】本题考查消极情绪的影响。消极情绪是指生活事件对人的心理所造成的负面影响,如痛苦、悲伤、愤怒和恐惧等。适度的消极情绪有时是有益的。如在适度的焦虑情绪下,大脑和神经系统的张力增加,思考能力亢进,反应速度加快,因而能提高工作效率和学习效果。

10. × 【解析】本题考查改善学生的认知方法。系统脱敏是指当某些人对某事物、某环境产生敏感反应(害怕、焦虑、不安)时,我们可以在当事人身上发展起一种不相容的反应,使其对本来可引起敏感反应的事物,不再发生敏感反应。理性—情绪疗法又称合理情绪疗法,是20世纪50年代由艾利斯在美国创立,它是认知疗法的一种,因其采用了行为治疗的一些方法,故又被称为认知行为疗法。艾利斯认为,人的情绪是由他的思想决定的,合理的观念导致健康的情绪,不合理的观念导致负向的、不稳定的情绪。通过改变不合理信念调整自己的认知,是维护心理健康的重要途径。根据题干中的关键词"不合理观念"可知,这种方法属于理性—情绪疗法。故题干说法错误。

二、单项选择题

11. C 【解析】本题考查教育家及其著作。赫尔巴特是近代德国著名的心理学家和教育学家,在世界教育史上被认为是"现代教育学之父"或"科学教育学的奠基人"。他的《普通教育学》的出版(1806年)标志着规范教育学的建立,同时,这本书也被认为是第一本现代教育学著作。

12. D 【解析】本题考查三级课程管理制度。2001年颁布的《基础教育课程改革纲要(试行)》明确规定实行国家、地方和学校三级课程管理体制。

13. A 【解析】本题考查综合实践活动。《中小学综合实践活动课程指导纲要》中指出综合实践活动是国家义务教育和普通高中课程方案规定的必修课程,与学科课程并列设置,是基础教育课程体系的重要组成部分。该课程由地方统筹管理和指导,具体内容以学校开发为主,自小学一年级至高中三年级全面实施。

14. D 【解析】本题考查教育的本质属性。教育是人类社会特有的活动,动物界不存在教育。社会性和意识性是人的教育活动和动物的"教育"活动的本质区别。动物界的某些行为虽与人类社会的教育相类似,但本质不同:(1)动物的活动出于一种本能需要,属于本能活动;(2)动物界没有语言,不具备明确的意识;(3)动物的"教育"以适应环境为指向,人类的教育还要改造环境和发展自己。故D选项说法错误。

15. B 【解析】本题考查我国中小学主要的教学原则。循序渐进原则在西方常称为系统性原则,是指教师要严格按照科学知识的内在逻辑和学生的认知发展规律进行教学,使学生掌握系统的科学文化知识,能力得到充分的发展。

16. C 【解析】本题考查不同感觉的相互作用。一种感觉兼有另一种感觉的心理现象叫联觉。题干中强调白色给人干净清爽的感觉,这种现象属于联觉。A项,感觉对比是同一感受器接受不同的刺激,而使感受性发生变化的现象。B项,感觉的补偿是指某种感觉系统的机能丧失后,由其他感觉系统的机能来弥补。D项,由于刺激对感受器的持续作用而使感受性发生变化的现象叫感觉适应。

17. C 【解析】本题考查注意的品质。注意的分配是指人在进行两种或多种活动时能把注意指向不同对象的现象。生活中大量的"一心二用"现象,如学生在课堂上边听课边记笔记,都属于注意的分配。故本题选C项。A项,注意的广度也称注意的范围,是指在同一时间内,人们能够清楚地知觉出的对象的数目。B项,注意的稳定性,是指注意保持在某一对象或某一活动上的时间长短特性。D项,注意的转移是根据新的任务,主动地把注意从一个对象转移到另一个对象或由一种活动转移到另一种活动的现象。

18. B 【解析】本题考查短时记忆的容量。短时记忆的容量一般是7±2组块,即5~9个项目,平均值为7。故本题选B项。

19. A 【解析】本题考查学习策略的种类。精加工策略是指把新信息与头脑中的旧信息联系起来从而增加新信息意义的深层加工策略。其中,做笔记策略是使用较为普遍的精加工策略。故本题选A项。B项,组织策略是指将经过精加工提炼出来的知识点加以构造,形成更高水平的知识结构的信息加工策略。C项,资源管理策略是辅助学习者管理可用环境和资源的策略。D项,学习的元认知策略是指个体为实现最佳的认知效果而对自己的认知活动所进行的调节和控制。

20. D 【解析】本题考查布鲁纳的认知—发现学习理论。布鲁纳认为,学习的实质在于主动形成认知结构。故本题选D项。

三、简答题(参考答案)

21. 课程开发的主要影响因素有哪些?

课程是随着社会的发展而演变的,它反映了一定社会的政治、经济要求,受一定社会生产力、科学文化发展水平以及受教育者身心发展规律和特点的制约。因此,儿童、社会、学科特征便构成了影响课程开发的三大因素。

22. 早期的学习迁移理论主要有哪几种?

早期的学习迁移理论包括形式训练说、相同要素说、概括化理论和关系理论四种。

四、论述题(参考答案)

23. 论述生产力发展水平对教育发展的作用。

(1)生产力的发展水平制约着教育发展的规模和速度。教育发展的规模与速度,取决于生产力发展所提供的物质条件和生产力发展对教育事业所提出的要求。

(2)生产力的发展水平制约着教育结构的变化。教育结构是指各级各类学校的比例关系和衔接方式,以及不同性质专业之间的比例构成。生产力的发展促使经济结构产生各种变化,从而也决定了教育结构的变化。

(3)生产力发展水平制约着教育的内容、方法与手段。传播和继承人类已有的生产生活经验是教育活动最初的价值取向,由此决定了生产力的发展水平必然制约着教育内容的选择。生产力的发展促进了科学技术的发展与更新,从而也要求教育内容不断调整与更新。同时,生产力的提高也在不断地促进教学方法、手段、组织形式的更新与发展。

(4)生产力发展水平制约着学校的专业设置。学校的专业设置及结构调整,必须依据人才市场所需要的专门人才的规格及数量而进行,即学校的专业设置受制于社会生产力发展状况。

(5)教育相对独立于生产力的发展水平。虽然受生产力发展水平的制约,但教育与生产力的发展并非完全同步。一方面,在一定时期内,如果人们的思想意识落后于生产力,教育思想、内容、手段等将会落后于生产力的发展;另一方面,当生产力处于较低水平时,受到文化交流、社会转型或者传统的影响,教育的思想、方法可能超越生产力的发展水平。

但我们也要认识到,教育相对独立于生产力的发展水平并不是说教育的发展可以脱离生产力的发展,教育归根结底还是要受生产力发展水平的制约。如果教育的发展脱离了生产力的制约,盲目发展,必然会带来问题。

五、案例分析题(参考答案)

24. 材料中"我"的教育行为违背了关爱学生、为人师表的教师职业道德规范,但能进行反思,体现了终身学习的师德规范。

(1)关爱学生的师德规范要求教师关心爱护全体学生,尊重学生人格,平等公正对待学生。关爱学生的关键是做到对学生平等公正。平等,是师生之间的平等、生生之间的平等;公正,是将关爱给每一个学生,不论这些学生的发展状况如何、社会背景和家庭背景如何。材料中"我"批评学生迟到的同时自己也迟到,为做到师生之间的平等,违背了关爱学生的师德规范。

(2)为人师表的师德规范要求教师要做到严于律己,以身作则。教师在职业活动中对自己要严格要求,要以自己的行为作为他人,特别是学生的楷模。材料中"我"在教育教学活动中没有对自己严格要求,未做到严于律己,以身作则,"我"在日常教学活动中的行为给学生造成了不良影响,违背了为人师表的师德规范。

(3)终身学习是时代发展的要求,也是由教师职业特点所决定的。教师必须树立终身学习的理念,才能不断提高专业素养和教学水平。教师终身学习应涉及教师职业道德修养的养成、教师教育科研能力的发展、教师反思能力的培养以及现代信息技术的掌握。材料中"我"感到,教师的一举一动都要十分审慎,不容有丝毫的懈怠。体现了对自身教育行为的反思,是终身学习师德规范的表现。

2020年湖北省义务教育学校教师公开招聘考试综合知识真题试卷(四十八)

一、单项选择题

1. C 【解析】本题考查时政。2020年1月1日,习近平总书记在新年贺词中指出:"2020年是具有里程碑意义的一年。我们将全面建成小康社会,实现第一个百年奋斗目标。2020年也是脱贫攻坚决战决胜之年。冲锋号已经吹响。我们要万众一心加油干,越是艰险越向前,把短板补得再扎实一些,把基础打得再牢靠一些,坚决打赢脱贫攻坚战,如期实现现行标准下农村贫困人口全部脱贫、贫困县全部摘帽。"故选C。

2. A 【解析】本题考查时政。为支持全面打赢防疫阻击战,服务全国近1.8亿中小学生居家学习使用,经过紧密筹备,教育部整合国家、有关省市和学校优质教学资源,国家中小学网络云平台于2020年2月17日正式开通,免费供各地自主选择使用。故选A。

3. A 【解析】本题考查时政。2020年2月11日,世界卫生组织总干事谭德塞在瑞士日内瓦宣布,将正在肆虐全球的新型冠状病毒感染的肺炎命名为"COVID-19"。故选A。

4. C 【解析】本题考查2008年修订的《中小学教师职业道德规范》。2008年修订的《中小学教师职业道德规范》中

"关爱学生"方面所规定的具体职业行为要求有:(1)关心爱护全体学生,尊重学生人格,平等公正对待学生;(2)对学生严慈相济,做学生的良师益友;(3)保护学生安全,关心学生健康,维护学生权益;(4)不讽刺、挖苦、歧视学生,不体罚或变相体罚学生。故题干所述体现的是"关爱学生"的道德规范要求。

5. B 【解析】本题考查常用的教学方法。讨论法是全班或小组成员在教师的指导下,围绕某一中心问题发表自己的看法和见解,从而进行相互学习的一种方法。讨论法的优点在于通过对所学内容的讨论,学生之间可以集思广益,互相启发,加深理解,提高认识;同时还可以激发学生的学习热情,培养学生对问题的钻研精神并训练学生的语言表达能力。故选B项。

6. A 【解析】本题考查《中华人民共和国义务教育法》规定的儿童入学年龄。《中华人民共和国义务教育法》第十一条规定,凡年满六周岁的儿童,其父母或者其他法定监护人应当送其入学接受并完成义务教育;条件不具备的地区的儿童,可以推迟到七周岁。

7. B 【解析】本题考查有关教育目的确立的理论。"君子欲化民成俗,其必由学乎"意为君子如果要教化人民,形成良好的风俗习惯,一定要从教育入手。"古之王者,建国君民,教学为先"意为古代的君王建立国家,治理民众,都把教育当作首要的事情。这两句话都强调教育的目的是为社会培养合格的成员和公民,使受教育者社会化。教育以社会的稳定和发展为最高宗旨。故体现了社会本位的教育目的观。

8. B 【解析】本题考查教师的成长阶段。福勒和布朗根据教师的需要和不同时期所关注的焦点问题,把教师的成长划分为关注生存、关注情境和关注学生三个阶段。处于关注情境阶段的教师关心的是如何教好每一堂课,以及班级大小、时间压力和备课材料是否充分等与教学情境有关的问题,如"内容是否充分得当""如何呈现教学信息""如何掌握教学时间"等。

9. B 【解析】本题考查强化的类型。强化有正强化和负强化之分。正强化也称积极强化,是通过呈现想要的愉快刺激来增强反应频率;负强化也称消极强化,是通过消除或中止厌恶、不愉快刺激来增强反应频率。题干中老师采用的方式属于负强化。

10. A 【解析】本题考查受理教师申诉的机构。《中华人民共和国教师法》第三十九条规定,教师对学校或者其他教育机构侵犯其合法权益的,或者对学校或者其他教育机构作出的处理不服的,可以向教育行政部门提出申诉,教育行政部门应当在接到申诉的三十日内,作出处理。故选A项。

11. A 【解析】本题考查班集体的培养。马卡连柯的话强调在教育过程中要重视集体里的舆论力量。在班集体的培养过程中,班主任应注意培养正确的班集体舆论。正确的班集体舆论是一种巨大的教育力量,对班集体每个成员都有约束、激励的作用,是教育集体成员的重要手段。因此,在教育过程中要充分发挥班集体的教育功能,使之成为真正的教育力量。

12. D 【解析】本题考查我国《预防未成年人犯罪法》的内容。《中华人民共和国预防未成年人犯罪法》第十六条规定,收留夜不归宿的未成年人的,应当征得其父母或者其他监护人的同意,或者在二十四小时内及时通知其父母或者其他监护人、所在学校或者及时向公安机关报告。故D项说法不正确。

13. D 【解析】本题考查特别行政区制度。中华人民共和国全国人民代表大会授权香港、澳门特别行政区依照法律规定实行高度自治,享有行政管理权、立法权、独立的司法权和终审权,A项正确。香港、澳门特别行政区为单独的关税地区,可以以自己的名义与别国签订双边经济、贸易等协定,B项正确。香港、澳门特别行政区拥有自己单独的财税制度、货币发行体系和金融政策决定权,C项正确。香港、澳门特别行政区保持财政独立,其财政收入全部用于自身需要,自行支配,不上缴中央人民政府,中央人民政府不在香港、澳门特别行政区征税,D项错误。本题为选非题,故选D。

14. B 【解析】本题考查认知策略的类型。精加工策略是指把新信息与头脑中的旧信息联系起来从而增加新信息意义的深层加工策略。它常被描述成一种理解记忆的策略,其要旨在于建立信息间的联系。题干所述属于精加工策略中的记忆术。

15. B 【解析】本题考查赫尔巴特在教育学发展过程中的地位。赫尔巴特是康德哲学教席的继承者,近代德国著名的心理学家和教育学家,在世界教育史上被认为是"现代教育学之父"或"科学教育学的奠基人"。

16. B 【解析】本题考查文学知识。"投笔从戎"出自《后汉书·班超传》,讲的是班超不甘于为官府抄写文书而弃笔从军的故事。本题为选非题,故选B。

17. A 【解析】本题考查我国《义务教育法》的内容。《中华人民共和国义务教育法》第二十七条规定,对违反学校管理制度的学生,学校应当予以批评教育,不得开除。九年级的王同学还处于接受义务教育的阶段,学校不可以采取的措施是开除学籍。

18. B 【解析】本题考查卢梭的教育思想。卢梭提出了"自然后果"法,所谓"自然后果"法即杜绝常规的教育模式,让儿童自己通过亲身体验自己错误行为所产生的不良后果,从中受到教育并改正错误。题干所述为卢梭的教育思想,故选B项。

19. A 【解析】本题考查教师的权利。根据《中华人民共和国教师法》第七条规定,教师享有按时获取工资报酬,享受国家规定的福利待遇以及寒暑假期的带薪休假的权利。教育行政部门组织教师暑假参加培训,占用了教师的休息时间,侵犯了教师的权利。故选A项。

20. D 【解析】本题考查我国古代医学成就。明朝医药学家李时珍编著的《本草纲目》,分类科学严密,包含药物数目众多,文笔流畅生动,被誉为"东方医药巨典"。唐朝孙思邈所著的《千金方》被誉为"中国最早的临床百科全书"。《神农本草经》大约成书于汉代,是已知最早的中药学著作。《伤寒杂病论》是东汉末年张仲景所著的一部以论述传染病与内科杂病为主要内容的医学典籍。故选D。

21. C 【解析】本题考查美育。近代史上第一个把美育概念引入中国并对美育的性质和地位进行深入研究的是王国维。故选C项。

22. C 【解析】本题考查终结性评价。总结性评价也称为终结性评价,是在一个大的学习阶段、一个学期或一门课程结束时对学生学习结果的评价。故题干所述为终结性评价。

23. B 【解析】本题考查绝对性评价。绝对性评价又称为目标参照性评价,是运用目标参照性测验对学生的学习成绩进行的评价,它主要依据教学目标和教材编制试题来测量学生的学业成绩,判断学生是否达到了教学目标的要求,而不以评定学生之间的差异为目的。绝对评价只考虑评价对象应该达到的水平,而不受评价对象在其特定整体中位置的影响。故选B项。

24. C 【解析】本题考查常用的德育方法。榜样示范法是用榜样人物的优秀品德来影响学生的思想、情感和行为的德育方法。王老师鼓励全班学生学习李明同学的优秀品质,运用的是榜样示范法。

25. D 【解析】本题考查教师的义务。根据《中华人民共和国教师法》第八条规定,教师应该履行制止有害于学生的行为或者其他侵犯学生合法权益的行为,批评和抵制有害于学生健康成长的现象的义务。由《中华人民共和国教师法》第七条可知,ABC三项属于教师的权利。

26. D 【解析】本题考查时政。习近平总书记指出:发展产业是实现脱贫的根本之策。要因地制宜,把培育产业作为推动脱贫攻坚的根本出路。发展产业不仅是实现脱贫、稳定脱贫的根本举措,也是确保持续增收、走向富裕的必由之路。

27. A 【解析】本题考查辩证唯物论。"天行有常,不为尧存,不为桀亡"的意思为大自然的运行有其自身规律,这个规律不会因为尧的圣明或者桀的暴虐而改变,体现了规律具有客观性。"天不言而四时行,地不语而百物生"体现了规律是客观的,不以人的意志为转移,A项符合题意。"黑发不知勤学早,白首方悔读书迟"劝勉青少年要珍惜少壮年华,勤奋学习,有所作为,B项不符合题意。"卧看满天云不动,不知云与我俱东"体现了运动与静止的辩证关系,C项不符合题意。"不识庐山真面目,只缘身在此山中"要求观察问题应客观全面,D项不符合题意。故选A。

28. A 【解析】本题考查我国《义务教育法》的内容。根据《中华人民共和国义务教育法》第十一条规定,适龄儿童、少年因身体状况需要延缓入学或者休学的,其父母或者其他法定监护人应当提出申请,由当地乡镇人民政府或者县级人民政府教育行政部门批准。

29. D 【解析】本题考查影响消费的因素。有机蔬菜较高的价格让很多普通消费者望而却步,说明收入是消费的基础和前提,D项正确。价值决定价格,B项错误。AC项材料未体现。故选D。

30. A 【解析】本题考查传统文化学习实践活动中对联的撰写。"素以为绚花逊色,馨而且暖玉生香"形容人的容貌秀媚,不适用于水果店,故选A项。BCD项均对应正确。

31. B 【解析】本题考查基期量。基期量$=\frac{\text{现期量}}{1+\text{增长率}}=\frac{\text{2019年义务教育经费总投入}}{1+\text{增长率}}=\frac{22780}{1+9.12\%}$,故选B。

32. D 【解析】本题考查综合分析。2019年全年经费总投入增长速度为8.74%,小于义务教育经费总投入增长速度9.12%,A项错误。2019年高中阶段教育经费总投入为7730亿元,高于学前教育经费总投入4099亿元,B项错误。2019年全国普通小学生均教育经费总支出较上年增长5.92%,C项错误。2019年全国幼儿园生均教育经费总支出较上年增长11.33%,D项正确。故选D。

33. C 【解析】细节理解题。根据文章第一段最后一句“All in all, the Olympic class ships were marvels of sea engineering, but they seemed cursed to suffer disastrous fates ”可知,这三艘船都是海洋工程的奇迹,但他们似乎被诅咒了,遭受了灾难性的命运。选项A、B文中并未提及,应排除;选项D偷换概念,原文说是海洋工程的奇迹,而并非现代工程的模型,应排除。故选C。

34. D 【解析】细节理解题。根据第六段最后一句“Eventually, she was taken out of service in 1935, ending the era of the luxurious Olympic class ocean liners ”可知,最终,这艘船于1935年停止使用。对比选项后可知,take out of service与D项中retire为同义替换;A和C属于部分原文信息,并非最终结果,不符合题意,故排除;B文中未提及;故选D。

二、材料作文(写作思路)

(1)确定作文主题,本材料作文在要求处直接点明主题:“智慧教育与教师专业发展的关系”。(2)进一步分析材料,材料一和材料二主要说明智慧教育的背景,材料三是实际案例。(3)在明确主题和分析材料的基础上确定文章结构:首先论述智慧教育的背景,接着论述智慧教育的必要性或者优点,紧接着要重点论述作为教师应如何实现自身专业发展以适应智慧教育,最后结尾再次点题。

2020年辽宁省辽阳市特岗教师招聘考试真题试卷(四十九)

一、单项选择题

1. C 【解析】本题考查夸美纽斯的教育思想。夸美纽斯从他的民主主义的“泛智”思想出发,提出了普及教育的思想。“泛智”就是指使所有的人通过接受教育而获得广泛、全面的知识,“把一切事物教给一切人”“一切男女青年都应该进学校”。所以题干所述的教育家是夸美纽斯。

2. D 【解析】本题考查教育目的的本质。教育目的的本质是培养社会所需要的人,它是社会需求的集中反映。

3. C 【解析】本题考查中国近现代教育家。蔡元培是我国近代著名的民主革命家和教育家。他为中华民族的进步和发展,为我国的教育事业,尤其是高等教育事业的改革和发展,做出了重大贡献。毛泽东评价他为“学界泰斗,人世楷模”。

4. A 【解析】本题考查义务教育的特征。就其性质而言,义务教育具有强制性(义务性)、普及性(普遍性、统一性)、免费性(公益性)、公共性(国民性)和基础性。

5. A 【解析】本题考查常用的德育方法。品德评价法是通过对学生品德进行肯定或否定的评价而予以激励或抑制,促使其品德健康形成和发展的德育方法。方式包括奖励、惩罚、评比和操行评定等。采用贴小红花、插小红旗等方式对学生进行鼓励,属于品德评价法。

6. D 【解析】本题考查有意义学习的类型。奥苏贝尔将有意义学习分为:表征学习、概念学习和命题学习。其中,命题学习是有意义学习的最高形式。一般说来,命题可以分为两类:一类是非概括性命题,只表示两个或两个以上的特殊事物之间的关系,如“北京是中国的首都”“上海是中国最大的城市”等。另一类命题是陈述一类事物的本质特征的,这类命题叫概括性命题,如“圆的直径是它的半径的两倍”“三角形的内角和等于180度”等。

7. C 【解析】本题考查不同课程目标所适用的评价方法。情感态度与价值观目标注重考查学生在不同方面的表现,了解学生情感态度状况及变化,采用的主要评价方式有课堂观察、活动记录、课后访谈等。C项适合评价“知识与技能”目标。

8. B 【解析】本题考查教师劳动的特点。长期性指人才培养的周期比较长,教育的影响具有迟效性。教师劳动的成效并不是一时就可以检验出来的,而是需要教师付出长期的大量的劳动才能看到结果、得到验证,教师的某些影响对学生终身都会发生作用。加缪获得诺贝尔奖后对小学老师的感谢表明了教师劳动的长期性。

9. B 【解析】本题考查量力性原则的体现。量力性原则是指教学的内容、方法、分量和进度要适合学生的身心发展,使他们能够接受,但又要有一定的难度,需要他们经过努力才能掌握,以促进学生的身心发展。B项大意为:如果老师开导了,学生还是不懂,那么暂时放弃开导,也是可以的。这在一定程度上表明教学的内容、方法、分量和进度要适合学生的身心发展,使他们能够接受。这符合量力性原则的内涵。故选B项。A项体现的是巩固性原则,C项体现的是循序渐进原则,D项体现的是启发性原则。

10. D 【解析】本题考查韦纳的成败归因理论。一般来说,如把学习成败归因于努力程度,对学习动机的激励作用最大,把学习成功归因于能力则可加强自信心。

11. B 【解析】本题考查常用的教学方法。讨论法是全班或小组成员在教师的指导下,围绕某一中心问题发表自己的看法和见解,从而进行相互学习的一种方法。王老师让学生围绕“做人该做‘落花生’这样的人还是做学霸”这一主题发表自己的观点,是运用讨论法的体现。

12. A 【解析】本题考查教学评价的基本类型。英语任课教师将小明的英语考试成绩与及格分数相比,判断小明没有达标,符合绝对性评价(目标参照性评价)的内涵。班主任刘老师将小明这次的英语考试成绩与上次的考试成绩相比较,判断小明有很大进步,这符合个体内差异评价的内涵。

13. B 【解析】本题考查知识直观的类型。模像直观指观察与教材相关的模型与图像(如图片、图表、幻灯片、电影、录像、电视等),形成感知表象。题干中赵老师利用地图和模型呈现出黄土高原千沟万壑的地形,这一直观教学手段就是模像直观。

14. C 【解析】本题考查学生学习方式的变革。探究过程是学生获得理智和情感体验、建构知识、掌握解决问题方法的过程。探究学习有助于发展学生优秀的智慧品质,如:热爱和珍惜学习的机会,尊重事实,客观而审慎地对待批判性思维,理解、谦虚地接受自己的不足,关注好的事物等。题干这句话出自德国哲学家叔本华,强调用自己的眼睛去发现事物,重视学生的探究过程,很好地道出了探究学习的重要价值。所以本题最佳答案为C项。

15. D 【解析】本题考查教师的职业角色。孙老师对班上大操大办生日的风气进行批评,并且要求大家力行节俭,这有利于转变班级风气,树立学生良好品行,体现了对学生品行的引导。

16. A 【解析】本题考查操作技能的形成阶段。冯忠良提出了操作技能形成的四个阶段,即操作定向、操作模仿、操作整合、操作熟练。其中,操作定向就是了解操作活动的结构与要求,在头脑中建立起操作活动的定向映像的过程。题干中小学生学写新字时,先听教师讲解,观察教师书写示范,这是在头脑中建立起操作活动的定向映像的过程,所以,这时的技能学习阶段处于操作定向阶段。

17. B 【解析】本题考查班主任对班级的管理。李老师采用现代通讯和定期家访相结合的方式,体现了家校沟通的多元化;研究学生个性特点体现了对学生的因材施教;制定班级管理规则有利于提高班级管理效率。B项题干中未体现,故B项符合题意。

18. B 【解析】本题考查《中华人民共和国义务教育法》。根据《中华人民共和国义务教育法》第十七条规定,县级人民政府根据需要设置寄宿制学校,保障居住分散的适龄儿童、少年入学接受义务教育。故本题答案选B项。

19. C 【解析】本题考查主要的教学原则。题干引文的意思是:教师对人施教,就是启发诱导。这蕴含的是启发性教学原则。

20. A 【解析】本题考查三维课程目标。“知识与技能”目标强调基础知识和基本技能的获得,相当于传统的“双基”教学。题干中“掌握圆的周长计算公式”属于对基础知识与基本技能的掌握,这一教学目标属于知识与技能目标。

21. B 【解析】本题考查课程内容的组织方式。螺旋式是指在不同单元乃至阶段或不同课程门类中,使课程内容重复出现,逐渐扩大知识面,加深知识难度,即同一课程内容前后重复出现,前面呈现的内容是后面内容的基础,后面内容是对前面内容的不断扩展和加深,层层递进。从动植物的基本知识到与动植物有关的生态系统知识,再到与人类有关的生态系统知识,课程内容是层层递进的,这符合螺旋式的课程内容组织方式。

22. A 【解析】本题考查赫尔巴特的“旧三中心论”。赫尔巴特强调系统知识的传授,强调课堂教学的作用,强调教材的重要性,强调教师的权威作用和中心地位,形成了传统教育“课堂中心”“教材中心”“教师中心”的特点。

23. C 【解析】本题考查赞科夫倡导的教育理论。赞科夫以促进学生“一般发展”为目的,提出了一整套教学原理原则和方法,即教学与发展理论。A项是布鲁纳提出的,B项是巴班斯基提出的,D项是瓦·根舍因提出的。

24. A 【解析】本题考查有关教育目的确立的理论。个人本位论认为确立教育目的的根据是人的本性,倡导个性解放,尊重人的价值。卢梭认为决定教育目的的依据是“儿童的自然”,也即儿童的本性,这符合个人本位论的观点。

25. B 【解析】本题考查常用的德育方法。品德评价法是通过对学生品德进行肯定或否定的评价而予以激励或抑制,促使其品德健康形成和发展的德育方法。包括奖励、惩罚、评比和操行评定等。由题干中的“表扬与批评”“奖励与处分”可知,这属于品德评价法。

26. D 【解析】本题考查家庭教育的特点。所谓针对性,是指教育工作能从实际出发,有的放矢,而不是想当然,不是一般化的说教。相对来说,家庭教育的针对性更强。人们常说:“知子莫若父,知女莫若母。”子女自幼随父母生活,长期相处,父母能够全面细致地了解、熟知子女。孩子在家庭里优点表现得真实,缺点也暴露得充分,因此,家庭教育能比较容易地做到从孩子的实际出发,因材施教,“对症下药”,从而进行有针对性的教育。(具体内容参见柳海民主编的《教育学》)

27. A 【解析】本题考查孔子的教学过程思想。孔子提出“学而不思则罔,思而不学则殆”,而且提倡“躬行”,即身体力行,初步形成了把“学”“思”“行”(也有说法认为是“学—思—习—行”)看作统一的学习过程的思想。

28. A 【解析】本题考查陈鹤琴的教育思想。陈鹤琴把旧教育看作死教育,他针对旧教育理论脱离实际、学校脱离社会、教学脱离儿童实际的弊端,提出了“教活书、活教书、教书活;读活书、活读书、读书活”的口号,鲜明地挑起了“活教育”的大旗。他的“活教育”理论可分为目的论、课程论和教学论三部分。目的论首先是:“做人,做中国人,做现代中国人”。

29. B 【解析】本题考查教学工作的中心环节。上课是整个教学工作的中心环节,是教师教和学生学的最直接体现,是提高教学质量的关键。

30. D 【解析】本题考查学校管理的基本途径。沟通是信息在发送者和接收者之间进行交换的过程,是学校管理的基本途径。沟通对于学校管理的功能有:(1)信息传递;(2)控制;(3)激励;(4)情感交流。

31. B 【解析】本题考查素质教育的重点。在教学过程中,素质教育强调的是“发现”知识的过程,而不是简单地获得结果,强调的是创造性地解决问题的方法和探究精神的形成。

32. C 【解析】本题考查教学过程的特点。教学活动是学生认识客观世界的过程,要以间接经验为主、直接经验为辅,将二者有机结合起来。教师让学生联系自己的实际生活中的相关情境或者设置模拟情境,是为了充分利用学生的直接经验,从而帮助学生更好地理解抽象的概念、原理性知识,获得间接经验,这体现的是教学过程中间接经验与直接经验相结合的特点。

33. A 【解析】本题考查教学过程的基本阶段。领会知识是教学过程的中心环节。领会知识包括使学生感知和理解教材。

34. D 【解析】本题考查我国目前中小学主要的教学原则。题干中《学记》的这些教育主张都表明教育应当遵循科学知识的内在逻辑和学生的认知发展规律,按照一定的顺序进行。这体现的是循序渐进原则。

35. B 【解析】本题考查教学大纲。教学大纲是按学科分别制定的。教学计划中的每门学科,都应当有相应的教学大纲,规定各学科的具体的要求。教学大纲是编写各门学科教科书的主要依据,也是衡量教师教学和学生学习质量的标准。

36. B 【解析】本题考查常用的德育方法。榜样示范法是用榜样人物的优秀品德来影响学生的思想、情感和行为的德育方法。榜样包括伟人的典范、教育者的示范、学生中的好榜样等。“先进典型”即学生中的好榜样,这种教育方法属于榜样示范法。

37. A 【解析】本题考查课程计划(教学计划)的首要问题。开设哪些科目(课程设置)是课程计划(教学计划)的中心和首要问题。

38. C 【解析】本题考查马克思主义关于人的全面发展学说。马克思认为:“教育与生产劳动相结合,不仅是提高社会生产的一种方法,而且是造就全面发展的人的唯一方法。”也就是说,教育与生产劳动相结合是培养全面发展的人的根本途径,也是唯一途径。

39. C 【解析】本题考查教育过程中以教师为主导、以学生为主体的思想。贯彻在教育过程中以教师为主导、以学生为主体的思想,应该体现于一切教育活动之中,其基本要求可概括为:(1)充分发挥教师主导作用,把教师主导作用与学生主体地位统一起来。教师主导作用,是指教师负责组织、引导学生沿着正确的方向,采用科学的方法,获得良好的发展。(2)树立教是为了学的观念。(3)重视学生主体因素,从学生实际出发。(4)尊重学生的主动精神,让学生在活动中得到锻炼和发展。题干所述是教师发挥主导作用的体现,故C项正确。A、B、D项表述均错误。

40. A 【解析】本题考查班集体形成的基础。明确的共同目标是班集体形成的基础。当班级成员具有共同的目标定向时,群体成员在实现目标的过程中便会在认识上、行动上保持一致,相互之间形成一定的依存性。

41. D 【解析】本题考查因材施教的德育原则。“视其所以,观其所由,察其所安”就是要注意学生的所作所为,观察他所走的道路,考察他的感情倾向,这就可以把一个人的思想面貌了解透彻。这是孔子提出的了解学生的方法,他认为要因材施教,就要对每个弟子的性情和生活习惯都观察得详细。这句话反映了因材施教的原则。

42. D 【解析】本题考查罗杰斯提出的教学模式。学生中心模式又称为非指导性教学模式。在这个模式中,罗杰斯强调:(1)以学生为本;(2)让学生自发地学习;(3)排除对学习者自身的威胁;(4)给学生安全感。

43. A 【解析】本题考查实验教育学的代表人物——梅伊曼。最早倡导教育实验并提出“实验教育学”这个名称的是德国教育理论家梅伊曼,他认为过去的教育学是概念化的,往往与实际相抵触,为了防止仅仅根据理论和偶然经验下结论,他提出必须借助生理学、解剖学、精神病学,采用实验的方法研究儿童的生活和学习。

44. B 【解析】本题考查个体身心发展的规律。身心发展的顺序性是指个体身心发展是一个由低级到高级、由简单到复杂、由量变到质变的连续不断的发展过程。从会翻、坐、爬到会喊爸爸,这是一个从简单到复杂、由低级到高级的发展过程,体现了个体身心发展的顺序性。

45. B 【解析】本题考查课的结构。一般来说,构成课的基本组成部分有组织教学、检查复习、讲授新教材、巩固新教材、布置课外作业等。其中,讲授新教材是教学过程中最主要、最基本的部分,是一节课的核心环节。

46. D 【解析】本题考查德育个体发展功能的发挥应注意的问题。个体发展功能的发挥应注意两个问题:一是个体发展功能的发挥必须充分尊重学习个体的主体性,否则就会阻抑这一功能的正常发挥;二是品德发展实质上是人的文明化或社会化,因此,通过必要的规范学习与价值学习,以形成一定的品德,乃是发挥个体发展功能的重要内容。在理解德育的社会性功能时,要充分注意德育社会功能实现的间接性。

47. D 【解析】本题考查班级文化的内容。班级文化包括三种状态:最为显性的班级环境布置、最为隐性的班级人际关系和班风以及处于中间状态的班级制度与规范等。D项排除。

48. A 【解析】本题考查教师的职业角色。教师负有传递社会道德传统、价值观念的使命,“道之所存,师之所存也”。除了社会一般道德、价值观外,教师对学生的“做人之道”“为业之道”“治学之道”等也有引导和示范的责任。所以题干这句话反映了教师的传道者角色。

49. A 【解析】本题考查学生学业成绩的评定。评定学生学业成绩的方法目前较通行的有百分制记分法和等级制记分法。一般来说,题的数量多、便于给小分的,用百分制比较便利;题的数量不多、开卷、理解和灵活运用的题用等级制记分法比较方便。为便于总评,也可把等级制换算成一定的分数,与百分制统一起来。所以A项表述正确。

50. A 【解析】本题考查教学的意义。教学是传播系统知识、促进学生发展的最有效的形式,是社会经验的再生产、适应并促进社会发展的有力手段。

51. C 【解析】本题考查教育目的的意义。教育目的是整个教育工作的核心,是教育活动的依据和评判标准、出发点和归宿,在教育活动中居于主导地位。同时它也是全部教育活动的主题和灵魂,是教育的最高理想。

52. D 【解析】本题考查联觉的内涵。一种感觉兼有另一种感觉的心理现象叫联觉。题干中能听到“悦耳美妙的轻音乐”属于听觉,“使人产生春风拂面之感”属于触觉,这是一种感觉兼有另一种感觉的心理现象,故属于联觉现象。

53. D 【解析】本题考查内部学习动机与外部学习动机的区别。内部学习动机是指诱因来自学习者本身的内在因素,即学生因对活动本身发生兴趣而产生的动机。外部学习动机是指诱因来自学习者外部的某种因素而产生的动机,即在学习活动以外由外部的诱因激发出来的学习动机。因此,A、B、C三项属于外部学习动机,D项属于内部学习动机。故答案选D项。

54. A 【解析】本题考查知识学习的类型。上位学习又称总括学习,是在学生掌握一个比认知结构中原有概念的概括和包容程度更高的概念或命题时产生的。下位学习又称类属学习,是一种把新的观念归属于认知结构中原有观念的某一部分,并使之相互联系的过程。原有观念在包容和概括水平上高于新学习的知识。并列结合学习又称组合学习,是在新命题与认知结构中特有的命题既非下位关系又非上位关系,而是一种并列的关系时产生的。根据相关数学知识可知,自然数包括0和正整数,整数包括负整数、0和正整数。可以说整数包括自然数,那么整数是上位概念,自然数是下位概念。因此,先学习自然数再学习整数就属于上位学习。

55. C 【解析】本题考查学习策略的种类。精加工策略是指把新信息与头脑中的旧信息联系起来从而增加新信息意义的深层加工策略。题干中的教师将某个英语单词编成小故事,就是增加单词的信息意义的过程。因此,这是运用了精加工策略。

56. B 【解析】本题考查移情的内涵。移情是指来访者将咨询师当成自己生命中曾经有过的那个重要人物,将自己对那个人的情感投射到咨询师身上。题干中的小学生将对父母的情感投射到辅导老师身上,即将辅导老师当成自己的父母,这正是移情的表现。

57. A 【解析】本题考查注意的分类。有意注意也称随意注意,是有预先目的、必要时需要意志努力、主动地对一定事物所发生的注意。题干中的学生带着问题有目的地听课,这种注意方式就属于有意注意。

58. C 【解析】本题考查艾宾浩斯遗忘曲线。艾宾浩斯遗忘曲线表明,遗忘是有规律的,即遗忘的进程是不均衡的,其趋势是先快后慢、先多后少,呈负加速,且到一定的程度几乎就不再遗忘了。

59. A 【解析】本题考查课堂管理方式。团体警觉是指在讲授和讨论期间,教师用来维持所有学生注意力的提问策略。例如,在叫某个学生回答问题之前,先提出问题:"已知三角形ABC的边BC、AC的长度以及角C的大小,我们还能知道这个三角形的哪些方面……[停顿]……马文辉?"注意,这种策略可以让全班同学都进行思考。如果说"马文辉,已知三角形ABC……"其效果将大相径庭,因为只有马文辉保持警觉。因此,题干中的钱老师采用的课堂管理方式是团体警觉。

60. A 【解析】本题考查气质的类型。胆汁质的特点是情绪兴奋性高,发生得快,带有爆发的性质,如暴风骤雨。情绪体验强烈,外部表现明显,但爆发之后又很快平静下来。因此,本题答案选A项。

61. B 【解析】本题考查最近发展区的内涵。最近发展区是儿童在有指导的情况下,借助成人的帮助所能达到的解决问题的水平与独自解决问题所达到的水平(现有水平)之间的差异,实际上是两个邻近发展阶段间的过渡状态。故题干所述符合最近发展区的内涵。

62. C 【解析】本题考查中小学生常见的心理问题。强迫症主要表现为强迫观念和强迫行为。其中,强迫行为指当事人反复去做他不希望执行的动作,如果不这样想、不这样做,他就会感到极端焦虑。强迫洗手、强迫计数、反复检查(门是否上锁)、强迫性仪式动作是生活中常见的强迫症状。根据题干中的描述可知,郭阳同学可能患了强迫症。

63. B 【解析】本题考查教师期望效应。教师期望效应也叫罗森塔尔效应或皮格马利翁效应,即教师的期望或明或暗地传递给学生,会使学生按照教师所期望的方向来塑造自己的行为。因此,皮格马利翁效应的主要启示是,教师对学生应该给予积极期望。

64. A 【解析】本题考查不同派别的学习理论观点。桑代克是行为主义学习理论的代表人物。他认为,学习的进程是一种渐进的、盲目的、尝试错误的过程。故题干中的观点属于行为主义学习理论的观点。认知主义学习理论认为,有机体获得经验的过程(学习过程)是通过积极主动的内部信息加工活动形成新的认知结构的过程。人本主义学习理论认为,学习是人固有能量的自我实现过程,强调人的尊严和价值,强调无条件积极关注在个体成长过程中的重要作用。建构主义学习理论认为,知识是在主客体相互作用的活动中建构起来的,强调学习的主动建构性、社会互动性和情境性。因此,本题答案选A项。

65. D 【解析】本题考查教学效能感的内涵。教学效能感一般指教师对自己影响学生行为和学习结果的能力的一种主观判断。教学效能感又分两个部分:一般教学效能感和个人教学效能感。前者指教师对教与学的关系、教育在学生身心发展中的作用等问题的一般看法和判断;后者指教师认为自己能够有效地影响学生,相信自己具有教好学生的能力。因此,根据题干描述可知,这主要反映了李老师的个人教学效能感较高。

66. B 【解析】本题考查课堂上的注意状态。学生在课堂上主要有以下几种注意状态:(1)真正的注意。表现为从上课一开始就对学习活动有所准备,在整个上课期间的各个教学环节都表现出积极的智力活动。(2)表面上的不注意。有的学生表现为外表上的不注意,实际上隐藏着深刻的、稳定的注意。其外部标志有两种,一种是回避注视;另一种是冲动性运动或随便的姿势。前者如当教师向全班学生提问时,他们从不主动举手要求发言,好像不在注意,但教师若向他们发问,他们会有准备地回答所提问的问题。后者这种过分积极的表现,多数在主动活泼的儿童身上出现。对教师的提问,他们总会积极地予以回答。因此,题干中学生的注意属于表面上的不注意。(3)表面上的注意。表现为注意外部形式与内部状态不一。表面上看,学生两只眼睛一动不动地盯着讲台上的教师,但智力活动不积极或思想上"开小差"。(4)真正的不注意。表现为对课堂学习毫无准备,人在教室,心早已飞向别处。

67. A 【解析】本题考查小学儿童感觉的发展。视觉在人们的认识活动中占有极重要的地位。小学儿童视觉的发展在整个感知觉的发展中占主导地位,主要表现在视敏度、颜色知觉等方面。

68. B 【解析】本题考查遗忘的种类。根据遗忘的时间,可分为暂时性遗忘与永久性遗忘。暂时性遗忘是指遗忘的发生是暂时的,以后还能重新回忆的遗忘现象。例如,学生在考试时由于疲劳或紧张,使得原先很熟悉的题目却不知从何答起,待考试过后又想起来,就是暂时性遗忘。永久性遗忘是指不经过重新学习,记忆的内容就不能恢复的遗忘。例如,学生考试中因没有复习到而答不出、想不起来的问题,即永久性遗忘。因此,题干中的遗忘为永久性遗忘。

69. B 【解析】本题考查小学生想象的发展。儿童入学以后,想象的现实性逐渐提高,主要表现在:(1)想象所反映的形象,越发接近现实事物。(2)从热衷完全脱离现实的神话虚构,逐渐转向对现实生活的幻想。在小学儿童对文艺作品的喜爱方面,低年级儿童对童话、神话信以为真,爱听童话故事、神话故事,爱看动画片。随着教学活动的发展和思维水平的提高,三年级以后的儿童,就逐渐过渡到以现实为主的阶段。他们的兴趣逐步从童话故事转移到英雄模范故事、侦探小说、反特影片等题材上。因此,题干所述体现了想象现实性的发展。

70. A 【解析】本题考查思维的特点。思维的特点主要有间接性和概括性。其中,概括性包含以下两层意思:(1)把同一类事物的共同特征和本质特征抽取出来加以概括。(2)将多次感知到的事物之间的联系和关系加以概括,得出有关事物之间的内在联系的结论。例如,每次看到"月晕"就要"刮风",础石"潮湿"就要"下雨",就能得出"月晕而风,础润而雨"的结论。

71. A 【解析】本题考查小学生情感的发展。小学儿童的情感内容不断丰富,主要表现在:(1)多样化的活动丰富了小学儿童的情绪、情感。(2)小学儿童的情感进一步分化。由于知识经验的积累,小学儿童的情感分化逐渐精细。以笑为例,小学儿童除了会微笑、大笑外,还会羞涩地笑、嘲笑、冷笑、苦笑、狂笑等。

72. B 【解析】本题考查意志的品质。意志的果断性是一种善于辨明是非、抓住时机、迅速而合理地采取决定并执行决定的意志品质。与果断性相反的意志品质是优柔寡断和草率武断。优柔寡断的人表现为犹豫不决,疑虑重重,该断不断,其结果常常是错失良机。草率武断的人懒于思考,滥下结论,行动鲁莽,轻举妄动。因此,"前怕狼,后怕虎""顾虑重重",这是意志品质果断性差的表现。

73. B 【解析】本题考查心理学实验法的类型。现场实验也叫自然实验,是在自然情境下,由实验者创设或改变一些条件,以引起学生某些心理活动的变化从而进行研究的方法。例如,苏联心理学家阿格法诺夫为了研究儿童的勇敢性,曾在保育院做的一个"拾火柴"的实验,就是自然实验的典型例子。

74. A 【解析】本题考查教育心理学的研究原则。客观性原则是指教育心理学研究要贯彻实事求是的精神,即根据教育心理现象的本来面貌来研究其本质、规律与机制,采取实事求是的态度。遵循客观性原则是进行科学研究的前提条件。因此,客观性原则是教育心理学研究及其他学科研究都必须遵循的原则。

75. A 【解析】本题考查人本主义的学习观。罗杰斯认为,学习过程应始终以人为本,明确学生是学习活动的主体,必须重视学习者的意愿、情感、需要、价值观等,应坚信学习者是可以自己教育自己,发展自己的潜能,最终达到自我实现。

76. D 【解析】本题考查小学生个性心理倾向性的发展。个性心理倾向性,包括需要、动机、兴趣、爱好、信念、理想、世界观等。一般来说小学生正处于成长期,还没有形成非常确定的信念,更没有形成世界观,他们的个性倾向性主要表现为需要、兴趣、爱好和理想等。

77. B 【解析】本题考查个体的心理特征。性格是指人的较稳定的态度与习惯化了的行为方式相结合而形成的人格特征。"自信、坚强、勤奋"描写的就是性格的态度特征。

78. A 【解析】本题考查迁移的种类。正迁移也叫"助长性迁移",是指一种学习对另一种学习的促进作用;顺向迁移是指先前学习对后继学习产生的影响。"温故知新"是先前学习对后继学习产生的积极影响。因此,"温故知新"属于顺向正迁移。

79. B 【解析】本题考查学习的类型。奥苏贝尔认为同化学习有归属学习、归总学习和联合学习三种方式。(1)归属学习。如学生在学习正方形、长方形、三角形时已形成了轴对称图形概念,在学习圆时,教师告诉学生"圆也是轴对称图形",学生很快能理解这一新命题的意义。(2)归总学习。如教师让学生通过比较讲台面、桌面、教室地面、墙面、操场等的面积大小,最后概括出"面积就是平面图形或物体表面的大小"这一定义。(3)联合学习。如学习一种新的关系(如需求与价格的关系)时,从已知的关系(如热与体积的关系)中找到某些共同的特征,从而理解其意义。(具体内容参见叶奕乾、祝蓓里主编的《心理学 修订版》)

80. A 【解析】本题考查自我防御机制。合理化有两种表现:(1)酸葡萄心理,即把得不到的东西说成是不好的;(2)甜柠檬心理,即当得不到葡萄而只有柠檬时,就说柠檬是甜的。两者均是在掩盖其错误或失败,以保持内心的安宁。因此,题干中对于那些达不到的目标,有些人倾向于贬低目标的重要性,认为目标不值得追求,这种现象就是酸葡萄心理。

81. B 【解析】本题考查自我防御机制。否认是指对某种痛苦的现实无意识地加以否定。如"掩耳盗铃""眼不见为净"就是否认的典型实例。

82. B 【解析】本题考查《中华人民共和国义务教育法》的颁布时间。《中华人民共和国义务教育法》于1986年4月12日第六届全国人民代表大会第四次会议通过,自1986年7月1日起施行。故答案选B项。

83. D 【解析】本题考查《中华人民共和国教师法》。根据《中华人民共和国教师法》第十条规定,国家实行教师资格制度。这是我国首次以国家法律的形式,明确规定国家实行教师资格制度。

84. D 【解析】本题考查教育法律规定。根据《中华人民共和国义务教育法》第二十九条规定,教师应当尊重学生的人格,不得歧视学生,不得对学生实施体罚、变相体罚或者其他侮辱人格尊严的行为,不得侵犯学生合法权益。A项中任课教师让王某罚站的行为属于一种体罚行为,故违反了上述法律规定。根据《中华人民共和国义务教育法》第二十七条规定,对违反学校管理制度的学生,学校应当予以批评教育,不得开除。故B项中学校开除初中生李某的行为违反了上述法律规定。根据《中华人民共和国未成年人保护法》第十三条规定,父母或者其他监护人应当尊重未成年人受教育的权利,必须使适龄未成年人依法入学接受并完成义务教育,不得使接受义务教育的未成年人辍学。故C项中赵某让13岁的儿子辍学的行为违反了上述法律规定。根据《中华人民共和国预防未成年人犯罪法》第四十五条规定,对于审判的时候被告人不满十八周岁的刑事案件,不公开审理。因此,D项中人民法院对17岁的张某抢劫一案进行的不公开审理没有违反相关法律规定。故答案选D项。

85. D 【解析】本题考查课程类型。观念性隐性课程是隐性课程的主要表现形式之一,包括隐藏于显性课程之中的意识形态,学校的校风、学风,有关领导与教师的教育理念、价值观、知识观、教学风格、教学指导思想等。所以,"校风、教风和学风"属于隐性课程中的观念性隐性课程。

86. A 【解析】本题考查《中华人民共和国教师法》。根据《中华人民共和国教师法》第三十七条规定可知,教师有故意不完成教育教学任务给教育教学工作造成损失的,由所在学校、其他教育机构或者教育行政部门给予行政处分或者解聘。因此,题干中教师魏某多次旷工给学校教学工作造成严重损失的行为违反了《中华人民共和国教师法》,学校可以对魏某采取予以解聘的措施。

87. B 【解析】本题考查《中华人民共和国义务教育法》。根据《中华人民共和国义务教育法》第二十七条规定,对违反学校管理制度的学生,学校应当予以批评教育,不得开除。题干中学校对小学生梁某欺凌同学、扰乱课堂纪律的行为,应当予以批评教育,不得开除。

88. C 【解析】本题考查时政知识。第32个教师节前夕,习近平总书记在北京市八一学校考察并发表重要讲话,强调广大教师要做学生锤炼品格的引路人,做学生学习知识的引路人,做学生创新思维的引路人,做学生奉献祖国的引路人。

89. C 【解析】本题考查《中华人民共和国义务教育法》。根据《中华人民共和国义务教育法》第二条规定,国家实行九年义务教育制度。义务教育是国家统一实施的所有适龄儿童、少年必须接受的教育,是国家必须予以保障的公益性事业。实施义务教育,不收学费、杂费。

90. D 【解析】本题考查教育的文化功能。教育通过传播文化,使不同国家和民族的文化相互交流、交融,促进文化的优化和发展。题干强调教育使不同国家的文化得以交流和传播,体现了教育的文化传播功能。

91. A 【解析】本题考查师德的灵魂。关爱学生是师德的灵魂,是教师处理其与学生的关系时所应遵循的原则要求。

92. A 【解析】本题考查教师职业道德的最高境界。教师对教育事业的无私奉献精神是教师职业道德的最高境界,是教师热爱祖国、热爱人民、热爱社会主义事业的集中体现。

93. D 【解析】本题考查对孔子教育名言的理解。孔子这句话的意思是:自我品行端正了,即使不发布命令,老百姓也会去实行;若自身品行不端正,即使发布命令,老百姓也不会服从。从教师的角度即强调以身作则的重要性。

94. A 【解析】本题考查教师良心。从教师个体职业良心形成的角度看,教师的职业良心首先会受到社会生活和群体的影响。教师良心作为一种精神动力,是一种内在的道德信念,对教师的道德活动和道德行为具有重要的指导、自我监督和评价作用。

95. B 【解析】本题考查"四有"好老师的标准。2014年教师节时习近平总书记同北京师范大学的师生代表座谈时就如何做一名好老师提出了四点要求,即:要有理想信念、有道德情操、有扎实学识、有仁爱之心,这就是"四有"好老师标准。

96. B 【解析】本题考查反思性教学。孔子说:"见贤思齐焉,见不贤而内自省也。"凡事反求诸己,严于律己,时时反思,成为古代先贤修身养性的自觉行为。孔子的学生曾子深得老师的影响,他讲:"吾日三省吾身,为人谋而不忠乎?与朋友交而不信乎?传不习乎?"今天,教师在教学中提倡反思性教学,就是反躬自省在当代的延伸。

97. B 【解析】本题考查《学记》中的教育思想。"相观而善之谓摩"即在教学中同伴之间要相互学习,讨论切磋,取长补短,共同进步。这说明教学中要相互观摩、切磋。

98. A 【解析】本题考查体现传统师德的先哲名言。A项出自《论语·卫灵公》,子曰:"躬自厚而薄责于人,则远怨矣。"孔子说:"多责备自己而少责备别人,那就可以避免别人的怨恨了。"也就是我们常说的"严以律己,宽以待人"。所以A项符合题意。

99. D 【解析】本题考查教师职业道德修养的途径与方法。教师良好的师德修养不是与生俱来的,必须是在科学理论的指导下,经过长期的社会实践,不断完善自身的结果。提高师德修养,必须学会掌握正确的途径与方法。教师的师德修养,只有在实践中才能得到不断的充实、提高和完善。

100. B 【解析】本题考查团结协作的基本要求。相互帮助、通力合作是从教师之间相互关系角度提出的要求,是团结协作这一总要求的中心环节。教师们为了搞好教育和教学工作,应该做到相互尊重、密切配合、互相帮助、相互交流、取长补短、共同提高。要提倡同行相亲、同行相助,追求教育教学的整体效果,在集体奋斗的成功中实现个人的价值。要反对"同行是冤家""教会了徒弟,饿死了师傅"和"文人相轻"的错误观念,反对有些教师把自己的知识和经验当成私有财产,对其他教师搞资料封锁、搞专题保密,反对自私保守、故步自封的不良倾向。

二、多项选择题

101. AC 【解析】本题考查教育目的的功能。教育目的对教育工作具有导向作用,它不仅为受教育者指明方向、预定发展结果,也为教育工作者指明工作方向和奋斗目标。

102. BD 【解析】本题考查课的类型的划分依据。由于教学目的不同,每堂课的具体任务不同,课的类型与结构不一。所以课的类型是根据教学目的和课的具体任务来确定的。

103. ACD 【解析】本题考查师德修养的基本特点。师德具有鲜明的时代性。伴随社会、经济、文化发展及教育思想的转变,师德内涵不断融入具有鲜明时代特色的思想、观念、道德意识等内容,烙印上深刻的时代印迹。

104. ACD 【解析】本题考查现代教育的特征。在总体上,现代教育呈现出一些全新的特征:生产性、公共性、科学性、未来性、革命性、国际性、终身性。

105. BC 【解析】本题考查孔子的教育主张。B项是孔子提出的教学过程思想。C项是孔子在教育对象上的主张,是孔子的办学方针。A项是墨子的教育主张。D项是《学记》中的教育思想。故本题选择B、C。

106. ACD 【解析】本题考查确定课程目标的依据。确定课程目标的依据包括:(1)学习者的需要(对学生的研究);(2)当代社会生活的需求(对社会的研究);(3)学科知识及其发展(对学科的研究)。B项不属于确定课程目标的依据。

107. ACD 【解析】本题考查对"人文关怀"的理解。人文关怀作为一种人本文化、一种人文情节,强调对人的尊重、理解、关心和爱护,重视人的作用,发挥人的自由创造精神和人的主体性,是对人生命存在价值的终极关怀。

108. ABCD 【解析】本题考查教师专业化的条件。教师专业化应具备的条件包括:(1)具备专门的知识技能;(2)以奉献和服务精神为核心理念的职业道德;(3)具有为学生和社会所公认的复杂知识技能权威和影响力;(4)具有充分自治和自律性,有正式的专业组织对行业服务、培训及资格认证进行管理。

109. ABC 【解析】本题考查培养学生主体性的措施。对于学生主体性的培养,主要从三个方面着手:(1)建立民主而和谐的师生关系,重视学生自学能力的培养;(2)重视培养学生主体参与课堂,让学生获得主体参与的体验,尤其让学生体验成功;(3)尊重学生的个性差异,对学生进行有针对性的教育。

110. ABCD 【解析】本题考查班主任工作的内容。具体来说,班主任应该做好以下几项工作:(1)了解和研究学生;(2)组织和培养班集体;(3)结合学习任务做好思想品德教育工作;(4)做好个别学生的教育工作;(5)做好学生家长工作。所以A、B、C、D四项全选。(具体内容参见靳希斌编著的《教育学》)

111. BCD 【解析】本题考查教师职业道德修养的基本原则。教师职业道德修养的基本原则有:(1)坚持知和行的统一;(2)坚持动机和效果的统一;(3)坚持自律和他律相结合;(4)坚持个人和社会相结合;(5)坚持继承和创新相结合。A项属于教师职业道德修养的主要方法。

112. ABCD 【解析】本题考查《中华人民共和国教育法》(1995年)。根据《中华人民共和国教育法》(1995年)第十九条规定,国家实行职业教育制度和成人教育制度。第二十一条规定,国家实行学业证书制度。第二十二条规定,国家实行学位制度。故答案选A、B、C、D四项。

113. BCD 【解析】本题考查教师的义务和职责。肖老师上课的时候学生可以自由地看小说、玩手机或者睡觉,说明肖老师没有认真履行自己的职责,同样也没有尽到教师的义务。肖老师认为只要自己把知识讲清楚就行,学生听不听是学生自己的事,这表明肖老师并没有有效地落实教育教学任务。

114. ABD 【解析】本题考查教育心理学的作用。教育心理学对教育实践具有描述、解释、预测和控制的作用。

115. BC 【解析】本题考查性格的类型。依据个人心理活动的倾向性,可把人的性格分为外倾型与内倾型;依据一个人独立或顺从的程度,可把人的性格分为独立型和顺从型。

116. ABC 【解析】本题考查正迁移的内涵。正迁移也叫"助长性迁移",是指一种学习对另一种学习的促进作用。例如:学习数学有利于学习物理;学习珠算有利于学习心算;懂得英语的人很容易掌握法语等。负迁移也叫"抑制性迁移",是指一种学习对另一种学习产生阻碍作用。A、B、C三项均是一种学习对另一种学习的促进作用,故属于正迁移;D项是一种学习对另一种学习产生阻碍作用,故属于负迁移。

117. ABD 【解析】本题考查青春期常见的消极心理表现。青春期常见的消极心理表现有:(1)烦恼;(2)孤独;(3)压抑;(4)偏激。

118. ABCD 【解析】本题考查空间知觉的种类。空间知觉是指物体的空间特性在人脑中的反映,包括形状知觉、大小知觉、深度知觉、方位知觉等。

119. ABCD 【解析】本题考查正强化的内涵。正强化也称积极强化,是通过呈现想要的愉快刺激来增强反应频率。如奖学金、对成绩的认可、表扬、发放奖品等都能起到正强化的作用。

120. ABC 【解析】本题考查社会主义教师职业道德修养的主要内容。社会主义教师职业道德修养具有丰富的内容,它主要包括政治素质、业务素质、心理素质等修养,这三方面的修养对于教师履行教书育人的职责都具有重要的道德意义。

2020年重庆市特岗教师招聘考试真题试卷(五十)

一、单项选择题

1. A 【解析】本题考查世界上最早论述教育问题的专著。《学记》是中国也是世界教育史上的第一部教育专著,成文大约在战国末期。

2. D 【解析】本题考查传统教育的三中心。赫尔巴特强调系统知识的传授,强调课堂教学的作用,强调教材的重要性,强调教师的权威作用和中心地位,形成了传统教育"课堂中心""教材中心""教师中心"的特点。

3. B 【解析】本题考查古代学校教育出现的时期。一般认为,学校教育正式产生于奴隶社会初期。学校教育的出现使教育从社会活动中分化出来,成为独立的形态。

4. A 【解析】本题考查教育的社会制约性。教育发展的规模与速度,取决于生产力发展所提供的物质条件和生产力发展对教育事业所提出的要求。所以,制约教育发展水平和规模的根本因素是生产力发展水平。

5. D 【解析】本题考查教育对生产力的促进作用。科学知识的再生产有多种途径,学校教育是科学知识再生产的最主要途径。这是因为,学校教育所进行的科学知识的再生产,是一种有组织、有计划、高效率的再生产。它在知之较多的教师的指导下,将前人的科学生产成果加以合理的编制,通过有效的组织形式、选择最合理的方法,在较短的时间内传授给学习者。

6. A 【解析】本题考查学校文化的类型。学校文化由观念文化、规范文化和物质文化构成。其中,物质文化是学校文化的空间物态形式,是学校精神文化的物质载体。物质文化包括环境文化和设施文化。教育教学设施就是一种设施文化,属于学校文化中的物质文化。

7. C 【解析】本题考查个体身心发展的规律。个体身心发展的不平衡性是指个体身心发展同一方面在不同年龄阶段的发展速度以及不同方面的发展水平都是不平衡的。青春期的孩子在各方面的发展比其他时期更加迅猛,说明身心各方面的发展在不同的时期发展速度不同,体现了个体身心发展的不平衡性。

8. D 【解析】本题考查个体身心发展的规律。个体身心发展的个别差异性要求教育贯彻因材施教的原则,全面深入地了解每个学生,系统掌握其成长发展的资料,注意对个别学生进行特殊培养,采取弹性教学制度等。教师在班级管理中采用"一刀切、一锅煮"的做法,说明教师没有注意到本班学生之间的差异性,没有做到因材施教,违背了个体身心发展的个别差异性。

9. A 【解析】本题考查教育目的的层次结构。教育目的可分为四个层次:教育目的、培养目标、课程目标和教学目标。从教育目的到教学目标是从一般到特殊、从抽象到具体的关系。所以从宏观到微观A项排列正确。

10. C 【解析】本题考查习近平总书记关于教育的重要论述。习近平总书记在全国教育大会的讲话中强调:在党的坚强领导下,全面贯彻党的教育方针,坚持马克思主义指导地位,坚持中国特色社会主义教育发展道路,坚持社会主义办学方向,立足基本国情,遵循教育规律,坚持改革创新,以凝聚人心、完善人格、开发人力、培育人才、造福人民为工作目标,培养德智体美劳全面发展的社会主义建设者和接班人,加快推进教育现代化、建设教育强国、办好人民满意的教育。

11. A 【解析】本题考查马克思关于人的全面发展学说。马克思指出,社会主义制度通过教育与生产劳动相结合这一途径与方法才能实现人的全面发展。他说:"教育与生产劳动相结合,不仅是提高社会生产的一种方法,而且是造就全面发展的人的唯一方法。"也就是说,教育与生产劳动相结合是培养全面发展的人的根本途径,也是唯一途径。

12. C 【解析】本题考查我国学校德育内容。有人认为,我国学校德育内容主要有政治教育、思想教育、道德教育、法纪教育和心理健康教育。这里的法纪教育是指法制教育和纪律教育,是学校德育基本内容的较高层次。

13. B 【解析】本题考查现代学制的类型。西欧双轨制以英国的双轨制为典型代表,法国、联邦德国等欧洲国家的学制都属这种学制。

14. D 【解析】本题考查教师劳动的特点。长期性指人才培养的周期比较长,教育的影响具有迟效性。"十年树木,百年树人"说明人才的培养周期比较长,体现了教师劳动的长期性。

15. C 【解析】本题考查课程标准的意义。《义务教育课程方案(2022年版)》规定,国家课程标准规定课程性质、课程理念、课程目标、课程内容、学业质量和课程实施等,是教材编写、教学、考试评价以及课程实施管理的直接依据。

16. D 【解析】本题考查课程类型。隐性课程的主要表现形式有:(1)观念性隐性课程。包括隐藏于显性课程之中的意识形态,学校的校风、学风,有关领导与教师的教育理念、价值观、知识观、教学风格、教学指导思想等。(2)物质性隐性课程。包括学校建筑、教室的设置、校园环境等。(3)制度性隐性课程。包括学校管理体制、学校组织机构、班级管理方式、班级运行方式。(4)心理性隐性课程。主要包括学校人际关系状况,师生特有的心态、行为方式等。校风、教风、学风属于隐性课程中的观念性隐性课程。

17. A 【解析】本题考查教学工作的基本环节。教师教学工作包括五个基本环节:备课、上课、作业的布置与反馈、课外辅导和学业成绩的检查与评定。其中,备课是教学工作的基础环节,上好一堂课首先要备好课,这是先决条件,也是提高教学质量的根本保证。A项正确。

18. B 【解析】本题考查教学原则。启发性原则是指在教学活动中,教师要调动学生的主动性和积极性,引导他们通过独立思考、积极探索,生动活泼地学习,自觉地掌握科学知识,提高分析问题和解决问题的能力。苏格拉底的"产婆术"就是通过问答法来启发和引导学生发现真理与获得知识,这体现了启发性原则。

19. B 【解析】本题考查中小学教学活动的基本组织形式。班级授课制是现代教学的基本组织形式,也是各国中小学采用的基本教学组织形式。

20. D 【解析】本题考查教学评价的基本类型。个体内差异评价是对被评价者的过去和现在进行比较,或对评价对象的不同方面进行比较。张老师为本学期学习进步最明显的学生颁发"进步奖",就是通过对被评价者的过去和现在进行比较得出的结果,这种评价属于个体内差异评价。

21. C 【解析】本题考查品德的心理结构。品德的心理结构包括四种相辅相成的基本心理成分:道德认知、道德情感、道德意志和道德行为。其中,道德意志是个体自觉地调节道德行为,克服困难,以实现预定道德目标的心理过程。题干中小明想要早起却不能坚持的表现说明其缺乏道德意志。

22. C 【解析】本题考查教育研究方法。行动研究法是指实际工作者(如教师)基于解决实际问题的需要,与专家、学者及本单位的成员共同合作,将实际问题作为研究的主题,进行系统的研究,以期解决实际问题的一种研究方法。题干所述符合行动研究法的概念。

23. C 【解析】本题考查注意的基本特征。注意的分配是指人在进行两种或多种活动时能把注意指向不同对象的现象。"眼观六路,耳听八方"强调同一时间将注意指向不同的对象,体现了注意的分配。

24. D 【解析】本题考查感觉的相互作用的规律。感觉对比是同一感受器接受不同的刺激,而使感受性发生变化的现象。刺激物先后作用于同一感受器会产生继时对比。例如:吃过糖之后吃橘子,会觉得橘子特别酸;手放进热水之后,再放到温水中,会觉得温水很凉。题干所述为感觉对比中的继时对比现象。

25. B 【解析】本题考查记忆的种类。短时记忆(工作记忆)是指人脑中的信息在1分钟之内加工与编码的记忆,是信息从感觉记忆到长时记忆的过渡阶段。短时记忆中的内容在经过复述后可以进入长时记忆,作为知识经验长期储存起来。题干中未经复述只能保持几十秒的记忆属于短时记忆。

26. B 【解析】本题考查动机冲突。双避冲突是指从希望回避的两种事物中必取其一的心理状态。题干中小明既不想做作业又不想被惩罚的表现属于典型的双避冲突。

27. B 【解析】本题考查情绪的分类。心境是一种微弱的、持续时间较长的,带有弥漫性的情绪状态。心境一经产生就不只表现在某一特定对象上,而是在相当长的一段时间内,使人的整个心理活动都染上某种情绪色彩,影响人的整个行为表现,成为情绪生活的背景。题干中小李接到录取通知书后一段时间内愉悦的情绪状态属于心境。

28. C 【解析】本题考查中小学生常见的心理问题。强迫症是一种以强迫观念和强迫行为为特征的神经症,是指个体主观上感到有某种不可抗拒的、不能自行克制的观念、意向和行为的存在。其中,强迫行为指当事人反复去做他不希望执行的动作,如果不这样想、不这样做,他就会感到极端焦虑。题干中李红反复擦写的行为属于强迫行为,故其可能患上强迫症。

29. A 【解析】本题考查性格的结构。性格的态度特征是指个体对自己、他人、集体、社会以及对工作、劳动、学习的态度特征。例如,谦虚或自负、利他或利己、粗心或细心、创造或墨守成规等。题干中小明热爱集体、严格要求自己的特点属于性格的态度特征。

30. A 【解析】本题考查感觉的相互作用的规律。由于刺激对感受器的持续作用而使感受性发生变化的现象叫感觉适应。题干所述为感觉适应中的嗅觉适应。

31. A 【解析】本题考查记忆的分类。根据记忆的内容和经验的对象的不同,可将记忆分为形象记忆、情景记忆、语义记忆、情绪记忆和动作记忆。其中,形象记忆是以我们感知过的事物形象为内容的记忆。例如,人们游览过"万里长城"后在头脑中留下了生动的形象,这就是形象记忆。题干中小红对去过的天安门广场的记忆属于形象记忆。

32. A 【解析】本题考查创造性的特征。美国著名心理学家斯腾伯格提出,关于创造性的定义存在两个共同要素,即"新颖性"和"适用性"。他将创造性定义为"创造性是一种创造既新颖又适用的产品的能力",这一界定是根据结果来判定创造性的。判定标准其一是新颖性,指前所未有、推陈出新的,也包括独创的、独特的、预想不到的;其二就是适用性,指在特定的情境中,不超出现有条件的限制,并且产品是有用的,或者有社会价值,或者有个人价值。

33. B 【解析】本题考查思维的种类。聚合思维,也叫求同思维、集中思维、辐合思维、会聚思维,是指人们解决问题时,思路集中到一个方向,从而形成唯一的、确定的答案。聚合思维的过程是人们根据已知的信息和利用熟悉的规则,产生逻辑的结论从而解决问题的过程。题干所述思维方式为聚合思维。

34. D 【解析】本题考查最近发展区。维果斯基认为,儿童有两种发展水平:一是儿童的现有水平,即由一定的已经完成的发展系统所形成的儿童心理机能的发展水平;二是可能达到(即将达到)的发展水平,也就是通过教学所获得的潜力。这两种水平之间的差异,就是最近发展区。D项"让孩子跳一跳,才能够得到桃子"既考虑了儿童现有的水平,又考虑到了儿童发展的可能性,反映了"最近发展区"的教学思想。

35. B 【解析】本题考查品德的心理结构。道德情感是人的道德需要是否得到实现而引起的一种内心体验,也就是人在心理上所产生的对某种道德义务的爱憎、喜恶等情感体验。道德情感从表现形式上看,主要包括直觉的道德情感、想象的道德情感、伦理的道德情感三种。其中,直觉的道德情感是指由于对某种具体的道德情境的直接感知而迅速发生的情感体验。题干中小明看到校园欺凌新闻后感到愤怒,属于直觉的道德情感。

36. C 【解析】本题考查感觉的相互作用规律。一种感觉兼有另一种感觉的心理现象叫联觉。在日常生活中各种感觉现象经常联系在一起,由此产生了联觉,如红色给人以热烈、紫色给人以高贵、蓝色给人以安静、黑色给人以沉重的感觉等。题干中学生看到黄色墙壁感到温暖的现象属于联觉。

37. A 【解析】本题考查情感的分类。从情感的社会内容角度来看,人类的情感有道德感、美感和理智感三种形式。其中,理智感是人认识事物和探求真理的需要是否得到满足而产生的主观体验。题干中东东因解出了一道难题而心情愉悦,说明其认识事物和探求真理的需要得到了满足,故属于理智感。

38. D 【解析】本题考查比率智商的计算方式。用智龄和实际年龄的比率代表的智商,称作比率智商,其计算公式为:智商(IQ)=智龄(MA)÷实龄(CA)×100。故小明的比率智商(IQ)为10÷8×100=125。

39. A 【解析】本题考查马斯洛的需要层次理论。马斯洛根据需要出现的先后及强弱顺序,把需要分成了生理需要、安全需要、归属与爱的需要、尊重需要、求知需要、审美需要和自我实现的需要七个层次。其中,生理需要是人对食物、水分、空气、睡眠、性等的需要。它是人的所有需要中最基本、最原始,也是最强有力的需要,是其他一切需要产生的基础。

40. C 【解析】本题考查学习要遵循的三条原则。效果律是指刺激和反应之间的联结可因导致满意的结果而加强,也可因导致烦恼的结果而减弱。题干中小明考了100分的行为得到了妈妈的表扬(满意的结果),从而使小明继续努力学习,这体现了效果律。

41. B 【解析】本题考查发现学习的概念。发现学习是指给学生提供有关的学习材料,让学生通过探索、操作和思考,自行发现知识、理解概念和原理的教学方法。题干中教师准备了圆和工具让学生独立探索圆的意义,这属于发现学习。

42. A 【解析】本题考查前摄抑制。前摄抑制是先学习的材料对识记和回忆后学习材料的干扰作用。倒摄抑制是指后学习的材料对保持和回忆先学习的材料的干扰作用。题干中先学习的汉语拼音对后学习的英语字母的干扰属于前摄抑制。

43. D 【解析】本题考查技能的种类。心智技能也称为智力技能、认知技能,是通过学习而形成的合乎法则的心智活动方式。阅读技能、写作技能、运算技能、解题技能等都是常见的心智技能。

44. B 【解析】本题考查组织策略。组织策略是指将经过精加工提炼出来的知识点加以构造,形成更高水平的知识结构的信息加工策略。组织策略主要有两种:一种是归类策略,用于概念、语词、规则等知识的归类整理;一种是纲要策略,主要用于对学习材料结构的把握。题干中老师归纳要点时使用列提纲的方式,这属于组织策略中的纲要策略。

45. C 【解析】本题考查《中国教育现代化2035》的内容。《中国教育现代化2035》指出,"2035年主要发展目标是:建成服务全民终身学习的现代教育体系、普及有质量的学前教育、实现优质均衡的义务教育、全面普及高中阶段教育、职业教育服务能力显著提升、高等教育竞争力明显提升、残疾儿童少年享有适合的教育、形成全社会共同参与的教育治理新格局。"

46. A 【解析】本题考查《中国教育现代化2035》的内容。《中国教育现代化2035》明确了推进教育现代化的基本原则:坚持党的领导、坚持中国特色、坚持优先发展、坚持服务人民、坚持改革创新、坚持依法治教、坚持统筹推进。

47. D 【解析】本题考查《中国教育现代化2035》的内容。《中国教育现代化2035》提出:建设高素质专业化创新型教师队伍。大力加强师德师风建设,将师德师风作为评价教师素质的第一标准,推动师德建设长效化、制度化。

48. B 【解析】本题考查《中共中央 国务院关于深化教育教学改革全面提高义务教育质量的意见》。《中共中央 国务院关于深化教育教学改革全面提高义务教育质量的意见》在"强化课堂主阵地作用,切实提高课堂教学质量"中提出:从严控制考试次数,考试内容要符合课程标准、联系学生生活实际,考试成绩实行等级评价,严禁以任何方式公布学生成绩和排名。

49. B 【解析】本题考查《中华人民共和国教育法》的内容。《中华人民共和国教育法》第八条规定,教育活动必须符合国家和社会公共利益。

50. D 【解析】本题考查《中华人民共和国教育法》的内容。《中华人民共和国教育法》第三十条规定,学校及其他教育机构应当履行下列义务:(1)遵守法律、法规;(2)贯彻国家的教育方针,执行国家教育教学标准,保证教育教学质量;(3)维护受教育者、教师及其他职工的合法权益;(4)以适当方式为受教育者及其监护人了解受教育者的学业成绩及其他有关情况提供便利;(5)遵照国家有关规定收取费用并公开收费项目;(6)依法接受监督。

51. B 【解析】本题考查《中华人民共和国教育法》的内容。《中华人民共和国教育法》第四十三条规定,受教育者享有下列权利:(1)参加教育教学计划安排的各种活动,使用教育教学设施、设备、图书资料;(2)按照国家有关规定获得奖学金、贷学金、助学金;(3)在学业成绩和品行上获得公正评价,完成规定的学业后获得相应的学业证书、学位证书;

(4)对学校给予的处分不服向有关部门提出申诉,对学校、教师侵犯其人身权、财产权等合法权益,提出申诉或者依法提起诉讼;(5)法律、法规规定的其他权利。

52. C 【解析】本题考查《中华人民共和国教师法》的内容。《中华人民共和国教师法》第八条规定,教师应当履行下列义务:(1)遵守宪法、法律和职业道德,为人师表;(2)贯彻国家的教育方针,遵守规章制度,执行学校的教学计划,履行教师聘约,完成教育教学工作任务;(3)对学生进行宪法所确定的基本原则的教育和爱国主义、民族团结的教育,法制教育以及思想品德、文化、科学技术教育,组织、带领学生开展有益的社会活动;(4)关心、爱护全体学生,尊重学生人格,促进学生在品德、智力、体质等方面全面发展;(5)制止有害于学生的行为或者其他侵犯学生合法权益的行为,批评和抵制有害于学生健康成长的现象;(6)不断提高思想政治觉悟和教育教学业务水平。A、B、D三项属于第七条规定的教师的权利。

53. B 【解析】本题考查《中华人民共和国教师法》的内容。《中华人民共和国教师法》第三十七条规定:教师有下列情形之一的,由所在学校、其他教育机构或者教育行政部门给予行政处分或者解聘:(1)故意不完成教育教学任务给教育教学工作造成损失的;(2)体罚学生,经教育不改的;(3)品行不良、侮辱学生,影响恶劣的。

54. A 【解析】本题考查《中华人民共和国义务教育法》的内容。《中华人民共和国义务教育法》第二十二条规定,县级以上人民政府及其教育行政部门应当促进学校均衡发展,缩小学校之间办学条件的差距,不得将学校分为重点学校和非重点学校。

55. D 【解析】本题考查违纪学生的处理。《中华人民共和国义务教育法》第二十七条规定,对违反学校管理制度的学生,学校应当予以批评教育,不得开除。《中小学教育惩戒规则(试行)》第十条规定,小学高年级、初中和高中阶段的学生违规违纪情节严重或者影响恶劣的,学校可以实施以下教育惩戒,并应当事先告知家长:(1)给予不超过一周的停课或者停学,要求家长在家进行教育、管教;(2)由法治副校长或者法治辅导员予以训诫;(3)安排专门的课程或者教育场所,由社会工作者或者其他专业人员进行心理辅导、行为干预。对违规违纪情节严重,或者经多次教育惩戒仍不改正的学生,学校可以给予警告、严重警告、记过或者留校察看的纪律处分。对高中阶段学生,还可以给予开除学籍的纪律处分。题干中针对小学生刘某多次偷窃的行为,学校不得进行开除处理,可以进行记过处分。A、B、C三项错误,答案选D项。

56. B 【解析】本题考查《中华人民共和国未成年人保护法》的内容。《中华人民共和国未成年人保护法》(2012年修正)第五条规定,保护未成年人的工作,应当遵循下列原则:(1)尊重未成年人的人格尊严;(2)适应未成年人身心发展的规律和特点;(3)教育与保护相结合。

57. D 【解析】本题考查《中华人民共和国未成年人保护法》的内容。《中华人民共和国未成年人保护法》(2012年修正)第三十九条规定,任何组织或者个人不得披露未成年人的个人隐私。

58. A 【解析】本题考查《中小学教师职业道德规范》(2008年修订)。2008年修订的《中小学教师职业道德规范》中,爱岗敬业要求教师对工作高度负责,认真备课上课,认真批改作业,认真辅导学生,不得敷衍塞责。小刘老师不备课,不及时批改学生作业,也不按时完成教学任务,违背了教师职业道德规范中的爱岗敬业。

59. C 【解析】本题考查《中小学教师职业道德规范》(2008年修订)。2008年修订的《中小学教师职业道德规范》中,教书育人要求教师不以分数作为评价学生的唯一标准。王老师只以成绩好坏来评价学生,这种做法违背了教师职业道德规范中的教书育人。

60. D 【解析】本题考查《中小学教师职业道德规范》(2008年修订)。2008年修订的《中小学教师职业道德规范》中,终身学习要求教师潜心钻研业务,勇于探索创新,不断提高专业素养和教育教学水平。所以,教师潜心钻研业务体现了教师职业道德规范中的终身学习。

二、多项选择题

61. ABD 【解析】本题考查学校教育制度规定的内容。学校教育制度简称学制,是一个国家各级各类学校的总体系,具体规定各级各类学校的性质、任务、入学条件、培养目标、学习要求、修业年限及它们之间的相互关系。(具体内容参见靳希斌主编的《教育学》)

62. ABC 【解析】本题考查三维课程目标。新课程背景下的课堂教学,要求根据各学科教学的任务和学生的需求,从知识与技能、过程与方法、情感态度与价值观三个维度出发设计课程目标。

63. ABC 【解析】本题考查教学过程的特殊性的表现。教学过程作为一种特殊的认识过程,其特殊性表现在:(1)认识对象的间接性与概括性;(2)认识方式的简捷性与高效性;(3)教师的引导性、指导性与传授性(有领导的认识);(4)认识的交往性与实践性;(5)认识的教育性与发展性。D项排除。

64. AD 【解析】本题考查真正的创造行为。创造性是指个体产生独特的、有社会价值的产品的能力或特性,也称为创造力。它有两种表现形式,一是发明,二是发现。发明是制造新事物,如鲁班发明锯子等。发现是找出本来就存在但尚未被人了解的事物和规律,如马克思发现剩余价值规律、门捷列夫发现元素周期律等。A项属于发明;D项属于发现。BC两项不属于创造行为,排除。

65. BCD 【解析】本题考查感觉的种类。根据感觉器官的不同,可将感觉分为外部感觉和内部感觉。外部感觉是指感受外部刺激,反映外部事物个别属性的感觉,主要分为视觉、听觉、嗅觉、味觉和肤觉(包括触压觉、温度觉和痛觉)五大类。内部感觉是指感受内部刺激,反映机体内部变化的感觉,主要分为机体觉、平衡觉和运动觉。

66. AC 【解析】本题考查知识学习的类型。下位学习又称类属学习,是一种把新的观念归属于认知结构中原有观念的某一部分,并使之相互联系的过程。A、C两项中先学习的蔬菜和哺乳动物的结构层次高于后学习的白菜和鲸鱼,属于下位学习。B、D两项中先学习的白菜、猫狗的结构层次低于后学习的蔬菜和哺乳动物,属于上位学习。

67. AD 【解析】本题考查学习动机的分类。根据动机产生的诱因来源,可以把学习动机分为内部学习动机和外部学习动机。内部学习动机是指诱因来自学习者本身的内在因素,即学生因对活动本身发生兴趣而产生的动机。外部学习动机是指诱因来自学习者外部的某种因素,即在学习活动以外由外部的诱因激发出来的学习动机。根据学习动机的社会意义,可以把学习动机分为高尚的学习动机和低级的学习动机。高尚的学习动机的核心是利他主义,如学生把当前的学习同国家和社会的利益联系在一起,把学习看成是对社会多做贡献和应尽的义务;低级的学习动机的核心是利己的、自我中心的,学习动机只来源于自己眼前的利益,如把学习看成是猎取个人名利的手段。“为中华之崛起而读书”是将学习与国家社会的利益(学习者外部的因素)联系在一起,属于高尚的学习动机和外部学习动机。

68. AB 【解析】本题考查能力的分类。根据能力适应活动范围的大小,可将能力分为一般能力和特殊能力。一般能力是指在不同种类活动中表现出来的能力。一般能力包括观察力、记忆力、抽象概括能力、创造力等。C、D两项属于特殊能力。

69. ABC 【解析】本题考查《中国教育现代化2035》的内容。《中国教育现代化2035》提出了推进教育现代化的八大基本理念:更加注重以德为先,更加注重全面发展,更加注重面向人人,更加注重终身学习,更加注重因材施教,更加注重知行合一,更加注重融合发展,更加注重共建共享。

70. ABD 【解析】本题考查《中华人民共和国教育法》的内容。《中华人民共和国教育法》第三十五条规定,国家实行教师资格、职务、聘任制度,通过考核、奖励、培养和培训,提高教师素质,加强教师队伍建设。

三、材料分析选择题

71. ACD 【解析】本题考查影响个体身心发展的因素。个体的主观能动性是人的一种内在需要和动力,是一种寻求发展的积极动机和渴望。所以,个体的主观能动性是其身心发展的内驱力,也是促进个体发展从潜在的可能状态转向现实状态的决定性因素。海伦·凯勒以坚韧的毅力克服了常人难以克服的困难,最终完成了大学学业,成为了一名作家,是发挥主观能动性的表现。A项正确。教育在人的发展中起着主导和促进作用,B项错误。社会实践活动是个体主观能动性的最高形式,也就是把个体发展的可能性转变成现实性的关键因素。C项正确。社会环境为个体的发展提供了多种可能,使遗传提供的发展可能变成现实。海伦·凯勒父母的支持和家庭教师的教导,为她提供了良好的环境,使她的发展成为可能。D项正确。

72. ABD 【解析】本题考查师生关系的相关内容。民主平等要求教师理解学生,发挥非权力性影响,并一视同仁地与所有学生交往,善于倾听不同意见,同时也要求学生正确表达自己的思想和行为,学会合作和共同学习。李老师积极关注并深入了解学生的想法,参与学生各种兴趣话题的讨论,体现了民主平等的师生观。A项分析正确。处于关注生存阶段的一般是新教师,他们非常关注自己的生存适应性,最担心的问题是“学生喜欢我吗”“同事们如何看我”“领导是否觉得我干得不错”等,因而可能会把大量的时间花在如何与学生搞好个人关系上。李老师是一名新入职的初中女教师,非常希望得到学生的接纳和认同,为此和学生打成一片。这说明李老师处于教师成长的“关注生存”阶段。B项分析正确。教师威信是指由教师的资历、声望、才能和品德等因素决定的,教师个人或群体在学生或社会中的影响力。李老师深受学生的喜欢,她的做法并没有降低教师的权威。C项分析错误。了解和研究学生是教师工作的前提和基础,教师要与学生取得共同语言,使教育影响深入学生的内心世界,就必须了解和研究学生。D项分析正确。

73. ACD 【解析】本题考查新课程改革理念。《基础教育课程改革纲要(试行)》规定,整体设置九年一贯的义务教育课程。小学阶段以综合课程为主。该小学的做法体现了这一点。A项分析正确。校本课程是我国三级课程管理体系的重要组成部分,可以为学生提供多样化的课程,在一定范围内弥补国家课程的不足。该校的课程改革并不会削弱国家课程的地位。B项分析错误。校本课程开发有利于形成学校办学特色,满足学校"个性化"发展需求,有利于教师专业水平的提高,尤其是科研能力的提高,有利于学生主体性的发展,真正满足学生生存与发展的需要。C项分析正确。在校本课程开发的过程中,以教师为主体,形成一个由校长、研究专家、学生及学生家长和社区人士共同开发课程的合作共同体。学校也是课程改革的主体,该校的改革体现了学校在课程改革中的主动性和创造性。D项分析正确。

74. ABC 【解析】本题考查课程实施的取向。忠实取向认为,设计好的课程是不能改变的,课程实施的过程应该是忠实地执行课程计划的过程。张老师的观点体现了课程实施的"忠实取向"。相互调适取向(相互适应取向)认为,设计好的课程计划是可以变动的,课程实施过程是课程计划与班级或学校实践情境在课程目标、内容、方法、组织模式诸方面相互调整、改变与适应的过程。李老师的观点体现了课程实施的"相互适应取向"。创生取向认为,设计好的课程并不是固定不变的,课程实施的过程也是课程的设计过程。课程实施的过程是在具体教育情境中由师生共同创生新的教育经验的过程。"以课标为指引,创造性地利用教科书"体现了王老师持课程实施的"创生取向"。我国课程改革的发展趋势之一为:在课程实施上,要超越忠实取向,走向相互适应取向和课程创生取向。所以,并不是只有"创生取向"才是符合新课程改革的理念。D项分析错误。

75. ABD 【解析】本题考查教学原则。直观性原则是指在教学活动中,教师应尽量利用学生的多种感官和已有的经验,通过各种形式的感知,使学生获得生动的表象,从而比较全面、深刻地掌握知识。张老师给学生播放与教材内容相关的桂林山水的视频,让学生更直观地了解桂林山水,体现了直观性原则。因材施教原则是指教师在教学中,要从课程计划、学科课程标准的统一要求出发,面向全体学生;同时又要根据学生的个别差异,有的放矢地进行有差别的教学,使每个学生都能扬长避短,获得最佳的发展。贯彻这一原则要求教师要善于发现每个学生的兴趣、爱好,并创造条件,尽可能使每个学生的不同特长都得以发挥。张老师让学生用自己喜欢的方式介绍桂林山水,就是为学生的特长发挥创造条件,体现了因材施教原则。思想性(教育性)和科学性相统一的原则是指教学要以马克思主义为指导,授予学生科学知识,并结合知识教学对学生进行社会主义品德和正确人生观、科学世界观教育。这一原则材料中未体现。启发性原则是指在教学活动中,教师要调动学生的主动性和积极性,引导他们通过独立思考、积极探索,生动活泼地学习,自觉地掌握科学知识,提高分析问题和解决问题的能力。贯彻启发性原则要求教师加强学习的目的性教育,调动学生学习的主动性;设置问题情境,启发学生独立思考,培养学生良好的思维方法和思维能力。张老师在播放视频之前,让学生积极思考并提出问题,体现了对启发性原则的运用。

76. B 【解析】本题考查德育原则。依靠积极因素、克服消极因素的原则(长善救失原则)是指,在德育工作中,教育者要善于依靠、发扬学生自身的积极因素,调动学生自我教育的积极性,克服消极因素,以达到长善救失的目的。王老师利用张明爱好体育、喜欢打篮球这一特点,对他进行教育,使张明逐渐克服了缺点。这一事例体现了发扬积极因素与克服消极因素相结合的德育原则。

77. B 【解析】本题考查气质的类型。胆汁质气质类型的特点为:情绪体验强烈、爆发迅猛、平息快速,思维灵活但粗枝大叶,精力旺盛、争强好斗、勇敢果断,为人热情直率、朴实真诚、表里如一,行动敏捷等。抑郁质气质类型的特点为:情绪体验深刻、细腻持久,情绪抑郁、多愁善感,思维敏锐、想象丰富,不善交际、孤僻离群,踏实稳重、自制力强,但他们行为举止缓慢,软弱胆小,优柔寡断。甲生符合抑郁质气质类型的特征,乙生符合胆汁质气质类型的特征。A项错误,B项正确。气质仅使人的行为带有某种动力特征,无所谓好坏;同时,每一种气质类型都有其积极的方面,也都有其消极的方面,无法比较好坏。C、D两项错误。

78. BC 【解析】本题考查成败归因理论。韦纳对行为结果的归因进行了系统探讨,发现人们倾向于将活动成败的原因即行为责任归结为以下六个因素,即能力、努力程度、工作难度、运气、身心状况、外界环境。又把上述六项因素按各自的性质,分别归入三个维度:内部归因和外部归因、稳定性归因和非稳定性归因、可控制归因和不可控制归因。其中,"运气"属于外在、不稳定、不可控的归因;"难度"属于外在、稳定、不可控的归因;"外界环境"属于外在、不稳定、不可控的归因,材料中小明的归因都属于外部归因。归因于努力相对归因于能力,无论成功或失败都会产生更强烈的情绪体验。努力而成功,体验到愉快;不努力而失败,体验到羞愧;努力而失败,也应受到鼓励。故小明应把学习结果归因于内部、可控的因素,即努力。

79. ABC 【解析】本题考查教师期望效应。教师期望效应也叫罗森塔尔效应或皮格马利翁效应,即教师的期望或明或暗地传送给学生,会使学生按照教师所期望的方向来塑造自己的行为。罗森塔尔效应是一种心理暗示。多数心理学家认为,教师期待的自我实现预言效应确实是存在的。在日常教育中,经常可以发现,如果教师喜欢某些学生,对他们抱有较高期待,一段时间后,教师会将自己暗含期待的感情微妙地传递给学生,使这些学生更加自尊、自信、自爱、自强,诱发出一种积极向上的激情,这些学生常常像老师所期待的那样有所进步。材料中被随机抽到的学生的进步说明了教师期望与心理暗示对学生发展的影响,A、B两项正确。教师在教学中要善用激励的手段,给学生积极的心理暗示和合理的期望,从而促进学生的发展。C项正确。材料中并未体现教师教学能力对学生发展的作用,D项不选。

80. AB 【解析】本题考查关键期。关键期指人的某种身心潜能在某一年龄段有一个最好的发展时期。它既包括有机体需要刺激的时期,也包括有机体对某种刺激最敏感的时期。因此,也叫敏感期、最佳期。在这一时期内,对个体某一方面进行训练可以获得最佳成效,并能充分发挥个体在这一方面的潜力。错过了关键期,训练的效果就会降低,甚至永远无法补偿。A项正确,C项错误。影响个体心理发展的因素有遗传、环境、教育、主观能动性等。其中,环境对个体的心理发展有着巨大的影响。人所处的环境和一般动物有着本质的区别,离开了社会环境与社会实践,人的心理就不可能向人的方向发展。材料中"狼孩"具有狼的习性,说明其心理发展缺少人类社会环境的影响,B项正确。卡玛拉在人类社会生活了8年,仍然不能流畅地与人进行语言交流,这否定了遗传在人的心理发展中的决定作用,D项错误。

2020年江西省中小学教师招聘考试教育综合基础知识真题试卷(五十一)

第一部分 客观题

一、单项选择题

1. D 【解析】本题考查《中华人民共和国义务教育法》的有关内容。根据《中华人民共和国义务教育法》第三十五条规定,学校和教师按照确定的教育教学内容和课程设置开展教育教学活动,保证达到国家规定的基本质量要求。国家鼓励学校和教师采用启发式教育等教育教学方法,提高教育教学质量。

2. B 【解析】本题考查《中华人民共和国教育法》的有关内容。根据《中华人民共和国教育法》第三十六条规定,学校及其他教育机构中的教学辅助人员和其他专业技术人员,实行专业技术职务聘任制度。

3. A 【解析】本题考查德育过程的一般规律。德育过程的一般规律之一是德育过程是学生在活动和交往中形成思想品德规律的过程。活动与交往既是学生思想品德形成的源泉,也是学生思想品德发展的条件。

4. A 【解析】本题考查教育的生物起源论和心理起源论的共同特点。生物起源论的局限是没有把握人类教育的目的性和社会性,把教育的起源问题生物学化;心理起源论的局限是把人类有意识的教育行为混同于无意识模仿,否定了教育活动的目的性和意识性,同样导致了教育的生物学化,否认了教育的社会属性。因此,教育的生物起源论和心理起源论的共同特点是都否认了教育的社会性。

5. C 【解析】本题考查《学记》的教育思想。《学记》指出,正课学习与课外练习必须兼顾,课内与课外相结合,相互补充。即"大学之教也,时教必有正业,退息必有居学"。故C项说法正确。

6. B 【解析】本题考查人的身心发展的规律。人的身心发展的不均衡性(不平衡性),一方面是指身心发展的同一方面的发展速度,在不同的年龄阶段是不均衡的。例如,青少年的身高、体重在其全部发展过程中会经历两个高峰;第一个高峰是在一岁左右,第二个高峰是在青春发育期。在这两个高峰期内,身高体重的发展较之其他阶段快得多。另一方面是就个体身心发展的不同方面而言的。故B项正确。

7. B 【解析】本题考查教育的文化功能。教育的文化功能之一是文化选择。教育需要对文化进行选择与整理。教育的文化选择通常有两个尺度:一是它要与主流文化相一致;二是它符合人的身心发展规律。根据以上两个尺度,教育的文化选择功能表现为"吸取"和"排斥"。通过选择,使文化成为更有助于人发展的力量。题干中的"对于西方政治文明,应取其精华,弃其糟粕,而后进行普及"就体现了文化的选择、提升功能。

8. D 【解析】本题考查教学评价的类型。从不同的角度和标准出发,教学评价可以划分为不同的类型:(1)依据评价的作用,教学评价可以分为形成性评价、诊断性评价、总结性评价;(2)按照评价活动参照的标准,教学评价可以分为相对性评价、绝对性评价、个体内差异评价;(3)按照评价主体,教学评价可以分为自我评价、他人评价。

9. C 【解析】本题考查《中小学教师职业道德规范》(教育部2008年修订)的内容。在《中小学教师职业道德规范》

(教育部2008年修订)中,爱国守法是教师职业道德的基本要求。爱岗敬业是教师职业道德的本质要求。关爱学生是教师职业道德的灵魂。教书育人是教师的天职。为人师表是教师职业道德的内在要求。终身学习是教师专业发展的不竭动力。

10. B 【解析】本题考查教师如何处理好与学生家长的关系。教师在处理与家长关系时应遵循的道德要求有:(1)主动与学生家长联系;(2)认真听取家长的意见和建议;(3)尊重学生家长的人格;(4)教育学生尊重家长。值得注意的是,尊重并不代表迁就,故B项说法错误。

11. C 【解析】本题考查教师的专业技能。师范生专业技能包括语言文字基本功、教学工作、班主任工作、职业发展能力等四个部分。其中,在语言文字基本功的训练中,应当培养师范生口语、书面语言的表达能力,进行"一话三笔"(普通话、钢笔字、毛笔字、粉笔字)训练,故普通话水平属于教师的专业技能。

12. D 【解析】本题考查杜威及其代表作。杜威的理论是现代教育理论的代表,其代表作《民主主义与教育》(又译《民本主义与教育》,1916年)及反映在其作品中的实用主义教育思想,对20世纪的教育和教学有深远影响,具有里程碑的意义。

13. B 【解析】本题考查费斯勒的教师生涯循环论。费斯勒的教师生涯循环阶段之一是稳定和停滞阶段,这一阶段的教师存在着"做一天和尚撞一天钟"的心态。教师只做分内的工作,不会主动追求教学专业的卓越与成长,不求有功,但求无过,可以说是缺乏进取心、敷衍塞责的阶段。

14. B 【解析】本题考查社会本位论的代表人物。社会本位论的代表人物有荀子、柏拉图、涂尔干、纳托普、凯兴斯泰纳、孔德、巴格莱等。个人本位论的代表人物有孟子、卢梭、洛克、裴斯泰洛齐、福禄贝尔、帕克、爱伦·凯、马利坦、赫钦斯、奈勒、萨特、马斯洛、罗杰斯等。A、C、D三项均是个人本位论的代表人物,故B项正确。

15. A 【解析】本题考查义务教育的提出。在清政府于1904年颁布执行的《奏定学堂章程》中的《学务纲要》中,最先出现了"义务教育"一词。1906年,学部颁布《强迫教育章程》十条,规定"幼童至7岁须令入学,及岁不入学者,罪其父兄"。这是中国政府计划实行强迫义务教育的第一道正式法令。清政府学部在《试办义务教育章程案》中明确规定以4年为义务教育期,并提出了试办义务教育的办法。

16. D 【解析】本题考查新课程结构的内容。新课程改革在课程结构方面指出,要改变过于强调学科本位、科目过多和缺乏整合的状况,整体设置九年一贯的课程门类和课时比例,设置综合课程,体现课程结构的均衡性、综合性和选择性。

17. C 【解析】本题考查教学过程的规律。教学过程的规律之一是掌握知识与提高能力相结合的规律。掌握知识和发展智力相互依存、相互促进,二者统一于教学活动中。知识是发展智力的基础。知识为智力活动提供了广阔的领域,只有有了某一方面的知识,才有可能去从事该方面的思维活动。列宁的话就体现了掌握知识对于发展学习者的思考力的重要作用。

18. A 【解析】本题考查学科德育渗透的途径。学科德育渗透的途径包括:(1)挖掘教材的德育因素。各科教材中不同程度地存在一些德育因素,即"文以载道",教师应该把蕴含在各学科知识中的德育因素挖掘出来,寓德于教。语文、历史、地理等课要利用课程中语言文字、传统文化、国土常识等丰富的思想道德教育因素,潜移默化地对学生进行世界观、人生观和价值观的引导。(2)注重教法的德育效果;(3)发挥教师的道德示范。

19. B 【解析】本题考查心理学及教育心理学的发展历史。1879年,德国著名心理学家冯特在德国莱比锡大学创建了世界上第一个心理学实验室,开始对心理现象进行系统的实验研究。在心理学史上,人们把这一事件看作是心理学脱离哲学,走上独立发展道路的标志。1903年,美国心理学家桑代克出版了《教育心理学》,这是西方第一本以教育心理学命名的专著。这之间相隔24年。

20. D 【解析】本题考查心理过程的内容。心理过程是心理活动的一种动态过程,是人脑对客观现实的反映过程。它包括认知过程、情绪情感过程和意志过程三个方面。

21. C 【解析】本题考查正迁移的概念。正迁移也叫"助长性迁移",是指一种学习对另一种学习的促进作用。顺向迁移是指先前学习对后继学习产生的影响。逆向迁移是指后继学习对先前学习产生的影响。负迁移也叫"抑制性迁移",是指一种学习对另一种学习产生阻碍作用。

22. D 【解析】本题考查学习的概念。学习是个体在特定情境下由于练习或反复经验而产生的行为或行为潜能的相对持久的变化。这一定义是广义的学习定义,既适用于动物的学习,也适用于人类的学习。

23. C 【解析】本题考查形成操作技能的关键环节。练习是形成各种操作技能所不可缺少的关键环节,也是操作技能形成的基本途径。

24. C 【解析】本题考查态度和品德的形成中第一阶段的内容。依从,即表面上接受规范,按照规范的要求来行动,但对规范的必要性或根据缺乏认识,甚至有抵触情绪。它是规范内化的初级阶段,是态度与品德建立的开端。依从包括从众和服从两种。

25. B 【解析】本题考查布鲁纳教学的最终目标。布鲁纳认为,教学的目的在于理解学科的基本结构。由于布鲁纳强调学习的主动性和认知结构的重要性,所以他主张教学的最终目标是促进学生对学科结构的一般理解。

26. B 【解析】本题考查性格的概念。性格是指人的较稳定的态度与习惯化了的行为方式相结合而形成的人格特征。它是一个人的心理面貌本质属性的独特结合,是人与人相互区别的主要方面。

27. B 【解析】本题考查难度的计算。难度的公式为P=XXmax(X为平均分,Xmax为满分),X平均分越高,难度指数P越大,说明该试卷越容易。

28. A 【解析】本题考查学习策略的内容。缩简就是将识记材料的每条内容简化成一个关键性的字,然后变成自己所熟悉的事物从而将材料与过去经验联系起来。题干中该生使用的学习策略就是记忆术中的缩简法。

29. B 【解析】本题考查态度的内容。态度是通过学习而形成的影响个人行为选择的内部准备状态或反应的倾向性。态度的行为成分是指个体对态度对象企图表现出来的行为意向,它构成态度的准备状态,即态度对特定对象作出某种反应。

30. D 【解析】本题考查信度的内涵。信度是指在不同时间,使用同一测验,或者使用两个不同项目的等值测验,或在其他不同的测试条件下,对同一组被试实施两次或多次测试所得分数的一致性。题干中,针对同一份试题,该学生的两次测验分数相同,说明这份试题有很高的一致性,有很高的信度。

二、多项选择题

31. ACD 【解析】本题考查《学生伤害事故处理办法》的有关内容。按照学生被侵害权利的不同,学生伤害事故包括以下三种类型:(1)死亡(生命权被侵害);(2)患病(健康权被侵害);(3)伤残(身体权被侵害)。

32. BCD 【解析】本题考查《中华人民共和国未成年人保护法》的有关内容。根据《中华人民共和国未成年人保护法》第二十条规定,学校应当与未成年学生的父母或者其他监护人互相配合,保证未成年学生的睡眠、娱乐和体育锻炼时间,不得加重其学习负担。

33. ABC 【解析】本题考查影响课程发展的外部因素。影响课程发展的基本因素分为:(1)外部因素,包括社会因素、儿童因素、知识因素;(2)内部影响,包括课程传统、课程理论、课程自身发展的辩证否定规律以及学制。

34. ABD 【解析】本题考查《中小学教师职业道德规范》(教育部2008年修订)的内容。《中小学教师职业道德规范》(教育部2008年修订)中"爱岗敬业"这一条目的基本内容或要求包括:忠诚于人民教育事业,志存高远,勤恳敬业,甘为人梯,乐于奉献。对工作高度负责,认真备课上课,认真批改作业,认真辅导学生。不得敷衍塞责。C项属于"关爱学生"的要求。

35. ABCD 【解析】本题考查教师职业道德修养的特点。教师职业道德修养的特点包括内省性、自主性、实践性和持恒性。

36. BCD 【解析】本题考查《中共中央国务院关于深化教育教学改革全面提高义务教育质量的意见》的内容。《意见》对"促进信息技术与教育教学融合应用"做的规定为:推进"教育+互联网"发展,按照服务教师教学、服务学生学习、服务学校管理的要求,建立覆盖义务教育各年级各学科的数字教育资源体系;加快数字校园建设,积极探索基于互联网的教学;免费为农村和边远贫困地区学校提供优质学习资源,加快缩小城乡教育差距;加强信息化终端设备及软件管理,建立数字化教学资源进校园审核监管机制。

37. ABC 【解析】本题考查教育学萌芽阶段的代表作。萌芽阶段的教育学还没有成为一门独立的学科,只是表现为许多零星的教育思想与观点,理论上并不成熟,方法是经验总结和理性思考。这一时期的教育学著作有《学记》、《论语》、《孟子》、《老子》、《庄子》、《大学》、朱熹的《四书集注》、王守仁的《传习录》、韩愈的《师说》、柏拉图的《理想国》、亚里士多德的《政治学》和昆体良的《雄辩术原理》(《论演说家的教育》)等。《教育漫话》是洛克的代表作品,属于教育学学科独立及开始发展阶段的作品。

38. ABCD 【解析】本题考查学校教育在人的发展中起主导作用的原因。学校教育在人的发展中起主导作用的原因包括:(1)学校教育具有明确的目的性和方向性;(2)学校教育具有较强的计划性和系统性;(3)学校教育具有高度的组织性;(4)学校教育能对影响学生发展的因素加以调节、控制和利用,以最大限度促进学生的发展。同时,学校教育可以抓住儿童受教育的最佳时期。

39. BCD 【解析】本题考查专制型师生关系中学生的典型表现。专制型师生关系中学生的典型表现包括:(1)屈服,但一开始就不喜欢和厌恶这种教师;(2)推卸责任是常见的事情;(3)学生易激怒,不愿合作,而且可能会在背后伤人;(4)教师一离开课堂,学习就明显松垮。A项属于放任型师生关系中学生的典型表现。

40. AC 【解析】本题考查课程资源的类型。课程资源的类型包括:(1)按照课程资源空间分布的不同,大致可以把课程资源分为校内课程资源和校外课程资源。(2)按课程资源的功能特点区分,有素材性课程资源和条件性课程资源。(3)根据课程资源的存在方式,可将课程资源分为显性课程资源和隐性课程资源。

41. ABCD 【解析】本题考查启发性教学原则的贯彻要求。启发性教学原则的贯彻要求包括:(1)加强学习的目的性教育,调动学生学习的主动性;(2)设置问题情境,启发学生独立思考,培养学生良好的思维方法和思维能力;(3)让学生动手,培养独立解决问题的能力,鼓励学生将知识创造性地运用于实际;(4)发扬教学民主,它包括:建立民主、平等的师生关系和生生关系,创造民主、和谐的教学气氛,鼓励学生发表不同见解,允许学生向教师提出质疑等。

42. ABD 【解析】本题考查中华优秀传统文化教育。中华优秀传统文化教育包括:开展家国情怀教育、社会关爱教育和人格修养教育,传承发展中华优秀传统文化,大力弘扬核心思想理念、中华传统美德、中华人文精神,引导学生了解中华优秀传统文化的历史渊源、发展脉络、精神内涵,增强文化自觉和文化自信。C项属于心理健康教育。

43. ABC 【解析】本题考查艺术浸染的类型。陶冶教育法包含三个方面:(1)人格感化。这是指教师以自己的品行和情感为情境对学生进行熏陶。(2)环境熏陶。这里的环境既包括物质环境,也包含精神氛围。前者如干净的校园、朴实的校舍;后者如优良的校风、班风。(3)艺术浸染。艺术包括音乐、美术、舞蹈、诗歌、文学、影视、雕塑等。这些艺术来自于生活,寓意深厚,具有强大的道德感染功能。

44. ACD 【解析】本题考查班级管理的功能。班级管理的功能包括:(1)有助于实现教学目标,提高学习效率;(2)有助于维持班级秩序,形成良好的班风;(3)有助于锻炼学生能力,学会自治自理。

45. BD 【解析】本题考查学习理论的有关内容。认知主义学习理论认为学习是对情境的理解和顿悟,是认知结构的变化。加涅、奥苏伯尔属于认知主义学习理论的心理学家。华生为行为主义学派的心理学家,罗杰斯为人本主义的心理学家。

46. ABC 【解析】本题考查关键期的内容。所谓关键期,就是指人的某种身心潜能在人的某一年龄段有一个最好的发展时期。研究认为,关键期既包括有机体需要刺激的时期,也包括有机体对某种刺激最敏感的时期。因此,关键期也叫敏感期、最佳期。A项正确。在这一时期内,对个体某一方面进行训练可以获得最佳成效,并能充分发挥个体在这一方面的潜力。错过了关键期,训练的效果就会降低,甚至永远无法补偿。B项正确。当然,关键期也并非绝对的,错过关键期之后,经过补偿性学习仍有可能得到发展,只是难度要大些。故D项错误。4~5岁是学习书面语言的关键期,C项正确。

47. ABC 【解析】本题考查论述题的编制。论述题最适合测量客观性试题所无法测量的那些高水平、复杂的技能。与客观性测验相比,优秀的论述题会促使学生更加深入地探究学习。

48. ABC 【解析】本题考查自我实现需要的内容。自我实现需要由低到高可以分为认知需要、审美需要和自我创造需要。

49. ABD 【解析】本题考查我国学习的分类。我国的心理学家通常把学生的学习分为知识的学习、技能的学习和行为规范的学习三类。

50. ABCD 【解析】本题考查迁移的影响因素。影响迁移的主要因素有:(1)相似性;(2)原有认知结构;(3)学习的心向与定势。除前面所涉及的影响迁移的一些基本因素外,诸如年龄、智力、学习者的态度、教学指导、外界的提示与帮助等都在不同程度上影响着迁移的产生。

第二部分 主观题

三、判断分析题(参考答案)

1. 循循善诱,诲人不倦,是教师开展教书育人工作的目标指向。

(1)这种说法是不正确的。(2)培养学生良好品行,激发学生创新精神,促进学生全面发展,是教师开展教书育人工作的目标指向。此外,循循善诱,诲人不倦,因材施教是教师开展教书育人工作的具体方法。《中小学教师职业道德规范》(教育部2008年修订)中关于"教书育人"方面所规定的具体职业行为要求有以下几点:①遵循教育规律,实施素质教育;②循循善诱,诲人不倦,因材施教;③培养学生良好品行,激发学生创新精神,促进学生全面发展;④不以分数作为评价学生的唯一标准。

2. 教师备课就是备教材。

(1)这种说法是不正确的。(2)教师备课的要求包括:①教师备课要做好三方面的工作,即钻研教材、了解学生、设计教法,也即备教材、备学生、备教法;②写好三种计划,即学年(或学期)教学计划、课题(或单元)计划、课时计划(教案)。

3. 学生问老师竹子的竹筒有没有空气,老师没有回答他,而是引导学生自己思考,学生试过摇、敲、破的方法,最后想到将竹筒放进水里,学生看到有水泡冒出来,非常兴奋。从情感的社会角度看,这种兴奋是一种道德感。

(1)这种说法是不正确的。(2)理智感是人认识事物和探求真理的需要是否得到满足而产生的主观体验。例如,人们在探求未知的事物时所表现的求知欲、认识兴趣和好奇心、发现问题的惊奇感、问题解决的喜悦感、为真理献身的自豪感、问题不解的苦闷感等。题干所述为理智感。道德感是根据一定的道德标准评价人的思想、意图和言行时所产生的主观体验。

4. 学习动机是直接推动学习行为的原因和动力。

(1)这种说法是正确的。(2)学习动机是指引发个体进行学习活动和维持已引起的学习活动,并使个体的学习活动达到一定学业目标的一种内部动力。学习动机是直接推动学生进行学习的内部动力。一个学生是否想要学习、学习的努力程度、积极性、主动性等都与学习动机有关。

5. 试误学习的过程中,学习者对刺激情境做出反应之后,能够获得满意的结果时,联结力量就会增强,这符合桑代克联结学习的练习律。

(1)这种说法是不正确的。(2)练习律是指刺激与反应之间的联结会由于重复或练习而加强,不重复或练习,联结的力量就会减弱。效果律是指刺激和反应之间的联结可因导致满意的结果而加强,也可因导致烦恼的结果而减弱。题干所述为效果律。

四、论述题(参考答案)

结合班主任的素质要求、工作内容与方法,论述如何做一名班主任。

班主任的素质要求包括:(1)坚定的教育信念;(2)高尚的思想品德;(3)对学生炽热的爱;(4)较强的组织能力;(5)交往与合作能力;(6)多方面的兴趣与才能;(7)扎实的教育理论素养。此外,班主任还需要具备良好的心理素质,具备一定的心理指导能力。学校应当按照上述的要求来选派班主任。班主任则应该按照这些要求来提高自己的素质。

班主任工作的主要内容包括:(1)了解和研究学生;(2)组织和培养班集体;(3)做好个别教育工作;(4)进行操行评定;(5)协调校内外各种教育力量;(6)班主任工作计划与总结;(7)班会活动的组织;(8)偶发事件的处理。

班主任工作的方法包括:(1)说理教育法;(2)激励法;(3)榜样示范法;(4)角色模拟法;(5)暗示法;(6)契约法;(7)惩戒法;(8)行为训练法。

五、案例分析题(参考答案)

(1)在"加强劳动教育"方面提出的要求有以下几点:①要加强学生生活实践、劳动技术和职业体验教育。②优化综合实践活动课程结构,确保劳动教育课时不少于一半。③家长要给孩子安排力所能及的家务劳动,学校要坚持学生值日制度,组织学生参加校园劳动,积极开展校外劳动实践和社区志愿服务。

(2)案例中的劳动教育,运用了以下综合实践活动的方式:①考察探究。考察探究是学生基于自身兴趣,在教师的指导下,从自然、社会和学生自身生活中选择和确定研究主题,开展研究性学习,在观察、记录和思考中,主动获取知识,分析并解决问题的过程。案例中,师生对实践中遇到的问题进行探索,开发了新课程,培养了发现问题、解决问题的能力。②社会服务。社会服务指学生在教师的指导下,走出教室,参与社会活动,以自己的劳动满足社会组织或他人的需要。案例中,学生在STEM课程中设计制作的工具,可以帮助他们解决生产劳动中的实际问题。③设计制作。设计制作指学生运用各种工具、工艺(包括信息技术)进行设计,并动手操作,将自己的创意、方案付诸现实,转化为物品或作品的过程。案例中,师生开发了STEM课程,制作了采果子的工具,是学生将自己的创意转化为物品的过程。④职业体验。职业体验指学生在实际工作岗位上或模拟情境中见习、实习,体认职业角色的过程,如军训、学工、学农等。案例中,学生翻地、浇水、施肥、剪枝是对农业劳动的体验,培养了学生的劳动意识。

(3)案例中老师主要通过以下两点来培养:①保护学生好奇心,例如案例中组织各种活动课程让学生亲近自然,保持对自然的好奇。②鼓励独立性和创新精神,例如案例中让学生用新方法制作采果子的工具。在教学中我们还可以采用以下几点方法:①解除个体对答错问题的恐惧心理,例如学生在有错误回答以后不应该批评他们,要鼓励他们继续努力思考。②重视非逻辑思维能力。例如经常让学生从第一直觉来谈想法,发挥非逻辑思维的重要性。③给学生提供具有创造性的榜样。例如在教学中多让学生向优秀的发明家,科学家学习。

2020年宁夏回族自治区特岗教师招聘考试真题试卷(五十二)

一、单项选择题

1. D 【解析】本题考查基础教育课程改革的核心理念。贯穿于第八次课程改革的核心理念是:为了中华民族的复兴,为了每一位学生的发展。

2. C 【解析】本题考查新课程倡导的教师角色。从教师与学生的关系看,新课程倡导教师是学生学习的促进者;从教学与研究的关系看,新课程倡导教师是教育教学的研究者;从教学与课程的关系看,新课程倡导教师是课程的开发者和建设者。所以本题答案选择C项。

3. B 【解析】本题考查研究性学习的概念。研究性学习是指学生在教师指导下,从学习生活和社会生活中选择和确定研究专题,主动获得知识,应用知识,解决问题的学习活动。题干所述符合研究性学习的概念,故本题答案选择B项。

4. A 【解析】本题考查教师职业道德的核心。热爱学生是教师职业道德的核心,是教师高尚道德品质的表现。综合题干描述及选项设置,本题答案选择A项。

5. D 【解析】本题考查教师劳动的特点。教师劳动的创造性主要表现在三个方面:(1)因材施教;(2)教学方法上的不断更新;(3)教师需要"教育机智"。故本题答案选择D项。

6. C 【解析】本题考查"五育"的内容。《中共中央 国务院关于深化教育教学改革全面提高义务教育质量的意见》提出坚持"五育"并举,全面发展素质教育:(1)突出德育实效;(2)提升智育水平;(3)强化体育锻炼;(4)增强美育熏陶;(5)加强劳动教育。所以,"五育"指的是德育、智育、体育、美育、劳动教育。

7. B 【解析】本题考查常用的德育方法。题干引言的意思是:领导者本身言行正当,即使不下命令,百姓也会跟着行动;领导者本身言行不正当,即使三令五申,百姓也不会听从。这就要求教师以自身为榜样对学生进行示范教育,反映的德育方法是榜样示范法。故本题答案选择B项。

8. D 【解析】本题考查有关教学过程本质的观点。交往说认为,教学是教师教与学生学的统一,这种统一的实质是交往,教师与学生是"交互主体"的关系。因此,教学过程是教师与学生以课堂为主渠道的交往过程。

9. B 【解析】本题考查教学工作的中心环节。上课是整个教学工作的中心环节,是教师教和学生学的最直接的体现,是提高教学质量的关键。

10. A 【解析】本题考查班主任工作的内容。了解和研究学生是班主任工作的前提和基础,是做好班级工作的先决条件,也是班级教育过程中有效开展各项工作必不可少的基本环节。

11. D 【解析】本题考查学校文化的概念。人们对于如何界说学校文化有着不同的见解。学校文化的概念除了教材上的表述,还有:学校文化是指学校全体成员或部分成员习得且共同具有的思想观念和行为方式。

12. B 【解析】本题考查我国目前中小学主要的教学原则。启发性原则是指在教学活动中,教师要调动学生的主动性和积极性,引导他们通过独立思考、积极探索,生动活泼地学习,自觉地掌握科学知识,提高分析问题和解决问题的能力。第斯多惠的这句话是启发性原则的典型体现。

13. C 【解析】本题考查《儿童权利公约》提倡的四项原则。家庭困难、生理缺陷属于学生的私人信息,泄露学生的私人信息违背了尊重儿童权利与尊严原则。故本题答案选择C项。

14. A 【解析】本题考查注意的分类。无意注意也称不随意注意,是没有预定目的、无需意志努力、不由自主地对一定事物所发生的注意。题干中的老师和学生不由自主地被推门而入的迟到学生所吸引,这种注意是无需意志努力的,故体现的注意类型是无意注意。因此,答案选A项。有意注意也称随意注意,是有预先目的、需要意志努力、主动地对一定事物所发生的注意;有意后注意也称随意后注意,是指有自觉目的,但不需要意志努力的注意。根据题干描述和上述定义可知,B、C、D三项均不符合题意。

15. C 【解析】本题考查知觉的特征。知觉的整体性是指人根据自己的知识经验把直接作用于感官的客观事物的多种属性整合为统一整体的过程。知觉对象各组成部分的强度关系会影响知觉的整体性。即强度大的组成部分具有重要的意义,它往往决定着对知觉对象的整体认识。例如,人的面部特征是我们感知人体外貌的强的刺激部分。只要认得人的面部特征,不管他的发型、服饰等如何变化,只要面部没有变化,就不会认错人。因此,题干中描述的现象是利用了知觉的整体性。

16. A 【解析】本题考查学习迁移的种类。垂直迁移也称纵向迁移,是指先行学习内容与后续学习内容是不同水平的学习活动之间产生的影响。加减法和乘除法这两种学习内容不在同一水平上,因此,这种由易到难的学习过程属于纵向迁移。

17. D 【解析】本题考查系列位置效应。系列位置效应就是指接近开头和末尾的记忆材料的记忆效果好于中间部分的记忆效果的趋势。学习一篇课文,一般总是开头和结尾部分容易记住,而中间部分则容易忘记。其原因是:课文的开始部分只受倒摄抑制的影响,不受前摄抑制的影响;结尾部分只受前摄抑制的影响,不受倒摄抑制的影响;中间部分则受两种抑制的影响,因而最容易遗忘。故本题答案选D项。

18. B 【解析】本题考查思维的种类。具体形象思维(形象思维)是以直观形象和表象为支柱的思维过程。表象是思维的材料,思维过程往往表现为对表象的概括、加工和操作。题干中的一年级小学生在计算时,需借助头脑中的小棒等实物表象才能进行计算,这说明他的思维是以直观形象和表象为支柱的,故其思维类型是形象思维。

19. D 【解析】本题考查意志的品质。意志的自制性是指一个人善于控制和支配自己的情绪,约束自己言行的品质。题干中的学生在遇到难题时,会主动约束自己的行动,甚至连最喜爱的动画片也不去看,这表明该学生具备良好的自制性品质。

20. C 【解析】本题考查良好测验的指标。效度是指一个测验工具希望测到某种行为特征的有效性与准确程度。教师招聘考试的目的是测出考生所具备的教师素养和专业水平,如果本次招聘考试能够很好地测出考生所具备的教师素养和专业水平,则表明该次考试具备很好的效度。

二、判断题

21. × 【解析】本题考查《论语》的作者及主要内容。《论语》是孔子弟子及其门人记录孔子言行的语录体著作,约成书于战国初期。所以题干表述错误。

22. × 【解析】本题考查新课程改革的核心目标。新课程改革在《基础教育课程改革纲要(试行)》中首先确立了课程改革的核心目标即课程功能的转变。

23. √ 【解析】本题考查义务教育的特点。义务教育的强制性,是义务教育最基本的特征。它是指义务教育依照法律的规定,由国家强制力保证推行和实施。

24. × 【解析】本题考查陶行知生活教育理论与杜威教育理论的对比。陶行知早年留学美国,师从杜威并深受其教育思想影响。回国后,他创造性地把杜威的教育哲学与中国的教育实际相结合,提出了生活教育理论,即"生活即教育""社会即学校""教学做合一",这是对杜威"教育即生活""学校即社会""从做中学"的改造,并不是杜威教育理论的翻版,所以题干表述不正确。

25. × 【解析】本题考查教育的根本任务。党的十八大提出,把立德树人作为教育的根本任务,培养德智体美全面发展的社会主义建设者和接班人。所以,题干表述错误。

26. × 【解析】本题考查对惩罚的运用。教师要尊重学生的自尊心并不意味着不能对学生进行惩罚,适当的惩罚是很有必要的,教师在教育过程中要以奖励为主、惩罚为辅。故题干说法错误。

27. √ 【解析】本题考查教育政策知识。《中共中央 国务院关于进一步加强和改进未成年人思想道德建设的若干意见》中指出,加强和改进未成年人思想道德建设是一项重大而紧迫的战略任务。学校是对未成年人进行思想道德教育的主渠道,必须按照党的教育方针,把德育工作摆在素质教育的首要位置,贯穿于教育教学的各个环节。

28. √ 【解析】本题考查创造力和智力的关系。根据创造力与智力的关系可知,高创造力者必须有高于一般水平的智力。故题干说法正确。

29. × 【解析】本题考查影响人格的因素。科学发展到现在的水平,人们一般都承认人格是在遗传与环境的交互作用下逐渐发展形成的。遗传决定了人格发展的可能性,环境决定了人格发展的现实性。因此,人格既受先天禀赋的影响,又受社会文化的影响。故题干说法错误。

30. √ 【解析】本题考查发散思维的特征。发散思维的变通性,即灵活性,是指个人面对问题情境时,不墨守成规,不钻牛角尖,能随机应变,触类旁通。对同一问题所想出不同类型答案越多者,变通性越高。故题干说法正确。

2019年河南省特岗教师招聘考试真题试卷(五十三)

一、单项选择题

1. D 【解析】习近平总书记在全国教育大会上对教育的地位和作用作出全新判断,首次提出"教育是国之大计、党之大计",把教育摆在前所未有的高度。

2. C 【解析】《中国教育现代化2035》提出了推进教育现代化的八大基本理念:更加注重以德为先,更加注重全面发展,更加注重面向人人,更加注重终身学习,更加注重因材施教,更加注重知行合一,更加注重融合发展,更加注重共建共享。

3. A 【解析】《中共中央 国务院关于深化教育教学改革全面提高义务教育质量的意见》提出坚持"五育"并举,全面发展素质教育。其具体措施包括:突出德育实效;提升智育水平;强化体育锻炼;增强美育熏陶;加强劳动教育。

4. C 【解析】社会主义方向性是我们开展教师职业道德评价的最根本的指导思想和工作原则。

5. B 【解析】与惩罚相比,惩戒的教育性目的更强,更易于被人理解并付诸实践,因而也就更符合学校教育情境下教育制裁的实质目的。惩戒是学校为杜绝学生不良行为而采取的惩罚性的教育措施,其本质是一种寓戒于惩的教育手段。故对个别学生的违纪可以采取惩戒的手段。

6. B 【解析】根据《中华人民共和国未成年人保护法》第二十五条规定,对于在学校接受教育的有严重不良行为的未成年学生,学校和父母或者其他监护人应当互相配合加以管教;无力管教或者管教无效的,可以按照有关规定将其送专门学校继续接受教育。

7. A 【解析】广延性是指空间的广延性。教师没有严格界定的劳动场所,课堂内外、学校内外都可能成为教师劳动的空间,这个特点是由影响学生发展因素的多样性决定的。学生的成长不仅受学校的影响,还受社会和家庭的影响。教师不能只在课内、校内发挥影响,还要走出校门,协调学校、社会、家庭的教育影响,以便形成教育合力。

8. A 【解析】"翻转课堂"也称"颠倒课堂"或"颠倒教室",是相对于传统的课堂上讲授知识、课后完成作业的教学模式而言的。它是指学生在课前观看教师事先录制好的或是从网上下载的教学微视频以及拓展学习材料,而课堂时间则用来解答学生的问题、订正学生作业,帮助学生进一步掌握和运用所学知识。

9. A 【解析】教育部等11部门印发《关于推进中小学生研学旅行的意见》指出,中小学生研学旅行是由教育部门和学校有计划地组织安排,通过集体旅行、集中食宿方式开展的研究性学习和旅行体验相结合的校外教育活动,是学校教育和校外教育衔接的创新形式,是教育教学的重要内容,是综合实践育人的有效途径。各中小学要结合当地实际,把研学旅行纳入学校教育教学计划,与综合实践活动课程统筹考虑,促进研学旅行和学校课程有机融合,要精心设计研学旅行活动课程,做到立意高远、目的明确、活动生动、学习有效,避免"只旅不学"或"只学不旅"现象。学校根据教育教学计划灵活安排研学旅行时间,一般安排在小学四到六年级、初中一到二年级、高中一到二年级,尽量错开旅游高峰期。学校根据学段特点和地域特色,逐步建立小学阶段以乡土乡情为主、初中阶段以县情市情为主、高中阶段以省情国情为主的研学旅行活动课程体系。

10. B 【解析】教育作为国家的一个基本制度,直接受制于政治的制约,因此形成了教育的"政治"属性。"教育要培养的是中国特色社会主义事业的建设者和接班人"就体现了政治经济制度对教育目的的影响,即体现了教育的政治属性。

11. C 【解析】布鲁纳倡导发现法,培养学生的科学探索精神、科学兴趣和创造能力。发现法又称探索法、研究法,是指学生在教师指导下,对所提出的课题和所提供的材料进行分析、综合、抽象和概括,自行发现并掌握相应的原理和结论的一种教学方法。

12. D 【解析】练习是形成各种操作技能所不可缺少的关键环节,通过应用不同形式的练习,可以使个体掌握某种技能。

13. D 【解析】许多研究表明,如果滥用外部奖励,不仅不能促进学习,而且可能破坏学生的内在动机。故A项错误。教师对学生的肯定性评价具有积极的强化作用,能鼓励学生产生再接再厉、积极向上的心态,赞扬、奖励一般比批评、惩罚更具有激励作用。故B项错误,D项正确。奖励必须充分考虑学生的个别差异,从而有的放矢,对症下药。故C项错误。

14. D 【解析】自我体验是自我意识在情感上的表现,是伴随自我认知而产生的内心体验。自尊心、自信心是自我体验的具体内容。题干中学生因受到表扬感到开心是该学生自我意识在情感上的表现。故这句话反映的是学生自我意识中的自我体验。

15. C 【解析】人们把某种功能赋予某物体的倾向称为功能固着。在功能固着的影响下,人们不易摆脱事物用途的固有观念,从而直接影响问题解决的灵活性。题干所述现象属于功能固着。

16. C 【解析】教师期望效应也叫罗森塔尔效应或皮格马利翁效应,即教师的期望或明或暗地传送给学生,会使学生按照教师所期望的方向来塑造自己的行为。教师相信学生、热爱学生,会自觉或不自觉地通过语言、行动、态度等表现出来。而在学生方面一旦通过种种途径感受到这种热爱和期待,则会自觉或不自觉地通过自身的努力来响应它们,从而向教师所期望和暗示的方向去努力。

17. B 【解析】系统脱敏是指当某些人对某事物、某环境产生敏感反应(害怕、焦虑、不安)时,我们可以在当事人身上发展起一种不相容的反应,使其对本来可引起敏感反应的事物不再发生敏感反应。体育课中老师先让学生看别的同学练习,再从简单练习开始,逐步加大练习难度,消除学生对难度大练习的害怕心理,运用的就是系统脱敏法。

18. B 【解析】知觉的选择性是指当面对众多的客体时,知觉系统会自动地将刺激分为对象和背景,并把知觉对象优先地从背景中区分出来。题干中教师用彩笔区分容易写错的生字笔划是利用了知觉的选择性。

19. A 【解析】理智感是人认识事物和探求真理的需要是否得到满足而产生的主观体验。问题解决的喜悦感就属于理智感。

20. A 【解析】组织策略是指将经过精加工提炼出来的知识点加以构造,形成知识结构的更高水平的信息加工策略。归类策略是组织策略的一种,用于概念、语词、规则等知识的归类整理。题干所述的学习策略是组织策略中的归类策略。

二、判断题

1. A 【解析】2019年4月29日,河南省教育大会召开,会议确定了"加快推进教育现代化,建设教育强省"这一全新奋斗目标。

2. B 【解析】《关于深化教育教学改革全面提高义务教育质量的意见》指出,义务教育学校不得引进境外课程、使用境外教材。

3. A 【解析】详见《中华人民共和国预防未成年人犯罪法》第十六条规定。

4. B 【解析】素质教育就是要学生什么都学、什么都学好,这是对素质教育使学生全面发展的误解。

5. B 【解析】组织和培养班集体是班主任工作的中心环节。

6. A 【解析】教学反思是指教师以自己的教学活动为意识对象,对自己的教育理念、教学行为、决策以及由此所产生的结果进行认真地自我审视、评价、反馈、控制、调节、分析的过程。反思帮助教师把经验和理论联结起来,从而更加有效地运用自己的专业技能。故题干表述正确。

7. B 【解析】学校劳动教育的基本目标:(1)形成正确的劳动观,养成良好的劳动习惯。要进行劳动教育,必须从培养学生的劳动观念着手。进行劳动知识、技能和习惯的教育,帮助学生了解劳动知识及技能,掌握劳动的本领。(2)增强劳动中的智力参与,培养学生的创造性。(3)培养劳动特长,形成良好品德。

8. A 【解析】新课程倡导民主、开放、科学的课程理念,同时确立了国家、地方、学校三级课程管理政策,这就要求课程与教学相互整合,教师必须在课程改革中发挥主体作用。教师不仅是课程实施的执行者,更应成为课程的开发者和建设者。

9. A 【解析】根据耶克斯—多德森定律,动机的最佳水平随任务性质的不同而不同。在比较容易的任务中,行为效果随动机的提高而上升;随着任务难度的增加,动机的最佳水平有逐渐下降的趋势。故在较容易的任务中,教师可以使学生紧张一些,提高学生的学习动机。

10. B 【解析】具有场独立性的学习者通常以内在动机为主,对学习材料本身感兴趣。

11. A 【解析】自上而下的迁移也叫原则迁移,即上位的较高层次的经验影响下位的较低层次的经验的学习。也就是经由原则的演绎、推广和应用,而确认某特殊事例隶属于该原则之内。平行四边形的概念层次高于菱形,故属于自上而下的迁移。

12. A 【解析】优良的非智力因素对智力的某些弱点具有补偿功能,即所谓"勤能补拙"。

13. B 【解析】"落叶知秋"的意思是指见到落地的黄叶,知道已经是秋天快到了。指通过迹象便可预测形势的发展变化。这说明思维具有深刻性。

14. A 【解析】能否自觉关注学生是衡量一个教师是否成熟的重要标志之一。

15. B 【解析】处在权威阶段的儿童的道德判断受外部的价值标准所支配和制约,表现出对外在权威的绝对尊重和顺从的愿望。在这个阶段的儿童认为,应该尊重权威和尊重年长者的命令。他们认为规则是必须遵守的,是不可更改的,只要服从权威就是对的,比如听父母或大人的话就是好孩子。

三、案例分析题(参考答案)

1. 案例中张玉滚校长的做法体现了爱岗敬业、关爱学生、为人师表、教书育人、终身学习的师德规范。

(1)"爱岗敬业"的师德规范所规定的具体职业行为要求有:对工作高度负责;认真备课上课等。张玉滚校长"不忘初心,扎根深山18年,奋斗在乡村教育第一线。他勤恳敬业,乐于奉献,对工作高度负责",这体现了他具有"爱岗敬业"的师德规范。

(2)"关爱学生"的师德规范所规定的具体职业行为要求有:对学生严慈相济,做学生的良师益友;保护学生安全,关心学生健康,维护学生权益等。"山区学校寄宿学生多,张玉滚校长学缝衣做饭;学生家庭困难,他慷慨解囊;山区不通车,他用扁担把学生教材和学习用品挑进大山。用无怨无悔的坚守和付出照亮山区孩子的求学之路。"张玉滚不仅在学习中帮助学生,在生活点滴中也悉心照顾学生,体现了他具有"关爱学生"的师德规范。

(3)"终身学习"的师德规范所规定的具体职业行为要求有:"潜心钻研业务,勇于探索创新,不断提高专业素养和教育教学水平"。张玉滚校长"潜心钻研业务,苦练教学本领",体现了他具有"终身学习"的意识。

(4)"为人师表"的师德规范所规定的具体职业行为要求有:"严于律己,以身作则"。张玉滚校长用他的良好品行影响学生,他先后被誉为"全国优秀教师""全国师德标兵""时代楷模""感动中国2018年度人物"。这些都体现了他具有"为人师表"的师德规范。

(5)"教书育人"的师德规范。教书育人是教师必须完成的任务,也是教师必须坚守的职责。倡导"教书育人"就是要求教师以育人为根本任务。案例中的张玉滚校长"18年来,他教过500多名学生,培养出16名大学生,有的还读了研究生",这些都体现了他对教师职责的坚守。

2. 新课程倡导"立足过程,促进发展"的课程评价,这不仅仅是评价体系的变革,更重要的是评价理念、评价方法与手段以及评价实施过程的转变。现代教育评价的理念是发展性评价与激励性评价。

(1)案例中的老师对小刚的评价一直是以教师自己为单一主体的评价,在评价过程中没有让学生参与其中,忽视了学生的自我评价。新课程评价强调参与与互动、自评与他评相结合,实现评价主体的多元化。即被评价者从被动接受评价逐步转向主动参与评价,实现评价主体的多元化,从单向转为多向,增强评价主体间的互动,强调被评价者成为评价主体中的一员,建立学生、教师、家长、管理者、社区和专家等共同参与、交互作用的评价制度,以多渠道的反馈信息促进被评价者的发展。

(2)案例中的老师只关注小刚80分的考试成绩与其他学生的差距,没有结合小刚自身的个体差异,忽视了小刚在考试前所付出的努力和学习态度的积极转变,以及他较之前所取得的巨大进步。新课程评价重视综合评价,关注个体差异,实现评价指标的多元化。这要求教师在关注学业成就的同时,开始关注个体发展的其他方面,如积极的学习态度、创新成就等方面。评价标准分层化,关注被评价者之间的差异性和发展的不同需求,促进其在原有水平上的提高和发展的独特性。

(3)案例中的老师过分关注结果(成绩),忽视了对小刚学习过程的评价,该老师的评价突出甄别、选拔、评优的功能,评价的激励、调控、发展功能没能充分发挥出来。新课程评价强调重视发展,淡化甄别与选拔。评价不再是"选拔适合教育的儿童"而是帮助我们"创造适合儿童的教育",评价更重要的是为了促进被评价者的发展。评价的根本目的在于促进发展。淡化原有的甄别与选拔的功能,关注学生、教师、学校和课程发展中的需要,突出评价的激励与调控的功能,激发学生、教师、学校和课程的内在发展动力,促进其不断进步,实现自身价值。

3. (1)美国心理学家韦纳把人经历过的事情的成败归结为六种原因,即能力、努力程度、工作难度、运气、身心状况、外界环境。能力属于内部、稳定、不可控因素,一个总是失败并把失败归因于内部的、稳定的和不可控的因素(即能力低)的学生会形成一种习得性无助的自我感觉。努力属于内部、可控、不稳定因素。学生将成败归因于努力比归因于能力会产生更强烈的情绪体验。努力而成功,体验到愉快;不努力而失败,体验到羞愧;努力而失败,也应受到鼓励。材料中感叹无力回天的学生是把自己的失败归因于能力,被蜘蛛屡败屡战的精神所感动的学生则是认识到努力的重要性。

(2)该案例给我们的启示是:

①教师要引导学生形成正确归因。通过归因训练改变学生消极的自我认识,提高学习动机。教师在给予奖励时,不仅要考虑学生的学习结果,而且要联系学生学习进步与努力程度的状况来看。在学生付出同样努力时,对能力低的学生应给予更多的奖励;对能力低而努力的人给予最高评价;对能力高而不努力的人则给予最低评价,以此引导学生进行正确归因。

②挫折犹如一把双刃剑,它可以为我们所用,也可以使我们受伤,这要看我们究竟是抓住剑刃还是握住剑柄。学校心理辅导要引导学生在遭受挫折时采取积极的反应,避免消极的反应,并帮助学生找出产生挫折的真正原因,予以克服,达到真正战胜挫折、取得成功的目的。即使不能如此,也要想办法避免挫折对学生身心健康造成损害。要做到这一点,学校心理辅导在进行挫折教育时重点可放在两方面:第一,提高学生的挫折承受力;第二,教会学生积极适应挫折的方法和技术。

四、论述题(参考答案)

请结合新时代立德树人的要求,论述学校德育的主要途径。

"立德树人"要求我们必须坚持德育为先;"立德树人"要求我们必须着眼促进学生全面发展;"立德树人"要求我们必须坚持培育学生健全人格;"立德树人"要求我们必须致力于"让每个孩子都能成为有用之才"的教育理想。学校可以通过以下途径来实现德育目标:

(1)思想品德课(思想政治课)与其他学科教学。思想品德课(思想政治课)与其他学科教学是学校有目的、有计划、系统地对学生进行德育的基本途径。

(2)社会实践活动。学生的思想品德是在活动和交往中形成,并通过活动和交往表现出来的。社会实践活动有助于培养学生各种良好的品德和风尚,因此,社会实践活动也是学校德育不可缺少的重要途径。

(3)课外、校外活动。课外、校外活动是整个教育体系中必不可少的组成部分,它不受教学计划的限制,是向学生进行德育的重要途径。

(4)共青团、少先队组织的活动。共青团、少先队是青少年学生自己的集体组织。通过自己的组织进行德育,有利于调动学生的积极性和创造性,培养主人翁意识以及自我教育和管理的能力,自觉提高思想认识,培养优良品德。

(5)校会、班会、周会、晨会、时事政策的学习。校会和班会是全校师生或全班同学参加的活动,能持久地潜移默化地影响学生,及时地、有针对性地解决学生的思想问题。周会主要对学生进行社会主义道德教育和时事政策教育。每天的晨会可以对随时出现的问题予以及时解决。时事政策学习是国情教育的重要途径,一般采用做政策报告,学生自己阅读报纸或收听广播,收看电视等形式。

(6)班主任工作。班主任工作是学校对学生进行德育的一个重要而又特殊的途径。通过班主任,学校可以强有力地管理基层学生集体,更好地发挥上述各个德育途径的作用。

五、教学设计题(参考答案)

活动内容:与陌生人交往时的做法

活动形式:小组讨论、表演体验

具体做法:

活动一:要不要搭话

教师展示图片:小学生遇到陌生人主动搭话。

引导学生围绕情境进行思考:你会怎样回答?平时的生活中你有没有遇到过陌生人主动打招呼之类的事情?你是如何处理的?

教师在多媒体课件上呈现几种做法,让学生选择自己比较认可的做法。

(1)直接告诉他,因为待人要诚实。

(2)看着像好人的就告诉他,看着不像好人的就不告诉他。

(3)就说我不认识你,我不能告诉你。

(4)告诉他自己住在哪个小区，但不要告诉他具体的门牌号。

请学生展开讨论，并自由举手发言，阐明自己选择某一答案的理由。在学生充分讨论的基础上，老师引导学生进行总结，找出恰当的做法。

教师点评：遇到陌生人，我们要保持警惕，不要轻易相信、盲从，掌握正确的交往方法，学会保护自己。

活动二：要不要开门

教师播放视频：小学生独自在家，忽然有人敲门。

引导学生围绕情境进行讨论。

(1)家里没有防盗门，不知道对方是谁，可不可以开个门缝看看？

(2)防盗门锁好了，可不可以打开房门？

(3)对方说明与家人的关系，可不可以让他进来？

(4)对方要求留个纸条或借用电话与家人联系，可不可以让他进来？

请学生分组讨论，想象在这样的情境下，自己会采取怎样的处理方式。

各小组派代表，以表演的形式将这个情境下的活动演出来。观众评议哪个组的做法好，并说明理由。

教师点评：当我们独自在家的时候，不要轻易相信陌生人的话，学会保护自身和家庭财产的安全。

活动小结：只要我们在今后的生活中做个有心人，与陌生人交往的时候，就可以尽可能地避免危险的发生。即使有意想不到的事情发生，我们也要保持冷静，机智地运用学过的知识自护自救。

六、教育写作(写作思路)

结合材料，从教师职业道德修养的角度出发，以议论文为例，写作思路如下：

首先，材料中习近平的话突出强调教师要立志和奋斗，陶行知和于漪的话重点突出教师的奉献精神和责任意识。材料对教师的启示是：教师要忠于人民的教育事业，热爱教育事业具体体现在热爱学生上，即教师要有高尚的职业道德素养。

其次，为了提高教师的职业道德素养，教师可从几方面入手：爱岗敬业、无私奉献、关爱学生、团结同事、尊重家长、严以律己、以身作则等。

最后，考生要结合自身实际来加以叙述。作为一名老师可以结合自己以往的教学实践经验(作为一名准老师，可以结合自己所了解的优秀教师的范例)来谈谈在今后的教育工作中，自己要如何来提高自身的师德修养。

2019年河北省特岗教师招聘考试真题试卷(五十四)

一、单项选择题

1. D 【解析】办学自主权是学校及其他教育机构在法律上享有的，为实现其办学宗旨，独立自主地进行教育教学管理，实施教育活动的资格和能力。

2. B 【解析】《中华人民共和国义务教育法》1986年4月12日第六届全国人民代表大会第四次会议通过，2006年6月29日第十届全国人民代表大会常务委员会第二十二次会议修订。

3. A 【解析】教师要以身作则、为人师表，这是教师职业道德区别于其他职业道德的显著标志。

4. C 【解析】2008年修订的《中小学教师职业道德规范》中关于"关爱学生"方面所规定的具体职业行为要求包括不讽刺、挖苦、歧视学生，不体罚或变相体罚学生。

5. A 【解析】师德修养只有在实践中才能得到修正、补充、完善和发展。加强师德修养，教师必须做到思想和行动相一致。如果把加强师德修养只停留在自己的思想上和口头上，或者是整天进行闭门思过式的自我检讨，或者是坐而论道式的夸夸其谈，就是不付诸实践，那么，这样的"修养"再好，也没有多少实际意义，起不到教育作用。综上所述，师德修养不断得到提高和完善的最有效途径是实践。

6. D 【解析】指导我国新课程改革的《基础教育课程改革纲要(试行)》把原来用的"教学大纲"改称为"课程标准"。

7. B 【解析】课程标准作为教材编写、教学、评估和考试命题的依据，具有可评估性、可理解性、可完成性、可伸缩性等性质。

8. C 【解析】《学记》(收入《礼记》)是中国也是世界教育史上的第一部教育专著，成文大约在战国末期。

9. D 【解析】一般认为，教育者、受教育者(学习者)和教育媒介(教育影响)是构成教育活动的基本要素。教育媒介包括教育内容、教育方法与组织形式和教育手段等。所以，D项不属于教育的基本构成要素。

10. A 【解析】学校体育的功能包括健体功能、教育功能、娱乐功能。其中，娱乐功能是指学校体育能够使学生在劳累之后在体力和精神上得到恢复和放松。

11. C 【解析】有效性在测量学上也称为测验的效度，指一个测验能测到预先想测的知识和能力的程度。如算术试卷不能有生字，否则本来是考查数学能力，但识字能力却影响了算术成绩。

12. B 【解析】"其进锐者，其退速"意为前进太猛的人，后退也会快。在教学过程中即要遵循循序渐进原则。

13. A 【解析】学习过程是教育心理学研究的核心内容。

14. D 【解析】垂直迁移也称纵向迁移，是指先行学习内容与后续学习内容是不同水平的学习活动之间产生的影响。"角"的概念与"钝角""锐角""直角"的概念处于不同层次，因此属于纵向迁移。

15. B 【解析】晕轮效应是指当我们认为某人具有某种特征时，就会对他的其他特征做相似判断。

二、辨析题(参考答案)

16. 教师考核可以由学校自主进行。

(1)这种说法是正确的。(2)根据《中华人民共和国教师法》第二十二条规定，学校或者其他教育机构应当对教师的政治思想、业务水平、工作态度和工作成绩进行考核。教育行政部门对教师的考核工作进行指导、监督。因此教师考核可以由学校自主进行。

17. 只要进行教育，就会对儿童发展产生积极作用。

(1)这种说法是不正确的。(2)教育对人的发展既可能起到积极的促进作用，也可能起到消极的损害作用。这就意味着，教育发挥对个体发展的促进作用是有条件的，这些条件主要有：①教育活动必须遵循个体的身心发展规律；②教育活动必须符合社会发展的方向和要求；③有效地组织教育活动以促进学生的发展；④发挥教师的引导作用，培养学生的自觉能动性。

18. 劳动教育就是让青少年到生产劳动第一线参加劳动。

(1)这种说法是不正确的。(2)劳动教育是劳动技术教育的一个方面。劳动教育也可称生产劳动教育，是指通过学生的劳动实践活动，培养学生的劳动观念、劳动态度和劳动习惯，以及对待劳动人民的思想感情。学校对学生进行劳动技术教育不同于学生参加的一般生产劳动，一般生产劳动的主要目的，在于生产物质产品，创造经济价值，而学校的劳动技术教育，有的也可能生产物质产品或创造经济价值，但这不是它的主要目的，它的主要任务是培养和教育年轻的一代。

19. 以学业成绩好坏评价学生，往往使某些学生受打击。

(1)这种说法是正确的。(2)新课程改革强调评价与考试的改革必须体现新的教育评价观念，要注重对学生综合素质的考查，强调评价指标的多元化，促进学生全面发展；评价要保护学生的自尊心和自信心，体现尊重与爱护，关注个体的处境与需要；评价应突出发展、变化的过程，关注学生的主观能动性，激发积极主动的态度；要将评价贯穿于日常的教育教学活动中，发挥评价的教育功能。教师对学生学业成绩评价的常用方式为平时考查和考试，而滥用考试分数，以考试成绩为依据进行不必要的名次等级排序，不仅会违背新课改倡导的评价理念，而且会人为地制造不良竞争，损害学生的尊严，贬低人的价值。因此，题干说法正确。

20. 两种学习材料的相似度越高越容易产生正迁移。

(1)这种说法是不正确的。(2)根据桑代克的相同要素说，两种学习材料或对象在客观上具有某些共同点是实现迁移的必要条件。两种材料之间存在的共同因素越多，越容易发生学习迁移。共同因素对学习迁移的影响可以从不同的角度来进行研究。现代心理学倾向于从学习对象的构成成分来分析。他们把学习对象的构成成分区分为结构成分和表面成分两大类。所谓结构成分是指学习任务中与最终所要达到的目标或结果有关的成分，而表面成分是指学习任务中与最终目标的获得无关的成分。如果两个任务具有共同的结构成分，则会产生正迁移；结构成分不同则不能促进正迁移，甚至会产生负迁移。但不管是表面的还是结构的相似性，都将增加学习者对两个任务的相似程度的知觉，而知觉的相似性决定迁移量的多少，两种情境的结构相似性则决定迁移的正或负。

三、简答题(参考答案)

21. 简述影响个体发展的主要因素及其作用。

(1)遗传(遗传素质)。遗传素质在个体发展中的作用：①遗传素质是人身心发展的生理前提，为人的身心发展提供了可能性;②遗传素质的生理成熟程度制约着人的身心发展过程和阶段;③遗传素质的差异对人的身心发展具有一定的影响;④遗传素质对人的发展的作用不能夸大,遗传决定论是错误的。

(2)环境。环境在个体发展中的作用:①环境为人的发展提供了多种可能,包括机遇、条件和对象;②环境对个体发展的影响有积极和消极之分;③环境对人的发展的作用不能夸大,环境决定论是错误的。

(3)学校教育。学校教育在人的发展中起主导作用,在一定程度上制约着人发展的方向、进程、水平、程度和速率。

(4)个体主观能动性。个体主观能动性的作用主要表现为:选择性、自觉性、创造性和整体性。

22. 简述教师反思的几个环节。

教学反思的过程一般为具体经验→观察分析→抽象的重新概括→积极的验证。(1)具体经验阶段。这一阶段的任务是使教师意识到问题的存在,并明确问题情境。在此过程中,教师接触到新的信息是很重要的,他人的教学经验、自己的经验、各种理论原理以及意想不到的经验等都会起作用。一旦教师意识到问题,就会感到一种不适,并试图改变这种状况,于是进入到反思环节。(2)观察与分析阶段。教师通过自述与回忆、他人的观察模拟、角色扮演,也可以借助于录音、录像、档案等方式收集材料,然后用批判的眼光进行分析,看驱动自己的教学活动的各种思想观点到底是什么,它与自己所倡导的理论是否一致,自己的行为与预期结果是否一致等,从而明确问题的根源所在。(3)重新概括。在观察分析的基础上,教师反思旧思想,并积极寻找新思想与新策略来解决所面临的问题。新信息的获得有助于更有效的概念和策略方法的产生,这种信息可以来自研究领域,也可以来自实践领域。由于针对教学中的特定问题,而且对问题有较清楚的理解,这时寻找知识的活动是有方向的、聚焦式的,是自我定向的,因而不同于传统教师培训中的知识传授。与上一过程一样,这一过程可以单独进行,也可以通过合作的方式进行。(4)积极的验证。这时要检验上阶段所形成的概括的行动和假设,它可能是实际尝试,也可能是角色扮演。在检验的过程中,教师会遇到新的具体经验,从而又进入具体经验阶段,开始新的循环。

在以上四个环节中,反思最集中地体现在观察与分析阶段,但它只有与其他环节结合起来才会更好地发挥作用。

四、材料分析题(参考答案)

23. 作为一名教师,最重要的是遵循以学生为本的原则,真正把学生当作一个完整的人,教育过程中尊重和发挥儿童的主体性的要求包括:

(1)教育活动的组织要尊重学生的感受。这就要求教师在教育活动中,时时关心学生在活动中的感受,并以他们的感受为依据选择教育方式,要做到这一点,平时就要多关心学生,设身处地地为学生着想。材料中的老师并未对小哥俩进行批评教育,也没有对他们的行为进行严格矫正,而是设身处地地根据实际情况对他们施以相应的教育。这说明该老师尊重学生的感受,设身处地地为学生着想。

(2)在教育活动中,要给学生留有选择的余地,并尊重学生的选择。每个学生都有自身的独特性,因此,在教育活动中要能够尊重学生的个性,给学生留有选择的余地,因材施教。材料中的老师没有强制要求学生按照特定的要求去做,而是积极地关注和引导学生,这就给儿童提供了选择的机会,尊重了学生的选择。

五、案例分析题(参考答案)

24. 教育影响的一致性和连贯性的德育原则是指在德育工作中,教育者应主动协调多方面的教育力量,统一认识和步调,有计划、有系统、前后连贯地教育学生,发挥教育的整体功能,培养学生正确的思想品德。这就要求教育者在德育过程中:(1)充分发挥教师集体的作用,统一学校内部的多种教育力量,使之成为一个分工合作的优化群体;(2)争取家长和社会的配合,主动协调好与家庭、社会教育的关系,逐步形成以学校为中心的"三位一体"的德育网络;(3)保持德育工作的经常性和制度化,处理好衔接工作,保证对学生影响的连续性、系统性,使学生的思想品德得以循序渐进地持续发展。案例中,学校针对王立家的情况,专门成立从学校管理层到班主任与学科教师及学生同伴的特别关爱小组,说明该校充分发挥了教师集体的作用,统一了学校内部的多种教育力量;特别关爱小组多年来一直坚持通过定期家访、与村干部沟通、与其邻居交流等方式聚集多方力量关怀和帮助王立家,在他犯错误时也是正面教育和耐心引导,王立家最终成为受大家称赞的好学生。这说明该学校在教育过程中积极争取家长和社会的配合,形成了以学校为中心的"三位一体"的德育网络,并且保持了德育工作的经常性和制度化,很好地处理了衔接工作,使王立家得到了连续、系统的教育,使其身心也得到了循序渐进的发展。

25. (1)胆汁质的人以精力旺盛、粗枝大叶、表里如一、刚强、易感情用事为特征。整个心理活动笼罩着迅速而突发的色彩。小强满脸涨红,急切地插话,咋咋呼呼,没完没了体现了胆汁质的特征。多血质的人以反应迅速、有朝气、活泼好动、动作敏捷、情绪不稳定为特征。小乐的表现体现了多血质的特征。黏液质的人稳重,但灵活性不足;踏实,但有些死板;沉着冷静,但缺乏生气。小旭的表现体现了黏液质的气质特征。抑郁质的人以敏锐、稳重、体验深刻、外表温柔、怯懦、孤独、行动缓慢为特征。小冬满脸的忧伤,天塌了似的,老师说了半天,他一点反应也没有,符合抑郁质的气质特征。

(2)结合气质类型特点,对他们进行如下教育:

①对胆汁质的学生,教师应采取直截了当的方式,但这些学生不宜轻易激怒,对其严厉批评要有说服力,培养其自制力、坚持到底的精神,豪放、勇于进取的人格品质。

②对多血质的学生,可以采取多种教育方式,但要定期提醒,对其缺点严厉批评。教师应鼓励他们勇于克服困难,培养扎实专一的精神,防止其见异思迁;创造条件,多给他们活动的机会,培养他们朝气蓬勃、足智多谋的优点。

③对黏液质的学生,教师要采取耐心教育的方式,让他们有考虑和做出反应的足够时间,培养其生气勃勃的精神、热情开朗的个性和以诚待人、工作踏实、顽强的优点。

④对抑郁质的学生,则应采取委婉暗示的方式,对其多关心、爱护,不宜在公开场合下指责,不宜过于严厉的批评,培养他们亲切、友好、善于交往、富有自信的精神,培养其敏感、机智、认真、细致、高自尊的优点。

六、写作题(写作思路)

26. 分析题中所给材料可知论述的主题应为"建设高素质专业化的教师队伍"。考生可从宏观和微观两方面着手,既可从宏观方面论述我国教师队伍建设取得的成就和要努力的方向,也可从个人角度论述如何提升教师个体的职业素质及专业化程度,成为一名优秀的人民教师,或者将两个角度相结合。最后还可以进一步提出自己的建议或感想。

2019年陕西省小学特岗教师招聘考试真题试卷(精编)(五十五)

一、单项选择题

1. D 【解析】学校教育在人的身心发展中起主导作用。

2. B 【解析】杜威以儿童中心主义著称,并在经验论的基础上,提出"从做中学"。

3. C 【解析】示范性指教师的言行举止,如人品、才能、治学态度等都会成为学生学习的对象。"以身为教""为人师表"体现的是教师劳动的示范性。

4. A 【解析】教育目的是整个教育工作的核心,是教育活动的依据和评判标准、出发点和归宿。

5. A 【解析】"癸卯学制"是中国近代教育史上第一部由国家颁布并在全国实行的学制系统,成为中国近代教育走向制度化、法制化阶段的标志。

6. B 【解析】感觉对比是同一感受器接受不同的刺激,而使感受性发生变化的现象。感觉对比分为两种:几个刺激物同时作用于同一感受器会产生同时对比现象;刺激物先后作用于同一感受器会产生继时对比现象。题干中教师的做法正是运用了感觉对比规律中的同时对比现象,来引起学生对教学重点的注意。

7. D 【解析】班集体建设是班主任工作的核心内容。

8. D 【解析】整个小学时期,小学生的思维由以具体形象思维为主要形式过渡到以抽象逻辑思维为主要形式,但是思维仍带有很大的具体性。

9. A 【解析】意志的自觉性是指一个人清晰地意识到自己行动的目的和意义,并且能够主动地支配自己的行动,使之符合既定目的的意志品质。题干所述反映了小刚意志品质的自觉性。

10. C 【解析】正强化也称积极强化,是通过呈现想要的愉快刺激来增强反应频率。题干中的老师通过及时的表扬和肯定(愉快刺激)来强化学生上课认真听讲、遵守纪律的行为,故属于正强化。

11. C 【解析】"耶克斯—多德森定律"表明,动机不足或过分强烈都会影响学习效率。一般来讲,最佳水平为中等强度的动机。

12. D 【解析】在一般情况下,小学生有效注意力持续的时间随年龄增加而增加。在组织良好的教学中,小学低年级儿童的有效注意时间大约为15分钟;小学高年级儿童的有效注意时间大约为30~45分钟。因此,小学生一节课的有效注意时间为10~30分钟。

13. D 【解析】人格的独特性,是指一个人的人格是在遗传、成熟、环境、教育等先后天因素的交互作用下形成的。不同的遗传环境、生存及教育环境,形成了各自独特的心理特点。世界上没有两片完全相同的树叶,也没有两个人格完全相同的人,这体现了人格的独特性。

14. B 【解析】道德情感是人的道德需要是否得到实现及其所引起的一种内心体验,也就是人在心理上所产生的对某种道德义务的爱憎、喜恶等情感体验。"亲其师,信其道"表明了道德情感的作用。

15. D 【解析】认知过程包括感觉、知觉、思维、想象、记忆等。D项气质属于个性心理特征。

16. D 【解析】维果斯基提出了"最近发展区"的观点,他认为儿童有两种发展水平:一是儿童的现有水平,即由一定的已经完成的发展系统所形成的儿童心理机能的发展水平;二是可能达到的发展水平。这两种水平之间的差异,就是最近发展区。

17. B 【解析】根据埃里克森的人格发展理论,小学生面临的心理危机是勤奋感对自卑感,这一阶段的发展任务是培养勤奋感。

18. A 【解析】复述策略是指在工作记忆中为了保持信息而对信息进行重复识记的过程。题干所述为复述策略的典型事例。

19. A 【解析】教师期望效应也叫罗森塔尔效应或皮格马利翁效应,即教师的期望或明或暗地传递给学生,会使学生按照教师所期望的方向来塑造自己的行为。

20. A 【解析】奥苏贝尔认为,学生学习的实质是接受学习。学生在学校中的有意义学习应该是有意义的接受学习和有意义的发现学习,但他更强调有意义的接受学习,因为有意义的接受学习可以在短时期内使学生获得大量的系统知识。

21. B 【解析】根据《陕西省中小学幼儿园安全管理办法》第十三条规定,严格执行大型活动审批制度。学校(幼儿园)组织500人以上大型活动必须报县(区)教育局批准后组织实施并做好预案。

22. A 【解析】1981年1月1日,新中国第一部教育法律《中华人民共和国学位条例》正式实施。

23. D 【解析】根据我国《未成年人保护法》第二条规定,本法所称未成年人是指未满十八周岁的公民。

24. B 【解析】教师资格制度是国家对教师实行的一种特定的职业许可制度。

25. C 【解析】根据《中华人民共和国教育法》第三十二条规定,学校及其他教育机构具备法人条件的,自批准设立或者登记注册之日起取得法人资格。

26. B 【解析】根据《中华人民共和国教师法》第二条规定,本法适用于在各级各类学校和其他教育机构中专门从事教育教学工作的教师。

27. A 【解析】根据《中华人民共和国预防未成年人犯罪法》第二十六条规定,禁止在中小学校附近开办营业性歌舞厅、营业性电子游戏场所以及其他未成年人不适宜进入的场所。禁止开办上述场所的具体范围由省、自治区、直辖市人民政府规定。

28. B 【解析】根据《教师资格条例》第二十条规定,参加教师资格考试有作弊行为的,其考试成绩作废,3年内不得再次参加教师资格考试。

29. C 【解析】根据《中华人民共和国宪法》第三十八条规定,中华人民共和国公民的人格尊严不受侵犯。禁止用任何方法对公民进行侮辱、诽谤和诬告陷害。根据《中华人民共和国义务教育法》第二十九条规定,教师应当尊重学生的人格,不得歧视学生,不得对学生实施体罚、变相体罚或者其他侮辱人格尊严的行为,不得侵犯学生合法权益。因此,该小学的做法侵犯了学生的人格尊严权。

30. B 【解析】教师的学术自由权是指教师有从事科学研究、学术交流,参加专业的学术团体,在学术活动中充分发表意见的权利。张老师将自己教育教学中的成功经验总结升华,撰写成论文并成功发表,这是张老师行使了学术自由权。

31. B 【解析】详见《中华人民共和国教师法》第八条规定。

32. A 【解析】题干所述表明教师要遵循教育规律,对学生循循善诱,促进学生全面发展,体现了教书育人的教师职业道德规范。

33. B 【解析】民主型的教师管理模式普遍受学生欢迎。

34. C 【解析】师生关系是学校教育中最基本、最核心的人际关系。

35. D 【解析】教师劳动的创造性的主要表现之一是因材施教。题干中的王老师面对不同学生的特点采取不同的教学方法,做到了因材施教,体现了教师劳动的创造性特点。

36. A 【解析】教师在如何对待自己的职业和职责上,存在着四种不同的境界,即厌教、功利、热爱和乐教。厌教属于最低层次;功利性是第二层次;第三个层次是热爱;第四个层次是乐教。四种境界中,乐教是我们应当向往和追求的。

37. B 【解析】学生犯错时,教师应该对学生进行疏导,循循善诱,进行容错教育,不得实施体罚、侮辱学生等行为。故B项的处理方式最为恰当。

38. B 【解析】2008年9月,教育部、中国教科文卫体工会全国委员会联合发布了重新修订的《中小学教师职业道德规范》。

39. D 【解析】根据题干,赵老师的做法符合依法执教的教师职业道德规范。

40. A 【解析】为人师表的教师职业道德规范要求教师严于律己,以身作则。题干引文正体现了这一点。

41. B 【解析】终身学习的教师职业道德规范要求教师树立终身学习的理念,拓宽知识视野,更新知识结构,不断提高专业素养和教学水平。题干所述要求体现了终身学习的重要性。

42. C 【解析】题干所述是自评与他评相结合的评价方式。

二、多项选择题

43. ABC 【解析】我国新型师生关系的特点有:(1)人际关系:尊师爱生;(2)社会关系:民主平等;(3)教育关系:教学相长;(4)心理关系:心理相容。

44. ABD 【解析】中小学课程内容的表现形式有课程计划、课程标准和教材。

45. ABCD 【解析】一般认为,讲授法可分讲读、讲述、讲解和讲演四种形式。

46. ABCD 【解析】心理学家对遗忘的原因有不同的看法,归纳起来有下述五种:(1)消退说(衰退说);(2)干扰说;(3)压抑说(动机说);(4)提取失败说;(5)同化说(认知结构说)。

47. ABCD 【解析】小学阶段是学习态度初步形成的时期。小学生的学习态度包括对教师的态度、对班集体的态度、对作业的态度以及对评分(分数)的态度等几个主要方面。

48. ACD 【解析】皮亚杰认为,在具体运算阶段,儿童的智慧活动具有了守恒性和可逆性,儿童掌握了群集运算、空间关系、分类和排序等逻辑运算能力。但是,这个时期儿童的运算还离不开具体事实的支持,儿童只能把逻辑运算应用于具体的或观察所及的事物,而不能把逻辑运算扩展到抽象概念之中。B项属于前运算阶段的特点,故不选。

49. ACD 【解析】根据《中华人民共和国教育法》第三十七条规定,受教育者在入学、升学、就业等方面依法享有平等权利。

50. ABD 【解析】根据《学生伤害事故处理办法》第九条规定可知,A、B、D三项中发生的学生伤害事故,学校应当依法承担法律责任。根据《学生伤害事故处理办法》第十条规定可知,C项中小丽家长未将小丽患病的情况告知学校,故应由其家长依法承担相应的责任。

51. BCD 【解析】教师职业道德主要范畴包括:教师义务、教师良心、教师公正、教师荣誉、教师幸福和教师人格。

52. ABCD 【解析】教师职业道德养成的主要方法包括:(1)加强学习;(2)勤于实践磨炼,增强情感体验;(3)树立榜样,虚心向他人学习;(4)确立可行目标,坚持不懈努力;(5)学会反思;(6)努力做到"慎独"。

三、论述题(参考答案)

53. 凡事预则立,不预则废。教学工作也是如此,结合自己所学的专业,谈谈小学教师如何做好备课工作。

(1)教师备课要做好三方面的工作,即钻研教材、了解学生、设计教法,也即备教材、备学生、备教法。①钻研教材包括学习学科课程标准、钻研教科书和阅读有关参考资料。②了解学生应当是全面的。首先要考虑学生总体的年龄特征,熟悉他们身心发展的特点;还要了解学生个体的能力水平、学习态度和兴趣特点;此外还要了解班级的一般状况,如班纪、班风等。③教师应根据教学目的、内容、学生的特点等来选择最佳的教学方法。

(2)写好三种计划,即学年(或学期)教学计划、课题(或单元)计划、课时计划(教案)。①学年(或学期)教学计划:该计划包括学生情况的简要分析、本学期或学年的教学总要求、教科书的章节或课题、各课题的教学时数和时间的具体安排、各课题所需要运用的教学手段等。②课题(或单元)计划:该计划包括课题名称、课题教学目的、课时划分、各课时的类型、主要教学方法、必要的教具。此外,教师还要考虑课题之间的联系,做好协调工作。③课时计划:即教案,它通常是指教师为某一节课而拟订的上课计划。

(考生可结合自己所学的专业加以阐述,言之有理即可)

54. 结合小学儿童注意的特点，谈谈如何利用注意的规律组织小学教学。

(1)正确运用无意注意的规律组织教学。刺激物的新异性、强度和运动变化是引起小学生无意注意的主要原因，学生的主体状态如需要、兴趣、情绪、知识经验，也是影响小学生无意注意的重要因素。运用无意注意的规律组织教学，就必须遵循注意的规律，并配之以各项有效的措施。①教师要考虑到学生已有的知识经验，注意新旧知识的必然联系，保证教学内容深入浅出，既让学生听懂，又有新意。②教学要体现生动形象的特点，充分利用直观的教具、清晰的板书、生动的语言和适当的表情及手势，这对于活跃课堂气氛、引起学生的注意很有帮助。③在教学中要克服呆板僵化的教学模式，讲究变化性。④要防止与教学无关的刺激对学生注意的干扰。

(2)善于组织和发展学生的有意注意。学习的目的、学习的动机、注意的习惯和师生间的沟通，都是维持学生有意注意的重要条件。①明确学习的目的。有意注意是一种有预定目的的注意，目的任务越明确、越具体，就越容易引起和维持学生的有意注意。如朗诵前给学生提出几个思考题。②激发学习的动机。学习的动机是推动学习的内部动力，这是集中注意的最有效的手段。在教学中教师可以通过巧妙的设疑和恰当的实例把学习的内容和生活实际联系起来，与学生强烈的求知欲联系起来，激发学生学习的内在动机。③形成良好的注意习惯。如在教学中，教师可以选择一些有一定难度、需要集中注意才能完成的任务让学生做。④加强师生间的双向沟通。教师要时刻关注学生的学习状态，注意学生的反应，了解学生的要求，并调整自己的教学。

(3)善于运用两种注意相互转换的规律。在教学中，只依靠无意注意来学习，不利于掌握系统的科学文化知识，也不利于各种心理品质的发展，但是只依靠有意注意来学习又容易使学生疲劳，产生厌倦的情绪。为了使学生始终保持旺盛的精力，积极地投入注意而不疲劳，教师要善于运用两种注意转换的规律，把两种注意有机地运用在每一天、每一节课以及每一个问题的学习活动之中，教学内容的难易做到合理安排，教学方式方法稳中求异，各教学环节有机联系，使学生的注意张弛有度。

四、案例分析题(参考答案)

55. 案例中的孙老师在教学中贯彻了直观性原则和因材施教原则。(1)直观性原则是指在教学活动中，教师应尽量利用学生的多种感官和已有的经验，通过各种形式的感知，使学生获得生动的表象，从而比较全面、深刻地掌握知识。这一原则的提出是由学生的年龄特征决定的。孙老师针对小学生的学习特点，让学生走向大自然，在观察自然的过程中感受春天，体现了对直观性教学原则的运用。(2)因材施教原则是指教师在教学中，要从课程计划、学科课程标准的统一要求出发，面向全体学生；同时又要根据学生的个别差异，有的放矢地进行有差别的教学，使每个学生都能扬长避短，获得最佳的发展。孙老师根据全班学生的能力差异，布置程度不同的作业，说明其注意到了学生的个别差异，做到了因材施教。

56. (1)贯彻直观性原则的要求包括：①正确选择直观教具和教学手段；②将直观教具的演示与语言讲解结合起来；③重视运用言语直观。

(2)贯彻因材施教原则的要求包括：①要坚持课程计划和学科课程标准的统一要求；②教师要了解学生，从实际出发进行教学；③教师要善于发现每个学生的兴趣、爱好，并创造条件，尽可能使每个学生的不同特长都得以发挥。

2019年黑龙江省中学特岗教师招聘考试真题试卷(五十六)

一、判断题

1. √ 【解析】2006年6月29日，第十届全国人大常委会第二十二次会议通过了《中华人民共和国义务教育法》。素质教育被写入其中，至此，素质教育终于上升为国家意志。

2. × 【解析】全面发展是个性发展的前提，个性发展是实现全面发展的途径。全面发展的要求落实到每个学生身上就是个性发展，每个学生的个性都有了较好发展，才是真正地面向了全体学生，促进了全面发展。

3. × 【解析】在观察儿童的过程中，教师要处理好有意观察与随机观察、重点观察与一般观察、系统观察与片段观察、逐项观察与灵活记录之间的关系。

4. √ 【解析】教师的教育信念是支配教师行为和教师成长的内驱力。教师的教育认识、观念一旦上升到教育信念就会成为教师工作、学习的内在动力。有无对自己所从事职业的信念，是专业化教师和非专业化教师、专家型教师和新手的重要差别。

5. √ 【解析】教师专业发展的途径包括师范教育(职前教育)、入职培训、在职培训和自我教育。

6. √ 【解析】能否自觉关注学生是衡量一个教师是否成熟的重要标志之一。

7. √ 【解析】终身学习是教师职业的必然要求。第一，终身学习是教师专业发展的必然要求。第二，终身学习由教师职业生涯周期特点所决定。第三，终身学习是教师工作对象特点的必然要求。

8. √ 【解析】详见《中华人民共和国教育法》第二条、第八十四条规定。

9. √ 【解析】教书育人原则是教师职业道德的基本原则。一方面，它体现着教育活动中最重要、最基本道德关系的要求，对教师的思想、言论和行动具有最根本、最普遍的指导性和制约性；另一方面，它对其他教师职业道德原则也具有统领作用，是所有道德原则和道德规范的灵魂与价值方向。

10. × 【解析】教师人格是教师作为教育活动主体的资格，它集心理人格和道德人格于一身。从伦理学哲学的角度来看，它是由教师的道德品质和道德行为构成的。其中，教师的道德品质是教师职业人格的内部心理，是内在的，教师的道德行为是教师职业人格的外部行为特征，是师德品质的外在表现。

11. × 【解析】昆体良的代表作《雄辩术原理》(《论演说家的教育》或《论演说家的培养》)是西方最早的教育著作，也被誉为古代西方的第一部教学法论著。

12. × 【解析】教育能够使潜在的劳动力转化为现实的劳动力说明教育具有经济功能。

13. √ 【解析】题干引文的意思是：蓬草长在麻地里，不用扶持也能挺立住，白沙混进了黑土里，也会随之变黑。这说明了环境对人的发展有重要影响。

14. × 【解析】学校教育制度，简称学制，是一个国家各级各类学校的总体系，具体规定各级各类学校的性质、任务、要求、入学条件、修业年限及它们之间的相互关系。题干所述片面。

15. × 【解析】教学过程的中心环节是领会知识。

16. × 【解析】求异和创新是发散思维的特点，故题干说法错误。

17. × 【解析】动机与问题解决的效率之间的关系遵循“耶克斯—多德森定律”。因此，动机水平与问题解决的效率呈倒U型曲线，并非动机强度越高，问题解决的效率越高。

18. √ 【解析】行为主义学习理论的核心观点认为，学习过程是有机体在一定条件下形成刺激与反应的联系，从而获得新经验的过程。由于行为主义强调刺激—反应的联结，因此，也属于联结派学习理论。联结学习理论认为，一切学习都是通过条件作用，在刺激和反应之间建立直接联结的过程。

19. √ 【解析】奥苏伯尔的有意义学习理论主要说明学生在课堂中的学习。奥苏伯尔认为学生在学校学习语言符号所代表的系统知识，主要是有意义学习而不是机械学习。学生在学校中的有意义学习应该是有意义的接受学习和有意义的发现学习，但他更强调有意义的接受学习，因为有意义的接受学习可以在短时期内使学生获得大量的系统知识。

20. √ 【解析】气质无所谓好坏，性格有优劣之分。

21. √ 【解析】功能固着是一种特殊的定势，它对问题解决总是起着消极作用。

22. × 【解析】在维果斯基看来，教学的可能性由学生的最近发展区决定，“教学应该走在发展的前面”。

23. × 【解析】诺贝尔一生拥有355项专利发明，其中炸药是最为著名的一项。一般认为，电灯是爱迪生发明的，故题干说法错误。

24. √ 【解析】长揖为古代的礼节之一，为常人相见时所用。行礼时，不分尊卑，拱手高举，自上而下。故题干表述正确。

25. √ 【解析】李清照是宋词婉约派的代表人物，其代表作有《如梦令》《一剪梅》《醉花阴》《凤凰台上忆吹箫》《南歌子》《声声慢》《武陵春》等。

26. √ 【解析】茅盾的《蚀》三部曲，包括三个略带连续性的中篇：《幻灭》《动摇》《追求》。

27. √ 【解析】意识流小说是20世纪初期兴起于西方，以表现人们的意识流动、展示恍惚迷离的心灵世界为主的小说，它以象征暗示、内心独白、自由联想等意识流的创作方法为主要特征。

28. × 【解析】我国现存皇家园林中保存最完整的一座古典园林是颐和园。

29. × 【解析】类比推理是对事物之间关系的发现和应用，其中，比较普遍的关系有部分与整体关系、对立关系、并列关系、从属关系、因果关系等。下雨—地湿属于因果关系，白菜—萝卜属于并列关系。故题干说法错误。

30. √ 【解析】议论文具有论点、论据和论证三个要素。论点是作者对所论述的事物或者问题所持的见解和主张，论据是用来证明论点的科学原理和典型事实，论证是运用论据来证明论点的过程和方法。

二、单项选择题

31. C 【解析】教师的人格素养是教师素养的核心、灵魂。

32. B 【解析】根据《中华人民共和国义务教育法》第二十七条规定，对违反学校管理制度的学生，学校应当予以批评教育，不得开除。

33. A 【解析】根据《中华人民共和国教师法》第二条规定，本法适用于在各级各类学校和其他教育机构中专门从事教育教学工作的教师。第七条规定，教师享有“按时获取工资报酬，享受国家规定的福利待遇以及寒暑假期的带薪休假”的权利。因此，非正式在编的教师也受我国《教师法》的保护，享受教师应有的权利，故题干中学校的做法是不正确的。

34. C 【解析】根据我国《教师法》第十三条规定，中小学教师资格由县级以上地方人民政府教育行政部门认定。

35. A 【解析】根据《中小学班主任工作条例》第五条规定，班主任由学校从班级任课教师中选聘。聘期由学校确定，担任一个班级的班主任时间一般应连续1学年以上。

36. B 【解析】“癸卯学制”是中国近代教育史上第一部由国家颁布的并在全国实行的学制系统。

37. D 【解析】组织和培养班集体是班主任工作的中心环节。

38. B 【解析】布鲁纳强调学习的主动性和认知结构的重要性，认为学习的实质在于主动形成认知结构。

39. D 【解析】创造想象是按照一定目的、任务，使用自己以往积累的表象，在头脑中独立地创造出新形象的过程。题干所述是创造想象的典型事例。

40. C 【解析】归类策略属于典型的组织策略。

41. D 【解析】历史上所有发明家中，美国发明家托马斯·阿尔瓦·爱迪生所持有的专利是最多的。

42. B 【解析】按照古代年龄称谓，40岁被称为“不惑之年”。

43. C 【解析】“大江东去，浪淘尽，千古风流人物”出自苏轼的《念奴娇·赤壁怀古》。

44. A 【解析】B项错误，《骆驼祥子》是长篇小说，《寒夜》的作者是巴金。C项错误，《平凡的世界》的作者是路遥。D项错误，《子夜》《林家铺子》《农村三部曲》的作者是茅盾。

45. A 【解析】《双城记》由英国作家查尔斯·狄更斯所著，《欧也妮·葛朗台》由法国小说家巴尔扎克所著，《呼啸山庄》由英国女作家艾米莉·勃朗特所著。

三、多项选择题

46. ABCDE 【解析】新课程的核心理念是：为了中华民族的复兴，为了每位学生的发展。“为了每位学生的发展”的含义之一即关注学生全面、和谐的发展。新课程强调以人为本，意味着：(1)关注每一位学生。(2)关注学生的情绪生活和情感体验。(3)关注学生的道德生活和人格养成。

47. ABCDE 【解析】爱国守法是教师职业的基本要求；爱岗敬业是教师职业的本质要求；关爱学生是师德的灵魂；教书育人是教师的天职和道德核心；为人师表是教师职业的内在要求；终身学习是教师职业的必然要求。

48. ABCE 【解析】教师的交流协作学习有正式和非正式之分。正式的交流学习有听课评课、座谈会、听专题讲座等。非正式的交流学习可以发生在任何时间、地点或环境下。

49. ABCD 【解析】根据《中华人民共和国教师法》第二十二条规定，学校或者其他教育机构应当对教师的政治思想、业务水平、工作态度和工作成绩进行考核。教育行政部门对教师的考核工作进行指导、监督。

50. CDE 【解析】理想师生关系包括：(1)以年青一代的成长为目标的社会关系；(2)以直接促进学生发展为目标的教育关系；(3)以维持和发展教育关系为目标的心理关系。

51. AB 【解析】学生是发展中的人，具有和成人不同的身心发展特点，教师要与时俱进，及时了解学生所思所想，要善于发现每个学生的兴趣、爱好，用学生喜欢的方式切入教学。

52. ACD 【解析】就其性质而言，义务教育具有强制性(义务性)、普及性(普遍性、统一性)、免费性(公益性)、公共性(国民性)和基础性。

53. ABCDE 【解析】在选择教学方法时，需要考虑的主要依据有：教学的具体目标与任务，教学内容的特点，学生的身心发展状况，教师自身的素养，教学方法本身的特性以及教学时间和效率的要求。另外，还需考虑教学环境、教学设备条件，并综合考虑各种各样的因素，从中找到一个平衡点，再来确定教学方法。(具体内容考生可参考人民教育出版社出版，黄甫全主编的《现代课程与教学论学程》)

54. BCD 【解析】元认知策略大致可分为以下三种：(1)计划策略；(2)监控策略；(3)调节策略。

55. ABCD 【解析】知觉的基本特性也称知觉的基本特征，包括知觉的选择性、理解性、整体性和恒常性。

56. BCE 【解析】俄国十月革命的历史意义：(1)俄国十月革命是人类历史上一次最深刻最伟大的社会革命，它从根本上推翻了人剥削人的制度，建立了世界上第一个无产阶级专政的国家。(2)十月革命的胜利，冲破了世界帝国主义战线，打击了帝国主义的统治，为各国无产阶级树立了光辉的榜样，大大鼓舞和增强了他们的斗争勇气和争取胜利的信心。从此，开始了无产阶级世界革命的新纪元。(3)十月革命的胜利，也动摇了帝国主义的后方，鼓舞了殖民地半殖民地人民反对帝国主义侵略压迫的斗争，开辟了无产阶级领导的被压迫民族解放斗争的新时代。

57. ACDE 【解析】我国古代“四大发明”是造纸术、指南针、火药、印刷术。

58. AD 【解析】登高是重阳节的习俗，吃月饼是中秋节的习俗，喝腊八粥是腊八节的习俗。

59. ABCD 【解析】《红高粱家族》由《红高粱》《高粱酒》《高粱殡》《狗道》《奇死》五部组成。

60. BD 【解析】《三国演义》的作者为罗贯中，它是中国第一部长篇章回体历史演义小说，是历史演义小说的经典之作。清代学者章学诚评价《三国演义》具有“七分事实，三分虚构”的特点。《水浒传》是中国历史上最早用白话文写成的章回小说之一。因此，正确的有B、D项。

四、简答题(参考答案)

61. 简述教师的职业价值。

教师的职业价值包括教师职业的外在价值和教师职业的内在价值。

(1)教师的外在价值是指教师劳动的价值，教师劳动的价值是社会价值与个人价值的统一。①教师劳动的社会价值是指教师在教育教学过程中耗费劳动而产生的满足社会需要的意义和作用。它是教师劳动价值的主要属性，也是体现教师社会地位和教师个人价值的主要标志。②教师劳动的个人价值是作为客体的教师劳动对于教师主体需要的肯定或否定的某种状态，是满足教师自身物质和精神需要的程度。

(2)教师职业的内在价值主要体现在：①教师职业激发和丰富教师的创造潜能；②教师职业促进了教师的自我成长；③教师职业带给教师无穷的快乐。

62. 简述教师如何正确处理师生矛盾。

教育教学过程中，师生之间发生矛盾是难免的。教师要善于驾驭自己的情绪，冷静全面地分析矛盾，正视自身的问题，敢于做自我批评，对学生的错误进行耐心的说服教育或必要的等待、解释等。要能与学生心理互换，设身处地地为学生着想，理解学生，帮助学生，满足学生的正当要求，启发学生自省改错。

63. 简述学校教育在个体发展中起主导作用的原因。

学校教育在个体发展中起主导作用的原因：(1)学校教育是有目的、有计划、有组织地培养人的活动；(2)学校有专门负责教育工作的教师，相对而言效果较好；(3)学校教育能有效地控制和协调影响学生发展的各种因素。

64. 简述中学生心理健康的标准。

一般来讲，心理健康具有以下标准：(1)自我意识正确。(2)人际关系协调。(3)性别角色分化。(4)社会适应良好。(5)情绪积极稳定。(6)人格结构完整。

65. 简述促进学习迁移的教学策略。

促进学习迁移的教学策略有：(1)改革教材内容，促进迁移；(2)合理编排教学方式，促进迁移；(3)教授学习策略，提高学生的迁移意识；(4)改进对学生的评价。

66. 简述教师应如何激发学生的学习动机。

激发学生学习动机的措施有：(1)创设问题情境，激发兴趣，维持好奇心；(2)设置合适的目标；(3)根据作业难度，恰当控制动机水平；(4)表达明确的期望；(5)提供明确的、及时的、经常性的反馈；(6)合理运用外部奖赏；(7)有效地运用表扬；(8)对学生进行竞争教育，适当开展学习竞争。

五、论述题(参考答案)

67. 试述加强教师职业道德建设的策略。

(1)注重培养教育，增强教师的职业道德意识。增强教师的职业道德意识，可以采取专门的教育形式来进行。首先，要组织教师认真学习《中华人民共和国教师法》《中华人民共和国教育法》等教育法规，不断提高广大教师对职业道德建设的重要性和意义的认识，教育他们认真履行教师的义务，既要肯定教师通过正当途径追求自身利益的合理性，又要提倡和发扬教师为社会奉献的精神，努力培养他们勤奋严谨、献身教育的治学态度和耐得寂寞、安贫乐教的优秀品质。其次，要坚持用有中国特色的社会主义理论教育全体教师，用党的教育方针、政策武装广大教师的头脑，提高他们的思想觉悟，增强他们抵御各种腐朽思想侵蚀的能力，使广大教师牢固树立科学的世界观、人生观和价值观。再次，要组织教师认真学习现代教育思想和教育理论，明确我国教育改革和发展的总趋势，认识教育事业在人才培养、经济建设中的重要地位和作用，使教师树立终身教育观念、素质教育观念和大教育观念，为适应教育事业的发展不断完善自己的知识结构和技能结构，构建与教育现代化相适应的、具有鲜明时代特征的教师职业道德观念。

(2)强化考评监督，健全教师职业道德的激励机制。提高教师的职业道德修养，需要强化考评监督，健全激励机制。首先学校要建立切实可行的职业道德评估标准，加强对教师的考评。要把教师职业道德建设作为学校精神文明建设和教育教学工作考核的重要内容。学校要制定可操作的师德考核测评标准和测评方法，建立个人自评、教师互评、家长评价和组织评价的师德考评机制。这样既可确保教师职业道德考评工作落到实处，同时有利于发挥教师、学生家长和组织等方面的监督作用。其次，建立和完善教师职业道德建设激励约束机制。对教书育人成绩突出的，应授予"师德标兵"和"师德建设先进集体"等光荣称号，给予表彰和奖励。凡违反教师职业道德规范的，都要按照规定严肃查处。对于品行不良、道德败坏、社会影响恶劣的要坚决取消其教师资格，将其清理出教师队伍。

(3)优化内外环境，营造教师职业道德建设的良好风气。教师职业道德建设离不开社会外部环境和学校内部环境的支持。国家应大力提高学校教师的社会地位和经济待遇，努力在社会上营造一个尊重知识、尊重人才、尊重教师的良好风气，不断提高教师的社会地位和各方面的待遇，对教师的劳动予以充分的肯定，调动起教师的积极性，激发他们献身教育事业的热情。学校应创造一个有利于培养教师职业道德的良好教育环境和条件，还要尽可能地给教师创造良好的工作和生活条件，帮助他们解决生活中的实际困难和后顾之忧，使广大教师安心于教育事业。

68. 试述教师职业行为规范的内容。

(1)教师的思想行为规范。①热爱社会主义祖国，拥护中国共产党的领导，认真学习和宣传马列主义、毛泽东思想，热爱教育事业；②认真执行教育方针，遵循教育规律，尽职尽责，教书育人；③正直诚实，作风正派，为人师表，遵纪守法；④树立正确的人生观和价值观，发扬无私奉献的精神，不做有损国格、人格的事情；⑤积极参加政治学习和宣传活动，做社会主义精神文明的建设者和传播者。

(2)教师的教学行为规范。①要有端正的教学态度，严肃认真地对待教学工作中的每一项内容。②钻研业务，熟悉教材，认真备课；要善于激发学生的求知欲，组织好课堂教学，创造主动活泼的课堂气氛，尽量避免对学生进行灌输性教学。③精心编排练习，认真批改作业，及时纠正错误。定时做好检查教学质量的工作，及时补缺补漏。④按时上课下课，不迟到、不缺课、不拖堂。⑤上课语言文明、清晰流畅，表达准确简洁；板书整洁规范，内容简练精确。⑥既要严格要求学生，又要尊重学生，对待学生要一视同仁。热情、耐心地回答学生提问。不能讽刺、挖苦学生。⑦教学计划应符合教学进度的要求，不能随意删增内容、加堂或缺课，不能占用学生的自习课或复习考试时间，增加学生的学习负担。

(3)教师的人际行为规范。①教师与学生之间要做到：热爱学生，关心学生，尊重学生；严格要求，耐心教导，循循善诱，不偏不袒；不以师生关系谋取私利。②教师之间要做到：互相尊重，切忌嫉妒；相互学习，取长补短；平等相待，不亢不卑；乐于助人，关心同事。③教师与领导之间要做到：尊重领导，服从安排；顾全大局，遵守纪律；互相理解，互相支持；秉公办事，团结一致。④教师与家长之间要做到：尊重家长，理解家长；经常家访，互通情况；密切配合，教育学生。

(4)教师的仪表行为规范。①衣着整洁，朴实大方，服饰要符合职业特点，体现教师为人师表的良好形象。②举止稳重大方、潇洒自然、彬彬有礼。切忌轻浮粗俗、拘谨呆板。

69. 试述德育过程的基本规律。

德育过程的基本规律包括：(1)德育过程是对学生知、情、意、行的培养与提高过程。(2)德育过程是一个促进学生思想内部矛盾斗争的发展过程，是教育与自我教育相结合的过程。(3)德育过程是组织学生的活动和交往，统一多方面教育影响的过程。(4)德育过程是一个长期的、反复的、逐步提高的过程。

70. 试述如何利用记忆规律有效组织复习。

利用记忆规律有效组织复习的方法有：

(1)复习时机要得当。①及时复习；②合理分配复习时间；③间隔复习；④循环复习。

(2)复习方法要合理。①分散复习与集中复习相结合；②复习方法多样化；③运用多种感官参与复习；④尝试回忆与反复识记相结合。

(3)复习次数要适宜。①复习内容的数量要适当，就是说一次复习内容的数量不宜过多，因为，学习内容的数量与复习的次数及所用的时间是成正比增长的；②提倡适当的过度学习，即达到150%的学习(过度学习的材料能避免遗忘)，从而提高记忆效果。

(4)重视对记忆品质的培养。

(5)注意用脑卫生。

六、案例分析题(参考答案)

71. (1)教学反思是指教师以自己的教学活动为意识对象，对自己的教育理念、教学行为、决策以及由此所产生的结果进行认真地自我审视、评价、反馈、控制、调节、分析的过程。进行教学反思的方法有：①反思日记；②详细描述；③交流讨论；④行动研究。另外，教学反思的方法还有教学案例和教师成长档案袋。

(2)教师要遵循教育规律和人才成长规律，深化教育教学改革，创新教育教学方法。对于教学方法的选择，既要讲科学与规范，又要重艺术与创新。要结合教学内容和学生实际情况，因材施教，恰当地选择和创造性地运用教学方法，表现自己的教学艺术，形成自己的教学风格，激发学生学习的主动性，从而提高教学效果。

(3)唐老师的教学主要采用讲授法、练习法进行，容易忽视学生的学习兴趣，造成学生的机械练习，不利于发挥学生学习的主动性。在教学方法的使用上，唐老师应注意根据教学内容和学生特点，灵活选择，可结合问答法、讨论法等多种形式进行，增强学生的体验性，调动起学生学习的主动性和积极性。在布置作业时，要考虑到不同学生的能力需求，做到分量适宜、难易适度、形式多样，具有多选性。

72. (1)在韦纳的归因理论中，把人们对活动成败的原因即行为责任归结为以下六个因素，即能力、努力程度、工作难度、运气、身心状况、外界环境。又把上述六项因素按各自的性质，分别归入三个维度：内部归因和外部归因、稳定性归因和非稳定性归因、可控制归因和不可控制归因。其中，努力属于内部、不稳定、可控的因素，能力属于内部、稳定、不可控的因素。

(2)在本案例中，小丽认为自己考试不理想的原因是"学习太不用功了"，这是归因于努力因素，是一种积极的归因方式。在教学中，教师应引导学生进行努力归因，因为学生将自己的成败归因于努力与否会提高学生学习的积极性，当学习困难或成绩不佳时，一般不会因一时的失败而降低将来会取得成功的期望。

(3)在本案例中，小青认为自己考试不理想的原因是"不是学数学的料"，这是归因于能力因素，是一种消极的归因方式。小青由于把失败归因于能力因素，从而形成了"就是学不好，以后也不想在这门课上下功夫"的习得性无助的自我感觉。在教学中，教师应引导学生进行正确归因，从"努力归因"和"现实归因"两方面入手，改变学生消极的自我认识，提高学习动机。

七、教学情境分析(参考答案)

73. (1)①班主任贯彻了因材施教原则，因材施教原则是指教育者在德育过程中，应根据学生的年龄特征、个性差异以及品德发展现状，采取不同的方法和措施，加强德育的针对性和实效性。案例中，班主任针对女生经常上课迟到，且对于批评已经"习以为常"的特点，采取"旁敲侧击"的方法去教育、影响、鼓励她，体现了因材施教原则。②班主任贯彻了疏导原则，疏导原则是指进行德育时要循循善诱，以理服人，从提高学生认识入手，调动学生的主动性，使他们积极向上。案例中，班主任因公务迟到后，因势利导，主动向同学们承认错误，讲明道理，并请大家监督，从而帮助女生认识到自己的错误，并加以改正，这符合疏导原则的贯彻要求。③班主任贯彻了尊重信任学生与严格要求学生相结合的原则。德育过程中，教育者既要尊重信任学生，又要对学生提出严格的要求，把严和爱有机地结合起来，使教育者的合理要求转化为学生的自觉行动。案例中，班主任没有正面批评指责女生，而是采取"旁敲侧击"的方法去教育、影响、鼓励她，对学生提出每天准时上下课的要求，这体现了尊重信任学生与严格要求学生相结合的原则。

(2)班主任运用的是榜样示范法。榜样示范法是用榜样人物的优秀品德来影响学生的思想、情感和行为的德育方法。案例中，班主任在迟到后，主动向学生承认错误，并请学生监督的行为，为学生树立了良好的榜样，促使女生主动承认了以前的错误。

该方法的运用要求为：①选好学习的榜样。选好榜样是学习榜样的前提。班主任结合女孩的实际情况，通过自己的言行为其树立了良好的榜样，促进了女孩的进步与成长。②激起学生对榜样的敬慕之情。要使榜样能对学生产生力量,推动他们前进,就需要引导学生了解榜样,使他们在心灵上对所学榜样产生敬佩之情。班主任在课堂上主动承认错误并请大家监督其改正错误的行为,激发了女孩的敬佩之情。③狠抓落实,引导学生用榜样来调节行为,提高修养。要及时地把学生的情感、冲动引导到行动上来,把敬慕之情转化为道德行动和习惯,逐步巩固、加深这种情感。班主任把学生对自己的敬佩之情转化为学生的行动,促使了女孩改正错误,不再迟到。

2019年四川省特岗教师招聘考试真题试卷(五十七)

一、单项选择题

1. B 【解析】赫尔巴特是近代德国著名的心理学家和教育学家,在世界教育史上被认为是"现代教育学之父"或"科学教育学的奠基人"。

2. D 【解析】卢梭于1762年出版的教育小说《爱弥儿》系统阐述了他的自然主义教育思想。故《爱弥儿》的作者是卢梭。

3. C 【解析】题干中的"潜移默化"体现了隐性功能,"积极影响"体现了正向功能。故选C。

4. B 【解析】题干所述表明了社会环境对人发展的影响。

5. A 【解析】教育的政治功能的主要表现之一是教育推进社会走向民主。现代社会,教育通过传播科学真理,启迪人的思想意识,提高人的民主观念,鞭打愚昧和落后,成为社会变革的内在动力。只有具有民主意识的公民,才能建立民主的社会和民主的政体。故选A。

6. B 【解析】生产力的发展水平制约着教育发展的规模和速度。

7. A 【解析】教育目的对教育活动具有定向功能,任何社会的教育活动,都是通过教育目的才得以定向的。教育目的及其所具有的层次性,不仅内含对整体教育活动努力方向的指向性和结果要求,而且还含有对具体教育活动的具体规定性。

8. B 【解析】"壬寅学制"以日本的学制为蓝本,由当时的管学大臣张百熙起草,是中国近代教育史上最早由国家正式颁布的学制系统,虽然正式公布,但并未实行。

9. C 【解析】教师的文化形象是教师形象的核心。传统的教师文化形象是传统文化的传递者、维护者,所谓"才高八斗""学富五车"皆是教师的典型文化特征。

10. C 【解析】个体身心发展的不平衡性(不均衡性)的表现之一是:身心发展的同一方面的发展速度,在不同的年龄阶段是不平衡的。例如,青少年的身高体重在其全部发展过程中经历两个高峰:第一个高峰是在一岁左右,第二个高峰是在青春发育期。在这两个高峰期内,身高体重的发展较之其他阶段快得多。

11. B 【解析】活动课程亦称经验课程,是指围绕着学生的需要和兴趣、以活动为组织方式的课程形态,即以学生的主体性活动的经验为中心组织的课程。

12. C 【解析】苏格拉底问答法亦称"产婆术",分为三步:第一步称为苏格拉底讽刺,他认为这是使人变得聪明的一个必要的步骤,因为除非一个人很谦逊,"自知其无知",否则他不可能学到真知;第二步称为定义,在问答中经过反复诘难和归纳,从而得出明确的定义和概念;第三步称为助产术,引导学生自己进行思索,自己得出结论。即向学生提出问题让学生回答,通过问答、对话的形式来引导学生思考、探究,获取或巩固知识,促进学生的智能发展,体现了谈话法的内涵。故选C项。

13. D 【解析】形成性评价是在教学过程中为改进和完善教学活动而进行的对学生学习过程及结果的评价。它包括在一节课或一个课题的教学中对学生的口头提问和书面测验。故选D。

14. A 【解析】课堂教学是学校教育最基本的组织形式,但不是唯一形式。

15. C 【解析】消极型非正式组织的群体会自觉和不自觉地与班主任、班委会发生对立,如破坏纪律、发牢骚、不参加集体活动等。

16. B 【解析】下位学习又称类属学习,是一种把新的观念归属于认知结构中原有观念的某一部分,并使之相互联系的过程。正方形、长方形、平行四边形的概念都是从四边形衍生出来的,因此题干描述的学习属于下位学习。

17. A 【解析】正迁移也叫"助长性迁移",是指一种学习对另一种学习的促进作用。顺向迁移是指先前学习对后继学习产生的影响。由于会打羽毛球,很快学会了打网球,是先前的学习对后继的学习产生促进作用,即顺向正迁移。

18. D 【解析】组织策略主要有两种:一种是归类策略;一种是纲要策略,也称提纲挈领,是掌握学习材料纲目的方法。纲要可以是用语词或句子表达的主题纲要,也可以是用符号、图式等形象表达的符号纲要。画示意图属于组织策略中的纲要策略。

19. C 【解析】附属内驱力是指个体为了获得长者们(如家长、教师)的赞许或认可而表现出把工作、学习做好的一种需要。

20. A 【解析】认知方式也称认知风格,是指人们在认知活动中所偏爱的信息加工方式。

21. D 【解析】处于社会契约的道德定向阶段的人以法制观念为导向,有强烈的责任心和义务感,但不再把社会规则和法律看成是死板的、一成不变的条文,而认识到了它们的人为性和灵活性,他们尊重法制但不拘泥于法律条文,认为法律是人制定的,不合时宜的条文可以修改。

22. B 【解析】6-11岁的个体处于埃里克森人格发展阶段理论中的勤奋感对自卑感阶段,这一阶段的发展任务是培养勤奋感。

23. A 【解析】在韦纳的成败归因理论中,努力属于内部的、不稳定的、可控的因素。

24. C 【解析】强迫症的主要表现为:(1)强迫性计数;(2)强迫性洗手;(3)强迫性自我检查;(4)刻板的仪式性动作或其他强迫行为。题干中小娟的行为属于强迫症。

25. B 【解析】依据教育法规的效力等级和内容重要程度的不同,可分为根本法和普通法,或称之为基本法与单行法。例如,《中华人民共和国教育法》是我国教育的根本法、基本法,而《中华人民共和国义务教育法》《中华人民共和国教师法》等为普通法、单行法。

26. C 【解析】根据《中华人民共和国教师法》第七条规定,教师享有民主管理权,即对学校教育教学、管理工作和教育行政部门的工作提出意见和建议,通过教职工代表大会或者其他形式,参与学校的民主管理。

27. A 【解析】禁止性规范是规定人们在法定条件下,不得采取某种行为的法律规范。这种规范在法律条文中往往使用"禁止""不得"等字样。

28. C 【解析】根据《中华人民共和国义务教育法》第二十七条规定,对违反学校管理制度的学生,学校应当予以批评教育,不得开除。

29. D 【解析】教育申诉制度是非诉讼意义的行政申诉制度。

30. D 【解析】终身学习是教师在处理其与自己发展的关系时所应遵循的原则要求,是教师专业发展的不竭动力。故以推动教师专业发展为目的的要求是终身学习。

二、判断简析题(参考答案)

31. 强调学生的主体地位必然削弱教师的主导作用。

(1)×。(2)教师的主导作用和学生主体作用之间是辩证统一的关系。①教师和学生的作用是不可分割的。发挥教师的主导作用并不意味着制约学生的主动性。相反,发挥教师的主导作用,就是要更好地发挥学生的主动精神。同样,发挥学生的主动性又离不开教师的主导作用。②教师的主导作用和学生的主体作用是相互促进的。教师的主导作用要依赖于学生主体作用的发挥。学生学习的主动性、积极性越高,说明教师的主导作用发挥得越好。反过来,学生主体作用要依赖于教师的主导作用来实现。只有教师、学生两方面互相配合,才能收到最佳的教学效果。

32. 智力水平越高,学习成绩越好。

(1)×。(2)反映一个人智力水平高低的智商,常常被看作预测学生学习成绩的一个重要变量。对此,许多心理学家就智商与学习成绩之间的相关进行了研究。美国心理学家普鲁克特和推孟收集了初中一年级学生学习成绩与智商的有关数据。结果表明,就总体而言,智商高的学生成绩也好。也有心理学家研究发现,智商与学业成绩只有中等程度的相关,且这种相关程度会随不同的智力测验量表、学科性质、学生年级等因素而有所不同。

33. 负强化和惩罚在本质上是相同的。

(1)×。(2)惩罚与负强化有所不同,负强化是通过厌恶刺激的排除来增加反应在将来发生的概率,而惩罚则是通过厌恶刺激的呈现来降低反应在将来发生的概率。

34. 两种学习材料的相似度越高就越容易产生正迁移。

(1)×。(2)根据桑代克的相同要素说,两种学习材料或对象在客观上具有某些共同点是实现迁移的必要条件。两种材料之间存在的共同因素越多,越容易发生学习迁移。共同因素对学习迁移的影响可以从不同的角度来进行研究。现代心理学倾向于从学习对象的构成成分来分析。他们把学习对象的构成成分区分为结构成分和表面成分两大类。如果两个任务具有共同的结构成分,则会产生正迁移;结构成分不同则不能促进正迁移,甚至会产生负迁移。

35. 教学是学校实现教育目的的基本途径。

(1)√。(2)教学是贯彻教育方针,实施全面发展教育,实现教育目的的基本途径。

36. 非正式群体在班级管理中只有消极作用。

(1)×。(2)非正式群体对学生个体和正式群体既有积极影响,也有消极影响。非正式群体对个体的影响是积极的还是消极的,主要取决于非正式群体的性质以及与正式群体的目标一致的程度。

三、简答题(参考答案)

37. 简述班主任建设和管理班级组织的策略。

(1)创造性地规划班级发展目标;(2)合理地确定学生在班级中的角色位置;(3)协调好班内外各种关系;(4)建构"开放、多维、有序"的班级活动体系;(5)营造健康向上、丰富活跃的班级文化环境。

38. 简述动作技能形成的一般阶段。

(1)冯忠良的四阶段:

①操作定向。操作定向就是了解操作活动的结构与要求,在头脑中建立起操作活动的定向映像的过程。

②操作模仿。模仿的实质是将头脑中形成的定向映像以外显的实际动作表现出来。

③操作整合。操作整合是把构成整体的各动作要素,依据其内在联系联结成为整体,形成操作活动的序列,获得有关操作活动的完整的动觉映像的过程。

④操作熟练。操作熟练是操作技能掌握的高级阶段。通过动作练习形成的活动方式对各种变化的条件具有高度的适应性,动作的执行达到高度的程序化、自动化和完善化。

(2)菲茨和波斯纳将操作技能学习的过程分为认知、联系形成和自动化三个阶段。

①认知阶段。这个阶段的主要任务是领会技能的基本要求、重点,掌握组成技能的局部动作。

②联系形成阶段。在该阶段,练习者把组成操作技能的动作整体逐一进行分解,并试图发现它们是如何构成的,最后尝试性地完成所学新技能中的各个动作。经过练习,逐步掌握了一系列的局部动作,并逐渐从个别动作转向动作的组织与协调。

③自动化阶段。操作技能形成的最后阶段是一长串的动作系列联合成为一个有机的整体并巩固下来。此阶段,各个动作相互协调似乎是自动流出来的,无需特殊的注意和纠正。操作技能逐步由脑的低级中枢控制。这时,练习者的多余动作和紧张状态已经消失,能根据情况变化灵活、迅速而准确地完成动作,并且这种动作已经达到自动化程度,几乎不需要有意识的控制,这就是操作技能进入自动化阶段的熟练操作特征。

39. 简述教师培养和激发学生学习动机的方法。

(1)学习动机的培养:①了解和满足学生的需要,促进学习动机的产生;②重视立志教育,对学生进行成就动机训练;③帮助学生确立正确的自我概念,获得自我效能感;④培养学生努力导致成功的归因观;⑤培养对学习的兴趣;⑥利用原有动机的迁移,使学生产生学习的需要。

(2)学习动机的激发:①创设问题情境,激发兴趣,维持好奇心;②设置合适的目标;③根据作业难度,恰当控制动机水平;④表达明确的期望;⑤提供明确的、及时的、经常性的反馈;⑥合理运用外部奖赏;⑦有效地运用表扬;⑧对学生进行竞争教育,适当开展学习竞争。

40. 简述影响解决问题的因素。

(1)问题情境(问题表征);(2)定势与功能固着;(3)原型启发;(4)酝酿效应;(5)已有知识经验;(6)情绪与动机。此外,个体的认知结构、个性特征以及问题的特点等也会影响问题的解决。

41. 简述教育立法的一般程序。

(1)教育法律草案的提出;(2)教育法律草案的审议;(3)教育法律草案的表决和通过;(4)教育法律的公布。

四、论述题(参考答案)

42. 试述教师职业道德修养的内容、途径和方法。

(1)教师职业道德修养的内容包含两个方面:①职业道德意识修养;②职业道德行为修养。具体来说,教师职业道德修养主要包括职业道德理想、知识、情感、意志、信念和行为习惯六个方面。

(2)教师职业道德修养的途径:①努力学习教师道德理论,树立人民教师道德的理论人格。②参加社会实践,做到知行统一。参加社会实践是促进教师职业道德养成的根本方法。

(3)教师职业道德修养的方法:①加强学习。加强学习,是师德修养的必要途径。②勤于实践磨炼,增强情感体验。教育实践是正确师德观念的认识来源,只有在教育实践活动中,才能正确认识教育活动中的各种利益和道德关系,才能培养好的师德品质。③树立榜样,虚心向他人学习。树立道德榜样是提升师德修养的重要方法。④确立可行目标,坚持不懈努力。⑤学会反思。反思是提高师德修养的重要方法。⑥努力做到"慎独"。教师职业道德修养的最高层次就是"慎独"。

五、分析说明题(参考答案)

43. (1)教育法律关系的主体是指教育法律关系的参加者,也就是在具体的教育法律关系中享有权利并承担义务的人和组织。我国教育法律关系的主体可分为三类:公民(自然人)、机构和组织(法人)、国家。本案涉及的教育法律关系主体有学校、班主任、陆某、王某和他们的监护人。

(2)①该小学对事故的发生并没有过错,因为事情发生在自由活动时间,且事件的发生纯属意外。但学校在知情后善后处理不当,存在过错,应承担一定的赔偿责任。②作为一名老师,应当意识到铅笔尖扎进眼睛后可能会产生的严重后果,听到学生反映后,应及时采取措施,送受伤的学生去检查,并通知其家人。但该班主任在知晓王某受到伤害后仅是问一下,没有采取相应的措施,客观上延误了受伤学生的治疗。班主任的行为属于不作为侵权,学校可以对教师进行行政处分,并追偿。③陆某由于疏忽大意而造成王某眼睛受伤。故陆某对王某的伤残应承担主要的过错责任。鉴于陆某是限制民事行为能力人,应负赔偿责任由其监护人承担。

2019年安徽省特岗教师招聘考试真题试卷(五十八)

一、单项选择题

1. B 【解析】详见《中华人民共和国教师法》第八条规定。

2. A 【解析】根据《安徽省中小学办学行为规范(试行)》的规定,学校统筹各学科教师作业布置,控制作业数量,教师要精选作业内容,提高作业质量。小学一、二年级不留书面家庭作业,其他年级家庭作业控制在每天1小时以内。

3. C 【解析】教育发展的规模与速度,取决于生产力发展所提供的物质条件和生产力发展对教育事业所提出的要求。

4. C 【解析】青少年儿童身心发展的各个阶段,都有明显的年龄特征。正是由于学制受青少年儿童身心发展规律的制约,所以不同国家在学制的很多方面是一致的,如入学年龄,大、中、小学阶段的划分等。

5. D 【解析】实际锻炼法是有目的地组织学生参加各种实际活动,使其在活动中锻炼思想,增长才干,培养优良的思想和行为习惯的德育方法。锻炼的方式主要是学习活动、社会活动、生产劳动和课外文体科技活动。研学活动就属于一种实践活动。

6. A 【解析】探究式教学的基本程序:问题—假设—推理—验证—总结提高,即首先创设一定的问题情境,提出问题,然后组织学生对问题进行猜想和做假设性的解释,再设计实验进行验证,最后总结规律。

7. B 【解析】诊断性评价是在学期开始或一个单元教学开始时,为了了解学生的学习准备状况及影响学习的因素而进行的评价。题干的描述就体现了对诊断性评价的运用。

8. A 【解析】记忆的敏捷性是记忆的速度和效率特征。能够在较短的时间内记住较多的东西,就是记忆敏捷性良好的表现。记忆的持久性是记忆的保持特征。记忆的准确性是记忆的正确和精确特征。记忆的准备性是记忆的提取和应用特征。故题干所述现象体现的是记忆的敏捷性。

9. C 【解析】知觉的整体性是指人根据自己的知识经验把直接作用于感官的客观事物的多种属性整合为统一整体的过程。知觉对象各部分之间的结构关系影响知觉的整体性。同样一些部分,处于不同的结构关系中就会成为不同的知觉整体。例如:把相同的音符置于不同的排列顺序、不同的节拍和旋律之中就构成不同的曲调;如果曲调的各成分关系不变,只是个别刺激成分发生变化,或用不同的乐器演奏或不同人来演唱,就不会改变我们对其歌曲整体性的知觉。

10. C 【解析】激情是一种爆发式的、猛烈而时间短暂的情绪状态。例如,狂喜、暴怒、恐惧、绝望、剧烈的悲痛等,都是激情的表现。它往往带有特定的指向性和较明显的外部行为表现。题干所述教师的情绪状态符合激情的表现。

11. D 【解析】一般能力是指在不同种类活动中表现出来的能力,如观察力、记忆力、想象力、抽象概括能力等。

12. B 【解析】负迁移也叫“抑制性迁移”，是指一种学习对另一种学习产生阻碍作用。顺向迁移是指先前学习对后继学习产生的影响。会骑自行车对后来学骑三轮车的干扰作用属于顺向负迁移。

二、判断题

13. A 【解析】2018年全国教育大会上，习近平总书记发表重要讲话，他强调，在党的坚强领导下，全面贯彻党的教育方针，坚持马克思主义指导地位，坚持中国特色社会主义教育发展道路，坚持社会主义办学方向，立足基本国情，遵循教育规律，坚持改革创新，以凝聚人心、完善人格、开发人力、培育人才、造福人民为工作目标，培养德智体美劳全面发展的社会主义建设者和接班人，加快推进教育现代化、建设教育强国、办好人民满意的教育。

14. B 【解析】制约教育制度的因素：(1)政治因素；(2)经济因素；(3)文化因素；(4)青少年身心发展规律。此外，影响教育制度制定的因素还应当包括一个国家和地区的教育制度传统以及对国外教育制度积极的学习和借鉴。因此，国家在制定教育制度时，不是只考虑教育制度的先进性即可，还会受其他因素的影响。因此题干的说法是不正确的。

15. A 【解析】教师劳动的复杂性的表现：(1)学生状况的复杂性决定着教师劳动的复杂性；(2)教师任务的多样性制约着教师劳动的复杂性；(3)影响学生发展因素的广泛性制约着教师劳动的复杂性。(具体参看王道俊、郭文安主编的《教育学》第七版)

16. A 【解析】“潜在课程”又称隐性课程，其“课程”并非实指，而是借用“课程”一词，来说明学校中还存在着对学生产生影响的、但又无法控制的教育因素。它们是以潜移默化的形式，对学生的知识、价值、行为规范、情感等发生影响的全部信息的总和及其动态传递方式存在，它在学校情境中是以内隐的方式存在的。

17. B 【解析】备课要写好三种计划，即学年(或学期)教学计划、课题(或单元)计划、课时计划(教案)。因此撰写教案只是备课的一部分。

18. B 【解析】注意的转移是根据新的任务，主动地把注意从一个对象转移到另一个对象或由一种活动转移到另一种活动的现象。注意的分散，也叫分心，是指注意离开了当前应当完成的任务而被无关的事物所吸引。学生上课开小差属于注意分散的表现。

19. A 【解析】题干所述为意志的概念。

20. B 【解析】内部学习动机是指诱因来自于学习者本身的内在因素，即学生因对活动本身发生兴趣而产生的动机。外部学习动机是指诱因来自于学习者外部的某种因素，即在学习活动以外由外部的诱因激发出来的学习动机。奖励学生当课代表属于外部诱因，故该老师激发的是学生学习的外部动机。

三、简答题(参考答案)

21. 简述循序渐进教学原则的含义及其贯彻的基本要求。

基本含义：循序渐进教学原则在西方常称为系统性原则，是指教师要严格按照科学知识的内在逻辑和学生的认知发展规律进行教学，使学生掌握系统的科学文化知识，能力得到充分的发展。

贯彻要求：(1)教师的教学要有系统性；(2)抓主要矛盾，解决好重点与难点；(3)教师要引导学生将知识体系化、系统化；(4)按照学生的认识顺序，由浅入深、由易到难、由简到繁地进行教学。

22. 什么是创造性思维？如何通过日常教学活动培养学生的创造力？

(1)创造性思维是指用独特、新颖的方法解决问题的思维过程。它是人类思维的高级形态，是智力的高级表现。

(2)创造性(即创造力)的培养：①培养创造性认知能力；②注重创造性人格的塑造；③创设有利的社会环境；④培养创造型的教师队伍。

四、材料分析题(参考答案)

23. (1)在学校教育中，良好的班集体对学生健康成长是非常重要的，具体表现在：①有利于形成学生的群体意识。②有利于培养学生的社会交往能力与适应能力。③有利于训练学生的自我教育能力。班集体是学生自己的集体，每个学生在所属的班集体中都拥有一定的权利和义务，都能找到适合自己的角色与活动。因此，班集体是训练班级成员自己管理自己、自己教育自己、自主开展活动的最好载体。材料中的王老师为了把班级带好，代替学生完成部分学校布置的班级活动任务，忽略了学生在班集体中的自觉主动性，没能通过班集体来培养学生的自我教育能力。而材料中的张老师尊重每个孩子的个性，注重班集体的建设并创造条件让每个孩子在集体中成长成才。几年下来，张老师不仅带好了班级，也使学生在班集体中展示了自己的才华，培养了他们的自我教育能力，从而促进了学生的健康成长。

(2)培养良好班集体要注意：①确定班集体的发展目标；②建立得力的班集体核心；③建立班集体的正常秩序；④组织形式多样的教育活动；⑤培养正确的舆论和良好的班风。

材料中两位老师在班级管理中的成败经验，明确体现了其中两点：

第一，建立得力的班集体核心。建立班集体的核心队伍：首先，教师要善于发现和培养积极分子。其次，教师应把对积极分子的使用与培养结合起来。张老师在班集体的建设中尊重每个孩子的个性，注重班集体建设，相信班集体的力量，创造条件让每个孩子在集体中成长成才。她的这些做法有利于培养班集体的核心，带动全班学生的积极性，促进班集体的良好发展。

第二，组织形式多样的教育活动。班集体是在全班同学参加各种教育活动的过程中逐步成长起来的，而各种教育活动又可以使每个人都有机会为集体出力并展示自己的才能。班级教育活动所涉及的内容有主题教育活动、文艺体育活动、社会公益活动等。材料中的王老师在班级的各项活动中投入过多的精力，甚至亲力亲为，代替学生完成部分学校布置的班级活动任务，这些做法都不利于学生个人在班级建设中展示自己的才华和能力。而张老师尊重每个孩子，创造条件让每个孩子在集体中成长。在她的带领下，班级的教室环境卫生、体育运动和文艺演出等都走在全校前列，从而实现了各种教育活动对班集体的培养和发展的作用。

(考生可结合实际加以阐述，言之有理即可)

2019年内蒙古自治区特岗教师招聘考试真题试卷(五十九)

第一部分 教育学

一、单项选择题

1. C 【解析】依法执教就是要求教师在教育教学活动中，按照教育法律、法规使自己的教育教学活动法制化和规范化。因此，其主体是教师。

2. D 【解析】个体的主观能动性是一种寻求发展的积极动机和渴望，是人的身心发展的内在动力。题干中的“学生的个体需求和动机不同”即反映了个体主观能动性对身心发展的影响。

3. C 【解析】教师劳动的间接性指教师的劳动不直接创造物质财富，而是以学生为中介实现教师劳动的价值。教师的劳动并没有直接服务于社会，或直接贡献于人类的物质产品和精神产品。教师劳动的结晶是学生，是学生的品德、学识和才能，待学生走上社会，由他们来为社会创造财富。故选C项。

4. B 【解析】教师备课要写好三种计划，即学年(或学期)教学计划、课题(或单元)计划、课时计划(教案)。

5. C 【解析】小学教育在义务教育中的地位主要表现在三个方面：普及性、基础性、强制性。

6. B 【解析】亚里士多德是最早提出教育要适应儿童的年龄阶段，进行德智体多方面和谐发展教育的思想家。

7. C 【解析】教学过程的三要素说认为，教师、学生、教学内容是构成教学过程的基本要素。

8. C 【解析】设计教学法是美国教育家克伯屈于1918年创建的一种教学组织形式。

9. D 【解析】马卡连柯的“平行教育原则”就是指教师要影响个别学生，首先要去影响这个学生所在的集体，然后通过集体和教师一道去影响这个学生，便会产生良好的教育效果。故选D项。

10. D 【解析】我国确立教育目的的理论依据是马克思主义关于人的全面发展学说。

二、多项选择题

1. ACDE 【解析】素质教育的内涵包括：(1)素质教育是面向全体学生的教育；(2)素质教育是促进学生全面发展的教育；(3)素质教育是促进学生个性发展的教育；(4)素质教育是以培养创新精神和实践能力为重点的教育。

2. ABCE 【解析】教师的专业素养包括：(1)教师的学科专业素养。①精通所教学科的基础性知识和技能；②了解与该学科相关的知识，包括学科间的相关点、相关性质、逻辑关系等；③了解学科的发展脉络；④了解该学科领域的思维方式和方法论。(2)教师的教育专业素养。教师的教育专业素养的养成从知识来说，主要由两个部分构成，一是一般教育学知识，二是学科教育学知识。通过专业知识的学习，教师应有的素养包括：①具有先进的教育理念；②具有良好的教育能力；③具有一定的研究能力。(3)教师的人格特征。(4)教师良好的职业道德素质。

3. ACD 【解析】传授知识与发展智力二者是相互统一和相互促进的：(1)传授知识与发展智力这两个教学任务统

一在同一个教学活动之中，统一在同一个认识主体的认识活动之中。(2)知识是发展智力的基础。(3)发展智力又是掌握知识的重要条件。故B项说法错误。智力并不完全是随着知识的掌握而自然发展起来的。故E项说法不正确。

4. AB 【解析】学校课程直接受制于教育目的和培养目标的规定并最终反映着社会要求。

5. BCDE 【解析】启发性教学原则的贯彻要求有：(1)加强学习的目的性教育，调动学生学习的主动性(这是贯彻启发性原则的首要问题)；(2)设置问题情境，启发学生独立思考，培养学生良好的思维方法和思维能力；(3)让学生动手，培养学生独立解决问题的能力，鼓励学生将知识创造性地运用于实际；(4)发扬教学民主。A项属于巩固性教学原则的贯彻要求。

三、判断题

1. × 【解析】组织教学并不只在上课开始时进行，而是贯穿在教学过程的各个环节中，直到下课。

2. × 【解析】母鸡带小鸡属于动物的生存本能，不能称为“教育”。

3. × 【解析】教育的发展需要社会物质生产提供相应的基础性条件，如果超过了物质生产所能提供的“底线”，就会出现教育的负向功能。盲目的教育先行，不顾本国经济发展的现有水平，过度地投资教育而导致国民经济失衡，反而会抑制国民经济的发展。因此，教育创新不一定能推动经济发展。

4. √ 【解析】教育目的是整个教育工作的核心，是教育活动的依据和评判标准、出发点和归宿，在教育活动中居于主导地位。

5. √ 【解析】题干引文出自《学记》：“是故学然后知不足，教然后知困。知不足，然后能自反也，知困，然后能自强也。故曰：教学相长也。”体现了我国新型师生关系中教学相长的特点。

6. √ 【解析】教学活动是学生认识客观世界的过程，要以间接经验为主、直接经验为辅。

7. × 【解析】2001年颁布的《基础教育课程改革纲要(试行)》明确规定实行国家、地方和学校三级课程管理体制。制定基础教育课程标准是国家对课程的管理内容之一，学校不能制定课程标准。

8. √ 【解析】了解和研究学生是班主任工作的前提和基础。

四、填空题

1. 榜样示范法
2. 《雄辩术原理》(《论演说家的教育》或《论演说家的培养》)
3. 因材施教
4. 主体
5. 兴趣、爱好

五、简答题(参考答案)

1. 制约课程的因素。

总的来说，社会、知识、儿童是制约学校课程的三大因素。(1)一定历史时期社会发展的要求及提供的可能(社会需求)；(2)一定时代人类文化及科学技术发展水平(学科知识水平)；(3)学生的年龄特征、知识与技能的基础及其可接受性(学习者身心发展的需求)。此外，课程理论也是制约课程的因素。

2. 选择与运用教学方法的依据。

(1)教学目的和任务的要求；(2)课程性质和特点；(3)每节课的重点、难点；(4)学生年龄特征；(5)教学时间、设备、条件；(6)教师业务水平、实际经验及个性特点。此外，教学方法的选择与运用还受教学手段、教学环境等因素的制约，这就要求我们要全面、具体、综合地考虑各种相关因素，进行权衡取舍。

六、论述题(参考答案)

(1)题干中两位教师的反问都是不正确的。两位教师都忽视了学生的个别差异性，作业的布置没有考虑不同学生的能力需求，没有做到因材施教。

(2)通常，作业布置要遵循的原则有：

①目的性。作业的布置应体现课堂教学要达到的教学目标，学生通过作业能进一步巩固知识，使思维能力得到进一步发展。

②针对性。针对教材和学生实际，教师要精心选择作业题。作业偏难，学生无从下手，会导致积极性下降；作业偏易，降低了教学的要求，会影响学生对知识的掌握。

③趣味性。“兴趣是最好的老师”，兴趣能激发学生的学习动机，吸引自制力尚处在薄弱阶段的小学生，使他们以愉快的心情完成每次作业。

④层次性。学生的学习水平存在着一定的差异性，这就要求作业的布置要体现层次性，做到“优等生吃得精，中等生吃得好，后进生吃得饱”。

⑤多样性。作业的形式要新颖灵活，不拘一格。除了传统的手写作业外，应适当地运用口头练习、表演练习、实际操作等多种作业形式。

⑥开放性。传统的作业过于强调答案的唯一性和确定性，而新的课程环境要求大部分作业内容应突出开放性和探究性。也就是学生解答问题时要有一定的思考和实践，作业答案要有一定的开放性。

此外，作业必须清楚而且具体；教师要确信学生知道怎样去完成作业；作业应该满足学生的需求。

第二部分　教育心理学

一、单项选择题

1. B 【解析】练习是形成各种操作技能所不可缺少的关键环节。

2. D 【解析】不平衡性一方面表现出个体不同系统在发展的速度、发展的起止时间与达到成熟时期的不同进程；另一方面也表现出同一机能特性在发展的不同时期有不同的发展速率。题干所述体现了心理发展不平衡性的第二个方面。

3. A 【解析】负迁移也叫“抑制性迁移”，是指一种学习对另一种学习产生阻碍作用。题干所述体现了负迁移。

4. B 【解析】教育性原则是指在教育心理学的研究过程中，所采用的研究手段与方法应能促进被试心理的良性发展，这是所有关于人的心理学研究中都应遵从的一个基本伦理道德原则。

5. B 【解析】概念学习是指对刺激进行分类时，学会对一类刺激做出同样的反应，也就是对事物的抽象特征的反应。

6. C 【解析】皮亚杰提出了认知发展的阶段理论，将个体的认知发展分为以下四个阶段：(1)感知运动阶段(0～2岁)；(2)前运算阶段(2～7岁)；(3)具体运算阶段(7～11岁)；(4)形式运算阶段(11岁～成人)。

7. B 【解析】负强化也称消极强化，是通过消除或终止厌恶、不愉快刺激来增强反应频率。“挨骂”是厌恶刺激，为了消除厌恶刺激而考出好成绩属于负强化。

8. D 【解析】用途扩散属于一种发散思维的训练方法，即让学生以某件物品的用途为扩散点，尽可能多地设想它的用途。比如，尽可能多地说出别针的用途。

9. A 【解析】配置性评价，或称准备性评价，一般在教学开始前进行，目的在于摸清学生的现有水平及个别差异，以便安排教学。

10. A 【解析】设计教学目标的时候必须要以学生的实际作为首要依据。

二、多项选择题

1. ABD 【解析】人际排斥是指交往双方出现关系极不和谐、相互疏远的现象，以认知失调、情感冲突及行为对抗为特征。

2. ACDE 【解析】问题解决的阶段包括发现问题、理解问题、提出假设和检验假设四个阶段。

3. ABE 【解析】品德的三因素构成说认为，品德的心理结构包括道德认识、道德情感和道德行为三个成分。

4. BCDE 【解析】美国心理学家韦纳对成败归因进行了系统的研究，他把人经历过的事情的成败归结为六种原因，即能力、努力程度、工作难度、运气、身心状况、外界环境。其中，能力、工作难度、运气、身心状况和外界环境属于不可控因素。

5. ACD 【解析】学习的元认知策略是指个体为实现最佳的认知效果而对自己的认知活动所进行的调节和控制。它大致可分为以下三种：计划策略、监控策略、调节策略。复述策略和组织策略属于认知策略。故答案选A、C、D三项。

三、判断题

1. × 【解析】组织策略是指将经过精加工提炼出来的知识点加以构造，形成更高水平的知识结构的信息加工策略。

2. √ 【解析】维果斯基强调教学不能只适应发展的现有水平，还应适应最近发展区，从而走在发展的前面，最终跨越“最近发展区”而达到新的发展水平。

3. × 【解析】接受学习可以分为机械性接受学习、被动接受学习和有意义的接受学习。其中前两种学习限制了学生思维品质的发展，不利于学生探究精神和创造能力的培养和形成。而有意义的接受学习是一种理解性的学习，实质上是学生积极主动地对教师所传授的知识进行选择、理解、整合和内化的过程，学生具有一定的主动性。故题干中的说法过于片面。

4. × 【解析】心理健康教育的总目标是：提高全体学生的心理素质，充分开发他们的潜能，培养学生乐观、向上的心理品质，促进学生人格的健全发展。故题干说法错误。

5. √ 【解析】班杜拉认为，学习是个体通过对他人的行为及其强化结果的观察，从而获得某些新的行为反应或已有的行为反应得到修正的过程。"上行下效、耳濡目染"正是观察学习的体现。

四、名词解释

1. 自我意识

自我意识是个体对自己以及自己与周围事物的关系的意识。

2. 学习策略

学习策略指学习者在学习活动中，为了提高学习的效果和效率，用以调节个人学习行为和认知活动而采用的规则、方法、技巧及其调控方式的综合。

3. 态度

态度是通过学习而形成的影响个人行为选择的内部准备状态或反应的倾向性。

五、简答题(参考答案)

1. 简述激发学习动机的方法。

(1)创设问题情境，激发兴趣，维持好奇心；(2)设置合适的目标；(3)控制作业难度，恰当控制动机水平；(4)表达明确的期望；(5)提供明确的、及时的、经常性的反馈；(6)合理运用外部奖赏；(7)有效地运用表扬；(8)对学生进行竞争教育，适当开展学习竞争。

2. 简述影响课堂管理的因素。

(1)教师的领导风格；(2)班级规模；(3)班级的性质；(4)对教师的期望。

六、论述题(参考答案)

(1)冲动型的学生在解决认知任务时，总是急于给出问题的答案，而不习惯对解决问题的各种可能性进行全面思考，有时问题还未弄清楚就开始解答。这种类型的学生认知问题的速度虽然很快，但错误率高。在本案例中，小琪反应快，喜欢尝试用新方法解决问题，但错误率高，故属于冲动型认知风格。

(2)在课堂教学中，教师应让小琪想好了再回答，面对问题多思考，提高准确性。另外，帮她具体分析、比较材料的构成成分，通过多次训练来克服冲动行为。

第三部分　教育技术学

一、单项选择题

1. B 【解析】学习风格是学习者在探究、解决其学习任务时所表现出来的典型的、一贯的、独具个人特色的学习策略和学习倾向。"我喜欢晚上做作业"即体现了学习者的一种学习风格。

2. C 【解析】以"学"为主的教学设计是进入20世纪90年代随着多媒体和网络技术的日益普及与建构主义学习理论被理解逐渐发展起来的。这种设计模式的理论基础是建构主义。

3. A 【解析】B项为非营利组织的域名后缀，C项为工商企业的域名后缀，D项为政府部门的域名后缀。

4. C 【解析】教育技术的研究对象是教与学的过程与资源。

5. B 【解析】信息技术与学科课程的整合，就是通过将信息技术有效融合于各学科的教学过程来营造一种新型教学环境，实现一种以自主、探究、合作为特征的教与学的方式，从而把学生的主动性、积极性、创造性充分地发挥出来，使传统的以教师为中心的教学方式发生根本性改变，从而使对学生创造精神与实践能力的培养真正落到实处。

6. C 【解析】诊断性评价、形成性评价、总结性评价是根据教育评价在教育活动中的不同时间和不同作用(功能)划分的。

7. B 【解析】A、C、D三项分别从教学(学习)环境、媒体资源的使用和教学(学习)评价等方面对教学设计进行了描述，都是正确的。教学组织和实施过程中，可以根据实际情况采用不同的组织和实施方式，B项不符合新教育理念的精神，是不适当的。

8. C 【解析】现代教育技术教材开发的一般原则有：教育性原则、科学性原则、技术性原则、艺术性原则、经济性原则。

9. B 【解析】现代教学媒体选择与开发的共同经验原理要求在教学媒体的设计、选择和使用过程中，必须要充分考虑师生之间的共同经验的范围，要为师生的相互作用提供适宜的共同经验，在此基础上，进一步获得新的共同经验。

10. C 【解析】教学媒体的选择依据有：(1)依据学习者(教学对象)的特征。(2)依据教学任务。依据教学任务主要是指选择教学媒体时要考虑教学目标、教学内容的特点以及采用的教学方法等。(3)依据客观条件。客观条件主要涉及媒体的易获性、适用性等。此外，选择教学媒体时，还要考虑媒体自身的特点。故C项正确。

二、多项选择题

1. ABCD 【解析】按媒体的物理性质，现代教学媒体可分为：(1)光学投影教学媒体；(2)电声教学媒体；(3)电视教学媒体；(4)计算机教学媒体。

2. ABCD 【解析】实施《教育信息化2.0行动计划》的具体措施包括：研究中国智能教育发展方案。推进学校联网攻坚行动，力争全国中小学互联网接入率达到97%以上、出口带宽达到100Mbps(兆/秒)以上。完善国家数字教育资源公共服务体系，深入开展"一师一优课、一课一名师"活动，有序推进职业教育专业教学资源库建设。启动"智慧教育示范区"建设。建立数字化资源进校园监管机制。推动"互联网+教育"大平台建设。启动中小学教师信息技术应用能力提升工程2.0。召开中国慕课大会。出台《在线开放课程建设与应用管理办法》。推动更多高校课程在国际著名课程平台上线。系统推进国家虚拟仿真实验教学项目建设工作。

3. ABCE 【解析】依据表现形态可把学习资源分为硬件资源和软件资源。硬件资源是指学习进行过程中所需要的机器、设施、场所等看得见摸得着的物化设备。软件资源是指各种媒体化的学习材料和支持学习活动的工具性软件。对于支持学习的工具性软件，可进一步划分为认知工具、交流工具、问题解决与决策工具、生产性工具。按照学习资源所涉及的人与物的关系，可以将学习资源分为人力资源和非人力资源。人力资源是指在学习过程中促进学习者学习的人，如教师、同伴、学习小组等。非人力资源是指由教育信息、学习媒体和学习场所等共同构成的学习资源。

4. AC 【解析】智慧教室是数字教室和未来教室的一种形式，它是一种新型的教育形式和现代化教学手段。智慧教室一般包括基础设施系统、多媒体教学系统、录播系统、感知系统、云交互系统、增强现实系统和可视化管理系统等。故答案选A、C两项。

5. ABD 【解析】WAV为微软公司开发的一种声音文件格式，MP3是一种数据压缩格式。

三、简答题(参考答案)

1. 简述教学设计的基本过程。

(1)前期分析；(2)制定学习目标；(3)教学策略与教学媒体的选择；(4)开展教学评价。

2. 什么是慕课？解释其内涵。

所谓"慕课(MOOC)"，即Massive Open Online Course的英文首字母缩写的中文音译，意为大规模开放在线课程。从慕课的概念分析，其含义为：(1)"大规模"，指参与学习的学习者数量众多；(2)"开放"，指学习是一种开放的教育形式，没有限制；(3)"在线"，指学习资源和信息通过网络共享，学习活动发生在网络环境下；(4)"课程"，指开放教育的形式是课程，是整个教与学的活动。

3. 简述戴尔的"经验之塔"理论。

戴尔将人们获得的经验分为三大类，并将获得这三类经验的方法分为十种。

(1)做的经验：①有目的的直接经验。②设计的经验。③演戏的经验。以上三个方面的经验，都包含有亲自参与的活动，在这三种方式中，学习者不仅仅是活动的旁观者，更是活动的参与者，故称为"做的经验"。

(2)观察的经验：①观摩示范；②学习旅行；③参观展览；④电影、电视；⑤广播、录音、照片、幻灯。这些视听手段可以为个人或小组所用，在班级教学中，常用它们作为教学的辅助手段。通过这种听觉或视觉方式获得的经验，抽象层次要高一些。

(3)抽象的经验：①视觉符号；②言语符号。

4. 简要回答建构主义学习理论的主要观点。

(1)建构主义知识观。建构主义在一定程度上对知识的客观性和确定性提出质疑，强调知识的动态性。(2)建构主义学习观。建构主义在学习观上强调学习的主动建构性、社会互动性和情境性三方面。(3)建构主义学生观。建构主义非常强调学习者本身已有的经验结构，认为学习者在学习新信息、解决新问题时往往可以基于相关的经验，依靠其认知能力形成对问题的解释。(4)建构主义教师观。建构主义把教师看成是学生学习的帮助者、合作者，认为教学不是知识的转移和传递，而是知识的处理和传递。

四、论述题(参考答案)

1. (1)教育信息化的含义。教育信息化的概念是在20世纪90年代伴随着信息高速公路的兴建而提出的。教育信息化就是在教育领域全面深入地运用现代信息技术来促进教育改革和教育发展的过程，其结果必然形成一种全新的教育形态——信息化教育。从技术属性看，教育信息化的基本特征是数字化、网络化、智能化和多媒体化；从教育属性看，教育信息化的基本特征是开放性、共享性、交互性与协作性。

(2)教育信息化的建设内容。教育信息化的建设主要包括五个方面：①基础设施与公用信息平台建设；②教育信息技术的开发及产业化；③教育资源建设；④培养信息化人才；⑤制定信息化政策。

(3)在追求教育信息化的过程中，我们应在这几个方面努力：①确立与信息社会相适应的教育观念；②制定与信息社会相适应的教育目标；③营造新型学校环境，改变教学方式；④转变教师角色，提高教师的信息素养和能力。

2. 任何系统只有通过相互联系形成整体结构才能发挥整体功能，或者说，没有整体联系和整体结构，要使系统发挥整体功能是不可能的。建构主义学习理论一再强调学习者要对知识进行有意义的建构。如果呈现给学习者的学习材料有良好的结构，那么学习者就比较容易在自己的大脑中建立与之对应的知识体系，并且有良好结构的知识体系有利于学习者的后续学习。因此，我们在组织网络课程的内容时，首先对网络课程的内容进行分析、概括和归纳，采用任务驱动的方法对学习的内容加以量化，把每一部分量化为几项相关的学习任务，每一项学习的任务进一步具体量化为多个问题，问题的提出按照学生的认知规律进行排序，让学生在具体的问题解决过程中认识问题的本质，从而达到认知的目的。

(考生可结合实际加以阐述，言之有理即可)

2019年湖北省义务教育学校教师公开招聘考试综合知识真题试卷(六十)

一、单项选择题

1. B 【解析】习近平总书记指出，脱贫攻坚的标准就是稳定实现贫困人口“两不愁三保障”，不愁吃不愁穿，义务教育、基本医疗、住房安全有保障。

2. A 【解析】《加快推进教育现代化实施方案(2018~2022年)》提出推进基础教育巩固提高，要求着力减轻中小学生过重课外负担，支持中小学校普遍开展课后服务工作。

3. D 【解析】2019年4月25日至27日，第二届“一带一路”国际合作高峰论坛在北京成功举行，本届论坛的主题是共建“一带一路”、开创美好未来。

4. A 【解析】学校和教师侵犯学生隐私的表现形式有：故意隐匿、毁弃或者非法开拆学生信件，披露、宣扬学生自身及家庭成员的资料，提供学生成绩的方式不适当等。因此，教师出于各种目的，隐匿、销毁、私拆学生的信件，侵犯了学生的个人隐私权。

5. B 【解析】1903年，美国心理学家桑代克出版了《教育心理学》，这是西方第一本以“教育心理学”命名的著作。题干表述的作者是桑代克。

6. C 【解析】详见《中华人民共和国义务教育法》第四条规定。

7. B 【解析】实验法是指教师引导学生使用一定的仪器和设备，进行独立操作，引起某些事物和现象产生变化，从而使学生获得直接经验，培养学生技能和技巧的教学方法。实验法常用于物理、化学、生物等自然学科的教学。题干中所用的教学方法是实验法。

8. D 【解析】学校实施劳动教育的价值主要表现为：(1)劳动教育具有育人导向价值；(2)劳动教育具有德育创新价值；(3)劳动教育具有课程创新价值；(4)劳动教育具有综合素质价值。

9. A 【解析】题干引文的意思是：在教育工作中，尊敬教师是难能可贵的。尊敬教师才能重道。在上的君王能尊师重道，百姓才能专心求学。所以这句话强调的是师道尊严，这是我国古代的教师观。

10. D 【解析】美育工作应把握六个基本原则：一是抓住灵魂，准确把握美育改革发展方向。二是抓好统筹，推动省域内美育发展协调发展。加大统筹力度，在设施配备、人员培训、条件保障等方面加大对农村地区和薄弱学校的支持。三是抓好关键，加强美育教师队伍建设。要优化存量、强化增量，努力配齐配好，重点补充农村、边远、贫困和民族地区镇(乡)的学校美育教师。四是抓好布局，提升专业艺术院校办学水平。五是抓好整合，形成协同育人合力。六是抓好评价，促进学校美育科学发展。

11. C 【解析】朱自强认为，小学生阅读不是识字，更不是寻找标准答案。在他看来，阅读不是学习好词好句，而是发展语言创造能力。“语言没有创造力，人的创造力就会打折扣”。所以答案选C项。

12. D 【解析】D项是对急性应激反应在生活情境中的展开阐释，跟题干信息有重合。因此D项更容易推出。

13. C 【解析】慕课的特征包括自主性、多样性、开放性、互动性。

14. D 【解析】《虞美人·春花秋月何时了》是李煜在被毒死前夕所作的词，堪称绝命词。李商隐，晚唐著名诗人，和杜牧合称“小李杜”，代表作有《夜雨寄北》《锦瑟》等。

15. A 【解析】《关于全面深化新时代教师队伍建设改革的意见》指出，完善中小学教师准入和招聘制度，结合实际，逐步将幼儿园教师学历提升至专科，小学教师学历提升至师范专业专科和非师范专业本科，初中教师学历提升至本科，有条件的地方将普通高中教师学历提升至研究生。

16. A 【解析】认知策略包括复述策略、精细加工策略和组织策略。画线属于复述策略。

17. B 【解析】书院即中国古代的民间教育机构。开始只是地方教育组织，最早出现在唐朝，正式的教育制度则是由朱熹创立，发展于宋代。

18. A 【解析】详见《中华人民共和国义务教育法》第三十六条规定。

19. A 【解析】《教育信息化2.0行动计划》指出，通过实施教育信息化2.0行动计划，到2022年基本实现“三全两高一大”的发展目标，即教学应用覆盖全体教师、学习应用覆盖全体适龄学生、数字校园建设覆盖全体学校，信息化应用水平和师生信息素养普遍提高，建成“互联网+教育”大平台，推动从教育专用资源向教育大资源转变、从提升师生信息技术应用能力向全面提升其信息素养转变、从融合应用向创新发展转变，努力构建“互联网+”条件下的人才培养新模式、发展基于互联网的教育服务新模式、探索信息时代教育治理新模式。

20. B 【解析】北宋沈括的《梦溪笔谈》是以笔记体裁形式写成的科学典籍，《梦溪笔谈》在磁学方面研究成果尤为卓著。最早记载了人工磁化的一种简便方法，即“以磁石磨针锋”，造指南针。

21. A 【解析】根据《中华人民共和国教师法》第八条规定，教师应当履行下列义务：(1)遵守宪法、法律和职业道德，为人师表；(2)贯彻国家的教育方针，遵守规章制度，执行学校的教学计划，履行教师聘约，完成教育教学工作任务；(3)对学生进行宪法所确定的基本原则的教育和爱国主义、民族团结的教育，法制教育以及思想品德、文化、科学技术教育，组织、带领学生开展有益的社会活动；(4)关心、爱护全体学生，尊重学生人格，促进学生在品德、智力、体质等方面全面发展；(5)制止有害于学生的行为或者其他侵犯学生合法权益的行为，批评和抵制有害于学生健康成长的现象；(6)不断提高思想政治觉悟和教育教学业务水平。B、C、D项是教师应当履行的义务。A项是教师享有的权利。

22. B 【解析】习近平同志在十九大报告中指出“中国特色社会主义进入新时代，我国社会主要矛盾已经转化为人民日益增长的美好生活需要和不平衡不充分的发展之间的矛盾。”

23. A 【解析】蔡元培大力提倡美育，他认为美感教育具有与宗教相同的性质和功用，但可以避免宗教的保守和宗派之见，所以又提出“以美育代宗教”的口号。

24. B 【解析】形成性评价是在教学过程中为改进和完善教学活动而进行的对学生学习过程及结果的评价。它包括在一节课或一个课题的教学中对学生的口头提问和书面测验。

25. A 【解析】相对性评价主要依据学生个人的学习成绩在该班学生成绩序列或常模中所处的位置来评价和决定他的成绩的优劣，而不考虑是否达到教学目标的要求，具有甄选性强的特点，可以作为选拔人才、分类排队的依据。故2019年湖北省义务教育学校教师公开招聘考试属于相对性评价。

26. B 【解析】指导实践法即实际锻炼法。实际锻炼法是有目的地组织学生参加各种实际活动，使其在活动中锻炼思想，增长才干，培养优良的思想和行为习惯的德育方法。“组织学生参加多种实际活动”运用的是指导实践法。

27. C 【解析】题干中“行百里者半于九十”的意思是指一百里的路程，走到九十里也只能算是才开始一半而已，比喻做事要坚持到底。因此，C项与题干描述的意境相近。

28. D 【解析】商务部新闻发言人高峰指出：“一季度国民经济运行平稳，市场预期不断改善，积极因素逐渐增多，市场潜力不断释放。我们预计,后期消费市场将继续保持平稳发展、稳中回升的良好势头。”

29. C 【解析】根据《中华人民共和国义务教育法》第五十七条规定,学校有下列情形之一的,由县级人民政府教育行政部门责令限期改正;情节严重的,对直接负责的主管人员和其他直接责任人员依法给予处分:(1)拒绝接收具有接受普通教育能力的残疾适龄儿童、少年随班就读的;(2)分设重点班和非重点班的;(3)违反本法规定开除学生的;(4)选用未经审定的教科书的。

30. D 【解析】边际效用递减规律是指在一定时间内,在其他商品的消费数量保持不变的条件下,随着消费者对某种商品消费量的增加,消费者从该商品连续增加的每一消费单位中所得到的效用增量即边际效用是递减的。边际效用的大小,同消费者消费数量的多少呈负相关,即消费者消费数量越多,相应的边际效用则越小。A项说法错误。边际效用的大小,同消费者欲望的强弱呈正相关。B项说法错误。边际效用的大小与消费数量的多少反向变动。C项说法错误。边际效用是特定时间内的效用,边际效用具有时间性,这是由欲望再生性和反复性的特点所决定的。D项说法正确。

31. C 【解析】教育部办公厅发布的《关于严禁商业广告、商业活动进入中小学校和幼儿园的紧急通知》指出,各地教育行政部门要会同相关部门,严格按照广告法等相关法律规定,杜绝企业以任何形式发布不利于中小学生和幼儿身心健康的商业广告,对违规在校园进行商业宣传活动,给学校、教师、学生摊派任何购买、销售任务,给学校、教师、学生分发带有商业广告的物品等行为进行严肃查处,确保学校一方净土。要加强宣传教育,引导全社会形成关心爱护广大中小学生和幼儿健康成长的良好氛围。C项属于商业活动进入校园的行为。

32. C 【解析】根据《中华人民共和国教师法》第三十九条规定,教师对学校或者其他教育机构侵犯其合法权益的,或者对学校或者其他教育机构作出的处理不服的,可以向教育行政部门提出申诉,教育行政部门应当在接到申诉的三十日内,作出处理。

33. A 【解析】第一空,“惊人”为形容词,后应跟名词搭配。此处语境强调教师转换思维带来的出乎意料的变化,故填入“奇迹”最合适。第二空,此处语境强调师生成为朋友后的学校氛围是轻松和愉快的,故填入“乐园”最合适。

34. A 【解析】第一空,校园文化活动与日常教学活动相互配合,共同促进学生的全面发展,故填入“全面发展”最合适。第二、三空,传统文化进校园的校园文化活动形式具有感染力强和潜移默化的特点,使得学生在活动中有所感悟,故分别填入“感染”“感悟”最合适。

35. D 【解析】根据题干描述可知,爱因斯坦可以从司空见惯的事实中得出别人注意不到的洞见。例如自牛顿以来,科学家们都知道惯性质量等于引力质量,但爱因斯坦看到,这意味着引力与加速之间存在着一种等效,可以用来对宇宙做出解释。

36. B 【解析】调查数据显示,大多数教师能够认识到备课的重要性,认为备好课需要发挥自身的主观能动性,但是在实际备课中有些教师却耐不住性子、扑不下身子,心态浮躁,缺少课标意识,不愿深入钻研教材、研究学生、琢磨教法学法。一些教师为了走捷径,经常选择“省劲”的备课方式:照搬教学参考书或者通用教案,这直接造成了备课质量与课堂教学效率的低下。

37. D 【解析】考查增长率问题。已知现期量和增长量,增长率=增长量÷(现期量-增长量)。计算四个选项的增长率分别为:0.41%,2.1%,2.6%,3.1%,故选D。

38. C 【解析】A项,2017年义务教育阶段学校在校生增长2.1%,规模扩大,故A错误。B项,2017年全国各级各类学校增速为0.41%,全国各级各类学历教育在校生增速为2.1%,学校增速小于在校生增速,故B错误。D项,2017年义务教育阶段学校在校生增速为2.1%,全国各级各类学历教育在校生增速为2.1%,二者相等,故D错误。C项,2017年非学历教育注册人数增速为2.6%,义务教育阶段招生增速为2.3%,非学历教育注册人数增速超过义务教育阶段招生增速,故选C。

39. B 【解析】主旨大意题。根据文章第一段中国决定推出针对小微企业的普惠性减税措施,目标是每年为小微企业节省2000亿元人民币,以及第三段中98%的中小企业将享受减税,可知,这篇文章主要讲述的是中国在税收政策上给予了小企业很多优惠。故选B。

40. D 【解析】细节理解题。根据第三段第二句“Small firms with taxable revenues of less than 1 million yuan will see the tax rate fall to 5 percent...”可知A选项错误。根据第四段内容可知,B选项错误。根据第五段内容可知,C选项错误。故选D。

二、多项选择题

41. ABC 【解析】习近平总书记在北京主持召开学校思想政治理论课教师座谈会并发表重要讲话。办好思想政治理论课,最根本的是要全面贯彻党的教育方针,解决好培养什么人、怎样培养人、为谁培养人这个根本问题。

42. ACD 【解析】考查矛盾的特殊性在三个方面的具体表现。B项是矛盾的斗争性,故排除。

43. AC 【解析】马斯洛根据需要出现的先后及强弱顺序,把需要分成了五个层次,即生理需要、安全需要、归属与爱的需要(社交需要)、尊重需要和自我实现的需要。

44. ABCD 【解析】根据《中华人民共和国教育法》第四十四条规定,受教育者应当履行下列义务:(1)遵守法律、法规;(2)遵守学生行为规范,尊敬师长,养成良好的思想品德和行为习惯;(3)努力学习,完成规定的学习任务;(4)遵守所在学校或者其他教育机构的管理制度。

45. ABCD 【解析】选项所述均属于福禄贝尔的教育原则。

46. ABCD 【解析】根据《中小学教师违反职业道德行为处理办法》和《湖北省实施〈中小学教师违反职业道德行为处理办法〉细则(试行)》的规定,教师组织、要求学生参加校内外有偿补课,或者组织、参与校外培训机构对学生有偿补课的,视情节轻重给予相应处分,处分包括警告、记过、降低专业技术职务等级、撤销专业技术职务或者行政职务、开除或者解除聘用合同。所以D项正确。受到记过处分的,在受处分期间,不得聘用到高于现聘岗位等级的岗位,年度考核不得确定为合格及以上等次。所以C项正确。受到降低岗位等级、撤销专业技术职务处分的,自处分决定生效之日起按照事业单位收入分配有关规定确定其工资待遇。所以A项正确。教师违反师德规定获得的经济利益,必须予以清退或上缴。所以B项正确。

47. BCD 【解析】义务教育是法律保证实施的教育活动。义务教育不仅是受教育者的权利,而且还是国家的义务,国家、社会、学校和家庭必须依法予以保证。题干所述歌手的行为违反了义务教育法,他应该依法送女儿接受义务教育。所以,A项说法不正确,D项说法正确。题干所述国学女德班所在办学机构的业务范围是非学历民办培训机构,只能从事培训,不能从事全日制面向中小学生的教学。应对该办学机构进行调查。所以,B项说法正确,C项说法正确。

48. CD 【解析】胃酶片宜在饭中服用,C项说法错误。发生踝关节扭伤后若揉搓、转动将加重伤情,正确做法是应立即至医院急诊就诊,D项说法错误。

49. AC 【解析】雨果的代表作有长篇小说《巴黎圣母院》《九三年》《悲惨世界》等。《茶花女》是法国作家小仲马的代表作。《三个火枪手》是法国作家大仲马的代表作。故排除BD,选AC。

50. ABC 【解析】D项说法不符合题意,四季更替由地球公转造成。

三、案例分析题(参考答案)

1. (1)案例中的小李老师运用的德育方法主要有说服教育法、榜样示范法、陶冶教育法以及品德评价法等。

①说服教育法。说服教育法又叫说理教育法,是通过语言说理,使学生明晓道理,分清是非,提高品德认识的德育方法。面对课堂上不守纪律的王刚,小李老师并没有发火,而是积极与王刚交谈,帮王刚分析他成绩差的原因,劝导王刚上课专心听讲。这体现了对说服教育法的运用。

②榜样示范法。榜样示范法是用榜样人物的优秀品德来影响学生的思想、情感和行为的德育方法。榜样包括伟人的典范、教育者的示范、学生中的好榜样等。小李老师让王刚与自律意识强、品学兼优的同学坐在一起,希望通过“学生中的好榜样”,引导王刚向其学习。这体现了对榜样示范法的运用。

③陶冶教育法。陶冶教育法是教师利用环境和自身的教育因素,对学生进行潜移默化的熏陶和感染,使其在耳濡目染中受到感化的德育方法。小李老师为王刚调位,让其与品学兼优的同学坐在一起,这就为小刚创造了良好的学习环境。这体现了对陶冶教育法的运用。

④品德评价法。品德评价法是通过对学生品德进行肯定或否定的评价而予以激励或抑制,促使其品德健康形成和发展的德育方法。小李老师在课后辅导王刚的作业时,会适当表扬他,并对其提出更高的要求,促使王刚不断进步。这体现了对品德评价法的运用。

(2)小李老师对王刚的教育之所以取得了成功,除了使用上述德育方法外,还贯彻了一些德育原则:

①疏导原则。在对王刚的教育过程中,小李老师循循善诱,以理服人,调动了王刚的积极性,说明小李老师贯彻了这一原则。

②因材施教原则。小李老师有针对性地帮助王刚,说明小李老师贯彻了这一原则。

③尊重信任学生与严格要求学生相结合的原则。在对王刚的教育过程中,小李老师对王刚不断提出更高的要求,说明小李老师贯彻了这一原则。

④依靠积极因素,克服消极因素的原则。小李老师适当表扬王刚,激发其进取心,说明小李老师贯彻了这一原则。

⑤教育影响的一致性与连贯性原则。小李老师与王刚的家长取得联系,希望通过"家校合作",更好地促进王刚的发展,说明小李老师贯彻了这一原则。

我在以后的教育教学中,要向小李老师学习,掌握一定的德育方法与德育原则,并在教学实践中适当运用这些方法与原则。

2.(1)张建华跨过作文教学"坎儿"的诀窍如下:

①重视阅读,加大学生的阅读量。为学生购买图书,建立"图书阅览超市",开展多种形式的读书活动,鼓励捐书……通过这些措施,达到加大学生阅读量、开阔学生写作视野的目的。

②鼓励学生写日记,不断积累作文素材。通过"滚动日记"的形式,调动了学生写日记的积极性,学生在积累了大量作文素材的同时,逐渐变得敢写、会写了。

③坚持学习,不断提高专业素养。为了教好作文,张建华坚持读书、读教学杂志和教育专著等,不断增加自己的知识储备,提升自身的专业素养。

(2)作为教师,张建华具有可贵的品质,践行了以下教师职业道德规范:

①爱岗敬业。"爱岗敬业"要求教师对工作高度负责,认真备课上课。在该案例中,张建华对工作高度负责,为了迈过作文教学的"坎儿",他积极寻找办法,践行了这一职业道德规范。

②关爱学生。"关爱学生"要求教师关心爱护全体学生,尊重学生人格,平等公正对待学生;对学生严慈相济,做学生的良师益友。在该案例中,张建华正是出于对全体学生的爱,才会不辞辛苦地帮助学生迈过作文教学的"坎儿"。

③教书育人。"教书育人"要求教师遵循教育规律,实施素质教育;循循善诱,诲人不倦,因材施教。在该案例中,张建华遵循了教育规律,本着诲人不倦的态度,采取因材施教的做法,才最终迈过了作文教学的"坎儿"。

④为人师表。"为人师表"要求教师坚守高尚情操,知荣明耻;严于律己,以身作则。在该案例中,张建华自费给学生买书,与学生共同读书,坚持"跟帖"等行为表明张建华贯彻了"为人师表"的职业道德规范。

⑤终身学习。"终身学习"要求教师崇尚科学精神,树立终身学习理念,拓宽知识视野,更新知识结构;潜心钻研业务,勇于探索创新,不断提高专业素养和教育教学水平。在该案例中,张建华坚持读书、读教学杂志和教育专著,承接课题,积极教研等行为表明他贯彻了"终身学习"的职业道德规范。

四、材料作文题(写作思路)

考生可以以"电子游戏助推素质教育发展"为题,进行写作。

首先,考生要点出电子游戏对于素质教育的实施有利有弊,并结合材料与自身的实际,具体阐释利弊所在。

其次,表明对待电子游戏的态度——趋利避害。对此,可从教育部门规范引导电子游戏良性发展,学校通过教育提升学生对电子游戏的认识,合理看待电子游戏等角度具体论述可采取的措施。

最后,点出主题,发挥电子游戏在促进素质教育实施方面的优势。